6., vollständig überarbeitete Auflage

Reiseziele und Routen

Traveltipps von A bis Z

Thailand

Laos

Kambodscha

Vietnam

Anhang

Jan Düker (Hrsg.)

SÜDOSTASIEN
Die Mekong-Region

Thailand
Von Bangkok in den Norden
Laos
Kambodscha
Vietnam

STEFAN LOOSE
TRAVEL HANDBÜCHER

1

Die Highlights

1   **BANGKOK**   Laut, schnell und betörend: Thailands Hauptstadt am Chao Phraya ist die Mutter aller südostasiatischen Metropolen. S. 124

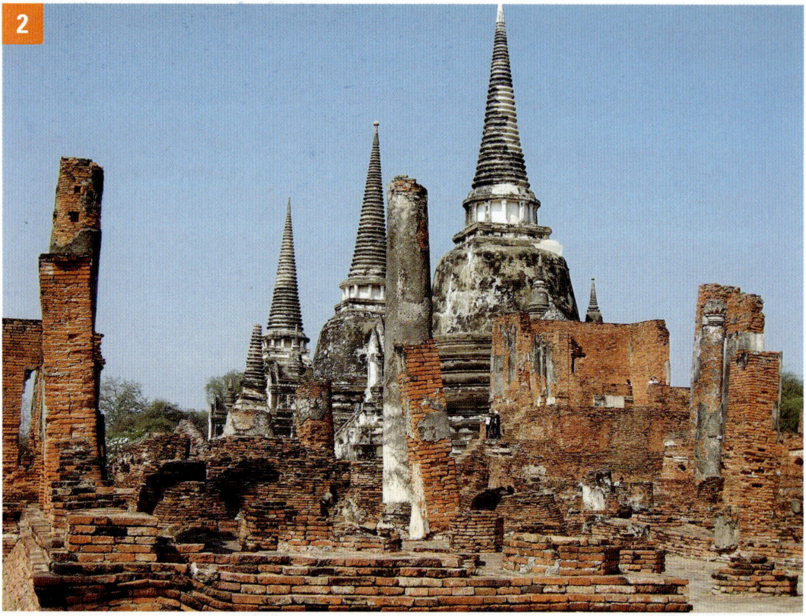
2

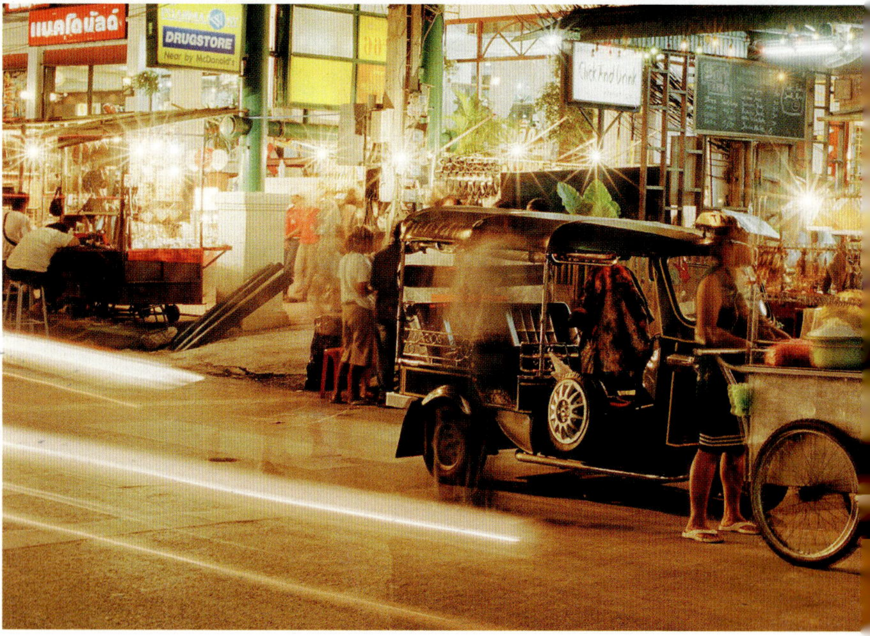
DRUGSTORE
Near by McDonald's

2 **AYUTTHAYA** Die Königsstadt des siamesischen Reiches besaß riesige Ausmaße. Vieles wurde zerstört, aber die Ruinen beeindrucken noch immer. S. 194

3 **SUKHOTHAI** Die Wiege Thailands beflügelt die Fantasie und lässt sich hervorragend per Fahrrad erkunden. Für Geschichtsfans ein Muss. S. 210

4 **CHIANG MAI** Die „Rose des Nordens" hat sich in rasantem Tempo zu einer modernen Großstadt entwickelt – inklusive einer fantastischen Restaurantszene und brodelndem Nachtleben. S. 221

© LAIF / KIRCHNER

© LAIF / GEILERT / GAFF

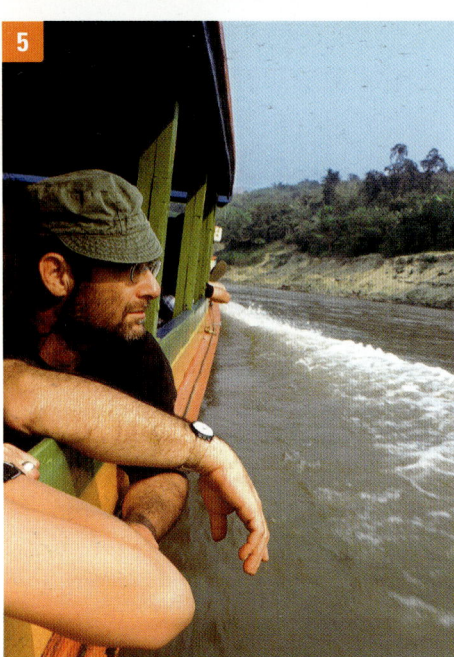

5 MEKONG Ohne eine Fahrt auf dem Fluss der Flüsse ist keine Reise in die Region komplett. S. 276

6 KO CHANG UND DIE UMLIEGENDEN INSELN Abseits der Hauptinsel gibt es im thailändischen Ko Chang-Archipel noch kleine Paradiese zu entdecken. S. 326

7 LUANG PRABANG Die alte Königsstadt der Lao – mit mehr als 30 aktiven Klöstern das spirituelle Herz von Laos. S. 388

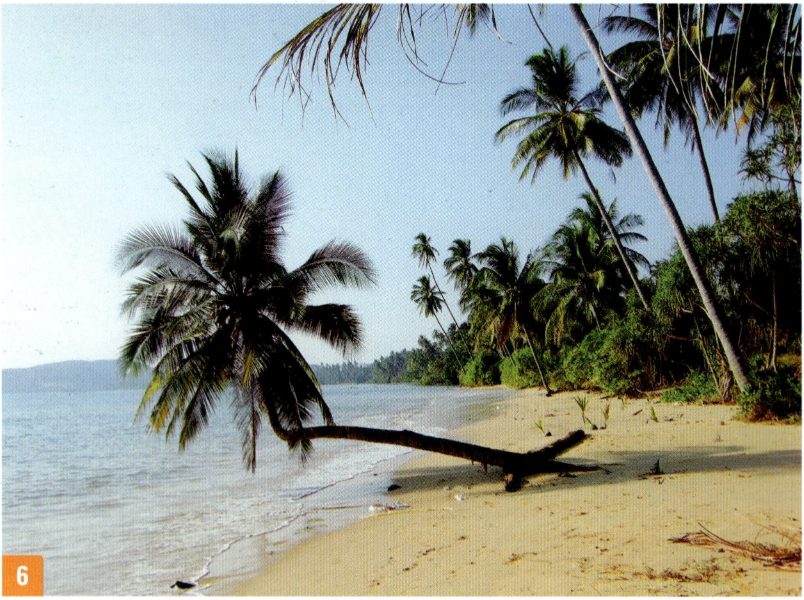

© RENATE LOOSE

© OLIVER TAPPE

© LAIF / HEMIS FR / BRUNO MORANDI

8 **NAM OU** Einer der schönsten Trips in Nordlaos: mit dem Boot den Nam Ou hinab durch die Provinzen Phongsaly und Luang Prabang. S. 433

9 **EBENE DER TONKRÜGE** Steinalt und geheimnisvoll: Forscher gehen davon aus, dass es sich bei den Felstonnen auf dem laotischen Xieng-Khuang-Plateau um Urnen einer Megalithkultur handelt. S. 442

10 **VAT PHOU** An einen Berghang in Südlaos schmiegt sich eine der ältesten Khmer-Ruinen der Region. S. 480

© LAIF / HILGER

© LAIF / HEMIS.FR / FRANCK GUIZIOU

11 **SI PHAN DON** Laos hat zwar keine Küste, aber die „Viertausend Inseln" im Mekong machen das locker wett. Wer eine Pause von der Hängematte braucht, wirft einen Blick auf die Irrawaddy-Delphine in den Gewässern südlich von Don Khon oder besucht die größten Wasserfälle Südostasiens. S. 483

12 **PHNOM PENH** Kambodschas Hauptstadt, einst verfallen, ist heute mit viel Optimismus auf dem Weg in die Moderne. Vom Glanz und Elend der Landesgeschichte zeugen der Königspalast, die Silberpagode und das Völkermordmuseum Tuol Sleng. Besonders lebendig präsentiert sich die Stadt am Mekongufer. S. 510

13 **BATTAMBANG** Charmante Kolonialvillen, Wohn- und Geschäftshäuser zeugen von längst vergangenen Zeiten. Aber nicht nur Architekturfans sind begeistert von dieser lässigen Stadt. S. 542

© HUBER-IMAGES.DE / PIPE BEN

14 **ANGKOR** Wenn es Orte auf der Welt gibt, die man gesehen haben muss, dann gehört Angkor mit Sicherheit dazu. S. 570

© LOOK-FOTO / AGE FOTOSTOCK

15

15 **BANLUNG** Vom entspann-
ten Zentrum der Provinz
Rattanakiri im äußersten Nord-
osten Kambodschas starten
Trekkingtouren zu verschiedenen
Wasserfällen und zum Virachey-
Nationalpark. Vor den Toren der
Stadt lockt ein Bad im Vulkansee
Yeak Laom. S. 609

16 **INSELN VOR SIHANOUKVILLE**
Die beiden Inseln Koh Rong
und Koh Rong Samloem warten
mit traumhaften Sandstränden,
türkisfarbenem Wasser und jeder
Menge unentdeckter Buchten auf.
S. 625

15

16

16

© M. MARKAND

17 **HA NOI** Auf die tausend Jahre alte, mit großen Schritten in die Zukunft eilende Hauptstadt Vietnams passt eigentlich besser ihr alter Name: Thang Long, „Aufsteigender Drache". In den Gassen der Altstadt ist eine ungeheure Dynamik spürbar, die Altes erhält und Neues integriert. S. 656

18 **HA LONG-BUCHT** Das Reich der tausend Inseln: Ob mit dem Kajak oder dem Luxuscruiser – unvergessliche Eindrücke sind garantiert, vor allem bei Nebel, wenn sich die bizarren Kalksteinformationen in weiße Schatten verwandeln. S. 699

19

© M. MARKAND

20

© A. MARKAND

19 HUE Zitadelle, Kaisergräber, üppige Gärten: Vietnams kulturelles Highlight. S. 727

20 HOI AN Viele Reisende verlängern ihren Aufenthalt in dieser mittelalterlichen Handelsstadt, die heute wie ein Freilichtmuseum wirkt. S. 744

21 HO-CHI-MINH-STADT Die boomende Metropole ist ein heißer Tipp für alle Großstadtfans. S. 804

© M. MARKAND

22 MEKONG-DELTA Wo sich der „neunarmige Drache" ins Meer ergießt, lädt eine fruchtbare Gartenlandschaft zu erholsamen Tagen ein. S. 830

23 PHU QUOC Die Insel wird zu Recht auch „Perle des Südens" genannt. Der Hauptstrand ist gut erschlossen und viel besucht. Mit dem Moped lassen sich wunderschöne Touren unternehmen und Pfefferplantagen, Urwald und einsame Strände entdecken. S. 851

© M. MARKAND

Inhalt

Themen

© JAN DÜKER

Reiseziele und Routen

Reiseziele

Der Mekong – schon beim Klang des Namens überkommt viele Traveller die Reiselust. Er ist der längste Strom Südostasiens, die Lebensader einer ganzen Region. Über knapp 2400 km ziehen sich seine milchkaffeebraunen Fluten allein durch Thailand, Laos und Kambodscha, bevor sich der Fluss in Südvietnam zum fünftgrößten Delta der Welt auffächert und ins Südchinesische Meer mündet.

An seinen Ufern entstanden die ersten Reiche der Region, auf seinen Wassern drangen einst Mönche, Brahmanen und Kolonialherren bis weit ins Landesinnere vor. Später, nach den Indochinakriegen, trennte er die Systeme. Heute, im Zeichen der Liberalisierung, rückt seine Bedeutung als Bindeglied wieder in den Vordergrund: Neue Brücken, Straßen und Grenzübergänge stehen für das normalisierte Verhältnis der Nachbarn

und machen eine Reise durch die vier Länder so einfach wie nie zuvor. Wer sich auf das Abenteuer einlässt, den erwartet eine der vielfältigsten Regionen Südostasiens: Saftig grüne Reisfelder sind hier ebenso zu finden wie zerklüftete Karstberge und kühle Hochplateaus, dichter Dschungel und fruchtbare Flussdeltas. Die Städte, Tempel und Paläste der großen südostasiatischen Hochkulturen zählen mittlerweile zum Weltkulturerbe (Ayutthaya, Sukhothai, Luang Prabang, Hue, Angkor). Und an den Küsten laden eine Reihe feiner Sandstrände zum Entspannen ein.

Highlights

Thailand

Das Königreich eignet sich perfekt als Ausgangs- und Endpunkt der Reise. Bangkok ist mit seinen beiden Flughäfen das Drehkreuz der Region, und auch die Landgrenzen zu Kambodscha und Laos sind im Laufe der Jahre immer durchlässiger geworden.

Allein die Megacity **Bangkok** (S. 124) ist eine eigene Reise wert: Sightseeing, Shoppen und Ausgehen ohne Grenzen. Der prächtige Königspalast wetteifert mit den glitzernden Shopping Malls und der breite Chao Phraya mit den engen Gassen. Wem die Millionenstadt zu voll ist, der kann die Umgebung erkunden: die schwimmenden Märkte von **Damnoen Saduak** (S. 180) und **Amphawa** (S. 181) oder die „Stadt der Todesbahn", **Kanchanaburi** (S. 181). Wer sich für Kultur und Geschichte begeistern kann, wird an den Monumenten und Ruinen von **Ayutthaya** (S. 194), **Phitsanulok** (S. 204) und **Sukhothai** (S. 210) seine Freude haben.

Die buntesten Feste

- ■ das feuchtfröhliche **Neujahrsfest** Mitte April in Kambodscha, Laos und Thailand (S. 66)
- ■ das Lichterfest **Loi Krathong** in Sukhothai zum Vollmond im Oktober/November (S. 217)
- ■ **Bonn Om Touk** mit Langbootrennen in Phnom Penh im Oktober/November (S. 66)
- ■ das chinesische Neujahrsfest in Bangkok und das **Tet-Fest** in Vietnam Ende Januar/Anfang Februar (S. 67)
- ■ das **Mittherbstfest** in Vietnam („Mini-Tet") mit kulinarischen Spezialitäten im September/Oktober (S. 66)

Wenige Reisende zieht es in den Nordosten des Landes, obwohl hier einige touristische Perlen liegen: der **Khao Yai National Park** (S. 283), die Khmer-Tempel **Prasat Phanom Rung** (S. 316) und **Phimai** (S. 291) und die vorzeitliche Stätte **Ban Chiang** (S. 292). Vom Nordosten aus kann man außerdem gut nach Laos weiterreisen.

Der Norden hat landschaftlich und kulturell seinen eigenen Charakter. Vom zurecht beliebten, vielseitigen Zentrum **Chiang Mai** (S. 221) mit seinen Tempeln und Einkaufsmöglichkeiten kann man das thailändisch-birmanische Grenzgebiet rings um den **Doi Inthanon** (S. 247) zwischen **Mae Sariang** (S. 248), **Mae Hong Son** (S. 249) und **Pai** (S. 254) bereisen oder weiter Richtung Norden nach **Chiang Rai** (S. 265) fahren. Von Thailands nördlichster Metropole lassen sich Trekkingtouren in die Berge und Fahrten zum Mekong arrangieren.

Zum Ausspannen bietet sich die Küste östlich von Bangkok an, etwa **Ko Samet** (S. 318), das Wochenendziel vieler Hauptstädter, oder Thailands zweitgrößte Insel **Ko Chang** (S. 326).

Laos

Das lange Zeit isolierte Laos hat sich in den letzten Jahren zum Liebling vieler Traveller entwickelt. Zu Recht: Schöne Berglandschaften, verträumte Dörfer, die vielen Flüsse und die gelassenen Laoten verströmen eine derart angenehme Stimmung, dass man mitunter die Weiterreise vergisst. Das fängt schon in **Luang Prabang** (S. 388) an, für viele Laosbesucher der erste Stopp, wenn sie über die Grenze Chiang Khong – Houay Xai mit dem Boot auf dem **Mekong** (S. 276 und S. 408) in die alte Königstadt mit ihren mehr als 30 Tempeln anreisen.

Wer sich losreißen kann, wird im Norden wieder in Schwung kommen, wenn er in den Provinzen **Oudomxai** (S. 421), **Luang Namtha** (S. 423) oder **Phongsaly** (S. 428) zu Trekking- und Mountainbiketouren aufbricht.

Inmitten schöner Karstberge liegen **Nong Kiao** (S. 432) und **Muang Ngoi Kao** (S. 436). Im Osten, auf der rätselhaften **Ebene der Tonkrüge** (S. 442) nahe Phonsavan, zeugen Hunderte überdimensionale Steingefäße von einer jahrtausendealten Hochkultur. Die meisten Reisenden zieht es allerdings nach Süden: zur Backpacker-Hochburg **Vang Vieng** (S. 377) mit ihrem großen Angebot an Outdoorsport, und in Asiens entspannteste Hauptstadt, **Vientiane** (S. 350).

Das beste Sprungbrett für einen Trip durch Südlaos ist das unspektakuläre **Pakxe** (S. 470). Wer von Vientiane kommt, kann in den beschaulichen Mekongstädten **Thakhek** (S. 455) und **Savannakhet** (S. 462) einen Halt einlegen.

Hauptattraktionen im Süden sind der Khmer-Tempel **Vat Phou** (S. 480) nahe Champasak und die „Viertausend Inseln" **Si Phan Don** (S. 483) für ein paar Tage in der Hängematte. Von Pakxe selbst lassen sich leicht Tagesausflüge oder Rundreisen über das **Bolaven-Plateau** (S. 476) und durch die Provinzen im Osten organisieren.

Kambodscha

Für viele Besucher scheint das kleine Königreich nur aus den berühmten Tempeln von **Angkor** (S. 570) zu bestehen. Auf dem Flughafen des nahen Siem Reap landen und starten die Charter-Maschinen im Stundentakt. Die gewaltigen Ruinen stellen sicher alles in den Schatten. Aber es gibt noch viel mehr zu entdecken, etwa das Khmer-Heiligtum **Preah Vihear** (S. 596) und die verwunschene Tempelanlage **Koh Ker** (S. 594), die dank verbesserter Infrastruktur von Siem Reap relativ gut zu erreichen sind.

In der Nähe von **Kompong Thom** (S. 591) liegt die prachtvolle Ruinenstätte **Sambor Prei Kuk** (S. 593). Kambodschas kosmopolitische Hauptstadt **Phnom Penh** (S. 510) bietet mit ihrem prächtigen Königspalast und einer regen

---

© ERIK LORENZ

Zip-Line auf dem Bolaven-Plateau, Laos

- **Abtauchen** vor Nha Trang (S. 768), den Cham-Inseln (S. 752), Phu Quoc (S. 853), Ko Chang (S. 332) oder Sihanoukville (S. 626)
- **Ballon fahren** mit Blick auf die Karstberge Vang Viengs (S. 385)
- **Kayaking** in der Ha Long-Bucht (S. 706)
- **Motorrad fahren** in der Bergwelt Khammouans (S. 461), um Da Lat (S. 795), in Nord-Thailand (S. 239) oder im Nordosten Kambodschas (S. 607)
- **Rafting** in Nord-Thailand (S. 236)
- **Surfen** am Strand von Mui Ne (S. 784)
- **Zip-Lining** im Dschungel von Thailand (S. 236) oder Laos (S. 418, und S. 477)
- **Trekken** rund um Sa Pa (S. 694 und S. 695), in Phongsaly (S. 428), im Cuc Phuong-Nationalpark (S. 717), rund um Chiang Mai (S. 221 und S. 237), Chiang Rai (S. 265) oder Banlung (S. 610)

Restaurant- und Barszene eine willkommene Abwechslung zur drohenden Überdosis an Khmer-Ruinen. Alternativ kann man an den Sandstränden bei **Sihanoukville** (S. 616) und den ruhigen, vorgelagerten Inseln wie **Koh Rong** (S. 625) und **Koh Rong Samloem** (S. 627) entspannen.

Östlich von Sihanoukville verbreitet die Stadt **Kampot** (S. 628) französisch-chinesisches Flair. In der Nähe liegt der kleine Badeort **Kep** (S. 633), der noch immer verblichene Noblesse ausstrahlt.

Entspannt ist das Leben am Mekong in **Kompong Cham** (S. 599). Bei den Mekongstädten **Kratie** (S. 603) und **Stung Treng** (S. 605) kann man Irrawaddy-Delphine beobachten. Im entlegenen Nordosten birgt der hügelige Dschungel

rund um **Banlung** (S. 611) und **Sen Monorom** (S. 612) romantische Wasserfälle und viele Tiere.

Entlang der N 5 von Phnom Penh in Richtung Nordwesten lohnen Stopps in **Kompong Chhnang** (S. 547), nahe dem Tonle Sap mit seinen Schwimmenden Dörfern, und in **Battambang** (S. 542), einer charmanten Provinzstadt mit Kolonialhäusern und Tempeln.

Vietnam

Als Staatswappen wäre ein schnittiges Moped passender als der goldene Stern auf rotem Grund: Überall saust und braust es, das Land scheint ständig in Bewegung zu sein. **Ha Nois** Sehenswürdigkeiten (S. 656) erzählen viel von der bewegten Vergangenheit der tausendjährigen Hauptstadt. Ausflüge führen zur mystischen

© M. MARKAND

Bar in Ha Noi, Vietnam

Bangkok (S. 124) ist natürlich der Hotspot der Region. Die Möglichkeiten, die Nacht zum Tag zu machen, sind hier so unerschöpflich wie die legendären Verkehrsstaus lang sind.

Auch in Vietnams Boomtown **Sai Gon** (S. 805) – von „Ho-Chi-Minh-Stadt" spricht kaum einer mehr – ist abends richtig was los. Ständig öffnen neue Clubs, Bars und Kneipen. Echte Nachteulen sollten aber wissen, dass die meisten Läden um Mitternacht zumachen.

Und selbst in **Ha Noi** (S. 660) sind die Zeiten lange vorbei, als die Hauptstädter kollektiv um 22 Uhr in ihre harten Betten gingen. Immerhin haben jetzt viele Läden bis Mitternacht auf, ein paar noch länger. Vor allem in der Altstadt konkurrieren zahlreiche Restaurants und Bars unter dem Porträt des streng blickenden Ho Chi Minh mit originellen Ideen. Man kann in ausrangierten Cyclos essen und sogar Salsa lernen. Trotzdem wirkt Ha Noi verglichen mit Kambodschas Hauptstadt **Phnom Penh** (S. 510) wie eine Schlaftablette.

Siem Reap (S. 552) und Nachtleben? Über Jahrzehnte hinweg war der Gegensatz so groß wie der zwischen Trockenzeit und Regenzeit. Doch seit einigen Jahren gibt es zuhauf lauschige und schrille, heiße und coole Läden – denn wie lassen sich die Eindrücke des Tages besser austauschen als bei einem Angkor-Bier und Musik.

Ha Long-Bucht (S. 699), ins Rote-Fluss-Delta mit seinen heiligen Stätten, geschäftigen Handwerksdörfern und verträumten Bilderbuchlandschaften, etwa der **Trockenen Ha Long-Bucht** (S. 716). Eine spannende Rundtour führt von Ha Noi ins nordwestliche Bergland nach **Mai Chau** (S. 683), **Dien Bien Phu** (S. 686) und **Sa Pa** (S. 688).

Die schmale, langgezogene Mitte Vietnams bietet eine interessante Mischung aus Natur und Kultur. Hier liegen gleich vier Unesco-Welterbestätten: der **Phong Nha-Ke Bang-Nationalpark** (S. 723) nordwestlich von Dong Hoi, die letzte Königsstadt **Hue** (S. 727), das religiöse Zentrum der Cham, **My Son** (S. 757), und Vietnams einstiges Tor zur Welt, **Hoi An**

(S. 744). Wer mal ein paar Tage „strandesgemäß" faulenzen will, kann das am **An Bang-Strand** (S. 756), am **Cua Dai-Strand** (S. 754) bei Hoi An oder in **Quy Nhon** (S. 765) tun.

Weiter südlich zeigt sich das Land ganzjährig tropisch-heiß. Baden kann man im touristischen **Nha Trang** (S. 768) und an den Stränden zwischen Phan Thiet und **Mui Ne** (S. 778). Oder man flieht ins kühlere Zentrale Hochland, wo man rund um **Kon Tum** (S. 760), **Buon Ma Thuot** (S. 800) und **Da Lat** (S. 789) Dörfer der Minderheiten besuchen kann. Oder wie wäre es mit einem Elefantenritt am schönen **Lak-See** (S. 803)?

Ho-Chi-Minh-Stadt (S. 804), diese chaotische Megacity im tiefen Süden, hat sich mit ihrer kosmopolitischen Atmosphäre zum Liebling der „Young Urbanites" entwickelt. Von hier aus bieten sich ein- bis mehrtägige Touren ins Mekong-Delta an. Boote durch das Wirrwarr der Flussarme und Kanäle starten in **My Tho** (S. 831), **Vinh Long** (S. 834), **Can Tho** (S. 838) und **Chau Doc** (S. 842). Als Abschluss einer Nord-Süd-Tour eignet sich die nur eine Flugstunde von Ho-Chi-Minh-Stadt entfernte Insel **Phu Quoc** (S. 851) im Golf von Thailand. Seafood-Schlemmen am Strand und Abtauchen im Meer – ein besseres Finale gibt es nicht.

Unesco-Welterbe

Manche Orte schlummerten Jahrhunderte lang im dichten Dschungel verborgen, andere fristeten ein Dasein als Provinznest – bis Archäologen und Restaurateure sie aus dem Schlaf weckten und zu Denkmälern einst glorreicher Zeiten machten. Eine ganze Reihe historisch bedeutender kultureller Stätten haben nun die internationale Anerkennung als Welterbe. Darüber hinaus besitzen auch einzigartige Landschaften den wichtigen Unesco-Titel.

Thailand

Die archäologischen Parks in den einstigen Königsstädten **Ayutthaya** (S. 194) und **Sukhothai** (S. 210); die vorzeitliche Ausgrabungsstätte **Ban Chiang** (S. 292) und der Dong Phayayen-Khao Yai Forest Complex zwischen der Ebene des Chao Praya und dem Korat-Plateau, der

neben dem **Khao Yai National Park** (S. 283) vier weitere Nationalparks und Schutzgebiete einschließt.

Laos

Das Stadtensemble **Luang Prabang** (S. 388) und das Khmer-Heiligtum **Vat Phou** (S. 480).

Kambodscha

Die Tempel von **Angkor** (S. 570) und das Khmer-Heiligtum **Preah Vihear** (S. 596) unweit der thailändischen Grenze.

Vietnam

Die Inselwelt der **Ha Long-Bucht** (S. 699) und die Karstlandschaft im **Phong Nha-Ke Bang-Nationalpark** (S. 723); das Stadtensemble der einstigen Hafenstadt **Hoi An** (S. 744); die königlichen Monumente in **Hue** (S. 727) und die Cham-Heiligtümer in **My Son** (S. 757).

Fenster zur Vergangenheit

Koloniale Museumsbauten

Die Franzosen hinterließen in ihrer „Union Indochinoise" einige architektonisch bemerkenswerte Museen, allen voran das einer Pagode nachempfundene **Historische Museum** in Ha Noi (S. 660) mit seiner berühmten Sammlung von Dong-Son-Trommeln, das **Cham-Museum** in Da Nang (S. 740) mit der weltweit größten Kollektion von Cham-Skulpturen und die bedeutendste Sammlung für Khmer-Kunst im **Nationalmuseum** von Phnom Penh (S. 512).

Khmer-Kunst

Wer sich intensiver mit der Kunst Kambodschas beschäftigen möchte, dem sei außer dem **Nationalmuseum** in Phnom Penh (S. 512) auch das **Angkor Nationalmuseum** in Siem Reap (S. 553) empfohlen.

Weniger bekannt ist, dass auch das hervorragende **Nationalmuseum** von Bangkok (S. 141) einen guten Einblick in die Khmer-Kultur gibt. Schließlich gehörten weite Landesteile lange Zeit zum Angkor-Reich. Aus diesem Grund lohnt auch in Phimai ein Besuch des **Phimai Museum** (S. 291). Ein paar Exponate zur Geschichte der frühen Khmer sind auch im **Vat Phou Museum** (S. 481) in Südlaos zu sehen.

Thai-Geschichte

An die goldenen Zeiten von Sukhothai erinnert das **Ramkhamhaeng National Museum** (S. 211). Die Rolle Ayutthayas im asiatischen Handelsgeflecht beleuchtet sehr anschaulich das bemerkenswerte **Historical Study Center** (S. 194). Glanz und Gloria des thailändischen Königshauses wiederum sind in den **Dusit-Museen** in Bangkok (S. 143) zu bewundern.

Dunkle Zeiten

Dem grausamsten Kapitel der jüngeren Geschichte Kambodschas ist in Phnom Penh das Völkermordmuseum **Tuol Sleng** (S. 514) gewidmet. Die einstige Folterstätte ist aber nichts für zarte Gemüter, denn sie veranschaulicht sehr eindringlich die Brutalität des drei Jahre, acht Monate und 20 Tage herrschenden Pol-Pot-Regimes. Ebenfalls zum Nachdenken regt das **Kriegsmuseum** in Ho-Chi-Minh-Stadt an (S. 804).

Karstwunder

Was viele noch gar nicht wissen: In den Ländern am Mekong gibt es einige der schönsten Karstlandschaften der Welt, vor allem in Laos und Vietnam.

Laos

Rund um **Vang Vieng** (S. 377) ragen Karstberge aus der grünen Ebene, was die Stadt zu einem der beliebtesten Traveller-Treffpunkte in Laos gemacht hat – mit allen Vor- und Nachteilen. Eine ähnliche Bilderbuchlandschaft liegt weiter südlich im **Phou Hin Boun NPA** (S. 459), wo die Berge wie Kathedralen in den Himmel ragen. Das 1690 km² große Schutzgebiet erstreckt sich östlich von Thakhek und birgt einige interessante Höhlen, allen voran die 6 km lange, nur mit Booten befahrbare Tham Kong Lo. Weitere schöne Landschaften finden sich in Nordlaos bei den Dörfern **Nong Kiao** (S. 432) und **Muang Ngoi Kao** (S. 436), die beide nur eine Bootsstunde voneinander entfernt am Nam Ou liegen.

Vietnam

Natürlich ist die Inselwelt der **Ha Long-Bucht** (S. 699) das berühmteste unter den „Karstwundern". Weniger überlaufen, doch nicht weniger attraktiv ist die sich nordöstlich anschließende Bai Tu Long-Bucht mit weiteren Hunderten von Inseln. Bei Ninh Binh, nur etwa 100 km südlich von Ha Noi, erstreckt sich die Hügellandschaft der **Trockenen Ha Long-Bucht** (S. 716), die man per Ruderboot oder Fahrrad erkunden kann. Im Norden des Landes liegt der **Ba Be-See** (S. 698) genauso spektakulär inmitten hoher Berge wie zu Hause der oberbayerische Königssee. Kaum erschlossen ist bislang der **Phong Nha-Ke Bang-Nationalpark** nordwestlich von Dong Hoi, dessen Hauptattraktion die mit Booten befahrbare Phong Nha-Höhle ist (S. 723).

Wasserwelten

Die Flüsse, Seen und Meere prägen den Alltag der Menschen in der Region. Die historische Entwicklung ist eng mit dem Mekong verbunden. Ohne ihn wäre der Aufstieg der Thais und Laoten genauso wenig möglich gewesen wie der des gewaltigen Angkor-Reiches. Und die Geschichte Vietnams geht Hand in Hand mit der Urbarmachung des Roten-Fluss-Deltas. An folgenden Orten lässt sich das Element Wasser bei einer Reise auf besondere Weise erleben:

Thailand

Eine Bootsfahrt auf dem Mae Kok **von Thaton nach Chiang Rai** (S. 262), auf dem Mekong bei **Chiang Saen** (S. 276), dem Chao Phraya in **Bangkok** (S. 170), entlang der Flüsse Kwae Noi, Kwae Yai und Maeklong bei **Kanchanaburi** (S. 187) oder durch den **Ko-Chang-Archipel** (S. 333).

Laos

Bootsfahrten auf dem Mekong zwischen **Houay Xai** (S. 416) und **Luang Prabang** (S. 388), auf dem **Nam Ou** (S. 412) oder durch die Inselwelt der **Si Phan Don** (S. 487 und S. 493).

Kambodscha

Auf dem Mekong rund um die Städte **Kompong Cham** (S. 599) und **Stung Treng** (S. 605); auf dem

© M. MARKAND

Ha Long-Bucht, Vietnam

© JAN DÖKER

Boot auf dem Nam Ou, Laos

Mit der Eisenbahn

Thailand und Vietnam haben ein hervorragendes Streckennetz. Von Bangkok verlaufen die Linien sternförmig in alle Richtungen, in Vietnam von der chinesischen Grenze über Ha Noi bis nach Sai Gon und von Ha Noi gen Nordwesten nach Lao Cai. Laos war lange eines der wenigen Länder ohne Eisenbahn. Seit 2009 gibt es eine 3,5 km lange Trasse von Nong Khai (Thailand) über die Freundschaftsbrücke bis kurz vor Vientiane – ein Spaß von gerade einmal 15 Minuten. Weitere Infos im Kapitel Traveltipps von A bis Z, „Eisenbahn", S. 55.

Per Bus

Das touristisch hochentwickelte Thailand ist mit seinem privaten und öffentlichen Bussystem unschlagbar, doch auch in Laos, Kambodscha und Vietnam fahren ganz passable Busse die wichtigsten Orte an. In Vietnam sind die privaten Open Tours wegen ihrer günstigen Ticketpreise bei relativ gutem Standard extrem populär geworden. Weitere Infos im Kapitel Traveltipps von A bis Z, „Busse und Pick-ups", S. 51.

Im Flugzeug

Dank Billigfliegern ist man günstig zwischen den Städten der Region unterwegs, wobei Bangkok die meisten Reisevarianten bietet. Weitere Infos im Kapitel Traveltipps von A bis Z, „Anreise", „Flüge" und „Weiterreise", S. 46, S. 67, S. 107.

Mit dem Boot

Vielerorts können Reisende öffentliche Fähren nutzen, etwa in Bangkok auf dem Chao Praya, in Vietnam von Hai Phong nach Cat Ba oder in Kambodscha von Battambang oder Phnom Penh über den Tonle Sap nach Siem Reap.

Zwar sind die Flüsse nicht mehr die wichtigsten Transportwege der Region, aber viele Abschnitte lassen sich sehr schön per Boot bereisen, sei es mit einem schlichten Bambusfloß oder einem edlen Kolonialdampfer („Wasserwelten", S. 32).

riesigen Tonle Sap zu den Schwimmenden Dörfern südlich von **Siem Reap** (S. 589), bei **Kompong Chhnang** (S. 547) und **Pursat** (S. 548); Bootstouren an der Südküste von **Sihanoukville** (S. 616), **Kep** (S. 633) und **Koh Kong** aus (S. 636) zu vorgelagerten Inseln.

Vietnam

Eine Bootstour durch die **Ha Long-Bucht** (S. 706) und rund um **Cat Ba** (S. 706); per Ruderboot durch die **Trockene Ha Long-Bucht** (S. 716); auf dem von hohen Bergen umgebene **Ba Be-See** (S. 698); auf dem Huong Giang in **Hue** (S. 733); zu den Inseln vor **Nha Trang** (S. 774) und in vielen Variationen durch das Labyrinth des Mekong-Deltas, etwa bei **My Tho** (S. 831) oder **Can Tho** (S. 838).

Reiserouten

Die Möglichkeiten, die vier Länder am Mekong zu einer Reise zu verbinden, sind so zahlreich wie die Fische in dem über 4000 km langen Fluss. Zeit, Geld und Interessen sind natürlich bei jedem unterschiedlich. Daher sollen die folgenden Routen nur als Anregung dienen. Die angegebene Reisezeit ist als Mindestdauer zu verstehen.

Unesco-Welterbetour

- Länder: Vietnam, Laos, Kambodscha
- Dauer: ab 10 Tagen
- Karte S. 36

Wer mit dem Flieger von Ort zu Ort unterwegs ist, kann auch in relativ kurzer Zeit eine lohnende Drei-Länder-Reise zu einigen der schönsten Unesco-Welterbestätten in der Region unternehmen. Von **Ha Noi** (S. 656) geht es zunächst zur weltberühmten **Ha Long-Bucht** (S. 699), die seit 1993 den begehrten Welterbestatus besitzt. Zurück in Vietnams Hauptstadt, nimmt man eine weitere Maschine in die alte laotische Königsstadt am Mekong, **Luang Prabang** (S. 388).

Nach ein paar Tagen im Tempelrausch kann man von dort ebenfalls per Flugzeug in den südlichen Teil von Laos weiterreisen. **Pakxe** (S. 470) bietet sich als Ausgangspunkt für den Besuch des **Vat Phou** (S. 480) an, eines Bergtempels aus der Khmer-Zeit mit Blick über die Mekongebene. Von Pakxe aus geht es weiter nach **Siem Reap** (S. 552), der letzten Station, und mit den gewaltigen Khmer-Tempeln von **Angkor** (S. 570) sicherlich auch Höhepunkt dieser Reise.

Am Mekong entlang

- Länder: Laos, Kambodscha
- Dauer: ab 4 Wochen
- Karte S. 36

Ein wunderbarer Einstieg für Laos ist **Luang Prabang** (S. 388). Von dort führt die Reise per Bus entlang der kurvenreichen Straße 13 in die Backpacker-Hochburg **Vang Vieng** (S. 377). Nach einem Zwischenstopp im mäßig spannenden **Vientiane** (S. 350) fährt man entlang dem Mekong in Richtung Süden (gute Busverbindungen). Von der nächsten Station **Thakhek** (S. 455) sollte man unbedingt einen Tagesausflug in die landschaftlich äußerst attraktive, aber wenig bekannte Provinz Khammouan einplanen und je nach Zeit auch die Höhle **Tham Kong Lo** (S. 452) besuchen.

Die Mekongstadt **Savannakhet** (S. 462) lohnt wegen ihrer Kolonialatmosphäre und des verehrten Tat Ing Hang. Weitere landschaftliche und kulturelle Höhepunkte warten in der Umgebung von **Pakxe** (S. 470): das bedeutende Khmer-Heiligtum **Vat Phou** (S. 480), das **Bolaven-Plateau** (S. 476) und an der Grenze zu Kambodscha die „Viertausend Inseln", **Si Phan Don** (S. 483). Dort heißt es nach etwa zwei Wochen

Abschied nehmen von Laos, denn über den Grenzübergang Nong Nok Khian – Trapaeng Kriel geht es weiter nach Kambodscha.

Erste Stationen sind die beschaulichen Mekongstädte **Stung Treng** (S. 605) und **Kratie** (S. 603), gute Ausgangspunkte für Bootsfahrten, um Irrawaddy-Delphine zu beobachten.

Weiter geht's entlang der N 7 nach **Kompong Cham** (S. 599), von wo sich Khmer-Tempel, Kautschukplantagen und Weberdörfer besichtigen lassen. Kambodschas Hauptstadt **Phnom Penh** (S. 510) mit ihren Restaurants, Bars und Sehenswürdigkeiten ist eine willkommene Gelegenheit, einmal wieder etwas Stadtluft zu schnuppern. Mit dem Bus ist man von dort in nur sechs Stunden in **Siem Reap** (S. 552), jener Touristenhochburg, die als Startpunkt für die Khmer-Tempel von **Angkor** (S. 570) dient.

Von Bangkok nach Sai Gon

- Länder: Thailand, Kambodscha, Vietnam
- Dauer: ab 3 Wochen
- Karte S. 37

Bangkok (S. 124) ist als internationale Drehscheibe mit grenzenlosem Essens- und Shoppingangebot ein perfekter Einstieg für diese abwechslungsreiche Tour. Per Zug oder Bus geht

es nach **Aranyaprathet** (S. 314) und weiter über die kambodschanische Grenze (bitte Hinweise auf S. 317 beachten!) via Poipet nach **Battambang** (S. 542). Von dieser stimmungsvollen Provinzstadt mit viel kolonialem Flair fahren Boote über den Sangkar-Fluss und Tonle Sap nach **Siem Reap** (S. 552). Drei Tage sind dort mindestens einzuplanen, um die Tempel von Angkor zu besuchen. Wer sie schon gesehen hat, kann einen Ausflug zum **Phnom Kulen** (S. 588) oder eine Bootsfahrt auf dem größten Süßwassersee Südostasiens, dem **Tonle Sap** (S. 588), unternehmen.

Bei weiterem Bedarf an Khmer-Tempeln lohnt es sich, in **Kompong Thom** (S. 591) Zwischenstation zu machen und von dort aus die Ruinenstätte **Sambor Prei Kuk** (S. 593) zu besuchen. Von Kompong Thom fahren regelmäßig Busse nach **Phnom Penh** (S. 510), das nach der langen Phase des Bürgerkrieges in den vergangenen Jahren ungemein aufblühte.

Wer nach ein paar Tagen Stadtluft lieber die frische Meeresbrise schnuppern will, fährt Richtung Küste nach **Kampot** (S. 628) und von dort weiter in das seit geraumer Zeit wieder belebte koloniale Seebad **Kep** (S. 633). Erst seit wenigen Jahren ist die nicht weit gelegene Grenze nach Vietnam offen, weshalb die Weiterreise nach **Ha Tien** (S. 845) problemlos möglich ist. Unweit der schön gelegenen Stadt bieten sich einige, meist leere Strände zur Entspannung an.

© M. MARKAND

Angkor Wat, Kambodscha

Auch die Halbinsel Hon Chong, die man auf der Weiterreise nach **Rach Gia** (S. 848) besuchen kann, bietet sich zum Sprung ins Meer an. Weitaus attraktiver ist jedoch **Phu Quoc** (S. 851), das mit Ha Tien per Schnellboot und mit dem wenig sehenswerten Rach Gia auch per Flugzeug verbunden ist. Von Vietnams größter Insel empfiehlt sich der einstündige Flug nach **Ho-Chi-Minh-Stadt** (S. 804), das mit seinem kosmopolitischen Flair ein guter Abschluss ist.

Von Ha Noi nach Angkor

- Länder: Vietnam, Kambodscha
- Dauer: ab 3 Wochen
- Karte S. 37

Nirgends zeigt sich Vietnams Kultur so dicht wie im tausendjährigen **Ha Noi** (S. 656) und keine Landschaft wird mit dem Land so stark identifiziert wie die **Ha Long-Bucht** (S. 699) mit ihren Hunderten von Karstinseln. Beide Orte sind nur vier Autostunden voneinander entfernt. Von Ha Long kann man weiter nach **Ninh Binh** (S. 712) fahren, das als Sprungbrett für die **Trockene Ha Long-Bucht** (S. 716), den **Cuc Phuong-Nationalpark** (S. 717) und die Kathedrale von **Phat Diem** (S. 717) dient. Per Nachtzug gelangt man bequem nach **Hue** (S. 727), falls keine Zeit für einen Zwischenstopp in **Dong Hoi** (S. 721) bleibt, von wo aus die fantastische **Phong Nha-Höhle** (S. 723) nur etwa 50 km entfernt liegt.

Von Vietnams letzter Königsstadt geht es weiter nach **Hoi An** (S. 744) und entlang der Küste nach **Nha Trang** (S. 768). Ab hier wird es tropisch. 450 km trennen den bei Einheimischen sehr beliebten Badeort von der südvietnamesischen Metropole **Ho-Chi-Minh-Stadt** (S. 804), die aber per Zug oder Bus gut an einem Tag zu schaffen sind. Alternativ bietet sich ein 2- bis 3-tägiger Abstecher nach **Da Lat** an (S. 789). So lernt man noch die eigentümliche Landschaft des Hochlandes kennen. Von Da Lat verläuft die attraktive Straße Nr. 20 in Richtung Sai Gon.

Das Mekong-Delta sollte so viel wie möglich per Boot bereist werden. Am besten bucht man in der südvietnamesischen Metropole eine Tour über **Can Tho** (S. 838) nach **Chau Doc** (S. 842). Die Angebote reichen von billiger Open Tour zu gediegenen Bootsfahrten mit Übernachtung an Bord.

Per Schnellboot geht es in wenigen Stunden von Chau Doc nach **Phnom Penh** (S. 510). Gute Busse fahren in 6 Std. weiter nach **Siem Reap** (S. 552). Wer unterwegs noch die Tempelruinen in **Sambor Prei Kuk** (S. 593) sehen will, kann in **Kompong Thom** (S. 591) übernachten.

Von Bangkok nach Ha Noi

- Länder: Thailand, Laos, Vietnam
- Dauer: ab 3 Wochen
- Karte S. 37

Die Fahrt von der thailändischen Megacity **Bangkok** (S. 124) nach Norden führt durch die fruchtbare Ebene des Chao Praya und seiner Zuflüsse. Unterwegs bieten sich Stopps in der alten Königsmetropole **Ayutthaya** (S. 194), der angenehmen Provinzstadt mit dem schönsten Buddha, **Phitsanulok** (S. 204), und der Wiege der thailändischen Nation, **Sukhothai** (S. 210), an.

Weiter geht es über das stark von Birma beeinflusste **Lampang** (S. 280) nach **Chiang Mai** (S. 221). Entlang der landschaftlich äußerst attraktiven Straße Nr. 107 führt die Reise zunächst nach **Thaton** (S. 261) und von dort mit dem Boot auf dem Mae Kok nach **Chiang Rai** (S. 265). Thailands nördlichster Ort **Mae Sai** (S. 272) ist das nächste Ziel, bevor es über **Chiang Saen** (S. 275) zu dem am Mekong gelegenen Städtchen **Chiang Khong** (S. 277) an der laotischen Grenze weiter geht.

Viele Traveller bevorzugen zur Übernachtung das auf der anderen Flussseite gelegene laotische **Houay Xai** (S. 416), denn von dort starten allmorgendlich die Langboote nach **Luang Prabang** (S. 388) mit Zwischenübernachtung auf halbem Weg in **Pakbeng** (S. 420).

Ko Kood, Thailand

© VOLKER KLINKMÜLLER

Von Luang Prabang fährt man weiter in die Provinzstadt **Oudomxai** (S. 421). Via **Muang Khoua** (S. 431) geht es über die Grenze nach **Dien Bien Phu** (S. 686). Von der im Ersten Indochinakrieg heiß umkämpften Stadt führt einer der landschaftlich schönsten Streckenabschnitte nach **Sa Pa** (S. 688). Seit kurzem ist der etwa 300 km lange Weg mit öffentlichen Verkehrsmitteln an einem Tag zu schaffen. Ansonsten bietet sich als Zwischenübernachtung **Lai Chau** (S. 695) an. Nach verschiedenen Trekkingtouren in der Umgebung kann man von Sa Pa über den Grenzort **Lao Cai** (S. 695; Weiterreise nach China möglich!) per Zug nach **Ha Noi** (S. 656) fahren.

Das volle Programm

- Länder: Thailand, Kambodscha, Vietnam, Laos
- Dauer: ab 2 Monaten
- Karte S. 41

Nach ein paar Tagen in **Bangkok** (S. 124) geht es Richtung Osten nach **Trat** (S. 324), dem Sprungbrett zum **Ko Chang**-Archipel (S. 326), und weiter über den Grenzübergang Ban Hat Lek – Cham Yeam (S. 334) ins kambodschanische **Koh Kong** (S. 636). Von dort kann die Fahrt nach **Sihanoukville** (S. 616) weitergehen oder über die gute Nationalstraße 4 nach **Phnom Penh** (S. 510) und anschließend nach **Battambang** (S. 542). Von der sympathischen Provinzhauptstadt kann man in drei Stunden mit dem Bus – oder länger, aber reizvoller über den Sangkar-Fluss und Tonle Sap per Boot – nach **Siem Reap** (S. 552) weiterreisen, Startpunkt für einen Besuch der Tempel von Angkor. Via **Kompong Thom** (S. 591) geht es zurück nach Phnom Penh und dann per Schnellboot ins Mekong-Delta nach **Chau Doc** (S. 842).

Nach dem Besuch in **Can Tho** (S. 838) und einigen Tagen in **Ho-Chi-Minh-Stadt** (S. 804) bieten sich die Strände von **Phan Thiet** und **Mui Ne** (S. 778) zur Erholung an. Strände gibt es aber auch in **Nha Trang** (S. 768) und nur 4 km von der Unesco-Welterbestadt **Hoi An**

Sukhothai, Thailand

(S. 744) entfernt in Cua Dai. Über den Wolkenpass weiter nach **Hue** (S. 727) empfehlen
sich bei der Fahrt in Richtung Norden Unter-
brechungen in **Dong Hoi** (S. 721) und in **Vinh**
(S. 720). **Ninh Binh** (S. 712) ist ein weiterer interessanter Halt. Von dort kann man direkt zur
Ha Long-Bucht (S. 699) reisen und erst dann
Vietnams Hauptstadt **Ha Noi** (S. 656) ansteuern. Eine mindestens einwöchige Rundtour
gen Nordwesten führt von Ha Noi zunächst
nach **Mai Chau** (S. 683) und von dort via Son La
nach **Dien Bien Phu** (S. 686). Kurvenreich geht
es weiter nach **Sa Pa** (S. 688). Vom nahen Lao
Cai fahren Züge nach Ha Noi.

Per Flugzeug gelangt man zunächst in die al-
te Königstadt der Lao, **Luang Prabang** (S. 388),
und folgt von dort aus dem beliebten „Touristen-
Trail" nach **Vang Vieng** (S. 377) und **Vientiane**
(S. 350). Anschließend geht es entlang dem
Mekong nach **Thakhek** (S. 455), **Savannakhet**
(S. 462) und **Pakxe** (S. 470) mit Abstechern zum
Vat Phou (S. 480) und den „Viertausend Inseln"
Si Phan Don (S. 483). Von Pakxe gelangt man
wieder nach Thailand. Ab **Ubon Ratchathani**
(S. 308) fahren Züge und Busse über **Surin**
(S. 314) und **Korat** (S. 287) – mit einem Abste-
cher zum **Khao Yai National Park** (S. 283) – nach
Bangkok.

© M. MARKAND

Klima und Reisezeit

Klima

Das Klima in der Mekong-Region ist tropisch und wird – grob gesagt – von zwei Winden bestimmt: Zwischen Mai/Juni und Oktober bringt der **Südwestmonsun** den meisten Gebieten heftige Gewitter und Regenfälle. An der Küste Zentralvietnams besteht von August bis November die Gefahr von Taifunen. Zwischen November und April führt der **Nordostmonsun** trockene Luft nach Thailand, Laos, Kambodscha und Südvietnam. Nur in Nord- und Zentralvietnam hält dann der feucht-kühle Winter Einzug.

Durch die wechselnden Winde kommt es zu drei Jahreszeiten, die regional unterschiedlich ausgeprägt sind: In der **Trockenzeit** zwischen November und Februar ist es in Nord-Thailand, Laos, Kambodscha und Südvietnam angenehm warm und trocken. Tagsüber liegen die Temperaturen bei 25–30 °C, nachts kühlt es auf bis zu 10 °C ab (in den Bergen von Laos, Thailand und Vietnam sogar noch mehr).

Ab März klettert das Quecksilber wieder und es beginnt die **heiße Zeit**. Zwar regnet es nicht, aber die Temperaturen steigen in den Ebenen auf unangenehme 40 °C. Nur in Nordvietnam ist es schön, wenn die Obstbäume, erlöst vom kalten Winter, in voller Blüte stehen. In der übrigen Region wirkt die Landschaft trocken und kahl. In den Höhenlagen von Laos und Thailand vernebelt außerdem Brandrodung die Sicht.

Die ersten Niederschläge im Mai oder Juni läuten die **Regenzeit** ein. Alles wird schlagartig grün und über die nächsten Monate schwellen die Flüsse an. Im September oder Oktober wird die Infrastruktur auf ihre härteste Probe

gestellt, wenn sich die unbefestigten Straßen in tiefe Schlammpisten verwandeln und viele Flüsse über die Ufer treten.

Reisezeit

Die ideale Reisezeit für **Thailand**, **Laos**, **Kambodscha** und **Südvietnam** ist die Trockenzeit (November bis März). Am sichersten ist es, die Reise einen Monat nach dem Ende der Regenzeit zu beginnen. Von Juni bis September gibt es in der Region kräftige Regengüsse, aber auch leuchtend grüne Reisfelder, süße Mangos und andere tropische Früchte.

Nach **Vietnam** kann man im Prinzip das ganze Jahr über reisen. Im Großen und Ganzen sind aber der Herbst (September bis Dezember) und der Frühling (März und April) die empfehlenswertesten Monate, wenn man das ganze Land bereisen möchte.

Wegen der großen Hitze sind April und Mai für Touren nach Nord- und Nordost-Thailand, Laos, Kambodscha und in das Mekong-Delta nicht geeignet. Diese Zeit ist aber gut für eine Reise durch den Norden Vietnams.

Vor allem an Feiertagen wie dem chinesischen/vietnamesischen Neujahr, den Neujahrsfesten in Thailand, Kambodscha und Laos (Mitte April) und den Brückentagen bis zum nächsten Wochenende, aber auch in der Zeit zwischen Weihnachten und dem 1. Januar, sind die Zimmer in Badeorten und Erholungsgebieten nicht nur ausgebucht, sondern häufig sogar überbucht. Viele Bus- und Zugtickets sind dann ausverkauft.

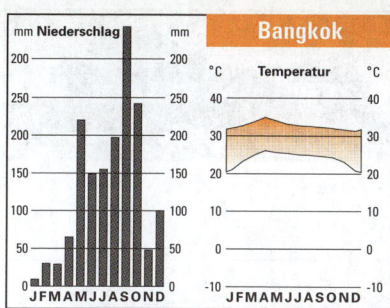

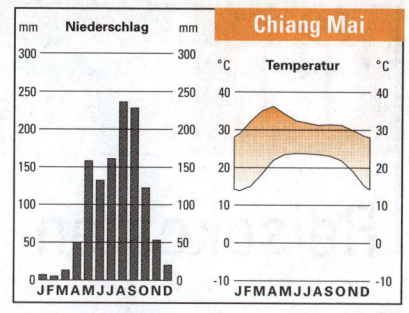

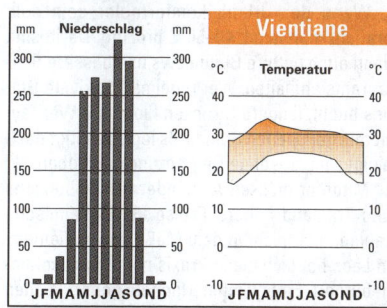

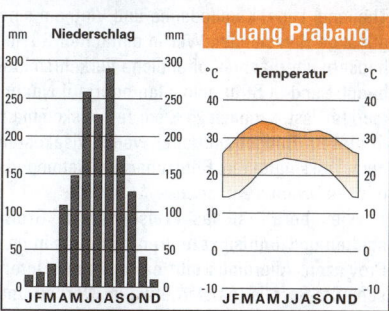

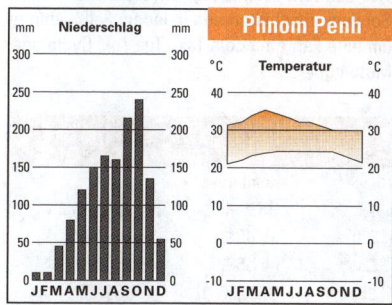

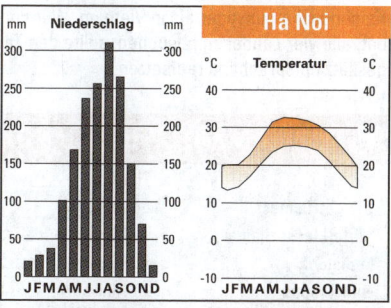

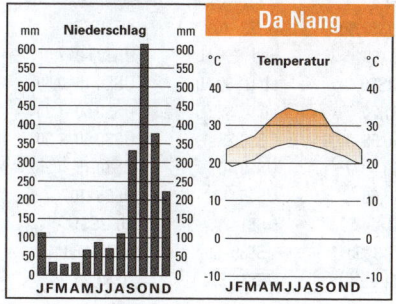

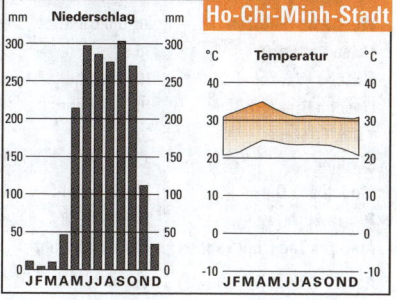

© JAN DÜKER

Reisekosten

Thailand, Laos, Kambodscha und Vietnam sind günstige Reiseländer. Wer in einfachen Gästehäusern übernachtet, öffentliche Verkehrsmittel benutzt und in Straßenlokalen oder auf Nachtmärkten isst, kann mit 25 € am Tag auskommen. In diesem Budget sind aber weder Visakosten noch Trekkingtouren, Bootscharter, Mietmopeds oder Leihwagen enthalten.

Wie überall ist das Preisniveau in Großstädten und Tourismuszentren höher als in den Provinzen. Allerdings gibt es regionale Unterschiede: So reist es sich etwa im Norden und Nordosten Thailands billiger als in Laos und in Kambodscha günstiger als in Vietnam. Wer vorhat, alle vier Länder zu besuchen, sollte den Tagessatz entsprechend raufsetzen.

Wenn der Urlaub komfortabler sein soll, braucht man mind. 40–50 € pro Tag. Darin sind dann auch nettere Bungalows und bessere Restaurants enthalten. Wer regelmäßig private Guides bucht, längere Strecken fliegt und Wert auf Hotels gehobenen Standards legt, benötigt noch einiges mehr – ohne Begrenzung nach oben.

Mitunter müssen Ausländer in Kambodscha und Thailand höhere Preise als Einheimische zahlen, aber nicht in dem Maße wie in Vietnam. In Laos hat sich diese Praxis noch nicht so eingebürgert. Freundliches Handeln gehört in allen vier Ländern zum Alltag, etwa auf Märkten, in Souvenirgeschäften und in jedem Fall, wenn es um eine Fahrt mit dem Taxi, Tuk Tuk, Cyclo oder Moto geht.

Was kostet wie viel?				
	Thailand	**Laos**	**Kambodscha**	**Vietnam**
Budgetzimmer	ab 250 Baht	US$6–12	US$6–12	US$10–15
Mittelklassezimmer	ab 800 Baht	ab US$20	ab US$25	ab US$25
Frühstück	ab 80 Baht	ab US$2,50	ab US$2	ab US$2,50
Nudelsuppe	20–40 Baht	US$1,25	US$0,50–2	US$1–3
Reisgericht	40–80 Baht	US$2,50	US$2–3,50	um US$2
Westliche Mahlzeit	ab 100 Baht	ab US$7,50	US$3–10	ab US$7
Tasse Kaffee	30 Baht	US$0,60	ab US$0,50	US$0,40–2
Flasche Wasser	10–20 Baht	ab US$0,40	ab US$0,40	US$0,15–0,50
Flasche Bier (groß)	40–160 Baht	US$1,25	ab US$2,50	US$0,50–1,20
1 Std. Internet	20–60 Baht	US$0,50–1,90	US$0,25–1	US$0,50–1,50
Stadtbus	2–25 Baht	US$0,40–75	US$0,40	US$0,15–0,25
Moped pro Tag	150–300 Baht	US$7,50	US$5–10	US$5–10
Fahrrad pro Tag	50–100 Baht	ab US$1,50	US$1–3	ab US$1
Auto pro Tag (*mit Fahrer)	1000–2200 Baht	um US$50*	US$35–60*	ab US$60*
1 Liter Benzin	38–45 Baht	US$1,25	US$1,25	US$1,20

© JAN DÜKER

Traveltipps von A bis Z

Anreise

Von Europa gibt es Direktflüge nach Thailand und Vietnam – und das schon ab 700 €. Drehkreuz der Region ist **Bangkok**, das unter anderem direkt von Frankfurt, Düsseldorf, München, Wien und Zürich aus angeflogen wird. Inlandflüge können bei Thai Airways als günstige Anschlussflüge mitgebucht werden. Nicht zu empfehlen sind „Open Date Tickets", da Flüge von/ nach Thailand meist Monate im Voraus ausgebucht sind und für das Thai-Visum ein bestätigter Rückflug verlangt wird. Wer wenig Zeit hat, kann überlegen, den Flug zu gabeln.

Die schnellste Verbindung zwischen Europa und **Vietnam** unterhält Vietnam Airlines. Die Gesellschaft fliegt 8× wöchentlich von Frankfurt nach Ha Noi und Ho-Chi-Minh-Stadt (ungefähr 13 Std., Preis ab 800 €). Vietnam Airlines bietet auch Anschlussflüge innerhalb Vietnams, nach Bangkok, Luang Prabang, Vientiane, Siem Reap und Phnom Penh an.

Nach **Laos** und **Kambodscha** gibt es bislang keine direkten Verbindungen von Europa. Verschiedene Fluggesellschaften, darunter Lufthansa, Thai Airways und KLM/Air France, bieten aber Durchgangstarife nach Vientiane, Luang Prabang, Phnom Penh und Siem Reap an (mehrmals tgl., 13–14 Std., ab 900 €).

Alle genannten Preise gelten für die Hochsaison. Gute **Flugsuchmaschinen** sind 🖳 www.

momondo.de, 🖳 www.kayak.de und 🖳 www. swoodoo.com. Infos zu Flugzeugtypen und **Sitzplätzen** finden sich unter 🖳 www.seatguru.de.

Je nach Ziel kann es sich lohnen, nur einen Flug nach Bangkok, Kuala Lumpur oder Singapore zu nehmen und mit einer der Billigairlines das letzte Stück nach Laos, Kambodscha oder Vietnam zu fliegen. Aber aufgepasst bei Flügen von Bangkok: Eine Reihe von Airlines, darunter Nok Air und Air Asia, startet vom alten Flughafen Don Mueang.

Wer seine Reise in Laos beginnen möchte, kann auch einen günstigen innerthailändischen Flug von Bangkok in eine Stadt nahe der laotischen Grenze buchen und dort in einen Bus nach Laos umsteigen: Thai Airways, Air Asia und Nok Air starten tgl. nach Chiang Rai, Udon Thani und Ubon Ratchathani, Air Asia fliegt zusätzlich nach Nakhon Phanom, Nok Air ebenfalls nach Nakhon Phanom sowie nach Nan und Loei.

Fluggesellschaften

Südostasiatische Airlines in Deutschland

Bangkok Airways, 📞 069-1337 7565-6
🖳 www.bangkokair.com
Malaysia Airlines (MAS), 📞 069-1387 1910
🖳 www.malaysiaairlines.com
Singapore Airlines, 📞 069-7195 200
🖳 www.singaporeair.com
Thai Airways, 📞 069-9287 4444
🖳 www.thaiair.com
Vietnam Airlines, 📞 069-2972 560
🖳 www.vietnam-air.de

Billigairlines

Air Asia, 🖳 www.airasia.com
Günstige Flüge innerhalb Thailands, aber auch von Bangkok nach Phnom Penh, Ha Noi und Ho-Chi-Minh-Stadt sowie von Kuala Lumpur nach Phnom Penh, Siem Reap, Ha Noi, Ho-Chi-Minh-Stadt und Vientiane.
Jetstar, 🖳 www.jetstar.com
Fliegt von Singapore unter anderem nach Bangkok, Phnom Penh, Siem Reap, Ha Noi und Ho-Chi-Minh-Stadt.
Nok Air, 🖳 www.nokair.com
Günstige Fly'n'Ride-Pakete von Bangkok nach Vientiane und Pakse: erst mit dem Flieger nach Udon / Ubon, dann mit dem Bus nach Laos.

Flugpässe

Der **Discovery Airpass** gilt für viele Verbindungen innerhalb des Streckennetzes von Bangkok Airways, 🖳 www.bangkokair.com, und Lao Airlines, 🖳 www.laoairlines.com. Für jeden Flug wird ein Coupon gekauft, mindestens drei und maximal sechs. Der Pass gilt bis zu zwei Monate. Die internationalen Strecken kosten US$80–200, Inlandsflüge schlagen mit US$70–113 zu Buche.

Auch die drei großen **Luftfahrtallianzen** Star Alliance, 🖳 www.staralliance.com, oneworld, 🖳 www.oneworld.com, und Sky Team, 🖳 www.skyteam.com, bieten Asienpässe an.

Der Klimawandel ist vielleicht das dringlichste Thema, mit dem wir uns in Zukunft befassen müssen. Wer reist, erzeugt auch CO_2: Der Flugverkehr trägt mit einem Anteil von bis zu 10 % zur globalen Erwärmung bei. Wir sehen das Reisen dennoch als Bereicherung: Es verbindet Menschen und Kulturen und kann einen wichtigen Beitrag für die wirtschaftliche Entwicklung eines Landes leisten. Reisen bringt aber auch eine Verantwortung mit sich. Dazu gehört darüber nachzudenken, wie oft wir fliegen und was wir tun können, um die Umweltschäden auszugleichen, die wir mit unseren Reisen verursachen. Wir können insgesamt weniger reisen – oder weniger fliegen, länger bleiben und Nachtflüge meiden (da sie mehr Schaden verursachen). Und wir können einen Beitrag an ein Ausgleichsprogramm wie 🖥 **www.atmosfair.de** leisten.

nachdenken • klimabewusst reisen

Dabei ermittelt ein Emissionsrechner, wie viel CO_2 der Flug produziert und was es kostet, eine vergleichbare Menge Klimagase einzusparen. Mit dem Betrag werden Projekte in Entwicklungsländern unterstützt, die den Ausstoß von Klimagasen verringern helfen.

THAI Smile, 🖥 www.thaismileair.com
Die Thai-Airways-Tochter verbindet Bangkok-Don Mueang mit Luang Prabang und Phnom Penh.
Tiger Air, 🖥 www.tigerair.com
Fliegt günstig von Singapore nach Bangkok, Ha Noi, Ho-Chi-Minh-Stadt und Phnom Penh.

▸▸ Flüge (S. 67), Visa (S. 103), Weiterreise (S. 107)

Boote

Noch immer sind Boote auf dem Mekong und anderen Flüssen wichtige Transportmittel. Außerdem schippern sie zu vorgelagerten Inseln.

Thailand

Bangkok lässt sich prima auf dem **Menam Chao Phraya** (S. 175) durchqueren. Neben den beliebten Expressbooten und Personenfähren, die einen Teil des öffentlichen Nahverkehrs ausmachen, verkehren Klongboote, Charterboote jeglicher Größe und abends sogar große Restaurantboote. Schön ist eine Bootsfahrt in Thonburi, wo noch einige dem Wasser zugewandte Holzhäuser und Tempel die Ufer säumen. Für Touristen ist die Bootstour nach **Ayutthaya** und

Bang Pa In lohnenswert. Von verschiedenen Städten entlang der Ostküste verkehren Boote zu vorgelagerten Inseln, etwa nach **Ko Chang** (S. 326). Sie sind sicher und zuverlässig, es kann aber während der Stoßzeiten zu langen Wartezeiten kommen.

Laos

Die Flüsse gehören seit je her zu den wichtigsten Transportwegen in Laos, auch wenn sich der Verkehr mit dem Ausbau der Straßen zunehmend dorthin verlagert hat.

Die beliebteste Strecke führt mit dem Slow Boat in zwei Tagen von Houay Xai den **Mekong** hinunter nach Luang Prabang (S. 388). Von Speedboats ist wegen der Unfallgefahr abzuraten (allerdings kann der Pegel in der späten Trockenzeit so stark sinken, dass es keine Alternative gibt). Die öffentlichen Bootsverbindungen auf den Strecken Paklai – Vientiane (7–8 Std.) und Pakxe – Don Khong (8–10 Std.) wurden eingestellt. Auf dem kleinen Stück von Pakxe nach Champasak verkehren aber noch Touristenboote (2 Std.), weiter südlich bringen Motorpirogen Traveller regelmäßig von Don Khong nach Don Det (1 1/2 Std.). Einige Reedereien bieten zudem mehrtägige Kreuzfahrten auf dem Mekong an.

Ein Highlight in Nordlaos ist eine Bootstour auf dem **Nam Ou** (S. 432). Wegen mehrerer

Staudamm-Projekte ist von den ehemals drei Abschnitten nur noch die Strecke von Muang Khoua nach Nong Kiao (4–6 Std.) ohne Unterbrechung zu befahren.

Schöne Fahrten auf dem **Nam Khan** und anderen Flüssen lassen sich in Luang Prabang, etwa bei Tiger Trail oder Green Discovery, buchen. Ausgangspunkte für die organisierten Touren auf dem **Nam Tha** sind Luang Namtha und Houay Xai.

Kambodscha

Bevor die Nationalstraßen ausgebaut wurden, führte der Weg von Phnom Penh nach Siem Reap klassischerweise übers Wasser. Diese Bootsverbindungen (6 Std.) bestehen bis heute. Viel zu sehen gibt es aber nicht, denn der See **Tonle Sap** ist so breit, dass meist kein Land zu erkennen ist. Die Schnellboote fahren zwischen November und März. Beeindruckend sind allerdings Ausflüge zu den schwimmenden Dörfern oder Vogelschutzgebieten auf dem Tonle Sap.

Landschaftlich reizvoll ist die Strecke von **Battambang nach Siem Reap** (je nach Wasserstand 5–9 Std.), beliebt die Tour von Phnom Penh mit dem Expressboot ins benachbarte vietnamesische **Chau Doc** (4 Std.).

Bei Kratie oder Stung Treng führen Bootsfahrten auf dem **Mekong** zu den stupsnäsigen Irrawaddy-Delphinen. Interessant sind auch Touren vorbei an Mangrovendickicht im **Ream-** und **Peam-Krasop-Nationalpark**.

Vietnam

Die meisten Reisenden fahren auf ihrer Tour in die **Ha Long-Bucht** mit einem Boot (S. 699). Hier werden auch Ausflüge angeboten, bei denen man die Nacht auf dem Schiff verbringt. Fahrten werden zudem häufig im **Mekong-Delta** unternommen. Vermehrt gibt es auch Bootsausflüge von **Hoi An** und **Nha Trang** aus.

Zu den vorgelagerten **Inseln** Phu Quoc, Phu Quy, Con Dao und Cat Ba verkehren regelmäßige Schiffe. Von Ho-Chi-Minh-Stadt fahren zudem Boote nach Vung Tao. Bei hohem Seegang werden die Fahrten allerdings eingestellt.

▶▶ Busse und Pick-ups (S. 51), Eisenbahn (S. 55), Flüge (S. 67), Nahverkehr (S. 87)

Botschaften und Konsulate

... in Deutschland

Kambodschanische Botschaft
Benjamin-Vogelsdorff-Str. 2, 13187 Berlin
☎ 030-48637901, 🖶 48637937
🖵 www.kambodscha-botschaft.de
🕐 Mo–Fr 9–12.30, 13.30–17 Uhr

Laotische Botschaft
Bismarckallee 2a, 14193 Berlin
☎ 030-89060647, 🖶 89060648
🖵 www.laos-botschaft.de
🕐 Mo–Fr 9–12, 14–17 Uhr

Thailändische Botschaft
Lepsiusstr. 64-66, 12163 Berlin
☎ 030-794810, 🖶 7948251
🖵 www.thaiembassy.de
🕐 Mo–Fr 9–12.30 Uhr

Generalkonsulat
Kennedyallee 109, 60596 Frankfurt
☎ 069-69868205, 🖶 69868228
🖵 www.thaigeneralkonsulat.de
🕐 Mo–Fr 9–13 Uhr
Visa können nur persönlich beantragt werden.

Honorargeneralkonsulate
Friedrichstr. 29, 01067 Dresden
☎ 0351-4986261, 🖶 4986214
🖵 www.thaikonsulatdresden.de
Rüttenscheider Str. 199, 45131 Essen
☎ 0201-95979334, 🖶 95979445
🖵 www.thai-konsulat-nrw.de
🕐 Mo–Fr 9–12, Fr 14–17 Uhr
An der Alster 85, 20099 Hamburg
☎ 040-24839118, 🖶 24839206
🖵 www.thaikonsulathamburg.de
🕐 Mo–Fr 9–12 Uhr
Prinzenstr. 13, 80639 München
☎ 089-1689788, 🖶 13071381
🖵 www.thaikonsulatmuenchen.de
🕐 Mo–Fr 9–12 Uhr

Honorarkonsulat
Pforzheimer Str. 381, 70499 Stuttgart
☎ 0711-2264844, 🖶 2264856
🖵 www.thaikonsulat.de
🕐 Mo, Mi, Fr 12–14 Uhr

Vietnamesische Botschaft
Elsenstr. 3, 12435 Berlin
📞 030-53630108, 📠 53630200
🖥 www.vietnambotschaft.org
🕐 Mo, Mi, Do 9–12.30 und 13.30–17 Uhr
Generalkonsulat
Villa Hanoi, Kennedy-Allee 49, 60596 Frankfurt
📞 069-7953365-0, 📠 795 3365-11
🖥 www.vietnam-generalkonsulat.de
🕐 Mo, Mi, Fr 9–12, 14–17 Uhr

... in Kambodscha
Deutsche Botschaft
76-78, St. 214 (Rue Yougoslavie), Phnom Penh
📞 023-216193, im Notfall 📞 010-990002
📠 217 016, 🖥 www.phnom-penh.diplo.de
🕐 Mo–Fr 8.30–11.30 Uhr
Laotische Botschaft
15-17 Mao Tsetung Blvd., Phnom Penh
📞 023-982632, 📠 720907
✉ laoembpp@canintel.com
🕐 Mo–Fr 8.30–11.30, 14–17 Uhr
Österreichische Botschaft
Österreich unterhält keine Botschaft in Kambodscha. Die Vertretung wird von der deutschen
Botschaft übernommen, die nächste österreichische Botschaft befindet sich in Thailand.
Schweizer Generalkonsulat
53 D St. 242, Phnom Penh
📞 023-219045, 📠 213375
✉ swissconsulate@online.com
🕐 Mo–Fr 8–11, 14–16 Uhr, außer Fr nachmittags
Thailändische Botschaft
196 Preah Norodom Blvd., Phnom Penh
📞 023-726306, 📠 726303
🖥 www.thaiembassy.org/phnompenh
🕐 Mo–Fr 8.30–11 Uhr
Vietnamesische Botschaft
436 Monivong Blvd., Phnom Penh
📞 023-726274, 📠 726495
🖥 www.vietnamembassy-cambodia.org/en
🕐 Mo–Fr 8–11.30, 14–16.30 Uhr
Generalkonsulate
Street 3, Battambang
📞 053-952894, 📠 888866
🖥 www.vietnamconsulate-battambang.org
310 Ekkreach St., Sihanoukville
📞 034-933466, 📠 933669
🖥 www.vietnamconsulate-shihanoukville.org

... in Laos
Deutsche Botschaft
26 Sokpaluang Rd., Vientiane
📞 021-312110, 🖥 www.vientiane.diplo.de
🕐 Mo–Fr 9–12 Uhr
In Notfällen außerhalb der Geschäftszeiten
📞 020-55515540
Kambodschanische Botschaft
Thadeua Rd., KM 2, Vientiane
📞 021-314950, 📠 314951
✉ recamlao@laotel.com
🕐 Mo–Fr 7.30–11, 14–17 Uhr
Österreichisches Honorarkonsulat
377 Lao-Thai Rd, Vientiane
📞 021-480906, 📠 313258
✉ kc@laoconsulting.com
In Notfällen können sich Österreicher auch an
die deutsche Botschaft wenden.
Schweizer Konsulat
10/2 Manthatourat Rd., Vientiane
📞 021-264160, ✉ vientiane@honrep.ch
🕐 Mo–Fr 9–11 Uhr
Thailändische Botschaft
Phonekheng Rd., Vientiane
Visa gibt es nur in der Konsularabteilung und
nur gegen Baht: Bourichane Rd.,
📞 021-214581, ✉ thaivtn@mfa.go.th
🕐 Mo–Fr 8.30–11.30, 13.30–15 Uhr
Konsulat
Tha He Rd., Ecke Chaymuang Rd., Savannakhet
📞 041-212373 🖥 www.thaisavannakhet.com
Das Konsulat zieht vorraussichtlich 2015 in ein
Gebäude an der Makasavanh Rd., nördlich der
Busstation, um. 🕐 Mo–Fr 8–12, 13–16 Uhr.
Vietnamesische Botschaft
85 23 Singha Rd., Vientiane
📞 021-413409, ✉ dsqvn@laotel.com
🕐 Mo 9.30–12, 13.30–17 Uhr, Di–Fr ab 8 Uhr
Konsulate
Chanboupha Rd., Luang Prabang
📞 071-254748, 📠 254746
🖥 www.vietnamconsulate-luangprabang.org
🕐 Mo–Fr 8–11.30, 13.30–17 Uhr
418 Sisavangvong Rd., Savannakhet
📞 041-212418, 🕐 Mo–Fr 7.30–11, 13.30–16 Uhr
Rd. 24, Pakxe
📞 031-212058, 📠 212827
🕐 Mo–Fr 7.30–11.30, 14–16.30 Uhr
🖥 www.vietnamconsulate-pakse.org

... in Österreich

Kambodschanische Botschaft
Zuständig ist die Botschaft in Belgien.
264 A Avenue de Tervuren, B-1150 Brüssel
📞 +32 2-7720372, 📱 7720376
✉ amcambel@skynet.be
🕐 Mo–Fr 9–13, 14–17 Uhr.

Laotische Botschaft
Neulinggasse 29, 1030 Wien
📞 01-890231911, -12, -13
📱 890231915 oder -18
✉ laoembassyvienna@hotmail.com
Visaaträge 🕐 Mo–Fr 9–11.30, 14–16 Uhr

Thailändische Botschaft
Cottagegasse 48, 1180 Wien
📞 01-4783335, 📱 4782907
🖥 www.thaiembassy.at
🕐 Mo–Fr 9–12 Uhr
Honorarkonsulate
Koch-Sternfeld-Gasse 7, 5020 Salzburg
📞 0662-8400200, 📱 8400201
🖥 www.thaiconsulate-salzburg.at
🕐 Mo–Fr 9–12 Uhr
Rieggasse 44, 6850 Dornbirn
📞 / 📱 05572-256146
🕐 Mo–Fr 9–12 Uhr

Vietnamesische Botschaft
Felix-Mottl-Str. 20, 1190 Wien
📞 01-3680755, 📱 3680754
🖥 www.vietnamembassy.at/det
🕐 Mo, Mi, Fr 9–12, 14–17 Uhr

... in der Schweiz

Kambodschanische Botschaft
3, Chemin Taverney, 1218 Grand-Saconnex
📞 022-7887773, 📱 7887774
🖥 www.cambodiaembassy.ch
🕐 Mo–Fr 10–1, 14–16 Uhr
Generalkonsulat
Winterthurerstr. 549, 8051 Zürich
📞 044-8872727, 📱 044-8884424
🖥 www.cambodiaconsulate.ch
Visaaträge 🕐 Do–Fr 9–12.30 Uhr

Permanent Mission of the Lao PDR to the UN
Route de Colovrex 14bis,
1218 Le Grand-Saconnex, Genf
📞 022-7982441, -42, 📱 7982440
✉ laomission_geneva@bluewin.ch
🕐 Mo–Fr 9–13, 15–18 Uhr

Thailändische Botschaft
Kirchstr. 56, 3097 Bern-Liebefeld
📞 031-9703414-5, 📱 9703037
🖥 www.thaiembassybern.org
🕐 Mo–Fr 9–11.30 Uhr
Generalkonsulate
Löwenstr. 42, 8001 Zürich
📞 043-3447000, 📱 3447001
🖥 www.thai-consulate.ch
🕐 Mo–Fr 9.30–11.30 Uhr
91, Rue de la Servette, 1202 Genf
📞 022-3110723, 📱 3451208
🖥 www.thaiconsulate.ch
🕐 Mo–Fr 9.15–11.45 Uhr
Aeschenvorstadt 71, 4010 Basel
📞 061-2064565, 📱 2064546
🖥 www.thaikonsulat.ch
🕐 Mo–Do 9–11.30 Uhr

Vietnamesische Botschaft
Schlösslistr. 26, 3008 Bern
📞 031-388 7878, 📱 3887879
🖥 www.vietnam-embassy.ch
🕐 Mo–Do 9–12, 14–17, Fr 9–12 Uhr

... in Thailand

Deutsche Botschaft
9 Sathon Tai Rd., Bangkok 10120
📞 02-2879000, 📱 2876232
🖥 www.bangkok.diplo.de
Notfallnummer (meist nur zu den Dienstzeiten
erreichbar) 📞 01-8456224
🕐 Mo–Fr 8.30–11.30, Visaanträge bis 10.30 Uhr
Honorarkonsulat
199/163 Moo 3, Ban Nai Fun
Klong Chon Prathan Rd., Chiang Mai
📞 053-838735, ✉ chiang-mai@hk-diplo.de

Kambodschanische Botschaft
518/4 Pracha Uthit Rd., Bangkok 10310
📞 02-9575851, 📱 9575850
✉ recbkk@cscoms.com, 🕐 Mo–Fr 9–12 Uhr

Laotische Botschaft
520, 502/1-3 Soi Sahakarnpramoon
Pracha Uthit Rd., Bangkok 10310
📞 02-5396667-9, 📱 5393827
🕐 Mo–Fr 8.30–12 Uhr
Konsulat
512 Moo 2 Mittaparb Rd., Khon Kaen
📞 043-393402, 📱 393404
🕐 Mo–Fr 8–11.30, 13–16 Uhr

Österreichische Botschaft
Q. House Lumpini, Unit 1801
18th Floor, Sathorn Tai Rd., Bangkok
 ☎ 02-1056710, 🖅 4016161
 🖳 www.bmeia.gv.at/botschaft/bangkok
 ⏲ Mo–Fr 9–12 Uhr

Schweizer Botschaft
35 North Wireless Rd.,Bangkok 10330
 ☎ 02-6746900, 🖅 6746902
 🖳 www.eda.admin.ch/bangkok
 ⏲ Mo–Fr 9–11.30 Uhr

Vietnamesische Botschaft
83/1 Wireless Rd., Bangkok 10330
 ☎ 02-2515836-8, 🖅 2517201
 🖳 www.vietnamembassy-thailand.org
 ⏲ Mo–Fr 8.30–11.30, 13.30–16.30 Uhr
Konsulat
65/6 Chatapadung, Khon Kaen 40000
 ☎ 043-242190, 🖅 241154.
 🖳 www.vietnamconsulate-khonkaen.org

... in Vietnam

Deutsche Botschaft
29, Tran Phu, Ha Noi
 ☎ 04-38453836/7, 38430245/6, 🖅 38453838
 🖳 www.hanoi.diplo.de
 ⏲ Mo–Fr 8.30–10.30 Uhr.
Der konsularische Amtsbezirk der Botschaft in
Ha Noi umfasst den nördlichen und mittleren
Teil des Landes.
Generalkonsulat
126 Nguyen Dinh Chieu, D. 3, Ho-Chi-Minh-Stadt
 ☎ 08-38291967, 🖅 38231919
 🖳 www.ho-chi-minh-stadt.diplo.de
 ⏲ Mo–Do 7.30–15.15, Fr bis 13.30 Uhr
Das Konsulat ist für den Landesteil südlich von
Hue bis zum Mekong-Delta zuständig.

Kambodschanische Botschaft
71 A Tran Hang Dao, Ha Noi
 ☎ 04-9424 788, 🖅 3942 3225, ✉ arch@fpt.vn
Generalkonsulat
41 Phung Khac Khoan, Ho-Chi-Minh-Stadt
 ☎ 08-3829 2751, 🖅 3829 2744
 ✉ cambocg@hcm.unn.vn

Laotische Botschaft
22 Rue Tran Binh Trong, Ha Noi
 ☎ 04-39424724, 🖅 38228414
 🖳 www.laoembassyhanoi.org.vn
 ⏲ Mo–Fr 8.30–11.30, 13.30–16 Uhr

Generalkonsulate
12 Tran Quy Cap, Da Nang
 ☎ 0511-3821208, 🖅 3822628
 ⏲ Mo–Fr 8.30–11.30, 13–16 Uhr
93 Pasteur St, Ho-Chi-Minh-Stadt
 ☎ 08-38297667, 🖅 38299272
 ⏲ Mo–Fr 8.30–11.30, 13.30–16 Uhr

Österreichische Botschaft
53 Quang Trung, 8. Stock, Prime Center
Hai Ba Trung District, Ha Noi
 ☎ 04-39433050, 🖅 39433055
 🖳 www.bmeia.gv.at/botschaft/hanoi.html
 ⏲ Mo–Do 10–12 Uhr
Honorarkonsulat
181A Dien Bien Phu, Ho-Chi-Minh-Stadt
 ☎ 08-38275766, 🖅 38275827
 🖳 www.austriaconsulate.vn

Schweizer Botschaft
Central Office Building
44B Ly Thuong Kiet, Ha Noi
 ☎ 04-39346589, 🖅 39346591
 🖳 www.eda.admin.ch/hanoi
 ⏲ Mo–Fr 9–12 Uhr

Thailändische Botschaft
63-65 Hoang Dieu St., Ha Noi
 ☎ 04-38235092-4, 🖅 38235088
 🖳 www.thaiembassy.org/hanoi
 ⏲ Mo–Fr 8.30–12 Uhr
Generalkonsulat
77 Tran Quoc Thao St., Ho-Chi-Minh-Stadt
 ☎ 08-39327637-8, 🖅 39326002
 🖳 www.thaiembassy.org/hochiminh
 ⏲ Mo–Fr 8.30–11.30, 13.30–15 Uhr

▸▸ Visa (S. 103), Weiterreise (S. 107)

Busse und Pick-ups

Thailands Straßennetz ist hervorragend ausgebaut. Die wichtigsten Fernstraßen nach Norden
(Chiang Mai), Nordosten (Nong Khai) und Osten
(Trat) sind fast durchgängig vier- bis sechsspu-
rig. Auch in Vietnam sind die wichtigsten Straßen in einem perfekten Zustand, im Hinterland
wird's dagegen weniger komfortabel. Das Straßennetz in Laos und Kambodscha gehörte lange zum schlechtesten Südostasiens, aber auch

diese beiden Länder holen auf. Inzwischen reist man auf den Hauptrouten recht bequem.

Mittlerweile gibt es eine Reihe grenzüberschreitender Busverbindungen, etwa zwischen Bangkok und Siem Reap (Angkor), zwischen Vientiane und Ha Noi und zwischen Phnom Penh und Ho-Chi-Minh-Stadt (s. Regionalkapitel).

Thailand

In Thailand man hat die Wahl zwischen unterschiedlichen **Buskategorien** der staatlichen Gesellschaft Borisat Khon Song (kurz: Baw Kaw Saw oder The Transport Company, 🖳 www.transport.co.th) und privater Subunternehmer.

Billige **lokale Busse** empfehlen sich nur für Kurzstrecken, da sie unbequem sind und überall anhalten. Klimatisierte Busse mit weniger Sitzplätzen sind auf langen Strecken bequemer.

Teils doppelstöckige **klimatisierte Busse** verkehren auf längeren Strecken zu festen Zeiten. Sie starten von staatlichen Bus Terminals oder Büros privater Bus-Companys. Wegen der Klimaanlage kann es nachts sehr kalt werden. In teureren Bussen werden Decken ausgeteilt. Die billigeren orangefarbenen 2.-Klasse-AC-Busse mit 48–60 engeren Sitzen haben keine Toilette und sind langsamer, da sie überall halten. 1.-Klasse-AC-Busse mit Toilette und etwa 40 Sitzen holen manchmal Passagiere auch vom Hotel ab. Für Getränke, kleinere Mahlzeiten sowie Unterhaltung mit DVDs ist während der Fahrt ab 200 km Länge gesorgt.

Die **VIP-Busse** mit 24–40 Sitzplätzen haben Toiletten und mehr Beinfreiheit. Sie legen unterwegs eine Essenspause ein, wobei das Essen im Preis inbegriffen ist. Auf Langstrecken haben sie zwei Fahrer, die sich abwechseln. Es lohnt sich, auf den Zusatz **VIP-32** (vier Sitzplätze pro Reihe) oder **VIP-24** (drei Sitzplätze pro Reihe) zu achten. Vor allem Letztere sind sehr bequem. Sie eignen sich gut für Nachtfahrten, denn die Sitze lassen sich so weit wie im Flugzeug zurückstellen. Einige haben sogar einen in den Sitz eingebauten Bildschirm.

Zwischen vielen Städten verkehren private 16-sitzige **AC-Minibusse**, auch Minivan oder Microvan genannt. Sie sammeln Passagiere vor Unterkünften und ihren Buchungsbüros oder an verkehrsgünstig gelegenen Kreuzungen auf. Die Tickets sind etwas teurer als für AC-Busse. Ist der Bus voll, wird abgefahren. Staatliche Kleinbusse mit festen Abfahrtzeiten verkehren auf einigen Bergstecken.

Zahlreiche **Backpacker- und private VIP-Busse** bedienen die Rennstrecken zwischen beliebtesten Zielen. Viele operieren ganz oder zumindest am Rand der Legalität. Einige haben keine Transportgenehmigung, sondern werden von den Passagieren „gechartert", die nicht immer versichert sind. Im Norden kommt es häufig zu Unfällen durch riskantes Fahren

Für AC-Busse erhält man **Tickets** ab drei Tage vor Abfahrt in den Büros und an den Busbahnhöfen. Wer Thai lesen kann, kann sie bei einigen Unternehmen auch online buchen. In lokalen Bussen wird nach dem Einsteigen abkassiert, die Preise sind staatlich festgelegt.

Laos

Das laotische Straßennetz ist relativ grobmaschig. Fernbusse fahren nur auf den Hauptstraßen. Die blau-weißen **staatlichen Busse** haben ganz passable Sitze und auf einigen Strecken Klimaanlage. Meist sind es alte japanische und koreanische Modelle. Die geringe Beinfreiheit wird zusätzlich durch Kisten, Säcke und andere Ladung eingeschränkt, auf dem Dach fährt auch schon mal eine Ziegenherde mit.

Die **Busstationen** befinden sich in der Regel einige Kilometer außerhalb des Stadtzentrums. In vielen Terminals hängen **Fahrpläne** aus, manche sind allerdings hoffnungslos veraltet oder nur auf Laotisch. **Tickets** gibt es an den Busstationen. Oft ist es günstiger, die Fahrkarte schon im Gästehaus zu kaufen, da meist der Transfer zur Busstation eingeschlossen ist. Wer irgendwo zusteigt, zahlt im Bus.

Seit ein paar Jahren werden die wichtigsten Ziele auch von privaten **VIP-Bussen** bedient. Die Tickets sind zwar etwas teurer, dafür bieten die Busse komfortable Sitze und AC. Viele haben auch eine Toilette – und eine Karaokeanlage. Die Nachtbusse verfügen zum Teil über Pritschen. Von Vientiane, Vang Vieng, Luang Prabang, Phonsavan, Nong Kiao Thakhek und Pakxe aus steuern auch **Minivans** beliebte Touri-Spots an.

Die Arbeitstiere des laotischen Regionalverkehrs sind **Pick-ups** und **Songtheos**. Beide Fahrzeugtypen haben eine Ladefläche, auf der ein Gestänge mit Blechdach, Plane und zwei längsseitigen Bänken befestigt ist *(song theo = zwei Bänke)*. Auf dem Dach werden Waren und Gepäck aufgetürmt, im Inneren nehmen bis zum Anschlag Passagiere Platz. In einigen Städten gibt es extra Stationen. Sie sind den Märkten angegliedert. Meist wird erst dann losgefahren, wenn auch der letzte Platz belegt ist.

Die **Fahrpreise** für Busse und Songtheos berechnen sich nach der Strecke und dem Straßenzustand. Tickets kosten zwischen 20 000 Kip (2 €) und 230 000 Kip (23 €). Private Busgesellschaften sind teurer, bieten aber auch mehr Komfort.

Mit **Stray** ist 2010 der erste klassische Backpackerbus in Laos angekommen. Das Prinzip: Man kauft einen Pass für eine feste Route entlang bekannter (und weniger bekannter) Sehenswürdigkeiten, kann aber bei jedem Übernachtungsstopp aus- und in den nächsten Bus wieder einsteigen. Mehr unter 🖳 www.stray travel.asia und im Stray-Büro in Luang Prabang, Phommathai Rd., ✆ 071-260584, 🕘 8–21 Uhr.

Kambodscha

Kambodschas Busnetz ist gut ausgebaut. Etwa ein Dutzend Gesellschaften steuert die wichtigsten Ziele im Land an. Dabei werden auf den Hauptstrecken große klimatisierte Busse eingesetzt. Die sogenannten **Deluxe**- oder **VIP-Busse** sind meist neueren Datums, es gibt eine kleine Flasche Wasser für die Reise, manche haben eine Toilette oder sogar WLAN. Komfortabel und mit viel Beinfreiheit reist man in den 2012er-Bussen von Giant Ibis.

Einen zentralen **Busbahnhof** gibt es meist nicht, Busse starten vor dem Büro der jeweiligen Busgesellschaft. **Tickets** können über Hotels und Guesthouses gegen einen kleinen Aufpreis gebucht oder direkt am Schalter des jeweiligen Unternehmens erworben werden. Wer unterwegs zusteigt, löst beim Schaffner. Besser einen Tag vorher das Ticket besorgen (lassen), für gewöhnlich ist auf der Fahrkarte eine Platzreservierung eingetragen.

Tickets werden in US-Dollar bezahlt. Trotz hoher Benzinpreise ist das Reisen in Bussen recht günstig: Die Haupttouristenstrecken von Phnom Penh nach Battambang, Siem Reap oder Siha-

noukville kosten zwischen US\$7 und US\$12. Wer die günstigsten und dann auch älteren Busse wählt, muss damit rechnen, mehrfach liegen zu bleiben.

Fast alle Strecken werden auch von klimatisierten **Minibussen** bedient, die sich auf Touristen spezialisiert haben. Hier hat jeder seinen eigenen Sitzplatz. Die Ticketpreise sind etwas höher, dafür ist die Hotelabholung inbegriffen. Die reine Fahrzeit ist kürzer als bei den großen Bussen, allerdings dauert es eine ganze Weile, bis alle Mitfahrer eingesammelt sind.

Daneben verkehren noch **lokale Minibusse** zwischen den Städten. In touristisch abgelegenen Gebieten stellen sie manchmal die einzige Transportmöglichkeit dar. Komfortabel reist man in ihnen nicht: Auf drei Sitze zwängen sich mindestens vier Personen, dazu kommt noch jede Menge Fracht. Und die Fahrer sind bekannt für ihren halsbrecherischen Fahrstil.

Auf Nahstrecken, zwischen den Dörfern und zu abgelegenen Zielen sind **Sammeltaxis** im Einsatz. Neben den lokalen Minibussen sind sie die einzigen „öffentlichen" Verkehrsmittel. Rund um den Marktplatz oder an Ausfahrtstraßen warten die Fahrer an ihren Autos auf Passagiere. Gästehäuser vermitteln auch Taxifahrer ihres Vertrauens – inkl. Hotelabholung. Losgefahren wird oft erst, wenn der letzte Platz besetzt ist (bis zu fünf Personen auf der Rückbank und zwei auf dem Vordersitz). Es empfiehlt sich, morgens zwischen 7 und 8 Uhr am Abfahrtspunkt zu sein, denn nachmittags finden sich kaum noch Fahrgäste ein. Wer bequem fahren will, bezahlt die beiden Vorderplätze neben dem Fahrer. Natürlich kann auch das ganze Taxi für eine Fahrt gemietet werden – wenn man zu mehreren reist, durchaus eine Alternative. Die Preise sind vergleichbar mit denen der öffentlichen Busse. Ein Taxi von Phnom Penh nach Siem Reap kostet zum Beispiel US\$60 oder US\$10 p. P. Bezahlt wird am Ende der Fahrt.

Vietnam

Zahlreiche Busse verkehren täglich zwischen den größeren Städten des Landes, und auch nahezu alle Kleinstädte werden regelmäßig angefahren. Je befahrener eine Strecke ist, desto mehr und desto bessere Busse stehen zur Auswahl. Es gibt große **öffentliche Busse** mit etwa 45 Sitzplätzen, manche mit AC, viele noch ohne. Vor allem in die klapperigen und alten Fahrzeuge wird so viel wie möglich hineingepackt. Die meisten kürzeren und mittleren Strecken werden auch von **Minibussen**, unter anderem Mercedes Sprinter und Ford Transit, bedient. Diese sind schneller und bequemer. In einigen Städten holen die Gesellschaften den Reisenden auch vom Hotel ab.

Größere Städte verfügen über einen **Regional-** und einen **Fernbusbahnhof**. Gestartet wird in der Regel am frühen Morgen, einige Busse fahren noch am frühen Abend los. Es lohnt sich in jedem Fall, möglichst früh am Busbahnhof zu sein. **Tickets** gibt es an den Schaltern, manchmal auch nur im Bus (meist etwas teurer). Tickets für Langstrecken sollte man einen Tag vorher besorgen. Wer den Bus verpasst, hat meist noch auf den großen Highways die Chance, einen vorbeifahrenden Überlandbus anzuhalten, um zuzusteigen.

Was einmal für Traveller mit Sinh Cafés sogenannter „Café-Fahrt" begann, ist heute auch bei Vietnamesen sehr beliebt: **Open-Tour-Busse**, die die Hauptstrecken des Landes zwischen Ho-Chi-Minh-Stadt und Ha Noi bedienen. Dabei können Reisende ihre Fahrt in den Hauptorten entlang der Route beliebig lang unterbrechen und sie anschließend nach kurzfristiger Ansage fortsetzen. Je nach Anbieter klappt das mehr oder weniger gut. Es ist auch möglich, immer nur Teilstrecken zu kaufen.

Auf den Fahrten werden **Pausen** eingelegt. Viele Veranstalter halten an weniger gut zu erreichenden Sehenswürdigkeiten wie den Cham-Türmen bei Ca Na. Vielfach dienen auch Strände wie Mui Ne und der China Beach als willkommener Platz für eine Rast. Die Stopps werden auch dazu genutzt, Buswechsel zu organisieren. Vor allem in der Nebensaison kann es vorkommen, dass man mehrfach umsteigen muss.

Im Süden werden die Etappen meist am Tag zurückgelegt, zwischen Zentralvietnam und Ha Noi oft nachts. Dazu eignen sich **Schlafbusse**, die mittlerweile fast jede Agentur anbietet. Statt Sitzen findet man kleine Liegen vor, mal übereinander, mal nur in einer Ebene. Die Tickets sind teurer, aber die Fahrt ist wesentlich entspannter.

Allerdings ist die Liege auf die vietnamesische Durchschnittsgröße angepasst.

Open-Tour-Busse halten am Ankunftsort nicht am Busbahnhof, sondern bei einem toureigenen oder Partnerhotel. Es lohnt sich, die Zimmer anzusehen. Wer hier nicht schlafen will, kann sich auch ein anderes Zimmer suchen. Oft bringen die Busse Unschlüssige noch bei anderen Partnerhotels vorbei.

Beim Kauf eines **Tickets** erhält man meist nur den Zahlungsbeleg, die Plätze werden auf einer Platzkarte vermerkt. In Schlafbussen befinden sich hinten fünf Liegen, größere Gruppen und Familien tun gut daran, diesen Platz zu buchen.

Die Tickets für die Open Tours bekommt man in den toureigenen Büros oder in Reisebüros (die meist mit einem Anbieter zusammenarbeiten). Alle Busse sollte man mindestens einen Tag im Voraus buchen (in der Hochsaison sind sie oft mehrere Tage vorher ausgebucht). Bezahlt wird sofort. Treffpunkt für die Anfahrt ist meist das Büro, wo man das Ticket gekauft hat. Einige Agenturen holen Gäste am Hotel ab.

Wer mit Fahrrad reist, kann dieses meist kostenlos oder gegen die Gebühr eines Sitzplatzes im Open-Tour-Bus mitnehmen.

▶▶ Boote (S. 47), Eisenbahn (S. 55), Flüge (S. 67), Nahverkehr (S. 87)

Drogen

Der Besitz von Marihuana, Kokain, Heroin und Methamphetaminen ist in allen vier Ländern illegal. In Thailand, Laos und Vietnam droht bei schweren Drogendelikten sogar die Todesstrafe. In manchen Orten werden Touristen Drogen geradezu aufgedrängt – teils von Dealern, die von der Polizei angeheuert wurden, um Erfolge bei der Drogenbekämpfung nachzuweisen. Selbst wer nur mit einem Joint erwischt wird, muss damit rechnen, eine hohe Strafe zu zahlen und ausgewiesen zu werden. Bei größeren Mengen oder härteren Drogen werden drastische Gefängnisstrafen verhängt.

▶▶ Sicherheit (S. 90), Zoll (S. 111)

Eisenbahn

Bislang gibt es **keine grenzüberschreitenden Zugverbindungen**. Die ASEAN-Staaten und China wollen jedoch in den kommenden Jahren eine Verbindung zwischen Singapore und Kunming herstellen, indem sie eine neue Trasse durch Laos bauen und existierende Streckenabschnitte miteinander verbinden.

Die thailändischen Eisenbahnlinien gehen sternförmig von Bangkok aus bis in die äußersten Landesteile. In Kambodscha wurde die Strecke Phnom Penh – Kampot – Sihanoukville ausgebaut, Züge fahren aber (noch) nicht. Vietnams Schienennetz umfasst mehr als 2500 km und reicht von Ho-Chi-Minh-Stadt bis zur chinesischen Grenze. In Laos wurden 2009 Schienen von Nong Khai über die Freundschaftsbrücke bis kurz vor Vientiane verlegt (3,5 km), außerdem baut eine malaysische Firma derzeit eine Bahnverbindung von Savannakhet bis zur vietnamesischen Grenze.

Thailand

Ein zuverlässiges, sicheres Verkehrsmittel ist die **State Railway of Thailand (SRT)**. Die Züge sind bequem, aber langsamer als Busse. Sie unterscheiden sich in Komfort und Geschwindigkeit. Es gibt mehrere Kategorien von Zügen:

Special Express Diesel Railcar (SP EXP DRC, Sprinter): Der schnellste und teuerste Zug mit bequemen Sitzplätzen.

Special Express (SP EXP): Haben klimatisierte und nichtklimatisierte Abteile der 1. und 2. Klasse sowie Schlafwagen.

Express (EXP): Abteile der Schnellzüge haben Sitze in der 2. und 3. Klasse sowie Schlafwagen. Klimatisiert sind nur Teile der 2. Klasse.

Rapid (RAP): In den recht betagten Eilzügen mit Waggons der 2. und 3. Klasse gibt es in der teils klimatisierten 2. Klasse auch Schlafwagen.

Ordinary (ORD): Bummelzüge mit 3.-Klasse-Waggons, die immer anderen Zügen Platz machen müssen, sodass Verspätungen häufig sind.

Diesel Railcars (DRC.): Langsame Züge mit Holzbänken verkehren über Kanchanaburi nach Nam Tok und nach Aranyaprathet, dem Grenzübergang nach Kambodscha.

In **Nachtzügen** bieten die Zwei-Personen-Abteile in der 1. Klasse der klimatisierten Expresszüge die größte Privatsphäre. Außer den übereinander angeordneten Betten, von denen das obere tagsüber abgeklappt wird, gibt es einen kleinen Tisch und ein Waschbecken mit Spiegel. In der klimatisierten 2. Klasse sind die Betten durch Vorhänge abgeteilt. Nur gute Schläfer sollten sich ein Bett in der nichtklimatisierten 2. Klasse buchen, denn sie ist sehr laut. Sprinterzüge haben keine Schlafwagen. Nachts kann man das **Gepäck** mit einem Fahrradschloss anschließen und das Handgepäck mit Wertsachen nah am Körper verstauen.

Mittags und abends werden im Abteil **Fertiggerichte** serviert. Zwischen den Hauptmahlzeiten verkaufen das Zugpersonal und fliegende Händler Getränke und alle möglichen Snacks. Preiswerter und unterhaltsamer ist es, im Speisewagen zu essen, den es allerdings nicht in allen Zügen gibt.

Mit dem **Computerreservierungssystem** kann man an Bahnhöfen bis zu 60 Tage im Voraus Tickets kaufen, was sich vor allem für Nachtzüge empfiehlt. Bei Stornierungen wird bis zu fünf Tage vor dem gebuchten Abfahrtstermin der halbe Fahrpreis erstattet, danach 20 %.

Wer das **Ticket** am Bahnhof kauft, hat seinen gewünschten Platz sicher und muss sich nicht auf ein Reisebüro verlassen. Unter 🖥 www.thairailticket.com können gegen einen Aufpreis einige Strecken gebucht werden. Angestellte gehen direkt zum Bahnhof, um die gewünschten Tickets zu besorgen.

Aktuelle **Fahrpläne und Preise** finden sich auf der Website 🖥 www.railway.co.th. Weitere Informationen bieten die Seiten 🖥 www.amazingthailand.com/SRT.html und 🖥 www.seat61.com/Thailand.

Kambodscha

Auf den vorhandenen Bahngleisen fahren bisher nur Güterzüge. Das Schienennetz von Sihanoukville und Kampot nach Phnom Penh ist bereits erneuert worden, wann die ersten Personenzüge fahren werden, steht aber immer noch nicht fest. Einzige Ausnahme ist die nur noch für Touristen eingesetzte **Bambusbahn bei Battambang** (S. 546).

Vietnam

Vietnam kann der Länge nach mit dem Zug bereist werden – von Ho-Chi-Minh-Stadt bis nach Ha Noi. Nebenstrecken führen in die Berge bis nach Lao Cai (nahe Sa Pa) zur chinesischen Grenze und bis in die Provinz Yunnan, zudem Richtung Norden über Dong Dang ebenfalls nach China (bis Beijing). Auch nach Hai Phong in Richtung Ha Long-Bucht verkehren Züge. Ebenfalls wieder in Betrieb ist der Bahnhof Da Lat, allerdings ist die alte Route, die einst das zentrale Hochland mit der Küste verband, nur noch zwischen Phan Rang und Da Lat befahrbar.

Sehr angenehm lassen sich längere Strecken mit der Bahn zurückzulegen. Vor allem für Nachtfahrten ist der Schlafwagen besser als der Bus. Die meisten Touristen fahren auf den Strecken Hue – Da Nang (2–3 Std.), Hue – Ha Noi (nachts, 11–16 Std.) und Ha Noi – Sa Pa (8–9 Std.).

Die meisten Züge starten pünktlich und kommen auch pünktlich an. Der aktuelle **Fahrplan** findet sich unter 🖥 www.vr.com.vn. Da es oftmals zu Verschiebungen kommt, ist es sinnvoll, sich kurz vor der Abreise noch einmal zu versichern, dass der Zug auch zur angegebenen Zeit abfährt.

Die **Zugbezeichnungen** SE1, SE2, E1, E2, S1, S2 und TN1 bis TN6 geben Auskunft über die Richtung: Züge mit gerader Zahl fahren nach Norden, Züge mit ungerader Zahl nach Süden.

Ab Ha Noi verkehren täglich drei Züge nach Hai Phong und zwei nach Dong Dang. Außerdem starten hier drei Nachtzüge und ein Tageszug nach Lao Cai. Auf kurzen Strecken kann man sich auch mal trauen, die **Hartsitzklasse** zu buchen – aber nur, wenn für einen Strapazen zum Reiseabenteuer gehören. Alle anderen sollten ein paar Dong mehr ausgeben und einen Platz in der **Weichsitzklasse** buchen.

Die Züge auf der Strecke Ha Noi – Ho-Chi-Minh-Stadt haben Schlafwagenabteile und sind 30–40 Std. unterwegs: Bei den **Softsleepern** befinden sich in einem Waggon vier sehr bequeme Betten (2 Stockbetten). In einem **Hardsleeper** sind es sechs Betten, wobei jeweils drei übereinander liegen. Die oberen sind besonders billig, aber auch am unbequemsten, und man muss klettern, um ins Bett zu gelangen.

Nachts wird das Licht komplett gelöscht, es gibt aber kleine Lampen an jeder Liege. Die Türen werden verriegelt, dennoch sollte man auf seine Wertsachen aufpassen, da die Tür auch von außen zu öffnen ist. Tagsüber werden die unteren Betten als Sitzgelegenheit genutzt, allerdings bedarf dies (außer zu Essenszeiten) der Zustimmung des Fahrgasts dieser Etage. Alle Abteile verfügen über einen kleinen Tisch. Das **Gepäck** wird unter den unteren Liegen oder ganz oben in kleinen Ablagen verstaut. **Kinder** unter 6 Jahren dürfen offiziell nur die unteren Liegen benutzen. Wenn ein Elternteil mit ihnen ein Bett teilt, ist auch die mittlere erlaubt. Kinder zahlen nichts, solange sie kein eigenes Bett benutzen. Die Züge sind ansprechend sauber, zumindest die Schlafwagen. Alle Abteile haben AC, und es werden Wasser und Essen serviert. Wer nicht typisch vietnamesisch (meist Fleisch) essen mag, sollte sich Proviant mitnehmen.

Tickets für Tageszüge und kürzere Fahrten sind kurzfristig zu haben, sollten aber mindestens einen Tag im Voraus besorgt werden. Nachtzüge müssen weitaus früher gebucht werden, Softsleeper am besten zwei Wochen vorher. Hardsleeper bekommt man auch noch 2–3 Tage vor Fahrtantritt. In den Ferien und am Wochenende sind die Tickets besonders schnell weg. Wer sein Ticket nicht selbst besorgt, sondern ein Reisebüro beauftragt, zahlt etwa US$8–10 mehr.

Die **Preise** variieren von Zug zu Zug und orientieren sich an der Schnelligkeit des Zuges (SE1/2, E1/2 und S1/2 sind die schnellsten) und an der Sitzkategorie. Aktuelle Informationen finden sich auf der Webseite 🖥 www.vr.com.vn.

» Boote (S. 47), Busse und Pick-ups (S. 51), Flüge (S. 67), Nahverkehr (S. 87)

Elektrizität

Stromstärke und Spannung betragen in Thailand und Laos 220 V, 50 Hz, in Vietnam und Kambodscha 230 V, 50 Hz.

Kambodschanische Steckdosen sind auf einen zweipoligen flachzinkigen Stecker ausgelegt. Normalerweise passen unsere europäischen Stecker ebenso. Adapter gibt es notfalls für wenige Dollar in den Supermärkten der größeren Städte. Überall in Kambodscha kann es immer wieder zu kurzzeitigen Stromausfällen kommen, die Mitnahme einer Taschenlampe ist ratsam. Auf den Inseln wird der Strom per Generator erzeugt, oftmals nur in den Abendstunden (18–22 Uhr).

In laotischen Städten gibt es rund um die Uhr Strom, auch immer mehr ländliche Regionen sind elektrifiziert. Jenseits der Hauptrouten kann der Strom aber auch aus dem Generator kommen (Sonnenuntergang bis 21 oder 22 Uhr). Laotische Stecker haben zweipolige flachzinkige Steckkontakte. Die meisten Steckdosen sind sowohl auf diese als auch auf europäische Flachstecker ausgerichtet.

Die Stromversorgung Vietnams ist immer noch nicht zuverlässig, das gilt selbst für Metropolen wie Ho-Chi-Minh-Stadt. Orte abseits der öffentlichen Stromversorgung beziehen ihren Strom aus Generatoren. In die meisten Steckdosen passen auch westliche Stecker. Um Strom zu sparen, wird manchmal vom Versorger auch den ganzen Tag der Strom abgestellt. Abends gegen 17 Uhr brennen die Lichter aber wieder.

Am zuverlässigsten ist die Versorgung in Thailand. Spannungsschwankungen treten kaum auf. Europäische Stecker passen allerdings meist nur in modernen Gebäuden, in älteren und einfachen Hotels nur amerikanische Flachstecker. Adapter können auch vor Ort gekauft werden.

Essen

Das Essen ist ein Highlight jeder Reise in die Mekong-Region. Die verschiedenen Landesküchen sind sehr abwechslungsreich. Sie haben sich jahrhundertelang unter chinesischen, indischen und europäischen Einflüssen entwickelt. In allen vier Ländern werden gekonnt aromatische Kräuter und Gewürze eingesetzt. Die Speisen schmecken süß, sauer, bitter und pikant – und sind doch nie zu stark gewürzt. Am schärfsten ist die thailändische Küche, in Laos, Kambodscha und Vietnam wird milder gekocht.

Außer Chilis bestimmt vor allem eine ausgewogene Zusammenstellung von frischem Ge-

Kochen lernen

Einige Hotels und Restaurants in den Touristenzentren bieten Kochkurse an, in denen **Gerichte der Landesküche** gelehrt werden. Bevor das Kochen beginnt, geht es fast immer zum gemeinsamen Einkauf auf den Markt. Die Teilnehmer lernen exotische Gemüsesorten kennen, sind bei Verkaufsgesprächen dabei und erfahren, was gute von schlechter Ware unterscheidet. Meist wissen die Köche auch, welche Zutaten Westler zu Hause nicht bekommen können und geben Tipps, durch welches europäische Gemüse man sie ersetzen kann. Am Ende des Tages steht ein gemeinsames Mahl auf dem Programm. **Kochkurse** werden unter anderem in Bangkok (S. 168), Chiang Mai (S. 236), Vientiane (S. 367), Luang Prabang (S. 410), Phnom Penh (S. 529), Siem Reap (S. 562), Battambang (S. 545), Sihanoukville (S. 617), Ha Noi (S. 672) und Hoi An (S. 751) angeboten.

müse, Knoblauch, Zitronengras, Currygewürzen, Shrimp-Paste, Fischsoße, Tamarinde, Koriander, Kokosmilch und Palmzucker den Geschmack. Besonders lecker sind auch die frischen Fische, Shrimps, Krebse, Langusten und Muscheln.

Grundnahrungsmittel ist der Reis. Es gibt ihn zu fast jeder Mahlzeit: mal als Korn, mal zur Nudel verarbeitet oder – wie in Laos – als Klebreis.

Wie essen?

In Thailand, Laos und Kambodscha wird mit **Löffel** (rechts) und **Gabel** (links) gegessen. Mit Hilfe der Gabel werden die Speisen auf den Löffel geschoben. Auf dem Land benutzt man zum Essen die rechte Hand. Die linke gilt als unrein und sollte das Essen nie berühren. In Vietnam wird traditionell mit **Stäbchen** gegessen. In den anderen drei Ländern erhält man Stäbchen nur zu Nudelsuppen und in chinesischen Restaurants.

Für ein typisches Essen im lokalen Stil sollte man in größerer Runde in ein Restaurant gehen und sich **verschiedene Gerichte** zusammenstellen lassen. Es ist üblich, dass alle Gerichte gleichzeitig über den Tisch verteilt serviert werden und sich jeder nach Belieben bedient.

Fleisch und Fisch				
	Khmer	**Lao**	**Thai**	**Vietnamesisch**
Rind	sadj koo	ngoa	nüa	bo
Schwein	sadj drook	muh	muh	lon (Nord), heo (Süd)
Ente	sadj tia	pät	ped	vit
Huhn	sadj moan	kai	gai	ga
Krebs	k'daam	phu	puh	cua
Garnelen	bahngkia	kung	gung	tom
Fisch	trey	paa	plah	ca

Suppen zählen zum Hauptgericht und werden nicht vorher gegessen.

Wo essen?

In Thailand bekommt man zu jeder Tages- und Nachtzeit irgendwo etwas Essbares. In Laos, Kambodscha und Vietnam wird sehr früh zu Abend gegessen, sodass nicht wenige Lokale schon um 20 Uhr schließen.

Das günstigste Essen gibt es bei **fliegenden Händlern**, die ihre Spezialitäten vom Handkarren oder aus Körben verkaufen. Ähnlich günstig sind **Essenstände**. Sie werden meist am Nachmittag an Straßen, großen Plätzen oder Märkten aufgebaut. Hier kaufen viele Berufstätige auf dem Heimweg ein. Es gibt aber fast immer auch kleine Tische und Sitzplätze. Angeboten werden Salate, Suppen, Gegrilltes und andere Leckereien – oft frisch vor den Augen der hungrigen Käufer zubereitet.

Auch **Märkte** sind eine gute Adresse für preiswertes Essen. Hier gibt es gute Suppen- und Garküchen, in die vor allem morgens und mittags viele Einheimische einkehren. Nachtmärkte sind oft an einer anderen Stelle zu finden als die Tagesmärkte. Häufig haben sich einzelne Stände auf ein Gericht spezialisiert.

Lokale Restaurants fernab der Touristenzentren haben selten englische Speisekarten. Die rohen Zutaten wie Fleisch, Fisch und Gemüse liegen in einer Vitrine oder im Kühlschrank und man braucht nur darauf zu deuten und das Wort für „gebraten" oder „gekocht" zu sagen.

In Thailand und Kambodscha befinden sich am Eingang häufig die Gerichte des Tages in Alutöpfen. Topfgucken ist erlaubt, und die gewünschten Speisen werden nach der Auswahl in separaten Schalen zusammen mit Reis zum Tisch gebracht. Nach dem Preis sollte man sich in jedem Fall vor dem Essen erkundigen.

Restaurants in Touristenzentren und großen Städten sind je nach Ausstattung, Lage und Qualität teurer. Hier gibt es die ganze Bandbreite, vom Fastfood-Schuppen bis zum Edelrestaurant, von chinesischer bis zu westlicher Küche.

Traveller-Unterkünften sind häufig Restaurants angeschlossen, in denen europäisches Frühstück, Standard-Gerichte, Traveller-Kost und Softdrinks angeboten werden.

Kaffee und Kuchen bekommt man in den Bäckereien und großen Hotels. In Laos, Kambodscha und Vietnam offenbart sich das französischen Erbe zudem in Form von **Cafés**, die ihren westlichen Vorbildern manchmal bis ins Detail nachempfunden sind. In Thailand gibt es Kaffee vor allem in Filialen der Coffeeshop-Ketten, die Dutzende Sorten aus allen Kontinenten anbieten.

Fast alle Restaurants sind **täglich geöffnet**. Nur manche westlich orientierte Lokale haben an einem Tag in der Woche geschlossen. Während in gehobenen Hotels und Restaurants 10 % Bedienung zum Rechnungsbetrag addiert wird, enthält die Rechnung in kleineren Restaurants kein **Trinkgeld**. Hier ist bei gutem Service ein kleiner Betrag angebracht. In Traveller-Restaurants ist das nicht üblich.

Was essen?

Die Restaurants in den Touristenzentren haben sich weitestgehend auf europäische Gaumen eingestellt. Neben schmackhaften einheimischen Speisen bekommt man hier auch Pizza, Steaks und in manchen sogar Kartoffelsalat.

Ein durchschnittliches Gericht ist für 2 € zu haben, in Touristenorten und gehobenen Restaurants ab 6 €. Etwa 1–1,50 € kosten die Speisen an den Straßenständen. Der beliebte Bratreis mit Ei, Huhn, Schweinefleisch oder Krabben kostet in Traveller-Restaurants um 2 €.

Gewürzt werden die Speisen vor allem mit Fischsoße und Glutamat. In allen vier Ländern ist es üblich, nach dem Servieren selbst nachzuwürzen. Hierzu dienen die Plastikbehälter auf den Tischen, die in der Regel Zucker, zerstoßene und getrocknete rote Chilis, Chilis in Essig und Sojasoße enthalten. Der Klassiker zum Würzen ist aber fermentierte **Fischsoße** (Thai: *prik nam plah*, Laot.: *pa daek*, Khmer: *tök trey*, Viet.: *nuoc mam*) mit vielen klein geschnittenen grünen oder roten Chilis. Sie wird wie Salz verwendet. In Kambodscha ist Fischpaste *(prahok)* beliebter. Sie sieht aus wie rosafarbene Pastete und erinnert geschmacklich an Sardellen.

An Straßenständen werden schmackhafte **Snacks** zubereitet. Die kleinen Mahlzeiten variieren je nach Land. In Thailand, Laos und Kambodscha gibt es leckeren Klebreis mit Banane, Mango oder Kokosraspeln, meist im Bananblatt oder Bambusrohr verpackt. In allen vier Ländern sind Eier in allen Varianten beliebt (auch mit angebrüteten Küken). Ein Import aus der chinesischen Küche, vor allem in Kambodscha und Vietnam, sind Dampfbrötchen mit Fleischfüllung. In beiden Ländern begegnet man dem kleinen Hunger auch gern mit Pfannkuchen, die, zusammengerollt mit Hack oder Krabben und Gemüse, in eine pikante Soße getunkt werden. Eine Spezialität, die ursprünglich aus Laos stammt, aber auch in Thailand gern gegessen wird, ist ein scharfer Salat aus unreifen grob geriebenen Papayas (Thai: *som tam*, Laot.: *tam mak hung*). Berühmtester vietnamesischer Snack sind Frühlingsrollen (*nem* im Süden, *cha gio* im Norden). Sie werden meist mit Fleisch gefüllt und kommen mal roh, mal gebraten, mal gedämpft auf den Tisch.

Reis gibt es in verschiedensten Varianten. Wie bedeutend er für die Küche aller vier Länder ist, zeigt sich daran, dass die geläufige Vokabel für „essen" in allen vier Sprachen wörtlich übersetzt „Reis essen" bedeutet.

Zu den meisten Gerichten wird gekochter körniger Reis serviert (Thai: *kao plao*, Laot.: *khao tjau*, Khmer: *bai*, Viet.: *com*). Klebreis (Thai: *kao nieo*, Laot.: *khao niau*) ist vor allem in Laos und Nordthailand verbreitet und wird sowohl zu Hauptgerichten als auch als Dessert gegessen. Kambodschaner essen zum Frühstück oder abends gern *borbor*, einen Reisbrei, der an Essensständen und in preiswerten Restaurants angeboten wird. *Borbor* ist meist ungewürzt, sodass man ihn mit den bereitgestellten Beilagen wie Fisch, Eier, gebratenem Gemüse, Ingwer und Chili selbst abschmecken kann.

Bratreis (Thai: *kao phat*, Laot.: *khao khua*, Khmer: *bai tschaa*, Nordviet.: *com rang*, Südviet.: *com chien*), das Lieblingsgericht vieler Traveller, gibt es mit Gemüse, Fleisch oder Ei, in Vietnam meist nur mit ein paar Bohnen und Tomaten.

Zu den vielen **Nudelsorten** gehören Reisnudeln (Thai: *gueh tiao*, Laot.: *sen noi*, Khmer: *kuyteav*, Viet.: *bun*), die hauptsächlich in leckere Suppen gegeben werden, und gelbe Weizenmehlnudeln *(mi)*, die es gebraten mit Fleisch und Gemüse an vielen Essensständen gibt.

Auch **Suppen** spielen in allen vier Küchen eine große Rolle. Zum Frühstück essen viele Lao, Khmer und Vietnamesen gern Nudelsuppe (Khmer: *kuyteav*, Laot./Viet.: *pho*, gesprochen „fö"). Sie enthält Fleisch. Salat und Kräuter werden frisch hinzugegeben.

Die zwei bekanntesten Thaisuppen hat wahrscheinlich jeder schon einmal zu Hause probiert: *Tom kha*, mit Ingwer, Zitronengras, Zitronenblättern, Chilis und anderen Zutaten, abgeschmeckt mit Kokosmilch. Und *tom yam*, ähnlich sauer, mit Tamarinde, aber ohne Kokosmilch.

Einzigartig und einen Versuch wert sind die in kambodschanischen Restaurants üblichen „sauren Suppen" *(samlor machou)*. Es gibt sie mit Fisch, Fleisch, verschiedensten Gemüsesorten und Kräutern. Die typische Säure erhalten sie durch die Früchte des Tamarinden-Baumes.

In Vietnam ist eine Suppe beliebt, die *lan* genannt und in einem Feuertopf zubereitet wird: Dabei köchelt eine Gemüsebrühe direkt auf dem Tisch (auf Kohlen oder einer Herdplatte) und wird von den Gästen wie bei einem Fondue mit frischem Fleisch und Gemüse bestückt. In Laos und Kambodscha gibt es ähnlich leckere Brühefondues (Laos: *sindat*, Kambodscha: *chhnang phnom pleung*)

Fleisch gehört neben Gemüse zu jeder kompletten Mahlzeit, häufig Schwein oder Geflügel, seltener Rindfleisch. Wer durch Laos reist, sollte unbedingt das inoffizielle Nationalgericht *laap* probieren, einen Salat aus gehacktem Fleisch, der mit Kräutern, Fischsoße, Zitronengras, Limettensaft, Chilis, Schalotten, frischem Koriander und Minze verfeinert wird. *Laap* wird auf Salatblättern serviert, wer möchte, isst dazu Klebreis.

Früchte

Die Mekong-Region ist ein wahres Früchteparadies:

Ananas gibt es von April–Juli und im Dezember/Januar geschält an den Straßenständen.

Bananen gibt es in 20 verschiedenen Größen und Geschmacksrichtungen das ganze Jahr über. An Straßenständen werden gegrillte und gebackene Bananen verkauft.

Durian, die Zibetfrucht, auch Stachelfrucht oder Stinkfrucht genannt, gilt als Königin der Früchte. Diese grüne, stachlige Frucht ver-strömt einen penetranten Geruch und ist deshalb in manchen Hotels sogar verboten. Auch während der Saison von April–Aug ist die Durian teuer.

Guaven, die ursprünglich aus Spanien stammen, erfreuen sich großer Beliebtheit. Die grüne, apfelähnliche Frucht kann reif oder grün mit Salz und Zucker genossen werden.

Jackbaumfrucht ist eine riesige, grünlich-gelbe Frucht mit runden Stacheln, die 30–90 cm lang wird. Die festen, gelben, herausgelösten Fruchtsegmente werden in der Saison von Jan–Mai auf den Straßenmärkten verkauft.

Jujube, die kleine, runde und süße Frucht, die man normalerweise ungeschält genießt, findet man von Aug–Feb auf den Märkten.

Kokosnüsse gibt es das ganze Jahr über.

Litschipflaumen (Lychee), die viele Touristen aus der Konserve kennen, werden frisch von April–Juni verkauft.

Longan hat eine dünne, feste, bräunliche Schale und weißes, leicht säuerlich-saftiges Fruchtfleisch, dessen Geschmack an Lychees erinnert. Saison ist von Juni–Aug.

Mango isst man auch unreif zu einer scharfen Soße. Saison ist von März–Juni.

Mangostanenfrucht, die 6–7 cm große, violett-rote Frucht mit weicher, dicker Schale enthält 5–8 weiße, leicht säuerliche Frucht-Segmente (Vorsicht – sie färben stark).

Papaya, die 7–60 cm lange, grüne bis orange-rote Frucht, schmeckt besonders gut mit frischen Limonen zum Frühstück. Die grüne Papaya, in dünnen Streifen geschnitten und mit Chilis, getrockneten Krabben und Knoblauch gemischt, wird als *som tam* im Nordosten Thailands und als *tam mak hung* in Laos gegessen. Sie reifen das ganze Jahr über.

Pomelos, riesige Grapefruits, haben manchmal ein trockenes Fruchtfleisch und sind recht sauer. Saison ist von Aug–Nov.

Rambutan, auch Zwillingspflaume genannt, ist eine etwa 5 cm große, runde, rote Frucht, deren haariges Aussehen für den Namen verantwortlich ist (*rambut* = „Haar"). Unter einer weichen Schale liegt das weiße Fruchtfleisch um einen großen Kern. Saison ist von März–Sep.

Rosenapfel ist eine glockenförmige, säuerliche Frucht mit grünlicher bis roter Schale, nur kurzzeitig von April–Juni zu bekommen.

Sapodilla, die ovale Frucht mit süß-saurem, birnenähnlichem Geschmack ist von Juli–Sep zu haben.

Süßorange, eine Mischung zwischen den uns bekannten Orangen und Mandarinen, ist schlecht zu schälen, aber gut für Säfte. Es gibt sie vor allem von Sep–Nov.

Tamarinde gibt es von Dez–Feb. Die Schoten sind leicht zu essen: einfach aufbrechen, das faserige Innere entfernen, das süße Fleisch heraussaugen und die Kerne ausspucken.

Weintrauben wachsen auch in den Tropen, vor allem in den Provinzen westlich von Bangkok, und werden von April–Sep angeboten.

Auf keiner Speisekarte in Kambodscha darf *loc lac* fehlen, ein Gericht aus kurz angebratenen Rindfleischstücken, serviert auf einem Bett aus Tomaten und Gurken. Darauf gibt es oft noch ein Spiegelei. Das Fleisch wird mit einer Sauce aus Salz, Pfeffer und Limetten gegessen – einfach und köstlich.

Für viele Bewohner der Mekong-Region ist **Fisch** eine noch wichtigere Proteinquelle als Fleisch. Auf den Tisch kommen neben Meeresfischen, Krebsen, Muscheln und anderem Seafood auch Süßwasserfische, darunter Tilapia und Wels. Ob gebraten, gegrillt, gedünstet oder getrocknet – die Zubereitungsarten sind vielfältig. In Kambodscha sollte man sich *amok trey*, ein mildes Fischcurry, nicht entgehen lassen: Die Grundzutat ist eine Paste aus Zwiebeln, Zitronengras, Chilis, Knoblauch, Ingwer, Limetten und Fischsauce. Zusammen mit Kokosnusssaft wird der Fisch gedünstet. Das Ganze wird klassisch im Bananenblatt oder in einer Kokosnuss serviert. Eine besondere Delikatesse in Ha Noi ist *cha ca*, ein in Butter gebratener Fisch, der mit Dill und Frühlingszwiebeln verfeinert und mit Reisnudeln und Erdnüssen gegessen wird. In Südlaos servieren viele Restaurants die örtliche Spezialität *mokpa*, gedämpften Fisch im Bananenblatt mit Kokosmilch – sehr zu empfehlen.

Auch **Currys** (Thai: *gäng*, Laot.: *keng*, Khmer; *karii*) gibt es in verschiedenen Zubereitungsarten und Schärfegraden: vom milden, indischen Curry bis zum extrem scharfen, grünen Curry, das Shrimp-Paste und viele Chilis enthält.

Vegetarier haben es in der Mekong-Region nicht leicht. In Touristenzentren gibt es aber mittlerweile vegetarische und sogar vegane Restaurants. Auch in anderen Lokalen, in denen Ausländer verkehren, ist die Auswahl an vegetarischen Speisen größer geworden. Auf vielen Karten ist gebratenes Gemüse mit Reis zu finden (Thai: *phat pak*, Laot.: *khoua pak*, Khmer: *tschaa bánlää krupmuk*, Viet.: *rau xao cac loai*). Es wird aber aller Wahrscheinlichkeit nach im gleichen Wok zubereitet, in dem vorher Fisch oder Fleisch gedünstet wurde. Inder, traditionell mit dem Prinzip der fleischlosen Ernährung vertraut, servieren meist sehr gute vegetarische Küche.

» Getränke (S. 76), Trinkgeld (S. 95)

Fahrräder

In vielen Orten können passable Fahrräder schon ab 1,50–2 € pro Tag gemietet werden. Wer längere Touren plant, bringt sich besser sein eigenes Rad mit (bei Reisen nach Laos, Kambodscha und Vietnam an Ersatzteile und Werkzeug denken). Einige Airlines haben feste Tarife für den Transport, andere gewähren einige Kilogramm Sportgepäck extra. Meist müssen für den Transport die Pedale abgeschraubt, die Luft aus den Reifen gelassen und das Rad sicher verpackt werden. Der Wert des Fahrrads sollte beim Zoll deklariert werden, damit es bei der Ausfuhr keine Schwierigkeiten gibt.

Generell eignen sich die Großstädte nicht zum Radeln, da die Straßen stark befahren und die Bürgersteige belebt sind. Auch auf den Nationalstraßen sollte man aufpassen, da man von heranbrausenden Lkw leicht von der Fahrbahn gefegt wird.

Optimale Wetterbedingungen herrschen während der kühlen Jahreszeit (November bis Februar) am Morgen und späten Nachmittag.

Thailand

Auf wenig befahrenen Nebenstrecken sind sehr schöne Fahrradtouren möglich. Empfehlenswert sind die **Routen am Mekong** entlang von Chiang Khan über Nong Khai, Bueng Kan, Nakhon Phanom und Mukdahan nach Ubon Ratchathani oder von Chiang Saen auf schmalen Nebenstraßen nach Chiang Khong.

Auch die Landstraßen entlang der Flüsse und Kanäle in der **zentralen Tiefebene** eignen sich gut zum Radfahren. Die historischen Städte Ayutthaya, Sukhothai, Si Satchanalai und Kamphaeng Phet können mit gemieteten Rädern erkundet werden. Auch rings um Kanchanaburi, Amphawa, Rachaburi sowie südlich von Prachuap Khiri Khan macht Radeln Spaß. Hingegen sollte man die Steigungen auf den Bergstrecken nach Pai und Mae Hong Son oder im hohen Norden nicht unterschätzen. Ohne größere Steigungen geht es entlang der birmanischen Grenze von Mae Sariang nach Mae Sot.

Unattraktive Strecken in Städten, auf unvermeidlichen Highways oder an einem nicht enden wollenden steilen Berg legt man samt Rad am besten in einem Songthaew zurück. Fahrräder werden auch von einigen lokalen Bussen und Zügen befördert.

Geführte Touren werden vor allem in Chiang Mai, aber auch in Sukhothai, Nong Khai und sogar in Bangkok durchgeführt. Weitere Fahrradinfos ⌨ www.radfahren.mynetcologne.de/rad_thai.htm, www.hermannniedermeyr.de.

Laos

Immer mehr Traveller erkunden Laos mit dem Fahrrad. Was den **Schwierigkeitsgrad der Strecke** angeht, ist es zweigeteilt: Während man von Vientiane in Richtung Süden durch die flache Mekongebene saust, erwarten einen im Norden lange und kurvenreiche Bergetappen mit teils gewaltigen Steigungen. Dafür ist es im Norden meist etwas kühler. Außerdem sind die Hauptrouten asphaltiert und lassen sich auch mit schwerem Gepäck bewältigen. Und wenn's mal zu anstrengend wird, kann das Rad jederzeit in ein Songtheo, einen Bus oder ein Boot verfrachtet werden. Die Preise sind äußerst moderat.

In allen touristischen Regionen lassen sich sehr günstig **Fahrräder mieten**, meist relativ billige aus chinesischer Produktion und oft in einem jämmerlichen Zustand. Man kann sie durchaus für Ausflüge nutzen, aber für Mehrtagestouren sind sie ungeeignet. Eine Möglichkeit ist der **Kauf eines neuen Rades**. Wer über Thailand anreist, findet in Bangkok und anderen großen Städten gute Markenräder und Ausrüstung. In Laos ist Vientiane der einzige Ort mit entsprechenden Einkaufsmöglichkeiten. Mit ein wenig Glück kann man das Rad am Ende der Reise wieder verkaufen. Für längere Touren lohnt es sich, das **eigene Rad mitzunehmen**.

Theoretisch kann man Laos mit jeder Art von Rad bereisen. Wer jenseits asphaltierter Straßen unterwegs sein möchte – und es gibt viele gute Strecken – sollte mit dem **Mountainbike** reisen. Allerdings tut man sich damit auf Straßen schwerer. Wer gut auf Straßen unterwegs sein möchte, bei Bedarf aber auch mal auf unbefestigten Wegen, nimmt am besten ein **Trekkingrad**.

Außer in Vientiane (S. 365) und Savannakhet (S. 465) gibt es in Laos praktisch keine **Ersatzteile**

für unsere modernen Räder. Es finden sich aber eine Menge Werkstätten mit fähigen Schraubern, die viele kleine Probleme lösen können.

Die schönsten **Routen** liegen im Norden, aber auch eine Fahrt auf der Straße 13 von Luang Prabang nach Vang Vieng, der „Loop" in Zentrallaos und eine Rundtour übers Bolaven-Plateau haben ihren Reiz.

Websites mit Erfahrungen und Routentipps von Radreisenden gibt es unter ⌨ www.rad-forum.de, ⌨ www.crazyguyonabike.com, ⌨ www.bikely.com, ⌨ www.velo-traumreise.de, ⌨ www.gpsies.com

Kambodscha

Immer zahlreicher werden Touristen, die das Land mit dem Fahrrad bereisen. Die Ein- und Ausreise mit dem eigenen **Mountainbike** ist problemlos. Viele Unterkünfte vermieten aber auch Räder. Man sollte sich darüber im Klaren sein, dass Fahrradfahrer zu den schwächsten Verkehrsteilnehmen gehören. Unbedingt abzuraten ist von Fahrten nach Einbruch der Dunkelheit: Die Wahrscheinlichkeit, von anderen übersehen zu werden, ist hoch, die Einsicht, dass Alkohol und Autofahren nicht zusammenpassen, hat sich nicht bei allen durchgesetzt. Sofern Helme ausgeliehen werden, haben wir dies in den Regionalkapiteln vermerkt.

Für spannende **Fahrradtouren** bekannt ist der Mekong Discovery Trail zwischen Kratie (S. 603) und Stung Treng (S. 605), auch die Tempel von Angkor lassen sich prima mit dem Rad erkunden. Veranstalter in Phnom Penh, Siem Reap und Battambang bieten geführte Fahrradtouren an, von der Tagesfahrt bis hin zu 15-Tages-Touren. In Chi Phat geht es mit dem Mountainbike durch das Kardamom-Gebirge.

Vietnam

Radelnde Reisende werden immer zahlreicher. Unbeschreibliche Erinnerungen haben alle, die einmal die Berge bis Sa Pa oder den Wolkenpass gemeistert haben. Es gibt aber auch schöne Strecken durch hügelige bis flache Landschaft, etwa entlang der Zentralküste.

Bei der **Planung** sollten die Jahreszeit und das regionale Klima bedacht werden. Anfänger sollten sich einer organisierten Tour anschließen, wenn sie längere Strecken zurücklegen wollen. Viele erfahrene Radler bringen ihr Mountainbike mit, aber natürlich gibt es in Vietnam auch Fahrräder zu mieten und zu kaufen. Die meisten Mietfahrräder eignen sich aber eher für Kurzausflüge. Wer in die Berge will, sollte ein Mountainbike wählen. Tourenräder mit gutem Reifenprofil eignen sich für die Zentralküste.

Einige Busgesellschaften nehmen Fahrräder kostenlos mit, bei allen anderen und im Zug muss ein geringer Aufpreis bezahlt werden.

Reflektierende Kleidung, ein Helm und eine gute Unfallversicherung sollten im Gepäck sein. Um bei einem Unfall nicht ganz auf sich allein gestellt zu sein, ist es ratsam, in einer Gruppe zu radeln. Alleinreisenden ist von einer längeren Fahrradtour auch deshalb abzuraten, weil sie auf unbefahrenen oder unbeleuchteten Straßen leicht Opfer eines Überfalls werden können.

» Mietwagen (S. 82), Motorräder (S. 85), Nahverkehr (S. 87)

Fair reisen

Reisende sind im Gastland nicht bloß unbeteiligte Zuschauer. Ihr Verhalten hat Auswirkungen, auf die Umwelt und die besuchten Menschen. So verbrauchen Touristen zum Beispiel mehr Strom und Wasser als Einheimische und produzieren mehr CO_2 und Müll. Lebensmittel wie Milch oder Käse, auf die viele unterwegs nicht verzichten möchten, müssen aufwendig importiert werden.

Natürlich hat der Tourismus auch gute Seiten: Er hat vielen Menschen einen Weg aus der Armut gezeigt, ihnen ermöglicht, einen Beruf zu ergreifen, sich weiterzubilden. Er regt lokale Investitionen an, verbindet Kulturen. Außerdem werden Naturräume geschützt, die ohne ihn vermutlich längst verschwunden wären. Wer mit Herz und Verstand reist, kann also einiges bewirken. Anregungen gibt es in diesem Buch und bei folgenden Initiativen:

 Fair und grün – gewusst wo

Ein Restaurant, das Straßenkinder ausbildet. Ein Hotel, das Sonnenenergie nutzt und den Müll recycelt. Eine Trekkingtour, von der alle Beteiligten profitieren: Immer mehr Anbieter in der Mekong-Region fühlen sich dem Thema Nachhaltigkeit besonders verpflichtet. Sie sind in diesem Buch mit einem **Baum-Symbol** gekennzeichnet.

Stefan Loose Travel Handbücher
🖳 www.stefan-loose.de/fair-gruen
Mekong Responsible Tourism,
🖳 www.mekongresponsibletourism.org
Fair unterwegs, 🖳 www.fairunterwegs.org
Tourism Watch, 🖳 www.tourism-watch.de
Studienkreis für Tourismus und Entwicklung,
🖳 www.studienkreis.org

Stichwort Umweltschutz

- Die **An- und Abreise** mit dem Flugzeug verursacht CO_2. Über Kompensationsprogramme lässt sich der Ausstoß neutralisieren (S. 47); **vor Ort** lieber Bus und Boot nehmen als einen Inlandflug.
- **Klimaanlagen** sind wahre Stromfresser; vor Verlassen des Zimmers daran denken sie auszuschalten.
- Finger weg von **Souvenirs** aus bedrohten Pflanzen und Tieren. Das Washingtoner Artenschutzabkommen verbietet den Import nach Europa sowieso. Das gilt auch für den Schlangenschnaps und so manch traditionelle Medizin.
- In vielen Gebieten ist sauberes **Wasser** knapp, bitte sparsam damit umgehen.
- Wer **Tourismusbetriebe** nach Umweltschutzmaßnahmen fragt und auswählt, schärft das Bewusstsein für dieses Thema.
- Auch ein **kleiner Beitrag** hilft: Trinkflasche nachfüllen statt Plastikflaschen kaufen, Akkus statt Batterien verwenden, Einkaufsbeutel statt Tüte wählen und biologisch abbaubare Shampoos und Seifen mitbringen.

Mensch im Fokus

- **Respektvoll miteinander umgehen,** klar, aber nicht jedes Fettnäpfchen ist auf Anhieb zu erkennen. Tipps zur Etikette, den Besonderheiten im Kloster und beim Besuch von Bergvölkern gibt es auf S. 101.
- Mit dem Portemonnaie lässt sich Einfluss nehmen: Wenn möglich, **lokal** buchen; **Touren** auch danach auswählen, ob alle Beteiligten profitieren; **Souvenirs und Kunsthandwerk** direkt vom Produzenten kaufen oder darauf achten, dass die Ware **fair gehandelt** wurde.
- **Bettelnden Kindern** kein Geld geben. Wirksamer sind Spenden an Kinderhilfsorganisationen oder Bildungseinrichtungen vor Ort.
- Im **Forum anders reisen,** 🖥 www.forum andersreisen.de, bei **Traverdo,** 🖥 www. traverdo.de, und **CSR-Tourism-Certified,** 🖥 www.tourcert.org, sind Tourismusprojekte, Unterkünfte und Reiseveranstalter gelistet, die nachhaltig arbeiten.

Feste und Feiertage

Die meisten Feste sind buddhistischen Ursprungs und richten sich nach dem religiösen Kalender. Da sich dieser am Mondzyklus orientiert, variiert der exakte Termin der Feiertage innerhalb von 29 Tagen. Für staatliche Feste gilt der westliche Kalender. Vollmondtage s. **eXTra [2672]**.

Religiöse Feste

Makha Bucha – Vollmondtag im Feb/März
Dieser Festtag wird mit Lichterprozessionen um die Tempel zelebriert, die an Buddhas Predigt vor 1250 Zuhörern erinnern. Während die Gläubigen mit Blumen und Kerzen dreimal das Gebäude umrunden, predigen im Tempel Mönche die Lehre Buddhas. Besonders sehenswert sind die Feierlichkeiten im Marmortempel von Bangkok und am Bergtempel Vat Phou in Südlaos.

Fest der Duftpagode – meist Feb
Pagodenfest, das am 6. Tag des ersten Mondmonats beginnt und insgesamt bis zu drei Monate gefeiert wird, zieht hunderttausende Vietnamesen an, die sich Zeit für eine Wallfahrt zur Duftpagode in Huong Son, 40 km außerhalb Ha Nois, nehmen. Das Fest gilt als das längste und fröhlichste Volksfest Vietnams.

Tet Thuong Nguyen (auch Nguyen Tieu oder Trang Nguyne) – 15. Tag des ersten Mondmonats (Feb).
Thung Nguyen gilt nach Tet als das wichtigste Fest Vietnams. Es ist ein buddhistisches Fest, an dem der erste Vollmond des Jahres gefeiert und der wandernden Seelen gedacht wird. Selbst wenn man den Rest des Jahres keine Pagode mehr besucht: An diesem Tag muss man als Vietnamese eine solche Wallfahrt unternehmen.

Visakha Bucha – Vollmondtag im Mai
Heiligstes buddhistisches Fest zur Feier der Geburt und Erleuchtung Buddhas und seines endgültigen Eintretens ins Nirvana. Am Abend oder Vorabend finden in allen Tempeln Lichterprozessionen statt. Vietnamesen hängen an diesem Tag vor ihren Häusern und Pagoden Lampions auf. In Laos wird zeitgleich Boun Bang Fai gefeiert, ein krachendes Spektakel, bei dem Bambusraketen abgefeuert werden, um nach Monaten der Trockenheit den langersehnten Regen und eine reiche Ernte zu erbitten. In Kambodscha ist das Fest am eindrucksvollsten in Angkor Wat.

Königliche Zeremonie des Pflügens – Mitte Mai
Zu diesem Anlass führt ein Stellvertreter des thailändischen Königs, heute meist der Landwirtschaftsminister, eine symbolische Aussaat auf dem Sanam Luang in Bangkok aus, zu der zahlreiche Bauern aus dem ganzen Land anreisen. Für sie stellt diese Zeremonie den Beginn der Feldarbeit dar. Ein Reiskorn, das bei der Zeremonie der eigenen Saat untergemischt wird, soll eine gute Ernte gewährleisten. In Phnom Penh pflügen vier königliche Ochsengespanne symbolisch dreimal den Boden vor dem Nationalmuseum.

Asanha Bucha, Khao Phansa – Vollmond im Juli
Zu diesem Fest, das an die erste Predigt Buddhas in der Öffentlichkeit erinnert, finden Pro-

Gesetzliche Feiertage

Januar			**18.6.**	Geburtstag der Königin (Kambodscha)
1.1.	Neujahr (Thailand, Laos, Kambodscha, Vietnam)		**August**	
5.1.	Tag der Gründung Lane Xangs (Laos)		12.8.	Geburtstag der Königin (Thailand)
7.1.	Sieg über die Roten Khmer (Kambodscha)		**September**	
20.1.	Tag des Militärs (Laos)		2.9.	Nationalfeiertag (Vietnam)
Februar			24.9.	Tag der Verfassungsgebung und Krönung (Kambodscha)
Jan/Feb	Vietnamesisches Neujahr		**Oktober**	
3.2.	Gründungstag der Vietnamesischen Kommunistischen Partei		7.10.	Tag der Lehrer (Laos)
März			23.10.	Chulalongkorn-Tag (Thailand), Tag des Pariser Friedensabkommens (Kambodscha)
8.3.	Internationaler Tag der Frauen (Laos, Kambodscha)		30.10.	Geburtstag des ehemaligen Königs Sihanouk (Kambodscha)
April			**November**	
6.4.	Chakri-Tag (Thailand)		1.11.	Nationaler Unabhängigkeitstag (Laos)
um 15.4.	Neujahr (Thailand, Laos, Kambodscha)		9.11.	Nationaler Unabhängigkeitstag (Kambodscha)
im April	Gedenktag der Hung-Könige (Vietnam)		**Dezember**	
30.4.	Jahrestag der Befreiung Saigons (Vietnam)		2.12.	Nationalfeiertag (Laos)
Mai			5.12.	Geburtstag des Königs (Thailand)
1.5.	Tag der Arbeit (Thailand, Laos, Kambodscha, Vietnam)		10.12.	Verfassungstag (Thailand), Internationaler Menschenrechtstag der Vereinten Nationen (Kambodscha)
5.5.	Krönungstag (Thailand)		25.12.	Weihnachten (Vietnam)
13.–15.5.	Geburtstag des Königs Norodom Sihamoni (Kambodscha)		31.12.	Silvester (Thailand)
Juni				
1.6.	Intern. Kindertag (Kambodscha)			

Fällt in Thailand ein gesetzlicher Feiertag auf ein Wochenende, wird am darauf folgenden Montag ein Bank Holiday gefeiert. Die Büros von Firmen sind meist geschlossen und Behörden spärlich besetzt. Dadurch gibt es etwa ein Dutzend lange Wochenenden pro Jahr.

zessionen mit Blumen und Kerzen um die Ordinationshalle statt. Am Tag nach Asanha Bucha beginnt die Einkehr Khao Phansa, die drei Monate bis zum Ende der Regenzeit dauert. Während dieser Zeit dürfen die Mönche das Kloster nachts nicht verlassen. In der Regel gehen junge Männer während dieser Zeit ins Kloster, weshalb zu Beginn des Fastenmonats überall Ordinationsfeierlichkeiten stattfinden.

Tet Trung Nguyen – im Juli/Aug
Dieser vietnamesische Festtag, auch „Tag der Seelen" genannt, wird am 15. Tag des siebten Monats gefeiert. Die Menschen pilgern zu den Pagoden, um der wandernden Seelen zu gedenken, die noch nicht zur Ruhe gekommen sind. Ihnen werden Opfer dargebracht, um sie milde zu stimmen. Es geht zudem an diesem buddhistischen Tag darum, Sünden zu vergeben.

Bonn Pchum Ben – Mitte Sep/Anfang Okt
Das hohe buddhistische Fest für die Ahnen dauert drei Tage lang. Kambodschaner kehren in ihre Heimatdörfer zurück, um den Geistern ihrer Vorfahren Opfer in den Tempeln darzubringen: Blumen, Kerzen, Papiergeld, auch Speisen und Getränke. Die Seelen suchen in sieben Wats nach Gaben ihrer Angehörigen und verfallen in tiefe Trauer, sollten sie nichts vorfinden. Am letzten Tag des Festes versammeln sich die Menschen in den Pagoden, um gemeinsam mit den Mönchen für die Seelen der Verstorbenen zu beten.

Tet Trung Thu – im Sep/Okt
Das Mittherbstfest in Vietnam, auch Mini-Tet und „Tag der Kinder" genannt, wird am 15. Tag des achten Mondmonats gefeiert. Dieser Tag ist den Kindern gewidmet – alle Eltern nehmen sich Zeit und feiern mit ihnen zusammen. Es werden Mythen erzählt, die Kinder lehren sollen, fleißig und achtsam zu sein. Die Kinder basteln Laternen und singen für Nguyet Lao, den Mann im Mond, und seine Dame auf lauten Straßenprozessionen.

Thot Kathin, Ok Phansa – Vollmondtag im Okt
In den Wochen nach Ende der Regenzeiteinkehr reisen die Menschen aus allen Landesteilen in ihre Heimat-Tempel, um den Mönchen neue Roben und Opfergaben zu überbringen.

Boun That Luang – Ende Okt/Anfang Nov
Während des That-Luang-Fests in Vientiane, zu dem sich tausende Pilger in die Hauptstadt aufmachen, verwandelt sich die Umgebung des goldenen Wahrzeichens eine Woche lang in ein großes Volksfest, ähnlich einem heimischen Jahrmarkt, nur um einige Dezibel lauter. Es finden Mönchsprozessionen statt, die Mönche erhalten Almosen und Blumen, außerdem gibt es ein Feuerwerk und jede Menge Musik.

Bonn Om Touk – im Okt/Nov
Das „Wasserfestival" wird an drei Tagen gefeiert. Es markiert ein einmaliges Naturschauspiel des Tonle-Sap-Flusses: den Richtungswechsel im Strömungsverlauf. Zu diesem Anlass finden Bootsrennen bei Phnom Penh und Siem Reap statt. Über 200 Boote tummeln sich dann auf dem Tonle Sap: 25 m lang, bunt bemalt und mit 20–30 Rudern besetzt. Im Jahr 2010 brach während der Feierlichkeiten auf einer Brücke Panik aus, 350 Menschen starben. Der Tod König Sihanouks, die Flutkatastrophe und Wahlproteste 2013 waren weitere Gründe, das Fest in den Folgejahren nicht zu feiern. 2014 fanden die Bootsrennen aber wieder wie gewohnt statt. *Bonn Om Touk* markiert auch den Beginn der Fischfangsaison.

Loi Krathong – Vollmondtag im Nov
Am Ende der Regenzeit wird das große Lichterfest zelebriert. Hierbei werden kleine Boote, die traditionell aus Bananenstrünken gefertigt sind, mit brennenden Kerzen, Räucherstäbchen und Blumen geschmückt, auf eine Reise über die Flüsse, Seen und Klongs geschickt.

Neujahr
Thailand

Das Thai-Neujahr, besser bekannt als **Songkran**, wird vom 13.–15. April gefeiert. Schon Tage vorher bespritzen sich die Menschen auf den Straßen mit Wasser – eine angenehme Erfrischung, sofern man sich nicht in Bangkok befindet, wo man schon mal mit einer Dusche dreckigen Klong-Wassers rechnen muss. In den eigenen vier Wänden werden die Buddhafiguren gebadet, Hausputz gehalten und den älteren Familienmitgliedern durch zeremonielle Handwaschung und kleine Geschenke seine Hochachtung erwiesen. Der Höhepunkt des Songkran findet in Chiang Mai statt, wo vom 13.–15. April ein großes Fest mit vielen Veranstaltungen gefeiert wird.

Etwa eine Woche nach Songkran wird das Fest von den **Mon** in Phra Pra Daeng, südlich von Bangkok, fortgesetzt. Neben Umzügen mit der Wahl der Schönheitskönigin tragen Mädchen Fische in Behältern zum Fluss, um ihnen dort die Freiheit zurückzugeben. Vom 6.–17.4. sind Ferien und das ganze Land ist unterwegs.

Laos

Um viel Wasser geht es auch beim laotischen Neujahr (**Boun Pi Mai** oder Pi Mai Lao), das auf die Woche um den 16. April festgelegt wurde. Wasser ist ein Symbol für die Verdienste, die Buddha im Laufe seines Lebens angehäuft hat. In den Klöstern findet rituelles Übergießen von Buddhafiguren statt und auf den Straßen ist niemand vor einer Dusche sicher. Besonders bunt und nass ist Boun Pi Mai in Luang Prabang.

Kambodscha

Auch zum Neujahrsfest der Khmer (**Chaul Chnam Khmer**) Mitte April finden sich die Familien zusammen. Das Haus wird geputzt und mit Lampions, Kerzen und Räucherstäbchen geschmückt. Opfergaben werden in Tempeln dargebracht, um den Ahnen zu gedenken. Vor allem junge Kambodschaner tanzen auf den Straßen und vergnügen sich mit traditionellen Spielen. Für viele Männer in ländlichen Gebieten ist es die Gelegenheit, sich den Mädchen zu präsentieren und auf Brautschau zu gehen. Viele Geschäfte sind geschlossen, sogar in Phnom Penh sind die Straßen wie leergefegt. Die Preise für Unterkünfte, Transport und Essen steigen in diesen Tagen merklich an. Das gilt besonders für Transportmittel, die bereits viele Tage vorher ausgebucht sind. Auch Hotels in Urlaubsregionen wie Sihanoukville sind sehr teuer, spontan findet man kaum ein Zimmer.

Vietnam

Das vietnamesische Neujahrsfest (**Tet Nguyen Dan** („Fest des ersten Tages") ist das wichtigste und größte Fest des Landes. Es wird oft einfach nur als „Tet" bezeichnet, obwohl Tet streng genommen lediglich „Fest" bedeutet. Aber Neujahr und mit ihm das vorangegangene Tet Ong Tao gilt als das Fest der Feste, und so hat sich die Abkürzung „Tet" (zumindest im Ausland) als Bezeichnung für dieses eine Fest durchgesetzt. Es ist, als würden wir Weihnachten, Neujahr, Ostern und das amerikanische Thanksgiving zusammen feiern. Denn Tet beinhaltet die Idee des universellen Friedens, den Beginn des neuen Jahres, die Wiedergeburt (denn alles Leben beginnt neu) und gutes Essen.

Neujahr wird vom 1.–7. Tag des ersten Mondmonats gefeiert, meist Ende Januar/Anfang Februar. Offiziell haben die Menschen drei Tage frei, viele nehmen sich aber länger Zeit. Die Geschäfte schließen eine ganze Woche. Die Straßen sind mit Blumen geschmückt, es gibt Leckereien und ein wunderschönes Feuerwerk. Das Fest beginnt inoffiziell mit der Reise des Herd-gottes zum Jadekaiser (Tet Tao Quan), geht dann ins Hauptfest Tet Ca („großes Tet") über und endet mit dem Tet Nguyen Dan, dem eigentlichen Neujahrsfest.

Das Wichtigste am ersten Tag im neuen Jahr ist, Unglück und schlechtem Benehmen aus dem Wege zu gehen: Pech am ersten Tag des Jahres bedeutet Pech im ganzen Jahr. Es wird vermieden zu streiten, etwas kaputt zu machen oder gar zu schimpfen. Das neue Jahr stellt für jeden Vietnamesen einen neuen Anfang dar und dieser soll nicht getrübt sein.

▶▶ Informationen (S. 78)

Flüge

Bangkok ist das Drehkreuz der Region. Von hier führen Flüge nach Vientiane, Luang Prabang, Savannakhet, Pakxe, Ha Noi, Ho-Chi-Minh-Stadt, Phnom Penh und Siem Reap. Aber auch zwischen Laos, Kambodscha und Vietnam wächst die Zahl der Flugverbindungen. Vietnam Airlines plant, Vietnam zum regionalen Verkehrsknotenpunkt auszubauen mit neuen Zielen in der Region und in Europa.

Thailand

Der im Südosten von Bangkok gelegene Suvarnabhumi Airport (BKK), 🖥 www.suvarnabhumiairport.com, ist das Eingangstor zu Thailand. Die großen thailändischen Billigairlines fliegen ab dem alten Don Mueang Airport (DMK) nördlich der Stadt. Weitere internationale Flüge landen in Chiang Mai und Phuket. Anschlussflüge im Land können bei der nationalen Fluggesellschaft Thai Airways und privaten Anbietern mit Kreditkarte günstig im Internet gebucht werden. Im Flugpreis ist die Flughafensteuer *(airport tax)* inbegriffen.

Air Asia (FD), 🖥 www.airasia.com. Die größte Billigfluggesellschaft verbindet Bangkok (DMK) mit Chiang Mai, Chiang Rai, Nakhon Phanom, Udon Thani und Ubon Ratchathani. Internationale Flüge gehen nach Ho-Chi-Minh-Stadt, Ha Noi und Phnom Penh. Aufzugebendes Gepäck, Essen und Getränke während des Flugs sowie Platzreservierungen kosten extra.

Bangkok Airways (PG), 🖥 www.bangkokair. com. Die selbst ernannte Boutique-Airline fliegt von Bangkok (BKK) nach Sukhothai, Lampang, Chiang Mai und Trat sowie nach Siem Reap, Phnom Penh, Luang Prabang, Pakxe und Vientiane. Bangkok Airways bietet in Kooperation mit Lao Airlines einen „Discovery Airpass" an (S. 46).

Nok Air (DD), 🖥 www.nokair.com. Die Billigfluggesellschaft von Thai Airways verkehrt von Bangkok (DMK) nach Chiang Mai, Chiang Rai, Loei, Mae Sot, Nakhon Phanom, Nakhon Si Thammarat, Nan, Phitsanulok, Phrae, Ubon Ratchathani und Udon Thani und – als Flug-Bus-Kombi – nach Vientiane und Pakxe. Von Chiang Mai werden von **Nok Mini** Hat Yai und von Anfang Dezember bis Ende April auch Mae Hong Son, Udon Thani und Mae Sot angeflogen. Das Maximalgewicht beim aufzugebenden Gepäck beträgt je nach Buchungskategorie 15–30 kg.

Orient Thai Airlines (OX), 🖥 www.flyorient thai.com/en. Die kleine Airline fliegt von Bangkok (DMK) nach Chiang Mai. Es gibt feste Sitzplätze, während des Fluges kostenlos Essen und Getränke und 20 kg Freigepäck.

Thai Airways (TG), 🖥 www.thaiair.de, thaiairways.com. Bei internationalen Anschlussflügen empfiehlt es sich, auch den Zubringer mit Thai Airways zu buchen, da dann das Gepäck durchgecheckt werden kann und Umbuchungen bei Verspätungen unproblematischer sind. Die renommierte Airline fliegt ab Bangkok (BKK) nach Chiang Mai, Chiang Rai, Khon Kaen, Ubon Ratchathani und Udon Thani. Die günstige Tochtergesellschaft **THAI Smile** (TG) fliegt von Bangkok (DMK) unter anderem nach Chiang Mai, Ubon Ratchathani, Udon Thani und seit neustem auch nach Luang Prabang.

Laos

Jahrzehntelang war **Lao Airlines**, 🖥 www. laoairlines.com, die einzige Fluglinie, die Strecken innerhalb des Landes bedienen durfte. 2011 erschien die private **Lao Central Airlines**, 🖥 www.flylaocentral.com, auf der Bildfläche, absolvierte ihren Jungfernflug und verschwand erst einmal wieder in der Versenkung. Inzwischen hat sie den Flugbetrieb aufgenommen, allerdings kursierten bei Drucklegung Gerüchte, er würde schon bald wieder ausgesetzt.

Eine weitere Airline ist die staatliche Charterfluggesellschaft **Lao Skyway** (vormals Lao Air), 🖥 www.laoskyway.com, die ihr Streckennetz erst 2014 stark erweitert hat. Ob alle Ziele Bestand haben, muss sich erst noch zeigen.

Die **Flotte** von Lao Airlines besteht aus vier Airbus A320 und zehn Turboprop-Maschinen (ATR72 und MA60). Mit dem Einsatz dieser neuen Flugzeuge hat die Gesellschaft ihren Sicherheitsstandard in den vergangenen zehn Jahren erheblich verbessert. Lao Central Airlines besitzt zwei Boeing 737 und ein paar russische Sukhoi Superjets 100. Lao Skyway betreibt ihre Flüge überwiegend mit kleinen Propellermaschinen, darunter Cessna Caravan, Dornier Do 228, DHC Twin Otters, und zwei größeren MA60.

Knotenpunkt in Laos ist der Wattay International Airport in Vientiane. **Inlandflüge** gibt es zu den meisten Provinzhauptstädten, darunter Houay Xai, Luang Namtha, Oudomxai, Pakxe, Phongsaly, Phonsavan, Xam Neua und Xayaboury. Kleinere Städte werden aber nur ein paar Mal pro Woche angeflogen. Abflugzeiten und Frequenzen ändern sich häufig, auch kommt es wegen schlechten Wetters nicht selten zu Verspätungen oder dem Ausfall von Flügen. In der Hauptsaison sind internationale Routen und die Strecke Vientiane – Luang Prabang häufig ausgebucht, also rechtzeitig darum kümmern.

Flugtickets gibt es online, im Airline-Büro vor Ort und in größeren Städten auch in Reisebüros. Sie sind mitunter noch in US-Dollar zu bezahlen, außerdem ist der Pass vorzuzeigen (eine Kopie reicht nicht). Die Bezahlung mit Kreditkarte ist auf jeden Fall in den großen Mekongstädten möglich.

Laos hat vier internationale Flughäfen: Vientiane, Luang Prabang, Savannakhet und Pakxe. **Internationale Verbindungen** bestehen mit verschiedenen Airlines von/nach Bangkok, Chiang Mai, Guangzhou, Ha Noi, Ho-Chi-Minh-Stadt, Kuala Lumpur, Singapore, Jinghong, Kunming, Phnom Penh, Siem Reap und Vinh.

Kambodscha

Es gibt drei operierende Flughäfen in Kambodscha. Internationale Flughäfen befinden sich in Phnom Penh und in Siem Reap. In Sihanoukville starten und landen bisher nur nationale Flüge.

Seit Ausbau des Straßennetzes sind die vielen Flughäfen der Provinzstädte nicht mehr in Betrieb. Kambodschas einzige Fluglinie ist derzeit **Cambodia Angkor Air**, 🖳 www.cambodiaangkor air.com, ein Joint Venture zwischen dem Staat und Vietnam Airlines. Die nationalen Verbindungen zwischen Phnom Penh und Siem Reap verkehren 4–6x tgl. in 45 Min., die Tickets kosten ab US$100. Zwischen Siem Reap und Sihanoukville gibt es zwischen November und April tägliche Verbindungen, sonst 4x pro Woche, Flugzeit 1 Std., Preis ab US$116. Flughafensteuern sind im Ticketpreis enthalten.

Vietnam

Vietnam hat zahlreiche kleine und vier internationale Flughäfen: Ho-Chi-Minh-Stadt, Ha Noi, Da Nang und den Can Dao International Airport im Mekong-Delta. **Inlandsflüge** sind relativ günstig, die Flughafengebühr ist meist im Preis enthalten. Vietnam Airlines fliegt alle nationalen Flughäfen an. Die Strecke zwischen Ho-Chi-Minh-Stadt und Ha Noi sowie einige andere Flugrouten werden zudem von Vasco (einem Subunternehmen von Vietnam Airlines) und Jetstar Pacific bedient. Stehen mehrere Flüge an einem gewünschten Datum zur Auswahl, sollte man nicht den letzten buchen – denn das ist der erste, der womöglich wegen schwacher Auslastung storniert wird.

Air Mekong, 🖳 www.airmekong.com.vn, fliegt von Ho-Chi-Minh-Stadt und Ha Noi nach Phu Quoc und Con Dao, außerdem ins zentrale und südliche Hochland (Plei Ku, Buon Ma Thuot und Da Lat) und nach Vinh (über Buon Ma Thout). Quy Nhon wird von HCMS aus angeflogen. Im Frühjahr 2014 wurde der Betrieb vorübergehend eingestellt, um die Flotte zu erneuern.

Vietnam Airlines ist auch Ansprechpartner für Flüge mit Vasco, 🖳 www.vietnamairlines.com. Die Zentrale befindet sich in Ha Noi, 200 Nguyen Son, Long Bien Dist., ✆ 04-3873 2732. Vietnam Airlines fliegt folgende Flughäfen an: Südvietnam: Ho-Chi-Minh-Stadt, Can Tho, Rach Gia, Con Dao, Phu Quoc und Ca Mau. Zentralvietnam: Da Lat, Nha Trang, Tuy Hoa, Buon Ma Thuot, Quy Nhon, Plei Ku, Tam Ky, Da Nang, Hue, Dong Hoi und Vinh. Nordvietnam: Thanh Hoa, Hai Phong, Dien Bien Phu und Ha Noi.

Jetstar Pacific, 🖳 www.jetstar.com, fliegt zwischen Ha Noi und HCMS, zwischen HCMS und Da Nang (3x tgl.) und mehrmals in der Woche zwischen HCMS und Hue, Vinh, Hai Phong, Nha Trang und Phu Quoc (auch nach Da Nang und Ha Noi). Zudem gehen Flüge von Buon Ma Thuot nach Vinh und HCMS. Die Tickets können online gebucht werden. Getränke und Essen müssen wie bei den meisten Billig-Airlines extra bezahlt werden. Jetstar Pacific betreibt in Ha Noi einen Shuttlebus zwischen Flughafen und Innenstadt: Die Haltestelle im Flughafen befindet sich vor der Ankunftshalle der Inlandsflüge.

VietJet AirAsia, 🖳 www.vietjetair.com, bietet Verbindungen zwischen HCMS, Ha Noi und Da Nang, sowie nach Da Lat, Nha Trang, Phu Quoc und zu andere Zielen.

Tickets sollten mindestens einen Tag vor dem Flugtermin besorgt sein, in der Hauptsaison weitaus früher. In Ho-Chi-Minh-Stadt und Ha Noi sind Tickets für alle Routen problemlos zu buchen, in kleineren Orten kann sich dies schwieriger gestalten. Alle Städte mit Flughäfen verfügen über ein Büro von Vietnam Airlines, die Adressen sind in den jeweiligen Ortskapiteln gelistet.

Alle Flüge werden in Vietnam in Dong oder US-Dollar gezahlt. Wer bereits in Deutschland bucht, zahlt in Euro. Flüge am späten Abend sind sehr günstig und jene am Wochenende teuer. Flüge mit Vietnam Airlines und Jetstar können online gebucht werden.

» Anreise (S. 46), Weiterreise (S. 107)

Frauen

Frauen können ohne Weiteres auf eigene Faust durch die Mekong-Region reisen. In Thailand stellen sie sogar einen Großteil der Backpacker-Community. Wie überall ist es ratsam, sich eher dezent zu kleiden (S. 100) und übermäßige Vertraulichkeiten zu vermeiden, die besonders von alkoholisierten Männern missgedeutet werden könnten. Wenn jemand die persönlichen Grenzen überschreitet, genügt gewöhnlich ein resolutes „No", um die Situation zu klären. Gewalt gegen Touristinnen ist selten.

Zu weiteren Einschränkungen gehört, dass Frauen der Zutritt zum heiligen Bereich einiger buddhistischer Tempel verboten ist. Da Mönche keine Frauen berühren dürfen, sollten Frauen auf Abstand achten und sich in öffentlichen Verkehrsmitteln nicht neben Mönche setzen.

▸▸ Kinder, Sicherheit (S. 90),
   Verhaltenstipps (S. 100)

Geld

Etwas Bargeld, die EC-Karte und die Kreditkarte: Damit ist man für die Reise gut aufgestellt.

Bargeld

Bargeld gibt es in Thailand an fast jedem Geldautomaten (ATM), auch am Flughafen. Daher ist es nur noch nötig, ein paar Dollar oder Euro als Notreserve bei sich zu tragen. Auch in Laos, Kambodscha und Vietnam ist die Zahl der ATM enorm gestiegen. Dennoch ist es überlegenswert, in diesen Ländern ein paar **US-Dollar** als Reserve dabeizuhaben: In allen dreien kann mit Dollar bezahlt werden (in Laos vielerorts auch mit Baht), Banken tauschen Dollar anstandslos in die lokale Währung und bei der Einreise nach Laos und Kambodscha müssen die Visagebühren sogar in Dollar bezahlt werden. Auch wer in Vietnam ein „Visa on Arrival" in Anspruch nimmt, zahlt bar in US-Dollar. US$100-Noten werden allerdings wegen zahlreicher in Umlauf befindlicher Blüten häufiger nicht akzeptiert. Gleiches gilt für schmutzige oder beschädigte Scheine.

Augen auf beim Bezahlen

Die Kreditkarte darf beim Bezahlen nicht aus den Augen gelassen werden, damit kein zweiter Kaufbeleg erstellt werden kann. Sie sollte auch niemals in einem Safe, der auch anderen zugänglich ist, verwahrt werden. Wer eine Falschabbuchung bemerkt, kann innerhalb einer begrenzten Zeit die Zahlung reklamieren. Deshalb sollte man von unterwegs das Konto im Internet kontrollieren.

Infos und Sperrnummern

Zentraler Sperrnotruf
📞 +49-116 116, 📞 +49-30 4050 4050
🖥 www.sperr-notruf.de
American Express, 📞 +49-69-9797 2000
🖥 www.americanexpress.de
MasterCard, 📞 +1-636 722 7111
🖥 www.mastercard.de
Visa, 📞 +1-303 967 1096, 🖥 www.visa.de
Weitere Sperrnummern unter
🖥 www.kartensicherheit.de

Wer über Bangkok anreist, kann am Suvarnabhumi Airport Baht und an manchen Automaten Dollar ziehen. In Kambodscha zahlen die Geldautomaten ausschließlich Dollar aus.

Fast alle Banken in der Mekong-Region tauschen auch **Euro**. Bezahlen kann man damit aber nirgendwo.

Reiseschecks

Eine aussterbende Spezies sind Travellers Cheques, die gegen eine Provision bei jeder Bank erhältlich sind. Schecks in Dollar oder Euro werden in Thailand fast überall gewechselt, in Laos, Kambodscha und Vietnam werden sie dagegen nicht mehr gern genommen. Zwar ist der Kurs in der Regel günstiger als für Bargeld, dafür wird eine Provision pro Scheck verlangt.

Bei Verlust oder Diebstahl werden die Reiseschecks im nächsten Vertragsbüro ersetzt. Wichtig ist, dass die Kaufabrechnung an einer anderen Stelle aufbewahrt wird als die Schecks. Eine Aufstellung aller eingelösten Schecks beschleunigt die Angelegenheit.

Kreditkarten

Mit Kreditkarten kann man im mittleren und oberen Preissegment bezahlen und bei vielen Banken Bargeld abheben. Der Grad der Akzeptanz ist aber regional sehr unterschiedlich.

In **Thailand** nehmen viele Geschäfte, Restaurants und Hotels Kreditkarten. In **Laos** werden sie nur in den großen Tourismuszentren akzeptiert. Dennoch gehören sie ins Gepäck, denn mit Geheimzahl kann man an internationalen Geldautomaten Kip abheben (s. Kasten). Visa hat in

Laos die Nase vorn, gefolgt von MasterCard und American Express. Auch in **Kambodscha** werden Kreditkarten meist nur in größeren Hotels, westlichen Restaurants, Souvenirgeschäften und Reisebüros akzeptiert. Visa- und MasterCard sind weitverbreitet, American Express oder Diners Club werden dagegen nur selten angenommen.

In **Vietnam** werden Kreditkarten in den größeren Hotels, von Vietnam Airlines und in Banken akzeptiert. Auch in Reisebüros kann man die Rechnung mit Karte begleichen. Nicht alle Anbieter akzeptieren jedoch alle Karten: So nimmt Tiger Airways manchmal keine deutschen Karten an, und bei Air Asia kann man bei der Online-Buchung mit der DKB-Karte aufgeschmissen sein. Eine Zweitkarte ist also nützlich.

In allen vier Ländern verlangen Geschäfte bei Kartenzahlung nicht selten entgegen den Vertragsvereinbarungen eine **Gebühr** (1–5 %) vom Kunden. In diesem Fall sollte man den Betrag auf der Rechnung ausweisen lassen und später vom Kreditkartenunternehmen zurückfordern.

Überweisungen

Sich von zu Hause Geld schicken zu lassen ist in jedem Fall kostspielig. Der schnellste Weg führt über die Zweigstellen von **MoneyGram**, 🖥 www.moneygram.de, und **Western Union**, 🖥 www.westernunion.de.

» Öffnungszeiten (S. 88), Trinkgeld (S. 95), Währungen und Wechselkurse (S. 107)

Geldautomaten (ATM)

Geldautomaten sind in **Thailand** weit verbreitet. An fast allen kann man mit Karte (Maestro/Cirrus/Kreditkarte) und PIN Geld abheben. Als Maximalbetrag gelten 20 000 Baht. Bei einigen Automaten ist der Betrag geringer. Umgerechnet wird zum Briefkurs. Die Thai-Bank schlägt bei ausländischen Geld- und Kreditkarten 150 Baht auf.

In **Laos** sind Vientiane und die großen Mekongstädte gut mit Geldautomaten ausgestattet. Auch in vielen Provinzstädten gibt es inzwischen mindestens einen ATM. Die meisten werden von der BCEL betrieben, einige auch von der Lao Development Bank (nur Visa), der Joint Development Bank, der Phongsavanh Bank, der Banque Franco-Lao (nur Visa) und der ANZ. Der Höchstbetrag pro Abhebung liegt zwischen 1 Mio. (100 €) und 2 Mio. Kip. Es sind aber mehrere Abhebungen hintereinander möglich. Die Kosten pro Abhebung betragen 20 000–40 000 Kip zzgl. der Gebühr, die das heimische Geldinstitut erhebt (vorher schlau machen).

In **Kambodscha** gibt es ebenfalls in fast jeder namhafteren Stadt Geldautomaten. Ausgezahlt wird in US-Dollar. Die Kosten für eine Abhebung sind von Bank zu Bank verschieden. Bis auf die Canadia Bank erheben alle Banken bei der Barabhebung eine Bearbeitungsgebühr von 1–3 %.

Auch in **Vietnam** gibt es mittlerweile in fast allen Städten Geldautomaten. Viele Banken nehmen 30 000 Dong Gebühr pro Transaktion. An den meisten Automaten können maximal 2 Mio. Dong abgehoben werden, viele Banken reduzieren zudem den Zugriff auf max. fünf Abbuchungen am Tag. Bei der Abhebung am Geldautomaten muss auf *withdrawal* oder *current* gedrückt werden. Viele Kreditkartenunternehmen haben mittlerweile Angebote, die es erlauben, kostenlos Geld abzuheben, sodass die ansonsten fälligen 4–5,5 % Bearbeitungsgebühr an die heimische Bank entfallen.

Vor der Reise: Kartenlimit prüfen

Wegen des zunehmenden Geldkartenbetrugs haben einige deutsche Banken bei EC-Karten **Abhebelimits** für die Nutzung im Ausland eingeführt. Manche Institute senkten das Limit sogar auf Null. Auch die neuen **V-Pay-Karten** sind in der Mekong-Region nicht einsetzbar.

Man sollte sich unbedingt vor der Reise bei seiner Bank nach dem Limit erkundigen und es gegebenenfalls heraufsetzen lassen. Eine gute Idee ist auch, die Bank über die Reise zu informieren – es kommt immer wieder vor, dass Karten wegen „ungewöhnlicher Transaktionen" gesperrt werden.

Kleidung

- [ ] **Badekleidung** (für Frauen außerhalb der Touristenzentren einteiliger Badeanzug)
- [ ] **Badelatschen** (wegen Pilzgefahr beim Duschen!)
- [ ] **Hemden** oder **Blusen**
- [ ] **Hosen** bzw. **Röcke** (die leicht sind und bequem sitzen)
- [ ] **Jacke** (für An- und Abreise, Nächte in den Bergen und AC-Busse)
- [ ] **Kurze Hosen** (bei Männern bis zur Hälfte des Oberschenkels, bei Frauen bis zum Knie, Shorts nur am Strand)
- [ ] **Pullover**
- [ ] **Sandalen** (in die man leicht hinein- und herausschlüpfen kann)
- [ ] **Schuhe** (für Trekkingtouren reichen Turnschuhe meist aus)
- [ ] **Socken** (dichte, nicht allzu kurze Socken als Moskitoschutz für den Abend)
- [ ] **T-Shirts / Polo-Shirts** (mit Ärmel)
- [ ] **Unterwäsche**

Hygiene und Pflege

- [ ] **Feuchttücher** (zur Hygiene für unterwegs)
- [ ] **Kosmetika** / Hautpflegemittel
- [ ] **Nagelschere** und Nagelfeile (nicht ins Handgepäck)
- [ ] **Nähzeug** (Zwirn, Nähseide, Nadeln, Sicherheitsnadeln)
- [ ] **Papiertaschentücher**
- [ ] **Plastiktüten** (für schmutzige Wäsche und als Nässeschutz)
- [ ] **Rasierer** (für abgelegene Gebiete einen Nassrasierer)
- [ ] **Shampoo** / Haarpflegemittel
- [ ] **Tampons** (Nachschub in Supermärkten)
- [ ] **Toilettenpapier** (auf öffentlichen Toiletten oft nicht vorhanden)
- [ ] **Zahnbürste / Zahnpasta**

Sonstiges

- [ ] **Fotoapparat**, Ladegerät und Ersatzakkus
- [ ] **Regenschirm** (keine Gummijacke wegen Wärmestau)
- [ ] **Reiseapotheke** (S. 75)

- [ ] **Reiseführer / Karten / Navi**
- [ ] **Reiselektüre / E-Reader**
- [ ] **Smartphone / Handy** und Ladegerät
- [ ] **Sonnenschutz**: Hut, Brille (in unzerbrechlicher Box), Sonnencreme
- [ ] **Taschenlampe**
- [ ] **Taschenmesser** (nicht ins Handgepäck)

Dokumente

- [ ] **Flugunterlagen**
- [ ] **Führerschein** (gültiger internationaler)
- [ ] **Geld** (Bargeld, Bankkarte, Kreditkarte)
- [ ] **Impfpass**
- [ ] **Reisepass** (evtl. internationaler Studentenausweis, Personalausweis)

Tipp: Es ist sinnvoll, alle wichtigen **Reisedokumente** vor Abfahrt zu fotografieren oder zu scannen und an die eigene E-Mail-Adresse zu schicken, evtl. auch Reiseschecknummern, Medikamentennamen, Blutgruppe usw. So können diese im Notfall unterwegs abgerufen werden. Auch Fotos von aufgegebenen Gepäckstücken können bei Verlust des Fluggepäcks eine große Hilfe sein.

Wer in einfachen Unterkünften wohnen wird, braucht zudem

- [ ] **Handtücher** (die schnell trocknen)
- [ ] **Klebeband** (fürs Packen, zum Dämpfen zu stark eingestellter Klimaanlagen und zum Verschließen von Löchern im Moskitonetz)
- [ ] **Kordel** (als Wäscheleine oder zum Aufspannen des Moskitonetzes)
- [ ] **Moskitonetz**
- [ ] **Nägel** (zum Befestigen des Moskitonetzes)
- [ ] **Plastikbürste** (zum Reinigen von Wäsche und Schuhen)
- [ ] **Schlafsack** (Seiden- bzw. Leinenschlafsack oder zwei dünne Tücher, da es in billigen Hotels keine Decken gibt und Laken nicht häufig gewechselt werden)
- [ ] **Seife** oder Waschlotion
- [ ] **Vorhängeschloss** (und kleine Schlösser fürs Gepäck)
- [ ] **Waschmittel** (in der Tube)

Gepäck

Kleidung

Luftige Sachen sind bei Hitze am angenehmsten. Außerdem gehören Trekkinghosen, Wander- oder Sportschuhe und robuste Sandalen zur Ausstattung. Gummischlappen sind nicht nur beim eiligen Gang über den Flur zur Toilette gut, sondern auch bei Zimmern mit Bad: Die Duschen haben selten eine Duschwanne, sodass die Bäder fast immer unter Wasser stehen – ein idealer Nährboden für Pilze.

Bei Fahrten in Songtheos und Pick-ups kann ein Tuch vor Sonne, Staub und Abgasen schützen. Gut sind auch Kapuzenjacken oder Sweatshirts mit Kapuze, die gleichzeitig den Nacken bedecken. In den Bergregionen von Laos und Vietnam sind neben Pullover und Jacke auch Schal und Mütze sinnvoll, besonders wenn man bei schlechtem Wetter oder in der Dämmerung unterwegs ist.

In Südostasien beurteilt man die Menschen weit mehr als in Europa nach ihrem Äußeren. Ein schmuddeliges Outfit stößt schnell auf Ablehnung. Vor allem bei Frauen gilt allzu weit ausgeschnittene und eng anliegende Kleidung als obszön.

Wäsche wird von den meisten Unterkünften und Wäschereien für wenig Geld innerhalb von 24 Stunden gewaschen.

Ausrüstung für Trekkingtouren

Bei einfachen Treks in der Trockenzeit reichen Turnschuhe meist aus. Gute Wanderschuhe machen sich immer bezahlt. Sie sollten aus einem Material bestehen, das möglichst schnell trocknet, und die Knöchel stützen, damit man nicht so leicht umknickt. In der Regenzeit ist es kaum möglich, nass gewordene Kleidung und Schuhe zu trocknen, und die Wege sind oft gefährlich rutschig. Wer dennoch auf Wanderschaft geht, sollte Regenjacken und ggf. ein Paar Zweitschuhe einpacken.

Bei mehrtägigen Touren empfiehlt sich ein warmer Schlafsack. Daunen sind ungeeignet, da sie bei hoher Luftfeuchtigkeit nicht trocknen. Das Gepäck zusätzlich mit einem Zelt oder einem wetterfesten Schlafsack zu belasten,

lohnt nur, wenn entsprechende Abenteuer geplant sind. Für laue Tropennächte reicht ein Bettbezug, Betttuch oder Jugendherbergs-Schlafsack aus. Sinnvoll ist auch die Mitnahme von Wasserflaschen, die am Körper befestigt werden können.

Technik

Kaum jemand möchte unterwegs mehr auf sein Smartphone verzichten. Es ersetzt MP3-Player, Organizer, Kamera und das GPS. Vor allem Letzteres ist auf Reisen in unbekannte Gebiete hilfreich. Dank günstiger Gebühren und zahlreicher kostenloser Hotspots (vor Ort: WiFi) sind Surfen im Internet, Abrufen von Mails und die Speicherung digitaler Fotos einfach und preiswert.

Mehr und mehr Reisende nehmen auch ihr Tablet oder Netbook mit auf Reisen. Alle technischen Geräte benötigen Energie und daher Akkus sowie den unvermeidlichen Kabelsalat. Europäische Flachstecker passen in immer mehr Steckdosen, trotzdem ist ein Adapter keine schlechte Idee.

Wertsachen

Wertsachen wie Geld, Pässe, Reiseschecks und Flugtickets lassen sich am besten nah am Körper in einem breiten Bauchgurt aus Baumwolle aufbewahren. Alle Papiere sollten unbedingt zusätzlich durch eine Plastikhülle geschützt werden.

Nicht schlecht ist auch, alle wichtigen Reisedokumente zu Hause einzuscannen und an die eigene Webmail-Adresse zu schicken (siehe dazu auch den Kasten „Gepäck-Check"). Wer keinen Scanner hat, macht nach der Einreise einfach Fotokopien von Pass, Visum und Einreisestempel. Damit gibt es schneller Ersatz, falls der Pass abhanden kommt.

Kleine Vorhängeschlösser an den Reißverschlüssen des Rucksacks schützen vor Dieben und sorgen dafür, dass man nicht als Kurier missbraucht wird. Eine Rucksackhülle ist gut, wenn man während der Regenzeit reist, denn das Gepäck wird häufig auf dem Dach der Busse transportiert.

▸▸ Elektrizität (S. 56), Reiseapotheke (S. 75)

Gesundheit

In Thailand sind die gesundheitlichen Risiken relativ gering, in Laos, Kambodscha und Vietnam ist die Liste der möglichen Krankheiten schon länger. Für keines der Länder sind Impfungen vorgeschrieben, außer gegen Gelbfieber, sofern man aus einem Infektionsgebiet kommt (Westafrika, Zentralafrika oder Südamerika).

Ganz generell sollte überprüft werden, ob der Schutz gegen **Tetanus, Diphtherie, Keuchhusten** und **Kinderlähmung** (Polio) noch besteht. Viele Reisemediziner raten außerdem zu Impfungen gegen **Typhus** und **Hepatitis A**. Ob noch weitere Impfungen nötig sind, etwa gegen Tollwut, Hepatitis B, Japanische Enzephalitis oder Meningokokken ACWY und B, hängt von den besuchten Regionen, der Reiseart und -dauer und dem Alter und Gesundheitszustand des Reisenden ab.

Auf jeden Fall sollte man sich sechs bis acht Wochen vor Reiseantritt von einem Reisemediziner über Impfungen und den besten Schutz gegen Malaria und Dengue-Fieber beraten lassen. Aktuelle Adressen der **Tropenmedizinischen Institute** und eine praktische Arztsuchfunktion bietet zum Beispiel die Website der Deutschen Gesellschaft für Tropenmedizin: 🖥 www.dtg.org.

Sämtliche Impfungen sollten mit Ort, Datum und Unterschrift des Arztes in einen **Internationalen Impfpass** eingetragen werden. Näheres zu möglichen Krankheiten gibt es im Abschnitt „Reisemedizin zum Nachschlagen" auf S. 876.

Gesundheitstipps für die Reise
Essen
Am besten hält man sich an die alte Tropenregel: kochen, braten, schälen – oder lassen. Denn ein Großteil der Infektionen wird durch unsauberes Essen übertragen. Wichtig ist auch die persönliche Hygiene: Viele Erreger trägt man mit den eigenen Fingern zum Mund.

Wasser
In Flaschen abgefülltes **Trinkwasser** ist überall erhältlich und anders als Leitungswasser ein unbedenklicher Durstlöscher.

Vorsicht ist bei **Eis** geboten, da dieses oft aus großen Blöcken gehackt oder geraspelt wird, die zuvor durch viele Hände gewandert sind. Eine Ausnahme bildet das Eis in den meisten westlich orientierten Restaurants und Hotels.

Klima
Sonne und Hitze machen Reisenden oft als erstes zu schaffen. Wer aus Europa ins tropische Asien reist, hat nicht selten eine Temperaturdifferenz von 20 °C und mehr zu verkraften. Wichtig ist, ausreichend zu trinken, denn der Körper schwitzt gerade in den ersten Tagen sehr. Als Faustregel gilt: **drei Liter Flüssigkeit** pro Tag.

Wie überall in den Tropen ist die Sonnenstrahlung eine Gefahr. Je nach Typ braucht die Haut bis zu fünf Tage, um den Eigenschutz aufzubauen. **Sonnencreme mit hohem Lichtschutzfaktor** (20 und höher) und ein Basecap bieten zusätzlich Schutz.

So seltsam es klingt: Auch **Erkältungen** kommen häufiger vor, als man denkt, denn in der kühlen Jahreszeit wird es nach Sonnenuntergang schnell frisch. Dann hilft ein dünner Pullover – in den Bergen ein dicker. Wichtig ist, nachts die Klimaanlage oder den Ventilator auszustellen.

Medizinische Hilfe vor Ort
Die großen, internationalen Krankenhäuser in Bangkok und Chiang Mai gehören mit ihrem medizinischen Standard zur Weltklasse. Das Bangkok Hospital hat einen **Flugrettungsnotdienst**, der nicht nur in Thailand, sondern auch in den Nachbarländern hilft – Notruf: ☎ +66 2755-1777.

Thailand
Dank eines gut entwickelten Gesundheitswesens erreicht man in Thailand im Notfall von fast allen Orten aus schnell ein Krankenhaus. Bei ernsthaften Erkrankungen oder anstehenden Operationen sollte man ein internationales privates Krankenhaus mit Englisch sprechendem Personal in Bangkok, Chiang Mai oder Phuket aufsuchen. Allerdings trägt der Patient die Kosten selbst und muss deshalb vor der Aufnahme die Kreditkarte zücken.

Staatliche Krankenhäuser sind zwar sauber und gut ausgestattet, ihr Standard entspricht aber oft nicht den europäischen Erwartungen.

✗ Tipps für eine Reiseapotheke

Von allen regelmäßig benötigten Medikamenten sollte man einen ausreichenden Vorrat mitnehmen. Nicht zu empfehlen sind Zäpfchen oder andere hitzeempfindliche Medikamente.

Basisausstattung
- ☐ **Verbandzeug**
- ☐ **Fieberthermometer**
- ☐ **Ohrstöpsel**
- ☐ **Sonnenschutz** mit UVA- und UVB-Filter Beipackzettel

Malaria-Prophylaxe
- ☐ **Malaria-Medikament*** zur Prophylaxe oder als Standby-Therapie
- ☐ **Mückenschutz** (für Kinder: Zanzarin)

Schmerzen und Fieber
- ☐ **Benuron, Dolormin** (keine acetylsalicylsäurehaltigen Medikamente wie Aspirin)
- ☐ **Buscopan** (bei krampfartigen Schmerzen)
- ☐ **Antibiotika*** gegen bakterielle Infektionen (in Absprache mit dem Arzt)

Magen- und Darmerkrankungen
- ☐ **Tabletten gegen Durchfall** (Imodium akut oder in Thailand erhältlich Lomotil)
- ☐ **Elektrolytpulver** zum Trinken (Elotrans, für Kinder: Oralpädon)

- ☐ **Mittel gegen Verstopfung** (Dulcolax Dragees, Laxoberal Tropfen)

Erkrankungen der Haut
- ☐ **Desinfektionsmittel** (Betaisodona Lösung, Kodan Tinktur)
- ☐ **Antibiotische Salbe** für infizierte oder infektionsgefährdete Wunden (Nebacetin RP)
- ☐ **Mittel gegen Juckreiz** nach Insektenstichen und Allergien (Soventol Gel, Azaron Stift, Fenistil Tropfen, Teldane Tabletten)
- ☐ **Soventol Hydrocortison Creme, Ebenol Creme** (bei starkem Juckreiz oder stärkerer Entzündung)
- ☐ **Wund- & Heilsalbe** (Bepanthen)
- ☐ **Antimykotikum** gegen Pilzinfektionen (Fungizid ratio, Canesten)
- ☐ **Augentropfen** bei Bindehautentzündungen (Berberil, Yxin)

Reisekrankheit
- ☐ **Superpep Kaugummis, Vomex**

Bitte bei den Medikamenten Gegenanzeigen und Wechselwirkungen beachten und sich vom Arzt oder Apotheker beraten lassen.

* rezeptpflichtig in Deutschland

Abgesehen von einer geringen Aufnahmegebühr ist die Behandlung dafür kostenfrei. Medikamente müssen selbst bezahlt werden.

Gesundheitszentren (Health Centers) oder Erste-Hilfe-Stationen, die es in vielen Dörfern gibt, beschäftigen meist nur Krankenschwestern. In absoluten Notfällen hilft die Botschaft weiter.

Laos
Das laotische Gesundheitswesen ist unterentwickelt. Zwar gibt es inzwischen in jeder Provinzhauptstadt ein staatliches Krankenhaus, doch entsprechen Ausbildung des medizinischen Personals und Ausstattung bei weitem nicht internationalen Standards. In vielen entlegenen Gebieten bekommt man nur schwer medizinische Hilfe.

In Vientiane und in den anderen großen Mekongstädten können leichtere Krankheiten ganz gut behandelt werden. In einigen gibt es anständige Privatkliniken. Wer schwerer erkrankt, sollte sich in Thailand behandeln lassen. Im Notfall organisieren Lao Westcoast Helicopter, ✆ 021-512023, 🖥 www.laowestcoast.com, und einige grenznahe thailändische Krankenhäuser den Nottransport:

Kambodscha
Auch in Kambodscha ist es um das Gesundheitswesen nicht gut bestellt. Nur in Phnom Penh, Siem Reap und Sihanoukville gibt es Kli-

niken, die einen internationalen Standard erreichen. In den staatlichen Krankenhäusern ist die technische Ausrüstung, Hygiene und Patientenbetreuung dürftig. Privatkliniken sind den staatlichen Häusern vorzuziehen. Sie sind meist besser ausgestattet und werden oft von einem internationalen Ärzteteam betrieben. In der Provinz bedeutet „Clinic" eine etwas bessere Arztpraxis. Die Behandlung in Krankenhäusern und bei Ärzten muss bar bezahlt werden (ab US$20, in den internationalen Kliniken US$100–150 jeweils für die Erstbehandlung zzgl. Medikamente). Die internationalen Kliniken in Phnom Penh, Siem Reap und Sihanoukville klären die Abrechnung mit den heimischen Krankenkassen.

Bei schweren und ernsthaften Krankheiten sollte man sich in Bangkok behandeln lassen. Die vorgenannten Kliniken arbeiten mit dem Bangkok Hospital in Thailand zusammen und können einen Krankentransport veranlassen.

Die **Apotheken**, ⏱ meist 7–20 Uhr, sind gut ausgestattet, die Beratung lässt aber meist zu wünschen übrig. Viele Medikamente sind günstiger als in Europa, allerdings werden auch gefälschte Arzneimittel vertrieben, die für den Nicht-Mediziner kaum zu erkennen sind.

Vietnam

Die medizinische Versorgung in den staatlichen Krankenhäusern Vietnams ist nicht mit dem europäischen Standard vergleichbar. Dagegen sind die Privatkliniken bereits bestens ausge-

---

Reisemedizin im Internet

Wer sich vor dem Besuch beim Reisemediziner schon mal kundig machen möchte, findet im Netz jede Menge Informationen:

Centrum für Reisemedizin
🖥 www.crm.de
Fit for Travel
🖥 www.fit-for-travel.de
Bernhard-Nocht-Institut Hamburg
🖥 www.gesundes-reisen.de
Robert-Koch-Institut
🖥 www.rki.de

---

stattet und verfügen über ein internationales Ärzteteam. Außerhalb der Städte ist es schwierig, Englisch sprechende Ärzte zu finden.

Eine Behandlung kann ohne Versicherung sehr teuer werden. Direkt zu bezahlen sind in jedem Fall sowohl die Behandlung als auch die Medikamente.

In Vietnams **Apotheken** gibt es viele Präparate billiger als in Deutschland und auch ohne Rezept. Einige sind jedoch weitaus weniger oder gar nicht wirksam, da es sich um Kopien handelt. Leider kann man die Imitate nicht von den Originalen unterscheiden. Wer dennoch nicht umhinkommt, Medikamente vor Ort zu besorgen, sollte beim Kauf einen Blick auf das Haltbarkeitsdatum werfen. Unbedenklich sind die medizinischen Vorräte in den internationalen Krankenhäusern.

▸▸ Kinder (S. 80), Versicherungen (S. 102)

Getränke

Softdrinks, Shakes und Säfte

Fast überall gibt es eine große Auswahl an **Softdrinks** in der Flasche oder der Dose, darunter Cola, 7-Up und Sprite.

Weitaus weniger süß als allgemein vermutet und dafür herrlich erfrischend ist **Zuckerrohrsaft**. Überall sieht man die Verkäufer mit ihren Karren, die mit einer Zuckerrohrpresse ausgestattet sind. Ebenso erfrischend ist das Wasser der jungen **Kokosnuss**. Sie wird oben aufgeschlagen, sodass man den Saft direkt aus der Frucht trinken kann. Immer häufiger finden sich Fruchtshakes, frische Säfte und Kaffeeshakes auf den Karten von Bars und Restaurants. Auch auf der Straße bieten Saftstände leckere frisch gepresste oder aus Obst pürierte **Säfte** an. Ob Limone, Orange oder eine andere Frucht der Saison – diese Säfte sind prima Durstlöscher und liefern zahlreiche Vitamine.

Lecker ist auch **Sojamilch**, die an Straßenständen mit allerlei bonbonfarbenen Zutaten oder abgepackt im Tetra Pak oder in Flaschen in kleinen Läden an Bushaltestellen oder in Cafés verkauft wird.

	Khmer	Lao	Thai	Vietnamesisch
Bier	bii-a	bia	bia	bia
Eis zum Kühlen	tök kák	nam kon	nam käng	da
heiß	kdaw	hon	rohn	nong
Kaffee	kaafee	kafe	gafä	ca phé
kalt	trotschiik	jen	jen	lanh
Kokosmilch	tök doung	nam makphao	nam maprao	nuoc dua
Limonensaft	tök krow-it ch'maa	nam maknao	nam manau	nuoc chanh
Orangensaft	tök krow-it poh saat	nam makkiang	nam som	nuoc cam
Tee	tai	namsa	tschah	tra
Wasser	tök	nam düm	nam	nuoc

Tee und Kaffee

Vor allem Vietnam ist für seine Teekultur bekannt. Große Teeanbaugebiete befinden sich im zentralen Hochland und im Norden. Aber auch Kambodschaner und Laoten trinken gern grünen **Tee**. Normalerweise wird er kostenlos zum Essen serviert. In Thailand gibt es Tee fast nur in Touristenzentren und zwar in Beutelform.

Kaffee ist das am weitesten verbreitete Heißgetränk in Thailand. Allerdings wird er mit süßer Kondensmilch und Instantpulver angerührt. Wahre Paradiese für Kaffeetrinker sind Laos und Vietnam, wo aromatisch-kräftiger Kaffee aus heimischem Anbau serviert wird. Der gemahlene Kaffee wird in einem Textilsieb oder Alufilter mit kochendem Wasser übergossen und etwas ziehen gelassen, bevor er mehr oder weniger gut gefiltert in ein Glas tröpfelt. Eine großzügige Portion karamellisierte Kondensmilch, deren Gehalt schon einer kleinen Mahlzeit gleichkommt, bildet den Bodensatz im Glas. Leider bekommen Touristen immer häufiger nur Nescafé serviert. In Kambodscha wird Kaffee schwarz oder mit gesüßter Kondensmilch serviert, gern auch kalt mit viel Eis.

Bier, Whisky und Wein

Biertrinker werden sich auf ihrer Reise durch die Mekong-Region abendfüllend darüber unterhalten können, welches **Bier** denn nun das beste ist.

In Thailand weitverbreitet sind Singha- und Heineken-Bier, Lagerbiere mit 5–6 % Alkoholgehalt und die preiswerteren Lagerbiere Chang und Leo mit 6,4 % Alkohol. Manchmal gibt es auch Erdinger oder Paulaner Weißbier und zunehmend eine akzeptable Auswahl an einheimischen und importierten Weinen.

In Laos dominiert das süffige Beerlao. Außer Pils gibt es auch ein Dunkelbier und Beerlao light. Beerlao Gold ist eher ein Modegetränk für Leute, die sich mit einem teureren Bier von der Masse abheben wollen. Konkurrenz schafft sich die Brauerei selbst mit den beiden im Haus produzierten Bieren Carlsberg und Lan Xang. Anders sieht es mit Tiger Beer aus Singapore aus, das ebenfalls in Laos gebraut wird und den Lokalpatriotismus in Sachen Bier seit geraumer Zeit auf die Probe stellt. Aus demselben Haus stammt auch das etwas weichgespülte Nam Khong. Ein Neuling auf dem vormals geschlossenen sozialistischen Biermarkt ist das etwas malzigere Beer Savan, das mit thailändischem Geld und Knowhow unter dem Zeichen des Dinosauriers in Savannakhet gebraut wird.

In Kambodscha weitverbreitet ist die lokale Biermarke Angkor aus Sihanoukville, in der Flasche, Dose oder frisch gezapft. Weitere kambodschanische Marken sind Anchor und Cambodia. Singapores Tiger Beer wird ebenfalls in Kambodscha gebraut. Black Panther ist ein beliebtes dunkles Bier mit 8 % Alkoholgehalt. Ausländische Marken, auch deutsches Weißbier, sind in westlichen Restaurants in den touristischen Zentren erhältlich.

In Vietnam werden Tiger, Heineken, Carlsberg, San Miquel, Halida, 333 (gesprochen „ba-baba") und Bivina in Lizenz gebraut. Manche Orte haben ihr eigenes Bier: In Hue trinkt man die Hausmarke Huda. Ein Leser empfiehlt besonders das Dark Can Tho aus der Mekongstadt. Beliebt sind die *bia hoi* – Kneipen der vietnamesischen Art. Frisch gebrautes Bier, das maximal 24 Stunden haltbar ist, wird hier in kleinen Biergärten angeboten; manchmal reicht auch ein Brautopf, um den ein paar Stühle gruppiert sind. Das Bier wird frisch gezapft, eine Tradition, die Mitte des letzten Jahrhunderts aus der Tschechoslowakei nach Vietnam kam. In den guten *bia hoi* ist das Bier gegen 23 Uhr meist ausgetrunken. Der Alkoholgehalt liegt bei 4 %.

Gewöhnungsbedürftig ist, dass in allen vier Ländern selbst kaltes Bier oft zusätzlich mit Eiswürfeln serviert wird.

Die thailändische Alkoholdroge Nr. 1 ist der **Whisky** Mekong, der wie akzeptabler Weinbrand schmeckt und zu allen Gelegenheiten aufgetischt wird. Wir empfehlen ihn mit Wasser oder Cola zu verdünnen. In Laos, Kambodscha und Vietnam lässt **Reissschnaps oder -wein** die Männerherzen höher schlagen, oft ein hochprozentiges Feuerwasser, das sehr schnell betrunken macht.

Wein aus Trauben wird seit der Kolonialzeit in Vietnam hergestellt und dies meist gut bis weniger gut. Die Reben wachsen an sonnigen Hängen etwas unterhalb von Da Lat. Es lohnt sich vor allem, die etwas teureren Sorten zu probieren. Kambodschas einziges Weingut liegt in der Nähe von Battambang. Der dort hergestellte Wein und Cognac haben eine ganz eigene Note. Wer in Thailand die Region Khao Yai besucht, stößt an den Rändern des Nationalparks auf sechs der insgesamt neun thailändischen Weingüter. Als Südostasiens größte Weinkellerei produziert die als PB Valley bekannte Khao Yai Winery jährlich an die 200 000 Flaschen Weiß- und Rotwein.

Vermehrt gibt es in den Supermärkten aller vier Länder auch **Importweine** zu kaufen.

▸▸ Essen (S. 57), Trinkgeld (S. 95)

Informationen

Fremdenverkehrsämter

Fremdenverkehrsämter und Websites liefern im Vorfeld der Reise diverse Informationen. Achtung: Gewisse Reisebüros in **Thailand** mit Namen T.A.T. haben absolut nichts mit dem staatlichen Fremdenverkehrsamt TAT zu tun!

Thailändisches Fremdenverkehrsamt (TAT)
Bethmannstr. 58, 60311 Frankfurt
☎ 069-138 1390, ✆ 1381 3950
✉ info@thailandtourismus.de
🖥 www.tourismthailand.org
🖥 www.thailandtourismus.de
🖥 www.tatnews.org (News Room)
Zähringerstr. 16, 3012 Bern
☎ 031-300 3088, ✆ 300 3077
✉ info@tourismthailand.ch
🖥 www.tourismthailand.ch

Als Infobüro für Laos, Kambodscha und Vietnam in Deutschland fungiert **ICS (Indochina Services)**, Steinerstr. 15, 81369 München, ☎ +49-89-219098660, 🖥 www.icstravelgroup.com.

Im **Laos** selbst kann man auf das Netz der staatlichen Lao National Tourism Authority, kurz LNTA, zurückgreifen. Manche Filialen sind ausgesprochen gut organisiert, mit hilfreichem Personal, interessanten Broschüren und einer angeschlossenen Eco-Guide Unit, die Trekking, Homestays und andere Aktivitäten anbietet. Die Zentrale in Vientiane, Lane Xang Ave, Vientiane, ☎ 021-212251, 🖥 www.tourismlaos.org, hat allerdings außer ein paar Schautafeln nicht viel zu bieten.

In **Kambodscha** gibt es oft gute Informationen in Hotels, bei Besitzern von Guesthouses, Reisebüros und Touranbietern. Offizielle staatliche Touristeninformationen existieren in den größeren Provinzstädten. Die Mitarbeiter sprechen ein wenig Englisch oder Französisch, halten aber meist nur wenige Infos bereit, ⏰ Mo–Fr 8–11 und 14–16 Uhr.

In **Vietnam** bieten ebenfalls Hotels und Reiseagenturen Informationen. Oft sind die Hoteliers gleichzeitig Betreiber einer Reiseagentur und helfen direkt mit einem Ticket weiter. Einige Reiseveranstalter arbeiten eng mit dem Staat zusammen und schmücken sich zuweilen mit der Bezeichnung „Tourist Information". Hinter diesen Büros stecken jedoch Reisebüros, die keine unparteiische Information geben, wie man es von Touristeninformationsbüros gewohnt ist. Vielmehr sind sie am Verkauf von Reisen ihrer Vertragspartner interessiert.

Websites

Infos über die **aktuelle Lage** geben die Websites der Außenministerien:

⌨ www.auswaertiges-amt.de
⌨ www.eda.admin.ch
⌨ www.bmaa.gv.at

Stefan Loose Globetrotter-Forum
⌨ www.stefan-loose.de/globetrotter-forum
Hier halten sich Reisende gegenseitig auf dem Laufenden.

Online-Reiseführer
⌨ www.travelfish.org
Guter Internet-Guide zu allen vier Ländern

Mekong Comnmons
⌨ www.mekongcommons.org
Interessante Berichte und Diskussionen zur Entwicklung der Mekong-Region

Mekong River Commission
⌨ ffw.mrcmekong.org
Infos zum Wasserstand des Mekong

Trip Advisor
⌨ www.tripadvisor.com
Erfahrungsberichte zu Hotels, Restaurants, Reisezielen und vielem mehr

Deutsche Zentrale für Globetrotter
⌨ www.dzg.com

Blogs und Reiseberichte
⌨ www.umdiewelt.de
Hunderte von Reiseberichten aus Südostasien und dem Rest der Welt
⌨ www.101places.de
Reiseblog des digitalen Nomaden Patrick Hundt
⌨ www.guidosreiseberichte.info
Reiseblog von Bernadette und Guido
⌨ www.nikswieweg.com
Reiseberichte und Infos des leider viel zu früh verstorbenen Globetrotters Nik Polak
⌨ weltreiseforum.com
Reiseblog und Forum des schweizerischen freien Journalisten Oliver Zwahlen

Thailand
Allgemeine Infos
⌨ www.thailandqa.com
⌨ www.amazing-thailand.com
⌨ www.baanthai.com
⌨ www.khaosanroad.com
⌨ www.passplanet.com/thailand
⌨ www.schoenes-thailand.de
⌨ www.siam.de
⌨ www.siam-info.de
⌨ www.thailandforvisitors.com
⌨ www.thailand-interaktiv.de
⌨ www.thailand-reisetipps.de
⌨ www.thailandsworld.com
⌨ www.thaiminator.de
⌨ www.thaipage.ch
⌨ www.thaivisa.com

Medien
⌨ www.nationmultimedia.com (The Nation)
⌨ www.bangkokpost.com (Bangkok Post)

Organisationen, Behörden und mehr
⌨ www.thaiembassy.de
   (Thailändische Botschaft in Berlin)

Laos
Allgemeine Infos
⌨ www.ecotourismlaos.com
⌨ www.hobomaps.com
⌨ www.spotonlaos.com
⌨ www.laostudies.org
⌨ www.laolanguage.vislao.com
⌨ www.tourismlaos.org
⌨ www.khammouanetourism.com
⌨ www.luangnamtha.com
⌨ www.muangkhua.com
⌨ www.namet.org
⌨ www.oudomxay.info
⌨ www.phongsaly.net
⌨ www.savannakhet-trekking.com
⌨ www.sayaboulytourism.com
⌨ www.tourismluangprabang.org
⌨ www.trekkingcentrallaos.com
⌨ www.vatphou-champassak.com
⌨ www.visit-viengxay.com

Medien
⌨ www.vientianetimes.com
⌨ www.vientianetimes.org.la (Vientiane Times)
⌨ www.kpl.net.la (Nachrichtenagentur KPL)
⌨ www.lerenovateur.org (Le Renovateur)

Organisationen, Behörden und mehr

- laocustoms.laopdr.net (Zollbestimmungen)
- www.la.undp.org (UNDP in Laos)
- www.uxolao.org (Minenräumung in Laos)
- www.laos-botschaft.de
  (Laotische Botschaft in Berlin)

Kambodscha

Allgemeine Infos

- www.ccben.org
- www.andybrouwer.co.uk
- www.cambodia-airports.com
- www.cambodia-news.net
- www.canbypublications.com
- www.gocambodia.com
- www.kambodscha.don-kong.com
- www.kambodscha-info.de
- www.kambodscha-reise.info
- www.phnompenh.gov.kh

Medien

- www.cambodiadaily.com (Cambodia Daily)
- www.phnompenhpost.com (Phnom Penh Post)
- www.k-a-z.info (Kamb. Allgemeine Zeitung)
- www.bayonpearnik.com (Bayon Pearnik)

Organisationen, Behörden und mehr

- www.cambodia.gov.kh (Regierungsseite)
- www.childsafe-cambodia.org (ChildSafe)
- www.concertcambodia.org (ConCert)
- www.norodomsihamoni.org
  (Offizielle Website des Königs)
- www.tourismcambodia.org
  (Tourismusministerium)
- www.eccc.gov.kh (Völkermordtribunal)
- www.cambodiatribunal.org
- emb-cambodia.active-city.net
  (Kambodschanische Botschaft in Berlin)

Vietnam

Allgemeine Infos

- www.cms.vietnam-infothek.de
- www.forum-vietnam.de
- vietkochen.blog.de
- viet-musik.blog.de
- www.vietnam-dvg.de
- www.vietnam-freunde-forum.com
- www.vietnam-guide.de
- www.vietnam-kompakt.de
- www.vietnamtourism.com/en/index.php/news
- www.vietnam-travel-info.de

Medien

- www.asialifehcmc.com (Asia Life HCMC)
- english.thesaigontimes.vn (Saigon Times)
- www.thanhniennews.com
- english.vietnamnet.vn (Vietnamnet)
- vietnamnews.vn

Organisationen, Behörden und mehr

- www.vietnamhumanrights.net
- www.vietnam-embassy.ch
  (Vietnamesische Botschaft in Bern)
- www.vietnambotschaft.org
  (Vietnamesische Botschaft in Berlin)

» Botschaften und Konsulate (S. 48),
  Sicherheit (S. 90)

Internet und E-Mail

Internetzugang gibt es in allen vier Ländern fast überall. Die Preise sind sehr niedrig (um 1 €/ Std.). Auf vielen Rechnern ist die gängige Kommunikations-Software installiert, allerdings schwankt die Geschwindigkeit der Verbindungen stark. Die meisten Unterkünfte, Cafés und Restaurants bieten außerdem kostenlos **WLAN** an (vor Ort WiFi). Wer permanenten Zugriff auch aus Bus und Bahn braucht, steckt sich eine 3G-Karte oder ein USB-Modem ins Gerät.

» Informationen (S. 78), Telefon (S. 93)

Kinder

Thailand, Laos, Kambodscha und Vietnam sind sehr kinderfreundlich. Vor allem Thailand eignet sich gut für einen Urlaub mit Kindern. Auch eine Reise nach Vietnam ist unproblematisch, wenn man sie gut vorbereitet und ein wenig mehr als üblich auf Hygiene achtet. Von Abenteuerreisen mit Kleinkindern durch Laos und Kambodscha ist dagegen abzuraten. Hygiene und medizinische Versorgung lassen in beiden Ländern sehr zu wünschen übrig. Stehen nur die Haupttouristenziele auf dem Programm, dürfte es bei guter Planung keine Probleme geben.

Vor der Reise

Wichtig sind eine ärztliche Untersuchung und alle notwendigen **Impfungen** – auch gegen Kinderkrankheiten. Von grundlegender Bedeutung ist die Frage, wie gereist werden soll. Flüge und – je nach Alter und Ausdauer des Kindes – ein Mietwagen (mit Fahrer) sind den lokalen Verkehrsmitteln vorzuziehen. Neuerdings brauchen alle Kinder einen eigenen **Pass**.

Sehr praktisch bei Reisen mit Kleinkindern ist die Mitnahme einer flexiblen **Rückentrage** mit Hüftgurt. Sinnvoll ist zudem ein **Buggy** (am besten mit verstellbarer Rückenlehne), denn darin kann das Kind prima schlafen, während Mama und Papa essen gehen oder Strecken mit Rucksack (statt mit Kind) auf dem Rücken zurücklegen müssen.

Anreise

Schon die Wahl der Fluglinie entscheidet, wie entspannt die Familie ankommt. Für die ganz Kleinen empfiehlt sich das von vielen Airlines angebotene schwebende Kinderbettchen (normalerweise für Kinder bis zu einem Gewicht von 10 kg). Zudem bietet der dazugehörende Platz den Erwachsenen mehr Beinfreiheit.

Braucht der Nachwuchs viel Bewegung, empfiehlt sich ein **Flug** mit Zwischenstopp, wo sich alle die Beine vertreten können und die Waschräume sich besser für einen Kleiderwechsel eignen als die engen Flugzeugtoiletten. Eine Nachfrage lohnt, wenn Eltern und Kind Wert auf ein Kindermenü legen, denn das wird vor dem der Erwachsenen ausgegeben, sodass man beim Essen helfen kann. Babynahrung gibt es fast nie, daher sollte diese ebenso ins Handgepäck gehören wie Wechselkleidung und Windeln. Es empfiehlt sich, diese Ausrüstung für eine 3-tägige Reise einzupacken, um für einen unvorgesehenen Aufenthalt gewappnet zu sein.

Fast jede Airline hat Spielzeug, Bücher oder Bastelmaterial an Bord, die für Zerstreuung sorgen. Vor allem Alleinreisende mit Kind sollten sich nicht scheuen, Mitreisende oder das Flugpersonal um Hilfe zu bitten. Bewährt haben sich aufstellbare Rückentragen oder ein Maxi Cosi. Beide leisten nicht nur beim Aufenthalt im Flughafen, im Flieger selbst und beim Zu- und Aussteigen gute Dienste, sondern sind während

✗ Nicht vergessen!

- ☐ **Reisepass** (Kinder jeden Alters brauchen einen Reisepass)
- ☐ **Impfpass**
- ☐ **SOS-Anhänger** mit allen wichtigen Daten
- ☐ **Kleidung** – möglichst strapazierfähige, leichte Sachen
- ☐ **Babynahrung**
- ☐ **Fläschchen** für Säuglinge
- ☐ **MP3-Player**
- ☐ **Spiele** und **Bücher**
- ☐ **Fotos** von Daheimgebliebenen gegen Heimweh
- ☐ **Kuscheltier** (muss gehütet werden wie ein Augapfel, denn ein verloren gegangener Liebling kann allen den Rest der Reise verderben – reiseerprobte Kinder beugen vor, indem sie nur das zweitliebste Kuscheltier mitnehmen)
- ☐ **Sonnencreme** mit hohem Lichtschutzfaktor
- ☐ **Kopfbedeckung**

der ganzen Reise hilfreich. Da Kinder unter zwei Jahren zwar 10–20 % eines nicht reduzierten Tickets zahlen, ihnen aber kein eigener Sitzplatz zusteht, bleibt den Eltern nur die Hoffnung, dass der Flug nicht ausgebucht ist und ein Sitzplatz frei ist. Kinder zwischen 2 und 12 Jahren zahlen für einen eigenen Platz zwei Drittel. Einige Airlines lassen Familien mit kleinen Kindern zuerst ins Flugzeug einsteigen.

Die etwa 12-stündige Anreise mit dem Flugzeug, die **Zeitverschiebung** und die Klimaveränderung sind in den ersten Tagen etwas beschwerlich, doch bei ruhiger Herangehensweise gut zu meistern. Es ist sinnvoll, sich nach der Ankunft ein ruhiges Zimmer zu nehmen und die ersten Tage keine großen Anstrengungen zu planen. Es ist aufregend genug, die nähere Umgebung zu erkunden, das fremde Essen zu probieren und die Menschen kennen zu lernen.

Gesundheit und Hygiene

Unbedingt zu beachten ist, dass das **Wasser** aus der Leitung nicht getrunken wird! Kinder und Eltern sollten sich öfter als daheim die **Hände waschen**. Sollte sich das Kind einmal verletzen, muss jede offene Wunde und jeder Kratzer – sei er auch noch so klein – desinfiziert werden. Dafür eignet sich am besten alkoholfreies, farbloses Desinfektionsspray (aus der deutschen Apotheke). Geeignet für ein Saubermachen zwischendurch sind antibakterielle Feuchttücher, etwa von Sagrotan (mitbringen). Sobald sich ein Kind länger als einen Tag krank fühlt und sehr schlapp ist, sollte man einen Arzt aufsuchen. Kehrt die Energie nicht in drei bis vier Tagen zurück, sollte das Kind umgehend in einem internationalen Krankenhaus vorgestellt werden. Mit Tropenkrankheiten im Kindesalter ist nicht zu spaßen.

Gerade in den ersten Tagen haben viele Kinder Probleme mit der **Hitze** und der feuchten Luft und neigen zu Hautausschlag, der sich in Form von roten Pusteln über den ganzen Körper ausbreitet. Wickelkinder haben besonders im Windelbereich damit zu kämpfen. Dagegen hilft das Talcum-Baby-Puder „New Born", das es in Supermärkten gibt. Das Puder hilft auch gegen vermehrtes Schwitzen. Extrem wichtig ist es für Kinder, ausreichend zu **trinken**, möglichst schon bevor der Durst kommt.

Gegen **Mücken** empfiehlt sich für Babys oder empfindliche Kleinkinder die in deutschen Apotheken erhältliche Bio-Lotion Zanzarin. Empfehlenswert ist ein Moskitonetz. Meist sind diese vorhanden, wenn nicht, kann man sie recht günstig kaufen.

Windeln gibt es in Thailand fast überall, da sich die Ketten 7-Eleven, FamilyMart und Tesco/Lotus rasant über das ganze Land ausbreiten. In Vietnam, Laos und Kambodscha bekommt man sie in den Supermärkten und Minimarts größerer Städte, ebenso Babynahrung und -milch.

Übernachtung

Viele **Unterkünfte** haben Mehrbettzimmer, in denen eine Familie gut schlafen kann. Außerdem gibt es Doppelbungalows oder nebeneinander liegende Hotelzimmer mit Verbindungstür, die sich für Familien mit älteren Kindern eignen.

Essen

An den touristischen Orten werden überall Pommes angeboten, es gibt Pizza und Nudeln und zahlreiche leckere Reisgerichte, die auch Kindern schmecken. Die ganz kleinen Frühlingsrollen eignen sich sogar schon für die Allerkleinsten, sofern man sie nicht in Chilisoße tunkt. Klebreis ist bei Kindern ebenfalls beliebt und unterwegs gut zu essen. Nach ein paar Tagen Eingewöhnungszeit können Kinder auch Obst essen (immer schälen!). Lecker und nahrhaft sind Babybananen, die sich leicht zerdrücken lassen.

Zur Aufbewahrung der Lebensmittel ist es sinnvoll, gut schließende Plastikdosen mitzubringen. So haben Ameisen und anderes Kleinvieh keine Chance. Vom Verzehr von belegten Baguettes am Straßenrand ist mit Kindern auf jeden Fall abzuraten, denn diese können selbst erprobten Travellermägen Probleme machen.

Ermäßigungen

Für Extrabetten für Kinder berechnen Hotels gewöhnlich weniger als bei zusätzlicher Belegung durch einen Erwachsenen. In manchen Hotels können Kinder bis zum Alter von 12 Jahren kostenlos bei den Eltern im Bett schlafen.

In öffentlichen Verkehrsmitteln reisen Kinder kostenlos, wenn sie den Sitz mit einem Erwachsenen teilen, ansonsten für rund ein Drittel oder die Hälfte weniger. Fluggesellschaften berechnen meist 75 % des regulären Tarifs bei Kindern über 2 Jahren, Air Asia und Jetstar gar den Gesamtpreis. In Vietnam zahlen Kinder manchmal weniger oder keinen Eintritt. In Kambodscha ist der Zutritt zu einigen Nationalparks oder Museen für Kinder bis 10 Jahren ebenfalls frei. In Schwimmbädern und Freizeitparks hingegen wird für Kinder ab 2 Jahren meist Eintritt verlangt, oft ist dieser ermäßigt. Als Maßstab gilt die Größe: Mit 1 m–1,40 m gilt man als Kind.

▸▸ Gesundheit (S. 74), Gepäck (S. 73), Visa (S. 103)

Mietwagen

Um ein Auto zu mieten, benötigt man in Thailand und Laos einen internationalen Führerschein, in Kambodscha den kambodschanischen. In Vietnam ist es praktisch unmöglich, einen Wagen ohne Fahrer zu mieten.

In Thailand herrscht Links-, in Laos, Kambodscha und Vietnam Rechtsverkehr. In allen vier Ländern werden die **Verkehrsregeln** nicht sehr ernst genommen. Auf dem Land haben große Fahrzeuge immer Vorfahrt, auch Wasserbüffel, Schweine, Hühner und Enten genießen ein besonderes Recht, und man muss immer bereit sein, das Fehlverhalten anderer zu akzeptieren. Der Seitenstreifen wird von langsamen Verkehrsteilnehmern und zum Ausweichen bei entgegenkommenden überholenden Fahrzeugen genutzt.

Thailand

Dank des ausgezeichneten Straßennetzes lässt sich Thailand hervorragend mit einem Mietwagen bereisen. Die Straßen sind oft auch auf Englisch ausgeschildert. Einige Wagen werden sogar mit Navigationsgerät angeboten. Einzig der Linksverkehr ist anfangs gewöhnungsbedürftig.

Zum Mieten von Autos benötigt man den internationalen Führerschein und eine Kreditkarte. Die **Preise** in der Mittelklasse liegen bei 1200–2200 Baht pro Tag, ab sieben Tagen Mietdauer bei 1000–2000 Baht, Sonderangebote auch darunter. Preiswerte lokale Autovermieter verlangen 900–1500 Baht. In Touristenzentren werden Jeeps ab 1000 Baht, Pick-ups und Songthaew für Kleingruppen bis zehn Personen ab 800 Baht vermietet. Bei längerer Mietdauer ist der Preis verhandelbar. Als Sicherheit wird von der Kreditkarte ein Blankobeleg hinterlegt, was bei renommierten Firmen kein Problem ist.

Avis, 🖥 www.avisthailand.com, Budget, 🖥 www.budget.co.th, und Hertz 🖥 www.hertz thailand.com, bieten eine Einwegmiete zwischen ihren Stationen an, ab einer Mindestmietdauer oft ohne Aufpreis.

Zu empfehlen ist eine **Probefahrt**. Schäden am Fahrzeug sollten vor dem Losfahren im Beisein des Vermieters protokolliert und evtl. fotografiert werden.

Der Preis für **Normalbenzin** schwankte in den vergangenen Jahren an großen Tankstellen zwischen 30 und 40 Baht pro Liter. Kleine Tankstellen, die das Benzin aus Fässern pumpen, verlangen etwas mehr.

Eine **Haftpflichtversicherung** ist gesetzlich vorgeschrieben. Darüber hinaus kann eine Voll-

Smartphones und Navis lassen sich vor allem in **Thailand** gut von Autofahrern wie Fußgängern einsetzen. Die kostenlosen und komplett auf dem Gerät speicherbaren Karten für zahlreiche modernere Nokia-Handys, 🖥 www. here.com, sind mit wenigen Ausnahmen im Grenzgebiet und in Bergregionen sehr exakt und hilfreich. Wer kein Nokia-Handy besitzt, kann mit Google Maps, 🖥 www.google.com/ intl/de_ALL/mobile/maps, navigieren. Mit der Android-Version von Google Maps können ausgewählte Kartenausschnitte mit der Funktion „Offline bereitstellen" heruntergeladen werden, sodass keine aktive Datenverbindung mehr notwendig ist.

Wer ein TomTom-Navi sein Eigen nennt, kann bei vielen Modellen für knapp 30 € das Kartenmaterial Thailand oder für alle Modelle für 50 € ganz Südostasien herunterladen, 🖥 www. tomtom.com. Bei einem Garmin-Navi kann nur das sehr teure Kartenmaterial für ganz Südostasien gekauft werden, 🖥 www.garmin.com/ de/maps/strassenkarten.

Für **Laos** ideal ist die aktuelle Laos GPS Map, 🖥 www.laosgpsmap.com, fürs Garmin-Navi, die das Straßennetz des Landes und der wichtigsten Städte abbildet. Die SD-Karte gibt es in Vientiane zu kaufen. Auch Golden Triangle Rider bietet eine gute Garmin-kompatible Straßenkarte an: 🖥 www.gt-rider.com/maps-of-thailand-laos-maps/gps-maps-laos

kaskoversicherung mit geringer Selbstkostenbeteiligung abgeschlossen werden.

Unfallverursacher müssen bei Personenschäden den Betroffenen je nach Schwere der Verletzungen Entschädigungen von 10 000–200 000 Baht zahlen. Da Farangs meist mehr Geld als die anderen Beteiligten haben, wird erwartet, dass sie für kleinere Schäden aufkommen. Einen Rechtsbeistand empfiehlt ggf. die Deutsche Botschaft.

Wer vor allem abseits der Highways fahren möchte, besorgt sich den zweisprachigen **Straßenatlas** *Thailand Deluxe Atlas* von thinknet mit zahlreichen Stadtplänen und Karten im Maßstab 1 : 550 000 oder ein GPS.

Laos

Die einzige große **Autovermietung** in Laos ist Avis, ⌨ www.avis.la, mit Filialen in Vientiane, Luang Prabang und Pakxe. Die Flotte umfasst Kleinwagen, Minibusse und Pick-ups. Selbstfahrer benötigen einen gültigen ASEAN- oder internationalen Führerschein, außerdem müssen der Reisepass (Kopie anfertigen) und eine Kaution hinterlegt werden.

Wesentlich sicherer ist es, einen Wagen **mit Fahrer** zu mieten. So spart man sich den Stress auf der Straße, hat jemanden, der auf das geparkte Auto aufpasst, und im Falle eines Englisch sprechenden Fahrers sogar einen Übersetzer und versierten Guide.

Vor der Fahrt sollte man sich vom einwandfreien Zustand des Fahrzeugs überzeugen und einige Punkte abklären: Wer kommt für Kost und Logis des Fahrers auf, wer bezahlt Benzin und etwaige Reparaturen, und was passiert im Falle eines Unfalls (Telefonnummern etc.).

Die **Höchstgeschwindigkeit** beträgt in Laos innerorts 40 km/h und außerhalb 80 km/h. Nur ganz wenige Straßen haben einen Mittelstreifen. Selbst auf Straßen mit Markierung machen Laoten gern eine dritte Spur in der Mitte auf.

Wer in einen **Unfall** verwickelt ist, sollte die Polizei informieren und ein Protokoll erstellen lassen. Unabhängig von der Schuldfrage wird von vermeintlich reichen Ausländern fast immer erwartet, für den Schaden aufzukommen. Bei Mietwagen sollte darauf geachtet werden, dass eine Haftpflichtversicherung besteht.

Entlang der Nationalstraßen und in den Städten ist das **Tankstellennetz** relativ dicht. Der Liter Normalbenzin kostet etwa 10 500 Kip (1 €). In entlegenen Ecken wird Benzin am Straßenrand aus Metallfässern oder Plastikflaschen in unterschiedlicher Qualität zum Tagespreis (d. h. meist höher) verkauft.

Eine der besten **Straßenkarten** ist die *Laos Guide Map* im Maßstab 1:1 650 000 von David Unkovich (Golden Triangle Rider). Die Karte enthält genaue Kilometerangaben und aktuelle Infos zum Straßenzustand. Sie ist unter ⌨ www. gt-rider.com zu bestellen oder in Reisebüros

und Läden in Laos zu kaufen. Sehr gut ist auch die GPS-kompatible Straßenkarte von Gecko Maps im Maßstab 1: 750 000, zu bestellen unter ⌨ www.geckomaps.com.

Kambodscha

In Kambodscha gibt es fast ausschließlich **Wagen mit Fahrer** zu mieten. Am besten wendet man sich an Touranbieter, Hotels oder Gästehäuser. Eine Tagesfahrt kostet – abhängig von der Entfernung – ab US$35 inkl. Benzin. In Phnom Penh werden auch Fahrzeuge an Selbstfahrer vermietet. Zu empfehlen ist das nicht: Die Kosten sind oft höher als Wagen mit Fahrer, die Fahrweise der anderen Verkehrsteilnehmer ist chaotisch, und der Mieter haftet für alle Schäden. Die Hinterlegung des Reisepasses ist Pflicht, kambodschanische Polizisten verlangen in der Regel auch einen kambodschanischen Führerschein.

Vietnam

Die Highways in Vietnam sind sehr gut ausgebaut, dies gilt vermehrt auch für die abgelegenen Gebiete. Dennoch sind **Selbstfahrer** sehr selten, denn nur Ausländer mit einem Geschäftsvisum, einer Aufenthaltserlaubnis und einem vietnamesischen Führerschein dürfen selbst ans Steuer. Aus diesem Grund raten Ortskundige auch davon ab, mit dem Mietwagen von Laos einzureisen. Außerdem sind Westler bei einem Unfall immer schuld und werden kräftig zur Kasse gebeten.

In Vietnam sind daher fast nur **Wagen mit Fahrer** zu mieten. Als erstes großes Unternehmen hat Avis, ⌨ www.avis.com.vn, Büros in Ha Noi, Sai Gon und Da Nang eröffnet. Es stehen verschiedene Wagentypen zur Auswahl: Pkw oder kleine Jeeps (für kurze Strecken), große Allradfahrzeuge (für Touren abseits der Straßen) und Minibusse (für größere Gruppen). Mit Vierradantrieb ausgestattete Wagen sind unabdingbar für abgelegene Strecken, auf den Hauptrouten aber nicht nötig.

An den Straßen finden sich immer wieder Mautstellen, an denen **Gebühren** kassiert werden. Die Fahrer haben für gewöhnlich abgezähltes Geld dabei, da diese Kosten im Mietpreis enthalten sind.

Bei der Vermittlung eines Mietwagens helfen Reisebüros, Hotels und Gästehäuser. Besuchern werden auch immer wieder Angebote von Taxifahrern gemacht. Die **Preise** bewegen sich zwischen US$60–120 pro Tag. Die Fahrer sorgen meist selbst für ihre Unterkunft – dies sollte aber vor Reisebeginn geklärt werden. Auch die Frage, wer während der Reise für Reparaturen aufkommen muss, sollte vertraglich geregelt sein. Ist der **Vertrag** individuell aufgesetzt, ist es sinnvoll, auch eine vietnamesische Version zu verfassen, damit der Fahrer alle Vereinbarungen lesen kann. Vor der Unterschrift sollte der Wagen inspiziert werden: Wie sehen die Reifen aus, gibt es einen Ersatzreifen und Sicherheitsgurte? Wichtig ist auch, den Fahrer und ggf. den Guide, mit dem man tage- oder wochenlang unterwegs sein wird, vorher etwas näher kennenzulernen. Nachdem ein Vertrag unterschrieben wurde, muss eine Anzahlung hinterlegt werden. Viele Anbieter verlangen den vollen Preis, aber darauf sollte man sich nicht einlassen.

▶▶ Busse und Pick-ups (S. 51), Fahrräder (S. 61), Motorräder (S. 85), Nahverkehr (S. 87)

Motorräder

Motorroller sind für Tagesausflüge ideal, aber nicht für lange Strecken, zu zweit oder mit Gepäck. Daran ist vor allem die mangelnde Verkehrssicherheit vieler Leihmotorräder Schuld. Unfälle sind an der Tagesordnung.

Wer mit dem Roller unterwegs ist, sollte eine Sonnenbrille, eine lange Hose und ein Sweatshirt tragen. Abends zu fahren ist riskant, da im spärlichen Scheinwerferlicht Schlaglöcher und Tiere leicht zu übersehen sind. Wer öfter mit dem Motorrad reisen möchte, sollte außerdem Schutzkleidung und seinen eigenen Helm im Gepäck haben, da die geliehenen häufig nicht passen oder von schlechter Qualität sind.

In Kambodscha ist bei Ausflügen in ländliche Gebiete zu beachten, dass Landminen noch immer ein großes Problem sind. Man darf unter gar keinen Umständen die gekennzeichneten Wege und Pfade verlassen.

Thailand

In nahezu allen Touristenhochburgen im Norden und auf den meisten Inseln gibt es Motorräder preiswert zu mieten. Motorradfahrer finden vor allem im Norden ab Chiang Mai ideale Rundstrecken. Auch entlang dem Mekong lässt es sich wunderschön durch den hohen Norden und Nordosten fahren.

Obwohl die Einheimischen oft mit schlechtem Beispiel vorangehen, ist ein **Helm** Pflicht und der Verstoß mit 500 Baht Geldstrafe teuer. Anfänger sollten langsam fahren und Bergstrecken meiden. Ein besonders gefährlicher Schmierfilm bildet sich bei einsetzendem Regen. Auf keinen Fall Rucksäcke im Korb transportieren, da es neuerdings zum gefährlichen Sport geworden ist, diese während der Fahrt zu klauen.

Bei der Motorradmiete wird verlangt, den Internationalen Führerschein vorzuzeigen und den Reisepass zu hinterlegen. Die Haftpflichtversicherung deckt Personenschäden bis 50 000 Baht ab, jedoch keine Sachschäden! **Achtung**: Wer selbst verletzt wird und keinen Motorradführerschein hat, muss damit rechnen, dass die Reisekrankenversicherung für die Behandlungskosten nicht aufkommt!

Geführte Motorradtouren mit großen Maschinen und Enduros werden vor allem ab Chiang Mai angeboten. Viele weitere Infos auf der Website des Motorradspezialisten David Unkovich, 💻 www.gt-rider.com. Gute geführte Motorradtouren durch den Norden und Westen Thailands werden auch von Off-Road Tours, 💻 www.off-roadtours.de, veranstaltet.

Laos

In den Tourismuszentren am Mekong gibt es ab 60 000 Kip pro Tag thailändische, koreanische oder chinesische Motorroller (100/110/125ccm) zu **mieten**. Die thailändischen Hondas sind teurer, aber auch besser. Geländetaugliche 250ccm-Maschinen bekommt man nur in Vientiane, Thakhek, Luang Prabang und Pakxe. Kostenpunkt: US$30 aufwärts pro Tag, günstiger bei Langzeitmieten. Fast immer wird der Pass als Pfand verlangt.

Mietmotorräder sind in der Regel nur unzureichend **haftpflichtversichert**. Da die Versicherungssumme sehr gering ist, wird von Ausländern bei einem Unfall eine (verhandelbare) Zuzahlung erwartet. Auch bei Schäden am Motorrad oder Diebstahl kann es teuer werden – also bei der Übernahme auf Macken und ein funktionierendes Lenkradschloss achten. Außerdem ist es sinnvoll, die Beleuchtung und bei einer Probefahrt die Bremsen zu prüfen.

In Laos besteht **Helmpflicht**, ein Verstoß kostet 30 000 Kip. Die Vermieter stellen Helme zur Verfügung, allerdings keine besonders guten.

Für den Fall einer Polizeikontrolle ist es wichtig, Führerschein, Pass(kopie) und den Mietvertrag dabeizuhaben. Platte Reifen sind auf den steinigen Straßen fast unvermeidbar. In den meisten Orten gibt es kleine **Werkstätten** (laan sohm yang), die für wenig Geld flicken. Wer ein Geländemotorrad mietet, sollte sich Ersatzschläuche und -züge mitgeben lassen, da Werkstätten für diese meist keine Teile vorrätig haben.

Eine Alternative zur Langzeitmiete ist der **Kauf** eines Motorrads. In Vientiane hängen an Supermärkten häufig Angebote von Expats aus. Das empfiehlt sich aber eher für erfahrene Biker.

Offroad Laos in Luang Prabang organisiert mehrtägige Biketouren im Norden von Laos. Motorräder (Honda Baja 250ccm oder XR 250ccm) werden ebenfalls zur Verfügung gestellt, außerdem Schutzkleidung und anständige Helme. Infos und Buchung unter ⌨ www.off roadlaos.com, als Kontakt vor Ort dient das Büro von Tiger Trail. Auch **Jules Classic Adventure**, ⌨ www.raid.bike-rental-laos.com, in Vientiane bietet Motorradtouren an.

Kambodscha

Motorräder können in allen Touristenstädten ausgeliehen werden (mit Ausnahme von Siem Reap). Für ein Moped sind US$5–8 pro Tag zu zahlen. Eine Harley oder große geländegängige Maschinen ab 250ccm kosten zwischen US$15 und US$30 pro Tag. Ein Führerschein wird in den seltensten Fällen verlangt. Normalerweise wird der Pass als Pfand einbehalten. Die Maschine sollte vorher unbedingt genau kontrolliert und eventuelle Schäden protokolliert werden. Wer vorhat, das Land mit dem Motorrad zu erkunden, sollte eine Kopie seines Reisepasses samt Visa

dabeihaben (dieser wird in den meisten Hotels zum Check-in gefordert). Auch ein internationaler Motorradführerschein ist sinnvoll.

Eine gute Idee ist außerdem, das Motorrad auf einem bewachten Parkplatz abzustellen oder ein gutes Schloss dabeizuhaben. Wem das Moped gestohlen wird, der muss für den Verlust aufkommen. Bei Vertragsabschluss sollte daher eine Klausel zur Wertermittlung eingefügt sein.

Inzwischen besteht **Helmpflicht** (für den Fahrer), auch Seitenspiegel müssen vorhanden sein. Wer ohne diese beiden Dinge erwischt wird, zahlt in der Regel US$5.

Vietnam

Neben den Highways gibt es natürlich auch in Vietnam noch holprige und schlechte Straßen, die nur routinierte Fahrer meistern können. Für große Maschinen sollte man unbedingt einen internationalen **Motorradführerschein** mitbringen. Ob ein internationaler Führerschein ausreicht, sollte aktuell bei einer Reiseagentur nachgefragt werden, da sich die Bestimmungen (und deren Durchsetzung) laufend ändern. Die Notwendigkeit eines Motorradführerscheins und die **Helmpflicht** gelten offiziell auch für die kleinen Hondas. In den seltensten Fällen will jemand die Papiere sehen, aber zur eigenen Sicherheit sollte man immer einen Helm tragen (70 % aller Verkehrstoten sind Mopedfahrer). Vermieter bieten Helme an, doch ist die Qualität nicht besonders gut.

Bei den meisten Polizeikontrollen wird ein Tourist nicht angehalten. Da die Polizisten oft kein Englisch können, lassen sie Touristen manches durchgehen. Wer doch angehalten wird, hat dann das Problem der Verständigung und muss mit Bußgeldforderungen rechnen.

Schöne **Touren** für alle, die nicht selber mit dem Motorrad fahren wollen, bieten die Easy Rider (S. 775).

Kraftstoff gibt es an großen Tankstellen und auch an kleinen Verkaufsständen. Der in Trinkflaschen abgefüllte Sprit ist meist von minderer Qualität und teurer als jener von der Zapfsäule. **Werkstätten** finden sich fast überall. Sie sind am Honda-Zeichen zu erkennen. Auf dem Land sind sie dünner gesät. Um bei einem Unfall nicht ganz allein dazustehen, ist es ratsam, eine Motorradreise in einer kleinen **Gruppe** zu unternehmen.

Eine Mietmaschine mit 80, 100 oder 125ccm kostet am Tag zwischen US$5–10, bei längerer Mietdauer weniger. Wichtig ist eine penible **Kontrolle** der geliehenen Maschine. Dazu gehören das Profil der Reifen, die Fußpedale, der Ölstand und besonders wichtig: die Bremsen. Jeder Schaden, der nicht im Vertrag aufgelistet ist, kann später teuer werden.

Wer ein Motorrad kaufen will, kann Angebote an den Anschlagtafeln von Gästehäusern und Restaurants finden. Legal ist der Besitz einer Maschine nicht, doch drückt die Polizei meist ein Auge zu. Wer einen **Kauf** plant, sollte sich vorher noch einmal genau umhören, ob dies immer noch so gehandhabt wird.

Motorradfahrer müssen **Mautgebühren** bezahlen. Ein ausreichender Vorrat an kleinen Scheinen spart Zeit. Mopeds können ohne Bezahlung auf der rechten Spur die Schalter passieren.

» Busse und Pick-ups (S. 51), Fahrräder (S. 61), Motorräder (S. 85), Nahverkehr (S. 87)

Nahverkehr

In den Städten herrscht eine riesige Konkurrenz unterschiedlichster Nahverkehrsmittel – von der Fahrradriksccha bis zum Kleinlaster. Sie alle bringen einen für wenig Geld von Tür zu Tür. In Dörfern ist es allerdings nach 18 Uhr und sehr früh morgens fast unmöglich, wegzukommen. In dem Fall muss man eines der Fahrzeuge chartern.

Fahrradriksccha
Die dreirädrigen Fahrradriksccha mit überdachter Sitzbank für zwei Personen, in Laos Samlor, in Vietnam und Kambodscha Cyclo genannt, verschwinden zunehmend aus dem Stadtbild. Sie sind für kurze Strecken geeignet. Den Fahrpreis vorher aushandeln.

Motorradtaxi
Motorradtaxis werden in zahlreichen Städten, auf Inseln und in ländlichen Regionen genutzt.

Sie bringen auf dem Sozius oder im Beiwagen ein bis zwei Fahrgäste zu beliebigen Zielen. Der Fahrpreis ist niedrig, muss aber vorher geklärt werden.

Tuk Tuk
Dreirädrige Motorroller mit überdachter Sitzbank, auch *samlor* (Thai), *jumbo* (Lao) oder *reumork* (Khmer) genannt, verkehren in großen und kleinen Städten. In Thailand haben darin kaum mehr als zwei Personen Platz. In laotischen Tuk Tuks liegen sich die Sitzbänke gegenüber und können bis zu sechs Fahrgäste aufnehmen. Den Preis muss man vorher aushandeln.

Kleinlaster und Pick-ups
In den privat betriebenen Kleinlastern, in Thailand und Laos Songthaew genannt („song-täo" gesprochen) liegen sich zwei niedrige Sitzbänke gegenüber (*song thaew* = „zwei Bänke"). Songthaew haben feste Preise. Sie fahren in größeren Städten auf festen Routen zum Einheitstarif.

Pick-ups sind Songthaew, die überall Passagiere mitnehmen. In mittleren Städten kurven sie rund um die Uhr durch die Stadt auf der Suche nach Fahrgästen. Wer sein Ziel nennt, erhält ein Zeichen zum Einsteigen oder Warten. Wenn man Zeit hat und ganz hinten sitzt, kann man auf diesem Weg die halbe Stadt kennen lernen. Manchmal fahren Songthaews auch in die Umgebung.

Taxi
Taxis fahren überwiegend ohne Taxameter. In Bangkok, Ha Noi, Ho-Chi-Minh-Stadt, Vientiane und anderen Touristenorten haben sie teilweise Taxameter. Die Fahrer sind aber nicht immer dazu zu bewegen, diesen auch einzuschalten. Ein unbedarfter Tourist bezahlt für ein Flughafentaxi oft überhöhte Preise. Die Taxifahrer sprechen in der Regel kein Englisch und erhalten kein Trinkgeld – außer für besondere Gefälligkeiten.

Stadtbusse
In Bangkok, Ha Noi und Ho-Chi-Minh-Stadt fahren nummerierte Busse auf festen Routen. Einige sind klimatisiert. In Vientiane bedienen Linienbusse die Viertel am Stadtrand. In Phnom Penh startete 2014 ein Stadtbus auf Probe.

Minibusse, Microbusse oder Microvans bedienen ländliche Regionen und nachts in Bangkok auch einige Busstrecken. Auch in kleineren Städten fahren lokale Busse durch die Stadt und stellen die Verbindung zwischen den nahe gelegenen Ortschaften sicher.

▶ Busse und Pick-ups (S. 51), Fahrräder (S. 61), Mietwagen (S. 82), Motorräder (S. 85)

Öffnungszeiten

Thailand

Geschäfte sind in der Regel von 8–21 Uhr geöffnet, Kaufhäuser erst ab 10 Uhr, die großen Hypermärkte haben bis 22 oder 23 Uhr geöffnet. Sonntags öffnen manche Läden etwas später. Auf den meisten Märkten herrscht dagegen schon vor Sonnenaufgang Hochbetrieb.

Ämter und Behörden öffnen Montag bis Freitag von 8.30–12 Uhr und 13–16.30 Uhr, wobei die Mittagspause variieren kann. Auch kurz vor Büroschluss ist gegebenenfalls keiner mehr ansprechbar.

Banken öffnen Montag bis Freitag außer feiertags von 8.30–15.30 Uhr. In Touristenzentren haben Wechselstuben *(currency exchange service)* täglich bis spät abends geöffnet. Notfalls wechseln Hotels zu schlechten Kursen.

Laos

Die Öffnungszeiten der **Läden** richten sich nach dem Geschäftssinn des Besitzers. Am Sonntag ist wie bei uns Ruhetag.

Behörden haben offiziell von 8–12 und 13–16.30 Uhr geöffnet, wobei man von den Angestellten bereits eine halbe Stunde vor Feierabend deutliche Signale erhält, dass sie Schluss machen wollen. Die Mittagspause wird gern gestreckt, um zum Essen nach Hause zu fahren oder sich in der nahe gelegenen Suppenküche mit Kollegen und Freunden zu treffen. Für Behörden gilt: spätestens bis 11.30 Uhr und frühestens ab 14 Uhr wieder auftauchen.

Banken haben Mo–Fr von 8.30–15.30 Uhr geöffnet, in Touristenzentren gelten diese Zeiten auch Sa und So. In vielen Märkten gibt es

Wechselschalter, die auch am Wochenende Geld tauschen (meist Juweliere).

Kambodscha

Öffnungszeiten werden generell flexibel gehandhabt. Wann **Geschäfte** öffnen und schließen, liegt im Ermessen der Besitzer. Geschäfte, die den touristischen Bedarf decken, sind an deren Einkaufsgewohnheiten angepasst, meist ⏰ 8–20 Uhr. Auf dem Land richten sich die Zeiten nach der Sonne: ⏰ 6–18.30 Uhr. Einen Ruhetag gibt es nicht. Auch **Märkte** haben täglich von Sonnenaufgang bis -untergang geöffnet. Manche Stände schließen bereits gegen Mittag, wenn die frische Ware verkauft ist.

Kernöffnungszeit der **Ämter** sind Mo–Fr 7.30–11.30 und 14–17 Uhr. Die Jobs im öffentlichen Dienst sind zwar begehrte Posten, werden aber schlecht bezahlt. Meist ist vor 8 Uhr niemand anzutreffen, und ab Mittag gehen Beamte häufig einem Nebenerwerb nach. An öffentlichen Feiertagen bleiben Ämter geschlossen, gern wird auch noch ein zusätzlicher Tag angehängt. Zuverlässige Öffnungszeiten haben die **Banken**. Die Kernöffnungszeiten sind: Mo–Fr 8–15.30, Sa 8–11 Uhr, an Feiertagen ist geschlossen.

Vietnam

Geschäfte öffnen meist zwischen 8 und 9 Uhr und schließen gegen 21 Uhr. Der Samstag ist ein regulärer Arbeitstag (das gilt auch für **Behörden**). Wenn überhaupt, ist nur am Sonntag geschlossen. **Banken** haben in der Regel Mo–Fr 8–11.30 und 13–16 Uhr geöffnet. Auf den **Märkten** beginnt das Leben sehr früh, viele Stände werden bereits gegen Mittag wieder abgebaut, da dann die frische Ware verkauft ist.

▶ Feste und Feiertage (S. 64), Geld (S. 70), Post (S. 88), Telefon (S. 93)

Post

Thailand

Urlaubsgrüße auf **Postkarten** (15 Baht) erreichen den Empfänger per Luftpost in fünf bis sieben Tagen. Wichtige Post sollte man per

Einschreiben (registered mail) oder mit EMS (Express Mail Service) versenden. Auch bei Briefen, die schnell ankommen sollen, lohnt sich der EMS-Service im Hauptpostamt großer Städte; die nur mit „Express" versandte Post wird dagegen erst im Ankunftsland bevorzugt behandelt.

Thailand ist ein wahres Einkaufsparadies – es dauert also nicht lange, bis Rucksäcke und Koffer aus allen Nähten platzen und die Freigepäckgrenze beim Heimflug überschritten ist.

Viele große Postämter bieten einen Packservice an: Am Schalter werden Kartons unterschiedlicher Größe für 5–35 Baht angeboten, in denen hilfsbereite Postbeamte gegen eine geringe Gebühr alles fachmännisch verpacken. Die Zollerklärung müssen die Reisenden selbst ausfüllen. Was Zeit hat, kann auf dem Land- oder Seeweg gemächlich nach Hause fahren.

Soll die Fracht möglichst schnell und sicher nach Europa gelangen, ist der Kurierdienst EMS der Post oder DHL empfehlenswert.

Beim Kauf von großen Gegenständen übernimmt das Geschäft häufig den Versand nach Europa (immer auf einer exakten Quittung bestehen) oder man beauftragt selbst eine Spedition. Die Speditionskosten setzen sich aus Seefracht (bis zum jeweiligen Hafen) und Landfracht (Hafen bis Heimatort) zusammen, wobei Letzteres häufig ein Vielfaches der Seefracht beträgt.

Eine übergewichtige Kiste kann auch bei der Luftfracht als unbegleitetes Gepäckstück (unaccompanied baggage) aufgegeben werden. In diesem Fall schickt sie die Fluggesellschaft, bei der man das Ticket gebucht hat, mit der nächsten unausgebuchten Maschine nach. Die Fracht muss mindestens vier Tage vor Abflug aufgegeben werden. Zuverlässig sind beispielsweise TNT Express, 🖥 www.tnt.com, oder Schenker, 🖥 www.schenker.co.th.

Laos

Die laotische Post ist generell zuverlässig und preiswert. Die Postämter – landesweit an der senfgelben Farbe zu erkennen – haben Mo–Fr von 8–17 Uhr geöffnet, die Hauptpost in Vientiane auch Sa 8–12, So bis 11 Uhr.

Luftpost von/nach Europa braucht selten länger als 10–14 Tage. Postkarten kosten 11 000 Kip,

Briefe zwischen 10 g und 20 g 12 000 Kip (in den Provinzen ein paar hundert Kip mehr). Wichtige Post sollte per Einschreiben oder Express Mail Service (EMS – Kurierdienst der Post) versandt werden.

Päckchen und Pakete können als Seefracht (2 Monate) oder per Luftpost (14 Tage) verschickt werden. Einige Hauptpostämter bieten für wenige tausend Kip einen Packservice an – eine gute Idee, da die Postbeamten ohnehin den Inhalt der Sendungen kontrollieren wollen (selbst gepackte Pakete sollten offen gelassen werden).

Sperrige, aber leichte Einkäufe versendet man am besten mit der laotischen Post. Wer wertvolle oder schwere Güter nach Europa verschicken möchte, kann sich an einen der teuren Kurierdienste wie DHL, 🖥 www.dhl.com.la, FedEx, 🖥 www.fedex.com/la, oder Schenker 🖥 schenker.vientiane@dbschenker.com, in Vientiane wenden.

Kambodscha

Die Post in Kambodscha ist recht zuverlässig. Alle Post im Land wird über Phnom Penh geschickt. Briefe und Postkarten aus der Hauptstadt sind gut zwei Wochen unterwegs, aus der Provinz eine Woche länger. Das Porto für eine Postkarte nach Europa beträgt 2800 Riel (aus der Provinz 200 Riel mehr). Briefe nach Europa werden mit 3640 Riel frankiert. Man sollte auf jeden Fall kontrollieren, dass die Post auch tatsächlich frankiert wird.

Der Paketdienst EMS (Express Mail Service), 🖥 www.ems.post, unterhält Filialen in allen großen Postämtern des Landes. Die Versendung eines 1-Kilo-Paketes nach Deutschland und in die Schweiz als Expresssendung kostet US$45, nach Österreich US$42. Jedes weitere Kilo kostet US$12/10 (ab 6 kg). Maximal können 30 kg verschickt werden, die Versandzeit beträgt drei bis fünf Tage.

Als „Normale Sendung" kommt das Paket nach etwa 10–14 Tagen in Europa an, das erste Kilo kostet dann US$23–27, entsprechend weniger die Folgekilos. Pakete können auf den Postämtern für 3000–5500 Riel gekauft werden. Noch teurer sind Päckchen, die von Phnom Penh und Siem Reap mittels DHL geschickt werden. Wer im Anschluss nach Vietnam weiterreist, kann von dort günstiger schweres Gut in die Heimat schicken.

Auf einem Zollformular müssen Inhalt und Wert detailliert aufgeschlüsselt werden. Die Postbeamten kontrollieren den Inhalt jedoch nicht.

Post, die vom Ausland nach Phnom Penh oder Siem Reap geschickt wird, kommt in der Regel an. An Adressen in der Provinz wird meist nicht zugestellt. Wer sich etwas nach Kambodscha schicken lassen will, kann dies als **postlagernde Sendung** *(Poste restante)* in den Postämtern in Phnom Penh, Siem Reap und Sihanoukville gegen Vorlage des Passes abholen. Am besten unter Vor- und Zuname suchen lassen.

Vietnam

Die **Postämter** sind nicht nur unter der Woche, sondern auch am Wochenende geöffnet, und dies meist bis spät abends: ⊙ 7–21 Uhr. In kleinen Städten wird manchmal eine Stunde Mittagspause eingelegt.

Die vietnamesische Post ist recht zuverlässig. Briefe und Postkarten erreichen Europa meist nach etwa zwei Wochen, wenn sie in Ho-Chi-Minh-Stadt oder Ha Noi eingeworfen werden. Nach etwa drei Wochen sind auch Postsendungen aus der Provinz in Europa angelangt. Pakete brauchen zwischen einer Woche und drei Monaten, je nachdem welcher Postweg gewählt wird.

Wer ein **Paket** nach Hause schicken möchte, sollte die Sachen unverpackt in die Poststelle mitnehmen. Denn hier wird meist der Inhalt geprüft, also das Paket sowieso wieder ausgepackt. Zum einen wird auf manche Waren Zoll erhoben, zum anderen einiges aussortiert: Das Verschicken von CDs und DVDs (nicht nur Raubkopien, sondern auch eigene Foto-CDs) ist z. B. verboten. Fragwürdige Ware wird konfisziert. Der Beamte hilft beim Einpacken, und es wird auch das Verpackungsmaterial zur Verfügung gestellt. Alles zusammen kostet etwa 50 000 Dong.

Auch **Einschreiben** sind möglich, etwa bei EMS. Dieser Express Mail Service verringert die Zustellzeiten und ist innerhalb des Landes, in die meisten asiatischen Länder (z. B. Thailand und Kambodscha) und in die Schweiz möglich. Deutschland und Österreich sind dagegen keine Vertragspartner von EMS. Die Zustellung von Express-Sendungen nach Deutschland übernimmt DHL (aufgeben auch über EMS), nur für Dokumente. FedEx hat Kooperationsverträge mit der vietnamesischen Post, sodass über FedEx Expressbriefe und Pakete in alle europäischen Länder geschickt werden können.

Größere **Frachtsendungen** werden auf dem Luft- oder Seeweg nach Europa geschickt. Neben EMS für kleinere Sendungen kann man DHL in Anspruch nehmen. Schenker, 🖵 www. dbschenker.vn, übernimmt größere Frachten.

▶▶ Internet und E-Mail (S. 80), Telefon (S. 93)

Sicherheit

Thailand, Laos, Kambodscha und Vietnam gelten insgesamt als sichere Reiseländer. Aktuelle **Sicherheitshinweise** veröffentlicht das Auswärtige Amt auf der Website 🖵 www.auswaertiges-amt.de.

Tricks und Betrügereien

Zu den häufigsten Fällen in Thailand gehören Betrügereien mit **Kreditkarten**, deren Informationen in falsche Hände geraten sind. Auch mit doppelten Abbuchungen in Restaurants und Geschäften werden Touristen über den Tisch gezogen.

Andere Tricks werden vor allem in Bangkok angewandt, indem Touristen mit scheinbar einmalig günstigen Angeboten von **Edelsteinen** zum „Geschäft ihres Lebens" verführt werden. Und man sollte misstrauisch sein, wenn man von Unbekannten in ein privates Gespräch verwickelt wird, in dem es hauptsächlich um finanzielle Verhältnisse geht (s. auch S. 167).

In allen vier Ländern sind kleinere Betrügereien wie etwa **Preistreiberei** häufig. Überhöhten Forderungen beugt man am besten vor, indem man vorher einen Preis vereinbart (etwa bei Cyclo-, Tuk Tuk- oder Taxifahrern). Bei Cyclofahrern in Sai Gon kann es nicht schaden, die Summe schriftlich zu fixieren. Sinnvoll ist es, abgezähltes Geld dabei zu haben, sollte der Fahrer kein Wechselgeld haben. Dies ist häufig der Fall, auch in Restaurants. Nicht immer sollte dahinter Betrug vermutet werden, manchmal ist wirklich kein Kleingeld da. Eine größere Rechnung im Restaurant kontrollieren auch Einheimische oft nach.

Ein oft praktizierter Trick, an Geld zu kommen, wird von Taxi- und Cyclofahrern gern angewandt: Sie behaupten, das Hotel der Wahl habe geschlossen. Dafür schlagen sie ein anderes Hotel vor, das selbstverständlich „viel besser" ist – jedenfalls für die Fahrer, denn sie bekommen hier **Provision**.

Leider fallen Touristen auch immer wieder auf **Falschspieler** und **fingierte Glücksspiele** herein; die Methode ist einfach: Ein freundlicher Mann spricht Touristen auf der Straße an, erkundigt sich nach deren Herkunft und vermeldet erfreut, dass ein Verwandter (…) dort lebt. Bei einem Drink kommt man sich näher, wobei der Mann geschickt die finanziellen Verhältnisse des Touristen auskundschaftet und ihn zu einem Spielchen überredet, das der Fremde zunächst gewinnt. Anschließend wird in einem Privathaus mit höheren Einsätzen gespielt, und plötzlich ist es aus mit der Glückssträhne, und es besteht keine Möglichkeit, auszusteigen.

Einbruch und Diebstahl

Besonders in **Schlafsälen** und billigen **Gästehäusern** kommt es hin und wieder zu Diebstählen, nicht selten durch Mitreisende. In einigen Fällen wird das Gepäck auch von Mitarbeitern durchwühlt oder Geld aus dem Safe gestohlen. Außerhalb der Hotels ist die Gefahr von Diebstählen an Orten mit vielen Touristen am größten: in überfüllten Bussen und Schiffen, an Stränden und nicht zuletzt in Travellerzentren.

Bei Fahrten im Tuk Tuk oder auf dem Zweirad, aber auch beim Stadtbummel ist es ratsam, den **Tagesrucksack** gut gesichert am Körper zu halten. Vor allem in Ho-Chi-Minh-Stadt, am Strand von Nha Thrang, in Vientiane, Phnom Penh, Siem Reap und Sihanoukville entreißen Mopedfahrer überraschten Touristen immer wieder Taschen – leider ohne Rücksicht auf mögliche Verletzungen.

Selten wird ein Tourist mit einer Waffe bedroht. Eher kommt es vor, dass er von einem harmlos aussehenden Mütterchen, kleinen Kin-

Manipulierte Taxameter

Einige Taxifahrer in Ha Noi und Ho-Chi-Minh-Stadt haben ihre Taxameter manipuliert: Wenn auf den ersten 500 m Fahrt der Fahrpreis gleich ohne anzuhalten in großen Schritten in die Höhe schnellt, sollte man den Wagen direkt anhalten lassen und aussteigen. Mit einigen 10 000 Dong schimpfend bezahlter „Abfindung" sollte man je nach Höhe der betrügerisch geforderten Summe aus der Situation herauskommen.

dern oder Prostituierten gekonnt um seine Brieftasche erleichtert wird.

Bei Dunkelheit sollten Frauen in **Ho-Chi-Minh-Stadt** möglichst nicht allein durch die Straßen ziehen (außer diese sind sehr belebt). Zudem ist davon abzuraten, nachts mit dem Cyclo oder dem Mopedtaxi zu fahren. Die Distrikte 4 (beginnt hinter dem Ho-Chi-Minh-Stadt-Museum) und Thi Duc (auf der anderen Seite des Saigon-Flusses) sind ohne Begleitung durch einen Führer zu jeder Tageszeit zu meiden.

In Kambodscha sind auch Fälle von bewaffnetem Raubüberfall nicht unbekannt. Daher: besonders in **Phnom Penh**, **Siem Reap** und **Sihanoukville** bei Dunkelheit so wenig Geld wie möglich bei sich tragen – und doch so viel, dass ein Räuber nicht zu enttäuscht ist.

In Laos hat das zunehmende Sozialgefälle zu einem Anstieg der Raub- und Diebstahlsdelikte in **Vientiane**, **Luang Prabang** und **Vang Vieng** geführt. Reisende sollten sich besonders vor Taschendieben und Mopedräubern in Acht nehmen und spätabends in der Hauptstadt einsame Gegenden und unbeleuchtete Straßen meiden.

Gepäck sollte nie unbeaufsichtigt sein, was in der Praxis für Alleinreisende kaum möglich ist. Dann ist die **Gepäckaufbewahrung** an Bahnhöfen eine billige und sichere Möglichkeit (was leider nicht für den Hauptbahnhof in Bangkok gilt). Auch im Reisebüro, bei dem man sein Ticket erworben hat, kann man in der Regel großes Gepäck bis zur Abfahrt verwahren. Tipp: Gepäck mit kleinen Vorhängeschlössern und einem leichten Fahrradschloss zusätzlich absichern. Gegenüber Reisebekanntschaften ist eine gesunde Skepsis angebracht.

Unterwegs gehören **Wertsachen** ausschließlich ins Handgepäck. Handtaschen und Portemonnaies sind nur für Kleingeld geeignet, Scheine sind in Hosentaschen oder in doppelt gesicherten Brusttaschen besser aufgehoben. Unsicher sind dagegen dicke Bauch- oder Nierentaschen. Abzuraten ist ebenso vom offensichtlichen Tragen wertvollen Schmucks.

Polizei, Militär und Grenzen

Wenn etwas gestohlen wurde, muss in jedem Fall die **Polizei** verständigt werden, denn die Reisegepäckversicherung zahlt nur beim Vorliegen eines Polizeiprotokolls. In Thailand findet man in allen Touristenzentren eine Englisch sprechende Touristenpolizei als Ansprechpartner (meist in der Nähe der Tourist Information). Allerdings ist sie bei Zwischenfällen mit westlichen Ausländern auch immer daran interessiert, etwas Geld zu verdienen. Man sollte keine gerechte Behandlung erwarten, denn oft wird die Entscheidung von finanziellen Zuwendungen abhängig gemacht, was der Willkür Tür und Tor öffnet.

Ansonsten kommen Touristen kaum mit der Polizei in Kontakt. Manche Ordnungshüter in Laos und Kambodscha nutzen kleine Verstöße von Reisenden, um eine „Geldstrafe" zu kassieren. In der Regel ist der Betrag gering, und – wenn man freundlich bleibt – sogar verhandelbar. In jedem Fall sollte man immer seinen Pass oder eine Kopie dabei haben.

Problematisch wird es, wenn man versäumt hat, ordnungsgemäß einzureisen. Vor allem an manch abgelegenem Landübergang kann man leicht am Einreiseschalter vorbeilaufen, ohne einen Stempel zu erhalten. Schwierig wird es auch, wenn der Ablauf des Visums zu einem früheren Datum gestempelt wird als beantragt – die Gültigkeit am besten sofort prüfen.

Wie in vielen Ländern reagieren die Behörden auf alles empfindlich, was **militärische Einrichtungen** und strategisch bedeutende Gebiete betrifft, einschließlich Grenzen, Brücken, Flughäfen und Bahnhöfe. Wer in der Nähe solcher Objekte Fotos macht, setzt sich der Gefahr aus, dass der Film (und manchmal auch die Kamera) beschlagnahmt oder ein Bußgeld verhängt wird.

Blindgänger und Minen

Bis heute haben die Menschen in Vietnam, Laos und Kambodscha unter Tonnen nicht-detonierter Sprengkörper aus dem Zweiten Indochinakrieg zu leiden (*unexploded ordnance* = UXO).

In **Kambodscha** wird die Zahl der von den Amerikanern abgeworfenen Bomben und der von Vietnamesen, der kambodschanischen Regierung und den Roten Khmer gelegten Landminen noch immer auf mehrere Millionen geschätzt. Besonders stark betroffen sind die Grenzgebiete zu Thailand sowie die Süd- und Nordosten Richtung Vietnam. Zwar bemühen sich die Regierung und zahlreiche Hilfsorganisationen, die Minen zu räumen, aber das wird noch viel Zeit in Anspruch nehmen. In **Vietnam** stellen Blindgänger vor allem in der Entmilitarisierten Zone (DMZ) ein ernstes Problem dar. In **Laos** sind der Nordosten und die Südostregionen um den Ho-Chi-Minh-Pfad schwer belastet.

Für Reisende, die sich auf den Touristenpfaden bewegen, ist das Risiko aber gering. Wer in ländliche Regionen reist, sollte ein paar einfache Regeln befolgen:

- Außerhalb der Städte auf den Trampelpfaden bleiben
- Niemals metallene Gegenstände auf dem Boden berühren oder gar danach treten
- Hände weg von vermeintlich sicherem Kriegsschrott

Naturkatastrophen

Im Mekong-Delta, in Zentralvietnam und einigen Provinzen Nordvietnams kommt es zwischen Juni und Oktober immer wieder zu schweren **Stürmen und Überschwemmungen**. Wer zu dieser Zeit in diese Regionen reist, sollte sicherheitshalber die Wettervorhersage beachten. Zentralvietnam, besonders die Region um Hue, wird zwischen Oktober und Dezember von Taifunen heimgesucht, die verheerende Verwüstungen anrichten können. Auch in Hoi An kann es gegen Jahresende zu Überschwemmungen kommen.

Verkehr

Der Straßenverkehr ist vermutlich eines der größten Sicherheitsrisiken auf der Reise. Man sollte sich im Klaren darüber sein, dass eine rote Ampel für viele Verkehrsteilnehmer nicht unbedingt ein Grund ist, zu stoppen. Erhöhte Aufmerksamkeit ist, auch für Fußgänger, unabdingbar!

In den Großstädten sollten nur geübte Fahrer aufs Motorrad steigen. Wichtig zu wissen: Alle größeren Verkehrsteilnehmer haben Vorfahrt. Von Nachtfahrten mit dem Zweirad wird dringend abgeraten.

» Botschaften und Konsulate (S. 48), Drogen (S. 54), Geld (S. 70), Gepäck (S. 73), Informationen (S. 78)

Telefon

Wer sein Mobiltelefon mit der eigenen SIM-Karte betreiben möchte, sei gewarnt: Die Roaming-Tarife sind um ein Vielfaches höher als die Tarife einheimischer Anbieter. Zudem fallen bei eingehenden Anrufen aus Europa hohe Gebühren für den Handybesitzer an.

Am günstigsten ist es, wenn man sich von den Daheimgebliebenen (vorausgesetzt sie besitzen noch einen Telekom-Telefonanschluss) per Call-by-Call zurückrufen lässt. Die aktuellen Preise erfährt man unter ▯ www.teltarif.de oder ▯ www.billigertelefonieren.de. Für Kunden anderer Netzbetreiber bietet sich der Service von Unicall, ▯ www.unicall.de, an.

Thailand

Da mittlerweile fast jeder in Thailand ein Handy besitzt, gibt es immer weniger **öffentliche Fernsprecher**. Von diesen kosten Gespräche ab 5 Baht. Von den roten Telefonzellen kann man ausschließlich Ortsgespräche führen, von den blauen auch nationale Gespräche. Die grünen Kartentelefonzellen stehen für Inlandsgespräche bereit, die gelben für Auslandsgespräche. Da die Telefonzellen häufig kaputt sind, lohnt der Kauf einer **Telefonkarte** nicht.

In jedem 7-Eleven und an Handyverkaufsständen können **Prepaid-SIM-Karten** der großen Mobilfunkgesellschaften gekauft werden. Aufgrund ihrer Verbreitung sind die 1-2-Call-Karte der größten Gesellschaft **AIS**, ▯ www.ais.

co.th/12call/en, und die Happy-Card der staatlichen Gesellschaft **DTAC**, ▯ www.dtac.co.th/en, empfehlenswert. Die SIM-Karten kosten 50–100 Baht mit einem kleinen Guthaben.

Inlandsgespräche sind mit diesen Karten sehr günstig (1–2 Baht pro Min., 2 Baht pro SMS). Es gibt Sonderangebote für bestimmte Zielgruppen, festgelegte Nummern oder gewisse Tageszeiten und weitere interessante Angebote, die auch für Touristen sehr hilfreich sein können.

Um günstig **international** zu telefonieren, sollte bei 1-2-Call die 00500, bei Happy die 004, 007, 008 oder 009 vor der eigentlichen Telefonnummer gewählt werden (z. B. 00500-49-30-12345678). So kann man aus Thailand für 5–9 Baht pro Minute ins deutsche Fest- und Mobilfunknetz telefonieren. Die günstigste Vorwahl ist mit 5 Baht pro Minute (Festnetz) und 7 Baht pro Minute (mobil) bei AIS die 00500, bei DTAC die 004. Der weltweite Versand von **SMS** kostet 5–9 Baht.

Deutlich günstiger sind internationale Gespräche mit der Prepaidkarte des Anbieters **True Move**, ▯ www.truemove.com/en, dessen Netzabdeckung aber noch große Lücken aufweist. Mit der Vorwahl 006 kann man bereits ab einem Minutenpreis von 3 Baht das deutsche Festnetz anrufen, Handynummern kosten 6 Baht.

Höchst sinnvoll für alle Smartphone-Nutzer sind **Datenpakete**. Nach der Buchung über die Kundenservice-Hotline, die bei 1-2-Call, ✆ 1175, ebenso wie bei Happy, ✆ 1678, mit erstaunlich guten Englischkenntnissen überrascht, kann man aus verschiedenen Paketen wählen. Bei 1-2-Call gibt es 1 GB pro Monat für 350 Baht oder 20 Stunden für 100 Baht. Ohne Buchung eines Pakets kostet eine Minute im Datenmodus 1 Baht. Die erforderlichen Einstellungen werden nach der Buchung übermittelt. So kann jedes moderne Handy auf das Internet zugreifen oder als Modem genutzt werden. Das verbleibende Guthaben der Datenpakete kann man durch Wählen der Tastenkombinationen *139*3# (1-2-Call) oder *101*4*9# (Happy) erfahren.

Achtung: AIS sendet UMTS nur auf der 900 Mhz-Frequenz, während DTAC und True Move nur auf 850 Mhz funken, deshalb ist es wichtig, sich im Voraus zu informieren, welche Frequenzen vom eigenen Telefon unterstützt werden.

Einige Samsung-Telefone können z. B. nur auf UMTS im AIS-Netz zurückgreifen.

Die Geschwindigkeit schwankt je nach Netzausbau stark, reicht aber allemal, um E-Mails abzurufen. In Ballungszentren werden Übertragungsraten erreicht, die mit dem HSDPA-Standard (3.5G) bei teils über 400 kB pro Sekunde liegen. In weniger dicht besiedelten Regionen steht allerdings nur EDGE, d. h. Geschwindigkeiten von ca. 20 kB pro Sekunde, zur Verfügung. Die Netzabdeckung mit UMTS-, HSDPA- und dem neuen, noch schnelleren LTE-Standard soll in den nächsten Jahren bei allen Netzbetreibern stark ausgebaut werden.

Ein interessantes Happy-Card-Angebot ist die Bereitstellung eines **Englisch-Thai-Dolmetschers**, der rund um die Uhr unter der Tastenkombination *1021 erreicht werden kann. Bei möglichen Verständigungsproblemen kann dieser angerufen werden, um nach kurzer Erläuterung des Problems auf Englisch dieses dem nur thaisprachigen Gegenüber in der Landessprache zu erklären. Damit lassen sich einige komplizierte Situationen entspannen.

Weiterhin bietet Happy die Möglichkeit, durch die Tastenkombination *110*9# einen **Kleinkredit** von 30 Baht zu erhalten, was in Notsituationen nützlich sein kann, um kurz in die Heimat zu telefonieren oder Bekannte in Thailand zu erreichen, selbst wenn die Karte eigentlich kein Guthaben aufweist. Die 30 Baht werden beim nächsten Aufladen mit dem Aufladungsbetrag und einer Gebühr von 2 Baht verrechnet.

Laos

Auslandsgespräche können in einigen Telefonämtern geführt werden. Der Minutenpreis für Telefonate nach Deutschland, Österreich und in die Schweiz beträgt in den größeren Städten um 2000 Kip, Gästehäuser und Hotels verlangen mitunter das Fünffache.

Eine gute Alternative sind die preiswerten **Telefonate über das Internet** (VoIP), die von fast jedem Internetcafé aus möglich sind – entweder direkt vom Rechner (Skype) oder von einem separaten Telefonplatz (dann 2000–4000 Kip/Min.)

Wer sein **Handy** mitgebracht hat, kauft sich am besten eine **laotische SIM-Karte** mit Guthaben *(prepaid)*. Zwar erhält man dann eine neue

Nummer, telefoniert aber wesentlich günstiger als beim Roaming. Der Netzstandard in Laos ist **GSM 900/1800**.

Vier **Anbieter** kämpfen um den Mobilfunkmarkt: Lao Telecom (M-Phone), 🖳 www.laotel.com, Enterprise of Telecommunications Lao (ETL), 🖳 www.etllao.com, Star Telecom (Unitel), 🖳 www.unitel.com.la, VimpelCom (Beeline), 🖳 www.beeline.la.

Preise für eine SIM-Karte mit kleinem Guthaben starten bei 10 000 Kip. Gespräche ins Festnetz und in die anderen Mobilfunknetze kosten um 800 Kip/Min., Telefonate nach Europa um 2000 Kip/Min. Ist die Summe abtelefoniert, kauft man sich eine neue Guthaben-Karte, je nach Anbieter zwischen 10 000 Kip und 200 000 Kip. SIM- und Guthaben-Karten sind an fast jeder Ecke zu haben.

Alle Netzbetreiber bieten **mobilen Internetzugang** an, von GPRS bis 3G (für Vientiane ist 4G angekündigt). Sollten die Zugangsdaten und Einstellungen nicht per SMS geschickt werden, gibt's Hilfe auf den Internetseiten der Anbieter und in den Service Centern in Vientiane.

Kambodscha

Die Mehrzahl der Kambodschaner telefoniert nur übers Handy. Das bietet sich auch für Reisende an, sofern sie eine **kambodschanische**

Vorwahlen	
von Europa nach	
Thailand	0066
Laos	00856
Kambodscha	00855
Vietnam	0084
von Thailand und Kambodscha nach	
Deutschland	00149
Österreich	00143
Schweiz	00141
von Laos und Vietnam nach	
Deutschland	0049
Österreich	0043
Schweiz	0041

SIM-Karte kaufen. Mit einer 3G-Karte kann man zugleich ins Internet. Die Prepaid-Karten erhält man am Flughafen in Phnom Penh oder bei zahlreichen Handy-Shops und SIM-Kartenanbietern. Am Flughafen und in den Hauptfilialen der Mobilfunkanbieter wird eine Kopie des Reisepasses angefertigt. Die SIM-Karte kostet US$1, der aufladbare Betrag kann selber bestimmt werden, zwischen US$1 und US$50. Nach dem Betrag richtet sich auch die Gültigkeit des Guthabens, es liegt zwischen einer Woche und drei Monaten. Die Karte kann jederzeit aufgeladen werden, die Gültigkeit verlängert sich dann. Wer zusätzlich noch **Datenvolumen** für das Internet braucht, kann zwischen 300 MB und 20 GB pro Monat wählen (US$1–25).

Am besten man entscheidet sich für einen der großen **Anbieter** wie Smart, Metfon oder Beeline, denn dann hat man mit hoher Sicherheit fast immer einen Sendemasten in der Nähe. Gespräche ins deutsche Festnetz kosten etwa US$0,15/Min. (Smart bietet sogar Gespräche nach Deutschland und Österreich für US$0,07), in die Schweiz US$0,35. Anrufe innerhalb des kambodschanischen Netzes US$0,05–0,08. Ankommende Anrufe sind kostenfrei. Internationale SMS kosten etwa US$0,10. SIM-Karten, die kein Guthaben mehr aufweisen, längere Zeit (bis zu einem halbem Jahr) nicht genutzt werden oder deren Guthaben-Frist abgelaufen ist, werden deaktiviert. Wer danach seine Nummer noch verwenden will, muss sich an das Büro des jeweiligen Betreibers wenden. Nach einem halben Jahr werden deaktivierte Telefonnummern neu vergeben.

Vietnam

Auch in Vietnam lohnt es sich, vor Ort eine SIM-Karte mit vietnamesischer Nummer und eine Prepaid-Karte zu kaufen. **Anbieter** sind Mobiphone, 🖥 www.mobiphone.com.vn, und Vinaphone, 🖥 www.vinaphone.com.vn. Die Tarife sind ähnlich. So kann man nicht nur im Land oder nach Deutschland telefonieren, sondern sich auch kostengünstig anrufen lassen. Mit einer 3G-Karte ist man zugleich ständig im Internet online.

Nahezu jedes **Hotel** verfügt über ein IDD-Telefon, entweder in der Lobby oder sogar auf den Zimmern. Eine Minute kostet etwa US$5. Je nach Preiskategorie des Hotels wird mehr berechnet. Gebühren werden bereits nach dem Wählen fällig. Die Telefongesellschaft Vietnams berechnet also auch, wenn gar keine Verbindung zustande kommt. Etwas preiswerter sind Gespräche von der **Post** aus.

➠ Internet und E-Mail (S. 80), Post (S. 88)

Trinkgeld

Trinkgeld wird in Thailand, Laos, Kambodscha und Vietnam nicht erwartet, aber sehr geschätzt. In Touristenrestaurants hat es sich eingebürgert, 5–10 % des Rechnungsbetrages auf dem Tisch liegen zu lassen, sofern die Rechnung nicht schon eine Service Charge ausweist. Der Bedienung einen aufgerundeten Betrag zu nennen, auf den herausgegeben werden soll, sorgt dagegen oft für Verwirrung.

Eine weitere Ausnahme bilden Fahrer und Guides. Da sie in ihrem Beruf ausschließlich mit Touristen zu tun haben, wird ein Trinkgeld als Ausdruck der Zufriedenheit ihrer Kunden erwartet. Auch Hotelpersonal sollte für Extras, etwa wenn das Gepäck ins Zimmer getragen wird, belohnt werden.

➠ Essen (S. 57), Geld (S. 70), Währungen und Wechselkurse (S. 107)

Übernachtung

Die Bandbreite der Unterkünfte in der Mekong-Region ist extrem groß: Sie reicht von einfachsten Fernfahrerabsteigen bis hin zu Boutiqueresorts, Designerhotels und Wellnessoasen. Im Grunde gibt es immer irgendwo ein freies Zimmer. Problematisch wird es in Touristenorten an Feiertagen, vor allem zur Weihnachtszeit und den Neujahrsfesten (S. 66). In der Nebensaison wie Mai oder September gibt es zum Teil Preisnachlässe von 50 %. Auch wer länger bleibt, kann über einen kleinen Rabatt verhandeln.

In allen Travellerzentren finden Backpacker und Langzeitreisende günstige, einfache Zimmer. Leuten mit kleinem Budget wird in **Gästehäusern** ein besseres Preis-Leistungs-Verhältnis geboten als in günstigen Hotels. Ein Zimmer mit Gemeinschaftsdusche ist schon ab 200 Baht zu haben, während bessere Zimmer in Boutique-Gästehäusern bis zu 1000 Baht kosten. **Schlafsäle** mit Stockbetten, die preiswerte Alternative für Einzelreisende, sind selten und kosten mindestens 100 Baht.

Der Preis für einfache **Bambushütten** in den Bergen oder am Strand beginnt bei 250 Baht. Feste **Bungalows** mit guten Matratzen sind wesentlich teurer, der Preis kann sich in der Hochsaison verdoppeln. Mit Ventilator sind sie wesentlich preiswerter als mit Klimaanlage und in den hinteren Reihen günstiger als am Meer.

In **Hotels der unteren Preisklasse** in der Provinz schläft man bereits ab 300 Baht in einem sauberen Doppelzimmer mit Dusche und Ventilator. Einige Hotels sind nur in Thai-Schrift gekennzeichnet und werden auch stundenweise vermietet. Abseits der Touristenpfade findet man zu diesen oft lauten Unterkünften kaum eine Alternative.

Zimmer in der **mittleren Preisklasse** sind im Norden günstiger als an der Küste und ab 900 Baht zu haben.

In **Luxushotels** von internationalem Standard, die es in allen Touristenorten gibt, sind Zimmer erheblich teurer. Allerdings lassen sich viele bei Veranstaltern oder im Internet zu Schnäppchenpreisen buchen.

Billigzimmer und Holzhütten sind dürftig ausgestattet, aber relativ sauber. Selbst in der unteren Preisklasse haben viele inzwischen ein eigenes **Bad**: kleine Nasszellen mit einfachen Duschen neben der Toilette und einem Wasserabfluss im Boden. Außer in Strandhütten gehört

ein launischer Durchlauferhitzer zum Standard. In teureren Zimmern fließt Warmwasser auch aus dem Hahn des Waschbeckens, und die Duschen sind abgetrennt, sodass das restliche Badezimmer trocken bleibt. Wer auch in Thailand ein Bad nehmen will, sollte die obere Preisklasse buchen. In der Mittelklasse dienen Badewannen meist nur zum Duschen.

Die Zeiten romantischer Petroleumlampen sind vorbei, und **Elektrizität** ist selbst auf abgelegenen Inseln vorhanden, zumindest wenn der Generator läuft. Dieser, und damit auch die Klimaanlage, wird oft erst bei Sonnenuntergang angeworfen, sodass sich tagsüber Zimmer, die der Sonne ausgesetzt sind, fast unerträglich aufheizen.

Preiswerte Zimmer haben selbst in Mittelklassehotels manchmal keine **Fenster**. In einigen sind die Räume durch Sperrholzwände voneinander abgetrennt. Dadurch können sie ebenso wie Reihenbungalows sehr **hellhörig** sein.

Viele Gästehäuser verfügen über **Aufenthaltsräume** (Dachterrassen, Cafés, Innenhöfe, Gärten), einige sogar über einen Pool. In neueren Backpackerunterkünften gehören Satelliten-TV, DVD-Player, Internet und WLAN in den Gemeinschaftsräumen zur Standardausstattung.

In Billigunterkünften erfolgt die Zimmerreinigung erst nach dem Auszug der Gäste. Handtücher und Bettwäsche werden nur kalt gewaschen und sehen deshalb nicht immer sauber aus. Wer länger bleibt und frische Bettwäsche (sofern vorhanden) oder eine Zimmerreinigung wünscht, sollte dieses auf nette Art dem Management gegenüber zum Ausdruck bringen. In vielen angegliederten Restaurants wird morgens ein Frühstück angeboten.

Während der **Hochsaison** lohnt es, über Reisebüros, -veranstalter oder im Internet Zimmer zu buchen. Wer nicht gebucht hat, sollte am Vormittag im entsprechenden Hotel anrufen und ein Zimmer reservieren. Wer ohne Buchung an der Rezeption erscheint, kann nach einem Rabatt fragen und erhält dann vor allem in der Nebensaison ab Mitte April häufig einen *discount*.

Insbesondere in **Nationalparks** ist das Zelten sehr beliebt. In den meisten können Zelte, Matten und Schlafsäcke ausgeliehen werden. Auch einige Gästehäuser in ländlichen Gebie-

---

Jede Erfahrung zählt

Da wir nicht in allen Betten geschlafen haben können, freuen wir uns über Rückmeldungen auf unserer Website 🖥 www.stefan-loose.de im Travel Club oder unter Updates.

Preiskategorien

Die Unterkünfte in diesem Buch sind nach Preiskategorien eingestuft. Sie gelten für ein Doppelzimmer. Stehen Schlafsäle zur Verfügung, wird der Preis für ein Bett in der lokalen Währung oder in Dollar genannt.

	Thailand	Laos	Kambodscha	Vietnam
❶	bis 300 Baht	bis US$8	bis US$10	bis US$15
❷	bis 600 Baht	bis US$15	bis US$20	bis US$25
❸	bis 900 Baht	bis US$25	bis US$30	bis US$35
❹	bis 1200 Baht	bis US$40	bis US$50	bis US$50
❺	bis 2400 Baht	bis US$80	bis US$80	bis US$80
❻	über 2400 Baht	über US$80	über US$80	über US$80

ten und Bungalowanlagen am Strand stellen begrenzt Zeltmöglichkeiten zur Verfügung. Wo große Gruppen einheimischer Jugendlicher zelten, ist Mitfeiern angesagt.

Nur selten werden in Urlaubszentren **Ferienwohnungen und -häuser** angeboten. Der Standard entspricht internationalem Niveau, die Preise liegen dagegen niedriger. Es gibt voll ausgestattete Küchen, die aber meist nur für Frühstück oder zur Zubereitung von Babynahrung genutzt werden, da außerhalb das Essen bekanntlich günstig und schmackhaft ist.

Wer privat oder gar in einem Kloster übernachtet, sollte sich zuvor genau über die Regeln informieren und eine entsprechende Spende geben.

Laos

Unterkünfte gibt es reichlich in Laos, allerdings nicht überall für jedes Budget. Die ganze Palette von schick bis simpel ist nur Luang Prabang, Vientiane und Pakxe zu finden. In der Provinz fällt das Angebot bescheidener aus und in den abgelegenen Grenzorten bleiben manchmal nur die kargen Herbergen für Fernfahrer und Straßenbauer. Ein Dach überm Kopf findet sich aber immer und das meist auch zu einem guten Preis.

Reservierungen sind in den Billigbleiben nicht üblich. In allen Unterkünften müssen sich Gäste registrieren. In den günstigen fallen die Kosten für die erste Nacht sofort an. In den teureren kommen zum Zimmerpreis mitunter noch 10 % Steuern und 10 % Service Charge hinzu. Im Schnitt liegen die Übernachtungspreise in Laos höher als in Thailand.

Gästehäuser sind meist die günstigste Übernachtungsoption. Ein einfaches Zimmer mit Bad kostet zwischen 50 000 Kip und 100 000 Kip. Dank zunehmender Elektrifizierung sind inzwischen auch immer mehr Billigbleiben mit Durchlauferhitzern und Klimaanlagen ausgestattet. Die Qualität innerhalb dieser Kategorie variiert dennoch erheblich: In Touristenmagneten wie Vang Vieng gibt es schon für wenig Geld ein sauberes Zimmer mit Bad und Warmwasser in einem modernen Haus. Größere Gästehäuser haben manchmal Aufenthaltsräume und eine Veranda oder kleine Gärten mit ein paar Stühlen. Herbergen jenseits des Trampelpfades bieten dagegen oft nur einen Bambusverschlag mit Bett und Moskitonetz. Ein Blick vorab ins Zimmer ist sinnvoll, denn die Preise sind zwar niedrig, aber für das Gebotene oft noch zu hoch.

Schlafsäle *(dormitories)* gibt es nur wenige in Laos. Wer Übernachtungskosten teilen möchte, kann in vielen Gästehäusern auf 3- oder 4-Bett-Zimmer zurückgreifen.

Bei mehrtägigen Trekkingtouren schlafen die Teilnehmer in der Regel bei Familien (**Homestay**), eine prima Gelegenheit, den laotischen Alltag ein bisschen näher kennenzulernen.

In Vientiane, Luang Prabang und Pakxe erfüllen einige **Hotels** mühelos internationale Standards. Mehr noch: Mit Kolonialarchitektur und asiatischem Ambiente vermitteln sie einen Eindruck vom alten, französischen Indochina. Vor allem in Luang Prabang entstehen immer mehr **Boutiquehotels**: mal ausgefallen, mal stylisch, mal verspielt, in jedem Fall ästhetisch hochambitioniert.

Kleine Anfängerfehler beim Service sind auch in Luxusherbergen an der Tagesordnung. Aber angesichts der vergleichsweise günstigen Preise und geringer Dienstleistungserfahrung geht das als Teil des laotischen Charmes durch.

Außerhalb der Tourismuszentren sind Hotels selten und nicht unbedingt besser als Gästehäuser. Ein älteres Hotel kann viel weniger Komfort bieten als das neue Gästehaus direkt nebenan. Vor allem in Orten wie Xekong, Attapeu oder Phongsaly sind die Hotels häufig alt und entsprechen noch sozialistischen Funktionalitäts- und Schönheitsidealen.

Die Preise für ein Hotelzimmer beginnen bei 250 000 Kip. Frühstück und Flughafentransfer sind fast immer im Preis enthalten. Die wichtigsten Kreditkarten werden akzeptiert.

Ein Mix aus familiärer Atmosphäre und gehobenem Standard zeichnet viele **Resorts** in Laos aus. Die meisten liegen dazu noch wunderschön: abgeschieden in der Natur, an Flüssen oder Wasserfällen. Die frei stehenden Bungalows sind oft landesüblich aus Bambus und Holz gebaut. Hängematten und Korbmöbel auf der Terrasse bieten zusätzlich Komfort. Ein Problem ist oft die schlechte Verkehrsanbindung. Meist pendeln resorteigene Shuttlebusse zwischen der Unterkunft und dem nächstgrößeren Ort.

Kambodscha

Vom Schlafsaal bis zur Luxusherberge: Es gibt keinen Mangel an Unterkünften, und selbst in der Hauptreisezeit ist immer noch irgendwo ein freies Zimmer zu bekommen. Empfehlenswert ist eine Zimmerreservierung in Siem Reap während der Hauptreisezeit (Nov–Feb). Im Winter (Dez, Jan, Feb) sind frühzeitige **Reservierungen** zudem auf den Inseln Koh Rong und Koh Rong Samloem anzuraten. Auch zu anderen Jahreszeiten sollte man vor Anreise auf diese Inseln zwei bis drei Tage vorher telefonisch ein Zimmer (bzw. als Ausweichmöglichkeit ein Zelt) buchen, da die Auswahl an Unterkünften begrenzt ist.

Auch zu den Feiertagen Khmer-Neujahr und Bonn Phchum Ben, wenn das halbe Land unterwegs ist, ist es sinnvoll, vorab ein Zimmer zu bestellen. Die Preise sind meist in US$ ausgewiesen, gezahlt wird in US$ oder Riel. Kostenloses WLAN gehört fast überall zum Standard.

Reisende mit kleinem Budget schlafen am günstigsten in einem Mehrbettzimmer (**Dorm**). Ab US$1–2 gibt es eine Matratze mit Moskitonetz, manchmal auch eine aufgespannte Hängematte. Doch das ist wirklich nur etwas für Sparfüchse. Im Mittel sind etwa US$5 für ein ansprechendes Dormbett zu kalkulieren.

In **einfachen Gästehäusern** und Hotels gibt es Doppelzimmer mit Ventilator, einem Bett und Gemeinschaftsbad ab US$5. Einzel- und Doppelzimmer mit privatem Bad kosten oft nur wenige Dollar mehr. Für US$10–15 sind im Zimmer Schrank, Nachttisch, TV und manchmal auch ein Kühlschrank vorhanden. Ab US$15 ist ein solches Zimmer mit AC ausgestattet. Die meisten Räume haben Ventilator und AC – wer sich für die Ventilator-Ausführung entscheidet, erhält einfach keine Fernbedienung fürs Kaltgebläse. Die Zimmer werden normalerweise täglich gereinigt und man erhält auch frische Handtücher (in reinen Backpacker-Unterkünften wird meist so lange auf Putzen und frische Handtücher verzichtet, bis die Gäste nachfragen).

Zimmer der **mittleren Preisklasse** sind meist ansprechend möbliert, großzügig geschnitten und mit AC, Kühlschrank oder sogar Minibar ausgestattet. Ein Fernseher, nicht selten ein moderner Flatscreen mit internationalen Sendern, gehört ebenso zum Standard wie ein Safe und ein Wasserkocher. Wer US$40 oder mehr auszugeben bereit ist, findet nette **Boutiquehotels**. In Phnom Penh und Siem Reap bietet manches Hotel seinen Gästen auch einen kleinen Pool.

Ausnahme: Auf den beiden Inseln Koh Rong und Koh Rong Samloem sind die meisten Bungalowanlagen ab US$30 nur äußerst einfach ausgestattet, oftmals mit Gemeinschaftsbad, Strom gibt es nur nachts. Wer bis zu US$80 zahlen mag, wohnt jedoch auch hier sehr schön.

Die **großen Hotels** mit internationalem Standard haben einen ansprechenden Pool, Spa, Fitnessraum, vielleicht einen Tennisplatz und mehrere Restaurants. In Phnom Penh, Sihanoukville und vor allen Dingen in Siem Reap sind Hotels der Luxusklasse zu finden, aber auch in den kleineren Städten entstehen neue luxuriöse Übernachtungsmöglichkeiten zu entsprechenden Preisen.

Immer mehr Familien in den Provinzen bieten Reisenden die Möglichkeit, in ihren Häusern zu schlafen – **Homestay** genannt. Es ist eine tolle Gelegenheit, tief in den kambodschanischen Alltag einzutauchen. Die Unterkünfte sind ganz einfach. Manchmal hat man einen Raum für sich, oft wird nur ein wenig Privatsphäre mittels eines Vorhangs geschaffen. Bei Besuchen der ethnischen Minderheiten in den Provinzen Rattanakiri und Mondulkiri wird auf der Matte in dem einzigen Raum der Hütte geschlafen. Die sanitären Gegebenheiten bestehen aus einer Hocktoilette und Schöpfdusche außerhalb. Fließendes Wasser und Strom sind hier eine Ausnahme. Viele dieser Unterkünfte sind Community-Based-Ecotourism-Projekte: Das heißt, die Einnahmen stehen dem ganzen Dorf zur Verfügung. 🖥 www.ccben.org. Eine solche Übernachtung kostet US$3–5 p. P.

Vietnam

Der **Standard** der Zimmer und das **Preisniveau** sind für asiatische Verhältnisse relativ hoch. Zwar ist es auch in Vietnam möglich, eine einfache Bleibe für US$9 zu finden, aber da schon für um die US$15 Zimmer mit Minibar/Kühlschrank, AC, TV und Bad zu haben sind, entscheiden sich die meisten Reisenden für Doppelzimmer in dieser Preislage.

Bei den billigeren Unterkünften ist meist kein Frühstück enthalten. Für US$1–2 mehr kann man eines bestellen. Umgekehrt bekommt man häufig US$1–2 Rabatt, will man ein im Preis enthaltenes Frühstück nicht haben. In den besseren Hotels gibt es in der Regel ein Buffet.

Zimmerpreise sind oft noch verhandelbar, besonders in der Nebensaison. Teurere Hotels, die übers Internet gebucht werden, bieten ebenfalls Rabatt. Wer mehrere Tage zu bleiben gedenkt, kann den Preis auch in Minihotels etwas herunterhandeln, aber selten um mehr als US$1/Tag.

In Vietnam muss der Reisepass im Hotel abgegeben werden, damit das Personal die Meldung bei den örtlichen Behörden und die eigene Buchführung machen kann. Manchmal bekommt man den Pass auf Anfrage am Tag nach Einzug

zurück, manche Hotels behalten ihn aber, bis der Gast auscheckt. Tipp: den Pass frühzeitig wieder abholen. In der Abreisehektik hat schon so mancher Reisende seinen Pass vergessen.

Die billigsten Betten gibt es im **Schlafsaal**. Ein Bett kostet hier zwischen US$3–7. Die einfachsten Zimmer ab US$5 bestehen nur aus einer Matratze, haben kein Bad und meist kein Fenster.

Die meisten **Zimmer** für US$10 sind mit Badezimmer und manche überdies mit einem Schreibtisch und AC, TV und Minibar ausgestattet. Lohnend ist immer auch ein Blick in die nächsthöhere Preiskategorie desselben Hotels (das gilt vor allem für Ha Noi und Ho-Chi-Minh-Stadt). Ab US$15–25 gibt es ein Fenster, die Räume sind großzügiger gestaltet und haben manchmal sogar einen Balkon. Zimmer ab US$30 haben zudem oftmals bereits einen eigenen Safe, einen Wasserkocher und manchmal eine Wanne.

Hotels ab etwa US$60 werden in der Regel von ausländischen Investoren geführt. Sofern sie von Westlern geleitet werden, entsprechen sie dem Hotelstandard dieser Hemisphäre. Sind hingegen Asiaten die Großinvestoren und die Zielgruppe, wird es asiatischer: Große Eingangsportale, Säle für Hochzeitsempfänge und Karaoke-Angebote sind dann ein Muss. Wellnessbereich und Massageservice, Schwimmbad und ein paar Geräte zur körperlichen Ertüchtigung finden sich in allen größeren Hotels, wenngleich die Schwimmbäder oft zu klein zum Schwimmen sind. In derartigen Hotels gibt es meist auch ein Businesscenter mit Telefon und Faxanlage. Die meisten teureren Hotels berechnen zusätzlich 10 % Steuern und 10 % Servicegebühr.

Die meisten Hotels betreiben ein **Reisebüro** oder haben die Vertretung eines solchen in der Lobby. Immer häufiger betreiben auch ehemals reine Reiseagenturen der Open-Touren ein eigenes Hotel. Es ist daher immer möglich, Transfers und Ausflüge im Hotel zu buchen. Das gilt sowohl für die teuren Anlagen als auch für die billigen Minihotels. Die Preise für die Ausflüge unterscheiden sich nur marginal, denn nicht selten werden dieselben Anbieter gebucht.

▶▶ Geld (S. 70), Gepäck (S. 73),
  Informationen (S. 78), Trinkgeld (S. 95)

Verhaltenstipps

In den Urlaubszentren und Großstädten sind viele Traditionen von westlichen Einflüssen überlagert worden, auf dem Land werden sie dagegen noch häufig gelebt. Von Touristen wird nicht erwartet, alle Verhaltensregeln und Sitten zu kennen, aber schon das Interesse daran wird honoriert.

Allgemeines

- Überall in der Region erfahren Reisende mehr Respekt, wenn sie gut angezogen sind. In allen vier Ländern achten die Menschen auf saubere, unaufdringliche **Kleidung**. Männer tragen gewöhnlich Hemd und lange Hose. Frauen wählen lieber Bluse als T-Shirt und achten darauf, dass ihr Sarong oder Rock bis über die Knie reicht (obwohl Frauen in den Metropolen inzwischen auch häufig Hosen oder Jeans tragen und die jüngeren knappere Oberteile). An Touristenstränden können Touristinnen mittlerweile Bikinis tragen, diese sollten aber nicht zu knapp geschnitten sein. Außerhalb der Strände in Bikinis herumzulaufen erregt dagegen Anstoß. Männer sollten keine extrem kurzen Hosen tragen und natürlich auch nicht nur in Badehose bekleidet auf die Straße gehen. Bei chinesischen Festen ist zu beachten, dass keine weiße, blaue oder schwarze Kleidung getragen werden darf.
  Das Verhältnis der Kambodschaner zum Nachbarland Vietnam ist aufgrund des vietnamesischen Befreiungskrieges etwas gespalten. Reisende, die aus Vietnam kommen, sollten es vermeiden, T-Shirts oder Ähnliches mit vietnamesischen Symbolen oder Schriftzeichen zu tragen.
- Die traditionelle **Grußform** – in Thailand *wai*, in Laos *nop* und in Kambodscha *sompeyar* genannt – ist eine Geste der Höflichkeit und des Respekts. Dabei werden die Handflächen wie beim Beten gegeneinander gelegt. Je höher die gesellschaftliche Stellung des Gegenübers, desto höher werden die Hände erhoben (aber nicht über den Kopf). Niedriger gestellte Personen: Hände vor der Brust. Höher gestellte: Hände vor dem Mund. Ältere: Hände vor der Nase. Mönche: gefaltete Hände vor der Stirn. Ausländer können sich mit einem Kopfnicken aus der Affäre ziehen.
- Der **Kopf** gilt als heilig und sollte nie, auch nicht in europäisch-freundschaftlicher Geste, berührt werden. Wer zwischen hockenden oder sitzenden Menschen, etwa im Tempel oder bei Versammlungen, hindurchgehen muss, beugt den Oberkörper leicht nach vorn und hält den rechten Arm schräg nach unten gestreckt.
- Den **Fuß** als unedelstes Körperteil sollte man niemals einem anderen Menschen oder gar einer Buddhastatue entgegenstrecken.
- Da die **linke Hand** als unrein gilt, nutzt man die rechte Hand zum Essen, zum Geben und um etwas in Empfang zu nehmen. Große Achtung und so manches Lächeln löst man bei Einheimischen mit der typischen „Gebe-Geste" aus: Während man mit der rechten Hand den Gegenstand übergibt, berührt die linke leicht den rechten Unterarm, um zu zeigen, dass man mit ganzem Herzen gibt.
- Vor dem Betreten eines Hauses oder eines buddhistischen Tempels ist es üblich, die **Schuhe** auszuziehen.
- Lautstarke **Auseinandersetzungen** sind unüblich und führen nicht weit. Besonnenes und ruhiges Verhalten löst Probleme weitaus schneller. Das gilt auch dann, wenn man sich ungerecht behandelt fühlt, sei es durch einen Reiseveranstalter oder eine Autorität. Unterhaltungen werden generell in leisem Ton geführt, auch im Restaurant. Bei Fragen muss man darauf gefasst sein, nie ein absolutes „Nein" zu hören. Es gilt als unhöflich, etwas direkt abzulehnen.
- Für alle **Paare**, seien sie gleichgeschlechtlich oder nicht, gilt es, Zurückhaltung in der Öffentlichkeit zu üben und die Umgebung nicht durch den Austausch von Zärtlichkeiten zu verstören. In Laos sind sexuelle Kontakte zwischen Ausländern und Laoten, sofern beide nicht miteinander verheiratet sind, verboten.
- In Laos und Vietnam sind offene **Gespräche über die Partei** und deren Politik noch immer

tabu. Niemals sollten ausländische Besucher ein Gespräch in diese Richtung lenken, denn es könnte für den Gesprächspartner ernste Konsequenzen haben.

- Der seit fast 70 Jahren regierende **König von Thailand**, Bhumipol Adulyadej, wird wie ein Gott verehrt. Ihm, seiner Familie und seinen Symbolen gebührt äußerster Respekt. Die ausgeprägte Verehrung des Königs kommt im Abspielen der Königshymne im Kino oder an öffentlichen Plätzen zum Ausdruck – dann steht die Nation still. Seit 1908 gibt es im Thai-Strafgesetzbuch den Tatbestand der Majestätsbeleidigung (*lèse majesté*). Die Höchststrafe liegt bei 15 Jahren. Unbedarfte Ausländer können schon mal in die Gesetzesfalle tappen, denn als Majestätsbeleidigung gilt bereits, eine Münze oder Banknote mit dem Fuß zu berühren – tragen beide doch das Porträt des Königs. Sogar Ausländer standen bereits wegen unziemlicher Aussagen über das Königshaus vor Gericht.
- Wer Menschen **fotografiert**, sollte ihre Zustimmung einholen. Meist genügt ein kurzer Blickkontakt, ein Lächeln oder Kopfnicken. Bei religiösen Zeremonien, in Tempeln und beim Besuch von ethnischen Minoritäten ist besondere Zurückhaltung geboten.
- Mit Ausnahme von körperbehinderten und alten Menschen sollte man **Bettlern**, vor allem Kindern, nichts geben. Hilfreicher ist es, Projekte durch Spenden zu unterstützen, etwa terre des hommes, 🖳 www.tdh.de/was-wir-tun/projekte/suedostasien, oder die SOS-Kinderdörfer, 🖳 www.sos-kinder doerfer.de/Wo-wir-helfen/Asien.

Religiöse Stätten

- Tempel sollten nur ordentlich und **ausreichend bekleidet** (Beine und Schulter bedecken) betreten werden. Auch daran denken, die Schuhe auszuziehen.
- Im Tempel darf man **keine Buddhastatuen berühren** und schon gar nicht für Erinnerungsfotos davor oder darauf posieren.
- Es ist üblich, dass Besucher eines Tempels eine **Spende** für den Erhalt der Anlage hinterlassen.

- **Mönche** werden verehrt. Man grüßt sie besonders höflich, lässt ihnen den Vortritt, bietet ihnen im voll besetzten Bus seinen Sitzplatz an und geht nicht neben, sondern einen Schritt hinter ihnen. Auch sollte man nie so stehen oder sitzen, dass der eigene Kopf den eines sitzenden Mönches überragt.
- **Frauen** sollten Mönchen gegenüber zurückhaltend sein, ihnen nichts direkt überreichen, sie nicht berühren, sich nicht neben sie setzen oder mit ihnen fotografieren lassen.
- Während die Mönche morgens durch die Straßen ziehen, um **Gaben** einzusammeln, sollte man sie nicht stören.
- Gibt man einem Kloster oder einem Mönch eine Spende, sollte man sie **mit beiden Händen geben**. Einen Dank darf man nicht erwarten. Normalerweise danken die Gläubigen für die Annahme der Spende, da ihnen so eine gute Tat ermöglicht wurde.

Besuch bei den Bergvölkern

Die Angehörigen der Bergvölker pflegen andere Sitten und Gebräuche als die Bewohner des Tieflands. Es ist sinnvoll, sich schon im Vorfeld über Konventionen und Tabus zu informieren. Am besten hat man einen einheimischen Führer dabei, der die Bewohner kennt und mit ihnen kommunizieren kann. Folgende Tipps können helfen, den Aufenthalt für beide Seiten so angenehm wie möglich zu machen:

- Moderat kleiden und zurückhaltend sein
- Ein Haus oder Dorf nur betreten, wenn man dazu eingeladen wurde. Respekt vor dem Dorftor, dem Hausaltar und Verbotsschilder (meist aus Bambus) zeigen.
- Immer fragen, bevor man jemanden fotografiert
- Berührungen vermeiden
- Kindern keine Süßigkeiten geben
- Wer eine Spende hinterlassen möchte, bespricht sich am besten mit dem Guide oder dem Dorfchef
- Das Handwerk im Dorf kann man mit dem Kauf einheimischer Produkte unterstützen. Man sollte aber keine Fantasiepreise bezahlen.

➤ Sicherheit (S. 90)

Versicherungen

TRAVELTIPPS VON A BIS Z

Auslandsreise-Krankenversicherung

Der Abschluss einer Auslandsreise-Krankenversicherung ist in jedem Fall zu empfehlen. Insbesondere bei Krankenhausaufenthalten kann schnell eine erhebliche Summe zusammenkommen. Bei schwerer Erkrankung wird der Betroffene in die Heimat geflogen, wenn er plausibel darlegen kann, dass am Urlaubsort keine ausreichende Versorgung gewährleistet ist. Dabei ist der Passus „wenn medizinisch notwendig" im Kleingedruckten zu beachten, denn gerade medizinische Notwendigkeit ist selten leicht zu beweisen. Lautet der entsprechende Passus hingegen „wenn medizinisch sinnvoll und vertretbar", kann wesentlich besser für eine Rückholung argumentiert werden. Einschränkungen gibt es zudem bei Zahnbehandlungen (nur Notfallbehandlung) und chronischen Krankheiten.

Im Krankheitsfall müssen die Rechnungen für die Behandlung vorher beglichen werden. Wenn nach der Rückkehr die Belege bei der Versicherung eingereicht worden sind, werden die Kosten erstattet. Manche internationale Krankenhäuser können bei ernsten Erkrankungen und teuren Behandlungen direkt mit der Versicherung abrechnen.

Auslandskrankenversicherungen für Reisen von bis zu sechs Wochen Dauer werden ab 6 € p. P. angeboten, wer länger verreist, zahlt je nach Versicherer zwischen 50 Cent und 2,50 € pro Tag. Zudem gibt es Versicherungen für die ganze Familie ab 19 €. Solche für Reisende über 60 Jahre sind oft deutlich teurer. Anbieter sind u. a. ADAC, Barmenia, Central, Debeka, DKV, Hanse-Merkur, HUK-Coburg, International Service Assekuranz (bis zu 18 Monaten, extra Versicherungen für Sportler), TAS Assekuranz, Signal Iduna, Universa Victoria und die Würzburger Versicherung. Bei einigen Kreditkarten sind Auslandskrankenversicherungen enthalten.

Reisegepäckversicherung

Viele Versicherungen sichern auch Gepäckverlust ab, die Bedingungen sind aber immer sehr eng gefasst. Die Stiftung Warentest rät von einer Gepäckversicherung ab, da sich die Versicherer meist auf die Unachtsamkeit des Reisenden berufen und nicht zahlen. Für wertvolle Sachen wie eine Fotoausrüstung kann eine Fotoversicherung abgeschlossen werden, die zwar relativ teuer ist, aber die Geräte gegen sämtliche Risiken versichert. Die Kamera darf wegen möglicher Motorradräuber nur am Körper befestigt getragen werden. Im Schadensfall muss der Verlust sofort bei der Polizei gemeldet werden. Eine **Checkliste**, auf der alle Gegenstände und ihr Wert eingetragen sind, und Fotos der Gepäckstücke sind dabei hilfreich.

Eine Reisegepäckversicherung mit einer Deckung von rund 2000 € kostet für 17 Tage ca. 35 €, ein Jahresvertrag 70–100 €.

Reiserücktrittskostenversicherung

Bei Pauschalreisen ist die Rücktrittskostenversicherung meistens im Preis eingeschlossen (nachfragen). Sie muss in der Regel 30 Tage vor Reiseantritt abgeschlossen werden. Die Stornokosten werden beim Tod eines Familienmitglieds oder Reisepartners und im Krankheitsfall übernommen, wenn die Reiseunfähigkeit ärztlich nachgewiesen werden kann. Die Kosten der Versicherung liegen bei 29–58 € pro 1000 € Reisepreis. Einen Vergleich der Anbieter findet man unter ⌨ www.reiseversicherung.com.

Versicherungspakete

Diese Rundum-Pakete sind auf fünf bis acht Wochen begrenzt und beinhalten neben der Reisekrankenversicherung eine Gepäck-, Reiserücktrittskosten- und Reisenotruf- bzw. Rat&Tat-Versicherung. Letztere bietet eine Not-

Spar-Tipp für längere Reisen

Wer einen ausgedehnten Auslandsaufenthalt plant, sollte sich bei seiner Krankenkasse über die Möglichkeiten einer **Anwartschaftsversicherung** informieren. Sie erlaubt es, die Kranken- und Pflegeversicherung für den Reisezeitraum ruhen zu lassen, dann nur noch einen stark reduzierten Beitrag zu zahlen – und garantiert nach der Rückkehr die Wiederaufnahme zu gleichen Konditionen. Gerade Selbstständige können so schnell mehr als 1000 € sparen.

rufnummer zur Soforthilfe während der Reise. Außerdem werden Krankenhauskosten sofort von der Versicherung beglichen und bei ernsthaften Erkrankungen der Rücktransport übernommen. Wenn der Versicherte nicht transportfähig ist und länger als zehn Tage im Krankenhaus bleiben muss, darf auf Kosten der Versicherung eine nahestehende Person einfliegen. Auch beim Verlust der Reisekasse kann man über den Notruf einen Vorschuss erhalten. Versicherungspakete lassen sich über das Reisebüro zu Hause abschließen, wobei sich die Kosten nach Dauer und Wert der Reise richten.

Bei längeren Reisen sind nur Einzelversicherungen möglich. Ein optimaler Versicherungsschutz wird dann teuer. Bei häufigen Auslandsreisen können Versicherungen auch für ein ganzes Jahr mit automatischer Verlängerung abgeschlossen werden.

🖥 **www.test.de/thema/reiseversicherung**
Die Stiftung Warentest nimmt regelmäßig Versicherungen unter die Lupe.
🖥 **www.dooyoo.de/reiseversicherung**
Dieses Portal sammelt Erfahrungsberichte zu Reiseversicherungen.

➤➤ Gepäck (S. 73), Gesundheit (S. 74)

Visa

Deutsche, Österreicher und Schweizer erhalten bei der Ankunft in **Laos** und **Kambodscha** ein Visum für einen Aufenthalt von einem Monat. In **Thailand** dürfen sich deutsche Touristen bis zu 30 Tage ohne Visum aufhalten, Österreicher und Schweizer ebenfalls, sofern sie über einen der Flughäfen anreisen. Kommen sie auf dem See- oder Landweg, gibt's nur 15 Tage. Für die Einreise nach **Vietnam** muss das Visum vorher besorgt werden.

Seit einiger Zeit diskutieren die Mekong-Anrainer über eine gemeinsame Visumszone, die es Touristen ermöglichen würde, alle teilnehmenden Länder mit nur einem Visum zu bereisen. Thailand und Kambodscha bieten bereits ein **Gemeinschaftsvisum** an, das bei den

diplomatischen Vertretungen beider Länder beantragt werden kann (30 €). Die Bearbeitungszeit dauert mindestens drei Monate, die maximale Aufenthaltsdauer beträgt in Kambodscha einen Monat und in Thailand 60 Tage. Die Visa-Gebühren für das zweite besuchte Land fallen dennoch an.

Für alle Länder ist ein **Reisepass** erforderlich, der bei Ausreise noch mindestens sechs Monate gültig ist (Vietnam zwei). Kinder brauchen einen eigenen Pass. Für die Einreise nach Thailand wird außerdem der Nachweis eines Rück- oder Weiterreisetickets mit bestätigter Flugbuchung verlangt.

Thailand

Da sich die Visumsbestimmungen in den letzten Jahren mehrfach verändert haben, empfiehlt es sich vor der Reise bei der Botschaft den neuesten Stand zu erfragen. Derzeit erhalten deutsche, österreichische und schweizer Touristen bei der Ankunft am Flughafen eine verlängerbare **Aufenthaltserlaubnis** kostenfrei für einen Aufenthalt von 30 Tagen. Schweizer und Österreicher, die auf dem See- oder Landweg einreisen, bekommen nur 15 Tage, Deutsche 30 Tage. Bei mehrfacher Einreise darf der Gesamtaufenthalt von 90 Tagen innerhalb von 6 Monaten (ab dem ersten Einreisetag) nicht überschritten werden. Für längere Aufenthalte benötigt man ein **Touristenvisum**, das vor der Anreise bei einer diplomatischen Vertretung im Ausland (S. 48) beantragt werden muss. Für Reisen bis zu 60 Tage kostet es 30 €. Es kann einmalig um 30 Tage verlängert werden. Die Einreise muss innerhalb von 90 Tagen erfolgen. Mit einem **Double-Entry-Visum** kann man in die Nachbarländer reisen und problemlos nach Thailand zurückkehren. Für zwei/drei Einreisen kostet es 60/90 €, wobei die Aufenthaltsdauer von 60 Tagen pro Reise und 180 Tagen pro Jahr nicht überschritten werden darf.

Mit Thailändern verheiratete Ehepartner und Rentner können das **Non-Immigrant-Visum „O"** und Geschäftsreisende das **Non-Immigrant-Visum „B"** beantragen. Diese gelten entweder für eine einmalige Einreise von 90 Tagen (55 €) oder für mehrere Einreisen innerhalb von 365 Tagen, jeweils für maximal 90 Tage (130 €). Die

Konsulate verlangen unterschiedliche Belege. Es gibt auch ein Jahresvisum für Ausländer über 50 Jahre, für das man regelmäßige Einkünfte und 800 000 Baht auf dem Konto vorweisen muss (130 €).

Wer von Bangkok in ein Nachbarland fliegen möchte, kann mit einem gültigen Touristenvisum in der Abflughalle oder zuvor bei der Immigration ein **Re-Entry-Permit** für 1200/4000 Baht für eine einmalige/mehrfache Ausreise beantragen, das aber das 60-Tage-Touristenvisum nicht verlängert. Eine Aufenthaltserlaubnis wird derzeit an der Grenze nur ausgestellt, wenn ein Gesamtaufenthalt von 90 Tagen innerhalb von 6 Monaten (ab dem ersten Einreisetag) nicht überschritten wird.

Visa-Antragsformulare kann man auf den Webseiten der Botschaft, 🖥 www.thaiembassy.de (deutsch), 🖥 www.mfa.go.th/main/en/home (englisch), und des Konsulats, 🖥 www.thaikonsulat.de, herunterladen oder sich vom Konsulat zuschicken lassen (Adressen S. 48). Für die Beantragung werden ein Passbild, bei einigen Botschaften auch zwei, der Reisepass, die Visagebühr in bar oder die Kopie der Überweisung, ein mit 3,50 € frankierter Rückumschlag sowie eine Reisebestätigung oder eine Bestätigung des gebuchten und bezahlten Rückflugs benötigt. Manchmal muss man mindestens US$500 Vermögen nachweisen. Eine Beantragung per Post ist nur noch bei den Honorarkonsulaten, nicht aber der Botschaft in Berlin möglich.

In Thailand kann die Aufenthaltserlaubnis von 15 und 30 Tagen und das 60-Tage-Touristenvisum beim **Immigration Office** einmalig für 1900 Baht um 30 Tage verlängert werden. Wird die Aufenthaltsgenehmigung oder das Visum wenige Tage überzogen, ist bei Ausreise für den zweiten überzogenen Tag eine Geldstrafe von 1000 Baht in einheimischer Währung fällig (für jeden weiteren Tag 500 Baht). Vor der Abreise muss ein Grenzbeamter mehrere Formulare ausfüllen, daher rechtzeitig am Immigrationsschalter erscheinen. Das Überziehen vom Visum wird nicht als Bagatelle angesehen. Wer mit abgelaufenem Visum im Land ertappt wird, wird festgenommen und nach einer Gerichtsverhandlung ausgewiesen. Wer seine Strafe nicht bezahlen kann, muss ins Gefängnis.

Laos

Deutsche und Österreicher brauchen für die Einreise nach Laos einen Reisepass und ein Visum. Schweizer benötigen für einen Aufenthalt von bis zu 14 Tagen nur noch den Pass, aber kein Visum mehr. Bei längeren Reisen gelten für sie dieselben Bestimmungen wie für Deutsche und Österreicher.

Wer über einen der internationalen Flughäfen (Vientiane, Luang Prabang, Savannakhet, Pakxe) oder über Land aus Thailand (außer Bueng Kan/Pakxan), Vietnam oder Kambodscha einreist, erhält **bei der Ankunft ein 30-Tage-Visum** (einfache Einreise, verlängerbar). Es kostet Deutsche US$30, Österreicher und Schweizer US$35 in bar. Der Antrag wird an den Grenzübergängen ausgegeben (ein Foto). Wer kein Foto dabei hat, zahlt US$1–2 extra. An Wochenenden und außerhalb der Kernöffnungszeiten kommt eine geringe Überstundengebühr hinzu.

Es ist auch möglich, schon vor der Reise bei einer **laotischen Vertretung** (S. 48) im Ausland ein Visum zu beantragen, aber das ist in der Regel teurer. Geschäftsreisende erhalten auf Antrag ein **Geschäftsreisevisum**. Hierzu muss der laotische Geschäftspartner oder die laotische Firma das gemeinsame Anliegen beim zuständigen Ministerium in Vientiane vortragen. Bei Genehmigung faxt es eine *approval number* an die Botschaft in Berlin. Nach Zahlung von 40 € wird das 30-Tage-Visum in den Pass gestempelt. Es ist beliebig oft verlängerbar. Ein **Multiple-Entry Visum** wird nur vom laotischen Außenministerium vergeben und ist vor allem für Entwicklungshelfer, Diplomaten etc. gedacht.

Visa verlängert die **Einreisebehörde** in Vientiane und Luang Prabang. Früher wurden maximal fünf Tage gewährt, heute sind auch 30 Tage kein Problem. Kosten: US$2 pro verlängertem Tag zuzüglich der Gebühren für Antragsformular (1 Foto) und Bearbeitung.

Leute, die entlang der thai-laotischen Grenze unterwegs sind, können auch einfach nach Thailand aus- und sofort wieder einreisen: Dann wird erneut das Visa on Arrival in den Pass gestempelt. Wer die **Aufenthaltsdauer** seines Visums **überschreitet**, zahlt bei der Ausreise US$10 pro Tag. Das ist aber nur eine Kulanzregelung.

Kambodscha

Touristen erhalten **bei der Einreise** über die internationalen Flughäfen Phnom Penh und Siem Reap sowie an den Landesgrenzen von Thailand, Vietnam und Laos ein **Visum für einen Monat** zur einmaligen Einreise (Touristenvisum), Achtung: Passfoto nicht vergessen! Dabei ist unerheblich, ob der Monat 28 oder 31 Tage hat: Wer am 12. eines Monats einreist, erhält ein Visum bis zum 12. des Folgemonats. Europäische Staatsbürger bezahlen US$30. Das Geschäftsvisum (Ordinary Visa) kostet US$35. Bei einigen Grenzübergängen über Land versuchen die Grenzbeamten zusätzliche „Gebühren" zu kassieren. Wer kein Passfoto dabeihat, zahlt US$1; im Flughafen Phnom Penh und am Grenzübergang von Laos US$2.

Das benötigte Visum kann vor der Reise auch elektronisch beantragt werden. Bei der Einreise über die internationalen Flughäfen Phnom Penh und Siem Reap wird das **E-Visum** anerkannt, bei den Grenzübergängen über Land derzeit nur in Bavet, Poipet und Koh Kong. Infos, Beantragung und eine aktuelle Liste der Grenzübergänge, die E-Visa akzeptieren, findet man auf der Webseite des kambodschanischen Außenministeriums 🖳 www.mfaic.gov.kh. Die Kosten des elektronischen Touristenvisums betragen US$30 zzgl. US$7 Bearbeitungsgebühr. Die Bearbeitungszeit beträgt drei Tage. Das Antragsformular muss ausgefüllt werden, eine Kreditkartennummer zur Zahlung angegeben und ein aktuelles Passfoto in jpg- oder png-Format beigefügt werden. Das Visum wird per E-Mail zugeschickt, dies ist in ausgedruckter Form bei der Einreise vorzulegen. Das Touristenvisum gilt einen Monat für eine einmalige Einreise.

Wer an der Grenze Zeit sparen will, kann sein Visum auch **bei der kambodschanischen Botschaft** in Deutschland, Österreich oder der Schweiz beantragen (S. 48), entweder direkt vor Ort bei der Botschaft oder auf dem Postweg. Antragsformulare stehen auf den Webseiten der Botschaften zum Herunterladen bereit. In Deutschland kostet das Touristenvisum 30 €, das Geschäftsvisum 40 €. Visa-Antrag, Überweisungsbeleg, Reisepass, aktuelles Passfoto und ein ausreichend frankierter Rückumschlag müssen zur Botschaft nach Berlin geschickt werden. Die Bearbeitungszeit beträgt fünf Tage nach Eingang der vollständigen Antragsunterlagen. Die Einreise muss innerhalb der nächsten drei Monate erfolgen, das Touristenvisum ist einen Monat gültig.

Wer schneller ein Visum benötigt, kann auch ein Sofortvisum beantragen: Der Antrag ist mit Reisepass, Foto sowie 45 € zwischen 9 und 10 Uhr in der Botschaft abzugeben, das Visum kann ab 16 Uhr des gleichen Tages abgeholt werden. Infos hierzu unter 🖳 www.kambodscha-botschaft.de.

Wer mit einem Touristenvisum unterwegs ist, kann dieses einmalig für einen Monat verlängern. Die **Verlängerung** kann bei der Einwanderungsbehörde in Phnom Penh, gegenüber dem internationalen Flughafen, beantragt werden. Die „Express"-Bearbeitung kostet US$40 und dauert drei Werktage. Reisebüros und Guesthouses in Phnom Penh, Siem Reap und Sihanoukville übernehmen die Verlängerung. In Phnom Penh kostet dieser Service ca. US$45, Dauer: drei Werktage. Von Siem Reap und Sihanoukville aus dauert es genauso lange, ist aber etwas teurer, da der Pass erst nach Phnom Penh geschickt werden muss. Wer vor Ablauf des Visums verlängert, erhält den zusätzlichen Monat nicht mit Ausstellungstag der Verlängerung, sondern im Anschluss an den ersten Monat.

Wer noch länger in Kambodscha bleiben will, muss einen sogenannten **Visa-Run** machen, d. h. er muss einmal aus- und wieder einreisen.

Geschäftsvisa sind unendlich oft verlängerbar, für einen, drei, sechs oder zwölf Monate. Die Gebühren betragen etwa US$35–290, die Verlängerung dauert ebenfalls drei Werktage.

Wird die Länge des Aufenthaltes überzogen, so wird eine Strafgebühr von US$5 pro Tag seit Ablauf fällig.

Vietnam

Deutsche, Österreicher und Schweizer brauchen für Vietnam ein **Visum**. Es ist innerhalb weniger Tage zu bekommen – und zwar sowohl in Deutschland als auch in Thailand, Laos oder Kambodscha. Es gibt Monats- (29 Tage) und 3-Monats-Visa.

Wer es in Deutschland beantragt, sollte die seinen Pass zusammen mit den erforderlichen

Unterlagen möglichst früh, spätestens aber zwei Wochen vor Abflug an die **Botschaft** schicken:

- der Reisepass im Original
- das vollständig ausgefüllte Antragsformular (kann unter ⌨ www.vietnambotschaft.org/de/pdf/visum-antrag.pdf heruntergeladen werden)
- ein aktuelles Passfoto (4 x 6 cm)
- die Visagebühr (Verrechnungsscheck oder Bargeld)
- ein ausreichend frankierter Briefumschlag für Einschreiben.

Laut Botschaft dauert die Bearbeitung eine Woche. Wer es eilig hat, kann gegen Aufpreis auch ein Express-Visum bestellen. Leute, die das Visum persönlich beantragen möchten, werden gebeten, vorher bei der Botschaft anzurufen.

Wer eine Tour oder ein Hotel bei einer Reiseagentur bucht, kann auch deren Visahilfe in Anspruch nehmen. Über den Veranstalter bekommt man eine *approval number*. Unter Vorlage dieser Nummer erhält man in der Botschaft in kürzerer Zeit ein Visum und muss meist auch weniger dafür zahlen; eine Nachfrage im Reisebüro bei Buchung lohnt sich.

Seit April 2014 ist es möglich, ein Visum **online zu beantragen**, auch in deutscher Sprache: ⌨ http://visa.mofa.gov.vn/Homepage.aspx. Die Anträge kommen sofort in Ha Noi an. Nach Erhalt der Antwort wendet man sich an die Botschaft im eigenen Land. Nach insgesamt zwei Tagen soll man das beantragte Visum erhalten.

Das am meisten genutzte **Touristenvisum** berechtigt Besucher, 29 Tage im Land zu reisen. Wichtig: Es gilt der eingetragene Tag der Einreise im Visum, nicht der tatsächliche Einreisetag (sollte diese später erfolgen). Bei kombinierten Reisen, die zum Beispiel eine Weiterreise nach Kambodscha und/oder Laos und danach eine Wiedereinreise nach Vietnam vorsehen, kann ein mehrmaliges Visum beantragt werden *(multiple entry)*. Mehrmalige Einreisen sind auch mit einem 3-Monatsvisum möglich.

Kinder unter zwei Jahren benötigen rein rechtlich kein Visum. Man kann sie als Mitreisende im Visum eines Elternteils vermerken lassen. Da aber die neuen deutschen Reisepassbestimmungen einen Pass auch für die Kleinsten vorsehen, erwarten die Botschaften Vietnams nun, dass für Kinder jeglichen Alters ein Visum beantragt wird. Kinderausweise werden nicht akzeptiert.

Zur Erteilung eines **Geschäftsvisums** (für Geschäftsreisende, Dienstreisende und Studienaufenthalte) benötigt der Antragsteller einen vietnamesischen Partner. Dieser beantragt in Vietnam die notwendige Einreisegenehmigung für seinen Gast. Nach erfolgter Genehmigung wird die vietnamesische Vertretung in Deutschland von den entsprechenden Behörden informiert. Der Geschäftsreisende erhält vom vietnamesischen Partner die Referenznummer für die Einreisegenehmigung. Diese muss nun zusammen mit den Antragsunterlagen bei der Botschaft in Berlin eingereicht werden.

Visa on Arrival müssen mit Hilfe eines Reiseveranstalters vor der Reise beantragt werden (ohne dass dafür eine Pauschalreise gebucht werden muss). Dabei gibt es gegen Vorlage einiger Papiere (eines *Letter of Introduction* und einer Namensliste) das 29-Tage-Visum für US$45 bei Ankunft am Flughafen (mehrmalige Einreise US$65); 3-Monatsvisa US$45 (mehrmalige Einreise US$90). Die Prozedur an sich dauert etwa eine Viertelstunde, bei viel Andrang (d.h. in der Hauptsaison) sollte man sich aber etwas zu lesen mitnehmen. Die nötigen Unterlagen gibt es gegen eine Bearbeitungsgebühr (ab 15 €) u. a. von ⌨ www.vietnam-destination.de.

Die **Kosten** für Visa differieren stark, je nachdem, wo das Visum beantragt wird. In Deutschland verlangt die Botschaft für ein 14 Tage gültiges Touristen-Visum mit einer Einreise derzeit 65 €, einmalige Einreise ein Monat 75 €, einmalige Einreise drei Monate 88 €, mehrmalige Einreise drei Monate 110 €. Express-Visa innerhalb von drei Tagen 24 € Aufpreis. Die Kosten in Österreich und der Schweiz sind ähnlich hoch.

In den Travellercafés von Phnom Penh in Kambodscha sind Visa innerhalb von 24 Stunden für ähnliche Preise in US$ zu haben. In Bangkok gibt es Visa an der Botschaft, die Reisebüros verlangen meist etwas mehr als die offiziellen Stellen. Wer über Laos einreist, bekommt ein Visum in Vientiane, Luang Prabang, Pakxe und Savannakhet (S. 465). Man kann sich auch ein Visum in China oder Singapur besorgen. Bei diesen Botschaften dauert das Prozedere meist etwa 48 Stunden. Die Bezahlung erfolgt in der Landeswährung oder in Dollar.

Das Monatsvisum kann verlängert werden. Die 14-tägige **Verlängerung** kostet um US$25. Möglich ist dies in Reisebüros z. B. in Ha Noi, Ho-Chi-Minh-Stadt, Nha Trang und Da Nang. Die Preise variieren je nach Stadt und Bearbeitungszeit. Die Verlängerung liegt in der alleinigen Zuständigkeit der jeweiligen Provinzbehörden, sodass es theoretisch auch in anderen als den genannten Provinzen möglich ist, eine Verlängerung zu bekommen. Ob diese gewährt wird, hängt von der Laune des jeweiligen Beauftragten ab. Der Pass muss bei einer Verlängerung noch zwei Monate über den beantragten Visazeitraum hinaus gültig sein.

▸▸ Botschaften und Konsulate (S. 48), Zoll (S. 111)

Währungen und Wechselkurse

Thailand
Baht mit 100 **Satang**. In Umlauf sind Banknoten zu 1000, 500, 100, 50 und 20 Baht sowie Münzen zu 10, 5, 2 (selten) und 1 Baht, die seit Ende 2009 durch neue Münzen ersetzt werden. Ebenfalls selten geworden sind 50- und 25-Satang-Münzen.

1 €	= 40 Baht	10 Baht	= 0,25 €
1 sFr	= 33 Baht	10 Baht	= 0,30 sFr
1 US$	= 31 Baht	10 Baht	= 0,32 US$

Laos
Kip. Es sind Banknoten mit den Beträgen 500, 1000, 2000, 5000, 10 000, 20 000, 50 000 und 100 000 in Umlauf. Münzen liegen nur noch in den Vitrinen der Souvenirgeschäfte aus.

1 €	= 10 000 Kip	10 000 Kip	= 1 €
1 sFr	= 8300 Kip	10 000 Kip	= 1,16 sFr
1 US$	= 7900 Kip	10 000 Kip	= 1,22 US$

Kambodscha
Riel. Banknoten gibt es in den Notierungen 100, 500, 1000, 2000, 5000, 10 000, 20 000, 50 000 und 100 000.

1 €	= 5100 Riel	1000 Riel	= 0,19 €
1 sFr	= 4200 Riel	1000 Riel	= 0,23 sFr
1 US$	= 4000 Riel	1000 Riel	= 0,24 US$

Vietnam
Dong. Es sind Münzen und Scheine im Wert von 200, 500, 1000 und 5000 Dong im Umlauf, Geldscheine zudem im Wert von 10 000, 20 000, 50 000, 100 000 und 500 000 Dong.

1 €	= 26 500 Dong	10 000 Dong	= 0,37 €
1 sFr	= 22 000 Dong	10 000 Dong	= 0,44 sFr
1 US$	= 21 000 Dong	10 000 Dong	= 0,46 US$

Die **Inflation** betrug 2013 in Thailand 2,2 %, in Laos 6,4 %, in Kambodscha 2,9 % und in Vietnam 6,6 %. Wechselkurse unter 🖳 www.oanda.com.

▸▸ Geld (S. 70), Informationen (S. 78)

Weiterreise

... von Thailand
Nach Laos: Die wichtigsten Einreisepunkte mit Freundschaftsbrücken über den Mekong sind Chiang Khong, Nong Khai, Nakhon Phanom und Mukdahan. Chong Mek, 90 km östlich von Ubon und 44 km westlich von Pakxe, ist das Eingangstor nach Südlaos. Außerdem gibt es zwei wenig frequentierte Grenzübergänge in die laotische Provinz Xayaboury (nahe Huai Khon und Tha Li). An allen werden Visa für Laos ausgestellt (30 Tage, US$30–35).

Von Bangkoks Mo Chit Terminal fahren jeden Abend Busse nach Vientiane (10 Std.) und Pakxe (11 1/2 Std.). Wer schon im Nord(ost)en ist, kann auch einen der grenzüberschreitenden Busse nach Laos nehmen: von Udon Thani oder Nong Khai nach Vientiane oder Vang Vieng (bei den Bussen nach/über Vientiane das Visum vorher besorgen); von Chiang Rai und Chiang Khong nach Houay Xai; von Chiang Mai oder

Loei nach Luang Prabang; von Mukdahan nach Savannakhet oder von Ubon Ratchathani nach Pakxe. Seit 2009 gibt es außerdem eine Zugverbindung von Nong Khai über die Freundschaftsbrücke nach Ban Thanaleng, 15 km südöstlich von Vientiane.

Flugverbindungen bestehen von Bangkok nach Vientiane, Luang Prabang, Savannakhet und Pakxe und von Chiang Mai nach Luang Prabang. Günstiger ist meist ein Inlandflug in eine Stadt nahe der laotischen Grenze. Thai Airways, Air Asia und Nok Air starten tgl. nach Chiang Rai, Udon Thani und Ubon Ratchathani, Air Asia fliegt zusätzlich nach Nakhon Phanom, Nok Air ebenfalls nach Nakhon Phanom sowie nach Nan und Loei. Eine günstige Reisevariante von Bangkok nach Vientiane, Pakxe oder zur Freundschaftsbrücke nahe Houay Xai sind die Fly'n'Ride-Pakete von Nok Air: Sie kombinieren Inlandflug und Bus über die Grenze.

Nach Kambodscha: Viele Anbieter in Bangkok organisieren Bustouren nach Kambodscha, besonders in der Khaosan Road (US$15–25). Häufig sind diese Trips mit langen Wartezeiten oder anderen Ärgernissen verbunden. Dabei ist die individuelle Anreise zu einem der Grenzübergänge völlig unproblematisch. Fast alle sind von 6–22 Uhr geöffnet. Visa gibt es an der Grenze (US$30). E-Visa werden nur in Poipet und Koh Kong akzeptiert.

Der vielgenutzte Übergang Aranyaprathet – Poipet bietet sich für Reisen nach Siem Reap, Battambang und Phnom Penh an. Aranyaprathet lässt sich von Bangkok mit dem Zug (2x tgl., 4–5 1/2 Std.) und mit Bussen vom Mo Chit Terminal (3x tgl. ab 5 Uhr, 4 Std.) erreichen. Besonders bequem ist die Reise mit den tgl. Bussen von Bangkok (ab Mo Chit) direkt nach Phnom Penh (11 Std.) oder Siem Reap (8 Std.).

Der Grenzübergang Ban Hat Lek – Cham Yeam weiter südlich eignet sich für Leute, die ihre Reise durch Kambodscha an der Küste oder auf einer der Inseln beginnen wollen. Klimatisierte Busse nach Trat starten von Bangkoks Ekamai Terminal (12x tgl., 5–6 Std.) und vom Mo Chit Terminal (3x tgl, 4 Std.), Minibusse ab Victory Monument oder Khaosan Road. Von Trat geht's mit dem Minibus nach Ban Hat Lek (95 km) und nach dem Grenzübertritt mit dem Tuk Tuk oder Motorradtaxi ins 12 km entfernte Koh Kong. Die anderen, weniger genutzten Übergänge sind Ban Pakkad – Psar Prum (Pailin), in praktischer Entfernung zu Battambang (2 Std.), sowie Chong Jom – O'Smach und Chong Sa Ngam – Anlong Veng (Cho-Aam).

Thai Airways, Air Asia, Cambodia Angkor Air und Bangkok Airways fliegen mehrmals tgl. von Bangkok nach Phnom Penh, Bangkok Airways und Cambodia Angkor Air bieten auch Flüge nach Siem Reap an. An beiden Flughäfen werden für US$30 Visa (30 Tage) ausgestellt.

Nach Vietnam: Viele Reisende wählen den Weg über Kambodscha nach Vietnam. Es lohnt sich allein schon wegen der Tempel von Angkor, etwas Zeit im Land der Khmer zu verbringen.

Wer direkt anreisen möchte: Thai Airways und Air Asia fliegen tgl. von Bangkok nach Ho-Chi-Minh-Stadt (1 Std.) und Ha Noi (2 Std.). Das nötige Visum für Vietnam (29 Tage) bekommt man in der Botschaft in Bangkok (S. 51).

... von Laos

Nach Thailand: Grenzübergänge nach Thailand gibt es in Houay Xai, Muang Ngeun, Kenthao, Vientiane, Pakxan, Thakhek, Savannakhet und Vangtao nahe Pakxe.

Jeden Abend fährt ein Bus von Vientianes Nördlichem Busbahnhof über den Terminal am Talat Sao nach Bangkok (10–11 Std.). Darüber hinaus bestehen Busverbindungen von Vientiane und Vang Vieng nach Nong Khai und Udon Thani, von Houay Xai nach Chiang Khong und Chiang Rai, von Luang Prabang nach Chiang Mai und Loei, von Thakhek nach Nakhon Phanom, von Savannakhet nach Mukdahan und von Pakxe nach Ubon Ratchathani und Bangkok.

2x tgl. verlässt zudem ein Zug Vientianes Bahnhof in Ban Thanaleng, 15 km südöstlich des Zentrums, um die 3,5 km über die Freundschaftsbrücke nach Nong Khai zu zuckeln. Dort hat man Anschluss an die Züge nach Bangkok (Infos unter 🖥 www.railway.co.th).

Auch der Flugverkehr zwischen Thailand und Laos wurde in den vergangenen Jahren kontinuierlich ausgebaut: Mittlerweile starten regelmäßig Flieger von Vientiane, Luang Prabang, Savannakhet und Pakxe nach Bangkok und von Luang Prabang nach Chiang Mai.

Nach Kambodscha: Am einzigen Grenzübergang Nong Nok Khian – Trapeang Kriel, 180 km südlich von Pakse, trifft die laotische Straße 13 auf die kambodschanische RN 7. Die Grenze ist tgl. von 8–18 Uhr geöffnet und es gibt Visa on Arrival für Kambodscha (30 Tage, US$30). Der Transport zwischen beiden Ländern ist unkompliziert: Von Pakses Busstationen fahren täglich Busse privater Gesellschaften (S. 474) nach Phnom Penh, Siem Reap und in alle größeren Städte entlang der Strecke und nehmen auf ihrem Weg Reisende von den Viertausend Inseln auf. Da sich mehrere Gesellschaften abwechseln und zusätzlich Anbieter von den Inseln mitmischen, kommt es allerdings einer Lotterie gleich, mit wem man am Ende fährt (und wie reibungslos der Trip verläuft). Selbst Leute, die einen Aufpreis für einen durchgängigen Bus bezahlt haben, müssen eventuell an der Grenze umsteigen – schlimmstenfalls in überfüllte Minibusse.

Die beste Busverbindung von Don Det nach Siem Reap (8 Std.) betreibt derzeit der kambodschanische Anbieter Asia Van Transfer, 🖥 www.asiavantransfer.com. Die tgl. Minibusse nutzen eine neue Asphaltstraße, die bei Stung Treng nach Westen abzweigt und die Strecke von 730 km auf 350 km verkürzt.

Wer lieber das Flugzeug nimmt: Lao Airlines und/oder Vietnam Airlines starten tgl. von Vientiane nach Phnom Penh und von Luang Prabang und Pakse nach Siem Reap.

Nach Vietnam: Touristen nutzen vor allem sechs Grenzübergänge zwischen Laos und Vietnam. Sehr unkompliziert funktioniert die Einreise über den Lao Bao Pass (S. 467), rund 80 km westlich von Dong Ha, und über den Keo Neua Pass (S. 454), etwa 105 km südwestlich von Vinh; die anderen Übergänge sind Muang Khoua – Dien Bien Phu im hohen Norden (S. 432), Xam Neua – Na Meo (S. 439), Nong Het – Nam Can (S. 421), nordwestlich von Vinh, und Phou Keua – Bo Y (S. 496), 80 km nordwestlich von Kon Tum. Am billigsten gelangt man mit öffentlichen Bussen zur Grenze, aber es gibt auch internationale Busdienste: Von Vientiane bestehen tgl. Verbindungen über den Keo Nua Pass nach Ha Noi (20 Std.), Hue (16 Std.), Da Nang (19 Std.) und Ho-Chi-Minh-Stadt (40 Std.). Von Savannakhet fahren tgl.

Busse über Lao Bao nach Hue (14 Std.) und Da Nang (16 Std.) und 3x wöchentl. nach Ha Noi (24 Std.). In Phongsaly startet jeden zweiten Tag ein Bus über Muang Khoua nach Dien Bien Phu. Es gibt auch Busse von Luang Prabang, Houay Xai, Oudomxai, Phonsavan, Xam Neua, Thakhek, Pakxe und Attapeu nach Vietnam.

Vietnam Airlines und Lao Airlines fliegen tgl. von Vientiane nach Ha Noi (1 1/4 Std.), 4x wöchentl. nach Vinh (1 Std.) und mehrmals wöchentl. über Pakxe nach Ho-Chi-Minh-Stadt (3 3/4 Std.), außerdem pendeln 1–2 Flieger tgl. zwischen Luang Prabang und Ha Noi (1 Std.).

Visa für Vietnam erteilen die vietnamesische Botschaft in Vientiane und die Konsulate in Luang Prabang, Savannakhet und Pakxe.

... von Kambodscha

Nach Thailand: Verschiedene Busgesellschaften und Backpackerunterkünfte bieten Fahrten von Phnom Penh, Siem Reap, Battambang und Sihanoukville nach Bangkok und zu anderen Zielen in Thailand an, meist über die Grenzübergänge Poipet – Aranyaprathet oder Cham Yeam – Ban Hat Lek. Fast alle wechseln den Bus hinter der Grenze.

Außerdem können Reisende die Grenze von Pailin nach Ban Pakkad im Osten Thailands und von O'Smach nach Chom Jong oder von Chong Sa Ngam nach Cho-Aam, beide 150–200 km nördlich von Siem Reap, überqueren.

Thai Airways, Air Asia, Cambodia Angkor Air und Bangkok Airways fliegen mehrmals tgl. von Phnom Penh nach Bangkok, Bangkok Airways und Cambodia Angkor Air bieten auch Flüge von Siem Reap nach Bangkok an.

Nach Laos: Der Übergang Trapeang Kriel – Nong Nok Khian, ⏱ 8–18 Uhr, 57 km nördlich der kambodschanischen Stadt Stung Treng, war lange Zeit inoffiziell. Seit 2010 können Touristen hier nun ganz legal nach Laos einreisen. Busse mehrerer Gesellschaften, darunter Phnom Penh Sorya, 🖥 www.ppsoryatransport.com, verbinden Phnom Penh tgl. mit Pakxe (über Kratie, Stung Treng und Si Phan Don). Von Stung Treng fahren Taxis (um US$40) und Motos (US$15–20) zur Grenze, allerdings kann die Weiterreise von dort teuer werden – besser einen durchgehenden Bus nehmen. Die schnellste

Verbindung (8 Std.) von Siem Reap nach Laos (Viertausend Inseln) betreibt Asia Van Transfer, 🖥 www.asiavantransfer.com.

Lao Airlines startet tgl. von Siem Reap über Pakxe (1 Std.) nach Vientiane (3 Std.). Vietnam Airlines und Lao Airlines bieten tgl. Flüge auf den Strecken Phnom Penh – Vientiane (1 1/2 Std.) und Siem Reap – Luang Prabang (1 3/4 Std.).

Nach Vietnam: Von Phnom Penh fahren Busse über Bavet – Moc Bai direkt nach Ho-Chi-Minh-Stadt (6–7 Std.). Zu den Anbietern gehören Giant Ibis, Mekong Express und das Capitol Gh.

Ein anderer häufig genutzter Grenzübergang ist Khorm Samnor – Vinh Xuong nahe Chau Doc im Mekong-Delta. Es gibt organisierte Touren mit dem Minibus und dem Boot ab Phnom Penh (5 Std.). Abfahrt meist gegen 8 Uhr. Aber auch auf eigene Faust ist der Übergang leicht zu erreichen: ab Phnom Penh mit Taxi oder Bus entlang der Nationalstraße 1 nach Neak Luong; von dort geht's mit der Fähre weiter den Mekong entlang nach Khorm Samnor. Nach der Ausreise aus Kambodscha fährt man mit dem Mopedtaxi zur vietnamesischen Grenzstation. Dort weiter mit dem Mopedtaxi nach Chau Doc. Von hier fahren täglich vom Markt Minibusse nach Ho-Chi-Minh-Stadt ab.

Den Grenzübergang Phnom Den – Tinh Bien, ebenfalls nahe Chau Doc, erreicht man per Bus aus Phnom Penh oder Kampot. Nach dem Übertritt geht's mit dem (Moped)taxi nach Chau Doc und mit dem Minibus weiter nach HCMS. Alternativ fährt man von der Grenze nach Ha Tien und von dort mit der Fähre nach Phu Quoc (S. 848).

Der Übergang Prek Chak – Xa Xia ist gut von Sihanoukville über Kep und Kampot zu erreichen. Die nächste größere vietnamesische Stadt ist Ha Tien – bis dorthin ist es nur eine kurze Strecke mit dem Mopedtaxi, mittags Weiterreise nach Phu Quoc möglich.

Cambodia Angkor Air und Vietnam Airlines verbinden Siem Reap und Phnom Penh mit Ho-Chi-Minh-Stadt und Ha Noi.

Ob Land- oder Luftweg: Das Visum für Vietnam muss man sich vorher besorgen.

... von Vietnam

Nach Thailand: In Ho-Chi-Minh-Stadt können Bustouren über Phnom Penh und Siem Reap bis nach Thailand durchgebucht werden. Alternativ kann man auf eigene Faust von Phnom Penh über Cham Yeam – Ban Hat Lek oder über den selten benutzten Übergang bei Pailin (via Battambang) nach Thailand reisen. Air Asia und Thai Airways fliegen tgl. von Ha Noi und/oder Ho-Chi-Minh-Stadt nach Bangkok.

Nach Laos: Die wichtigsten Grenzübergänge nach Laos sind von Norden nach Süden: Dien Bien Phu – Muang Khoua, Na Meo – Xam Neua, Nam Can – Nong Het, Cau Treo – Lak Xao (Keo Nua Pass), Lao Bao – Dan Savan (Lao Bao Pass) und Bo Y – Phou Keua nahe Attapeu. An allen gibt es Visa on Arrival für Laos, grenzüberschreitende Busse verbinden die wichtigsten Städte.

Die meisten Reisenden nutzen die Übergänge Lao Bao – Dan Savan und Cau Treo – Lak Xao. Busse fahren regelmäßig von Da Nang und Hue über Lao Bao nach Savannakhet, Thakhek, Pakxe und Vientiane, außerdem von Ha Noi via Vinh und Lak Xao nach Vientiane. Mehrmals wöchentlich starten zudem in Vinh Busse über Nam Can nach Phonsavan und Luang Prabang und regelmäßig in Quy Nhon und Plei Ku über Kon Tum und Bo Y nach Attapeu und weiter nach Pakxe. Ganz im Norden bestehen jeden Tag Busverbindungen von Dien Bien Phu nach Houay Xai, Luang Prabang, Muang Khoua, Oudomxai und Phongsaly.

Vietnam Airlines und Lao Airlines starten 2x tgl. von Ha Noi und 4x wöchentl von Vinh nach Vientiane (1–1 1/4 Std.) und 2x tgl. von Ha Noi nach Luang Prabang (1 Std.), außerdem 4x wöchentl. von Ho-Chi-Minh-Stadt über Pakxe (1 1/2 Std.) nach Vientiane (3 Std.).

Nach Kambodscha: Ausländer können derzeit an acht Grenzübergängen von Vietnam einreisen: Moc Bai – Bavet, 200 km südöstlich von Phnom Penh; Vinh Xuong – Khorm Samnor nach Chau Doc; Tinh Bien – Phnom Den (ebenfalls nahe Chau Doc); Xa Xia – Prek Chak östlich von Kep; Trapeang Phlong – Xa Mat östlich von Kompong Cham; Dinh Ba – Banteay Chakrei in der Provinz Prey Veng und Loc Ninh – Trapeang Sre südlich von Snuol in der Provinz Kratie. Ein selten genutzter Grenzübergang nahe Le Thanh ermöglicht die Weiterreise in die wenig besuchte Region um Banlung in Kambodschas Nordosten.

Die Grenzübergänge sind meist von 7–17 Uhr geöffnet. Visa gibt es an der Grenze (US$30 für ein Touristenvisum zur einmaligen Einreise mit einem Monat Gültigkeit), E-Visa werden nur in Bavet akzeptiert.

Viele Anbieter verkehren tgl. mit Bussen zwischen Ho-Chi-Minh-Stadt und Phnom Penh. Es gibt auch Verbindungen nach Siem Reap und Sihanoukville. Von Chau Doc fahren morgens Expressboote auf dem Mekong nach Phnom Penh (5 Std.), manche Anbieter in Ho-Chi-Minh-Stadt organisieren den Transport per Minibus und Boot nach Phnom Penh (die Kombi-Touren sind allerdings weniger komfortabel und dauern etwa 8 Std.). Von Phu Quoc bestehen morgens u. a. Verbindungen über des Übergang Xa Xia – Prek Chac nach Sihanoukville, Phnom Penh, Siem Reap.

Von den anderen Übergängen sind die Transportmöglichkeiten mitunter noch eingeschränkt.

Vietnam Airlines fliegt von Ho-Chi-Minh-Stadt nach Phnom Penh und Siem Reap sowie von Ha Noi nach Siem Reap. Cambodia Angkor Air bedient die Strecken Ho-Chi-Minh-Stadt – Phnom Penh und Ho-Chi-Minh-Stadt – Siem Reap.

» Anreise (S. 46), Botschaften und Konsulate (S. 48), Flüge (S. 67), Geld (S. 70), Informationen (S. 78), Visa (S. 103), Zoll (S. 111)

Zeitunterschied

In der gesamten Mekong-Region beträgt der Zeitunterschied zur Mitteleuropäischen Zeit (MEZ) +6 Stunden, zur Sommerzeit +5 Stunden:

MEZ	Sommerzeit	Mekong-Region
17 Uhr	18 Uhr	23 Uhr
20 Uhr	21 Uhr	02 Uhr
23 Uhr	24 Uhr	05 Uhr
02 Uhr	03 Uhr	08 Uhr
05 Uhr	06 Uhr	11 Uhr
08 Uhr	09 Uhr	14 Uhr
11 Uhr	12 Uhr	17 Uhr
14 Uhr	15 Uhr	20 Uhr

Zoll

Thailand

Zollfrei sind neben den Gegenständen des täglichen Bedarfs 200 Zigaretten oder 250 g Tabak, 1 l Wein oder 1 l Spirituosen, ein Fotoapparat und eine Videokamera. Sämtliche anderen Dinge müssen bei der Einreise nach Thailand deklariert und verzollt werden. Verboten sind die Einfuhr von Waffen, Pornos, Drogen sowie die Ausfuhr von Buddhastatuen und echten Antiquitäten. Der Handel mit Antiquitäten ist in Thailand verboten.

Ausländische Währung muss ab einer Höhe von US$20 000 bei der Ein- und Ausreise deklariert werden. Die Einfuhr thailändischer Währung muss nicht deklariert werden, während eine Ausfuhr von über 50 000 Baht p. P. meldepflichtig ist. Wer nach Laos, Kambodscha oder Vietnam ausreist, kann bis zu 500 000 Baht mitnehmen.

Wer sich teure Einkäufe ins Heimatland schicken lässt, muss diese versteuern, wodurch sich manches Schnäppchen nicht mehr lohnt.

Laos

Zollfrei nach Laos eingeführt werden können: 1 l Spirituosen und 2 l Wein; 200 Zigaretten oder 50 Zigarren oder 250 g Tabak; eine Kamera oder Videokamera und zehn Filme. Die Einfuhr ausländischer Währungen ist unbegrenzt erlaubt. Waffen, Munition, Pornos und „reaktionäre" Publikationen sind nicht gern gesehen.

Die Ausfuhr der Landeswährung ist verboten (obwohl das niemanden zu interessieren scheint). Auch Buddhastatuen dürfen nicht ausgeführt werden, für Antiquitäten benötigt man eine Genehmigung des Department of Heritage in Vientiane (Antique Management Office), ✆ 021-212415.

Kambodscha

Zollfrei eingeführt werden dürfen (keine Deklarationspflicht): 2 l Wein, 400 Zigaretten, 100 Zigarren oder 400 g Tabak, 350 ml Parfüm, Medikamente für den eigenen Bedarf, neuwertige Gegenstände mit einem Wert bis US$300

In der Zollerklärung müssen folgende mitgeführten Gegenstände angegeben werden: Einfuhr von Devisen/Bargeld im Wert von über

Bei der Einreise mit dem Flugzeug nach Deutschland dürfen Waren im Wert von bis zu 430 € pro Person mitgebracht werden, aber natürlich keine gefälschten Markenwaren und Produkte aus geschützten Tieren und Pflanzen. Dazu zählt auch die Schlange in der Schnapsflasche. Genauer schauen die Zöllner bei gefälschten Uhren, Taschen und anderen Luxusartikeln hin, ebenso bei CDs und DVDs. Weitere Infos unter 🖥 www.zoll.de.

US$10 000, Waffen, Munition und militärischer Sprengstoff, Waren, die zum Verkauf in Kambodscha bestimmt sind

Siehe auch die Webseite der kambodschanischen Zollbehörde 🖥 www.customs.gov.kh. Die Zollerklärung wird im Flugzeug ausgeteilt und liegt am Flughafen aus. Sie muss ausgefüllt werden und wird von den Zöllnern hinter der Gepäckausgabe einbehalten. Bei der Einreise über Land wird keine Zollerklärung verlangt.

Bei der Ausreise müssen Devisen/Bargeld im Wert von über US$10 000 deklariert werden. Antiquitäten dürfen nur mit einer Ausfuhrgenehmigung des **Ministry of Culture And Fine Arts**, Phnom Penh, das Land verlassen. Die Ein- und Ausfuhr von Drogen ist illegal und wird mit Gefängnis bestraft.

Vietnam

Zollfrei können pro Person ein- und ausgeführt werden: 400 Zigaretten (100 Zigarren bzw. 250 g Tabak), etwas mehr als 1,5 l Alkohol mit einem Alkoholgehalt von über 22 % oder 2 l unter 22 % oder 3 l Bier, zudem 500 ml Parfüm. Ausländische Devisen dürfen bis US$500 ohne Deklaration eingeführt werden. Dong darf man offiziell nicht ausführen. Goldschmuck muss, wiegt er mehr als 300 g, deklariert werden. Bis zu 5 kg Tee und bis zu 3 kg Kaffee können zollfrei ausgeführt werden.

Neben den bekannten Beschränkungen betreffend Alkohol und Zigaretten sind es vor allem Produkte aus Tieren, die nach dem Washingtoner Artenabkommen geschützt sind. Deren Ausfuhr aus Vietnam und Einfuhr nach Europa wird streng kontrolliert. Auch Antiquitäten kann man nur mit offizieller Genehmigung ausführen (die Papiere dafür sind nur sehr schwer zu bekommen). Wer eine nachgemachte Antiquität kauft, sollte sich bestätigen lassen, dass es sich nicht um ein Original handelt (das schützt jedoch leider nicht 100 % gegen eine Konfiszierung). Argwohn besteht auch bei CDs und DVDs: Da Pornografie weder ein- noch ausgeführt werden darf und die Grenzer nicht wissen, was auf den silbernen Scheiben drauf ist, kommt es vielleicht mal zu einer Nachfrage, wenn man selbst gebrannte Foto-CDs mit sich führt. Auch manche Bücher werden einbehalten, um sie auf pornografischen Inhalt hin zu untersuchen.

Generell verboten ist zudem die Einfuhr von Waffen, Munition und Drogen.

Mobiltelefone und Laptops können problemlos mitgenommen werden. Auch die Einfuhr von Fahrrädern stellt kein Problem dar. Man sollte sie allerdings deklarieren, um unnötigen Stress bei der Ausreise zu vermeiden.

Wer bei der Einreise Gegenstände deklarieren muss, füllt zwei Formulare aus und gibt den Wert an. Eines dieser Papiere muss bei der Ausreise vorgezeigt werden. Wird das Gerät nicht wieder ausgeführt, erhebt der Zoll eine dem Preis entsprechende Gebühr. Bei Verlust oder Diebstal dient ein Polizeiprotokoll als Nachweis.

▶▶ Anreise (S. 46), Visa (S. 103), Weiterreise (S. 107)

Thailand

Stefan Loose Traveltipps

1 **Bangkok** Shopping, Tempel, Museen: Die Megametropole bietet für jeden etwas. S. 124

Kanchanaburi Geschichte hautnah: die weltberühmte Brücke am Kwai. S. 181

2 **Ayutthaya** Beeindruckende Ruinen und spannende Museen erinnern an das untergegangene Großreich. S. 194

3 **Sukhothai** Am schönsten mit dem Rad zu erkunden: die Ruinen der ersten Hauptstadt der Thai. S. 210

Nordthailand Trekking durch die Dörfer der Bergvölker. S. 221

4 **Chiang Mai** Die Stadt der Tempel und Märkte gilt als *das* Einkaufsparadies. S. 221

5 **Mekong** Eine Bootsfahrt auf dem Mekong gehört einfach zu jeder Reise durch die Region. S. 276

Khao Yai National Park Trekking entlang markierter Elefantenpfade. S. 283

Phimai und Prasat Phanom Rung Auf den Spuren der alten Khmer. S. 291 und S. 316

6 **Ko Chang und die umliegenden Inseln** Archipel mit Bilderbuchstränden – gut zum Entspannen. S. 326

THAILAND

Grenzübergänge für Ausländer

Thailand – das „Land der Freien", ein stolzer Begriff für das frühere Königreich Siam. Noch heute ist zu spüren, dass dieses Land als einziges in Südostasien zu keiner Zeit von westlichen Mächten kolonialisiert wurde. Das buddhistische Land hat von außen relativ unbeeinflusst seine eigene Kultur bewahren können. Exotische Tempel und die Bilderbuchwelt der Ferienkataloge locken immer mehr Touristen an.

26,7 Mio. ausländische Besucher kamen allein im Jahr 2013.

Die meisten Besucher landen in der Hauptstadt **Bangkok**, von der aus alle Landesteile und Nachbarländer gut zu erreichen sind. Bei einer Überlandreise Richtung Norden lohnt ein Zwischenstopp in **Ayutthaya** oder **Sukhothai**, wo beim Besuch der Ruinenstädte die Geschichte lebendig wird.

Im Norden ist **Chiang Mai** mit seiner gut erhaltenen Altstadt, den vielfältigen Einkaufsmöglichkeiten und einem breiten Ausflugsangebot die meistbesuchte Stadt. Etwas weniger turbulent geht es in **Chiang Rai, Mae Hong Son** oder **Pai** zu, die sich ebenfalls als Ausgangsort für Touren im Norden anbieten.

Der **Nordosten** Thailands (Isarn), bietet die Möglichkeit, das Land abseits der Touristenrouten kennenzulernen. Hier sind jedoch Grundkenntnisse der thailändischen Sprache nötig.

Auf dem Weg nach Kambodscha entlang der **Küste** östlich von Bangkok lassen sich entspannte Tage auf einer der Inseln verbringen.

Bevölkerung

In Thailand leben etwa 69,5 Mio. Menschen. Waren 1970 noch 16,5 % der Bevölkerung jünger als 5 Jahre, sind es mittlerweile weniger als 9 %. Die durchschnittliche Lebenserwartung liegt in Thailand bei 74 Jahren (1960: 52 Jahre, in Westeuropa heute etwa 80 Jahre).

Noch leben 66 % der Bevölkerung auf dem Land, doch die **Verstädterung** ist nicht zu übersehen. Die Bevölkerung der Region Bangkok hat sich während der vergangenen 20 Jahre mehr als verdoppelt und beträgt je nach Schätzungen 12–15 Mio. Menschen.

85 % der Gesamtbevölkerung sprechen eine **Thai-Sprache**. Über Jahrhunderte wanderten Thai-Völker aus Süd-China in Richtung Süden. Während die „großen Thai", die heutigen Shan, ins östliche Birma (Myanmar) zogen, ließen sich die „kleinen Thai" im Gebiet des heutigen Thailand nieder. Andere Thai-Völker siedeln in Laos und sogar im Nordosten Indiens.

Von den alten Hochkulturen der Mon und Khmer übernahm man die Grundzüge für eine eigene Schrift. Aus dem ceylonesischen Raum brachten Mönche den **Theravada-Buddhismus**, und aus China kamen Handwerker und Künstler ins Land. Da die Thais niemals kolonisiert wurden, haben sie ihre eigene kulturelle Identität bis heute weitgehend bewahrt. Während der Ayutthaya-Periode festigte sich die Rolle des Königs als Staatsoberhaupt. Ebenso

wie die prunkvollen Tempel das Bild der Städte und Dörfer bestimmen, prägt der Buddhismus das gesellschaftliche Leben. Neben buddhistischen Traditionen haben Riten und Bräuche hinduistischen oder animistischen Ursprungs einen festen Platz im Leben der Menschen.

In den Nordprovinzen leben als weitere ethnische Minderheit etwa 780 000 **Angehörige der Bergvölker**. Ihre Zahl nimmt zu, da einerseits die Lebenserwartung steigt und andererseits viele Menschen über die Grenze aus Myanmar nach Thailand kommen. Die sieben größten Völker sind die sino-tibetischen Karen, Hmong, Yao, Lahu, Lisu und Akha sowie die zur Mon-Khmer-Gruppe gehörenden Lawa. Die alteingesessenen Völker (Lawa, Karen) siedeln weitgehend in den Tälern, wo sie sich in festen Dorfverbänden organisiert haben und überwiegend vom Nassreis-Anbau leben. Hingegen sind die Berghänge in 800–1200 m Höhe der Lebensraum später zugewanderter Völker, die Brandrodungsfeldbau betreiben und traditionell vom Bergreis- wie Opiumanbau leben. Die Regierung fördert den Anbau von *cash crops* (Kaffee, Blumen, Gemüse, Obst) sowie die Verfeinerung der Anbaumethoden von Bergreis und Mais.

Außerdem leben in Thailand mindestens 1,5 Mio. **illegale Immigranten** aus Myanmar und Indochina, von denen viele auf Baustellen und in touristischen Einrichtungen arbeiten.

Eine andere, wirtschaftlich einflussreiche Minderheit sind ca. 9 Mio. **Thai-Chinesen**. Obwohl die wirtschaftlichen Beziehungen zwischen Thailand und China bis ins 13. und 14. Jh. zurückreichen, sind die meisten erst in jüngerer Zeit eingewandert. Zwischen dem beginnenden 19. Jh. und 1950 flüchteten etwa 4 Mio. Chinesen aus ihrer krisengeschüttelten Heimat nach Thailand, wo ihre Arbeitskraft geschätzt wurde und sie in Handel und Wirtschaft zu Wohlstand gelangten.

Schon seit Jahrhunderten haben **Farang** (westliche Ausländer) das Land bereist. In der Königsstadt Ayutthaya lebten Europäer ebenso wie Chinesen und Japaner im 17. und 18. Jh. in eigenen Stadtvierteln. Europäische Missionare, Händler, Politiker und Ingenieure dienten den siamesischen Königen als Berater und Geschäftspartner.

Geschichte

Archäologische Keramik- und Waffenfunde in Ban Chiang und in der Nähe von Kanchanaburi weisen eine **Besiedlung** des Landes vor über 7000 Jahren nach. Neueren Funden in Grotten bei Krabi zufolge lebten bereits vor 43 000 Jahren Jäger und Sammler im Süden Thailands. Die Herkunft der Thais ist wissenschaftlich umstritten. Im 8.–11. Jh. wanderten sie aus dem heutigen Süd-China in ein Gebiet, das sich von Assam im äußersten Westen bis nach Vietnam erstreckt. Die ersten Thai-Reiche entstanden in Chiang Saen und Chiang Rai, aber auch in Nord-Birma (Shan-Staat) und Yunnan.

Die Khmer im Mekong-Delta und die Mon in Zentral-Thailand und Niederbirma hatten mächtige Hindu-Reiche und hoch entwickelte Kulturen geschaffen. Der Einfluss beider Völker war jedoch im 13. Jh. stark zurückgegangen. Nachdem schon Mitte des 13. Jhs. die Khmer aus der zentralen Ebene verdrängt worden waren, wurde 1249 **Sukhothai** als erste Thai-Hauptstadt gegründet, das unter **König Ramkhamhaeng** zu kultureller Blüte gelangte.

Der Nachfolgestaat Sukhothais war das um 1350 entstandene Königreich **Ayutthaya** im Zentrum der fruchtbaren Chao Phraya-Ebene. Zu Beginn des 15. Jhs. wurde Sukhothai unterworfen und das Khmer-Reich besiegt und zum Vasallen degradiert. Gegen die nördlichen Tai-Reiche Lane Xang (Laos) und Lan Na (Chiang Mai) führten König Trailoks Truppen zahlreiche Kriege. Um die militärische Position gegenüber dem nördlichen Nachbarn zu verbessern, wurde vorübergehende die Hauptstadt nach Phitsanulok verlegt. Chiang Mai konnte jedoch nicht unterworfen werden, da es sich zeitweise mit dem Königreich Birma verbündete, das zum Erzrivalen des Ayutthaya-Reiches wurde. Erst zum Ende des 18. Jhs. sollte die Eroberung Chiang Mais gelingen. Waren die Sukhothai-Könige noch volksverbunden, so wurden jetzt am Hof Zeremonien eingeführt, die dem Herrscher göttliche Eigenschaften zusprachen.

1569 wurde Ayutthaya vom benachbarten Königreich **Birma** besiegt und ein neuer König ernannt, der die **Oberhoheit Birmas** anerkannte.

In fünf Kriegszügen gelang es dem **Prinzen Naresuan** zwischen 1584 und 1592 die birmanische Herrschaft abzuschütteln. Mit den meisten anderen asiatischen Staaten unterhielt Ayutthaya intensive **Handelsbeziehungen**. Schiffe segelten nach Malakka, Indien, China und Java.

Bedeutsam waren auch die Kontakte Ayutthayas mit **europäischen Großmächten**. 1664 erzwang Holland unter der Androhung militärischer Gewalt den Abschluss eines Vertrags, der ihm in wichtigen Bereichen des Außenhandels ein Monopol einräumte. Um den holländischen Einfluss zu begrenzen, nahmen die Ayutthaya-Könige diplomatische Kontakte zu Frankreich auf. König **Narai** geriet durch den Kontakt zum griechischen Abenteurer Konstantin Phaulkon mehr und mehr unter europäischen Einfluss. 1688 mündete der Widerstand des Thai-Adels in einer Palastrevolte. Phaulkon wurde geköpft und die Beziehungen mit den westlichen Großmächten neu geordnet.

Nachdem Ayutthaya 1767 vom Erzfeind Birma niedergebrannt und dem Erdboden gleichgemacht worden war, versank das Land im Chaos. Der Provinzgouverneur **Taksin** versuchte mit einigen verbliebenen Soldaten das Land erneut zu einen. Er wurde 1768 in der neuen Hauptstadt Thonburi zum König ausgerufen. In den folgenden 14 Jahren gelang es ihm in zahlreichen Kriegen, das Land wieder zusammenzufügen. Wichtigster Heerführer wurde **General Chakri**, der Taksin entmachtete und sich zum **König Rama I.** krönen ließ, dem ersten König der noch heute herrschenden **Chakri-Dynastie**. Die Chakri-Könige verfolgten bis zur Mitte des 19. Jhs. eine Politik der Restauration, die den vergangenen Glanz Ayutthayas wiederherstellen sollte.

König Mongkut (Rama IV.) wird als Erneuerer und Reformer des Reiches gesehen. Seine Außenpolitik zielte darauf ab, den Einfluss der westlichen Großmächte im Gleichgewicht zu halten. In der prekären Position zwischen den Einflussgebieten Großbritanniens (Britisch-Indien, Birma und Malaya) und der französischen Kolonie Indochina (Laos, Kambodscha und Vietnam) war es eine Beschwichtigungspolitik, die Erfolg versprach. Beiden Kolonialmächten wurden Handelsprivilegien eingeräumt und Territorien an sie abgetreten. Im Gegensatz zu allen anderen Staaten Südostasiens, gelang es Thailand damit nie direkt unter koloniale Herrschaft zu geraten. Der außenpolitische Balanceakt wurde durch ein innenpolitisches **Reformprogramm** ergänzt. Doch die Durchsetzung stieß auf Widerstand, da die Reformen Privilegien des Adels und der Königsfamilie beschnitten. Unter Mongkuts Sohn **Chulalongkorn** wurde die Abschaffung der Sklaverei eingeleitet. Die Verwaltung wurde zentralisiert und nach europäischem Vorbild mit Ministerien an der Spitze umgestaltet. Steuergesetze lösten die hierarchische Abgabenordnung ab. Es entstanden Universitäten nach westlichem Vorbild. Der König beschäftigte Briten, Belgier und Italiener. Deutsche und Briten projektierten den Eisenbahnbau. Chulalongkorn veränderte die alte Gesellschaftsordnung, hielt aber an bestimmten Traditionen fest und gilt deswegen als Begründer des modernen Siam.

1932 wurde Siam, wie die offizielle Staatsbezeichnung bis dahin lautete, durch einen unblutigen **Staatsstreich** in eine **konstitutionelle Monarchie** umgewandelt. **Pridi Phanomyong**, ein in Frankreich ausgebildeter Rechtsanwalt, war der politische Kopf der radikaldemokrati-schen Bewegung, die, zusammen mit den eher konservativen Militärs, den Coup durchführte. **Pibul Songgram**, Führer des konservativen Flügels, stieg zum stärksten Mann der Nation auf, die nun Thailand hieß.

1940 war das Land **Alliierter der Achsenmächte** Nazi-Deutschland, Japan und Italien. Mit japanischer Unterstützung annektierte Thailand Teile von Birma, Laos, Kambodscha und Malaya. 1944 wurde Pibul Songgram gestürzt, und Thailand verbündete sich mit seinen ehemaligen Gegnern. Pridi Phanomyong, während des Krieges Führer der antijapanischen Bewegung Freies Thailand, arbeitete mit seinen Freunden eine neue Verfassung aus. Er wurde 1947 durch einen erneuten Militärputsch unter der Führung von Songgram gestürzt und ging ins Exil.

Unter der Führung Songgrams entwickelte sich das Land streng antikommunistisch und wurde Mitglied in der Seato (South East Asia Treaty Organization), dem asiatischen Gegenstück zur Nato. 1957 stürzten Militärs unter **Marschall Sarit** die Einmann-Diktatur. Feldmarschall **Thanom Kittikachorn** wurde neuer Premier und führte Thailand noch enger in die Arme der USA. Während des Vietnamkrieges war das Land von US-Militärstützpunkten überzogen.

Die Auseinandersetzungen zwischen Parlament und Militär führten im November 1971 zur Auflösung der Nationalversammlung, Aufhebung der Verfassung und **Erklärung des Kriegsrechts**. Im Oktober 1973 protestierten Hunderttausende gegen die Verhaftung oppositioneller Studentenführer. 71 Menschen wurden erschossen und mehrere Hundert verletzt; erbitterte Straßenkämpfe folgten. Das Ende der Militärclique war gekommen, als Kittikachorn, Prapas und Narong ins Ausland flohen. **König Bhumipol** verkündete die Auflösung des Militärregimes; er setzte den Rektor der Thammasat-Universität, **Sanya Dharmasakti**, als neuen Premier ein, was man als Sieg der Studentenbewegung verstand.

In der folgenden Zeit wechselten sich die Parteien mit der Bildung von Regierungen ab, bis das Militär im Oktober 1976 erneut die Macht übernahm. Beim **Massaker an der Thammasat-Universität** in Bangkok erschoss das Militär nach offiziellen Angaben 45 demonstrierende Studenten, inoffizielle Schätzungen sprechen

Die wichtigsten Könige	
1239 – 1317	Mengrai (Lanna)
1275 – 1317	Ramkhamhaeng
1350 – 1369	U-Thong
1388 – 1395	Ramesuan
1590 – 1605	Naresuan
1630 – 1656	Prasat Thong
1657 – 1688	Narai
1767 – 1782	Taksin
1782 – 1809	Rama I. (General Chakri)
1809 – 1824	Rama II. (Phra Phutthaletla Naphalai)
1824 – 1851	Rama III. (Phra Nangklao)
1851 – 1868	Rama IV. (Mongkut)
1868 – 1910	Rama V. (Chulalongkorn)
1910 – 1925	Rama VI. (Vichiravudh)
1925 – 1935	Rama VII. (Prajadhipok)
1935 – 1946	Rama VIII. (Anand Mahidol)
seit 1946	Rama IX. (Bhumipol)

von 100–200 Opfern. Ab 1977 war **General Kriangsak** Premier. Er unterschied sich von seinen Vorgängern durch eine **Reformpolitik** und eine realistische Ausgleichspolitik.

Im Frühjahr 1980 wurde Kriangsak gestürzt. Das Parlament bestimmte **General Prem Tinsulanond** zu seinem Nachfolger, der das Land mit einer demokratisch legitimierten Mehrparteienkoalition regierte. Viele innenpolitische Reformen verliefen im Sande. 1988 ging die Chart Thai-Partei aus den allgemeinen Parlamentswahlen als Sieger hervor. Ihr Vorsitzender, **Chatichai Choonhavan**, führte als Ministerpräsident eine Sieben-Parteien-Koalition an. Daneben behielt die Armee großen Einfluss. Durch populäre Anordnungen und den wirtschaftlichen Boom konnte die Regierung die anfängliche Skepsis in der Bevölkerung überwinden. Doch schon bald kam es besonders mit den Militärs zu Spannungen, sodass im Februar 1991 die Armee nach einem unblutigen Putsch ein **National Peace Keeping Council (NPKC)** einsetzte.

Ein Jahr später fanden Wahlen statt, bei denen die den Militärs nahestehenden Parteien vor allem im ländlichen Raum die Mehrheit der Stimmen erhielten oder kauften. Als im Mai 1992 der Anführer des Putsches, **General Suchinda Kraprayoon**, zum Ministerpräsidenten ernannt wurde, gingen die Massen auf die Straße. Die Demonstrationen gipfelten in gewalttätigen Auseinandersetzungen mit zahlreichen Toten und Verhaftungen. Der König intervenierte, die Gefangenen kamen frei, und General Suchinda („Big Su") musste zurücktreten.

Unter dem Druck der Straße kam es im September 1992 zu Neuwahlen, aus denen eine Fünf-Parteien-Koalition unter dem demokratischen Premierminister **Chuan Leekpai** hervorging. Außerparlamentarische Gruppen setzten die Politiker unter Druck, die Reformen fortzuführen und die Lebensbedingungen auf dem Land zu verbessern. Aufgrund von Korruptionsvorwürfen zerbrach die Fünf-Parteien-Koalition im Mai 1995. Der Führer der Chart Thai-Partei, **Banharn Silpa-Archa**, wurde zum 21. Premierminister Thailands ernannt. Aber auch diese Sieben-Parteien-Koalition ging schnell in die Brüche, sodass Ende 1996 wieder Neuwahlen anstanden. Aus ihnen ging der ehemalige General **Chavalit**

Yongchaiyudh als Sieger hervor. Die überwältigende Mehrheit der Wähler in Bangkok stimmte jedoch für die Opposition.

Zu dieser Zeit kündigte sich mit dem Verfall der Immobilienpreise und dem Zusammenbruch einiger Grundstücksgesellschaften die erste Wirtschaftskrise an. Ein rapider Währungsverfall und der Vertrauensverlust beim IWF wie bei der Bevölkerung zwangen Chavalit, im November 1997 sein Amt niederzulegen. In dieser schwierigen Situation beauftragte König Bhumipol den demokratischen Ex-Ministerpräsidenten **Chuan Leekpai**, eine neue Koalition zu bilden, die mit einer dünnen Mehrheit wichtige Reformen durchsetzen musste.

Unter diesen Bedingungen fand **Thaksin Shinawatra** von der neu gegründeten Partei **Thai Rak Thai** („Thais lieben Thais") mit seinen großzügigen finanziellen Versprechungen und offener Polemik gegen westliche Ausländer und Minderheiten Gehör. Er gewann im Januar 2001 mit einer überwältigenden Mehrheit die Wahlen. Thaksin bildete eine Drei-Parteien-Koalition, um mit einer Zweidrittel-Mehrheit Gesetze schnell verabschieden zu können, und berief in sein Kabinett viele alte Gesichter aus gescheiterten Regierungen.

Bei der Wahl im Februar 2005 gelang es Thaksin erneut die Regierung zu bilden – diesmal sogar mit absoluter Mehrheit. Allerdings verstärkte sich nach den Wahlen in der städtischen Bevölkerung und im Süden der Widerstand gegen die zunehmend autokratisch und diktatorisch herrschende Regierung. Die Einschränkung der Pressefreiheit, die persönliche Bereicherung des Thaksin-Clans und der selbstherrliche Regierungsstil waren Anlässe für Demonstrationen. Thaksins Fall begann mit dem Verkauf seines Telekomkonzerns Shin Corp., der beim Aufbau der Mobilfunknetze von staatlichen Zuschüssen profitiert hatte. Die staatliche Singapurer Temasek Holdings Ltd. hatte für fast US$2 Mrd. knapp 50 % der Firma gekauft, wofür der Thaksin-Clan, dank entsprechend geänderter Gesetze, keine Steuern zahlen musste. Das nahm ein Großteil der Mittelschicht nicht hin.

Als am 19. September 2006 das Militär unter **General Sonthi Boonyaratkalin** putschte, wurden die Einheiten in Bangkok freundlich begrüßt. Der König bestätigte Sonthi in einer Rede als Vorsitzenden des neuen „Rates für demokratische Reformen unter der konstitutionellen Monarchie", löste das Parlament, die Regierung und das Verfassungsgericht auf, setzte die Verfassung außer Kraft und inhaftierte die noch im Land verbliebenen Mitglieder des gestürzten Kabinetts. Einen Monat später setzte Sonthi eine zivile Regierung ein. Thaksin befindet sich (mit einer kleinen Ausnahme 2008) seit dem Putsch im Ausland. Seine Thai Rak Thai-Partei wurde per Gerichtsbeschluss im Mai 2007 aufgelöst.

Nach den Wahlen 2007 bildete die Nachfolgepartei der Thai Rak Thai, die People Power-Partei (PPP) unter **Samak Sundaravej**, eine neue Regierung. Ein Großteil der Bangkoker Elite und der Bevölkerung Süd-Thailands wollte das Wahlergebnis nicht akzeptieren und gründete die **PAD (People's Alliance for Democracy)**. Mit stiller Duldung eines Teils der Polizei und des Militärs behinderte die PAD die Regierungsarbeit. Sie besetzten Ministerien und das Government House, dann die Flughäfen von Phuket, Krabi und Hat Yai.

Am 1. September 2008 verhängte die Samak-Regierung den Ausnahmezustand über Bangkok. Am 9. September verfügte das Verfassungsgericht aus vorgeschobenen Gründen die Absetzung von Samak. Da die Partei weiterhin eine Mehrheit im Parlament besaß, wurde der Schwager Thaksins, **Somchai Wongsawat**, zum neuen Premier gewählt. Unverändert gingen die Proteste der „Gelben" weiter und erreichten mit der Besetzung der beiden internationalen Flughäfen Bangkoks einen neuen Höhepunkt. Polizei und Militär wurden nicht aktiv. Das Verfassungsgericht entschied die Auflösung der PPP wegen Wahlbetrugs, Somchai trat zurück, und am 15. Dezember 2008 wurde der Vorsitzende der Demokraten, **Abhisit**, zum Premier gewählt.

Eine „rote" Opposition formierte sich während dieser Zeit aus Thaksin-Anhängern und überzeugten Demokraten, die die Macht der Bangkoker Elite und der mit ihr verbündeten Militärs sowie von Teilen des Königshofs beenden wollten. Im Frühjahr 2010 besetzten sie wochenlang mehrere Straßenzüge in der Innenstadt von Bangkok und forderten Neuwahlen. Die Auseinandersetzungen erreichten ihren Höhepunkt,

als regierungstreue Armeeeinheiten mit Scharfschützen ein Blutbad anrichteten. 91 Menschen starben und etwa 2000 wurden verletzt. Erst im Dezember 2010 wurde der Ausnahmezustand in vielen Provinzen aufgehoben.

Im tief gespaltenen Land ließ Abhisit im Juli 2011 Neuwahlen durchführen, die **Yingluck Shinawatra**, die jüngste Schwester von Thaksin, mit absoluter Mehrheit gewann. Doch im Hintergrund agierte weiterhin Thaksin Shinawatra, dem die Rückkehr nach Thailand aufgrund eines Haftbefehls verwehrt war. Ein umstrittener Amnestie-Gesetzentwurf ließ im Oktober 2013 die Straßenproteste wieder aufflammen. Monatelang waren mehrere Straßenzüge in Bangkok durch Demonstranten blockiert, 23 Menschen starben bei Anschlägen, Schießereien und gewaltsamen Auseinandersetzungen mit der Polizei. Im Mai 2014 enthob das Verfassungsgericht Yingluck und mehrere Kabinettsmitglieder ihrer Ämter. **General Prayuth Chan-ocha** rief das Kriegsrecht aus und setzt sich kurze Zeit später an die Spitze der Regierung. Am 21. August 2014 ließ er sich von einer gesetzgebenden Versammlung, die durch das Militär eingesetzt worden war, ohne Gegenkandidaten zum Premierminister wählen.

Wirtschaft

Thailand ist mit einem **Pro-Kopf-Einkommen** von US$10 000 (PPP) kein Entwicklungsland und in vielerlei Hinsicht moderner als das alte Europa. Das wird jedem Besucher bei der Ankunft am Flughafen Bangkok deutlich vor Augen geführt. Dank der zunehmenden **Industrialisierung** ist der Wohlstand stark gestiegen. Zwischen 1985 und 1994 verdoppelte sich das **Durchschnittseinkommen** der Thais. Heute liegt es bei 20 000 Baht im Monat. Die Einkommen in Bangkok sind noch immer wesentlich höher als in der Provinz. Der staatlich festgelegte **Mindestlohn** für gewerbliche Arbeitnehmer beträgt seit 2013 in allen Provinzen 300 Baht pro Tag. Die Mindestlöhne werden jedoch von der Industrie häufig unterlaufen. Zum Vergleich: Pro Tag gibt der Durchschnittstourist fast 4000 Baht aus.

In der **Landwirtschaft** sind noch 38 % der Bevölkerung tätig, die nur 8,6 % des Bruttoinlandsprodukts erwirtschaften. 14 % arbeiten in der Industrie, die 39 % Anteil am Bruttoinlandsprodukt hat. Die Zahl der Tierzuchtbetriebe ist im letzten Jahrzehnt enorm gestiegen, dennoch heißt Landwirtschaft in Thailand hauptsächlich Reisanbau. Noch bis in die 1950er-Jahre wurde in erster Linie Nassreis angebaut, das Hauptnahrungsmittel. Um die rasch wachsende Bevölkerung zu ernähren, kultivierten die Bauern seit Ende des Zweiten Weltkriegs auch Berghänge und schlechte Böden. Hier pflanzten sie anspruchslosere Kulturpflanzen wie Zuckerrohr, Mais, Tapioka und Kenaf an. In der Umgebung der Städte und in den Bergen im Norden stieg die Produktion von Obst und Gemüse. Mittlerweile ist Thailand der weltgrößte Kautschukproduzent.

Noch konzentrieren sich über die Hälfte der **industriellen Produktionsstätten** im Großraum Bangkok. Die **bedeutendsten Industriezweige** stellen die Auto-, Computer- und Halbleiterindustrie, die arbeitsintensive Textilindustrie sowie die Verarbeitung von Nahrungsmitteln und Agrarerzeugnissen dar. 60 % des Bruttoinlandsprodukts werden mit **Exporten** erwirtschaftet. Der Fokus der thailändischen Exportwirtschaft erlebte einen Wandel von Rohstoffen und Nahrungsmitteln zu Fertigwaren und Industrieprodukten. **Importiert** werden vor allem elektronische Bauteile, Fahrzeugzubehör, Maschinen, Chemikalien, Stahl und Öl, denn nur ein Viertel des steigenden **Energiebedarfs** kann das Land aus eigenen Öl- und Gasvorkommen decken.

Der **Tourismus** ist mit Einnahmen von rund US$25 Mrd., immerhin 6,5 % der gesamtwirtschaftlichen Leistung, der wichtigste Devisenbringer. Während 2013 mit 26,7 Mio. Touristen, 744 000 davon aus Deutschland, wieder mehr Besucher nach Thailand kamen als in den Jahren davor, führen die politischen Unruhen 2014 zu einem Besucherrückgang. Schätzungen gehen davon aus, dass fast 1 Mio. Menschen in Thailand direkt oder indirekt vom Tourismus leben. Besucher aus westeuropäischen Ländern sind in der Minderheit. Die Mehrheit der Touristen stammt aus China und Russland, Indien, Japan und Südkorea.

Sprachführer

Wenigstens ein paar Worte Thai sprechen zu können, weckt spontane Sympathie bei den meisten Thais. Eine Mini-Konversation mit dem Hinweis, nur ganz wenig Thai zu sprechen *(put thai dai nitnoi khrap / kha)*, zaubert immer wieder die sprichwörtliche Freundlichkeit der Thais hervor.

Selbst mit einem Wörterbuch hat man große Schwierigkeiten, die Worte richtig auszusprechen. Neben den Tonhöhen, die Anfänger nie richtig treffen, muss man sich mit 44 unterschiedlichen Konsonanten und 32 Vokalen herumschlagen, die es zum großen Teil in unserer Sprache nicht gibt. Der folgende Grundwortschatz kann hierbei nur eine kleine Hilfestellung sein.

Wer die Zahlen bis 1000 in Thai beherrscht, wird einen guten Eindruck machen – vor allem bei Taxifahrern und beim Handeln. Am besten lässt man sich die Wörter von einem Thai vorsprechen. Ein Trost für alle, die es dennoch wagen – die Grammatik ist recht einfach zu lernen, da es nur wenige Regeln und keine Ausnahmen von diesen Regeln gibt.

Tonhöhen haben wir allerdings nicht angegeben. Die Aussprache-Umschrift der ausgewählten Worte basiert weitgehend auf dem Deutschen.

Wörter und Wendungen

Zahlen

0	*suun*
1	*nöng*
2	*sohng*
3	*sahm*
4	*sie*
5	*hah*
6	*hock*
7	*dschät*
8	*bät*
9	*kao*
10	*sip*

11	sip et	**Abend**	jen
12	sip sohng	**Nacht**	klang khühn
20	jie sip	**heute**	wan-nie
21	jie sip et	**morgen**	prung-nie
22	jie sip sohng	**gestern**	müa wan-nie
30	sahm sip	**Minute**	natie
40	sie sip	**Stunde**	tschua mohng
100	(nöng) roy	**Tag**	wan
101	roy et	**Woche**	sapda / noeng athit
200	sohng roy	**Monat**	düan
1000	(nöng) pan	**Jahr**	bi
10 000	(nöng) müün	**jetzt**	däo-nie
100 000	(nöng) sähn	**später**	tie-lang
1 000 000	(nöng) laan	**noch nicht**	yang

Fragen und Antworten

was	arai?
wann	möerai?
wo, wohin, woher	tienai?
wo ist …?	… yuh tienai?
wie viel(e)	tao-rai?
warum	tammai?
wie	jangrai?
wer, wen, wem	krai?
ja	dschai
nein	mai, plao
nicht	mai

Personen

ich (weiblich)	ditchan / tchan
ich (männlich)	pom / kra pom
du, sie, ihr	töh / khun / puak töh
er, sie, es	khao
wir	rao
Sie / Frau / Herr …	khun

Zeit

Wie viel Uhr ist es?	kih mong?
Morgen	tschao
Mittag	tiang

Einkaufen

kaufen	süh
verkaufen	khai
Wie viel Baht?	kih baht?
teuer	päng
zu teuer	päng pai
billig	mai päng
es gibt …	mie …
es gibt nicht …	mai mie …
Wie viel kostet es?	raka tao-rai?
Wie viel möchten Sie?	khun tong kahn tao-rai?

Waren des täglichen Bedarfs

Tasche	gapao
Toilettenpapier	gradad schamla
Seife	sabu
Shampoo	ja sa pom
Handtuch	pa set dua
Moskito-Coils	ja gan jung
Streichhölzer	mai kit fai
Kerze	tian kai
Batterie	tahn fai sai
Briefmarke	satäm
Schreibpapier	gradad kien djod mai

Reisen

TAT (Tourist Office)	*tho tho tho*
geradeaus	*trong pai*
(nach) links	*(liao) sai*
(nach) rechts	*(liao) khwa*
Stopp!	*jut*
Welche Straße ist das?	*thanon nih arai?*
Welche Stadt ist das?	*müang nih arai?*
Wohin gehst du?	*pai nai?*
Ich gehe nach ...	*pai ...*
Ich will nicht gehen	*tschan mai pai*

Transport

Bus	*rot meh*
Busbahnhof	*sathani rot meh*
Eisenbahn	*rot fai*
Bahnhof	*sathani rot fai*
Flugzeug	*krüang bin*
Flugplatz	*sahnam bin*
Boot	*rüha*
Hafen	*tah rüha*
Taxi	*teksi*
Auto	*rot jon*
Motorrad	*mohtöhsai*
Fahrrad	*dschakrajahn*
mieten	*tschau*
Benzin	*bensin*
Normalbenzin	*tammadah*
Super	*supähr*

Übernachten

Hotel	*rong rähm*
Zimmer	*hong*
Bett	*tiang*
Schlüssel	*gun tschä*
Moskito	*jung*
Moskitonetz	*mung*
Badezimmer, Toilette	*hong nahm*
Wo ist das Hotel?	*rong rähm ju tienai?*
Wo ist die Toilette?	*hong nahm ju tienai?*
müde	*nguang noh*
allein	*kon dijo*

Essen und Trinken

hungrig	*hiju*
durstig sein	*hiju nam*
heiß	*rohn*
kalt	*jen*
süß	*wahn*
süß-sauer	*prio-wahn*
scharf	*pät*
gebraten	*tord*
gekocht	*tom*
gegrillt	*yang*
getoastet	*ping*
Fisch	*plah*
Fischküchlein	*tord man plah*
Garnelen, Krabben	*gung*
Hummer	*gung gam gram*
Krebse	*puh*
Tintenfisch	*plahmük*
Schweinefleisch	*muh*
Rindfleisch	*nüa*
Hühnerfleisch	*gai*
Entenfleisch	*ped*
Gemüse	*phak*
gelbe Nudeln	*bah mie*
weiße Nudeln	*gŏi tiao*
Reis	*kao*
weißer Reis	*kao plao*
gebratener Reis	*kao phat*
Ei	*khai*
Omelett	*khai dschiao*
Wasser	*nam*
Tee	*tschah*
Kaffee	*gafä*
Alkohol, Brandy	*lao*
vegetarisch	*mangsawirat*
Restaurant	*rahn ahahn*
vegetarische Kost	*ahahn jä*
kein Rindfleisch	*mai sai nüa*
kein Seafood	*mai gin ahahn thale*
essen	*gin / tahn*

essen gehen	pai tahn ahahn
trinken	dühm
Das Essen schmeckt gut	ahahn a-roi
Dasselbe noch einmal	ao ik
Ich mag ...	pom / tschan tschoob ...
Die Rechnung, bitte!	tschek bin khrap (kha)

Umwelt

Großstadt	nakhon / müang yai
Stadt	müang
Dorf	bahn
Berg	doi
Fluß	mä nahm
Insel	ko
Strand	haht
Bucht	ao
Wasserfall	nahm tok
Höhle	tam
Straße	thanon
Gasse	soi

Gesundheit

gesund, sich wohl fühlen	sabai
krank	mai sabai
Medizin	jah
Fieber	kai
Durchfall	tong döhn
Erbrechen	adschian
Krankenhaus	rong payabahn
wehtun	dschep

Gespräch

Höfliche Verstärkungsformel am Ende des Satzes von einem **männlichen*/weiblichen** Sprecher: khrap*/kha**

danke (Männer)	kop khun khrap
danke (Frauen)	kop khun kha
Willkommen!	sawadie khrap / kha
Wie geht es?	sabai die mai?
Mir geht es gut	sabai die

tschüss	laa gon
Auf Wiedersehen	pop gan mai
Woher kommst du?	töh mah dschak tienai?
Darf ich fotografieren?	tai ruhpdai mai?
Sprichst du Thai?	phuht thai daai mai?
Ich spreche etwas Thai	phuht thai nitnoi
Verstehen Sie?	kao dschai mai?
Ich verstehe (nicht)	pom (mai) kao dschai
Bitte sprechen Sie langsam!	prott put cha cha
Das macht nichts!	mai pen rai
bitte (fordernd)	prott
bitte (einladend)	tschuhn
Es tut mir leid	tschan sia chai
Entschuldigung	kao tott
Wie heißt du?	dschüarai
Ich heiße ...	dschüa ...
Wie alt bist du?	ahju tao-rai
Wo wohnst du?	ju tienai
Was machst du?	tham arai
Viel Glück!	dschok die
hübsch	suäi
schmutzig	sockapock
Spaß haben	sanuk
mögen	schop
gut	die
sehr gut	die mahk
nicht gut	mai die
verrückt	bababobo
gut, clever	gäng
Kind	dek
Junge	dek phudschai
Mädchen	dek phujing
müssen	tong
können	dai
wollen, möchten	jaak, ao
brauchen	dongka
haben...	mih ..
ein bisschen	nitnoi
klein	lek
westlicher Ausländer	farang

Bangkok

THAILAND

Krung Thep Mahanakhon, die „Stadt der Engel", ist das unumstrittene politische, wirtschaftliche, religiöse und kulturelle Zentrum Thailands. Über Bangkok werden 90 % des Außenhandels abgewickelt, hier wird die Hälfte des Bruttoinlandsproduktes erwirtschaftet und hier konzentrieren sich religiöse Stätten, Industrie und Administration. Die Hoffnungen vieler Thais auf ein besseres Leben sind mit dieser Stadt verknüpft – kein Wunder, dass die erst 220 Jahre alte Metropole mittlerweile über 8 Mio. Einwohner zählt, der Großraum Bangkok sogar über 14,6 Mio. Jeder achte Thai lebt hier.

Viele ausländische Besucher fühlen sich von den gewaltigen Dimensionen und der Lebendigkeit der Stadt überfordert. Manche empfinden sie absurderweise als langweilig, was oft daran liegt, dass sie sich zu lange in dem für Bangkok untypischen Traveller-Ghetto der Khaosan Road aufhalten. Tatsächlich gibt es kaum eine spannendere, aber auch lebenswertere Metropole in Südostasien: In kaum einer anderen Stadt treten die Gegensätze, die sich im Spannungsfeld zwischen einer traditionellen asiatischen und modernen westlichen Gesellschaft aufbauen, deutlicher hervor. Dicht beieinander liegen Armut und Reichtum, Hektik und Ruhe, Glanz und Elend. In den Straßen pulsiert das Leben: Mitten im Verkehrsgewimmel wird gekauft und verkauft, Bürgersteige werden zu Märkten, Menschenmassen strömen zu den Bussen und in die Geschäfte, während in den schmalen Gassen nebenan Kinder spielen. Nur noch gedämpft dringt der Verkehrslärm in die von Mauern umgrenzten Tempelanlagen, deren prunkvolle Bauten im Schatten weit ausladender Bäume Oasen der Ruhe sind – sofern ihre Freiflächen nicht als Parkplätze vermietet werden. Nirgendwo sonst sprechen so viele Thais Englisch, erhält man so viele Informationen über die Geschichte und Kultur der Nation. Über 400 Tempel, viele Märkte und internationale Restaurants gibt es in der

Stadt. Und auch nach Sonnenuntergang wird sich niemand langweilen, denn die Clubs, Musikkneipen, Kinos, Kunstgalerien und Biergärten haben Weltstadtniveau.

Der Schlüssel zu einem gelungenen Bangkok-Aufenthalt liegt in einer offenen Einstellung, der Bereitschaft, die ausgetretenen Touristenpfade zu verlassen und sich auf das thailändische Stadtleben einzulassen, und, ganz wichtig, der richtigen Wahl der Wohngegend, denn die Hauptstadt Thailands scheint endlos. Es gibt zahlreiche weit auseinanderliegende Zentren, die im Berufsverkehr nur mit langen Fahrten zu erreichen sind. Dazwischen wälzt sich ein Strom von Autos, Taxis, qualmenden Bussen, knatternden Tuk Tuks und Motorrädern durch die Stadt und verleiht der Luft ihr typisches „Aroma". Nur die Hochbahn BTS, die U-Bahn MRT und die Expressboote auf dem Fluss Menam Chao Phraya, der sich durch die Stadt schlängelt, ermöglichen auch während der Rushhour ein zufriedenstellendes Reisetempo.

Orientierung

Bangkok hat sich entlang der vier- bis sechsspurigen, stark befahrenen **Ausfallstraßen** weit ins Umland hinaus ausgedehnt. Die wichtigsten Verkehrsadern, u. a. der Menam Chao Phraya, die Eisenbahn und zwei Expressways, verlaufen in Nord-Süd-Richtung. Im Zentrum werden diese Trassen von breiten, in West-Ost-Richtung verlaufenden Straßen und Expressways gekreuzt. Zwischen Bangkok und der Schwesterstadt Thonburi im Westen stellt der breite Menam Chao Phraya eine natürliche Barriere dar. Die sieben Brücken sind während der Rushhour ständig verstopft.

Von den Hauptstraßen zweigt ein unüberschaubares Netz von schmalen Gassen ab, die **Sois**. Sie sind meist nach der Hauptstraße, von der sie abgehen, benannt und durchnummeriert. Von den Sois abgehende kleinere Gassen werden wiederum mit Yaek bezeichnet, was so viel wie Kreuzung bedeutet. Bei Adressen wie 236/1-5 Sukhumvit Soi 29 sorgen neben der Nummer der Soi (29) zudem Blocknummern (236) und Hausnummern (1-5) für Verwirrung.

Im Westen der Innenstadt am Fluss liegt das Travellerviertel **Banglampoo**, an das südlich

Keine Sorge, Bangkok ist nicht unsicherer als westliche Großstädte, solange man seinen gesunden Menschenverstand einsetzt und nicht zu leichtgläubig ist. Da seit Jahren viele Touristen auf folgende Tricks hereinfallen und dabei große Mengen Geld verlieren, möchten wir eindringlich darauf hinweisen.

Gewarnt sei vor jeglicher Art von **Schleppern**. Touristen werden von freundlichen Tuk-Tuk- oder Taxifahrern, gepflegt gekleideten älteren Herren, angeblichen Angestellten des Hotels, „offiziellen Touristenberatern", gut Englisch oder Deutsch sprechenden Studenten oder sogar anderen Ausländern angesprochen. Die übliche Masche ist die Bemerkung: „Die Sehenswürdigkeit/das Geschäft/der Club ist heute geschlossen, aber ich kenne einen tollen anderen Tempel/Laden/Pub". Besonders am Königspalast sind die Schlepper gut organisiert. Wer sich dem Eingang von der Rückseite nähert, wird ziemlich sicher angesprochen.

Rund um die Khao San Rd. sind einige zwielichtige Gestalten auf der Suche nach leichtgläubigen Touristen unterwegs. Sie bieten sich als hilfsbereite **„Retter in der Not"** an, wollen ihre Kunden aber nur um die Reisekasse erleichtern.

Laien sollten ausdrücklich auf den **Kauf von Edelsteinen** (S. 167) oder großen Mengen an Seide verzichten.

Günstig heißt nicht unbedingt gut, und das gilt besonders bei Backpackerbussen. Es sollten nie die **billigsten Busse** gebucht werden, da die Preise so niedrig liegen, dass ein profitabler Betrieb unmöglich ist und das Geld auf andere Art hereingeholt wird. Es wurden Gepäckstücke und sogar zwischen den Füßen verstaute Rucksäcke durchsucht und Wertgegenstände gestohlen. In den schlimmsten Fällen wurden Leute sogar betäubt, die dann ohne Geld und Gepäck auf einer Wiese aufwachten.

Als angebliche TAT-Reisebüros ködern **selbsternannte „Touristeninformationen"** Kunden mit der falschen Behauptung, Lizenzunternehmen des staatlichen Fremdenverkehrsamtes zu sein. Besonders vor dem Königspalast und am Bahnhof sprechen sie Ausländer an, um überteuerte Reisen und Visa zu verkaufen. Mit der Begründung, Züge seien ausgebucht, verkaufen Reisebüros vor allem im und um den Hauptbahnhof überteuerte Bustickets. Zudem kam es hier schon zu Betrügereien mit Kreditkarten.

Vorsicht vor **Taschendieben** auf dem Suan Chatuchak Weekend Market.

Bei Problemen wenden sich Touristen am besten an die **Tourist Police** (S. 172).

das historische Zentrum um den großen, ovalen Platz **Sanam Luang** angrenzt. Hier liegen der Königspalast, einige der wichtigsten Tempel des Landes und das sehr empfehlenswerte, moderne Museum of Siam. Etwas weiter nördlich finden sich die ruhige **Sam Sen**-Gegend, das Regierungs- und Verwaltungszentrum **Thewet** sowie die Palastanlagen von **Dusit**. Westlich des Flusses liegt **Thonburi**, das teilweise noch dörflichen Charme versprüht. Weiter im Süden hat sich entlang der Charoen Krung Road die größte **Chinatown** Südostasiens ausgebreitet. Eine Flussbiegung weiter erheben sich in **Sathorn** und **Silom** die chromverkleideten Hochhäuser des modernen Bangkok, das Herz der thailändischen Wirtschaft, aber auch die Vergnügungsmeile Patpong. Weiter nordöstlich, im Zentrum der Stadt, locken im Haupteinkaufsviertel **Siam** schmucke Shopping-Center und Kinos und in **Pratunam** der landesweit größte Umschlagplatz für Textilien. Östlich davon beginnt die über 400 km lange **Sukhumvit Road**, die auf den ersten 3 km ein Touristenzentrum ist, im weiteren Verlauf zur beliebten Ausländerwohngegend wird und einige der besten Restaurants und Nachtclubs des Landes beheimatet. Daneben gibt es zahlreiche weitere Stadtviertel, die ihren ganz eigenen Charakter haben.

Bangkok ist eine unübersichtliche Stadt, in der die meisten Ziele nicht zu Fuß erreichbar

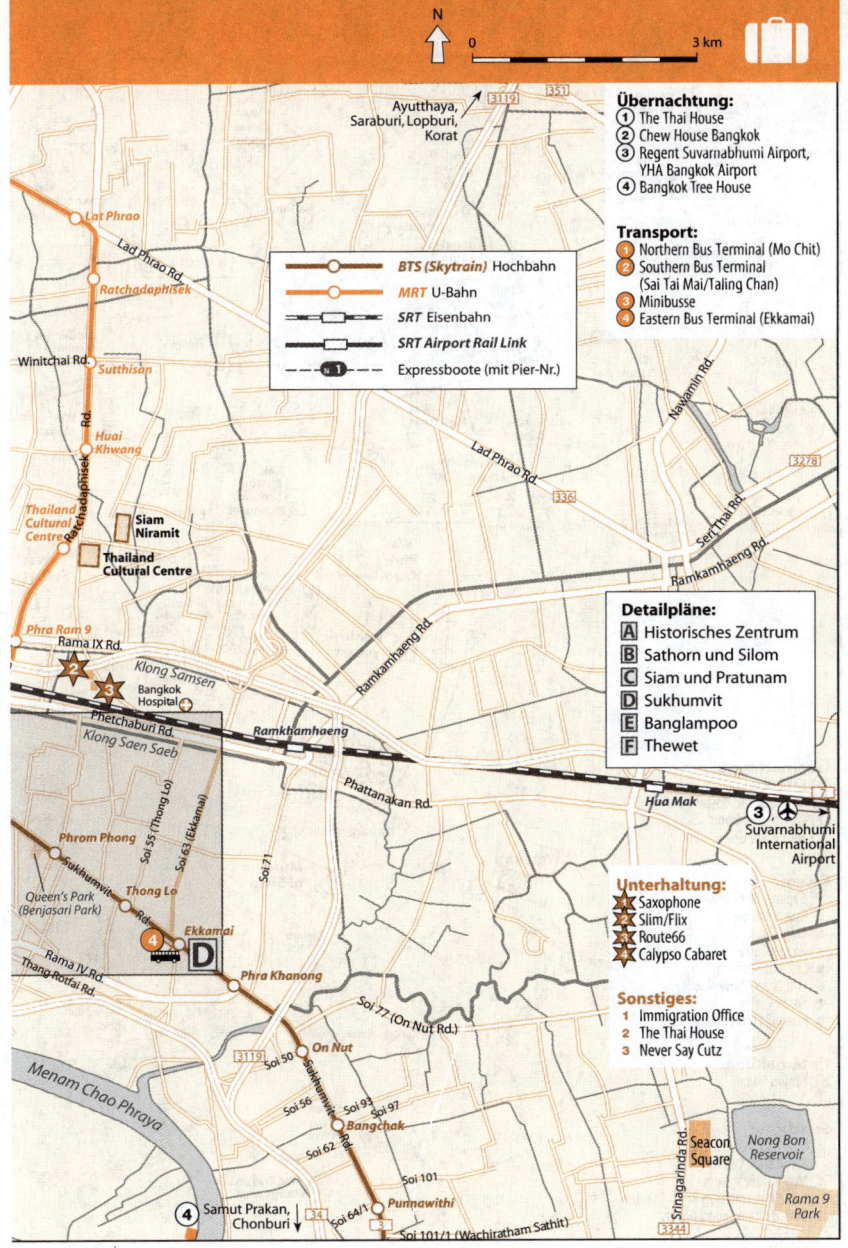

N

0   3 km

Übernachtung:
1 The Thai House
2 Chew House Bangkok
3 Regent Suvarnabhumi Airport,
   YHA Bangkok Airport
4 Bangkok Tree House

Transport:
1 Northern Bus Terminal (Mo Chit)
2 Southern Bus Terminal
   (Sai Tai Mai/Taling Chan)
3 Minibusse
4 Eastern Bus Terminal (Ekkamai)

BTS (Skytrain) Hochbahn
MRT U-Bahn
SRT Eisenbahn
SRT Airport Rail Link
Expressboote (mit Pier-Nr.)

Detailpläne:
A Historisches Zentrum
B Sathorn und Silom
C Siam und Pratunam
D Sukhumvit
E Banglampoo
F Thewet

Unterhaltung:
1 Saxophone
2 Slim/Flix
X Route66
Calypso Cabaret

Sonstiges:
1 Immigration Office
2 The Thai House
3 Never Say Cutz

Ayutthaya,
Saraburi, Lopburi,
Korat

Lat Phrao
Ratchadaphisek
Sutthisan
Winitchai Rd.
Lad Phrao Rd.
Huai
Khwang
Thailand
Cultural
Centre
Siam
Niramit
Thailand
Cultural Centre
Lad Phrao Rd.
Ratchadaphisek Rd.
Nawamin Rd.
Seri Thai Rd.
Ramkamhaeng Rd.
Phra Ram 9
Rama IX Rd.
Klong Samsen
Bangkok
Hospital
Phetchaburi Rd.
Klong Saen Saeb
Ramkamhaeng
Ramkamhaeng Rd.
Phattanakan Rd.
Hua Mak
Suvarnabhumi
International
Airport
Phrom Phong
Sukhumvit Rd.
Soi 55 (Thong Lo)
Soi 63 (Ekkamai)
Queen's Park
(Benjasari Park)
Thong Lo
Ekkamai
Rama IV Rd.
Thang Rotfai Rd.
Phra Khanong
Soi 71
Menam Chao Phraya
On Nut
Soi 50
Sukhumvit Rd.
Soi 77 (On Nut Rd.)
Soi 56
Soi 62
Soi 93
Soi 97
Bangchak
Soi 101
Punnawithi
Soi 64/1
Soi 101/1 (Wachiratham Sathit)
Samut Prakan,
Chonburi
Srinagarinda Rd.
Seacon
Square
Nong Bon
Reservoir
Rama 9
Park

THAILAND

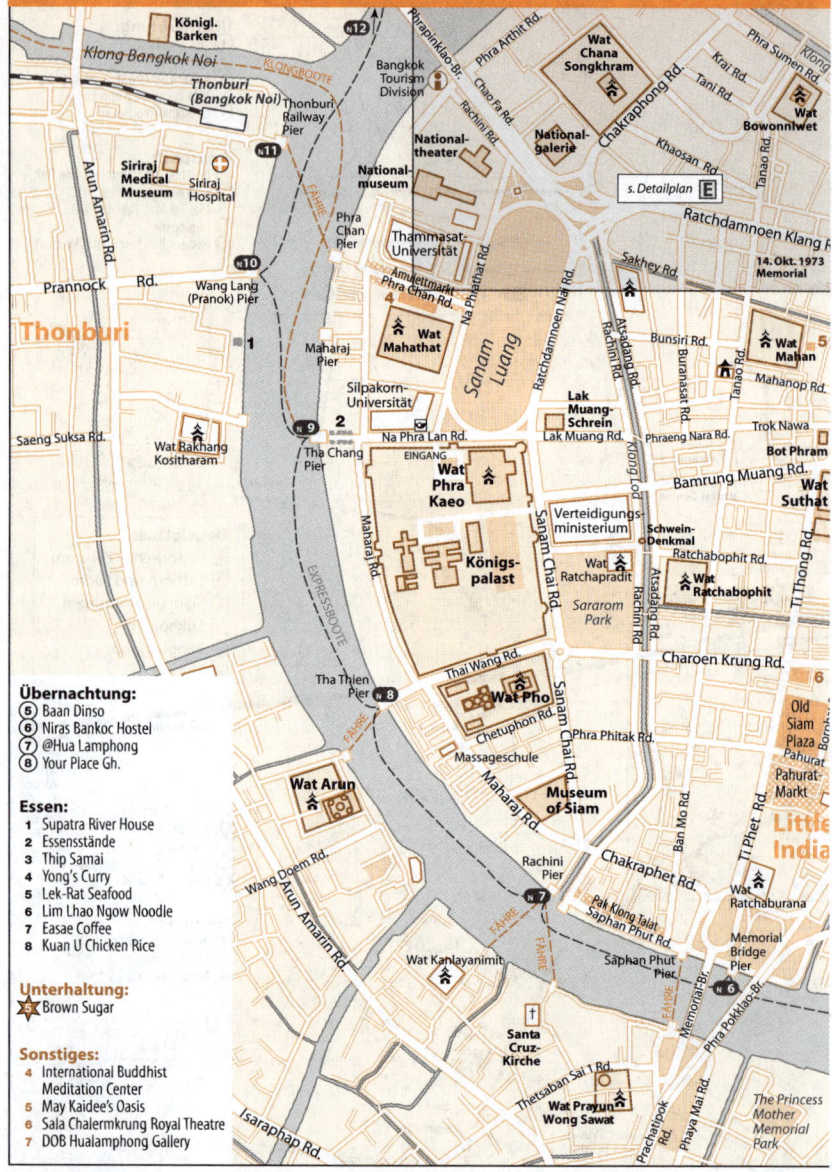

Königl. Barken
Klong Bangkok Noi
KLONGBOOTE
N12
Thonburi (Bangkok Noi)
Thonburi Railway Pier
Bangkok Tourism Division
Phra Arthit Rd.
Phra Arthit Rd.
Wat Chana Songkhram
Phra Sumen Rd.
Klong
Krai Rd.
Tani Rd.
Wat Bowonniwet
Chakraphong Rd.
Chao Fa Rd.
Rachini Rd.
National-galerie
National-theater
Khaosan Rd.
Tanao Rd.
s. Detailplan **E**

N11
Siriraj Medical Museum
Siriraj Hospital
National-museum
Phra Chan Pier
Thammasat-Universität
Amulettmarkt Phra Chan Rd.
Ratchdamnoen Klang R
14. Okt. 1973 Memorial

Arun Amarin Rd.
N10
Prannock Rd.
Wang Lang (Pranok) Pier
Maharaj Pier
Wat Mahathat
Sanam Luang
Sakhey Rd.
Bunsri Rd.
Wat Mahan
Buranasat Rd.
Mahanop Rd.

Thonburi

Saeng Suksa Rd.
Wat Rakhang Kositharam
N9
Silpakorn-Universität
Tha Chang Pier
Na Phra Lan Rd.
EINGANG
Lak Muang-Schrein
Lak Muang Rd.
Trok Nawa
Bot Phram
Wat Suthat

2
1

Maharaj Rd.
EXPRESSBOOTE
Wat Phra Kaeo
Sanam Chai Rd.
Verteidigungs-ministerium
Schwein-Denkmal
Ratchabophit Rd.
Wat Ratchabophit

Königs-palast
Wat Ratchapradit
Phraeng Nara Rd.
Atsadang Rd.
Rachini Rd.
Bamrung Muang Rd.

Sararom Park
Charoen Krung Rd.

Tha Thien Pier
N8
Thai Wang Rd.
Wat Pho
Chetuphon Rd.
Phra Phitak Rd.
Old Siam Plaza
Pahurat-Markt

Massageschule
Maharaj Rd.
Museum of Siam
Ban Mo Rd.
Ti Phet Rd.
Little India

Übernachtung:
⑤ Baan Dinso
⑥ Niras Bankoc Hostel
⑦ @Hua Lamphong
⑧ Your Place Gh.

Wat Arun
Wang Doem Rd.
Arun Amarin Rd.
Rachini Pier
N7
Chakraphet Rd.
Wat Ratchaburana
Pak Klong Talat
Saphan Phut Rd.
Memorial Bridge Pier

Essen:
1 Supatra River House
2 Essensstände
3 Thip Samai
4 Yong's Curry
5 Lek-Rat Seafood
6 Lim Lhao Ngow Noodle
7 Easae Coffee
8 Kuan U Chicken Rice

Wat Kanlayanimit
Saphan Phut Pier
FÄHRE
Memorial Br.
Phra Pokklao Br.
N6

Unterhaltung:
✪ Brown Sugar

Santa Cruz-Kirche
Thetsaban Sai 1 Rd.
Wat Prayun Wong Sawat
Prachatipok Rd.
Phaya Mai Rd.
The Princess Mother Memorial Park

Sonstiges:
4 International Buddhist Meditation Center
5 May Kaidee's Oasis
6 Sala Chalermkrung Royal Theatre
7 DOB Hualamphong Gallery

Isaraphap Rd.

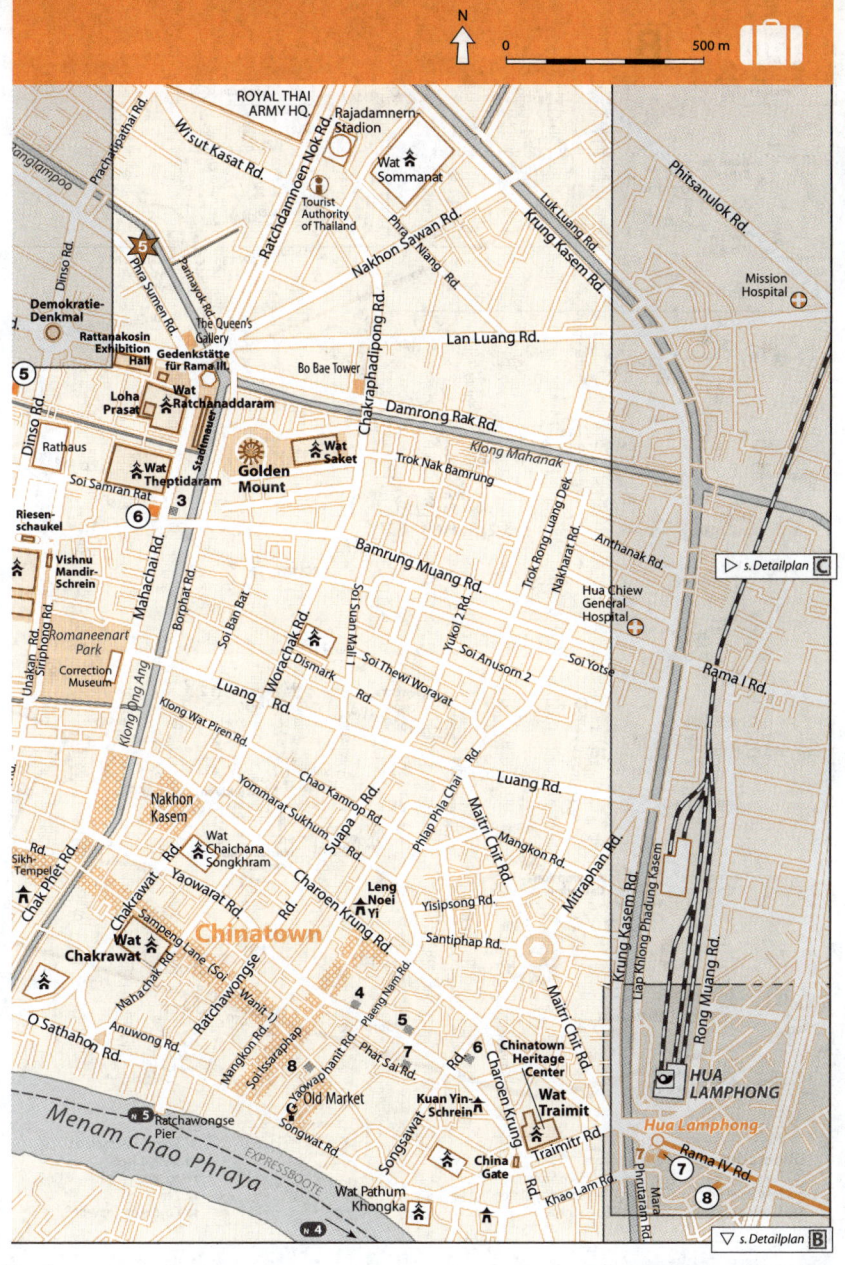

N

0   500 m

ROYAL THAI ARMY HQ.

Rajadamnern-Stadion

Wisut Kasat Rd.

Wat Sommanat

Phra Sawan Rd.

Krung Kasem Rd.

Luk Luang Rd.

Phisanulok Rd.

Tourist Authority of Thailand

Nakhon Sawan Rd.

Ratchadamnoen Nok Rd.

Phra Sumen Rd.

Si Niang Rd.

Mission Hospital

Demokratie-Denkmal

Dinso Rd.

The Queen's Gallery

Lan Luang Rd.

Chakraphadipong Rd.

Rattanakosin Exhibition Hall

Gedenkstätte für Rama III.

Bo Bae Tower

Wat Ratchanaddaram

Damrong Rak Rd.

Loha Prasat

Klong Mahanak

Rathaus

Wat Saket

Trok Nak Bamrung

Wat Theptidaram

Golden Mount

Bamrung Muang Rd.

Trok Rong Luang Dek

Nakharat Rd.

Anthanak Rd.

Riesenschaukel

Vishnu Mandir-Schrein

Mahachai Rd.

Hua Chiew General Hospital

s. Detailplan C

Borphat Rd.

Soi Ban Bat

Worachak Rd.

Soi Sinan Mill

Yukol 2 Rd.

Soi Anusorn 2

Soi Yotse

Romaneenart Park

Unakan Rd.

Siriphong Rd.

Dismark

Soi Thewi Worayat

Rama I Rd.

Correction Museum

Klong Ong Ang

Luang Rd.

Klong Wat Piren Rd.

Chao Kamrop Rd.

Luang Rd.

Nakhon Kasem

Yommarat Sukhum Rd.

Phlap Phla Chai

Maitri Chit Rd.

Mangkon Rd.

Mitraphan Rd.

Krung Kasem Rd.

Lap Khlong Phadung Kasem

Rong Muang Rd.

Wat Chaichana Songkhram

Leng Noei Yi

Yisipsong Rd.

Rd. Sikh Temple Rd.

Chak Phet Rd.

Chakrawat

Yaowarat Rd.

Charoen Krung Rd.

Santiphap Rd.

Wat Chakrawat

Sampeng Lane (Soi Wanit 1)

Mahachai Rd.

Anuwong Rd.

Mangkon Rd.

Chinatown

Ratchawongse Rd.

Soi Isaraphap

Praeng Nam Rd.

4

5

7

Phat Sai Rd.

6

Maitri Chit Rd.

Chinatown Heritage Center

Charoen Krung

Rd.

O Sathahon Rd.

8

Yaowaphanit Rd.

Old Market

Kuan Yin-Schrein

Wat Traimit

Songwat Rd.

HUA LAMPHONG

N 3 Ratchawongse Pier

Menam Chao Phraya

EXPRESSBOOTE

Songwat Rd.

Songwat Rd.

China Gate

Traimitr Rd.

Hua Lamphong

7

Rama IV Rd.

8

Wat Pathum Khongka

Khao Lam Rd.

Phutaram Rd.

Mara

N 4

s. Detailplan B

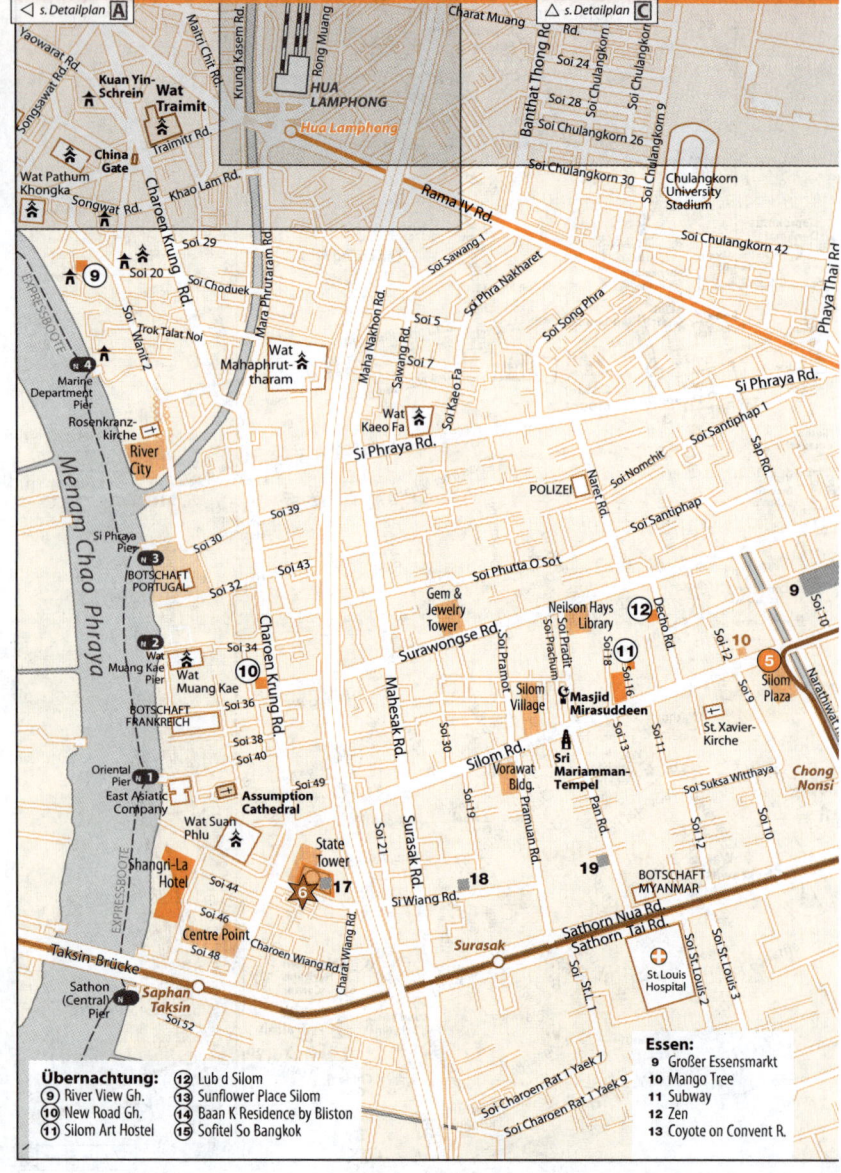

Bangkok B Sathorn und Silom

THAILAND

△ s. Detailplan A
△ s. Detailplan C

Yaowarat Rd.
Songawat Rd.
Maitri Chit Rd.
Krung Kasem Rd.
Rong Muang Rd.
Charat Muang Rd.
Charat Muang Rd.

Kuan Yin-Schrein
Wat Traimit

Traimitr Rd.

HUA LAMPHONG

Hua Lamphong

China Gate

Wat Pathum Khongka
Songwat Rd.
Khao Lam Rd.
Charoen Krung Rd.

Banthat Thong Rd.
Soi 24
Soi 28
Soi Chulangkorn 26
Soi Chulangkorn 9
Soi Chulangkorn 30
Soi Chulangkorn 42

Chulangkorn University Stadium

Rama IV Rd.

Soi 29
Soi 20
Soi Choduek

9

Trok Talat Noi
Soi Wanit 2
Mae Phuraram Rd.
Maha Nakhon Rd.
Soi Sawang 1
Soi Phra Nakharet
Soi Song Phra
Soi 5
Sawang Rd.
Soi 7

Phaya Thai Rd.

Si Phraya Rd.

4

Marine Department Pier
Rosenkranz-kirche

Wat Mahaphrut-tharam

Wat Kaeo Fa

Soi Kaeo Fa

River City

Si Phraya Rd.

Si Phraya Pier
Soi 30
Soi 39
POLIZEI
Naret Rd.
Soi Nomchit
Soi Santiphap
Sap Rd.

3
BOTSCHAFT PORTUGAL

Soi 32
Soi 43
Soi Phutta O Sot
Soi Santiphap

Menam Chao Phraya

2
Wat Muang Kae Pier
Wat Muang Kae

Soi 34

10

Soi 36
Soi 38
Soi 40

Gem & Jewelry Tower

Surawongse Rd.

Neilson Hays Library

12

Decho Rd.

Soi 10

9

Soi 12

10

BOTSCHAFT FRANKREICH

Charoen Krung Rd.

Mahesak Rd.

Soi Pradit
Soi Prachum
Soi Pramot

Silom Village

Soi 18

11

Soi 16
Soi 13

Masjid Mirasuddeen

Soi 11

Narathiwat Rd.

Silom Plaza

5

St. Xavier-Kirche

Chong Nonsi

Oriental Pier
East Asiatic Company

1

Assumption Cathedral

Wat Suan Phlu

Silom Rd.
Vorawat Bldg.
Soi 30
Soi 19
Pramuan Rd.

Sri Mariamman-Tempel

Pan Rd.
Soi Suksa Witthaya

Soi 10

Shangri-La Hotel

State Tower

Soi 44
Soi 46

Soi 49
Soi 21
Surasak Rd.

6
17

18

19

BOTSCHAFT MYANMAR

Centre Point
Soi 48
Charoen Wiang Rd.
Charat Wiang Rd.
Si Wiang Rd.

Surasak

Sathorn Nua Rd.
Sathorn Tai Rd.

Soi St. Louis 1
Soi St. Louis 2
Soi St. Louis 3

Taksin-Brücke

Sathon (Central) Pier

Saphan Taksin

Soi 52

St. L. 1

St. Louis Hospital

Soi Charoen Rat 1 Yaek 7
Soi Charoen Rat 1 Yaek 9

www.stefan-loose.de/thailand

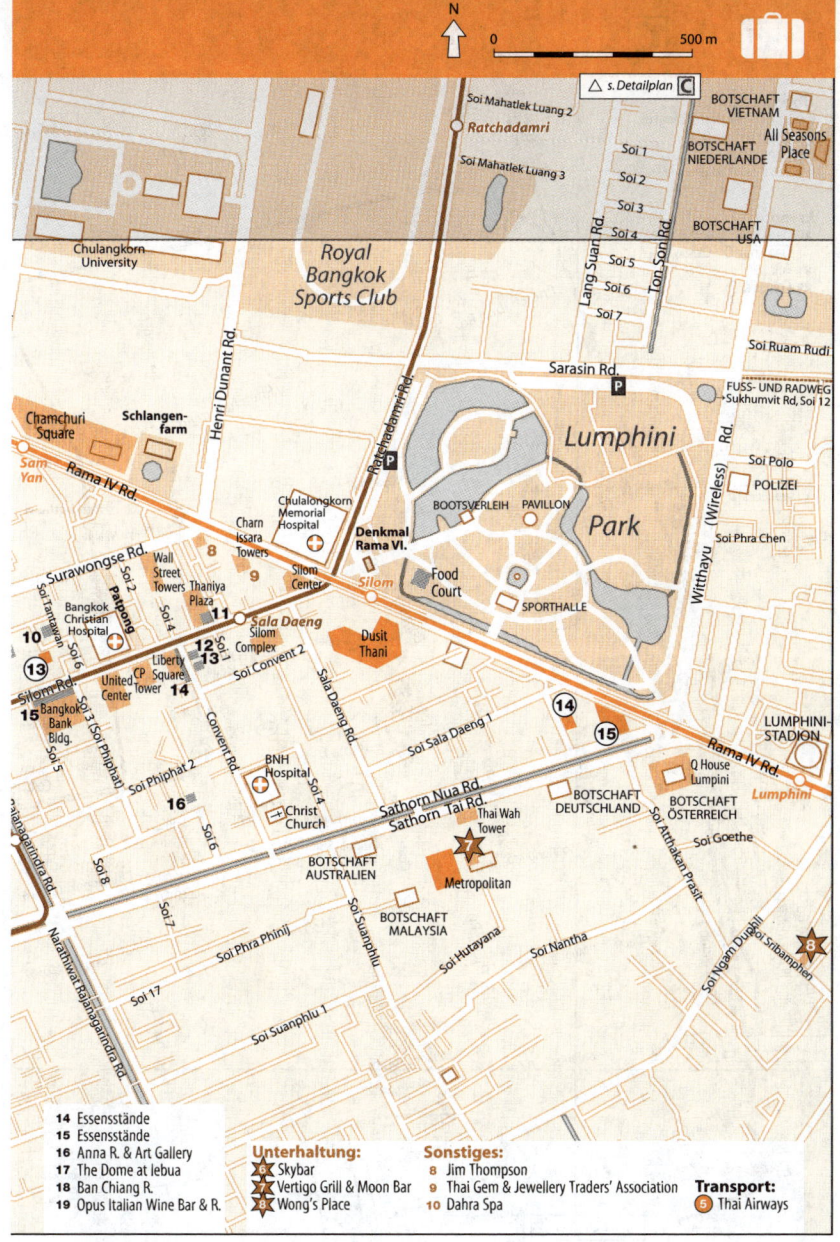

N

0   500 m

△ s.Detailplan C

Soi Mahatlek Luang 2
Ratchadamri
Soi Mahatlek Luang 3

BOTSCHAFT
VIETNAM

BOTSCHAFT
NIEDERLANDE

All Seasons
Place

Soi 1
Soi 2
Soi 3
Soi 4

BOTSCHAFT
USA

Chulangkorn
University

Royal
Bangkok
Sports Club

Soi 5
Soi 6
Soi 7

Lang Suan Rd.

Ton Son Rd.

Soi Ruam Rudi

Sarasin Rd.

FUSS- UND RADWEG
Sukhumvit Rd, Soi 12

Chamchuri
Square

Schlangen-
farm

Lumphini

Henri Dunant Rd.

Sam
Yan

Rama IV Rd.

Chulalongkorn
Memorial
Hospital

Charn
Issara
Towers

Surawongse Rd.

Wall
Street
Towers

8

Thaniya
Plaza

9

Silom
Center

Denkmal
Rama VI.

Silom

BOOTSVERLEIH

Park

PAVILLON

Food
Court

Soi Polo

POLIZEI

Witthayu (Wireless) Rd.

Soi Phra Chen

Ratchadamri Rd.

Bangkok
Christian
Hospital

Patpong

Soi 2

Soi 1

11

Sala Daeng

SPORTHALLE

10

Soi Tantawan

Soi 6

12

Silom
Complex

Soi 1

United
Center

CP
Tower

13

Liberty
Square

14

Soi Convent 2

Dusit
Thani

13

15

Silom Rd.

Bangkok
Bank
Bldg.

Soi 3 (Soi Phiphat)

Soi 5

Convent Rd.

Soi Phiphat 2

BNH
Hospital

16

Christ
Church

Soi 4

Sala Daeng Rd.

Soi Sala Daeng 1

Sathorn Nua Rd.

Sathorn Tai Rd.

14

15

Rama IV Rd.

LUMPHINI-
STADION

Lumphini

Q House
Lumpini

BOTSCHAFT
DEUTSCHLAND

BOTSCHAFT
ÖSTERREICH

Thai Wah
Tower

BOTSCHAFT
AUSTRALIEN

Metropolitan

Soi Goethe

Soi 6

Soi 8

Narathiwat Rajanagarindra Rd.

Soi 7

Soi Phra Phinij

BOTSCHAFT
MALAYSIA

Soi Suanphlu

Soi Hutayana

Soi Nantha

Soi Atthakan Prasit

Soi Ngam Duphli Sribamphen

8

Soi 17

Soi Suanphlu 1

14 Essensstände
15 Essensstände
16 Anna R. & Art Gallery
17 The Dome at lebua
18 Ban Chiang R.
19 Opus Italian Wine Bar & R.

Unterhaltung:
⊗ Skybar
⊗ Vertigo Grill & Moon Bar
⊗ Wong's Place

Sonstiges:
8 Jim Thompson
9 Thai Gem & Jewellery Traders' Association
10 Dahra Spa

Transport:
⑤ Thai Airways

Übernachtung:
16 Link Corner Hostel Bangkok
17 White Lodge
18 Siam@Siam
19 Lub d Siam Square

Essen:
20 Once Upon A Time R.
   (Jao Khun Ou-Gallery)
21 Fuji
22 Crêpes & Co.

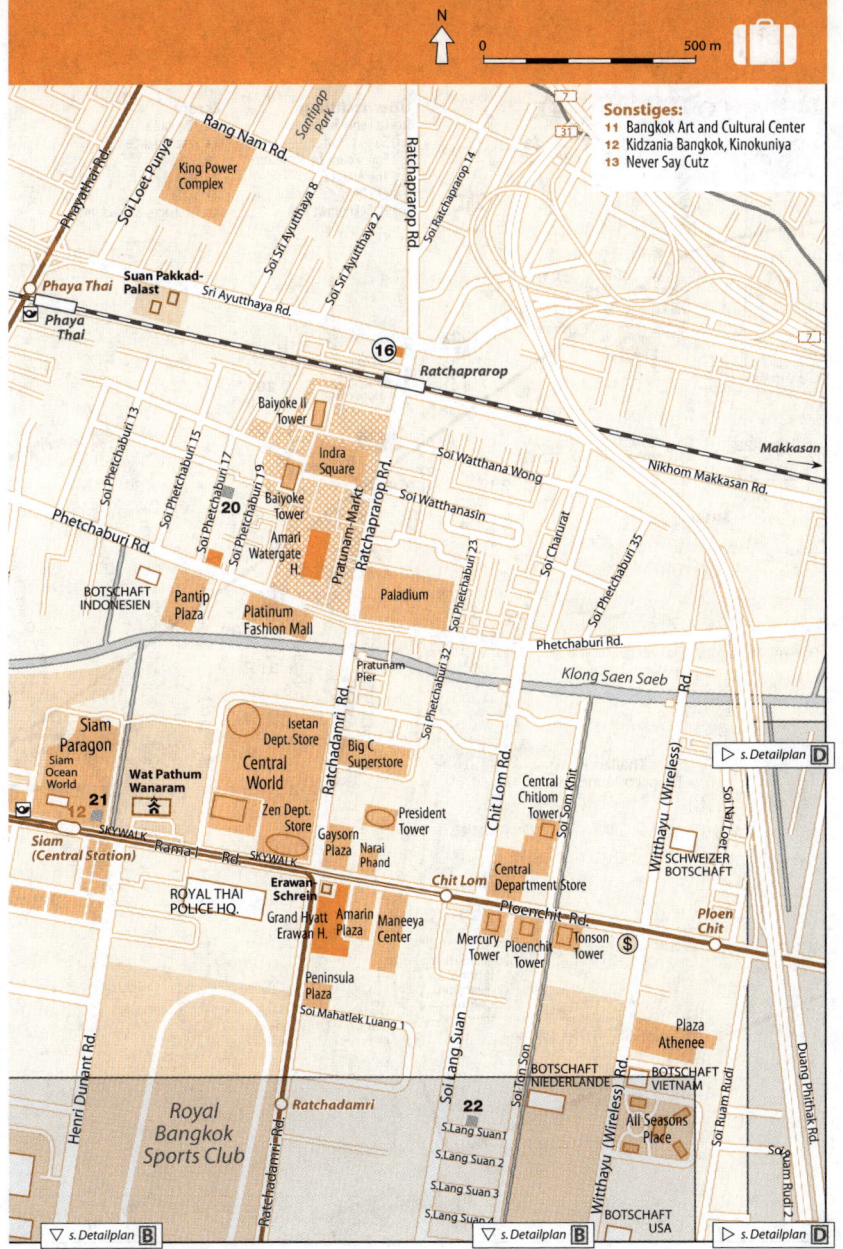

N

0   500 m

Sonstiges:
11 Bangkok Art and Cultural Center
12 Kidzania Bangkok, Kinokuniya
13 Never Say Cutz

Phayathai Rd.

Rang Nam Rd.

Santipap Park

Ratchaprarop Rd.

Soi Ratchaprarop 14

King Power Complex

Soi Loet Punya

Soi Sri Ayutthaya 8

Soi Sri Ayutthaya 2

Suan Pakkad-Palast

Sri Ayutthaya Rd.

Phaya Thai

Phaya Thai

16

Ratchaprarop

Makkasan

Baiyoke II Tower

Soi Watthana Wong

Nikhom Makkasan Rd.

Soi Phetchaburi 13

Soi Phetchaburi 15

Soi Phetchaburi 17

Soi Phetchaburi 19

Indra Square

20

Baiyoke Tower

Soi Watthanasin

Pratunam-Markt

Ratchaprarop Rd.

Soi Phetchaburi 23

Soi Charurat

Soi Phetchaburi 35

Phetchaburi Rd.

Amari Watergate H.

BOTSCHAFT INDONESIEN

Pantip Plaza

Platinum Fashion Mall

Paladium

Phetchaburi Rd.

Pratunam Pier

Soi Phetchaburi 32

Klong Saen Saeb

Rd.

▷ s. Detailplan **D**

Siam Paragon

Siam Ocean World

Wat Pathum Wanaram

Isetan Dept. Store

Central World

Big C Superstore

Ratchadamri Rd.

Chit Lom Rd.

Central Chitlom Tower

Soi Somkhit

Witthayu (Wireless)

Soi Nai Loet

SCHWEIZER BOTSCHAFT

21

12

SKYWALK

Siam (Central Station)

Rama I Rd.

SKYWALK

Zen Dept. Store

Gaysorn Plaza

President Tower

Narai Phand

Central Department Store

Chit Lom

Ploenchit Rd.

Ploen Chit

ROYAL THAI POLICE HQ.

Erawan Schrein

Grand Hyatt Erawan H.

Amarin Plaza

Maneeya Center

Mercury Tower

Ploenchit Tower

Tonson Tower

$

Henri Dunant Rd.

Peninsula Plaza

Soi Mahatlek Luang 1

Plaza Athenee

BOTSCHAFT VIETNAM

BOTSCHAFT NIEDERLANDE

All Seasons Place

Soi Ruam Rudi

Duang Phithak Rd.

Royal Bangkok Sports Club

Ratchadamri Rd.

Ratchadamri

Soi Lang Suan

22

Soi Ton Son

S.Lang Suan 1

S.Lang Suan 2

S.Lang Suan 3

S.Lang Suan 4

Witthayu (Wireless) Rd.

BOTSCHAFT USA

Soi Ruam Rudi 2

▽ s. Detailplan **B**

▽ s. Detailplan **B**

▷ s. Detailplan **D**

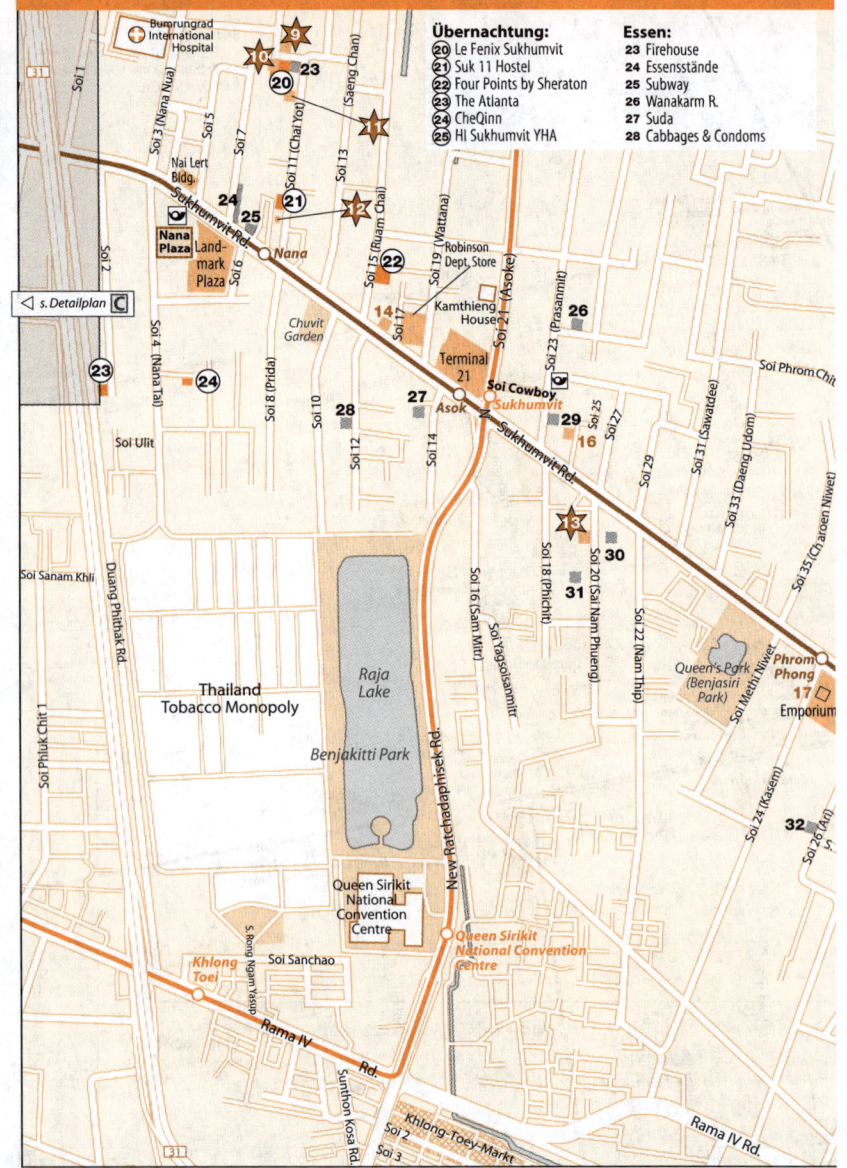

Übernachtung:
- ⑳ Le Fenix Sukhumvit
- ㉑ Suk 11 Hostel
- ㉒ Four Points by Sheraton
- ㉓ The Atlanta
- ㉔ CheQinn
- ㉕ HI Sukhumvit YHA

Essen:
- ㉓ Firehouse
- ㉔ Essensstände
- ㉕ Subway
- ㉖ Wanakarm R.
- ㉗ Suda
- ㉘ Cabbages & Condoms

N
0   500 m

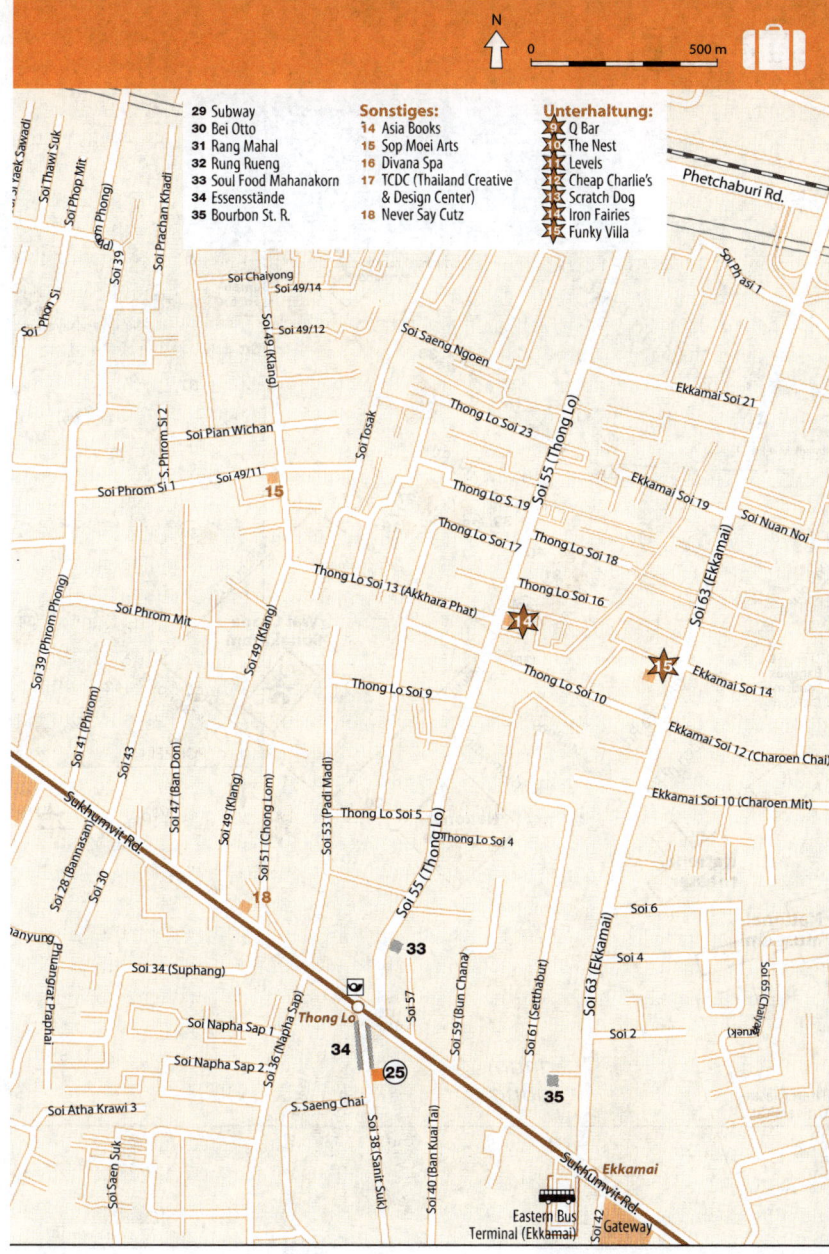

29 Subway
30 Bei Otto
31 Rang Mahal
32 Rung Rueng
33 Soul Food Mahanakorn
34 Essensstände
35 Bourbon St. R.

Sonstiges:
14 Asia Books
15 Sop Moei Arts
16 Divana Spa
17 TCDC (Thailand Creative
    & Design Center)
18 Never Say Cutz

Unterhaltung:
Q Bar
The Nest
Levels
Cheap Charlie's
Scratch Dog
Iron Fairies
Funky Villa

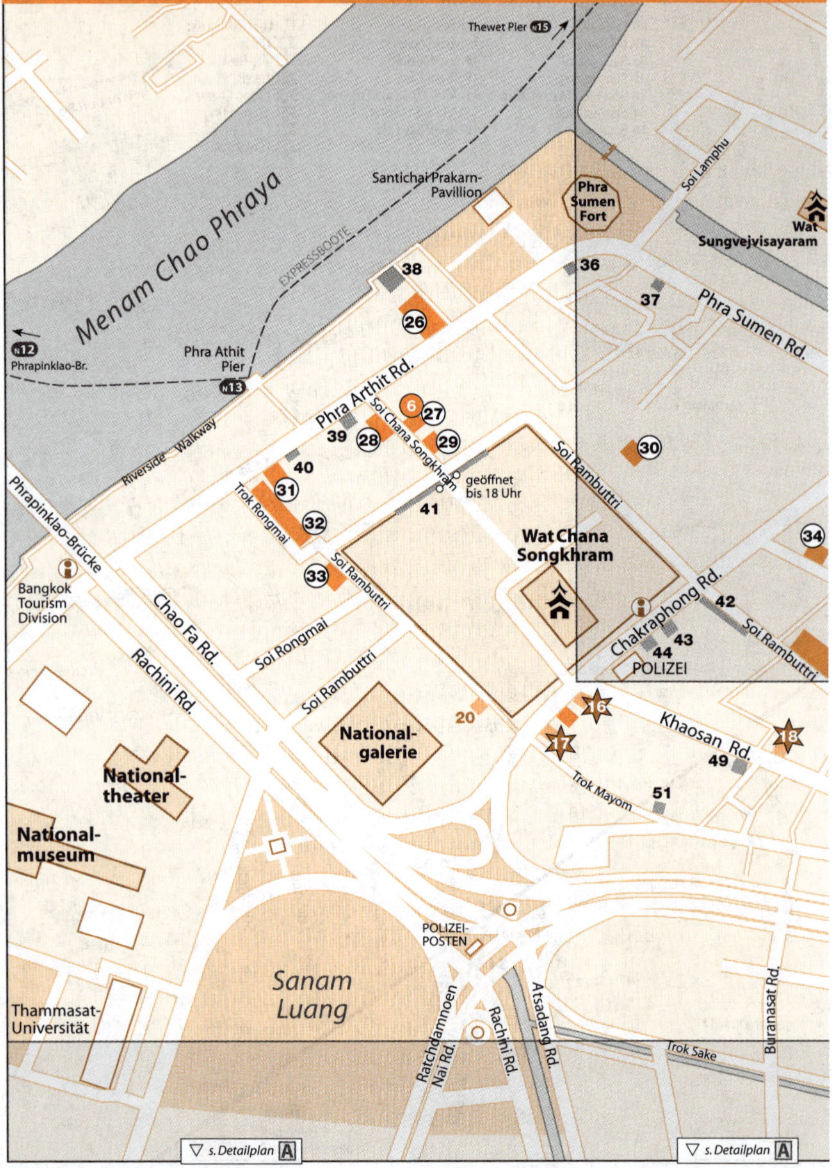

THAILAND

Thewet Pier 15

Menam Chao Phraya

EXPRESSBOOTE

Santichai Prakarn-Pavillion

Phra Sumen Fort

Soi Lamphu

Wat Sungvejvisayaram

36

37

Phra Sumen Rd.

12
Phrapinklao-Br.

Phra Athit Pier

13

38

26

Phra Arthit Rd.

Riverside Walkway

6 27

39   28   29

Soi Chana Songkhram

Soi Rambuttri

30

geöffnet bis 18 Uhr

40

Trok Rongmai

31

32

41

Wat Chana Songkhram

34

Phrapinklao-Brücke

33 Soi Rambuttri

Chakraphong Rd.

42 Soi Rambuttri

Bangkok Tourism Division

Chao Fa Rd.

Rachini Rd.

Soi Rongmai

Soi Rambuttri

43
44
POLIZEI

20

16

National-galerie

17

Khaosan Rd.

18

49

Trok Mayom

51

National-theater

National-museum

POLIZEI-POSTEN

Sanam Luang

Thammasat-Universität

Ratchdamnoen Nai Rd.

Rachini Rd.

Atsadang Rd.

Trok Sake

Buranasat Rd.

▽ s. Detailplan A

▽ s. Detailplan A

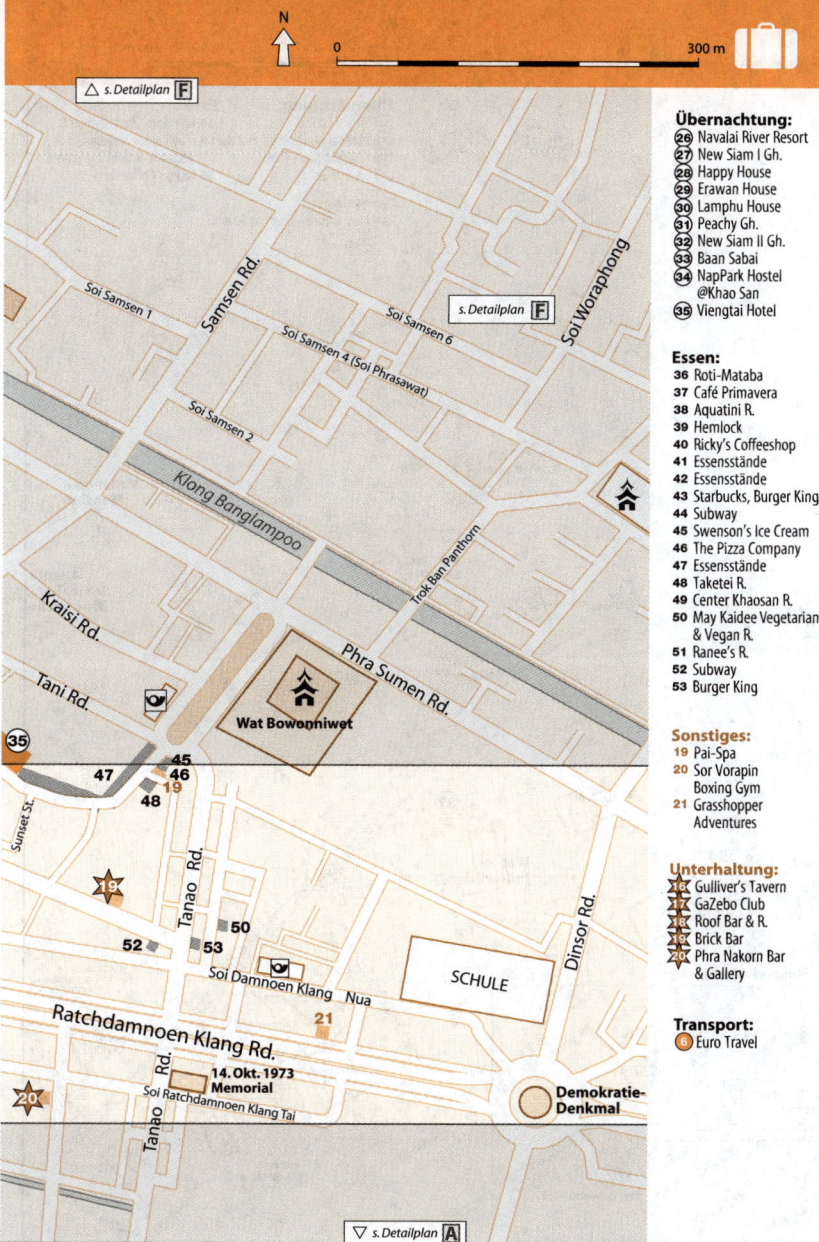

△ s. Detailplan F

N

0   300 m

s. Detailplan F

Übernachtung:
26 Navalai River Resort
27 New Siam I Gh.
28 Happy House
29 Erawan House
30 Lamphu House
31 Peachy Gh.
32 New Siam II Gh.
33 Baan Sabai
34 NapPark Hostel
   @Khao San
35 Viengtai Hotel

Essen:
36 Roti-Mataba
37 Café Primavera
38 Aquatini R.
39 Hemlock
40 Ricky's Coffeeshop
41 Essensstände
42 Essensstände
43 Starbucks, Burger King
44 Subway
45 Swenson's Ice Cream
46 The Pizza Company
47 Essensstände
48 Taketei R.
49 Center Khaosan R.
50 May Kaidee Vegetarian
   & Vegan R.
51 Ranee's R.
52 Subway
53 Burger King

Sonstiges:
19 Pai-Spa
20 Sor Vorapin
   Boxing Gym
21 Grasshopper
   Adventures

Unterhaltung:
16 Gulliver's Tavern
17 GaZebo Club
18 Roof Bar & R.
19 Brick Bar
20 Phra Nakorn Bar
   & Gallery

Transport:
6 Euro Travel

Soi Samsen 1
Samsen Rd.
Soi Samsen 6
Soi Samsen 4 (Soi Phrasawat)
Soi Woraphong
Soi Samsen 2
Klong Banglampoo
Trok Ban Panthom
Kraisi Rd.
Phra Sumen Rd.
Tani Rd.
Wat Bowonniwet
35
47   45
      46
   19
48
Sunset St.
Tanao Rd.
19
52   53
50
Soi Damnoen Klang Nua
SCHULE
Dinsor Rd.
Ratchdamnoen Klang Rd.
Tanao Rd.
21
14. Okt. 1973
Memorial
Soi Ratchdamnoen Klang Tai
Demokratie-
Denkmal
20

▽ s. Detailplan A

Bangkok [F] Thewet

N
0   500 m

Übernachtung:
- 36 Shanti Lodge
- 37 Phranakorn-Nornlen Hotel
- 38 Khaosan Baan Thai
- 39 Sivarin Gh.

Sonstiges:
- 22 May Kaidee's Cooking School

Essen:
- 54 Khimlom Chomsaphan R.
- 55 May Kaidee Vegetarian & Vegan R. & Cooking School
- 56 Ricky's Coffeeshop

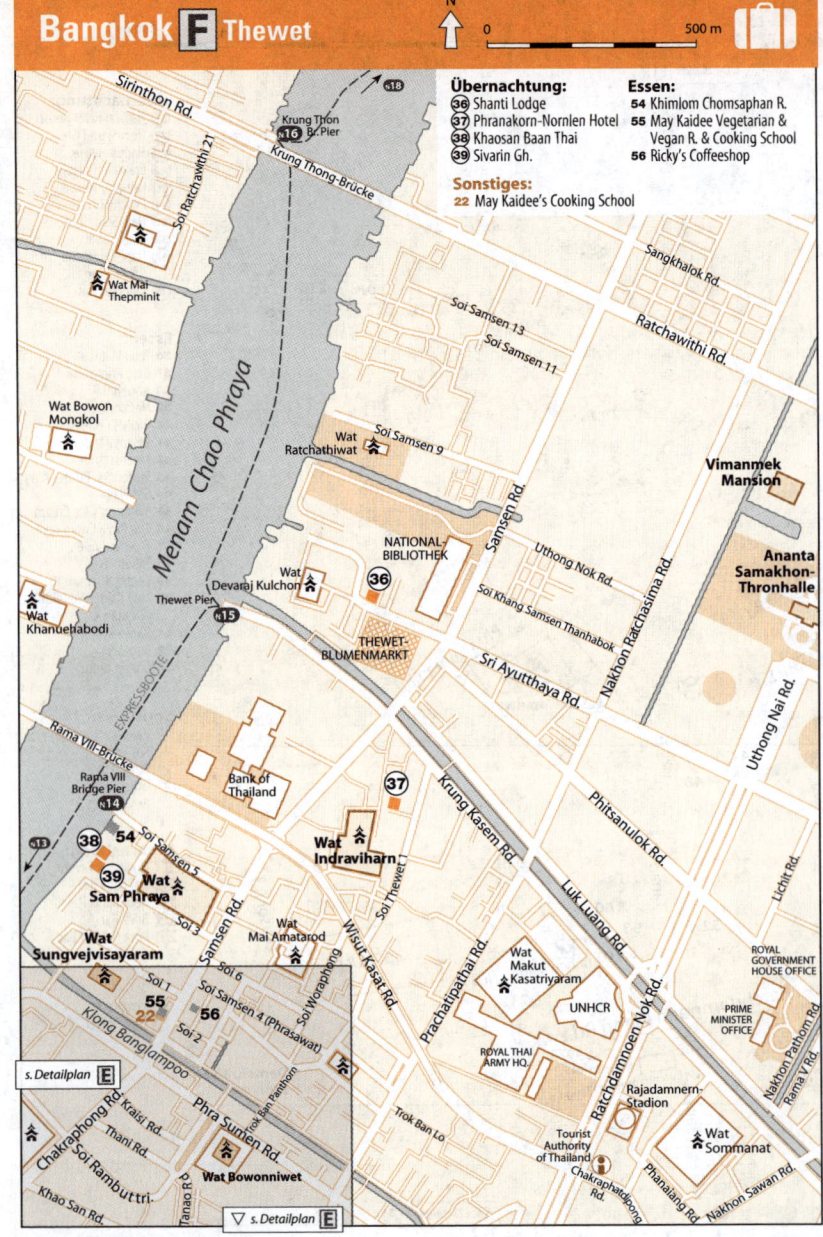

Sirinthon Rd.

Krung Thon Br. Pier
18
16

Krung Thong-Brücke

Soi Ratchathawith 21

Wat Mai Thepminit

Sangkhalok Rd.

Ratchawithi Rd.

Soi Samsen 13

Soi Samsen 11

Wat Bowon Mongkol

Wat Ratchathiwat

Soi Samsen 9

Vimanmek Mansion

Menam Chao Phraya

Samsen Rd.

NATIONAL-BIBLIOTHEK

Uthong Nok Rd.

Ananta Samakhon-Thronhalle

Wat Devaraj Kulchon

36

Thewet Pier
15

Soi Khang Samsen Thanhabok

Nakhon Ratchasima Rd.

Wat Khanuehabodi

THEWET-BLUMENMARKT

Sri Ayutthaya Rd.

Uthong Nai Rd.

EXPRESS-BRÜCKE

Rama VIII-Brücke

Rama VIII Bridge Pier
14

Bank of Thailand

37

Krung Kasem Rd.

Phitsanulok Rd.

Licht Rd.

13
38   54

Soi Samsen 5

Wat Indraviharn

Luk Luang Rd.

39
Wat Sam Phraya

Soi 3

Soi Thewet

Wat Sungvejvisayaram

Wat Mai Amatarod

Soi 6

Soi 1

Samsen Rd.

Wisut Kasat Rd.

Wat Makut Kasatriyaram

ROYAL GOVERNMENT HOUSE OFFICE

55
22   56

Soi Samsen 4 (Phrasawat)

Soi 2

Soi Woraphong

Prachatipathai Rd.

UNHCR

PRIME MINISTER OFFICE

Nakhon Pathom Rd.

Klong Banglampoo

Soi San Panthon

ROYAL THAI ARMY HQ.

Ratchdamnoen Nok Rd.

Rama V Rd.

s. Detailplan [E]

Chakraphong Rd.

Kraisi Rd.

Phra Sumen Rd.

Trok Ban Lo

Rajadamnern-Stadion

Wat Sommanat

Thani Rd.

Tourist Authority of Thailand

Soi Rambut tri

Chakraphatdkong Rd.

Phanaàng Rd.

Nakhon Sawan Rd.

Khao San Rd.

Tanao Rd.

Wat Bowonniwet

∇ s. Detailplan [E]

sind. Gerade deshalb sollte man sich bereits vor der Ankunft Gedanken machen, was man sehen möchte. Möglicherweise lohnt es sich auch, einmal innerhalb der Stadt umzuziehen, um mehr als eine Gegend kennenzulernen.

Königspalast und Wat Phra Kaeo

Wer für Bangkok nicht viel Zeit hat, wird direkt zum Sanam Luang fahren, dem kulturellen Zentrum der Stadt. Der Bereich südlich des Platzes bis zum Fluss beherbergt auf 218 400 m² die Bauten des Königspalastes und des Königstempels Wat Phra Kaeo, die von hohen, weißen Mauern umgeben sind. Eine ungeheure, märchenhafte Pracht erwartet den Besucher dort. Schon allein deswegen gilt das Palastgelände für jeden Thailand-Reisenden als Muss, denn etwas Vergleichbares gibt es im ganzen Land nicht noch einmal.

Als 1782 der Königspalast nach Bangkok verlegt wurde, wählte man dafür das am höchsten gelegene Gebiet, da es vor Überschwemmungen sicher war. Die hier siedelnden chinesischen Händler mussten in die heutige Chinatown ausweichen. Der Palast wurde mehrfach erweitert und mit Bauten in verschiedenen Stilrichtungen ergänzt. Nur sein nördlicher Bereich und das königliche Wat Phra Kaeo können besichtigt werden. Während offizieller Staatsempfänge bleibt der gesamte von einer hohen Mauer umgebene Palast geschlossen.

Das bewachte Eingangstor befindet sich am südlichen Ende des Sanam Luang. Einfach mit dem Expressboot am Chang Pier aussteigen. ⏱ 8.30–15.30 Uhr, Eintritt 500 Baht inkl. Informationsbroschüre in Deutsch oder Englisch sowie Eintritt innerhalb einer Woche zum Dusit-Palast mit dem Vimanmek Mansion (S. 143, dorthin mit Bus 70), zum Textilmuseum, Tempelmuseum sowie zu den Königlichen Kroninsignien, Münzsammlungen und Dekorationen, ☎ 02-623 5500, Ext. 3100, 🖳 www.palaces.thai. net/day/index_gp.htm. Ein informativer, auch in deutscher Sprache erhältlicher Audioguide kostet 200 Baht, bei der Ausleihe muss ein Pass hinterlegt werden. Die Wachen am Eingang ver-

Der erste Tag in Bangkok

■ Gemächlich ankommen, an einem Essensstand, in einem Tempel oder einem Restaurant in der Khaosan Road Platz nehmen und das Treiben beobachten.
■ Sich vom Expressboot (S. 175) oder von einem Aussichtspunkt (S. 147) aus einen Überblick über die Stadt verschaffen.
■ Den Besuch des Wat Phra Kaeo, Wat Pho und Einkäufe auf später verschieben.

THAILAND

bieten Besuchern in kurzen oder sehr weiten Hosen, Miniröcken, Leggings, schulterfreier Kleidung, nach hinten offenen Sandalen u. Ä. (manchmal) den Zutritt. Die Bedeckung der Schultern mit einem Tuch reicht nicht aus, Dreiviertel-Hosen und hinten geschlossene Sandalen hingegen schon. Eventuell kann man am Eingang etwas Passendes ausleihen.

Im ersten Gebäudekomplex hinter der Kasse sind die **Königlichen Kroninsignien, Münzsammlungen und Dekorationen** untergebracht – juwelenbesetzte Orden, Fahnen, Münzen vom 11. Jh. bis heute und Wappen. Unter anderem interessant sind die prächtigen Gewänder aus Gold und Edelsteinen für den Jade-Buddha, die zum Beginn der Regenzeit, der heißen und der kalten Jahreszeit gewechselt werden, und die königliche Wiege. ⏱ Mo–Fr 8.30–16 Uhr, Führung auf Englisch um 10 Uhr.

Wat Phra Kaeo

Durch Eingangstore, die von riesigen Dämonen, den Yaks, bewacht werden, gelangt man in den Tempelbezirk. Er ist von einem überdachten **Wandelgang** umgeben, der mit besonders schönen **Wandmalereien** geschmückt ist. Sie stellen auf 178 Bildern Szenen aus dem thailändischen Ramayana-Epos, dem Ramakien, dar. Die in Thai durchnummerierte Bildgeschichte beginnt hinter dem Phra Viharn Yod.

Im Zentrum der Anlage erhebt sich der über und über dekorierte **Bot des Smaragd-Buddhas**, der – anders als Name und Farbe vermuten lassen – nicht aus Smaragd, sondern aus Nephrit, einer Jadeart, besteht. Ordner sorgen dafür, dass man die Schuhe vor dem Eingang abstellt und sich im Inneren des Bot (Fotografieren verboten!) auf den kühlen Boden setzt, wobei die Füße nach hinten zeigen sollten.

Die Wandmalereien, die den gesamten Innenraum des Wats bedecken, stellen das Leben Buddhas dar. Auf einem mehrstufigen Altar, dem Busabok, thront die mit einem goldenen Gewand bekleidete, 66 cm hohe Buddhastatue. Sie gilt als Beschützerin des Landes und der Dynastie. Die Statue wird entsprechend der Jahreszeit (Sommer, Regenzeit und Winter) gekleidet. Der Wechsel des goldenen Gewandes wird mit einer prunkvollen Zeremonie unter königlicher Beteiligung gefeiert, zumeist im März, Juli und November.

Gegenüber dem Haupteingang zum Bot stehen auf einer hohen Marmorplattform verschiedene Gebäude. Goldene Kinaras, mythische Wesen (halb Vogel, halb Mensch), bewachen das von zwei vergoldeten Chedis umgebene **Königliche Pantheon**, dessen mehrfach gestaffeltes Dach von einem Prang gekrönt wird. Daneben ragt die Bibliothek für die Heiligen Schriften (Triptaka) mit pyramidenförmigem Dach empor.

Der große goldene **Chedi** hinter der Bibliothek enthält eine Reliquie Buddhas. Das steinerne **Modell des Tempels von Angkor Wat** nördlich der Bibliothek entstand zur Zeit von König Mongkut, als Kambodscha ein Vasallenstaat Siams war. Dahinter, auf der unteren Ebene, steht die mit glasierten Tonblumen verzierte Gebetshalle **Phra Viharn Yod**. In der **Hor Phra Naga**, im Nordwesten, wird die Asche der verstorbenen Angehörigen der Chakri-Dynastie aufbewahrt. Das Gebäude **Hor Phra Monthian Dharma** in der nordöstlichen Ecke der Anlage diente zur Aufbewahrung heiliger Schriften.

Die Palastbauten

Zum Königspalast gelangt man durch das südwestliche Tor hinter dem Bot. Das erste Gebäude im Thai-Stil, die **Amarindra Winitchai-Thronhalle**, ließ Rama I. 1785 als Gerichtshalle erbauen. Später wurde sie für Krönungsfeierlichkeiten und Empfänge genutzt. In der Halle steht ein Thron mit dem neunstufigen weißen Schirm des Herrschers sowie ein Thron mit einem mehrfach gestaffelten Dach, in dem bei

religiösen Zeremonien Buddhastatuen ausgestellt werden. Die reich dekorierten Throne wurden bereits von König Rama I. genutzt.

Am großen Platz erhebt sich der 1882 unter König Chulalongkorn errichtete **Chakri Maha Prasat-Palast**, dessen Fassade im Renaissancestil so gar nicht zu den siamesischen Spitzdächern und Türmen passt. Die großen Empfangshallen im 1. Stock und die zentralen Räume, in denen über der letzten Könige aufbewahrt werden, sind ebenso wie alle anderen Räume nicht zugänglich.

Der kleine, filigrane **Umkleidepavillon** nebenan gilt als typisches Beispiel thailändischer Architektur. Dahinter steht der von Rama I. als Krönungshalle geplante **Dusit Maha Prasat-Palast**, der seit seinem Tod nur noch für Totenfeiern genutzt wird.

Im westlichen Bereich wird im **Tempelmuseum** eine interessante Ausstellung über die Restaurierungsarbeiten Anfang der 1980er-Jahre gezeigt. Im 1. Stock sind steinerne Buddhastatuen aus Java und andere Votivgaben, ein großer, gelackter Wandschirm und der Manangasila-Thron zu sehen.

Wat Pho

Südlich vom Königspalast gelangt man über die Sanam Chai Road zum Wat Pho oder Wat Phra Chetuphon Vimolmangklaram, dem Tempel mit dem liegenden Buddha, einem der wichtigsten Tempel und älteste Universität des Landes. Bereits 1789 begann unter Rama I. der Bau dieses Klosters auf dem Areal eines Wats, das aus dem 16. Jh. stammen soll. Rama III. ließ die Anlage renovieren und für die schreibunkundige Bevölkerung das Allgemeinwissen jener Zeit an den Tempelwänden bildhaft darstellen.

In den weitläufigen östlichen Tempelbezirk mit Bot geht es durch den Eingang in der Chetuphon Road. Die meisten Touristen, die nur den Viharn mit dem ruhenden Buddha sehen wollen, nehmen den nordwestlichen Eingang in der Thai Wang Road. Bei einem Besuch nach 17 Uhr, wenn der Viharn mit dem ruhenden Buddha geschlossen ist, sind nur noch wenige Touristen in der Anlage. ⊕ 8–12 und 13–21 Uhr,

☎ 02-225 9595, 🖥 www.watpho.com/en/home/
index.php.

Der Viharn mit dem **ruhenden Buddha**, Eintritt 100 Baht, nimmt den nordwestlichen Bezirk ein. Die vergoldete, 46 m lange, liegende Statue symbolisiert Buddha bei seinem Eingang ins Nirvana. An den Fußsohlen stellen 108 Tafeln aus Perlmutt-Einlegearbeiten die Tugenden eines wahrhaften Buddhisten dar.

Durch zwei von Tempelwächtern bewachte Tore erreicht man den westlichen Tempelbezirk. Gleich dahinter stehen zwei kleine Pavillons. Die Innenwände des nördlichen Gebäudes sind mit medizinischen Motiven bemalt. Während der Regentschaft von Rama III. wurde im Wat Pho eine Universität und Medizinschule gegründet, in der vor über 150 Jahren die ersten Studenten unterrichtet wurden. 24 steinerne Figuren im Hof zeigen Positionen der von indischen Gelehrten verbreiteten Massageart. Zudem wurde auf 1360 Marmorreliefs der geistliche und weltliche Wissensstand festgehalten.

In den Galerien, die an den Kardinalpunkten von vier **Viharn** unterbrochen werden, sind etwa 400 Buddhafiguren aus unterschiedlichen Epochen hinter schützendem Glas untergebracht. Die Eingänge zum zentralen **Bot** werden von Bronzelöwen bewacht. Die 152 Marmorreliefs auf dem Sockel und die mit Intarsienarbeiten verzierten Eingangstore stellen Episoden aus dem *Ramayana* dar. Szenen aus dem Leben Buddhas zieren die Innenwände.

Das südlich der Chetuphon Road an die Sakralbauten angrenzende Kloster ist mit über 300 Mönchen das größte von Bangkok.

Im ruhigen östlichen Teil des Tempelgeländes stehen zwei klimatisierte Massagehäuser, in denen man für 260 Baht pro 30 Min. oder 420 Baht pro Stunde eine exzellente, fachkundige Massage erhält. Auch wenn es etwas nach Massenabfertigung aussieht, zählt die **Massage** zu den besten in Bangkok. Die traditionsreiche **Massageschule**, 392/25-28 Soi Pen Phat 1, liegt außerhalb der Tempelanlage in der kurzen Soi südlich vom Wat Pho ab Maharaj Rd. in Richtung Fluss. Die meisten Ausländer belegen den empfehlenswerten fünftägigen Grundkurs zum Erlernen der thailändischen Massage für 9500 Baht. Es gibt weitere Ableger in Chaeng-

wattana (Nonthaburi), in Salaya westlich von Bangkok und Chiang Mai. ⊕ 8–17 Uhr, ☎ 02-221 2974, 🖥 www.watpomassage.com.

Museum of Siam

Das Museum of Siam im ehemaligen Gebäude des Handelsministeriums südlich vom Wat Pho verfolgt einen weitaus moderneren Ansatz als das verstaubte Nationalmuseum. Der historische und kulturelle Werdegang Thailands und seiner Einwohner wird mit zahlreichen aufwendigen Medieninstallationen und viel Humor dargestellt.

Ein einführender Film stellt sieben Charaktere vor, die Besucher durch die 16 chronologisch angeordneten Galerien führen. Zunächst werden einige Kulturmerkmale vorgestellt, die als „typisch Thai" gelten. Danach beginnt der historische Teil, der die frühen internationalen Handelsbeziehungen, die buddhistische Lehre, die Ayutthaya-Periode und die Gründung Bangkoks als neue Hauptstadt erläutert. Im Anschluss wird in vier Galerien der traditionelle dörfliche Lebensstil mit den Entwicklungen der Moderne kontrastiert. Beliebte Fotomotive sind der bunte Nachbau eines Diners aus den 1960er-Jahren und ein alter Sportwagen.

Im Laufe des überaus empfehlenswerten Rundgangs erfahren Besucher viel Spannendes und Wissenswertes über die thailändische Geschichte und Kultur, sodass sich eine Stippvisite gut als Einstieg in das Land, aber auch zur Vertiefung bereits vorhandenen Wissens anbietet. Neben der empfehlenswerten Dauerausstellung finden Wechselausstellungen zu Lifestyle-Themen statt.

⊕ Di–So 10–18 Uhr, Eintritt 300 Baht, ab 5 Pers. 150 Baht, Eintritt frei nach 16 Uhr, an Feiertagen und für alle unter 15 und über 60 Jahre, ☎ 02-225 2777, 🖥 www.museumsiam.com.

Nationalmuseum

Das größte Museum Thailands möchte einen Überblick über die Geschichte des Landes vermitteln. Allerdings präsentiert es seine Schätze seit Jahrzehnten unverändert und völlig unattraktiv. Man muss schon ein Kunstliebhaber sein, um den Rundgang durch die teils muffigen, schlecht klimatisierten Hallen mit den lieblos präsentierten Sammlungen zu genießen.

Die **Buddhaisawan-Kapelle** rechts vom Eingang wurde für eine der am meisten verehrten Buddhastatuen, Phra Buddha Singh, errichtet. Die über 200 Jahre alten restaurierten Wandmalereien stellen in 28 Szenen aus Buddhas Leben dar. Die ehemalige **Audienzhalle** links von der Kapelle vermittelt einen chronologischen Überblick über die Thai-Geschichte. Zwischen Dioramen und Informationstafeln lohnt es, nach den Goldschätzen aus Ayutthaya Ausschau zu halten. Im nahe gelegenen sogenannten **Roten Haus** lebten mehrere Prinzessinnen und Konkubinen.

Der zentrale Bau des Museums war das **Palastgebäude** des Zweiten Königs, der eine Art Stellvertreterfunktion hatte. Es beherbergt dekorative Kunst aus der jüngeren Bangkok-Periode, prunkvoll dekorierte Sänften und Elefantensättel *(Howdah)* ebenso wie Khon-Masken, Puppen und Spiele, Silber, Porzellan, Sawankhalok-Keramik, Musikinstrumente und Textilien.

Der alte Bereich wird von zwei Museumsgebäuden aus den 1970er-Jahren umrahmt. Der Rundgang beginnt links vom Eingang. Die prähistorische Sammlung enthält u. a. ein neolithisches Grab, und schöne Ban Chiang-Keramik. Zudem umfasst dieser Bereich Lopburi- und Khmer-Kunst aus dem 10.–13. Jh., frühe Hindu-Skulpturen, Dvaravati-/Mon-Kunst, javanische Hindu-Steinskulpturen aus dem 7.–11. Jh., darunter ein schöner Ganesha (der Elefantengott), sowie hinduistische und buddhistische Kunst des Srivijaya-Reiches aus dem 13. Jh.

Im nördlichen Gebäude sind u. a. Skulpturen, Keramiken und Textilien der Bangkok-Periode untergebracht. Im 1. Stock gelangt man zu Kunstobjekten aus Chiang Saen, Chiang Mai, Sukhothai und Ayutthaya. Auf dem Weg zum Ausgang lohnt ein Blick in Halle 17, wo prunkvolle Sänften und Trauerkutschen für Verbrennungsfeierlichkeiten stehen.

🕐 Mi–So außer feiertags 9–16 Uhr, Eintritt 200 Baht, 📞 02-224 1333, 🖥 www.national museums.finearts.go.th/thaimuseum_eng/ bangkok/main.htm. Fotografieren verboten.

Mi und Do um 9.30 Uhr findet eine deutschsprachige Führung zur Kunst und Kultur Thailands statt, 🖥 www.museumvolunteersbkk.net/ html/germanpage.html.

Banglampoo

Wer genug von Kultur und Tempeln hat, kann die Chakraphong Road hinauflaufen und im traditionellen Einkaufsbezirk Banglampoo stöbern gehen. In seinem Zentrum hat sich die **Khaosan Road** zum größten und bekanntesten Travellertreffpunkt Südostasiens entwickelt. Mehr Infos zu Übernachtung, Restaurants, Unterhaltung und Einkaufen ab S. 149, Karte S. 136/137.

Bis in die späten 1970er-Jahre unterschied sich die belebte Gegend mit ihren vielen Stoff- und Silbergeschäften durch nichts von anderen Altstadtstraßen. Dann eröffneten die ersten beiden Gästehäuser in den schmalen Seitengassen, die die steigende Nachfrage schnell nicht mehr decken konnten, sodass sich Traveller in den oberen Zimmern der Ladenhäuser einmieteten. Es folgten zahllose Hostels, Musik- und Buchläden, Reisebüros, Restaurants, Schmuckgeschäfte und andere Läden, die sich auf die Bedürfnisse der Traveller eingestellt haben. So bekommt man hier nicht nur T-Shirts und Souvenirs, sondern auch nachgemachte Ausweise jeglicher Couleur, mehr oder weniger permanente Tattoos, Geldgürtel, günstige kleine Lautsprecher oder Kopfhörer. Illegale Drogengeschäfte sind unter den aufmerksamen Blicken der Polizei, deren Zentrale mitten im Geschehen liegt, weit weniger offensichtlich als früher.

Hunderte von Gästehäusern füllen sich Abend für Abend mit Neuankömmlingen. Ab 17 Uhr wird die Khaosan Road für den Durchgangsverkehr gesperrt und zur Flaniermeile. Dann kommen auch Einheimische, um die bunte Travellerwelt zu bestaunen und in den zahlreichen Bars einen Drink einzunehmen. Zudem lockt das einst verrufene Backpackerquartier mit immer schickeren Restaurants und Unterkünften. Ebenso gut besucht sind die Gassen rings um das Wat Chai Chana Songkhram. Hinter der Tempelmauer gibt es Essensstände und in einem umgebauten VW-Bus werden Cocktails gemischt. Wo sonst kann man in den frühen Morgenstunden Mönche beobachten, die Almosen sammeln, während eine westliche Familie beim Frühstück sitzt und am Nachbartisch noch das letzte Bier getrunken wird? Weitere Infos unter 🖳 www.khaosanroad.com.

Rattanakosin Exhibition Hall

Die Ausstellungshallen am Prachtboulevard widmen sich auf drei Stockwerken der seit 1782 regierenden Chakri-Dynastie. Das moderne, kreativ und abwechslungsreich gestaltete Museum erlaubt einen Überblick über die siamesische Kultur, Geschichte, Kunst und Tradition der letzten 230 Jahre. Es kann nur im Rahmen einer zweistündigen thaisprachigen Führung erkundet werden, aber keine Sorge: Mitarbeiter halten auch englischsprachige Audioguides bereit. Leider sind die Führungen für Interessierte etwas zu schnell konzipiert.

🕐 Di–Fr 11–20, Sa und So ab 10 Uhr, Einlass bis 18 Uhr, Eintritt 200 Baht, Schüler, Studenten (mit Ausweis) und Senioren über 60 Jahre Eintritt frei, Führungen starten alle 20 Min., Audioguide gegen Abgabe des Passes oder 1000 Baht Kaution, 📞 02-621 0044, 🖳 www.nitasrattanakosin.com.

Golden Mount

Den Zusammenfluss der drei Klongs überragt der 79 m hohe, von 1782–1800 künstlich aufgeschüttete **Golden Mount** mit dem goldglänzenden Chedi von **Wat Saket**. Der Chedi enthält eine Reliquie Buddhas, die hoch verehrt wird, vor allem während des Tempelfestes im November. Nach dem Aufstieg über 318 Stufen bietet sich die luftige und ruhige obere Plattform des Chedi mit einer tollen Aussicht über die Altstadt bis zu den Hochhäusern des modernen Zentrums für eine Verschnaufpause vom Trubel und Straßenlärm an. Zum Golden Mount gelangt man am besten durch den westlichen Eingang an der südlichen Borphat Road, östlich des Klongs Ong Ang, sowie an der Chakraphadipong Road durch eine schmale Palmenallee zwischen einer klei-

nen Schule und dem Wat Saket. 🕐 7–17.30 Uhr, 🖳 www.watsraket.com (nur in Thai), Eintritt gegen Spende.

Dusit

König Chulalongkorn (Rama V.) und sein Vater, König Mongkut, waren die ersten Herrscher, die europäischen Einflüssen offen gegenüberstanden. Nach einer Europareise ließ sich Chulalongkorn von westlichen Architekten Straßen, Brücken und Paläste errichten. Als Verlängerung der Ratchdamnoen Klang Road in nordöstlicher Richtung entstand so die **Ratchdamnoen Nok Road**, eine breite Prachtstraße, die der König 1904 jeden Nachmittag mit einem der ersten Automobile Südostasiens entlangtuckerte. Hier finden am Nationalfeiertag und zum Geburtstag des Königs große Paraden statt. Der Boulevard endet am **Denkmal von König Rama V**. Noch heute lebt die Königsfamilie im weitläufigen, von einer Mauer umgrenzten **Chitralada-Palast**, der nicht besichtigt werden kann.

Die **Dusit-Museen**, zu denen das Vimanmek Mansion, die Ananta Samakhom-Thronhalle und 15 weitere historische Gebäude gehören, liegen inmitten einer weitläufigen, gepflegten Parkanlage. Sie vermitteln einen guten Überblick über die Zeit der Herrschaft der Bangkok-Könige und lohnen einen mehrstündigen Besuch. 🕐 außer feiertags 9–16 Uhr, letzter Einlass 15.15 Uhr. Eintritt 120 Baht. Die Eintrittskarte zum Königspalast berechtigt zum Besuch der Dusit-Museen und bleibt eine Woche lang gültig, 📞 02-628 6300. Mehrere Selbstbedienungsrestaurants sorgen für das leibliche Wohl. Eine Karte des Parks gibt es auch auf Deutsch. Eingänge gegenüber dem westlichen Zoo-Eingang und von der Ratchawithi Road. Karte S. 126/127.

Vimanmek Mansion

Das größte Teakholzhaus der Welt ist das Highlight des Dusit-Komplexes. König Rama V. residierte 1901–06 in dem luftigen, vierstöckigen Teakholzpalast, der ursprünglich auf Ko Si Chang vor der Stadt Si Racha in der Provinz Chonburi stand. Er wurde in den 1930er-Jahren nur kurzzeitig von einer der Nebenfrauen des

Königs bewohnt und als Museum wieder hergerichtet.

Bei einem Rundgang durch einige der 81 im originalen Stil eingerichteten Zimmer und Galerien erhalten Besucher einen guten Eindruck von den Lebensverhältnissen am königlichen Hof. Historische Fotos von der langen Europareise des Königs, Möbel, Porzellan und Kristall aus Europa und China sowie die erste westliche Schreibmaschine und Badewanne des Landes zeugen von der weltoffenen Haltung des Monarchen. Das kleine Gästehaus hinter dem Palast wurde ganz aus Teakholz errichtet. Abgesehen vom Fußboden wurden dabei keine Nägel verwendet.

Die lohnenden Innenräume können im Rahmen einer Führung besichtigt werden. Englische Touren beginnen zwischen 9.45 und 15.15 Uhr jede halbe Stunde und dauern 90 Minuten. Die Kleiderordnung wird hier oft strenger gehandhabt als im Königspalast: Die Schultern müssen bedeckt sein, und Frauen sollten einen langen Rock oder eine Hose und geschlossene Schuhe tragen! Taschen und Kameras müssen in Schließfächern verstaut werden. Traditionelle Tanzvorführungen finden um 10.30 und 14 Uhr statt. ⏲ 9.30–15.15 Uhr, Eintritt S. 139.

Ananta Samakhom-Thronhalle

Im Auftrag von König Chulalongkorn (Rama V.) entwarfen italienische Architekten 1907 einen opulenten Kuppelbau aus glänzendem italienischem Marmor im neovenezianischen Renaissancestil als Thronhalle. Die vom berühmten Künstler Galileo Chini geschaffenen Deckengemälde im Inneren des Doms stellen die historischen Ereignisse während der ersten sechs Generationen der Chakri Dynastie dar. König Rama V. wird auf einem Wandbild wie ein Heiliger von seinen Untertanen verehrt, während auf einem anderen Gemälde Repräsentanten aller Weltreligionen dem König Mongkut (Rama IV.) ehrfürchtig Respekt zollen.

In einem Großteil der Hallen wird die beeindruckende **Sammlung der Support Foundation** von Königin Sirikit präsentiert. Die besten Handwerker des Landes schufen in aufwendiger Handarbeit über 20 prachtvolle Werke zu Ehren des Königshauses. Überall blitzt und blinkt es golden und silbern. Die verspielte Detailfülle der

Objekte offenbart sich erst bei genauerem Hinsehen: So beeindruckt der Busabok Mala, eine Insignie der Königswürde, aus Holz, Gold, Silber, Emaille, Nielloarbeiten und Damaszener mit eingearbeiteten grünen Schildkäferflügeln, bunten Lackarbeiten und perfekt geschnitzten Wächterfiguren. Goldene oder mit Diamanten besetzte Howdahs – Sänften, die Könige früher auf den Rücken von Elefanten in die Schlacht beförderten – demonstrieren die Vielfalt des thailändischen Kunsthandwerks. Auch aufwendige Nachbildungen von Sänften und königlichen Barken, sowie dreidimensional wirkende Schnitzereien und Stickereien bezeugen die außerordentliche Fingerfertigkeit der Künstler. Einige Räume sind buddhistischen Zeremonien vorbehalten und können nicht besichtigt werden.

Die Räumlichkeiten können mit einem Audioguide erkundet werden. Frauen in Hosen und Männer in kurzen Hosen bekommen gegen 50 Baht einen Wickelrock, kein Einlass mit schulterfreien Shirts. ⏲ Di–So 10–18 Uhr, letzter Einlass um 17 Uhr, separater Eintritt 150 Baht, Studenten 75 Baht, die Eintrittskarte zum Königspalast berechtigt auch zum Besuch der Thronhalle und ist eine Woche lang gültig, ✆ 02-283 9411, 🖳 www.artsofthekingdom.com/en.

Wat Arun

Die Schwesterstadt **Thonburi** westlich des Flusses wurde 1767 nach der Zerstörung von Ayutthaya die erste Zufluchtsstätte der zersprengten Armee unter König Taksin bis Rama I. 1782 nach Bangkok übersiedelte. Seither konzentriert sich nicht nur das politische Leben, sondern auch Handel und Industrie am östlichen Flussufer. Auch wenn heute die beiden Millionenstädte zu einem dicht besiedelten Großraum mit gemeinsamer Verwaltung zusammengewachsen sind, scheint die Verstädterung in Thonburi noch nicht so weit fortgeschritten wie in Bangkok. Der Verkehr auf den **Klongs**, den kleinen Verbindungskanälen, hat im Zuge des Straßenausbaus deutlich abgenommen. Mehr über die Klongs s. **eXTra [2692]**.

Jeden Morgen lässt die aufgehende Sonne die mit chinesischem Porzellan bedeckten

Prangs des **Wat Arun** in vielen verschiedenen Farben erstrahlen, daher wird der bereits in der Ayutthaya-Periode erbaute Wat Arun auch Tempel der Morgenröte genannt. Die verschieden hohen Türme symbolisieren das buddhistische Universum, in der Mitte der heilige Berg Meru, den die Weltmeere umgeben. Innerhalb der Tempelmauern stehen steinerne Figuren – u. a. ein europäischer Kapitän –, die als Schiffsballast aus China nach Thailand gelangten. Immer steilere Treppen führen auf den höchsten Prang (67 m) hinauf. Die oberen Plattformen sind für Touristen nicht zugänglich.

Auch der Bot lohnt einen Besuch. Ist der Zugang vom Tempel aus geschlossen, gelangt man über einen weiteren Eingang von der Gasse nördlich des Tempels in den Hof. Der Wandelgang ist mit bunten Blumenmotiven bemalt, und auch das Innere des Bot ist mit Wandmalereien bedeckt. Rings um den Tempel lauern Souvenirhändler auf Touristen. ⏰ 8–17 Uhr, Eintritt 50 Baht, ✆ 02-891 2185, 🖥 www.watarun.net. Vom Tha Thien Pier setzen Fähren zum Wat Arun über.

Chinatown

Etwa 6 Mio. Chinesen leben zum großen Teil schon seit vielen Generationen in Thailand und haben sich weitaus stärker als in anderen Ländern in die Thai-Gesellschaft integriert. Nachdem die ersten chinesischen Siedler unter Rama I. aus dem Palastbezirk hierher umgesiedelt worden waren, entwickelte sich rund um die **Yaowarat Road** eine der größten Chinatowns der Welt.

Die Parallelstraße **Charoen Krung Road** (auch New Road) vom Wat Pho Richtung Osten wurde als erste Straße der Stadt unter Rama IV. (1851–68) entlang eines ehemaligen Elefantenpfades gebaut. Zu dieser Zeit wurde in Bangkok noch alles auf dem Wasser transportiert. Europäische Händler, die ihre Lagerhallen am Fluss hatten, forderten vom König eine Straße, um einen besseren Warentransport zu gewährleisten. Daher ist sie für Bangkok so untypisch geschwungen und kurvenreich, was ihr auch den Beinamen Thanon Mangkon (Drachenstraße) einbrachte.

Weitere Infos unter 🖥 www.bangkok.com/chinatown.

Chinesische Märkte und Tempel

Von der Pahurat Road Richtung Osten gelangt man in die 1 km lange und nur 4–5 m breite **Sampeng Lane** (Soi Wanit 1), durch die sich Lastkarren, Motorräder und Einkäufer drängen. In dem einstigen verruchten Hafenviertel voller Opiumhöhlen, Spielsalons und Bordellen quellen die kleinen offenen Läden über mit preiswerten Artikeln. Da die Häuser dicht zusammenstehen und zum Teil durch ein hohes Dach vor der Sonne abgeschirmt sind, ist es hier selbst mittags relativ kühl, aber dafür umso enger und geschäftiger. Auch mitten in der Nacht ist immer etwas los.

In den parallel verlaufenden Hauptstraßen **Yaowarat** und **Charoen Krung Road**, wo sich ein Geschäft ans nächste reiht, bauen fliegende Händler auf den schmalen Bürgersteigen ihre Stände auf. Exotisch muten Mung Ming-Stände an, an denen auf offener Straße mit feinen Fäden weibliche Gesichtshaare entfernt werden, eine alte chinesische Tradition. Welch ein Kontrast zu den dahinter liegenden, mit Gold und Jade vollgepackten Schmuckläden und den großzügigen, klimatisierten Verkaufsräumen für aphrodisische Antilopengeweihe und wertvolle Schwalbennester! Exotische Düfte weisen den Weg zu traditionellen chinesischen Apotheken. Auf den Bürgersteigen östlich vom großen **Wat Chaichana Songkhram** werden Uhren, Taschenrechner und Batterien feilgeboten.

Wat Traimit und Chinatown Heritage Center

Der massiv goldene Buddha im **Wat Traimit**, Charoen Krung, Ecke Traimitr Road, ist mit einem Gewicht von etwa 5,5 t der schwerste goldene Buddha und das vom Sachwert her wertvollste religiöse Objekt der Welt. Seit 2008 kann die 3 m hohe Statue im oberen Stock des neuen dreistöckigen **Phra Maha Mondhop** bestaunt werden. Der aus dem 14. Jh. stammende Buddha wurde erst 1955 durch Zufall entdeckt: Als ein vermeintlicher „Stuck"-Buddha aus einer Tempelruine in diesen neuen Tempel gebracht werden sollte, fiel er zu Boden, und unter den Rissen kam die versteckte Goldstatue zum Vorschein.

Im 1. Stock des prachtvollen Gebäudes ist das empfehlenswerte **Chinatown Heritage Center** untergebracht, dessen sechs Räume einen guten Einblick in die Geschichte, Kultur und Gegenwart der chinesischen Bevölkerung Bangkoks ermöglichen. Die Ausstellung punktet mit anschaulichen Erklärungen (auch auf Englisch), Schaubildern, Modellen und multimedialen Installationen. Das Stockwerk darüber zeichnet in der **Phra Buddha Maha Suwanna Patimakorn-Ausstellung** die bewegte Geschichte des goldenen Buddhas nach.

🕐 8–17 Uhr, Ausstellungen Mo geschlossen, Eintritt 40 Baht, 📞 02-623 1227, 🖥 www.wattraimitr-withayaram.com.

Sathorn und Silom

Über die Charoen Krung Road gelangt man weiter Richtung Süden in das älteste Banken- und Geschäftsviertel. Hier siedelten bereits unter Rama IV. europäische Händler und Geschäftsleute, die auch chinesisch- und indischstämmige Angestellte mitbrachten, sodass eine multiethnische und -religiöse Mischung entstand. Wer sich nicht dem Lärm und den Abgasschwaden des dichten Verkehrs aussetzen möchte, kann mit dem Expressboot bis zum Sathorn Pier fahren.

Asiatique The Riverfront

Nach der Schließung des Suan Lum Night Bazaar Ende 2010 entstand in den ehemaligen Docks und Lagerhallen der East Asiatic Company am Menam Chao Phraya ein großer, ansprechend gestalteter Nachtmarkt – eine gelungene, teils etwas kitschige Kombination aus Markt und Mall, aus Essen, Shoppen und Entertainment, Vergangenheit und Gegenwart. Die koloniale Architektur des alten Überseehafens bildet eine schöne Kulisse für einen wahlweise entspannten oder ereignisreichen Abend. Die Gänge zwischen den über 1500 kleinen Geschäften sind breit angelegt und übersichtlich strukturiert.

€ Eine günstige, leckere Alternative zu den Restaurants innerhalb des Asiatique sind die **Essensstände** östlich der Charoen Krung Road. Besonders die freundliche Dame am Stand mit Isaan-Küche (zu erkennen an den für den Som Tam-Salat benötigten jungen Papayas in der Auslage) bereitet sehr guten, authentischen Larb-Salat zu.

Adresse: 2194 Charoen Krung Rd., 🖥 www.asiatiquethailand.com, 🕐 17–24 Uhr. Vom Sathon (Central) Pier an der BTS-Station Saphan Thaksin verkehrt von 17–24 Uhr alle 15 Min. ein kostenloses Shuttleboot.

Rund um die Silom Road

Ein Heiligtum ganz besonderer Art ist der **Sri Mariamman-Tempel**, ein Hindutempel der Shakti-Sekte, der 1879 von südindischen Tamilen an der Silom Road erbaut wurde. Neben der Urmutter Uma Devi, Krishna, Kali, Rasmi, Khandakumara, einem Shiva-Lingam, Ganesh und anderen hinduistischen Gottheiten hat auch Buddha seinen Platz. Thais bitten hier um Liebe und Fruchtbarkeit. Während des größten Hindufestes Thaipusam Ende Januar/Anfang Februar und dem zehntägigen Navratri Festival Ende September/Anfang Oktober steht der Tempel im Mittelpunkt des Geschehens. Gäste sind gern gesehen. 🕐 Mo–Do 6–20, Fr bis 21, Sa und So bis 20.30 Uhr, Fotografieren verboten, 📞 02-238 4007, 🖥 www.srimahamariammantemplebangkok.com.

Am östlichen Ende der Silom Road liegt eine der berühmt-berüchtigten Amüsiermeilen Bangkoks, die **Soi Patpong**. Auf den ersten Blick wirkt sie mit ihrem touristischen Straßenmarkt ab 17 Uhr fast wie eine Flaniermeile. Die Go-go-Bars im Erdgeschoss werden sogar von Reisegruppen angesteuert (S. 160). Zudem konzentrieren sich hier einige große Einkaufszentren und Geschäfte.

Lumphini Park

Am Ende der Silom Road erstreckt sich der erste öffentliche Park Thailands, der Lumphini Park (Suan Lum). Vor dem Haupteingang steht das **Denkmal von König Rama VI.** Im Schatten der Bäume halten Angestellte aus den benachbarten Büros ihr Mittagsschläfchen, am frühen Morgen praktiziert man hier Yoga, Schattenboxen und Tai Chi oder joggt, und zum Sonnenuntergang halten sich große Gruppen von Hausfrauen mit einem lauten Aerobicprogramm fit. An den Kanälen kann man große Warane bestaunen, die sich in der Sonne aufwärmen.

Von Dezember bis Februar finden sonntags ab 17.30 Uhr klassische Konzerte statt. Weitere Informationen unter 🖥 www.bangkoksymphony.org. Tretboote können gemietet werden. Nach Einbruch der Dunkelheit sind hier zwielichtige Gestalten unterwegs, sodass es besser ist, den Park dann zu meiden. Von der nordöstlichen Ecke führt ein Fußgänger-Hochweg mit Spielplätzen über einen Slum hinweg in die Sukhumvit-Gegend. ⏰ 5–19 Uhr.

Etwas weiter südöstlich sind im großen **Lumphini-Stadion** Thai-Boxkämpfe zu sehen (S. 163). Die MRT-Station Lumphini befindet sich in unmittelbarer Nähe.

Siam und Pratunam

Gläserne, chromglitzernde Einkaufspaläste, Hotel- und Bürokomplexe haben sich östlich des alten Stadtkerns ausgebreitet. Zwischen **Siam Square** und **Siam Paragon** liegt über der Rama I Road der quirlige Umsteigebahnhof der Hochbahn BTS, die sich vor dem Erawan-Schrein verzweigt. Zwischen der Siam und Chit Lom Station kann man über der verkehrsreichen Straße auf dem **Skywalk** flanieren, eine Fußgängerzone mit Zugang zu den Einkaufszentren und der BTS. Abends findet ein Markt statt, auf dem Kleidung und Accessoires verkauft werden.

Jim Thompson-Haus
Das Areal des hübschen, bei Touristen aus aller Welt beliebten Komplexes liegt eingequetscht zwischen modernen Allerweltsfassaden versteckt am Ende der Soi Kasemsan 2 direkt am Klong. In seinem ehemaligen Wohnhaus, das aus sechs originalgetreu errichteten, traditionellen, teilweise über 200 Jahre alten Teakhäusern besteht, hat Jim Thompson südostasiatische Kunstschätze zusammengetragen. Die kleineren Häuser, teils ehemalige Reissspeicher, enthalten u. a. chinesisches Porzellan und Gemälde aus der Ayutthaya-Periode. Mehr zur Person Jim Thompson s. **eXTra [8932]**.

Die wahren Schätze verbergen sich im Haupthaus, das im Rahmen einer ausgezeichneten Führung zugänglich ist. Im Eingangsbereich wird zudem gezeigt, wie die berühmte Seide gesponnen wird. ⏰ 9–17 Uhr, die englischsprachigen halbstündigen Führungen beginnen etwa alle 20 Minuten, Eintritt 100 Baht, Studenten bis 25 Jahre mit Ausweis 50 Baht, 📞 02-216 7368, 🖥 www.jimthompsonhouse.com. Ein deutschsprachiges Buch über das Haus ist (sofern vorrätig) für 250 Baht an der Kasse erhältlich. Im Inneren der Häuser darf nicht fotografiert werden. Angeschlossen ist ein gutes, recht hochpreisiges Restaurant. Zugang ab Rama I Road, BTS National Stadium, kostenloser Shuttleservice zur Hauptstraße.

Siam Paragon und Siam Ocean World
Im 500 000 m² großen, exklusiven **Einkaufszentrum** befinden sich neben zahlreichen edlen Boutiquen der größte Buchladen Thailands (S. 167), 14 Kinos, ein IMAX-Kino, ein großes Theater, eine Bowlingbahn und ein Vergnügungspark, in dem Kinder Berufe ausprobieren können (S. 169), sowie ein Messe- und Veranstaltungszentrum. Einen Besuch lohnt die Gourmet-Etage im Erdgeschoss, in deren Restaurants und Food Center westliche und östliche Delikatessen teils vor den Augen der Kunden frisch zubereitet werden. ⏰ 10–22 Uhr, Restaurants bis 23 Uhr, 🖥 www.siamparagon.co.th.

Eine besondere Attraktion für Jung und Alt ist das im Untergeschoss des Siam Paragon untergebrachte **Aquarium** der Superlative. Auf 10 000 m² Fläche leben über 30 000 Tiere 400 verschiedener Arten und, darunter Haie und Pinguine, in insgesamt 2,8 Mio. Litern Wasser. Besucher können die aufwendig gestaltete Unterwasserwelt durch gläserne Tunnel erkunden.

Die besten Aussichtspunkte

- Baiyoke II Tower (S. 148)
- The Dome at lebua, State Tower (S. 157)
- Golden Mount (S. 143)
- Vertigo Grill & Moon Bar, Banyan Tree Bangkok (S. 161)
- Red Sky Bar auf dem Dach des Centara Central World
- Eine Fahrt mit der BTS (S. 173)

Mehr zur modernen Architektur in Bangkok s. **eXTra [2694]**.

🕐 10–21 Uhr, letzter Einlass 20 Uhr, Eintritt 900 Baht, Kinder 700 Baht; Eintritt inkl. Fahrt im Glasbodenboot, Fisch-Spa, Popcorn und Getränk 1100 Baht, Kinder 900 Baht; Audioguide und Tauchgänge kosten extra, ✆ 02-687 2000, 🖥 www.siamoceanworld.com.

Pratunam

Im quirligen Stadtviertel Pratunam rings um das Amari Watergate Hotel und Indra Regent Hotel wird ein Großteil des Textilhandels in Südostasien abgewickelt. Entlang der Bürgersteige, in den Einkaufszentren, überdachten Markthallen und schmalen Sois drängen sich die Verkaufsstände. Auch im Untergeschoss des Baiyoke II Tower stapeln sich bunte T-Shirts, Jeans, Tücher und Kleider (mehr Infos S. 167).

Der **Baiyoke II Tower** ist mit 304 m Gebäudehöhe plus weiterer 24 Antennen-Metern das höchste Gebäude des Landes und das höchste Hotel Südostasiens. Für das 85-stöckige Hochhaus mussten die Pfeiler 65 m tief in die Erde gerammt werden. Jeden Tag fahren etwa 1000 Besucher zur Aussichtsplattform im 84. Stock hinauf. Bei guten Wetterverhältnissen liegt einem Bangkok zu Füßen – im Westen breitet sich die von Tempeltürmen überragte Altstadt (bestes Licht vormittags) aus, und im Osten und Süden sieht man die modernen Hochhäuser der Geschäftsviertel (bestes Licht nachmittags). Ein Gewirr von Straßen und Expressways durchzieht das Häusermeer, und die breiten Ausfallstraßen verlieren sich Richtung Norden am Horizont. 🕐 10.30–22.30 Uhr, Sa und So ab 10 Uhr, Eintritt 400 Baht inkl. eines Drinks an der Bar mit Blick über die Hochhäuser der Stadt; ab 22.30 Uhr Tickets im 19. Stock, dann ist lediglich der Besuch der Skybar möglich, ✆ 02-656 3000, 🖥 www.baiyokesky.baiyokehotel.com.

Sukhumvit

Nach Osten geht die Ploenchit Road in die Sukhumvit Road über, eine 400 km lange Straße, die erst an der kambodschanischen Grenze bei Trat endet. Die BTS gleitet hier über den dichten Straßenverkehr hinweg. Hinter den Einkaufszentren liegen in Seitenstraßen, den durchnum-

merierten Sois, kleine Geschäfte, Hotels und Restaurants. In dieses Gewirr schlagen die ausgebaute, von modernen Hochhäusern gesäumte **Soi Asoke** (Soi 21), und weiter östlich die **Soi Thong Lo** (Soi 55) und die **Soi Ekkamai** (Soi 63) breite Schneisen.

Die westliche Sukhumvit ist rund um die BTS-Station Nana ein bekanntes Vergnügungsviertel mit einem turbulenten, abwechslungsreichen Nachtleben. Zwischen Soi 1 und 5 findet sich eine Vielzahl von Geschäften, Bars und Restaurants, die sich an eine arabische und afrikanische Kundschaft richten. In der Umgebung der Nana Plaza auf der Soi 4 arbeiten viele leichte Mädchen für eine ältere Klientel. Die Atmosphäre ist hier nicht besonders angenehm. In der belebten Soi 11 liegen einige der angesagtesten Clubs und Bars der Stadt. Östlich der Soi Asoke wird es zunehmend edler und wohlhabender, bis an der Soi Thong Lo das Lieblingswohngebiet der thailändischen Oberschicht erreicht ist. Hier konzentrieren sich neben vielen japanischen und koreanischen Restaurants hervorragende Gaststätten und Essensstände. Nirgendwo sonst in Thailand sieht man so viele teure Autos und nirgendwo sonst feiert man so dekadent wie in den Clubs rund um die Thong Lo Soi 10.

Suan Chatuchak Weekend Market

Am Wochenende kommen Zehntausende von Touristen in diese ansonsten wenig besuchte Gegend der Stadt und erliegen einem Kaufrausch, der seinesgleichen sucht. Bereits am Freitagnachmittag, aber vor allem am Samstag und Sonntag drängen sich täglich 200 000 Besucher auf dem quirligen Wochenendmarkt am Suan Chatuchak, der oft auch Jatujak oder JJ Market genannt wird. Zusätzlich findet am Mittwoch und Donnerstag im hinteren Bereich ein Pflanzenmarkt und am Freitag ein Klamottengroßmarkt statt. Wer sich auf dem 35 ha großen, L-förmigen Platz mit über 10 000 Ständen zurechtfinden möchte, orientiert sich anhand der Karte, die es beim Tourist Office (Sektion 27) nahe dem Eingang 1 und an vielen Verkaufsständen gibt. Wer sich nicht gleich für etwas entscheiden kann, wird Schwierigkeiten haben, den entsprechenden Stand wiederzufinden.

Eingang 1 ist an der Kamphaeng Phet 2 Rd., nahe der MRT Kamphaeng Phet, Eingang 2 im Norden an der Kamphaeng Phet 3 Road und Eingang 3 an der Bushaltestelle und nahe der BTS Mo Chit an der Paholyothin Road. Anreise mit der BTS oder MRT, ab Banglampoo mit Bus 3, ✆ 02-272 4440-1, 🖥 www.jatujakguide.com, ⏰ 6–18 Uhr.

Nach dem Einkaufen bietet sich der angrenzende, 1980 eröffnete **Chatuchak Park** mit dem kleinen Botanischen Garten, **Queen Sirikit Park**, für eine Rast an. Die Grünfläche ist mit 280 ha die größte der Stadt. ⏰ 5–20 Uhr.

ÜBERNACHTUNG

Bei der Wahl der Bleibe sollte in erster Linie die Lage entscheiden, denn jedes Viertel hat seine eigene Atmosphäre. Zudem ist man bei den großen Entfernungen und dem zähen, zur Rushhour nah am Kollaps stehenden Verkehr lange unterwegs. In den günstigen Unterkünften kostet die Gepäckaufbewahrung in der Regel 20–30 Baht pro Tag und eine Dusche bis zu 100 Baht. Mittelklasse- und Luxushotels können günstiger über das Internet gebucht werden. Insgesamt gibt es schätzungsweise 37 000 Hotelzimmer in Bangkok, sodass jeder etwas Passendes findet. Weitere Übernachtungstipps s. eXTra [2806].

Banglampoo
Karte „Banglampoo" S. 136/137

Rings um die **Khaosan Road** konzentrieren sich günstige Gästehäuser und ein breites Angebot an Restaurants, Reisebüros und anderen Versorgungseinrichtungen. Die Angebote für Backpacker sind überwältigend und die Hauptsehenswürdigkeiten leicht zu Fuß zu erreichen. Expressboote auf dem Menam Chao Phraya sind eine Alternative zu den verstopften Straßen. Travellerbusse fahren zum Airport und zu anderen Zielen in Thailand, ein Taxi zum Flughafen kostet ca. 350 Baht. Weitere Infos unter 🖥 www.khaosanroad.com. **Baan Sabai** ㉝, 12 Soi Rongmai, ✆ 02-629 1599, ✉ baansabai@hotmail.com. Guesthouse mit

83 ziemlich kleinen, aber günstigen und sauberen Zimmern mit sehr niedrigen Türen und Decken, teils auch mit AC. Zimmer mit einstelligen Nummern sind nicht für Körpergrößen über 1,85 m geeignet. Die teureren haben Du/WC, sonst saubere Gemeinschaftsduschen. Liegt in direkter Nähe zu einer Kaserne, daher kann es in manchen Zimmern frühmorgens etwas lauter werden. Hübscher Innenhof mit Sitzgelegenheiten. ❶–❷

🏨 **Erawan House** ㉙, 17/1-2 Soi Chana Songkhram, ✆ 02-629 2121, 🖥 www.erawanhousebangkok.com. Ruhiges Guesthouse im modernen Stil mit etwas kleinen, sauberen und einladenden Zimmern mit bequemen Matratzen, AC, Du/WC und TV. Nette Sitzecken im Treppen- und Flurbereich. Die Zimmer im Erdgeschoss sind teils ziemlich dunkel, oben dagegen angenehm hell. WLAN. ❹

🏨 **Happy House** ㉘, 46 Soi Chana Songkhram, ✆ 02-280 3301, 🖥 www.happyhouseguesthouse.com. In dem sauberen, relativ ruhigen Hostel gibt es 110 hübsch eingerichtete, gefliste Zimmer mit guten Matratzen, AC und Du/WC, einige mit sehr kleinem Balkon, über den man das Bad erreicht. Die günstigsten Zimmer mit Innenfenster sind etwas dunkel, die teureren auch mit LCD-TV. Restaurant im Erdgeschoss. Freundliches Personal. WLAN. ❷–❸

Lamphu House ㉚, 75-77 Soi Rambuttri, ✆ 02-629 5861-2, 🖥 www.lamphuhouse.com. Versteckt in einer Gasse gelegenes, freundliches, bei Rucksackreisenden beliebtes Guesthouse mit ruhiger, entspannter Atmosphäre. Saubere, mit Bambusmöbeln eingerichtete Zimmer mit guten, harten Matratzen, die günstigeren mit Innenfenstern, Ventilator und Gemeinschaftsdusche, die teureren mit AC, Du/WC und Balkon. Einzelzimmer ab 230 Baht. WLAN im Lobbybereich. Unbedingt reservieren. ❷–❸

🏨 **NapPark Hostel@Khao San** ㉞, 5 Tani Rd., ✆ 02-282 2324, 🖥 www.nappark.com. Das neuere Hostel bietet nur Schlafsaalbetten für 480–750 Baht, bei Onlinebuchung ab 300 Baht. Neben einem kommunikativen, gemütlichen Gemeinschaftsbereich im Thai-Stil mit Liegeflächen gibt es moderne, blitzsaubere, weiße Dorms in verschiedenen Größen, einige nur für Frauen. Die teuersten verfügen über kleine TV/DVD-Player-Kombinationen, kosten aber mehr als viele andere Zimmer in Banglampoo. Die Schlüssel sind in bunten Armbändern untergebrachte Chips. Sehr hilfsbereites Personal. WLAN und DVD-Verleih inkl.

Navalai River Resort ㉖, 45/1 Phra Arthit Rd., ℡ 02-280 9955, 🖥 www.navalai.com. Am Fluss gelegenes, schickes Hotel mit 74 sauberen, komfortablen, mit Holz und schönen Details eingerichteten Zimmern mit Balkon, TV, DVD-Player und Safe. Jedes Zimmer ist geschmackvoll, teils sogar kunstvoll nach einem der 4 Themenbereiche gestaltet. Elegantes Restaurant und schöner Dachgarten mit Pool. WLAN und Frühstück inkl. ❻

New Siam I Gh. ㉗, 21 Soi Chana Songkhram, ℡ 02-282 4554, 🖥 www.newsiam.net. Das alteingesessene, beliebte Guesthouse bietet 94 saubere, teils kleine und sehr dunkle Zimmer auf 3 Stockwerken mit Ventilator und Gemeinschaftsdusche oder AC, TV und Du/WC. In den Zimmern ohne AC kann es sehr stickig werden. Einzelzimmer gibt es ab 280 Baht. Im Erdgeschoss ein Restaurant mit gutem Essen, 🕐 ab 6 Uhr, und ein Reisebüro (S. 172). Der Pool des New Siam II kann gegen eine Gebühr von 90 Baht p. P. mitbenutzt werden. WLAN 30 Baht pro Tag. ❷ – ❸

New Siam II Gh. ㉜, 50 Trok Rongmai, ℡ 02-282 2795, 🖥 www.newsiam.net. Geschäftiges Kleinhotel mit Aufzug und sauberen, funktional gestalteten Zimmern mit gefliesten Böden. Ältere Einrichtung mit harten, schmalen Matratzen, AC, TV, Safe, Kühlschrank, sehr kleinem Balkon und Du/WC. Pool (🕐 9–21 Uhr) und viele Verbotsschilder vor dem Haus. Restaurant mit großen Sandwiches. WLAN 30 Baht pro Tag. ❸

Peachy Gh. ㉛, 10 Phra Arthit Rd., ℡ 02-281 6471. Das alteingesessene Guesthouse bietet ältere, einfache, aber sehr preisgünstige Zimmer mit Ventilator oder AC und TV. Die billigsten, schäbigen Einzelzimmer gibt es bereits ab 120 Baht. Im Innenhof liegt die bei thailändischen Studenten beliebte Moonshine Bar, sodass es bis 2 Uhr lauter werden kann. ❶ – ❷

Viengtai Hotel ㉟, 42 Soi Rambuttri, ℡ 02-280 5434-45, 🖥 www.viengtai.co.th. Das 3-Sterne-Hotel ist seit fast 60 Jahren eine Institution in Banglampoo. 200 saubere, gepflegte Zimmer mit dem Komfort der oberen Mittelklasse, aber auch etwas Patina, älterer Einrichtung, teils Teppichboden. Einfacher Pool im Innenhof im 3. Stock. Einer der freundlichen Pagen arbeitet hier seit über 20 Jahren und freut sich, wenn er seine Sprachkenntnisse anwenden kann. Reservierung empfehlenswert. WLAN und Frühstücksbuffet inkl. ❺

Sam Sen und Thewet

Karte „Thewet" S. 138

Weiter nördlich, zwischen Banglampoo und Ratchawithi Rd., wohnt man ruhiger nahe dem Fluss. Neben einigen Gästehäusern mit alternativer Atmosphäre locken farbenprächtige Märkte.

🧳 **Khaosan Baan Thai** ㊳, 11/1 Soi Samsen 3, ℡ 02-628 5559, 🖥 www.khaosanbaanthai.com. Sehr nettes, hinter dem Sivarin Gh. in einem frisch renovierten, alten Haus gelegenes Hostel mit 10 ansehnlich eingerichteten Zimmern mit AC, Matratzen auf dem Boden und Gemeinschaftsbädern. Die Wände sind teils mit sehr schönen Zeichnungen versehen. Sehr freundliche, familiäre Atmosphäre. Frühstück und WLAN inkl. ❷ – ❸

🧳 **Phranakorn-Nornlen Hotel** ㊲, 46 Thewet Soi 1, ℡ 02-628 8188-90, 🖥 www.phranakorn-nornlen.com. Eine familienfreundliche Oase der Ruhe mitten in der Stadt ist dieses sehr lebendig und farbenfroh gestaltete Hotel mit einem ruhigen Innenhof voller Pflanzen und Reliquien vergangener Tage. Hier sollte man sich einen der exzellenten, frisch zubereiteten Smoothies schmecken lassen. Die 31 Zimmer sind mit handgemalten Motiven verziert und individuell eingerichtet, auch mit AC und CD-Player. Von einigen bietet sich ein Blick auf die riesige Buddhastatue des Wat Indraviharn. Die kreative Gestaltung zieht sich durch die gesamte Anlage. Gemüse- und Kräutergarten sowie Bar auf dem Dach. Sehr nettes, hilfsbereites Personal. WLAN und Frühstück inkl. ❺

Shanti Lodge ㊱, 37 Soi 16, Sri Ayutthaya Rd., ℡ 02-281 2497, 🖥 www.shantilodge.com. In der gepflegten Anlage mit kleinem Garten werden neben 36 sauberen, stilvoll und kreativ eingerichteten Zimmern mit Ventilator oder AC auch

Schlafsaalbetten für 200 Baht, mit AC 250 Baht, angeboten. Gutes, vegetarisches, glutamatfreies Essen im gemütlichen Aufenthaltsraum und Restaurant im Erdgeschoss. ❷–❸

Sivarin Gh. ㊴, 11/1 Soi Samsen 3, ☎ 02-628 5659, 🖥 www.sivaringuesthouse.com. Die sauberen, einfachen Zimmer sind zweckmäßig eingerichtet, im oberen Stockwerk luftig und mit Blick auf die Rama VIII-Brücke. Schlafsaalbetten für 390 Baht. Alle mit AC und Gemeinschaftsbädern. Sehr hilfsbereites, freundliches Personal und entspannte Atmosphäre. Frühstück und WLAN inkl. ❷–❸

Rings um den Golden Mount

Karte „Historisches Zentrum" S. 128/129
Südlich der Ratchdamnoen Klang Rd., wenige Hundert Meter von der Khaosan Rd. entfernt, finden sich gemütliche Unterkünfte, die mit ihrem weniger kommerziellen Charakter punkten.

Baan Dinso ⑤, 113 Trok Sin, Dinso Rd., ☎ 02-622 0560-3, 🖥 www.baandinso. com. In einer Gasse mit friedlicher, dörflicher Atmosphäre werden im ansehnlichen, cremefarbenen Teakhaus klassisch im Kolonialstil eingerichtete, sehr saubere Zimmer mit dekorativen Details, großem LCD-TV und DVD-Player vermietet, die teureren mit Du/WC. Sehr freundliches, hilfsbereites Personal und nette Atmosphäre. Frühstück, WLAN und DVD-Verleih inkl. ❺–❻

Niras Bankoc Hostel ⑥, 204-206 Mahachai Rd., ☎ 02-221 4442, 🖥 www.nirasbankoc.com. Zwischen geschäftigen Essensständen und Läden gelegenes Hostel in einem schönen, über 100 Jahre alten Holzhaus, das Tradition und Moderne verbindet. Während man im netten, kleinen Café im Erdgeschoss guten Kaffee schlürft und im Internet surft, wohnt man in den oberen Stockwerken in schön eingerichteten, teils dunklen Zimmern mit komfortablen Matratzen und bunt verzierten Bädern. Schlafsaalbetten für 400 Baht. Bei den teureren Zimmern TV, DVD-Player und Frühstück inkl. Freundlicher, langsamer Service. ❹–❺

Chinatown und Hua Lamphong

Karte „Historisches Zentrum" S. 128/129
Neben den günstigen Unterkünften rings um den Hauptbahnhof Hua Lamphong gibt es gute chinesische Mittelklassehotels in der Yaowarat Rd. Die lebendigen Märkte und die Nähe zum Hauptbahnhof, der MRT und dem Fluss Menam Chao Phraya sind Gründe, hier zu wohnen,

@Hua Lamphong ⑦, 326/1 Rama IV Rd., ☎ 02-639 1925, 🖥 www.athualamphong.hostel.com. In dem dezent modern gestalteten und gepflegten Hostel ist es trotz Bahnhofsnähe ruhig. Die sauberen Zimmer sind mit TV, AC, Kühlschrank und Du/WC komfortabel ausgestattet. Schlafsaalbetten für 350–400 Baht und Gemeinschaftsraum mit großem LCD-TV. Sehr hilfsbereites, kompetentes Personal und freundliche Atmosphäre. WLAN im Lobbybereich. ❹

River View Gh. ⑨, 768 Soi Panuangsri, Songwat Rd., ☎ 02-234 2078, 🖥 www.riverview bkk.com, Karte S. 130/131. Das empfehlenswerte Guesthouse bietet 45 Zimmer in vielen Preisklassen. Die frisch renovierten Räume punkten mit kühlem Betonboden, dicken Matratzen, Kühlschrank und TV, die teuersten mit Flussblick vom kleinen Balkon, die günstigsten nur mit Ventilator und Gemeinschaftsdusche. Schlafsaalbetten für 250 Baht. Gemütliches Dachrestaurant mit gutem Essen und schönem Ausblick, ⏱ 7–22 Uhr. ❷–❺

Your Place Gh. ⑥, 336/17 Soi Chalong Krung, Rama IV Rd., ☎ 02-639 8034, 🖥 www.your placeguesthouse.com. Das alte Guesthouse versprüht noch ursprüngliche Travelleratmosphäre. Die hellhörigen, einfachen, aber preisgünstigen Zimmer mit Holzboden und steinharten Matratzen sind teils mit AC, TV und sehr kleiner Du/WC ausgestattet. Viele Mücken und ein grüner Dachgarten runden das Angebot ab. ❷–❸

Sathorn und Silom

Karte „Sathorn und Silom" S. 130/131
Viele der Mittelklassehotels in der unteren Silom und Surawongse Rd. werden von asiatischen Geschäftsleuten und Reisegruppen bevorzugt. In der Gegend um Patpong haben einige auf Backpacker ausgerichtete Unterkünfte geöffnet. Die Hotels entlang der Sathorn Tai Rd. zählen zu den luxuriösesten der Stadt.

Baan K Residence by Bliston ⑭, 12/1 Soi Sala Daeng 1, ☎ 02-633 9911, 🖥 www.baank residence.com. Das Apartmenthaus vermietet

28 moderne, komfortable Zimmer auch für kürzere Zeiträume. Neben dem großen LCD-TV gehören ein Surroundsound-System und eine funktionsfähige Küche zur Standardausstattung. Die riesigen, 80 m² großen Executive-Zimmer lohnen die minimale Mehrausgabe. Sehr freundliches, hilfsbereites Personal. Fitnesscenter, WLAN und Frühstück inkl. **5**

Lub d Silom ⑫, 4 Decho Rd., ✆ 02-634 7999, 🖥 www.silom.lubd.com. In dem beliebten, modernen, interessant mit viel Beton und Stahl gestalteten Hostel gibt es schicke, saubere und komfortable Schlafsäle und kleine Zimmer, teils mit Waschbecken im Zimmer, TV und Du/WC. Schlafsaalbetten 380–400 Baht. Geschäftiger, lebendiger Eingangsbereich mit entspannter Atmosphäre. Gemeinschafsraum mit riesigem TV. Internet in der Lobby und WLAN kostenlos. Kompetentes, freundliches Personal, das täglich wechselnde, interessante Aktivitäten organisiert (Fr Club Crawl, Mo Kochkurs für 250 Baht usw.). Onlinebuchung empfehlenswert. **4**–**5**

New Road Gh. ⑩, 1216/1 Charoen Krung Rd., zwischen Soi 34 und 36, ✆ 02-630 6994-8, 🖥 www.newroadguesthouse.com. In dem 3-stöckigen, zurückversetzten Haus gibt es Zimmer in verschiedenen Kategorien. Die günstigsten sind einfach, dunkel und klein mit Ventilator. Die teureren mit Fenster, AC, TV, Kühlschrank und nachträglich eingebauter Du/WC sind etwas einladender. Schlafsaalbetten 160–250 Baht. Hilfreiches, freundliches Personal und nette Atmosphäre. WLAN. Frühstück 160 Baht. **1**–**5**

Silom Art Hostel ⑪, 198/19-22 Silom Soi 14, ✆ 02-635 8070-2, 🖥 www.silomarthostel.com. Im 2012 eröffneten Hostel ließ man sich vom erfolgreichen Konzept der Lub d-Häuser inspirieren. Hier treffen unverputzte Betonwände auf bunte Kunstwerke und kreative Elemente, wie etwa einen mit alten Jeans bezogenen Sessel. Die 14 Zimmer sind sauber und modernminimalistisch eingerichtet. Schlafsaalbetten 380–450 Baht. WLAN. **4**

Sofitel So Bangkok ⑮, 2 Sathorn Nua Rd., ✆ 02-624 0000, 🖥 www.sofitel-so-bangkok.com. Durchgestyltes Luxushotel mit 238 von 4 einheimischen Designern kreativ entsprechend der Elemente Holz, Wasser, Erde und Metall entworfenen Zimmern. Die Wasser-Zimmer haben im Raum integrierte Badewannen mit beeindruckendem Blick auf den Lumphini-Park. Nicht nur die Inneneinrichtung mit Apple Mini ist auf dem neusten Stand der Technik, auch die opulenten Restaurants im Feuer-Stil, die Dachterrasse, die Schokoladenmanufaktur und der Poolbereich überzeugen mit bis ins kleinste Detail ausgefeiltem Design. Tolle Buffets. Der Inhalt der Minibar und WLAN inkl. **6**

Sunflower Place Silom ⑬, 39/17-19 Soi Anuman-Rajdhon, ✆ 02-235 9080, 🖥 www.sunflowerplace.com. Versteckt in einer unscheinbaren, überdachten, etwas zwielichtigen, von der Silom Soi 6 abgehenden Gasse – und damit schwer zu finden – liegen 20 sehr saubere, dunkle, in verschiedenen Farben gestrichene Zimmer mit Kühlschrank, Safe und TV. Resolute, hilfsbereite Besitzerin. WLAN. **4**

Siam und Pratunam

Karte „Siam und Pratunam" S. 132/133
In diesem Gebiet gibt es einige günstige Kleinhotels etwas abseits vom Trubel und dennoch absolut verkehrsgünstig an der BTS und in der Nähe sehr guter Einkaufsmöglichkeiten.

Link Corner Hostel Bangkok ⑯, Ratchaprarop, ✆ 02-640 0550, 081-900 5026, 🖥 www.facebook.com/linkcornerhostelbangkok. Das 2011 eröffnete Hostel liegt in direkter Nähe zur Airport Link-Station Ratchaprarop und ist eine gute Alternative für Leute, die in Pratunam shoppen und schnell zum Flughafen möchten. Alle einfachen Zimmer haben Fenster, dicke Matratzen und Gemeinschafts-Du/WC. Zudem 8 Schlafsäle, teils nur für Frauen, für 350 Baht. Nicht besonders attraktiv, aber zweckmäßig. WLAN. **3**

Lub d Siam Square ⑲, 925/9 Rama I Rd., ✆ 02-612 4999, 🖥 www.siam.lubd.com. Bereits von außen erwartet Reisende eine ultramoderne, schicke, aber dennoch einladende Backpacker-Unterkunft. Neben komfortablen Betten im AC-gekühlten 4-Pers.-Schlafsaal für 550–600 Baht (auch nur für Frauen) und blitzblanken Gemeinschaftsbädern gibt es sehr cool mit viel Stein in Orange und Rot gestaltete Zimmer, teils mit TV und Du/WC.

Ein geselliges Kino-Zimmer, ein Waschraum und WLAN komplettieren das Angebot. Sehr freundliches, kompetentes Personal und Aktivitäten wie im Lub d Silom. **5**

Siam@Siam ⑱, 865 Rama I Rd., ✆ 02-217 3000, 🖥 www.siamatsiam.com. Schickes Designerhotel mit 203 individuell, in kräftigen Farben und mit viel dunklem Holz und Stein künstlerisch gestalteten, modernen Zimmern mit allen technischen Raffinessen und schönen Bädern. Wunderschön gestaltete Rooftop-Bar, elegantes Restaurant mit Pub sowie Lobby-Bar und hoteleigner Nachtclub. Pool mit Unterwassermusik, Spa, Fitnesscenter und über das gesamte Gebäude verteilte Kunstwerke. Sehr freundliches Personal. Frühstück und WLAN inkl. **6**

White Lodge ⑰, 36/8 Soi Kasemsan 1, ✆ 02-216 8867. 40 kleine, einfache, ältere Zimmer mit AC und durchgelegenen oder sehr harten Matratzen, teils mit TV. Die Zimmer im Erdgeschoss können wegen der angrenzenden Waschküche laut sein. Freundlicher, wenn auch etwas resoluter Service, sehr gutes Preis-Leistungs-Verhältnis. Wäscheservice, WLAN inkl. **2**–**3**

Sukhumvit

Karte „Sukhumvit" S. 134/135

In dieser Gegend sind viele Europäer zu Hause – Touristen wie Geschäftsleute. Entsprechend groß ist die Auswahl an Hotels der mittleren und gehobenen Kategorien, dagegen gibt es kaum empfehlenswerte Zimmer in den unteren Preisklassen. Während der Hauptverkehrszeit wird die Sukhumvit Road zu einem kilometerlangen Parkplatz, über den man mit der BTS problemlos hinweggleitet.

CheQinn ㉔, 21/10 Sukhumvit Soi 4, BTS Nana, ✆ 02-656 7925, 🖥 www.cheqinn.com. Das moderne, 2012 eröffnete Hostel liegt in einer Seitengasse der zwielichtigen Soi Nana. Alle 7 Zimmer sind sauber und minimalistisch mit bequemen Matratzen, AC, LCD-TV, Fenster und Du/WC ausgestattet, allerdings recht teuer. Zudem elegant gestaltete Schlafsäle mit Betonwänden, Waschbecken und Betten mit eigenem Leselicht und großem Schließfach für 350 Baht. Keine Gäste von außerhalb erlaubt. WLAN. **4**–**5**

Four Points by Sheraton ㉒, 4 Sukhumvit Soi 15, BTS Asok, ✆ 02-309 3000, 🖥 www.starwood

hotels.com/fourpoints. Das schicke 4-Sterne-Hotel punktet mit einem guten Preis-Leistungs-Verhältnis, freundlichem Service und dem schönen Überlauf-Pool im 8. Stock. Die 268 modernen, geräumigen und komfortablen Zimmer sind mit LCD-TV mit Internetzugang und HDMI-Port sowie separater Dusche und Badewanne ausgestattet. **6**

HI Sukhumvit YHA ㉕, 23 Sukhumvit Soi 38, BTS Thong Lo, Exit 4, ✆ 02-391 9338, 🖥 www.hisukhumvit.com. In einem schönen Haus in einer ruhigen Gasse einen Steinwurf von der angesagten Thong Lo entfernt gibt es kleine, saubere Zimmer mit sehr harten Matratzen, Steinboden und neuer AC, teils mit Gemeinschaftsdusche. Betten im 8-Personen-Schlafsaal mit Vorhängen für 330 Baht. Hilfsbereites Personal, gemütlicher Dachgarten und entspannte Atmosphäre. Waschmaschine, Gepäckaufbewahrung, einfaches Frühstück und WLAN inkl. **3**–**4**

🧳 **Le Fenix Sukhumvit** ⑳, 33/33 Sukhumvit Soi 11, BTS Nana, ✆ 02-305 4000, 🖥 www.lefenix-sukhumvit.com. Schickes Designhotel mit edlem Indoor-Pool und 147 eleganten Zimmern mit bequemen Matratzen, großem weißem LCD-TV und moderner, etwas kleiner Du/WC. Hotelgäste haben in der gegenüberliegenden Q Bar kostenlosen Eintritt. Wer sich abends nicht auf die Tanzflächen der Clubs begeben will, kann sich in der hoteleigenen Tapasbar Flow oder im entspannten Dachgarten The Nest (S. 161) auf die Nacht einstimmen. Freundliches Personal. WLAN. **5**–**6**

🧳 **Suk 11 Hostel** ㉑, 1/33 Sukhumvit Soi 11, BTS Nana, ✆ 02-253 5927, 🖥 www.suk11.com. Nur mit kleinen Schildern versehen, aber am Restaurant und Souvenirshop im Holzhaus zu erkennen. Das freundliche Gästehaus ist die beste Wahl für Budgetreisende in der Sukhumvit Rd. Es ist in zwei restaurierten Holzhäusern im ländlichen Thai-Stil untergebracht und punktet mit einer angenehmen Atmosphäre. Saubere, zweckmäßig eingerichtete Zimmer mit guten Matratzen, alter AC, teurere mit Du/WC. Einzelzimmer ab 535 Baht. Hübsch gestalteter Innenhof, Dachterrasse und Aufenthaltsräume. Zahllose Gäste haben sich an den Wänden verewigt. WLAN. **3**–**4**

The Atlanta Ⓐ, 78 Sukhumvit Soi 2, am Ende der Soi, BTS Ploen Chit, ☎ 02-252 6069, 🖥 www.theatlantahotelbangkok.com. Das 1952 eröffnete Hotel mit schönem Garten und Pool versprüht immer noch den Charme der 1950er-Jahre. Auch die Zimmer vermitteln diesen Eindruck, sind aber gut instand gehalten und sauber, renovierte Bäder. Nicht zuletzt wegen der günstigen Zimmerpreise und der Intoleranz gegenüber Sextouristen wird das Hotel von Familien und alleinreisenden Frauen geschätzt. WLAN in der Lobby. ❸–❹

In der Nähe des Flughafens Suvarnabhumi
Karte „Bangkok Übersicht" S. 126/127
Reisende, die in Bangkok einen Stopover einlegen, können in der Umgebung des internationalen Flughafens übernachten.

Regent Suvarnabhumi Airport Ⓐ, 30/1 Latkrabang Soi 22, ☎ 02-346 4400, 🖥 www.regentsuvarnabhumi.com. 144 komfortable, geräumige Mittelklasse-Zimmer mit LCD-TV und Kühlschrank. Wenig Fluglärm. WLAN und Airport-Abholung inkl. ❹–❺

YHA Bangkok Airport Ⓐ, 58/203 Kingkaew Soi 58, ☎ 085-990 9661. 18 saubere Zimmer in Flughafennähe, teurere mit TV und Kühlschrank, günstige mit Gemeinschafts-Du/WC. Schlafsaalbetten ab 270 Baht. Kompetentes Personal. WLAN und Frühstück inkl. ❷–❸

In den Außenbezirken
Karte „Bangkok Übersicht" S. 126/127

Bangkok Tree House Ⓐ, 60 Moo 1, Petchcha Hueng Rd., Bang Namphueng, BTS Bang Na, 🖥 www.bangkoktreehouse.com. Die Insel Bang Krachao ist Bangkoks grüne Lunge und frei von Autos. Hier wurde inmitten von Mangroven und Palmen ein Boutiquehotel mit 12 Zimmern gebaut. Man wacht morgens in komfortablen, hellen, aus Bambus und recycelten Metallen konstruierten Bungalows auf und kann auf einem Fahrrad die Insel erkunden. Es besteht sogar die Möglichkeit, unter freiem Himmel oder auf dem Fluss (!) zu schlafen. Auf Nachhaltigkeit wird Wert gelegt: Im Restaurant werden Bio-Lebensmittel verarbeitet, die Mehrheit der Angestellten stammt von der Insel, es werden keine Pestizide oder Chlor eingesetzt

und ein Teil der Gewinne fließt zurück in lokale Projekte. Eiscreme, Fahrräder, Handy, WLAN und Frühstück inkl. ❻

Chew House Bangkok ②, 68/1 Phaholyothin Soi 6, BTS Ari, ☎ 02-619 1164, 083-432 1116, 🖥 www.chewhouse.com. Sehr ruhig in einer Wohngegend in zwei benachbarten Holzhäusern gelegenes, entspanntes Hostel. Die 10 kleinen, einfachen, sehr sauberen Zimmer mit AC, TV und DVD-Player sind nett gestaltet, die teureren etwas geräumiger. Sehr freundliche, hilfsbereite Angestellte. WLAN, Fahrradverleih, Sauna, Waschmaschinennutzung und einfaches Frühstück inkl. ❸–❹

The Thai House ①, 32/4 Moo 8, Tambol Bang Muang, Bang Yai, Nonthaburi, 22 km außerhalb der Stadt im Westen, ☎ 02-903 9611, 🖥 www.thaihouse.co.th. In einem wunderschönen, traditionellen Teakhaus bei einer liebenswerten Familie liegen hübsche Zimmer im Thai-Stil mit Gemeinschafts-Du/WC. Das Haus am Klong ist von Bangkok aus sowohl mit dem Boot (ca. 1 1/2 Std.) als auch mit dem AC-Bus 516 zu erreichen. Letzterer fährt alle 15 Min. ab Sanam Luang bis Bang Buatong und ist schneller; hinter dem Mitsubishi-Gebäude und der Brücke aussteigen und 10 Min. laufen oder ein Motorradtaxi für 10 Baht nehmen. Die herzliche Gastgeberin Peep führt in die Geheimnisse der traditionellen Thai-Küche ein (S. 169). Der ideale Ort, um das Leben auf dem Land kennenzulernen. Frühstück inkl. ❺

ESSEN

Aus kulinarischer Sicht ist Bangkok ein wahrhaft kosmopolitisches Paradies. Neben den asiatischen Küchen von Japan bis zum Vorderen Orient gibt es deutsche, französische, italienische, spanische und auch amerikanische Restaurants, die oft mit den besten Restaurants ihrer Ursprungsländer mithalten können – und sie manchmal sogar übertreffen. Und das alles zu deutlich niedrigeren Preisen!
Essen zu gehen kostet kein Vermögen, denn die meisten Einheimischen tun dies sehr häufig. An Straßenständen gibt es schon ab 20 Baht eine kräftige Suppe, in normalen Restaurants bekommt man ab 100 Baht ein leckeres Thai-Gericht. Westliche Küche oder ein Essen in den

Bangkok ist weltbekannt für seine exzellenten Garküchen. Daher verwundert es nicht, dass sich auf Schritt und Tritt Gelegenheit bietet, authentische Snacks und Gerichte für wenig Geld zu probieren. Diese werden an mobilen Straßenständen, auf Märkten oder oft auch in den Foodcourts von Supermärkten frisch zubereitet. Da häufig niemand Englisch spricht, schaut man am besten in die Töpfe oder bestellt, was am Nachbartisch lecker duftet. Die beliebtesten Gerichte für Einsteiger sind Klebreis mit Mango oder, etwas deftiger, gegrillte Hähnchenspieße sowie Nudelsuppen in allen Variationen. Es lohnt sich, über den eigenen kulinarischen Tellerrand zu schauen, denn viele der geschmacklichen Abenteuer erweisen sich als wahre Gaumenfreuden. Wenn an einem geschäftigen Essensstand fast alle das gleiche Gericht essen, sollte man dieses ebenfalls probieren, auch wenn es möglicherweise exotisch anmutet. Die thailändische Küche zählt nicht umsonst zu den variationsreichsten und besten der Welt!
Besonders empfehlenswert sind die Essensstände in der **Soi Thong Lo** (Sukhumvit Soi 55) (S. 148), in der **Convent Road** in Silom und in der **Soi Rambuttri** in Banglampoo.

hochklassigen Gourmetrestaurants sind wesentlich kostspieliger.
In AC-Restaurants darf generell nicht geraucht werden.

Banglampoo und Thewet
Karten „Banglampoo" S. 136/137 und „Thewet" S. 138
Den Travellerbedürfnissen tragen mehrere Fastfood-Restaurants in und um die Khaosan Rd. Rechnung. Angenehme, kreativ gestaltete Restaurants, Bars und Galerien, die v. a. von einheimischen Studenten besucht werden, haben sich in kleinen Geschäftshäusern um das Phra Sumen Fort und in der Phra Arthit Rd. niedergelassen. Garküchen konzentrieren sich in der Soi Rambuttri, wobei man eher neben

einem anderen Deutschen als einem Thai speisen wird.
Café Primavera, 56 Phra Sumen Rd., ✆ 02-281 4718. 2-stöckiges italienisches Restaurant unter österreichischer Leitung mit freundlichem Service, das zu Jazzmusik Pizza und eine gute Auswahl an Nudelgerichten sowie italienisches Eis und leckeren Apfelstrudel serviert. Pizzen um 300 Baht, Pastagerichte etwas günstiger. Das schmackhafte Graubrot aus eigener Produktion wird auch am Stück verkauft. ⏰ 8–23 Uhr.
Center Khaosan Restaurant, im Zentrum der Khaosan Rd., 🖥 www.thekhaosarncenter. co.cc. Eignet sich bestens, um sich inmitten des Trubels auszuruhen und bei einem kühlen Bier das Treiben zu beobachten. Das Essen ist allerdings mäßig. ⏰ 24 Std.

 Hemlock, 56 Phra Arthit Rd., ✆ 02-282 7507. Hier gibt es fast 200 sehr leckere, z. T. traditionelle Thai-Gerichte zu günstigen Preisen in gepflegter Atmosphäre. Darunter finden sich wahre Geschmacksabenteuer wie *Miang Kam*, eine klassische Vorspeise, bei der verschiedene Zutaten in Blätter gewickelt werden. Hauptgerichte 80–120 Baht. Ebenfalls im Angebot sind Weine und eine große Auswahl an Tees. Freundlicher Service und entspannte Musik. ⏰ Mo–Sa 16–23.30 Uhr.
May Kaidee Vegetarian & Vegan Restaurant, 33 Samsen Rd. nördlich des Klong Banglampoo und 59 Tanao Rd., ✆ 02-281 7699, 🖥 www. maykaidee.com/restaurants. Seit 1988 gibt es hier preiswerte, gesunde, glutamatfreie, vegetarische Kost sowie Sandwiches und andere Snacks. Der schwarze Klebreis ist besonders empfehlenswert. Bebilderte Speisekarte. In der Hauptfiliale jeden Sa abends ausgiebiges Buffet für 150 Baht p. P. mit traditionellen Tänzen. ⏰ 8.30–22.30 Uhr.
Ranee's Restaurant, 77 Trokmayom Chakraphong, ✆ 085-065 6388. Seit über 20 Jahren werden in einem ruhig gelegenen, teils überdachten Innenhof preisgünstige hausgemachte Nudeln mit leckeren Soßen, Pizza und Thai-Gerichte ohne Glutamat zubereitet, auch Vegetarisches sowie knusprige Baguettes aus der eigenen Bäckerei. Freundliche Besitzerin. ⏰ 8–24 Uhr.

Ricky's Coffeeshop, Phra Arthit Rd., ✆ 02-629 0509. Unter dem New Merry V. Gh. liegt das beliebte, im chinesischen Kolonialstil gestaltete Café mit sehr gutem Kaffee und leckeren Baguettes, Sandwiches und mexikanischen Gerichten. Hier gibt es das beste Frühstück in Banglampoo. Sehr freundliche Atmosphäre. Filiale nördlich der Soi Samsen 2. ⏰ 7.30–22 Uhr.

Roti-Mataba, 136 Phra Arthit Rd., ✆ 02-282 2119. Eine Institution, die seit 1943 Roti, leckeres, leicht süßliches indisches Fladenbrot, anbietet, das wie in Malaysia schmeckt und dort zum Frühstück gegessen wird, am besten mit Hühnchen-Curry. Äußerst preiswert. ⏰ 7–22 Uhr, s. **eXTra [2709]**.

Taketei Restaurant, Soi Rambuttri, ✆ 02-629 0173, 🖥 www.taketei.com. Helles japanisches Restaurant mit Gerichten von guter Qualität zu vernünftigen Preisen. Für 449 Baht gibt es ein Buffet mit mehr als 120 verschiedenen Gerichten aus dem Land der aufgehenden Sonne. ⏰ 11.30–14 und 17.30–23.30 Uhr.

Am Ufer des Menam Chao Phraya

Aquatini Restaurant, 45/1 Phra Arthit Rd., ✆ 02-280 9955, Karte S. 136/137. Am Fluss gelegenes Restaurant, in dem an Holztischen unter freiem Himmel thailändische Gerichte ab 150 Baht serviert werden. Seafood ist deutlich teurer und der Service nicht besonders freundlich. ⏰ 18.30–23.30 Uhr.

Khimlom Chomsaphan Restaurant, 11/6 Soi Samsen 3, am Fluss hinter Wat Samphraya, ✆ 02-628 8382-3, 🖥 www.khinlomchomsaphan.com, Karte S. 138. Großes, beliebtes Open-Air-Restaurant mit Lotusteich und einer breit gefächerten Auswahl an Seafoodgerichten. Trotz englischer Karte kommen noch wenige Touristen. Bäckerei mit leckeren Kuchen. ⏰ 11–2 Uhr.

Supatra River House, 266 Soi Wat Rakhang, Arun Amarin Rd., ✆ 02-411 0305, 🖥 www.supatrariverhouse.net, Karte S. 128/129. In dem stilvoll restaurierten Thai-Haus mit Garten und Bühne kann elegant am Fluss diniert werden. Leider liegt der Bootsanleger direkt neben dem Restaurant. Sa ab 19.30 Uhr klassische Tänze und Theaterstücke. Hauptgerichte ab 250 Baht,

Seafood deutlich teurer. Hauseigene Fähre ab dem Maharaj Pier. ⏰ 11–14 und 17.30–23 Uhr, letzte Bestellung 21.30 Uhr.

Restaurantboote

Die Boote starten in der Regel abends zwischen 18 und 20.30 Uhr ab River City Pier.

Chao Phraya Princess, ✆ 02-437 9667, 🖥 www.thaicruise.com.

Loy Nava, ✆ 02-437 4932, 🖥 www.loynava.com. Für 1750 Baht gibt es neben einem leckeren Buffet traditionelle Tänze und klassische Thai-Musik. Das Boot ist etwas kleiner als viele andere und daher persönlicher. Abfahrt um 18 und 20.10 Uhr.

Manohra, ✆ 02-476 0770, 🖥 www.manohracruises.com. Die umgebaute Reisbarke, auf der von 19.30–22 Uhr Dinner Cruises ab 1600 Baht angeboten werden, fährt ab dem Anantara Riverside Spa & Resort. Zusteigen am Taksin und Oriental Pier möglich.

Chinatown und Golden Mount

Karte „Historisches Zentrum" S. 128/129 Entlang der Yaowarat Rd. reiht sich ein chinesisches Restaurant an das nächste. Viele verkaufen fragwürdige Spezialitäten wie Haifischflossen- und Schwalbennestsuppe, aber auch andere Köstlichkeiten aus dem Reich der Mitte.

Easae Coffee, an der Ecke Phat Sai Rd. und Phadung Dao Rd., Schild nur in Thai, ✆ 02-221 0549. Seit 1927 kann man in dem einfachen historischen Coffeeshop bei bitterem Taeochew-Kaffee das Straßenleben beobachten, während an den Nachbartischen wie eh und je über die neuste politische Entwicklung diskutiert wird. Der Eistee *cha yen* und die Trinkmarmelade sind lecker. ⏰ 5.30–21 Uhr.

Kuan U Chicken Rice, im Talad Kao (Old Market) in der Soi Issaraphap am Guan U-Schrein, Thai-Schild, ✆ 081-855 9354. Wer den Laden gefunden hat, wird mit dem besten Chicken Rice der Stadt belohnt. Die chinesische Spezialität aus gegrilltem Hühnchen und Reis, der in Hühnerbrühe gekocht wird, ist eine wahre Gaumenfreude. ⏰ 6–13 Uhr.

Lek-Rat Seafood, an der Ecke Yaowarat Rd. und Phadung Dao Rd., ✆ 081-637 5039. Restaurant mit leckeren, preisgünstigen Seafoodgerichten wie gegrillten Muscheln. ⏱ 18–3 Uhr.

Lim Lhao Ngow Noodle, Songsawat Rd. Die Nudeln mit Fischbällchen für 20–25 Baht sind seit Jahrzehnten ein Begriff. Außen knusprig und innen luftig, ein wahrer Genuss. ⏱ 19–23 Uhr.

🧳 **Thip Samai**, 313 Mahachai Rd., zwischen Golden Mount und Riesenschaukel, nur Thai-Beschilderung. Zu erkennen an vollen Tischen und dem roten Schild mit einer 313 unten rechts, ✆ 02-221 6280. Hier wird in einfachem Neonröhrenambiente bis früh morgens die beste Pad Thai serviert. Frisch im Wok auf Holzkohlen zubereitet, lecker und günstig ist eine Portion die perfekte Stärkung, für die man auch zu später Stunde noch gerne ansteht. Der Orangensaft ist hervorragend. ⏱ 17–3 Uhr.

Yong's Curry, Yaowarat Rd., zwischen Yaowarat Soi 6 und Plaeng Nam Rd., ✆ 02-221 9908. Das süße Curry mit Schweinefleisch im indischen Stil ist stadtbekannt, aber auch die anderen wohlduftenden Varianten mit Wels, Hühnchen oder Fleischbällchen erfreuen sich großer Beliebtheit. ⏱ 16–2 Uhr.

Sathorn und Silom

Karte „Sathorn und Silom" S. 130/131

€ In zahlreichen Nebenstraßen finden sich **Essensstände**, z. B. östlich der Moschee, zwischen der Silom und Anuman Raichon Rd., neben dem Bangkok Bank Building und am Beginn der Soi Convent mit sehr guten Nudelgerichten, Suppen, gegrilltem Fisch, Meeresfrüchten u. a.

Anna Restaurant & Art Gallery, 27 Soi Phiphat, Sathorn Soi 6, BTS Chong Nonsi, ✆ 02-237 2788-9, 🖥 www.theannarestaurant.com. In dem restaurierten, grün-weiß gestrichenen Holzhaus im Kolonialstil werden vernünftige, größtenteils einheimische Gerichte serviert. Auf der Karte sind die von den Köchen empfohlenen Speisen mit Sternen markiert. Hauptgerichte ab 150 Baht. ⏱ 11–22 Uhr.

🧳 **Ban Chiang Restaurant**, 14 Si Wang Rd., BTS Surasak, ✆ 02-236 7045. In einem schönen, alten Thai-Haus kann man in freundlicher Atmosphäre im Freien oder im AC-gekühlten Innenraum gut essen. Bei Expats

beliebt. Gerichte um 150 Baht. Empfehlenswertes Entencurry.

Coyote on Convent Restaurant, 1/2 Convent Rd., BTS Sala Daeng, ✆ 02-631 2325, 🖥 www.coyoteonconvent.com. Schickes mexikanisches Restaurant mit moderner Atmosphäre und sehr gut ausgestatteter Bar, die leckere Margaritas zubereitet. Zudem stehen über 100 importierte Soßen zur Auswahl. Hauptgerichte ab 400 Baht. ⏱ ab 11 Uhr.

Mango Tree, 37 Soi Tantawan, Surawongse Rd., BTS Sala Daeng, ✆ 02-634 3911, 🖥 www.coca.com/mangotree. Das hübsch gestaltete Restaurant befindet sich in einem alten Thai-Haus aus der Zeit von Rama VI. und verdankt seinen Namen dem Mangobaum im Innenhof. Die einladende Terrasse ist zum Abendessen bei Touristen beliebt. Leckere Gerichte ab 200 Baht. Freundlicher Service. ⏱ 11.30–23.30 Uhr.

🧳 **Opus Italian Wine Bar & Restaurant**, 64 Pan Rd., BTS Surasak, ✆ 02-637 9899, 🖥 www.wbopus.com. Fantastisches italienisches Restaurant mit einer exzellenten Weinauswahl und geschmackvoller Einrichtung. Der Besitzer Alex führt Gäste gern in den Weinkeller, um ihnen den perfekten Tropfen vorzuschlagen. Die hausgemachte Pasta und Nachspeisen sind besser als bei fast allen Italienern daheim. Sehr hohe Preise und entsprechender Dresscode, aber jedes Gericht ist ein wahrer Gaumenschmaus. Perfekter Service. ⏱ 18–24 Uhr.

The Dome at lebua, State Tower, 42 Silom Rd., BTS Surasak, 🖥 www.lebua.com/the-dome. Der Luxuskomplex in den oberen Stockwerken des State Tower besteht aus der spektakulären Skybar (S. 161), der gediegenen Whiskey- und Zigarren-Bar Distil, dem sehr hochpreisigen, renommierten Open-Air-Restaurant Sirocco mit mediterraner Küche im 63. Stock, dem asiatischen Breeze, der Lounge Ocean 52 sowie dem hochklassigen Italiener Mezzaluna im 65. Stock. Zum Essen ist eine Reservierung erforderlich. ⏱ 18–1 Uhr.

🧳 **Zen**, Convent Rd., BTS Sala Daeng, ✆ 02-266 7150-1. Schickes, modern designtes japanisches Restaurant mit vernünftigen Preisen, das leckere Sushi-Variationen anbietet. Weitere Filialen u. a. im 3. Stock des MBK-Center, im 4. Stock des Siam Center und im

2. Stock des CRC Tower im All Seasons Place.
🕐 10–22 Uhr.

Siam und Pratunam

Karte „Siam und Pratunam" S. 132/133
Internationale Ketten sind am Siam Square
und in den riesigen Einkaufszentren vertreten.
Steakhäuser, japanische, vietnamesische,
chinesische und italienische Restaurants finden
sich entlang der Rama I Rd. und in den Konsum-
tempeln.

Crêpes & Co., 59/4 Langsuan Soi 1, BTS Ratchadamri, ✆ 02-652 0208, 🖥 www.crepes.co.th. In
einem alten Holzhaus gelegenes, kinder-
freundliches und dennoch ruhiges Gartenrestaurant mit Bistro-Ambiente und einem
vielseitigen Angebot an leckeren Crêpes
(herzhafte um 250 Baht, süße ab 100 Baht) und
anderen mediterranen Spezialitäten. Auch eine
gute Weinauswahl. 🕐 9–23, So ab 8 Uhr.

Fuji, über 40 Filialen in den großen Einkaufszentren der Stadt, 🖥 www.fuji.co.th. Eine
beliebte japanische Restaurant-Kette mit
preisgünstigen, leckeren Sushi- und Sashimi-
Menüs und anderen Gerichten aus dem Land
der aufgehenden Sonne. 🕐 bis 22 Uhr.

**Once Upon A Time Restaurant (Jao Khun
Ou-Gallery)**, 32 Soi Petchaburi 17, in der
Soi gegenüber dem Pantip Plaza, BTS Ratchathewi, ✆ 02-252 8629, 🖥 www.onceuponati
meinthailand.com. Gutes, in 3 hübsch gestalteten alten Häusern untergebrachtes Thai-
Restaurant mit dunklen Holzmöbeln und
historischen Fotos. Man kann in AC-gekühlten
Räumen ebenso wie im tropischen Garten und
auf der Terrasse auf niedrigen Kissen sitzend
ein fantastisches Dinner genießen. Hauptgerichte ab 200 Baht. 🕐 11–23 Uhr.

Sukhumvit

Karte „Sukhumvit" S. 134/135
Viele Cafés und internationale Restaurants
haben sich auf Ausländer eingestellt. Ein
Abendessen kann 80, aber auch 1800 Baht
kosten. Dafür gibt es neben schickem Ambiente
auch hervorragende Speisen. In den europäischen Restaurants wird zumeist bekannte
Kost serviert, wobei das Preis-Leistungs-
Verhältnis nach westlichen Maßstäben stimmt.

Die Gegend eignet sich zudem für eine Reise
durch die Küchen der Nachbarländer.

€ Fast schon legendär sind die **Essensstände** in der **Sukhumvit Soi 38** direkt an
der BTS Thong Lo, wo nicht nur Anwohner,
sondern auch Models, Manager und Soapstars
speisen. Einige Stände, wie der Pad Thai-
Verkäufer am Anfang der Soi, wurden sogar
ausgezeichnet. Empfehlenswert ist der Khao
Tom Pla-Stand, der letzte Stand auf der rechten
Seite von der Sukhumvit Rd. aus. Die Tom Yum
mit Fisch schmeckt hier seit 30 Jahren exzellent. 🕐 nur abends.

Bei Otto, 1 Sukhumvit Soi 20, BTS Asok,
✆ 02-260 0869, 🖥 www.beiotto.com.
Seit 1984 eine Institution in Bangkok gegen das
kulinarische Heimweh. Neben dem urig eingerichteten Restaurant mit deutschen Gerichten
und thailändischer Bedienung im Dirndl gibt es
die Schwarzwaldstube, eine großzügige Gast-
stätte mit Tischen und Bänken im Freien sowie
Bier vom Fass, und einen Laden, der Brot und
Wurst aus eigener Herstellung sowie andere
deutsche Spezialitäten verkauft. Hauptgerichte
ab 250 Baht. 🕐 11–23.15 Uhr, Café ab 8 Uhr.

Bourbon St. Restaurant, Sukhumvit Soi 63, BTS
Ekkamai, ✆ 02-381 6801, 🖥 www.bourbonstbkk.
com. In Südstaaten-Atmosphäre mit entsprechender Musik gibt es leckere und sättigende
Cajun-Küche mittlerer Preisklasse. Jeden Di
abends ein mexikanisches All-you-can-eat-
Buffet. WLAN. 🕐 7–1 Uhr.

Cabbages & Condoms, 10 Sukhumvit Soi 12, BTS
Asok, ✆ 02-229 4611, 🖥 www.cabbagesand
condoms.com. Mit viel Humor hat Meechai
Virayaidya seit den 1970er-Jahren Methoden zur
Geburtenkontrolle im ganzen Land populär gemacht. Sein Restaurant besteht aus einem schönen, wenn auch etwas kitschigen dschungel-
artigen Biergarten und einem schlichteren
Innenbereich. Die einheimischen Gerichte kosten ab 100 Baht. Dem Namen entsprechend werden an der Kasse statt Bonbons Kondome
ausgegeben. Freundlicher Service. 🕐 11–23 Uhr.

Firehouse, 3/26 Sukhumvit Soi 11, BTS Nana,
✆ 02-651 3643, 🖥 www.firehousethailand.com.
Wer Appetit auf gute Burger hat, ist in diesem
Lokal mit einfallsreichem Feuerwehr-Ambiente
richtig. Der saftige, leckere Premium Burger für

THAILAND

190 Baht mit 180 g Freilandfleisch, frischen Zutaten und selbstgemachten Soßen ist zu empfehlen. Happy Hour von 16.30–20.30 Uhr. ⏰ 11.30–3 Uhr.

Rang Mahal, im 26. Stock des Rembrandt Hotels, 19 Sukhumvit Soi 18, BTS Asok, ✆ 02-261 7100, 🖥 www.rembrandtbkk.com/dining/rang-mahal. Das Rang Mahal ist als bestes indisches Restaurant des Königreichs bekannt und bietet eine fantastische Speisekarte mit hervorragend zusammengestellten Menüs zu gehobenen Preisen. Die prachtvollen Räumlichkeiten mit toller Aussicht und die Livemusik machen das Essen zu einem Erlebnis. Reservierung empfehlenswert. ⏰ 11.30–14.30 und 18.30–23 Uhr.

€ **Rung Rueng**, 10/1-2 Sukhumvit Soi 26, BTS Phrom Phong, ✆ 02-258 6744. Beim kleinen Familienbetrieb gibt es nur ein Gericht, die 40–50 Baht teure Nudelsuppe mit Schweinefleisch, Hühnchen oder Fisch. Sie ist so lecker, dass der Laden regelmäßig proppenvoll ist. Leute, die keine Innereien wollen, sollten bei der Tochter bestellen, die Englisch spricht. ⏰ Mo–Fr 8.30–16.30 Uhr. Ein paar Meter weiter Richtung Sukhumvit Rd. liegt die unscheinbare, ebenfalls empfehlenswerte Garküche Somtam Soi 26, die günstige Isaan-Spezialitäten verkauft. ⏰ 6–16 Uhr.

Soul Food Mahanakorn, 56/10 Sukhumvit Soi 55 (Thong Lo), BTS Thong Lo, ✆ 02-714 7708, 🖥 www.soulfoodmahanakorn.com. Angesagtes Restaurant in einem restaurierten Ladenhaus unter der Leitung eines US-amerikanischen Autors der Feinschmeckerküche. Das Lokal hat sich der Zubereitung einheimischer Gerichte mit Fleisch und Fisch vom Markt und Bio-Gemüse verschrieben. Köstliches *laab* mit Entenfleisch. Ausgefallene, starke Cocktailkreationen zu moderaten Preisen. Sehr freundlicher Service. Hauptgerichte um 200 Baht. ⏰ 17.30–23, Sa und So bis 24 Uhr.

€ **Suda**, 6 Sukhumvit Soi 14, BTS Asok, ✆ 02-229 4664. Im familiären thai-chinesischen Restaurant servieren seit Jahrzehnten die gleichen Damen große Portionen leckerer Gerichte zu günstigen Preisen wie die in Pandanblättern gegarten Hühnchen. Fast immer voll mit Touristen. ⏰ 11–23, So ab 16 Uhr.

Wanakarm Restaurant, 98 Sukhumvit Soi 23, ✆ 02-258 4241. Die angestaubte Inneneinrichtung aus pinken Plastiktischdecken, Plastikblumen und schweren Teakstühlen zählt zu den hässlichsten in der Sukhumvit. Das Essen ist dafür umso leckerer und kommt in großen Portionen zu annehmbaren Preisen. Zu empfehlen sind die Vorspeisen *miang kham* sowie der frittierte Wasserspinat und das leckere Panaeng-Curry. Viele japanische Gäste. ⏰ 11–24 Uhr.

NACHTLEBEN

Thailands Hauptstadt bietet ein vielfältiges Nachtleben für jeden Geschmack. Neben den schummrigen Tanzbars mit und ohne Go-go-Tänzerinnen und Massagesalons findet sich eine große Auswahl an Kneipen, Veranstaltungsorten mit Livemusik, Bars, Biergärten, Kinos, Clubs und Discotheken, die einen Vergleich mit Europa nicht zu scheuen brauchen. Jedes Stadtviertel hat seinen eigenen Charakter. So verbringt man den Abend in Banglampoo in den Restaurants bei aktuellen Filmen, surft im Internet und beobachtet das Treiben. Hingegen zieht die Umgebung der Silom Rd. Nachtschwärmer magisch an, während viele Besucher der Sukhumvit Rd. die sehr guten Einkaufsmöglichkeiten bis zum späten Abend nutzen oder sich in exklusiven Clubs vergnügen.

Bars und Pubs

€ **Cheap Charlie's**, Seitengasse der Sukhumvit Soi 11, BTS Nana, ✆ 02-253 4648, Karte S. 134/135. Die kleine, skurrilfantasievoll gestaltete Freiluftbar ist seit 1982 eine Institution im Bangkoker Nachtleben der Expats und mit sehr günstigen Drinks ein optimale Ausgangspunkt für eine Nacht in der Suk 11. Neuerdings gibt es sogar eine Toilette. Dahinter ist auch **The Alchemist** einen Besuch wert. ⏰ Mo–Sa 17–24 Uhr.

Gulliver's Tavern, 2/2 Khaosan Rd., gegenüber der Polizei, ✆ 02-629 1988, 🖥 www.gulliver-bangkok.com, Karte S. 136/137. Kommerzielle, große, modern dekorierte Kneipe mit LCD-TVs für Sportübertragungen, die rund um eine viereckige Bar aufgebaut ist. Serviert wird

Patpong und Co.

Ein **Patpong**-Besuch gehört mittlerweile zum Programm der meisten Reisegruppen. Da hier abends einer der größten Touristenmärkte aufgebaut wird, ist die Gasse nicht mehr nur für einsame Männer attraktiv. Die verspiegelten, dunklen Go-go-Bars mit bis zu 100 Tänzerinnen sind von Ständen mit T-Shirts, Seidentüchern und -krawatten, DVDs, Designertaschen und -sonnenbrillen in den Hintergrund gedrängt worden. Nicht zu ignorieren sind die Schlepper, die versuchen, Touristen zu Sex-Shows in die oberen Stockwerke zu locken. Dort werden Gäste übers Ohr gehauen und mit saftigen Getränkerechnungen konfrontiert, v. a. die Transvestitenszene ist bekannt dafür. Die Touristenpolizei rät, im Falle einer zu hohen Rechnung auf einer Quittung zu bestehen und sie anschließend zu benachrichtigen. Die Gegend um die Patpong hat auch akzeptable Restaurants und Pubs.

Die **Soi Cowboy** parallel zur Sukhumvit Rd., zwischen Soi 21 und 23, BTS Asok, ist voll gepackt mit bunten Go-go-Bars und etwas weniger touristisch als die Patpong.

Auch im riesigen **Nana Plaza**, einem der größten Sexkomplexe der Welt in der Sukhumvit Soi 4, konzentrieren sich Bars, die aber alle Vorurteile zu bestätigen scheinen, die gegen dieses Gewerbe bestehen.

westliches und einheimisches Essen, Hauptgerichte ab 130 Baht. Im hinteren Bereich auch Kicker und Billardtische. WLAN. Eine weitere Filiale in der Sukhumvit Soi 5. ⏲ 10–2 Uhr.

Iron Fairies, 394 Sukhumvit Soi 55 (Thong Lo), BTS Thong Lo, ✆ 02-714 8875, 🖥 www.theironfairies.com, Karte S. 134/135. Die mit viel Metall gestaltete Bar dient tagsüber als Fabrik für Stahlfiguren und ist wohl die bizarrste der Stadt. Zu späterer Stunde gibt es neben guten Cocktails und einer breiten Weinauswahl auch herzhafte, leckere Burger und einen Magier, der von Tisch zu Tisch wandert. Alles erinnert an die düsteren Beschreibungen in den Romanen von Charles Dickens, allerdings ist die Klientel hier deutlich wohlhabender. ⏲ 18–2 Uhr.

Phra Nakorn Bar & Gallery, 58/2 Soi Damnoen Klang Rd., in der 1. Gasse westlich der Tanao Rd., ✆ 02-622 0282, Karte S. 136/137. Nette, mit Postern der 1950er- und 60er-Jahre dekorierte Bar, die bei Künstlern und Studenten beliebt ist. Im 2. Stock monatlich wechselnde Ausstellungen, im 3. Stock Billard und Darts, zudem Indie- und 1980er-Jahre-Musik sowie eine gute Aussicht auf den Golden Mount vom Dach. Überwiegend Einheimische erfreuen sich an den günstigen Preisen und der reichhaltigen Essensauswahl. ⏲ 18–1 Uhr.

Wong's Place, 27/3 Soi Sribamphen, Rama 4 Rd., MRT Lumphini, ✆ 081-901 0235, Karte S. 130/131. Kleine Kneipe mit freundlicher, informeller Atmosphäre, die bis in die frühen Morgenstunden geöffnet ist. Der richtige Ort, um nach 2 Uhr in geselliger Runde zu sitzen. ⏲ bis frühmorgens.

Bars und Pubs mit Livemusik

Brick Bar, 265 Khaosan Rd., ✆ 02-629 4477, 🖥 www.brickbarkhaosan.com, Karte S. 136/137. Die dunkle, mit roten Ziegelwänden versehene Bar im hinteren Teil des Buddy Boutique Hotel ist eine der bekanntesten Reggae-Bars Bangkoks und an den meisten Abenden brechend voll mit jungen Leuten. Ab 20 Uhr guter Live-Reggae und -Ska in entspannter Atmosphäre. ⏲ 19–1.30 Uhr.

Brown Sugar, 469 Phra Sumen Rd., ✆ 085-226 5880, 🖥 www.brownsugar bangkok.com, Karte S. 128/129. Der Klassiker ist umgezogen, überzeugt aber nach wie vor mit sehr guten Jazz- und Rhythm & Blues-Livebands von Weltformat. Die einladende, gemütliche Musikkneipe punktet vor allem bei den täglichen Livesessions ab 20 Uhr mit einer mitreißenden Atmosphäre. ⏲ So–Do 17–1 Uhr, Fr und Sa bis 2 Uhr.

Roof Bar & Restaurant, 183-185 Khaosan Rd., ✆ 02-629 2301, Karte S. 136/137. Beliebte, oft brechend volle Open-Air-Bar, von der man einen guten Überblick über das hektische Treiben in der Khaosan Rd. gewinnt. Jeden Abend Livemusik in lockerer Atmosphäre. ⏲ bis 1 Uhr.

Saxophone, 3/8 Phayathai Rd., BTS Victory Monument, ✆ 02-246 5472, 🖥 www.saxophonepub.com, Karte S. 126/127.

Ein Klassiker, den es bereits seit 1987 gibt. In dem dunklen, gemütlich mit viel Holz und Ziegeln eingerichteten Pub mit guter Atmosphäre und einer großen Bar treten einige der besten Jazz-, Rock-, Blues- und Reggaemusiker der Stadt auf. Livemusik Mo und Di ab 21, Mi–So ab 19.30 Uhr. ⊕ bis 1.30 Uhr.

Clubs und Discos

Ein riesiges Angebot an gut besuchten Discos und Clubs lädt zum Trinken und Tanzen ein. Viele Clubs können locker mit ihren europäischen Kollegen mithalten. Der dominierende Einrichtungsstil ist kühl, modern und minimalistisch und die Musik zumeist elektronisch oder Hip-Hop- und RnB-lastig.

Die fünf Hotspots, in denen sich die meisten Clubs befinden, sind:

Royal City Avenue, kurz RCA, eine gewundene Straße zwischen Rama IX und Phetchaburi Rd. im Osten der Innenstadt. Hier liegen die beliebtesten Clubs der unter 30-Jährigen aus der oberen Mittelschicht. Es sind auch einige

Ausländer unterwegs. Besonders Fr und Sa wird es brechend voll. Die Getränkepreise sind weitgehend moderat. Den Namen Royal City Avenue kennen nur wenige Taxifahrer, es ist besser, RCA als Ziel anzugeben.

Ratchada, die Sois der Ratchadapisek Rd., etwas weiter nördlich in der Nähe der MRT-Station Thailand Cultural Centre. Hier sind fast ausschließlich junge Thai-Studenten unterwegs

Die schönsten Freiluftbars der Stadt

Es gibt nur wenig, was so beeindruckt wie der Genuss eines Drinks auf einem Hochhaus in entspannter, gepflegter Atmosphäre bei Sonnenuntergang mit fantastischem Ausblick über die sich bis zum Horizont erstreckende Metropole. Immer mehr Skybars ermöglichen solch ein unvergessliches Erlebnis und bieten die Möglichkeit zu einem romantischen Dinner unter freiem Himmel.

The Nest, im 9. Stock des Le Fenix Sukhumvit, 33/33 Sukhumvit Soi 11, BTS Nana, ✆ 02-305 4000, 🖳 www.thenestbangkok.com, Karte S. 134/135. Modern, bunt und einladend mit viel Grün gestaltete, weniger elitäre Lounge mit entspannter Atmosphäre. Die ausfahrbare Markise sorgt dafür, dass Besucher auch bei Regen die beeindruckende Aussicht auf die Hochhäuser genießen können. Zu späterer Stunde legt ein DJ auf und es wird häufig zu Latin-Musik getanzt. Breit gefächertes Getränkeangebot zu moderateren Preisen. ⊕ 18–2, Sa und So bis 3 Uhr.

Skybar, im 63. Stock des The Dome at lebua, State Tower, 42 Silom Rd., BTS Surasak, ✆ 02-624 9555, 🖳 www.lebua.com/sky-bar, Karte S. 130/131. Äußerst elegante Freiluftbar im 63. Stock – eine der höchsten der Welt, mit einem spektakulären Ausblick auf die Stadt und den Fluss. Sie ist einer der besten Plätze zum Entspannen bei Sonnenuntergang und Lounge-Musik. Cocktails um 500 Baht. Dresscode: sportlich-elegant. ⊕ 18–1 Uhr.

Vertigo Grill & Moon Bar, im 61. Stock des Banyan Tree Bangkok, 21/100 Sathorn Tai Rd., MRT Lumphini, ✆ 02-679 1200, 🖳 www.banyantree.com/en/bangkok/dining/vertigo_and_moon_bar, Karte S. 130/131. Die edle Freiluftbar mit wunderschönem Blick auf das Panorama der Metropole und den Chao Phraya liegt im 61. Stockwerk des spektakulär schmalen Hochhauses. Perfekt für ein romantisches Dinner zu zweit. Zu gediegener Jazz-, Lounge- und House-Musik unter dem Sternenhimmel werden gute, hochpreisige Cocktails und teures gegrilltes Seafood serviert. 2 Seatings (18–20 und 20.30–22 Uhr). Dresscode: sportlich-elegant. ⊕ 17–1 Uhr.

Party in Bangkok

Es gibt einige Besonderheiten, die es zu beachten gilt, wenn man ausgeht: Um nicht vor verschlossenen Türen zu stehen, sollte stets eine Kopie des Reisepasses oder der Personalausweis mitgeführt werden. Türsteher achten teils strikt darauf, dass keine unter 20-Jährigen Einlass erhalten, besonders wenn ein Club berstend voll ist. Die **Einlasskriterien** werden jedoch meist locker gehandhabt. Fast immer reicht es, gepflegt zu wirken und stylish angezogen zu sein; Flip-Flops und Shorts meiden.

In der Regel öffnen Clubs ihre Pforten am frühen Abend und schließen um 3 Uhr. Wenige haben länger geöffnet – ein Privileg, das sie sich mit Zahlungen an die Polizei erkaufen und das sich in den Eintritts- und erhöhten Getränkepreisen niederschlägt. Die **Stimmung** ist freundlich, gelöst, ungezwungen und entspannt. Der hohe Stellenwert von *sanuk* (Spaß) in der thailändischen Kultur macht sich auch beim Ausgehen bemerkbar.

Es gibt normalerweise keinen großen, zentralen **Dancefloor**, sondern Stehtische und Hocker, an denen Besuchergruppen ihre Drinks nehmen und wo sie auch tanzen. Der mit Abstand beliebteste Drink ist **Whiskey Cola**. Normalerweise bestellt man sich eine 1-Liter-Flasche Johnnie Walker Red oder Black Label sowie Cola, Soda und Eis dazu. Eine Flasche Red Label kostet je nach Preisklasse des Clubs 900–3000 Baht, die Mixer noch einmal 300–900 Baht. Die Getränke werden am Tisch von den Bedienungen gemixt. Praktisch ist das Angebot, seine halb volle Flasche Alkohol kostenlos im Club lagern zu lassen und sie innerhalb von zwei Monaten beim nächsten Besuch weiter trinken zu können.

Bei einer **Bestellung** ab 1000 Baht ist es üblich, mind. 80 Baht **Trinkgeld** zu geben, denn die Bedienungen sind auf Trinkgelder angewiesen. Bei der Bezahlung ist es ratsam, sich die Nummer des jeweiligen Kellners zu merken, um eine Basis für etwaige Reklamationen zu haben. In der Regel tragen alle Kellner einen Button mit einer ein- bis dreistelligen Nummer oder ihrem Namen.

und die Getränke sind günstiger als anderswo. Es gibt einige kleinere Clubs mit Liveauftritten bekannter thailändischer Künstler, aber auch große Läden, in denen ausgiebig gefeiert wird.

Sukhumvit: In dieser Gegend konzentrieren sich die edelsten Clubs. Besonders in der Sukhumvit Soi 11 rund um die BTS Asok finden sich Clubs mit langen Öffnungszeiten und/oder elitärem, teils älterem Publikum. Die Preise liegen über denen in der RCA.

Thong Lo/Ekkamai, im östlichen Bereich der Sukhumvit Road gibt es zahlreiche exklusive Etablissements, die besonders bei der jungen einheimischen Oberschicht beliebt sind. In den Seitenstraßen zwischen Thong Lo (Sukhumvit Soi 55) und Ekkamai (Sukhumvit Soi 63) reihen sich zahlreiche Clubs, Restaurants und Bars aneinander. Das Preisniveau liegt über dem in der RCA.

Banglampoo: In der Khaosan Rd. konzentrieren sich einige Clubs, die ausländische Traveller ansprechen. Auch Thais kommen am Wochenende zum Feiern hierher. Die Preise sind moderat.

Weitere Tipps zu Clubs und Discos s. **eXTra [2808]**.

Funky Villa, Thong Lo Soi 10, Sukhuvit Soi 55 (Thong Lo), BTS Thong Lo, ✆ 02-711 6970-1, 🖥 www.facebook.com/funkyvillabkk, Karte S. 134/135. Im edel mit dunklem Holz gestalteten Club läuft in einem Raum wie üblich Hip-Hop, während der andere von Thai-Livemusik beschallt wird. Das Publikum besteht aus jungen, gutbetuchten Thais, auch einige Stars mischen sich unter die Menge. Recht hohe Getränkepreise. ◷ bis 2 Uhr.

GaZebo Club, 44 Chakraphong Rd., ✆ 02-629 0705, 🖥 www.gazebobkk.com, Karte S. 136/137. Im marokkanisch-nordafrikanischen Stil eingerichteter Club mit Bar und eigener Shisha-Lounge in den oberen Stockwerken eines Gebäudes am westlichen Ende der Khaosan Rd. Besonders zu späterer Stunde eine Anlaufstelle für das unermüdliche Partyvolk. 300 Baht Eintritt. ◷ bis 7 Uhr.

Levels, 6. Stock des Aloft Hotel, 35 Sukhumvit Soi 11, BTS Nana, ✆ 082-308 3246, 🖥 www. levelsclub.com, Karte S. 134/135. Großer, opulenter und recht teurer Club mit hohen Decken und einem gigantischen Kronleuchter im Hauptraum. Die Stimmung ist ausgelassen und zieht viele Westler, aber auch leichte Mädchen an. Regelmäßige Showeinlagen und Themenparties. ⏰ 21–3 Uhr.

Q Bar, 34 Sukhumvit Soi 11, BTS Nana, ☎ 02-252 3274, 🖥 www.qbarbangkok.com, Karte S. 134/135. Edler, kleiner und dunkler Club im futuristischen Design, in dem auch berühmte internationale DJs elektronische Musik auflegen und sich die kreative Schickeria der Stadt trifft. An der Bar gibt es über 70 verschiedene Wodkasorten. Eintritt 500–700 Baht inkl. 2 Getränke, teure Drinks. ⏰ 20–1 Uhr.

Route66, RCA, ☎ 02-203 0407, 🖥 www. route66club.com, Karte S. 126/127. In dem riesigen Club in schickem Design mit 3 Dancefloors wird jeden Abend Hip-Hop, thailändische Popmusik und Techno gespielt. Junges, fröhliches Publikum und moderate Getränkepreise. Mittlerweile kommen ziemlich viele Ausländer hierher. Am Wochenende wird es unter den Laserstrahlen brechend voll. Ausländer zahlen 300 Baht Eintritt; darin enthalten sind Getränkegutscheine im selben Wert. ⏰ 20–3 Uhr.

Scratch Dog, Windsor Suites Hotel, Sukhumvit Soi 20, BTS Asok, ☎ 02-663 4447, Karte S. 134/135. Im Untergeschoss liegt dieser bei Einheimischen beliebte, komplett in Weiß gehaltene Club, der Dance und Hip-Hop spielt. Wer noch nicht genug gefeiert hat, kann hier bis in die frühen Morgenstunden bleiben. Voll wird es ab 3 Uhr. Eintritt 400 Baht inkl. 2 Getränke, beim Kauf einer Flasche für ca. 2000 Baht ist der Eintritt für 4–5 Pers. inkl. ⏰ bis 6 Uhr.

Slim/Flix, RCA, ☎ 081-645 1188, Karte S. 126/127. Großer, edel gestalteter Club neben dem Route66. Im beliebten Slim läuft Hip-Hop und RnB, im benachbarten Flix Elektro und House. Da es Sa brechend voll wird, sollte man nach Möglichkeit gegen 21.30 Uhr da sein, um noch einen freien Tisch zu ergattern. Ausländer zahlen 400 Baht Eintritt; darin enthalten sind 2 Freigetränke, beim Kauf einer Flasche ist der Eintritt für bis zu 5 Pers. inkl. ⏰ 20–3 Uhr.

Kinos

Die großen Kinos im Zentrum und in den Einkaufszentren zeigen fast ausschließlich **englischsprachige Filme**, die teils untertitelt werden. In der Regel starten Filme parallel zu den Terminen in den USA und laufen nur für 1–2 Wochen. Vor dem Film ertönt die Königshymne, dann wird erwartet, dass alle Zuschauer als Zeichen des Respekts aufstehen. Das aktuelle Programm ist unter 🖥 www. movieseer.com abzurufen und wird jeden Tag in der *Bangkok Post* und *Nation* abgedruckt. Generell sind Kinos AC-gekühlt, sodass ein leichter Pullover nicht schaden kann. Die Eintrittspreise liegen bei 100–300 Baht, für Luxussäle wird ein Vielfaches verlangt.

Thai-Boxen

Thai-Boxen ist ein thailändisches Männervergnügen. Auf den Tribünen nahe dem Ring ist am meisten los. Ausländer müssen in der Regel im Touristenflügel Platz nehmen, wo sie angeblich vor möglichen Schlägereien sicher sind, die Sicht auf den Ring und die Wetten abschließenden Thai aber nicht gut ist.

Lumphini-Stadion, östlich des Lumphini Parks, MRT Lumphini, ☎ 02-251 4303, 🖥 www.muay thailumpini.com, Karte S. 130/131. Kämpfe finden Di und Fr um 18.30 und Sa um 16 und 20.15 Uhr statt, Eintritt 2000–3000 Baht im Touristenflügel. AC-Loge im 3. Stock. Die besten Kämpfer treten gegen 21 Uhr an.

€ MBK Fight Night, BTS National Stadium. Eine kostenlose Alternative sind die Kämpfe, die jeden Mi ab 18 Uhr vor dem Mah Boon Krong Center ausgetragen werden. Auch hier geht es ordentlich zur Sache.

Rajadamnern-Stadion, Ratchdamnoen Nok Rd., ☎ 02-281 4205, 🖥 www.rajadamnern.com, Karte S. 128/129. Kämpfe Mo, Mi und Do 18.30, So 17 und 20.30 Uhr, Eintritt 1000–2000 Baht.

Travestieshows

Calypso Cabaret, im Asiatique The Riverfront, Warehouse 3, 2194 Charoen Krung Rd., 🖥 www.calypsocabaret.com, Karten an der Theaterkasse oder Reservierungen unter ☎ 02-688 1415-7, Karte S. 126/127. Das

THAILAND

350 Besucher fassende Theater ist kleiner und weniger spektakulär als die Bühnen in Pattaya. Bei einer Travestierevue der gehobenen Klasse treten u. a. verblüffende Kopien berühmter Stars auf. Shows um 20.15 und 21.45 Uhr. Eintritt 900–1200 Baht inkl. 1 Drink oder 1500–2000 Baht inkl. Abendessen. Bei Buchung über Reisebüros ist der Transport inkl.

KUNST UND KULTUR

Buddhistische Meditation
International Buddhist Meditation Center, House of Dhamma, Wat Mahathat, ℘ 02-222 6011, 623 6326, 🖳 www.mcu.ac.th/IBMC, Karte S. 128/129. Das Meditationszentrum offeriert neben Vipassana-Meditationen auch Seminare zum Buddhismus in Englisch. Im selben Tempel werden in der Section 5 (den blauen Schildern folgen) ebenfalls Vipassana-Meditationen und Unterweisungen angeboten, Retreats sind möglich.

Kunstausstellungen
Wechselnde Ausstellungen finden in den Kulturinstituten, im Nationalmuseum und in der Nationalgalerie statt. Gute Anregungen zu aktuellen Ausstellungen unter 🖳 www.facebook.com/bangkokartmap bzw. auf der monatlich erscheinenden *Bangkok Art Map*, die vielerorts ausliegt. Informationen über die Galerien unter 🖳 www.rama9art.org/artisan/galleries.
Bangkok Art and Cultural Center, 939 Rama 1 Rd., BTS National Stadium, ℘ 02-214 6630-8, 🖳 www.en.bacc.or.th, Karte S. 132/133. Das riesige moderne Kunstzentrum soll den Dialog zwischen Subkulturen und etablierten Stilrichtungen fördern und bietet auf 11 Stockwerken viel Platz für kostenlose Ausstellungen (7.–9. Stock), Veranstaltungen und Konferenzen, aber auch für Restaurants, Läden und eine große Kunstbibliothek. Regelmäßige Opernaufführungen. Im Oktober findet jährlich die National Exhibition of Art und Ende Nov/Anfang Dez das Bangkok Art Festival statt. ⊕ Di–So 10.30–21 Uhr.
DOB Hualamphong Gallery im DOB Building, Rama IV Rd., Karte S. 128/129. ⊕ außer Mo 10.30–19 Uhr.

TCDC (Thailand Creative & Design Center), 6. Stock des The Emporium, 662 Sukhumvit Soi 24, BTS Phrom Phong, ℘ 02-664 8448, Ext. 213-4, 🖳 www.tcdc.or.th, Karte S. 134/135. Im Emporium-Einkaufszentrum gelegenes Kunst- und Designzentrum mit wechselnden, interessanten Ausstellungen. ⊕ Di–So 10.30–21 Uhr.

Tanz und Theater
Karten für nahezu alle Veranstaltungen können über **Thai Ticket Major**, ℘ 02-262 3456, 🖳 www.thaiticketmajor.com, bestellt werden.

€ **Khlong Bang Luang Artist's House** (Baan Sinlapin), ℘ 02-868 5279, 🖳 www.klongbangluang.com, Karte S. 132/133. In der Künstlerkolonie in Thonburi führt jeden Tag außer Mi um 14 Uhr die maskierte Truppe von Kam Nai mit ihren Puppen gewürzte Szenen aus dem Ramakien-Epos auf. Eine seltene Gelegenheit, die traditionelle Kunstform des *Hoon Lakorn Lek* in kleiner, aber feiner und informeller Gesellschaft zu erleben. Eintritt gegen Spende (mind. 50 Baht sind angebracht).
Nationaltheater, Na Phratat Rd., am Sanam Luang, ℘ 02-224 1342, Karte S. 136/137. Hier werden moderne Stücke und die bei Touristen beliebten klassischen Shows gezeigt.
Sala Chalermkrung Royal Theatre, Old Siam Plaza, 66 Charoen Krung Rd., ℘ 02-222 0434-5, 🖳 www.salachalermkrung.com (nur in Thai), Karte S. 128/129. Das Gebäude beherbergte in den 1930er-Jahren das größte und modernste Kino des Landes. Es war das erste AC-gekühlte Lichtspielhaus Asiens und bietet 2000 Gästen Platz. Do und Fr (manchmal auch an anderen Tagen) um 19.30 Uhr werden in dem pompösen Bau beeindruckende Khon-Maskentanzaufführungen gezeigt. Eintritt 1000–1200 Baht. Im obersten Stockwerk zudem eine kleine Ausstellung über die Geschichte des Gebäudes.

📖 **Siam Niramit**, Ratchada Theatre, 19 Tiam Ruammit Rd., MRT Thailand Cultural Centre, Exit 1, von dort 18–19.45 Uhr kostenloser Shuttleservice, ℘ 02-649 9222, 🖳 www.siamniramit.com, Karte S. 126/127. Im pompösen, 2000 Zuschauer fassenden Theater bieten über 150 Darsteller auf einer 65 m breiten Bühne ein höchst unterhaltsames Spektakel dar. In 3 Akten werden sehr aufwendig die

Geschichte Thailands, seine Mythologie und Feste thematisiert: Teilweise tummeln sich bis zu 80 Pers. auf der Bühne. Elefanten und andere Tiere sowie atemberaubende Bühnenbilder und spektakuläre Spezialeffekte werden in die Show integriert. Beginn um 20 Uhr, Eintritt 1500–2000 Baht. Hinter dem Theater liegt ein schön angelegtes Museumsdorf, das Touristen einheimische Baustile und Kulturen vorstellt. Das Buffet-Dinner für 350 Baht Aufpreis ist nur eingeschränkt zu empfehlen. ⏱ 18–22 Uhr.

EINKAUFEN

Bangkok ist das Einkaufsparadies Südostasiens: Egal ob Textilien, Kunsthandwerk, Accessoires, Bücher, Technik oder Kosmetika, man bekommt hier alles zu meist deutlich günstigeren Preisen als in der Heimat.
Die großen Einkaufszentren konzentrieren sich in der Siam Gegend entlang der **Rama I** und **Ploenchit Rd.**, aber auch in der **Sukhumvit** und **Silom Rd.** Nahezu alle großen internationalen Marken sind hier mit eigenen Boutiquen vertreten. Gerade im **Siam Square** und auf dem **Suan Chatuchak Weekend Market** findet man viele ausgefallene Geschäfte mit interessanten, kreativen Produkten.
Die großen Touristenmärkte mit einem breiten Angebot an Souvenirs, nachgemachten Markenprodukten und Accessoires befinden sich in der **Khaosan Rd.**, entlang der unteren **Sukhumvit Rd.**, und abends auf dem Nachtmarkt in der **Patpong**. Die Straßenhändler in der Patpong und Khaosan verlangen oft hoffnungslos überhöhte Preise, die mit etwas Geschick deutlich gedrückt werden können. Die meisten Preise auf dem Pratunam-Markt und außerhalb der Touristenhochburgen sind realistischer, daher wird hier deutlich weniger gehandelt.

Shoppingcenter
Siam
Karte S. 132/133
Amarin Plaza, Ploenchit Rd., 🖥 www.amarin plaza.com. Beherbergt auf 5 Stockwerken viele Edelboutiquen, Möbel- und Seidengeschäfte und Kunsthandwerk. Im 3. Stock liegt der Sogo Department Store und in 2. Stock der Outdoor

Unlimited-Bereich mit vielen Ausrüstungsläden. ⏱ 9–21 Uhr.
Central World, Ratchadamri, Ecke Rama I Rd., BTS Chit Lom, 🖥 www.centralworld.co.th/en. Das 7-stöckige Shoppingcenter ist das drittgrößte Einkaufszentrum in Südostasien. Es befriedigt v. a. die Bedürfnisse der wohlhabenden Schicht und beherbergt neben unzähligen Läden internationaler Labels auch den Zen Department Store und ein großes Multiplexkino. ⏱ 10–21 Uhr.

🛍 **MBK (Mah Boon Krong Center)**, Rama I Rd., Ecke Phayathai Rd., BTS National Stadium, 🖥 www.mbk-center.co.th/en. Der riesige Block beherbergt eine schier unendliche Zahl kleiner Geschäfte, die nach Stockwerken geordnet eine breite Palette an Waren zu günstigen Preisen anbieten. Klamottenläden finden sich im 1., 2., 3. und 6., Technik, besonders Handys, im 4. und Möbel im 5. Stockwerk. Außerdem gibt es den Tokyu Department Store und eine Vielzahl an Restaurants, ein Postamt im 2. Stock und den SF Cinema City Multiplex im Obergeschoss. Jeden Mi von 18–21 Uhr kostenlose Muay Thai-Kämpfe. ⏱ 10–22 Uhr.
Siam Center, BTS Siam, 🖥 www.siamcenter. co.th. Als es 1973 wurde, gehörte es zu den ersten großen Einkaufszentren des Landes, und seit seiner Renovierung 2012 ist es auch wieder zeitgemäß. Der Fokus liegt auf Boutiquen für Markenkleidung und Sportartikel, die eine junge Klientel anlocken. Im 4. Stock sind Restaurants angesiedelt. ⏱ 9–21 Uhr.
Siam Paragon, BTS Siam, 🖥 www.siam paragon.co.th. Das schickste Shoppingcenter ist aufgrund seiner Architektur und einmaligen Läden an sich schon eine Sehenswürdigkeit (S. 147). ⏱ 10–22 Uhr.
Siam Square, BTS Siam. Hier geht die junge, stilbewusste Mittel- und Oberschicht einkaufen. Entsprechend besteht das Angebot aus vielen kleinen Geschäften mit Modeschmuck, Taschen und anderen Accessoires sowie relativ hochpreisigen, ausgefallenen Textilien und Schuhen.

Pratunam
Karte S. 132/133
Der **Pratunam-Markt** und die angrenzenden Einkaufszentren bilden das Herz des südost-

asiatischen Textilhandels. Hier werden sowohl günstige Produkte minderer Qualität als auch gefälschte und originale, qualitativ hochwertige Markenprodukte in großen Mengen feilgeboten. Auswahl und Ausmaß der Verkaufsfläche sind überwältigend. Manche Händler verkaufen nur in großen Mengen an die geschäftig umher eilenden Großhändler aus Indien, Afrika und Europa. Die meisten sind aber auch bereit, Einzelteile zu veräußern.

Pantip Plaza, Phetchaburi Rd., 10 Min. zu Fuß von der BTS Ratchathewi, 🖥 www.pantip plaza.com. Gigantischer Einkaufskomplex für Computerfans. Hier werden Hardware sowie legale und kopierte Software verkauft. Auch Digitalkameras, DVDs, Handys und andere Technik können erstanden werden. ⊕ 10–20.30 Uhr.

Platinum Fashion Mall, Phetchaburi Rd., 🖥 www.platinumfashionmall.com. Mit über 2000 Modegeschäften richtet sich diese riesige Mall v. a. an eine mode- und preisbewusste weibliche Zielgruppe: wenig Markenprodukte, dafür viele kreative Designs und sehr günstige Preise, im obersten Stockwerk ein guter Food Court. ⊕ 10–22 Uhr.

Sukhumvit
Karte S. 134/135

Terminal 21, Sukhumvit Rd., BTS Asok. Das neue Einkaufszentrum ist direkt mit der BTS Asok verbunden und überzeugt sowohl mit seinem riesigen Angebot an kleinen, aber feinen Bekleidungsgeschäften als auch mit einem kreativen Konzept. In der wie ein Flughafen aufgemachten Mall wird Einkaufen zum Erlebnis, denn jedes Stockwerk wurde in einem anderen Stil entsprechend verschiedenen Städten gestaltet. So gibt es etwa ein London- oder ein Istanbul-Stockwerk. Zudem ein großes Kino und Restaurants. ⊕ 10–22 Uhr.

Sathorn und Silom
Karte S. 130/131

River City am Menam Chao Phraya, neben dem Royal Orchid Sheraton Hotel, 🖥 www.rivercity. co.th. Rings um eine weite Halle, in der offene Stände Kunsthandwerk anbieten, reihen sich kleine Läden, u. a. viele „Antiquitäten"- und Seidengeschäfte. In manchen Läden ist die Qualität der angebotenen Waren so hoch, dass man sich wie in einem Museum fühlt. Kostenloses Shuttleboot zur BTS Saphan Thaksin. ⊕ Antiquitätengeschäfte 10–18 Uhr, Boutiquen bis 20 Uhr.

Silom Complex, BTS Sala Daeng, 🖥 www. silomcomplex.net/index-en.php. Der frisch renovierte Einkaufskomplex vereint die üblichen Geschäfte unter einem Dach. Zudem viele Restaurants und ein Central Department Store. ⊕ 10–21 Uhr.

Märkte
In der Millionenstadt Bangkok haben einige Märkte mit ländlichem Charakter überlebt. Sie verkaufen frisches Obst und Gemüse, Fisch und Fleisch, zudem Textilien und Drogerieartikel, aber auch Pflanzen und Souvenirs für Touristen. Schwimmende Märkte gibt es nur noch außerhalb der Metropole.

Amulettmarkt, nördlich des Wat Mahathat, Karte S. 128/129. Schutz- und Glücksamulette und religiöse buddhistische und hinduistische Statuen sowie Abbildungen der Könige werden hier verkauft. Handeln nicht üblich.

Khlong Toey-Markt, Rama IV Rd., MRT Khlong Toei, Karte S. 134/135. Der größte Frischmarkt der Stadt versorgt die Metropole täglich mit Lebensmitteln. Überwältigend sind nicht nur seine gigantischen Dimensionen, sondern auch das Warenangebot. Hier gibt es von Aalen über Frösche und Insekten bis Zitronengras alles, was in der einheimischen Küche Verwendung findet. Die Frischfleischabteilung ist nichts für Zartbesaitete, denn hier werden vor den Augen der Kundschaft Hühner geschlachtet und Schweinehälften seziert. Es verirren sich nur sehr wenige Touristen hierher. ⊕ 6–2 Uhr.

Pahurat-Markt, südlich der Pahurat Rd., Karte S. 128/129. Der überdachte Markt, auf dem v. a. Textilien angeboten werden, weist einen deutlich spürbaren indischen Einfluss auf. Hier findet man alles, von Saris bis zu Brokatstoffen für Tempeltänzer, Schmuck, Betelnüsse, Kurz-waren, Schreibwaren u. a. Feilschende Touristen sind nicht gern gesehen. ⊕ 9–18 Uhr.

Pak Klong Talat, Chakraphet Rd., nahe der Memorial-Brücke, Karte S. 128/129. In der großen Halle am Fluss findet täglich ein sehens- und riechenswerter, bunter Blumen-großmarkt statt, der größte des Landes. Hier kaufen frühmorgens Großhändler ihre Waren. ⏱ 2–18 Uhr.

Pratunam-Markt, entlang der Ratchaprarop Rd. sowie im und um den Baiyoke II Tower, Karte S. 132/133. Es gibt unzählige Stände, die Texti-lien, aber auch Souvenirs zu unschlagbar güns-tigen Preisen verkaufen. Nichts für Leute mit Platzangst. Die Verkäufer lassen mit sich handeln (S. 166).

Sampeng Lane, von der Pahurat Rd. über den Klong Richtung Südosten und in den Seiten-gassen, Karte S. 128/129. In den schmalen Gas-sen werden in zahllosen offenen Geschäften vor allem Billigprodukte angeboten (S. 145). ⏱ 6–3 Uhr.

🛍 **Suan Chatuchak Weekend Market**, BTS Mo Chit, MRT Kamphaeng Phet, Karte S. 126/127. Das absolute Shopping-Highlight Bangkoks: An über 15 000 Ständen gibt es origi-nelle Textilien, Souvenirs und Kunsthandwerk aus allen Landesteilen, Schmuck, Porzellan, Haushaltswaren, Lebensmittel, Tiere, Musik, Bücher, Elektroartikel, Pflanzen usw. (S. 148).

Nachtmärkte

Neben dem bekannten touristischen Nacht-markt in der **Patpong** in Silom (S. 160) und den Verkaufsständen, die die untere **Sukhumvit Rd.** säumen, ist besonders der Nachtmarkt **Asiatique The Riverfront** am Chao Phraya (S. 146) einen Besuch wert.

Antiquitäten

Der Handel mit echten Antiquitäten ist in Thai-land verboten. Deshalb lebt eine ganze Branche von der Produktion täuschend echter „Antiqui-täten". Bester Anlaufpunkt ist die **River City** (S. 166).
Weitere Informationen erteilt das **Fine Arts Department** unter ☎ 02-225 2652.

Bücher und Landkarten

Asia Books, 221 Sukhumvit Rd., 💻 www. asiabooks.com, BTS Asok, Karte S. 136/137.

Buchladen mit guter Auswahl. Außer dem Mutterhaus zwischen Soi 15 und 17 insgesamt 26 weitere Filialen u. a. im Landmark Plaza, Central World, Siam Discovery Center und anderen Einkaufszentren. ⏱ bis 20 Uhr, im Central World bis 21 Uhr.

🛍 **Kinokuniya**, 💻 www.kinokuniya.com. Hier findet man fast alles! Die große japanische Kette hat 3 gut sortierte Filialen, die größte im 3. Stock des Siam Paragon, BTS Siam, 💻 www.siamparagon.co.th, Karte S. 132/133, mit vielen Reiseführern und Büchern zu Thailand und Südostasien sowie zu anderen Sachgebieten in englischer Sprache. Filialen im Isetan Department Store, 6. Stock, Central World, BTS Chit Lom, und im Emporium Shop-ping Complex, 3. Stock, 622 Sukhumvit Rd., BTS Phrom Phong.

Edelsteine

Bangkok ist das weltweite Zentrum für die Aufarbeitung minderwertiger und die Her-stellung synthetischer Steine. Wer kein Experte ist, lässt besser die Finger von lukrativ erscheinenden Geschäften. Ansonsten sollten Schmuckstücke immer mit einer Echtheits-bescheinigung versehen sein, mit der Angabe von Größe, Gewicht und Preis sowie einer

Es ist nicht alles Gold, was glänzt!

Besonders beim Kauf von Edelsteinen wer-den viele Ausländer übers Ohr gehauen. Die meisten Betroffenen werden auf der Straße angesprochen. Mit fadenscheinigen Grün-den (besonderer Feiertag, Sehenswürdig-keiten geschlossen usw.) wird man zu einer Edelsteinschleiferei gelockt und mit dem Ver-sprechen, die Steine zum Vielfachen des Ein-kaufspreises zu Hause verkaufen zu können, zum Kauf überredet (die – falschen – Adressen werden sogar mitgeliefert). Wir erhalten trotz dieser Warnung jedes Jahr Briefe von Betrof-fenen, die zum Teil mehrere Tausend Dollar verloren haben. Wer betrogen wurde, wen-det sich an die Touristenpolizei, S. 172. Weitere Tipps für Geschädigte enthält ein Merkblatt der Deutschen Botschaft, S. 50.

Rückgabegarantie (innerhalb von 30 Tagen ohne Einschränkungen) und einer Quittung.
Thai Gem & Jewellery Traders' Association, 942/152 Chan Issara Tower, Rama IV Rd., ☎ 02-630 1390-7, 🖥 www.thaigemjewelry.or.th, Karte S. 130/131. Die Vereinigung schätzt gegen eine Gebühr den Wert von Schmuckstücken und Edelsteinen. ⏱ Mo–Fr.

Kunsthandwerk

Sop Moei Arts, 8 Raum 104, Sukhumvit Soi 49, ☎ 02-714 7269, 🖥 www.sopmoeiarts.com, Karte S. 134/135. Die gemeinnützige Sop Moei Foundation vertreibt qualitativ hochwertige Erzeugnisse der Karen und trägt damit zum Erhalt des traditionellen Kunsthandwerks bei. ⏱ So–Fr 9.30–18 Uhr.
Suan Chatuchak Weekend Market, hier gibt es fast alles (S. 148).

Schmuck

Modischen Silberschmuck in großer Auswahl zu günstigen Preisen gibt es in Banglampoo in der östlichen Trokmayom Chakraphong Rd., der Gasse südlich der Khaosan Rd. und in der Tanao Rd. um die Ecke.

Schneider

Schneider nähen Hemden, Kleider und Anzüge nach Vorlage (Katalogbilder reichen aus, die eigene Lieblingshose ist aber besser). Sie sprechen alle Englisch, wenn nicht sogar Deutsch. Selbst wenn die Kleidung innerhalb von 24 Std. fertig sein könnte, lohnt es sich, 3 Tage und mehrere Anproben zu investieren, Details genau abzusprechen, nicht auf superbillige Sonderangebote einzugehen und Änderungen zu verlangen. Handeln ist angebracht. Je nach verarbeitetem Material variieren die Kosten. Als Anhaltspunkt könnten folgende Preise dienen: 3-teiliger Nadelstreifenanzug inkl. maßgeschneidertem Hemd oder Hosenanzug plus Rock und Bluse je nach Material und Verarbeitung für 6000–15 000 Baht. Adressen und mehr s. **eXTra [2696]**.

Seide

Seide wird in vielen Geschäften in verschiedenen Qualitäten und Farben angeboten – als Kissen, Krawatten, Kleider usw. oder am laufenden Yard (1 Yard = 91,44 cm) in einer Breite von meist 1 m.
Preiswerte Seide gibt es auf dem Suan Chatuchak Weekend Market. Allerdings wird viel Kunstseide oder eine Mischung mit hohem Kunstfaseranteil als angeblich echte Seide angeboten.
Jim Thompson, 9 Surawongse Rd., nahe Rama IV Rd., BTS Sala Daeng, MRT Silom, ☎ 02-632 8100, 🖥 www.jimthompson.com, Karte S. 130/131. Dies ist das führende Geschäft für qualitativ hochwertige Seidenprodukte. ⏱ 9–21 Uhr. Filialen u. a. im Jim Thompson House, im Central World Plaza, im Emporium und im Siam Paragon. Günstiger sind die Factory Outlet-Niederlassungen neben der Hauptfiliale und in der 153 Sukhumvit Soi 93, beide ⏱ 9–18 Uhr.

AKTIVITÄTEN

Kochkurse

Was gibt es Schöneres, als nach der Rückkehr aus Thailand Freunde zu einem selbst gekochten Thai-Essen einzuladen? Wer die vorzügliche Küche auch zu Hause selbst zubereiten möchte, dem bieten Hotels, Restaurants und andere Organisationen Kochkurse an. Sie sind allerdings oftmals teurer als in Kanchanaburi oder Chiang Mai. Alle Preise gelten p. P.
Amita Thai Cooking School, 162/17 Soi Wutthakat 14, Thonburi, ☎ 02-466 8966, 🖥 www.amitathaicooking.com. Nach der morgendlichen Abholung vom Hotel geht es mit dem Boot nach Thonburi in die wunderschöne Villa von Tam, wo 4 Gerichte zubereitet werden. Erst gilt es die passenden Zutaten im Kräutergarten zu sammeln, dann gibt es eine Demonstration und schließlich wird individuell gekocht. Das unterhaltsame und spaßige Halbtagsprogramm kostet 3000 Baht. Max. 10 Teilnehmer.
Helping Hands Thai Cooking School, Abholung um 8.30 Uhr von Emporium Suites, BTS Phrom Phong, ☎ 084-901 8717, 🖥 www.cookingwithpoo.com. Die halbtägigen, 1200 Baht teuren Kochkurse der lustigen und rüstigen Poo werden mitten im Slum von Khlong Toei abgehalten. Neben einem aufschlussreichen Besuch des riesigen Marktes (S. 166)

lernen Teilnehmer das Kochen von 4 Gerichten und viel über den Alltag der hier lebenden Menschen und der gemeinnützigen Arbeit der Helping Hands Foundation, einer von Anwohnern ins Leben gerufenen Selbsthilfeorganisation. Max. 10 Teilnehmer. Es wird auch von den Anwohnern hergestellter Schmuck verkauft.

May Kaidee's Cooking School, 33 Samsen Rd., gegenüber Soi Samsen 2, und im Oasis, Mahanop Rd., ✆ 02-281 7699, 089-137 3173, 🖥 www.maykaidee.com/cooking-school, Karte S. 138 und S. 136/137. May und ihre Kollegen veranstalten seit über 25 Jahren mit viel Spaß und Humor gewürzte vegetarische Kochkurse von 9–13 und 13–16 Uhr für 1200 Baht, bei denen die Zubereitung von 8 Gerichten gelehrt wird. Die beliebten morgendlichen Kurse beinhalten auch einen Marktbesuch und eine Anleitung zur Zubereitung von Chilipaste. Kurse für Fortgeschrittene und Obstschnitzereien für 1500 Baht, 2-Stunden-Programme um 11, 13 und 17 Uhr für 600 Baht und jeden Do ab 19 Uhr eine Single Cooking Party für kontaktfreudige, einsame angehende Köche. Die Kurse im modernisierten und klimatisierten Oasis-Holzhaus in der Tanao Rd. kosten 2000 Baht.

The Thai House, ✆ 02-997 5161, 🖥 www.thaihouse.co.th, außerhalb des Zentrums, Karte S. 126/127. Eintägiger Kochkurs inkl. Unterkunft (S. 154), Transport, Vollverpflegung und Marktbesuch 5500 Baht, ohne Übernachtung 3800 Baht, auch mehrtägige Kurse. Die Chefin Pip bringt ihren Schülern auf liebenswerte und informelle Art die Geheimnisse der traditionellen Küche nahe.

Thai-Boxen

Sor Vorapin Boxing Gym, 13 Trok Kasap, am Ende der Soi südlich vom Wat Chai Chana Songkhram, gegenüber der Khaosan Rd., 🖥 www.thaiboxings.com, Karte S. 136/137. Wer selbst Thai-Boxen erlernen möchte, kann sich zu Übungsstunden von 7.30–9.30 und 15–17 Uhr anmelden. Die Schule ist auf Ausländer und Anfänger eingestellt und verlangt 500 Baht pro Trainingseinheit, 7 Einheiten kosten 2500 Baht. Weitere Trainingscamps außerhalb in Taling Chan.

Vergnügungsparks

Kidzania Bangkok, 5. Stock des Siam Paragon, ✆ 02-683 1888, 🖥 www.bangkok.kidzania.com/en. In der detailverliebt gestalteten Miniaturstadt können Kinder bis 14 Jahre ihre Traumberufe ausprobieren und dabei etwas lernen: Ob Pilot, Sushikoch, Feuerwehrmann, Zahnarzt oder Zeitungsreporter, bei über 80 wählbaren Berufen ist die Auswahl enorm. Alles wirkt recht realistisch, nur kleiner. Eintritt Kinder 650 Baht, Erwachsene 400 Baht. ⏰ Mo–Fr 10–17, Sa und So 10–15 und 16–21 Uhr.

TOUREN

Individuelle Touren

BKK Tours, 17/92 Soi Ramkhamhaeng 43/1, ✆ 085-135 9292, 🖥 www.bkktours.com. Unter der Leitung des freundlichen Holländers Michiel und seiner Frau Photjaman werden eine Fülle von persönlich geführten, informativen Touren durch die Stadt und die Umgebung angeboten. Stadtführungen kosten bei mind. 4 Teilnehmern 1100–2700 Baht p. P. inkl. Essen und Trinken, Transport und Eintritt.

Green Mango, 296 Soi Indramara 45, Ratchadapisek Soi 17, 🖥 www.greenmango.net. Die professionell geführten, deutschsprachigen Stadtspaziergänge zeigen Bangkoks weniger bekannte Seiten. Neben der Ratanakosin-Tour durch die Altstadt und Chinatown und längeren Stadtführungen werden Routen auf individuelle Bedürfnisse zugeschnitten. Die Touren für 36–55 € und max. 8 Pers. können online gebucht und bezahlt werden.

Bustouren

Bei Tagesfahrten mit dem Bus erhält man nur einen flüchtigen Eindruck, denn die Fahrt selbst dauert recht lange, sodass wenig Zeit für Besichtigungen bleibt. Zudem hält am der Fahrer auf dem Rückweg meist vor einer Orchideenfarm, einem Juwelier oder einer „Fabrik", um mit der Provision sein Gehalt aufzubessern. Von den preiswerten Touren der Reisebüros in der Khaosan Rd. sollte man nicht zu viel erwarten.
Preisbeispiele: Amphawa und Talad Rom Hoob, Halbtagestour 500 Baht, Damnoen Saduak Floating Market, Halbtagestour 350 Baht,

Kanchanaburi, Tagestouren je nach Aktivitäten 650–2300 Baht.

Bootstouren

Einen Überblick über fast alle Touren mit Buchungsmöglichkeit findet man unter 🖳 www.thairivercruise.com.
Chao Phraya Express Boat Service, 78/24-29 Maharaj Rd., ✆ 02-623 6001, 🖳 www.chao phrayaexpressboat.com. Das Ausflugsboot fährt So um 8 Uhr vom Maharaj Pier und um 8.30 Uhr vom Sathorn Pier bis gegen 17 Uhr für 550 Baht p. P. zu 9 berühmten Tempeln. Frühmorgens zwischen 6.30 und 8 Uhr beginnen Tagestouren mit Luxusschiffen, u. a. **River Sun Cruise** (ab River City), 🖳 www.riversuncruise. co.th, und **River King Cruise**, ✆ 081-918 9533, 🖳 www.thairivercruise.com, nach Ayutthaya, wobei der Transfer ab/nach Bang Pa In mit dem Bus erfolgt. Die Bootsfahrt ist als Hin- oder Rückfahrt buchbar. Rückkehr gegen 15.30 Uhr. Im Preis von 1500–2000 Baht ist in der Regel ein Buffet auf dem Schiff enthalten.
Weitere Möglichkeiten für Flusstouren bieten die Restaurant- und großen Ausflugsboote, die meist auf dem Menam Chao Phraya flussaufwärts fahren (S. 156 und 175).

Radtouren

Empfehlenswert sind geführte Radtouren, die Bangkok von einer „grüneren" Seite zeigen und auch aufs Land führen. Allerdings überfordern die Verkehrsdichte und die Flut an Eindrücken viele Teilnehmer.
Co van Kessel Bangkok Tours, ✆ 02-639 7351, 🖳 www.covankessel.com/en/homeEN.php. Der holländische Gründer war vor fast 30 Jahren der Erste, der Fahrradtouren in unberührte Ecken der Stadt ausarbeitete. Die 3-Std.-Tour durch Chinatown und Thonburi kostet 950 Baht, eine 5-Std.-Tour für 1500 Baht beinhaltet zudem den Transfer mit einem Longtail-Boot in die grünen Refugien der Vorstadt, und eine 3-Std.-Nachttour ist für 950 Baht zu haben. Zudem Bootstouren und Wanderungen. Treffpunkt ist das Grand China Princess Hotel, 215 Yaowarat Rd.

🖼 **Grasshopper Adventures**, 57 Ratchadamnoen Klang Rd., ✆ 02-280 0832, 🖳 www.grasshopperadventures.com, Karte

S. 136/137 International aktiver Anbieter, der neben sehr interessanten und informativen Stadttouren auch längere durch Thailand und die Nachbarländer anbietet. Professionell geführte 4-stündige Stadttouren für 1000 Baht p. P., Touren in die Umgebung ab 1600 Baht p. P. Die Guides sprechen sehr gutes Englisch. Auch Kinderräder und Nachttouren.
Weitere Tipps zu Radtouren s. **eXTra [2688]**.

SONSTIGES

Autovermietungen

Es ist kein Vergnügen, einen Wagen durch Bangkok zu steuern. Neben der großen Verkehrsdichte und dem ungewohnten Linksverkehr fordert ein verwirrendes System von Einbahnstraßen und Busspuren die Aufmerksamkeit des Fahrers. Wer das Verkehrschaos umgehen will, kann ein Auto am Suvarnabhumi Airport mieten und von dort auf der Ring Road weiterfahren. Sonn- und Feiertage sind gut zum Fahren, da v. a. vormittags wenig los ist. Expressways in Bangkok kosten pro Abschnitt 25–60 Baht Gebühren.
Informationen über Mietwagen S. 83.
Avis, 2/12–13 Witthayu (Wireless) Rd., ✆ 02-251 2011, 🖳 www.avisthailand.com, 🕗 8–18 Uhr. Weitere Filialen an den Flughäfen, 🕗 24 Std.
Budget, 19/23 Royal City Avenue, Building A, New Phetchaburi Rd., ✆ 02-203 9294-5, 🖳 www.budget.co.th. Weitere Filialen an den Flughäfen.
Hertz, 72/8–9 Sathorn Nua Rd., ✆ 02-266 4362, 🖳 www.hertzthailand.com, 🕗 7–19 Uhr. Weitere Filialen am Suvarnabhumi Airport, 🕗 24 Std. und Don Mueang Airport, 🕗 8–21 Uhr.

Diplomatische Vertretungen

s. Traveltipps von A bis Z, S. 48.

Feste und Festivals

Staatliche Feiertage und religiöse Feste werden in Bangkok besonders prunkvoll begangen: Zum Geburtstag der Königin oder des Königs finden Paraden und Umzüge in den geschmückten Straßen statt. Bei großen Festen werden sogar die königlichen Barken zu Wasser gelassen.

Das **chinesische Neujahrsfest** ist Anlass zu 3-tägigen Feierlichkeiten in der Chinatown.

Visakha Bucha, das größte buddhistische Fest, wird im Wat Phra Kaeo und auf dem Sanam Luang begangen. Bereits ab 8 Uhr ziehen 30–40 liebevoll dekorierte Wagen mit Statuen, die Szenen aus dem Leben Buddhas darstellen, durch die Ratchdamnoen Rd. zum Königspalast.

Drachenwettkämpfe finden während der kühlen Jahreszeit von Mitte Februar bis Ende März auf dem Sanam Luang statt.

Zur **Pflugzeremonie** auf dem Sanam Luang Mitte Mai strömen Bauern aus dem ganzen Land nach Bangkok.

Während der **Songkran**-Feiern werden in Bangkoks Straßen wahre Wasserschlachten ausgetragen, wobei Touristen ein beliebtes Ziel darstellen. Wer nicht ständig bis auf die Haut nass werden und mit schmierigem Wasser übergossen werden möchte, sollte die Stadt in diesen Tagen meiden.

Friseure

Never Say Cutz, 927 Sukhumvit Rd., zwischen Soi 49 und 51, BTS Thong Lo, ☎ 02-662 6781, Karte S. 132/133, Siam Square im Komplex des Lido, BTS Siam, ☎ 085-199 9555, Karte S. 132/133, und in direkter Nähe zur BTS Ari, ☎ 02-619 5240, Karte S. 134/135, 🖥 www.facebook.com/Neversaycutz. In den beliebten Friseursalons und Hip-Hop-Treffpunkten fühlt man sich fast wie in einem Barbershop in Harlem. In geselliger Atmosphäre gibt es neben regulären, professionell durchgeführten Haarschnitten inkl. Rasur für 350 Baht auch aufwendige Bilder, Muster und Symbole, die in die Haare der Kundschaft rasiert werden. Zudem Mützen und kreative T-Shirts thailändischer Hip-Hop-Marken, am Siam Square sogar in einem eigenen Verkaufsraum. ⏰ 10–21 Uhr.

Immigration

Immigration Office, 2. Stock, Government Complex, Bldg. B, Chaeng Watthana Soi 7, im Norden der Stadt, am besten mit dem Taxi ab BTS Mo Chit, ☎ 02-141 9889, Call Center: ☎ 1178, 🖥 www.bangkok.immigration.go.th/en, Karte S. 126/127. Früh ankommen, da sonst

lange Wartezeiten drohen. ⏰ Mo–Fr 8.30–12 und 13–16.30 Uhr. Die Filiale in Sathorn, Soi Suanphlu, ☎ 02-287 1983, ist nur für in Thailand lebende Ausländer zuständig. ⏰ Mo–Sa 8.30–12 und Mo–Fr 13–16.30 Uhr.

Informationen

Bangkok Tourism Division, 17/1 Phra Arthit Rd., ☎ 02-225 7612-4, 🖥 www.bangkoktourist.com, Karte S. 136/137. Von den hilfreichen Mitarbeitern erhält man Antworten auf alle Fragen rund um die thailändische Hauptstadt und gute Straßen-, Bus- und Klongkarten. Hier gibt es einen kostenlosen, allerdings etwas unübersichtlichen Stadtplan auf Deutsch, auf dem Buslinien verzeichnet sind. ⏰ Mo–Fr 8–19, Sa und So 9–17 Uhr.

Tourist Authority of Thailand Service Center (TAT), nahe dem Demokratie-Denkmal, 4 Ratchdamnoen Nok Rd., ☎ 02-283 1556, 🖥 www.tourismthailand.org, Karte S. 128/129. Am Informationsschalter gibt es einen Stadtplan und mehr oder weniger aktuelle Publikationen zu Thailand. Die Angestellten sind nicht besonders hilfreich. ⏰ 8.30–16.30 Uhr.

Auch im Untergeschoss des Airports, gegenüber der Polizeistation am westlichen Ende der Khaosan Rd., vor dem Ambassador Hotel, Sukhumvit Soi 11, und am Chatuchak Weekend Market, ⏰ Sa und So 9–17 Uhr, verteilen TAT-Filialen Infomaterial und Stadtpläne.

Tourist Service Line, touristische Informationen und Hilfe in Englisch, ☎ 1672, ⏰ 8–20 Uhr. Im Internet: 🖥 www.bangkok.com, 🖥 www.bk.asia-city.com, 🖥 www.bangkok101.com.

Internet

Eine Vielzahl von Restaurants, Bars und Hotels hat kostenlose WLAN-Zonen. Internetcafés in den Gästehäusern in Banglampoo bieten ab 20 Baht pro Std. die günstigste Möglichkeit zu surfen. In anderen Stadtvierteln gibt es ebenfalls zahlreiche Anbieter, die aber etwa doppelt so teuer sind.

Massagen und Spas

Traditionelle Thai-Massage wird in der Umgebung des **Wat Pho** geboten. Hier finden zudem Massagekurse statt (S. 141). Auch in der

Khaosan Road und ihren Seitengassen bieten Masseure ihre (teils unprofessionellen) Dienste an. 1 Std. kostet normalerweise 150–300 Baht. Einige Massagesalons dienen mehr sexuellen Vergnügungen mit (möglicherweise) weniger gesunden Nachwirkungen.

Dahra Spa, Silom Rd. 154/8–9, BTS Chong Nonsi, ☎ 02-235 4811, 🖥 www.dahra-spa.com, Karte S. 130/131. Schönes Spa mit breitem Angebot zum Wohlfühlen und Genießen. 1 Std. Thai-Massage für 500 Baht. ⏱ 10–23 Uhr.

Divana Spa, 7 Sukhumvit Soi 25, BTS Asok, ☎ 02-661 6784, 🖥 www.divanaspa.com, Karte S. 134/135. Das Spa mit empfehlenswerten Massagen und Behandlungen wirkt wie eine kleine grüne Oase inmitten der Sukhumvit-Gegend. 100 Min. Thai-Massage kosten 1150 Baht. ⏱ 11–23 Uhr.

Pai-Spa, 156 Soi Rambuttri, ☎ 02-629 5155, 🖥 www.pai-spa.com, Karte S. 136/137. Elegantes Spa mitten in Banglampoo, das eine Vielzahl an Massagen, Behandlungen und Schönheitsmasken anbietet. 1 Std. traditionelle Thai-Massage kostet 350 Baht, 2 Std. 600 Baht, Gesichtsbehandlungen gibt es ab 700 Baht pro Std. ⏱ 10–23 Uhr.

Medizinische Hilfe

Bangkok besitzt eine sehr hohe Dichte an professionell geführten Krankenhäusern, die westlichen Standards entsprechen. Englischsprachiges Personal ist immer vor Ort. Die Kosten für Behandlungen und Medikamente sind moderat und die Wartezeiten kürzer als in Deutschland. In allen Krankenhäusern praktizieren auch **Zahnärzte**, die mit ihren Patienten sanft umgehen. Die Behandlung muss direkt im Anschluss bezahlt werden, daher sollte immer genügend Bargeld oder eine Kreditkarte mitgeführt werden. Ansonsten kann der Pass als Pfand einbehalten werden!

Bangkok Hospital, 2 Soi Soonvijai 7, nahe New Phetchburi Rd. Soi 47, ☎ 02-310 3000, Notruf ☎ 1719, 🖥 www.bangkokhospital.com, Karte S. 130/131. In dem großen Krankenhaus arbeiten viele Spezialisten, und es gibt eine neue Zahnklinik.

Bumrungrad International Hospital, 33 Sukhumvit Soi 3, BTS Ploen Chit, ☎ 02-667 1000, 🖥 www.bumrungrad.com, Karte S. 134/135, kurzfristige Terminvereinbarung unter -1555. In Thailands größtem, luxuriösestem und modernstem Krankenhaus werden jährlich etwa 700 000 Ausländer behandelt. Einige der 700 Ärzte sprechen auch Deutsch. Die Preise liegen deutlich über denen anderer Krankenhäuser.

St. Louis Hospital, 215 Sathorn Tai Rd., BTS Surasak, ☎ 02-210 9999, 🖥 www.saintlouis.or.th, Karte S. 130/131. Großes, modernes, katholisches Krankenhaus.

Post

Postfilialen befinden sich u. a. in Banglampoo am großen Platz nördlich der Tani Rd. und in der Soi Damnoen Klang Nua, am Hauptbahnhof links vom Haupteingang, versteckt im östlichen Siam Center am Parkhaus, im MBK Center, 2. Stock, an der BTS Phaya Thai, in der Sukhumvit Rd. nahe Soi 4, in der Soi 23 und an der BTS Thong Lo, ⏱ Mo–Fr 8.30–17.30, Sa 9–12 Uhr.

Reisebüros

Unzählige Reisebüros bieten v. a. in der Khaosan-, Silom- und Sukhumvit-Gegend Touristen ihre Dienste an. Einige sind seriös und professionell geführt, andere versuchen einem schlechte Touren und billige Tickets zu überhöhten Preisen anzudrehen. Prinzipiell sind größere, etablierte Büros und solche, in denen Mitarbeiter nicht darauf drängen, gleich die komplette Thailand-Reise zu buchen, vertrauenswürdiger.

Euro Travel, im New Siam I Gh., 21 Soi Chana Songkhram, ☎ 02-627 2544, ✉ eurotravel2011@hotmail.com. Das kleine Reisebüro in Banglampoo bietet nicht die günstigsten Preise, aber die nette Frau versucht Leuten nicht mehr aufzuschwatzen, als sie wollen, oder sie zu einer Entscheidung zu drängen.

Touristenpolizei

Tourist Police, Hotline ☎ 1155, 🖥 www.thaitouristpolice.org, Zentrale im 23. Stock des TPI Tower, 26/56 Chan Tat Mai Rd., ☎ 02-678 6800, Karte S. 126/127. Außenstellen in der Rama IV Rd., Ecke Ratchadamri Rd., am Lumphini Park, ☎ 02-253 9560,

und neben dem Tourist Office nahe dem Demokratie-Denkmal.

Visa

Visa für viele Nachbarländer sind in Bangkok
preiswerter und schneller zu bekommen als
in Europa. Sie können über Reisebüros organisiert werden. Für die meisten Visaanträge sind
2 Passfotos erforderlich. Mit einer Agentur
kostet die Ausstellung für:
Kambodscha (30-Tage-Visum) 1250 Baht in
1 Tag oder 1150 Baht in 2 Tagen. Ein Visa-on-
Arrival kostet US$30 an der Grenze oder den
internationalen Flughäfen. Für die Einreise über
Poipet, Cham Yeam (Koh Kong) oder die Flughäfen können online E-Visa beantragt werden
(min. 2 Wochen vorab), 🖥 www.mfaic.gov.kh/
evisa.
Laos (30-Tage-Visum) 1950 Baht in 1 Tag oder
1750 Baht in 2 Tagen. Für Österreicher und
Schweizer 200 Baht mehr.
Myanmar (28-Tage-Visum) 2300 Baht in 1 Tag,
1900 Baht in 2 Tagen oder 1700 Baht in 3 Tagen.
Wer die Bewerbung persönlich einreichen
möchte (gleicher Tag 1260 Baht, 1 Tag
1000 Baht, 2 Tage 800 Baht) sollte bereits
um 8 Uhr bei der Botschaft (Pan Rd., BTS
Surasak) sein.
Vietnam (30-Tage-Visum) 2400 Baht in 1 Tag,
2200 Baht in 2 Tagen oder 2000 Baht in 3 Tagen.

NAHVERKEHR

Das Verkehrschaos während der Rushhour
(6–9 und 16–20 Uhr) wird jedem, der einmal
Bangkok besucht hat, bekannt sein. Wenn möglich, sollte in diesem Zeitraum jeder Transport
mit Taxi, Bus oder Auto vermieden werden.
Motorradtaxis schlängeln sich dann zwischen
den stehenden Autos hindurch. Die Fähren,
BTS- und MRT-Bahnen fahren hingegen immer
mit einer vernünftigen Reisegeschwindigkeit.

BTS (Skytrain)

Die Hochbahn BTS (Bangkok Mass Transit
System), 📞 02-617 6000, 🖥 www.bts.co.th, ist
schnell, sauber und recht zuverlässig. Sie wird
jeden Tag von über 600 000 Pendlern genutzt.
Beide Linien kreuzen sich am Umsteigebahnhof
Siam (Central Station), Umsteigemöglichkeit in

die MRT gibt es in Mo Chit/Chatuchak Park,
Asok/Sukhumvit und Sala Daeng/Silom.
Die **Silom Line** führt in 11 Stationen vom
National Stadium über die Rama I Rd., Ratch-
damri Rd., obere Silom Rd. und untere Sathorn
Rd. über Saphan Taksin (Taksin-Brücke) nach
Bang Wa in Thonburi.
Die **Sukhumvit Line** führt in 22 Stationen von der
Endstation Mo Chit am Weekend Market über
die Paholyothin Rd., am Victory Monument
vorbei, über Phayathai Rd., Ploenchit, Sukhum-
vit Rd., On Nut und 5 km weiter Richtung Süd-
osten bis Bearing. Sie soll bis 2017 um über
10 km bis nach Samut Prakan verlängert
werden.
Tickets gibt es am Automaten. Sie kosten je
nach Anzahl der Stopps 15–55 Baht, der One-
Day Pass für 1 Tag 130 Baht, der 30-Tage-Pass
(Rabbit Card) mit 15/25/40/50 Fahrten 375/575/
840/1000 Baht. Hinzu kommen noch 50 Baht
Gebühr für die Kartenausstellung.
Züge fahren von 6–24 Uhr, Ansagen in den
klimatisierten Wagen erfolgen in Thai und in
Englisch.
Einen Überblick über die Lage der BTS-
Stationen bietet die Karte „Bangkok Übersicht"
S. 126/127.

MRT (U-Bahn)

Neben der BTS wurde 2004 die MRT (Mass
Rapid Transit), 🖥 www.bangkokmetro.co.th,
ein eigenständiges U-Bahn-System eingeweiht,
das täglich 240 000 Pendler nutzen. Die Züge
verkehren von 6–24 Uhr im 2–10-Minutentakt.
Umsteigemöglichkeit in die BTS bestehen
an den Stationen Silom (Exit 2 und Fußweg),
Sukhumvit (direkt) und Mo Chit (Exit 4 und
Fußweg).
Die 27 km lange Strecke der **Blue Line**, die in
18 Stationen vom Hauptbahnhof Hua Lamphong
nach Norden über die Ratchadaphisek Rd.
bis Bang Sue führt, soll bis 2015 nach Nordwesten und Südwesten verlängert werden,
sodass sie kreisförmig bis auf die andere
Seite des Flusses führt. Zudem soll bis 2015
die **Pink Line** von Bang Yai im Nordwesten der
Innenstadt über die Altstadt (Dusit, Sam Sen
und Banglampoo) bis nach Rat Burana im
Südwesten führen.

Einzelfahrscheine kosten je nach Entfernung 16–40 Baht, alternativ gibt es aufladbare Stored Value Cards und Zeitkarten.

Die Geschichte des U-Bahn-Baus wird auf Infotafeln in der Passage der Station Hua Lamphong, Exit 2 zum Bahnhof, auch mit englischen Beschriftungen dargestellt.

Einen Überblick über die Lage der MRT-Stationen bietet die Karte „Bangkok Übersicht" S. 126/127.

Stadtbusse

Stadtbusse sind je nach Komfort und Ausstattung unterschiedlich teuer und zunehmend mit Automaten ausgestattet. Es ist sinnvoll, das Fahrgeld passend bereitzuhalten. Die Busse verkehren in der Regel von 5–23 Uhr. Infos unter 🖥 www.bmta.co.th/en.

Fahrpreise für Stadtbusse: Non-AC-Busse 6,50–8,50 Baht; AC-Busse 10–23 Baht.

Einen Stadtplan mit allen Buslinien, den Bangkok Bus Guide, erhält man für 99 Baht in den Villa Markets, in Buchhandlungen und einigen Gästehäusern.

Tipp: Karten und eine gute Übersicht über die einzelnen Linien findet man unter 🖥 www. transitbangkok.com/bangkok_buses.html. Da die Zielorte nur in Thai auf den Stadtbussen stehen, orientieren sich Touristen am besten an den Nummern. Dabei ist darauf zu achten, dass man nicht in die falsche Richtung fährt. Im Zweifelsfall lieber den Busfahrer beim Einsteigen fragen.

Taxis

Durch Bangkok fahren 90 000 Taxis auf der Suche nach Fahrgästen. Sie sind mit Taxameter ausgestattet. Man sollte darauf bestehen, dass das Taxameter eingeschaltet wird, oder ein anderes Taxi nehmen. Manchmal wird kurz vor Ende der Fahrt oder beim Gepäckausladen das Taxameter ausgeschaltet und ein überhöhter Preis verlangt. Für derartige Fälle Kleingeld passend bereithalten. Da viele Autos mit Gas fahren, ist der Kofferraum oft zu klein für großes Gepäck.

Die Einschaltgebühr beträgt seit 1992 35 Baht einschließlich des ersten Kilometers, jeder folgende Kilometer kostet bis zu 12 km 5 Baht,

danach je nach Streckenlänge bis zu 8,50 Baht, zudem werden bei Stau (Geschwindigkeit unter 6 km/h) 1,50 Baht pro Minute fällig. Am besten während der Rushhour gar nicht erst losfahren. Vom Airport ist ein Aufschlag von 50 Baht zu zahlen. Die Gebühren für die Benutzung der Expressways, pro Strecke 45–70 Baht, sind von den Passagieren zu bezahlen. Wenn ein Fahrer das Fahrziel nicht versteht, hilft eine Straßenkarte mit thailändischer Beschriftung, die Visitenkarte des Hotels oder eine Telefonnummer, bei der der Fahrer anrufen kann.

Radio Taxis können rund um die Uhr unter ✆ 1681 und ✆ 02-880 0888 für zusätzliche 20 Baht telefonisch bestellt werden.

Beschwerden über Taxis unter Angabe des Datums, der Uhrzeit und der Registrierungsnummer unter ✆ 1661.

Motorradtaxis

Die Fahrer, an den farbigen Westen mit Nummern zu erkennen, warten an den Abzweigungen der Sois. Sie legen in mafiaähnlichen Strukturen die Preise für die Strecken in ihrem „Revier" fest. Daher variieren die Kosten für kurze Strecken sehr stark (10–50 Baht). Auf Hauptstraßen und für längere Strecken sind Motorradtaxis nicht zu empfehlen, da eine Fahrt recht gefährlich ist. Motorradtaxis dürfen nur eine Person befördern. Theoretisch besteht Helmpflicht.

Es ist geplant, auch Motorradtaxis mit Taxameter auszustatten.

Tuk Tuks

Die offenen Motorroller mit Sitzbank verlangen mind. 30 Baht für eine Fahrt, sind damit meist teurer als Taxis und im dichten Verkehr ein Gesundheitsrisiko. Viele Fahrer sind nicht mehr bereit, Touristen zu einem fairen Preis zu befördern, oder versuchen mit falschen Behauptungen ihre Passagiere zu „Einkaufstouren" zu überreden, um Provision zu kassieren. So schließen Touren für 20 Baht unter Garantie den Besuch von Geschäften mit ein. Auch an Betrügereien mit Edelsteinen (S. 167) sind Tuk-Tuk-Fahrer beteiligt. Sprechen die Fahrer kein Englisch, sollte man sich vergewissern, dass sie das Fahrziel verstanden haben.

Personenfähren

Mit den relativ hohen Booten mit Dach kann man von zahlreichen Piers aus zwischen 8 und 18 Uhr für einen kleinen Betrag den Menam Chao Phraya überqueren. Die meisten Passagiere stehen.

Expressboote

Chao Phraya Express Boat Service, ✆ 02-445 8888, 🖥 www.chaophrayaexpressboat.com/en. Die langen Boote mit vielen Sitzplätzen verkehren auf dem Menam Chao Phraya über eine Länge von 21 km zwischen Pakkred (Norden, Pier N33) und Ratburana (Süden, Pier S4) zwischen 6 und 20 Uhr.

An 34 Piers (N30–S3) halten die **Boote ohne Flaggen**, die Mo–Fr zur Rushhour (6–8 und 15–17.30 Uhr) im Einsatz sind und alle 15–20 Min. fahren. Die **Expressboote mit orangefarbenen Flaggen**, die tgl. von 6–19 Uhr alle 5–20 Min. verkehren, halten nur an den 18 wichtigsten Piers. **Boote mit grünen Flaggen** fahren vom Sathorn Pier zur Rushhour flussaufwärts hinaus bis Pakkret (N33) und die mit **gelben Flaggen** in den Süden bis Ratburana (S4). Eine Karte findet sich unter 🖥 www.chaophrayaexpressboat.com/en/services/map-print.asp.

Fahrpreis je nach Bootsflagge und Entfernung 10–32 Baht. Tickets aufheben, da sie an manchen Piers bei der Ankunft kontrolliert werden. **Chao Phraya Tourist Boat**, ✆ 02-617 7340, pendelt halbstündlich von 9.30–16 Uhr zwischen Sathon Pier (Central) und Phra Arthit Pier (N13) mit Zwischenstopps an den touristisch interessanten Stationen Oriental Pier (N1), Si Phraya Pier (N3), Ratchawongse Pier (N5), Tha Tien Pier (N8), Maharaj Pier und Wang Lang Pier (N10). Die Fahrt kostet 40 Baht, ist etwas komfortabler und man benötigt ca. 30 Min. Die englischsprachigen Erläuterungen sind fehlerhaft und unverständlich. Das Tourist-Tagesticket für 150 Baht p. P. für unbegrenzte Fahrten lohnt in der Regel nicht. An den Piers informieren Schautafeln über die Boote.

Backpackerbusse

Warnung: Die billigsten Angebote sollte man auf jeden Fall meiden (S.125). Uns erreichten zudem Leserbriefe, die sich über Diebstähle und unsichere Fahrzeuge bei den Billiganbietern **nach Kambodscha** beklagten. Auf der thailändischen Seite werden meist recht komfortable Busse eingesetzt, in Kambodscha aber deutlich schlechtere Minibusse mit unerfahrenen Fahrern. Viele kommen erst abends an, sodass man gezwungen ist, im Hostel des Busunternehmens zu übernachten. Eine Alternative besteht darin, nur bis Aranyaprathet zu fahren und die Weiterfahrt von dort selbst zu organisieren.

Reisebüros verkaufen Tickets für Busse zu Touristenzielen. In der Regel werden die hier gelisteten Verbindungen mit großen, komfortablen VIP-Bussen durchgeführt. Folgende Preise können als Anhaltspunkt dienen. Sie variieren je nach Saison und Nachfrage.

Innerhalb Thailands

CHIANG MAI, um 18 Uhr für 400–600 Baht in 10–11 Std.
KANCHANABURI, um 9 und 14 Uhr für 400–450 Baht in 2 1/2 Std.
KO CHANG, um 8 Uhr für 400–600 Baht in 7 Std. inkl. Bootstransfer.
KO SAMET, um 8 Uhr für 400–600 Baht in 4–5 Std. inkl. Bootstransfer.
PATTAYA, um 8 Uhr für 400 Baht in 3 Std.

In die Nachbarländer

SIEM REAP (Angkor, Kambodscha), um 7 Uhr ab Khaosan Rd. über Aranyaprathet. Mit dem Taxi ab der Grenze für 850–900 Baht in 9 Std. oder mit dem Minibus für 650–700 Baht in 12–15 Std.
VANG VIENG (Laos), um 19 Uhr ab Khaosan Rd. für 1300–1400 Baht in 18 Std.
VIENTIANE (Laos), um 19 Uhr ab Khaosan Rd. über NONG KHAI für 1000–1100 Baht in 15 Std.

Minibusse

Vom Victory Monument nördlich des Stadtzentrums (BTS Victory Monument, vom Northern Bus Terminal Bus 77) verkehrt eine Vielzahl von Minibussen in verschiedene Orte in der Umgebung. Sie fahren nicht zu festen Zeiten, sondern dann ab, wenn der letzte Platz besetzt ist. In der Regel dauert das selten länger als

eine halbe Stunde. Minibusse sind nicht günstiger als die großen Busse, aber schneller.
Preisbeispiele: AMPHAWA 80 Baht, AYUTTHAYA 60 Baht, KANCHANABURI 110–120 Baht, PATTAYA 100 Baht, RAYONG 160–200 Baht, SUVARNABHUMI 20 Baht, TRAT 300 Baht.

Busse

Mit einigen Ausnahmen fahren die Unternehmen von 3 großen Busbahnhöfen ab. Der Northern Bus Terminal (Mo Chit) ist der mit Abstand betriebsamste. Man sollte bereits 30 Min. vor Abfahrt dort sein, da Busse, die voll sind, manchmal auch früher losfahren. Gelistet sind hier die AC-Busse 1. und 2. Klasse sowie ggf. bequeme VIP-Busse der staatlichen **Transport Co. Ltd.**, ✆ 1490, 🖥 www.home.transport.co.th/en.html.

Tipp: Reservierungen sind über Thai Ticket Major möglich, ✆ 02-262 3456, „9" drücken für Englisch, 🖥 www.thaiticketmajor.com/bus/index_eng.php. Man erhält für die gewünschte Verbindung eine Reservierungsnummer, mit der man bei jedem 7Eleven bezahlen kann. Gegen die Quittung werden dann am Thai Ticket Major-Schalter am Busbahnhof die Tickets ausgehändigt. Die Preise sind dieselben wie beim Direktkauf.

Die Busse privater Gesellschaften fahren zu gleichen Preisen und werden aus Platzgründen hier nicht gelistet. Langsame lokale Busse mit Ventilator sind nur zu nahe gelegenen Zielen zu empfehlen.

Northern Bus Terminal (Mo Chit),

Kamphaengphet 2 Rd., westlich der Straße zum Don Mueang Airport, ✆ 02-936 2841-8 (für Norden), 02-936 2853-6 (für Nordosten), „1" drücken für Englisch, BTS Mo Chit (Exit 4), MRT Kamphaeng Phet. Der Stadtbus 3 fährt von der Phra Arthit Rd. in Banglampoo nach Mo Chit, Bus 77 vom Victory Monument aus.

Die Stadtbusse fahren etwa 200 m südlich vom Terminal ab. Der Weg führt durch ein unüberschaubares Marktgewirr, daher ist es am besten, nach „local bus" zu fragen.

Am Busbahnhof gibt es Restaurants, einen Informationsschalter und eine Gepäckaufbewahrung.

ARANYAPRATHET (Grenze Kambodscha), 269 km, um 5, 6 und 9.30 Uhr für 228 Baht in 4 Std.

AYUTTHAYA, 75 km, alle 20–30 Min. von 5–20.30 Uhr für 65 Baht in 1 1/2 Std. Die Minibusse ab Victory Monument sind schneller.

BANG PA IN, alle 30 Min. von 6–18 Uhr für 50 Baht in 1 1/2 Std.

BUENG KAN (Grenze Laos), VIP um 19 Uhr für 598 Baht in 12 Std.

CHIANG KHONG (Grenze Laos), 875 km, um 6.30, 7, 16.30, 18.40 und 20 Uhr für 540–690 Baht in 13 Std.

CHIANG MAI, 713 km, 17x tgl. überwiegend morgens und abends für 440–570 Baht. VIP um 9, 20 und 21 Uhr für 880 Baht in 9–11 Std.

CHIANG RAI, 795–801 km, um 7.50, 15.30, 17.30, 18.15, 19.30, 20.30 und 21.30 Uhr für 490–690 Baht; VIP-32 um 7.30, 19, 19.40 und 20.20 Uhr für 980 Baht in 11 Std.

KANCHANABURI, 149 km, um 6.30, 11, 14.30 und 17.10 Uhr für 110–140 Baht in 3 Std. und mit Minibussen ab Victory Monument.

KORAT (Nakhon Ratchasima), 256 km, alle 15–20 Min. von 5–22.10 Uhr für 160–200 Baht in 3 1/2 Std.

LAMPANG, 610 km, um 5.40, 18.50, 20.30, 20.50, 21, 22.20 und 23 Uhr für 380–490 Baht; VIP um 9 und 20.10 Uhr für 760 Baht in 8 Std.

MAE SAI, 857 km, um 17.30 und 18.15 Uhr für 530–680 Baht; VIP um 7.30 und 19.40 Uhr für 1050 Baht in 12 1/2 Std.

MUKDAHAN (Grenze Laos), 671 km, um 19.30 für 533 Baht; VIP um 8 und 20.30 Uhr für 829 Baht in 10–11 Std.

NAKHON PHANOM (Grenze Laos), 727–759 km, um 6, 15, 16.30, 17.30, 18, 19, 20 und 21 Uhr für 450–580 Baht; VIP um 7.30, 19, 20.30 und 20.45 Uhr für 890 Baht in 12 Std.

NAN, 677–747 km, um 6, 7.45, 8.30, 18.20 und 20.30 Uhr für 420–540 Baht; VIP um 20 Uhr für 840 Baht in 10–11 Std.

NONG KHAI (Grenze Laos), 614 km, um 20.30 und 21.45 Uhr für 390–490 Baht; VIP um 20.30 und 22 Uhr für 770 Baht in 10 Std.

PAK CHONG (Khao Yai), 170 km, mit den Bussen nach Korat für 140 Baht in 3 Std.

PAKXE (Laos), 790 km, um 21 Uhr für 900 Baht in 11 1/2 Std.

PHITSANULOK, 368/384 km, um 8.10, 10, 14.30 und 22.30 Uhr für 250–310 Baht; VIP um 24 Uhr für 480 Baht in 4 1/2–5 Std.
PHNOM PENH (Kambodscha), 719 km, um 8.30 Uhr für 900 Baht in 11 Std.
SANGKHLABURI, um 5, 7, 9.30 und 12.30 Uhr für 250–320 Baht in 7 Std.
SIEM REAP (Angkor, Kambodscha), 401 km, um 9 Uhr für 750 Baht in ca. 8 Std., frühzeitige Reservierung empfehlenswert.
SUKHOTHAI, 440/454 km, nach Neu-Sukhothai um 9.20, 12 und 14 Uhr, nach Alt-Sukhothai um 22 Uhr für 280–360 Baht in 6–7 Std.
SURIN, 428 km, um 7, 8.30, 9.30, 11, 13, 16.45, 18.15, 20, 20.30, 21.40 und 23 Uhr für 280–350 Baht; VIP um 22 Uhr für 550 Baht in 7 Std.
UBON RATCHATHANI, 614/649 km, um 6.40, 18, 19.50, 20.30 und 21 Uhr für 390–520 Baht; VIP um 21 Uhr für 740 Baht; VIP um 21.30 Uhr für 810 Baht in 10–11 Std.
UDON THANI, 561 km, um 18.15, 20.30, 21.45 Uhr für 470–560 Baht; VIP um 20.10 und 20.30 Uhr für 700 Baht in 9 Std.
VIENTIANE (Laos), 641 km, um 20 Uhr für 900 Baht in 10 Std.

Eastern Bus Terminal (Ekkamai), Sukhumvit Rd., gegenüber Soi 63 (Ekkamai), ✆ 02-391 3301, 02-392 9227. Gepäckaufbewahrung 35 Baht pro Gepäckstück und Tag, ⏰ 6–18 Uhr. BTS Ekkamai oder Anreise mit Stadtbussen, S. 174. Einige Busse an die Ostküste halten auch am Public Transport Centre am Flughafen.
CHANTABURI, 229–249 km, stdl. von 5–24 Uhr für 210 Baht in 4–5 Std. Ab Northern Bus Terminal (Mo Chit) um 6.30, 12, 14 und 17 Uhr für 220 Baht in 4 Std.
LAEM NGOP (Fähre nach Ko Chang), 331 km, um 7.30 und 9.30 Uhr für 250 Baht in 5–6 Std.
PATTAYA, 141 km, alle 40 Min. von 5–23 Uhr für 90–140 Baht in 2 1/2 Std. Weitere AC-Busse ab Public Transport Centre am Airport, Northern Bus Terminal (Mo Chit) und mit Minibussen ab Victory Monument (S. 175).
RAYONG (Fährhafen für Ko Samet), 194 km, um 6, 12, 13, 15, 17 und 20 Uhr für 170–280 Baht in 3 Std. Ab Northern Bus Terminal (Mo Chit) um 6 und 12 Uhr für 180 Baht in 3 Std. und mit Minibussen ab Victory Monument (S. 175).

TRAT, 327 km, 12x tgl. von 4–24 Uhr für 230–310 Baht in 5–6 Std. Ab Northern Bus Terminal (Mo Chit) um 7.30, 11 und 22 Uhr für 280 Baht in 4 Std. und mit Minibussen ab Victory Monument.

Southern Bus Terminal (Sai Tai Mai/Taling Chan), Phutthamonthon Soi 1 am H338 in der Nähe der Outer Ring Road, ✆ 02-894 6122, „5" drücken für Englisch. Im AC-gekühlten, flughafenähnlichen Terminalgebäude befinden sich Geschäfte und Restaurants. Anreise mit dem Stadtbus S. 174.
DAMNOEN SADUAK, 96 km, alle 40 Min. von 6–21 Uhr für 70–100 Baht in 2 Std.
KANCHANABURI, 129 km, alle 20 Min. von 5–22.30 Uhr für 80–100 Baht in 2–2 1/2 Std., mit Minibussen ab Victory Monument (S. 175) und Bussen ab Northern Bus Terminal (Mo Chit, S. 176).

Eisenbahn

Von **Hua Lamphong**, dem überschaubaren Hauptbahnhof (S. 178), fahren die meisten Züge Richtung Norden, Nordosten, Osten und Süden. Verbindungen mit der MRT sowie mit Stadtbussen (S. 174). Am Informationsschalter vor der Bahnhofshalle sind Fahrpläne erhältlich. Fahrplanauskunft rund um die Uhr unter ✆ 02-220 4334, 🖥 www.railway.co.th. Die englischen Anzeigetafeln in der Haupthalle erleichtern die Orientierung. Ein Food Court im Erdgeschoss und mehrere Restaurants im 1. Stock sorgen für das leibliche Wohl. Am besten lässt sich das Treiben vom Balkon im 1. Stock beobachten. Weiterhin gibt es einen Schalter der Tourist Police, Geldautomaten, Gepäckaufbewahrung im 1. Stock, ⏰ 4–24 Uhr, pro Gepäckstück und Tag 70 Baht, und eine Post, ⏰ 7–19 Uhr. Kalte Duschen können in der Bahnhofshalle neben dem Reservierungsbüro genutzt werden (Gebühr).
Züge Richtung Kanchanaburi und Nam Tok sowie langsame Züge in den Süden verkehren ab der **Thonburi Railway Station (Bangkok Noi)**. Frühzeitig da sein, denn hier können Tickets nur am Abfahrtstag gekauft werden.

Tickets

Tickets erhält man bis zu 60 Tage vor der Abreise im **Advance Booking Office** im

Hauptbahnhof Hua Lamphong, ✆ 02-223 3762, 224 7788, 220 4268, ⏱ 8.30–16 Uhr, danach sind Buchungen an den Schaltern möglich. Schalter 2 ist für Ausländer reserviert. Kreditkarten werden akzeptiert. Tickets gibt es auch in jedem anderen thailändischen Bahnhof mit Reservierungssystem. Für zurückgegebene Tickets werden 50 % und ab dem 5. Tag vor dem Reisetermin 20 % des Fahrpreises erstattet, Umbuchungen kosten 100 Baht. Wer vorhat, viele Langstrecken mit der Bahn zurückzulegen, kann sich den Thailand Rail Pass besorgen.

Verbindungen

Fahrpreise in der 1. Klasse Schlafwagen/ 2. Klasse Sitzplatz/3. Klasse:
ARANYAPRATHET, 255 km (nur 2./3. Kl.), 111/48 Baht.
AYUTTHAYA, 71 km (nur 2./3. Kl.), 65/45 Baht.
CHIANG MAI, 751 km, 1253/431/231 Baht in 12–14 1/2 Std.
KANCHANABURI, 133 km (nur 3. Kl., ab Thonburi), 100 Baht.
KHON KAEN, 450 km, 968/289/187 Baht in 8–9 Std.
KORAT (Nakhon Ratchasima), 264 km, 810/165/ 100 Baht in 4–6 Std.
LAMPANG, 642 km, 1172/354/216 Baht in 9 1/2–12 Std.
LAMPHUN, 729 km, 1235/383/228 Baht in 11 1/2–16 Std.
NAM TOK, 211 km (nur 3. Kl., ab Thonburi), 100 Baht in 4 1/2–5 Std.
NONG KHAI, 621 km, 1117/348/213 Baht in 10 1/2–13 Std.
PAK CHONG, 180 km, 741/132/86 Baht in 3–4 1/2 Std.
PATTAYA, 155 km (nur 3. Kl.), 31 Baht in 3 1/2 Std.
PHITSANULOK, 389 km, 964/309/219 Baht in 5–8 1/2 Std.
SURIN, 420 km, 946/279/183 Baht in 6 1/2–9 Std.
UBON RATCHATHANI, 575 km, 946/319/205 Baht in 8–12 Std.
UDON THANI, 569 km, 1077/329/205 Baht in 10–12 Std.

Flüge

Flughäfen

Vom riesigen **Suvarnabhumi Airport** östlich der Stadt fliegen alle großen Fluggesellschaften, während der ältere **Don Mueang Airport**, 🖥 www.donmuangairportonline.com, im Norden der Stadt von Billigairlines genutzt wird. Bei Flugbuchungen mit Umsteigen ist darauf zu achten, dass die Flieger vom gleichen Flughafen starten oder man entsprechend mehr Umsteigezeit einplant. Die Fahrt von Suvarnabhumi zum Don Mueang dauert mit dem Taxi mind. 1 Std., günstiger mit Bus 555.

Der **Suvarnabhumi Airport** (gespr.: Su-wanna-puhm, Abkürzung BKK), allgemeine Auskunft ✆ 1722, 02-132 1888, 🖥 www.suvarnabhumi airport.com, liegt 32 km außerhalb des Zentrums, östlich der Outer Ring Rd. zwischen Buraphawithi Expressway (H34 nach Chonburi) und dem Motorway H7 in der Provinz Samut Prakan. Um den architektonisch interessanten, mit Shops und Restaurants vollgepackten mehrstöckigen Terminal von 444 m Länge und 111 m Breite zu durchqueren, braucht man Zeit. Lange Schlangen bilden sich während der belebten Stunden vor den Immigration-Schaltern und am internationalen Transfer Counter. Das WLAN-Netz hinter der Immigration kann für 1 Std. kostenlos genutzt werden.

Weiterreise vom Suvarnabhumi Airport

Zur Rushhour oder als Einzelreisender lohnt es sich, vom Suvarnabhumi Airport auf den neuen **Airport Rail Link**, ✆ 1690, 🖥 www.srtet.co.th/en oder 🖥 www.bangkokairporttrain.com, zurückzugreifen, der auf einer 28,6 km langen Strecke mit einer Geschwindigkeit von bis zu 160 km/h tgl. von 6–24 Uhr verkehrt:

Der **Expresszug** (SA Express Line) fährt vom Airport stdl. von 6.30–23.30 Uhr non-stop in 24 Min. bis zur BTS-Station Phaya Thai (Sukhumvit Line) und stdl. von 6.25–23.25 Uhr non-stop in 20 Min. zum Makkasan Terminal in Laufentfernung zur MRT-Station Petchaburi. Die zweite Variante ist für Reisende, die in der Sukhumvit Rd. wohnen, attraktiv. Eine Fahrt kostet 90 Baht einfach oder 150 Baht hin und zurück. Eine Alternative ist die etwas langsamere **SA City Line**, die an 8 Stationen hält und alle 15–20 Min. in 28 Min. für 45 Baht zur BTS-Station Phaya Thai (Sukhumvit Line) verkehrt. Von dort geht es mit der BTS nach Silom oder Saphan Taksin (Fähren nach Banglampoo) weiter.

Ab Level 1 fahren **Taxis** mit Taxameter. Sie verlangen ab dem Airport 50 Baht Zuschlag und selbstverständlich die Bezahlung der Expressway-Maut. Auf diesem Weg kostet es ungefähr 350–450 Baht, um in die Stadt zu gelangen, allerdings kann es zur Rushhour morgens und spät nachmittags sehr langwierig werden.

Der Betrieb der **Airport Express Busse** wurde bis auf Weiteres eingestellt.

Busse verkehren vom Public Transport Centre ca. 15 Min vom Terminal (kostenloser Shuttle von Level 2 und 4 vor Gate 3, 6 und 9). Nach Bangkok fahren für 35 Baht u. a. Bus 551 zur BTS Victory Monument in knapp 1 Std. (Haltestelle im Nordosten des Platzes), Bus 552 zur BTS Punnawithi und Bus 555 zum alten Flughafen Don Mueang.

Zudem verkehrt Bus 825 nach NONG KHAI um 21 Uhr für 500 Baht in 9 Std. sowie nach UDON THANI um 20.40 Uhr für 460 Baht in 9 Std., Bus 389 nach PATTAYA stdl. von 7–22 Uhr für 140 Baht in 2 Std. und Bus 392 nach TRAT. Auch einige Busse von Mo Chit (Northern Bus Terminal) zur Ostküste halten hier.

Weiterreise vom Don Mueang Airport

Der Bus 59 von der etwas versteckten Haltestelle hinter einem Parkplatz ist die günstigste Möglichkeit, um in 1–1 1/2 Std. bis zur Khaosan Rd. zu kommen. Zur Rushhour ist die Verbindung definitiv nicht zu empfehlen. Dann bleibt nur ein Taxi.

Transport zum Suvarnabhumi Airport

Der Airport Rail Link (S. 178) ist eine gute Möglichkeit, die Staus während der Rushhour zu umgehen. Ein Taxi aus der Innenstadt kostet zum Airport etwa 300–400 Baht. Es empfiehlt sich, auch außerhalb der Rushhour 1–1 1/2 Std. für die Anfahrt einzukalkulieren. Wer mit dem Bus von der Ostküste kommt, kann in Bang Phili aussteigen und ein Taxi nehmen.

Inlandsflüge

Air Asia, 🖥 www.airasia.com, fliegt ab Don Mueang nach CHIANG MAI 7x tgl., CHIANG RAI 2x tgl., KHON KAEN 2x tgl., NAKHON PHANOM 1x tgl., PHITSANULOK 2x tgl., UBON RATCHA-THANI 2x tgl. und UDON THANI 3x tgl. Inlands-

flüge kosten bei rechtzeitiger Buchung 1000–3000 Baht.

Bangkok Airways, 🖥 www.bangkokair.com, fliegt ab Suvarnabhumi nach CHIANG MAI 6x tgl. ab 1800 Baht, LAMPANG 2x tgl. ab 2400 Baht, SUKHOTHAI 2x tgl. ab 2300 Baht und TRAT 3x tgl. ab 2600 Baht.

Nok Air, 🖥 www.nokair.com, fliegt ab Don Mueang nach BURIRAM 3x wöchentl., CHIANG MAI 5x tgl., CHIANG RAI 3–4x tgl., LOEI 1x tgl., NAKHON PHANOM 1x tgl., NAN 3x tgl., PHITSA-NULOK 4x tgl., PHRAE 4x wöchentl., ROI ET 2x tgl., SAKON NAKHON 1x tgl., UBON RATCHA-THANI 4x tgl. und UDON THANI 5x tgl. Flüge kosten bei rechtzeitiger Buchung 1000–2000 Baht.

Orient Thai Airlines, 🖥 www.flyorientthai.com/en, fliegt ab Don Mueang nach CHIANG MAI 2x tgl. Flüge kosten bei rechtzeitiger Buchung 1200–1500 Baht.

Thai Airways, 🖥 www.thaiairways.com, fliegt ab Suvarnabhumi nach CHIANG MAI 9x tgl., CHIANG RAI 3x tgl., KHON KAEN 4x tgl., UBON 2x tgl. und UDON 3x tgl. Die Preise sind deutlich höher als bei den Billig-Airlines.

Flüge in die Nachbarländer

Kambodscha: Air Asia fliegt 2x tgl. nach PHNOM PENH und 1–2x tgl. nach SIEM REAP, Bangkok Airways 4x tgl. nach PHNOM PENH und 5x tgl. nach SIEM REAP, Thai Airways 2x tgl. nach PHNOM PENH.

Laos: Bangkok Airways fliegt tgl. nach LUANG PRABANG und VIENTIANE und 5x wöchentl. nach PAKXE, Thai Airways 2x tgl. nach VIENTIANE, THAI Smile, 🖥 www.thaismileair.com, 3–4x wöchentl. nach LUANG PRABANG, Lao Airlines, 🖥 www.laoairlines.com, nach

LUANG PRABANG, SAVANNAKHET und VIENTIANE, und Nok Air tgl. nach VIENTIANE und PAKXE (Fly'n'Ride via Udon / Ubon)
Vietnam: Air Asia fliegt 1x tgl. nach HA NOI und 2–3x tgl. nach HO-CHI-MINH-STADT (Sai Gon), Thai Airways 2x tgl. nach HA NOI und HO-CHI-MINH-STADT (Sai Gon).

Fluggesellschaften in Bangkok:
Die wichtigsten Airlines s. **eXTra [8933]**. Weitere internationalen Gesellschaften s. **eXTra [2590]**.

Die Umgebung von Bangkok

Einige Ziele in der Umgebung Bangkoks eignen sich für einen Tagesausflug. Da es aber dauern kann, aus der Stadt heraus oder wieder hinein zu kommen, lohnt es sich Übernachtungen einzuplanen, vor allem in Kanchanaburi oder Ayutthaya. An Wochenenden und Feiertagen schwärmen viele Großstädter auf der Suche nach Grün und frischer Luft aus, sodass dann das Verkehrschaos auch das Umland erreicht und viele Hotels ausgebucht sind.

Richtung Westen

Eine schöne Tour führt am Morgen zum schwimmenden Markt von Damnoen Saduak, von wo es weiter nach Kanchanaburi geht. Reisebüros in Bangkok bieten entsprechende Tagestouren an. Alternativ kann man nach dem morgendlichen Besuch des schwimmenden Marktes nach Amphawa weiterfahren. Das von Klongs durchzogene Hinterland birgt einige reizvolle Ziele. Der „Garten Thailands" versorgt die städtische Bevölkerung mit frischem Obst und Gemüse. Entlang der Klongs liegen wahrhaft idyllische Plätze, die in starkem Kontrast zu den dicht bebauten Ausfallstraßen und gigantischen Fabriken der Lebensmittelindustrie stehen.

Damnoen Saduak

Der **schwimmende Markt** (Talat Nam) 97 km westlich von Bangkok, ist ein Touristenmagnet. Den ganzen Tag werden Reisegruppen durch die Kanäle und über die Brücken des teils überdachten Marktes geschleust. Von der großen **Brücke** und den Fußwegen aus lässt sich das Treiben beobachten. Durch Souvenir-, Essens- und Kaffeestände, Geldautomaten sowie die Ladenzeilen beiderseits des Kanals hat der Markt seine einst ländliche Atmosphäre eingebüßt. Einstündige Bootstouren kosten 300–400 Baht p. P. Sobald man in einen Seitenkanal abbiegt, findet man sich in ruhigen Gegenden mit hübschen Holzhäusern wieder und kann die liebenswürdige Seite des Landes kennenlernen.

TRANSPORT

Man nimmt den Bus Richtung Ratchaburi bis zur Bang Phae-Kreuzung, von wo Songthaew ständig zum Markt fahren.
BANGKOK (Southern Bus Terminal), AC-Bus 78 bis 18 Uhr alle 40 Min. für 70–100 Baht in 2 Std., zurück bis gegen 21 Uhr. Von Reisebüros werden Touren ab 350 Baht angeboten.
KANCHANABURI, via Bang Phae (Bus 78 oder Songthaew für 30 Baht in 20 Min. ab Markt), weiter mit Bus 461, alle 15 Min. für 40 Baht in 90 Min.

Samut Songkhram (Mae Klong)

Der Ort ist bekannt für den **Mae Klong Railway Market**, einen in einer schmalen Gasse direkt an und auf den Bahngleisen stattfindenden Markt. Wenn die Eisenbahn einfährt, werden die Stände eiligst zur Seite geräumt, die Markisen zurückgezogen, und der Zug gleitet zentimetergenau über Gemüse, Obst und Gewürze hinweg vorbei – ein besonders fotogenes Erlebnis. Die Züge fahren tgl. gegen 8.30, 11.10, 14.30 und 17.40 Uhr in Samut Songkhram ein.

TRANSPORT
Busse und Songthaew
AMPHAWA, 6 km, Songthaew und Minibusse für 10 Baht.

BANGKOK (Southern Bus Terminal), lokale Busse alle 30 Min. bis 17.30 Uhr für 50 Baht in 2 Std., von Bangkok bis 21 Uhr. Minibusse vom/zum Victory Monument bis 20 Uhr für 70 Baht.

Eisenbahn

Von THONBURI (nahe Wongwian Yai-Kreisverkehr) verkehrt etwa stdl. bis zum Nachmittag eine Schmalspurbahn in 1 Std. nach SAMUT SAKHON (Mahachai) für 10 Baht, wo eine Fähre den Fluss überquert. Vom kleinen Ban Laem-Kopfbahnhof auf der anderen Seite (rechts laufen) fährt um 7.30, 10.10, 13.30 und 16.40 Uhr ein Triebwagen in 1 Std. für 10 Baht weiter nach Samut Songkhram (Mae Klong), zurück Abfahrten um 6.20, 9, 11.30 und 15.30 Uhr.

Amphawa

Die Kleinstadt wurde als Geburtsort von König Rama II. auf Initiative des Königshofes hin touristisch entwickelt. Überwiegend Einheimische besuchen den ihm gewidmeten Tempel und das kleine **Museum**. Park ⏲ 8.30–17 Uhr, Eintritt 20 Baht, Museum ⏲ Mi–So 9–16 Uhr. Mittlerweile haben sich in dem während der Woche überaus geruhsamen Ort auch einige Künstler niedergelassen.

TRANSPORT

BANGKOK, ab Amphawa-Tempel zum Victory Monument Minibusse, ✆ 084-111 6630, 087-667 2391, bis 19 Uhr für 80 Baht.
SAMUT SONGKHRAM, 6 km, mit **Songthaew** und **Minibussen** für 10 Baht, **Tuk Tuk** 100 Baht.

Kanchanaburi

Nicht nur die weltberühmte Brücke am Kwai, die Vorlage zu Pierre Boulles Roman und dem gleichnamigen Film, zieht einheimische wie ausländische Touristen in diese Provinzhauptstadt (40 000 Einwohner), die häufig Mueang Kan oder Kanburi genannt wird. Familien japanischer und alliierter Kriegsveteranen kommen wegen der Kriegsmuseen, Soldatenfriedhöfe und anderer Spuren, die der Zweite Weltkrieg hinterlassen hat. Thailändische Familien flüchten am Wochenende aus der Metropole, um in den Resorts aufzutanken. Traveller finden hier preiswerte Gästehäuser und Restaurants sowie vielfältige Möglichkeiten für Touren und Aktivitäten.

Die berühmte **Brücke am Kwae**, besser bekannt als „Brücke am Kwai" oder „River Kwai Bridge", liegt 4 km nordwestlich des Busbahnhofs. Über die Brücke pendelt eine Touristenbahn. Zudem wird sie von Zügen überquert, die durch das Tal des Kwae Noi bis zur heutigen Endstation Nam Tok fahren. Sie machen durch lautes Pfeifen auf sich aufmerksam, sodass sich Passanten rechtzeitig in Sicherheit bringen können. Die schlichte Stahlträgerkonstruktion sieht ganz und gar nicht so aus wie im Film und Roman beschrieben. Dennoch wird sie von zahllosen Touristen fotografiert. Auf dem von Souvenirständen umgebenen Platz vor der Brücke stehen neben einer Informationstafel eine alte Draisine und zwei historische Lokomotiven.

Von dem privaten **World War II Museum** südlich der Brücke, ✆ 034-512 596, sollte man keine historische Aufarbeitung der Kriegsereignisse erwarten. Neben prähistorischen Faustkeilen und einer Galerie der Helden Thailands haben

Wochenendziel der jungen Bangkok-Szene

Der **Schwimmende Markt** nahe dem Wat Amphawa Chetiyaram hat sich mit seinem bunten kulinarischen und Shopping-Angebot zu einem überaus beliebten Wochenend-Ausflugsziel entwickelt. Fr von 15–22 Uhr, Sa, So und feiertags von 12–22 Uhr erwacht das ruhige Örtchen zum Leben. Auf dem Klong Amphawa sind dann Hunderte von Restaurant- und Ausflugsbooten unterwegs. Die überwiegend aus der Hauptstadt angereisten Besucher lassen sich vom Angebot der schicken Lädchen im Retro-Stil, Kunstgalerien, Restaurants, Cafés, Pubs und Homestays locken. Kleinere Heimatmuseen mit alten Fotos, Haushaltsgegenständen und Werkzeugen ermöglichen einen Einblick in das ländliche Amphawa.

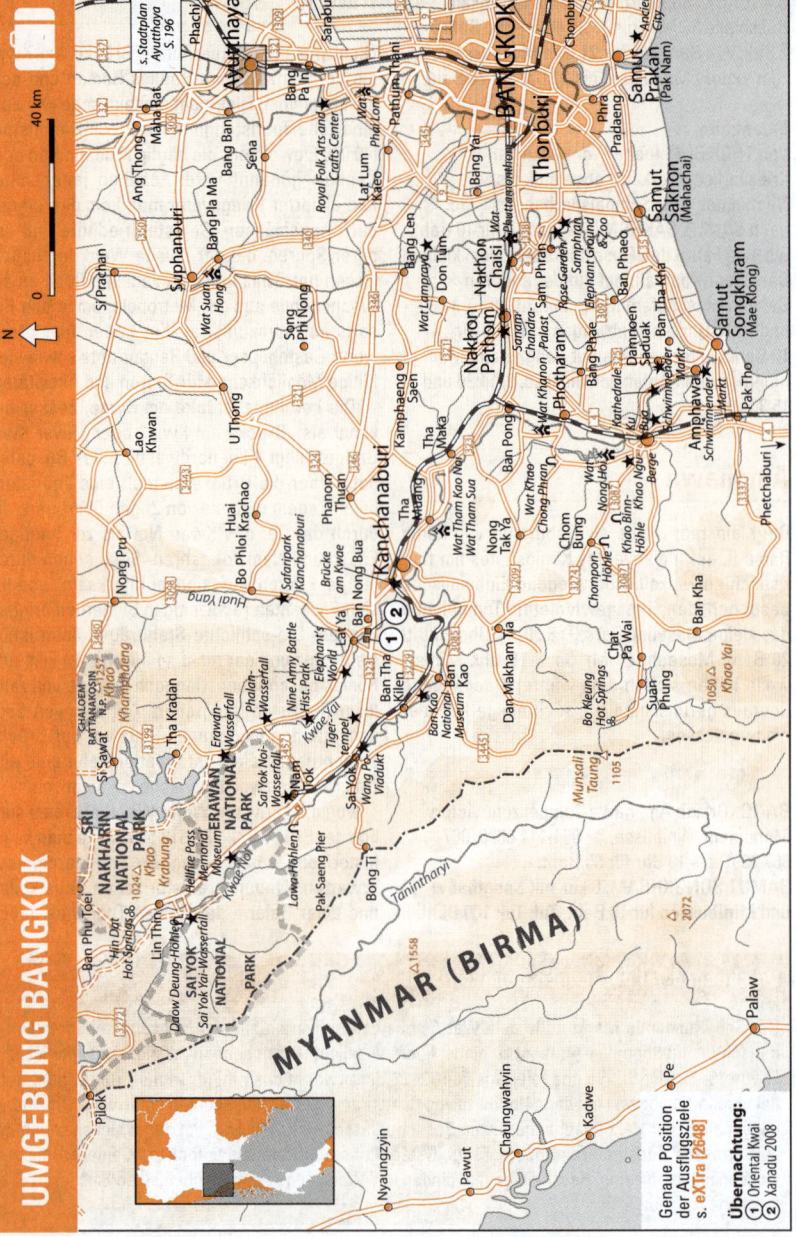

UMGEBUNG BANGKOK

Genaue Position
der Ausflugsziele
s. **eXTra** (2648)

Übernachtung:
① Oriental Kwai
② Xanadu 2008

auch die des Zweiten Weltkriegs, von Stalin bis Einstein, ihren Platz – kurzum: bizarr und voller Fehler! ⏰ 8–18.30 Uhr, Eintritt 40 Baht.

Wesentlich kleiner, aber angenehmer ist das JEATH-**Kriegsmuseum** (JEATH = die in den Krieg verwickelten Länder: Japan, England, Australien, Amerika, Thailand und Holland) im Wat Chai Chumphon am Mae Klong-Fluss, das Ende der 1970er-Jahre in der rekonstruierten Baracke eines Kriegsgefangenenlagers eingerichtet wurde. Anhand von Fundstücken, Fotos und anderen Dokumenten vermittelt es einen Eindruck vom Leben der Gefangenen und der asiatischen Zwangsarbeiter, die 1942/43 am Bau der Eisenbahnlinie beteiligt waren. ⏰ 8–18 Uhr, 30 Baht Eintritt geht als Spende an ein Krankenhaus und eine Schule, Fotografierverbot.

Ein Teil der Toten wurde auf den beiden **Soldatenfriedhöfen** *(war cemetery)* beigesetzt. Der größte, ⏰ 8.30–18 Uhr, auf dem 6982 Soldaten begraben sind, befindet sich etwa 300 m südlich vom Bahnhof. An ihn grenzt ein chinesischer Friedhof. Der zweite, auf dem 1740 vornehmlich britische Soldaten begraben sind, liegt 2 km südlich der Stadt in **Khao Pun**, am Westufer des Kwae Noi.

Wer an einer guten Aufarbeitung der Geschichte interessiert ist, sollte unbedingt zum Museum am Hellfire Pass fahren (S. 193).

Im **Thailand Burma Railway Centre**, ✆ 034-512 721, 🖥 www.tbrconline.com, einem informativen Museum, wird der Bau der Death Railway und der Kriegsverlauf in Asien in Details und durch Videofilme dargestellt. Im Erdgeschoss werden Besuchern die mühsamen Bauarbeiten und das Lagerleben vor Augen geführt. Die Ausstellungen im Obergeschoss widmen sich den Angriffen der Alliierten, der Zerstörung der Brücke und der nach Kriegsende erfolgten Repatriierung der Kriegsgefangenen. Das Highlight ist ein 9 m langes, detailliertes Modell der Bahnstrecke. ⏰ 9–17 Uhr, Eintritt 100 Baht.

ÜBERNACHTUNG

Kanchanaburi bietet eine vielfältige Auswahl preiswerter Gästehäuser. Die meisten vermieten Fahrräder und Motorräder und bieten einen Wäscheservice sowie kleine Restaurants. Samlor-Fahrer erhalten eine Provision für neue

Gäste und fahren bevorzugt die Gästehäuser an, die ihnen das meiste Geld zahlen.

Die Lage am Fluss mit Blick aufs Wasser ist beruhigend, wären da nicht die lauten Touristenboote. Vor allem an Wochenenden ziehen zudem Discoboote ihre Kreise.

Untere Preisklasse

Apple's Retreat & Gh., 153/4 Moo 4 Thamakham, ✆ 034-512 017, 081-948 4646, 🖥 www.applesguesthouse.com. Moderne Bungalowanlage jenseits der Straßenbrücke in ländlicher Umgebung. 16 saubere Zimmer mit AC, guten Matratzen auf Massivholzpodesten und Du/WC in einem 2-stöckigen Reihenhaus mit Blick über die Felder und Bergwelt. Jenseits der Straße am Flussufer befindet sich ein nettes Restaurant mit Flussblick. Empfehlenswerte Kochkurse, Fahrradverleih, Internet und Touren. WLAN. ❸

Chitanun Gh., 47/3 Mae Nam Kwae Rd., ✆ 034-624 785, 🖥 www.chitanungroup.com. Eine rüstige alte Dame vermietet in der großen, von der Straße zurückversetzten Anlage 39 einfach gestaltete, recht kleine, aber sehr saubere Zimmer mit bequemen Matratzen in soliden 4-Zimmer-Bungalows mit größerer Terrasse sowie Reihenhäusern, teils mit AC. Auch Familienzimmer. Schöner, gepflegter Garten. Restaurant an der Straße. ❶–❷

€ **Jolly Frog Backpacker's**, 28 Soi China, Mae Nam Kwae Rd., ☎ 034-514 579. Beliebte und sehr günstige Backpacker-Unterkunft mit 55 einfachen, hellhörigen Zimmern, teils mit AC und kleiner Du/WC. Die billigsten auf Rafts, andere in 2-stöckigen Reihenhäusern in einem Garten. Auch Familien- und EZ mit Gemeinschafts-Du/WC. Liegewiese mit Liegestühlen und Hängematten, hübscher Flussblick und Badeplattform. Günstige Tagestouren. Restaurant. Desinteressierter Service, aber kommunikative Atmosphäre. WLAN. ❶

Pong Phen (P. P.) Gh., 5 Soi Bangladesh, ☎ 034-512 981, 085-293 7683, 🖥 www.pongphen.com. Hoch über dem Fluss gelegene, L-förmig angeordnete Reihenhäuser mit kleinen, hellhörigen, aber sauberen Zimmer mit Terrasse. Zudem ein 3-stöckiges Haus mit sehr großen Zimmern mit TV für 2–3 Pers. und AC-Bungalows. Zum Fluss hin ein Garten mit vielen Orchideen, eine Terrasse mit Tischen, kleiner Pool mit vielen Liegestühlen. Nettes Restaurant mit Bar. WLAN. ❷–❺

Sugar Cane Gh., 22 Soi Pakistan, Mae Nam Kwae Rd., ☎ 034-624 520, 🖥 www.sugarcane guesthouse.com. Anlage mit einfachen, älteren Holzbungalows, die billigen mit kalten Duschen und durchgelegenen Matratzen, sowie 4 Rafts mit schönem Ausblick, großen, sehr hellhörigen Zimmern mit alten Matratzen, alter AC, Sonnenterrasse und alter Einrichtung. Gutes Essen im Restaurant (🕐 7–22 Uhr) mit Blick auf den Fluss. WLAN. ❶–❷

T&T Gh., 1/14 Mae Nam Kwae Rd., ☎ 034-514 846, 081-856 2400. Das 2-stöckige Reihenhaus beherbergt 12 einfache, aber saubere Zimmer mit Fliesenboden, Du/WC und TV, teils auch AC. 4 weitere, sehr einfache Zimmer auf einem Raft. Garten und Flussterrasse. WLAN. ❶–❷

Tamarind Gh., 29/1 Mae Nam Kwae Rd., ☎ 034-518 790, 089-837 7256. Auf einem schmalen Grundstück am Fluss werden in einem 2-stöckigen ruhigen, sauberen Reihenhaus 15 gepflegte Zimmer, unten mit Ventilator,

oben hellere mit AC und TV, vermietet. Weitere Zimmer auf einem Raft, EZ für 150 Baht. Zudem recht große, billige Zimmer mit Gemeinschafts-Du/WC. WLAN. ❷–❸

Mittlere Preisklasse

🧳 **Ploy Gh.**, 79/2 Mae Nam Kwae Rd., ☎ 082-475 3443, 🖥 www.ploygh.com. Geschmackvolle und familienfreundliche kleine Anlage mit 23 Zimmern im modernen Thai-Stil und modischem Pool am Fluss. Hinter dem Restaurant mit Dachterrasse stehen ein 1- und 2-stöckiges Reihenhaus mit Zimmern mit kleinen, privaten Gärten, AC und nicht einsehbarer Warmwasserdusche im Freien, im 1. Stock etwas preiswerter ohne Garten. Das freundliche Personal ist manchmal schwer zu finden. Übers Internet günstiger. Einfaches Frühstück und WLAN inkl. ❸–❹

🧳 **Sabai@Kan Resort**, 317/4 Mae Nam Kwae Rd., ☎ 034-625 544, 🖥 www.sabaiatkan.com. Empfehlenswerte Unterkunft mit 23 schönen, hellen Zimmern mit großer Fensterfront, guten Matratzen, AC, Safe, TV, Kühlschrank und Sitzkissen auf dem Boden, im Erdgeschoss mit Veranda. Schöner Garten mit kleinem Pool. Freundliches Personal. Reservierung empfehlenswert. WLAN und Frühstück inkl. ❺

Xanadu 2008, 19/5 Moo 1, 9 km westlich vom Bahnhof in Ban Nong Bua nördlich des Flusses, ☎ 080-0213 346, 🖥 www.xanaduresort2008.com, Karte S. 182. Außerhalb der Stadt in einer gepflegten Gartenanlage am Fluss stehen 4 Doppel- und 2 geräumige, zweckmäßig eingerichtete Einzelbungalows mit gefliestem Boden, AC, TV, DVD-Player, Kühlschrank und Du/WC. Der Pool und die Terrasse am Wasser laden zum Entspannen ein. Die Gastgeber Dennis und Nee sind sehr hilfsbereit, die Atmosphäre ist persönlich und freundlich. Restaurant. DVD-Verleih und WLAN inkl. ❹–❺

Obere Preisklasse

🧳 **Oriental Kwai**, 194/5 Moo 1, Ladya, ☎ 034-588 168, 🖥 www.orientalkwai.com, Karte S. 182. In diesem Resort stimmt jedes Detail: Klein, schick und in idyllischer Lage am Fluss nördlich der Stadt lädt es zum

Kanchanaburi

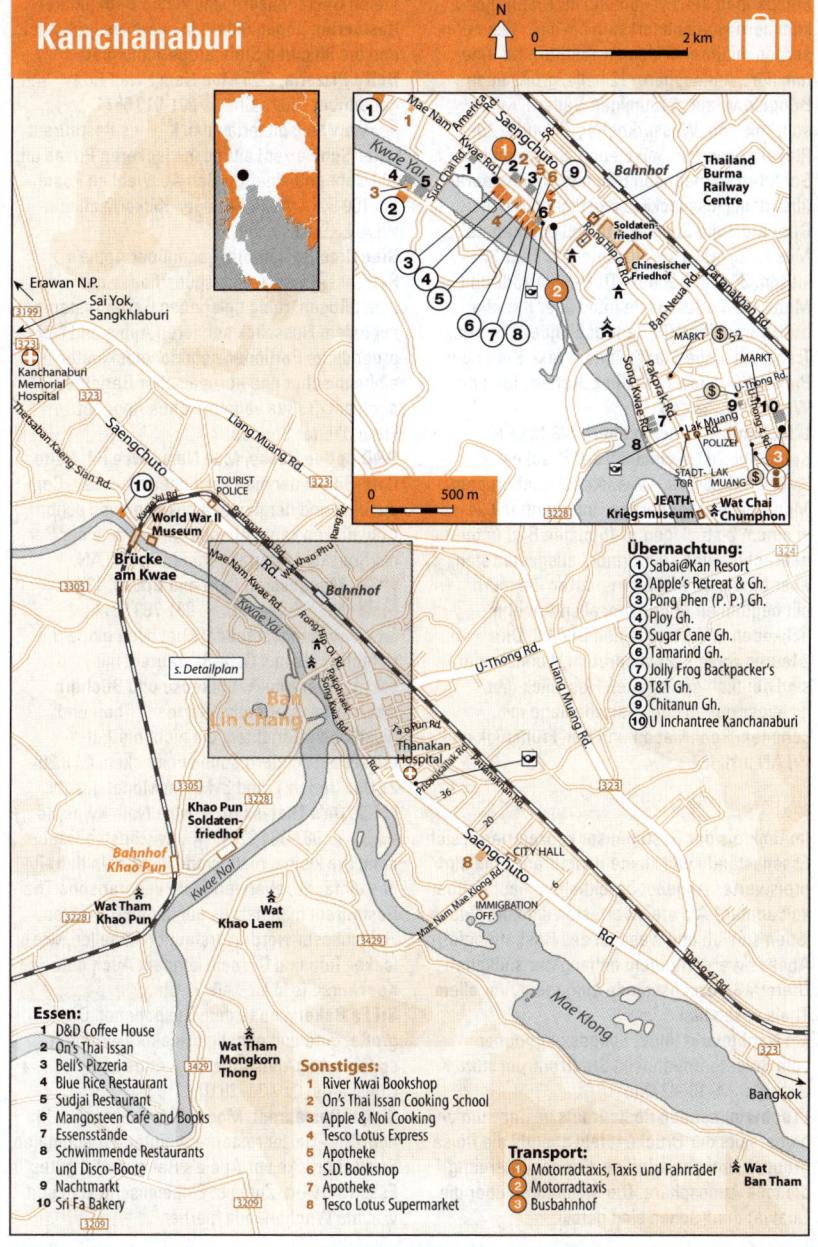

N

0   2 km

Übernachtung:
1 Sabai@Kan Resort
2 Apple's Retreat & Gh.
3 Pong Phen (P. P.) Gh.
4 Ploy Gh.
5 Sugar Cane Gh.
6 Tamarind Gh.
7 Jolly Frog Backpacker's
8 T&T Gh.
9 Chitanun Gh.
10 U Inchantree Kanchanaburi

Essen:
1 D&D Coffee House
2 On's Thai Issan
3 Bell's Pizzeria
4 Blue Rice Restaurant
5 Sudjai Restaurant
6 Mangosteen Café and Books
7 Essensstände
8 Schwimmende Restaurants
  und Disco-Boote
9 Nachtmarkt
10 Sri Fa Bakery

Sonstiges:
1 River Kwai Bookshop
2 On's Thai Issan Cooking School
3 Apple & Noi Cooking
4 Tesco Lotus Express
5 Apotheke
6 S.D. Bookshop
7 Apotheke
8 Tesco Lotus Supermarket

Transport:
1 Motorradtaxis, Taxis und Fahrräder
2 Motorradtaxis
3 Busbahnhof

Entspannen ein. Evelien und ihr Mann Djo kümmern sich aufmerksam um ihre Gäste und sorgen mit ihren 3 kleinen Töchtern für eine familiäre Atmosphäre. 12 helle, großzügige Bungalows mit geräumigen Bädern, Kühlschrank, Fön, Wasserkocher, TV und DVD-Player sowie Pool mit Liegen, Schirmen und Schatten spendenden Bäumen. Im Restaurant über dem Fluss leckere westliche und Thai-Gerichte, tolle Speisekarte und entspannte Musik. Terrasse am Flussufer mit Thai-Sitzkissen. Zudem Bücher-, DVD-, Fahrrad- und Motorrad-Verleih, viele Infos über Kanchanaburi, Vorschläge für Rad- und andere Touren, Transport in die Stadt mit dem Taxi, Boot oder Pick-up-Service. Frühstück, Kaffee, Tee und WLAN inkl. ❺–❻

U Inchantree Kanchanaburi, 443 Mae Nam Kwae Rd., 200 m westlich der Brücke, ✆ 034-521 584, 🖳 www.ukanchanaburi.com. Moderne, boutiqueartige Unterkunft mit 24 in einem 2-stöckigen, U-förmigen Bau untergebrachten und komfortabel ausgestatteten, aber beengten und überteuerten Zimmern mit bequemen Matratzen, allen Annehmlichkeiten und sehr kleinen Du/WC. Die 2 teuren Suiten mit separatem Wohnzimmer sind deutlich geräumiger. Flussblick gibt es leider nur von der Gartenanlage mit schönem Pool, Liegen und Bar. Frühstück und WLAN inkl. ❻

ESSEN

Im Umkreis der Gästehäuser konzentrieren sich **Essensstände** und kleine Restaurants, die ein preiswertes Angebot bereithalten – auf Sauberkeit achten! Am preiswertesten sind die Nudelläden südlich und westlich des Busbahnhofs. Abends werden zudem entlang der südlichen Uferstraße Essensstände aufgebaut. Vor allem Thais essen hier.

Ein **Nachtmarkt** findet abends gegenüber vom Soldatenfriedhof im Stadtzentrum statt. ⊙ außer Mi 19–22 Uhr.

In **schwimmenden Restaurants** im Zentrum und beiderseits der Brücke tafeln abends die Reisegruppen und genießen bei Sonnenuntergang die tolle Atmosphäre. Die Meinungen über die Qualität der Küchen sind geteilt.

Vielen Gästehäusern sind kleine **Backpacker-Restaurant** angegliedert, in denen es Frühstück und die üblichen Standardgerichte gibt.

Bell's Pizzeria, 24/5 Mae Nam Kwae Rd., gegenüber Ploy's Gh., ✆ 081-010 6614, 🖳 www.bellspizzeria.com. Kleines Restaurant unter Schweizer Leitung mit leckeren Pizzas um 200 Baht und einer großen Auswahl an Pasta um 100 Baht. Auch Erdinger, Kickertisch und WLAN. ⊙ ab 17 Uhr.

Blue Rice Restaurant, gegenüber Apple's Retreat, 🖳 www.applesguesthouse.com. In dem luftigen, ruhig gelegenen Gartenrestaurant mit tollem Flussblick servieren Apple und Noi ordentliche Portionen sehr schmackhafter einheimischer und europäischer Gerichte, auch ein großes vegetarisches Angebot. Freundlicher Service.

D&D Coffee House, Mae Nam Kwae Rd. Nette Café-Bar, in der man herrlichen Espresso, Cappuccino und dergleichen bekommt und schön frühstücken kann. Abends wird es zu einer Bar mit Snacks. Motorradvermietung. WLAN.

Mangosteen Café and Books, 13 Mae Nam Kwae Rd., ✆ 081-793 5814, 🖳 www.mangosteencafe.net. Nett eingerichtetes, kleines Café-Restaurant mit entspannter Musik, Sofaecke und Büchern. Bebilderte, informative Karte mit Thai- und westlichen Gerichten, die nicht nur gut aussehen, sondern auch schmecken. ⊙ 8.30–21 Uhr. Jeden 1. und 3. Mo im Monat geschl.

On's Thai Issan, 36 Mae Nam Kwae Rd., ✆ 087-364 2264, 🖳 www.onsthaiissan.com. Die kleine, rüstige und lustige On betreibt das einfache, aber sehr gute vegetarische Thai-Restaurant mit überaus günstigen Gerichten. Fleischesser werden erstaunt feststellen, wie lecker Tofu und Co. sein können. Auch gute Kochkurse (s. u.). ⊙ 10–22 Uhr.

Sri Fa Bakery, nahe dem Busbahnhof. Die große, gute und günstige Bäckerei verkauft sogar richtig knusprige Baguettes und Croissants. ⊙ 7.30–20 Uhr.

Sudjai Restaurant, Moo 4, Thamakham Rd. In dem Thai-Gartenrestaurant hinter der schmalen Straßenbrücke vor Apple's Retreat wird gutes Essen serviert. Zumeist Einheimische kommen v. a. am Wochenende hierher.

UNTERHALTUNG

Bars

Auf der unteren Mae Nam Kwae Rd. wird mit dem Spruch geworben: „Get drunk for 10 Baht". Auch wenn es etwas teurer wird, trifft es doch den Kern der Bierbar-Szene. Viele Pubs und Bars werden von pensionierten Briten und deren thailändischen Freundinnen geführt. Sie werden auch von Prostituierten genutzt, ebenso wie einige angrenzende Gästehäuser.

Disco-Boote

Die Partyboote sind mit Karaoke ausgestattet und v. a. bei Japanern und Koreanern beliebt. Sie verkehren bis 24 Uhr meist auf dem Kwae Noi, zu späterer Stunde auch weiter den Fluss hinab, wo sie ungestört lärmen können. Wegen der hohen Diesel-Kosten sind sie mit einem Charterpreis ab 2000 Baht recht teuer.

EINKAUFEN

Auf dem **Nachtmarkt** gegenüber vom Soldatenfriedhof werden auch Kleidung und Kunsthandwerk verkauft. ⏰ außer Mi 19–22 Uhr.
Tesco Lotus Supermarket, 2,1 km südlich vom Tourist Office. Zudem ein kleiner Tesco Lotus Express auf der Mae Nam Kwae Rd. ⏰ 9–23 Uhr.

Bücher

S.D. Bookshop und **River Kwai Bookshop**, beide auf der Mae Nam Kwae Rd. Große Auswahl an gebrauchten Büchern. Rückkauf für 50 %, auch Internet. Secondhand-Bücher kaufen und tauschen zudem das **Mangosteen Café and Books** sowie einige Bars.

AKTIVITÄTEN

Begegnungen mit Elefanten

Der Elefant ist nicht nur Thailands Wappentier, sondern auch eine der größten Touristenattraktionen des Landes. Entlang der Touristen-Rennstrecke von Kanchanaburi nach Nam Tok offerieren mehrere Camps Ausritte auf Elefanten. Busladungen von Touristen werden auf die teils völlig überarbeiteten Dickhäuter verfrachtet, um eine Runde zu drehen und sich gegenseitig zu fotografieren. Wer diesen tierquälerischen Zirkus ablehnt, hat eine Alternative:

Elephant's World, 32 km nordwestlich, von der Straße zum Erawan National Park am Nitchiko Resort & Country Club abbiegen und an der Schranke 4, 6 km nach rechts, ☎ 034-514 800, 086-335 5332, 🖥 www.elephantsworld.org, weitere Infos unter 🖥 www.facebook.com/elephants world und 🖥 www.tourismlog.wordpress. com/2009/06/15/der-elefantendoktor. In diesem 2008 vom obersten Tierarzt der Region, Vet. Samart Prasitthiphon, gegründeten und von der Holländerin Agnes geleiteten Camp leben alte, behinderte und kranke Tiere. Es werden keine Ausritte veranstaltet, aber man kann die Tiere füttern und gegen 15 Uhr mit ihnen baden und sie waschen. Touristen können das Camp von 10–16 Uhr besuchen. Tagesbesucher zahlen 2000 Baht inkl. Transport ab Kanchanaburi und Mittagessen, Kinder 1600 Baht. Zudem gibt es 2-Tage-Programme mit Übernachtung in recht einfachen Cottages am Fluss für 4500 Baht, Kinder 4000 Baht, oder 3 Tage mit einer Übernachtung im Camp sowie einer weiteren im Wald auf der Suche nach wilden Elefanten und anderen Dschungelbewohnern für 7000 Baht, Kinder 6400 Baht.

Kanutouren

Folgende Veranstalter organisieren Tagestouren auf dem Kwae Yai und Kwae Noi in Stadtnähe inkl. Ausrüstung, Boote, Mittagessen, Guides und Transfer für 350 Baht p. P. (1 1/2 Std.) bzw. 450 Baht (3 Std.) ab Nongbua Bridge.
River Kwai Canoe Travel Services, 11 Mae Nam Kwae Rd., ☎ 034-512 346, 087-001 9137, ✉ riverkwaicanoe@yahoo.com. Tagestouren inkl. Besuch eines Elefantencamps oder Nationalparks ab 1300 Baht. Individuelle und mehrtägige Touren ab 2 Pers. ab 3600 Baht.
Safarine, 120/5 Moo 4, Nong Bua-Sayok Rd., ☎ 086-049 1662, 🖥 www.safarine.com. Tagestour ab 1750 Baht. ⏰ 8–17 Uhr.

Kochkurse

Apple & Noi Cooking, gegenüber Apple's Retreat, 🖥 www.applesguesthouse.com. Wer mehr über Apple und Nois Kochkünste erfahren möchte, kann an einem eintägigen

Kochkurs teilnehmen. Vergnügliche englischsprachige Tageskurse von 9.30–15 Uhr für 1550 Baht, bei denen alle gemeinsam über den Markt streifen, 4 Gerichte kochen und essen. Anmeldung im Guesthouse.

On's Thai Issan Cooking School, 36 Mae Nam Kwae Rd., ☎ 087-364 2264, 🖳 www.onsthaiissan.com. Bei den mit viel Spaß gewürzten Kochkursen können sich die Teilnehmer für 3 Gerichte aus der Speisekarte entscheiden, die dann gemeinsam gekocht und gegessen werden. Die informell gestalteten 2-stündigen Kurse starten nach Voranmeldung tgl. von 10–18 Uhr und kosten 600 Baht.

TOUREN

Etwa 20 Veranstalter unterbieten sich mit preiswerten Tagestouren zur Brücke, den Höhlen, dem Erawan Nationalpark und in die nähere Umgebung. Zudem werden Bahn- und Bootsausflüge, Trekkingtouren mit Elefantenreiten und Bambus-Rafting-Trips angeboten, teils alles an einem Tag, sodass zwischen den Fahrten kaum Zeit bleibt, die schöne Natur zu erleben. Nur selten werden weiter entfernte Ziele wie Tham Than Lot oder Sangkhlaburi angeboten. Einfache Tagestouren gibt es ab 700 Baht, 2-Tage-Touren mit Elefanten und Rafting kosten mind. 2300 Baht.

A.S. Mixed Travel, ☎ 034-512 017, 🖳 www.applesguesthouse.com. Tagestouren mit guter Betreuung.

Good Times Travel, 63/1 Mae Nam Kwae Rd., ☎ 034-624 441, 081-913 7758, 🖳 www.good-times-travel.com. Freundliches, zuverlässiges und gut Englisch sprechendes Personal. Radtouren für 750 Baht p. P.

Mellow Trek, 128/4 Moo 8, Kaeng Sian, ☎ 084-727 1959, 084-191 2509, 🖳 www.mellowtrek.com. Der Norweger Steffen Trulsen und sein einheimischer Kollege Uzi haben sich auf individuell angepasste Touren spezialisiert. Steffen spricht auch Deutsch. Die höheren Preise sind durchaus gerechtfertigt: Hier wird mit Engagement und Begeisterung gearbeitet.

R.S.P. Jumbo Travel Center, 3/13 Chaokhunnen Rd., ☎ 034-514 906, 512 280, 🖳 www.jumboriverkwai.com. Bis zu 3-tägige Trekkingtour mit Elefantenritt, Bootsfahrt, Rafting, Schwimmen,

Jeepfahrten, Besuch einer Höhle und von Wasserfällen. Auch Fahrradtouren.

Bootstouren

Am JEATH-Museum und an der Eisenbahnbrücke werden Boote für eine Stadtrundfahrt auf dem Kwae Noi, dem Kwae Yai und flussabwärts auf dem Mae Klong angeboten. Eine Fahrt vom JEATH-Museum zur Brücke kostet 250–300 Baht, bis Wat Tham Khao Pun 500–600 Baht, eine 2-stündige Tour ab der Brücke zur Höhle, dem Friedhof und Museum ab 800 Baht pro Boot.

SONSTIGES

Die Uferstraße in der Nähe der Gästehäuser säumen Bars, Wäschereien, Internetcafés, Motorrad- und Fahrradvermietungen, Büros der Tourveranstalter und Massage-Angebote.

Fahrradverleih

Sie werden von und in der Nähe von Gästehäusern für 40–50 Baht pro Tag vermietet. Gute Räder, wie im Oriental Kwai Resort, kosten bis 150 Baht. Radtouren veranstaltet u. a. Good Times Travel (s. Touren).

Feste

Ende Nov/Anfang Dez findet das 10-tägige **River Kwai Bridge Festival** statt. Höhepunkt ist die bombastische Sound-and-Light-Show über die Geschichte der Brücke, die trotz der vielen Darsteller, Knalleffekte und des imposanten Feuerwerks wenig fasziniert. Tickets über 🖳 www.thaiticketmajor.com. Zu dieser Zeit fährt sogar der legendäre Eastern & Orient Express nach Kanchanaburi.

Immigration

Immigration, 100/22 Mae Klong Rd., in Pak Praek, ☎ 034-564 265, 034-564 279, 🖳 www.immigration.go.th. Das Office liegt 3,5 km Richtung Bangkok. An der City Hall (bis dorthin mit dem Stadtbus) geht es 800 m nach rechts. Die Visumverlängerung geht schnell. ⏲ Mo–Fr 8.30–16.30 Uhr.

Informationen

Tourist Office, 14 Saengchuto Rd., ☎ 034-511 200, 512 500, ✉ tatkan@tat.or.th. Hilfsbereite

Mitarbeiter verteilen einen guten Stadt- und Umgebungsplan, Hotel- und Transportlisten. ⏲ 8.30–16.30 Uhr. 🖳 www.kanchanaburi-info. com/de von Edgar König informiert über Sehenswertes in der Stadt und die angrenzenden Provinzen. Ebenso die englischsprachigen Webseiten 🖳 www.kanchanaburi guide.com und 🖳 www.visitkanchanaburi.com.

Massagen

Mehrere Läden in der Mae Nam Kwae Rd. verlangen 120–150 Baht pro Behandlungsstunde, eine Ölmassage kostet 180–200 Baht.

📖 **Suan Nanachaat**, 12 km außerhalb in Ban Nong Bua, vom H323 am KM 5 Richtung Norden, ✆ 034-633 356, 081-699 9052, 🖳 www. suan-nanachaat.com. In ländlich-grüner Umgebung liegt eine wahre Oase der Entspannung. Die freundliche Helen leitet ein Spa für Tagesgäste in einem geschmackvoll eingerichteten Thai-Haus. In dieser tollen Atmosphäre sind Behandlungen etwas teurer, aber ihr Geld wert. 90-minütige Thai-Massage oder Fußmassage 500 Baht, auch Tagespakete mit einer Vielzahl an Behandlungen. Es werden vor allem lokale Produkte verwendet. Abholung inkl. ⏲ Do–Di 10–20 Uhr.

Medizinische Hilfe

Kanchanaburi Memorial Hospital, am H323 im Norden der Stadt, ✆ 034-624 184-93. Privatkrankenhaus mit Englisch sprechenden Ärzten. Es ist bereits vorgekommen, dass die Behandlung von Notfällen abgelehnt wurde, weil die Bezahlung nicht geregelt war.
Thanakan Hospital, an der Straße nach Bangkok, ✆ 034-622 366-75. Besser, sauberer und großzügiger als das Memorial Hospital, aber mit weniger Spezialisten.

Motorradverleih

Kleinere Maschinen für 200 (Manual)–330 Baht (Automatik) in Gästehäusern und der Mae Nam Kwae Rd.

Polizei

Tourist Police, Saengchuto Rd., nahe Isuzu Building, ✆ 034-512 795. ⏲ rund um die Uhr.

Post

Das Hauptpostamt liegt 1 km südlich vom Tourist Office.

Fahrrad-Rikschas

Fahrer von Fahrrad-Rikschas (Samlor) und Motorradtaxis bekommen von den Gästehäusern 50–100 Baht Provision pro Gast. Dennoch verlangen Samlor-Fahrer für kurze Strecken mind. 50 Baht. Längere Strecken besser mit dem Tuk Tuk oder Songthaew fahren.

Motorradtaxis

Die Motorräder mit Beiwagen kosten 10–20 Baht pro km, eine Fahrt im Stadtgebiet ab 30 Baht, vom Tourist Office zur Brücke 50 Baht, zum Immigration Office und zurück 80 Baht.

Songthaew und Minibusse

Innerhalb des Stadtgebietes kostet eine kurze Strecke mind. 50 Baht, die Fahrt zur Brücke 100 Baht, Wat Tham Khao Pun oder Wat Tham Mongkorn Thong 300–350 Baht. Eine Kleingruppe kann mit einem Songthaew für 100 Baht zur Brücke fahren. Chartern für Ausflüge 1700 Baht pro Tag, von 9–17 Uhr 1500 Baht.

Stadtbusse

Entlang der Hauptstraße verkehren von 6–19 Uhr alle 15 Min. orangefarbene Songthaew für 10 Baht, die an festen Haltestellen stoppen, z. B. gegenüber der Einmündung der U-Thong Rd. Linie 2 fährt an der Brücke vorbei. Zu den Gästehäusern bis zum Friedhof mitfahren und dann laufen.

Tuk Tuk

Einige Tuk Tuks stehen am Nordende des Busbahnhofs. Die Fahrt zu den meisten Gästehäusern kostet 50 Baht, zur Brücke 100 Baht. Charter 200 Baht pro Std.

Busse

Aktuelle Abfahrtszeiten hängen am Eingang aus. Busse Richtung Suphanburi stoppen an der U-Thong Rd., Busse nach Norden und Nordwesten am Friedhof.

THAILAND

AYUTTHAYA, lokaler Bus 411 bis SUPHANBURI stdl. bis 18 Uhr für 50 Baht in 2 Std. Von dort weiter mit Minibussen.

BANGKOK, zum Southern Bus Terminal (Sai Tai Mai/Taling Chan), 129 km, alle 20 Min. von 6–20 Uhr für 80–100 Baht in 2–2 1/2 Std., zurück bis 22.30 Uhr. Zum Northern Bus Terminal (Mo Chit), 149 km, Bus 9918 um 12, 14 und 17 Uhr für 110–140 Baht in 3 Std. Diese Busse fahren über DAMNOEN SADUAK (Floating Market), über BANG PHAE, Bus 461 alle 15 Min. für 50 Baht und weiter mit Bus 78.

ERAWAN NATIONAL PARK, 65 km, Bus 8170 um 8, 9.15, 10.30, 11.40, 13.10, 14.20, 15.20, 16.20 und 17.40 Uhr für 50 Baht in 1 1/2 Std. Zurück bis 16 Uhr.

RAYONG (für Ko Chang), via PATTAYA (4–5 Std.) mit Bus 315 um 8 und 17 Uhr für 380 Baht in 6 Std.

Minibusse

Nicht alle Minibusse sind lizenziert. Sie sind zeitlich nicht immer zuverlässig, daher sollte man bei knappen Verbindungen besser die großen Busse nehmen.

AYUTTHAYA, Backpackerbus ohne Lizenz um 13.30 Uhr für 400 Baht.

BANGKOK, offizielle Minibusse ab Busbahnhof zum Victory Monument alle 30 Min. von 7.30–19.30 Uhr für 110–120 Baht, zum Northern Bus Terminal (Mo Chit) jede Std. für 120 Baht, Khaosan Rd. für 110 Baht mit Minibussen, die von Tür zu Tür fahren und auf dem Rückweg zudem am Royal Hotel, Sanam Luang, Ecke Ratchadamnoen Rd., halten. Zum Flughafen (Suvarnabhumi) mit den Minibussen bis Victory Monument und weiter mit der BTS und dem Airport-Link oder mit Bussen ohne Lizenz alle 2 Std. von 8–18 Uhr für 500 Baht.

Eisenbahn

Fahrpreise und Informationen gibt es unter 🖥 www.railway.co.th
Richtung Süden steigt man am besten in NAKHON PATHOM um. Plätze im Schlafwagen in den Süden frühzeitig reservieren, 📞 034-511 285, ⏱ 6–18 Uhr.

Die Umgebung von Kanchanaburi

Mit Fahrrädern sind diese Touren machbar, aber wegen der Hitze anstrengend. Die Strecke auf dem H3228 nördlich des Kwae Noi: Kanchanaburi–Khao Pun (Friedhof)–Wat Tham Khao Pun-Stone Garden und zurück beträgt ca. 22 km, die Tour zwischen Kwae Noi und Mae Klong: Kanchanaburi–Wat Tham Mongkorn Thong–Wat Ban Tham–Kao Noi–Tham Sua–Kanchanaburi ist ca. 38 km lang. Frauen sollten zur Sicherheit nicht allein fahren. Während der Zuckerrohrernte im Dezember/Januar können Lkws vor allem Radfahrern gefährlich werden.

Wat Tham Mongkorn Thong

Diese Tempelanlage liegt 9 km außerhalb der Stadt an einem Kalkfelsen. 3,4 km südlich des Tourist Office zweigt man vom H323 Richtung Bangkok hinter der Klinik nach rechts ab und überquert nach 1 km den Fluss. Weiter geradeaus liegt nach 2 km 500 m links der kleine, ruhige Höhlentempel **Khao Laem**. Der Nase nach taucht hinter einer Schule das Eingangstor zum **Wat Tham Mongkorn Thong** auf. 700 m hinter diesem Tor erhebt sich die Tempelanlage zum Teil auf einem Berg. In einem überdachten Pool am Fuß des Berges zeigt eine Nachfolgerin der verstorbenen *floating nun* gegen eine Spende ihre Fähigkeit, meditierend auf dem Wasser zu schweben. Eine steile Treppe führt zum Höhlentempel hinauf. Gegen eine weitere Spende für die Beleuchtung kann man durch die teils enge, niedrige Höhlenpassage klettern. Zurück zum Kloster geht es auf dem einfacheren Weg durch einen Bambushain. Minibus ab Kanchanaburi 250–350 Baht.

Wat Tham Kao Noi und Wat Tham Sua

Vor der großen Brücke zweigt eine schmale, teils von Schlaglöchern übersäte Straße Richtung Südosten ab und führt 7,5 km parallel zum Fluss an Steinbrüchen, chinesischen Friedhöfen und Tempeln vorbei. Nach dem Überqueren eines Kanals erblickt man bereits in der Ferne die roten und goldenen, mehrfach gestaffelten Tempeldächer des Bot im Thai-Stil. Eine überdimensionale Buddhafigur blickt auf das Land hinab. Es geht 2 km bis zu einem schmalen Zufahrtsweg, der nach 500 m am großen Parkplatz am Fuß der beiden Tempel **Wat Tham Kao Noi** und **Wat Tham Sua** endet. Alternative Anreise: Vom H323 Richtung Bangkok in Tha Muang am KM 115,5 rechts abbiegen und hinter einer Brücke nach 1,3 km rechts über den Damm und nach weiteren 3 km nochmals nach rechts weitere 2,5 km auf einer Landstraße zum Tempel. Songthaew ab Kanchanaburi 300–400 Baht.

Die beiden Tempel auf zwei Hügeln sind nur separat zugänglich. Vom Fuß des Berges führt eine steile Treppe über 158 Stufen zum Thai-Tempel hinauf, oder man kann für 15 Baht die kleine Seilbahn in Betrieb setzen lassen. Von oben eröffnet sich ein fantastischer Ausblick über die Reisfelder und Flusslandschaft. Neben dem Bot und gigantischen Buddha erhebt sich ein riesiger, brauner Chedi. Der südliche taoistische Tempel ist ganz im chinesischen Stil gehalten. Löwen bewachen das mit chinesischen Schriftzeichen verzierte Eingangstor, dahinter begrüßt ein lächelnder Buddha die Besucher. Treppenaufgänge führen durch die Anlage hinauf zur runden, siebenstöckigen Pagode, deren Innenwände mit Hunderten von Votivtafeln bedeckt sind.

Ban Kao

Auf dem H3229, 18 km von Kanchanaburi am KM 0 des H323 nach links, erreicht man nach insgesamt 34 km Ban Kao. Etwas schöner, aber länger ist die Strecke über den H3228 vorbei am Wat Tham Khao Pun und an Dan Makham Tia. Auf diese biegt man vom H323 bereits hinter der Bahnlinie links auf den H3228 ab. Die 1 km lange Abzweigung zum **Ban Kao National Museum** am Fluss ist ausgeschildert. Ein holländischer Archäologe hatte als Kriegsgefangener einige bedeutsame Funde gemacht. Ausgrabungen förderten menschliche Skelette, Tonscherben und andere Gegenstände zutage, die beweisen, dass dieses Gebiet schon vor über 4000 Jahren besiedelt war. Das Museum zeigt 44 menschliche Skelette, Waffen, Werkzeuge, Schmuck, Keramiken und viele Grabbeigaben sowie Fundorte, die u. a. den Jägern und Sammlern der steinzeitlichen Hoabinhian-Kultur (1000–400 v. Chr.) als Wohnung dienten. ⏰ Mi–So 9–16.30 Uhr, Eintritt 50 Baht.

Wang Po-Viadukt (Tham Krasae)

Kurz vor Nam Tok führt die „Death Railway" auf einer zum Teil abenteuerlichen Strecke von 500 m zwischen steilen Felsen und dem Fluss entlang. Höhepunkt der Eisenbahnfahrt ist die Überquerung des Wang Po-Viadukts (auch Wampo), einer 200 m langen Holzbrücke, die sich eng an die steilen Felswände schmiegt und über die die Bahn im Schritttempo fährt. Kaum vorstellbar, unter welchen unsäglichen Anstrengungen dieser Streckenabschnitt einst erbaut wurde. Wer am Viadukt an der Bahnstation Tham Krasae aussteigt, kann über die Holzbrücke laufen und die tolle Aussicht genießen, die sich vor allem von der kleinen **Krasae-Höhle** in der Felswand bietet, in der ein großer Buddha steht. In den Restaurants kann man sich bis zur Ankunft des nächsten Zuges stärken. Mit dem eigenen Fahrzeug geht es von Sai Yok über die Brücke und dann nach links.

Tigertempel (Luangta Bua Yannasampanno Forest Monastery)

Seit Bilder des Abtes Phra Acharn Phoosit Khanthidaro und seiner Mönche mit ihren Tigern in der internationalen Presse zu sehen waren, ist der Tempel, ✆ 034-531 557, 🖥 www.tigertemple.org, der ursprünglich gar keiner war, ein beliebtes Ausflugsziel geworden. Vom H323, 40 km nordwestlich von Kanchanaburi, weist am KM 21 rechts ein Schild (nur aus Richtung Kanchanaburi kommend zu sehen!) auf die 1,5 km lange Zufahrtstraße hin.

Das Feedback ist extrem widersprüchlich und reicht von totaler Begeisterung bis zu absoluter Ablehnung. **Wir raten von einem Besuch ab**. Die überwiegend nachtaktiven Tiere werden zwischen 12 und 15.15 Uhr in eine Schlucht geführt. Zeitweise werden einige Tiger von der Leine befreit und toben im Wasser herum.

Der Kommerzialisierung sind keine Grenzen gesetzt: Neben den 600 Baht „Spende", die jeder Besucher zahlen muss – im Preis inbegriffen sind einfache Fotos – können bis zu 100 Besucher persönliche Fotos mit den meist schlafenden Tieren machen, wofür 1000 Baht extra zu zahlen sind. Zudem ist es in begrenzter Zahl möglich, für 1000 Baht extra 3x tgl. mit den jungen Tigern zu spielen oder 4x tgl. Babys zu füttern. Maximal 15 Pers. dürfen für 5000 Baht extra (!) die Tiere morgens ab 7.30 Uhr füttern und baden, und 20 Pers. abends für 500 Baht extra 40 Min. mit in den Canyon zu den großen Tieren kommen. Wer will, kann zudem noch spenden. Bei diesen Einnahmequellen verwundern die gigantischen Ausbaupläne und zahlreichen anderen Aktivitäten, wie ein eigener Radiosender, nicht.

Besucher müssen eine Haftungsausschluserklärung unterschreiben, sodass sie bei einem Unfall keine Ansprüche an den Veranstalter geltend machen können, und Kleidung in dezenten Farben (kein Orange und Rot) tragen oder ein teures T-Shirt kaufen. Wer möchte, kann hier sogar meditieren. ⏱ 12–15.15 Uhr. Bitte zuvor lesen: 🖥 www.tourismlog.wordpress.com/2009/06/13/freie-wildbahn-im-tempel. Ein Minibusse oder Tuk Tuk ab Kanchanaburi kostet für die einfache Strecke etwa 250 Baht und 500–600 Baht hin und zurück. Veranstalter bieten Ausflüge für 100–130 Baht an sowie Kombi-Touren in Verbindung mit dem Sai Yok National Park.

Nam Tok

Die Endstation der Eisenbahnlinie, 77 Bahn- und 58 Straßenkilometer von Kanchanaburi, hat als Versorgungszentrum der Dorfbewohner im Hinterland an Bedeutung eingebüßt. Der verschlafene Ort erwacht nur zum Leben, wenn der Touristenzug einfährt und Guides, Händler, Busse, Taxis und Elefanten mit ihren Mahouts zum Bahnhof strömen.

Von Nam Tok führt ein beliebter Ausflug zum **Sai Yok Noi-Wasserfall**. Man läuft die Gleise entlang, vorbei an einer **alten Lokomotive**, die von den Japanern im Zweiten Weltkrieg für Truppentransporte in Thailand gebaut und bis 1976 im Passagierverkehr genutzt wurde. Am H323 geht es von der Polizeistation 800 m Richtung Norden. Der am Wochenende gut besuchte Wasserfall am eingefassten Pool (Baden verboten!) ist nur während der Regenzeit (Juni–Okt) wirklich schön. Wer der Ausschilderung zur „Water Source" folgt, kommt nach 900 m zu einer **Quelle** an einem Felsen, aus dem kristallklares Wasser sprudelt. In den von hohen Bäumen, Picknickplätzen und einem Getränkestand umgebenen Strudellöchern kann man herumwaten und sich abkühlen. Oberhalb der Quelle am Headquarter des Erawan-Nationalparks beginnt ein 1350 m langer Nature Trail durch ein kleines Tal zur großen **Badan Cave** (auch Wang Ba Dahl). Parkranger kassieren am Beginn des Fußpfads manchmal 50 Baht Eintritt und führen Besucher mit einer starken Lampe durch die Höhle. Es sind feste Schuhe mit gutem Profil und schmutzresistente Kleidung angeraten.

Am **Pak Saeng Pier** werden Boote für eine zweistündige Tour zu den größten Tropfsteinhöhlen in dieser Gegend, den **Lawa-Höhlen**, vermietet (s. u.), die auch über die Straße zu erreichen sind. Der Weg über den 16 km langen

H6037 jenseits des Flusses ist ausgeschildert. Es geht beim Pak Saeng Pier über eine Brücke und nach 1,5 km nach rechts. Eintritt wegen der Lage der Höhlen im Sai Yok National Park 200 Baht. Lohnend vor allem am frühen Morgen, wenn noch keine Reisegruppen unterwegs sind. Vom Pier sind es 200 m bis zur Treppe, auf der es 140 Stufen hinauf zur 485 m langen Höhle geht.

TRANSPORT

Der **Bus** 8203 nach Kanchanaburi für 40 Baht hält jede halbe Stunde bis 17 Uhr an der Polizeistation an der Hauptstraße und vor dem Sai Yok Noi-Wasserfall.

Nach KANCHANABURI brauchen die **Züge** 2 Std. Die Fahrt kostet für Touristen 100 Baht, im Touristenwaggon 300 Baht. Abfahrt um 5.20, 12.55 und 15.30 Uhr.

Boote fahren ab Pak Saeng Pier, 2 km südwestlich vom Bahnhof, am KM 44,5, zu den Resorts am Fluss und zu den LAWA-HÖHLEN für 900–1000 Baht pro Boot für bis zu 6 Pers. hin und zurück. **Songthaew** zur Lawa-Höhle kosten 1200 Baht.

Hellfire Pass

Aufgrund einer Initiative ehemaliger australischer Kriegsgefangener wurde Mitte der 1980er-Jahre der Grundstein für diese Gedenkstätte gelegt. Sie befindet sich am KM 64,8, westlich des H323 an der ehemaligen Bahnstrecke. Songthaew ab Kanchanaburi bis hierher für 1300–1400 Baht.

Das **Hellfire Pass Memorial Museum** lohnt die Fahrt. Die Ausstellung vermittelt anhand von Fotos, Skizzen, Funden und englischen Beschreibungen die Geschichte der Zwangsarbeiter. Berichte Überlebender und historische Aufnahmen sind in einem siebenminütigen Video zusammengefasst. Am Modell des Hellfire Passes lässt sich der Verlauf der Schneise gut nachvollziehen. An dieser Stelle mussten etwa 1000 Kriegsgefangene für die Bahnlinie unter großem Zeitdruck selbst nachts bei Holzfeuerbeleuchtung eine 10 m tiefe Schneise in einen Hügel schlagen, was etwa 400 Menschen das Leben kostete. ⏰ 9–16 Uhr, Spende. Ein informativer englischsprachiger Audioguide ist gegen eine Kaution von 200 Baht und Hinterlegung des Passes erhältlich.

Vom 4,5 km langen Rundweg sind seit 2010 nur noch 2,5 km begehbar, da der westliche Streckenabschnitt in militärischem Sperrgebiet liegt. Der Weg führt durch Bambuswälder mit schönen Ausblicken u. a. zur 500 m entfernten Schneise **Konyu Cutting**. Der Fußweg führt weiter zu anderen Schneisen, Bombenkratern, ehemaligen Camps und temporären Brücken. Wer auf dem Schotterbett in etwa 90 Min. bis Hintok laufen will, sollte für den Rückweg ein Fahrzeug an der Hintok Road organisieren.

3 km südlich vom Hellfire Pass Memorial Museum liegt das nur in Thai beschilderte **Off-Road Restaurant**, zu erkennen am weißen Dach und dem weißen Schild mit rotem Oval, in dessen Mitte eine dampfende Kaffeetasse steht. Das Biergartenrestaurant serviert leckere, günstige Gerichte.

Erawan National Park

Der attraktive, bereits 1975 gegründete, 550 km² große Nationalpark erstreckt sich entlang eines schmalen, bewaldeten Tals beiderseits eines Nebenflusses des Kwae Yai. Er bildet eine Reihe von sieben sehr schönen **Wasserfällen** mit Sinterterrassen, an denen man weit hinauflaufen kann.

Der weitere Weg über den Markt mit vielen Essensständen und den Parkeingang zum Headquarter ist gut ausgeschildert. Danach geht es nur zu Fuß 720 m zum Beginn des Wasserfalls. Lebensmittel dürfen nur bis zur ersten Stufe mitgenommen werden, wo sich auch Toiletten und Umkleidekabinen befinden.

Am schönsten sind die zweite, dritte und fünfte Stufe des Wasserfalls. Die dritte Stufe ist ein herrlicher Badeplatz. Nach einem 1 1/2-stündigen, schweißtreibenden Aufstieg bis zur 7. Stufe, die nur Trittfesten zu empfehlen ist, kehren alle Wanderer um. Es ist nicht möglich, weiter hinaufzuklettern. Zwei interessante Naturlehrpfade verlaufen beiderseits des Wasserfalls vom Campingplatz und Parkplatz zur zweiten Stufe: der erste durch immergrünen Monsunwald und der zweite durch Bambushaine. Weitere Touren von bis zu 4 km Länge sind nur in Begleitung von Rangern nach Voranmeldung unter ✆ 034-574 222 möglich.

Der Morgen ist die beste Zeit, um ganz hinaufzuklettern und dann langsam hinabzuwandern. Am Wochenende wird es sehr voll. Ab 15 Uhr sind die Wasserfälle oberhalb der zweiten Stufe und ab 17 Uhr auch die unteren geschlossen. ⏰ Parkeingang 8–16.30 Uhr, Eintritt 200 Baht, Auto 50 Baht. Im Headquarter werden Schlauchboote für 100 Baht pro Std. vermietet.

Empfehlenswert sind die **Bungalows** im Erawan National Park. So kann man den Park abends und morgens vor dem Eintreffen der Besuchermassen genießen. Wer tagsüber andere Nationalparks besucht hat und nachmittags zum Übernachten hier eintrifft, braucht nur einmal Eintritt zu zahlen. Im Park gibt es Bungalows unterschiedlicher Größe ab 2 Pers., teils mit AC. Zelte für 90–225 Baht je nach Größe. Matten, Kissen und Decken kosten extra. Buchungen über die National Park Division in Bangkok, ✆ 02-562 0760, evtl. auch direkt unter ✆ 034-574 222, 🖥 www.dnp.go.th. Das Restaurant mit guter Thai-Küche hat von 7–20 Uhr geöffnet. ❸–❹
Erawan Resort, 140 Moo, 4,5 km vor dem Park, ✆ 034-574 098, 081-838 7360. In einem Dorf am Hang gelegene, kleine Bungalows mit Du/WC, teils auch AC. Nebenan ein Restaurant. ❹

Durch die Verbindungsstraße zwischen dem H323 und H3199 ist es Motorisierten möglich, vom Erawan National Park direkt nach NAM TOK zu fahren.
KANCHANABURI, 65 km, Bus 8170 alle 60–90 Min. für 60 Baht in 1 1/2 Std. vom Markt im Dorf vor dem Erawan National Park. Manche Busse, u. a. der letzte um 16 Uhr, fahren vom Parkplatz direkt vor dem Parkeingang ab.
Songthaew kosten ab Kanchanaburi 1500–1700 Baht.

Richtung Norden

Vier- bis achtspurige Highways führen nördlich von Bangkok durch die fruchtbare Ebene des Menam Chao Phraya und seiner Nebenflüsse, die „Reiskammer" des Landes. Bis weit über Ayutthaya hinaus sind viele ehemalige Reisfelder mit Industrieanlagen und neuen Wohngebieten bebaut worden. In den verbliebenen ländlichen Regionen durchziehen Dämme und baumgesäumte Kanäle die Ebene. Hier finden zahlreiche Wasservögel reichlich Nahrung, wie Pelikane und Ibisse, zu denen sich im Oktober Kraniche, Störche und andere Zugvögel zum Überwintern gesellen.

Vom 10. bis 13. Jh. wanderte das Volk der Thai von Norden in dieses Gebiet, das bereits von den Mon und Khmer besiedelt war. Vor allem für Kulturinteressierte lohnt sich ein Besuch der Ruinen von Ayutthaya und der weiter im Norden liegenden alten Königsstadt Sukhothai.

2 HIGHLIGHT

Ayutthaya

Die historische Stadt Ayutthaya (gesprochen: Ayut-tha-ja), mit vollem Namen **Phra Nakhon Si Ayutthaya**, seit 1991 Unesco-Weltkulturerbe, erstreckt sich über ein weites Areal, dessen Zentrum durch den Zusammenfluss der Flüsse Chao Phraya, Pa Sak und Lopburi umgrenzt wird. Die Ruinen wurden ausgegraben und vielerorts rekonstruiert. Die neue, 83 000 Einwohner zählende Stadt Ayutthaya östlich der Ruinen ist hingegen nicht sonderlich attraktiv.

Ayutthaya Historical Study Center
Vor einer Rundfahrt durch die historische Stadt sei ein Besuch im **Ayutthaya Historical Study Center** empfohlen. Es dient dem Studium der Ayutthaya-Periode und beherbergt ein lohnendes Museum sowie eine Bibliothek. Im Museum wird mit Hilfe von Modellen, teils schlecht be-

417 Jahre lang war Ayutthaya Königsstadt des siamesischen Reiches, bis sie 1767 von birmanischen Truppen zerstört wurde. In der sicheren Hafenstadt, 80 km vom Meer entfernt, regierten 33 Könige. Unter König Narai stand das Reich im 17. Jh. auf dem Höhepunkt seiner Macht. Die absoluten Monarchen hatten die Bevölkerung durch Eroberungskriege und die Aufnahme von Flüchtlingen stark vermehrt und errichteten eine prunkvolle Stadt, die es als „Venedig des Ostens" mit allen europäischen Metropolen ihrer Zeit aufnehmen konnte und später als Vorbild für das junge Bangkok diente. 375 Tempel, 29 Festungen und 94 Tore zählte man auf einem riesigen Areal, dessen Ausmaße sich heute nur noch erahnen lassen. Ein umfangreicher Beamtenapparat, geschützt von einer einflussreichen Militärmacht, verwaltete die im Reich eingetriebenen Steuern und den internationalen Handel. Schiffe aus aller Welt segelten den Menam Chao Phraya hinauf, und 40 verschiedene Nationalitäten, darunter Franzosen, Portugiesen, Holländer, Malaien, Perser, Chinesen und Japaner, siedelten in eigenen Stadtvierteln. Die Pracht bei Hofe und die Ausstattung der Heiligtümer waren legendär – was davon heute noch zu sehen ist, sind nur kümmerliche Überreste.

leuchteten Schautafeln und Dioramen die Vergangenheit lebendig. Vier Themenschwerpunkte zeigen Ayutthaya als Hauptstadt, als Handelszentrum, als zentralistischen Staat sowie das traditionelle Dorfleben. ⏲ 8.30–16.30 Uhr, 100 Baht, Studenten 50 Baht, ✆ 035-245 123.

National Museum und Historical Hall

Das traditionell gestaltete **Chao Sam Phraya National Museum** ist in mehreren Gebäuden in einem kleinen Park untergebracht; der Eingang befindet sich in der Rotchana Road. Im Erdgeschoss werden Funde aus verschiedenen Epochen gezeigt, die in den 1950er-Jahren ausgegraben wurden. Beeindruckend sind die Goldschätze aus dem Wat Ratburana und Wat Mahathat im 1. Stock, darunter goldene Amu-

lette, Statuen, Schmuck und ein königliches Schwert. Im zweiten Gebäude sind Funde aus verschiedenen Regionen und Epochen zu sehen. In den Thai-Häusern werden Alltagskunst und Gebrauchsgegenstände ausgestellt. ⏲ Mi–So außer feiertags 9–16 Uhr, Eintritt 150 Baht, ✆ 035-241 587.

Etwas südwestlich liegt der große Neubau des **Ayutthaya Tourism Centre**, der eine Touristeninformation, eine Galerie mit Werken einheimischer Künstler (⏲ 8–16 Uhr) und ein Museum, die **Historical Hall of Ayutthaya**, vereint. Letzteres befindet sich im Obergeschoss und stellt auf ansprechenden, aber etwas unsystematisch angeordneten und ausgeleuchteten Tafeln und mittels Modellen die Geschichte und Alltagskultur des historischen Ayutthaya dar. Zudem werden Details zu einzelnen Sehenswürdigkeiten und den ausländischen Vierteln der Königsstadt im 18. Jh. vermittelt. ⏲ 8.30–16.30 Uhr, Eintritt frei.

Rings um den Rama Park

Der Rama Park mit seinem See, über den sich steile Brücken spannen, bildet einen schönen Hintergrund für die umliegenden Tempel. Südwestlich erhebt sich der hohe Prang des **Wat Phra Ram**, das 1369 unter dem zweiten König Ramesuan als Begräbnisstätte für dessen Vater U-Thong, den Gründer von Ayutthaya, erbaut wurde. Die Mauerreste zieren noch Fragmente von Buddhastatuen. ⏲ 8–18 Uhr, Eintritt 50 Baht.

Östlich des Parks erstreckt sich die weitläufige Anlage von **Wat Mahathat**, einem 1374 gegründeten und mehrfach erweiterten Tempel. Aus der frühen Zeit sind Grundmauern erhalten. Die Ruine des zentralen Prangs, der 44 m hoch war, lässt seine ursprüngliche Größe nur noch erahnen. Die Umgrenzung zieren zahlreiche kopflose, ursprünglich dreiteilige Buddhafiguren. Im südöstlichen Bereich findet man einen von einem Feigenbaum umwachsenen Buddhakopf, ein beliebtes Fotomotiv. ⏲ 8.30–18.30 Uhr, Eintritt 50 Baht.

Gegenüber überragt ein stark restaurierter Prang die große Halle des **Wat Ratburana** (auch Ratchaburana). 1424 ließ der 7. König von Ayutthaya diesen Tempel als Begräbnisstätte für seine beiden älteren Brüder bauen. Es lohnt, die

THAILAND

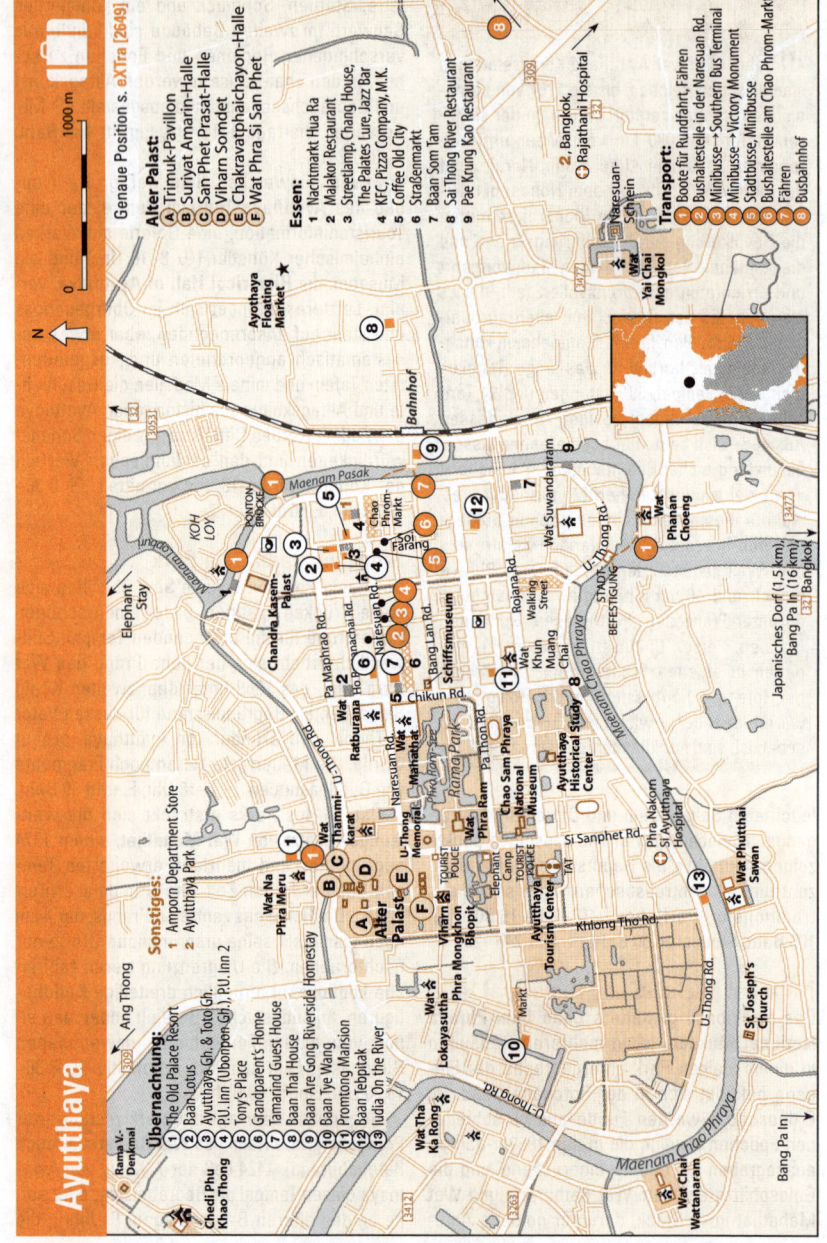

Ayutthaya

Genaue Position s. eXtra [2649]

Alter Palast:
- Ⓐ Trimuk-Pavillon
- Ⓑ Suriyat Amarin-Halle
- Ⓒ San Phet Prasat-Halle
- Ⓓ Viharn Somdet
- Ⓔ Chakravatphaichayon-Halle
- Ⓕ Wat Phra Si San Phet

Essen:
1. Nachtmarkt Hua Ra
2. Malalor Restaurant
3. Streetlamp, Chang House, The Palates Lure, Jazz Bar KFC, Pizza Company, M.K.
4. Coffee Old City
5. Straßenmarkt
6. Baan Som Tam
7. Sai Thong River Restaurant
8. Pae Krung Kao Restaurant

Transport:
1. Boote für Rundfahrt, Fähren
2. Bushaltestelle in der Naresuan Rd.
3. Minibusse → Southern Bus Terminal
4. Minibusse → Victory Monument
5. Stadtbusse, Minibusse
6. Bushaltestelle am Chao Phrom-Markt
7. Fähren
8. Busbahnhof

Sonstiges:
1. Amporn Department Store
2. Ayutthaya Park

Übernachtung:
1. The Old Palace Resort
2. Baan Lotus
3. Ayutthaya-Gh. & Tota Gh.
4. P.U. Inn (Ubonpon Gh.), P.U. Inn 2
5. Tony's Place
6. Grandparent's Home
7. Tamarind Guest House
8. Baan Are Gong Riverside Homestay
9. Baan Thai House
10. Promtong Mansion
11. Baan Tye Wang
12. Baan Tepbitak
13. Iudia On the River

2. Bangkok,
- Rajathani Hospital

Japanisches Dorf (1,5 km), Bang Pa In (16 km)

steilen Treppen zu erklimmen. Oben sind Fotos der bei der Plünderung von Ayutthaya durch die Birmanen geraubten Kroninsignien und Goldbuddhas sowie anderer Goldschätze zu sehen, die in den Krypten unter dem Prang entdeckt und im Obergeschoss des Museums ausgestellt sind. Durch einen schmalen Gang geht es hinab in die Grabkammer, wo noch die originalen Wandgemälde zu erkennen sind. ⏰ 8–17 Uhr, Eintritt 50 Baht.

Palastbereich

Nordwestlich des **U-Thong Memorial** mit einer Statue des ersten Königs von Ayutthaya sind auf einem weitläufigen, baumbestandenen Gelände die Mauerreste seines ehemaligen Palastes zu besichtigen. Er war 1350 erbaut worden, wurde aber bereits 100 Jahre später vom 8. König aufgegeben, als dieser seine Residenz weiter nach Norden verlegte. Die zweistöckige **Suriyat Amarin-Halle** nutzte König Narai zur Beobachtung der Prozession königlicher Barken auf dem Fluss. Die angrenzende **San Phet Prasat-Halle**, von der nur die Fundamente erhalten sind, wurde 1448 als Empfangsgebäude erbaut. Unter dem 24. König von Ayutthaya entstanden Anfang des 17. Jhs. die Zeremonienhalle **Viharn Somdet** und die **Chakravatphaichayon-Halle** am östlichen Ende des Palastes, von der aus der König Paraden abnahm. Der offene, hölzerne **Trimuk-Pavillon** westlich der San Phet Prasat-Halle wurde erst 1907 unter König Chulalongkorn errichtet.

Im Süden erstreckt sich die prunkvolle Tempelanlage des **Wat Phra Si San Phet**, mit deren Bau 1448 begonnen wurde. Sie wurde mehrfach erweitert, bis die birmanischen Eroberer sie 1767 niederbrannten. Der 16 m hohe vergoldete Bronzebuddha Phra Sri San Phet, der im Viharn stand, wurde dabei zerstört. Die vielen halb verfallenen Tempeltürme werden von drei großen, restaurierten Chedis dominiert, die die Asche verstorbener Könige und eine Reliquie Buddhas enthalten. Rechts davon ragen die Säulen des früheren Viharn in den Himmel. ⏰ 6–18 Uhr, Eintritt 50 Baht.

Der Innenraum des rekonstruierten **Viharn Phra Mongkhon Bhopit** wird von einem der größten Bronzebuddhas Thailands ausgefüllt,

der 12,45 m hohen Rekonstruktion einer Statue aus dem 15. Jh. Der Viharn wurde 1956 originalgetreu nachgebaut, die Figur 1991/92 anlässlich des 60. Geburtstags der Königin vergoldet. ⏰ 8.30–16.30 Uhr, Eintritt frei. Am Wochenende ist hier viel los. Um den Tempel herum warten Souvenir- und Getränkehändler auf Kunden.

Im Westen und Südwesten

Etwas versteckt liegt **Wat Lokayasutha**. Hier blieb neben den Resten eines Prangs und eines großen Tempels eine der größten liegenden Buddhafiguren aus Stuck erhalten, die 1954 restauriert wurde und unter freiem Himmel ruht.

Im Süden erhebt sich das um 1690 als Residenz erbaute **Wat Chai Wattanaram**, eine große Anlage im Khmer-Stil mit einem zentralen Prang, der von einem Kreuzgang mit acht kleineren Prangs umgeben ist. In ihnen stehen große Buddhas aus Ziegel und Stuck, deren Holzgerüste noch zu erkennen sind. Auch einige bemalte Deckenpaneele sind gut erhalten. ⏰ 9–17 Uhr, Eintritt 50 Baht.

König Narai stellte im 17. Jh. Land und Geld für den Bau einer Kirche im damaligen französischen Viertel zur Verfügung. Die 1695 erbaute und 1838 rekonstruierte **St. Joseph's Church** steht am südlichen Flussufer. Im hübsch anzuschauenden Kirchenschiff sind die Särge zweier französischer Missionare aus dem 17. Jh. zu sehen. Es finden regelmäßig Gottesdienste statt, und tagsüber schließen die Kirchendiener interessierten Besuchern auf. ⏰ 8–18 Uhr, 🖥 www.ysyuta.com.

Wat Phutthai Sawan ist schon von Weitem an seinem hohen Prang zu erkennen. Hier soll die erste Siedlung König U-Thongs vor der Gründung Ayutthayas gelegen haben. Am Parkplatz fällt neben den Statuen diverser Könige die rege Bautätigkeit ins Auge. Östlich liegt ein altes Gebäude mit Innenhof, dessen Wandelgang goldene Buddhas beherbergt. Dahinter bietet ein liegender Buddha in einem verfallenen Viharn ein schönes Fotomotiv.

Chandra Kasem-Palast

Im Nordosten der Insel befindet sich der rekonstruierte Palast des Kronprinzen Naresuan aus dem Jahre 1577. Den zerstörten Palast ließ König Mongkut im 19. Jh. neu erbauen, um zeitweise hinter den hohen Mauern zu leben. Den großen Platz umgeben mehrere Gebäude: Das erste links vom Eingang, der **Chantura Mukh-Pavillon**, enthält das kleine **Chandra Kasem-Nationalmuseum**, u. a. mit Keramiken, Buddhafiguren und Holzschnitzereien aus dem Besitz von König Mongkut. Im dahinter liegenden **Piman Rajaja-Pavillon**, der ehemaligen königlichen Residenz, sind weitere Buddhastatuen und andere Gegenstände ausgestellt. Den **Pisai Salak-Turm** hinter der Residenz ließ sich Mongkut für seine astronomischen Studien erbauen, ✆ 035-251 586. ⏰ Mi–So außer feiertags 9–16 Uhr, Eintritt 100 Baht.

Im Südosten

An der Einmündung des Klong in den Menam Chao Phraya, etwas weiter westlich, wurden 1959 Teile der bereits unter U-Thong errichteten alten **Stadtbefestigung** rekonstruiert. Die Ziegel der ursprünglichen Anlage waren auf Fracht-

Tipps für die Tempeltour

Eine **Sammelkarte** für die sechs Haupttempel kostet 220 Baht. Bei einer **Bootstour** legen die Boote an 3–6 Tempeln für eine kurze Besichtigung an. Am besten gegen 16 Uhr abfahren, da dann die Lichtverhältnisse gut und die Tempel noch offen sind. An den Palastruinen und am Wat Mahathat werden englischsprachige **Audio Guides** für 150 Baht pro Tag vermietet (Ausgabe bis 16 Uhr). Eine Broschüre zeigt eine Karte der 21 erläuterten Sehenswürdigkeiten.

kähne verladen und beim Aufbau der neuen Hauptstadt Bangkok verwendet worden.

Am anderen Flussufer erstreckt sich das weitläufige **Wat Phanan Choeng**, das einst als Exerzierplatz diente. Möglicherweise gab es den Tempel bereits vor der Gründung von Ayutthaya, denn die 20 m hohe Buddhastatue Phra Chao Phananchoeng (Luang Po To) im hinteren hohen Viharn soll bereits 1325 gefertigt worden sein. Sie gilt als Beschützerin der Seeleute und wird vor allem von Chinesen verehrt.

Hinter dem Gebäude werden in einem großen Tempel im chinesischen Stil sowie im **Chao Mae Soi Dok Mak-Schrein** verschiedene Schutzgottheiten mit Blumen, Seide, Kerzen und Geld günstig gestimmt. Absurderweise verehren gerade Singles und werdende Eltern den Schrein der chinesischen Prinzessin Soi Dok Mak, die der Legende nach aus Zorn über mangelnden Respekt ihres Bräutigams, des Königs von Ayutthaya, Selbstmord beging! ⏰ 8–17 Uhr, Eintritt 20 Baht.

Wat Yai Chai Mongkol liegt außerhalb des historischen Stadtkerns. Der Tempel in seiner heutigen Form mit einem 62 m hohen Chedi, den zahlreichen Buddhastatuen und der gepflegten Gartenanlage wurde unter Naresuan zur Erinnerung an den historischen Sieg über seinen birmanischen Widersacher Phra Maha Uparacha umgestaltet. Naresuan hatte den birmanischen Herrscher 1592 bei Nong Sarai (Provinz Saraburi) in einem Zweikampf auf dem Rücken eines Kriegselefanten eigenhändig besiegt. Ihm zu Ehren wurde neben dem Tempel jenseits des liegenden Buddhas ein über Betonbrücken zugänglicher Park angelegt. In dessen Zentrum erhebt sich ein großer gläserner Schrein mit einer von Hähnen und Kunstblumen umgebenen, überlebensgroßen Statue des Herrschers. ⏰ 8–17 Uhr, Eintritt 20 Baht.

Weiter außerhalb

Nördlich des Klong Sabua diente das **Wat Na Phra Meru** (auch: Wat Na Phramane) den Birmanen als Basislager und wurde daher nicht zerstört. Der mit Holzschnitzereien geschmückte, imposante Bot enthält einen 6 m hohen, vergoldeten Bronzebuddha, der im Stil eines Ayutthaya-Herrschers gekleidet ist. Das Innere des daneben liegenden kleinen Viharn mit verblichenen Wandmalereien wird von einem Buddha im Dvaravati-Stil dominiert. Die eindrucksvollen Skulpturen und die prunkvolle Ayutthaya-Architektur lohnen einen Besuch. ⏰ 8–18 Uhr, Eintritt 20 Baht.

2,5 km nordwestlich der Stadt liegt südlich vom H309 der 80 m hohe **Chedi Phu Khao Thong**. Als die Birmanen Ayutthaya 1569 erstmals eingenommen hatten, errichteten sie diesen Tempel zur Erinnerung an ihren Sieg auf einer bereits 1387 erbauten Anlage. 15 Jahre später wurden sie wieder vertrieben, und der Chedi erhielt ein neues Äußeres im Thai-Stil. Aus Anlass des 2500-jährigen Bestehens des Buddhismus wurde 1956 eine 2,5 kg schwere Goldkugel auf die Spitze der Pagode angebracht. Vor dem Chedi befinden sich ein **Monument** zu Ehren von König Naresuan und eine große Parkanlage.

Bang Pa In

Im 17. Jh. wurde dieser Sommerpalast der Könige von Ayutthaya neben einer Insel im Menam Chao Phraya etwa 20 km südlich von Ayutthaya erbaut. König Mongkut ließ ihn erweitern, wobei verschiedene Baustile aus China, Europa und Siam kombiniert wurden. Im Zweiten Weltkrieg erfuhr der Palast eine dritte Blüte, als sich die Königsfamilie hierher zurückzog.

Für den Rundgang durch die gepflegte Gartenlandschaft sollte man sich mindestens anderthalb Stunden Zeit lassen. Rechts am Flussufer steht ein kleiner Schrein in Form eines Khmer-Prangs. Er enthält eine Statue von König Prasat Thong von Ayutthaya. Am gegenüberliegenden Ufer steht der **Saphakhan Ratchaprayun-Palast** aus dem Jahr 1879, der eine textlastige Ausstellung über die Geschichte des Palastes und seiner Bewohner enthält. ⏰ 8.30–15.30 Uhr.

Der hölzerne, dem Umkleidepavillon im Königspalast von Bangkok nachempfundene Wasserpavillon **Aisawan Thiphya-art** aus dem Jahr 1876 steht inmitten eines Teiches. Die neoklassische Thronhalle **Warophat Phiman**, links vom Pavillon, dient königlichen Zeremonien und ist nur in angemessener Kleidung zugänglich. Eine überdachte Brücke führt zum **Thewarat Khanlai**, dem Tor zum Inneren Palast.

Am interessantesten in der Gartenanlage des Inneren Palastes ist das 1889 von Chinesen gestiftete zweistöckige Gebäude **Wehat Chamrun** im Stil opulenter chinesischer Herrscherresidenzen. Die **Uthayan Phumisathian Residential Hall** mit ihren Jugendstilelementen ist ein Nachbau des 1938 abgebrannten Originals und dient heute als königliche Residenz und Audienzhalle.

Auf einer kleinen Insel bietet sich vom Aussichtsturm **Ho Withun Thatsana** ein schöner Blick über die Anlage. **Gedenksteine** neben einem Pavillon erinnern an Königin Sunanda Kumariratanas (1860–1880), die erste Frau von Chulalongkorn und Tochter von Mongkut, sowie an deren Tochter. Sie ertranken auf dem Weg von Bangkok in die Sommerresidenz in einem gekenterten Boot vor den Augen ihrer Begleiter, denen es verboten war, sie zu berühren.

⏰ 8.30–16.30 Uhr, letzter Einlass 16 Uhr, Eintritt 100 Baht inkl. Broschüre, ☎ 035-261 548, 261 044. Im Palastbereich herrscht eine strikte Kleiderordnung: Frauen müssen Schultern und Knie bedecken. Bei Männern sind kurze Hosen unangebracht. Angemessenes Outfit wird gegen eine Kaution von 200 Baht ausgeliehen. Mit kleinen Golfbuggys können Besucher für 400 Baht pro Stunde über das Gelände fahren.

Ab AYUTTHAYA geht es per Songthaew über die Straße oder den Highway bis gegen 18 Uhr für 30–40 Baht in 1 Std. oder fotogener mit Ausflugsbooten, S. 202.

S. 202

ÜBERNACHTUNG

Untere Preisklasse

Ayutthaya Gh. & Toto Gh., 12/34 Naresuan Rd., ☎ 035-232 658, 081-823 1283, ✉ blues_taxi@hotmail.co.th. Eines der ältesten Gästehäuser, das zusammen mit dem Nachbarhaus in die Hände der nächsten Generation übergegangen ist. 30 saubere Zimmer, zur Straße hin laut. Ältere mit Ventilator und Gemeinschaftsdusche, andere muffig mit teils offenem Bad und AC. Fahrrad- und Motorradvermietung. Internet und WLAN inkl. ❶–❷

Baan Are Gong Riverside Homestay, Kramang Rd., ☎ 035-235 593, 087-107 0745, ✉ siriporntan@yahoo.com.sg. Eines der kleinen, einfachen Gästehäuser in den Gassen zwischen Bahnhof und Fähre. 2-stöckiger Neubau mit 15 renovier-

THAILAND

ten, sauberen Zimmern mit guten Matratzen, ein paar dekorativen Details, nach oben offener Du/WC, teils Kühlschrank und LCD-TV, oben mit Gemeinschafts-Du/WC. Auch günstige EZ. Frühstück erhältlich, Internet und WLAN inkl. Gepäckaufbewahrung und Duschen für 30 Baht inkl. Handtuch. ❶–❷

Baan Lotus, 20 Pa Maphrao Rd., ✆ 035-251 988. Restauriertes, hellhöriges Thai-Holzhaus mit sauberen, gut gelüfteten Zimmern mit harten Matratzen sowie spärlicher Einrichtung, teils mit AC. Nebenan in einem 3-stöckigen Neubau Zimmer mit kleiner Terrasse. Großer, etwas vernachlässigter Garten mit Palmen und Lotosteich. Die rüstige Vermieterin verleiht dem Laden etwas Charme. Touren und Radverleih. WLAN inkl. ❶–❷

Grandparent's Home, 19/40 Naresuan Rd., ✆ 083-558 5829, 087-496 2009. Die freundliche Großfamilie vermietet in vier 2-stöckigen, eng stehenden Neubaublocks je 10 schmucklose Zimmer mit AC, TV, Kühlschrank und gefliesten Böden. Rezeption ⊕ bis 21.30 Uhr. Frühstücken im Vorhof möglich, WLAN inkl. ❷

P.U. Inn (Ubonpon Gh.), 20/1 Moo 4, ✆ 035-251 213, 089-240 8461, 🖥 www.puguesthouse.com. Von der engagierten Ubonpon individuell gestaltetes Gästehaus mit 20 sauberen Zimmern in unterschiedlichen Farben, teils mit AC und LCD-TV. Kleines Restaurant mit TV, thailändischer und japanischer Küche und gutem Frühstück. Sitzplätze auf einer überdachten Terrasse im 1. Stock und im kleinen Hof darunter. Schließfächer, Fahrrad- und Motorradvermietung, Wäscheservice, Touren, Internet-PC für 1 Baht pro Min. WLAN und Gepäckaufbewahrung inkl. ❷

P.U. Inn 2, schräg gegenüber dem P.U. Inn, ✆ 035-251 213, 089-240 8461, 🖥 www.puguesthouse.com. In einem 3-stöckigen Neubau 26 gute, geräumige Mittelklasse-Zimmer mit AC, soliden Matratzen, großem LCD-TV und Kühlschrank. 7 Zimmer mit kleinem Balkon und Sicht auf den Teich im Westen. Ein Pool war zuletzt im Bau. ❸

€ **Tamarind Guest House**, hinter dem Ruean Rojjana Restaurant, ✆ 081-655 7937, 089-010 0196, 🖂 tamarindthai2012@gmail.com. Zentral gelegen und preisgünstig ist dieses von

der Straße zurückversetzte, kleine Gh. mit Parkplatz unter Leitung von Goy und Ning, die gutes Englisch spricht. In netter Atmosphäre 6 AC-Zimmer mit guten Matratzen, teils Open-Air-Du/WC und kräftigen Farben, auch ein Familienzimmer mit durch Vorhang abgetrenntem WC. Tee, Kaffee, WLAN und Fahrräder inkl. ❷

Tony's Place, 12/18 Naresuan Rd., ✆ 035-252 578, 080-994 5409. 🖥 www.tonyplace-ayutthaya.com. In einem geräumigen, mit einigen Antiquitäten eingerichteten Teakhaus mit Charme werden 32 Zimmer mit LCD-TV, Ventilator oder AC sowie teils eigener Du/WC vermietet, die teureren, sehr geräumigen auch mit Hochbett, Balkon und Kühlschrank. Ein gutes Preis-Leistungs-Verhältnis bieten die Zimmer für 500 Baht. Die billigsten Zimmer liegen im Altbau gegenüber und sind wenig einladend, haben jedoch gute Matratzen. Gut besuchtes Restaurant mit Traveller- und vegetarischen Gerichten. Sitzgelegenheiten und Hängematten im teils offenen Hof und auf der Terrasse im 1. Stock. Kleiner Pool zum Abkühlen. Irgendwo wird immer an- und umgebaut. ❶–❹

Mittlere Preisklasse

Baan Tebpitak, 15/19 Soi 3 Pathon Rd., ✆ 089-849 9817, 083-478 3114, 🖥 www.baantebpitak.com. Neueres, 2-stöckiges Guesthouse in ruhiger Lage unter Leitung von Lino und Rita vom unweit gelegenen Promtong Mansion. 11 geräumige, saubere Zimmer mit komfortabler, rustikaler Ausstattung und informativen Büchern über Ayutthaya. Offener Aufenthaltsbereich mit Aquarien, außerdem ein Pool mit Liegen, viele Infos und eine kleine Snack-Karte für Hungrige. Fahrrad- und Motorradverleih. Frühstück und WLAN inkl. ❺

🧳 **Baan Tye Wang**, 223/18 Pratu Chai, ✆ 035-323 001, 🖥 www.baantyewang.com. Abseits, in einer ruhigen Wohngegend am Fluss vermietet die nette Thai-Familie hinter einem schönen, traditionellen Teakhaus mit offenem Erdgeschoss in einem Neubau 7 hübsche, modern eingerichtete Zimmer mit kühlem Steinboden, großer Fensterfront, LCD-TV, Wasserkocher, Open-Air-Tropendusche und stilvollem Mobiliar mit antiquarischem

Touch. Frühstück, Fahrräder und WLAN inkl. **5**

🧳 **Promtong Mansion**, 23 Soi 19, Pathon Rd., 📞 035-242 459, 089-165 6297, 💻 www.promtong.com. Das ruhig und zentral gelegene Guesthouse wird von Lino aus der Schweiz, seiner Frau sowie deren Schwester geführt, die in England und der Schweiz gelebt haben und wissen, was ihre Gäste brauchen. In einem 4-stöckigen Neubau 15 sehr saubere, nett eingerichtete, große Zimmer mit guten Matratzen, LCD-TV, Kühlschrank, Wasserkocher mit Tee und Kaffee, Du/WC und separatem Raum mit Waschbecken. Auch Familienzimmer. Wäscheservice, viel Infomaterial über Ayutthaya, Organisation von Touren und Transport. Fahrräder 50 Baht pro Tag. WLAN, Internet und Frühstück inkl., zudem Nutzung des Pools im Baan Tebpitak. **4**–**5**

The Old Palace Resort, 1/35 Moo 5, Tavasukree Rd., 📞 088-693 0111, 💻 www.theoldpalaceresort.com. Die von der gut Englisch sprechenden Gift und ihrer Mutter Jane geleitete, ruhige Anlage liegt 300 m nördlich vom alten Palast hinter Wat Na Phra Meru. Auf einem großen Grundstück mit Parkplatz stehen Einzel- und Doppel-AC-Bungalows sowie ein großer Neubau. Insgesamt 22 stets saubere und schlichte Zimmer für bis zu 3 Pers. mit Kühlschrank, TV, großer Fensterfront und Terrasse, teurere mit 2 Betten. Wäscheservice, Fahrrad- und Motorradverleih. Frühstück inkl. Auf Wunsch wird auch ein Thai-Abendessen zubereitet. **4**

Obere Preisklasse

🧳 **Baan Thai House**, 199/19 Moo 4, Pailing, 📞 035-245 555, 080-437 4555, 💻 www.baanthaihouse.com. Nur 600 m vom Bahnhof in ländlicher, sehr ruhiger Umgebung stehen in einem gepflegten Garten 12 bei europäischen Gästen beliebte Bungalows, besonders schön die Thai-Häuser auf Stelzen am Teich. Die sehr sauberen Zimmer sind relativ klein, aber gut ausgestattet mit Holzmöbeln und Teakböden, Wasserkocher, LCD-TV, Kühlschrank, Terrasse oder Balkon und separatem WC, teils mit Außendusche. Auch 2 Zimmer mit größeren Bädern im Haupthaus. Viele Sitzgelegenheiten, Pool, Spa und Restaurant. Günstige Preise in der Nebensaison. Fahrräder, WLAN und Frühstück inkl. **5**–**6**

Iudia On the River, 11-12 Moo 4, U-Thong Rd., im Südwesten nahe dem Krankenhaus, 📞 035-323 208, 086-080 1888, 💻 www.iudia.com. Freundliches Boutique-B&B am Fluss in einem 2-stöckigen, architektonisch interessant gestalteten Neubau, in dem modernes Design und Antiquitäten gut miteinander harmonieren. 13 mit wertvollen Möbeln ausgestattete Zimmer mit Du oder Bad/WC, DVD-Player, LCD-TV und Kühlschrank; die 4 günstigeren mit Fenstern zum schattigen Innenhof, die teuren mit eigener Terrasse am hübschen, aber schattenlosen Pool mit Blick über den Fluss auf den Tempel. Auch ein EZ. Nettes Café an der Straße. WLAN und Frühstück inkl. **6**

THAILAND

ESSEN

Essensstände

Tagsüber

Essensstände findet man vor dem **Bahnhof** und dem **Amporn Department Store**. In diesem älteren Einkaufszentrum und seiner Umgebung haben sich Filialen von Fastfood-Ketten wie KFC, Pizza Company und MK eingemietet. Im **Rama Park** laden Essensstände und offene Restaurants mittags zu einer Pause ein. Die Preise sind moderat und die Atmosphäre inmitten von Blumen und Palmen, hinter denen die Tempeltürme hervorschauen, ist nett.

Abends

In Ayutthaya sollte man sich den abendlichen Bummel über den kleinen **Nachtmarkt Hua Ra** am Fluss gegenüber dem Chandra Kasem-Palast oder den abendlichen **Straßenmarkt** östlich vom Rama Park direkt südlich vom hohen Sendemast nicht entgehen lassen. An etwa 30 Ständen wird von 17–22 Uhr gekocht und gebraten, das Essen an Tischen serviert oder zum Mitnehmen verpackt. Sa und So findet abends die **Walking Street** mit Verkaufs- und Essensständen am Klong Nai Kai zwischen Rojana Rd. und U-Thong Rd. statt.

Restaurants

Auf Backpacker eingestellt sind die Restaurants in den Gästehäusern und die offenen Straßenrestaurants in der Naresuan Rd. (von Nord nach Süd) **Streetlamp**, **Chang House**, **The Palates Lure** und **Jazz Bar**.

€ **Baan Som Tam**, an der Ecke südlich der Brücke. Das beliebte, abends betriebsame Restaurant mit Holzmöbeln und offenen Fenstern bereitet leckere, authentische Thai-Küche nach Isarn-Art zu, darunter der namensgebende Papaya-Salat. Die beste Adresse für günstiges Thai-Food und zügige Bedienung. ⏰ 10–14 und 16–22 Uhr, Sa und So durchgehend.

Coffee Old City, Chikun Rd. gegenüber dem Wat Mahathat, ✆ 089-889 9092. In entspannter Atmosphäre serviert dieses kleine Restaurant mit freundlicher Bedienung Thai-Food, aber auch Croissants, kleine Frühstück-Sets und guten Eistee. ⏰ Di–So 8–18 Uhr.

Malakor Restaurant, nordöstlich vom Wat Ratburana. In einem kleinen Holz- und Bambushaus mit Terrasse und einigen Sitzkissen werden Thai- und europäische Gerichte serviert. Manchmal längere Wartezeiten. Alle Speisen auf Wunsch mit Tofu statt Fleisch. Nebenan tagsüber Essensstände.

Pae Krung Kao Restaurant, südlich der Brücke. Klimatisiertes Restaurant mit in schwer verständlichem Englisch formulierter Speisekarte. Schöner ist es, draußen auf der Terrasse oder im schwimmenden Restaurant zu sitzen.

Sai Thong River Restaurant, 45 Moo 1, U-Thong Rd., ✆ 035-241 449, 087-121 3936, 🖥 auf Facebook. Die englische Speisekarte des großen Restaurants listet eine gute Auswahl teils ungewöhnlicher Thai- und Isarn-Gerichte von 120–150 Baht, z. B. sehr gutes Homok. Wechselhafter Service. Auch Tische im Freien am Fluss. Von hier legt bei mind. 10 Gästen ein Restaurantboot für 800 Baht pro Std. ab. Einige Leser fanden das Essen enttäuschend. ⏰ 10.30–22 Uhr.

EINKAUFEN

Auf dem **Chao Phrom-Markt** werden Lebensmittel und Haushaltswaren verkauft. Der **Amporn Department Store**, ein altes Warenhaus gegenüber dem Markt, erhielt durch ein riesiges Einkaufszentrum östlich der Stadt an der Umgehungsstraße Konkurrenz:

Ayutthaya Park, am H32, südlich der Abzweigung des H309, dorthin mit dem Stadtbus ab Chao Phrom-Markt, ✆ 035-213 828-9, 🖥 www.ayutthayapark.com. Die Mall beherbergt einen Robinson Department Store, einen Tesco Lotus, eine große Elektronikabteilung, Mode- und Kosmetikgeschäfte, ein Kino und viele Restaurants.

UNTERHALTUNG

Cafés und Bars in der Naresuan Rd. in der Umgebung der Gästehäuser haben sich auf das westliche Publikum eingestellt. Bei Livemusik, Klängen aus der Konserve oder Sportübertragungen schlürft man in lockerer Atmosphäre einen Cocktail oder guten Kaffee.

AKTIVITÄTEN UND TOUREN

Unterkünfte organisieren morgendliche und abendliche **Rundfahrten** ohne Guide zu den Ruinen und Tempeln im weitläufigen Ayutthaya. Hierfür wird meist ein Tuk Tuk oder Songthaew für 200–250 Baht pro Std. gechartert und eine Route vereinbart. Für eins der wenigen Taxis sind 400 Baht pro Std. zu veranschlagen.

Bootstouren

Der Vorteil von Bootstouren liegt auf der Hand: Sie eröffnen einen Blick auf das Leben am und auf dem Fluss. Kleine Boote für bis zu 6 Pers. sind entspannter als die großen, lauten Longtails und können für 400 Baht pro Std. gechartert werden. 2-stündige Rundfahrten ab den Anlegestellen südlich der Ponton-Brücke, hinter dem Wat Phanan Choeng und hinter dem Hua Ra-Nachtmarkt von verschiedenen Anbietern und Reisebüros für 250–300 Baht p. P., in Gästehäusern ab 200 Baht ohne Eintrittsgelder. Die meisten halten am Wat Phanan Choeng, Wat Phutthai Sawan und Wat Chai Wattanaram. Nach **Bang Pa In** mit Halt am Wat Niwet Thammapravat für 1500 Baht bei maximal 3 Pers., Rückfahrt mit der Eisenbahn.

Elefantenreiten

Elephant Camp, ✆ 035-211 001, im östlichen Bereich des Rama Parks. Elefanten mit kostümierten Mahouts stehen bereit, um am laufenden Band Touristen in 30 Min. für

500 Baht p. P. zum alten Palast und Wat Phra Ram zu bringen – romantisch vielleicht, aber keineswegs artgerecht oder tierlieb.

Fahrradverleih

Im Zentrum der Ruinenstadt lässt es sich auf den breiten Straßen gut radeln. Meiden sollte man die U-Thong Rd. und den H309, denn dort ist der Verkehr chaotisch und dicht. Fahrräder gibt es in den Gästehäusern und bei der Touristenpolizei für 30–50 Baht.

SONSTIGES

Feste und Feiertage

Ayutthaya – World Heritage Site Celebrations (Dez), Markt und Veranstaltungen, darunter eine Light & Sound Show über die Geschichte der Stadt. Während der Festtage kostenloser Eintritt zu allen Tempeln.
Am **chinesischen Neujahrstag** findet am Wat Phanan Choeng im Süden der Stadt ein großer Jahrmarkt statt.
Loi Krathong (Nov) wird besonders prächtig im und um den Rama Park begangen.
Songkran (13. April) wird mit einem Umzug in der Nähe des Wat Mahathat gefeiert.

Informationen

TAT-Tourist Office, im Ayutthaya Tourism Centre, ☎ 035-246 076-7, ✉ tatyutya@tat.co.th. Gute Infos von einer engagierten, ortskundigen Mitarbeiterin. ⏱ 8.30–16.30 Uhr.
Im 150 m nördlich befindlichen Office dagegen wenig Hilfsbereitschaft.
Eine gute Website ist 🖥 www.ayutthaya-info.com.

Medizinische Hilfe

Phra Nakorn Si Ayutthaya Hospital, Neubau im Süden in der U-Thong Rd., ☎ 035-231 888, 241 728, 🖥 www.ayhosp.go.th.
Rajathani Hospital, Rojana Rd., östlich des Zentrums nahe dem H32, ☎ 035-355 555-61.

Motorradverleih

Sie sind für 200–300 Baht pro Tag gegenüber vom Bahnhof und in einigen Gästehäusern zu mieten (s. Übernachtung), zudem bei

Good Luck, 12/38 Soi 2 Naresuan Rd., ☎ 081-934 7001, 089-925 1902, ⏱ 8–19 Uhr.

Polizei

Tourist Police am Am Wat Phra Si San Phet, Zentrale neben dem kleinen Tourist Information Center, ☎ 1155. Einige Polizisten sind auch mit dem Fahrrad unterwegs.

NAHVERKEHR

Tuk Tuks und Songthaew

Innerhalb des Stadtgebietes kostet eine Kurzstrecke mit dem Tuk Tuk ab 50 Baht, mit dem Songthaew ab 70 Baht, vom Busbahnhof oder Ayutthaya Park in die Stadt ab 150 Baht. Stundenweise zu chartern für 200 Baht. Nach Sonnenuntergang sind fast keine Tuk Tuks mehr unterwegs.

Stadtbusse

Der Stadtbus ist ein weißer Minibus mit grünem Streifen und pendelt für 10 Baht zwischen dem großen Einkaufszentrum Ayutthaya Park, dem Busbahnhof und dem Zentrum und hält am Chao Phrom-Markt.

Fähren

Vom Bahnhof kann man mit 2 Fähren für 4 Baht in die Stadt übersetzen. Zudem verkehren Fähren über den Fluss zum Wat Phanan Choeng.

TRANSPORT

Busse

Expressbusse halten am **Busbahnhof** am Highway, an der Einmündung der Soi Talat Grand, ca. 4 km östlich der Stadt, ☎ 035-335 413. Plätze für die Weiterfahrt sollten in 1.-Kl.-AC- und VIP-Bussen einen Tag im Voraus zwischen 9.30 und 17 Uhr gebucht werden, da die Busse aus Bangkok nicht in Ayutthaya halten, wenn sie voll sind. Vom Busbahnhof aus fahren Songthaew etwa alle 15 Min. für 7 Baht ins Zentrum.
CHIANG MAI, 8x tgl. von 8.30–22.40 Uhr für 440–570 Baht, VIP um 9, 20, 21 und 21.30 Uhr für 880 Baht in 9 Std.
CHIANG RAI, um 7.30, 8.50, 16.30, 18.30, 19.15, 20.30, 22 und 20.40 Uhr für 490–630 Baht, VIP um 8.30, 20.40 und 21.20 Uhr für 972 Baht in 11 Std.

LAMPANG, wie Chiang Mai für 380–490 Baht, VIP um 9 und 21.10 Uhr für 760 Baht in 8 Std. PHITSANULOK, um 9.10, 10, 15.30, 21 und 23.30 Uhr für 250–310 Baht in 5 Std. SUKHOTHAI (keine Reservierung möglich) um 7.10, 8.45, 9.30, 11.30, 12, 13, 15, 17, 19.10, 20.30, 21.40 und 22.30 Uhr für 280–360 Baht in 6 Std., Endstation ist Neu-Sukhothai.

Bushaltestelle in der Naresuan Road

Nach BANGKOK, 75 km, Mo Chit (Northern Bus) Terminal, alle 20–30 Min. von 5–17 Uhr für 65 Baht. Busse nach 8 Uhr fahren auch die Strecke über den Don Mueang Airport (43 Baht).
KANCHANABURI, mit dem Minibus bis Suphanburi und von dort stdl. bis 18 Uhr mit dem Bus für 50 Baht oder zum Southern Bus Terminal in Bangkok und von dort weiter mit dem Bus (S. 177).

Bushaltestelle am Chao Phrom-Markt

BANG PA IN, Songthaew für 30–40 Baht bis 18 Uhr auf der Landstraße H3057, die 16 km am Fluss entlangführt, in 30 Min. Ein Tuk Tuk kostet 800 Baht hin und zurück. Der Zug ist die bessere Alternative.

Minibusse

Nach BANGKOK von der Bushaltestelle in der Naresuan Rd. nahe dem Kanal oder von der Bushaltestelle am Chao Phrom-Markt zum Victory Monument bis 18.30 Uhr für 60 Baht in 1 Std. Von der Haltestelle etwas weiter westlich zum Southern Bus Terminal für 70 Baht in 1 1/2 Std. Die Minibusse fahren ab, sobald sie voll sind, und werden vor allem von Pendlern genutzt. Wer viel Gepäck hat, muss für 2 Plätze zahlen.
Backpackerbusse, ✆ 089-661 6179, fahren von den Gästehäusern nach BANGKOK (Khaosan Rd.) bei mind. 3 Pers. von 6–17 Uhr für 200 Baht in 1 1/2 Std. KANCHANABURI, Minibus um 9 Uhr für 400 Baht in 2 1/2 Std. KORAT über PAK CHONG (Khao Yai National Park), ab Chao Phrom-Markt von 9.30–16 Uhr in 3 1/2 Std.

Eisenbahn

Vom **Bahnhof**, ✆ 035-241 521, mit Gepäckaufbewahrung (10 Baht) fahren Songthaew und Tuk Tuks in die Stadt.
BANGKOK fast stdl. für 35/15 Baht in der 2./3. Kl. über BANG PA IN (2. Kl. 6 Baht, Rapid 23–86 Baht) und DON MUEANG AIRPORT (2. Kl. ab 24 Baht).
Nach **Norden** über LOPBURI (2./3. Kl. ab 30/13 Baht) und PHITSANULOK (2./3. Kl. ab 135/58 Baht), nach CHIANG MAI empfehlen sich Nachtzüge in der 2. Kl. für 506/796–766/856 Baht (Sitzplatz/ Liegewagen unten), 1. Kl. Schlafwagen oben/unten 1198/1398 Baht.
Nach **Nordosten** über PAK CHONG (Khao Yai National Park, Rapid 53 Baht, Express 333 Baht) und KORAT (Nakhon Ratchasima, 2. Kl. im Rapid 89 Baht, Express ab 189 Baht) nach NONG KHAI (2. Kl. im Rapid ab 202 Baht, Express ab 242 Baht, Schlafwagen 1. Kl 1062/1262 Baht oben/unten).

Boote

Von BANGKOK bieten Gesellschaften Tagestouren mit dem Boot nach Bang Pa In und weiter mit dem Bus nach Ayutthaya an (S. 170).

Zentral-Thailand

Der Weg nach Norden führt durch die weite Ebene des Menam Chao Phraya. Aus den fruchtbaren Tälern des Nordens kommend, wanderten verschiedene Thai-Völker vor 1000 Jahren in die große zentrale Ebene ein. In Sukhothai wurde das erste bedeutende Reich gegründet. Nach Sukhothai wurde Phitsanulok unter König Naresuan zum Machtzentrum des Ayutthaya-Reiches.

Phitsanulok und Umgebung

Phitsanulok (gesprochen Pi-sanu-loh) ist eine geschäftige Stadt mit 108 000 Einwohnern und einem überschaubaren Zentrum. Ihre Wurzeln reichen bis ins 14. Jh. zurück, als der König von Sukhothai die Stadt Song Khwae vom Zusam-

Der schönste Buddha

Vom großen Stadtbrand verschont blieb **Wat Phra Si Rattana Mahathat**, auch Wat Yai genannt, mit seinem teils vergoldeten Prang aus der Sukhothai-Periode. Im Haupttempel, dessen Innenwände mit Wandmalereien geschmückt sind, steht der hochverehrte vergoldete Bronze-Buddha Phra Chinnarat aus dem 14. Jh. Er gilt als eine der wichtigsten und oft kopierten Buddha-Darstellungen Thailands und als beispielhaft für den ausgereiften Sukhothai-Stil. Eine Kopie steht im Marmortempel von Bangkok, eine weitere im Thai-Tempel in Bodh Gaya (Indien). In einem kleinen Nebengebäude wird Buddha im Sarg verehrt, eine höchst ungewöhnliche Darstellung. Nebenan sind auf Wandmalereien in einer Gebetshalle die Heldentaten von König Naresuan verewigt. Auf dem Tempelgelände wurden bei Ausgrabungen die Grundmauern und Säulen der alten Anlage freigelegt. Im kleinen Nebengebäude sind einige Ausgrabungsfunde und Klosterschätze zu sehen und in einem kleinen Museum (🕑 8–16 Uhr) im hinteren Bereich links rings um eine verehrte Buddhastatue wertvolle Keramik und Votivgaben. Ein Säulengang hinter dem Museum beherbergt weitere, goldene Buddhas. Im Tempel ist Kleidung erforderlich, die Knie und Schultern bedeckt. 🕑 6.30–18 Uhr.

menfluss der Flüsse Nan und Khwae Noi hierher verlegen ließ. König Naresuan war der mächtigste Herrscher des frühen Ayutthaya-Reiches und befreite das Land 1584 aus der Abhängigkeit von Birma. An seinem Geburtsort wird er mit einem Schrein verehrt. Viele alte Häuser wurden 1959 bei einem großen Brand zerstört.

Etwas südlich der Brücke erhebt sich **Wat Ratcha Burana**, dessen Chedi aus der Ayutthaya-Periode teilweise zerstört ist. Im Bot sind Wandmalereien mit Szenen aus dem Ramakien zu sehen.

Zwei weitere Tempel stehen nordöstlich der Stadt. Restauriert wurde **Wat Chedi Yot Thong** in der Soi 4 mit einer 20 m hohen Pagode. Sein Chedi aus Ziegelstein mit der typischen Lotos-

knospen-Spitze des Sukhothai-Stils stammt aus dem 15. Jh. Die Straße endet nach 1 km am **Wat Aranyik**, einem Waldkloster, das von einem Wassergraben umgeben ist. Der singhalesische Chedi ist allerdings stark zerstört.

Am Westufer wurden ab 1992 die Grundmauern des alten **Wang Chan-Palastes** (Chandra Palace) freigelegt, in dem 1555 König Naresuan geboren wurde. In einem kleinen Museum sind Bilder und andere Erinnerungsstücke ausgestellt.

Im Zentrum der Stadt erhebt sich ein gewaltiges Denkmal für den ersten König der Chakri-Dynastie, Rama I., der sich 1775 als Oberbefehlshaber in Phitsanulok beweisen konnte. Die einstigen Befestigungsanlagen unter dem Denkmal wurden fast völlig abgetragen. Reste der **Stadtmauer** mit Wassergraben im Westen der Stadt sind restauriert worden.

Das im Süden der Stadt gelegene **Folklore Museum** in einem Komplex von Thai-Häusern vermittelt mit seiner Sammlung von über 10 000 Alltagsgegenständen einen Einblick in das Leben der Landbevölkerung. Englische Erklärungen. 🕑 8.30–16.30 Uhr, Eintritt 100 Baht, ✆ 055-212 749. Bus 8 ab Bahnhof.

ÜBERNACHTUNG

Bon Bon Gh., Phaya Lithai Rd., ✆ 055-219 058, 081-707 7649. Kleines, nach hinten versetztes, ruhiges und sauberes Haus mit 18 Zimmern, mit AC und TV teurer. Kein Restaurant, kein WLAN, aber ein Internetcafé gleich vorn an der Straße. ❷

London Hotel, Soi 1, Buddha Bucha Rd., ✆ 055-225 145. Im Originalstil aufgefrischtes altes chinesisches Hotel. Im bunt bemalten, von Grünpflanzen überwucherten Holzhaus 8 kleine Zimmer für anspruchslose Traveller mit Gemeinschafts-Du/Hocktoilette, teils ohne Fenster, aber sauber. Im Erdgeschoss Coffee Shop und Pub. WLAN einmalig 20 Baht. ❶

Pattara Resort & Spa, 349/40 Chaiyanupap Rd., ✆ 055-282 966, 🖥 www.pattararesort.com. Moderne Anlage, die mit ihrem weitläufigen Garten zum Entspannen einlädt. 64 Zimmer mit hochwertiger Einrichtung aus dunklem Holz und Betonwänden sowie Wasserkocher, Safe, riesigem LCD-TV und

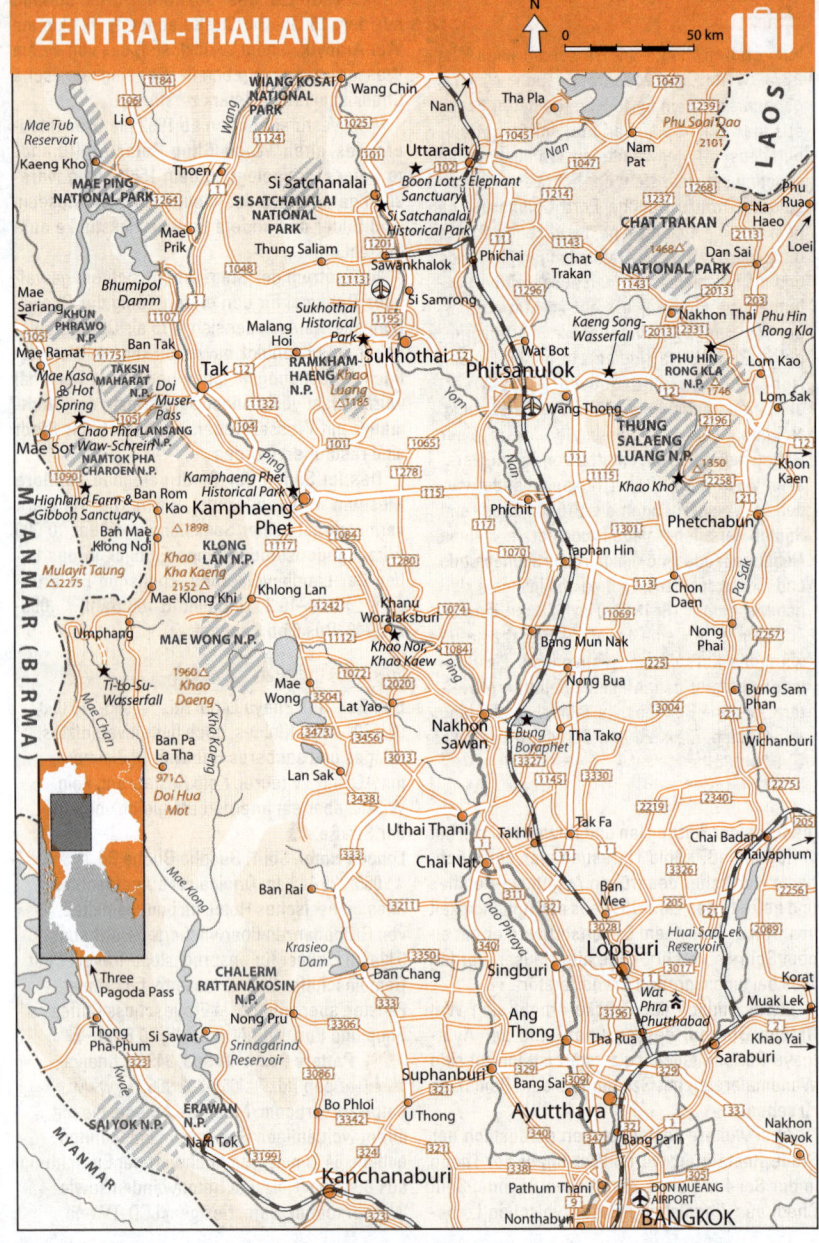

ZENTRAL-THAILAND

N

0   50 km

WIANG KOSAI
NATIONAL
PARK

Wang Chin

Nan

Tha Pla

1184
105
1124

Li

Wang

Mae Tub
Reservoir

Kaeng Kho

Thoen

MAE PING
NATIONAL PARK

1264

Mae
Prik

Si Satchanalai

SI SATCHANALAI
NATIONAL
PARK

Thung Saliam

1048

Sawankhalok

1101

Uttaradit

1022

Boon Lott's Elephant
Sanctuary

Si Satchanalai
Historical Park

Phichai

1201

Nan

1045

1047

1214

Phu Soi Dao
2101

1239

1268

1237

Nam
Pat

CHAT TRAKAN

Chat
Trakan

1143

NATIONAL PARK
1143

LAOS

Na
Haeo

Phu
Rua

Dan Sai

2013

Nakhon Thai

Phu Hin
Rong Kla

Loei

Lom Kao

1184
105

Mae
Sariang

KHUN
PHRAWO
N.P.

1107

Bhumipol
Damm

Malang
Hoi

Sukhothai
Historical
Park

1195

Mae Ramat

1175

Ban Tak

TAKSIN
MAHARAT
N.P.

Mae Kasa
& Hot
Spring

1090

Mae Sot

1105

Chao Phra LANSANG
Waw-Schrein N.P.
NAMTOK PHA
CHAROEN N.P.

Tak

Doi
Muser-
Pass

1132

RAMKHAM-
HAENG
N.P.

Sukhothai

Khao
Luang
1185

12

Wat Bot

Phitsanulok

Kaeng Song-
Wasserfall

2013
2331

PHU HIN
RONG KLA
N.P.

746

1296

1143

Nakhon Thai

Phu Hin
Rong Kla

Lom Kao

Lom Sak

2196

Khon
Kaen

Khao Kho

2258

THUNG
SALAENG
LUANG N.P.

1350

1115

MYANMAR (BIRMA)

Highland Farm &
Gibbon Sanctuary

Bah Mae
Klong Noi

1898

Kamphaeng Phet
Historical Park

Ban Rom

Kao Kamphaeng
Phet

104

Ping

1117

1084

KLONG
LAN N.P.

Phichit

117

1278

1070

1065

115

Mulayit Taung
2275

Khao
Kha Kaeng
2152

Mae Klong Khi

Khlong Lan

1242

Taphan Hin

113

1301

Phetchabun

Pa Sak

Umphang

MAE WONG N.P.

Ti-lo-Su-
Wasserfall

1960
Khao
Daeng

Khao
Kha Nayang

Mae
Chan

Mae
Wong

Lat Yao

Khlong Lan

1112

3504

1072

2020

Khanu
Woralaksburi

Khao Nor,
Khao Kaew

1074

1084

Bang Mun Nak

Nong Bua

Chon
Daen

Nong
Phai

1069

225

Bung Sam
Phan

2257

Wichanburi

Ban Pa
La Tha

971

Doi Hua
Mot

Lan Sak

2473

3456

3013

3438

Nakhon
Sawan

Bung
Boraphet

Tha Tako

3327

1145

3330

3004

271

2275

MYANMAR

Three
Pagoda Pass

CHALERM
RATTANAKOSIN
N.P.

Nong Pru

Krasieo
Dam

Dan Chang

Uthai Thani

333

Takhli

Tak Fa

2219

2340

Chai Badan

3326

Chaiyaphum

205

2256

Ban Rai

3350

Chai Nat

340

Singburi

3211

311

Ban
Mee

2078

Lopburi

Huai Sap Lek
Reservoir

3017

2089

Korat

Muak Lek

Thong
Pha-Phum

Si Sawat

333

Nong Pru

3306

Chao Phraya

Ang
Thong

Tha Rua

Wat
Phra
Phutthabad

3196

Khao Yai

Saraburi

21

SAI YOK N.P.

Kwae

3086

ERAWAN
N.P.

Nam Tok

3199

Bo Phloi

U Thong

3342

Srinagarind
Reservoir

324

321

Suphanburi

321

Bang Sai

340

Ayutthaya

329

329

Bang Pa In

347

Nakhon
Nayok

33

305

Kanchanaburi

323

338

Pathum Thani

Nonthaburi

9

DON MUEANG
AIRPORT

BANGKOK

DVD-Player. Große Fenster vom Zimmer zum Bad. Die Deluxe-Zimmer mit großzügigen Bädern, Riesen-Tropendusche, separater Wanne sowie zentral im Raum stehenden Betten. Restaurant, Pool mit Liegen. Kostenloser Transport zum Airport, ins Zentrum 200 Baht (Taxis sind billiger). DVD-Ausleihe, Frühstück und WLAN inkl. ❻

The Prince, Prasong Prasath Rd., ✆ 055-000 191. Zentral gelegen und etwas frischer als die meisten günstigen Unterkünfte im Zentrum sind die 18 einfach, aber komfortabel eingerichteten Zimmer mit AC, Kühlschrank, guten Matratzen und LCD-TV. Parkmöglichkeit vorhanden. Kaffee und WLAN inkl. ❶–❷

Topland Hotel, 68/33 Ekathotsarot Rd., ✆ 055-247 800-9, 🖥 www.toplandhotel.com. Etwas in die Jahre gekommenes, 16-stöckiges Hotel mit direkter Verbindung zum Shoppingcenter. 253 Zimmer mit Teppichboden und Bad/WC, die renovierten vom 7.–16. Stock mit bequemen Betten, Wasserkocher, Marmorbad und LCD-TV. Ein chinesisches Restaurant mit Dim Sum sowie ein Buffetrestaurant, Disco, Pub, Spa und Pool mit Liegen. Transfer zum Airport 100 Baht. Frühstück und WLAN inkl. ❺

Yodia Heritage Hotel, 89/1 Buddha Bucha Rd., ✆ 055-214 677, 🖥 www.yodiaheritage.com. Kleines Boutiquehotel mit 25 in warmen Farben gehaltenen Zimmern mit LCD-TV, Minibar, Bad mit Wanne und Dusche sowie Balkon mit Tisch und Stühlen. Zudem 2 Suiten. Kleine Bibliothek, kleiner Pool im Hof und gutes Restaurant an der Uferstraße. Internet, WLAN und Frühstück inkl. ❻

ESSEN

Die meisten Stände im nördlichen Bereich des **Nachtmarktes** am Nan-Fluss verkaufen Textilien, am südlichen Ende tischen am Flussufer dieliebe Restaurants mit englischen Speisekarten gute Thai-Küche und Seafood zu vernünftigen Preisen auf.

Die Attraktion des Marktes ist der **Flying Vegetable-Stand**. Hier fliegt das Gemüse buchstäblich auf den Teller. Von 4–7 Uhr findet am selben Ort der Morgenmarkt statt.

Viele Straßenstände verkaufen die regionale Nudel-Spezialität *mie sueh*, z. B. in der Gasse

westlich vom Amarin Nakhon Hotel und südlich vom Yodia Heritage Hotel. In der Nachbarschaft des Lithai und Bon Bon Gh. gibt es **Curry-Restaurants**.

Im **Topland Plaza** sind die Filialen der internationalen Fastfood-Ketten und ein großer Swensen's zu finden. Im Obergeschoss ein preiswerter Essensmarkt. ⏰ bis 21 Uhr. Das nordwestlich an der Straße nach Sukhothai gelegene **Central Plaza** beherbergt viele japanische Restaurants (z. B. Fuji), einen Food Court sowie KFC und McDonald's.

Liebhaber von Kuchen und Gebäck finden zahlreiche **Bäckereien** in der Stadt, z. B. am Uhrturm im **Café In Love** sowie im **Lithai Café (It is Cake)**, im Erdgeschoss des Lithai Gh. an der Straße. Klimatisiertes Café mit großer Auswahl an Thai- und westlichen Gerichten, Frühstück, Kuchen, Salaten und Kaffee zu vernünftigen Preisen. ⏰ 7–19 Uhr.

My Coffee, am Flussufer nördlich vom Wat Mahathat. Das klimatisierte, kleine Café mit überdachter Terrasse sorgt nach dem Besuch des Tempels für Abkühlung. Außer Kaffee und Säften auch günstige Snacks wie Pizza, Hamburger und Thai-Gerichte. WLAN. ⏰ ab 8.30 Uhr.

Sor Lert Ros, an der Ecke neben dem Pailyn Hotel, nur in Thai ausgeschildert, ✆ 055-258 442. Gutes thai-chinesisches Essen mit leckeren Hähnchen- und Entengerichten. Der 1. Stock ist klimatisiert. Viele Gerichte sind nicht auf der englischen Speisekarte gelistet – auf den Nachbartischen umsehen. Gerichte 60–150 Baht, Fisch teurer. ⏰ 8–22 Uhr.

SONSTIGES

Einkaufen

Lohnend ist ein Bummel über den großen Markt östlich des Wat Phra Si Rattana Mahathat oder durch die Läden in der Ekathotsarot Rd. Beliebt ist der **Nachtmarkt** an der Uferpromenade mit einem großen Angebot an Textilien im überdachten Bereich, ⏰ bis 22 Uhr. Im **Topland Plaza** gibt es Markenwaren und einen kleinen Tesco. **Tesco Lotus Super Center**, am H12 am östlichen Stadtrand, Bus 1, ⏰ 9–23 Uhr.

Das nordwestlich vom Zentrum gelegene **Central Plaza** bietet u. a. Apotheken, einen

Robinson Department Store, Bekleidungs-, Kosmetik- und Elektronikläden sowie ein Multiplexkino. ⏲ 11–21, Sa und So ab 10 Uhr.

Feste
The Phra Buddha Chinarat Fair am 6. Tag des zunehmenden Mondes im 3. Mondmonat (meist Ende Feb). Theater, Tänze und ein Jahrmarkt zu Ehren der verehrten Buddhastatue im Wat Mahathat.
Bootsrennen am dritten Septemberwochenende auf dem Nan-Fluss.
Food and Souvenir Festival an einem Wochenende im Dezember und zu Songkhran im April. Dann säumen Stände mit lokalen Produkten, einer großen Auswahl an Snacks und Kleinkram die Uferstraße nördlich des Nachtmarktes. Auf Bühnen wird ein Kulturprogramm geboten, das von klassischen Thai-Tänzen bis Breakdance reicht.

Immigration
Am Fluss neben dem städtischen Tourist Centre, ☎ 055-247 722. ⏲ Mo–Fr 8.30–16.30 Uhr.

Informationen
Tourist Centre, das städtische Informationszentrum in einem hölzernen Pavillon am Fluss, hat zwar weniger Infos, doch das hübsche Haus mit historischen Fotos lohnt einen Besuch. ⏲ Mo–Fr 8.30–16.30 Uhr.
Tourist Office, 209/7-8 Boromtra Lokkanat Rd., ☎ 055-252 742–3. Die bemühten, hilfsbereiten Mitarbeiter halten gute Informationen, Stadtpläne, Broschüren, einen lokalen Busfahrplan und eine Karte vom H12 bereit. ⏲ 8.30–16.30 Uhr.

Massagen
Kamalasom, um die Ecke vom städtischen Tourist Centre, ☎ 055-252 052. Das Zentrum für traditionelle Massage und Medizin. ⏲ Mo–Fr 8.30–20, Sa und So bis 16.30 Uhr.
The Union of Thai Traditional Medicine Society im Wat Ratcha Burana, ☎ 089-638 5648. 1 Std. Thai-Massage für 100 Baht, Fußmassage 120 Baht. ⏲ 7–18 Uhr.

Medizinische Hilfe
Apotheken im Central Plaza.

Buddha Chinarat Hospital, an der Sri Thamtraipidok Rd. (H1064), ☎ 055-219 844–52, 241 608. Staatliches Krankenhaus.
Phitsanuvej Hospital, Khun Phiren Rd., ☎ 055-909 000, 🖳 www.pitsanuvej.com.
Ruamphaet Hospital, Boromtra Lokkanat Rd., ☎ 055-219 307-16, 🖳 www.ruamphat.com.

Motorradverleih
Lady Motor, am Busbahnhof, ☎ 086-209 9988, 087-199 9488. Motorräder für 200–300 Baht pro Tag. ⏲ 8.30–17 Uhr.

Polizei
Hilfsbereite Polizisten im Stand der **Tourist Police** am Busbahnhof. Büro in der Ekathotsarot Rd., ☎ 055-251 3002-4, Notruf ☎ 1155.

Rikschas
Einige alte, bemerkenswert gut erhaltene **Rikschas** sind noch in Bahnhofsnähe rings um den Markt unterwegs.

Sielor und Tuk Tuks
Viele stehen am Bahnhof. Mittlere Strecken, etwa vom Busbahnhof ins Zentrum, kosten um 50 Baht. Vom Bahnhof zum Flughafen 150 Baht, zum Folklore Museum 60 Baht.

Taxis
Call Center, ☎ 055-338 888. Einstiegsgebühr 35 Baht, Fahrten in die Umgebung ab 150 Baht.

Stadtbusse
Sie kosten in der Stadt ab 10 Baht (AC ab 13 Baht), in die Umgebung ab 25 Baht.
Nr. 1 fährt zum Busbahnhof, Bahnhof, Postamt und Wat Phra Si Rattana Mahathat;
Nr. 6 fährt vom Busbahnhof zum Bahnhof und hält zentral am Pailyn Hotel;
Nr. 8 zum Busbahnhof, zum Sergeant Major Thawee Folklore Museum und zur Buranathai Buddha Casting Factory, außerdem zum Bahnhof, Topland Plaza und Wat Phra Si Rattana Mahathat;
Nr. 12 vom Busbahnhof via Topland Plaza und Central Plaza zum Textilmuseum (Universitätsgelände).

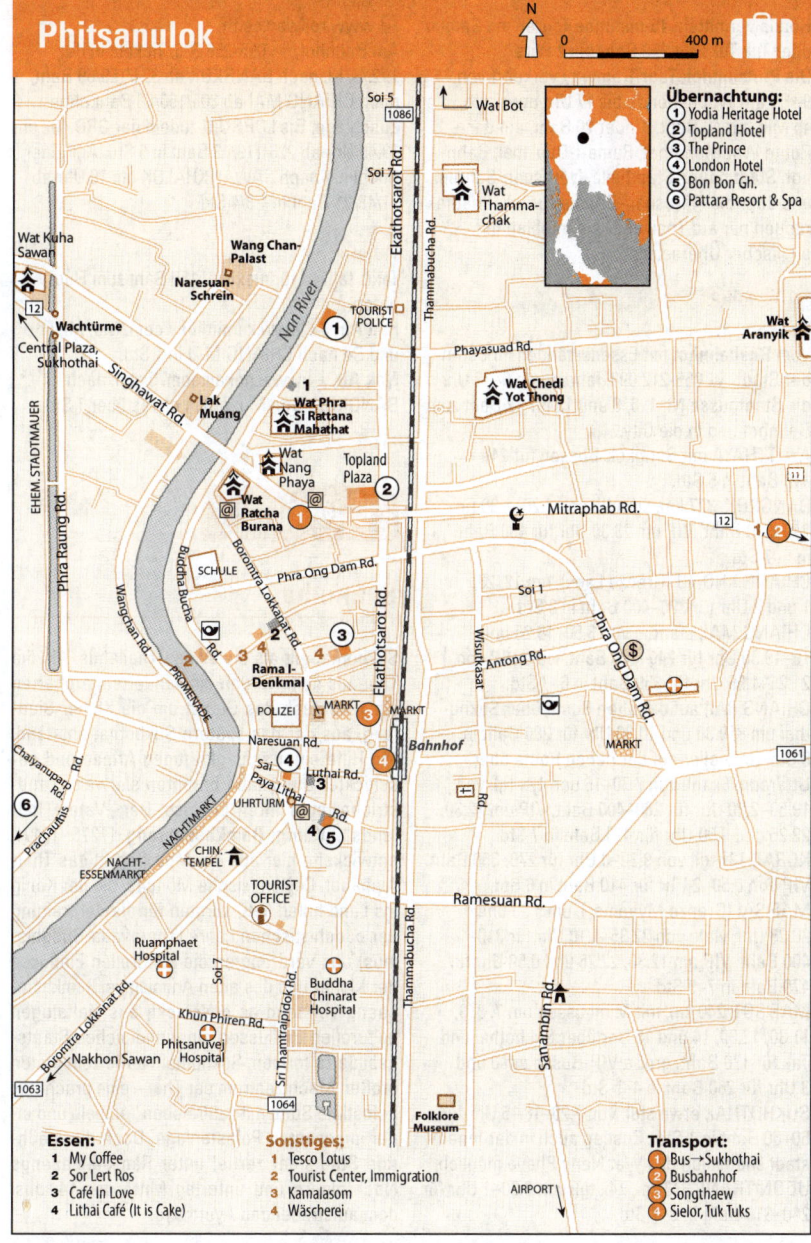

Phitsanulok

N
0 — 400 m

Übernachtung:
1 Yodia Heritage Hotel
2 Topland Hotel
3 The Prince
4 London Hotel
5 Bon Bon Gh.
6 Pattara Resort & Spa

THAILAND

Wat Bot

Wat Thamma-chak

Wat Kuha Sawan

Wang Chan-Palast

Naresuan-Schrein

Wachtürme

Central Plaza, Sukhothai

Nan River

TOURIST POLICE

Phayasuad Rd.

Wat Aranyik

Lak Muang

Wat Phra Si Rattana Mahathat

Wat Chedi Yot Thong

EHEM. STADTMAUER

Phra Raung Rd.

Singhawat Rd.

Ekathotsarot Rd.

Thammabucha Rd.

Wat Nang Phaya

Topland Plaza

Wat Ratcha Burana

Mitraphab Rd.

Buddha Bucha Rd.

SCHULE

Wangchan Rd.

Boromtra Lokkanat Rd.

Phra Ong Dam Rd.

Soi 1

PROMENADE

Rama I-Denkmal

POLIZEI

MARKT

MARKT

Wisurkasat Rd.

Antong Rd.

Phra Ong Dam Rd.

Chaiyanuparp Rd.

Prachauthis Rd.

Naresuan Rd.

Bahnhof

Sai Paya Lithai Rd.

Luthai Rd.

UHRTURM

NACHTMARKT

MARKT

MARKT

NACHT-ESSENMARKT

CHIN. TEMPEL

TOURIST OFFICE

Ramesuan Rd.

Ruamphaet Hospital

Soi 7

Buddha Chinarat Hospital

Thammabucha Rd.

Sanambin Rd.

Khun Phiren Rd.

Sri Thammatipidok Rd.

Phitsanuvej Hospital

Nakhon Sawan

Boromtra Lokkanat Rd.

Folklore Museum

AIRPORT

Essen:
1 My Coffee
2 Sor Lert Ros
3 Café In Love
4 Lithai Café (It is Cake)

Sonstiges:
1 Tesco Lotus
2 Tourist Center, Immigration
3 Kamalasom
4 Wäscherei

Transport:
1 Bus→Sukhothai
2 Busbahnhof
3 Songthaew
4 Sielor, Tuk Tuks

Stadtrundfahrten

Hotels vermitteln 45-minütige Touren mit Samlor oder Tuk Tuks für 250 Baht bei 2 Pers.
Die **Phitsanulok Tour Tramway** verkehrt von 9–15, am Wochenende bis 17 Uhr etwa alle 45 Min. für 40 Baht, Kinder 20 Baht, auf der Route Wat Mahathat, Rama-I-Denkmal, Bahnhof, Stadtmauer, Stadthalle, Naresuan-Schrein und über die Naresuan-Brücke zurück. Erläuterungen nur auf Thai, aber ein Infoblatt mit englischer Übersetzung.

TRANSPORT

Busse

Vom **Busbahnhof** mit Essensständen im Osten der Stadt, ✆ 055-212 090, fahren von 6–18 Uhr die Stadtbusse Nr. 1, 6, 8 und 13 für 12 Baht zum Bahnhof und in die City.
AYUTTHAYA mit Bangkok-Bussen für 240–310 Baht in 5 Std.
BANGKOK, 377 km, ständig von 7.20–1.30 für 240–310 Baht, VIP um 23.30 Uhr für 480 Baht in 5–7 Std.
CHIANG KHONG (Grenze Laos), um 12, 23, 1 und 2 Uhr für 300–400 Baht in 8 Std.
CHIANG MAI, ständig von 3.50–16.25 und 19–19.30 Uhr für 240–300 Baht, viele VIP von 21.25–1.55 Uhr für 350 Baht in 6–7 Std.
CHIANG RAI, auf der alten Route über Sukhothai um 8, 9.30 und 10.30 Uhr für 280 Baht in 8 Std. Schneller auf der neuen Route über Uttaradit, 8x tgl. von 7.30–16 und 12x tgl. von 19.50–2.30 Uhr für 280–400 Baht, VIP um 12.30, 22.25 und 0.50 Uhr für 470 Baht in 7 Std.
KORAT, 13x tgl. von 9.30–0 Uhr für 270–350 Baht, VIP von 0.50–2 Uhr für 410 Baht in 6 Std.
MAE SAI (Grenze Myanmar), um 5.30 und 20.25 Uhr, viele von 22.35–1.10 Uhr für 310–400 Baht, VIP um 12.30, 22.25 und 0.50 Uhr für 470 Baht in 7–9 Std.
MAE SOT, 240 km, mit Minibussen um 7, 8, 9, 11.30, 12.30, 14 und 15 Uhr über Sukhothai und Tak für 170 Baht, große VIP-Busse um 0 und 3 Uhr für 260 Baht in 4–5 Std.
SUKHOTHAI, etwa stdl. von 7.20–18.15 Uhr für 50–60 Baht in 1 Std., Zustieg auch in der Innenstadt südöstlich des Wat Nang Phaya möglich.
UDON THANI, 372 km, 14x tgl. von 8.30–1 Uhr für 240–310 Baht in 6–7 Std.

Eisenbahn

🖥 www.railway.co.th.
Am Bahnhof, ✆ 055-258 005, Tickets in der 1./2./3. Kl. nach BANGKOK ab 324/159/69 Baht, nach CHIANG MAI ab 305/150/65 Baht ohne Zuschläge. Bis LOPBURI zudem der ORD 402 um 13.45 Uhr ab 226/119/43 Baht in 5 Std. Auf einer Stichlinie nach SAWANKHALOK um 16 Uhr ab 91/48/21 Baht in 1 3/4 Std.

Flüge

Taxis fahren für maximal 150 Baht zum Flughafen.
Kan Air, 🖥 www.kanairlines.com. Mo, Mi, Fr und So nach CHIANG MAI in 1 Std.
Nok Air, 🖥 www.nokair.com. 5x tgl. nach BANGKOK (Don Muang) in etwas über 1 Std.

3 HIGHLIGHT

Sukhothai

Sukhothai gilt als die Wiege Thailands. Als die Thai aus dem Norden einwanderten, eroberten sie 1249 auch das Gebiet um die Khmer-Siedlung, aus der das spätere Sukhothai entstand. Mit Hilfe einer schlagkräftigen Armee und geschickter Diplomatie brachten sie weite Landstriche unter ihren Einfluss. Der „Vater Thailands", **König Ramkhamhaeng** (1275–1317), entwickelte hier aus der Mon-Schrift das Thai-Alphabet. Ceylonesische Mönche, die der König ins Land holen ließ, sorgten für die Verbreitung der buddhistischen Lehre (Theravada-Buddhismus) und verdrängten die kulturellen Einflüsse der Khmer und des alten Animismus. Ramkhamhaeng verstand es geschickt, aus vielfältigen kulturellen Einflüssen ein einheitliches Staatsgebilde zu formen. Sukhothai wurde zum ersten großen Machtzentrum der Thai – eine prächtige, befestigte Stadt mit zahlreichen Tempeln und einer imposanten Palastanlage. Doch der mächtige Stadtstaat zerfiel unter Ramkhamhaengs Nachfolgern und unterlag Mitte des 14. Jhs. dem aufstrebenden Ayutthaya.

Alt-Sukhothai

Wer Interesse an der Geschichte Thailands hat, sollte sich Alt-Sukhothai nicht entgehen lassen. Hierher kommen längst nicht so viele Touristen wie nach Ayutthaya. Die Anlage ist in fünf Gebiete eingeteilt. Für die Zonen im Zentrum, Norden und Westen kostet der Eintritt jeweils 100 Baht, Fahrräder 10 Baht, Motorräder 20 Baht, Tuk Tuk 30 Baht, PKW 50 Baht, eine Tram fährt bei mindestens 10 Pers. für 40 Baht p. P. durch die Zonen, ein Audioguide für das Zentrum und den Norden kostet 150 Baht. ⏱ Zentrum 6.30–19, Norden 7.30–17, Westen 8–16.30 Uhr.

€ So–Fr kann der zentrale Bereich ab 18 Uhr kostenfrei besucht werden. Morgens ist die beste Zeit für Fotografen, da die meisten Buddhas Richtung Osten blicken. Samstagabends werden im Zentrum die Ruinen erleuchtet.

Zentrum

Eine **Stadtmauer** mit einem Graben im Rechteck von 1810 x 1400 m umgibt das durch einen Park mit vielen Schatten spendenden Bäumen dominierte Gebiet, in dem die Relikte von 16 Tempeln und vier Hinduschreinen stehen. Hinzu kommen etwa 70 Ruinen außerhalb der Stadtmauer.

Die rund 1500 Ausstellungsstücke im Erdgeschoss des **Ramkhamhaeng National Museum** vermitteln einen Überblick über die Kunst der Sukhothai-Periode. Im Zentrum des Hauptgebäudes ist ein für den Sukhothai-Stil typischer **schreitender Buddha** aus dem 14. Jh. ausgestellt, zudem zahlreiche Buddhaköpfe, Hindustatuen, Stuckfriese, Keramiken und andere frühe Funde. Überdies sind die Bilder aus dem geschlossenen Treppenaufgang im Wat Sri Chum zu sehen. Im 1. Stock sind Kunstwerke aus anderen Epochen, Alltagsgegenstände und Waffen ausgestellt. ⏱ 9–16 Uhr, Eintritt 150 Baht.

Im Zentrum der Stadt liegt **Wat Mahathat**, der königliche Tempel. Er war seinerzeit das größte Heiligtum des Landes. Auf einer Fläche von 240 x 280 m wurden neben dem zentralen Chedi, dem Unterbau der Ordinationshalle und dem Viharn noch 209 kleine Chedis und viele andere Gebäude ausgegraben. Im Mittelpunkt erhebt sich auf einem quadratischen Sockel der **zentrale Chedi**, der von vier kleineren

Stupas und Vorhallen umgeben ist. Viele kleinere Bauwerke weisen Merkmale des Khmer-Stils auf, z. B. tanzende Apsaras. Der Hauptchedi ist ein typisches Beispiel für den **Sukhothai-Stil**. Der Sockel ist mit Reliefs geschmückt – die andächtig schreitenden Figuren stellen Buddhas Jünger dar. Richtung Osten schließt der große Bot an, dessen sechs Säulenreihen früher einmal das hölzerne Dach trugen. Hier wird alljährlich im November das große Lichterfest Loi Krathong gefeiert.

Weiter im Süden erheben sich die drei Laterit-Prasat von **Wat Sri Sawai**. Sie waren im 13. Jh. als brahmanischer Schrein im Khmer-Stil erbaut worden. Später wurde das hinduistische Heiligtum in einen buddhistischen Tempel umgewandelt. Bei Ausgrabungsarbeiten fand man neben Buddhafiguren auch Shiva-Statuen. Die Stuckdekorationen wurden leider wenig sensibel restauriert. Die umgebende Mauer grenzt östlich an einen imposanten alten Baum.

Nördlich des königlichen Tempels liegt auf einer Insel in einem See **Wat Sra Si**. Der Stupa im ceylonesischen Stil ist gut erhalten, während vom Bot nur Ruinen übrig geblieben sind. Das **Denkmal** in der Nähe stellt König Ramkhamhaeng dar und wird von Einheimischen mit Blumen verehrt. Vom **Wat Trakuan** blieb nur der große Chedi in Glockenform übrig.

Das nördlich der Straße befindliche **Wat Sorasak** war im 14. Jh. wahrscheinlich ebenfalls Teil des Palasts. Die restaurierte Basis seines Chedi wird von Elefanten umgrenzt.

Mit dem Rad durchs Weltkulturerbe

Sofern die Hitze nicht allzu groß ist, eignen sich die Ruinenstädte Alt-Sukhothai, Si Satchanalai und Kamphaeng Phet bestens für Radtouren. An den Eingängen zu allen Parks werden Fahrräder für 10 Baht, andernorts ab 30 Baht, vermietet. Ein königliches Dekret verbietet die Ansiedlung von Industrie im Umkreis von 12 km um die Ruinen. Daher kann man auf schmalen Landstraßen durch eine wunderschöne Kulturlandschaft, an Kanälen und Flüssen entlang zu ursprünglichen Dörfern radeln, S. 217.

Alt-Sukhothai (Old Sukhothai Historical Park)

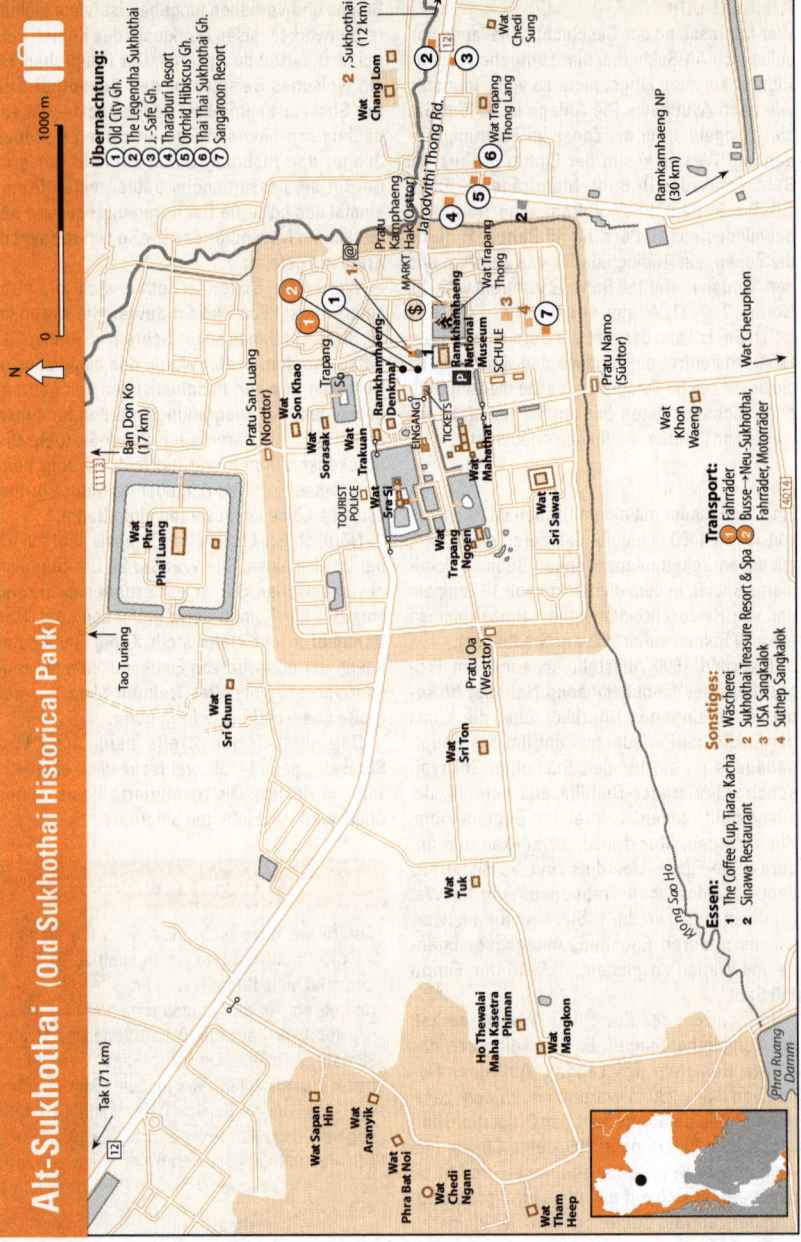

Übernachtung:
1 Old City Gh.
2 The Legendha Sukhothai
3 J.-Safe Gh.
4 Tharaburi Resort
5 Orchid Hibiscus Gh.
6 Thai Thai Sukhothai Gh.
7 Sangaroon Resort

Essen:
1 The Coffee Cup, Tiara, Kacha
2 Sinawa Restaurant

Sonstiges:
1 Wäscherei
2 Sukhothai Treasure Resort & Spa
3 USA Sangkalok
4 Suthep Sangkalok

Transport:
1 Fahrräder
2 Busse→Neu-Sukhothai, Fahrräder, Motorräder

N

0 — 1000 m

Ban Don Ko (17 km)

Tao Turiang

Tak (71 km)

Wat Phra Phai Luang

Wat Sri Chum

Wat Sri Ton

Wat Tuk

Ho Thewalai Maha Kasetra Phiman

Wat Mangkon

Wat Sapan Hin

Wat Aranyik

Phra Bat Noi

Wat Chedi Ngam

Wat Tham Heep

Pratu San Luang (Nordtor)

Wat Son Khao

Wat Sorasak

Wat Trakuan

Wat Sri Si

Wat Trapang Ngoen

Pratu Oa (Westtor)

Wat Sri Sawai

Ramkhamhaeng Denkmal

TOURIST POLICE

EINGANG

TICKETS

Wat Maha That

Ramkhamhaeng National Museum

SCHULE

Pratu Kamphaeng Hak (Osttor)

MARKT

Pratu Namo (Südtor)

Wat Trapang Thong

Wat Khon Waeng

Wat Chetuphon

Jarodvithi Thong Rd.

Wat Chang Lom

2, Sukhothai (12 km)

Wat Chedi Sung

Ramkhamhaeng NP (30 km)

Wat Trapang Thong Lang

Mong Soo Ho

Phra Ruang Damm

Norden

700 m nordöstlich liegt **Wat Phra Phai Luang**, das bereits zu Khmer-Zeiten im 12. Jh. ein bedeutendes hinduistisches Heiligtum, wenn nicht gar das Zentrum der Khmer-Hauptstadt, gewesen sein soll. Nur der nördliche der drei Türme ist erhalten geblieben. Die Reste der Anlage mit dem Stupa, Klostergebäuden, dem Mondhop und einer Kapelle, die einen ruhenden Buddha beherbergt, wurden vollständig restauriert.

Etwa 400 m südwestlich vom Wat Phra Phai Luang erhebt sich **Wat Sri Chum** mit dem riesigen sitzenden Buddha Phra Atchana aus dem 14. Jh. Der quadratische, nach oben offene Mondhop mit einer Seitenlänge von 30 m, einer Höhe von über 11 m und einer Wandstärke von 3 m war ursprünglich von einem Wassergraben umgeben. Das Innere wird fast vollständig von der imposanten Buddhafigur eingenommen. Leider ist der schmale Gang in der Mauer auf den Tempel hinauf gesperrt.

Nördlich davon liegen unter Schutthügeln verfallene und restaurierte **Brennöfen** (Tao Turiang) aus Ziegelstein, ca. 6 m lang und 3 m breit, in denen Sawankhalok-Keramik (Seladon) hergestellt wurde. Ende des 13. Jhs. wurde diese feine Keramik von chinesischen Handwerkern produziert.

Westen

Wem die Ruinenanlage innerhalb der Stadtmauer zu stark restauriert vorkommt, der sollte sich die auf einem weitläufigen Areal verstreuten westlichen Ruinen ansehen. Die ersten Ruinen hinter dem ehemaligen Westtor, dem Pratu Oa, mitten in den Feldern sind stark zerfallen. Besser erhalten ist **Wat Mangkon** mit einem Chedi im ceylonesischen Stil. Die Ruinen am Berghang erfordern schweißtreibende Aufstiege. Lohnend ist das **Wat Sapan Hin** mit einem 12,5 m großen, stehenden Buddha auf dem 50 m hohen Hügel – der beste Platz zum Sonnenaufgang. Am verschmutzten Phra Ruang-Stausee vorbei lässt sich die Rundfahrt auf Fahrwegen Richtung Osten zu den südlichen Ruinen komplettieren.

Süden

Durch das südliche Stadttor, Pratu Namo, kommt man nach etwa 1,5 km auf einer ruhigen Landstraße zum **Wat Chetuphon**. Am wuchtigen Mondhop ist auf zwei Seiten je eine Buddhafigur in stehender und schreitender Haltung angebracht. Auf den beiden anderen Seiten sind nur noch Körperreste der hohen Stuckfiguren erhalten, die einst einen sitzenden und einen ruhenden Buddha darstellten.

Neu-Sukhothai und Umgebung

Die heutige Stadt Sukhothai mit ihren 40 000 Einwohnern liegt 12 km östlich der Ruinen von Alt-Sukhothai. In Neu-Sukhothai halten die meisten Busse, und hier befindet sich die Mehrzahl der Gästehäuser.

Der große **Lebensmittelmarkt** mit einem breiten Angebot eignet sich gut zum Bummeln. Er dient zudem als Großmarkt, auf dem bis in die späten Abendstunden Tabak, Obst und Gemüse aus der Umgebung umgeschlagen werden.

Das große, klimatisierte **Sangkhalok Museum** steht 1,5 km außerhalb, an der Kreuzung Singhawat Rd. und der ersten Umgehungsstraße. Auf zwei Stockwerken ist eine umfangreiche Ausstellung zu sehen, die einen hervorragenden Überblick über die Geschichte der Sawankhalok-Keramik, ihre Fundgebiete, Verwendung und Verbreitung vermittelt. ⏱ 8–17 Uhr, Eintritt 100 Baht, ✆ 055-614 333, Tuk Tuk 60 Baht.

ÜBERNACHTUNG

Viele Unterkünfte holen nach telefonischer Anmeldung Gäste kostenlos vom Busbahnhof ab.

Alt-Sukhothai
Untere Preisklasse
J.-Safe Gh., 183-8 Moo 3, gegenüber dem Legenda Sukhothai, ✆ 055-633 153, 086-939 4185. In einem Neubau hinter dem Minimarkt 14 saubere, teils etwas dunkle Zimmer mit 1 oder 2 Betten, TV, Kühlschrank und kleiner Du/WC, einige mit Balkon. Im 2. Stock vorn mit schönen Holzböden, besser als die anderen Zimmer mit einfachem Spannteppich. Es wird nur wenig Englisch gesprochen. Gutes Preis-Leistungs-Verhältnis. WLAN. ❷

€ **Old City Gh.**, 28/7 Moo 3, Jarodvithi Thong Rd., ✆ 055-697 515, 081-886 4886. 5 nette, kleine Zimmer mit Ventilator oder AC, guten Matratzen und 2 Duschen im 1. Stock

Übernachtung:
1. Sila Resort
2. Ruean Thai Hotel
3. At Home
4. Lotus Village
5. J & J Gh.
6. Sabaidee House
7. Baan Georges Hotel

THAILAND

Si Satchanalai,
Sawankhalok

Soi Pracha Ruam Mitr

Damrong Rd.

Thep Sutin Soi 2

SCHULE

Soi Pracha Suk

Rajthanee Rd.

Winit Chai Rd.

Thong Rd.

Chamrong Rd.

Mae Ram Pan-Kanal

Pan-Kanal

Rat Uthit Rd.

Jarodvithi

Vichien

Srisomboon Rd.

Banmuang Rd.

Sol

Mae Ram Pan

MARKT
Prapon Banrung Rd.

MARKT

Maharaj Rd.

Pra Muang Rd.

Sangkhalok Museum
(1,3 km),
Phitsanulok

Khlong Pho Rd.

Panitsan Rd.

Wat Kuha Sawan

Wat Rajthanee

Insee Rd.

Jarodvithi Thong Rd.

Khiri Samarang Rd.

Kuha Sawan Rd.

Tricholi Rd.

Singhawat Rd.

$

HOSPITAL

DISTRICT OFFICE

RATHAUS

2,3,4,
Alt-Sukhothai (12 km),
Kamphaeng Phet

5, 6

Thetsaban Pattana Rd.

3 4   5

NACHT-MARKT

Nikon Kasem Rd.

Prawet Nakhon Rd.

Sri Intaratit Rd.

Yom

Lerthai Rd.

Essen:
1. Rom Pho, J.R., Essensstände
2. Dream Café
3. Mang Khon R.
4. Poo Restaurant & Bar
5. Pai Café

Sonstiges:
1. Natthawadi Thai Massage
2. Big C
3. Premsuk Sport & Learning Center
4. Sukhothai Treasure Resort & Spa
5. Cycling Sukhothai
6. Sukhothai Traditional Medicine Centre

Transport:
1. Busbahnhof
2. Sukhothai Travel Service, Flugtickets
3. Busse→Alt-Sukhothai
4. Motorräder

eines schönen, alten Hauses, 50 m zurückversetzt nahe der zentralen Kreuzung. Im
angrenzenden Reihenhaus mit traditionell
gestalteter Fassade weitere geräumige, im
hinteren Teil angenehm kühle Zimmer mit AC
und TV sowie einem guten Preis-Leistungs-
Verhältnis. Parkplatz, WLAN. ❶–❷
Sangaroon Resort, südlich des Wat Trapang
Thong, ✆ 055-633 230, 089-705 2698. In Home-
stay-Atmosphäre südöstlich vom Historical Park
liegen 4 neuere, saubere und preisgünstige

massive Bungalows mit AC, soliden Matratzen,
Minibar, LCD-TV, gefliesten Böden und Parkplatz. ❷

Mittlere und obere Preisklasse

Orchid Hibiscus Gh., ✆ 081-962 7698,
🖥 www.orchidhibiscus-guesthouse.
com. Vor dem östlichen Stadttor. Mit Liebe zum
Detail gestaltete Gartenanlage mit einer Voliere
mit vielen Singvögeln und einem Pool mit
Liegen. 8 Standardzimmer sowie 10 solide, bunt

dekorierte Bungalows mit Holzboden, Veranda, hohen Betten mit harten Kapok-Matratzen und Baumwollnetzen und 3 Familienbungalows mit Terrasse auf der anderen Straßenseite. Kein Restaurant. Geleitet von Paolo, dessen Art einige Gäste gestört hat. Der in einem Pavillon platzierte Whirlpool bleibt Gästen für 300 Baht p. P. vorbehalten, WLAN 50 Baht pro Std., Frühstück inkl. ❸–❺

Thai Thai Sukhothai Gh., hinter Orchid Hibiscus, ☏ 081-674 0505, 084-932 1006, 🖥 www.thaithai sukhothai.com. In 10 recht großen Bungalows aus Holz gibt es nett eingerichtete, saubere Zimmer mit Kühlschrank, TV und kleiner Du/WC, teils Himmelbetten und Moskitonetz sowie großzügiger Terrasse. Die Anlage hat wenig Charme, doch die 4 Standard-Zimmer im Neubau mit etwas Deko bieten ein gutes Preis-Leistungs-Verhältnis. Frühstück im offenen Restaurant an der Straße inkl. ❸–❺

Tharaburi Resort, 11/3 Srisomboon Rd., ☏ 055-697 132, 🖥 www.tharaburiresort.com. Kleines Boutique-Resort mit netter Anlage, das seine besten Zeiten hinter sich hat und gepflegter sein könnte. In einem Holzhaus im Lanna-Stil im 1. Stock über der Rezeption AC-Zimmer mit Gemeinschafts-Du/WC und LCD-TV sowie 13 Suiten und nette, aber überteuerte Deluxe-Zimmer im originellen chinesischen Stil mit Wasserkocher und Föhn. Kleiner Pool. Massage, Frühstück im Restaurant inkl., Fahrräder 50 Baht. ❹–❺

The Legendha Sukhothai, 214 Moo 3, Zufahrt vom H12, ☏ 055-697 249, 🖥 www.legend hasukhothai.com. Bei Reisegruppen beliebtes Luxushotel mit 7 Superior- und 55 komfortabel eingerichteten Deluxe-Zimmern mit etwas Farbe in Teakhäusern mit kleiner Terrasse, TV, Wasserkocher und Sitzmöbeln. Restaurant und Pool, an dem die teuren Zimmer liegen. Frühstück und WLAN inkl. ❺–❻

Neu-Sukhothai
Untere Preisklasse
At Home, 184/1 Vichien Chamnong Rd., ☏ 055-610 172, 🖥 www.athomesukhothai.com. Mit Antiquitäten dekoriertes Holzhaus in einem Garten mit 11 sauberen, gut gelüfteten Zimmern mit harten Matratzen und etwas Deko, teils

auch AC, die oberen mit Holzböden. Luftiges, offenes Restaurant, Tourenangebot, Motorrad-vermietung, Wäscheservice für 40 Baht pro Kilo. Internet-PC, WLAN und Frühstück inkl. ❷–❸

J & J Gh., 12 Soi Kuhasuwan, ☏ 055-620 095, 081-785 4569. Am Flussufer in einer Soi gegen-über der Schule stehen rings um einen kleinen Rasen 8 solide Bungalows, in denen Natur-steine Akzente setzen. Zimmer mit AC, TV, Waschbecken aus Sawankhalok-Keramik im Zimmer, Terrasse mit Tisch und Stühlen. Kleines Restaurant mit Fluss- und Tempelblick, selbst gebackenes Baguette und Brot, empfehlens-werte Joghurt-Shakes und leckeres Müsli. Jim, ihr belgischer Mann Jacqui und Sohn James sorgen für gute Laune und eine freundliche Atmosphäre. Touren nach Si Satchanalai und zum Ramkhamhaeng National Park. WLAN. ❷–❹

🧳 **Sabaidee House**, 81/7 Jarodvithi Thong Rd., ☏ 055-616 303, 089-988 3589, 🖥 www.sabaideehouse.com. Ab der Straße nach Alt-Sukhothai 100 m vor der Ring Road 300 m Richtung Süden, dann dem schmalen Weg rechts bis zum Ende folgen. Ruhig gele-gene und freundlich gestaltete Anlage am Ortsrand mit 15 einfach eingerichteten Zimmern. Die 4 günstigsten Räume im 1. Stock eines Holzhauses mit Ventilator und Gemeinschafts-Bad/WC, andere mit AC und Dusche. Zudem 9 Bungalows mit AC und großer Dusche und 2 Doppelhäuser mit großen, gefliesten, komfortablen Zimmern mit TV und Du/WC. Geselliges Restaurant, nette Atmo-sphäre, TV und DVDs im Restaurant, zudem Motorradverleih und freundliche Mitarbeiter. Abholservice vom Busbahnhof, kostenfreier Fahrradverleih und WLAN. ❶–❷

Sila Resort, 3/49 Moo 1, Wat Khoaha Suwan Rd., ☏ 055-620 344, 087-310 2147, 🖥 www. resort-sila.com. Familiäre, mit netten Details gestaltete, überschaubare Anlage in einer schmalen Gasse am Fluss neben den Reis-feldern. Im 1. Stock über der Rezeption 3 helle, kleine, aber freundliche Zimmer in verschie-denen Farbtönen mit soliden Matratzen, Moskito-netz, Holzböden, Ventilator oder AC und Gemeinschafts-Du/WC. Zudem kleinere, nett dekorierte Häuser und 2 große Bungalows auf Stelzen mit TV, Kühlschrank und geräumiger Terrasse sowie Hängematten unter dem Haus. 8 kleine AC-Zimmer im orangefarbenen Neubau und ein Restaurant mit Billardtisch auf der gegenüberliegenden Straßenseite. WLAN und Fahrräder inkl. **❶ – ❹**

Mittlere und obere Preisklasse

Baan Georges Hotel, 28/54 Soi Chaiwannasut, Jarodvithi Thong Rd., ✆ 086-100 7651, 💻 www.baan-georges.com. Der freundliche, auch deutschsprachige Belgier Luc Janssens (s. Poo Bar) vermietet in seinem 3-stöckigen, großzügigen Wohnhaus mit Pool 8 angenehm eingerichtete Zimmer, darunter 2 für Familien, mit kleinem LCD-TV, Bad mit großer Tropendusche und Balkon. Im Preis enthaltenes Frühstück auf der luftigen, überdachten Dachterrasse mit offener Küche, Aussicht und hausgemachtem Brot. **❺**

Lotus Village, 170 Rajthanee Rd., ✆ 055-621 484, 💻 www.lotus-village.com. Unter der Leitung des Franzosen Michel Hermann und seiner Frau Tan werden in einem hübschen, ruhigen Garten mit Lotosteichen 5 saubere, unterschiedliche Teakbungalows mit harten Matratzen, Fliesen- oder Holzböden, teils auch Kühlschrank, vermietet. Zudem ein großes Teakhaus mit Familienzimmer und 2 DZ mit schicken, dunklen Möbeln im modernen Thai-Stil, Kühlschrank und guten Matratzen. 2 zweistöckige Häuser mit 10 Zimmern, teils mit AC. In einem der über 100 Jahre alten Thai-Häuser ein Spa. Aufenthaltsraum mit Bibliothek, Internet und WLAN. Frühstück mit leckerem Kaffee ist für teurere Zimmer inkl.; Transport zum Flughafen 250 Baht. **❸ – ❹**

Ruean Thai Hotel, 181/20 Soi Pracharuammit, Jarodvithi Thong Rd., ✆ 055-612 444, 💻 www. rueanthaihotel.com. 2-stöckiges, traditionell gestaltetes Hotel voller Antiquitäten, mit Fassaden alter Teakhäuser um einen Pool mit Liegen. 27 Zimmer mit Fensterläden, schönen Betten mit Netz, TV, Marmorbad und Kühlschrank. Sehr schick die Deluxe-Zimmer mit vielen Holzschnitzereien; 2 weitere waren zuletzt im Ausbau. Restaurant mit internationalen Gerichten. Massage und Touren durch Alt-Sukhothai.

Transfer vom Busbahnhof, gutes Frühstück, Fahrräder, WLAN und Kochkurs inkl. **❺ – ❻**

Alt-Sukhothai

Ein paar Restaurants haben sich vor dem Eingang zum Historical Park angesiedelt. Sie haben englische Speisekarten und preiswertes, westliches Essen oder Thai-Küche, zudem Frühstück, Shakes und Kaffee, z. B. **The Coffee Cup**, **Tiara** und **Kacha**. ⏰ 8–22 Uhr.

Sinawa Restaurant, südlich des H12 kurz vor Alt-Sukhothai. Das offene Restaurant wird gern von Gästen der nahe gelegenen Unterkünfte besucht. Es bietet viel Platz und eine recht gute Thai-Küche. Empfehlenswert ist das grüne Curry mit Palmherzen. Gerichte 80–150 Baht, englische Karte. ⏰ 10–22 Uhr.

Neu-Sukhothai

Zu einigen Gästehäusern gehört ein Restaurant, das Thai- und Traveller-Food serviert. Auf dem unspektakulären, überdachten **Nachtmarkt** findet man auch tagsüber Essensstände.

Dream Cafe, 86/1 Singhawat Rd., ✆ 055-612 081, Kleines, verwinkeltes AC-gekühltes Restaurant mit gemütlicher Atmosphäre und antiken Kostbarkeiten, das thai-chinesische Gerichte serviert. Große Auswahl an Eisbechern und Milchshakes. Rechnung kontrollieren! ⏰ 17–23 Uhr.

Mang Khon Restaurant, Jarodvithi Thong Rd., unter einer Leuchtreklame für Lactasoy und nur auf Thai beschildert. Die Köchinnen dieser kleinen offenen, abends gut besuchten Straßenküche mit Holz- und Plastiktischen versorgen Hungrige mit Bier und guter Thai-Küche von der auch in Englisch verfassten Speisekarte. ⏰ 10–22 Uhr.

Pai Café, Prawet Nakhon Rd. Nettes, luftiges Café mit großem Tresen und angenehmer Musik; vorn ein Glastisch mit eingebautem Aquarium. Günstige Gerichte bis 100 Baht, Frühstück und guter Kaffee. WLAN. ⏰ 7.30–22 Uhr.

Poo Restaurant & Bar, 24/3 Jarodvithi Thong Rd., ✆ 086-939 2085. Offenes, sauberes Restaurant mit kleiner Bar. Westliche und Thai-Gerichte, hervorragende Shakes und Desserts (Schokoladenliebhabern sei die Dame Blanche ans Herz gelegt), Chang vom Fass und belgi-

sches Bier. Gemanagt von der freundlichen Poo und ihrem belgischen Partner Luc Janssens. Internet, Motorradvermietung. ⏰ 8–22 Uhr.
Rom Pho (mit vegetarischer Küche) und **J.R.**, am nördlichen Ende des Nachtmarkts. Zwei offene, saubere Restaurants, die abends mit englisch- und sogar deutschsprachigen Speisekarten sowie „no MSG" (kein Glutamat) locken, sind Favoriten bei westlichen Besuchern. Auch wenn das Essen kein Highlight ist, sitzt man doch schön mitten im Geschehen.

EINKAUFEN

In allen historischen Parks werden an Ständen Souvenirs verkauft, die in Sukhothai und Umgebung gefertigt werden, u. a. Holzschnitzereien, Bronzefiguren, Keramiken und Textilien.
Suthep Sangkalok, 357/1 Moo 3, in Alt-Sukhothai, an der östlichen Stadtmauer, ✆ 055-697 036, 089-999 4402. In der großen Keramikwerkstatt wird sowohl grüne Keramik im Sawankhalok-Stil als auch blau-graue im chinesischen Stil in Auftragsarbeit produziert. Ausgemusterte Teile werden günstig verkauft. ⏰ 10–17 Uhr.
Ähnliches Angebot im **USA Sangkalok** gleich um die Ecke.
Empfehlenswert ist der **Großmarkt** in Neu-Sukhothai. Besonders am frühen Morgen um 6 Uhr ist bereits alles auf den Beinen. Die Geschäfte in der Umgebung verkaufen Textilien, Devotionalien, Dekorationsartikel und Anglerbedarf sowie Moskitonetze.
Im **Buchladen** nahe dem Nachtmarkt gibt es eine Auswahl englischsprachiger Bücher über Thailand. Ein **Big C** liegt an der Straße zwischen Neu- und Alt-Sukhothai.

AKTIVITÄTEN UND TOUREN

Gästehäuser vermitteln Guides und Fahrzeuge für Ausflüge in die Umgebung. Neben Alt-Sukhothai stehen Si Satchanalai und Sawankhalok auf dem Programm.

Fahrradtouren

Cycling Sukhothai, unweit vom Sabaidee Gh., ✆ 055-612 519, 085-083 1864, 🖥 www.cycling-sukhothai.com. Von 16–18 Uhr bieten Mem oder Ronny bei mind. 4 Teilnehmern

sehr empfehlenswerte geführte Radtouren durch die Umgebung von Neu-Sukhothai für 350 Baht p. P. an. Auf schmalen Feldwegen sowie kaum befahrenen Landstraßen radelt man durch traditionelle Dörfer und eine wundervolle Landschaft. Mem ist eine hervorragende Infoquelle und kann viel über die Landwirtschaft und das dörfliche Leben berichten. Ebenfalls im Programm sind eine halbtägige Dharma & Karma Tour zum Wat Tawet, eine halbtägige Countryside Tour (Start 8 Uhr) für je 650 Baht sowie eine Tour durch die Ruinenstadt für 750 Baht inkl. Mittagessen. Das Büro ist auch für Selbstfahrer eine exzellente Anlaufstelle.

Schwimmen

25-m-Pool und Planschbecken im **Premsuk Sport & Learning Center** an der nordwestlichen Umgehungsstraße schräg gegenüber dem Busbahnhof am KM 4, Eintritt 50 Baht. Tagesgäste können für 120 Baht den Pool im **Sukhothai Treasure Resort & Spa** an der Straße nach Alt-Sukhothai nutzen.

SONSTIGES

Fahrradverleih

In Alt-Sukhothai schräg gegenüber dem Haupteingang zum Historical Park vermietet das Vitoon Gh. Fahrräder, auch Kinderräder, für 30 Baht. Der Geschichtspark selbst vermietet sie für 10 Baht – ein ideales Transportmittel für eine Rundfahrt durch die Ruinen, wenn es nicht zu heiß ist. Eine Radtour von Neu- nach Alt-Sukhothai macht wenig Spaß, da die Straße stark befahren und langweilig ist.

Feste

Loi Krathong, das große Lichterfest im November, soll seinen Ursprung in Sukhothai haben. Es wird in Alt-Sukhothai 3 Tage lang besonders prächtig begangen, mit allabendlichem Feuerwerk, Umzügen, Theater, Disco und Freiluftkinos auf einem riesigen Jahrmarkt zwischen den Ruinen sowie einer Light-and-Sound-Show, die zudem jeden Monat stattfindet.

Informationen

Tourist Information in Neu-Sukhothai nahe der Brücke, 130 Jarodvithi Thong Rd., ✆ 055-

616 228-9, ⏱ 8.30–16.30 Uhr. Ein weiteres **Information Centre**, ✆ 055-697 241, nördlich von Alt-Sukhothai in einem schönen großen Gebäudekomplex, enthält nur einige Fotos von den Haupttempeln, eine Reliefdarstellung und eine Satellitenkarte und lohnt die Anfahrt nicht. ⏱ 8–16 Uhr.

Massagen

Sehr gute Massagen in Alt-Sukhothai in der **Schule** neben dem Museum und in Neu-Sukhothai im **Sukhothai Traditional Medicine Centre**, ✆ 055-616 420, mit Massagen ab 250 Baht pro Std., ⏱ 8.30–18.30 Uhr, oder bei **Natthawadi Thai Massage** in der Rat Uthit Rd., ✆ 087-309 2219, ab 200 Baht pro Std.

Motorräder

Viele Gästehäuser vermieten Motorräder für 150–200 Baht, Automatik 250–300 Baht. In Neu-Sukhothai kann man den Motorradverleih **Daeng** neben der Chopper Bar ausprobieren, oder den Shop am Poo Restaurant, 100 m westlich.

NAHVERKEHR

Busse

Alte, offene Busse fahren von der Bushaltestelle an der Hauptstraße in Neu-Sukhothai für 12 Baht zum Geschichtspark nach Alt-Sukhothai.

Motorradtaxis

Fahrt im Stadtgebiet und zum Busbahnhof 40–60 Baht, nach Alt-Sukhothai 200 Baht.

Songthaew

Von der Bushaltestelle an der Hauptstraße, 300 m östlich der Brücke, fahren sie alle 20 Min. von 6–18 Uhr in 20 Min. für 30 Baht nach Alt-Sukhothai. Zurück bis spätestens 17.45 Uhr. Vom Busbahnhof stdl. von 6–11 und 13–18 Uhr für ebenfalls 30 Baht.

Taxis

Vom Busbahnhof in die Stadt (Neu-Sukhothai) 50 Baht. Über die Unterkunft können Taxis organisiert werden: nach Neu- bzw. Alt-Sukhothai 400 Baht, zum Flughafen 800 Baht, nach Phitsanulok 1500 Baht.

Tuk Tuks

Fahrten im Stadtgebiet von Neu-Sukhothai 50–100 Baht, nach Alt-Sukhothai 200–300 Baht. Eine 4-stündige Rundfahrt durch Alt-Sukhothai ist für 700–800 Baht zu haben. Ein Minibus kostet 1800 Baht pro Tag, ✆ 081-785 2828, 081-534 1459.

TRANSPORT

Busse

Der **Busbahnhof**, ✆ 055–614 529, liegt in Neu-Sukhothai am H101, 1,5 km nördlich der Abzweigung nach Alt-Sukhothai gegenüber vom HomeMart. Sie ist mit lateinischen Buchstaben ausgeschildert. Schlepper und Taxifahrer spekulieren auf Provision und bieten „kostenlosen" Transport an. Wer sie umgehen will, nimmt ein Tuk Tuk, Taxi oder Motorradtaxi. Pink-blaue Minibusse fahren ab Plattform 1 am Busbahnhof für 10 Baht bis 17 Uhr alle 10–15 Min. zum Markt. Sie halten entlang der Hauptstraße und bringen zu später Stunde die Ankommenden zum Gästehaus ihrer Wahl. Zurück am besten an der Brücke zusteigen. Viele Unterkünfte bieten kostenlosen Abholservice, wenn man vorher anruft. In Alt-Sukhothai werden Bustickets nach Bangkok bei Win Tour verkauft.
AYUTTHAYA, mit Bangkok-Bussen für 280–360 Baht, VIP um 20.30 Uhr für 420 Baht in 6 Std.
BANGKOK, 440 km, ständig von 7.50–14.10 und 17–23 Uhr für 280–360 Baht, VIP um 9.35 und 20.30 Uhr für 420 Baht in 6–7 Std.
CHIANG MAI, über Lampang oder Alt-Sukhothai und Tak ständig von 6.15–17.30 für 230–240 Baht, 1.-Kl.-Bus um 2.30 Uhr für 310 Baht in 5 Std.
CHIANG RAI, über Phrae und Phayao um 6.40, 9 und 11.30 Uhr für 270 Baht in 9 Std.
LAMPANG, mit Chiang Mai-Bussen für 180–230 Baht, VIP um 21 und 22 Uhr für 380 Baht.
PHITSANULOK, 61 km, ständig von 7.50–14.10 und 17–23 Uhr für 50–60 Baht in 1 Std. Morgens und nachmittags dauert die Fahrt etwas länger, da viele Schulkinder zu- und aussteigen.
SAWANKHALOK, stdl. bis 18 Uhr für 30 Baht.
SI SATCHANALAI, zum KM 17,6 (53,3 km von Neu-Sukhothai), bis 18 Uhr für 50 Baht in 60–80 Min. Letzter Bus zurück um 16.30 Uhr.

Flüge
Der preisgekrönte Flughafen nahe Sawankhalok, ℡ 055-647 224, liegt 20 km nördlich.
Allein schon die luftige, offene Abfertigungshalle ist sehenswert. Die Abfertigung erinnert
an die Rezeption eines 5-Sterne-Hotels.
Transport ab Sukhothai um 7 und 15 Uhr mit
Minibussen von **Sukhothai Travel Service**,
10-12 Singhawat Rd., ℡ 055-613 075, für
180 Baht.
Bangkok Airways, ℡ 055-647 224, 🖥 www.
bangkokair.com. 2x tgl. nach BANGKOK.

Nord-Thailand

Der Norden Thailands ist die abwechslungs-
reichste Region des Landes. Zwischen weiten,
von Flüssen durchzogenen Ebenen und dem
Doi Inthanon, der höchsten Erhebung des Lan-
des, erstrecken sich Berge, bedeckt von dichten
Wäldern, die mit zunehmender Höhe in moos-
verhangene Bergwälder und lichte Rhododen-
dronhaine übergehen. In den Tälern liegen von
Reis- und Blumenfeldern, Obstplantagen und
Gemüsegärten umgebene Siedlungen.
   Noch im 19. Jh. pflegte man engere Beziehungen zu Birma als zu Bangkok. Erst das Vor-
rücken der Holzwirtschaft von Lampang nach
Norden und der Bau der Eisenbahn stellten eine
Verbindung zu den südlichen Landesteilen her.
Durch den Trekkingtourismus der 1980er-Jahre
wurde die Region touristisch erschlossen. Auch
wenn die Dörfer der Bergvölker, die Touristen
in den Norden Thailands locken, nicht mehr so
ursprünglich sind wie erwartet, lohnen die einmaligen Landschaften und die lebendige Kultur
eine Trekkingtour.

Ethnische Minderheiten

Schon immer waren die Berge Zufluchtsorte
ethnischer Minoritäten, die mächtigen Völkern
weichen mussten. In Nord-Thailand lebt rund eine halbe Mio. dieser Menschen in Bergdörfern.
Sie gehören 16 ethnischen Minoritäten an.

Zu den Thai-Völkern zählen neben den Siamesen die im Norden lebenden **Shan (Tai Yai)**,
Tai Lue, **Tai Yong** und **Tai Yuan**. Aus dem südchinesischen Raum kommend, verdrängten sie be-
reits im 11. und 12. Jh. die zur Mon-Khmer-Gruppe gehörenden **Lawa**, die **H'tin**, **Khmu**, **Mlabri**
und andere Khon Pa-Stämme aus den frucht-
baren Tälern in die gebirgigen Regionen. Ihnen
folgten 600 Jahre später die aus dem Westen
stammenden **Karen**, die sich an den Flüssen
der Gebirgstäler niederließen. Seit Mitte des
19. Jhs. führten politische und wirtschaftliche
Probleme in Südchina dazu, dass die **Lahu**, **Akha**
und **Lisu** gen Süden nach Myanmar wanderten und, wie die **Yao** und **Hmong**, die über Laos
kamen, die thailändische Grenze überschritten.
Bereits seit Jahrhunderten sind **Haw** ansässig,
moslemische Händler aus Yunnan, die ursprünglich aus Zentralasien stammen.
   Versprengte Reste der 1949 von ihren kommunistischen Widersachern geschlagenen
Kuomintang-Armee (KMT) Chinas flüchteten
nach Thailand und ließen sich im Grenzgebiet
nieder. Als Folge des Vietnamkriegs und des an-
haltenden Karen-Aufstands in Myanmar leben
allein 100 000 **Flüchtlinge** im Grenzgebiet.

Die wirtschaftliche Basis

Die Bergvölker bauen an zumeist steilen Hängen über 800 m im **Brandrodungsfeldbau** aromatischen Bergreis, Tabak, Baumwolle, Gemüse,
Blumen, Kaffee, Tee und Gewürzpflanzen an.
Früher war Opium eine wichtige Einkommensquelle. Heute haben Designerdrogen aus den
Labors den Schlafmohn verdrängt, der noch in
abgelegenen Tälern blüht. Die thailändischen
Behörden haben seit den 1960er-Jahren Schulen und Krankenstationen gefördert. Die meisten
Dörfer wurden an das Straßennetz angeschlossen, und die Kinder in den Schulen lernen Thai.
Dennoch werden sie von Siamesen zumeist ab-
schätzig behandelt.

Religion

Das Leben der Bergvölker ist vom Glauben
an geheimnisvolle Kräfte geprägt, die Segen
oder Zerstörung bringen. Der beseelten **Natur** messen sie große Bedeutung zu. **Medizin-
männer** und **Schamanen** treten als Mittler zwi-

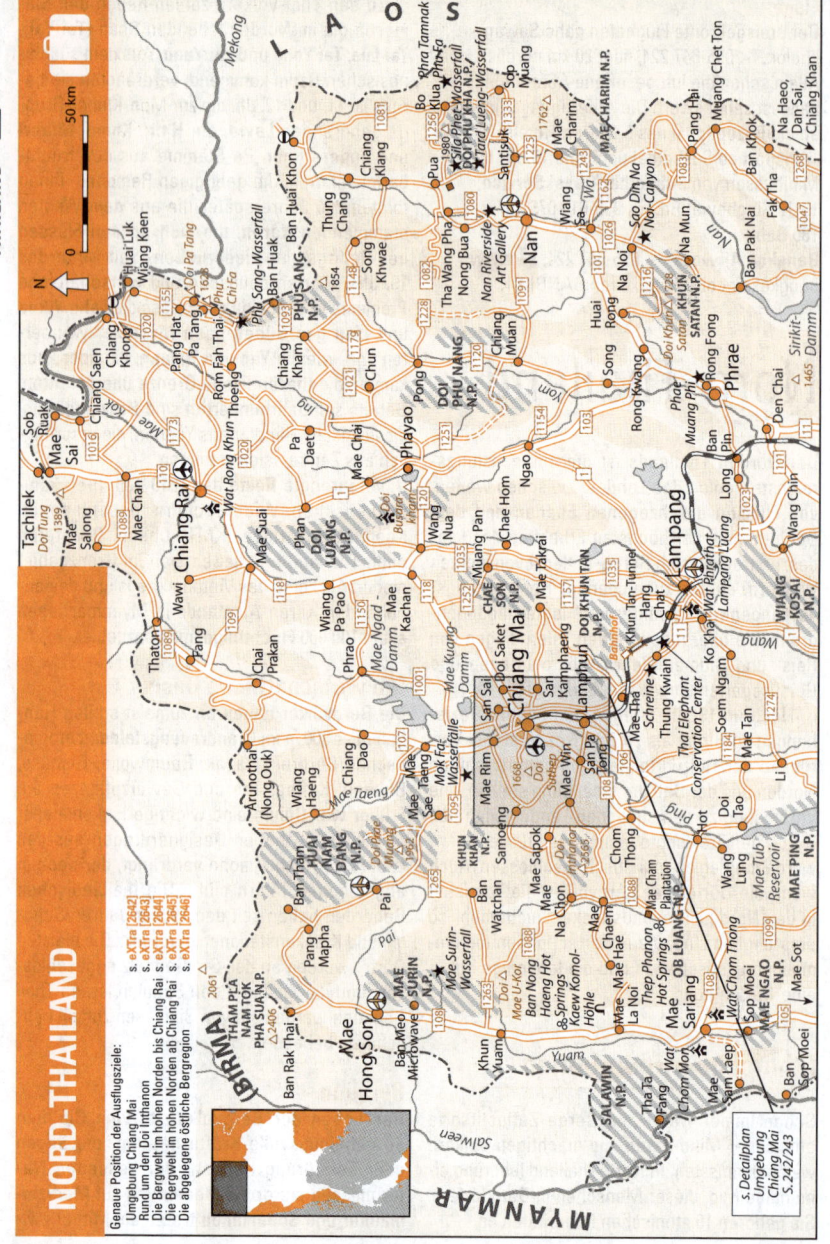

NORD-THAILAND

Genaue Position der Ausflugsziele:

Umgebung Chiang Mai   s. eXtra 2642
Rund um den Doi Inthanon   s. eXtra 2643
Die Bergwelt im hohen Norden bis Chiang Rai   s. eXtra 2644
Die Bergwelt im hohen Norden ab Chiang Rai   s. eXtra 2645
Die abgelegene östliche Bergregion   s. eXtra 2646

s. Detailplan
Umgebung
Chiang Mai
S. 242/243

50 km
0

N

LAOS

MYANMAR
(BIRMA)

schen dem Diesseits und der Schattenwelt auf. Sie beschwören die Geister, vertreiben Krankheiten, legen den richtigen Zeitpunkt für den Hausbau, die Ernte und die großen Familienfeiern fest und sind für den Schutz der Siedlung zuständig.

Seit fast 200 Jahren verbreiten **Missionare** das Wort Gottes unter den animistischen Völkern. In den vergangenen Jahrzehnten wurden viele Bergbewohner christianisiert. In Schulen und Sozialprojekten versucht man, die Lebensbedingungen der Menschen zu verbessern. Mit der Einführung neuer Wertesysteme durch die Missionare oder staatliche Projekte kommt es zu Interessenkonflikten und **Identitätsverlust**, sodass traditionelle Strukturen verloren gehen. Statt auf den Feldern, arbeiten mittlerweile viele junge Menschen in den Städten und finanzieren damit ihre Familien im Dorf.

Traditionen

Selbst wenn die Bergvölker durch ihre weitgehende Isolation ähnliche Lebensweisen entwickelt haben, blieben sie, mit Ausnahme der früh eingewanderten Lawa und Karen, ihrem Volk eng verbunden. Die Geschichte ihrer langen Wanderungen und die Regeln ihres Zusammenlebens wurden teils mündlich von Generation zu Generation weitergegeben.

Vor allem die Yao, Lisu und Hmong haben aus ihrem ursprünglichen Siedlungsgebiet den chinesischen **Kalender** ebenso wie Essstäbchen mitgebracht. Bei den Yao sind sogar **chinesische Schriftzeichen** in Gebrauch.

Das **Neujahrsfest** ist das wichtigste soziale und religiöse Ereignis des Jahres. Spiele, Tanz und Gesang begleiten die mehrtägigen Zeremonien zum Segen der Götter und Ahnen je nach Volk zu unterschiedlichen Zeitpunkten.

Kunsthandwerk

Auf Märkten und in Geschäften wird neben Silberschmuck und Gegenständen aus Bambus und Rattan eine Vielfalt an Röcken, Hosen, Jacken, Taschen und Gürteln, Decken und Wandbehängen verkauft, die von Frauen mit bunten Stickereien in Handarbeit verziert wurden. Die in ihrer Grundfarbe überwiegend indigoblauen oder schwarzen Textilien sind bei den Hmong, v. a. aber bei den Akha mit farbenfrohen Applikationen besetzt und zusätzlich mit Quasten, Muscheln, Samen und Baht-Münzen dekoriert. Lahu und Karen nähen ihre Bekleidung aus bunt gestreiften Stoffen, während Lisu-Frauen ihre Kleider mit Patchwork-Arbeiten schmücken.

Tourismus

Der Tourismus bietet jungen Menschen die Möglichkeit, in ihren Dörfern zu bleiben. Andererseits ist er oft auf kurzfristigen Profit ausgelegt und nimmt keine Rücksicht auf Traditionen. Dabei ist ein respektvoller Umgang mit den Bergvölkern wichtig. So sollte man z. B. Menschen erst fotografieren, wenn sie vorher ihr Einverständnis dazu gegeben haben. Einen Einblick in die Welt der Bergvölker erhält man während guter **Trekkingtouren** unter Leitung eines einheimischen Führers. Auf schmalen Pfaden geht es bergauf und bergab, durch dichten Bambuswald und Reisfelder, über kahle Bergrücken zu Dörfern, wo man in einfachen Bambushütten sein Nachtlager aufschlägt. Die beliebtesten Trekkinggebiete liegen nördlich von Chiang Mai (Mae Taeng-Tal für Kurztrips und Chiang Rai für längere Touren) und um den Doi Inthanon. Weitere Infos S. 237.

Chiang Mai und Umgebung

4 HIGHLIGHT

Chiang Mai

Chiang Mai gehört zu den beliebtesten Städten des Landes. Für Reisende, die aus Bangkok kommen, mag die Stadt beschaulich wirken, für die Menschen aus der Provinz ist Chiang Mai mit seinen rund 300 000 Einwohnern eine pulsierende Metropole.

Die Stadt bietet die beste touristische Infrastruktur im ganzen Norden und ein gewaltiges

Warenangebot. Sie blickt zurück auf eine wechselvolle Geschichte, die ihren Ausdruck in Hunderten von Tempeln findet.

So wie der Norden seine einst eigenständige Kultur verliert, verschwinden im Stadtbild von Chiang Mai die typischen kleinen Teakhäuser. Einzig innerhalb der Befestigungsanlage blieb das alte Flair dank gesetzlicher Auflagen weitgehend erhalten. Märkte und Tempel sind vom Stil des im 14. und 15. Jh. mächtigen Lanna-Reiches geprägt, doch auch die birmanische Architektur hat ihre Spuren hinterlassen.

Neben Unterkünften jeder Preisklasse und vielen Ausflugsmöglichkeiten lockt das breite kulinarische Angebot, sodass man eine Woche und länger bleiben kann, ohne sich zu langweilen. Die interessantesten Tempel und Märkte können an ein bis zwei Tagen zu Fuß und mit dem Tuk Tuk besucht werden.

Tempel entlang der Tapae Road

Zwei lange, mit Keramikfliesen belegte Naga-Schlangen beiderseits einer schmalen Gasse markieren den Eingang zum **Wat Saen Fang**, einem malerischen Kloster im birmanischen Stil. Leider wird der Klosterhof als Parkplatz vermietet. ⊙ 6.30–19 Uhr.

Auf der gegenüberliegenden Straßenseite erhebt sich der hohe Turm des **Wat Bupharam**, einer großen Tempelanlage. Wie ein kleiner Palast wirkt die 1992 fertiggestellte, zweistöckige Halle Bo Montien Dham. Im Obergeschoss steht der größte aus Teakholz geschnitzte Buddha der Welt. Daneben sieht der kleine, hübsche Bot im Lanna-Stil des 17. Jhs. mit dunklen Holzschnitzereien und heruntergezogenem Dach bescheiden aus. ⊙ bis 21 Uhr.

Nur wenige Meter weiter stehen dicht gedrängt hinter einer hohen Mauer die reich mit Filigranarbeiten verzierten Gebäude des **Wat Mahawan**, in dem man sich mit Mönchen beim **Monk Chat** über Buddhismus unterhalten kann, S. 235.

Das kleine **Wat On Sai Khan** an der Chang Moi Kao Road mit seinen drei schönen Buddhastatuen aus Jade wird in Broschüren beworben, jedoch durch die Geschäftstüchtigkeit der Mönche und die große Verkaufstheke dominiert. ⊙ 7–18 Uhr.

Altstadt

Die Tapae Road endet im Westen am rekonstruierten **Tapae Gate**, dem Eingang zum historischen Viertel. Einst war die Altstadt von einer Stadtmauer und einem quadratischen Wassergraben von etwa 1500 m Seitenlänge umgeben. Im Gegensatz zum Kanal sind Reste der Befestigungsmauer vielerorts rekonstruiert worden.

Das legendenumwobene **Wat Chedi Luang** hinter dem zierlichen Wat Phan Tao beherbergte von 1482–1547 den Smaragd-Buddha, der nun im Wat Phra Kaeo von Bangkok steht (S. 139). 1545 zerstörte ein Erdbeben das Bauwerk, doch erst 1991 begann man mit der Restaurierung der wuchtigen, 60 m hohen Ruine. Mit wenig Sachverstand und viel Zement rekonstruierte man die Elefantenstatuen, die einst auf der mittleren Plattform den Chedi trugen. Eine kleine Ausstellung im Haupt-Vihara, rechts vom Eingang, informiert über die Restaurierungsarbeiten. Eine 9 m hohe, stehende Buddhastatue aus dem 15. Jh. befindet sich am Ende der erhabenen, mit Wandmalereien bedeckten Halle. Englischsprachige Tafeln erläutern die Szenen aus Buddhas Leben. Weiteres s. **eXTra [2662]**.

Ein fotogenes Kleinod ist der **Baan Phor Liang Meuns-Terrakottagarten** in der Soi 2 der südlichen Phra Pokklao Road. Als offener, üppig begrünter Showroom eines Geschäfts mit Kopien alter Terrakottafiguren lädt er zu einem Rundgang zwischen zahlreichen Gottheiten, Buddhastatuen und Reliefs ein. Sprinkler regen das Mooswachstum auf den Figuren an. ⊙ 9–18 Uhr.

Den ältesten Tempel der Stadt, **Wat Chiang Man**, ließ König Mengrai 1296 während des Aufbaus der neuen Hauptstadt als vorläufigen Wohnsitz errichten. Der Vihara aus dem 19. Jh. besticht mit seinem weit ausgreifenden, von Naga-Schlangen begrenzten Dach und herabgezogenen, prächtig dekorierten Giebeln. Rechts daneben werden in dem kleineren Gebäude zwei berühmte alte Buddhafiguren sicher, aber kaum sichtbar hinter schweren Gittern aufbewahrt. Der eine ist aus Bergkristall und soll der Königin des Haripunchai-Reiches (8. Jh.) gehört haben, die andere, die Marmorskulptur Phra Sila, soll vor 1000 Jahren aus Indien gekommen sein. Der wuchtige, quadratische Chedi mit der vergoldeten, pyramidenförmigen

Spitze und mehreren Nischen im Mittelbau scheint auf dem Rücken von 15 Elefantenstatuen zu ruhen. Weiteres s. eXTra [2663].

Wat Phra Singh, der wichtigste Tempel im westlichen Altstadtgebiet wurde 1345 von König Phayu begründet. Rechts vom Eingang erhebt sich graziös der mit hervorragenden Holzschnitzereien bedeckte Mondhop. Besonders im Licht der frühen Morgensonne bietet der Haupteingang zum Vihara aus dem Jahre 1518 mit vergoldeten Schnitzereien, bunten Fayencen und dem dreifach gestaffelten, weit heruntergezogenen Dach ein eindrucksvolles Fotomotiv. Die kleine, wohlproportionierte Lai Khan-Kapelle links daneben beherbergt die sagenumwobene **Statue des Buddhas Phra Singh**. Darstellungen aus den Jataka-Erzählungen schmücken die Wände. Der weiße Chedi neben der Kapelle enthält die Asche des 1345 verstorbenen Königs Kam Fu von Chiang Saen. Vergoldete Schnitzereien zieren den Haupteingang des kleinen Bot.

Museen
Im 1924 erbauten ehemaligen Sitz der Provinzregierung ist das **Chiang Mai City Arts & Cultural Centre**, ☏ 053-217 793, 🖥 www.cmocity.com, untergebracht. Die Ausstellung führt in 15 Räumen bis in die Frühgeschichte, erläutert die Stadtentwicklung und wirtschaftlichen Besonderheiten und wirft einen Blick auf das Leben der Landbevölkerung. Westlich davon befasst sich das **Chiang Mai Historical Centre** mit Politik und Handel, der birmanischen Herrschaft sowie der Archäologie. Schließlich beleuchtet das östlich des Sam Kasat-Denkmals gelegene **Lanna Folklife Museum** in einem großen, weißen Gebäude die Lanna-Kultur und das Kunsthandwerk.

🕐 Di–So 8.30–17 Uhr, Eintritt jeweils 90 Baht, Kinder 40 Baht, Wochenticket für alle drei Museen 180 Baht, Kinder 80 Baht.

Im Norden und Westen
Im Gegensatz zur Architektur des zweistöckigen **Nationalmuseums**, ☏ 053-221 308, aus den 1970er-Jahren nordwestlich des Zentrums wirkt die Sammlung sehr bescheiden. Im Erdgeschoss stehen ein großer Buddhakopf aus dem 15. Jh. und schöne, mit Lackarbeiten verzierte Bücher-

schränke. Rechts beginnt die Frühgeschichte mit prähistorischen Funden. Viel zu kurz kommt die Darstellung der Bergvölker und der birmanischen Herrschaft. Frühe Lanna-Kunstwerke lassen Einflüsse der Nachbarländer erkennen, was auf die engen Verbindungen zwischen Lamphun (Haripunchai), Bagan (Myanmar) und dem Khmer-Reich zurückzuführen ist. Im Garten stehen zwei rekonstruierte Brennöfen, in denen Seladon-Keramik gebrannt wurde. 🕐 Mi–So 9–16 Uhr, Eintritt 100 Baht.

Etwa 300 m weiter südwestlich am Super-Highway erhebt sich inmitten eines weitläufigen, baumbestandenen Areals die Klosteranlage **Wat Jet Yot**. Der ungewöhnliche Chedi wurde 1455 nach dem Vorbild des Mahabodhi-Tempels im indischen Bodh Gaya errichtet, wo Buddha die Erleuchtung zuteil wurde. Die Asche des Tempelgründers, König Tilokaraja, liegt unter einem hohen Chedi im Klostergarten. Er schuf mit dem Wat eines der bedeutendsten religiösen Zentren seiner Zeit. Dort fand 1477 das achte buddhistische Weltkonzil statt, das die buddhistische Lehre nachhaltig reformierte. In der Folgezeit entstanden weitere, reich geschmückte Bauten, so der Haupt-Vihara, dessen Innenwände mit Wandmalereien im perspektivischen Stil bedeckt sind.

Das südlich der Suthep Road gelegene **Wat Suan Dok** entstand im 14. Jh. auf dem Areal einer ehemaligen Lawa-Siedlung. Damals wurde der große Chedi über einer Reliquie Buddhas erbaut. Später errichtete man westlich des großen Vihara zahlreiche kleinere Mausoleen mit den sterblichen Überresten von Mitgliedern der Königsfamilie von Lanna. Sie bieten vor der untergehenden Sonne ein beliebtes Fotomotiv.

ÜBERNACHTUNG
Manche Gästehäuser sind luxuriöser als viele Hotels, sodass die Grenzen fließend sind. In Unterkünften um das Tapae Gate wird abends die Lautstärke der Bars und Clubs zum Problem. Weitere Übernachtungstipps s. eXTra [2659].

Innerhalb der Altstadtmauern
Untere Preisklasse
Awana House ⑫, 7 Soi 1, Ratchdamnoen Rd., ☏ 053-419 005, 🖥 www.awanahouse.com. Das

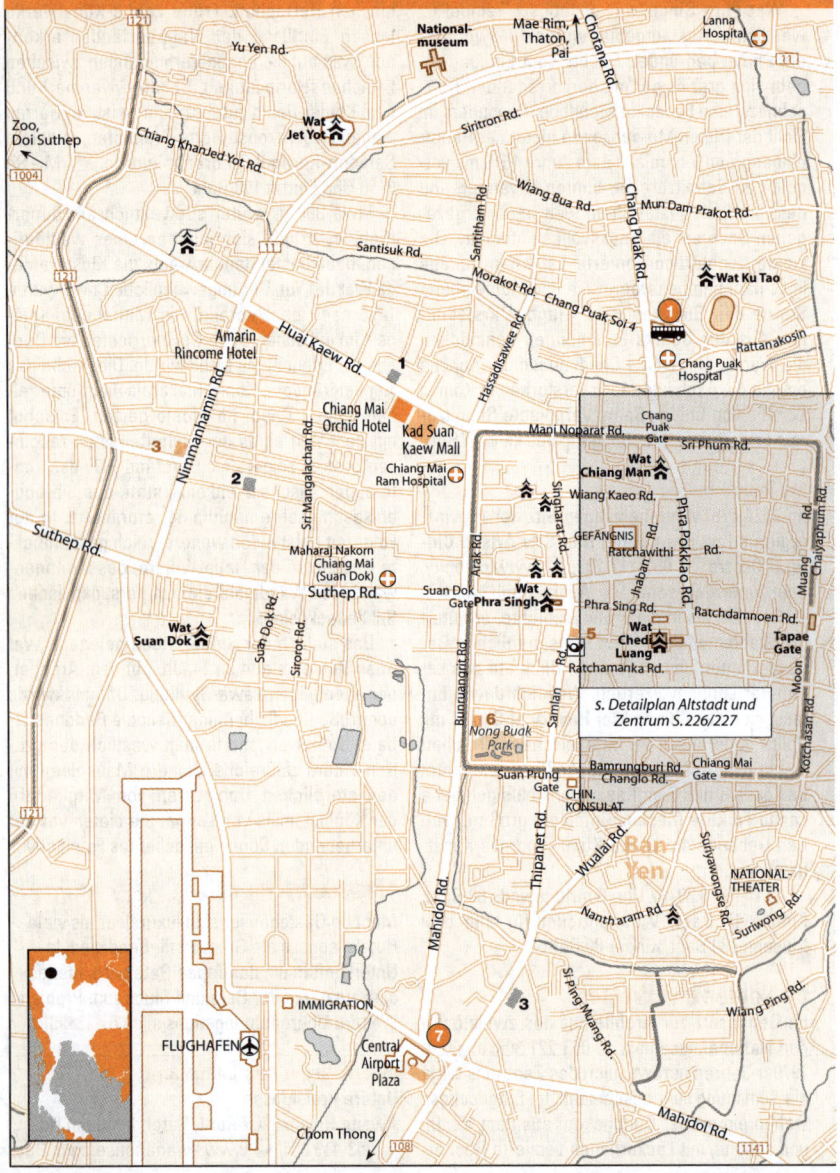

Chiang Mai

National-museum

Mae Rim, Thaton, Pai

Chotana Rd.

Lanna Hospital

Yu Yen Rd.

Siritron Rd.

Wat Jet Yot

Chiang KhanJed Yot Rd.

Zoo, Doi Suthep

1004

121

Wiang Bua Rd.

Santitham Rd.

Chang Puak Rd.

Mun Dam Prakot Rd.

111

Santisuk Rd.

Morakot Rd.

Chang Puak Soi 4

Wat Ku Tao

Rattanakosin

1

Huai Kaew Rd.

Hassadisawee Rd.

Chang Puak Hospital

Amarin Rincome Hotel

Chiang Mai Orchid Hotel

Kad Suan Kaew Mall

Mani Noparat Rd.

Chang Puak Gate

Sri Phum Rd.

Ninmanhamin Rd.

3

Chiang Mai Ram Hospital

Wat Chiang Man

Pha Pokklao Rd.

2

Wiang Kaeo Rd.

Sri Mangalachan Rd.

Singharat Rd.

GEFÄNGNIS

Ratchawithi

Chaiyaphum Rd.

Suthep Rd.

Maharaj Nakorn Chiang Mai (Suan Dok)

Arak Rd.

Jhabanrung Rd.

Muang Rd.

Suan Dok Gate

Phra Sing Rd.

Ratchdamnoen Rd.

Suthep Rd.

Wat Phra Singh

Wat Chedi Luang

Tapae Gate

Wat Suan Dok

Suan Dok Rd.

Sirorot Rd.

Samlan Rd.

5

Ratchamanka Rd.

Moon

Kotchasan Rd.

Bunruangrit Rd.

6

Nong Buak Park

s. Detailplan Altstadt und Zentrum S. 226/227

Suan Prung Gate

Bamrungburi Rd.

Changlo Rd.

Chiang Mai Gate

CHIN. KONSULAT

Thipanet Rd.

Wualai Rd.

Ban Yen

Mahidol Rd.

NATIONAL-THEATER

Nanth aram Rd.

Suriyavongse Rd.

Sumong Rd.

IMMIGRATION

3

Si ping Muang Rd.

Wiang Ping Rd.

121

FLUGHAFEN

Central Airport Plaza

7

Chom Thong

108

Mahidol Rd.

1141

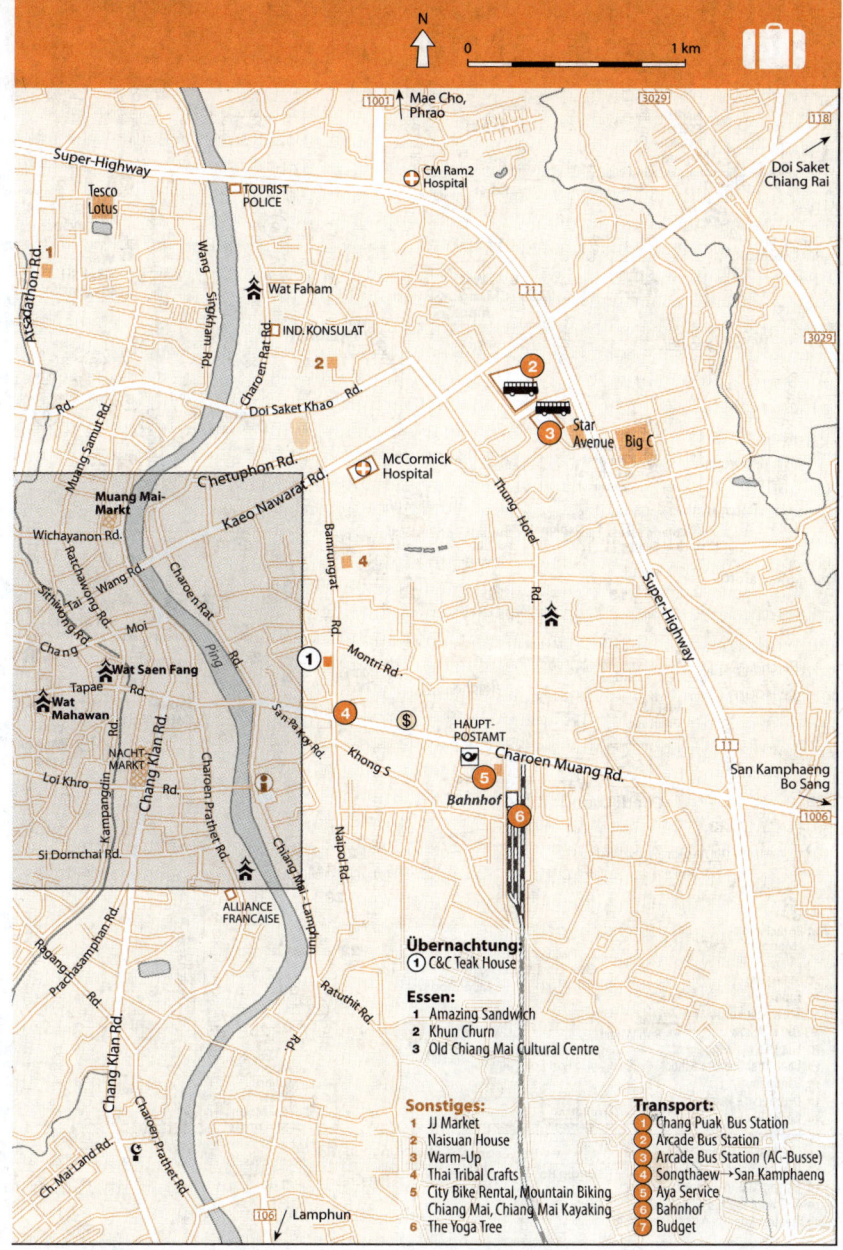

Übernachtung:
① C&C Teak House

Essen:
1 Amazing Sandwich
2 Khun Churn
3 Old Chiang Mai Cultural Centre

Sonstiges:
1 JJ Market
2 Naisuan House
3 Warm-Up
4 Thai Tribal Crafts
5 City Bike Rental, Mountain Biking
   Chiang Mai, Chiang Mai Kayaking
6 The Yoga Tree

Transport:
① Chang Puak Bus Station
② Arcade Bus Station
③ Arcade Bus Station (AC-Busse)
④ Songthaew → San Kamphaeng
⑤ Aya Service
⑥ Bahnhof
⑦ Budget

Chiang Mai — Altstadt und Zentrum

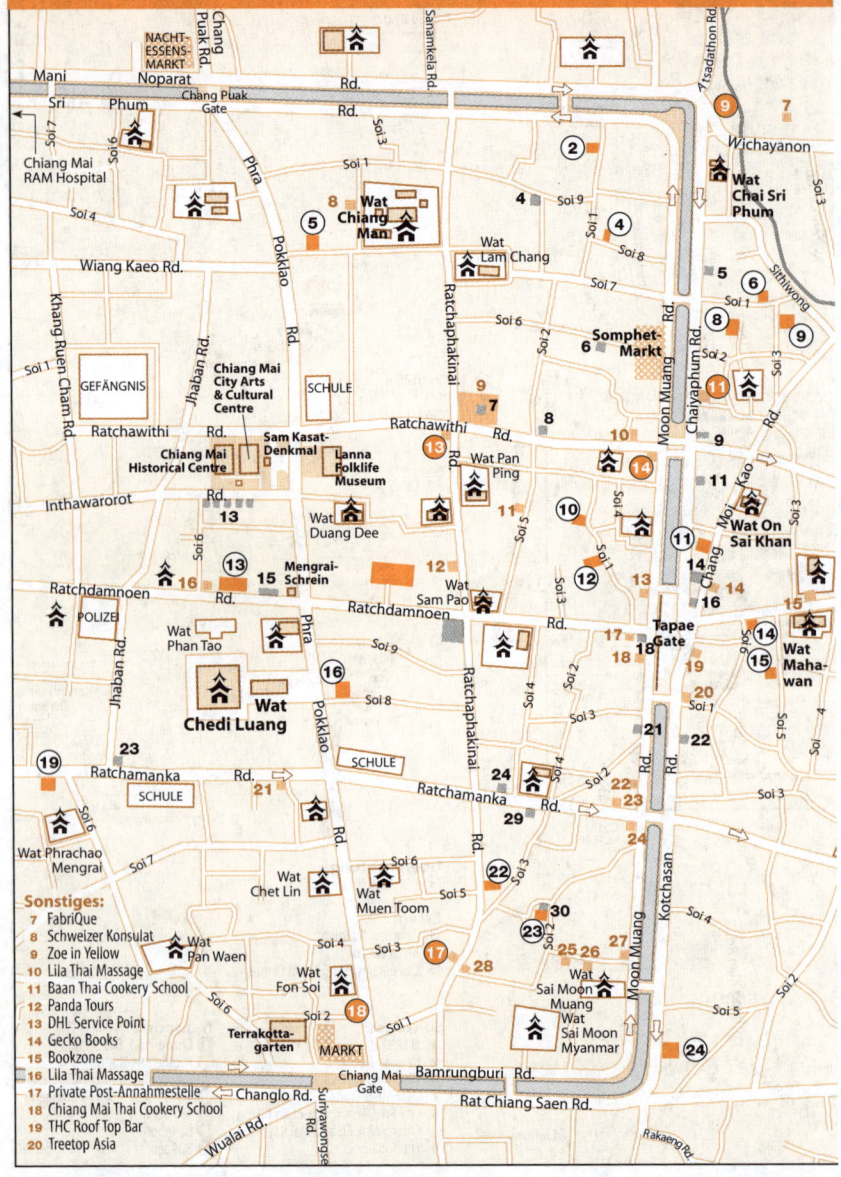

Sonstiges:
7 FabriQue
8 Schweizer Konsulat
9 Zoe in Yellow
10 Lila Thai Massage
11 Baan Thai Cookery School
12 Panda Tours
13 DHL Service Point
14 Gecko Books
15 Bookzone
16 Lila Thai Massage
17 Private Post-Annahmestelle
18 Chiang Mai Thai Cookery School
19 THC Roof Top Bar
20 Treetop Asia

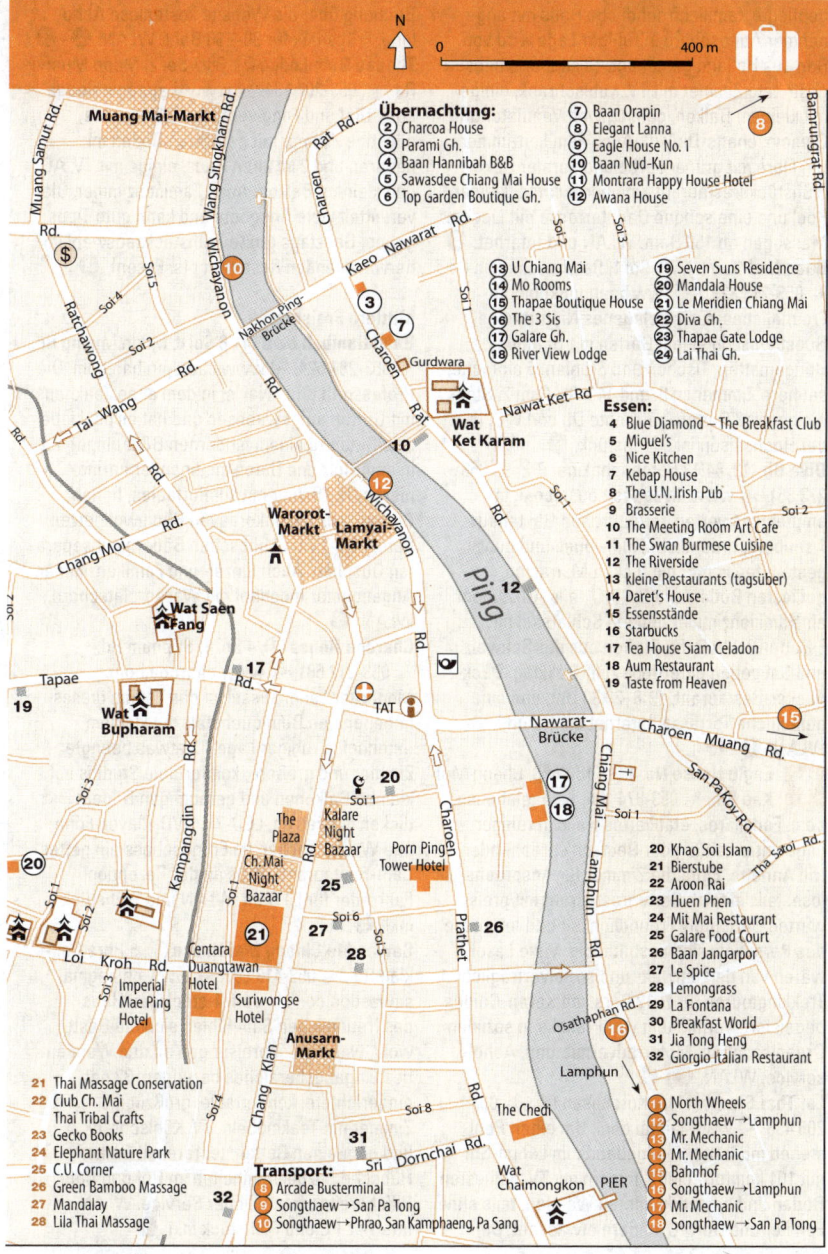

N
0   400 m

Übernachtung:
② Charcoa House
③ Parami Gh.
④ Baan Hannibal B&B
⑤ Sawasdee Chiang Mai House
⑥ Top Garden Boutique Gh.
⑦ Baan Orapin
⑧ Elegant Lanna
⑨ Eagle House No. 1
⑩ Baan Nud-Kun
⑪ Montrara Happy House Hotel
⑫ Awana House

⑬ U Chiang Mai
⑭ Mo Rooms
⑮ Thapae Boutique House
⑯ The 3 Sis
⑰ Galare Gh.
⑱ River View Lodge
⑲ Seven Suns Residence
⑳ Mandala House
㉑ Le Meridien Chiang Mai
㉒ Diva Gh.
㉓ Thapae Gate Lodge
㉔ Lai Thai Gh.

Essen:
4 Blue Diamond – The Breakfast Club
5 Miguel's
6 Nice Kitchen
7 Kebap House
8 The U.N. Irish Pub
9 Brasserie
10 The Meeting Room Art Cafe
11 The Swan Burmese Cuisine
12 The Riverside
13 kleine Restaurants (tagsüber)
14 Daret's House
15 Essensstände
16 Starbucks
17 Tea House Siam Celadon
18 Aum Restaurant
19 Taste from Heaven

20 Khao Soi Islam
21 Bierstube
22 Aroon Rai
23 Huen Phen
24 Mit Mai Restaurant
25 Galare Food Court
26 Baan Jangarpor
27 Le Spice
28 Lemongrass
29 La Fontana
30 Breakfast World
31 Jia Tong Heng
32 Giorgio Italian Restaurant

21 Thai Massage Conservation
22 Club Ch. Mai
   Thai Tribal Crafts
23 Gecko Books
24 Elephant Nature Park
25 C.U. Corner
26 Green Bamboo Massage
27 Mandalay
28 Lila Thai Massage

Transport:
⑧ Arcade Busterminal
⑨ Songthaew→San Pa Tong
⑩ Songthaew→Phrao, San Kamphaeng, Pa Sang

⑪ North Wheels
⑫ Songthaew→Lamphun
⑬ Mr. Mechanic
⑭ Mr. Mechanic
⑮ Bahnhof
⑯ Songthaew→Lamphun
⑰ Mr. Mechanic
⑱ Songthaew→San Pa Tong

Muang Mai-Markt
Wat Ket Karam
Warorot-Markt
Lamyai-Markt
Wat Saen Fang
Wat Bupharam
The Plaza
Kalare Night Bazaar
Ch. Mai Night Bazaar
Porn Ping Tower Hotel
Centara Duangtawan Hotel
Suriwongse Hotel
Anusarn-Markt
Imperial Mae Ping Hotel
The Chedi
Wat Chaimongkon
Gurdwara
Ping
Lamphun

gepflegte, familienfreundliche Haus mit angenehmer Atmosphäre in ruhiger Lage wird von Ron aus Holland gemanagt. 18 saubere, hübsch gestaltete Zimmer mit TV, Kühlschrank, einige mit kleinem Balkon, günstige mit Ventilator und Gemeinschafts-Du/WC. Auch Familienzimmer. Die Flure mit grüner Farbe und floraler Deko. Frühstücksrestaurant am überdachten, kleinen Pool und eine schöne Dachterrasse mit Liegen. Massagen ab 150 Baht. WLAN und Internet. ❸

Baan Nud-Kun ⑩, 7/3 Soi 1, Ratchadamnoen Rd., ✆ 053-213 329, 🖥 www.baannudkun.com. Freundliches, ruhig gelegenes Nichtraucher-Guesthouse in einem Garten mit Bambus-Hängematten, Tischen und Stühlen. 6 einfache, saubere Zimmer im 3. und 14 mit AC im 2. Stock, einige mit 3 Betten, getrennte Du und WC. In der Hochsaison inkl. Frühstück. ❷

Diva Gh. ㉒, 84/13 Ratchaphakinai Rd., ✆ 053-273 691, 🖥 www.divaguesthouse.com. Im empfehlenswerten, farbenfrohen Gästehaus 7 saubere, ordentliche, individuell und bunt gestaltete Zimmer mit dicken Matratzen, gefliesten Böden und Du/WC, teils AC. Zudem ein Familienzimmer und ein Schlafsaal mit 6 Betten à 110 Baht. Steffen aus der Schweiz und Sai geben gute Tipps zum Trekking. Backpacker-Restaurant, ⏰ 8–20.30 Uhr, und eine gemütliche Terrasse. Internet am PC und WLAN. ❶–❷

Eagle House No. 1 ⑨, 16 Soi 3, Chang Moi Kao Rd., ✆ 053-874 126, 🖥 eaglehouse. com. Familiäres, etabliertes Haus in ruhiger Lage unter Leitung der Deutsch sprechenden Irin Annette. Einfache Zimmer für Anspruchslose, teils mit AC. Gartenrestaurant mit preiswerten Gerichten. Freundlichkeit und Interesse des Personals sind ausbaufähig. Viele Leser waren von den umwelt- und sozialverträglichen Trekkingtouren für 7–12 Pers. mit Karen-Guides begeistert. Vermittlung von Praktika in sozialen Organisationen, Motorradvermietung, Abholservice, WLAN. ❶–❷

Lai Thai Gh. ㉔, 111/4 Kotchasan Rd., ✆ 053-206 438, 🖥 www.laithai.com. Um einen Pool stehen moderne Hotelgebäude im Lanna-Stil mit 104 komfortablen Zimmern mit TV, gefliesten Böden und bastverkleideten Wänden, teils ohne Fenster und Du/WC, andere etwas laut. Bei

Buchung über die Website kostenlose Abholung. Frühstück für 80–130 Baht, WLAN. ❷–❸

Thapae Gate Lodge ㉓, 38/7 Soi 2, Moon Muang Rd., ✆ 053-207 134, 🖥 www.thapaegatelodge. com. Olaf und Fong vermieten 25 saubere, günstige Zimmer mit gefliesten Böden im neueren und 2 im alten Haus, einige mit TV, AC und kleinem Balkon. Auch Familienzimmer. Olaf vermittelt viele Angebote und kann gute Tipps geben. Ganztags große Frühstücksauswahl im hervorragenden Restaurant (s. Essen). ❷

Mittlere Preisklasse

Baan Hanibah B&B ④, 6 Soi 8, Moon Muang Rd., ✆ 053-287 524, 🖥 www.baanhanibah.com. Die Professorin Khun Nai ist in dem alten Teakhaus mit Garten aufgewachsen und hat es mit Liebe zum Detail zu einem modernen B&B umgebaut, in dem Holz und Beton miteinander harmonieren. 12 Zimmer mit komfortablen, hohen Betten, teils mit dekorativen Baumwollnetzen, Safe, LCD-TV und hübschen Bädern mit separaten Duschen. Auch Einzel- und Familienzimmer. Angenehmer Innenhof mit Wasserplätschern. WLAN. ❺

Charcoa House ②, 4 Soi 1, Sriphum Rd., ✆ 053-212 681, 🖥 www.charcoa.com. Moderner Landhausstil ist das Thema dieses angenehmen Boutiquehotels mit kleinem Innenhof in ruhiger Lage. 12 etwas beengte Zimmer und größere, komfortable Studios mit kleinen Balkonen und geräumigen Bädern, dicken Matratzen, LCD-TV, DVD-Player, Föhn und Wasserkocher. Im Erdgeschoss ein nettes Café-Restaurant. DVDs an der Rezeption. Fahrräder für 50 Baht. WLAN und Frühstück inkl. ❺

Sawasdee Chiang Mai House ⑤, 5 Phra Pokklao Rd., ✆ 053-418 907, 🖥 www.chiangmai sawasdee.com. In dem 4-stöckigen Haus des freundlichen Sam fühlen sich die Gäste wohl, was die Lobpreisungen an den Wänden des Eingangsbereiches bezeugen. 32 nett eingerichtete, komfortable, großzügige Zimmer mit Teakmöbeln, TV, Kühlschrank und bequemen Betten, teurere mit Balkon. Hübsche Sitzgelegenheiten im Hof und Café. Hilfsbereiter, freundlicher Service. WLAN, Internet-PC und Frühstück inkl. ❺

Seven Suns Residence ⑲, 155 Ratcha-manka Rd., ✆ 053-814 325, ⌨ www.sevensuns.net. 2012 renoviertes Haus des Amerikaners Lester und seiner Frau Sanh mit 7 sehr geräumigen, komfortabel eingerichteten Zimmern für 2–4 Pers. mit Korbmöbeln, bequemen, breiten Betten, Sitzecke mit großem LCD-TV und Sofa, Tropen-Du/WC und 2 Wasch-becken sowie Kühlschrank und Wasserkocher. Üppiges Frühstück zu moderaten Preisen im Restaurant. WLAN. ❹

The 3 Sis ⑯, 1/3 Soi 8 Phra Pokklao Rd., ✆ 053-273 243, ⌨ www.the3sis.com. Hinter dem luftigen, einladenden Eingangs-bereich in dem älteren 3-stöckigen Haupthaus verbergen sich 24 gepflegte, ruhige Zimmer, die gemütlich mit dunklen Holzmöbeln, großen Betten, Kühlschrank und kleinem LCD-TV ein-gerichtet sind. Die preiswerteren sind kleiner. Schickes Café-Restaurant mit Terrasse und angenehmer Atmosphäre an der Straße. Reser-vierung empfehlenswert. Frühstück und WLAN inkl. ❺

Obere Preisklasse
U Chiang Mai ⑬, 70 Ratchdamnoen Rd., ✆ 053-327 000, ⌨ www.uchiangmai.com. Gepflegtes Designer-Hotel mit 41 komfortablen Zimmern im modernen Lanna-Stil mit Veranda oder Balkon, iPod-Dockingstation, TV mit DVD-Player und Tropen-Du/WC, größere mit Sofa und Bade-wanne. Restaurant, 2 Pools, Lesezimmer und Spa. Man kann rund um die Uhr einchecken und zahlt für 24 Std. Bei Buchung können die Art der Kissen, die iPod-Bespielung sowie die Seifen- und Teesorten im Zimmer gewählt werden. Kostenlose Aktivitäten wie Radtouren, Jogging, Yoga oder Stadtrundgänge. Fahrräder, WLAN und Frühstück inkl. ❻

Östlich vom Tapae Gate
Untere Preisklasse
Elegant Lanna ⑧, 11 Soi 2, Chaiyaphum Rd., ✆ 053-874 043, ⌨ www.elegantlanna.com. In einem ruhig gelegenen, 4-stöckigen Neubau werden 13 kleine, nett eingerichtete Zimmer vermietet. Alle mit dicken Federkernmatratzen, teils Kühlschrank, Safe, hübsch angemaltem Schrank sowie Bad mit separater Dusche, oben

mit Balkon. Kleiner Garten und offenes Restaurant. Einfaches Frühstück für 100 Baht, WLAN. ❷

Top Garden Boutique Gh. ⑥, 13 Soi 1, Chaiyaphum Rd., ✆ 053-232 538, ⌨ www.topgarden-chiangmai.com. Nettes, kleines Hotel mit 12 sehr sauberen Zimmern mit Fliesenböden, teils AC, TV, Safe und Kühl-schrank unter der Leitung des netten Franko-Kanadiers Victor. Gemütliche Terrasse mit kleinem Springbrunnen. WLAN. ❷

Mittlere und obere Preisklasse
Mandala House ⑳, 71 Soi 3, Tapae Rd., ✆ 053-272 488, ⌨ www.mandalachiangmai.com. Im Neubau gibt es 50 saubere, gepflegte, minimalistisch-modern mit LCD-TV, Safe, Kühl-schrank und hübscher, kleiner Tropen-Du/WC eingerichtete Zimmer und eine Suite im Beton-Chic. Kleines Frühstücksrestaurant. Frühstück und WLAN inkl. ❹

Montrara Happy House Hotel ⑪, 11/1 Chang Moi Kao Rd., ✆ 053-232 800–2, ⌨ www.montrara.com. Etwas Farbe an der Wand, moderne Bilder, Stoff-Rollos, Decken und Kissen und ein paar moderne Möbel, und schon hat sich das alte Guesthouse gewandelt, auch wenn die Türen und Treppen zu den 17 relativ kleinen Zimmern noch die alten sind. Frühstück und WLAN inkl. ❸–❹

Mo Rooms ⑭, 263/1-2 Tapae Rd., ✆ 053-280 789, ⌨ www.morooms.com. Die kleine, ungewöhnlich gestaltete Bar und das angrenzende Restaurant lassen erahnen, dass dieses Hotel mit bizarren Zimmern aufwartet. In der Tat sind alle 12 nach chinesischen Tierkreis-zeichen benannten, teils höhlenartigen Räume individuell von 12 Künstlern gestaltet worden, die dem Rechteck den Kampf angesagt haben. Man sollte vorbuchen und sich die Zimmer im Netz ansehen, denn einige haben Bäder ohne Tür oder Betten auf hohen, gemauerten Sockeln. Standardmäßig LCD-TV und Stereo-anlage. Kleiner Pool im Innenhof. Frühstück und WLAN inkl. ❻

Thapae Boutique House ⑮, 4 Soi 5, Tapae Rd., ✆ 053-284 295, ⌨ www.thapaeboutiquehouse.com. Stadthaus mit 21 sauberen Zimmern, die preiswerten klein, aber hübsch eingerichtet mit

Unterkünfte in ländlicher Umgebung

Genaue Lage der Unterkünfte s. **eXTra [2642]**.

Baan Chai Thung, 208 Moo 4, Choengdoi Rd., 1,8 km südlich von Doi Saket, 20 km von Chiang Mai, ℡ 089-058 0496, 🖥 www.baan-chai-thung.com. Kleines, gepflegtes Resort von Jürgen und Phoo inmitten von Reisfeldern mit Blick auf den Doi Saket. Rings um einen ansehnlichen Pool stehen 1 Doppel- und 6 großzügige, komfortable Einzelbungalows, die teureren mit Innen- und Außendusche. Rustikale Bar und luftiger Aufenthaltsraum mit offener Küche. Persönlicher Service, viele Stammgäste. Frühzeitige Reservierung erforderlich. Fahrrad- und Motorradverleih, Abholservice. Gutes Frühstück und Abendessen. ❺

Joy's House, 114 Moo 9, Sanpreesrue, im Norden der Stadt, ℡ 053-854 213, 🖥 www.joys house.de. Joy vermietet Zimmer in ihrem großen Haus mit Familienanschluss. Hübsch gestalteter Pool. Ausflugsmöglichkeiten, Koch- und Tanzkurse, Yoga, Meditationen, Dampfbad und Massage. Im Internet auch Pauschalangebote. Joy und Ulrike Meister haben zudem die Children's Shelter Foundation, 🖥 www.childrens-shelter.com, gegründet, die benachteiligten Kindern aus den Bergen hier oder auf einer Bio-Farm, auf der Gäste übernachten können, eine Ausbildung ermöglicht. Abhol- und Transportservice. WLAN und Frühstück inkl. ❺

Secret Garden, 54/1 Moo 5, Mae Kue Rd., Bo Sang, Abzweigung am KM 11,5, ℡ 053-339 502, 🖥 www.secretgardenchiangmai.com. Künstlerisch gestaltete, familienfreundliche Anlage mit mittelamerikanischem Touch mit einem weitläufigen Grundstück mit viel Grün und großem Teich. 17 individuell eingerichtete Zimmer für 2–6 Pers. mit Kühlschrank, Wasserkocher und Föhn, einige mit Kochecke. Pool, Bar, Billard, Pavillon mit DVD-Player und TV sowie Kochkurse. Herzliche Betreuung durch den Künstler Peter und Pai, deren Kochkünste ein Highlight sind. Mo–Sa abendliches Thai-Buffet. In der Regenzeit 2 Monate geschlossen. Reservierung ca. 1 Monat im Voraus empfohlen, Mindestaufenthalt 3 Nächte. Flughafentransfer, Transport bis Bo Sang, WLAN, reichhaltiges Frühstück und Nachmittagskaffee inkl. ❺

Safe, Holzböden und in Pastelltönen gestalteten Wänden. Zimmer unten dunkler und teils feucht. Kleiner Garten mit Sitzgelegenheiten und Restaurant. WLAN, Internet-PC und Frühstück inkl. ❹–❺

Nahe dem Ping
Untere Preisklasse

C&C Teak House ①, 39 Bamrungrat Rd., ℡ 053-246 966, ✉ ccteakhouse@yahoo.fr. Hinter dem Eingangstor verbirgt sich ein altes Teakhaus mit 16 Zimmern für 1–4 Pers. und Gemeinschafts-Du/WC. Hübscher Innenhof mit Restaurant, in dem Simon aus Frankreich und seine Frau Rung ihre Gäste betreuen. WLAN. ❶

Parami Gh. ③, 210–212 Charoen Rat Rd., ℡ 053-266 139, 🖥 www.paramiguesthouse-chiangmai. com. In einem etwas hellhörigen Holzhaus hinter den Geschäftshäusern vermieten Roger aus der Schweiz und seine Frau 8 kleine Zimmer für bis zu 3 Pers., teils mit AC und Matratzen

auf Betonblöcken. Begrünter Innenhof mit Teich und Sitzgelegenheiten. Vorn Massagen und andere Behandlungen. Frühstücken möglich. ❷

Mittlere und obere Preisklasse

Baan Orapin ⑦, 150 Charoen Rat Rd. ℡ 053-243 677, 🖥 www.baanorapin.com. Ruhiges B&B in einem hübschen, von der Straße zurückversetzten 2-stöckigen Lanna-Haus von 1914 und separaten Cottages, umgeben von einem romantischen Garten mit alten Bäumen und Pool. 15 stilvoll möblierte Zimmer mit Himmelbetten, zudem teure Suiten mit großen Bädern und Terrasse oder Balkon. Mindestaufenthalt 2 Nächte. Frühstück und WLAN inkl. ❺–❻

Galare Gh. ⑰, 7 Soi 1, Charoen Prathet Rd., ℡ 053-818 887, 🖥 www.galare.com. Seit 1980 gibt es dieses ruhige Guesthouse mit mehreren Häusern in Flussnähe. 35 ordentliche, kühle und gepflegte Zimmer mit gefliesten Böden, TV,

LAN-Anschluss (kostenpflichtig), alter Einrichtung, Kühlschrank und kleiner Du/WC. Garten und Restaurant am Fluss. ❸–❹

Le Meridien Chiang Mai ㉑, 108 Chang Klan Rd., ✆ 053-253 666, 🖥 www.lemeridien.com/chiangmai. Die 383 Zimmer auf 22 Etagen sind in beigen, weißen und braunen Farben, hochwertig mit Glaswand zwischen Bad und Schlafraum, Wasserkocher und LCD-TV eingerichtet. Modernes italienisches Restaurant und Pool im 4. Stock. Im Internet günstiger. WLAN kostet 470 Baht pro Tag, Frühstück inkl. ❻

River View Lodge ⑱, 25 Soi 4, Charoen Prathet Rd., ✆ 053-271 109, 🖥 www.riverviewlodgch.com. Ruhig gelegenes, etwas überteuertes Hotel mit Pool und 35 kühlen, recht geräumigen Zimmern mit Kühlschrank und kleinen Du/WC. Die oberen etwas kleiner mit Balkon und Holzböden. Von der Terrasse des offenen Restaurants und den teuren Zimmern Blick auf den Ping. Frühstück inkl. ❹–❺

ESSEN

Frühstück mit Pancake, ein Snack auf den Märkten oder ein Dinner in einem edlen Fluss-Restaurant – alles ist möglich. Neben den üblichen Thai- und internationalen Backpacker-Gerichten überrascht die Lanna-Küche mit einem eigenen Stil.

Eine gute Übersicht über aktuell angesagte Restaurants bietet 🖥 www.diningguidechiangmai.com.

Backpacker-Restaurants

Daret's House, Chaiyaphum Rd. Seit Jahrzehnten schlürft die Backpackerszene im Biergarten günstige Fruchtsäfte und Alkoholika an rustikalen Holzbänken. Traveller-Food unter 100 Baht (Fisch und Pizzen teurer) von wechselhafter Qualität, die Thai-Gerichte sind besser. Großes Heineken 80 Baht. WLAN.

Nice Kitchen, 15/1 Soi 6, Moon Muang Rd., hinter dem Somphet Market. Gute Auswahl an leckeren Gerichten, z. B. Kürbiscurrys. Zudem selbst gebackenes Brot, Baguettes, Sandwiches, frische Säfte, guter Hilltribe-Kaffee und Tee. Beliebt zum Frühstücken. Große Portionen zu günstigen Preisen. ⏰ Mo–Sa 7–20 und So 7–14 Uhr.

The U.N. Irish Pub, 24/1 Ratchawithi Rd., ✆ 053-214 554, 🖥 www.unirishpub.com. Großes Restaurant mit Biergarten, breiter Auswahl an Spirituosen und Sportsbar im 1. Stock. Irische und internationale Gerichte wie Pizzen, Burger und Salate, dunkles Brot und Kuchen. Ab 21.30 Uhr häufig Livemusik.

Cafés

Amazing Sandwich, 252/3 Phra Pokklao Rd., Filiale in der 22/2 Huai Kaew Rd., ✆ 053-404 174, 🖥 www.amazingsandwich.com. Kleiner Laden mit hervorragenden Sandwiches. In der Huai Kaew Rd. auch ein klimatisierter Essbereich. Sandwiches mit 7 Brotsorten, Fleisch, Käse und Salat, große Auswahl an Soßen, Kräutern, Nüssen, Sprossen und Gewürzen. Zudem Burger und Pizzen. WLAN. ⏰ Mo–Fr 8–20, So 8.30–16 Uhr.

Raming Tea House Siam Celadon, 158 Tapae Rd., ✆ 053-234 518, 🖥 www.ramingtea.com. Wunderschönes Gartencafé im liebevoll restaurierten thai-chinesischen Holzhaus von 1915, das durch den angrenzenden stinkenden Kanal etwas von seinem Charme einbüßt. Neben Tees auch Kuchen, Kaffee und herzhafte Snacks. Im vorderen Bereich edles Kunsthandwerk und Keramik. ⏰ 9.30–18 Uhr.

The Meeting Room Art Café, 89 Charoen Rat Rd., ✆ 080-627 9219, 🖥 www.meetingroomcafe.com. Jo und Fon haben ihr kleines Café mit Wohnzimmer-Atmosphäre, vielen Büchern und angenehmer Musik zu einem Treffpunkt für Kunstinteressierte gemacht, wo Ausstellungen und Lesungen stattfinden. Für das leibliche Wohl sorgen Kaffee, Kuchen, Salate, Sandwiches und Paninis, Smoothies und Wein. ⏰ 11–22 Uhr.

Chinesisch

Jia Tong Heng, 193/2-3 Sri Dornchai Rd., ✆ 053-820 860-2, 🖥 www.jiarestaurant.com. Seit 1957 etabliertes Teochew-Restaurant mit großen Portionen für 80–120 Baht. Außer exotischen Gerichte wie Entenfußsalat, Fischmagen oder Ziegenfleisch in Zwiebelsoße gibt es ein ganzes Spanferkel für 1200 Baht oder hervorragende Peking-Ente für 600 Baht. ⏰ 10–22 Uhr.

Mit Mai Restaurant, Ratchamanka Rd., ✆ 053-275 033. Großes, offenes Restaurant unter einem hohen Wellblechdach. Bebilderte Speisekarte mit leckeren Yunnan-Gerichten, empfehlenswert sind der kräftige Yunnan-Schinken und das Farngemüse. Kleine Portionen, meist unter 100 Baht. ⏲ abends.

Deutsch

Sehr leckeres Essen auch in der **Breakfast World**, s. rechts.

Bierstube, 33/6 Moon Muang Rd., ✆ 053-278 869. Seit 1985 ein beliebter, kaum veränderter Treffpunkt der Deutschen mit Bambuswänden, rustikalen Tischen und einem überdachten Innenhof sowie Sitzgelegenheiten an der belebten Straße. Preiswertes Bier. ⏲ 7.30–24 Uhr.

Essenstände

Essenstände findet man auf fast allen Märkten. Tagsüber wird an zahlreichen Essenständen und in kleinen, offenen Restaurants in der Inthawarorot Rd., südwestlich vom Chiang Mai City Arts & Cultural Centre, v. a. chinesisch gekocht. Das dortige Restaurant an der südwestlichen Ecke Inthawarorot/Jhaban Rd. macht guten Chicken Rice.

Ein **Nachtessensmarkt** ohne Touristenrummel findet gegenüber vom Chang Puak Gate statt. Abends von 17–24 Uhr sind die Essensstände etwas weiter südlich in der **Ratchdamnoen Road** geöffnet, die bei Touristen großen Anklang finden.

Der **Anusarn-Markt** mit den angrenzenden Seafood-Restaurants und der nahe gelegene **Galare Food Court** im Kalare Night Bazaar sind abends bei Touristen beliebt, v. a. von 20.30–22.30 Uhr, wenn auf einer Bühne Tänze vorgeführt werden. Allerdings ist das Essen überteuert. Einige Essensstände öffnen auch tagsüber.

Frühstück

Blue Diamond – The Breakfast Club, 35/1 Soi 7A, Moon Muang Rd., ✆ 053-217 120. Familiär geführtes Restaurant in einem Garten mit Tischen auf der Terrasse und im offenen Laden. Hervorragendes Frühstück sowie Bio-Salate und Säfte, selbst gebackenes Brot, Kuchen, viele Muffins und eine breite Auswahl an vegetarischen Gerichten. Aushänge über Veranstaltungen der alternativen Szene. Der Service ist manchmal überfordert. ⏲ Mo–Sa 7–20.30 Uhr.

Breakfast World, Thapae Gate Lodge, 38/7 Soi 2, Moon Muang Rd., ✆ 053-207 134, ▯ chiangmaibreakfastworld.com. Anlaufstelle für alle mit Appetit auf Hausmannskost und deutsche Küche, wie Schnitzel, Würste und Gulasch. Große, sehr empfehlenswerte Frühstücksauswahl mit hervorragenden Brötchen und Croissants sowie importiertem Aufschnitt, Käse und selbst gemachter Marmelade. Zudem ein Coffeeshop mit gutem Kaffee und vom deutschen Chef Olaf selbst gebackenen Kuchen. ⏲ 7.30–23, So bis 14 Uhr.

International

Brasserie, 37 Charoen Rat Rd., ✆ 053-241 665, ▯ auf Facebook. Restaurant mit europäischen und Thai-Gerichten, Pizzen um 150 Baht, Fleisch- und Fischgerichte bis 300 Baht. Viele Cocktails. Von 22–2 Uhr gute Livemusik. Reservierung empfehlenswert. ⏲ 17–2 Uhr.

Kebap House, Ratchawithi Rd. Kleiner Laden im Bar-Komplex Zoe in Yellow mit guten, günstigen Döner-Wraps für 50 Baht. ⏲ 16–3 Uhr.

Le Spice, 31 Charoen Prathet Rd., nahe dem Night Bazaar, ✆ 053-234 962, ▯ www.facebook.com/LeSpice.ChiangMai. Offenes, kleines indisch-moslemisches Restaurant in Curryfarben. Tandoori- und andere Fleischgerichte für 100–150 Baht, vegetarische günstiger. Thali-Set für Unentschiedene ab 100 Baht. Lassis, Minz- und Masala-Tee. WLAN. ⏲ 11–23 Uhr.

The Riverside, 9-11 Charoen Rat Rd., am Fluss, nördlich der Nawarat-Brücke, ✆ 053-243 239, ▯ www.theriversidechiangmai.com. Bei Touristen und Einheimischen beliebte Terrassen mit Blick auf den Fluss sowie Holztischen unter freiem Himmel und im Haus auf der anderen Straßenseite. Seit rund 30 Jahren serviert man lokale und internationale Küche mit Hauptgerichten ab 100 Baht, ein breites Angebot an Cocktails und anderen Getränken. Ab 18 Uhr dezente Pianomusik, ab 21.30 Uhr sorgen Bands lautstark für Stimmung. Das Restaurantboot für 110 Baht, Kinder 55 Baht plus Essen, fährt gegen 20 Uhr los (Dauer

75 Min., Reservierung empfehlenswert). ⏲ 10–1 Uhr.

The Swan Burmese Cuisine, 48 Chaiyaphum Rd., ✆ 087-381 7935. Kleines Restaurant mit begrüntem Hof und guten thai-burmesischen Gerichten um 100 Baht, darunter viel Vegetarisches und Klassiker wie Teesalat und Curry mit Aubergine, Kartoffeln und Hühnchen. ⏲ 12–23 Uhr.

Italienisch

Giorgio Italian Restaurant, 2/6 Prachasamphan Rd., südlich der Sri Dornchai Rd., ✆ 053-271 866, ⌨ www.giorgiochiangmai.com. Angenehm temperiertes und professionell geführtes, dessen Chefin in Italien gelebt hat. Umfangreiche Karte und gutes Weinangebot. Gerichte 200–300 Baht. Reservierung empfehlenswert. ⏲ 11.30–14.30 und 18–22.30 Uhr.

📖 **La Fontana**, 39/7-8 Ratchamanka Rd., ✆ 053-207 091, ⌨ www.lafontana chiangmai.com. Sebastiano und Soraya führen dieses nette Restaurant mit leckerer Pizza für 100–250 Baht, Pasta, Risotto und einer kleinen Weinkarte. Selbst der Hauswein schmeckt. Aufmerksamer Service und gutes Preis-Leistungs-Verhältnis. ⏲ 11.30–23.30 Uhr.

Lanna-Spezialitäten

Unter dem Einfluss der Küchen der Nachbarländer Myanmar und China hat sich eine eigene Lanna-Küche entwickelt. Man liebt Schweinefleisch, Klebreis, Kohl und v. a. Chili. Als Kostprobe empfehlen sich *Sai-ua*, würzige Würstchen aus Schweinefleisch und Kräutern. Sehr lecker: die milde Currysuppe *Khao Soi*.

Baan Jangarpor, 71 Charoen Prathet Rd., ✆ 053-275 030, ⌨ www.baanjangarpor restaurant.com. Restaurant in einem rund 150 Jahre alten Teakhaus voller Antiquitäten, die zum Verkauf stehen, und einem teils überdachten Garten. Authentische Spezialitäten, Khantoke-Set 290 Baht. ⏲ 11–23 Uhr, außer jeden 2. und 4. So im Monat.

Huen Phen, Ratchamanka, Ecke Jhaban Rd., ✆ 053-277 103. Das tagsüber beliebte und betriebsame, offene Lokal wird abends durch das mit Antiquitäten dekorierte Holzhaus dahinter abgelöst. Die kleinen Portionen zu 30–60 Baht werden hübsch präsentiert. ⏲ 17–22 Uhr.

📖 **Old Chiang Mai Cultural Centre**, 185/3 Wualai Rd., südwestlich des Zentrums, ✆ 053-202 993-5, ⌨ www.oldchiangmai.com. Von 19–21.30 Uhr Khantoke-Dinner mit nordthailandischen Spezialitäten, auf Wunsch vegetarische Menüs. Zudem traditionelle Tänze. Reservierung erforderlich, 520 Baht.

Mexikanisch

Miguel's, Chaiyaphum, nahe Sriphum Rd., ✆ 053-874 148, ⌨ www.miguels-cafe.com. Tex-Mex-Restaurant an der Straße mit leckeren Tacos und Enchiladas ab 65 Baht sowie sättigenden Quesadillas und Burritos bis 200 Baht. Zudem Burger, Sandwiches, Fajitas mit Steak und Margheritas. Etwas laute Atmosphäre, freundliche Bedienung. Lieferservice, ✆ 084-6086 661-2. WLAN. ⏲ 9–23 Uhr.

Thai

€ **Aroon Rai**, 45 Kotchasan Rd., ✆ 053-276 947. Einfaches, preiswertes Restaurant aus den 1950er-Jahren im offenen Erdgeschoss. Neben exzellenter *Khao Soi* auch gutes Green Curry und *Naam Phrik Oong*, hausgemachte Brownies und Eis. Bier ab 17 Uhr. ⏲ 11–22 Uhr.

€ **Khao Soi Islam**, 22-24 Soi 1, Charoen Prathet Rd., ✆ 053-271 484. Großer, überdachter, von Haw (S. 219) betriebener Essensstand. Die hervorragende *Khao Soi* in vegetarischer Variante sowie mit Fleisch oder Seafood lockt mittags viele Hungrige an. Zudem Wantan- und klare Suppen, Fr außerdem *Khanom Jin*, Nudeln mit Rindfleisch-Tomaten-Curry für 20–40 Baht. Informative, englische, bebilderte Speisekarte. ⏲ Fr–Mi 9–17 Uhr.

Lemongrass, Loi Kroh Rd., ✆ 089-636 5929, ⌨ auf Facebook. Abends gut besuchtes Restaurant in einer Seitenstraße des Night Bazaar mit Thai-Küche nach westlichem Geschmack zu relativ günstigen Preisen. ⏲ Di–Sa 14.30–24 Uhr.

Vegetarisch

Aum, 65 Moon Muang Rd., am Tapae Gate, ✆ 053-278 315. Nettes Restaurant mit Sitzkissen im oberen Stockwerk und vielen Büchern. Selbst die *Khao So*i, Sushi und Burger für 60–120 Baht sind vegetarisch. Leckere Säfte und Lassis. ⏲ 10.30–20.30 Uhr.

Khun Churn, 4 Soi 17, Nimmanhamin Rd., im Westen der Stadt, ✆ 053-224 124, 🖥 www.facebook.com/khunchurn.cm. Luftig und ruhig, das sind die Trümpfe dieses modernen vegetarischen Restaurants mit Garten. Umfangreiche Speisekarte mit ungewöhnlichen Gerichten, Snacks und Salaten für 65–95 Baht. Von 11–14.30 Uhr beliebtes Buffet für 129 Baht, Kinder 89 Baht. ⏲ außer am 16. des Monats 8–22 Uhr.

Taste from Heaven, 237-239 Tapae Rd., ✆ 053-208 803, 🖥 www.taste4heaven. com. Im großen Speisesaal, an der Straße oder im Garten im Hinterhof lässt man sich Currys ohne Geschmacksverstärker, westliche Gerichte, Frühstück, Salate, Snacks und Kuchen mit Bio-Hochlandkaffee schmecken. Viele Gerichte unter 100 Baht. Von 11–14 Uhr günstige Menüs. Auch Kochkurse. ⏲ 8.30–22 Uhr.

UNTERHALTUNG

Bars und Pubs
Im Vergleich zu Bangkok ist die Atmosphäre entspannt. Eine Reihe von Bars und Clubs konzentriert sich in der östlichen Ratchawithi Rd., an der Moon Muang Rd. und der davon abgehenden Soi 2 sowie um den Night Bazaar. Lokale am Fluss bieten abends Livemusik.
C. U. Corner, 3/2 Soi 1, Moon Muang Rd. Kleine, gemütliche Bar mit einem Tuk Tuk vor der Tür. Das ältere Publikum lauscht zu Bier, Cocktails und Wein den abendlichen Livebands. ⏲ ab 17 Uhr.
JJ Market, Atsadathon Rd., 🖥 www.jingjai chiangmai.com. Das bei Thais beliebte Ausgehviertel wartet mit zahlreichen Restaurants und Bierbars auf, in denen günstige Cocktails in Eimern, Trichtern oder Gläsern serviert werden. Einige mit Livemusik, gutem Thai-Food und Snacks.
THC Roof Top Bar, 13/1 Soi 1, Kotchasarn Rd., ✆ 081-883 4650. Wer in der luftigen Bar zu Dub, Reggae und guten Mojitos relaxen möchte, kann über steile Treppen zur Dachterrasse hinaufsteigen und an Bodentischen Platz nehmen. WLAN. ⏲ ab 18.30 Uhr.

The Riverside, S. 232, und nebenan das **Good View** sind auch bei Einheimischen beliebt und bieten abends gute Livemusik.
Zoe in Yellow, Soi 3, Ratchawithi Rd., ✆ 053-418 471, 🖥 www.zoeinyellowchiangmai.com. Sportsbar und Club mit Billardtisch und Tanzfläche. Die Bands spielen überwiegend Rock und Blues, während DJs ab 22 Uhr v. a. Hip-Hop auflegen. Garten-Lounge mit Lampions unter alten Bäumen. Happy Hour Di 20–22 Uhr. ⏲ 16–2 Uhr, Restaurant 11–24 Uhr.

Clubs
FabriQue, im President Hotel, 226 Wichayanon Rd., 🖥 auf Facebook. Zu späterer Stunde beliebter Club mit 3 Bereichen, in denen zu Thai-Musik, Hip-Hop oder Techno getanzt wird. Eintritt 300 Baht als Getränkegutschein. ⏲ Fr und Sa 18–5, sonst bis 2 Uhr.
Mandalay, Moon Muang Rd. Der größte, bei Schwulen und Lesben beliebte Club der Altstadt mit 2 Floors, auf denen die Gäste zu Dance und Hip-Hop die Hüften schwingen, wurde wegen Lärmbelästigung mehrfach vorübergehend geschlossen. Nach Mitternacht gut besucht. 300 Baht Eintritt als Getränkegutschein. ⏲ bis 4 Uhr.

Warm-Up, Nimmanhamin Rd., 🖥 www. facebook.com/warmupcafe1999. Sehr beliebter Club der Oberschicht in einer Gegend mit vielen stylischen Etablissements. Schöner Außenbereich mit Restaurant. Drinnen läuft Thai-Musik, Dance und Hip-Hop, am Wochenende in der Lounge auch Techno. 1 l Red Label kostet 990 Baht, Bier 100 Baht. ⏲ bis 1.30 Uhr.

Kino
Major Cineplex im Central Airport Plaza (4. Stock), ✆ 053-283 939, 🖥 www.major cineplex.com. Zeigt internationale Blockbuster im Original.

KULTUR

Feste und Feiertage
Flower Festival: Höhepunkt des 3-tägigen Festes am 1. Wochenende im Feb ist ein fantastischer Umzug am Samstag mit allen Bevölkerungs- und Altersgruppen in fantasievollen Kostümen und traditioneller Kleidung,

begleitet von kunstvoll mit Blumen dekorierten Festwagen und Bands. Fotos s. **eXTra [2934]**.

Loi Krathong (Yee Peng): Nov, kleine Krathongs schwimmen auf allen Gewässern, und man lässt große Feuerballons *(khom fai)* in den Himmel steigen. Reservierung in flussseitigen Restaurants notwendig!

Songkran: Zum Thai-Neujahr Mitte April wird es auf den Straßen feucht, wenn Passanten mit Wasser übergossen werden; der Kristallbuddha des Wat Chiang Man wird in einer Prozession durch die Straßen getragen.

Kulturshow

Old Chiang Mai Cultural Centre, 185/3 Wualai Rd., kurz vor der Ringstraße zum Flughafen, ✆ 053-202 993-5, 🖥 www.oldchiangmai.com. In dem großen traditionellen Haus finden zum Khantoke-Dinner einstündige Darbietungen traditioneller Lanna-Tänze statt. Anschließend Tänze der Bergvölker im Freien, vorgeführt von Lahu, Hmong, Yao, Lisu und Akha. Dinner und Show von 19–21.30 Uhr für 520 Baht.

Monk Chat

Informative Gespräche mit Mönchen der MCU Buddhist University über Thai-Kultur, Buddhismus und das Leben als Mönch jeden Mo, Mi und Fr von 17–19 Uhr beim Monk Chat im Wat Suan Dok, ✆ 053-808 4289, 🖥 www.monkchat.net. Zudem Meditationen (S. 236). Das Wat Mahawan (S. 222) in der Tapae Rd. offeriert am frühen Abend einen Monk Chat.

Bücher

Bookzone, 318 Tapae Rd., ✆ 053-252 418. Gute Auswahl an englischsprachigen Büchern und viel Literatur zu Thailand. ⏰ 10–18 Uhr.

Gecko Books, ✆ 053-874 066/7, 🖥 www.gecko books.net. In den 3 Filialen rings um das Tapae Gate findet man viele neue und gebrauchte englischsprachige Bücher. Zentrale in der 2/6 Chang Moi Kao Rd., Filialen in der Ratcha-manka und Chang Moi Rd.

Einkaufszentren

Central Airport Plaza, an der Straße zum Flughafen, ✆ 053-999 199, 🖥 www.central plaza.co.th. Großes Einkaufszentrum mit Kino, einem Kaufhaus, Supermarkt, Food Court und Restaurants. ⏰ Mo–Fr 11–21, Sa, So 10–22 Uhr.

Kunsthandwerk

Wer Kunsthandwerk sucht, sollte sich auf der Wualai Rd. oder Sunday Walking St. umsehen.

Thai Tribal Crafts, 208 Bamrungrat Rd., ✆ 053-241 043, 🖥 www.ttcrafts.co.th. Fair-Trade-Laden für Kunsthandwerk der Berg-völker. Internet-Verkauf. ⏰ Mo–Sa 9–17 Uhr. Filialen im Central Airport Plaza und 25/9 Moon Muang Rd., ✆ 053-273 858, ⏰ 10–19 Uhr.

Märkte

Sehr chinesisch ist die Atmosphäre im **Warorot-Markt** (Kad Luang) an der Chang Moi Rd. Von den Galerien der oberen Stockwerke lässt sich das Geschehen gut überblicken. Während im Erdgeschoss die Händler auf langen Tischen eine bunte Vielfalt an Nahrungsmitteln aufge-baut haben, liegen in den oberen Stockwerken v. a. Textilien und Souvenirs aus.

Nebenan werden im **Lam Yai-Markt** frische Produkte wie Fleisch und Blumen umgesetzt. Abends füllen sich die Straßenränder mit Essensständen. ⏰ bis etwa 18 Uhr.

Der ganztags geöffnete, 3-stöckige Chiang Mai **Night Bazaar** in der Chang Klan Rd., die Ver-kaufsstände davor und im gegenüberliegenden Kalare Night Bazaar haben fast nur noch Massenware für Touristen im Angebot. Die meisten Händler versuchen etwas aufdringlich, Textilien, gefälschte Markenartikel, DVDs, Holzschnitzereien, Schmuck, Keramiken und Kunstgewerbe zu verkaufen.

Etwas vielfältiger ist das Angebot auf dem **Anusarn-Markt** etwas weiter südlich. ⏰ 17–23 Uhr.

Am Sonntagabend werden die Phra Singh und Ratchdamnoen Rd. sowie ein Teil der von ihnen abgehenden Straßen als **Sunday Walking Street** für den Autoverkehr gesperrt. Auf etwa 2 km verkaufen einheimische Künstler, Fotografen, Kunsthandwerker und Kleinhändler eine bunte Vielfalt an attraktivem, überwiegend preiswertem Kunsthandwerk jeglicher Stil-richtung. Dazwischen werden Snacks und Fruchtsäfte zubereitet, Porträtmaler und

THAILAND

Straßenmusiker treten auf, und Masseurinnen bieten ihre Dienste an. Es ist der beste Ort zum Kauf von Souvenirs, Kleidung und Schmuck. Hier werden Trends kreiert – und bereits eine Woche später kopiert. ⏱ 17–23 Uhr.

THAILAND

AKTIVITÄTEN

Kochkurse

Kochkurse in englischer Sprache sind überaus beliebt. Schon der gemeinsame Einkauf ist ein Erlebnis. Meist haben die Schüler eine eigene Kochstation und können die Gerichte auswählen. Den Abschluss bildet ein gemeinsames Essen. Kurse von 9–16 Uhr ab 900 Baht, Abendkurse von 16–20 Uhr 700 Baht.

Baan Thai Cookery School, 11 Soi 5, Ratchdamnoen Rd., ✆ 053-357 339, 🖥 www.cookinthai.com. Büro ⏱ 8–20 Uhr. Gute Kurse bei netten Leuten in der Altstadt von 9.40–16 Uhr mit bis zu 9 Pers., die in der Hochsaison parallel stattfinden. Abendkurse von 17–20.30 Uhr. Transport inkl.

Chiang Mai Thai Cookery School, Büro: 47/2 Moon Muang Rd., ✆ 053-206 388, 🖥 www.thaicookeryschool.com. ⏱ Büro 8.30–18.30 Uhr. Die älteste Schule offeriert seit 1993 außerhalb von Chiang Mai Kurse (10–16 Uhr) mit Schwerpunkt auf der nordthailändischen Küche. Der Chef zeigt, wie es geht, und alle kochen eigenständig an den 45 Kochstationen 6 Gerichte nach. 1450 Baht inkl. Transport und Kochbuch. Abendkurse für Fortgeschrittene 3000 Baht. Transport inkl.

Meditation

Meditationszentren offerieren englischsprachige Unterweisungen und Vipassana-Kurse. Das Programm kann straff sein und um 4 Uhr morgens beginnen, religiöse Gespräche, Gebete und mehrere 2-stündige Meditationen umfassen. Es wird erwartet, dass man sich den strengen Klosterregeln unterwirft und ab mittags nichts mehr isst.

International Buddhism Center im Wat Phrathat Doi Suthep, ✆ 053-295 012, 🖥 www.fivethousandyears.org. Im Zentrum, 300 m abseits vom Tempel, mit vielen Meditationsräumen buddhistische Unterweisungen, Meditationen und Informationen über den Buddhismus.

2–3 Wochen vorher sollten die 3, 5, 7, 10 oder 21-tägigen Vipassana-Kurse auf Spendenbasis gebucht werden, die zu jeder Zeit beginnen. Büro ⏱ 9–17 Uhr.

Wat Suan Dok, ✆ 084-609 1357, 🖥 www.monkchat.net. 2- bis 4-tägige Einführungskurse beginnen jeden Di um 14 Uhr im Monk Chat-Büro, Anmeldung mind. 1 Woche im Voraus. Lockere, weiße Kleidung erforderlich (für 300 Baht erhältlich). Essen und Transport 500 bzw. 1000 Baht.

Rafting und Kajakfahren

Wer Rafting als Teil eines Trekkingprogramms bucht, wird v. a. in der Trockenzeit gemächlich dahintreiben. Tagestouren zum Rafting, z. B. auf dem Mae Wang am Doi Inthanon, finden nur während und nach der Regenzeit statt. Rafting oder Kajak-Tagestouren auf dem ganzjährig Wasser führenden Mae Taeng kosten ab 1400 Baht.

Chiang Mai Kayaking (Chiang Mai Mountain Biking), 1 Samlan Rd., ✆ 053-814 207, 🖥 www.chiangmaikayaking.com. Kajaktouren auf dem Mae Ping, im Mae Ngat Reservoir und in der landschaftlich reizvollen Umgebung von Chiang Dao ab 1750 Baht. Auch Touren für Fortgeschrittene.

Seilparcours

Flight of the Gibbon, bei Chae Hom, zwischen dem H1230 und H1252, 1 Std. von Chiang Mai, Buchungen über **Treetop Asia**, Kotchasarn Rd., Ecke Soi 1, ✆ 053-010 660-4, 🖥 www.treetopasia.com. Wie ein Gibbon klettert und gleitet man 3 Std. lang angeseilt durch den schönen Bergwald. Die 7 km lange Tour führt über 18 Ziplines durch das 5,5 km lange System von Stahlseilen, über schwingende Hängebrücken und Plattformen in alten Baumriesen zu 33 Stationen, von denen die längste beeindruckende 800 m über ein Tal führt. 7-stündige Touren um 6.30, 8, 9 und 12.30 Uhr für 3299 Baht. Ein Teil des Gewinns geht an Gibbon-Rehabilitationszentren.

Yoga und Tai Chi

Naisuan House, Soi 1, 3/7 Rattanakosin Rd. (Doi Saket Kao Rd.), 1,2 km nordöstlich der Altstadt,

Begegnungen mit Elefanten in Nord-Thailand

Seit jeher haben Elefanten in diesem Teil der Welt einen besonderen Status. Die vedische Gottheit Indra reitet auf einem weißen Elefanten, und der hinduistische Elefantengott Ganesha wird vielerorts verehrt. Seit Jahrhunderten trainieren Karen Elefanten für den Einsatz in der Holzwirtschaft und im Krieg. Die Tiere lernen, Befehlen zu folgen, die der **Mahout** durch Bewegungen und Zurufe vermittelt. Während früher v. a. kräftige Bullen zum Einsatz kamen, sind in den heutigen Camps v. a. Kühe vorzufinden, die sich leichter trainieren lassen und nicht in die gefährliche Musth (Brunft) kommen. Ein gutes Camp zeichnet sich durch **artgerechte Haltung** aus. Die Tiere dürfen die Nacht im Wald verbringen, erhalten Futter aus ihrem natürlichen Umfeld und werden zeitlich begrenzt eingesetzt. Die Aufzucht und Ausbildung der Jungtiere ist teuer. Sie folgen die ersten vier Jahre der Mutter auf Schritt und Tritt und beginnen nach ihrer Ausbildung im Alter von 14 Jahren mit der Arbeit. Normalerweise reiten zwei Touristen in einem Howdah (Elefantensattel, teils mit Sicherheitsgurt) auf dem Rücken, während der Mahout im Nacken des Elefanten sitzt. Manchmal geht es für das Beweisfoto eine kurze Runde durch das Camp, meist aber in 30–60 Min. auf ausgetretenen Pfaden in einer Karawane durch die nähere Umgebung und als Höhepunkt durch einen Bach oder See. In größeren Camps zeigen Elefanten bei Shows ihre Kunststücke. In einigen Lagern kann man die Tiere baden. Dort empfiehlt es sich, zum Schutz vor den Borsten lange Hosen oder Stulpen zu tragen, am besten schnell trocknende Fischerhosen, und Sandalen, die man im Wasser anbehalten kann. Bei einem **Mahout-Kurs** lernt man zudem, die Tiere zu satteln und ihnen Befehle zu erteilen. Die Kurse sind lohnend und eignen sich für Kinder ab dem Schulalter. Sie kosten 5000–9000 Baht für 2 Tage. Keine Billigangebote buchen und darauf achten, dass man möglichst einen eigenen Elefanten hat! Die beste Einführung erhält man im staatlichen **Thai Elephant Conservation Center**, S. 279. **Elefantencamps** gibt es im Mae Sa Valley (S. 244), Mae Wang Valley (S. 247), Mae Taeng Valley, am Mae Ping Richtung Chiang Dao, in Pai (S. 259) und am Mae Kok bei Chiang Rai (S. 262). In Camps, die von vielen Veranstaltern angefahren werden, herrscht Massenabfertigung ohne Rücksicht auf die Elefanten.

Weder Shows noch Ausritte, sondern artgerechte Haltung demonstriert man im **Elephant Nature Park**, 🖥 www.saveelephant.org, www.elephantnaturefoundation.org, eXTra [4315] und [4316]. Wer den Tieren ganz nah sein möchte, bucht am besten einen Mahout-Kurs bei **Elephant Special Tours** (S. 247) – eine unbeschreibliche Erfahrung.

📞 085-714 5537, 🖥 www.taichithailand.com. 2 Std. Tai Chi Chuan für 1000 Baht oder 8-tägige Tai Chi-Kurse (40 Std.) unter dem Aspekt „Gesundheit und langes Leben" für 10 000 Baht. **The Yoga Tree**, 65/1 Arak Rd., im Südwesten der Altstadt, 📞 081-724 7308, 🖥 www.theyogatree. org. Breites Angebot an Intensivkursen, Workshops und „Open Yoga" 250 Baht pro 90 Min., Privatstunden 1000–1500 Baht.

TOUREN

Trekking
An jeder Ecke werden Touren angeboten. Oft werden Gruppen mehrerer Veranstalter zusammengepackt. **Billige Tagestouren** für 900–1300 Baht finden meist im Mae Wang Valley am Fuß des Doi Inthanon (S. 247) oder am Mae Taeng (S. 260) statt. Sie gehen nicht in Nationalparks, wo 200 Baht Eintritt fällig werden, und umfassen weder Elefantenreiten noch Rafting. Manchmal wird nur ein kommerzielles Hilltribe Village besucht, wo Bergvölker angesiedelt wurden. Für An- und Abreise in Songthaew ist je mind. 1 Std. einzurechnen. **Standardtouren in Großgruppen** kosten 1500–2200 Baht für 3 Tage und 1400–1800 Baht für 2 Tage. Zur Hochsaison kann es passieren, dass in einem Dorf mehr Touristen als Einwohner schlafen.

Panda Tour, 127/5 Rachapakinai Rd., 📞 053-418 920, 🖥 www.pandatourchiangmai.com. Verlässlicher Anbieter. Tageswanderungen zu

Bergdörfern und Wasserfällen, teils mit Elefantenreiten und Bambusfloßfahrt in der Gruppe für 1300 Baht, 3 Tage Wandern für 2200 Baht.

Chan, ℡ 084-617 8404, 🖥 www. chantrekking.com, **Charan**, ℡ 087-187 8811, 🖥 www.trekking-chiangmai.com, und **Piroon**, ℡ 081-961 1015, 🖥 www.chiang mai-trekking.com, vermitteln viel Wissenswertes, sprechen gut Englisch und kochen hervorragend. Je nach Tour und Gruppengröße kosten 3-tägige Touren 3000–5000 Baht. Sie bieten authentische Begegnungen und binden Highlights wie Elefantenreiten und Bambusfloßfahrten ein.

Fahrradtouren

Geführte Radtouren werden in der Stadt, am Ping entlang, im Mae Sa Valley und am Doi Suthep angeboten. Weitere Infos: 🖥 www. chiangmaicycling.org.

Mountain Biking Chiang Mai, 1 Samlan Rd., ℡ 081-024 7046, 🖥 www.mountain bikingchiangmai.com, und **City Bike Rental**, ℡ 053-814 207. Touren in und um Chiang Mai für 1250 Baht und empfehlenswerte Mountainbike-Touren unterschiedlicher Schwierigkeitsgrade für 1450–2700 Baht, auch mehrtägige Trips. Die Mountainbikes sind gut gewartet, die Guides sprechen fließend Englisch. Beliebt sind die Downhill-Touren am Doi Suthep für 1950 Baht und die Kombination aus 3 Std. bergauf wandern und anschließenden Bergabfahrten für 1750 Baht.

Motorradtouren

Tipps für Motorradtouren in Nord-Thailand und Laos hat David Unkovich, der Jahrzehnte durch Nord-Thailand gefahren ist, in seinen Büchern und Karten zusammengetragen. Er organisiert auch Touren, 🖥 www.gt-rider.com.

SONSTIGES

Autovermietungen

Pkw und Pick-ups kosten 1000–2700 Baht pro Tag, ab 1 Woche billiger. Bei vielen Anbietern kann das Auto in anderen Orten abgegeben werden.

Avis, Royal Princess Hotel, 122 Chang Klan Rd., ℡ 053-281 033-6, Zentrale am Flughafen, ℡ 053-201 798-9, 🖥 www.avisthailand.com. ⏱ 8–17 Uhr, am Flughafen ⏱ 7.30–21 Uhr.
Budget, 201/2 Mahidol Rd., gegenüber der Central Airport Plaza, ℡ 053-202 871-2, 🖥 www.budget.co.th.
Hertz, Chiang Mai North Park Emporium, 10 Moo 3, Airport Rd., ℡ 053-273 011, 🖥 www.hertz.com. ⏱ 7–21 Uhr.
North Wheels, 70/4-8 Chaiyaphum Rd., ℡ 053-874 478, 🖥 www.northwheels.com.

Fahrradverleih

Geschäfte und Gästehäuser an der Moon Muang Rd. vermieten Fahrräder ab 50 Baht pro Tag.
City Bike Rental, 1 Samlan Rd., südlich vom Wat Phra Singh, ℡ 053-814 207. Räder ab 150 Baht, Tourenräder 350 Baht pro Tag, Helm und Handschuhe kosten 50 Baht extra. Kostenlose Anlieferung und Abholung.

Geld

Wechselstuben haben bis spät abends geöffnet, v. a. rings um den Night Bazaar. An Geldautomaten herrscht kein Mangel.

Immigration

Immigration, 71 Airport Rd., ℡ 053-201 755-6, 🖥 www.chiangmaiimm.com/en.html. Verlängerung des Visums um 7 Tage für 1900 Baht. Man sollte längere Wartezeit einplanen oder, falls die Reiseroute noch weiter gen Norden führt, auf die weit weniger überfüllte Immigration in Mae Sai (S. 274) ausweichen. ⏱ Mo–Fr 8.30–12 und 13–16 Uhr.

Informationen

Viele Büros, die sich TAT, Tourist Information und Tourist Office nennen, haben nichts mit dem staatlichen Fremdenverkehrsbüro zu tun.
TAT Tourist Office, Tapae Rd., Ecke Wichayanon, ℡ 053-276 140–2, ✉ tatchmai@tat.or.th. ⏱ 8.30–16.30 Uhr.

Konsulate

Deutschland, Herr Hagen Dirksen, 199/63 Moo 3, Ban Nai Fun, Klong Chon Prathan Rd. (s. Karte S. 242/243), ℡ 053-838 735, ✉ chiang-mai@hk-diplo.de. ⏱ Mo–Fr 9–11.30 Uhr.

Schweiz, Herr Marc Dumur, Frangipani Serviced Residences, 11/1 Soi 13, Phra Pokklao Rd., ✆ 053-225 000, ✉ chiangmai@honrep.ch.

Medizinische Hilfe

Notruf ✆ 191, **Unfall** ✆ 1193, **Krankenwagen** ✆ 1669. Nicht immer wird Englisch gesprochen.
Chang Puak Hospital, 1/7 Soi 2, Chang Puak Rd., ✆ 053-220 022. Privates Krankenhaus.
Chiangmai Ram Hospital, 8 Boonruangrit Rd., ✆ 053-224 851–61, 🖥 www.chiangmairam.com. Staatliches Krankenhaus mit englischsprachigen Ärzten.
Lanna Hospital, 103 Chiang Mai-Lampang Rd., ✆ 053-999 777, 🖥 www.lanna-hospital.com. Privates Krankenhaus.

Motorradverleih

In der Moon Muang Rd. konzentrieren sich Motorradvermietungen. Für Bergtouren ist es besser, kräftige Maschinen zu mieten. Man sollte seine Maschine vor dem Losfahren gründlich untersuchen und Schäden schriftlich oder auf Fotos festhalten, da diese sonst in Rechnung gestellt werden.
Die **Haftpflichtversicherungen** für Mietmotorräder kosten 50–200 Baht, decken keine Sachschäden und nur begrenzt Personenschäden (bis 50 000 Baht) ab.
Jaguar Motorcycle Hire, 131 Moon Muang Rd., ✆ 081-882 4580. Kleine Maschinen kosten 120–150 Baht pro Tag, Automatik 200–250 Baht bzw. größere für 500 Baht. Enduros und große Motorräder wie Honda XR 250 600–800 Baht.
Mr. Mechanic, 135/1 Ratchaphakinai Rd., Filiale: Soi 5, Moon Muang Rd., ✆ 053-214 708. Halbautomatik für 200 Baht, größere 350 Baht. ◷ 7.30–18 Uhr.

Polizei

Tourist Police, 608 Rimping Plaza Bldg. in der nördl. Charoen Rat Rd. am Super Highway, ✆ 053-247 318. Filialen am Night Bazaar in der Chang Klan Rd., am Flughafen und am Busterminal, Notruf ✆ 1155.

Post

Hauptpostamt, Charoen Muang Rd., ✆ 053-248 719, mit „Packing Service". Zentraler liegen

die **Postämter** in der Wichayanon Rd., Samlan Rd. und am Flughafen. ◷ Mo–Fr 8.30–16.30, Sa, So und feiertags 9–12 Uhr.
Private Post-Annahmestellen sind nicht immer zuverlässig. Keine Beschwerden gab es bislang über die etwas chaotische Filiale in der Ratchdamnoen Rd. nahe dem Tapae Gate mit Packservice. ◷ 8–20 Uhr.
DHL Service Point am Hotel M, Moon Muang Rd., ✆ 053-326 553, 🖥 www.dhl.co.th. ◷ 9–18 Uhr.

Wäschereien

Viele Wäschereien in Soi 7, Moon Muang Rd., östlich vom Wat Lam Chang. Viele Gästehäuser nehmen für 30–40 Baht pro kg Wäsche an.

Wellness

An jeder Ecke bieten Frauen Thai-, Fußreflexzonen- oder Ölmassagen an. Wesentlich luxuriöser sind Spas, von denen es in Chiang Mai und der näheren Umgebung über 50 gibt, v. a. in den teuren Hotels.
Green Bamboo Massage, 1 Soi 1, Moon Muang Rd., ✆ 089-827 5563, 🖥 www.green-bamboomassage.com. In ruhigem Ambiente Massagen von gut ausgebildetem Personal (nach Lim fragen) ab 200 Baht pro Std. Bio-Produkte aus eigener Herstellung. Ölmassagen ab 250 Baht, günstige Packages. ◷ 10–21 Uhr.
Lila Thai Massage, Ratchadamnoen Rd., ✆ 053-327 243, Ratchaphrakinai Rd., ✆ 053-279 403, und 37 Ratchawithi Rd., ✆ 053-289 557, 🖥 www.chiangmaithaimassage.com. Massagen von weiblichen Häftlingen, die hier für die Zeit nach der Haft in 180 Std. Ausbildung Erfahrung sammeln. 180 Baht pro Std., Ölmassagen 400 Baht. Nicht immer ist es ruhig und freundlich. ◷ 10–22 Uhr.
Thai Massage Conservation Club Chiang Mai, 99 Ratchamanka Rd., ✆ 053-904 452. Sehr gute Massagen von Menschen mit Sehbehinderungen oder Blinden ab 180 Baht, Ölmassagen 250 Baht pro Std. ◷ 8–22 Uhr.

NAHVERKEHR

Songthaew

Man nennt dem Fahrer das Ziel, steigt ein und zahlt beim Aussteigen 20 Baht für kurze

Strecken im Zentrum, bis 40 Baht für Fahrten nach außerhalb, oder man chartert das Fahrzeug (700–1000 Baht für Tagestouren). **Rote Songthaew** fahren im Stadtgebiet, **gelbe** ab Chiang Mai Gate und Chang Puak Bus Station überwiegend nach Norden, aber auch nach Süden, **grüne** ab Warorot-Markt nach Nordosten, **weiße** ab Lamyai-Markt nach Osten (stdl. bis 17.45 Uhr für 20 Baht über BO SANG nach SAN KAMPHAENG in 1 Std.), **blaue** ab Lamyai-Markt nach Südosten (stdl. bis 17.45 Uhr für 22 Baht nach LAMPHUN in 1 Std.) und **orange** ab Chang Puak Bus Station in den Norden bis nach Fang.

Taxis

Taxis können unter ☎ 053-217 411, 053-201 307, 053-818 188, bestellt werden. Einige stehen am Arcade Busterminal und am Flughafen links vom Ausgang für nationale Flüge (+50 Baht), für Fahrten in die Stadt sind Coupons für 120 Baht, die man am Taxi-Schalter bekommt, die beste Option. **Gelbe Taxis mit Taxameter** verlangen für den ersten Kilometer 40 Baht, für jeden weiteren 5 Baht, Wartezeit 1 Baht pro Min. Der Preis aller anderen Taxis ist zu verhandeln. Man sollte in der Stadt nicht mehr als 150 Baht zahlen, zum Flughafen 100–120 Baht, zum Bahnhof und der Arcade Bus Station 80 Baht, bis Doi Saket 300–350 Baht, Doi Suthep 600–900 Baht, Lamphun 500–600 Baht und ins Mae Sa Valley 500–700 Baht.

Tuk Tuks und Samlor

Tuk Tuks eignen sich für die Erkundung der Altstadt und kosten je nach Entfernung 40–100 Baht. Bei einer Einkaufstour kann es sein, dass die Fahrt fast nichts kostet, denn die Fahrer erhalten eine Provision. **Samlor**, Fahrradrikschas, sind selten und kosten ab 25 Baht.

TRANSPORT

Busse und Songthaew

Arcade Busterminal, Kaew Nawarat Rd., ☎ 053-242 664. Nicht klimatisierte Busse fahren vom alten und klimatisierte Busse vom gegenüberliegenden modernen Terminal ab. Tuk Tuk, Songthaew und Taxis ins Zentrum kosten 80 Baht; aus dem neuen Terminal kommend links warten Sammeltaxis für 20 Baht.

BANGKOK, 720 km, u. a. über Nakhon Sawan und Ayutthaya, zahlreiche Busse überwiegend morgens und abends von 6.30–23.30 Uhr für 440–570 Baht, VIP für 660–880 Baht in 10 Std.
CHIANG KHONG (GRENZE LAOS), um 8.30 und 13 Uhr für 240 Baht in 7 Std.
CHIANG RAI, ständig von 7–19 Uhr für 150–190 Baht, VIP für 290 Baht in 4 Std.
CHIANG SAEN, um 11.45 Uhr für 240 Baht in 6 Std.
KHON KAEN, 20 und 21 Uhr für 550 Baht, VIP um 19 Uhr für 950 Baht in 12 Std.
KORAT (Nakhon Ratchasima), 11x tgl. von 3.30–20.30 Uhr für 440–560 Baht, VIP um 18.45 und 20.30 Uhr für 660 Baht in 12–13 Std.
LAMPANG, etwa stdl. bis 17.30 Uhr für 80–100 Baht, VIP 150 Baht.
LUANG PRABANG (Laos) mit 999, ☎ 053-241 442, um 9 Uhr für 1200 Baht in 18–20 Std.
MAE HONG SON über MAE SARIANG (110 Baht, 4 Std.) um 6.30, 8, 11, 13.30, 15, 20 und 21 Uhr für 200 Baht, oder mit Minibussen über PAI und PANG MAPHA (4 Std.) stdl. von 6.30–14.30 Uhr für 250 Baht in 6 Std.
MAE SAI, um 5.15 (nur Mo), 6, 7 (nur Sa), 8, 9.30 (außer Sa und Mo), 12.30 (nur Fr und So), 13, 14, 15.30 und 16.15 (Fr und So dagegen 16.30 und 17) Uhr für 190–240 Baht, VIP 360 Baht in 5 Std.
PAI, stdl. von 6.30–17.30 Uhr für 80–110 Baht in 3 Std. oder mit den Bussen nach Mae Hong Son via Pang Mapha.
PATTAYA, mit Bus nach Rayong um 5, 14.30, 15.30, 16, 16.30, 17, 18, 18.30 und 19 Uhr für 570–730 Baht, VIP für 800 Baht in 12–15 Std.
PHITSANULOK, alle 30 Min. von 8.30–21.30 Uhr für 260–300 Baht, VIP für 350 Baht in 6 Std. Früher am Morgen mit Bussen nach Korat, s. o. 730 Baht, VIP für 800 Baht in 12–15 Std.
RAYONG, s. Pattaya, für 610–790 Baht, VIP für 860 Baht in 13–16 Std.
SUKHOTHAI, um 3.45, 6, 7, 8, 8.45, 9.15, 10.15, 11, 12, 13.30, 15, 16.20 und 17.30 Uhr für 240 Baht in 5 Std.
UBON, stdl. von 12.15–18.15 Uhr für 650–830 Baht, VIP für 920 Baht in 15–17 Std.
UDON THANI, um 12.20, 14.30, 19, 19.30, 20 und 20.40 Uhr für 670–890 Baht, VIP um 20.30 Uhr in 12 Std.

Von der **Chang Puak Bus Station**, Chotana Rd. nördlich der Altstadt, ✆ 053-211 586, nach: CHIANG DAO, alle 30 Min. von 5.10–19.30 Uhr für 40 Baht in 1 1/2 Std. oder mit dem Bus Richtung Fang.
CHOM THONG (weiter zum Doi Inthanon), alle 30 Min. von 6.30–16 Uhr für 40 Baht, Songthaew 32 Baht, in 1 1/2 Std. oder mit Bussen nach Hot.
FANG, Songthaew stdl. von 7.30–16.30 Uhr für 80 Baht, zudem Minibusse stdl. von 7–16.30 Uhr für 120–150 Baht in 3 Std.
LAMPHUN, alle 20 Min. von 6.30–18.10 Uhr für 20 Baht in 1 Std.
SAMOENG, um 9, 10.25, 11.50, 13.15, 14.30 und 16 Uhr für 90 Baht in 3 Std.
THATON, 177 km, um 5.30, 7.30, 9, 10.30, 11.30, 13.30 und 15.30 Uhr für 90 Baht in 4 Std.

Minibusse

Reisebüros und Unterkünfte verkaufen Tickets für Busse nach Bangkok in die Khaosan Rd. In diesen privaten Bussen ist die Diebstahlgefahr hoch, S. 125. Zudem benötigen sie häufig länger als die staatlichen Busse.
Aya Service, 444/11-12 Rodfai Rd., am Bahnhof, ✆ 053-247 889, 🖥 www.ayaservice.com, ⏰ 7–22 Uhr. Die Minibusse holen ihre Gäste ab und fahren los, sobald 10 Passagiere gebucht haben. Es wird ein riskanter Stil gefahren und manchmal die AC ausgestellt. PAI in der Saison etwa stdl. von 8–17.30 Uhr für 150 Baht in 2 1/2 Std., ab Flughafen +100 Baht. CHIANG KHONG um 10.30 und 19 Uhr für 550 Baht.
Von strapaziösen Fahrten bis NONGKHAI (11 Std., 750 Baht) und VANG VIENG (18 Std., 1000 Baht) in Laos um 19 Uhr ist abzuraten.

Eisenbahn

Vom **Bahnhof** in der Charoen Muang Rd., ✆ 053-245 363-4, fahren Eil- und Expresszüge über Phitsanulok und Ayutthaya nach BANGKOK. Im Bahnhof gibt es eine Gepäckaufbewahrung, ⏰ 4.50–20.45 Uhr. Ticketschalter ⏰ 24 Std. Vor dem Bahnhof verweisen Songthaew- und Tuk Tuk-Fahrer auf aushängende Preisvorschläge, die verhandelbar sind. Besser an der Straße ein Songthaew für 30 Baht in die Stadt nehmen, Taxi 80 Baht.

Fahrpreis in der 1. Klasse Schlafwagen/ 2. Klasse Sitzplatz/3. Klasse:
AYUTTHAYA, 680 km, 1198/406/261 Baht.
BANGKOK, 751 km, 1253/391/231 Baht.
PHITSANULOK, 362 km, 945/260/175 Baht.
Fahrplan im Internet unter 🖥 www.railway. co.th.

Flüge

International Airport, ✆ 053-270 222, 🖥 www. chiangmaiairportonline.com, airportthai.co.th. In die Stadt verkehren **Sammeltaxis** für 120 Baht pro Auto, ✆ 053-201 307. Taxis mit Taxameter am Schalter buchbar für 50 Baht extra. Vom Zentrum zum Flughafen per Taxi für 80 Baht. Ankommende werden gern zu Gästehäusern gebracht, die Provision zahlen.
Air Asia, 🖥 www.airasia.com. Nach BANGKOK (Don Mueang) 9x tgl.
Bangkok Airways, 🖥 www.bangkokair.com. Nach BANGKOK 7x tgl.
Kan Air, am Flughafen, ✆ 053-283 311, 02-552 6111 (Call Center), 🖥 www.facebook. com/kanairlines. Nach CHIANG RAI am Di und Do, KHON KAEN am Sa, MAE HONG SON 3x tgl., PAI Fr, Sa und So.
Lao Airlines, 🖥 www.laoairlines.com. Tgl. nach VIENTIANE und LUANG PRABANG.
Nok Air und **Nok Mini**, am Flughafen, ✆ 1318 (Call Center), 053-922 183, 🖥 www. nokair.com. Nach BANGKOK (Don Mueang) 6x tgl., MAE HONG SON 4x tgl.
Thai Airways, 🖥 www.thaiair.com. Nach BANGKOK (Suvarnabhumi) 6x tgl.

Chiang Mai Zoo

An der Südseite der stark befahrenen Huai Kaew Road erstreckt sich der in den 70er-Jahren eröffnete **Zoo**, 🖥 www.chiangmaizoo.com, in einer gepflegten, weitläufigen Parkanlage am Hang mit viel Grün, einem künstlichen Wasserfall und kleinen Bächen.

Eine Voliere mit mehreren tausend Vögeln aus allen Erdteilen erstreckt sich über ein ganzes Tal. Zudem gibt es Pinguine, weiße Tiger sowie ein **Aquarium** mit dem längsten Unterwassertunnel Thailands und fast 2000 Spezies,

Genaue Position der Ausflugsziele s. **eXTra [2642]**

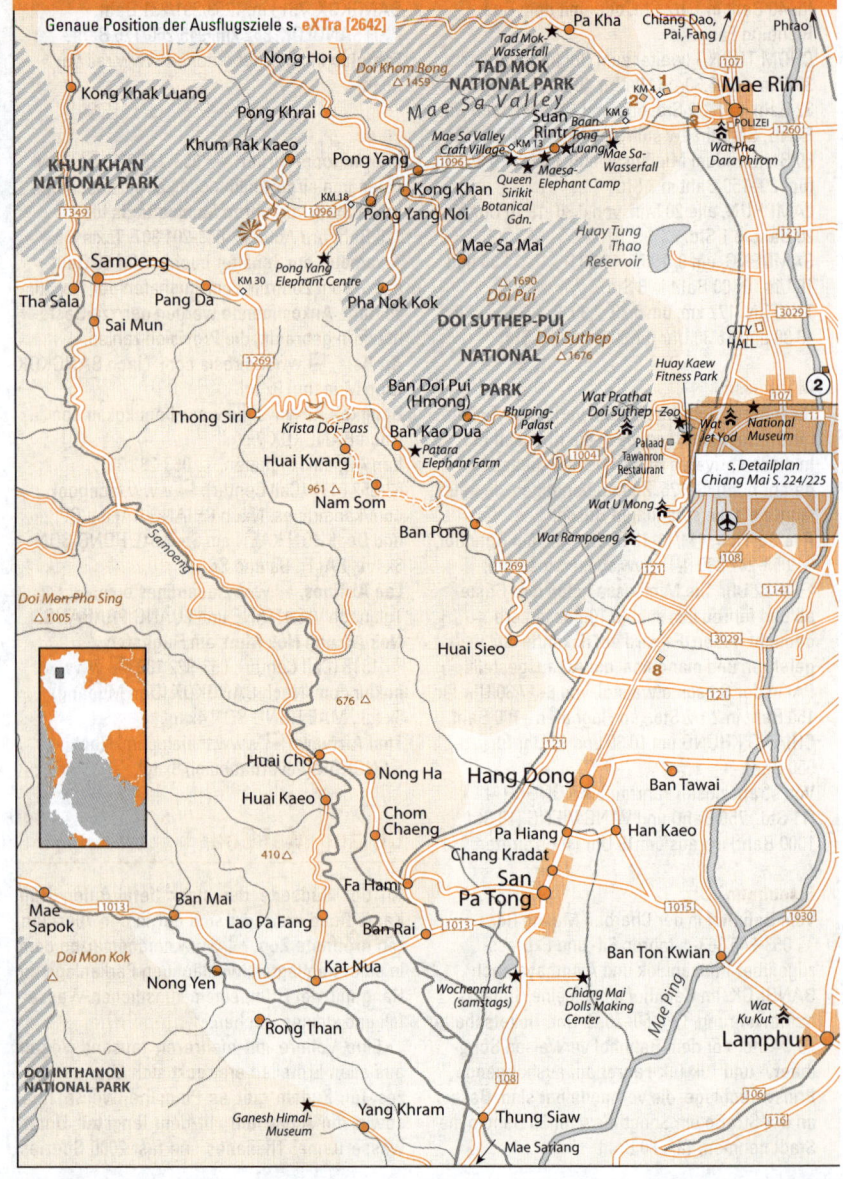

Pa Kha

Chiang Dao, Pai, Fang

Phrao

Nong Hoi

Tad Mok Wasserfall

TAD MOK NATIONAL PARK

Doi Khom Bong △1459

Mae Sa Valley

KM 4

Mae Rim

KM 6

POLIZEI

Suan Rintr

Baan Tong

Kong Khak Luang

Pong Khrai

Khum Rak Kaeo

Pong Yang

Mae Sa Valley Craft Village

Luang

Mae Sa-Wasserfall

Wat Pha Dara Phirom

KHUN KHAN NATIONAL PARK

KM 18

Kong Khan

Queen Sirikit Botanical Gdn.

Maesa-Elephant Camp

Pong Yang Noi

Mae Sa Mai

Samoeng

Pong Yang Elephant Centre

KM 30

Huay Tung Thao Reservoir

CITY HALL

Tha Sala

Pang Da

Pha Nok Kok

Doi Pui

Sai Mun

DOI SUTHEP-PUI

Doi Suthep △1676

Huay Kaew Fitness Park

NATIONAL

Thong Siri

Krista Doi-Pass

Ban Doi Pui (Hmong)

PARK

Bhuping-Palast

Wat Prathat Doi Suthep

Zoo

Wat Jet Yod

National Museum

Huai Kwang

Ban Kao Dua

Patara Elephant Farm

Palaad Tawanron Restaurant

s. Detailplan Chiang Mai S. 224/225

961 △

Nam Som

Wat U Mong

Doi Mon Pha Sing △1005

Ban Pong

Wat Rampoeng

Samoeng

676 △

Huai Sieo

Huai Cho

Nong Ha

Hang Dong

Ban Tawai

Huai Kaeo

Chom Chaeng

Han Kaeo

410 △

Pa Hiang

Fa Ham

Chang Kradat

Mae Sapok

Ban Mai

Lao Pa Fang

Ban Rai

San Pa Tong

Doi Mon Kok △

Kat Nua

Ban Ton Kwian

Nong Yen

Wochenmarkt (samstags)

Chiang Mai Dolls Making Center

Wat Ku Kut

Lamphun

Rong Than

Mae Ping

DOI INTHANON NATIONAL PARK

Ganesh Himal-Museum

Yang Khram

Thung Siaw

Mae Sariang

darunter vielen Mekong-Bewohnern. 2–3x täglich Shows mit Robben und anderen Tieren sowie eine beliebte Pandashow.

🕐 8–17 Uhr, Eintritt 100 Baht, Kinder 50 Baht, Pandashow 100/50 Baht, Schneedom 150 Baht, Adventure Park 20/10 Baht, Sky Train 150/100 Baht, 10 Min. Koalas anfassen 1000 Baht. Das Aquarium lohnt den Eintritt von 520 Baht, Kinder 390 Baht, nicht.

Wat Phrathat Doi Suthep

Gut 15 km nordwestlich der Stadt liegt unübersehbar am Hang des 1676 m hohen **Doi Suthep** einer der bedeutendsten Tempel Nord-Thailands. Besonders an klaren Tagen bietet sich eine fantastische Aussicht. Mit dem Songthaew oder mit dem Taxi geht es über die kurvenreiche Straße, die sich 11 km hinauf in die kühle Bergwelt windet.

Jenseits des Parkplatzes mit zahlreichen Souvenir- und Essensständen führt eine monumentale, von zwei siebenköpfigen Naga-Schlangen umrahmte Treppe mit 309 Stufen zum gut besuchten Wat Phrathat Doi Suthep hinauf, das sich in etwa 1000 m Höhe über das Plateau und den Berghang erstreckt, Eintritt 50 Baht.

Obwohl eine kleine **Bergbahn** zum Heiligtum hinauffährt, sollte man sich dem Heiligtum langsam auf dem beschwerlicheren Weg über die Treppe nähern. Oben bewachen zwei Dämonen den Zugang. Vor dem Haupttheiligtum stehen die Statuen des Eremiten, der im 8. Jh. die Lavu-Königstochter Chama Devi aus der Dvaravati-Hauptstadt Lopburi nach Lamphun holte, und des berühmten Weißen Elefanten. Die überwiegend aus dem 16. Jh. stammende Anlage gruppiert sich um den 32 m hohen, vergoldeten **Chedi** im birmanischen Stil. Den Innenbezirk begrenzt ein rechteckiger, mit Malereien versehener, offener **Wandelgang** mit zahlreichen Buddhafiguren.

Wenn sich im westlichen Vihara gegen 5.30 und 18 Uhr die Mönche und Nonnen zum gemeinsamen Gebet versammeln und ihre monotonen Gesänge erschallen, verbreitet sich im Wat Phrathat Doi Suthep eine magische Stimmung.

Übernachtung:
① Baan Chai Thung
② Joy's House
③ Secret Garden

Sonstiges:
1 Mae Sa Snake Farm
2 Siam Insect Zoo
3 Sai Nam Phung Orchid Farm
4 Baan Celadon
5 Umbrella Making Center
6 Bor Sang Umbrella Center
7 Siam Celadon
8 Deutsches Konsulat

Bis 15 Uhr fahren Songthaew bei genügend Passagieren ab Chang Puak Bus Station für 50 Baht und ab dem Zoo für 40 Baht zum Tempel. Sie sind nachmittags selten voll, sodass die Fahrer versuchen, Charterfahrten für 600 Baht zu bekommen. Taxis ab Somphet-Markt ca. 400 Baht hin und zurück.

Mae Sa Valley

Eine halbe Autostunde nördlich von Chiang Mai bietet das von bewaldeten Bergen umgebene Tal mit kleinen Feldern, Gärtnereien und Dörfern die ideale Kulisse für einen Ausflug. **Mae Rim** ist ein aufstrebender Vorort am H107, 13 km vor den Toren Chiang Mais. Hinter der Polizeistation zweigt links die Old Road ab. Auf einer schmalen Nebenstraße, die hinter der Brücke am Westufer des Kanals nach Süden verläuft, gelangt man nach 400 m zum **Wat Pha Dara Phirom** mit einer prunkvollen Gebetshalle. An der Old Road liegt zudem nach 1,8 km die **Sai Nam Phung Orchid Farm**, ☎ 053-298 771-2, 🖥 www.facebook.com/sainamphung, die größte Orchideenzucht Thailands, in der seltene Orchideenarten bewundert werden können. ◷ 8–17 Uhr, Eintritt 100 Baht, Kinder 60 Baht.

Zahlreiche Hinweisschilder zu Hotels und Touristenattraktionen markieren 1 km weiter am H107 die Hauptstraße ins Mae Sa Valley.

Die **Mae Sa Snake Farm** am KM 3, ☎ 053-860 719, mit einer Sammlung einheimischer Schlangen soll die größte im Norden sein. Während einer kurzen Show wird den Tieren Gift entnommen. ◷ 9–17 Uhr, Eintritt 200 Baht, Kinder 100 Baht.

Eine alternative Route führt am nördlichen Rand des Doi Suthep-Pui National Park vorbei und bei Pong Yang zurück zur Straße. Etwa 250 m hinter der Abzweigung sind nördlich der Straße im **Siam Insect Zoo**, ☎ 081-746 6776, 🖥 www.siaminsectzoo.com, neben einem informativen Museum mit vielen Schaukästen lebende Schmetterlinge und Insekten zu bewundern, darunter Stabinsekten, Gottesanbeterinnen und Skorpione. ◷ 9–17 Uhr, Eintritt 200 Baht, Kinder 150 Baht.

Der über zehn Stufen fallende **Mae Sa-Wasserfall** hinter KM 6 links der Straße ist ein beliebter Picknickort. Auf schönen Wanderwegen von 600 m bis 6 km Länge kann man durch den Bergwald am Fluss entlang zu kleinen Wasserfällen und Stromschnellen mit einigen Pools wandern. ◷ bis 17 Uhr, Eintritt 100 Baht, Kinder 50 Baht, Auto 30 Baht, Zweirad 20 Baht.

500 m südlich der Hauptstraße, kurz hinter KM 9, am Ende eines malerischen Seitentals, erreicht man nach kurzer Bergauffahrt **Baan Tong Luang**. Angehörige der Bergvölker sollen Besuchern einen Einblick in ihre traditionellen Lebensweisen geben, aber das kommerzielle Projekt reduziert sich auf einen Souvenirmarkt mit für Fotos posierende Händlerinnen. ☎ 085-711 9575, ◷ 8–16 Uhr, Eintritt 500 Baht, Kinder 300 Baht.

Sehr beliebt ist das große **Maesa Elephant Camp**, ☎ 053-206 247, 🖥 www.maesaelephant-camp.com, am KM 10 mit über 70 Elefanten. Vor der Show werden die Elefanten gebadet, und im Anschluss bietet sich die Möglichkeit für einen Ausritt auf ausgetretenen Pfaden durch lichten Wald. ◷ 7.30–14.30 Uhr, Elefantenbaden um 8, 9.40 und 13.30 Uhr, Shows mit Kunststücken um 8.15, 10 und 13.45 Uhr, Eintritt 200 Baht, Kinder 120 Baht, Ausritte pro Elefant mit bis zu 2 Pers. 30 Min. für 800 Baht, 1 Std. 1200 Baht. Auch teure 1- bis 3-tägige Mahout-Kurse (Kasten S. 237) für 12 000–24 000 Baht.

2 km hinter dem Camp kann man am KM 12 im **Queen Sirikit Botanical Garden**, 🖥 www.qsbg.org, einem schönen, 1000 ha großen botanischen Garten und Forschungszentrum, durch bunte Blumenbeete mit einheimischen und exotischen Gewächsen spazieren. Interessant sind u. a. der Orchideengarten, das Palmenhaus, die Sammlung von Kletterpflanzen und der Garten mit Heilpflanzen. Im östlichen Sanga Saabhasri Research and Development Centre erläutert ein kleines Naturkundemuseum mit ansehnlichen, englisch beschrifteten Schautafeln die einheimische Biodiversität, ihre Erforschung und die Rolle der Bienen. ◷ 8.30–16.30 Uhr, Eintritt 100 Baht, Kinder 50 Baht, Fahrzeug 100 Baht.

Im **Mae Sa Valley Craft Village**, ☎ 053-290 051–2, 🖥 www.maesavalleyresort.com, am

KM 13 können Touristen von 9.30–12 oder 13–16 Uhr für 810 Baht inkl. Transport ihre Souvenirs selbst herstellen. Angeboten werden ab 2 Pers. 2 1/2-stündige Kurse im Bemalen von Schirmen, Fächern, Keramiken (ab 5 Pers.), Batiken und die Herstellung von Sa-Papier. Die Erzeugnisse werden innerhalb von 48 Std. in die Unterkunft nach Chiang Mai geliefert. Zudem Kochkurse für 1300 Baht. Eintritt 20 Baht.

Nun windet sich die schmaler werdende Straße das enge Tal hinauf in den größten Ort **Pong Yang**, der von einem Tempel überragt wird. Am Ende des Tals, fressen sich Gewächshäuser immer weiter den Hang hinauf.

Ab KM 21 führt die Straße in die Berge hinauf durch den **Khun Khan National Park**, erreicht bald die Nadelwaldgrenze und zwischen KM 23 und 24 die Passhöhe. An klaren Tagen überblickt man vom **Aussichtspunkt** endlose Bergketten. Am KM 30 wendet man sich an der Straßeneinmündung nach rechts und erreicht nach 5 km das kleine, von Bergen und Obstplantagen umgebene **Samoeng** mit einem Markt und Restaurants. Nur mit einem guten Fahrzeug sollte man sich von hier auf den 170 km langen, teils unbefestigten **H1349** über Ban Wat Chan nach Pai wagen.

Gut ausgebaut ist der 50 km lange H1269 durch die südlichen Ausläufer des Doi Suthep-Pui National Park Richtung **Hang Dong**. Nach zahlreichen Haarnadelkurven ist zwischen KM 15 und 16 der **Krista Doi-Pass** erreicht. Bei der Abfahrt eröffnen sich immer wieder Ausblicke über die bewaldeten, steilen Hänge des Doi Pui und Doi Suthep. Hinter KM 19 liegen beiderseits der Straße zwischen Reisfeldern und Dörfern Unterkünfte und Restaurants inmitten ausgedehnter Gärten.

Genaue Lage der Orte s. **eXTra [2642]**.

TRANSPORT

Die etwa 100 km lange Rundfahrt durch die Bergwelt des Doi Suthep-Pui National Park ist an einem Tag mit eigenem Fahrzeug zu bewältigen. Öffentliche Verkehrsmittel bedienen nur wenige Teilstrecken. Empfehlenswert ist die Karte Mae Sa Valley-Samoeng im Maßstab 1:65 000 (Stand 2006), ⌨ www.gt-rider.com/maps-of-thailand-laos-maps.

Auf dem H1006 nach Osten

Sobald die äußere Ring Road H3029 überquert ist, weisen Schilder auf „Factories" und „Showrooms" mit traditionellem Kunsthandwerk hin. Hinter KM 5 und 15 wird in Fabriken **Seladon-Keramik** gebrannt und im Showroom verkauft, z. B. bei **Baan Celadon**, 7 Moo 3, ✆ 053-338 288, ⌨ www.baanceladon.com, oder **Siam Celadon**, 38 Moo 10, ✆ 053-331 526, ⌨ www.siamceladon.com. Seladon-Keramik mit der eisenhaltigen, grünlich-schimmernden Glasur wurde in Chiang Mai bereits im 15. Jh. von chinesischen Künstlern produziert. ⊕ 8.30–17 Uhr.

Hinter KM 12 erstreckt sich am H1014 nach Doi Saket **Bo Sang** mit vielen Souvenirgeschäften. Im **Borsang Umbrella Center** auf dem H1014 und im **Umbrella Making Centre**, ✆ 053-338 324, ⌨ www.handmade-umbrella.com, 500 m östlich der Kreuzung mit dem H121, werden Schirme und Fächer in allen Größen und Farben hergestellt. Besucher können sich Blumen, Vögel oder ganze Landschaften auf ihre Kleidung oder Taschen malen lassen oder sie selbst bemalen. Für die Bespannung wird lackiertes Sa-Papier verwendet.

Dessen Herstellung ist in **Ton Pao**, nördlich der Straße am H1014 zu beobachten. Hier wird seit über 100 Jahren die Rinde des Maulbeerbaums zerkleinert, zu einer Papierpaste verkocht und zusammen mit Leim in mehreren dünnen Lagen von Hand auf große, feine Siebe aufgetragen und geglättet. Dekorative Papiere entstehen durch die Zugabe von Farbe, Blüten, Kokosfasern und anderen Stoffen sowie einer Pressung.

Rings um KM 16 liegt **San Kamphaeng**, die Stadt der Baumwollwebereien und -textilien.

Von Chiang Mai fahren weiße Songthaew ab Lamyai-Markt stdl. bis etwa 17.45 Uhr nach Bo Sang und San Kamphaeng für 20 Baht.

Lamphun

26 km südlich von Chiang Mai birgt die 24 000 Einwohner zählende Provinzstadt Zeugnisse einer Epoche lange vor der Zeit des Lanna-Reiches. Die Legende besagt, dass im 8. Jh. ein Eremit in Lamphun die Lavu-Königstochter Chama Devi aus der Dvaravati-Hauptstadt Lopburi wäh-

rend einer Pilgerreise zum Bleiben veranlasste. Das durch sie begründete Reich von **Haripunchai** gilt als die älteste Hochkultur Nord-Thailands. Es übernahm neben dem Hinayana-Buddhismus das Alphabet sowie das Wirtschafts- und Verwaltungssystem des Lopburi-Reiches und konnte sich unabhängig entwickeln, bis die Lanna-Thai 1281 die Region eroberten.

Teils rekonstruierte Reste der Stadtmauer und ein Festungsgraben umgeben die Altstadt. Von der glanzvollen Vergangenheit zeugt im Zentrum das kleine, gut ausgestattete **Nationalmuseum**, ✆ 053-511 186, mit seiner Sammlung von Buddhas aus Stein und Bronze, Votivtafeln, Töpferwaren und anderen Funden der Chiang Saen-, Haripunchai- und Lanna-Periode sowie aus jüngerer Zeit. ⏱ Mi–So außer feiertags 9–16 Uhr, Eintritt 100 Baht.

Hinter dem Museum lohnt der Besuch des **Heimatmuseums** schon allein wegen des alten Teakhauses, in dem die bunte Sammlung von Spardosen, Streichhölzern, Blechspielzeug, alten Filmplakaten, Fotos und Kameras untergebracht ist. Höhepunkt ist das winzige Kino. ⏱ Di–So 8.30–16.30 Uhr, Spende erwünscht.

Die Hauptattraktion ist **Wat Phrathat Haripunchai**. Durch den von birmanischen Löwen flankierten Haupteingang gelangt man zum großen Vihara, dessen Wände mit Wandmalereien aus der buddhistischen Mythologie bedeckt sind. Rechts hängt in einem Glockenturm ein Bronzegong von 2 m Durchmesser. Der 51 m hohe, vergoldete Chedi wurde vermutlich Ende des 9. Jhs. errichtet und 1447 unter König Phaya Tilok zu seiner heutigen Form ausgebaut.

TRANSPORT

Blaue **Songthaew** fahren ab der Haltestelle zwischen dem Nationalmuseum und Tempel bis 17.20 Uhr nach CHIANG MAI (Lamyai-Markt) 2–3x stdl. für 22 Baht in 1 Std. Zudem Busse zur Chang Puak Bus Station für 20 Baht.

San Pa Tong

Südlich von Hang Dong zweigt in San Pa Tong am KM 22 der H1015 Richtung Osten nach Lamphun und 700 m weiter der H1013 Richtung Westen ins Mae Wang Valley ab. Das **Ganesh Himal Museum**, ✆ 053-024 287, 🖳 www.ganesh museum.com (in Thai), in Yang Kram, am KM 35 vom H108 5,5 km nach Westen, ist zu einer Pilgerstätte geworden. Im modernen Gebäudekomplex mit mehreren Schreinen in einem gepflegten Garten sind in zwei gegenüberliegenden Häusern Hunderte von Ganesha-Figuren aus ganz Asien, Schutzamulette, Masken, Mosaiken und andere Hindu-Götter ausgestellt. Die neueren Infotafeln zur Gottheit und ihrer kunstgeschichtlichen Bedeutung sind ins Englische übersetzt. ⏱ 9–16.30 Uhr, Eintritt gegen Spende.

TRANSPORT

Auf dem H108 nach San Pa Tong verkehren ab dem Chiang Mai Gate gelbe **Songthaew** nach Bedarf bis gegen 17.30 Uhr für 20 Baht.

Mae Wang Valley

Jenseits von **Mae Wang**, etwa 45 Min. südwestlich von Chiang Mai, verlässt der schmale, schnurgerade H1013 die weite Ebene mit ihren Dörfern, Reis- und Zwiebelfeldern sowie Obstgärten und schlängelt sich durch Bambuswälder in die Bergregion am Doi Inthanon. Am KM 24 bei **Mae Win** starten bei ausreichendem Wasserpegel Rafting-Touren von der beschilderten Anlegestelle mit Schlauchbooten oder Bambusflößen. Die etwa 40-minütige Fahrt für 300 Baht ist auch Bestandteil einiger Tagestouren ab Chiang Mai.

Von **Mae Sapok** sind es 16 km auf einer von Schlaglöchern übersäten, kurvenreichen Straße bis zur Abzweigung zum Doi Inthanon (S. 247). Nun geht es nach links auf einer guten, schmalen Straße durch das Karen-Dorf Ban Huai Klang immer weiter hinauf. Vor allem hinter der **Agricultural Research Station** sind bis ins Hmong-Dorf Ban Khun Wang einige steile Abschnitte zu überwinden. Vorbei an der steilen Flanke des Bergmassivs ist bald der nördliche Nationalpark-Eingang erreicht.

TRANSPORT

Nach CHIANG MAI (Chang Puak Bus Station) verkehren ab dem Markt in Mae Wang gelbe

Beim deutschen Elefantenmann

Elephant Special Tours, ☎ 086-193 0377, in Deutschland 0228-4097 1958, 💻 www.elephant-tours.de. Ein einmaliges Erlebnis sind die 7- bis 11-tägigen deutschsprachigen, auch für Kinder geeigneten Mahout-Kurse in den 3 naturnahen Camps des Großtierpflegers Bodo Förster. Zudem 1 1/2 (235 €) bis 2 1/2-tägige (360 €) Schnupperkurse und Trekkingtouren. Die Gäste haben ihren eigenen Elefanten und die Wahl zwischen verschiedenen Unterkünften in der Umgebung. Die Einnahmen kommen u. a. der Stiftung Tong-Bai zugute, die sich für angemessene Lebensbedingungen von domestizierten Elefanten und ihren Besitzern einsetzt, 💻 www.tong-bai.com. Mehr s. eXTra [2684].

Songthaew für 30 Baht. Ab Mae Sapok fährt morgens ein Songthaew über Mae Win und mittags zurück.

Doi Inthanon

Etwa 90 km südwestlich von Chiang Mai erstreckt sich rings um den höchsten Berg Thailands der 482 km² große **Doi Inthanon National Park**.

In **Chom Thong** halten gelbe Songthaew aus Chiang Mai vor dem **Wat Prathat Sri Chom Thong**, einem hübschen, etwa 500 Jahre alten Tempel mit einer Buddha-Reliquie. Vor dem Ortseingang zweigt am KM 57 der H1009 nach Westen Richtung Doi Inthanon ab.

Kurz darauf weist ein Schild links zum 15 km westlich gelegenen, imposanten **Mae Ya-Wasserfall**, der fotogen über 260 m und mehrere Stufen ins Tal hinab fällt. Am Parkplatz mit Restaurant beginnt der 400 m lange Waldweg zur Aussichtsplattform. Nationalpark-Eintritt s. u. Hinter der 350 m langen Abzweigung am KM 20,8 stürzen die Wassermassen des **Wachirathan-Wasserfalls** über einen Felsvorsprung aus Granit 70 m tief in einen Pool und versprühen einen kühlenden Nebelschleier – besonders schön nach Regenfällen. Vorsicht auf den rutschigen

Steinen! Nun ist die Region der Nadelwälder erreicht.

An der folgenden Gabelung kurz vor dem Headquarters geht es rechts zum Hmong-Dorf **Ban Khun Klang** mit dem Campingplatz und Gästehäusern der Nationalpark-Verwaltung. Nahe KM 30 befinden sich die beiden Kaskaden des **Sriphum-Wasserfalls**. Am KM 35 hinter dem Headquarters tauchen die ersten Rhododendren auf, von denen es hier zehn Arten gibt.

Am KM 41 kann man die tolle Aussicht in alle Richtungen genießen. Viele Besucher halten dahinter an zwei großen **Chedis** mit hübschem Blumengarten an (Eintritt 30 Baht).

Wanderer können 500 m weiter mit einem obligatorischen Guide (200 Baht für eine Gruppe bis 10 Pers.) während der Trockenzeit in über 2100 m Höhe auf dem etwas beschwerlichen, 2,8 km langen Rundweg **Kieo Mae Pan Nature Study Trail** in 1 1/2–2 Std. durch Wald und Grasland, an einem Steilhang entlang, vorbei am kleinen Lan Sadet-Wasserfall und einem Aussichtspunkt, laufen.

Die **Radarstation** markiert hinter KM 46 den höchsten Punkt Thailands, den **Gipfel** in 2565 m Höhe. Ziel der meisten einheimischen Besucher ist die **Stupa** auf der höchsten Stelle, 50 m oberhalb des Parkplatzes, mit der Asche des 1897 verstorbenen Herrschers von Chiang Mai, Jao Inthawichayanon. Über einem Plankenweg sind es 100 m zum Visitor Center mit einer kleinen Ausstellung über Bergwaldtypen und endemische Arten (⊕ 7–18 Uhr).

SONSTIGES

Eintritt
Am 2. Checkpoint am KM 37 oder an den Zufahrten zu den Wasserfällen ist der Eintritt von 200 Baht zu zahlen. Auto 30 Baht, Motorrad 20 Baht, Fahrrad 10 Baht.

Informationen
Park Headquarters am KM 31 hinter dem Restaurant, ☎ 053-286 729, hält Informationen bereit. ⊕ 6–21 Uhr.

TRANSPORT

Tagestouren ab Chiang Mai ab 1000 Baht. Ansonsten geht es über **Chom Thong**:

Busse von/nach CHIANG MAI, Chang Puak Bus Station, etwa alle 30–60 Min. bis 16 Uhr für 40 Baht in 1 Std.

Gelbe Songthaew fahren auf den Gipfel und halten an den wichtigsten Sehenswürdigkeiten. Sie können für 1400 Baht hin und zurück am Tempel gechartert werden, bis zum Mae Klang-Wasserfall 800 Baht.

Mae Sariang

Die Kleinstadt in einem weiten Tal ist ideal für alle, die sich abseits der Touristenströme bewegen wollen. Im **Wat Chom Kham**, dem größten Tempel im Shan-Stil, an der Waisuka Road, lohnt ein Blick in die große, zentrale Halle, die einen Pfauenthron, einen großen stehenden Buddha und Bilder von der Mönchsordination enthält.

Das **Wat Kittiwong** im Thai-Stil weiter östlich enthält eine Reliquie Buddhas. Der phallusförmige **Lak Muang-Schrein** neben der Polizei wird von Blumengirlanden bekränzt. Beruhigend ist die Atmosphäre im **Wat Sri Boon Rueng** hinter dem **Wat Jong Soong**.

Am Sonntag werden von 16–20 Uhr auf einem **Straßenmarkt** in der östlichen Wiang Mai Road Gemüse, Textilien und Thai-Gerichte angeboten.

Das kleine **Museum** in einem schönen Gebäude im Shan-Stil, an der Abzweigung des H105 vom H108 östlich des Zentrums, informiert anschaulich über Mae Sariang, das früher nur von Karen und Lawa bewohnt war. In einem Raum ist eine einfache Karen (Lawa)-Küche nachgebaut. In der Haupthalle vermitteln Figuren und Fotos interessante Aspekte der regionalen Feste, Stoffmuster und Traditionen der Tai Yai (Shan), Tai Yuan, Lawa, Karen und der moslemischen Händler. Es gibt einen Prospekt mit englischen Erläuterungen und Führungen auf Englisch. ⏰ 8–17 Uhr, Spende.

Ein Besuch im **Wat Chom Thong**, 1 km südlich des Museums am Ende einer 500 m langen Zufahrtsstraße ab KM 229,2 vom H105, lohnt morgens oder zum Sonnenuntergang wegen der schönen Aussicht, die einen Aufstieg von 95 Stufen zur oberen Ebene mit einem großen sitzenden Buddha erfordert.

Unterkünfte vermieten Fahrräder für 50 Baht oder stellen sie kostenlos zur Verfügung.

North-West Gh. 3, 81 Moo 12, Laeng Phanit Rd., ☎ 053-682 860, 🖥 www.northwestgh.blogspot. com. 8 kleine, einfache Zimmer mit Moskitonetzen und teils unbequemen Betten in einem 2-stöckigen Holzhaus mit Gemeinschafts-Du/WC, 2 teurere mit AC. Internet, Wäscheservice und Restaurant mit umfangreicher bebilderter Karte. Die freundliche, hilfsbereite Besitzerin Khun Tuk-Ta spricht gutes Englisch. Fahrräder 50 Baht, Motorräder 200 Baht, Tourangebot. ❶–❷

🧳 **River Bank Gh.** 1, Laeng Phanit Rd., ☎ 053-682 787, Im 3-stöckigen Haus am Fluss werden hübsche, helle Zimmer mit großer Fensterfront, guten Betten und TV vermietet, die billigen im Erdgeschoss mit Betonwänden und Terrasse, die meisten anderen mit Holzverkleidung und -böden, großem Balkon mit Tischen und Stühlen, Kühlschrank und schönem Ausblick über den Fluss. Fahrräder, Kaffee, Tee und WLAN inkl. ❸–❹

Intira Restaurant, 107/1 Wiang Mai Rd., ☎ 053-681 529. In den großen, teils offenen Räumen werden ordentliche Portionen leckerer thaichinesischer Gerichte und guter Fisch serviert. Schneller Service. ⏰ 11–15 und 17–21 Uhr.

🧳 **Sawaddee Restaurant**, Laeng Phanit Rd. gegenüber dem North-West Gh. Neben der Bar laden Holztische und eine gemütliche Sitzecke mit Kissen und Hängematte zum Ausspannen ein. Authentische Thai-Gerichte und einige Traveller-Favoriten, Fisch aus dem Salween für 150–180 Baht, gute Pizza um 300 Baht, Pasta mit lokalen und westlichen Soßen sowie andere leckere Gerichte unter 100 Baht. Gutes Preis-Leistungs-Verhältnis. Bang, die freundliche Chefin, spricht sehr gutes Englisch. WLAN. ⏰ Mo–Sa 8–24 Uhr.

Ab dem Büro von **Sombat Tours** (in Thai beschildert), Mae Sariang Rd., ☎ 053-681 532: BANGKOK, um 16, 18 und 19 Uhr für 490–620 Baht, VIP um 19.30 Uhr für 730 Baht in 12 Std.

Ab dem **Busbahnhof**, wo auch Motorradtaxis (ab 20 Baht) stehen:
CHIANG MAI, 195 km, AC-Bus um 15 Uhr für 190 Baht, lokale Busse um 7, 9, 10.30 und 12.30 Uhr für 110 Baht, Minibusse um 8, 11, 13, 15.30 und 17 Uhr für 200 Baht in 4 Std.
MAE HONG SON, 134 km, um 7, 11, 12.30, 15.30 und 17.30 Uhr für 110–190 Baht in 4 Std.

Mae Hong Son

Die kleine, idyllische Provinzhauptstadt im Tal des Pai-Flusses wird überwiegend von Shan bewohnt. Bei einem morgendlichen Bummel über den großen, überdachten **Markt** trifft man Shan- und Hmong-Bauern ebenso wie indische Textilverkäufer. Birmanische Einflüsse sind überall spürbar, besonders in der Tempelarchitektur.

Im **Wat Hua Wiang** an der Panit Watana Road zum Flugplatz steht die Kopie eines großen Mandalay-Buddhas in einer hohen, aus Teak erbauten Halle. Im Wasser des zentralen Sees spiegeln sich die verspielt dekorierten Tempel **Wat Chong Klang** und **Wat Chong Kam** – besonders abends ein schöner Anblick.

Im **Wat Phra Non** am Fuß des Hügels verbirgt sich links hinter einer automatischen Schiebetür eine kleine Sammlung von Briefmarken, Amuletten, Statuen, Münzen, Geldscheinen und Büchern. Falls der Strom nicht eingeschaltet ist, einfach einen der Novizen fragen. ⏰ bis 18 Uhr.

Zum Sonnenuntergang lohnt der Weg über einen steilen Fußweg oder eine Serpentinenstraße zum **Wat Phrathat Doi Kong Mu**. Die zwei Chedis auf dem Hügel liegen oft im Nebel. Nicht grundlos nennt man Mae Hong Son „Stadt der drei nebligen Jahreszeiten". An klaren Tagen überblickt man das Tal und die umliegenden Berge.

ÜBERNACHTUNG

Genaue Lage der Unterkünfte s. **eXTra [2643]**.
Fern Resort, 64 Moo 10, Pha Bong, 7 km Richtung Mae Sariang, 2 km östlich der Hauptstraße, ☎ 053-686 110, 🖥 www.fernresort.info. Auf einem parkähnlichen, von Reisfeldern und Wald umrahmten Grundstück, das von gurgelnden Bächen durchzogen wird, liegen 36 Zimmer in 30 mit Natur-stein verkleideten, teils älteren, aber guten Holz-bungalows. 15 schöne Suiten mit Kühlschrank, separaten Duschen, WC, Föhn und Waschbecken im Ankleidezimmer, von der hinteren Terrasse im Pavillon Blick in die üppig-grüne Natur. Großer Pool mit Liegen, Lagerfeuerplatz, offenes Restaurant, Bar. Fahrräder 150 Baht. Touren zum Namtok Mae Surin National Park. 3x tgl. kostenloses Shuttle zum Flugplatz. WLAN in der luftigen Lobby und Frühstück inkl. 5 – 6

Friend House, 20 Pradit Jongkam Rd., ☎ 053-620 119. In dem 2-stöckigen, sauberen Haus wohnt man am besten in den 5 Zimmern im Obergeschoss aus Teakholz mit breiter Veranda, Sitzgelegenheiten und schöner Aussicht auf den See. Preiswert sind die 8 Zimmer mit harten Matratzen auf dem Boden und Gemeinschafts-Du/WC. Zudem ein großes Familienzimmer. Frühstück möglich, Wäscheservice, WLAN. 1

Sang Tong Huts, ☎ 053-611 680, 🖥 www.sangtonghuts.com. Naturnahes Resort im lichten Wald am Hang mit vielen Hunden. Die künstlerische Hand des verstorbenen Tong ist noch spürbar. Seine australisch-deutsche Familie und ein freundlicher schwedischer Manager leiten die Anlage. 9 geschmackvoll eingerichtete Bungalows, weitgehend aus Bambus und teils auf hohen Stelzen am Hang mit Blätterdach und individuellen, gefliesten Bädern. Eine sehr einfache, günstige Hütte mit Matratzen auf dem Boden. Kleiner, sauberer Pool mit Liegen. Lagerfeuer im offenen Restaurant, guter Kaffee und Wein. WLAN im Eingangs- und Poolbereich. 4 – 5

Sarm Mork Gh., 16/1 Chamnarn Satit Rd., ☎ 053-612 122, 🖥 www.sarmmorkguesthouse.com. Hinter einem kleinen Café, das Frühstück, Shan-Gerichte und billiges Bier serviert, vermieten freundliche und junge Leute 1 Zimmer an der Straße und 3 kleine, nett bemalte Bungalows im gepflegten, ruhigen Garten mit guten Matratzen, AC und Warm-wasser-Du/WC. Das Preis-Leistungs-Verhältnis stimmt, und der Betrieb ist um Nachhaltigkeit bemüht. WLAN. 2

The Residence@MaeHongSon, 41/4 Nivet Pisarn Rd., ☎ 053-614 100, 🖥 www.theresidence-mhs.com. 3-stöckiges Boutique-

Guesthouse von Khun Nisa mit 11 nett eingerichteten, sauberen Zimmern mit TV, Teakmöbeln
und -böden, dicken Matratzen, Kühlschrank und
hübschen Bädern. Familienzimmer für 1600 Baht.
Haustür mit Keycard. Sitzmöglichkeiten im
Innenhof und auf der Terrasse im 1. Stock.
Fahrradvermietung, WLAN. ❸

ESSEN

Von 17–21 Uhr verwandeln Essensstände den
Platz vor dem Postamt und am Denkmal in einen
Nachtmarkt.
Crossroad, Khunlum Prapat, Ecke Maka Santi
Rd., ☎ 053-612 500, 🖥 auf Facebook. Offene,
2-stöckige, rustikale Kneipe in einem urigen,
alten Holzhaus an der belebten Kreuzung.
Auf der Karte stehen Kaffee, Säfte und Bier
vom Fass, zudem Pizzen ab 120 Baht, Pasta ab
60 Baht, Steaks, Thai- und vegetarische
Gerichte für 50–150 Baht. WLAN. ⏰ 9–24 Uhr.
Fern Restaurant, 87 Khunlum Prapat Rd.,
☎ 053-611 374. Das riesige Restaurant gibt
es seit 1987. Es gilt nach wie vor als das beste
im Ort. Lecker sind die gebratenen Farne und
Fisch aus dem Pai-Fluss, zudem scharfe Shan-
Speisen sowie westliche und vegetarische
Gerichte. Abends Livemusik, die Gäste eher
vertreibt. Speisekarte auf Englisch, mittleres
Preisniveau. ⏰ 10.30–22 Uhr.
La Tasca, 38/4 Khunlum Prapat Rd., ☎ 053-
611 344. An kleinen Tischen, die in 2 Reihen
drinnen und abends auch draußen auf dem
Bürgersteig stehen, kommen Calzone, Pizzen,
Pasta und andere westliche Gerichte um
180 Baht auf den Tisch. ⏰ 10–22 Uhr.
🏠 **Salween River Restaurant**, 23 Pradit
Jongkam Rd., ☎ 053-613 421, 🖥 www.
salweenriver.com. Das kleine, offene Restaurant mit Tischen, Stühlen und Sitzkissen findet
viel Zuspruch. Leider wartet man lange auf sein
Essen. Preiswerte internationale, vegetarische,
birmanische, Thai- und Shan-Gerichte sowie
Frühstück. Leckere Currys, v. a. das Green Curry, sowie der Burmese Green Tea Leaf Salad für
40 Baht. Hilltribe-Kaffee und Karen-Wildhonig.
WLAN und Büchertausch. ⏰ 7.30–22 Uhr.
Sunflower Café, 2/3 Khunlum Prapat Rd.,
☎ 053-611 729, 🖥 www.sunflowercafetour.
com. Die Adresse für alle, die Sehnsucht nach

frischem Brot (ab 7 Uhr) haben oder auf der
Terrasse in der Nähe des Sees einen Cocktail
schlürfen wollen. Pizzen und Steaks ab
190 Baht, Bier vom Fass und Wein. Livemusik
von 19–21 Uhr. ⏰ 7.30–22 Uhr.

AKTIVITÄTEN UND TOUREN

Rose Garden Tours, 86/4 Khunlum Prapat Rd.,
☎ 053-611 681, 🖥 www.rosegarden-tours.com.
Verantwortungsvoll geleitete Tagestouren
per Auto, Boot, Floß oder zu Fuß zu Bergdörfern mit Elefantenreiten. Halbtägige Touren
für 700–1000 Baht bei 2–3 Pers. 3 Tage Trekking
ab 3000 Baht.
Tour Merng Tai, 89 Khunlum Prapat Rd.,
☎ 053-611 979, 🖥 www.tmt.maehongson4u.
com, Office ⏰ 8–17 Uhr. Touren mit sozial-
verträglichem Anspruch in den Nationalpark
und zu Dörfern der Weißen Karen, Shan, Lahu
und Pa'o. 3 Tage mit Übernachtung in Dörfern
für 7250 Baht bei 2 Pers. Tagestour inkl. Boot,
Elefantenritt und Besuch im Karen-Dorf für 3350
Baht. 3-stündige Fahrradtouren für 1250 Baht.

SONSTIGES

Immigration
Am H1095 im Norden der Stadt, ☎ 053-612 106.

Medizinische Hilfe
Srisungval Hospital, neben Wat Klang Tong,
nahe dem Flugplatz, ☎ 053-611 378.

Motorradverleih
Motorräder kosten 150–250 Baht pro Tag.
Highway, 52/1 Khunlum Prapat Rd., ☎ 053-
611 620, ⏰ Mo–Sa 8–17, So bis 12 Uhr.
P. A. Motor, 17 Pradit Jongkam Rd. am See,
☎ 053-611 647.

Polizei
Tourist Police, Singharat Bamrung Rd.,
☎ 053-611 812, Notruf ☎ 1115.

NAHVERKEHR

Tuk Tuks kosten im Stadtgebiet 60–80 Baht,
nach Einbruch der Dunkelheit 80–150 Baht.
Motorradtaxis 30–50 Baht.
Songthaew ab 60 Baht, zum Sonntagsmarkt
80 Baht, Charter ca. 250 Baht pro Std. bzw.

Mae Hong Son

N

0   300 m

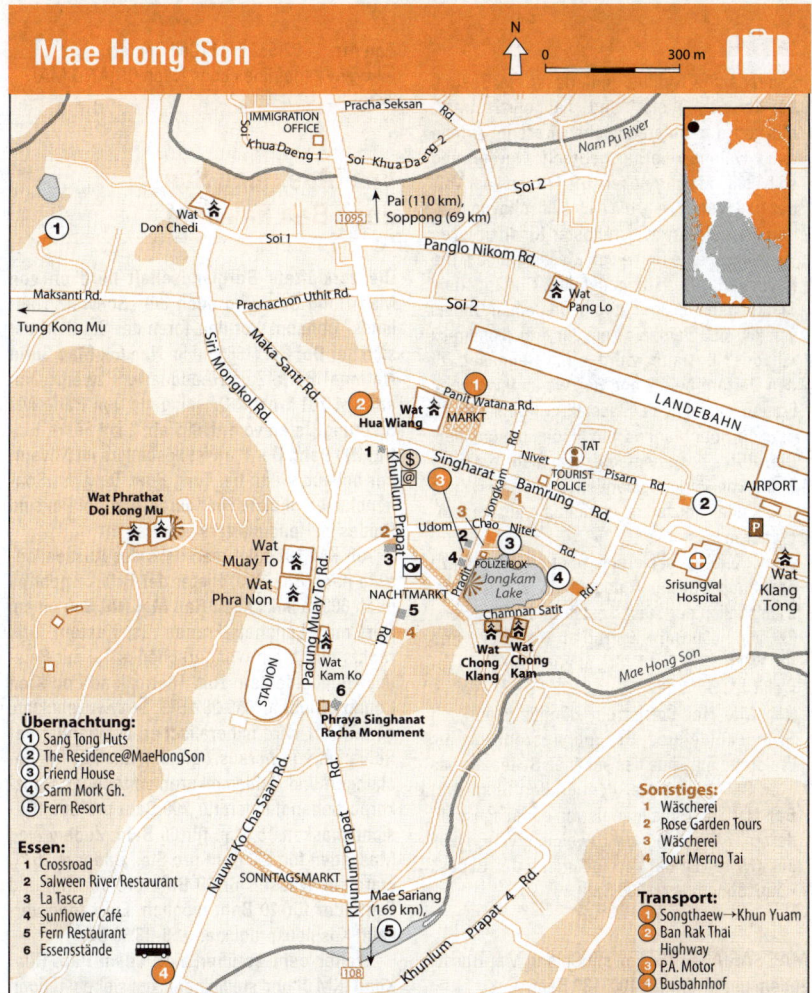

IMMIGRATION OFFICE
Soi Khua Daeng 1
Soi Khua Daeng 2
Pracha Seksan Rd.
Nam Pu River
Soi 2
Wat Don Chedi
Pai (110 km), Soppong (69 km)
1095
Soi 1
Panglo Nikom Rd.
Maksanti Rd.
Tung Kong Mu
Prachachon Uthit Rd.
Soi 2
Wat Pang Lo
Siri Mongkol Rd.
Maka Santi Rd.
LANDEBAHN
Panit Watana Rd.
Wat Hua Wiang
MARKT
Singharat Bamrung Rd.
Nivet
TAT
TOURIST POLICE
Pisarn Rd.
AIRPORT
$ @
Udom
Chao
Jongkam Rd.
Niset Rd.
Wat Phrathat Doi Kong Mu
Wat Muay To
POLIZEIBOX
Jongkam Lake
Srisungval Hospital
Wat Klang Tong
Wat Phra Non
NACHTMARKT
Chamnan Satit
Wat Chong Klang
Wat Chong Kam
Mae Hong Son
STADION
Padung Muay To Rd.
Wat Kam Ko
Phraya Singhanat Racha Monument
Nauwa Ko Cha Saan Rd.
SONNTAGSMARKT
Khunlum Prapat Rd.
Mae Sariang (169 km),
Khunlum Prapat 4 Rd.
108

Übernachtung:
1. Sang Tong Huts
2. The Residence@MaeHongSon
3. Friend House
4. Sarm Mork Gh.
5. Fern Resort

Essen:
1. Crossroad
2. Salween River Restaurant
3. La Tasca
4. Sunflower Café
5. Fern Restaurant
6. Essensstände

Sonstiges:
1. Wäscherei
2. Rose Garden Tours
3. Wäscherei
4. Tour Merng Tai

Transport:
1. Songthaew→Khun Yuam
2. Ban Rak Thai Highway
3. P.A. Motor
4. Busbahnhof

1200 Baht pro Tag, bis zum Fern oder Golden Pai Resort 200 Baht, nach BAN RAK THAI 1250 Baht.

TRANSPORT

Busse und Songthaew

Vom **Busbahnhof**, ☏ 053-684 100, an der mittleren Umgehungsstraße, Nauwa Ko Cha Saan Rd. südlich der Stadt, fahren Busse nach:

BANGKOK, 928 km, ☏ 053-684 222, um 14, 15 und 16 Uhr für 780–910 Baht in 16 Std. CHIANG MAI, über Mae Sariang, AC-Busse um 10.30, 12.30 und 21 Uhr für 360 Baht, lokale Busse um 6, 8 und 20 Uhr für 190 Baht in 8–8 1/2 Std. Über Pang Mapha (50 Baht) und Pai (80 Baht) Busse um 8.30, 10.30 und 12.30 Uhr für 150 Baht. Minibusse über Pang Mapha und Pai stdl. von 7–15 Uhr für 250 Baht.

Langhals-Frauen

Zwiespältige Gefühle hinterlässt ein Besuch bei den „Langhals-" und „Langohr-Frauen", die von der aufständischen Karenni-Armee aus Myanmar hierher gebracht wurden und seit 1988 in Lagern leben. Die Frauen vom Volk der Padaung-Karen, die sich selbst Kayan nennen, verlängern seit frühester Kindheit ihren Hals durch eine Reihe von Messingringen. Die Kayin vergrößern hingegen ihre Ohrläppchen. Sie können von Touristen gegen einen Obolus von 250–300 Baht in einem der drei „Longneck Villages" bestaunt werden. Im Gegensatz zu den Dörfern bei Chiang Rai, wo angeworbene Frauen wie im Zoo ausgestellt werden, handelt es sich überwiegend um Flüchtlingsfamilien. Die Dörfer bestehen aus kaum mehr als einer Reihe von Verkaufsständen, an denen Frauen und Kinder Souvenirs verkaufen und sich fotografieren lassen.

Huay Pu Keng ist mit dem Boot auf dem Pai zu erreichen. Ab der Anlegestelle in Huai Dua, 6 km südlich der Stadt, kosten Boote für 6 Pers. (30 Min.) 600 Baht. Touren ab Mae Hong Son für 1400–1600 Baht. Songthaew zur Anlegestelle 400 Baht.

Ban Mai Nai Soi ist ein Flüchtlingsdorf mit Grundschule und Gesundheitszentrum am Waldrand am Ende des schönen Seitentals des Mae Sai, 2 km hinter dem großen Shan-Dorf **Ban Nai Soi**. Günstiger als von der ausgeschilderten, 17 km langen Abzweigung vom H1095 am KM 191 ist die Verbindung ab der Bypass Road. Songthaew 1200 Baht.

MAE SARIANG, 164 km, mit Chiang Mai-Bussen, zudem um 14 Uhr für 100–180 Baht.
PAI, 111 km, via Pang Mapha (Soppong, 64 km) mit dem Chiang Mai-Bus und um 16 Uhr für 80 Baht oder mit den Minibussen nach Chiang Mai stdl. von 7–15 Uhr für 150 Baht in 3–3 1/2 Std.
PANG MAPHA (Soppong), lokaler Bus alle 2 Std. von 10–18 Uhr für 50 Baht in 2 Std. oder mit den Minibussen nach Chiang Mai.
Vom **Markt** fahren bis gegen Mittag gelbe Songthaew nach BAN RAK THAI für 70–80 Baht.

Flüge
Kan Air, ✆ 02-552 6111 (Call Center), 🖥 www.kanairlines.com. Nach CHIANG MAI 3x tgl.

Von Mae Hong Son nach Ban Rak Thai

Die zerklüftete Berglandschaft nördlich von Mae Hong Son wird auch die „Schweiz Thailands" genannt. Vor den Toren der Stadt erhebt sich der **Doi Pui** (1685 m) im **Namtok Mae Surin National Park**. Zum Headquarters zweigt man am KM 201,2 beim Ortseingang von Pang Mu Richtung Osten vom H1095 ab, 2 km Fahrt, Eintritt 200 Baht. Der Park ist besonders im November beliebt, wenn bei **Tong Buat Tong** die Sonnenblumen blühen. Für Touren zum Doi Pui sind Guides im Headquarters anzufragen.

Am KM 191 folgt man links der Ausschilderung nach Pha Sua. Hinter der Brücke geht es nach 600 m links nach **Ban Mai Nai Soi**, einem Dorf mit „Langhals-Frauen" (s. Kasten), und rechts durch ein wunderschönes Tal mit Reis- und Gemüsefeldern zum Thermalbad **Poo Klon Country Club**, ✆ 053-282 579, 🖥 www.phuklon. co.th. Dort wird mineralischer, schwefelarmer Schlamm von herausragender Qualität für Packungen und Schlammkuren verwendet. Ganzkörperbehandlungen für 700 Baht pro Std., Gesichtsmasken 15 Min. für 60 Baht. Zudem sind Massagen für 200 Baht pro Std., Bäder in 35 °C warmem Wasser für 60 Baht für 15 Min. und Fußbäder für 20 Baht möglich. Ein Laden verkauft Kosmetikprodukte. ⏰ 8–18.30 Uhr.

Weiter geht es über **Mok Cham Pae**, **Huai Khan** (KM 0) und steil hinauf zum siebenstufigen **Pha Sean-Wasserfall** (KM 4,1) mit Badepool in einem schmalen Tal mit schönem Bambuswald.

Nach vielen engen, steilen Kurven passiert man in kühlen 1100 m Höhe zwischen KM 8 und 9 die 500 m lange Zufahrt zum **Pang Tong-Palast**, der als landwirtschaftliche Versuchsfarm genutzt wird, auf der auch Gehege mit Rehwild und Pferden zu sehen sind. ⏰ 8.30–16.30 Uhr.

Nun geht es den steilen **Pass** am KM 12 nach **Na Pa Paek**, einer Siedlung der Shan und Hmong. An der Gabelung fährt man nach rechts durch Kiefernwälder auf ein Hochtal mit Gemüse- und Reisterrassen sowie Tee- und Erdbeerplantagen nach **Ban Rak Thai** (Mae Aw), wo Chinesen aus Yunnan in Südchina siedeln. In den um einen kleinen Stausee gelegenen traditionellen Lehmhäusern bieten Teehäuser, Restaurants und Souvenirgeschäfte Spezialitäten aus Yunnan an: Oolong-Tee, Gewürze, eingelegte Früchte, Trockenpilze und chinesisches Porzellan. In einigen Häusern kann man übernachten, aber nur wenige Leute sprechen Englisch.

TRANSPORT

Tuk Tuks sind ab Mae Hong Son zum POO KLON COUNTRY CLUB für 400 Baht zu chartern. **Songthaew** nach BAN RAK THAI für 1250 Baht.

Pang Mapha und Umgebung

Der Marktort Pang Mapha (früher Soppong) eignet sich hervorragend als Ausgangspunkt für einen Besuch der Bergdörfer und für Trekkingtouren zu den Wasserfällen und Höhlen der Umgebung. Er ist eine ruhigere Alternative zu Pai und hat nicht mal einen 7-Eleven – eine Seltenheit in Thailand. Zum großen **Markt** dienstagvormittags an der Straße kommen viele Menschen aus den Bergen. Über 300 Höhlen sind in den porösen Kalksteingebirgen um Pang Mapha entdeckt worden.

Mae Lana

Abenteuerlustigen sei die 12,6 km lange **Mae Lana Cave** empfohlen, die mit einem Guide besucht werden kann. Nach einer kurzen Wanderung ist der Höhleneingang der längsten durchgehenden Höhle Thailands erreicht. Entlang eins kleinen Flusses geht es vorbei an fantastisch glitzernden Gesteinsformationen, aufstrebenden Stalagmiten und von der Decke hängenden Stalaktiten bis über 10 km tief in die Höhle. Die Tour ist abwechslungsreich: Teils steht man bis zu den Oberschenkeln im Wasser, mal klettert man über spitze, hochaufragende Felsen, mal zwängt man sich durch schmale Felsspalten oder kriecht unter ihnen hindurch. Eine Tour bis

zum beeindruckenden unterirdischen Wasserfall (3–4 Std.) kostet 500 Baht, bis zum Pearl Stone (6–7 Std.) 1000 Baht und durch die ganze Höhle (15 Std.) 1500 Baht, Transfer zur 4 km entfernten Höhle 500 Baht pro Pkw. Erforderlich sind kurze Hosen, feste Schuhe, mit denen man durch das Wasser laufen kann, und eine gute körperliche Verfassung.

Tham Lot

Die bekannteste der Gegend ist die Tropfsteinhöhle Tham Lot, 9 km nördlich von Pang Mapha. Guides führen Besucher zu Fuß und auf Bambusflößen durch einen 1 km langen Abschnitt, der vom Nam Lang durchflossen wird. Neben der **Giant Pillar Cave**, der Haupthöhle, die 200 m lang, 20 m breit und 50 m hoch ist, werden zwei Nebenhöhlen besucht, die **Doll Cave** und **Coffin Cave**, ein uralter Begräbnisplatz, in dem 1965 Funde aus der Jungsteinzeit gemacht wurden.

Am Eingang können Guides aus dem angrenzenden Dorf und die Floßfahrten gebucht werden. Eintritt mit Guide für 1–3 Pers. 150 Baht, Floß bis zum Ausgang 450 Baht, hin und zurück 550 Baht. Bei Niedrigwasser wird das Floß zurück gezogen, dann sollte man besser die 15 Min. zum Ausgang laufen. Hinter dem Eingang sind ein Modell der Höhle und prähistorische Funde ausgestellt, aber nur in Thai beschrieben. ☉ 9–17.30 Uhr.

Nahe dem Höhlenausgang, 15 Min. zu Fuß ab der Brücke links vom Höhleneingang, nisten im Gewölbe etwa 300 000 Mauersegler, die kurz vor Sonnenuntergang von der Futtersuche zurückkehren. Wenig später verlässt ein endloser Schwarm von Fledermäusen die Höhle, um auf Nahrungssuche zu gehen. Nach Einbruch der Dunkelheit sollte man eine Taschenlampe dabei haben.

ÜBERNACHTUNG

Cave Lodge, ✆ 053-617 203, 🖥 www.cave lodge.com. 750 m nördlich des Höhleneingangs von Tham Lot. 3 Schlafsäle, naturnah mit 5–6 Matratzen auf dem Boden mit Netz und Gemeinschafts-Du/WC (Warmwasser von Nov–März) für 120–150 Baht p. P. sowie 20 einfache Bungalows. Schwimmen im Fluss, Kräutersauna für 50 Baht. Der Besitzer John Spies lebt seit der ersten Höhlenerforschung hier und verkauft seine interessante Biografie. Im großen Restaurant auch Backwaren, Wein, viele Informationen und gute Musik. Wäscheservice. Viele Aktivitäten, wie Höhlen- und Kajaktouren, Karte für Wanderungen auf eigene Faust. WLAN. **②**–**③**

Little Eden Gh., etwa 300 m östlich der Bushaltestelle, ☎ 053-617 054, 🖥 www.littleeden-guesthouse.com. Die hübsche, gepflegte Gartenanlage mit Pool am Ufer des Lang wird von der quirligen Phen geführt, die sehr gutes Deutsch spricht und tolle Touren führt. Modern gestaltete Suite mit Flussterrasse, romantisches Apartment mit Feuerstelle und Türmchen sowie 2-stöckiges Familienhaus mit Balkon und separatem Zimmer. 5 kleine, einfache A-Frame-Bungalows mit Ventilator. Im 2-stöckigen Reihenhaus 4 hübsche DZ. Gemütliches Restaurant mit (deutscher) Hausmannskost und entspannter Atmosphäre sowie ein Straßencafé. Eine Bambus-Hängebrücke führt über den Fluss zu einem netten Rundweg. Terrasse am Flussufer mit Hängematte. Reservierung empfehlenswert, Frühstück dann inkl. WLAN. **②**–**⑤**

Soppong River Inn, 300 m westlich der Tankstelle, ☎ 053-617 107, 🖥 www.soppong.com. Schönes Gästehaus unter Leitung von Joy, die hervorragendes Englisch spricht. 11 Zimmer in 1- bis 2-stöckigen Häusern, einem modernen Neubau und sehr einfachen Bungalows, zum Teil mit Open-Air- oder Gemeinschafts-Du/WC in einem üppigen Garten. Einige Zimmer am Fluss sind dunkel und klamm, einige haben TV, DVD-Player oder Wasserkocher. Flussterrasse mit Kissen und Liegen. Massagen und Internet. An der Straße das kleine, nette Seven Elephants Café, in dem man hervorragend essen und Kaffee trinken kann. WLAN. **②**–**⑤**

Guides bieten für 900 Baht Tagestouren zu den benachbarten Karen- und Lahu-Dörfern an, mit Übernachtung und Höhlenbesuch 1800 Baht bei 4 Pers. Phen vom Little Eden Gh., Sunny sowie die Guides der Cave Lodge sprechen gut Englisch.

Busse

Von der **Bushaltestelle** an der Tankstelle nach: CHIANG MAI, lokale Busse um 10.30, 12.30 und 14.30 Uhr für 110 Baht in 6 Std. Schneller mit Minibussen stdl. von 8.30–16.30 Uhr für 250 Baht.

PAI, mit Chiang Mai-Bussen sowie um 17.30 Uhr für 50 Baht, Minibusse für 100 Baht.

MAE HONG SON, lokale Busse etwa stdl. von 10–18 Uhr für 50 Baht in 2 Std., Minibusse stdl. von 9.30–18.30 Uhr 150 Baht.

Songthaew und Motorradtaxis

Ab dem **Markt** zur THAM LOT-HÖHLE mit Motorradtaxis für 80 Baht oder gecharterten Songthaew für 300 Baht einfach, bis MAE LANA per Motorradtaxi 200 Baht, Songthaew 400 Baht.

Taxis

Über die Unterkünfte ist es möglich, Pkw mit Führer zu chartern: CHIANG MAI 3000 Baht, MAE HONG SON 1900 Baht, PAI 1500 Baht.

Pai und Umgebung

Pai, 40 km südöstlich von Pang Mapha, ist der einzige größere Ort zwischen Mae Hong Son und Chiang Mai und das Traveller- und Aussteiger-Zentrum im hohen Norden. In dem angenehmen, touristischen Bergort siedeln zehn Ethnien, überwiegend Shan und Chinesen, aber auch Moslems aus dem Süden. Bei einem Gang über den Nachtmarkt entdeckt man moslemische Essensstände und eine recht große Moschee. Zudem haben sich Europäer, US-Amerikaner und Japaner, in dem Backpackerzentrum niedergelassen, dessen Cafés und Restaurants von einem bunten Publikum bevölkert werden.

Im **Wat Klang** ruht im hinteren Pavillon links vom Eingang ein 8 m langer, aus einem Baumstamm geschnitzter, liegender Buddha. Auch andere Stationen aus Buddhas Leben sind aus Holz geschnitzt und bunt bemalt. Der **Wat Pa Kham** und der **Wat Luang** sind Shan-Tempel.

Südlich vom Wat Luang und im Westen wirkt Pai nicht wie eine Touristenhochburg, sondern wie eine typische Thai-Kleinstadt. Neben der großen **Markthalle** an der Khetkelang Road mit günstigen Essensständen gibt es Reisgeschäfte mit einer breiten Palette an Sorten.

Zum **Wat Mae Yen**, 1 km südöstlich des Zentrums auf einem Hügel, führen eine Straße und eine Treppe mit 353 Stufen hinauf. Von oben eröffnet sich ein schöner Ausblick über das Tal. Der Tempel ist ein beliebtes Ziel zum Sonnenuntergang. Recht gruselig sind die Höllendarstellungen in der Gebetshalle.

Der dreistufige **Mae Yen-Wasserfall** liegt am Ende eines Tals nordöstlich von Pai. Den ersten Teil des Weges durch das schmaler werdende Tal kann man mit dem Motorrad zurücklegen, doch die letzten drei Stunden (einfache Strecke!) muss man laufen. In der Regenzeit nicht zu empfehlen.

Hinter der Ortschaft Wiang Nua zweigt etwa 5 km nördlich von Pai vor dem Pura Vida Resort eine kleine, teils unbefestigte Straße nach Osten ab, die durch die ländliche Idylle zum **Moon Village** führt. In Tipis, Zelten und Lehmhütten leben japanische Aussteiger im Einklang mit der Natur und sich selbst. Der sehenswerte „schiefe Turm von Pai" thront auf dem Grundstück gegenüber. Besucher sind willkommen, sollten sich aber im Hintergrund halten und die Hippies nicht wie eine Attraktion fotografieren.

Ein beliebtes Wanderziel ist **Wat Nam Ho**, ein Tempel im Shan-Dorf 3 km westlich, in dem ein 500 Jahre alter Buddha im Chiang Saen-Stil und eine Pagode mit der Asche einer Prinzessin verehrt werden. Von dort aus geht es 1,5 km weiter hinauf nach **Ban Santichon**, einem Kuomintang-Dorf, wo man sich in einem Teehaus stärken kann.

8 km südlich der Stadt lohnt ein Stopp an der **World War II Memorial Bridge**, wo sich viele Thais fotografieren und eine kleine Dokumentation über die historischen Ereignisse zu jener Zeit informiert.

Zu den **Thapai Hot Springs** geht es dahinter links und nach 1,1 km weitere 900 m nach rechts. Der teils eingefasste Badeplatz am Fluss, den mehrere 80 °C heiße Quellen speisen, liegt im laubabwerfenden Monsunwald, der ab März wenig Schatten bietet. Da die Quellen Teil des **Huai Nam Dang National Parks** sind, werden 200 Baht Eintritt fällig. ⏱ 7–18 Uhr, Restaurant am Eingang.

ÜBERNACHTUNG

Während die hier gelisteten Preiskategorien in der Hochsaison der Wintermonate gelten, sind in der Nebensaison Zimmer oft zum halben Preis zu haben. Am Wochenende und in den thailändischen Ferien sollte man reservieren. Genaue Lage der Unterkünfte außerhalb des Zentrums s. eXTra [2643]. Weitere Tipps s. eXTra [2714].

Untere Preisklasse

Amy's Earth House, Ban Mae Khong, Mae Na Toeng, ☎ 053-065 099, 🖥 www.amyshouse.net. Nettie und Rob, der sehr gutes Deutsch spricht, vermieten inmitten der Felder ungewöhnliche Adobe-Lehmhäuser mit eingemauerten Flaschen. Im stillen Garten stehen 7 Zimmer mit einem Dach aus Wellblech und Blättern, teils offenen Bädern mit Warmwasser und Wasser in Tonkrügen. Schlafsaal mit 3 Betten und Netz à 300 Baht, mit Frühstück 350 Baht. Zudem ein gemeinschaftlich nutzbares Baumhaus mit toller Aussicht. In der Saison Frühstück und WLAN inkl. ➌

Bueng Pai Farm, in Mae Hee, 1,6 km von der Hauptstraße, ☎ 089-265 4768, 🖥 www.paifarm.com. Die freundliche Orn und ihr Mann Run leben gesundheitsbewusst und sind überzeugte Anhänger von Slow Food und Bio. Entsprechend ist auf dem weitläufigen, mit Hingabe gepflegten Gelände alles soweit wie möglich frei von Chemikalien, selbst der kleine Pool mit Pavillons. Rings um den großen Fischteich wachsen Küchenkräuter. 14 Zimmer in Bungalows aus Naturmaterialien mit Kühlschrank, guten Betten und großer Terrasse. Feuerstelle mit Hängematten, Gemeinschaftsküche. Im Restaurant überwiegend vegetarische Biokost, gute Auswahl an Shakes, Smoothies, Pancakes und das beste Müsli im Norden, ⏱ 8–11.30 Uhr. 15 Min. Fußweg nach Pai. Transfer inkl. ➋ – ➎

Breeze of Pai, Chaisongkram Rd., ☎ 081-998 4597, 🖥 www.breezeofpai.com. Helen aus England und ihr einheimischer Mann betreiben die gepflegte kleine Bungalowanlage mit entspannter Atmosphäre in einem hübschen schattigen Garten. Die Reihenhäuser mit 9 Zimmern mit gefliesten Böden und Ventilator sowie

6 Bungalows mit AC stehen leider ziemlich dicht aufeinander. Mäßiger Service. Bistro mit Müsli zum Frühstück. ❶–❸

Darling View Point Resort, in Mae Hee, ☎ 053-699 988, 🖥 www.darlingthailand.com. Darling und Peter leiten den großen, beliebten, etwas chaotischen Backpacker-Hangout am Hang mit toller Aussicht über dem Fluss und einem kleinen Pool. 2 riesige Häuser aus altem Teakholz mit Schlafsälen (große Matratzen 200 Baht) und 5 geräumige Bungalows für bis zu 8 Pers. mit Ventilator, Hängematten und Terrassen. Restaurant, Billardtisch und Feuerstellen zum Grillen. WLAN. ❸

Happy House, in einer Gasse südlich der Markthalle, ☎ 087-725 1448, 🖥 www.happyhouse. paiexplorer.com. Fritz aus Australien leitet das gesellige Haus in einer ruhigen Soi mit 9 Zimmern für 2–5 Pers. mit Ventilator. Die besseren mit nettem Ausblick vom Balkon, Kühlschrank und TV im 1. Stock, zudem Schlafsaalbetten à 150 Baht. Abends trifft man sich beim Billard oder an der kleinen Bar im Vorgarten. Abholung im Motorrad mit Beiwagen, WLAN, Tee und Kaffee inkl. ❷–❸

Mittlere Preisklasse

Baan Pai Village, Sukhapibal 1 Rd., ☎ 053-698 152, 🖥 www.baanpaivillage.com. Im Garten hinter dem Steak House gibt es 18 gepflegte, aber hellhörige Hütten mit bequemen Betten, Ventilator und Moskitonetzen sowie 3 bessere Häuser aus Teak und Bambus mit Blätterdach, hohen Glastüren, AC und TV. Sehr freundlicher Service. Im 1. Stock des Haupthauses große Veranda mit Massageangebot. WLAN und Frühstück in der Hochsaison inkl. ❹–❺

🧳 **Baantawan Boutique Gh.**, östlich der Schule am Fluss, ☎ 053-698 117, 🖥 www. baantawan-pai.com. Um einen sonnigen Garten am Fluss gruppieren sich 10 hübsch gestaltete Bungalows aus Teakholz und Bambus, zudem ein 2-stöckiges Haus mit 8 ansprechenden Zimmern mit TV, gefliesten Böden, hübscher durchgehender Veranda und Terrasse, teure mit AC. 4 weitere 2-Bett-Zimmer über der Rezeption. Teils sind die Zimmer etwas dunkel, aber angenehm kühl. Freundliches, kompetentes Management und guter Service. Romantisches

Restaurant am Fluss mit Shan-, burmesischer und nordthailändischer Küche. Frühstück und WLAN inkl. ❹–❻

Family House@Pai, am Fluss, ☎ 053-064 337, 🖥 www.familyhousepai.com. Neue Anlage im schicken Flashpackerstil mit 13 eng zusammenstehenden, unverputzten Betonbungalows rund um einen kleinen Pool. Sie sind modern, mit bequemen Matratzen, AC, großem LCD-TV und gemütlichen Sitzgelegenheiten eingerichtet. Restaurant. Freundlicher, junger Besitzer. In der Hochsaison Frühstück und WLAN inkl. ❺

🧳 **Pairadise Gh.**, etwas versteckt östlich des Flusses auf einem Hügel, 300 m von der Hauptstraße, ☎ 053-698 065, 🖥 www.pairadise.com. Angenehmer, deutschthailändischer Familienbetrieb von Kathrin und Pin Zathu mit 15 gepflegten, individuell gestalteten Häusern mit kleinem Kühlschrank, Ventilator und Terrasse in einem weitläufigen Garten mit viel Platz zum Sonnen rings um einen idyllischen Teich. Freundliches, hilfsbereites Personal. Frühstück möglich, WLAN. ❸–❺

Pai Treehouse Resort, am Ostufer des Flusses, am KM 88 Richtung Hot Springs abbiegen und 3 km der Ausschilderung folgen, ☎ 081-911 3640, 🖥 www.paitreehouse.com. Auf einem weitläufigen Grundstück mit Blumen und herrlichen Ausblicken stehen 20 etwas abgewohnte Teakhäuser mit AC für Familien. Sehr originell die 3 kleinen Zimmer in einem urigen Baumhaus mit Kühlschrank und TV sowie winziger Du/WC, größere Duschen am Boden. Zelten möglich (ab 500 Baht). Großes Restaurant. ❹–❻

Rim Pai Cottage, in der Flussschleife hinter dem Wat Pa Kham, ☎ 053-699 133, 🖥 www.rimpai cottage.com. Anlage in einem gepflegten, schattigen Garten, die viel Privatsphäre bietet. 20 gediegene Zimmer in schmucken Teakholzhäusern mit großen Terrassen, bezaubernde Villa am Fluss und Häuser für Familien. Frühstücksrestaurant, professioneller Service. Frühstück in der Hochsaison inkl. ❹–❻

Obere Preisklasse

🧳 **Hotel des Artists**, Chaisongkram Rd., ☎ 053-699 539, 🖥 www.hotelartists.com/pai. Modernes, originell gestaltetes und preisgekröntes Boutiquehotel mit etwas schmalen,

Pai

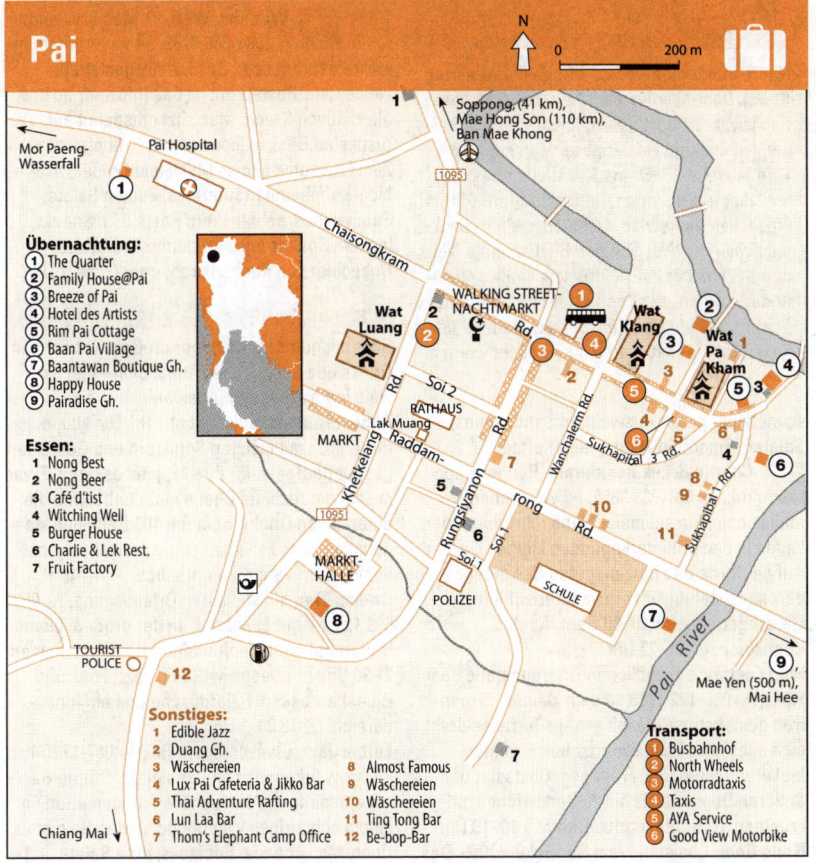

N
0   200 m

Mor Paeng-Wasserfall

Pai Hospital

Soppong, (41 km),
Mae Hong Son (110 km),
Ban Mae Khong

1095

Chaisongkram

Übernachtung:
1. The Quarter
2. Family House@Pai
3. Breeze of Pai
4. Hotel des Artists
5. Rim Pai Cottage
6. Baan Pai Village
7. Baantawan Boutique Gh.
8. Happy House
9. Pairadise Gh.

Essen:
1. Nong Best
2. Nong Beer
3. Café d'tist
4. Witching Well
5. Burger House
6. Charlie & Lek Rest.
7. Fruit Factory

Wat Luang

WALKING STREET-NACHTMARKT

Wat Klang

Wat Pa Kham

Soi 2

RATHAUS

Lak Muang

MARKT

Khetkelang Rd.

Raddam-

Wandalerm Rd.

Sukhapibal 3 Rd.

Rungsiyanon

Soi 1

trong   Rd.

SCHULE

Sukhapibal 1 Rd.

MARKT-HALLE

POLIZEI

1095

TOURIST POLICE

12

Pai River

Mae Yen (500 m),
Mai Hee

Chiang Mai

Sonstiges:
1. Edible Jazz
2. Duang Gh.
3. Wäschereien
4. Lux Pai Cafeteria & Jikko Bar
5. Thai Adventure Rafting
6. Lun Laa Bar
7. Thom's Elephant Camp Office
8. Almost Famous
9. Wäschereien
10. Wäschereien
11. Ting Tong Bar
12. Be-bop-Bar

Transport:
1. Busbahnhof
2. North Wheels
3. Motorradtaxis
4. Taxis
5. AYA Service
6. Good View Motorbike

minimalistisch eingerichteten Zimmern mit kühlen Betonböden, gefliesten Bädern mit Tropendusche, großem LCD-TV, DVD-Player, guten Betten auf dunklen Holzpodesten, Wasserkocher und Minibar, die teureren mit großer Fensterfront. WLAN, DVD-Verleih und Frühstück inkl. 🄶
The Quarter, Chaisongkram Rd., ☎ 053-699 423, 🖥 www.thequarterhotel.com. Klare Linien und modernes Design dominieren im gediegenen Boutiquehotel. 2-stöckige Häuser mit je 4 komfortablen, großzügigen Zimmern mit Veranda oder Balkon und Open-Air-Bädern mit Regendusche rings um den Pool. Großes

Restaurant. WLAN, Internet, Shuttleservice, Fahrräder und Frühstück inkl. 🄶

ESSEN

Burger House, Rungsiyanon Rd., 🖥 www.burgerhousepai.com. Rustikales, offenes Restaurant für Fleischfreunde mit freundlichem Service und Burgern nach amerikanischem Geschmack. Varianten mit Blauschimmelkäse, Salsa oder Pilzen. Zudem Frühstück und Baguettes. ⏱ 8.30–21 Uhr.
Café d'tist, Chaisongkram Rd., neben dem Hotel des Artists. Einladendes kleines Café mit stilvoller Einrichtung und entspannter Atmosphäre

Ein bunter Nachtmarkt

Nach Sonnenuntergang öffnet die **Walking Street**. Dann werden die Chaisongkram, obere Rungsiyanon und die Sukhapibal 1 Rd. zur Fußgängerzone und Flaniermeile. Man kann Musikern lauschen, sich mit Kunsthandwerk, bunten Hippie-Klamotten und schrägen Outfits eindecken und etwas essen oder einen Cocktail schlürfen. Westlich des Busbahnhofs werden T-Shirts mit Pai-Aufdrucken in allen Variationen, originelle Postkarten und gefällige Thai-Pop-Art junger Künstler verkauft. Es darf kein Alkohol konsumiert oder geraucht werden.

sowie einer guten Auswahl an Sandwiches, Salaten, Smoothies und gutem Kaffee.

€ **Charlie & Lek Restaurant**, Rungsiyanon Rd., ℰ 081-733 9055, ☐ www.charlie andlek.com. Ein schmaler Gang führt durch den Laden in den dahinterliegenden kleinen Garten. Auf der Karte des herzensguten Betreiberpärchens stehen leckere vegetarische und Fleischgerichte für 40–80 Baht. Auch Kochkurse. ⏱ 11–22 Uhr.

Fruit Factory, am südlichen Ortsrand nahe dem Fluss, ℰ 086-122 1765. In dem kleinen, farbenfroh gestalteten Café mit großer Terrasse dreht sich alles ums Obst: von frischen Früchten, leckeren Smoothies, Frappées, Obstsalat und anderen Desserts bis hin zu Sandwiches mit Früchten. Gerichte um 100 Baht. ⏱ 10–19 Uhr.

Nong Beer, Chaisongkram Rd., Ecke H1095. Das offene, überdachte Restaurant ist für zartes Rindfleisch bekannt. Zudem authentische Thai-Gerichte wie ein gutes Massaman-Curry und *Khao Soi*. Mutigen sei der scharfe Salat mit fermentiertem Schweinefleisch ans Herz gelegt. Gerichte um 100 Baht. ⏱ 9–22 Uhr.

Nong Best, ca. 300 m nördlich des Nachtmarkts am H1095, unter einer großen Yoma-Leuchtreklame, ℰ 081-168 3326. In dem schmucklos wirkenden Restaurant lauern wahre Gaumenfreuden. An Holztischen kann man exzellente authentische nordthailändische Gerichte genießen. Empfehlenswert sind Farne, Cashew-Chicken mit getrockneten Chilis und knuspriges Schweinefleisch.

 Witching Well, 97 Moo 3, Wiangtai, ℰ 084-366 4269, ☐ www.witching wellrestaurant.com. Das kreativ gestaltete kleine Café-Restaurant ist das Infozentrum der alternativen Szene. Man sitzt entspannt auf rustikalen Bänken inmitten von Grünpflanzen. Zum Frühstück gibt es Müsli und Crêpes, Arabica-Kaffee und Kräutertees. Zudem Salate, Sandwiches, sehr leckere Pasta u. a. Snacks, leckere Shakes und sättigende Smoothies. Unbedingt den Kuchen probieren. ⏱ 8–21 Uhr.

UNTERHALTUNG

Bars mit guter Musik, einer großen Auswahl an Drinks und entspannter Atmosphäre gibt es viele in Pai. Hier eine Auswahl:

Almost Famous, Sukhapibal 1 Rd. Die kleine farbenfroh mit lustigen Schildern und Gemälden gestaltete Bar ist für ihre Mojitos bekannt. Zwar mischt die resolute Chefin nicht unbedingt die potentesten Drinks, aber mit 100 Baht sind sie günstig und in zahllosen, oft mit frischem Obst gemischten Varianten erhältlich.

Be-bop-Bar, am südlichen Ortsausgang, ℰ 053-699 128, ☐ auf Facebook. In der großen, einem Bauernhof nachempfundenen Bar kann man ab 21.30 Uhr zu Livemusik (Rock, Jazz, Funk und Blues) abrocken. Billardtische und ein Innenbereich. ⏱ 18.30–1 Uhr.

Edible Jazz, Chaisongkram Rd., ℰ 087-177 7455, ☐ www.facebook.com/ediblejazz. Offene Bar mit entspannter Atmosphäre, Hängematten und einem schläfrigen Wachhund. Jeden So gibt es Open-Mic-Abende. Cocktails, gute Salate und andere Gerichte.

Lun Laa Bar, Sukhapibal 1 Rd. In der Bar am Fisch-Spa treten ab 21 Uhr gute, bunt gemischte Livebands auf (Jazz, Blues, Reggae, Ska, Rock). Cocktails kosten 100–150 Baht.

Lux Pai Cafeteria & Jikko Bar, Chaisongkram Rd. Einfache, bei Travellern beliebte Cocktail-Bar im Vorgarten eines kleinen Hauses. In geselliger Atmosphäre kann man sich an alten Holztischen oder auf Sitzkissen mit anderen Backpackern austauschen.

Ting Tong Bar, Sukhapibal 1 Rd. In der großen, offenen und beliebten Bar nimmt man auf Sitzkissen auf erhöhten Plattformen Platz oder schwingt zu wummernden Bässen das Tanzbein.

AKTIVITÄTEN

Rafting

Thai Adventure Rafting, ☎ 053-699 111, 🖥 www.thairafting.com. Guy Gorias veranstaltet seit 1987 bei ausreichend hohem Wasserstand von Jun–Jan gute Kajak- und Schlauchbootfahrten. 2 Tage (70 km) 2700–2800 Baht alles inkl., 1 Tag (45 km) 1500 Baht inkl. Frühstück. Die Stromschnellen erreichen Schwierigkeitsgrad 4–5. Übernachtet wird in Bambushütten.

Elefantenreiten

Thom's Pai Elephant Camp, Büro auf der Rungsiyanon Rd., ☎ 053-699 286, 🖥 www.thomelephant.com. Das auf artgerechte Haltung bedachte Camp offeriert Tagestouren mit 2 Std. Reiten, Waschen der Elefanten, einer Floßfahrt und einem Bad im warmen Quellwasser für 1600 Baht. Mahout-Kurse kosten 2500 Baht inkl. Übernachtung in der komfortablen Unterkunft, s. **eXTra [8802]**, und Halbpension. Ausritte 900 Baht pro Std. oder 1100 Baht für 2 Std. ⏱ 8.30–17 Uhr.

Trekking

Guides bieten von Jun–Feb Touren für 800–1000 Baht pro Tag und Person, mit Rafting oder Elefantenreiten +400 Baht.
Duang Gh. 5 Rungsiyanon Rd., gegenüber dem Busbahnhof, ☎ 053-699 101. Individuell angepasste Touren mit erfahrenen Guides für 800 Baht pro Tag inkl. Transport, Übernachtung und Essen. Bei der Tagestour zum Aussichtspunkt braucht man feste Schuhe und sollte keine Höhenangst haben!

SONSTIGES

Autovermietungen

North Wheels, ☎ 053-698 066, 🖥 www.northwheels.com. Autos für 1500 Baht und Motorräder für 110 Baht pro Tag. Rückgabe auch in Chiang Mai oder Chiang Rai. In Chiang Mai günstigere Preise. ⏱ 8–18 Uhr.

Fahrrad- und Motorradverleih

Das weite Tal lässt sich gut mit dem Motorrad erkunden, während die Berge mit ihren sehr steilen, teils unbefestigten Straßen und engen Kurven erfahrenen Motorradfahrern vorbehalten sein sollten. Fahrräder kosten 50–70 Baht pro Tag, Motorräder gibt es von der 100cc Honda Dream für 100 Baht bis zur Honda Super Four für 700 Baht.
Good View Motorbike, 69 Moo 3, Chaisongkram Rd., ☎ 089-999 1715. Der Anbieter hat auch Fahrräder im Angebot.
Leser haben mit dem Verleiher Mr. Bee schlechte Erfahrungen gemacht.

Medizinische Hilfe

Pai Hospital, Chaisongkram Rd., ☎ 053-699 031, 300 m westlich des Ortes.

Polizei

Rungsiyanon Rd., ☎ 191, Tourist Police, ☎ 053-611 812.

Post

Khetkelang Rd., ⏱ Mo–Fr 8.30–20, Sa und So 9–17 Uhr.

NAHVERKEHR

Motorradtaxis mit nummerierten, gelben Westen stehen gegenüber dem Busbahnhof. Sie kosten im Ort 20–40 Baht, zur World War II Memorial Bridge 80 Baht.

TRANSPORT

Busse

Vom zentralen, kleinen **Busbahnhof**, ☎ 053-064 307, nach:
CHIANG MAI, 140 km, um 12 Uhr für 80 Baht in 4 Std.
MAE HONG SON, über Pang Mapha um 11 Uhr für 80 Baht in 3–4 Std.
PANG MAPHA (Soppong), mit Bus nach Mae Hong Son, für 45 Baht in 1 1/2 Std.

Minibusse

Nach CHIANG MAI ab dem Busbahnhof etwa stdl. von 7–16.30 Uhr für 150 Baht in gut 3 Std.
Mit **Aya Service**, 22/1 Moo 3, Chaisongkram Rd., ☎ 053-699 888, 🖥 www.ayaservice.com, ab dem Büro nach Bedarf, in der Saison etwa stdl. von 8–17 Uhr für 150 Baht.
MAE HONG SON, von 8.30–17.30 Uhr für 150 Baht in 3 Std., die Minibusse sind schnell voll.

PANG MAPHA (Soppong), um 8.30 Uhr für 100 Baht oder mit Minibussen nach Mae Hong Son.
Zu weiter entfernten Zielen muss man meist in Chiang Mai umsteigen, z. B. BANGKOK 500 Baht, CHIANG KHONG 650 Baht.

Taxis
Taxis, ✆ 081-023 4483, warten östlich des Busbahnhofs und verlangen happige Preise. Nach CHIANG MAI oder MAE HONG SON 2500 Baht, PANG MAPHA (Soppong) 1500 Baht und CHIANG RAI 4000 Baht. Tagesausflüge in die Umgebung 1500 Baht.

Flüge
Kan Air, ✆ 02-551 6111, 🖥 www.kanairlines.com. Nach CHIANG MAI 3x wöchentlich.

Die Bergwelt im hohen Norden

Eine Reise in die Berge verband sich lange Zeit mit Vorstellungen von blühenden Mohnfeldern, verwegenen Gestalten, die mit vollbepackten Maultierkarawanen Opium schmuggeln, oder einfachen Bambushütten, in denen bunt gekleidete Bergbewohner ein karges Dasein fristen. All das gehört der Vergangenheit an. Durch die stärkere Kontrolle des Anbauverbots verlagerte sich der Mohnanbau in die Nachbarstaaten Myanmar und Laos, und die Bewohner des Grenzgebiets sind weitgehend entwaffnet. Über die Straßen ist die westliche Zivilisation in die Bergdörfer vorgedrungen. Anstelle des Opiums sind der Verkauf von Kaffee, Blumen, Obst, Gemüse und anderen Produkten sowie der Tourismus die wichtigsten Einkommensquellen. Für viele ist es heute Abenteuer genug, einen schwankenden Elefantensattel oder ein Bambusfloß zu besteigen. Andere fühlen sich herausgefordert, mit einem Motorrad das abgelegene Grenzgebiet zu erkunden und in den Dörfern der Bergvölker zu übernachten.

Chiang Dao

Durch das Tal des Ping verläuft die H107 von Chiang Mai über Mae Rim und Mae Taeng nach Norden. Vorbei an Reis- und Gemüsefeldern, Obstplantagen und Teakholzpflanzungen, geht es von der Umgehungsstraße nach Chiang Dao, das sich fast 8 km am alten H107 erstreckt. Dienstags findet zwischen dem Busbahnhof und der Abzweigung zu den Höhlen ein großer **Markt** statt.

Eine 5 km lange Nebenstraße zweigt zu den religiös verehrten **Chiang Dao-Höhlen** ab. Der Haupteingang liegt jenseits eines neueren Tempels. Am Hang erkennt man verfallene Stupas und Salas mit Buddhastatuen, die bereits im 2. Jh. n. Chr. erbaut wurden. Über einen Karpfenteich hinweg gelangt man in das weitverzweigte Höhlensystem, in dem der Ping entspringt. Einige Bereiche mit alten Buddhastatuen sind ausgeleuchtet. ⏰ 7–17 Uhr, Eintritt 40 Baht, Guide mit Lampe 100 Baht.

Die schmale Asphaltstraße verläuft weiter zum **Wat Pha Phlong**, einem Meditations-Höhlenkloster in einem dschungelbedeckten Tal. Zum Monument mit den Relikten des hochverehrten Abts Phra Ajam führen 510 Stufen hinauf. Eine andere schmale Straße verläuft 50 km durch den **Pha Daeng National Park** (Eintritt 200 Baht) bis **Muang Khong**.

Der 2175 m hohe **Doi Luang Chiang Dao** ist der dritthöchste Berg des Landes. Die dschungelbedeckten Hänge sind ein populäres Trekkinggebiet und Heimat von rund 300 Vogelarten.

ÜBERNACHTUNG

Chiang Dao Nest 1 + 2, hinter den Höhlen auf dem Weg zum Wat Pha Phlong, ✆ 053-456 242, 🖥 www.chiangdaonest.com. Auf 2 Grundstücken in 700 m Entfernung stehen in Gärten und Bambushainen 23 kleine, hübsche Bungalows, überwiegend aus Naturmaterialien. Nest 1 mit kleinem Pool und Spielplatz. Nest 2 ist einfacher mit schöner Aussicht auf die Berge. Stuart und seine Frau Wicha managen die gepflegten, familienfreundlichen Anlagen und veranstalten Ausflüge und Trekkingtouren. Reservierung empfehlenswert. WLAN im Restaurant. ➋–➍

THAILAND

Malee's Nature Lovers Bungalows, ℡ 053-456 426, 🖳 www.maleenature. com. In einer tollen, gepflegten Gartenanlage mit fantastischer Aussicht befinden sich Bungalows und Häuser, die preiswerten mit Gemeinschafts-Du/WC, die teureren auch für Familien. Einige sind neu, andere renovierungsbedürftig. Zelten für 80 Baht p. P., inkl. Zelt 200 Baht. Großes Restaurant, kleiner Pool und Spielplatz. Entspannte, familiäre Atmosphäre. Die herzliche Malee und ihr Schweizer Mann Kurt organisieren Touren und Trekking. Verleih von GPS, gute Karte mit Wanderrouten und Infos für die Besteigung des Doi Luang Chiang Dao, Mountainbike- und Motorradverleih. Taxi ab Chiang Dao 150 Baht. WLAN. ❷–❺

TRANSPORT

Zu den Höhlen und Resorts fahren **Songthaew** vom Markt bzw. Busbahnhof für 150 Baht, **Motorradtaxis** für 50 Baht.
Vom **Busbahnhof** am nördlichen Ortsausgang Busse nach
CHIANG MAI, alle 30 Min. bis 18.30 Uhr für 40 Baht in 1 Std.
FANG, alle 30 Min. bis 19 Uhr für 50 Baht in 1 1/2 Std.
THATON, um 7, 8.30, 9, 10.30, 12, 13, 15 und 17 Uhr für 70 Baht in 2 1/2 Std.

Von Chiang Dao nach Thaton

Von Chiang Dao windet sich der H107 Richtung Norden zwischen steilen Kalkfelsen hindurch, die sich in bizarren Formationen aus der Ebene erheben. Rechts der Straße liegt am KM 95 am **Huay Luk-See** eine wenig attraktive Hmong-Siedlung. Die folgende steil aufragende Bergkette mit bizarren Karstformationen bildet die Wasserscheide zwischen dem Einzugsgebiet des Ping und des Fang-Flusses und damit zwischen dem Menam Chao Phraya und dem Mekong. Am Pass am KM 109 spendet links der Straße ein großer Buddha in einem **Tempel** dem fruchtbaren Tal seinen Segen. Kurz vor KM 118 geht links ein 2,7 km langer Weg zu den **Tab Tao-Höhlen** ab, zwei Höhlentempel mit Buddhastatuen.

11 km vor dem Verkehrsknotenpunkt **Fang** erinnert neben dem Tempel eine **Ölpumpe** daran, dass in den 1950er-Jahren im Mae Soon Oil Field Öl gefördert wurde. Mehr zu Fang s. **eXTra [2710]**.

Von Ban Sop Kha fahren Minibusse zum **Doi Angkhang** hinauf. Auf einer riesigen Versuchsfarm werden verschiedene Gemüsesorten, Früchte, Blumen, Zier- und Gewürzpflanzen aus temperierten Klimazonen angebaut. Schmuckstücke sind der Bonsai-Garten und das Gewächshaus mit seltenen Farnen. Eintritt 50 Baht. Mehr s. **eXTra [2713]**.

TRANSPORT

Vom Busbahnhof im Süden von Fang an der Hauptstraße schräg gegenüber vom Tesco Lotus verkehren **Busse und Songthaew** auf dem H107 nach:
CHIANG MAI, stdl. bis 17 Uhr für 80–120 Baht in 3 Std.
CHIANG RAI, mit Green Bus um 14 Uhr für 100 Baht in 3 Std.
THATON, gelbe Songthaew ständig für 30 Baht, Busse etwa stdl. von 7–17 Uhr für 10 Baht.

Thaton

Der ruhige Ort, 23 km nördlich von Fang am Ufer des Mae Kok, liegt 2 km von der Grenze zu Myanmar entfernt. Er ist Ausgangspunkt für eine beliebte Flussfahrt oder eine Tour mit dem eigenen Fahrzeug durch die Berge nach Mae Salong.

Oberhalb erstreckt sich auf neun Ebenen die riesige Tempelanlage des **Wat Thaton**, gekrönt von einem wunderschönen, 45 m hohen Chedi, der von einem großen goldenen Drachen bewacht wird. Im Erdgeschoss des Chedi werden Buddhafiguren aus asiatischen Ländern ausgestellt. Darüber befinden sich ein Meditationsraum und im Obergeschoss mit schöner Aussicht eine Reliquie Buddhas. ⏲ 6.30–17 Uhr.

Am Ende der Straße thront die 10 m hohe Statue eines **stehenden Buddhas**, der entsprechend des chinesischen Feng Shui das Yang auf der 9. Ebene repräsentiert. Dazwischen erheben sich weit sichtbar auf anderen Hügeln ein auf

Bootstour nach Chiang Rai

Gegen 12.30 Uhr legen in Thaton Boote ab, die auf dem Mae Kok, einem Zufluss des Mekong, 80 km hinab nach Chiang Rai fahren. Die Bootsfahrt ist eine beliebte Alternative zur Fahrt über Mae Salong, die mit öffentlichen Verkehrsmitteln recht beschwerlich ist. Erfahrene Motorradfahrer können am Südufer Richtung Chiang Rai fahren. In der Regenzeit ist die Fahrt auf dem reißenden Fluss nicht ungefährlich, in der Trockenzeit muss das Boot hingegen manchmal geschoben werden. Die lauten, kleinen Boote verfügen weder über komfortable Sitze noch über ausreichenden Sonnenschutz. Kameras sollten vor Spritzwasser geschützt werden.

Lisu- und Akha-Frauen verkaufen an der Anlegestelle Handarbeiten. Unterwegs stoppen die Schnellboote nach Bedarf an Dörfern der Akha, Karen und Lahu. Etwa 20 km vor Chiang Rai sind Touristenboote unterwegs, die Tagesausflügler zu den **Pong Hot Springs** oder zum **Karen Elephant Camp Ruam Mitr** bringen. Ab 6 Pers. lohnt es sich, für 2200 Baht ein Boot nach Chiang Rai zu chartern, das 3–5 Std. benötigt.

Ein Klassiker sind die 2-tägigen Bambusfloßtouren nach Chiang Rai für 3500 Baht p. P. bei 2 Pers. (2500 Baht bei 4 Pers.) inkl. Schlafsäcke, Moskitonetze und Verpflegung.

---

der Naga-Schlange sitzender **bronzener Buddha** (Ebene 4), ein chinesischer **weißer Buddha** (Ebene 3) und oberhalb der Tempelschule die **Göttin der Barmherzigkeit**, Kuan Yin (Ebene 1), die das Ying im Süden verkörpert. Sie ist auch über eine Treppe vom Flussufer nahe der Brücke zu erreichen.

ÜBERNACHTUNG

Apple River Villa, 565 Moo 14, ✆ 053-373 144, ✉ applethaton@yahoo.com. Am nördlichen Flussufer vermietet die freundliche Thuy 6 große, lichtdurchflutete Bungalows mit AC, Kühlschrank und dicken, weichen Matratzen und hübschen Bädern mit separater Dusche. Kleinere, günstigere Häuser im Garten. Gutes

Preis-Leistungs-Verhältnis. Im Restaurant WLAN und große Auswahl an leckeren Thai-Gerichten. ❷–❹

Garden Home Nature Resort, ✆ 053-373 015, 🖥 www.thatonaccommodation.com. Bis zum Fluss reicht der große Garten mit Mango- und Litschi-Bäumen. Dort stehen ein Reihenhaus mit 4 preiswerten Zimmern, 18 bambusverkleidete Hütten mit AC und harten Matratzen, 3 gemauerte, attraktive Bungalows mit AC sowie ein teures Haus mit großer Terrasse am Fluss. Organisation von Bootstickets und Treks, Motorradvermietung für 250–300 Baht pro Tag. Man kann vom Resort aus in das Boot nach Chiang Rai einsteigen. WLAN im Restaurant. ❶–❺

Khun Mai Baan Suan Resort, ✆ 053-373 214, 🖥 www.khunmaibaansuan.net. Im 2-stöckigen Hotel in der Flussschleife liegen oben 15 Zimmer mit kleinem Balkon. Zudem 14 nette Bungalows um einen großen ruhigen Garten mit Palmen und Litschibäumen, einige mit LCD-TV und mit Flusssteinen dekorierten Du/WC und dicht aneinandergereihte Einzelbungalows am Fluss. Frühstück und WLAN im Restaurant inkl. ❹–❺

Old Tree's House, am Hang 300 m östlich der Songthaew-Haltestelle, 200 m nördlich der Straße nach Mae Chan, ✆ 085-867 1348, 🖥 www.oldtreeshouse.net. Nid, eine Shan, und der Franzose Paulo vermieten in ihrer idyllischen Gartenanlage 6 nette Bungalows für 1–3 Pers. mit Himmelbetten, großem TV und DVD-Player, Minibar, separater Dusche und WC. Ein 4-Pers.-Zimmer für 2600 Baht. DVD-Ausleihe, Abendessen für 240 Baht, Kinder 120 Baht. Pool und Kinderbecken. Touren, Motorradverleih. Die Einnahmen kommen u. a. Projekten zur Unterstützung von Bergdörfern zugute. Frühstück, Wäscheservice und WLAN inkl. ❺

ESSEN

Khao Soi Islam, ca. 250 m südlich des Marble Restaurants (nur in Thai beschildert). Kleines, offenes Restaurant mit Plastikstühlen und hervorragender *Khao Soi*.

Sunshine Café, neben dem Markt, ✆ 087-501 0962. Das offene Bambushaus mit vielen

Schwalben unter dem Dach ist wegen seiner zentralen Lage bei Touristen beliebt. Guter Kaffee, große Frühstückskarte, Toasties, Baguettes und Burger sowie Thai-Gerichte. Zeitvergessener Service. ⏱ 8–22 Uhr.

Thaton River View Resort, s. Übernachtung. Großes Restaurant am Fluss mit toller Sicht auf den Tempel. Leckere Thai-Gerichte, empfehlenswertes Panaeng-Curry und Grillhähnchen, üppige Portionen.

TRANSPORT

Busse
Von der **Bushaltestelle** nördlich der Brücke nach:
BANGKOK, um 6 und 17 Uhr für 700 Baht, VIP um 16 Uhr für 820 Baht.
CHIANG MAI, um 9, 11.30, 13, 14.30 und 15.30 Uhr für 90 Baht in 4 Std. Wer aus Chiang Mai kommend am selben Tag mit dem Boot weiterreisen möchte, sollte sich früh auf den Weg machen.

Songthaew
Von der Haltestelle östlich der Bushaltestelle verkehren nach:
FANG, gelbe Songthaew von 5.30–16 Uhr bei genügend Passagieren für 30 Baht.
MAE SALONG, 3x tgl. von 8.30–12.30 Uhr für 60 Baht in 2 Std. Sie halten in KIU SADAI, 30 Baht, 1 Std. Dort nach CHIANG RAI (via Mae Chan) umsteigen.

Von Thaton nach Mae Salong

Die modernen, von Chinesen, Lisu und Akha bewohnten Dörfer im Tal des Kok sind von Gemüsefeldern und Obstplantagen umgeben. Östlich von Thaton kann am KM 29 in Huai Nam Yen die große Orangenplantage **Thanathon Orchard**, 🖥 www.tntorchard.com, besichtigt werden, eine Rundfahrt kostet 30 Baht. Da nicht nur frisch gepresster Saft, sondern auch Thai-Gerichte angeboten werden, ist sie ein beliebter Stopp zum Mittagessen. ⏱ 8–17 Uhr.

Der H1089 verlässt am KM 47,5 das Tal und windet sich die Berge hinauf. Das kommerzielle **Three Hill Tribes Village Ban Yapa**, 600 m ab-

seits am KM 49, sollte man links liegen lassen und stattdessen das Akha-Dorf **Ban Lorcha** besuchen, ein sozialverträgliches „Living Museum", ✆ 053-719 167, 🖥 www.pda.or.th/chiangrai/ban_lorcha.htm, am KM 54. An der Straße werden Besucher von einem (nicht englischsprachigen) Dorfmitglied in Empfang genommen und in einem halbstündigen Rundgang durch die Siedlung geführt – ohne Bettler oder Verkäuferinnen. Sie werden von einer Tanzgruppe begrüßt, können beim Spinnen, Weben, Fallenstellen und Schmieden zusehen und erhalten an einem Dutzend Stationen mit etwas verblichenen englischen Infotafeln einen Einblick in den Alltag der Akha und ihre Traditionen. Den Abschluss bildet ein Tässchen Tee. Eintritt 50 Baht.

Mae Salong (Santikhiri)

Das verschlafene Dorf auf einem Kamm mit freiem Blick in alle Richtungen scheint geradewegs aus Südchina „importiert". Die einst im Windschatten des 1355 m hohen Doi Mae Salong erbauten Lehm- und Holzhäuser sind durch mit chinesischen Ornamenten und goldenen Schriftzeichen verzierte Neubauten ersetzt worden.

Noch vor Sonnenaufgang kommen Akha- und Lisu-Frauen zum **Morgenmarkt** im Ortszentrum. Der **Nachmittagsmarkt** mit Souvenirständen am westlichen Ortsausgang wird weitgehend von Chinesen bestimmt, die traditionelle Medizin, Kräuterschnaps, Trockenfrüchte und -pilze, Tee und andere Spezialitäten offerieren.

Den Ort überragt auf 1269 m Höhe die goldglänzende **Pagode** am oberen Hang des **Doi Mae Salong** (1355 m), zu der eine 3,7 km lange, steile Straße westlich vom Khum Nai Phol Resort hinaufführt. Eine weitere Straße zweigt kurz vor dem Mae Salong Resort ab und endet am Fuß einer Treppe mit 713 Stufen. Auf dem Weg kommt man an einem Tempel mit einer wunderschönen, kleinen **Kuan Yin-Pagode** vorbei. Von oben blickt man hinab über die Siedlung und die sich dahinter erstreckenden Hänge mit Maisfeldern, Tee- und Obstplantagen.

Zum touristischen Programm gehören der Besuch einer Teefabrik und eines chinesischen

Restaurants. Die Teefabrik **101 Tea Plantation**, ☎ 089-487 2802, östlich des Ortes am KM 16,2 kann manchmal besichtigt werden. Hier wird der Tee maschinell geerntet und verarbeitet. Im Restaurant können Tee und *Sa La Pau*, gefüllte Grüntee-Hefeklöße, probiert werden.

ÜBERNACHTUNG

Im Winter wird es sehr kalt, daher haben alle Unterkünfte Warmwasser. Lage der Unterkünfte s. **eXTra [2644]**.

Little Home Gh., im Zentrum nahe dem Markt, ☎ 053-765 389, 🖥 www.maesalonglittlehome. com. 9 gepflegte, saubere Bungalows im Garten hinter dem Haus mit guten Matratzen, TV, teurere mit AC und Kühlschrank. Restaurant mit Yunnan-Gerichten, ⏱ 7–10 und 17–22 Uhr. Der hilfsbereite, freundliche Som Boon hat auch eine Karte der Stadt und Umgebung. Frühstück für 40 Baht, WLAN. ❸

Maesalong Mountain Home, östlich des Ortes, hinter der riesigen Teetasse, 1,2 km ab der Abzweigung vom H1234, ☎ 084-611 9508, 🖥 www.maesalongmountainhome.com. Der sehr freundliche Besitzer Somchit vermietet inmitten von Teeplantagen, Feldern und Bambuswald 10 kleine, naturnah an einen Hang gebaute, farbenfrohe Bungalows mit Podestbetten und hübschen Du/WC, teils geräumige Terrassen, tolle Aussicht, Himmelbetten und Moskitonetz. 4-Pers.-Zimmer für 2500 Baht. Zelten für 100 Baht. Luftiges Restaurant mit einer begrenzten Auswahl an Yunnan-Gerichten. Frühstück und WLAN inkl. ❹–❺

Osman House, östlich der Songthaew-Haltestelle, schräg gegenüber von Sweet Maesalong, ☎ 084-045 8031, 🖥 www.facebook. com/osmanhouse. In dem Neubau liegen 5 großzügige, moderne Zimmer, in denen Betonwände und Seidentapeten kontrastieren. Chinesische Holzmöbel, bequeme Doppelbetten, Kühlschrank, LCD-TV, Heizradiator, Teekocher und kleines Bad mit Du/WC. Im 1. Stock größere Zimmer mit Balkon und riesiger Fensterfront. Frühstück und WLAN inkl. ❹–❺

Shin Sane Gh., im Zentrum neben dem Markt, ☎ 053-765 026, 🖥 www.maesalong-shinsane. blogspot.de. Im Garten von Herrn Ho stimmen Preis und Leistung: 10 kleine, ältere, einfache Bungalows mit Platz für 4 Pers. sowie 3 ältere Zimmer mit Gemeinschaftsdusche und Hocktoilette. Waschmaschinenbenutzung, im Restaurant geht es locker zu. Die freundliche Familie organisiert Ponyausritte in die umliegenden Dörfer für 500 Baht. Motorräder für 200 Baht pro Tag, Internet. ❶

ESSEN

Spezialitäten der Yunnan-Küche sind gekochtes Eisbein mit Pao (gedämpften chinesischen Hefeklößen), gedämpfte Tee-Ente, gebratene Würstchen oder Suppe mit chinesischen Wurzeln. Chinesische **Teehäuser** finden sich überall im Ort.

Imm Pooh Channa, etwas versteckt hinter den Kunsthandwerksgeschäften am westlichen Ortseingang (nur auf Thai beschildert). Hier kann man aus der englischen Speisekarte mit günstigen, sehr leckeren chinesischen sowie wenigen Thai-Gerichten wählen. Wir empfehlen Hühnchen, Schwein sowie Pao. ⏱ bis 19 Uhr.

Salema Restaurant, mitten im Ort, ☎ 053-765 088. Familiäres Restaurant mit moslemischer Yunnan-Küche. Gut sind das Curry im Yunnan-Stil mit Pao, der scharfe Salat mit schwarzen eingelegten Hundert-Jahre-Eiern oder das Hühnchen in Bambussuppe. ⏱ ab 8 Uhr.

Sweet Maesalong, etwas östlich des Zentrums, schräg gegenüber vom Osman House, ☎ 081-855 4000, 🖥 auf Facebook. Kleines Haus aus Naturmaterialien mit 2 Terrassen und Blick über das Tal. Mee und Ton aus Bangkok servieren leckere Kuchen wie Midnight Mouse oder Blood Orange Mascarpone Cake, die den hohen Preis wert sind. Zudem Frühstück, Panini und einige Thai-Gerichte. Gute Kaffee- und Teeauswahl sowie Cocktails. ⏱ 8.30–18.30 Uhr, manchmal Di oder Mi geschl.

TRANSPORT

Nach CHIANG RAI und MAE SAI geht die Fahrt über Pa Sang am H1, 2 km nördlich von Mae Chan. Dort in einen Bus umsteigen.
PA SANG, 38 km, mit Songthaew von 8–15 Uhr je nach Bedarf für 60 Baht in 1 1/2 Std.

THATON, mit Songthaew 3x tgl. von 8.20–
14.30 Uhr für 60 Baht in 2 Std.

Chiang Rai und Umgebung

Die nördlichste Provinzstadt erwachte in den
1980er-Jahren nach dem Bau der Schnellstraße
Richtung Chiang Mai aus ihrem Dornröschenschlaf. Dabei wurde sie bereits 1262 gegründet
und ist somit älter als Chiang Mai. König Mengrai eroberte von hier aus vor über 700 Jahren
das alte Mon-Reich Haripunchai (S. 246). Seine
Asche ist nordwestlich des Zentrums in einer
Stupa im **Wat Doi Ngam Muang** beigesetzt, zu
dem eine von Naga-Schlangen flankierte Treppe
hineinführt.

Das **Wat Phra Kaew**, 🖳 www.watphrakaew-
chiangrai.com, wurde in seiner heutigen Form
unter König Phra Muang Kaew (1495–1526) errichtet. Es erhielt seinen Namen, nachdem man
1434 im Chedi des bereits vorher existierenden
Wat Pa Yiah den Smaragd-Buddha, das nationale Heiligtum des Landes, entdeckt hatte, der
heute im Wat Phra Kaew in Bangkok steht. Eine
Kopie aus 300 kg kanadischer Jade erhielt einen
würdigen Platz in einem Neubau, an dessen
Wänden man die ereignisreiche Geschichte des
Originals verfolgen kann. Ein Museum befindet
sich in einer hohen, zweistöckigen Halle aus
dunklem Edelholz mit vergoldeten Schnitzereien.
🕘 9–17 Uhr, Eintritt frei.

Vom Doi Thong, einem Hügel im Nordwesten der Stadt, hat man zum Sonnenuntergang
eine schöne Aussicht. Am über tausend Jahre
alten **Wat Phra That Doi Chom Thong** steht der
phallusförmige, als Wohnsitz von Geistern verehrte Stadtpfeiler **Lak Muang**.

Zentrum

Im kleinen **Hilltribe Museum and Handicraft
Centre**, 620/25 Tanalai Road (dritter Stock),
📞 053-740 088, 🖳 www.pdacr.org/hilltribe-
museum/general-information.html, vermitteln
eine Ausstellung und eine PowerPoint-Prä-
sentation in deutscher Sprache einen Überblick über sechs Bergvölker und traditionelles
Handwerk. Der alte Webstuhl wird noch oft benutzt. Das Museum wird von der Population and

Community Development Association (PDA),
🖳 www.pdacr.org, geleitet, die auch das zu-
gehörige Restaurant betreibt, sozialverträgliche Trekkingtouren anbietet (S. 268) und Projekte zur Aids-Prävention, Wasserversorgung und
Familienplanung der Bergvölker unterstützt. Im
kleinen Shop können OTOP-Produkte gekauft
werden. 🕘 Mo–Fr 9–18, Sa, So und feiertags ab
10 Uhr, Eintritt 50 Baht.

Südwestlich des Hilltribe Museums erfreuen
bunte Blumenbeete müde Augen auf dem ehemaligen Gefängnisgelände. Der dortige Nachbau eines großen, hölzernen Langhauses ent-
puppt sich als **Learning Center of 30 Tribes**
mit 60 paarweise durch Männer- und Frauen-
tracht kostümierten Puppen und Kunsthandwerk
von 30 Volksgruppen der Region, die in englischen Kurzbeschreibungen vorgestellt werden.
🕘 8.30–16.30 Uhr, Eintritt frei.

Oub Kham Museum

Das Museum in der Na Khai Road, der verlängerten Sankhongnoi Road, 📞 053-713 349,
🖳 www.oubkhammuseum.com, zeigt prunkvolle
Schätze aus Lanna und anderen Thai-Städten in
Süd-China sowie den Shan-Gebieten in Myanmar, Laos und Vietnam. Die einmalige Sammlung von Gold- und Silberornamenten sowie
Besitztümern aus Herrscherhäusern, bis zu tausend Jahre alten Buddhastatuen sowie kunstvollen Textilien rechtfertigt den hohen Eintritt.
Beeindruckend ist der goldene Thron des Shan-
Herrschers von Kengtung. 🕘 8–17 Uhr, Eintritt
300 Baht, Kinder 200 Baht.

Baandam Museum

Das „Schwarze Haus", 📞 053-705 834, 🖳 www.
thawan-duchanee.com, ist ein Werk des Künstlers Thawan Duchanee. Seine großformatigen
Bilder, die in der Galerie aushängen, erzielen
Höchstpreise. Im angrenzenden Park hat er ar-
chaische Skulpturen in Schwarz gehaltene,
mit Schnitzereien verzierte Häuser erbaut. Er
greift die Architektur von Tempeln und Reis-
speichern auf, überhöht sie und füllt Räume mit
einer teils schockierenden Sammlung von Häu-
ten, Fellen, Skeletten, Schädeln, Geweihen und
Hörnern, aus denen er sogar Möbel gestaltet.
Dazwischen stehen Buddhaskulpturen und

Ein Traum in Weiß voller Symbolik

Wat Rong Khun (White Temple) ist der seit Baubeginn 1998 wahr werdende Traum des Künstlers Chalermchai Kositpipat. Tausende Besucher bestaunen Tag für Tag die Detailfülle des einmaligen Tempels. Die mit Spiegelmosaiken verzierte schneeweiße Fassade des Wats funkelt in der Sonne, und das Spiegelbild im angrenzenden Teich blendet geradezu. Im Inneren erblickt man zuerst das riesige Buddhabild auf einer goldenen Wand, vor der eine weiße Buddhastatue aus Marmor zu schweben scheint. Gegenüber thematisiert ein fantastisches, stetig erweitertes Wandgemälde rings um die Eingangstüren die Dämonen unserer Welt: den Krieg der Sterne, den 11. September, die Abhängigkeit von Erdöl, Alkohol und Markenwaren sowie die Macht der Waffen. Inmitten der Dämonen und Fratzen tauchen vereinzelt lichte Gestalten und Symbole des Buddhismus auf. Viele der umliegenden jüngeren Bauten wirken neben dem prunkvollen Hauptgebäude geradezu spartanisch. Vorbei an den beachtenswerten Toiletten, geht es zur **Hall of Masterworks**, einer Galerie, in der viele teils surreale, buddhistische Malereien des Künstlers präsentiert werden. Im Shop kann man Drucke und Souvenirs erstehen. Zum Tempel geht es 12 km südlich von Chiang Rai vom H1 am KM 919 kurz auf den H1208 ab. ⏰ 8–17 Uhr, Eintritt frei. Anfahrt mit Bussen Richtung Süden. Mehr s. **eXTra [2936]**.

Schnitzereien, Silberschalen und andere Antiquitäten. Vom H1 am KM 942,7 hinter der Universität Richtung Westen der Ausschilderung folgen. ⏰ 9–12 und 13–17 Uhr, Eintritt frei.

ÜBERNACHTUNG

Besonders für den kleinen Geldbeutel ist die Auswahl an Unterkünften groß. Weitere Angebote s. **eXTra [2727]**.

Untere Preisklasse

Baan Bua Gh., 879/2 Jet Yod Rd., ✆ 053-718 880, 🖥 www.baanbua-guesthouse.com. Der hilfsbereite Tim vermietet 15 sehr saubere Zimmer mit Ventilator oder AC in angenehmen Bungalows im großen Garten in ruhiger Lage. Trekkingtouren und Fahrzeugvermietung. WLAN im Gartenrestaurant. ❷

Baan Bua Homestay, 1047/2 Jet Yod Rd., ✆ 053-717 952, 🖥 www.baanbuahomestay.com. Umgebautes, in kräftigen Farben gestrichenes Teakhaus mit 10 Zimmern in einer ruhigen Soi. Im Erdgeschoss nette, etwas dunkle Zimmer mit guten Betten und teils offenen Bädern, oben mit Teakböden, Waschbecken und separater Du/WC in einem Anbau. 3-Pers.-Zimmer für 700 Baht. Terrasse mit Tischen und Sonnenschirmen, kleines Frühstücksrestaurant. WLAN. ❷

Baramee Guest House, 18 Sanpanard Rd., ✆ 053-601 082, 🖥 www.baanbaramee.com. Neueres, in kräftigem Grün gestrichenes Gästehaus mit netter Atmosphäre im Wohngebiet. Die freundlichen, sauberen Zimmer haben Kühlschrank, AC, Du/WC, breite Betten mit harten Schaumstoffmatratzen sowie LCD-TV. WLAN. ❷–❸

Moon & Sun City Hotel, 632 Singhakai Rd., ✆ 053-719 279, 🖥 www.moonandsun-hotel.com. Moderneres, 3-stöckiges Stadthotel mit gutem Preis-Leistungs-Verhältnis. Vorn recht dunkle Zimmer mit kleinen Fenstern, Kühlschrank, TV und Balkon mit Waschbecken. Hinten etwas teurere, saubere Zimmer mit größeren Fenstern. WLAN. ❷–❸

Mittlere Preisklasse

Akha River House, westlich der Brückenauffahrt am Mae Kok, ✆ 053-715 084, 🖥 www.akha.info. Apae Amor, ein Akha, führt 21 Zimmer mit Steinböden, harten Matratzen, teils ohne Du/WC oder AC. Im neueren Haus mit TV und Kühlschrank, im Erdgeschoss muffig. Viel Bambus und Lehm verleihen der Anlage rustikales Flair. Restaurant. Um 16.30 Uhr Transport zum Akha Hill House (S. 271). 10 % des Gewinns kommen einer Schule für Kinder aus Bergdörfern zugute. Frühstück, Internet-PC, Fahrräder und WLAN inkl. ❷–❹

Ben Gh., 350/1 Soi 4, Sangkhongnoi Rd., ✆ 053-716 775, 🖥 www.benguesthousechiangrai.com. Ruhig gelegene 2-stöckige Häuser westlich des Zentrums mit 33 teils recht kleinen Zimmern; die

Chiang Rai

N

0   400 m

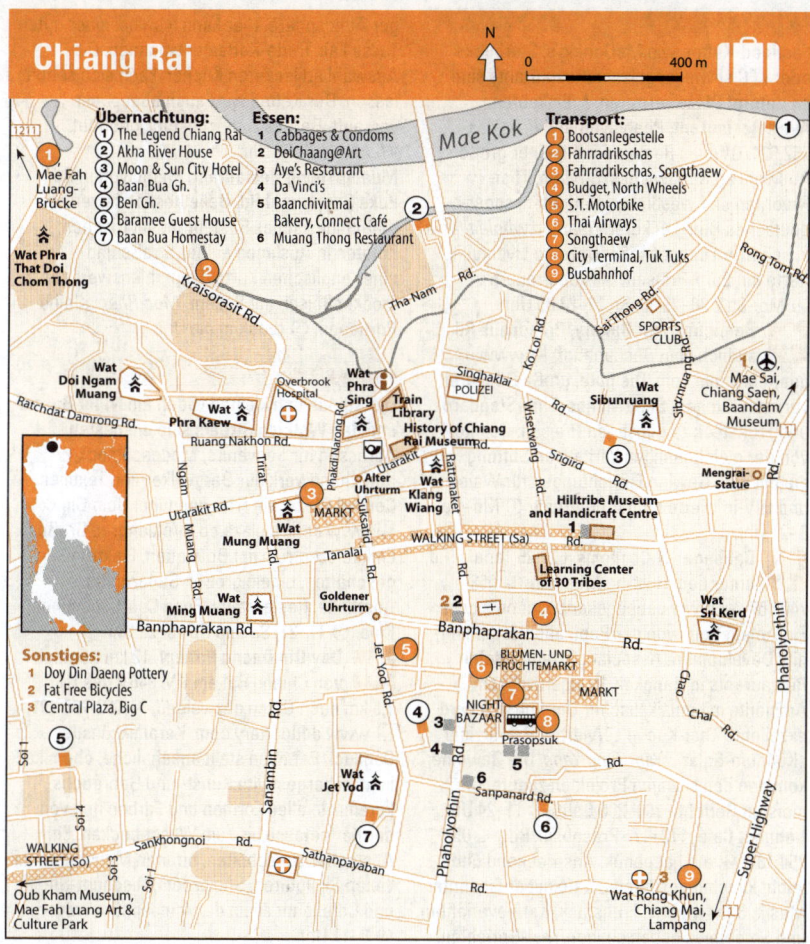

Übernachtung:
1. The Legend Chiang Rai
2. Akha River House
3. Moon & Sun City Hotel
4. Baan Bua Gh.
5. Ben Gh.
6. Baramee Guest House
7. Baan Bua Homestay

Essen:
1. Cabbages & Condoms
2. DoiChaang@Art
3. Aye's Restaurant
4. Da Vinci's
5. Baanchivitmai Bakery, Connect Café
6. Muang Thong Restaurant

Transport:
1. Bootsanlegestelle
2. Fahrradrikschas
3. Fahrradrikschas, Songthaew
4. Budget, North Wheels
5. S.T. Motorbike
6. Thai Airways
7. Songthaew
8. City Terminal, Tuk Tuks
9. Busbahnhof

Sonstiges:
1. Doy Din Daeng Pottery
2. Fat Free Bicycles
3. Central Plaza, Big C

Map labels: Mae Fah Luang-Brücke, Wat Phra That Doi Chom Thong, Mae Kok, Kraisorasit Rd., Tha Nam Rd., Rong Tom Rd., SPORTS CLUB, Wat Doi Ngam Muang, Overbrook Hospital, Wat Phra Sing, Train Library, History of Chiang Rai Museum, Singhaklai, POLIZEI, Wat Sibunruang, Mae Sai, Chiang Saen, Baandam Museum, Ratchdat Damrong Rd., Wat Phra Kaew, Ruang Nakhon Rd., Trirat, Alter Uhrturm, Wat Klang Wiang, Wisetwang Rd., Srigird Rd., Mengrai-Statue, Utarakit Rd., MARKT, Wat Mung Muang, Suksatit Rd., Rattanaket Rd., Hilltribe Museum and Handicraft Centre, WALKING STREET (Sa), Learning Center of 30 Tribes, Tanalai Rd., Ming Muang, Goldener Uhrturm, Banphaprakan, Wat Sri Kerd, Banphaprakan Rd., BLUMEN- UND FRÜCHTEMARKT, MARKT, Jet Yod Rd., Sanambin, NIGHT BAZAAR, Prasopsuk, Chai Rd., Phaholyothin Rd., Super Highway, Sanpanard Rd., Wat Jet Yod, Sankhongnoi Rd., Sathanpayaban Rd., WALKING STREET (So), Oub Kham Museum, Mae Fah Luang Art & Culture Park, Wat Rong Khun, Chiang Mai, Lampang

---

im neueren Haus wirken durch dunkle Innenwände und Bodenfliesen etwas düster, die billigeren haben Ventilator und Gemeinschafts-Du/WC, ein VIP-Apartment und 3-Bett-Zimmer. Restaurant, Pool, Trekkingtouren, Motorradvermietung. Transport vom Busterminal und WLAN inkl. **2**–**4**

Obere Preisklasse

The Legend Chiang Rai, 124/15 Moo 21, Koloi Rd., ☏ 053-910 400, 🖥 www.thelegend-chiang

rai.com. Modernes, 78 Zimmer umfassendes Boutiquehotel am Fluss im minimalistisch gehaltenen Lanna-Stil. Riesige, ungewöhnlich aufgeteilte Zimmer mit Betonböden, LCD-TV mit DVD-Player, großer Terrasse und großer, separierter Open-Air-Dusche und WC. Zudem Villen mit Privatpool. Tolles Spa, Pool und Pizzeria am Flussufer. Der Riksha-Fuhrpark auf dem Vorplatz ist nicht bloß Dekoration. Frühstück und WLAN in der Lobby inkl. **6**

ESSEN

Fastfood-Ketten wie McDonald's, Starbucks oder KFC sowie japanische Restaurants sind im **Central Plaza** vertreten, s. Einkaufen.
Aye's Restaurant, Phaholyothin Rd., ☎ 053-752 534. Offenes Restaurant mit einer großen Auswahl an Sandwiches, Salaten, Thai-Favoriten und westlichen Gerichten, sogar deutsches Bier. Leckerer *steamed whole tilapia* in scharfer Limonensoße. Dezente Livemusik. Karte mit Euro-Preisen, teils überteuert. ⏰ Mo–Sa 7.30–23.30, So 12–23.30 Uhr.

🌳 **Baanchivitmai Bakery**, Prasopsuk Rd., südlich vom Busbahnhof, 🖥 www.baanchivitmai.com. Die gute, große Bäckerei verkauft Kuchen, Sandwiches, Thai-Standards und Frühstück zu günstigen Preisen. Geleitet von der gleichnamigen karitativen Stiftung, die mit dem Gewinn Einrichtungen für Waisen und HIV-infizierte Kinder unterhält. ⏰ Mo–Sa 8–21 Uhr.

🌳 **Cabbages & Condoms**, 620/25 Tanalai Rd., unter dem Hilltribe Museum, ☎ 053-740 657, 🖥 www.cabbagesandcondoms.com. Ein Ableger des von der Population & Community Development Association gegründeten Restaurants in Bangkok. In eigenwilligem Ambiente mit musikalischer Umrahmung wird exzellente Thai-Küche serviert, z. B. würziger „Kondom-Salat": *Yam Tung Yang*. Die Gewinne kommen den sozialen Projekten zugute. Die meisten Gerichte 100–200 Baht. ⏰ 11–24 Uhr.
Connect Café, 170–171 Prasobsuk Rd., ☎ 053-754 181, 🖥 auf Facebook. Ansprechend und leicht kitschig gestaltetes Café mit entspannter Musik, Sandwiches, Frühstück, Kaffeevarianten und Smoothies neben einigen Thai-Gerichten. Aufmerksamer Service; die Besitzerin hilft gern mit Infos weiter. WLAN bei Mindestverzehr von 50 Baht inkl. ⏰ 8–20 Uhr.
Da Vinci's, Phaholyothin Rd., ☎ 053-752 535. Riesige Pizza mit dünner Kruste aus dem Pizzaofen, Pasta und leckere Lasagne für 150–300 Baht, zudem Wein. Drinnen ist es manchmal etwas heiß und draußen an der Straße laut. ⏰ 11.30–23.30 Uhr.

🌳 **Doi Chaang@Art**, 542/2 Rattanaket Rd., ☎ 053-752 918. Großes, luftiges, klimatisiertes Café mit gehobenen Preisen und lässiger Atmosphäre. Hier kann man bei einer guten Tasse Fair Trade-Kaffee entspannen. Die Auswahl an leckeren Kuchen kann sich sehen lassen. Der Kaffee wird auch abgepackt verkauft. Bereits zum Frühstück geöffnet. WLAN. ⏰ 7–22 Uhr.
Muang Thong Restaurant, Phaholyothin Rd., Ecke Sanpanard Rd. Beliebtes, preiswertes thai-chinesisches Restaurant mit frischen Zutaten in Auslagen an der Straße und einer englischen Karte. Empfehlenswert das Trockenfleisch mit Sesam, *Moo Phen*. Kleine Portionen. ⏰ rund um die Uhr.

EINKAUFEN

Die Stände und kleinen Läden am **Night Bazaar** und den **Walking Streets** sind die besten Adressen für Souvenirs, Modeschmuck, Kunsthandwerk der Bergvölker und Textilien.
Central Plaza, am H1, gegenüber dem Big C, 🖥 www.centralplaza.co.th/chiangrai. Großes Einkaufszentrum mit Boutiquen, Elektronikgeschäften, einem großen Supermarkt, Apotheke, Restaurants, Food Court und einem Kino. ⏰ 11–21, Sa und So 10–22 Uhr.

📷 **Doy Din Daeng Pottery**, 12 km nördlich von Chiang Rai am KM 945,2 des H1 1,5 km nach Osten abzweigen, ☎ 053-705 291, 🖥 www.dddpottery.com. Keramikkünstler Somluck Pantibun stellt ansehnliche, chemikalienfrei hergestellte Kunst- und Gebrauchskeramik in allen Formen und Farben her, von der Kaffeetasse bis zum Waschbecken. Ein Abstecher zur schönen, offenen Manufaktur mit vielen Skulpturen, Showroom, Discount-Shop und Café lohnt allein der Atmosphäre wegen. ⏰ 8–17 Uhr.

TOUREN

Ausflüge in die Umgebung werden von Gästehäusern und kleinen Tourbüros organisiert. Die klassische Minibus-Tagestour zum Wat Rong Khun und zum Goldenen Dreieck kostet ab 1000 Baht p. P.

🌳 **PDA Tour**, im Hilltribe Museum, ☎ 053-740 088, 🖥 www.pdacr.org/pda-tour/general-information.html. Die gemeinnützige PDA organisiert sozialverträgliche Trekkingtouren nahe Doi Chang, Halbtagestouren um

Nachtmärkte

Night Bazaar

Die Snacks auf dem offenen **Food Court** des täglichen Night Bazaar im Stadtzentrum sind beliebt, davon zeugt die betriebsame Atmosphäre. Würstchen, Reis- und Nudelgerichte für 30–50 Baht, Burritos für 100 Baht, frische Säfte, leckere Roti mit süßen Füllungen, am Tisch Gegartes oder – für Mutige – knusprig frittierte Maden und Heuschrecken. Nicht zu verwechseln mit dem Restaurant-ähnlichen, teureren, touristischen **Centrepoint** im westlichen Teil. An beiden Orten oft kostenlose Vorführungen klassischer Tänze und Livemusik.

Walking Streets

Am Samstagabend gibt es am östlichen Ende des Nachtmarkts (Chiang Rai Walking Street) in der **Thanalai Road** so manche hausgemachte Delikatesse zu kosten. Sonntags wird eine Walking Street (Sankhong Happy Street) mit Verkaufs- und Essensständen aufgebaut. Buffet-Restaurants und Musik- oder Tanzaufführungen in der **Sankhongnoi Rd.**, westlich von Soi 3, sorgen für das leibliche Wohl und Unterhaltung. ⏱ 18–22 Uhr.

Chiang Rai sowie ab 2 Pers. geführte Stadtspaziergänge um 9 oder 13 Uhr für 400–600 Baht.

SONSTIGES

Autovermietungen

Avis, am Flughafen, ✆ 053-793 827, ⌨ www.avisthailand.com.
Budget, im Golden Triangle Inn, 590 Phaholyothin Rd., ✆ 053-740 442-3, ⌨ www.budget.co.th.
North Wheels, 591 Phaholyothin Rd., neben Budget, ✆ 053-740 585, ⌨ www.northwheels.com.

Fahrradverleih

Viele Gästehäuser vermieten Fahrräder für 50 Baht.
Fat Free Bicycles, 542/2 Banphaprakan Rd., ✆ 053-752 532, ⌨ facebook.com/fatfreebikeshop. Stadträder für 100 Baht und Mountainbikes für 200–450 Baht pro Tag. Zudem Karten für Fahrradtouren bis 50 km. ⏱ 9.30–18 Uhr.

Informationen

Tourist Office, 448/16 Singhaklai Rd., ✆ 053-717 433. Bemühtes junges Personal hilft mit Infos über Chiang Rai und Phayao. Viele Broschüren und ein Stadtplan. ⏱ 8.30–16.30 Uhr.

Medizinische Hilfe

Kasemrad Sriburin Hospital, 111/5 Moo 13, am Super Highway H1, 3 km südlich der Stadt, ✆ 053-910 499, ⌨ www.ksbrhospital.com/homepage/english-version.html. Privatkrankenhaus.
Overbrook Hospital, 17 Singhaklai Rd., ✆ 053-711 366, ⌨ www.overbrook-hospital.com (nur in Thai). Traditionsreiches christliches Krankenhaus im Nordwesten der Stadt.

Motorradverleih

Die meisten Gästehäuser vermieten Mopeds und Motorräder für 150–250 Baht.
S. T. Motorbike, 1025/34-35 Jet Yod Rd., ✆ 053-713 652. Zuverlässige Vermietung, schwerere Maschinen für 700–1000 Baht pro Tag, kleinere 150–300 Baht inkl. Helm. Versicherung kostet extra. ⏱ 8–20 Uhr.

Polizei

Tourist Police, südlich der Mengrai-Statue, ✆ 053-717 779, 1155.

NAHVERKEHR

Songthaew verkehren im Stadtgebiet für 20–50 Baht. Außerdem können **Tuk Tuks** für 30–60 Baht gemietet werden. Sie stehen am City Terminal 1. Am Markt warten noch einige Fahrradrikschas. **Selbstfahrer** müssen wegen der vielen Einbahnstraßen die eine oder andere Extrarunde drehen.

TRANSPORT

Busse

Am neuen **Busbahnhof**, 6 km südlich der Stadt am KM 926,8, starten alle Busse zu Zielen außerhalb der Provinz Chiang Rai. Ins Zentrum fahren blaue Songthaew für 15 Baht ab Plattform 20, Tuk Tuk 80 Baht, Taxi 60 Baht

(Einschaltgebühr 30 Baht). Auch einige Busse, die am alten **City Terminal** enden, halten hier.

Vom Busbahnhof nach:
BANGKOK, viele Busse meist von 7–9.40 und 16.30–19.30 Uhr für 490–780 Baht, VIP um 19 Uhr für 980 Baht in 11–13 Std.
CHIANG MAI, viele Busse von 6.30–17.45, Fr und So auch 18.45 und 19.30 Uhr für 150–190 Baht, VIP um 9.15, 13, 15.30 und 17.45 Uhr, Fr und So auch um 18.15 Uhr für 290 Baht in 4 Std. Tickets werden auch neben dem Busbahnhof verkauft.
FANG, um 8 Uhr für 100 Baht in 3 Std.
KHON KAEN, um 9, 14, 16, 18 (1. Klasse), 18.30 und 19.30 Uhr für 470–610 Baht in 12 Std.
KORAT, mit Sombat Tours um 6.30, 11.30, 13.15, 15.30 und 17.30 Uhr für 520–670 Baht, VIP um 19.20 Uhr für 780 Baht.
LAMPANG, um 9.30, 10, 12.45, 13.30, 14.30, 15.45 und 16.30 Uhr für 120–220 Baht in 4–5 Std.
LOEI, mit Udon Thani-Bussen für 400–520 Baht, VIP für 600 Baht in 10 Std.
PATTAYA und RAYONG mit Bussen ab Mae Sai um 13.40 und 16.10 Uhr für 650–840 Baht, VIP um 16.15 und 17 Uhr für 960 Baht in 13–15 Std.
PHITSANULOK, um 6.30, 11.15, 13.15, 15.30 und 17.30 Uhr für 280–360 Baht, VIP um 19.15 Uhr für 410 Baht in 7 Std.
SUKHOTHAI, stdl. von 7.30–10.30 Uhr sowie um 12 und 14.30 Uhr für 300 Baht in 6 Std.
UDON THANI, um 10.45, 12.30, 13.30 und 15.30 Uhr für 490–630 Baht, VIP um 17 Uhr für 730 Baht in 13 Std.

Vom City Terminal nach:
BANGKOK, um 8.35, 17, 17.45, 18, 18.30, 19 und 19.30 Uhr für 630 Baht in 11 Std.
CHIANG KHONG, stdl. von 6–17 Uhr für 70 Baht in 2 Std., via Thoeng 3 Std., und mit Bussen nach Houay Xai.
CHIANG MAI, viele Busse von 6.15–18.45, Fr und So auch 19.30 Uhr für 150–290 Baht in 3 Std.
CHIANG SAEN, alle 20 Min. von 6.20–19 Uhr für 40 Baht in 1 1/2 Std.
FANG, mit Green Bus um 7.45 Uhr für 100 Baht in 3 Std.
GOLDENES DREIECK, mit Green Bus via CHIANG SAEN (50 Baht) um 13, 15 und 15.30 Uhr für 70 Baht in 1 1/2–2 Std.

HOUAY XAI (Laos) um 6, 9, 15 und 16.30 Uhr für 225 Baht in 3 Std.
MAE SAI, alle 20 Min. bis 18.30 Uhr für 40–50 Baht in 1 1/2 Std. Hält auch in PA SANG (weiter nach MAE SALONG) für 20 Baht in 45 Min.

Boote
Schnellboote, ✆ 053-750 009, fahren gegen 10.30 Uhr von der **Bootsanlegestelle** jenseits der Brücke nach THATON für 350 Baht, Charter 2200 Baht in 5–6 Std. Teilstrecken kosten bis RUAM MITR 80 Baht, Charter 700 Baht, und zu den PONG HOT SPRINGS 100/900 Baht. Weiteres im Kasten S. 276.

Flüge
Zum **Mae Fah Luang-Chiang Rai International Airport**, 8 km nordöstlich der Stadt, ✆ 053-793 304–8, 🖥 www.chiangraiairportonline.com, verkehren Taxis für 200 Baht.
Air Asia, 🖥 www.airasia.com. BANGKOK (Don Mueang) 2x tgl.
Kan Air, ✆ 02-551 6111, 🖥 www.facebook.com/kanairlines. CHIANG MAI am Di und Do.
Nok Air, ✆ 090-09955 (Callcenter), 🖥 www.nokair.com. BANGKOK (Don Mueang) 4x tgl.
Thai Airways, 🖥 www.thaiair.com. BANGKOK (Suvarnabhumi) 3x tgl.

Beiderseits des Mae Kok

Am Mae Kok, den einige schöne alte Alleebäume säumen, gelangt man von Chiang Rai Richtung Westen, vorbei an der Mae Fah Luang-Brücke, zum **Mae Fah Luang Art & Culture Park**, ✆ 053-716, 🖥 www.maefahluang.org. Über eine mit Teakschindeln überdachte Zickzack-Brücke aus alten Schwellen geht es zum beeindruckenden Haw Kham, dem Nachbau einer Lanna-Thronhalle aus dem Holz 32 alter Häuser. Sie gibt antiken Holz-Gegenständen aus nordthailändischen Tempeln einen würdigen Raum. Im Zentrum stehen eine riesige Buddhastatue, die aus einem 500 Jahre alten Teakbaum geschnitzt wurde, und ein ungewöhnlicher, über 300 Jahre alter Holz-Buddha aus Phrae. Durch einen kleinen Garten erreicht man Haw Kaew mit wunderbar präsentierten Kunstwerken, Ritual- und Alltagsgegenständen aus Edelhölzern. ☉ Di–So 8–16 Uhr, Eintritt 200 Baht, Kinder 50 Baht.

Westlich der Anlegestelle der Boote nach Thaton geht es jenseits der Mae Fah Luang-Brücke auf dem H1207, links der Ausschilderung folgend, über Ban Dong und Rim Kok nach Ruam Mitr (16 km). 4 km hinter Chiang Rai erreicht man die **Buddha Image Cave**, einen kleinen Höhlentempel mit beliebtem Picknickplatz am Fluss samt Bademöglichkeit.

3 km östlich von Ruam Mitr geht es auf einer 9 km langen, auf 6 km unbefestigten Straße hinauf nach **Ban Huai Mae Sai**, einem der Dörfer, in die Bergbewohner von der Regierung umgesiedelt wurden. Es ist auch über eine Asphaltstraße ab Dong zu erreichen. In **Jalae**, 2 km weiter, hat die Rockefeller Foundation das kleine **Hill Tribe Museum** mit englischen Erläuterungen zu Werkzeugen und einer kleinen Fotogalerie finanziert. ☉ Do–Di 8.30–17 Uhr, Eintritt 20 Baht. Ein Fußpfad über eine löchrige Hängebrücke und eine 700 m lange Straße führen zum **Huai Mae Sai-Wasserfall**, zu dem es vom Parkplatz 10 Min. zu Fuß weitergeht.

Ruam Mitr, ein Karen-Dorf, wird von vielen Reisegruppen besucht, trotzdem ist die Stimmung entspannt. Zum Programm gehören eine Bootsfahrt zu den **Pong Hot Springs** für 350 Baht hin und zurück sowie Elefantenreiten. Elefantenausritte werden vom **Karen Ruam Mitr Elephant Camp**, ☎ 087-176 2090, im Westen des Ortes angeboten: 30 Min. am Fluss entlang für 200 Baht oder bis zu 2 Std. durch den Wald zu einem Yao-Dorf für 600 Baht pro Elefant.

Nach weiteren 6,5 km ist hinter Pha Moob das Karen-Dorf **Khaew Wuadum** erreicht. Von dieser Straße zweigt ein Fußweg zum Akha Hill House (s. Übernachtung) ab. Mit einem Fahrzeug fährt man besser über die Straße ab **Pong Na Kham** durch das von Teeplantagen umgebene Dorf **Song Kwae**, vorbei an der Zufahrt zum **Huai Kaew-Wasserfall**. Genaue Positionen s. **eXTra [2645]**.

ÜBERNACHTUNG

Akha Hill House, oberhalb des Huai Kaew-Wasserfalls, ☎ 089-997 5505, 🖳 www.akhahill. com. In kühlen 1200 m Höhe, umgeben von

Bergwald, werden am Dorfrand 28 Zimmer vermietet, von einfachen Bambushäusern mit Gemeinschafts-Du/WC bis zu Lehm-Bungalows mit AC, TV und Kühlschrank, die etwas muffig sind. Restaurant mit gutem Essen und Kaffee aus dem Dorf. 2-tägige Treks mit Übernachtung im Dschungel für 3200 Baht. Gratis Abholservice ab Chiang Rai um 16.30 Uhr, zurück um 9 Uhr. WLAN und Internetzugang. ❶–❹

My Dream Gh., ☎ 053-163 320, 🖳 www. mydreamguesthouse.com, s. **eXTra [2726]**, im Karen-Dorf Khaew Wuadum am Mae Kok, 24 km nordwestlich von Chiang Rai. Direkt am Fluss, der hier ein Wasserschutzgebiet ist, werden 12 saubere Zimmer in Bungalows mit Himmelbetten, etwas durchgelegenen Matratzen, Moskitonetz und Veranda vermietet, die teureren mit Flussblick. Der freundliche Mr. Nan und seine Frau kochen ausgezeichnet und bieten Bambusrafting-Touren auf dem Mae Kok an. Zudem günstige, von Nan oder Japa kompetent geleitete, 1- bis 3-tägige Trekkingtouren: Trekking mit Elefantenreiten und Bambusrafting 1 Tag/2 Tage/3 Tage für 2600/3000/4000 Baht, auch deutschsprachige Guides. Anreise mit dem Schnellboot ab Chiang Rai um 10.30 Uhr für 120–150 Baht in 90 Min., ab Thaton um 12.30 Uhr für 250 Baht in 2 Std. Pickup-Service ab Chiang Rai für 800 Baht für bis zu 8 Pers. ❶–❷

TRANSPORT

Einheimische fahren mit dem **Songthaew** früh morgens zwischen 7 und 8 Uhr zum Markt und zwischen 11 und 12 Uhr zurück in die Dörfer.

Doi Tung

Etwa 20 km vor Mae Sai zweigt links eine breite Straße ab, auf der man nach 22 km den Gipfel des abrupt aus der Ebene aufragenden, 1389 m hohen Doi Tung erreicht – die „thailändische Schweiz". Genaue Positionen s. **eXTra [2645]**.

Mae Fah Luang

Das Ziel zahlreicher einheimischer Touristen ist der königliche Komplex am Hang, ☎ 053-767 015–7, 🖳 www.doitung.org. Geschäfte und

Perfekt gestaltete Blütenpracht

Das Highlight ist der 4 ha große, herausragende **Mae Fah Luang Garden** unterhalb des Palastes, ein gepflegter Botanischer Garten, der mit einem Orchideenhaus, knapp 100 Blumenarten und einer bezaubernd schönen Gartenlandschaft überzeugt. Eine unbeschreibliche Vielfalt blühender Bäume, Stauden und Blumen aus den Tropen und gemäßigten Breiten wurde zu einem harmonischen Gesamtbild zusammengefügt und wird von Bergwald mit Bächen und kleinen Wasserfällen umrahmt. Bei der Parkgestaltung wurden Farbschemata angewendet, die für Geburtstage einzelner Mitglieder der Königsfamilie stehen. Ein Café lädt auf dem Gelände zu einer Pause ein. ⏲ 7–18 Uhr, Eintritt 90 Baht.

Stände entlang der Straße bieten Produkte aus den Königsprojekten an, darunter Textilien, Sa-Papier, Keramiken, Macadamianüsse und Arabica-Kaffee.

Die große, moderne königliche Villa mit Geranienbalkon liegt inmitten eines wunderschönen Blumengartens. Von hier aus leitete die verstorbene Königsmutter Initiativen zur Verbesserung der Lebensbedingungen der Bergbewohner. Sie rief ein 30-jähriges Entwicklungsprojekt ins Leben, das bis 2017 durch die Einführung neuer Anbaumethoden das Leben der 11 000 Menschen in 29 umliegenden Dörfern verbessern und ihnen die Selbstversorgung gewährleisten soll. ⏲ 6–12 und 12.30–17.15 Uhr, Eintritt 90 Baht (nur mit angemessener Kleidung).

In der **Hall of Inspiration** wird die Mahidol-Familie gewürdigt, die Großmutter des Königs, seine Eltern und Geschwister. Überaus interessant ist das Leben der Königsmutter. Zudem werden Königsprojekte vorgestellt, vor allem das am Doi Tung. ⏲ 8–17 Uhr, Eintritt 50 Baht. Kombitickets für die Villa, die Hall of Inspiration und den Botanischen Garten (s. Kasten) für 190 Baht.

Wat Doi Tung

Hinter der Zufahrt zum Palast (KM 12,8), an der Kreuzung am KM 14,7, geht es links auf die weniger steilen, 8 km langen Straße, vorbei am Lahu-Dorf **Laba Nai**, zum Tempel hinauf, während man rechts, nach sehr steilen 2,6 km das Ziel über die alte Straße erreicht. Bevor der steile Aufstieg über die von Glocken flankierte Treppe oder die schmale Straße beginnt, kann man sich an den Essensständen unterhalb des Wat stärken.

Auf dem von Nadelwäldern bedeckten Gipfel soll sich bereits seit über tausend Jahren ein Heiligtum befinden. Gläubige aus Myanmar, Laos und Thailand pilgern hierher, um Reliquien Buddhas zu verehren, die sich in den beiden von Metallschirmen und Buddhastatuen umgebenen Chedis hinter dem Bot befinden. Unterhalb des Tempels stehen im Wald ausgemusterte Geisterhäuschen, skurrile und glücksbringende Figuren.

TRANSPORT

Motorisierte können die kleine, steile Seitenstraße über HUAI SAN MAI durch einsame Landschaften zum Südhang des Doi Tung fahren.

Busse von Chiang Rai nach Mae Sai bis zur Abzweigung in BAN HUAI KHRAI nehmen. Von dort fahren Minibusse für 100 Baht zum **Tempel**. Zum **Botanischen Garten** geht es von dort mit Motorradtaxis für 60–70 Baht pro einfacher Strecke.

Mae Sai

In dem unattraktiven Grenzort am H1 bummeln dunkelhäutige Männer in knöchellangen *longyis*, den birmanischen Wickelröcken, durch die geschäftigen Straßen. Frauen, die ihre Gesichter mit heller Tanaka-Paste geschminkt haben, steuern auf überladenen Motorrädern an zahllosen Verkaufsständen vorbei zurück zum Grenzübergang, an dem ein wuseliges Kommen und Gehen herrscht. Rikschas, Mopeds, uralte Fahrräder und überladene Handwagen, kleine Akha-Frauen mit riesigen Lastkörben, billige Arbeitskräfte für die Baustellen und Bordelle des Landes, Händler, bettelnde Kinder und nicht immer echte Mönche drängen sich über die **Grenzbrücke**, die den Mae Sai River überspannt.

Über die Grenze nach Myanmar

Ausländische Besucher können das birmanische **Tachilek** (Thai: Tha Khi Lek) besuchen und dort in den Kasinos spielen. Das Angebot der Läden und Verkaufsstände begrenzt sich auf Billigprodukte aus China und Myanmar. Bezahlt wird mit Thai-Baht. Für den **Grenzübertritt** benötigt man seinen Pass und die ausgefüllte Departure Card. Beim birmanischen Grenzposten bezahlt man 500 Baht (oder US$10), wird fotografiert und bekommt ein **14-Tage-Visum** ausgestellt, das nur in der Umgebung von Tachilek und Keng Tung gültig ist. Der Pass wird einbehalten und bei der Rückkehr gegen das Visum eingetauscht. Bei der Wiedereinreise in Mae Sai erhält man nur ein 15-Tage-Visum! Soll das bisherige Thailand-Visa nicht verfallen, braucht man einen **VIP-Pass**, der 100 Baht extra kostet. Eine Passseite wird fotokopiert und der Pass wird gegen eine Sondererlaubnis eingetauscht, die auf birmanischer Seite wie ein Pass behandelt wird. Bei der Rückkehr bekommt man seinen Pass mit weiterhin gültigem Visum zurück. Die Grenze ⊕ 6.30–18 Uhr.

Für die offizielle Ausreise nach Myanmar wird ein Visum benötigt sowie ein Permit von MTT (Myanmar Travel & Tours), dem staatlichen Reisebüro, für US$60, das mind. 3 Wochen zuvor beantragt werden sollte. 🖳 www.myanmar travelsandtours.com, z. B. über **Maekhong Delta Travel Agency**, 230/5-6 Phaholyothin Rd., Mae Sai, ☎ 053-642 517-9, ✉ Jan_chen@ windowslive.com. Dann kann man von Keng Tung oder Tachilek nach Heho oder Mandalay fliegen. Mehr s. eXTra [2717].

Touristen werden am Grenzübergang vorgefahren, um den „nördlichsten Punkt des Landes" zu fotografieren. Eine gute Aussicht auf das Grenzgebiet und Tachilek bietet sich von der riesigen Skorpionstatue im **Wat Doi Wao** auf dem Hügel westlich der Hauptstraße. Zu erreichen von der überdachten Straße parallel zum Grenzfluss über Treppen und Fußwege oder von der Abzweigung vom H1 am chinesischen Tempel.

after glow hostel, 139/5 Moo 4, Wiang Phang Kham, KM 887,8, südlich der großen Ampelkreuzung auf der östlichen Straßenseite, 3,7 km von der Grenze, ☎ 053-734 188, 🖳 www.after-glowhostel.com. Ansprechende Bleibe im modernen Stil mit lackierten Betonwänden und edlem Holz. Zimmer in 4 Größen mit AC, Kühlschrank und TV, einige ohne Fenster, was sich als vorteilhaft erweist, da zur Straße hin der Verkehrslärm und hinten die benachbarte Karaokebar stören. Das Personal spricht wenig Englisch. Dürftiges Frühstück und WLAN inkl. ❹

Bamboo House, 135 Sailomchoi Rd., ☎ 086-916 1895, ✉ bamboo_guesthous@hotmail.com. In einem weißen, 2-stöckigen Stadthaus und einem Holzhaus nebenan werden Zimmer mit gefliesten Böden, die billigen mit durchgelege-nen Matratzen, die teureren mit AC und TV, vermietet. ❶–❷

Maesai Gh., ruhig und abseits am Grenzfluss gelegen, über einen Fahrweg zu erreichen, ☎ 053-732 021. Ein in die Jahre gekommener Klassiker mit 14 ordentlichen, einfach eingerichteten Bambusbungalows im Garten, günstige mit Gemeinschafts-Du/WC, andere mit Balkon und Blick auf den Fluss, ein illegaler Grenzübergang. ❶–❷

Wanliya Resort, 479 Moo 10, Wiang Phang Kham, an der Ampel auf den H1149 nach Westen abbiegen, ☎ 053-642 755, 🖳 www. wanliyaresort.com. Ruhig gelegene, etwas zubetonierte Anlage eines holländischen Bäckers und seiner Thai-Familie mit 22 geräumigen Zimmern und Bungalows mit älterer Einrichtung, harten Matratzen, gefliesten Böden, Kühlschrank, Safe und TV. Großer Pool. Frühstück mit einer tollen Auswahl an selbst gemachtem Brot und Gebäck inkl. ❷–❹

Auf dem **Markt**, an den **Souvenirständen** an der Grenze und in den überdachten Kolonnaden parallel zum Grenzfluss erhält man Kunsthandwerk sowie viele Produkte aus Myanmar und China. Die Phaholyothin Road ist von der Grenze bis zur Polizeistation von Verkaufsständen gesäumt. DVDs gibt es nur hinter der Grenze.

THAILAND

In den **Edelsteinschleifereien** wird viel minderwertige Ware verkauft. Die **Jadeprodukte** sind überteuert.

Immigration

Zwischen Soi 13 und 15, 1,7 km südlich des Zentrums auf westlicher Seite, ☎ 053-731 008–9. Sehr schnelle Bearbeitung von Visaverlängerungen und damit eine gute Alternative zu Chiang Mai. ⏱ Mo–Fr 8.30–16.30 Uhr.

Medizinische Hilfe

Overbrook Clinic, 20/7 Phaholyothin Rd., ☎ 053-734 422. Kleine Klinik, die mit dem traditionsreichen christlichen Krankenhaus in Chiang Rai verbunden ist. Englisch sprechende Ärzte. ⏱ 8–17 Uhr.
Mae Sai Hospital, 101 Moo 1, Soi 15, ☎ 053-731 300

Polizei

Tourist Police im kleinen Häuschen direkt vor dem Grenzübergang, ☎ 1155. ⏱ 8.30–18 Uhr.

Der **Busbahnhof** liegt 4,5 km südlich der Grenze. Rote Songthaew fahren von hier für 15 Baht ins Zentrum und zur Grenze, mit Motorradtaxi 20 Baht.
Nach BANGKOK, 857 km, meist um 7 und von 16.30–18 Uhr für 510–650 Baht, VIP 1010 Baht, in 12 Std.
CHIANG MAI, um 6.15, 6.45, 8.15, 8.30, 9.45, 14, 14.30 und 15.30 Uhr für 170–220 Baht, VIP für 330 Baht, in 5 Std.
CHIANG RAI, ständig bis 18 Uhr für 40–60 Baht in 1 1/2 Std.
CHIANG SAEN, blaue Songthaew nahe Soi 8 um 9, 9.40, 10.20, 11 und 14 Uhr für 60 Baht in 1 Std. Sie halten auch am GOLDENEN DREIECK (SOB RUAK), 40 Baht.
FANG, um 7 Uhr für 100 Baht in 2 1/2 Std.
KORAT, um 5.15, 10, 14.15, 16 und 18 Uhr für 550–710 Baht, VIP um 18 Uhr für 830 Baht in 13 Std.
LAMPANG, um 6.30, 7.30 und 8 Uhr für 130 Baht in 5 Std.

Goldenes Dreieck

Touristen aus aller Welt werden vom Goldenen Dreieck, **Sob Ruak** genannt, dem Dreiländereck Myanmar, Thailand und Laos, magisch angezogen. Dieser berüchtigte Name, der eines der einst größten Opiumanbaugebiete der Welt bezeichnet, lässt sich an kaum einer anderen Stelle anschaulicher lokalisieren als an der Mündung des Ruak Rivers, der die Grenze zu Myanmar bildet, in den Mekong, der Thailand von Laos trennt.

Das unspektakuläre Dreieck erreicht man über einen „Hintereingang" auf der Landstraße von Mae Sai Richtung Osten am Fluss entlang. Da die meisten Besucher von der anderen Seite kommen, erstrecken sich hinter dem **Dreiländereck** kilometerweit Restaurants, Souvenirstände und Hotels, sogar ein Einkaufszentrum, ein kleines **House of Opium**, ⏱ 7–19 Uhr, Eintritt 50 Baht, ein großes **Tor zum Goldenen Dreieck** und ein riesiger, auf einem Schiff sitzender **Goldener Buddha**, vor dem sich Touristen fotografieren lassen können.

Es herrscht reger Bootsverkehr. **Boote** können für bis zu 5 Pers. für 1000 Baht pro Stunde plus 30 Baht für die Immigration für eine Fahrt ins Grenzgebiet gemietet werden. Auf einer laotischen Insel mit Souvenirmarkt wird ein Zwischenstopp eingelegt. Hier gibt es laotisches Bier und exotische Alkoholika, Opiumpfeifen und ein Postamt, von dem aus man Postkarten mit laotischen Briefmarken nach Hause schicken kann. Zudem locken Kasinos auf der birmanischen wie laotischen Seite.

Genaue Positionen s. **eXTra [2645]**.

Blaue Songthaew fahren, sobald sie voll sind, vom Tor zum Goldenen Dreieck bis gegen 12 Uhr nach CHIANG SAEN für 20 Baht und MAE SAI für 50 Baht.
Minibusse von Green Bus fahren vom Tor zum Goldenen Dreieck 15x tgl. etwa stdl. von 6–17 Uhr via CHIANG SAEN (20 Baht, 15 Min.) nach CHIANG RAI für 70 Baht in 1 1/2–2 Std. Da Fr ein Nachtmarkt auf dem Parkplatz stattfindet, halten die Busse ab 15 Uhr direkt an der Straße.

Das Opium-Projekt

Unter der Patronage der verstorbenen Königinmutter entstand die sehenswerte **Hall of Opium**, ☎ 053-784 444, 🖥 www.maefah-luang.org/hall_opium.php, im Golden Triangle Park, 400 m abseits des Flusses an der Straße nach Mae Sai. Das große Museum informiert über die 5000-jährige Geschichte des Opiums, über die weltweiten legalen wie illegalen Handelswege, die Verflechtungen mit dem Teehandel, Opiumkriege in China und die Opiumraucher in Siam und anderen Ländern Südostasiens. Weitere Themen sind die Wirkung und medizinische Nutzung der Droge sowie der Kampf gegen die Abhängigkeit von illegalen Drogen.

Zu sehen sind in der ergreifenden Ausstellung u. a. eine nachgebaute Opiumhöhle, eine Galerie berühmter Drogennutzer, Opiumpfeifen, eine durchaus kritische Dokumentation über die Rolle der CIA und der thailändischen Regierung, Videopräsentationen und Aussagen ehemaliger Abhängiger. ⏰ Di–So 8.30–16 Uhr, hervorragendes Einführungsvideo in englischer Sprache nach Bedarf von 8.45–15.45 Uhr, der Eintritt von 200 Baht lohnt allemal.

Boote nach CHIANG SAEN können an der Anlegestelle 100 m südlich vom Goldenen Buddha von 7–17 Uhr gechartert werden, z. B. bei **Nava Numchoke Boat**, ☎ 053-784 035. Sie kosten je nach Größe 500–1000 Baht.

Chiang Saen

Das 9 km südlich vom Goldenen Dreieck am Mekong gelegene Chiang Saen wurde vermutlich zwischen dem 13. und 14. Jh. von Thais besiedelt und gehört damit zu einer der frühesten Siedlungen der Thai im heutigen Staatsgebiet. Aus jener Zeit stammen die gut sichtbare, rechteckige, 4,3 km lange Befestigungsmauer mit fünf Stadttoren und zwei Forts, die von Büschen und Teakbäumen überwachsen sind, sowie ein Graben, welche das Zentrum umschließen.

Nur wenige der 139 bekannten Tempelruinen stehen außerhalb dieses Bezirks, an vielen sind Infotafeln angebracht. Unter hohen Teakbäumen liegen die Überreste des 1332 erbauten **Wat Chedi Luang**. Die Ruine des ursprünglich 60 m hohen Chedi wurde mit einer hübschen, 27 m hohen bemoosten Pagode überbaut.

Im angrenzenden **Chiang Saen National Museum** sind Funde aus dem Wat Pa Sak und anderen Tempeln, Steinschriften, lokale Keramiken und eine kleine ethnologische Abteilung untergebracht. ⏰ Mi–So außer feiertags 8.30–16.30 Uhr, Eintritt 100 Baht.

Am treppenförmig abgestuften Chedi des **Wat Pa Sak** aus dem 14. Jh. in einem Teakwald blieben die verspielten Stuckverzierungen mit figürlichen Darstellungen erhalten, die birmanische und Mon-Einflüsse zeigen. Eintritt 30 Baht. Mehr als 300 Stufen führen hinauf zum **Wat Phrathat Chom Kitti** nordwestlich der Stadtmauer, das 1480 mit einem großen Chedi versehen wurde.

Den schönsten Blick hat man vom **Wat Phrathat Pha Ngao**, 4 km südlich der Stadt auf dem Doi Kham in Wiang Pruek Sa, einer alten Siedlung am Mekong. Beeindruckend ist der mit Teakholzschnitzereien verzierte Bot auf halber Höhe nach 300 m. Weitere 400 m sind es bis zu einer hochverehrten, kopflosen Buddhastatue, die bei Bauarbeiten entdeckt wurde. Der Buddha befindet sich auf einem Felsen vor einer Pagode, von der man den Mekong überblickt.

An der Hauptstraße, 200 m vom Fluss entfernt, versteckt sich hinter Obst- und Essensständen ein sehenswerter **Markt**, auf dem große Mekong-Fische und ungewöhnliche Spezialitäten verkauft werden. Weiter unterhalb legen Flussboote aus China an. Während der Trockenzeit kommt der Schiffsverkehr vollständig zum Erliegen.

ÜBERNACHTUNG

Gin's Gh. 1, 1 km Richtung Goldenes Dreieck, ☎ 053-650 847, ✉ ginguest_house@hotmail.com. 7 nette Zimmer mit Ventilator im 1. Stock eines alten Holzhauses sowie in Bambusbungalows mit guten Matratzen, Du/WC und teils AC. Vorn ein Pub und Restaurant. Motorrad-, Fahrradverleih und Vermittlung von Bootstouren. ❷–❸

THAILAND

Bootstouren auf dem Mekong

Eine Bootsfahrt auf dem Mekong, der „Mutter aller Gewässer", gehört auf einer Reise durch die Region einfach dazu. An verschiedenen Stellen entlang seines Laufs können Touristen Touren unternehmen – von einstündigen Ausflügen bis zu mehrtägigen Kreuzfahrten.

Ab Chiang Saen (Thailand): Wenn der Fluss genügend Wasser führt, fahren Schnellboote bis 12 Uhr in 2 1/2 Std. für 2500–3000 Baht nach Chiang Khong durch schmale Schluchten und weite Ebenen, vorbei an Flussinseln und gefährlichen Felsen. Buchungen in Gin's Gh. oder direkt am Pier, 089-997 7913. Schnellboote für max. 5 Pers. zum Goldenen Dreieck (Sob Ruak) sind für 500 Baht zu chartern.

Ab Houay Xai (Laos): Der Klassiker aller Mekongrouten – und ziemlich überlaufen – ist die Fahrt flussabwärts nach Luang Prabang. Gemächlich reist man in der Gesellschaft vieler Touristen mit Slow Boats, rasend schnell, laut und riskant mit kleinen Speedboats und komfortabel mit exklusiven Kabinenschiffen.

Die zweitägige Fahrt mit dem oft sehr vollen Slow Boat startet gegen 11 Uhr etwa 3 km stromaufwärts vom Zentrum nach Pakbeng für 110 000 Kip in 7 Std. ein und fährt am nächsten Tag gegen 9 Uhr nach Luang Prabang für 110 000 Kip in 8 Std. Sitzkissen mitnehmen! Wer zeitlich ungebunden unterwegs sein möchte, kann auf der Fähre ein Ticket nach Pakbeng und erst dort das Anschlussticket kaufen oder in ein Schnellboot wechseln.

Schnellboote starten 4 km südlich von Houay Xai, fahren vormittags nach Pakbeng für 200 000 Kip in 3 Std. und nach einer langen Pause, bei der auf Anschlusspassagiere gewartet wird, nach Luang Prabang für 200 000 Kip in 3 Std.; manchmal wird in Pakbeng in ein anderes Boot umgestiegen. Da die Boote erst ab einer gewissen Passagierzahl ablegen, sollte man sein Ticket bei Agenten in Houay Xai kaufen, die eine Gruppe zusammenstellen. Wegen der starken Sonneneinstrahlung und des Fahrtwinds ist es ratsam, einen Hut dabeizuhaben.

Komfortabel, teuer und frühzeitig zu buchen sind die großen Schiffe. Die *Luang Say,* www.luangsay.com, legt von Nov–April am Mo, Do, Fr und So ab, sonst nur Mo und Fr. Die *Mekong Sun* und die *Mekong Explorer* können bei **Lernidee Erlebnisreisen**, in Deutschland 030-786 0000, www.lernidee.de, gebucht werden. Eine relativ günstige Alternative ist **Shompoo Cruise**, www.shompoocruise.com.

Mehr zur Fahrt auf diesem Flussabschnitt S. 411, S. 416 und S. 419. Für Mekong-Touren in Vietnam S. 825.

Pak Ping Rim Khong, 484 Rimkhong Rd., 053-650 151, www.facebook.com/pakpingrim khong. Netter Familienbetrieb an der Straße mit 9 modernen, sauberen Zimmern mit TV, AC und guten Betten. Die Zimmer nach hinten sind ruhiger. Familienzimmer für 1400 Baht. Die Tochter spricht gutes Englisch. Frühstück und WLAN inkl. ❹

Viang Yonok Resort, 201 Moo 3, 053-650 444, www.viangyonok.com. Am Ostufer des Chiang Saen-Sees haben die freundlichen Gastgeber Vasana und Ian

Smith aufgrund eigener Reiseerfahrung ein sehr gut durchdachtes Resort gestaltet, das Komfort und Ruhe bietet. 7 individuell und geschmackvoll eingerichtete Bungalows mit bequemen Betten, Safe, Kühlschrank, Föhn, Wasserkocher, TV und Bäder mit Naturstein- und Holzböden, teils mit DVD-Player. Sauna und Pool. Restaurant mit Thai- und westlichen Gerichten und entspannt-freundlicher Atmosphäre. Ian bietet schöne 2 1/2-stündige Radtouren um den See an, zudem sind die Touren mit Chai sehr zu empfehlen. Kajak- und

Mountainbike-Verleih, WLAN und sehr gutes Frühstück inkl. – unbedingt die Pfannkuchen probieren! ❺–❻

TRANSPORT

Motorradrikschas im Ort kosten 20 Baht. Nach BANGKOK verkehren **Busse** vom Büro der Company Bus 999 um 7, 15.30 und 17 Uhr oder von Sombat Tours, ✆ 081-595 4616, ab dem nur in Thai beschilderten Office neben der Krungthai Bank in der Phaholyothin Rd., um 17 und 17.30 Uhr für 500–660 Baht in 13 Std. CHIANG KHONG, mit grünem Songthaew ab der Haltestelle an der südlichen Uferstraße, etwa stdl. von 7–14 Uhr über HAD BAI (50 Baht; dort muss man manchmal umsteigen) für 100 Baht in 2 Std. Charter 1000 Baht.
Die meisten Busse und Songthaew fahren nahe dem Markt, 100 m von der Einmündung der Haupt- in die Uferstraße, ab:
CHIANG RAI, Busse, alle 15 Min. bis 15.50 Uhr und um 17 Uhr für 40 Baht in 1 1/2 Std. oder mit den moderneren Minibussen von Green Bus 15x tgl. etwa stdl. von 6.20–17.30 Uhr für 50 Baht in 75 Min.
GOLDENES DREIECK (SOB RUAK), 9 km, Songthaew bis ca. 12 Uhr für 20 Baht, Green Bus 15x tgl. für 20 Baht. Charter 150 Baht.
MAE SAI, blaue Songthaew alle 40 Min. bis 12 Uhr für 50 Baht. Charter 600 Baht.

Von Chiang Saen nach Chiang Khong

Vom H1129 zweigt 25 km östlich von Chiang Saen in **Mae Ngoen** der schmale H4007 Richtung Norden ab. Die Straße schlängelt sich durch kleine Dörfer inmitten von Bananen- und Orangenhainen, Gemüsegärten, Reis-, Mais- und Tabakfeldern, meist am malerischen Fluss entlang, der ständig sein Gesicht verändert. In der Trockenzeit ragen vielerorts spitze Kalkfelsen aus dem Wasser. Selbst wer auf dem H1129 bleibt, wird mit schönen Ausblicken belohnt, etwa vom Aussichtspunkt am Hmong-Dorf **Kiu Kan**, vor der steilen Abfahrt ins Tal von Chiang Khong. Kurz danach vereinigen sich beide

Routen, sodass man die fantastische Sicht vom anschließenden **Hua Sai Man Viewpoint** am KM 11 auf keinen Fall versäumt.
Auf dem H4007 lohnt ein Besuch im Tai Lue-Dorf **Had Bai**, wo farbige Baumwollstoffe gewebt und in einem Laden unten am Mekong verkauft werden, dorthin am KM 17,6 der Straße südlich vom Dorftempel bis ans Ende folgen.

ÜBERNACHTUNG

Rai Saeng Arun, 2 Moo 3 Ban Pha Khub, ca. 25 km nördlich von Chiang Khong am H4007, ✆ 087-690 7610, 🖥 www.raisaengarun.com. In abgeschiedener, idyllischer Lage am Mekong werden auf dem riesigen Grundstück eines Biobetriebs Reis, Gemüse und Obst angebaut. Zwischen Erdbeer- und Salatbeeten stehen am Mekong 3 Bungalows, 3 weitere an einem Kanal und fast 1 km entfernt jenseits der Reisfelder 8 weitere am Waldrand. Alle sind aus Holz erbaut, komfortabel eingerichtet und haben große Terrassen. Ausgezeichnetes Essen. Abholservice vom Busbahnhof in Chiang Khong für 200 Baht. Gutes Frühstück und WLAN im Restaurant inkl. ❺–❻

Chiang Khong

Nach 66 km (über Kiu Kan 54 km) ist Chiang Khong erreicht. Der kleine Ort am Mekong wird von vielen Backpackern auf dem Weg nach Laos besucht. Leider besteigen die meisten gleich die Fähre und lassen den angenehmen Ort links liegen. Als Alternative zur Durchgangsstraße lädt die **Uferpromenade** zum Flanieren ein. Zum **Wochenmarkt** am Freitag im unteren Ortszentrum finden sich Hmong und andere Bergbewohner ein. Ansonsten findet hier täglich bis 7 Uhr ein kleinerer **Morgenmarkt** statt.

ÜBERNACHTUNG

18 Coins Resort, an der Hauptstraße etwas nördlich der Soi 2, ✆ 053-791 11. Um einen gepflegten Rasen mit hübschen Skulpturen stehen zurückversetzt von der Straße 10 helle, freundliche Zimmer in Bungalows mit Holzböden, Du/WC, Wasserkocher, TV und guten

THAILAND

Federkernmatratzen. Ein Familienzimmer für 1200 Baht. WLAN. ❸

Baan Rim Ta Ling Gh., 99/2 Moo 3, Wiang Rd., am Mekong Richtung Had Khrai, ✆ 053-791 613, ⌨ www.chiang-khong-guesthouse.com. Homestay der freundlichen, ortskundigen Maleewan und des englisch-sprachigen Don mit 11 einfachen, rustikalen Zimmern in einem alten Teakhaus und Bungalows mit weichen Matratzen, zudem 2 Schlafsäle à 100–120 Baht. Schöner Blick über den Fluss nach Laos. Koch-kurse, Vermittlung von Tickets für Boote nach Laos. WLAN, Internet, Fahrräder und um 9 Uhr Transport zum Pier inkl. ❶–❷

🏨 **Namkhong Resort & Gh.**, 94/2 Moo 2, Wiang, ✆ 053-791 055. In einem ruhigen, schattigen Garten mit hohen Bäumen und vielen Moskitos stehen 2-stöckige, rostrote Reihen-häuser mit durchgehender Holzveranda. 40 saubere Zimmer mit guten Betten, wahlweise mit AC, TV, Kühlschrank und hellen, luftigen Du/WC, günstige nur mit Gemeinschafts-Du/WC. Pool mit Kinderbecken und Liegen. Restaurant. WLAN und Internet-PC. ❷–❸

🏨 **Chiangkhong Teak Garden Hotel**, 666 Moo 8, Saiklang Rd., ✆ 053-792 008-9, ⌨ www.chiangkhongteakgarden.com. Moderne, saubere Doppelhäuser am Hang mit weiß gefliesten Böden und dunklen Möbeln. Zudem dicke Matratzen, LCD-TV, Safe, Kühl-schrank, Föhn, Wasserkocher, Balkon mit Tisch und Stühlen, in der unteren Reihe mit Flussblick. Kleines Bad mit Tropendusche. Offene Rezep-tion neben dem großen Parkplatz, der von Teak-bäumen umgeben ist. Freundliches, hilfsberei-tes Personal. WLAN und Frühstück inkl. ❺

Namkhong Riverside Hotel, 174-6 Moo 8, Wiang Rd., ✆ 053-791 796, ⌨ www.namkhongriver side.net. Großes Hotel am Fluss mit 40 hellen Zimmern mit AC, TV, Wasserkocher, Kühl-schrank und schönem Balkon mit herrlicher Aussicht über den Mekong. Restaurant. Boots-touren. Frühstück und WLAN inkl. ❹

ESSEN

Bamboo Mexican House, 1 Moo 8, Wiang Rd., ✆ 053-971 621. Die aus Bangkok stammende Besitzerin des kleinen Restaurant-Cafés Taew backt leckeres Brot (gut zum Mitnehmen) und stellt ihre eigene Müslimischung zusammen. Neben Frühstück einheimische und leckere mexikanische Gerichte. ⏰ 7.30–20.30 Uhr.

Green Tree, 36 Wiang Rd. Hübsches, kleines Gartenlokal. Man kann an der Straße im nett dekorierten Bambushaus an niedrigen Tischen oder hinten unter Sonnenschirmen sitzen. Kleine Karte: von leckeren Pastagerichten über Frühlingsrollen bis hin zu gebratenen Nudeln.

Rimkhong Restaurant, nur auf Thai ausgeschil-dert, 187 Moo 12, ✆ 053-791 105. Auf 3 Etagen am Fluss. Nettes Flussrestaurant mit kleiner englischer und umfangreicherer Thai-Karte. Authentisch scharfe Currys, Mekong-Fisch für 100–150 Baht, andere Gerichte unter 100 Baht. Überwiegend Einheimische. ⏰ 9–24 Uhr.

SONSTIGES

Geld
Im Zentrum gibt es Banken und Geldautomaten. Vom Pier kommend, steht der erste hinter dem Green Tree Gh.

Medizinische Hilfe
Chiang Khong Hospital, 354 Moo 10, 3 km südlich der Stadt, ✆ 053-791 206.

Post
Südlich vom Wat Phra Kaew. ⏰ Mo, Mi und Fr 8.30–16.30, Di und Do 9–12 Uhr.

TRANSPORT

Weiterfahrt nach Süden s. **eXTra [6035]**.

Tuk Tuks und **Motorradtaxis** stehen am Bus-bahnhof und am Pier. Sie kosten im Stadtgebiet 30 Baht p. P.

Easy Trip, 67/2 Moo 1, ✆ 053-655 174, ✉ easy tripchiangkhong@gmail.com. Reisebüro unter der Leitung der kompetenten Frau Noi. Buchung von Inlandsflügen in Laos und Vietnam sowie Flussbooten ab Houay Xai (Kasten S. 276). Tagestouren zum Phu Chi Fa im Minibus für bis zu 8 Pers. kosten 3900 Baht, nach Chiang Rai 1800–2500 Baht.

Busse und Songthaew
Die meisten Busse fahren vom kleinen **Busbahn-hof** jenseits der Flussbrücke, gut 2 km südlich vom Pier, oder von Haltestellen in der Nähe ab.

Über die Grenze nach Laos

Seit Einweihung der 480 m langen **vierten Freundschaftsbrücke**, 6 km stromabwärts von Chiang Khong, fahren ab dem alten Grenzposten nur noch Autofähren. Wer nicht in Chiang Khong abgesetzt werden will, sollte dem Busfahrer sagen, dass er zur Brücke möchte. Tuk Tuk kosten 80–100 Baht.

Über die Brücke pendeln Busse von 7.30–18 Uhr für 40 Baht/10 000 Kip, und offiziell dürfen Fußgänger die Brücke nicht überqueren. Von 6–8, 16–22 Uhr sowie an ganztags an Wochenenden werden geringe „Overtime fees" verlangt. Am laotischen Ufer, 10 km südlich von Houay Xai, erhält man am Grenzposten ein 30 Tage gültiges Visum für US$30, Österreicher US$35, plus US$1–2 „Stamp Fee"; Gültigkeitsdatum des Visums und Einreisestempel sind zu prüfen. Schweizer erhalten kostenlos eine 14-tägige Aufenthaltserlaubnis. Ein Passfoto oder die Kopie des Passes sind erforderlich. Dieser muss mindestens noch 6 Monate gültig sein. Man sollte US$ dabeihaben, denn der Wechselkurs ist schlecht. Nach **Houay Xai** fahren Songthaew und Minivans für 50–100 Baht.

Minibusse auf der Thai-Seite halten gern bei Agenturen, die Touristen für überhöhte Baht-Preise die Einreiseformalitäten abnehmen wollen.

Öffentliche Busse nach HOUAY XAI starten von der laotischen Seite der Brücke für 15 000 Kip. Busse ab Chiang Rai S. 270. Vom neuen Busbahnhof südlich von Chiang Khong um 9, 12, 17.30 und 18.30 Uhr für 30 Baht; außerdem um 15 Uhr via LUANG NAMTHA (320 Baht, 4 Std.) und OUDOMXAI (570 Baht, 7 Std.) nach LUANG PRABANG für 930 Baht in 12 Std.

Motorradfahrer müssen die Autofähre in Chiang Khong nehmen, erhalten ihr Visum aber nur am Checkpoint an der Brücke, was viel Fahrerei bedeutet. Alternativ kann man versuchen, sein Motorrad für 1000 Baht von einem Pickup über die Brücke zu befördern.

Bei der Wiedereinreise nach Thailand erhält man eine Aufenthaltsberechtigung für 15 Tage. Eine sehr gute Karte der beiden Grenzorte im Internet auf ⌨ hobomaps.com/CKHXmap.html. Einreise nach Thailand S. 419.

BANGKOK, mit Sombat Tours, ✆ 053-791 644-5, oder Siam First Tour, ✆ 053-791 227, um 7, 15.15, 15.20 und 16 Uhr für 535–688 Baht, VIP um 15.50 und 16 Uhr für 810–970 Baht in 13 Std.
CHIANG MAI, mit Green Bus um 7.15 und 10.30 Uhr für 240 Baht oder mit Minibussen, ✆ 080-673 9700, um 10.30 und 16 Uhr ab Namkhong Resort & Gh. sowie um 24 und 3 Uhr mit Abholung aus der Unterkunft für 250 Baht in 7–8 Std. Besser über Chiang Rai.
CHIANG RAI, 140 km, etwa stdl. von 6–15.30 Uhr für 70 Baht in 2 1/2 Std.
CHIANG SAEN, Songthaew ab der Haltestelle gegenüber der Kaserne um 8.30 Uhr für 100 Baht in 2 Std. Ansonsten in Had Bai (50 Baht) umsteigen.

Boote

Boote kosten 1000 Baht pro Std. 4- bis 5-stündige Touren ab 4 Pers. mit Guide, Essen und einem Stopp auf einer Sandbank kosten 4500 Baht. Nach CHIANG SAEN werden bis zu 4000 Baht verlangt.

Südlich von Chiang Mai

Wesentlich dünner besiedelt als die Tiefebene, präsentiert sich das umgebende Bergland von einer ländlichen Seite. Die Landschaft ist trockener und rauer, kleinere Nationalparks schützen die verbliebenen Wälder.

Thai Elephant Conservation Center

Nördlich von Lampang weisen Schilder am H11 nahe Thung Kwian auf das 1992 begründete Elefantenzentrum hin. Vom Eingang zwischen KM 28 und 29 geht es mit einem Shuttlebus zum Besucherzentrum. Bei den täglichen, halbstündigen Shows werden traditionelle Arbeitsweisen, kleine Tricks und Dressurstücke vorgeführt – lautstark untermalt von Moderatoren, die auf landestypisch lustige Art durchs Programm führen. Am Südufer befindet sich das **Elefantenhospital**,

Elefantenschule

Während ihrer Ausbildung erwerben die Tiere die klassischen Fähigkeiten von Arbeitselefanten, Dschungelbäume fortzurollen, aufzustapeln und sie aus dem Wald zu ziehen. Seit dem Holzeinschlagverbot arbeiten Mahouts und Elefanten aber nicht mehr im Wald, sondern verdienen sich ihren Lebensunterhalt im Tourismus. Sie lassen Besucher reiten, posieren für Fotos, und einige Elefanten malen sogar Bilder, die als Souvenirs verkauft werden. Dennoch wird die Ausbildung der Tiere mit großer Ernsthaftigkeit betrieben.

✆ 054-829 329, 💻 thailandelephant.org, in dem v. a. Mütter mit Kälbern untergebracht sind.
In ein- bis zehntägigen Mahout-Kursen ab 3500 Baht pro Tag inkl. Übernachtung kann man mit den Mahouts die Tiere baden und sie bei der Show vorführen, s. eXTra [2686]. Der zehntägige Kurs schließt einen dreitägigen Dschungelaufenthalt ein. ⏲ 8–15.30 Uhr, um 9.45 und 13.15 Uhr Baden, um 10, 11 und 13.30 Uhr Shows, in den Ferien auch um 14.30 Uhr. Eintritt 150 Baht, Kinder 90 Baht, Shuttlebus 20 Baht extra. Elefantenreiten von 8–15.30 Uhr 10 Min. für 200 Baht, 30 Min. 500 Baht, 1 Std. 1000 Baht.

TRANSPORT

Grüne **Busse** Nr. 148 von CHIANG MAI (Arcade Bus Station, 50 Baht, 1 1/2 Std.) oder LAMPANG (30 Baht, 45 Min.) fahren stdl. am Eingang vorbei. Ein Taxi oder Songthaew ab Lampang kostet 600 Baht hin und zurück.

Lampang und Umgebung

Die von Mon-Königen gegründete Stadt, ca. 100 km südöstlich von Chiang Mai, blickt auf eine über 1300-jährige Geschichte zurück. Ihre Blütezeit war das 19. Jh., als die Teakwälder im Norden abgeholzt wurden. In Lampang befand sich das Zentrum der Holzhändler, von deren Wohlstand prächtige Teakhäuser zeugen. Hinzu kommt, dass die Einheimischen den Frevel an der Natur mit Blick auf ihr eigenes Karma durch

den Bau prächtiger Tempel wiedergutzumachen suchten. Während eines Spaziergangs oder einer Rundfahrt mit einer Pferdekutsche durch die Altstadt beiderseits des Wang-Flusses entdeckt man den Charme der Stadt.

Die südliche Uferstraße säumen chinesische Holzhäuser und ein chinesisches **Clan-Haus**. Jenseits der alten Brücken stehen, teils versteckt in verwunschenen Gärten, große Teakhäuser. Das **Wat Phra Kaeo Don Tao Suchada** im birmanischen und Lanna-Stil in der Suchada Road wird am Nordeingang von schönen, großen Naga-Schlangen bewacht. Es besteht aus zwei zusammengelegten Tempeln: Wat Suchadaram und Wat Phra Kaeo. Der 50 m hohe Chedi soll eine Reliquie Buddhas enthalten. Hier stand 32 Jahre lang der Smaragd-Buddha, der in Bangkok als nationales Heiligtum verehrt wird. Ein liegender Buddha kann durch eine Gittertür angesehen werden. Am Westeingang hinter dem Parkplatz steht die Statue von Chao Po Thip Chang, der die Birmanen 1732 aus Lampang vertrieb. Eintritt 20 Baht.

Baan Sao Nak in der Ratwattana Road, ✆ 054-227 653, 💻 www.facebook.com/Baan SaoNak, ist das schönste unter den restaurierten Teakhäusern und wurde 1895 in einem ganz besonderen Stil erbaut. Es steht auf 116 Pfeilern, besitzt eine Veranda im birmanischen und ein Dach im typischen Lanna-Stil. Die Besitzer haben es mit Antiquitäten wie Lackarbeiten, Silberschmuck und Porzellan ausgestattet und für Besucher geöffnet. Der Sarapi-Baum *(Mammea siamensis)* im Garten ist über 150 Jahre alt. ⏲ 10–17 Uhr, Eintritt 50 Baht inkl. Tamarinde-Saft und Klebreiscracker.

Am Sa und So kann man von 17–22 Uhr über die beliebte **Kad Kong Ta Walking Street** in der für den Verkehr gesperrten Talad Gao Road bummeln, traditionelle Musik und Tänze genießen, shoppen und lokale Snacks probieren.

Wat Phrathat Lampang Luang

Das Wat Phrathat Lampang Luang, 15 km südwestlich nahe dem Dorf Ko Kha, ist eine der schönsten Tempelanlagen des Landes. Die ältesten Gebäude stammen aus dem 15. Jh. Teakholz dominiert die Tempelbauten innerhalb der Mauern, von den starken Stützpfeilern bis

Kutschfahrten

Pferdekutschen wurden vor über 100 Jahren von Europäern in Lampang eingeführt. Auch wenn ihnen der moderne Verkehr zu schaffen macht, versucht eine Vereinigung diese Tradition zu erhalten. Die Kutschen stehen u. a. vor dem Bahnhof und in der Suan Dok Road. Eine Rundfahrt kostet 200–300 Baht.

zu den mit Schindeln gedeckten Dächern. Die Eingangstore (Prathu Khong), Dachfirste und Giebel zieren reiche Schnitzereien. Besonders eindrucksvoll ist der 36 m lange, offene Haupt-Vihara mit halb heruntergezogenen hölzernen Seitenwänden, die im Innern von verwitterten Wandmalereien bedeckt sind.

Jenseits der Mauer links vom Eingang stehen zwei Museumsgebäude, darin hinter schweren Gittern ein Smaragd-Buddha, der während des Songkran-Festes in einer Prozession durch die Straßen getragen wird, um für den kommenden Erntezyklus um Regen zu bitten. ⏱ Mi–So 8–17 Uhr.

Blaue Songthaew fahren bis Ko Kha für 40 Baht, man sollte dem Fahrer sagen, dass man zum Wat möchte. Gechartertes Songthaew s. Nahverkehr.

ÜBERNACHTUNG

Akhamsiri Home, 54/1 Pamaikhet Rd., ✆ 054-228 791, 🖥 www.akhamsirihome.com. Ruhiges, kleines Guesthouse im modernen Thai-Stil. 14 mit Liebe zum Detail eingerichtete Zimmer mit Kühlschrank, TV, harten Matratzen, hübscher Regen-Du/WC und Balkon oder Terrasse mit Sitzgelegenheit. Kleines Restaurant, ⏱ 7–21 Uhr. Die Chefin spricht Englisch. Fahrräder 50 Baht, Frühstück 100 Baht, WLAN. ❷

Riverside Gh., 286 Talad Gao Rd., ✆ 054-227 005, 🖥 www.theriverside-lampang.com. In drei 2-stöckigen Teakhäusern hat die belgisch-italienische Lorenza 19 etwas hellhörige Zimmer und eine Suite individuell eingerichtet. Einige haben AC, Balkon oder Terrasse, auch 3- und 4-Bett-Zimmer. Sitzgelegenheiten am Fluss und im Garten. Fahrräder für 60 Baht, Motorräder für 200 Baht pro

Tag. Restaurant, s. Essen. Frühstücken möglich, WLAN. ❷ – ❸

Auangkham Resort, 51 Wang Nua Rd., nur auf Thai beschildert, ✆ 054-221 305, 🖥 www.auangkhamlampang.com. In ruhiger Lage laden 14 luftige, freundliche Zimmer in 2 zurückversetzten, 2-stöckigen Neubauten mit Blick in den Garten zum Entspannen ein. Alle haben Betonböden, Korb- und Holzmöbel, LCD-TV und kleine Balkone oder Verandas. Der freundliche Besitzer spricht sehr gutes Englisch. Kaffee, Kekse und WLAN inkl. ❹ – ❺

Pin Hotel, 8 Suan Dok Rd., ✆ 054-221 509, ✉ PinHotel@yahoo.com. In einer ruhigen Seitenstraße steht der 4-stöckige Neubau mit 58 sauberen, nach hinten ruhigen Zimmern, größere mit Holzböden sowie Suiten mit Sitzecke und TV. Helles Restaurant mit Terrasse. Einfaches Frühstücksbuffet und WLAN in der Lobby inkl. ❸ – ❹

Mehr Übernachtungstipps s. eXTra [2810].

ESSEN

Assawin-Nachtmarkt, östlich des Postamts in der Tha Krao Noi Rd. ⏱ ab 16 Uhr.

Cultural Street, in der Wang Nua Rd. Ein traditioneller, untouristischer und überschaubarer Nachtmarkt. ⏱ Fr 17–21 Uhr.

Ratsada-Markt nördlich vom Fluss. Hier können Mutige bereits zum Frühstück lokale Delikatessen probieren, einige Stände haben auch abends geöffnet.

Aroy One Baht, Thip Chang Rd., Ecke Suan Dok Rd., ✆ 089-700 9444. Sehr preiswertes, bei Einheimischen beliebtes Thai-Restaurant mit Speisekarte auf Englisch. Die Gäste sitzen auf Hockern an kleinen Holztischen im teils überdachten Garten und im 1. Stock eines alten Teakhauses. Für jeden einsehbar wird in der großen Küche an der Straße gebrutzelt. ⏱ 16–24 Uhr.

Khao Soi Islam, Pongsanuk Rd., ✆ 054-227 826. Mittags genießt die Stammkundschaft des kleinen Familienbetriebs Satay und die beste Khao Soi der Stadt. ⏱ 9–14.30 Uhr.

Riverside Restaurant, 328 Thip Chang Rd., ✆ 054-221 861. In einem Teakhaus mit 2-stöckiger überdachter Terrasse kann man die schöne Aussicht auf den Fluss genießen.

Große Auswahl an Gerichten nach westlichem Geschmack ab 100 Baht. Auch selbst gebackenes Brot, Kuchen und Kaffee. Di, Do, Sa und So von 18.30–22 Uhr gibt es beliebte Pizzen. Wein, Cocktails, Erdinger und Beer Lao. Von 19–23 Uhr Livemusik. ⏰ 11–24 Uhr.

SONSTIGES

Informationen und Fahrräder
Tourist Information Center, 230 Tha Krao Noi Rd., ✆ 054-237 229, 🖥 www.lampangcity. go.th/en. Bemühte Mitarbeiter mit wenigen Infos und einer Karte. Zudem kostenlos Fahrräder gegen Vorlage des Passes zur Kopie. ⏰ 9–16.30, zur Hochsaison bis 18, Sa und So bis 16 Uhr.

Medizinische Hilfe
Khelang-Ram Hospital, Phaholyothin Rd., nahe dem Busbahnhof, ✆ 054-225 100.

NAHVERKEHR

Grün-gelbe **Songthaew** kosten im Stadtgebiet 20–50 Baht und verkehren zwischen dem Busbahnhof, dem Bahnhof und dem Uhrturm. Eine Rundfahrt kostet 200–300 Baht pro Std., eine Tour zum Thai Elephant Conservation Center 600 Baht und zum Wat Phrathat Lampang Luang 500 Baht hin und zurück.

TRANSPORT

Busse
Vom **Busbahnhof**, ✆ 054-218 219, am H1 neben dem Big C südlich des Zentrums nach: BANGKOK, 610 km, häufig von 8–22 Uhr für 380–490 Baht, VIP um 10.20, 20 und 20.30 Uhr für 770 Baht in 9 Std.
CHIANG MAI, grüne lokale Busse alle 30 Min. von 2–22 Uhr für 60 Baht, AC-Busse 80–100 Baht, VIP für 120–140 Baht in 1 1/2 Std., via LAMPHUN 2 Std.
CHIANG RAI, alle 45 Min. von 6.30–15.30 Uhr für 120–180 Baht in 4 1/2 Std.
KHON KAEN, etwa stdl. von 5–22.30 Uhr für 420 Baht in 10 Std.
THAI ELEPHANT CONSERVATION CENTER mit grünen Chiang Mai-Bussen für 30 Baht in 30 Min.

Eisenbahn
Der **Bahnhof**, ✆ 054-217 024, ist ein Fachwerkbau deutscher Ingenieure mit Thai-Dekor aus dem Jahr 1916.
Nach BANGKOK, 642 km, in der 1. Klasse Schlafwagen/2. Klasse Sitzplatz/3. Klasse für 1172/354/216 Baht in 9 1/2–12 Std.
Nach CHIANG MAI für 102/53/23 Baht in der 1./2./3. Klasse in gut 2 Std.
Fahrplan im Internet unter 🖥 www.railway. co.th

Flüge
Zum **Flugplatz**, ✆ 054-226 483, südlich des Zentrums mit Songthaew für 30–50 Baht.
Bangkok Airways, 🖥 www.bangkokair.com. 3x tgl. nach BANGKOK.

Der Nordosten

Gern als **Isarn** bezeichnet – auch Isan, I-san, Isaan, Issan oder gar E-sarn geschrieben – ist der Nordosten mit 168 000 km² die größte Region Thailands. Der Name wurzelt im Begriff „Ishana", einem aus dem Sanskrit stammenden Wort für das frühe Mon-Khmer-Königreich, das sich hier einst erstreckte, bevor es dem Imperium von Angkor einverleibt wurde. Sprache und Kultur der Bewohner sind eng verwandt mit denen des benachbarten Laos, das inzwischen durch vier Mekong-Brücken und zunehmenden grenzübergreifenden Busverkehr angebunden ist, weisen aber auch Einflüsse aus Kambodscha und sogar Vietnam auf.

Die Region ist reich an Menschen, aber vergleichsweise arm an Regen und Ressourcen – weshalb sie oft als „Armenhaus" des Königreichs tituliert wird. Die Ernten auf den kargen Lateritböden fallen eher mager aus, werden zudem durch Dürren, Überflutungen und Versalzungen gefährdet. Obwohl das Durchschnittseinkommen erheblich unter dem Landesdurchschnitt liegt, sollen die glücklichsten Menschen im Nordosten leben … Dafür sprechen nicht zuletzt die zahlreichen **Feste**, auf denen zu der enorm rhythmischen **Isarn-Musik** getanzt wird. Ebenfalls von reichlich Lebensfreude zeugen die vielen Volksfeste, unter denen die Raketenfestivals zu den spektakulärsten zählen.

Trotz radikaler Abholzung besteht der Isarn keineswegs nur aus **Reisfeldern**, sondern kann mit unvermuteten Attraktionen aufwarten. Wie den insgesamt 45 Naturschutzgebieten, bedeutenden Überresten von **Dinosauriern** sowie – von der Unesco teilweise zum **Weltkulturerbe** erklärten – Spuren früher Kulturen: archaischen Felszeichnungen und faszinierenden Tempeln *(prasat)* der Khmer-Epoche. Stets führt eine Reise durch den Isarn auch in beschauliche Winkel, die mit Wasserbüffeln, Fahrradrikschas oder traditioneller Handwerkskunst viel Ursprünglichkeit, Ruhe und Gelassenheit ausstrahlen. Am reizvollsten präsentiert sich der Nordosten während oder kurz nach der **Regenzeit**, wenn die gefluteten, herrlich grünen Reisfelder bis zum Horizont leuchten und sich allerorts von Lotus und Libellen gezierte Wasserflächen bilden.

Für Liebhaber authentischer **Küche** ist die Region ein Schlaraffenland mit vielen traditionellen Speisen, zu denen durchaus auch Insekten zählen. Die Einheimischen sprechen zwar nur vereinzelt Englisch, doch wird das Reiseerlebnis stets geprägt von einer bemerkenswerten Freundlichkeit und Gastfreundschaft. Das gilt auch für die **Community** der hier überraschend zahlreich lebenden Ausländer, von denen viele heimatliche Back- und Wurstwaren produzieren. Ebenfalls für Wohlgefühl sorgen die meist enorm günstigen Hotel- und Restaurantpreise.

Khao Yai National Park

Die Randgebiete des Khao Yai unterliegen einer bedauerlich rasanten Entwicklung, mit dem vierspurigen Ausbau der nördlichen Zufahrt (bzw. dem H2090), wurde ein reichlich falsches Zeichen gesetzt und sogar der Kern von Khao Yai wird von einer Straße durchzogen ... Dennoch bietet der mit 2168 km² drittgrößte und älteste Nationalpark Thailands alles, was man sich von einem Naturschutzgebiet in den Tropen erträumt. Bereits 1962 gegründet, erstreckt er sich zwischen Bangkok und Korat als Teil

der Dongrak-Bergkette und wurde zum Natural Heritage Site der Asean-Staaten sowie als **Dong Phayayen-Khao Yai Forest Complex** zum Unesco-Weltnaturerbe erklärt, 🖳 http://whc.unesco.org/en/list/590.

Ursprüngliche, dichte Dschungelgebiete jedoch finden sich auf dem 600–1000 m hohen Plateau eher selten. Meist wechselt die Landschaft zwischen immergrünem Monsunwald und grasbewachsenen Steppen mit kleinen Seen. Höchste Erhebung ist mit 1351 m der **Khao Rom**, auf dem herrliche Aussichtspunkte und eine Radarstation der Armee liegen. Am einfachsten lässt sich der Nationalpark über seine Wasserfälle erkunden. Der **Haew Suwat** gilt als der populärste, seitdem hier 1999 einige Schlüsselszenen des Traveller-Romans *The Beach* – mit Leonardo di Caprio in der Hauptrolle – gedreht wurden. Am spektakulärsten erscheint der im Süden liegende **Haew Narok**, der über drei Stufen 150 m in die Tiefe stürzt.

Tiger streifen hier kaum noch umher, doch bestehen gute Chancen, wilde **Elefanten**, Affen

Trails und Touren

Von einem insgesamt 500 km langen **Wegenetz** ganz unterschiedlicher Schwierigkeitsgrade durchzogen, eignet sich der Nationalpark vortrefflich für **Wanderungen**. Die „Trails" sind oft unzureichend markiert und führen zuweilen sogar über Elefantenpfade. Trekking-Touren mit professionellen Guides indes garantieren, dass man sich nicht verläuft und mehr vom Dschungelabenteuer hat. Die meisten Resorts bieten erlebnisreiche **Tagestouren** schon ab 1200 Baht p. P. an. Sie werden von engagierten, Englisch sprechenden Einheimischen geführt und umfassen meist mehrstündige Trekking-Etappen, Badevergnügen in Wasserfällen, wildromantische Picknicks oder sogar Kletter-Einlagen.

Wer auf Wanderschaft geht, sollte nicht versäumen, sich mit Spezialsocken gegen **Blutegel** auszurüsten. Gut zu wissen: Unter der Woche verspricht der Nationalpark deutlich mehr Einsamkeit und somit intensivere Naturerlebnisse.

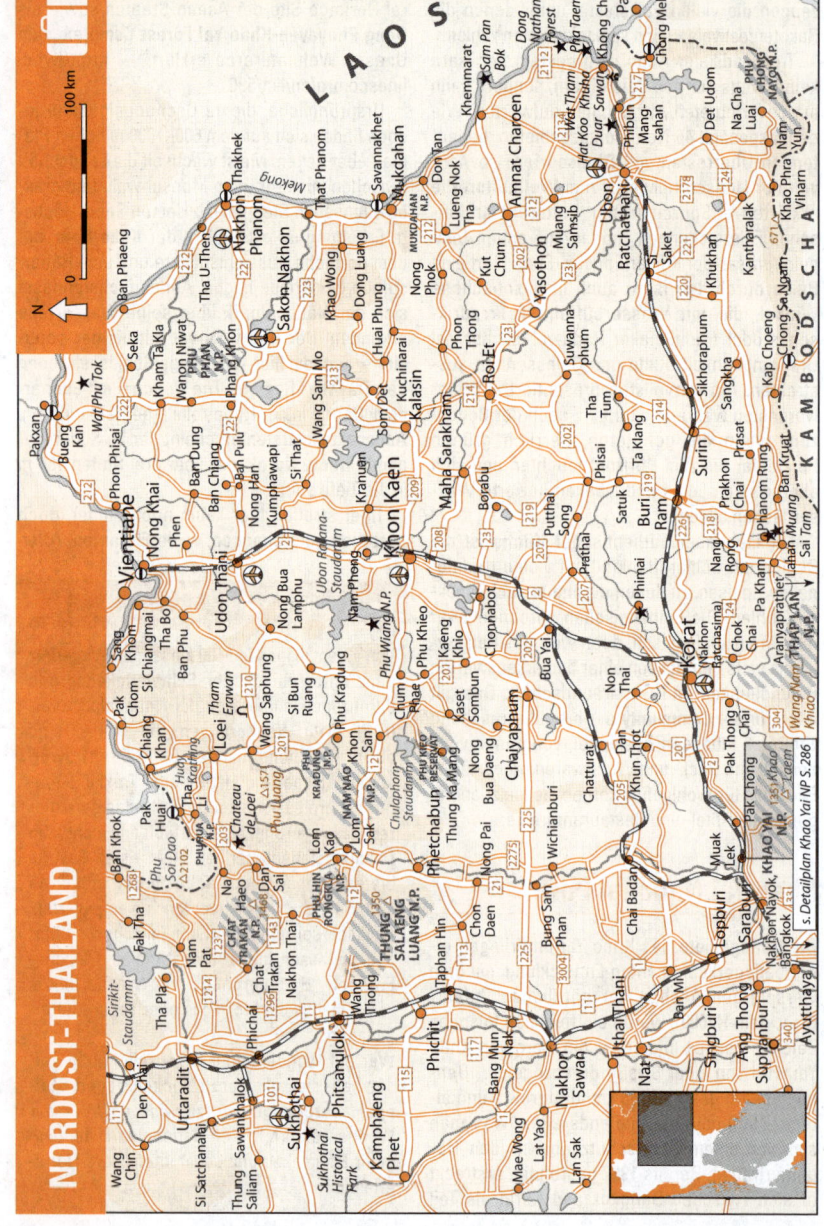

NORDOST-THAILAND

und Rotwild zu sichten. Insgesamt leben im Park 123 Säugetierarten, 200 unterschiedliche Reptilien sowie 392 Vogelarten mit der landesweit größten Population an **Nashornvögeln**. Einige Höhlen in den steil abfallenden Kalkfelsen werden von hunderttausenden **Fledermäusen** bevölkert. Im Umfeld des Nationalparks indes entstehen immer mehr Themenresorts und Touristenattraktionen von Menschenhand – wie Vergnügungsparks mit Cowboy-Charme oder die bizzar anmutenden, mediterranen Disneyland-Kulissen **Palio Khao Yai Village Mall** und **Primo Piazza** (www.primopiazza.com). Warum sich hier die namhaftesten Weingüter des Landes finden und der nördliche Rand des Nationalparks gern als „Toskana Thailands" bezeichnet wird, s. **eXTra [5159]**

Die **Anreise** zum Khao Yai Nationalpark, Eintritt 400 Baht, ⏰ 6–21 Uhr, erfolgt meist über **Pak Chong**, der kürzeste Weg jedoch führt von Bangkok über Prachinburi zum südlichen Parkeingang, der nur wenig frequentiert wird.

ÜBERNACHTUNG

Innerhalb des Parks kann lediglich in Zelten und einfachen Bungalows des Visitor's Centers übernachtet werden. Die meisten Unterkünfte liegen an dem aus Pak Chong in den Park führenden H2090 (Thanon Thanarat) oder den kilometerlangen Abzweigungen.
Balios Resort Khao Yai, ☎ 044-365 971-5, www.balioskhaoyai.com. Neu seit 2012 und vom Besitzer der benachbarten Palio Khao Yai Village Mall in ansprechendem Kolonialstil erschaffen. 132 elegante, geräumige Komfort-Zimmer mit Balkon oder Terrasse und gutem Preis-Leistungs-Verhältnis, schönes Schwimmbad. ❺–❻

Bobby's Apartment & Jungle Tours, 291 Mittapab Rd., ☎ 044-328 177, 086-262 7006, www.bobbysjungletourskhaoyai.com. Nur 800 m vom Lotus Shoppingcenter in Pak Chong bieten der engagierte Deutsche Mike Ingram und seine Thai-Frau Suree 9 saubere Zimmer zum Sparpreis mit viel Platz, Ventilator, TV/DVD und Terrasse in einem Reihenbau sowie 2 AC-Zimmer und 1 Dorm mit 4 Betten zu 100 Baht. Exzellente Küche, umfassende Serviceleistungen und bewährtes Tourenangebot. ❷–❸

Der Khao Yai als Bilderbuch

Mehr als zwei Jahrzehnte hat der Tourismus-Pionier, Hobby-Biologe und Gründer der Khao Yai Garden Lodge daran geschrieben, doch die Veröffentlichung seines einzigartigen, großformatigen Werks über den Khao Yai National Park hat der mit 63 Jahren verstorbene Berliner **Klaus Derwanz** nicht mehr erleben können. Ende 2005 erschien sein faszinierend bebildertes Buch *Thailand – Dschungelabenteuer Khao Yai* (ISBN 3-00-017144-4, 39,90 €). Auf 274 Seiten gibt es Aufschluss über die Fauna und Flora des Schutzgebiets.

€ **Greenleaf Gh.**, KM 7,5, ☎ 044-365 073, www.greenleaftour.com. Zählt mit 20 einfachen, sauberen Ventilatorzimmern und Kaltwasser-Bädern, einer familiären Atmosphäre und preiswerten Thai-Küche zu den wenigen Budgetunterkünften. ❶–❷
Khao Yai Garden Lodge, KM 7, ☎ 044-365 178, www.khaoyaigardenlodgekm7.com. 1986 eröffnete, weitläufige Anlage mit 65 verschiedenen, teilweise etwas dunklen Zimmern – einige mit Ventilator und viele mit Terrassen. Uriges Lobby-Restaurant und ein idyllisches Schwimmbad mit künstlichem Wasserfall. Managerin Bhum spricht gut Englisch. ❷–❺
Kirimaya Golf Resort & Spa, 7 km von einer Abzweigung des H2090, ☎ 044-426 000, www. kirimaya.com. Mit dem angegliederten, paradiesischen **Muthi Maya Forest Pool Villa Resort**, www.muthimaya.com, die exklusivste Unterkunft der Region. Beide Anlagen lohnen sich auch nur für einen Restaurant-Besuch. ❻
Phuwanalee Hotel & Resort, KM 14, ☎ 044-297 111, www.phuwanalee.com. Stilsicheres, herrlich begrüntes, aber nicht gerade billiges Boutique-Resort mit 70 einladenden Zimmern in 6 Kategorien – darunter sogar luxuriöse Safari-Zelte. ❻

ESSEN

In **Pak Chong** finden sich allerlei Restaurants, aber auch ein attraktiver Nachtmarkt mit landestypischen Leckereien. An der nördlichen **Zufahrt zum Park** bieten sich kleinere Märkte,

THAILAND

KHAO YAI NATIONAL PARK

N

0   2000 m

Map labels:
- Pak Chong
- Salzstelle
- KM 31
- KM 30
- KM 32
- Pfad 9
- 2090
- KM 33
- gesperrtes Gebiet
- KM 34
- Nong Pak Chi
- Salzstelle
- Beobachtungsturm
- Salzstelle
- KM 35
- Lam Takhong River
- Haew Prathun-Wasserfall
- Wang Champi
- Pfad 1
- Pfad 1
- Kong Kaeo Nature Trail
- Haew Sai-Wasserfall
- Pfad 6
- Pfad 5
- Tou-Sai-Salzstelle
- Cafeteria
- VISITOR'S CENTER
- HEADQUARTER
- Haew Suwat-Wasserfall
- Pfad 2
- Pfad 1
- Pfad 9
- Pfad 7
- Pfad 10
- Suratsawadee Zone
- gesperrte
- Pha Kluai Mai Camp
- Pfad 8
- Sai Sorn Reservoir
- Straße
- Pha Kluai Mai-Wasserfall
- Pfad 3
- Lam Ta Kong Camp
- Pfad 15
- Reservoir
- TOURIST POLICE
- Pfad 8
- KM 41
- Shop
- Thanarat Zone
- Prachinburi, Haew Narok-Wasserfall
- 3077
- 3182
- View Point (12 km)
- Schrein

Essensstände und immer mehr Restaurants zur Versorgung an. Direkt im Schutzgebiet gibt es nur im Bereich des Visitor's Center die Möglichkeit einzukehren.

Piece of Cake, am H2090, ☎ 088-002 8026. Lockt seit 2013 als unwiderstehliche Versuchung – mit avantgardistischer Architektur, gediegenem Ambiente sowie verheißungsvollen Kreationen von Kuchen, Keksen und Pralinen. ⊙ 10.30–22 Uhr.

INFORMATIONEN

Über Fauna und Flora sowie die Wanderpfade informiert das 14 km vom nördlichen Eingang entfernt liegende **Headquarter/Visitor's Center**, ☎ 081-877 3127, 086-092 6531, ⊙ 8–18 Uhr.

NAHVERKEHR

Im Nationalpark fahren keine öffentlichen Verkehrsmittel, so dass man sich einer Tour anschließen oder ein Fahrzeug mieten muss. Sammeltransporte mit **Songthaews** oder **Tuk Tuks** von Pak Chong zum nördlichen Eingang kosten 40 Baht und brauchen 45–60 Min. Charter-Taxis zu den Resorts 200 500 Baht, zum Parkeingang 500–800 Baht und zum Visitor's Center 1500 Baht.

Taxis

Nach BANGKOK 3500 Baht, zum Flughafen nur 3000 Baht.

Busse

Die AC-Busse nach Bangkok und Korat halten/starten entlang der **Hauptstraße** in Pak Chong bzw. an den Büros der entsprechenden Busunternehmen.
BANGKOK, von 6–19 Uhr alle volle Std., danach seltener, in 2 1/2–3 1/2 Std. für 105–140 Baht.
KORAT, von 6–19 Uhr alle volle Std., danach seltener, in 1–1 1/2 Std. für 55–80 Baht.
Vom **Nakhonchai Air-Terminal** (Büro ✆ 044-316 677) an der Caltex-Tankstelle als VIP-Busse:
HUA HIN, tgl. 6x in 5 Std für 308 Baht.
PHUKET, ab 20.30 Uhr (14–15 Std., 1300 Baht) über CHUMPHON (8 Std., 800 Baht, Fähre nach Ko Tao) und SURAT THANI (10 Std., 1000 Baht, Fähre nach Ko Samui).
RAYONG über PATTAYA, tgl. um 13.10 Uhr in 4 Std. für 250 Baht.

Minibusse

Vom Einkaufszentrum The Hometown Pak Chong zum Victory-Monument in Bangkok in 2 1/2 Std. für 160 Baht, nach Korat in sca. 1 1/2 Std. für 60 Baht.

Eisenbahn

Alle Züge zwischen Bangkok und Korat bzw. Ubon Ratchathani und Nong Khai halten am **Bahnhof** von Pak Chong, ✆ 044-311 534.
AYUTTHAYA, 12x tgl. mit den Zügen nach Bangkok in 2–3 Std.
BANGKOK, 12x tgl. in 3 1/2–5 Std.
KORAT, tgl. 13x tgl. in ca. 1 1/2 Std.
UBON RATCHATHANI, 7x tgl. in 7–8 1/2 Std.
SURIN, 10x tgl. in 3–5 1/2 Std.
UDON THANI, tgl. 2x in 6 1/2–7 Std.

Korat (Nakhon Ratchasima)

Obwohl es sich um die mit 700 000 Einwohnern bedeutendste Stadt des Isarn handelt, wird man in alphabetischen Verzeichnissen unter Korat

---

Geniale Urlaubsstimmung

Bekanntester Sohn der Stadt dürfte der Songwriter und Gitarrist Sekson Sookpimay sein – Gründer der dreiköpfigen Formation **Sek Loso** (als Abkürzung für „Low Society"), die seit den 1990er-Jahren zu den populärsten Bands des Landes zählt. Die eingängigen Songs können es locker mit westlicher Popmusik aufnehmen. Warum also den Thailand-Urlaub nicht mit etwas Musik als Mitbringsel – wie dem CD-Klassiker „Best of Loso" – abrunden?

(Khorat) – im Volksmund „Kolat" – kaum fündig. Denn etwaige Einträge finden sich meist nur unter dem offiziellen Ortsnamen Nakhon Ratchasima, der sonst kaum benutzt wird. Die Provinzhauptstadt, die mit den extrem langen, leidigen Rotphasen ihrer Ampelanlagen zu den drei größten Metropolen Thailands zählt, bietet keine großartigen Sehenswürdigkeiten, doch fungiert sie mit einer vielfältigen, preiswerten Hotellerie und verlockenden Gastronomieszene als attraktives **Tor zum Nordosten** und allen wichtigen Touristenzielen.

Die breiten, von Fontänen gezierten Wassergräben und das historische **Pratu Chumphon** sowie drei weitere, als Replik erschaffene Stadttore vermitteln einen Eindruck vom Umfang der einst 1,7 mal 1,5 km langen Befestigungsanlagen. Sie gehen bis auf das 8. Jh. zurück. Auf einer Terrasse steht das Bronzedenkmal von Thao Suranaree: Als listige Frau des Vizegouverneurs von Korat war **Khunying Mo** 1826 zur Nationalheldin avanciert, weil es ihr gelungen sein soll, feindliche Truppen mithilfe eines Trinkgelages abzulenken, während die eigenen Soldaten andernorts kämpfen mussten. Das 1934 errichtete Monument, das Einheimische ständig mit Blumen, Kränzen und Opfergaben schmücken, soll ihre Asche enthalten.

Die aufstrebende Stadt – u. a. sind mit dem **Terminal 21** und dem **Central Festival Center** zwei weitere, imposante Einkaufs- und Erlebnismeilen im Bau – liegt 260 km nordöstlich von Bangkok und ist für ihre **Seidenproduktion** bekannt, aber auch als Heimat einer erfolgreichen **Musikband** (s. Kasten) oder der kurzhaarigen

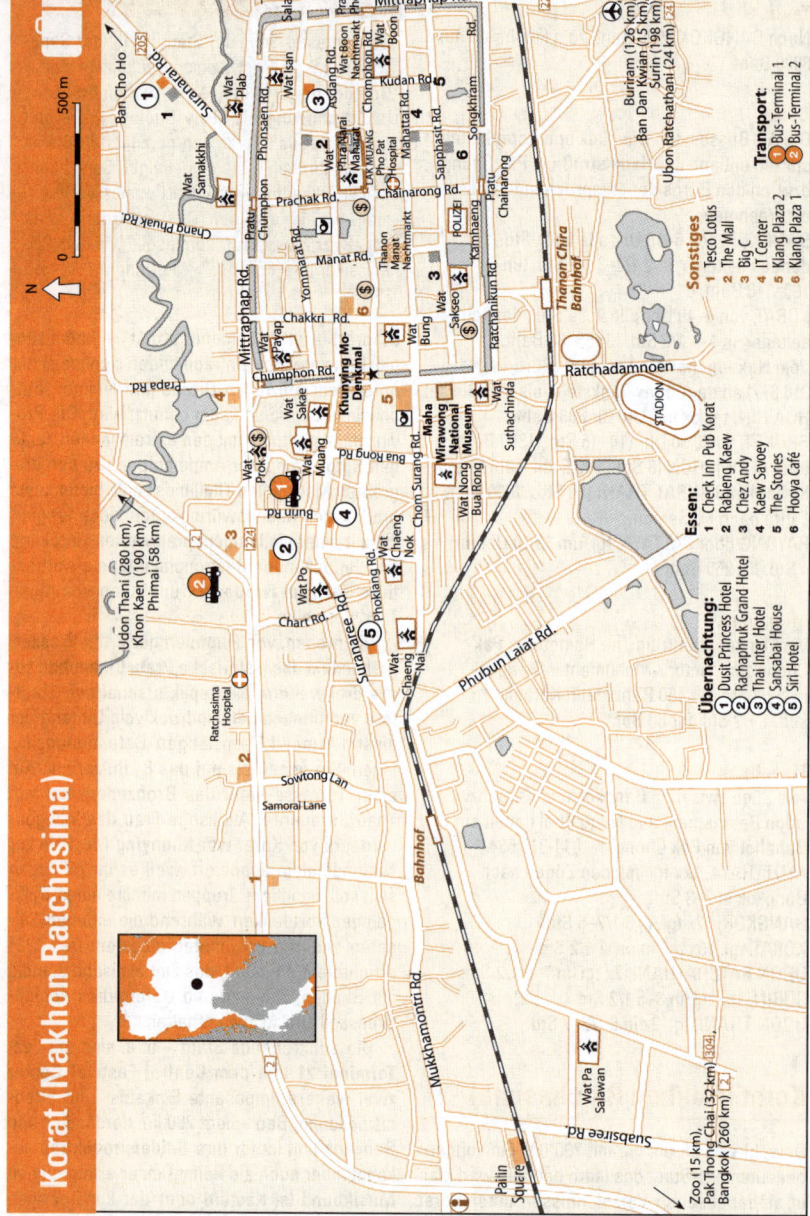

Korat (Nakhon Ratchasima)

THAILAND

N

0 ____ 500 m

Übernachtung:
1 Dusit Princess Hotel
2 Rachaphruk Grand Hotel
3 Thai Inter Hotel
4 Sansabai House
5 Siri Hotel

Essen:
1 Check Inn Pub Korat
2 Rabieng Kaew
3 Chez Andy
4 Kaew Savoey
5 The Stories
6 Hooya Café

Sonstiges
1 Tesco Lotus
2 The Mall
3 Big C
4 IT Center
5 Klang Plaza 2
6 Klang Plaza 1

Transport:
1 Bus-Terminal 1
2 Bus-Terminal 2

Mittraphap Rd.

Buriram (126 km),
Ban Dan Kwian (15 km),
Surin (198 km)
Ubon Ratchathani (24 km)

Wat Sala Loi
Wat Ban
Wat Plab
Wat Samakkhi
Ban Cho Ho
Suranarai Rd.
Phonsaen Rd.
Pratu Chumphon
Prachak Rd.
Chang Phuak Rd.
Mittraphap Rd.
Yommarat Rd.
Manat Rd.
Chakkri
Wat Payap
Chumphon Rd.
Khunying Mo-Denkmal
Wat Sakae
Wat Muang
Wat Prok
Burin Rd.
Wat Po
Chart Rd.
Suranaree Rd.
Phokiang Rd.
Wat Chaeng Nok
Chom Surang Rd.
Bua Rong Rd.
Wat Chaeng Nai
Phubun Laiat Rd.
Wat Nong Bua Rong
Maha Wirawong National Museum
Suthachinda
Ratchanukun Rd.
Kamhaeng
Sanseo
Pratu Chainarong
Songkham Rd.
Thanon Chira Bahnhof
Ratchadamnoen
STADION
Wat Bung
Wat
Thanon Manat Nachtmarkt
POLIZEI
Sapphasit Rd.
Mahattai Rd.
Chumphon Rd.
Kudan Rd.
Wat Boon
Wat Boon Nachtmarkt
Asdang Rd.
Pratu Phollan
Pratu Nachtmarkt
LAK MUANG
Pho Pat Hospital
Phra Nakai Mahathat
Wat 2
Chainarong Rd.
Ratchasima Hospital
Sowtong Lan
Samorai Lane
Mukkhamontri Rd.
Bahnhof
Suabsiree Rd.
Wat Pa Salawan
Zoo (15 km)
Pak Thong Chai (32 km)
Bangkok (260 km)
Pailin Square
Phubun Laiat Rd.
Udon Thani (280 km),
Khon Kaen (190 km),
Phimai (58 km)
Traja Rd.

288 DER NORDOSTEN | Korat (Nakhon Ratchasima)

www.stefan-loose.de/thailand

Korat-Katzen, die im Land als ultimative Glücks-bringer gelten.

In der Umgebung von Korat finden sich neben den Ruinen von **Phimai** weitere reizvolle **Sehenswürdigkeiten**, die gut mit Bussen oder Songthaews erreichbar sind, s. **eXTra** [2895].

ÜBERNACHTUNG

Es gibt eine überraschend üppige Auswahl an Hotels, die teilweise noch aus Zeiten des Vietnamkriegs stammen, aber keinerlei Gästehäuser.

Dusit Princess Hotel, 1137 Suranari Rd., nordwestlicher Stadtrand, ☎ 044-256 629-35, 🖳 www.dusit.com. Empfehlenswertes Luxushotel mit 186 überraschend erschwinglichen Zimmern ab 1900 Baht, maximalem Komfort und exklusivem Ambiente. Verblüffend günstige Abendbuffets im schicken Restaurant, preisgekrönte Umwelt- und Sozialprojekte sowie ein nettes Einkaufszentrum in der Nachbarschaft. **❺–❻**

Rachaphruk Grand Hotel, 311 Mitraphap Rd., ☎ 044-261 222, 🖳 www.rachaphrukgrandhotel.com. Das einstige Flaggschiff von Korats Hotellerie wirkt etwas abgenutzt, doch das angenehme Ambiente, eine imposante Lobby und das freundliche Personal überzeugen. 159 Zimmer in 4 Kategorien, üppig verglast und mit gutem Blick – besonders aus den großen Ecksuiten. **❺**

Sansabai House, 335-7 Suranaree Rd., ☎ 044-255 144, 🖳 www.sansabai-korat.com. Unscheinbarer Bau mit 5 Etagen und 40 wohltuend hellen Zimmern (die 7 günstigsten mit Ventilator) und angenehmem Interieur in erfreulich zentraler Lage. Statt einer müffelnden Teppichboden-Orgie wie in vielen anderen Unterkünften der Stadt, überrascht es mit blitzendem Fliesenboden. Gutes Preis-Leistungs-Verhältnis, freundliche Atmosphäre. **❷–❸**

Siri Hotel, 688-90 Phoklang Rd., ☎ 044-242 831, 🖳 www.sirihotelkorat.com. Präsentiert sich nach der Renovierung mit vielen erfrischenden Farben. Bei Ausländern beliebtes Stadthotel mit 62 Zimmern, ansprechendem Foyer, einem guten Restaurant und der SR-Karaoke. **❸**

Thai Inter Hotel, 344/2 Yommarat Rd., ☎ 044-247 700, 🖳 www.thaiinterhotel.com. Klein, aber fein, sauber und gepflegt: 4-stöckiger Neubau in zentraler Lage mit 32 wohnlichen Zimmern und einladendem Biergarten. **❸**

ESSEN UND UNTERHALTUNG

In Korat überrascht die Fülle an verlockender Gastronomie – darunter etliche romantische, hübsch gestaltete Gartenrestaurants, die meist auch über AC-Räumlichkeiten verfügen. Abends spielen oft Livebands, so dass der Übergang zum Musikpub fließend ist. Das Nachtleben pulsiert vor allem in der Mahattai Rd., Sapphasit Rd. und Suranaree Rd. (Hotspot: **Check Inn Pub Korat**, ☎ 044-473 7443) sowie am Pailin Square. Lasziv und preiswert durch die Stände futtern lässt es sich z. B. auf dem Nachtmarkt **Wat Boon**, ⏰ 17–22 Uhr.

Chez Andy, 5-7 Manat Rd., ☎ 044-289 556, 🖳 www.chezandykorat.com. Ob leckere Bauernrösti, Cordon Bleu, Käse-Fondue oder knusprige Holzofenpizzas ab 280 Baht, die flambierten Drehspieße *(burning skewer)* oder die originelle Schlachtplatte, die für 1850 Baht bis zu zehn Gäste pappsatt machen kann: Das kreativste und beste Ausländer-Restaurant des Isarn und sein sympathischer schweizer Inhaber Andreas Müller (Andy) garantieren wahre Schlemmerfreuden.

Hooya Café, 92 Sapphasit Rd., ☎ 044-266 928. Idyllisches, naturnah und offen gestaltetes Café mit Terrakotta-Ambiente, gemütlichem Korbmobiliar und Kaffee-Spezialitäten. ⏰ Mo–Fr 8–19, Sa und So 7.30–18 Uhr.

Kaew Savoey, 359/1 Sapphasit Rd., ☎ 081-789 5681. Riesiges Neonlicht-Restaurant für die beliebte, gesellige Hot-Pot-Brutzelei *Muka-ta* über Holzkohle-Tischgrills. ⏰ 15–24 Uhr.

Rabiang Kaew, 284/3 Yommarat Rd., ☎ 044-267 765. Beliebt und empfehlenswert: stil- und stimmungsvolles Gartenrestaurant mit viel Holz, Grün, Tongefäßen, Steinsäulen und romantischer Beleuchtung. ⏰ 11–23 Uhr.

The Stories, 86 Sapphasit Rd., ☎ 044-251 181. Szene-Spot mit Wohlfühl-Charakter gleich neben dem Kaew Savoey: originelles Interieur mit Wasserbecken, Holzterrasse, einladenden Sitzgarnituren und

THAILAND

stimmungsvoller Beleuchtung. Exzellente Thai-Küche und allabendliche Livemusik. ◷ 16–1 Uhr.

Einkaufen

Neben der modernen **The Mall** sowie den Filialen von **Big C** und **Tesco Lotus** erfreuen sich die alten Einkaufszentren **Klang 1** und **Klang 2** sowie das örtliche **IT Center** besonderer Popularität. Am Abend lohnt ein Bummel über den Nachtmarkt **Thanon Manat**, ◷ 18–22 Uhr.

Informationen

Tourist Office, am Sima Thani Hotel, H2, 2 km westlich vom Zentrum, ✆ 044-213 666, ✉ tatsima@tat.or.th, ◷ 8.30–16.30 Uhr. Hier gibt es gutes Kartenmaterial und die nützliche Gratis-Broschüre *Khmer Cultural Route*. Umfangreiche Infos über Sehenswürdigkeiten und das Leben im Nordosten bieten das deutsch-englische Forum der **Farang Community**, 🖥 www.korat-info.com, sowie die Internet-Portale 🖥 www.isaan.com und 🖥 www.koratmagazine.in.th.

Busse

Vom etwas versteckt gelegenen **Bus-Terminal 1** in der Burin Rd., ✆ 044-242 899, fahren Busse nach Bangkok und zu Zielen in der Provinz ab. Vom bedeutenderen **Bus-Terminal 2**, ✆ 044-256 006 (Nakhonchai Air), am H2, schräg gegenüber von Big C, geht es ebenfalls nach Bangkok und Phimai (Tagesausflug mit Taxi ca. 1500 Baht) sowie zu allen anderen wichtigen Städten.
BAN DAN KWIAN, alle 30 Min. für 30 Baht (auch ab der südlichen Stadtmauer).
BAN TAKO (für PHANUM RUNG), alle 30 Min. in 2 Std. für 90–120 Baht.
BANGKOK, rund um die Uhr alle 15–30 Min. in 3 1/2 Std. für 200–230 Baht.
CHANTABURI, alle 30 Min. in 5–7 Std. für 280–400 Baht.
CHIANG MAI, 8–9x tgl. in 13 Std. für 440–550 Baht, VIP für 660 Baht.
KHON KAEN, stdl. in 2–3 Std. für 130–230 Baht.
NAKHON PHANOM, 3 x tgl. in 8 Std. für 250–350 Baht.

NONG KHAI, 11x tgl. in 6–7 Std. für 230–450 Baht.
PAK CHONG (Khao Yai N.P.), alle 15 Min. für 70–90 Baht in 1 1/2 Std.
PATTAYA, 6–8x tgl. in 7–8 Std. für 290–320 Baht.
PHIMAI, alle 30 Min. in 1 1/4 Std. für 60 Baht.
RAYONG (für KO SAMET), 6–8x tgl. in 7 Std. für 280–340 Baht.
SURIN, alle 30 Min. in 4 1/2 Std. für 110–160 Baht.
UBON RATCHATHANI, rund um die Uhr alle 30 Min. in 6–7 Std. für 220–280 Baht, VIP für 350 Baht.
UDON THANI, alle 30 Min. in 3 1/2 Std. für 180–230 Baht.
VIENTIANE (Laos), 1x tgl. für 320 Baht in 6 1/2 Std. mit dem Thai-Lao International Bus.

Eisenbahn

Der **Bahnhof**, ✆ 044-242 044, liegt im Westen von Korat (mit Songthaews oder Bussen 20 Baht).
AYUTTHAYA, 13x tgl. in 3 1/2 Std.
BANGKOK, 12–14x tgl. in 5–6 Std. (über Ayutthaya)
KHON KAEN, 5x tgl. in 3 1/2 Std.
NONG KHAI, 3x tgl. in 5 1/2 Std.
PAK CHONG, 13x tgl. in 1–2 Std.
SURIN, 13x tgl. in 2–3 1/2 Std.
UBON RATCHATHANI, tägl. 7–9x in 5–6 Std.
UDON THANI, 4x tgl. in 5–6 Std.

Von Korat nach Nong Khai

Die Reise von Korat nach Nong Khai führt zumeist über den Friendship Highway (H2) inmitten weitläufiger Reisfeldlandschaften. Ein erster Zwischenstopp lohnt sich nach 58 km für den Besuch der historischen Tempelruinen von **Phimai**, die auch gern als „kleines Angkor von Thailand" bezeichnet werden.

Obwohl das nach 190 km erreichte **Khon Kaen** mit fast 400 000 Einwohnern als zweitgrößte Stadt des Isarn fungiert, verirren sich westliche Reisende nur selten hierher. Die vier Hochhäuser, die das Zentrum prägen und die

THAILAND

besten Hotels beherbergen, werden ergänzt von etlichen Restaurants und Vergnügungsstätten. Nach Einbruch der Dunkelheit in üppigem Neonlicht erstrahlend, zeugen sie von wachsendem Wohlstand und einem gesteigerten Amüsierbedürfnis, das der Stadt bereits spöttische Beinamen wie „Las Vegas der Reisfelder" oder „Pattaya des Nordostens" beschert hat. Zudem unterstreichen der zehnspurig durch die Stadt führende H2, der hier mit dem H12 und H209 wichtige Querverbindungen kreuzt, sowie der ausgebaute Flughafen die Bedeutung als Verkehrsknotenpunkt.

In der Umgebung locken zahlreiche Sehenswürdigkeiten – zuallererst natürlich das 50 km östlich der Stadt liegende Unesco-Weltkulturerbe von **Ban Chiang**, wo über 5000 Jahre alte Fundstücke von der frühesten Bronzekultur Südostasiens zeugen. Doch auch der wegen seiner beeindruckenden Dinosaurier-Überreste gern als „Jurassic Park" bezeichnete **Phu Wiang National Park**, ✆ 043-249 052, Eintritt 400 Baht, bietet sich für eine Visite an. Weitere attraktive Ausflugsziele s. **eXTra [2900]**.

Das nach weiteren 100 km erreichte **Udon Thani** bietet keinerlei Touristenattraktionen, doch finden sich in der drittgrößten Stadt des Isarn Unterkünfte zu extrem günstigen Preisen, eine hervorragende Gastronomie und einige Vergnügungsmöglichkeiten. All dies wurzelt natürlich, wie bei allen anderen Großstädten des Nordostens, im amerikanischen Erbe aus Zeiten des Vietnamkriegs. Damals hatte Udon Thani eine bedeutende Rolle als US-Stützpunkt gespielt, wovon noch der überdimensionierte **Flughafen** zeugt, der gern als Sprungbrett nach Laos genutzt wird (Minibusse zum Grenzübergang bei Nong Khai kosten 250 Baht, Charter-Limousinen ca. 1000 Baht). Sowohl von Khon Kaen als auch Udon Thani gibt es Direktverbindungen mit dem Thai-Lao International Bus nach Vientiane (in 4 bzw. 3 Std).

Phimai

Sie stammen aus der Zeit der Khmer-Herrschaft des 9.–13. Jhs. und zählen zu den bedeutendsten Sehenswürdigkeiten des Nordostens: In

dem rund eine Stunde von Korat entfernten, unscheinbaren Ort Phimai verbergen sich die buddhistisch-hinduistischen Tempelruinen von **Prasat Hin Phimai**, ✆ 044-471 568, ⏱ 7.30–18 Uhr, Eintritt 100 Baht. Obwohl die genaue Entstehungsgeschichte bis heute ungeklärt ist, handelt es sich um die bekanntesten Überbleibsel der Khmer-Herrschaft in Thailand. Die frühesten Inschriften stammen von 1036, doch die Anlage ist wohl erst unter Jayavarman VII. (1080–1113) entstanden. Der Konstruktion nach zu urteilen, könnte sie als Modell für das weltberühmte Angkor Wat in Kambodscha gedient haben – und war mit diesem einst durch eine breite Straße verbunden, wie im Exkurs „History Highway" beschrieben, s. **eXTra [5161]**

Die sorgfältig restaurierte Tempelanlage, die bis zu 28 m hoch in den Himmel ragt, wird von einer Mauer aus **Buntsandstein** umgeben. Durch vier nach den Himmelsrichtungen ausgerichtete Tore gelangt man in den großen **Hof**. Im Mittelpunkt liegt das Hauptheiligtum. Innerhalb der zweiten Umwallung erhebt sich der monumentale, mit zahlreichen Ornamenten geschmückte **Turmbau**.

In einem kleinen Museum finden sich Buddhastatuen, Türstürze und andere bildhauerische Meisterwerke der Anlage sowie archäologische Funde aus neolithischer Zeit. Beim alljährlich im November zelebrierten, historischen **Phimai Festival** werden die Tempelruinen mit einer Sound- & Light-Show und der Aufführung des Tanzdramas *Wimaya Nattaka* belebt.

Ban Chiang

Bei den erst Mitte der 1970er-Jahre begonnenen Grabungen wurden 126 menschliche Skelette und die bis dahin ältesten Nachweise für die Herstellung von Metallwerkzeugen gefunden. Das löste erhebliche Wirbel unter Wissenschaftlern aus, da die „Wiege der Zivilisation" bis dahin ausschließlich in China und Mesopotamien vermutet worden war. 1992 erfolgte die offizielle Anerkennung: Die Unesco erklärte Ban Chiang bzw. die dort ans Licht gebrachten, jahrtausendealten Fundstücke zum **Weltkulturerbe** der Menschheit, 🖥 http://whc.unesco.org/en/list/575.

In einer hervorragenden Ausstellung birgt das moderne **Nationalmuseum**, 📞 042-208 340, 🕐 8.30–17 Uhr, Eintritt 150 Baht, die kostbaren Schätze einer längst vergangenen Zeit. Es zeigt die frühesten Keramikfunde Thailands, die aus einer Höhle bei Mae Hong Son im Norden stammen und an die 9000 Jahre alt sind. Bereits vor über 3700 Jahren wurden Bronzewerkzeuge in Sandsteinformen gegossen, und in einer der ersten Eisenschmelzen bei Loei fand man 2800 Jahre alte Metallwerkzeuge. Im Zentrum der Ausstellung stehen jedoch die bemerkenswerten Gebrauchskeramiken aus Ban Chiang. Im **Wat Po Sri Nai** findet sich eine überdachte Ausgrabungsstätte, wo Keramikstücke, Tier- und Menschenknochen an ihrem ursprünglichen Platz verblieben sind.

Die meisten Busse aus Udon Thani, viele Abfahrten dort vom Bus-Terminal 1, 40–50 Baht, halten auf dem H22 nach Sakhon Nakhon an der Abzweigung nach Ban Bulu. Von hier fahren Minibusse und Tuk Tuks für 60-80 Baht, zum 7 km entfernten Ban Chiang.

Farang Homestay

Viele Deutsche und andere Europäer leben mit ihren Familien in den Dörfern des Nordostens, oft Heimat ihrer einheimischen Ehefrauen. Sie haben ihren Job gekündigt oder den Ruhestand erreicht und hier eine neue Existenz gegründet. Das Leben fernab der Touristenzentren in einem fremden Kulturkreis hat viele interessante, aber auch anstrengende Seiten. Trotz Satelliten-TV und Internet bilden Kontakte mit anderen, oft weit entfernt lebenden Farangs eine begehrte Brücke zur Heimat. Einige Aussteiger betreiben Restaurants und Bars, produzieren die vermissten Back- und Wurstwaren selbst oder haben Unterkünfte gebaut, um mit Besuchern in ihrer Muttersprache kommunizieren zu können. Zwar darf man keinen professionellen Service rund um die Uhr erwarten, doch ist die Qualität der Zimmer zuweilen sogar besser als in vielen Hotels. Die Übernachtung in abgelegenen Dörfern wiederum bietet Reisenden die Chance, das Land ohne Kenntnisse der Thai-Sprache und abseits der Touristenpfade kennenzulernen. Für einen authentischen Farang Homestay-Urlaub empfiehlt sich z. B. **EiDi Homestay** in der entlegenen Provinz Kalasin, 🖥 www.eidi-homestay.com.

Nong Khai

Ausgelassen planschen die Einheimischen in den braunen Fluten des Mekong, lassen sich mit Lkw-Schläuchen auf dem Wasser treiben, bauen Sandburgen oder hocken einfach nur in den beschaulichen Bastmatten-Restaurants am Ufer, um sich fangfrischen *pla ni(l)n* im Salzmantel oder knusprige Hähnchenteile grillen zu lassen. Das vergnügliche Strandleben am **Jom Manee Beach** (Jommanee, Hat Jommanni) ist allerdings nur in der Trockenzeit möglich, wenn der Wasserpegel des Mekong niedrig genug ist. Auch sonst scheint sich der Lebensrhythmus dieser 60 km von Udon Thani und 620 km von Bangkok entfernten Stadt der trägen Strömung des mächtigen Stroms angepasst zu haben.

Nong Khai liegt am nördlichen Ende des Friendship Highway (H2), das Eisenbahnnetz jedoch reicht seit 2009 sogar bis über die **Mitraphap-Brücke**. Mit einer Länge von 1774 m wurde sie 1994 als erste internationale Verbindung über den Fluss nach Laos geschlagen. Von dort sind es noch 24 km bis zur Hauptstadt des Nachbarlands. Das macht das rund 70 000 Einwohner zählende Nong Khai zum Tor nach Laos. Davon zeugt auch das Warenangebot des weitläufigen, tunnelartigen **Indochina-Markts** (Thasa-

Brückenbauten als Wahrzeichen

Es wirkt fast so, als hätte man der wuchtigen Mitraphap-Brücke ein weiteres Wahrzeichen hinzufügen oder dem laotischen Nachbarn mal so richtig vor Augen führen wollen, wie imposant man in Thailand bauen kann ... Die am Mekong brückenartig aufgestelzte, kolossale und über 1 km lange **Promenade** hat die Silhouette der beschaulichen Stadt stark verändert und idyllische Natur verdrängt. Mit ihrem Buntsteinpflaster, schmiedeeisernen Laternen und Geländern zählt sie zu den ehrgeizigen Prestigeprojekten des gestürzten Premierministers Thaksin Shinawatra. Nicht zuletzt dient sie jedoch als Uferbefestigung und Hochwasserschutz. Einheimische wie Touristen nutzen die schicke Promenade gern, um beschaulich zu flanieren, zu joggen und den Sonnenuntergang zu genießen.

dej), der sich zwischen dem Fluss und dem **Wat Sri Muang** erstreckt. Auch die Touristen sorgen für internationales Flair: Nong Khai ist die einzige Isarn-Stadt mit Backpackerszene.

So manche Hausfassade des angenehmen Orts zeugt von französischen und laotischen Einflüssen. Im **Wat Pho Chai** wird die 1,5 m große Buddhastatue Luang Pho Phra Sai verehrt, deren Kopf aus purem Gold besteht. Hier finden alle bedeutenden Feste Nong Khais statt, wie das Raketenfestival. Wesentlich ruhiger geht es im Waldkloster **Wat Noen Phra Nao** zu, wo im Schatten von mächtigen Bäumen Meditationskurse gegeben werden. Das **Phra That Klang Naam** hingegen ist nur in der tiefsten Trockenzeit zu sehen, wenn der Wasserpegel um 13 m absinkt. Es ist die Chedi-Ruine eines Tempels, der 1847 im Fluss versank. Sobald sich die Spitze zeigt, werden bunte Fahnen daran befestigt, während am nahen Ufer das herausgeputzte **Phra That Nong Khai** glitzert.

Jüngste Attraktion von Nong Khai ist das moderne, auf dem Campus der Khon Kaen Universität liegende **Sirindhorn Aquarium**, in dem sich allerlei Salz- und Süßwasserfische bestaunen lassen, wie natürlich auch der Riesenwels *(pla buek)*. ⏲ Di–So 9–16 Uhr, Eintritt 100 Baht.

ÜBERNACHTUNG

Es gibt ein üppiges, immer weiter wachsendes Angebot an attraktiven, preiswerten Unterkünften, die auf Farangs zielen.

🛍 **Baan Kiang Khong Gh.**, 541 Rimkhong Rd., ✆ 042-422 870. In zentraler Lage zwischen Altbauten als 3-stöckiger Reihenbau mit 14 hellen, luftigen und gefliesten Balkonzimmern, davon 9 mit AC. Von der Terrasse im obersten Geschoss gibt es etwas Mekong-Blick. ❷

Baan Mai Rim Nam Gh., Promenade, ✆ 042-420 256, 🖥 www.baanmaerimnam.com. Präsentiert sich mit 12 Zimmern als gute Option, um aus Komfortzimmern mit Balkon (am besten sind Nr. 201–205) den herrlichen Mekong-Blick zu genießen. ❸–❹

Grand Paradise Nong Khai, 589 Moo 5 Nongkhai-Ponpisai Rd., ✆ 042-420 033, 🖥 www.grandparadisenongkhai.com. Der alles überragende Bau fungiert mit 130 Zimmern, Schwimmbad und allem Komfort als klassisches, luxuriöses Großhotel. Die Dachterrasse garantiert einen herrlichen Ausblick und zuweilen auch Livemusik. ❺–❻

Mekong Gh., 519 Rimkhong Rd., ✆ 042-460 689, 🖥 www.mekongnongkhai.com. Empfehlenswert, da zentral am Mekong und Markt. 15 preiswerte, behagliche Komfortzimmer mit Holzböden und Balkons, davon 5 mit Ventilator. ❷–❹

€ **Mut Mee Gh.**, 1111/4 Kaeworawut Rd., ✆ 042-460 717, 🖥 www.mutmee.com. Älteste, professionellste und beliebteste Backpacker-Herberge am Mekong. Der Brite Julian Wright und seine Frau Pao bieten u. a. Yoga, Massage, Astrologie und Reiki sowie Fahrradverleih und Touren. Die 36 Zimmer, darunter 17 mit AC, und ein Schlafsaal verteilen sich auf mehrere Bauten und sind ganz unterschiedlichen Standards. Das Gartenrestaurant, ⏲ 7.30–21.30 Uhr, verwöhnt mit vegetarischen Gerichten, die schwimmende Mekong-Bar Gaia mit Cocktails und jeder Menge Romantik, ⏲ 17–23 Uhr. Von hier startet tgl. gegen 17–18 Uhr die *Nagarina*, ✆ 042-412 211, 🖥 www.nagarina.com, zu 1-stündigen Sunset Cruises für 100 Baht (das Essen an Bord muss vorbestellt werden). ❶–❹

Pantawee Hotel, 1049 Haisoke Rd., ✆ 042-411 568-9, 🖥 www.pantawee.com. Etabliert seit

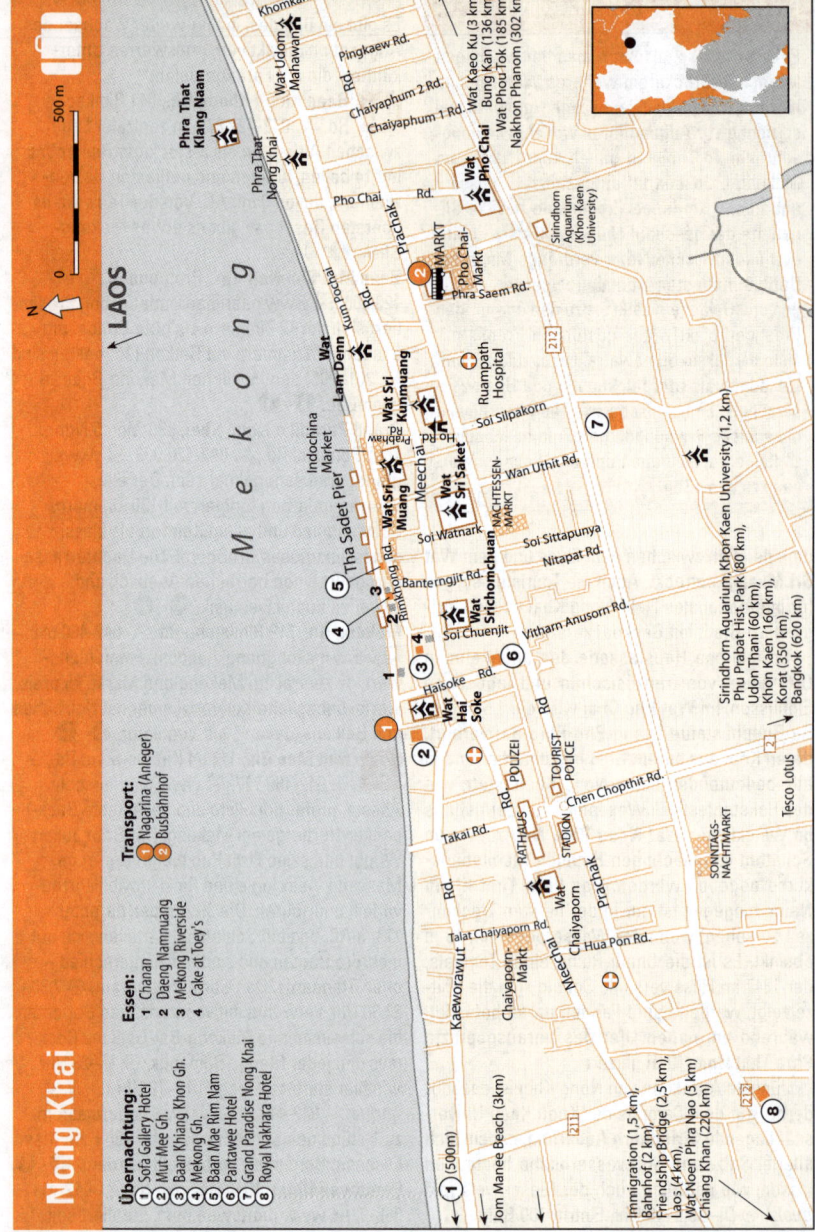

Nong Khai

Übernachtung:
1. Sofa Gallery Hotel
2. Mut Mee Gh.
3. Baan Khiang Khon Gh.
4. Mekong Gh.
5. Baan Mae Rim Nam
6. Pantawee Hotel
7. Grand Paradise Nong Khai
8. Royal Nakhara Hotel

Essen:
1. Chanan
2. Daeng Namnuang
3. Mekong Riverside
4. Cake at Toey's

Transport:
1. Nagarina (Anleger)
2. Busbahnhof

500 m

N

LAOS

Mekong

Khomkam Rd.
Wat Udom Mahawan
Pingkaew Rd.
Chaiyaphum 2 Rd.
Chaiyaphum 1 Rd.
Phra That Klang Naam
Phra That Nong Khai
Pho Chai Rd.
Wat Pho Chai
Prachak Rd.
Wat Kaeo Ku (3 km),
Bung Kan (136 km),
Wat Phou Tok (185 km),
Nakhon Phanom (302 km)

Sirindhorn Aquarium (Khon Kaen University)

MARKT
Pho Chai-Markt
Phra Saem Rd.

212

Ruampath Hospital

Soi Silpakorn

Lam Denn
Wat Sri Kunmuang
Indochina Market
Tha Sadet Pier
Pho Prabhaw Rd.
Wat Sri Muang
Wat Sri Saket
Meechai Rd.
Rimkhong Rd.
Kum Pochai Rd.

NACHTESSEN-MARKT
Wan Uthit Rd.
Soi Watnark
Soi Sittapunya
Nitapat Rd.

Banterngjit Rd.
Wat Srichomchuan
Soi Chuenjit
Vitharn Anusorn Rd.

Haisoke Rd.
Wat Hai Soke

RATHAUS
POLIZEI
STADION
TOURIST POLICE
Chen Chopthit Rd.

Takai Rd.
Prachak Rd.
Meechai Rd.
Wat Chaiyaporn

Kaeworawut Rd.
Chaiyaporn-Markt
Talat Chaiyaporn Rd.
Hua Pon Rd.

Jom Mane Beach (3km)

(500m)

Immigration (1,5 km),
Bahnhof (2 km),
Friendship Bridge (2,5 km),
Laos (4 km),
Wat Noen Phra Nao (5 km)
Chiang Khan (220 km)

SONNTAGS-NACHTMARKT

Tesco Lotus

Sirindhorn Aquarium, Khon Kaen University (1,2 km),
Phu Prabat Hist. Park (80 km),
Udon Thani (60 km),
Khon Kaen (160 km),
Korat (350 km),
Bangkok (620 km)

212

211

1959 und damit die älteste Unterkunft am Ort. Mehrere Gebäude mit kleinem Schwimmbad, Spa, Restaurant und Reisebüro. Über 100 helle, luftige (viele Fenster) und saubere Wohlfühlzimmer in 6 Preiskategorien. Alle sogar mit eigenem PC, Internetzugang und DVD-Player. ❹–❺

Royal Nakhara Hotel, 678 Sadet Rd., ✆ 042-422 889, 🖥 www.royalnakhara.com. Zählt zu den neuesten Hotels am Ort, eine Symbiose aus klassischem Thai-Stil und moderner Eleganz mit 80 Zimmern in 3 Kategorien und einem Biergarten. ❺

Sofa Gallery Hotel, 24/2 Rimkhong Rd., ✆ 080-279 8789, 🖥 www.sofagalleryhotel.com. Noch jung und nicht gerade preiswert, aber zweifellos das schönste Hotel von Nong Khai. Von einem netten Team geführt, bietet das Boutique-Resort 5 stilvoll eingerichtete AC-Zimmer und eine herrliche Holzterrasse mit Zierteich, Garten und Mekong-Blick. ❺

ESSEN

Nicht wenige Restaurants oder Kneipen werden von Ausländern betrieben. An der Uferstraße im Bereich des Phra That Nong Khai, 2–3 km vom Zentrum, finden sich Thai-Restaurants, die *Tom Yam Pla*-Suppen mit bis zu 5 Sorten Mekong-Fisch anbieten. Auf dem Indochina-Markt duften deftige Isarn-Würstchen und Fisch vom Grill.

€ **Cake at Toey's**, Meechai Rd., ✆ 042-460 191. Wirkt sehr einladend – mit einem Innen- und Außenbereich. Klassische Kaffeespezialitäten und jede Menge hausgemachter Kuchen zu bezahlbaren Preisen. ⏱ 10.30–22.30 Uhr, außer Mi.

Chanan, erstes Restaurant am Beginn der Promenade, ✆ 086-185 9380. Einfach, professionell und luftig – mit typischer, deftiger Isarn-Küche zum Sparpreis. ⏱ 11.30–20 Uhr.

Daeng Namnuang, 526-527 Rimkhong Rd., ✆ 042-411 961, 🖥 www.daengnamnuang.net Größtes Restaurant am Ort und etwas unromantisch, aber die günstige, vietnamesische Küche ist enorm beliebt. ⏱ 6–19.30 Uhr.

Mekong Riverside, 519 Rimkhong Rd., ✆ 042-411 889. Großes Holzterrassen-Restaurant des Mekong Gh. Stimmungsvoll zum Sonnenuntergang mit Mekong-Blick und Fassbier, doch munden hier natürlich auch die Suppen mit frischem Flussfisch. ⏱ 7–22 Uhr.

SONSTIGES

Auto- und Motorradverleih

Fahrräder kosten um 50 Baht pro Tag, Mopeds ab 200 Baht und Autos ab 1200 Baht, am einfachsten anzumieten über die Unterkünfte.

Immigration

Die Einreisebehörde liegt an der Umgehungsstraße, die zur Brücke führt, ✆ 042-420 242-4, ⏱ Mo–Fr 8.30–12 und 13–16.30 Uhr.

Touren

🧳 Das **Mut Mee Gh.** bietet ein umfangreiches Angebot an Ausflügen. Als Alternative bietet sich u.a. der sympathische **Mr. Aeh**, ✆ 089-942 9470, an. Mit seinem bequemen Viertürer-Pickup übernimmt er für 1000 Baht Transfers nach Vientiane (als Tagestour 2000 Baht), nach Sang Khom kostet es 1800 Baht und bis nach Chiang Khan 3000 Baht. Eine Tagestour zum Wat Phu Tok (Kasten S. 303) liegt bei 2500 Baht.

NAHVERKEHR

Tuk Tuks im Stadtgebiet kosten 30–40 Baht, bis zur Grenzabfertigung an der Brücke 40–50 Baht.

TRANSPORT

Beliebt und schnell ist die Anreise über den 56 km entfernten Flughafen von Udon Thani. Per Taxitransfers zum Flughafen mit Minibus 200 Baht, Charter-Taxi ca. 1000 Baht.

Busse

Das **Bus-Terminal**, ✆ 042-411 612, 460 205 (Chan Tour), 412 679 (999 VIP) liegt am Pho Chai-Markt in der Prachak Rd., rund 1 km von den Unterkünften am Mekong entfernt. Einige aus Nong Khai startende Busse halten zudem an der **Hauptkreuzung** des H2 und H212. Zu den kleineren Orten verkehren die Busse meist nur als Non-AC.

BANGKOK, ständig von 7–20.30 Uhr in 10–11 Std. für 520–650 Baht, als VIP bis zu 700 Baht (auch eine Verbindung zum Suvarnabhumi Airport).

Grenzübergang nach Laos

Es sind vor allem altehrwürdige Tempel, die eine Weiterreise in die „beschaulichste Hauptstadt der Welt" lohnen. Wer das Visum schon im Reisepass hat, kann von der Busstation in **Nong Khai** mit dem 46-sitzigen **Thai-Lao International Bus**, 6x tgl., 55 Baht (ab Udon Thani 6x tgl. in 2 Std. für 55 Baht, sowie auch von Khon Kaen und Korat), in 2 Std. über die 3,5 km westlich der Stadt liegende Mitraphap-Brücke direkt und bequem bis nach Vientiane gelangen. Der thailändische Kontrollpunkt befindet sich bereits 1 km vor der Brücke. Wer auf eigene Faust unterwegs ist, muss von hier per Shuttlebus (10–20 Baht) oder Eisenbahn (2x tgl. für 20 Baht) über die Freundschaftsbrücke zum laotischen Ufer fahren. Am Grenzübergang, ◷ 6–22 Uhr, gibt es für US$30 ein 30 Tage gültiges Visa on Arrival (Schweizer gratis, aber nur 14 Tage). Ab 16 Uhr, an Wochenenden und Feiertagen wird ein Zuschlag von US$1 fällig. Der gleiche Betrag wird erhoben, wenn man kein Passfoto für das Visum dabei hat. Wenn weitere 10–30 Baht Besuchergebühren entrichtet sind, kann die 22 km (30 Min.) lange Fahrt von Tha Deua bis nach Vientiane per Non-AC-Bus (20–30 Baht), Minibus (100–150 Baht) oder Charter-Tuk Tuk (ca. 300 Baht) zurückgelegt werden. Einige Taxis haben sogar die Lizenz, ihre Passagiere quasi direkt von Hotel zu Hotel zu bringen – Kostenpunkt: 1000–1500 Baht. Einreise nach Thailand S. 372.

BUENG KAN, stdl. in 2 Std.
CHIANG KHAN, mit den Bussen nach Loei.
KHON KAEN, stdl. in 3 1/2 Std. für 120–150 Baht.
KORAT ständig in 6 1/2 Std. für 230–450 Baht.
LOEI, 2–3 x tgl. in 6–7 Std. für 110–130 Baht (am Mekong entlang über Si Chiangmai, Sang Khom, Pak Chong und Chiang Khan. Komfortabler und schneller geht es über Udon Thani).
NAKHON PHANOM, 6 x tgl. in 6–7 Std. für 220–250 Baht.
RAYONG (für KO SAMET), alle 30 Min. in 12 Std.
SANG KHOM, 2–3x tgl. in 3 1/2 Std. für 70–90 Baht (mit den Bussen nach Pak Chong oder Loei).

UDON THANI, alle 30 Min. in 1 Std. für 40–50 Baht.
VIENTIANE (Laos), 6x mit dem Thai-Lao International Bus in 2 Std. für 55 Baht.

Eisenbahn

Vom **Bahnhof** in Nong Khai, ✆ 042-411 592, rund 2 km westlich der Stadt. Die neue Strecke über die Brücke nach Laos kostet lediglich 20 Baht, doch endet die Reise bereits in Ban Thanaleng, von wo es noch 15 km bis nach Vientiane sind.
AYUTTHAYA, 3x tgl. in 10–11 Std.
BAN THANALENG (in LAOS), 2x tgl. in 15–20 Min.
BANGKOK, 3x tgl. in 11–13 Std.
KHON KAEN, 4x tgl. in 2 1/2–3 Std.
KORAT, 1x tgl. in etwa 6 Std.
UDON THANI, 4x tgl. in 1Std.

Die Umgebung von Nong Khai

Neben den reizvollen Strecken direkt am Mekong und einem Abstecher nach Laos locken besonders spirituelle Ziele wie der skurrile, 4 km östlich der Stadt liegende Skulpturenpark **Wat Kaeo Ku**, ◷ 8–18 Uhr, Eintritt 20 Baht, zu erreichen als Tuk Tuk-Trip (mit 1 Std. Aufenthalt um 150 Baht) oder einfach per Fahrrad. Von der hinduistischen Mythologie beeinflusst, geht der Fantasiepark auf den 1974 aus Vietnam über Laos nach Thailand geflohenen Abt Long Pu Bun Lua zurück. Die bis zu 25 m hohen, teilweise arg makaber anmutenden Zementfiguren verstehen sich als anschauliche Parodie auf die Bedeutung von Religion und menschliche Defizite.

In dem 64 km südwestlich von Nong Khai liegenden **Phu Prabat Historical Park** finden sich mächtige Findlinge, bizarre Felsspitzen, spektakuläre Überhänge und Höhlen, mystische Symbole und prähistorische Malereien, die eine fantastische Kulisse für Heiligtümer und Legenden abgeben. Über die neun Wanderziele informiert das Visitor Center, ✆ 042-251 350, ◷ 8–16.30 Uhr, Park bis 18 Uhr, Eintritt 100 Baht. Mehr s. **eXTra [2908]. E**benso unvergessliche Impressionen hinterlässt ein Trip zum **Wat Phu Tok**, Kasten S. 303.

Wer hätte in diesem entlegenen Winkel ein derart schillerndes Juwel vermutet? Der Star-architekt und Designer Amnad Khitapanna – Erschaffer der „italienischen Dörfer" Palio und Primo Piazza in der Region Khao Yai – hat sich diesen Traum verwirklicht. Seine rund 13 km nordwestlich von Nong Kai (H201, KM 133) in einer herrlichen, 15 ha großen Parkanlage lie-gende Winterresidenz **Agalin Villas**, ☎ 089-944 5431, 🖥 www.agalin.com, besteht aus 8 eindrucksvollen Gäste-Villen in klassizistischer Architektur. ❻

Von Nong Khai nach Westen

Von Nong Khai in Richtung Westen kann man mit Non-AC-Bussen oder dem eigenen Fahrzeug bis zum angesagten Touristenort Chiang Khan fahren, von wo es nicht mehr weit ist bis nach Loei ist. Die 220 km lange, über den H211 führende Strecke zählt zu den schönsten Thailands und wird gesäumt von ausgedehnten Tabakfeldern, sprießenden Gemüsebeeten und Gärten mit kunstvollem Baumschnitt. Sie führt parallel am Ufer des Mekong entlang, doch eröffnen sich malerische Ausblicke auf das Flussbett erst ab KM 67.

Mit einem unglaublich vielfältigen Erschei-nungsbild strömt der Mekong durch den Nord-osten Thailands – als fließende Grenze zum Nachbarland Laos, legendäre Schmuggelroute und Kulisse etlicher Mythen: Mal schimmert der Strom still wie ein großer See, mal schlän-gelt er sich geduldig durch ein Labyrinth aus Felsinselchen. Dann verkommt er scheinbar zu einem Rinnsal, um seinen Weg wenige Kilome-ter weiter mit schäumenden Strudeln fortzu-setzen.

Doch auch so rätselhafte Bewohner wie der Riesenwels *(pla buek)* als größter Süßwasser-fisch der Welt oder das Naturphänomen des aufsteigenden Lichts (S. 302, Bueng Kan) sorgen für allerlei Legenden.

Chiang Khan

Noch vor wenigen Jahren war Chiang Khan ein kaum besuchter, beschaulicher Ort, der sich als Etappenziel zwischen Nong Khai und Loei anbot, um abzuhängen und etwas vom Thailand längst vergangener Zeiten zu genießen. Hier fanden sich noch die selten gewordenen traditionel-len **Holzbauten** mit buntem Blumenschmuck und lauschigen Veranden, von denen sich ein schö-ner Blick auf den Mekong und die laotischen Berge eröffnete. Um 2010 jedoch setzte ein Boom ein, der vorwiegend einheimische Tou-risten brachte und Chiang Khan rasant verwan-delt hat. Die Holzhäuser wurden abgerissen und neu errichtet – oft im alten Stil, aber ohne ori-ginäre Patina. Parallel zur **Chai Khong Road**, an der sich alle Gästehäuser des lang gestreckten Orts aufreihen und die abends als Flaniermeile für Autos gesperrt wird, verläuft nun eine beto-nierte Uferpromenade.

Einige der neuen Unterkünfte und Restau-rants besitzen aber durchaus Charme und nach wie vor eröffnen sich herrliche Ausblicke zum Fluss, auf dem die Passagierschiffe zwischen Luang Prabang und Vientiane verkehren. Auch die Tempel können noch als Oasen fungieren – wie das 100 Jahre alte, idyllisch anmutende **Wat Paklang**. Hier wie auch im **Wat Takok** oder **Wat Sri Khun Muang** zeugen Säulenkolonnaden und lackierte Fensterläden von der französisch ins-pirierten Architektur des Nachbarlands. Ältes-tes Heiligtum des Orts ist das 1654 errichtete **Wat Mahatat**.

Von Chiang Khan führt die Weiterreise meist zur 48 km entfernten Provinzhauptstadt **Loei**. Nur wenige versuchen, mit einem eigenen Fahr-zeug über die schmalen, verwinkelten Straßen nahe der laotischen Grenze bis zum 390 km ent-fernten, nordthailändischen **Nan** vorzudringen – eine überaus reizvolle Reiseroute durch unbe-rührte Landschaften mit dichten Wäldern und einsamen Wasserfällen.

ÜBERNACHTUNG

Mittlerweile reihen sich parallel zum Mekong über 20 Unterkünfte mit familiärem Homestay-Flair auf, wobei sich die Zimmerpreise deutlich nach oben bewegt haben. In den billigsten

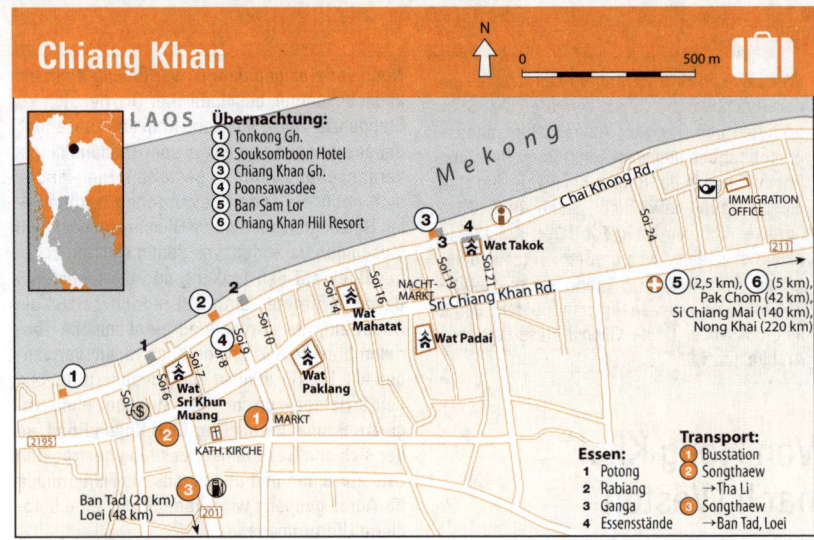

Chiang Khan

LAOS

Übernachtung:
1. Tonkong Gh.
2. Souksomboon Hotel
3. Chiang Khan Gh.
4. Poonsawasdee
5. Ban Sam Lor
6. Chiang Khan Hill Resort

Mekong

Chai Khong Rd.

IMMIGRATION OFFICE

Wat Takok

Soi 24

Soi 19

Soi 21

Soi 16

NACHT-MARKT

Soi 14

Sri Chiang Khan Rd.

211

5 (2,5 km), 6 (5 km),
Pak Chom (42 km),
Si Chiang Mai (140 km),
Nong Khai (220 km)

Wat Mahatat

Wat Padai

Soi 10

Soi 9

Soi 7

Soi 8

Wat Paklang

Wat Sri Khun Muang

Soi 6

MARKT

2195

KATH. KIRCHE

Ban Tad (20 km)
Loei (48 km)

201

Transport:
1. Busstation
2. Songthaew → Tha Li
3. Songthaew → Ban Tad, Loei

Essen:
1. Potong
2. Rabiang
3. Ganga
4. Essensstände

Gästehäusern muss man mit dünnen Wänden und Gemeinschaftsbädern rechnen.

Ban Sam Lor, 539/1 Moo 2 Chiangkhan Pakchom Rd., (ca. 2,5 km östlich des Orts), ☎ 042-822 227, 081-954 0994. Natürlich ließ es sich Besitzer Suchat nicht nehmen, als Wahrzeichen für sein Resort einige Fahrrad-Rikschas (auf Thai: Sam Lor) zu drapieren. Rund um zwei künstliche Seen errichtet und über filigrane Stelzenwege zugänglich, bestehen einige der 19 beschaulichen AC-Bungalows aus altem Holz, andere aus Zement. ❷–❺

Chiang Khan Gh., 282 Chai Khong Rd., ☎ 042-821 691, 🖥 www.thailandunplugged.com. Dieses Holzhaus des Holländers Huub und seiner Frau Phim verfügt über 14 Ventilatorzimmer mit Gemeinschaftsbad, einige größer und mit Flussblick. Uriges Flair mit Blechdach, knarrenden Holzböden und vielen bunten Topfpflanzen. ❷

Chiang Khan Hill Resort, 5 km westlich von Chiang Khan, ☎ 042-821 285, 🖥 www.chiang khanhill.com. Gilt als größtes Resort der Region und verfügt sogar über einen Pool. Weitläufiger, hübsch begrünter Garten mit Panoramablick auf eine mächtige Flussschleife. Rund 50 Komfortzimmer in 10 Kategorien. ❹–❺

Poonsawasdee, Soi 9 Chai Khong Rd., 080-400 8777. Die angeblich älteste Unterkunft Chiang Khans wurde mit viel buntem Holz und Antiquitäten aufgemöbelt. Das gilt nicht nur für die Lobby, sondern auch die 9 ansprechenden Zimmer. ❹

Souksomboon Hotel, 243/3 Chai Khong Rd., ☎ 042-821 064, 🖥 www.souksomboonhotel. com. Eine der ältesten und besten Unterkünfte am Ort (seit 1960) mit freundlicher Atmosphäre. Der Neubau mit 23 Komfort-Zimmern wurde komplett aus Holz errichtet. ❸–❹

Tonkong Gh., 62/1 Soi 3-4 Chai Khong Rd., ☎ 042-821 879, ✉ ben_jama@hotmail.com. Bietet nach dem jüngsten Ortswechsel 8 Zimmer, davon 5 mit AC und eigenem Bad. Mrs. Ben spricht gut Englisch und weiß genau, was eine typische Travellerherberge bieten sollte – z. B. einen kostenlosen Fahrrad-Verleih. ❸–❹

ESSEN

Die meisten Gästehäuser bieten nur eine spärliche Gastronomie, doch hat sich die Restaurantszene des Ortes inzwischen erfreulich belebt.

Ganga, 284 Chai Khon Rd., Soi 19, ☎ 081-939 9273, 🖥 www.gangachiang khan.blogspot.com. Seit der Eröffnung 2010 eine

Institution: In einem 100 Jahre alten, stilsicher eingerichteten Haus verwöhnt Mr. June mit bestem Kaffee und vielfältigen Biersorten (darunter sogar 13 aus Deutschland) sowie Pizza, Pasta, Burger oder Steaks. Mit 180-Grad-Blick über den Mekong ideal zum Sonnenuntergang. ⏲ 9–21.30 Uhr.

Potong, 141 Chai Khong Rd., ✆ 083-361 8964. Gute Thai-Küche mit Gerichten für 60–150 Baht. Mekong-Fisch und entsprechende Suppen 120–150 Baht. ⏲ 10–22 Uhr.

Rabiang, 299 Chai Khong Rd., ✆ 042-821 532. Große Restaurant-Terrasse und günstige Thai-Küche mit englischer Speisekarte. ⏲ 10–22 Uhr.

TRANSPORT

BANGKOK, 8x tgl. in 10 Std. für 350–620 Baht, VIP-Bus 750 Baht – ab dem jeweiligen Ticket-Shop von 3 verschiedenen Anbietern.
KORAT, 8x tgl. in 7 Std. für ca. 300 Baht – mit AC-Bussen über Loei und Chaiyaphum.
LOEI, 8x tgl. in 45 Min. für 80–120 Baht, alternativ mit dem Songthaew von 6–17 Uhr ca. alle 20 Min. für 40 Baht in 1 1/4 Std. oder per Taxi für 600–700 Baht in 45 Min.
NONG KHAI, erstaunlich umständlich und am schnellsten über Loei und Udon Thani. Für die malerische Strecke am Mekong entlang: erst für 20 Baht mit Songthaew oder Bus in Richtung Loei bis nach Ban Tad, 20 km südlich von Chiang

Abenteuer und Aktivitäten

Für Ausflüge, Koch- und Massagekurse oder den Verleih von Fahrzeugen (Fahrräder 60 Baht, Motorräder 200–300 Baht) haben sich besonders die Guesthouses **Chiang Khan** und **Tonkong** etabliert. Einstündige Kreuzfahrten führen in den Sonnenuntergang (250 Baht p. P., mind. 2 Teilnehmer), eine beliebte 2 1/2-stündige Bootstour zu den 6 km flussabwärts von Chiang Khan sprudelnden Stromschnellen Kaeng Khut Khu (350 Baht p. P., bei mind. 4 Teilnehmern), wo man auf lauschigen Holzplattformen mit Strohdächern und Schilfmatten relaxen kann. Manchmal lassen sich auch 3- bis 4-stündige Trips zum Big Buddha (3000 Baht pro Boot, max. 10–15 Pers.) arrangieren.

Khan. Dann am H201 Umstieg in den Bus von Loei nach Nong Khai, 80–100 Baht in 3 1/2 Std. PAK CHOM, meist nur mit Bus von Loei nach Nong Khai über Ban Tad, s. o. Direkt mit Schul-Songthaew um 16 Uhr für ca. 40 Baht oder Charter-Taxi für 600 Baht in 1–1 1/2 Std.

Loei

Der Reiz von Loei offenbart sich vor allem, wenn man den vom örtlichen Tourist Office herausgegebenen Stadtplan umdreht: Dort werden neben dem Phu Kradung National Park 37 weitere, bebilderte Reiseziele in der Umgebung vorgestellt. Die fast 35 000 Einwohner zählende, sich an einen künstlichen See schmiegende Provinzhauptstadt empfiehlt sich tatsächlich als Ausgangspunkt von Touren. Sie verfügt nicht nur über gute und günstige Unterkünfte, sondern auch über eine vielfältige Gastronomie. Zudem herrscht in dem 50 km vom Mekong (Chiang Khan), 170 km von Nong Khai und 550 km von Bangkok entfernten Loei ein angenehmes Klima und ein hohes Maß an Beschaulichkeit.

ÜBERNACHTUNG

Loei Palace Hotel, 167/4 Charoen Rat Rd., ✆ 042-815 668-73, 🖥 www.mosaic-collection. com. Der Ableger der Amari-Gruppe, ein Monumentalbau mit Innenhof-Oval und 156 Teppichboden-Zimmern, zählt seit 2001 zu den Wahrzeichen der Stadt. Hier wird der meiste Komfort geboten, auch eine erstaunlich günstige Superior-Kategorie. ❻

Orchid Hotel, 1/41 Sathon Chiangkhan Rd., ✆ 042-861 888-9, 🖥 www.loeiorchidhotel.com. Empfehlenswert mit 70 Zimmern – darunter günstige Eck-VIPs wie Nr. 201, 301 und 401. Gleich nebenan liegt das ebenfalls empfehlenswerte A.P. Court Hotel. ❸

€ **Royal Inn Hotel**, 22/16 Chumsai Rd., ✆ 042-830 873, 🖥 www.royalinn-loei. com. 36 AC-Zimmer zu Schnäppchenpreisen (zu den besten zählt Nr. 207). ❷

🧳 **Sugar Gh.**, 4/1 Wisuttitep Rd. Soi 2, ✆ 042-812 982, 089-711 1975 (Mrs. Pat), 🖥 www.sugarguesthouse.blog.com. Gepflegtes Guesthouse eines freundlichen Ehepaars.

6 Zimmer mit Ventilator und Gemeinschaftsbad sowie 2 mit AC. Umfassendes Serviceangebot inkl. Touren in die Nationalparks oder nach Kangtone. ❷

ESSEN

Nahe der Ruamchai Rd., Ecke Charoen Rat Rd. lockt der **Nachtmarkt** mit örtlichen Spezialitäten wie *Khai Ping* – am Spieß geröstete, unge-schälte Eier. ⏰ 17–22 Uhr. Viele kleine und günstige Restaurants finden sich im **Loei Square** an der Chumsai Rd.

Ban Thai (Mr. Chris Pizza), Nok Kaeo Rd., ✆ 042-833 472, 085-745 4005. Das populärste Ausländer-Restaurant am Ort empfiehlt sich allein schon wegen Inhaber Chris aus Bern-kastel und seiner sympathischen Frau Pah. Üppige Speisekarte mit günstigen Leckereien wie griechischem Salat, mit Käse überbackene Pasta, Knusperpizzas oder T-Bone-Steaks. Zudem gibt es Miet-Mopeds, einige Zimmer und jede Menge Gratis-Infos. ⏰ 10–23 Uhr.

SONSTIGES

Informationen

Im **Tourist Office**, Charoen Rat Rd. ✆ 042-812 812, 🖥 www.tourismthailand.org/loei, ist ein nützlicher Plan erhältlich. ⏰ Mo–Fr 8.30–16.30 Uhr. Gute Infos auch auf 🖥 www.isan.sawadee.com/loei.

Touren

Das **Sugar Gh.** organisiert erlebnisreiche Tagesausflüge – wie zum 54 km entfernten Phu Rua National Park für 1600 Baht (bis zu 4 Pers.) oder zum 70 km entfernt gelegenen Phu Luang National Park für 2000 Baht. Fahrräder gibt es für 50 Baht pro Tag, Mopeds 250 Baht.

TRANSPORT

Der **Busbahnhof**, ✆ 042-833 586, 042-811 706 (999) oder 042-832 042 (Air Muang Loei), liegt 2 km vom King Hotel entfernt.
BANGKOK, 20x tgl. in 9–10 Std. für 320–420 Baht, als VIP bis zu 700 Baht.
CHIANG KHAN, etwa stdl. in 1 Std. für 70–90 Baht (auch mit Songthaew).
CHIANG MAI, 4x tgl. in ca. 10 Std. für 360–430 Baht, als VIP bis zu 600 Baht.

Grenzübergang nach Laos

Kaum bekannt ist, dass Ausländer über den Grenzübergang **Tha Li–Kenthao**, ⏰ 8–18 Uhr, mit einem Visa on Arrival (S. 104) nach Laos weiterreisen können. Von Loei geht's mit dem Songtheo nach Tha Li und von dort weitere 5 km mit dem Sammeltaxi zur Grenze. Die thai-ländische Immigration, ✆ 042-889 208, ⏰ 8.30–16.30 Uhr, liegt an der **Namhueng-Brücke** (Nam Huang). Sobald (11 Stsie überquert ist, kann man auf einer 360 km langen Straße in 10–12 Std. über Paklai und Xayaboury bis bis zur ehe-maligen Königsstadt Luang Prabang gelangen. Weitere Grenzübergänge nach Laos s. Kasten S. 306. Einreise nach Thailand s. S. 449.

CHIANG RAI, 4x tgl. in ca. 10–11 Std. für 370–480 Baht.
KHON KAEN, alle 30 Min. in 3–4 Std. für 130–150 Baht.
KORAT, fast stdl. in 5 Std. für 230–290 Baht.
LUANG PRABANG, tgl. um 8 Uhr in 10 Std. für 700 Baht, über XAYABOURY (500 Baht).
NONG KHAI, 2–3x tgl. in 6–7 Std. (meist als Non-AC und über PAK CHOM) für 100–120 Baht. Einfacher, komfortabler und schneller geht es über Udon Thani.
PHU KRADUNG, mit Bus nach Khon Kaen. Nach 75 km bzw. 1 1/2 Std. auf dem H201 für 80–100 Baht wird der Ort Phu Kradung erreicht. Die letzten 10 km bis zum Headquarter des Parks mit Songthaew für 30 Baht, als Charter 300 Baht.
SANG KHOM, 2–3x tgl. in 3 Std. für 80–100 Baht.
UDON THANI, alle 30 Min. in 3 1/2 Std. für 80–110 Baht.

Flüge

Nok (Mini) Air verkehrt tgl. zwischen Loei und Bangkok/Don Mueang Airport (1 Std.).

Die Umgebung von Loei

Im Hinterland von Loei locken allerlei naturnahe Ziele – besonders für Selbstfahrer. Zu den be-liebtesten Ausflugszielen zählt der über den H203 zu erreichende **Huay Krathing** 14 km nördlich von Loei. Auf dem großen See dümpeln überdachte Bambusflöße, auf denen man sich herrlich entspannen und kulinarische Köstlichkeiten genießen kann. Sie werden nach dem Hissen eines Fähnchens mit Booten herbeigebracht.

Eine weitere schöne Tour lässt sich über den kurvenreichen H2115 durch das bergige Grenzland nach **Tha Li** (23 km von Loei) unternehmen, das beschaulich in einem fruchtbaren Tal liegt. 9 km weiter nördlich verläuft die Grenze mit Laos am Mekong-Zufluss **Huang** entlang. Eine von **Phu Rua** (47 km von Loei) in Richtung Norden abzweigende Stichstraße führt zum **Phu Rua National Park**, wo 1981 mit -4 °C die tiefsten Temperaturen Thailands gemessen wurden.

Auch wenn der **Phu Kradung National Park** (49 km von Loei) als bekanntestes Reiseziel der Region schon längst passiert ist, führt den H201 Richtung Khon Kaen bzw. Chaiyaphum noch lange durch eine üppig bewaldete Landschaft.

Andernorts verbirgt sich Thailands ältestes Weingut **Chateau de Loei** (60 km von Loei), 🖥 www.chateaudeloei.com. Es produziert bereits seit 1995 gekelterten Rebensaft, hat seine Führungsrolle aber längst eingebüßt (mehr Hintergrund zum noch jungen Weinanbau in Thailand, s. **eXTra [5159]**.

Einen Höhepunkt ganz anderer Art verspricht das Phitchakhon Festival (Bun Phra Wet) bei **Dan Sai** (82 km westlich von Loei): Im Juni wird es als dreitägiges Spektakel mit einer Maskerade, Phallussymbolen und reichlich Alkohol zelebriert.

Phu Kradung National Park

Der legendäre Ruf dieses bereits 1959 gegründeten Nationalparks (der älteste nach Khao Yai) basiert auf wunderschönen Wäldern, malerischen Klippen und atemberaubenden Felsüberhängen. Das zur Phetchabun-Bergkette gehörende, bis zu 1316 m hohe, herzförmige Plateau weist extreme Temperaturschwankungen von bis zu 40 °C auf und gilt als kühlste Region Thailands: Im Winter ist sogar mit Minusgraden zu rechnen.

Neben trockenen Monsun- und ausgedehnten Pinienwäldern gedeihen hier auch Eichen und Ahornbäume, deren Blätter im März und April in herbstlichen Farben leuchten. Zur gleichen Zeit blühen Rhododendren und Azaleen. Rauschende Wasserfälle wie der **Wang Kwang**, der **Phenphop** oder der **Tat Hong** machen das Naturparadies komplett. Bevölkert wird es von Gibbons, Dammwild, Großvögeln und vielen Schmetterlingsarten, aber auch Großwild wie Elefanten, Tiger, Panther und Schwarzbären streift hier noch umher.

Der 360 km² große Park ist von einem dichten Netz schöner Wanderwege durchzogen und bietet an verschiedenen Stellen grandiose Aussichten. Der Sonnenuntergang lässt sich besonders romantisch von der Klippe **Pha Lomsak** beobachten, während sich **Pha Nokaen** am besten eignet, um den Sonnenaufgang zu erleben. Besonders spannend, aber auch strapaziös und schweißtreibend ist der Aufstieg zum spektakulären **Gipfel** des Phu Kradung: Er ist 6 km lang, dauert rund 3 Std. und führt teilweise über steile Treppen und Leitern. Auf dem Hochplateau sind es weitere 3 km über ebenes Terrain bis zum **Headquarter**. Unterstützung entlang des Weges gibt es durch Essens- und Getränkeverkäufer sowie Träger, die ihre Dienste nach dem Gewicht der Last (pro Kilo ab 20 Baht) berechnen. Leider noch immer nicht vom Tisch ist die Idee, den Gipfel mit einer Seilbahn zu erschließen.

Achtung: Von Anfang Juni bis Ende September bleibt der Park wegen der Gefahr von Schlammlawinen und rutschigen Pfaden geschlossen. Die Besucherzahl ist auf 5000 pro Tag limitiert. An Wochenenden und Feiertagen kommen besonders viele Besucher. Sherpa-Service verfügbar. Eintritt 400 Baht, Visitor's Center ⏰ 8.30–16.30 Uhr.

ÜBERNACHTUNG

Neben dem **Headquarter** und auch auf dem Hochplateau gibt es Bungalows und Zimmer für 3–12 Pers. ab 900 Baht, teilweise mit Warmwasserbad, Reservierung unter ☎ 042-871 333. Die Campingplätze bieten bis zu 500 Zelte mit Schlafsäcken. An Wochenenden, Feier- und Ferientagen kann es laut werden.

TRANSPORT

Songthaew vom Headquarter zum 10 km entfernten Busbahnhof im Ort Phu Kradung kosten als Charter für bis zu 10 Pers. 300 Baht. Der letzte Bus zurück nach LOEI startet gegen 20 Uhr, benötigt 1 1/2 Std. und kostet 50 Baht. Nach KHON KAEN in 2 Std. für 80 Baht.

Von Nong Khai nach Osten

Parallel zum Mekong und der laotischen Grenze führt der H202 von Nong Khai in Richtung Osten und Süden über Nakhon Phanom bis nach Mukdahan. Die meisten Orte bieten authentische Thai-Atmosphäre, einige sogar bedeutende Sehenswürdigkeiten. Die häufigen Beinamen *Bung* (auch oft *Bueng* geschrieben) oder *Nong* deuten auf flache Gewässer hin, die sich von saisonaler Wasserflut speisen. Je weiter man nach Süden gelangt, desto offensichtlicher wird der vietnamesische Einfluss. Die Unterkünfte (auch Homestay) liegen verstreut, oft reizvoll und direkt am Mekong. In den größeren Städten wird das Übernachtungsangebot vorwiegend von Hotelkästen bestimmt, die in der Nebensaison mit großen Rabatten aufwarten können.

Die von westlichen Touristen erst wenig bereiste Ostroute eignet sich hervorragend, um per Mietwagen, Motorrad oder Fahrrad auf Entdeckungstour zu gehen. Busse mit und ohne AC verbinden die größeren Orte entlang des Mekongufers. Zwischen kleineren Ortschaften verkehren Songthaews als Sammeltaxis sowie Tuk Tuks und dreirädrige Motorräder, die in dieser Region auch als *Skylaps* bezeichnet werden.

Bueng Kan

Auf dem Weg von Nong Khai nach Mukdahan erreicht man als erste größere Ortschaft Bueng Kan, das nach 136 km an der Einmündung des Flusses Nam Xan liegt – und seit März 2011 als Namensgeber für Thailands neu etablierte 76. Provinz fungiert. Es wird gern als Basis genutzt, um den sehenswerten Felsen Phu Tok oder das Drachenfest in **Ban Ahong**, 20 km weiter westlich, zu besuchen. Zwischen eindrucksvollen, großen Felsen arbeiten viele Fischer an den Stromschnellen. Hierher strömen in den Vollmondnächten im Oktober Scharen von Menschen, um das mystische Licht zu sehen, das aus dem Mekong leuchtet. Es soll der Legende nach von einem Drachen stammen *(Bang Fai Phi Anah)*. Das gleiche Phänomen tritt auch in **Phon Phisai** auf, wo ein tolles Illuminated Boat Festival veranstaltet wird (das Mut Mee Gh. von Nong Khai arrangiert Trips). Wer von Bueng Kan nach Laos weiterreisen möchte, kann den Grenzübergang Pakxan nutzen (Kasten S. 306).

Die Ostroute als Flusskreuzfahrt-Kreuzfahrt

Romantische Flussreisen auf dem Mekong nach oder in Laos sind beliebt, doch bieten sich neuerdings auch zwei reizvolle Routen durch Thailand an. Auf der neuen, 7-tägigen Isarn-Route zwischen Nong Khai und Nakhon Phanom / Ubon Ratchathani etwa verkehrt von November bis April das komfortable, nostalgische Boutique-Schiff *Mekong Explorer* (ab 1690 € p. P.). **Mekong River Cruises**, ☎ 0049-30-7860 0019 (Berlin-Büro), 🖥 www.cruisemekong.com.

Auf dem Holzweg zum Gipfel

Dieses geheimnisvolle, von Farangs kaum besuchte Heiligtum 185 km östlich von Nong Khai kann den Höhepunkt einer Thailand-Reise bilden … Ein in jeder Beziehung atemberaubender Pilgerpfad aus schmalen Stegen, steilen Treppen und Leitern führt hinauf zum Felsentempel **Wat Phu Tok** (Chetiya Kiri Viharn) – auf Deutsch „einsamer Berg". Wer sich auf diesen Holzweg begibt, für dessen Bau buddhistische Mönche fünf Jahre benötigt haben, sollte schon schwindelfrei sein. Bis zu der 200 m aus dem flachen Land aufragenden Spitze muss der majestätische Felsen sieben Mal umrundet werden, was im Buddhismus der Anzahl der Stufen zur Erleuchtung entspricht. Auf der vierten Ebene kann man eine besonders tolle Aussicht genießen. Das teilweise bewaldete, letzte Stück zum Gipfel ist nur schwer zu erklimmen. Dafür wird man mit einer grandiosen Rundumsicht belohnt. Den Rückweg kann man über Treppen durch einen Tunnel zurücklegen. Das Heiligtum war Wirkungsstätte des bekannten Mönchs **Ajahn Juan**, der 1980 bei einem Flugzeugabsturz ums Leben kam. ⊕ 6.30–17 Uhr, über Songkran geschlossen.

Nach Wat Phu Tok braucht ein Tuk Tuk aus dem 47 km entfernten Bueng Kan 1 1/2 Stunden, als Rundtour mit zwei Stunden Aufenthalt liegt die Charter bei 800–1000 Baht. Tagesausflüge aus Nong Khai bietet zuweilen das Mut Mee Gh. für 500 Baht p. P., Charter-Taxis kosten ab 2500 Baht. Es besteht die Möglichkeit, in Schlafsälen auf dem Berg zu übernachten oder in **Homestay-Unterkünften** des Nachbardorfs Ban Kom Kan Phattana.

ÜBERNACHTUNG

Ban Vas Resort, in Phon Phisai, 40 km östlich von Nong Khai, ☎ 089-570 7782. Empfehlenswerte Unterkunft bei der freundlichen Mrs. Vasana und ihrer Familie. 5 blitzsaubere Zimmer mit westlichem Komfort und Mekongblick. ❸

Konghamkoon Hotel, in Bueng Kan, ☎ 042-404 080, 🖥 www.kongkhamkoonhotel.com. Empfehlenswerte Unterkunft direkt am Flussufer mit 24 schönen, preiswerten Zimmern in einem Flachbau direkt am Mekong. ❷–❹

Rachavadee Hotel, in Bueng Kan, ☎ 042-492 119, 🖥 www.rachavadeehotel.com. Neu seit 2012 und beliebt. 26 geräumige Balkon-Zimmer mit gutem Preis-Leistungs-Verhältnis. ❷

🧳 **The One Hotel**, in Bueng Kan, ☎ 042-492 234, 🖥 www.theonehotel-bk.com. Der Name scheint Mission, da die 2012 eröffnete, elegante Unterkunft in der Region neue Maßstäbe setzt. 79 durchgestylte Komfort-Zimmer in 4 Kategorien, schöner Pool. ❹–❺

ESSEN

Die meisten Restaurants sind einfacher Natur. In Bueng Kan konzentrieren sie sich in der Chansin Rd. mit allerlei Sitzgelegenheiten am Flussufer.

TRANSPORT

NAKHON PHANOM, lokale Busse vormittags stdl. für 130 Baht in 4-5 Std.
NONG KHAI, tagsüber stdl. für 100 Baht in 3 1/2–4 Std.

Nakhon Phanom

Gegenüber der laotischen Stadt Thakhek, wo der Mekong eine Breite von 1 km erreicht, liegt das 34 000 Einwohner zählende Nakhon Phanom. Es ist die geschäftige Hauptstadt einer Provinz, in der etwa 30 000 Vietnamesen leben. Der Ort liegt vor einem idyllischen **Panorama**, wie Zuckerhüte erheben sich die Berge im Norden. Westliche Traveller sind hier meist nur auf Durchreise: Seit 2011 führt 8 km nördlich der Stadt die 1423 m lange, dritte Mekong-Brücke nach Laos. Im **Wat Srithep** gibt es schöne Wandmalereien, die die Mönche gegen eine kleine Spende bereitwillig zeigen. Außerdem kann man den **Souvenirmarkt** zwischen dem Fluss und der Srithep Rd. besuchen oder durch den **Park** im Norden bummeln.

ÜBERNACHTUNG

Grand Hotel, 210 Srithep Rd., 300 m südlich vom Uhrenturm, ☎ 042-511 526. Das Hotel bietet wenig „Grand", aber 45 günstige Zimmer, etwa die Hälfte mit AC. **❶–❷**

🧳 **Siam Grand Hotel**, 218/3 Nakhonphanom Thauthen Rd., ✆ 042-512 750, 🖥 www. siamgrandhotel.net. Neu, sauber und modern – mit ganz unterschiedlich durchgestylten, angemessen bepreisten Zimmern. **❸–❹**

The River, 35/9 Thaphanom Rd., ✆ 042-522 999, 🖥 www.therivernakhonphanom.com. Modern, durchdesignt und professionell gemanagt zählt dieses attraktive, direkt am Mekong liegende Haus mit seinen Komfortzimmern zweifellos zu den besten Optionen. **❹–❺**

Da es in dieser Stadt nicht viel zu tun gibt, freuen sich Besucher über die große Auswahl an originellen Restaurants, darunter:

Luk Tan, 83 Bamrung Muang Rd., ✆ 042-511 456. Hier kehrt man nicht nur wegen der westlichen Speisen und der günstigen Büfetts ein, sondern auch wegen des originellen Mobiliars – wie den Tischen aus Näh-maschinen-Gestellen. ⏰ Di–So 17–22 Uhr.

Pak Nam Chaiburi, in Chaiburi, 49 km von Nakhon Phanom, ✆ 042-573 037. Der weite Weg lohnt sich – allein schon wegen der rustikal-roman-tischen Holzterrasse am Zusammenfluss von Nam Song Si und Mekong. Natürlich gibt es hier besonders viele Fischgerichte – für 140–250 Baht, und sogar 4 Homestay-Zimmer. ⏰ 10–21 Uhr.

Vietnamese Food Shop, 165 Thamrong Prasit, ✆ 042-512 087. Mit mehr als 50 Jahren das älteste Restaurant am Ort. Es gibt thailändisch-vietnamesische Brutzeleien nach Familien-rezepten. ⏰ 7–21 Uhr.

Feste

Am Ende der Regenzeit werden beim **Ok Phan-sa-Fest** im Oktober kleine, mit Blumen und bren-nenden Kerzen dekorierte Schiffchen in den Mekong gesetzt. Außerdem gibt es Bootsrennen und einen Umzug, bei dem kleine Tempel aus Bienenwachs präsentiert werden.

Informationen

Das in Nakhon Phanom ansässige **TAT**-Büro, 184/1 Suntomvijit Rd., ✆ 042-513, 🖥 www.

tourismthailand.org/nakhonphanom, ist auch für Sakhon Nakhon und Mukdahan zuständig. ⏰ 8.30–16.30 Uhr.

Der **Busbahnhof**, ✆ 045-251 3444, liegt im Osten der Stadt.

BANGKOK, mehrmals tgl. AC-Busse, auch VIP, in 12 Std. für 500–900 Baht.

Weitere Busse nach CHIANG RAI, KHON KAEN, KORAT, MUKDAHAN in 2 Std., NONG KHAI in 5 Std., SAKON NAKHON in 1 1/2 Std., THAT PHANOM in 1 Std., UBON RATCHATHANI und UDON THANI in 4 Std.

Nach THAKHEK (Laos) mit dem Thai-Lao International Bus, Kasten S. 306.

Flüge

Die Strecke nach Bangkok wird jeweils 1–2x tgl. mit 80-minütigen Flügen von Nok Air und Air Asia bedient.

Sakon Nakhon

Wer von Nakhon Phanom aus einen Abstecher in Richtung Landesinneres macht, gelangt zur Provinz Sakon Nakhon (Sakhon Nakorn). Nach den ersten 5 km auf der H22 lockt ein Zwi-schenstopp am sorgfältig restaurierten Holz-haus, das der vietnamesische Revolutionär **Ho Chi Minh** in den späten 1920er-Jahren erbau-te und in dem er seinen Unabhängigkeitskampf vorbereitete. Die Region überrascht inmitten der trockenen, steppenartigen Landschaften des Nordostens mit zahlreichen Seen. Die Pro-vinzhauptstadt liegt am **Thale Sap Nong Han**, dem größten natürlichen Binnensee Thailands. Seine Inseln können per Boot angesteuert wer-den, Baden indes verspricht in dem trüben Was-ser weniger Spaß. Die Stadt trug einst den Namen „Sakalanagara" und soll heute um die 80 000 Einwohner zählen.

Das sehenswerte **Wat Choeng Chum** besticht durch seine kunstvollen Türen und Fenster so-wie den 24 m hohen, weißen Prang, der einem Khmer-Prang aus dem 16. Jh. übergestülpt wur-de. Im **Wat Pa Suthawat** gegenüber der Stadt-halle lebte der landesweit verehrte, 1949 verstorbene Mönch **Ajahn Man Bhuridatto**. Der von König Bhumipol persönlich entworfene Museumsbau wirkt mit seinen Gewölbedecken und Buntglasfenstern wie eine moderne Kirche. Etwa 5 km nordwestlich von Sakon Nakhon erhebt sich in Ban That am H22 das **Wat Narai Cheng Weng** (Phra That Naweng). Die 12 m hohe Khmer-Ruine aus Laterit wurde im 12. Jh. erschaffen. Schöne Reliefs stellen Szenen aus dem hinduistischen Pantheon dar. Über die Straße nach Kalasin, wo ein spannendes Dinosaurier-Museum lockt, gelangt man nach 52 km zu den 3000 Jahre alten Felszeichnungen von **Phu Phayon**.

ÜBERNACHTUNG

Dusit Hotel, 1784 Yuwaphatthana Rd., ✆ 042-712 200, 🖥 www.dusitsakhon.com. Bereits 1981 eröffnet und in zentraler Lage. Hat nichts mit der edlen Hotelkette zu tun, scheint ihr aber nacheifern zu wollen ... 89 ansprechend möblierte, günstige Komfortzimmer. Schöne Lobby, gutes Restaurant mit internationaler Küche und auskunftsfreudiger Besitzer (Mr. Fiat). ❸
NH The Elegant Hotel, 1636/32 Robmuang Rd., ✆ 042-713 338, 🖥 www.nheleganthotel.com. Neue Unterkunft, die gern trendy sein möchte, etwas abseits des Zentrums. Die 52 wohnlichen Komfort-Zimmer bieten ein gutes Preis-Leistungs-Verhältnis, Frühstück und Abendessen sind inbegriffen. ❸
The Majestic Hotel (MJ), 399/2 Khu Muang Rd., ✆ 042-733 771-3, 🖥 www.majestichotel-sakonnakhon.com. Mit 165 komfortablen Zimmern und Suiten in 2 Flügeln das größte und beste Hotel am Ort. Restaurant, Karaoke und Massage. ❹–❻

ESSEN

Auf dem Nachtmarkt **Night Plaza** in der Khu Muang Rd. gibt es herzhafte Speisen, der im Amüsierviertel liegende **Suanluk-Nachtmarkt** hat wesentlich länger geöffnet.
Green Corner, 1773 Ratpattana Rd., ✆ 042-711 073. Zählt zu den populärsten Restaurants und bietet allerlei exotische Gerichte, aber auch Spaghetti, Steaks und Pizza. ⏰ 7–22.

SONSTIGES
Einkaufen

Das in der Sukkasem Rd. liegende **OTOP-Center** verkauft handgewebte Stoffe sowie seltenen Moabeeren- und Ingwerwein.

Feste

Alljährlich im Oktober werden beim **Wax Castle Festival** kunstvolle Schlösser aus Wachs geformt. Zum Rahmenprogramm gehören ein Bootsrennen und Tanzdarbietungen.

TRANSPORT

BANGKOK, 633 km, AC-Busse, auch VIP, für 400–700 Baht in 12 Std.
Weitere regelmäßige Verbindungen gibt es nach KHON KAEN in 4 Std., NAKHON PHANOM in 1 1/2 Std., UBON RATCHATHANI in 6 Std., THAT PHANOM in 1 1/2 Std. oder nach UDON THANI in 3 1/2 Std.

That Phanom

Als letzter nennenswerter Ort auf der Strecke nach Mukdahan liegt – 45 km südlich von Nakhon Phanom – That Phanom am Ufer des Mekong. Der beschauliche Wallfahrtsort mit 4000 Einwohnern eignet sich gut als Ausgangspunkt für Abstecher in den Isarn.

Auf dem großen **Markt** und in vielen Geschäften – einige sogar noch von französischer Architektur geprägt – gibt es Seidenstoffe aus Laos. Nach Sonnenuntergang erglimmen in der Rimkhong Rd. die bunten Lichterketten zahlreicher hölzerner Restaurants. Der schöne, 57 m hohe Stupa des **Wat Phra That Phanom**, das mit einem geschätzten Alter von bis zu 1500 Jahren als ältestes und wichtigstes Heiligtum Nordost-Thailands gilt, soll ein Schlüsselbein von Buddha beherbergen. Der ursprüngliche Turm im laotischen Stil stürzte 1975 ein und wurde neu errichtet. Der 5-stufige Schirm ist aus 16 kg Gold gefertigt, das Museum beherbergt etliche Buddhastatuen.

Per Songthaew oder Motorradtaxi geht es ins 15 km nördlich liegende **Renu Nakhon**, wo kunstvolle Mut Mee-Stoffe gefertigt werden. Rings um den bunten Turm des **Wat Raadu Renu** gruppieren sich zahlreiche Verkaufsstände.

Grenzübergänge nach Laos

Bis auf Bueng Kan – Pakxan gibt es an allen Grenzübergängen Visa on Arrival (S. 104). Wochentags nach 16 Uhr und am Wochenende werden zusätzliche Gebühren verlangt. Zudem werden meist weitere 10–30 Baht als eine Art „Abfertigungsgebühr" fällig.
Einreise nach Thailand S. 452, 459 und 466.

Bueng Kan – Pakxan (Pak Sane)

Der einsame Grenzübergang im Nordosten Thailands wird nicht häufig genutzt. Das könnte sich ändern, wenn die geplante fünfte Freundschaftsbrücke den Fährverkehr ersetzt. ⏱ 8.30–17 Uhr.

Nakhon Phanom – Thakhek

Seit hier die dritte thai-laotische Freundschaftsbrücke den Mekong überspannt, pendelt der Thai-Lao International Bus 8x tgl. von 8–16.30 Uhr (70 Baht, 29 km, 90 Min.) zwischen den beiden Städten. ⏱ 6–18 Uhr.

Mukdahan – Savannakhet

Am einfachsten mit dem Thai-Lao International Bus über die zweite Freundschaftsbrücke (12x tgl. von 8.15–19.30 Uhr, 45 Baht, 17 km, 1 Std.). ⏱ 6–22 Uhr.

Weitere Grenzübergänge

Nong Khai – Tha Deua/Vientiane:
S. 296 und S. 372.
Tha Li – Kenthao: S. 300 und S. 449.
Chong Mek – Vangtao: S. 314 und S. 475.

ÜBERNACHTUNG

Kritsada Rimkhong Resort, 90 Moo 2, Rimkhong Rd., ☎ 042-540 088. Piecksauberes Hotel direkt am Fluss mit 19 geräumigen, gut ausgestatteten Zimmern, einige davon sogar mit Kochgelegenheit. ❷–❸
Saeng Thong Rimkhong Gh., 570 Moo 1, Rimkhong Rd., ☎ 042-541 297. Mit 19 sauberen Zimmern, davon eins mit Ventilator, etwas beengt am Fluss. ❷–❸
That Phanom Riverview Resort, 258 Moo 2, ☎ 042-541-555, 🖥 www.thatphanomriver

viewhotel.com. Direkt am Mekong und empfehlenswert. 68 schöne Fliesenboden-Zimmer in 3 Kategorien – als Deluxe mit 34m^2 und Balkon. Entspannung bieten Massagen im Gangrao. ❹

ESSEN

Besucher speisen gern auf dem Nachtmarkt in der Rubbung Rd. oder in einem der vielen, kleinen Restaurants am Flussufer.
Kitty, 419 Naa Talat Rd., ☎ 042-540 148. Zählt zu den besten Optionen am Ort – zumal es hier neben vielfältigen einheimischen Gerichten auch Steaks gibt. ⏱12–22 Uhr.
Pat Thai Shop, 39 Phanom Panarak Rd., ☎ 042-540 366. Kleines, einfaches Restaurant, aber beliebt ob leckerer Hausmannskost und etlicher, vegetarischer Speisen. ⏱ 7–21 Uhr.

FESTE

Im Februar wird ein einwöchiges **Tempelfest** zelebriert, das der grenzübergreifenden Bedeutung von Wat Phra That Phanom angemessen ist.

TRANSPORT

Auf dem **Busbahnhof** im Süden der Stadt sind insgesamt 4 Unternehmen ansässig.
BANGKOK, 690 km, Abfahrt vorwiegend am Abend. AC-Busse über KORAT, für 500–800 Baht in 13 Std.
MUKDAHAN, mehrmals tgl. für 80–100 Baht in 1 Std.
NAKHON PHANOM, in 2 Std.
UBON RATCHATHANI, in 3–4 Std.
UDON THANI, in 5 Std.

Mukdahan

Das 650 km von Bangkok entfernte, gern als „Mukda" abgekürzte Mukdahan erscheint mit seinen 33 000 Einwohnern nicht spektakulär. Hier ist der Mekong allgegenwärtig – erst recht seit 2007 die zweite Freundschaftsbrücke nach Laos für neue Impulse sorgt. Mit einer Länge von 1,6 km führt sie zum laotischen Savannakhet.

Das Heiligtum **Wat Yot Kaeo Siwichai** ist mit schönen Wandmalereien verziert, während das gläserne Bot mit einer großen Buddhastatue besticht. Mit dem **Wat Si Mongkon Nua** findet sich ein weiterer Tempel am Mekong. Er wurde von Flüchtlingen aus Vietnam erbaut und weist verschiedene Einflüsse auf. Ausblicke auf die Umgebung eröffnen sich u. a. von den bewaldeten Hügeln rings um die Stadt.

Auf dem H212 verkehren Songthaews für 30 Baht zu den 19 km nördlich von Mukdahan liegenden Mekong-Stromschnellen von **Kaeng Ka Bao**. Ebenfalls per Sammeltaxi kann man zu dem 49 km² kleinen, 17 km südlich der Stadt liegenden **Mukdahan National Park** (auch: Phu Pha Thoep) gelangen, ✆ 042-601 753, Eintritt 400 Baht, ⏰ 8–17 Uhr, einige Bungalows, 500–1800 Baht. Ein 8 km langer, gut markierter Rundwanderweg führt an den Hauptattraktionen vorbei – eine 100 Mio. Jahre alten, pilzförmigen Lavaformationen, intaktem Urwald, Höhlen mit 5000 Jahre alten Felsmalereien und einem bunten Meer aus blühenden Wildblumen (Oktober–Dezember).

ÜBERNACHTUNG

€ **Banthom Kasem**, 25/2 Samut Sakdarak Rd., ✆ 042-611 235. Altes chinesisches Gebäude mit Holzböden, Lamellentüren und traditionellem Ambiente. 15 saubere und große, teilweise etwas dunkle Zimmer, davon 8 mit AC. ❶–❷

Ploy Palace, 40 Pitak Panomkhet Rd., ✆ 042-631 111, 🖥 www.ploypalace.com. Bestes Hotel am Ort mit 10 Stockwerken, 154 gediegenen Zimmern (WLAN), Schwimmbad und viel Ambiente. Die Sky Lounge, ⏰ 17.30–24 Uhr, bietet eine schöne Aussicht, gutes Essen und manchmal Livemusik. ❺–❻

Rabiang Muk, Wiwitsurakan Rd. / Soi Thaiyanon, ✆ 042-614 666, 🖥 www.rabiangmuk. com. Empfehlenswertes Hotel mit 30 großen Wohlfühl- und Balkonzimmern. Alles Wichtige in Laufnähe, Verleih von Fahrrädern. ❸

ESSEN

Auf dem preiswerten Nachtmarkt in der Song Nang Sathit Rd., ⏰ 16–22 Uhr, gibt es auch vietnamesische Speisen. Die besten Restaurants finden sich am Fluss und verwöhnen mit jeder Menge Frischfisch.

Bombenstimmung in Yasothon

Einmal im Jahr gerät das sonst eher unbedeutende Yasothon (21 000 Einwohner) in eine – im wahrsten Sinne des Wortes – Bombenstimmung. Im Mai strömen zahlreiche Thai-Touristen in das 98 km nordwestlich von Ubon Rachathani liegende Städtchen, das Heimat der größten moslemischen Bevölkerungsgruppe im Nordosten ist, um mit dem Raketenfestival **Bun Bang Fai** (Soeng Bung Fai) den Beginn der Regenzeit zu feiern. Am zweiten Tag des einwöchigen Spektakels werden zu Ehren des Schutzgeistes der Stadt in einer Prozession imposante Raketen und andere Phallussymbole zum Lak Muang-Schrein gebracht. Am Ende werden die selbst gebastelten Flugkörper, die von einer Mischung aus Holzkohle und Salpeter angetrieben werden, abgefeuert. Bei dem ehrgeizigen Wettbewerb gewinnen die Bastler des Geschosses, das – gemessen mithilfe von Ferngläsern und Stoppuhren – am höchsten in den Himmel steigt. Der Riesengaudi hat allerdings schon manchen Betriebsunfall nach sich gezogen – und birgt ob immer größerer Raketen mittlerweile fast schon Risiken für den Luftverkehr … Umrahmt wird das Fest von Volkstänzen, Umzügen mit Schönheitsköniginnen und etlichen anderen, bodenständigen Vergnügungen.

Bao Pradit, 123/4 Samran Chaikhong Rd., ✆ 042-632 335. Beliebtes, originäres Isarn-Restaurant mit vielen exotischen Gerichten und einer schönen Holzterrasse. ⏰ 11–22 Uhr.

Goodmook, 414/1 Song Nang Sathit Rd., ✆ 042-612 091. Könnte sich auch "Good Mood" nennen … Empfehlenswert als origineller Travellerspot mit einheimischen und westlichen Speisen. Gute Infos, WLAN und Miet-Fahrräder zu 100 Baht. ⏰ 8–23 Uhr.

Riverside, 103/2 Samran Chaikhong Rd., ✆ 042-611 705. Zählt schon wegen seines üppigen Angebots an Mekong-Fisch, der in Aquarien zu bewundern ist, zu den Hauptattraktionen der Stadt. Gartenterrasse mit Ausblick, engagiertes Personal. ⏰ 9–21 Uhr.

Wine Wild Why ?, 11 Samran Chaikhong Rd., ☎ 042-633 122. Trotz des merkwürdigen Namens gibt es keinen Wein, dafür beste Küche – serviert von nettem Personal in einem romantischen Holzhaus am Fluss. ⏱ 11–22 Uhr.

SONSTIGES

Feste
Ein einwöchiges Festival Mitte Januar bietet interessante Einblicke in die vielfältigen Traditionen der Minderheiten.

Immigration
Die Einreisebehörde liegt in der Song Nang Sathit Rd., ☎ 042-611 074, ⏱ Mo–Fr 8.30–16.30, Sa 8.30–12 Uhr.

TRANSPORT

Der wichtigste **Busbahnhof**, ☎ 042-630 797, liegt nördlich der Stadt am H212.
BANGKOK, AC-Busse, davon mehrere auch als VIP, für 600–900 Baht in 10–11 Std. Weitere Verbindungen führen nach NAKHON PHANOM in 2 Std., SAKON NAKHON über THAT PHANOM (in 1 Std.) oder nach UBON RATCHATHANI in 3 1/2 Std.
Nach SAVANNAKHET mit dem Thai-Lao International Bus, Kasten S. 306.

Ubon Ratchathani

Im Alltag nur „Ubon" genannt – ist Ubon Ratchathani mit 230 000 Einwohnern Hauptstadt der größten Provinz im Nordosten. Die „Königliche Stadt der Lotusblüte" gilt als Tor nach Laos, Kambodscha und Vietnam, lohnt aber auch einen Besuch wegen ihrer mindestens neun außergewöhnlichen Tempelanlagen. In den 1960er- und 70er-Jahren war Ubon US-Luftwaffen-Stützpunkt und noch heute donnern häufig Kampfjets in geringer Höhe über das Gebiet, während der ausgebaute Flughafen von einem gewissen Aufschwung als Finanz-, Handels- und Ausbildungszentrum zeugt.
    Die Stadt erstreckt sich 630 km von Bangkok und 420 km von Korat entfernt am Ufer des **Moon** und nennt sich in ihrem unwirtlichen, südlichen Teil jenseits des Flusses **Warin Chamrap**.

Das am Ufer liegende, 1853 gegründete **Wat Supattanaram** beherbergt die größte Holzglocke Thailands, ein sehenswertes Freilichtmuseum mit bis zu 1400 Jahre alten Reliefs sowie eine Steinsäule aus der Angkor-Epoche. Im **Wat Si Thong** wird eine Buddhafigur verehrt, die aus Topas besteht und als landesweit größter Brocken des edlen Gesteins gilt. Im restaurierten Gouverneurssitz von 1873 zeigt das **Nationalmuseum** die älteste Sammlung archäologischer Funde im Isarn, ⏱ Mi–So 9–16 Uhr.
    Am H212 nach Mukdahan liegt das 1957 erbaute **Wat Nong Bua** mit einem 56 hohen Stupa im Stil des Mahabodhi-Tempels im indischen Bodh Gaya, wo Buddha die Erleuchtung fand. Hier lässt sich die Produktion von Riesenkerzen für das Candle Festival ganzjährig erleben. Der Hauptbau überrascht im Zuckerbäckerstil mit einer Kuppel und großzügiger Verglasung. Ebenfalls sehenswert ist das neue **Wat Sa Prasan Suk**, 4 km vom Zentrum am nordöstlichen Stadtrand: Unter einem kolossalen Betonelefanten hindurch geht es zu zwei riesigen, rot, weiß und golden bemalten Betonbarken.

ÜBERNACHTUNG

Durch das Überangebot an Zimmern kann man in den Mittelklassehotels erfreulich komfortabel und preiswert unterkommen.
Pathumrat Hotel, 377 Chayangkun Rd., ☎ 045-241 501-11. Etwas angestaubter, aber nicht zuletzt gerade deshalb angenehmer Hotel-Klassiker – mit einladendem Foyer und 177 gepflegten, geräumigen Zimmern mit Holzboden und Bädern mit Badewannen. ❸–❹
€ **Phadaeng Mansion**, 126 Phadaeng Rd., ☎ 045-254 600, ✉ thephadaeng@gmail.com. Perfekt gelegen und auch sonst phänomenal. Moderner Hotelbau unter dem genialen Management des Besitzers, der nichts dem Zufall überlässt. 77 geräumige, behagliche und pieksaubere Komfort-Zimmer mit Flatscreen-TV, zwei (!) WLAN-Schreibtischen, Boxspring-Matratzen und Balkons zu denkbar attraktiven Preisen. ❸
Sri Isan Hotel, 62 Ratchaboot Rd., ☎ 045-261 011, ▭ www.sriisanhotel.com. Die 33 hellen, sauberen und von der Größe ganz unterschiedlichen Fliesenzimmer dieses

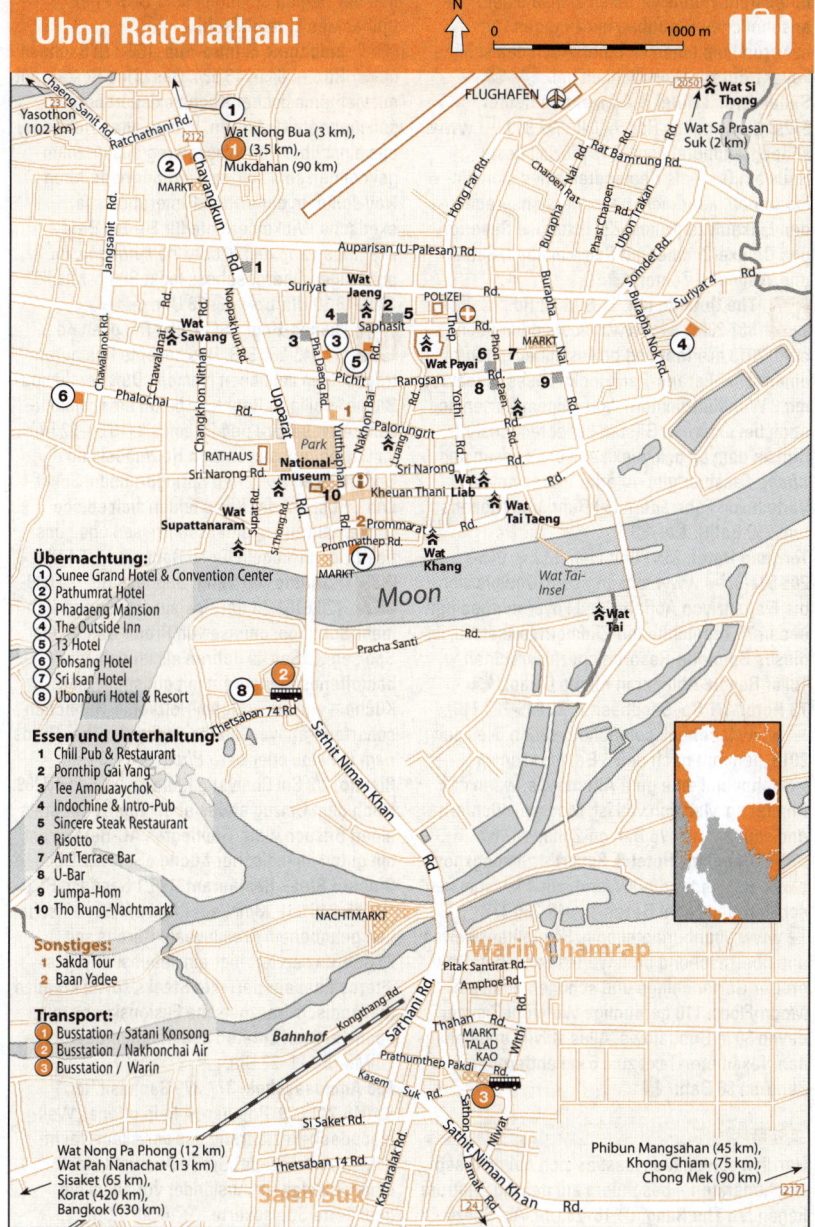

Ubon Ratchathani

N

0   1000 m

Übernachtung:
1. Sunee Grand Hotel & Convention Center
2. Pathumrat Hotel
3. Phadaeng Mansion
4. The Outside Inn
5. T3 Hotel
6. Tohsang Hotel
7. Sri isan Hotel
8. Ubonburi Hotel & Resort

Essen und Unterhaltung:
1. Chili Pub & Restaurant
2. Pornthip Gai Yang
3. Tee Amnuaaychok
4. Indochine & Intro-Pub
5. Sincere Steak Restaurant
6. Risotto
7. Ant Terrace Bar
8. U-Bar
9. Jumpa-Hom
10. Tho Rung-Nachtmarkt

Sonstiges:
1. Sakda Tour
2. Baan Yadee

Transport:
1. Busstation / Satani Konsong
2. Busstation / Nakhonchai Air
3. Busstation / Warin

Innenstadt-Hotels verteilen sich in einem ansehnlichen Betonbau mit 4 Etagen bzw. rund um einen Lichthof. Auch das schöne Foyer trägt zur Wohnlichkeit bei. **❸–❹**

Sunee Grand Hotel & Convention Center, 512/8 Chayangkun Rd., ☎ 045-352 900, 🖥 www.suneegrandhotel.com. Das offiziell beste Haus am Ort – als Bestandteil eines mondän-modernen, aber nicht besonders ansprechenden Einkaufszentrums. 222 luxuriöse Superior- und Deluxe-Zimmer mit Schwimmbad, Sauna und Wellness-Center. **❺**

The Outside Inn, 11 Suriyat Rd., ☎ 088-581 2069, 🖥 www.theoutsideinnubon.com. 2013 eröffnet und professionell geführt von einem Thai-Farang-Paar, lockt dieses Hideaway mit 8 Wohlfühlzimmern, lauschigem Garten und auch bei externen Gästen beliebtem Restaurant, in dem es u. a. mexikanisches Essen und *chang*-Fassbier gibt. Allerlei Touren sowie Verleih von Fahrrädern (50 Baht) und Mopeds (um 250 Baht). **❸–❹**

Tohsang Hotel, 251 Phalochai Rd., ☎ 045-245 531-9, 🖥 www.tohsang.com. Obwohl sich die Eleganz von Auffahrt und Foyer nur bedingt in den 76 Teppichboden-Zimmern fortsetzen, ist dieses Boutique-Resort nicht zu verachten. Toller Resort-Ableger in Khong Chiam. **❺**

T3 Hotel, 1/1 Soi Sapphasit 1, ☎ 045-263 119, 🖥 www.facebook.com/t3houseubon. Neu seit 2013, benannt nach den 3 Baumriesen im Innenhof und eine gute Alternative, wenn das Phadaeng Mansion voll ist. Modern, nüchtern und sauber – mit 76 Balkon-Zimmern. **❸**

Ubonburi Hotel & Resort, 1 Simongkhon Rd., im Stadtteil Warin, nur 1 km vom neu schillernden Night Bazar, ☎ 045-266 777, 🖥 www.ubonburihotel.com. Empfehlenswertes und überraschend preiswertes Luxushotel mit großer Gartenanlage und schönem Pool am Moon-Fluss. 110 geräumige Wohlfühl-Zimmer, davon 30 in Bungalows. Alles stilvoll und behaglich. Taxameter-Taxit zum 5 km entfernten Zentrum 80 Baht. **❹**

ESSEN

Herrlich schlemmen lässt es sich auf diversen Nachtmärkten – besonders auf dem im Zentrum liegenden **Tho Rung**, ⏱ 16–23 Uhr. Als Spezia-lität der Region empfiehlt sich *Larb Phet* (gehacktes Entenfleisch).

Indochine & Intro-Pub, 168-170 Saphasit Rd., ☎ 045-245 584. Das urige Restaurant mit vietnamesischer Küche existiert bereits seit mehr als 40 Jahren. In dem alten Holzhaus, das einst über den Wasserweg aus Vietnam gekommen sein soll, serviert der nette Khun Noy schon in der dritten Generation u. a. exotische Wickelgerichte für 80–100 Baht – wie *nuea yang hap lu* oder *nam nueang*. Im pubartigen Obergeschoss lockt Piano-Musik. ⏱ 9–18.30 Uhr bzw. 18–23 Uhr.

Jumpa-Hom, 49/3 Pichit Rangsan Rd., ☎ 045-260 398. Das beliebte Restaurant trägt seinen lieblichen Namen „Duft der Jumpa-Blume" völlig zu Recht: Es bietet eine romantische Atmosphäre und Livemusik (19.30–22 Uhr), im Garten gruppieren sich Holzmöbel und Bodenkissen zwischen Springbrunnen, Schilf und Lotus. Auf der Karte finden sich etliche Leckereien zu angemessen Preisen und günstige *Buds*-Eiskugeln für 55 Baht. ⏱ 17–24 Uhr.

Pornthip Gai Yang, Saphasit Rd., ☎ 089-720 8101. In der Speisekarte finden sich mehr Schnappschüsse von Promi-Gästen als Speisen … Seit 40 Jahren als lauschiges, halboffenes Restaurant mit günstiger Isarn-Küche – wie knusprigem Holzkohle-Hühnchen, scharfen Papaya-Salaten, leckerem Thai-Gyros *nam tok mou* oder *Larb Phet*. ⏱ 8–19 Uhr.

Risotto, 2/3 Soi Chaiyang Khun., ☎ 086-259 5289. Nach dem Umzug etwas abgelegen, aber stets einen Besuch wert. Gepflegtes AC-Restaurant mit guter, italienischer Küche. ⏱ 11–22 Uhr.

Sincere Steak Restaurant, 126/1 Saphasit Rd., ☎ 045-245 061. Klein, aber fein mit nur 4 Tischen und gehobenem Preisniveau. Bereits seit 25 Jahren serviert hier ein liebenswürdiges, älteres Ehepaar perfekte Steaks sowie kreative thailändisch-französische Fusionsküche mit hochwertigen Zutaten und frischen Gewürzen. ⏱ Mo–Sa 11–22 Uhr.

Tee Amnuaaychok, 377-379 Saphasit Rd., ☎ 045-241 809. Populäres, halb offenes Well-blechdach-Restaurant, das vor allem Nacht-schwärmer anzieht. Große Auswahl, doch empfiehlt sich für Ausländer vor allem die bebilderte Speisekarte. ⏱ 16.30–4 Uhr.

UNTERHALTUNG

Wie in allen Metropolen des Isarn pulsiert auch hier das Nachtleben – besonders in der einladenden **Ant Terrace Bar**, 50 Pichit Rangsan Rd., ⏲ 18–2 Uhr (ab 22.30 Uhr mit Livemusik und Shows im klimatisierten **Gee Exclusive Club**), der stets vibrierenden **U-Bar**, Phichit Rangsan Rd., ✆ 045-265 141, ⏲ 21–2.30 Uhr, oder im populären **Chill Pub & Restaurant**, 140/1-2 Chayangkhun Rd., ✆ 09-0880 7719, ⏲ 18–1 Uhr.

SONSTIGES

Feste
Beim 3–4-tägigen **Candle Festival** alljährlich im Juli/August werden bei Prozessionen bis zu 2 m hohe Kerzen sowie kunstvoll gearbeitete mythische Figuren aus Bienenwachs in die stadtweit etwa 50 Tempel gebracht, begleitet von Zeremonien, Volkstänzen und Miss-Wahlen.

Gesundheit
Auch wenn Wunderheiler Mr. Jitti inzwischen verstorben ist, präsentiert sich sein 1961 gegründeter Medizinladen **Baan Yadee**, 101-103 Promathep Rd., ✆ 096-419 3664, 🖳 www.baanyadee.com, noch immer mit fast 100 exotischen Mittelchen. ⏲ 9–22 Uhr.

Informationen
Im örtlichen **Tourist Office**, 264/1 Kheuan Thani Rd., ✆ 045-243 770, ✉ tatubon@tat.or.th, ⏲ 8.30-16.30 Uhr, oder im **Internet** unter 🖳 www.weloveubon.com.

Reisebüros
Alle Touren oder Transfers lassen sich z. B. vom **The Outside Inn** arrangieren. Zudem bewährt hat sich **Sakda Tour**, 234 Palorungrit Rd., ✆ 045-321 937 (Mrs. Phom spricht gut Englisch), 🖳 www.sakdatour.com. Transfers, Tickets und Touren aller Art, Mietwagen mit Fahrer je nach Entfernung 1500–2000 Baht pro Tag plus Spritkosten. ⏲ 8–18 Uhr.

TRANSPORT

Busse
Der **Busbahnhof** Satani Konsong, ✆ 045-316 085, 314 299, liegt fast 4 km nordwestlich der Stadt an der Chayangkun Rd. (mit den Songthaew-Linien Nr. 2, 3 und 10 in 15 Min.). Die **Busstation** von **Nakhonchai Air**, ✆ 045-269 777, (mit den Songthaew-Linien Nr. 1, 2, 3 und 6 in 10 Min.) liegt am südlichen Ufer des Moon und bedient die wichtigsten und weitesten Strecken, meist mit 24-sitzigen VIP-Bussen. Einige davon halten noch am Busbahnhof von **Warin**.
BANGKOK, stdl. (mittags weniger häufig) für 500–650 Baht in 7–10 Std., am besten und bequemsten als VIP für 700 Baht,
CHIANG MAI, tgl. 6x in 14–15 Std. für 600–750 Baht, als VIP bis zu 950 Baht.
CHONG MEK (Grenzübergang) über PHIBUN MANGSAHAN, ab dort verkehren Songthaew (1 Std., ca. 60 Baht).
KHONG CHIAM, über PHIBUN MANGSAHAN, 2x tgl. in 2 Std. mit Non-AC-Bussen für 100–120 Baht.
RAYONG (über PATTAYA), 13x tgl. in 13 Std. für 440–570 Baht, als VIP bis zu 700 Baht.
PAKXE (in Laos), 2x tgl. in 3 Std. für 200 Baht (Kasten S. 306).
Außerdem fahren Busse regelmäßig nach KHON KAEN, KORAT, MUKDAHAN, SAKHON NAKHON, SISAKET, SURIN, UDON THANI, THAT PHANOM oder YASOTHON.

Eisenbahn
Der **Bahnhof**, ✆ 045-321 004, liegt 2,5 km vom Zentrum im Stadtteil Warin. Es verkehren Express- und Bummelzüge.
AYUTTHAYA, 7x tgl. in 7–10 1/2 Std.
BANGKOK, 7x tgl. in 8 1/2–12 Std.
KORAT, 9 x tgl. in 4–6 Std.
SURIN, 11x tgl. in 2–3 Std.

Flüge
Der **Flughafen**, ✆ 045-263 916, liegt im Nordosten der Stadt (Taxi 60–70 Baht) und wird bedient von **Thai Airways** (bzw. **THAI Smile**), ✆ 045-313 340 (Büro: 364 Chayangkun Rd.), ✆ 263 916-7 (Flughafen). Nach BANGKOK (Suvarnabhumi) 2x tgl.
Zum Don Mueang-Airport in BANGKOK fliegen 9 x tgl. **Air Asia**, ✆ 045-255 762, und **Nok Air**, ✆ 045-245 612-4.
Mit **Kan Air**, ✆ 02-551 6111, bzw. kleinen Maschinen (6 Passagiere) geht es 2 x wöchentl. nach CHIANG MAI.

Die Umgebung von Ubon Ratchathani

THAILAND

Weit mehr Attraktionen als im Zentrum verbergen sich in der Umgebung der Provinzhauptstadt – zumeist sind es bestechende Naturerlebnisse. Das üppige Grün ihrer ausgedehnten Wälder hat der Region Ubon den Namen „Smaragddreieck" eingebracht.

Bereits 12 km flussaufwärts lockt am Nordufer des Moon mit dem **Hat Koo Duar** eine Art Badestrand (mit Minibus Nr. 9). Noch als Geheimtipp gilt der 687 km² große **Phu Chong Nayoi National Park**. Er zeichnet sich durch einen 40 m hohen Wasserfall, zahlreiche Berge und das Vorkommen der vom Aussterben bedrohten Weißflügel-Moschusente aus. Auf dem Weg zum 92 km von Ubon Ratchathani und 22 km von Khong Chiam entfernten **Pha Taem National Park** kann man sich auch als Kulturmuffel machen, denn hier lockt außer den erst 1987 entdeckten, prähistorischen Felszeichnungen auch ein grandioses Naturerlebnis. Mit dem Parkplatz am **Visitor's Center**, 📞 045-266 333, 🕐 8–17 Uhr, Eintritt 200 Baht, ist auch schon das obere Ende der Sehenswürdigkeit erreicht. Das steil aufragende Sandsteinmassiv bietet eine faszinierende Aussicht über den Mekong und nach Südlaos – das beste Licht für Fotos gibt es nachmittags. Um die **prähistorischen Malereien** zu sehen, folgt man einfach der Ausschilderung. Über 3000 Jahre alt, zeigen sie Menschen, Tiere, Werkzeuge, Töpfe und Reusen. Mehr s. **eXTra [2917]**.

Gleich zwei idyllische Waldklöster finden sich im Südwesten von Ubon Ratchathani. Sie wurden einst von dem charismatischen Meditationsmeister Ajahn Cha gegründet. Zum 12 km von der Stadt entfernten, über den H2178 erreichbaren **Wat Nong Pa Phong**, 📞 045-322 729, gehören ein Museum und ein Stupa mit der Asche des Mönchs. Am H2193 nach Sisaket liegt das ebenfalls von westlichen Mönchen bewohnte „International Forest Monastery" **Wat Pah Nanachat**, 🖥 www.watpahnanachat.org. Auch wenn es den Spitznamen „Wat Farang" trägt, empfiehlt sich eine vorherige Anmeldung.

Khong Chiam

Von Ubon führt die breite H217 in Richtung Osten, um nach 45 km **Phibun Mangsahan** zu erreichen. Obwohl die Strecke parallel am Moon entlang führt, kommt der Fluss leider nicht in Sicht. Nachdem die Brücke erreicht ist, in deren Bereich die Stromschnellen von **Kaeng Sapheu** liegen, geht es über den H2222 rund 30 km in Richtung Nordosten bis nach Khong Chiam. Eine landschaftlich schöne, beschauliche Strecke, an der vielerorts hier gefertigte, große Messing-Gongs zum Verkauf in der Sonne blitzen.

Etwa 2,5 km vor Khong Chiam sollte man am **Wat Tham Khuha Sawan** anhalten, von dem sich ein grandioser Blick auf den Mekong und die bunten Wellblechdächer des Orts eröffnet. Das Tempelgelände ist gespickt mit faszinierenden Busch-Skulpturen, bunten Orchideen-Arrangements und mächtigen Wurzelstöcken von Urwaldriesen. In einer großen, an den Hang gebauten Halle beeindrucken acht von Felsen überragte, vergoldete Buddhastatuen, im Inneren des Heiligtums wird der Mönch Long Pu Kam Kanung verehrt: 1988 im Alter von 92 Jah-

---

Wo der Mekong aus lauter Löchern besteht

Als reizvollstes Ziel der Umgebung locken die rund 118 km (2 1/2 Std.) nordöstlich von Ubon Rachathani bzw. nördlich des Pha Taem Nationalparks klaffenden **Sam Pan Bok** (auch Bow, Bohk oder Boak) – auf Deutsch: 3000 Löcher. Hier haben die Stromschnellen des Mekong das steinige Flussbett zu bizarren Formen erodiert, die in der Trockenzeit frei liegen und zahllose Wasserlöcher ausbilden. Eine überaus fotogene Felslandschaft, die entsprechend zum Wandern und Klettern einlädt ... Zu erreichen ist dieses Naturphänomen nur mit Mietfahrzeugen oder Charter-Taxis, z. B. von Sakda Tour, s. Ubon, Reisebüros.

ren verstorben, findet sich sein einbalsamierter, vergoldeter Leichnam in einem Glasschrein. Von hier lässt sich eine schöne, 2,5 km lange Wanderung zur Höhle **Heo Sin Chai** beim gleichnamigen Wat oder zu den **Kaeng Tana Rapids** (ca. 3 km) unternehmen.

Das kleine **Khong Chiam** (auch Khong Jiam) liegt auf einer idyllischen Halbinsel am Zusammenfluss von **Mekong und Moon**. Es zählt zu den reizvollsten Orten Thailands und wird gerühmt für das Naturschauspiel des **Mae Nam Song Si** – des „zweifarbigen Flusses". Denn hier vereint sich das trübe Braun des Mekong mit den grünlichen Fluten des Moon. Bei Niedrigwasser werden malerische Sandbänke, Felsen und kleine Inseln mit Bäumchen sichtbar.

Entlang des Ufers erstreckt sich eine Promenade, die von einigen Baumriesen, Verkaufsständen und Schnappschuss-Spots mit bunten Kitschfiguren flankiert wird. Für 300–400 Baht sind halbstündige Bootsfahrten möglich, bei längeren Touren auch Besuche in einem laotischen Dorf, wo sogar „zollfrei" eingekauft werden kann. Offiziell nach Laos übersetzen dürfen Ausländer aber erst im 32 km entfernten **Chong Mek** (Kasten S. 314). Der Weg dorthin führt vorbei am 1971 eingeweihten **Sirindhorn-Stausee**, für dessen Erschaffung einst viele Menschen umgesiedelt werden mussten.

(Kasten S. 314)

ÜBERNACHTUNG

Es bieten sich viele einfache, trotzdem gepflegte Quartiere mit Atmosphäre an:

€ Apple Gh., 267 Kaew Pradit Rd. (5 Min. vom Fluss), ☎ 045-351 160. Ältestes Guesthouse und wichtigster Traveller-Spot. 17 preiswerte, angenehme Zimmer mit traditionellen Thai-Toiletten und teilweise AC, von denen sich besonders die im Obergeschoss der 3 grün getünchten Holzbauten empfehlen. **❶–❷**

Araya River Resort, Phukamchai Rd., ☎ 045-351 385. Empfehlenswerte Anlage mit 65 gepflegten Komfort-Zimmern, die sich teilweise um das einzige Schwimmbad am Ort gruppieren, auch 3 idyllische Bungalows mit Terrassen am Moon. **❹**

Ban Rim Khong Resort, 37 Kaew Pradit Rd., ☎ 045-351 101, ⌨ www.banrimkhongresort.

Trauerspiel am Götterfelsen

Der spektakulärste aller Khmer-Tempel im thailändisch-kambodschanischen Grenzgebiet steht im Mittelpunkt eines historischen internationalen Konflikts: Obwohl das Felsenheiligtum **Prasat Khao Phra Viharn** (Khmer: Preah Vihear) vom Internationalen Gerichtshof in Den Haag 1962 eindeutig Kambodscha zugesprochen wurde, wird Thailand nicht müde, seinen Anspruch darauf zu erheben. Nachdem die Unesco die Ruinen Mitte 2008 zum **Weltkulturerbe** der Menschheit erklärt hatte, kam es mehrfach zu Scharmützeln mit Toten und Verletzten. Der thailändische Antrag von 2009, den Tempel wieder von der Liste zu streichen, wurde abgelehnt und die Gerichtshof-Entscheidung im November 2013 sogar dahingehend modifiziert, dass auch die Umgebung der Ruinen vollständig zu Kambodscha gehört. Auch wenn Tauwetter und Truppenabzug verordnet wurden, sollte man sich vorab erkundigen, ob das Heiligtum zugänglich ist (z. B. unter ☎ 045-661 422-3). Mehr über den 150 km südwestlich von Ubon liegenden, über Kantharalak erreichbaren Tempel sowie Details zum Konflikt s. **eXTra [2918]**.

com. 14 von einem schönen Bougainvilleen-Garten umrahmte Zimmer. Die 3 originellen, geräumigen Holz-Bungalows an der Promenade bieten große Terrassen mit herrlichem Flussblick. **❹**

🧳 Bon (Pag) Mongkhon Resort, 595 Kaew Pradit Rd. (ca. 10 Min. vom Fluss), ☎ 045-351 352, ⌨ www.banmongkhon.com. Charmante, freundlich geführte Anlage aus 2-stöckigen Holzbauten mit 33 gepflegten AC-Zimmern (zu den schönsten zählen die mit lauschiger Terrasse im Obergeschoss liegenden Nr. 12, 13 und 14). **❸**

Tohsang Khong Jiam Resort, 68 Moo 7, Ban Huaimak Tay (ca. 3 km vom Ort), ☎ 045-351 174-6, ⌨ www.tohsang.com. Origineller Stilmix aus Thai, Khmer und Bali – mit stimmungsvollem Panoramablick auf den Mekong. Die beste Option der Region lockt mit 48 behaglichen Zimmern, 7 gediegenen Villen,

Grenzübergang nach Laos

Chong Mek – Vangtao: An diesem 90 km östlich von Ubon Ratchathani liegenden Grenzübergang, ☉ 6–20 Uhr, gibt es Visa on Arrival. Er führt als einziger nicht über den Mekong, sondern als reiner Landweg in das Nachbarland. Zwischen Phibun Mangsahan und Chong Mek verkehren Songthaews; auf der 138 km langen Strecke von **Ubon Ratchathani** über die Grenze bis nach **Pakxe** (Pakse) fahren die staatlichen Thai-Lao International Busse, Abfahrt morgens und mittags für 200 Baht in 3 Std. Vom Grenzübergang ist es 1 Std. (45 km) bis in die südlaotische Provinzhauptstadt. Wer aus Laos kommt und nach Bangkok reisen will, findet die Busstation am westlichen Ortsrand von Chong Mek.
Einreise nach Thailand S. 475.

schönem Schwimmbad und Spa. Das angegliederte, extravagante **Sedhapura by Thosang** verwöhnt als ultimatives Hideaway mit 4 bis zu 150 m² großen, traumhaften Pool-Villen für 15 000–20 000 Baht. ❻

ESSEN

In den Restaurants am Flussufer – oder auch romantisch als großes Floß auf dem Wasser treibend – ist fangfrischer Mekong-Fisch natürlich besonders beliebt. Suppen mit etwas *pla buek* liegen bei 180–220 Baht – egal, ob der legendäre Riesenwels aus dem Mekong kommt oder von einer professionellen Zuchtanlage im 700 km entfernten Chainat.
Araya, auf dem Mekong, ✆ 045-351 015. Professionell und bereits etabliert seit 1972 – die älteste Gastronomie am Ort. Hier wurden einst die US-Soldaten verköstigt, die die Toten des Vietnamkriegs aus Laos über den Fluss holten. ☉ 9–22 Uhr
Chonlada, auf dem Mekong, ✆ 045-351 135. Wirkt – vertäut direkt neben dem Araya – etwas profan, aber urig. ☉ 10–22 Uhr
Le Moon, auf dem Moon ✆ 089-010 3151. Neu seit Mitte 2014 und besonders einladend. ☉ 10.30–23 Uhr.

SONSTIGES

Fahrrad- und Mopedverleih

Im **Ban Steak @ Khongchiam**, Kaew Pradit Rd., ✆ 045-351 328, bietet die freundliche Mrs. Jane nicht nur günstiges Essen, sondern auch Fahrräder für 100 Baht am Tag sowie Mopeds für 200 Baht und Enduro-Maschinen für 500 Baht. ☉ 11–22 Uhr.

TRANSPORT

Mit dem Bus direkt nach UBON RATCHATHANI 5x tgl. in 2 Std. für 100–120 Baht oder über PHIBUN MANGSAHAN für 80 Baht in 1 Std. und dort, 1 km vor der Busstation an der Brücke, Umstieg in ein Songthaew.

Von Ubon Ratchathani nach Bangkok

Neben **Prasat Khao Phra Viharn** finden sich auf dem Weg von Ubon Ratchathani über Surin nach Korat und Bangkok etliche weitere Zeitzeugen aus der grandiosen Blütezeit des Khmer-Reichs. Wie die bei Buriram liegenden Tempelanlagen **Prasat Phanum Rung** und **Prasat Muang Tam**, die zu den bekanntesten Überbleibseln zählen. Die Hauptstadt der Grenzprovinz **Surin** indes lohnt besonders am dritten November-Wochenende einen Besuch, wenn sie im Zeichen des spektakulären, mit einer gewaltigen Touristeninvasion verbundenen **Elephant Round-ups** steht (Kasten S. 315). Ganzjährig indes bietet sich ein Besuch des Dorfs **Ban Ta Lang** an, wo die *Suay* – die traditionellen Elefantenfänger von einst – ihre Dickhäuter ausbilden (tgl. mehrmals mit großem Sammel-Songthaew ab Busstation für 40 Baht).

Auf der Strecke führen zahlreiche Abzweigungen nach **Buriram** (hier eröffnete im Oktober 2014 als erste Rennstrecke Thailands der von Hermann Tilke entworfene, 4,5 km Chang International Circuit (CIC)) und **Sisaket**, die abseits der üblichen Touristenroute liegen. Mehr über diese Ziele, s. **eXTra [2920]**.

Von den hier liegenden Grenzübergängen nach Kambodscha ist der von **Aranyaprathet/**

Talentshow für Dickhäuter

Alljährlich im November ziehen in Surin über 300 Elefanten zum großen **Elephant Round-up** auf. Einst wurden die Dickhäuter als Reittiere in Kriegen und zum Einfangen wilder Artgenossen benutzt (in dieser Region zum letzten Mal 1958). Bis zum landesweiten Verbot von Holzeinschlag 1989 mussten sie bei der Vernichtung ihres eigenen Lebensraums helfen. Zwar geht es auch bei diesem Elefanten-Festival nicht ohne Zwang zu, doch darüber vermag die Talentshow der Rüsseltiere leicht hinwegzutäuschen. Denn hier beweisen die Tiere bei Paraden, Schaukämpfen und Spielen ihre Intelligenz, Kraft und Geschicklichkeit. Umrahmt wird der einwöchige Elefantenauftrieb von einem großen Markt, etlichen Essensständen und Bühnenshows. Eintritt ab 40 Baht, VIP-Plätze auf der Tribüne des Stadions 150–1200 Baht. Infos beim örtlichen TAT-Büro, ☏ 044-514 447-8, ✉ tatsurin@tat.or.th.

Poipet am wichtigsten. Er gilt als betriebsamster der Region – und Brennpunkt zweier völlig unterschiedlicher Welten: Armselige Gestalten aus Kambodscha betteln am Straßenrand, suchen nach Recyclingstoffen oder quälen sich ab, um monströs beladene Handkarren nach Thailand zu schieben. Meist werden sie keines Blickes gewürdigt von den Besuchern, die in der Gegenrichtung mit dicken Geldbündeln zu einem der zahlreich schillernden Spielkasinos in Kambodscha unterwegs sind. Als örtliche Attraktion ist allenfalls der **Thai-Cambodian Border Friendship Market** zu bewerten. Auf einem riesigen Areal am Grenzübergang werden massenhaft Kleidung, Billigwaren aus Thailand und China sowie land- und forstwirtschaftliche Produkte feilgeboten.

ÜBERNACHTUNG UND ESSEN

Surin
Sogar nagelneue Hotels sind mit 400–500 Baht verblüffend günstig, doch zum Elefantenauftrieb – wie fast alle Unterkünfte – wesentlich teurer und frühzeitig ausgebucht. An der vom Stadtgraben flankierten Lak Muang Rd. bzw. in der

Nähe des 2012 eröffneten Parks Chaloerm Prakiet hat sich eine neue Touristenmeile mit verlockenden Restaurants entwickelt. Nützliche Infos, auch zum Nachtleben, auf 🖥 www.surinfarang.com.

€ **Pirom & Aree's House**, Soi Arunee / Thungpo Rd., ☏ 044-515 140. Lange etablierte, populäre Traveller-Herberge am Stadtrand. 10 spartanische Ventilatorzimmer mit Gemeinschaftsbad in 2 Holzhäusern und Garten sowie Homestay-Flair und strenger Hausordnung. Der betagte Ex-Reiseleiter Khun Pirom spricht ebenso gut Englisch wie Gattin Aree kocht. Professionelle Infos und Entdeckungstouren. ❶

Fortune Mansion, 111 Lak Muang Rd., ☏ 044-521 151-2. Zählt mit 15 schönen, modernen Zimmern zu den empfehlenswerten Unterkünften der neuen Generation. ❷

Maneerote Hotel, 11/1 Soi Poytangko, Krung Sri Nai Rd., ☏ 044-539 477, 🖥 www.maneerotehotel.com. 72 Komfortzimmer mit großzügiger Verglasung und Balkons, davon 28 als VIP. ❷–❸

🧳 **Lorenzino's Swiss Cuisine**, 30/26 Lak Muang Rd., ☏ 081-790 2073, 🖥 www.lorenzinos.net. In seinem Restaurant verwöhnt der schon lange in Thailand lebende, sympathische Schweizer Willi Beer mit kreativer, schweizer und mediterraner Küche und allerlei leckeren Backwaren sowie Insider-Infos. 🕐 8–21 Uhr.

Aranyaprathet
Wer spät ankommt, sollte auf der thailändischen Seite übernachten, wo es rund ein Dutzend Hotels gibt. Alternativ bieten sich die schillernden Kasino-Hotels hinter der Grenze an. Auf 2 **Märkten** am Busbahnhof und in der Altstadt kann man preiswert essen oder Obst kaufen.

Indochina Hotel, 154 Moo 6, Thanavitee Rd., am H348, ☏ 037-232 588, 🖥 www.indochinahotel.com. Etabliert seit 1994 und 3 km vom Zentrum bietet das beste Hotel am Ort 116 überraschend preiswerte Zimmer und einem Pool. ❹

€ **Market Motel**, 105/30-32 Raduthit Rd., ☏ 037-232 302, 🖥 www.aranyaprathethotel.com. Mitten im Zentrum, aber trotzdem

Das Tor zu den Tempeln

Wer die Tempelanlagen unter der Woche besucht, kann sie meist in Einsamkeit genießen. Ein idealer Ausgangspunkt für Erkundungstouren ist das 100 km von Surin bzw. 50 km von Buriram in Nang Rong liegende **P. California Inter Hostel**, 59/11 Sangkhakrit Rd., 800 m östlich der Busstation, ✆ 044-622 214, 081-808 3347, 💻 www.pcalifornia nangrong.webs.com. Das ländlich gelegene Privathaus lockt mit über 14 angenehmen Zimmern, davon 2 mit Ventilator, und einem Rundumsorglos-Aufenthalt: Besitzer Mr. Wicha spricht gut Englisch, vermietet Autos, Mopeds oder Fahrräder und organisiert Touren zu allen Khmer-Ruinen der Region. ❸

ruhig. 55 saubere, günstige Zimmer, wahlweise mit AC. Attraktive, halb offene Lobby mit einladendem Restaurant und Pool. ❷–❸
Phubesth Inter Hotel, 108/7 Chataning Rd., ✆ 037-231 291, 💻 www.ourweb.info/interhotel. Neueres Stadthotel südlich vom Zentrum mit 38 geräumigen, extrem sauberen Zimmern und einer günstigen, riesigen Suite im 3. Stock. ❸

TRANSPORT
Ab Surin
Die meisten Verbindungen starten vom **Busbahnhof** nordöstlich des zentralen Kreisverkehrs, ✆ 044-511 756.
Busse nach Bangkok, ✆ 044-595 151 (Nakhonchai Air), 515 344 (999 VIP), fahren 200 m westlich vom Bahnhof ab.
ARANYAPRATHET, 3x tgl. in 6 Std. für 150–180 Baht.
BANGKOK, fast stdl. in 6–8 Std. für 380–520 Baht.
CHIANG MAI, 5x tgl. in 15–18 Std. für bis zu 1000 Baht.
CHONG SA NGAM (Grenze), mehrmals ab 6 Uhr in 90 Min. für 80 Baht.
KORAT, alle 30 Min. in 3–4 Std. für 110–170 Baht.
PRASAT PHANOM RUNG (Ban Tako), Bus Richtung Korat, 1 1/2 Std. für 80 Baht.
RAYONG, 9x tgl. in 10–12 Std. für 480–600 Baht.
SISAKET, stdl. in 1–2 Std. für 80 Baht (meist mit Minibussen).

PATTAYA, 9x tgl. in 8–9 Std. für 430–520 Baht.
UBON RATCHATHANI, mehrmals tgl. in 3 Std. für 120–210 Baht.

Der **Bahnhof**, ✆ 044-511 295, liegt im nördlichen Zentrum.
AYUTTHAYA, 10x tgl. in 5–7 1/2 Std.
BANGKOK, 10x tgl. in 7–9 Std.
KORAT, 13x tgl. in 2–3 Std.
UBON RATCHATHANI (über SISAKET), 11x tgl. in 2–3 Std.

Ab Aranyaprathet
Der Busbahnhof liegt 500 m westlich des Zentrums in einem Neubauviertel, doch werden direkt an der Grenze viele Direktverbindungen mit Minibussen angeboten.
BANGKOK, mehrmals tgl., vor allem vormittags, für 170–230 Baht.
CHANTABURI, stdl. in 4 Std. für 150–170 Baht.
KORAT, 6x tgl. in 4 Std. für 180–220 Baht.
PATTAYA, bis KABINBURI, dann mit einem Bus aus dem Nordosten.
SURIN, 3x tgl. in 6 Std. für 150–190 Baht.

Der **Bahnhof** liegt rund 1 km nördlich vom Zentrum, doch sind die Busse schneller und bequemer als die Bummelzüge.
BANGKOK, 2x tgl. in 5 1/2–6 Std.

Prasat Phanom Rung

Auf einem erloschenen Vulkankegel erhebt sich inmitten einer weiten Ebene nahe der kambodschanischen Grenze eine der schönsten Tempelruinen des Landes: Prasat Phanom Rung, ein beeindruckendes Zeugnis der **Khmer-Kunst** aus rotem Sandstein.

Das zwischen dem 10. und 13. Jh. errichtete Heiligtum ist Shiva gewidmet – einem der höchsten Götter des hinduistischen Pantheons. Es fungierte als spirituelles Zentrum der gesamten Region und gilt neben Phimai bei Korat als eindrucksvollstes Khmer-Bauwerk in Thailand. Von 1971–1989 ist die Ruine systematisch nach der Anastylose-Methode restauriert worden, mit der jeder Stein wieder an seiner früheren Stelle positioniert werden konnte.

Aranyaprathet – Poipet

Vom Busbahnhof fahren Mopeds und Tuk Tuks für 60–80 Baht in 15 Min. zur 6 km östlich der Stadt liegenden Grenze, ⏰ 6–22 Uhr. Diese muss zu Fuß überquert werden. Für das Visum (US$30 plus 100 Baht sowie einem Passfoto) sollte man zielstrebig das gelbliche Gebäude mit dem tempelartigen Dach ansteuern, das hinter dem Übergang auf der rechten Seite in Sicht kommt. Die Dienste der Schlepper sind in jedem Fall wesentlich teurer! Vom kambodschanischen Grenzort **Poipet** fahren klapprige Klein- oder Minibusse in 4 Std. für US$8–10 p. P. über das 35 km entfernte **Sisophon** bis nach **Siem Reap/Angkor Wat**. Als bequeme Alternative empfehlen sich die Charter-Taxis, weiße Toyota Camrys. Sie können für US$40–45 bis zu 4 Pers. laden und brauchen nur 2 1/2 Std. Zu ähnlichen Preisen geht es nach Battambang, für US$85 bis nach Phnom Penh.
Einreise nach Thailand S. 552.

Chong Sa Ngam – Anlong Veng (Cho-Aam)

Der Grenzübergang in der Provinz Sisaket, 70 km südlich von Surin, wird wenig frequentiert, ⏰ 6–22 Uhr. Der offizielle Preise für das Visa on Arrival beträgt auch hier US$30. Hinter der Grenze warten viele Schlepper auf Passagiere für die Camry-Taxis nach Siem Reap. Das Chartern eines Sammeltaxis kostet etwa 3000 Baht, wobei ob der schlechten Straße eine Limousine vorzuziehen ist. Die Fahrtzeit beträgt mit Pause in Anlong Veng ca. 5 Std. Da nur wenige Busse von der Grenze nach Surin fahren, sollten Ankömmlinge den Minibus für 40 Baht bis **Prasat** an der Kreuzung H214 und H24 nehmen und dort in einen Bus umsteigen. Dieser wie auch der zur Provinz Surin gehörende Grenzübergang von **Chong Jom** nach **O'Smach** können wegen des Preah Vihear-Konflikts zeitweise geschlossen sein.
Einreise nach Thailand S. 599.

Tipp: E-Visum online beantragen Wer sich das Kambodscha-Visum vorab über 🖥 www.mfaic.gov. kh/evisa besorgt, kann eine Menge Zeit, Nerven und auch Geld sparen! Bei der Einreise über Land werden E-Visa allerdings nicht an allen Grenzübergängen akzeptiert, aktuelle Infos s. Webseite.

Vom Parkplatz am Fuß des Berges führen monumentale **Treppen**, ein langer gepflasterter Weg und von Nagaschlangen begrenzte **Brücken** zu dem in 190 m Höhe liegenden Bauwerk. Nachdem weitere steile Treppen und Naga-Brücken überquert sind, betritt man durch die äußere **Galerie**, deren Holzdecken nicht erhalten sind, und die mächtigen Torbögen der inneren Galerie den eigentlichen Tempelbereich. In seiner Mitte symbolisiert der höchste **Prang** das Zentrum des Universums. Fein ausgearbeitete Fresken mit dem tanzenden Shiva und anderen Göttern sowie Darstellungen aus dem *Ramayana*-Epos und von religiösen Zeremonien schmücken die Wände.

Der **Fußabdruck Buddhas** unter einem kleineren Prang wurde erst zu späterer Zeit hinzugefügt.

Das **Tourist Information Centre** neben dem Treppenaufgang, 📞 044-782 715, ⏰ 8–16.30 Uhr, informiert mit einer kleinen Fotoausstellung und einer kostenlosen, englischsprachigen Broschüre über den Tempel und die Restaurierungsarbeiten. Tickets zum Besuch der Ruinenstätte, ⏰ 6–18 Uhr, kosten 100 Baht, im Verbund mit Muang Tam 150 Baht.

Prasat Muang Tam

Ein weiterer Shiva geweihter Khmer-Tempel, der etwa 1000 Jahre alte, von König Jayavarman V. in Auftrag gegebene Prasat Muang Tam, liegt 7 km östlich von Phanom Rung. In den 1990er-Jahren wurde er ebenfalls umfassend restauriert. Die zentrale, 100 x 100 m große Anlage spiegelt sich idyllisch in vier großen Wasserbecken mit Lotus. Besondere Aufmerksamkeit verdienen die detailliert gearbeiteten **Türstürze** mit verschiedenen Darstellungen von Shiva, Uma und Krishna.

Im kleinen **Tourist Information Centre**, ☎ 044-631 746, ⏱ tgl. 8–16.30 Uhr, ist ein englischsprachiger Prospekt über den Tempel erhältlich. Tickets zum Besuch der Ruinenstätte, ⏱ 6–18 Uhr, kosten 100 Baht, im Verbund mit Prasat Phanom Rung 150 Baht.

Der Hintergrund-Exkurs **History Highway** berichtet von der Dharmasala Road, die sich einst von Angkor über Prasat Phanom Rund und Prasat Muang Tam bis nach Phimai erstreckte, s. **eXTra [5161]**

Die Ostküste

Aus Bangkok in Richtung Südosten scheint die Hauptstadt kein Ende zu nehmen. Von der kleinen Provinz Samut Prakan bis zum Seebad Pattaya gehen die Küstenstädte Bang Pakong, Chonburi, Bang Saen und Si Racha mit dem geschäftigen Tiefseehafen Laem Chabang fast nahtlos ineinander über. Danach folgen die Provinzen Rayong, Chantaburi und Trat, bis das Königreich in einem schmalen Küstenstreifen ausläuft, der sich bis zum thailändisch-kambodschanischen Grenzübergang Hat Lek / Koh Kong hinzieht. Da sich die meisten Strände der Region von der Hauptstadt aus gut über die neue Sukhumvit Road (H3) oder den weiter im Hinterland verlaufenden Bangkok-Chonburi-Motorway (M7) erreichen lassen, gehören sie überwiegend dem einheimischen Wochenend-Tourismus.

Das jedoch kann man vom berühmt-berüchtigten **Pattaya**, das alljährlich fast zehn Mio. Besucher anlockt, nicht gerade behaupten. Schon seit mehr als drei Jahrzehnten fungiert der Küstenort als Vergnügungszentrum – und Hochburg deutschsprachiger Urlauber. Mit seinem ungezügelten Wachstum und einer unüberschaubaren Anzahl von Hotels, Apartments, Einkaufszentren, Geschäften, Restaurants und Vergnügungsbetrieben gilt das schillernde Seebad als landesweit größtes Urlauberzentrum, die am stärksten boomende Stadt Südostasiens und inoffiziell als zweitgrößte Metropole Thai-

lands. Der Sextourismus spielt nach wie vor eine entscheidende Rolle, doch finden sich hier auch immer mehr spektakuläre Sehenswürdigkeiten und Superlative – wie das **Sanctuary of Truth** (Heiligtum der Wahrheit), 🖳 www.sanctuaryoftruth.com, als höchstes Holzbauwerk der Welt, das gigantische, von TimeWarner inspirierte Spaßbad **Cartoon Network Water Park**, 🖳 www.cartoonnetworkamazone.com, das mit 200 000 m² und über 370 Geschäften sogar direkt am Meer liegende **Central Festival Beach Center**, 🖳 www.centralfestival.co.th, oder der weitläufige, ständig erweiterte Freizeitpark **Nong Nooch Tropical Garden**, 🖳 www.nongnoochtropicalgarden.com, mit einzigartigen Sammlungen von Pflanzen und Palmen.

Jenseits von Pattaya begegnet man westlichen Reisenden meist nur auf der Reise nach Kambodscha sowie zur Badeinsel **Ko Samet** oder nach **Ko Chang** – dem zweitgrößten Eiland des Königreichs. Hier ist die Entwicklung seit Anfang der 1990er-Jahre enorm vorangeschritten, während sich unter die Individualreisenden immer mehr Pauschalurlauber mischen. Wer auf der Suche nach etwas mehr Robinson-Romantik ist, sollte lieber eine der kleineren Inseln an der Peripherie des Ko Chang-Archipels ansteuern – wie das paradiesische **Ko Kood**, wo die Welt noch in Ordnung scheint.

Touristisch erschlossen, aber noch immer ein Geheimtipp unter westlichen Travellern sind die an Wochentagen recht einsamen Strände in Chantaburi. Auch die Nationalparks und Wasserfälle im Hinterland lohnen einen Abstecher. Wer mit Familie unterwegs ist, kann in der Region Bang Saen / Si Racha erlebnisreiche Zwischenstopps einlegen – wie im international prämierten **Khao Kheow Open Zoo**, 🖳 www.kkopenzoo.com, beim sportiv-spannenden **Flight of the Gibbon**, 🖳 www.treetopasia.com, oder vielleicht sogar im spannenden, aber stets umstrittenen **Si Racha Tiger Zoo**, 🖳 www.tigerzoo.com.

Ko Samet

Ihren heutigen Namen verdankt die einst Ko Kaew Phitsadan (Magic Crystal Island) genannte Insel den allgegenwärtigen, anspruchslosen

Cajeput-Bäumen (Thai: *Samet*). Durch die Nähe zu Bangkok und dem Suvarnabhumi-Airport präsentiert sich das T-förmige, 13 km² große Ko Samet (auch Samed) als ideales Ziel, um sich gleich nach der Ankunft in Thailand mit einigen Tagen Badeurlaub zu akklimatisieren oder die letzten tropischen Sonnenstrahlen vor dem Rückflug einzufangen. Denn hier locken herrliche Badestrände (teilweise sogar mit dem angeblich weißesten Sand Thailands), meist glasklare Meeresfluten und verblüffend wenig Niederschlag.

Obwohl sich die Hausinsel der nur 200 km entfernten Hauptstadt Bangkok im neuen Gewand präsentiert, findet sie sich kaum in Reisekatalogen. Nachdem die Hotelbetreiber den 1981 verliehenen Status des Meeres-Nationalparks in zähen Verhandlungen mit den Behörden aufweichen konnten und Ko Samet mit Strom vom Festland versorgt wird, sind die heruntergekommenen Anlagen renoviert und durch stilvolle Luxusresorts ergänzt worden. Das einst eklatante Müllproblem sowie die Wasserver- und Abwasserentsorgung sind längst nicht befriedigend gelöst – und der Bau eines 100 m langen **Fährenlegers**, der für 170 Mio. Baht als imposantes Terminal in das Meer geklotzt wurde, hat jüngst noch einmal für Negativ-Schlagzeilen gesorgt.

Wegen des Andrangs aus Bangkok sollte die fast 7 km lange, zwischen 200 m und 2 km breite Insel (Zutritt 200 Baht) nicht unbedingt an Wochenenden oder Feiertagen besucht werden. Zudem gibt es bei den Hotels unter der Woche – erst recht außerhalb der Hochsaison – Nachlässe von 30 bis 50 %.

Die Strände

Die gesamte Ostküste der Insel besteht aus feinsandigen Badebuchten, die von malerischen Felsvorsprüngen eingerahmt und durch einen Fußpfad verbunden sind, der teilweise parallel zur unbefestigten Straße verläuft.

Die meisten Boote legen im einzigen Inselort **Ban Na Dan** an, der von imposanten Baumriesen beschattet wird. Von hier sind es nur knapp 10 Min. Fußmarsch zum Hauptstrand **Hat Sai Kaew** (auch Kaew oder Diamond Beach), dem populärsten der insgesamt 14 Inselstrände.

Trotz seines schneeweißen Puderzucker-Sands wird er von westlichen Besuchern zuweilen verschmäht, weil die zahlreichen Wochenend-Touristen aus Bangkok für eine entsprechend dichte Infrastruktur aus Hotels, Restaurants, Geschäften und Liegestühlen sorgen. Doch verstecken sich die meisten Bauten im tropischen Grün, während sich das Strandleben über rund einen Kilometer verteilt. Wer Beachparties sucht, kann hier junge Leute aus der Hauptstadt treffen oder jede Menge Sportmöglichkeiten und Serviceleistungen nutzen. Wer derartiges schätzt, aber weniger trubelig wohnen möchte, kann sich in den südlich benachbarten, sehr viel kleineren, seichten Sandbuchten **Ao Phai** (Bamboo Bay) oder **Ao Pudsa** einquartieren.

Eine einsame Alternative zum Hauptstrand bietet der mit seinen Findlingen landschaftlich reizvolle, fast 1 km lange und sehr saubere **Ao Thian Beach** (auch Saengtien oder Candlelight Beach), wo die dichte Bebauung ebenfalls alles bietet, was der Inselgast begehrt. Die Geheimtipp-Bucht des **Ao Nuan Beach** indes lässt gewiss jedes Traveller-Herz höher schlagen. Sie ist so klein, dass sie auf vielen Landkarten gar nicht erst eingezeichnet ist – und lockt mit einsamer Naturidylle. Das exklusivste Strandleben der Insel bieten – jeweils nur von einem einzigen Resort flankiert – der stille **Ao Wai Beach** und der an der schmalsten Stelle der Insel im tiefen Süden gelegene, paradiesische **Ao Kiew Beach**. Mit gleich zwei Fünf-Sterne-Hotels gilt der 250 m lange **Ao Phrao Beach** (Coconut Bay oder Paradise Beach) als neues Ziel für Luxusurlaub. Als einziger Strand der Westküste erfreut er mit schönem Sand, stattlichen Mangrovenbäumen und spektakulären Sonnenuntergängen.

Das Zimmerangebot hat sich mit mehr als 80 Unterkünften vervielfacht (🖵 www.kohsamed.net oder www.koh-samet.org) und – vor allem durch die sechs verlockenden Resorts der Samed Group – veredelt, wirkt jedoch oft überteuert.

Ao Nuan Resort, Ao Nuan Beach, ✆ 081-781 4875. Naturnahes Hideaway mitten im Dschungelgrün. 8 einfache Zimmer mit Veranda, Ventilator und Gemeinschaftsbad und Restau-

THAILAND

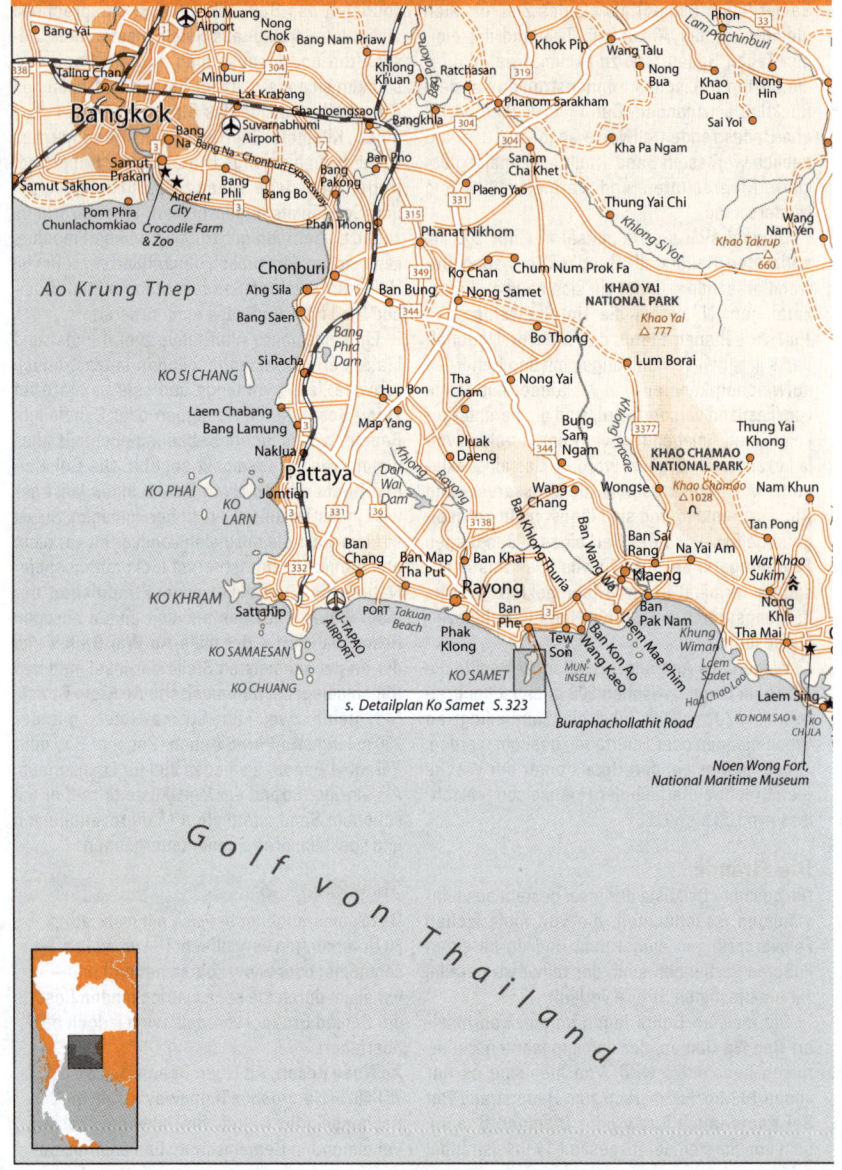

Don Muang Airport
Bang Yai
Nong Chok
Bang Nam Priaw
Phon
Lam Prachinburi
Khlong Khuan
Ratchasan
Khok Pip
Wang Talu
Nong Bua
Khao Duan
Nong Hin
Minburi
Lat Krabang
Sai Yoi
Bangkok
Ghachoengsao
Bangkhla
Phanom Sarakham
Suvarnabhumi Airport
Bang Na
Ban Pho
Kha Pa Ngam
Samut Prakari
Bang Pakong
Sanam Cha Khet
Samut Sakhon
Bang Phli
Bang Bo
Plaeng Yao
Pom Phra Chunlachomkiao
Ancient City
Phan Thong
Thung Yai Chi
Wang Nam Yen
Crocodile Farm & Zoo
Phanat Nikhom
Khlong Si Yot
Khao Takrup
660
Ao Krung Thep
Chonburi
Ko Chan
Chum Num Prok Fa
KHAO YAI NATIONAL PARK
Ang Sila
Ban Bung
Nong Samet
Khao Yai
777
Bang Saen
Bo Thong
KO SI CHANG
Si Racha
Tha Cham
Nong Yai
Lum Borai
Hup Bon
Bang Phra Dam
Laem Chabang
Bang Lamung
Map Yang
Bung Sam Ngam
Wongse
KHAO CHAMAO NATIONAL PARK
Khao Chamao
1028
Nam Khun
Naklua
Pluak Daeng
Wang Chang
Pattaya
Dok Wai Dam
344
Tan Pong
KO PHAI
Jomtien
KO LARN
Ban Sai Rang
Na Yai Am
Wat Khao Sukim
331
Ban Chang
Ban Map Tha Put
Ban Khai
Klaeng
Nong Khla
KO KHRAM
3138
Rayong
Ban Pak Nam
Tha Mai
Sattahip
PORT *Takuan Beach*
Phak Klong
Ban Phe
Tew Son
Ban Kon Ao
Wang Kaeo
Khung Wiman
Laem Sing
U-TAPAO AIRPORT
Laem Sadet
KO SAMAESAN
KO SAMET
MUN INSELN
Hat Chao Lao
KO NOM SAO
KO CHUANG
s. Detailplan Ko Samet S. 323
Buraphacholłathit Road
KO CHULA
Noen Wong Fort, National Maritime Museum

G o l f   v o n   T h a i l a n d

rantpavillon sowie 2 teurere Zimmer mit AC und Innenbad. **3** – **4**

Ao Phrao Resort, Ao Phrao Beach, ☎ 038-644 100-3, 🖥 www.samedresorts.com. Idyllische Anlage mit 52 hübschen Zimmern am tropisch grünen Hang. Beschauliches Terrassen-Restaurant am Meer. **6**

Grand View Resort, Hat Sai Kaew, ☎ 038-644 220, 🖥 www.grandview groupresort.com. Bestens platzierte, aufgelockerte Anlage mit viel Grün. 54 geschmackvoll eingerichtete Zimmer, davon 11 als tolle Beach-front-Bungalows im Thai-Stil. **5** – **6**

Moss Man House, Ban Na Dan – an der Zufahrt zum Hat Sai Kaew Beach, ☎ 038-644 017. 22 saubere, gut ausgestattete Zimmer, im Obergeschoss sogar mit Balkon und Blick ins Grüne. Gutes Preis-Leistungs-Verhältnis, nur 2 Min. Fußweg zum Hauptstrand. **4** – **5**

Paradee Resort, Ao Kiew Beach, ☎ 038-644 288, 084-654 9794, 🖥 www.samedresorts.com. Diese abgelegene Unterkunft dürfte zu den landesweit schönsten Hotels zählen und bietet ultimativen Inselgenuss. Das Resort verfügt über 40 behagliche, ab 100 m² große Luxusvillen (bis zu 80 000 Baht) – fast alle mit eigenem Pool. Die stilvolle Architektur der Anlage fasziniert ebenso wie die tropische Bepflanzung und der herrliche Meeresblick. **6**

Sai Kaew Beach Resort, Hat Sai Kaew, ☎ 038-644 195-7, 🖥 www.samedresorts.com. Größte, bekannteste und luxuriöseste, aber auch teuerste Anlage am Hauptstrand. 158 Komfortzimmer in 7 Kategorien, 3 Pools, 2 Restaurants, Bar und Bäckerei. **6**

Samed Villa Resort, Ao Phai, ☎ 038-644 094, 🖥 www.samedvilla.com. Lange etabliert, professionell und beliebt. Der schon seit ewigen Zeiten auf Ko Samet ansässige Schweizer Josef Ottiger und seine Frau bieten 60 Komfortzimmer in Bungalows mit netter Gartenanlage. Speed-boat-Service, gutes Tourangebot und exzellentes Restaurant. **5** – **6**

Tubtim Resort, Ao Pudsa Beach, ☎ 038-644 025-9, 🖥 www.tubtimresort.com. 100 Zimmer mit gutem Preis-Leistungs-Verhältnis, davon ein Drittel mit Ventilator. Empfiehlt sich aufgrund seiner relaxten Atmosphäre und der schönen, teilweise schattigen

Holzbungalows sowie dem direkt am Strand liegenden Restaurant. ❸–❺

ESSEN

Die größten Schlemmerfreuden Ko Samets bestehen natürlich aus fangfrischem Fisch und Meeresfrüchten in einem der allabendlich aufgebauten BBQ-Restaurants am Strand. Diese finden sich vor allem am Hauptstrand Hat Sai Kaew Beach, der auch als wichtigster Anlaufpunkt für Nachtschwärmer fungiert.

Baywatch Bar, Ao Wong Duan, ✆ 081-826 8734. Dieser von dem netten Holländer Robert geführte, beliebte Ausländerspot lockt als Kombination aus Restaurant, Bar und Strandclub mit guten Pizzas, Steaks und Salaten sowie süffigen Cocktail-Buckets, nützlichen Infos und allerlei Serviceleistungen. ⏲ rund um die Uhr.

Buzz, Ao Phrao, ✆ 038-644 104-7. Gehört wie das **The Zea**, Hat Sai Kaew, ✆ 038-644 195-200, zu einer Luxusherberge der Samed Group, 🖥 www.samedresorts.com, und zeichnet sich durch avantgardistische Architektur, stilvolle Atmosphäre und vergleichsweise gehobene Gastronomie aus. ⏲ beide ca. 11–22.30 Uhr.

Jep's, Ao Hin Khok, ✆ 038-644 112-3. Unter hohen Bäumen locken uriges Holzmobiliar, preiswerte Thai-Gerichte und internationale Köstlichkeiten wie Zaziki, Mousaka, Enchiladas oder Chili con Carne – und sogar Fassbier. ⏲ 7–24 Uhr.

Kid & Food und **Ploy Talay Bar & Pub**, Hat Sai Kaew, ✆ 038-644 087 oder 038-644 212-3. In diesen benachbarten Restaurants beginnt die Vorbereitung auf die Strand-Buffets bereits gegen 15 Uhr mit dem Ausbreiten von Bastmatten und Bodenkissen. Es locken jede Menge Seafood und leckere Grillspieße sowie zuweilen Barbetrieb mit Livemusik.

Red Ginger, Ban Na Dan, Hauptstraße, ✆ 084-383 4917. Lauschig, familiär und farbenfroh geht es in dem kleinen, originellen Restaurant des freakigen Kanadiers Roger Lefebvre zu. Lebenspartnerin Nood versteht sich bestens darauf, die Gäste mit allerlei außergewöhnlichen Speisen sowie selbst kreierter Mode zu überraschen. ⏲ 17–22 Uhr.

Sieben auf einen Streich

Reizvoll sind die Ausflüge von **Sinsamut Group Tour**, ✆ 089-939 5849, 🖥 www.sinsamut group.com. Neben den *Sunset Trips* (2 1/2 Std., 400 Baht) und einer *Four Island Tour* (5 Std., 600 Baht) wird auch ein *Seven Island Adventure* (7 Std.,1200 Baht) angeboten, das zu den sieben, bis zu 30 km entfernten Nachbarinseln des Khao Laem Ya National Parks führt. Für die Erkundung der Unterwasserwelt empfiehlt sich **Jimmy's Tour**, ✆ 038-644 340 (Büro ⏲ 8–17 Uhr), ✆ 086-512 2020. Tagestouren (mit 2 Tauchgängen, 3500 Baht) führen meist zu den Weichkorallen von Ko Chan, den Weihnachts-Röhrenwürmern von Hin Sapan oder dem Doppelfelsen Alhambra Rock.

Samed Villa, Ao Pai, ✆ 038-644 094. Gute, deftige Küche mit großen Portionen – darunter auch leckere, schweizer Hausmannskost wie Zürcher Geschnetzeltes mit Rösti. ⏲ 6–22 Uhr. Der Exkurs „Feuershows und Freakstimmung" gibt Anregungen für Streifzüge durch das **Nachtleben** von Ko Samet, s. eXTra [2874].

SONSTIGES

Geld

Im Bereich der 7-Eleven-Filialen am Pier in Ban Na Dan und am Zugang zum Nationalpark bzw. dem Hat Sai Kaew finden sich Geldautomaten.

Motorradverleih

Wegen der hohen Taxipreise kann sich die Anmietung eines Mopeds für 300-400 Baht pro Tag lohnen. Besonders angesagt sind 4-rädrige ATVs/Quads für 300– 400 Baht pro Std. oder 1000–1200 Baht pro Tag.

NAHVERKEHR

Falls kein Sammeltransport für 20–50 Baht p. P. zustande kommt, müssen Pick-ups gechartert werden, was je nach Entfernung 100–400 Baht kostet.

TRANSPORT

Ban Phe, 20 km östlich von Rayong, ist der Fährhafen für Ko Samet. Hier sollte man sich nicht von Schleppern aufhalten lassen. Alle Transfers zu Land oder Wasser lassen sich besonders einfach über die Agentur **Tarua Phe**, ✆ 038-896 155-6, buchen, die einen nicht zu übersehenden Kiosk am Hauptpier Suphan Nuan Thip das **Tourist Information Center** betreibt, ⏲ 6–18.30 Uhr.

Busse und Taxis

Zwischen BAN PHE und RAYONG verkehren Sammeltaxis für 25 Baht, als Charter 500 Baht. BANGKOK, vom Busbahnhof in Rayong, Phetkasem Rd. im Süden der Stadt, starten tagsüber stdl. günstige AC-Busse für 190 Baht. Von Ban Phe geht es am bequemsten tgl. von 6–18 Uhr stdl. mit Minibussen für 200 Baht zum Victory Monument in Bangkok sowie um 10 und 13.30 Uhr für 250 Baht zur Khaosan Rd., Taxis kosten 2500 Baht.

Zum Suvarnabhumi Airport von Ban Phe um 10, 13.30 und 17 Uhr per Minibus für 500 Baht oder mit Charter-Taxis für 2500 Baht in 2 1/2 Std. PATTAYA, die häufigste und bequemste Anbindung ab Rayong bieten die Minibusse von **Malibu Travel**, ✆ 038-415421-2, 🖥 www. malibu-travel.com, für 250 Baht, Charter-Taxis liegen bei 1200–1500 Baht.

Nach Ko Chang

Inselhopping zwischen Ko Samet und Ko Chang ist mit Minibussen zwischen den Festlands-anlegern möglich: von Ban Phe nach LAEM NGOP um 9.30 und 12 Uhr in 2 1/2 Std. für 260 Baht (plus 90 Baht Fähre) oder mit Charter-Taxis für 2200–2500 Baht.

Fähren

Die Fähren nach Ko Samet verkehren von 8–18 Uhr zwischen BAN PHE und dem Insel-anleger BAN NA DAN, wo stets etliche Sammeltaxis warten, für 50 Baht in 30–40 Min. Die Schiffe werden von konkurrierenden Unter-nehmen betrieben und fahren oft, aber unregel-mäßig ab, da sie erst möglichst voll werden müssen. Eine feste Linie bedient für 70 Baht um 9.30 und 13.30 den Ao Wongduan an der Ost-küste von Ko Samet, zurück um 12 und 16 Uhr. **Schnellboote** kosten 250–350 Baht p. P., als Charter mit bis zu 10 Pers. je nach Anlaufpunkt

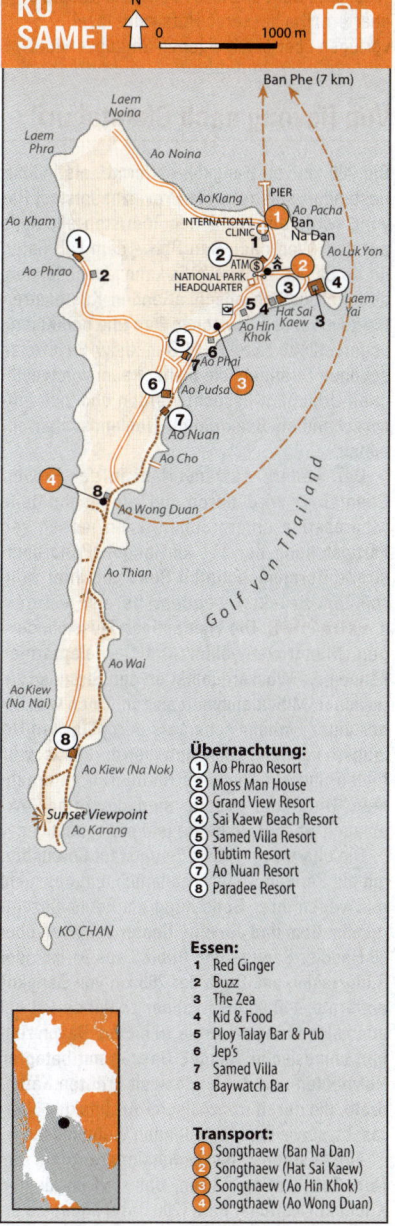

Übernachtung:
① Ao Phrao Resort
② Moss Man House
③ Grand View Resort
④ Sai Kaew Beach Resort
⑤ Samed Villa Resort
⑥ Tubtim Resort
⑦ Ao Nuan Resort
⑧ Paradee Resort

Essen:
1 Red Ginger
2 Buzz
3 The Zea
4 Kid & Food
5 Ploy Talay Bar & Pub
6 Jep's
7 Samed Villa
8 Baywatch Bar

Transport:
① Songthaew (Ban Na Dan)
② Songthaew (Hat Sai Kaew)
③ Songthaew (Ao Hin Khok)
④ Songthaew (Ao Wong Duan)

1600–3000 Baht und lassen sich am Hauptpier chartern. Die besseren Hotels der Insel verfügen über einen eigenen Shuttleservice.

Von Rayong nach Chantaburi

Die 200 km von Bangkok entfernte, als Industriestandort aufstrebende Provinzhauptstadt Rayong wird von westlichen Touristen allenfalls auf dem Weg nach Ban Phe – dem Fährhafen für Ko Samet – gestreift. Es kann jedoch lohnen, den sich östlich anschließenden Küstenstreifen zu erkunden. Zwischen Ban Phe und Klaeng liegen etliche Hotels und Bungalow-Resorts an schönen Stränden, die bisher kaum von westlichen Urlaubern besucht werden und sich entsprechend als Reiseziel für Neulandsucher anbieten.

Der weitere Küstenverlauf in der Provinz Chantaburi wird durch tief eingeschnittene Meeresarme unterbrochen, kann jedoch seit Fertigstellung der 111 km langen Panoramastraße **Buraphacholathit Road** und ihrer zahlreichen Brücken bequem bereist werden, s. **eXTra [5164]**. Die weitläufigen Flussmündungen, Mangrovenwälder und Garnelenfarmen können die Wasserqualität an den Stränden zuweilen in Mitleidenschaft ziehen. Doch wer lieber unter Einheimischen als europäischen Urlaubern verweilt, kann sich hier durchaus wohl fühlen und auch schöne Radtouren unternehmen. Unter der Woche sind die Bungalowanlagen wesentlich leerer und preisgünstiger.

Die charmante Provinzhauptstadt **Chantaburi** gilt als Perle im Osten Thailands, und das nicht nur wegen ihrer Bedeutung als Edelsteinzentrum. Im **Gem and Jewelry Center** schlagen über 40 Händler Saphire und Rubine aus Afrika oder Südostasien um. Doch der 265 km von Bangkok entfernte, 140 000 Einwohner zählende Ort hat auch eine Menge Historie zu bieten. Davon zeugen chinesische Tempel, Gassen mit betagten Holzbauten und der landesweit größten **Kathedrale**, die durch französische Architektur überrascht, sowie die hier lebenden Vietnamesen.

Ein Abstecher ins Landesinnere kann zum **Nam Tok Krating** führen, der sich im kleinen **Kitchakut National Park** (200 Baht) findet. Zu er-

Rund 20 km nördlich von Chantaburi und über den H3322 erreichbar, verbirgt sich in den Bergen die populäre Pilgerstätte **Wat Khao Sukim**. 1966 errichtet, erstreckt sich die mit einer Standseilbahn bestückte Anlage über 1320 ha. Im 4-stöckigen Klostergebäude mit seinen zahlreichen Museums- und Versammlungshallen finden sich Antiquitäten, imposante Möbelstücke, ausgestopfte Tiere und verblüffend lebensechte Wachsnachbildungen angesehener Mönche. Auf dem Areal ist mit dem Bau des gigantischen Heiligtums **Burapha Thitha Wiriya Pracha Samakkee** begonnen worden – einer jeweils 99 m langen, breiten und hohen Pagode mit vielen Türmen, die aber wohl erst in einigen Jahrzehnten vollendet sein dürfte.

Ein besonders stimmungsvolles Erlebnis verspricht der Besuch des Heiligtums **Khao Phra Baht**, das sich im Khitchakut National Park verbirgt und aus bizarren Felsformationen besteht. Der Aufstieg zu dieser Pilgerstätte ist allerdings meist nur von Januar bis März möglich.

reichen ist der 28 km nordöstlich von Chantaburi liegende Wasserfall über einen steilen Fußpfad, der vom Parkplatz durch den Dschungel und vorbei an mehreren Kaskaden und kleinen Wasserbecken führt. Stufe Nr. 8 rauscht in einen herrlichen Pool, der zu wahrlich paradiesischem Badevergnügen lockt.

Trat und Laem Ngop

Als östlichste Provinz Thailands genießt neben Chantaburi auch **Trat** (Trad) einen legendären Ruf als Obstgarten Thailands. Die gleichnamige, 25 000 Einwohner zählende Hauptstadt liegt 315 km von Bangkok und 75 km von Chantaburi entfernt und verdankt ihre Geschäftigkeit vor allem dem 90 km südöstlich befindlichen Grenzübergang Hat Lek, der nach Koh Kong in Kambodscha führt. Auch als Tor zum Ko Chang-Archipel gewinnt Trat immer mehr an Bedeutung, denn vom 17 km südwestlich der Stadt liegenden **Laem Ngop** starten immer mehr Fähren in die Inselwelt.

Interessant ist ein Bummel durch den Frischfisch-Bereich der großen Markthalle, die auch mit guten Essensständen aufwarten kann. Schräg gegenüber kann man im **Wat Chai Mongkol** malerische alte Chedis und ein Museum besichtigen. Das 2 km westlich vom Zentrum liegende Wat Plai Khlong birgt sogar noch einige Holzbauten aus der Ayutthaya-Zeit.

Der 2 km lange **River Walkway** lädt zum Spaziergang oder Jogging am Flussufer ein. Als besonderes Souvenir aus Trat bietet sich gelbes **Kräuteröl** an, das seit Generationen nach einem geheimen Familienrezept hergestellt wird und gegen Beschwerden wie Arthritis, Haut- oder Magenprobleme helfen soll.

ÜBERNACHTUNG

Es gibt überraschend viele günstige Gästehäuser in Trat, die dicht beieinander liegen. Als Holzhäuser wirken sie wesentlich einladender als die Stadthotels. Viele Tuk Tuk-Fahrer fungieren als hartnäckige Schlepper – wer sich nicht wehrt, wird gnadenlos ins Pop Guesthouse gekarrt.

Artist's Place, 132/1 Thana Charoen Rd., ✆ 082- 469 1900, 🖥 https://th-th.face book.com/TheArtistPlace. Neu eröffnet von dem Ehepaar, das schräg gegenüber schon lange das Restaurant Pier 112 betreibt. Kleines, einfaches, absolut stilsicheres und erfreulich günstiges Boutique-Resort mit 10 AC-Zimmern und lauschigem Garten. ❸

Baanrimnam Resort, 88/1-3 Ban Lang Donjuan Rd., ✆ 039-524 494, 🖥 www.baanrimnam.com. Liegt mit 15 gepflegten Komfortzimmern (einige haben Panorama-Fenster) und allerlei Sitzgelegenheiten herrlich am Flussufer. ❹

Ban Jaidee Gh., 67-69 Chaimongkol Rd., ✆ 039-520 678, 083-589 0839, ✉ manee sita@hotmail.com. 9 einfache, aber saubere und angenehme Zimmer mit Warmwasser-Gemeinschaftsbad in einem mit Kleinodien, Kunst und alten Möbeln dekorierten Holzhaus. Idyllische Atmosphäre, WLAN. ❶

Residang (Residence), 87/1 Thana Charoen Rd., ✆ 039-530103, 🖥 www.trat-guesthouse.com. Der Berliner Herbert und seine thailändische Frau Can bieten 9 saubere Komfortzimmer mit vielen Fenstern, hochwertigen Matratzen und Kabel-TV, einige davon mit AC und Minibar. ❸

ESSEN

Der **Nachtmarkt** gegenüber dem Trat Hotel besteht lediglich aus Essensständen, von denen aber nicht zu viel erwartet werden sollte. ⏰ ca.18–22 Uhr.

Cool Corner, 55 Thana Charoen Rd., ✆ 086- 156 4129. Beliebter Traveller-Treff: klein, aber fein und ganz eigenem Stil wie z. B. originellen Speisekarten aus CD-Hüllen. Guter Kaffee, Mixgetränke, Fruchtsalat und Müsli – alles dekorativ serviert. ⏰ 7–22 Uhr.

Goaj Tiau Phu, 15 Soi Sukhumvit, ✆ 039-511 972. Etabliert seit 30 Jahren, urtypisch, einfach und gut – vor allem natürlich die Krabben-Nudelsuppen, nach denen das Restaurant benannt ist. Alle Gerichte 30–40 Baht. ⏰ 8–15 Uhr.

NAHVERKEHR

Innerhalb von Trat kosten Fahrten mit **Songthaews** meist um die 20 Baht, als Charter bis zu 100 Baht. Zu den 3 Piers bei LAEM NGOP starten sie meist vom Markt-Bereich:
Zum KROM LUANG PIER (Boote nach Ko Mak und Ko Wai), 16 km, für 60 Baht p. P., als Charter 200 Baht.
Zum CENTER POINT, 20 km, für 50 Baht, als Charter ab 150 Baht. Nach AO THAMMACHAT, 32 km, für 60 Baht, als Charter 300–400 Baht.
Zum 24 km südlich von Trat liegenden LAEM SOK PIER (Boote nach Ko Kood) geht es per Gratis-Transfer der Fähranbieter oder mit Charter-Taxis für 300 Baht.

TRANSPORT

Busse

Der **neue Busterminal** von Trat, ✆ 039-252 222, 532 627, liegt 2 km außerhalb des Zentrums an der Sukhumvit Rd. (Sammeltaxis 20 Baht, Charter 60 Baht).
BANGKOK, viele Busse fahren auch vom Zentrum ab (z. B. von den Büros der Unternehmen **Cherdchai**, ✆ 039-511 062, oder **T.T.T.**, ✆ 039-525 222).
Zum Eastern Bus Terminal stdl. 7–18 Uhr sowie um 23 und 23.30 Uhr (315 km, 250 Baht, 4 1/2 Std.).
Zum Northern Bus Terminal via Suvarnabhumi Airport um 8.30 und 14.30 Uhr (390 km, 5 Std.).

CHANTABURI, die Busse erreichen den 75 km entfernten Ort in 1 1/2 Std. Einige Verbindungen führen auch bis nach CHONBURI (220 km). KORAT, es gibt tgl. um 4.30 und 10 Uhr für 450 Baht Verbindungen in den Isarn. PATTAYA, um 5.30, 9.30, 12 und 15 Uhr, rund 250 km für 160 Baht.

Minibusse
BANGKOK, sowohl von der Busstation als auch vom Zentrum aus tgl. zwischen 6 und 19 Uhr stdl. für 300 Baht zum Victory Monument und Northern Bus Terminal, ☎ 087-833 7965. BAN HAT LEK (kambodschanische Grenze, 95 km), tgl. 6–18 Uhr über KHLONG YAI (75 km, auf dem Rückweg meist mit Umsteigen) stdl. für 120 Baht, 60–90 Min. Abfahrt von der Busstation, sobald die Fahrzeuge voll sind.

Fähren
Einige Fähranbieter holen ihre Gäste aus den Unterkünften in Trat ab, für die Anreise mit Sammeltaxis zu den Piers s. Nahverkehr. Fernbusverbindungen direkt zu den Fähranlegern: S. 333, Ko Chang, Transport.

Nach Ko Chang
Von AO THAMMACHAT mit großen **Autofähren**, ☎ 039-518 588-9. Auf Ko Chang landen die Schiffe je nach Wellengang nach 40–50 Min. in Ao Sapparot, wo die meisten Inseltaxis warten. Abfahrt ist in der Hochsaison von 7–19 Uhr alle 30 Min., sonst ggf. nur stdl. Tickets 80 Baht p. P. (Return-Tickets 120 Baht), Autos 120 Baht. Bei den Fähren vom CENTER POINT, ☎ 039-538 196, stdl. 6–19 Uhr, die vorwiegend von Reisenden aus Trat genutzt werden, ergeben sich z. T. längere Wartezeiten. Tickets kosten 70 Baht (Return-Tickets 100 Baht), Autos 150 Baht.

Nach Ko Mak und Ko Wai
Vom KROM LUANG PIER (alter Laem Ngop Pier, wo früher die Fischerboot-Fähren nach Ko Chang abgelegt haben) geht es tgl., in der Regenzeit seltener, mit **Panan Speedboat** um 12.30 und 16 Uhr (1 Std., 450 Baht) zum Pier des Koh Mak Resorts, **Leelavadee** fährt um 10.30 und 14.30 Uhr (1. Std., 450 Baht) zum

Makathanee Resort. Ein Slow Boat gibt es am Di, Do und Sa (3 Std., 250 Baht).

Nach Ko Kood
Aus LAEM SOK startet um 12.30 Uhr **Koh Kood Princess** (früher Ninmangkorn), ☎ 086-126 7860, 💻 www.kohkoodprincess.com, mit einem komfortablen Fährboot für bis zu 300 Passagiere. Die 82 km lange Passage kostet 350 Baht (Return-Ticket 600 Baht) und dauert an die 2 Std. Zur gleichen Zeit und zum gleichen Preis starten die erheblich schnelleren Zigarren-Boote von **Koh Kut Express**, ☎ 090-506 0020, 💻 www.kohkutexpress.in.th, die lediglich um die 80 Minuten benötigen.

Weitere Einzelheiten zur Erreichbarkeit der Inseln im Archipel bzw. zum Inselhopping, s. **eXTra [5165]**.

Flüge
Bangkok Airways, ☎ 039-525 767-8 (Flughafenbüro), 💻 www.bangkokair.com, nach BANGKOK vom Flughafen bei Trat, je nach Saison 2–4x tgl., 50 Min., einfacher Flug 2000–3000 Baht. Transfers mit Minibus und Fähre zu/von den Hotels auf Ko Chang kosten ca. 500 Baht, ☎ 039-525 776.

6 HIGHLIGHT

Ko Chang

Kaum zu glauben, dass die mit 155 km² zweitgrößte Insel Thailands erst Mitte der 90er-Jahre auf die touristische Landkarte gelangte, nachdem sie lange militärisches Sperrgebiet gewesen war. Zu verdanken hatte Ko Chang den verlängerten Dornröschenschlaf der Nähe zum krisengeschüttelten Kambodscha sowie den umherstreunenden Rebellen, Schmugglern und Piraten. Obwohl sich diese herrliche Insel in kurzer Zeit rasant entwickelt hat, gilt sie noch immer als Naturparadies. Denn schon 1982 wurden 80 % Ko Changs sowie die meisten der

52 umliegenden Eilande zum **Marine National Park** erklärt. Schließlich ist die 34 km lange und bis zu 12 km breite „Elefanteninsel" gesegnet mit langen Sandstränden, geheimnisvollen Mangroven-Lagunen, bis zu 743 m hohen Bergen und rauschenden Wasserfällen (die größten sind Klong Plu und Than Mayom). Der **Regenwald** zählt zu den besterhaltenen in Südostasien und beherbergt mit 29 Säugetierarten, 74 Vogelarten und 42 verschiedenen Reptilien eine reichhaltige, exotische Tierwelt, die auf dem Festland vielerorts schon ausgestorben ist.

Leider ist Ko Chang auf dem besten Weg, dem Ausverkauf von Phuket oder Ko Samui nachzueifern. Auch wenn es bereits mehrere 5-Sterne-Resorts gibt und die Landpreise drastisch gestiegen sind, ist der **Bauboom** längst nicht zu Ende. Immer mehr namhafte Hotelketten investieren in Ko Chang, wo die einst inseltypische Bambushütten- und Hängematten-Romantik auf dem Rückzug ist. Bereits etablierte Strandresorts sind bestrebt, sich mit schicken Pools und Wellness-Oasen aufzuwerten. Selbst in den einfachen Unterkünften wird ständig am weiteren Ausbau gewerkelt, während an den Hauptstränden immer mehr Supermärkte, Souvenirshops, Maßschneider, Optiker, Service-Agenturen, Restaurants, Bars, Internet-Cafés und Massage-Shops die Straßen säumen. Auch das Angebot an Aktivitäten hat sich vervielfacht – wie z. B. mit Trekkingtouren zum **Khao Salak Phet** als höchstem der inselweit 299 Berge.

1996 wurde Ko Chang an das Festland-Stromnetz angeschlossen, seit 1998 verkehren Autofähren, 2003 ging der Flughafen von Trat in Betrieb und wenn das letzte Stück Ringstraße im Süden tatsächlich noch gebaut werden sollte, dürfte es einen weiteren Quantensprung geben. Immerhin werden hier wegen der großen Steigungen und engen Kurven auch künftig keinerlei große Reisebusse verkehren können. Mehr über die Reize und Risiken von Ko Changs **Hauptschlagader**, s. **eXTra [5166]**.

Die Strände

Die einsamen Strände der **Ostküste** Ko Changs wirken auf westliche Urlauber eher trist. Vielerorts liegt das auch an den dichten Mangrovenhainen, die z. B. auf dem 15-minütigen Mangrove

Die Nebensaison – und ihre Tücken

Wer das Ko Chang-Archipel in der Nebensaison bereisen möchte, kann zwar mehr Ruhe, Einsamkeit und günstigere Preise erwarten, sollte sich aber – zumindest jenseits der Hauptinsel – auf **Einschränkungen** gefasst machen. Die Boote fahren seltener, einige Resorts, Geschäfte oder Tauchbasen haben geschlossen, während Strand und Meer wegen des **Strömungswechsels** weniger sauber wirken. Zudem ertrinken – gerade am sicher wirkenden, flachen White Sand Beach, aber auch am Klong Prao und am Lonely Beach – jedes Jahr in der Monsunzeit mehrere Badende, die die tückische **Unterströmung** *(rip current)* völlig unterschätzen und abgetrieben werden.

Walkway in der Bucht von Salakkok durchstreift werden können. Die Bungalow-Anlagen in diesem Teil der Insel werden meist von einheimischen Touristen besucht – und das fast auch nur an Wochenenden oder Feiertagen. Ko Changs Strandleben spielt sich fast ausschließlich an der Westküste (hier von Nord nach Süd) ab:

Zentrum der Insel ist der **White Sand Beach**. An diesem Sunset Strip begann einst der Tourismus auf Ko Chang und hier ist stets die rasanteste Entwicklung zu verzeichnen. Die Mischung der Inselgäste ist bunt, aber leider sind auch die Unterkünfte in unterschiedlichsten Baustilen entstanden. Bei Ebbe flaniert man am 2,5 km langen Strand oder lässt sich massieren, jongliert mit dem Volleyball oder Kokosnüssen – in Erwartung des häufig spektakulären Sonnenuntergangs und der Schlemmerfreuden in romantischen Freiluft-Restaurants.

Am 1 km langen **Pearl Beach** (Hat Kai Mook) hingegen geht es wesentlich ruhiger zu. Er bildet einen steinigen Übergang zum **Khlong Prao Beach** – mit seinen fast 5 km der inselweit längste Strand. Durch üppigen Palmenbestand und zwei Lagunen wirkt er besonders einladend. Obwohl lästige Sandfliegen den Badegenuss trüben können, sind hier die meisten und größten Luxusresorts entstanden.

Mit dichtem Dschungel, überhängenden Palmen, stattlichen Laubbäumen und den drei ma-

KO CHANG

Ao Thammachat Anleger (5,5 km)

Center Point Anleger (8 km)

Krom Luang Pier / Laem Ngop (10 km)

KO CHANG NOI

Ao Sapparot Pier

Center Point Pier

Sai Thong

Klong Son

Nan Yom-Wasserfall △ 468

△ 626 Khao Chom Prasat

HOSPITAL

Tha Dan Mai Pier

Dan Mai

White Sand (Hat Sai Kao)

Nonsi-Wasserfall

NATIONALPARK HEADQUARTER

Than Mayom-Wasserfälle

Than Mayom Pier

Pearl Beach (Hat Kai Mook)

Laem Chai Chet

Klong Plu-Wasserfall

King Rama-Wasserfall

Klong Prao Beach

Klong Prao

Klong Makok Beach

Kai Bae Beach

Ban Kai Bae

△ 743 Khao Salak Phet

KO YUAK

KO PLI

KO MAN NAI

KO MAN NOK

Khiri Phet-Wasserfall

Salakhok

△ 428

Lonely Beach (Thanam Beach)

Ban Bai Lan

Salakphet

Bailan Beach

Chaek Bae

Ban Klong Kloi

Ruang Tan

Bang Bao

KO PHRAO

Klong Kloi Beach

KO SAI KAO

Hat Wai Chaek

KO LAO YA

Ko Wai (9 km), Ko Mak (25 km),
Ko Kham (25 km), Ko Kood (32 km)

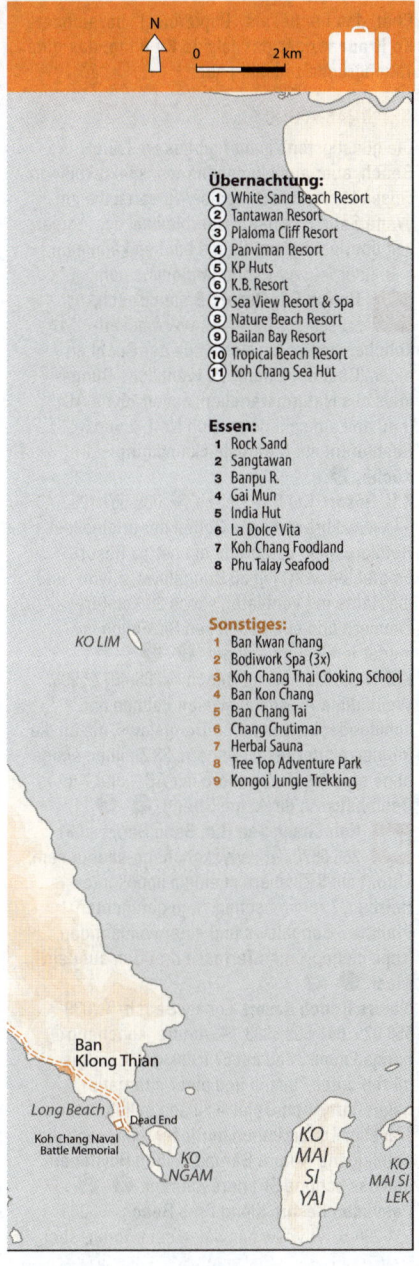

Übernachtung:
1. White Sand Beach Resort
2. Tantawan Resort
3. Pialoma Cliff Resort
4. Panviman Resort
5. KP Huts
6. K.B. Resort
7. Sea View Resort & Spa
8. Nature Beach Resort
9. Bailan Bay Resort
10. Tropical Beach Resort
11. Koh Chang Sea Hut

Essen:
1. Rock Sand
2. Sangtawan
3. Banpu R.
4. Gai Mun
5. India Hut
6. La Dolce Vita
7. Koh Chang Foodland
8. Phu Talay Seafood

Sonstiges:
1. Ban Kwan Chang
2. Bodiwork Spa (3x)
3. Koh Chang Thai Cooking School
4. Ban Kon Chang
5. Ban Chang Tai
6. Chang Chutiman
7. Herbal Sauna
8. Tree Top Adventure Park
9. Kongoi Jungle Trekking

KO LIM

Ban Klong Thian

Long Beach

Dead End

Koh Chang Naval Battle Memorial

KO NGAM

KO MAI SI YAI

KO MAI SI LEK

lerisch vorgelagerten Inseln gilt der **Kai Bae Beach** als der naturbelassenste Strand Ko Changs. Während der Flut bleibt allerdings an vielen Stellen kaum noch etwas von dem langen Sandstrand übrig. Bei Ebbe indes zieht sich das Meer bis zu 300 m weit zurück. Nachdem er durch die Ringstraße erschlossen wurde und ein erstes Luxusresort entstanden ist, hat der **Lonely Beach** (Thanam Beach), 🖳 http://lonely-beach.blogspot.de, erstaunlich wenig von seinem ursprünglichen Flair eingebüßt. Auf dem ersten Kilometer von gelblichem Sand und danach eher von Geröll und Mangroven geprägt, funktioniert er mitsamt Hängematten-Atmosphäre und Lagerfeuer-Romantik noch immer als internationaler Traveller-Treff. Der südlich folgende **Bailan Beach**, 🖳 http://www.bailan-kohchang.com, hat sich durch eigenwillige, naturnahe Baumhaus-Resorts an bewaldeten Hängen ein eigenes Profil zugelegt.

Vom Stelzendorf **Bang Bao** am Südende Ko Changs starten die meisten Fähren zu den umliegenden Inseln und fast alle Bade-, Schnorchel- und Tauchtouren. Am Eingang grüßt ein 7/11-Supermarkt, während die einstmals beschauliche Siedlung mit wuchtigen Beton-Pieren, teils etwas klotzig geratenen (Homestay-)Gästehäusern, etlichen Seafood-Restaurants, Kneipen, Tauchschulbasen und Souvenirläden enorm in die Breite gegangen ist.

Der abgelegene, 800 m lange **Long Beach** gilt als einziger einladender Strand im Südostzipfel von Ko Chang und ist mit Fahrzeugen nur über die Ostküste zu erreichen. Die letzte Etappe führt über eine mitten durch tiefen Dschungel geschlagene Piste (in der Regenzeit schwer passierbar) und vorbei am Marine-Mahnmal für die große Seeschlacht von 1942 bis zum **Dead End**, wo sich ein herrlicher Blick auf die Insel **Ko Ngam** eröffnet. Mehr zur Bedeutung der Seeschlacht bei Ko Chang, s. **eXTra [2876]**.

Auf Ko Chang bieten sich vielfältige Möglichkeiten, einen herrlichen Sonnenuntergang zu erleben, s. **eXTra [9731]**.

Die benachbarten Inseln

Jede der insgesamt 52 Inseln im Meeres-Nationalpark von Ko Chang hat ihren ganz eigenen Charakter. Die meisten sind unbewohnt, andere wiederum in Privatbesitz, mit einem abgeschiedenen Bungalow-Resort bebaut oder nur im Rahmen von Pauschaltouren zu besuchen.

Das einstige Schmuggler- und Piraten-Paradies **Ko Kood** (auch Ko Kud oder Ko Kut), Infos und Unterkünfte s. 🖳 www.kokood.com und https://destinationkohkood.com, ist mit seinen 2000 Bewohnern, die sich auf die romantischen Orte Ao Salad, Ao Jai und Klong Mat verteilen, erst spät erwacht und wird nun als letzter Inselschatz Thailands gestürmt. Bisher wurde die mit 129 km² zweitgrößte und östlichste Insel des Archipels vor allem von einheimischen Touristen besucht, doch die Eröffnung des exklusiven Luxusresorts Soneva Kiri, 🖳 www.sixsenses.com, das sogar über einen eigenen Flughafen verfügt, hat neue Maßstäbe gesetzt. Ko Kood ist geprägt von bis zu 315 m hohen Bergen, drei paradiesischen Wasserfällen, geheimnisvollen Lagunen und herrlichen Stränden an der Südwestküste – wie dem 700 Meter langen Ao Klong Chao Beach.

Die drittgrößte Insel **Ko Mak**, 🖳 www.kohmak.de, dagegen ist schon länger ein beliebtes Ziel und hat sich kürzlich mit den ersten Boutique-Resorts veredelt. Die 16 km² kleine „Insel der Betelnüsse" hat die Form eines Kleeblatts und ist vulkanischen Ursprungs. Abgesehen von der Sandfliegen-Problematik bietet Ko Mak schöne Naturstrände mit rotbraunen Lava-Formationen, rauschende Palmenwälder, bunt belebte Korallenriffe und herrliche Sonnenuntergänge. Von der Nordspitze kann man bei Ebbe über eine 1 km lange Sandbank nach **Ko Kham** gelangen – eine kleine Trauminsel mit faszinierendem Sandstrand und schönen Felsformationen, die derzeit mit einem Luxusresort bebaut wird. Ähnlich paradiesisch präsentiert sich das einsame **Ko Rayang Nok**, das sich von Ko Mak mit einer zehnminütigen Bootsfahrt erreichen lässt und über ein einfaches, lauschiges Resort verfügt.

Auf Tagestouren wird gern **Ko Wai**, 🖳 www.kohwai.com, angesteuert. Hier warten idyllische Palmenstrände und flache Schnorchelreviere mit teilweise aber leider schon abgestorbenen Korallenriffen. Bisher kaum bekannte Eilande sind **Ko Ngam**, **Ko Lao Ya** und **Ko Phrao Yai** oder **Ko Phrao Nok** in der Bucht von Salak

Phet, das flache, als „Papierinsel" bezeichnete **Ko Kradaat** oder das felsige **Ko Rang**, das gute Tauchgründe zu bieten hat.

ÜBERNACHTUNG

Die günstigsten Zimmer gibt es am Lonely Beach, aber auch in den bunten, spektakulär an Felsen klebenden Bungalow-Resorts, die am White Sand Beach als Überbleibsel der Pionierzeit überlebt haben. Online buchen kann man z. B. über 🖳 www.kohchangonline.com.

€ **Bailan Bay Resort**, Bailan Beach, ☎ 039-558 022-4, 🖳 www.bailan-kohchang.com. Am Nordende der Bucht an einem Dschungelhang. 20 wohnliche Bungalows aus Naturmaterialien, davon 10 mit AC (neu und am schönsten sind Nr. 1, 2 und 3). Restaurant mit Meeresblick und guter Küche. ❸

K.B. Resort, Kai Bae Beach, ☎ 039-557 125, 🖳 www.kbresort.com. Schon der originelle Hotelprospekt verspricht ein nettes Resort. Empfehlenswert mit 30 Bungalows, davon rund die Hälfte mit Ventilator, sowie 20 Komfort-Zimmern und einer schicken Rezeption im modernen Neubau-Flügel. ❹–❺

K.P. Huts, Klong Prao Beach, ☎ 08-4077 5995. Weitläufige Anlage mit vielen Palmen und schilfgedeckten Bambus-Bungalows, die an die Pionierzeit der Insel erinnern. 33 Zimmer, einige ohne eigenes Bad, andere mit AC und 7 in Baumhäusern direkt am Strand. ❸–❹

📖 **Koh Chang Sea Hut**, Bang Bao, ☎ 081-285 0570, 🖳 www.kohchang-seahut.com. Thront mit 5 Zimmern in einem imposanten Holzbau, 7 romantischen, blau getünchten Pfahlbau-Bungalows und einer weitläufigen, tropisch begrünten Terrasse draußen auf dem Meer. ❺–❻

Nature Beach Resort, Lonely Beach, ☎ 039-558 025, 081-803 8933, ✉ nature_kohchang@hotmail.com. Zählt mit 57 freakigen Bambus-hütten unter Palmen und einer internationalen Party-Atmosphäre zu den beliebtesten Traveller-Unterkünften der Insel. Angesagt: die hoteleigene Nature Bar mit heißen Rhythmen und das schöne Strandrestaurant. ❷–❹

Panviman Resort, Klong Prao Beach, ☎ 039-551 290-6, 🖳 www.panviman.com. Teuer, aber

THAILAND

professionell und eine der inselweit stilvollsten Anlagen mit 50 gediegenen Zimmern in tempelartigen Pavillons, herrlicher Tropengarten und 3 paradiesisch angelegte Lagunen-Pools. ⑥

Ploama Cliff Resort, White Sand Beach, ℡ 08-1863 1305, 039-551 119-0 🖥 www.ploama-cliff.com. Das von dem schweizer Insel-Original James Brunner gegründete Hotel gehörte einst zu den drei ersten Anlagen mit westlichem Komfort. Es liegt mit 85 ganz unterschiedlichen Zimmern (die besten sind C 70-82) und Palmenwiese am felsigen Südende des White Sand Beach. ④–⑤

Sea View Resort & Spa, Kai Bae Beach, ℡ 039-552 888, 🖥 www.seaviewkochang.com. Lange etabliert, ständig erweitert und für originelle Überraschungen bekannt – wie eine vollautomatische Standseilbahn oder das 4-geschossige, aus Stahlträgern, Treppen und Plattformen errichtete Lighthouse (mit Restaurant). Herrliche landschaftliche Einbettung. ⑥

Tantawan Resort, White Sand Beach, ℡ 039-551 178, ✉ tantawan_kochang@hotmail.com. Zählt zu den besten Optionen, da günstig, gepflegt und hübsch bepflanzt. 17 Zimmer, davon 8 mit Ventilator und teilweise am Strand. Besonders schön sind die Thai-Stil-Bungalows mit Holzböden und Terrassen. Nebenan am Strand lockt die Reggae-Bar Tapas. ④–⑥

Tropical Beach Resort, Klong Kloy Beach ℡ 039-558 204, 🖥 www.kochang-tropicalbeach.com. Abgelegenes, ruhiges Boutique-Resort aus 27 Rund-Bungalows mit Strohdächern und stylisher Betonoptik im Schatten eines Waldes. Imposante Restaurant-Konstruktion. ⑤

🧳 **White Sand Beach Resort**, White Sand Beach, ℡ 086-310 5553, 🖥 www.white sandbeachkochang.com. Älteste Anlage der Insel – auch wenn die einstigen Bambushütten längst durch Bungalows mit mehr Komfort ersetzt sind. Zwischen betagten Baumriesen und Palmen locken am ruhigen und auch sonst paradiesischen Nordende der Bucht 113 Zimmer, davon 32 als ansprechende Beachfront-Bungalows. ⑤

ESSEN

Die Gastronomie-Szene der Insel lockt natürlich vor allem mit fangfrischem Fisch und Meeres-

früchten. Jede Unterkunft verfügt über ein eigenes Restaurant, während entlang der Ringstraße die Vielfalt zunimmt. Der White Sand Beach erfreut als romantische Freiluft-Schlemmermeile. Etwas Besonderes sind die Pfahlbau-Restaurants der Inselorte Bang Bao und Salakphet. Zur Einkehr empfehlen sich z. B.: **Banpu**, White Sand Beach / am Meer, ℡ 08-1863 7314, 🖥 www.banpuresort.com. Gehört zum gleichnamigen Resort – als urgemütliches Restaurant mit viel Holz, das viel teurer wirkt, als es eigentlich ist. Exzellente, thailändische Küche. ⌚ 7–22 Uhr.

€ **Gai Mun**, White Sand Beach / Ringstraße, ℡ 086-816 2872. Etwas profan, aber gut und günstig: Mrs. Sao und Mr. Boy bieten allerlei Isarn-Spezialitäten wie Som Tam oder ganze Grillhühner für 190 Baht. ⌚ 10–22 Uhr.

India Hut, White Sand Beach / Ringstraße, ℡ 081-441 3234. Auf der Speisekarte von Mr. Sam stehen kulinarische Köstlichkeiten aus Indien, natürlich besonders viele Currys sowie Tandoori Chicken. ⌚ 11–22 Uhr.

Koh Chang Foodland, White Sand Beach / Ringstraße, ℡ 039-551 547, 🖥 www.topresort-kochang.com. Der knuffige Berliner Mischa Weber, Inhaber des Top Resorts sowie der Restaurants Paul's und The Bavarian bietet ofenfrische Backwaren, Weine aus aller Welt und deutsches Bier. ⌚ 7–21 Uhr.

🧳 **La Dolce Vita**, White Sand Beach / Grand View Plaza I, ℡ 092- 325 8786. Das sympathische Mailänder Paar Giuseppe (Beppe) und Soly tischt fantastische Pizzas auf, wie die mit einem genialen Vierkäse-Mix bestückte „Fo(u)r Cheese". ⌚ 11.30–22.30 Uhr.

🧳 **Phu Talay Seafood**, Klong Prao-Lagune, ℡ 039-551 300. In diesem ehemaligen Fischerhaus mit Terrasse zur Lagune lässt es sich besonders romantisch und authentisch speisen. Besitzer Seri und sein Team sind sehr engagiert, die meisten Speisen moderat bepreist. ⌚ 10–22 Uhr.

Rock Sand, White Sand Beach / am Meer, ℡ 084-781 0550, 🖥 www.rocksand-resort.com. Thront – umrahmt von fotogenen, bunten Felsen-Bungalows im Hippie-Look – auf einem Felsen im Wasser und empfiehlt sich besonders

Bambus-Restaurants als Baywatch

Wo sich der Klong Prao Beach noch mit erfreulich viel ursprünglichem Grün präsentiert, locken zwei urige Bambus-Restaurants unter imposanten Bäumen: In dem von Reggae-Rhythmen berieselten **Lay Lay Tong**, ☎ 085-280 7680, ⏱ 8–23 oder auch mal bis 2 Uhr, brutzelt Mr. Ball um die 160 leckere Thai-Gerichte für nur 80–100 Baht, während Cocktails mit 120–150 Baht zu Buche schlagen. Gleich nebenan liegt das **Palm Beach**, ☎ 084-946 3563, ⏱ 8–24 Uhr, von Mrs. Pranee, die Badegäste ebenfalls mit Leckereien verwöhnt.

für Mahlzeiten mit Meeresblick und romantische Sunset-Drinks. ⏱ 7–23 Uhr.
Sangtawan, White Sand Beach / am Meer, ☎ 039-551 475. Unter den zahlreichen Sandstrand-Restaurants die beste und romantischste Option. Allabendlich ab 17 Uhr preisgünstiges BBQ unter stattlichen Baumkronen, von 19–22 Uhr Livemusik. ⏱ 7–22 Uhr.
Der Exkurs „Im Rhythmus der Nacht" gibt nützliche Tipps für Streifzüge nach Sonnenuntergang, s. **eXTra [2878]**.

AKTIVITÄTEN

Elefantenreiten

1 Std. liegt bei 500 Baht, 2 Std. kosten meist 900 Baht und umfassen ein vergnügliches Flussbad. Einen guten Ruf besitzt **Ban Kwan Chang**, ☎ 081-919 3995, bei Klong Son, das von der Asian Elephant Foundation unterstützt wird.
Weitere „Soft Adventures" mit Dickhäutern organisieren **Ban Kon Chang**, ☎ 081-940 9420, **Ban Chang Thai**, ☎ 039-551 474, 🖥 www.banchangthaikohchang.com, oder **Chang Chutiman**, ☎ 08-939 6676. ⏱ meist 8–17 Uhr.

Klettergarten

Nervenkitzel in Baumwipfelhöhe bietet auf 2 Parcours mit atemberaubenden Hängebrücken, Tarzanschaukeln und Klettermöglichkeiten der **Tree Top Adventure Park** am Bailan Beach, ☎ 084-310 7600, 🖥 www.treetopadventurepark.com, halber Tag 950 Baht, ⏱ 9–17 Uhr.

Kochschule

In der **Koh Chang Thai Cooking School**, ☎ 081-286 6740, 🖥 www.kohchangthaicooking.com, lehrt Mrs. Nam in Kursen von 9–13 und 15–19 Uhr, tgl. außer So, für 1200 Baht die Zubereitung von 6 Thai-Gerichten.

Massage

Im Palmenschatten am Strand kosten Massagen 200–300 Baht. In der urigen **Herbal Sauna** am Bailan Beach, ☎ 086-252 4744, ⏱ ab 15 Uhr, kosten Haarpflege 50–80 Baht, Sauna 200 Baht und Massagen 350 Baht. Wesentlich teurer, gediegener und absolut professionell geht es in den Niederlassungen von **Bodiwork Spa** zu – an den Stränden White Sand (im KC Grande Resort & Spa), ☎ 039-555 1399, Klong Prao (Hauptsitz an der Ringstraße), ☎ 039-551 615), und Kai Bae, ☎ 039-557 222.

Trekkingtouren

Erlebnisreiche Tagestouren bietet der sympathische, drahtige Mr. Rath von **Kongoi Jungle**, ☎ 038-763 0832, 080-773 7009, ✉ kohchang_trekking@yahoo.com. Für 900–1300 Baht führt er über Dschungelpfade durch dichten Urwald, zu rauschenden Wasserfällen und Aussichtspunkten auf den Bergen. Als Alternativen bieten sich Mr. Tan(it), ☎ 089-832 2531 von **Tan Trekking** oder **Mr. Toon**, ☎ 081-588 3324, 🖥 www.junglefever.in.th, von **Jungle Fever** an.

Wassersport

Nützliche Informationen und Adressen zum Tauchen oder Segeln, s. **eXTra [5167]**.

SONSTIGES

Auto- und Motorradverleih

Mopeds kosten 200–250 Baht pro Tag, sind vielerorts zu mieten und empfehlen sich vor allem bei entlegenen Resorts. **Autos** werden meist als Suzuki Carribeans, kleine Toyotas oder auch Pick-ups für 1300–1500 Baht angeboten. **Fahrräder** gibt es nur selten. Vorsicht – die Ringstraße birgt allerlei Tücken!

Geld

Geldautomaten und Bankfilialen finden sich besonders an den Stränden White Sand und Klong

Auf Kreuzfahrt im Archipel

Wer sich auf eine Tageskreuzfahrt durch die Inselwelt von Ko Chang begibt, kann die Ausdehnung und Schönheit dieser Meeresregion besonders intensiv erleben. Auf umfunktionierten Fischerbooten von etwa 10 Anbietern lassen sich unterwegs zu verschiedenen Inseln herrliche Stunden erleben. Die **Sattra**, ☎ 087-617 0340, legt bereits für 600 Baht ab. Mit **Mr. Khai Tour**, ☎ 081-782 1710, kostet es bei bis zu 15 oder 35 Teilnehmern an Bord um 900 Baht, auf der 22 m langen **Kon Tiki**, ☎ 084-863 8205, sind für 1000 Baht Partytrips (18–24 Uhr) oder für 1500 Baht sogar Gourmettrips möglich.

Die weitesten Runden und den meisten Komfort bietet von November bis April die schnittige **Thai Fun**, ☎ 081-003 4800, 🖥 www.thaifun-kohchang.com, für 1390 Baht inkl. Verpflegung und Schnorchelzeug. Ein- und Ausschiffung erfolgen praktischerweise direkt am Strand und der Schiffsname ist Programm: Kreuzfahrtchefin Nok Noi und ihre routinierte, clubähnlich agierende Crew sind stets gut gelaunt, die Passagiere entspannen sich auf bequemem Mobiliar, genießen ein asiatischitalienisches Mittagsbuffet oder lassen sich über die neu installierte Heck-Rutsche ins Meer gleiten. Obwohl die ehemalige Ko Samet-Fähre pro Tour gut 230 l Diesel verdichtet und bis zu 100 Personen an Bord nehmen darf, gehen der deutsche Besitzer Peter und seine Frau Nok bereits ab 8 Passagieren auf Kreuzfahrt. In Sicht kommen dabei insgesamt 15 Inseln – darunter Ko Yuak, Ko Khlum, Ko Rung, Ko Kra, Ko Tilang, Ko Phie, Ko Mak, Ko Kham, Ko Badeng, Ko Lao Ya und Ko Wai. Meist hängt es von den aktuellen Wetter- und Wellenbedingungen ab, wo zum Baden, Schnorcheln oder Angeln gestoppt wird.

Kreuzfahrt als Transfer: Inselhopping mit der Thai Fun präsentiert sich als ideale Alternative zu den teuren und oft unbequemen Speedboat-Transfers, da die Passagiere auf Ko Mak oder Ko Wai aussteigen und einige Tage später – ohne Aufpreis! – einfach wieder an Bord kommen können. Zudem entfallen auf Ko Chang die lästigen Taxi-Transfers nach/von Bang Bao.

Prao. Wer die Nachbarinseln bereisen möchte, sollte sich mit ausreichend Bargeld versorgen.

Informationen

Die Insel wird mit nützlichen, kostenlosen Broschüren und Inselkarten überschwemmt, die vielerorts ausliegen, s. 🖥 www.koh-chang-guide.com, oder 🖥 www.koh-chang.com. Zudem empfehlen sich die Internetportale 🖥 www.kohchangvr.de und 🖥 www.kohchang2.com, gewitzte Insider-Infos für Traveller finden sich besonders auf 🖥 http://iamkohchang.com.

NAHVERKEHR

Es verkehren **Pick-ups**, von 7–20 Uhr als Sammeltaxis. Für die Hauptroute von den Anlegern zum White Sand Beach werden 50–60 Baht p. P. berechnet, bis zum Lonely Beach 80–100 Baht (40 Min.) und nach Bang Bao am Ende der Strecke 150 Baht. Charter-Fahrten sind je nach Ziel mit 200–600 Baht ziemlich teuer, besonders in der Dunkelheit.

TRANSPORT

Busse

Sämtliche (Mini)Bus-Transfers können in den Hotels oder etlichen kleinen Reisebüros des Ko Chang-Archipels gebucht werden. Unbedingt nötig ist das für den großen **VIP-Bus**, der vom Fähranleger Ao Thammachat (Festland) tgl. um 10.30 Uhr, 300 Baht (als Kombitickets mit Fähre 350 Baht), nach BANGKOK zur Khaosan Rd. fährt. Ebenfalls günstig und bequem ist der **Bus Nr. 999**. Er startet gegen 10.30 Uhr und 14 Uhr von den Festlandsanlegern Center Point und Ao Thammachat, um für 250 Baht den Suvarnabhumi Airport und anschließend Ekamai anzusteuern.
Für Busverbindungen ab Trat, S. 325 (Trat, Transport).

Minibusse

An allen 3 Festlandsanlegern von LAEM NGOP warten Minibusse, die für 350 Baht nach

Grenzübergänge nach Kambodscha

Alle Übergänge ⊕ 6–22 Uhr, Visa on Arrival (S. 105). Das über 🖥 www.mfaic.gov.kh/evisa erhältliche E-Visum gilt bisher nicht für diese beiden Grenzübergänge, aktuelle Infos s. Webseite. Einreise nach Thailand S. 109 und S. 550.

Ban Hat Lek – Cham Yeam

Von Trat führt der H318 bis Ban Hat Lek an die kambodschanische Grenze. Hier kostet das 30-Tage-Visum für Ausländer theoretisch US$30 – verlangt werden jedoch unverschämte 1000 Baht oder sogar mehr. Man kann sich auf eine Diskussion einlassen und/oder den Vorfall melden, doch das kostet meist erheblich Zeit und Nerven. Anschließend geht es – vorbei an Spielkasinos – per Mopedtaxi (100 Baht) oder Taxi (als Charter 200–300 Baht) 12 km u. a. über eine gebührenpflichtige Brücke nach Koh Kong, 🖥 www.koh-kong.com und 🖥 www.koh-kong-cambodia.com. Der Name bezeichnet die Provinz, ihre Hauptstadt und die vorgelagerte, größte Insel Kambodschas.

Ban Pakkad (Chantaburi) – Pailin (Psar Prum)

Von Chantaburi geht es auf dem H317 nach Norden bis Wat Nam Khao und von dort über den H3210 und den H3193 bzw. dem Schild „Thai-Cambodian Market" folgend zur Grenze nach Kambodscha. Die Visagebühr beträgt US$30 oder zuweilen auch hier 1000–1200 Baht. Im Niemandsland finden sich mehrere Spielkasinos und Hotels. Mit Moped- und Sammeltaxis für 80–150 Baht oder Charter-Taxis für 300–400 Baht kann man die 22 km nach Pailin bewältigen.

Aranyaprathet – Poipet

Der Grenzübergang empfiehlt sich für eine direkte Anreise nach Siem Reap (Angkor Wat), S. 552.

BANGKOK fahren (am Nachmittag verkehren deutlich weniger Fahrzeugen). Wer seinen Platz im Voraus bucht, kann sich um 7.30 Uhr, 11 oder 14 Uhr von der Unterkunft auf Ko Chang abholen lassen, um dann nach dem Übersetzen auf dem Festland zu starten. Nach Bangkok 750 Baht, zum Suvarnabhumi Airport 600 Baht, nach BAN PHE (Ko Samet, 180 km) 220 Baht oder nach PATTAYA (250 km) 480 Baht. Minibusse über ARANYAPRATHET nach SIEM REAP (Fahrzeugwechsel an der Grenze) kosten 650 Baht, nach PHNOM PENH oder SIHANOUKVILLE 1400 Baht (inkl. Übernachtung in Koh Kong).

Auf Transfers aller Art und günstige Trips nach Kambodscha spezialisiert hat sich **Kaittipol Tour**, ☏ 081-781 6816 (Mrs. Cat), 083-807 5623 (Mrs. Soom), ✉ kaittipol@gmail.com, am Krom Luang Pier, ⊕ 8–22 Uhr.

Taxis

Nach BANGKOK 4000–4500 Baht, nach PATTAYA um 3000–3500 Baht und nach BAN PHE (Ko Samet) 3000 Baht inkl. Abholung vom Hotel auf Ko Chang und Fährkosten.

Boote

Als wichtigster Transportanbieter zwischen den Inseln fungiert **Bang Bao Boat**, ☏ 087-054 4300, 🖥 www.bangbaoboat.com. Gestartet wird tgl. von Bang Bao um 9.30 und 12 Uhr nach KOH WAI (20 Min., 400 Baht), KOH KHAM (40 Min., 550 Baht), KOH MAK (40 Min., 550 Baht), KOH RAYANG (45 Min, 550 Baht) und KOH KOOD (90 Min., 950 Baht). Das Slow Boat startet um 9 Uhr und kostet je nach Ziel 300 oder 400 Baht, bis nach Ko Kood 600 Baht. Mehr zu Inselhopping und Fährverkehr s. S. 323 und S. 333.

Laos

Stefan Loose Traveltipps

Vientiane Die entspannteste Hauptstadt Südostasiens. S. 350

Vang Vieng Karstberge so weit das Auge reicht – wie geschaffen für Aktivitäten. S. 377

7 **Luang Prabang** Die älteste intakte Tempelstadt Südostasiens. S. 388

Mekong Eine Bootsfahrt auf dem Strom der Ströme. S. 416

Phongsaly Trekking durch Bergwälder, die den Namen noch verdienen. S. 428

8 **Nam Ou** Abenteuerliche Bootstour durch den Norden. S. 433

9 **Ebene der Tonkrüge** Mystische Spuren einer alten Megalithkultur. S. 442

Tham Kong Lo Im Boot durch den Berg: die 6 km lange Höhle Tham Kong Lo. S. 452

10 **Vat Phou** Einer der schönsten Khmer-Tempel außerhalb Kambodschas. S. 480

11 **Si Phan Don** Flussinseln, Wasserfälle und Irrawaddy-Delphine. S. 483

Gut 20 Jahre ist es her, dass das sozialistische Laos den Bambusvorhang ein Stück zur Seite gezogen hat und Touristen wieder einen Blick in eines der spannendsten Länder Südostasiens werfen können. Die meisten kommen, um Luang Prabang zu sehen, die älteste intakte Tempelstadt der Region. Aber das Land hat noch viel mehr zu bieten: verwitterte Kolonialarchitektur, Karstlandschaften und eine ethnische Vielfalt, die in Südostasien ihresgleichen sucht. Mehr als drei Viertel des Landes bestehen aus Gebirgen, Dschungel und Flüssen. Zwar steckt der Naturtourismus noch in den Kinderschuhen, doch ist es in immer mehr Orten möglich, Trekkingtouren und andere Aktivitäten zu organisieren.

Laos hat keinen Zugang zum Meer. Im Norden grenzt es an China (423 km), im Nordwesten

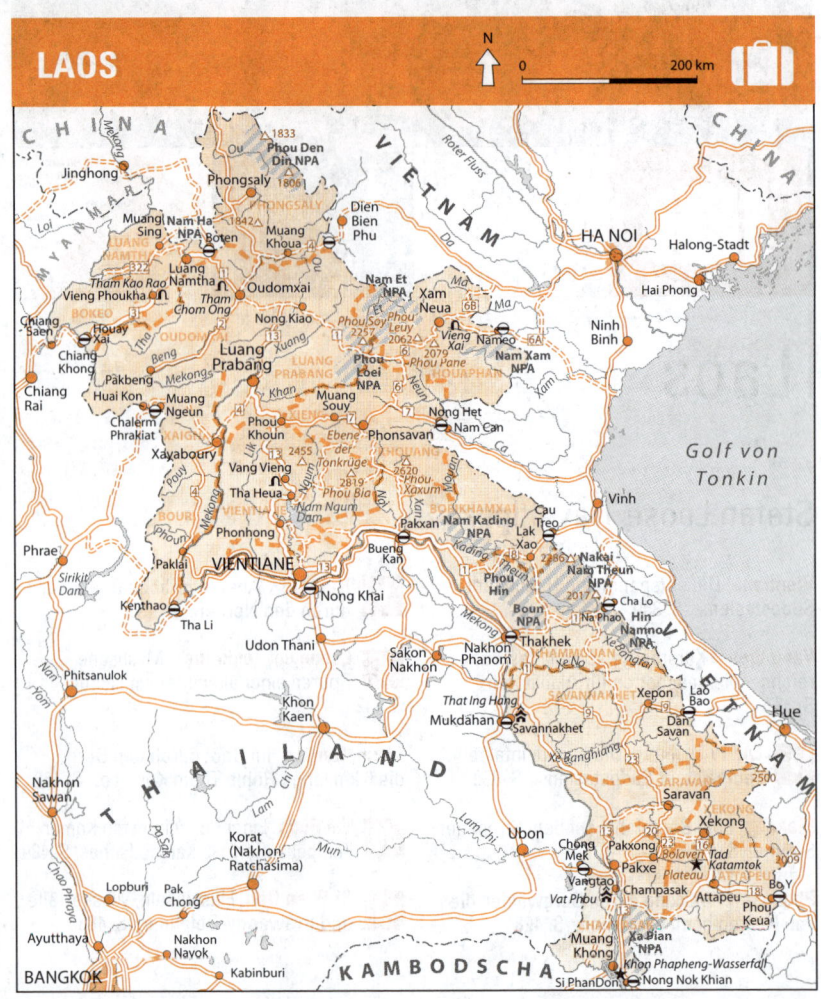

an Myanmar (235 km), im Westen an Thailand (1754 km) und im Süden an Kambodscha (541 km). Den längsten Grenzabschnitt teilt es sich mit Vietnam (2130 km). Der Mekong im Westen und die Annamitische Kordillere im Osten bilden natürliche Grenzen.

Bevölkerung

Mit fast **50 verschiedenen Volksgruppen** und bis zu 120 Untergruppen sind in Laos mehr Ethnien zu Hause als in jedem anderen Land Südostasiens. Derzeit leben auf einer Fläche von rund 236 800 km² etwa 6,6 Mio. Menschen. In keinem anderen Land der Region teilen sich so wenige Menschen so viel Fläche.

Den besten Überblick über die Völker in Laos vermittelt die ethno-linguistische Einteilung. So trifft man hier auf die **fünf großen Sprachfamilien** des südostasiatischen Subkontinents. Allen gemein ist das tonale Sprachsystem.

Der überwiegende Teil der Bevölkerung gehört der Sprachfamilie der **Tai** an (auch Tai-Kadai genannt). Insgesamt machen sie 65,5 % der Bevölkerung aus, davon sind allein zwei Drittel Lao (oder Tai-Lao). Das andere Drittel der Tai-Sprachfamilie setzt sich aus rund 20 Ethnien zusammen, die bis auf wenige Ausnahmen in den Ebenen und Tälern des Nordens angesiedelt sind. Knapp ein Viertel der Bevölkerung sind Angehörige der **Mon-Khmer**-Sprachfamilie. Zu diesem Hauptableger der austro-asiatischen Sprachfamilie werden die ältesten in Laos ansässigen Bewohner gezählt. Sie kamen im 6.–8. Jh. aus dem Gebiet des heutigen Kambodscha nach Südlaos und rückten bis zum 10. Jh. nach Zentral- und Nordlaos vor. Heute ist ihre größte Gruppe, die Khmu, im Norden des Landes angesiedelt, während etwa 30 verschiedene Mon-Khmer-Gruppen in ganz Zentral- und Südlaos verstreut leben.

Die jüngsten Bewohner des Landes sind in den nördlichen Gebirgsregionen beheimatet. Die Angehörigen der **Miao-Yao**-Sprachfamilie wanderten im 19. Jh. aus Südchina ein. Sie umfassen 6–10 % der Bevölkerung, allein 80 % unter ihnen sind Hmong. Die in Myanmar, Thailand, Vietnam und Südchina weitverbreitete sino-tibetische Sprachfamilie ist mit ihren beiden Hauptgruppen in Laos vertreten: Die **tibeto-birmanische** Gruppe macht 3–4 % der Gesamtbevölkerung aus, und die **sinitische Gruppe** wird von den Ho als einziger Ethnie repräsentiert.

Alle Völker der Mon-Khmer, der Miao-Yao und der tibeto-birmanischen Sprachfamilie sind Animisten. Zwar haben einige Völker, darunter die Pounoy, den Theravada-Buddhismus der Tai-Lao angenommen, der Großteil ist aber nach wie vor animistischen Glaubens. Unter den Mon-Khmer im Süden gibt es ganz vereinzelt auch christliche Gruppen.

Zahlreiche **soziale Indikatoren** spiegeln wider, dass Laos eines der ärmsten Länder der Welt ist: So sterben 58 von 1000 Kindern unter fünf Jahren infolge von Unterernährung und schlechten hygienischen Bedingungen. In ländlichen Regionen hat nur gut die Häfte der Bevölkerung Zugang zu sauberem Trinkwasser. Viele Laoten können weder lesen noch schreiben. Die durchschnittliche Lebenserwartung liegt derzeit bei 62 Jahren. Etwa ein Drittel der Laoten sind jünger als 15 Jahre (die Alterspyramide hat die Form einer Pickelhaube). Doch die Planer sind ehrgeizig: Bis zum Jahr 2020 soll das jährliche Pro-Kopf-Einkommen von derzeit US$1500 weiter gesteigert, die Analphabetenrate auf 10 % gesenkt und die durchschnittliche Lebenserwartung auf 70 Jahre erhöht werden.

Geschichte

Zur Frühgeschichte der Region gibt es viele Theorien. Bereits vor 4000 Jahren sollen **Mon-Khmer-Völker** die Flussniederungen und Hochplateaus besiedelt haben. Funde im Mekong-Becken und auf dem Korat-Plateau belegen, dass sich zwischen 2000 und 500 v. Chr. in der Region die Bronzeverarbeitung entwickelte. In diese Zeit fällt die Blüte der **Dong-Son-Kultur**, berühmt für ihre Bronzetrommeln. Die rätselhaften 2000 Jahre alten **Steinkrüge** in der Provinz Xieng Khouang sind Relikte einer untergegangenen Gesellschaft, die als autochthone Bevölkerung von Laos gilt.

Frühgeschichte

Der indische Einfluss, der die Kulturen Südostasiens zutiefst geprägt hat, trat verstärkt seit der Zeitenwende auf. Erste Übermittler waren **indische Kaufleute**, die auf der Route nach China an der Küste Vietnams Station machten. Den Händlern folgten schon bald Mönche und **Brahmanen**, zuerst in eigener Mission, später vermutlich auch auf Einladung lokaler Regenten, die mit den indischen Konzepten von sozialer Ordnung und Königtum die eigene Herrschaft legitimierten.

Auf Laos wirkte sich dieser Einfluss vor allem über die Nachbarvölker aus. In den ersten nachchristlichen Jahrhunderten entstanden auf der südostasiatischen Halbinsel eine Reihe indisierter Reiche (oder vielmehr: Verbunde von Machtzentren), die sich im Laufe ihrer Geschichte bis nach Nordlaos ausdehnten. Ab dem 9. Jh. absorbierte das mächtige Khmer-Reich **Angkor** viele der Staatengebilde auf dem südostasiatischen Festland. Bis zum 13. Jh. dehnte es sich bis nach Südthailand und Birma aus. Funde aus Xai Fong nahe Vientiane belegen, dass es auch hier ein Machtzentrum unterhielt. Angkors Niedergang begann mit der Expansion der Mongolen unter Dschingis Khan und Kublai Khan. Durch den Druck, den ihre Eroberungsfeldzüge auf das nördliche Südostasien ausübten, begann sich das Machtgefüge in der Region zu verschieben.

Die Tai wandern nach Süden

Über die Frage, wie die Tai-Völker ins heutige Laos kamen, wird noch immer viel diskutiert. Aktuelle anthropologische, linguistische und historische Studien gehen von einem ursprünglichen Siedlungsgebiet in West-Guangxi, Südost-Yunnan, Nord-Vietnam und Nordost-Laos aus.

Im 13. Jh. füllten **Tai-Fürstentümer** langsam das Machtvakuum, das von Angkor hinterlassen worden war. 1238 wurde Sukhothai gegründet und wenig später Lanna (Nordthailand). Die kleineren Zentren in Nordlaos wechselten vorerst nur die Herren. Sie wurden Vasallen der neuen Tai-Reiche, aber es dauerte keine 100 Jahre, bis sie im ersten laotischen Großreich Lane Xang vereinigt wurden.

Lane Xang (1353–1707)

Die Gründung Lane Xangs ist untrennbar mit dem Namen **Fa Ngum** verbunden. Er wurde 1316 als Spross des Fürstengeschlechts von Luang Prabang geboren. Noch im Säuglingsalter folgte er seinem Vater, der sich ausgerechnet mit einer Konkubine seines älteren Bruders vergnügt hatte, in die Verbannung. Die Familie fand Zuflucht am Hof von Angkor, wo Fa Ngum aufwuchs, eine buddhistische Erziehung erhielt und als junger Mann eine Tochter des Königs heiratete.

Unter dem Eindruck des erstarkenden Ayutthayas wurde er um 1350 mit einer schlagkräftigen Armee ausgesandt, um wankelmütige Vasallen im Norden wieder unter den Einfluss des Khmer-Reiches zu bringen. Binnen weniger Jahre unterwarf Fa Ngum die Fürstentümer am Mekong und auf dem Xieng-Khouang-Plateau. 1353 stand er vor den Toren Luang Prabangs, das er wenig später einnahm. Dort erklärte er sich zum König und gab seinem neuen Reich den Namen Lane Xang Hom Khao, „**Eine Million Elefanten und der weiße Schirm**". Einigen Chroniken zufolge sandte der König von Angkor auf Fa Ngums Bitte hin mehrere tausend Mönche nach Lane Xang – im Gepäck die goldene Buddhastatue **Phra Bang,** das spätere Nationalheiligtum und der Namenspatron von Luang Prabang. Als Fa Ngum 1374 starb, erstreckte sich das Reich von Süd-Yunnan über das Khorat-Plateau bis nach Zentrallaos.

Fa Ngums Sohn **Samsenthai** bestieg den Thron noch im selben Jahr. Sein Augenmerk galt der Festigung Lane Xangs. Sozial gliederte sich sein Reich damals grob in drei Gruppen: Adelige, freies Volk und so genannte *kha* (Diener/Sklave), eine bis ins 20. Jh. hinein geläufige, abwertende Bezeichnung für die Hochlandbevölkerung. Die Jahrzehnte nach Samsenthais Tod waren von innenpolitischen Wirren geprägt. In 100 Jahren bestiegen 14 Könige den Thron. Außenpolitisch war es dagegen eine Zeit relativer Ruhe, abgesehen von einem Angriff der Vietnamesen im Jahr 1479.

Das änderte sich mit König **Phothisarat** (reg. 1520–1547). Unter seiner Regierung kam es zu Auseinandersetzungen mit Ayutthaya, die Phothisarat aber für sich entschied. Außerdem

Die inoffizielle Dreiteilung

Touristen schätzen die ethnische Vielfalt in Laos als seltene Palette individueller Traditionen und Lebensweisen. Aus Sicht des Staates ist es genau diese heterogene **Bevölkerungsstruktur**, die die Verständigung erschwert und der wirtschaftlichen und kulturellen Entwicklung im Weg steht. Schon in den 1950er-Jahren, der Frühphase der laotischen Nationenbildung, wurde daher eine besondere Klassifizierung der Bevölkerung vorgenommen: Je nach **Höhenlage ihrer Siedlungsgebiete** wurden die ethnischen Gruppen in drei Oberkategorien eingeteilt, wenn auch grob entlang ethno-linguistischer Grenzen. Die Vorsilbe „Lao" (auch bei nicht-laotischen Gruppen) sollte das Konzept eines Staatsvolkes untermauern. Zwar wurde diese Einteilung später abgeschafft, doch in der Alltagssprache und auch in der Parteipresse sind die alten Kategorisierungen weiterhin zu finden.

Lao Loum

Als Lao Loum werden die Bewohner des Tieflands, der Täler und Ebenen in **200–400 m Höhe** bezeichnet. Diese Gruppe wird häufig mit den Lao gleichgesetzt, der größten Bevölkerungsgruppe des Landes. Die Lao gehören der Tai-Sprachfamilie an. Alle weiteren in Laos lebenden Tai-Völker, etwa Lue, Phouan, Tai Deng, Tai Khao und Tai Dam, werden ebenfalls dieser Kategorie zugeordnet, leben aber im Nordosten des Landes oft in 800–1000 m Höhe.

Lao Theung

Lao Theung heißen die Bewohner der mittleren Gebirgslagen in **300–800 m Höhe**. Diese Gruppe wird mit den Bergvölkern der Mon-Khmer-Sprachfamilie assoziiert, die in Laos mit rund 45 Untergruppen die größte Anzahl an Völkern umfasst. Hierunter fallen die Khmu, Alak, Ta-Oy und viele andere.

Lao Soung

Als Lao Soung werden die Bewohner der Bergspitzen und -kämme in **800–1600 m Höhe** bezeichnet. Diese Gruppe besteht aus einer kleinen Anzahl von Völkern der tibeto-birmanischen und der Miao-Yao-Sprachfamilie. Zur Letzteren gehören die Hmong, die viertgrößte Ethnie in Laos. Ihre zahlenmäßige und wirtschaftliche Dominanz, besonders im Nordosten des Landes, hat dazu geführt, dass der Begriff Lao Soung häufig synonym für Hmong gebraucht wird.

Durch die zunehmende Vermischung der Bevölkerung spiegelt diese Kategorisierung aber immer weniger die Verhältnisse wider. Schon 1981 wurde die Dreiteilung offiziell verworfen und taucht daher in der Verfassung von 1991 nicht auf. Die Provinzregierungen stützen sich trotzdem weiterhin darauf, und selbst das Nationalmuseum in Vientiane veranschaulicht die Bevölkerungsstruktur nach wie vor anhand der drei Kategorien.

---

gelang es ihm, den Thron des Nachbarreiches Lanna mit seinem ältesten Sohn Setthathirat zu besetzen und es für kurze Zeit an Lane Xang zu binden.

Setthathirat hielt es jedoch nicht lange in Lanna. Nach dem Tod seines Vaters kehrte er nach Lane Xang zurück und bestieg 1548 den Thron. Setthathirats Regierungszeit war vor allem von der Bedrohung durch die Birmanen und dem Aufbau seiner Hauptstadt geprägt. Nach ersten Angriffen des westlichen Nachbarn hatte er seinen Regierungssitz im Jahr 1560 von Luang Prabang nach Vientiane verlegt. Diese Maßnahme war aber ebenso nutzlos wie das folgende Schutzbündnis mit Ayutthaya, denn schon 1569 eroberten die Birmanen die siamesische Königsstadt und unterwarfen wenig später Vientiane. Die nächsten zweieinhalb Jahrzehnte war Lane Xang ein Vasall des Nachbarreiches.

Insgesamt vergingen fast 70 Jahre, bis das Land unter **Sourigna Vongsa** (reg. 1637–1694) wieder eine Phase des inneren und äußeren

Friedens erlebte. In seiner 57-jährigen Regierungszeit blühten Kunst und Kultur, Wirtschaft und Handwerk, und Vientiane wurde zu einem bedeutenden Zentrum des Buddhismus. Aber die Strenge, mit der Sourigna Vongsa regierte, hatte auch ihren Preis: Da er seinen einzigen Sohn wegen Ehebruchs hatte hinrichten lassen, verfiel das Land nach seinem Tod in Erbfolgestreitigkeiten. Die Folge war die Zweiteilung Lane Xangs in die Königreiche Luang Prabang und Vientiane, denen sich im Jahr 1713 noch das Königreich Champasak hinzugesellte.

Spielball der Mächte (1707–1893)

Mit dem Zerfall Lane Xangs endete die 350-jährige Geschichte des ersten laotischen Reiches. In der Folgezeit wurden die drei rivalisierenden Königreiche zum Spielball der großen Nachbarn.

Erster Aggressor war **Birma**, dessen Truppen Mitte des 18. Jhs. in die Tai-Welt einfielen. 1763 eroberten sie Chiang Mai, kurz darauf Luang Prabang und 1767 schließlich Ayutthaya. Aber die Siamesen brauchten nicht lange, um sich zu erholen. Binnen eines Jahrzehnts schlugen sie die Birmanen zurück und unterwarfen 1778/79 die drei laotischen Königreiche gleich mit. Unter siamesischer Herrschaft gelangten wichtige Kunstschätze nach Bangkok. Angehörige der laotischen Königshäuser folgten als Geiseln ebenso wie etliche Laoten, die gezwungen wurden, beim Aufbau der neuen Hauptstadt zu helfen.

Dem stellte sich zu Beginn des 19. Jhs. der letzte König Vientianes, **Anouvong** (reg. 1804–1828), entgegen. 1806 hatte er die Bande mit Vietnam gestärkt, 1821 gelang es ihm, den Thron von Champasak mit seinem Sohn zu besetzen, und sechs Jahre später standen die Armeen für den Feldzug gegen Bangkok bereit. Doch der König hatte sich verkalkuliert: Rama III. reagierte mit äußerster Entschlossenheit, Anouvongs Truppen wurden geschlagen und der König – nach einem zweiten Angriff 1828 – gefangen genommen.

Vientiane wurde in mehreren Feldzügen zerstört. Die Siamesen siedelten Zehntausende Laoten nach Siam und auf das Khorat-Plateau um und transportierten zahlreiche Kulturgüter nach Bangkok. Die Zerstörungen waren so erheblich, dass eine französische Expedition 1866 „die Ruinen dieser unglücklichen Stadt" von „dichtem Wald" überwuchert vorfand.

Im weiteren Verlauf des Jahrhunderts dehnte Siam seine Herrschaft auf die laotischen Territorien aus. Doch bevor es sich Laos ganz einverleiben konnte, erschien eine neue, europäische Großmacht auf der Bildfläche.

Französische Kolonie (1893–1954)

Frankreich hegte schon seit längerem ein Interesse an Laos. Im Wettlauf um den chinesischen Markt hatte es bereits in den 60er-Jahren des 19. Jhs. eine Expedition den Mekong hinaufgesandt, um den Wasserweg ins Reich der Mitte zu erkunden. Darüber hinaus galt Laos in den Gouverneurskreisen Französisch-Indochinas als rohstoffreiches Hinterland Vietnams. Politisch ließen sich die französischen Ansprüche spätestens seit der Errichtung des Protektorats über An Nam rechtfertigen, da die Grande Nation in den Verträgen nicht nur die Integrität An Nams garantierte, sondern implizit auch Anspruch auf alle ehemaligen Vasallen erhob.

Nach mehreren franko-siamesischen Zwischenfällen sandte Frankreich 1893 **Kanonenboote** den Chao Phraya hinauf. Siam, das vergeblich auf die Unterstützung Großbritanniens gehofft hatte, blieb keine andere Wahl, als zu verhandeln. In mehreren Verträgen trat es die laotischen Gebiete östlich und kleine Teile westlich des Mekong an Frankreich ab. Der Fluss selbst wurde zur Grenze erklärt, und Laos erhielt seine heutige Gestalt.

Die Ironie der Geschichte ist, dass ausgerechnet die Kolonialmacht Frankreich Laos vermutlich vor der Integration in das siamesische Reich rettete. Die Tragik liegt darin, dass das Land ohne Rücksicht auf historische und ethnische Gegebenheiten geteilt wurde. Weit mehr als drei Viertel aller Lao verblieben unter siamesischer Herrschaft.

Anders als erwartet erhielt Frankreich jedoch kein wirtschaftliches Schlaraffenland. Nachdem in Paris erkannt worden war, dass der Neuerwerb nur mit hohen Kosten zu erschließen war, verkümmerte Laos zu einem Anhängsel Französisch-Indochinas.

Der Zweite Weltkrieg

Mit dem Beginn des Zweiten Weltkrieges geriet Laos erneut ins Spannungsfeld der Mächte: 1940/41 nutzte Thailand die Besetzung Frankreichs, um Laos die Gebiete westlich des Mekong (Xaignabouri und Teile Champasaks) abzutrotzen. Der Vorstoß war vor allem durch **Japan** ermöglicht worden, dessen Truppen bereits seit 1940 in Indochina standen. Im März 1945 übernahm Japan die gesamte Verwaltung Indochinas und zwang den frankophilen König Sisavangvong, die Unabhängigkeit von Frankreich zu erklären. Die Grande Nation, einst selbst ernannte Schutzmacht von Laos, verlor dadurch den letzten Rest an Glaubwürdigkeit.

Im Sommer 1945 nutzte die neu gegründete laotische Nationalbewegung **Lao Issara** („Freies Laos") die Kapitulation Japans, um Laos für vollständig unabhängig zu erklären. Einer der Mitbegründer, Vizekönig Phetsarat, übernahm das Amt des Premierministers, unterstützt von seinem Halbbruder Prinz Souvanna Phouma und Souphanouvong, einem jüngeren Halbbruder mit Verbindungen zum Viet Minh. König Sisavangvong, der weiterhin zu Frankreich hielt, wurde im Oktober abgesetzt.

Die neue Regierung befand sich jedoch in einer denkbar schlechten Ausgangsposition: Nach der japanischen Kapitulation hatten sich die Streitkräfte der Kuomintang in Nordlaos festgesetzt, die Briten kontrollierten den Süden und die Verwaltung lag brach. Als sich Frankreich Anfang 1946 mit China über den Abzug der Truppen und mit den Viet Minh über einen Modus Vivendi in Vietnam geeinigt hatte, begann es mit der Rückeroberung des Landes.

Unabhängigkeitskampf

Nach blutigen Auseinandersetzungen übernahm Frankreich im April 1946 wieder die Macht in Laos. Teile der Lao Issara, darunter die Prinzen Phetsarat, Souvanna Phouma und Souphanou-

vong, flüchteten nach Thailand. Andere Mitglieder gingen in den Dschungel, wo sie in der Folgezeit unter den Einfluss der kommunistischen Viet Minh gerieten.

Im August 1946 schuf Frankreich einen neuen Verwaltungsmodus für Laos und erkannte die Einheit des Landes unter der Krone von Luang Prabang an. Im November erlangte Laos außerdem die Gebiete westlich des Mekongs zurück und im Mai 1947 wurde eine neue Verfassung verabschiedet. Als Frankreich Laos 1949 schließlich als unabhängigen Staat im Gefüge der Union Française anerkannte, sahen die meisten Lao-Issara-Mitglieder ihre Forderungen erfüllt und kehrten nach Laos zurück. Der verbleibende Teil schloss sich den bereits aktiven laotischen Guerillakämpfern an und baute mit Hilfe der Vietnamesen eine neue Organisation auf, die später als **Pathet Lao** bekannt wurde.

Bis 1953 brachten die Truppen von Pathet Lao und Viet Minh große Teile des Nordostens unter ihre Kontrolle. Frankreich geriet nun zunehmend unter Druck: Während in Europa der Protest gegen den „schmutzigen Krieg" wuchs, gewannen in Indochina die Befreiungsbewegungen die Oberhand. Angesichts dieser Situation änderte Frankreich seine Strategie: Zum einen zog es sich taktisch aus dem Konflikt zurück (was im Fall von Laos 1953 mit der Anerkennung der vollständigen Unabhängigkeit geschah). Zum anderen bereitete es sich auf eine Entscheidungsschlacht gegen die Viet Minh bei **Dien Bien Phu** vor. Doch die Taktik schlug fehl. Nach mehr als 50 Tagen blutiger Kämpfe mussten sich die Franzosen im Mai 1954 geschlagen geben.

Die **Genfer Konferenz** beendete im Juli 1954 die französische Kolonialzeit in Indochina. Im Genfer Abkommen wurden das **Königreich von Laos** als eigenständiger Staat anerkannt, ein Ende der Kämpfe und freie Wahlen beschlossen. Die Pathet-Lao-Kämpfer sollten in den Provinzen Houaphan und Phongsaly konzentriert und im Rahmen einer „politischen Lösung" reintegriert werden. Damit war das Land aber de facto gespalten: Im Nordosten sammelten sich die kommunistischen Kräfte. Im Westen und Süden behielt die Königliche Regierung die Oberhand – weiterhin von Frankreich militärisch beraten und unter zunehmendem Einfluss der USA.

Zeit der Koalitionen (1954–1963)

Wie gering die Chance für einen neutralen laotischen Staat war, zeigte sich schon während der Genfer Konferenz: Die **USA** – alles andere als glücklich über den erreichten Status – weigerten sich, das Abkommen zu unterzeichnen. Für sie war Laos ein wackeliger Stein in der kommunistischen Dominokette, die Südostasien zu überrollen drohte, sollten die „vietnamesischen Marionetten" des Pathet Lao hier siegen. In den folgenden Jahren bauten sie daher ihre finanzielle und militärische Unterstützung für die antikommunistischen Kräfte aus. Bereits seit 1953 war die CIA in Laos tätig und zwei Jahre später wurde die königlich-laotische Armee vollständig mit US-Mitteln finanziert.

Die Aussichten für die „Neutralisten" um Prinz Souvanna Phouma waren alles andere als rosig. Nach schwierigen Verhandlungen bildete er im November 1957 die **erste Koalitionsregierung**. Wie vereinbart stellten auch die Pathet Lao zwei Minister. Als die linken Parteien aber ein Jahr später bei den Wahlen 20 Sitze gewannen, drehten die USA dem Land den Geldhahn zu und Souvanna Phouma musste zugunsten einer US-freundlichen Rechtsregierung zurücktreten. Damit war die Neutralitätspolitik vorerst zu Ende. Nach verschiedenen Übergriffen des Staates zogen sich die Pathet-Lao-Kämpfer wieder in die Nordostprovinzen zurück – unterstützt von Nordvietnam, das zeitgleich seine Militäraktionen gegen Südvietnam zu intensivieren begann. Laos erlebte eine neue Welle der Gewalt.

Um dem Blutvergießen ein Ende zu setzen, putschte im August 1960 der erst 26-jährige Kommandeur eines Fallschirmjäger-Bataillons, **Kong Le**. Souvanna Phouma wurde erneut mit der Regierungsbildung beauftragt, doch schon wenige Monate später holte die Rechte zum Gegenschlag aus: Mit Hilfe der USA und Thailands marschierten im Dezember Truppen von Savannakhet nach Vientiane und vertrieben Kong Le und Souvanna Phouma aus der Stadt.

Mit Kong Les Flucht auf die Ebene der Tonkrüge geriet Laos endgültig zwischen die Fronten des Kalten Krieges: Russland richtete auf Bitten Souvanna Phoumas eine Luftbrücke auf das Xieng Khouang-Plateau ein. China belieferte die Pathet Lao mit Waffen. Nordvietnam begann, den Ho-Chi-Minh-Pfad auszubauen, und die USA rüsteten in Long Tieng eine geheime Hmong-Armee aus, die von der CIA finanziert und geschult wurde.

Um die Krise zu entschärfen, fand von 1961–1962 noch einmal eine Laos-Konferenz in Genf statt, die zur Bildung der **zweiten Koalitionsregierung** führte. Aber auch sie hielt nur ein paar Monate. Nach einer Reihe politischer Morde verließen die Pathet-Lao-Minister 1963 Vientiane. Ein Jahr später begannen die USA mit der Bombardierung des Landes, und Laos wurde in den Strudel des Zweiten Indochinakrieges gezogen.

„Geheimer Krieg" (1964–1975)

Mehr als zwei Millionen Tonnen Sprengstoff, 200 000 Tote und ein schweres Trauma sind das Ergebnis eines Krieges, den die USA erst 1970 zugaben, überhaupt zu führen (im Falle Nordvietnams geschah das erst nach Kriegsende). Zu dieser Zeit waren schätzungsweise schon 12 000 Amerikaner und 40 000 Nordvietnamesen in Laos aktiv. Und das, obwohl das Genfer Abkommen die Präsenz ausländischer Truppen auf laotischem Territorium verbot.

Die **Ebene der Tonkrüge** und der **Ho-Chi-Minh-Pfad**, über den Ha Noi den Vietcong versorgte, wurden ab Mai 1964 intensiv von amerikanischen Flugzeugen bombardiert. Bis 1968 hatten die USA bereits eine Milliarde Dollar für den **Luftkrieg** ausgegeben.

Anfang 1970, nach der US-Invasion in Kambodscha (und der Zerstörung des Sihanouk-Pfades), weitete sich der Krieg auf den **Süden** aus. Zu dieser Zeit marschierten monatlich rund 8000 Mann mit 10 000 t Kriegsgerät auf dem Ho-Chi-Minh-Pfad nach Südvietnam. Parallel zu Flächenbombardements regten die USA im Februar 1971 den Einmarsch von 17 000 südvietnamesischen Soldaten nach Zentrallaos an, um die Nachschubroute der Nordvietnamesen bei Xepon zu unterbrechen. Die **Operation Lam Son 719** wurde aber verraten und schlug fehl. Nur wenige Monate später kontrollierten die laotisch-vietnamesischen Verbände den gesamten Südosten einschließlich des Bolaven-Plateaus.

Öffentlicher Druck und die Einsicht, dass der Zweite Indochinakrieg nicht zu gewinnen sei, führten in den USA schließlich zum Umdenken. Im Januar 1973 beendeten die Konfliktparteien mit dem **Pariser Abkommen** die Kampfhandlungen in Vietnam, und in Laos wurde die dritte Koalitionsregierung formiert. Die Pathet Lao waren inzwischen in einer besseren Ausgangsposition, da sie drei Viertel des Landes kontrollierten, allerdings noch keine der großen Städte am Mekong.

Machtwechsel

Nach zähen Verhandlungen kam im Mai 1974 die **dritte Koalitionsregierung** unter Souvanna Phouma zustande. Wie vereinbart bestand das Kabinett zu gleichen Teilen aus linken und rechten Kräften. Als Teil des Friedensabkommens waren zuvor bereits Vientiane und Luang Prabang neutralisiert worden. Fortan liefen hier Pathet Lao und königliche Ordnungshüter gemeinsam Streife. Damit war es den kommunistischen Kräften gelungen, friedlich in die „Vientiane-Zone" einzudringen, während sich die Gegenseite von Pathet-Lao-Gebiet fernhielt.

Diese sichere Position nutzten die Pathet Lao in der Folgezeit, um mit einer Kombination aus militärischem Druck und Massendemonstrationen auch in den großen Mekongstädten Fuß zu fassen. Mitte 1974 kam es zu ersten Streiks. Im April 1975 besiegten Pathet-Lao-Verbände bei Phou Khoun die Überreste der „Geheimen Armee", und im gleichen Monat löste König Savang Vatthana auf Druck der Kommunisten die Nationalversammlung auf. Unter dem Eindruck der kommunistischen Siege in Phnom Penh und Sai Gon übernahmen Pathet-Lao-Truppen wenig später Pakxe, Savannakhet und Thakhek, bevor sie im August 1975 in die Hauptstadt einmarschierten.

Anfang Dezember 1975 wurde die Monarchie abgeschafft und die Laotische Demokratische Volksrepublik proklamiert. Einzige regierende Partei war fortan die **Laotische Revolutionäre Volkspartei** (LRVP). Der populäre Prinz Souphanouvong erhielt das Amt des Präsidenten. Kaysone Phomvihane, der machtvolle, aber weitgehend unbekannte Parteigründer, wurde zum Premierminister ernannt.

Laotische Demokratische Volksrepublik

Der Machtwechsel in Vientiane bedeutete für Laos in vielerlei Hinsicht eine **Zäsur**: Erstmals seit 30 Jahren befand sich das Land wieder im Frieden, und erstmals seit der Teilung Lane Xangs regierte wieder eine weitgehend homogene politische Gruppe. Doch statt wie angekündigt einen „laotischen Weg" einzuschlagen, brach das neue Regime mit fest verwurzelten Traditionen wie der Monarchie und enthob den Buddhismus aus dem Status der Staatsreligion. Viele Repräsentanten des alten Regimes, die nicht rechtzeitig über den Mekong fliehen konnten, wurden in Umerziehungslagern interniert.

Das gravierendste Problem der neuen Führung war die marode Wirtschaft. Bis 1976 verstaatlichte sie den größten Teil des Privatsektors, ein Jahr später folgte die **Kollektivierung der Landwirtschaft**. Bis 1980 stieg die Zahl der Genossenschaften auf mehr als 2500. Nur: Die erhofften Produktionszuwächse blieben aus. Die Gründe dafür waren vielfältig. Neben einer Serie von Überschwemmungen, Organisationsfehlern und der schlechten Grundausrüstung vieler Genossenschaften sträubten sich vor allem die Bauern gegen eine Kollektivierung. Als die Proteste zunahmen und auch Bauern über den Mekong zu fliehen begannen, musste die laotische Führung einsehen, dass die Kampagne gescheitert war. In den Folgejahren wurden die Genossenschaften teilweise aufgelöst und in Anlehnung an Lenins **Neue Ökonomische Politik** mehr Marktwirtschaft auf dem Weg zum Sozialismus zugelassen. Einschneidende Reformen folgten jedoch erst einige Jahre später, als Kaysone Phomvihane unter dem Eindruck von *perestroika* (russ. „Umgestaltung") und *doi moi* (viet. „Erneuerung") das „Neue Denken" (*chintanakan mai*) proklamierte.

Neues Denken, alte Köpfe

Mit dem „Neuen Denken", besser bekannt als **Neuer Ökonomischer Mechanismus**, leitete der 4. Parteitag der LRVP 1986 den schleichenden Übergang von der Plan- zur Marktwirtschaft ein. In der ersten Hälfte der 90er-Jahre zeigten sich die ersten Erfolge. Zwischen 1992 und 1997 lag das Wirtschaftswachstum im Schnitt bei 7 %. Doch auch Probleme wurden deutlich: Überbürokratisierung begünstigte die Korruption, die landwirtschaftliche Produktion stagnierte, und das Entwicklungsgefälle zwischen Stadt und Land nahm dramatisch zu. Außerdem geriet Laos in wirtschaftliche Abhängigkeit von Thailand, das drei Viertel aller Direktinvestitionen im Land tätigte und zum wichtigsten Handelspartner aufstieg. Problematisch war auch, dass die ökonomischen Reformen nicht von politischen begleitet wurden. Eine Opposition wurde nach wie vor nicht zugelassen.

Außenpolitisch nutzte Laos das Ende des Kalten Krieges, um zu allen Nachbarstaaten gute Beziehungen aufzubauen. Vor allem die problematischen Beziehungen zu **Thailand**, mit dem Laos noch 1984 und 1987/88 Grenzkriege geführt hatte, begannen sich zu verbessern. Sogar mit den USA wurden 1992 wieder volle diplomatische Beziehungen aufgenommen, und der Beitritt zur **ASEAN** 1997 ebnete endgültig den Weg von der Isolation zur schrittweisen Integration.

Proteste und Anschläge

Dass die Kontrolle der Partei nicht absolut war, zeigte sich zwischen 1999 und 2004 in einer Reihe von Protesten und Anschlägen. Erstmals seit der Revolution kam es im Herbst 1999 in den Straßen Vientianes wieder zu einer **Demonstration** gegen die politische Führung, bei der um die 30 Studenten den Rücktritt der Regierung und freie Wahlen forderten. In der laotischen Presse wurde der Vorfall totgeschwiegen, auch westliche Beobachter attestierten der Kundgebung kaum Bedeutung und Strahlkraft.

Anfang 2000 lieferten sich Hmong-Rebellen und laotische Armee in der Provinz Xieng Khouang und der damaligen Sonderzone Xaisomboun (S. 375) mehrere Gefechte, an denen auch vietnamesische Truppen beteiligt gewesen sein sollen. Im Juli überfielen 30 bewaffnete Kämpfer den Grenzposten Vangtao in Champasak. Eine mysteriöse **Bombenserie** in Vientiane und anderen Städten 2001–2004 konnte nicht vollständig aufgeklärt werden. Manche Medien interpretierten die Unruhen als breiten Dissens zwischen Führung und Bevölkerung. Andere sahen

darin nur ein Indiz für eine momentane Schwäche der Regierung oder gar für mafiöse Verteilungskämpfe. Eine ernste Bedrohung für die Regierung waren die Vorfälle zu keiner Zeit.

Neue Köpfe, altes Denken

Gegenwärtig stehen noch immer einige der kampferprobten Revolutionäre an der Parteispitze – jene Generation, die in jungen Jahren von den Kommunisten rekrutiert wurde und später in der Partei aufgestiegen ist.

Zu den alten Kadern gesellte sich nach den **Wahlen zur Nationalversammlung 2006**, als 60 % der Stimmen auf neue Kandidaten entfielen, eine jüngere Generation von Technokraten. Deren mächtigster Vertreter war bis zu seinem überraschenden Rücktritt 2011 Ministerpräsident Bouason Bouphavanh mit seinen guten – manche sagen: zu guten – Beziehungen zu Vietnam und China. Sein Nachfolger Thongsing Thammavong ist ebenfalls in der Partei groß geworden und stammt aus der alten Revolutionärshochburg Houaphan. Daneben finden sich Parteimitglieder mit prominentem Familiennamen im Zentralkomitee, unter anderem Söhne von Kaysone Phomvihane, Khamtay Siphandone und Saman Vinyaket.

Beobachter sind sich einig, dass auch der **Generationenwechsel** nichts an der politischen Leitlinie ändert. Zwar werden die Wirtschaftsreformen aller Voraussicht nach fortgesetzt, am Anspruch der Partei auf Alleinherrschaft ändert sich aber nichts. Vielmehr wird den Vorbildern Vietnam und China nachgeeifert, die gegenwärtig erfolgreich Wirtschaftswachstum mit autoritärer Herrschaft kombinieren.

Erst jüngst begegnete die Partei dem Unmut der Bevölkerung über den drohenden Ausverkauf des Landes an Vietnam und China mit ungewohnter medialer Offenheit: So versprach der altgediente Außenpolitiker Somsavat Lengsavat öffentlichkeitswirksam, die Auswirkungen **problematischer „Entwicklungsprojekte"** wie Kautschukplantagen und Staudämme abfedern zu wollen.

Öffentliche Kritik an den Fortschrittsplänen bleibt dennoch unerwünscht. Als sich der bekannte laotische NGO-Gründer Sombath Somphone beim Asia-Europe Meeting in Vientiane im Oktober 2012 für eine alternative Entwicklungspolitik aussprach, wurde das Treffen massiv gestört. Im Dezember entführten Unbekannte den 60-Jährigen auf offener Straße, seitdem ist er verschwunden. Während seine Angehörigen und die internationale Gemeinschaft versuchen, Druck auf die laotische Regierung auszuüben, verläuft die Aufklärungsarbeit der Polizei im Sand. Unterdessen häufen sich Berichte über unkontrollierten Holzeinschlag, Enteignungen und gewaltsame Übergriffe auf Bauern.

Wirtschaft

Laos gehört zu den ärmsten Ländern der Welt. Im Entwicklungsbericht der Vereinten Nationen nimmt es noch immer einen der hintersten Plätze ein. Offiziell lag das **Pro-Kopf-Einkommen** 2013 bei US$1500.

Rückgrat der laotischen Wirtschaft ist der **Agrarsektor**. Vier Fünftel der arbeitenden Bevölkerung sind in Land- und Forstwirtschaft oder in der Binnenfischerei tätig. Nur jeder Zehnte arbeitet im Dienstleistungsgewerbe, noch einmal so viele in Industrie und Handwerk. Zu den größten Devisenbringern zählen Bergbau, Tourismus, Textilien, Strom- und Holzexport.

Seit dem Scheitern der Kollektivierungskampagne Anfang der 1980er-Jahre verfolgt die laotische Regierung einen **Reformkurs**, der das auf zentraler Planung beruhende Wirtschaftssystem langsam in ein marktwirtschaftlich orientiertes umwandelt. Mit Unterstützung aus Thailand und Südkorea wurde 2010 in Vientiane die erste Börse des Landes geöffnet.

Seit 2000 lag das jährliche Wirtschaftswachstum zwischen 6 % und 7 %, allerdings wird es stark von ausländischer Entwicklungshilfe gestützt. Für 2015 wird ein Wirtschaftswachstum von 8 % prognostiziert.

Die **Inflationsrate**, die während der Asienkrise zeitweilig einen dreistelligen Wert erreichte, fiel 2005 erstmals deutlich unter 10 %. 2013 lag sie offiziell bei beachtlichen 6,4 %. Zentrale **Strukturschwächen** der laotischen Wirtschaft sind die niedrige Produktivität des Agrarsektors, das wachsende Haushaltsdefizit, die anhaltende negative Handelsbilanz, eine hohe Auslandsverschuldung und die große Abhängigkeit von internationaler Entwicklungshilfe. Auch die schlechte Infrastruktur ist ein Handicap, da sie den Warenverkehr erschwert und sehr verteuert. Um die Staatseinnahmen zu erhöhen, hat die Regierung 2010 eine Mehrwertsteuer eingeführt (VAT).

Allen Schwierigkeiten zum Trotz schätzen Experten die mittelfristigen **Perspektiven** des Landes durchaus positiv ein. Laos sei relativ gut durch die internationale Finanzkrise gekommen, heißt es in einer Analyse der Weltbank. Mit den neuen Dammbauten und dem daraus resultierenden Stromexport, vielen Bergbauprojekten und nicht zuletzt steigenden Touristenzahlen könnte es in Zukunft weiteres Wirtschaftswachstum produzieren. Voraussetzung dafür sei allerdings die Fortsetzung der Wirtschaftsreformen.

Sprachführer

Laotisch ist die offizielle Landessprache. Es ist die Sprache der Lao, die etwas mehr als die Hälfte der Bevölkerung ausmachen. Unter den Ethnien anderer Sprachfamilien wird Laotisch oft als Zweitsprache oder Lingua Franca gesprochen. Es gehört wie Thailändisch zur Tai-Sprachfamilie.

Im Laotischen gibt es mindestens drei **Töne**. Sie schreiben eine bestimmte Tonhöhe vor, die entweder gleichbleibend, ansteigend oder abfallend intoniert wird. Je nach Ton kann eine bestimmte Silbe bis zu sechs verschiedene Bedeutungen haben. In diesem Wörterbuch ist das Tonsystem nicht berücksichtigt.

Wörter und Wendungen

Zahlen

0	*suun*
1	*nüng*
2	*song*
3	*saam*
4	*sii*

5	*haa*
6	*hok*
7	*tschät*
8	*pät*
9	*kao*
10	*sip*
11	*sip ät*
12 etc.	*sip song*
20	*sao*
21 etc.	*sao ät*
30	*saam sip*
31 etc.	*saam sip ät*
100	*nüng loi*
500	*haa loi*
1000	*nüng phan*
5000	*haa phan*
10 000	*sip phan/nüng mün*
100 000	*nüng sän*
1 Million	*nüng lan*

Fragen und Antworten

wo ist …?	*… ju sai?*
wohin (gehst du gerade)?	*(si) päi sai?*
woher (kommst du)?	*ma tä sai?*
wann?	*wäla dai?*
wer?	*phai?*
was ist das?	*annii män njang?*
wie lange (noch)?	*(njang) don pan dai?*
wie weit?	*kai pan dai?*
wie viel kostet das?	*(annii) lakha thao dai?*
ja	*tschao*
nein; nicht (als Präfix vor Verb oder Adjektiv)	*bo*
gut	*dii*
nicht gut	*bo dii*

Personen

ich	*khoi*
du/Sie (höflich)	*tschao*
er/sie/es	*lao*
wir (mit der angesprochenen Person)	*phuok hao*
ihr	*phuok tschao*
sie	*phuok khao*

Zeit

Wie spät ist es?	*tschak mong läo?*
Um wie viel Uhr?	*wäla tschak mong?*
Minute	*nathii*
Stunde	*sua mong*
jetzt	*diaonii*
gleich, etwas später	*tschak noi*
früh	*sao*
spät	*suai*
heute	*mü nii*
morgen	*mü ün*
gestern	*mü wan (wan nii)*
am Morgen	*ton sao*
am Mittag	*ton thieng*
am Nachmittag	*ton suai*
am Abend	*ton läng*
Tag	*mü*
Nacht	*kang khün*
Woche	*athit*
Wochenende	*thai athit*
Monat	*düan*
Jahr	*pii*

Einkaufen

kaufen	*söe*
verkaufen	*khai*
Markt	*talat*
Wie viel kostet das?	*anii lakha thao dai?*
Ich möchte in Baht zahlen.	*khoi jaak tschai pän ngönbath.*
billig	*thük*
teuer	*phääng*
Toilettenpapier	*tschija hong naam*
Seife	*sabu*

Shampoo	samphu, jaa-sa-phom	Auto	lot käng
Binden	kotäk	Benzin	naam man ätsang
Mückenspray	jaa-siid-njung	Diesel	naam man kasuan
		Pick-up	lot kaba

Bank, Post und Telefon

Bank	thanakhan	Lastwagen	lot khonsong, lot songthäo
Geld	ngön	Bus	lot mä
Reisescheck	baisäk-dönthang	Busbahnhof	sathanii lot mä
Wechselkurs	atta-läkpian	Bitte hier anhalten!	karuna, tschotnii
Überweisung	kaan-oon	Nachtbus	lot mä kangkhün
Kontonummer	läk kong	Welcher Bus fährt nach …?	lot mä khan dai pai …
Post	paisanii		
Schreibpapier	tschija-khiau	Wann fährt er ab?	wäla dai lot ok?
Briefumschlag	song-tschotmai	Wie viele Stunden dauert die Fahrt?	kaan dön thang sai dai?
Brief	tschotmai		
Postkarte	batuaiphon	Fahrkarte	pii lot
Briefmarke	stäm	Ticketschalter	bon khai pii
Paket	kong	Gepäck	khapao
telefonieren	thorasab	Straße	hon thang
Telefonnummer	läk thorasab	Kreuzung	sii njäk
R-Gespräch	sai-thongthin	Brücke	khua
		Grenze	khätsaidän
		Boot	höea

Orientierung und Transport

geradeaus	paisü	Hafen	thaa höea
(nach) links	büang sai	Flugplatz	dönbin/sanambin
(nach) rechts	büang khua	Flugzeug	njon/hüabin
flussaufwärts	naamlaikhün		

Wohnen

flussabwärts	naamlailong	Hotel	hong-häm
nach …	pai thang …	Gästehaus	ban habkhäk
Norden	nüa	Zimmer	hong
Süden	tai	Einzelzimmer	hong tiang diao
Osten	tawenok	Zimmer für 2 Personen	hong samlab song khon
Westen	tawentok	Haben Sie ein Zimmer?	njang hong wang bo?
Stopp!	jut!	Was kostet ein Zimmer?	kha sao hong nüng lakha thao dai?
mieten	sao		
Motorrad	lot tschak	Toilette, Bad	hong naam
Fahrrad	lot thiip	Wo ist hier eine Toilette?	hong naam ju sai?
Taxi	taksi		
Tuk Tuk	tuktuk	heißes Wasser	naam hon

Fan, Ventilator	*phatlom*
Klimaanlage	*äjien*
Schlüssel	*kuntschä*
Moskitonetz	*mung*
Handtuch	*pha-sättoo*
Decke	*pha-hoom*
Wäscheservice	*haan sakliit*

Essen und Trinken

Essen, Mahlzeit	*ahaan*
Ohne Fleisch, bitte.	*karuna bo sai siin*
Frühstück	*paan khaosao*
lockerer Reis	*khao tijao*
Klebreis	*khao niau (nio)*
Nudelsuppe	*föe*
Eier	*khai*
Omelett	*khaitschün*
Spiegelei	*khaidao*
Brot, Baguette	*khaotschii*
Fleisch	*siin*
Ente	*pät*
Fisch	*paa*
Hähnchen, Huhn	*kai, kaimä*
Rind	*siin-ngoa*
Schwein	*mu*
Gemüse	*phak*
Aubergine	*mak-khüa*
Chili	*mak-phät*
Wasserspinat	*phak-khadna*
Knoblauch	*kathijam*
Salat	*phak-salat*
Tomate	*mak-län*
Zwiebel	*phak-bua*
Obst	*mak-mai*
Ananas	*mak-nat*
Banane	*mak-kuai*
Limette	*mak-nao*
Mango	*mak-muang*
Papaya	*mak-hung*

Wassermelone	*mak-moo*
Getränke	*khüang döem*
trinken	*döem*
Wasser	*naam*
abgekochtes Wasser	*naam tom*
Kaffee	*kafe*
... schwarz	*... kafe dam*
... mit Milch	*... sai nom*
... mit Zucker	*... sai naamtaan*
Eiskaffee	*kafe olieng*
Tee	*naam-sa*
Eistee	*sa-naamkon/sa-jen*
heiß	*hon*
kalt	*jen*
Eis	*naamkon*
Fruchtsaft	*naammakmai*

Gesundheit

Gesundheit	*sukhaphaab*
Apotheke	*haankhai-jaa*
Medizin	*kaan-phät*
Zahnarzt	*phät-puakhäo*
Ich muss ins Kranken- haus.	*khoi tongpai hongmo.*
Ich brauche einen Arzt.	*khoi tongkaan phät.*
Ich bin krank.	*khoi bo sabai.*
Ich habe ...	*khoi ...*
Durchfall	*thokthong*
Wunde	*baat-phä*
Entzündung	*püai*
Erbrechen	*haak*
Übelkeit	*puat-haak*
Fieber	*khai-khing-hon*
Kopfweh	*tschäp-hua*
Magenschmerzen	*tschäp-kapho*
Malaria	*maläria*
Rückenschmerzen	*tschäp-lang*
Schwindel	*wiin-hua*
Zahnschmerzen	*tschäp-khäo*

Umwelt

Stadt	tua-müang
Dorf	baan
Berg	phu
Wald	pa-mai
Fluss	mä-naam
Flussmündung	paak-naam
See	büng
Teich, kleiner See	nong
Quelle (heiß)	bo-naam (hon)
Wasserfall	tad
Höhle	thaam
Baum	ton-mai
Blume, Blüte	dok-mai, dok
Holz	mai
Stein	hiin
Tier	sat
Vogel	nog
Sonne	tawen
Mond	düan
Regen	fon-tok

Notfälle

Notfall!	kolani suksön
Hilfe!	suai-dä!
Dieb!	khon-khilak!
Ich habe meinen Reisepass verloren.	khoi dai hät passport sia.
Ich bin bestohlen worden.	khao lak khüang khoi
Gepäck	khapao dönthang
Portemonnaie	khapao ngön
Geld	ngön
Papiere	äkasan
Polizei, Polizist	tamluat
Polizeistation	sathanii tamluat
Botschaft	sathanthut
Visum	wisa
Unterschrift	laisen

Gespräch

Hallo/Guten Tag!	sabai dii
Tschüss	laakon
Wie geht es dir/Ihnen?	tschao/thaan sabai dii bo?
Danke, mir geht es gut.	khoptschai, khoi sabai dii.
Und dir/Ihnen?	lä tschao/thaan dä?
Vielen Dank!	khoptschai lailai!
Viel Glück (von Herzen)!	sook dii (dö)!
Bitte	karuna
Entschuldigung	kho thoot, sia tschai.
Das macht nichts!	bo pen njang!
Guten Morgen!	sabai dii ton sao
Guten Abend!	sabai dii ton läng
Es gibt …	mii …
Es gibt nicht …	bo mii …
Gibt es …?	mii … bo?
Wie heißen Sie?	tschao sü njang?
Ich heiße …	khoi sü …
Wie alt sind Sie?	tschao anju thao dai?
Woher kommen Sie?	tschao ma tä sai?
… aus Deutschland	… ma tschak ijalaman
… Österreich, der Schweiz	… ostria, swiss
Wo wohnen Sie?	tschao (phamnak) ju sai?
Darf ich fotografieren?	khoi kho anunjat thai-hub dai bo?
Sprechen Sie Englisch?	tschao paak phasa angkit dai bo?
Bitte sprechen Sie langsam.	karuna wao sasa.
Ich verstehe nicht.	khoi bo khaotschai.
Was ist das?	nan män njang?
Wie nennt man das (auf Laotisch)?	anni önwa njang?
Sind Sie verheiratet?	tschao tängaan läo bo?
Sind Sie verlobt?	tschao mii khu man läo bo?
Wie viele Kinder haben Sie?	thaan mii luk tschak khon

Vientiane

Als Graham Greene 1954 Vientiane besuchte, stellte er nüchtern fest: „zwei Straßen, ein europäisches Restaurant, ein Club und der übliche schmuddelige Markt" – das sei alles, was die laotische Hauptstadt zu bieten habe. Ein langweiliger Ort, „ein Jahrhundert von Saigon entfernt".

Auch heute ist „brodelnd" nicht gerade das erste Wort, das einem zu Vientiane (500 000 Einw.) einfällt: Klein und entspannt schmiegt es sich an eine 12 km lange Biegung des Mekong, ein Gegenentwurf zur Thai-Metropole Bangkok. Zweistöckige Ladenhäuser reihen sich an 60er-Jahre-Bauten, und nur vereinzelt erinnern französische Villen daran, dass bis vor wenigen Jahrzehnten noch eine andere Nation im Land der eine Million Elefanten das Sagen hatte.

Doch die Tage der Ruhe sind gezählt: Neue Straßen, Einkaufszentren und Bürohochhäuser lassen den Dorfcharakter langsam verblassen. Etliche Großbaustellen zeugen davon, dass Vientiane zu den Hauptstädten der Region aufschließen will. Damit kommen aber auch die typischen Großstadtprobleme: Schon jetzt treiben Immobilienspekulationen die Grundstückspreise auf ein Rekordhoch, und im Berufsverkehr, wenn alle ins Zentrum strömen, gibt es inzwischen kaum noch ein Durchkommen.

Mit der Lieblichkeit Luang Prabangs kann Vientiane schon lange nicht mehr mithalten. Dafür bietet es einige der besten Restaurants des Landes und die seltene Gelegenheit, einen Eindruck vom modernen Laos zu bekommen. Einen Besuch lohnen zudem der alte **Vat Sisaket**, das Kunstmuseum **Ho Phra Keo** und der **That Luang**, das wichtigste religiöse Monument von Laos. Bei Regen bietet sich ein Gang durchs **Nationalmuseum** an. Schön schräg ist der **Buddha Park** 24 km östlich der Stadt. Und wer zur Aussichtsplattform des **Anousavari** (Patuxai) hochklettert, hat einen weiten Blick über die Stadt.

Geschichte

Auch wenn nicht mehr viel darauf hindeutet: Vientiane (ausgesprochen „Wi-en Tjan") ist eine alte Stadt. Vermutlich war der Ort schon vor mehr als 2000 Jahren besiedelt, bevor die **Mon** und später die **Khmer** ihre Machtbereiche auf Nordlaos ausdehnten. Die Lao wanderten erst ab 1000 n. Chr. in die Region ein, und es dauerte weitere 350 Jahre, bis die Stadt 1357 von König **Fa Ngum** erobert wurde.

Viele der Sakralbauten, die heute zu sehen sind, wurden nach 1560 errichtet, als König **Setthathirat** (reg. 1548–1571) seine Hauptstadt von Luang Prabang nach Vientiane verlegte. Erbfolgestreitigkeiten führten Anfang des 18. Jh. dazu, dass Lane Xang in **drei Königreiche** zerfiel. Vientiane wurde Hauptstadt des gleichnamigen Reiches und konnte sich 71 Jahre lang mehr oder minder die Unabhängigkeit bewahren, bevor es 1778/79 von den Siamesen eingenommen wurde.

Der letzte König Vientianes, **Anouvong** (reg. 1804–1828), unter dessen Ägide auch Vat Sisaket gebaut wurde, versuchte zu Beginn des 19. Jhs., die Fremdherrschaft abzuschütteln. Sein Vorhaben schlug jedoch fehl, und Rama III. nahm blutige Rache: Vientiane wurde 1828 dem Erdboden gleichgemacht, ein Großteil der Bevölkerung verschleppt und der König in einem Käfig in Bangkok ausgestellt, wo er wenig später starb.

Frankreich, dessen Trikolore ab 1893 über dem Land wehte, machte die Stadt 1899 zum **Verwaltungssitz der neuen Kolonie**, baute Straßen, Villen und Regierungsgebäude und gab Vientiane das französische Gesicht, das einige Straßenzüge noch heute besitzen. Nach dem Zweiten Weltkrieg wurde Laos infolge des franko-laotischen Modus Vivendi zur konstitutionellen Monarchie und Vientiane zur administrativen **Hauptstadt des Königreiches** von Laos. Der Hof blieb weiter in Luang Prabang.

Die Niederlage der Franzosen in Dien Bien Phu 1954 markierte das Ende der französischen Kolonialzeit. Die Stadt sah die alten Herren ziehen, nur um wenig später mit einer neuen Macht konfrontiert zu werden: den **USA**. Im Kampf gegen den Kommunismus flossen allein von 1955–1963 mehr als 480 Mio. US-Dollar nach Laos. Vientiane wurde zum Tummelplatz von Geheimdienstlern, Journalisten und „Geheimen Kriegern", die sich nachts in den verschiedensten Etablissements vergnügten.

Politisch erlebte die Stadt eine Zeit großer Unruhe: Neutralisten, Rechte und Kommunisten verloren sich in Ränkespielen, dominiert von ihren jeweiligen Protektoren USA, UdSSR und Nordvietnam. Zwischen 1957–1974 kamen und gingen drei Koalitionsregierungen, bis im Frühjahr 1975, nach dem Fall von Sai Gon und Phnom Penh, die Pathet-Lao-Führer die Macht übernahmen.

Damit war die Zeit der USA in Laos zu Ende und an ihre Stelle traten die Berater aus Vietnam und der Sowjetunion. Vientiane wurde **Hauptstadt der Laotischen Demokratischen Volksrepublik**. Zehntausende Regimegegner flohen ins Ausland oder wurden in Umerziehungslager gesteckt, und die kommunistische Führung begann mit dem Umbau des Landes nach sozialistischem Maßstab. Die **Kollektivierung der Wirtschaft** stellte sich aber schon bald als Fehler heraus. Produktionssteigerungen blieben aus und der Versuch, den Einzelhandel zu verstaatlichen, führte bereits nach kurzer Zeit zu Versorgungsengpässen. Ende der 1980er-Jahre wurde notgedrungen mit der **Liberalisierung des Marktes** begonnen. Infolge der Reformen erlebte Vientiane ein deutliches Wirtschaftswachstum, unterbrochen nur durch die asiatische Finanzkrise 1997/98. Ausländische Firmen und NGOs ließen sich in der Stadt nieder und ein Strom von Expats und Touristen schuf neue Einkommensmöglichkeiten für die Bewohner.

Auch das erste Jahrzehnt des neuen Jahrtausends stand ganz im Zeichen der Internationalisierung: 2004 fand in Vientiane der ASEAN-Gipfel statt, 2007 die Conférence de la Francophonie. Seit März 2009 gibt es eine Bahnverbindung über die Freundschaftsbrücke nach Thailand und im Dezember war die Stadt Austragungsort der 25. **Südostasienspiele**, der ersten in Laos überhaupt. Auch wenn solche Großereignisse jedes Mal eine drastisch erhöhte Polizeipräsenz und groteske Aufräumaktionen nach sich ziehen, bedeuten sie doch auch immer einen Riesensprung für die Infrastruktur. In den kommenden Jahren werden gigantische Shopping Malls, Bürokomplexe und Luxushotels hochgezogen, ab 2015/16 dominiert das **World Trade Center** mit dem höchsten Büroturm (150 m) des Landes die Skyline. Im kommenden Jahrzehnt kratzt die Einwohnerzahl aller Voraussicht nach an der **Millionengrenze**. Kurzum: Die Stadtentwicklung bleibt eines der zentralen politischen Themen.

Orientierung

Vientianes kleines **Zentrum** wird von den Straßen Khoun Bourom Road, Lane Xang Avenue und Fa Ngum Road markiert. In der Mitte liegt der **Nam Phou**, ein Springbrunnen, der seit 2013 von Neubauten bedrängt wird. Wichtige Vekehrsadern sind außerdem die **Setthathirat Road** und die Einkaufsstraße **Samsenthai Road**. Am Mekong entlang verläuft die geschäftige **Fa Ngum Road**, die neuerdings eine Einbahnstraße ist. Die Einheimischen orientieren sich meist nur an Stadtteilen *(ban)*, Vats oder Hotels, so dass man Tuk-Tuk-Fahrern am besten markante Punkte nahe dem Zielort nennt.

Sehenswertes

That Luang

Verglichen mit der berühmten Shwedagon-Pagode in Birma wirkt der That Luang geradezu schlicht. Seine spirituelle Bedeutung für die Lao ist aber kaum zu überschätzen: Der „Ehrwürdige Stupa", 1,5 km östlich des Anousavari, ist das **bedeutendste religiöse Monument** des Landes. Seine heutige Form geht auf König Setthathirat (reg. 1548–1571) zurück, dessen Statue auf dem Vorplatz steht. Von den vier Vats, die den That einst umgaben, stehen nur noch zwei: das vor kurzem einer riesigen liegenden Buddhastatue aufgewertete Vat That Luang Tai im Süden und Vat That Luang Neua im Norden. Der mächtige Ho Thammasapha dient als Sitz der Lao Buddhist Fellowship Organization und des Oberhaupts des laotischen *sangha*.

Die meisten Besucher betreten den That Luang durch das Westtor. Die Anlage besteht aus drei Ebenen und einem Wandelgang. Gleich links des Eingangs befindet sich die **Statue von Jayavarman VII.**, einem der großen Könige Angkors. Sie wurde 1951 nahe dem heutigen Stupa gefunden. Interessant ist auch die goldene Statue in der Nordwestecke: Manche Experten sehen darin einen *dvarapala* (Khmer-Wächter).

Auf der Ostseite des That, auf der **ersten Ebene**, erhebt sich im Schatten eines Pavillons der kleine That Sithamma Haysok. Rechts daneben steht etwas erhöht die Pancasila-Stele, so genannt wegen der eingearbeiteten fünf

Vientiane Zentrum

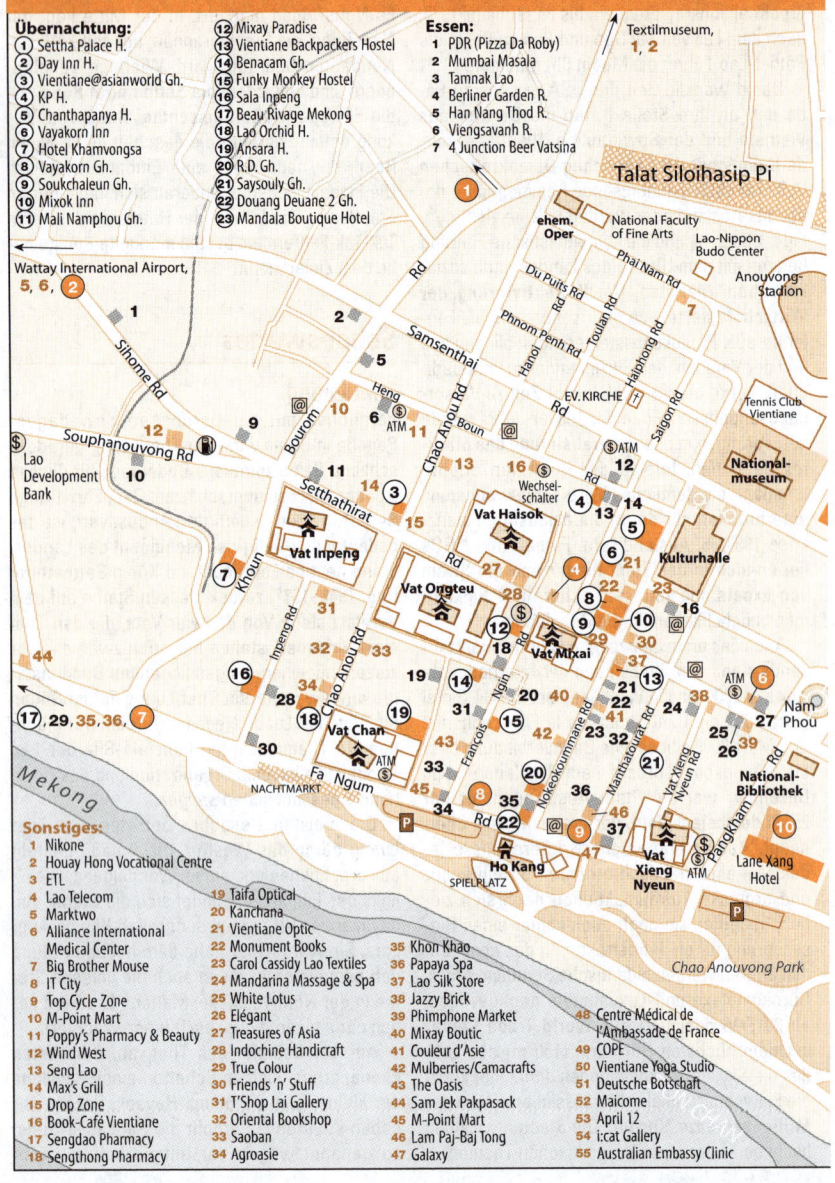

LAOS

Übernachtung:
1. Settha Palace H.
2. Day Inn H.
3. Vientiane@asianworld Gh.
4. KP H.
5. Chanthapanya H.
6. Vayakorn Inn
7. Hotel Khamvongsa
8. Vayakorn Gh.
9. Soukchaleun Gh.
10. Mixok Inn
11. Mali Namphou Gh.
12. Mixay Paradise
13. Vientiane Backpackers Hostel
14. Benacam Gh.
15. Funky Monkey Hostel
16. Sala Inpeng
17. Beau Rivage Mekong
18. Lao Orchid H.
19. Ansara H.
20. R.D. Gh.
21. Saysouly Gh.
22. Douang Deuane 2 Gh.
23. Mandala Boutique Hotel

Essen:
1. PDR (Pizza Da Roby)
2. Mumbai Masala
3. Tamnak Lao
4. Berliner Garden R.
5. Han Nang Thod R.
6. Viengsavanh R.
7. 4 Junction Beer Vatsina

Sonstiges:
1. Nikone
2. Houay Hong Vocational Centre
3. ETL
4. Lao Telecom
5. Marktwo
6. Alliance International Medical Center
7. Big Brother Mouse
8. IT City
9. Top Cycle Zone
10. M-Point Mart
11. Poppy's Pharmacy & Beauty
12. Wind West
13. Seng Lao
14. Max's Grill
15. Drop Zone
16. Book-Café Vientiane
17. Sengdao Pharmacy
18. Sengthong Pharmacy
19. Taifa Optical
20. Kanchana
21. Vientiane Optic
22. Monument Books
23. Carol Cassidy Lao Textiles
24. Mandarina Massage & Spa
25. White Lotus
26. Elégant
27. Treasures of Asia
28. Indochine Handicraft
29. True Colour
30. Friends 'n' Stuff
31. T'Shop Lai Gallery
32. Oriental Bookshop
33. Saoban
34. Agroasie
35. Khon Khao
36. Papaya Spa
37. Lao Silk Store
38. Jazzy Brick
39. Phimphone Market
40. Mixay Boutic
41. Couleur d'Asie
42. Mulberries/Camacrafts
43. The Oasis
44. Sam Jek Pakpasack
45. M-Point Mart
46. Lam Paj-Baj Tong
47. Galaxy
48. Centre Médical de l'Ambassade de France
49. COPE
50. Vientiane Yoga Studio
51. Deutsche Botschaft
52. Maicome
53. April 12
54. i:cat Gallery
55. Australian Embassy Clinic

Textilmuseum, 1, 2

Talat Siloihasip Pi

Wattay International Airport,

Sihome Rd

Souphanouvong Rd

Lao Development Bank

ehem. Oper

National Faculty of Fine Arts

Lao-Nippon Budo Center

Anouvong-Stadion

Samsenthai

Dü Puits Rd

Phai Nam Rd

Phnom Penh Rd

Hanoi

Toulan Rd

Haiphong Rd

Saigon Rd

EV. KIRCHE

Wechsel-schalter

Tennis Club Vientiane

National-museum

Setthathirat

Heng

Bourom

Chao Anou Boun

ATM

Vat Haisok

Kulturhalle

Vat Inpeng

Khoun

Rd

Vat Ongteu

Inpeng Rd

Vat Mixai

Chao Anou Rd

Vat Chan

NACHTMARKT

Fa Ngum

ATM

Ngin

Francois

Nokeokoummane Rd

Manthatourat Rd

Vat Xieng Nyeun Rd

Nam Phou

National-Bibliothek

Pangkham

Lane Xang Hotel

Mekong

Ho Kang

SPIELPLATZ

Vat Xieng Nyeun

ATM

Chao Anouvong Park

8 Pho Zap
9 Ray's Grille
10 Fujiwara R.
11 L'Alsace
12 Lao Kitchen
13 Noi's Fruit Heaven
14 Yulala R.
15 Kheg Suan Sim
16 Taj Mahal R.
17 House of Fruit Shake
18 Ai Capone
19 Pa Kao Lao R.
20 Suppenküche

21 Pimentón
22 Le Banneton
23 Osaka
24 Amphone
25 Le Trio Café
26 Joma Bakery
27 Khop Chai Deu R.
28 Makphet
29 Essensstände
30 Liao-ning Dumpling
31 Istanbul
32 Muzaik

33 Sticky Fingers Café & Bar
34 Café Sinouk
35 Via Via
36 The Little House
37 Chok Dee Café
38 Ban Gai
39 Bistro 22
40 P.V.O
41 Kung's Café Lao
42 B.C.F. Restaurant

Transport:
1 Nördliche Busstation
2 Thai Airways, China Eastern Airlines, Lao Central Airlines, Lao Skyway
3 Südliche Busstation
4 Avis
5 Busstation am Talat Sao
6 Green Discovery
7 Jules Classic Adventure
8 Lao Youth Travel
9 Motorradverleih P.V.O.
10 Lao Airlines

LAOS

Lotusblüten, die die fünf buddhistischen Laien-regeln symbolisieren *(pancasila)*. Die Mauer, die die erste Ebene umgibt, ist an jeder Seite mittig mit einem Gebetshäuschen versehen. Die Mauer der **zweiten Ebene** wird von 120 Lotus-Blütenblättern eingefasst und schließt mit einem Zinnenkranz ab. Im Zentrum jeder der 228 lotus-förmigen Zinnen befindet sich ein Hohlraum mit einer Buddhafigur. Die **dritte Ebene** besteht aus dem gewölbten Hauptkörper *(anda)*, auf dem die Spitze thront. Sie wird von 30 Stupas umringt, die für die zehn buddhistischen Vollkommen-heiten in ihren drei Graden stehen. Die jeweilige Vollkommenheit *(parami)* ist auf den Sockeln der Stupas eingraviert. Die Form der Spitze, die an eine Bananenblüte erinnert, ist typisch für Laos. Vom Boden bis zur Spitze misst der That Luang 45 m. Den schönsten Anblick bietet er zum Son-nenuntergang, wenn die goldene Oberfläche in sanftes Licht getaucht wird. ◷ tgl. 8–12, 13–16 Uhr, Eintritt 5000 Kip.

Vat Sisaket

Das **älteste erhaltene Kloster Vientianes**, Lane Xang Ave, Ecke Setthathirat Road, ist auch das schönste. Es wurde 1818 unter König Anou-vong erbaut. Die Siamesen verschonten den Tempel 1828, um ihn als Lager für ihre Trup-pen zu nutzen. Im Gegensatz zum Ho Phra Keo dient Vat Sisaket noch heute als Kloster. Dank früher Rekonstruktionen stehen auf dem Ge-lände noch einige alte Schreinbauten. Der *sim* ist an den Bangkok-Stil des späten 18. Jhs. an-gelehnt und von einem Wandelgang umge-ben. Insgesamt werden im Vat Sisaket mehr als **10 000 Buddhastatuen und -figuren** aufbewahrt, die meisten davon im Wandelgang. Viele stam-men aus Tempeln, die im Krieg zerstört wur-den. Besonders schöne Beispiele für die laoti-sche Bronzekunst des 16. und 17. Jhs. befinden sich an der Südwestseite des Wandelgangs. Fast alle stellen den Erleuchteten in der Pose der „Erdberührung" dar *(bhumisparsa*-Mudra*)*. Viele Statuen haben noch den originalen Strahl der Weisheit *(ketu-mala)*, der sich vom Schei-telpunkt des Kopfes erhebt *(usnisa)*. In den tau-senden Nischen dahinter stehen je zwei winzi-ge Figuren aus Holz, Metall, Keramik oder Stein. Die Wände im Innern des **Sim** sind mit Jataka-

Szenen verziert. Oberhalb der Nischen mit wei-teren Buddhaminiaturen schließt sich eine schöne Holzdecke mit hängenden, geschnitzten Lotuskränzen an. Spektakulärer ist der vergolde-te rituelle Kerzenständer (19. Jh.), der vor dem Altar steht: Er gilt als das besterhaltene Exem-plar mit buddhistischer Kosmologie-Darstellung in ganz Laos. Ein weiteres Überbleibsel aus die-ser Zeit ist das Portal auf der Nordseite. Es zeigt zwei Apsaras, die von Yaks getragen werden.

Bei einer Umrundung der Anlage lohnt noch ein Blick auf die seltene **Tipitaka-Bibliothek** *(ho tai)*, die auf der Westseite in die Mauer zur Lane Xang Ave integriert ist: Darin wurden frü-her Palmblattmanuskripte aufbewahrt. ◷ tgl. 8–12, 13–16 Uhr, Eintritt 5000 Kip.

Ho Phra Keo

So mancher ist beim ersten Blick in den Ho Phra Keo, schräg gegenüber Vat Sisaket, enttäuscht. Doch wer sich etwas Zeit nimmt, kann in der voll-gestellten Halle einige der **kostbarsten Stücke laotischer Kunst** entdecken. Fast alle stammen aus zerstörten Vats, Opfer der verschiedenen In-vasionen, die die Stadt in ihrer Geschichte erleb-te. Ursprünglich hieß das Kloster Vat Phra Keo und diente König Setthathirat als Stätte für den Smaragd-Buddha *(phra keo)*. Das Heiligtum aus einer Art Jade war jahrhundertelang in siame-sischem Besitz, bevor es 1551 auf friedlichem Weg nach Laos kam. 1779 erbeuteten die Siame-sen die Statue zurück. Heute wird sie im Vat Phra Keo in Bangkok verehrt. Das Gebäude selbst wurde 1828 von den Siamesen zerstört, zwi-schen 1936 und 1942 mit viel Beton wieder auf-gebaut und 2013–2015 renoviert.

Im Säulengang rund um die Halle sind viele laotische **Bronzeskulpturen** (16.–18. Jh.) aufge-reiht. Einziges Überbleibsel des alten *sim* ist das Portal an der Ostseite. Auf dem Gelände ste-hen zudem zwei weltliche Objekte: ein Steinkrug aus Xieng Khouang und die Skulpturen zweier Laoten, die früher einmal mit der Statue Auguste Pavies ein Ensemble bildeten, bevor diese in den 1940er-Jahren zum Pavie-Platz umgesetzt wurde und 1961 schließlich hinter den Mauern der französischen Botschaft verschwand. Einen **Rundgang** mit Museumsplan gibt's unter **eXTra [4946]**. ◷ tgl. 8–12, 13–16 Uhr, Eintritt 5000 Kip.

Laotisches Nationalmuseum

Noch ist das Nationalmuseum in Souvanna Phoumas ehemaliger Residenz, einem hübschen Kolonialbau an der Samsenthai Road, untergebracht. Ende 2015 soll es jedoch in einen Neubau am Stadtrand umziehen. Das alte Gebäude muss dann einem Fünf-Sterne-Hotel Platz machen.

Höhepunkte im Erdgeschoss sind die alten **Bronzetrommeln**, ein typischer **Steinkrug** aus Xieng Khouang und prähistorische Werkzeuge und Kunstwerke aus der Khmer-Zeit, ursprünglich Teil der Sammlung des Ho Phra Keo. Die **Sandstein-Skulptur von Ganesh**, dem elefantenköpfigen Hindugott, datiert aus dem 7. Jh. Das Obergeschoss beginnt mit einer Ausstellung zur ethnischen Vielfalt des Landes, ehe die Ära des laotischen Königreiches **Lane Xang**, die **Kolonialzeit** und der bewaffnete **Widerstand** thematisiert werden. Ähnlich und bisweilen mit propagandistischen Bildunterschriften werden auch die **Jahre des Bürgerkriegs** illustriert – von der Gründung der Laotischen Volkspartei 1955 über die **US-Bombardements** ab 1964 bis hin zur kommunistischen Machtergreifung 1975.

Zurück im Erdgeschoss lohnt sich ein Blick auf die Arbeit von **UXO Lao**, der Organisation, die im ganzen Land Blindgänger beseitigt. ⊕ tgl. 8–12, 13–16 Uhr, feiertags geschlossen, Eintritt 10 000 Kip.

Anousavari (Patuxai)

Das Anousavari („Denkmal"), offiziell Patuxai („Siegestor") genannt, steht wie eine asiatische Version des Pariser **Triumphbogens** mitten im Kreisverkehr am nordöstlichen Ende der Lane Xang Avenue. Der Bau des Monuments, das laotische, indische und europäische Elemente vereint, wurde Ende der 1950er-Jahre begonnen. Es sollte an die vielen Soldaten erinnern, die in den Kriegen vor 1975 auf königlicher Seite gefallen waren. Gerüchten zufolge wurde das „Betonmonstrum", wie es auf der Tafel am Südeingang genannt wird, mit Zement errichtet, den die USA Laos für den Ausbau des Flughafens zur Verfügung gestellt hatten (Spaßvögel nannten es daher auch die „vertikale Rollbahn").

Treppen führen über sieben Etagen hinauf zur oberen Plattform. Götter aus der Hindu-Mythologie schmücken die Decke des Torbogens. Die

Auch 40 Jahre nach dem Krieg fordern **Blindgänger** (UXO = Unexploded Ordnance) noch immer Opfer in Laos. Häufig sind es Kinder, die beim Spielen auf das tödliche Erbe stoßen, aber auch viele Bauern und Metallsammler sind unter den Betroffenen. Wer überlebt, verliert nicht selten Hände, Arme oder Beine. Diesen Menschen versucht **COPE** (Cooperative Orthotic and Prosthetic Enterprise), ✆ 021-218427, 🖳 www.copelaos.org, zu helfen: Die Organisation unterstützt das staatliche National Rehabilitation Centre, den einzigen Anbieter maßgefertigter Prothesen und Gehhilfen. COPE organisiert Finanzhilfen, koordiniert Schulungen, betreibt Öffentlichkeitsarbeit – alles unter dem Leitsatz „Hightech for low cost". Aber ganz ohne Geld geht es nicht.

Eine Spende von nur US$75 ermöglicht den Kauf einer Beinprothese. Aber auch ein geringerer Beitrag hilft: US$10 finanzieren ein therapeutisches Spielzeug, US$15 eine Woche Patientenverpflegung, US$30 ein Reha-Gerät und US$40 einen speziellen Kinderstuhl. Man kann auch online spenden.

Das überaus sehenswerte **Besucherzentrum** auf dem Gelände des National Rehabilitation Centre, Khou Vieng Rd., dokumentiert eindringlich die Situation der Betroffenen und die Hilfsmaßnahmen. Es gibt ein kleines Kino und ein Café. Viele Informationen liefert auch die Website, darunter bewegende Geschichten von Opfern. ⊕ Mo–Fr 9–18 Uhr.

Fresken darunter stellen Szenen des *Phra Lak Phra Lam* dar. Von ganz oben eröffnet sich ein Rundblick über die Stadt. ⊕ 8–16.30, Sa und So bis 17 Uhr, Eintritt 3000 Kip.

Textilmuseum

Das Textilmuseum, ✆ 030-5258293, im Norden Vientianes ist nicht ganz leicht zu finden, lohnt aber die Anreise. Denn hier erschließt sich, was dem Blick oft verborgen bleibt – dass die Kultur des Landes, vor allem die Webkunst, von etlichen verschiedenen Volksgruppen hervorgebracht wurde.

Im Obergeschoss werden Textilien ausgestellt, unten gibt es Haushaltsgegenstände, Spinnräder und Webstühle zu sehen. Betrieben wird das Museum von Bouasonkham und Hansana Sisane vom Kanchana (S. 366) und Bouavanh Phouminh, der Besitzerin, die auch die Webmeisterin ist. ☺ 9–16 Uhr, eine Wegbeschreibung erhält man im Kanchana.

Vat Simuang

An kaum einem anderen Ort lässt sich die **religiöse Hingabe** der Vientianer besser erleben als im Vat Simuang am Ostende von Samsenthai und Setthathirat Road. Als König Setthathirat Vientiane 1560 zur Hauptstadt erklärte, ließ er hier die **Stadtsäule** (lak muang) aufstellen. Wie viele andere wurde dieses Kloster 1828 zerstört, später wieder aufgebaut und zuletzt 1960 erweitert. Einen Kontrast bilden die **Ruinen eines That** an der Westseite. Es wird angenommen, dass er im 12. oder 13. Jh. unter den Khmer entstanden ist.

Wer den *sim* betritt, erreicht zunächst einen großen **Vorraum**, in dem ein Mönch Segnungen erteilt, versinnbildlicht durch Schnüre, die er um die Handgelenke der Gläubigen bindet. Auch ein anderes typisches Ritual ist zu beobachten: Dabei wird eine Dose mit Holzstäbchen geschüttelt und eines herausgezogen. Die Nummer darauf verweist auf ein Fach in einem Setzkasten voller kleiner Zettel. Sie enthalten Prophezeihungen oder alltägliche Hinweise – mit erheblichem Interpretationsspielraum. Erst im zweiten Raum befindet sich das vergoldete Stadtheiligtum. Im kleinen Park vor Vat Simuang steht die **Statue Sisavangvongs**, des ersten laotischen Königs nach der Unabhängigkeit.

Weitere Vats im Zentrum

Beim Bummel durch die Straßen zwischen Setthathirat und Fa Ngum Road durchquert man die Anlagen vieler bedeutender Vats.

Nicht nur den geografischen Mittelpunkt bildet **Vat Ongteu**. Neben der größten Novizenschule beherbergt er auch die meisten Mönche. Der Tempel stammt ursprünglich aus dem 16. Jh., wurde im 19. Jh. zerstört und anschließend wieder aufgebaut. In Laos ist Vat Ongteu wegen seines großen Bronzebuddhas Phra Ongteu berühmt (*ongteu* bedeutet „tonnenschwer"): Die Statue ist fast 6 m hoch und 3,5 m breit.

Vat Inpeng im Westen steht beispielhaft für die Vat-Architektur Vientianes. An der Nordseite steht die älteste der aus dem 19. Jh. erhaltenen Bibliotheken der Stadt (ho tai). Eine der größten aktiven Klosterbibliotheken befindet sich im **Vat Mixai**. Etwas zurückversetzt und nördlich der Setthathirat Road türmt sich das außergewöhnlich hohe Staffeldach von **Vat Haisok** auf. Bemerkenswert ist hier auch der Trommelturm.

Mekongufer und Chao Anouvong Park

Wenn die Sonne am Horizont versinkt, verwandelt sich die Uferpromenade in eine riesige **Sportstätte**: Hier wird gewalkt, gejoggt und Gymnastik gemacht, die Kleineren vergnügen sich auf dem neuen **Spielplatz** und Fitnessbegeisterte probieren die von Südkorea aufgestellten Geräte im Chao Anouvong Park aus.

Wem nicht nach Bewegung ist, der kann über den **Nachtmarkt** gegenüber von Vat Chan schlendern, auf dem am Abend T-Shirts, Souvenirs, Schmuck, Handarbeiten und Haushaltsgegenstände verkauft werden.

Auf den Spuren der Franzosen

Auffälligstes Erbe der französischen Kolonialmacht sind die Villen im Zentrum. Die meisten wurden nach 1899 gebaut. Heute sind sie in Staatsbesitz, dienen als Beamtenwohnungen und verfallen. Es gibt aber Ausnahmen wie das **Settha Palace Hotel**, Pangkham Road, und die **Villen entlang der Lane Xang Avenue**. Einen Blick auch die **kleine Straße** südlich des Vat Ongteu, in der das Hotel Ansana liegt: Hier befinden sich gleich mehrere restaurierte Wohnhäuser Seite an Seite.

Ein Beispiel aufwändigerer Kolonialarchitektur ist die 1928 gebaute **Église Catholique Sacré-Cœur** in der Gallieni Road. Ein Stück weiter südlich befindet sich hinter hohen Mauern die **Französische Botschaft**, ein ganzer Villenkomplex auf liebevoll begrüntem Gelände. Der **Präsidentenpalast** in der Setthathirat Road wurde im Beaux-Art-Stil gebaut und war Amtssitz des Gouverneurs. In seiner Residenz befindet sich heute das **Nationalmuseum**.

Wer mit kleinem Budget reist, findet in Vientiane einfache **Doppelzimmer mit Bad** für 100 000 Kip. Dormitorys sind wie überall in Laos Mangelware, aber die wenigen Herbergen, die sie anbieten, liegen relativ zentral. Viel fürs Geld bieten die **Mittelklassehotels**: Ab 250 000 Kip bekommt man Holzmöbel, Kabel-TV, Frühstück und WLAN. In der Nebensaison (März–Okt) und bei Aufenthalten ab einer Woche lohnt es, nach Rabatt zu fragen.

Zentrum

Karte S. 352/353
Viele preiswerte Unterkünfte liegen an der lauten **Setthathirat Rd.** Einen Blick lohnen die **Seitenstraßen** zwischen Setthathirat und Fa Ngum Rd. Wer es lebendig-asiatisch mag, ist in der **Chinatown** um die Heng Boun Rd. gut aufgehoben.

Untere Preisklasse

Mixay Paradise ⑫, François Ngin Rd., ✆ 021-254223, 🖥 laomixayparadise@yahoo. com. Beliebt, zentral und ruhig, mit freundlichem Personal und gutem Preis-Leistungs-Verhältnis. Die Zimmer sind sauber, wenn auch nicht sehr geräumig, die besten mit Bad, AC und teilweise sogar Balkon. Manche Räume blicken direkt aufs Nachbarhaus, also vorher anschauen. WLAN. ❷ – ❸

R.D. Gh. ⑳, 37/1 Nokeokoummane Rd, ✆ 021-262112. Koreanische Backpacker-Unterkunft nahe dem Mekong, preislich inzwischen Mittelklasse, wären da nicht der Schlafsaal (50 000 Kip) und das 3-Bett-Zimmer (130 000 Kip); Dachterrasse, WLAN. ❸ – ❹

Saysouly Gh. ㉑, 23 Manthatourat Rd., ✆ 021-218383, 🖥 www.saysouly.com. Ein Oldie unter den Travellerherbergen, mit 3 Stockwerken, vielen Sesseln und Balkonen. Die Zimmer haben Ventilator und/oder AC, wahlweise auch Bad und TV. 3-Bett-Zimmer ohne Bad 100 000 Kip, EZ 50 000 Kip. Okay, aber Zimmer vorher zeigen lassen, WLAN. ❷

Mixok Inn ⑩, Setthathirat Rd., Ecke Nokeokoummane Rd., ✆ 021-254781, 🖥 www.mixok inn.com. Der olive Neubau hat nichts mehr mit seinem schmuddeligen Vorgänger gemein:

€ **Wenn nur der Preis zählt**

Wer sehr auf den Kip schauen muss, kann eines dieser zentralen Backpacker-Hostels ausprobieren:

Vientiane@asianworld Gh. ③, Chao Anou Rd., neben der Drop Zone, ✆ 021-254504. Die 8er-Dorms für 35 000 Kip p. P. haben sogar Klimaanlage, der Twin Room kostet 80 000 Kip. Es gibt Schließfächer, WLAN und einen Balkon mit Blick aufs Gewusel.

Vientiane Backpackers Hostel ⑬, 13 Nokeokoummane Rd., ✆ 020-97484227, 🖥 www. vientianebackpackershostel.com. Die Schlafsäle bieten Platz für 12–20 Pers., außer dem schmalen Etagenbett bekommt man für 40 000 Kip p. P. noch WLAN und Klimaanlage. Unbedingt vorher auf Bettwanzen checken!

Funky Monkey Hostel ⑮, François Ngin Rd., ✆ 020-96973999, 🖥 www.funkymonkeyhostel. com. Ausstattung und Atmosphäre sind wie beim Vientiane Backpackers Hostel, aber der Billardtisch im Foyer hat einen gewissen Mehrwert. Günstigstes Dormbett: 45 000 Kip.

Douang Deuane 2 Gh. ㉒, Nokeokoummane Rd., ✆ 021-254806. Mit nur 30 000 Kip p. P. eine Kampfansage an die Konkurrenz: Die Zwei- und 3-Bett-Zimmer dieses einfachen Hauses sind dunkel, aber für den Preis okay. Auch hier leben in einigen der Matratzen fiese Blutsauger. WLAN.

Die sauberen Zimmer (AC, Bad, LCD-TV) verteilen sich über mehrere Etagen, sind gefliest, ausreichend groß und angenehm unspektakulär. Für den Preis eine gute Wahl. Frühstück und WLAN inkl. ❸

Soukchaleun Gh. ⑨, daneben, ✆ 021-218723, 🖂 soukchaleun_gh@yahoo.com. Kürzlich renoviertes Gästehaus der ersten Stunde an der lauten Setthathirat Rd. Die Zimmer haben Ventilator und AC, ein anständiges Bad und TV, aber kein WLAN. ❷ – ❸

Mittlere Preisklasse

Hotel Khamvongsa ⑦, Khoun Bourom Road, ✆ 021-223257, 🖥 www.hotel khamvongsa.com. Wie eine Trutzburg gegen

LAOS

den Lärm der Stadt wirkt dieses Boutiquehotel am Rand des Zentrums: Die meisten Zimmer befinden sich, gut abgeschirmt, in einem mehrstöckigen Haus hinter dem Haupteingang – mit Dielen, asiatisch-modernen Holzmöbeln, TV, Minibar und WLAN, geschmackvoll und gemütlich. Für Langzeitgäste gibt es sogar Räume mit Mikrowelle. Kein Aufzug; Preis inkl. Frühstück und WLAN. **5**

Sala Inpeng ⑯, 63/6 Inpeng Road., ✆ 021-242021, 🖥 www.salalao.com. Eine Oase mitten in Vientiane: Die Sala Inpeng hat ein knappes Dutzend ruhiger Zimmer in traditionellen Holzhäusern in einem Tropengarten. Alle Räume sind individuell mit Rattan, Rosenholz und laotischen Accessoires eingerichtet, haben Moskitonetze und Minibar. Das Frühstück wird auf den Balkonen serviert. Klasse für den Preis, unbedingt reservieren. WLAN. **3 – 4**

Benacam Gh. ⑭, Querstraße zwischen Chao Anou und François Ngin Rd., ✆ 021-241538. Mittendrin und dennoch ruhig gelegen: Das Gästehaus wird für sein gutes Preis-Leistungs-Verhältnis geschätzt. Es lohnt sich, etwas mehr für die schöneren Zimmer mit Fenster auszugeben, die Räume ohne sind etwas muffig. Die 5 Zimmer mit Kochnische bieten sich für Langzeitaufenthalte an. **3 – 4**

Vayakorn Gh. ⑧, 091 Nokeokoummane Rd., nördlich der Setthathirat Rd., ✆ 021-241911, 🖥 www.vayakorn.biz. Freundlich, sauber, gut: Die Zimmer des Vayakorn Gh. verteilen sich auf 3 Etagen, haben alle Stabparkett, AC und TV. Frühstück gibt's auf Wunsch im Erdgeschoss. WLAN. **3**

Vayakorn Inn ⑥, 19 Heng Boun Noi, ✆ 021-215348, 🖥 www.vayakorn.biz. In einer ruhigen Parallelstraße gleich westlich liegt das rauchfreie Schwesterhotel des Vayakorn Gh. Die glänzenden Holzböden, das dezente Mobiliar und die liebevoll begrünten Balkone sorgen für Wohlgefühl wie auf Knopfdruck. Es gibt WLAN, ein großes Frühstück (nicht im Preis inbegriffen) und ein freundliches Management. Kurzum: einwandfrei. **4**

Chanthapanya Hotel ⑤, 138 Nokeokoummane Rd., gegenüber der Kulturhalle, ✆ 021-244284, 🖥 www.chanthapanyahotel.com.

Zur Ausstattung gehören Parkett, AC, TV, Bad und WLAN. Außerdem gibt es einen Pool (oft schattig), eine Sauna und einen Fitnessraum. Preis inkl. Frühstück. Empfehlenswert. **5 – 6**

Mali Namphou Gh. ⑪, 114 Pangkham Rd., ✆ 021-215093, 🖥 www.malinamphu.com. Zentral gelegenes Gästehaus mit 40 gefliesten Zimmern um einen begrünten Innenhof, alle mit AC, Bad und Kabel-TV, die teureren haben Internet-Anschluss im Zimmer. Die Räume oben sind am schönsten, allerdings gibt es für den Preis inzwischen Besseres. Frühstück; WLAN. **4**

Day Inn Hotel ②, 59/3 Pangkham Rd., nördlich der Samsenthai Rd., ✆ 021-222848, 🖥 www.day-inn-hotel.com. Über die knallbunten Wände lässt sich streiten, ansonsten hat das Day Inn angenehme gefliese Zimmer mit AC, Kabel-TV, Minibar und Telefon. Viele internationale Organisationen bringen hier ihre Gäste unter. Gemütliches Foyer mit Korbstühlen und Zeitungen. WLAN, Preis inkl. Frühstück. **4**

KP Hotel ④, 059 Heng Boun Rd., ✆ 021-241616, 🖥 www.khampianehotel.com. Eine gute Mittelklasseoption: Die Zimmer (AC/TV/Minibar) sind zwar teilweise recht klein, aber mit dem Stabparkett und den Holzmöbeln durchaus gemütlich (im ersten Stock dunkel); WLAN. Preis inkl. Frühstück. **5**

Obere Preisklasse

Lao Orchid Hotel ⑱, Chao Anou Rd., ✆ 021-264134, 🖥 www.lao-orchid.com. Das 6-stöckige Hotel passt trotz seiner Größe gut ins Stadtbild. Die gepflegten, großen Zimmer sind in Holz gehalten. Die zur Front haben Tempelblick, vom Balkon aus sieht man den Mekong und nach hinten die ruhige Nachbarschaft. Restaurant; WLAN. Zu empfehlen. **5**

Ansara Hotel ⑲, Seitenstraße der Fa Ngum Rd., hinter Vat Chan, ✆ 021-213514, 🖥 www.ansarahotel.com. Neues Kleinod in einem Kolonialbau mit schönem Garten in einmaliger Lage umgeben von zwei Tempeln mitten im Zentrum. Die 12 Zimmer und 2 Suiten verfügen über dunkles Parkett, Holzmöbel in traditionellem Design, Notebooks, TV, Hifi-Anlage, Kühlschrank, kostenlose Softdrinks, WLAN und komfortable Badezimmer. Darüber hinaus gehört mit dem La Signature ein anständiges französisches Restaurant zum Ensemble. Bis Anfang 2015 wird die benachbarte Baustelle allerdings die Stimmung etwas trüben, dafür gibt's dann bald einen Pool und weitere Zimmer. ❻

Settha Palace Hotel ①, 6 Pangkham Rd., Ecke Khoun Bourom, im Norden des Zentrums, ✆ 021-217581, 🖳 www.setthapalace.com. Das geschichtsträchtigste Hotel der Stadt mit palmenbeschatteter Auffahrt und Marmordekor in der Lobby. Die stilvollen Zimmer mit TV, Telefon und Minibar haben trotz moderner Ausstattung kolonialen Charme. 2 Bars, ein Café und das Belle Epoque Restaurant befinden sich ebenso auf dem Gelände wie ein geschwungener Pool im tropischen Garten; WLAN. ❻

Am Rand des Zentrums

Mandala Boutique Hotel ㉓, ruhige Seitenstraße zwischen Setthathirat und Fa Ngum Rd., westlich des Zentrums, ✆ 021-214493, 🖳 www.mandalahotel.asia. Das schicke Boutiquehotel in der Nähe Vat Simuangs wartet mit schönen Holzfußböden, modernem Design, Massage/Spa und Leseterrasse auf. Seit neuestem befindet sich auch ein Ableger des bekannten Nadao Restaurants auf dem Gelände. WLAN. ❺–❻

Beau Rivage Mekong ⑰, Fa Ngum Rd., östlich des Zentrums direkt an der neuen Promenade, ✆ 021-243350, 🖳 www.hbrm.com. Dieses Designerhotel bietet wirklich etwas anderes: individuelle und funktionale Zimmer, mit gläsernen Duschkabinen im Raum und großen Fensterfronten. Alle Zimmer haben AC, Kabel-TV, Minibar, Telefon und WLAN. In den Superior Räumen fällt der Blick vom Bett auf den Mekong. Preis inkl. Frühstück. ❺

ESSEN

Von Asiatisch bis Tex-Mex, vom Edelfranzosen bis zum Essensstand – nirgendwo in Laos ist das kulinarische Spektrum so breit wie in Vientiane. Neben erstklassigen Restaurants für Feinschmecker gibt es auch allerhand Schmackhaftes für kleines Geld. **Mittags** lässt sich selbst in den teuren Lokalen für rund 80 000 Kip ein Drei-Gänge-Menü bestellen.

Cafés und Frühstückslokale

Joma Bakery, Setthathirat Rd., gegenüber dem Khop Chai Deu, und Dong Paina Rd., www.joma.biz. Waffeln, Bagels oder Obst mit hausgemachtem Joghurt, dazu einen Becher Kaffee oder Cappuccino und der Tag kann beginnen. WLAN. ⏲ 7–21 Uhr.

Le Trio Coffee, Setthathirat Rd. Eine Liebeserklärung an die schwarze Bohne: Hier gibt's den besten Kaffee der Stadt, frisch gebrüht oder abgepackt zum Mitnehmen. ⏲ Di–Sa 10–16 Uhr.

Cafe Sinouk, Fa Ngum Rd., 🖳 www.sinoukcafe.com. Gemütliches Café mit einer feinen Kaffee- und Kuchenauswahl. ⏲ 7.30–22 Uhr.

Le Banneton, Nokeokoummane Rd. Die beste Brotauswahl und eine Patisserie, die auch in Frankreich nicht leckerer sein könnte. Besonders gefragt sind die Panini und Tartines, der französisch-starke Kaffee und das selbstgemachte Eis. ⏲ Mo–Sa 7–19, So 7.30–13.30 Uhr.

The Little House, Manthatourat Rd. Entspannte Atmosphäre, mit viel Holz und kleinem Rasenstück. In dem japanisch geführten Café ist man in guten Händen für den Kaffee zum Frühstück, den Espresso nach der Mahlzeit oder den Cappuccino zwischendurch, dazu gibt's leckere Scones und Schokobällchen. ⏲ 8.30–18.30 Uhr, Mo geschlossen.

Verborgenes Refugium

Kung's Café Lao, am Ende einer kleinen Gasse gegenüber dem Gesundheitsministerium, Höhe Vat Simuang. Geführt wird das versteckte Café von Daen und ihren Eltern, die 1948 aus Vietnam vor dem Krieg flohen. Vater Diep arbeitete als Englischlehrer, Übersetzer und Schöpfer pharmakologischer Fachtermini. In den vergangenen 20 Jahren ist das kleine Café für viele Einheimische eine Oase im Trubel der Großstadt geworden. Sie lassen sich hier mit Kaffee, leckeren Shakes oder Mango-Pancakes verwöhnen. Wenn nachmittags um 15 Uhr geschlossen wird, verwandelt sich der Ort in ein Klassenzimmer: In den Abendstunden unterrichtet Diep Kinder und Jugendliche in Englisch. ⏲ 6–15 Uhr.

Garküchen und Essensstände

€ Tagsüber sind die günstigen **Garküchen** am westlichen Ende der Heng Boun Rd. erste Adresse für eine Suppe oder Bratnudeln. Wenn die Sonne über dem Mekong untergeht, bieten sich die **Essensstände** an der neuen Promenade westlich des Zentrums für einfache laotische Gerichte in schöner Atmosphäre an. „Urban Gardening" entlang der Uferbefestigung sorgt für den Gemüsenachschub und die bunte Lichterdeko des einsamen Bhodi-Baumes fügt dem Ganzen noch etwas Asia-Kitsch hinzu. Auch der **Essensmarkt** auf dem Talat Siloihasip Pi (450 Years Market), Khoun Bourom Rd., mit seinen Snacks, Currys und Grillhappen ist zu empfehlen: Nirgendwo sonst lässt sich die laotische Küche besser (und günstiger) probieren. Im Anschluss lohnen die **Khanom-Stände** an der Kreuzung von Chao Anou Rd. und Heng Boun Rd. wegen der leckeren Fettgebäcks und der süßen Kreationen auf Kokosbasis.

Chinesisch

In Vientianes **Chinatown** rund um Heng Boun und Chao Anou Rd. ist die Stimmung abends fast großstädtisch: Frauen preisen vor den Restaurants ihr Essen an, und es stapelt sich das Fleisch in den grell beleuchteten Vitrinen. Viele Lokale haben sich auf Entensuppe mit gelben Nudeln spezialisiert. Anderes lässt sich oft nur mit einem Fingerzeig bestellen.

€ **Han Nang Thod Restaurant** (ohne Schild), Khoun Bourom Rd. Unter Neonröhren brutzelt die kleine Garküche sehr günstige chinesische und thailändische Gerichte. Der Klassiker: die gebratenen Nudeln. ⏰ 5–22 Uhr. **Liao-ning Dumpling**, Fa Ngum Rd. Prima Teigtaschen mit verschiedenen Füllungen, gedünstet oder gebraten. ⏰ 8.30–14, 16.30–22 Uhr.

International

Khop Chai Deu, Setthathirat Rd., Ecke Nam Phou, 🖥 www.inthira.com. Touri-Klassiker in einem Kolonialhaus, das um einige Stockwerke und Balkone erweitert wurde, mit Gartenterrasse um eine große Bar. Laotische und einfallsreiche europäische Küche, Beerlao vom Fass und BBQ. Werktags großes Mittagsbuffet; abends Livemusik. ⏰ tgl. bis 24 Uhr.

L'Alsace, Setthathirat Rd., gegenüber Vat Inpeng. Nicht nur Küche aus dem Elsass, sondern auch Filet Mignon, Geschnetzeltes, Cordon Bleu und gute Vorspeisen. Viele loben das gute Preis-Leistungs-Verhältnis. ⏰ 11–21.30 Uhr.

📖 **Bistro 22**, Samsenthai Rd., schräg gegenüber der katholischen Kirche, ☎ 021-214129. Gehobene französische Küche des ehemaligen Chefkochs des geschlossenen Le Centrals. Übersichtliche, aber sehr exquisite Karte. Mittags auch für preiswertere Menüs eine gute Adresse. Reservieren! ⏰ 11–14, 18.30–22 Uhr

Istanbul, François Ngin Rd. Erstes türkisches Restaurant in Laos. Freunde von Kebap, Lahmacun und Dolma mit Cacik oder Hummus kommen hier voll auf ihre Kosten. ⏰ 11–23 Uhr.

📖 **Pimentón**, 5 Nokeokoummane Rd. ☎ 021-215506, 🖥 www.pimenton restaurant-vte.com. Das todschicke Restaurant, eine Kombination aus Grillhaus und Tapas-Bar, könnte sich auch in Manhattan befinden. Und die exzellenten Steaks verstärken den Eindruck noch. Das Mittagsmenü ist für rund 75 000 Kip zu haben, ein Besuch am Abend wird wesentlich teurer. ⏰ 11–14.30, 17–22 Uhr, So geschlossen.

Ray's Grille, Sihome Rd., schräg gegenüber dem Wind West. Sandwiches, Burger, Falafel, faire Preise. Highlight: Philly Cheese Steak Sandwich für 35 000 Kip! ⏰ 11.30–15, 18–21 Uhr, Sa geschlossen.

PDR (Pizza Da Roby), Sihome Rd. Bei Roby gibt's Pizza, Lasagne und Arancini, ganz

nach Mamas Rezept. Großes Stück Pizza ab 16 000 Kip. ⏰ 11–15, 17.30–22 Uhr, So geschl.
Via Via, Nokeokoummane Rd., nahe Fa Ngum Rd., 🖥 www.viaviapizza.com. Bei Expats und Touristen beliebt für großartige Steinofenpizza, Salate, Suppen und Fleischgerichte. Pizza um 60 000 Kip. ⏰ 10–22, Sa 16–22 Uhr.
Ai Capone, François Ngin Rd. Aus dem Ofen dieses hervorragenden italienischen Restaurants kommen die besten Pizzen der Stadt. Eine vernünftige Mahlzeit kostet zwischen 50 000 Kip und 100 000 Kip. ⏰ 11.30–22.30 Uhr
Sticky Fingers Café & Bar, François Ngin Rd. Das deftige Essen passt gut zum Cantina-Look: Nacho- oder Kichererbsensalat, „Banger and Mash", Satay oder Burger, danach den mit Chili garnierten Tom Yum Cocktail nicht verpassen. ⏰ 10–23 Uhr, Mo geschlossen.
Chok Dee Café, Fa Ngum Rd., neben Vat Xieng Ngeun. Der Belgier Vincent kam als Tourist und blieb als Restaurantbesitzer. Neben belgischer Küche – natürlich begleitet von Fritten – gibt es eine beachtliche Auswahl an belgischen Bieren. Am beliebtesten sind die freitäglichen Muschelabende, dann versammelt sich dort die Vientianer Expatszene. Ein Eimerchen der köstlichen Weichtiere kostet 75 000 Kip. ⏰ 10–22 Uhr, Mo geschlossen.
€ **B.C.F. Restaurant,** nahe Vat Simuang, an der Kreuzung in Richtung Freundschaftsbrücke. „B.C.F" steht für „Beef, Chicken, Fish": Der Laden ist unscheinbar, serviert aber unglaublich saftige Steaks mit Pfeffer- oder Rotweinsoße, leckere Salate und Pommes. Begrünte Terrasse zur Straße. Sehr preiswert.
Ban Gai, in direkter Nachbarschaft zur deutschen Botschaft. Die erste Tex-Mex-Hütte Vientianes. Dank Zugabe laotischer Kräuter erhalten Burrito, Taco & Co hier noch etwas Frische. Gerichte 20 000–50 000 Kip. ⏰ 11–22 Uhr, Mo geschlossen.
Berliner Garden Restaurant, in einer kleinen Straße westlich der Kaysone Phomvihane Ave, kurz hinter der indonesischen Botschaft. Das erste deutsche Restaurant der Hauptstadt lockt mit Klassikern wie Currywurst, Kartoffelsalat, Kassler und Sauerkraut. Die Biergartenatmosphäre tut ein Übriges. ⏰ 11–14, 17–21 Uhr, So geschlossen.

Indisch

Mumbai Masala, Samsenthai Rd. Über dem Gewürzladen im Erdgeschoss werden leckere indische Speisen aufgetischt. Besonders empfehlenswert sind die Mittagsmenüs für 50 000 Kip. ⏰ 10–22 Uhr.
€ **Taj Mahal,** hinter der Kulturhalle. Einfaches Lokal mit Neonbeleuchtung, das mit deftigen Gerichten zu Spottpreisen den Geschmack der Travellerszene trifft. Vegetarisches (mit Kartoffel probieren!), gute Currys und Naan, auch zum Mitnehmen. ⏰ 10–22.30 Uhr.

Japanisch

📖 **Yulala Restaurant,** Heng Boun Rd. Yu la la – „einfach nur so hier" – ist stark untertrieben: Die japanisch-westliche Fusionküche (Yoshoku) ist so gut, dass man immer wiederkommt. Dezente Musik, köstliche Menüs ab 62 000 Kip. Empfehlenswert für Vegetarier. ⏰ 11.30–14, 18–21.30 Uhr, Mo geschlossen.
Osaka, Nokeokoummane Rd. Ein weiterer Japaner im Zentrum mit gutem Preis-Leistungs-Verhältnis und dem ganzen Spektrum japanischer Küche. ⏰ 11–22 Uhr.
Fujiwara Restaurant, Souphanouvong Rd. Mit Liebe zum Detail gestaltetes japanisches Restaurant mit viel Holz und Plätscherbrunnen. Visa und Mastercard werden akzeptiert. Teuer. ⏰ 17.30–22, Mo–Sa auch 11–13.30 Uhr.

Laotisch

🧳 **Amphone,** kleine Gasse westlich des Jazzy Bricks. Sehr gute laotische Küche, serviert auf einer romantischen Terrasse, exzellente Weinkarte! Wer satt werden will, sollte mindestens 70 000 Kip einplanen. ⏰ 11–14, 17.30–22 Uhr, So geschlossen.
Muzaik, Manthatourat Rd. Gemütliches Lokal mit köstlichen laotischen Gerichten – besonders empfehlenswert ist das Lachs-*laap* für 50 000 Kip. ⏰ 18–23 Uhr, So geschlossen.
Suppenküche, schräg gegenüber dem Istanbul Restaurant führt ein Weg hinter die Kulissen des touristischen Vientianes: Die gut versteckte Suppenküche bietet je nach Wochentag eine andere Kraftbrühe. Für 20 000 Kip bekommt man eine Festtagssuppe, die es sonst nur zu besonderen Anlässen gibt. ⏰ Mo–Fr 11–15 Uhr.

LAOS

Makphet, Inpeng Rd., 🖳 www.friends-international.org. In einer ruhigen Seitenstraße kreieren junge Auszubildende eine Art laotische Nouvelle Cuisine. Das zu empfehlende Non-profit-Restaurant bereitet ehemalige Straßenkinder auf Jobs in der Gastronomie vor. Das Essen (und die Preise) sind anspruchsvoll – nicht verpassen, auch den dazugehörigen Kunsthandwerksladen Friends 'n' Stuff nicht (s. „Einkaufen"). ⊕ 11–16 Uhr, So geschlossen.

Pa Kao Lao Restaurant, Parallelstraße zwischen Chao Anou Rd. und François Ngin Rd. In einem offenen Raum mit bunten Lämpchen und im stimmungsvollen Garten kommen Thai- und Lao-Klassiker auf den Tisch. Gerichte 40 000–80 000 Kip. ⊕ tgl. 11–23 Uhr.

Lao Kitchen, Heng Boun Rd., gegenüber dem KP Hotel. Typisch laotisch wird man in diesem mehrstöckigen Restaurant verköstigt. Die Gerichte kosten 30 000–50 000 Kip und überzeugen mit ihrem frischen Geschmack. ⊕ 11–22 Uhr.

Kheg Suan Sim, Nong Bon Rd. Zehn Minuten Fußweg vom Patuxai entfernt versteckt sich ein außergewöhnliches laotisches Restaurant. Kheg ist in Frankreich aufgewachsen, blieb aber der laotischen Küche treu. Altbekannte Gerichte wie *khao pad* (Bratreis) werden hier neu erfunden. Das Resultat ist köstlich und für 15 000–18000 Kip obendrein günstig. ⊕ 7–20 Uhr, So geschlossen.

Vietnamesisch

Viengsavanh Restaurant, Heng Boun Rd. Guter Ort für frische Frühlingsrollen *(nem neuang)*, aber natürlich gibt es auch andere vietnamesische Gerichte. ⊕ bis abends.

Pho Zap, Khoun Bourom Rd., nahe dem Immigration Office. Der Name ist Programm: Auch wenn noch andere Gerichte auf der Karte stehen, dreht sich hier alles um die leckere Nudelsuppe. Zum Sattwerden reicht die kleine Schüssel für 20 000 Kip. Wer nach einer Herausforderung sucht, bestellt die Jumboportion für 50 000 Kip. ⊕ 6–15 Uhr.

P.V.O., kleine Parallelstraße zwischen Khou Vieng Rd. und Samsenthai Rd. Eine Institution für alle Fans der vietnamesischen Küche. Legendär: die Baguettes (auch zum Mitnehmen). Die Familie vermietet zudem Motorräder (S. 368).

Bars

Jazzy Brick, Setthathirat Rd., schräg gegenüber dem Khop Chai Deu, 🖳 www.facebook.com/jazzybricklao. Gedimmtes Licht, lange Holztheke, leiser Jazz – zweifellos der gediegenste Laden der Stadt. ⊕ bis Mitternacht.

Drop Zone, Chao Anou Rd., Ecke Setthathirat Rd. Bar eines ehemaligen britischen Falklandkriegers, Übergabeurkunden der Inseln schmücken die Wand, Klientel entsprechend. Gezapftes Beer Lao und Long Drinks. ⊕ bis Mitternacht.

Max's Grill, Setthathirath Rd. In dieser neuen Bar trifft sich die betuchte Stadtjugend und hat bei Livemusik und einer ordentlichen Drinkauswahl jede Menge Spaß. ⊕ 11–23 Uhr.

April 12, Fa Ngum Rd., gegenüber dem Don Chan Palace, 🖳 www.facebook.com/april12.restaurant. Die Dachterrasse kann einen zwielichtigen Eindruck machen, ist aber ideal für einen Drink zu später Stunde. An Wochenenden wird die Stimmung meist durch Bands und DJs angeheizt. Der Salsa-Abend, jeden Do ab 21 Uhr, lohnt sich ebenfalls. ⊕ bis nach Mitternacht.

Sam Jek Pakpasack, Fa Ngum Rd. Die Holzterrasse im 1. Stock gibt einen wunderbaren Blick auf den Mekong frei. Wochentags kehren hier die Schüler der gegenüberliegenden Pakpasack-Berufsschule ein und lassen es sich bei Livemusik und Bier gutgehen. Dazu gibt's Snacks und laotische Küche. ⊕ 9–24 Uhr. Gute Orte für einen Drink sind auch das **Sticky Fingers**, **Chok Dee Café** und **Khop Chai Deu**.

Krabbeltiere als Knabberspaß

Zugegeben, das erste Mal kostet Überwindung, aber dann sind sie ein guter Snack zum Bier: frittierte **Grillen**, **Heuschrecken** und **Larven**. Der Geschmack des an Chitin und Protein so reichhaltigen Knabberzeugs liegt irgendwo zwischen Nachos und Nüssen. Und wenn's dazu noch Chilisoße gibt, ist der Tex-Mex-Effekt perfekt. Für wenig Geld werden Insekten in der alteingesessenen Bierpinte **4 Junction Beer Vatsina** auf der Pangkham Rd. neben dem Day Inn serviert. Großartig die Heuschrecken mit Limettenblättern, muss man probiert haben.

Discos und Livemusik

Die meisten Clubs liegen an der **Souphanou-vong Rd.** und an der **Thadeua Rd.** in Richtung Freundschaftsbrücke. Auf die Ohren gibt's Techno und Thai-Pop, einige Läden haben auch gute Hausbands. Wie fast überall sind Freitag und Samstag die besten Ausgehtage:

Wind West, Souphanouvong Rd. Eine der ersten Bars der Stadt (seit 1992), im Western-Look, mit düsterem Licht und legendär guter Livemusik. Legendär waren auch die Überschreitungen der Sperrstunde, weshalb die Behörden die Bar ab und an dichtmachen. ⏰ 17–23 Uhr.

Kong Khao, Phagna Rd. Der idyllische Garten, das große Holzhaus und die tanzbare Musik ziehen vor allem Vientianes Expats an. DJs und Bands beschallen die Nachbarschaft wochentags bis Mitternacht.

Marktwo, Souphanouvong Rd., 1,5 km westlich des Zentrums, 🖳 www.facebook.com/mark two.vientiane. Stylische Bar des Musiklabels Indee Records, in der regelmäßig Bands auftreten. Die Bandbreite reicht von Hip-Hop bis Punkrock. ⏰ 20–1 Uhr.

Galaxy, Fa Ngum Rd. Hier können die Gäste erst selbst singen, danach gehört die Bühne den Profis. Schon das Talent der laotischen Darbieter aus dem Publikum lohnt den Besuch. ⏰ bis 23 Uhr.

UNTERHALTUNG UND KULTUR

Galerien

Treasures of Asia, 105 Setthathirat Rd, 🖳 www.artlao.com. Auf 2 Etagen werden in schönen Räumen Ölbilder, Aquarelle, Zeichnungen und Holzschnitte laotischer Künstler verkauft. ⏰ Mo–Fr 13–19 Uhr.

i:cat Gallery, Settathirath Rd., schräg gegenüber dem City Pilar Shrine. Lesungen und zeitgenössische Kunst – eine Abwechslung zu den traditionellen Motiven anderswo. ⏰ 17–19 Uhr Wechselnde Ausstellungen gibt es auch im **Le Banneton**, bei **Monument Books**, und auf dem Campus der **National Faculty of Fine Arts**, Khoun Bourom Rd.

Kinos

April 12, Fa Ngum Rd., ☎ 020-97267858. Jeden Mi werden Filme gezeigt. Los geht's um

Filmfestivals

Zeitgleich mit dem Erwachen einer laotischen Filmindustrie sind in Vientiane und Luang Prabang zwei internationale Filmfeste entstanden: die **Vientianale** und das **Luang Prabang Film Festival**. Beide Festivals wollen laotischen Filmemachern ein Forum bieten und Einblick in den südostasiatischen Film geben. Dazu gehört die Förderung des Nachwuchses mit dem Short Film Award bei der Vientianale oder den 1-Minute-Juniors beim Luang Prabang Filmfestvial. Informationen unter:
🖳 www.vientianale.org
🖳 www.facebook.com/vientianale
🖳 www.lpfilmfest.org
🖳 www.facebook.com/lpfilmfest

19 Uhr. Wer danach noch nicht genug hat, kann sitzen bleiben und sich um 21 Uhr gleich den nächsten anschauen.

Deutsche Botschaft, Sokpaluang Rd. Ein- bis zweimal im Monat am Di um 19.30 Uhr deutsche Filme oder internationale Produktionen, Eintritt frei. Programm unter 🖳 www.vientiane.diplo.de.

Institut Français, Lane Xang Ave, gegenüber der Touristeninfo, ☎ 021-215764, 🖳 www. if-laos.org. Regelmäßig abends französische Filme mit englischen Untertiteln. Programm im Centre oder auf der Website. Eintritt 10 000 Kip. ⏰ Mo–Fr 9.30–18.30, Sa 9.30–16.

Klassische Tänze und Musik

Das Restaurant des **Lane Xang Hotels** bietet tgl. von 19–21.30 Uhr zu wechselnden Menüs laotische Folklore (Gesang, Musik, Tanz), Eintritt frei. Auch das Restaurant **Tamnak Lao**, 23 Singha Rd., präsentiert werktags ab 19 Uhr laotische Musik und traditionellen Tanz.

FESTE UND FEIERTAGE

Das Kulturleben blüht zu religiösen und staatlichen Feiertagen auf, wenn sich die laotischen Künste bei Paraden und Aufführungen zeigen. Buddhistische Feste werden nach dem Mondkalender gefeiert, in der Regel während des Vollmondes. Die Daten ändern sich von Jahr zu Jahr.

Wissen, was los ist

Konzert? Workshop? Filmabend? Oder doch lieber laotisches Boxen? Der Veranstaltungskalender **Paisai**, zu Deutsch „wo geht's hin?", listet alle aktuellen Termine in Vientiane – im Netz und auf Papier. Die kostenlose Printversion ist auch wegen ihrer Rabattcoupons beliebt.
🖥 www.facebook.com/paisai.magazine

Januar/Februar

Tet: Chinesisches und vietnamesisches Neujahr. Auf der Bühne des Ho Kang (chinesischer Tempel am Mekong) und in der Chinatown um die Heng Boun Rd. wird ausgelassen gefeiert. Besonders schön sind die typischen Drachentänze. Chinesische und vietnamesische Geschäfte bleiben mind. 3 Tage lang geschlossen. Viele Chinesen und Vietnamesen nutzen diese Zeit auch, um nach Hause zu fahren.
Boun Makha Bousa: Tempelfest zum Gedenken an Buddhas Rede über die ersten Mönchsregeln und die Ankündigung seines Todes.

April

Boun Pi Mai: Laotisches Neujahr (Mitte April). Der erste Tag des neuen Jahres ist immer der 16.4., das Fest wird vor allem auf den Straßen Vientianes und Luang Prabangs mit viel Wasserschütten gefeiert. In den Vats werden die Buddhastatuen mit Wasser übergossen.

Mai

Boun Visakha Bousa und **Boun Bang Fai** (Raketenfest): Der Geburts-, Todes- und Erleuchtungstag Buddhas wird zeitgleich mit Bambusraketen und Umzügen zur Regenanrufung begangen.

Juli

Boun Khao Phansa: Beginn der 3-monatigen buddhistischen Einkehr zum Anfang der Regenzeit, viele Mönchsordinationen.

August/September

Boun Khao Salak: Mit Opfergaben wird in den Tempeln der Verstorbenen gedacht.

September/Oktober

Boun Ok Phansa: Am Vorabend werden reich geschmückte, mit Lämpchen bestückte Bambusboote und unzählige kleine Bananenblattschalen mit Kerzen auf den Mekong gesetzt. Mit den treibenden Lichtern wird den Flussgeistern gedankt.
Boun Suang Heua/Boun Nam: Bootsrennen und Wasserfest, einen Tag nach Boun Ok Phansa. Großes Spektakel zum Ende der Fastenzeit entlang dem Mekong. In Ruderbooten paddeln Teams von 30–50 Frauen und Männern um die Wette.

Oktober/November

Boun That Luang: Eine Woche lang ist Volksfeststimmung um das nationale Wahrzeichen in Vientiane. Höhepunkt des Festes sind die Lichterprozession und das Feuerwerk. Im Anschluss an Boun That Luang feiern Vat Ongteu und Vat Inpeng im Zentrum ihr jährliches Tempelfest.

EINKAUFEN

An jeder Ecke in Vientiane schießen derzeit Einkaufszentren aus dem Boden. Wer auf der Suche nach laotischen **Textilien und Kunsthandwerk** ist, findet die schönsten Boutiquen im Moment noch in der Setthathirat Rd. und der Nokeokoummane Rd. Auch der alte **Talat Sao** eignet sich trotz Ausbau noch gut zum Stöbern.

Antiquitäten und Kunsthandwerk

T'Shop Lai Gallery, hinter Vat Inpeng, 🖥 www.laococo.com/tshoplai.htm. 2 Etagen voller Artefakte, fein gearbeiteter Gebrauchsgegenstände und Möbel. ⏵ Mo–Sa 8–20, So 10–18 Uhr.
Indochine Handicraft, 086/02 und 086/11 Setthathirat Rd. Buddhastatuen und allerlei verstaubter Krimskrams, darunter Rolex-Fälschungen, Schachspiele, Hmong-Silber und Metallarbeiten, Opiumgewichte. Interessant zum Stöbern. Visa und Mastercard. ⏵ 9–20 Uhr.
Friends 'n' Stuff, Nokeokoummane Rd., Ecke Setthathirat Rd. Wunderbar bunte Stofftiere und allerhand Gebasteltes von den Kids der Straßenkinder-NGO Friends International. Der Shop ist ein Ableger des Kunsthandwerksladens im Makphet Restaurant (S. 362). ⏵ 10–18 Uhr.

Bücher und Landkarten

Monument Books, Nokeokoummane Rd., neben dem Vayakorn Gh., 🖥 www.monument-books.com. Vientianes einziger internationaler Buchladen: Romane, Karten, Reiseführer und alle möglichen Zeitschriften. ⏰ Mo–Sa 9–20, So bis 18 Uhr.

Book-Café Vientiane, Heng Boun Rd. Hier hat der Buchhändler, Autor und langjährige Wahl-Laote Robert Cooper seinen kleinen Verlag Lao-Insight Books, der auch die Siri-Krimis (S. 862) von Colin Cotterill verlegt. ⏰ 8–20 Uhr.

Oriental Bookshop, Chao Anou Rd. Große Auswahl an deutschen und englischen Paperbacks aus zweiter Hand, viele Laos-Titel, Postkarten und Landkarten von Periplus, Nelles, Unkovich. Sehr faire Preise, Ankauf gebrauchter Titel. Internetcafé. ⏰ 9–22 Uhr.

🏠 **Big Brother Mouse**, Phai Nam Rd., Ecke Haiphong Rd., 📞 021-264513, 🖥 www.bigbrothermouse.com. Hier werden viele Übersetzungen dieser Kinderbuchreihe angefertigt, aber es steht auch das gesamte Programm zum Verkauf (Details s. S. 409).

Fahrräder und Zubehör

Top Cycle Zone, 47 Dong Palan Rd., 📞 021-263871. Fahrradfreak Wilfrid („Willy") aus Südfrankreich verkauft in seiner kleinen Werkstatt nicht nur anständige Räder (Trek, Giant, Merida), sondern baut sie auf Wunsch auch um. Außerdem kann er laut Eigenaussage fast jedes Ersatzteil innerhalb von drei Tagen besorgen. ⏰ Mo–Sa 7–12, 14–16 oder 18–20 Uhr.

Lebensmittel

🏠 **Agroasie**, Chao Anou Rd., 🖥 www.agroasie.com. Seit 2010 zertifizierte Bioprodukte von einer Farm 45 km außerhalb Vientianes. ⏰ 9–19 Uhr, So geschlossen.

Phimphone Market, Setthathirat Rd. Beachtliche Auswahl an westlichen Lebensmitteln und Toilettenartikeln; auch Wörterbücher, Briefmarken, Magazine und Karten. ⏰ 7.30–21 Uhr.

M-Point Mart, Samsenthai Rd., Khoun Bourom Rd. und Fa Ngum Rd., Ecke François Ngin Rd., 🖥 www.mpointmart.com/index_en.php. Der 7-Eleven von Laos: große Drogerieabteilung und langen Öffnungszeiten. ⏰ 6–24 Uhr.

🏠 **Organic Market**, jeden Mi und Sa von 6–12 Uhr auf dem Platz am That Luang und jeden Mo zur gleichen Zeit vor der Fa-Ngum-Statue. Neben allerlei Obst und Gemüse von zertifizierten Biobauern kann man Besonderheiten wie Spirulina aus laotischer Produktion und ganz hervorragenden Wildhonig erwerben.

Mobiltelefone

IT City, Lane Xang Ave, Ecke Sailom Rd., Teil des neuen Vientiane Squares. Zahlreiche Markenprodukte, das meiste davon aus dem Sortiment der Thai-Kette i-mobile; relativ große Auswahl, Preise wie in Thailand. ⏰ 8–20 Uhr.

Musik und Filme

Seng Lao, Chao Anou Rd. Randvoll mit günstigen DVDs (Filme und Serien), CDs und PC-Spielen. ⏰ 10–22 Uhr.

Textilien und Home Accessoires

🏠 **Saoban**, Chao Anou Rd., 🖥 www.saobancrafts.com. 2005 begann die laotische Nichtregierungsorganisation

Textil mit Tigerkopf

In Peru sind es Alpakamützen, in Holland Pantinen. Und in Laos? **Beerlao-Shirts**. Nur wenige Souvenirs sind so gefragt wie das Textil mit dem Tigerkopf. Seit einigen Jahren schimmert das Raubtier auf Buddeln, Büchsen und Baumwolle golden statt schwarz. Ein Symbol für die „goldene Zukunft", wie die Brauerei sagt. Gute Orte, um Beerlao-Shirts zu kaufen, sind der Talat Sao und der Nachtmarkt am Mekong. Hier gibt es außer dem Brauerei-Logo noch eine Reihe anderer Laos-Motive. Die T-Shirts kosten um 40 000 Kip. Und dran denken: „L" ist in Asien nicht wirklich „Large".

Feinstes aus laotischer Seide

Während andernorts Handwebstühle längst verdrängt wurden, ist in Laos eine Seidentradition wiedererwacht, die sich langsam zur hochwertigsten Südostasiens entwickelt.

Carol Cassidy Lao Textiles, Nokeokoummane Rd., ☎ 021-212123, 🖥 www.laotextiles.com. Die amerikanische Designerin Carol Cassidy hat laotische Techniken und traditionelle Muster im Ausland bekannt gemacht. In einem Kolonialbau im Zentrum stellt sie ihre sehr hochwertigen Seidentextilien aus; Färberei und Weberei können besichtigt werden. Teuer! ⏲ Mo–Fr 8–12, 14–17 Uhr, Sa 8–12 Uhr.

Nikone, Ban Dongmieng, östlich des Zirkus' an der Thongkhankham Rd., ☎ 021-212191. Nikone bildet Weberinnen aus und arbeitet mit Tai-Deng-Frauen in Nordlaos zusammen. Die eleganten Schals, Kissenbezüge und Wandbehänge sind mit Naturfarben gefärbt.

Kanchana, Samsenthai Rd., Ecke That Dam, ☎ 021-213467. Ihre Textilien werden als die besten von allen gehandelt. ⏲ 9–21 Uhr. Das dazugehörige Textilmuseum (S. 356) in Ban Nongthatai stellt mehr als 1000 Webstücke aller Volksgruppen aus. Anmeldung im Laden oder unter ☎ 030-5258293.

Houey Hong Vocational Center, Ban Houey Hong, etwa 7 km nördlich der Stadt, nur mit Ortskundigem zu finden, ☎ 021-560006, 🖥 www.houeyhongcentre.com. Von Japanern unterstütztes Ausbildungszentrum für junge Weberinnen, das in einem kleinen Laden schöne Arbeiten zu angemessenen Preisen verkauft. Shop in der Stadt: True Colour, Setthathirat Rd., gegenüber Vat Mixay. Webkurse. ⏲ 8.30–16.30 Uhr, So geschlossen.

Mai Savanh Lao, Ban Salakham, 8 km in Richtung Freundschaftsbrücke weist ein Schild etwa 500 m vor der Beerlao-Brauerei an einem Tempel nach rechts, ☎ 021-812256, 🖥 www.mai savanhlao.org. Ein Ehepaar aus dem Elsaß hat das ehemalige Projekt zur Seidenproduktion mit schweizer Technologie ausgestattet. Es unterstützt mehr als 300 Bauernfamilien in Südlaos, die mit Maulbeerbäumen und Seidenraupen Einkommen erzielen. Der gesamte Prozess von der Gewinnung der Rohseide bis zum fertigen Produkt wird bei Interesse erklärt. 2009 hat Mai Savanh Lao das Fair-Trade-Siegel erhalten. ⏲ Mo–Fr 8–12, 13–17 Uhr.

PADETC die Arbeit mit Weberinnen aus kleinen Dörfern und entwickelte die ersten Produkte. Den Dorfbewohnern ermöglicht die faire Bezahlung bescheidenen Wohlstand. Wunderschöne Webarbeiten, Kleidung und verschiedene Accessoires im Ethno-Design. Wie wäre es zum Beispiel mit einer Notebook-Hülle? ⏲ 9–20, So ab 13 Uhr.

Mulberries/Camacrafts, Nokeokoummane Rd., 🖥 www.camacrafts.org. Das gemeinnützige Projekt widmet sich der Förderung des Textilhandwerks der Hmong. Anders als auf dem Nachtmarkt in Luang Prabang sind die bestickten Wohntextilien von bester Qualität. ⏲ 10–18 Uhr, So geschlossen.

Couleur d'Asie, Nokeokoummane Rd. Tropenchic aus Seide und Baumwolle – nicht ganz billig, aber schön. Visa, Mastercard und Amex. ⏲ Mo–Sa 8–20, So 10–19 Uhr.

Mixay Boutic, Nokeokoummane Rd., Filiale: Setthathirat Rd., 🖥 www.artofmekong.com.

Nur edelste Accessoires und Dekoartikel, viele Importe aus Thailand. Ausgefallene Damen- und Herrenbekleidung mit asiatischem Touch. Teuer. Visa und Mastercard. ⏲ 9–20 Uhr.

Lao Silk Store, Setthathirat Rd, Ecke Nokeokoummane Rd. Silberschmuck, Stoffe und einfallsreiche Kleidung aus traditionellen Textilien. Für Traveller interessant: Seidenschlafsäcke; Visa und Mastercard. ⏲ Mo–Sa 8.30–20, So 9–19 Uhr.

Elégant, Pangkham Rd., Nähe Nam Phou. Bei Expats beliebte Schneiderin stillvoller traditioneller bis moderner Kleidung. ⏲ Mo–Sa 9.30–20, So 11–20 Uhr.

AKTIVITÄTEN UND TOUREN

Fahrrad- und Motorradtouren

Vientiane ByCycle, ☎ 020-55812337, 🖥 www.vientianebycycle.com. Mit der Niederländerin Aline, einer echten Kennerin Vientianes, lassen sich radelnd Orte erkunden, die manchmal nur wenige Meter jenseits touristischer Highlights liegen und doch ganz andere Seiten der Mekongstadt offenbaren. Ein halber Tag (8–13 Uhr) kostet 400 000 Kip, der volle Tag dauert 2 1/2 Std. länger und schlägt mit 550 000 Kip zu Buche. Anmeldung über die Website.

Jules Classic Adventure, neuerdings zu Hause im Papaya Spa, Parallelstraße zwischen Souphanouvong Rd. und Mekong, ✆ 020-59511295, 🖥 www.raid.bike-rental-laos.com. Jean Louis ist ein Abenteurer, wie er im Buche steht: Bevor er 1992 nach Laos kam, segelte er eine chinesische Dschunke bis nach Paris. Nun bietet der Franzose 1- bis 2-wöchige Motorradtouren für Gruppen bis max. 12 Pers. an. Neben den 4 Touren á la carte, kann man auch gern Sonderwünsche äußern. ⏱ 7–18 Uhr

Kochkurse

Lao Experiences, 🖥 www.lao-experiences.com. Morgens wird auf dem Markt frisch eingekauft und danach in einem Garten am Mekong unter Anleitung laotischer Köche gekocht, US$35 p. P. Buchung am Vortag bis 17 Uhr im Full Moon Café, François Ngin Rd., auf der Website oder unter ✆ 020-95553097.
Lam Paj-Baj Tong, Manthatourat Rd., ✆ 021-353414. Das Restaurant bietet 2x tgl. Kochkurse an. Der Kochlöffel wird von 10.30–13.30 und 16.30–19.30 Uhr geschwungen.

Meditation und Yoga

Im **Vat Sokpaluang**, Sokpaluang Rd., findet jeden Samstagnachmittag ein Meditationkurs statt. Die genaue Uhrzeit gibt's in der *Vientiane Times* oder unter 021-231938. Eintritt frei. Außerdem: Kräutersauna und Massage. Nicht weit entfernt in einer ruhigen Seitenstraße bietet das **Vientiane Yoga Sudio** morgens und abends 90-minütige Yoga-Kurse diverser Stile (Hatha, Vinyasa, Gentle Yoga). Infos und Preise unter 🖥 www.vientianeyoga.weebly.com.

Touranbieter

Green Discovery, Setthathirat Rd., neben dem Khop Chai Deu, ✆ 021-264528, 🖥 www.greendiscoverylaos.com. Bester

Düfte, Dämpfe und Massagen

White Lotus, Pangkham Rd., gegenüber dem Mali Namphu. Wohlfühlmassagen für Gesicht, Körper und Füße.
Mandarina Massage & Spa, ein Stück weiter. Ähnlich gut, aber mit schönerem Ambiente.
The Oasis, François Ngin Rd. Freundlich und sauber, Fußmassage 40 000 Kip/Std., Lao Body Massage 50 000 Kip/Std. und eine ordentliche Abreibung (Aroma Body Scrub) 200 000 Kip/1 1/2 Std. ⏱ 9–21 Uhr.
Papaya Spa, Parallelstraße zwischen Souphanouvong Rd. und Mekong, 🖥 www.papayaspa.com. Wellness-Oase in einem französischen Haus mit Nebengebäuden im Garten. Kräutersauna, Laotische Massage, Schwedische Massage, Fußreflexzonen-Massage, Aromatherapie und Kosmetik – für einen süßen Tag Nichtstun. ⏱ 9.30–19.30 Uhr, Mo geschlossen.

Anbieter von Abenteuertouren. Das Programm reicht von Tagesausflügen in das Phou Khao Khouay NPA bis zu 2-wöchigen Trips durch ganz Laos. Trekking, Rafting, Kajaking, Klettern, Mountainbiking und Motorradtouren werden hier ganz groß geschrieben; Büros gibt's in Vang Vieng, Luang Prabang, Luang Namtha, Nong Kiao, Thakhek und Pakxe. ⏱ 8–22 Uhr.
Lao Youth Travel, Fa Ngum Rd., ✆ 021-240939, 🖥 www.laoyouthtravel.com. Zentral gelegener Touranbieter, der neben den mehrtägigen Standard-Touren gut organisierte Aktivitäten in und um Muang Ngoi am Nam Ou anbietet. ⏱ Mo–Fr 8–12, 13–16, Sa 8–11 Uhr.

SONSTIGES

Apotheken

Eine Hand voll Apotheken befinden sich in der Mahosot Rd., unmittelbar östlich des Morgenmarkts. Gut sortiert sind die **Sengdao Pharmacy**, deren Apothekerin auch in Englisch berät, und die **Sengthong Pharmacy**.
Poppy's Pharmacy & Beauty in der Hengboun Rd. ist eine gute Wahl für Reisende, die nach einem Äquivalent zum thailändischen Boots (Drogerie/Apotheke) suchen.

Autovermietungen

Die meisten Autovermietungen und Reisebüros bieten Wagen mit Fahrer an. Wer selbst fahren möchte, braucht einen Internationalen Führerschein. Als Pfand wird meist der Pass, die Kreditkarte oder ein größerer Geldbetrag verlangt. Hinweise zu **Verkehrsregeln** s. S. 84.

Avis, Setthathirat Rd., ✆ 021-223867, 🖥 www. avis.la. In Kooperation mit Asia Vehicle Rental ist die Kette am Wattay Airport und im Zentrum Vientianes vertreten. Die Flotte umfasst Kleinwagen, Minibusse und Pick-ups; alle Wagen sind Vollkasko versichert mit Selbstbeteiligung bei Selbstfahrern. Wer einen Wagen mit Fahrer mietet, zahlt zusätzlich einen Betrag für Kost und Logis. Auch Fahrten nach Thailand, Kambodscha, Vietnam und China möglich! ⏰ Mo–Fr 8.30–18 Uhr, Sa und So 9–13 Uhr.

Diplomatische Vertretungen

Die Botschaften befinden sich nordöstlich des Anousavari, zwischen 23 Singha Rd. und Kaysone Phomvihane Ave, und südöstlich des Zentrums im Ban Sokpaluang/Ban Vatnak. Hier hat auch die deutsche Botschaft ihren Sitz. Visa für die Nachbarländer von Laos sind in der Regel problemlos zu bekommen. Gästehäuser und Reisebüros, die diesen Service übernehmen, schlagen bis zu US$10 auf.

China, Vatnak Rd., ✆ 021-315100, 🖂 china emb_la@mfa.gov.cn. ⏰ Mo–Fr 9–11.30, 14–17 Uhr. Seit 2014 gibt es auch ein Konsulat in Luang Prabang.

Deutschland, 26 Sokpaluang Rd., ✆ 021-312110, 🖂 info@vientiane.diplo.de. ⏰ Mo–Fr 9–12 Uhr. In akuten Notfällen außerhalb der Geschäftszeiten ✆ 020-55515540.

Kambodscha, Thadeua Rd., KM 2, ✆ 021-314950, 🖂 recamlao@laotel.com. ⏰ Mo–Fr 7.30–11, 14–17 Uhr.

Myanmar, Sokpaluang Rd., ✆ 021-314910, 🖂 mevlao@laotel.com. ⏰ Mo–Fr 8.30–12, 13–16.30 Uhr.

Schweiz, 10/2 Manthatourat Rd., ✆ 021-264160, 🖂 vientiane@honrep.ch. ⏰ Mo–Fr 9–11 Uhr.

Thailand, Phonekheng Rd., Visa gibt es nur in der Konsularabteilung und nur gegen Baht: Bourichane Rd., ✆ 021-453916, 🖂 thaivtn@ mfa.go.th, ⏰ Visaanträge von 8.30–11.30 Uhr,

Passrückgabe 13.30–15–30 Uhr; Thailand hat ein Konsulat in Savannakhet.

Vietnam, 85 23 Singha Rd., ✆ 021-413401, 🖂 dsqvn@laotel.com. Die Konsulate in Luang Prabang, Savannakhet und Pakxe stellen ebenfalls Visa aus. ⏰ Mo 9.30–12, 13.30–17 Uhr, Di–Fr 8–12, 13.30–17 Uhr.

Fahrrad- und Motorradverleih

Vientiane eignet sich gut für eine Fahrrad- oder Motorradtour. Viele Gästehäuser verleihen Räder für 10 000–20 000 Kip/Tag. Als Pfand wird oft der Pass verlangt, es reicht aber ein Dokument mit Foto. Wer ein Motorrad mietet, *muss* den Pass hinterlegen (für den Fall einer Polizeikontrolle unbedingt Passkopie und Mopedpapiere dabeihaben).

P.V.O., Fa Ngum Rd., ✆ 021-214444, 🖂 laopvo@hotmail.com. Anständige Suzuki für 70 000–80 000 Kip/24 Std. je nach Hubraum, auch Automatik, und 250ccm Honda Baja ab 230 000 Kip/Tag.

Vientiane Backpackers Hostel, 13 Nokeo-koummane Rd., ✆ 020-97484227, 🖥 vientiane backpackershostel.com. Je nach Andrang gibt es hier Roller (Halbautomatik) für 70 000 Kip/Tag.

Geld

Inzwischen gibt es in Vientiane etliche **Geldautomaten** (ATM), die Kredit- und Bankkarten akzeptieren (Visa, Mastercard, Maestro/ Cirrus). Ausgezahlt wird in Kip, das Limit ist je nach Betreiber verschieden (S. 71). Es sind aber mehrere Abhebungen hintereinander möglich. Die Banken kassieren pro Abhebung 20 000–40 000 Kip. Hinzu kommt die Gebühr, die das Kreditinstitut zu Hause berechnet. Die Standorte der Automaten sind auf den Websites der Banken zu finden.

Die meisten **Banken** wechseln neben Barem auch Travellers Cheques und zahlen Geld auf Visa und/oder Mastercard aus. Bei Travellers Cheques in Euro und Auszahlungen auf Visa oder Mastercard fallen bis zu 3 % Gebühren an. Der Wechsel von Kip in Dollar ist ebenfalls möglich. ⏰ in der Regel Mo–Fr 8.30–15 oder 15.30 Uhr. Der **Wechselschalter** der BCEL an der Fa Ngum Rd., Ecke Pangkham Rd., hat länger und auch am Wochenende geöffnet.

BCEL, 1 Pangkham Rd., ✆ 021-213200, 🖥 www.bcellaos.com. Vertragspartner von Visa und Mastercard.

Lao Development Bank, 13 Souphanou-vong Rd., ✆ 021-213400, 🖥 www.ldb.org.la. Filiale und Wechselschalter in der Settha-tirat Rd., Ecke François Ngin Rd.

Banque Franco-Lao, Lane Xang Ave, ✆ 021-285111, 🖥 www.banquefrancolao.com.

ANZ, 33 Lane Xang Ave, ✆ 021-222700, 🖥 www.anz.com.

Joint Development Bank, 75/1-5 Lane Xang Ave, ✆ 021-213531, 🖥 www.jdbbank.com.la.

Phongsavanh Bank, Kaysone Phomvihane Ave, ✆ 021-711522, 🖥 www.phongsavanhbank.com.

Lao-Viet Bank, 5 Lane Xang Ave, ✆ 021-214377, 🖥 www.lao-vietbank.com. Hier bekommt man vietnamesische Dong und wird sie auch wieder los.

Zu den thailändischen Banken gehören:

Bank of Ayudhya, 79/6 Lane Xang Ave, ✆ 021-213521, 🖥 www.krungsri.com.

Siam Commercial Bank, 117 Lane Xang Ave, ✆ 021-213500, 🖥 www.scb.co.th.

Informationen

Die **Touristeninformation** im Erdgeschoss der Lao National Tourism Administration, Lane Xang Ave, ✆ 021-212251, 🖥 www.tourismlaos,org, hat außer ein paar Broschüren und Aushängen zu jeder Provinz nicht viel zu bieten. ⊕ Mo–Fr 8.30–12, 13.30–16 Uhr.

Internet

Fast alle Unterkünfte und viele Cafés bieten inzwischen kostenfrei **WLAN** an. Wer doch noch ein **Internetcafé** mit Computern, Headset und Webcam benötigt, sollte die Setthathirat Rd., westlich des Kop Chai Deu, oder die Khoun Bourum Rd. ansteuern: Dort flitzen Bits und Bytes am schnellsten. Auch **3G** funktioniert in Vientiane mit entsprechender SIM-Karte und Tarif – einfach bei den Telefonanbietern fragen.

Medizinische Hilfe

Harmlose Krankheiten und Verletzungen können in Vientiane behandelt werden. Wer schwerer erkrankt oder operiert werden muss, sollte sich in Thailand versorgen lassen. Udon Thani ist weniger als 2 Autostunden entfernt. Die **Rettungswagen** des Aek Udon International Hospitals, ✆ 0066-42-342555, und des Nong Khai Wattana Hospitals, ✆ 0066-42-465201, kommen in Notfällen über die Grenze. Not-transporte sind auch außerhalb der Grenz-öffnungszeiten möglich.

Ambulante Behandlungen sind sofort und bar zu bezahlen. **Daran denken**, die erforderlichen Daten und Bescheinigungen für die Versiche-rung zu verlangen (S. 102).

Centre Médical de l'Ambassade de France, Seitenstraße südlich der Khou Vieng Rd., ✆ 021-214150 oder 020-55584617, 🖥 www.ambafrance-laos.org/Centre-medical-de-l-Ambassade-de. Modernes, sauberes Ärzte-haus, in dem ein belgischer Tropenmediziner, eine Allgemeinmedizinerin, ein Zahnarzt und eine Physiotherapeutin arbeiten; Labor-analysen, Impfungen, Tests auf Denguefieber und Malaria, 24-Std.-Notruf. Dr. Hospied spricht Deutsch, Englisch und Französisch. ⊕ 8.30–12, 13.30–19, Mi bis 17, Sa 9–12 Uhr.

Alliance International Medical Center, Souphanouvong Rd., im Honda-Komplex kurz vor dem Flughafen, ✆ 021-513095, 🖥 www.aimclaim.com. Das neue Ärztezentrum wird in Kooperation mit dem Wattana Hospital in Nong Khai betrieben. Einige Ärzte kommen aus Thailand, es wird Englisch gesprochen. Neben allgemeinmedizinischer Versorgung auch Neonatologie, Pädiatrie, Gynäkologie, Kardio-logie, Augenheilkunde, Gesundheitchecks und Laboruntersuchungen. ⊕ Mo–Fr 8–20 Uhr, Sa 8–17 Uhr.

Australian Embassy Clinic, Thadeua Rd., KM 4, auf dem Gelände der australischen Botschaft, ✆ 021-353840. Die allgemein-medizinische Praxis kümmert sich in erster Linie um Botschaftsmitarbeiter, behandelt aber auch in kleinem Rahmen andere Patienten. ⊕ Mo–Fr 8.30–12.30, 13.30–17 Uhr.

International Clinic, Fa Ngum Rd., ✆ 021-214022, auf dem Gelände des Mahosot Hospitals, Eingang Fa Ngum Rd. Einige Ärzte sprechen Englisch. Nur für kleinere Verletzungen. ⊕ 24 Stunden.

Notfall

Touristenpolizei	📞 021-251128
Polizei und Feuerwehr	📞 021-212703
Krankenwagen	📞 021-241162

Optiker

Vientiane Optic, neben der Kulturhalle, und **Taifa Optical**, nordöstlich des Morgenmarkts, führen Kontaktlinsenflüssigkeit und Brillengestelle. Beide machen auch computergestützte Sehtests.

Post

Die **Hauptpost**, an der Ecke zum Morgenmarkt, soll bis 2016 renoviert werden. In der Zwischenzeit kann man die Brief- und Paketdienste der Post in der **Sailom Rd.**, gleich gegenüber dem Lao-Telecom-Gebäude, in Anspruch nehmen. ⏱ Mo–Fr 8–17, Sa bis 12 Uhr, So geschlossen.

Reisebüros

Viele Reisebüros liegen in der **Setthathirat Rd.** und der **François Ngin Rd.** Im Angebot sind Flug- und Bahntickets, Visaservice und Bustickets privater Gesellschaften.

Sicherheit

Vientiane ist eine der sichersten Hauptstädte Südostasiens, aber auch sie ist nicht gegen Kriminalität immun.
Diebstahl: Die Zahl der Diebstahl- und Raubdelikte hat in den vergangenen Jahren stark zugenommen. Zu jeder Zeit ist Vorsicht vor Taschendieben geboten.
Wer ein Fahrrad oder Moped mietet, sollte seinen Tagesrucksack nicht in den Frontkorb legen oder am Lenker befestigen. Es hat schon schwere Unfälle gegeben, als Motorrad-Diebe mit der Tasche gleich das ganze Fahrrad wegrissen.
Straßenverkehr: Abends und zu Festen gibt es viele betrunkene Fahrer auf den Straßen. Also: trotz grüner Ampel vorsichtig an Kreuzungen heranfahren.
Polizeikontrollen: Nach 18 Uhr kontrolliert die Polizei verstärkt Auto- und Motorradfahrer an den Hauptkreuzungen und Ausfallstraßen. Wer angehalten wird, sollte die „Strafe" freundlich runterhandeln und vor Ort begleichen. Auch Verkehrsverstöße, etwa gegen die Helmpflicht, werden geahndet.

Telefon

In den Service Centern der **Lao Telecom**, Chantakhoummane Rd. und Sailom Rd., kosten internationale Ferngespräche 2000 Kip/Min. (erste Minute 3000 Kip). ⏱ Mo–Fr 8–17, Sa 8.30–15 Uhr.
Etwas teurer sind Telefonate nach Europa in den **Internetcafés** (3000–4000 Kip/Min). Ein paar haben sogar Telefonkabinen. Auch Faxe können hier preiswert versendet werden.
Wer sein **Handy** mitgebracht hat, kauft sich am besten eine laotische SIM-Karte (ETL, M-Phone, Beeline oder Unitel) und telefoniert dann ebenfalls für 2000 Kip nach Hause. SIM-Karten gibt's fast überall, bei Fragen zum mobilen Internet helfen die Service Center:
ETL, Sailom Rd., 🖥 www.etllao.com, ⏱ Mo–Fr 8–17, Sa 8–12 Uhr.
Unitel, Nong Bon Rd., 🖥 www.unitel.com.la, ⏱ 8–17 Uhr.
Beeline, Singha Rd., 🖥 www.beeline.la, ⏱ Mo–Fr 8.30–18 Uhr.

Visumsverlängerung

Das **Immigration Office**, Hathsadi Rd., verlängert Visa für US$2 pro Tag. Wer schon morgens kommt, kann den Pass normalerweise nachmittags wieder abholen. ⏱ Mo–Fr 8–12, 13–16 Uhr.
Reisebüros und Gästehäuser bieten denselben Service ab US$3/Tag an.

NAHVERKEHR

Die meisten Sehenswürdigkeiten liegen so dicht beieinander, dass sie gut auf einem Rundgang besichtigt werden können. Ideal sind **Fahrräder**. Wer es rasanter mag, kann sich einen **Roller** mieten, allerdings ist Vientiane kein guter Ort für Anfänger.

Busse

Moderne grün-weiße und ein paar uralte blaue **Stadtbusse** verbinden die Vororte mit dem Talat-Sao-Terminal. Fahrten zum Flughafen, zur Universität oder zur Freundschaftsbrücke kosten 3000–6000 Kip. In Kürze soll ein elektronisches Zahlungsmittel in Form einer Chipkarte den Ticketverkauf erleichtern.

Tuk Tuks

Mobiler als Busse sind Tuk Tuks. Sie kreuzen die Straßen von morgens bis abends. **Fahrten innerhalb des Zentrums** sollten nicht mehr als 25 000 Kip kosten.

Die **Festpreise** auf den laminierten Listen, die einem überall unter die Nase gehalten werden, haben bis zu 25 % Spiel nach unten. Am ehesten lässt sich mit Fahrern handeln, die man unterwegs anhält. Ziemlich hartnäckig sind die Jungs an den Sammelstellen um Nam Phou, Setthathirat Rd. und Fa Ngum Rd. **Tuk Tuks auf festen Routen**, etwa entlang der Souphanouvong Rd., nehmen 5000–10 000 Kip.

Taxis

Taxis sind eine weitere Option. Die gelben Wagen der **Taxi Vientiane Group**, ☏ 021-454168, haben Taxameter (Grundgebühr 15 000 Kip, dann 2000 Kip pro 300 m).
Bei **Wagen ohne Taxameter** sind die Preise Verhandlungssache. Fahrten vom Flughafen ins Zentrum kosten überzogene US$8, von der Freundschaftsbrücke etwa 300 Baht/US$9,50.

TRANSPORT

Busse

Vientiane hat **drei Busstationen**: Vom ehemals größten Terminal am Talat Sao, Mahosot Rd., Ecke Khou Vieng Rd., ☏ 021-216507, werden nur noch Ziele innerhalb der Provinz Vientiane und Thailand angefahren. Die Busstation soll in zwei Phasen bis 2017 ausgebaut werden, so dass es wahrscheinlich zu einer zeitweiligen Verlegung der Haltestelle kommt.
Busse in den Norden, auch nach China, starten von der Nördlichen Busstation, ☏ 021-612384, 11,5 km nördlich des Zentrums. Wer nach Südlaos, Phonsavan oder Vietnam möchte, muss zur Südlichen Busstation, ☏ 021-740521, am KM 8 hinter dem Kaysone-Museum, fahren.
An allen drei Stationen gibt es **Ticketschalter**. Wer seine Fahrkarte schon im Gästehaus kauft, zahlt zwar etwas mehr, wird am Abreisetag aber

zur Busstation gebracht (was insgesamt günstiger sein kann). Lange Strecken sollten ruhig einen Tag vorher gebucht werden, besonders an Wochenenden und laotischen Feiertagen. Traveller mit Ziel Vang Vieng können auch einen der **privaten Minibusse** nutzen (50 000 Kip), die in Gästehäusern und Reisebüros zu buchen sind.

Nördliche Busstation (Ziele in Nordlaos)
Tuk Tuk vom/ins Zentrum etwa 60 000–70 000 Kip.
HOUAY XAI (als Ziel steht „Bokeo" dran, 884 km, 30 Std.) um 10 Uhr (VIP/Schlafbus) für 250 000 Kip und um 17.30 Uhr (AC) für 230 000 Kip.
LUANG NAMTHA (690 km, 15–17 Std.) um 8.30 (AC) und 17 Uhr (AC) für 200 000 Kip.
LUANG PRABANG (383 km, 9–10 Std.) um 6.30, 7.30, 8 (VIP), 9 (VIP), 11, 13.30, 16, 18, 19.30 (VIP) und 20 Uhr (Schlafbus); regulär (alle AC) 110 000 Kip, VIP 130 000 Kip, Schlafbus 150 000 Kip.
OUDOMXAI (576 km, 16 Std.) um 6.45, 13.45 (AC), 16 (Schlafbus) und 17 Uhr (AC); regulär 150 000 Kip, AC 170 000 Kip, Schlafbus 190 000 Kip.
PAKLAI (216 km, 6–7 Std.) um 8 Uhr für 90 000 Kip.
PHONGSALY (793 km, 24 Std.) um 7.15 Uhr für 190 000 Kip und 18 Uhr (Schlafbus) für 210 000 Kip.
VANG VIENG (156 km, 3 Std.) mindestens stdl. zwischen 6.30 und 20 Uhr, da fast alle Busse Richtung Norden in Vang Vieng halten; regulär 60 000 Kip, AC 70 000 Kip, VIP 80 000 Kip.
XAM NEUA (612 km, 20 Std.) um 7 Uhr über Luang Prabang und NONG KIAO, um 9.30, 12, 14 (Schlafbus) und 16 Uhr (VIP) über Phonsavan. Regulär 170 000 Kip, VIP 190 000, Schlafbus 210 000 Kip.
XAYABOURY (447 km, 12–13 Std.) um 9 und 18 Uhr (AC); regulär 90 000 Kip, AC-Bus 130 000 Kip.

Südliche Busstation (Ziele in Südlaos)
Tuk Tuk vom/ins Zentrum etwa 50 000–60 000 Kip, Motorradtaxi 30 000 Kip, öffentlicher Bus (Talat Sao – Dong Dok) 5000 Kip.
ATTAPEU (876 km, 18–20 Std.) um 9.30, 17 und 20.30 Uhr (VIP); regulär 140 000 Kip, VIP 200 000 Kip.

LAOS

Weiterreise in die Nachbarländer

Thailand

Busse: Staatliche Busse fahren vom Terminal am Talat Sao nach **Nong Khai** (7.30, 9.30, 12.40, 14.30, 15.30 und 18 Uhr, 15 000 Kip), **Udon Thani** (8, 9, 10.30, 11.30, 14, 15, 16.30 und 18 Uhr, 22 000 Kip; hält nicht am Flughafen), **Khon Kaen** (8.15 und 14.45 Uhr, 4 Std., 50 000 Kip) und **Bangkok** (18 Uhr, 10 Std., 248 000 Kip, nur bis Korat 149 000 Kip). Die Tickets können nicht vorab gekauft werden, und die Busse sind schnell voll.

In Nong Khai startet tgl. um 20.45 Uhr ein Schlafbus zum Mo Chit Terminal und um 20 Uhr ein normaler Bus zum Suvarnabhumi Airport in Bangkok (9–11 Std.)., Zubringer ab Vientiane, buchbar in den meisten Reisebüros.

Eisenbahn: Drei Züge verbinden das thailändische Nong Khai, 27 km südöstlich von Vientiane, täglich mit Bangkok (11–13 Std.): der Express 76 um 6 Uhr, der Express 70 um 18.20 Uhr und der Rapid 134 um 19.15 Uhr. Wer nicht schon den Zug über die Freundschaftsbrücke nimmt (S. 373), muss auf eigene Faust über die Grenze (⊙ 6–22 Uhr) – entweder mit dem Thai-Lao International Bus vom Morgenmarkt oder per Bus/Tuk Tuk/Taxi.

Am besten ist der Express 70 mit Schlafwagen, allerdings können die oberen Betten im AC-Abteil arktisch kalt werden. Die Züge sind oft eine Woche im Voraus ausgebucht. Fahrkarten gibt's in Laos am Bahnhof in Ban Thanaleng, in vielen Reisebüros und online unter 🖥 www.thairailticket.com.

Flüge: S. 373.

Vietnam

Busse: Mehrere Unternehmen, darunter Sisamone und SDT, fahren tgl. um 19 Uhr über **Vinh** (180 000 Kip, 14 Std.) nach **Ha Noi** (220 000 Kip, 20 Std.). Um 19.30 und 20 Uhr gibt es zusätzlich zwei Direktverbindungen nach Ha Noi. Busse nach **Da Nang** (220 000 Kip, 19 Std.) starten um 18.30, 19 und 20 Uhr. Der Bus nach **Ho-Chi-Minh-Stadt** (600 000 Kip, 40 Std.) über **Hue** (180 000 Kip, 16 Std.) verlässt Vientiane tgl. um 19.30 Uhr. Tickets und Abfahrt: Südliche Busstation am KM 8. An das Visum für Vietnam denken.

Flüge: S. 373.

China

Busse: Tgl. um 14 und 18.30 Uhr starten Busse von Vientiane nach **Kunming** (635 000 Kip, 1 1/2–2 Tage) über **Mengla** (284 000 Kip, 22 Std.). Die Busse haben Pritschen. Eine Direktverbindung nach Mengla besteht jeden zweiten Tag um 11 Uhr. Infos unter ☎ 020-56855558. Abfahrt von der Nördlichen Busstation. Nur mit gültigem China-Visum.

Flüge: S. 373.

BAN KONG LO (312 km, 7–8 Std.) um 10 Uhr für 80 000 Kip.

DON KHONG (808 km, 15–18 Std.) um 10.30 Uhr für 150 000 Kip.

LAK XAO (Grenze Vietnam, 327 km, 8 Std.) um 5, 6, 7 und 18.30 Uhr für 85 000 Kip.

PAKXAN (143 km, 2–3 Std.) alle 30 Min. von 4 Uhr bis abends für 35 000 Kip.

PAKXE (670 km, 12–16 Std.) staatliche Busse 9x tgl. für 110 000 Kip, der erste um 10 Uhr, anschließend von 12.30–16 Uhr alle 30. Min.; AC-Busse um 7.15, 18, 19 und 20 Uhr für 140 000 Kip; VIP-Busse mehrerer Gesellschaften um 20.30 und 21 Uhr für 170 000 Kip, Ankunft gegen 6.30 Uhr. Die VIP-Busse werden ziemlich kalt – Jacke und Socken mitnehmen.

PHONSAVAN (373 km, 8–9 Std.) um 6, 7, 8.30 Uhr für 110 000 Kip, um 19 Uhr (VIP) für 130 000 Kip und um 20.30 Uhr (Schlafbus) für 150 000 Kip.

SAVANNAKHET (468 km, 8 Std.) alle 30 Min. von 5.30–9 Uhr für 75 000 Kip, VIP-Bus um 20.30 Uhr für 110 000/120 000 Kip (Sitz/Liege); manche Busse nach Pakxe stoppen auch in Savannakhet.

THAKHEK (335 km, 5–6 Std.) um 4, 5, 6, 12 und 13 Uhr (VIP); regulär 60 000 Kip, VIP 80 000 Kip. Weitere Busse s. Verbindungen nach Pakxe.
VEUN KHAM (Grenze Kambodscha, 830 km, 18–20 Std.) um 11 Uhr für 150 000 Kip.
Busse nach Pakxe, Attapeu und zum Bolaven-Plateau halten auch in Pakxan und Thakhek, aber nicht immer in Savannakhet – fragen.

Busstation am Talat Sao
(Ziele in der Provinz Vientiane und Thailand)
Tuk Tuk vom/ins Zentrum höchstens 15 000 Kip.
DONG DOK (9 km, 20 Min.) alle 30 Min. bis 18 Uhr für 5000 Kip.
FREUNDSCHAFTSBRÜCKE (24 km, 45 Min.) alle 20 Min. bis 17.30 Uhr für 6000 Kip.
THALAT (84 km, 2 Std) alle 30 Min. zwischen 7 und 17.30 Uhr für 15 000 Kip.
VANG VIENG (156 km, 3–4 Std.) 5x tgl. bis 17 Uhr für 40 000 Kip.

Eisenbahn
Vientianes **Bahnhof**, ☎ 021-820228, liegt 15 km südöstlich des Zentrums in Ban Thanaleng. Tgl. um 11.15 und 17 Uhr fahren Züge über die Freundschaftsbrücke nach NONG KHAI (20–50 Baht, 15. Min.). Wer den späten Zug nimmt, kann in Nong Khai um 18.20 Uhr in den Express 70 nach BANGKOK nehmen (s. Kasten). Den Ausreisestempel bekommt man in Ban Thanaleng, den thailändischen Einreise-stempel in Nong Khai. Tickets gibt es am Bahnhof.

Boote
Der verwaiste Anleger am Mekong, **Kao Leo**, liegt 10 km westlich der Stadt. Seit dem Ausbau der Straße 13 fahren nur noch wenige Fracht-schiffe, der öffentliche Personenverkehr ist ein-gestellt. Wer mehrere Tage Zeit mitbringt, kann versuchen, auf einem Frachter unterzukommen oder die Luxusvariante für Fahrten in den Süden, von Luang Prabang nach Vientiane (abhängig vom Pegel) oder von Vientiane nach Savanna-khet wählen: 🖵 www.cruisemekong.com.

Flüge
Der **Wattay International Airport** liegt 6 km westlich des Zentrums. In der Abfertigungshalle gibt es einen Wechselschalter, eine Post und

ein Restaurant. Taxis vom/zum Flughafen kos um die US$8. Wer die paar hundert Meter zur Hauptstraße läuft, kann auch für 30 000 Kip ei Tuk Tuk in die Stadt nehmen.

Inlandflüge in der Hochsaison von/nach:
HOUAY XAI (1x tgl., 1 Std.) mit Lao Airlines und Lao Skyway;
LUANG NAMTHA (1–2x tgl., 1 Std.) mit Lao Airlines und Lao Skyway;
LUANG PRABANG (4–5x tgl., 40 Min.) mit Lao Airlines, Lao Central Airlines und Lao Skyway;
OUDOMXAI (1–2x tgl., 1 Std.) mit Lao Airlines und Lao Skyway;
PAKXE (2x tgl., 1 1/4 Std.) mit Lao Airlines;
PHONSAVAN (1x tgl., 30 Min.) mit Lao Airlines,
PHONGSALY (2x wöchentl., 1 3/4 Std.) mit Lao Skyway;
SAVANNAKHET (tgl., werktags direkt, 1 Std., sonst über Pakxe) mit Lao Airlines;
XAM NEUA (3x wöchentl., 1 1/4 Std.) mit Lao Skyway;
XAYABOURY (3x wöchentl., 50 Min.) mit Lao Skyway.
Frequenz und Abflugzeiten ändern sich je nach Saison und Nachfrage. Lao Skyway fliegt erst seit 2014 nach Luang Prabang, Houay Xai, Oudomxai und Luang Namtha. Ob diese Vebin-dungen bestehen bleiben, ist noch unklar.

Internationale Flüge
BANGKOK, Suvarnabhumi Airport (4–5x tgl., 1 1/4 Std.) mit Thai Airways, Bangkok Airways, Lao Airlines und Lao Central Airlines;
CHIANG MAI (tgl. über Luang Prabang, 4 3/4 Std.) mit Lao Airlines;
GUANGZHOU (3x wöchentl., 2 Std.) mit Lao Airlines;
HA NOI (2x tgl., 1 1/4 Std.) mit Vietnam Airlines und Lao Airlines;
HO-CHI-MINH-STADT (4x wöchentl. über Pakxe, 3 3/4 Std.) mit Lao Airlines;
KUALA LUMPUR (tgl., 3 3/4 Std.) mit Air Asia;
KUNMING (1–2x tgl., 2 1/4 Std.) mit China Eastern Airlines und Lao Airlines;
PHNOM PENH (1–2x tgl., 1 1/2 Std.) mit Lao Airlines und Vietnam Airlines;
SIEM REAP (1x tgl. über Pakxe, 3 Std.) mit Lao Airlines;

SINGAPORE (3x wöchentlich., 4 Std.) mit
Lao Airlines.
Flüge nach Yangon sind angekündigt.

Airlines
China Eastern Airlines, M&N Building,
Souphanouvong Rd., ✆ 021-212300.
⊕ Mo–Fr 8–12, 13.30–16.30, Sa 8–12 Uhr.
Bangkok Airways, Lao Plaza Hotel,
Samsenthai Rd., ✆ 021-242557,
🖳 www.bangkokair.com. ⊕ Mo–Sa 8–17 Uhr.
Lao Airlines, 2 Pangkham Rd., ✆ 021-212051,
🖳 www.laoairlines.com. Büro am Flughafen
✆ 021-512028 (international) oder 512000
(Inland). Tickets können mit Kreditkarte oder
bar bezahlt werden, auch Onlinebuchung
möglich. ⊕ Mo–Fr 8–12, 13–16, Sa 8–12 Uhr.
Lao Central Airlines, Souphanouvong Rd. und am
Flughafen, ✆ 021-513099, 🖳 www.flylaocentral.
com. ⊕ Mo–Do 6.30–17, Fr–So 6.30–19 Uhr.
Lao Skyway (vormals Lao Air),
Sengthien Hotel, Asean Rd. und am Flug-
hafen, ✆ 021-513007, 🖳 www.laoskyway.com.
Thai Airways, im selben Gebäude wie
China Eastern Airlines, ✆ 021-222527,
🖳 www.thaiair.com. ⊕ Mo–Fr 8.30–12,
13–17, Sa 8.30–12 Uhr.
Vietnam Airlines, Lao Plaza Hotel,
Samsenthai Rd., ✆ 021-217562,
🖳 www.vietnamairlines.com.
⊕ Mo–Fr 8–12, 13.30–16.30, Sa 8–12 Uhr.

€ Billig nach Bangkok

Eine günstige Alternative zum Flug Vientiane –
Bangkok ist ein innerthailändischer Flug von
Udon Thani, 70 km südlich von Vientiane, nach
Bangkok. Die Billigairlines **Air Asia**, 🖳 www.
airasia.com, und **Nokair**, 🖳 www.nokair.com,
fliegen die Strecke täglich schon ab 500–
1200 Baht. Nok Air bietet zudem ein interessan-
tes Fly'n'Ride-Paket an: Bus von Vientiane zur
Brücke, auf eigene Kosten hinüber (20 Baht)
und anschließend per Bus von Nong Khai zum
Flughafen in Udon Thani. In Bangkok landet
man auf dem Don Muang Airport. Ein ähnliches
Angebot existiert auch mit Ziel **Chiang Mai**.
Buchung im Internet, zahlbar mit Kreditkarte.

Die Umgebung von Vientiane

Reisfelder und Straßendörfer prägen das Umland Vientianes, das seit Ende der 1980er-Jah-
re zusammen mit der Hauptstadt die **Präfektur
Vientiane** bildet. In den neun Bezirken plus Stadt
leben heute etwa 800 000 Menschen.

Xieng Khouan (Buddha Park)

Vientianes schrägste Sehenswürdigkeit liegt
24 km südöstlich der Stadt am Mekong. Xieng
Khouan, auch Souan Phut – „Buddha Park" –
genannt, ist ein fantasievoller Skulpturengarten
mit meterhohen Betonstatuen aus Hinduismus,
Buddhismus und laotischer Folklore. Der rund
1 ha große Park wurde 1958 von dem laotischen
Künstler Boun Leua Soulilat geschaffen, einem
Philosophen und Priester, der verschiedene asiatische Religionen zu einer einzigen Weltan-
schauung vereinigte.

Am bekanntesten ist sicher die mächtige **liegende Buddhastatue** nahe dem Eingang, die inzwischen Postkarten, Poster und Buchtitel ziert.
Unweit davon ragt ein riesiger **Betonkürbis** in
den Himmel, dessen drei Ebenen im Innern Hölle, Erde und Paradies symbolisieren. Vom Dach
hat man einen schönen Rundblick. **Boun Leua**
selbst hat sich am südlichen Ende des Areals
vor dem Stupa verewigt. Im Lotussitz und mit
zum **nop** gefalteten Händen wirkt er fast real.

Ein gechartertes Tuk Tuk zum Buddha Park
kostet um 150 000 Kip. ⊕ tgl. 8–16 Uhr, Eintritt
5000 Kip plus Park- und Kameragebühr.

Ban Na

Bekannt wurde Ban Na durch eine Herde
wilder Elefanten, die aus den Bergen des
nahe gelegenen **Phou Khao Khouay NPA** herab-
gezogen war und regelmäßig eine Minerallecke
4 km nördlich des Dorfs besuchte. Ein **Beobachtungsturm** daneben garantierte Touristen ganz
besondere Erlebnisse. Leider haben die Dickhäuter die Gegend vor einiger Zeit verlassen
und meiden ihr altes Territorium seitdem. Heute
ist Ban Na vor allem ein guter Ausgangspunkt
für kürzere **Trekkingtouren** ins Phou Khao Khouay NPA (S. 451). Auch eine Übernachtung auf
dem Beobachtungsturm, hoch über dem umgebenden Buschland, ist noch möglich.

Bevor es 2013 den Status einer Provinz erhielt, war Xaisomboun (8300 km²) nordöstlich von Vientiane lange Zeit **militärisches Sperrgebiet**. Während des Indochinakriegs gab es in der bergigen Region heftige Gefechte, und die CIA unterhielt in Long Tieng ihren eigenen Flughafen. Da es dort auch nach der kommunistischen Machtübernahme noch Guerilla-Aktivitäten gab, wurde ein großes Gebiet inmitten von Laos zur militärischen Sonderzone erklärt. Nach Beruhigung der Lage löste die Regierung die „Special Zone" 2006 auf und erklärte Xaisomboun sieben Jahre später zur **17. Provinz** des Landes.

Trotz der teilweise tollen Karstlandschaft ist die Region momentan **als Reiseziel nur bedingt geeignet**: Holzlaster, intensiver Bergbau und das allgegenwärtige Militär verbreiten eine beklemmende Atmosphäre. Eine chinesische Firma soll die Infrastruktur in der Provinz in den kommenden Jahren entwickeln.

Hin und wieder fahren Biker von Vientiane aus eine große Runde um den Nam-Ngum-See oder nehmen eine Abkürzung durch die Provinz nach Phonsavan. Ob **Long Tieng**, der ehemalige Hauptsitz einer von der CIA finanzierten Geheimarmee, irgendwann für den Tourismus entwickelt werden kann, entscheidet letztlich das Militär. Zuletzt waren individuelle Touren dorthin untersagt.

Mittelfristig scheint die Regierung aber auf den Tourismus zu setzen. Sobald es die Infrastruktur zulässt, soll mit einem „Visit Xaisomboun Year" aktiv um Besucher geworben werden.

Guides warten in der Regel an der Infotafel im Dorf, gelegentlich aber auch schon im neuen „Touristenbüro" am Dorfeingang. Hier wird auch bezahlt: Ein Trekking-Führer kostet 80 000 Kip pro Tag, für Homestays werden 30 000 Kip verlangt, für einen der acht Schlafplätze auf dem Turm 50 000 Kip p. P. Wer auf dem Turm übernachtet, sollte viel Wasser und etwas zu essen mitnehmen. Die Guides kochen aber auch (40 000 Kip).

Eine Reihe von Touranbietern hat Ban Na im Programm. Wer selbst anreisen möchte: Das Dorf liegt 80 km östlich von Vientiane, direkt vor Vat Phrabat von der Straße 13 links ab. Jeder Bus nach Süden hält auf Wunsch am Abzweig (Südliche Busstation, ca. 2 Std.; von hier auch tgl. Songtheos direkt zum Dorf.). Von dort sind es noch 15 Minuten zu Fuß (1,5 km). Wer auf eigene Faust kommt, sollte sich vorher bei Mr. Bounthanom anmelden, ☎ 020-22208286. Er spricht nur sehr begrenzt Englisch, aber die Leute von der Touristeninformation in Vientiane helfen gern.

Weitere Infos zu Ban Na sind auf der (leider nur unregelmäßig aktualisierten) Website 🖥 www.trekkingcentrallaos.com zu finden.

Provinz Vientiane

Von Flüssen durchzogen und fruchtbar erstreckt sich die Provinz Vientiane über knapp 16 000 km² vom Nam-Ngum-See im Osten über den Mekong im Westen bis kurz vor Phou Khoun im Norden. Mehr als die Hälfte der 480 000 Einwohner sind Lao Loum. Im Grenzgebiet zu den Provinzen Luang Prabang und Xayaboury haben sich Hmong, Yao und Khmu angesiedelt.

Die geografischen Merkmale der Provinz sind zugleich ihre Highlights: die Karstberge im Norden, die vom Backpacker-Magneten **Vang Vieng** aus erkundet werden können, und der riesige **Nam-Ngum-Stausee** im Osten, der nicht so viele Touristen anzieht. Reiseagenturen in der Hauptstadt und in Vang Vieng organisieren außerdem Kajaktrips durch die **Nam-Lik-Schlucht** mit Transfer in einen der beiden Orte.

Nam-Ngum-Stausee

In der Ebene von Vientiane, 90 km nördlich der Hauptstadt, erstreckt sich inmitten bewaldeter Hügel das zweitgrößte Wasserreservoir von Laos. Und obwohl rund sieben Millionen m³ Wasser in einem Land ohne Strand ein toller Anblick sind, lassen die meisten Touristen Ang Nam Ngum links liegen.

Die erste Bauphase des **ältesten Wasserkraftwerks** von Laos wurde schon 1971 unter der königlichen Regierung beendet. Etliche Na-

LAOS

tionen, darunter die USA, Thailand und Deutschland, gaben damals Geld. Nach dem Umsturz installierte die neue Führung weitere Turbinen und errichtete auf zwei der Inseln Umerziehungslager für „dekadente Elemente" aus Vientiane. Heute exportiert das 155-MW-Kraftwerk bis zu 80 % des Stroms nach Thailand. Der Rest fließt via Hochspannungsleitung nach Vientiane und Umgebung.

Die Infrastruktur am See ist bescheiden. Die unspektakuläre Marktstadt **Thalat**, 6,5 km westlich des Damms, dient als Eingangstor. Hier halten die meisten Busse und Pick-ups aus Vientiane und Phonhong. Per Tuk Tuk besteht regelmäßig Anschluss nach **Na Keun**. Das kleine Fischerdorf am Westufer des Sees besteht aus wenig mehr als ein paar Holzhäusern und mehreren Fischrestaurants. Kurz vor dem Dorfeingang führt rechts ein kleiner Weg zum **Longngum View Resort**, ❸–❺, ✆ 030-5264371. Die meisten Zimmer (AC, WLAN) liegen hübsch am Hang mit entsprechendem Seeblick, sind aber nicht billig. Es gibt einen Pool, diverse Aktivitäten (Jetski, Kajak) und Karaoke. Wer der Straße 400 m weiter folgt, gelangt zu den romantischeren Bungalows des **Salapa Fisherman's Resort**, ✆ 020-22205449, ❹, rund um einen hübschen Garten.

Im Dorf selbst kann man kleine Fischerboote für eine Fahrt auf den See oder zu einer der Inseln chartern. Ein guter Ansprechpartner für eine Bootsfahrt ist Mr. Ley, ✆ 020-55623954: Er hat mehrere Boote, kennt sich in der Gegend aus und stellt auf Wunsch Touren zusammen. Am schnellsten zu erreichen ist **Don Dok Khoun Kham** (15 Min.). Häufiger wird inzwischen **Don Paouan** (1 Std.) wegen ihrer Felsen und einer Höhle angesteuert. Auch das Fischerdorf auf **Don Ai Pad** (45 Min.), benannt nach „Bruder Pad", der hier schon seit einem Vierteljahrhundert lebt, sieht hin und wieder Touristen.

TRANSPORT

Auto und Motorrad
Eine Motorradtour zum Nam-Ngum-See mit Routenkarte ist im **eXTra [4947]** beschrieben.

Busse und Pick-ups
Von der Talat Sao Busstation in Vientiane starten alle 30 Min. Busse nach Thalat (2 Std., 15 000 Kip). Wer aus dem Norden kommt, muss in Phonhong in einen der regelmäßigen Pick-ups nach Thalat umsteigen (10 000 Kip). Von dort fahren Tuk Tuks nach Na Keun (15 000 Kip). Zurück kann man einen der stdl. Busse (bis 17.30 Uhr) von Thalat nach VIENTIANE nehmen und gegebenenfalls in Phonhong auf einen Anschluss in den Norden warten.

Boote
Wer eine **Alternativ-Strecke** für die Fahrt von Vientiane **nach Vang Vieng** oder umgekehrt sucht, kann für etwa 400 000 Kip in 2–3 Std. von Na Keun nach Tha Heua am Nordufer des Nam-Ngum-Sees an der Straße 13 schippern (nicht in der späten Trockenzeit). Dort besteht regelmäßig Anschluss nach Vang Vieng (24 km, 30–40 Min). Oder man entspannt im Blue Lagoon Resort direkt am Stausee.

Von Vientiane nach Vang Vieng

Die **Straße 13** zwischen zwischen Vientiane und Vang Vieng führt durch Straßendörfer und Reisfelder. Eine Alternative zur öden Busfahrt ist eine Kajaktour auf dem Nam Lik (s. „Hin Heup") mit anschließendem Transfer nach Vang Vieng.

Vang Xang

62 km nördlich von Vientiane liegt Vang Xang, eine Stätte mit Hautreliefs aus dem 10.–13. Jh. Sie umfasst zwei Gruppen mit je fünf **Buddha-Skulpturen** im Khmer-Stil, die direkt aus dem Fels gemeißelt wurden. Um hinzugelangen, muss man kurz hinter dem KM-61-Stein am Schild „Vangxang Resort" rechts abbiegen. Nach ein paar hundert Metern geht's vor dem Resort rechts um einen Fischteich herum und an der nächsten Möglichkeit wieder rechts. Nun ist es noch etwa 1 km geradeaus. Eintritt 5000.

Dane Pha

Na gut, sie ist nicht gerade der Grand Canyon. Aber ein bisschen Wildwestgefühl erzeugt die kleine **Sandsteinschlucht** Dane Pha, 70 km nördlich von Vientiane, schon. Über eine Länge von 400 m hat sich der Fluss in das rötlich-braune Gestein gefressen. An drei Stellen stehen Buddhastatuen in Felsnischen, kleine Salas spenden Schatten in der Mittagshitze.

In der Kurve in Phonhong biegt man gegenüber dem kleinen Schild „B. Huypoung" links ab und folgt dem Sandweg 2 km, bis man an ein Tor mit goldenen Vogelstatuen kommt; hier links ab und noch weitere 200 m.

Hin Heup

Das kleine Hin Heup, 90 km nördlich von Vientiane, ist Ausgangspunkt für **Kajaktouren** auf dem Nam Lik. Sie starten in Vang Vieng (S. 386) oder Vientiane (S. 367), vor Ort lässt sich die Fahrt nicht organisieren. Die Touren sind so gefragt, dass sich hier oft mehrere Gruppen treffen. Die meisten Agenturen organisieren Tagestrips. Sie führen durch mehrere Stromschnellen (Grad 1–3) und die Nam-Lik-Schlucht. Wichtig ist, auf die Qualität der Kajaks zu achten.

Tha Heua

Das Fischerdorf Tha Heua schmiegt sich etwa 24 km südlich von Vang Vieng an eine Bucht des Nam-Ngum-Sees. Es ist vor allem für diejenigen interessant, die einen Teil der Strecke Vang Vieng – Vientiane auf dem Wasser zurücklegen wollen. Boote nach Na Keun am Westufer des Sees lassen sich mit etwas Hartnäckigkeit für 400 000 Kip chartern (2–3 Std.). Wer gerade von dort kommt: Busse und Pick-ups halten in Tha Heua im Norden an der Kreuzung und fahren regelmäßig nach Luang Prabang (7 Std.), Vang Vieng, (30–40 Min.) und Vientiane (2 1/2 Std.).

Es gibt aber auch einen guten Grund, ein paar Tage zu bleiben: das **Blue Lagoon Resort**, ☎ 020-54802200, 🖥 www.blue-lagoon-resort-laos.com, traumhaft schön gelegen auf einer Halbinsel im Stausee (aus Richtung Vientiane in Tha Heua rechts abbiegen). Ausflüge zu einer der unzähligen Inseln im Stausee sind ebenso möglich wie der Transport zur/von der anderen Seeseite (Na Keun). Die Bungalows haben Holzböden, schönes Mobiliar, Balkon, AC und natürlich Seeblick. ❸–❹

Die Bungalows im **Nirvana Eco Gh.**, ☎ 020-54894272, nebenan sind zwar günstiger (❷). Worauf sich aber das „Eco" bezieht, ist schleierhaft, werden doch gerade hier ein Affe und eine Wildkatze in zu klein geratenen Käfigen gehalten.

Vang Vieng und Umgebung

Karstkegel, Höhlen und eine ideale Lage am Fluss: Vang Vieng, 156 km nördlich von Vientiane, ist die laotische Antwort auf Chinas Yangshuo. Kein anderer Ort im Land rangiert auf der Beliebtheitsskala der Backpacker so weit oben – und wird gleichzeitig so stark kritisiert.

Einst ein Dorf wie aus einer chinesischen Tuschezeichnung, liegt Vang Vieng inzwischen an der Ameisenstraße des **Massentourismus**: Familienurlauber, Reisegruppen und Partytouristen verleihen dem Ort in der Hauptsaison eine Atmosphäre wie auf Ko Samui & Co. Seit die Behörden allerdings den schlimmsten Partyexzessen ein Ende bereitet haben (S. 381), bemüht sich die Stadt um ein besseres Image. Und Qualitäten hat die Gegend genug: Wie überdimensionale Kamelhöcker ziehen sich schroffe **Karstberge** am Horizont entlang, ein idealer Ort für Aktivitäten – von Kajakfahren über Caving bis zu Klettern. Mehr als 30 **Höhlen** wurden in den Hügeln schon entdeckt, knapp zwei Drittel davon sind für Touristen geöffnet. Viele Backpacker begnügen sich trotz allem damit, Party am Nam Xong zu machen oder sich in den austauschbaren Abhängschuppen mit Seifenopern berieseln zu lassen.

Der **Ortskern** liegt ungefähr 500 m westlich der Straße 13. Zwei namenlose Nord-Süd-Straßen und eine Hand voll Querstraßen sind alles, was Vang Vieng ausmacht. Der Fluss Nam Xong war ursprünglich Namensgeber des Ortes, bevor die Franzosen ihn im 19. Jh. in Vang Vieng umbenannten. Im Indochinakrieg war die Siedlung unter CIA-Mitarbeitern als **Lima Site 6** bekannt, der Codename für mehr als 400 nummerierte Flugpisten, von denen US-Piloten ihre Missionen flogen. Heute dient die Rollbahn entlang der Straße 13 nur noch als gelegentlicher Rummelplatz.

Höhlen

Vang Viengs Höhlen sind das Highlight der Region. Sie liegen alle jenseits des Nam Xong. Die **Brücke** südlich des Riverside Boutique Resorts ist mautpflichtig. Es gibt aber auch viele kostenlose Bambusstege. In der Trockenzeit kann man den Fluss sogar hier und da durchwaten (etwa an der Furt am Thavonsouk Resort).

VANG VIENG UMGEBUNG

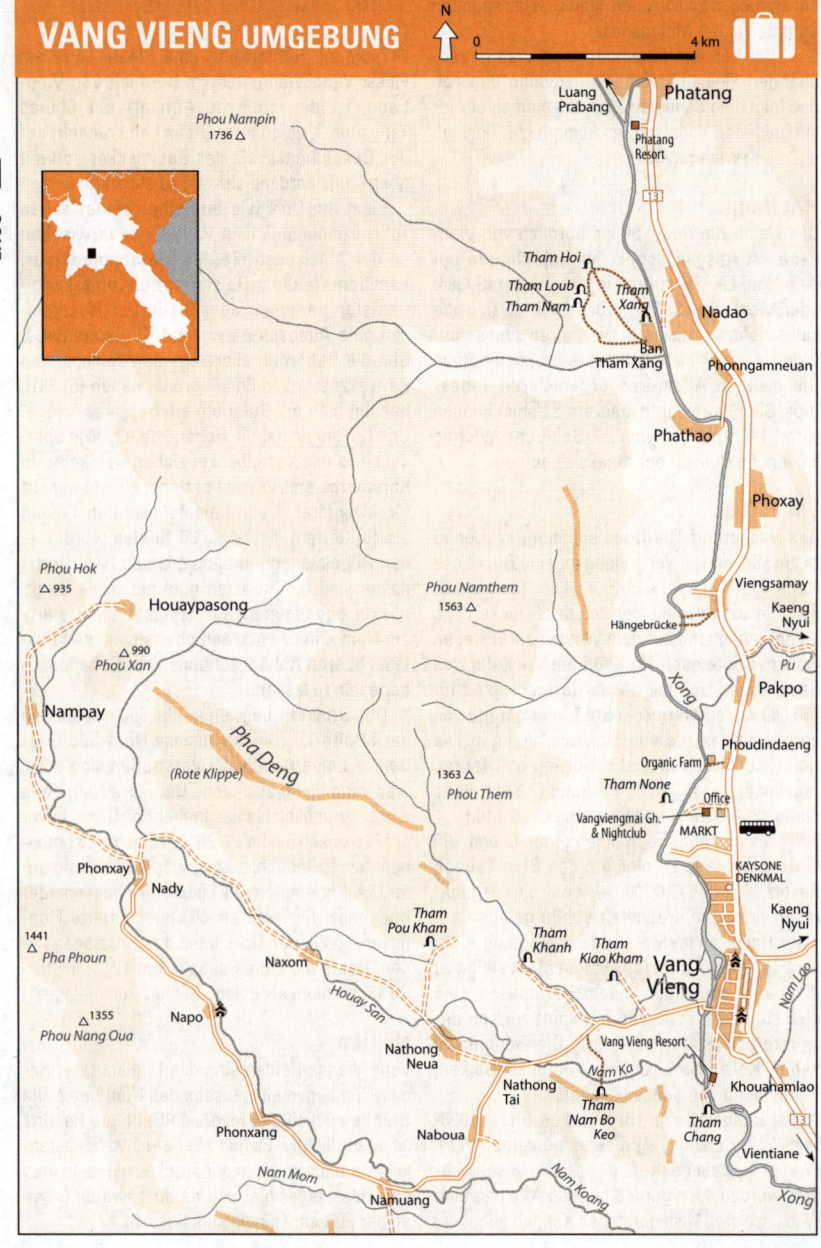

LAOS

N

0   4 km

Luang Prabang

Phatang

Phatang Resort

Phou Nampin
1736 △

Tham Hoi

Tham Loub

Tham Nam

Tham Xang

Ban Tham Xang

Nadao

Phonngamneuan

Phathao

Phoxay

Phou Hok
△ *935*

Houaypasong

Phou Namthem
1563 △

Viengsamay

Hängebrücke

Kaeng Nyui

Pu

△ *990*
Phou Xan

Pakpo

Xong

Nampay

Pha Deng

(Rote Klippe)

1363 △
Phou Them

Phoudindaeng

Organic Farm

Tham None

Office

Vangviengmai Gh. & Nightclub

MARKT

KAYSONE DENKMAL

Phonxay

Nady

Tham Pou Kham

Tham Khanh

Tham Kiao Kham

Vang Vieng

Kaeng Nyui

1441 △
Pha Phoun

Naxom

Houay San

Nam Lao

△ *1355*
Phou Nang Oua

Napo

Nathong Neua

Vang Vieng Resort

Nam Ka

Khouahamlao

Nathong Tai

Tham Nam Bo Keo

Tham Chang

Vientiane

Phonxang

Naboua

Nam Mom

Namuang

Nam Koang

Xong

Für Touren eignet sich die **Hobo Map** *Vang Vieng*, die es an einigen Stellen zu kaufen gibt. Einen Vorschlag für einen Trip mit dem Rad oder Roller gibt es unter eXTra [4948].

An fast allen Höhlen wird **Eintritt** verlangt. Bei vielen ist außerdem ein **Guide** mit Taschenlampe im Preis enthalten. Ein Ortskundiger sollte *immer* mitgehen. In dem zerklüfteten Gestein befinden sich nicht selten Löcher im Boden, die in der Dunkelheit kaum zu sehen sind. Als Problem haben sich allerdings manch selbsternannte Guides erwiesen: Lässt man die lampenbewehrten Jungs ungefragt neben sich herlaufen, wird beim Verlassen der Höhle ein Preis verlangt, der den normalen Eintrittspreis um ein Vielfaches übersteigt – also vorher einen kleinen Obolus aushandeln. **Wertsachen** sollten sicher im Gästehaus deponiert oder in einem wasserdichten Beutel *(dry bag)* verstaut werden. Nichts in fremde Hände geben, es kommt immer wieder zu Diebstählen.

Zur **Ausrüstung** gehören stabile Schuhe, am besten griffige Trekking-Sandalen, da man mitunter durch Wasser waten und über rutschige Steine klettern muss, knielange Shorts, ein wasserdichter Beutel für Wertsachen und eine wasserfeste Taschenlampe. Wer in einen der Pools springen möchte, die sich vor vielen Höhlen befinden, sollte außerdem passende Badesachen mitnehmen (Männer: knielange Shorts, Frauen: Badeanzug und Wickelrock). Auch wenn die Tatsache von vielen Touristen ignoriert wird: Zu viel nackte Haut gilt auch in Vang Vieng als despektierlich.

Tham Chang

Tham Chang, 2 km südlich des Zentrums auf dem Gelände des **Vang Vieng Resorts**, ist die erste Höhle der Region, die für den Tourismus erschlossen wurde. Hin geht es 1,3 km entlang der Uferstraße nach Süden. Ab Straßenende sind es rechts noch 700 m bis zum Vang Vieng Resort (Gebühr). Jenseits der roten Eisenbrücke führt ein Weg links zum Kassenhäuschen im Schatten einer Felswand.

Das Innere der Höhle, 150 Zementstufen höher, wirkt durch seine rosa und grüne Ausleuchtung arg verkitscht. Ein Rundweg führt an Kalkformationen vorbei, in denen sich verschiedene Figuren erkennen lassen. Ein schöner **Aussichtspunkt** liegt links des Eingangs, ganz am Ende. ⏲ 7–11.30, 13–17 Uhr (Mittagspause wird eingehalten). Eintritt 17 000 Kip.

Tham Pou Kham (Goldkrabbe)

Tham Pou Kham liegt etwa 7 km westlich von Vang Vieng und ist, nachdem man den Nam Xong überquert hat, leicht mit dem Fahrrad oder Roller zu erreichen. Alternativ zuckeln vom Westufer auch gelegentlich Tok Toks dorthin.

Der Eingang zur Höhle befindet sich 50 m oberhalb eines türkisfarbenen Pools. Der Aufstieg über scharfe Felsen und quer liegende Äste wird mit einem fantastischen Blick in eine 200 m weite, grünlich schimmernde Halle belohnt. Im Zentrum befindet sich ein goldener Altar mit einer **liegenden Buddhastatue**. Wer mehrere hundert Meter in die Höhle eindringt, sieht mit viel Glück vielleicht die goldene Krabbe *(pou kham)*, die der Höhle ihren Namen gab. Ein guter Orientierungssinn ist allerdings mitzubringen. Eintritt 10 000 Kip. Stirnlampen können für 10 000 Kip geliehen werden. Wer auf Nummer sicher gehen will, nimmt einen Guide für 50 000 Kip.

Tham Xang (Elefantenhöhle)

Tham Xang, mehr eine **Grotte** als eine Höhle, befindet sich etwa 14 km nördlich von Vang Vieng und ist Teil der meisten Tagestouren. Von der Straße 13 geht es kurz hinter Nadao links ab. Die kleine Elefantenhöhle dient mit ihren Buddhafiguren, ihrem Fußabdruck Buddhas und ihrem Stalaktiten neben dem Eingang, der an einen Elefanten erinnert, in erster Linie als Dorftempel. Die beste Besuchszeit ist der morgens zwischen 8 und 9 Uhr oder der Nachmittag, da ab 10 Uhr die ersten Gruppen eintreffen. Eintritt 5000 Kip.

Tham Hoi (Schneckenhöhle)

Tham Hoi ist nicht weit von Tham Xang entfernt (ausgeschildert). Sie windet sich 1,5 km in den Berg hinein. Mit ihren spitzen **Stalaktiten** und mehreren pechschwarzen **Hallen** ist sie definitiv einen Besuch wert. Man sollte auf jeden Fall Kleidung anziehen, die nass werden darf, denn die kleinen Pools, die man immer wieder durchquert, können in der Regenzeit hüfthoch stehen (Vorsicht: rutschige Steine). Abenteurer können nach Bewältigen der gesamten Strecke über einen Verbindungskanal die Wasserhöhle erreichen, ein guter Guide und eine starke Lampe vorausgesetzt. Eintritt für Tham Hoi und Tham Loub 10 000 Kip.

Tham Loub (Versunkene Höhle)

Auf dem Weg von Tham Hoi zur Tham Nam zweigt rechts nach wenigen Schritten der Pfad zur Tham Loub ab, für viele Laoten die **bedeutendste Höhle des Ensembles**. Um ins Innere zu gelangen, geht's zunächst ein Stück über Geröll hinauf und dann über eine wackelige Leiter wieder hinunter. Die 300 m lange Höhle besteht aus drei Hallen. Die erste ziert ein großer zentraler Tropfstein, am Ende der zweiten Halle erblickt man eine schöne Formation, die an ein Korallenriff erinnert.

Tham Nam (Wasserhöhle)

Der Besuch Tham Nams beginnt zu jeder Jahreszeit mit einem Bad. Das Becken eignet sich hervorragend zum **Tuben** – deshalb liegen hier auch Lkw-Schläuche der Tubing Group. Eine Suppenküche und Toilette komplettieren die touristische Ausrichtung. Der Eingang mit seinen sägezahnähnlichen Stalaktiten sieht vielversprechend aus, der anschließende schmale Gang parallel zum Bach ist allerdings rutschig und bietet im Vergleich zu Tham Hoi nicht viel Neues. Eintritt 10 000 Kip.

Tham None (Schlafhöhle)

Tham None ist von Vang Vieng aus gut zu Fuß oder mit dem Rad zu erreichen. Von der Hauptstraße geht es zunächst 2 km entlang der Straße 13 nach Norden. 200 m hinter der Busstation zweigt hinter den Schildern „Beerlao Distributor" und „Vangviengmai Gh. & Nightclub" ein Schotterpfad nach links ab (1,5 km). An der letzten Gabelung hält man sich wieder links und folgt dem Weg zwischen den alten Bungalows hindurch bis zum Nam Xong, wo einen ein kleines Boot übersetzt (Gebühr). Jetzt sind es nur noch ein paar Meter nach rechts.

Das lang gezogene **Wasserbecken** am Eingang zur Höhle muss schwimmend durchquert werden. Eine rutschige Leiter führt aus dem Wasser ins Innere, wo man sich von einer Pfütze zur nächsten teilweise auf allen Vieren fortbewegt (Vorsicht, extrem rutschig). Am anderen Ende der Höhle liegt ein alternativer, enger Ausgang. Eintritt 10 000 Kip.

Organic Farm

Am Ufer des Nam Xong bei Ban Phoudindaeng, 4 km nördlich von Vang Vieng, liegt die 6 ha große Organic Farm, ⌨ www.laofarm. org. Die 1996 gegründete Biofarm produziert in erster Linie **Maulbeertee** und das auf möglichst umweltschonende Weise. Im Restaurant gibt es Gemüse aus biologischem Anbau, Maulbeershake, Trockenobst, Hibiskustee, Ananas-, Sternfrucht-, Maulbeer- und Zitronensaft, Maulbeerwein und Café Lao. Tipp: das Baguette mit Ziegenkäse. Außerdem bietet die Farm verschiedene Übernachtungsmöglichkeiten, etwa Dormbetten (ab 30 000 Kip), Zimmer, leicht muffige bis schöne und saubere Bungalows oder urige Lehmhäuser zwischen 70 000 und 180 000 Kip.

Mit dem Fahrrad oder Motorrad geht es zunächst auf der Straße 13 nach Norden bis ein Schild den Weg links zur Farm weist. Die Straße endet nach 300 m am Ufer des Nam Xong. Dort befindet sich auch der Einstieg für das Tubing

Kaeng Nyui

Nachdem die Bezirksverwaltung erfolgreich Verhandlungen mit den auf dem Weg liegenden Hmong-Dörfern geführt hat, lässt sich nun wieder eine schöne 20-km-Rundtour mit dem Fahrrad oder Roller zum 30 m hohen **Wasserfall** Kaeng Nyui unternehmen. Dabei ist der Weg das Ziel: Der Wasserfall selbst ist in der Trockenzeit nur mäßig interessant.

Im Norden Vang Viengs biegt man zunächst von der Straße 13 rechts ab und folgt der Piste durch Reisfelder und Wald. Unterwegs sind im Dorf Naduang **Homestays** möglich. Nach 5,5 km weisen Schilder den Weg nach rechts zum Wasserfall. Am Ticketschalter werden 10 000 Kip fällig. Kurz dahinter befinden sich einige Imbissbuden und der Einstieg zu einem kleinen **Zip-Line-Parcours**. Nun müssen noch ein paar hundert Meter zu Fuß zurückgelegt werden.

Radler, die steile Anstiege vermeiden wollen, kehren anschließend auf demselben Weg nach Vang Vieng zurück. Alle anderen können den

Ausflug zu einer Rundtour erweitern: Dazu geht's zunächst zurück zur Weggabelung mit den Schildern und dann rechts auf die ursprüngliche Piste. Dieser folgt man weitere 3 km geradeaus bis Ban Nakhe und hält sich unmittelbar vor der Brücke links. Nun schlängelt sich die Staubstraße 3 km in ständigem Auf und Ab durch tolle Dschungellandschaft mit Blick auf die Karstberge, bis sie wieder auf die Straße 13 trifft. Hier biegt man links ab für die letzten 6 km zurück nach Vang Vieng. Wer sich unsicher ist: Die *Hobo Map* ist prima für die Orientierung. Und nicht vergessen, genug Wasser mitzunehmen.

ÜBERNACHTUNG

Die Bettenzahl im Backpackerparadies steigt und steigt und steigt. Wegen des Überangebots sind Zimmer mit Ventilator und Bad schon ab 40 000 Kip zu haben. Dem Rummel abends entkommt man am ehesten im Süden.

Am Fluss
Karte S. 383
Von den Unterkünften am **Ostufer** bietet sich ein einzigartiger Blick auf die Berge. Ein Manko der Gästehäuser im Norden ist die Nähe zur einstigen Partyinsel. Die Unterkünfte im Süden sind ruhiger und teurer. Am ruhigsten ist es am **Westufer**, allerdings kostet die Überquerung der Nam-Xong-Brücke bei jedem Rückweg aus der Stadt Geld.

Ostufer (Stadtseite)
Champa Lao The Villa, ✆ 020-55018501, 🖥 www.champa-lao.com. Die Räume reichen von simpel (Bastwände, Außenbad, US$15) bis hell und sauber (Bad, AC, US$30). Das Highlight ist der schattige, üppig begrünte Garten mit komfortablen Stühlen, Liegen und Hängematten – eine kleine, paradiesische Insel der Ruhe, die den fehlenden Karstblick verschmerzen lässt. WLAN. ❷–❹
Nam Song Garden Gh., nebenan, ✆ 023-511544, ✉ arnelao@hotmail.com. Relaxte Stimmung und interessante Leute: Arne und Malay haben immer wieder Kletterer als Gäste und entsprechend viele Insider-Infos. Vermietet werden Zimmer in einem Gebäude an der Straße und in einem zweistöckigen Steinbau am Ufer (die

Lange Zeit stand der Name „Vang Vieng" mehr für Komasaufen und Extrempartys als für seine Bilderbuchberge. Größter Spaß junger Traveller war es, in Lkw-Schläuchen den Nam Xong hinabzutreiben, sich in einer der Dutzend **Uferbars** die Kante zu geben und zwischendurch von den meterhohen Türmen, Rutschen und Lianen in den Fluss zu springen – eine riskante, enthemmte und ausgesprochen lärmige Angelegenheit. Viele Jahre hielten die Behörden still, doch nach etlichen tödlichen **Unfällen** und jeder Menge schlechter Presse mussten sie reagieren: Nachdem sich Premierminister Thongsing Thammavong vor Ort ein Bild gemacht hatte, wurden im September 2012 sämtliche Bars entlang dem Fluss und auf Nam Xong Island abgerissen.

Momentan ist Tubing wieder das entspannte Erlebnis, das es einmal war. Zwar öffneten schon wenige Monate später die ersten Bars, aber diesmal ohne Alkoholexzesse und laute Musik, dafür mit strikten Schließzeiten (18 Uhr). Ob es so ruhig bleibt, weiß niemand, sehr wahrscheinlich ist es nicht. Zu viele sind am Geschäft mit den Partytouristen beteiligt.

In der Stadt selbst hat sich die Infrastruktur kaum geändert. Die meisten Lokale sind nach wie vor Café, Bar und Kino in einem. Hier treffen sich die Traveller auf Podesten und Matten zu Cocktails, westlicher Musik und Dauerberiehnung mit alten Folgen der TV-Serien *Friends*, *Family Guy* und *Simpsons*.
Laotischer geht's da schon jenseits der Rollfeldes zu: In der Disco **Moon** an der Straße 13 tanzen und singen vorwiegend Einheimische zu lauter Konserve oder Live-Musik. Dies ist einer der wenigen Orte, wo sich Touristen unter Laoten mischen und nicht umgekehrt.

oberen haben große Glasfronten). Gemütliches Terrassenrestaurant. WLAN. ❶
Bountang Hotel, gegenüber, ✆ 020-98003185. Unspektakuläre, aber saubere Zimmer. Ab dem 2. Stock genießt man einen fantastische, unverbaubare Aussicht auf den Nam Xong und die Berge. WLAN. ❷

Vang Vieng Inn, € 023-511137 oder 020-99296612. Saubere Zimmer zum kleinen Preis – für Sparfüchse top! WLAN. **❶**–**❷**

Champa Lao Gh., € 020-55428518. Einfache, gute Zimmer mit/ohne Bad und gemütliche Leseveranda. Über eine Bambusbrücke geht es auf die üppig begrünte Insel. Die Inhaber aus Bangkok haben die ruhig gelegenen Bungalows gerade erst renoviert. Einfach und gut. **❶**–**❷**

Saysong Gh., € 023-511130, am Ufer und zugleich zentral. Der mehrstöckige Familienbetrieb bietet saubere DZ und 3-Bett-Zimmer mit Bad, allerdings ohne Aussicht. **❶**–**❷**

River View Bungalows, € 020-55117757, 🖥 www.river-view-bungalows.com. Mit dem Saysong Gh. verwandt, neuerdings separat geführt. Bungalows (AC/TV) im Fachwerklook auf der Südspitze der Insel (laut!). **❸**–**❹**

Ban Sabai Riverside Bungalows, gegenüber dem Krankenhaus, € 023-511088, 🖥 www.inthirahotels.com. Bambusbungalows im Boutiquestil mit AC und Bad; Schöner Garten mit Bäumen, kleinem Pool und romantischem Restaurant River Spirit am Fluss. Unbedingt reservieren. Preis inkl. Frühstück, WLAN. **❺**

Elephant Crossing Hotel, nebenan, € 023-511232, 🖥 www.theelephantcrossinghotel.com. Familienfreundliches Hotel mit tollen Zimmern und perfektem Ausblick (je weiter oben, desto besser), auch günstige Triple ohne Flussblick für US$45; gutes Restaurant mit lässiger Bar. Preis inkl. Frühstück. WLAN. **❹**–**❺**

Vilayvong Gh., zwischen Nam-Xong-Furt und neuer Brücke , € 023-511703, ✉ vilaygh@hotmail.com. Gute Zimmer (Ventilator/AC, Bad, Fliesen) im Haupthaus und Bungalows mit Stabparkett, aber ohne Flussblick. **❹**

Le Jardin Organique, unterhalb des Vilayvong Gh., € 023-511420. Einfache Zimmer im Haus und Hütten im Garten. Günstigere, nicht viel schlechtere Alternative zum Vilayvong Gh. Preis inkl. Frühstück. **❸**

Villa Vangvieng River Side, direkt an der neuen Brücke, € 023-511460, 🖥 www.villavangvieng.com. Boutiquehotel im traditionellen Stil mit geschmackvoll eingerichteten, nicht sehr großen Bungalows und Flussblick, etwas günstiger zum großen Garten hin, ruhige Lage am Fluss, Pool und Restaurant. **❺**

Westufer

Other Side Gh., über den Bambussteg westlich der Tubing Group zu erreichen, € 020-56106070. Die Anlage versprüht mit ihren über 30 simplen Bambushütten (Bad/Warmwasser) den heimeligen Charme einer Schrebergartensiedlung. WLAN. In der Regenzeit geschlossen. **❶**–**❷**

Banana Bungalows, nebenan, € 020-55014937. Wie ein Klon des Other Side, mit über 20 Hütten von „einfach" (ohne Bad) bis „besser" (mit Bad). In der Regenzeit geschlossen. **❶**–**❷**

Maylyn Gh., über die Nam-Xong-Brücke, € 020-55604095, ✉ jophus_foley@hotmail.com. Weit weg vom Getümmel liegt die grüne Gartenanlage mit soliden Bambusbungalows mit und ohne Bad, schönen Zimmern (etwa im neuen Langhaus am Bach) und gutem Grill-Restaurant. Fahrradverleih. WLAN. **❶**–**❸**

An der Hauptstraße

Im Norden liegen etliche Bettenburgen, im Süden einige gute Häuser der ersten Generation.

Central Backpackers, zwischen 1. und 2. Querstraße, € 023-511593, 🖥 www.vangviengbackpackers.com. Erinnert mit seinem Bar-Restaurant und großem TV an die besseren Hostels westlicher Großstädte. Dormbett ab 30 000 Kip, aber auch ordentliche DZ und Triple. Kostenlose Schließfächer, WLAN. **❶**–**❷**

Inthira Vang Vieng, ein Stück südlich, € 023-511070, 🖥 www.inthira.com. Wenn's mal eine gute Matratze mit gestärktem Laken sein soll: Die Zimmer (AC, Bad, TV) sind, wie für die Gruppe üblich, geschmackvoll eingerichtet, oben mit Holzböden und Balkon, unten mit Fliesen. Das schöne Gebäude zitiert traditionelle Tempelarchitektur. Preis inkl. Frühstück. **❹**

Molina Bungalows, € 023-511361, ✉ phetphommachach@hotmail.com. Schlicht und sauber: Die 8 neuen Holzbungalows im Hinterhof der Familie sind eine interessante Alternative zu den Bettenburgen nördlich in der Straße. AC, Ventilator, warmes Wasser, kostenloser Tee und Kaffe, WLAN. **❶**–**❷**

Laos Haven Hotel & Spa, weiter südlich, € 023-511900, 🖥 www.laoshaven.com. Empfehlenswerte Unterkunft in einem weißen Haus im Sahnetortenstil. Die Zimmer sind einfach, aber sauber. WLAN. Preis inkl. Frühstück. **❸**

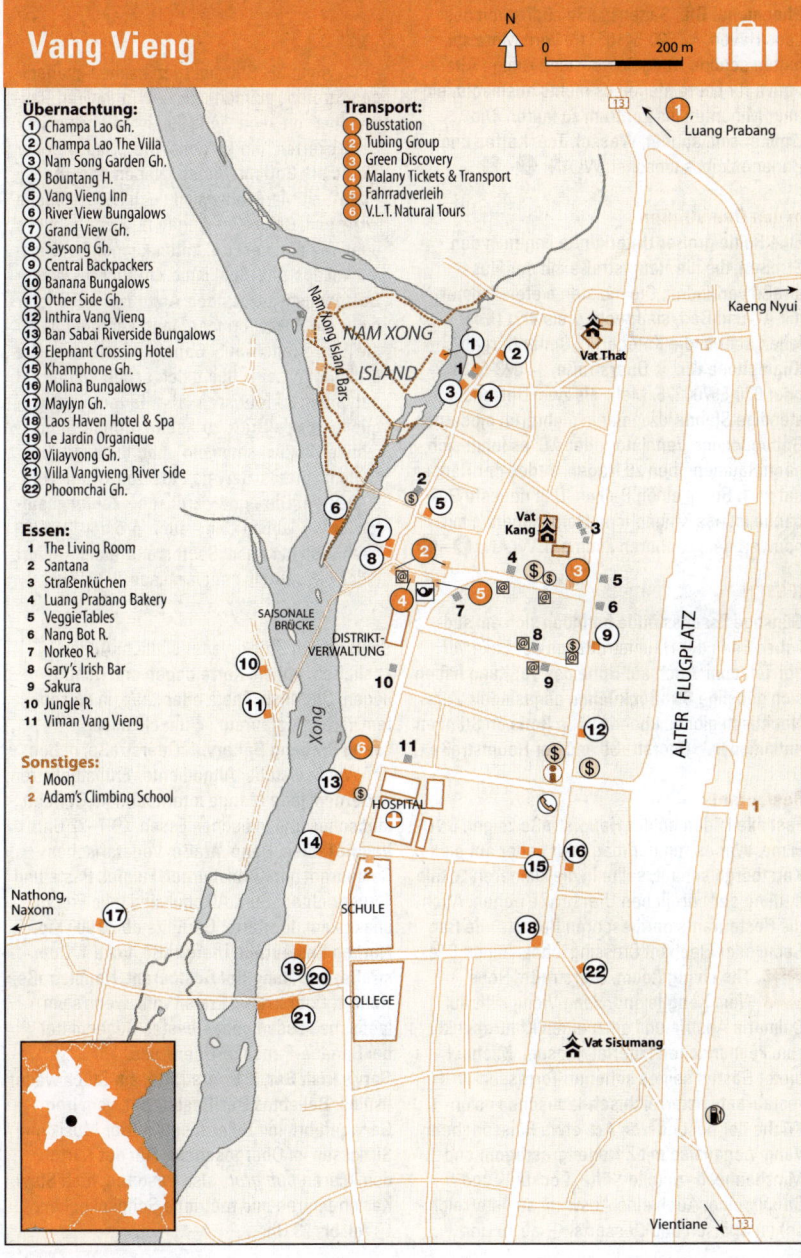

Vang Vieng

N 0 200 m

Übernachtung:
1. Champa Lao Gh.
2. Champa Lao The Villa
3. Nam Song Garden Gh.
4. Bountang H.
5. Vang Vieng Inn
6. River View Bungalows
7. Grand View Gh.
8. Saysong Gh.
9. Central Backpackers
10. Banana Bungalows
11. Other Side Gh.
12. Inthira Vang Vieng
13. Ban Sabai Riverside Bungalows
14. Elephant Crossing Hotel
15. Khamphone Gh.
16. Molina Bungalows
17. Maylyn Gh.
18. Laos Haven Hotel & Spa
19. Le Jardin Organique
20. Vilayvong Gh.
21. Villa Vangvieng River Side
22. Phoomchai Gh.

Essen:
1. The Living Room
2. Santana
3. Straßenküchen
4. Luang Prabang Bakery
5. VeggieTables
6. Nang Bot R.
7. Norkeo R.
8. Gary's Irish Bar
9. Sakura
10. Jungle R.
11. Viman Vang Vieng

Sonstiges:
1. Moon
2. Adam's Climbing School

Transport:
1. Busstation
2. Tubing Group
3. Green Discovery
4. Malany Tickets & Transport
5. Fahrradverleih
6. V.L.T. Natural Tours

Luang Prabang

Kaeng Nyui

Vat That

NAM XONG ISLAND

Namkong Island Bars

Vat Kang

SAISONALE BRÜCKE

DISTRIKT-VERWALTUNG

Xong

HOSPITAL

ALTER FLUGPLATZ

Nathong, Naxom

SCHULE

COLLEGE

Vat Sisumang

Vientiane

Phoomchai Gh., Seitenstraße südöstlich des Laos Haven, ✆ 020-54105116. Vorn Motelstil, hinten schöne Bungalows – eine ruhige Alternative für Leute, denen es nichts ausmacht, ein paar Minuten ins Zentrum zu laufen. Die Zimmer sind sauber, Wasser, Tee, Kaffee und Bananen gibt's umsonst. WLAN. ❶–❸

In den Querstraßen

Eine Reihe großer Unterkünfte liegen in den Straßen, die die Hauptstraße mit der Flussstraße verbinden. Die meisten bieten Zimmer mit AC und Bad, sind recht preiswert (❷), fallen aber in die Kategorie „Bettenburgen".

Khamphone Gh., 4. Querstraße, ✆ 023-511062 oder 020-55700376. Mehr als zwei Dutzend anständige Standardzimmer in mehreren modernen Gebäuden mit Ventilator oder AC; es lohnt sich, nach Räumen oben zu fragen. Jedes der Häuser hat im 1. Stock einen Balkon. Das neueste Gebäude ist das Khamphone Hotel nebenan mit neuwertigen, sauberen Zimmern. WLAN. ❶–❷

ESSEN

Günstige **Essensstände** befinden sich am südlichen Ende der Hauptstraße, an der Ecke vor der Telecom. Auch auf Höhe des Vat Kang haben sich günstige **Straßenküchen** angesiedelt. Zum Nachtisch gibt es abends süße **Rotis** an Ständen entlang der 1. Querstraße und der Hauptstraße.

Restaurants

Fast alle Läden an der Hauptstraße zeigen DVD-Filme. Wer es ruhiger mag oder lieber auf die Karstberge schaut, sollte in die kleineren Lokale entlang der nördlichen Uferstraße gehen. Auch die Restaurants der besseren Resorts wie Ban Sabai oder Elephant Crossing lohnen einen Blick.

The Living Room, Uferstraße, Höhe Nam Xong Island. Vang Vieng trifft auf Culinaria Austria und setzt einen Kontrapunkt zum kulinarischen Einerlei ringsum. Michael bietet Gästen seines schönen Terrassenrestaurants österreichisch-laotische Fusion-Küche der besonderen Art, etwa Reisspaghetti Vang Viengnaise mit Zitronengrasragout und Minzhaube, dazu tolle Säfte, Cocktails und Cappuccino. Auch eine Auswahl an österreichischen Speisen und Desserts. ◷ ab 16 Uhr.

Santana, ein Stück weiter südlich. Augen schließen, auf die Karte tippen und richtig liegen: Ob Müsli, Pasta oder Laap, in diesem familiären Restaurant schmeckt alles.

Luang Prabang Bakery, 1. Querstraße, neben der Wechselstube. Altgedienter Frühstückstreff, außerdem jede Menge internationale Gerichte, laotisches und indisches Essen. ◷ 7–22 Uhr.

VeggieTables, Hauptstraße. Vegetarisches Restaurant mit Kürbisburger, Falafel, Pasta und Tofugerichten. Statt Alkohol sind tolle Fruchtshakes auf der Karte. Gerichte ab 20 000 Kip.

Norkeo Restaurant, Uferstraße, Ecke 1. Querstraße, und **Nang Bot Restaurant**, Hauptstraße, Höhe 1. Querstraße. Erste Wahl, wenn's um laotisches Essen geht – bestes Gegenmittel bei Banana-Pancake-Überdruss.

Gary's Irish Bar, 2. Querstraße, ein Stück weiter östlich. Beliebtes Bar-Restaurant, vom Iren Gary geführt, mit Billardtisch, netter Musik und Sitzkissen im Obergeschoss. Auf der Karte dominieren *pub grub*, also Pasteten, Irish Stew, Kartoffelpüree und triefende Schokokuchen. ◷ tgl. bis 23 Uhr.

Sakura, 2. Querstraße, schräg gegenüber. Gerichte aus aller Welt, darunter Falafel und Kebap, zu DVD-Kino. Mehr Atmosphäre als die meisten anderen Abhängläden.

Jungle Restaurant, Uferstraße. Einer der wenigen Läden ohne Fernseher! Lohnt wegen seiner gegrillten Steaks.

Viman Vang Vieng, Querstraße nördlich des Krankenhauses. „Das beste Schnitzel des Landes, die knusprigsten Bratkartoffeln Asiens, das erfrischendste Radler der Welt mit selbstgemachter Lemonade!" Mr. Kaz, der in Bangkok geboren wurde und drei Jahrzehnte in Deutschland gelebt hat, ist zu recht stolz auf seine thailändische und vor allem deutsche Kost. Dafür ist sie auch ein wenig teurer.

River Spirit, Uferstraße, auf dem Gelände des Ban Sabai Riverside. Romantische Terrasse am Fluss, abends kann man den mit Stirnlampen ausgerüsteten Fischern zusehen. Laotische Spezialitäten, asiatische Fusion-Küche und europäische Standardkost.

AKTIVITÄTEN

Ballonfahrten

Bei Ballonfahrten über den Karst sind sagenhafte Ausblicke garantiert. Die Fahrten starten frühmorgens und zum Sonnenuntergang, buchbar in allen Reisebüros und vielen Gästehäusern. Kosten: US$80 p. P., die reine Zeit zwischen Himmel und Erde beträgt etwa 35–45 Min.

Klettern

Vang Viengs Karstfelsen sind wie geschaffen zum Klettern. Von Routen für Anfänger bis Multipitch in Schwindel erregenden Höhen (Schwierigkeitsgrade 4a–8a+) ist für jeden etwas dabei. Kurse, Ausrüstung, Informationen und Routenbeschreibungen gibt es bei **Green Discovery**, 💻 www.greendiscoverylaos.com/climbing/vv.html, und in **Adam's Climbing School**, ✆ 020-55010832, 💻 www.laosclimbing.com. Sangthong alias Adam hat vier Jahre lang in Freiburg gelebt und bietet seine Kurse auch auf Deutsch an. Ein halber Tag kostet rund 180 000 Kip p. P., ein voller Tag 260 000 Kip p. P., drei Tage 1 325 000 Kip p. P. inkl. Essen und Ausrüstung, der man ansieht, dass sie ein paar Tage auf dem Buckel hat, die aber

ihren Zweck erfüllt. Green Discovery hat ähnliche Preise. Profis können die Ausrüstung auch tageweise mieten und selbst losziehen. Hauptsaison ist die Trockenzeit, vom Klettern auf regennassen Felsen ist abzuraten. Ausnahme: Eine auch für Einsteiger geeignete Wand am Pha Deng, die wegen eines großen Überhangs trocken bleibt.

Schwimmen

An vielen Höhlen in der Umgebung Vang Viengs gibt es **natürliche Pools**, in denen man sich nach einer anstrengenden Tour abkühlen kann. Besonders schön ist der Pool bei der Tham Pou Kham mit türkisfarbenem Wasser und Tarzanseil. Bei Tham None und Tham Nam besteht ebenfalls die Möglichkeit zu baden. Auch wenn sich in der direkten Umgebung Vang Viengs westliche Bademode durchgesetzt hat: Bei Pools weiter abseits und in Dorfnähe sollten sich Frauen wie die Laotinnen mit einem Sarong bedecken.

Touren

Obwohl ein knappes Dutzend Touranbieter in Vang Vieng um Kunden buhlen, ist das Angebot nicht so abwechslungsreich, wie man meinen könnte. Fast alle unternehmen dieselbe **Tagestour** (Tubing oder Kayaking) zu 110 000– 150 000 Kip, und damit nicht genug: Die Kunden verschiedener Agenturen werden oft zu größeren Gruppen zusammengefasst. Beim versprochenen Barbecue gibt es dann Gemüsereis aus Styroporbehältern und mitgebrachte aufgewärmte Spießchen. Treffen mehrere Gruppen aufeinander, kann ein Höhlen- oder Dorfbesuch schnell zur Massenveranstaltung werden. Die meisten Veranstalter bieten in erster Linie die Standardtouren auf dem **Nam Xong** oder dem **Nam Lik** an (um 200 000 Kip p. P., Näheres auf S. 376). Zu höheren Preisen können sie auch individuelle **Trekkingtouren** mit dem Besuch mehrerer Höhlen organisieren.

V.L.T. Natural Tours, Uferstraße, ✆ 020-55208283, 💻 www.vangviengtour.com. Etwas kreativeres Programm, das auch Camping, Fischen, Helikopterflüge und Kochkurse enthält. Staubig-spaßig, aber wegen des Lärms nicht gern gesehen: Touren mit einem Buggy (300 000 Kip für einen halben Tag inkl. Guide;

LAOS

Buggys können am nördlichen Ende der Hauptstraße auch ohne Guide gemietet werden).
Auch Touren auf dem Nam-Ngum-See.
Green Discovery, 1. Querstraße, ✆ 023-511230, 🖵 www.greendiscoverylaos.com. Wer etwas mehr bezahlt, kann bei diesem Touranbieter mit einem gut ausgebildeten Guide und einfallsreich gestalteten Programm rechnen. Neben Tagestouren mit **Kajaks** auf dem Nam Xong oder Nam Lik bietet der Ökotourismus-Spezialist auch 2-tägige **Wanderungen** im Karst an (sehr zu empfehlen ist *Secret Eden*), außerdem **Kletterkurse** (S. 385), **Radtouren, Canyoning** und – neu – die **Vang Vieng Challenge**: ein 2-tägiges Abenteuerprogramm für fitte Traveller mit anspruchsvollem Wandern, Klettersteig, Abseilen, Zip-Lines und tollen Ausblicken. ⊕ 8–22 Uhr.

Tubing

Ein toller Blick auf die Karstberge bietet sich beim Tubing. Dabei treibt man in einem **Lkw-Schlauch** gemütlich den Nam Xong hinab. Touranbieter bringen ihre Kundschaft per Songtheo zum Startpunkt an der Organic Farm, 4 km nördlich der Stadt. Auf der Tour passiert man Tham None, Endpunkt ist in der Regel die Bambusbrücke zum „Other Side". Ungeduldige können auch schon vorher abbrechen – Schilder am Ufer verweisen auf Tuk Tuks zurück zum Ort.
Tubing Group, 1. Querstraße, nahe Uferstraße. Ein Projekt der besonderen Art, an dem sich jeder Bewohner der Nam-Xong-Gegend finanziell beteiligen kann: Insgesamt 300 Tubes werden dort an Touristen vermietet und jeder Teilhaber erhält monatlich einen Anteil von den Gewinnen. Organisiert wird der 2- bis 4-Stunden-Trip (je nach Strömung und Wind) inkl. Schlauch und Transfer für 55 000 Kip bei mind. 4 Teilnehmern (andernfalls kleiner Aufpreis), Pfand 60 000 Kip. Rückgabe ist spätestens um 18 Uhr,

Sicherheit

Wer nach dem **Tubing** nicht aussehen will wie eine Chilischote, sollte mit T-Shirt, Kappe und gut eingecremt in den Gummischlauch steigen. Eine Schwimmweste ist ebenfalls sinnvoll, denn die Strömung des Flusses wird oft unterschätzt.

sonst wird eine kleine Strafe fällig. Ein wasserdichter Beutel für Wertsachen kostet 20 000 Kip Leihgebühr. Die beiden Büros öffnen abwechselnd für je eine Woche. ⊕ 8.30–15.30 Uhr.

SONSTIGES

Fahrrad- und Motorradverleih

Fahrräder (um 20 000 Kip), Mountainbikes (um 30 000 Kip) und Motorräder (neuerdings ab 80 000 Kip) lassen sich in vielen Geschäften, Reisebüros und Gästehäusern mieten.

Geld

Die Banken wechseln Dollar, Baht, Euro und Travellers Cheques. ⊕ Mo–Fr 8.30–15.30 Uhr. Einige Gästehäuser tauschen außerhalb der Banköffnungszeiten zu schlechteren Kursen.
BCEL, 1. Querstraße neben einem patenten **Wechselschalter**, der auch am Wochenende geöffnet hat. **Geldautomaten** stehen vor der Filiale und an der Hauptstraße.
Agricultural Bank, Hauptstraße, schräg gegenüber dem Telecom Office. Western Union.

Internet

In fast allen Gästehäusern und Hotels wird kostenfreies **WLAN** angeboten. Wer telefonieren (VoIP) oder skypen möchte, kann dies in einem der vielen **Internetcafés** für wenige tausend Kip tun. ⊕ tgl. bis 23 oder 24 Uhr.

Medizinische Hilfe

Das **Krankenhaus** von Vang Vieng ist 2007 komplett saniert wieder in Betrieb genommen worden. Bei ernsten Erkrankungen ist aber weiterhin die Versorgung in Vientiane oder gleich im **Aek Udon International Hospital**, ✆ +66-42-342555, 🖵 www.aekudon.com, in Udon Thani (Thailand) zu empfehlen.

Visaservice

Reisebüros organisieren Visaverlängerungen für US$3/Tag; außerdem Visaservice für die Nachbarländer von Laos (teuer).

NAHVERKEHR

Vang Vieng kann ohne Probleme zu Fuß erkundet werden, für Ausflüge ins Umland bietet sich das **Fahrrad** an.

Wer ein **Tuk Tuk** braucht, findet es entlang der Hauptstraße, an der Busstation und am neuen Markt. Außerdem werden in Vang Vieng **Tok Toks** eingesetzt, einachsige Traktoren, die jenseits des Nam Xong die Strecke zur Tham Pou Kham bedienen.

TRANSPORT

Busse und Songtheos

Der **Busbahnhof** liegt 2 km nördlich der Stadt an der Straße 13 (Tuk Tuk 20 000 Kip). Wer aus Vientiane kommt, kann sich schon an der alten Rollbahn absetzen lassen und die 500 m ins Dorf laufen. **Fahrkarten** gibt es auch in den meisten Gästehäusern und vielen Reisebüros, etwa bei **Malany Ticket & Transport** nahe der Tubing Group (dort auch Tickets für Schlafbusse zu den Viertausend Inseln, nach Phnom Penh und zu anderen Zielen).

LUANG PRABANG (227 km, 5–6 Std.), Minibusse verlassen Vang Vieng um 9 und 14 Uhr für 100 000 Kip, um 10 Uhr fährt ein AC-Bus für 90 000 Kip, später kommen fast stdl. Busse aus Vientiane in Richtung Luang Prabang vorbei. Sie fahren über KASI (1 1/2 Std.) und PHOU KHOUN (2 1/2 Std.). Während der Regenzeit kann sich die Zahl deutlich verringern.

VIENTIANE (156 km, 3 Std.), Minibus um 9 Uhr (60 000 Kip), ebenso komfortable Express-Busse um 10 und 13 Uhr (50 000 Kip). Tickets und Reservierungen in jedem Gästehaus, vor allem die Busse am Morgen sind schnell ausgebucht. Günstige öffentliche Busse für 40 000 Kip brauchen nur eine Stunde länger (4 Std.), fahren dafür aber bis zum Talat Sao im Zentrum von Vientiane (5–6x tgl.; über PHONHONG). Songtheos starten alle 30 Min. bis 15 oder 16 Uhr.

PHONSAVAN (218 km, 6 Std.) Minibus um 9.30 Uhr für 100 000 Kip, anschließend bis zu 4 Busse aus Vientiane.

UDON THANI, Thailand (215 km, 6 Std.), tgl. um 9.30 Uhr für 100 000 Kip.

Minibusse

Private **AC-Minibusse** fahren tgl. nach LUANG PRABANG (ab 100 000 Kip p. P.), VIENTIANE (ab 40 000 Kip p. P.) und PHONSAVAN (ab 100 000 Kip). Sie sind in praktisch jedem Gästehaus und Reisebüro zu buchen.

Straße 13 nach Luang Prabang

Die **Straße 13** zwischen Vang Vieng und Luang Prabang ist ohne Zweifel eine der schönsten Strecken des Landes: Über 230 km schlängelt sie sich über mehrere Pässe an knapp 2000 m hohen Bergmassiven vorbei (und dreht dabei so manchem Busreisenden den Magen um). Eine neue Querverbindung (68 km) zwischen Kasi und der Straße 4 in der Provinz Luang Prabang umgeht viele Kurven und verkürzt die Strecke um etwa 80 km. Sie ist eine Alternative für Zweiradfahrer, allerdings gibt es kaum Dörfer. Busse nutzen die Route aufgrund einiger steiler Abschnitte nicht.

Wer mit dem eigenen Gefährt unterwegs ist, kann von **Kasi**, 60 km nördlich von Vang Vieng, einen Schlenker zur **Tham Khoun Lang** machen, mit ihren hohen Tropfsteinen eine der schönsten Höhlen der Provinz. Dazu biegt man auf die neue Verbindungsstraße nach Westen ab und folgt dieser 17 km durch grüne Hügellandschaft bis zum Yao-Dorf Ban Houay Xan. Dort erneut links abbiegen (ausgeschildert). Nach 150 m ist das Besucherzentrum erreicht, hier anmelden; wenn niemand da ist, im Dorf herumfragen, denn der Eingang zur Höhle ist normalerweise verschlossen. Bis zur Höhle sind es nun noch 2 km.

Phou Khoun, 48 km weiter auf der Straße 13, kauert auf einem Berggrat an der **Kreuzung der Straßen 13 und 7**. Die kleinen Holzhäuser, dicht am Abhang zusammengedrängt, sind typisch für die bevorzugt in Höhen um 1000 m siedelnden Hmong. Die Bezirksstadt dient in erster Linie als Marktplatz. Es gibt eine Post, eine Apotheke, eine Tankstelle – und in der Nähe der Kreuzung ein paar akzeptable Unterkünfte (❶). Busse zwischen Luang Prabang (3 1/2 Std.), Phonsavan (4 Std.), Vang Vieng (2 1/2 Std.) und Vientiane (6 Std.) halten auf ein Winken an der Kreuzung.

Im Hmong-Städtchen **Kiou Kacham**, 50 km weiter, legen die Busse häufig eine Toilettenpause ein. Bald dahinter eröffnet sich ein weiteres Panorama über das weite Tal des Houay Khan. Am östlichen Ende liegt der Nam Khan wie eine Schlange in der Landschaft. Anschließend beginnt der letzte steile Abstieg in unzähligen Serpentinen, und erst im 24 km vor Luang Prabang gelegenen Kreuzungsort **Xieng Ngeun** sind die Talsohle und der Nam Khan erreicht.

LAOS

LAOS

Luang Prabang

Am 25. Juli erreichte ich Luang Prabang, ein reizendes Städtchen, nicht größer als eine Quadratmeile und mit nicht mehr als 7000 oder 8000 Einwohnern. Die Lage ist außergewöhnlich schön. Berge [...] säumen den Mekong und formen eine Art rundes Tal oder Amphitheater [...]. Ein lieblicher Anblick, der mich an die Seenlandschaften von Como und Genf erinnert. Wäre da nicht die unaufhörlich sengende tropische Sonne, [...] wäre der Ort ein kleines Paradies.

Schon der erste westliche Besucher, Henri Mouhot, geriet 1861 beim Anblick von Luang Prabang ins Schwärmen und den meisten Touristen geht es heute nicht anders. Goldene Tempel, weiße Kolonialfassaden und ein Lebenstempo, so entspannt wie der Takt der Morgentrommeln – diese Mischung zieht alljährlich gut 300 000 Reisende in die alte Kapitale der Lao, die wegen ihrer besonderen Bausubstanz 1995 von der Unesco zum Weltkulturerbe erklärt wurde. „Simply a great place to be", meinten jüngst auch die Leser des britischen Reisemagazins *Wanderlust* und wählten Luang Prabang gleich drei Jahre in Folge zum lohnendsten Städtereiseziel der Welt. Dabei ist die Bezeichnung „Stadt" schon hoch gegriffen: Nur gut 30 000 Einwohner leben auf diesem verträumten Fleckchen Erde an der Mündung des Nam Khan in den Mekong, das mit seiner ruhigen Gangart ein bisschen wirkt wie aus der Zeit gefallen.

Einst war Luang Prabang Sitz der Könige Lane Xangs, des ersten laotischen Großreichs. König Fa Ngum soll hier im 14. Jh. den Theravada-Buddhismus etabliert haben, und der Glaube wurde von seinen Nachfolgern über sechs Jahrhunderte hinweg mit großer Ehrfurcht praktiziert.

Von ehemals 65 Klöstern im 18. Jh. sind noch mehr als die Hälfte in Betrieb. Wie an einer Perlenkette reihen sie sich von der Spitze der Halbinsel nach Süden aneinander, durchsetzt mit laotischen Stelzenhäusern und den stuckverzierten Villen der Franzosen. Rund 1200 Mönche und Novizen lassen die Stadt eigentlich immer in dem für den *sangha* von Luang Prabang festgelegten Orangeton erleuchten.

Nach Unesco-Vorgaben wurden in den vergangenen Jahren viele der alten Gebäude saniert, die Flussufer befestigt und sämtliche Straßen der Altstadt mit Bürgersteigen und Laternen versehen. Wer ein Haus baut, muss es nun nach einem von drei traditionellen Stilen gestalten. Auch Umbauten unterliegen strengen Richtlinien.

Den Denkmalschützern ist es gelungen, das alte Gesicht der Stadt zu bewahren. Allerdings verschwindet das normale Leben zunehmend von der Halbinsel: Mit der steigenden Besucherzahl sind in jedem Winkel Gästehäuser, Restaurants, Geschäfte und Reisebüros entstanden. Immer mehr Bewohner verkaufen oder vermieten ihre Häuser an Investoren und ziehen weg. Das könnte langfristig zum Problem für die Klöster werden, denn sie sind auf die Unterstützung der Gläubigen angewiesen. Hinzu kommt, dass sich die Mönche und Novizen beim morgendlichen Almosengang (S. 393) und in den Klös-

Luang Prabang im Überblick

Drei Tage sind für den Besuch Luang Prabangs sinnvoll. Ein erster Stadtbummel könnte an der Spitze der Halbinsel beginnen. Dort liegt das älteste Kloster Luang Prabangs und wohl das schönste von ganz Laos: **Vat Xieng Thong**. Einen Einblick in die Zeit der laotischen Monarchie vermittelt das Museum im alten **Königspalast**, auf dessen Gelände auch die Statue des **Phra Bang**, des Schutzheiligtums der Stadt, untergebracht ist. Mehr buddhistische Kunst gibt es im **Vat Vixounarat** im Osten der Stadt zu sehen. Ein tolles Panorama eröffnet sich vom nahen **Phou Si**. Auf der Südseite liegt das **Traditional Arts & Ethnology Centre**, ideal für eine Einführung in die Welt der nordlaotischen Bergvölker. Wer länger bleibt, kann ein paar schöne Abstecher ins Umland machen, etwa zu den **Wasserfällen** Tad Se und Tad Kuang Xi oder zur **Living Land Farm**.

tern vom Touristenandrang gestört fühlen, so dass die ersten bereits in Tempel außerhalb der Stadt gezogen sind. Mit dem gelebten Buddhismus aber verlöre Luang Prabang einen großen Teil dessen, was es eigentlich zu schützen gilt.

Viele Einwohner sehen den Tourismus trotzdem auch als Chance. Sie profitieren von den neuen Jobs, und das große Interesse an ihrer Stadt erfüllt sie sichtlich mit Stolz auf ihr kulturelles Erbe.

Geschichte

Die Geschichte Luang Prabangs als Königsstadt nahm 1353 ihren Anfang, als sich Fa Ngum (reg. 1353–1373) zum ersten König von **Lane Xang Hom Khao**, dem „Reich der eine Million Elefanten und dem weißen Schirm", krönen ließ. In Luang Prabang geboren, war Fa Ngum zwangsexiliert am Hofe von Angkor aufgewachsen, von wo er 1350 mit einer riesigen Armee nach Norden aufbrach, um seinen Anspruch auf den Thron Luang Prabangs geltend zu machen. Auf seinem Weg bezwang er die Fürstentümer beiderseits des Mekong und schuf ein Reich, das fast das gesamte Gebiet des heutigen Laos und weite Teile Nordost-Thailands umfasste. Fünf Jahre nach der Reichsgründung erhielt er vom König Angkors die goldene Buddhastatue **Phra Bang**, und es heißt, dass er zusammen mit dem Heiligtum auch eine Delegation buddhistischer Gelehrter kommen ließ. Fa Ngum erklärte den Phra Bang zum Schutzheiligtum des Reichs und zum Symbol für die neue Religion, den **Theravada-Buddhismus**. Historikern zufolge gelangte die Statue allerdings erst im 16. Jh. unter König Vixounarat nach Luang Prabang.

Trotz des kostbaren Beschützers verlief die Geschichte der Stadt alles andere als gradlinig. Unter Fa Ngums Sohn Samsenthai (reg. 1373–1416) erlebte sie eine erste Blüte. Zahlreiche Klöster wurden gebaut, der Handel nahm zu. Vixounarat (reg. 1500–1520) ließ 1512 **Vat Vixoun** als Stätte für den Phra Bang bauen. Der imposante Holzbau war bis zu seiner Zerstörung im 19. Jh. das prächtigste Kloster.

Im 16. Jh. sah sich Luang Prabang vermehrt Übergriffen durch die Birmanen ausgesetzt. Da Lane Xang an fast allen Grenzen in Kriege verwickelt war, beschloss der Nachfolger Vixouns,

Phothisarat (reg. 1520–1548), mit seinem Hof nach Vientiane umzuziehen. Die offizielle Verlegung der Hauptstadt fand 1560 unter Setthathirat (reg. 1548–1571) statt. Zum Abschied und als Zeichen seiner Anerkennung ließ er im gleichen Jahr **Vat Xieng Thong** bauen und benannte die Stadt nach dem Schutzheiligen Phra Bang. Die Königsstadt verlor damit zwar ihren politischen Einfluss, entwickelte sich aber weiter zu einem Zentrum des Buddhismus, das auch von Gelehrten aus Kambodscha, Vietnam und Siam aufgesucht wurde.

Nach dem Zerfall Lane Xangs in drei Königreiche war Luang Prabang wiederholt in Kriege verwickelt. Die Birmanen überrannten die Stadt 1753 und 1771, und 1774 fiel ein Großteil der Gebäude einem Feuer zum Opfer.

Der erste nachweisbare westliche Besucher war im Jahr 1861 der Naturforscher **Henri Mouhot**, dem nur fünf Jahre später die Expedition von Doudard de Lagrée und Francis Garnier, begleitet vom Zeichner Delaporte, folgte. 1887 kam **Auguste Pavie** als französischer Vizekonsul nach Luang Prabang. Das Königreich war seit 1836 ein Vasall Siams. Der laotische König Ounkham (reg. 1872–1895) sah Luang Prabang aber nicht ausreichend durch die Siamesen geschützt und nahm Verhandlungen mit Pavie auf. Ähnlich wie die Franzosen in Annam (Vietnam) die Monarchie in Hue aufrecht erhielten, versprach Pavie auch Ounkham den Schutz seines Reiches. Noch im Jahr 1887 erfuhr die Königsstadt mit dem Einfall der **Ho** aus dem Gebiet Südchinas Verwüstungen, die den größten Verlust historischer Bauwerke und Kunst in ihrer Geschichte bedeuteten. Auch der Palast wurde zerstört, und es wird erzählt, dass es ein Bediensteter Auguste Pavies war, der den König aus den Flammen rettete.

In den darauffolgenden Jahren erschwerten es die Franzosen den Siamesen zunehmend, sich in Laos zu halten. Im Jahr 1893 verpflichtete sich Siam gegenüber Frankreich zum Rückzug aus allen Gebieten östlich des Mekong, was den Weg zur Integration von Laos in die Indochinesische Union frei machte. Luang Prabang erhielt 1899 aufgrund seines Königshauses, damals unter Sakkarine (reg. 1895–1904), innerhalb der Kolonie eine Sonderstellung als Protektorat.

Luang Prabang

Übernachtung:
1. Pakam Gh.
2. Lao Lu Lodge
3. Manichan Gh.
4. Tephavong Gh.
5. 3 Capsule H. / Xayana Gh.
6. Vilayvanh Gh.
7. Phonetida Gh.
8. Suankeo Gh.
9. LPQ Backpackers Hostel
10. Vanvisa Villa
11. Thongbay Gh.
12. Maison Dalabua
13. Jaliya Villa
14. Le Sen Boutique Hotel

Essen:
1. Pizza Phan Luang
2. Riverside Barbecue Restaurant
3. Saffron 2
4. SomChan (Sum) Noodle
5. The House Restaurant & Belgian Beer Bar
6. Pen Crêpe
7. Saburo
8. Joma Bakery
9. Delilah's
10. Joy's Restaurant
11. Roots & Leaves
12. Nisha
13. Mi Phet Si Nijaek
14. Atsalin Restaurant
15. Sithi Restaurant

400 m

s. Detailplan S. 394

Sunset Spot

N

0

Vat Phon Saa

Vat Pak Khan

Vat Khili (Souvannakhili)

Kingkitsarath Rd

Vat Xieng Thong

Vat Sibounheuang Rd

Vat Sop Sirі Moungkhoun

Vat Sene (Sensoukharam)

Vat Nong

Majlin Ounkham Rd

Sakkarine Rd

Ban Phan Luang

Vat Phon Sang

Vat Phan Luang

Vat Pa Fang

Vat Pa Khe (Si Phutthabat Neua)

Phou Si Rd

5

1

Vat Hat Siao

Tham Khoua Sakkarine

Vat Long Khoun

Vat Chom Phet

Vat Paphai

Vat Xieng Mouane

Vat Pa Phou Si

Tham Phou Si

That Chomsi

Vat Pa Houak

Sisavangvong Rd

Vat Choum Khong

Ho Phra Bang

Royal Theatre

Palast-museum

Vat Xieng Mene

Ban Xieng Mene

Souliyavongsa Rd

Vat Mai (Souvanna-phoumaham)

Talat Tha Heua

1

2

3

2

FÄHRE

POLIZEI

Ban Pakam

Mekong

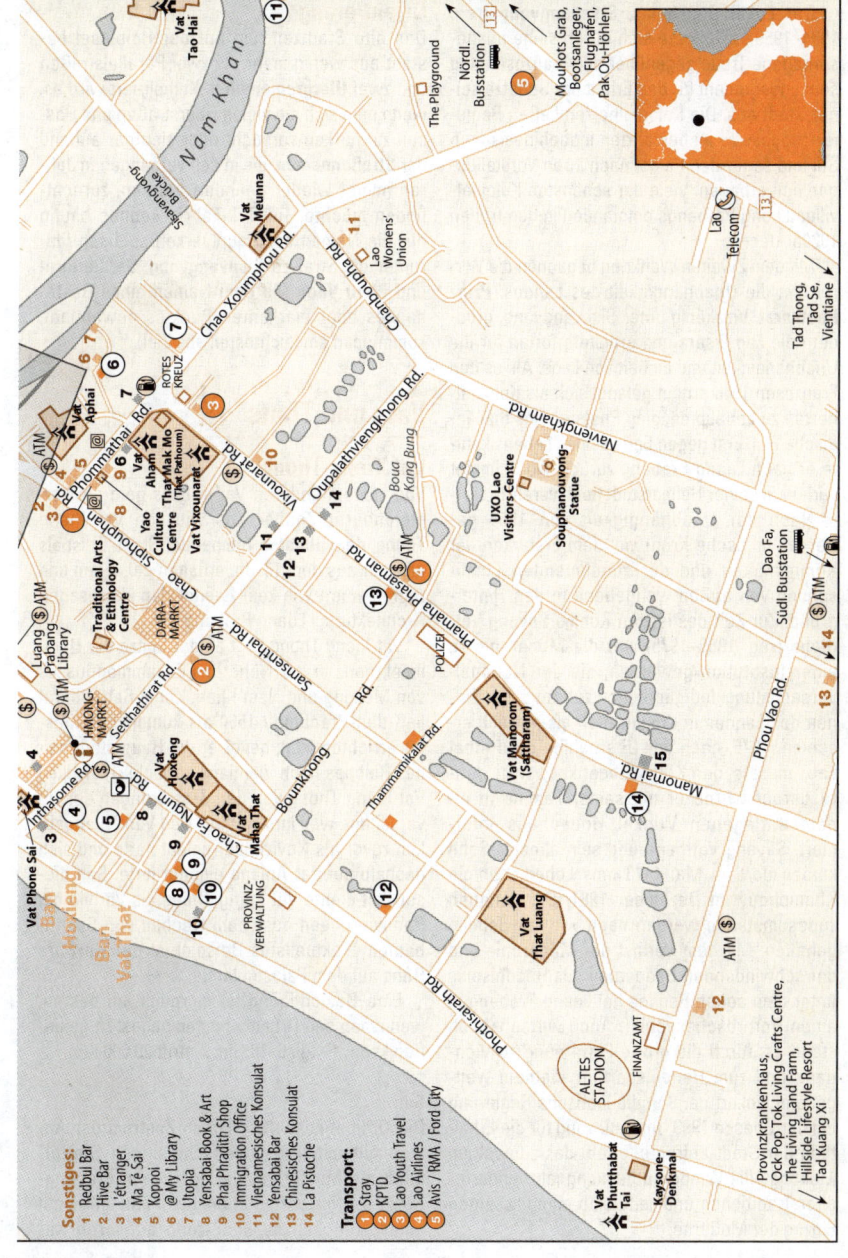

LAOS

Sonstiges:
1 Redbul Bar
2 Hive Bar
3 L'etranger
4 Ma Té Sai
5 Kopnoi
6 @My Library
7 Utopia
8 Yensabai Book & Art
9 Phai Phradith Shop
10 Immigration Office
11 Vietamesisches Konsulat
12 Yensabai Bar
13 Chinesisches Konsulat
14 La Pistoche

Transport:
1 Stray
2 KPTD
3 Lao Youth Travel
4 Lao Airlines
5 Avis / RMA / Ford City

Der Enkel Ounkhams, **Sisavangvong** (reg. 1904–1959), zeichnete sich durch seine ausgesprochene Treue gegenüber den Franzosen und sein Engagement für den Erhalt der Schätze seiner Stadt aus. Die Kolonialherren ließen Regierungsgebäude im bewährten indochinesischen Stil und sogar den Palast nach ihren Vorstellungen neu erbauen. Viele der schönsten Kolonialvillen Luang Prabangs entstanden in den frühen 1920er-Jahren.

Mit dem Zweiten Weltkrieg begannen die Wirren um die Unabhängigkeit des Landes. **Prinz Phetsarat**, Vizekönig unter Sisavangvong, gründete die Lao Issara und arbeitete fortan für die Unabhängigkeit und Einheit von Laos. Als es den Franzosen 1946 erneut gelang, sich als Kolonialherren zu behaupten, ging Phetsarat ins thailändische Exil. Erst gegen Ende seines Lebens kehrte er nach Luang Prabang zurück. Noch immer wird er in seiner Heimatstadt hoch verehrt.

Nach der Unabhängigkeit von 1954 geriet die laotische Krone mit dem Erstarken der Kommunisten und der zunehmenden Einmischung von außen weitgehend in den Hintergrund. Zur Zeit des letzten Königs **Savang Vatthana** (reg. 1959–1975) war die Monarchie zu einer Institution geworden, die der Nationalversammlung lediglich zur Wahrung der Einheit des Landes in Krisenzeiten als nützlich erschien. 1975, nach der Übernahme der **Pathet Lao**, musste der König abdanken, zwei Jahre darauf wurde er mit seiner Familie in einem entlegenen Winkel Houaphans interniert. Savang Vatthana und sein ältester Sohn kamen dort im Mai 1978 ums Leben, Königin Khamphouy im Dezember 1981. Die genauen Todesumstände werden nach wie vor geheim gehalten. Mit dem Verlust der Monarchie und der schwindenden Bedeutung des Buddhismus unter dem neuen Regime fiel Luang Prabang in einen Dornröschenschlaf. Auch wirtschaftlich stand es durch die große Entfernung zu Vientiane und zum Handelspartner Vietnam weitgehend isoliert da. Seit die laotische Regierung bei der Unesco 1993 Unterstützung für die Erhaltung der Stadt anfragte, erlebt das „Juwel am Mekong" die Wiederentdeckung jahrhundertealter Traditionen und zeitgleich einen rasanten Einzug der Moderne.

Orientierung

Das alte Stadtzentrum auf der Halbinsel besteht aus wenig mehr als zwei Parallelstraßen und zwei **Uferpromenaden**. Kompliziert wird es, wenn man sich die vielen Querstraßen und Gassen zu merken versucht oder sich gar anhand der **Straßennamen**, die in den vergangenen Jahren immer wieder geändert wurden, zurechtfinden möchte. Tuk-Tuk-Fahrer kennen häufig nur die Namen der Hauptverkehrsachsen (darunter die Straßen **Sisavangvong**, **Setthathirat** und **Phou Vao**). Mit dem Namen eines Gästehauses oder markanten Punktes gewappnet, kommt man am leichtesten ans Ziel.

Vats und Thats

Vat Xieng Thong

Von keinem anderen Vat in Laos geht ein vergleichbarer Zauber aus wie von Vat Xieng Thong, dem **ältesten Tempel** der Stadt. Er ist als einziger aus dem 16. Jh. erhalten geblieben und repräsentiert wie kein zweiter den klassischen Architekturstil Luang Prabangs.

Vat Xieng Thong liegt an der Spitze der Halbinsel, ganz in der Nähe des Zusammenflusses von Mekong und Nam Khan. König Setthathirat ließ den Prachtbau 1560 als königliches Kloster errichten, kurz bevor er die Hauptstadt seines Reiches nach Vientiane verlegte. 1887 blieb Vat Xieng Thong von den Zerstörungen der Ho verschont, weil ihr Anführer Deo Van Tri angeblich zuvor als Novize hier gelebt hatte und sich deshalb auf der Anlage einquartierte. Seit dieser Zeit diente Vat Xieng Thong als Vorbild bei Renovierungen oder dem Neubau von Sakralbauten – aktuellstes Beispiel ist der Ho Phra Bang auf dem Palastgelände.

Eine Besichtigung ist morgens am besten, wenn man den Ort am ehesten ungestört genießen kann. ⏰ tgl. 6–18 Uhr, Eintritt 20 000 Kip.

Sim

Die Ordinationshalle *(sim)* im Zentrum der Anlage gilt mit ihrem weitschweifigen **Staffeldach** als Musterbeispiel des Luang-Prabang-Stils. Laoten vergleichen die Form gern mit einer „Glucke, die schützend auf ihren Küken sitzt". Typisch ist auch das **Portal** mit unterschiedlich hohen Säulen, die mit üppig verzierten Blenden verbunden sind. Weitere Charakteristika sind die Dachaufbauten, elegant aufragende Garudas am Ende jedes Firsts und der **ngot so fa** („in den Himmel zeigen"), das krönende Ornament, das den Berg Meru symbolisiert. Die Anzahl der Spitzen des *ngot so fa* zeigt die rituelle Bedeutung eines Heiligtums an, wobei kein Kloster in Laos mehr aufweist als Vat Xieng Thong mit seinen 17 Spitzen.

Das Innere des *sim* prägen die mit einer **Schablonendrucktechnik** aufgetragenen goldenen Verzierungen auf rotem und schwarzem Grund. Sie erzählen die zehn wichtigsten Jatakas und die Erleuchtungsgeschichte Buddhas. Ein langer **hang lin** (Wasserrinne) hängt rechts in einiger Höhe von der Decke herab und endet über dem Waschungsschrein, der seinerseits unten durch eine Leitung mit der Außenwand verbunden ist. Beim rituellen Übergießen der Buddhafiguren zu Boun Pi Mai speit der mit Spiegelmosaik bedeckte Elefantenkopf an der nördlichen Gebäudeseite das heilige Wasser zum Hof aus. Das **Glasmosaik** auf der Rückseite des *sim* stellt einen prächtigen Flammenbaum *(mai thong)* dar, womöglich den Namensgeber des Vats. Zudem sind zahlreiche Tiere und in den beiden oberen Ecken je eine *kinnari* (mythisches Wesen, halb Frau, halb Vogel) abgebildet.

Ho Phra Mane

In der 1828 erbauten Bibliothek wird heute ein landesweit verehrtes Buddhabildnis aufbewahrt. Gläubige bekommen es nur zu Gesicht, wenn sich die Regenzeit verzögert und es in einer feierlichen Prozession durch die Stadt getragen wird.

Ho Phra None

Die so genannte „Rote Kapelle" wurde 1957 anlässlich des 2500. Geburtstags von Buddha mit dem Glasmosaik auf rotem Grund versehen. Die Kapelle enthält ein ausgefallenes Buddhabildnis in liegender Haltung, Symbol für Buddhas Übergang ins Nirvana. Obwohl gesagt wird, König Setthathirat hätte den Phra None 1569 in Auftrag gegeben, weist die Statue wesentliche Merkmale laotischer Bronzen aus dem 18. Jh. auf.

Zeremonie im Blitzlichtgewitter

Jeden Morgen um 6 Uhr verwandelt sich die Sakkarine Road im Herzen Luang Prabangs in einen Laufsteg. Ehrwürdig schreiten orange gewandete Mönche in einer nicht enden wollenden Reihe die Straße entlang und nehmen schweigend Essensgaben von Gläubigen in Empfang. Der **Almosengang**, *dag bat* genannt, zählt zu den wichtigsten religiösen Handlungen im Theravada-Buddhismus. Mit ihrer Gabe können die Gläubigen Verdienste für ihre Wiedergeburt erwerben.

In Luang Prabang ist dieses Jahrtausende alte Ritual jedoch zu einer Show verkommen. Wie bei einer Modenschau rangeln unzählige Touristen um die vordersten Plätze und tauchen die Mönche jeden Tag in ein Blitzlichtgewitter. Zwar finden sich an fast jedem Kloster Hinweisschilder, die um Respekt vor den religiösen Gefühlen der Laoten bitten. Aber sie scheinen nicht zu fruchten. „Monks and Monkeys are not different", stellte vor einiger Zeit ein hochstehender Mönch fest – beide lösen bei Touristen einen Fotografierreflex aus.

Keine Frage, die leuchtenden Gewänder vor den im Morgendunst mystisch wirkenden Klosteranlagen sind ein wunderschönes Motiv. Dennoch empfiehlt ein langjähriger Unesco-Berater: Touristen sollten beim *dag bat* weder fotografieren noch den Mönchen Almosen geben, sofern sie keine Buddhisten sind. „Bewundert lieber die Stille dieser Zeremonie und erlebt die Großherzigkeit der Gläubigen beim Almosengeben." Ansonsten sei es besser, nicht zum *dag bat* zu gehen. Schließlich soll der Almosengang bleiben, was er im Kern ist: eine stille religiöse Zeremonie.

Martin H. Petrich

Begräbniskapelle

König Savang Vatthana ließ die Begräbniskapelle 1962 im Gedenken an seinen Vater Sisavangvong bauen. Darin ist der königliche **Begräbniswagen** untergebracht. Die Verstorbenen werden in Embryonalstellung in den großen Gefäßen so lange aufbewahrt, bis sie zur Kremation zum Vat gebracht werden. König Sisavang-

N
0 200 m

LAOS

Übernachtung:
15 Villa Somphong
16 Khoum Xieng Thong Gh.
17 Belle Rive
18 Thida Gh.
19 Lotus Villa
20 The Apsara / Rive Droite
21 Villa Chitdara 2
22 Alounsavath Gh.
23 Villa Chitdara
24 Pathoumphone Gh.
25 Phongboun Gh.
26 Tingkham Gh.
27 Kinnaly Gh.
28 Namsok 3 Gh.
29 Sackarinh Gh.
30 Levady Gh.
31 Villa Laodeum

Essen:
16 Le Banneton
17 Rosella Fusion
18 Sindat-Restaurant
19 Tamarind
20 Bamboo Tree Restaurant
21 L'Eléphant
22 Tamnak Lao Restaurant & Cooking School
23 Big Tree Café
24 Saffron
25 Joma Bakery
26 Café Ban Vat Sène
27 Boungnasouk Restaurant
28 Café Toui
29 Couleur Café
30 Dyen Sabai
31 Nazim
32 Coconut Garden
33 Tangor
34 Blue Lagoon Restaurant
35 Pilgrim's Café

Sonstiges:
15 Peninsula
16 L'Hibiscus
17 Big Brother Mouse
18 Monument Books
19 Ock Pop Tok
20 Asiama
21 Ock Pop Tok / Passa Paa
22 Lao-Kids Book Exchange
23 TAEC Boutique
24 Mulberries
25 Orange Tree
26 Bouaphan Pharmacie
27 Caruso Lao
28 Chez Matt
29 Lotus du Laos
30 Icon Klub
31 Poppy Pharmacy
32 Naga Creations

Mekong

SAISONALE
BRÜCKE

La Maison
du Patrimoine

Vat
Pak Khan

Vat
Xieng
Thong

Vat Khili
(Souvannakhili)

Vat Siboun-
Heuang

Vat Sin
Mounkhoun

Calao
Pier

Auberge
Calao Inn

Vat Sop

Mahin Ounkham

Vat Sene
(Sensoukharam)

Vat Nong

Kingkitsalath Rd

Vat Nong Pier

Khounsua Rd

SCHULE

Sakkarine

Nam Khan

INSTITUT
FRANÇAIS

Vat
Paphai

Heritage
Information
Centre

Ounkham

Vat
Xieng
Mouane

Villa Xieng
Mouane

Vat
Choum
Khong

Vat
Pa Fang

Vat Pa Khe
(Si Phutthabat Neua)

SAISONALE
BRÜCKE

Vat
Phan
Luang

Vat
Tham
Phou Si

Ho Kham
(Palastmuseum)

Ho
Phra
Bang

Königspalast

FÄHRE

Sisavangvong

Mahin

Phou Si

Royal
Theatre

Vat
Pa Houak

That
Chomsi

Phou Si Rd

Vat Mai
(Souvannaphoumaham)

Vat Aphai

Transport:
6 Mekong River Cruises
7 Shompoo Cruise
8 Exotissimo
9 Luang Say Mekong Cruises
10 Bangkok Airways
11 Green Discovery
12 Elephant Village
13 Tiger Trail

vong wurde 1960, ein Jahr nach seinem Tod, kremiert und seine Asche erst 1965 im Vat That Luang beigesetzt.

Die kunstvoll geschnitzten **Reliefs** an Fensterflügeln, Dachkonsolen und Gebäudefront stellen Szenen aus dem Ramayana dar und wurden noch vor dem Ende der Regentschaft Savang Vatthanas fertig gestellt. An der Rückwand des Innenraums befindet sich eine beachtliche Sammlung von Buddhastatuen aus Holz, überwiegend in der Regenanrufungsgeste. Die stehende Haltung, bei der beide Arme nach unten gerichtet sind, gilt als die charakteristischste für Laos.

Vat Pak Khan

Vat Pak Khan liegt an der äußersten Spitze der Halbinsel und trägt den bezeichnenden Namen „Mündung des Khan-Flusses". Der *sim* repräsentiert den **Lue-Stil**. Merkmale sind das zweigeteilte Dach, wovon das untere einem Walmdach ähnelt, und das lange Hauptschiff ohne Säulenportal. Das Kloster wurde 1737 gegründet und blieb trotz einer grundlegenden Renovierung zu Beginn des 20. Jh. in seiner ursprünglichen Form erhalten. Derzeit leben in dem Kloster rund 30 Novizen.

Vat Khili (Souvannakhili)

Das Kloster des „Goldenen Berges" wurde 1773 gegründet. Wie bei seinen Nachbarn Vat Xieng Thong und Vat Pak Khan ist auch dieser *sim* in der Originalform erhalten. Häufig wird er als Beispiel für den **Xieng-Khouang-Stil** angeführt. Aus Sicht der Unesco repräsentiert er allerdings eine Variante des klassischen Luang-Prabang-Stils.

Vat Sene (Sensoukharam)

Vat Sene an der Sakkarine Rd. gehört zu den wichtigsten buddhistischen Zentren der Stadt. Sein Abt, Satou Phra Kham Chan, war bis zu seinem Tod 2007 der oberste Mönch von Luang Prabang. Diese Aufgabe hat nun Phra One Keo, der Abt der Klöster Vat Xieng Thong, Vat Pak Khan und Vat Pha O, übernommen.

Auf dem Gelände des 1718 gegründeten Klosters stehen zahlreiche Thats und Schreinbauten, die früher einmal Teil der Klöster Vat That Noi (Kleiner That) und Vat Pha Chao (Ehrwürdi-

ger Herr oder Buddha) waren. Zu Letzterem gehörte die heute überdachte, 6 m hohe **Statue eines stehenden Buddhas**. Kein anderes Kloster ist innen und außen so reich mit dem für Luang Prabang typischen **Schablonendruck** – Gold auf rotem oder schwarzem Grund – verziert. Täglich um 16 Uhr findet eine buddhistische Rezitation und Vipassana-Meditation statt.

Der Phou Si und die Vats in der Umgebung

Beim Blick vom Phou Si, **Luang Prabangs Hausberg**, wird klar, warum Henri Mouhot einst so angetan war von der Landschaft: Wie eingerahmt liegt die Stadt inmitten grüner Hügel, durchschnitten nur von den braunen Bändern des Mekong und des Nam Khan.

Der Hauptaufgang mit 329 Stufen beginnt an der Sisavangvong Rd., gegenüber dem Palastmuseum, führt vorbei an **Vat Pa Houak** und danach durch eine dichte tropische Parklandschaft. Ein weiterer, weniger steiler Aufstieg startet im Norden bei **Vat Pa Khe**, wo eine schmale Treppe zum Schrein mit einem heiligen **Fußabdruck Buddhas** *(phutthabat)* führt. Von der Balustrade davor bietet sich eine schöne Aussicht auf den Nam Khan. Weiter bergauf kommt man an der Höhle von **Vat Tham Phou Si** und an mehreren **Buddhastatuen** vorbei, die den verschiedenen Wochentagen zugeordnet sind, bevor schließlich der goldene **That Chomsi** an der Spitze erreicht ist. Der dritte, lange Treppenaufgang mit Naga-Brüstung windet sich von der dem Nam Khan zugewandten Seite hinauf. Er beginnt an der Chao Siphouphan Rd.

Wer über die Haupttreppe an der Sisavangvong Rd. aufsteigt, sollte wegen der schönen Aussicht zum Nam Khan absteigen. Am besten erklimmt man den Phou Si am Morgen. Die Mittagshitze ist unangenehm, und am Nachmittag halten sich hier manchmal Horden von Schulkindern auf. Zum Sonnenuntergang herrscht – wen wundert's – Hochbetrieb. An allen Aufgängen befinden sich Kassen. Eintritt 20 000 Kip.

That Chomsi (Phou Si)

Sicher wurden am höchsten Punkt des Phou Si schon vor vielen Jahrhunderten Geister verehrt, lange bevor der erste buddhistische Schrein errichtet wurde. Der heutige, 21 m hohe That geht auf das späte 20. Jh. zurück. Seit einer Renovierung im Jahr 1796 soll der Reliquienturm immer wieder vergrößert worden sein. Die abgestufte, rechteckige Plattform, von der sich ein grandioses **Panorama** bietet, ist förmlich in die Felsspitze gemeißelt. Der That selbst hat einen quadratischen Grundriss, an jeder Ecke sitzt ein *luk that* (Kinderstupa), und die Spitze wird von einem schirmförmigen *ngot so fa* gekrönt.

Vat Pa Houak

Vat Pa Houak, das „Kloster des Bambuswaldes", datiert aus dem Jahr 1861. Der hohe, schmale Bau ist im Bangkok-Stil errichtet, mit dem auch der Vientiane-Stil verwandt ist. Charakteristisch sind die gleich hohen Säulen am Portal, Zackenverzierungen an den Dachlinien und ein großes, reich verziertes Giebelfeld.

Bekannt ist Vat Pa Houak für seine **Wandmalereien** im Innern. Sie stellen Szenen aus der Geschichte des einflussreichen und stolzen Königs Jambupati dar, dem Buddha erst selbst in prachtvollem Aufzug erscheinen musste, ehe der Regent seine Überheblichkeit einsah und zu einem getreuen Anhänger wurde.

Vat Pa Khe (Si Phutthabat Neua)

Der „Vat des Waldes der Kolibribäume" liegt am Fuß des Phou Si, etwas versteckt im alten Geschäftsviertel. Er stammt aus dem Jahr 1853 und hat fast den gleichen Aufbau wie Vat Pa Houak. Beide gehören zu den jüngsten Klöstern der Stadt. Seinen zweiten Namen verdankt der Tempel dem **Heiligen Fußabdruck Buddhas** *(phutthabat)* auf halber Höhe zum Phou Si. Die Stufen beginnen gleich neben dem *sim.* Unter den Franzosen war er als **„La Pagode des Hollandais"** bekannt, was auf die Darstellungen von westlich gekleideten Personen auf den Türflügeln zweier Portale zurückzuführen ist: Auf dem linken Frontportal sind zwei Personen mit großen Hüten und langen Mänteln abgebildet. Das hintere Portal auf der rechten Längsseite zeigt zwei „Venezianer" in Renaissancekleidern. König Chantharat ließ den Vat zu Ehren seiner Delegation nach Kunming erbauen, die dort beim chinesischen König Tong Zhi um Wehrhilfe gegen die übermächtigen Siamesen angefragt hatte.

Vat Mai (Souvannaphoumaham)

Das imposante „Neue Kloster" zählt zu den größten und historisch bedeutsamsten der Stadt. Gegründet wurde es 1796, aber es galt erst 1821 als vollendet, als man die **4 m hohe Bronzestatue** des Buddha darin untergebracht hatte.

Das eindrucksvolle Dach türmt sich in fünf Lagen auf. Wichtigste Sehenswürdigkeit ist das **vergoldete Relief**, das die gesamte Front überzieht. Das traditionell aus Holz geschnitzte Basrelief wurde 1968 durch eine Modelage aus Beton, Lack und Blattgold ersetzt. Es stellt Szenen aus dem Vessantara Jataka dar, der vorletzten Inkarnation Buddhas.

Nachdem Vat Vixoun 1887 in Flammen aufgegangen war, wurde Vat Mai zur Stätte des Phra Bang. Er blieb es bis zur Unterbringung der Statue auf dem Palastgelände 1947. Bis heute finden das rituelle Übergießen des Phra Bang und andere Zeremonien zum Neujahrsfest Boun Pi Mai vor dem *sim* von Vat Mai statt.

In einem Nebengebäude des Klosters ist eine kleine Bibliothek mit alten und neuen **Palmblattmanuskripten** untergebracht. Das von Deutschland unterstützte Projekt widmet sich der Erhaltung und Reproduktion der Schriften, in denen die Lehrreden Buddhas abgefasst sind. Es werden regelmäßig Lesestunden abgehalten. Eintritt 10 000 Kip, Bibliothek frei.

Vat Vixounarat (Vat Vixoun)

Bis zu seiner Zerstörung durch die Ho 1887 war dieser Tempel südlich des Phou Si das prächtigste Bauwerk der Stadt. König Vixounarat hatte ihn extra für den Phra Bang errichten lassen, angeblich aus dem Holz von mehr als 4000 Baumstämmen.

Der heutige schlichte *sim* von 1898 hat nur noch den Grundriss und die Dachform mit seinem Vorgänger gemein. Seit Prinz Phetsarat Vat Vixoun 1942 zum Museum erklärte, ist im *sim* **buddhistische Kunst** untergebracht: Statuen, Figuren, Schnitzereien, zusammengewürfelt wie in einem Depot. Um das Hauptbildnis gruppieren sich mehrere Buddhastatuen im Khmer-Stil und sitzende Darstellungen in der Meditationshaltung (*samadhi*-Mudra). Links des Altars steht ein typischer ritueller Kerzenhalter in Form eines vergoldeten Holzreliefs. Die zentrale Buddhastatue ist mehr als 5 m hoch und nach dem Buddha von Vat Manorom das größte der Stadt.

Ein gutes Beispiel für die **Holzschnitzereien**, die den früheren Vat Vixoun außen flächendeckend schmückten, sind seine Eingangsportale. Die Türblätter der Vorderseite zeigen hinduistische Hauptgottheiten: Shiva auf dem Bullen Nandi, Indra auf auf dem mehrköpfigen Elefanten Airavata, und Vishnu auf dem Vogel Garuda. ⏰ tgl. 7–17.30 Uhr, Eintritt 20 000 Kip. Die Eintrittskarte gilt auch für That Mak Mo.

That Mak Mo (Pathoum)

Der wuchtige, 1514 erbaute That Mak Mo befindet sich auf dem Gelände des Vat Vixoun, direkt an der Kreuzung von Vixounarat und Phommathai Rd. Der ursprüngliche Name des Reliquienmonuments ist That Pathoum („Lotus-Stupa"), angeblich in Anspielung auf einen umgedrehten Lotus. *Mak mo* bedeutet „Wassermelone" und trifft die Form besser. Sein Aufbau – eine **Halbkugel auf quadratischer Basis** – ist den frühen Stupas nachempfunden. Die runde Form schließt mit einer Flamme ab, wie man sie sonst nur von laotischen Buddhastatuen kennt. Der so genannte „Strahl der Weisheit" *(ketu-mala)* symbolisiert Buddhas vollkommene Erleuchtung.

Vat Aham

Der *sim* des „Klosters vom überströmenden Herzen" stammt aus dem Jahr 1818 und ist im klassischen Luang-Prabang-Stil erbaut. Ursprünglich befand sich hier ein Schrein zu Ehren der Schutzheiligen **Pu No und Na No**. König Phothisarat ließ die Stätte aber 1527 im Zuge seines Verbotes der Geisterverehrung beseitigen und an der Stelle einen buddhistischen Vat errichten. Noch heute verehrt man das Großelternpaar in Gestalt zweier imposanter **Bodhi-Bäume** in der Nähe der Straße. Das Säulenportal des *sim* wird von Hanuman (l.) und Ravana (r.) flankiert. Im Innern erzählen moderne **Wandmalereien** (rechter Hand, oben) die Geschichte von Vessantara. Ihm zu Ehren wird im März ein dreitägiges Fest im Vat Aham gefeiert, zu dem die in 16 Palmblattbänden abgefasste Jataka über 17 Stunden lang vorgelesen wird. Zur Zeit der Recherche wurde Vat Aham aufwendig restauriert.

Museen

Palastmuseum (Ho Kham)

Der Königspalast von Luang Prabang birgt das gesamte **Vermächtnis der letzten laotischen Königsfamilie** und gewährt seltene Einblicke in die Geschichte der untergegangenen Monarchie.

Das bescheiden wirkende Gebäude wurde 1904 von den Franzosen errichtet und ersetzte den erst 1895 vollendeten traditionellen Holzpalast, der in den Augen der Protektoratsmacht für den damaligen König Sisavangvong nicht mehr angemessen war. Der „Goldene Palast" *(ho kham)* weist laotische und französische Stilelemente auf: Von weitem schon erkennt man den Treppenaufgang aus weißem Marmor. Im Giebelfeld darüber thront der dreiköpfige Elefant, das Symbol des Königreichs Lane Xang, umrankt von den 15 Schutznagas Luang Prabangs. Und schließlich prangt an den äußeren Pilastern, leicht zu übersehen, die französische Lilie *fleur-de-lis*. Die Spitze mit Staffeldächern über dem Thronsaal ließ Sisavangvong noch in den 1930er-Jahren nach laotischem Vorbild ersetzen.

Die Familie des letzten Königs **Savang Vatthana** lebte hier bis zur Machtübernahme der Pathet Lao 1975. Alle Exponate sollen schon damals in den Vitrinen als Teil der königlichen Sammlung ihren Platz gehabt haben. Tatsächlich zieht einen der Dornröschenschlaf, in dem die **Säle** des Palasts zu verharren scheinen, in seinen Bann. Im hinteren Teil befindet sich der Wohntrakt der Königsfamilie: offene, lichte Räume, die den Eindruck erwecken, als wären Teppiche, Bettwäsche und Kleidungsstücke erst Stunden zuvor weggeräumt worden.

Bis heute hält die Regierung sämtliche Informationen über die Todesumstände der Familie zurück. Nach Zeugenberichten wurden der König, seine Frau und der Kronprinz 1977 in das Umerziehungslager Nr. 1 in der Provinz Houaphan gebracht. Dort starben König und Kronprinz bereits im Jahr darauf. Die Monarchin erlag Ende 1981 den Folgen von Unterernährung und mangelnder Gesundheitsversorgung. Nach offizieller Version „schenkte" der König seinen Palast dem laotischen Volk. Die Regierung eröffnete das Palastmuseum im März 1976.

Wichtigste Sehenswürdigkeit des Museums ist der **Phra Bang**, Namensgeber und Schutzpatron von Luang Prabang. Begleitet von den höchsten Würdenträgern aus Staat und *sangha* bezog die heiligste Buddhastatue des Landes im Dezember 2013 den eigens für sie geschaffenen Tempelbau auf dem Palastgelände. Die 83 cm hohe Figur in der *abhaya*-Mudra ist aus Gold, Silber und Bronze gefertigt und stattliche 43 kg schwer. Der Legende nach wurde sie in Sri Lanka gegossen und als Symbol für den Theravada-Buddhismus nach Laos gebracht. Allerdings weist sie eindeutige Merkmale des Khmer-Stils auf, was für ihre Entstehung in Kambodscha im 8. Jh. spricht. Ob es sich bei der Statue um das Original oder eine Kopie handelt, ist unklar. Verehrt wird sie jedoch wie keine andere.

⊙ 8–11.30 und 13.30–16 Uhr, abwechselnd Sa oder So nur bis 15 Uhr. Kameras sind nicht erlaubt, auch Taschen und Schuhe müssen draußen bleiben (im Winter Socken anziehen!). Für einen **Rundgang** mit Museumsplan s. **eXTra [4949]**. Eintritt 30 000 Kip, Führung 50 000 Kip.

Traditional Arts and Ethnology Centre (TAEC)

Das kleine, aber feine Traditional Arts and Ethnology Centre, Setthathirat Rd., vor dem Dara-Markt links hoch, 🖥 www.taeclaos.org, füllt seit einigen Jahren eine Lücke in der Museumswelt Luang Prabangs. Als erstes seiner Art bietet das privat betriebene Haus Einblick in die Lebenswelten verschiedener **ethnischer Gruppen von Laos**, vor allem Hmong, Akha, Tai Lue und Khmu. Die Ausstellungsräume sind übersichtlich gestaltet: Bebilderte Infotafeln liefern eine kurze Charakterisierung jeder Ethnie. Porträtfotos, ergänzt durch Zitate, vermitteln auf lebendige Weise die heutige Situation der Minderheiten. Ein Verkaufsraum mit einigen Büchern und Kunsthandwerk rundet die Ausstellung ab. Obwohl: Wirklich rund ist der Besuch erst nach einem Mittagessen im angeschlossenen **Patio Café**. In dem Restaurant, betrieben von den Machern des renommierten L'Eléphant, können Spezialitäten der im Museum vorgestellten Ethnien probiert werden. ⊙ 9–18 Uhr, Mo geschlossen. Eintritt 25 000 Kip, inkl. Kaffee 35 000 Kip.

Villa Xieng Mouane

Die Villa Xieng Mouane, gebaut um 1900, renoviert 1998, gilt als Musterbeispiel eines laotischen Stelzenhauses. Seit darin eine kleine Ausstellung zur **Kultur des Landes** untergebracht ist, hat sie auch wieder eine würdige Funktion. Neben Infos zum Gebäude geben Alltagsgegenstände, Trachten und diverse Schautafeln einen Schnellkurs in laotischer Landeskunde. Die Villa liegt auf dem Gelände des Heritage Information Centers, noch vor Green Discovery von der Sisavangvong Rd. links ab. ⊙ Mo–Fr 8–12, 13–16 Uhr. Eintritt 10 000 Kip.

Märkte

Nachtmarkt

Der Hmong-Markt auf dem Platz gegenüber der Touristeninfo war früher eine Fundgrube für Textilien der nordlaotischen Bergvölker. Heute teilen sich die wenigen verbliebenen Stände am Platz mit Baguette- und Saftverkäuferinnen und so richtig was los ist erst, wenn ab 17 Uhr alle zum Nachtmarkt **auf die Sisavangvong Road** umziehen. Die Straße zwischen Touristeninfo und Königspalast wird dann zur Fußgängerzone, und obwohl es inzwischen weit über hundert Stände gibt, hat die Stimmung fast etwas Besinnliches. Außer Kleidung werden **Mitbringsel** aus Holz und Maulbeerpapier, interessante Tees, Kaffee, Schmuck, Drucke, Baumwollpuschen und andere schöne Dinge verkauft – alles zu guten Preisen, denn die Konkurrenz ist groß. Vereinzelt finden sich auch noch hochwertige Hmong-Textilien, aber vieles ist aus Thailand, China oder Vietnam importiert. Abgebaut wird gegen 22 Uhr.

Talat Tha Heua

Der so genannte **Morgenmarkt**, eigentlich Talat Tha Heua, liegt südlich des Königspalastes in einer kleinen Parallelstraße zwischen Mekong und Sisavangvong Rd. Mit den ersten Sonnenstrahlen kommen die Händler und nur dann findet man an den Ständen exotische **Tiere** wie Bambusratten und Schlangen, die auf dem laotischen Speiseplan weit oben stehen. Tagsüber verkaufen Frauen aus den umliegenden Dörfern frisches **Obst und Gemüse**. ⊙ ganztägig.

Weitere Sehenswürdigkeiten

Grab von Henri Mouhot

Östlich von Luang Prabang ruht ein Mann, der eigentlich für die Wiederentdeckung Angkor Vats berühmt geworden ist: Alexandre Henri Mouhot. Sein weißes Grabmal liegt erhöht am Ufer des Nam Khan, ein seltsamer Anblick mitten im Dschungel. Er war einer der ersten Europäer, die ihren Fuß in die alte Königstadt der Lao setzten. Im Juli 1861 wurde er hier von König Chantharat mit allen Ehren empfangen. Nur drei Monate später starb er an Malaria. Mouhot wurde am Ufer des Nam Khan begraben. Francis Garnier errichtete sechs Jahre später an dieser Stelle den ersten Grabstein, der 1887, nach einem Hochwasserschaden, von August Pavie erneuert wurde. Die Geburtsstadt Mouhots finanzierte 1990 die Restaurierung der Ruhestätte.

Mit dem Tuk Tuk kostet eine Rundtour etwa 150 000 Kip. Wer mit dem Rad oder Roller unterwegs ist, folgt einfach der Straße 13 Richtung Flughafen und biegt am Schild nach Ban Phanom (2 km) rechts ab. Im Ort hält man sich an der Weggabelung rechts und folgt der Straße etwa 4,5 km, noch am Vang Ngern River Resort vorbei, bis ein weißes Schild den Weg zum Nam Khan weist. Von hier sind es noch 200 m am Fluss entlang, bis die weißgetünchte Grabstätte rechts ins Blickfeld rückt. Und noch eine Randnotiz: Die Straße entlang dem Nam Khan wird gerade weiträumig als Teil einer Umgehungsstraße von Luang Prabang ausgebaut, mitsamt Brücke über den Nam Khan. Also auf Laster und Staubwolken einstellen.

Westufer des Mekong

Eine Pause vom Touristentrubel, verträumte Tempel und einen schönen Blick auf Luang Prabang: Das bietet der halbtägige Ausflug ans Westufer des Mekong. Start ist im Dorf **Ban Xieng Mene**. Boote setzen vom Anleger Tha Heua Kham südwestlich des Palastmuseums über (5000 Kip p. P., Charter 50 000 Kip hin und zurück).

Am anderen Ufer angekommen, biegt man am Ende einer Reihe von Verkaufsständen gegenüber der Polizeistation rechts ab und hält sich weiter geradeaus, parallel zum Fluss. Am Ende des gepflasterten Wegs erreicht man auf der linken Seite **Vat Xieng Mene**, ein Kloster mit einem liebevoll restaurierten *sim* im klassischen Luang-Prabang-Stil. Eintritt 10 000 Kip.

Nach weiteren 300 m führt linker Hand eine lange Treppe hinauf zu **Vat Chom Phet**. Von oben hat man eine fantastische Aussicht auf die alte Königsstadt. Eintritt 10 000 Kip.

Zurück auf dem ausgetretenen Waldweg, erreicht man an dessen Ende **Vat Long Khoun**. Das Kloster war das erste, das 1994 unter fachlicher Beratung der Unesco renoviert wurde. Der *sim* stammt aus dem 18. Jh. Eintritt 10 000 Kip.

Der nächste Halt ist nur ein paar Schritte entfernt: die Höhle **Tham Khoua Sakkarine** oder Vat Tham Xieng Mene. Normalerweise schließen sich einem schon in Vat Long Khoun ein paar junge Touri-Lotsen mit dem Schlüssel zur (unspektakulären) Höhle an. Der Eintritt ist im Ticketpreis für Vat Long Khoun inbegriffen.

Hinter dem Höhlentempel führt der Weg durch Papaya- und Bananenplantagen bis zum **Vat Hat Siao**. Die hübsche Anlage mit Trommelturm und Gehmeditationshalle wurde erst vor kurzem aus dem Klammergriff des Dschungels befreit. Vom hier kehrt man auf demselben Weg zurück nach Ban Xieng Mene. Wer ein Boot gechartert hat, kann den Fahrer bitten, am Vat Long Khoun zu warten. Oder man versucht, dort oder an der Höhle Tham Khoua Sakkarine ein Fischerboot vom Anleger am Vat Xieng Thong anzuheuern (20 000–40 000 Kip, je nach Größe).

ÜBERNACHTUNG

Luang Prabang ist ein **teures Pflaster**. Die Preise für ein einfaches Doppelzimmer mit Bad starten in der Hochsaison bei 120 000 Kip, das Gros kostet zwischen US$30 und US$60. Wirklich günstige Zimmer gibt es nur noch jenseits der Halbinsel. Die Unterkünfte – inzwischen mehr als 300 – konzentrieren sich in **drei Gegenden**: auf der Halbinsel, in den Vierteln südwestlich des Palastmuseums und im Gebiet südöstlich des Phou Si zwischen Nam Khan und Vat Manorom. Über die Stadt verstreut liegen außerdem einige noble Boutiquehotels und Resorts. Die meisten Unterkünfte bieten ihren Gästen kostenlos Kaffee, Tee und Wasser an. Auch **WLAN** gehört inzwischen zum Standard, reicht aber selten bis in alle Zimmer.

Die Halbinsel
Karte S. 394

Das alte Luang Prabang zwischen Mekong und Nam Khan ist zweifellos das schönste Viertel der Stadt. Eine Auswahl von Nord nach Süd:

Untere Preisklasse

Pathoumphone Gh. ㉔, Kingkitsarath Rd., nahe der saisonalen Brücke über den Nam Khan, ✆ 071-212946. Eins der letzten Gästehäuser der ersten Stunde mit sehr einfachen Zimmern in mehreren Gebäuden und zum Teil schimmeligen Bädern, aber für Preis und Lage insgesamt okay. WLAN. ❶–❷

€ **Phongboun Gh. (Song's Place)** ㉕, Straße von Vat Paphai, ✆ 020-98833459, ✉ songlpb@hotmail.com. Das kleine Shophouse nahe dem Mekong bietet ein halbes Dutzend einfache Zimmer, die einen Tick geschmackvoller ausfallen als in der Preislage üblich. Bei kalter Witterung schmerzt allerdings das fehlende Fensterglas. WLAN. ❷–❸

Kinnaly Gh. ㉗, Straße von Vat Paphai, nahe Café Toui, ✆ 071-212416. Alteingesessene Herberge in prima Lage mit gefliesten Zimmern unten und Räumen mit Holzböden oben, alle mit Bad, alle sauber. WLAN. ❷

€ **Namsok 3 Gh.** ㉘, Savang Vatthana Rd., etwas von der Straße zurückversetzt, ✆ 071-254426. Sympathisch, sauber und für die Lage günstig – deshalb füllen sich die 6 Fliesenzimmer (Ventilator/AC) auch so schnell; wer kein Glück hat, kann es im Schwesterhaus Namsok 1 um die Ecke oder schräg gegenüber im neuen Sanaphay Gh. versuchen. WLAN. ❷

Sackarinh Gh. ㉙, etwas zurückversetzt von der Sisavangvong Rd., ✆ 071-254512. Einfache, geflieste Zimmer auf 2 Etagen, mit Bad, AC und TV. Freundlich, sauber, mittendrin. WLAN. ❸

Levady Gh. ㉚, kleine Straße, die von der Sisavangvong Rd. abgeht, ✆ 071-254434. Das Beste an diesem Gästehaus ist die schöne Gasse, in der es liegt; die Räume sind sehr einfach. ❷

Mittlere Preisklasse

Villa Somphong ⑮, Kingkitsarath Rd., ✆ 071-254896, 🖥 www.villasomphong.com. Nur einen Katzensprung von Vat Xieng Thong, aber ein gutes Stück von der Touri-Meile entfernt am Nam Khan liegt dieses feine neue Gästehaus. Die Zimmer haben Holzböden, Klimaanlage, wenig Stauraum und im 1. Stock Flussblick. Gefrühstückt wird auf einer Terrasse am Nam Khan. WLAN. Gute Wahl. ❹–❺

Khoum Xieng Thong Gh. ⑯, schräg gegenüber von Vat Xieng Thong, ✆ 071-212906 🖥 www. khoumxiengthong.com. Leichtschläfer werden am frühen Morgen vermutlich von den vielen Tempeln in der Umgebung wachgetrommelt. Ansonsten spricht viel für diese angenehme Unterkunft an der Spitze der Halbinsel, etwa der große Garten, die luftigen Zimmer, kostenlose Fahrräder, Frühstück und WLAN. ❺

Thida Gh. ⑱, nördlich von Vat Nong in einer Seitenstraße nahe dem Mekong, ✆ 071-213075, 🖥 www.thidaguesthouse.com. Geräumige, saubere Zimmer (AC/TV) mit viel Holz und ausreichend großen Bädern. WLAN. ❸–❹

Villa Chitdara 2 ㉑, Mahin Ounkham Rd, ✆ 071-212 886, 🖥 www.villachitdara2. com. Charmanter Kolonialbau am Mekong, vor allem die oberen Zimmer zum Fluss mit ihren Sprossenfenstern, bequemen Betten und Holzböden sind toll; der herzliche Besitzer schafft eine persönliche Atmosphäre. WLAN. ❺

Alounsavath Gh. ㉒, ein Stück weiter südlich, ✆ 071-212616, 🖥 www.alounsavath.com. Beste Wahl sind die beiden großen, hellen Zimmer (AC/TV) im ersten Stock mit Balkonen zum Mekong, eins davon für Familien geeignet. Inkl. Frühstück und WLAN. ❹–❺

Villa Chitdara ㉓, Khounsua Rd., ✆ 071-254949, 🖥 www.villachitdara.com. Ein Hotel zum Wohlfühlen, ruhig gelegen und trotzdem zentral, mit schönem Garten und 15 kompakten Zimmern (AC, TV, Minibar, WLAN). Frühstück inkl. ❺

Tingkham Gh. ㉖, Straße von Vat Paphai, Ecke Khounsua Rd., ✆ 071-253868. In die winzigen Zimmer passt nicht viel mehr als ein Doppelbett. Dafür sind sie sauber, fair bepreist und gut gelegen. Das Restaurant im Erdgeschoss stillt den Hunger auf Reisgerichte. WLAN. ❸–❹

Villa Laodeum ㉛, Mahin Ounheuan Rd., ✆ 071-255777, 🖥 www.villalaodeum.com. Das zweistöckige Eckhaus liegt klasse zwischen Mekong, Nachtmarkt und Palastmuseum. Auch die Zimmer (AC, TV, Minibar) sind gemütlich, aber für den Preis ziemlich klein. WLAN. ❹

Obere Preisklasse

 Belle Rive ⑰, Höhe Tida Gh. am Mekong, ☎ 071-260733, 🖳 www.thebellerive.com. Drei schöne Häuser im Kolonialstil mit nostalgischem Flair und elegantem Mobiliar. Alle Zimmer sind zum Mekong ausgerichtet; engagiertes deutsch-thailändisches Management. ❻

The Apsara / Rive Droite ⑳, Kingkitsarath Rd., am Nam Khan, ☎ 071-254670, 🖳 www.theapsara.com. Das 2005 eröffnete Haus zählt zu den Klassikern auf der Halbinsel. Schöner (und teurer) ist das Schwesterhaus auf der rechten Flussseite mit luftigen, cremefarbenen Zimmern und Pool. Preis inkl. Frühstück im angeschlossenen Restaurant. WLAN. ❻

 Lotus Villa ⑲, Khounsua Rd., hinter Vat Sene, ☎ 071-255050, 🖳 www.lotusvilla laos.com. Sympathisches Boutiquehotel mit der persönlichen Note eines Gästehauses. Ein kleiner Garten verbindet die beiden laotischen Häuser, in denen sich 15 geschmackvoll eingerichtete Zimmer und zwei Suiten befinden. WLAN, Preis inkl. Frühstück. ❺–❻

Ban Pakam, Ban Hoxieng und Ban Vat That

Karte S. 390/391
Die Viertel südlich des Palastmuseums haben sich zu klassischen Backpacker-Vierteln entwickelt. Alle drei liegen nah zum Zentrum.

Untere Preisklasse

Pakam Gh. ①, hinter Vat Mai in einer Seitenstraße Richtung Mekong, Ban Pakam, ☎ 071-252679, ✉ pakamservice@gmail.com. Typisch laotisches Haus mit neuem Anbau dahinter in einem ruhigen Wohnviertel. Die Zimmer oben sind luftiger, mit Holzböden und warmer Atmosphäre (Tipp: Nr. 03); kleiner Lesebalkon; gemütlich und familiär. WLAN. ❸

 Tephavong Gh. (Oudomphong 2) ④, Gasse gegenüber dem Talat Tha Heua, Ban Hoxieng, ☎ 020-55314459. Zentrale Lage, kleiner Garten, entspannte Betreiber: Das sind nur einige der Gründe, warum die 20 sauberen Zimmer dieses netten Familienbetriebs so hart umkämpft sind. Vom Gemeinschaftsbalkon schweift der Blick über die Dächer des geschäftigen Viertels bis zum Phou Si. Fahrradverleih, Bustickets, WLAN. ❸

€ Schlafen zum Sparpreis

X³ Capsule Hotel/Xayana Gh. ⑤, 1. Querstraße südlich der Post, Ban Hoxieng, ☎ 071-254881, 🖳 www.mylaohome.com. Beste Schlafsaal-Option der Stadt, gut gelegen und schnell voll. Die sauberen 8er-Kajüten haben jeweils zwei Duschen und Toiletten. WLAN. Dormbett 40 000 Kip, Schließfach 5000 Kip.

LPQ Backpackers Hostel ⑨, 3. Querstraße, Ban Vat That, ☎ 020-91138686, ✉ lpqback packershostel@gmail.com. Die 5 Dorms (je 8 Betten) dieses vietnamesisch geführten Hostels definieren zwar die Bedeutung von „klein" neu, jedoch hat der Laden als einziger Schlafsäle nur für Frauen. Außerdem: Filmraum, Billardtisch, Bäder mit Regendusche und ein kleines Frühstück. Und das alles für nur 50 000 Kip pro Bett. Nicht schlecht.

€ Suankeo Gh. ⑧, 3. Querstraße südlich der Post, Ban Vat That, ☎ 071-254740 (Haus 1) und ☎ 254404 (Haus 2). Ein Name, zwei Häuser: Das alte Haus 1 hat mehr Atmosphäre, mit viel Holz und gemütlicher Leseveranda. Der Neubau, Haus 2, liegt näher am Mekong und ist mit seinen sauberen Zimmern, glänzenden Dielen und AC unschlagbar für den Preis. WLAN. ❸

Vanvisa Villa ⑩, 4. Querstraße südlich der Post, Ban Vat That, ☎ 071-212925, 🖳 www.vanvisa guesthouse.com. Sammeln, Weben und Kochen sind die Steckenpferde von Frau Vandara, der freundlichen Hausherrin dieser verwinkelten, urgemütlichen Unterkunft. Die 8 Zimmer gibt es mit und ohne Bad, alle haben Ventilator, manche Backsteinwände und Holzboden. Mehr Komfort gibt's im Neubau nebenan. WLAN. ❷–❹

Mittlere und obere Preisklasse

 Lao Lu Lodge ②, Seitenstraße zwischen Morgenmarkt und Mekong, Ban Pakam, ☎ 071-255678, ✉ laolulodge@gmail.com. Schöne Unterkunft mit 12 Zimmern (unten Fliesen, oben Teakböden), alle mit Fotos an den Wänden und geschmackvollen Bädern. Familien dürften die beiden 3-Bett-Zimmer (Tipp: Nr. 204) und die ruhige Lage schätzen. Preis inkl. Frühstück und WLAN. ❹

Manichan Gh. ③, gegenüber, Ban Pakam, 📞 020-56920137, 🖥 www.manichanguest house.com. Dieses gemütliche Gästehaus unter laotisch-belgischer Leitung wird von Travellern allein schon wegen des guten Frühstücks angesteuert. Die Zimmer sind sauber und freundlich (Ventilator oder AC), die günstigsten oben teilen sich ein Bad. Schöner Innenhof. WLAN. Unbedingt reservieren. ❹–❺

Südöstlich des Phou Si am Nam Khan
Karte S. 390/391

In diesem Wohngebiet am Nam Khan liegen einige der günstigsten Gästehäuser der Stadt.
Vilayvanh Gh. ⑥, Ban Aphai, 📞 071-252757. Das stimmungsvolle Gästehaus in einer ruhigen Gasse östlich von Vat Aphai. Die sauberen Zimmer haben Holzböden, AC und Bad. WLAN. Falls voll: Eine gute Alternative befindet sich direkt gegenüber. ❷
Phonethida Gh. ⑦, kleine Gasse, Ecke Cha Xoumphou Rd., Ban Vixoun, 📞 020-54660546, ✉ palmyjj@hotmail.com. Nette Stimmung, günstiger Preis, schöner Vorhof, allerdings geizen die Zimmer (AC, Bad) mit Licht und sind im Winter recht kühl. WLAN. ❷
Thongbay Gh. ⑪, 2 km südöstlich des Zentrums am Nam Khan, 📞 071-253234, 🖥 www.thongbay-guesthouses.com. Hübsche Bungalows in einem schönen Garten, 9 mit Blick auf den Nam Khan. Frühstück wird auf den Balkonen serviert. Gratisshuttle ins Zentrum, nettes Personal, entspannte Stimmung. Klasse für Leute, denen es nichts ausmacht, etwas ab vom Schuss zu wohnen. WLAN. ❺

Südlich des Phou Si bis Vat Manorom
Karte S. 390/391

Südlich des Phou Si liegen ein paar tolle neue Boutiquehotels sowie einige Travellerbleiben entlang der Phamaha Phasaman Rd.
Jaliya Gh. ⑬, Phamaha Phasaman Rd., 📞 071-252154. Von außen keine Schönheit, aber die vielen Stammgäste kommen auch vor allem wegen des netten Gartens, um den sich die Fliesenzimmer gruppieren. Räume und Bäder sind akzeptabel sauber. Das kostenlose WLAN reicht neuerdings sogar bis in die hinteren Ecken des Gästehauses. ❷

Maison Dalabua ⑫, Phothisarath Rd., 📞 071-255588, 🖥 www.maison-dalabua.com. Zwei große Lotusteiche bilden das Herz dieses entspannten Boutiquehotels. Die Zimmer sind geschmackvoll eingerichtet, mit dunklen Holzmöbeln, Dielen oder tonfarbenen Fliesen. Als Farbtupfer an der Wand dienen Rahmen mit bunten Seidenspulen. WLAN. Das Frühstücksbuffet wird im Restaurant am Teich aufgebaut. Swimming Pool und Spa sind in Planung. Kostenlose Fahrräder. Ein schöner Ort. ❺–❻
Le Sen Boutique Hotel ⑭, 113 Manomai Rd., 🖥 www.lesenhotel.com. Auf dezente Eleganz setzt diese tolle neue Unterkunft am südlichen Stadtrand: Die Inneneinrichtung ist moderner als in anderen Häusern, mit langen Spiegeln, Backsteinfliesen im Erdgeschoss und Waschschalen aus Kupfer. Alle Räume haben Balkon oder Terrasse und Blick auf den hübschen Pool. Zu Fuß sind es 15 Min. in die Stadt, aber es gibt auch einen Pendelbus und Leihfahrräder. Frühstück, Fitnessraum, Airporttransfer, WLAN. ❻

Außerhalb

Lao Spirit Resort, 15 km östlich, nahe Ban Xieng Lom am Nam Khan, 📞 020-58553133, 🖥 www.lao-spirit.com. Ein traumhaft gelegenes Resort mit 7 komfortablen Bungalows samt Veranda und Open-air-Dusche. Von der Restaurantterrasse bietet sich ein wunderschönes Panorama. Auf Wunsch Ausflüge, Citytouren, Trekking, Kayaking und Bootsfahrten auf dem Nam Khan. Frühstück, WLAN und Wasser sind inkl. ❻
Hillside Lifestyle Resort, 12 km südwestlich, 📞 030-5717342, 🖥 www. hillsidelaos.com. Im 3 ha großen Garten, in dem die netten Bungalows und das Familienhaus (5 Pers.) stehen, wachsen alle möglichen Obstbäume, das Bio-Gemüse wird auf einem Feld nebenan gezogen und Solarenergie sorgt für warmes Wasser. Ein Riesenplus ist der große geschwungene Pool, es gibt eine Kräutersauna und schöne Wandermöglichkeiten in der hügeligen Umgebung, etwa zum 2 km entfernten Tad Thong, zu einer Erdbeerfarm oder zum Tad Kuang Xi (S. 413). Gutes Restaurant. Kein TV, kein WLAN. ❺–❻

LAOS

Die Lokale an der **Sisavangvong Rd**. servieren mehrheitlich Travellerkost, laotische Küche gibt es in den vielen Familienbetrieben am **Mekong**.

Cafés und Frühstückslokale

Die Halbinsel

Le Banneton, Sakkarine Rd. Buttercroissants, klasse Kaffee und ein Topblick auf Vat Sop, ein Café wie gemacht, um die Zeit zu vergessen. ⏲ 6.30–19 Uhr.

Café Ban Vat Sène, Sakkarine Rd. Stilvolles Café in einem Kolonialgebäude mit gutem Frühstück und Snacks; WLAN. ⏲ 6.30–22.30 Uhr.

Saffron, Mahin Ounkham Rd. und Inthasome Rd. Milchkaffee, Müsli, Mekongblick: So beginnt ein guter Tag. WLAN. ⏲ 7–21 Uhr, So geschlossen.

Pilgrim's Café, Sisavangvong Rd., Ecke Mahin Ounheuan Rd., 🖥 www.pilgrimscafeonline.com. Frühstückssets, Sandwiches, Spitzen-Brownies, außerdem Tex-Mex-Snacks wie Tacos, Nachos und Quesadillas. ⏲ 7–15 Uhr, So geschlossen.

Ban Pakam, Ban Hoxieng und Ban Vat That

Joma Bakery, Chao Fa Ngum Rd., nahe der Post, und in der Kingkitsarath Rd., 🖥 www.joma.biz. Wer Starbucks mag, wird sich hier wie zu Hause fühlen. WLAN. ⏲ 7–21 Uhr.

€ **SomChan (Sum) Noodle**, Gasse südlich des Indigo House. Wer das ewige Eier-mit-Brot-Frühstück satt hat, sollte auf Som Chans köstliche Nudelsuppen umsteigen. ⏲ ab 7 Uhr.

Südlich des Phou Si

L'étranger, Chao Siphouphan Rd., südlich des Phou Si, Karte S. 390/391, Rubrik „Sonstiges". Gemütliches Lesecafé mit preiswerten Frühstücksspecials. ⏲ 7–22, So ab 10 Uhr.

Saburo, Phommathai Rd., gegenüber Vat Vixoun. In diesem kleinen Laden gibt's schon morgens leckere Nudelsuppen für wenige Kip, darunter die gut gewürzte *khao soi*. ⏲ 7–20.30 Uhr.

International

🧳 **Blue Lagoon Restaurant**, an neuem Platz in einer kleinen Gasse nördlich des Palastmuseums, ✆ 020-59252525, 🖥 www.blue-lagoon-restaurant.com. Leuchtender Stern, wenn's um deftige mitteleuropäische

€ **Häppchen auf die Hand**

Gegen 18 Uhr öffnet ein **Essensmarkt** in der Gasse südlich des Indigo House. Auf engstem Raum werden hier alle möglichen Snacks angeboten: frische Frühlingsrollen *(nem neuang)*, Würstchen *(sai ua)*, Grillfisch *(ping pa)*, Nudelsuppen. Besonders beliebt sind die Buffets, an denen sich der Teller schon für 10 000 Kip mit laotischen Köstlichkeiten füllen lässt. Verputzt wird das Ganze an kleinen Biertischen.

Küche geht, aber natürlich beherrscht der laotische Koch auch die Klassiker der Landesküche. Hauptgerichte 64 000–140 000 Kip. ⏲ 10–22.30 Uhr (die Küche schließt um 22 Uhr).

Coconut Garden, Sisavangvong Rd., 🖥 www.elephant-restau.com. Das stimmungsvolle Gartenlokal bietet eine gute Auswahl und ist dank zweier von der Straße abgeschirmter Terrassen trotzdem ruhig. WLAN. ⏲ 7.30–23.30 Uhr.

🧳 **Couleur Café & Restaurant**, Kingkitsarath Rd., gegenüber der saisonalen Nam-Khan-Brücke. Das hüsche Kolonialhaus aus den 30ern schafft das passende Ambiente für die Kreationen des französischen Küchenchefs. Neben den Klassikern aus Frankreich gibt es exzellente laotische Spezialitäten. Hauptgerichte 65 000–160 000 Kip. ⏲ 6–23 Uhr.

L'Eléphant, gegenüber Vat Nong, 🖥 www.elephant-restau.com. *Cuisine française* trifft *ahaan lao*. Ein Muss für Gourmets, denen der Sinn nach Rinderfilet, Büffel, Ente oder Lamm steht. Hauptgerichte 65 000–210 000 Kip. ⏲ 12–14.30, 18–22.30 Uhr.

🧳 **Pizza Phan Luang**, rechtes Nam-Khan-Ufer nahe dem Dyen Sabai. Das nette Gartenrestaurant macht einem die Wahl leicht: Es gibt nur eine Hand voll Holzofenpizzen und alle sind gut. ⏲ 17–22 Uhr, Mo geschlossen.

Tangor, Sisavangvong Rd., gegenüber dem Coconut Garden. 🖥 www.letangor.com. „Weniger ist mehr" hat man sich wohl in diesem französisch geführten Restaurant gedacht und die Karte auf eine Hand voll exquisite westlich-asiatische Fusion-Gerichte beschränkt. Hauptgerichte 55 000–130 000 Kip. ⏲ 11–23 Uhr.

The House Restaurant & Belgian Beer Bar, Chao Siphouphan Rd., 🖥 www.thehouselaos. com. Der belgische Koch bereitet aus Biogemüse vegetarische Lasagne, Currys und andere Leckereien zu. Für einen Absacker bietet sich die Lounge im Obergeschoss an. WLAN. Hauptgerichte 30 000–100 000 Kip. ⏱ 17–23.30 Uhr.

Rosella Fusion, Kingkitsarath Rd., am Nam Khan. Früher für seine Steaks gerühmt, inzwischen bei den meisten Gerichten stark: leckere Currys, klasse Bruschetta, guter griechischer Salat. Gekocht wird glutamatfrei. Nur Plätze draußen. Hauptgerichte 25 000–45 000 Kip. ⏱ 12–22 oder 23 Uhr, So geschlossen.

Indisch

Nazim, Sisavangvong Rd, 🖥 www.nazim.laopdr. com. Zentrale Anlaufstelle bei Heißhunger auf Currys & Co. Aber nicht zu viel erwarten. Hauptgerichte 20 000–50 000 Kip. ⏱ 10–22.30 Uhr.

Nisha, Setthatirath Rd., gegenüber dem Roots & Leaves. Große Auswahl, gute Portionen. Hauptgerichte 13 000–50 000 Kip. ⏱ 9–23.30 Uhr.

Laotisch und Thailändisch

€ **Atsalin Restaurant**, Phamaha Phasaman Rd. Die Bratnudeln mit Schwein, Ente oder Shrimps sind prima gegen den kleinen Hunger. Hauptgerichte ab 15 000 Kip. ⏱ 9–23 Uhr

Bamboo Tree Restaurant, Kingkitsarath Rd. Gute laotische Küche, kreativ zusammengestellt. Dazu gibt's ab 19 Uhr klassische laotische Musik. Hauptgerichte 35 000–80 000 Kip. Kochkurse. WLAN. ⏱ 9–23 Uhr.

🧳 **Big Tree Café**, Mahin Ounkham Rd. Mix aus laotisch-koreanischem Restaurant und Fotogalerie: Kim Chi, koreanisches Sushi (ohne rohen Fisch!), scharfe Nudelsuppen, Laap, Salate und Frühlingsrollen. Auch die Burger sind klasse. Hauptgerichte 25 000–85 000 Kip. ⏱ 9–21 Uhr, So geschlossen.

Boungnasouk Restaurant, am Mekong. Lässige Bar, lauschige Terrasse und solide Lao-Kost. Hauptgerichte 20 000–40 000 Kip. ⏱ 7.30–22 Uhr.

Café Toui, Straße von Vat Paphai, nahe dem Kinnaly Gh. Das schnuckelige Café-Restaurant hat nur ein halbes Dutzend Tische. Besonders gut sind die laotischen Menüs. Hauptgerichte 35 000–60 000 Kip. ⏱ 10–22 Uhr.

🧳 **Delilah's**, Chao Fa Ngum Rd., Ban Vat That. Klasse laotische und westliche Küche für wenige Kip in einem gemütlichen Ladenlokal. WLAN. Hauptgerichte 20 000–40 000 Kip. ⏱ 7–22 Uhr, So geschlossen.

Dyen Sabai, jenseits des Nam Khan, Ban Phan Luang, 📞 020-55104817. Per Ruderbootshuttle oder über die saisonale Brücke gelangt man zu diesem entspannten Gartenlokal inmitten eines Bambushains. Der perfekte Ort, um zum Bier die laotischen Gerichte zu probieren. Tipp: das leckere *sindat* (ab 80 000 Kip. WLAN. Hauptgerichte 40 000–60 000 Kip. ⏱ 8–23 Uhr.

Joy's Restaurant, 5. Querstraße südlich der Post, Ban Vat That. Neue Lage, bewährte Qualität – prima, um einen Einblick in die laotische Küche zu bekommen. Nur wenige Plätze draußen. Hauptgerichte 20 000–45 000 Kip. ⏱ 14–23 Uhr.

€ **Mi Pet Si Njaek**, Phamaha Phasaman Rd. Seit 20 Jahren schon betreibt die Familie die famose Suppenstube, die für ihre Kraftbrühe mit Nudeln und Ente bekannt ist. Die Schüssel ist für 15 000 Kip zu haben. ⏱ 10–24 Uhr.

€ **Pen Crêpe** (ohne Schild), Phommathai Rd., zwischen Schule und Vat Aham. In der supergünstigen Schnellküche gibt's Suppen, Bratreis, Sandwiches, Nudeln und Crêpes. Hauptgerichte 7000–25 000 Kip. ⏱ 8–20 Uhr.

Roots & Leaves, Setthathirat Rd., 📞 071-254870, 🖥 www.rootsinlaos.com. Gartenrestaurant am

LAOS

Lotusteich mit laotischen und thailändischen Gerichten. Der Höhepunkt: eine zweistündige Dinnershow mit Tänzen und Musik zum Menü ab 19 Uhr (200 000 Kip p. P.). ⏲ 11–22 Uhr.

Sithi Restaurant, Manomai Rd. Ein Asia-Restaurant, wie es sein muss: frische Zutaten, offene Küche und das ungezwungene Ambiente einer Doppelgarage. Lecker und authentisch. Hauptgerichte 15 000–30 000 Kip. ⏲ Mo–Sa 9.30–22 Uhr.

Tamarind, Kingkitsarath Rd., neben dem Apsara, ✆ 071-213128, 020-77770484, 🖥 www.tamarindlaos.com. In diesem guten, aber auch sehr gehypten Restaurant am Nam Khan wird die laotische Küche mit allen Sinnen erfahrbar. Außer leckeren Probierplatten, Suppen und laotischen Klassikern bietet das Tamarind auch Kochkurse. Besser reservieren. Hauptgerichte 35 000–50 000 Kip. ⏲ 11–21 Uhr, So geschlossen.

Tamnak Lao Restaurant, Sakkarine Rd., 🖥 www.tamnaklao.net. Spezialitäten aus Luang Prabang wie Schweinefleischwurst und Casserole in einer Villa mit Blick auf Villa Santi. Kochkurse. Hauptgerichte 35 000–70 000 Kip. ⏲ 8–23 Uhr.

UNTERHALTUNG UND KULTUR

Eine kleine **Barmeile** hat sich südlich des Phou Si in der Chao Siphouphan Rd. entwickelt. Wer nach 23 Uhr noch etwas trinken möchte, kann auch ein Tuk Tuk zur **Bowlingbahn** ein paar Kilometer außerhalb nehmen (den Fahrer fragen). Dort ist bis weit nach Mitternacht was los.

Bars

Die Halbinsel

Icon Klub, Seitenstraße zwischen Sisavangvong Rd. und Nam Khan, 🖥 www.iconklub.com. Gesellige Bar mit origineller Deko und guten Cocktails; Musik von Alternative bis Lounge. WLAN. ⏲ 17–23.30 Uhr, wechselnder Ruhetag.

Chez Matt, schräg gegenüber. Erste Adresse für alle, die bei einem ausgesuchten Glas Rotwein in Ruhe den Tag ausklingen lassen wollen. ⏲ 17–23.30 Uhr.

Südlich des Phou Si

Utopia, am Nam Khan, an Phommathai Rd. ausgeschildert, 🖥 www.utopialuangprabang.com. Im üppigen Tropengarten mit Pavillon und Holz-

Wohin zum Sonnenuntergang?

- **Phou Si**: super Blick, aber oft auch supervoll. S. 395
- **Mekongboot**: mit Dinner, Tempeltour oder einfach nur mit Bootsmann. S. 408
- **Uferrestaurant**: An der Mekongpromenade sitzt man überall in der ersten Reihe. Auch der Blick vom Utopia auf den Nam Khan ist toll.
- **Nam-Khan-Mündung**: freie Sicht in die Sonne am Zusammenfluss von Nam Khan und Mekong, s. Karte S. 395
- **Westufer des Mekong**: mal eine andere Perspektive. Gute Spots sind der erhöhte Vat Chom Phet und die Sandbank vor Tham Khoua Sakkarine. S. 399

veranden trifft sich die Backpackergemeinde tagsüber zum Lesen, Quatschen und Spielen. Abends werden bei Shooter und Partysounds Videoclips geguckt. Wer will, kann kickern, seine Blocktechnik beim Beachvolleyball verbessern oder sich mit Travellerfood den Bauch vollschlagen. ⏲ 8–23.30 Uhr.

Redbul Bar, Chao Siphouphan Rd. Billard, Kicker und starke laotische Cocktails sind die Zutaten der ausgelassenen Partys in dieser neuen Bar. Die Musik schlägt die Brücke von Techno zu Pop. ⏲ 17–23.30 Uhr.

Hive Bar, Chao Siphouphan Rd., 🖥 www.hivebarlaos.com. Zu House, Hip Hop oder Rock gibt's jede Menge Drinks. Eine gute Grundlage bilden die Holzofenpizzen und die Spezialitäten aus der eigenen Räucherei (Tipp: Bacon-Satay). Di–Sa findet im Garten um 19 Uhr eine „Ethnic Fashion Show" statt. Im Anschluss gibt's noch eine Hip-Hop-Show. ⏲ 10–24 Uhr.

Im Süden der Stadt

Yensabai Bar, Phou Vao Rd. Die Institution für das letzte Bier der Nacht – und eine Kraftbrühe in einem der umliegenden Suppenschuppen. ⏲ 19–1 Uhr.

Klassische Tänze und Musik

Royal Ballet Theatre. In der 1972 erbauten Conference Hall auf dem Gelände des Palastmuseums werden Mo, Mi, Fr und Sa um 18 Uhr Musik, Tanz- und Theatervorstellungen wie zu Königs Zeiten gegeben. An jedem Tag steht eine andere Episode aus dem *Phra Lak Phra Lam* auf dem Programm. Eine Basi-Zeremonie rundet die laotische Kulturshow ab. Eintritt je nach Sitzplatz 100 000–150 000 Kip, genaue Programmhinweise hängen aus.

Einige **Restaurants** bieten zum Abendessen laotische Musik und traditionellen Tanz, darunter das Roots & Leaves und das Bamboo Tree. Beim Restaurantschiff Nava Mekong passiert das Ganze auf dem Wasser (S. 408).

LAOS

FESTE UND FEIERTAGE

Buddhistische Feste richten sich nach dem Mondkalender und finden in der Regel zum Vollmond statt. Die Daten ändern sich daher von Jahr zu Jahr. Bei mehrtägigen Festen kann es leicht zu zusätzlichen Abweichungen kommen.

Januar/Februar
Boun Khoun Khao: Erntefest. Wird in den Vats und auf den Feldern gefeiert.

März
Boun Phra Vetsantara: Fest zu Ehren Vessantaras, Buddhas vorletzter Inkarnation. Im Rahmen des 3-tägigen Fests wird im Vat Aham (S. 397) die Vessantara Jataka gelesen.

April
Boun Pi Mai: Laotisches Neujahr. Der erste Tag des neuen Jahres ist der 16. April. Das Fest der Erneuerung und des Regens wird 6 Tage lang mit viel Wasserschütten auf den Straßen gefeiert. Vor Vat Mai wird die Statue des Phra Bang ab dem Neujahrstag für 3 Tage zum rituellen Übergießen aufgestellt. Die Neujahrsprinzessin, wird aufwendig geschmückt und in einer Prozession durch die Stadt getragen. Außerdem finden vor Vat Vixoun und Vat Mai Aufführungen des *Phra Lak Phra Lam* und die rituellen Tänze des Großelternpaars Pu No und Na No statt.

Mai
Boun Visakha Bousa: Das hohe Fest zum Geburts-, Todes- und Erleuchtungstag Buddhas.

Boun Bang Fai: Mit spektakulären Bambusraketen werden Erntedank und die mit dem Regen einhergehende Erneuerung gefeiert.

Juli
Boun Khao Phansa: Beginn der 3-monatigen Fastenzeit zum Anfang der Regenzeit, viele Mönchsordinationen.

August/September
Boun Khao Salak: mit besonderen Opfergaben wird in den Tempeln der Verstorbenen gedacht.
Boun Souang Heua/Boun Nam: Bootsrennen/Wasserfest, das in Luang Prabang besonders aufwendig am Mekong und Nam Khan gefeiert wird. In langen Booten paddeln 30- bis 50-köpfige Teams um die Wette.

September/Oktober
Boun Ok Phansa: Am Morgen des Fests zum Ende der Fastenzeit ist die gesamte Mönchsgemeinde beim *dag bat* unterwegs. Abends findet eine Prozession mit verzierten Bambusbooten zu Vat Xieng Thong statt. Hier werden die Boote gesegnet und zusammen mit unzähligen Bananenblattschalen mit Kerzen auf den Mekong gesetzt.

EINKAUFEN

Wer stöbern möchte, ist auf dem **Nachtmarkt** (S. 398) gut aufgehoben. Allerdings mischen sich unter die vielen schönen Dinge immer mehr Fakes aus Thailand, Vietnam und China. Das hat auch die Handicraft Association festgestellt und das Label „**Handmade in Luang Prabang**" entwickelt. Es kennzeichnet nun Produkte, die mindestens zu 60 % in Luang Prabang hergestellt wurden. Mehr unter 🖳 www.luangprabanghandicraft.org. Im Dorf **Ban Xieng Lek**, nördlich von Luang Prabang, verkaufen Frauen die für Laos sehr typischen Seidentextilien.

Antiquitäten, Textilien und Kunsthandwerk
Asiama, Ban Vat Nong, gegenüber Monument Books, 🖳 www.asiama.fr. Der französische Besitzer verbindet in dieser Galerie seine Leidenschaften Fotografie und Antiquitäten (Statuen, Masken, Silber). ⊙ 10–13, 15–20 Uhr.

Caruso Lao, Sakkarine Rd., südliches Ende, 🖥 www.carusolao.com. Die Holzobjekte der Designerin Sandra Yuck gehören zum dekorativsten Kunsthandwerk, das in Luang Prabang erhältlich ist. 🕐 8–22 Uhr.

Kopnoi, Phommathai Rd., südlich des Phou Si, 🖥 www.kopnoi.com. Mode im Asiastil, vor allem aus Baumwolle (naturgefärbt), und eine Reihe schöner Mitbringsel. 🕐 8–21, So ab 10 Uhr.

🌳 **Ma Té Sai**, Phommathai Rd., neben Kopnoi, 🖥 www.matesai.com. Der Name bedeutet „Wo kommt's her?" Die Antwort: aus Laos natürlich! Der Shop ist randvoll mit Produkten aus dem ganzen Land, auf traditionelle Weise in Dörfern oder im Rahmen von NGO-Projekten hergestellt und zu fairen Preisen gehandelt. 🕐 9–21 Uhr.

🌳 **Mulberries**, Mekongufer, 🖥 www.mulberries.org. Einer der wenigen Fair-Trade-Läden des Landes. Hier gibt's Seidentextilien, Tee und kleine Mitbringsel. 🕐 10–18 Uhr.

🌳 **Ock Pop Tok**, Flagship Store neben dem L'Eléphant, Boutique in der Sakkarine Rd., 🖥 www.ockpoptok.com. „Ock Pop Tok" heißt übersetzt „Ost begegnet West" und steht für ein Projekt, das 2000 von einer Laotin und einer Engländerin gegründet wurde. Die edlen Kleidungsstücke und Accessoires werden entweder im Living Crafts Centre in Ban Saylom oder im Rahmen des Village Weaver Projects hergestellt (Infos auf der Website). Mehrmals tgl. bringt ein Shuttle Interessierte vom Flagship Store neben dem L'Eléphant zum Webzentrum in Ban Saylom. 🕐 8–20 Uhr.

Orange Tree, Mahin Ounkham Rd., nahe Vat Nong Pier. Eine Fundgrube für Designklassiker aus Europa und Asien. 🕐 Mo–Sa 10–18 Uhr.

Passa Paa, Sakkarine Rd., neben der Ock Pop Tok Boutique, 🖥 www.passa-paa.com. Traditionelle Muster, modern interpretiert, auf Schals, Kissen, Taschen, Notizbüchern. 🕐 8–20 Uhr.

Phai Pradith Shop, Phommathai Rd., nahe Vat Aham. Bambus ist das Thema dieses kleinen Ladens, das daraus alle möglichen Souvenirs herstellt. 🕐 8–19.30 Uhr.

🌳 **TAEC Boutique**, Sakkarine Rd., 🖥 www.taeclaos.org. Shop des Traditional Arts and Ethnology Centres (S. 398) mit fair gehandeltem Kunsthandwerk. 🕐 9–21 Uhr.

Bücher und Landkarten

L'étranger, Chao Siphouphan Rd. Schnelle Leser haben hier die Möglichkeit, Bücher tage- und stundenweise auszuleihen. Im 1. Stock gibt es einen Teesalon und die Ausstellung Stay another Day, außerdem Snacks und Frühstück (S. 403). 🕐 tgl. 7–22, So ab 10 Uhr.

Monument Books, Ban Vat Nong, neben Ock Pop Tok, 🖥 www.monument-books.com. Neue Bücher zu Südostasien, Reiseführer, Romane und Karten. 🕐 Mo–Sa 9–21, So bis 19 Uhr.

Yensabai Book & Art, Chao Siphouphan Rd., Der Laden hat eine kleine Auswahl englischer Bücher zum Verleih und ein paar aktuelle Titel zum Kauf; auch Büchertausch. 🕐 8–22 Uhr.

Lao-Kids Book Exchange, in der Gasse beim Tamnak Lao Restaurant, tauscht und verkauft Bücher für einen guten Zweck. 🕐 11–18 Uhr.

Silber

Naga Creations, Sisavangvong Rd., ✉ fabrice.munio@free.fr. Fantasievolle Schmuckstücke, vereinzelt auch altes Silber der Hmong und Akha. 🕐 9–22 Uhr.

Tribal Design, im Talat Dara, Stand G16. Nachgebildeter Schmuck der Hmong, Yao und Akha aus 925er und Feinsilber. 🕐 Mo–Sa 9–16 Uhr.

TOUREN

Trekking, Kayaking, Mountainbiking

🌳 Immer mehr Touranbieter spezialisieren sich auf Aktiv- und Naturtourismus. Die gelisteten Unternehmen gehören zu den erfahrensten. Sie sind nicht billig, denn natur- und sozialverträgliche Touren haben ihren Preis.

Green Discovery, Sisavangvong Rd., ☎ 071-212093, 🖥 www.greendiscoverylaos.com. Eine Fülle von Touren und Aktivitäten wie Trekking, Rafting, Kayaking, Mountainbiking und Elefantentouren. Es gibt auch Kletterkurse für Anfänger. 🕐 7.30–21.30 Uhr.

Tiger Trail, Sisavangvong Rd., ☎ 071-212311, 🖥 www.laos-adventures.com. Der deutschlaotische Veranstalter bietet Trekking-, Kajak-, Mountainbike-, Motorradtouren und Elefantenritte an. Günstige tägliche Join-in-Touren, hochwertige Ausrüstung. Tiger Trail vermittelt zudem mehrtägige Besuche in Akha-Dörfern. Sehr zu empfehlen! 🕐 8–21 Uhr.

Lao Youth Travel, Vixounarat Rd., ℡ 071-253340, 🖥 www.laoyouthtravel.com. Interessante Trekking- und Kajaktrips in den Norden, etwa von der Filiale im traumhaft am Nam Ou gelegenen Muang Ngoi aus. ⏰ 8.30–16.30 Uhr.

Elefantenreiten

Ein halbes Dutzend Camps in der Umgebung von Luang Prabang bieten Touristen Begegnungen mit Elefanten an. Für die domestizierten Tiere, die ansonsten Schwerstarbeit in der Holzindustrie leisten müssen, kann der Tourismus eine gute Alternative sein – wenn er verantwortungsvoll betrieben wird. Woran das zu erkennen ist, erläutert die Organisation Elefant Asia in ihrem Leitfaden *Read before you ride:* 🖥 www.elefantasia.org (erst auf „What we do", dann auf „Public awareness" klicken). Das am schönsten gelegene Camp in Luang Prabang ist das **Elephant Village (Ban Xang)**, 15 km östlich am Nam Khan, mit einer ganzen Reihe von Elefantentouren. Nach dem jüngsten Besitzerwechsel muss sich allerdings erst noch zeigen, ob der hohe Anspruch beibehalten wird. Tourinfos und Buchung im Stadtbüro an der Sisavangvong Rd., ℡ 071-252417, 🖥 www.elephantvillage-laos.com. ⏰ 7.30–21.30 Uhr. Wer keine Kompromisse in Sachen Tierschutz eingehen möchte, muss sich ins 3 Std. entfernte Xayaboury aufmachen: Dort liegt das **Elephant Conservation Center** (S. 449), das sich wirklich um die Belange der Dickhäuter kümmert. Unbedingt vorher über die Website 🖥 www.elephantconservationcenter.com buchen.

Touren mit Minibus und Tuk Tuk

Touren zu den Ausflugszielen in der Umgebung werden inzwischen von fast allen Reisebüros und Gästehäusern angeboten. Fahrten zum **Tad Kuang Xi** kosten um 60 000 Kip p. P., zu den **Pak-Ou-Höhlen** um 90 000 Kip p. P. Allerdings lohnt der Preisvergleich.

Bootstouren
Ausflüge

Die mit Abstand beliebteste Bootstour ist die 1 1/2-stündige Mekongfahrt zu den **Pak-Ou-Höhlen** (S. 412). Boote vom Vat Nong Pier fahren bis zum frühen Nachmittag und kosten 65 000 Kip p. P. Auch fast jedes Reisebüro hat eine Tour im Programm, manche sogar günstiger. **Sunset-Touren** sind nicht nur etwas für Verliebte. Eine Stunde auf dem Wasser kostet um 150 000 Kip bei 2 Pers.

Die *Nava Mekong* unternimmt tgl. 3–4-stündige **Lunch- und Dinnerfahrten** vom Vat Nong Pier, mittags mit Stopp bei den Pak-Ou-Höhlen (US$25), abends mit Folkloreshow (US$30). Infos und Buchung in den Reisebüros.

Beliebte Ausflugsziele entlang dem Mekong steuert das **Banana Boat** an. Die Trips starten vom Anleger am Vat Xieng Thong. Programm und Buchung: ℡ 071-260654, 🖥 www.bananaboatlaos.com, und bei Ma Té Sai (S. 407).

Kreuzfahrten auf dem Mekong

Drei private Bootslinien bieten Kreuzfahrtfeeling auf der Strecke Luang Prabang – Houay Xai an. **Shompoo Cruise**, 18/2 Mahin Ounkham Rd., ℡ 071-213189, 🖥 www.shompoocruise.com. Besser als die überfüllten öffentlichen Boote und dabei günstiger als die Luxuskreuzfahrten. **Luang Say Mekong Cruises**, 50/2 Sakkarine Rd., ℡ 071-252553, 🖥 www.luangsay.com. **Mekong River Cruises**, 22/2 Sakkarine Rd., ℡ 071-254768, 🖥 www.cruisemekong.com.

SONSTIGES
Apotheken

Einen guten Ruf hat die **Bouaphan Pharmacie**, Sakkarine Rd. Neu und sauber ist die **Poppy Pharmacy** in der Sisavangvong Rd. ⏰ 8–22 Uhr.

Autovermietungen

Avis, 🖥 www.avis.la, hat eine Filiale am Rand des Zentrums auf dem Gelände der örtlichen RMA Group/Lao Ford City. Ein Umzug ist aber angedacht. ⏰ Mo–Fr 8–12, 13–17, Sa 9–12 Uhr.

Diplomatische Vertretungen

China, das neue Generalkonsulat liegt in einer kleinen Straße südlich der Phou Vao Rd. **Vietnam**, Chanboupha Rd., ℡ 071-254748, 🖥 www.vietnamconsulate-luangprabang.org. Die Kosten des 30-Tage-Visums (1 Foto) richten sich nach Bearbeitungsdauer: gleicher Tag US$70, am nächsten Tag US$65, 3 Arbeitstage US$60. ⏰ Mo–Fr 8–11.30, 13.30–17 Uhr.

LAOS

Bücher sind ein seltenes Gut in Laos. Viele Kinder haben außerhalb der Schule noch nie eines gelesen, geschweige denn besessen. Um das zu ändern, startete ein amerikanischer Verleger Anfang 2006 das Projekt **Big Brother Mouse**: ein Buchlabel, unter dem Kinderbücher erscheinen, die Lust aufs Lesen(lernen) machen sollen. Inzwischen gibt es rund 250 Titel. Da es teuer ist, die Bücher herzustellen und in die Dörfer zu bringen, ist das Projekt für jede Unterstützung dankbar. Reisende können im Laden (☉ 8–19 Uhr) in der Seitenstraße nördlich Vat Nongs Bücher für 10 000–40 000 Kip und Buchpakete ab 100 000 Kip kaufen und unterwegs in den Dörfern verteilen. Oder sie sponsern für US$450 eine „Buchparty", bei der Mitarbeiter von Big Brother Mouse eine Dorfschule besuchen und jedem Kind ein Buch schenken. Man kann auch den Nachdruck oder die Neuproduktion eines Titels finanzieren (US$1000–3500) oder tgl. von 9–11 Uhr und 17–19 Uhr Jugendlichen Englischunterricht erteilen. Mehr Infos unter 🖳 www.bigbrothermouse.com. Filiale in Vientiane s. S. 365.

Ein weiteres Projekt, das Kinder mit Lesestoff versorgt, betreibt Community Learning International in Zusammenarbeit mit der **Luang Prabang Library**: Dort kann man für 20 000 Kip ein Buch oder für US$250 einen ganzen Büchersack spenden, den man dann im Boot oder Tuk Tuk in wirklich entlegene Winkel begleitet. Mehr Infos in der Luang Prabang Library, Sisavangvong Rd., schräg gegenüber Vat Mai, und unter 🖳 www.communitylearninginternational.org.

Bücher, Rechner, Foto- und Videokurse – das Lernzentrum **@ My Library** in Ban Aphai gibt laotischen Kindern und Jugendlichen die Möglichkeit, ihre Interessen zu entdecken und vor allem selbstständig lernen zu lernen. Wege, das Projekt zu unterstützen, findet man auf 🖳 www.thelanguageproject.org. Touristen sind jederzeit willkommen – auch zum Nachfüllen ihrer Wasserflaschen (0,5 l für 2000 Kip, 1,5 l für 4000 Kip). ☉ Mo–Do 8.30–12, 13–21, Fr und Sa nur bis 16 Uhr.

Fahrrad- und Motorradverleih

Viele Reisebüros und immer mehr Unterkünfte vermieten Fahrräder und Roller. Als Sicherheit wird der Pass einbehalten. Wichtig: das Zweirad auf Mängel und Schäden prüfen. Die gängigen **Tagespreise** sind: Fahrrad um 20 000 Kip, Mountainbike um 40 000 Kip, Motorroller ab 100 000/150 000 Kip (Halbautomatik/Automatik), Enduros ab 350 000 Kip.

Die Motorräder gehören im Prinzip nur drei Firmen und werden von den Reisebüros und Gasthäusern lediglich mit Aufschlag vermittelt. Eine davon ist **KPTD**, Setthathirat Rd., gegenüber dem Dara-Markt, ✆ 071-212077, mit großer Auswahl und gut gewartetem Gerät. Zum Schutz vor Dieben gibt's ein vernünftiges Schloss (s. auch „Sicherheit"). ☉ Mo–Sa 8–17, So 8–12 Uhr.

Geld

Geldautomaten (ATM) im Zentrum, am Flughafen und an der internationalen Busstation versorgen Reisende rund um die Uhr mit Kip. In der Sisavangvong Rd. gibt es auch ein Reihe **Wechselschalter** (☉ tgl. bis 21 oder 22 Uhr).

Schlechte Erfahrungen haben Reisende mit Sivilai Exchange gemacht.
BCEL, Phou Vao Rd., ✆ 071-252814, 🖳 www.bcellaos.com. ☉ Mo–Fr 8.30–15.30 Uhr.
Banque Franco-Lao, Sisavangvong Rd., ✆ 071-260172, 🖳 www.banquefrancolao.com. ☉ tgl. 8.30–20.30 Uhr.
Lao Development Bank, Vixounarat Rd., ✆ 071-212185, 🖳 www.ldb.org.la. ☉ Mo–Fr 8.30–15.30 Uhr.

Informationen

Im übersichtlichen **Tourism Information Center**, Sisavangvong Rd., gegenüber dem Hmong-Markt, sind ein paar Broschüren und ein Stadtplan erhältlich. ☉ Mo–Fr 8–11.30, 13.30–16, Sa, So 9–11.30, 13–15.30 Uhr.

Internet

Wer mit Smartphone, Tablet oder Laptop reist, kann sich mittlerweile in fast jedem Hotel, Guesthouse oder Café in ein Funknetz (**WLAN**) einloggen. Einige **Reisebüros** entlang der Sisavangvong Rd. haben noch feste Rechner

LAOS

mit Headphones und Webcam, vereinzelt gibt es auch noch **Internetcafés**. Kosten: ab 6000 Kip/Std., ⏰ bis 22 oder 23 Uhr.

Kochen

Kochkurse werden in der Hauptsaison täglich angeboten. Lehrer und Teilnehmer kaufen die Zutaten morgens auf dem Markt ein, bereiten sie anschließend zu und beenden den Tag mit einem gemeinsamen Schmaus. Gute Anbieter sind die Restaurants **Bamboo Tree**, **Tamarind**, **Tamnak Lao** und das **Vanvisa Gh.**

Medizinische Hilfe

Das **Provinzkrankenhaus,** südwestlich der Stadt, 📞 071-252049, kooperiert seit 2012 mit dem Bangkok Hospital, so dass zumindest immer Englisch sprechendes Personal vor Ort ist. Dennoch bietet es nur Grundversorgung, in ernsten Fällen nach Thailand ausreisen.

Sicherheit

Auf Märkten und in belebten Ecken heißt es Augen auf – auch das sonst so sichere Luang Prabang wird nicht von **Taschendieben** verschont. Das **(Leih)fahrrad** sollte immer angeschlossen werden. Es kommt regelmäßig zu Diebstählen. Einige Motorradverleiher zocken ihre Kunden mit einer besonders fiesen Masche ab: Sie klauen einfach den vermieteten **Roller** mit einem Zweitschlüssel. Den Kunden, die ihren Pass hinterlegt haben, bleibt nichts anderes übrig, als Schadenersatz zu zahlen – meist einen hohen Prozentsatz des Neupreises. Deshalb: Motorräder immer in geschützten Bereichen oder auf einem bewachten Parkplatz abstellen oder mit einem eigenen Schloss anschließen. Mehr Ärgernis als Risiko sind die **Rauchschwaden**, die im März/April den Himmel überziehen, wenn die Bauern ihre Felder abbrennen. Bei sehr starker Belastung in Luang Prabang kann man in höher gelegene Regionen am Nam Ou ausweichen, bis vielleicht der ersehnte erste Regen einsetzt.

Telefon

Internationale Telefonate sind am günstigsten in den **Internetcafés und Reisebüros** für 4000–5000 Kip/Min. oder über Skype.

Visumsverlängerung

Das **Immigration Office**, Vixounarat Rd., verlängert das Visum (1 Foto) für US$2 pro Tag plus einmalig US$3 Service Charge, Abholung in der Regel am nächsten Tag. Das Visum kann max. zweimal um 30 Tage verlängert werden. ⏰ Mo–Fr 8–11.15, 13.45–16 Uhr.

Sauna und Massage

🌳 **Croix Rouge Lao**, Vixounarat Rd, gegenüber Vat Vixoun. Alteingesessenes Haus für Massagen (⏰ tgl. 9–21 Uhr) und Herbal Sauna (⏰ tgl. 16–20 Uhr). Ein Teil der Einnahmen wird für humanitäre Zwecke verwendet.
L'Hibiscus, Sakkarine Rd., neben Le Banneton. Das volle Programm an Anwendungen in einem schönen Kolonialhaus gegenüber Vat Siri Moungkhoun. ⏰ 10–22 Uhr.
Lotus du Laos, Sisavangvong Rd. Klassische laotische Massagen, Aromatherapie, Fußreflexzonenmassage und mehr. ⏰ 10–22 Uhr.
Peninsula, Mahin Ounkam Rd., an der Spitze der Halbinsel hinter Vat Xieng Thong. Oben Sauna (ab 16 Uhr), im Erdgeschoss Massage (⏰ 10–20.30 Uhr), ohne Schnickschnack, einfach gut; auch Akupunktur (120 000 Kip) und medizinische Anwendungen. Termin 📞 071-253411.

Schwimmen

La Pistoche, Ban Phong Pheng, von der Phou Vao Rd. ab. Heißgelaufen? Dann ist diese Bar mit 2 Badebecken der richtige Ort zum Runterkühlen. Dazu gibt's Bier, Cocktails und Bar Food. Und wer sein Tablet mitbringt, kann für lau im Netz surfen. Eintritt 20 000 Kip, ⏰ ab 10 Uhr.

Das Zentrum Luang Prabangs lässt sich gut zu Fuß besichtigen. Die beiden Bambusbrücken über den Nam Khan gibt es nur in der Trockenzeit (bis 18 Uhr 5000 Kip).

Tuk Tuks

Tuk Tuks durchkämmen die Straßen von morgens bis abends. Viele warten auch an den Busstationen, in der Sisavangvong Rd. oder am Mekong auf Kunden. Die meisten Fahrer haben sich auf feste Preise für Touristen geeinigt:

Innerhalb des Zentrums	20 000 Kip p. P.
Zu den Busstationen	20 000–30 000 Kip
Flughafen	50 000 Kip p. P.
Hauptanleger	50 000–70 000 Kip
Pak Ou **(inkl. Ban Xang Hai)**	250 000 Kip/Tuk Tuk
Tad Kuang Xi	200 000 Kip/Tuk Tuk
Tad Se	150 000 Kip/Tuk Tuk
Tad Thong	100 000 Kip/Tuk Tuk

Boote

Fähren zum **westlichen Mekongufer** verkehren von der Anlegestelle Tha Heua Kham, hinter dem Palastmuseum, und pendeln den ganzen Tag lang für 5000 Kip p. P.

TRANSPORT

Busse und Songtheos

Es gibt **drei Busstationen** in Luang Prabang: Die größte, auch Naluang Bus Station genannt, liegt im Süden, 3 km außerhalb an der Naviengkham Rd., ☏ 071-252066. Hier fahren die Busse in den Süden ab. Schräg gegenüber besteht von der Naluang Tourist and International Busstation, ☏ 071-212979, Anschluss nach China, Thailand und Vietnam. Außerdem starten hier die Minibusse der Naluang Company Travel. Verbindungen in den Norden bestehen von der Busstation 5 km nördlich an der Straße 13, ☏ 071-252729.

Südliche Busstation (Ziele im Süden)
Tuk Tuk vom/ins Zentrum 20 000 Kip p. P.
VIENTIANE (383 km, 8–10 Std.) um 6.30, 7.30, 8 (VIP), 8.30, 9 (VIP), 11, 14, 16.30, 18.30, 19.30 (VIP) und 20 Uhr (Schlafbus); regulär (alle AC) 110 000 Kip, VIP 130 000 Kip, Schlafbus 150 000 Kip.
VANG VIENG (227 km, 5–6 Std.) um 9.30 Uhr für 105 000 Kip und 12.30 Uhr (VIP) für 130 000 Kip, außerdem halten alle Busse Richtung Vientiane in Vang Vieng und in PHOU KHOUN (121 km, 3 1/2 Std.)
PHONSAVAN (Ebene der Tonkrüge, 232 km, 6–9 Std.) um 8.30 Uhr für 95 000 Kip.
XAYABOURY (112 km, 3–4 Std.) Busse um 9 und 14 Uhr für 60 000 Kip. Der Morgenbus füllt sich sehr schnell und fährt auch schon mal früher ab.

Nördliche Busstation (Ziele in Nordlaos)
Tuk Tuk vom/ins Zentrum um 30 000 Kip p. P.
NONG KIAO (140 km, 3–4 Std.) Bus oder Songtheo um 9, 11 und 13 Uhr für 40 000 Kip
OUDOMXAI (193 km, 5 Std.) um 9, 12 und 16 Uhr für 60 000 Kip.
LUANG NAMTHA (307 km, 8 Std.) um 9 Uhr für 100 000 Kip.
HOUAY XAI (501 km, 12–15 Std.) um 17.30 Uhr für 120 000 Kip und um 19 Uhr (VIP) für 145 000 Kip.
PHONGSALY (410 km, 14–16 Std.) um 16.30 Uhr für 120 000 Kip.
XAM NEUA (452 km, 12–14 Std.) um 8.30 Uhr für 140 000 Kip und ein Nachtbus um 16 Uhr für 150 000 Kip, beide über VIENG THONG (7–9 Std., 120 000 Kip).

Naluang Tourist and International Busstation (Internationale Ziele, Minibusse)
Tuk Tuk vom/ins Zentrum 20 000 Kip p. P.
CHIANG MAI (Thailand, 18 Std.) tgl. um 17 Uhr für 310 000 Kip über CHIANG KONG (14 Std., 190 000 Kip) und CHIANG RAI (16 Std., 247 000 Kip).
LOEI (Thailand, 9 Std.) um 7 Uhr für 180 000 Kip über Xayaboury und Paklai.
DIEN BIEN PHU (Vietnam, 15 Std.) um 7 Uhr für 190 000 Kip über Oudomxai und Muang Khoua.
HA NOI (Vietnam, 24 Std.) tgl. um 18 Uhr für 350 000 Kip über Phonsavan.
VINH (Vietnam, 18 Std.) tgl. außer Di um 18.30 Uhr über Phonsavan, Fr regulärer Bus für 200 000 Kip, ansonsten Schlafbus für 250 000 Kip.
KUNMING (China, 24 Std.) Schlafbus tgl. um 7 Uhr für 470 000 Kip.
Außerdem starten tgl. **Minivans** nach LUANG NAMTHA (8.30 Uhr, 110 000 Kip), NONG KIAO (9.30 Uhr, 55 000 Kip), PHONSAVAN (9 Uhr, 105 000 Kip) und VANG VIENG (8, 10, 13, 14 und 15 Uhr, 105 000 Kip). Wer im Gästehaus bucht, zahlt mehr, wird aber zur Busstation gebracht.

Boote

Auf dem Mekong

Der **Anleger** für die großen öffentlichen Passagierboote (Slow Boats) von/nach Pakbeng und Houay Xai wurde kürzlich 7,5 km nach Norden vor die Tore der Stadt verlegt. Hier befindet sich nun auch das **Navigation Office**, das die

Tickets verkauft, ☎ 071-212237, ⏱ 7.30–17 Uhr. Den Transfer ins Zentrum übernehmen Tuk Tuks für fixe 20 000 Kip p. P., in Gegenrichtung ist der Preis Verhandlungssache.

Viele Reisebüros bieten Bootstickets schon im Voraus an – mit ordentlichem Aufschlag. Wer am Abfahrtstag früh am Anleger ist, findet aber auch zur Hauptreisezeit noch einen Platz. Die Mekongfahrt flussaufwärts ist längst nicht so überfüllt wie flussabwärts. Weitere Infos auf S. 416, private Anbieter S. 408.

PAKBENG tgl. um 8.30 Uhr in 8–9 Std. für 110 000 Kip, von dort am nächsten Morgen weiter nach HOUAY XAI (8–9 Std., 110 000 Kip, Tickets in Pakbeng). Wer nach Hongsa (S. 447) möchte, fährt mit dem Boot bis THA SOUANG (tgl. 8.30 Uhr, 6 Std., 100 000 Kip) und nimmt dort noch am selben Tag das Songtheo.

Auf dem Nam Ou

Über Jahre hinweg war die Bootsfahrt von Luang Prabang nach Nong Kiao ein beliebter Baustein auf der Reise in den Norden. Nun setzt ein Damm am Unterlauf des Nam Ou der Verbindung ein Ende. Nach Gründungsarbeiten sollen letzte durchgehende Fahrten noch einmal bis Herbst 2015 möglich sein. Dann wird der Damm geschlossen. Danach bleibt nur noch eine (teure) Kombination aus Bus und Barke, die einige Reisebüros anbieten. Mehr Infos zu Bootsfahrten auf dem Nam Ou s. S. 432.

Flüge

Luang Prabangs **Flughafen**, ☎ 071-212173, liegt 4 km nordöstlich der Stadt (Taxi ins Zentrum 50 000 Kip p. P., zu Zielen außerhalb 80 000 Kip). Flüge nach Thailand, aber auch innerhalb von Laos, können in der Hochsaison lange im Voraus ausgebucht sein. In der Regenzeit nimmt die Frequenz der Flüge stark ab. Unbedingt bei der Airline die aktuelle Flugzeit checken, denn es kommt immer wieder zu kurzfristigen Flugplanänderungen. Visa on Arrival sind erhältlich.

Inlandflüge von/nach:

VIENTIANE (4–5x tgl., 40 Min.) mit Lao Airlines, Lao Central Airlines und Lao Skyway, PAKXE (in der Hauptsaison tgl., 1 3/4 Std.) mit Lao Airlines.

Internationale Flüge von/nach:

BANGKOK, Suvarnabhumi Airport (3–4x tgl., 1 3/4 Std.) mit Lao Airlines, Bangkok Airways und THAI Smile;
CHIANG MAI (tgl., 1 Std.) mit Lao Airlines;
HA NOI (2x tgl.,1 Std.) mit Lao Airlines und Vietnam Airlines;
JINGHONG (2x wöchentl., 2 Std.) mit Lao Airlines;
SIEM REAP (tgl., 1 3/4 Std.) mit Vietnam Airlines und Lao Airlines, z. T. über Pakxe;
SINGAPORE (3x wöchentl., 4 3/4 Std.) mit Lao Airlines.

Airlines

Lao Airlines, Phamaha Phasaman Rd., ☎ 071-212172, 🖥 www.laoairlines.com. Kartenzahlung möglich. ⏱ Mo–Fr 8–17, Sa 8–12 Uhr.
Lao Central Airlines, am Flughafen, ☎ 071-410212, 🖥 www.flylaocentral.com, ⏱ tgl. 8.30–17.30 Uhr
Bangkok Airways, 57/6 Sisavangvong Rd, ☎ 071-253334, 🖥 www.bangkokair.com. Kartenzahlung möglich. ⏱ tgl. 8–17 Uhr.
Vietnam Airlines, am Flughafen, ☎ 071-213048, 🖥 www.vietnamairlines.com. ⏱ tgl. 8–17 Uhr.

Die Umgebung von Luang Prabang

Gleich hinter der Stadtgrenze beginnt das satte Grün des Dschungels. Einige Ziele in der Umgebung werden schon seit längerem von Reisenden angesteuert. Wer nach weniger erschlossenen Ecken sucht, sollte sich an einen der Ökotourismusanbieter wenden (S. 407).

Pak-Ou-Höhlen (Tham Ting)

Eine der bedeutendsten buddhistischen Kultstätten von Nordlaos liegt nur 25 km nördlich von Luang Prabang: die Höhlentempel von Tham Ting. Der Legende nach wurden sie von König Setthathirat 1547 anlässlich des Baus von Vat Pak Ou im gegenüberliegenden Dorf gegründet. Die untere Höhle, Tham Loum, am Fuß einer hohen Felswand, überblickt die Mündung *(pak)* des Nam Ou in den Mekong. Hier stehen **Hunderte** kleiner **Buddhafiguren** aus Holz, Bronze und Eisen. In Tham Theung, der oberen Höhle rund 200 m höher, befinden sich ein Stupa und weitere kleine Figuren. Beachtlicher ist allerdings der geschnitzte *hang lin* gleich links. In beiden Höhlen hat es bis heute immer wieder Diebstähle gegeben, so dass vor allem in der oberen Höhle nur noch wenige Figuren zu sehen sind.

Zu erreichen sind die Höhlentempel nur mit dem Boot. Die Mekongfahrt vom Vat Nong Pier kostet 65 000 Kip p. P. und dauert 1–1 1/2 Std. pro Strecke. Eine Tour mit dem Tuk Tuk oder Minibus (ab 60 000 Kip p. P.) endet in Ban Pak Ou, wo man den Mekong per Fähre überquert. Eintritt für beide Höhlen 20 000 Kip.

Tad Se

Badebecken, Zip-Line, Elefantenreiten – der Funfaktor an diesem **Wasserfall** steigt mit jeder Saison. Dennoch hat er sich etwas von seinem verwunschenen Charme bewahrt. Über unzählige Sinterterrassen gurgelt der Houay Se hier mitten durch den Wald in den Nam Khan. Die meisten Reisenden unternehmen den Trip zum Tad Se, knapp 20 km südöstlich von Luang Prabang, mit dem Tuk Tuk (150 000 Kip) oder Roller. An der Straße 13 Richtung Süden weisen nach 17 km an einem scharfen Abzweig Schilder links zum Wasserfall. Nach 1 km ist Ban En am Ufer des Nam Khan erreicht. Die kurze Bootsfahrt zum Tad Se kostet hin und zurück 20 000 Kip p. P. ⏱ 8–17.30 Uhr, Eintritt 15 000 Kip.

Living Land Farm

Wie viel Arbeit steckt eigentlich in einem Reiskorn? Die Antwort weiß man spätestens nach einer kurzweiligen Führung über die Living Land Farm, 5 km südlich von Luang Prabang in Ban Phong Van, 🖥 www.livinglandlao.com. Die 8 ha große Community Farm macht so einiges anders als herkömmliche Farmen: Es wird natürlich gedüngt, kompostiert, auf Brachezeit und Fruchtfolge geachtet, fair angestellt, ausgebildet, gefördert und vieles mehr.

Die 3 1/2-stündigen **Führungen** starten um 8.30 Uhr und kosten 344 000 Kip p. P. inkl. Transfer. Gebucht werden sollte mindestens ein Tag im Voraus über ein Reisebüro oder direkt bei der Farm: ✉ llivingland@yahoo.com, 📞 020-55199208.

Tad Kuang Xi

Luang Prabangs Ausflugsziel Nummer eins liegt 32 km südwestlich der Stadt: In dichter Dschungellandschaft stürzt hier das Wasser des Kuang Xi über große Kalkformationen mehr als 30 m in die Tiefe. Der Hauptweg zum Fall beginnt hinter dem Ticketschalter am Ende des Dorfes Ban Thapene. Schöner ist der Waldweg, der nach ein paar Metern rechts ausgeschildert ist. Er führt zunächst an **Bear Rescue Centre**, 🖥 www.freethebears.org, vorbei, einer Auffangstation für Asiatische Schwarzbären, bevor er ein Stück weiter die ersten Becken erreicht. Ein paar davon sind ausgewiesene **Badestellen** mit Umkleidekabinen. Am Wasserfall angekommen, führen rechts und links steile Wege nach oben (15 Min., anstrengend), die sich aber nicht unbedingt lohnen.

Am Parkplatz vor dem Ticketschalter buhlen Restaurants und Souvenirstände um Kunden. Hier befinden sich auch Toiletten, ebenso am Fuß des Wasserfalls, hinter dem Bel Air Café. ⏱ 8–17.30 Uhr, Eintritt 20 000 Kip, Kinder unter 8 Jahren frei.

Kuangsi Falls Butterfly Park

300 m südlich an der Straße zum Tad Kuang Xi haben sich zwei Niederländer ihren Traum erfüllt: einen 1800 m² Landschaftspark am Fluss mit Orchideengarten und 900 m² großer Voliere für **bis zu 50 Schmetterlingsarten**. Am besten besucht man den Park an sonnigen Tagen ab dem späten Vormittag, denn die Schmetterlinge benötigen etwas Zeit zum Aufwärmen. ⏱ 10–17 Uhr, 30 000 Kip inkl. 15-minütiger Führung.

TRANSPORT

Fast alle fahren mit dem **Tuk Tuk** (200 000 Kip) zum Tad Kuang Xi oder schließen sich einer **Minibus-** oder **Bootstour** an (um 60 000 Kip p. P.). Es lohnt auch die Fahrt mit dem **Roller** (1 Std.). Wer kräftige Waden hat, kann die bergige Strecke natürlich auch **radeln**. Die Tour ist anstrengend, aber machbar, und zur Not findet sich immer ein Tuk Tuk mit Dachgepäckträger. Auf jeden Fall sollte man früh morgens aufbrechen, um der größten Hitze zu entgehen. Wichtig ist außerdem, genug Zeit für die Rückfahrt einzuplanen, denn die Straße ist nicht beleuchtet.

Der Norden

Wälder, Berge und Flüsse prägen den Norden von Laos. Wie die Zacken eines Sterns ragen die äußersten Punkte in die Nachbarländer China, Vietnam, Thailand und Myanmar hinein und entsprechend bunt ist der **Kulturenmix**: In allen Nordprovinzen leben Hmong und Khmu. Die wesentlich kleineren Völker der tibeto-birmanischen Sprachfamilie sind in Bokeo, Luang Namtha, Oudomxai und Phongsaly zu Hause. Im Nordosten überwiegen Hmong und verschiedene Ethnien der Tai. Zunehmend macht sich auch der Einfluss chinesischer Investoren bemerkbar. Ob nördlich von Houay Xai oder von Luang Namtha: Wo noch vor einigen Jahren Felder, Wälder und Dörfer lagen, erstrecken sich nun vielerorts Bananen- und Kautschukplantagen bis zum Horizont.

In einer Reihe von Orten hat sich in den vergangenen Jahren eine **touristische Infrastruktur** entwickelt. Dazu gehören das entspannte Nong Kiao und Muang Ngoi Kao am Ufer des Nam Ou. Von Luang Namtha, Muang Sing und Vieng Phoukha im äußersten Nordwesten lassen sich vielfältige Wandertouren ins nahe gelegene **Nam Ha NPA** unternehmen. Und auch in Oudomxai, Xayaboury und besonders im wilden Phongsaly gibt es spannende Treks. In Oudomxai wurde jüngst ein gewaltiges **Höhlensystem** entdeckt, die Chom-Ong-Höhle.

Historisch interessant sind die beiden an Nordvietnam grenzenden Provinzen Houaphan und Xieng Khouang. Sie waren am stärksten von den **Wirren des Zweiten Indochinakrieges** betroffen. In Vieng Xai und auf dem Xieng-Khouang-Plateau sind die Spuren bis heute sichtbar. Die **Ebene der Tonkrüge** ist aber aus einem anderen Grund ein beliebtes Ziel: Hunderte gewaltige Steinkrüge zeugen von einer Megalithkultur, die noch weitgehend unerforscht ist.

In die entlegensten Winkel des Nordens dringen häufig nur holprige **Asphalt- und Sandstraßen**. Sie werden zunehmend ausgebaut, dennoch ist die Fahrt mit Bus und Songtheo quer durch die Provinzen nur etwas für Leute mit Geduld. Das gilt auch für **Bootsfahrten** auf dem Nam Ou: Je nach Jahreszeit, Flussabschnitt und

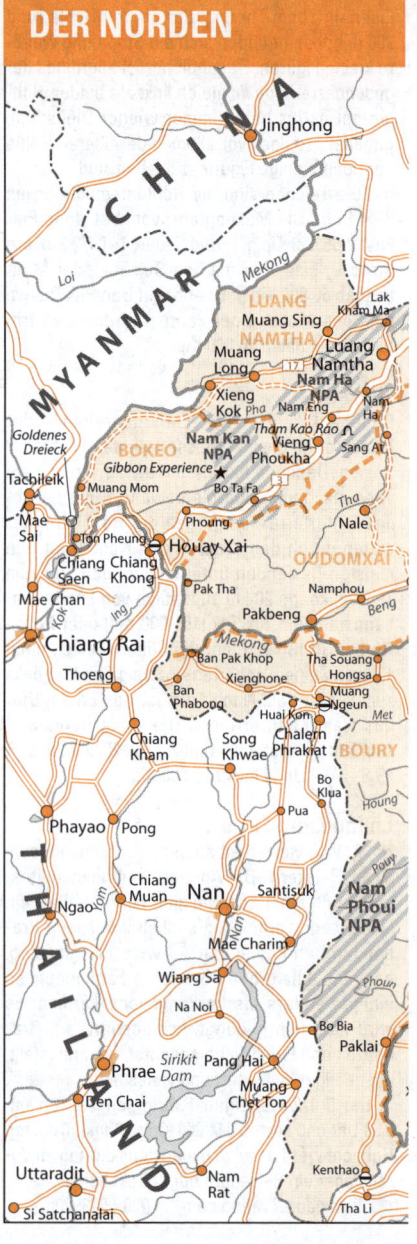

DER NORDEN

Wasserstand gehören Verhandlungsgeschick und etwas Glück zur Organisation.

Der meistgenutzte **Grenzübergang** im Norden führt von Houay Xai nach Chiang Khong in Thailand, noch nicht lange offen sind die beiden Übergänge in der Provinz Xayaboury. Reisende aus China kommen über Boten nach Laos. In den Provinzen Houaphan, Xieng Khouang und Phongsaly wurden vor einigen Jahren vier weitere Grenzübergänge nach Vietnam geöffnet. Seither steigen hier die Besucherzahlen.

Die **kühlen Temperaturen** im Hochland werden oft unterschätzt, gerade in der Hauptreisezeit. Schon im Bus nach Luang Prabang kann es sehr frisch werden. Weiter den Nam Ou hoch reicht das T-Shirt im Fahrtwind der Boote schon nicht mehr aus. Und spätestens in Phongsaly ist auch der in Vientiane noch belächelte Fleece-Pulli angemessen.

der Mündung des Mae Sai in den Mekong liegt. Heute spricht man eher von einem „Wirtschaftsviereck", denn zu dem Dreiländereck Thailand, Myanmar und Laos hat sich China hinzugesellt. Statt Opium werden nun Rohstoffe auf dem Mekong verschifft. Von Thailand und zunehmend auch von Laos gelangen pro Jahr zehntausende Tonnen Kautschuk über den Oberlauf des Mekong nach China. Im Gegenzug finden chinesische Billigprodukte und Lebensmittel ihren Weg in die drei Nachbarländer.

Wichtigster Verkehrsweg ist der Mekong, der die Provinz im Westen begrenzt. Die meisten Touristen passieren Bokeo auf der beliebten Mekongroute zwischen Chiang Khong (Thailand) und Luang Prabang. Ein- und Ausreisepunkt ist das Verwaltungszentrum **Houay Xai**, wo die einzigen beiden nennenswerten Straßen der Provinz aufeinandertreffen.

Provinz Bokeo

Mit nur 6196 km² ist Bokeo die kleinste Provinz des Landes. Bekannt ist sie vor allem als Teil des berüchtigten **Goldenen Dreiecks**, das an

Houay Xai

Auf den ersten Blick scheint die Provinzhauptstadt nur aus einer Uferstraße mit unzähligen Gästehäusern zu bestehen. Wer sich ein wenig länger in Houay Xai aufhält, stellt fest, dass

---

Alles im Fluss: die Mekongfahrt zwischen Houay Xai und Luang Prabang

Eine Bootsfahrt auf dem gemächlich dahinfließenden **Mekong** – für viele der Inbegriff von Zeitlosigkeit, eine Reminiszenz an das alte Indochina. Auch wenn der Tourismus mittlerweile selbst in Laos für ein beschleunigtes Tempo gesorgt hat und es mit der Entspannung auf den vollen **Touristenbooten** nicht mehr weit her ist, bleiben die beiden Flussetappen zwischen Houay Xai und Luang Prabang beliebte Eckpfeiler vieler Laostrips. In der späten **Trockenzeit** (März/April) kann es allerdings vorkommen, dass der Bootsverkehr wegen Niedrigwasser eingestellt wird – in dieser Zeit besser bei einem Touranbieter nachfragen.

Da die beiden in Pakbeng unterbrochenen **Teilstücke** sehr ähnlich sind, können zwei Tage auf dem Wasser einer zu viel sein – auch wegen des Gedränges auf manchen Booten und dem lauten Motorengeräusch. Eine Alternative ist, in Pakbeng den Bus nach Oudomxai zu nehmen und sich dort mit Wander- oder Radtouren wieder in Schwung zu bringen. Oder man macht einen Abstecher nach Hongsa in die noch weitgehend unentdeckte Provinz Xayaboury.

Wer die entspannte Mekongatmosphäre mit **mehr Komfort** genießen möchte, ist bei Luang Say Mekong Cruises (S. 408) gut aufgehoben, ⌨ www.luangsay.com. Kreuzfahrtfeeling in gediegenem Ambiente bietet auch die vom deutsch-laotischen Unternehmen Mekong River Cruises (S. 408) betriebene *Mekong Sun*, ⌨ www.cruisemekong.com. Deutlich günstiger, aber immer noch komfortabel ist die Shompoo Cruise (s. auch S. 408). Infos und Buchung in Houay Xai bei Bo Sapphire und Luang Prabang Travel oder unter ⌨ www.shompoocruise.com.

---

es eine grüne Stadt ist, deren Wohngebiete sich über etliche Kilometer den Mekong entlang ausbreiten. Auch ohne viele Sehenswürdigkeiten gibt der Ort Gelegenheit, sich nach Thailand auf die spürbar gelassenere Atmosphäre in Laos einzustimmen. Die nähere Umgebung kann mühelos mit dem Rad erkundet werden.

Auf zwei benachbarten Hügeln liegen das von den Franzosen errichtete **Fort Carnot**, heute eine Ruine, und der **Vat Chom Khao Manirath**, das größte Kloster Houay Xais, zu erreichen über eine lange Treppe, die von der Hauptstraße abzweigt. Auf diesem Hügel konkurrieren einige Schreinbauten mit einem alten Stelzenbau aus Teakholz, wie man ihn nur noch selten findet, um Aufmerksamkeit.

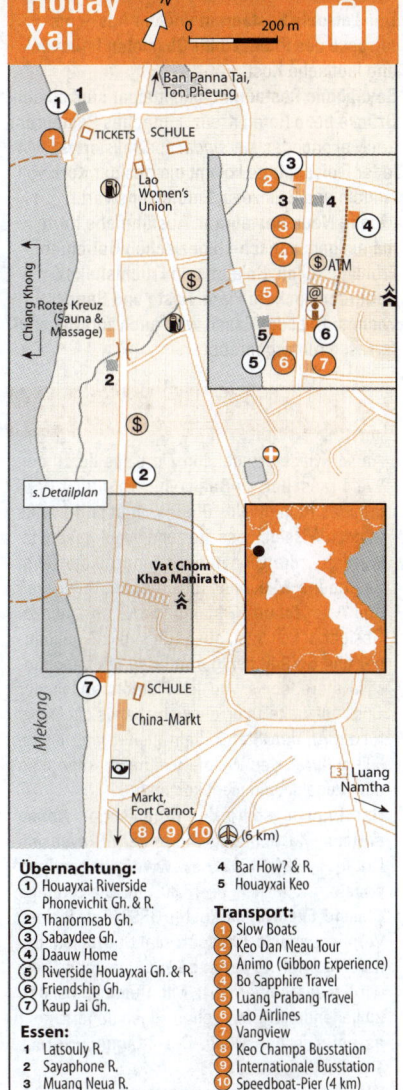

s. Detailplan

ÜBERNACHTUNG

Houayxai Riverside Phonevichit Gh., am nördlichen Bootsanleger, ☎ 084-211765, 🖥 www.houayxairiverside.com. Die 5 leicht abgewohnten Zimmer im Guesthouse sind mit etwa US$20 überteuert, aber die im neuen, 2-stöckigen Hotelgebäude (US$35) nebenan sind hell, sauber und geschmackvoll – und erst der Blick auf Fluss und Hafen! Mit Restaurant. Preise inkl. Frühstück. WLAN. ❸–❹

Thanormsab Gh., südlich der Brücke, ☎ 084-211095. 2-stöckiges Haus mit sauberen Zimmern, alle mit Bad, wahlweise mit TV und AC. Freundliches Personal. ❷–❸

Sabaydee Gh., ☎ 084-212252. Die Einrichtung ist nicht nagelneu, aber die Zimmer, im Obergeschoss teilweise mit Mekongblick, sind sauber und gefliest und bieten für den Preis wirklich gute Qualität. Ruhige Lage, im 2. Stock gibt es zwei nette Terrassen. Wäscheservice, WLAN. ❷

Riverside Houayxai Gh. & Restaurant, ☎ 084-211064, ✉ Kai-Riversidehtl@hotmail.com. Neues Gebäude mit schön gestalteten Zimmern (Holzböden, AC, TV, Kühlschrank). Das gute Restaurant ist ein idealer Ort für den Sonnenuntergang. WLAN. ❸

Friendship Gh., ☎ 084-56455441. Altgediente Travellerherberge mit soliden Zimmern auf mehreren Etagen. 3- und 4-Bett-Zimmer mit Bad, manche dunkel. Viele Reiseinfos, Tickets, Wäscheservice. WLAN. ❷–❸

Übernachtung:
1 Houayxai Riverside Phonevichit Gh. & R.
2 Thanormsab Gh.
3 Sabaydee Gh.
4 Daauw Home
5 Riverside Houayxai Gh. & R.
6 Friendship Gh.
7 Kaup Jai Gh.

Essen:
1 Latsouly R.
2 Sayaphone R.
3 Muang Neua R.

4 Bar How? & R.
5 Houayxai Keo

Transport:
1 Slow Boats
2 Keo Dan Neau Tour
3 Animo (Gibbon Experience)
4 Bo Sapphire Travel
5 Luang Prabang Travel
6 Lao Airlines
7 Vangview
8 Keo Champa Busstation
9 Internationale Busstation
10 Speedboat-Pier (4 km)

Kaup Jai Gh., ☎ 020-55683164. Ein Dutzend saubere Zimmer mit Bad in einem freundlichen Haus. Im zweiten Stock kleine Terrasse mit Blick auf Palmen und den Mekong. WLAN. ❷–❸

ESSEN

Das **Latsouly Restaurant** und die Aussichtsterrasse des **Phonevichit Gh.** bieten Frühstück und laotische Kost.

Sayaphone Restaurant, unmittelbar südlich der Brücke beim Roten Kreuz. Einfaches Restaurant am Mekong, das auf *sindat* spezialisiert ist. Mit jeder Fleischplatte kommt ein riesiger Korb voll Nudeln und Grünzeug. Empfehlenswert.

Muang Neua Restaurant. Ausführliche Karte mit einigen laotisch-chinesischen Gerichten, Frühlingsrollen, Salaten und Fruchtshakes, außerdem leckere Pizza, Pasta und Sandwiches. Tipp: das Essen wird auch zur Mekongterrasse runtergebracht.

 Die Gibbon Experience

An schwindelerregenden Zip-Lines durch den Wald rauschen, in Baumhäusern in den Wipfeln des Regenwalds übernachten und all das in dem Wissen, dass Tier und Wald geschützt werden – die Gibbon Experience bietet eine gelungene Mischung aus Action, Ausruhen und Artenschutz. Gibbons wird man kaum zu Gesicht bekommen, aber schon die **Baumhäuser und Seilbahnen** garantieren ein besonderes Naturerlebnis: Von den Plattformen fällt der Blick auf weite Täler, die sich abends mit Nebel füllen. An den Stahlkabeln gleitet man bis zu 500 m durch den Wald – viel näher kann man dem Vogeldasein nicht kommen.

Das Buchungsbüro der Organisation **Animo** in Houay Xai liegt gegenüber dem Thaveesinh Hotel, ☎ 084-212021, 💻 www.gibbonexperience.org, ⏰ 8–11, 14–18.30 Uhr. Die 3-tägige **Classic Experience** kostet US$310 p. P., inkl. Verpflegung und Transport zum Startpunkt. Bei der **Waterfall Experience** zum gleichen Preis wird mehr gewandert: Mit Guides aus den umliegenden Dörfern, ehemaligen Jägern, geht es tiefer in den Wald. Die 2-tägige **Express Tour** kostet US$190 p. P.

Weil das Angebot inzwischen sehr beliebt ist, sind die Touren in der Hauptsaison oft Wochen vorher ausgebucht. Wer keinen Platz mehr ergattert, kann auf den ebenbürtigen Tree Top Explorer bei Pakxe ausweichen (S. 477).

Bar How? & Restaurant. Das gemütliche Restaurant an der Hauptstraße bietet Frühstück und eine große Auswahl an Reis- und Nudelgerichten. Auch Vegetarier kommen nicht zu kurz. Gute Fruitshakes, auch mit Whiskey – lecker! Abends wird die Cocktailkarte gezückt.

Houyxai Keo, am Ende der Gasse gegenüber dem Tourism Office. Das Schild an der Straße verspricht mit „Eat – Read – Relax" entspannte Atmosphäre, und die bekommt man auch. Die guten Speisen sind günstiger als man angesichts des hohen Dachs aus gelben Planen und des gediegenen Ambientes vermuten könnte. Perfekte Terrasse für Sonnenuntergänge. WLAN.

SONSTIGES

Informationen

Im **Tourism Office**, unmittelbar südlich der Treppe zum Vat Chom Khao Manirath, kann man sich über die Umgebung informieren und einen Überblick über Touren verschaffen. Eine Trekkingtour zum nahen Berg Phou Pha Houng kann man hier buchen – für alle anderen wird man an die Touranbieter verwiesen. ⏰ tgl. 8.30–11.30, 13.30–16 Uhr.

Motorradverleih

Motorräder für 500 Baht/Tag vermietet das konkurrenzlose **Vangview** nahe der Schule.

TRANSPORT

Busse und Pick-ups

Tuk Tuks, die einen zur Keo Champa Busstation 5 km südlich bringen, warten im Zentrum an der Hauptstraße. Tickets gibt es ab 8 Uhr an der Abfahrtsstelle nahe dem Flughafen. Pick-ups zu Zielen in der Provinz fahren auch unregelmäßig ab dem Markt.

LUANG NAMTHA (194 km, 4 Std.) um 9 und 12.30 Uhr für 65 000 Kip über VIENG PHOUKHA (127 km, 3 Std., 65 000 Kip). Gästehäuser und Reiseveranstalter verkaufen das Busticket nach Luang Namtha mit stattlichem Aufpreis, allerdings inkl. Tuk Tuk zum Busbahnhof.

LUANG PRABANG (501 km, 17 Std.) um 16 Uhr mit dem lokalen Bus für 125 000 Kip und 17 Uhr mit dem VIP-Bus für 145 000 Kip.

OUDOMXAI (308 km, 7 Std.) um 9.30 Uhr für 90 000 Kip, VIP-Bus um 17 Uhr für 115 000 Kip.

Für Reisende, die sich im verschlafenen Houay Xai langweilen, ist das Daauw Home in einer kleinen Gasse östlich der Hauptstraße eine echte Entdeckung. Betrieben wird es von der **Kajsiab Initiative**, die Hmong-Frauen aus umliegenden Dörfern eine kostenlose Wohnstätte und verschiedene Ausbildungsmöglichkeiten bietet. Im ökologischen Garten werden Heilkräuter angebaut, für die Frauen eine zusätzliche Einnahmequelle. Besucher sind jederzeit willkommen, ob sie im Homestay übernachten (❶–❷), im Restaurant essen oder als Freiwillige mit anpacken wollen.

VIENTIANE (884 km, etwa 30 Std.) um 11.30 Uhr VIP-Bus für 230 000 Kip.
6 km südlich der Stadt gibt es eine weitere, private **Busstation für internationale Verbindungen** nach China (8.30 Uhr, Kunming), Vietnam (Ha Noi um 16 Uhr, Dien Bien Phu um 19.30 Uhr) und Thailand (s. Kasten S. 419).

Boote

Der Bootsanleger liegt im Norden der Stadt in Ban Khonekeo, vom Zentrum aus per Tuk Tuk (10 000 Kip) oder in 20 Min. zu Fuß zu erreichen. Im Ticketbüro oberhalb des Anleger sind die Preise günstiger als bei Reiseveranstaltern und Gästehäusern.
Auf dem Mekong: Bootstickets nach LUANG PRABANG werden ab 8 Uhr am Anleger verkauft, offizielle Abfahrtszeit in Richtung Süden ist tgl. gegen 11.30 Uhr. Die 2-tägige Fahrt kostet 220 000 Kip: am ersten Tag in 6 Std. bis PAKBENG für 110 000 Kip, am zweiten Tag zum gleichen Preis weiter nach Luang Prabang in 7–8 Std. (in Pakbeng besteht jeden Tag um 9 und 12 Uhr Anschluss per Kleinbus nach Oudomxai in 3 1/2 Std. für 45 000 Kip). Mehr Tipps zur Mekongfahrt Kasten S. 416.
Auf dem Nam Tha: Vor dem Ausbau der Straße 3 zum Highway war die wunderschöne Bootsfahrt nach LUANG NAMTHA mit öffentlichen Booten möglich. Inzwischen gibt es nur noch organisierte Touren (Juli–Okt, 2 Tage), z. B. bei Keo Dan Neau Tour für 7500 Baht, bei Luang

Prabang Travel, bei Bo Sapphire und im Friendship Gh. Das Boat Landing Gh. in Luang Namtha, ✆ 086-312398, 🖥 www.theboatlanding.com, organisiert die „Nam Tha Boat Trip Tour" in Zusammenarbeit mit Green Discovery, 🖥 www.greendiscoverylaos.com. Preis (inkl. Übernachtung im Dorf und Verpflegung) zwischen US$122 und US$583 p. P. je nach Gruppengröße (max. 6 Pers.).

Flüge

Der **Flughafen** liegt rund 6 km südöstlich des Zentrums (30 000 Kip per Tuk Tuk). Es gibt Flüge mit Lao Airlines, 🖥 www.laoairlines.com, und seit neuestem auch mit Lao Skyway, 🖥 www.laoskyway.com, nach VIENTIANE (tgl., 1 Std.). Lao Airlines hat ein Büro in der Stadt, ✆ 084-211026, ⊕ 8–12, 13–17 Uhr, So geschlossen.

Grenzübergang nach Thailand

Der nördlichste der thai-laotischen Grenzübergänge, ⊕ tgl. 8–20 Uhr, verbindet die Provinz Bokeo mit der Region Chiang Rai. Ende 2013 wurden die Ein- und Ausreiseschalter an der neue **vierte Freundschaftsbrücke** 10 km südlich der Stadt verlegt. Der jüngste Brückenschlag über den Mekong komplettiert die wichtigste Straßenverbindung zwischen Thailand und China, den **Asian Highway 3**.
Busse von Houay Xai nach Chiang Khong (8000 Kip) und Chiang Rai (57 000 Kip) starten 4x tgl. morgens und nachmittags von der privaten internationalen Busstation 6 km südöstlich des Zentrums. Wer sich auf eigene Faust zur Grenze aufmacht: Das Tuk Tuk zur Brücke und der Bus hinüber kosten jeweils 10 000 Kip. Auf thailändischer Seite bringen einen Tuk Tuks nach Chiang Khong. Von dort bestehen regelmäßig Verbindungen nach Chiang Rai (stdl. bis 15 Uhr, 2 Std.), Chiang Mai (7–8 Std.) und Bangkok (13 Std.). Nok Air, 🖥 www.nokair.com, bietet außerdem ein praktisches Fly'n'Ride-Paket von Chiang Khong nach Bangkok an (Bus von Chiang Khong nach Chiang Rai, dann mit dem Flieger nach Bangkok). Informationen auf der Website.
Einreise nach Laos s. S. 279.

Provinz Oudomxai

Die Provinz Oudomxai, 15 370 km² groß und gebirgig, gehört zu den wirtschaftlich wichtigsten
Regionen im Norden: Hier kreuzen sich die Wege in alle fünf Nordwestprovinzen, es gibt ein relativ gut ausgebautes Straßennetz und Zugang
zum Mekong. Die Provinz hat 300 000 Einwohner, darunter Hmong, Akha, Yao, Khmu, Lanten
und fast alle Untergruppen der Tai, insgesamt
mehr als zwei Dutzend Ethnien. Obwohl sie über
touristisches Potenzial verfügt, legen die meisten Reisenden nur kurze Stopps ein: In **Pakbeng**
am Mekong übernachten diejenigen, die im Boot
zwischen Houay Xai und Luang Prabang unterwegs sind. Und in der Provinzhauptstadt **Oudomxai** halten die meisten nur, um in ein anderes
Gefährt weiter Richtung Norden umzusteigen.
Dabei gibt es zunehmend Angebote für Touristen. Weitere Infos unter 🖥 www.oudomxay.info.

Pakbeng

Pakbeng, an der Mündung (= *pak)* des Nam
Beng in den Mekong, ist ein skurriler Ort, in
dem sich der herbe Charme eines Holzverlade-
hafens mit der Atmosphäre eines Traveller-Hot-
spots vermischt. Es liegt nicht nur auf halber
Strecke der Mekongfahrt zwischen Houay Xai
und Luang Prabang, sondern markiert auch das
südliche Ende der Straße 2 nach Oudomxai, was
es seit jeher zu einer wichtigen Station auf der
Handelsroute China – Thailand macht.

Heute ist der mit Gästehäusern und Restaurants gespickte Ort **Übernachtungsstopp** für
eine Heerschar von Touristen, und die Bevölkerung hat sich auf diese lukrative Rolle eingestellt. Laosneulinge, die im Boot ankommen,
kann der überfallartige Empfang am Landungs-
steg erschrecken, aber keine Sorge: So eifrig
stürzen sich die Schlepper an keinem anderen
Ort im Land auf die Traveller.

Einige gute Unterkünfte liegen direkt am
Mekong, entlang der westlichen Uferstraße
(Asphaltstraße am Hafen gleich links). Eine
größere Auswahl gibt es an der Hauptstraße,
die vom Hafen nach Norden verläuft. Alle
Gästehäuser bereiten Baguettes als Proviant
für den nächsten Tag vor.

Mekong Riverside Lodge, ✆ 020-
55171068, 🖥 www.mekongriverside
lodge.com. Die Perle von Pakbeng: Die hübsch
gestalteten Doppelbungalows aus Bambus
erheben sich oberhalb des Hafens. WLAN und
Frühstück sind im Preis enthalten. **❺**

Phoy Lathda Gh., 100 m westlich des Hafens,
✆ 020-56642757. Traditionelles Haus mit einfachen Zimmern mit/ohne Bad auf 2 Etagen, klein
und familiär. Terrasse mit Mekongblick. **❶**–**❷**

Bounmy Gh. & Restaurant, ein paar hundert
Meter weiter, ✆ 081-212294. Größtes Hostel im
Ort mit Zimmern im Haupthaus (Bad, Flussblick)
und 2 Nebengebäuden. Die besten Tage der
einfachen Räume liegen weit zurück, aber die
besseren Zimmer sind solide. WLAN. **❷**–**❸**

€ **Pakbeng Gh.**, Hauptstraße, nahe dem
Hafen, ✆ 020-55782412. Ein halbes
Dutzend gute Zimmer mit Ventilator und Bad
oberhalb des gleichnamigen Restaurants.
WLAN. **❷**

Duangpasert Gh., etwas weiter, ✆ 020-56999734.
Gepflegte Zimmer mit Bad, nette Frühstücks-
terrasse. In der hauseigenen Bäckerei gibt's
Croissants und Kuchen. Gute Wahl. WLAN. **❸**

Phonethip Gh., ein gutes Stück weiter, ✆ 020-
58666959. Die günstigen Zimmer, alle mit Bad
und im Obergeschoss aus Holz, lösen nicht
gerade Begeisterungsstürme aus, sind aber
besser als etwa die einfachsten Räume im
Bounmy Gh. Freundliche Besitzerin. **❷**

Khopchaideu Restaurant, Uferstraße. Selber
Besitzer wie Mekong Riverside Lodge. Bunte
Karte von Pancake über Papayasalat bis
Pakora.

Pinkham Restaurant, Hauptstraße. Viele
Einheimische, was für die gute thailändische
und laotische Küche spricht. Gemütliche
Mekongterrasse.

Hasan Indian Restaurant, Hauptstraße.
Zieht mit gleichbleibend hoher Qualität
und fairen Preisen seit Jahren erfolgreich
hungrige Traveller an, selbst indische Touristen

schwärmen von den leckeren Rotis. Dazu gibt's kostenlos WLAN und den Blick auf den langsam dahinfließenden Mekong.

Monsavan Bakery, Hauptstraße. Die Croissants, Kuchen und Pancakes gehen weg wie warme Semmeln. WLAN.

INFORMATIONEN

Das **Tourism Office** oberhalb des Anlegers gibt Tipps zu Ausflügen in die Umgebung. Außerdem organisiert es 1-tägige Boots- und Trekkingtouren zur **Khamtan Buddha Cave** und zum **Mekong Elephant Camp** am gegenüberliegenden Mekongufer. ⏲ Mo–Fr 8–11, 14–16, 18–20 Uhr.

TRANSPORT

Busse, Songtheos und Pick-ups

Busse und andere Fahrzeuge starten von der Haltestelle 4 km nordöstlich des Anlegers. Ein Tuk Tuk vom Hafen kostet 20 000 Kip p. P., die Hälfte bei mehreren Leuten.

OUDOMXAI (143 km, 3 1/2–4 Std.) 2x tgl. um 9 und 12 Uhr für 45 000 Kip über MUANG HOUN (51 km) und MUANG BENG (79 km).

Sobald die Mekongbrücke südwestlich von Pakbeng fertiggestellt ist, werden täglich Busse nach MUANG NGEUN und HONGSA fahren. Bis dahin nimmt man den am frühen Nachmittag eintreffenden Bus aus Oudomxai (falls Platz) oder – sorgenfreier – das Boot.

Boote

Abfahrt der **Slow Boats** ist um 8.30 Uhr – nach HOUAY XAI in 8–9 Std. für 110 000 Kip, nach LUANG PRABANG in 7–8 Std. für 110 000 Kip, nach THA SOUANG (Hongsa) mit dem Boot Richtung Luang Prabang in 1 Std. für 40 000 Kip. Während der Hauptsaison fahren mehrere Boote in beide Richtungen ab. Wer noch kein **Ticket** hat, kann es – am besten eine halbe Stunde vor Abfahrt – direkt am Anleger kaufen. 35 km südwestlich von Pakbeng befindet sich der Anleger für die **Autofähre** nach Pak Ngeun in der Provinz Xayaboury. Von hier führt eine Asphaltstraße über Muang Ngeun nach Thailand (Nan). Am Bootsanleger in Pak Ngeun stehen auch Songtheos für die 1 1/2-stündige Fahrt nach Muang Ngeun bereit.

Oudomxai (Muang Xai)

Oudomxai gehört zu den am meisten unterschätzten Orten in Laos. Zugegeben: Das Antlitz der Provinzhauptstadt ist spröde, geprägt von staubigen Straßen und einer chinesisch-pragmatischen Ästhetik. Aber das **Umland** mit seinen Hügeln und Dörfern eignet sich prima für Wanderungen, Rad- und Motorradtouren.

Das Stadtbild um den Talat Luesay, den größten **Markt** des Nordens, wird von Yunnanesen

Höhle der Superlative

Das Highlight der Provinz liegt 50 km westlich von Oudomxai: das riesige Höhlensystem **Tham Chom Ong**. Insgesamt 18 km windet sich die größte Höhle von Nordlaos in den Berg hinein. Auf eigene Faust geht's mit dem **Motorrad oder Geländewagen** von Oudomxai etwa 20 km auf der Straße 1 in Richtung Luang Namtha. Hinter Ban Nambotakay zweigt eine staubige Straße links ab, der man 18 km folgt (im ersten Dorf, das man erreicht, links halten). Die Höhle ist nirgends ausgeschildert. Ohne ein paar Brocken Laotisch kann es schwierig werden, den Weg zu finden. Auch die Strecke selbst hat's in sich: Wegen der schlechten Straße, einiger sehr steiler Passagen und kleinerer Flüsse, die zu durchqueren sind, eignet sie sich nur für geübte Biker. Sind die Bergkämme und Täler erst einmal überwunden, erreicht man das Dorf Ban Chom Ong. Von hier geht's mit dem einzigen Guide etwa eine Stunde lang durch kleine Wälder, Reisfelder und Flüsse bis zum südlichen Eingang der Höhle. Der vordere Bereich ist beleuchtet, so dass man die glitzernden Stalagmiten bewundern kann. Die Erforschung der Passagen, die ohne Ausrüstung zugänglich sind, dauert ein bis zwei Stunden. Etwas Abenteuerlust und gute Schuhe sind mitzubringen. Eintritt 10 000 Kip, Guide 40 000 Kip p. P.

Das **Provincial Tourism Office** bietet 1- bis 3-tägige Höhlentouren inkl. Sicherheitsausrüstung und Übernachtung im interessanten Dorf Ban Chom Ong. Bei Samlaan Cycling können dreitägige Mountainbike-Touren zur Höhle gebucht werden.

LAOS

geprägt, besonders die angebotenen Waren spiegeln die Nähe zu China wider. Im weitläufigen Wohnviertel südlich des Flusses Nam Ko liegen das **Rote Kreuz** und das Kloster **Vat Ban Thieng** idyllisch auf Anhöhen. Der Aufstieg auf den **Phou That** wird mit einer großartigen Aussicht belohnt. Treks und Radtouren in die Umgebung lassen sich im Tourism Office buchen.

Ein lohnendes Ausflugsziel ist auch das Städtchen **Muang La**, 28 km nordöstlich an der Mündung des Nam La in den Nam Pak, mit seiner schönen Flusslage, den traditionellen Khmu-Häusern und den salzhaltigen heißen Quellen. Übernachten kann man im wundervollen, aber teuren Muang La Resort, 🖥 www.muangla.com, ❻, und im günstigen Dr. Hum Pheng Gh. ❶–❷.

ÜBERNACHTUNG

Die meisten Gästehäuser liegen südlich des Nam Ko entlang der Hauptstraße, 10 Min. zu Fuß vom Busbahnhof entfernt. An der Straße zum Flughafen sind ein paar seelenlose Hotelklötze entstanden, die aber ein gutes Preis-Leistungs-Verhältnis bieten. Von Süd nach Nord:
Surinphone Hotel, Nähe Busbahnhof, ✆ 081-212789, ✉ surinphone_hotel@yahoo.com. Guter Standard, helle DZ mit Bad, AC, TV, Kühlschrank. ❷

Vilavong Gh., neben Vila Keo Seum Sack Gh., ✆ 020-55309992. Einfache Zimmer mit Bad und wahlweise TV. ❶

Vila Keo Seum Sack Gh., neben dem Aufgang zum Phou That, ✆ 081-312170, ✉ seumsack@hotmail.com. Große, saubere DZ mit AC und TV, hübsche Einrichtung. WLAN. ❸–❹

Litthavixay Gh., Hauptstraße, gegenüber dem Aufgang zum Phou That, ✆ 081-212175, ✉ litthavixay@yahoo.com. Große Zimmer mit/ohne AC, TV und Kühlschrank – im Prinzip Hotelstandard. Die vorderen Räume sind hell, aber laut; Computer mit Internetzugang in der Lobby. Mietwagen mit Fahrer, Verkauf von Flugtickets für Lao Airlines. WLAN. ❷

🏨 **Oudomphet Gh.**, ca. 100 m weiter links in der Straße südlich der Tankstelle einbiegen, ✆ 020-55685455. Hübsches Guesthouse mit sauberen Zimmern mit Bad, TV und wahlweise AC. Gemeinschaftsbalkon. Schöne Aussicht, ruhige Lage und entspannte Atmosphäre. ❷

ESSEN

🏨 **Soupailin Restaurant**, in der Seitenstraße vor der Post. Das kleine Restaurant ist auf nordlaotische Küche spezialisiert. Von den vegetarischen Gerichten bis zu den Süßspeisen ist alles zu empfehlen.

🏨 **Kanya's Restaurant**. Laotisches Lokal südlich der Brücke in einer Seitenstraße. Die Speisekarte an sich, auf der *fried* mit Abstand das häufigste Wort ist, bietet keine Überraschungen, aber die Gerichte sind lecker, die Preise gut, die Portionen groß. Sehr gut besucht – zu jeder Tageszeit empfehlenswert.

Muang Neua Restaurant, Hauptstraße, nördlich des Vila Keo Seum Sack Gh. Leckere Curry-, Nudel- und Reisgerichte, auch Pasta und Burger. Guter Kaffee.

SONSTIGES

Fahrad- und Motorradverleih
Roller stehen in Läden an der Hauptstraße und der Seitenstraße südlich des Litthavixay Gh. bereit. Kosten: 80 000–130 000 Kip/Tag.
Fahrräder gibt es bei Samlaan Cycling Tours, neben der Siso Bakery, ✆ 020-55609790, für 50 000 Kip/Tag und in den Motorradverleihs (Mountainbikes selber Preis).

Geld
Die **BCEL**, Hauptstraße, hat einen **Geldautomaten**. 🕐 Mo–Fr 8.30–15.30 Uhr.

Trekking
🌳 Das **Provincial Tourism Office**, ✆ 081-212483 oder 020-99221408, 🖥 www.oudomxay.info, bietet 1- bis 3-tägige Treks mit Homestay in Khmu-Dörfern an, außerdem zur Höhle Chom Ong (S. 421) und zum schön im Wald gelegenen Wasserfall Nam Kat.

TRANSPORT

Busse, Songtheos und Pick-ups
Die **Busstation** liegt im Süden der Stadt. Songtheos zu Zielen innerhalb der Provinz starten von einer zweiten Busstation am Ende einer 100 m langen Stichstraße, die kurz vor der Busstation nach Westen abzweigt.
HOUAY XAI (308 km, 7 Std.) um 9 Uhr für 90 000 Kip.

LUANG NAMTHA (114 km, 3 Std.) um 8.30, 12 und 15.30 Uhr, 40 000 Kip, über NATEUI (75 km, 3 Std.).
LUANG PRABANG (193 km, 5 Std.) um 9, 12 und 15.30 Uhr für 60 000 Kip.
MUANG KHOUA (94 km, 3 Std.) um 8.30, 12 und 15.30 Uhr für 35 000 Kip über MUANG LA (1 Std.).
NONG KIAO (113 km, 4 Std.) um 9 Uhr für 45 000 Kip.
PAKBENG (143 km, 4 Std.) um 8.30 und 10 Uhr für 40 000 Kip.
PAKMONG (83 km, 3 Std.) um 9.30 und 13 Uhr für 30 000 Kip sowie um 9 Uhr mit dem Bus nach Nong Kiao.
PHONGSALY (232 km, 7 Std.) um 9 Uhr für 75 000 Kip über MUANG LA (1 Std.).
VIENTIANE (576 km, 16 Std.) um 11 und 14 Uhr für 150 000 Kip, um 16 Uhr für 170 000 Kip und um 18 Uhr (Schlafbus) für 190 000 Kip.
Am späten Vormittag gibt es manchmal einen direkten Bus über Pakbeng nach Muang Ngeun. Der Bus nach China fährt jeden Morgen über MENGLA (70 000 Kip) nach JINGHONG (130 000 Kip). Außerdem geht's tgl. morgens nach DIEN BIEN PHU (95 000 Kip) in Vietnam.

Flüge
Lao Airlines fliegt tgl. von/nach VIENTIANE (1 Std.). Tickets am Flughafen, ⏰ Mo–Fr 8–11, 14–16 Uhr, oder im Litthavixay Gh. verkauft. Auch Lao Skyway, 🖥 www.laoskyway.com, bedient die Strecke seit kurzem 2–3x pro Woche.

Provinz Luang Namtha

Die Provinz Luang Namtha (9325 km²) hat landschaftlich und kulturell einiges zu bieten. Gut ein Viertel der Fläche nimmt das Nam Ha NPA ein. In den Wäldern mit reicher Flora und Fauna siedeln auch eine Reihe unterschiedlicher Bergvölker. Im Nordwesten bildet der Mekong die Grenze zu Myanmar, im Norden grenzt die Provinz an China.

Luang Namtha hat 165 000 Einwohner, die 30 verschiedenen Volksgruppen angehören. Damit weist die Provinz die größte ethnische Vielfalt in Laos auf.

Die Städte Luang Namtha und Muang Sing sind längst zu zwei der wichtigsten Reiseziele

des Nordens geworden. Besonders Naturliebhabern bieten sie eine Palette an Aktivitäten. Die Euphorie der ersten Jahre über ursprüngliche Trekkingtouren hat sich allerdings gelegt. Großflächige Kautschukplantagen überziehen die Provinz bis tief ins Naturschutzgebiet Nam Ha hinein, und man muss schon mehrere Tage wandern, um noch Urwald zu Gesicht zu bekommen. Statt mit dem Bus von Houay Xai (S. 424) ist die Anreise auch per Boot auf dem Nam Tha oder mit dem Flugzeug möglich. Viele kombinieren den Besuch mit einer Reise von/nach China.

Von Houay Xai nach Luang Namtha: Vieng Phoukha

Mit nur 252 km ist die Straße 3 von Houay Xai über Luang Namtha bis Boten die kürzeste Verbindung zwischen China und Thailand. Vor dem Bau des panasiatischen „Express Highway" gab es hier nur eine wildromantische Piste, die sich durchs dicht bewaldete Gebirge schlängelte. Die Strecke bietet aber auch jetzt noch schöne Ausblicke. Trotz der relativ kurzen Fahrtzeit nach Luang Namtha lohnt es sich, in Vieng Phoukha Halt zu machen. Die aufstrebende Bezirksstadt, nur wenige Kilometer vor der Grenze des Nam Ha NPA, ist als Startpunkt für Treks eine Alternative zu Muang Sing und Luang Namtha. Hier ist man so gut wie allein in Wald und Flur. Das von Mr. Sombat geleitete Visitor Information Office bietet eine Reihe von Ökotouren an.

12 km von Vieng Phoukha entfernt, auf der Straße 3 Richtung Luang Namtha, öffnet sich 200 m auf einem Pfad nach rechts der Schlund der Tham Kao Rao. Von Vieng Phoukha fahren Tuk Tuks zur Höhle. Bei vielen organisierten Touren steht sie mit auf dem Programm.

ÜBERNACHTUNG UND ESSEN

€ Thong My Xay Gh., am südlichen Ortseingang, ☎ 081-212394. 6 hübsche Bambusbungalows mit Bad überblicken den Fluss. Gastlich, gepflegter Garten, gutes Essen. Tolles Preis-Leistungs-Verhältnis. ❶
Samlang Chai's Bungalow (auch Mountain Lodge), im Süden des Ortes auf einem Hügel,

☎ 020-55488032, 🖥 www.samlan-chai-mountain-lodge.com. Holzbungalows mit Bad und Terrasse. Tolle Lage. ❶

Sai Nam Chook Gh., an der Brücke, ☎ 020-55786277. Günstige Holzbungalows direkt am Fluss und saubere, gefliese Zimmer in einem Trakt aus Stein. ❶–❷

Restaurants gibt es nur wenige, eine Ausnahme ist die Hütte des **Melin Restaurants** südlich des Thong My Xay (einfache Speisen). Oft sorgen die Gästehäuser für die Verpflegung der Gäste.

TOUREN

🌳 **Visitor Information Office,** ☎ 086-215041, ✉ eco-trekvpk@hotmail.com, 🖥 www.luangnamtha-tourism-laos.org, in der letzten Parallelstraße, die an der Wasseraufbereitungsanlage abzweigt. Zu den angebotenen Treks gehören mehrtägige Touren zu Akha-Dörfern und Tagesausflüge zu religiösen Stätten der Khmu.

Nam Ha Hilltribe Eco Trek, an der Hauptstraße nördlich der Busstation, ☎ 086-260015 🖥 www.trekviengphoukha.com. 1- bis 3-tägige Treks in der Umgebung und im Nam Ha NPA.

TRANSPORT

Die **Busstation** liegt an der Straße beim KL Restaurant („KL" steht für *kiu lot*, „Busstation"). 4x tgl., bis in den Nachmittag hinein, kommen Busse durch Vieng Phouka, die zwischen LUANG NAMTHA (67 km, 1 Std., 25 000 Kip) und HOUAY XAI (127 km, 3 Std., 60 000 Kip) pendeln. Morgens um 9.30 Uhr fährt ein Pick-up von der Busstation nach LUANG NAMTHA (25 000 Kip). Infos im Visitor Information Office.

Luang Namtha

Versuche, ökologisch und sozial nachhaltigen Tourismus in Laos zu etablieren, gibt es viele. Oft schläft nach Abzug der ausländischen Hilfsorganisationen alles wieder ein. Nicht so in der Provinzhauptstadt Luang Namtha: Begünstigt durch ihre Lage und mit Unterstützung des Tourismusministeriums, der Unesco und des New Zealand Aid Programme hat sich die Stadt den Ruf eines vorbildlichen Ökotourismus-Ziels erarbeitet.

Heute lohnt ein Stopp vor allem für jene, die aus dem breiten Tourenangebot wählen wollen. Attraktive Ziele für Unternehmungen auf eigene Faust gibt es weniger, auch weil die unmittelbare Umgebung mittlerweile von ausgedehnten Kautschukplantagen bestimmt wird, die die Nachhaltigkeit des gesamten Projekts gefährden.

Luang Namtha, früher Muang Luang Houa Tha genannt, liegt in der fruchtbaren, weiten Ebene des Nam Tha auf einer Höhe von knapp 600 m. Zwei Stadtteile gruppieren sich locker um eine schmale Flugpiste und den Fluss. Der Stadtteil **Ban Luang Khone**, das frühere Handelszentrum, erstreckt sich zwischen dem Flughafen und dem Bootsanleger. Das heutige Zentrum, das die meisten Leute meinen, wenn sie von Luang Namtha sprechen, liegt nördlich der Rollbahn.

ÜBERNACHTUNG

Ban Luang Khone

🌳 **Boat Landing Gh.**, nahe dem Flughafen am Nam Tha, ☎ 086-312398, 🖥 www.theboatlanding.com. Geräumige Bungalows aus Bambus und Holz, alle mit Flussblick und Veranda, und ein großes, offenes Restaurant – trotz erster Alterserscheinungen ein Ort zum Wohlfühlen. Organisation von Touren in Zusammenarbeit mit Green Discovery. ❺

Luang Namtha

Kingmala Gh. ☎, 020-23935333, ✉ kmlguesthouse@hotmail.com. Das neue Gebäude wirkt auf den ersten Blick wie ein weiterer unpersönlicher Betonklotz chinesischer Bauart, aber die 15 gepflegten, neuwertig eingerichteten Zimmer gehören in dieser Preislage zu den besten weit und breit. Gratis Kaffee und Tee. Wäscheservice, WLAN. ❷

📖 **Zuela Gh.**, zurückgesetzt zwischen Haupt- und Seitenstraße, ☎ 020-55886694. Stimmungsvolle Zimmer mit Ventilator oder AC und Bad in einem schönen Ziegel- und Holzhaus. Im neuen Erweiterungsbau gibt es auch ein Restaurant. Fahrrad- und Motorradverleih. WLAN. ❷

Phou lu III Bungalows, vom Nachtmarkt den Schildern 400 m nach Osten folgen, ☎ 020-99440084 oder 086-260015, 🖥 www.luangnamtha-oasis-resort.com. Geräumige, hübsche

Bungalows in traditioneller Bauart verschiedener ethnischer Gruppen. Empfehlenswert. **3**

Khamking Gh., zentral gegenüber dem Nachtmarkt gelegen, ☏ 086-312238. Gute Betten auf glänzenden Fliesen; sauberes Bad. WLAN. **2**

Thoulasith Gh., ☏ 086-212166, 🖥 www.facebook.com/thoulasith. Schlossähnliche Herberge mit sauberen Zimmern (Bad, TV), ruhig gelegen abseits der Straße. WLAN. **2**

Adounsiri Gh., erste Parallelstraße, ☏ 020-22991898. Saubere Zimmer mit Bad, passabel eingerichtet. Wäscheservice, Fahrradverleih. WLAN. **1**–**2**

ESSEN

Forest Retreat Laos. Das grüne Gebäude ist nicht nur das Büro des empfehlenswerten Touranbieters (S. 426), sondern auch Café, Restaurant und Bar mit Fokus auf westlichen Speisen. Der ganze Stolz der beiden neuseeländischen Besitzer, die hier Einheimische aus den umliegenden Dörfern ausbilden, ist die Pizza aus dem selbstgebauten Steinofen.

Minority Restaurant. Von einem Guide geführt; schmackhafte Zubereitung von Speisen der verschiedensten Ethnien, auch der Falang.

Lai's Place. Gemütliches Lokal mit westlichen Gerichten, Salaten, Suppen und laotischen Reis- und Nudelgerichten.

Nachtmarkt. Beerlao schnappen und durchprobieren: Nudel- und Reisgerichte, ganze gegrillte Hühnchen, Schweineschwarten, Salate und vieles mehr zum Tiefstpreis.

TOUREN UND AKTIVITÄTEN

Trekking

Die Zahl der Trekking-Anbieter in Luang Namtha wächst, ein Vergleich lohnt. Außerdem sollte man versuchen, sich mit mehreren zusammenzutun, denn für Alleinreisende kann's teuer werden. Als Richtwert: Der Preis für eine Trekkingtour liegt ungefähr bei US$35 p. P./Tag.

Trekking Office, staatliche Touristeninformation in einer Seitenstraße hinter der Post, ☏ 086-211534, 🖥 www.luangnamtha-tourism.org. Mehrtägige Wanderungen in die Dörfer verschiedener Ethnien, Homestays und Fahrradtouren entlang des Tea Caravan Trail. ⏱ Mo–Fr 8–11.30, 13.30–16 Uhr.

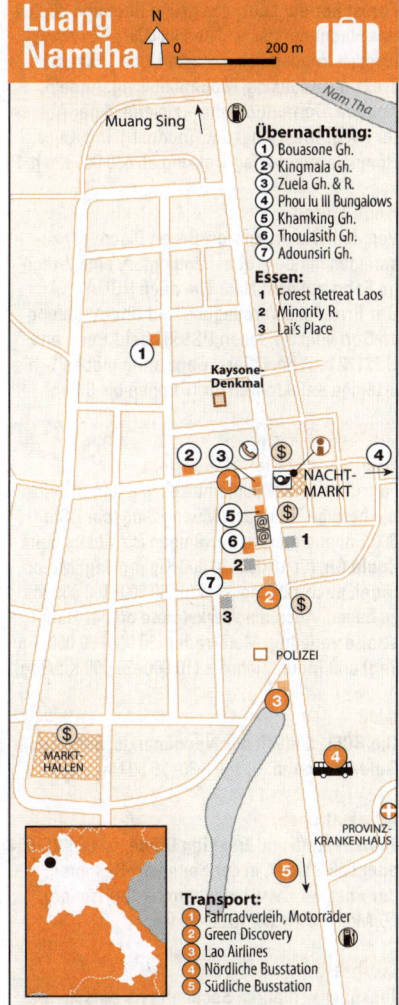

Übernachtung:
1. Bouasone Gh.
2. Kingmala Gh.
3. Zuela Gh. & R.
4. Phou lu III Bungalows
5. Khamking Gh.
6. Thoulasith Gh.
7. Adounsiri Gh.

Essen:
1. Forest Retreat Laos
2. Minority R.
3. Lai's Place

Transport:
1. Fahrradverleih, Motorräder
2. Green Discovery
3. Lao Airlines
4. Nördliche Busstation
5. Südliche Busstation

Green Discovery, ☏ 086-211484, 🖥 www.greendiscoverylaos.com. Große Palette an Ecotreks (1–3 Tage). Übernachtet wird in Dörfern oder in Dschungelcamps. Seit vielen Jahren hat der Outdoor-Spezialist auch Mountainbiking und mehrtägige Kajaktouren sowie kombinierte Kajak-/Trekkingtrips auf dem Nam Ha und Nam Tha im Programm. ⏱ 7.30–21 Uhr.

Forest Retreat Laos, das grüne Gebäude südlich des Nachtmarkts. ℡ 020-55680031, 🖥 www.forestretreatlaos.com (Karte siehe „Essen"). Trekking, Kayaking, Mountainbiking, Angeln, Kochen, Dorfaufenthalte – zuverlässiger Anbieter mit großem Angebot. Tour mit 1 Tag Kajak, Homestay, und 1 Tag Trekking ab 450 000 Kip p. P.

Bootstouren

Von Juli–Okt organisiert Green Discovery zusammen mit dem Boat Landing Gh. eine 2-tägige Fahrt **auf dem Nam Tha** nach HOUAY XAI. Der Preis inkl. Verpflegung und Übernachtung im Dorf liegt zwischen US$583 bei 1 Pers. und US$122 p. P. bei 6 Pers. Ganzjährig gibt es 1- bis 4-tägige Kajaktouren für Gruppen bis 8 Pers.

SONSTIGES

Fahrrad- und Motorradverleih

Fahrräder und Mountainbikes, mit denen selbst die bergige Tour nach Muang Sing (ca. 7 Std., 600 Höhenmeter) zu bewältigen ist, gibt es beim **Zuela Gh.** für 10 000–30 000 Kip pro Tag. Motorräder, auch 125ccm, sind für 50 000–100 000 Kip zu haben. Auch die **Werkstätten** an der Hauptstraße verleihen Motorräder (30 000–60 000 Kip/Tag) und Mountainbikes (10 000–20 000 Kip/Tag).

Geld

Die **BCEL**, südlich des Nachtmarkts, hat einen **Geldautomaten**. ⏲ tgl. 8.30–15.30 Uhr.

Informationen

Touristeninfo und **Trekking Office**, ℡ 086-211534 oder 086-312047, in der Seitenstraße hinter der Post, 🖥 www.luangnamtha-tourism.org, ⏲ Mo–Fr 8–11.30, 13.30–16 Uhr.

TRANSPORT

Tagsüber verkehren **Sammeltaxis** zwischen Luang Namtha und Ban Luang Khone für 10 000 Kip p. P. Ansonsten gibt es **Tuk Tuks**, die auch für Ausflüge in die Umgebung gemietet werden können (um 100 000 Kip für 4 Std.).

Busse, Songtheos und Pick-ups

Luang Namtha hat zwei Busbahnhöfe. Jener im Ort fährt nur Ziele im Norden wie Muang Sing und Boten an. Die überregionalen Strecken in

Grenzübergang nach China

Der bislang einzige für Touristen offene Grenzübergang, ⏲ tgl. 7.30–16 Uhr, liegt nördlich der Straße 1 zwischen Luang Namtha und Oudomxai. Von Luang Namtha ist der 39 km entfernte Kreuzungspunkt Nateui in 1 Std. erreicht. Hier verkehren Tuk Tuks bis zur Grenze im 19 km nördlich gelegenen **Boten**. Praktisch sind die 5 Busse, die jeden Tag vom nördlichen Busbahnhof in 1 1/2 Std. direkt zur Grenze fahren, sowie die Busse von der südlichen Busstation nach Mengla und Jinghong. Es gibt auch direkte Verbindungen von Houay Xai (S. 419), Oudomxai (S. 423), Luang Prabang (S. 411) und Vientiane (S. 372) nach China. Auf beiden Seiten der Grenze ist Geldwechsel möglich.

Richtung Süden werden von einem Busbahnhof aus betrieben, der 10 km südlich noch hinter dem Flughafen liegt. Ein Tuk Tuk dorthin kostet für eine Person etwa 30 000 Kip, bei mehreren etwas weniger.

Nördliche Busstation

Von der nördlichen Busstation fahren Minibusse, Songtheos und unregelmäßig auch Pick-ups. BOTEN (58 km, 1 1/2 Std.) um 8, 9.30, 11.30, 12.30, 14.30 Uhr für 25 000 Kip. MUANG SING (59 km, 2 Std.) um 8, 9.30, 11.30, 12.30, 14.30, 15 Uhr für 25 000 Kip. VIENG PHOUKHA (67 km, 1 Std.) um 9.30, 12.30 Uhr für 25 000 Kip.

Südliche Busstation

HOUAY XAI (194 km, 4 Std.) um 9, 12 und 16 Uhr für 65 000 Kip über VIENG PHOUKHA (67 km, 1 Std., 25 000 Kip). LUANG PRABANG (307 km, 7–8 Std.) um 8 Uhr für 90 000 Kip und VIP-Bus zur selben Zeit sowie 14.30 und 21 Uhr für 120 000 Kip. OUDOMXAI (114 km, 4 Std.), 8.30, 12, 14.30 Uhr für 40 000 Kip über NATEUI (1 Std., 15 000 Kip). VIENTIANE (690 km, 15–17 Std.) VIP-Bus um 8.30 und 14.30 Uhr für 220 000 Kip. Nach MENGLA (115 km, 4 Std.) in **China** fährt ein Bus um 8 Uhr für 65 000 Kip, nach JINGHONG (185 km, 6 Std.) um 9 Uhr für 100 000 Kip.

Flüge

Der Flughafen liegt in Ban Luang Khone, 7 km südlich der Stadt. Tickets gibt's bei **Lao Airlines** am Flughafen, im Ticketbüro südlich der Polizeistation oder unter 🖥 www.laoairlines.com. Derzeit wird nur VIENTIANE (tgl., 1 Std.) angeflogen, seit 2014 auch 2x wöchentl. von **Lao Skyway**, 🖥 www.laoskyway.com.

Muang Sing

Um die Jahrtausendwende galt Muang Sing, die zweitgrößte Stadt der Provinz, als Tipp unter Trekkingtouristen, die das Dorfleben der laotischen Minderheiten kennenlernen wollten. Seit ähnliche Touren auch an anderen Orten angeboten werden, stehen viele Zimmer leer. In der Umgebung haben chinesisch finanzierte Kautschuk-, Bananen- und Zuckerrohrplantagen weithin Reisfelder und Dschungel verdrängt. In den meisten Dörfern tragen lediglich die Alten traditionelle Trachten und die Bast- und Bambushütten werden zunehmend durch Holz- und Betonhäuser ersetzt.

Dennoch ist der Ort noch immer ein lohnendes Ziel für Leute, die die Haupttouristenrouten verlassen wollen. Einige traditionelle Gebäude der **Lue und Akha** können besichtigt werden. Die 60 km lange Anfahrt von Luang Namtha mit dem Rad oder Motorrad führt durch schöne Landschaft. Und die **Trekkingtouren** mit Homestays sind noch immer ein Erlebnis: jenseits verklärter Romantik und inklusive moderner Einflüsse.

Singduangdao Resort, am Ortseingang hinter der Lkw-Waage, 📞 020-55488109, ✉ singduangdao@yahoo.com. Zimmer mit Bad, Ventilator und Veranda in Bungalows aus Bambus oder Ziegeln in einem hübschen Garten. Die nette Besitzerin betreibt auch das angeschlossene *sindat*-Restaurant. ❶–❷

Phou Iu Bungalows, eine Querstraße weiter, 📞 020-55985557, 🖥 www.muangsingtravel.com. Anlage mit gepflegten, von lokalen Stilen inspirierten Bambusbungalows mit Bad, die sich um einen großen Garten gruppieren. Trekkingtouren. Preis inkl. Frühstück. ❸–❹

Tai Lue Gh, Hauptstraße. Eines der schönsten Lue-Häuser. 5 einfache, aber stimmungsvolle Zimmer mit Bad und Veranda zur Straße hin. Im Restaurant gibt's Lue-Spezialitäten und einen PC mit Internetzugang. Wäscheservice. ❶

📖 **Daen Naue 2 Gh.**, 📞 020-56753222. 29 großzügige Zimmer mit Bad, AC oder Ventilator und TV. Die hinteren, oberen haben eine schöne Aussicht auf Stelzenhäuser und Reisfelder. Kaffee, Tee und WLAN kostenlos. Gutes Preis-Leistung-Verhältnis. ❶–❷

Einige chinesische **Suppenküchen** befinden sich entlang der Hauptstraße.

Tai Lue Restaurant, im Tai Lue Gh. Authentische Lue-Spezialitäten. Zum Frühstück gibt's Kartoffelomelette, das an eine Tortilla erinnert.

View Restaurant, Seitenstraße am Ortseingang. Strohhüttenparadies im Reisfeld: Zu den laotischen Gerichten gibt es kostenlos den Duft der angeschlossenen Kräutersauna. Auch Treks zu den Akha, Yao und Lue-Dörfern der Umgebung.

Informationen und Trekking

🌳 Das **Trekking Office** in der Touristeninformation organisiert Treks (3 Tage, bei 2 Teilnehmern 750 000 Kip p. P., bei mehr Leuten günstiger) über den Eco-Guide Service in die Dörfer der Akha, Hmong, Tai Dam und Lue in der Umgebung. Außerdem gibt es Aushänge über Flora, Fauna, Geschichte und Ethnien der Gegend. 🕐 Mo–Fr 8–11.30, 13.30–16.30 Uhr. 📞 086-213021, ✉ mstouroffice@yahoo.com.

Tiger Man, ein Stück weiter, organisiert 1- bis 3-tägige Treks, ebenso **Phouiu Bungalows**, 🖥 www.phouiu-ecotourism-laos.com, nahe der Polizei, und das **View Restaurant**.

Fahrradverleih

Tiger Man unweit der Touristeninformation verleiht Räder für 20 000 Kip/Tag. Auch Motorräder für 70 000 Kip/Tag.

Geld

Lao Development Bank, neben dem Telecom Office, mit Geldautomat. **BCEL**, gegenüber dem Nachtmarkt. Beide 🕐 Mo–Fr 8.30–15.30 Uhr.

Songtheos und Pick-ups fahren von der Busstation am neuen Markt ab.
LUANG NAMTHA (59 km, 2 Std.) 8, 9.30, 11, 12, 14 und 15.30 Uhr für 30 000 Kip.
MUANG LONG (49 km, 1 1/2 Std.) um 9, 11, 13.30 und 15.30 Uhr für 25 000 Kip.
Wer nach XIENG KOK (75 km) möchte, nimmt den Bus nach Muang Long. Von dort muss man den Transport, falls die Busverbindung nach Xieng Kok nicht wiederbelebt wird, selbst organisieren.

Provinz Phongsaly

Die sehr dünn besiedelte Provinz Phongsaly (16 270 km^2), bergig und unwegsam, liegt ganz im Norden von Laos, zwischen Vietnam (Dien Bien Phu) und China (Yunnan). Die meisten der offiziell 28 Ethnien siedeln in Dörfern, tagelange Fußmärsche von der nächsten Straße entfernt. Wer in dieser abgelegenen Provinz unterwegs ist, braucht Gelassenheit und warme Kleidung, denn das **Klima** ist im Vergleich zu den heißen Ebenen im Süden – besonders in der Trockenzeit – recht kühl.

Die Pflanzenwelt in der Provinz ist üppig und wurde entlang der vietnamesischen Grenze im **Phou Den Din NPA** (2220 km^2) unter Schutz gestellt. Hier ist das Reich von Adler und Nebelparder, Tiger und Elefant, aber leider auch von Wilderern. Durch die undurchdringlichen Bergwälder des Schutzgebiets führen keine Straßen, der Nam Ou ist der einzige Verkehrsweg. Entlang seiner Ufer gibt es eine Handvoll Dörfer.

Der **Reisanbau** bestimmt das Leben der Menschen. Nassreis dominiert die Ebenen. In den Tälern werden zusätzlich Obst und Gemüse angebaut. An flachen Hängen, vor allem um Boun Neua, wurden in der jüngsten Vergangenheit Zuckerrohr- und Kautschukplantagen angelegt. In höheren Lagen mühen sich die Menschen mit dem Anbau von Bergreis auf den brandgerodeten Flächen. Um die Stadt Phongsaly, auf etwa 1400 m Höhe, wächst seit jeher Tee. Von 1990 an wurden vermehrt **Teegärten** angelegt (s. Kasten S. 430).

Phongsaly

Schon die Busfahrt von Oudomxai nach Phongsaly ist ein Abenteuer: Auf insgesamt 232 km windet sich die erst seit 2013 vollständig asphaltierte Straße durch die bewaldete Bergwelt mit ihren schmalen Flusstälern. Sieben Stunden braucht der robuste Hyundai-Bus dafür, wenn alles gut läuft. Die letzte Stunde Fahrt ist am spannendsten: Mehr als 40 km geht es durch oft dichten Dschungel, mystisch und nebelverhangen oder mit weiten Ausblicken über die Berge.

Phongsaly ist eine besondere Stadt – nicht mehr Laos, noch nicht China. Schon bei der Ankunft ist ein babylonisches Sprachengewirr zu vernehmen. Die wenigen westlichen Touristen, die bis hierher vordringen, tragen ihren Teil zum bunten Kulturenmix bei.

Phongsaly ist die höchstgelegene Stadt in Laos (1400 m). Hier gibt es keine Moskitos mehr. Die **Altstadt** wartet mit Häusern aus ungebranntem Lehm und hölzernen Ladenfronten auf – Architektur wie sie früher Kunming prägte, Hauptstadt der benachbarten chinesischen Provinz Yunnan. Die meisten der heute 6000 Einwohner sind buddhistische **Phounoy**. Sie besetzen viele der wichtigen politischen Posten. Die wirtschaftliche Stellung halten seit jeher die überwiegend animistischen **Ho**. Diese Händler bauen in den 1960er-Jahren die Stadt weiter aus: Sie errichteten feste Wohnhäuser in Gassen, in China Hutong genannt. Einen guten Einblick in das Ho-Viertel vermittelt ein **Spaziergang** entlang der Hauptstraße vom Phongsaly Hotel zum Basketballfeld, dem alten Markt der Stadt. Die kleineren Häuser in den verwinkelten, kopfsteingepflasterten Gassen oberhalb werden von Ho und Phounoy bewohnt. Jeder freie Platz ist ein gepflegtes Gemüsebeet.

Auf dem 1625 m hohen **Phou Fa** („Himmelsberg") erhebt sich ein eigenwillig kantiger weißer Stupa (2005 errichtet) samt neuer Buddhastatue schützend über die Stadt (5000 Kip). Die 45-minütige Wanderung hinauf führt durch Dschungel mit Lianengewirr bis zum Picknickplatz im Wald. Wer die anschließenden Treppenstufen hinter sich gebracht hat, wird mit freier Sicht über endlose Bergketten bis zum Horizont belohnt.

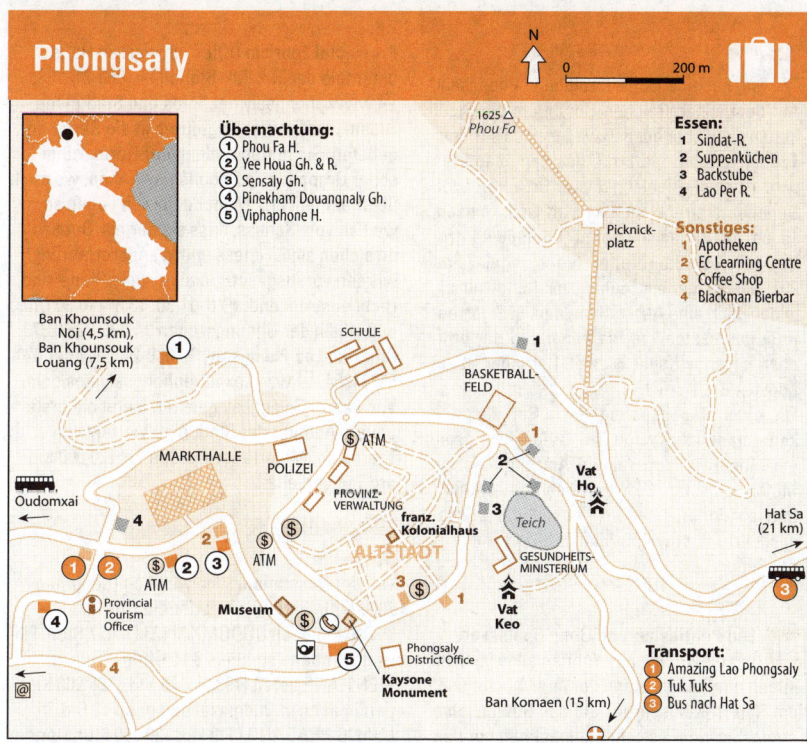

Phongsaly

N
0   200 m

Übernachtung:
① Phou Fa H.
② Yee Houa Gh. & R.
③ Sensaly Gh.
④ Pinekham Douangnaly Gh.
⑤ Viphaphone H.

1625 △
Phou Fa

Picknick-
platz

Essen:
① Sindat-R.
② Suppenküchen
③ Backstube
④ Lao Per R.

Sonstiges:
① Apotheken
② EC Learning Centre
③ Coffee Shop
④ Blackman Bierbar

LAOS

Ban Khounsouk
Noi (4,5 km),
Ban Khounsouk
Louang (7,5 km)

① SCHULE

BASKETBALL-
FELD

ⓔ 1

MARKTHALLE   POLIZEI

Ⓢ ATM

Oudomxai   ④

PROVINZ-
VERWALTUNG
franz.
Kolonialhaus
ALTSTADT

Ⓢ
Ⓢ ATM

Vat
Ho

Teich

GESUNDHEITS-
MINISTERIUM

Hat Sa
(21 km)

① ② Ⓢ ② ③
ATM

④ ⓘ Provincial
Tourism
Office

Museum Ⓢ ☎

③ Ⓢ

Vat
Keo

③

④

⑤

Phongsaly
District Office

**Kaysone
Monument**

Ban Komaen (15 km)

Transport:
① Amazing Lao Phongsaly
② Tuk Tuks
③ Bus nach Hat Sa

@

ÜBERNACHTUNG

Yee Houa Gh., gegenüber dem Markt, ☏ 088-210186. Kleine, etwas schäbige Zimmer mit/ohne Bad. Beliebtes Café-Restaurant mit günstigen Speisen. ❶

Pinekham Douangnaly Gh., lila Gebäude unterhalb des Provincial Tourism Offices, ☏ 020-22999931. Nette Gastgeber, 8 saubere, gefliese Zimmer inklusive Bad und TV. WLAN. ❷

€   **Sensaly Gh.**, weiter in Richtung Stadt, hinter der Kurve, ☏ 088-210165.
Die 12 freundlichen Zimmer mit kleinem Bad in einem alten und einem neuen Trakt gehören zu den besseren im Ort. Einfach, aber ein netter Familienbetrieb. ❷

Viphaphone Hotel, im Zentrum, ☏ 088-210111. Äußerlich keine Schönheit, innen mit 2 Dutzend großen Zimmern plus Bad. Verkauf von Flugtickets für Lao Airlines. ❶–❷

Phou Fa Hotel, im Norden, oberhalb der Stadt, ☏ 020-28766666. 26 ebenerdige Zimmer in Ziegelhäusern um zwei Höfe. Gute Zimmer mit Bad, TV, AC und Wandbild. Von der großen Terrasse bietet sich eine herrliche Aussicht. Restaurant, WLAN. ❷–❸

ESSEN

Die Restaurantlandschaft Phongsalys ist wie das Übernachtungsangebot: recht übersichtlich. Als Start in den Tag ist unbedingt ein Gang zum **Markt** zu empfehlen, wo es Fö wie aus dem Lehrbuch gibt – mit selbst gemachten Reisnudeln und ordentlicher Fleischeinlage. Gutes Frühstück (z. B. Omelette) gibt es auch im **Coffee Shop** beim Phongsaly Hotel.
Das **Yee Houa Restaurant** (s. Übernachtung) bietet mitunter morgens Baguettes. Es ist eines der wenigen Lokale, die abends geöffnet haben.

Grün in jeder Hinsicht

Tee *(sa)* hat eine lange Tradition in Phongsaly. Auf dem mineralreichen Boden um die Stadt herum gedeiht er gut und wird meist als **Grüner Tee** angeboten. Die Ernte aus den Teegärten wird in den drei Teefabriken vor Ort verarbeitet. Daneben erstreckt sich im Dorf **Ban Komaen**, 15 km von Phongsaly entfernt, ein 69 ha großer, teils 400 Jahre alter Teebaumhain. Seit 2011 gibt es hier ein Teehaus mit Rundumblick, in dem sich eine **Ausstellung** dem in Zigarrenform gepressten Tee *(sa bang)* und der örtlichen Phounoy-Kultur widmet. Betreiber ist ein Komitee des Dorfes.

Für einen **Tagesausflug** nach Ban Komaen kann man sich im Tourism Office Phongsaly ein Mountainbike oder bei Amazing Lao ein Motorrad mieten. 3 km westlich des Zentrums (unweit der Busstation) beginnt der ausgeschilderte Rundweg in das Tee-Dorf (nicht in der Regenzeit).

Lao Per Restaurant. Ohne Speisekarte hat die Köchin aus Yunnan alles im Griff: einfach am Gemüsestand vor ihrer Küche und dem Fleisch-Kühlschrank auf das Gewünschte deuten. Sie weiß es sehr schmackhaft vor den Augen des Gastes zuzubereiten, nimmt dafür aber auch ein paar Kip mehr als die Konkurrenz. **Sindat-Restaurant**, das allseits beliebte koreanische Tischgrillen bereichert die sonst karge kulinarische Landschaft Phongsalys seit 2011. In den Straßen, die aus der Altstadt herausführen, haben in den letzten Jahren viele Bierbars in Bambushütten eröffnet, wie der coole **Blackman**. Hier gibt es zum Beerlao Fischsuppe oder Barbecue.

SONSTIGES

EC Learning Centre

Spannende Erfahrung: Ehe man sichs versieht, steht man vor 30 Kindern mit Zeigestock an der Tafel. Der engagierte Lehrer Mor Chitmany, Gründer des EC Learning Centre, freut sich über **internationale Freiwillige**, die im abendlichen Englischunterricht vorbeischauen und mit den Kindern Aussprache und Grammatik üben.

Informationen und Touren

Provincial Tourism Office, im weißen Haus unterhalb der Tuk-Tuk-Station, ☎ 088-210098, ▭ www.phongsaly.net. Infos und Stadtpläne, zudem werden Trekkingtouren in die Berge angeboten. Sie führen entlang der Dörfer ethnischer Gruppen wie Phounoy und Akha, wo auch übernachtet wird. Manche Routen liegen so weit ab vom Schuss, dass sie nur per Boot zu erreichen sind. Fitness und Wandererfahrung werden vorausgesetzt, einige steile Pfade sind recht anstrengend. ⏰ 8–11.30, 13.30–16.30 Uhr, außerhalb der Öffnungszeiten ☎ 020-22572373. **Amazing Lao Phongsaly**, ☎ 088-210594 oder 020-55774354, ▭ www.explorephongsalylaos.com. Von Lehrer Sivongsay geleitet, bietet die erste private Agentur der Stadt eine Vielzahl von Touren an. Motorräder werden für 120 000 Kip pro Tag verliehen.

TRANSPORT

Busse

Von der **Busstation**, 3 km westlich (Songtheo 7000 Kip), fährt tgl. um 8 Uhr ein Bus für 75 000 Kip nach OUDOMXAI (232 km, 7 Std.). Für Hartgesottene steht um 8.15 Uhr ein Bus nach VIENTIANE bereit (793 km, 26 Std., 195 000 Kip). Er hält auch in Oudomxai und nach 12 Std. in LUANG PRABANG (410 km, 130 000 Kip). Dorthin fährt zudem um 11 Uhr ein Minivan (130 000 Kip). Um 7 Uhr startet ein Bus nach DIEN BIEN PHU in Vietnam (130 000 Kip), der nach 7–8 Std. auch in Muang Khoua hält. Zusätzlich fährt ein Bus ein- bis zweimal wöchentlich um 8 Uhr direkt nach MUANG KHOUA (70 000 Kip.)

Vorsicht: Der Bus von Phongsaly nach LUANG NAMTHA fährt über die chinesische Grenze und nimmt nur Laoten und Chinesen mit. Alle anderen müssen über Oudomxai reisen.

Boote

Boote auf dem Nam Ou nach Süden legen in **Hat Sa** ab. Der Bus von Phongsaly nach HAT SA (21 km, 1 Std., 15 000 Kip) fährt um 8 Uhr im Osten der Stadt los. Den Transfer zur Busstation übernehmen gegen 7 Uhr Tuk Tuks von der Tuk-Tuk-Station nahe dem Markt (7000 Kip). Die Fahrt mit dem Boot nach MUANG KHOUA beginnt, wenn sich genug Passagiere finden, gegen 9.30 Uhr und dauert je nach Jahreszeit 5–7 Std. Das erste Ticket für 55 000 Kip gilt bis zur großen Dammbaustelle, die mit einem Tuk Tuk (10 000 Kip) umfahren werden muss. Am Anleger in Samphan kauft man dann ein weiteres Ticket (55 000 Kip) für den zweiten Abschnitt bis Muang Khoua. Infos zur Route s. S. 433.

Flüge

Der **Flughafen** von Phongsaly liegt 41 km westlich der Stadt in Boun Neua. Lao Skyway, 🖵 www.laoskyway.com, fliegt 2x wöchentl. in 1 3/4 Std. nach VIENTIANE. Tickets gibt's für 900 000 Kip im Viphaphone Hotel (inkl. Flughafentransfer).

Muang Khoua

Muang Khoua ist der Verkehrsknoten im Süden der Provinz. Hier kreuzen sich Straße und Wasserstraße: Die Straße verbindet Laos mit Dien Bien Phu in Vietnam. Die Wasserstraße, der **Nam Ou**, fließt von Hat Sa im Norden über Muang Ngoi Kao und Nong Kiao im Zentrum bis kurz vor Luang Prabang, wo der Fluss in den Mekong mündet. Das Marktstädtchen liegt auf einer Landzunge an der Mündung des Nam Phak in den Nam Ou. Im Westen sieht man von der Hängebrücke auf den schmalen Lauf des Nam Phak und üppige Ufergärten hinab. Im Osten lässt sich das Geschehen rund um den Anleger am Nam Ou beobachten.

ÜBERNACHTUNG

Die Unterkünfte sind vom Bootsanleger am Nam Ou ausgehend gelistet.
Chaleunsouk Gh., Hauptstraße, ☎ 030-9320888. Ein Dutzend freundliche Zimmer mit/ohne Bad und eine große Aussichtsterrasse. ❶
Manhchay Gh., ☎ 020-22016810. Renoviertes Gästehaus in der Nähe des Tourism Office mit 10 sehr sauberen Zimmern samt Bad, AC und TV. Freundlicher Besitzer. ❷
Sernnaly Hotel, neben dem Markt im Zentrum, ☎ 020-55787212. Das einzige Hotel des Ortes erwacht oft nur beim Besuch von Reisegruppen zum Leben. Die Zimmer mit Ventilator und schicken Bädern sind sauber und komfortabel. ❸

Manotham Gh., ☎ 020-55984546. Eine echte Backpacker-Unterkunft im Khmu-Dorf Ban Natoun auf der anderen Seite des Nam Phak. Die einfachen, aber ordentlichen Zimmer mit Bad sind in zwei wunderbar gelegenen Gebäuden untergebracht. Wer die Holzläden seines Fensters öffnet, hat einen tollen Blick auf die Hängebrücke, den Nam Phak und die kleinen Gärten an seinen Ufern. ❶

ESSEN

Der **Markt** bietet zum Frühstück und Mittagessen reichlich Auswahl, vor allem Fö und süße *khanom*. Zudem gibt es am Bootsanleger und entlang der Hauptstraße einige **Suppenküchen**.
Xay Mien, Hauptstraße. Von Vietnamesen betrieben, Fö und gebratener Reis mit Gemüse werden gern bestellt.
Sayfon Restaurant, ein Stück östlich Richtung Anleger. Wohl das meistbesuchte Restaurant der Stadt, schnell überfordert, aber gut fürs Abendessen. Auswahl von Schwein mit Pilzen bis Fischsuppe. Schöner Blick auf den Nam Ou.
Sernnaly Restaurant, zum gleichnamigen Hotel gehörig. Große Terrasse mit Spitzenblick. Etwas teureres Essen, häufig Gruppen aus dem Hotel.

SONSTIGES

Die **Lao Development Bank** an der Tuk-Tuk-Station wechselt nur Bares, ⏱ Mo–Fr 8–11.30, 13.30–16 Uhr. Gegenüber ist eine Filiale der **BCEL** mit Geldautomaten, ⏱ Mo–Fr 8.30–15.30 Uhr.

Internet

Ket's Internetcafe, schräg gegenüber Vat Si Kun, bietet Copyservice und Internetzugang an mehreren PCs für 15 000 Kip/Std. ⏱ 8–22 Uhr.

Trekking

Wer nicht nur die frisch mit Kautschuk bepflanzten Hänge beiderseits der Straße sehen möchte, sollte sich einer Trekkingtour anschließen. In den teils dicht bewaldeten Bergen um Muang Khoua leben vor allem Khmu und Akha. Das kleine **Tourism Office** liegt gegenüber dem Sernnaly Hotel. 🖵 www.muang khua.com, ⏱ Mo–Fr 8–11, 13.30–16 Uhr, ansonsten bei Keo anrufen: ☎ 020-22848020. Alle Treks sind Rundwanderungen von Dorf zu Dorf.

LAOS

Busse

Songtheos fahren von der Tuk-Tuk-Station im Ort und manchmal schon am Bootsanleger ab. Zur **Busstation** (7000 Kip) sind es gut 2 km. OUDOMXAI (94 km, 3 Std.) um 8.30, 12 und 15 Uhr für 35 000 Kip.

Wer nach PHONGSALY will, steigt am besten in den ersten dieser drei Busse nach Oudomxai (alternativ fährt ein lokaler Bus/Songtheo um 8 Uhr los, vorausgesetzt es finden sich mind. 10 Passagiere); nach 1 Std. in Pak Nam Noi aussteigen (15 000 Kip) und dort warten: Der Bus von Oudomxai nach Phongsaly hält hier meist zwischen 10 und 11 Uhr, ist aber oft rappelvoll. Zwischen 12 und 13 Uhr kommt ein vietnamescher Bus aus Dien Bien Phu durch Muang Khoua, der nach LUANG PRABANG (170 000 Kip) weiterfährt.

Boote

Eine **Bootsfahrt** auf dem Nam Ou zu organisieren kann eine Bewährungsprobe für den Humor sein. Am besten tauscht man sich am Vortag mit anderen Reisenden aus. Wenn es fährt, startet das Boot nach HAT SA um 9 Uhr. Wegen Dammbauarbeiten ist die Fahrt nicht durchgängig möglich: Zunächst geht es auf dem Wasser zur Baustelle, dort mit dem Tuk Tuk um die Baustelle herum und schließlich von Samphan mit einem weiteren Boot nach Hat Sa (6 Std., 110 000 Kip). Von hier fahren Songtheos (ab 22 000 Kip) oder Minibusse (ab 15 000 Kip) zur Busstation in Phongsaly (1 Std.).

Die fast ausschließlich mit Touristen besetzten Boote gen Süden legen, wenn sich genügend Passagiere finden, um 9.30 Uhr ab und halten in MUANG NGOI KAO (4 Std., 110 000 Kip) und NONG KIAO (5 Std., 120 000 Kip). Mit Pech muss ein Boot komplett gechartert werden (um 1 200 000 Kip). Ein Boot fasst bis zu 10 Pers. Je mehr Reisende sich einfinden, desto besser sind die Aussichten auf akzeptable Tarife. Mehr Infos zur Nam-Ou-Fahrt gibt's im Kasten rechts.

Grenzübergang nach Vietnam

Seit 2007 ist die Grenze zu Vietnam bei Ban Hog (Sop Houn) auch für westliche Touristen geöffnet, ◷ 8–12, 13–17 Uhr. Wer nach Laos einreist, erhält ein Visa on Arrival, das Visum für Vietnam muss man sich vorher besorgen. Von Muang Khoua fährt etwa jeden zweiten Tag ein Bus um 6 Uhr nach **Dien Bien Phu** (5–6 Std., 60 000 Kip). Er hält nicht an der Busstation, sondern stoppt kurz an der Tuk-Tuk-Station. Die Alternative ist ein Bus von Oudomxai (S. 422) nach Dien Bien Phu. Dieser kommt etwa um 11 Uhr durch Muang Khoua. Sicherheitshalber schon 30–60 Minuten vorher einfinden. Auch Busse aus Luang Prabang und Houay Xai passieren den Ort täglich. Die Straße bis zur Grenze (80 km) ist neu und gut, auf vietnamesischer Seite wird es holprig. Einreise nach Laos s. S. 688.

Provinz Luang Prabang

Die Provinz Luang Prabang ist zwar um einiges kleiner als das frühere Königreich, gehört aber mit knapp 17 000 km² immer noch zu den größten Provinzen des Landes. Die Bevölkerung besteht überwiegend aus Lao und Khmu, etwa 14 % sind Hmong und Yao. Die meisten leben in der alten Königsstadt und den Dörfern entlang dem Mekong und der Straße 13. Der Norden und Osten sind dagegen fast menschenleerer, eine bergige Region, die von etlichen Flüssen durchzogen wird. **Nong Kiao** und **Muang Ngoi Kao**, eingebettet in grandiose Karstlandschaft, gehörten zu den ersten Orten, die vor einigen Jahren von abenteuerlustigen Backpackern entdeckt wurden. Heute sind die beiden Dörfer am Nam Ou ein fester Stopp auf der Nord-Süd-Route. Weiter im Osten, am Oberlauf des Nam Khan, erstreckt sich das **Nam Et-Phou Loei NPA** bis in die Provinz Houaphan. Es wird seit kurzem für sanften Tourismus erschlossen (S. 437).

Nong Kiao

In Nong Kiao hat die Natur buchstäblich geklotzt. Steile Karstberge, schroff und eindrucksvoll, rahmen das verträumte Dorf an der Mündung

LAOS

Stromschnellen und Karstberge: eine Bootstour auf dem Nam Ou

Eine Bootstour auf dem **längsten Binnenfluss** des Landes gehört seit langem zu den Höhepunkten einer Reise durch Nordlaos. Leider führen Arbeiten an sieben **Wasserkraftwerken** inzwischen zu erheblichen Einschränkungen: Von den drei Etappen ist nur noch das Mittelstück **Muang Khoua – Muang Ngoi Kao – Nong Kiao** durchgängig schiffbar. Auf dem ersten Abschnitt Hat Sa – Muang Khoua muss eine Dammbaustelle mit dem Tuk Tuk umfahren werden, auf dem letzten Stück Nong Kiao – Luang Prabang war der öffentliche Bootsverkehr zuletzt ganz eingestellt. Reiseagenturen bieten dort aber noch eine Kombi-Tour mit Boot und Bus an.

Es lohnt sich aber nach wie vor, zumindest ein **Teilstück** auf dem Nam Ou zurückzulegen. Besonders während der trockenen Monate sind die vielen Inseln, Sandbänke und Stromschnellen ein toller Anblick. Über weite Strecken windet sich der Fluss zwischen dichtbewaldeten Hängen hindurch, hier und da sieht man ein Boot am Ufer oder einen Wasserbüffel auf einer Sandbank, ansonsten nur das satte Grün des Dschungels. Mit Einsetzen der Monsunregenfälle verwandelt sich der klare Bergfluss in einen milchkaffeebraunen Strom.

In Fließrichtung **von Nord nach Süd** ist die Fahrzeit pro Etappe etwa eine halbe Stunde kürzer, und der Motor läuft eine Spur leiser. In der Nebensaison verkehren die Boote unregelmäßig. Die Preise sind bei den jeweiligen Orten angegeben.

Hat Sa – Muang Khoua (5–7 Std.)

Im Oberlauf ab Hat Sa fließt der Nam Ou zunächst durch ein enges Kerbtal. Die Hänge sind steil und oft mit Bambus und niedrigem Wald bedeckt. Über weite Strecken lassen nur Reisfelder auf eine Besiedelung schließen, und es scheint fast so, als ob die Zahl der Wasserbüffel die der Menschen übersteigt. Nach gut zwei Stunden passiert das Boot eine große Baustelle: Hier entsteht der erste Nam-Ou-Damm. Die Baustelle muss mit dem Tuk Tuk umfahren werden, dahinter wird ein neues Bootsticket gekauft. Weitere Baustellen folgen.

Die Berge werden niedriger, je weiter man nach Süden kommt. Schließlich kündigt sich der kleine Hafenort Muang Khoua durch intensiver bewirtschaftete Uferböschungen an.

Wegen der verbesserten Straßen nach Phongsaly und einer neuen Piste nach Samphan verkehren auf diesem Abschnitt immer weniger Boote. Mit etwas Geduld lässt sich aber eines finden.

Muang Khoua – Muang Ngoi Kao – Nong Kiao (4–6 Std.)

Rund 30 km südlich von Muang Khoua verläuft die Grenze zwischen den Provinzen Phongsaly und Luang Prabang. Schon von weitem kündigen sich spitze, bis zu 1900 m hohe Karstberge an, deren Flanken so steil aus dem Wasser ragen, dass der Urwald hier unberührt ist. Der Nam Ou durchquert diese beeindruckenden Formationen auf der südlichen Hälfte der Strecke. Mit Muang Ngoi Kao ist die Zivilisation wieder erreicht. Die Karstlandschaft zieht sich noch weiter in Richtung Süden bis Nong Kiao und darüber hinaus.

Nong Kiao – Luang Prabang (4 Std.)

Die Strecke Nong Kiao – Luang Prabang wurde zur Zeit der Recherche schon nicht mehr von öffentlichen Booten bedient. Nach Angaben des Schifffahrtsamtes soll der Bootsverkehr aber noch einmal kurz aufgenommen werden, bis im Herbst 2015 dann endgültig Schluss ist. Reiseagenturen in Nong Kiao bieten die Fahrt mit dem Boot bis zum Damm bei Ban Paknga (1 1/2–2 Std.) und von dort weiter mit dem Minivan nach Luang Prabang (2 Std.) an.

des Houay Houn in den Nam Ou ein. Der höchste Zacken, der Pha Kouang (1564 m), begrenzt den Ort im Norden. Die Leute nennen das Massiv **Pha Nangnon**, „Berg der schlafenden Frau". Ihre Umrisse lassen sich am besten von der Uferstraße auf Höhe Vat Nong Kiaos erkennen.

Die **Betonbrücke**, die die beiden Ortsteile Ban Nong Kiao und Ban Sophoun verbindet, wurde 1976 von China gebaut. Doch so monströs sie auch erscheinen mag: Man freundet sich schnell mit ihr an, wenn man von oben das Panorama genießt. Die beste Aussicht hat man allerdings vom **Viewpoint** (20 000 Kip, 1 1/2 Std., anstrengend) auf einem Hügel hinter Vat Sophoun. In der Trockenzeit kann man anschließend auf der **Sandbank** vor dem Sunrise Gh. wieder zu Kräften kommen.

In der Umgebung von Nong Kiao soll es insgesamt sechs Höhlen geben, darunter **Tham Phatok** (5000 Kip), etwa 2 km östlich von Ban Sophoun, direkt an der Straße 1, und **Tham Luang**, 3 km westlich von Nong Kiao im Pha Nangnon.

ÜBERNACHTUNG

Mandala Ou, südlich der Busstation am Fluss, ☎ 020-28811039, 🖥 www.mandala-ou.com. Eine Oase am Nam Ou, modern und mit Liebe zum Detail errichtet; Pool, Sauna, Leihfahrräder. Gutes Restaurant, deutsches Management. WLAN, Preis inkl. Frühstück. ❺
Nam Ou River Lodge, am Fluss neben der Schule, ☎ 020-55379661, 🖥 www.namouriverlodge.com. Mr. Mang fängt Reisende manchmal schon an der Straße ab, um sie in sein nettes Guesthouse zu lotsen. Seine Reiseagentur NK Travel erhält gemischte Kritiken. WLAN ❷
Nong Kiau Riverside, hinter der Brücke links ab, ☎ 020-22406677, 🖥 www.nongkiau.com. Die 15 Bungalows (40 m²) mit Balkon scheinen über dem Fluss zu schweben, super Ausblick; gutes Restaurant serviert. WLAN. Auch Tourbüro. ❺
Namhoun Gh., den Weg gegenüber Vat Sophoun rein, ☎ 020-55774462. Einfache Bungalows mit Hängematte und sauberen Bädern, 7 davon romantisch gelegen mit tollem Ausblick auf Fluss und Berge. WLAN. ❶–❷
Meexai Gh., dahinter, ☎ 030-9230762, ✉ meexai guesthouse@yahoo.com. Zweistöckiges Steinhaus mit prima Preis-Leistungs-Verhältnis: große

saubere Zimmer mit Terrasse oder Balkon, von oben freie Sicht auf den Nam Ou. WLAN. ❷
Sunset Bungalows, am Ende des Weges, ☎ 020-55571033. Gute Bungalows, weiche Matratzen, schönes Terrassenrestaurant mit Blick auf den Sonnenuntergang. WLAN. ❸

€ Den günstigsten Schlafplatz bietet **Delilah's** (s. „Essen") im Dormitory über dem Restaurant (35 000 Kip).

ESSEN

Coco Home Restaurant & Bar, oberhalb des Anlegers. Thai-Lao-Kost, Pizza und eine lässige Traveller-Atmosphäre. WLAN. ⏰ 7.30–22.30 Uhr.
Delilah's, ein Stück Richtung Brücke. Netter Platz zum Abhängen. Frühstück, Lunchpakete und diverse westliche Klassiker. Im selben Haus Tiger Trail. WLAN. ⏰ 7–22 Uhr.
Deen Restaurant, Straße 1, Ban Sophoun. Indisches Restaurant und schon allein deshalb beliebt. Aber das Essen hat seine Lobeshymnen wirklich verdient. ⏰ 7–22 Uhr.
Alex Restaurant, am Weg zum Nam Ou. Hervorragende Speisen – auch wenn selten alles vorrätig ist und man mitunter aufs Essen warten muss. ⏰ 6–22 Uhr.

SONSTIGES

Fahrrad- und Motorradverleih
Einfache **Räder und Mountainbikes** gibt es am östlichen Ende der Brücke für 20 000–30 000 Kip, **Roller** verleiht ein Laden in Ban Sophoun für 80 000/120 000 Kip (Halbautomatik/Automatik).

Touren
Tiger Trail, Ban Nong Kiao, 🖥 www.trekking-in-laos.com. 1/2- bis 2-tägige Trekkingtouren. Übernachtet wird in einer eigens gebauten einfachen Lodge in einem idyllischen Tal. Die Dorfgemeinschaft profitiert direkt vom Besuch. Grandios ist der Tagestrek zu den „100 Wasserfällen". ⏰ 7.30–21 Uhr.
Green Discovery, neben der Post, ☎ 071-810081, 🖥 www.greendiscoverylaos.com. Kayaking von Muang Ngoi nach Nong Kiao, Bootstouren, Trekking, Mountainbiking, Dauer zwischen 1 und 3 Tagen. ⏰ 7–20 Uhr.
Die **Preise** sind vergleichbar. Eine Tagestour kostet etwa US$30–40 p. P. bei 4 Pers.

Nong Kiao

N

0 — 300 m

Nong Kiao Tai

Tham Luang (2 km),
Nam Bak,
Oudomxai,
Luang Prabang

Pha Nangnon

Muang
Ngoi Kao

LAOS

Vat
Nong Kiao

FUSSBALLFELD

MARKT

**Ban
Nong Kiao**

Kaysone-
Denkmal

POLIZEI

TICKETS

SCHULE

SCHULE

ATM

Houay Houn

Vat
Sophoun

**Ban
Sophoun**

Aussichtspunkt

Nam Ou

Übernachtung:
1 Mandala Ou
2 Nam Ou River Lodge
3 Nong Kiau Riverside
4 Sunrise Gh.
5 Linthong Gh.
6 Vongmany Gh.
7 Bamboo Paradise Gh.
8 Sunset Bungalows
9 Meexai Gh.
10 Namhoun Gh.

Essen:
1 Delilah's
2 Coco Home R. & Bar
3 Deen R.
4 Alex R.

Transport:
1 Busstation
2 Tiger Trail
3 Green Discovery
4 Bootsanleger
5 Donkham Motorradverleih

Vieng Kham
Tham Phatok
(2 km)

Geld

Geldautomaten gibt es auf beiden Seiten der Brücke. In Ban Nong Kiao gibt es außerdem eine **BCEL**-Filiale. ⏱ Mo–Fr 8.30–15.30 Uhr.

TRANSPORT

Busse und Songtheos

Tuk Tuks bringen Reisende vom Bootsanleger zur 1,5 km außerhalb gelegenen Busstation (5000 Kip). Mitunter warten die Minibusse auch schon direkt am Anleger auf Passagiere aus Muang Ngoi Kao und Muang Khoua.
Tickets werden nur am Abfahrtstag ausgestellt. Bei zu wenigen Fahrgästen kann es sein, dass Fahrten später starten oder ganz ausfallen.
LUANG PRABANG (140 km, 4 Std.) Songtheo oder Minibus um 8.30, 10 und 12 für 40 000 Kip zur nördlichen Busstation. Ein Minibus fährt um 13.30 Uhr für 55 000 Kip zur südlichen Busstation; OUDOMXAI (113 km, 4 Std.) Minibus um 11 Uhr für 50 000 Kip;
XAM NEUA (367 km, 12 Std.) Bus gegen 12 Uhr aus Luang Prabang für 150 000 Kip; der Nacht-bus aus Vientiane trifft irgendwann zwischen 20 und 22 Uhr in Nong Kiao ein. Beide fahren über VIENG THONG (175 km, 4–5 Std.)

Wer nach LUANG NAMTHA möchte, nimmt am besten eine frühe Verbindung nach PAKMONG (regelmäßig, 30 km, 1 Std., 20 000 Kip.) und passt dort einen der Busse aus Vientiane oder Luang Prabang ab.

Boote

Das **Navigation Office** am Anleger, ⏱ 7–16 Uhr, verkauft Tickets bis zu einem Tag im Voraus.
Die **Slow Boats** flussaufwärts nach MUANG NGOI KAO (1–2 Std., 25 000 Kip p. P.) legen um 11 und 14 Uhr ab, das erste Boot fährt bei ausreichend Passagieren weiter nach MUANG KHOUA (5–6 Std., 120 000 Kip), ansonsten ist Charter möglich (1 200 000 Kip).
Die Verbindung nach LUANG PRABANG war zur Zeit der Recherche wegen dem Bau eines Staudamms am Nam Ou ausgesetzt. Bis Herbst 2015 soll sie noch einmal aufgenommen werden, danach wird die Verbindung eingestellt. Allerdings können Reisebüros, darunter NK Travel und Jewel Travel, die Bootsfahrt bis zum Damm (schöne Karstlandschaft, 1 1/2–2 Std.) und von dort per Minivan nach Luang Prabang (2 Std.) organisieren. Kostenpunkt: 1 500 000–2 000 000 Kip für max. 6 Pers.

Muang Ngoi Kao

LAOS

Wer in Nong Kiao schon einen Gang runtergeschaltet hat, kuppelt in Muang Ngoi Kao vermutlich aus: Beim Blick von der Hängematte auf die Karstberge und den friedlich plätschernden Nam Ou kommt die Entspannung ganz von allein.

Früher war Muang Ngoi Kao nur per Boot zu erreichen, seit kurzem schlängelt sich auch eine Sandpiste von der Straße 1 hierher. Längst ist der Tourismus zur Haupteinnahmequelle der Bewohner geworden, doch das kleine Fischerdorf hat sich etwas von seinem Charme bewahrt. Den besten Eindruck vom Leben vor Ankunft der Traveller vermittelt der frühmorgendliche Almosengang der Mönche und Novizen des **Vat Okad Sayaram**. Dann ist außer den Gläubigen noch kaum jemand auf den Beinen.

Die grandiose Berglandschaft lässt sich am besten von einem Hügel im Norden betrachten, in den sich auch zwei **Höhlen** (Tham Phanoi) schmiegen. Ein kurzer Trampelpfad hinter Vat Okad Sayaram führt zum Kassenhäuschen (10 000 Kip), wo der steile halbstündige Aufstieg zum **Aussichtspunkt** beginnt – besonders schön im Abendlicht.

Östlich von Muang Ngoi Kao liegen die Höhle **Tham Khang** (1/2 Std. zu Fuß, 10 000 Kip) und die **Dörfer** Ban Na Kang (1 1/2 Std.), Ban Houay Sene und Ban Houay Bo (je 2 Std.), in denen es auch sehr einfache Unterkünfte gibt. Stromaufwärts am Nam Ou befindet sich das **Weberdorf** Sop Jam, stromabwärts ein **Wasserfall** – attraktive Ziele, die gern von Guides angesteuert werden.

ÜBERNACHTUNG

Seit Mitte 2013 gibt es im Ort Strom, was über kurz oder lang zu Klimaanlagen, Fernsehern und WLAN führen wird. Viele Unterkünfte haben bereits Durchlauferhitzer, ansonsten ist der Standard einfach. Eine Auswahl von Nord nach Süd:
Ning Ning Gh., vom Bootsanleger aus links, ☎ 020-23880122. Angenehme Bugalows aus Holz und Bambus in einem kleinen Garten, jeder mit eigener Terrasse, aber ohne Flussblick. ❸
Lattanavongsa Gh., gegenüber dem Anleger, ☎ 020-23863640. Zimmer in soliden Bambusbauten und gepflegte Bungalows für Anspruchsvolle. Preis inkl. Frühstück. ❹

Phetdavanh Gh., laotisches Haus an der Dorfstraße, nett geführt von einem Schweden und seiner laotischen Frau. Die Zimmer gehören zu den billigsten im Ort. Zudem einfache Bambushütten am Fluss und gleich davor Penny's Riverbeach Bar, wo man schön den Tag ausklingen lassen kann. Fahrradverleih. ❶–❷
Nicksa's Place, am Fluss, ☎ 020-3665957. Nette Bambushütten mit Hängematte und Bad vor einem kleinen Ufergarten. Die Durchlauferhitzer sind allerdings ein Fall für den Kummerkasten. Günstiges Restaurant. ❶–❷
Riverview Bungalows, ein Stück südlich am Fluss, ☎ 020-77305041. Anständige Bungalows mit Bad (Warmwasser), z. T. neuen Matratzen und tollem Blick vom Gemeinschaftsbalkon. ❷
Lertkeo Sunset Gh., am Fluss, etwas südlich. Die erste Bungalowgeneration nach Eintreffen des Stroms: Eine Hand voll neuer Steinhäuser über dem Nam Ou, mit Holzböden, sauberen Bädern und Topblick auf die Karstberge. ❷
Suan Phao Gh., am Südende des Orts, ☎ 020-22669940. Die Ruhe und der schöne Garten sind die Stärken dieser Anlage, deren Bungalows (Bad) sich um das Restaurant gruppieren. ❷

ESSEN UND UNTERHALTUNG

Ning Ning Restaurant, nahe dem Anleger. Gute Lao-Kost in kreativen Varianten, Frühstücksauswahl von Käsebaguette bis Früchtemüsli.

€ **Phetdavanh Buffet**, Hauptstraße, vor dem gleichnamigen Guesthouse. Morgens und abends ein preislich unschlagbares laotische Buffet (25 000 Kip). Das Sabaidee Restaurant gegenüber hat ein ähnliches Angebot.
Riverside Restaurant, am Fluss nahe dem Rainbow House. In diesem beliebten Terrassenrestaurant sitzt es sich zu jeder Zeit nett. Und auch die Qualität des Essens stimmt.
Bee Tree Food & Bar, am Südende des Ortes. Lässiger Traveller-Hangout mit Bambusbänken, Podesten und Lagerfeuer. Dazu gibt's glutamatfreie laotische Kost und Cocktails.

AKTIVITÄTEN

Freie Guides und eine Reihe von Gästehäusern organisieren **Ausflüge** zu den nahe gelegenen Höhlen und Wasserfällen, **Trekkingtouren** zu Hmong- und Khmu-Dörfern und Kajaktrips durch

die Karstberge. Beliebt sind auch **Tubing** und **Fishing-Touren**, ein Erlebnis ist die 3-stündige **Kajaktour** nach Nong Kiao.
Der Nam Ou führt während der trockenen Monate klares blau-grünes Wasser. Vor einem **Sprung in die Fluten** sollte man sich aber schlau machen: An manchen Stellen ist die Strömung ziemlich stark.

Touranbieter

Lao Youth Travel, am Bootsanleger, ✆ 020-23882051, 🖥 www.laoyouthtravel.com. Trekking- und Kajaktrips (1–3 Tage) zu Dörfern am Nam Ou. Etwas Besonderes ist der 2-tägige Kajak- und Camping-Trip nach Luang Prabang.
Khao Tour, Dorfstraße, am Abzweig zum Riverview Gh. Verlässlicher Ansprechpartner für Trekking, Hiking, Fishing-Trips und mehr.

SONSTIGES
Geld
Bislang gibt es weder Banken noch Geldautomaten in Muang Ngoi Kao.

TRANSPORT
Boote nach NONG KIAO fahren tgl. um 9.30 Uhr in 1 Std. für 25 000 Kip p. P., gegen Mittag stoppt am Anleger noch das Boot aus Muang Khoua auf dem Weg nach Süden.
Die Fahrt in Richtung Norden nach MUANG KHOUA (4–5 Std., 100 000 Kip) startet ebenfalls um 9.30 Uhr, allerdings nur bei genügend Passagieren (mind. 10 Pers, Liste beim Ticketschalter). Für ein Charterboot werden 1 200 000 Kip veranschlagt. Wegen der geringen Nachfrage fahren die Boote unregelmäßig.

Von Nong Kiao nach Osten

Die Straße 1 von Nong Kiao nach Osten ist eine richtige Panoramastrecke: Es geht rauf und runter, durch Dörfer und über Bergkämme, hinter jeder Kurve ein neuer Blick.
Der erste Ort nennenswerter Größe ist **Vieng Kham**, rund 50 km östlich von Nong Kiao. Die Gästehäuser beherbergen des Öfteren ausgepowerte Radler. Dahinter schlängelt sich die Straße über mehrere Bergkämme mit toller Aussicht.

In **Pak Xeng**, 50 km südöstlich von Vieng Kham, gewährt das ultraeinfache Chankhoun Gh. Zuflucht für wenige Kip. Der Zustand der Straße verschlechtert sich, nachdem man die Grenze des Nam Et-Phou Loei NPA am 2257 m hohen **Phou Loei** überquert hat, bis sie schließlich Vieng Thong erreicht.

Vieng Thong (Muang Hiem)
Der kleine Ort, offiziell Muang Hiem genannt, ist so etwas wie das Tor zum **Nam Et-Phou Loei NPA** (4229 km²). Im Headquarter am Westrand der Stadt werden Touren in das artenreiche Naturschutzgebiet, eines der letzten Tiger-Refugien, organisiert. Der Erlös fließt zum großen Teil in den Village Fond der teilnehmenden Gemeinden. Ein besonderes Erlebnis ist die **Nam Nern Night Safari** (1 200 000 Kip p. P. ab 2 Pers.). Highlight der 2-tägigen Tour ist eine nächtliche Schleichfahrt (2–3 Std.) im Longtailboot den Nam Neun hinab, bei der der Bootsmann mit einem Scheinwerfer das Ufer nach wilden Tieren absucht. Am häufigsten gesichtet werden Sambar, Zibetkatzen und Muntjaks. Übernachtet wird in halboffenen Bungalows in einem Camp im NPA. Start ist in Ban Son Khoua, 50 km östlich von Vieng Thong, der Transfer vom Headquarter erfolgt mit öffentlichen Verkehrsmitteln (nicht inkl.); von dort geht's per Boot in die Kernzone des Naturschutzgebiets. Genaue Infos zu Buchung, Bootsetappen und Spaziergängen gibt es unter 🖥 www.namet.org/namnern.html.
Ansonsten bietet Vieng Thong nur den üblichen Markt, eine Bank (ATM) und ein paar **Gästehäuser** – nah an Busstation und Markt liegen das Dorkkhounthon Gh., ✆ 020-56555249, und das Heungkhamxay Gh., ✆ 064-810033., beide ❷. **Essen** gibt es im Markt und im Tontavanh Restaurant gegenüber an der Hauptstraße.
Vieng Thongs **Busstation** befindet 200 m hinter dem Abzweig nach Xam Neua an der Straße 1. Zwischen 7 und 8 Uhr startet ein Minivan nach Xam Neua (154 km, 4–5 Std., 50 000 Kip), gegen 16 oder 17 Uhr kommt noch ein Bus aus Luang Prabang durch die Stadt. Busse aus Xam Neua nach Luang Prabang (7–9 Std., 110 000 Kip) und Vientiane (150 000 Kip) passieren Vieng Thong zwischen 12 und 13 Uhr. Beide halten in Nong Kiao (4–5 Std, 80 000 Kip).

Provinz Houaphan

Die Provinz Houaphan im äußersten Nordosten ist sehr gebirgig und liegt näher an Ha Noi als an Vientiane. Die Anreise ist noch immer kein Sonntagsspaziergang und die touristische Infrastruktur vergleichsweise dünn. Neben vor Jahrhunderten eingewanderten Lao leben hier viele andere **Tai-Völker**, darunter Tai Dam, Tai Deng und Tai Khao. Zweitgrößte Ethnie sind die **Hmong**, daneben gibt es kleinere **Yao**-Gruppen. Auch Dörfer der **Khmu** und **Phong**, ein buddhistisches Volk aus der Mon-Khmer-Sprachfamilie, sind hier zu finden.

Wichtigste Sehenswürdigkeit ist das geschichtsträchtige **Vieng Xai**. Mit der Eskalation des Zweiten Indochinakriegs verlegten die Pathet Lao ihr Hauptquartier in die **Karstlandschaft** um Vieng Xai, wo sie versteckt in Höhlen neun Jahre Dauerbombardement der USA über sich ergehen lassen mussten. Nach der Machtübernahme erklärte die Partei die Stadt kurzzeitig zur provisorischen Hauptstadt von Laos. 1975 zogen die neuen Machthaber samt Entourage nach Vientiane, während in Vieng Xai Umerziehungslager entstanden. Erst 1999 wurden die Höhlen erstmalig für ausländische Besucher geöffnet.

Die Provinzhauptstadt **Xam Neua** liegt auf rund 1000 m Höhe am Ufer des Nam Xam. Das Tal weitet sich an dieser Stelle zu einem Kessel, in den mehrere Seitentäler mit kleinen Nebenflüssen münden. Wegen der Höhe steigen die **Temperaturen** in den Wintermonaten (Nov–Feb), wenn sich die Sonne hinter Wolken und Nebel versteckt, nicht über 10–15 °C. Nachts kann das Thermometer sogar auf bis zu 5 °C fallen. Während der heißen Monate (März–Mai) liegen die Temperaturen dagegen bei angenehmen 18–30 °C, ab September sind starke Regenfälle an der Tagesordnung.

Xam Neua

Nur wenige laotische Städte haben ihr Gesicht in den vergangenen Jahren so stark gewandelt wie die weitläufige Provinzstadt Xam Neua

(20 000 Einw.). Wo gestern noch Reisfelder lagen, breiten sich heute moderne Verwaltungsgebäude, Wohnhäuser und Hotels aus. Aus touristischem Blickwinkel betrachtet, ist nicht viel los. Die meisten Reisenden zieht es ins historisch interessantere Vieng Xai. Während sich dort in den Karstbergen zwischen 1964 und 1973 die Führer der Pathet Lao und große Teile der Zivilbevölkerung versteckt hielten, wurde Xam Neua durch amerikanische Bomben fast vollständig zerstört. Ein französischer Kolonialbau und zwei That, ebenfalls aus dem 19. Jh., blieben erhalten. Die beiden schlanken **That Muang** mit der klassisch geformten Spitze einer Bananenblüte flankieren die Hauptstraße im Norden der Stadt.

Das bedeutendste Kloster, **Vat Sibounheuang**, liegt auf einem Hügel im Nordwesten und wurde erst 2013 eingeweiht. Im *sim* steht eine sehenswerte 3 m hohe Buddhastatue, von der es heißt, sie sei 1565 in der Tradition des **Phra Ongteu** von Vientiane zu Ehren des Sieges Setthathirats über die Birmanen gegossen worden.

ÜBERNACHTUNG

Phonchalern Hotel, am Nam Xam, ☎ 064-312192. Überwiegend geräumige Zimmer, fixer Fahrstuhl und ein WLAN-Signal, das bis in die Zimmer reicht. Die Klimaanlage in den teureren Räumen wärmt im Winter. ❷–❸

Kheam Xam Gh., ein paar Häuser südlich, ☎ 064-312111. Die meisten Kammern (Bad, TV) dieser nüchternen Travellerbleibe gehen zum Fluss raus. Eine hat nur Außenbad und ist der Preisbrecher des Karrees. Kein WLAN. ❶–❷

Bounhom Gh., etwas weiter, Straße 6, ☎ 064-312223. Gute Herberge in einem rostroten Neubau mit gemütlichen, recht kleinen Räumen. Die freundlichen Eigentümer sitzen gern mit ihren Gästen beim Grüntee im Ladenlokal. WLAN. ❷

Xayphasouk Hotel, Straße 6, nahe dem Denkmal, ☎ 064-312033. Hinter schweren Holztüren verbergen sich saubere Fliesenzimmer mit ansprechenden Bädern, Holzmöbeln und vereinzelt schräger Kunstledergarnitur. WLAN. ❸

ESSEN

€ Bis mittags versorgen **Essensstände** an der Straße zum Markt die Angestellten ringsum mit Laap, Suppe und Grillhappen.

Mrs. Njod, Hauptstraße gegenüber der Touristinfo, kocht klasse Fö und andere Suppen.

Dan Nao Meuang Xam Restaurant, neben der Kulturhalle. Solide laotische Gerichte und ein paar westliche Klassiker.

Chittavan Restaurant, neben dem Phonchalern Hotel im gleichnamigen Hotel. Atmosphäre zwischen Rittersaal und Warendepot, aber dank leckerer Speisen zu jeder Tageszeit gut besucht.

SONSTIGES

Geld
Geldautomaten stehen am Markt, nahe der Kulturhalle, bei der **Lao Development Bank** an der Hauptstraße und vor der Zentrale der **BCEL** etwas weiter südlich. ⏰ Mo–Fr 8.30–15.30 Uhr.

Informationen
Provincial Tourism Office, Hauptstraße, ✆ 064-312567. Vielen Broschüren und Aushänge, sehr gute **Tourist Map**, bei Fragen ist der clevere Mr. Kaiphet ein hilfsbereiter Ansprechpartner. Das Büro vermittelt auch Wagen mit Fahrer. ⏰ Mo–Fr 8–11.30, 13.30–16 Uhr.

Internet
Ein zuverlässiger **Internetladen**, Tam.com, liegt im Osten der Stadt.

Motorradverleih
Thon Motorbike Shop, schräg gegenüber der Touristinfo. Für 60 000 Kip am Tag sind Roller zu mieten, besonders geeignet für Ausflüge nach Vieng Xai.

Touranbieter
Meuangxam Travel, Hauptstraße, neben der Touristinfo, ✆ 064-312899, 🖥 www.meuang xamtravel.com. Neben Touren mit englischsprachigen Führern auch ein interessanter Taxiservice, etwa nach Vieng Xai (150 000 Kip einfach/250 000 Kip ganzer Tag).

Visaverlängerung
Theoretisch verlängert das **Immigration Office** neben der Touristeninformation Visa für US$2 pro Tag plus einmalig US$3 Service Charge (1 Arbeitstag). Man sollte sich aber nicht darauf verlassen. ⏰ Mo–Fr 8–11, 13.30–16 Uhr.

TRANSPORT

Busse und Songtheos
Phoutanou Bus Station
Der zentrale Busbahnhof liegt auf einem Hügel im Süden der Stadt. Überregionale Busse steuern Ziele im Südwesten und in Vietnam an. VIENTIANE (612 km, 20 Std.) über Phonsavan um 9.30, 12.30 und 14.30 Uhr für 170 000 Kip sowie im Schlafbus um 14.30 Uhr für 200 000 Kip (18 Std., kurvig!); über Luang Prabang um 7.30 Uhr (835 km, 27 Std.). Wer nur bis VANG VIENG fährt, zahlt 150 000 Kip, im Schlafbus 190 000 Kip.

PHONSAVAN (239 km, 7–9 Std.) Bus um 8.30 für 80 000 Kip, Minivan um 15 Uhr für 100 000 Kip.

LUANG PRABANG (452 km, 12–14 Std.) Bus um 7.30 Uhr für 150 000 Kip, Kleinbus um 8 Uhr für 130 000 Kip, über NONG KIAO (367 km, 12 Std.) und VIENG THONG (154 km, 4–6 Std.).

Grenzübergang nach Vietnam

Seit der Öffnung 2004 wählen immer mehr Reisende die Route über **Na Meo** in die vietnamesische Provinz Thanh Hoa, was sich nach einem Besuch der Höhlen von Vieng Xai als Abschluss einer Laosreise durchaus anbietet. Täglich um 7.30 Uhr fährt ein überfüllter Bus von der Phoutanou Bus Station in Xam Neua nach Thanh Hoa (284 km, 10–11 Std., 180 000 Kip). Nach etwa 3 Std. auf ordentlicher Straße ist die Grenze erreicht, ⏰ 7–11.30, 13.30–17 Uhr. Auf vietnamesischer Seite wird's dann deutlich rumpeliger. Da der Bus keine verlässlichen Pausen macht, sollte man Proviant und Wasser mitnehmen. Wer bis nach Ha Noi durchgebucht hat (300 000 Kip), muss in Thanh Hoa das Terminal wechseln (Taxi 40 000–80 000 Dong). Dann sind es noch einmal 3 Std. Ansonsten fährt von Thanh Hoah auch der Zug in die vietnamesische Hauptstadt (3 1/2 Std.).

Es gibt von Xam Neua auch noch eine Busverbindung nach Moc Chau, aber die führt über den Grenzübergang bei Pahang, der für internationale Touristen noch nicht freigegeben ist. Das Visum für Vietnam muss im Voraus besorgt werden, zum Beispiel in Luang Prabang oder Vientiane. Einreise nach Laos s. S. 720.

Nathong Bus Station

Von dieser Busstation im Osten noch hinter dem Flughafen fährt tgl. um 10 Uhr ein Bus nach XAM TAI (144 km, 6 Std., 45 000 Kip), der nach 1 Std. VIENG XAI (30 km, 20 000 Kip) passiert.

Flüge

Der Flughafen liegt 2,5 km östlich der Stadt, ✆ 064-314268. **Lao Skyway**, 💻 www.laosky way.com, fliegt 3x wöchentlich für 915 000 Kip in 1 1/4 Std. nach VIENTIANE, allerdings besteht immer die Gefahr wetterbedingter Ausfälle.

Von Xam Neu nach Vieng Xai

An sonnigen Tagen ist Vieng Xai ein schönes Ziel für eine Rollertour (1 1/2 Std. pro Strecke). Bei Wolkenbrüchen oder Winterkälte sind der Morgenbus von der Nathong Bus Station oder ein Taxi (150 000 Kip) brauchbare Alternativen.

Auf dem Weg durch die Karstberge passiert man den eindrucksvollen 70 m hohen Wasserfall **Tad Nam Noua**. 20 km nordöstlich von Xam Neua zweigt rechts die Straße nach Vieng Xai ab und überquert 2 km weiter den Nam Noua über eine niedrige Brücke. Kurz davor weist linker Hand ein Schild den Weg.

Nur 600 m weiter Richtung Vieng Xai bietet sich noch ein Stopp an der **Tham Nok Aen** an (ausgeschildert). Der Clou hier: mit dem Kajak durch die 500 m lange Wasserhöhle zu paddeln. Der Spaß kann mit oder ohne Guide unternommen werden. Wegen der Kentergefahr sollten Wertsachen an Land bleiben. Am Höhlenausgang angekommen, muss wieder umgekehrt werden. Eintritt 10 000 Kip, Kajaktour 20 000 Kip, mit Guide 35 000 Kip.

Vieng Xai

Sei es als Alternative zum spröden Xam Neua oder zum Verschnaufen nach einem anstrengenden Vietnamtrip: Das beschauliche Vieng Xai lohnt einen Stopp jenseits der obligatorischen Höhlentour. Die schöne Umgebung mit Tai- und Hmong-Dörfern bietet sich für kleine Radtouren

und Wanderungen an. Hauptattraktion sind aber ohne Zweifel die historisch bedeutsamen **Höhlenkomplexe**, die sich in der Karstlandschaft rings um die „Stadt des Sieges" verbergen.

Mehr als 200 der insgesamt 480 Höhlen wurden während des Zweiten Indochinakrieges von der Bevölkerung und den Pathet-Lao-Führern als Felsenbunker genutzt. Das zerklüftete Terrain bot ideale Bedingungen für ein Versteck vor den amerikanischen Bombenangriffen und so verlegten die Revolutionäre ihr Hauptquartier 1964 von Xam Neua nach Vieng Xai. Neun Kriegsjahre und täglichen Bombenhagel überstand die kommunistische Führungsriege in Vieng Xai, das durch Kriegsflüchtlinge auf mehr als 20 000 Bewohner anwuchs. Es entstand eine regelrechte Höhlenstadt mit einer umfangreichen **unterirdischen Infrastruktur**. Versorgt wurden die Höhlenbewohner durch Nahrungshilfen der umliegenden Dörfer und aus Nordvietnam, die auf abenteuerlichen und gefährlichen Wegen – die Straßen wurden immer wieder durch Bomben zerstört – in die Stadt gelangten.

Nach dem Waffenstillstand 1973 machten die Kommunisten Vieng Xai zum provisorischen **Regierungssitz**. Kurze Zeit darauf wurde die Stadt zu einem kommunistischen Umerziehungslager für tausende Laoten, die nach Houaphan deportiert oder unter Vortäuschung falscher Tatsachen „eingeladen" wurden. Es folgten Jahre der absoluten Geheimhaltung und Isolierung.

In den vergangenen Jahren hat die Regierung neues Selbstbewusstsein geschöpft und propagiert Vieng Xai nun als den **„Geburtsort der Laotischen Demokratischen Volksrepublik"**, besonders für laotische Besucher. Die Höhlen der obersten Funktionäre wurden 1995 erstmals für Einheimische geöffnet, seit 1999 sind sie auch offiziell für ausländische Touristen zugänglich.

Vieng Xai liegt südlich der Straße 6A. Der Ort erweckt mit seinen heute kaum mehr als 4000 Einwohnern den Eindruck einer verschlafenen Kleinstadt. Der Kontrast zur dramatischen Vergangenheit könnte kaum größer sein. Agaven und Weihnachtssterne säumen die Wege, daneben gepflegte Gemüsegärten. Die zwei **Karsthügel** Phou Nang und Phou Thao („Berg der Frau" und „Berg des Mannes") mitten im Ort machen die Idylle perfekt.

LAOS

Der Höhlenbesuch

Alle für Besucher geöffneten Höhlen wurden 1964, im Jahr des Kriegsbeginns, durch Sprengungen erweitert und innerhalb eines Jahres ausgebaut. Die Höhlen der obersten Funktionäre erhielten Betonböden und Zwischenwände aus Holz und Gittern. Die eingezogenen Wellblechdecken lassen sogar vergessen, dass man sich im Innern eines Felsens befindet. **Schlaf- und Aufenthaltsräume** für die Familien, Büros und Sitzungsräume deuten darauf hin, dass man trotz des Krieges den Tagesgeschäften nachging.

Als Schutz gegen Druckwellen und Schrapnelle wurden vor den Eingängen meterdicke Mauern gebaut. Für den Fall von Giftgasattacken standen besondere **Schutzräume** bereit, kleine Bunker mit Sauerstoffpumpen. Unmittelbar nach Kriegsende wurden vor den Höhlen Wohn- und Gästehäuser, Konferenzgebäude und teilweise auch Garagen errichtet. Obwohl die meisten Bauten heute eher stehen oder nur noch repräsentativen Zwecken dienen, ist jede Anlage inmitten der wildromantischen Landschaft für sich beeindruckend.

Startpunkt aller Höhlentouren ist der Ticketschalter im **Viengxay Caves Visitor Centre**, ✆ 064-315022, 🖥 www.visit-viengxay.com, 🕐 tgl. 8–12 und 13–16 Uhr. Um 9 und 13 Uhr beginnen exzellente **2- bis 3-stündige Audio-Führungen** in Englisch durch bis zu sechs Höhlen, mit informativen Kommentaren, spannenden O-Tönen von Zeitzeugen und authentischen Soundeffekten. Sie sollten aber nicht die Interaktion mit den begleitenden Guides ersetzen, die ihrerseits auch die eine oder andere Anekdote beizutragen haben. Es ist sinnvoll, im Visitor Centre ein **Fahrrad** (15 000 Kip) zu leihen, um in der zur Verfügung stehenden Zeit wirklich alle Höhlen besuchen zu können. Die Führungen kosten 60 000 Kip p. P., Fotografieren und Filmen ist erlaubt. Gegen Aufpreis von 50 000 Kip werden Führungen auch zu anderen Zeiten arrangiert.

ÜBERNACHTUNG UND ESSEN

Wenn nicht gerade eine große Reisegruppe einfällt – vor allem der Inlandstourismus verzeichnet erhebliche Zuwächse – ist die Gästezahl noch übersichtlich und verteilt sich auf die Handvoll Herbergen im Ort.

Saylomyen Gh. & China Restaurant, ✆ 020-56596688. Pfahlbau im Fischteich, nett gelegen, aber ums Restaurant gruppiert, das schon mal laut werden kann. Günstig. Kein WLAN. ❶

Lattanaphone Gh., schräg gegenüber dem Markt, ✆ 020-55557998. Vietnamesisches Gästehaus mit sauberen Fliesenzimmern nah am beschaulichen Geschehen. Kein WLAN. ❶–❷

Naxay II Gh., gegenüber dem Visitor Centre, ✆ 020-55764837. Stimmungsvolle Bungalowanlage mit Blick auf die umliegenden Karstberge. Gute Wahl. WLAN. ❷

Thavisay Hotel & Restaurant, ✆ 020-59526960. Ein Haus mit Geschichte: Sozialistische Staatsgäste wurden hier willkommen geheißen, missliebige Vertreter des alten Regimes festgehalten. Gegenwärtig übernachten hier viele Reisegruppen. Das Gebäude hat zwar etwas von einer Klinik, die Zimmer sind aber überraschend angenehm. WLAN. ❸–❺

Sabaidee Odisha, Nordecke des Marktes. Guter Masala Chai und Rotis, ansonsten leckere laotische Küche und überraschend gute Pommes.

SONSTIGES

Fahrradverleih

Das **Visitor Centre** verleiht einfache Räder und Mountainbikes für 30 000 Kip pro Tag.

Geld

Geldautomaten stehen am Markt. Die örtliche **Agricultural Promotion Bank** ist Western Union angeschlossen.

TRANSPORT

Ab und zu startet ein **Songtheo** vom Markt nach Xam Neua, aber nur wenn genügend Leute mitfahren wollen. In der Regel muss man an der **Straße 6A** auf eine Verbindung warten. Um 11 oder 12 Uhr kommt ein Bus von Xam Tai nach Xam Neua (20 000 Kip) vorbei, am späten Nachmittag noch einer aus Vietnam. Einige Traveller haben sich im Visitor Centre auch schon ein Taxi (150 000 Kip) aus Xam Neua rufen lassen.

Wer nach Vietnam möchte, steigt in den rappelvollen Bus zu, der die Straße 6A zwischen 8.30 und 9.30 Uhr in Richtung Thanh Hoa passiert (S. 439).

Provinz Xieng Khouang

Eine weitläufige Hochebene (1100–1500 m) bildet das Zentrum Xieng Khouangs, das im Osten an Vietnam, im Norden an Houaphan und im Süden an die Provinz Vientiane grenzt. Von den knapp 270 000 Einwohnern sind über die Hälfte **Hmong** – nur in dieser Provinz bilden sie die Mehrheit. Außerdem leben hier Phouan, Tai Dam, Khmu und in der Provinzhauptstadt eine große Zahl Vietnamesen und Chinesen.

Die **Vegetation** ist sehr abwechslungsreich, von Kiefernwäldchen und weiten Grasflächen in der Hochebene bis hin zu üppigen Bergwäldern. Während der trockenen Monate bietet das Plateau allerdings einen kargen Anblick. Besonders bizarr wirkt die mit **Bombenkratern** übersäte Landschaft aus der Luft. Viele sind inzwischen eingeebnet, andere durch natürlichen Bewuchs gefüllt worden, wodurch sie sich noch immer hervorheben. Von 1964–1973 war Xieng Khouang neben Houaphan einer der Hauptkriegsschauplätze. Noch heute ereignen sich viele Unfälle mit Blindgängern (UXO). Auch wenn die Zahl der Todesfälle kontinuierlich zurückgeht, bleibt die Gefahr für die Bevölkerung bestehen.

Hauptsehenswürdigkeit sind die unzähligen Monolithen, die über die Region verstreut liegen. **Steinkrüge**, Steinplatten und Menhire aus prähistorischer Zeit zeugen von einer hochentwickelten Megalithkultur, zu deren Alter, Herkunft und Sozialstruktur es viele Theorien gibt.

Phonsavan

Die Provinzhauptstadt Phonsavan, häufig Xieng Khouang genannt, entstand nach 1975, als die Staatsführung beschlossen hatte, ihr Verwaltungszentrum nicht in der verwüsteten ehemaligen Königsstadt der Phouan einzurichten (heute Muang Khoun). Der Standort, 33 km nordwestlich der alten Hauptstadt Xieng Khouangs, war im Laufe der jahrtausendealten Geschichte des Plateaus schon immer von großer **strategischer Bedeutung**: In Phonsavan treffen zwei aus dem Süden kommende Straßen auf die einzige Ost-West-Achse (Straße 7).

Touristen reisen in erster Linie wegen der **Ebene der Tonkrüge** an. Geschätzte 2000 Steinkrüge sind über die Ebene verstreut, allein 300 nahe der Stadt. Die laotische Regierung ist dabei, die Anerkennung als Weltkulturerbe zu beantragen. Alle sieben Stätten, die für Touristen zugänglich sind, wurden von UXO geräumt. Die sicheren Abschnitte sind gekennzeichnet. In den kalten Monaten Dezember, Januar, Februar können die Temperaturen tagsüber auf 10 °C und nachts auf 5 °C sinken, also ruhig eine Jacke einpacken.

🌳 Die **Mines Advisory Group (MAG)** betreibt ein hochinteressantes Infobüro gegenüber dem Restaurant Craters. Hier wird gezeigt, wie die Räumteams arbeiten. ⏱ Mo–Fr 8–20, Sa, So 16–20 Uhr. Zwei Häuser weiter befindet sich das **UXO Survivor Information Center**, 💻 de-de. facebook.com/QLACenter, das vor allem die Lebensbedingungen in den von Blindgängern betroffenen Dörfern zu verbessern hilft und Gespräche mit Menschen ermöglicht, die einen Unfall überlebt haben. ⏱ Mo, Di 8–16, Mi–So 8–20 Uhr.

9 HIGHLIGHT

Ebene der Tonkrüge

Sie stellen Archäologen bis heute vor ein Rätsel: die meterhohen **Steinkrüge**, die inmitten der kargen Hochebene von Xieng Khouang herumstehen, als wären sie von einer Horde Riesen nach einem Zechgelage hinterlassen worden. Doch auch wenn der Ursprung der mehr als 2000 Jahre alten Gefäße unklar ist – seit der Pionierarbeit der französischen Archäologin **Madeleine Colani** in den 1930er-Jahren ist sich die Forschung zumindest bei der Verwendung sicher: Die Krüge dienten als **Urnen**. Darauf deuten Spuren von Knochen und Grabbeigaben hin. Die mysteriöse Urbevölkerung von Xieng Khouang verbrannte ihre Toten vor der Bestattung in Kremationshöhlen, die heute ebenfalls besucht werden können. Der Wohlstand dieser **untergegangenen Zivilisation**, die so viel Arbeit in die Bestattung ihrer Toten steckte, gründete womöglich auf dem Handel mit Salz und Eisen.

Phonsavan

N
0 — 500 m

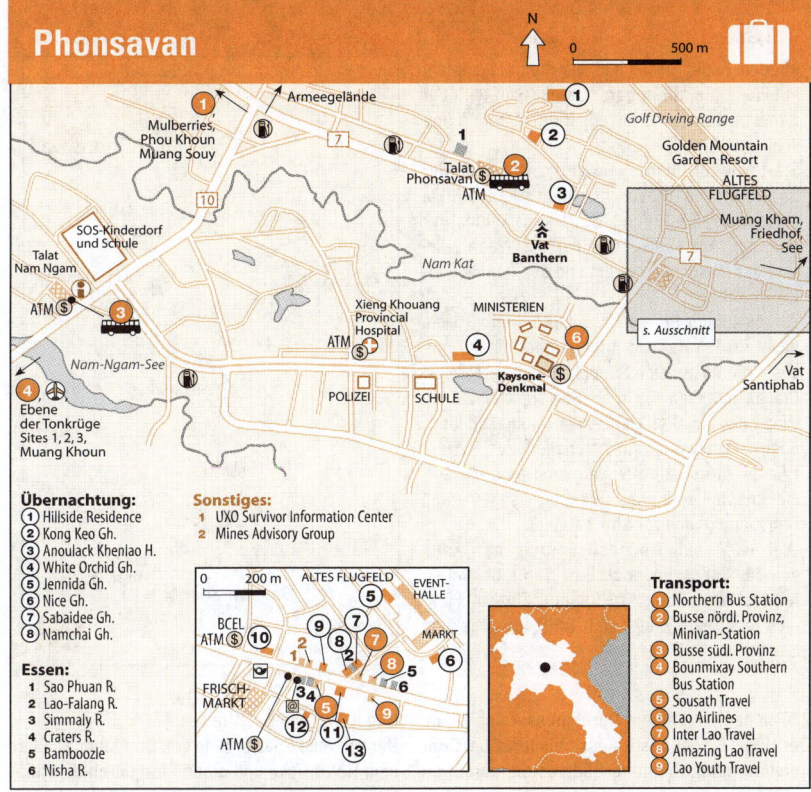

Übernachtung:
1. Hillside Residence
2. Kong Keo Gh.
3. Anoulack Khenlao H.
4. White Orchid Gh.
5. Jennida Gh.
6. Nice Gh.
7. Sabaidee Gh.
8. Namchai Gh.

Essen:
1. Sao Phuan R.
2. Lao-Falang R.
3. Simmaly R.
4. Craters R.
5. Bamboozle
6. Nisha R.

Sonstiges:
1. UXO Survivor Information Center
2. Mines Advisory Group

Transport:
1. Northern Bus Station
2. Busse nördl. Provinz, Minivan-Station
3. Busse südl. Provinz
4. Bounmixay Southern Bus Station
5. Sousath Travel
6. Lao Airlines
7. Inter Lao Travel
8. Amazing Lao Travel
9. Lao Youth Travel

Die Franzosen nannten die Ebene „Plaine des Jarres", Ebene der Krüge. Die deutsche Übersetzung „Ebene der Tonkrüge" ist missverständlich und ignoriert die Tatsache, dass die Monolithen aus verschiedenen Sandsteinen der Region gehauen sind (feinkörnig bis grob und quarzhaltig). Ihre **Größen und Formen** variieren und auch die Ausarbeitung ist sehr unterschiedlich. In der Regel ist ein Steinkrug etwa 2 m hoch bei einem Durchmesser von bis zu 1,50 m. Die Form ist mal bauchig, mal zylindrisch und mal sogar annähernd eckig. Die Aushöhlungen sind rund 1,50 m tief und zwar unabhängig von der Gesamthöhe des Gefäßes. Der verbleibende Teil bildet einen dicken, massiven Boden, durch den der Monolith in sich stabil wird und seine aufrechte Position beibehält.

Von den 68 bekannten Stätten sind sieben für Besucher geöffnet. **Site 1** liegt nur 2 km Luftlinie vom südwestlichen Stadtrand Phonsavans entfernt. **Sites 2 und 3** befinden sich etwa 25 km südlich. Die meisten besuchen die Stätten im Rahmen einer Tagestour (S. 445) oder mit dem Roller (s. Kasten S. 444). Auf jeden Fall lohnt ein Stopp im **Plain of Jars Visitor Centre** an der Site 1, ⏰ Mo–Fr 8–16 Uhr, wo eine kleine Ausstellung über die Geschichte der Krüge und die Bombardierung der Region informiert. Eintritt frei.

Site 1 (Thong Hai Hin)

Dieses Feld ist mit **331 Steinkrügen** eines der größten. Es breitet sich über drei Hügel aus. Auf der ersten Erhebung befindet sich auch der mit Abstand größte Steinkrug der Ebene:

Mit dem Krad zu den Krügen

Mit dem Roller lassen sich die Steinkrüge leicht in Eigenregie abklappern. Da ein Großteil über Sandstraßen führt, ist ein Mundschutz keine schlechte Idee.

Startpunkt in Phonsavan ist die Kreuzung der Straßen 7 und 10. Von hier geht's knapp 6 km auf der Straße 10 nach Süden, bis rechts der Weg zur **Site 1** ausgeschildert ist. Nach 2 km sind das Besucherzentrum und der Ticketschalter erreicht.

Zurück auf der Straße 10 sind es weitere 3,5 km, bevor man in Ban Lat Huang hinter einer Tankstelle rechts auf eine Sandpiste abbiegen muss. Dieser folgt man 10 km bis Ban Na Kho, wo ein Weg links zur **Site 2** abzweigt (ausgeschildert, noch 1,5 km bis zum Ticketschalter).

Wieder zurück am Abzweig sind es noch einmal knapp 4 km nach Süden, bis es links nach Ban Xieng Di und zur **Site 3** abgeht.

Wer im Anschluss noch Energie hat, kann von der Site 3 aus noch **Ban Napia** besuchen (einfach den Schildern folgen). Für ein Picknick unterwegs bietet sich **Tad Lang** zwischen Site 2 und Site 3 an.

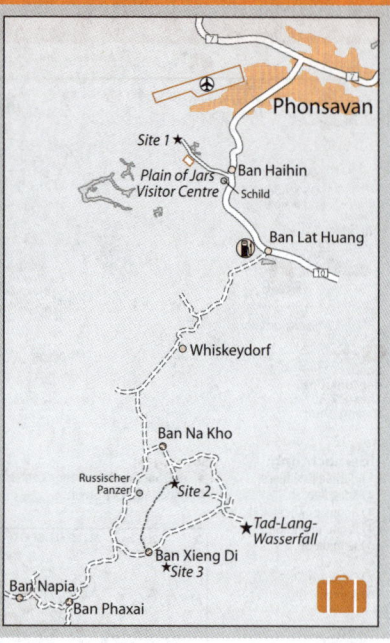

2,57 m hoch mit einem Durchmesser von 2,5 m. Der Hügel ist der beste Aussichtspunkt bei **Sonnenuntergang**. Richtung Südwesten, vorbei an unzähligen Steinkrügen, führt der Weg zum dritten Hügel. An einem der Krüge lässt sich (mit Mühe) das Relief einer menschlichen Figur ausmachen, von den Guides „frog man" genannt. In einem Bogen gelangt man zu einer Höhle, die einst als **Krematorium** diente. Eintritt 15 000 Kip.

Site 2 (Hai Hin Phou Salato)

Das Feld nahe Ban Na Kho erstreckt sich über zwei Hügel und zählt rund **70 Krüge**. Auf dem östlichen, der fantastische Ausblicke bietet, haben zwei Bäume, die aus Steinkrügen herauswachsen, diese vor langer Zeit gesprengt haben. An dieser Stätte liegen auch mehrere bemerkenswerte **Steinscheiben**. Von hier aus lässt sich eine leichte, aber schlecht ausgeschilderte **Wanderung** zur Site 3 unternehmen (2 Std. hin und zurück). Eintritt 10 000 Kip.

Site 3 (Hai Hin Lat Khai)

Der reizvolle Spaziergang von Ban Xieng Di über eine Holzbrücke und einen Pfad durch die Reisfelder ist ein Teil des Ziels: In den 1930er-Jahren wurden auf dem Hügel und in dessen unmittelbarer Umgebung 155 Krüge und 22 Steinscheiben gezählt, heute sind **247 Krüge und 33 Steinscheiben** dokumentiert. Sie verteilen sich auf acht durch Pfade verbundene Gruppen. Eintritt 10 000 Kip.

Site 4 (Ban Phakeo Jar Site)

Diese Stätte, 45 km nordöstlich beim Dorf Ban Phakeo, ist ein interessantes Trekkingziel. Mit mehr als 400, wenn auch kleineren Krügen sind hier weit mehr Relikte zu finden als auf den bekannteren drei Stätten. Einige Agenturen wie Amazing Lao und Nature Travel (White Orchid Gh.) bieten eine schöne Wanderung mit Homestay in Ban Phakeo an (s. „Touren"), auch der **Wasserfall Tad Ka** wird bei dieser Tour besucht.

Untere Preisklasse

Namchai Gh., Parallelstraße der Straße 7, ✆ 061-312095. Sauber und ruhig. Vom 2. Stock des Hinterhauses bietet sich ein weiter Blick. Prima für die Preislage. WLAN. ❷

Sabaidee Gh., selbe Straße, ein Stück westlich, ✆ 020-55067990. Eine der günstigsten Optionen mit einfachen, eher dunklen Zimmern (mit/ohne Bad). Touren und Tickets. ❶

Jennida Gh., Straße 7, ✆ 030-9419990, ✉ jenni daguesthouse@hotmail.com. Neue Unterkunft, zentral, aber ruhig. Die sauberen Fliesenzimmer haben Holzmöbel, geräumige Bäder und sogar Nachttischlampen. Fahrradverleih, WLAN. ❷

Nice Gh., Straße 7, gegenüber dem Abzweig zum alten Flugfeld, ✆ 061-312454, ✉ vuemany @hotmail.com. Beliebtes Gästehaus mit ordentlichen Zimmern und nettem Management. Touren in Zusammenarbeit mit Nature Travel und dem White Orchid Gh. WLAN. ❷

Kong Keo Gh., Seitenstraße südöstlich des alten Flugfelds, ✆ 020-28585858, 🖥 www.kongkeojar. com. Abgewohnte Bungalows mit Bad und etwas bessere gefliese Zimmer in einem Flachbau. Das Restaurant ist gut zum Abhängen. Kong Keo und seine Guides sprechen gut Englisch, die Touren sind zu empfehlen. WLAN. ❶

Mittlere und obere Preisklasse

White Orchid Gh., in der Straße zum alten Flugfeld, ✆ 061-312403. Anständig geführtes Hotel mit gefliesten, etwas in die Jahre gekommenen Zimmern, Frühstück (inkl.) und Wäscheservice. Nature Travel im Haus bietet gute Touren mit Hmong-Führern an. WLAN. ❷ – ❸

Hillside Residence, nördlich der Straße 7, ✆ 061-213300. Noch in Laufweite zum Zentrum und doch ländlich ruhig. Pittoreskes Hotel im Forsthauslook. Die schönen Zimmer haben Kabelfernsehen, das Frühstück (inkl.) wird im Obergeschoss serviert. Gute Wahl. WLAN. ❹

Anoulack Khenlao Hotel, Nähe White Orchid, Straße zum alten Flugplatz, ✆ 061-213599, 🖥 www.anoulackkhenlaohotel.com. Asia-Hotel mit dem besten Preis-Leistungs-Verhältnis der Stadt. Die Zimmer sind groß und sauber, haben Holzböden und bequeme Betten. Fahrstuhl, WLAN, Preis inkl. Frühstück. ❸ – ❺

🍴 **Bamboozle**, Hauptstraße. Travellertreff mit Bambusdekor, betrieben von einem Schotten und seiner laotischen Frau. Spitzen-Pizza, Ziegenkäse aus eigener Produktion und gutes laotisches Essen, angepasst an den westlichen Gaumen. WLAN. ⏲ 7–10.30, 15.30–23 Uhr.

Nisha Restaurant, ein Stück westlich. Unaufgeregtes Restaurant mit guter und reichhaltiger indischer Kost, auch Masala Dosai. ⏲ 6–22 Uhr.

Lao-Falang Restaurant, Straße zum alten Flugplatz. In diesem laotisch-italienischen Restaurant-Dormitory-Motorradverleih gibt's Pizza, Spaghetti, Rigatoni, Roller, Schlafsaalbetten und WLAN. ⏲ 7–21 oder 22 Uhr.

Craters Restaurant, Hauptstraße. Zentrales Lokal mit Bombenzaun und bunter Karte. Das westliche Essen haut einen nicht vom Hocker. WLAN. ⏲ 6.30–22 Uhr.

Simmaly Restaurant, ein Stück weiter. Leckere laotische Gerichte, Traveller-Food, guter Fisch und starker Café Lao. ⏲ 6–21 Uhr

Zu den Jar Sites

Um die 10 Unternehmen bieten Touren zu den Steinkrügen an. Es gibt Kooperationen mit den Gästehäusern, so dass man auch dort buchen kann. Bei mindestens 4 Pers. kostet die **klassische Tour** zu den 3 Jar Sites um 150 000 Kip p. P. plus 10 000–15 000 Kip Eintritt pro Stätte.

Weitere Ziele

Tagestouren, die sich ausschließlich um die Steinkrüge drehen, können langatmig werden. Spannender sind kombinierte Touren.

Ban Phakeo Trek
■ 2 Tage
Das Hmong-Dorf Ban Phakeo liegt nahe einer der schönsten und größten Jar Sites der Gegend. Gewandert wird auf uralten Handelswegen in den Bergen von Xieng Khouang. Im Dorf, in dem übernachtet wird, hat sich das Leben seit Jahrzehnten kaum verändert. Am besten unternimmt man die Tour mit einem Hmong-Guide. Kosten: US$50 p. P. bei 4 Teilnehmern.

LAOS

Muang Khoun

Das Zentrum des alten Tai-Fürstentums **Muang Phouan** ist oft ein Programmpunkt auf der Tour zu den Steinkrügen. Heute zeugen nur noch **drei Ruinen** von der Existenz der einstigen Königsstadt, die im 16. Jh. für ihre Tempel berühmt war.

Ban Napia

In Ban Napia, dem so genannten „War Spoon Village", stellen die Dorfbewohner Besteck und Schmuck aus Kriegsschrott her. Mehr Infos zum Projekt, darunter auch ein 10-minütiger Film, unter ⬚ www.article22.com.

Seidenproduktion

Einzelheiten über die Seidenproduktion erfährt man auf Führungen durch die Seidenraupenfarm, die Werkstätten und das Schulungszentrum von **Mulberries**, einer laotischen Fair-Trade-Kooperative, ⬚ www.mulberries.org. ⊙ Mo–Sa 8–16 Uhr.

Touranbieter

Sousath Travel, Hauptstraße. Tagestouren zu den Krügen, auch mehrtägige Touren möglich. In der Filiale mit Backpacker-Bar (Bombie Restaurant) in der Innenstadt werden täglich Dokumentationen über den Krieg gezeigt. Das **Kong Keo Gh.** bietet eine Hand voll interessanter Tagestouren an. Die beliebteste führt zur imposanten Kraterlandschaft bei Ban Khai und zum Wasserfall Tad Ka samt kleiner Kletterei und Picknick, anschließend geht's zur Site 1. **Mr. Khanitta**, ✆ 020-99228808, ist eine gute Option für Einzelreisende, denn er nimmt sie kurzerhand mit seinem Motorrad auf individuell gestaltete Touren mit.

Weitere empfehlenswerte Anbieter mit sind **Inter Lao Travel**, **Amazing Lao Travel** (Ban-Napia-Wanderung, Ban Phakeo Trek)**, Nature Travel** (kompetente Hmong-Guides für den Ban Phakeo Trek) und **Lao Youth Travel**.

Fahrrad- und Motorradverleih

Mehrere **Läden entlang der Hauptstraße** vermieten Mountainbikes und Roller für 30 000/ 80 000 Kip pro Tag. Eine größere Auswahl an Bikes hat das **Lao-Falang Restaurant**.

Geld

Geldautomanten stehen neben der BCEL, in den Nähe des Simmaly Restaurants, beim Xieng Khouang Provincial Hospital und unweit der Touristeninformation am Talat Nam Ngam. **BCEL**, Hauptstraße. ⊙ Mo–Fr 8.30–15.30 Uhr. Dong tauscht man am besten an der Grenze.

Informationen

Provincial Tourism Office, im Südwesten beim Talat Nam Ngam, ✆ 061-312217. Anschaulich gestaltete Infotafeln, vor der Tür spektakuläre „Bombendeko". ⊙ Mo–Fr 8–11.30, 13.30–16 Uhr.

Internet

Mekka der Facebook-Fraktion ist allabendlich der Laden neben dem Simmaly Restaurant. Kosten: 10 000 Kip/Std. ⊙ 7–22 Uhr.

Busse und Songtheos

Die Busstation für die meisten überregionalen Ziele und Vietnam liegt gut 4 km westlich des Zentrums, sie wird landläufig auch „**Northern Bus Station**" genannt. Verbindungen nach Pakxan und zu weiteren Zielen im Süden starten von der neuen privaten **Bounmixay Southern Bus Station** (nicht zu verwechseln mit der noch unbedeutenden privaten Sayphasook Bus Station 1 km davor). Ziele im Nordteil der Provinz werden vom **Talat Phonsavan** bedient, dem im Westen noch eine **Minivan-Station** angeschlossen ist. Die Station am **Talat Nam Ngam** im Südwesten ist für Verbindungen in die südliche Provinz gedacht, hier vor allem nach Muang Khoun (8x tgl., 33 km,15 000 Kip).

Northern Bus Station (Fernbusse)
VIENTIANE (374 km, 9–11 Std.) AC-Busse um 8.30 und 18.40 Uhr für 110 000 Kip, Schlafbus um 20.30 Uhr für 130 000 Kip, weitere Verbindungen von der Southern Bus Station. Alle Busse über Phou Khoun (111 km, 4 Std.) und VANG VIENG (218 km, 6 Std., direkt um 7.30 Uhr für 95 000 Kip). LUANG PRABANG (232 km, 7–9 Std.) um 8.30 Uhr für 95 000 Kip.
XAM NEUA (239 km, 9–10 Std.) um 8 Uhr für 80 000 Kip. Am Abend treffen noch mehrere Nachtbusse aus Vientiane ein.

Seit knapp zehn Jahren ist die Grenze über **Nong Het** nach **Ky Son** für Touristen geöffnet, ⏱ 6–18 Uhr. Von Phonsavan aus dauert die Fahrt auf der gut ausgebauten Straße 7 zum 130 km entfernten Übergang etwa 3 Std. Sechsmal in der Woche starten Busse in Phonsavan mit Ziel Vinh. Auch die Strecke jenseits der Grenze ist passabel. Geldwechsler am Übergang tauschen Kip in Dong. Das Visum für Vietnam muss man sich vorab besorgen, entweder zu Hause oder in einer der diplomatischen Vertretungen Vietnams in Laos. Einreise nach Laos s. S.488.

VINH/Vietnam (403 km, 11 Std.) VIP-Bus tgl. außer Mo um 6.30 Uhr für 150 000 Kip.

Bounmixay Southern Bus Station
(Ziele im Süden)
PAKXAN (230 km, 6 Std.) um 6.30 und 8.30 Uhr für 100 000 Kip.
VIENTIANE (373 km, 8–9 Std.) um 19 Uhr für 110 000 Kip und um 20.30 Uhr (VIP) für 130 000 Kip, beide über Pakxan (100 000/130 000 Kip).
PAKXE (757 km, 14–15 Std.) jeden zweiten Tag um 6.45 Uhr für 170 000 Kip über THAKHEK (10–11 Std., 150 000 Kip) und XENO (12 Std., 150 000 Kip).

Talat Phonsavan
(Ziele nördliche Provinz und Minivans)
NONG HET, Grenze Vietnam (130 km, 3 Std.) um 7, 8, 9, 14 und 15 Uhr für 40 000 Kip.
Von einer separaten Station am Westrand des Marktes starten tgl. zwischen 7 und 8.30 Uhr **Minivans** nach LUANG PRABANG (100 000 Kip), VANG VIENG (100 000 Kip), VIENTIANE (120 000 Kip) und XAM NEUA (100 000 Kip).

Flüge

Tickets werden online oder im Büro von **Lao Airlines** neben der Lao Development Bank verkauft. Im Flugplan ist Phonsavan als „Xieng Khouang" (Thong Haihin Airport) aufgeführt.
VIENTIANE 1x tgl. in 30 Min.

Provinz Xayaboury

Xayaboury liegt als einzige Provinz westlich des Mekong. Einige der größten zusammenhängenden Urwaldflächen und bis zu 2000 m hohe Berge sind hier zu finden. In keiner anderen Provinz leben so viele Elefanten, und man begegnet hier auch häufiger **Arbeitselefanten** als anderswo. Ein Elephant Conservation Center (S. 449) liegt etwa 5 km südlich der Provinzhauptstadt, auch von **Hongsa** aus sind Elefantenritte möglich. Eine tolle Gelegenheit, Elefanten zu sehen, ist das jährliche Elefantenfest. Infos zum Termin, Ort und Programm gibt es unter 🖥 www.sayabouly tourism.com.

Der Norden der Provinz

Der Norden Xayabourys bietet noch unberührte Natur abseits der Touristenrouten. Nur eine Straße verbindet das Gebiet mit der Provinzhauptstadt; die meisten Besucher reisen über **Tha Souang** an, den kleinen Hafen von Hongsa.

Hongsa

Hongsa, die hübsche Bezirksstadt mit 6000 Einwohnern, ist berühmt für seine **Elefanten**, die neben ihrer Arbeit im Dschungel teilweise für Ausritte zur Verfügung stehen (Infos dazu im Jumbo Gh.). Sehenswert ist auch der kleine **Markt**. Westlich von Hongsa entsteht derzeit ein Braunkohlekraftwerk, das sich mit seiner Mondkraterlandschaft bis fast an den Ort heranzieht und ihn schon merklich prägt.

Fast wie ein Freilichtmuseum wirkt das Lue-Dorf **Ban Vieng Keo**, 3 km südwestlich von Hongsa. Die Zeiten, in denen die meisten Bewohner von der Webkunst lebten, sind zwar vorbei, aber einigen älteren Frauen kann man noch immer vor den teils sehr alten traditionellen Holzhütten bei der Arbeit zusehen.

ÜBERNACHTUNG UND ESSEN

🧳 **Jumbo Gh.**, 📞 020-56856488, 🖥 www. lotuselephant.com. Prima für die Rast von der Reisehast: Die Österreicherin Monica Domeji-Gaul bietet einfache Zimmer in schöner

Atmosphäre und leckeres Essen (auch vegetarisch). Ihre Elefantentouren sind ein echtes Erlebnis. Reservierung empfohlen. Leider wird das Jumbo Gh. im September 2015 schließen. Kleiner Trost: Monica plant, in Luang Prabang ein neues Jumbo Gh. am Mekong zu eröffnen. ❷
Vilakhone Gh., dem Pfad gegenüber der Marktstraße folgen, auf das Schild über dem Shop achten, 📠 020-22224247, ✉ vilakhone_gh@hot mail.com. Neues Gästehaus mit hellen, schönen Zimmern und Blick auf die Reisfelder. ❷–❸
Hongsavady Gh., 📞 020-55477848. Freundlicher Familienbetrieb. Gefliste Zimmer mit/ohne AC, Bad und TV in zentraler Lage. ❶–❷
Nouker Restaurant, östlich des Sportplatzes. Erfreut das Travellerherz nicht nur mit Lao- und Thai-Food, sondern auch mit einigen westlichen Gerichten. Große Portionen, gute Preise.
Nongbuadeng Restaurant, nördlich des Hongsavady Gh. Schön angelegtes Lokal zwischen Seerosenteichen, perfekt für einen Sundowner.

INFORMATIONEN

Das **Tourism Office**, 📞 020-55778142 (Mr. Siphouvang), hat Mo–Fr 8–11.30, 14–16 Uhr geöffnet. 1- bis 3-tägige Elefantentouren.

TRANSPORT

Am schönsten ist die **Anreise** nach Hongsa auf dem Mekong: mit dem Slow Boat ab Luang Prabang flussaufwärts (tgl. 8.30 Uhr, 6 Std.) oder flussabwärts ab Houay Xai (Übernachtung in Pakbeng) nach Tha Souang. Von dort fährt man 26 km (1–2 Std.) auf schlechter Piste über die Berge nach Hongsa (30 000 Kip im Songtheo, das meist erst nachmittags abfährt, oder US$30 im gecharterten Pick-up). Alternativ: Bus von Luang Prabang nach Xayaboury (112 km), von dort weiter mit dem Pick-up oder Minivan nach Hongsa (102 km). Eventuell muss man in der Provinzhauptstadt übernachten.
Von der **Busstation** am Markt fahren morgens alle Busse und Songtheos in die Umgebung ab. OUDOMXAI (260 km, 6 Std.) 9 Uhr für 90 000 Kip über MUANG NGEUN (43 km, 1 Std., 25 000 Kip). XAYABOURY (88 km, 2 1/2 Std.) um 8.30 und 10 Uhr für 70 000 Kip.
THA SOUANG (26 km, 1–2 Std.) zwischen 8.30 und 9 Uhr für 20 000 Kip. Das tägliche **Boot** nach

Grenzübergang nach Thailand

Seit ein paar Jahren ist die Grenze von **Muang Ngeun** nach **Ban Huai Khon** auch für Touristen passierbar, 🕐 8–17 Uhr. Sie ist 2,5 km von Muang Ngeun entfernt. Zwischen den Grenzposten liegen 800 m Niemandsland. Auf thailändischer Seite gibt es tgl. um 12 Uhr eine Verbindung nach Nan (2 1/2 Std., 100 Baht), an den meisten Tagen zusätzlich einen Bus am Morgen und einen am Nachmittag. Nok Air fliegt von Nan nach Bangkok (1 1/2 Std.), außerdem fahren mindestens ein halbes Dutzend Busse von dort in die thailändische Hauptstadt (10 Std.).
Einreise nach Laos s. S. 279.

LUANG PRABANG (100 000 Kip) wartet für gewöhnlich bereits (Tickets am Pier). Sobald die neue Mekongbrücke südwestlich von Pakbeng fertiggestellt ist, dürfte Tha Souang an Bedeutung verlieren; dann pendeln Busse zwischen Pakbeng und Hongsa/Muang Ngeun.

Xayaboury

Die Anfahrt zur Provinzhauptstadt ist landschaftlich ein Traum: Von Luang Prabang folgt die Straße zunächst dem Tal des Houay Khan, bevor sie in die fruchtbare Talsohle des Nam Nane hinabsteigt. Die sattgrünen Reisfelder und Orangenplantagen vor blauen Gebirgszügen geben einen Vorgeschmack auf das, was die Landschaft Xayaburys zu bieten hat. Die Stadt selbst liegt in einer weiten Ebene an einer Schleife des Nam Houng. Das **Tourism Office** bietet eine Halbtagestour zu den wichtigsten Tempeln an. Eine Tagestour schließt den Besuch in einem nahe gelegenen Heilpflanzengarten ein.

ÜBERNACHTUNG UND ESSEN

Mekee Gh., Hauptstraße, nördlich des Zentrums, 📞 074-2399388. Saubere, Zimmer. Wasser, Kaffee und – noch eine Rarität in Xayaboury – WLAN gibt's gratis dazu. ❶–❷
Silivanh Gh., am Fluss nahe dem Saynamhoung Restaurant, 📞 020-56784649. Gepflegtes Stein

haus mit 9 Zimmern mit/ohne AC und Bad. Hinter dem Garten fließt der Nam Houng. **❶–❷** Gegenüber der Provinzverwaltung verkaufen **Essensstände** ab 18 Uhr Suppen, Fleischgerichte und Obst. Auf der neuen **Uferpromenade** südlich der Brücke über den Nam Houng gibt's ebenfalls Snacks und ein paar Sitzgelegenheiten. **Saynamhoung Restaurant**, am Fluss. Thai-Food, chinesisches und laotisches Essen. Teuer. **Ms. Kham Pha Restaurant**, gegenüber der Post. Keine Karte und Englisch spricht auch niemand, aber wer „Fö" oder „Khao Soi" bestellt, erhält große, reichhaltig gefüllte Suppenschüsseln.

SONSTIGES

Informationen, Fahrradverleih und Touren

Das **Tourism Office im Zentrum**, ✆ 074-213107, 🖳 www.sayaboultourism.com. Beste Anlaufstelle für Infos zur Stadt und Provinz; hier auch Mountainbikes (30 000 Kip) und spannende Touren. ⏰ tgl. 8–12, 14–16 Uhr.

TRANSPORT

Busse und Songtheos

Xayaborys Busstationen liegen beide 4–5 km außerhalb. Neu ist die Minivan-Station eine Querstraße nördlich des neuen Marktes.

Nördliche Busstation

HONGSA (88 km, 2 1/2 Std.) Minivan gegen 10 Uhr für 70 000 Kip, eventuell auch etwas früher, wenn der Nachtbus aus Vientiane zeitiger eintrifft. Am besten schon eine gute Stunde vorher da sein.
LUANG PRABANG (112 km, 3–4 Std.) um 9 und 14 Uhr für 60 000 Kip.
VIENTIANE (447 km, 11–12 Std.) um 15 Uhr für 130 000 Kip über Luang Prabang und um 8 Uhr (300 km, 10 Std.) für 90 000 Kip über Paklai.

Südliche Busstation

KENTHAO (203 km, 5 Std.) um 9 Uhr, 80 000 bis 90 000 Kip.
PAKLAI (143 km, 4 Std.) Songtheo um 7.30, 9.30, 12 und 14 Uhr für 60 000 Kip.

Minivan-Station

VIENTIANE (380 km, 8–9 Std.) 2–3 moderne AC-Vans fahren tgl. zwischen 7 und 10 Uhr.

Flüge

Der Flughafen liegt im Südwesten der Stadt, etwa 3 km vom Zentrum entfernt.
Lao Skyway, 🖳 www.laoskyway.com, fliegt 3x wöchentl. nach VIENTIANE (50 Min.).

Die Umgebung von Xayaboury

LAOS

Elephant Conservation Center

Das malerisch gelegene Elephant Conservation Center, 8 km südwestlich von Xayaboury am Stausee Nam Tien, ist nicht einfach nur ein weiteres Elefantencamp: Es hat sich dem Schutz der letzten Elefanten in Laos verschrieben. Hier stehen nicht Reitausflüge im Vordergrund, sondern das Beobachten und Begleiten der Tiere in ihrer natürlichen Umgebung – vom Frühstück am Morgen über das Baden im See bis hin zum anschließenden Spaziergang mit dem Mahout in den umgebenden Wälder. Es gibt Tagestouren (US$75), 2- und 3-tägige Aufenthalte (US$175/230) und ein 7-tägiges Volontärsprogramm (US$440). Zur Anlage gehört auch das einzige Elefantenkrankenhaus im Land. Hier werden Dickhäuter aus der ganzen Provinz behandelt. Aufenthalte nur nach vorheriger Buchung beim Center, ✆ 020-96590665, 🖳 www.elephantconservationcenter.com.

Grenzübergang nach Thailand

Kaum bekannt ist, dass auch westliche Ausländer den Grenzübergang **Kenthao – Tha Li**, ⏰ 8–18 Uhr, rund 60 km südlich von Paklai nutzen können. Von Paklai fahren vormittags mehrere Songtheos für 40 000 Kip in 1 1/2 Stunden nach Kenthao. Von dort bringt einen ein weiteres Songtheo für 10 000 Kip zur Grenze. In Thailand angekommen, geht's mit einem großen Sammeltaxi weiter zur Bushaltestelle nach Tha Li (30 Baht), wo stündlich Verbindungen in die Provinzhauptstadt Loei (40 Baht) bestehen. Von hier geht's mit Bussen weiter nach Bangkok. Alternativ gibt es auch einen durchgehenden Bus von Luang Prabang nach Loei (S. 411), der kurz in Xayaboury und Paklai hält. Einreise nach Laos s. S. 300.

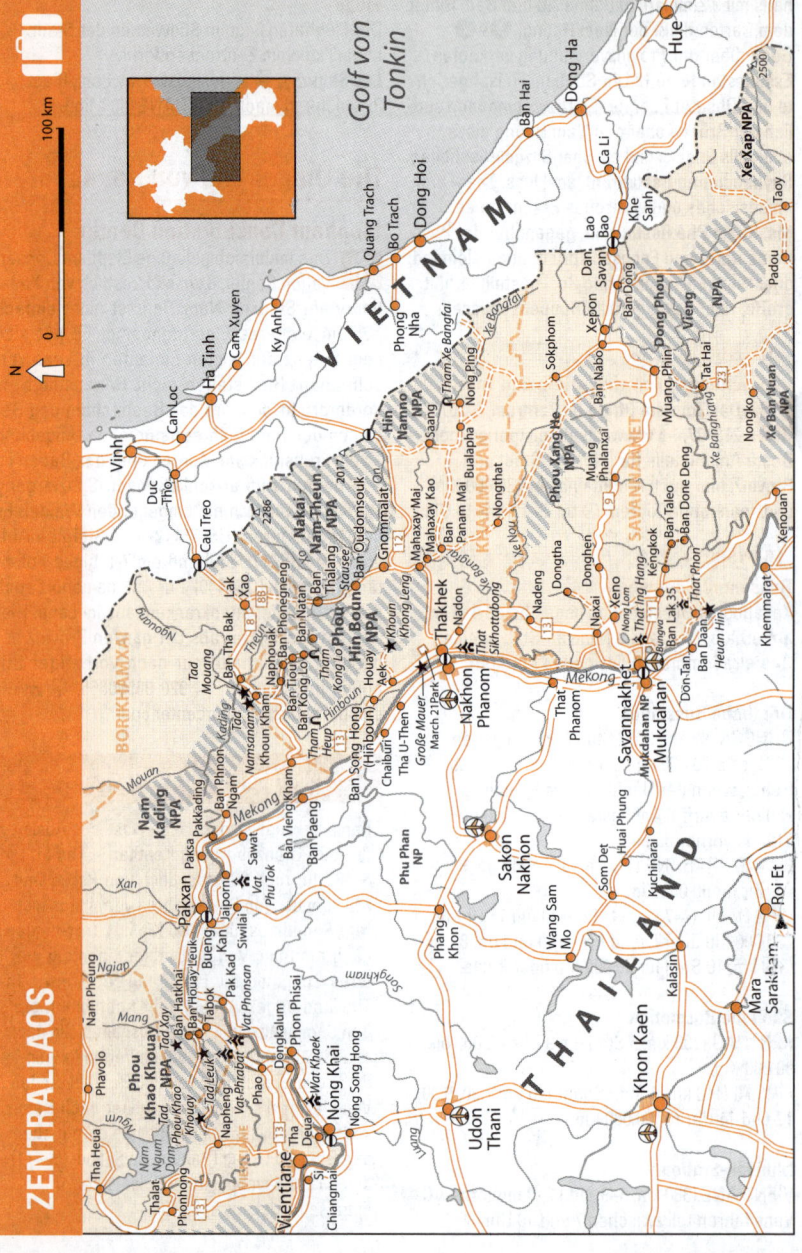

ZENTRALLAOS

100 km

N

Golf von
Tonkin

VIETNAM

THAILAND

LAOS

BORIKHAMXAI

KHAMMOUAN

SAVANNAKHET

Hue
Ban Hai
Dong Ha
Ga Li
Khe Sanh
Xe Xap NPA
Taoy
Padou
NPA
Xe Bang Nouan NPA
Quang Trach
Bo Trach
Dong Hoi
Lao Bao
Dan Savani
Xepon
Ban Dong
Dong Phou Vieng
Tat Hai
Nongko
Xenouan
Ha Tinh
Cam Xuyen
Ky Anh
Phong Nha
Sokphom
Muang Phalanxai
Ban Nabo
Muang Phin
Xe Banghiang
Ban Taleo
Ban Done Deng
Kengkok
Vinh
Can Loc
Duc Tho
Cau Treo
Hin Namno NPA
Saang
Nong Ping
Nong Nou
Muang
Nadeng
Dongtha
Dongheri
Xeno
Nong Lom
Nong
Ban Done Deng
Khemmarat
2286
Lak Xao
Nam-Theun NPA
Nakai
Ban Oudomsouk
Gnommalat
Mahaxay Maj
Mahaxay Kao
Ban Panam Mai
Bualapha
Nongthat
Nadeng
Nakai
That Phon
Ban Daan
Heuan Hin
Ban Tha Bak
Ban Natan
Thalang
Phou Hin Boun NPA
Khoun
Khong Leng
Thakhek
That Sikhottabong
Nadon
Thot Lak 35
Bunphan
Tad Mouang
Napouak Naphouan
Ban Kong Lo
Tham Kong Lo
Houay Tham
Ban Song Hong (Hinboun)
Chalbuli
Tha U-Then
Große Mauer
March 21 Park
Nakhon Phanom
That Phanom
Savannakhet
Mukdahan NP
Mukdahan
Don-Tan
Ban Tiou
Ban Phon
Khoun Kham
Ban Vieng Kham
Ban Paeng
Phu Phan NP
Phu Phang
Som Det
Huai Phung
Kuchinarai
Tad Keling
Namsanam
Ngam
Nam Kading NPA
Pakkading
Tad
Sawat
Vat Phu Tok
Phang Khon
Sakon Nakhon
Wang Sam Mo
Kalasin
Roi Et
Pakxan
Pakxan
Jaipom
Siwilai
Mara Sarakham
Nam Pheung
Phavolo
Tha Heua
Tha Laik
Phou Khoua
Phou Khao Khouay NPA
Kinouay
Napheng
Bueng Kan
Pak Kad
Tabok
Ban Houay Leuk
Ban Hatkhai
Vat Phonsan
Dongkalum
Phon Phisai
Nong Khai
Nong Song Hong
Udon Thani
Khon Kaen
Vientiane
Tha Deua
Si Chiangmai
Vat Khuek
Vgt Phrabat
Phonhong
Thalat
Phonhong
Siwilai

Zentrallaos

Eingebettet zwischen Mekong und Annamitischer Kordillere bilden die Provinzen Borikhamxai, Khammouan und Savannakhet das schmale Verbindungsglied zwischen Nord- und Südlaos. Ein Viertel der Bevölkerung lebt hier, auf einem Fünftel der Landesfläche. Sechs **Naturschutzgebiete** bergen eine artenreiche Tierwelt und die letzten großen Waldbestände des Landes. Herz der Region ist eine Kette aus Karstbergen, die bis an die vietnamesische Grenze heranreicht.

Zentrale Nord-Süd-Achse ist die asphaltierte Straße 13, von der die Straßen 8, 9 und 12 zur vietnamesischen Grenze abzweigen. Die Übergänge am Keo Neua Pass (Straße 8) und am Lao Bao Pass (Straße 9) werden regelmäßig von Touristen genutzt. Grenzübergänge mit Thailand bestehen in Pakxan, Thakhek und Savannakhet.

Provinz Borikhamxai

Die knapp 15 000 km² große Provinz Borikhamxai beginnt etwa 80 km östlich von Vientiane. Die 265 000 **Einwohner** verteilen sich auf mehr als 20 ethnische Gruppen. Die Mehrheit gehört zur Tai-Sprachfamilie. Im **Phou Khao Khouay NPA** ist Trekking möglich. Das Örtchen Khoun Kham an der Straße 8 nach Lak Xao dient als Basis für Trips zur spektakulären Höhle **Tham Kong Lo**.

Von Vientiane nach Süden

Bevor die Straße 13 bei Pakkading diagonal in den Süden führt, schlägt sie einen 200 km langen Bogen in nördöstlicher Richtung. Nach 81 km erreicht sie **Vat Phrabat**, eine der wichtigsten Pilgerstätten der Provinz. Der Tempel wird vor allem wegen des Fußabdrucks von Buddha *(phra bat)* verehrt. Der weithin sichtbare Stupa, wurde Anfang der 1930er-Jahre errichtet. Südlich der Straße 13, gegenüber Vat Phrabat, führt ein 3 km langer Weg zum stimmungsvollen **Vat Phonsan**. Vom *sim* hat man einen schönen Flussblick.

Phou Khao Khouay NPA

Kurz vor Thabok, 93 km östlich von Vientiane, zweigt eine Straße nach Ban Hatkhai ab. Von diesem Dorf aus werden **Treks** ins Phou Khao Khouay NPA unternommen. Das 2000 km² große Phou Khao Khouay NPA ist eines der ältesten Naturschutzgebiete in Laos. Zu den Highlights zählen die **Wasserfälle** Tad Xay und Tad Leuk und der **Stausee** Ang Nam Leuk. Die Nähe zu Vientiane macht das Naturschutzgebiet zu einem idealen Tagesausflugsziel.

Viele Reisebüros in Vientiane organisieren Trips ins Phou Khao Khouay NPA. Neben klassischen **Aktivtouren** mit Mountainbiking und Kayaking gibt es auch **Orchideentreks**. Wer selbst anreist, sollte sich einen Tag vorher in Ban Hatkhai anmelden. Mr. Khammouane, ✆ 020-22240303, jedoch nur spricht wenig Englisch. Hilfe gibt's im Guesthouse oder auch in der Touristeninformation in Vientiane. Weitere Infos, auch Übernachtung und Transport, unter 🖳 www.trekking centrallaos.com.

Pakxan

Die Provinzhauptstadt Pakxan, 143 km östlich von Vientiane, ist ein weitläufiger Flecken an der Mündung des Nam Xan in den Mekong. Seit die Straße 13 vollständig asphaltiert ist, sehen die meisten Touristen den Ort nur noch durchs Busfenster. Aber das reicht eigentlich auch.

Kommerzielles Zentrum ist die staubige Straße 13, die Pakxan am Nordrand flankiert. Der **Markt** breitet sich um die Busstation aus. Über den kleinen **Hafen** am Westende der Stadt, gegenüber dem thailändischen Bueng Kan, wird der Im- und Export abgewickelt. Hier befindet sich auch ein **Grenzübergang**.

Wer in Pakxan hängen bleibt, findet im **B.K. (Boua Khay) Gh.**, erste Teerstraße hinter der Nam-Xan-Brücke rechts (500 m), ✆ 030-9062779, und im **Saymongkhoune Gh.**, in einer kleinen Straße westlich der Busstation, ✆ 054-280413, anständige Zimmer mit Bad und WLAN, ❶–❷. Das bewährte **Saynamsan Restaurant**, Straße 13, an der Nam-Xan-Brücke bietet gute Lao-Kost, eine große Terrasse und Flussblick. **Geldautomaten** stehen vor der Busstation und der BCEL, 800 m westlich an der Straße 13. Hier auch normaler Geldwechsel, 🕐 Mo–Fr 8.30–15.30 Uhr.

LAOS

Von Pakxans **Busstation** bestehen 4x tgl. zwischen 5 und 11 Uhr Verbindungen nach Lak Xao (184 km, 4–5 Std., 60 000 Kip) und regelmäßig bis nachmittags nach Vientiane (143 km, 2–3 Std., 30 000 Kip). Morgens um 7.30 Uhr fährt ein Bus nach Phonsavan (230 km, 6 Std., 100 000 Kip). Busse von Vientiane nach Phonsavan kann man 1 km westlich der Busstation an der Ampelkreuzung anhalten. Busse nach Ban Vieng Kham (90 km), Thakhek (192 km), Savannakhet (325 km) und Pakxe (527 km) passieren Pakxan etwa 2–3 Std., nachdem sie in Vientiane gestartet sind. Die meisten halten kurz an der Straße 13 gegenüber der Busstation.

Straße 8 nach Lak Xao

Von Pakxan sind es knapp 90 km bis zum Kreuzungsort Ban Vieng Kham, auch Ban Lao genannt. Hier beginnt die Straße 8 ihren kurvenreichen Anstieg zur vietnamesischen Grenze. Über mehr als 130 km schlängelt sie sich an Pfahlbauten und Karstbergen vorbei, und sie folgt der historischen Handelsroute, die die Mekongebene einst wie heute mit Vietnam verbindet.

Ban Vieng Kham ist nur als Verkehrsknotenpunkt interessant: Alle Busse von und zur vietnamesischen Grenze müssen hier durch, Pick-ups und Busse von Nord nach Süd und in umgekehrter Richtung halten hier, und man wartet in der Regel nicht länger als eine Stunde auf einen Anschluss. Wer dennoch nicht weiter-

kommt, findet im Vieng Thone Gh. am südlichen Ortseingang Zimmer mit Bad, ❶–❷. Den schöneren Ausblick hat das Skyline Resort, etwa 8 km in Richtung Khoun Kham am Flussufer, ❶.

7,5 km vor **Khoun Kham** (3/4 Std.), früher Nahin genannt, weist ein Schild zu einem Aussichtspunkt, von dem der Blick weit über die schroffe Berglandschaft des 1690 km² großen **Phou Hin Boun NPA** reicht – nicht verpassen. Das unspektakuläre Dorf selbst ist ein guter Ausgangspunkt für Trips zur Tham Khong Lo, einer 6,3 km langen Höhle, durch die der Nam Hinboun fließt und die nur auf dem Wasser erkundet werden kann. Boote durch die Höhle starten nahe Ban Kong Lo, wo es seit dem Bau einer Straße von Khoun Kham immer mehr Unterkünfte gibt.

Tham Kong Lo

Man kann nur ahnen, wie viel Mut die fünf Freiwilligen aufbringen mussten, die der Legende nach einst als erste in den pechschwarzen Schlund der Tham Kong Lo paddelten. Aus Angst, nicht wieder herauszufinden, streuten sie Reishülsen ins Wasser, aber das war gar nicht nötig: Nach einem halben Tag kamen sie am anderen Ende wieder heraus – und hatten bewiesen, dass die Höhle trotz Dunkelheit, Kälte und Geistern passierbar ist.

Heutige Touristen haben es da leichter. Seit die Provinzregierung Tham Kong Lo 2003 für den Tourismus freigegeben hat, ist die Höhle Jahr für Jahr besser erschlossen worden: Inzwischen fahren Songtheos bis nach Ban Kong Lo, und es gibt einen regelmäßigen Bootsservice durch die Höhle. Selbst wenn dadurch ein Stück Abenteuer verloren gegangen ist: Nichts schmälert die weltentrückte Schönheit dieser Region.

Der Eingang täuscht mit seinen 5 m Höhe und 25 m Breite über das Ausmaß der Höhle hinweg: Etliche **Hallen**, teilweise bis zu 100 m hoch und 60 m breit, reihen sich hier auf 6,3 km aneinander. Hauptattraktion ist der so genannte **Tempelkomplex** – keine Sakralbauten, sondern meterhohe stimmungsvoll beleuchtete Tropfsteine.

Die Rundfahrt durch die Höhle dauert zwei bis drei Stunden. Bootsleute warten an einer kleinen Sala nahe dem Eingang. Da man an mehreren Stellen aus dem Boot steigen muss, um es über Stromschnellen und Kieselbänke zu schieben, sind Gummisandalen keine schlechte Idee. Der Trip kostet hin und zurück 100 000 Kip pro Boot (1–3 Pers.) plus 10 000 Kip p. P. Eintritt. Außerdem wird ein paar hundert Meter vor der Sala eine Art „Maut" verlangt. Um 16 Uhr ist offiziell Schicht im Schacht.

ÜBERNACHTUNG

Sowohl in Khoun Kham als auch entlang der Straße zur Tham Kong Lo gibt es Unterkünfte.

Khoun Kham (Nahin)

Khounthavy Gh., Hauptstraße, 50 m östlich der Busstation , ✆ 020-22827696. Schlichte Bambushütten im Garten; Mopedverleih, Restaurant. ❶
Phamarnview Gh., 50 m weiter, rechts, ✆ 020-99369573. zweistöckig, sauber, mit großem Parkplatz – wie aus dem Handbuch für Motels. Die Räume oben haben Holzböden; gute Wahl. ❷
Souksomchay Gh., ein Stück weiter, linker Hand, ✆ 020-22166446. Flachbau mit Kiosk und kleinen, aber gemütlichen Zimmern (AC/Bad/TV). Die Räume im Holzanbau machen von außen mehr her als von innen. ❶–❷

Ban Phonegneng

Im dem kleinen Ort 7,5 km vor Tham Kong Lo, gibt es 2 anständige Unterkünfte.
Sala Hinboun, ✆ 020-77755220, 🖥 www.salalao.com. Bungalows am Nam Hinboun vor einer Kulisse aus Karstbergen, alle mit Balkon. Bootstrips zur Tham Kong Lo. Preis inkl. Frühstück, besser reservieren. ❸–❹
Saynamgneng Gh., 200 m weiter, ✆ 029-5222221. Viel einfacher, aber auch günstiger, und ebenfalls schön am Fluss gelegen. Restaurant. ❶

Ban Tiou

Sala Kong Lor Lodge, 4 km südöstlich von Ban Phonegneng in einem Wäldchen nahe Ban Tiou, 1,5 km abseits der Hauptstraße, ✆ 020-77755179. Einfache Bambushütten, Doppelzimmer und Komfortbungalows. Die Lage am Nam Hinboun ist sogar noch schöner als bei den beiden anderen. Restaurant. Preis inkl. Frühstück. ❶–❹

Ban Kong Lo

Im dem kleinen Dorf, gut 1 km vor der Höhle, war früher nur **Homestay** (50 000 Kip) möglich.

Inzwischen gibt es ein halbes Dutzend Unterkünfte, die meisten davon am Ortsrand:
Xokxay Gh., kurz hinter dem Ortsschild rechts. ✆ 020-22336629. Der einfache Flachbau liegt zwischen Gemüsefeldern hinter dem Restaurant. Fahrradverleih. ❶–❷
Chantha House, 200 m weiter, ✆ 020-22100002, 🖥 www.chanthahouse.com. Oben Matratze auf Holz, unten Bett auf Fliese, etwas schlicht, aber piccobello sauber. WLAN. ❶–❷
Phounsouk Gh., etwas weiter, rechts. ✆ 020-55414994. Das neueste Gästehaus im Dorf bietet stilvolle Zimmer mit viel Holz. Von der Hochterrasse blickt man auf die Hauptstraße. ❷
Enjoy Boy Gh., im Dorf am Ufer, ✆ 020-77764896. Ulkiger Name, aber eine solide Wahl: Die einfachen Zimmer mit Bad (Kalt- oder Warmwasser) liegen hübsch am Fluss gleich neben dem Haus der Familie; vom Restaurant überblickt man das Ufer – empfehlenswert auch für Leute, die nicht hier übernachten. ❶–❷

TOUREN

Die meisten Touranbieter haben Trips zur Höhle im Programm (Adressen s. Vientiane S. 367 und Thakhek S. 458). Das Tourism Information Centre in Thakhek unternimmt eine 2-tägige Tour mit lokalen Guides, Homestay und öffentlichen Verkehrsmitteln (S. 458).

TRANSPORT

Motorrad

Von Khoun Kham aus ist die Höhle in einer guten Stunde über eine Asphaltstraße zu erreichen (40 km). Sie zweigt 4,5 km westlich von der Straße 8 ab.

Busse und Songtheos

Jeden Tag um 10 Uhr fährt ein Bus von Vientianes Südlicher Busstation nach Ban Kong Lo. Gegen 14.30 Uhr gibt es eine Verbindung von Thakheks Talat Pethmany nach KHOUN KHAM. Dort starten gegen 10, 12.30 und 15 Uhr Songtheos in Richtung Höhle (1–2 Std., 25 000 Kip). Von Ban Kong Lo zurück nach Khoun Kham geht es 2–3x tgl. am Morgen. Außerdem fahren gegen 6.30 und 8 Uhr Songtheos nach THAKHEK (4 Std., 75 000 Kip) und um 7 Uhr ein Bus nach VIENTIANE (7–8 Std., 80 000 Kip).

LAOS

Boote

Die Anreise zur Tham Kong Lo ist besonders schön mit dem Boot, da man mitten durch die Karstkegel schippert. Allerdings ist sie nicht ganz billig. Gute Startpunkte am Nam Hinboun sind die Unterkünfte in Ban Phonengneng, 35 km südlich von Khoun Kham. Die Fahrt zur Höhle dauert von hier etwa 1 1/2 Std., die Sala Hin Boun nimmt für den Trip 400 000 Kip für 2 Pers. inkl. Picknick und Höhlenrundfahrt.

Lak Xao

Am Südostrand des Loyang-Gebirges, 100 km östlich von Ban Vieng Kham an der Straße 8, geizt das weitläufige Lak Xao mit Reizen. Vor 25 Jahren standen hier nur eine Hand voll Hütten mit kaum mehr als 30 Einwohnern. Dann ließ sich die Armee-eigene **Bolisat Phatthana Khet Phoudoi** („Firma zur Entwicklung der Bergregionen") in der Region nieder und stampfte die Stadt binnen kurzer Zeit aus dem Boden. Heute

Grenzübergang nach Vietnam

Der Grenzübergang **Nam Phao – Cau Treo** am Keo Neua Pass verbindet die laotische Provinz Borikhamxai mit der vietnamesischen Provinz Ha Tinh. Busse zwischen Vientiane und Ha Noi befahren die Route inzwischen täglich (S. 411). Der Grenzposten, ⏰ tgl. 7–17 Uhr, liegt 35 km nordöstlich von Lak Xao in den Bergen. Die Beamten erheben nach 17 Uhr und am Wochenende eine Überstundengebühr. Tuk Tuks von Lak Xao zur Grenze starten an der Busstation (mehrmals tgl. nach Bedarf, beste Chancen bestehen morgens, 35 km, 45 Min., 20 000 Kip). Auf vietnamesischer Seite wartet die Transport-Mafia schon darauf, Reisende übers Ohr zu hauen. Täglich gegen 13.30 und 14 Uhr fahren Busse von Lak Xao direkt nach Tay Son (früher Trung Tam, 50 000 Kip) und um 12 Uhr nach Vinh (120 000 Kip). Für die Einreise nach Vietnam ist ein Visum nötig, das die Vertretungen in Vientiane, Luang Prabang, Savannakhet und Pakxe ausstellen. Einreise nach Laos s. S. 721.

leben hier knapp 30 000 Menschen, darunter viele Vietnamesen. Für Touristen ist der Ort nur als Stopp auf dem Motorradloop (S. 461) oder dem Weg von/nach Vietnam (s. Kasten) interessant. Die Grenze befindet sich 35 km östlich.

Anständig übernachten lässt sich im **Souriya Hotel** an der Straße 8B, ✆ 054-341111, ❶–❷. Das große Hotel hat fast 60 Zimmer (Ventilator/ AC, Bad, WLAN) in zwei nebeneinander liegenden Gebäuden. Bestes **Restaurant** ist das Toulakhom Restaurant am westlichen Ortseingang. Zentraler liegt das Only One, südlich des Souriya Hotels, hinter der Tankstelle rechts. Lao Development Bank, ✆ 054-341042, und BCEL, 054-280112, befinden sich nahe dem Markt, haben **Geldautomaten** und tauschen Bargeld und Reiseschecks (Gebühr). ⏰ Mo–Fr 8.30–15.30 Uhr.

Busse, Songtheos und Pick-ups starten vom Sandplatz südlich der Straße 8, gleich östlich des Marktes. Es bestehen Verbindungen nach Ban Vieng Kham (6x tgl., 2–3 Std., 35 000 Kip), Thakhek (7.30 Uhr, 5 Std., 60 000 Kip) und Vientiane (5.30, 6.30, 8 Uhr, 7–8 Std., 85 000 Kip).

Provinz Khammouan

Die 16 315 km² große Provinz Khammouan ähnelt in Topografie und Ausdehnung ihren Nachbarprovinzen. Mit drei **Naturschutzgebieten** und einem spektakulären Karstgürtel, der sich über 200 km von der Straße 8 bis nach Vietnam erstreckt, hat sie aber ein wesentlich größeres touristisches Potenzial.

Verwaltungszentrum ist **Thakhek**, ein unaufgeregter Ort am Mekong, in dem ein paar hübsche Kolonialhäuser stehen. Einen Besuch wert ist die Provinzhauptstadt wegen ihres Umlands: Nur wenige Kilometer östlich flankiert die Straße 12 die Südgrenze des **Phou Hin Boun NPA** (1690 km²), mit seinen Karstbergen ein Eldorado für Kletterer (S. 460). Zahlreiche **Höhlen** entlang der Straße 12 nach Osten sind leicht in einem Tagesausflug zu besichtigen.

Die **Bevölkerung** Khammouans zählt rund 375 000 Menschen, die sich in mindestens zwölf Gruppen unterteilen, darunter Makong, Kali, Kaleun, Phoutai und Weiße Hmong. In Thakhek leben neben Lao auch etliche Vietnamesen. **Wirtschaftlich** sind Holzverarbeitung, Handel, Reisanbau und Stromexport von Bedeutung.

Der größte Teil des **Verkehrs** fließt über die Straße 13. Östlich von Thakhek führt die Straße 12 bis zur vietnamesischen Grenze. Pick-ups und Songtheos passieren die Strecke regelmäßig bis Gnommalat und Mahaxai. Die Straße 8B ist von Thakhek bis Ban Thalang ausgebaut, 20 km dahinter wird sie zur Dschungelpiste mit Steinen und Schlaglöchern. Die dritte thai-laotische **Freundschaftsbrücke** zwischen Thakhek und Nakhon Phanom wurde Ende 2011 eröffnet.

Thakhek (Muang Khammouan)

Seit sich herumgesprochen hat, wie schön das Umland von Thakhek ist, wird die kleinste der großen laotischen Mekongstädte ihrem Namen langsam wieder gerecht (tha khek = „Gäste-Hafen"). Die meisten nutzen die Stadt als Basis, um den Motorradloop zu organisieren (S. 461), eine Trekkingtour zu buchen (S. 458) oder klettern zu gehen (S. 460). Nur wenige bleiben länger als ein oder zwei Tage, und so wirkt der 50 000-Seelen-Ort verschlafen wie eh und je.

Die kleine Innenstadt **Ban Thakhek Kang** spiegelt mit ihrem rechtwinkligen Straßennetz, dem Springbrunnen und einer Reihe franko-vietnamesischer Geschäftshäuser vor allem die jüngere Geschichte wider. In den zweistöckigen **Villen**, die vereinzelt entlang der Chao Anou Road stehen, wohnten einst die französischen Kolonialbeamten. Heute dehnt sich die Stadt nach Südosten aus, wo sich die neue Elite mit pompösen **Palästen** zu übertrumpfen versucht.

5 km südlich am Ufer des Mekong erhebt sich der heilige **That Sikhottabong**, auch That Muang Kao genannt. Experten gehen davon aus, dass der Stupa zur gleichen Zeit wie That Phanom (Thailand) und That Phon (Savannakhet), zwischem dem 6. und 10. Jh., gebaut wurde. Die Könige Phothisarat (reg. 1520–1547) und Setthathirat (reg. 1548–1571) ließen ihn im 16. Jh. im Lane-Xang-Stil umgestalten, bis er unter König Anouvong (reg. 1804–1828) zu Beginn des 19. Jhs. seine heutige schlichte Form erhielt. Vom Boden bis zur Spitze misst er fast 30 m. Jedes Jahr im Februar zieht das 3-tägige **That-Sikhottabong-Fest** etliche Gläubige aus der Provinz und dem benachbarten Thailand an.

Links vor der Anlage hat die Partei Lord Sikhottabong in Bronze verewigt. Der Legende nach hat er Vientiane im 6. Jh. vor einer Elefanteninvasion geschützt und dafür nicht nur die Tochter des Königs, sondern auch ein Fürstentum in der Region erhalten.

Um zum That zu gelangen, folgt man einfach der Oungkham Rd., bis die Anlage nach 5 km rechts zu sehen ist (Tuk Tuk 50 000 Kip). Eintritt 15 000 Kip.

ÜBERNACHTUNG

Thakhek Travel Lodge 1 & 2, 300 m nördlich des Sooksomboon Marktes, über einen kleinen Weg zu erreichen, ☏ 051-212931, ✉ travell@laotel.com. Langjährige Backpackeroption, etwas ab vom Schuss und renovierungsbedürftig: Das Haupthaus hat Zimmer in allen Preisklassen und einen Schlafsaal (30 000 Kip p. P.). Die billigsten Räume haben bessere Tage gesehen, aber die großen Zimmer im Seitengebäude sind noch okay. Einen Hauch von Boutiquehotel bietet die Thakhek Travel Lodge 2, ☏ 020-22213632, ✉ tkhtravellodge2@gmail.com, 50 m nördlich auf demselben Gelände: helle Zimmer mit Bildern an den Wänden, Schreibtisch, Flachbild-TV und gepflegtem Garten. Doch egal, auf welche der beiden Lodges die Wahl fällt: Vor Haus 1 kann man in der Sonne frühstücken oder am Lagerfeuer den Tag ausklingen lassen; hilfreiches Gästebuch für Leute, die den Loop fahren wollen (S. 461); WLAN; Restaurant; Lodge 1 ❶–❷, Lodge 2 ❹

Song Lao Gh., nordwestlich der Touristeninfo, ☏ 020-97469922. Die 2-stöckigen Reihenhäuser liegen in einer ruhigen Seitenstraße. Auch wenn die Zimmer (AC, Bad, TV) klein ausfallen, ist diese grüne Anlage allen zu empfehlen, die den vielen Karaokebars entkommen wollen. ❷–❸

Phonepadith Gh., Vientiane Rd., etwas zurückversetzt, ☏ 051-213261. Vor allem Geschäftsleute und Projektmitarbeiter steigen in diesem Motel ab, dessen Parkplatz ausreichend groß für die obligatorischen SUV ist. Die Zimmer (AC, Bad, TV) sind zweckmäßig, aber sauber und ruhig. Restaurant, kein Englisch. ❷

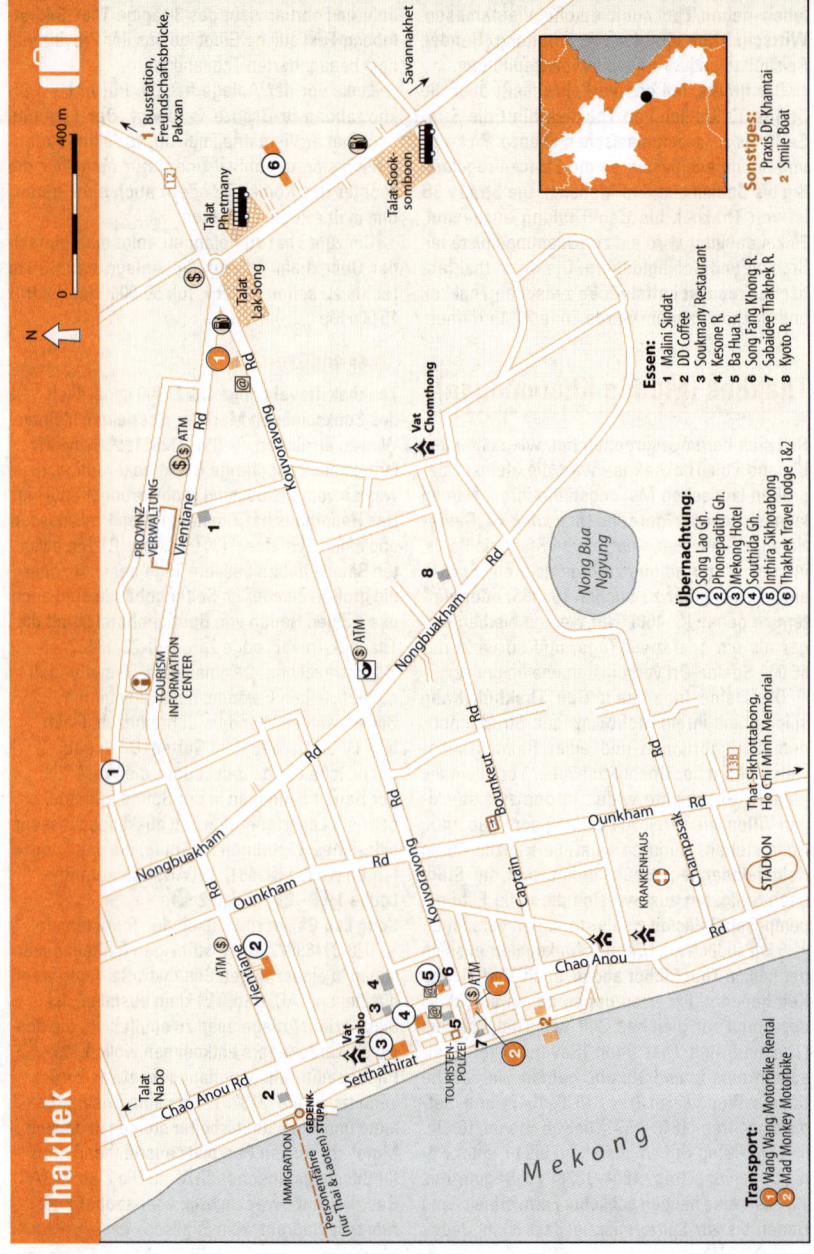

Thakhek

LAOS

1 , Busstation,
Freundschaftsbrücke,
Paksan

400 m

0

N

Talat
Phetmany

6

Talat
Lak Song

Talat Sook-
somboon

Vat
Chomthong

PROVINZ-
VERWALTUNG

1

Vientiane Rd

ATM

Kouvoravong Rd

Savannakhet

Nong Bua
Ngyung

TOURISM
INFORMATION
CENTER

1

8

Nongbuakham Rd

ATM

Rd

Bounkeut

Ounkham Rd

KRANKENHAUS

Champasak Rd

That Sikhottabong,
Ho Chi Minh Memorial

STADION

Nongbuakham Rd

Ounkham Rd

Rd

Captain

Kouvoravong Rd

Chao Anou

Vientiane Rd

ATM

2

Talat
Nabo

Chao Anou Rd

2

IMMIGRATION

GEDENK-
STUPA

Personenfähre
(nur Thai & Laoten)

Vat
Nabo

3

4

3

Setthathirat Rd

TOURISTEN-
POLIZEI

5

5

6

7

ATM

1

2

Sonstiges:
1 Praxis Dr. Khamtai
2 Smile Boat

Essen:
1 Malini Sindat
2 DD Coffee
3 Soukmany Restaurant
4 Kesone R.
5 Ba Hua R.
6 Song Fang Khong R.
7 Sabaidee Thakhek R.
8 Kyoto R.

Übernachtung:
1 Song Lao Gh.
2 Phonepadith Gh.
3 Mekong Hotel
4 Southida Gh.
5 Inthira Sikhotabong
6 Thakhek Travel Lodge 1&2

Transport:
1 Wang Wang Motorbike Rental
2 Mad Monkey Motorbike

M e k o n g

Southida Gh., Seitenstraße der Setthathirat Rd., ✆ 051-212568. Alteingesessenes Gästehaus mit gefliesten Zimmern, alle mit AC, Bad und TV, einige auch mit Balkon. Der Preis steigt mit der Größe. Gute Lage. WLAN. ❷–❸

🏨 **Inthira Sikhotabong**, Chao Anou Rd., ✆ 051-251237, 🖥 www.inthirahotels.com. In einem renovierten Shophouse nahe dem zentralen Platz befindet sich Thakheks einziges Boutiquehotel, geschmackvoll eingerichtet, mit TV und WLAN. Am besten sind die pastellfarbenen Deluxe-Zimmer zur Front, mit Holzboden, Mauerwerk und Balkon. Restaurant und ein Büro von Green Discovery. ❹–❺

Mekong Hotel, Setthathirat Rd., ✆ 051-250777. 4-stöckiger Koloss am Mekong mit Zimmern in 6 Varianten, einige davon familientauglich und nicht schlecht fürs Geld. WLAN. ❷–❺

ESSEN UND UNTERHALTUNG

Thakheks Restaurantlandschaft ist in den vergangenen Jahren bunter geworden: Inzwischen gibt es thailändische, laotische, westliche und japanische Kost, und die offenen Läden rund um den Talat Sooksomboon sind für ihre gute vietnamesische Küche bekannt.

Schön ist es zum Sonnenuntergang in den **kleinen Uferlokalen** in der Setthathirat Rd., Ecke Kouvoravong Rd.

An der Westseite des zentralen Platzes verkaufen **Essensstände** abends laotische Snacks.

Ba Hua Restaurant, am Springbrunnen (kein Schild). Die alteingesessene Suppenküche genießt den Ruf, eine der besten Fö der Stadt zu servieren. Hier kann es morgens so voll sein, dass es keinen Platz mehr gibt. ⏲ 6–14 Uhr.

Inthira Restaurant & Bar, im Inthira Hotel. Gehört zur selben Gruppe wie das Khop Chai Deu in Vientiane und bietet einen ähnlich umfangreichen Gerichte-Mix. ⏲ 6–22 Uhr

Song Fang Kong, Kouvoravong Rd., kurz vor der Chao Anou Rd. Man läuft leicht daran vorbei, aber das wäre schade. Denn im Wok von Frau Jim entstehen köstliche Thai-Gerichte und das zu äußerst moderaten Preisen. ⏲ 11–23 Uhr.

Sabaidee Thakhek, am Westende des zentralen Platzes. Der richtige Laden bei Heißhunger auf Burger, Steak oder Fish'n'Chips. ⏲ 7–22 Uhr.

Soukmany Restaurant, Chao Anou Rd., nahe dem Southida Gh. Mehr Sein als Schein: Das Lokal wirkt wie eine Firmenkantine, aber die Lao- und Thai-Gerichte sind vorzüglich. ⏲ 10–22 Uhr.

Kyoto Restaurant, Nebenstraße zwischen Nongbuakham Rd. und Vat Chomthong. Eigentlich produziert der japanische Besitzer Holzgeschirr. Nebenbei betreibt er auf dem Gelände noch ein Restaurant. Die Karte deckt die ganze Palette von roh (Sushi) bis frittiert (Tempura) ab. Etwas Zeit mitbringen. ⏲ Mo–Sa 7.30–18, So ab 11 Uhr.

Malini Sindat (nur laotisches Schild), Seitenstraße südlich der Provinzverwaltung. Die Grilltische sind bei Locals äußerst beliebt und das zu Recht: Das Grillgut könnte nicht frischer sein und der Service ist klasse. ⏲ 16–22 Uhr.

Kesone Restaurant, östlich des Southida Gh. Bekannt für seine große Eiskarte, aber es gibt auch Fisch, Frittiertes und *sindat* im Garten oder auf der Dachterrasse. ⏲ 10–23 Uhr.

DD Coffee, Vientiane Rd. In bonbonfarbenem Mädchenzimmerambiente brüht Too Too den besten Cappuccino der Stadt. Dazu gibt's Joghurt, Kekse und Torten. ⏲ 7–17 Uhr.

Smile Boat, Mekongpromenade. Wenn sich die Nacht über Thakhek senkt, gehen die Lichter des Biergartens an – und die Karaoke-Anlage. Am Wochenende bringen Thakheks Teenies das gegenüberliegende Disco-Boot zum Schwanken. Voll wird's um 22 Uhr. ⏲ bis 24 Uhr

SONSTIGES

Motorradverleih

Mad Monkey Motorbike, am zentralen Platz, ✆ 020-59939909. Hier wird sich gewissenhaft um Bikes und Biker gekümmert: Der deutsche Inhaber Dirk vermietet Roller ab 130 000 Kip (Voll- und Halbautomatik) und Geländemaschinen für 300 000 Kip/ Tag. Er hilft gern mit Karten, Tipps und ist auch Retter in der Not, wenn einmal etwas schiefgehen sollte. ⏲ 8–19 Uhr.

Mr. Ku, ✆ 020-22205070, hat seine Basis auf dem Gelände der Thakhek Travel Lodge, wo er Motorräder ab 100 000 Kip/Tag verleiht. Er verteilt eine gute handgezeichnete Karte zum „Loop" (S. 461) mit Notfall-Glossar.

Wang Wang, zentraler Platz und Kouvoravong Rd., ist mit Vorsicht zu genießen: Die Roller haben aber ganz oft erhebliche technische Mängel.

LAOS

Geld

Geldautomaten stehen an der Vientiane Rd., an der Kouvoravong Rd., am zentralen Platz, an der Busstation und an der Freundschaftsbrücke.
BCEL, Vientiane Rd., neben der Provinzverwaltung, ✆ 051-212686.
Lao Development Bank, am Kreisverkehr, ✆ 051-212089; beide ⏱ Mo–Fr 8.30–15.30 Uhr.

Informationen

Thakheks **Tourism Information Centre**, ✆ 030-5300503, 🖥 www.khammouanetourism.com, befindet sich etwas ab vom Schuss in der Vientiane Rd. Hier lassen sich die Ecotreks der Tourism Authority buchen (s. Kasten). Sollte das Büro wider Erwarten geschlossen sein: Der freundliche Somkiad Phineth ist auch unter ✆ 020-55751797 oder ✉ somkiad@yahoo.com

Touren in den Karst

Die **Tourismusbehörde** hat eine Hand voll Touren ausgearbeitet, die mit lokalen Guides und öffentlichen Verkehrsmitteln unternommen werden. Ein Trip zur Tham Xe Bangfai (S. 460) ist in Vorbereitung und wird ins Programm aufgenommen, sobald es die Straßenverhältnisse erlauben. Buchung mindestens einen Tag im Voraus im Tourism Office. Weitere Infos unter 🖥 www.khammouanetourism.com.
Höhlen entlang der Straße 12 (1 Tag): Tuk-Tuk-Tour zu den Höhlen östlich von Thakhek. Im Anschluss: Große Mauer und – wenn Zeit ist – That Sikhottabong; 450 000 Kip p. P. bei 2 Pers..
Phou Hin Boun NPA (2 Tage): Tuk Tuk nach Ban Na, Trek entlang dem Nam Don, unterwegs Halt an mehreren Höhlen, Homestay; nächster Tag Trek nach Ban Na Kue und weiter zum See Khoun Khong Leng, Trek entlang dem Fluss Khon Keo bis zu den Khon-Keo-Stromschnellen; Rückfahrt. 850 000 Kip p. P. bei 2 Pers., alles inkl.; auch Tagestour und 3-Tages-Variante.
Tham Kong Lo (2 Tage): Bootsfahrt durch die Kong-Lo-Höhle (S. 452), Homestay, *basi*; am zweiten Tag von Khoun Kham aus Wanderung zum Tad Namsanam und Tad Mouang; Rückfahrt. 1 600 000 Kip p. P. bei 2 Pers., alles inkl.

zu erreichen. Er spricht sehr gut Englisch. ⏱ 8–16.30 Uhr.

Internet

Internetzugang bieten **Mukda Service Internet**, Kouvoravong Rd., **Wang Wang**, am zentralen Platz, und zwei **Läden in der Chao Anou Rd.**, nördlich des Inthira Sikhotabong; alle haben Headset und Webcam, die Preise liegen bei 6000 Kip/Std. ⏱ bis 22 Uhr.

Medizinische Hilfe

Einen guten Ruf hat die Praxis von **Dr. Khamtai**, ✆ 020-22324505, knapp 1 km nordöstlich des Kreisverkehrs, etwa 100 m hinter der Tankstelle links. Er spricht ebenfalls Englisch und Französisch. ⏱ Mo–Fr 6–7.30, 11.30–13.30, 16–18.30, Sa und So 8–14 Uhr.
In ernsten Fällen **nach Nakhon Phanom** fahren.

Touranbieter

Green Discovery, im Hotel Inthira Sikhotabong, ✆ 051-251390, 🖥 www.greendiscoverylaos.com. Trekking, Kayaking, Mountainbiking, außerdem Ansprechpartner für die 3-tägige Tour zur Tham Xe Bangfai. ⏱ Mo–Sa 8–17 Uhr.
Mad Monkey Motorbike (s. „Motorradverleih") organisiert Ausflüge in Zusammenarbeit mit Einheimischen. Ein Guide kostet US$40/Tag. Dirk kennt die Pisten der Umgebung wie seine Westentasche und bietet auch private Höhlentouren auf Deutsch an. ⏱ 8–19 Uhr.

TRANSPORT

Fahrrad und Motorrad

Zweiradfahrer auf dem Weg nach Savannakhet sollten statt der öden und stark befahrenen Straße 13 die etwas kürzere **Straße 13B** parallel zum Mekong nehmen. Auf dem Weg liegen der That Sikhottabong und das **Ho Chi Minh Memorial** in Xieng Vang. Wer Onkel Hos Hanteln, Brille und andere Alltagsgegenstände sehen möchte, muss nach 29 km in Ban Songmuangtai links auf einen Sandweg abbiegen. Dann sind es noch einmal 1,5 km. Zurück auf der Hauptstraße führt die Strecke hinter Nong Bok (6 km) ein paar Kilometer hübsch am Mekong entlang, bevor eine einspurige Eisenbrücke (17 km) über den **Xe Bangfai** die Provinzgrenze markiert. Von hier sind es noch gut 50 km nach Savan.

Busse und Pick-ups

Thakheks **Busstation** befindet sich 3,5 km östlich des Zentrums an der Straße 13 (Tuk Tuk 15 000 Kip bei 2 Pers.). Hier starten alle Fernbusse in den Norden und Süden, nach Thailand und Vietnam. Vom **Talat Sooksomboon** bestehen Verbindungen in den Süden der Provinz und nach Savannakhet, Songtheos in den Norden und Osten starten vom **Talat Pethmany**.

Busstation

SAVANNAKHET (133 km, 2 Std.) um 10.30 Uhr direkt, anschließend ab Mittag bis 23 Uhr alle 30–60 Min. aus Vientiane für 30 000 Kip.
PAKSE (395 km, 6–7 Std.) um 8.30 und 10 Uhr direkt, anschließend um 12 Uhr und ab dem frühen Nachmittag stdl. bis 24 Uhr aus Vientiane für 60 000 Kip. Der VIP-Bus (70 000 Kip) aus Vientiane um 1 Uhr ist oft voll.
VIENTIANE (335 km, 5–6 Std.) stdl. von 5.30–8.30 Uhr direkt, anschließend stdl. von 9.45 Uhr bis Mitternacht Busse aus dem Süden für 60 000 Kip; ein VIP-Bus startet in Thakhek um 9.15 Uhr für 80 000 Kip. Die privaten VIP-Busse (85 000 Kip) aus Pakse stoppen hier zwischen 1 und 2 Uhr.
Busse nach DON KHONG und NAKASANG (gegenüber Don Det) verlassen Thakhek am späten Nachmittag.
Außerdem besteht Anschluss nach **Vietnam**:
DA NANG (15 Std.) Mo und Fr gegen 20 Uhr für 120 000 Kip.
HA NOI (18 Std.) Di, Do und Sa gegen 12.30 Uhr für 160 000 Kip.
HUE (12 Std.) Mo um 7, Di–So um 20 Uhr für 90 000 Kip.
VINH (12 Std.) tgl. gegen 7 Uhr für 90 000 Kip.

Talat Pethmany

LAK XAO (204 km, 5 Std.) 7.30 Uhr für 60 000 Kip.
KHOUN KHAM (147 km, 3 Std.) 14.30 Uhr für 50 000 Kip.

Talat Sooksomboon

SAVANNAKHET (133 km, 2–3 Std.) Minibusse etwa stdl. von 7–16 Uhr für 30 000 Kip.

Grenzübergang nach Thailand

Seit Ende 2011 braucht man für den Trip von Thakhek über den Mekong nach **Nakhon Phanom** nur noch in den Bus zu steigen. Möglich macht's die dritte thai-laotische Freundschaftsbrücke 13 km nördlich der Stadt. Der Grenzübertritt ist unkompliziert: Busse pendeln alle 1–2 Std. von 8–16.30 Uhr zwischen den zentralen Busstationen beider Städte (18 000 Kip, Sa und So 20 000 Kip). An der Grenze, ⏱ 8–22 Uhr, gibt's die nötigen Stempel, einen Bankschalter und Geldautomaten. Der alte Übergang am Mekong ist nur noch für Thais und Laoten geöffnet.
Einreise nach Laos s. S. 306.

LAOS

Die Umgebung von Thakhek

Wenige Kilometer östlich von Thakhek beginnt die Berglandschaft des Phou Hin Boun NPA. Ein schöner Tagesausflug auf der asphaltierten Straße 12 führt am Südstrand des Naturschutzgebietes entlang. Die 20 km lange Strecke ist am besten mit dem Roller zurückzulegen. Eine Alternative ist eine Trekkingtour des Tourism Information Centre. Ein Tuk Tuk kostet etwa 200 000 Kip.

Höhlen entlang der Straße 12

Eine Tour beginnt 1 km östlich des Kreisverkehrs an der Kreuzung der Straßen 12 und 13. Die Strecke führt zunächst nach Osten auf die dicht bewachsenen Sägezahnformationen zu. Nach 4 km zweigt hinter dem Schild „Buddha Cave" links ein 600 m langer Sandweg ab, an dessen Ende man rechts abbiegen muss.

Die **Betonbrücke**, die wenig später erreicht ist, wurde in der französischen Kolonialzeit gebaut. Sie ist das Relikt eines ehrgeizigen Projekts, das die Franzosen in den 1920er-Jahren entwickelten: den Anschluss von Laos an das indochinesische Eisenbahnnetz. Die 188-km-Trasse von Thakhek über den Mu Gia Pass bis nach Tan Ap wurde jedoch nie realisiert.

Von hier sind es noch 7,5 km bis zur **Tham Pha Fa** (Buddha-Höhle), einem der wichtigsten Pilgerziele der Provinz. Seit Mr. Boun Nong 2004

Kletterern juckt es beim Anblick der Kalksteinwände östlich von Thakhek buchstäblich in den Fingern. 2010 erschlossen deutsche Bergsportler die ersten Routen, inzwischen gibt es mehr als 200 (Schwierigkeitsgrade 4 bis 8b), darunter zwei Multipitches.

Ideale Basis ist das **Green Climbers Home**, 12 km östlich von Thakhek, auf der Rückseite von Tham Xieng Liap. Geleitet wird es von den erfahrenen Kletterern Tanja und Uli aus Köln. Die zehn Doppelbungalows (160 000 Kip) und zwei 6er-Dorms (60 000 Kip p. P.) liegen rund um das gemütliche Restaurant. Eine Unterkunft sollte unbedingt im Voraus gebucht werden. Fürs kleine Budget gibt es Zelte (40 000 Kip), aber auch die sind schnell belegt.

Geklettert wird praktisch vor der Haustür am Pha Kham und den umliegenden Wänden. Wer kein Equipment mitgebracht hat, kann im Camp hochwertige Ausrüstung aus Deutschland leihen. Darüber hinaus geben die beiden Kletterkurse für Anfänger und Fortgeschrittene (1/2–2 Tage). Weitere Infos, Bilder und Preise gibt es auf der Website 🖥 www.greenclimbershome. com. Tuk Tuks fahren von Thakhek für 100 000– 150 000 Kip zum Camp, je nach Uhrzeit und Verhandlungsgeschick. Von Juni–Sep ist das Green Climbers Home geschlossen.

in der Höhle statt der erhofften Fledermaus für den Grill 229 Buddhastatuen fand, erfreuen sich täglich bis zu hundert Gläubige an einer leicht verkitschten Devotionalienschau. Die Figuren sind zwischen 15 cm und 1 m groß. Die meisten wurden aus Bronze gegossen und mit Blattgold überzogen, 16 sind aus massivem Gold. Experten schätzen ihr Alter auf 300–500 Jahre. Eintritt 5000 Kip, Fotografieren verboten.

Zurück auf der Straße 12 zweigt gut 1 km hinter einer Brücke rechts ein 2,5 km langer Weg zur **Tham Xang** ab (teilweise Sand). Größtes Heiligtum ist ein kleiner Tropfstein in Form eines Elefantenkopfes (*xang* = Elefant), der in einem dunklen Gang rechts hinter den zentralen Buddhastatuen steht (oberste Ebene). Eintritt 5000 Kip

Wieder auf der Straße 12 geht die Reise durch die Karstkegel weiter, bis nach 5 km Ban Songkhone erreicht ist. Hier führt ein 300 m langer Pfad rechts vor der Brücke zum Eingang der **Tham Xieng Liap**, einem imposanten Stalaktitenschlund, durch den sich der Houay Xian Liap windet.

Knapp 500 m hinter dem Abzweig zur Tham Xieng Liap führt links von der Straße 12 ein Sandweg zum 1 km entfernten **Tha Falang**, einer kleinen Badestelle am Nam Don. Der Platz war in der Kolonialzeit ein beliebter Ausflugsort der Franzosen (in der Regenzeit Boot von der Brücke in Ban Songkhone nehmen).

Nur wenige hundert Meter weiter auf der Straße 12 ragen beiderseits des Weges Felsen auf, die beim Näherkommen wie ein Tor anmuten. Unmittelbar dahinter zweigt linker Hand ein Pfad zur **Tham Pha In** ab (350 m, durch einen Ziegelsteinbogen). Ein kurzer Aufstieg führt zum Eingang der Höhle, deren Decke mit Stalaktiten übersät ist. Folgt man dem Pfad nach links, gelangt man zu einer Terrasse, die einen schönen Blick auf einen natürlich beleuchteten Pool freigibt. Im Wasser soll sich einst das Konterfei des Hindugottes Indra gespiegelt haben, daher der Name „Pha In". Das Wasser gilt als heilig und darf nicht berührt werden.

Tham Xe Bangfai (Tham Nam Lot)

Die erst 2013 eröffnete Tham Xe Bangfai stellt mit ihrer schieren Größe sogar Tham Kong Lo in den Schatten: Am Rand des Hin Namno NPA, 153 km östlich von Thakhek nahe Ban Nong Ping, fließt der Xe Bangfai knapp **10 km durch ein Karstmassiv**. Wie Tham Kong Lo kann Tham Xe Bangfai nur vom Wasser aus erkundet werden. **Bootsführer** warten täglich bis zum späten Nachmittag am Parkplatz auf Besucher. Die Fahrt kostet 60 000 Kip plus 10 000 Kip Eintritt und startet nach etwa 1 km Fußmarsch am Höhleneingang. Für Touristen, die mit dem Bootsführer nichts anderes ausgemacht haben, ist schon nach einer knappen Stunde vor der ersten Stromschnelle Schluss. Wer in Thakhek eine Tour gebucht hat, durchquert die Höhle in voller Länge.

Vor Ort gibt es bislang so gut wie keine touristische Infrastruktur. Fünf Haushalte in Ban Nong Ping bieten **Homestay** (50 000 Kip) und Ver-

Der „Loop": mit dem Motorrad durch die Bergwelt Khammouans

Als Ejnar, der ehemalige Besitzer der Thakhek Travel Lodge, den „**Loop**" von Thakhek über Lak Xao und Khoun Kham zurück nach Thakhek 1998 zum ersten Mal fuhr, war die Straße noch eine absolute Rumpelpiste. Heute ist ein Großteil der 435-km-Rundtour asphaltiert, es gibt neue Brücken und das schwierigste Stück zwischen Ban Oudomsouk und Lak Xao wurde bis 20 km hinter Ban Thalang verbreitert. Das heißt nicht, dass der Trip kein Abenteuer mehr wäre. Er ist nach wie vor nur in der Trockenzeit zu empfehlen, aber Traveller können jetzt auf der Fahrt wesentlich entspannter die grandiose Bergwelt von Zentrallaos genießen.

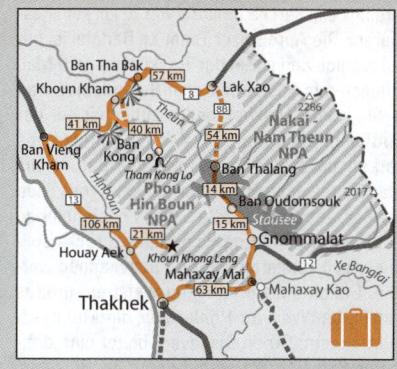

Die Route

Die Route führt ins Herz der Provinz Khammouan. Sie beginnt in Thakhek, folgt den Straßen 12 und 8B zwischen den Naturschutzgebieten Nakai-Nam Theun und Phou Hin Boun hindurch nach Lak Xao und anschließend den Straßen 8 und 13 über Khoun Kham zurück nach Thakhek.

Thakhek – Ban Thalang: 92 km, 2–3 Std., asphaltiert, hinter der NTPC Power Station kurvig und steil. Dramatische Karstberge, unbedingt die Höhlen entlang der Straße 12 ansehen.

Ban Thalang – Lak Xao: 54 km, 3–4 Std., anfangs angenehm, aber schon nach 20 km wird die im Bau befindliche Strecke zur beschwerlichen Sandpiste. Überwiegend Busch und Dschungel, sehr wenige Dörfer, zwischendurch immer wieder Blick auf den Nam-Theun-II-Stausee.

Lak Xao – Khoun Kham: 57 km, 1 1/2–2 Std., asphaltiert. Schöne Karstkulisse, nach 43 km auf der Nam-Theun-Brücke in Ban Tha Bak nach den Booten aus Bombenhälften Ausschau halten; Aussichtspunkt kurz vor Khoun Kham. 4,5 km westlich des Orts geht es links ab zur Tham Kong Lo (40 km).

Khoun Kham – Thakhek: 147 km, 3–4 Std., Asphaltstraße. Schöner Aussichtspunkt 7,5 km hinter Khoun Kham; bis Ban Vieng Kham kurvig, dahinter flach wie ein Pfannkuchen und einschläfernd gerade. Etwa 30 km vor Thakhek geht's am Ortsausgang von Ban Houay Aek links zum See Khoun Khong Leng (21 km). Nur versierte Fahrer, die mit dem fiesen letzten Drittel der Sandpiste fertig werden und noch 2–3 Std. Zeit mitbringen, sollten sich auf den Weg dorthin machen.

Die Zeitangaben sind reine Fahrzeiten. Um gemütlich alle Höhlen entlang der Straße 12 und Tham Kong Lo abzuklappern, sollten **4 Tage** eingeplant werden. Wer die erste Nacht in Ban Thalang verbracht hat, kann am zweiten Tag bis Khoun Kham durchfahren (4–5 Std.). Dann hat man im Anschluss einen ganzen Tag für die Besichtigung Tham Kong Los. Wer nur **3 Tage** Zeit hat, verbringt die erste Nacht am besten in Lak Xao (6-Std.-Ritt), die zweite in Ban Kong Lo (3 Std.) und zuckelt am dritten Tag gemütlich nach Thakhek zurück (4–5 Std.).

Praktische Tipps

Ins **Gepäck** gehören Wasser, Regenjacke, Sonnenbrille, Staubtuch und Sonnenschutz (nicht zu vergessen lange Kleidung und Helm). Das Wichtigste ist ein gutes Motorrad; vor der Abfahrt außerdem das Logbook der Thakhek Travel Lodge mit den jüngsten Erfahrungen anderer Traveller checken.

Benzin gibt es nach 23 km an der Straße 12, in Mahaxai Mai (41 km), kurz vor und in Gnommalat (63 km), in Ban Oudomsouk (78 km), kurz vor Ban Thalang und an kleinen Buden entlang der Strecke. Vorsicht auf den ausgebauten Straßen: Die Laster nehmen keine Rücksicht auf Touristen.

pflegung an. Alternativ kann man für 80 000 Kip im schönen hölzernen **Gästehaus** absteigen, allerdings existiert im Umkreis von 20 km kein Restaurant. Die Anreise zur Tham Xe Bangfai ist beschwerlich und nur in der Trockenzeit (Okt–Mai) möglich, am besten mit dem **Geländemotorrad** (4 Std.). Von Thakhek geht's zunächst auf der Straße 12 nach Mahaxai Kao (52 km) und von dort auf passabler Sandstraße über Ban Panam Mai weiter nach Bualapha (80 km). Vom Ende der dortigen Hauptstraße sind es noch holprige 21 km nach Ban Nong Ping. Diese Strecke sollte nur von versierten Fahrern angegangen werden. Gleich am Dorfeingang weist ein großes Schild den Weg zur Höhle. Wer die Motorradfahrt scheut: Green Discovery bietet eine dreitägige **Camping-/Kajaktour** durch die Höhle an. Auch Thakheks Tourism Information Centre hat eine Tour in Planung und kann Tipps zur Anreise geben. Insgesamt sollte man für den Trip 2–3 Tage einplanen.

Provinz Savannakhet

Die größte der zentralen Provinzen erstreckt sich über 21 774 km² von der Annamitischen Kordillere bis zum Mekong, im Norden von Khammouan und im Süden von Saravan begrenzt. Savannakhet ist mit 910 000 Einwohnern auch die **bevölkerungsreichste Provinz** des Landes. Ihre ausgedehnte Mekongebene macht sie zum Reisproduzenten Nr. 1, aber auch Rohstoffe und Bodenschätze wie Kupfer, Gold, Kalkstein, Gips und Holz sind hier zu finden.

Zwei **Grenzübergänge** – im Westen mit Thailand, im Osten mit Vietnam – machen Savannakhet zu einem wichtigen Verkehrsknotenpunkt, nicht nur für Touristen: Seit Ende der 90er-Jahre genießt der Ausbau des Trans-Asia Highways, der Thailand über die Straße 9 mit der vietnamesischen Küste verbindet, unter den Mekong-Anrainern höchste Priorität. Außerdem entsteht in den kommenden Jahren eine Bahnverbindung zwischen Savannakhet und der vietnamesischen Hafenstadt My Thuy, um die Rohstoffe der Provinz schnell ans Meer und von dort ins ressourcenhungrige China bringen zu können.

Touristen besuchen meist nur die Provinzhauptstadt und den 15 km entfernten **That Ing Hang**, einen der heiligsten Stupas des Landes. Nahe Xepon lässt sich ein Blick auf den **Ho-Chi-Minh-Pfad** werfen, allerdings lohnt die Anreise nicht ohne Guide.

Savannakhet

Die zweitgrößte Stadt des Landes (130 000 Einw.), gegenüber dem thailändischen Mukdahan, ist die wichtigste Kreuzung in Zentrallaos: Hier beginnt die Ost-West-Route zwischen Thailand und Vietnam. 27 km östlich verläuft die Straße 13. Und seit vor ein paar Jahren die zweite thai-laotische Freundschaftsbrücke über den Mekong eingeweiht wurde, ist ihre Funktion als **regionaler Dreh- und Angelpunkt** perfekt. Zumindest theoretisch. Praktisch ist davon nur wenig zu merken. Zwar hat der Verkehr seit dem Brückenschlag um ein Drittel zugenommen, aber da er am Zentrum vorbeigeleitet wird, geht's in der Stadt alles andere als hektisch zu.

Schachbrettartig um einen begrünten Platz angelegt, mit katholischer Kirche und verfallenden Ladenhäusern, wirkt Savannakhet wie die Kulisse für einen Indochinafilm. Wer auf den **Spuren der Franzosen** durch die Stadt flaniert, sollte einen Blick auf das Haus der Sala Savan von 1926, das Mekong Hotel, das Provinzmuseum und die kleine Seitenstraße nördlich der Singthong Rd. werfen: Hier befand sich einst eine Unterhaltungsmeile mit Varieté und Bars. Der Flyer *Savannakhet Downtown*, erhältlich in der Touristeninfo, beschreibt einen hübschen Rundgang zu diesen und weiteren Gebäuden im Zentrum. Die kleine katholische **Kirche St. Teresia**, ein einschiffiger Bau mit achteckigem Glockenturm, wurde 1930 errichtet. Rechts des Altars befindet sich die liegende Statue der Namensgeberin, einer Heiligen aus Lisieux (Normandie).

Ältester und größer der Tempel der Stadt ist **Vat Xayaphoum** in der Chanthabouri Road, nördlich des Fährterminals. Er wurde Ende des 19. Jhs. gebaut und kürzlich renoviert. Heute leben hier fast 70 Novizen. Auf dem Gelände stehen eigentlich immer ein paar mannshohe Buddhastatuen zum Trocknen, die in der Werkstatt auf dem Tempelareal in Zement gegossen und später vergoldet werden. Klöster aus dem ganzen Land bestellen hier ihre Heiligtümer. Inzwischen werden etwa 15 pro Monat produziert.

Einen kurzen Besuch lohnt das kleine **Dinosauriermuseum**, Chanthabouri Rd., nördlich von Vat Xayaphoum. Dort werden einige Fossilien der Urtiere ausgestellt, die Laos während der Kreidezeit bevölkerten (140–65 Mio. Jahre v. Chr.). ⏲ 8–11.30, 13.30–16 Uhr, Sa und So durchgehend. Eintritt 5000 Kip.

Weniger interessant ist das **Provinzmuseum** in einem hübsch sanierten Kolonialbau neben der Post. Es zeigt etwas Frühgeschichte und viel über die Erfolge der Provinz und den Kampf gegen Franzosen und Amerikaner. ⏲ Mo–Fr 8–12, 13.30–16 Uhr, Eintritt 5000 Kip.

That Ing Hang

12 km östlich von Savannakhet, 3 km südlich der Straße nach Xeno, ragt der That Ing Hang in den Himmel, eine der bedeutendsten Pilgerstätten des Landes. Seine heutige Form erhielt der Stupa vermutlich im 16. Jh. unter König Setthathirat. Experten gehen davon aus, dass sich an dieser Stelle schon zu Zeiten des Sikhottabong-Reiches eine religiöse Stätte befunden hat.

Der 9 m hohe Stupa besteht aus drei **Stufen**, die mit einer geschwungenen Spitze in der klassischen Form einer Bananenblüte abschließen. Die tonfarbenen Skulpturen, die jede der vier Seiten schmücken, sind *dvarapala*, **Wächterfiguren** der Khmer. Im Innern des Stupas befindet sich eine **Kammer** mit zahlreichen Buddhafiguren, über denen eine bläulich schimmernde und mit Gold verzierte Statue thront. Frauen dürfen den inneren Kreis des Stupas und die Kammer traditionell nicht betreten. Jedes Jahr im Dezember findet um den That Ing Hang ein mehrtägiges **Fest** statt, zu dem die Kammer geöffnet wird. ⏲ 7–17 Uhr, Eintritt 5000 Kip.

Busse in Richtung Xeno setzen einen auf Wunsch am Abzweig zum That Ing Hang ab (12 km). Von hier sind es noch einmal 3 km zu laufen. Tuk Tuks vom Zentrum hin und zurück kosten 120 000 Kip. Man kann die Strecke auch problemlos mit dem Fahrrad oder Motorrad zurücklegen, am besten als Rundtour über den See Bungva (Flyer in der Touristeninfo, S. 466).

Savannakhet
N
0   300 m

Freundschaftsbrücke
Talat Savanxai
Phongnotha Rd
Visouthat Rd

Übernachtung:
1 Soulinsouk H.
2 Leena Gh.
3 Souannavong Gh.
4 New Saen Sabai H.
5 Sala Savan
6 Daosavanh Resort & Spa H.

Essen:
1 Tonenam R.
2 Sabaidee R.
3 Café Chez Boune
4 Lao Deum Savan R.
5 Vegetarische Garküche
6 Essensstände (3x)
7 Lin's Café
8 Dao Savan R.
9 Café Chai Dee
10 Lin Oun R.
11 Baguette-Laden

Mixai Rd
Dong Natad, That Ing Hang Rd
Vilai

Soukkhavadi Rd
Sisavangyong Rd
Silisuksa Rd

Vat Chamkeo
Chomkeo Rd
Makhasanan
Ratsavongseuk
Phetsarat
Vat Sounantha
Rd

STADION
Santisouk Rd

Tha He Rd
Ratsavongseuk
Savannakhet-Hué Trading Centre
ATM
Oudomsinh Rd

Dinosauriermuseum
Rd
ATM
Chaymuang Rd

Wohnhaus Kaysone Phomvihane
Kouvoravong
Ratsaphanith
Savannakhet Medical-Diagnostic Center

Vat Xayaphoum
Chanthabouri
Statue von Kou Voravong
Southhanou Rd

Lak Muang
Vietn. Tempel
Chao Kin Rd

Kinnali
Rd
Vat Rattanalangsi Rd

MEKONG HOTEL
Phangnapui
9

Chin. Tempel
Simuang Rd
10
11

Kirche St. Teresia

Singthong Rd
Vat Xayamoungkhoun

Provinzmuseum
Phetsarat
Rd
Makhaveha

Fähre nach Thailand (nur Thai und Laoten)
Khangluang Rd
Tha He Rd

ATM

Heuan Hin, That Phon

Sonstiges:
1 Thai-Konsulat
2 Vietnames. Konsulat
3 Holien Bike Center
4 Motorradverleih
5 Eco-Guide Unit
6 ehem. Amüsiermeile

Transport:
1 Busstation
2 Lao Airlines
3 SK Travel & Tour

Dong Natad und Nong Lom

Kristallklar und schilfbewachsen erstreckt sich der Lom-**See** inmitten des rund 8000 ha großen Schutzgebietes Dong Natad nordöstlich des That Ing Hang. Der See gilt als heilig und darf nicht mit dem Boot befahren werden. Im **Wald** gibt es Pythons, Schlangenweihen und Makaken. Einige der alten Bäume sind beschildert.

Die Strecke ist zunächst dieselbe wie zum That. 300 m vor dem Stupa von der Straße nach Xeno kommend führt links ein Weg nach 3 km zum See (an der T-Kreuzung rechts halten).

ÜBERNACHTUNG

Leena Gh., Chao Kin Rd., ☎ 041-212404, ✉ leenaguesthouse@hotmail.com. Der Familienbetrieb liegt etwas abseits der Hauptstraße in einem ruhigen Wohnviertel. In den 5 Gebäuden gibt es saubere Zimmer in allen Varianten. Restaurant. Fahrradverleih. WLAN im Lobbybereich. Gute Wahl für Traveller. ❶–❷

Souannavong Gh., Senna Rd., ☎ 041-212600. Ein halbes Dutzend Zimmer mit Bad in einem Steinhaus in guter Lage, oben mit Teppich. Der Neubau hinterm Haus bietet weitere 7 Fliesenzimmer. Freundlich, aber nur wenig Englisch. Fahrrad- und Motorradverleih. WLAN. ❷

Soulinsouk Hotel, nahe der Busstation, ☎ 041-213436. Im Foyer hat man den Eindruck, in eine Dschungel-Expedition geraten zu sein: Baumstämme, Elefantenbüsten und andere Tierfiguren zieren die Eingangshalle des etwas schrägen Hotels. Die Zimmer sind aber sauber, es gibt WLAN, PC-Plätze und Frühstück (inkl.). ❷–❸

New Saen Sabai Hotel, gegenüber dem alten Fähranleger, ☎ 041-252601, ✉ newsaensabai99@gmail.com. Das moderne Hotel erstreckt sich über 4 Etagen. Wer ein Zimmer im 2. Stock oder ein VIP-Zimmer im 3. Stock ergattert hat, kann den Blick auf den Mekong genießen. Preis inkl. Frühstück. WLAN. ❹

Sala Savan, 129 Kouvoravong Rd., ☎ 041-212445, 🖥 www.salalao.com. Schöner Kolonialbau von 1926 (früher das Thai-Konsulat). Die Zimmer – in Bast und Holz – sind aber leider zu teuer. Preis inkl. Frühstück. ❸–❹

Daosavanh Resort & Spa, Chanthabouri Rd., südlich des Krankenhauses, ☎ 041-252188, 🖥 www.daosavanh.com. Savans beste Unterkunft wirkt ein bisschen wie eine Clubanlage am Mittelmeer: Pool, Jacuzzi, Sauna, Fitnesszentrum – es gibt kaum etwas, das es nicht gibt. Die Zimmer sind sachlich-modern eingerichtet, mit viel Holz und allen Annehmlichkeiten. WLAN. Transfer vom/zum Flughafen oder Grenzübergang. Preis inkl. Frühstück. ❺–❻

ESSEN

Ein gutes Dutzend **Lokale** serviert asiatische und europäische Küche, darunter auch die örtliche Spezialität *Xin Savan* (Trockenfleisch).

Essensstände, Suppen- und Garküchen

€ Ein hübsches Plätzchen für den Sonnenuntergang bieten die **Essensstände** nördlich und südlich des alten Fähranlegers. Das leckerste **Baguette mit Paté** verkauft ein Laden in der Ratsavongseuk Rd., schräg gegenüber dem Motorradverleih. Unweit davon, in der Simuang Rd., kocht das vegetarische **Lin Oun Restaurant**, ⏰ 8–21 Uhr, leckere Kraftbrühen mit gedämpftem Gemüse. Eine exzellente **vegetarische Garküche**, 400 m nördlich an der Ratsavongseuk Rd., serviert von 6–21 Uhr neben Suppen auch Tofu-, Pilz- und Gemüsegerichte.

Restaurants

🏛 **Café Chai Dee**, Ratsavongseuk Rd., 🖥 www.cafechaidee.com. Das gemütliche Café hat gerade zum zweiten Mal den Besitzer gewechselt, will seinem Konzept aber treu bleiben: japanisch-internationale Küche, Büchertausch, Verkauf von Handarbeiten aus Laos und Thailand. In jedem Fall: einer der nettesten Orte der Stadt. WLAN. ⏰ 8–21 Uhr, So geschlossen.

🧳 **Dao Savan Restaurant**, am zentralen Platz, Ecke Ratsaphanith Rd. Savans bestes französisches Restaurant befindet sich stilecht in einem Kolonialbau aus den 30ern. Der Speisesaal oben macht seinem Namen alle Ehre und die Menüs sind jeden Kip wert. Teuer. ⏰ 11–22 Uhr, Di geschlossen.

🧳 **Lin's Café**, Ratsaphanith Rd., Ecke Phangnapui Rd. Guter Kaffeestopp mit Reiseinfos und WLAN. Im Obergeschoss des chinesischen Shophouses hängt außerdem noch die Ausstellung zur Bausubstanz Savannakhets,

Wanderungen und Radtouren

Savannakhets **Eco-Guide** Unit bietet neben recht öden Tuk-Tuk-Rundfahrten spannende Trekking- und Fahrradtouren ins Schutzgebiet **Dong Natad** (S. 464) an. Der 8000 ha große heilige Wald liegt nahe dem That Ing Hang und ist vermutlich das letzte Stück Urwald vor der Grenze. Es gibt drei **Treks** mit unterschiedlichem Fokus: Sie führen zu Honigsammlern (1 Tag, 260 000 Kip p. P. bei 2–3 Pers.), ins spirituelle Herz Savannakhets (2 Tage, 500 000 Kip p. P. bei 2–3 Pers.) oder haben den Wald selbst zum Thema (2 Tage, 500 000 Kip p. P. bei 2–3 Pers.). Die lohnendste **Radtour** (2 Tage, 400 000 Kip p. P. bei 2–3 Pers.) führt quer durchs Schutzgebiet nach Ban Phonsim (Homestay) und von dort an mehreren Seen entlang bis zum That Ing Hang.

Von den einstigen Touren in die beiden Nationalparks **Dong Phou Vieng** und **Phou Xang He** ist leider nur noch eine geblieben. Der dreitägige Katang Trail beginnt 161 km östlich Savannakhet (Anfahrt mit öffentlichen Verkehrsmitteln). Im Mittelpunkt stehen das Volk der Katang und der mystische Wald, der ihre Dörfer im Dong Phou Vieng NPA umgibt (1 300 000 Kip p. P. bei 2–3 Pers.).

Alle Touren starten täglich und sollten einen Tag im Voraus in der Eco-Guide Unit (s. „Informationen") gebucht werden. Mehr Infos und eine Liste der Dinge, die in den Dörfern zu beachten sind, gibt es auf der guten **Website** ⌨ www.savannakhet-trekking.com.

Ausflüge auf eigene Faust

Gemeinsam mit den Entwicklungshelfern der japanischen JICA hat die Tourismusbehörde eine Hand voll **Flyer für Tagestouren ins Umland** von Savannakhet erstellt, zu Sehenswürdigkeiten im Nordosten wie Bungva, Dong Natad und That Ing Hang *(Savannakhet Outskirts)*, im Südosten wie Turtle Lake (Nong Pa Fa) und Monkey Forest *(Champhone)* oder im Süden wie That Phone und Heuan Hin *(Mekong River South)*. Die Karten sind recht grob und ohne Kilometerangaben, aber man bekommt einen Eindruck von der Route. Mit dem Rad oder Roller lassen sich oft nur Teilstücke schaffen. Wer alles sehen will, sollte ein Tuk Tuk chartern. Zu haben sind die Flyer kostenlos in der Eco-Guide Unit und der Touristeninformation.

LAOS

---

von der im Flyer *Savannakhet Downtown* (S. 462) die Rede ist. ⏱ 8.30–20 Uhr, Mi geschlossen.

Café Chez Boune, Chameuang Rd. Leckere Pizza, Mozzarella, Steaks, Frühstück, guter Kaffee und die *Vientiane Times*. Moderat. ⏱ 7–22 Uhr

€ **Tonenam Restaurant**, Oudomsinh Rd. Großes Thairestaurant mit vielen Plätzen draußen. Viel Fisch und Seafood, aber auch Tom Yam und Currys. Die „Quick Dishes" sind ein Schnäppchen. ⏱ 10–22 Uhr.

Sabaidee, am Savannakhet-Hue Trading Centre. Beliebter Biergarten mit *sindat* zu Livemusik, abends oft rappelvoll. ⏱ 18–23 Uhr.

Lao Deum Savan Restaurant, auf dem Mekong an der Autofähre. Beleuchtet wie ein Weihnachtsbaum ist dieses thai-laotische Restaurantschiff. Die Gerichte – vor allem Salate *(tam)*, Suppen *(kaeng)*, *laap* und Gegrilltes – gibt es in zwei Portionsgrößen. ⏱ 10–22 Uhr.

SONSTIGES

Diplomatische Vertretungen

Thailand, Tha He Rd., Ecke Chaymuang Rd., 📞 041-212373 ⌨ www.thaisavannakhet.com. Transitvisa (800 Baht), Touristenvisa (60 Tage, 1000 Baht) und Non-Immigrant Visa (2000 Baht) aus. Zur Zeit der Recherche gab das Konsulat bekannt, voraussichtlich 2015 in ein Gebäude an der Makasavanh Rd., nördlich der Busstation, umzuziehen. ⏱ Mo–Fr 8–12, 13–16 Uhr.

Vietnam, 418 Sisavangvong Rd., 📞 041-212418. Visa für 15 Tage (US$40) und 30 Tage (US$50, 3 Tage Bearbeitungszeit); 1 Foto, sonst US$1 mehr. ⏱ Mo–Fr 7.30–11, 13.30–16 Uhr.

Fahrrad- und Motorradverleih

Fahrräder (um 15 000 Kip) im Leena Gh. und Souannavong Gh., **Motorroller** (Halbautomatik 70 000 Kip, Automatik 90 000 Kip) im Souanna-

vong Gh. und einem kleinen Verleih an der Ratsavongseuk Rd., Ecke Simuang Rd.
Holien Bike Center, Phangnapui Rd., ✆ 041-213190. Der Besitzer spricht zwar kein Wort Englisch, kann im Zweifel aber als einziger hochwertige Ersatzteile fürs Fahrrad besorgen. ◷ 8.30–17 Uhr, So geschlossen.

Geld
Geldautomaten stehen vor der BCEL-Bank, vor der Phongsavanh Bank und in der Chantha-bouri Rd., gegenüber dem Krankenhaus.
BCEL, Ratsavongseuk Rd., Ecke Oudomsinh Rd., ✆ 041-212272.. ◷ Mo–Fr 8.30–15.30 Uhr. Ein Wechselschalter vor der Bank hat in der Regel auch am Wochenende geöffnet.
Lao Development Bank, Oudomsinh Rd., um die Ecke, ✆ 041-212226. ◷ Mo–Fr 8.30–16 Uhr.
Phongsavanh Bank, Ratsavongseuk Rd., ✆ 041-300888. ◷ Mo–Fr 8.30–16.30, Sa 8.30–11.30 Uhr.

Informationen
Tourism Information Centre, im Provincial Tourism Department, Chaleunmuang Rd., nahe dem zentralen Platz, ✆ 041-212755. Viele Broschüren, auch zu Tagestouren (s. Kasten S. 465) und einem Stadtrundgang auf eigene Faust, aber Öffnungszeiten wie eine Behörde. ◷ Mo–Fr 8–11, 13.30–16 Uhr.
Eco-Guide Unit, Ratsaphanith Rd., ein Stück südlich, ✆ 041-214203, 💻 www.savannakhet-trekking.com. Flyer, Adresslisten und Trekking-touren in ein nahe gelegenes Schutzgebiet (s. Kasten S. 465). ◷ 8–11.30, 13.30–16, Sa und So bis 17 Uhr.

Internet
Mehrere **Internetcafés** gibt es entlang der Ratsavongseuk Rd. und nahe dem zentralen Platz. Die meisten haben Webcam und Kopf-hörer. Kosten: 4000–5000 Kip/Std., ◷ bis 22 oder 23 Uhr.

Medizinische Hilfe
Das **Provinzkrankenhaus** in der Chanthabouri Rd., südlich der Post, ✆ 041-212231 (Notfall), hat einen VIP-Trakt.
Einen recht guten Ruf genießt das private **Savannaket Medical-Diagnostic Center**,

Phetsarat Rd., ✆ 041-212393. Dr. Bounta spricht Englisch und verkauft **Medikamente**. ◷ Mo–Sa 7.30–11.30, 14–17, So 7.30–11.30 Uhr.
In ernsten Fällen ist das **Mukdahan International Hospital**, 87 Mukdahan-Dontan Rd., ✆ 0066-(0)42-633302 (Notruf), nur eine Brückenüberquerung entfernt.

TRANSPORT

Busse
Die **Busstation** liegt 4 km nördlich des Zentrums an der Makhasavan Rd. Ein Tuk Tuk kostet 10 000–20 000 Kip p. P.)
DAN SAVAN/LAO BAO (Grenze Vietnam, 232 km, 6–7 Std.) um 7 und 12 Uhr für 40 000 Kip über XEPON (187 km, 5–6 Std.).
PAKXE (262 km, 4–5 Std.) 4x tgl. zwischen 7 und 12.30 Uhr, 40 000 Kip.
THAKHEK (133 km, 2 Std.) stdl. von 8–13 Uhr, danach Busse aus dem Süden, 30 000 Kip.
VIENTIANE (468 km, 8 Std.) 7x tgl. zwischen 6 und 11.30 Uhr, im Anschluss bis nachmittags Busse aus dem Süden, 75 000 Kip. Tgl. um 21 Uhr fährt auch ein VIP-Bus für 120 000 Kip.

Busse nach Vietnam
Von der Busstation fährt tgl. um 22 Uhr ein mitunter schrottreifer **öffentlicher Bus** über HUE (14 Std., 90 000 Kip) nach DA NANG (16 Std., 110 000 Kip). Die Grenze wird zwar noch in der Nacht erreicht, aber sie öffnet erst am Morgen. Und das bedeutet, im Bus zu

> ### Grenzübergang nach Thailand
>
> Busse nach **Mukdahan** über die zweite thai-laotische Freundschaftsbrücke, 5,5 km nörd-lich des Zentrums, verlassen Savans zentrale Busstation alle 45–60 Min. zwischen 8.15 und 19 Uhr (13 000 Kip, außerhalb der regulären Öffnungszeiten 14 000 Kip). An der Grenze, ◷ 6–22 Uhr, gibt es Schalter der Lao Development Bank und der BCEL (Geldautomat). Vor 8 Uhr, nach 16 Uhr, an Wochenenden und Feiertagen verlangen die Beamten eine Über-stundengebühr. Der alte Grenzübergang am Fähranleger dient nur noch dem lokalen Grenz-verkehr. Einreise nach Laos s. S. 306.

frösteln bis zum ersten Sonnenstrahl. Eine
Alternative sind die Tagesverbindungen tgl. um
9 Uhr mit dem **VIP-Bus** (keine Toilette) nach Hue
für 110 000 Kip oder der **Schlafbus** am Do und
Sa um 7.30 Uhr nach Da Nang für 150 000 Kip.
Nach HA NOI geht's Di, Do und Sa um 10 Uhr
in qualvollen 24 Std. für 250 000 Kip.

Flüge

Savannakhets **Flughafen** (Tuk Tuk 30 000 Kip)
liegt 1,5 km südöstlich des Zentrums;
Flüge mit Lao Airlines nach BANGKOK (in der
Hochsaison tgl., 1 1/2 Std.), PAKXE (in der
Hochsaison tgl., 30 Min.), und VIENTIANE (tgl.,
werktags direkt, 1. Std., ansonsten über Pakxe).

Straße 9 nach Xepon

Östlich von Xeno windet sich die Straße 9 über
200 km bis zum Fuß der Annamitischen Kordillere, wo sie auf 200 m ansteigt, um über den **Lao
Bao Pass** nach Vietnam hinüberzuführen (S. 468).

Seit Jahrhunderten schon wird diese Route
von den Völkern zwischen Südchinesischem
Meer und Mekong als Handelsweg genutzt. Die
Franzosen ließen sie in den 1920er-Jahren ausbauen. Nordvietnam integrierte sie Ende der
1950er-Jahre in das Geflecht des Ho-Chi-Minh-
Pfades, und im Februar 1971 rückten südviet-
namesische Truppen auf der Straße 9 erfolglos
Richtung Xepon vor. Die Bomben der USA legten
die Straße schließlich in Schutt und Asche, bevor sie von den kommunistischen Bruderländern
nach 1975 wieder aufgebaut wurde, um Laos Zugang zum Meer zu verschaffen.

Seit den 1990er-Jahren steht die Straße 9 erneut im Mittelpunkt des Interesses: Als wichtigster **Ost-West-Korridor** zwischen Thailand
und der vietnamesischen Küste wurde sie in
den vergangenen Jahren asphaltiert. Nun verwandelt sie die ehemaligen „Schlachtfelder in
Marktplätze". Bis 2018 verlegt die malaysische
Giant Group zudem einen Schienenstrang von
Savannakhet bis zur vietnamesischen Grenze. Er
soll die Bahnnetze Thailands und Vietnams miteinander verbinden und den Güterverkehr von
der Straße auf die Schiene verlagern. Für Touristen ist die Strecke relativ uninteressant.

Xepon (Tchepone)

Inmitten bewaldeter Hügel, 190 km östlich von
Savannakhet, liegt Xepon, eine winzige Bezirksstadt am Ufer des Xe Banghiang. Bis 1975 lief
hier das Geflecht aus Straßen, Flüssen und Pfaden zusammen, über das die Nordvietnamesen
ihren Nachschub in den Süden transportierten.
Im Februar 1971 unternahmen südvietnamesi-
sche Truppen in einem **Himmelfahrtskommando**
den Versuch, den Ho-Chi-Minh-Pfad bei Xepon
zu unterbrechen. Das Unternehmen wurde ein
Fiasko, doch das rettete die Stadt nicht vor der
Zerstörung. Am Ende des Zweiten Indochinakrieges stand hier kein Stein mehr auf dem anderen,
und die Strecke bis zur vietnamesischen Grenze
war nur noch ein Streifen verbrannter Erde.

Alle Gebäude, die heute in Xepon zu sehen
sind, stammen aus dem letzten Viertel des
20. Jhs.: das Postamt, die Bezirksverwaltung,
der Markt. Die russische **Brücke**, die den Xe
Banghiang im Osten überspannt, wurde 1987 gebaut. Wie zur Mahnung ragen noch die Reste
der alten französischen Brücke aus dem Fluss.

Extra aus Savannakhet anzureisen lohnt sich
nur für diejenigen, die stark an der Geschichte
des Zweiten Indochinakrieges interessiert sind.

Ban Dong

Bei Ban Dong, 20 km östlich von Xepon, befindet
sich ein ehemaliges **Schlachtfeld** der Operation
Lam Son 719. Hier erinnert ein **Museum** an den
Sieg von Pathet Lao und Vietnamesen. Falls geschlossen ist: Eine freundliche Frau mit der Ru-
fummer ☎ 020-95566124 hat den Schlüssel. Ein
kurzer Blick von außen reicht den meisten aber.
Eintritt 10 000 Kip.

Am späteren Nachmittag passieren den Ort
keine Busse Richtung Xepon mehr, also früh
aufbrechen.

ÜBERNACHTUNG UND ESSEN

Viengxay Gh., Straße 9, ☎ 041-214895. Die größte Unterkunft am Platz: einfachere Zimmer mit
Ventilator oder AC im Haupthaus und etwas
teurere VIP-Räume drumherum. Ein Hingucker
sind die Bomben im Zaun. Restaurant. ❶–❸
Im Markt gibt's **Snacks**, gegenüber **Nudelsuppe**
und abends an der Hauptstraße **Essensstände**.

TRANSPORT

Songtheos und Busse starten an der Hauptstraße beim Markt. Bis zum frühen Nachmittag bestehen stdl. Verbindungen zum Grenzort DAN SAVAN (45 km, 1–2 Std., 20 000 Kip) über BAN DONG; am Nachmittag passiert noch ein Bus aus Savannakhet die Stadt.
2–3 Songtheos nach SAVANNAKHET (5–6 Std., 40 000 Kip) verlassen Xepon jeden Morgen zwischen 6 und 8 Uhr. Bis zum Nachmittag passieren auf jeden Fall noch drei Busse aus Dan Savan die Stadt Richtung Westen.

Dan Savan

Das letzte Dorf vor der Grenze, 235 km östlich von Savannakhet, besteht aus einer lang gezogenen Straße. Die wenigen **Unterkünfte** sind vor allem auf den kleinen Grenzverkehr eingestellt. Das Friendly Restaurant serviert laotische Gerichte, und eine Lao Development Bank erledigt den Geldwechsel (⏰ Mo–Fr 8–15.30 Uhr). Von der Busstation kurz vor der Grenze starten 3x tgl. bis 14 Uhr **Busse** nach Savannakhet (6–7 Std., 40 000 Kip) und regelmäßig bis nachmittags **Songtheos** nach Xepon (1–2 Std., 20 000 Kip).

Grenzübergang nach Vietnam

Der geschäftigste der laotisch-vietnamesischen Grenzübergänge, ⏰ 7–22 Uhr, verbindet die Provinz Savannakhet mit der vietnamesischen Provinz Quang Tri. Zwischen Savannakhet und Hue pendeln täglich Busse (S. 466).
Wer individuell anreist, muss in Dan Savan für ein paar tausend Kip ein Motorradtaxi zur Immigration nehmen und nach der Einreise nach Vietnam ein weiteres für die kurze Fahrt nach **Lao Bao**. Den ganzen Tag lang fahren Busse oder Minibusse nach Dong Ha, dem vietnamesischen Kreuzungspunkt der Straßen 1 und 9 (80 km, 2 Std.). Für die Einreise nach Vietnam wird ein gültiges Visum verlangt, das die Vertretungen in Vientiane, Luang Prabang, Savannakhet und Pakse ausstellen. Eine Bank (⏰ 8.30–17.30 Uhr) versorgt Reisende mit Bargeld. Einreise nach Laos s. S. 724.

Der Süden

Mehr besucht als Zentrallaos, aber noch weit vom Massentourismus entfernt – der Süden bietet beides: touristische Highlights und die Möglichkeit, die Trampelpfade zu verlassen.

Die Provinz Champasak besitzt mit dem Khmer-Tempel **Vat Phou** sicher eine der größten Attraktionen des Landes. Im Mekong nahe der kambodschanischen Grenze liegen die **Si Phan Don**, zu Deutsch „Viertausend Inseln", ein Pflichtstopp für Backpacker. Geografisches Merkmal ist das **Bolaven-Plateau**. Die kühle Hochebene ist für ihre **Wasserfälle** und Kaffeeplantagen bekannt und Heimat zahlreicher Mon-Khmer-Völker. Landschaftlich wild präsentieren sich die **Südostprovinzen** Saravan, Xekong und Attapeu. Sie tragen noch immer die Narben des Zweiten Indochinakrieges.

Am meisten **Verkehr** fließt über die asphaltierte Straße 13, die von Nord nach Süd durch Champasak führt und am laotisch-kambodschanischen Grenzübergang endet (S. 494). 44 km westlich von Pakse besteht auch ein Grenzübergang mit Thailand (S. 475). Die Hauptstraßen auf dem Bolaven-Plateau sind mittlerweile ebenfalls asphaltiert, ein Trip ins Hinterland der Südostprovinzen kann dagegen in der Regenzeit unmöglich sein. Von Pakses Flughafen starten mehrmals wöchentlich Maschinen nach Bangkok, Siem Reap und Ho-Chi-Minh-Stadt, und es gibt Visa on Arrival. Geöffnet, aber noch wenig genutzt, ist der Grenzübergang nach Vietnam, Bo Y (S. 496).

Provinz Champasak

Champasak, knapp 15 500 km² groß, ist das Zentrum von Südlaos, ein historischer Kreuzungspunkt der Handelsrouten nach Bangkok und Phnom Penh. Als eine der wenigen Provinzen erstreckt es sich über beide Ufer des Mekong. Mehr als 650 000 Menschen leben hier, die Tiefebene im Westen wird vor allem von Lao, Phoutai und anderen Mitgliedern der Tai-Sprachfamilie bewohnt. Auf dem Bolaven-Plateau im

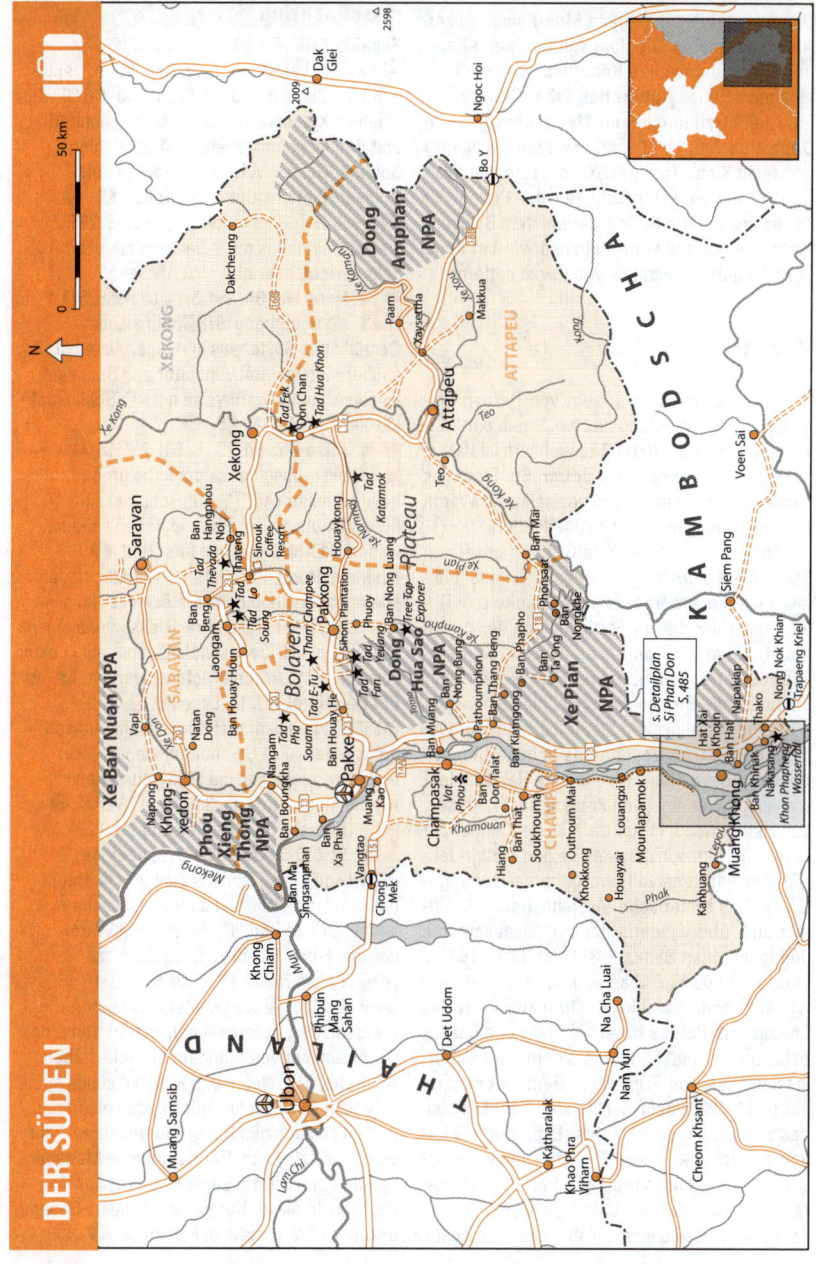

LAOS

Osten siedeln überwiegend Mon-Khmer-Völker. Als historisches Siedlungsgebiet der Khmer und später laotisches Königreich hat die Provinz ein reiches **kulturelles Erbe**. Die drei relativ leicht zugänglichen **Naturschutzgebiete** Dong Hua Sao (1100 km²), Xe Pian (2400 km²) und Phou Xieng Thong (1200 km²) sind eine weitere Attraktion. Exportschlager der Provinz ist der schmackhafte **Kaffee**, der auf dem Bolaven-Plateau angebaut wird – ebenso wie Vat Phou nur eine gute Autostunde von Pakxe entfernt.

Pakxe

Champasaks Hauptstadt liegt von Bergen umgeben an der Mündung des Xe Don in den Mekong. Mit mehr als 100 000 Einwohnern ist Pakxe, gesprochen „Pakxee", die **drittgrößte Stadt** des Landes, ein bedeutender Handelsplatz für Waren aus der Region und den Nachbarländern.

Momentan wird die Straße 13 im gesamten Stadtgebiet vierspurig ausgebaut. Dem fällt leider auch die alte **französische Brücke** zum Opfer. Immerhin: Bis zur Fertigstellung der neuen Konstruktion 2016 dürfte es im Zentrum deutlich ruhiger zugehen, da der Fernverkehr über die **russische Brücke** im Osten umgeleitet wird.

Sehenswürdigkeiten bietet die Stadt nur wenige. Im Zentrum zeugen das schöne **Chinese Society House**, Road 10, und eine Reihe Ladenhäuser von der einstigen Präsenz der Franzosen. **Vat Luang**, Road 11, ist der älteste Tempel der Stadt. Der alte *sim* stammt aus den 1930er-Jahren und hat kunstvoll gearbeitete Treppengeländer. Das **Historische Museum**, Road 13, widmet sich überwiegend der Provinzgeschichte und lohnt einen Blick. ⏱ 8–11.30, 13.30–16 Uhr. Eintritt 10 000 Kip. Was vom weitem aussieht wie eine bombastische Hochzeitstorte, ist das **Champasak Palace Hotel**, 🖥 www.champasak palacehotel.com. Es ist die sichtbarste Hinterlassenschaft von Prinz Boun Oum na Champasak (1911–1980), dem mächtigsten Nachkommen des alten Königgeschlechts. Ende der 1960er-Jahre steckte er einen Großteil seines Vermögens in den Bau des protzigen Palastes. 30 Jahre später wurde das unfertige Gebäude von Thai-Investoren zu einem Nobelhotel ausgebaut.

ÜBERNACHTUNG

Sabaidy 2 Gh., Rd. 24, 📞/📟 031-212992, 🖥 www.sabaidy2tour.com. Beliebt und zentral: einfache Zimmer und ein Schlafsaal (40 000 Kip) in einem Kolonialbau, dazu 6 DZ mit/ohne AC und Bad in einem neuen Gebäude dahinter. Schöner Garten, WLAN und Touren aufs Bolaven-Plateau. Gut für Traveller. ❶–❸
Vilaysak Gh., 20 m nördlich, 📞 030-9928582. Neues Gästehaus mit 8 Zimmern mit/ohne AC, sehr apricot, aber okay. WLAN. ❷
€ **Nang Noi Gh.**, Rd. 5, 📞 030-9562544, ✉ bounthong1978@hotmail.com. Gemütliches Gästehaus in ruhiger Seitenstraße; saubere Zimmer mit Ventilator und Bad, das Familienzimmer wahlweise mit AC; Schlafsaal (30 000 Kip). WLAN. ❶–❷
🛏 **Alisa Gh.**, Rd. 13, 📞 031-251555, 🖥 www. alisa-guesthouse.com. Die großen, hellen Zimmer (AC, TV, Kühlschrank) sind hübsch möbliert, sauber und haben schöne Bäder. WLAN. Bietet viel fürs Geld. ❷
Lankham Hotel, Rd. 13, 📞 031-251888, ✉ lankhamhotel@yahoo.com. 4-stöckiges Haus mit fast 30 DZ in mehreren Preisklassen und einem Dormitory (40 000 Kip). Viele Zimmer mit Fenster zum Gang. WLAN und Motorradverleih. ❶–❸
Phi Dao Hotel, Rd. 13, Ecke Rd. 12, 📞 031-215588, ✉ phidaohotel@gmail.com. Ähnlich gut wie das Alisa Gh., nur ein wenig teurer und etwas schicker, mit 20 komfortablen AC-Zimmern (auch mit 3 Betten). WLAN. ❸
€ **Kaemse Gh.**, am Ende der Rd. 12, 📞 030-5712963. Einfach, aber nett, in toller Lage am Xe Don mit Zimmern im Haupthaus und in Holzhütten daneben, alle mit Ventilator und Bad, die meisten mit Warmwasser. Für 20 000 Kip gibt es Zelte. ❶
🛏 **Pakse Hotel**, 112/3 Rd. 5, 📞 031-212131, 🖥 www.hotelpakse.com. Französisch geführtes Hotel, im früheren Kino. Die 65 Zimmer von Standard bis Suite haben AC, Kabel-TV, Telefon und Minibar, einige auch eine tolle Aussicht, die günstigsten allerdings nur mit Fenster zum Gang; Tourangebote, Fahrstuhl; zentrale Lage. Der freundliche Manager spricht Französisch, Englisch und etwas Deutsch. In dieser Kategorie das beste Gesamtpaket. WLAN. Preis inkl. Frühstück. ❹–❻

Sala Champa, Rd. 10, ☎ 031-212273, ✉ sala champa@yahoo.com. Wer koloniales Flair sucht, ist im Sala Champa richtig. Die neueren AC-Zimmer mit Holzböden, Bad und TV liegen um eine alte Villa. Besonders viel Atmosphäre haben die Räume im Haupthaus. Nettes Restaurant unter Bäumen. WLAN. ❸–❹

🏨 **Résidence Sisouk**, Rd. 9, Ecke Rd. 11, ☎ 031-214716, 🖥 www.residence-sisouk.com. Die wohl schönste Unterkunft der Stadt: 13 Zimmer (Standard/Superior/Deluxe) in edlem Kolonialstil mit modernem Komfort (AC/TV/Minibar/Safe) und nettem Ausblick auf den Xe Don. Fahrstuhl, Internet und Restaurant; WLAN; Preis inkl. Frühstück. ❺–❻

🏨 **Athena Hotel**, Rd. 13, ☎ 031-214888, 🖥 www.athena-pakse.com. L-förmig um den einzigen Pool in Pakxes Zentrum angelegt. 21 große moderne Zimmer in 2 Varianten, komfortabel und mit viel Holz eingerichtet. Restaurant. WLAN Preis inkl. Frühstück. ❺–❻

ESSEN

Die meisten Lokale befinden sich im Zentrum zwischen Rd. 13 und Rd. 9 und am Mekong. Am Markt beim Champasak Shopping Centre werden abends **Essensstände** aufgebaut. Das beste **Baguette mit Paté** verkauft ein Stand an der Rd. 13, Ecke Rd. 12.

Cafés und Suppenküchen

Sinouk Coffee Shop, Rd. 11. Unterkoffeiniert? Hier gibt's starken Espresso, Cappuccino und leckeren Eiskaffee. ⏰ 6.30–20 Uhr.
Kafé Katuad, Rd. 13, Ecke Rd. 24. Vertreibt den Kaffee des gleichnamigen Orts auf dem Bolaven-Plateau. Von Espresso bis Coffee Shake, von laotischen Snacks bis zu Sandwiches: Hier ist für jeden etwas Leckeres dabei. ⏰ 7–21 Uhr.
Lankham Noodle Soup, Rd. 13, im Lankham Hotel. Für einige das beste Fö-Lokal Pakxes, für andere nur eines von vielen. ⏰ 6–13 Uhr.

International

Jasmin Restaurant, Rd. 13, **Nazim**, Rd. 12, **Hasan's Restaurant**, Rd. 24. Die drei indischen Restaurants im Zentrum unterscheiden sich höchstens in Nuancen. Alle bieten leckere Kost zu fairen Preisen. ⏰ 6.30–22 Uhr.

Pizza Boy, Rd. 13. Hier wird recht gute Pizza gebacken, außerdem gibt es Pasta, Eis, Burger, Frühstück samt Müsli und die vielleicht besten Fruitshakes der Stadt. ⏰ 8–22 Uhr.
Le Panorama, Rd. 5. Freiluft-Restaurant und Bar auf dem Dach des Pakse Hotels mit super Panoramablick über die Stadt und dezentem Jazz. Die Karte umfasst leckere laotische Klassiker und mediterrane Gerichte. ⏰ 15.30–23 Uhr.

🏨 **Dok Mai Restaurant**, Rd. 24. Die Kochkunst und der Charme des toskanischen Kochs sind das Erfolgsrezept dieser kleinen Trattoria. Corrados Gerichte lassen einen fast vergessen, dass man sich in Laos befindet. Abends kann es voll werden. ⏰ 11–23 Uhr.

🏨 **Nadao**, gegenüber dem Talat Daoheuang, am Kreisverkehr. Hier kann man in stilvollem Ambiente gehobene laotische und französische Küche genießen. Bezahlbare Menüs und die größte Weinauswahl der Stadt. Edel und gut. ⏰ 11.30–13.30, 18.30–22 Uhr.

Laotisch, Thailändisch, Vietnamesisch

🏨 **Khem Khong Restaurant**, beliebtes Floßrestaurant am Mekong und einer der besten Orte in Pakxe, um Fisch zu essen; klasse: der Grillfisch mit süß-saurer Soße. ⏰ abends.

€ **Dao Linh Restaurant**, Rd. 13, Ecke Rd. 24. Günstige Nudel- und Reisgerichte, ein paar laotische Klassiker, Frühstück und Baguettes. Auch Eiscreme. ⏰ 6.30–22.30 Uhr.
Xuan Mai Restaurant, Rd. 5, Ecke Rd. 10. Frühlingsrollen zum Selbermachen *(nem neuang)*, diverse Suppen und westliche Desserts. Eine Besonderheit sind die Kochkurse. ⏰ 7–23 Uhr.

Authentische Küche am Wasser

Wie Lämpchen an einer Lichterkette reihen sich am Mekongufer zwischen Xe-Don-Mündung und Lao-Nippon-Brücke **Restaurants und Essensstände** aneinander. Hier gibt es authentische laotische Küche für jeden Geschmack und Geldbeutel. Wer die schöne Stimmung am Abend genießen möchte, muss sich allerdings beeilen: Im Lauf des Jahres 2015 sollen die Uferrestaurants einem Park mit Promenade und Grünflächen weichen.

Pakxe

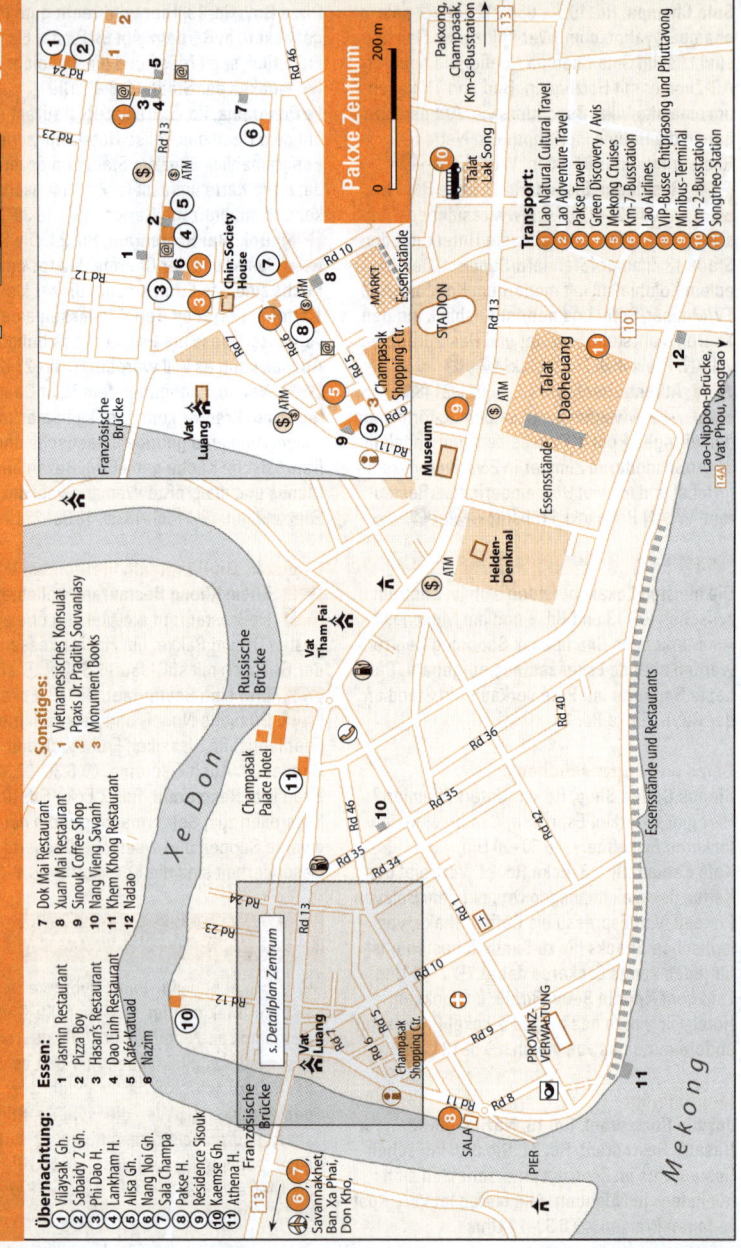

Übernachtung:
1. Vilaysak Gh.
2. Sabaidy 2 Gh.
3. Phi Dao H.
4. Lankham H.
5. Alisa Gh.
6. Nang Noi Gh.
7. Sala Champa
8. Pakse H.
9. Résidence Sisouk
10. Kaemse Gh.
11. Athena H.

Essen:
1. Jasmin Restaurant
2. Pizza Boy
3. Hasan's Restaurant
4. Dao Linh Restaurant
5. Kafé Katuad
6. Nazim
7. Dok Mai Restaurant
8. Xuan Mai Restaurant
9. Sinouk Coffee Shop
10. Nang Vieng Savanh
11. Khem Khong Restaurant
12. Nadao

Sonstiges:
1. Vietnamesisches Konsulat
2. Praxis Dr. Pradith Souvanlasy
3. Monument Books

Pakxe Zentrum

Transport:
1. Lao Natural Cultural Travel
2. Lao Adventure Travel
3. Pakse Travel
4. Green Discovery / Avis
5. Mekong Cruises
6. Km-7-Busstation
7. Lao Airlines
8. VIP-Busse Chitprasong und Phuttavong
9. Minibus-Terminal
10. Km-2-Busstation
11. Songtheo-Station

Nang Vieng Savanh, Rd. 35. Außen funktional wie eine Markthalle, innen beim Tischgrillen Erlebnisküche vom Feinsten: super *sindat,* immer rappelvoll. ⏲ 16–22 Uhr.

TOUREN UND AKTIVITÄTEN

Green Discovery, Rd. 10, Ecke Rd. 6, ✆ 031-252908, 🖥 www.greendiscoverylaos.com. Kayaking, Rafting, Trekking. Eine Attraktion auf dem Bolaven-Plateau ist der Tree Top Explorer, ein Zip-Line-Parcours im Dschungel samt Unterkünften in den Baumkronen (S. 478).
Pakse Travel, Rd. 12, ✆ 020-22277277, 🖥 www.paksetravel.com. Tagesausflüge in die Umgebung, Bootstickets nach Champasak und Busse zu Zielen in Laos wie auch in die Nachbarländer; auch Flugtickets.
Lao Adventure Travel, Rd. 12, ✆ 031-214789, 🖥 www.laoadventuretravel.com. Touren aufs Bolaven-Plateau, ins Xe Pian NPA, zum Vat Phou, auf die Si Phan Don, außerdem Elefantenreiten, Kajaktouren, Ticket-Service.
Lao Natural Cultural Travel, Rd. 24, ✆ 031-214842, 🖥 www.mekongadventuretours.com. Ähnliches Angebot wie Lao Adventure Travel; Filiale auf Don Det (Mekong Adventure Travel).

Sabaidy 2 Gh., s. Übernachtung. Gute Tagestour über das Bolaven-Plateau mit vielen Infos zum Thema Kaffee. In einem Dorf auf dem Plateau unterstützt Mr. Vong vom Sabaidy 2 ein belgisches Schulprojekt, das ebenfalls besucht wird und dem ein Dollar vom Tourpreis zukommt. US$26 p. P. bei 4 Pers.

SONSTIGES

Autovermietung
Avis, Rd. 10, Ecke Rd. 6, ✆ 031-214946, 🖥 www.avis.la. ⏲ Mo–Fr 8.15–18 Uhr, Sa, So bis 13 Uhr

Bücher und Landkarten
Monument Books, Rd. 5, 🖥 www.monument-books.com. ⏲ Mo–Fr 9–20, Sa bis 18 Uhr.

Diplomatische Vertretungen
Vietnam, Rd. 24, ✆ 031-212058 🖥 www.vietnam consulate-pakse.org. 30-Tage-Visa für Vietnam, bei einem Tag Bearbeitung US$50 (1 Foto); ⏲ Mo–Fr 7.30–11.30, 14–16.30 Uhr.

Fahrrad- und Motorradverleih
Fahrräder (um 15 000 Kip/Tag) gibt es im Nong Noi Gh. und neben dem Lankham Hotel, **Motorräder** (60 000–100 000 Kip/Tag) ebenfalls dort und bei weiteren Anbietern im Zentrum.

Geld
Pakxes **Banken** wechseln Reiseschecks und alle großen Währungen, ⏲ Mo–Fr 8–15.30 Uhr. Auch an **Geldautomaten** herrscht kein Mangel.
BCEL, Rd. 11, südlich Vat Luang, ✆ 031-212770, 📠 212974.
Lao Development Bank, Rd. 13, im Zentrum, ✆ 031-212168, 📠 212173..
Phongsavanh Bank, Rd. 13, gegenüber dem Chinesischen Tempel, ✆ 031-260311. Auch Sa von 8.30–11.30 geöffnet.
ANZ, Rd.13, gegenüber dem Stadion, ✆ 031-254371, 📠 254380. Die Geldautomaten der Bank zahlen bis zu 2 000 000 Kip aus. Ein weiterer findet sich neben dem Pakse Hotel.

Informationen
Provincial Tourism Office, Rd.11, ✆ 031-212021. Infos zur Region und zum Rest des Landes. Die Touren halten nicht unbedingt, was sie versprechen. ⏲ Mo–Fr 8–12, 13–16.30 Uhr.

Internet
Viele **Internetcafés** liegen rund um die Rd. 13 im Zentrum. Kosten: 100 Kip/Min. ⏲ tgl. bis 22 oder 23 Uhr. Die meisten Unterkünfte bieten ihren Gästen kostenlos **WLAN**.

Medizinische Hilfe
Auf dem Gelände des **Provinzkrankenhauses** liegt die **International Hightech Polyclinic**, ✆ 031-214712, 📧 ihpc_lao@yahoo.com, deren Ausstattung besser ist, aber auch nicht westlichem Standard entspricht. Der stellvertretende Direktor des Provinzkrankenhauses, Dr. Pradith Souvanlasy, hat seine Weiterbildung zum Facharzt (HNO) in Dresden absolviert und spricht Deutsch. Er hat eine **Praxis**, ✆ 031-213469, nahe dem vietnamesischen Konsulat. ⏲ 6–7.30, 12–13.30, 17–20.30, Sa und So morgens bis 9 Uhr. In schweren Fällen besser nach Thailand ausreisen: **Sappasit Prasong Hospital**, Sappasit Rd., Ubon Ratchathani, ✆ +66-45-240074.

LAOS

Busse und Songtheos

Pakxe hat **vier Busstationen**: Öffentliche Busse und Pick-ups nach Norden fahren 7 km nordwestlich der Stadt an der Straße 13 ab. Verbindungen in den Süden und nach Osten bestehen vom Sandplatz 8 km östlich an der Straße 13. Wegen des Ausbaus der Straße 13 im gesamten Stadtgebiet (S. 470) können sich die **Abfahrtsorte kurzfristig ändern**. Informationen dazu gibt es überall, wo man Tickets kaufen kann.

Minibusse zur Thai-Grenze (Vangtao) starten vom neuen Terminal am Stadion, Songtheos zur Grenze und zu einigen anderen Zielen in der Provinz am Talat Daoheuang. Die meisten privaten VIP-Busse fahren entweder von der KM-2-Busstation am Talat Lak Song oder vom Büro der Gesellschaft Chitprasong am Xe Don ab. Viele Unterkünfte und alle Touranbieter verkaufen **Fahrkarten** (mit Aufschlag). Der Transfer zu den Busstationen ist meist im Preis enthalten (nachfragen), so dass diese Variante insgesamt günstiger ist, als den Transport selbst zu organisieren und das Ticket vor Ort zu kaufen.

KM-7-Busstation (Ziele im Norden)

Tuk Tuk vom/ins Zentrum 15 000 Kip p. P., mind. 30 000 Kip.

VIENTIANE (670 km, 12–13 Std.) etwa stdl. zwischen 7 und 17.30 Uhr für 110 000 Kip; Busse, die vor 12 Uhr starten, fahren auch über SAVANNAKHET (262 km, 4–5 Std., 40 000 Kip), die danach nur über THAKHEK (395 km, 6–7 Std., 60 000 Kip) und PAKXAN (527 km, 10 Std., 100 000 Kip); AC-Busse s. „VIP-Busse".

Schnell und bequem auf die Inseln

Wer auf die Viertausend Inseln möchte und eine Pause vom öffentlichen Verkehrssystem braucht, kann einen der flinken **Minibusse** nach Don Det und Don Khon nehmen (2 Std., 70 000 Kip inkl. Fähre). Die Busse stoppen auch in Ban Muang gegenüber Champasak und Ban Hat Xay Khoun gegenüber Don Khong. Abfahrt ist tgl. um 8 Uhr, entweder von der Rd. 13 oder vom Gästehaus (je nach Anbieter).

KM-8-Busstation (Ziele im Süden und Osten)

Tuk Tuk vom/ins Zentrum 15 000 Kip p. P., mind. 30 000 Kip.

ATTAPEU (206 km, 5 Std.) stdl. von 6–9 Uhr und um 16 Uhr für 55 000 Kip über XEKONG (133 km, 3–4 Std., 40 000 Kip).

BAN KIATNGONG (55 km, 1–2 Std.) um 12.30 Uhr für 40 000 Kip.

DON DET/DON KHON (Busse bis Nakasang, 3–4 Std., dann mit der Fähre übersetzen) stdl. bis 15 Uhr für 40 000 Kip.

DON KHONG (138 km, 2–3 Std.) alle 2 Std. von 8–15 Uhr für 50 000 Kip; alternativ: Bus nach Hat Xai Khoun und mit der Fähre übersetzen.

PAKXONG (52 km, 1–2 Std.) mehrmals tgl. bis nachmittags, 30 000 Kip.

SARAVAN (116 km, 3 Std.) um 9, 11, 13 und 16 Uhr für 30 000 Kip über TAD LO (2 Std.).

VEUN KHAM (Grenze Kambodscha, 160 km, 4 Std.) 2x tgl., morgens und vormittags, für 40 000 Kip.

Talat Daoheuang (Ziele in der Umgebung)

Pick-ups und Songtheos fahren nach:

CHAMPASAK (38 km, 1 Std.) um 10 und 11 Uhr für 20 000 Kip; bequemer, aber teurer sind die Minibusse, die morgens um 8 Uhr starten (55 000 Kip).

VANGTAO (Grenze Thailand, 44 km, 1 Std.) stdl. bis 17 Uhr für 15 000 Kip; angenehmer sind die Minibusse für 20 000 Kip p. P. (ab 5 Pers.), die am neuen Terminal beim Stadion starten.

VIP-Busse

Eine Hand voll privater Gesellschaften fährt tgl. gegen 20 oder 20.30 Uhr mit bequemen AC-Bussen (Sitz oder Pritsche) von Pakxe über THAKHEK (5 Std.) nach VIENTIANE (10–11 Std., 140 000–170 000 Kip p. P.). Die Pritschen in den Schlafbussen sind in der Regel für 2 Pers. und ziemlich schmal. Wer sein Bett nicht mit einem Fremden teilen möchte, kann gegen Aufpreis das ganze buchen. Tickets gibt es an den Busstationen, in Reisebüros und Gästehäusern. Drei Gesellschaften starten von der **KM-2-Busstation**. Dort fahren auch AC-Busse nach Thailand und Kambodscha (s. Kasten) ab. Die Busse zweier anderer Gesellschaften starten

Thailand

Seit dem Bau der Lao-Nippon-Brücke dauert die Fahrt von Pakxe nach Ubon Ratchathani nur noch drei Stunden. Der Grenzübergang, 🕐 tgl. 6–20 Uhr, befindet sich 44 km westlich der Stadt bei Vangtao (Songtheo vom Talat Daoheuang oder Minibus vom Terminal beim Stadion). Außerhalb der regulären Öffnungszeiten (Mo–Fr 8–16 Uhr) fällt eine Überstundengebühr von 15 000 Kip an.
In **Chong Mek** auf thailändischer Seite gibt es eine Bank und Geldautomaten. Von der Busstation am Westende der Stadt bestehen Verbindungen nach Bangkok (10–11 Std.), zudem alle 30 Min. nach Phibun (1 Std.) und von dort alle 20 Min. nach Ubon/Warin (1 Std.). Ein Taxi nach Ubon kostet 1000 Baht.
Von der KM-2-Busstation in Pakxe fahren Busse auch direkt nach **Ubon** (8.30 und 15.30 Uhr, 75 000 Kip) und nach **Bangkok** (15.30 Uhr, 15 Std., mit Umsteigen in Ubon 250 000 Kip, ohne Umsteigen und mit mehr Beinfreiheit 300 000 Kip). Nok Air, 🖳 www.nokair.com, bietet ein günstiges Fly'n'Ride-Paket nach Bangkok an: mit dem Bus nach Ubon und weiter per Flugzeug. Infos auf der Website.

Kambodscha

Seit auch die letzten 6,5 km zur Grenze (S. 494) asphaltiert sind, gibt es eine bequeme Verbindung von Pakxe ins Land der Khmer. Bedient wird die Strecke von den guten Bussen der kambodschanischen Gesellschaft Phnom Penh Sorya, 🖳 www.ppsoryatransport.com, und den laotischen Gesellschaften Sengchaleun und Kriang Kai, bei denen man an der Grenze umsteigen muss. Um ihre Busse auszulasten, wechseln sich die Konkurrenten spontan ab, so dass es einer Lotterie gleichkommt, mit wem man am Ende fährt (und wie reibungslos der Trip verläuft). Selbst Leute, die einen Aufpreis für einen durchgehenden Bus bezahlt haben, müssen eventuell an der Grenze umsteigen – schlimmstenfalls in überfüllte Minibusse. Auch die versprochenen Fahrzeiten werden oft deutlich überschritten.
Start der Busse ist täglich um 7 Uhr von der KM-2-Busstation nach **Stung Treng** (110 000–170 000 Kip, 4–5 Std.), **Kratie** (160 000–200 000 Kip, 6–7 Std.), **Kompong Cham** (190 000–240 000 Kip, 9–10 Std.), **Phnom Penh** (210 000–270 000 Kip, 11–12 Std.) und **Siem Reap** (250 000–290 000 Kip, 13–15 Std.).
Wer nach Siem Reap möchte, kann neuerdings auch auf die deutlich schnellere Verbindung der kambodschanischen Firma **Asia Van Transfer** (S. 494) zurückgreifen. Tickets bei den Reisebüros in Pakxe.

Vietnam

Jeden Morgen zwischen 6 und 7.30 Uhr starten von der KM-7-Busstation mehrere Busse unterschiedlicher Anbieter, gegen einen Aufpreis sind auch Schlafbusse im Angebot. Die folgenden Ziele werden über Savannakhet und Dan Savan angesteuert: **Lao Bao** (120 000–190 000 Kip, 9 Std.), **Dong Ha** (140 000–200 000 Kip, 14 Std.), **Hue** (170 000–250 000 Kip, 16 Std.), **Da Nang** (220 000–270 000 Kip, 18 Std.) und – nach Buswechsel in Dong Ha – **Ha Noi** (350 000–390 000 Kip, 24 Std.).
Ein Bus der vietnamesischen Mai Linh Company über Attapeu und Bo Y nach **Kon Tum** (170 000–210 000 Kip, 9 Std.) und zu weiteren Zielen in der Region startet frühmorgens im Zentrum von Pakxe.

vom Parkplatz vor dem **Büro der Gesellschaft Chitprasong** am Xe Don.

Boote

Seit dem Ausbau der Straße 13 wird der Mekong nicht mehr als Transportroute genutzt. Lediglich Kreuzfahrtschiffe (Mekong Cruises, 🖳 www.vatphou.com) schippern noch bis zu den Viertausend Inseln. Zudem fährt nach wie vor ein Boot nach CHAMPASAK, tgl. um 8.30 Uhr vom **Pier** am südlichen Ende der Rd. 11 (2 Std., 60 000 Kip), inzwischen aber fast ausschließlich für Touristen; am Nachmittag macht es sich auf den Rückweg nach Pakxe. Tickets gibt es in den Reisebüros oder Gästehäusern.
Für ein Charter-Boot zu den Viertausend Inseln werden US$250–300 fällig; Buchung bei den Touranbietern.

LAOS

Flüge

Pakxes Airport liegt 2 km nordwestlich an der Straße 13.

Inlandflüge mit Lao Airlines von/nach:
VIENTIANE (2x tgl., 1 1/4 Std.). Lao Central Airlines, 🖥 www.flylaocentral.com, hat ebenfalls Flüge nach Vientiane angekündigt.
LUANG PRABANG (in der Hauptsaison tgl., 1 3/4 Std.).
SAVANNAKHET (in der Hochsaison tgl., 30 Min.).

Internationale Flüge
BANGKOK, Suvarnabhumi Airport (5x wöchentl., 1 1/2 Std.) mit Bangkok Airways;
HO-CHI-MINH-STADT (3x wöchentl., 1 1/2 Std.) mit Lao Airlines;
SIEM REAP (1–2x tgl., 1 Std.) mit Lao Airlines.

Airlines

Lao Airlines, beim Flughafen, ✆ 031-212252, 🖥 www.laoairlines.com. ⏰ Mo–Fr 8–12, 13.30–16.30 Uhr, Sa 8–11 Uhr.

Die Umgebung von Pakxe

Phou Xieng Thong NPA

Nur zwei Stunden mit Bus und Boot von Pakxe entfernt liegt **Ban Mai Singsamphan**, das Tor zum Phou Xieng Thong NPA. Das 1200 km² große Naturschutzgebiet ist das einzige am Mekong. In seinen Wäldern leben Banteng, Leoparden und Ährenträgerpfauen. Außerdem gedeihen hier eine Reihe seltener Orchideenarten. Green Discovery in Pakxe bietet eine dreitägige **Trekkingtour** durch den Südzipfel des Schutzgebietes an mit Übernachtung auf der Mekonginsel Don Kho. Kosten bei 2 Pers. US$301 p. P., inklusive Transport, zweier Guides, Homestay, Verpflegung und Trekking Permit.

Ban Kiatngong und das Xe Pian NPA

Am Nordrand des Xe Pian NPA, 55 km südlich von Pakxe, liegt Ban Kiatngong, ein Lao-Loum-Dorf, das für seine **Arbeitselefanten** bekannt ist. Seit einigen Jahren können Touristen auch Ausritte (200 000 Kip, 2 Pers., 2 Std. hin und zurück) auf den Dickhäutern unternehmen. Die schaukelige Tour führt zum **Phou Asa**, einem Sandstein-hügel, auf dessen Spitze eine mystische Ruine steht.

Das Dorf ist auch ein guter Ausgangspunkt für Trips ins **Xe Pian NPA** (2400 km²), das wegen seiner Artenvielfalt zu den zehn wichtigsten Naturschutzgebieten Südostasiens gehört (Eintritt 20 000 Kip). Das **Kiatngong Visitor Centre**, ✆ 030-5346547, bietet auf Schautafeln Infos zur Gegend. Im Phou Khong Restaurant daneben vermittelt der gut Englisch sprechende **Mr. Toui**, ✆ 020-96999793, ✉ toui_ps@hotmail.com, Trekkingtouren, Tageswanderungen, eine Bootsfahrt und Guides. Green Discovery in Pakxe hat außerdem 2- und 3-tägige **Trekkingtouren** in eine entlegene Ecke des Naturschutzgebietes mit Camping im Dschungel im Angebot.

Familien in Ban Kiatngong bieten Touristen **Homestay** an (30 000 Kip p. P.), ein Essen bei den Gastgebern kostet rund 20 000 Kip (im Visitor Centre fragen). Es gibt auch ein **kommunales Gästehaus** (❶) und 300 m vor dem Ortskern das **Phou Khong Gh.**, ✆ 020-96999793, ❷, mit 4 ruhig gelegenen Holzbungalows mit Bad.

Ein besonderes Naturerlebnis bietet die idyllische **Kingfisher Ecolodge**, in Ban Kiatngong, ✆ 020-55726315, 🖥 www.kingfisherecolodge.com, mit 7 luxuriösen (❻) und 4 einfacheren Holzbungalows (❹) am Rand des Phapho-Feuchtgebietes. Eine große Fensterfront gibt den Blick frei auf Wiesen und Wasservögel, und es kann sogar sein, dass einen morgens das Trompeten der Elefanten weckt. Restaurant und WLAN. Mai und Juni geschlossen.

Mit dem **Auto oder Motorrad** ist Ban Kiatngong leicht in 1–2 Std. von Pakxe zu erreichen: 48 km auf der Straße 13 nach Süden, dann in Ban Thang Beng links ab auf die Straße 18 und nach weiteren 7,5 km am Schild rechts ab. Von hier sind es noch 2 km. Jeden Tag um 12.30 Uhr starten außerdem **Songtheos** von Pakxes KM-8-Busstation nach Ban Kiatngong (30 000 Kip). Zurück geht's immer morgens um 8 Uhr.

Das Bolaven-Plateau

Östlich von Pakxe beginnt die Straße 23 ihren gemächlichen Anstieg auf das Bolaven-Plateau (ø 1200 m). Das fruchtbare Hochland streift alle vier Südprovinzen und ist für sein **mildes Klima**, seine Mon-Khmer-Völker und die vielen Kaffeeplantagen bekannt. Der zahlenmäßig stärksten Ethnie verdankt die Region sogar ihren Namen: *bo laven* = „Ort der Laven". Zu den weiteren **Bergvölkern**, die hier leben, gehören Katang, Nya Heun, Alak, Ta-Oy, Souay, Nge und Katu.

Der nährstoffreiche Boden, moderate Temperaturen und viel Regen bieten seit jeher ideale Bedingungen für den Anbau von Obst, Gemüse und Gewürzen, darunter Zimt, Tee, Kardamom, Pfeffer und Durian. Die bekannteste und einträglichste Pflanze des Plateaus ist aber der **Kaffee**. Schon auf der Fahrt von Pakse nach Paxong sieht man die weißen und roten Bohnen beiderseits der Straße zum Trocknen ausliegen.

Am einfachsten ist die Hochebene von Pakse aus zu erreichen. Busse und Songtheos fahren regelmäßig nach **Pakxong**, den Hauptort des Plateaus. Ein Tagesausflug lässt sich zu den nah beieinander liegenden Wasserfällen **Tad E-Tu**, **Tad Fan**, **Tad Yeuang** und **Tham Champee** unternehmen. **Tad Lo** ist weniger spektakulär, aber schön, um ein paar Tage auszuspannen. Wer mit dem Motorrad unterwegs ist, kann das Plateau von West nach Ost zur Straße 16 überqueren und den 100 m hohen **Tad Katamtok** besuchen oder die Rundtour unter eXTra [4946] fahren. Neuester Spaß ist eine **Zip-Line** in den Baumkronen des Dong Hua Sao NPA nahe Ban Nong Luang.

Tad E-Tu und Tham Champee

35 km östlich von Pakse liegt **Tad E-Tu** („I-Tu" gesprochen), der erste der beiden touristisch erschlossenen Fälle des Houay Champy. Ein leicht zu übersehendes Holzschild an der Straße 23 weist links auf das Gelände des E-Tu Waterfall Resort (❹), 🖳 www.waterfalletupaksong.com, wo der Fluss in zwei Stufen 62 m tief fällt. Eintritt 5000 Kip plus Parkgebühr.

Wem Tad E-Tu zu touristisch ist, der zweigt einfach 3 km weiter gegenüber Tad Fan links von der Straße 23 zur weniger bekannten **Tham Champee** ab (2 km) – keine Höhle wie der Name sagt, sondern ein 15 m hoher Felsvorsprung, über den der Houay Champy rauscht. An einer Leine kann man sich auf Flößen bis zum Wasserfall ziehen, auch Baden ist möglich. Eintritt 5000 Kip plus Parkgebühr.

Tad Fan und Tad Yeuang

38 km östlich von Pakse, am Nordzipfel des Dong Hua Sao NPA, stürzt der Houay Bangliang über eine steile Klippe mehr als 150 m in die Tiefe. Besonders in der Regenzeit ist der **Zwillingswasserfall Tad Fan** ein schönes Fotomotiv. Der einzige Aussichtspunkt befindet sich auf dem Gelände des Tad Fane Resorts (❹–❺), etwa 1 km südlich der Straße 23 am KM 38. Der Weg zur ersten Ebene führt rechts am Resort vorbei. Der Pfad hinunter zur zweiten ist sehr steil und ohne Geländer. Eintritt 5000 Kip plus Parkgebühr. Das Tad Fane Resort bietet um 8.30 und 13.30 eine 4-stündige Trekkingtour zur Fallstufe an (US$8 p. P.)

Der gut besuchte **Tad Yeuang** (auch Tad Ngiang) ist ebenfalls nur einen Steinwurf von Tad Fan entfernt. Die Sandstraße zu dem Aussichtspunkt zweigt 2 km östlich von der Straße 23 in Ban Lak Sisip (KM 40) ab. Ein Pfad führt zum Fuß des Wasserfalls. Am Wochenende kann es voll werden. Eintritt 5000 Kip plus Parkgebühr.

Pakxong

Die unansehnliche Kaffeehauptstadt des Bolaven-Plateaus liegt 50 km östlich von Pakse. Mehrere Gästehäuser (❶–❷), Restaurants und ein Geldautomat versorgen Traveller, die hier stranden. Hauptgrund für einen Besuch ist **„Mr. Koffie"**, an der Hauptstraße neben der BCEL, ✆ 020-22760439, 🖳 www.paksong.info. Hinter dem Namen verbirgt sich ein im besten Sinne kaffeeverrückter Holländer. Mr. Koffie weiß so gut wie alles über den Weg der Bohne vom Strauch bis zur Tasse und gibt sein Wissen in informativen zweistündigen Kaffee-Spaziergängen durch angrenzende Plantagen (10 und 14 Uhr, außer bei Regen, 50 000 Kip p. P.) und halbtägigen Kaffee-Workshops weiter (nach Anmeldung, 180 000 Kip p. P.).

Ban Nong Luang und der Tree Top Explorer

Ban Nong Luang, 12 km südlich von Pakxong (Abzweig von der Straße 23 gegenüber den beiden Gedenkstupas), ist Ausgangspunkt einer Tour der besonderen Art: Green Discovery hat nahe den Wasserfällen Baumhäuser und einen **Baumkronenparcours mit Zip-**

Lines angelegt, den Tree Top Explorer. Die Tour, bei der die Gemeinden aktiv einbezogen und die Wälder effektiv geschützt werden, ist weniger bekannt als die ältere Gibbon Experience (S. 418) bei Houay Xai, aber mindestens genauso packend. Die Baumhäuser sind etwas unspektakulärer, dafür rauscht man nach dem Trekking im Dong Hua Sao NPA an Stahlseilen von bis zu 450 m Länge durch eine sensationelle Dschungellandschaft. Hängebrücken, ein Klettersteig mit Aussicht aufs Plateau und Abseilen an einem 100 m hohen Wasserfall sind weitere sportliche Herausforderungen. Zur Erholung steht das Tree-Top-Hotel zur Verfügung. Preise für den 3-Tagestrek: ab 4 Pers. US$272 p. P., inkl. Transport, Essen, Aktivitäten, Guides und Unterkunft; auch 2 Tage (ab US$218 p. P.) und neuerdings Aufenthalte von bis zu 5 Tagen im Angebot. Buchbar über Green Discovery in Pakxe.

Pakxong zur Straße 16: Tad Katamtok

Die ehemals abenteuerliche Route von Pakxong über das Bolaven-Plateau nach Ban Lak Hasipsong an der Straße 16 (~70 km) wurde zuletzt mehrspurig ausgebaut. Damit verkürzt sich nicht nur der Weg nach Attapeu und weiter zur vietnamesischen Grenze – auch der 17 km vor der Straße 16 gelegenene Tad Katamtok ist nun leichter zu erreichen. Dieser Wasserfall mit einer Fallhöhe von mehr als 100 m ist einer der imposantesten des gesamten Plateaus. Da er bislang nur beschwerlich über eine Sandpiste zu erreichen war, ist er auch einer der am wenigsten erschlossenen Fälle.

Tad Lo

Tad Lo, 86 km nördöstlich von Pakxe, besteht gleich aus drei Wasserfällen (Tad Hang, Tad Lo, Tad Soung) und ist schön, um ein paar Tage auszuspannen. Im Ort gibt es ein knappes Dutzend Gästehäuser: Freundlich und charmant ist das Palamei Gh., ❶-❷, an der Kreuzung nahe dem Tourism Office, ☎ 030-9620192, 🖥 www.palamei-tadlo.webs.com, mit Restaurant und 7 Zimmern auf einem kleinen Gartengelände. Ebenfalls eine gute Wahl: das Fandee Gh., ❶, gegenüber dem Tourism Office, ☎ 020-96244082, 🖥 www.fandee-guesthouse.webs.com. Die hübsche, aber einfache Unterkunft bietet ein

Haupthaus im Katu-Stil und 4 liebevoll gestaltete Holzhütten mit Bad (Warmwasser), betrieben von einem französischen Paar. Eine bewährte Budget-Option ist Tim Gh. & Restaurant, ❶, etwa 100 m östlich des Xe Set, ☎ 034-211885, ✉ soulidet@gmail.com. Service und Instandhaltung der Tad Lo Lodge, ❹, oberhalb des Tad Hang, ☎ 034-211889, haben in den vergangenen Jahren zwar nachgelassen, die Unterkunft ist aber immer noch die beste vor Ort: Ruhig am Xe Set gelegen und mit tollem Panoramablick auf Tad Lo. Wenn dann noch die hauseigenen Elefanten auf dem Gelände umherstreifen und im Fluss baden, fühlt man sich wie in einer afrikanischen Safarilodge. Ausritte um 8, 10, 13 und 15 Uhr (100 000 Kip p. P., am besten 1–2 Tage vorher buchen).

Das Provincial Tourism Office bietet Wanderungen zu den Wasserfällen und Dörfern (Ta-Oy, Souay, Nge, Katu) in der Umgebung an: Tagestrek (8 Std.) 160 000 Kip p. P., halber Tag (4 Std.) 80 000 Kip. Zwischen Nov und Mai ist zusätzlich eine 2-tägige Trekkingtour im Angebot (Phou Tak Kao Mountain Trail), die einen 18 km langen Rundweg südwestlich von Tad Lo beschreibt (500 000 Kip p. P., mind. 3 Pers., bitte 1–2 Tage im Voraus buchen). Im Tourism Office gibt es auch Internetzugang, Roller und Fahrräder. Der nächste Geldautomat (nur Visa) befindet sich am Markt in Ban Khoua Set an der Straße 20.

Alle Busse von Pakxe nach Saravan können einen in Ban Khoua Set absetzen, dem Abzweig nach Tad Lo an der Straße 20. Es genügt, den Busfahrern „Tad Lo" als Ziel mitzuteilen. Von hier sind es noch einmal 1,5 km (ausgeschildert). In Ban Khoua Set besteht mehrmals tgl. von morgens bis zum späten Nachmittag Anschluss nach Pakxe (2 Std., 30 000 Kip).

Champasak und Umgebung

Champasak ist wohl die einzige alte Königsstadt, in der man über die Straße gehen kann, ohne nach links und rechts zu schauen. Über 5 km zieht sie sich am Mekong entlang, kaum mehr als eine einsame Teerstraße gesäumt von hölzernen Wohnhäusern mit weitläufigen Gärten und einigen hübschen Kolonialbauten. Die meisten Reisenden nutzen Champasak als Basis für Ausflüge zu den 8 km südwestlich gelegenen Ruinen des Khmer-Tempels Vat Phou.

Lediglich ein 150 Jahre altes **Teakhaus** und zwei **Kolonialvillen** der Familie na Champasak erinnern daran, dass die Stadt selbst einmal Zentrum eines laotischen Königreichs war. Westlich der Bank verfällt noch immer die Bauruine eines weiteren, 1969 begonnenen Palastes von Prinz Boun Oum. **Vat Thong**, wenige hundert Meter südlich, war einst der königliche Tempel. Auf dem weitläufigen Gelände befinden sich viele Gräber von Mitgliedern der Königsfamilie.

Auf halber Strecke nach Vat Phou zweigt links in Ban Vat Luang Kao ein etwa 300 m langer Uferpfad zur katholischen **Kirche St. Nom de Jesus** ab. Das Gotteshaus wurde Ende des 19. Jhs. gebaut und hat einen frei stehenden Glockenturm. Ein paar Kilometer südlich steht **Vat Meuang Kang**, der älteste Vat der Gegend. Bootstouren nach Um Tomo stoppen meist auch hier.

Don Deng

Wer glaubt, es ginge nicht entspannter, liegt falsch. Es geht und zwar gleich gegenüber. Don Deng, die große Mekonginsel mit dem breiten Sandstrand in der Trockenzeit, hat den schönsten Blick auf die Bergkulisse hinter Champasak. Die Überreste eines Prasats in der Inselmitte erinnern an die Zeit, als sich der Einfluss der Khmer bis nach Südlaos erstreckte.

Ein **kommunales Gästehaus** an der Nordspitze der Insel, am Rand von Ban Houa Don Deng, bietet Betten in zwei einfachen Schlafsälen an (30 000 Kip p. P.) auch **Homestay** (30 000 Kip) ist möglich (Anmeldung für beides im Tourism Office).

Seit einigen Jahren gibt es auf der Insel auch die komfortable **La Folie Lodge**, ☏ 030-55347603, 🖥 www.lafolie-laos.com, ⑥. Fähren von/nach Champasak oder Ban Muang 30 000 Kip p. P. oder 60 000 Kip Charter (4–5 Pers.).

ÜBERNACHTUNG

Die meisten Gästehäuser liegen nahe dem Kreisverkehr, 2 km südlich des Fährenlegers. **Kamphouy Gh.**, hinter dem Kreisverkehr, ☏ 020-22279922. Gästehaus mit einfachen, aber sauberen Zimmern mit Ventilator im Haupthaus und

zwei Flachbauten, die günstigsten mit Gemeinschaftsbad. WLAN. Gut für den Preis. ❶
Siamephone Hotel, Seitenstraße hinter dem Kreisverkehr, ☏ 020-55635369. Größtes Hotel der Stadt mit 34 gefliesten Zimmern, etwas steril, aber fürs Gebotene nicht zu teuer. WLAN. ❸
Bassac Muangkham Gh., ein Stück südlich am Mekong, ☏ 031-920122. Von den 11 großen, AC-Zimmern sind nur die 6 mit kleiner Terrasse am Mekong interessant, die anderen fühlen sich zu teuer an. Restaurant am Mekong. ❸

Inthira Champanakhone, 600 m südlich des Kreisverkehrs, ☏ 031-214059, 🖥 www.inthira.com. Tolles Boutiquehotel in einem umgebauten chinesischen Lagerhaus und einem Kolonialbau; alles Zimmer sind stilvoll eingerichtet mit reichlich Komfort (AC, Safe, TV, Minibar) und schönen Bädern. In der ehemaligen Ladenfront gibt es ein Restaurant. WLAN und Internet. Preis inkl. Frühstück. ❺

ESSEN

Viele Gästehäuser haben Restaurants.
Frice & Lujanie Restaurant, an der Hauptstraße. Bei Wein, Pasta, Gnocchi und hausgemachten Würsten kann man italienische Abende mit laotischem Touch verbringen. ⏰ 17–21 Uhr.

Champasak with Love Restaurant, gegenüber. Thai-laotische Küche, ergänzt durch westliche Klassiker. Wirklich schön ist die schattige Terrasse am Mekong, die geschickt um einen großen Baum herumgebaut wurde. ⏰ 7–22 Uhr

SONSTIGES

Fahrrad- und Motorradverleih
Fast alle Gästehäuser verleihen **Fahrräder** für 10 000–20 000 Kip/Tag, **Motorräder** gibt es im Siamephone Hotel, Kamphouy Gh. und dem Inthira für 80 000–100 000 Kip/Tag.

Geld
Lao Development Bank, nahe dem unfertigen Palast. Der **Geldautomat** gibt Bares auf Visa-Karte heraus. ⏰ Mo–Fr 8–15.30 Uhr.

Informationen
Im **Tourism Office** nahe dem Kreisverkehr informieren Tafeln über Champasak und den

Dank der 14-köpfigen Truppe aus Puppenspielern, Musikern, Sängern und Kommödianten der **Association du Théâtre d'Ombres de Champasak** hat die Kultur in Champasak Einzug gehalten. In dem kleinen Theater neben dem Tourism Office wird jeden Dienstag und Freitag mit **Schattenpuppen** eine Episode aus dem Ramayana aufgeführt. Mittwochs und samstags gibt es einen historischen **Stummfilm** von 1924 zu sehen, über zwei Jahre hinweg in Nordlaos gedreht. Untermalt wird der Film mit Live-Musik. Die Vorstellungen beginnen um 20.30 Uhr. Eintritt 50 000 Kip, Kinder unter 10 Jahre frei, ansonsten 20 000 Kip. Reservierungen unter 📞 020-55081109.

Tempelkomplex Vat Phou. Außerdem können Boote nach Don Deng, Um Tomo, Pakxe, oder Don Khong, Tuk Tuks für die Fahrt zum Vat Phou, englischsprachige Guides (200 000 Kip pro Tag) für die individuelle Erkundung des gesamten Welterbe-Areals und einiges mehr gebucht werden. 🕐 Mo–Fr 8–12, 13.30–16.30 Uhr, in der Hauptsaison auch Sa.

Internet
Internetcafé, 150 m südlich des Inthira, 200 Kip/Min; Ferngespräche. WLAN. 🕐 7–18 Uhr.

Massage
Champasak Spa, 1 km südlich des Anlegers, 📞 020-59094061, 🖥 www.champasak-spa.com. Ganztägige Entspannungsprogramme sowie Körper-, Öl- und Fußmassagen. 🕐 10–19 Uhr

TRANSPORT

Auto, Motorrad und Fahrrad
Nach dem Ausbau der **Straße 14A** von Pakxe nach Vat Phou **am rechten Mekongufer** kann man Champasak nun deutlich einfacher erreichen. Das gilt auch für die großen Reisebusse.

Busse und Songtheos
4 Busse nach PAKXE (1 Std, 20 000 Kip) halten tgl. zwischen 6.30 und 9 Uhr am Kreisverkehr und am Fähranleger, je später, desto voller.

Auf die SI PHAN DON (Viertausend Inseln) gelangt man am einfachsten mit Minibussen aus Pakxe, die tgl. gegen 8.45 Uhr in Ban Muang auf der anderen Seite des Mekong Passagiere aufnehmen (70 000 Kip inkl. Fährfahrt, Tickets in den Gästehäusern).

Boote
Fähren über den Mekong pendeln alle 30 Min. zwischen Ban Phapin, 2 km nördlich des Kreisverkehrs, und Ban Muang, 4,5 km westlich der Straße 13, für 10 000 Kip p. P., Motorrad oder Fahrrad 10 000 Kip.
Das **Boot** nach PAKXE (2 1/2 Std, 60 000 Kip) legt um 14.30 Uhr hinter dem Tourism Office ab. Private Bootsleute bieten Fahrten nach DON KHONG (US$250) an. Kontakte vermitteln das Tourism Office und einige Gästehäuser.

10 HIGHLIGHT

Vat Phou

Der Tempelkomplex Vat Phou, 8 km südwestlich von Champasak am Fuß des Phou Kao (1416 m), 🖥 www.vatphu-champasak-laos.com, gehört zu den stimmungsvollsten Heiligtümern der **Khmer** außerhalb Kambodschas. Die ältesten Ruinen stammen vermutlich aus dem 6. Jh. und gehen Angkor zeitlich voraus. Die meisten Bauten wurden zwischen dem 11. und 13. Jh. errichtet, als die Anlage über eine Straße mit dem 250 km südwestlich gelegenen Machtzentrum verbunden war.

Ursprünglich hinduistischen Göttern geweiht, wird im Bergtempel *(vat phou)* seit dem 14. Jh. Buddha verehrt. Noch immer spielt Vat Phou im religiösen Leben der Region eine wichtige Rolle. Jährlich zum Makha Bousa am Vollmondtag des dritten Mondmonats (meist Februar) feiern hier tausende Gläubige das 4-tägige **Vat Phou Fest**.

Schon bei der Anfahrt lässt die symbolträchtige Landschaft erahnen, weshalb die Khmer ausgerechnet am Phou Kao eine religiöse Stätte errichteten: Der Gipfel des Berges wird von einem 16 m hohen Felsen gekrönt, den die frühen

Völker als *lingam* verehrten, das phallische Symbol Shivas. In alten Inschriften wird der Berg entsprechend **Lingaparvata** genannt („Berg des Lingam"). Eine Quelle am Fuß des Massivs gab vermutlich den Ausschlag für den Bau des Heiligtums.

Experten sind sich uneinig darüber, ob hier bereits unter den **Cham** in den ersten Jahrhunderten n. Chr. eine religiöse Stätte bestanden hat. Im 6. Jh. breitete sich das frühe Khmer-Reich **Zhenla** in der Region aus. Ausgrabungen und Steleninschriften lassen darauf schließen, dass Vat Phou schon wenig später Teil einer Kulturlandschaft war, zu der auch eine Stadt gehörte. Experten der Unesco gehen inzwischen davon aus, dass es sich dabei um die erste Hauptstadt Zhenlas, **Shrestapura**, handelt. Auf Luftaufnahmen ist nur wenige Kilometer östlich von Vat Phou eine 2,4 x 1,8 km große Siedlung zu erkennen. Obwohl sich der Herrschaftsbereich Zhenlas unter den Königen Mahendravarman und Isanavarman im 7. Jh. nach Sambor Prei Kuk (Kambodscha) verlagerte, wurde der Bergtempel bis zum 13. oder 14. Jh. wiederholt restauriert und erweitert.

Seit Februar 2001 gehört das Areal, das außer Vat Phou noch weitere Tempel, die alte Khmer-Straße und die Ruinen zweier Siedlungen umfasst, zum Unesco-Weltkulturerbe. Wie sich die 2012 erfolgte **Privatisierung** der Anlage auf diesen Status und die Aktivitäten der westlichen Archäologen auswirken wird, bleibt abzuwarten. Das **Museum** links des Haupteingangs zeigt Fundstücke aus der archäologischen Zone.

Von Champasak nimmt man am besten das Fahrrad, Tuk Tuks kosten 1000 000 Kip (4 Pers.). Wer die Stätte in einem Tagesausflug von Pakxe (46 km) besuchen möchte, braucht ein eigenes Fahrzeug, da abends keine Verbindungen mehr zurück bestehen. Der Trip mit dem Motorrad dauert pro Strecke etwa 1 Std.

🕐 tgl. 8–18 Uhr, Eintritt inkl. Museum 35 000 Kip plus Parkgebühren. Gegen einen Aufpreis von 10 000 Kip p. P. ist es in der Hauptsaison möglich, erweiterte Öffnungszeiten ab 6 Uhr zum Sonnenaufgang zu nutzen. Außerdem wird einmal pro Monat zum Vollmond von 18–21 Uhr geöffnet. Infos zu den Terminen gibt es im Tourism Office oder auf der Website.

Die Stätte

Vat Phou besteht aus drei Ebenen, die sich über eine 1,4 km lange Achse von Ost nach West erstrecken und mit einem Heiligtum auf einer Terrasse in 100 m Höhe abschließen.

Besucher betreten die Anlage traditionell von Osten. Hinter dem Einlass führt ein 250 m langer **Prozessionsweg** an zwei nahezu ausgetrockneten Barays vorbei zu den ersten Ruinen. Die Stelen, die den Weg säumen, stehen erst seit kurzem wieder. Die beiden symmetrisch angeordneten Gebäude, die sich ihm anschließen, werden gemeinhin **Paläste** genannt. Archäologen datieren sie auf das 11. Jh. Möglicherweise dienten sie hochrangigen Besuchern dazu, sich nach einer langen Reise auszuruhen und auf die Prozession vorzubereiten.

Die Ausgänge der Paläste sind einander zugewandt. Schöne **Reliefs** schmücken die Türstürze und Giebelfelder. Das besterhaltene befindet sich über der Scheintür an der Ostseite des nördlichen Palastes: Shiva mit seiner Frau Parvati auf dem Bullen Nandi. Darunter thront eine Gottheit auf Kala, einem Dämon, dem Shiva befahl, über den Tempeleingängen zu wachen. Er ist ein häufiges Motiv auf Stürzen und Giebeln. Auffällig ist, dass der nördliche Palast überwiegend aus rötlichem Laterit, der südliche aus solidem Sandstein errichtet wurde.

Von den Palästen führt der Weg weiter zur ersten Treppe. Die Galerien, die ihn einst an beiden Seiten flankierten, sind nicht erhalten. Auf halber Strecke erhebt sich links ein verfallenes Gebäude (vermtl. 11. Jh.), das in Anlehnung an Shivas Reittier **Nandi Pavillon** genannt wird. Luftaufnahmen zeigen, dass hier früher die alte Straße endete, die Vat Phou mit Angkor verband. Seit auf der gegenüberliegenden Seite des Weges Reste eines ähnlichen Pavillons und einer Straße gefunden wurden, hat sich die Meinung durchgesetzt, dass es sich ebenfalls um Eingangsgebäude handelt, über die Gläubige Zugang zum Prozessionsweg hatten.

Frangipani (laot. *dok champa)* säumen die anschließende Treppe, die zu einer kleinen Terrasse hinaufführt. Hier liegen ein paar Meter nach rechts eine *yoni*, das weibliche Symbol, und zwei kopflose Statuen im Gras. Am Fuß der zweiten Treppe steht ein **Dvarapala** (Torwäch-

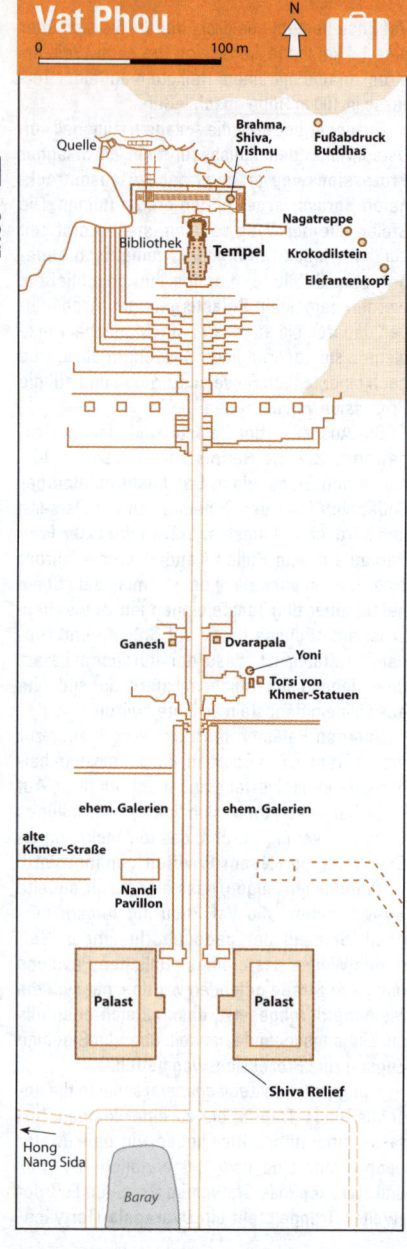

Vat Phou

0   100 m   N

Quelle

Brahma, Shiva, Vishnu

Fußabdruck Buddhas

Nagatreppe

Bibliothek   **Tempel**   Krokodilstein

Elefantenkopf

Ganesh   Dvarapala   Yoni

Torsi von Khmer-Statuen

ehem. Galerien   ehem. Galerien

alte Khmer-Straße

Nandi Pavillon

Palast   Palast

Shiva Relief

Hong Nang Sida

Baray

LAOS

ter), der mit einer orangenen Schärpe und einem Schirm versehen ist. Viele Gläubige verehren ihn als König Kammatha, den legendären Gründer Vat Phous. Eine weitere Wächterfigur und zwei kleine Gebäude (13. Jh.), die hier ebenfalls gestanden haben sollen, sind zerstört.

Der Weg steigt nun allmählich an und führt, von Frangipani beschattet, zur zweiten Ebene. Hier ragten einst auf jeder Seite drei **Ziegelsteintürme** (11. Jh.) auf, in denen *lingam* standen. Heute sind nur noch überwucherte Hügel zu sehen.

Sieben, von Lateritmauern begrenzte Terrassen unterstützen die dritte Ebene, die über eine letzte, steile Treppe zu erreichen ist. Hier steht das **zentrale Heiligtum**. Es war ursprünglich Shiva geweiht und enthält nun vier Buddhastatuen. Der Hauptbau hat drei Portale (Osten, Norden, Süden) und zwei Vorräume und stammt aus dem 11. oder 12. Jh. Im Westen schließt sich ein Ziegelsteinprasat an (Tempelturm), den Forscher auf das 6. Jh. datieren. In diesem mutmaßlich ältesten Gebäude Vat Phous befand sich früher ein *lingam,* der permanent mit Wasser aus der heiligen Quelle übergossen wurde. Die kleine Öffnung für die Leitung ist noch an der Rückwand zu sehen.

Am Hauptbau lohnen die Tänzerinnen *(apsara)* und Wächterfiguren *(dvarapala)* am Ostportal und die Steinreliefs auf den Türstürzen einen Blick. Die Mehrzahl zeigt eine Gottheit auf Kala. Über den Eingängen des Ostportals prangen der tanzende Shiva (l.) und Vishnu auf seinem Tragetier Garuda (r.). Die Stürze des anschließenden Vorraumes werden von Indra auf dem dreiköpfigen Elefanten Airavata und Kala geschmückt (v. l.). Im Durchgang des Südportals ist Krishna, die achte Inkarnation Vishnus, abgebildet, wie er König Kamsa tötet. Ein in den Fels gemeißeltes Flachrelief westlich des Heiligtums stellt die drei zentralen Gottheiten des Hinduismus dar (**Trimurti**): Brahma, den Schöpfer; Shiva, den Zerstörer und Erneuerer; und Vishnu, den Erhalter (v. l.).

Von der so genannten **Bibliothek**, die dem Hauptheiligtum im Süden beigeordnet war, sind nur noch ein paar Sandsteinquader erhalten. Trotz der anderslautenden Bezeichnung lagerten hier keine Schriften, sondern möglicherweise nachts das Feuer, das tagsüber im Prasat brannte. Wenige Meter westlich entspringt die **heilige Quelle**. Ihr Wasser wurde in Sandstein- und Ziegelbassins gesammelt und über eine säulengestützte Leitung zum Heiligtum befördert. Noch heute gilt es unter Laoten als glücksbringend.

Nördlich des Sanktuariums, hinter einigen modernen Bauten, sind mehrere bearbeitete Felsen zu sehen. Der älteste ist vermutlich der **Krokodilstein**. Der Legende zufolge wurden hier in präangkorianischer Zeit Menschen geopfert. Obwohl es dafür keine Beweise gibt, hält sich die Geschichte hartnäckig und wird bei Führungen gern mit blutrünstigen Details ausgeschmückt. Die **Nagatreppe** vis-à-vis und ein **Elefantenkopf** ein paar Meter weiter nordöstlich sind jüngeren Datums (vermutlich nach dem 13. Jh.).

11 HIGHLIGHT

Si Phan Don

Vor 140 Jahren machten sich sechs Franzosen auf, den Wasserweg von Vietnam nach China zu erkunden. In ihren Köpfen geisterte die Vision von beladenen Barken, die edle Güter zwischen dem Südchinesischen Meer und dem Reich der Mitte transportierten. Der Traum platzte im Jahr 1866, als die Expedition die unschiffbaren Wasserfälle Somphamit und Khon Phapheng nahe der heutigen laotisch-kambodschanischen Grenze erreichte. Diese Fälle, knapp 160 km südlich von Pakse, bilden die Südgrenze eines einzigartigen Feuchtgebietes, das *si phan don*, „**Viertausend Inseln**", genannt wird. Hier, im Bezirk Khong der Provinz Champasak, erreicht der Mekong seine größte Ausdehnung: Auf einer Länge von 50 km und einer Breite von bis zu 14 km gliedert sich der Fluss in etliche Kanäle und gibt hunderte kleiner Inseln frei. Mehr als 70 000 Menschen, überwiegend Lao, leben in dieser Wasserwelt. Studien haben ergeben, dass sich fast 200 Fischarten in den Gewässern tummeln, außerdem die seltenen **Irrawaddy-Delphine**.

Das Flussleben und die einmalige Landschaft machen die Si Phan Don zu einem der schönsten Reiseziele in Südlaos. Die große Hauptinsel **Don Khong** wird inzwischen von vielen Reisegruppen angesteuert. Exotischer sind die kleinen Inseln **Don Det** und **Don Khon**. Sie liegen näher an den **Wasserfällen**, können aber auch von Don Khong aus besucht werden. An die Spitze Don Dets zieht es vor allem Partyvolk, der Süden der Insel und Don Khon sind ruhiger.

Don Khong

Die größte Insel des Binnenarchipels, 138 km südlich von Pakse, hat die Form eines gigantischen Wassertropfens: Mit 18 km Länge und 8 km Breite, asphaltierten Hauptstraßen und einer neuen Brücke zum Festland ist sie nicht ganz so idyllisch wie Don Khon oder Don Det. Dennoch lohnt sie wegen ihrer entspannten Atmosphäre und den ältesten Vats der Inselwelt einen Besuch. Don Khong hat etwa 7000 Einwohner. Die meisten leben in den beiden größten Siedlungen Muang Khong (Ostseite) und Muang Sen (Westseite).

Muang Khong, der Hauptort am Ostufer, zieht sich an zwei Teerstraßen zwischen Reisfeldern und Mekong entlang. Einzige Sehenswürdigkeit ist Vat Chom Thong am nördlichen Ende der Uferstraße. Der Tempel stammt vom Beginn des 19. Jhs. und hat einen ungewöhnlichen kreuzförmigen Grundriss. Im Süden des Dorfs erinnert eine Kolonialvilla daran, dass die Franzosen auch in dieser Ecke des Landes präsent waren. Im Gebäude bietet das Bezirksmuseum einen Einblick in die Geschichte der Insel. ⊕ Mo–Fr 8–16 Uhr, Eintritt 10 000 Kip.

Muang Sen am Westufer versprüht mit seinen vielen Geschäften und den wellblechgedeckten Häusern eine wesentlich laotischere Atmosphäre als Muang Khong. Größter Pluspunkt ist aber der freie Blick auf den Sonnenuntergang.

Tuk Tuks zwischen Muang Khong und Muang Sen kosten 50 000 Kip oder 10 000 Kip p. P. bei 5–6 Leuten. Mit dem Fahrrad ist das Stück in einer knappen Stunde zu schaffen (8,5 km), allerdings ist es tagsüber brütend heiß und nach Sonnenuntergang stockfinster.

Inseltour

Die Größe und das Straßennetz von Don Khong sind ideal, um die Insel mit dem Motorrad oder Fahrrad zu umrunden. Die Strecke beträgt gut 42 km und kann in Muang Sen abgekürzt werden (20 km). Startpunkt ist Muang Khong, beste Richtung ist im Uhrzeigersinn, da die Sonne dann die meiste Zeit im Rücken steht. Entlang der Straße gibt es kaum Schatten (Wasser und Basecap mitnehmen). Für einen Snack bietet sich Muang Sen an.

Der Rundweg beginnt am Tourism Office. Von hier aus folgt man dem schmalen Uferpfad und erreicht nach 3,3 km **Ban Na**, den Anleger für Autofähren. Hier gelangt man auf die Teerstraße Richtung Süden, die sich nach 1 km gabelt.

Die beiden Wege führen nach **Ban Hang Khong** (6 km hin und zurück, der Uferweg ist der schönere). Wer Kräfte sparen möchte, sollte das unspektakuläre Örtchen auslassen und der Straße gleich bis **Vat Silananthalangsy** (3,3 km) folgen, einem kleinen Tempel auf schattigem Gelände, dessen in die Jahre gekommenes Schulgebäude mit Staffeldach und Säulenumgang einen Blick lohnt.

Bis **Muang Sen** ist es nicht mehr weit, wenn die Straße nach 3,5 km auf eine Kreuzung trifft. Links geht es zum Ort – mit seinen Lokalen am Fähranleger und den Essensständen am Markt ein guter Verpflegungsstopp. Rechts geht es zurück nach Muang Khong (wo man auf halber Strecke eine kaum noch zu erkennende **Rollbahn** passiert, die im Zweiten Indochinakrieg von den USA genutzt wurde).

Geradeaus führt die Straße landeinwärts an Reisfeldern, Wasserbüffeln und bewaldeten Hügeln vorbei. Nach knapp 7 km rückt links ein Sandsteinplateau ins Blickfeld (nach Teak- und Frangipani-Bäumen Ausschau halten). Auf dem Plateau, 200 m Richtung Mekong, steht der *sim* von **Vat Phou Khao Keo**. Von den Stufen hat man einen schönen Blick auf den Mekong. Dahinter ragen die Ruinen eines Ziegelsteinprasats aus der Khmer-Zeit in die Höhe (vermutlich präangkorianisch). Am Boden liegen behauene Stürze. Der dunkle Sandstein und die knorrigen Frangipani verleihen dem Ort etwas Mystisches.

Bananenplantagen und Kokospalmen begleiten die Straße über weitere 6 km nach **Ban Houa Khong**, dem Geburtsort des früheren Staatschefs Khamtay Siphandone. Die Renovierung des bunten Vats, der einem schon von der Straße ins Auge sticht, geht auf sein Konto. Von hier führt die Teerstraße östlich über **Ban Dong** zurück nach Muang Khong (13 km).

Wer noch fit ist, kann der Straße weiter über **Ban Houa Khong Lem** bis zur Nordspitze der Insel folgen (4,8 km): Hier gibt der Mekong in der Trockenzeit einen kleinen **Sandstrand** frei. Das von Ex-Präsident Siphandone geplante Resort an dieser Stelle wurde nie fertig gestellt – eine Brücke auf die kleine Insel **Don San** allerdings schon, so dass man nun auf dem Eiland touristisches Neuland betreten kann.

Von Houa Khong Lem sind es über Ban Dong gut 13 km zurück nach Muang Khong. Nach 7 km lohnt sich noch ein Blick auf **Vat Veun Thong**, dessen drei ungewöhnliche *kuti* an deutsche Fachwerkhäuser erinnern.

ÜBERNACHTUNG

Don Khongs Unterkünfte liegen in **Muang Khong**. In der Hochsaison (Dez–Feb) ist ziemlich viel los – also früh einchecken. Schwierig kann die Unterkunftssuche zum Bootsfestival Boun Souang Heua Anfang Dezember werden.

Kang Khong Villa, westlich des Fähranlegers, ✆ 031-213539. 8 Zimmer mit AC oder Ventilator in einem Teakhaus ein Stück weg vom Fluss; oben mit Holzboden und -möbeln, unten gefliest. Schöne Terrasse. Charmant und günstig. ❶–❷

Don Khong Gh., gegenüber dem Fähranleger, ✆ 031-214010. 13 gefliese Räume, im neuen Gebäudeteil mit AC, im älteren mit Ventilator und dünnen Wänden. Bootservice; Restaurant. ❷

Ratana Gh., erstes Gästehaus nördlich der Brücke, ✆ 031-213673. Neubau zur Straße mit 4 DZ (inkl. TV), hübscher Möblierung und guten Bädern. Wegen der Glasfront lebt man etwas auf dem Präsentierteller. Klasse fürs Geld. ❷

Souksabay Gh., 20 m weiter, über einen kleinen Weg zu erreichen, ✆ 031-214122. Die 19 sauberen AC-Zimmer verteilen sich auf mehrere, um einen Hinterhof gruppierte Gebäude. ❷

Pon Arena Hotel, 100 m nördlich, ✆ 031-515018, 🖥 www.ponarenahotel.com. Der große Steinbau hat 21 Zimmer mit gehobener Ausstattung; die 8 Suiten am Mekong bieten einen tollen

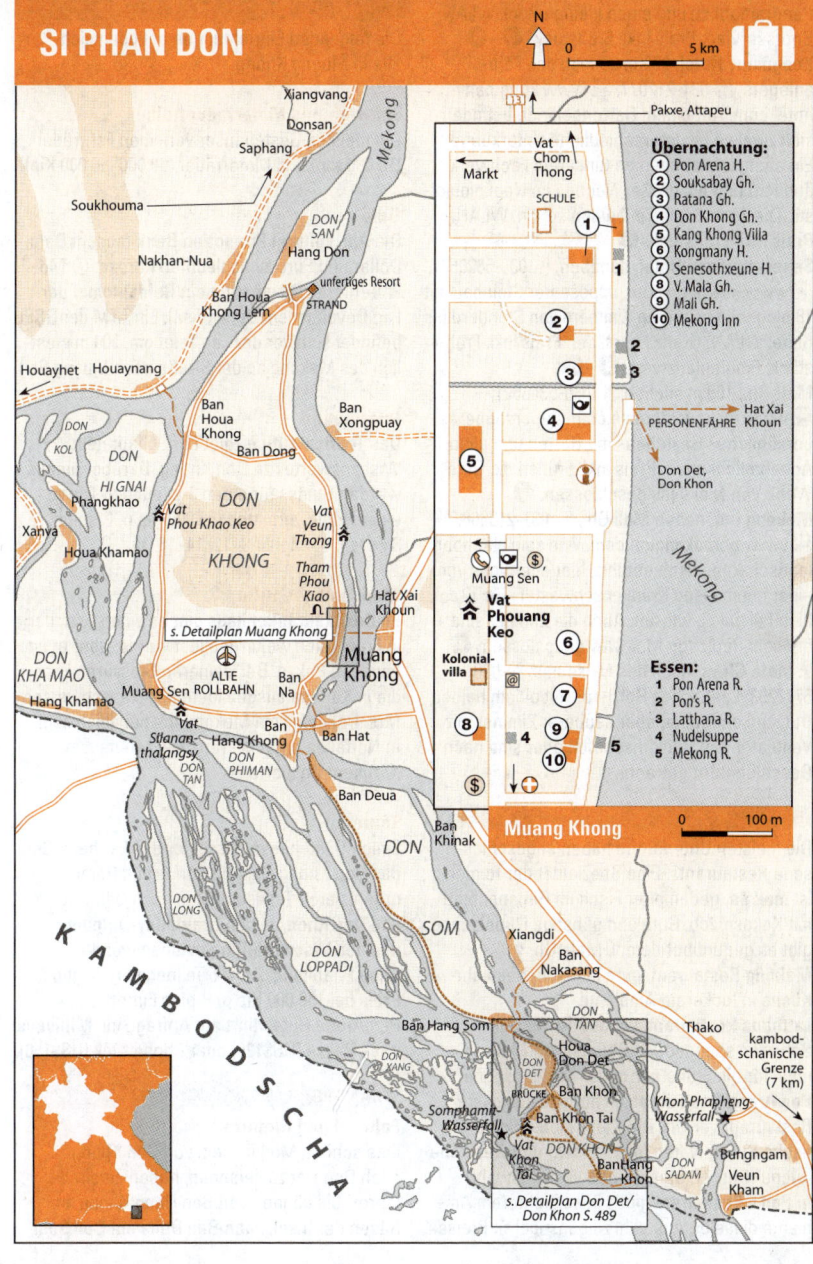

SI PHAN DON

N

0   5 km

Pakxe, Attapeu

Xiangvang
Donsan
Saphang

Soukhouma

Mekong

Vat
Chom
Thong

Markt

SCHULE

Übernachtung:
1. Pon Arena H.
2. Souksabay Gh.
3. Ratana Gh.
4. Don Khong Gh.
5. Kang Khong Villa
6. Kongmany H.
7. Senesothxeune H.
8. V. Mala Gh.
9. Mali Gh.
10. Mekong Inn

DON SAN
Hang Don

Nakhan-Nua

Ban Houa
Khong Lem

unfertiges Resort
STRAND

Houayhet   Houaynang

Ban
Houa
Khong

Ban
Xongpuay

PERSONENFÄHRE   Hat Xai
Khoun

*DON
KOL*

Ban Dong

Don Det,
Don Khon

*DON
HI GNAI*
Phangkhao

Xanya   Houa Khamao

*DON
KHONG*

Vat
Phou Khao Keo

Vat
Veun
Thong

Tham
Phou
Kiao

Hat Xai
Khoun

Muang Sen

Vat
Phouang
Keo

Mekong

*DON
KHA MAO*

Hang Khamao

s. Detailplan Muang Khong

**Muang
Khong**

ALTE
Muang Sen ROLLBAHN

Ban
Na

Kolonial-
villa

6

Essen:
1. Pon Arena R.
2. Pon's R.
3. Latthana R.
4. Nudelsuppe
5. Mekong R.

Vat
Silanan-
thalangsy

Ban
Hang Khong

Ban
Hat

@

7

8   4   9

10

5

*DON
TAN*
*DON
PHIMAN*

Ban Deua

Ban
Khinak

$

Muang Khong   0   100 m

*DON
SOM*

Xiangdi

Ban
Nakasang

K A M B O D S C H A

*DON
LONG*

*DON
LOPPADI*

*DON
XANG*

Ban Hang Som

*DON
TAN*

Houa
Don Det

*DON
DET*
BRÜCKE

Ban Khon

Thako

kambod-
schanische
Grenze
(7 km)

Somphamit-
Wasserfall

Ban Khon Tai

Vat
Khon
Tai

DON KHON

Khon-Phapheng-
Wasserfall

Ban Hang
Khon

*DON
SADAM*

Bungngam

Veun
Kham

s. Detailplan Don Det/
Don Khon S. 489

LAOS

Panoramablick und einen kleinen Pool. WLAN; Bootsservice; Preis inkl. Frühstück. ⑤–⑥

Kongmany Hotel, 250 m südlich des Fähranlegers, ℡ 031-212077, 🖳 www.kongmany-hotel.com. Auf einem Gartengelände befinden sich zwei völlig unterschiedliche Unterkünfte: Ein alter Holzrahmenbau (unserem Fachwerk ähnlich) und ein großer Neubau im Neokolonialstil. Die Zimmer sind in beiden schön. WLAN. Preis inkl. Frühstück. ⑤

Senesothxeune Hotel, daneben, ℡ 030-5620577, 🖳 www.ssx-hotel.com. Imposanter Steinbau mit 18 picobello sauberen Zimmern von Standard bis Suite; WLAN. Gratis Fahrräder. Preis inkl. Frühstück. Empfehlenswert. ⑤–⑥

Mali Gh., 100 m südlich, ℡ 030-5346621, 🖳 www.maliguesthouse.com. Supersauberes, persönliches Gästehaus mit Garten und allen Annehmlichkeiten. Preis inkl. Frühstück. Gute Wahl. Von Mai–Nov geschlossen. ④

Mekong Inn, neben Mali Gh., ℡ 031-213668, 🖳 www.gomekonginn.com. Wie sein Nachbar laotisch-kanadisch geführt, hier allerdings von einer ehemaligen Krankenschwester – im Krankheitsfall gut zu wissen. Auch die Zimmer sind ähnlich; Pool. Von Mai–Nov geschlossen. ④

V. Mala Gh., südlich des Museums, ℡ 030-5772293. Laotisches Holzhaus mit einem halben Dutzend einfacher, aber sauberer Zimmer mit Ventilator. Die Gemeinschaftsbäder sind nach Geschlechtern getrennt. ①

ESSEN

Die meisten Unterkünfte haben angeschlossene Restaurants. Eine Spezialität der Region ist **mok pa**, gedämpfter Fisch im Bananenblatt mit Kokosmilch. Gute und günstige Nudelsuppe gibt es gegenüber dem V. Mala Gh.

Mekong Restaurant, gute laotisch-westliche Küche in lockerem Ambiente.

Latthana Restaurant, schöne Terrasse mit Schatten spendenden Bäumen am Mekong – ideal für ein Frühstück in der Morgensonne.

Pon Arena Restaurant, sicher das schickste Restaurant vor Ort. Die Karte bietet einige laotische Spezialitäten (guter Fisch) und westliche Küche (Burger, Steak). Gute Weinauswahl. In **Pon's Restaurant** gibt's in schlichterem Ambiente dieselbe Auswahl zu günstigeren Preisen.

SONSTIGES

Die folgenden Einrichtungen befinden sich alle in Muang Khong.

Fahrrad- und Motorradverleih

Die meisten Gästehäuser verleihen Fahrräder (10 000 Kip) und Motorräder (60 000–80 000 Kip).

Geld

Die **Agricultural Promotion Bank** tauscht Baht, Dollar und Euro zu schlechten Kursen. ⏰ Mo–Fr 8–16 Uhr. Davor steht ein **Geldautomat** der Lao Development Bank (Visa). Ein ATM der **BCEL** befindet sich vor der Lao Telecom, 200 m westlich des Mekong an der Straße nach Muang Sen.

Information

Das **Tourism Office** zeigt auf Schautafeln Wissenswertes zu Don Khong. Darüber hinaus werden Guides für einen 3-stündigen Trip zu einer Höhle vermittelt (50 000 Kip p. P., mind. 3 Pers.). ⏰ Mo–Fr 8–12, 14–16 Uhr.

Medizinische Hilfe

Im **Bezirkskrankenhaus** gibt es einen Arzt, der in Frankreich weitergebildet wurde, aber er ist häufig in Pakse. Bei kleineren Blessuren kann die in Kanada ausgebildete Krankenschwester Mrs. Onkham vom Mekong Inn behilflich sein. In Notfällen organisieren die Gästehäuser Krankentransporte.

Touren

Einige Gästehäuser, darunter das Latthana Gh., das Don Khong Gh. und Pon Arena Hotel, organisieren Tagesausflüge nach **Don Det** und **Don Khon**, zu den **Irrawaddy-Delphinen** und den **Wasserfällen** Somphamit und Khon Phapheng. Ab 4–5 Teilnehmern liegt der Preis bei 150 000 Kip p. P. plus Eintritte. Pon Arena Hotel fährt auf Anfrage mit **Minivans** nach Pakse (US$120) oder Chong Mek (US$150).

TRANSPORT

Fahrrad und Motorrad

Eine schöne Möglichkeit, von Don Khong nach Don Det zu gelangen, haben Zweiradfahrer: Sie können von Ban Hang Khong, im Süden der Insel, nach Ban Deua auf **Don Som** übersetzen. Dort führt ein 14 km langer Uferpfad an Dörfern, Bambushainen und Reisfeldern vorbei bis nach Ban Hang Som. Eine Fähre bringt einen von hier an die Nordspitze Don Dets. Der Trip dauert mit dem Roller etwa 1 1/2 Std., die Fähre kostet pro Strecke 10 000 Kip. Auf Don Som gibt es keine Unterkünfte.

Busse

Wer nach PAKXE möchte, nimmt am besten einen der **Minibusse**, die – aus Ban Nakasang kommend – gegen 12 Uhr in **Ban Hat Xai Khoun** auf dem Festland abfahren. Tickets gibt es in den Gästehäusern (2 1/2 Std., 60 000 Kip inkl. Fähre).
Ansonsten fahren tgl. 4–5 **Songtheos** zwischen 6 und 8 Uhr von Muang Sen über Muang Khong nach Pakxe (3–4 Std., 50 000 Kip). Um 8 Uhr startet außerdem ein Bus nach VIENTIANE (170 000 Kip). **Haltestelle** ist die Ecke Vat Phouang Keo/Straße nach Muang Sen.
Reisende mit Ziel DON DET und DON KHON können um 9.30 Uhr in Ban Hat Xai Khoun in einen der Minibusse aus Pakxe zusteigen. Es ist zu erwarten, dass mit der neuen Brücke in Kürze direkt von Muang Khong abgefahren wird. Schöner ist die Anreise aber mit dem Boot. Für die Weiterreise nach Kambodscha s. S. 475.

Boote und Fähren

Viele Gästehäuser haben **Boote** für die Fahrt nach DON DET und DON KHON (250 000 Kip/Boot für 4–5 Pers., 1 1/2 Std.). Einen täglichen Shuttle betreiben das Don Khong Gh., das Latthana Gh., Pon's Restaurant und Pon Arena Hotel gegen 8 oder 8.30 Uhr vom Fähranleger für 40 000 Kip p. P., Buchung einen Tag im Voraus. Wer am Nachmittag wieder mit zurückfährt, zahlt insgesamt 60 000 Kip. Reguläre Boote nach PAKXE gibt es nicht mehr, Charter US$250.
Die **Fähren** zwischen Muang Khong und Hat Xai Khoun kosten pauschal 20 000 Kip, ab 3 Pers. 10 000 Kip p. P. Die Autofähre pendelt zwischen Ban Hat und Ban Na, wenige Kilometer südlich von Hat Xai Khoun, 3000 Kip p. P., Autos 30 000 Kip, Fahr- und Motorräder 5000 Kip. Die Tage beider Verbindungen sind aber angesichts der neuen Brücke gezählt.

Don Det und Don Khon

Kokospalmen und Bambushütten säumen die Ufer von Don Det und Don Khon, 15 km südlich von Don Khong nahe der kambodschanischen Grenze. Seit Jahren schon zieht die Idylle der beiden Inseln einen steten Strom von Backpackern an, der vor allem an der Nordspitze **Don Dets** seine Spuren hinterlassen hat: Hier stehen die Gästehäuser, Restaurants und Bars dicht an dicht und sorgen dafür, dass Ruhe manchmal schwer zu finden ist. Das heißt nicht, dass die Stimmung unentspannt wäre. Im Gegenteil. Nur ist sie inzwischen näher an der Vang Viengs, als den Einheimischen lieb ist.

Je nach Saison haben die Inseln zwei sehr unterschiedliche Gesichter: Vom Ende der Regenzeit bis zur Reisernte (Sep–Mitte Nov) ist die Landschaft üppig grün und der **Mekong** ist ein brauner reißender Strom. Ganz anders in der späten Trockenzeit (Mitte Feb–Mai): Nun zeigt sich das Land in Erdtönen und der Fluss kommt gemächlicher und – dank Ablagerung der Sedimente – in Blaugrün daher.

Don Khon ist die größere der beiden Inseln und im Süden für ihre Kokosnüsse bekannt. Im Hauptort Ban Khon stehen noch einige Bauten aus der französischen Kolonialzeit, darunter das alte Krankenhaus und die Zollstation. Eine **Betonbrücke**, die die Inseln seit 1920 verbindet, erinnert an die Zeit, als die Franzosen Güter und Passagiere in einer Schmalspurbahn an den Mekongfällen vorbeileiteten. Zwei Verladerampen auf Don Det und in Ban Hang Khon sind ebenfalls erhalten. Die Schienen dienen inzwischen als Brücken, man kann aber noch der Trasse folgen. Das Westufer Don Dets ist der beste Ort für den **Sonnenuntergang**.

Inseltour

Die Sehenswürdigkeiten konzentrieren sich auf Don Khon und können in einer schönen Tagestour besichtigt werden. Zu Fuß ist der Trip recht anstrengend, allerdings sorgt die Vegetation meist für Schatten. Ein Rad verkürzt den Trip, und seit die alte Eisenbahntrasse ausgebessert wurde, sind die meisten Wege gut zu befahren.

Die Tour beginnt in Ban Khon, am Südende der **Eisenbahnbrücke**, etwa 2,5 km südlich von

Schwimmen im Mekong

Wer die Viertausend Inseln in der frühen Trockenzeit besucht, wird sich kaum vorstellen können, in den braunen Fluten zu baden. Ab Februar aber, wenn die Stömung abnimmt und sich die Sedimente absetzen, zeigt sich eine andere Welt: Das **Wasser** ist klar und blaugrün, überall liegen Sandbänke und Strände frei. Und selbstverständlich wird geschwommen.

Doch auch zur Zeit des braunen Mekong ist die Wasserqualität nicht schlechter. Die Färbung kommt vom Sand, den der Fluss mit sich trägt, und nicht etwa von lokalen Abwässern. Die landen in Sickergruben.

Gefährlich kann zu jeder Zeit die **Strömung** sein. Vor allem in der Nähe von Wasserfällen und Stromschnellen gibt es starke Unterströmungen. Man sollte in jedem Fall vor Ort fragen, ob und wo das Schwimmen möglich ist. Stehende Gewässer sind wegen der möglichen Bilharziosegefahr zu meiden.

Houa Don Det. Sie führt zunächst Richtung Vat Khon Tai, bevor nach 50 m links ein Schild den Weg zu einer Lokomotive weist. Hier rostet das Skelett einer alten **Dampflok** vor sich hin, die in der ersten Hälfte des 20. Jhs. Güter vom Süden der Insel über die Brücke bis zur Verladerampe auf Don Det und zurück transportierte. Mit dem Bau der 7 km langen Trasse wurde bereits 1897 begonnen. 20 Jahre später folgte die Brücke. Angriffe der Japaner setzten der Verbindung in den 1940er-Jahren ein Ende.

Nur 100 m südlich der Lok, inmitten von Reisfeldern, befindet sich ein überwucherter **christlicher Friedhof**, auf dem auch der Grabstein der Familie Xavier steht („unter tragischen Umständen verschieden am 3. Oktober 1922"). Gerüchten zufolge wurden das Paar und die 11-jährige Tochter von ihren Angestellten umgebracht.

Zurück auf dem Hauptweg gelangt man nach 200 m zu **Vat Khon Tai**. Der Tempel wäre zu vernachlässigen, stünde er nicht auf dem Gelände eines alten Khmer-Heiligtums – ein Indiz für die frühe Besiedlung der Region.

Folgt man dem Pfad links hinter dem Vat etwa 600 m am Fluss entlang, gelangt man zum Eingangsbereich des Wasserfalls. Auf dem weitläufigen Gelände führt ein Weg zum imposanten **Somphamit-Wasserfall**, auch Khon Liphi („Geisterversteck") genannt. Hier donnert der Mekong über Felsstufen in eine 10 m tiefe Schlucht. Ein neues **Restaurant**, ⏰ 7.30–18 Uhr, mit tollem Blick bietet sich für einen ersten Stopp an. Der Platz ist auch schön für den Sonnenuntergang. Von hier ist es nicht weit zu einer kleinen **Bucht mit Sandstrand** (Vorsicht: starke Strömung).

Vom Wasserfall sind es noch etwa 3 km bis Ban Hang Khon. Zurück am Eingang folgt man dem Hauptweg, biegt an der T-Kreuzung rechts ab und nimmt nach 150 m den ersten Abzweig nach links zur alten **Eisenbahntrasse** nach **Ban Hang Khon**. Dort stehen im Schatten eines bewaldeten Hügels die gewaltige **Verladerampe** aus der Franzosenzeit und eine weitere, schlecht erhaltene Lokomotive. Hier ist auch ein guter Ort, um die **Irrawaddy-Delphine** zu beobachten, die sich in der Trockenzeit in einem tiefen Pool südlich der Insel aufhalten. Manchmal ist es sogar möglich, sie vom Ufer aus zu sehen. Am besten beobachtet man die Tiere aber im Rahmen einer Kajaktour (S. 493).

Von Ban Hang Khon geht es zurück bis zur Eisenbahntrasse und dort auf den rechten Weg, vorbei an dem kleinen Weiler **Ban Bung Kaen**, gut 4 km am Mekongufer entlang nach Ban Houa Khon. Die Strecke gleicht zunehmend einem Dschungelpfad, mit über dem Weg liegenden Bäumen und drei verfallenden Brücken, von denen die letzte ein echter Hingucker ist.

Nach 2 km geht es rechts ab zur kleinen Insel **Don Pa Soi**, die man über eine abenteuerliche Hängebrücke erreicht. Kurz vor der Brücke ist ein Restaurant, kurz dahinter gabelt sich der Weg: links runter gibt es einen Blick auf den **Wasserfall** Khon Pa Soi und nach rechts geht es zu einer kleinen Bucht, wo man sich im Schatten erholen oder im Mekong erfrischen kann.

Der weitere Weg führt zunächst zurück und dann ein Stück hinter dem Restaurant rechts ab nach **Ban Sentho**, wo Betonmauern die Fluten des Mekong brechen. Mit diesem **Leitsystem** schifften die Franzosen Tropenhölzer den Fluss hinab. Von hier folgt man dem Uferpfad für etwa 2 km über Ban Houa Khon zurück zur Brücke nach Don Det.

DON DET UND DON KHON

N
0   1000 m

s. Detailplan Ban Houa Det

Ban Hang Som

DON TAN

Ban Houa Det
0   100 m

LAOS

DON EN

FRZ. VERLADERAMPE

Vat Houa Det
Takapan

DON DET

ALTE EISENBAHNTRASSE

Ban Houa Khon

Vat Houa Khon

Ban Khon

Ban Sentho

BRÜCKE

FRIEDHOF

Alte Lokomotive

Vat Khon Tai

Ban Khon Tai

Somphamit-Wasserfall

FRZ. LEITSYSTEM

DON XOM

Khon Pa Soï-Wasserfall

DON PA SOÏ

DON KHON

ALTE EISENBAHNTRASSE

Ban Khon Njai

DON KHON JUAK

Ban Bung Kaen

Ban Hang Khon

Alte Lokomotive

FRZ. VERLADERAMPE

Übernachtung:
1. Little Eden Gh. & R.
2. Mr. Ky Sunset Bungalows
3. Sunset Bungalows & Bar
4. Baba Gh.
5. Sengthavan 2 Gh.
6. The Last Resort
7. Don Det Gh.
8. Si Amphone Gh.
9. Crazy Gecko Gh.
10. Mr. Tho's Bungalows
11. Phao's Bungalows
12. Mama Leuah Gh.
13. Boun Hom Gh.
14. Dhok Khoon Bungalows
15. River Garden
16. Tawan Daeng Gh.
17. Mekong Dream Gh. & Hammock Lounge
18. Santiphab Gh.
19. Souksan Gh.
20. Pa Kha Gh.
21. Dok Champa Gh. & R.
22. Auberge Sala Done Khone / Sala Phae
23. Mr. Pan's Gh. / Pan's Bungalows / Pan's Residence
24. Khampheng Gh.
25. Seng Ahloune Gh.
26. Phonevilay Gh.

Transport:
1. Mekong Adventure Travel
2. Island Adventure Tour
3. Wonderfull Tour
4. Samlors
5. Boote zu den Delphinen

Essen:
1. Little Eden R.
2. Jone nee R.
3. Khamphong R.
4. 4000 Islands Bar
5. Reggae Bar
6. Adam's Bar
7. Jasmin R.
8. Street View Café
9. Mama Leuah R.
10. Mekong Dream R.
11. Sala Done Khone R.
12. Lao Long R.
13. Fleur du Mekong R.

Sonstiges:
1. Minimart

ÜBERNACHTUNG

Don Det und Don Khon gehören zu den meistbesuchten Reisezielen in Laos. Viele der mittlerweile fast 100 Gästehäuser konzentrieren sich an der **Nordspitze Don Dets** (Houa Det) und dünnen sich entlang der Ufer langsam aus. Der **Süden** (Hang Det) hat deutlich weniger Unterkünfte und **Don Khon** ist schon wegen seiner Größe fast eine andere Welt (obwohl auch Ban Khon mittlerweile zugebaut ist). Der **Standard** der Unterkünfte ist noch überwiegend einfach. Ab 50 000 Kip bekommt man eine Hütte am Fluss mit Balkon und Hängematte, Moskitonetz, Ventilator und Gemeinschaftsbad. Doch der Trend zur Aufwertung ist in vollem Gange: Warmwasser entwickelt sich zum Standard, WLAN ist es schon, und die neuen Steinhäuser werden oft von vornherein mit Klimaanlagen ausgestattet. Da der Platz am Fluss knapp wird, entstehen die komfortablen Bungalows oft in zweiter Reihe – mit dem Blick geht aber viel vom Charme des Insellebens verloren. In der **Hochsaison** (Dez–März) kann schon mittags alles belegt sein. Am besten man reserviert oder kommt vor den Minibussen aus Pakxe an, die tgl. zwischen 11 und 12 Uhr eintrudeln. Da die meisten Leute in Houa Det anlanden und sich die Unterkünfte von Nord nach Süd füllen, ist es eine gute Idee, woanders von Bord zu gehen. Um zu den Gästehäusern am südlichen Ostufer zu gelangen, sollte man an der französischen Verladerampe in Takapan aussteigen (Boote halten auf Anfrage, beim Ticketkauf angeben). Achtung: Hier zweigt die alte Eisenbahntrasse ins Inselinnere ab, der schlecht zu erkennende Uferpfad nach Süden führt an Mr. Tho's Gh. vorbei. Wer hingegen im Süden Don Dets (Hang Det) oder auf Don Khon übernachten möchte, sollte sich von Nakasang gleich dorthin bringen lassen.

Don Det

Boote und Fähren nach Don Det docken zuerst in Houa Det, der lebendigen Nordspitze, an. In diesem dicht besiedelten Zentrum von Don Det befinden sich Internetcafés, Minimärkte, Touranbieter und viele Restaurants und Bars. Je weiter man sich von hier entfernt, desto ruhiger wird es.

Westufer

Die Bungalows am Westufer haben einen großen Vorteil: den Blick auf den Sonnenuntergang. **Little Eden Gh. & Rest** ①, westlich des Jone nee Restaurants, ☎ 020-77739045, 🖥 www.littleedenguesthouse-dondet.com. Eher Hotel als Gästehaus mit 16 edel möblierten AC-Zimmern in einem wuchtigen Steinbau und 5 weiteren in einem älteren Gebäude. Leider liegt keines der beiden Häuser am Fluss – da steht nämlich das Restaurant (S. 492). ❸–❹
Mr. Ky Sunset Bungalows ②, daneben, etwas abseits des Weges. So viel Türkis ist selten, ansonsten sind die Hütten (mit/ohne Bad) am Fluss nichts Besonderes. ❶–❷
Sunset Bungalows & Bar ③, etwas südlich, ☎ 020-97882978. Die babyblauen Hütten mit Bad (Warmwasser) fallen etwas klein aus, dafür entschädigen die Balkone mit tollem Flussblick. ❷
Sengthavan 2 Gh. ⑤, 50 m südlich des Abzweigs zum Vat, ☎ 020-97794529. Die 4 Zimmer mit Bad sind klein, aber nett. Von den Balkonen hat man (über den Pfad hinweg) freien Blick auf den Fluss. Restaurant. Günstig. ❶

🧳 **The Last Resort** ⑥, 500 m südlich, ☎ 020-91367743, ✉ thelastresortdondet@gmail.com. Von einem lustigen Engländer betrieben und eigentlich mehr Kommune als Guesthouse. Mit Kräuter- und Gemüsegarten, Freiluft-Gemeinschaftsküche, Filmprojektor, iPod-Dock und Feuerstelle fürs allabendliche Lagerfeuer. Der eigentliche Hit aber sind die 5 schönen Bambus-Tipis. Der Betreiber organisiert Einkaufsfahrten. Außergewöhnlich. ❶

Ostufer

Nahe dem Zentrum ist es recht trubelig, doch schon hinter der Weggabelung wird es langsam ruhiger. Auf dem 1 km langen Abschnitt bis Takapan reihen sich zahlreiche Unterkünfte aneinander.
Baba Gh. ④, kurz hinter der Weggabelung, ☎ 020-98893943, 🖥 www.dondet.net. Zur Zeit der Recherche noch nicht ganz fertig: Hier baut der französischer Künstler Baba eine vielversprechende Unterkunft. Der von einem Garten umgebene Steinbau bietet 7 helle AC-Zimmer mit guten Bädern und großen Balkonen zum Mekong. Sicher mal ein guter Platz. ❸

Don Det Gh. ⑦, gut 400 m südlich, ☎ 020-23004959, ✉ dondetbungalows@gmail.com. Hochwertige saubere Bungalows in laotischem Stil mit Holzböden. Preise inkl. Frühstück. ❸

Si Amphone Gh. ⑧, 100 m südlich, ☎ 020-22727733. Typischer Vertreter der Gästehäuser dieses Abschnitts: 6 einfache saubere Reihen-Hütten am Fluss, kleines Kaltwasserbad. Die angeschlossene Smiling Lao Bar ist nett. ❷

🏠 **Crazy Gecko Gh.** ⑨, 300 m nördlich von Takapan, ☎ 020-96701472, 🖥 www.crazy gecko.ch. Mit schweizer Hilfe ist hier ein schönes Gästehaus entstanden, das traditionelle laotische Bauweise und Materialien mit modernen Elementen kombiniert. Im hölzernen Obergeschoss gibt es 2 DZ und 1 Familienzimmer mit Glasfronten, tollen Bädern und großem Balkon zum Fluss. Hinter dem Haupthaus liegen noch 3 einfache Zimmer mit Gemeinschaftsbad. ❶–❸

Mr. Tho's Bungalows ⑩, gleich südlich des Piers, ☎ 020-56687181, ✉ mrthobungalow@gmail.com. 6 einfache nette Holzhütten mit Bad (Kaltwasser) am Fluss und ein großer Steinbau mit 8 AC-Zimmern; Außerdem: ein eigener kleiner Sandstrand und ein Restaurant. ❷–❸

Phao's Bungalows ⑪, 150 m südlich der Rampe. Einfache Hütten mit und ohne Bad (Kaltwasser), dank der Lage mit Blick auf Vat Don En und der Balkone mit je 2 Hängematten ganz nett. ❶

Mama Leuah Gh. ⑫, 450 m südlich, ☎ 020-59078792, 🖥 www.mamaleuah-dondet.com. Das beliebte Guesthouse in ruhiger Lage wird von einem freundlichen deutsch-laotischen Paar betrieben. Die 6 einfachen supersauberen Hütten am Mekong (mit/ohne Kaltwasserbad) mit großen Balkonen laden zum Relaxen ein. Viele Infos, gutes Restaurant, gute Wahl. ❶–❷

Boun Hom Gh. ⑬, 150 m südlich, ☎ 020-22521820. Ruhige Holz- und Bambushütten mit Ventilator auf großem Grundstück am Fluss, manche mit Bad (Kaltwasser). Restaurant. ❶

Im Süden

Wer in einer der folgenden Unterkünfte übernachten möchte, sollte ein Bootsticket bis nach Hang Det kaufen. Mit viel Glück bringt einen der Bootsmann sogar zum Gästehaus:

Dhok Khoon Bungalows ⑭, 350 m nördlich der Brücke. Mit den 2 Holzbungalows direkt neben dem Haus der Familie ist es eher Homestay mit eigenem Zimmer als Gästehaus. Nett. ❶

River Garden ⑮, 300 m nördlich der Brücke, ☎ 020-77701860, 🖥 www.rivergardenlaos.com. Die 3 älteren Hütten (Kaltwasser) sind einfach, aber sauber; außerdem gibt es einen neueren Bungalow (2 DZ) mit Warmwasser. Schöne Restaurantterrasse am Fluss. ❶–❷

Tawan Daeng Gh. ⑯, 100 m nördlich der Brücke, ☎ 020-56152173. 7 Holzhütten mit Bad (3 mit Kaltwasser), nett sind die beiden am Fluss. ❶–❷

Mekong Dream Gh. & Hammock Lounge ⑰, daneben, ☎ 020-55275728. 10 Zimmer (8 mit Bad) und ein Dormitory (25 000 Kip) in einem schönen Gebäude, unten Stein, oben Holz; schön sind die Zimmer mit Holz- und Bambusdekor und Gemeinschaftsbalkon mit Bambushängematten im 1. Stock. Gute Wahl. ❶–❷

Santiphab Gh. ⑱, direkt an der Brücke. 8 einfache Hütten abseits des Trubels mit oder ohne Bad (Kaltwasser) und Blick auf die Brücke. Günstiges Restaurant. ❶–❷

Don Khon

In Ban Khon wurde fast jede Baulücke am Fluss geschlossen. Hier sind Preisniveau und Klimaanlagendichte höher als auf Don Det. Die Fähren aus Nakasang legen beim Pa Kha Gh. an.

Phonvilay Guesthouse ㉖, südwestlich der Brücke neben Vat Khon Tai, ☎ 020-55133915. Gute Lage am Mekong und auch ruhig, wenn im Tempel nicht gerade der Gong geschlagen wird. 4 Zimmer, 2 davon mit neuer Glasfront, in sauberen Holzhütten mit großen Balkonen. ❷

Seng Ahloune Gh. ㉕, südwestlich neben der Brücke, ☎ 020-55831399. Viel Holz, Bast und laotische Accessoires verleihen den Doppelbungalows (AC) etwas Warmes; der hauseigene künstliche Sandstrand ist etwas Besonderes. Preis inkl. Frühstück. ❹–❺

Khampheng Gh. ㉔, 100 m nordöstlich der Brücke, ☎ 020-55274989. 6 Zimmer in einfachen Holzbungalows in guter Lage am Fluss. ❷

Pan's Gh. & Rest. ㉓, ein Stück nordöstlich, ☎ 020-55525345, ✉ phounnavong@yahoo.com. Die 11 AC-Zimmer in den properen Bungalows mit Bastmatten, Holzböden und laotischer Deko sind wirklich ansprechend, aber nicht günstig; 2 Zimmer teilen sich einen Balkon. Nett sind die

Bungalows am Wasser (Aufpreis); die anderen stehen sehr eng beisammen (ohne Blick). Derselbe Besitzer betreibt auch **Pan's Bungalows** und **Pan's Residence** (Kontakt über Pan's Gh.), mit gleichem Standard am Fluss. Internet. ❹

📖 **Auberge Sala Done Khone** ㉒, ein paar hundert Meter nordöstlich, 📞 031-260940, 🖥 www.salalaoboutique.com. Feudalstes Haus der Insel in einem schönen Kolonialbau, mehreren Holzbungalows und einem neuen Gebäude auf großem Garten (nicht am Fluss). Am meisten Atmosphäre haben die Räume im Altbau. Zur Auberge gehören auch die schwimmenden Bungalows der **Sala Phae**, deren kleinen Balkone förmlich auf dem Wasser liegen. Die Rezeption befindet sich neben dem Restaurant am Fluss; dort liegt auch der Pool. Preis inkl. Frühstück. ❺

Dok Champa Gh. & Rest. ㉑, 100 m nordöstlich, 📞 030-9863889. Die 4 Zimmer sind groß, gut möbliert und am Fluss. Restaurant. Gute Wahl. ❷

Pa Kha Gh. ⑳, am Abzweig zum Vat Houa Khon, 📞 031-260939. Viele Zimmer verteilt auf mehrere Gebäude, alle mit Bad und Warmwasser. ❷

Souksan Gh. ⑲, 100 m nördlich, 📞 020-22337722. 6 kleine Zimmer mit großer Gemeinschaftsterrasse am Fluss und 6 im Gebäude dahinter, alle mit AC (ohne wird's günstiger). Gemütliches Restaurant am Fluss. ❷

ESSEN UND UNTERHALTUNG

Don Det

Restaurants

Little Eden, im gleichnamigen Gästehaus. Hühnchen, Steak oder Gulasch (vorbestellen), außerdem Asiatisches. Ein guter Platz für den Sonnenuntergang, aber das bezahlt man mit.

Jone nee (Johnny) und **Khamphong Restaurant**, am Anleger. Travellerlokale riesigen Terrassen zum Cocktailschlürfen. Ersteres mit Billardtisch.

Jasmin Restaurant, südlich der Reggae Bar. Ableger des gleichnamigen Restaurants in Pakxe mit indischer und malaiischer Küche.

Street View Café, knapp 100 m nördlich des Don Det Gh. Hier steht Barbecue im Mittelpunkt: Steaks, Rippchen, Fisch und gute Burger. Eine Flussterrasse ist in Planung.

📖 **Mama Leuah Restaurant**, im gleichnamigen Gästehaus. Hier lässt sich Heimweh kulinarisch mit leckeren Frikadellen, Cordon bleu

oder Zürcher Geschnetzeltem mit Rösti bekämpfen. Die asiatischen Gerichte stehen qualitativ nicht hintenan. Faire Preise, schnell voll.

Mekong Dream & Hammock Lounge, 50 m nördlich der Brücke. Über die üblichen Gerichte hinaus bietet die Küche von Mama Lai einige südlaotische Klassiker an; auch Menüs mit Fisch oder Ente, „laotische Tapas" und ein Fischfondue (Vorbestellung). Gute Preise.

Bars

Leute in Feierlaune sollten Houa Det ansteuern: Dort ist die Barszene der Inseln. Allerdings schiebt die Sperrstunde um 23.30 Uhr langen Partynächten einen Riegel vor. Die folgenden Läden bieten die ganzen Bandbreite an Drinks. Darüber hinaus gibt es in der **4000 Islands Bar** einen Billardtisch sowie Pizza, Pasta und Burger gegen den Nachthunger. **Adam's Bar** hat Shishas und Thai-Food, und in der **Reggae Bar** wird der morgendliche Kater mit Hangover Breakfast samt Paracetamol bekämpft.

Don Khon

Fleur du Mekong Restaurant, südwestlich der Brücke. Serviert westliche und laotische Gerichten. Spezialität des Hauses sind ein gutes Entencurry und in Papierhülle gegarter Fisch.

Lao Long Restaurant, 20 m nordöstlich von Pan's Gh. Das gemütliche Ecklokal serviert thailändische und laotische Gerichte sowie Burger und Baguettes (auch mit Nutella).

Sala Done Khone Rest., rechts neben der Rezeption. In dem hübschen Restaurant mit schwerem Holzmobiliar sind die Kissen auf den Stühlen etwas weicher, die Tischdecken etwas weißer und die Preise eine Kleinigkeit höher. Die Küche serviert Westliches und Laotisches, das Beste aber ist die Lage am Fluss mit Blick auf die Eisenbahnbrücke.

Happy Shakes

Manche Bars und Restaurants servieren Gerichte und Shakes auf Wunsch mit **Drogen**. Auf der Karte steht nur der Zusatz „Special" oder „Happy". Schon einige Gäste haben sich so ungewollt in den Orbit geschossen.

Die Touranbieter und viele Gästehäuser haben **Barbecue**- und **Badeausflüge** auf entlegene Inseln im Angebot, einige vermieten Lkw-Schläuche zum **Tuben** (10 000 Kip), manche gehen mit ihren Gästen fischen oder unternehmen **Sonnenuntergangsfahrten**.

Wasserfälle und Delphine

Fast überall können Halbtages- und Tagestouren zum **Khon-Phapheng-Wasserfall** (S. 494) und/oder den **Irrawaddy-Delphinen** gebucht werden, meist geht es mit dem Boot hin und im Auto zurück. Die Preise liegen bei 150 000 Kip p. P., je nach Gruppengröße. Die beste Jahreszeit, um Delphine zu sehen, ist zwischen Nov/Dez und Mai. Dann ist der Wasserstand niedrig, und die Tiere halten sich in einem Dreieck südlich von Don Khon auf. Sie sind am ehesten morgens und spätnachmittags zu sehen.

Man kann auch in Ban Hang Khon, 3 km südlich von Ban Khon, ein Boot chartern (60 000 Kip, 3 Pers.) oder an der kleinen Bucht in Ban Khon Njai, 800 m südlich von Ban Khon Tai (90 000 Kip, 3 Pers.). Die Delphinausflüge sind zwar eine wichtige Einnahmequelle der Bootsleute, der Motorenlärm bedeutet für die Tiere aber großen Stress. Besser ist es, die Flusssäuger im Rahmen einer Kajaktour zu beobachten.

Kayaking

Auf Don Det organisieren **Island Adventure Tour**, **Wonderfull Tour** und **Mekong Adventure Travel** nahezu identische Kajaktouren. Im Angebot ist ein ganztägiger Paddeltrip nach Don Khon zu den Delphinen, mit einem Abstecher zum Khon Phapheng (180 000 Kip p. P. ab 4 Pers.). Eine halbtägige Variante führt durch etwas wilderes Wasser an Don Tan und Don Saddam vorbei, ebenfalls mit Besuch des Khon-Phapheng-Wasserfalls (120 000 Kip p. P. ab 6 Pers.).

Inseltouren

Mekong Adventure Travel bietet eine **Mountainbiketour** mit Englisch sprechendem Guide über die Inseln an; 100 000 Kip p. P. ab 3 Pers. **Samlors** (Motorrad mit Beiwagen für 2 Pers.) zu den Sehenswürdigkeiten Don Khons starten am Lao Long Restaurant; 80 000 Kip hin und zurück.

Fahrrad- und Motorradverleih

Gästehäuser verleihen **Fahrräder** ab 10 000 Kip, ein paar Läden in Houa Det auch Motorräder (80 000–100 000 Kip). In Ban Khon gibt es Verleiher gegenüber dem Lao Long Restaurant.

Geld

Es gibt **keine Bank** auf Don Det oder Don Khon, Lao Development Bank und BCEL unterhalten aber Filialen am Markt in **Nakasang**, ⏲ Mo–Fr 8–15.30 Uhr, dort stehen auch **Geldautomaten**.

Inselgebühr

Besucher müssen an der imposanten Eisenbahnbrücke auf Don Khon 25 000 Kip für ihren Aufenthalt auf der Insel zahlen. Eigentlich ist dieses Ticket die **Eintrittskarte für den Somphamit-Wasserfall** (also nicht wegwerfen), aber mittlerweile müssen alle Besucher zahlen. Wer das Geld sparen will, muss die Brücke außerhalb der Arbeitszeiten der Kontrolleure vor 7 oder nach 17 Uhr überqueren.

Internet

Don Det: Internetcafés an der Hauptstraße nahe dem Abzweig zum Westufer in Ban Houa Det; Webcam, Headset, Skype. 400 Kip/Min. **Don Khon**: Internetcafé im Zentrum von Ban Khon, 400 Kip/Min; außerdem in Pan's Gh. Die meisten Unterkünfte bieten zudem **WLAN**.

Sicherheit

Die Wege der Inseln sind nachts stockfinster und sofern nicht gerade Vollmond ist, bleibt eine **Taschenlampe** unerlässlich.

Stdl. bis nachmittags fahren **Busse und Songtheos** von Pakxe nach Nakasang. Dort setzen **Fähren** nach Don Det (Houa Det, 15 000 Kip p. P.) und Don Khon (20 000 Kip p. P.) über; wer in Takapan aussteigen (beim Ticketkauf ansagen) oder im Süden von Don Det möchte, muss ein Ticket nach Hang Det lösen (20 000 Kip p. P.). Nach Einbruch der Dunkelheit steigen die Preise erheblich. Die Fährfahrt zurück organisieren die Gästehäuser, ebenso **Boote** nach DON KHONG: das morgendliche Boot von dort

LAOS

nach Don Det fährt gegen 15 Uhr vom Anleger in Houa Det zurück (50 000 Kip p. P.), Charter kostest (250 000 Kip für 5–6 Pers.).

Von **Nakasang** starten stdl. zwischen 6 und 12 Uhr Songtheos und Busse nach PAKXE (3–4 Std., 40 000 Kip). Bequemer und schneller sind die **Minibusse** und Busse verschiedener Anbieter, die sich in den meisten Gästehäusern buchen lassen (inkl. Abholservice). Start ist tgl. um 11.30 Uhr in Nakasang. Kosten inkl. Fähre 55 000 Kip.

Achtung: Die Busse privater Anbieter fahren bis ins Zentrum von Pakxe. Dennoch wird einem bei Zwischenstopps an Pakxes Busstationen von Tuk-Tuk-Fahrern gern erzählt, man sei am Ziel und müsse mit ihnen weiterfahren. Leider tragen die Busfahrer selten zur Klärung bei, so dass leicht unnötige Kosten entstehen.

Busse zu Zielen im Norden von Laos, zur thailändischen Grenze oder nach Vietnam sowie Flug- und Bahntickets können bei einigen Touranbietern gebucht werden.

Khon-Phapheng-Wasserfall

15 km südlich von Nakasang begruben die Franzosen im 19. Jh. ihre Hoffnung, den Mekong jemals als Handelsweg zwischen Vietnam und China zu nutzen. Über Felsen und Geröll tosen hier bis zu 9,5 Mio. Liter Wasser pro Sekunde in die Tiefe. Louis Delaporte schrieb 1866 über das Naturschauspiel: „Alles in dieser gigantischen Landschaft atmet Kraft". Während sich die Franzosen dieser Kraft beugten, gelang es dem Norweger Peter Hauff 1902, den Wasserfall mit einer 16 m langen Barke von Süden nach Norden zu passieren. Die landläufige Meinung, der Fluss könne nicht als Transportroute genutzt werden, änderte sich dadurch aber nicht.

Obwohl Khon Phapheng mit gut 20 m Tiefe und einigen hundert Metern Breite als größter Wasserfall Südostasiens gilt, ist er kein „Niagara des Ostens" (Werbeslogan). In der Regenzeit sind die Wassermassen schon beeindruckend. In der späten Trockenzeit fallen die „Ahs" und

Grenzübergang nach Kambodscha

Am Grenzübergang **Nong Nok Khian – Trapaeng Kriel**, 19 km südöstlich von Nakasang, trifft die Straße 13 auf die kambodschanische RN 7. Die Grenze ist tgl. von 8–18 Uhr geöffnet und es gibt Visa on Arrival für Kambodscha (30 Tage, US$20, 1 Foto). Einreise nach Laos s. S. 608.

Von Pakxes KM-2-Busstation fahren täglich **Busse** (S. 475) nach Phnom Penh, Siem Reap und in alle größeren Städte entlang der Strecke und nehmen auf ihrem Weg Reisende von den Viertausend Inseln auf. Da sich mehrere Gesellschaften abwechseln und zusätzlich Anbieter von den Inseln mitmischen, ist es reine Glückssache, mit wem man letztlich fährt und wie lange der Trip dauert. Es besteht immer das Risiko, es nicht an einem Tag bis nach Phnom Penh oder Siem Reap zu schaffen.

Tickets gibt es in Gästehäusern und bei Touranbietern. Sie kosten von Don Det oder Don Khon nach Stung Treng 150 000 Kip, nach Kratie 190 000 Kip, nach Banlung 200 000 Kip, nach Kompong Cham 210 000 Kip, nach Phnom Penh 240 000 Kip und nach Siem Reap 280 000 Kip. Von Don Khong ist es etwa mehr. Man kann sich auch für 40 000 Kip zur Grenze bringen lassen und dort mit lokalen Transportmitteln weiterfahren. Allerdings sollte man sich vorher umhören, ob und wann Anschluss besteht. Die beste Verbindung von Don Det nach Siem Reap betreibt derzeit der kambodschanische Anbieter **Asia Van Transfer**, ⌨ www.asiavantransfer.com. Die tgl. Minibusse nutzen eine neue Asphaltstraße, die bei Stung Treng nach Westen abzweigt und die Strecke von 730 km auf 350 km verkürzt. So brauchen die Busse nur acht Stunden. Die Tickets (320 000 Kip) gab es zur Zeit der Recherche ausschließlich in Pakxe. Es ist aber zu erwarten, dass in nächster Zeit weitere Verkaufsstellen (und Anbieter) auf den Inseln hinzukommen. Man kann Asia Van Transfer auch über die Webseite kontaktieren.

Und noch eine Randnotiz: Die laotischen Grenzbeamten knöpfen Reisenden eine **dubiose Stempelgebühr** von US$5 ab, auf kambodschanischer Seite wird etwas weniger verlangt (US$2). Manchmal hilft es, nach einer Quittung zu fragen. Vor 8 und nach 16 Uhr so wie am Wochenende wird außerdem eine *overtime fee* verlangt.

„Ohs" etwas leiser aus. Der beste Blick bietet sich von der Aussichtsplattform. Geschäfte und Restaurants verkaufen Snacks, Erfrischungen und Souvenirs. Eintritt 50 000 Kip.

TRANSPORT

Touranbieter und die meisten Gästehäuser auf Don Det/Don Khon oder Don Khong organisieren den Trip zum Khon-Phapheng-Wasserfall. Motorradtaxis von Nakasang kosten 50 000 Kip hin und zurück, Tuk Tuks 60 000 Kip p. P. (mind. 2 Pers.). Man kann die 15 km auch radeln, aber die Strecke ist ziemlich öde (ausgeschildert).

Die Südostprovinzen

Der Südosten von Laos gehört zu den am wenigsten besuchten Regionen des Landes. Abgelegen und schwer zu bereisen, formen die Provinzen Saravan (10 691 km²), Xekong (7665 km²) und Attapeu (10 320 km²) einen Halbkreis zwischen Annamitischer Kordillere und dem Bolaven-Plateau. Neben der zerklüfteten Landschaft sind es vor allem die **Mon-Khmer-Völker**, die diese Region besonders machen. In allen drei Provinzen stellen sie die Bevölkerungsmehrheit, allerdings haben sich einige schon an die Lebensweise der Lao angepasst. Zu den zahlenmäßig stärksten gehören die Katang, Souay, Laven, Ta-Oy, Taliang, Katu, Alak, Oy und Nge.

Die **Straßen** zu den Provinzhauptstädten und die wichtigsten Trassen nach Vietnam sind asphaltiert. Busse verbinden die Hauptorte mit Pakxe. 113 km östlich von Attapeu gibt es einen Grenzübergang mit Vietnam. In allen Provinzhauptstädten stehen **Geldautomaten** bereit.

Saravan (Salavan)

Das kleine Verwaltungszentrum der gleichnamigen Provinz schmiegt sich 116 km nordöstlich von Pakxe an eine Biegung des Xe Don. Holzhäuser und eine Hand voll moderner Regierungsbauten prägen das Bild der Stadt, über die manche sagen, sie würde nur von Touristen besucht, die in Tad Lo den falschen Bus genommen hätten.

Wer hier hängen bleibt, findet im **Chindavone Gh.** im Zentrum, 📞 034-211065, ❷, saubere, gefliese AC-Zimmer. Die Busstation liegt 2,5 km westlich des Zentrums an der Straße 23.

Thateng

Thateng, 37 km von Saravan entfernt, ist das nördliche Tor zum Bolaven-Plateau. Hier zweigt die Straße 16 nach Osten in Richtung Xekong ab. Der Ort wird vom lebendigen **Markt** geprägt, auf dem die Bewohner der umliegenden Dörfer, darunter Katang und Souay, ihre Waren verkaufen. 6 km südlich von Thateng erstreckt sich östlich der Straße 23 das schöne **Sinouk Coffee Resort**, 📞 020-55530495, 🖥 www.sinoukcoffeeresort.com, ❺–❻, mit Kaffeeplantage und Garten. Im Bezirk leben viele **Alak**, eine Mon-Khmer-Minorität, die für ihre Webarbeiten bekannt ist.

Xekong (Muang Lamam)

Die abgelegene Provinzstadt, 48 km östlich von Thateng am gleichnamigen Fluss, ist der Prototyp eines Verwaltungszentrums: rechtwinklig, zweckmäßig, ohne nennenswerte Sehenswürdigkeiten. Im Zweiten Indochinakrieg schlängelte sich der **Ho-Chi-Minh-Pfad** durch die gesamte Provinz. Wer Zeit totschlagen muss, kann die hübschen Wasserfälle **Tad Fek**, 17 km südöstlich Richtung Attapeu, und **Tad Hua Khon**, noch einmal 3 km weiter, besuchen. Unweit davon liegt auch das einfache **Tad Hua Khon Gh.**, 📞 030-9241610, ❷, mit einfachen Hütten (Kaltwasser/Ventilator) auf einem weitläufigen Gelände. In Xekong selbst ist das **Hongkham Hotel** an der Hauptstraße, 📞 038-211777, ❸–❹, eine zentrale und solide Wahl. Gute **Nudelsuppe** gibt es in der nahe gelegenen Seitenstraße gegenüber dem Wasserturm. Dort befindet sich auch eine **Garküche**, die das wahrscheinlich beste beste *xin savan* (Trockenfleisch) in Südlaos anbietet.

Dakcheung

Das schönste an Dakcheung, 100 km östlich von Xekong, ist die Anreise: Von der Straße 16B, die seit 2011 ausgebaut wird, bietet sich ein fantastisches Berg- und Dschungelpanorama. Aber auch der Ort selbst mit seinen 2500 Einwohnern ist charmant. Er liegt nahe der vietnamesischen Grenze auf einem Hochplateau (1230 m), das von Nge, Katu und Taliang bewohnt wird. Die Auswahl an Unterkünften hält sich in Grenzen. Hübsch an einem kleinem Stausee gelegen ist das spartanische **Nang Noi Gh.**, ❶, etwa 300 m hinter dem Markt links ab (kleines Schild), dann nach gut 50 m rechts.

Die Strecke nach Dakcheung bietet sich für **Motorradfahrer** an, da es noch keine regelmäßige Busverbindung gibt. Der Trip beginnt am Fähranleger in Xekong. Nach dem Übersetzen (5000 Kip) fährt man zunächst ein kleines Stück auf der alten Straße, die dann auf die neue Trasse trifft. Von nun an folgt man einfach dem Straßenverlauf, der bis Dakcheung stetig ansteigt, und ignoriert alle Abzweige. Bis zur Asphaltierung sollte man für die 100 km lange Strecke 4–5 Std. einplanen, zurück geht's bergab etwas schneller. In den höher gelegenen Teilen der Strecke kann es durchaus regnen, auch wenn in Xekong die Sonne scheint. Dann kann der Weg unangenehm werden. Regenkleidung mitzunehmen ist angebracht, ebenso etwas Warmes gegen die kühleren Temperaturen auf dem Plateau.

Grenzübergang nach Vietnam

Der Grenzübergang **Phou Keua – Bo Y**, ☺ offiziell 8–16 Uhr (meist länger, dann Überstundengebühr), liegt 113 km östlich von Attapeu und 80 km nordwestlich von Kon Tum, der nächstgrößeren Stadt in Vietnam.
Jeden Morgen zwischen 7 und 8 Uhr starten mindestens zwei Busse vom Markt in Attapeu nach Kon Tum (5–6 Std., 120 000 Kip) und von dort zu weiteren Zielen in der Region. Tickets gibt's im Duc Loc Restaurant oder im Bus. Busse aus Pakxe in Richtung Vietnam passieren Attapeu am Vormittag und stoppen beim Duc Loc Restaurant. Für die Einreise nach Vietnam ist ein Visum nötig, das die Vertretungen in Vientiane, Luang Prabang, Savannakhet und Pakxe ausstellen.
Einreise nach Laos s. S. 763.

Attapeu (Samakhixai)

Der einstige Charme der so genannten „Gartenstadt", knapp 80 km südlich von Xekong, ist in den vergangenen Jahren unter Beton und Asphalt begraben worden. Breite Straßen und protzige Verwaltungsgebäude bestimmen nun das Gesicht des Zentrums. Das **Provinzmuseum**, nördlich des Kaysone-Denkmals, widmet sich mit Schaukästen und Infotafeln der Geschichte der Region. Interessant ist der Bereich, der sich mit den ethnischen Minderheiten befasst. ☺ 8.30–11.30, 13.30–16 Uhr, Eintritt frei.

Von den günstigeren Unterkünften ist das **Sokpaseud Riverside Gh.**, an der Mündung des Xe Kamman in den Xe Kong, ☎ 020-22291223, ❷, wahrscheinlich die beste Wahl.

Im **Markt** gibt es morgens Baguettes und Fettgebäck. Hier finden sich auch einige Garküchen, die Suppen oder Gegrilltes anbieten, weitere öffnen gegen Abend am Xe Kong gegenüber dem Sokpaseud. Attapeus **Busstation** liegt 4 km nordwestlich der Stadt (Tuk Tuk 10 000 Kip). Busse nach Vietnam starten vom Markt.

Straße 18 nach Ban Thang Beng

Eine abenteuerliche Route für Motorradfahrer und Mountainbiker ist die Straße 18 von Attapeu nach **Ban Thang Beng** an der Straße 13 (116 km). Der Ausbau ist vor kurzem ins Stocken geraten, so dass die Fahrt über die oft sandige Strecke noch immer kein Zuckerschlecken ist. Da an mehreren Flüssen Brücken fehlen, sollte sie nur in der späten Trockenzeit angegangen werden.

Wer mit dem Rad unterwegs ist, legt eventuell auf halber Strecke in **Ban Mai** (48 km) eine Übernachtung ein. Noch gibt es im Ort kein Gästehaus, aber freundliche Laoten gewähren den wenigen Touristen, die sich hierher verirren, für ein paar tausend Kip Obdach.

Hinter Ban Mai verläuft die Straße entlang der Grenze des **Xe Pian NPA** und wird deutlich ungemütlicher. Als weiteres Nachtlager bietet sich **Ban Kiatngong** (105 km, S. 476) an. Von dort sind es noch 9 km bis nach Ban Thang Beng. Entlang der Straße 13 zwischen Pakxe und den Viertausend Inseln gibt es keine Unterkünfte.

© MARION MEYERS

Kambodscha

Stefan Loose Traveltipps

12 **Phnom Penh** Quirlige Hauptstadt mit Tempeln, Museen, Boutiquen und einem regen Nachtleben. S. 510

13 **Battambang** Entspannte Stadt mit kolonialem Flair. S. 542

Siem Reap Die hübsche Kleinstadt nahe den Tempeln von Angkor präsentiert sich abends ausgesprochen lebendig. S. 552

14 **Angkor** Das einstige Herz des Khmer-Reiches mit seinen unvergleichlichen Ruinen. S. 570

Sambor Prei Kuk Tempelruinen der Prä-Angkor-Zeit unter schattigen Bäumen. S. 593

Kompong Cham Sympathische Mekong-Stadt mit spannendem Umland. S. 599

Kratie Hier lassen sich die Irrawaddy-Delphine am besten beobachten. S. 603

15 **Banlung** Kraterseen, Wasserfälle, Dschungel und Dörfer ethnischer Minderheiten warten auf ihre Entdeckung. S. 609

16 **Die Inseln vor Sihanoukville** Koh Rong und Koh Rong Samloem locken mit Strandidylle und einer faszinierenden Unterwasserwelt. S. 625

Kampot Bezauberndes Städtchen mit Kolonialbauten, Nationalpark, Höhlen … S. 628

Es ist vor allem Angkor Wat, die größte Tempelanlage der Welt, die Besucher in Kambodscha magisch anzieht. Und tatsächlich lohnt allein dieser mystische, sagenumwobene Ort schon einen Besuch des Landes. Angkor Wat ist das Herz der Nation, und seine Türme schmücken nicht ohne Grund seit der Unabhängigkeit im Jahr 1953 die verschiedenen Landesflaggen. Doch Kambodscha ist noch viel mehr!

Das kleine Königreich bietet all das, was Reisende mit Asien verbinden: herrliche Strände, undurchdringlichen Dschungel, quirlige Märkte und hübsche Kolonialstädte. Kambodscha besitzt dabei einen ganz eigenen Charme und ist – noch – weit entfernt vom Massentourismus. Das kann sich allerdings in nicht allzu ferner Zukunft ändern, denn Kambodscha gehört zu den am schnellsten wachsenden Reisezielen in Südostasien.

Bevölkerung

Mit 14,5 Mio. Menschen ist Kambodscha relativ dünn besiedelt. Auf einem Quadratkilometer leben durchschnittlich nur 80 Einwohner, jeder Fünfte wohnt in der Stadt. Die Wachstumsrate ist in den letzten Jahren unter 2 % gesunken, mehr als 30 % sind jünger als 15 Jahre.

Verglichen mit seinen Nachbarstaaten ist Kambodscha in religiöser und ethnischer Hinsicht ein homogenes Land. Mehr als 90 % der Bevölkerung sind **Khmer**, sie dominieren das politische und kulturelle Leben. Fast alle sind Anhänger des **Theravada-Buddhismus**, was sie nicht davon abhält, gleichzeitig den Geisterglauben zu pflegen.

Hinzu kommen Chinesen und Vietnamesen (zusammen 6,5 %), die in den Städten das

Wirtschaftsleben bestimmen, und etwa 200 000 **Cham**. Wegen ihres Glaubens werden sie auch „Khmer Islam" genannt. Aufgrund von Repressalien wanderten die Vorfahren der Cham ab dem 18./19. Jh. aus ihrer vietnamesischen Heimat nach Kambodscha ein. Während des Pol-Pot-Regimes wurden sie verfolgt und viele ihrer Moscheen zerstört.

Die 100 000 Angehörigen der Bergvölker werden unter den Bezeichnungen „Khmer Loeu" (Hochland-Khmer) oder „Chunchiet" (Minderheiten) zusammengefasst. Zu den größten Gruppen zählen die Tampuan, Jarai, Kreung, Kachok, Brao, Kavet und Phnong. Sie siedeln vorwiegend in den Bergen von Mondulkiri oder Rattanakiri und praktizieren unterschiedliche Formen der Geister- und Ahnenverehrung.

Zwar verbessert sich die Lebenssituation der Kambodschaner stetig, doch zählt Kambodscha nach wie vor zu den ärmsten Ländern Asiens. Ihre durchschnittliche **Lebenserwartung** von 62,5 Jahren (Frauen: 64 – Männer: 61) ist eine der niedrigsten in der Region. Auf 100 000 Einwohner kommen nur 20 Ärzte. Etwa 30 % der Kinder unter fünf Jahren sind unterernährt, fast 4 % sterben kurz nach der Geburt. Hinsichtlich der Alphabetisierungsrate gibt es große Unterschiede bei den Geschlechtern: Während 85 % der erwachsenen Männer lesen und schreiben können, sind es bei den Frauen nur 70 %. Insgesamt hat sich die Lage aber seit 1990 erheblich verbessert. Damals lag die Analphabetenquote bei 40 % und nur etwa zwei Drittel der Kinder besuchte die Grundschule. Heute sind es mehr als 90 %. Ein Problem ist die hohe Abbrecherquote. Vor allem Mädchen verlassen frühzeitig die Schule, um zum Einkommen ihrer Familien beizutragen.

Auch wenn die Verfassung von 1993 die Gleichberechtigung der Geschlechter festschreibt, lässt die Lage der Frau nach wie vor zu wünschen übrig. Der jahrzehntelange Bürgerkrieg hat zu einem leichten Frauenüberschuss geführt, weshalb nicht wenige unverheiratet bleiben oder sich aus ökonomischen Gründen mit der Rolle als Nebenfrau begnügen müssen. Als billige Arbeitskräfte sind sie im Dienstleistungsbereich, in Textilfabriken und auf Baustellen beschäftigt. Die Armut treibt auch viele Frauen in die Sexindustrie. Von den geschätzten 100 000 Prostituierten ist etwa jede Dritte jünger als 18 Jahre. In Führungspositionen hingegen sind Frauen selten zu finden, immerhin sind mehr als 20 % der Parlamentarier weiblich.

Geschichte

Die etwa 2000-jährige Geschichte Kambodschas lässt sich grob in fünf Epochen einteilen: die Vor-Angkor-Zeit, etwa von Beginn der Zeitenwende bis ins Jahr 800; die Angkor-Zeit (9.–14. Jh.); die Nach-Angkor-Zeit (spätes Mittelalter und frühe Neuzeit); die Kolonialzeit (1863–1953) und schließlich das moderne Kambodscha.

Vorgeschichte

Die Ursprünge Kambodschas liegen in grauer Vorzeit. Höhlenfunde belegen, dass die Region des heutigen Königreiches schon seit mehr als 6000 Jahren bewohnt ist. Man kann jedoch davon ausgehen, dass Jäger und Sammler schon länger durch die tropischen Wälder gestreift sind. Vermutlich etwa zweieinhalb Jahrtausende vor unserer Zeitrechnung begannen die ersten Bauern damit, Land zu bestellen; Reis und Wurzelgemüse sicherten den Lebensunterhalt (und tun dies bis heute). Umfangreiche Funde von Töpferwaren belegen ein wichtiges Siedlungsgebiet beim heutigen Samrong Sen.

Die frühen Königreiche (Prä-Angkor-Epoche)

Die einzelnen Siedlungen, getrennt durch unwegsames Gelände, standen wohl zuerst nur in losem Kontakt miteinander. Es ist aber wahrscheinlich, dass einige lokale Häuptlinge nach „Größerem" strebten und nach und nach benachbarte Siedlungen in ihren Herrschaftsbereich eingliederten. Etwa um die Zeitenwende haben sich erste kleinere Reiche etabliert.

Funan

Im Jahr 245 berichtete eine chinesische Delegation ihrem Kaiser von einem Königreich Funan, das im Bereich des Mekong-Deltas lag. Der wichtige Hafen von **Oc Eo** (beim heutigen Rach Gia) war zu dieser Zeit eine Schnittstelle im Handel zwischen Indien und China. Die Chinesen berichteten von Büchern und einer eigenen Schrift im Königreich Funan – die indischen Ursprungs war. Wann genau der indische Einfluss in Kambodscha zu wirken begann, ist unklar. Sicher ist jedoch, dass der Kontakt mit indischen Händlern, Abenteurern und Missionaren Kultur und Gesellschaft der frühen Königreiche entscheidend geprägt hat.

Händler berichteten vom Reichtum des Landes: Seine Bewohner äßen von silbernem Geschirr, Steuern würden in Gold, Perlen und Parfüm bezahlt. Bei Ausgrabungen in Oc Eo wurden römische Münzen gefunden, Indizien für ein weit gespanntes Handelsnetz.

Zhenla

Das Ende von Funan nahte, als das nördlich gelegene Reich Zhenla, das zuvor von Funan abhängig war, erstarkte. Ende des 6. Jhs. war Zhenla zu einer starken Militärmacht mit vielen Städten und dem Zentrum **Isanapura** (Sambor Prei Kuk) geworden. Im 7. Jh. übernahm es die Macht in Funan, doch schon im 8. Jh. zerfiel es wieder: in ein „Zhenla des Landes" und ein „Zhenla der See". Die Herrscher des Seereiches mussten ins Exil nach Java gehen – darunter der spätere erste König von Angkor, Jayavarman II., der dort den Bau der großen Tempelanlage von Borobudur überwachte.

Die Zeit von Angkor (802–1432)

Die Gründung des Angkor-Reiches markiert einen großen Einschnitt in der Geschichte Südostasiens. Eine so erfolgreiche, wohlorganisierte Zivilisation mit einem klug durchdachten Bewässerungssystem, das umfangreich genug war, drei Reisernten im Jahr zu ermöglichen und eine Großstadt mit 1 Mio. Einwohnern zu ernähren, hat es wohl zu dieser Zeit nirgends sonst auf der Welt gegeben. Noch heute blickt jeder Kambodschaner stolz auf diese glorreiche Vergangenheit zurück, und der Tempel von Angkor ziert die Landesflagge.

Die Anfänge des Angkor-Reiches

Als der Zhenla-Prinz **Jayavarman II.** etwa um das Jahr 770 aus Java zurückkehrte, begann er im Land Allianzen zu schmieden – bis er sich 802 am Phnom Kulen zum *chakravartin*, dem obersten Herrscher, krönen lassen konnte. Er regierte bis 850, sein Sohn trat als Jayavarman III. (reg. 850–877) seine Nachfolge an. Das Reich umfasste etwa die Größe des heutigen Kambodscha. Die Hauptstadt war Hariharalaya, das heutige Roluos. Das Reich festigte sich, und es entstanden nicht nur größere Tempelanlagen, sondern es wurden auch die ersten umfangreichen Bewässerungssysteme angelegt. Nach dem Tod von Indravarman wurde **Yashovarman I.** (reg. 889–ca. 915) zum König gekrönt. Seine Regierungszeit markiert einen Einschnitt, denn er verlegte die Hauptstadt von Hariharalaya nach Angkor.

Angkor als Großmacht

Als nach Thronstreitigkeiten im Jahre 1011 der neue Herrscher **Suryavarman I.** an die Macht kam, begann das Reich sich endgültig zu einer Großmacht zu entwickeln. Unter seiner 40-jährigen Herrschaft dehnte Angkor sich aus bis ins heutige Zentralthailand (bei Lopburi) nach Südthailand. Hinduistischer Shiva-Kult und Buddhismus florierten nebeneinander.

In dieser Hoch-Zeit des Reiches war es schließlich **Suryavarman II.** (reg. ca. 1113–ca. 1150), der das bedeutendste Bauwerk Kambodschas errichten ließ: den dem hinduistischen Gott Vishnu gewidmeten Tempel **Angkor Wat** (S. 571). Zudem dehnte Suryavarman II. das Reich noch weiter aus – der Einfluss der Khmer reichte nun bis in den Nordosten Thailands und im Süden bis Nakhon Si Thammarat. Auch gegen das östlich gelegene Cham-Reich wurden einige erfolgreiche Feldzüge geführt; die Ursache für einen Rachefeldzug nur wenige Jahrzehnte später.

Krise und Wiederauferstehung

1177 schlugen die Cham zurück und griffen Angkor gleichzeitig zu Lande und zu Wasser über den Tonle Sap an. Sie drangen bis zu den inneren Heiligtümern vor und töteten den König. Unruhige Jahre folgten, denen erst **Jayavarman VII.** (reg. 1181–ca.1220) ein Ende bereitete. Er gilt vielen als der größte König von Angkor. Sicher war er der letzte große.

Jayavarman VII. veränderte das Gesicht des Landes nachhaltig. Er ließ die Stadt **Angkor Thom** bauen und verewigte seinen Sieg über die Cham mit einem großen Fresko an der Außenmauer. Der Bayon mit seinen vielen Gesichtern ist sein Werk. Auch die Infrastruktur ließ er ausbauen.

Der Niedergang von Angkor

Yayavarmans Nachfolger hatten es schwer, die erreichte Größe zu halten. Was genau den Niedergang des blühenden Reiches herbeigeführt hat, ist schwer zu sagen. Vermutlich kamen mehrere Umstände zusammen. Die großen Bauprojekte hatten das Land und seine Reserven erschöpft; unzählige Bäume waren gefällt worden, Erosion und ein absinkender Grundwasserspiegel waren vermutlich die Folge. Jedenfalls scheinen nach und nach die Bewässerungssysteme versagt zu haben, was zu Nahrungsengpässen geführt haben muss. Es wurde immer schwerer, sich gegen die Thai zur Wehr zu setzen, die ab Mitte des 12. Jhs. vor dem sich ausdehnenden Reich der Mongolen unter Kublai Khan von ihrem ursprünglichen Siedlungsgebiet in Yunnan nach Süden ausweichen mussten.

Der hinduistische Bilderstürmer **Jayavarman VIII.** (reg. 1243–1295) trug mit seiner Zerstörung fast aller Buddhastatuen im Land wahrscheinlich ebenfalls nicht zur Besserung bei, denn viele der Bauern waren inzwischen Anhänger des Theravada-Buddhismus. In diese Zeit (1296/97) fällt der Besuch des chinesischen Gesandten **Chou Ta-Kuan**, von dem die einzigen schriftlichen Zeugnisse über Angkor stammen, die nicht an Tempelwände gemeißelt die Zeiten überdauert haben. Er beschreibt noch eine recht wohlhabende, geordnete Stadt. Doch damit sollte es bald vorbei sein. Die Bedrohungen von außen wuchsen. 1353 marschierte dann erstmals eine Thai-Armee durch die Straßen von Angkor. Sie konnte zwar zurückgeschlagen werden, doch die Überfälle ließen nicht nach, und 1432 wurde Angkor endgültig von den Thai erobert.

Die Khmer wichen nach Südwesten aus; König Ponhea Yat verlegte die Hauptstadt an die Stelle des heutigen Phnom Penh (S. 510).

Die Post-Angkor-Periode

In der neuen Hauptstadt Phnom Penh gewannen Händler an Einfluss, deren Beziehungen nicht nur bis zu den „klassischen" Handelspartnern China und Indien reichten, sondern bis nach Japan und Europa: Spanier und Portugiesen hatten eigene Niederlassungen in der Stadt. Portugiesische Waffen waren es auch, mit deren Hilfe König **An Chan** (reg. 1516–1566) die Thai aus Angkor vertreiben konnte. Den Ort der siegreichen Schlacht nannte er Siem Reap: „Niederlage der Siamesen". 1594 schlugen die Thai jedoch zurück und setzten einen eigenen König auf den Thron.

König **Chey Chetta II.** (reg. 1618–1628) verlegte die Hauptstadt nach Oudong und verbündete sich mit den Vietnamesen, indem er eine vietnamesische Prinzessin heiratete. Er erlaubte seiner angeheirateten Verwandtschaft die Einrichtung einer Handelsniederlassung in Prey Nokor im Mekong-Delta: der Grundstein für die Entstehung und das Aufblühen des heutigen Sai Gon (Ho-Chi-Minh-Stadt) und ein tiefer Einschnitt in die Geschichte Kambodschas, denn nun begannen sich die Vietnamesen endgültig im Delta festzusetzen.

Kambodscha zwischen Vietnam und Thailand

Im 18. Jh. rangen Vietnam und Thailand um die Herrschaft in Kambodscha. Wechselnde Bündnisse mit kambodschanischen Königen ließen mal die eine, mal die andere Seite die Oberhand gewinnen – fast immer zum Nachteil Kambodschas, das für den Beistand des einen Landes gegen das andere mit Landabtretungen bezahlte. Das 19. Jh. war geprägt vom Versuch der kambodschanischen Herrscher, nicht vollständig zwischen den Nachbarstaaten Vietnam und Thailand aufgerieben zu werden.

1850 kamen die ersten französischen **Missionare** ins Land, und mit ihnen trat ein neuer Akteur im Spiel um die Macht auf den Plan. An Duon bat daraufhin 1856 Kaiser Napoleon III. um Hilfe in seiner schwierigen Lage zwischen den starken Nachbarn. Bevor es jedoch dazu kam, starb er 1860. Auf dem Thron folgte **König Norodom**, sein ältester Sohn. Er setzte die Verhandlungen fort, und 1863 schließlich wurde Kambodscha französisches Protektorat.

KAMBODSCHA

Französisches Protektorat (1863–1941)

1866 zog **König Norodom** mit seinem gesamten Stab nach Phnom Penh. In der neuen Hauptstadt gab es vorerst nur einen kleinen Holzpalast. Doch schon bald wurde der neue, heute noch genutzte Königspalast erbaut. Unter französischer Kontrolle stellte sich etwas Ruhe ein. Weder Thailand noch Vietnam marschierten in dieser Zeit in Kambodscha ein. 1877 sollte eine Reihe von Reformen durchgesetzt werden, die der kambodschanischen Elite viel Einfluss genommen hätte. Es kam zu Aufständen, die erst 1886 mit einem Kompromiss befriedet werden konnten.

Vor allem der König musste in den folgenden Jahren Privilegien abgeben. 1904 starb er, sein Bruder Sisovath folgte ihm auf den Thron. Nun begann die Zeit der **Modernisierung Kambodschas**. Die Ökonomie wurde vorangetrieben, es entstanden Straßen, und die Eisenbahnlinie, die Kambodscha mit Thailand verband, wurde gebaut. Phnom Penh erhielt Straßen, Elektrizität und Wasser. Besonders wichtig in dieser Zeit war die Rückgabe der von Thailand besetzten Gebiete um Battambang und Siem Reap an Kambodscha im Jahr 1907.

1927 wird **Monivong** König von Kambodscha. Unter seiner Regentschaft von 1927 bis 1941 wurde das kambodschanische Selbstbewusstsein sichtlich größer. Wichtige Verwaltungsposten wurden von Kambodschanern besetzt, beispielsweise von Lon Nol, der später noch die Geschichte Kambodschas entscheidend prägen sollte. Und es erschienen die ersten Zeitschriften in Khmer, 1927 *Kambuja Surya* und 1936 *Nagara Vatta*, die sich als Erste intensiv politischen Themen widmeten.

Der Kampf um die Unabhängigkeit (1941–1953)

Der Zweite Weltkrieg zeigte seine Auswirkungen auf Kambodscha, als Frankreich 1940 Deutschland unterlag und von Thailand aufgefordert wurde, das rechte Mekong-Ufer zurückzugeben. Kambodscha musste wichtige Provinzen abgeben, Angkor blieb jedoch kambodschanisch. 1941 starb König Monivong, und die Franzosen setzten seinen Enkel, den erst 19-jährigen **Norodom Sihanouk**, auf den Thron. Im Juli 1941 besetzten die Japaner mit einer Truppenstärke von etwa 8000 Soldaten das Land, beließen die Administration jedoch in der Hand Frankreichs. Aus Angst, ihre Kolonien zu verlieren, übergaben die Franzosen immer mehr Verantwortung in die Hände der Kambodschaner.

Nachdem Japan aber endgültig geschlagen war, kehrten die Franzosen im Oktober 1945 nach Kambodscha zurück. Doch nun erfolgten einschneidende Änderungen: Frankreich erlaubte die Bildung politischer Parteien, bereits 1946 wurden Wahlen abgehalten. Ebenfalls in diesem Jahr fielen die von Thailand okkupierten Gebiete wieder an Kambodscha zurück. Im Mai 1947 trat eine neue Verfassung in Kraft, die sich an der IV. Republik orientierte und der Nationalversammlung mehr Macht zusprach. Faktisch hatte König Norodom Sihanouk nun keine Macht mehr. Frustration über den Status quo und die weiter bestehende Abhängigkeit von Frankreich veranlassten Sihanouk im September 1949 dazu, die Nationalversammlung aufzulösen. Er setzte sich als Ministerpräsident ein und reiste nach Frankreich, um für die Unabhängigkeit seines Landes zu werben.

Kurz darauf entließ Frankreich Kambodscha in eine Vorstufe der Unabhängigkeit, indem es den Staat für unabhängig innerhalb der Französischen Union erklärte. Die Lage spitzte sich weiter zu, denn Guerilla-Gruppen setzten den

Franzosen immer mehr zu. Am 9. November 1953 wurde Kambodscha vollständig unabhängig.

Die Unabhängigkeit

König Sihanouk wurde von seinem Volk bejubelt und als Nationalheld gefeiert. Im Genfer Abkommen vom Juli 1954, welches das Ende der französischen Kolonialzeit in Indochina festschrieb, sind zwei Punkte für Kambodscha relevant: Erstens wird die Auflösung der Khmer Issarak gefordert, einer Widerstandsgruppe, die sowohl gegen die Königs- als auch gegen die Kolonialherrschaft kämpfte, und zweitens Kambodscha zur Neutralität verpflichtet. Dass eine Vielzahl der Guerillas der Khmer Issarak bereits zu den Kommunisten übergelaufen war bzw. im Begriff war, sich dieser Bewegung anzuschließen, sollte für den Verlauf der folgenden Jahre große Bedeutung haben. Sihanouk reiste im Laufe des Jahres 1954 durchs Land. Die Bauern brachten ihm nach alter Tradition viel Respekt entgegen, doch die politische Bedeutung des Königs schien für immer verloren. Kurzerhand entschloss sich Sihanouk 1955, den Thron an seinen Vater abzugeben und für das Amt des Ministerpräsidenten zu kandidieren. Er gründete die Partei **Sangkum Reastr Niyum** (Volkssozialistische Gemeinschaft), gewann die Wahl, und seine Partei erhielt alle 91 Sitze der Nationalversammlung. Die Forschung ist sich sicher, dass Wahlmanipulation und massiver Einsatz von Gewalt Grund für dieses gute Resultat waren. Die folgenden Jahre von 1955 bis 1970 werden oft auch als **Ära Sihanouk** bezeichnet, denn der ehemalige König und damals amtierende Ministerpräsident dominierte die Politik des Landes.

1960 starb König Suramarit, und Sihanouk setzte seine Mutter **Sisowath Kossamak** auf den Thron. 1963 wurden die führenden Köpfe der linken Bewegung des Landes verwiesen. Saloth Sar, später als **Pol Pot** bekannt, floh und verschrieb sich nun 100 % der kommunistischen Idee. Sihanouk taktierte in dieser Zeit zwischen den Interessen der USA (und dem Verbündeten Südvietnam), die mittlerweile Krieg gegen Nordvietnam führten, den Interessen Thailands, den Einflüssen Chinas und auch Nordvietnams.

Sihanouks Macht begann zu schwinden, als 1968 Aufstände einiger Kommunisten (unter Saloth Sar und Ieng Sari) das Land in Unruhe versetzen. Nachdem amerikanische Bomber im Kampf gegen die Nachschubwege der Vietcong Kambodscha ins Visier genommen und in den Jahren 1969–1973 in 3000 Luftangriffen eine halbe Million Tonnen Bomben über Kambodscha abgeworfen hatten, erstarkte die Widerstandsbewegung in den ländlichen Gebieten, und viele der heimatlos gewordenen Bauern schlossen sich den Kommunisten an.

Das Regime Lon Nol

Ein weiterer wichtiger Aspekt für die instabile Lage, in der die Roten Khmer die Macht übernehmen konnten, ist die Absetzung Sihanouks durch den seit 1966 als Premierminister amtierenden General Lon Nol. Aufgrund von Krankheit reiste Sihanouk 1970 nach Frankreich. Lon Nol setzte sich an die Spitze einer Bewegung aus frustrierten Militärs und Angehörigen der Mittelschicht, putschte ihn in Abwesenheit aus dem Amt und gab dem Land den Namen **Khmer Republic**. Sihanouk ging daraufhin nach Peking ins Exil. Die Amerikaner erkannten die Regierung schnell an, denn sie erhofften sich Hilfe im Kampf gegen die Vietnamesen. Doch Lon Nols schlecht ausgebildete Armee konnte nichts gegen die gut organisierten Vietnamesen ausrichten. Auch dem Vormarsch der kambodschanischen Kommunisten war nichts mehr entgegenzusetzen. Das Prestige der **Roten Khmer** wuchs. 1970 kontrollierten sie bereits 20 % des Landes (im Nordosten und Nordwesten), 1972 waren nur noch Phnom Penh und einige wenige Provinzstädte nicht in ihrer Gewalt. Am 17. April 1975 schließlich marschierten die Kämpfer in Phnom Penh ein. Lon Nol floh nach Hawaii, viele seiner Mitstreiter wurden ermordet.

Die Zeit der Roten Khmer

Im Jahr 1975 begann das dunkelste Kapitel in Kambodschas Geschichte, die Herrschaft der Khmer Rouge, die drei Jahre, acht Monate und

20 Tage andauern und Tausende Opfer fordern sollte. **Pol Pot**, der als Saloth Sar zur Welt kam, und auch als Bruder Nummer 1 zu trauriger Berühmtheit gelangte, war einer jener Studenten, die in Paris studiert hatten und dort zusammen mit **Ieng Sari** (dem späteren Außenminister) und **Khieu Samphan** (später Parteivorsitzender) die **Revolutionäre Volkspartei Kampuchea** (KPRP) anführten. Ihr Ziel: die Erneuerung Kambodschas. Um dies zu erreichen, galt es, alle Gegner (oder mögliche Gegner der Idee) zu töten. Die Uhr im Land, das nun **Demokratisches Kampuchea** hieß, sollte auf Null gestellt werden.

Mitte 1975 kehrte Sihanouk nach Kambodscha zurück. Offiziell aufseiten der Roten Khmer, festigte er deren Prestige im In- und Ausland (indem er z. B. vor der Uno für Vertrauen in das neue Regime warb). Statt jedoch erneut mit an einer Regierung beteiligt zu sein, blieb Sihanouk nach ein paar kritischen Worten über die Roten Khmer drei Jahre im Palast unter Hausarrest (Januar 1976 bis Januar 1979). Dem König verdanken die Kommunisten auch ihren Namen: Er nannte sie aufgrund ihrer Kleidung, die neben den schwarzen Anzügen auch aus einem rot-weiß-gemusterten *krama* bestand, die Roten Khmer.

Die Khmer Rouge zielten auf die Vernichtung jeglicher Bildung und aller Eliten im Land. Es galt, Kambodscha zu einem hundertprozentigen Agrarland zu machen. Alle Anhänger des alten Regimes wurden hingerichtet. Aus der Hauptstadt Phnom Penh, in der man die Roten Khmer zuerst noch als Befreier begrüßt hatte, wurden die Menschen aufs Land getrieben. Tausende kamen bei der harten Arbeit auf den Feldern, an den Staudämmen und bei der Zwangsarbeit im Straßenbau ums Leben. Eine tödliche Jagd auf alle, die sich nicht 100 % dem Regime verschrieben, begann, und am Ende reichte schon die Spur eines Verdachtes aus, um getötet zu werden. Am Ende der Khmer-Rouge-Zeit waren geschätzte 2 Mio. Kambodschaner als Opfer zu beklagen, wobei Opfer aus dem Krieg gegen Vietnam nicht eingerechnet sind.

Beendet wurde diese Schreckensherrschaft erst mit dem Einmarsch der Vietnamesen, die sich von Scharmützeln an der Grenze provoziert zeigten und Kambodscha ihrerseits angriffen.

Die vietnamesische Interimsregierung

Nach der Machtübernahme durch die Vietnamesen wurde **Heng Samrin** Präsident, **Hun Sen** Außenminister. Beide waren ehemals Rote Khmer, hatten sich jedoch bereits 1978 (Heng Samrin) bzw. 1977 (Hun Sen) nach Vietnam abgesetzt. Das Land wurde nun zur **Volksrepublik Kampuchea** (VRK) umbenannt. Die Menschen atmeten spürbar auf. Sie konnten in ihre Städte und Dörfer zurückkehren, Schulen wurden wieder eröffnet, und auch die verbliebenen Mönche kehrten in die Tempel zurück. Trotz einer spürbaren Verbesserung kam es zu weiteren **Flüchtlingswellen** nach Thailand, denn vor allem die verbliebenen gebildeten Menschen lehnten eine sozialistische Führung strikt ab. Insgesamt lebten 1981 etwas 630 000 Kambodschaner in thailändischen Flüchtlingslagern, darunter viele Rote Khmer, die die meisten Lager politisch dominierten. 1985 rückt **Hun Sen** in das Amt des **Premierministers** auf; er wird dieses Amt bis zum heutigen Tage nicht mehr abgeben.

Kämpfer der Khmer Rouge konnten 1989 die Stadt Pailin erobern und 1990 ganze Gebiete an der thailändischen Grenze wieder unter ihre Kontrolle bringen. Dank eines Umdenkens von Amerikanern und Chinesen stoppte dann endlich die finanzielle Unterstützung, und der Einfluss der Roten Khmer war schnell gebrochen.

UNTAC und die ersten freien Wahlen

Im Juni des Jahres 1991 unterzeichneten alle Beteiligten einen **Waffenstillstand**, und vier Monate später wurde in Paris ein Friedensabkommen geschlossen. Ziel war die Bildung einer gemeinsamen Regierung unter Sihanouks Führung. Die politische Macht sollte jedoch sofort an die Vereinten Nationen abgegeben werden. Bereits 1992 wurde die Übergangsverwaltung der Vereinten Nationen in Kambodscha (UNTAC) eingesetzt mit dem Ziel, nach spätestens neun Monaten demokratische Wahlen abhalten zu können.

Zudem galt es, den Frieden zu wahren, die Entwaffnung voranzutreiben, Flüchtlinge nach Kambodscha zurückzuführen und eine demokratische Verfassung zu erarbeiten. Abgesandte aus über hundert Ländern nahmen an der Mission teil, über 15 000 Blauhelme kamen nach Kambodscha. Die Bundeswehr schickte 150 Sanitäter der Armee und beteiligte sich damit zum ersten Mal an einer UN-Mission.

1993 wurden Wahlen abgehalten. Sieger wurde die Partei **FUNCINPEC** mit 45 % der Stimmen unter Führung von Sihanouks Sohn **Norodom Ranariddh** (58 Sitze). Mit 38 % wurde Hun Sens Partei **CPP** (Cambodian People's Party) zweitstärkste Partei (51 Sitze). Die **BLDP** (Buddhist Liberal Democratic Party) unter **Son Sann** erhielt zehn Sitze. Ranariddh und Hun Sen übernahmen gleichberechtigt nebeneinander als Premierminister die Regierungsgeschäfte. Fast 90 % der Bevölkerung nahmen an den Wahlen teil – und dies, obwohl in einigen Gebieten die Roten Khmer gewaltsam versuchten, die Menschen von den Urnen fernzuhalten. Am 21. September 1983 wurde die neue Verfassung verabschiedet, Sihanouk erneut König in einer **konstitutionellen Monarchie**.

Die Zeit von Hun Sen und die Demokratie in Kambodscha

Die verbliebenen **Roten Khmer**, die 1994 immerhin noch etwa 20 % Kambodschas besetzten, versuchten weiterhin an der Regierung beteiligt zu werden. Nachdem alle Gespräche scheiterten, wurde die Gruppierung im Juli 1994 **für illegal erklärt**. 1995 wurde das Volk von einer **Hungersnot** heimgesucht, Kambodscha lief Gefahr, in einer tiefen Krise zu versinken. Internationale Hilfsgelder halfen das Schlimmste zu verhindern.

Auch die Roten Khmer machten in dieser Zeit von sich reden. **Ieng Sari** lief im September 1996 zu den Regierungsgruppen über. **Pol Pot** wurde von seinen eigenen Anhängern in seinem Dorf Anlong Veng angeklagt und im Juli 1987 zu **lebenslangem Hausarrest** verurteilt. Er starb am 15. April 1998. Im Dezember desselben Jahres ergaben sich die letzten Kampfverbände.

Die **Wahlen im Juli 1998** organisierte Kambodscha ohne ausländische Hilfe. Die Wahlen verliefen nicht 100 % fair, aber sie waren angeblich doch fair genug, um international anerkannt zu werden. Nach der Bildung einer Koalitionsregierung mit Hun Sen als Premierminister trat Kambodscha 1999 der ASEAN bei.

Sihanouk und sein Nachfolger auf dem Thron

Im Jahr 2004 verblüffte der 82-jährige König ein letztes Mal seine Landsleute: Er trat endgültig ab und überließ seinem 51-jährigen Sohn Norodom Sihamoni den Thron (Sihanouk stirbt 2013). Sihamoni, der Sohn Sihanouks und seiner Frau Monique Izzi, wurde einstimmig vom Thronrat ausgewählt und im Oktober 2004 gekrönt. Zuvor war Sihamoni Balletttänzer, später Unesco-Botschafter und lebte vorwiegend in Frankreich. Besonders auffällig ist der neue Herrscher bisher nicht. Er ist bestrebt, ein gutes Verhältnis zum Volk zu halten, ist häufig auf dem Lande unterwegs und erfreut sich großen Respekts.

Das Khmer-Rouge-Tribunal

Die Geschichte wollte es, dass die Roten Khmer lange Jahre Unterstützung fanden. Jene, die überliefen, wurden begnadigt, kaum einer der Täter zur Rechenschaft gezogen. Derzeit tagt mehr oder weniger erfolgreich das Khmer-Rouge-Tribunal. Kambodschanische und internationale Richter sollen Recht sprechen über ein paar wenige vor Gericht gestellte Täter.

Das Gericht, welches nach langem Gerangel zwischen Hun Sen und den Vertretern der internationalen Gemeinschaft 2003 beschlossen und 2004 gebildet wurde, nahm im Juli 2006 seine Arbeit auf. Die erste rechtskräftige Verurteilung betraf das Verfahren 001 und behandelte den Tötungsvorwurf gegen Kaing Guek Eav (auch als Duch bekannt), der als Leiter des Gefängnisses S-21 (Tuol Sleng) für die Ermordung und Folter Zigtausender Menschen verantwortlich zeichnete. 2007 begannen die Verhöre. 2010 wurde er zu einer Freiheitsstrafe von 35 Jahren verurteilt. 2012 wurde die Strafe in einem Revisionsverfahren auf lebenslänglich erhöht. Am 8. August 2014 wurden Bruder Nr. 2, Nuon Chea, und Khieu Samphan zu einer lebenslangen Freiheitsstrafe verurteilt. Aktuelle Informationen unter: 🖳 www.eccc.gov.kh/en.

Die Wahlen von 2013

Am 28. Juli 2013 fanden erneut Parlamentswahlen statt, und zum ersten Mal zeigte die Macht der CPP Risse. Die oppositionelle Partei zur Rettung der Nation (CNRP) gewann 55 von 123 Sitzen. Die CPP, immer noch unter Hun Sen, kann zwar noch die Mehrheit von 68 Sitzen auf sich vereinen, doch der Verlust von 22 % der Stimmen ist gravierend. Die CNRP erkannte bis Juli 2014 das Ergebnis nicht an, vielmehr klagte sie über massiven Wahlbetrug (und erhielt Rückendeckung vonseiten der wenigen im Land anwesenden Wahlbeobachter). Im Juli 2014 einigten sich beide Parteien auf die Bildung einer neuen Regierung. Neben Reformen des Wahlvorstandes und im Senatsvorsitz wurde auch die Bildung eines Antikorruptionsrates beschlossen.

Wirtschaft

Die relativ stabile politische Lage der letzten Jahre hat zu einem kräftigen Wirtschaftswachstum geführt. Zurzeit beträgt das Wirtschaftswachstum im Durchschnitt jährlich etwa 7 %. Infolge der globalen Finanzkrise musste auch Kambodscha harte Rückschläge hinnehmen. Wirtschaftliche Motoren sind die Textilindustrie, der Bausektor, der Holzexport und der Tourismus.

Vorwiegend ostasiatische Firmen (die zum Teil auch europäische Unternehmen beliefern) haben besonders um Phnom Penh **Textilfabriken** errichtet, in denen meist junge Frauen zu schlechten Bedingungen und extrem niedrigem Lohn arbeiten (monatlich etwa US$100). Auch die Schuhproduktion hat an Bedeutung gewonnen, so lassen etwa Puma und Adidas in kambodschanischen Fabriken produzieren. Hauptabnehmer sind die USA und die EU, angeführt von Deutschland. Auch der **Tourismus**

erlebt einen Boom: Seit 2000 hat sich die Zahl der internationalen Ankünfte fast verzehnfacht, 2013 besuchten 4,2 Mio. Touristen Kambodscha. Konzentrierte sich früher der Tourismus wegen der Tempel von Angkor fast ausschließlich auf die Provinz Siem Reap, so sind heute auch die Strände und die Bergregionen Ziele von steigendem Interesse.

Ein Großteil der Bevölkerung ist von diesem Wirtschaftswachstum ausgeschlossen, allen voran jene 80 %, die auf dem Land wohnen. Nach wie vor lebt etwa jeder Dritte unterhalb der Armutsgrenze, das heißt, ihnen steht täglich weniger als US$2 zur Verfügung. Das durchschnittliche **Pro-Kopf-Einkommen** beträgt etwa US$1000 im Jahr. Zur Verbesserung der Lage und zur Eindämmung der Landflucht soll der ineffektive Agrarsektor – er macht etwa ein Drittel der Gesamtwirtschaft aus – ausgeweitet werden. Aber das ist angesichts der regionalen Konkurrenz und der geringen Produktivität nicht einfach. Der wichtige Holzexport ist äußerst umstritten, denn er ist dafür verantwortlich, dass heute nicht einmal mehr die Hälfte der Gesamtfläche Kambodschas bewaldet ist. Zu den derzeitigen Wachstumssektoren zählt die Kautschukproduktion.

In den kommen Jahren soll durch die Erschließung der Erdöl- und Gasvorkommen im Golf von Thailand mehr Geld in die Staatskasse fließen. Das ist auch nötig, denn die Regierung ist angesichts der verschwindend geringen Steuereinnahmen weitgehend auf internationale Entwicklungshilfe angewiesen. Zwar verfolgt sie einen äußerst wirtschafts- und investitionsfreundlichen Kurs, doch sehen sich Unternehmer zahlreichen Hindernissen ausgesetzt. Zum einen mangelt es an qualifizierten Arbeitskräften, zum anderen ist die Korruption weitverbreitet. Kambodscha rangiert auf dem Korruptionsindex von Transparency International auf Rang 160 (von 177). Weitere Probleme sind das unterentwickelte Rechtssystem, ungeklärte Grund- und Bodenverhältnisse – was sich viele Einflussreiche und Politiker zunutze machen – und eine immer noch mangelhafte Infrastruktur. Es ist noch ein weiter Weg zurückzulegen, bis das Land Anschluss an die asiatischen Tigerstaaten findet.

Sprachführer

Eine Reise durch Kambodscha, ohne die Landessprache zu beherrschen, ist problemlos möglich: Hotelangestellte, Reiseleiter, Taxifahrer, Souvenirverkäufer – sie alle sprechen mehr oder weniger gut Englisch. Vor allem die Jüngeren lernen es in der Schule oder nehmen privaten Unterricht. Wer jedoch abseits der großen Touristenströme unterwegs ist, auf lokalen Märkten einkauft und mit öffentlichen Verkehrsmitteln reist, wird schnell merken, dass die Kenntnis auch nur einiger weniger Worte der Landessprache schnell die Herzen der Menschen öffnet: Dokumentiert man doch so ganz offensichtlich sein Interesse an Land und Leuten. Und auch wenn es nicht gleich auf Anhieb klappt: Der radebrechende Gast sollte sich nicht entmutigen lassen, und es gleich noch einmal versuchen.

Als **Mon-Khmer-Sprache** unterscheidet sich Kambodschanisch von den Sprachen der Nachbarländer. Während z.B. Thai oder Vietnamesisch schwer zu erlernen sind, da jeder Vokal in fünf oder sechs verschiedenen, bedeutungstragenden Tonlagen ausgesprochen werden kann, entfällt diese Hürde im Kambodschanischen. Die **Schrift** – ohnehin ohne intensives Studium schwer zu lesen – enthält jedoch **33 Konsonanten** und **23 Vokale**: also erheblich mehr Buchstaben als unser Alphabet. Das erschwert die Umschrift, für die es kein einheitliches System gibt, sehr. Wir orientieren uns im Folgenden an gebräuchlichen Schreibweisen, die zum Teil an die deutsche Aussprache angepasst wurden. Ein paar Hinweise zur Aussprache helfen bei besonders ungewohnten Lauten.

Aussprache

Die Khmer-Sprache verfügt über einige Laute, die im Deutschen unbekannt sind; sie zu erlernen, erfordert etwas Übung. Hinzu kommt, dass es neben dem Standard-Khmer, wie es in Phnom Penh gesprochen wird, im ganzen Land verschiedene Dialekte gibt, die zum Teil stark davon abweichen. Man sollte aber die Flinte nicht zu früh ins Reisfeld werfen – die Kambodscha-ner helfen sehr gern, wenn sie sehen, dass man sich für ihre Sprache interessiert.

Konsonanten

dj	wie in **Dsch**ungel
gn	wie in Champi**gn**on
ng	wie in si**ng**en
tsch	wie in Mä**dch**en

Einige Konsonanten sind mit Apostroph getrennt, um zu verdeutlichen, dass sie mit einer kleinen Pause gesprochen werden müssen.

Vokale

Die meisten Vokale können ähnlich wie im Deutschen gelesen werden. Doppelvokale oder ein angehängtes „h" bedeuten, dass ein langer Vokal gesprochen wird. Bei Kombinationen (wie „ia") werden die beiden Vokale nacheinander verschmolzen gesprochen (wie in „ihr"); ein gutes Beispiel zum Üben ist die Zahl „1": *muoi*. Als Sonderzeichen benutzen wir das „á", ein kurzes, offenes „o" wie in K**o**ch, wichtig z. B. bei dem Wort „danke": *ákun*.

Wortschatz

Das Wichtigste

Hallo	*djum riap sua* (formell) / *sua-sdey* (informell)
Auf Wiedersehen	*djum riap lia* (formell) / *lia haöy* (informell)
Bis bald!	*djua knia th'ngai kaoy*
Danke	*ákun*
Danke vielmals	*ákun djarön*
Ja	*baat* (m) / *djah* (f)
Nein	*tee*
Ich verstehe nicht	*kh'ngom sdab men baan / kh'ngom át yul*
Entschuldigung!	*som toh!*
Macht nichts	*át pagnaha*
Wie ist Ihr Name?	*neak tsch'muah ey?*
Mein Name ist ...	*kh'ngom tsch'muah ...*
Ich bin Deutscher / Österreicher / Schweizer.	*kh'ngom mao pii allömang / otrih / swih.*
Was kostet das?	*nii th'läy pohnmaan?*

Notfall

Hilfe!	*djuay pháng!*
Es gab einen Unfall.	*mian kruah-thnak*
Bitte rufen Sie einen Arzt!	*djuay hav kruu paet mao!*
Bitte bringen Sie mich in ein Krankenhaus	*som djuun kh'ngom öw muntii paet*
Ich habe ...	*kh'ngom ...*
.... Schmerzen	*... tschö*
.... Fieber	*... krun*
.... Durchfall	*... riak*
Ich wurde ausgeraubt.	*kh'ngom tschöw djao plahn*
Mein ... ist weg.	*... kh'ngom bat.*
... Rucksack ...	*kaaboob ...*
... Koffer ...	*vaalii ...*
... Pass ...	*paspoor ...*

Unterwegs / Orientierung

Wo ist ...?	*... nööv ai nah?*
... der Bahnhof	*s'thanii roht plööng*
... der Busbahnhof	*s'thanii laan krong*
... der Flughafen	*djonmát yun-hóh*
... eine Apotheke	*farmasii*
... eine Bank	*thoniakia*
... ein Gästehaus	*phtiah somnak*
... ein Hotel	*santhaakia / ootääl*
... der Markt	*phsaa*
... ein Restaurant	*phoodjani yathaan / restorang*
... ein Taxistand	*s'thanii laan taksii*
... eine Toilette	*toy-let*
Wann fährt / fliegt...?	*... djein maong pohnaan*
... der Bus	*laan tsch'nual*
... das Boot	*duk.*
... der Zug	*rot plööng*
... das Flugzeug	*yohn hawn*
Wo bekomme ich ein Ticket?	*kh'ngom trööv tign sambot nööv ai nah*
Wie teuer ist es nach ...?	*tööv ... pon maan*
Fahren Sie nach ...?	*tööv ... tee*
Bitte einen Stopp für die Toilette.	*kh'ngom som tschub bát djööng.*
Norden	*tih khaang djöng*
Süden	*tih khaang t'boong*
Osten	*tih khaang kaöt*
Westen	*tih khaang lek*

Übernachten

Ich möchte ein Zimmer ...	*kh'ngom sohm bantohp*
... für eine Person.	*.... samruhp muy niak.*
... für zwei Personen.	*... samruhp pii niak.*
Badezimmer	*bantub tök*
Fenster	*báng-uadj*
Klimaanlage	*masin trádjeh*
Wie viel kostet es pro Tag?	*damlay muy th'ngay pohnmaan*

Essen und Trinken

Haben Sie eine englische Speisekarte?	*mien menui djea piasaa anglay te?*
Haben Sie eine Spezialität?	*tii nih mien m'howp ei piseh te*
Bitte nicht zu scharf.	*sohm kohm töö huhl pek*
Ich bin Vegetarier.	*kh'ngom tahm sait*
Ich bin allergisch gegen (Erdnüsse)	*kohm dak (sándaik dei)*
Das ist lecker.	*nii ch'ngai nah*
Die Rechnung bitte	*sohm kut lui*

Zubereitungsarten und Zutaten

Die Bezeichnungen von Gerichten setzen sich oft aus der Zutat und der Zubereitungsart zusammen; z.B. **gebratenes Huhn**: *sdaj moan tschaa*

Gebraten	*...tschaa*
Gegrillt	*... ang*
Geschmort	*... dot*
Gedämpft	*... jamhoi*
... ohne ...	*.... át dak*

(„nicht hineintun"; z.B. **gebratenes Huhn ohne Pfeffer**: *sdaj moan tschaa át dak mrik*)

Salz	*ámbel*
Pfeffer	*mrik*
Zucker	*ská*
Glutamat (MSG)	*... bii djeeng / msaw sub*
Sojasauce	*tök sii iw*
Fischsauce	*tök trey*
Chili	*m'teh*
Knoblauch	*kh'tum sah*
Reis	*bai*

Zahlen

0	soon	30	saamsihb
1	muoi	40	saisihb
2	pih	50	haasihb
3	bai	60	hoksihb
4	buon	70	djetsihb
5	pram	80	pähtsihb
6	pram-muoi	90	kaosihb
7	pram-pih	100	muoi-roy
8	pram-bai	200	pih-roy
9	pram-buon	555	prahm-muoi-roy haasihb prahm
10	dáp		
11	dáp-muoi		
12	dáp-pih	1000	muoi-poan
20	m'phii	10 000	muoi-möön
21	m'phii-muoi	100 000	dáp-möön
22	m'phii-pih	1 000 000	muoi-lian

Nudeln	mih
Brot	num-pang
Ei (Huhn/Ente)	pong moan / pong tia

Fleisch

Rind	sadj koo
Schwein	sadj drook
Huhn	sadj moan
Ente	sadj tia
Frosch	kángkaib
Schnecke	kh'jahng
Fisch	trey
Tintenfisch	trey mök
Krebs	k'daam
Garnele	bahngkia
Aal	ahntong

Obst und Gemüse

Apfel	phlai pom
Banane	chek
Bohnen	sándaik
Drachenfrucht	phlai srakaa neak
Erdnuss	sándaik dei
Gurke	trásák
Jackfruit	khnau
Kartoffel	dámloong barang

Kohl	spey
Limone	krow-it ch'maa
Litschi	phlai kuulain
Mais	poot
Mango	svay
Mangosteen	móngkhut
Möhre	karoot
Orange	krow-it poh saat
Paprika	mteh phlaok
Pilz	phset
Pomelo	krow-it th'long
Rambutan	sao mao
Tomate	peng poh
Wassermelone	öv luuk
Zwiebel	kh'töm barang

Getränke

Flasche	dááb
Dose	kámpong
Orangensaft	tök krow-it poh ssat
Limonade	tök krow-it ch'maa
Kokosnusssaft	tök doong
Zuckerrohrsaft	tök ámpöw
Wasser	tök
Milch	tök dáh koo
Bier	bii-a
Tee	tai
Kaffee (schwarz)	kaafee khmaw
... mit Milch	kaafee tök dáh koo
... mit Eis	... tök kák

Zeit

Wieviel Uhr ist es?	maong pon naam
Jetzt	eylöh nih
Heute	th'ngai nih
Gestern	msul-mein
Morgen	th'ngai saik
Montag	th'ngai djan
Dienstag	th'ngai áng kia
Mittwoch	th'ngai put
Donnerstag	th'ngai próhóh
Freitag	th'ngai sok
Samstag	th'ngai sah
Sonntag	th'ngai atit

Phnom Penh und Umgebung

Breite Straßen, schattige Parks, farbenfrohe Märkte, charmante Kolonialvillen, goldene, in den Himmel ragende Stupas und ziegelgedeckte Dächer, die von himmlischen Wesen getragen werden – all das und noch viel mehr ist Phnom Penh [4402], die Hauptstadt Kambodschas, die trotz ihrer 1,5 Mio. Einwohner recht überschaubar wirkt. Im Stadtbild manifestieren sich bis heute Einflüsse aus der französischen Kolonialzeit: Breite Alleen und prunkvolle Villen erinnern an die einstige Anwesenheit der europäischen Kolonialmacht. Das alles vermischt sich mit der Khmer-Architektur aus den 1950er- und 1960er-Jahren, bei der Elemente des Bauhaus-Stils mit solchen aus der Angkor-Periode zusammenkamen. Zunehmend ergänzen moderne, verglaste oder verspiegelte Fassaden und Schaufenster das Stadtbild.

Die kambodschanische Hauptstadt liegt am Zusammenfluss von Tonle Sap und Mekong. Kaum haben sich die Wassermassen hier vereint, trennen sie sich schon wieder auf: in den Oberen Mekong und den Bassac, die beiden Hauptströme des Mekong-Deltas.

Dank der überschaubaren Größe der Stadt lassen sich viele Sehenswürdigkeiten bei einem ausgedehnten Spaziergang erkunden, oder – bequemer – per Rundfahrt mit dem Tuk-Tuk. Den **Königspalast** und die **Silberpagode**, das **Nationalmuseum**, **Wat Phnom** und den einen oder anderen **Markt** kann man an einem Tag besichtigen. Wer mehr Zeit hat, sollte die Besichtigungen auf mehrere Tage verteilen. Dann ist es auch möglich, sich näher mit der **kolonialen Vergangenheit**, der Khmer-Architektur der 1960er-Jahre, mit den zahlreichen Tempeln und dem schrecklichen Erbe des Khmer-Rouge-Terrors zu befassen.

Orientierung

Es fällt nicht besonders schwer, sich in Phnom Penh zu orientieren, denn die Stadt ist **schachbrettartig** angelegt. Die **Hauptachsen** von Nord nach Süd sind die Straßen Monireth-, Monivong- und Norodom-Boulevard, von Ost nach West Russian-, Sihanouk- und Mao-Tse-Toung-Boulevard. Alle anderen Straßen tragen eine Nummer. Von Norden nach Süden verlaufen die Straßen mit ungeraden Nummern, vom Flussufer ausgehend in ansteigender Höhe. Von Ost nach West sind die Straßen mit geraden Ziffern gekennzeichnet, deren Höhe nach Süden zunimmt.

Schwierig ist es hingegen, eine bestimmte **Hausnummer** zu finden. Gerade und ungerade Hausnummern sind zwar einer Straßenseite zugeordnet, die Nummerierung ist jedoch nicht fortlaufend, und in machen Straßen sind Hausnummern gar zwei- oder dreimal vergeben. Hilfreich ist immer die Angabe, zwischen welchen Querstraßen ein bestimmtes Gebäude zu finden ist.

Die 3 km lange Landzunge Chroy Changvar liegt direkt gegenüber der Hauptstadt, sie wird gebildet aus dem Mekong und dem Tonle-Sap-Fluss. Wer die Uferpromenade Sisowath Quay entlangschlendert, dem fällt an der Südspitze der riesige Neubau der Sokha-Gruppe auf. Sonst hat die Halbinsel bisher nicht viel zu bieten.

Königspalast und Silberpagode

Die Gebäude auf dem Gelände des Königspalastes prägen wie nur wenige andere die Silhouette der Stadt. Schon vom Flussufer aus fällt der elegante Chanchhaya-Pavillon auf, der hinter der pastellgelben, zinnenbewehrten Umfassungsmauer emporragt. Das Palastgelände selbst ist ein gepflegter Park, in dem die königlichen Gebäude wie architektonische Inseln verteilt sind. Mit dem Bau wurde 1866 begonnen, als die Hauptstadt zu Beginn des französischen Protektorates von Oudong wieder nach Phnom Penh verlegt wurde. Erst um 1920 hat die Anlage dann ihr heutiges Aussehen bekommen. Wer schöne Fotos machen möchte, sollte morgens kommen, wenn die Fassade des Thronsaales von der Sonne beschienen wird.

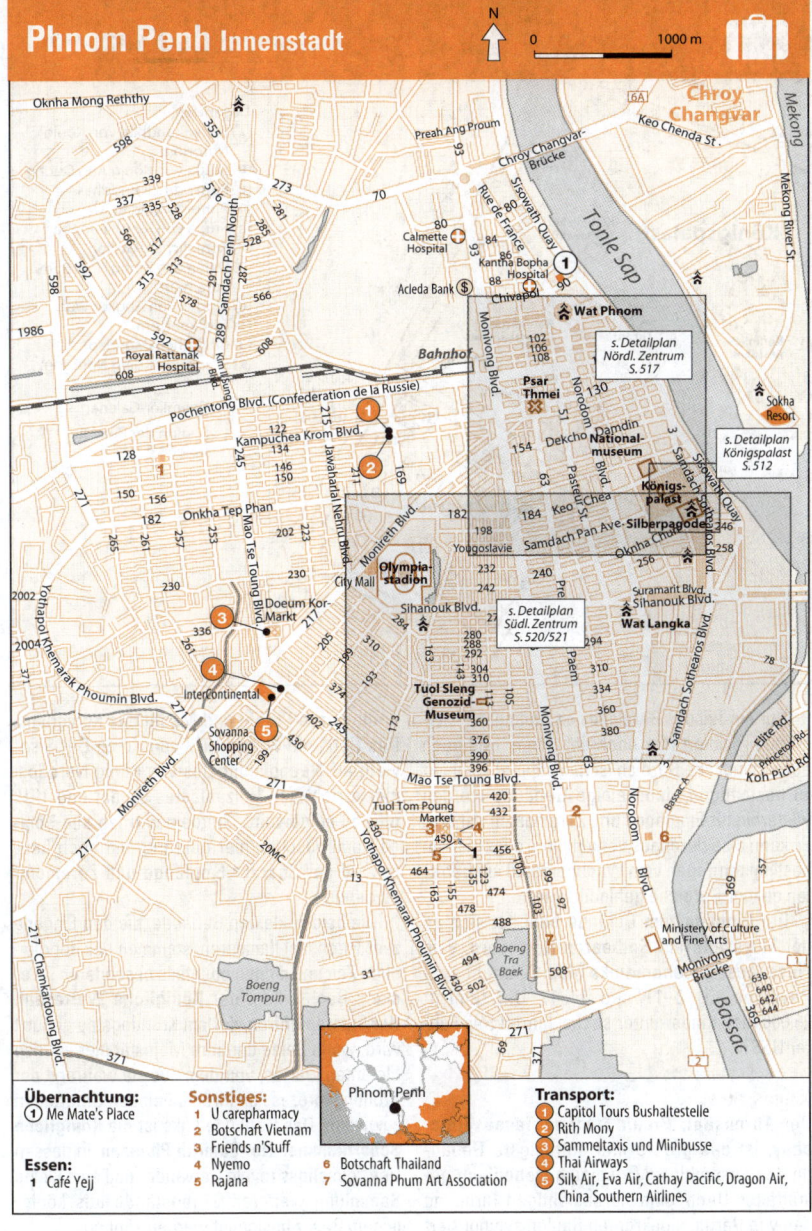

Phnom Penh Innenstadt

N
0   1000 m

s. Detailplan Nördl. Zentrum S. 517

s. Detailplan Königspalast S. 512

s. Detailplan Südl. Zentrum S. 520/521

Übernachtung:
① Me Mate's Place

Essen:
1 Café Yejj

Sonstiges:
1 U carepharmacy
2 Botschaft Vietnam
3 Friends n'Stuff
4 Nyemo
5 Rajana
6 Botschaft Thailand
7 Sovanna Phum Art Association

Transport:
① Capitol Tours Bushaltestelle
② Rith Mony
③ Sammeltaxis und Minibusse
④ Thai Airways
⑤ Silk Air, Eva Air, Cathay Pacific, Dragon Air, China Southern Airlines

Phnom Penh

Königspalast und Silberpagode

N
0   100 m

Legende:
- Ⓐ Reiterstandbild von König Norodom
- Ⓑ Stupa von König Ang Duong
- Ⓒ Fußabdruck Buddhas
- Ⓓ Phnom Mondap
- Ⓔ Stupa von Kantha Bopha
- Ⓕ Königlicher Pavillon
- Ⓖ Stupa von König Norodom Suramarit
- Ⓗ Modell von Angkor Wat
- Ⓘ Glockenturm
- Ⓙ Bibliothek (Mondap)
- Ⓚ Stupa von König Norodom

------- Reamker-Galerie

↗ Beginn der Reamker-Galerie

Nur ein Teil des Bereiches ist zugänglich – immerhin residiert hier noch der König. Und auch der zugängliche Bereich ist nicht immer komplett zu besichtigen, denn einige Gebäude werden weiterhin für Empfänge und Zeremonien genutzt. Es kann also durchaus vorkommen, dass man an bestimmten Tagen vom Wachpersonal am Betreten einiger Bereiche gehindert wird.

Der **Eingang** zum Gelände befindet sich an der Flussseite am Sothearos Boulevard, vom Fluss aus gesehen links des Chanchhaya-Pavillons. ⏰ 8–11 und 14–17 Uhr, Eintritt 25 000 Riel, Kinder unter sechs Jahren frei, Führer US$10.

Königspalast

Der **Thronsaal, Preah Tineang Tevea Vinicchay**, ist das größte und auffälligste Gebäude des Ensembles. Mit seinem siebenfach gestaffelten Dach, dem viergesichtigen Turm und den von Garudas gekrönten Säulen symbolisiert

er die ganze Pracht und Macht des Königtums. Das Gebäude wurde 1917 von König Bat Sisowath als Nachbildung des von König Norodom hier errichteten Holzpalastes erbaut und 1919 offiziell eingeweiht. Seitdem wurden alle Könige Kambodschas hier gekrönt, und noch heute wird der Saal für Empfänge und Zeremonien genutzt.

Die beiden kleinen Gebäude, die den Eingang zum Thronsaal flankieren, stammen aus der gleichen Zeit und dienen ebenfalls besonderen Zwecken: Rechts liegt der **Königliche Wartesaal, Hor Samran Phirun**, der am Krönungstag genutzt wird, wenn Seine und Ihre Majestät hier auf den Elefanten warten, von dem aus sie während der Krönungsprozession ihren jubelnden Untertanen zuwinken. Das Gebäude links ist die **Königliche Schatzkammer, Hor Samrith Phimean**, in dessen Untergeschoss royale Gewänder und eine kleine Sammlung weiterer Gegenstände aus königlichem Besitz besichtigt werden können.

Der **Chanchhaya-Pavillon**, dessen markante Architektur die Fassade des Palastgeländes vom Flussufer aus dominiert, diente als **Tanzpavillon** und wurde 1914 auf König Sisowaths Betreiben hin anstelle eines ähnlichen Holzgebäudes errichtet. Hier schaute der König seinen Apsara-Tänzerinnen zu, und noch heute wird der Pavillon für besonders feierliche Bankette und ähnliche Anlässe genutzt, für die der kleinere **Bankettsaal** in der nordöstlichen Ecke des Geländes nicht ausreicht.

Eine Besonderheit ist der **Pavillon Napoleons III.** Zwischen all den asiatisch anmutenden Gebäuden wirkt er in seiner europäischen Architektur etwas deplatziert. Tatsächlich war er das erste dauerhafte, nicht-hölzerne Gebäude, das auf dem Gelände fertiggestellt wurde. Gebaut wurde er 1869 für Kaiserin Eugenie, die Frau des französischen Kaisers Napoleon III., die den Pavillon als Unterkunft bei der Einweihung des Suez-Kanals nutzte. 1876 schenkte Napoleon ihn dann König Norodom.

Silberpagode

Angegliedert an das Palastgelände befindet sich der Bereich der **Silberpagode**. Sie erhielt ihren Namen von dem Fußboden, der aus Tausenden silbernen Kacheln besteht – einige, die nicht wie die meisten vom Teppich verdeckt sind, kann man nahe dem Eingangsbereich sehen. Innen (Fotografierverbot) befindet sich eine bedeutende Sammlung sehr wertvoller Buddhafiguren, darunter der berühmte „Smaragdbuddha", der der Pagode auch ihren eigentlichen Namen gegeben hat: **Wat Phra Keo Morokat**. Die Anlage wurde zwischen 1892 und 1902 erbaut und blieb von der Zerstörungswut der Roten Khmer weitgehend verschont. Auf dem Gelände befinden sich verschiedene Nebengebäude, Stupas und ein umgebender Wandelgang mit einer Darstellung des Reamker.

5329 jeweils 1,125 kg schwere Silberkacheln bilden den Fußboden in Wat Phra Keo Morokat – beim aktuellen Silberpreis (Sommer 2014) ein Wert von etwa 3 Mio. €. Unschätzbar ist hingegen der Wert der über 1650 Objekte, die im Tempel aufbewahrt werden; angefangen mit dem auffälligen goldenen, 90 kg schweren stehenden Buddha, der angeblich mit über 9584 Diamanten besetzt sein soll (darunter ein 25-karätiger in der Krone), über den im Zentrum stehenden Smaragdbuddha (der allerdings aus in Frankreich hergestelltem Baccarat-Kristall besteht), bis hin zu den vielen hundert Statuen und Statuetten, die von der Königsfamilie und anderen Adligen gestiftet wurden.

Ausgesprochen sehenswert sind die **Reamker-Wandgemälde**, die die Innenseite der Umfassungsmauer schmücken. Leider sind sie zum großen Teil in einem bedauernswerten Zustand, der an einigen Stellen durch Restaurierungs-

Das Erbe der französischen Kolonialzeit

Wer durch die Straßen von Phnom Penh streift, wird immer wieder auf Gebäude stoßen, die aus der französischen Kolonialzeit stammen – seien es die schönen restaurierten Villen entlang den großen Boulevards oder einige der Fassaden am Flussufer, wie die des **Foreign Correspondents Club** (FCC), 363 Sisowath Quay (S. 523).

Rund um den Wat Phnom erstreckte sich seinerzeit das Herz des Französischen Viertels. Die elegante Ausstrahlung der Gegend mit ihren Verwaltungsgebäuden und Wohnhäusern lässt sich heute noch erahnen.

Das große **Postamt** östlich des Hügels in der 13. Street z. B. stammt von 1894 und ist heute noch in dieser Funktion in Gebrauch. Es wurde zuletzt im Jahr 2001 renoviert.

Auch die **Nationalbibliothek** an der 92. Street westlich des Hügels lohnt einen Blick. Die Bücher, die hier seit 1924 gesammelt wurden, sind während des Terrors der Roten Khmer größtenteils vernichtet worden – heute sind die Bestände mit vielen französischsprachigen Titeln wieder ein wenig aufgefüllt.

Etwas weiter an der gleichen Straße beeindruckt das **Hotel Raffles Le Royal**, in dem schon Charly Chaplin und Bill Clinton nächtigten. Das Haus, das im Laufe der Jahre verkommen war, wurde 1997 von der Raffles-Gruppe übernommen und erstrahlt seitdem in neuem altem Glanz.

Auch der nahe gelegene **Bahnhof** von 1932 vermag mit seiner Art-déco-Fassade zu gefallen.

arbeiten notdürftig verbessert wird – an anderen ist es dafür wohl zu spät. Die Bilder wurden von 1903 bis 1904 von einer Gruppe Studenten unter der Leitung des Künstlers Vichitre Chea und des Architekten Oknha Tep Nimit Thneak angefertigt. Den Rundgang beginnt man am besten am Osttor. Im Uhrzeigersinn wird die Geschichte erzählt: von der Entführung Sedas und den lange hin und her wogenden Schlachten, bis die Prinzessin endlich befreit und der Dämon besiegt ist.

Weitere Gebäude des Geländes umfassen einen Schrein mit **Buddhas Fußabdruck**, einen **Glockenturm**, einen **Königlichen Pavillon**, ein **Modell von Angkor Wat** und die **„Bibliothek"** **(Mondap)**, in der sich neben buddhistischen Texten auch eine angeblich antike, zum großen Teil aus Silber bestehende Statue des Stiers Nandi befindet, die 1983 in der Provinz Kandal gefunden wurde. Der kleine künstliche Hügel **Phnom Mondap** wird von einem Schrein mit einem weiteren Fußabdruck Buddhas gekrönt.

Das **Reiterstandbild von König Norodom** befindet sich seit 1892 an dieser Stelle. Hergestellt wurde es 1875 in Paris. Ursprünglich, so heißt es, sei es ein Standbild für Napoleon III. gewe-

sen – es wurde einfach der Kopf ausgetauscht. Der umgebende Schrein wurde 1953 von König Sihanouk errichtet.

Nationalmuseum

Das Nationalmuseum nördlich des Königspalastes ist mit seinen ziegelgedeckten, geschwungenen Dächern ein imposanter Bau. 1920 wurde es nach drei Jahren Bauzeit eröffnet. Entworfen hatte es der in Kambodscha geborene französische Architekt George Groslier (1887–1945), der sich zeit seines Lebens sehr für den Erhalt des kulturellen Erbes der Khmer eingesetzt hat.

Das Museum beherbergt die wertvollsten **Artefakte aus der Angkor-Zeit**, die im Land noch zu finden sind. Vieles wurde in der Vergangenheit nach Frankreich und in andere Länder verschleppt. Die ausgestellten Stücke geben jedoch einen guten Überblick über die verschiedenen Stilepochen und die Kunstfertigkeit der Handwerker. Das Gebäude ist in vier Galerien unterteilt, die einen begrünten Innenhof umschließen. Die Ausstellungsstücke sind chronologisch angeordnet.

Betreten wird das Haus über den östlichen Flügel. Am Eingang gibt es ein paar Souvenirs und einige Bücher zu kaufen; für alle, die es genau wissen wollen, empfiehlt sich das Buch *Masterpieces of the National Museum of Cambodia*, in dem 80 besonders herausragende Ausstellungsstücke in Wort und Bild erläutert werden (US$15). ⊕ tgl. 8–17 Uhr, Eintritt US$5, zu zahlen am Ticketschalter gleich hinter dem Eingangstor zum Gelände. Achtung: Das Fotografieren ist nur im Innenhof gestattet.

Wat Phnom

Der 27 m hohe Tempelhügel, der der Stadt seinen Namen gab, erhebt sich nördlich des Zentrums nahe dem Fluss. Seine genauen Ursprünge liegen unauffindbar im Reich der Legende, aber seine Gegenwart ist umso klarer: Dies ist der im täglichen Geschehen wohl am meisten verehrte Ort der Stadt. Ein stetiger Strom von Gläubigen flutet durch das Gelände; Frauen, die zum Schrein der

Shopping unter der Kuppel

Ein besonders auffälliges Beispiel des Art déco und geradezu ein Symbol für Phnom Penh ist der Zentralmarkt **Psar Thmei** im Herzen der Stadt. Der 1937 eröffnete und von 2009 bis 2011 renovierte, einzigartige gelbe Kuppelbau mit seinen vier Seitenarmen bietet alles, was das Herz begehrt – und noch ein bisschen mehr. Einen Bummel durch dieses belebte Einkaufsparadies sollte man sich nicht entgehen lassen. Es muss ja nicht gleich einer der teuren Edelsteine im zentralen Bereich sein: An den Ständen rund um das Gebäude lässt sich manches günstige Stück erwerben.

Der Zentralmarkt ist jedoch für Shoppingfreunde nicht ohne Alternative. Eine ganze Reihe anderer Märkte lohnt ebenfalls den Besuch (S. 527), allen voran der Russian Market (Psar Tuol Tom Poung) im Süden der Stadt (S. 527).

Großmutter Penh (s.u.) pilgern, Geschäftsleute, die den Segen für einen anstehenden Deal erbitten, Besucher vom Land, die überwältigt sind, an diesem berühmten Ort zu sein, Touristen, Wachleute, Wahrsager, Bettler – ein buntes Treiben, dem man stundenlang zuschauen könnte.

Man nähert sich dem Hügel am besten vom Osteingang her, wo sich auch das Kassenhäuschen befindet. Über die von Löwen und Nagas bewachte Treppe gelangt man direkt zum Hauptgebäude **Preah Vihear**, welches in seiner heutigen Form von 1926 stammt. Innen befindet sich eine große sitzende Buddhastatue, umgeben von sehenswerten Wandgemälden, die Stationen aus Buddhas Leben erzählen.

Hinter dem Preah Vihear ragt der große Stupa **Chedi Thom** empor. Zwischen den beiden Gebäuden befindet sich der **Schrein der Großmutter Penh**, der Legende zufolge die Stadtgründerin Phnom Penhs. Die Dame soll hier oben ein Heiligtum errichtet haben, um vier angeschwemmte Buddhastatuen angemessen unterzubringen, die sie am Flussufer gefunden hatte. Am Schrein mit dem Bildnis Penhs herrscht meist reger Betrieb; vor allem Frauen bringen Opfergaben dar.

Weitere Heiligtümer sind in der gepflegten, parkähnlichen Anlage, die Ende des 19. Jhs. von den Franzosen angelegt wurde, verteilt. Bemerkenswert ist der **Neak Ta Preah Chau** auf halber Höhe nördlich des Preah Vihear. Im hinteren Bereich sitzt die vergoldete, streng blickende, wie ein hoher Beamter gekleidete Figur des Preah Chau, einer taoistischen Gottheit, die vor allem von chinesischstämmigen und vietnamesischen Bewohnern Kambodschas verehrt wird.

🕐 7–18.30 Uhr, Eintritt US$1.

Neuere Khmer-Architektur

In den 1960er-Jahren, als nach der Unabhängigkeit das Selbstbewusstsein im Lande wuchs, ging eine Generation junger Architekten daran, das Gesicht der Stadt zu verändern. Neben vielen Wohnblocks entstanden auch eindrucksvolle Bauwerke wie z. B. das **Olympia-Stadion** von 1964. Nicht, dass hier jemals Olympische Spiele stattgefunden hätten: Die einzige nennenswerte Wettkampfveranstaltung waren 1966 die GANEFO (Games of the New Emerging Forces), an der 18 Nationen teilnahmen. Doch noch heute treffen sich hier allabendlich sportbegeisterte Khmer zu Fitnessveranstaltungen.

Das **Unabhängigkeitsdenkmal (Vimean Ekareach)** im Kreisverkehr an der Schnittstelle von Norodom und Sihanouk Boulevard erinnert an die 1953 erlangte Unabhängigkeit Kambodschas von Frankreich, eingeweiht wurde es am 9. November 1962. Das Denkmal, dessen Dach mit über hundert Nagas verziert ist, erinnert an die klassischen Vorbilder aus der Angkor-Zeit und wird abends stimmungsvoll beleuchtet.

Tuol-Sleng-Genozid-Museum (S-21)

Es ist ein beklemmendes Zeugnis der einstigen Schreckens- und Willkürherrschaft der Roten Khmer, das Einblick gewährt in das dunkelste Kapitel kambodschanischer Geschichte: das Tuol-Sleng-Museum in der 113. Street. Hier wurden von 1975 bis 1979 über 17 000 Menschen unter grausamsten Bedingungen inhaftiert, gefoltert und ermordet. Wer seinen Fuß über die Gefängnisschwelle setzte, kehrte nicht wieder zurück. Besuchern präsentiert sich der Ort, an dem einer der grausamsten Völkermorde der Menschheitsgeschichte stattfand, noch heute fast genauso, wie es die vietnamesischen Befreier vorfanden.

Täglich um 10 und 15 Uhr wird hier der Film *Bophana* des kambodschanischen Regisseurs Rithy Panh (*1964) gezeigt. Das TV-Dokudrama von 1996 erzählt die wahre Liebesgeschichte zwischen der schönen Hout Bophana und dem Rote-Khmer-Kader Ly Sitha, die ihr tragisches Ende in Tuol Sleng findet.

🕐 7–18 Uhr, Eintritt US$2.

ÜBERNACHTUNG

An Übernachtungsmöglichkeiten mangelt es in Phnom Penh nicht: Vom einfachen Mehrbettzimmer bis hin zur Luxusunterkunft ist für jeden Geldbeutel und Geschmack etwas dabei. Auch während der Hauptreisezeit im Dezember und Januar findet sich immer ein freies Zimmer, wenn auch vielleicht nicht im bevorzugten Guesthouse.

Beliebt bei **Budget-Travellern** ist die St. 172 hinter Wat Ounalom. Die Hotels sind günstig, es gibt Zimmer mit Ventilator oder AC, allerdings haben fast alle Zimmer ein Fenster zum Gang. Ebenfalls beliebt ist St. 258. Hier reihen sich einige Guesthouses aneinander, viele mit Schlafsälen und einfachen Zimmern, alle mit Restaurant. Wer plant, länger in Phnom Penh zu verweilen, sollte über einen Nachlass verhandeln, manche Hotels weisen auch Monatsmieten aus. In St. 278 haben viele Zimmer der „Golden"-Guesthouses eine separate Küche, ab US$400/Monat. Alle Unterkünfte bieten kostenloses WLAN.

Nördliches Zentrum

Karte S. 517

Untere Preisklasse

Blue Kiwi Guesthouse ⑤, 113B St. 13, ✆ 077-326 086, ✉ bluekiwiguesthouse@ hotmail.com, [9652]. Saubere gefliese Zimmer mit 1 oder 2 Betten in zentraler Lage. TV. Zimmer mit zusätzlichem Kühlschrank kosten US$5 mehr. Schöne neue Bäder. ❷, Familienzimmer ❸

Fancy Guesthouse ⑨, 169B St. 15, ✆ 023-211 829, 🖥 www.fancyguesthouse.com. Zimmer mit Balkon, Schrank, Kühlschrank, TV. Viele der einfachen Zimmer haben keine Fenster. Gemütliche Rattansessel locken auf den ansprechenden Gemeinschaftsbalkon. Kostenloser Tee und Kaffee. Sehr hilfsbereiter Besitzer. ❷–❸

Me Mate's Place ①, 4B St. 90, ✆ 023-500 2497, 🖥 www.mematesplace.com, s. Karte S. 511 Innenstadt. Moderne Backpacker-Unterkunft: Zimmer und Schlafsäle in minimalistischer Schwarz-Weiß-Optik. Restaurant. Beliebt, daher unbedingt reservieren. Dormbett US$10. ❸

€ **Natural Inn Backpacker Hostel** ⑪, St. 172, ✆ 097-263 4160. Zimmer mit 4–6 Stockbetten, wahlweise mit Ventilator oder AC. Frauenschlafsaal. Die untere Matratze liegt auf dem Boden. Die Zimmer sind sauber, die angrenzenden Bäder schick. Dormbett US$3/5.

🧳 **One Stop Hostel** ③, 85 Sisowath Quay, ✆ 023-992 822, ✉ info@onestophostel. com, [9655]. Boutique-Hostel mit Mehrbett-

zimmern. Moderne in Weiß gehaltene AC-Zimmer mit 4 Stockbetten und Flussblick oder 2 Stockbetten ohne Fenster. Die Bäder sind in modernster Grau-Weiß-Optik. Schließfächer. Eine halb offene Ebene als Aufenthaltsraum mit Flachbildschirm. Wäsche- und Ticketservice. Dormbett US$8

Royal Guesthouse ⑧, 91 St. 154, ✆ 023-218 026, ✉ hou_leng@yahoo.com, [9659]. Wohnliche Zimmer im oberen Stockwerk an einem Balkon mit toller Aussicht. Die günstigeren Zimmer haben nur ein Fenster zum Gang oder zur benachbarten Hauswand. ❷–❸

Velkommen Guesthouse ⑦, 18 St. 144, ✆ 077-757 701, 🖥 www.velkommenguesthouse.com. Beliebtes angenehmes Haus. Kleine Zimmer, alle mit Fenster oder Balkon, AC, TV. Gegenüber das **Velkommen Backpackers** ⑥, mit Dormzimmern, als AC-Zimmer oder mit Ventilator ohne Fenster. Dorm US$5/6. ❷

Mittlere Preisklasse

🧳 🌳 **Blue Lime** ⑭, 42 St. 19Z, Off St. 19, ✆ 023-222 260, 🖥 www.bluelime. asia, [5978]. Kleine Anlage in einer ruhigen Seitenstraße. Den Mittelpunkt bildet der Pool, umschattet von viel Grün. Die angrenzenden 23 Zimmer sind gekonnt gestaltet: grauer Boden, Ablageflächen aus Beton, große Holzbetten mit Moskitonetz und bunte Dekorationsobjekte, die dem Zimmer ein gemütliches Flair verleihen. TV und Safe. 4 Zimmer mit eigenem Pool. Keine Kinder unter 16 Jahren. ❹–❺

Cardamom Hotel & Apartment ⑫, 69 St. 174, ✆ 023-988 888, 🖥 www.cardamomhotel.com, [9344]. Recht gepflegtes Mittelklassehaus in zentraler Lage. Die 102 Zimmer sind nüchtern, aber komfortabel ausgestattet. Beim Frühstücksbuffet (inkl.) mischen sich Geschäftsreisende und Touristen aus aller Welt. ❹–❺

🧳 **Monsoon Boutique Hotel** ④, 53-55 St. 130, ✆ 023-989 856, 🖥 www.monsoonhotel.com, [9665]. Kleine, aber fein eingerichtete Zimmer im Boutique-Stil mit Rattanbett, Safe, Minibar und bemalten Wänden. Bäder mit dunkelgrauen Fliesen und Kieselsteindekoration. Die Deluxe-Zimmer liegen an einem begrünten Balkon. Standardzimmer leider nur mit Fenster zum offenen Gang. Inkl. Frühstück. ❹

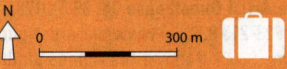

N
0   300 m

KAMBODSCHA

Tonle Sap

(Map labels:) Sunway Hotel · National-bibliothek · Daun Penh St. · Christopher Howes St. · Botschaft der USA · Wat Phnom · Yeay Penh-Statue · Wat Phnom Kinderpark · Preah Ang Non · Preah Ang Sphanovong · Okhna Hing Penh · Preah Ang Duong · Kramuon Sar · Preah Mohaksat Treiyani Kossamak · NACHTMARKT · Psar Chas (Alter Markt) · Okhna Ing Bun Hoaw · Sisowath Quay · Canadia Bank · CAB Bank · Krala Hom Kong · Preah Ang Chan Phomin · Bayon Market · Chey Chetha · Khemarak · Okhna In · Nokor · Preah Ang Yukanthor · Preah Ang Hassakan · Psar Kandal · ANZ Bank · Wat Svay Dang Kum · Sokhalay · Psar Thmei · Neayok Souk · Pasteur · Kandal Market Rd. · Wat Ounalom · CAB Bank · Sorya Shopping Center · Dekcho Damdin · Ly Yoak Lay · Golden Sorya Mall · Wat Saravan · Preah Ang Makhak Vann · National Museum · Veal Preah Man · Charles de Gaulle Blvd. · Kamou · Jayaman IV · Okhna Ket · Preah Ang Eng · Veo Chea · University of Fine Arts · Preah Ang Makhak Vann · Wat Koh · Samdach Preah Sokun Meanbon · Königspalast · Samdach Sothearos Blvd. · Monivong Blvd. · Norodom Blvd. · Bahnhof · Dimitrov Blvd. · hpuchea Krom Blvd. · Sok Hok · Ung Pokun · Wat Koh · Psar Orussey · Croix Rouge Khmere

s. Detailplan Südl. Zentrum S. 520/521

s. Detailplan Königspalast S. 512

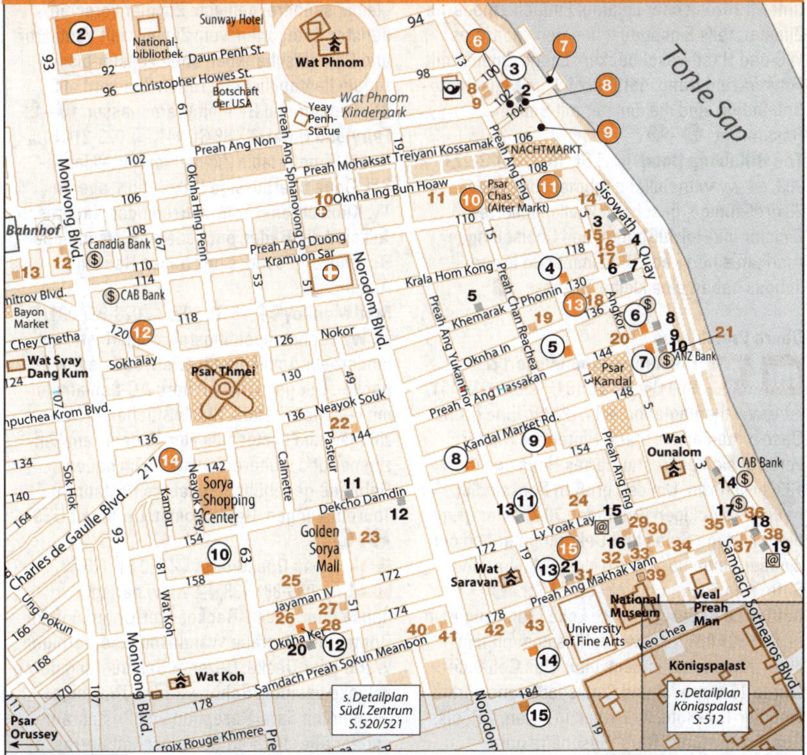

Übernachtung:
- (2) Raffles Le Royal Hotel
- (3) One Stop Hostel
- (4) Monsoon Boutique Hotel
- (5) Blue Kiwi Guesthouse
- (6) Velkommen Backpackers
- (7) Velkommen Guesthouse
- (8) Royal Guesthouse
- (9) Fancy Guesthouse
- (10) The Billabong Hotel
- (11) Natural Inn Backpacker Hostel
- (12) Cardamom Hotel & Apartment
- (13) The Artist Guesthouse
- (14) Blue Lime
- (15) Plantation Urban Resort & Spa

Essen:
- 2 Khmer Borane Restaurant
- 3 Rahu
- 4 Mekong River Restaurant
- 5 Evergreen Vegetarian House
- 6 Sher-e-Punjab
- 7 Lemongrass
- 8 Veiyo Tonle
- 9 La Croisette
- 10 The Blue Pumpkin
- 11 Tinat Restaurant
- 12 Genova
- 13 Botanic Café
- 14 Old Ponlok
- 15 Chilly Noodle House
- 16 Friends Creative Tapas
- 17 Lucky Pho
- 18 FCC (Foreign Correspondent Club)
- 19 Pop Da Giorgio Café
- 20 Romdeng
- 21 Sugar & Spice Café

Sonstiges:
- 8 Artisans d' Angkor
- 9 Seeing Hands Massage
- 10 Tropical & Travellers Medical Clinic
- 11 Seeing Hands Massage
- 12 Pharmacie de la Gare
- 13 DHL
- 14 The Lounge
- 15 Memphis Pub
- 16 Seeing Hands Massage
- 17 Mekong Blue
- 18 The Empire Movie House
- 19 The Flicks 2
- 20 Vicious Cycle, Grasshoper
- 21 Adventures Spicy Green Mango
- 22 Sobbhana Boutique
- 23 Heart of Darkness
- 24 Bohr's Books
- 25 Pontoon
- 26 Dusk till Dawn
- 27 Zeppelin Café
- 28 Do it all Club
- 29 Nail Bar
- 30 Seeing Hands Massage
- 31 Daughters of Cambodia
- 32 Ta Prohm Souvenir
- 33 Asasaxa Art Gallery
- 34 Garden of Desire
- 35 U carepharmacy, Bodia Spa
- 36 Smateria
- 37 D's Books
- 38 Happy Painting Gallery
- 39 Plae Pakaa Cambodian Living Arts
- 40 La Galerie
- 41 Starling Farm
- 42 Dodo Rhum House
- 43 Roomet Contemporary Art Space

Transport:
- (6) Rith Mony
- (7) Touristenboote, Hang Chau Speed Boat, Tu Trang Travel
- (8) Mekong Express
- (9) Gold VIP, Giant Ibis, Virak Buntham, Sokha Komar Tep
- (10) Nattakan
- (11) Neak Krorhorm
- (12) Sammeltaxis und Minibusse
- (13) Vannak Motorcycle Shop
- (14) Phnom Penh Sorya, GST Express Bus
- (15) Worldwide Travel & Exchange

The Artist Guesthouse ⑬, 69 St. 178, ✆ 023-213 930, 🖥 www.the-artist-guesthouse.com, [9660]. Renoviertes kleines Stadthaus unter französischer Leitung. Einfache moderne Zimmer: teils Einbauduschen und separates WC und Handwaschbecken. Einige Zimmer mit Fenster zum Gang, dafür schick im Maisonette-Stil. Schön sind die Zimmer mit Balkon. Restaurant. ❸–❹

The Billabong Hotel ⑩, 5 St. 158, ✆ 023-223 703, 🖥 www.thebillabonghotel.com, [9666]. 20 großzügige, geschmackvoll möblierte Zimmer mit Holzfußboden und Chaiselongue rund um einen Pool. Die Zimmer im Erdgeschoss haben eine kleine Terrasse. ❹

Obere Preisklasse

Plantation Urban Resort & Spa ⑮, 28 St. 184, ✆ 023-215 151, 🖥 www.theplantation.asia, [9680]. Eine grüne Oase mitten in der Stadt: Hinter der Mauer verbirgt sich ein restauriertes Haus aus den 1930er-Jahren. Um den großen Pool sind in neuen 2-stöckigen Gebäuden 70 Zimmer gruppiert. Farbige Sofas und Dekoration geben den Zimmern eine besondere Note. Minibar und Safe, zum Zimmer hin offene Bäder. ❻

Raffles Le Royal ②, St. 92, Ecke Monivong Blvd., ✆ 023-981 888, 🖥 www.raffles.com/phnompenh. Kolonialstil in Reinkultur. Das Gebäude wurde 1920 erbaut und fantastisch renoviert. Eine der Top-Hotel-Adressen in Asien. 2 Pools, Spa, Fitnessstudio, Bars, Geschäfte und Restaurants. ❻

Südliches Zentrum

Karte S. 520/521

Untere Preisklasse

Alibi Guesthouse ⑱, Sothearos Blvd., ✆ 023-695 9087, 🖥 www.alibiguesthouse.com. [9651]. Von der Straße zurückversetztes ruhiges familiäres Haus unter französischer Leitung. Saubere Zimmer, gefliese Böden, einige mit Einbauschrank, Moskitonetz, TV, Minibar, Safe und ausreichend Lampen. Große Bäder mit Ablageflächen. Gemeinschaftsbalkon und begrünter Innenhof. Inkl. Frühstück. ❷–❸

Capitol Guesthouse ⑯, 14 St. 182, ✆ 023-217 072, 🖥 www.capitolkh.com, [9654].

Alteingesessenes Haus mit Tourbüro. Die Sopheap-Brüder betreiben im Umkreis 5 weitere Häuser. Der Standard ist überall gleich: saubere, gefliese Zimmer verschiedenster Kategorien; vom Zimmer mit Ventilator und Gemeinschaftsbad ohne Fenster bis hin zu familientauglichen großen Zimmern mit AC, Fenster und Bad mit Warmwasser. ❶–❷

Fairyland Hotel ㉑, 99 St. 141, ✆ 023-214 510, [9653]. Komfortable Zimmer im Mittelklasse-Stil. Ohne überflüssige Dekoration, aber mit TV, Kühlschrank, Schreibtisch oder Nachttisch. Toll sind die Bäder, entweder mit Wanne oder Dusche. 8-geschossiges hohes Haus mit Aufzug. ❷

Mad Monkey ㉞, 26 St. 302, ✆ 023-987 091, 🖥 www.phnompenhhostels.com. Hostel mit modernem Ambiente für feierfreudige Backpacker. Gut gekühlte saubere AC-Schlafsäle mit 6–8 Stockbetten. Schließfächer. Privatzimmer mit Fenster zum Flur. Zudem Familienzimmer und weitere Schlafsäle im neuen Gebäude gegenüber. Beliebtes Restaurant. Tourbuchungen, Geldautomat. Dormbett US$7. ❷–❹

Narin Guesthouse ㉒, 50 St. 125, ✆ 099-881 133, 🖥 www.naringuesthouse.com, [9656]. Backpacker-Unterkunft im Boutique-Stil: graue Wände mit einer farbigen Wand oder Decke. Dezente Beleuchtung durch schicke Lampen. Schöne Bäder. TV, einige Zimmer mit Safe. Rezeption und Restaurant auf der überdachten Gemeinschaftsterrasse auf der 1. Etage. Ventilator oder AC. Beliebt, besser reservieren. ❶–❷

Number 9 Hotel ⑲, 7C St. 258, ✆ 023-984 999, 🖥 www.number9hotel.com, [9657]. Modern und sehr schick gestaltete Lobby, ebenso geschmackvoll ist das Restaurant auf der 1. Etage. Ansprechend sind die großen Zimmer mit Fenster, eine weniger gute Wahl die kleinen Zimmer ohne Fenster (mit Waschbecken im Zimmer). Alle Zimmer mit Flatscreen. Auf der 2. Etage Whirlpool, Sonnenliegen, Bar. ❷–❸

Okay Guesthouse ⑳, 3B St. 258, ✆ 023-986 534, 🖥 www.okay-guesthouse.com, [9658]. Sympathisches Guesthouse mit begrünter Fassade und Restaurant im Erdgeschoss. Die Zimmer sind einfach möbliert, gemütlich wirkt die halbhohe Holzvertäfelung. Die EZ und jene mit Gemeinschaftsbad sind klein, viele davon haben nur ein Fenster zum Gang. ❶–❷

Smiley's Hotel ㉔, 37 St. 125, Ecke St. 242, ☎ 012-365 959, ✉ smileyhotel.pp@gmail.com, [9661]. 40 saubere gefliese Zimmer. Alle mit Fenster, AC, Kommode, TV und Kühlschrank. Nette kleine Bäder. Aufzug. Freundlicher Service. Restaurant im Erdgeschoss. ❷

Top Banana Guesthouse ㉚, 9 St. 278, Ecke 51, ☎ 012-885 572, 🖥 www.topbanana.biz. Auf der Dachterrasse treffen sich Traveller, um Partys zu feiern. Hier ist jeden Abend etwas los. Gemischte AC-Mehrbettzimmer, Frauenschlafsaal mit 6 Betten ohne Fenster, Zimmer zum Teil mit Gemeinschaftsbad. Oft ausgebucht. Im Schwesterhotel **Mini Banana** ㉜, 136 St. 51, ☎ 023-726 854, eine Straßenecke weiter, gibt es weitere einfache Dorm-Zimmer. Dormbett US$6. ❶–❷

Town View 2 Hotel ㉓, 53 St. 113, ☎ 023-633 8080, 🖥 www.townviewhotel.com, [9662]. Mittelklassehotel zum Budgettarif: Aufzug, Marmorboden, Betten mit Nachttisch, TV, Schreibtisch, Minibar. Bäder teils mit Wanne. Gutes Preis-Leistungs-Verhältnis. ❷

Mittlere Preisklasse

Anise Hotel & Restaurant ㉙, 2C St. 278, ☎ 023-222 522, 🖥 www.anisehotel. com.kh, [9668]. Besonders einladend ist das gemütlich-asiatisch eingerichtete Restaurant. Auch das Haus punktet durch ansprechende Optik. Die Zimmer sind ordentlicher Mittelklasseschick, gefliest und mit Holzmöbeln ausgestattet, ohne viel Dekoration. Inkl. Frühstück und Wäscheservice. ❹–❺

Hotel Nine ㉗, 48 St. 9, ☎ 023-215 964, 🖥 www.hotel-nine.com, [9669]. In einer Seitenstraße verbirgt sich hinter einer Mauer ein 3-stöckiges Gebäude mit Zimmern um einen Pool. Modern gestaltet in Beige-Braun-Tönen, große Bäder mit abgetrennter Dusche. Inkl. Frühstück. ❹–❻

Khmer Surin Boutique Guesthouse ㉛, 11A St. 57, ☎ 012-731 909, 🖥 www.khmersurin. com.kh, [9670]. Dunkle Möbel, Bastmatten, Schnitzereien an den Wänden – das Haus punktet mit asiatischem Boutique-Stil. Alle Zimmer mit Kühlschrank, Safe, Flachbildschirm

und begrüntem Balkon. Die Standardzimmer ohne Fenster, Tageslicht gibt es nur bei geöffneten Balkontüren. ❹–❺

One Up Banana Hotel ㉝, Z9 132 St. 51, ☎ 023-211 344, 🖥 www.1uphotelcambodia. com, [9667]. Modernes Haus mit großzügigen Zimmern, schön eingerichtet mit Kleiderschrank, Minibar, TV und Kitchenette. Fön, Bademäntel, Slipper. Dachterrasse. ❹

Rambutan Resort ㉟, 29 St. 71, ☎ 017-992 240, 🖥 www.rambutanresort.com, [9671]. Boutique-Stil-Hotel. Die Waschbetonwände sind mit chinesischen Pop-Art-Motiven geschmückt. Pool mit kleinem Wasserfall im Innenhof. Die Zimmer sind minimalistisch ausgestattet: halb offene Bäder zum Zimmer, Betonboden, Safe, Minibar, einige mit kleiner Terrasse und Außenbadewanne. Inkl. Frühstück à la carte. ❺–❻

Tea House ㉕, 32 St. 242, ☎ 023-212 789, 🖥 www.theteahouse.asia, [9672]. Die Lobby überzeugt mit japanischem Design. Die Zimmer sind einfach, aber wirkungsvoll dekoriert: eine orange-rote Wand mit goldenen Ecken, asiatische Motive an den Wänden, Flachbildschirm, Safe, Minibar, Ablagefläche und Spiegel. Bäder mit Design-Waschtisch und Dusche mit Glasabtrennung. Kleiner Pool, Restaurant. Inkl. Frühstück. ❹–❻

The 240 ⑰, 83 St. 240, ☎ 023-218 450, 🖥 www.the240.asia, [9675]. 10 wunderbar einfache elegante Zimmer. Der Raum wird dominiert vom großen Bett mit Moskitonetz. Farbtupfen durch Seidenkissen. Wenige Einrichtungsgegenstände wie Kommode, Spiegel, Flatscreen und Minibar. Zum Zimmer hin offene Bäder. Kostenfreie Nutzung der Pools im Kabiki und Pavilion Hotel. Galerie im Erdgeschoss. Inkl. Frühstück. ❹–❺

The Kabiki ㉖, 22 St. 264, ☎ 023-222 290, 🖥 www.thekabiki.com, [9673]. Das Familienhotel in Phnom Penh in einer autofreien Seitenstraße. Der große Garten mit den vielen Bäumen ist von einer Mauer umgeben und lockt zum Spielen. Großer Salzwasser-Pool für Erwachsene und ein kleines Becken für Kinder. Zimmer im Haupthaus oder im Garten mit eigener Terrasse. Die Familienzimmer haben ein zusätzliches Etagenbett. Safe, TV. ❹–❺

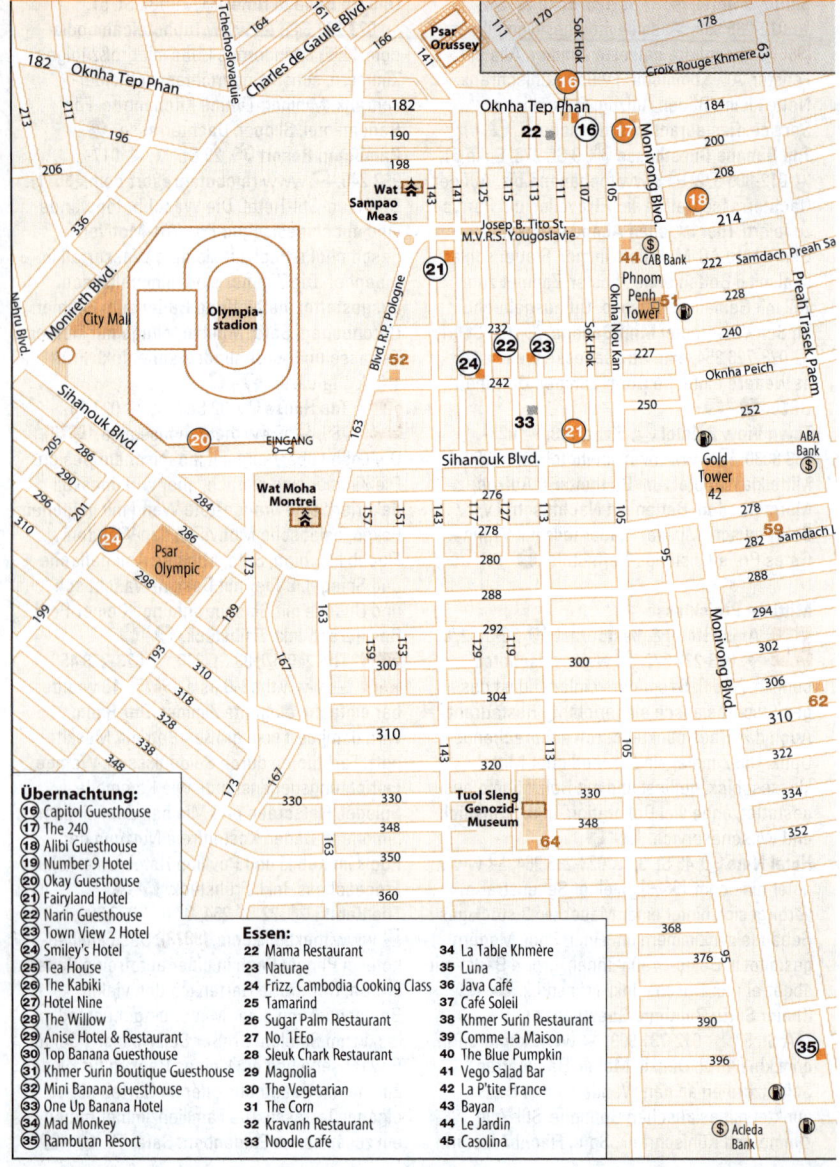

Übernachtung:
16 Capitol Guesthouse
17 The 240
18 Alibi Guesthouse
19 Number 9 Hotel
20 Okay Guesthouse
21 Fairyland Hotel
22 Narin Guesthouse
23 Town View 2 Hotel
24 Smiley's Hotel
25 Tea House
26 The Kabiki
27 Hotel Nine
28 The Willow
29 Anise Hotel & Restaurant
30 Top Banana Guesthouse
31 Khmer Surin Boutique Guesthouse
32 Mini Banana Guesthouse
33 One Up Banana Hotel
34 Mad Monkey
35 Rambutan Resort

Essen:
22 Mama Restaurant
23 Naturae
24 Frizz, Cambodia Cooking Class
25 Tamarind
26 Sugar Palm Restaurant
27 No. 1EEo
28 Sleuk Chark Restaurant
29 Magnolia
30 The Vegetarian
31 The Corn
32 Kravanh Restaurant
33 Noodle Café
34 La Table Khmère
35 Luna
36 Java Café
37 Café Soleil
38 Khmer Surin Restaurant
39 Comme La Maison
40 The Blue Pumpkin
41 Vego Salad Bar
42 La P'tite France
43 Bayan
44 Le Jardin
45 Casolina

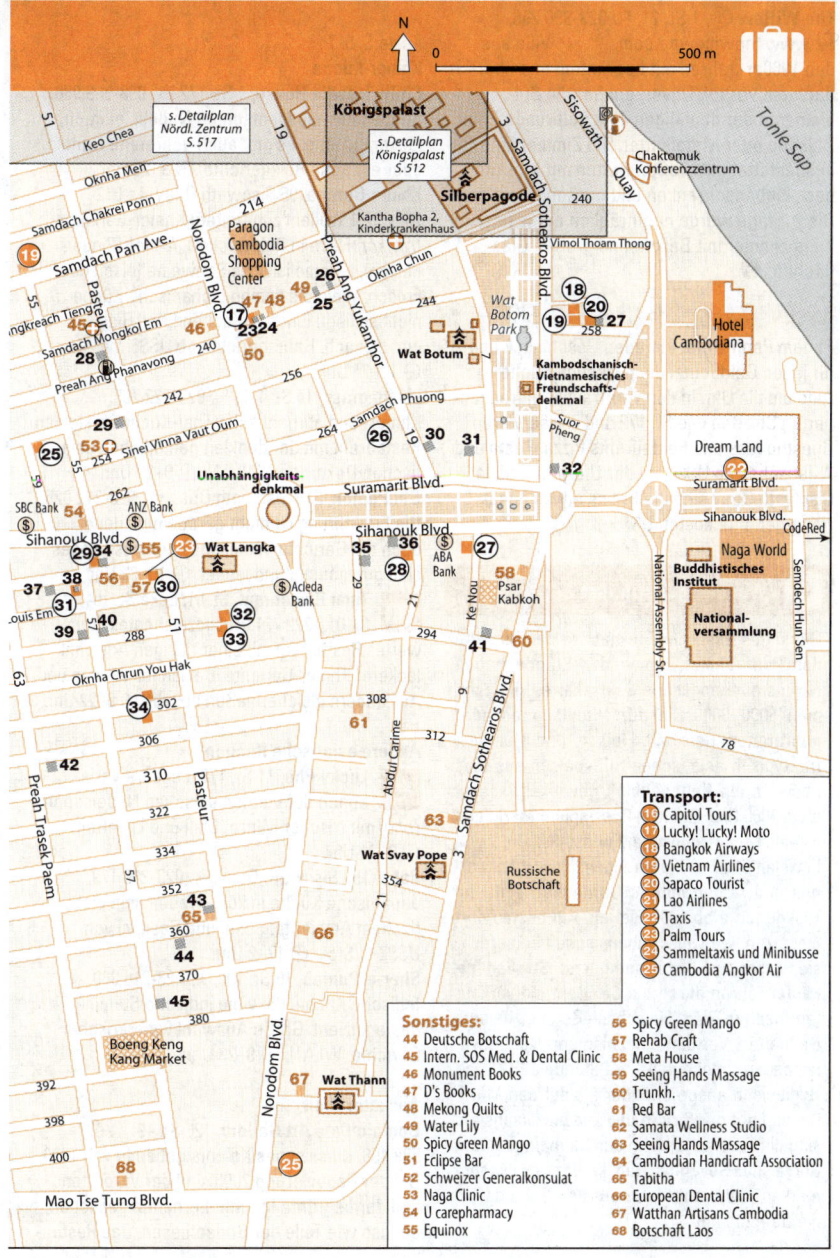

Transport:
16 Capitol Tours
17 Lucky! Lucky! Moto
18 Bangkok Airways
19 Vietnam Airlines
20 Sapaco Tourist
21 Lao Airlines
22 Taxis
23 Palm Tours
24 Sammeltaxis und Minibusse
25 Cambodia Angkor Air

Sonstiges:
44 Deutsche Botschaft
45 Intern. SOS Med. & Dental Clinic
46 Monument Books
47 D's Books
48 Mekong Quilts
49 Water Lily
50 Spicy Green Mango
51 Eclipse Bar
52 Schweizer Generalkonsulat
53 Naga Clinic
54 U carepharmacy
55 Equinox

56 Spicy Green Mango
57 Rehab Craft
58 Meta House
59 Seeing Hands Massage
60 Trunkh.
61 Red Bar
62 Samata Wellness Studio
63 Seeing Hands Massage
64 Cambodian Handicraft Association
65 Tabitha
66 European Dental Clinic
67 Watthan Artisans Cambodia
68 Botschaft Laos

The Willow ㉘, 1 St. 21, ☎ 023-996 256, 🖳 www.thewillowpp.com, **[9674]**. Villa aus den 1960er-Jahren mit begrüntem und überdachtem Vorhof. Unverkennbar die Stilelemente der damaligen Zeit: halbrunde Erker, Balkone oder Metallgitter. Die Zimmer sind ausgestattet mit großen Betten mit Moskitonetz, Einbauschränken und großen Gemälden. Die 2. Etage wurde nachträglich aufgesetzt. Viele Zimmer mit Balkon und großen Glasflächen. ❺

ESSEN

Phnom Penh bietet für jeden Geschmack und für jeden Geldbeutel die passende Küche – rund um die Uhr. In den von Travellern frequentierten Straßen wie St. 172 und 258 servieren Guesthouses und Restaurants Pizza, Pasta und Asiatisches ab US$3, an der Uferpromenade Sisowath Quay sind die Preise etwas höher. Hauptgerichte kosten US$5–8.

€ Wo man günstig isst

Günstiges Essen findet man an der **Ostseite des Psar Thmei**. Einige der Stände haben bereits eine englische Speisekarte. Hier zahlt man 5000–6000 Riel für Nudelsuppen oder gebratenen Reis mit Fleisch und Gemüse. Die typisch asiatischen Süßspeisen aus Reis (meist in ein Bananenblatt gewickelt) kosten etwa 2000 Riel. Auch im **Russischen Markt** gibt es eine Menge günstiger Foodstalls.

In vielen Straßen bieten zudem am frühen Morgen und Abend **mobile Garküchen** einfache Wokgerichte ab 4000 Riel an. Am besten dort hinsetzen, wo viele Einheimische verkehren – sie wissen, wo das Essen gut ist. **Straßenverkäufer** fahren durch die Straßen und verkaufen frisches Obst, Fleischspieße oder belegte Baguettes. Vor den einschlägigen Nachtlokalen bauen sie ebenfalls ihre Stände auf.

Hygienisch ansprechender als auf den Märkten und auf der Straße und zudem klimatisiert, sind die Essensstände in den **Shoppingcentern Sorya** und **Sovanna**: Hier kauft man Essensmarken und wählt dann auf den Schautafeln die Gerichte aus.

Nördliches Zentrum
Karte S. 517
Khmer-Küche
Chilly Noodle House, 1 St. 172, ☎ 098-269 986. Suppen mit hausgemachten Nudeln: einfach, lecker, günstig. Es gibt auch gebratene Nudeln oder einfache Reisgerichte. ⏲ 9–23 Uhr.

Khmer Borane, 95 Sisowath Quay, ☎ 012-290 092. Exzellent zubereitete Khmer-Gerichte: *trey kor* (Fisch in Palmzucker), *lok lak* (Rinderfleisch), karamelisiertes Schweinefleisch oder Frosch. Wem die kambodschanische Küche nicht so liegt: Einen einfachen Fried Rice gibt es auch. Hauptgerichte ab US$6. WLAN. ⏲ 11–24 Uhr.

Lemongrass, 14 St. 130, ☎ 023-222 705. Khmer- und authentische Thai-Küche im kleinen Restaurant mit der dunklen gemütlichen asiatischen Dekoration. WLAN. ⏲ 9–23 Uhr.

Old Ponlok, 319 Sisowath Quay, ☎ 023-212 025. Die Einrichtung ist nicht gerade einladend, doch die Gerichte aus allen Teilen des Landes sind gut, günstig und lecker. ⏲ 10–22 Uhr.

 Tinat Restaurant, St. 51, Ecke St. 154, ☎ 012-222 721. Ausgezeichnetes, preiswertes Restaurant mit einer riesigen Auswahl leckerer Khmer-Gerichte. Bei Einheimischen und Ausländern gleichermaßen beliebt. ⏲ 6–22 Uhr.

Andere asiatische Küchen
€ **Lucky Pho**, 11 St. 178. Leckere Variationen der vietnamesischen Nudelsuppe *(pho)* mit frischer Minze, Chili und Limetten. ⏲ 8–21 Uhr.

Rahu, 159 Sisowath Quay, ☎ 023-215 179. Japanische Küche in kühl-grauem minimalistischem Ambiente. Sushi und Sashimi von US$2–9/Stck. ⏲ 17–2 Uhr.

Sher-e-Punjab, 16 St. 130, ☎ 023-216 360. Indische Küche, die viele indische Stammgäste anzieht. Große Auswahl vegetarischer Gerichte. WLAN. ⏲ 9–23 Uhr.

Aus aller Welt
Botanic Café Art Gallery, 126 St. 19, ☎ 077-589 458. Klassisches Kolonialgebäude von 1920. Bei der Renovierung 2005 sind der Vorgarten und der begrünte Innenhof erhalten geblieben, ebenso wie Teile der Bodenfliesen. Das Restau-

rant bietet eine Plattform für lokale Künstler, die hier ihre Werke ausstellen. Die Küche ist westlich orientiert. ⏲ 7–21.30 Uhr.

FCC (Foreign Correspondent Club), 363 Sisowath Quay, ☎ 023-210 142, 🖥 www.fcchotels.com. Eine Legende: Seit Jahrzehnten von Journalisten frequentiert (inzwischen allerdings hauptsächlich von Touristen besucht), ist das Restaurant eines der schönsten im Kolonialstil. Hohe Decken und Ventilatoren, offene Balustraden und einige bequeme Ledersessel. Ein perfekter Platz, um einen Drink zu nehmen, die ausliegenden Zeitungen zu studieren oder auf das Treiben am Flussufer zu schauen. Die Speisen sind westlich orientiert und nicht ganz günstig. Happy Hour (2 Getränke zum Preis von 1) von 17–19 und 22–24 Uhr. ⏲ 6–24 Uhr.

Genova, 19 St. 154, ☎ 012-390 039. Exzellente italienische Küche. Roberto ist stolz auf seine Kochkunst, und das zu Recht. Gute Pasta zu vernünftigen Preisen. ⏲ 11–23 Uhr.

La Croisette, 241 Sisowath Quay, ☎ 023-220 554, 🖥 www.lacroisette.asia. Schwerpunkt der Speisekarte ist italienische Küche. Angenehm hell gestaltetes Restaurant mit schönem Außenbereich. WLAN. ⏲ 7–1 Uhr (Küche bis 24 Uhr).

🧳 **Mekong River Restaurant**, 1 St. 118, Ecke Sisowath Quay, ☎ 023-991 150. Beliebtes Restaurant im 24-Std.-Dauerdienst. Von den Außentischen lässt sich herrlich das Treiben auf der Uferstraße beobachten. Freundlich und zügig werden günstige Western-, Khmer-, und Thai-Gerichte serviert. Während der fast durchgängigen Happy Hour von 7 bis 24 Uhr kostet ein frisch gezapftes Angkor Bier US$0,75. Frühstücksbuffet für US$2,95. Auf der Zwischenetage stdl. zwischen 11 und 21 Uhr 2 Filme in englischer und französischer Sprache, einer über die Roten Khmer, der andere zur Landminen-Problematik. ⏲ 24 Std.

Pop Da Giorgio, 371 Sisowath Quay, ☎ 012-562 892. Nicht nur bei italienischen Expats einer der beliebtesten Italiener in Phnom Penh. Es gibt Pizza und Nudelgerichte. ⏲ 11.30–14 und 18–22 Uhr.

🧳 **The Blue Pumpkin**, 245 Sisowath Quay, ☎ 023-998 153, 🖥 www.tbpumpkin.com. Das Konzept ist ein voller Erfolg. Es gibt bereits 17 Filialen in Kambodscha. Große Frühstücksauswahl. Gerichte aus der westlichen und der Khmer-Küche. Empfehlenswert sind *Fish Amok Ravioli*. Gutes Eis und eine grandiose Auswahl an Kuchen. Einladende, ganz in Weiß gehaltene Lounge auf der 1. Etage mit bequemen Sofas. WLAN. ⏲ 6–23 Uhr.

Südliches Zentrum

Karte S. 520/521

Khmer-Küche

Khmer Surin Restaurant, 9 St. 57, ☎ 023-993 163, 🖥 www.khmersurin.com.kh. Restaurant auf 3 Etagen in einem alten Holzhaus mit überdachter Veranda und ansprechendem asiatischen Ambiente. Thailändische Currys, Pad Thai, Laab-Salat oder kambodschanische Klassiker von *lok lak* über *kha cheung jrouk* (Schweinefuß in Palmzucker) stehen auf der umfangreichen Speisekarte. ⏲ 17–22 Uhr.

🧳 **Kravanh Restaurant**, 112 Sothearos Blvd., ☎ 012-539 977. Authentische Khmer-Küche im klimatisierten Restaurant mit passender musikalischer Untermalung. Wunderbar zubereitet, munden z. B. die butterzarten rohen Rindfleischscheiben in Zitronenmarinade oder Reisnudeln mit roter Currysauce *(num banh chok samla nam-ya)*. Gerichte US$3–6. ⏲ 11–14 und 17–21 Uhr.

La Table Khmère, 11E St. 278, ☎ 012-238 068, 🖥 www.la-table-khmere.com. Klassische Khmer-Küche mit kreativer Note und fein abgestimmten Aromen, um US$6. Empfehlenswert die Crying-Tiger-Spieße. Kochkurse. ⏲ 11–23 Uhr.

€ **No. 1EEo**, St. 258. Das Restaurant zwischen dem Okay und Lazy Gecko Gh. hat eigentlich keinen Namen, nur die Hausnummer auf der Markise. Einfaches kleines Restaurant, gekocht wird auf den Gaskochern hinter der Theke. Umfangreiche Karte mit typischen einfachen kambodschanischen Gerichten US$1,50–3. Auch bei Einheimischen beliebt. ⏲ 6.30–18 Uhr.

Noodle Café, 67 St. 113, ☎ 023-993 699, 🖥 www.noodle-cafe.com. Hervorragende Nudelsuppen in allen Variationen, ein paar Gerichte mit Fleisch. Asia-Nachspeisen-Liebhaber sollten unbedingt den „Rote-

Bohnen-Shake" probieren. Das Ganze kann man klimatisiert auf der 1. Etage im 70er-Jahre-Retro-Kaffeehaus-Design genießen. Brettspiele, WLAN. ⏱ 7–21 Uhr.

Sleuk Chark Restaurant, 165 St. 51, ☎ 023-211 707. Feine kambodschanische Küche. Das Restaurant wird überwiegend von Einheimischen frequentiert. Auf der Speisekarte gibt es auch Ausgefallenes wie frittierte Spinnen und Rindfleisch mit roten Ameisen. ⏱ 10–15 und 17–22 Uhr.

Sugar Palm Restaurant, 19 St. 240, ☎ 092-393 572. Hübsches kleines Restaurant mit Terrasse auf der 1. Etage. Tolle Vorspeisenplatte für 3–4 Pers. Die Currys sind lecker, und die Portion reicht für 2 Pers. WLAN. ⏱ 11–22 Uhr.

Andere asiatische Küchen

Bayan, 245 St. 51, ☎ 012-850 065. Gute Auswahl an günstigen thailändischen Gerichten. Mittags-Buffet unter US$5. Und wer mag, kann sich nebenan noch mit einer thailändischen Massage verwöhnen lassen. ⏱ 7–22 Uhr.

Magnolia, 55 St. 51, Ecke St. 242, ☎ 012-529 977. Vietnamesische Küche in ihrer ganzen Vielfalt: Suppen wie *pho* in verschiedenen Varianten für US$3, Gerichte mit Fisch oder Fleisch, Hot Pot für US$6–8. Für kleine Gäste stehen auch Pommes auf der Speisekarte. Draußen sitzt man in einem begrünten Innenhof unter hellen Schirmen. ⏱ 10–22 Uhr.

Aus aller Welt

Casolina, 56-58 St. 57, ☎ 012-691 402. Großes Gartenrestaurant mit einem gepflegten Rasen, Kinderklettergerüst, Sandkasten und Kindertischen. Kindermenüs für US$4,50. Die Erwachsenen sitzen unter der überdachten Terrasse oder auf bequemen Salas und genießen internationale Küche. WLAN. ⏱ 8–23 Uhr.

Comme La Maison, 13 St. 57. Französischer Feinkostladen und Bäckerei mit tollen Croissants, Petit Fours oder hausgemachter Paté. ⏱ 6–22.30 Uhr. Im Restaurant französische Hausmannskost, Pasta und Pizza, aber auch Kleinigkeiten wie Quiche und Sandwiches. ⏱ 11.30–14.30 und 18–22.30 Uhr.

Frizz, 67 St. 240, ☎ 012-524 801. Mix aus internationalen und einheimischen Gerichten, Fruchtshakes, Lassies. Hier treffen sich die Teilnehmer der Kochkurse der Cambodia Cooking Class (S. 529). ⏱ 10–22 Uhr.

Lust auf Vegetarisch?

Café Soleil, 22D St. 278, ☎ 012-923 371. Vegetarisch und ohne Glutamat-Zusatz: Fast 20 kambodschanische vegetarische Gerichte bietet das kleine Café zur Wahl. Gut und günstig. Erfrischend der Lemongrass-Tee. WLAN. ⏱ 7–22 Uhr.

 Evergreen Vegetarian House, 109 St. 130, ☎ 012-222 155. Gerichte quer durch den asiatischen Kontinent ohne Fisch, Fleisch oder Geschmacksverstärker. Wunderbar gewürzt, besteht ein einfaches Gericht aus vielen einzelnen Geschmacksnoten. Mittagsmenüs. ⏱ 7–14 und 15.30–21 Uhr.

The Corn, Suramarit Blvd. (St. 268), ☎ 017-773 757, 🖥 www.thecorn.com. In dem kleinen Haus mit Terrasse gibt es vegane Speisen wie *amok* oder Thai-Currys. (Hier gibt es auch Angebote für Nicht-Veganer mit Fleisch oder Fisch.) ⏱ 11–22 Uhr.

The Vegetarian, 159 St. 19, ☎ 012-905 766. Kein Fleisch, kein Fisch, keine Eier – dafür eine großartige Auswahl vegetarischer asiatischer Gerichte. Von kambodschanischem *lok lak* über Nudeln malaysischer Art bis hin zu thailändischen *pad-thai*-Nudeln oder japanischem Tempura – auch eingefleischte Nicht-Vegetarier werden im kleinen Bambusgarten fündig. Gerichte US$1,75–2. WLAN. ⏱ 10.30–20.30 Uhr, So geschl.

Vego Salad Bar, 21B St. 294, ☎ 012-984 596. Frische Salatbar – Blattsalate und viele andere frische Zutaten, gekühlt auf einer Theke. Die Salate gibt es auch als Wrap. Außerdem frisch zubereitete Bagels und Sandwiches. Frisch gepresste Säfte dazu – lecker und gesund. Entweder im AC-Restaurant oder draußen. ⏱ 7.30–21 Uhr.

KAMBODSCHA

Phnom Penh bietet eine Menge Möglichkeiten nicht nur den Hunger zu stillen, sondern dabei auch einen sozialen Beitrag zu leisten.

Café Yejj, 170 St. 450, ✆ 092-600 750, 🖥 www.cafeyejj.com. Frühstück, Sandwiches, Pasta. Die Zutaten stammen aus ökologischem Anbau, von lokalen Bauern oder sind Fair-Trade-Produkte. Hier erhalten Frauen und Jugendliche in Notsituationen eine Ausbildung. ⏲ 8–21 Uhr.

Friends Creative Tapas, 215 St. 13, ✆ 012-802 072, 🖥 www.mithsamlanh.org. Hervorragende Fusion-Tapas. Außerdem wechselnde Wochenmenüs. Ehemalige Straßenkinder erhalten hier eine Ausbildung. Unbedingt reservieren. ⏲ tgl. außer Mo 11–21.30 Uhr.

Romdeng, 74 St. 174, ✆ 092-219 565, 🖥 www.mithsamlanh.org. Das Restaurant ermöglicht ehemaligen Straßenkindern eine Ausbildung. Serviert werden sehr gute kreative authentische kambodschanische Gerichte in einem Kolonialgebäude. Mutige können als Snack frittierte Tarantel probieren. Auf der 1. Etage Souvenirs von Friends' n' Stuff. ⏲ 11–21 Uhr.

Sugar & Spice Café, 65 St. 178, 🖥 www.daughtersofcambodia.org. Unterstützt Frauen, die aus dem Sexgewerbe ausgestiegen sind. Suppen, Sandwiches, Salate, Crêpes und Kuchen. Ausgefallene Crêpes-Kreationen und Smoothies wie Kürbis-Ingwer-Espresso-Smoothie. WLAN. ⏲ 9–18 Uhr.

Veiyo Tonle, 237 Sisowath Quay, ✆ 012-350 199, 🖥 www.ncclaorphanage.org. Hübsches kleines Restaurant am Fluss. Frühstückauswahl für US$3,95. Gute Khmer-Küche und Pizza. Die Gewinne gehen an ein Waisenhausprojekt. WLAN. ⏲ 7–23 Uhr.

Java Café & Gallerie, 56 Sihanouk Blvd., ✆ 023-987 420, 🖥 www.javacambodia.com. Kaffee, Kuchen, Burger, Sandwiches und Smoothies. Gut klimatisiert auf 2 Etagen, Balkon. An den Wänden wechselnde Kunst, die auch käuflich zu erwerben ist. Ab 20 Uhr gibt es Muffins und Cupcakes zum halben Preis. WLAN. ⏲ 6–22 Uhr

La P'tite France, 38 St. 306, ✆ 016-642 630. In einer alten Villa zaubert Didier Pierrot klassische französische Gerichte. Mittags gibt es ein 2-Gänge-Menü für US$9. ⏲ 10–14 und 18–22 Uhr.

Le Jardin, 16 St. 360, ✆ 017-555 035. Für Kinder gibt es in dem großen Innenhof einen Sandkasten, ein Spielhaus mit Rutsche und Spielzeug. Erwachsene relaxen unter schattigen Bäumen und Segeln auf Sofas. Salate und andere mediterrane Gerichte. Kopien der *Süddeutschen Zeitung* liegen aus. WLAN. ⏲ 9–22 Uhr, Wochenende 8–22 Uhr.

Luna, 6C St. 29, ✆ 023-220 895. Pizza und Pasta im lauschigen Garten. Bequeme Salas und Sofaecken. Empfehlenswert sind die *Ravioli Luna* mit Gorgonzola, Pinienkernen und Rosinen. Sa und So Brunch à la carte ab 9 Uhr. ⏲ 11–22 Uhr.

Mama Restaurant, 9 St. 111. Einfaches Restaurant mit den üblichen Fried-Rice- und Fried-Noodles-Gerichten. Gute Frühstücksauswahl und hervorragendes Rindfleischgericht mit Kartoffeln und Möhren. Der Besitzer ist hauptberuflich Archäologe und weiß die ein oder andere unterhaltsame Geschichte zu erzählen. ⏲ 7.30–21.30 Uhr.

Naturae, 83 St. 240, ✆ 023-218 450. Kleine Auswahl an westlichen Gerichten um US$8 aus Biozutaten. Frühstücksets US$7. Die Tische auf der Terrasse sind mit Gras dekoriert. ⏲ 9–21 Uhr.

Tamarind, 31 St. 240, ✆ 012-830 139. Empfehlenswerte mediterrane und nordafrikanische Küche. ⏲ 9–24 Uhr.

UNTERHALTUNG UND KULTUR

Aktuelle Veranstaltungstermine und Infos gibt es online unter **Lady Penh**, 🖥 www.ladypenh.com, und **Leng Pleng**, 🖥 www.lengpleng.com. Hier findet man eine ausführliche Veranstaltungsübersicht über Filme, Konzerte, Ausstellungen und mehr. Für einen **Blick in die Club-Szene** lohnt auch der Besuch von 🖥 www.phnom-penh-underground.com. **The Advisor**, 🖥 theadvisorcambodia.com, gibt wöchentlich eine kostenlos ausliegende Zeitung heraus, die umfangreiche Kulturtermine, Livemusik und andere Tipps zu Aktivitäten enthält.

Zahlreiche Pubs, aber auch Bars mit weiblicher Unterhaltung, reihen sich in der St. 104 und 136. Nachts wird es in den Clubs rund um die St. 51, zwischen St. 154 und 174, richtig voll. In den Straßen mischen sich das ausgehfreudige Publikum und Frauen, die gewisse Vergnügungen anbieten.

KAMBODSCHA

Bars und Clubs

CodeRED, gegenüber Naga World, ☎ 017-800 642, 🖥 www.codeclubasia.com. Neuer Club abseits der Partymeile. Gutes Sound-System, viele Veranstaltungen; Gast-DJs legen aktuelle Musik verschiedener Stilrichtungen, aber immer jenseits des Mainstream auf. Partyankündigungen auf Facebook: CodeRed-Cambodia. Eintritt ca. US$5–10. ⏰ meist 21–4 Uhr.

Dodo Rhum House, 42C St.178. Angenehme kleine Bar, beliebt bei französischen Expats. Der Besitzer importiert weißen Rum aus seiner Heimat Frankreich und veredelt diesen (z. B. mit Passionsfrucht, Schokolade oder Karamell). Gute westliche Gerichte. ⏰ 17–1 Uhr.

Do it all Club, 61 St. 174, ☎ 023-220 904, 🖥 www.doitallclub.com. Kleiner Biergarten mit lauschigen Sitzecken und Großleinwand. Drinnen legen DJs R'n'B oder Hip-Hop auf. So ist Reggae-Nacht. ⏰ 22–4 Uhr.

Dusk till Dawn, St. 172. In einem unscheinbaren Eingang gegenüber dem Pontoon geht es mit dem Fahrstuhl auf die 5. Etage. Auf 2 Dachterrassen hat man nachts einen super Blick auf die Ausgehmeile von Phnom Penh. Es läuft Reggae, auf der obersten Etage legen DJs auf. ⏰ 17–5 Uhr.

Eclipse Bar im Phnom Penh Tower, 44 Monivong Blvd., ☎ 023-964 171. Die beste Aussicht über Phnom Penh lockt auf die 22. Etage, 360-Grad-Panoramablick aus dem offenen schicken Restaurant und der Bar. Happy Hour von 17.30–19 Uhr, 30 % auf Getränke. ⏰ 17–2 Uhr.

🧳 **Equinox**, 3A St. 278, ☎ 023-676 7593, 🖥 www.equinox-cambodia.com. Angesagte Bar auf 2 Ebenen: Kunstausstel-

lungen, kostenlose Konzerte, Quiz- und Comedy-Abende und vieles mehr – einfach mal einen Blick auf die Veranstaltungshinweise werfen. ⏰ 8 Uhr–Ende offen.

Heart of Darkness, 38 St. 51, 🖥 www.heartofdarknessclub.com.kh. Immer noch mit der angesagteste Club in Phnom Penh. Ebenfalls beliebt bei jungen wohlhabenden Khmer, die gerne ihre Leibwächter mitbringen. Falls die zu vorgerückter Stunde und bei steigendem Alkoholpegel aggressiv werden, besser das Weite suchen. ⏰ 21 Uhr–Morgengrauen.

Memphis Pub, 3 St. 118. Kleine Bar, in der ab 22 Uhr die Hausband und andere Livebands Rock und Blues spielen. ⏰ außer So 16–2, Wochenende bis 4 Uhr.

Pontoon, 80 St. 172, 🖥 www.pontoonclub.com. DJs heizen in der loungeartig gestalteten Partylocation Touristen wie Einheimischen ein. Die Musikrichtung variiert je nach Gast-DJ. Eintritt je nach Veranstaltung. Großes Security-Aufgebot und Taschenkontrolle. ⏰ 22 Uhr–Ende offen.

Red Bar, 20 St. 308, ☎ 010-729 655. Kleine engagiert geführte Bar – gut für einen Drink zu Reggae-Musik. ⏰ 16–24 Uhr.

The Lounge, St. 110, Ecke Sisowath Quay, auf der 1. Etage über dem Riverhouse. In den Abendstunden amüsiert sich junges, gut situiertes, meist kambodschanisches Publikum. Später kommen westliche Besucher hinzu. Gefeiert wird zu lauten Beats wechselnder DJs. Der schmale, umlaufende Balkon ist zu einer Theke umfunktioniert. Ab etwa 20 Uhr ist hier etwas los. ⏰ 15–3 Uhr.

Zeppelin Café, 109 St. 51. Kleine quirlige Bar mit Hard-Rock-Devotionalien geschmückt. An manchem Abend legt der Besitzer selbst Rockiges auf den Plattenteller oder mixt am PC. ⏰ 18.30–4 Uhr.

Kino und Theater

🎭 **Plae Pakaa Cambodian Living Arts**, im Nationalmuseum, ☎ 017-998 570, 🖥 www.cambodianlivingarts.org. Sehenswerte traditionelle Tanz- und Gesangsvorführungen im Nationalmuseum. Okt–März Mo–Sa um 19 Uhr. US$15, Kinder bis 12 Jahre US$6.

Sovanna Phum Art Association, 166 St. 99, ✆ 012-846 020, 🖳 www. shadow-puppets.org, [4912], bietet traditionelles Schattenspiel. In einem Zelt werden vier unterschiedliche Vorführungen gezeigt. Ein Orchester begleitet die Tänzer mit traditioneller Musik. Fr, Sa um 19.30 Uhr, Tickets US$10, Kinder zahlen die Hälfte.

The Flicks, 39B St. 95, ✆ 097-896 7827 oder 078-809 429, 🖳 www.theflicks-cambodia. com. **The Flicks 2**, 90 St. 136. Nicht mehr ganz aktuelle Kinofilme, auch kleinere Produktionen. Im Flicks 2 mehrmals *The Killing Fields*. Bequeme Sofas und Matratzen vor einer kleinen Leinwand. US$4 für den ganzen Tag und beide Kinos. **The Empire Movie House**, 34 St. 130, ✆ 089-392 921, 🖳 www.the-empire.org, mit ähnlichem Angebot.

EINKAUFEN

Phnom Penh ist ein Shoppingparadies. Am quirligsten geht es natürlich auf den **Märkten** zu, Handeln gehört dabei zum Geschäft. Ruhiger geht es in den beiden großen klimatisierten **Shoppingcentern Sorya** und **Sovanna** zu – die ausgezeichneten Preise sind Festpreise. Wunderbar bummeln lässt es sich auch in der St. 178 gegenüber dem Nationalmuseum und der Universität der feinen Künste. In dieser **Künstlerstraße** reiht sich Galerie an Galerie mit mehr und auch mal weniger hochwertigen Werken. Kunsthandwerksläden wechseln sich ab mit kleinen Boutiquen, netten Cafés und Souvenirläden. Wer es etwas schicker mag: In der St. 240 überwiegen **Boutiquen** und edlere Souvenirläden. Auch im Boeng-Keng-Kang-Viertel, St. 51, St. 57 und St. 278, haben ein paar Geschäfte eröffnet, die teils ausgefallene Stücke von einheimischen Designern verkaufen.

Märkte

Psar Chas (Alter Markt), St. 108/110, Ecke St. 13. Das Angebot richtet sich an die einheimische Bevölkerung. Hier gibt es Textilien, Schuhe, Schmuck, Devotionalien und Lebensmittel. Für viele Reisende wirkt der Markt ein wenig schmuddelig, dennoch ein lohnenswerter Rundgang, bei dem es viel Neues zu entdecken gibt. ⏱ 6–20 Uhr.

Psar Kandal, zwischen St. 144/154 und St. 5/13. Teils überdachter Markt und offene Stände unter Planen. Abends Essen zum Mitnehmen, an der Westseite einige günstige Restaurants. Der Markt ähnelt dem Psar Chas, ist aber bedeutend größer – und durchaus einen Bummel wert. ⏱ 5–20 Uhr.

Psar Reatrey (Nachtmarkt), zwischen St. 108/106 und Sisowath Quay. Wer Nachtmärkte aus anderen asiatischen Ländern kennt, wird etwas enttäuscht sein. Die Stände mit Kleidung und Modeschmuck sprechen Einheimische an. Die Essensstände hinter der Bühne verkaufen günstige Snacks. ⏱ Fr–So 17–22 Uhr.

Psar Thmei (Zentralmarkt), St. 53, Art-déco-Gebäude und das Wahrzeichen der Stadt. Unter der zentralen Kuppel haben die Gold- und Silberschmuck-Verkäufer ihren Sitz. Zudem ein großes Angebot nachgeahmter oder Zweite-Wahl-Artikel von Markenherstellern (vorwiegend Kleidung, Schuhe, Taschen). An den Essensständen gibt es günstige einheimische Gerichte zu probieren.

 Psar Tuol Tom Poung (Russischer Markt), südlich Mao Tse Toung Blvd./ St. 450. „Russischer Markt" heißt er, weil er in den 1980er-Jahren von vielen Russen besucht wurde, die damals fast die einzigen westlichen Ausländer im Land waren. Typischer überdachter Markt: In den engen Gängen drängen sich die Verkaufsstände. Die Auswahl an Souvenirs, Klamotten, Imitaten – teils auch Zweite-Wahl-Originalkleidung – ist hier noch größer als auf dem Zentralmarkt, und außerdem gibt es die größte Auswahl an CDs, DVDs und VCDs. Schneider, Schuhe, hier gibt es alles.

Shoppingcenter

Eine Filiale der Lucky-Supermarkt-Kette mit teils westlichen Lebensmitteln gibt es u.a. im Erdgeschoss der Shoppingcenter:

Sorya Shoppingcenter, St. 63 zwischen St. 154 und St. 136. Hier gibt es Kleidung, Kosmetik, Schuhe, Elektroartikel und viele Restaurants, in der 5. Etage ein moderner Kinokomplex, Entertainmentcenter und eine Rollschuhbahn.

Sovanna Shoppingcenter, St. 430. Beherbergt ein ähnliches Angebot wie Sorya Shoppingcenter. Auf der 3. Etage ein Food-Court.

In Phnom Penh gibt es eine Reihe von Geschäften, die mit den Erlösen Hilfsbedürftige unterstützen, ihnen Arbeit geben oder eine Ausbildung ermöglichen. **Artisans d'Angkor**, 12 St. 13, ✆ 023-992 409, 🖥 www.artisansdangkor.com. Fantastische Skulpturen, der Angkor-Zeit nachempfunden, sowie Seidenaccessoires und Silberarbeiten. Die hochwertigen Arbeiten werden in Werkstätten gefertigt, die Jugendlichen aus ländlichen Gegenden eine Ausbildung ermöglichen. ◷ 9–18 Uhr.

Cambodian Handicraft Association, 1 St. 350. Seidenkleidung, Schals, Taschen und Spielzeug aus Stoff. Von Frauen mit Behinderungen hergestellt. Die Werkstatt im hinteren Teil kann besichtigt werden. ◷ 7–19 Uhr.

Daughters of Cambodia, 65 St. 178, ✆ 077-657 678, 🖥 www.daughtersofcambodia.org. Aus biologisch angebauter Baumwolle und natürlichen Farben gefertigte Kleidung, Taschen und Schmuck; von ehemaligen Prostituierten hergestellt. Im Obergeschoss befindet sich das Sugar & Spice Café. ◷ 9–18 Uhr.

Friends n' Stuff, 215 St. 13. Witzige Taschen aus recycelten Materialien, T-Shirts (u. a. auch für Kinder), Kleidung, *kramas* und Schmuck – gefertigt von Frauen, die aus den Erlösen ihre Kinder zur Schule schicken können. Weitere Filiale im Russischen Markt. ◷ 11–21 Uhr.

Mekong Blue, 9 St. 130, 🖥 www.mekongblue.com. Schals, Tücher, Schuhe und Taschen – einzigartige Stücke aus Seide. Gefertigt werden sie von Frauen aus einer Kooperative in Stung Treng. ◷ 8–18 Uhr.

Mekong Quilts, 47-49 St. 240, ✆ 023-219 607, 🖥 www.mekong-quilts.org. Wunderbare bunte Tagesdecken, Stofftiere für Kinder und Weihnachtsdekoration aus Stoff. Baumwolltagesdecken für ein Doppelbett um US$200. Unterstützt Frauen in Vietnam und Kambodscha. Gewinne werden in Schulen, Ausbildung und Mikrokredite investiert. ◷ 9–19 Uhr.

Nyemo, 41 St. 450, ✆ 023-213 160, 🖥 www.nyemo.com. Seide und Kinderspielzeug aus Stoff, hübsche Stoff-Mobilees und einige Buddha- und Apsarafiguren. Hilft Frauen beim Wiedereinstieg in den Beruf. ◷ 7–17.30 Uhr.

Rajana, 170 St. 450, ✆ 023-993 642, 🖥 www.rajanacrafts.org. Toller Platz zum Stöbern. Hier gibt es fast alles, was das Herz begehrt: Schmuck, Taschen, Kleider, Grußkarten und vieles mehr. Die NGO Rajana kämpft für faire Löhne und eine gute Ausbildung. ◷ Mo–Sa 7–18, So 10–18 Uhr.

Rehab Craft, 1 St. 278, ✆ 010-220 440. Die Schnitzereien, Webarbeiten und Taschen werden in eigener Werkstatt von Behinderten hergestellt. ◷ 8–21 Uhr.

Sobbhana, 23 St. 144, ✆ 023-219 455, 🖥 www.sobbhana.org. Hochwertige Seidenartikel. Frauen werden in der traditionellen Kunst am Webstuhl ausgebildet und beschäftigt. Wunderbare Schals, mit Steinen verziert, Kleider, Hemden, aber auch Schmuck und Deko-Artikel. ◷ 8–17.30 Uhr.

Tabitha, 239 St. 360, Ecke St. 51. An dem Straßenstand werden Kinderspielzeug aus Stoff und zudem Taschen und *kramas* verkauft. Die Werkstatt dahinter kann besichtigt werden. Der Gewinn wird Dörfern gespendet. ◷ Mo–Sa 8–18 Uhr.

Ta Prohm Souvenir, 49 St. 178, ✆ 023-224 729. Die Gründerin Chim Kong wurde als junges Mädchen von einer Landmine verletzt. Mittlerweile beschäftigt sie über 30 behinderte Mitarbeiter. Taschen und Schals aus Seide. Ausgefallene Taschen aus Zement- oder Reissäcken. ◷ 8–20 Uhr.

Watthan Artisans Cambodia, 180 Norodom Blvd., auf dem Gelände des Wat Than, ✆ 023-216 321, 🖥 www.watthanartisans.org. Von Menschen mit Behinderungen hergestellte Souvenirs wie Taschen, Stofftiere für Kinder, Schals, Schmuck und Dekorationsartikel. ◷ 8–18 Uhr.

Bücher

Bohr's Books, 47 St. 172, ✆ 012-929 148. Gebrauchte Bücher, viele in deutscher Sprache, ab US$4. Die Auswahl ist groß.

Ankauf gelesener Bücher für US$1,50–2. ◷ 8–20 Uhr.

D's Books, 79 St. 240, ✆ 023-221 280, weitere Filiale St. 178. Second-Hand-Bücher, auch in deutscher Sprache, US$5–7. Gelesene Bücher werden für US$1–3 eingekauft. ⏲ 9–21 Uhr.

Monument Books & Toys, 111 Norodom Blvd., ☏ 023-223 622, ⌨ www.monument-books. com. Gut sortierte Buchhandlung mit englischsprachigen Büchern und Zeitschriften. ⏲ 7–20.30 Uhr.

Malereien

In St. 178 zwischen St. 13 und St. 19 gibt es mehrere Geschäfte, die Ölgemälde verkaufen.

Asasax Art Gallery, 192 St. 178, ☏ 012-877 795, ⌨ www.asasaxart.com.kh. Expressionistische Ölgemälde des kambodschanischen Künstlers Asasax, ab US$250.

Happy Painting Gallery, 363 Sisowath Quay, ☏ 023-221 732. Die farbenfrohen, naiven Gemälde des Künstlers Stéfane Delaprée machen einfach gute Laune. Kleinere Werke ab US$150. ⏲ 8–22 Uhr.

La Galerie, 13 St. 178, ☏ 023-722 252. Sehenswerte moderne, ausdrucksstarke Gemälde und Objekte des Künstlers EM Riem. ⏲ 10–18 Uhr.

Roomet Contemporary Art Space, 36 St. 178, über dem Blue Chilli Pub, ☏ 077-550 759. Die Galerie stellt aktuelle Kunst kambodschanischer Künstler aus – wechselnde, teils sehr sehenswerte Arbeiten. ⏲ 10–12 und 13–18 Uhr.

Souvenirs, Schmuck und Textilien

Garden of Desire, 33 St. 178, ☏ 012-319 116, ⌨ www.gardenofdesire-asia.com. Handgearbeiteter Silberschmuck mit Kunst-, Halb- oder Edelsteinen des kambodschanischen Designers Ly Pisith. ⏲ 9–18 Uhr.

Spicy Green Mango, 3 Filialen in der Stadt: 4A St. 278, 52A St. 240, 249 Sisowath Quay, ☏ 092-393 511, ⌨ www.spicygreenmango.com. Originelle Kinderkleidung und ausgefallene Patchwork-Style-Kleidung für Damen. ⏲ 10–21 Uhr.

Starling Farm, 3 St. 178, ☏ 023-724 274, ⌨ www.starlingfarm.com. Wer nicht bis Kampot kommt, kann den weltberühmten Pfeffer auch in Phnom Penh erstehen. Hier werden die Pfefferkörner sortiert und vakuumverpackt. Es gibt auch Pfeffermühlen oder Wodka mit Pfeffer. ⏲ 8–17 Uhr.

Trunkh., 17 St. 294, ☏ 012-812 476, ⌨ www. trunkh.com. Wer zuhause gerne auf Flohmärkten stöbert, ist hier genau richtig. Kuriose und ausgefallene Stücke jeglicher Art: Spielzeug, Dekorationen, Tischsets, Bekleidung und mehr. ⏲ tgl. außer Mo 10–19 Uhr.

Water Lily, 37 St. 240, ☏ 012-812 469. Originelle Schmuckkreationen aus Knöpfen, Reißverschlüssen, Recycling-Materialien oder Natürliches wie filigrane Kokons von Raupen. ⏲ 9–19 Uhr.

AKTIVITÄTEN

Fahrradfahren

Einige Guesthouses verleihen Fahrräder, u. a. das Capitol Gh. für US$2/Tag.

Vicious Cycle und Grasshoper Adventures, 23 St. 144, ☏ 012-430 622, ⌨ www.grasshopper adventures.com. Verleih guter Mountainbikes und Stadträder. US$ 4–8/Tag. Organisierte Fahrradtouren als Tagestour zu den Inseln im Mekong oder nach Oudong für US$33/65 p. P. ⏲ 8–18 Uhr.

Fitness und Sport

Viele der großen Hotels bieten ihren Gästen einen Swimming Pool, einen Fitnessraum oder Tennisplatz, die gegen Zahlung einer Gebühr auch von Tagesgästen genutzt werden können.

Fitness One im Himawari Hotel, in der Woche: US$7 (Pool oder Tennisplatz), US$10 (Fitnesscenter, Sauna, Tennisplatz, Pool), am Wochenende US$8/12. Kinder US$3–5. Monatskarten. ⏲ 6–22 Uhr.

Kochkurse

Cambodia Cooking Class, 67 St. 240, ☏ 012-524 801, ⌨ www.cambodia-cooking-class.com. Kurse starten im Restaurant Frizz um 9 Uhr. Gemeinsam fahren die Teilnehmer mit dem Tuk-Tuk auf den Markt. Danach geht es auf der Dachterrasse der Kochschule an die Arbeit: 5 Gerichte (2 im Halbtageskurs) werden vorbereitet, gekocht und natürlich gegessen. Anmeldung erforderlich. Halbtageskurs bis 13 Uhr für US$15; Tageskurs bis 16 Uhr US$23, inkl. Rezeptbuch. Teilnehmerzahl 2–16 Pers.

Meditation, Yoga und Wellness

Bodia Spa, Sothearos Blvd., Ecke St. 178, ☎ 023-226 199, 🖥 www.bodia-spa.com. Tolles japanisch anmutendes Ambiente. Massage ab US$20. Packungen und Gesichtspflege mit hauseigener Kosmetiklinie. ⏱ 10–24 Uhr.

🌳 **Nail Bar**, 215 St. 13, 🖥 www.mithsam lanh.org. Im Friends n' Stuff-Geschäft. Maniküre, Pediküre für US$5, Hand- und Fußmassage (30/60 Min. für US$4/7). Ehemalige Straßenkinder erhalten hier eine Ausbildung. ⏱ 11–21 Uhr.

Samata Wellnesstudio, 54 St. 306, ☎ 023-726 267. Yoga Mo–Fr 12.20 und 18.30 Uhr, US$9. Pilates Di 9, Do 17.30 und 18.45, Sa 10.30 Uhr für US$9 ohne Voranmeldung.

🌳 **Seeing Hands Massage**, St. 278, Sothearos Blvd., St.13, St. 108, St. 118. Blinde Masseure geben Massagen und können sich und ihre Familien so eigenständig ernähren. Die Salons sind einfacher als die Wellnesstempel und ohne jeden optischen Schnickschnack. US$7/Std. ⏱ 8–21 Uhr.

€ **Wat Langka**, Sihanouk Blvd., Ecke St. 51. Gemeinsame kostenlose einstündige Meditation im Obergeschoss des zentralen Vihears. Mo, Do, Sa 18, So 8.30 Uhr.

Reiseveranstalter

Palm Tours, 1B St. 278, ☎ 023-726 291, 🖥 www.palmtours.biz. Umfangreiche Angebote. Verkaufen Bustickets aller Gesellschaften, Flugtickets, Visaverlängerungen, Tourangebote, Landkarte des Kirirom-Nationalparks. ⏱ 8–21 Uhr.

Wordwide Travel & Exchange, 40 St. 172, ☎ 023-216 628. Bustickets, Flüge, Visa, Geldwechsel, Geld auf Kreditkarten und die Einlösung von Travellers Cheques – das Büro kümmert sich um (fast) alles. ⏱ 10–20 Uhr.

Tagestouren

Stadtführungen sind als Halbtagestour oder Tagestour inkl. Choeung Ek für US$6/8 zzgl. Eintrittspreise p. P. (bei mind. 4 Pers.) in Hotels und Guesthouses buchbar.

Khmer Architecture Tours, 🖥 www.ka-tours. org. Verschiedene geführte Touren zu Fuß oder

mit dem Cyclo zu architektonisch auffälligen Gebäuden der Khmer-Architektur zwischen 1953 und 1970. Termine auf der Webseite, auf der auch ein gezeichneter Stadtplan mit einem Routenvorschlag zu finden ist (dieser kann problemlos selber erkundet werden). US$8–15.

🌳 **The Cyclo Association**, 9D St. 158, ☎ 012-518 762, 🖥 www.cyclo.org.kh. Cyclo-Fahrer erhalten hier eine Mahlzeit, können duschen oder am Englischunterricht teilnehmen. In Phnom Penh stehen sie an vielen Sehenswürdigkeiten, erkennbar an den grünen T-Shirts und Cyclos. Zwischen US$2,50/Std. und US$10/Tag für eine Stadttour.

Apotheken

Pharmacie de la Gare, 81 Monivong Blvd., ☎ 023-526 855. Gut sortiert, Englisch sprechendes Personal. ⏱ 8.30–18 Uhr.

U carepharmacy, 6 Filialen in der Stadt: 26-28 Sothearos Blvd.; 39 Sihanouk Blvd.; 41-43 Norodom Blvd.; 254 Monivong Blvd.; 844 Kampucheakrom Blvd.; 207-209 Sisowath Blvd. Großes Sortiment, kompetente englischsprachige Beratung. Verkauf von Original-Medikamenten und Drogerie-Produkten wie Sonnenmilch, Mückenschutz, Hautpflegeprodukten. ⏱ 8–22 Uhr, Sisowath Quay bis 23 Uhr.

Diplomatische Vertretungen

Deutschland, 76-78 St. 214 (Rue Yougoslavie), ☎ 023-216 193, Notfall-☎ 012-818 202, 📠 217 016, 🖥 www.phnom-penh.diplo.de. Die Botschaft ist auch für österreichische Bürger zuständig. ⏱ Mo–Fr 8.30–11.30 Uhr.

Schweiz, 53D St. 242, ☎ 023-219 045, 📠 213 375, ✉ swissconsulate@online.com.kh. Generalkonsulat.

Laos, 15-17 Mao Tsetung Blvd., ☎ 023-982 632, 📠 720 907, ✉ laoembpp@canintel.com. Botschaft. ⏱ Mo–Fr 8.30–11.30 und 14–17 Uhr.

Thailand, 196 Preah Norodom Blvd., ☎ 023-726 306, 📠 726 303, 🖥 www.thaiembassy.org/phnompenh. Botschaft. ⏱ Mo–Fr 8.30–11 Uhr.

Vietnam, 436 Monivong Blvd., ☎ 023-726 274, 📠 726 495, 🖥 www.vietnamembassy-cambodia.org/en. Botschaft.

Geld

Dollarnoten in Riel werden in Banken, am Psar Thmei und im Russischen Markt sowie überall dort getauscht, wo der Tageskurs an der Ladentheke angeschlagen ist. In Phnom Penh gibt es fast an jeder Ecke einen Geldautomaten. Entlang der Street 114 und 110 zwischen Norodom und Monivong Blvd. haben die meisten Banken ihre Hauptniederlassung.

ABA Bank, 148 Sihanouk Blvd., 🖥 www.aba bank.com, akzeptieren Visa- und MasterCard, US$4 Transaktionsgebühr. MoneyGram-Service. ⏰ Mo–Fr 8–16, Sa 8–11 Uhr.

Acleda Bank, 61 Monivong Blvd., ✆ 023-998 777, 🖥 www.acledabank.com.kh. Western-Union-Service, wechselt Dollar und Euro-Reiseschecks gegen 2 % Gebühr, Geldautomaten akzeptieren alle gängigen Kreditkarten, 2–3 % Gebühr. ⏰ Mo–Fr 7.30–16, Sa 7.30–12 Uhr.

ANZ Royal Bank, 265 Sisowath Quay, ✆ 023-999 000, 🖥 www.anzroyal.com. Geldautomaten akzeptieren Visa-, MasterCard und Cirrus. US$4 Gebühr. Tauscht Travellers Cheques, Gebühr 2 %. ⏰ Mo–Fr 8.30–16, Sa 8.30–12 Uhr. Der Schalter nebenan hat kundenfreundlichere Öffnungszeiten: tgl. 8–21 Uhr, kein Geldautomat, aber Geld auf Kreditkarte für 1 %, mind. US$5.

Canadia Bank, 315 Monivong Blvd., ✆ 023-868 222, 🖥 www.canadiabank.com.kh. Wechselt Reiseschecks gegen eine Gebühr von 2 %, Geldautomaten akzeptieren Visa-, MasterCard ohne Transaktionsgebühr. Bargeld auf Vorlage von Kreditkarte und Reisepass kostenlos. Wer sich über MoneyGram Geld schicken lassen will, kann hier Geld abholen. ⏰ Mo–Fr 8–15.30, Sa 8–11.30 Uhr.

Informationen

Tourist Information, Sisowath Quay. Mehr als Werbeflyer gibt es hier leider nicht, dafür kostenlos Internet und WLAN. ⏰ Mo–Fr 8–17, Sa 8–11 Uhr.
Informativ und ausführlich ist der vierteljährlich erscheinende *Phnom Penh Visitors Guide* mit einem kurzen geschichtlichen Abriss, Sehenswürdigkeiten, Hotels, Restaurants, Geschäften und Transportinformationen. Ebenfalls vierteljährlich erscheinen die kleinen **Pocket-Guide**-Hefte, nach Themen sortiert:

Drinking & Dining, *After Dark* und *Out & About*. Aktuelle Ausgaben liegen in Hotels, Guesthouses, Restaurants und Geschäften aus.

Internet

Kostenl. WLAN in Hotels und vielen Restaurants. 2 Rechner mit kostenlosem Internetzugang im Büro der Tourist Information (s. o.). Internetcafés im Stadtgebiet, 1000–2000 Riel/Std.

Kulturinstitute

Meta House, 37 Sothearos Blvd., ✆ 023-224 140, 🖥 www.meta-house. com. Im Jahr 2007 wurde das deutsch-kambodschanisches Kulturzentrum von dem deutschen Filmemacher Nico Mesterharm gegründet. Im überdachten Kino auf der Dachterrasse laufen ab 16 Uhr Dokumentationen, einheimische Produktionen, Kurz- oder Art-House-Filme. Tickets US$2 inkl. Getränk. Im Art Café gibt es internationale und deutsche Gerichte, ab 21 Uhr legen DJs auf, an manchen Abenden auch Livemusik. Das aktuelle Programm gibt es auf der Webseite. WLAN. ⏰ Di–So 16–24 Uhr. Die Art Gallery im Erdgeschoss bietet internationalen Künstlern die Möglichkeit, Gemälde, Fotos oder Skulpturen auszustellen. ⏰ 10–22 Uhr, Eintritt frei.

Medizinische Hilfe

Calmette Hospital, 3 Monivong Blvd., ✆ 023-426 948 und 427 792, ✉ h_chamreun@ yahoo.com. Das staatliche Krankenhaus hat einen sehr guten Ruf. Angeschlossenes Herzzentrum.

European Dental Clinic (Zahnklinik), 160 A, Norodom Blvd., ✆ 023-211 363. 3 europäische Zahnärzte praktizieren in der Zahnklinik. ⏰ Mo–Fr 8–12 und 14–19, Sa 8–12 Uhr.

International SOS Medical and Dental Clinic, 161 St. 51, ✆ 023-216 911, 012-816 911, 🖥 www. internationalsos.com. Gut ausgestattet und mit gutem Ruf. 24 Std.-Notfalldienst. Kümmern sich um den Transport in medizinisch notwendigen Fällen nach Singapore oder Bangkok. Operationen, Impfungen, zahnärztliche Behandlungen. ⏰ Mo–Fr 8–17.30, Sa 8–12 Uhr.

Naga Clinic, 11 St. 254, ✆/✆ 023-211 300, Notfall: ✆ 011-811 175, 🖥 www.nagaclinic.

com. Unter französischer Leitung. Chirurgie, Tropenerkrankungen, Diabetes, Physiotherapie. Konsultationen ab US$30. ⏲ Mo–Fr 8–12 und 14–18 Uhr. 24-Std.-Notfalldienst.

Tropical and Travellers Medical Clinic, 88 St. 108, ✆ 023-306 802, 🖳 www.travellers medicalclinic.com. Der Brite Dr. Scott behandelt in seiner Praxis kleinere Fälle wie Wundversorgung, bietet Gesundheits-Checks, Impfungen, Tests auf Infektionen und Geschlechtskrankheiten. ⏲ Mo–Fr 8.30–12 und 14–17, Sa 8.30–12 Uhr.

Motorradverleih

Es gibt zahlreiche Motorradverleiher in Phnom Penh. Als Sicherheit muss der Reisepass hinterlegt werden. Die Maschinen immer abschließen oder auf einem bewachten Parkplatz abstellen – Motorraddiebstähle sind leider an der Tagesordnung.

Lucky! Lucky! Moto, 413 Monivong Blvd., ✆ 023-212 788. Mopeds mit Gangschaltung US$4/Tag, Automatik US$6/Tag, 250er-Maschinen US12/Tag, 400–600 ccm US$25/Tag inkl. Helm. Günstiger als andere Anbieter, aber ohne Versicherung. ⏲ 8–18.30 Uhr.

Vannak Motorcycle Shop, 46 St. 130, ✆ 012-220 970, 🖳 www.vannakmotorcycle.com. Verleiht Motorräder zwischen 100 und 1500 ccm der Marken Suzuki, Kawasaki, Honda und Yamaha, US$5–50/Tag. Größere Crossmaschinen inkl. guter Helme. Verkauft auch gebrauchte Motorräder. ⏲ 7–18 Uhr.

Post und Paketdienst

Hauptpost, St. 13, Ecke St. 102, ✆ 023-426 062. Paketdienst EMS, Fax, Telegramme, Postkarten und Briefmarken, Geldwechsler und *Poste Restante*. ⏲ 7–18 Uhr.

DHL, 353 St.110, ✆ 023-427 726, 🖳 www.dhl. com. ⏲ 7.30–17.30 Uhr.

EMS im Hauptpostamt, ✆ 023-427 428. Nach Deutschland kostet ein Paket US$26 für 1 kg (S. 89). ⏲ 8–17 Uhr.

Visaangelegenheiten

Immigration, 332 Russian Blvd. (ggü. Flughafen), ✆ 012-581 558, 🖳 www.immigration.gov.kh. ⏲ Mo–Fr 7.30–10 und 14–16 Uhr (S. 103).

Wichtige Telefonnummern

Polizei: ✆ 117 aus dem Festnetz
Hotline: ✆ 012-999 999
Touristenpolizei: ✆ 012-942 484, 023-724 793
Polizei-Hotline, um Kindesmissbrauch anzuzeigen: ✆ 023-997 919 (Phnom Penh und landesweit)
Feuerwehr: ✆ 118 aus dem Festnetz ✆ 012-786 693, 023-723 555
Ambulanz: ✆ 119 aus dem Festnetz ✆ 023-724 891 (Calmette Hospital)

Die meisten Hotels, Guesthouses und Reisebüros kümmern sich um die einmalige 30-Tage-Verlängerung eines Touristenvisums für US$43–46, Bearbeitungszeit 3 Werktage. Die Beantragung eines **Visums für Vietnam** übernehmen Reisebüros und Hotels für US$61–70. Bearbeitungszeit 1 Werktag. Wer das Vietnam-Visum selbst in der Botschaft (S. 530) beantragt, zahlt US$60 (Abholung am nächsten Tag) oder US$70 für Sofortausstellung.

NAHVERKEHR

Busse

Als Pilotprojekt im Februar 2014 gestartet, fahren nun die grün-weißen City-Busse der Linie 1 zwischen 5.30 und 20.30 Uhr im 10-Min.-Takt über den Monivong Blvd. ab Höhe Chroy-Changvar-Brücke bis zur Monivong-Brücke. Linie 2 und 3 starten am Nachtmarkt und fahren bis Takmau und Chaom Chau. Das Tagesticket kostet 1500 Riel.

Cyclos

Die muskelbetriebenen Fahrräder mit Vordersitz sieht man zunehmend seltener auf Phnom Penhs Straßen. Für Kurzstrecken innerhalb der Stadt 2000 Riel, eine gemütliche Sightseeingtour US$8–10/Tag. Cyclofahrer kann man auf der Straße anhalten oder über The Cyclo Association (S. 530) buchen.

Motorradtaxis

Warten vor beliebten Unterkünften, Sehenswürdigkeiten und Lokalen. Einfach heranwinken oder sich ansprechen lassen. In den touristischen Gebieten sprechen die Fahrer ein bisschen Englisch. Für eine Kurzstrecke innerhalb der Stadt etwa US$0,50–1, Betrag vorher aushandeln. Fahrer, die gut Englisch sprechen, bieten sich auch als Tourguide an, US$8–12/Tag für Sehenswürdigkeiten innerhalb der Stadt.

Tuk-Tuks

Tuk-Tuk-Fahrer stehen vor allen Unterkünften, Lokalen, Sehenswürdigkeiten und fahren in der Stadt umher, um ihre Fahrdienste anzubieten. Am besten, man zeigt das Ziel auf der Karte der Sehenswürdigkeiten, die die meisten Fahrer bei sich führen. Für Fahrten innerhalb der Stadt zahlt man US$1,50–3, nachts oder bei Regen wird es etwas teurer. In jedem Fall sollte der Preis vorher ausgehandelt werden. Eine Tagestour zu den Sehenswürdigkeiten innerhalb der Stadt kostet US$12–15.

Sicherheitshinweise

Phnom Penh ist nicht gefährlicher als andere Großstädte, sofern man ein paar Verhaltensregeln beherzigt.

In den engen Gassen der Märkte Geld, Handys und Kamera gut verstauen und festhalten. Insbesondere in den Restaurants am Sisowath Quay Handtaschen und Rucksäcke festhalten oder so abstellen, dass keiner zugreifen kann. In vereinzelten Fällen kommt es auch zu **Taschenraub** aus dem Tuk-Tuk: Handtaschen und Rucksäcke möglichst nicht direkt zur Straßenseite stellen und gut festhalten. Bei Fahrten mit dem Motorradtaxi den Rucksack nicht auf dem Rücken tragen, sondern zwischen Fahrer und sich selbst platzieren.

Achtung Trickbetrüger! Touristen werden von einem gut Englisch sprechenden Einheimischen in ein Gespräch verwickelt, z. B. woher er das tolle T-Shirt hat. Es folgt eine Einladung nach Hause und die Aufforderung, an einem harmlosen Kartenspiel teilzunehmen. Vorsicht, das Spiel kann nach „Anfängerglück" nur verloren werden. Es gab schon Touristen, die dabei Tausende von Dollar verloren haben. Einige wurden sogar mit K.o.-Tropfen betäubt, das Konto mittels Kreditkarte geplündert.

TRANSPORT

Busse

Einen zentralen Busbahnhof, an dem viele Gesellschaften abfahren, gibt es nicht. Fast alle Busse fahren vor ihren Büros ab, Bustickets, die über Guesthouses und Reisebüros gebucht werden, sind etwas teurer. Einige Gesellschaften holen die Kunden am Hotel ab.

ANLONG VENG, mit GST und Rith Mony 4x tgl. zwischen 7.30 und 10.45 Uhr für US$9,25–10 in 8 Std.;

BANGKOK (Thailand), umsteigen an der thailändischen Grenze in Minibusse, mit Capitol Tours, Gold VIP, GST, Mekong Express, Phnom Penh Sorya, Virak Buntham vormittags insgesamt 10x tgl. zwischen 6.20 und 12 Uhr, abends mit Gold VIP und Virak Buntham 5x zwischen 19.30 und 0.30 Uhr für US$17–29 in 11–15 Std.; Das einzige Busunternehmen, das mit denselben Bussen durchfährt, ist Nattakan (die Grenze muss dennoch zu Fuß überquert werden), um 8.15 Uhr für US$35 in 12 Std. inkl. Lunchbox, Snack, Wasser und Softdrink. Toilette an Bord.

BANLUNG, mit GST, Phnom Penh Sorya und Rith Mony insgesamt 4x tgl. zwischen 6.30 und 8.45 Uhr für US$13,25 in 9–10 Std.;

BATTAMBANG, mit Capitol Tours, Gold VIP, GST, Mekong Express, Phnom Penh Sorya, Rith Mony und Virak Buntham insgesamt 45x tgl. zwischen 6.45 und 21.30 Uhr für US$7,50–12 in 6 Std.;

HO-CHI-MINH-STADT (Vietnam), Direktbusse, mit Capitol Tours, Giant Ibis, Mekong Express, GST, Phnom Penh Sorya, Rith Mony, Sapaco Tourist und Sokha Komartep insgesamt 36x tgl. zwischen 6.30 und 15 Uhr für US$10–18 in 6–8 Std., mit Virak Buntham um 0.30 und 1.30 Uhr für US$14 in 8 Std.;

KAMPOT, mit Giant Ibis, Phnom Penh Sorya und Rith Mony insgesamt 9x tgl. zwischen 7 und 14.45 Uhr für US$5–8 in 3–4 Std.;

KEP, mit Phnom Penh Sorya und Rith Mony insgesamt 7x tgl. zwischen 7 und 14.30 Uhr für US$5 in 3 Std.;

KOH CHANG (Thailand), mit Gold VIP um 12, 19.30 und 20.30 Uhr für US$26 in 12–14 Std.; mit Virak Buntham um 7.45 Uhr für US$19 in 12 Std.;

KOH KONG, mit Phnom Penh Sorya, Rith Mony und Virak Buntham insgesamt 9x tgl. zwischen 7 und 13 Uhr für US$9–10,5 in 6–7 Std.;

KOMPONG CHAM, mit Capitol Tours, GST, Phnom Penh Sorya und Rith Mony insgesamt 17x tgl. zwischen 6.30 und 15.45 Uhr für US$4–6 in 3 Std.;
KOMPONG CHHNANG, mit den Bussen Richtung Battambang in 2 1/2 Std. für den gleichen Preis;
KOMPONG THOM, mit Phnom Penh Sorya 12x tgl. zwischen 6.15 und 17 Uhr für US$6,25 in 4 Std.;
KRATIE, mit GST, Phnom Penh Sorya und Rith Mony 7x tgl. zwischen 6.45 und 10.30 Uhr für US$10,25 in 7 Std.;
PAILIN, mit Rith Mony um 7.30 Uhr für US$10 in 10 Std.;
PAKXE (Laos), mit Phnom Penh Sorya um 6.45 Uhr für US$28 in 17 Std. (über 4000 Inseln für US$25 in 13 Std.), bis nach Vientiane für US$50 in 27 Std.; mit Rith Mony um 8 Uhr für US$30 in 17 Std.;
POIPET, mit Capitol Tours, Gold VIP, GST, Mekong Express, Phnom Penh Sorya, Rith Mony und Virak Buntham insgesamt 28x tgl. zwischen 6.30 und 23.30 Uhr für US$10–15 in 7–8 Std.;
PURSAT, mit den Bussen Richtung Battambang in 4 Std. für den gleichen Preis.
SEN MONOROM (MONDULKIRI), mit Phnom Penh Sorya und Rith Mony um 7.30 bzw. 8.30 Uhr für US$11 in 7 1/2 Std.;
SIEM REAP (zum Zeitpunkt der Recherche wurde die N6 ausgebaut, Fahrzeit knapp 10 Std.), mit Capitol Tours, Giant Ibis, Gold VIP, GST, Mekong Express, Neak-Krorhorm-Bussen bzw. Minibussen, Phnom Penh Sorya, Rith Mony, Sokha Komartep und Virak Buntham insgesamt 66x tgl. zwischen 6.15 und 23 Uhr für US$7–15 in 6 Std.;
SIHANOUKVILLE, mit Capitol Tours, Giant Ibis, GST, Mekong Express, Phnom Penh Sorya, Rith Mony und Virak Buntham insgesamt 35x tgl. zwischen 7 und 17.45 Uhr für US$6, 25–12 in 4–5 Std.;
SISOPHON (BANTEAY MEANCHEY), mit GST, Phnom Penh Sorya und Rith Mony insgesamt 15x tgl. zwischen 6.30 und 14 Uhr für US$8–9 in 7 Std.; mit Rith Mony auch um 20 Uhr;
SRA EM (für Preah-Vihear-Tempel), mit GST um 8.30 Uhr für US$12 in 8 Std.;
TAKEO mit allen Bussen Richtung Kampot zum gleichen Preis bis Ang Tasom, dann mit dem Tuk-Tuk oder Motorradtaxi 13 km bis Takeo-Stadt;
TBENG MEANCHEY (PREAH VIHEAR), mit GST, Phnom Penh Sorya und Rith Mony insgesamt 4x tgl. zwischen 7.30 und 8.30 Uhr für US$6,50–8,50 in 7 Std.;
STUNG TRENG, mit Phnom Penh Sorya und Rith Mony insgesamt 4x tgl. zwischen 6.45 und 10.30 Uhr für US$12,50–13 in 9 Std.

Sammeltaxis und Minibusse

Sammeltaxis und Minibusse warten am **Doeum-Kor-Markt**, nahe dem Intercontinental Hotel, an der Nord-West-Ecke des **Zentralmarktes** und am **Olympia-Markt** südlich des Olympia-Stadions. Sie fahren los, sobald genügend Passagiere zusammengekommen sind; für ein Sammeltaxi müssen somit bis zu 7 (!) Personen mitfahren wollen. Tipp: Genügend Platz hat man, wenn man die beiden vorderen Sitze bezahlt.
Am Nachmittag kann es passieren, dass man bis zum nächsten Tag warten oder die restliche Sitzanzahl mitbezahlen muss.
Im Folgenden sind die Preise für ein ganzes Taxis aufgeführt, durch 6 Personen dividiert, erhält man den Preis für einen (engen) Einzelplatz. Die Preise für Minibusse liegen etwas darunter, auch hier ist der Sitzkomfort gegenüber den großen Bussen deutlich eingeschränkt. Beladen werden die Minibusse, bis sie aus den Nähten platzen.
Banlung US$120; Battambang US$60; Kampot US$40; Kep US$50; Kompong Cham US$80; Kompong Chhnang US$60; Kompong Thom US$70; Sen Monorom US$75; Siem Reap US$60; Sihanoukville US$60; Takeo US$50.

Boote
Chau Doc (Vietnam):
Delta Adventures, ✆ 012-733 191, 🖥 www. deltaadventuretours.com. Um 8 Uhr für US$23 in 4 Std. inkl. Hotelabholung, buchbar über fast alle Reisebüros;
Hang Chau Speed Boat, Sisowath Quay, ✆ 012-631 4454, ✉ hangchauspeedboat@yahoo.com, und **Tu Trang Travel**, Sisowath Quay, ✆ 078-655 567, um 12 Uhr für US$24 in 4 Std., Mi, Fr, So zusätzlich um 9 Uhr.

Ho-Chi-Minh-Stadt (Vietnam):
Delta Adventures (s. o.). 2- bis 4-tägige Touren mit Übernachtung in Chau Doc, Can Tho oder Long Xuyen inkl. Sightseeing-Programm, wahlweise mit Homestay-Übernachtung. Von dort jeweils mit dem Bus nach Ho-Chi-Minh-Stadt. US$45–90. Buchbar über fast alle Reisebüros.

Phu Quoc (Vietnam):
Hang Chau Speed Boat (s. o.) oder **Tu Trang Travel** (s. o.) um 7.30 Uhr für US$35 in 5–6 Std., zwischen Nov und März.

Flüge
Der Flughafen Phnom Penh International liegt etwa 8 km westlich vom Stadtzentrum. Ein Taxi in die Innenstadt kostet US$10. Wer über den Parkplatz bis zur Straße läuft, zahlt für ein Tuk-Tuk oder Motorradtaxi ins Zentrum US$5/3 (je nach Verhandlungsgeschick und Verkehrslage). Vom Zentrum zum Flughafen Taxis/Tuk-Tuks/Motorradtaxi für US$10/7/4 in 20 Min. bis zu 1 Std. während der Rushhour.
Von Phnom Penh International tgl. Flüge nach BANGKOK, BEIJING, HANOI, HONGKONG, HO-CHI-MINH-STADT, KUALA LUMPUR, LUANG PRABANG, PAKXE, SEOUL, SHANGHAI, SINGAPORE, TAIPEI und VIENTIANE, YANGON. Vom Inlandsterminal Verbindungen mit **Cambodia Angkor Air**, 🖥 www.cambodia angkorair.com, nach SIEM REAP, 4–6x tgl. in 45 Min., US$70–136.

Die Umgebung von Phnom Penh

Rund um Phnom Penh gibt es eine Reihe von Sehenswürdigkeiten, die bequem auf einem lohnenswerten Tagesausflug besucht werden können – eine kleine Auszeit fernab der Hektik der Hauptstadt.

Wer an der Geschichte des Landes interessiert ist, sollte die südwestlich der Stadt gelegenen Killing Fields in **Choeung Ek** besuchen: Die friedliche Anlage steht in großem Kontrast zu den dort einst verübten Gräueltaten.

Nahe der früheren Hauptstadt Oudong, etwa 40 km nördlich von Phnom Penh, ist **Phnom Oudong** eine beeindruckende Anlage auf zwei Hügeln: Tempel, Steinhäuser, Stupas und eine Pagode neueren Datums liegen auf dem Berg verstreut.

35 km südlich von Phnom Penh lohnt **Tonle Bati** einen Besuch: Die beiden Tempel **Ta Prohm** und **Yeay Peau** stammen aus der Angkor-Periode und sind eine wunderbarere Einstimmung auf einen Besuch in Angkor.

Einer der imposantesten Tempel ist der noch weiter südlich gelegene, von nur wenigen Touristen besuchte **Phnom Chisor** aus dem 11. Jh. Vom Haupteingang bietet sich eine beeindruckende Aussicht auf Reisfelder und Palmyrapalmen bis nach Takeo.

Wer früh aufbricht, kann alle Ziele in einem Tagesausflug miteinander verbinden.

Auf halbem Weg zwischen Phnom Penh und Kep befindet sich bei **Takeo**-Stadt einer der ältesten Tempel des Landes. Die Fundstücke aus der Funan-Periode sind im Museum von **Angkor Borei** zu bewundern, Überreste der Tempelruinen auf der sehenswerten Insel **Phnom Da**. Als Tagesausflug ist die Strecke nur mit einem Taxi zu bewältigen; entspannter ist es, eine Übernachtung in Takeo einzuplanen.

Choeung Ek (Killing Fields)

Schätzungen zufolge wurden auf den insgesamt 300 Killing Fields des Landes zwischen 1975 und 1979 von den Roten Khmer rund 200 000 Menschen brutal ermordet. Choeung Ek, 12 km südwestlich von Phnom Penh, ist das bekannteste Killing Field Kambodschas.

Zwischen 1975 und 1978 wurden die des Landesverrats bezichtigten Männer, Frauen, Kinder und Babys aus dem berüchtigten Tuol-Sleng-Gefängnis in Phnom Penh (S. 515) nachts hierher gebracht und exekutiert. Die Toten verscharrte man anschließend in Massengräbern. Kaum vorstellbar, wenn man jetzt über die so friedvolle Anlage spaziert.

Heute ist das **Choeung Ek Memorial** eine staatliche Gedenkstätte. 1988 errichtet, beherbergt der 39 m hohe weiße Stupa Schädel, Knochen und Kleiderreste. Überreste von 8985 Menschen stehen hier stellvertretend für geschätzte 17 000 Menschen, die alleine an diesem Ort dem Völkermord des Regimes der Khmer Rouge zum Opfer gefallen sind. Insgesamt 129 Massengräber wurden auf dem Gelände lokalisiert, 86 Gräber sind bereits geöffnet worden.

Schilder informieren über die Schreckenstaten und die Gebäude, die hier einst gestanden haben. Einige der Massengräber sind umzäunt und überdacht.

In dem angrenzenden **Museum** sind einige der hier gefundenen Tötungswerkzeuge, Ketten und Kleidung ausgestellt.

🕐 7.30–17.30 Uhr, Eintritt US$3. Audioguide für US$3, der auch in deutscher Sprache viele Zusatzinformationen bietet.

Anfahrt mit dem Tuk-Tuk/Motorradtaxi für US$15/10 oder mit einer organisierten Tour der Guesthouses.

Phnom Oudong

Fast 250 Jahre – von 1618 bis 1866 – war Oudong („der Siegreiche") die Hauptstadt Kambodschas. Oudong wurde von König Srei Soryopor (Barom Reachea IV.) 1601 gegründet, unter König An Duon (reg. 1843–1860) erlebte die Stadt eine Blütezeit. 1866 entschied König Norodom, die Hauptstadt ins 40 km südlich gelegene Phnom Penh zu verlegen. Die Stadt Oudong, die überwiegend aus Holzhäusern bestand, wurde dem Verfall anheimgegeben. Übrig geblieben sind die steinernen Stupas und Tempel auf den beiden Hügeln.

Der größere Hügel wird auch **Preah Reach Throap** (Berg des königlichen Vermögens) genannt, nach einem König aus dem 16. Jh., der hier seine Schätze versteckt haben soll. Die beiden Erhebungen sind durch einen Grat verbunden. Es gibt zwei Aufgänge, empfehlenswert ist der Aufstieg im Südosten, 160 Stufen führen auf den niedrigeren Hügel. Am Ende des Rundgangs, am Stupa Preah Sakiamoni, führen dann 500 steile Stufen wieder hinab.

Beim Rundgang – vom südöstlichen Aufgang kommend –, erblickt man links den beeindruckenden Tempel **Preah Atharas**, der im 13. Jh.

von den Chinesen errichtet worden sein soll. Einer Legende zufolge hatten chinesische Gesandte am Berg einen Drachenabdruck entdeckt. Und da es dort auch eine tiefe Höhle gab, folgerten sie daraus, dass der Berg Wohnsitz der mächtigen Drachen-Schlange Makara sei, die, sollte sie eines Tages aus ihrem Loch hervorkommen, China verschlingen würde. Kambodscha würde so zu einem großen und mächtigen Reich emporsteigen. Die Chinesen verzichteten daraufhin auf die Besetzung Kambodschas, errichteten aber vorsichtshalber noch ein große Buddhastatue und eine Pagode über besagtem Loch, wohl wissend, dass kein Kambodschaner es wagen würde, einen Buddha zu zerstören. Sie behielten Recht – bis zum Jahr 1977. Dann zerstörten die Roten Khmer große Teile der Statue und rissen den Tempel bis auf die sechs Grundpfeiler nieder. Heute wacht der 10 m hohe sitzende Buddha wieder in voller Größe über den Ort. Der Tempel ist fast vollständig wieder aufgebaut worden, und auch Makara wartet weiterhin in ihrem Loch. Gläubige schütten Wasser in die zwei Löcher vor der Buddhastatue, um das Ungeheuer am Leben zu erhalten.

Folgt man dem Pfad Richtung Norden, gelangt man zu zwei einfachen Steinhäusern: **Preah Ko** und **Preah Keo**, die den Zwillingen Ko und Keo gewidmet sind. Auch um die Zwillinge rankt sich eine Legende (s. Kasten). Preah Ko beherbergt heute die Darstellung einer liegenden Kuh, Preah Keo einen Buddha.

Folgt man dem Weg, so gelangt man zu einem weiteren Steinhaus, an dem noch zahlrei-

Die Legende von Preah Ko und Preah Keo

Während der Schwangerschaft kletterte eine Frau auf einen Mango-Baum, um die süßen Früchte zu ernten, stürzte dabei jedoch hinab. Sterbend gebar sie die Zwillinge Ko und Keo. Ko kam in Kuhgestalt zur Welt, Keo als Mensch. Im Alter von sieben Jahren verloren die beiden ihren Vater. Die Kuh Ko aber besaß magische Kräfte und kümmerte sich fortan um ihren Bruder. Als die Cham von den Fähigkeiten dieser Kuh erfuhren, entführten sie sie nach Thailand.

che Einschusslöcher aus dem Befreiungskampf zu erkennen sind. Im **Prak Neak** sitzt ein meditierender Buddha unter einem Wellblechdach, geschützt von einer Naga-Schlange.

Das letzte Haus auf dem kleinen Hügel ist **Ta Dambong Deik** gewidmet. Es heißt, ein König habe das Haus einst erbauen lassen. Er durchquerte auf einem Elefanten die Region, doch der Elefant erkrankte unheilbar. Ein weiser Mann wusste Rat: Der König hatte vergessen, die Schutzgeister der Region anzurufen und um Erlaubnis für die Durchquerung zu bitten. Kaum hatte der König dies nachgeholt, wurde der Elefant gesund. Zum Dank wurde die Statue errichtet.

Dem Pfad aufwärts zum größeren Hügel folgend, gelangt man zu mehreren Stupas. Zunächst erreicht man **Mak Proum**, die Grabstätte König Monivongs (reg. 1927–1941). Garudas, Blumenmotive, Elefanten und vier Gesichter schmücken diesen Ort. Etwas oberhalb folgt der Stupa **Tray Troeng**. Er wurde 1891 von König Norodom erbaut, um die Asche seines Vaters, König An Duon (reg. 1843–1860), hier beizusetzen. Die Gelehrten streiten aber his heute, ob die Urne wirklich hier oder doch in der Silberpagode von Phnom Penh zu finden ist. Der Stupa ist mit glasierten Keramiken mit Blumenmotiven bedeckt.

Der folgende Stupa **Damrei Sam Poan** enthält die Asche von König Soryopor, dem Gründer von Oudong (reg. 1601–1618). Er ist von Elefantenköpfen umgeben – einige stark verwitterte Köpfe wurden bereits ausgetauscht.

Zuletzt erreicht man den 2001 erbauten **Stupa Preah Sakiamoni**, der ein Augenbrauenhaar Buddhas enthält, das 2002 aus Phnom Penh hierher gebracht wurde. Der schöne Stupa steht auf einem weißen Marmorboden, ist aus hellem Beton gegossen und auffällig reich verziert. Auch lohnt ein Blick in den Raum unterhalb des Stupa, der über 4000 Buddhastatuen enthält. Eintritt US$1.

Phnom Oudong liegt an der N5 und ist mit den Bussen Richtung Kompong Chhnang und Battambang (bis Oudong) in 1 Std. von Phnom Penh aus zu erreichen. Von der Haltestelle nach Phnom Oudong sind es noch 2 km (US$2 mit dem Motorradtaxi). Alternativ von Phnom Penh mit dem Tuk-Tuk/Motorradtaxi US$20/15 (hin und zurück).

Tonle Bati

Tonle Bati bezeichnet eine Halbinsel am Tonle-Bati-See, 35 km südlich von Phnom Penh, der von einem Seitenarm des Tonle-Bassac-Flusses gebildet wird. Das Seeufer ist am Wochenende ein beliebtes Ausflugsziel kambodschanischer Familien.

In der Nähe des Sees lohnt der Besuch der beiden Tempel Ta Prohm und Yeay Peau, die aus dem 12. Jh. stammen.

Ta Prohm ist der beeindruckendere der beiden Tempel. Er wurde von Jayavarman VII. erbaut (reg. 1181– ca. 1220) und ist Shiva geweiht. An dieser Stelle befand sich vermutlich bereits ein Altar aus dem 6. Jh. Die rechteckige Anlage ist aus Lateritsteinen erbaut und von einer Außengalerie umgeben, man betritt die Tempelanlage durch das Osttor.

Vorbei an zwei zerfallenen „Bibliotheken", gelangt man zu fünf kreuzförmig angeordneten Kammern, in deren Mitte das Zentralheiligtum liegt. Das Halbrelief eines liegenden Buddhas ziert den Eingang der ersten Kammer. Drei große Buddhastatuen, darunter der schwarze Buddha Preah Somana Godom und der von den Roten Khmer geköpfte Buddha Kong Dschum, sind ebenfalls zu sehen.

Feine Basreliefs zieren die Außenseiten der fünf Kammern. An der Südseite ist eine vierarmige, nördlich eine sechsarmige Lokeshvara zu erkennen. Ebenfalls an der nördlichen Außenseite sind folgende drei Überlieferungen in den Stein gearbeitet: Die „untreue Gemahlin" sitzt vor dem König; darunter ist ihre Bestrafung dargestellt, bei der sie von einem Pferd zu Tode getrampelt wird. Ein weiteres Bild zeigt Buddha, der einem Bettler seinen weißen Elefanten schenkt. In der „Geschichte der Hebamme" sind zwei Frauen und ein kniender Mann zu erkennen: Der kniende Mann trägt einen Korb mit Reis auf dem Kopf, um der Hebamme für die Hilfe bei der Geburt seines Kindes zu danken. Seine Frau steht hinter ihm.

Im 150 m nördlich gelegenen modernen Wat Tonle Bati lohnt der Tempel **Yeay Peau** einen Blick: Die Buddhastatue im Innern des kleinen Sandsteinturms trägt unverkennbar weibliche Züge und ist bis heute eine Stätte andächtiger

Anbetung, an der die Kambodschaner um Gesundheit oder Glück ersuchen.

🕐 7–18 Uhr, Eintritt US$3.

Von Phnom Penh aus mit dem Tuk-Tuk/Motorradtaxi für US$20/15 in 1 Std. Sammeltaxi ab Doeum-Kor-Markt Richtung Takeo, am Abzweig Tonle Bati absetzen lassen, US$4. 2,5 km mit dem Motorradtaxi, US$3. Zurück sollte man ein Sammeltaxi oder einen Bus anhalten, US$4/12.

Phnom Chisor

Der 130 m hohe Berg Phnom Chisor liegt 60 km südwestlich von Phnom Penh, ursprünglich hieß er Phnom Suryagiri (Berg des Sonnengottes). Zwei Treppen führen auf den Berg. Der Hauptzugang ist gesäumt von Essensständen, beschwerliche 400 Stufen gilt es hinaufzusteigen. Einfacher ist der Aufstieg über die 200 Stufen der südlichen Treppe ab dem Dorf **Trabeang Srong**.

Die Stimmung auf dem Gipfel ist herrlich ruhig. Nur wenige Besuchergruppen kommen hierher. Kühe grasen friedlich, Mönche genießen den Ausblick – Hobbyfotografen werden begeistert sein.

An der Ostseite der Tempelruine **Prasat Phnom Chisor** fällt der Berg steil ab und eröffnet eine grandiose Aussicht über Reisfelder und Palmyrapalmen bis hin nach Angkor Borei (S. 540). Von hier kann man auch den ursprünglichen Zugang und zwei weitere Gopurams erkennen. Der hinduistische Tempel stammt aus dem 11. Jh. und wurde von Suryavarman I. erbaut, weitere Inschriften deuten darauf hin, dass auch die nachfolgenden Könige Udayadityavarman II. und Suryavarman II. an der Fertigstellung beteiligt waren. Die Außengalerie besteht aus Lateritsteinen mit eingearbeiteten Fensteröffnungen aus Sandstein, das Eingangsportal ist mit Steinmetzarbeiten verziert. Auf der Innenseite zeigt der Türeingang Shiva auf seinem Reittier Nandi; seine Frau Uma sitzt auf seinem Bein. Bevor man den Innenbereich betritt, erkennt man rechter Hand einen Steinblock mit zwei Yoni-Darstellungen. Darauf stand früher ein Lingam, der heute im Zentralheiligtum aufbewahrt wird. Im Tempelkomplex befinden sich rechts und links die Überreste zweier „Bibliotheken", während im Eingangsbereich zum Zentralheiligtum zwei kleine **Wasserbecken** eingelassen sind. Der Wasserstand in den beiden Becken, die sich vermutlich mit Quellwasser füllten, sei, so die Tempelwächter, immer gleich hoch gewesen – bis die Bomben Teile des Tempels trafen und das Gleichgewicht zerstörten.

Die drei Türme im hinteren Teil des Tempelkomplexes sind den hinduistischen Gottheiten Vishnu, Shiva und Brahma gewidmet.

Auf dem Gipfel befindet sich neben weiteren Heiligtümern auch eine moderne Pagode. Nahe dem längeren Treppenaufgang stößt man auf den Tempel **Prasat Preah Ko Preah Keo**. Im Inneren erblickt man die Statue einer Kuh mit einem Jungen (s. Legende S. 536). Eintritt auf dem Gipfel: US$2, dort gibt es auch Getränkestände.

Mit dem Tuk-Tuk/Motorradtaxi von Phnom Penh für US$35/30 (hin und zurück). Alternativ: Sammeltaxi Richtung Takeo oder Bus Richtung Kampot bis zum Abzweig Phnom Chisor. Von der Straße sind es noch 3 km bis zum Berg. Mopedfahrer warten an der Bushaltestelle auf Kunden, US$2. Zurück kann man versuchen, einen Bus oder ein Taxi anzuhalten.

Takeo

Die Stadt Takeo [9646], etwa 70 km südlich von Phnom Penh gelegen, ist Hauptstadt der gleichnamigen Provinz, von der weite Teile während der jährlichen Regenzeit in den Fluten des Mekong und des Bassac-Flusses versinken. Takeo ist der Ausgangspunkt für Touren zur „Wiege Kambodschas": zum Museum von **Angkor Borei** und den Tempeln von **Phnom Da**. Es handelt sich dabei um die ältesten Tempel und Fundstücke aus der Funan-Periode (6. Jh.) in Kambodscha. Nur wenige Touristen finden den Weg hierher, weshalb man die Tempel, die man auf einer Bootsfahrt durch ein eindrucksvolles Feuchtgebiet erreicht, fast für sich allein hat.

In Takeo-Stadt geht es geruhsam zu. Rund um den **Psar Thmei** im Süden der Stadt spielt sich das tägliche Leben ab, lebendig ist auch der Platz rund um das **Independence Monument**. Im Norden liegt der **Takeo-See** mit einer recht schönen Uferpromenade, die vor allem am späten Nachmittag zu einem Bummel einlädt. Rund um den **Psar Nat** im Nordosten stehen ein paar verfallene Ladenhäuser von morbidem Charme. Östlich liegt der schnurgerade **Kanal Nr. 15**, der zwischen 1986 und 1989 ausgebaut wurde und nun 19,7 km lang und 30 m breit ist. Im kleinen **Takeo-Museum** sind einige Stücke aus der Provinz Takeo zu sehen, darunter mehrere Sandstein-Lingams aus der Prä-Angkor-Periode, Stelen und sehenswerte Vishnu- und Durgafiguren aus dem 7. Jh. ⏰ Mo–Fr 8–11 und 14–17 Uhr, Eintritt US$1. Nach 20 Uhr wird es ruhig in Takeo. Wer abends noch unterwegs ist, sollte besser eine Taschenlampe mitnehmen, denn die Straßen sind nicht beleuchtet.

ÜBERNACHTUNG

🏨 **Daunkeo Guesthouse and Restaurant**, St. 9 am Kanal 15, ✆ 032-210 303, 🖥 www.daunkeo.com, [9648]. Das Guesthouses besteht aus 2 Häusern und wirkt dank des hübsch begrünten Vorhofes einladend. Große saubere Zimmer mit Ventilator oder AC. Einfach möbliert mit Bett, Schrank und Schreibtisch. Kleine Bäder mit Kaltwasser und Toilettenartikeln. Hilfsbereites Personal. Bei Bedarf werden Tuk-Tuk-, Motorradfahrer oder Sammeltaxis organisiert. Restaurant. WLAN. ❶–❸

Mittapheap Guesthouse, St. 20 am Independence Monument, ✆ 032-931 205, [9649]. Hinter einer orangefarbenen Einfahrt im Hinterhof gelegen. Einfache Zimmer mit Bett, Schreibtisch und TV. Kleine Bäder mit Warmwasser. Ventilator oder AC. WLAN. ❶–❷

€ **Nita Guesthouse**, St. 9, am Kanal 15, ✆ 012-955 527, [9650]. Recht große und schön gefliste Zimmer mit Bett, Schrank, Schreibtisch und TV. Auch die kleinen Bäder sind sauber und ansprechend gefliest. Schöner Blick auf den See von den umlaufenden Balkonen. Ventilator oder AC. WLAN. ❶

ESSEN

Die Delikatesse in Takeo sind **Süßwasser-Langusten**. In den Restaurants am Psar Nat werden sie in Wasserbecken gehalten. Gut und günstig isst man im **Psar Nat** und **Psar Thmei**. Zwischen Psar Thmei und dem Unabhängig-

keitsdenkmal gibt es ein Dutzend einfacher Restaurants, die ab 10.30 Uhr Töpfe in die Auslage stellen. Einfach reinschauen und zeigen, was man essen möchte. Empfehlenswert z. B. das:

Na Na, St. 20. Zu erkennen ist das Restaurant an den Ziegelstein-Riemchen. Weder Namensschild noch Speisekarte auf Englisch, aber der Besitzer spricht Englisch. ⏰ 11–20 Uhr.

🧳 **Steung Takeo Restaurant**, St. 9, am Kanal 15, ✆ 016-404 929. Hier sitzt man exponiert auf der Terrasse über dem See. Neben Frühstück stehen auch Gerichte mit Fisch, Huhn und Rind auf der englischen Speisekarte. Eine kleine Portion Süßwasser-Languste kostet US$10, große Portionen US$15 (reicht für 2 Pers.). ⏰ 7–21 Uhr.

SONSTIGES

Geld

Acleda Bank, am Independence Monument. Auszahlung auf Visa und Geldtransfer mit Western Union. ⏰ Mo–Fr 7.30–16 Uhr.

Canadia Bank, St. 20 zwischen Psar Thmei und Independence Monument. Gebührenfreier Geldautomat für Visa- und MasterCard, Geldwechsel. ⏰ Mo–Fr 8–15.30, Sa 8–11.30 Uhr.

Informationen

Takeo Tourism, am Psar Nat, ✆ 032-913 323. Die Angestellten sprechen gut Englisch, es gibt aber nicht viel mehr als eine Broschüre und einen Stadtplan. Vermittlung eines Führers für Angkor Borei und Phnom Da, US$30. ⏰ 7.30–11 und 14–17 Uhr.

TRANSPORT

Öffentliche Busse fahren nicht ab Takeo, Reisende sind auf ein Motorradtaxi, Tuk-Tuk oder Taxi angewiesen.

KEP und KAMPOT, bis zum Verkehrsknotenpunkt ANG TASOM (13 km von Takeo) an der N2 mit dem Tuk-Tuk/Motorradtaxi für US$6/3. Von da aus einen Bus Richtung Süden anhalten (sofern Platz ist). Mit dem Taxi für US$40 (ganzes Taxi).

PHNOM PENH, mit dem Sammeltaxi US$25 (ganzes Taxi), US$4 p. P. Abfahrt sobald sie voll sind, in 2 Std.

Angkor Borei

Die meisten Fundstücke von Angkor Borei stammen aus dem 6. und 7. Jh. Angkor Borei ist für Wissenschaftler deshalb so interessant, weil hier Inschriften in Sanskrit gefunden wurden – und die ältesten Inschriften in Khmer-Sprache (611 v. Chr.). Ein Archäologenteam aus Phnom Penh und Hawaii hat die Überreste der Stadtmauer identifiziert. Uneinig sind sich Experten allerdings, ob Angkor Borei als Hauptstadt diente.

Heute sind die Fundstücke in dem kleinen tempelähnlichen **Angkor-Borei-Museum** nahe der Bootsanlegestelle zu sehen. Im Museum beeindrucken vor allem die großen dreigeteilten Lingams aus Phnom Da. Außerdem sind Buddhastatuen, Reliefs, Keramiken, Münzen, Perlen und Knochenreste sowie Fotos von den Grabungsarbeiten ausgestellt. Die kunstvoll in Szene gesetzten Figuren vor dem Museum sind allerdings Nachbildungen. ⏰ 8–17 Uhr, Eintritt

US$1. Falls die Türen verschlossen sein sollten: Das freundliche Ehepaar aus dem Kiosk neben dem Museum verwaltet die Schlüssel.

Ab Takeo kann man am Kanal 15 ein Speedboot für US$35 chartern (max. 4 Pers.), 20 km, in etwa 1 Std. (Preis inkl. Phnom Da). Unbedingt Sonnenschutz und Kopfbedeckung mitnehmen. Mit dem öffentlichen Boot um 13 Uhr für 4000 Riel in 2 1/2 Std., zurück erst am nächsten Morgen um 8 Uhr. Mit dem Motorradtaxi über den 60 km langen Landweg für US$20 (hin und zurück).

Phnom Da

Die Tempel-Insel Phnom Da liegt 8 km vor der vietnamesischen Grenze und ist mit dem Festland über eine Brücke verbunden.

Die Insel besteht aus zwei Hügeln, folgt man dem Weg linker Hand, erreicht man eine Treppe mit einem Naga-Handlauf. Der Weg führt hinauf zum Tempel Phnom Da. Die erste Ebene beherbergt zwei der fünf **künstlichen Höhlen**, die früher als hinduistische und buddhistische Schreine genutzt wurden. Auf dem Gipfel steht der quadratische, 17 m hohe **Prasat Phnom Da**. Der Laterit-Ziegelsteinturm wurde von Suryavarman I. im 11. Jh. erbaut und ist Vishnu gewidmet. Er steht auf Überresten eines Tempels aus dem 7. Jh. Sandsteinsäulen zieren den Eingang, die übrigen Seiten sind mit falschen Türen versehen. Der Tempel selbst enthielt in den vier Ecken und in der Mitte Yonis und Lingams. Einer dieser Lingams ist im Angkor-Borei-Museum zu sehen.

Folgt man der Treppe und dem Weg 300 m in südwestlicher Richtung, erreicht man den kleinen, gut erhaltenen Basalt-Tempel **Ashram Maha Russei**, den französische Experten auf das 5. oder 6. Jh. datieren. Die Architektur ist eine Mischung aus indischen, javanesischen und kambodschanischen Einflüssen. Ein umlaufender Gang mit acht Fenstern umgibt das Haupttheiligtum, in dem einst eine Hariharastatue stand (Vishnu und Shiva als eine Person). Das Dach symbolisiert eine Lotosknospe, fein gearbeitete Säulen umgeben den Eingang.

Eintritt US$2, bezahlt wird am Erfrischungsstand nahe der Brücke.

Anreise: s. Angkor Borei.

Der Westen

Im Westen Kambodschas bestimmen in weiten Teilen fruchtbare Ebenen mit Reisfeldern, Stelzenhäusern und Areca-Palmen das Landschaftsbild. Die viel befahrenen Nationalstraßen N5 und N6, auf denen der Transitverkehr von und nach Thailand rollt, sind in einem recht guten Zustand und funktionieren als Schlagadern der Region.

Touristen nutzen die Provinzen zwischen Thailand, Siem Reap und Phnom Penh, um einige erlebnisreiche Zwischenstopps einzulegen. An erster Stelle steht für viele Besucher die zweitgrößte Stadt des Landes: **Battambang**, das sich mit seinen sehenswerten Kolonial- und alten Handelshäusern sehr einladend präsentiert. Die Umgebung ist mit Flussläufen, Reisfeldern, Obstbäumen und pittoresken Dörfern der Inbegriff des Landlebens. Auch das bezaubernde Städtchen **Kompong Chhnang** lohnt den Besuch. Die

faszinierende Welt der schwimmenden Dörfer auf dem Tonle Sap hat einen unvergleichlichen Reiz. Von **Pursat** aus lässt sich die schwimmende Stadt Kompong Luong besuchen.

Von **Sisophon** ist die eindrucksvolle angkorianische Tempelanlage **Banteay Chhmar** leicht zu erreichen. Nur ein kleiner Teil der Ruinen aus der Angkor-Ära ist restauriert.

Poipet ist der von Touristen am häufigsten frequentierte Grenzübergang nach Thailand, bei **Pailin** überqueren dagegen nur wenige westliche Reisende die Grenze.

Battambang und Umgebung

13 HIGHLIGHT

Battambang

Battambang [4916] ist die ruhige Hauptstadt der gleichnamigen Provinz. Immer mehr Touristen zieht diese beschauliche Stadt am friedlich dahinfließenden Sangker-Fluss in ihren Bann. Battambang kann mit einigen der am besten erhaltenen Handels- und Kolonialgebäude des Landes aufwarten. Langsam beginnt sich auch hier das städtische Leben zu entfalten, erste elegante Cafés haben eröffnet.

Der **Psar Nat** (Versammlungsmarkt) stammt aus den 1930er-Jahren, in dem Art-déco-Gebäude mit dem markanten Uhrturm werden Schmuck, Haushaltswaren und landwirtschaftliche Produkte verkauft. Nördlich des Marktes liegt eines der ältesten Klöster der Stadt, **Wat Piphettharam**, das bereits 1888 gegründet wurde. Am Nordeingang stehen vier 3 m hohe Wächterfiguren, den Südeingang bewachen zwei Riesen *(yeak)* mit Stoßzähnen und gigantischen Keulen.

Beeindruckend ist die gut erhaltene **Kolonialarchitektur** am Fluss und südlich des Psar Nat. Mehr als 800 historische Gebäude sind in Battambang zu finden, einige wurden bereits stilecht renoviert, andere warten mit dem verblassenden Charme vergangener Zeiten auf, **eXTra** [5143]. Herausragend ist der renovierte **Gouverneurspalast**. Er wurde 1905 von einem italienischen Architekten für den letzten thailändischen Gouverneur Apheuyvon Chhum gebaut.

Das **Flussufer** lädt zum Bummeln ein, interessant ist der etwa 150 Jahre alte **Chinesische Tempel**. Er ist der einzige verbliebene von ehemals drei chinesischen Tempeln in Battambang.

Das **Battambang Provincial Museum** ist in einem 1968 erbauten traditionellen Khmer-Haus untergebracht. Es enthält sehenswerte Fundstücke, die bis ins 7. Jh. zurück datieren. ⊕ 8–11 und 14–17 Uhr, Eintritt US$1.

Eine friedliche Atmosphäre herrscht in der Klosteranlage **Wat Damrei Saa**, benannt nach den weißen Elefantenfiguren. Der Vihear wurde 1904 erbaut, die Außenwände zieren außergewöhnlich ausdrucksvolle Relief-Szenen aus dem Reamker-Epos.

Zwei Stadtspaziergänge mit vielen Informationen zu sehenswerten Gebäuden können als PDF heruntergeladen werden, 🖵 www.ka-tours.org.

ÜBERNACHTUNG

Battambang Resort, Wat Kor Village, ✆ 053-666 7001, 🖵 www.battambangresort.com, [9447]. Ruhig gelegen, inmitten eines großzügigen Gartens mit Obstbäumen. Bungalows im minimalistischen grauen Stil, Veranda und breiten Fenstern mit Teichblick. Großer Salzwasserpool. Kostenloser Fahrradverleih. Inkl. Frühstück. ❺

Deluxe Villa, St. 3 1/2, ✆ 077-336 373, 🖵 www.deluxevilla.com, [9448]. Gartenanlage mit Zimmern rund um einen schönen Pool. Viele Möbel wie Schreibtisch und Sofa. Geräumige Mosaikbäder mit Wanne. Alle Zimmer bieten Poolblick. Restaurant. ❺

Ganesha Family Guesthouse, St. 1 1/2, ✆ 092-135 570, 🖵 www.ganeshaguesthouse.com, [9442]. Ansprechendes Stadthaus in zentraler Lage. Schönes Dormzimmer mit 5 Einzelbetten (US$4). Kleine Zimmer mit Bad und ein wunderbar helles mit Balkon. Alle mit Ventilator und Kaltwasser. ❶–❷

Here Be Dragons, ✆ 089-264 895, 🖵 www.herebedragonsbattambang.com. Angesagte

Backpacker-Unterkunft mit Partycharakter unter englischer Leitung. Von außen gibt das 60er-Jahre Haus nicht viel her. Innen Dorm mit 6 Stockbetten (US$3), einfache Zimmer mit Gemeinschaftsbad oder eigenem Bad. Dachterrasse und Garten. ❶

🏨 **Royal Hotel**, ✆ 016-912 034, ✉ royal asiahotelbb@yahoo.com, [9444]. Seit Jahren eine beliebte Unterkunft: große, helle, geflieste Zimmer rund um ein Atrium. Viele mit Schrank, Schreibtisch, TV und Kühlschrank. Kalt- oder Warmwasser, Ventilator oder AC. Restaurant auf der Dachterrasse. ❶–❷

🏨 **The Sanctuary Villa**, ✆ 097-216 7168, 🖥 www.sanctuarycambodia.com, [9449]. 7 Gartenbungalows an einem großen Pool. Dunkle Holzmöbel, großes Bett, halb offener, begehbarer Kleiderschrank – mit gelber Stoffdekoration gemütlich gestaltet. Tolle Bäder mit Eckbadewanne und Fensterfront. Safe, Minibar, TV. Inkl. Frühstück. ❹

Tomato Guesthouse & Restaurant, St. 119, ✆ 072-853 432, [9445]. Günstige familiengeführte Backpacker-Unterkunft: winzige Zimmer mit schmalem Bett oder Stockbett und Ventilator, dazu ein kleines Bad. Gutes, günstiges Restaurant im Erdgeschoss. ❶

ESSEN

Günstig kann man an den Essensständen im Psar Nat und Psar Leu essen. Jeden Abend wird ein großer **Nachtmarkt** am Flussufer (🕐 16–24 Uhr) aufgebaut.

Chinese Noodle Restaurant. Hier gibt es die besten Nudelsuppen der Stadt, vor allem morgens ist es rappelvoll. Englische Speisekarte. 🕐 6–21 Uhr.

Flavours of India, 85 St. 2 1/2. Authentische indische Küche zu vernünftigen Preisen. WLAN. 🕐 9.30–22.30 Uhr.

🍴 **Jaan Bai**, St. 2, ✆ 078-263 144. Holztische, Gemälde an den Wänden und Graffitikunst an der Außenwand machen das Café zu einem Hingucker. Die überschaubare Speisekarte offeriert Khmer- und Thai-Gerichte. Gekocht wird ohne Glutamat. Gerichte ohne tierische Inhaltsstoffe sind gekennzeichnet. WLAN. 🕐 11–22.30 Uhr.

Essen und Einkaufen

In Ruhe stöbern, etwas zu essen bestellen und noch mal über das Angebot nachdenken? In Battambang haben gleich mehrere Restaurants einen angegliederten Souvenirshop.

Café Eden, 85 St. 1, ✆ 053-731 525, 🖥 www.cafeedencambodia.com. Frühstück, Salate, Sandwiches, Wraps und Pizza. Im sehenswerten Souvenirladen im Erdgeschoss werden u. a. Sandalen aus alten Autoreifen, Schmuck und Bilder verkauft. WLAN. 🕐 tgl. außer Di 7.30–21 Uhr.

🍴 **Fresh Eats Café**, St. 2 1/2, ✆ 053-459 9944, 🖥 www.mpkhomeland.org. *Kramas*, Taschen und andere originelle Souvenirs, die Jugendliche aus dem Homeland-Haus herstellen. Serviert werden Khmer- und Pasta-Gerichte aus frischen Zutaten. 🕐 8–21 Uhr.

🍴 **Gecko Café**, St. 3, ✆ 017-712 428. Im Erdgeschoss des Eckhauses wird hübscher Schmuck verkauft. Auf der 1. Etage befindet sich das schicke Restaurant mit tollem Rundbalkon. Die Speisekarte bietet Burger, Sandwiches, Salate, Pizza, Asiatisches und Mexikanisches. WLAN. 🕐 9–22 Uhr.

🏨 **Khmer Delight**, St. 119, ✆ 012-434 746. Schickes, beliebtes Restaurant. Gelungene Fusion-Küche mit Elementen aus Khmer-, koreanischer und indonesischer Kochkunst. WLAN. 🕐 7.30–22.30 Uhr.

🍴 **Te Kuch Vegetarian Restaurant**, Lar A St., ✆ 012-243 402. Die Auswahl an vegetarischen Speisen ist hervorragend. Übrigens sind auch die „Fleisch"-Gerichte wie das BBQ vegetarisch. Gute ausgefallene Shakes. WLAN. 🕐 7–19, Sa, So 7–20 Uhr.

White Rose Restaurant, St. 2. Schmackhafte und günstige Khmer-Küche, bei Einheimischen wie Touristen beliebt. Viele kommen wegen der köstlichen Fruchtshakes hierher. 🕐 6.30–22 Uhr.

UNTERHALTUNG UND KULTUR

Bars und Kneipen
Eine Kneipenszene hat sich noch nicht entwickelt, ab 22 Uhr wird es ruhig.

Battambang

N
0   500 m

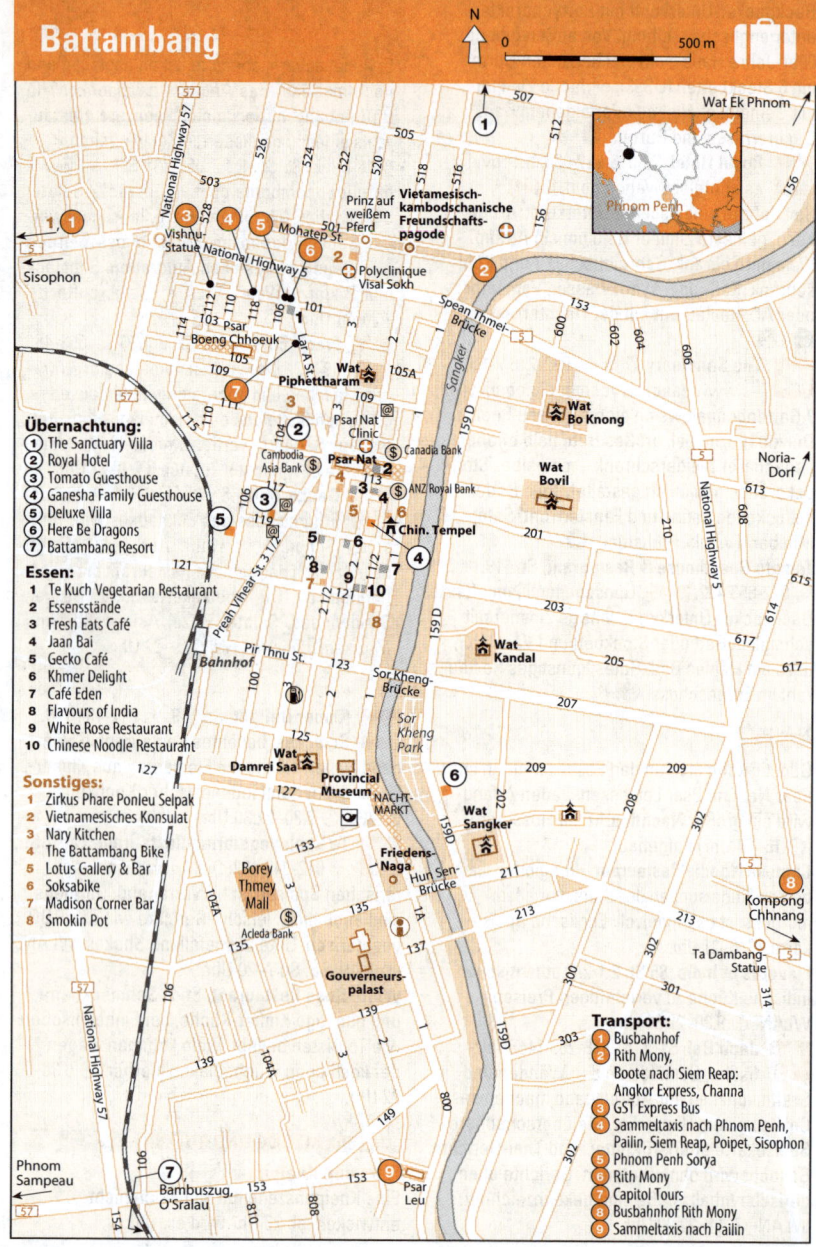

Übernachtung:
1. The Sanctuary Villa
2. Royal Hotel
3. Tomato Guesthouse
4. Ganesha Family Guesthouse
5. Deluxe Villa
6. Here Be Dragons
7. Battambang Resort

Essen:
1. Te Kuch Vegetarian Restaurant
2. Essensstände
3. Fresh Eats Café
4. Jaan Bai
5. Gecko Café
6. Khmer Delight
7. Café Eden
8. Flavours of India
9. White Rose Restaurant
10. Chinese Noodle Restaurant

Sonstiges:
1. Zirkus Phare Ponleu Selpak
2. Vietnamesisches Konsulat
3. Nary Kitchen
4. The Battambang Bike
5. Lotus Gallery & Bar
6. Soksabike
7. Madison Corner Bar
8. Smokin Pot

Transport:
1. Busbahnhof
2. Rith Mony,
   Boote nach Siem Reap:
   Angkor Express, Channa
3. GST Express Bus
4. Sammeltaxis nach Phnom Penh,
   Pailin, Siem Reap, Poipet, Sisophon
5. Phnom Penh Sorya
6. Rith Mony
7. Capitol Tours
8. Busbahnhof Rith Mony
9. Sammeltaxis nach Pailin

Madison Corner Bar, St. 2 1/2, ✆ 053-650 2189. Die Kneipe, die am längsten geöffnet hat. An der Bar treffen sich die Nachtschwärmer. ⏰ 8 Uhr bis spät.
Auch an der stilvollen Bar der **Lotus Gallery & Bar**, 53 St. 2 1/2, ✆ 092-260 158, gibt es oft noch bis spät einen Absacker. ⏰ tgl. außer Mo 8–23 Uhr.

Zirkus

🧳 🎭 **Zirkus Phare Ponleu Selpak**, 3 km westlich Richtung Sisophon, ✆ 053-952 424, 🖥 www.phareps.org. Der Zirkus bietet benachteiligten jungen Menschen Training in Zirkusartistik, Musik und Malerei. Wechselnde sehenswerte Programme, Infos auf der Website. Ticket US$10. Anfahrt mit dem Tuk-Tuk für US$4 (hin und zurück).

Diplomatische Vertretungen

Vietnamesisches Konsulat, St. 3, ✆ 053-952 894. Ausstellung eines 30-Tage-Visums in 2–3 Werktagen, US$60. ⏰ Mo–Fr 8–11.30 und 14–16 Uhr.

Fahrrad- und Motorradverleih

Viele Guesthouses verleihen Fahrräder, US$2/Tag. **Soksabike**, St. 1 1/2, 🖥 www.soksabike.com, und **The Battambang Bike**, 60 St. 2 1/2, ✆ 097-482 4104, verleihen gute Räder und bieten geführte Fahrrad-Touren durch die ländliche Umgebung (US$20–40). Im **Gecko Café** Mopeds für US$7/Tag.

Geld

Fast alle großen Banken haben eine Filiale, darunter:
Cambodia Asia Bank, 72 St. 3, ✆ 053-953 149. Geld auf MasterCard und Visa, Travellers-Cheques-Wechsel, Western-Union-Service. ⏰ Mo–Fr 8–17 Uhr.
Canadia Bank, St. 113. Kostenfreier Geldautomat für alle gängigen Kreditkarten. MoneyGram. ⏰ Mo–Fr 8–15.30, Sa 8–11.30 Uhr.

Medizinische Hilfe

Polyclinique Visal Sokh, N5, ✆ 053-952 401. Privatklinik für minder schwere Fälle. 24-Std.-Notdienst.

Smokin Pot, St. 1 1/2, ✆ 012-821 400, 📧 vannaksmokingpot@yahoo.com. Beliebter Treffpunkt für alle Kochfans. Los geht es mit dem Einkauf auf dem Markt. Dann werden im Restaurant 3 typische Khmer-Gerichte geschnippelt, gebrutzelt und natürlich anschließend gegessen. Tgl. 9.30–12.30 Uhr, Anmeldung am Vortag. US$10. **Nary Kitchen**, St. 111, ✆ 012-763 950, 🖥 www.narykitchen.com, bietet 2 Kurse tgl., um 9 und 16 Uhr für US$10 inkl. Rezeptbuch.

Psar Nat Clinic, ✆ 053-952 414, Krankenwagen ✆ 092-919 801. Privatklinik mit englischsprachigem Personal. 24-Std.-Notdienst.

Motorradtaxis und Tuk-Tuks

Überall im Stadtgebiet. Stadtfahrten mit dem Motorradtaxi 2000 Riel. Fahrten mit dem Tuk-Tuk in der Stadt US$1–2.

Der **Busbahnhof** liegt 1,5 km außerhalb Richtung Sisophon an der N5; der **Busbahnhof der Gesellschaft Rith Mony** 2,5 km außerhalb in Fahrtrichtung Phnom Penh, an der N5. Alle Busgesellschaften haben ein Büro in der Nähe des Marktes **Psar Boeng Chhoeuk**.

Busse

BANGKOK (Thailand), umsteigen an der Grenze, 4x tgl. zwischen 7.45 und 12.45 Uhr für US$13–15 in 8 Std.;
KOMPONG CHAM, mit Phnom Penh Sorya um 9.30 Uhr für US$10 in 8 Std.;
PAILIN, mit Rith Mony um 13.30 Uhr für US$3,75 in 2 Std.;
PHNOM PENH (über PURSAT und KOMPONG CHHNANG), 31x tgl. zwischen 6.30 und 17.30 Uhr für US$5–6 in 6 Std.;
POIPET, 6x tgl. zwischen 7.45 und 18 Uhr für US$3,75–4 in 3 Std.;
SIEM REAP, 7x tgl. zwischen um 7.45 und 15 Uhr für US$3,75–5 in 3 1/2 Std.;
SISOPHON, 7x tgl. zwischen 7 und 14.30 Uhr für US$2,50–3 in 1 1/2 Std.

Sammeltaxis

Nahe Psar Boeng Chhoeuk, u.a. nach
PHNOM PENH, für US$10 in 4 Std.; SIEM REAP,
für US$6 in 3 Std.

Schiffe

Der Schiffsanleger befindet sich an der Auto-
brücke **Spean Thmei**. Die sehenswerte Tour
nach Siem Reap wird abwechselnd von **Angkor
Express**, ✆ 012-601 287, und **Channa**, ✆ 012-
354 344, übernommen. Je nach Wasserstand
(ab März) werden die Passagiere erst mit dem
Pick-up in knapp 1 Std. zu einer schiffbaren
Stelle transportiert.
SIEM REAP, um 7 Uhr für US$20 in 5–9 Std.

Wat Ek Phnom

Die sehenswerte Anlage befindet sich 12 km
nördlich von Battambang. Auf dem Gelände
fällt als Erstes die neue buddhistische Pagode
aus dem Jahr 2003 ins Auge. Dahinter erhebt
sich die Ruine eines hinduistischen Tempels aus
dem Jahre 1027. Aus Laterit und Sandstein errichtet, fällt der Bau in die Regierungszeit Surya-
varmans I. (1011–1050). Die beiden miteinander
verbundenen Prasats weisen schön gearbeitete Türstürze und Flachreliefs auf. Auf der Ostseite ist im Inneren des Zentralheiligtums über ei-

Der Bambuszug

5 km südöstlich von Battambang liegt der
Bahnhof des Bambuszuges. Das Gefährt ist
schnell zusammengebaut: Auf Panzerrädern
wird eine Bambusplattform von etwa 3 x 2 m
befestigt, als Antrieb dienen alte Motoren.
Fahrten werden nur noch für Touristen bis ins
Dorf O'Sralau durchgeführt (US$5 p. P., hin und
zurück), in 1 Std. Schon seit Jahren wird über
das Ende der Bambusbahn spekuliert, jetzt ist
es amtlich: Die Bahngleise werden saniert.
Wenn also künftig regelmäßig Züge verkehren, müssen die Bambuszüge weichen. Aber
bis dahin kann noch Zeit vergehen. Anfahrt
mit dem Tuk-Tuk/Motorradtaxi für US$7/5 (hin
und zurück).

nem Türsturz eine Szene aus dem „Kirnen des
Milchozeans" zu erkennen. Nur wenige Touristen kommen hierher, die Atmosphäre ist wunderbar friedlich. Eintritt US$3 (zusammen mit
Phnom Sampeau).

Mit dem Tuk-Tuk/Motorradtaxi für US$12/8 in
30 Minuten.

Phnom Sampeau (Bootsberg)

Der Tempelberg liegt 15 km südwestlich an der
N57. Am Ticketstand bieten Motorradtaxis die
Rundfahrt zu den Höhlen und Pagoden auf dem
Berg für US$4 an.

Auf halbem Weg zum Gipfel führt von der
Asphaltstraße rechts ein Weg zur **Windhöhle
Leang Kshal**. Stufen leiten hinunter zu einer
Felsplattform. Beide Seiten der Höhle sind offen,
und es weht immer ein laues Lüftchen, daher
auch der Name. 10 Min. dauert es bis zur anderen Seite des Berges.

Die beiden Kanonen kurz vor dem Gipfel
sind vermutlich Überbleibsel aus dem Kampf
der Roten Khmer mit den Regierungstruppen
1994/1995, als hier die Frontlinie verlief. Von dort
sind es noch 100 m bis zum **Gipfel**, von dem man
einen fantastischen Blick über die Ebene hat.
Gleich drei **moderne Pagoden** stehen hier.

Auf der Rückseite des Berges erblickt man
auf halber Höhe ebenfalls mehrere Pagoden
und Buddhastatuen. Die Pagoden wurden von
den Roten Khmer als Verhör- und Gefängnis-
raum benutzt, die Leichen der Gefangenen anschließend in Höhlen geworfen. Ein Pfad führt
zu zwei dieser „Killing Caves". Eine der Höhlen
trägt den Namen **Leang Kirirum**. Stufen führen
zu der Grotte hinunter, ein Drahtkäfig enthält
Gebeine der hier Ermordeten. Noch grausamer
mutet die sogenannte **Theaterhöhle (Leang
Lacaun)** an. Hier wurde früher tatsächlich
Theater gespielt. Ein Metallkäfig und ein golden verzierter Glas-Stupa mit Schädel- und
Knochenresten erinnern an die Gräueltaten.
Die Grotte enthält einen liegenden Buddha
neueren Datums.

Eintritt US$3, zusammen mit Wat Ek Phnom.

Anreise mit dem Tuk-Tuk/Motorradtaxi für
US$12/8 in 30 Min.

Zwischen Phnom Penh und Battambang

Kompong Chhnang und Umgebung

Die Provinzhauptstadt **Kompong Chhnang** (Hafen der Töpfe) **[5138]**, 90 km nördlich von Phnom Penh, ist bekannt für die hier traditionell hergestellten Töpferarbeiten. Die Stadt, deren Einwohner einem freundlich begegnen, ist zweigeteilt: Der beschauliche Stadtkern erstreckt sich rund um den Markt **Psar Leu** – samt einem hübschen **Park** und der kleineren Ausgabe des **Independence Monument** ganz in der Nähe. 2 km nordöstlich liegt der **Fischereihafen** am Tonle-Sap-Fluss. Verbunden sind die beiden Zentren über einen Damm, zu dessen Seiten sich Häuser auf hohen Stelzen erstrecken. Lohnenswert ist dort ein Spaziergang in der Trockenzeit. **Wat Yeary Tep** an der Straße zwischen Markt und Hafen ist eine schöne renovierte Pagode, von der man einen wunderbaren Blick auf den Fluss genießt.

Die **schwimmenden Dörfer**, die sich an die Ufer des Tonle-Sap-Flusses schmiegen, sind weit weniger touristisch als diejenigen bei Siem Reap. Einmalig ist eine gemächliche Ruderbootfahrt durch diese Wasserlandschaft mit ihren schwimmenden Behausungen. Einstündige Rundfahrt im Holzruderboot US$8 (2 Pers.).

Das bekannteste Töpferdorf der Region nennt sich **Ondoung Rossey** **[5139]** und liegt 7 km nordwestlich von Kompong Chhnang. Hier stehen unter fast jeder Hütte Tonwaren, einige verfügen auch über Brennöfen. Fast immer besteht die Möglichkeit, einem Töpfer bei der Arbeit zuzusehen. Mit dem Motorradtaxi für US$5 (hin und zurück).

C'est ici Guesthouse, am Flussufer, ✆ 088-990 5152, **[9452]**. Unter französischer Leitung: 4 einfach möblierte Ventilator-Zimmer mit hellen kleinen Bädern. Restaurant. ❶

Chantea Borint Hotel, Prison St., 200 m südwestlich des Independence-Monuments, ✆ 026-988 622, **[9453]**. An einem begrünten Innenhof gelegen. Der Besitzer spricht Englisch und ist sehr hilfsbereit. Gefliese Zimmer, Einbauschrank, Schreibtisch, Kühlschrank, TV. Kleine Bäder mit Warmwasser. AC oder Ventilator. Auf Wunsch Frühstück. ❶–❷

Sovann Phum Hotel, N5, ✆ 026-989 333, ✉ sovannphumkpchotel@yahoo.com. Ordentliches Mittelklassehotel: 30 AC-Zimmer liegen an breiten Marmorfluren. Viele Holzmöbel, kleines Marmorbad. Restaurant. ❷

Es gibt jede Menge **Essensstände**, u. a. im Markt Psar Leu, am Kreisverkehr bei der Vishnustatue sowie am Bootsanleger. Auch mehrere **einfache Restaurants** haben bis in den Abend geöffnet: einfach in die Töpfe schauen und auswählen. Eine Portion inkl. Reis kostet 5000–6000 Riel.

Van Soleap (kambodschanisches Schild), nahe Chantea Borint Hotel. Englische Speisekarte, und auch das Personal spricht Englisch. Gute günstige Hausmannskost um US$2. WLAN. ⏰ 6–20 Uhr.

Fahrrad- und Motorradverleih

Das **Chantea Borint Hotel** vermietet Fahrräder (US$1/Tag) und Mopeds (US$7/Tag).

Geld

Acleda Bank, im Zentrum. Geldwechsel, der Geldautomat akzeptiert Visa. ⏰ Mo–Fr 7–16 Uhr.
Canadia Bank, N5, 100 m südlich des Independence-Monuments. Tauscht Travellers Cheques, gebührenfrei Geld auf MasterCard und Visa. ⏰ Mo–Fr 8–15.30, Sa 8–11.30 Uhr.

Motorradtaxis überall im Stadtgebiet, 2000 Riel für eine Stadtfahrt. **Tuk-Tuks** an der Sokimex-Tankstelle und am Bootsanleger, US$1 für eine Stadtfahrt, Tagesausflüge um US$20.

Busse

Busse halten an der Sokimex-Tankstelle im Zentrum bzw. am Büro der jeweiligen Busgesellschaft.
BATTAMBANG, stdl. zwischen 8.30 und 16 Uhr für US$6 in 4 Std.;

KAMBODSCHA

PHNOM PENH, stdl. zwischen 10 und 20 Uhr für US$5 in 2 1/2 Std.;
PURSAT, stdl. zwischen 8.30 und 16 Uhr für US$4 in 2 Std.

Sammeltaxis
An der Sokimex-Tankstelle. Regulär wird nur PHNOM PENH für US$4 in 1 1/2 Std. angefahren.

Pursat und Umgebung

Nur wenige Touristen zieht es nach Pursat [9459], das rund 175 km nördlich von Phnom Penh am Ufer des Stoeng Pursat liegt, denn der Ort selbst hat nicht viel zu bieten. Aber genau das übt einen Reiz auf jene aus, die das authentische Kambodscha abseits der Touristenpfade suchen. Ein Spaziergang entlang dem Pursat-Fluss bis zur **Koh Sampeau Meas** (Insel des goldenen Bootes) bietet sich an. Die Legende erzählt, dass hier ein gestrandetes Boot lag, das nach und nach zu einer Insel wurde. Jetzt ist die kleine Insel kahlgeschlagen und in eine blau-rot-gelbe Bootsform in Beton gegossen.

Ein weiterer netter Spaziergang führt über die Brücke auf die östliche Flussseite. Im Dorf **Banteay Dei** kann man Steinmetzen bei der Arbeit zuschauen. Der grünliche Marmor stammt aus dem Kardamom-Gebirge.

Etwa 38–45 km (je nach Wasserstand) östlich von Pursat liegt die schwimmende Stadt **Kompong Luong**. Rund 1300 Familien leben in dieser faszinierenden bunten Welt schwimmender Holzhäuser und Hausboote, die sich mit dem Wasserstand bewegen. Von Pursat mit Motorradtaxi/Tuk-Tuk (US$12/20) zur Anlegestelle in 50 Min., ab Anleger gemeindebasierte **Bootstouren**, Festpreis für eine einstündige Rundfahrt: 1–3 Pers. US$9 pro Boot.

ÜBERNACHTUNG UND ESSEN

Hotel Thansour Thmey, Rd. 102, ein Block westlich des Flusses, ✆ 012-962 395, ✉ thansour thmey@gmail.com, [9461]. Khmer-Mittelklassehotel. Einige Zimmer beeindrucken mit geschnitzten Betten. Bäder mit Wanne. Ventilator oder AC. Kaum Englisch. ❶–❷

KM Hotel, Rd. 101, am Fluss 300 m nördlich der N5, ✆ 052-952 168, 🖥 www.kmhotel.com.kh, [9462]. Vornehmstes Hotel am Platze. Die Zimmer haben spiegelnd helle Marmorböden und sind mit wenigen Möbeln ausgestattet, dazu TV, Kühlschrank. Großer Pool am Fluss (für Nichtgäste US$4). Inkl. Frühstück. ❸

Phnom Pech Hotel, Rd. 101, am Fluss 200 m nördlich der N5, ✆ 052-951 515, ✉ phnompech hotel@yahoo.com, [9463]. Das Hotel punktet durch die Hilfsbereitschaft bei Tourbuchungen. Einfache helle Zimmer, halbhoch gefliest. Kleine Bäder mit Warmwasser. Ventilator oder AC. ❶–❷

Günstig kann man bis 17 Uhr an den **Essensständen** am Markt essen. Eine englische Speisekarte haben die Hotelrestaurants und die beiden folgenden Tipps.

Lam Siv Eng, N5, 500 m westlich des Flusses. Hervorragende kambodschanische Küche. Empfehlenswert ist das Schweinefleisch mit Zitronengras und Chili. Westliches Frühstück. ⏰ 7–22 Uhr.

Magic Fish Restaurant (Tep Machhar), Rd. 101, am Fluss 1,5 km nördlich der N5. Auf der umfangreichen Speisekarte stehen einfache kambodschanische Gerichte ab US$2. ⏰ 10–22 Uhr.

SONSTIGES

Fahrrad- und Motorradverleih
Im **Phnom Pech Hotel** Fahrräder (US$3/Tag) und Mopeds (US$10/Tag).

Geld
An der N5, 700 m westlich des Flusses, liegen nebeneinander die **Acleda Bank**, Geldautomat für Visa, und die **Canadia Bank**, deren gebührenfreier Geldautomat MasterCard, Visa und Cirrus akzeptiert.

Informationen
Tourist Information, St. 208, ✆ 089-970 898. Die Mitarbeiterin spricht Englisch und hat Broschüren über die Region vorrätig. ⏰ Mo–Fr 8–11 und 14–17 Uhr.

TRANSPORT
Mehrere Busgesellschaften haben ein Büro an der N5, dort halten auch alle Busse.

Busse

BANGKOK (Thailand), umsteigen an der Grenze, mit Phnom Penh Sorya um 10 Uhr für US$17 in 12 Std.;

BATTAMBANG, 31x tgl. zwischen 7.30 und 21 Uhr für US$2,50–3 in 2 Std.;

PHNOM PENH (über KOMPONG CHHNANG), 46x tgl. zwischen 7.15 und 19.30 Uhr für US$4,25–5 in 4 Std.;

POIPET (über Sisophon), 18x tgl. zwischen 7.30 und 16 Uhr, um 19.30 Uhr mit Phnom Penh Sorya, für US$5–6 in 4 Std.;

SIEM REAP, um 7.15 und 7.30 Uhr für US$6–6,25 in 5–6 Std.

Sammeltaxis

Stehen am Psar Chas und entlang der N5.

Pailin

Nahe der thailändischen Grenze liegt Pailin [9454], bekannt als letzter Rückzugsort der Roten Khmer und für die kostbaren Edelsteine, die hier gefördert wurden. Fast alle Edelsteinen-Minen sind heute stillgelegt, die Rubine und Saphire ausgebeutet.

Nach Machtübernahme der Roten Khmer Mitte der 1970er-Jahre war Pailin eine ihrer Kommandozentralen. Nach Einmarsch der Vietnamesen zogen sich viele Rote Khmer hierher zurück. Sie wurden im Laufe der Jahre sehr vermögend, vergaben die Schürfrechte an thailändische Unternehmen, und auch die Schlagrechte für Edelhölzer lagen unter ihrer Kontrolle. Erst im August 1996 lief Ieng Sari, unter der Zusicherung von Straffreiheit, mit 3000 Mann zur Regierung Hun Sens über.

Pailin präsentiert sich gesichtslos und weist kaum nennenswerte Sehenswürdigkeiten auf. Der Ort zieht sich entlang der N57. Die angrenzenden Straßen sind noch immer einfache Lehmstraßen. Im Ort selbst gibt es einen **Markt**, in den Geschäften werden günstige Edelsteine verkauft, die zumeist von minderer Qualität sind. Vor dem Rathaus steht eine kleine Ausgabe des **Independence Monument** von Phnom Penh.

Sehenswert ist die bunte Klosteranlage **Wat Phnom Yat**, die am südlichen Ortseingang auf einem Hügel steht. Sie ist Frau Yat gewidmet, die den göttlichen Vergleich verkündete: die Götter gaben der Region die Edelsteine, im Gegenzug sollte die Bevölkerung das Erlegen der wilden Tiere einstellen.

ÜBERNACHTUNG UND ESSEN

Bamboo Guesthouse, 3 km in nordwestlicher Richtung, ☎ 012-405 818, [9456]. Ruhig und hübsch begrünt, gibt es charmante Holzbungalows und eine Reihe Steinzimmer. Alle mit AC, TV, Kühlschrank, Warmwasser. Beliebtes Restaurant, ⏰ 6.30–22 Uhr. ❷–❸

Pailin Ruby Guesthouse, im Zentrum an der N57, ☎ 055-666 6668, [9458]. Großes Haus mit ordentlichen Zimmern, TV, Kühlschrank, Schrank, Warmwasser. Ventilator oder AC. Der Besitzer Kop Saly spricht gut Englisch und ist sehr hilfsbereit. ❶–❷

Am Markt gibt es zahlreiche **Essensstände**.

Pipup Penh 70, im Zentrum an der N57, ☎ 012-666 467. Das Schild ist auf Kambodschanisch. Erstaunlich modernes Restaurant mit AC-Raum und Terrasse. Die englischsprachige Bedienung und eine englische Speisekarte mit Bildern erleichtern die Bestellung. Gute kambodschanische und thailändische Gerichte um US$4. WLAN. ⏰ 6.30–23 Uhr.

SONSTIGES

Geld

Gängige Währungen sind der thailändische Baht, Riel und US-Dollar.

Canadia Bank, N57 am Independence Monument, tauscht Travellers Cheques. Kostenfreie Abhebung am Geldautomaten mit MasterCard, Visa und Cirrus. MoneyGram. ⏰ Mo–Fr 8–15.30, Sa 8–11.30 Uhr.

Medizinische Hilfe

Der Arzt in der **Khe Sokhom Clinic**, 2 km an der N57 Richtung Battambang, spricht Englisch, ☎ 012-814 118. ⏰ Mo–Fr 8–17 Uhr.

TRANSPORT

Busse

Busse fahren vom Büro der Busgesellschaften Ponleu-Angkor-Khmer-Transport und Rith Mony an der N57 im Zentrum ab.

Grenzübergänge nach Thailand

Psar Prum (Pailin) – Ban Pakkad

⏰ 6–22 Uhr. Von Pailin bis zur 20 km entfernten Grenze mit dem Sammeltaxi 5000 Riel, Motorradtaxi US$5. Problemlos sind die Einreiseformalitäten nach Thailand. Auf der thailändischen Seite in Ban Pakkad fahren Minibusse nach Chantaburi für 150 Baht. Von dort Verbindungen nach Trat und Bangkok.

Kamrieng – Ban Laem

Ein wenig genutzter, internationaler Grenzübergang über die thailändische Grenze ist der 40 km entfernte Grenzort Kamrieng, ⏰ 6–22 Uhr.

BATTAMBANG, 3x tgl. zwischen 7.30 und 8.40 Uhr für US$3,75 in 2 Std.;
PHNOM PENH, 3x tgl. zwischen 7.30 und 8.40 Uhr für US$9,50 in 7 Std.

Sammeltaxis

stehen an der N57 gegenüber vom Markt. Bis zur Grenze 5000 Riel, bis Battambang für US$6 (ganzes Taxi US$30).

Provinz Banteay Meanchey

Sisophon

Sisophon [9470] wird auch Svay oder nach der Provinz Banteay Meanchey genannt. Die Stadt liegt an einem Verkehrsknotenpunkt 48 km vom Grenzübergang Poipet, 66 km von Battambang und 105 km von Siem Reap entfernt. Reisende übernachten in dieser untouristischen Stadt, um die Tempelanlage Banteay Chhmar zu besuchen.

Sehenswürdigkeiten gibt es kaum, zentraler Platz ist der große **Markt Serey Sophorn**, dessen Hauptgebäude ein tempelartiges Dach ziert. Den **Wettikha-Park** rahmt auf der Nordwestseite eine schöne Balustrade ein, die das „Kirnen des Milchozeans" darstellt.

Botoum Hotel, N5 am Kreisverkehr Richtung Poipet, ✆ 012-687 858, 🖥 www.botoumhotel.com, [9472]. Gepflegtes Haus an einem schönen Innenhof. Zimmer mit Ventilator oder AC. Der Besitzer spricht gut Englisch, ist hilfsbereit und vermittelt Touren. Restaurant. ❶–❷

Golden Crown Guesthouse, im Zentrum Nähe Markt, ✆ 054-958 444. Einfache, aber recht ordentliche große Zimmer über 2 leeren Hallen. Ventilator oder AC. ❶–❷

Pyramid Hotel, St. 2, 500 m nördlich des Marktes, ✆ 054-668 8881, 🖥 www.pyramid-hotel.com, [9473]. Schicke, modern renovierte Zimmer mit ebensolchen Bädern. Auf der 5. Etage Restaurant mit Dachterrasse. ❷–❸

Die Restaurants im **Botoum** und **Pyramid Hotel** haben eine englische Speisekarte und offerieren Khmer- und thailändische Gerichte. Die **Khmer-Restaurants** an der Ostseite des Wettikha-Parks haben bis nach Mitternacht geöffnet.

🧳 **Kim Heng Restaurant**, N6. Hier werden günstige Khmer- und Thai-Gerichte unter einem hohen Dach serviert. ⏰ 10–14.30 und 17–21 Uhr.

The Mirror Restaurant, nahe N6, 500 m nördlich des Marktes. In dem modernen AC-Restaurant gibt es Eis, Pommes, Khmer-BBQ, aber auch ein paar Reis- und Nudelgerichte. WLAN. ⏰ 10–21 Uhr.

Im Zentrum befindet sich eine Filiale der **Acleda Bank**, die Geldautomaten akzeptieren Visa-, MasterCard und Cirrus, Western-Union-Service. Am Geldautomaten der **Canadia Bank** gibt es gebührenfrei Geld auf MasterCard und Visa, MoneyGram.

Büros der Busgesellschaften rund um den alten Busbahnhof in Marktnähe. Von dort starten die **Busse und Sammeltaxis**.
ANLONG VENG, mit Rith Mony um 9 und 11 Uhr für US$7,50 in 6 Std.;
BANGKOK (Thailand), umsteigen an der Grenze, 12x tgl. zwischen 10 und 19 Uhr für US$10–15 in 7–8 Std.;

BATTAMBANG, 21x tgl. zwischen 6.30 und 15 Uhr für US$2,50 in 2 Std.; mit Virak Buntham um 20.30 und 21.30 Uhr für US$5 in 1 1/2 Std.;
O'SMACH, mit Rith Mony um 15 Uhr für US$6,25 in 4 1/2 Std.;
PHNOM PENH (über PURSAT und KOMPONG CHHNANG), 21x tgl. zwischen 6.30 und 15 Uhr für US$5–6,25 in 8 Std.; mit Virak Buntham um 20.30 und 21.30 Uhr für US$8 in 7 Std.;
POIPET, 12x tgl. zwischen 10 und 19 Uhr für US$1,25–2,5 in 1 Std.;
SIEM REAP, 9x tgl. zwischen 6.45 und 14.30 Uhr für US$3,75–4 in 1 1/2 Std.;
SRA EM, mit Rith Mony um 9 und 11 Uhr für US$7,50 in 7 Std.

Banteay Chhmar

Beeindruckend und bislang nur von wenigen Touristen besucht ist die Tempelanlage Banteay Chhmar [4942], rund 60 km nördlich von Sisophon. Die Anlage wurde von König Jayavarman VII. (reg. 1181–ca. 1220) erbaut und ist Indravarman, dem Sohn Jayavarmans VII., und vier Soldaten gewidmet, die ihr Leben gaben, um den Kronprinzen zu schützen. Warum eine derart große Stadt in dieser abgelegenen Region entstand, ist bis heute ungeklärt.

Um den mittig gelegenen Zentraltempel verläuft ein 63 m breiter, viereckig angelegter innerer Wassergraben. Besucher betreten die Anlage von Osten, innerhalb des Wassergrabens. Hinter dem Ticketschalter steht rechter Hand ein recht gut erhaltenes Gebäude, das „House of Fire".

Eine teils eingestürzte **zweite Außenmauer** von 200 x 250 m Länge umschließt den Zentralkomplex. Auf den Außenseiten dieser Mauer sind die meisten **Basreliefs** zu sehen. Auf der südlichen Außenseite der Ostmauer zeigt ein großes, zweireihiges Flachrelief die Seeschlacht auf dem Tonle-Sap-See gegen die Cham. Im oberen Reliefbalken ist König Jayavarman VII. auf einem Pferd zu sehen. Beeindruckend sind die zwei erhaltenen Basreliefs mit den beiden 32- und 22-armigen Lokeshvaras an der westlichen zweiten Außenmauer (Südseite). Ebenfalls an der westlichen Außenmauer (Nordseite) ist das „Kirnen des Milchozeans" erkennbar. Außerdem erscheint der mythische Dämon Rahu gleich zweimal: in einer Kampfszene und einen Esel vor einem Ochsenkarren verschlingend. Auf der südlichen zweiten Außenmauer sind Kampfszenen erkennbar, Krieger halten die abgeschlagenen Köpfe ihrer Gegner.

In das von der ersten Umfassungsmauer umgebene **Zentralheiligtum** gelangt man am besten durch den nördlichen Gopuram. Zwei Türme im Bayon-Stil mit vier Gesichtern sind noch erhalten. Anhand der Trümmer ließ sich rekonstruieren, dass es einst in der gesamten Anlage 50 Türme mit Gesichtern gab.

Insgesamt acht **Satelliten-Tempel** umgeben Banteay Chhmar. Am besten erhalten und gut zugänglich ist **Prasat Ta Prohm**.
Eintritt US$5.

Die meisten Reisenden unternehmen von Banteay Chhmar einen Abstecher nach **Banteay Torp**, 13 km südöstlich. Die Anlage wurde ebenfalls von Jayavarman VII. erbaut. Umgeben von zwei Mauern und einem Wassergraben, sind von den ursprünglich fünf erstaunlich hohen Türmen noch drei erhalten. Eintritt frei.

ÜBERNACHTUNG UND ESSEN

Homestay-Übernachtung im Dorf Banteay Chhmar in traditionellen Stelzenhäusern mit Gemeinschaftsbad, US$7. **Banteay-Chhmar-Community-Based Tourism**, ☏ 012-237 605, ⌨ www.visitbanteaychhmar.org. Rund um den Markt sorgen **Essensstände** für das leibliche Wohl. Im einzigen Restaurant **Cham Rom** werden Nudelsuppen und Reisgerichte serviert.

TRANSPORT

Von Sisophon über eine sandige Schlaglochpiste mit dem **Taxi** für US$40 (inkl. Banteay Torp) in 1 1/2 Std. **Sammeltaxi** ab Sisophon für US$5 p. P.

Poipet

Bis Mitte der 1990er-Jahre waren die Bewohner von Poipet [9474] den Kämpfen zwischen den Roten Khmer und den Regierungstruppen ausgesetzt. Heute erstreckt sich die Grenzstadt über mehrere Kilometer rechts und links der N5. Für die meisten Reisenden ist Poipet eine Durchgangsstation auf dem Weg von oder nach Thailand. Wer den Kreisverkehr vor der Grenze meidet und entlang der Hauptstraße zu dem sehenswerten großen Markt **Psar Akia** schlendert, erlebt eine typische kambodschanische Stadt mit freundlichen Bewohnern. Im Niemandsland zwischen der Grenze Kambodscha–Thailand sind mehrere **Kasino-Hotel-Komplexe** in Betrieb.

ÜBERNACHTUNG UND ESSEN

City Poipet Hotel, N5, etwa 1 km vor der Grenze in einer Seitenstraße, ☎ 054-967 576, ✉ city poipethotel@gmail.com, [9476]. Eines der besten Häuser der Stadt. Große gefliese AC-Zimmer mit Bett, Schreibtisch, TV, Kühlschrank, Einbauschrank. Großes Bad. WLAN. ❷–❸

Good Luck Hotel, 200 m westlich vom Psar Akia, ☎ 011-722 408, [9477]. Knallgrün gestrichenes Haus. Auch innen dominiert diese Farbe. Ansprechende AC-Zimmer. ❶

Sophal Thavy Guesthouse, N5, 100 m vor der Grenze, ☎ 012-910 735, ✉ sophal.thavy@gmail.com. Einfache saubere Zimmer mit Bett, TV, Kühlschrank. Ventilator oder AC. WLAN. ❶–❷

Essensstände öffnen ab 16 Uhr rund um den Psar Akia. Im **Poipet Resort Casino** zwischen 5 und 24 Uhr Buffet für 250 Baht p. P.

Destiny Café, N5, 2 km vor der Grenze. AC-Restaurant, in dem es gutes Frühstück, ein paar Reis- und Nudelgerichte sowie Smoothies und Frappés gibt. WLAN. ⏱ 7–19 Uhr.

Khorm Morn Restaurant, N5, 1,5 km vor der Grenze. Bei Einheimischen beliebtes Restaurant mit englischer Speisekarte. ⏱ ab 17 Uhr.

Grenzübergang nach Thailand

Der Grenzübergang **Poipet – Aranyaprathet** ist von 6–22 Uhr geöffnet.
Die Ausreise von Kambodscha nach Thailand gestaltet sich problemlos. Die meisten Reisenden haben ein durchgehendes Ticket zu Zielen in Thailand in der Tasche. Jeder muss die Grenze zu Fuß passieren, dort wird das kostenlose Visum für Thailand in den Pass gestempelt. Fast alle Busunternehmen wechseln den Bus hinter der Grenze, dort Wartezeiten einkalkulieren.

SONSTIGES

Wechselstuben an der Grenze wechseln Baht, Dollar und Riel. Besser sind die Kurse bei den **Banken**. An der N5 befinden sich die **Acleda Bank** und **Cambodian Public Bank**, die Geldautomaten akzeptiert Visa-, MasterCard und Cirrus. Der Geldautomat der **Canadia Bank** ohne Transaktionsgebühr. ⏱ Mo–Fr 8–15.30, Sa 8–11.30 Uhr.

TRANSPORT

Der Busbahnhof von Poipet befindet sich etwa 1,5 km von der Grenze entfernt am Psar-Akia-Markt. Die Busgesellschaften haben ein Büro entlang der N5 oder rund um den Busbahnhof.

Busse

BATTAMBANG, 11x tgl. zwischen 6.30 und 20.30 Uhr für US$6–8 in 3 Std.;
HO-CHI-MINH-STADT (Vietnam), mit Gold VIP um 20.30 Uhr für US$22 in 20 Std.;
KAMPOT, KOH KONG und SIHANOUKVILLE, mit Gold VIP um 20.30 Uhr für US$15–17 in 14–16 Std. (umsteigen in Phnom Penh);
PHNOM PENH (über KOMPONG CHHNANG und PURSAT) 17x tgl. zwischen 6.30 und 21 Uhr für US$8–16 in 8 Std.

Sammeltaxis

Rund um den Busbahnhof warten Sammeltaxis nach:
BATTAMBANG, für US$5 (ganzes Taxi: US$30) in 2 Std.;
PHNOM PENH, für US$15 (US$100) in 6 Std.;
SIEM REAP, für US$6 (US$35) in 2 Std.
Die Sammeltaxis am Kreisverkehr vor der Grenze verlangen höhere Preise.

Siem Reap

Nur einen Katzensprung entfernt von den berühmten Tempeln von Angkor liegt das Provinzstädtchen Siem Reap (100 000 Einw.). Noch immer herrscht hier die entspannte Atmosphäre einer Kleinstadt, auch wenn steigende Besucherzahlen zu einem wahren Bauboom geführt haben.

Für Reisende bieten sich in Siem Reap alle touristischen Annehmlichkeiten: Es gibt Unterkünfte aller Kategorien und Restaurants mit nationaler und internationaler Küche für jeden Geldbeutel. Kleine Boutiquen und Kunsthandwerksstände auf den Nachtmärkten laden zum Bummeln ein, exotischer geht es auf den Märkten wie dem Psar Chas und dem Psar Leu zu. Etwas ganz Besonderes ist das Old French Quarter rund um den Psar Chas, den alten Markt, mit seinen liebevoll renovierten Kolonial- und den alten Warenhäusern. Abends füllt sich die tagsüber ruhige Kleinstadt mit Leben – die Besucher flanieren an den Außenständen des Psar Chas vorbei, über die Nachtmärkte und geben sich der Partystimmung in der Passage und der Pub Street hin, in der sich die Lokale aneinanderreihen.

Sehenswertes

Die Innenstadt lässt sich prima zu Fuß oder mit einem Fahrrad erkunden. Im Folgenden der Vorschlag für einen **Rundgang**, beginnend in der Innenstadt an der westlichen Flussseite. Es geht Richtung Nordosten, dann auf der östlichen Flussseite in südlicher Richtung zurück. Mit dem Fahrrad ist für die gesamte Tour ein Tag einzuplanen.

Im **Psar Chas** (alter Markt) werden Kunsthandwerk, *kramas*, Sarongs und jede Menge anderer Souvenirs verkauft. Morgens ist ein guter Zeitpunkt für einen Besuch, dann bieten Marktfrauen in den Gängen frische Lebensmittel feil.

200 m weiter nordöstlich erblickt man am Fluss das buddhistische Kloster **Wat Preah Prohm Rath**, in dem gegenwärtig etwa 20 Mönche leben. Die Anfänge des Klosters gehen zurück auf König Ang Chan I. (reg. 1516–1566). Der moderne Vihear wurde 1951 erbaut, die Außenwände zieren 44 bunte Relieftafeln, die Szenen aus dem Leben Buddhas darstellen. Das Foto neben dem sitzenden Buddha im Inneren zeigt den Mönch Chuon Nath (1883–1969), der 1938 das erste Wörterbuch in Khmer verfasste.

Eine Oase der Ruhe sind die gepflegten **Royal Gardens** an der **Königlichen Residenz**, etwa 500 m dem Flussverlauf in nördlicher Richtung folgend. Hunderte von Flughunden, die sich von Früchten ernähren, hängen tagsüber in den

Bäumen. Auf dem Gelände steht der **Schrein Preah Ang Chek – Preah Ang Chrom**. Die Pagode beherbergt die Schutzgöttinnen von Siem Reap. Zu sehen sind zwei Statuen der Schwester-Gottheiten, die vermutlich einst Prinzessinnen von Angkor waren. Preah Ang Chek ist die größere und schlankere, Preah Ang Chrom die kleinere.

Südlich angrenzend steht unter einem Baum der **Schrein Ya-Tep**. Er ist den Ahnengeistern *(neak ta)* gewidmet. Die Neak ta wachen über den Ort und die hier lebenden Menschen – solange ihnen genügend Respekt gezollt wird. Daher bringen insbesondere in den frühen Abendstunden viele Gläubige Opfergaben dar.

Das aufwendig gestaltete Gebäude 300 m nördlich beherbergt das sehenswerte **Angkor Nationalmuseum**, 968 Charles de Gaulle Blvd., ✆ 063-966 601, 🖳 www.angkornationalmuse um.com, das sich dem Angkor-Reich und der Khmer-Kultur widmet. Es ist ein modernes und

Siem Reap Zentrum

Angkor National-museum

Ly Srey Vyna Krankenhaus (6)

(7)

Sivatha Blvd.

Airport Rd. (National Highway 6)

Taphul Rd.

Raffles Grand Hotel d'Angkor

Amansara

Charles de Gaulle Blvd.

River Rd.

(3)

Wat Po Lanka

Essen:
3 Marum
4 Sala Bai
5 Kanell
6 Green Star
7 Little Krama
8 Tangram Garden

Sonstiges:
5 Phare - The Cambodian Circus
6 Artisans d'Angkor
7 Bloom

Transport:
5 Nattakan
6 Sam Veasna

Wat Kesararam

Victoria Angkor

01

Royal Gardens

Preah Ang Chek- und Preah Ang Chorm-Schrein

(8)
(9)

(10)

Ya-Tep-Schrein

Königs-palast

Lucky Mall

(11) Oum Khun St.

02

Sivatha Blvd.

Oum Chhay St.

03

04

(12)

National Highway 6

(13)
(15)
(16)

(14)

20

Wat Bo Rd.

(17)
(18)

Taphul Rd.

(4)

05

Pokambor Ave.

River Rd.

Siem Reap

(19)
(20)

(5)

Samdech Tep Vong St.

(21)

Shinta Mani St.

21

La Résidence d'Angkor

(22)

Samdech Tep Vong St.

Wat Bo

Siem Reap Provincial Hospital

06

s. Detailplan Rund um den Psar Chas rechte Seite

22

NACHT-MARKT

Pr. Thnou St.

New St. A

07

Wat Preah Prom Rath

23

24

Sivatha Blvd.

The Lane

08

Pub St. (Hospital St.)

Alley West Passage

09

Psar Chas

10

Pokambor Ave.

River Rd.

25

26

27

Apsara Theater

(6)

Sok San St.

(23)

Steung Thmei

(24)

6

Psar Kroum Rd.

22

26

Angkor Art Nachtmarkt

Wat Damnak

(25)
(26)

7 Makara St.

5

High School Rd.

Zentrum für Khmer-Studien

Life & Hope Association

(27)
7

(28)

Tonle Sap Rd.

(29)

6

7

Sala Lodge Rd.

27

HIGH SCHOOL

8

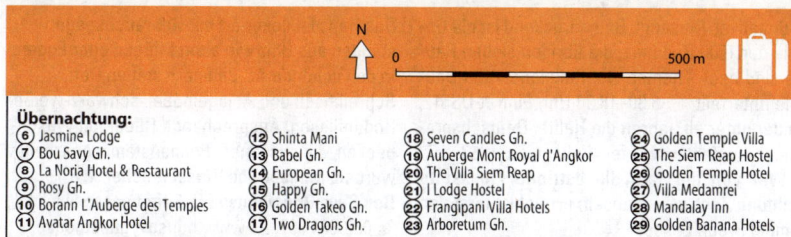

KAMBODSCHA

Rund um den Psar Chas

N 0 200 m

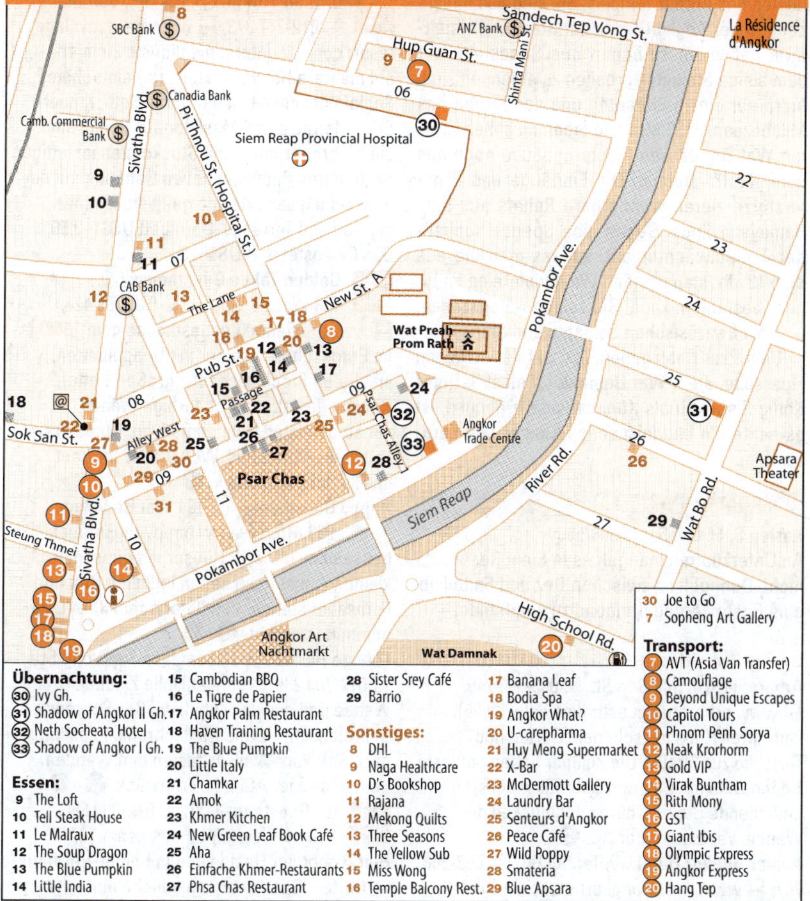

Übernachtung:

6 Jasmine Lodge	12 Shinta Mani	18 Seven Candles Gh.	24 Golden Temple Villa
7 Bou Savy Gh.	13 Babel Gh.	19 Auberge Mont Royal d'Angkor	25 The Siem Reap Hostel
8 La Noria Hotel & Restaurant	14 European Gh.	20 The Villa Siem Reap	26 Golden Temple Hotel
9 Rosy Gh.	15 Happy Gh.	21 I Lodge Hostel	27 Villa Medamrei
10 Borann L'Auberge des Temples	16 Golden Takeo Gh.	22 Frangipani Villa Hotels	28 Mandalay Inn
11 Avatar Angkor Hotel	17 Two Dragons Gh.	23 Arboretum Gh.	29 Golden Banana Hotels

SBC Bank 8
ANZ Bank
Samdech Tep Vong St.
La Résidence d'Angkor
Hup Guan St.
9 7
06
Canadia Bank
Shinta Mani Rd.
30
Camb. Commercial Bank
Sivatha Blvd.
Pi Thnou St. (Hospital St.)
Siem Reap Provincial Hospital
9
10
10
11
11 07
CAB Bank
12
The Lane
14 15
New St. A
Pokambor Ave.
22
23
24
Wat Preah Prom Rath
17 18
8
16
Pub St. 17 12 9 13
20
14 17
15 14
Passage
31
18
@ 21
22
19
09
24
32
Sok San St.
27
Alley West 28 25
23 25 24 23
33
Angkor Trade Centre
River Rd.
25
26
26
Apsara Theater
9
20 30
29 09
Psar Chas
31
11
12
Psar Chas Alley 1
Wat Bo Rd.
10
11
13
Sivatha Blvd.
16 14
Steung Thmei
Pokambor Ave.
Siem Reap
27
29
15
17
16
18
19
Angkor Art Nachtmarkt
Wat Damnak
High School Rd.
20

30 Joe to Go
7 Sopheng Art Gallery

Transport:
7 AVT (Asia Van Transfer)
8 Camouflage
9 Beyond Unique Escapes
10 Capitol Tours
11 Phnom Penh Sorya
12 Neak Krorhorn
13 Gold VIP
14 Virak Buntham
15 Rith Mony
16 GST
17 Giant Ibis
18 Olympic Express
19 Angkor Express
20 Hang Tep

Übernachtung:
30 Ivy Gh.
31 Shadow of Angkor II Gh.
32 Neth Socheata Hotel
33 Shadow of Angkor I Gh.

Essen:
9 The Loft
10 Tell Steak House
11 Le Malraux
12 The Soup Dragon
13 The Blue Pumpkin
14 Little India
15 Cambodian BBQ
16 Le Tigre de Papier
17 Angkor Palm Restaurant
18 Haven Training Restaurant
19 The Blue Pumpkin
20 Little Italy
21 Chamkar
22 Amok
23 Khmer Kitchen
24 New Green Leaf Book Café
25 Aha
26 Einfache Khmer-Restaurants
27 Phsa Chas Restaurant
28 Sister Srey Café
29 Barrio

Sonstiges:
8 DHL
9 Naga Healthcare
10 D's Bookshop
11 Rajana
12 Mekong Quilts
13 Three Seasons
14 The Yellow Sub
15 Miss Wong
16 Temple Balcony Rest.
17 Banana Leaf
18 Bodia Spa
19 Angkor What?
20 U-carepharma
21 Huy Meng Supermarket
22 X-Bar
23 McDermott Gallery
24 Laundry Bar
25 Senteurs d'Angkor
26 Peace Café
27 Wild Poppy
28 Smateria
29 Blue Apsara

informatives Museum. Beeindruckend ist die Galerie der 1000 Buddhas, die übrigen sieben Räume sind nach Themen wie Religionen und Baustile unterteilt. ⏱ 8.30–18.30 Uhr, Eintritt US$12, Kinder unter elf Jahren die Hälfte. Deutschsprachiger empfehlenswerter Audioguide US$3.

Wer von dort auf die **östliche Flussseite** Richtung Zentrum wechselt, erreicht zuerst den Tempel Preah Enkosai.

Wat Preah Enkosai wurde Ende des 10. Jhs. von Rajendravarman II. (reg. 944–968) erbaut. Von den ursprünglich drei Laterit-Türmen sind noch zwei erhalten, der Vihear steht auf den Resten des dritten Tempels. Sie sind das älteste Zeugnis der Angkor-Zeit in der Stadt. Der Hauptturm hat einen Türbogen aus Sandstein, auf dem einige Steinmetzarbeiten zu erkennen sind: Indra auf einem Elefanten und das Kirnen des Milchozeans. 130 Mönche leben im sehenswerten **Wat Bo**, dessen Klostergebäude noch aus dem 18. Jh. stammt. Die Eingänge und Fensterstürze zieren wunderbare Reliefs aus dem Ramayana-Epos. Gegen eine Spende schließt der Tempelwächter auf, sodass man die aus dem 19. Jh. stammenden Wandmalereien im Vihear bestaunen kann. Sie zeigen Alltagsszenen, u. a. mit französischen Soldaten und Chinesen.

Dem Psar Chas gegenüber, auf der östlichen Flussseite, steht **Wat Damnak** („Palast"). Unter König Sisowath als Königsresidenz genutzt, ist es heute ein buddhistisches Kloster und Lernzentrum.

ÜBERNACHTUNG

Karten S. 554, 555 und 568/569
An Unterkünften mangelt es in Siem Reap nicht. Dennoch ist zwischen Dez und Ende Feb eine Reservierung dringend zu empfehlen.

Untere Preisklasse
Arboretum ㉓, Sok San St., ✆ 063-963 240, 💻 www.arboretumguesthouse.com, [9688]. Familiäres Haus mit schönem Garten und Terrasse zur Straße. Die Zimmer haben gefliese Böden, sind mit Bett und Schrank möbliert, umlaufende Steinbordüren schmücken die Wände. Ventilator oder AC. ❷
Avatar Angkor Hotel ⑪, Taphul Rd., ✆ 063-968 767, 💻 www.avatarangkorhotel.com, [9689].

Das Haus ist dekoriert mit Gebrauchsgegenständen aus Holz wie alten Pflügen oder Eggen. In den schönen AC-Zimmern stehen Bett, Schreibtisch und Ablagemöbel, schwarz-weiße Bodenfliesen. Ansprechende Bäder mit Waschbecken, die aus einem Palmenstamm gearbeitet wurden. Minibar und Wasserkocher. ❷
Bou Savy Guesthouse ⑦, Seitengasse N6, ✆ 063-964 967, 💻 www.bousavyguesthouse. com, [9690]. Großes rotes Haus in einem tropischen Garten. Die Zimmer sind sauber gefliest, mit Kühlschrank, TV und netten farbigen Seidenkissen dekoriert. Inkl. Frühstück. ❷
€ **Garden Village** ③, 434 Sok San St., ✆ 012-217 373, 💻 www.gardenvillage resort.com. 70 unterschiedlichste Zimmer auf mehrere Häuser verteilt. Die einfachste Schlafmöglichkeit ist ein Dorm-Bett „Khmer-Stil": Matratze und Moskitonetz. Schön sind die Mehrbettzimmer mit Stockbetten im luftigen gemauerten Raum. Im neuen Gebäude auf der Rückseite gibt es riesige gefliese Zimmer mit Bad und Terrasse. Dormbett US$1–2,50. Das DZ kostet p. P. US$6–8.
€ **Golden Takeo Guesthouse** ⑯, 123 Wat Bo Village, ✆ 012-785 424, 💻 www.goldentakeoguesthouse.com, [9691]. Im Erdgeschoss Zimmer mit Doppelbetten, im oberen Stockwerk mit 2 großen Betten. Hübsch gestaltet durch farbige Wände mit aufgemalten Blumenmotiven. Gutes Preis-Leistungs-Verhältnis. WLAN oder Internet im Flur. Inkl. Frühstück. ❷
Happy Guesthouse ⑮, 134 Wat Bo Village, ✆ 063-963 815, 💻 www.happyangkorguest house.com, [9692]. 2 Häuser mit günstigen kleinen Zimmern, in denen lediglich Bett und Fernseher stehen. Ventilator oder AC. WLAN nur im Restaurant. ❶–❷
I Lodge Hostel ㉑, 30 Samdech Tep Vong St., ✆ 012-709 235. 8 recht stilvolle Zimmer. Graue Wände und dunkle Möbel, weißer Schrank, Schreibtisch, TV und Kühlschrank. Passend dazu Schwarz-Weiß-Fotos an den Wänden. Ventilator oder AC. Inkl. Frühstück. ❶–❷
€ **Ivy Guesthouse** ㉚, ✆ 012-800 860, 💻 www.ivy-guesthouse.com, [9727]. Hier wohnt der Gast in einem Khmer-Holzhaus im Garten. Ganz unterschiedliche einfache

Zimmer mit ebensolchem Bad, gemütlich durch den alten Holzboden. In manchen Zimmern liegt nur eine große Matratze auf einem Holzpodest. Leider keine Moskitonetze. Terrasse auf der 1. Etage. Vor allem der schöne Garten macht dieses Haus zu einem besonderen Platz. Ventilator und AC. **❶**

Jasmine Garden Villa ⑤, Sok San St., ☎ 063-650 1626, 🖳 www.jasminegarden villa.com, [9693]. Hinter Bambus und Bananensträuchern verbirgt sich dieses gemütliche Guesthouse. Dunkelrote Wände strahlen eine heimelige und stilvolle Atmosphäre aus. Einfach möbliert mit Bett, Schrank, kleinem Tisch, TV, Kühlschrank. Accessoires, z. B. Kissen, peppen die Zimmer auf und versprühen einen Hauch Boutique-Chic. Ventilator oder AC. Tgl. kostenlos Kaffee, Tee, Wasser. Restaurant. **❷**

Jasmine Lodge ⑥, 307 N6, ☎ 012-784 980, 🖳 www.jasminelodge.com, [9694]. Ruhige Seitengasse der N6. Highlight ist der kleine Pool im Garten. Restaurant mit gemütlichen Korbsesseln und Billard-Tisch. Die Zimmer und Bäder sind sauber, mit Bett, Schreibtisch, Rattan-Ablage und TV. Mehrbettzimmer vorhanden. Ventilator oder AC. **❶–❷**

Mandaly Inn ㉘, ☎ 063-761 662, 🖳 www.mandalayinn.com, [9695]. Schön begrünter Vorgarten mit Tischen und vielen Buddha- und Hindufiguren geschmückt. Geflieste Böden, Ablagemöglichkeiten, TV und sogar ein Safe. Ventilator oder AC. Kleines Fitnesstudio. Im Restaurant wird international und burmesische Küche serviert. Tourbüro. **❶–❷**

Rosy Guesthouse ⑨, River Rd., ☎ 063-965 059, 🖳 http://rosyguesthouse.com, [9697]. Am Fluss gelegenes familiäres Guesthouse unter engl. Leitung. Es gibt Budget-Zimmer ohne Bad, Doppel oder Twin-Bett-Zimmer mit Bad bis hin zu größeren Familienzimmern und Balkon. Die Zimmer sind ordentlich, sauber mit Schrank oder Kleiderstange, TV und Kühlschrank möbliert. Toller Flussblick vom Gemeinschaftsbalkon. Billard für die Erwachsenen, Spielzimmer für die Kinder. Inkl. Frühstück. **❶–❸**

Shadow of Angkor I Guesthouse ㉝, 353 Pokambor Av., ☎ 063-964 774, 🖳 www.shadowofangkor.com, [9698]. Gute Lage in einem Kolonialhaus am Tonle-Sap-Fluss. Mit

Bett, Schrank und Beistelltisch eingerichtete Zimmer. AC, TV und Kühlschrank. **❷–❸**

Shadow of Angkor II Guesthouse ㉛, Wat Bo St., ☎ 063-760 363, 🖳 www.shadowofangkor.com, [9699]. Schöne, helle Zimmer mit dunklen schweren Möbeln: Schrank, Schreibtisch oder Beistelltisch. TV. Moderne Bäder mit Dusche und Glasduschabtrennung. Kleiner überdachter Pool. **❸**

The Siem Reap Hostel ㉕, 7 Makara St., ☎ 063-964 660, 🖳 www.thesiemreaphostel. com. Beliebte Backpacker-Unterkunft. Kleiner überdachter Pool. AC-Schlafsäle für US$7 pro Bett oder DZ. Besondere Angebote, wie Yogakurse und Filmabende, tragen zur Beliebtheit bei (auch für Nichtgäste). **❸**

Two Dragons Guesthouse ⑰, 110 Wat Bo Village, ☎ 063-965 107, 🖳 www.twodragons-asia.com, [9701]. Von einem englisch-thailändischen Paar geleitet. Einfache, zweckmäßig eingerichtete saubere Zimmer. Der Besitzer ist sehr rührig und hilft bei allen Fragen. Wahlweise Ventilator oder AC, alle TV. Kaffee und Tee kostenlos. Gutes Restaurant mit thailändischer und internationaler Küche. **❷–❸**

Mittlere Preisklasse

Auberge Mont Royal d'Angkor ⑲, 497 Taphul Rd., ☎ 063-964 044, 🖳 www.auberge-mont-royal.com, [9711]. Lobby und Restaurant sind in einem wunderbar restaurierten Kolonialhaus untergebracht. Alle Zimmer in den 3 angrenzenden Gebäuden haben einen Balkon und sind im Khmer-Stil eingerichtet. Mit Safe, TV und Kühlschrank. Schöner Pool. Inkl. Frühstück. **❹–❺**

Borann L'Auberge des Temples ⑩, ☎ 063-964 740, 🖳 www.borann.com, [9712]. Unter schattigen Bäumen stehen weiße doppelstöckige Bungalows. Die Zimmer sind großzügig und ansprechend ausgestattet: Schattenspielpuppen oder andere Dekorationen zieren die Wände. Eingerichtet mit Bett, Schreibtisch, Sitzmöglichkeiten, Safe, aber kein TV. Alle Zimmer haben Terrasse oder Balkon mit Deckenventilator. Pool, Restaurant. **❺**

Frangipani Villa Hotels ㉒, 603 Wat Bo St., ☎ 063-963 030, 🖳 www.frangipanihotel.com, [9714]. Die Zimmer wirken luftig und hell dank der hellblau gestrichenen Wand. Große

Betten mit Moskitonetz dominieren den Raum. Hübsche, aber recht kleine Bäder. Toll ist der Pool hinter dem Haus, der von duftenden Frangipani-Bäumen umgeben ist. ❹–❺

Golden Banana B&B Superior und **Boutique Hotel** ㉙, ✆ 063-761 259, 🖥 www.golden-banana.com, [9715]. Das Golden Banana besteht aus 3 Häusern. Die günstigeren Zimmer liegen an einem Garten mit chinesisch anmutender Dekoration. Gegenüber befindet sich das Superior Hotel mit Pool. Alle Zimmer sind im asiatischen Design eingerichtet. Sie sind nicht besonders groß, aber mit Liebe zum Detail gestaltet. Minibar, Safe und TV. Besonders schön und sehr groß sind die Zimmer im 3. Haus, dem Golden Banana Boutique Hotel, ebenfalls mit Pool. Inkl. Frühstück. ❹–❻

🧳 **Golden Temple Villa** ㉔, ✆ 012-943 459, 🖥 www.goldentemplevilla.com, [9716]. Am Eingang begrüßt Shiva die Besucher. Prächtig begrünter Vorgarten mit Palmen. Die Zimmer sind alle im Khmer-Stil eingerichtet mit viel Holz und Seidentüchern. Toilettenartikel in den Bädern. Kostenlos gibt es tgl. 1 Std. Massage, Fahrradverleih, Kaffee, Tee und Bananen. Restaurant. ❷–❹

Khemara Angkor Hotel & Spa ②, an der N6 Richtung Flughafen, ✆ 063-760 666, 🖥 www.khemaraangkor.com, [9345]. Beliebtes Haus mit gepflegten, aber nicht allzu aufwendig eingerichteten Zimmern. Entspannung bietet der Pool. Bei unserem Besuch viele deutsche Gäste. ❹–❻

Neth Socheata Hotel ㉜, Psar Chas Alley 1, ✆ 063-963 294, 🖥 www.nethsocheatahotel.com, [9717]. Familiäres Guesthouse in einer winzigen Gasse: bequem eingerichtete Zimmer mit Holzmöbeln, Kleiderschrank, Minibar, TV. Empfehlenswert sind die Zimmer mit kleinem Balkon, alle anderen sind leider ganz ohne Tageslicht. ❹

The River Garden ①, ✆ 063-963 400, 🖥 www.therivergarden.info, [9718]. In der großzügig begrünten Gartenanlage gibt es ganz einfache

---

🏛 **Sozial und fair: Tipps zum Übernachten**

Auch in Siem Reap unterstützen Hotels soziale Projekte und verantwortungsvollen Tourismus. Empfehlenswert sind:

Babel Guesthouse ⑬, ✆ 063-965 474, 🖥 www.babel-siemreap.com. Die norwegische Leitung engagiert sich für verantwortungsvollen Tourismus. Toller Garten mit Korbsesseln, Sofas und gemütlicher Gemeinschafts-Fernsehecke. Die Zimmer sind einfach, sauber und mit ein wenig Farbe hübsch gestaltet. Viele 3-Bett-Zimmer. ❷–❸

European Guesthouse ⑭, ✆ 012-582 237, 🖥 www.european-guesthouse.com, [9705]. Einfache große Zimmer mit AC, inkl. Frühstück. Ein Pluspunkt ist der gemütliche Garten. ❷

La Noria Hotel & Restaurant ⑧, River Rd., ✆ 063-964 242, 🖥 www.lanoriaangkor.com, [9706]. Doppelstöckige Bungalows in tropischem Garten. Die einfachen weiß getünchten Zimmer haben Schattenspielfiguren als Dekoration an den Wänden. Großzügige Bäder. Alle Zimmer mit Terrasse oder Balkon. Pool. Inkl. Frühstück. ❺

🧳 **Seven Candles Guesthouse** ⑱, 307 Wat Bo St., ✆ 063-695 6777, 🖥 www.sevencandlesguesthouse.com, [9707]. Ein Teil des Gewinns geht an die Ponheary-Ly-Stiftung, 🖥 www.theplf.org, die sich für Bildungs- und Ausbildungsprojekte engagiert. Nette Zimmer, mit Fotos dekoriert. Schöne kleine grau gefliese Bäder. Balkon und überdachter Gemeinschaftsbalkon. Bieten geführte Essenstouren zu den Märkten und Straßenrestaurants. Familienzimmer mit 4 Betten für US$38. ❷

Shinta Mani ⑫, Oum Khun St., Ecke St. 14, ✆ 063-761 998, 🖥 www.shintamani.com, [9708]. Das feine Boutiquehotel bildet benachteiligte Jugendliche aus. Allein die kleine Lobby ist wegen des schwarzen halben Buddhareliefs unter blauer Beleuchtung sehenswert. Ausgesuchte Antiquitäten schmücken die sonst nüchtern in Schwarz-Weiß gehaltene Einrichtung. In den Zimmern dominieren große Betten. Ausgefallene schwarze Lampen über dem Bett und im Bad geben den Zimmern eine ganz besondere Note. Großer Pool. ❻

Zimmer, aber auch schön dekorierte in doppel-stöckigen Holzbungalows. Alle sind unterschiedlich eingerichtet. Etwas Besonderes sind die ausgefallenen Antiquitäten. Familienzimmer mit Doppel- und Einzelbett. Es werden Aktivitäten angeboten: Pilates, Kochkurse oder Street-Food-Touren mit dem Tuk-Tuk. Pool. ❹–❻

🧳 **The Villa Siem Reap** ⑳, 153 Taphul Rd., 📞 063-761 036, 🖥 www.thevillasiem reap.com, [9719]. Große gemütliche Standardzimmer mit Stuckdecken und einer lilafarben gestrichenen Wand und in ebendieser Farbe gehaltenen Bädern. Passende Deko-Kissen, Safe, Schreibtisch, Kühlschrank, TV. Unter australischer Leitung. Inkl. Frühstück. ❹–❺

Villa Medamrei ㉗, 📞 063-763 636, 🖥 www.villamedamrei.com, [9720]. Eingangs- und Aufenthaltsbereich bestehen aus einem Mix chinesischer Stilelemente, Wasserbecken und dem minimalistischen Schick eines Boutiquehotels. Kleine, fein dekorierte Zimmer mit Betonböden, gemauerten Elementen und bunter Seidendekoration. TV, Safe. Inkl. Frühstück. Gute Wahl für diejenigen, die keinen Pool brauchen. ❹

Obere Preisklasse

Diamond D'Angkor ④, 55 Sok San St., 📞 063-966 987, 🖥 www.diamondangkor.com, [9721]. Die weiße Villa ist schon außen beeindruckend. Innen locken geschmackvolle Balkon-Zimmer, die mit dem Holzboden und Holzmöbeln wohnlich-luxuriös wirken. Schöne Bäder, ausgefallene Waschschüsseln und Dusche mit Steindekoration. Das Service-Angebot ist beeindruckend: Die Preise verstehen sich inkl. Frühstück, tgl. Minibar mit Softdrinks, Obstschale, Wäscheservice sowie einer einmaligen Mahlzeit für 2 Pers. und einer Tuk-Tuk-Rundfahrt. Kleiner Pool. ❺–❻

🧳 **Golden Temple Hotel** ㉖, 7 Makara St., 📞 012-756 655, 🖥 www.goldentemple hotel.com, [9723]. Die begrünte Anlage ist mit Angkor-Motiven geschmückt, ohne überladen oder gar kitschig zu wirken. Die rot gestrichenen Zimmer und Bäder sind edel im Khmer-Stil eingerichtet. Pool. Inkl. Frühstück, 1 Std. Massage pro Tag und Picknickkorb für einen Tempeltag. ❻

ESSEN

Karten S. 554, 555 und 568/569
Siem Reap bietet jede Menge Ausgehmöglichkeiten und Restaurants für jeden Geschmack. Besonders rund um die Pub St. und in der Passage reiht sich ein Restaurant an das andere. Mobile Essensstände gibt es in der Hauptsaison entlang dem Sivatha Blvd., vor der X-Bar und am Huy-Meng-Supermarkt. Günstige, einfache Restaurants befinden sich auf der Rückseite des Psar Chas.

Khmer-Küche

Amok, Passage, 📞 063-965 407. Es wird nicht nur das namensgebende Nationalgericht serviert, doch sind vor allem die 5 Varianten des *amok* für US$8,75 unbedingt empfehlenswert. WLAN. 🕐 10–23 Uhr.

Angkor Palm Restaurant, Hospital St., 📞 063-761 436, 🖥 hwww.angkorpalm.com. Solide Khmer-Küche, die „Angkor Palm Platter" mit 7 kambodschanischen Gerichten ist ein guter Einstieg in die kambodschanische Küche. Mehr über diese Kochkunst lernt man in den angebotenen Kursen. 🕐 10–23 Uhr.

Cambodian BBQ, Passage, 📞 063-966 052. Für US$9,75 gibt es 7 Fleisch- und Fischsorten, darunter auch Ausgefallenes wie Krokodil, Strauß und Tintenfisch zum Selbstgrillen im Tontopf am Tisch. WLAN. 🕐 10–23 Uhr.

Chamkar, Passage, 📞 092-733 150. Serviert hervorragende vegetarische Khmer-Küche, um US$4. 🕐 11–22.30 Uhr.

Kanell, 7 Makara St., 📞 063-966 244, 🖥 www.kanellrestaurant.com. Restaurant mit Pool. Im Garten unter Palmdächern oder im alten Holzhaus kann man stilvoll essen. Westliche und Khmer-Küche sowie ein Kindermenü mit Fritten und Hamburger. Wer den Pool nutzen will, muss für US$5 etwas verzehren. 🕐 9–23 Uhr.

Khmer Kitchen, St. 9, 📞 063-964 154, 🖥 www.khmerkitchens.com. 2 Filialen rund um den Psar Chas. Kambodschanische Gerichte mit Fisch, Huhn, Rind oder Tofu. 🕐 11–23 Uhr.

€ **Little Krama**, gegenüber dem Wat Damnak. Einfaches einheimisches Restaurant mit nettem Service und englischer Speisekarte: gut, günstig und riesige Portionen zum Sattwerden. 🕐 6–23 Uhr.

Phsa Chas Restaurant, am alten Markt, ✆ 012-571 181. Seit fast 20 Jahren tischt das freundliche Team Gästen aus aller Welt hier eine große, günstige Auswahl an kambodschanischen Gerichten auf: Auf unseren Recherche-Touren führt der erste Gang immer gleich hierhin. ◷ 7–23 Uhr.

Tangram Garden, bei Wat Damnak, ✆ 097-726 1110, 🖥 www.tangramgarden.com. Weitläufiger Garten mit Kinderspielplatz. Abends edles Ambiente mit dezenter Beleuchtung und Lounge-Musik. Klassische Khmer-Gerichte und Gegrilltes wie gefüllte Paprika oder Steaks, Hauptgerichte US$3,75–10. WLAN. ◷ außer Di 11.30–14.30 und 17.30–22 Uhr.

Andere asiatische Küchen

Little India, Hospital St., ✆ 012-652 398. Das Ehepaar aus Sri Lanka serviert indische Küche, 1x in der Woche gibt es abends Spezialitäten aus Sri Lanka. Viel Vegetarisches. ◷ 10–22 Uhr.

The Soup Dragon, Pub St./Hospital St. Auf 3 Etagen wird in dem Holzhaus gute und beliebte vietnamesische Küche geboten, die auch von den hier lebenden Auslandsvietnamesen gelobt wird. WLAN. ◷ 8–24 Uhr.

The Loft, Sivatha Blvd., ✆ 017-978 305. Khmer und Taiwanesisch unter moderner loftartiger Wellblecharchitektur. ◷ 11–14 und 17–24 Uhr.

Europäisch

Barrio, 170 Wat Bo St., ✆ 063-965 237. In dem französischen Bistro serviert Patrick Colent gute französische Hausmannskost. ◷ 11–23 Uhr.

Le Malraux, 155 Sivatha Blvd., ✆ 063-966 041, 🖥 www.le-malraux-siem-reap.com. Chefkoch David Martin zaubert französische Gerichte

---

🔧 Essen und Gutes tun

Eine ganze Reihe von Restaurants bildet benachteiligte Menschen aus oder spendet ein Teil ihrer Erlöse an Hilfsprojekte:

Green Star, gegenüber Wat Danmak. Gute und günstige kambodschanische Spezialitäten, auch Aal und Frosch gibt es zu probieren. Alle Gewinne gehen an das Green Gecko Project, das über 70 ehemalige Straßenkinder und ihre Familien unterstützt. ◷ 11.30–14.30 und 17.30–22 Uhr.

Haven Training Restaurant, Sok San St., ✆ 078-342 404. Das von Schweizern gegründete Restaurant bildet u.a. Waisen aus. Khmer- und internationale Gerichte, dazu ein toller Service im Garten-Restaurant. Die Zutaten werden teils von anderen NGO-unterstützten Farmern bezogen. Abends unbedingt reservieren. ◷ außer So und Mi vormittags 11.30–15 und 17.30–22 Uhr.

Joe to Go, ✆ 060 000 050, 🖥 www.joetogo.org. Leckerer Kaffee und kleine Gerichte in netter Atmosphäre. Zudem gibt es eine kleine Boutique mit Schmuck, Taschen und Kleidung, auf der 1. Etage Kunstausstellungen. Der Gewinn geht an Global Child. WLAN. ◷ 7–21.30 Uhr.

Marum, ✆ 017-363 284, 🖥 www.marum-restaurant.org. Ehemalige Straßenkinder erhalten hier eine Ausbildung. In dem Gartenrestaurant sitzt man nicht nur schön, auch der Service ist hervorragend. Serviert werden leckere, kreative Khmer-Gerichte. Wer mag, kann auch frittierte rote Baumameise mit Dipp probieren. Unbedingt reservieren. ◷ außer So 11–22 Uhr.

New Green Leaf Book Café, St. 9, ✆ 063-766 016, 🖥 www.newleafbookcafe.org. Alle Zutaten werden von Bauern aus der Region bezogen. In dem hübschen Café gibt es internationale Gerichte und guten Kaffee. Gebrauchte und von NGOs publizierte Bücher werden verkauft. Alle Erlöse gehen an Hilfsorganisationen, die Gelder transparent verwenden. WLAN. ◷ 8–21.30 Uhr.

Sala Bai, 155 Taphul Rd., ✆ 063-963 329, 🖥 www.salabai.com. Bietet unterprivilegierten Jugendlichen eine Ausbildung in der Gastronomie- und Hotelbranche. Im Restaurant gibt es tolles Frühstück, mittags Khmer- und internationale Gerichte. ◷ Mo–Fr 7–9 und 12–14 Uhr.

Sister Srey Café, 200 Pokambor Ave., ✆ 097-723 8001. Das kleine Café serviert Frühstück und kleinere Gerichte, auch vegane Speisen. ConCert hat hier einen Stand und informiert über Hilfsprojekte. ◷ 7–19 Uhr.

mit kambodschanischem Touch. Gemütliches Restaurant und große Terrasse. Gehobene Preise. ⏱ 7–24 Uhr.

Little Italy, Alley West, ✆ 012-315 911. Italienische Gerichte: Pasta, Salate und gute Steinofenpizza. Pizzas um US$8. ⏱ 9–23 Uhr.

Tell Steak House, 374 Sivatha Blvd., ✆ 063-963 289. Für Heimwehgeplagte gibt es Wienerschnitzel für US$6,25 oder Käsefondue für 2 Pers. US$20. ⏱ 11–23 Uhr.

Aus aller Welt

Aha, St. 9 und Passage, ✆ 063-965 501, 🖥 www.shintamani.com. Fine Dining in modern-kühlem Ambiente unter ausgefallenen Lampen. Innen klimatisiert, Open Air an einigen wenigen Außentischen. Kreative khmer-internationale Fusion-Küche. Toll sind die Vorspeisenteller, bei denen man 3 Gerichte kosten kann. Ebenso sehr zu empfehlen sind die Hauptgerichte ab US$6. ⏱ 12–23 Uhr.

Le Tigre De Papier, Pub St., ✆ 063-760 930. Internationale Gerichte. Die meisten Gäste kommen wegen der sehr guten Pizzas und Nudelgerichte. Die 250-Gramm-Filetsteaks für US$8 sind auch hervorragend. Beliebte Kochkurse. WLAN. ⏱ 7 Uhr–spät.

Peace Café, ✆ 092-177 127, 🖥 www.peace cafeangkor.org. Das Café im lauschigen Garten serviert vegetarische Gerichte und fabelhafte Gemüse- und Fruchtshakes. Hier gibt es Yoga-, Kochkurse, Khmer-Unterricht und an bestimmten Tagen Gespräche mit Mönchen zum Thema Buddhismus. Am besten in das aktuelle Programm schauen. WLAN. ⏱ 7–21 Uhr.

The Blue Pumpkin, Hospital St., ✆ 063-963 574, 🖥 www.tbpumpkin.com. Unten Café, oben weiße kühle AC-Lounge mit riesigen Sofas. Praktisch sind die mobilen Tischchen, auf denen ein Laptop oder ein Snack Platz finden. Frühstück, westliche Gerichte, gutes Eis und hervorragende Kaffeespezialitäten. In der Bäckerei gibt es nach 20 Uhr 30 % Nachlass auf frische Backwaren. WLAN. Weitere Filiale am Sivatha Blvd. ⏱ 6–23 Uhr.

Vegan Tea House, 8 Krovan St., ✆ 097-974 2025. Japanisches Café, in dem kleine Portionen veganer Speisen serviert und Backwaren verkauft werden. WLAN. ⏱ 11–21 Uhr.

Bars und Kneipen

Das Angebot ist schier überwältigend. Die Pub St. macht ihrem Namen alle Ehre. In der Hauptreisezeit drängen Menschenmassen durch die Amüsiermeile.

Angkor What?, Pub St. Eine halbe Generation von Travellern hat sich an den Wänden verewigt. Ein guter Platz, um draußen oder an der Bar einen Drink zu nehmen. ⏱ 16–3 Uhr.

Banana Leaf, Pub St., ✆ 063-964 813. Gemütliche Korbsessel vor einer schicken offenen Bar. Von hier hat man entweder die ganze Pub St. im Blick oder kann Sportübertragungen auf der großen Leinwand verfolgen. Kreative Cocktails wie Mojito mit Kampot-Pfeffer. ⏱ 15–24 Uhr.

Laundry Bar, St. 9. Gemütliche Bar etwas abseits der Pub St. Billard. Am Wochenende legen DJs auf. ⏱ 16 Uhr–spät.

Miss Wong, The Lane, ✆ 092-428 332. Schicke Cocktailbar im Shanghai-Stil der 1930er-Jahre. Vom Trubel der Pub St. entfernt, kann man stilvoll einen der hervorragenden Cocktails genießen. ⏱ 18–1 Uhr.

Temple Balcony, Pub St., ✆ 015-999 909. Beliebte Bar mit lauter Musik in den Abendstunden. Die zentrale Lage und die beiden Billardtische ziehen viele Traveller an. Im Obergeschoss Restaurant, von 19.30–21.30 Uhr mit einer Apsara-Tanz-Vorführung. Happy Hour ab 21.40 Uhr. Kochkurse. WLAN. ⏱ 7–4 Uhr.

The Yellow Sub, The Lane, ✆ 077-646 706. Der Name ist Programm: Beatles an den Wänden und aus den Lautsprechern. ⏱ Mo–Fr 12–1, Sa, So 15–1 Uhr.

Tuk-Tuk Bar, Sok San St. Lauschige kleine Bar, in die auch Einheimische einkehren. ⏱ 10–1 Uhr.

X-Bar, Sivatha Blvd., 🖥 www.xbar.asia. Von der Dachterrasse blickt der Gast über die Pub St. Leinwand für Sportübertragungen, Billard, DJ-Auftritte, Freitags Live-Rockbands ab 20.30 Uhr. Auf der obersten Ebene gibt es eine Skater-Halfpipe. Ab 23 Uhr füllt sich die Bar mit Nachtschwärmern. ⏱ 16 Uhr–Sonnenaufgang.

Tanz und Schattentheater

Siem Reap ist neben Phnom Penh einer der wenigen Orte, an denen Touristen klassische **Apsara-Tänze** sehen können. Meist werden diese Aufführungen mit 2 Volkstänzen (Fischertanz und Kokosnusstanz) und einem weiteren klassischen Fragment des Reamker aufgeführt. Auch **Schattentheatervorführungen** sind sehenswert.

Apsara Theater, gegenüber Angkor Village Hotel, 🖥 www.angkorvillageresort.asia/apsaratheatre.php.Theater im Stil einer Pagode. Traditionelle Khmer-Gerichte um 19.30 Uhr, im Anschluss Apsara-Tanz bis 21.30 Uhr. US$25 inkl. Essen ohne Getränke.

🏠 **La Noria Hotel**, ✆ 063-964 242, 🖥 www.lanoriaangkor.com. Mi und So um 19.30 Uhr führen Kinder von **Krousar Thmey** Apsara-Tanz und Schattentheater vor. Der Eintritt kommt der NGO zugute, 🖥 www.krousar-thmey.org, US$6.

€ Kostenlose sehenswerte Aufführungen mit Livemusik und Gesang tgl. im **Temple Balcony Restaurant** von 19.30–21.30 Uhr, Verzehrzwang (mind. ein Getränk).

Zirkus

🏠 **Phare – The Cambodian Circus**, Komay Rd., hinter dem Nationalmuseum, ✆ 015-499 480, 🖥 www.pharecambodiancircus.org. Tgl. um 19.30 Uhr findet eine einstündige, sehr sehenswerte Akrobatik-Show statt. US$15.

EINKAUFEN

Siem Reap ist ein Einkaufsparadies. Hier gibt es nicht nur die größten Nachtmärkte des Landes; auch kleine Boutiquen, Galerien und Kunsthandwerkstätten reizen zum Stöbern.

Märkte

Angkor Art Nachtmarkt, auf der anderen Flussseite, gegenüber dem Psar Chas. Großes Angebot an Souvenirs. Hier hat die NGO Friend n' Stuff, 🖥 www.friends-international.org, einen Stand, an dem ansprechende Taschen aus Recycling-Materialien verkauft werden. Massagen von blinden Masseuren (Seeing Hands). 🕐 11–24 Uhr.

Angkor Nachtmarkt, 🖥 www.angkornightmarket.com. Über 240 Shops mit Kunsthandwerk, Seide, Schattenspielpuppen und anderen Souvenirs. Manches davon stammt allerdings aus asiatischen Nachbarländern. In der Mitte

die beliebte Island Bar. Die Straßen zum Nachtmarkt säumen einige Restaurants und eine Menge Massagesalons. 🕐 16–24 Uhr.

Psar Chas, Holzschnitzereien, Silberarbeiten, Buddhafiguren, *kramas*, T-Shirts und andere Bekleidung, Seide, Objekte aus Rattan, Gewürze – hier sind der Einkaufslust keine Grenzen gesetzt. 🕐 9–22 Uhr.

Supermärkte und Shoppingcenter

Huy Meng Supermarket, Sivatha Blvd. Gut sortiert und gut besucht dank zentraler Lage und kundenfreundlichen Öffnungszeiten. 🕐 24 Std.

Lucky Mall, Sivatha Blvd. Mehrstöckiges Einkaufszentrum mit Filialen von Ucarepharma, Lucky-Supermarket und Lucky Burger Fastfood. 🕐 9–22 Uhr.

Bücher

Blue Apsara, St. 9, ✆ 012-601 483. Gebrauchte Bücher, darunter eine gute Auswahl deutschsprachiger Belletristik, um US$5. 🕐 8–22 Uhr.

D's Bookshop, Hospital St. Second-Hand-Bücher, auch in deutscher Sprache, um US$5. Für Bücher, die in Zahlung genommen werden, gibt es US$2. 🕐 10–22 Uhr.

Malereien

Im Psar Chas und den beiden Nachtmärkten gibt es Ölgemälde zu kaufen – meist handelt es sich um naturalistische bunte Motive der Tempel von Angkor.

🧳 **McDermott Gallery**, Passage, ✆ 012-615 695, 🖥 www.asiaphotos.net. Sehenswerte künstlerische Schwarz-Weiß-Fotografien des bekannten Fotografen John McDermott. Im Obergeschoss Ausstellungen lokaler Künstler. Fotografien ab US$25. 🕐 9–22 Uhr.

Sopheng Art Gallery, St. 9, ✆ 063-964 322. Bunte, naiv bis kubistische Ölgemälde der kambodschanischen Künstlerin Sopheng, ab US$55. 🕐 8.30–21.30 Uhr.

AKTIVITÄTEN

Kochkurse

Gleich mehrere Restaurants und Hotels vermitteln einen prima Einblick in die kambodschanische Küche, u. a.:

Shoppingadressen mit Vorbildcharakter

Viele Shops unterstützen benachteiligte Menschen durch Ausbildung, Beschäftigung oder Spenden.
Artisans d'Angkor – Chantiers Écoles, ⌨ www.artisansdangkor.com. Hochwertige Holz- und Stein-metzarbeiten, feine Lackarbeiten, wunderbare Seidenstoffe und ausgefallene Kleidung aus Seide aus den eigenen Produktionsstätten werden in dem schicken Verkaufsraum angeboten. Die angren-zenden Werkstätten können besichtigt werden. Ein Führer begleitet Besucher kostenlos durch die Räume und erklärt die Arbeiten. Wer sich für die Seidenherstellung interessiert, kann die **Seiden-farm** in Puok besuchen, 17 km westlich von Siem Reap. Um 9.30 und 13 Uhr kostenloser Shuttlebus.
Bloom, ✆ 092-601 328, ⌨ www.bloomcambodia.com. Witzige Taschen aus alten Reissäcken. Unterstützt bedürftige Frauen und setzt sich für faire Löhne ein. ⏲ außer Mo 8–17 Uhr.
House of Peace, N6, 5 km Richtung Flughafen, ✆ 063-764 004, ⌨ www.friedenshaus-kambodscha. de. Handgefertigte Schattenspiel-Puppen aus Leder – ein tolles Souvenir, das auch noch wenig Platz im Gepäck einnimmt, ab US$7. ⏲ 6–18 Uhr.
Mekong Quilts, 5 Sivatha Blvd., ✆ 063-964 498, ⌨ www.mekong-quilts.org. Schöne Sachen aus Stoff: Bettüberwürfe, Decken, Kinderspielzeug und Weihnachtsdekoration, gefertigt von Frauen aus ländlichen Gebieten in Kambodscha und Vietnam. ⏲ 8–22 Uhr.
Nyemo, Angkor Nachtmarkt, ⌨ www.nyemo.com. Herrliche Kissen, Tücher und Kinderspielzeug aus Seide und Stoffen. Unterstützt hilfsbedürftige Frauen. ⏲ 16–24 Uhr.
Rajana, Sivatha Blvd., ⌨ www.rajanacrafts.org. Schöner Silberschmuck und Dekorationsobjekte. Die NGO Rajana setzt sich für faire Arbeitslöhne und -bedingungen ein. ⏲ 8–23 Uhr.
Senteurs d'Angkor und **Boutique Kokoon**, Hospital St., ✆ 063-963 830, ⌨ www.senteursdangkor. com. Asiatische Gewürze, Düfte und Teesorten; außerdem Kosmetik, Kerzen und Seidenartikel. Die Zutaten werden regional eingekauft oder biologisch angebaut, ⏲ 7–22 Uhr. Der Workshop und der Botanische Garten an der N6 Richtung Flughafen können kostenlos besucht werden, ⏲ 7.30–18 Uhr.
Smateria, Alley West, ⌨ www.smateria.com. Außergewöhnliche Taschen aus recycelten Materia-lien im italienischen Design. Unterstützt benachteiligte Frauen. ⏲ 10–22 Uhr.
Three Seasons, The Lane, ⌨ www.keokjay.com. 3 Labels in einem Geschäft: Elswhere, Zoco und Keo Kjay. Tolle Fair-Trade-Mode, deren Verkauf HIV-positiven Frauen hilft. ⏲ 10–22 Uhr.
Wild Poppy, Alley West. Ausgefallene Kleider, Kinderkleidung und Schmuck. 5 % der Erlöse werden der NGO HUSK, ⌨ www.huskcambodia.org, gestiftet. ⏲ 9–22 Uhr.

Cooks in Tuk Tuks, im The River Garden Hotel, ✆ 063-963 400, ⌨ www.therivergarden.info. Erst geht es zusammen auf den Markt, hier werden Gemüse und Gewürze erklärt. Danach wird fröhlich geschnippelt, geraspelt, im Mörser zerdrückt, gekocht und gemeinsam gegessen. Außerdem gibt es ein kleines Rezeptheft sowie Ersatzvorschläge, was die exotischeren Zutaten anbetrifft. Tgl. 10 Uhr für US$25 p. P. ohne Voranmeldung.
Le Tigre de Papier, Passage, ✆ 012-265 811. Tgl. um 10, 13 und 17 Uhr. Start ist der gemein-same Besuch des Psar Chas, dann wird zusammen gekocht und natürlich gegessen. Die Auswahl der 5 Gänge hängt vom saisonalen Angebot ab. US$19, ohne Anmeldung.

€ **Temple Balcony Restaurant**, ✆ 015-555 508. Bietet tgl. um 14 Uhr den sehr güns-tigen Kochkurs für US$10 (Voranmeldung nötig).

Meditation und Yoga

New Green Leaf Book Café, St. 9, ✆ 016-606 951, ⌨ www.newleafbookcafe.com. Yoga auf der Dachterrasse des Cafés. Fr, Sa und So, aktuelle Termine auf der Internetseite, 1 1/4 Std. für US$6.
Peace Café, ✆ 092-177 127, ⌨ www.peacecafeangkor.org. Tgl. 1–3 Yoga-Kurse für US$5.
Wat Kok Chork, ✆ 092-768 837, ⌨ www.fodcambodia.org. Einstündige Meditation mit dem Mönch Daro: Mo 14, Mi 10 und Fr 16 Uhr. Um eine Spende von US$5–10 für den Schulbetrieb des Klosters wird gebeten.

Wellness

Massagen werden rund um den Nachtmarkt ab US$4/Std. angeboten. Viele der Frauen haben allerdings keine richtige Ausbildung.

Bodia Spa, ☏ 063-761 593, 🖥 www.bodia-spa.com. Die Wellnessoase bietet Massage, Packungen, Waxing, Dampfsauna und Yacuzzi. ⏱ 10–23 Uhr.

🌳 **Krousar Thmey Massage**, Charles de Gaulle Blvd. Hier verdienen Blinde mit dem Handwerk des Masseurs ihren Lebensunterhalt. US$7/Std. ⏱ 9–21 Uhr.

🌳 **Seeing Hands Massage 4**, 324 Sivatha Blvd., ☏ 012-838 487. Gute Massagen von sehbehinderten Menschen. US$6/Std. ⏱ 8–23 Uhr.

TOUREN

Touranbieter

Viele Guesthouses und Hotels bieten Touren zu den Tempeln und den schwimmenden Dörfern (S. 589) an. Interessante Touren bieten auch folgende Unternehmen:

Bees Unlimited, ☏ 012-436 475, 🖥 www.beesunlimited.com. Der Amerikaner Dani lebt

Tagestouren zu den Tempeln von Angkor

Die meisten Touristen nehmen ein Tuk-Tuk, um die **Tempel von Angkor** und die etwas weiter entfernten Anlagen zu erkunden. Der Preis richtet sich nach der Entfernung der Tempel und liegt für eine Tagesausfahrt zwischen US$10 und US$30. Wer abends gegen 16.30 Uhr nur für den Sonnenuntergang nach Angkor Wat fährt, zahlt US$8. Zwischen US$10 und 15 kostet die **Kleine Runde** (Angkor Wat, Bayon/Angkor Thom, Ta Keo, Ta Prohm, Banteay Kdei, Prasat Kravan). US$15–20 zahlt der Gast für die **Große Runde** (kleine Runde ohne Ta Keo und Ta Prohm, dafür mit Pre Rup, Östl. Mebon, Ta Som, Neak Poan und Preah Khan).

Ab US$20–25 wird man zum 35 km entfernten **Banteay Srei** gebracht. Noch weiter entfernt liegt **Kbal Spean**, wer hierhin will, zahlt etwa US$30. Für die anstrengende Fahrt bis **Phnom Kulen** ist mit ca. US$35 zu rechnen. Fahrten mit dem Motorradtaxi sind etwas günstiger.

seit 20 Jahren in Kambodscha und zeigt Besuchern das ländliche Leben. Er kommt ins Hotel und stellt eine individuelle Tour mit dem Tuk-Tuk zusammen. Tagestour US$35 p. P.

🌳 **Beyond Unique Escapes**, Alley West, Ecke Sivatha Blvd., ☏ 063-969 269, 🖥 www.beyonduniqueescapes.com. Außergewöhnliche und individuelle Touren. Etwa eine Tagestour zu den Dörfern, um den Alltag einer Familie zu erleben oder die Teilnahme an einer Wassersegnung im Kloster, US$22. ⏱ 7–22 Uhr.

🌳 **Naturschutzzentrum Sam Veasna**, 63 St. 26, ☏ 063-963 170, 🖥 www.samveasna.org. Die NGO organisiert ökologisch verträgliche Vogelbeobachtungs-Touren. Schwerpunkt liegt in der lokalen Förderung des Ökotourismus. Tagestouren zwischen US$50 und 175 p. P. (bei 4 Pers.). ⏱ 7–18 Uhr.

Fahrrad- und Motorradtouren

Camouflage, ☏ 012-884 909, 🖥 www.camouflagecambodia.com. Geführte Fahrradtouren zu den Tempeln von Angkor oder in die ländliche Umgebung. US$25–85. Mehrtagestouren möglich. ⏱ 7.30–20 Uhr.

Sabai Adventures Cambodia, ☏ 088-372 3121, 🖥 www.sabaiadventures.com. Tagestouren mit einem Leihmoped in die dörfliche Umgebung oder zum Tempel Beng Mealea. Inkl. Hotelabholung, Fahrtraining und Mittagessen ab US$29. Mehrtagestouren möglich.

SONSTIGES

Apotheken

Filialen der Apotheken-Kette **U-care-pharma** befinden sich am Ende Pub St., Hospital St., ☏ 063-965 396, ⏱ 8–24 Uhr, und im Shoppingcenter Lucky Mall, ⏱ 8–21 Uhr. Original-Medikamente und Drogerieartikel wie Sonnenmilch und Mückenschutz.

Fahrrad- und Motorradverleih

Mopeds dürfen nicht an Touristen vermietet werden. Viele Hotels und Guesthouses vermieten einfache Fahrräder für US$1–2/Tag. **Camouflage** (s. o.). Verleiht Fahrräder für US$3 und Mountainbikes für US$7/Tag inkl. Fahrradhelm und Schloss. ⏱ 7.30–20 Uhr.

White Bicycles, 🖥 www.thewhite
bicycles.org. Für einen guten Zweck
radelt man mit den Fahrrädern von White
Bicycles, US$2/Tag. Der Gewinn geht an Dörfer,
um dort sauberes Trinkwasser bereitzustellen
und die Schulausbildung der Kinder zu ermöglichen. White Bicycles stehen u. a. vor dem
European Gh., Ivy Gh., La Noria Hotel und
Rosy Gh.

Geld

Geld tauschen die Geldwechselstände im Psar
Chas. Geldautomaten sind überall in der Stadt
zu finden. Die Auszahlung erfolgt in US$, die
Gebühr pro Auszahlung liegt zwischen 1 und 3 %.
Acleda Bank, N6, 🖥 www.acledabank.com.kh.
Geldwechsel, Travellers Cheques, Western-
Union-Service. Mehrere Geldautomaten in der
Stadt. ⏰ Mo–Fr 8–15, Sa 8–11.30 Uhr.
Cambodian Commercial Bank, 168 Sivatha
Blvd., Geldwechsel, MoneyGram. Geldautomat
akzeptiert MasterCard. ⏰ Mo–Fr 8–15 Uhr.
Geldwechsel und Geld auf Kreditkarte. Außen-
schalter ⏰ Mo–Fr 15–17, Sa, So 9–17 Uhr.
Canadia Bank, Sivatha Blvd., 🕻 063-964 808,
🖥 www.canadiabank.com. Geldwechsel,
kostenfreie Geldautomaten für Visa- und
MasterCard. MoneyGram. ⏰ Mo–Fr 8–15.30,
Sa 8–11.30 Uhr.

Informationen

Touristeninformation, Sivatha Blvd., 🕻 092-
795 585. Sehr freundliches Personal, das bei
Hotelbuchungen, Bus- und Flugtickets oder
Visaverlängerungen hilft. Bietet die gleichen
Informationen wie Guesthouses und Tour-
anbieter. ⏰ 7–21 Uhr.

**Khmer Angkor Tour Guide Association
(KATGA)**, 🕻 063-964 347, 🖥 www.khmer
angkortourguide.com. Deutsch sprechende
Führer nehmen US$50/Tag, Englisch sprechen-
der Guide US$25–30/Tag. Vermittlung über
KATGA oder Guesthouses und Hotels.
The Siem Reap Visitor Guide und in den Pocket
Guides *Siem Reap Drinking & Dining* und *Out
& About* Informationen zu Geschichte, Tempeln,
Übernachtung und Restaurants. Die Hefte
liegen kostenlos in Hotels und Restaurants aus
und werden alle 3 Monate aktualisiert.

Medizinische Hilfe

Ly Srey Vyna Krankenhaus, 113 N6, 🕻 063-
965 088. Viele Reiseveranstalter schicken
Kunden im Notfall hierhin. Die Ärzte sprechen
Englisch, 24 Std. Notdienst. Erst-Konsultation
US$50.
Naga Healthcare, 19A Hup Guan St.,
🕻 092-793 180, 🖥 www.nagahealthcare.
com. Die Praxis des Niederländers Dr. Joost
Hoekstra genießt einen sehr guten Ruf, er
spricht auch Deutsch. Erstkonsultation US$30.
⏰ 8–12 und 14–18 Uhr.
Royal Angkor International Hospital, N6,
🕻 063-761 888, Notfall- 🕻 012-235 888,
🖥 www.royalangkorhospital.com.
Privatklinik von internationalem Standard,
arbeitet mit dem Bangkok Hospital zusammen. Konsultationen ab US$145. 24 Std.
Notaufnahme.
Kampuchea Dental Clinic, 🕻 063-555 5112,
092-714 858, 🖥 www.kampucheadental.
com.kh. Die empfehlenswerte Zahnklinik führt
u. a. Wurzelbehandlungen durch und fertigt
Kronen an.

Post und Paketdienst

Hauptpost, Pokambor Ave. Postkarten,
Briefmarken, internationale Telefonate.
⏰ 7.30–17 Uhr. Im Gebäude **EMS-Kurierdienst**.
⏰ 8–12 und 14–17 Uhr.
DHL, 14-18 Sivatha Blvd., 🕻 063-964 848.

Sicherheit und Betrügereien

Rund um die Pub St. und Sivatha Blvd.
häufen sich Betrügereien durch Frauen, die
mit einem kleinen Baby im Arm umherlaufen,
häufig im Eingangsbereich von Supermärkten.
Sie fragen nach **Milch für ihr Kind**, lassen
dieses von den Touristen kaufen und geben
sie anschließend wieder zurück. Das Geld
wird dann mit dem Supermarktbesitzer geteilt,
das Restgeld an eine wartende Person
abgegeben.
Ähnliches kann bei Fahrten zu den schwimmenden Dörfern passieren. Entweder soll der
Tourist einen überteuerten Sack Reis kaufen,
oder der Lehrer bittet um Schulmaterialien für
die Schüler. In beiden Fällen wird auch hier
der Einkauf zurückgebracht.

Wichtige Telefonnummern

Polizei: Touristenpolizei Haupteingang Angkor Archäologie Park, ✆ 012-402 424. Englischsprachige Polizisten ✆ 097-778 0002, ✆ 012-969 991
Feuerwehr: Sivatha Blvd., ✆ 063-784 464, ✆ 012-390 806, ✆ 012-784 464
ChildSafe: Hotline ✆ 012-311 112, ✆ 063-761 096, ✉ Kalimyanmith@friends-international.org

Telefon
SIM-Karten verkaufen zahlreiche Mobilfunk-anbieter rund um den Sivatha Blvd. und den Psar Chas.

Visaangelegenheiten
Die **Verlängerung** eines Touristenvisums über-nehmen die Touristeninformation, Guesthouses und Touranbieter für US$50; **Visa für Vietnam** für US$65, beides innerhalb von 3 Werktagen.

NAHVERKEHR

Motorradtaxis
Motorradtaxis warten an Kreuzungen und an der Westseite des Psar Chas. Fahrten innerhalb der Stadt US$0,50-1, nachts das Doppelte.

Taxis
Taxis bzw. Autos mit Fahrer vermitteln Hotels und Guesthouses: Banteay Chhmar US$70, Banteay Srei US$30, Beng Mealea US$40, Battambang US$35, Koh Ker US$60, Phnom Penh US$60, Poipet US$25, Sihanoukville US$120.

Tuk-Tuks
Tuk-Tuk-Fahrer stehen überall im Zentrum. Fahrten innerhalb der Stadt für US$1–2, bei Regen oder nachts das Doppelte. Zu den Hotels etwas weiter draußen an den Ausfallstraßen, v. a. wenn es teure Unterkünfte sind, US$3.

TRANSPORT

Der **Busbahnhof Chong Kov Sou** liegt etwa 4 km östlich der Stadt. Die Busgesellschaften haben ein Büro am Abzweig zum Busbahnhof oder zusätzlich in der Stadt. Busse fahren entweder ab dem jeweiligen Büro, am Bus-bahnhof oder einem anderen zentralen Punkt in Siem Reap. Tickets besorgen Hotels, Guesthouses und Touranbieter gegen einen kleinen Aufpreis. Alle Anbieter holen Gäste kostenlos im Hotel ab und bringen sie zur Haltestelle.

Busse
ANLONG VENG, mit GST und Rith Mony um 13.30, 14.30 und 16.30 Uhr für US$5 in 3 1/2–4 Std.;
BANGKOK (Thailand), umsteigen an der thailändischen Grenze;
mit Capitol Tours und Gold VIP um 8 Uhr für US$10 in 10–11 Std.;
mit Gold VIP, Hang Tep und Virak Buntham (Sleeper-Bus) zwischen 2 und 2.30 Uhr für US$10–15 in 10 Std.;
Direktbus mit Nattakan um 8.15 Uhr für US$28 in 8 Std. inkl. Wasser, Kaffee, Snack und Mittagessen;
BANLUNG (RATTANAKIRI), mit Phnom Penh Sorya um 5 Uhr für US$16,50 in 12 Std.;
BATTAMBANG, 9x tgl. zwischen 6.30 und 13.30 Uhr für US$5–6,25 in 4–5 Std.;
CAN TO (Vietnam), mit Hang Tep um 7 und 19 Uhr für US$39 in 16 Std.;
CHAU DOC (Vietnam), mit Hang Tep um 7 und 19 Uhr für US$38 in 15 Std.;
HO-CHI-MINH-STADT (Vietnam), umsteigen in Phnom Penh;
Mit Hang Tep, Mekong Express und Virak Buntham zwischen 6.30 und 7.30 Uhr für US$15–24, mit Hang Tep um 19 Uhr, Virak Buntham (Sleeper-Busse) um 19 und 24 Uhr für US$21/22 in 13 Std.;
KAMPOT, umsteigen in Phnom Penh;
mit Giant Ibis und Phnom Penh Sorya um 7.45 bzw. 6.30 Uhr für US$21/12 in 10–13 Std.;
mit Hang-Tep um 24 Uhr und Virak Buntham (Sleeper-Busse) um 19, 20.30 und 24 Uhr für US$17–27 in 12 Std., weiter nach Koh Tonsay inkl. Boot für US$39 in 15 Std.;
KEP, über Phnom Penh und Kampot, mit Hang Tep um 24 Uhr für US$27 in 13 Std.;
KOH CHANG (Thailand), mit Hang Tep um 8 Uhr für US$14 in 12 Std.;
KOH KONG, über Phnom Penh oder Sihanoukville;

mit Hang Tep um 24 Uhr und Virak Buntham (Sleeper-Busse) um 19, 20.30 und 24 Uhr für US$17–27 in 12 Std.;
KOMPONG CHAM, mit GST, Neak Krorhorm und Phnom Penh Sorya 5x tgl. zwischen ca. 5.30 und 10.30 Uhr für US$5,50–6,50 in 5–6 Std.;
KOMPONG CHHNANG, mit Phnom Penh Sorya um 8 Uhr für US$10 in 9 Std.;
KRATIE, mit Neak Krorhorm und Phnom Penh Sorya um 5 und 7.30 Uhr für US$11–12 in 8–9 Std.;
LAOS, mit Phnom Penh Sorya um 5 Uhr über Don Det (Viertausend Inseln) für US$23 in 13 Std.; Pakxe für US$26 in 16 Std., mit AVT über Stung Treng in ca. 8 Std. für US$24;
PHNOM PENH, 49x tgl. zwischen 5.45 und 18 Uhr für US$5–13 in 6–7 Std.;
Mit Hang Tep, Rith Mony und Virak Buntham (Sleeper-Busse) 8x tgl. zwischen 19 und 24 Uhr für US$8–12 in 5–6 Std.;
PHU QUOC (Vietnam), mit Hang Tep und Virak Buntham 3x tgl. zwischen 19 und 20.30 Uhr für US$36–44 in 15–16 Std. (Sleeper-Bus und Boot);
POIPET, mit Capitol Tours, Gold VIP und Hang Tep um 8 Uhr für US$6–8 in 3 1/2 Std., Gold VIP und Hang Tep um 2.30/2 Uhr für US$6–8 in 3 Std.;
PURSAT, mit Phnom Penh Sorya um 8 Uhr für US$7 in 7 Std.;
SEN MONOROM (MONDULKIRI), mit Phnom Penh Sorya um 5 Uhr für US$16,50 in 10 Std.;
SIHANOUKVILLE, über Phnom Penh;
11x tgl. zwischen 6.30 und 12 Uhr für US$10–24 in 11–12 Std., mit Hang Tep, Rith Mony und Virak Buntham (Sleeper Busse, Virak Buntham je nach Auslastung auch direkt) 4x tgl. zwischen ca. 20 und 24 Uhr für US$14–17 in 10–12 Std.;
SISOPHON, mit den Bussen Richtung Poipet für den gleichen Preis in 2 Std.;
SRA EM (für Preah Vihear), mit Rith Mony um 13.30 Uhr für US$5 in 6 Std.;
STUNG TRENG, mit Phnom Penh Sorya um 5 Uhr für US$15,50 über Kompong Cham in 11 Std., oder mit AVT auf der neuen Direktverbindung in ca. 5 Std. für US$15.

Sammeltaxis und Minibusse
Sammeltaxis stehen rund um den Busbahnhof und an der N6. Sie fahren los, sobald alle 6 Sitze verkauft sind. ANLONG VENG US$6,50, BATTAMBANG US$8, O'SMACH (Grenze Thailand) US$6,50, PHNOM PENH US$10, SISOPHON US$6.
Minibusse stehen an der N6 und fahren ebenfalls los, sobald genug Passagiere zusammen sind. Der Sitzplatz ist etwas günstiger als im Sammeltaxi, es kann aber sehr eng werden, wenn der Wagen extrem voll beladen wird.

Schiffe
Die **Schnellboote** nach **Phnom Penh** sind zwar eine Alternative zur Busfahrt, jedoch ist die Fahrt über weite Strecken eher langweilig. Die meisten Reisenden sind von der Flussfahrt nach **Battambang** hellauf begeistert, denn es geht vorbei an malerischen Flusslandschaften. Boote starten im **Hafen** in der Nähe des schwimmenden Dorfes **Chong Kneas**, etwa 13 km südlich von Siem Reap. Tickets über Angkor Express, Guesthouses und Touranbieter; der Transfer zum Pier ist im Preis enthalten (Abfahrt im Hotel ab 5.30 Uhr).
BATTAMBANG, um 7.30 Uhr für US$20 in 6–9 Std.;
PHNOM PENH, um 7 Uhr für US$35 in 5–6 Std., (Nov–März).

Flüge
Der **Flughafen Siem Reap International** liegt etwa 7 km vom Stadtzentrum entfernt. Inlandflüge mit Cambodia Angkor Air, 🖳 www.cambodiaangkorair.com, nach:
PHNOM PENH, 4–6x tgl. in 45 Min., US$70–136;
SIHANOUKVILLE, tgl. in der Hauptsaison, sonst (Mai–Okt) 4x wöchentl. in 1 Std., ab US$116;
Von Siem Reap starten internationale Flüge nach:
CHINA (Guangzhou, Shanghai, Peking);
LAOS (Vientiane, Luang Prabang, Pakxe);
MALAYSIA, PHILIPPINEN, SINGAPORE, SÜDKOREA, THAILAND (Bangkok) und VIETNAM (Ha Noi, Ho-Chi-Minh-Stadt, Da Nang).
Flugpläne: 🖳 www.cambodia-airports.com.

Zum/am Flughafen: Vom Zentrum zum Flughafen oder in umgekehrter Richtung kosten Taxis/Tuk-Tuks oder Motorradtaxis US$7/4/2 für die 20-minütige Fahrt. Viele Unterkünfte bieten ihren Gästen kostenlosen Transfer.

KAMBODSCHA

Prasat Kok Po

s. Plan
Preah Khan
S. 584

Preah Khan

Prasat Phnom Rung

Angkor Thom

s. Plan
Angkor Thom
S. 576

Bayon

s. Plan
Bayon
S. 577

Westlicher Baray

Westlicher Mebon

Beng Thom

Prasat Baksei Chamkrong

Phnom Bakheng

Khnat

Prasat Kas Ho

Khvien

Angkor Wat

Poipet, Sisophon

FLUGHAFEN

s. Plan
Angkor Wat
S. 572

Prasat Bei

Wat Kok Chork

Royal Angkor International Hospital

EINGANG

Wat Thmei

Wat Preah Enkosai

Übernachtung:
1 The River Garden
2 Khemara Angkor Hotel & Spa
3 Garden Village
4 Diamond D'Angkor
5 Jasmine Garden Villa

Essen:
1 Vegan Tea House
2 Essensstände

Sonstiges:
1 Krousar Thmey Massage
2 House of Peace
3 Kampuchea Dental Clinic
4 Tuk-Tuk Bar

Transport:
1 Minibusse
2 Sammeltaxis
3 Chong Kov Sou Busbahnhof
4 Boote nach Phnom Penh und Battambang

Cambodian Cultural Village

National Hwy. 6

Siem Reap

Golfplatz

s. Stadtplan
Siem Reap Zentrum
S. 554/555

Charles de Gaulle Blvd.

Sivatha Rd.

Psar Leu

Psar Kraoum

High School Rd.

Psar Karoum Rd.

Sala Lodge Rd.

Kantrak

Tonle Sap, Phnom Krom

Wat Atvea

Phnom Penh

www.stefan-loose.de/kambodscha

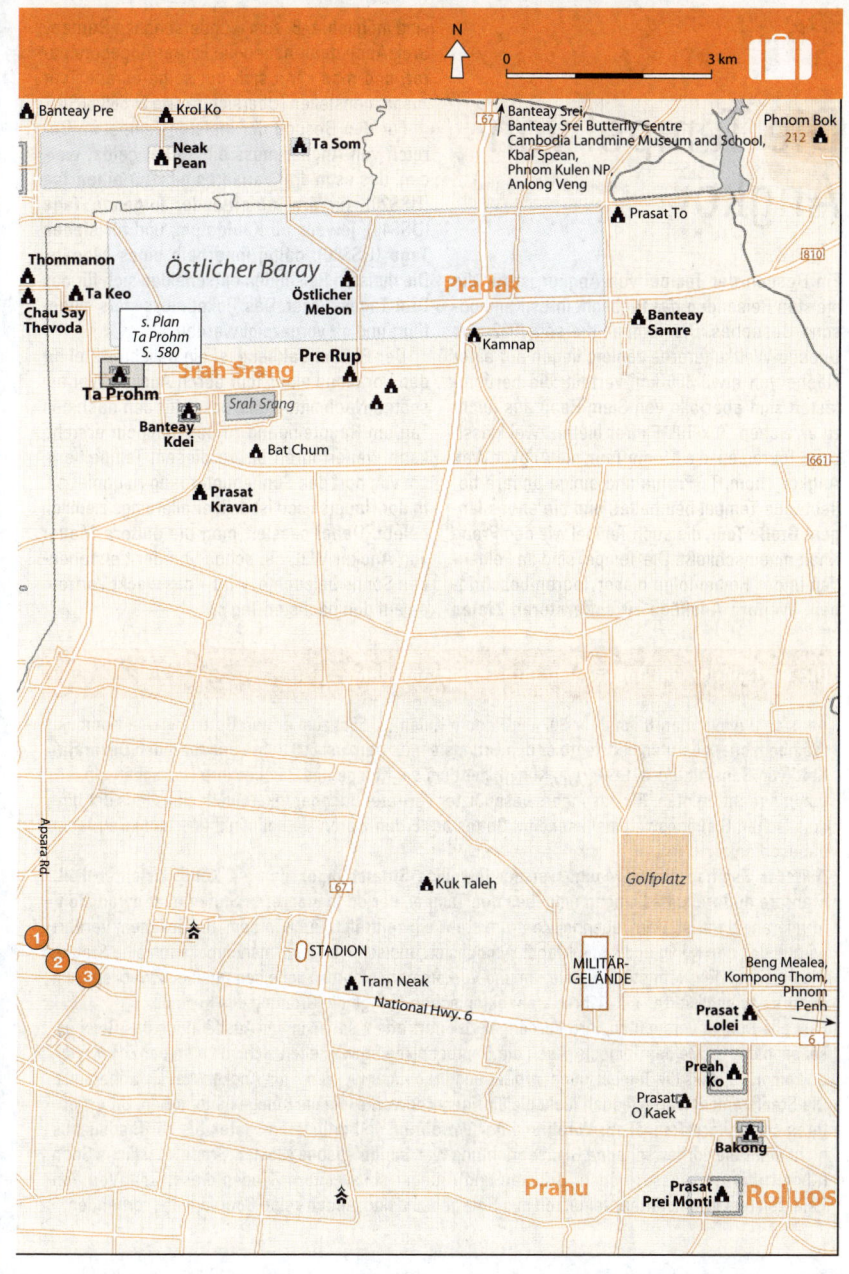

N
0 ———— 3 km

Banteay Pre
Krol Ko
Neak Pean
Ta Som
Banteay Srei,
Banteay Srei Butterfly Centre
Cambodia Landmine Museum and School,
Kbal Spean,
Phnom Kulen NP,
Anlong Veng
Phnom Bok
212

Prasat To

810

Thommanon
Ta Keo
Chau Say Thevoda
Östlicher Baray
Östlicher Mebon
Pradak
Banteay Samre
Kamnap

s. Plan Ta Prohm S. 580
Srah Srang
Pre Rup

Ta Prohm
Srah Srang
Banteay Kdei
Bat Chum

661

Prasat Kravan

KAMBODSCHA

Apsara Rd.

67
Kuk Taleh
Golfplatz

STADION
Tram Neak
National Hwy. 6
MILITÄR-GELÄNDE

Beng Mealea,
Kompong Thom,
Phnom Penh

Prasat Lolei
6

Preah Ko
Prasat O Kaek
Bakong

Prahu
Prasat Prei Monti
Roluos

KAMBODSCHA

Die Tempel von Angkor

Ein Besuch der Tempel von Angkor ist für die meisten Reisenden *das* Highlight ihres Kambodscha-Besuches. Die Tempel, die seit 1992 zum Unesco-Weltkulturerbe zählen, liegen auf einer Fläche von etwa 400 km² verteilt; die berühmtesten sind aber alle von Siem Reap aus leicht zu erreichen. Tuk-Tuk-Fahrer bieten zwei klassische Touren an: die **Kleine Tour**, die Angkor Wat, Angkor Thom, Ta Prohm und einige andere bedeutende Tempel beinhaltet, und die etwas längere **Große Tour**, die auch Tempel wie den Preah Khan miteinschließt. Die Tempel sind im Folgenden in der Reihenfolge dieser Touren beschrieben. Weitere Ausflüge zu **entfernteren Zielen** sind möglich, z. B. zum wunderschönen Banteay Srei. Auch dafür haben die Fahrer Angebote parat, und man kann sich gut seine eigene Tour zusammenstellen (Übersichtskarte S. 568/569).

Für den Besuch der meisten Tempel im Bereich von Angkor muss ein **Ticket** gelöst werden, das es in drei Varianten gibt: für **einen Tag** (US$20), für **drei aufeinander folgende Tage** (US$40), jeweils ab Kaufdatum; und für **sieben Tage** (US$60), gültig innerhalb eines Monats. Die meisten Reisenden entscheiden sich für das Drei-Tages-Ticket. Das Ticket muss stets mitgeführt und oft vorgezeigt werden.

Der **Phnom Bakheng** ist ein beliebtes Ziel für den Vorabend einer Tour durch Angkor. Wer am späten Nachmittag das Ticket für den nächsten Tag am Haupteingang zu den Tempeln ersteht, kann weiterfahren bis zu diesem Tempelberg, um von dort den Sonnenuntergang zu genießen. In der Hauptsaison ist es hier allerdings ziemlich belebt. Dabei passiert man die äußere Mauer von Angkor Wat, die schön von der tiefstehenden Sonne beleuchtet wird – das weckt Vorfreude auf den nächsten Tag …

Die Gottkönige von Angkor und ihre Tempelanlagen

Als sich Jayavarman II. im Jahr 802 am Phnom Kulen (S. 588) zum ersten Gottkönig von Kambuja (Kambodscha) ausrufen ließ, legte er den Grundstein für den fast 600 Jahre andauernden **Devaraja-Kult** (von Sanskrit: *deva*, Gott; *raja*, König), mit dem die Könige des Reiches ihre Herrschaft sicherten und rechtfertigten. Als besonders beschützter Vertreter oder gar Inkarnation eines (aus der hinduistischen Glaubenswelt stammenden) Gottes auf Erden waren sie unantastbar – und ihre Macht unbeschränkt.

Äußeres Zeichen dieser Macht war der jeweilige **Staatstempel**, den ein König errichten ließ. Mehrere äußere Einfassungen umgeben den Tempel, der oft in mehreren Stufen oder pyramidenförmig angelegt ist. Ganz oben im Zentrum steht ein zentraler Turm, in dem ein Heiligtum verehrt wurde, das den König und seine Macht symbolisiert; meist ein Lingam, manchmal auch eine Statue. Die umgebenden Nebentürme, Galerien und Vorkammern dienten zum einen rituellen Zwecken, zum anderen symbolisierten sie in ihrer architektonischen Anlage die Ordnung des Kosmos.

Fast alle Könige versuchten, ihre Vorgänger zu übertreffen; sei es in der Ausdehnung des Reiches, sei es in der Größe des Tempels. Auch die Bautechniken entwickelten sich im Laufe der Zeit weiter. So kommt es, dass die Tempel immer größer und prächtiger wurden – mit Angkor Wat als Höhepunkt. Die Staatstempel waren jedoch nicht die einzigen Bauwerke, die die Könige hinterließen. Oft errichteten sie weitere **Tempel zur Verehrung der Vorfahren**, und gründeten später, als der Hinduismus nicht mehr die vorherrschende Glaubenrichtung war, **buddhistische Klöster**. Große künstliche Seen (Khmer: *baray*), Wassergräben, Brücken und Anleger sind weitere Zeugen dieser Zeit. Von den Palästen und Wohnstätten, seinerzeit aus Holz gebaut, sind jedoch keine Spuren mehr vorhanden.

Phnom Bakheng

- **Datierung**: spätes 9., frühes 10. Jh. (geweiht 907)
- **Königlicher Erbauer**: Yashovarman I. (reg. 889–ca. 915)
- **Stil**: Bakheng
- **Religion**: Hinduismus (Shiva)
- **Lage**: 1,7 km nordwestlich von Angkor Wat, an der Straße, Zugang von Osten
- **Besuch**: Besuchsdauer ca. 1 Std. (inkl. Aufstieg)

Phnom Bakheng bedeutet „starker Berg", und die 70 m hohe Anhöhe erschien König Yashovarman I. der richtige Ort, um seinen Staatstempel zu errichten, als Mittelpunkt seiner neuen Hauptstadt Yashodharapura. Auch der Tempel selbst ist ein **„Bergtempel"**: Steile Stufen führen auf die oben abgeflachte, fünfstöckige Pyramide, auf der fünf Prasats in Quincunx-Form angeordnet waren (heute nur noch teilweise erhalten). Im mittleren stand der **Königliche Lingam Yashodhareshvara**, durch den Shiva verehrt wurde. Die Anordnung der fünf Prasats war damals eine Neuerung und sollte die Gipfel des Weltbergs Mehru versinnbildlichen. In den folgenden Jahrhunderten wurde noch öfter auf dieses Modell zurückgegriffen – am augenfälligsten in den Türmen von Angkor Wat. Einst führten drei Wege auf den Berg, heute ist nur noch die Haupttreppe im Osten begehbar. Nachdem man die **zwei Wächterlöwen** passiert hat, sollte man gut darauf achten, wohin man tritt, denn die Stufen sind teilweise verfallen.

Angkor Wat

- **Datierung**: erste Hälfte 12. Jh.
- **Königlicher Erbauer**: Suryavarman II. (reg. 1113–ca. 1155)
- **Stil**: Angkor Wat
- **Religion**: Hinduismus (Vishnu)
- **Lage**: 5,5 km nördlich von Siem Reap, der erste Tempel an der Hauptzufahrtsstraße nach Angkor

- **Besuch**: zum Sonnenaufgang, vormittags, nachmittags, am besten mehrfach; mehrere Stunden. Teil fast jeder Tour. In den inneren Bereichen ist angemessene Kleidung erforderlich (Knie und Schultern bedeckt).

Angkor Wat, **die „Stadt, die ein Tempel ist"**, ist das großartigste Monument, das je in Kambodscha erbaut wurde. Von der harmonischen Komposition der riesigen Anlage bis hin zu den feinsten Details seiner zarten Reliefs – noch heute trifft zu, was der portugiesische Reisende Diogo de Couto vor fast einem halben Jahrtausend schrieb: „Dieser Tempel ist so besonders, dass man ihn mit Worten kaum beschreiben kann, und mit keinem anderen Gebäude der Welt vergleichen." Und: „Ein Land, das eine derartige architektonische Meisterleistung vollbracht hat, darf nicht untergehen!" – diese Worte von Louis-Adolpe Bonard, dem ersten Gouverneur von Cochinchina (1861–63), haben vielleicht dazu beigetragen, dass Kambodscha als Staat weiter existierte und nicht zwischen Thailand und Vietnam aufgeteilt wurde.

Die grundlegende **Architektur** ähnelt anderen kambodschanischen Tempeln: Mehrere Einfassungen umgeben ein zentrales Heiligtum, einen hohen Turm, der von vier weiteren Türmen umgeben ist; Symbol des Weltbergs Mehru. Ein großer Unterschied besteht jedoch zu allen anderen Tempeln in Angkor: Angkor Wat ist **nach Westen ausgerichtet**, nicht nach Osten. Über die Bedeutung dieser Tatsache rätseln die Forscher seit Generationen: War der Tempel vielleicht ein großes Grabmal? Die Reliefs der ersten Galerie verlaufen gegen den Uhrzeigersinn und zwingen den Besucher damit, das Heiligtum wie bei einer Totenprozession „verkehrt herum" zu umlaufen. Heute glaubt man, dass der Tempel zuerst als Staatstempel von Suryavarman II. und nach seinem Tode dessen Verehrung diente. Gesichert ist diese Interpretation aber nicht. Zu Lebzeiten von Suryavarman hatte Angkor Wat die Funktion eines **Staatstempels** und einer **Königsstadt** – mehrere zehntausend Menschen sollen auf dem Areal gelebt haben.

Angkor Wat

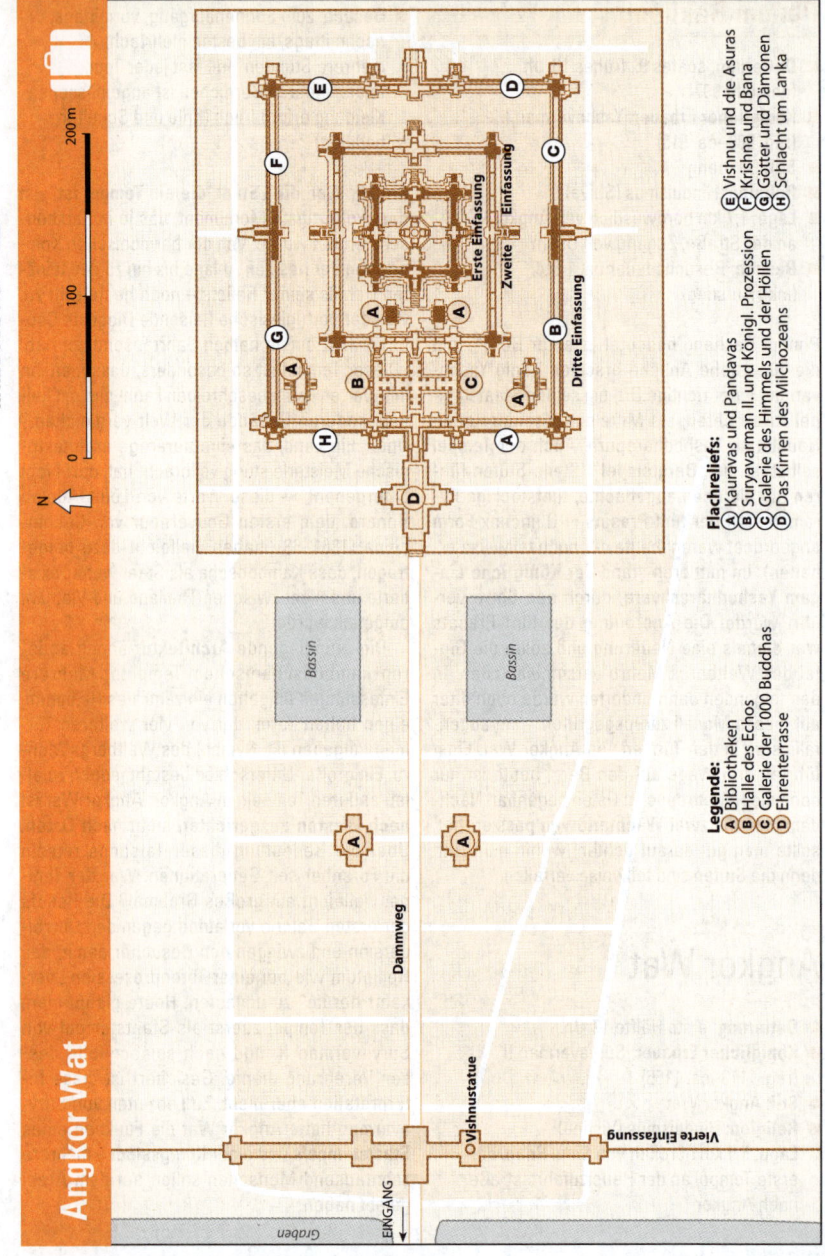

Flachreliefs:
- (A) Kauravas und Pandavas
- (B) Suryavarman II. und Königl. Prozession
- (C) Galerie des Himmels und der Höllen
- (D) Das Kirnen des Milchozeans
- (E) Vishnu und die Asuras
- (F) Krishna und Bana
- (G) Götter und Dämonen
- (H) Schlacht um Lanka

Legende:
- (A) Bibliotheken
- (B) Halle des Echos
- (C) Galerie der 1000 Buddhas
- (D) Ehrenterrasse

Erste Einfassung
Zweite Einfassung
Dritte Einfassung
Vierte Einfassung

Bassin
Bassin

Dammweg
Vishnustatue
EINGANG
Graben

Die äußeren Bereiche

Der Besucher nähert sich dem Tempel über den Haupteingang im Westen. Zunächst wird der **Wassergraben** über einen 220 m langen Dammweg überquert. Dieser Graben diente zum Schutz der Stadt und als Wasserspeicher. Gespeist wird er bis heute durch den Siem-Reap-Fluss. Die **Umfassungsmauer** misst 1025 x 802 m. Der westliche Eingang ist der bei Weitem größte Zugang zu der Anlage. Insgesamt ist er 235 m breit. Mittig steht der dreiteilige **Gopuram**, der schon die Architektur des Haupttempels vorwegzunehmen scheint; ein zentraler Gipfel, flankiert von kleineren Erhebungen, die mit Galerien angeschlossen sind. Im südlichen (linken) Teil steht eine sehr verehrte, 4 m hohe **Vishnustatue**. Möglicherweise war sie einst das zentrale Heiligtum und wurde erst später aus dem Haupttempel an diese Stelle versetzt.

Nach dem Durchqueren des Einganges entfaltet sich vor dem Auge des Betrachters das grandiose Panorama von Angkor Wat. Ein weiterer steinerner Dammweg von 350 m Länge führt zum Haupttempel. Bevor man ihn begeht, sollte man sich aber noch die Zeit nehmen, die wundervollen steinernen **Apsaras** an der Ostseite des Gopurams zu betrachten: Besonders schön sind die an der Südostecke des Hauptturm, und bemerkenswert (weil selten) die an der Südostecke des Südturms, die beim Lächeln ihre Zähne zeigt.

Von dem von Naga-Balustraden gesäumten **Dammweg** zum Tempel gehen auf jeder Seite in regelmäßigen Abständen sechs Treppen ab, die früher in ein Wegenetz mündeten, das die Stadt durchzog. Heute ist davon nichts mehr zu erkennen. Auf halber Strecke liegen zwei **„Bibliotheken"**, Nebengebäude unbekannten Zweckes, die aufwendig verziert sind. Dahinter befinden sich zwei **Wasserbecken**, wobei im linken meist auch in der Trockenzeit noch Wasser steht – das Bild des Tempels mit seiner sich im Wasser spiegelnden Silhouette ist wohl eines der bekanntesten Motive Südostasiens. Der Weg endet in einer **zweistufigen Terrasse**, die ebenfalls von steinernen Nagas gesäumt ist. Man kann sich vorstellen, dass hier früher Empfänge stattgefunden haben und der König von hier aus mit seinem Volk kommunizierte.

Die Galerien der Dritten Einfassung

Hinter der Terrasse führt eine Treppe zur **Dritten Einfassung**, die den Inneren Tempelbereich umfasst. Sie ist als offene Galerie angelegt und von einem Gewölbedach geschützt. An der Innenwand befinden sich die **berühmten Flachreliefs** von Angkor Wat, die mit einer Höhe von 2 m und auf einer Länge von 540 m mehr als 1000 m² bedecken. Bis hierhin und nicht weiter durfte sich das Volk dem Tempel nähern – und sich auf den Reliefs über die Größe und Macht ihres Gottkönigs und mythische Geschichten informieren. In acht Abschnitten (die vier Seiten sind jeweils von einem Tempelaufgang durchbrochen), die gegen den Uhrzeigersinn gelesen werden, sind jeweils einzelne Themen behandelt.

Westgalerie, südlicher Abschnitt

Hier tobt die **Schlacht von Kurukshetra**, der Höhepunkt der Auseinandersetzungen zwischen den Clans der **Pandavas** und der **Kauravas** – der Krieg zwischen diesen bildet den roten Faden des berühmten altindischen Epos Mahabharata. Von links marschiert die Armee der Kauravas; von rechts kommen die Pandavas. An den Außenseiten marschieren die Soldaten im unteren Bereich noch in Reih und Glied; darüber sieht man Generäle auf ihren Streitwagen. Etwa 5 m vom linken Rand entfernt oben erkennt man den Kaurava-Führer Bhishma, der von Pfeilen durchbohrt ist. Zur Mitte hin verdichtet sich die Szene zu einem dramatischen Kampfgetümmel. Im Zentrum treffen Arjuna und sein Wagenlenker, der vierarmige Krishna, die aufseiten der Pandava kämpfen, auf den an seinem Haarknoten zu erkennenden Brahmanen Dronacharya, der nun die Kauravas anführt. Dazwischen liegt ein verzweifelter Kaurava-Führer, dessen Pferde und Wagenlenker von Pfeilen getroffen sind. Überall sieht man Soldaten im Nahkampf. Die Schlacht endete nach 18 Tagen ohne Überlebende und markierte so das Ende eines *yuga*, eines Weltzeitalters.

Südwestlicher Eckpavillon

Szenen aus dem **Ramayana**, einem großen indischen Epos, und andere **hinduistische Legenden** sind im Pavillon an der Südwestecke dargestellt. Aus dem indischen Ramayana stammt die Geschichte vom Kampf zwischen den Affenbrüdern Valin und Sugriva (Süddurchgang, Ostseite). An der Südseite des Westdurchgangs schüttelt ein 20-armiger Ravana mit vielen Köpfen den Berg Kailash, auf dem Shiva sitzt. Die Nordseite des Ostdurchgangs zeigt das Wasserfest in Dvaravati; geschmückte Boote werden über fischreiches Gewässer gerudert.

Südgalerie, westlicher Abschnitt

Der erste Bereich dieses Reliefs (bis zur 6. Säule) zeigt den König **Suryavarman II.** (zwischen 4. und 5. Säule) bei einer Audienz, umgeben von Priestern, Hofdamen und Soldaten. Der zweite Abschnitt illustriert auf über 90 m eine **Königliche Prozession**. Der von 15 Schirmen beschützte Suryavarman II. (die größere Figur zwischen 14. und 15. Säule) wird begleitet von einem großen Heer und 18 Generälen. Bannerträger und eine Kapelle marschieren voran. Historisch interessant ist die Vorhut am Ende dieses Abschnittes: Sie besteht aus siamesischen Söldnern (zu identifizieren an ihren Schnurrbärten und Helmbüschen).

Südgalerie, östlicher Abschnitt

Die **Galerie des Himmels und der Höllen** war gewiss als Antrieb zu einem gottgefälligen Leben gedacht. Am Anfang der Galerie sieht man die guten Menschen auf dem Weg in eines der 37 Paradiese: Paläste, die von Garudas und Löwen getragen werden. Die himmlischen Paläste sind im oberen Bereich abgebildet. Sehr grausam erscheinen die Strafen, die die 32 Höllen im unteren Bereich für Sünder bereithielten. Über allen wacht der **vielarmige Gott des Todes: Yama**, der auf einem Büffel sitzt (gegenüber der 7. Säule).

Ostgalerie, südlicher Abschnitt

Die Darstellung vom **„Kirnen des Milchozeans"** ist das wohl berühmteste Relief von Angkor Wat. Die ersten 5 m des 49 m langen Reliefs zeigen das Heer der Asuras (Dämonen) mit Elefanten und Streitwagen. Anschließend sieht man, wie 92 Asuras mit runden Augen und hohem Haarschmuck am Körper der Naga-Schlange Vasuki ziehen. Ihre fünf Köpfe werden vom Dämonenkönig Ravana gehalten. Dieser ist, ebenso

wie der Affenkönig Hanuman auf der entgegengesetzten Seite, eine Hinzufügung der Khmer-Künstler zu der indischen Geschichte. Im Zentrum des Bildes bildet ein Pfahl als Andeutung des Berges Mandara die Drehachse. Vishnu in seiner Verkörperung als Schildkröte Kurma verhindert, dass dieser im Meer versinkt. Oben versucht Indra, ihn vom Kippen abzuhalten. 88 Devas (Götter), mandeläugig und mit konischem Haarschmuck versehen, ziehen von der anderen Seite an der Schlange; auf den letzten 5 m sieht man ihr Heer. Unterhalb der Szene erblickt man das Meer, in dem Fische, Krokodile und Drachen leben. Oberhalb sind auf einer dritten Ebene die Wesen dargestellt, die beim Quirlen entstanden sind: die göttlichen Apsaras, oder in der Mitte der Elefant Airavata und das Pferd Uchaishrava.

Wer an dieser Stelle der Meinung ist, nun genug Reliefs gesehen zu haben, kann den Rundgang hier beenden und ins Tempelinnere fortschreiten. Die folgenden Reliefs sind bis auf die Schlacht von Lanka im südlichen Abschnitt der Westgalerie weniger spannend.

Westgalerie, nördlicher Abschnitt

Die epische **Schlacht um Lanka** ist das Thema dieses 51 m langen Teilstückes. Analog zur nebenan liegenden Schlacht um Kurukshetra, erreicht hier das zweite große Hindu-Epos, das Ramayana (in Kambodscha: Reamker), seinen Höhepunkt. Es ist die wohl meist erzählte (und getanzte) Geschichte des Landes. Im Zentrum des Reliefs tobt eine wilde Schlacht zwischen den Heeren der Affen und der Dämonen. Zwischen dem 13. und dem 14. Pfeiler kann der Dämonenkönig Ravana (Reab) dann leicht an seinen 20 Armen und zehn Gesichtern identifiziert werden. Am schönsten wirkt die Galerie, wenn sie kurz vor Sonnenuntergang vom Licht der tief stehenden Sonne beleuchtet wird.

Der innere Tempelbereich

Durch den westlichen Gopuram erreicht man über eine Treppe die **Erste Terrasse** der Tempelpyramide. Sie wird von kreuzförmigen Gängen unterteilt. Bassins füllen die Zwischenräume. In der nordwestlichen und südwestlichen Ecke stehen zwei „Bibliotheken". Viele Apsaras laden zu näherer Betrachtung ein, und die Säulen und

Fenster sind aufwendig verziert. Die südliche Galerie ist als **Preah Poan (tausend Buddhas)** bekannt. Der Name stammt aus einer Zeit, als hier unzählige Buddhastatuen standen, zusammengetragen in den Jahrhunderten, als Angkor Wat als buddhistisches Kloster diente. Die meisten sind in den 1970er-Jahren von den Roten Khmer zerstört worden. Einige überlebten in den Archiven der Conservation d'Angkor. Heute sind einige Statuen jüngeren Datums dazugekommen.

14 Aufgänge führen auf die **Zweite Terrasse**, die 115 x 100 m misst. Die Türme an den Ecken sind nur noch teilweise erhalten. Die umlaufende Galerie und zwei „Bibliotheken" sind mit über 1500 Apsaras geschmückt, jede einzelne bis ins feinste Detail herausgearbeitet. Im weichen Licht des frühen Morgens oder späten Nachmittags wirken sie noch attraktiver.

Über eine steile Treppe erreicht man schließlich die **Dritte Terrasse**. Auch sie ist von einer Galerie (60 x 60 m) umgeben; zwei weitere Galerien verbinden sie mit dem Zentralheiligtum. Die vier Ecktürme und der erhöht stehende Hauptturm bilden zusammen die wohl bekannteste Silhouette Kambodschas und sind seit den 1950er-Jahren Bestandteil der Nationalflagge des Landes. Hier ist man nun angekommen – im mythischen Herzen des Landes.

Angkor Thom

- ■ **Datierung**: spätes 12. Jh. und danach; einige Monumente sind auch älter
- ■ **Königliche Erbauer**: Jayavarman VII. (reg. 1181–1220) und seine Nachfolger
- ■ **Stil**: Bayon; einige Monumente frühere Stile
- ■ **Religion**: Buddhismus
- ■ **Lage**: 1,7 km nördlich von Angkor Wat
- ■ **Besuch**: Kleine Tour; mehrere Stunden (s. die einzelnen Monumente)

Als Jayavarman VII. die Cham besiegt hatte, die 1177 bis ins Zentrum Kambodschas vorgedrungen waren und den König Tribhuvanadityavarman (reg. ca. 1165–1177) getötet hatten, schwor er sich, eine neue Hauptstadt zu bauen, die uneinnehmbar sein sollte: Angkor Thom. 3 km lang

und 8 m hoch waren die Mauern, die an allen vier Seiten das quadratische Areal der Stadt umgaben. Ein 100 m breiter Wassergraben, über den vier breite Steinbrücken führten, die jeweils an dem massiven Gopuram endeten, durch den die Stadt betreten wurde, umschloss die Mauern. Im Zentrum der Stadt befanden sich der fantastische **Bayon**, der Staatstempel Jayavarmans, sowie weitere Tempel, Paläste, Terrassen und Türme. Und der groß angelegte Plan des Gründerkönigs ging auf: 250 Jahre lang blieb Angkor Thom die **Hauptstadt des Khmer-Reiches**.

Heute nähert sich der Besucher, von Angkor kommend, meist von Süden. Die **Brücke**, die zum südlichen Eingang führt, ist mit zwei Balustraden gesäumt: 54 Dämonen auf der rechten und 54 Götter auf der linken Seite ziehen an einer gewaltigen Naga-Schlange: eine Erinnerung an die Geschichte vom Kirnen des Milchozeans. Schließlich passiert man den **südlichen Gopuram**, ein mächtiges, beeindruckendes Monument: 23 m hoch, mit vier riesigen Gesichtern gekrönt, die in die vier Himmelsrichtungen schauen – willkommen in der alten Hauptstadt.

Bayon

- ■ **Datierung**: spätes 12. Jh. bis spätes 13. Jh.
- ■ **Königliche Erbauer**: Jayavarman VII. (reg. 1181–1220) und Nachfolger
- ■ **Stil**: Bayon
- ■ **Religion**: Mahayana-Buddhismus, später Hinduismus
- ■ **Lage**: im Zentrum von Angkor Thom
- ■ **Besuch**: ganztags, 2 Std. Vormittags sind hier viele Tourgruppen anzutreffen; am späten Nachmittag ist es ruhiger, wenn die Gruppen Angkor Wat oder Phnom Bakheng zum Sonnenuntergang aufsuchen.

Der Bayon, Staatstempel von Jayavarman VII. und seinen Nachfolgern, ist eines der interessantesten und geheimnisvollsten religiösen Gebäude der Welt. Die Anlage ist nicht allzu groß, aber äußerst komplex, sowohl in architektonischer als auch in symbolischer Hinsicht. Nähert man sich dem Bayon von der Ferne, so wirkt er zunächst wie ein grauer Berg – ein beabsichtig-

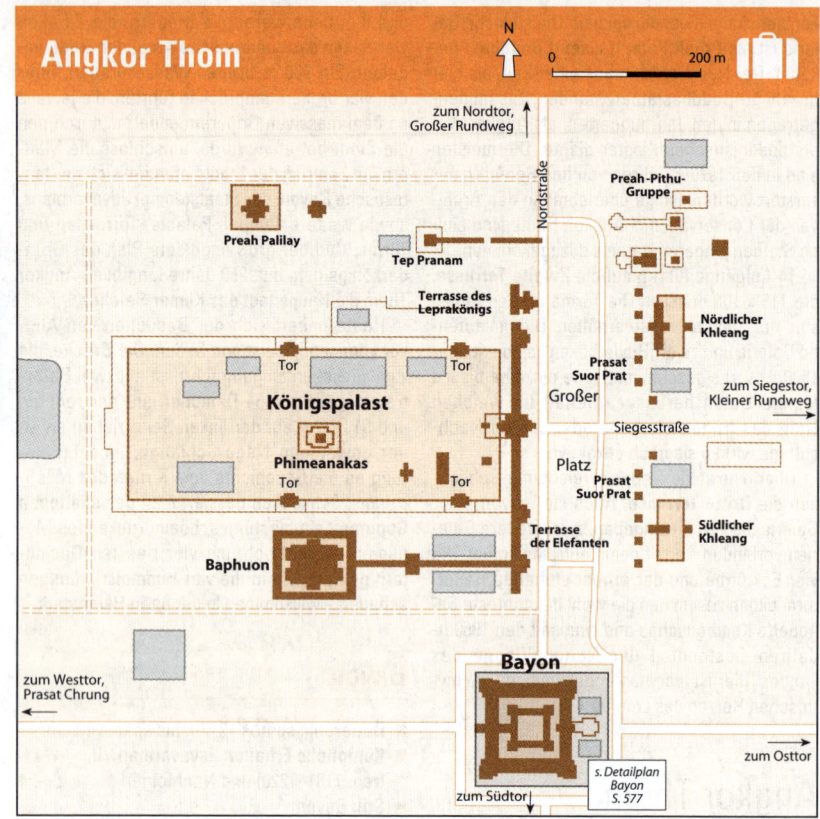

zum Nordtor,
Großer Rundweg

Nordstraße

Preah-Pithu-
Gruppe

Preah Palilay

Tep Pranam

Terrasse des
Leprakönigs

Nördlicher
Khleang

Tor   Tor

Königspalast

Prasat
Suor Prat

Großer

zum Siegestor,
Kleiner Rundweg

Siegesstraße

Phimeanakas

Platz   Prasat
Suor Prat

Tor   Tor

Südlicher
Khleang

Terrasse
der Elefanten

Baphuon

zum Westtor,
Prasat Chrung

Bayon

zum Osttor

s. Detailplan
Bayon
S. 577

zum Südtor

---

ter Effekt, denn seine Bauweise als dreistufige Pyramide mit einem zentralen Turm versinnbildlicht den Weltberg Mehru. Kommt man näher, sieht man an den Seiten der Türme zahllose große, **lächelnde Steingesichter** – wohl eine Darstellung des *Bodhisattva Lokeshvara*, mit dem Jayavarman VII. sich identifizierte. Die Gesichter, die in alle vier Himmelsrichtungen blicken, sollten dem ganzen Reich Schutz gewähren.

Der Zugang erfolgt von Osten über eine breite, 72 m lange **Terrasse**, die von Löwenfiguren bewacht wird. Der **innere Tempelbereich** ist von zwei umlaufenden, fast quadratischen Galerien umgeben. Beide weisen faszinierende Flachreliefs auf (s. u.). Die äußere misst 156 x 141 m und beinhaltet vier Gopurams und vier Eckpavil-

lons. Die Säulen sind mit tanzenden Apsaras und Medaillons fliegender Vögel geschmückt; ähnliche Darstellungen finden sich in Angkor Wat.

Die **innere Galerie** misst 80 x 70 m und steht auf der zweiten Ebene. Sie wurde mehrfach umgebaut und war zu Beginn wohl kreuzförmig. Erst später erhielt sie durch Anbauten ihren heute fast quadratischen Grundriss. Nach innen gehen weitere Galerien und Gänge ab; ein enges Labyrinth, das sich an die dritte Ebene des Tempels schmiegt. Steile Treppen führen zu der annähernd kreuzförmigen Plattform empor. Darauf erhebt sich das **zentrale Heiligtum**. Die Basis hat einen Durchmesser von 25 m, die Gesamthöhe über Grund beträgt 43 m. Das ganze Arrangement wird dominiert durch die vielen mit Gesich-

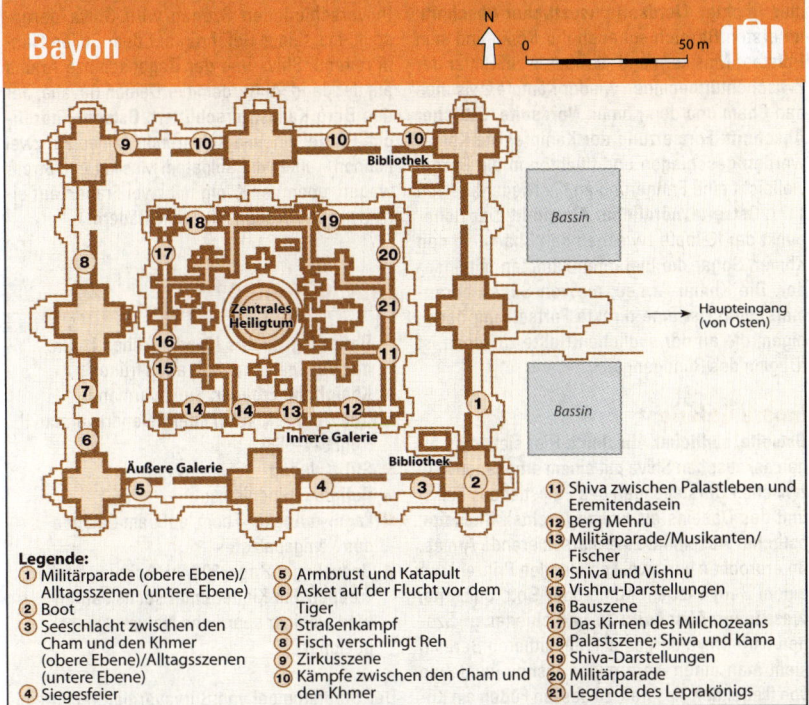

Bayon

N   0   50 m

Bibliothek

Bassin

Haupteingang (von Osten)

Zentrales Heiligtum

Bassin

Innere Galerie

Bibliothek

Äußere Galerie

Legende:
1. Militärparade (obere Ebene)/ Alltagsszenen (untere Ebene)
2. Boot
3. Seeschlacht zwischen den Cham und den Khmer (obere Ebene)/Alltagsszenen (untere Ebene)
4. Siegesfeier
5. Armbrust und Katapult
6. Asket auf der Flucht vor dem Tiger
7. Straßenkampf
8. Fisch verschlingt Reh
9. Zirkusszene
10. Kämpfe zwischen den Cham und den Khmer
11. Shiva zwischen Palastleben und Eremitendasein
12. Berg Mehru
13. Militärparade/Musikanten/ Fischer
14. Shiva und Vishnu
15. Vishnu-Darstellungen
16. Bauszene
17. Das Kirnen des Milchozeans
18. Palastszene; Shiva und Kama
19. Shiva-Darstellungen
20. Militärparade
21. Legende des Leprakönigs

KAMBODSCHA

tern geschmückten Türme. Sie erheben sich auf den verschiedenen Ebenen und in verschiedenen Höhen: ein Wald von Türmen, der zum großen Turm in der Mitte hinzustreben scheint.

Die Reliefs

Neben den Gesichtertürmen sind die Reliefdarstellungen eines der Highlights am Bayon. Sie sind zu unterschiedlichen Zeiten geschaffen worden; diejenigen an der Außengalerie stammen wohl vom Anfang des 13. Jhs. und haben Historikern viele Anhaltspunkte zum alltäglichen Leben zu Zeiten von Angkor geliefert.

Äußere Galerie

Ostseite, südlicher Abschnitt: Wendet man sich vom Ost-Gopuram nach Süden, so kann man eine Khmer-Armee marschieren sehen. Es folgen Szenen aus dem kambodschanischen Alltag um 1200 – erstaunlich, wie sehr manche Bil-

der der Gegenwart ähneln. **Südseite, östlicher Abschnitt**: Hier wird eine Schlachtszene gezeigt, bei der die Heere der Khmer und der Cham aufeinandertreffen. Jayavarman VII. ließ hier wohl seine Erfahrungen beim Vertreiben der Feinde verewigen. Die Cham-Krieger sind an ihren Kopfbedeckungen zu erkennen, die an eine umgedrehte Blume erinnern. Die Khmer-Krieger sind barhäuptig. **Westseite, südlicher Abschnitt**: Hier und auf den folgenden Abschnitten bis zum Erreichen der Ostgalerie sind die Reliefs nur teilweise fertiggestellt. Wieder marschiert eine Armee, diesmal durch einen Wald, in dem Einsiedler leben. Hinter der Zwischentür eine Szene auf erst drei, dann vier Ebenen, die Historiker für die Darstellung eines Bürgerkrieges halten, der 1182 in Malyang, südlich des heutigen Battambang, ausbrach. **Westseite, nördlicher Abschnitt**: Fortsetzung der Kriegsgeschichte auf zwei Ebenen. Der König war siegreich, die feindliche Armee flüchtet. **Nordseite, westlicher Abschnitt**: Im ersten Bereich schauen der König und sein Hofstaat Musikern und Akrobaten zu. Hinter der Zwischentür beginnen wieder Kämpfe zwischen den Cham und den Khmer. **Nordseite, östlicher Abschnitt**: Fortsetzung der Kämpfe. Die Khmer werden geschlagen und flüchten in die Berge; vielleicht eine Erinnerung an die Niederlage von 1177. **Ostseite, nördlicher Abschnitt**: Der Höhepunkt der Kämpfe zwischen den Cham und den Khmer. Sogar die Elefanten kämpfen miteinander: Die Khmer-Armee, die von Süden heranmarschiert, ist eine direkte Fortsetzung derjenigen, die an der südlichen Hälfte zu sehen ist (Beginn des Rundgangs).

Innere Galerie

Ostseite, südlicher Abschnitt: Hier sieht man einen asketischen Shiva mit einem erhobenen Arm zwischen Darstellungen des Palastlebens (links) und des Daseins als Eremit (rechts). **Südseite, östlicher Abschnitt**: Eine marschierende Armee, unterbrochen von zwei kämpfenden Prinzen. Auf einem Berg sitzt ein König oder Gott. **Südseite, westlicher Abschnitt**: In verschiedenen Szenen wird Shiva dargestellt. Im mittleren Bereich sieht man einen vierarmigen Vishnu, umgeben von fliegenden Apsaras, zu dessen Füßen ein König kniet. **Westseite, südliche Hälfte**: Mehrere Vishnu-Darstellungen, u. a. eine, die ihn auf Garuda sitzend einem feindlichen Heer entgegentreten lässt. An einer Stelle wird auf drei Ebenen der Bau eines Tempels gezeigt: Man sieht, wie sich Sklaven mit den schweren Steinen abmühen. **Westseite, nördliche Hälfte**: Wieder marschiert eine Armee unter der Führung von zwei Königen oder Generälen in ihren Streitwagen, ergänzt durch eine Palastszene und eine Darstellung vom Kirnen des Milchozeans. **Nordseite, westliche Hälfte**: Hier sind neben einer Palastszene einige Hindugötter versammelt, die Trimurti Vishnu, Brahma und Shiva (tanzend in der Mitte), und weiter unten Ganesha und Rahu. Im linken Bereich sieht man einen meditierenden Shiva, auf den der Liebesgott Kama einen Pfeil abschießt. Der zornige Shiva verbrennt ihn daraufhin mit seinem dritten Auge; sterbend sieht man den Liebesgott in den Armen seiner Gemahlin Rati liegen. **Nordseite, östliche Hälfte**:

In verschiedenen Szenen wird Shiva dargestellt, mit seiner Gefährtin auf dem Bullen Nandi reitend, Shiva und der Bogenschütze Arjuna auf der Jagd. Außerdem der Dämon Ravana, der den Berg Kailash erschüttert. **Ostseite, nördliche Hälfte**: eine marschierende Armee auf zwei Ebenen – unten die Soldaten, Musiker und Streitwagen, oben der König mit zwei Frauen auf einem großen Wagen mit sechs Rädern.

Phimeanakas

- **Datierung**: spätes 10. oder frühes 11. Jh., nach einigen Theorien auch früher
- **Königliche Erbauer**: Suryavarman I. (reg. 1001–ca. 1050) oder Rajendravarman II. (reg. 944–968)
- **Stil**: Khleang
- **Religion**: Hinduismus
- **Lage**: in Angkor Thom, auf dem Gelände des Königspalastes
- **Besuch**: ganztags, 30 Min. Achtung, steile Treppen: Für Kinder unter sechs Jahren (und weniger sportliche Naturen) nicht geeignet

Der Staatstempel von Suryavarman I. gibt einige Rätsel auf: Jüngste Ausgrabungen auf dem Gelände legen nahe, dass Vorläufer des heutigen Monuments bereits um 900 oder sogar noch früher errichtet wurden. Sicher ist, dass hier seit dem 11. Jh. über Jahrhunderte der Königspalast stand. Von den hölzernen Gebäuden ist jedoch nichts übrig geblieben. Umfasst wird das Areal von einer 5 m hohen Lateritmauer, 585 x 246 m lang. Den Zugang zum Palastgelände gewährten fünf Gopurams, zwei im Norden, zwei im Süden und ein größerer im Osten, der mit der Elefantenterrasse (S. 579) und dem Siegestor (S. 579) verbunden war.

Der Phimeanakas selbst ist relativ klein (35 x 28 m an der Basis) und schmucklos. Sehr steile, verwitterte Steinstufen führen nach oben; benutzt werden sollte die schmale Holztreppe an der Westseite. Hat man die **dreistufige Pyramide** erklommen, so lockt noch das **zentrale Heiligtum** zu einer Kletterpartie – auf eigene Gefahr! (Heraufkommen ist einfacher als herunter).

Die königlichen Terrassen

- **Datierung**: 13. Jh.
- **Königliche Erbauer**: Jayavarman VII.
  (reg. 1181–1220) und seine Nachfolger
- **Stil**: Bayon
- **Lage**: in Angkor Thom
- **Besuch**: unbedingt vormittags, denn nachmittags liegen die Reliefs im Schatten; ca. 30 Min.

Die 300 m lange **Elefantenterrasse** muss einst den Rand des Komplexes der königlichen Gebäude gebildet haben. Hier wurde Hof gehalten, hier gingen die großen Prozessionen vorbei. Ihren Namen hat die in Nord-Süd-Richtung verlaufende, 3 m hohe Terrasse, die sich im südlichen Bereich bis zum zweiten der fünf Treppenaufgänge zieht, von den abgebildeten Elefanten. Sie scheinen mit ihren Mahouts auf der Jagd zu sein; einige sind in Kämpfe mit Tigern verwickelt. Im zentralen Bereich folgen Löwen und Garudas, die die Plattform rund um den mittleren Aufgang zu tragen scheinen. Nördlich des mittleren Treppenaufgangs wiederholt sich dies spiegelbildlich. An allen Aufgängen wachen dreiköpfige Elefanten (Airavatas), deren Rüssel auf Lotosblüten ruhen. Der weiter vorgezogene **Hauptaufgang** wird von Naga-Balustraden und Wächterlöwen flankiert. Von ihm führt eine Straße zum **Siegestor**, dem Osteingang von Angkor Thom.

Die sich anschließende **Terrasse des Leprakönigs** hat ihren Namen von einer Legende, derzufolge eine hier gefundene Statue von Yama, dem Herrscher der Unterwelt, den an Lepra erkrankten König Yashovarman I. (reg. 889–ca. 915) darstellten sollte. Die Statue, deren Original aus dem 14. oder 15. Jh. stammt und inzwischen im Nationalmuseum in Phnom Penh zu sehen ist, wurde an dieser Stelle durch eine Kopie ersetzt.

Die Tempel der „Kleinen Tour"

Angkor Wat und Angkor Thom werden bei fast jeder Tour angesteuert. Die folgenden Tempel sind zusätzliche Ziele der beliebten „Kleinen Tour" (17 km), die sich im Laufe der Jahre bei Besuchern, Tuk-Tuk-Fahrern und Reiseleitern etabliert hat.

Ta Keo

- **Datierung**: spätes 10. Jh.
- **Königlicher Erbauer**: Jayavarman V.
  (reg. 968–1001)
- **Stil**: Khleang
- **Religion**: Hinduismus (Shiva)
- **Lage**: zwischen Angkor Thom und Östlichem Baray, am Ostufer des Siem-Reap-Flusses
- **Besuch**: ganztags, ca. 45 Min.

Ta Keo ist einer der großen „**Tempel-Berge**" von Angkor, leider blieb die Anlage unvollendet. Ta Keo war die erste Anlage, die fast vollständig aus Sandstein errichtet wurde. Auch die Platzierung ist ungewöhnlich: nicht, wie zuvor, im Zentrum seiner Hauptstadt, sondern an der westlichen Ecke des Östlichen Baray.

Ta Keo besteht aus einer 22 m hohen, **quadratischen Pyramide**, auf deren oberster Plattform fünf Türme stehen – Symbol des Weltberges Mehru. Zwei Einfassungen mit Gopurams aus Sandstein umgeben den Tempel: Die äußere misst 122 x 106 m; eine Mauer aus Laterit und Stein umgibt diese erste Ebene. Die innere Plattform liegt 5,5 m höher und misst 80 x 75 m. Sie ist von einer durchgehenden Galerie umgeben – zur Bauzeit eine architektonische Innovation. Geht man durch den östlichen Gopuram in den inneren Bereich des Tempels, fallen links und rechts **zwei „Bibliotheken"** auf. Die Tempelpyramide selbst erhebt sich nun in drei Stufen weitere 14 m. Am Fuß der Treppe steht eine Figur des Stieres Nandi, Shivas Reittier. Eine steile Treppe führt nach oben, wo das **zentrale Heiligtum** seine Satelliten-Prasats überragt, da es auf einer 4 m hohen Basis steht.

Ta Prohm

- **Datierung**: 1186
- **Königlicher Erbauer**: Jayavarman VII.
  (reg. 1181–1220)

Ta Prohm

N
0 ___ 40 m

- Tempel für Jayavarman VII.
- Wassergraben
- Ruinen von Schreinen
- Ost-Gopuram der äußeren Galerie
- West-Gopuram der äußeren Galerie
- Erste Einfassung (Innere Galerie)
- Ost-Gopuram der zweiten Mauer
- Halle der Tänzerinnen
- Zweite Einfassung (Mittlere Galerie)
- Relief
- Ruinen von Schreinen
- Dritte Einfassung (Äußere Galerie)
- Wassergraben
- Vierte Einfassung
- Tempel für den Bruder Jayavarmans VII.

- **Stil**: Bayon
- **Religion**: Buddhismus
- **Lage**: südöstlich von Ta Keo, 1,7 km östlich der Stadtmauer von Angkor Thom
- **Besuch**: Der Zugang geschieht meist über den Westeingang; man durchquert den Tempel und wird hinter dem Osteingang von seinem Fahrer wieder aufgepickt. Am späten Nachmittag hat man so ein gutes Licht (die Sonne im Rücken), allerdings betritt man den Tempel auf diese Art durch den Hintereingang. Empfehlenswerter ist der Besuch vormittags von Osten aus durch den Haupteingang. Nach dem Durchqueren kann man sich hinter dem Westeingang wieder mit seinem Fahrer treffen. Besuchsdauer: ab 1 Std. Ein Kompass kann sich im Tempel als nützlich erweisen.

Ein Besuch im Ta Prohm („Ahnherr Brahma") zählt zu den Highlights bei einer Rundfahrt durch die Tempel: Er ist noch fast im selben Zustand, wie ihn die französischen Entdecker vorgefunden haben. Eingestürzte Gänge, von herabgefallenen Steinen versperrte Wege, wurzelumranktes Mauerweg – kein Wunder, dass dieser romantische Ort als Kulisse für Lara Crofts verfilmte Abenteuer in Angkor diente. Letzteres ist auch ein Grund, warum seit Jahren immer mehr Touristen durch die alten Gemäuer strömen. Hölzerne Wege erleichtern das Gehen, und einige Teile wurden abgesperrt: Das erhöht die Sicherheit, vermindert aber etwas den Reiz. Einige der Baumriesen, die mit ihren Wurzel die Mauern umschlungen halten, wurden bereits gekappt – zu groß ist die Gefahr, dass sie umstürzen und schweren Schaden anrichten; sei es am Tempel oder an den Besuchern.

Im Gegensatz zu den meisten großen Tempeln der Angkor-Zeit ist der Ta Prohm nicht einem Hindu-Gott gewidmet, sondern buddhistisch geweiht. Jayavarman VII., der ihn zum Gedenken an seine Mutter errichten ließ, widmete ihn dem weiblichen Bodhisattva Prajnaparamita. Inschriften zufolge „besaß" der Komplex 3140 Dörfer mit 79 365 Bewohnern, die für den Unterhalt sorgten. 18 hohe Priester, 2740 Beamte mit 2202 Assistenten und nicht weniger als 615 Tänzerinnen waren hier beschäftigt.

Der Gesamtkomplex ist von einer 700 x 1000 m langen Lateritmauer umgeben. Der Grundriss der Anlage ist wegen des Zustands der Ruine heute auf den ersten Blick nicht so leicht zu erkennen wie in anderen Tempeln. Kommt man von Osten, passiert man nach ungefähr 500 m zuerst die **vierte Einfassung** (250 x 220 m) durch einen kreuzförmigen Gopuram, der mit buddhistischen Motiven geschmückt ist, und stößt auf die Reste der **Halle der Tänzerinnen**. Ein Wassergraben umgab den dahinter liegenden inneren Bereich, der einen annähernd quadratischen Grundriss aufweist. Er ist von außen durch die **dritte Einfassung** abgetrennt, die 112 x 106 m misst. Innerhalb dieser Einfassung beginnt dann ein Irrgarten teilweise verfallener Gänge und Galerien, die das fast vollständig eingefallene zentrale Heiligtum umgeben.

Banteay Kdei

- **Datierung**: spätes 12.–frühes 13. Jh.
- **Königliche Erbauer**: Jayavarman VII. (reg. 1181–1220), vergrößert von Indravarman II. (reg. 1220–1243)
- **Stil**: Bayon
- **Religion**: Buddhismus
- **Lage**: an der Straße, südöstlich des Ta Prohm, gegenüber Srah Srang
- **Besuch**: Zugang von Osten, morgens oder am späten Nachmittag. 30–60 Min.

Banteay Kdei gehört wie Ta Prohm und Preah Khan zu den Gründungen von Jayavarman VII. und wirkt fast wie eine kleinere Ausgabe der beiden. Auch er ist als **„Flachtempel"** in einer Ebene angelegt, von einer äußeren Lateritmauer umgeben (720 x 475 m), die mit viergesichtigen Gopurams im Bayon-Stil durchbrochen sind, und hat eine Halle der Tänzerinnen auf der Ost-West-Achse. Das wenig auffällige **zentrale Heiligtum** ist von recht kompakt stehenden Galerien umgeben. Die innere Einfassung misst 31 x 36 m mit vier jeweils etwa gleich großen Gopurams und Ecktürmen. Die zweite Einfassung (50 x 58 m) hat einen größeren Gopuram im Osten, einen ähnlichen im Westen, und zwei kleinere an der Nord- und Südseite.

Die Anlage wurde 1946 vom Dschungel befreit – restauriert wäre zu viel gesagt. Daher ist sie recht atmosphärisch.

Die Tempel der „Großen Tour"

Auf der etwas längeren „big tour" (26 km) werden sehenswerte Monumente im Bereich des Östlichen Baray besucht.

Pre Rup

- **Datierung**: 10. Jh. (geweiht 961)
- **Königlicher Erbauer**: Rajendravarman II. (reg. 944–968)
- **Stil**: Pre Rup
- **Religion**: Hinduismus (Shiva)
- **Lage**: nordöstlich von Srah Srang, 500 m südlich des Östlichen Baray
- **Besuch**: am besten früher Morgen oder später Nachmittag, denn der Tempel wird nicht von Bäumen abgeschattet und wirkt im rötlichen Licht der tief stehenden Sonne besonders schön. 30–60 Min.

Pre Rup war der Staatstempel von Rajendravarman II. und wahrscheinlich auch das Zentrum seiner Hauptstadt. Mit seinem annähernd quadratischen Grundriss, seiner Pyramidenform und seinen fünf Türmen soll er den Weltberg Mehru symbolisieren. Der moderne Name Pre Rup bedeutet „Drehen des Körpers" und bezieht sich auf einen überlieferten Kremationsritus, bei dem der Körper des Toten gedreht wurde. Der Parkplatz des Tempels liegt östlich des Eingangs, und so betritt man das Heiligtum durch den **Haupteingang**, den östlichen Gopuram. Im umfassten Bereich befinden sich links drei und rechts zwei Türme (der dritte wurde wohl nicht fertiggestellt), die etwas hineingezwängt wirken und wohl später, vermutlich von Rajendravamans Sohn Jayavarman V., hinzugefügt wurden. Durch den nächsten Gopuram hindurch gelangt man zur **inneren Einfassung**; hier stößt man als Erstes auf die **legendäre „Wendestelle"**, einen ausgehöhlten Steinsockel. Eine Treppe führt auf die **dreistufige Pyramide**. Auf der ersten Ebene befinden sich zwölf kleinere Heiligtümer; ähnlich wie beim Bakheng.

Auf der oberen Ebene stehen die die fünf Gipfel des Weltberges symbolisierenden **Türme**. Das wichtigste Heiligtum, Shivas Darstellung in Gestalt des Lingams Rajendrabhadreshvara, war im zentralen Turm untergebracht.

Östlicher Mebon

- **Datierung**: 10. Jh. (geweiht 953)
- **Königlicher Erbauer**: Rajendravarman II. (reg. 944–968)
- **Stil**: Pre Rup
- **Religion**: Hinduismus (Shiva und Eltern des Königs)
- **Lage**: in der Mitte des Östlichen Baray, 1,3 km nördlich von Pre Rup
- **Besuch**: früher Vormittag, später Nachmittag, 30–45 Min.

Nähert man sich heute dem Östlichen Mebon, so ist es schwer vorstellbar, dass er Mittelpunkt eines 7,5 x 1,8 km großen künstlichen Sees, des **Östlichen Baray**, war. König Yashovarman I. (reg. 890–ca. 915) hatte ihn zur Bewässerung seiner neuen Hauptstadt Yashodharapura anlegen lassen (S. 500). Das 4 m tiefe Gewässer ist längst ausgetrocknet und durch seine Reisfelder von der Umgebung kaum zu unterscheiden.

Die Basis des Tempels besteht aus Laterit und misst 126 x 121 m. An allen vier Seiten gibt es kleine Landungsstege; an den vier Eckpunkten stehen **Wächterelefanten** aus Sandstein. Die äußere Umfassung (108 x 104 m) ist von einer Mauer umgeben, kreuzförmige Gopurams bilden die Eingänge. Auf dieser Ebene befanden sich an allen vier Seiten umlaufende Galerien. Der **innere Tempelbereich** steht auf einer 2,40 m hohen Terrasse. An den Aufgängen befinden sich acht paarweise angeordnete Heiligtümer. Die fünf größeren Gebäude („Bibliotheken") enthielten vielleicht die religiösen Gegenstände, die für die Verehrung der Götter in den fünf Türmen auf der obersten Plattform benötigt wurden. Diese oberste Ebene liegt weitere 3 m höher und misst an jeder Seite 33 m. Die **fünf Türme** sind in Quincunx-Form angeordnet. Sie wirken auf den ersten Blick recht schmucklos; und die vielen Löcher in der Ziegelwand zeigen an, dass hier einst eine Verkleidung angebracht gewesen sein muss. Die Türstürze aus Sandstein jedoch sind in einem guten Zustand und lohnen nähere Betrachtung.

Ta Som

- **Datierung**: spätes 12. und frühes 13. Jh.
- **Königlicher Erbauer**: Jayavarman VII. (reg. 1181–1220)
- **Stil**: Bayon
- **Religion**: Buddhismus
- **Lage**: 2 km nördlich vom Östlichen Mebon
- **Besuch**: vormittags; Zugang von Westen; 30–45 Min.

Der kleine Tempel Ta Som gehört wie auch Ta Prohm und Preah Khan zu den vielen Gründungen von Jayavarman VII. und unterscheidet sich im Stil kaum von ihnen. Seine ursprüngliche Funktion ist unklar. Seit einer vorsichtigen Restaurierung 1998–2012 ist der Tempel nun gut begehbar und eine recht ruhige Alternative zu seinen zwei größeren Brüdern.

Die Anlage ist umgeben von einer Außenmauer (240 x 200 m), die von zwei viergesichtigen Gopurams durchbrochen ist. Es folgen der Wassergraben und eine zweite Umfassungsmauer. Dahinter befindet sich eine Galerie (30 x 20 m), die das **zentrale Heiligtum** umgibt. Immer wieder stößt man auf schöne Details: Beachtenswert sind besonders die anmutigen Devatas.

Ein Highlight ist der von einem Baum umwachsene Osteingang. Um ihn zu sehen, muss man die Anlage einmal komplett durchqueren.

Neak Pean

- **Datierung**: spätes 12. Jh.
- **Königlicher Erbauer**: Jayavarman VII. (reg. 1181–1220)
- **Stil**: Bayon
- **Religion**: Buddhismus
- **Lage**: östlich des Preah Khan, 300 m südlich der Straße
- **Besuch**: am besten Dezember–Januar, denn dann steht Wasser im Bassin; 30 Min.

Der Neak Pean ist ein ungewöhnliches, kleines Monument, das zur Zeit seiner Erbauung auf einer Insel im längst trockenen Nördlichen Baray lag. Heute nähert man sich von der Straße aus über einen etwa 200 m langen hölzernen Steg. An der Insel sind noch die Reste einer Uferbefestigung oder eines Anlegers zu erkennen.

Das Heiligtum selbst ist ein einzelner **Turm**, der auf einer Basis steht, die durch zwei verschlungene Naga-Schlangen gebildet wird (Khmer: *neak pean*). Diese Basis bildet selbst wieder eine kreisrunde Insel inmitten eines quadratischen Teiches mit 70 m Seitenlänge. An allen vier Seiten dieses Gewässers sind mittig weitere quadratische Teiche mit jeweils 25 m Seitenlänge angelegt. Sie sind mit dem Hauptteich hydraulisch verbunden: Aus **steinernen Wasserspeiern** (im Osten ein menschliches Haupt, im Süden ein Löwen-, in Norden ein Elefanten- und im Westen ein Pferdekopf) sprudelte das Wasser des Zentralbeckens in die vier Nebenbecken, an denen dann wohl rituelle Waschungen vorgenommen wurden.

Das **zentrale Heiligtum** hat eine Tür nach Osten, die anderen drei früher offenen Türen wurden nachträglich zugemauert. Heute ist nur noch der nördliche Teil der Anlage zugänglich.

Preah Khan

- **Datierung**: 2. Hälfte 12. Jh. (geweiht 1191)
- **Königlicher Erbauer**: Jayavarman VII. (reg. 1181–1220)
- **Stil**: Bayon
- **Religion**: Buddhismus (gewidmet dem Vater des Königs)
- **Lage**: nordöstlich von Angkor Thom
- **Besuch**: den ganzen Tag über; mind. 1 Std. Der Zugang geschieht üblicherweise von Westen, also durch die Hintertür. Es empfiehlt sich jedoch, von der Hauptstraße links in einen kleinen Pfad abzubiegen, der um den Tempel herumführt und den Zugang durch den Osteingang ermöglicht.

Preah Khan („Heiliges Schwert") ist das Zentrum einer Gruppe von Tempeln (Ta Som, Neak Pean), die Jayavarman VII. anlegen ließ, als er das Reich wiederherstellte (S. 501). Preah Khan wurde recht früh in der Regierungszeit fertiggestellt; und seine großräumige Anlage als **Tempelstadt** mit vier Einfassungen und einem Wassergraben, über den breite Brücken mit Naga-Balustraden führen, legt einigen Forschern zufolge die Vermutung nahe, dass der König von hier aus dereinst regiert hat – bis seine neue Hauptstadt Angkor Thom und der Bayon fertiggestellt waren. Anschließend diente der Tempel als **großes Kloster** und **buddhistische Universität**.

Die **äußere Umfassung** des Tempels, die mit gigantischen Garudas geschmückt ist, misst 800 x 700 m. Innerhalb dieser Mauern lag die Tempelstadt. Hier lebten die Bewohner: neben dem Herrscher die aristokratischen Familien und die Brahmanen. Die **dritte Umfassung**, wie die äußere aus Laterit gebaut, misst 200 x 175 m und ist von vier Gopurams durchbrochen; der im Osten ist der größte. Innerhalb dieser befinden sich zum Tempel gehörige Gebäude wie die Halle der Tänzerinnen, die hinter dem Ost-Gopuram liegt. Sie ist besser erhalten als in anderen Tempeln aus der gleichen Epoche. Nördlich davon steht ein ungewöhnliches zweistöckiges Gebäude, in dem der Legende nach das *preah khan*, das **heilige Reichsschwert**, aufbewahrt wurde. Dieses wurde von Generation zu Generation weitervererbt und ist erst in den Wirren der Rote-Khmer-Zeit verlorengegangen. Besonders die **Satellitentempel** lohnen nähere Betrachtung. So findet sich z. B. im nördlichen eine ausgesucht schöne Darstellung von Vishnu und Lakshmi, die auf einem drachenähnlichen Wesen ruhen.

Zwischen der zweiten Umfassung (85 x 76 m) und der inneren (62 x 55 m) ist nur wenig Platz. An der östlichen Seite ist er mit später hinzugefügten kleineren Gebäuden gefüllt. Überall finden sich interessante Reliefs: verzierte Säulen, ornamentale Darstellungen, Devatas und Wächterfiguren – und hastig in die Wand gekerbt wirkende Figuren mit gekreuzten Beinen. Sie sind stumme Zeugen des Bildersturms unter Jayavarman VIII. (reg. 1243–1295), als buddhistische Darstellungen mit hinduistischen Bildern überdeckt wurden.

Die Enge in diesem Bereich ist aber nichts im Vergleich zu der scheinbar konfusen Anordnung der Gebäude im **innersten Tempelbezirk**:

Preah Khan

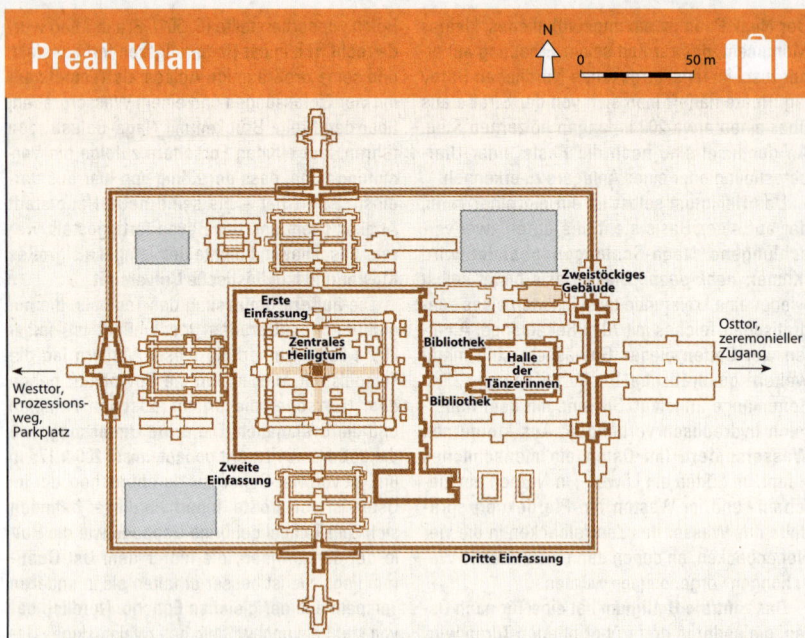

N
0   50 m

Zweistöckiges Gebäude

Erste Einfassung

Zentrales Heiligtum

Bibliothek

Halle der Tänzerinnen

Bibliothek

Osttor, zeremonieller Zugang

Westtor, Prozessionsweg, Parkplatz

Zweite Einfassung

Dritte Einfassung

Kleine Schreine und andere Gebäude drängeln sich in allen vier Ecken, getrennt durch axiale Galerien, die zum **zentralen Heiligtum** führen. Dieses Sanktuarium ist – im Vergleich zu anderen Bereichen des Tempels – in einem recht guten Zustand. Die Wände sind von innen mit Löchern übersät; man nimmt an, dass sie mit Metallplatten (Bronze oder Gold?) verkleidet waren. In der Mitte des Raumes stand einst die Statue des Lokeshvara Jayavarmeshvara, durch die Jayavarmans Vater Dharanindravarman II. (reg. 1155–1160) verehrt wurde. Sie steht heute im Nationalmuseum in Phnom Penh. An ihre Stelle rückte, vermutlich im 16. Jh., ein buddhistischer Stupa.

Die Roluos-Gruppe

Die drei Tempel der Roluos-Gruppe, Preah Ko, Bakong und Lolei, erstrecken sich über ein Gebiet von 3 km und liegen 13 km südöstlich von Siem Reap beim heutigen Dorf Roluos. Zur Zeit ihrer Erbauung am Ende des 9. Jhs. waren sie Teil der neuen Hauptstadt **Hariharalaya**, mit der Jayavarman II. etwa hundert Jahre zuvor das Angkor-Reich begründete. Für einen Besuch ist ein Angkor-Ticket erforderlich.

Preah Ko

- **Datierung**: spätes 9. Jh. (880)
- **Königlicher Erbauer**: Indravarman I. (reg. 877–889)
- **Stil**: Preah Ko
- **Religion**: Hinduismus (Shiva)
- **Lage**: Roluos, 400 m südlich der Straße
- **Besuch**: 30 Min.

Der Preah Ko („Heiliger Bulle") war der erste Tempel, den Indravarman I. in der Hauptstadt Hariharalaya anlegen ließ. Sechs elegante **Ziegelsteintürme** erheben sich auf einer Plattform, vor der drei Nandistatuen stehen – der Bulle, der

Shivas Reittier ist, gab dem Tempel seinen Namen. Mehrere Umfassungsmauern umgeben dieses Heiligtum; die äußere misst 500 x 400 m. Zwischen ihr und der zweiten Umfassungsmauer (97 x 94 m) war vermutlich Platz für die königliche Residenz und die Häuser seines Hofstaates.

Eine weitere Mauer grenzt den **inneren Bereich** ab. Die Türme, in zwei Reihen angeordnet, waren über und über mit aufwendigen Stuckreliefs geschmückt. Noch heute sind einige erhalten. Wächterfiguren (skt: *dvarapala*) stehen in Nischen neben den Eingängen (von denen nur die nach Osten geöffnet sind). An den Türrahmen befinden sich reich verzierte oktagonale Säulen und Inschriften.

Bakong

- **Datierung**: spätes 9. Jh. (881)
- **Königliche Erbauer**: Indravarman I. (reg. 877–889), Ergänzungen durch Yashovarman II. (reg. 1160–1165)
- **Stil**: Preah Ko
- **Religion**: Hinduismus (Shiva)
- **Lage**: Roluos, südlich von Preah Ko
- **Besuch**: 45–60 Min.

Der Bakong war der Staatstempel von Indravarman I., und er ist das beeindruckendste Monument dieser Gruppe. Er ist der erste bedeutende Pyramidentempel der Region; seine fünf Stufen symbolisieren den Weltberg Mehru. Gewidmet war es Shiva, der hier in Form des Lingams Sri Indresrava verehrt wurde. Das zentrale Heiligtum, wie es in seiner heutigen Form die oberste Plattform krönt, wurde vermutlich einige Jahrhunderte später durch Yashovarman I. hinzugefügt.

Die gesamte Anlage ist mit einer **äußeren Umfassungsmauer** von 900 x 700 m umgrenzt. Hinter dieser Lateritmauer befand sich ein Wassergraben, der heute an manchen Stellen zu erkennen ist. Er umgrenzt die **zweite Einfassung** (400 x 300 m), die ebenfalls aus Laterit gebaut ist. Innerhalb dieser Mauern liegen rechter Hand die Räumlichkeiten eines **modernen Klosters**, das sich auf dem Gelände befindet. Die Mönche und Novizen sind an ihren orangefarbenen Gewändern zu erkennen.

Die **innere Einfassung** misst 160 x 120 m. Ein mit Steinen begrenzter Weg, der vom Ost-Gopuram zum Tempel führt, ist von zwei lang gestreckten Bauten gesäumt. Sie sind im Angkor-Wat-Stil gebaut und werden der Zeit des späteren Umbaus zugesprochen. Acht Ziegelsteintürme in verschiedenen Stadien der Restaurierung umgeben den Tempelberg. Bemerkenswert sind die Türrahmen, die aus einem einzigen großen Stein geschlagen wurden.

Die fünfstufige **Tempelpyramide** hat einen fast quadratischen Grundriss. Die unterste Ebene misst 67 x 65 m, die oberste 20 x 18 m. An allen vier Seiten führen Stufen nach oben. Die untersten drei Ebenen sind an den Ecken mit Wächterelefanten bestanden, auf der vierten Ebene befinden sich zwölf kleinere Schreine. Der einzelne Turm auf der obersten ist im Angkor-Wat-Stil gebaut.

Es ist kaum vorstellbar, dass dieser heute so gut zu begehende Tempelberg vor hundert Jahren ein undefinierbarer Haufen Steine und Erde war. Nur durch die bewundernswerte Leistung des französischen Archäologen Maurice Glaize konnte dieser Tempel zwischen 1936 und 1943 in seiner heutigen Form wiederhergestellt werden.

Lolei

- **Datierung**: spätes 9. Jh.
- **Königlicher Erbauer**: Yashovarman I. (reg. 889–ca. 915)
- **Stil**: Übergang von Preah Ko nach Bakheng
- **Religion**: Hinduismus (Shiva)
- **Lage**: Roluos, 600 m nördlich der Straße
- **Besuch**: 15 Min.

Dass dieses Heiligtum einst auf einer künstlichen Insel in einem großen künstlichen See stand, würde man heute nicht mehr vermuten. Es lässt sich jedoch nachweisen, dass schon unter Indravarman I. (reg. 877–889) die Grundsteine für diese Anlage gelegt wurden. Es war jedoch seinem Sohn Yashovarman I. vorbehalten, die Deiche zu schließen und die Türme fertigzustellen. Es war dessen letzte Tat in Hariharalaya, wie die Hauptstadt beim heutigen Roluos damals hieß – kurz darauf zog er mit seinem gesamten Hof nach Angkor um und gründete eine neue Hauptstadt mit dem Bakheng als Zentrum.

Die Anlage liegt auf einer Plattform, die von großen Lateritblöcken begrenzt wird – die damalige Uferbefestigung. Die **vier Ziegelsteintürme** sind heute in keinem guten Zustand mehr: Auf den Dächern wächst Gras, und der südöstliche ist 1968 ganz zusammengestürzt. Im Jahr 2014 war der nordöstliche Turm eingerüstet; vorsichtig versucht man, ihn vom Pflanzenwuchs zu befreien und vor dem weiteren Verfall zu bewahren. Beachtenswert auch die in Schönschrift ausgeführten Sanskrit-Inschriften.

Weitere Heiligtümer in der Umgebung

Abseits der zentralen Gebiete um Angkor Wat, Angkor Thom und den Östlichen Baray finden sich weitere interessante Bauwerke. Vor allem der Banteay Srei zieht viele Besucher an.

Banteay Srei

- **Datierung**: 2. Hälfte 10. Jh. (geweiht 967)
- **Erbauer**: gestiftet von einem Brahmanen namens Yajnavaraha zur Zeit von Rajendravarman II. (reg. 944–968) und Jayavarman V. (reg. 968–1001).
- **Stil**: Banteay Srei
- **Religion**: Hinduismus (Shiva)
- **Lage**: 37 km nördlich von Siem Reap
- **Besuch**: mind. 1 Std. (ohne Anfahrt, diese dauert ca. 45 Min.). Früh aufbrechen, um die großen Besuchergruppen zu vermeiden. Kann auch ohne Angkor-Ticket besucht werden und kostet dann 2000 Riel Eintritt. Angemessene Kleidung erforderlich (Knie und Schultern bedeckt). ⏰ bis 17 Uhr.

Banteay Srei ist der Lieblingstempel vieler Besucher und wird oft als das Juwel unter den Tempeln von Angkor bezeichnet. Sein Name bedeutet „Zitadelle der Frauen" und wird seiner zarten, unvergleichlichen Schönheit zugeschrieben. Eine Schönheit, die zerbrechlich ist: Um Schäden durch den wachsenden Besucherstrom zu vermeiden, ist der zentrale Teil der Anlage abgesperrt. Ein kleines Fernglas kann nützlich sein, um die Reliefs genauer zu betrachten.

Der hübsche Tempel wurde von französischen Archäologen 1914 „entdeckt", doch erst zehn Jahre später vom Dschungel befreit. Er ist der erste, der anhand der Technik der Anastylosis wieder hergestellt wurde – so erfolgreich, dass die Technik seitdem auch für weitere Tempel angewandt wurde.

Der heutige Besucher muss zuerst ein **Besucherzentrum** mit Schautafeln und Souvenirshops (sowie Toiletten) passieren, ehe er nach einem kurzen Gang das Tempelgelände an dessen östlicher Seite erreicht. Durch einen üppig verzierten **Eingangspavillon**, dessen Giebel Indra auf einem dreiköpfigen Airavata zeigt, betritt man die 67 m lange **Prozessionsstraße**, die zum kreuzförmigen Gopuram der Außenmauer (110 x 95 m) führt. Dabei passiert man die Reste einiger Gebäude, deren Bedeutung unklar ist. Durch den **Gopuram der Außenmauer** (sein herabgefallener östlicher Tympanon ist auf dem Boden abgestellt und zeigt die Entführung von Sita) geht es weiter in einen Zwischenbereich, der von einem Wassergraben gefüllt ist. Er kann trockenen Fußes über den steinernen Weg überquert werden. Eine zweite Lateritmauer (42 x 38 m) umfasst nun den **inneren Tempelbereich**. Parallel dazu stehen sechs teilweise erhaltene Galerien; jeweils zwei an den von Gopurams durchbrochenen Ost- und Westseiten der Mauer, und jeweils eine im nördlichen und südlichen Abschnitt.

Von der inneren Mauer, die den Tempel einst umschloss, ist bis auf die Gopurams nur wenig erhalten. Stattdessen befindet sich rund um den zentralen Bereich nun eine Absperrung. In der Mitte steht das T-förmige **Zentralheiligtum** auf einer Plattform. An den sechs Aufgängen knien Wächterfiguren: Affen, Löwen und Garudas. Darunter sind auch neuere Nachbildungen: Die Originale wurden gestohlen oder befinden sich heute im Museum. Der Wandschmuck hat, dank des harten Sandsteins, in den er tief eingearbeitet wurde, die Zeiten gut überdauert. Das Rankwerk und die hübschen weiblichen Figuren gehören zu den Ikonen der Khmer-Kunst.

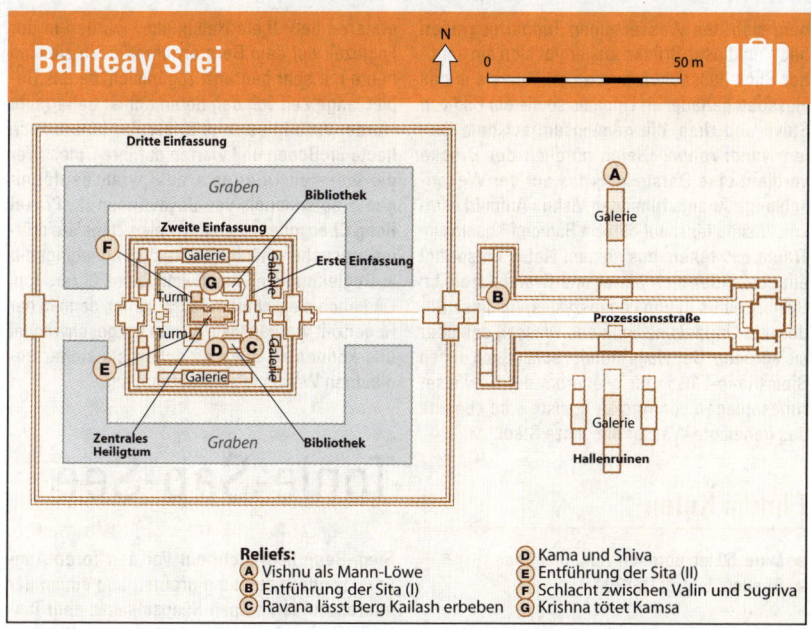

Banteay Srei

N 0 — 50 m

Dritte Einfassung

Graben

Bibliothek

Zweite Einfassung

F Galerie

G Erste Einfassung

Galerie

Turm

Turm

E

Galerie

D **C**

Zentrales
Heiligtum *Graben* Bibliothek

A Galerie

B

Prozessionsstraße

Galerie

Hallenruinen

Reliefs:
A Vishnu als Mann-Löwe
B Entführung der Sita (I)
C Ravana lässt Berg Kailash erbeben
D Kama und Shiva
E Entführung der Sita (II)
F Schlacht zwischen Valin und Sugriva
G Krishna tötet Kamsa

Kbal Spean

- **Datierung**: 11. Jh.
- **Königlicher Erbauer**: Udayadityavarman II. (reg. ca. 1050–1066)
- **Stil**: Baphuon
- **Religion**: Hinduismus
- **Lage**: ca. 13 km nördlich von Banteay Srei, im westlichen Teil vom Phnom Kulen.
- **Besuch**: 1 Std. plus Aufstieg etwa 30 Min. Achtung: Minengefahr! Nicht von den markierten Wegen abweichen! Ein Besuch in der Regenzeit (Juli–Nov) verspricht die schönsten Eindrücke. Kann verbunden werden mit einem Besuch in Banteay Srei (beides zusammen dauert einen halben Tag) und einer Weiterfahrt nach Beng Mealea (alles zusammen ein ganzer Tag). ⏱ bis 15 Uhr.

Kbal Spean (Khmer: Steinbrücke) bietet etwas Abwechslung zu den vielen Tempeln, die in der Region Angkor besucht werden können. Hier ist die Hauptattraktion – ein Fluss. An seinen Ufern finden sich viele hinduistische Reliefs, und in das Flussbett wurden unzählige Lingams gearbeitet; **„der Fluss der tausend Lingams"** ist folgerichtig ein Beiname dieses Ortes.

Vom Parkplatz aus führt ein etwa halbstündiger, zum Teil recht steiler Aufstieg zu dem bemerkenswerten, etwa 150 m langen Flussabschnitt. Zuerst wird ein etwa 7 m hoher **Wasserfall** erreicht. Teile der hinduistischen Motive, die den Sandstein geschmückt haben, über den sich das Wasser ergießt, wurden von Kunsträubern gestohlen. Oberhalb des Falls ist ein kleiner rechteckiger Pool in das Flussbett gegraben. Das Bildnis eines schlafenden Vishnu an seiner Innenwand ist nur in der Trockenzeit gut zu sehen. Der Weg führt weiter flussaufwärts und endet an der namensgebenden **Steinbrücke**. Auf halbem Wege sieht man im Flussbett eine Yoni-Darstellung, in der fünf Lingams in Quincunx-Form stehen. Weitere Lingams umgeben die Figur.

Die Steinbrücke am oberen Ende des Weges ist ein natürlicher Sandsteinblock, unter dem sich das Wasser einen Tunnel gegraben hat. Von dieser Brücke aus ergibt sich ein schöner Blick flussaufwärts; man erkennt die in das Flussbett gehauenen Lingams sowie ein Bild von Shiva und Uma, die gemeinsam auf dem Bullen Nandi reiten. Gleich nördlich der Brücke verdient eine Darstellung des auf der Weltenschlange Ananta ruhenden Vishnu Aufmerksamkeit. Vishnu lässt auf diesem Bild den Kosmos im Traum entstehen; aus seinem Nabel entspringt ein Lotos, sich öffnet und Brahma freigibt: Symbol eines neuen Lebenszyklus. All diese Bilder und Lingams heiligen das Wasser, das über sie sprudelt. Der Fluss mündet schließlich in den Siem-Reap-Fluss, der wiederum die Bewässerungsanlagen von Angkor speiste – so segnete das geheiligte Wasser die ganze Stadt.

Phnom Kulen

- **Lage**: 50 km nördlich von Siem Reap
- **Besuch**: Eintritt US$20

Der Phnom Kulen ist für die Kambodschaner der heiligste Berg des Landes und an den Wochenenden und an Feiertagen ein beliebtes Pilger- oder Ausflugsziel. Das Plateau mit einer Größe von 37,5 km² wurde 1993 zum Nationalpark erklärt. An der Südseite des Phnom Kulen genießt ein aus der Post-Angkor-Periode stammender, 5 m großer **liegender Buddha** („Preah An Thom"), der in den Sandstein geschlagen wurde, viel Verehrung. Im **Fluss der tausend Lingams** (rechts der Straße, die zum liegenden Buddha führt) wurde, ähnlich wie bei Kbal Spean, das Flussbett mit den phallischen Shiva-Symbolen verziert. Ein **Wasserfall** mit kleineren Badegelegenheiten zieht die Bevölkerung an. Das alles könnte auch westliche Besucher ansprechen – doch die US$20 Eintritt, die ein privater Geschäftsmann kassiert, der die Straße auf den Berg bauen ließ, schreckt die meisten ab. Zu Recht: Für diesen Einsatz (plus Anfahrt) kann man in Angkor Besseres erleben.

Historisch ist der Berg von großer Bedeutung, denn hier begann vor über 1200 Jahren der Aufstieg des Reiches von Angkor, als anno 802 Jayavarman II. sich hier zum Gottkönig

erklären ließ. Viele Heiligtümer wurden in der Folgezeit auf dem Berg errichtet, doch sie sind heute nur sehr begrenzt zugänglich, da das Gebiet lange Zeit von den Roten Khmer beherrscht wurde. Viele Minen aus dieser Zeit lauern noch heute im Boden und warten auf ihre Opfer. Wer die wenigen Überreste des pyramidenförmigen Staatstempels von Jayavarman II., **Prasat Rong Chen**, oder einen der vielen Ziegelsteintürme aufsuchen möchte, sollte dies unbedingt nur in Begleitung eines einheimischen Führers tun. Und auch dies ist nicht 100 % sicher, denn in der Regenzeit werden viele Minen fortgeschwemmt und können so auch an schon als sicher geglaubten Wegen wieder auftauchen.

Tonle-Sap-See

Siem Reap liegt nicht nur vor den Toren Angkors, sondern auch am größten und einem der interessantesten Seen Südostasiens: dem Tonle Sap. Eine faszinierende Lebenswelt offenbart sich hier den Besuchern. Die Menschen, die auf und um den See leben, haben sich den extrem schwankenden Wasserständen angepasst. Für sie ist der See Wohnort, Verkehrsweg, Nahrungs- und Einkommensquelle in einem. Die Bewohner leben in Hausbooten oder haben ihre Häuser auf schwimmende Bambusplattformen gebaut. Andere Dörfer bestehen aus Stelzenhäusern. Aber nicht nur den Menschen bietet der Tonle Sap einen Lebensraum, auch unzählige Wasservögel nisten hier. Das **Schutzgebiet Prek Toal** an der Nordwestspitze des Tonle Sap umfasst 312 km². Tausende von Zugvögeln kommen jedes Jahr zum Brüten hierher. Während der Trockenzeit von Januar bis April ist der Anblick der enormen Vogelschwärme besonders beeindruckend. In den Baumwipfeln der überschwemmten Wälder nisten viele gefährdete große Vogelarten wie der Große Adjudant, Graupelikane oder Milchstörche neben Graukopf-Seeadlern, Kormoranen, Schwarzkopfibissen, Schlangenhalsvögeln und Reihern. Eintritt US$20 zzgl. Bootstransfer US$65, p. P. bei 2 Pers.).

Schwimmende Dörfer

Von Siem Reap aus lassen sich vier schwimmende Dörfer bequem auf einem Halb- oder Tagesausflug erreichen. Manche Besucher sind fasziniert von dem Leben, das sich auf dem Wasser abspielt, andere empfinden den Ausflug als zu touristisch oder sogar voyeuristisch.

Das schwimmende Dorf **Chong Khneas** liegt 13 km von Siem Reap entfernt. Viele Bewohner sind vom schwimmenden Dorf aufs Festland gezogen. Die kurzweilige Bootsfahrt (1 1/2-Std. inkl. Englisch sprechendem Guide für US$20 p. P. bei 2–4 Pers.) zum schwimmenden Dorf führt vorbei an Wohn- und Geschäftshäusern auf dem Wasser. Die Bootstour stoppt an einer Krokodilfarm mit angegliedertem Souvenir-Shop.

Interessanter gestaltet sich der Ausflug nach **Kompong Phluk**, 20 km südöstlich von Siem Reap (2-stündige Bootstour für US$20 p. P.). 700 Familien leben hier in Pfahlhäusern. In der Regenzeit steht das Wasser bis fast zur Türschwelle, während zur Trockenzeit die Stelzen 6–7 m aus dem Wasser ragen. Wer das Dorfzentrum und den überschwemmten Wald sehen möchte, steigt auf Holz-Einbäume um (US$5). Entlang den engen Kanälen in der Dorfmitte stehen einfache Bambushütten auf Pfählen, aber auch große Holzhütten mit Wellblechdach und blumengeschmückten Veranden. Daneben die Pagode des Dorfes, eine Krankenstation, Handyladen und ein Restaurant.

Weit weniger touristisch ist das kleine schwimmende Dorf **Mechrey**, etwa 20 km südwestlich von Siem Reap. Malerisch an einer Pagodeninsel gelegen, leben hier etwa 250 Familien in schwimmenden Häusern, die sich mit dem Wasserspiegel bewegen. Die Bewohner halten Schweine und Hühner in Käfigen über dem Wasser. Das Dorf bietet einen schwimmenden Supermarkt, eine Krokodilfarm und ein Restaurant mit Aussichtsplattform.

Kompong Khleang liegt etwa 50 km südöstlich von Siem Reap und ist die größte Stadt auf dem Tonle Sap. 10 000 Familien leben in den Stelzenhäusern über dem Wasser. Nur wenige Touristen besuchen die abgelegene Stadt. Hier kann man einen Eindruck vom Leben der Menschen auf dem Wasser bekommen, ohne aufdringlich zu erscheinen.

2-stündige Bootstouren in Mechrey und Kompong Khleang, US$20 p. P.

Zentral-kambodscha

Zentralkambodscha ist eine spärlich besiedelte Region, die sich nördlich von Phnom Penh bis zur thailändischen Grenze erstreckt. Hier befinden sich beeindruckende Tempelanlagen, die einen Besuch durchaus lohnen.

Map: Zentralkambodscha

Labels on map include: THAILAND, LAOS, Chong Jom, O'Smach, Chong Sa Ngam, Cho-Aam, Phaang, Tumnup Leu, Anlong Veng, Trapeang Prasat, Cambodia Elephant Sanctuary, Khao Phra Viharn, Angkrong, Phreah Vihear, Sra Em, Choam Khsant, *s. Plan Preah Vihear S. 597*, Ancheang, Tmatboey, Pou, Stung Treng, Tbeng Meanchey, Kulen Krumtep Wildlife Sanctuary, Koh Ker, Prasat Koh Ker, Kulen, Srayong, Chhok, Boeng, Sdau, Samraong, Khsang, Peuk, Chep Kandal, Sre Noy, Koul, Khun Ream, Banteay Srei, PHNOM KULEN N.P., Reoul, Puok, Pradak, Trach, Poipet, Siem Reap, Phnom Krom, Roluos, Dam Daek, Kompong Phluk, Kompong Kdei, Kompong Khleang, Ou, Ta Seng, Preah Khan, Delk, Sre Veal, Spung, Chitang, Krabau, Boeng Peae Wildlife Sanctuary, Boeng Tonle Sap, Stoung, Sankor, Krasang, Sambor Prei Kuk, *s. Plan Sambor Prei Kuk S. 594*, Wat Sampeau, Kompong Thom, Kakaoh, Samnak, Wat Phnom Santuk, Prasat, *s. Stadtplan Kompong Thom S. 592*, Battambang, Pursat, Kompong Luong, Krakor, Chhnook Tru, Ponley, Pisar, Bamnak, Kompong Chhnang, Baray, Peng Meas, Kompong Thnor, Prasat Kuhkak Nokor, Taing Kok, Skone, Phnom Penh, Stung Trong, Mekong, Phnom Penh (inset)

Scale: 0 — 50 km, N

Die Stadt **Kompong Thom** liegt im Herzen Kambodschas an der N6 zwischen Phnom Penh und Siem Reap. Von hier aus lässt sich ein Ausflug nach **Sambor Prei Kuk**, einer Tempelstadt der Zhenla aus dem 7. Jh., gut organisieren.

Weitere sehenswerte Orte sind von Siem Reap einfacher zu erreichen. Dazu gehört die teils noch immer vom Dschungel überwachsene Tempelanlage **Koh Ker**. Ebenfalls als Tagestour kann **Prasat Preah Vihear** besichtigt werden. Der am Dangrek-Gebirge an der Grenze nach Thailand gelegene mächtige Bergtempel fasziniert Besucher aufgrund des einzigartigen länglichen Grundrisses und der Lage auf einem

Bergkamm. Die kleine touristisch unerschlossene Stadt **Tbeng Meanchey** ist die Hauptstadt der Provinz Preah Vihear.

In der Provinz Oddar Meanchey ist **Anlong Veng** nahe der thailändischen Grenze als Rückzugsort der Roten Khmer in die Schlagzeilen geraten.

Kompong Thom

Viele Reisende erleben das knapp 180 km nördlich von Phnom Penh gelegene Kompong Thom [5149] nur während eines kurzen Busstopps auf ihrem Weg von der Hauptstadt nach Siem Reap. Dabei hat die Stadt am Stoeng-Sen-Fluss durchaus ihren Reiz. Der Besucher findet ein authentisches Kambodscha mit ausreichend touristischer Infrastruktur.

Das Zentrum bildet der geschäftige **Kompong-Thom-Markt**. Die südwestliche Flussseite ist zu einer Promenade ausgebaut worden. Entlang dieser Flussseite sind einige schöne Beispiele kolonialer Architektur erhalten geblieben, u. a. der **Palast des französischen Gouverneurs**. In dessen Garten leben auf Bäumen Hunderte von Flughunden, die sich gegen Sonnenuntergang auf Futtersuche begeben.

Zwei Brücken überspannen den Sen-Fluss, die schmale Steinbrücke wurde 1927 von den Franzosen erbaut. Am nördlichen Flussufer befindet sich der „alte Markt" **Psar Chas**. Wer hier stöbert, wird Verkaufsstände für traditionelle Medizin entdecken. Folgt man der N6 500 m in nördliche Richtung, erreicht man **Wat Kompong Thom**. Das Klostergebäude in den verblassenden Farben ähnelt fast einem von Gaudí entworfenen Gebäude. Das **Kompong-Thom-Museum** befindet sich 2 km hinter der Brücke an der N6. Die beiden Löwen vor dem tempelartigen Gebäude stammen aus Sambor Prei Kuk, genau wie die meisten Exponate im Inneren. ⏰ Mo–Fr 8.30–20 Uhr (falls verschlossen, klopfen), Eintritt frei.

ÜBERNACHTUNG

Arunras Guesthouse, N6, [9432]. Viele hübsche kleine Zimmer mit hellem Fliesenboden und modernen Bädern mit Kaltwasser. Die meisten ohne Fenster (dafür auch ohne Straßenlärm). Ventilator oder AC. **1**–**2**

Arunras Hotel, N6, ☎ 092-316 070, [9433]. 6 Stockwerke mit Fahrstuhl. Die AC-Zimmer sind zwar nicht besonders modern, dafür großzügig, manche mit großem Balkon. **1**–**2**

Sambor Village Hotel, Democrat St., 600 m östlich des Zentrums, ☎ 062-961 391, 🖥 www.samborvillage.com, [9437]. Herrliche, fast ländliche Lage am Fluss. 19 Bungalows im Boutique-Stil zwischen tropischen Pflanzen. Großer Pool. Restaurant. Wer im Restaurant speist, kann den Pool kostenlos nutzen. Inkl. Frühstück. **4**–**6**

Santepheap Guesthouse, 23 Democrat St., ☎ 077-476 869, ✉ stp23guesthouse@yahoo.com, [9435]. In einer ruhigen Seitenstraße. Im Vorderhaus günstige, aber recht dunkle Zimmer. Schöner sind die Räume im neueren Anbau. Der Besitzer ist hilfsbereit, und die Zimmer sind penibel sauber. **1**–**2**

ESSEN

Günstige, einfache **Essensstände** bis zum frühen Abend an und auf den beiden Märkten. In der Seitenstraße gegenüber dem Arunras Hotel gibt es eine einfache Garküche, die Busreisende auf dem Zwischenstopp mit Essen versorgt (bis 21.30 Uhr).

📖 **Arunras Hotel** und **Guesthouse** (s. o.). Hotel und Gh. haben zu Recht beliebte Restaurants. Große Auswahl authentischer Khmer-Gerichte. Beliebt bei Einheimischen wie Touristen. ⏰ 6–21 Uhr.

Kompong Thom Restaurant, N6, ☎ 012-324 355. Tolle kleine Terrasse mit Flussblick. Khmer-Gerichte wie Wasserbüffel mit Zitronengras, aber auch Pasta und westliches Frühstück. Etwas teurer. WLAN. ⏰ 6.30–21 Uhr.

Prum Bayon, Democrat St. Das Ecklokal ist mittags und abends immer gut besucht. Frisch zubereitete Khmer-Gerichte für 7000 Riel. ⏰ 6–21 Uhr.

Run Amok!, Democrat St., ☎ 017-916 219. Der Neuseeländer Richard bereitet in dem Gartenlokal hervorragende Pizzas, Hamburger sowie ein paar klassische Khmer-Gerichte zu. ⏰ 17–22 Uhr.

Kompong Thom

N

0   300 m

Kompong Thom Museum (2 km)
Wat Kompong Thom (500 m)

Siem Reap,
Sambor Prei Kuk (35 km)

Psar Chas

Transport:
1. Sammeltaxis, Minibusse
2. Capitol Tours
3. Busse, Tuk-Tuks, Motorradtaxis
4. Sammeltaxis, Minibusse
5. Sokhom Travel
6. Phnom Penh Sorya

Stoeng Sen

NATIONAL HIGHWAY 6

FRANZOS.-BRÜCKE

Park   SPIEL-PLATZ   Park
Stoeng Sen Quay

Wohnhaus des
ehem. Gouverneurs

Kran Ngoy St.

Prum Bayon St.

Neary Klahan St.

Kompong Thom Markt

Department
of Culture and
Fine Arts

Democrat St.

Democrat St.

Canadia Bank

ELEFANTEN-STATUE

Phnom Penh,
Kompong Cham

Phnom Penh

Übernachtung:
1. Arunras Hotel, Arunras Gh.
2. Santepheap Guesthouse
3. Sambor Village Hotel

Essen:
1. Kampong Thom Restaurant
2. Essensstände
3. Prum Bayon
4. Arunras Restaurants
5. Run Amok!
6. Essensstände

SONSTIGES

Geld

Acleda Bank, N6, 2 km südlich des Zentrums. Geldautomaten für Visa- und MasterCard und Western-Union-Service. ⏲ Mo–Fr 7.30–16, Sa 7.30–12 Uhr.
Canadia Bank, N6. Geldautomat ohne Zusatzgebühr für MasterCard, Visa, Cirrus, Geldwechsel, MoneyGram. ⏲ Mo–Fr 8–15.30, Sa 8–11.30 Uhr.

Informationen

Tourist Information, St. 1. Die Angestellten sprechen Englisch und versuchen, Fragen zu beantworten. ⏲ Mo–Fr 7.30–11.30 und 14.30–17 Uhr. Gute Infos gibt es bei Richard im **Run Amok!** Restaurant und bei **Mr. Sokhom**.

Touren

Sokhom Travel, St. 3, ✆ 012-691 527, ✉ guide imsokhom@yahoo.com. Mr. Sokhom hat viele Informationen und organisiert 1- bis 4-tägige Touren zu den Tempeln Sambor Prei Kuk, Preah Khan, Koh Ker und Beng Mealea mit dem Taxi. Verleiht Fahrräder für US$2/Tag und Motorräder für US$7/Tag.

NAHVERKEHR

Motorradtaxis und **Tuk-Tuks** stehen vor dem Arunras Hotel und fahren durch die Stadt.

TRANSPORT

Die Busse zwischen Phnom Penh und Siem Reap passieren Kompong Thom im Stundentakt. Die meisten legen am Arunras Hotel eine Pause ein.

Busse

KOMPONG CHAM, um 8 und 10 Uhr für US$6 in 2 Std.;
PHNOM PENH, stdl. zwischen 7.30 und 17 Uhr für US$5 in 4 Std.;
POIPET, um 11 Uhr für US$15 in 5 1/2 Std.;

SIEM REAP, stdl. zwischen 10.30 und 17.30 Uhr für US$5 in 3 Std.;
SISOPHON, um 11 Uhr für US$15 in 5 Std.;
SRA EM, um 11, 12 und 12.30 Uhr für US$10 in 5 1/2 Std.;
TBENG MEACHEY, um 12.30 Uhr für US$5 in 3 Std.

Sammeltaxis und Minibusse

Starten vom Taxistand an der Democrat St. und an der nördlichen Brückenseite.
KOMPONG CHAM, Sammeltaxi für US$5 in 2 Std., Minibus für US$3,75 in 2 1/2 Std.;
PHNOM PENH, Sammeltaxi für US$6,25 in 3 Std., Minibus für US$3,75 in 3 1/2 Std.;
SIEM REAP, Sammeltaxi für US$6 in 2 1/2 Std.;
TBENG MEACHEY, Sammeltaxi für US$6,25 in 2 1/2 Std.

Sambor Prei Kuk

Die beeindruckende Tempelstätte [5150] liegt 35 km nordöstlich von Kompong Thom. Obwohl bisher nur von wenigen Touristen besucht, zählt Sambor Prei Kuk zu den bedeutendsten Tempelanlagen Kambodschas und steht seit 1992 auf der Anwärterliste zum Unesco-Weltkulturerbe.

Die Tempelgruppen liegen nur wenige hundert Meter auseinander, die Sandwege sind gepflegt, viele Bäume spenden Schatten. Forscher belegten, dass bereits König **Bhavavarman I.** 598 in Sambor Prei Kuk oder in der Nähe eine bedeutende Stätte des Zhenla-Reiches mit Namen Bhavapura errichtete. Ab 610 hieß Sambor Prei Kuk, nun Hauptstadt des Zhenla-Reiches, **Isanapura**, nach dem Namen von König **Ishanavarman I.** (reg. 610–628). Die meisten der Tempel gehen auf diese Zeit zurück. Zu Beginn des 9. Jhs. zog König Jayavarman II. nach Phnom Kulen.

Nördlich der Zufahrtsstraße steht **Ashram Issey**. Der kleine, halb zerstörte Tempel stammt aus dem Jahr 598 und weist hinduistische Bauelemente auf. Ein tolles Fotomotiv sind die Überreste eines Tempels, der fast vollständig von einer Würgefeige bedeckt ist. Einheimische nennen die Ruine nach diesem Baum **Prasat Dam Chrey**.

Es werden drei Haupt-Tempelkomplexe unterschieden:

Prasat Sambor (Nordgruppe N)

Von den einst über 51 Tempeln stehen heute noch ganze elf Bauwerke. Als Erstes passiert man eine Yoni mit einem Lingam. Die Yoni ist eine Kopie, das Original kann man im Museum von Kompong Thom (S. 591) bewundern. Der nächste Tempel (Nr. 9) enthält eine Kopie der Statue der Göttin Durga (das Original befindet sich im Nationalmuseum von Phnom Penh, S. 514). Der **Haupttempel**, der einer Reinkarnation Shivas gewidmet ist, ist der einzige, der vier Öffnungen in alle Himmelsrichtungen aufweist. Hier sind noch Reste der ursprünglichen Verzierung aus Pflanzensäften zu erkennen. **Tempel Nr. 10** enthält die Kopie einer Statue, die halb Shiva, halb Vishnu darstellt und Harihara genannt wird (auch hier ist das Original in Phnom Penh zu bewundern). An der Südseite erkennt man einen achteckigen Turm, das **Oktagon**. Der Turm ist außen mit „**Fliegenden Palästen**" verziert. Legenden zufolge benutzen Götter diese Konstruktionen, um von Ort zu Ort zu fliegen.

Prasat Tao (Zentrale Gruppe Z)

Die Gruppe stammt ebenfalls aus dem 7. Jh., wurde jedoch von Jayavarman II. im Jahre 802 umgebaut. Sie bestand aus 42 Tempeln, heute steht nur noch ein Ziegelsteinturm. Der 30 m hohe Turm wird wegen der beiden Löwen am Eingang **Löwentempel** genannt. Ursprünglich bewachten je zwei der Löwen die Aufgänge. Die Statuen sind aufwendig gearbeitet, die Mähnen der Löwen lockig. Im Inneren des Prasats befinden sich zerbrochene Yonis.

Prasat Yeay Puon (Südgruppe S)

Der in Größe und Schmuck beeindruckendste Bereich diente als Staatstempel Ishanavarmans I. Die erste äußere Umfassungsmauer ist aus Laterit gebaut, am Außeneingang befinden sich Steinplatten mit Inschriften. Die innere zweite Mauer ist besser erhalten, sie ist aus Ziegelsteinen gefertigt, auf deren Innenseite 80 Ziegelsteinmedaillons Geschichten aus dem Ramayana-Epos erzählen. Sieben Tempeltürme sind erhalten. Das 30 m hohe zentrale Heiligtum, des-

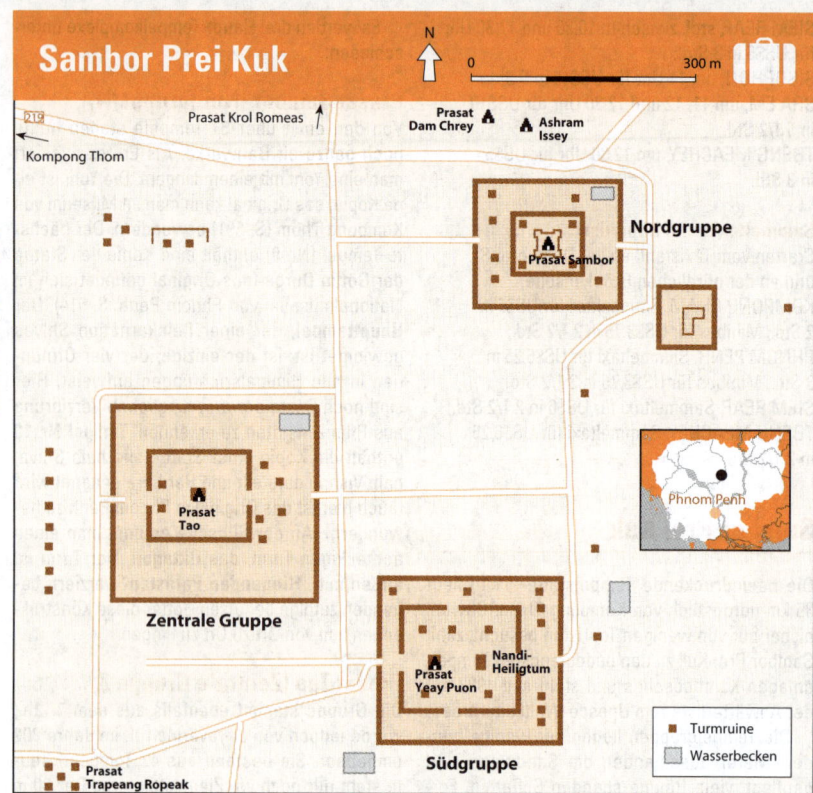

Sambor Prei Kuk

N
0   300 m

Prasat Krol Romeas ↑
Prasat Dam Chrey ⚑   Ashram Issey ⚑
Kompong Thom

Nordgruppe

Prasat Sambor

Prasat Tao

Phnom Penh

Zentrale Gruppe

Nandi-Heiligtum
Prasat Yeay Puon

■ Turmruine
▢ Wasserbecken

Südgruppe

Prasat Trapeang Ropeak

---

sen Türsturz mit einer Naga geschmückt ist, war Shiva gewidmet, im Inneren befindet sich eine große Yoni, auf der einst ein Lingam stand. Zur Gruppe gehören fünf achteckige Türme, deren Außenreliefs „fliegende Paläste" darstellen. Eine mächtige Würgefeige umfängt das Osttor.

Eintritt US$3. Anfahrt: von Kompong Thom in 45–60 Min. mit dem Tuk-Tuk/Motorradtaxi für US$15/10.

Koh Ker

Koh Ker war lange Zeit von dichtem Dschungel überwuchert. Ein Großteil der Tempel ließ Jayavarman IV. (reg. 928–941) errichten. Dem hinduistischen Glauben anhängend, nannte er die Stadt Lingapura (Stadt der Lingas). Lingapura war von 928 bis 944 Hauptstadt des Angkor-Reiches, bis die nachfolgenden Könige nach Angkor zogen.

Die unbefestigte Straße zwischen den Bauwerken ist in einem sehr guten Zustand. Die Anlage ist noch nicht restauriert, viele Tempelruinen sind von Würgefeigen umschlungen – die Atmosphäre ist friedlich und manchmal richtiggehend verwunschen.

Die Tempel werden im Allgemeinen in drei Gruppen eingeteilt:

Erste Gruppe

Hierzu gehören Prasat Thom und Prasat Krohom, die von einer gemeinsamen Außenumfriedung umgebenen, ältesten Bauwerke der Anlage. Besucher werden als Erstes den **Prasat**

Krohom („Roter Tempel") sehen, der aus drei Gopurams, die durch Säulengänge verbunden sind, besteht.

Ein weiterer Damm mit einem stark beschädigten Naga-Geländer führt zum Hauptheiligtum **Prasat Thom**. Die Ziegelsteintürme, die früher auf dem Gelände standen, sind zusammengefallen. Beeindruckend ist die 36 m hohe Pyramide **(Prang)**, die an ein aztekisches Bauwerk aus Mittelamerika erinnert.

Zweite Gruppe

Sie liegt 2–3 km östlich und besteht aus über einem Dutzend Ziegelsteintürmen oder Heiligtümern, die mehrere hundert Meter auseinander stehen. Die schönsten darunter sind:

Prasat Leung, in dem halb verfallenen Sandsteinturm steht ein großer steinerner Lingam.

Prasat Kra Chap ist im Banteay-Srei-Stil gebaut. Im ersten Gopuram sind noch Inschriften aus dem 10. Jh. zu erkennen. Das Zentralheiligtum ist zusammengefallen und von einem großen Mahagoni-Baum überwuchert. Auf der Außenmauer des Heiligtums sieht man in Frontalansicht Shiva auf Nandi reiten.

Prasat Chrap besteht aus drei Lateritürmen in einer Reihe.

Prasat Damrei (Elefanten-Tempel) wird bewacht von Löwen und vier Elefantenstatuen. Das zentrale Heiligtum ist ein 15 m hoher Ziegelturm, dessen östlichen Eingang ein wunderbar erhaltenes Relief eines Elefantenkopfes, auf dem Shiva thront, ziert.

Dritte Gruppe

Die Gruppe besteht aus mehreren Prasats und liegt südlich des Haupttempels. Die reizvollsten darunter sind von Süden nach Norden:

Prasat Pram, einer der beeindruckendsten Tempel von Koh Ker. Von den fünf Türmen ist einer komplett von Würgefeigen umschlossen. Prasat Pram fasziniert die Besucher ähnlich wie Ta Prohm in Angkor.

Prasat Neang Khmao (Tempel der schwarzen Damen). Sein Name stammt wahrscheinlich von dem schwarzen Lateritturm.

Prasat Chin (chinesischer Tempel). Die drei Lateritürme symbolisieren Brahma, Vishnu und Shiva. Der Turm linker Hand weist ein Relief

über dem Türsturz auf, auf dem Garuda auf zwei dreiköpfigen Schlangen steht.

Eintritt US$10, am Ticketschalter zu entrichten.

TRANSPORT

Von Tbeng Meanchey (70 km) in knapp 3 Std; von Siem Reap (100 km) in 2 1/2 Std. mit eigenem Fahrzeug. Mit dem Sammeltaxi (falls genügend Passagiere) von Siem Reap und Tbeng Meanchey bis Srayong für US$10 in 3 Std. Ab Srayong Rundfahrt mit dem Motorradtaxi für US$10.

Tbeng Meanchey

Die Provinzhauptstadt Tbeng Meanchey [9485], rund 150 km nördlich von Kompong Thom, wird oft einfach Preah Vihear genannt. Die verschlafene Stadt hat keine besonderen Attraktionen zu bieten.

Das Zentrum bilden der **Markt** und die große Haltestelle, an der Taxifahrer auf Fahrgäste warten. Nur die Hauptstraßen sind geteert, alle Querstraßen sind rote Staubpisten. Interessant ist ein Besuch bei **Weaves of Cambodia**, 450 m östlich des Krankenhauses, ✆ 092-346 415, 🖥 www.weavescambodia.com. In der Seidenweberei werden hochwertige Seidenschals und Sarongs, überwiegend für den Export, hergestellt. Beschäftigt werden ausschließlich behinderte Menschen. Der Manager Toch Sar zeigt gern die einzelnen Produktionsschritte. ☉ Mo–Sa 7.30–11 und 13–17 Uhr.

ÜBERNACHTUNG UND ESSEN

Heng Heng Hotel, an der Hauptstraße Mlou Prey St., ✆ 097-777 7497, [9488]. Von außen wirkt das Hotel protziger und teurer, als es ist. Saubere kleine Zimmer mit TV, Ventilator oder AC. WLAN. ❶ – ❷

Home Vattanak Guesthouse, St. A14, ✆ 064-636 3000, [9487]. In einer ruhigen Seitenstraße, 500 m vom Markt entfernt. 27 geschmackvolle AC-Zimmer mit tollen Bädern. An der Rezeption wird Englisch gesprochen. WLAN. ❷ – ❹

Günstige **Essensstände** gibt es rund um den Markt.

Das **Phnom Tbeng Restaurant**, Hauptstraße Mlou Prey St., ✆ 092-661 473, hat zwar ein kambodschanisches Schild, aber eine englische Speisekarte und einen Kellner, der Englisch spricht. Gute chinesische und Khmer-Gerichte, ab US$3. WLAN. ⏲ 6.30–22 Uhr.

SONSTIGES

Canadia Bank, gebührenfreier Geldautomat für MasterCard und Visa, MoneyGram. ⏲ Mo–Fr 8–15.30, Sa 8–11.30 Uhr.

TRANSPORT

Mehrere Busgesellschaften haben ein Verkaufsbüro im Zentrum, von dort fahren auch die **Busse**: PHNOM PENH (über KOMPONG THOM), alle Gesellschaften zwischen 6.30 und 8 Uhr für US$5 in 7 Std.;
SRA EM, mit GST um 15.30 Uhr für US$5 in 2 Std.
Sammeltaxis nach KOH KER (Richtung Siem Reap bis Srayong) für US$10 in 3 Std.;
KOMPONG THOM für US$6 in 3 Std.;
SIEM REAP, unregelmäßig für US$10 in 5 Std.;
SRA EM für US$7 in 2 Std.

Prasat Preah Vihear

Seit 2008 gehört der Tempel Preah Vihear zum Unesco-Weltkulturerbe. Die herrliche Lage auf einem 650 m hohen Gipfel im zerklüfteten Dangrek-Gebirge macht ihn zu einem ganz beson-

Ende des Tauziehens

Der kambodschanisch-thailändische, teilweise blutige Grenzkonflikt um **Preah Vihear** schwelt seit Anfang des 20. Jhs. Nach einem Urteil des IGH von 1962 gehört der Tempel Preah Vihear zu Kambodscha. Unklar blieb jedoch die Hoheit über ein 4,6 km² großes Gebiet um den Tempel. Am 11. November 2013 entschied der IGH einstimmig, das auch dieses Territorium zu Kambodscha gehört. Fraglich bleibt, ob das Urteil einen Schlussstrich unter die Auseinandersetzung ziehen wird. Reisende sollten sich vor einem Besuch über die Sicherheitslage informieren.

ders beeindruckenden Tempel. Preah Vihear unterscheidet sich maßgeblich von allen anderen angkorianischen Bauwerken in Kambodscha. Die vollständig aus Sandstein errichtete Anlage ist nicht konzentrisch angelegt, vier Ebenen liegen, von Nord nach Süd, hintereinander, durch Prachtstraßen sind sie miteinander verbunden. Der Berg selbst symbolisiert dabei den heiligen Berg Mehru. Mit dem Tempelbau begonnen wurde vermutlich im Jahr 900 unter der Herrschaft von Yashovarman I. (reg. 889–ca. 915). Die nachfolgenden Könige erweiterten den Tempelkomplex, große Teile werden Suryavarman I. zugeschrieben. Unter Suryavarman II., dem Erbauer von Angkor Wat, wurde der Bau im Jahr 1150 vollendet.

Rundgang

Vom Parkplatz auf dem Gipfel gelangt man zunächst zu einem Hof, der mit siebenköpfigen Naga-Statuen geschmückt ist. Hier befindet sich der stark verfallene **fünfte Gopuram**, der auf der alten 2000-Riel-Banknote abgebildet ist.

Die nachfolgende 275 m lange breite **erste Prachtstraße** war wohl einst mit Laternen beleuchtet – in damaliger Zeit muss es ein beeindruckendes Bild gewesen sein. Linker Hand liegt das königliche Bad Srah Srang.

Auf dem Giebel des **vierten Gopuram** ist auf der Südseite eine Episode aus der Geschichte vom „Kirnen des Milchozeans" dargestellt: Der Gott Vishnu erscheint als Schildkröte, die den Berg Mehru auf dem Rücken trägt. Die um den Berg geschlungene Schlange Vasuki fungiert als Seil, an dem Götter und Dämonen ziehen, um das Unsterblichkeitselixier zu gewinnen. Der Türsturz linker Hand zeigt Vishnu, wie er eine Schlange tötet.

Dann folgt die **zweite Prachtstraße**, an deren Ende der kreuzförmige **dritte Gopuram** steht. Den Giebel ziert eine Szene aus dem *Mahabarata*: Krishna hält einen Berg über die Menschen als Schutz vor den Sintfluten des Regengottes Indra. Der rückwärtige Giebel ist feiner ausgearbeitet: Shiva reitet auf der Kuh Nandi. Die beiden Steinhäuser rechts und links dienten als Pilgerunterkünfte.

Am Ende der kürzeren **dritten Prachtstraße** steht der **zweite Gopuram**, an dessen Türpfos-

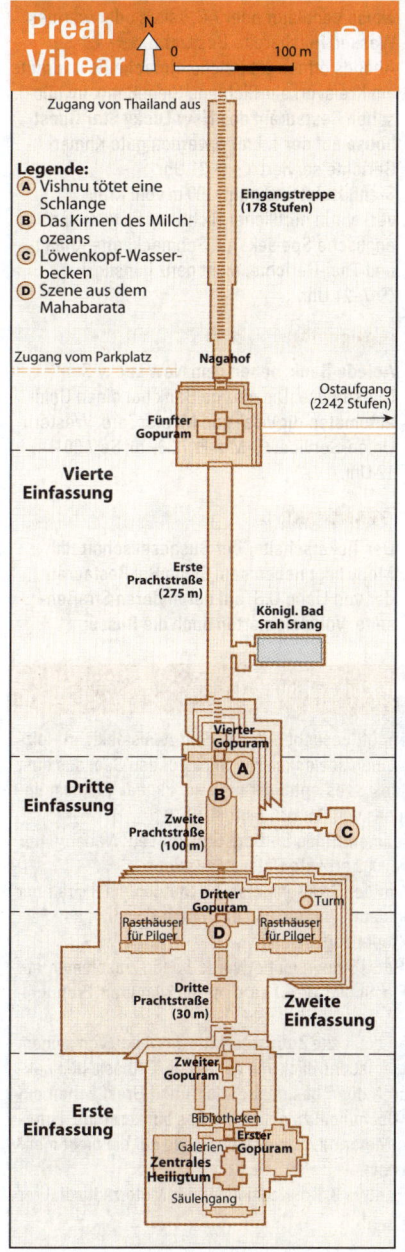

Preah Vihear

N

0   100 m

Zugang von Thailand aus

Legende:
- Ⓐ Vishnu tötet eine Schlange
- Ⓑ Das Kirnen des Milchozeans
- Ⓒ Löwenkopf-Wasserbecken
- Ⓓ Szene aus dem Mahabarata

Zugang vom Parkplatz

Nagahof

Eingangstreppe (178 Stufen)

Ostaufgang (2242 Stufen) →

Fünfter Gopuram

Vierte Einfassung

Erste Prachtstraße (275 m)

Königl. Bad Srah Srang

Vierter Gopuram

Ⓐ

Dritte Einfassung

Zweite Prachtstraße (100 m)

Ⓑ

Ⓒ

Dritter Gopuram

Turm

Rasthäuser für Pilger

Ⓓ

Rasthäuser für Pilger

Dritte Prachtstraße (30 m)

Zweite Einfassung

Zweiter Gopuram

Bibliotheken

Erste Einfassung

Galerien

Erster Gopuram

Zentrales Heiligtum

Säulengang

---

ten Inschriften zu erkennen sind. Dann folgt das stark verfallene **Zentralheiligtum** auf dem Gipfel, das noch zwei „Bibliotheken" aufweist, eingefasst von einer Galerie aus Sandstein. Durch den Säulengang gelangt man zum Aussichtspunkt. Der Ausblick ist atemberaubend: Hinter der ebenen Fläche fällt der Bergrücken fast senkrecht in die Tiefe, und bei guter Sicht schweift das Auge kilometerweit über Reisfelder und Palmyrapalmen.

PRAKTISCHE TIPPS

Der **Ticketschalter** befindet sich am Fuße des Berges. Wer nicht mit einem Allradfahrzeug anreist, bezahlt die Auffahrt über eine steile Serpentinenstraße: US$25 für einen Pick-up (6 Pers.), US$5 für ein Motorradtaxi (Hin- und Rückfahrt). ⊕ 7–16.30 Uhr.

Der nächste Ort, 25 km südlich des Tempels Prasat Preah Vihear, ist **Sra Em**. Die kleine Stadt besteht hauptsächlich aus einem Kreisverkehr und dem Markt. Im Ort gibt es einfache **Essensstände** am Markt und mehrere **Guesthouses**. Mit dem Motorradtaxi ab Kreisverkehr Sra Em bis zum Ticketschalter für US$15 (hin und zurück).

Die Busgesellschaften Liang U.S. Express, Rith Mony und GST haben einen Ticketschalter am Kreisverkehr:

PHNOM PENH (über KOMPONG THOM), zwischen 7 und 8 Uhr für US$10 in 10 Std. Sammeltaxis am Kreisverkehr:

ANLONG VENG, für US$7 in 1 1/2 Std.;
SIEM REAP, für US$15 in 4 Std.;
TBENG MEANCHEY, für US$7 in 1 1/2 Std.

Anlong Veng

Die staubige Grenzstadt liegt 124 km nördlich von Siem Reap. In Anlong Veng [9438] verschanzten sich die Spitzenkader der Roten Khmer **Pol Pot**, **Nuon Chea**, **Khieu Samphan** und **Ta Mok** mit ihren Soldaten, um gegen die Regierungstruppen zu kämpfen. Pol Pot starb am 15. April 1998 in Anlong Veng. Bis Ende 1998 leistete Ta Mok mit den letzten Soldaten der Khmer Rouge Widerstand.

Einige der Bewohner von Anlong Veng verehren die Führer der Roten Khmer bis heute, waren sie doch früher selbst aktive Rote Khmer oder sind deren Nachfahren. Das Ansehen Ta Moks wird besonders hochgehalten, da er z. B. die öffentliche Schule bauen ließ.

Das Zentrum liegt rund um einen Kreisverkehr, dessen Mitte ein Denkmal mit einer Friedenstaube ziert, das von Hun Sen in Auftrag gegeben wurde. Bisher sind in dem unspektakulären Anlong Veng nur ehemalige Rote-Khmer-Quartiere und -Grabstätten zu besichtigen.

ÜBERNACHTUNG UND ESSEN

In diesen Hotels wird ein wenig Englisch gesprochen. Alle haben kostenloses WLAN.
Monorom Guesthouse, 300 m nördlich des Kreisverkehrs, ✆ 065-690 0468. Ordentliche, saubere Ventilator- oder AC-Zimmer im zurückversetzten Haus. Schöne helle Bäder mit Warmwasser. Restaurant. ❶–❷
New Lucky Star Guesthouse, vom Kreisverkehr 150 m Richtung Sra Em, ✆ 011-998 384, [9440]. An der Straße gibt es ein Restaurant und einen Supermarkt. Die Zimmer sind nichts Besonderes, doch ihre Größe ist ein Plus. Möbliert mit Schrank, Schreibtisch, TV. Wahl-

weise Ventilator oder AC, kaltes oder warmes Wasser. Hilfsbereite Besitzerin. ❶–❷
Abends öffnen zahlreiche **einfache Restaurants** am Kreisverkehr Richtung Siem Reap. Im hübschen Restaurant des **New Lucky Star Guesthouse** auf der 1. Etage werden gute Khmer-Gerichte serviert. ⏱ 6–21 Uhr.
Sieng Hai Restaurant, 100 m vom Kreisverkehr in nördlicher Richtung. Es gibt eine englische Speisekarte. Schmackhafte Khmer- und Thai-Gerichte, nicht ganz günstig. ⏱ 7–21 Uhr.

SONSTIGES

Acleda Bank, neben dem New Lucky Star Guesthouse. Die einzige Bank hat einen Geldautomaten für Visa- und MasterCard, Western-Union-Service. ⏱ Mo–Fr 7.30–16, Sa 7.30–12 Uhr.

TRANSPORT

Der Ticketschalter der Busgesellschaft Rith Mony liegt neben dem Sieng Hai Restaurant, der von Liang U.S. auf der anderen Straßenseite. Von dort starten auch die **Busse**:

Eine Reise zu den Wohn- und Grabstätten der Khmer Rouge

Das **Haus von Ta Mok** wird von den Dorfbewohnern oft besucht. Alles in dem zweistöckigen Holzhaus wurde geplündert. Von der Terrasse hat man einen spektakulären Blick auf den See, aus dem abgestorbene Baumstümpfe ragen. In der Mitte des Sees entdeckt man ein kleines Ziegelsteingebäude, es ist das Plumpsklo des ehemaligen Hauses von Pol Pot. Eintritt US$2.
Das **Grab von Ta Mok** befindet sich 7 km hinter seinem Haus im Dorf Tumnup Leu. Neben einer Pagode steht das eindrucksvolle, von seinem Enkel 2009 erbaute Beton-Mausoleum.
Richtung Grenze passiert man einen Felsbrocken in der Straßenmitte. Die **Statuen** einer Frau mit einem Bündel Bambus und zweier uniformierter Soldaten wurden von den Roten Khmer in den Fels gehauen, Letzteren haben Regierungstruppen die Köpfe abgeschlagen.
In Grenznähe liegt die **Einäscherungsstätte Pol Pots**. Seine Leiche wurde hastig, zusammen mit Autoreifen, alten Möbeln und Müll, verbrannt. Ein Schild weist zu dem überdachten Erdhügel, dessen Umzäunung aus alten Flaschen besteht.
Folgt man der sandigen Piste für 7 km, erreicht man die letzte **Zufluchtsstätte Ta Moks**. Von seinem Haus stehen nur noch drei Grundmauern. Spektakulär ist der Blick von der Klippe. Enthusiasten nehmen weitere 8 km über eine schlechte Straße durch dünn besiedelte Wald- und Grasflächen auf sich, um zur letzten **Zufluchtsstätte von Pol Pot** im Dschungel zu gelangen. Das bunkerartige, unterkellerte Steinhaus ist komplett geplündert. Wenige Meter davor weist ein Schild auf die nicht mehr vorhandenen Überreste von **Khieu Samphans Haus** hin.
Anfahrt: Rundfahrt mit dem Motorradtaxi für US$15, etwa 3 Std. Kaum einer der Motorradtaxifahrer spricht Englisch.

Cho-Aam – Chong Sa Ngam

Der Grenzübergang liegt 20 km von Anlong Veng entfernt. Anreise von Anlong Veng bis zur Grenze Cho-Aam (🕐 7–20 Uhr) mit dem Motorradtaxi für US$5. Der Grenzort ist auf thailändischer Seite extrem abgelegen. Motorradtaxis warten auf Kundschaft Richtung Prasat.

O'Smach – Chong Jom

Der kleine kambodschanische Grenzort O'Smach liegt 70 km von Anlong Veng, 40 km von der Provinzhauptstadt Samraong und etwa 200 km von Sisophon oder Siem Reap entfernt. Die Straßen sind gut ausgebaut. Im Ort gibt es einige Guesthouses und einfache Restaurants. Hinter der Grenze fahren Minibusse bis Surin, von dort u. a. Verbindungen nach Bangkok, Chiang Mai und Ubon.

BATTAMBANG, um 8 Uhr für US$10 in 8 Std.;
PHNOM PENH, um 7 und 8 Uhr für US$10 in 10 Std.;
SIEM REAP, um 7 Uhr für US$5 in 2 1/2 Std.;
SISOPHON, um 7 Uhr für US$10 in 6 Std.
Sammeltaxis warten am Kreisverkehr:
SIEM REAP, für US$5 in 2 Std.; SRA EM, für US$6 in 1 1/2 Std.; TBENG MEANCHEY, für US$12 in 2 1/2 Std.

Der Osten

Der Osten Kambodschas ist ein Eldorado für Naturliebhaber, die sich abseits der Haupttouristenströme bewegen wollen.

In der hübschen und ruhigen Stadt **Kompong Cham** kann man entspannte Tage am Fluss und auf der Mekong-Insel Koh Pbain verbringen. Interessante Ausflüge versprechen ein Tempelberg und ein angkorianisches Bauwerk. In **Kratie** lässt sich am Mekong entlangschlendern. Die Stadt ist ein guter Ausgangspunkt, um auf ausgedehnten Fahrradtouren die Wege des Mekong Discovery Trails zu erkunden. Die vom Aus-

sterben bedrohten **Irrawaddy-Delphine** leben im Mekong bei Kampi und können hier am besten gesichtet werden. Das Provinzstädtchen **Stung Treng** bietet sich als Zwischenstopp Richtung laotische Grenze an.

In der nordöstlichsten Provinz **Rattanakiri** zieht das Städtchen **Banlung** mit seinem Wildwest-Flair Naturfreunde an. Besonders beliebt sind hier mehrtägige Trekkingtouren Richtung Virachey-Nationalpark. Die Provinz **Mondulkiri** lockt ganzjährig mit kühlerem Klima. Die beschauliche Stadt **Sen Monorom** liegt inmitten von sanft geschwungenen Hügelketten. In einem Tagesausflug geht es von hier zu dem beeindruckenden Bou-Sra-Wasserfall. Besucher können zudem domestizierte Elefanten in ihrer natürlichen Umgebung beobachten.

Kompong Cham und Umgebung

Während des französischen Protektorats in den 1920er- und 1930er-Jahren war die Provinzhauptstadt Kompong Cham [9492] ein blühender Ort. Das einstige Flair der ehemals so kosmopolitischen Stadt ist nur noch anhand der Überreste zu erahnen. Genau das macht, zusammen mit der lässig-ruhigen Atmosphäre am Mekong, den Reiz von Kompong Cham aus, das übersetzt „Hafen der Cham" heißt.

Das Stadtzentrum liegt auf der westlichen Flussseite, Mittelpunkt bildet der **Kompong-Cham-Markt**. Um den Markt drängen sich alte **Kolonialbauten** und zweistöckige **Handelshäuser**, die vom einstigen Wohlstand der Kautschuk- und Tabakmetropole zeugen.

Nördlich des Marktes führt eine Parkallee zur **Residenz des Gouverneurs**. In den freistehenden **französischen Kolonialvillen** befinden sich die Verwaltungen der Provinz.

Schön ist die ausgebaute **Uferpromenade am Mekong**. Viele der hier ansässigen Restaurants sind auf Traveller eingestellt.
Ausflüge mit dem Fahrrad, Motorrad oder dem Tuk-Tuk sind ein tolles Erlebnis, zumal sich malerische Dörfer entlang des Weges reihen.

Eine außergewöhnliche **Bambusbrücke** führt auf die südlich gelegene ländliche Mekong-Insel Koh Pbain. „Brückenmaut" US$1 p. P.

KAMBODSCHA

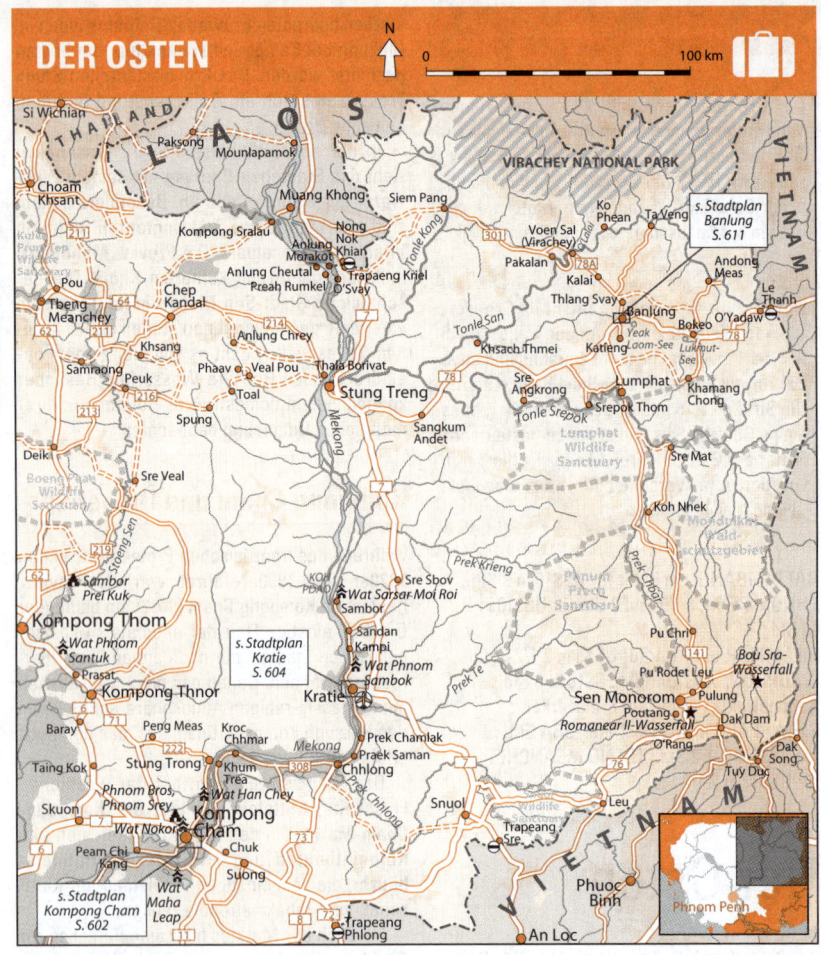

Wat Nokor liegt 3 km westlich von Kompong Cham an der N7. Erbaut wurde der Sandsteintempel im 11. Jh., fast zur gleichen Zeit wie Angkor. So ähneln der Aufbau und die Apsaras denen bei Siem Reap. Im Unterschied zu Angkor teilt man die Anlage jedoch nur mit wenigen Einheimischen oder Mönchen. Das weitgehend eingestürzte Zentralheiligtum wurde durch einen modernen Tempel ergänzt (Eintritt US$2).

Rund um Kompong Cham erstrecken sich ausgedehnte Kautschukplantagen. 18 km öst-

lich kann man die **Plantage von Chuk** mit dem kompletten Produktionsablauf besichtigen. ⏱ 7–17 Uhr, Eintritt: US$1.

Die Klosteranlage **Wat Han Chey** liegt 21 km nördlich von Kompong Cham auf einem Hügel am Mekong. Die Tempelanlage geht auf das 7. Jh. zurück. Heute besitzt die Anlage einen ganz eigenen Charme: Historische Zeugnisse stehen zwischen bunten Tempeln, Stupas, riesigen Betonfrüchten und einem Zoo mit Tierfiguren aus Beton.

ÜBERNACHTUNG

Chaplin's Guesthouse, Preah Bat Sihanouk St., ℡ 078-333 668, ✉ charlie@chaplingsguest house.com, **[9494]**. Saubere, ansprechende AC-Zimmer mit großem Bett, Flachbildschirm und schönem Bad. Restaurant. ❸

Daly Hotel, Kromoun Sor St., ℡ 042-666 6631, ✉ daly.hotel99@gmail.com, **[9495]**. Modernstes Haus in der Stadt: elegante Lobby und ebenso schicke AC-Zimmer. Flatscreen, Kühlschrank. Große Bäder mit abgetrennter Glasdusche. ❷

Mekong Sunrise Guesthouse, Preah Bat Sihanouk St., ℡ 011-449 720, ✉ bong_thol@yahoo.com. Seit Jahren beliebteste Traveller-unterkunft mit viel Service wie Ausflügen, Bootstouren. Die Zimmer sind günstig, etwas abgewohnt und ohne Fenster nach außen. Restaurant. ❶–❷

Phnom Pros Hotel, Kosamak Neary Roth St., ℡ 042-941 444, ✉ phnomproshotel@yahoo.com. Großes Haus mit ordentlichen, einfachen Zimmern. Ventilator oder AC. ❶–❷

Rana Homestay,12 km Richtung Kratie, N7, ℡ 012-686 240, 🖳 www.rana-ruralhomestay-cambodia.webs.com, **[9497]**. Frau Kheang bietet Homestay-Übernachtungen auf ihrem Grundstück. Gewohnt wird in 3 einfachen Hütten, Gemeinschaftsbad. US$25 p. P. inkl. Essen und 2 Tages-Ausflügen. Minimum sind 2 Personen und 2 Übernachtungen. 2 Tage vorher reservieren. Kein Strom.

ESSEN

Günstig kann man an den **Straßenständen** und **einfachen Restaurants** auf und rund um den Markt essen.

Destiny Coffee, 12 Rue Pasteur, ℡ 092-998 937. Schickes Café, hausgemachte Kuchen, Kaffee, Smoothies, gute Salate und klassische Khmer-Gerichte. WLAN. ⏲ Mo–Sa 7–17 Uhr.

Hao An, 70 Preah Monivong Blvd., ℡ 042-941 234. Schmackhaftes, chinesisch geprägtes Essen. Ausgesucht wird von einer großen bebilderten Speisekarte. ⏲ 6– 22 Uhr.

Lazy Mekong Daze, Preah Bat Sihanouk St., ℡ 092-307 765. Frühstück, Khmer- und westliches Essen. Die Portionen sind zum Sattwerden. Bustickets, günstiger Mopedverleih, Billard, geführte Radtouren. WLAN. ⏲ 6.30–22 Uhr.

Mekong Crossing Restaurant, 2 Rue Pasteur, ℡ 087-881 788. Unter Travellern beliebtes Ecklokal mit Mekong-Blick. Frühstück, Khmer-Küche und Internationales stehen auf der Speisekarte. WLAN. ⏲ 6–22 Uhr.

🔼 **Smile Restaurant**, Preah Bat Sihanouk St., ℡ 017-997 709, 🖳 www.bsda-cambodia.org. Schickes Restaurant mit viel Bambus-Deko. Das Speiseangebot ist gut und bunt gemischt: Frühstück, Sandwiches, Salate, Internationales und Khmer-Küche. Kleiner Souvenirshop. WLAN. ⏲ 6.30–22 Uhr.

SONSTIGES

Fahrrad- und Motorradverleih

Guesthouses und Restaurants vermieten Fahrräder für US$1,50/Tag; Mopeds US$5–7/Tag.

Geld

ANZ Royal Bank, Preah Monivong Blvd., Geldautomat für alle gängigen Kreditkarten. Mindestgebühr US$4. ⏲ Mo–Fr 8.30–16 Uhr.

Canadia Bank, Preah Monivong Blvd. Gebührenfrei Bargeld, MasterCard, Visa und Cirrus. MoneyGram. ⏲ Mo–Fr 8.30–15.30, Sa 8.30–11.30 Uhr.

Schwimmen

Der sonnige Pool des **7 Makara Hotels**, Nr. 14, nahe der Residenz des Gouverneurs, steht Nichtgästen für US$2 zur Verfügung.

Grenzübergang nach Vietnam

Der selten von Touristen genutzte internationale Grenzübergang **Trapeang Phlong – Xa Mat** liegt 70 km nordöstlich von Kompong Cham und ist von 7 bis 17 Uhr geöffnet. Das Visum für Vietnam muss im Pass sein. Wer die Grenze passieren will, kann einen regulären Bus Richtung Kratie nehmen, sich in Kraek absetzen lassen und die letzten 14 km zur Grenze mit einem Motorradtaxi zurücklegen (Preis Verhandlungssache). Auf der vietnamesischen Seite starten einige hundert Meter von der Grenze entfernt Linienbusse nach Tay Ninh. Es empfiehlt sich, die Grenze so früh wie möglich zu passieren, um noch einen Anschlussbus zu bekommen.

Kompong Cham

N

0   500 m

Übernachtung:
① Phnom Pros Hotel
② Daly Hotel
③ Chaplin's Guesthouse
④ Mekong Sunrise Guesthouse
⑤ Rana Homestay

Essen:
1 Einfache Restaurants
2 Smile Restaurant
3 Hao An Restaurant
4 Destiny Coffee
5 Mekong Crossing Restaurant
6 Lazy Mekong Daze

Transport:
① Sammeltaxis und Minibusse Richtung Kompong Thom und Siem Reap
② Informationsschalter, Taxis und Minibusse Richtung Phnom Penh
③ Phnom Penh Sorya
④ Neak Krorhorm
⑤ Liang U.S Express
⑥ GST
⑦ Rith Mony
⑧ Capitol Tours
⑨ Sammeltaxis und Minibusse Richtung Kratie, Stung Treng, Banlung und Sen Monorom
⑩ Boote

Map labels: 7 Makara Hotel, Preah Bat Chey Reachea St., Kampuchea Krom St., Boeung Kok-Markt, Residenz des Gouverneurs, Khemarak Phoumin St., Trasak Paem St., Chroy Thma-Pagode, KINO, Preah Bat Keto Maelea St., Preah Bat Monivong Blvd., Kosamak Neary Roth St., NACHT-MARKT, KRANKENHAUS, Canada Bank, ANZ Royal Bank, Wat Nokor (2 km), Phnom Bros und Phnom Srey (7 km), Kompong Thom, Siem Reap, Phnom Penh, Kompong Cham Markt, Vithei Pasteur, Chas St. N7, Kromoun Sor St., Mekong Hotel, Tela-Tankstelle, Ang Duong St., Soc Eng St., Preah Bat Ang Eng St., Preah Bat Shanouk St., Naga, Soramarith St., Mekong, Kizuna-Brücke, Bambusbrücke, Koh Pbain (2 km), ⑤ Kratie

TRANSPORT

Die Busgesellschaften Capitol Tours, GST, Liang U.S. Express, Neak Krorhorm, Phnom Penh Sorya und Rith Mony haben ein Büro am Preah Monivong Blvd. oder an der N7. Die Busse fahren an ihrem Ticketoffice ab.

Busse

ANLONG VENG, mit Liang U.S. um 7, 7.45, 8.30 und 12 Uhr für US$10 in 8 Std.;
BANLUNG, mit Phnom Penh Sorya und Rith Mony um 10.30 bzw. 10 Uhr für US$10 in 8 Std.;
BATTAMBANG, um 7.30 Uhr für US$8,75–10 in 7 Std.;
KRATIE, um 10, 10.30 und 14 Uhr für US$6–6,25 in 2 1/2 Std.;

PHNOM PENH, 9x tgl. zwischen 7.45 und 14.45 Uhr für US$4,50–5 in 3 1/2 Std.;
POIPET (über SISOPHON), um 7.30 Uhr für US$11,25–12,50 in 8–9 Std.;
SEN MONOROM, mit Phnom Penh Sorya um 12 Uhr für US$4 in 5 Std.;
SIEM REAP (über KOMPONG THOM), 9x tgl. zwischen 7 und 12 Uhr für US$6,25–7 in 5 Std.;
STUNG TRENG, mit Phnom Penh Sorya um 10.30 Uhr für US$10 in 6 Std.

Sammeltaxis und Minibusse

Sammeltaxis und Minibusse starten von 3 Haltepunkten. Einfacher ist es, man sucht das Informationsbüro an der Nordseite des Marktes auf, an dem auch die Taxis Richtung Phnom Penh starten.

KRATIE, Sammeltaxi für US$5;
Minibus für US$3,50 in 2 Std.;
PHNOM PENH, Sammeltaxi für US$5;
Minibus für US$2,50 in 2 Std.;
SEN MONOROM, Sammeltaxi für US$8
in 4 Std.;
SIEM REAP, Sammeltaxi für US$8 in 4 Std.

Kratie

Die Provinzhauptstadt Kratie (gesprochen: Krat-scheh) [9499] liegt an der N7 auf halbem Wege zwischen Phnom Penh und der laotischen Grenze. Das ehemalige Fischerdorf gewinnt bei Reisenden zunehmend an Beliebtheit: Die meisten Besucher übernachten in Kratie, um die seltenen Irrawaddy-Delphine bei Kampi, 15 km nördlich, zu sehen. Zudem hat das überschaubare, ehemalige französische Kolonialstädtchen auch seine Reize. Das geruhsame Leben spielt sich in den wenigen Straßen zwischen Markt und Flussufer ab. Um den Markt stehen historische zwei- und dreistöckige **Handelshäuser**, die noch immer den Charme der Kolonialarchitektur verkörpern. Südlich des Zentrums kann man die einstige Pracht des Städtchens anhand renovierter Kolonialvillen erahnen. Herausragendes Beispiel ist die **Residenz des Gouverneurs**.

ÜBERNACHTUNG

Heng Heng II Hotel, Preah Soramarith Quay, ✆ 072-971 405. Großzügige, saubere Ventilator- und AC-Zimmer mit Flachbildschirm. Bäder mit Warmwasser. Busticketverkauf. ❶–❷

🔑 **Le Tonlé Tourism Training Center**, Rd. 3, ✆ 072-210 505, 🖥 www.letonle.org, [9501]. 4 Zimmer in einem wunderbar renovierten und liebevoll geschmückten Holzhaus. Hotel und Restaurant dienen als Ausbildungsbetrieb. Einfache Zimmer mit Moskitonetz. Großes, helles, modernes Gemeinschaftsbad. ❶

Luck Life World Hotel, Sihanouk Rd., ✆ 011-928 323, ✉ lucklifeworld@yahoo.com, [9502]. Auffällig pompöses Hotel, dessen Lobby mit vielen schweren Lackmöbeln dekoriert ist. Die AC-Zimmer sind mit die besten in der Stadt: groß, hell, zur Hälfte holzvertäfelt. Mit Schrank, Schreibtisch, Kühlschrank und Flatscreen

ausgestattet. Ordentliche, große Bäder, Warmwasser. ❷–❸

Star Guesthouse, Rd. 10, ✆ 011-564 922, [9504]. Unter Travellern beliebte einfache Ventilator-Zimmer, alle mit hübsch bemalter Wand. Übernachtungen im Schlafsaal für US$2,50. Große Dachterrasse mit Restaurant. ❶

U-Hong II Guesthouse, Rd. 10, ✆ 085-885 168. Das Haus ist auf junge westliche Traveller eingestellt: recht schöne Zimmer mit ein oder 2 Betten, Ventilator oder AC. Ausflüge, Bustickets. ❶–❷

ESSEN

Spezialität der Region ist *krolan*, Klebreis mit süßen Bohnen und Kokosmilch in einem Bambusrohr gekocht.

Mekong Restaurant, Rd. 9, ✆ 061-331 168. Von einheimischen Geschäftsleuten frequentiertes Khmer-Restaurant. Große Portionen klassischer Khmer-Küche. Westliches Frühstücksangebot. WLAN. ☽ 6.30–21 Uhr.

Red Sun Falling, Preah Soramarith Quay. Bekannt für die tollen BBQs mit Fritten, auch andere westliche und Khmer-Gerichte. Gebrauchte Bücher. WLAN. ☽ 7–21 Uhr.

Sorya Café, Preah Soramarith Quay, ✆ 090-241 148. Große Frühstücksauswahl, hausgemachte Kuchen, Lebkuchen, Khmer- und ein paar internationale Gerichte. Kajakausflüge, S. 605 Kampi. ☽ Mo–Sa 7–21 Uhr.

Tokae Restaurant, 84 Rd. 10, Ecke Preah Sihanouk, ✆ 097-297 2118. Das hübsche Ecklokal ist nach dem Gecko benannt, der auch als Wandgemälde das Restaurant ziert. Günstige Khmer-Gerichte, aufmerksame Bedienung. WLAN. ☽ 6.30–22 Uhr (Küche bis 21 Uhr).

SONSTIGES

Fahrrad- und Motorradverleih
Fahrradverleih in vielen Guesthouses für US$1–2/Tag, Mopeds US$7/Tag.

Geld
Acleda Bank, Geldautomaten für Visa-, MasterCard und Cirrus sowie Western-Union-Service. ☽ Mo–Fr 7.30–16, Sa 7.30–12 Uhr.
Canadia Bank, Preah Soramarith Quay. Geldautomat ohne Zusatzgebühr für alle gängigen

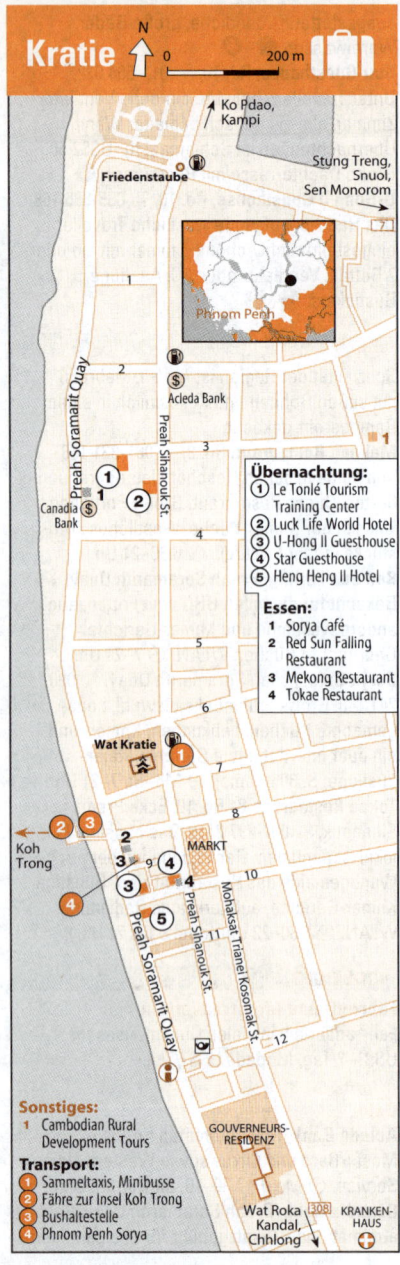

Kratie

N

0 ————— 200 m

- Ko Pdao, Kampi
- Friedenstaube
- Stung Treng, Snuol, Sen Monorom
- 7

Phnom Penh

2

Acieda Bank

Canadia Bank

Preah Soramarit Quay

Preah Sihanouk St.

1

2

3

1

4

Übernachtung:
① Le Tonlé Tourism Training Center
② Luck Life World Hotel
③ U-Hong II Guesthouse
④ Star Guesthouse
⑤ Heng Heng II Hotel

Essen:
1 Sorya Café
2 Red Sun Falling Restaurant
3 Mekong Restaurant
4 Tokae Restaurant

5

6

Wat Kratie

1

7

8

2 3

9

Koh Trong

2

3

2

4

3

MARKT

4

10

4

5

11

Preah Sihanouk St.

Mohaksat Trianel Kosomak St.

Preah Soramarit Quay

12

GOUVERNEURS-RESIDENZ

Sonstiges:
1 Cambodian Rural Development Tours

Transport:
① Sammeltaxis, Minibusse
② Fähre zur Insel Koh Trong
③ Bushaltestelle
④ Phnom Penh Sorya

Wat Roka Kandal, Chhong

308

KRANKEN-HAUS

Kreditkarten, MoneyGram. Mo–Fr 8–15.30, Sa 8–11.30 Uhr.

Nur die Busgesellschaft Phnom Penh Sorya hat ein Büro in Kratie. Die Tickets können dort, oder gegen Aufpreis in den Guesthouses, gekauft werden.

Busse
BANLUNG, um 13.30 Uhr für US$8 in 5 Std.;
HO-CHI-MINH-STADT (Vietnam), um 10 Uhr für US$25 in 6 Std., inkl. Essen. Mit dem Tuk-Tuk oder Motorradtaxi 5 km bis zur N7 in Klastung (Transport im Preis enthalten), dort in den Bus aus Laos Richtung HCMS einsteigen.
KOMPONG CHAM, mit den Bussen nach Phnom Penh für US$5,25 in 4 Std.;
PHNOM PENH, um 7.30, 10.30 und 11.30 Uhr für US$8,25 in 7 Std.;
STUNG TRENG, um 15.30 Uhr für US$5 in 3 1/2 Std.
Nach Laos mit dem Bus aus Phnom Penh um 12.30 Uhr bis NAKASANG (4000 Inseln) für US$14 in 5 Std., weiter nach PAKXE für US$16 in 8 Std.

Minibusse und Sammeltaxis
Minibusse organisieren die Guesthouses inkl. Hotelabholung (mind. 4 Pers. „passen" auf 3 Sitze):
BANLUNG, um 8 Uhr für US$8 in 5 Std.;
KAMPOT, KEP und SIHNANOUKVILLE, um 6.30 Uhr für US$14–15 in 9–10 Std., umsteigen in große Busse in Phnom Penh;

Grenzübergang nach Vietnam

Von Kratie gelangt man mit den Phnom-Penh-Bussen bis Snuol, von dort mit dem Motorradtaxi 10 km bis zum Grenzübergang **Trapeang Sre – Loc Ninh**, 7–17 Uhr, für US$5. Das Visum für Vietnam muss im Pass sein. Der äußerst selten von Travellern auf eigene Faust genutzte Grenzübergang ist auf vietnamesischer Seite recht abgelegen. Der Weg führt von der Grenze weiter auf der N13 über Loc Ninh und Chon Thanh Richtung Ho-Chi-Minh-Stadt.

KOMPONG CHAM, um 7 und 12 Uhr für
US$6 in 2 Std.;
PHNOM PENH, um 6, 6.30, 7 und 12 Uhr
für US$7 in 5 Std.;
SEN MONOROM, mit größeren Minibussen
und eigenem Sitz um 7 und 8 Uhr für US$7
in 6 Std.;
SIEM REAP, um 7 Uhr für US$12 in 6 Std.;
STUNG TRENG, um 7 Uhr für US$6 in 2 Std.

Die Umgebung von Kratie

Kampi

Rund 15 km nördlich von Kratie liegt das kleine
Dorf Kampi. Von hier starten überdachte Boote, von denen die **Irrawaddy-Delphine** beobachtet werden können. In der Trockenzeit, wenn der
Mekong weniger Wasser führt, sieht man die
seltenen Säuger oft schon von der Bootsanlegestelle aus. Nur noch etwa 30 Delphine leben in
dem Gewässer rund um Kampi. Im Gegensatz zu
ihren Meeresverwandten springen sie nicht aus
dem Wasser, sondern tauchen nur kurz mit der
Schnauze auf.

TOUREN

Bootstouren 1–2 Pers. US$9 p. P.; ab 3 Pers.
US$7, 1–1 1/2 Std. Von Kratie mit dem Tuk-Tuk/
Motorradtaxi für US$10/5 (hin und zurück).
Eine Alternative ist die Delphinsichtung aus
einem Kajak, bei **Sorya Kayaking Adventures**,
Preah Soramarith Quay, Kratie, ☎ 090-241 148,
🖳 www.soryakayaking.com, US$32 p. P.
(2 Pers., Gruppenrabatte).

Sambor

35 km nördlich von Kratie liegt Sambor. Bekannt
ist das Dorf aufgrund des nah gelegenen **Wat
Sarsar Moi Roi (100-Säulen-Pagode)**, der bereits
im 16. Jh. erbaut, unter dem Pol-Pot-Regime jedoch weitgehend zerstört wurde. Erst 1997 wurde der Vihear wieder aufgebaut und rühmt sich,
die meisten Säulen des Landes zu besitzen.

Der große goldene Stupa auf dem Gelände ist
das Grabmal der Prinzessin Vorakpheak aus dem
Jahr 1529. Auf dem Gelände befindet sich außerdem das 2011 gegründete **Mekong Turtle Conservation Center** (MTCC), 🖳 www.mekongturtle.

Ab auf die Insel – Koh Trong

Die Einwohner der idyllischen Insel, die sich
bei Kratie aus den Fluten des Mekong erhebt,
leben von der Landwirtschaft. Traditionelle
Holzhäuser, Kokospalmen, Jackfruit-, Pomelo-
und Mango-Bäume säumen die schattigen
Wege. **Motorradtaxifahrer** warten auf Koh
Trong am Fähranleger. Eine Inselrundfahrt
kostet US$5.

🌳 **Koh Trong Community Homestay I und II**,
[9506]. Übernachtet wird in einem klassischen Holzhaus auf Matratzen. Die nachts
aufgespannten Vorhänge geben ein wenig
Privatsphäre. Gemeinschaftsbad mit Schöpfdusche im Haus (US$3 p. P.).
Fähren auf die Insel Koh Trong für 1000 Riel p. P.
(einfache Strecke), Zwischen 6.30 und 17.30 Uhr,
sobald genügend Passagiere zusammen sind,
in 10 Min.

com. Verschiedene Schildkrötenarten werden
hier gepflegt, aufgezogen und wieder in den Mekong entlassen. ⏱ 8.30–16.30 Uhr, Eintritt US$4,
inkl. einer englischsprachigen Führung.

Stung Treng und Umgebung

Die meisten Reisenden legen in Stung Treng
[9509] nur einen kurzen Stopp ein, um etwas zu
essen und auf den nächsten Bus Richtung Laos,
Banlung, Siem Reap oder Phnom Penh zu warten. Stung Treng hat keine besonderen Sehenswürdigkeiten zu bieten, aber die kleinstädtische
Atmosphäre am Zusammenfluss von Tonle Se-
kong und Mekong ist entspannt. Das Zentrum
bildet der große **Markt**, viele Waren aus Laos
werden hier zum Verkauf angeboten.

Stung Treng kann mit ein paar hübschen
Kolonial- und Art-déco-Villen entlang dem Se-
kong-Fluss aufwarten. Bekannt ist der Ort auch
für eine lokale Delikatesse, den Pa-Si-Yi-Fisch.
Das **Fischdenkmal** am Ufer stellt einen solchen
Flussbewohner dar.

Lohnenswert ist ein Besuch im **Mekong
Blue – Strung Treng Women's Development
Center**, 4 km östlich der Stadt, 🖳 www.mekong

Flippers stupsnasiger Bruder

Seinen Name **Irrawaddy-Delphin** hat er von dem Fluss Irrawaddy in Myanmar, in dem diese Delphin-Gattung ebenfalls lebt. Die lateinische Artbezeichnung *Orcaella brevirostris* (kurzschnäbelig) beschreibt das Aussehen des Delphins: Statt der typischen langen Schnauze haben Irrawaddy-Delphine eine kleine Stupsnase und eine hohe gewölbte Stirn. Ausgewachsen erreichen sie eine Länge von 2–2,80 m, werden bis zu 150 kg schwer und können fast 30 Jahre alt werden. Flussdelphine stehen auf der Roten Liste der IUCN, die Spezies gilt als stark gefährdet. Im Mekong, auf dem 190 km langen Abschnitt zwischen Kratie und der Grenze zu Laos, leben laut WWF noch maximal 85 Tiere.

blue.com, in dem benachteiligte Frauen ausgebildet werden. Die kostenlose Führung in der Seidenweberwerkstatt zeigt den ganzen Entstehungsprozess eines Seidenartikels. ⏰ Mo–Sa 7.30–11.30 und 13.30–17 Uhr.

Auf der anderen Seite des Mekong liegt das hübsche Dorf **Thala Borivat**. Im 7. Jh., zur Zeit der Zhenla-Herrschaft, war der Ort ein Handelsstützpunkt zwischen den religiösen Stätten Sambor Prei Kuk und Vat Phou in Laos. Heute zeugt im Dorf nur ein halb eingestürzter, quadratischer Ziegelturm, **Prasat Preah Ko**, von der früheren Bedeutung des Ortes. Er war Shiva gewidmet, die Figur seines Reittieres, ein Ochse aus Sandstein (Nandi), steht überdacht vor dem Tempel. Heute verehren Gläubige die Figur als Preah Ko (s. Kasten S. 536).

ÜBERNACHTUNG

Gold River Hotel, St. 2 am Flussufer, ☎ 074-690 0029, 🖥 www.goldenriverhotel.com, [9511]. Schöne saubere AC-Zimmer mit schweren Holzmöbeln, TV, Kühlschrank, Wasserkocher. Große Bäder mit Badewanne und Marmorablage. ❷–❹

🌳 **Le Tonlé Guesthouse**, St. 2, am Flussufer, 500 m westlich des Fähranlegers, ☎ 074-973 638, 🖥 www.letonle.org, [9512]. 4 einfache Ventilator-Zimmer in einem traditio-

nellen Holzhaus mit großer Gemeinschaftsterrasse. Sauberes Gemeinschaftsbad mit Warmwasser. ❶

Mekong Bird Resort, 6 km nördlich, ☎ 074-690 0885, 🖂 mekongbird76@yahoo.com, [9513]. Alle 10 Holzbungalows im Garten mit fantastischem Ausblick über den Mekong. Innen ist die Ausstattung einfach und besteht aus Naturmaterialien, Bad mit Kaltwasserdusche. Ventilator. Restaurant. Kostenlose Kajakausleihe bei Übernachtung oder Verzehr im Restaurant. Strom 17.30–23 Uhr. ❷

Riverside Guesthouse, im Zentrum ☎ 012-257 207, 🖂 kimtysou@gmail.com, [9514]. Spartanische, aber saubere Zimmer mit Ventilator oder AC, die günstigen ohne Fenster. Bäder mit Kaltwasser. Beliebteste Travellerunterkunft mit Tourinfos, Restaurant, Büchertausch. Sehr hilfsbereite Besitzer. WLAN nur im Restaurant. ❶–❷

Sampheap Guesthouse, neben Riverside Gh., ☎ 074-675 6333, [9515]. Großzügige Zimmer

Ziele auf dem Weg nach Laos

Richtung Laos lassen sich interessante Touren unternehmen (s. auch Kasten Mekong Dicovery Trail I und II, S. 607). Besonders eindrucksvoll sind **Flussfahrten auf dem Mekong** bis zum tosenden **Khon-Phapheng-Wasserfall** an der Grenze zu Laos. Vorbei geht es an Feuchtgebieten und überfluteten Wäldern, deren Wipfel aus dem Wasser ragen. Eine kleine Population der bedrohten **Irrawaddy-Delphine** (s. Kasten, oben) lebt bei **Anlung Cheutal**. Geruhsam sind Ausflüge mit Homestay-Übernachtungen (US$3) in den beiden Dörfern **O'Svay** oder **Preah Rumkel**. O'Svay liegt 55 km nördlich von Stung Treng. Von dort können Boote zu den Irrawaddy-Delphinen gechartert werden (US$20 pro Boot, max. 4 Pers.). Das bezaubernde Dorf Preah Rumkel liegt ebenfalls am Mekong, in einem schönen Tagesausflug kann man dort mit einem geliehenen Moped (US$6) oder Fahrrad (US$1) nach Anlung Cheutal zur Delphinbeobachtung und zum Baden fahren.

mit Ventilator oder AC. Schön sind die hellen Zimmer zur Flussseite. Ordentliche Bäder mit Warmwasser. ❶–❷

ESSEN UND UNTERHALTUNG

Auf dem kleinen **Nachtmarkt** südlich des Marktes öffnen vom frühen Abend bis gegen 21 Uhr kleine Garküchen. Schmackhaftes Essen servieren die **einfachen Restaurants** auf der Süd-Westseite des Marktes, sie sind bis in die Abendstunden geöffnet.
Dara Restaurant, im Zentrum. Gute preis-günstige Khmer-Hausmannskost, darunter empfehlenswerte Currys. ⏱ 6.30–21 Uhr.
Ponika's Place, St. 61 im Zentrum. Die englische Speisekarte offeriert Khmer-Küche, Westliches und sehr gute indische Gerichte. Tourinfos, Wäscheservice und Mopedverleih. WLAN. ⏱ 6–21 Uhr.
Riverside Restaurant im gleichnamigen Gh. Überwiegend Khmer-Gerichte, auf den westlichen Gaumen zugeschnitten. Travellertreffpunkt an den 2 Außentischen. Hier gibt es viele Infos, auch zu Minibussen, die direkt vor der Türe halten. WLAN. ⏱ 6.30–22.30 Uhr.
Saigon Restaurant, St. 14 östlich des Marktes. Das vietnamesische Restaurant serviert köstliche vietnamesische Nudelsuppen *(pho)*. ⏱ 6.30–21 Uhr.

TOUREN

ACCB Vulture Restaurant Tours, ✆ 092-827 842, 🖥 www.accb-cambodia.org. 2- und 3-tägige Touren nach Khsach Thmei zur Geierfütterung inkl. Übernachtung in Hängematten, Essen, zzgl. Transport. Ab US$150 für 2 Pers.
Xplore-Asia, St. 2 am Flussufer 400 m östlich des Fähranlegers, ✆ 074-973 456, 🖥 www.xplore-cambodia.com. Bietet kombinierte Rad- und Kajakfahrten, auch Mehrtages-Touren. ⏱ 8–17, So 8–12 Uhr.

SONSTIGES

Fahrrad- und Motorradverleih
Fahrräder gibt es für US$2/Tag, Mopeds für US$7/Tag im **Ponika's Place Restaurant** (s. o.) und **Riverside Guesthouse** (s. o.). Mountainbikes verleiht **Xplore-Asia** (s. o.) für US$5/Tag. Wer damit bis Kratie, Siem Reap oder Phnom Penh

Mekong Discovery Trail I und II

Der **Mekong Discovery Trail** ist ein 180 km langes Netz aus Wanderwegen entlang dem Mekong bei Kratie und Stung Treng. Teilstrecken können zu Fuß, per Fahrrad, Moped oder im Kajak zurückgelegt werden, Touren sind als Tages- oder Mehrtagestour inkl. Homestays möglich.
Von Kratie: Der **Koh Trong Island Trail** ist ein 9 km langer Rundweg um die Insel Koh Trong, anspruchsvoller ist der **Kratie West to East Bank Trail**, ein 44 km langer Rundweg zu beiden Seiten des Mekong. Wer von Kratie Touren inkl. Übernachtungen einplant, wendet sich am besten an Cambodian Rural Development Tours (CRDT), Rd. 3, ✆ 072-633 3643, 🖥 www.crdtours.org, ⏱ Mo–Fr 8–12 und 14–17.30 Uhr. Karten der Trails gibt es in den Guesthouses oder in der Tourist Information.
Von Stung Treng: Auf dem 35 km langen Rundweg des **Sticky Rice Trail** kann man die Feuchtgebiete zwischen dem Sekong-Fluss und dem Mekong erkunden. **North to the Laos Border** führt zu den beiden kleinen Mekong-Dörfern O'Svay und Preah Rumkel. Hier sind Homestay-Übernachtungen möglich. Eine Karte mit ausführlichen Erklärungen und organisierte Touren gibt es bei Xplore-Asia in Stung Treng, s. links.

radeln will, zahlt US$10/Tag (zzgl. US$15/20 für Gepäckhin- und Radrücktransport).

Geld
Am Markt werden laotische Kip und US-Dollar in Riel gewechselt. Im Zentrum östlich des Marktes befinden sich zwei Banken:
Acleda Bank, Geldautomaten für Visa- und MasterCard. Western-Union-Service. Wechselt Travellers Cheques. ⏱ Mo–Fr 7.30–16, Sa 7.30–12 Uhr.
Canadia Bank, Geldautomat ohne Zusatzgebühr für Visa-, MasterCard und Cirrus, MoneyGram. ⏱ Mo–Fr 8–15.30, Sa 8–11.30 Uhr.

TRANSPORT

Phnom Penh Sorya hat ein Büro in Stung Treng. Tickets direkt bei der Busgesellschaft oder in

KAMBODSCHA

den Guesthouses. Zum Mittagsbus Richtung Phnom Penh und dem Bus Richtung Laos wird an der Sekong-Brücke zugestiegen, Transfer im Ticketpreis enthalten. Minibusse warten am Riverside Guesthouse.

Busse
KOMPONG CHAM, mit den Bussen Richtung Phnom Penh für US$10 in 8 Std.;
KRATIE, mit den Bussen Richtung Phnom Penh für US$3 in 3 1/2 Std.;
PHNOM PENH, mit Phnom Penh Sorya um 6.45 und 12 Uhr für US$12 in 12 Std.;
LAOS, mit Phnom Penh Sorya um 16 Uhr, bis NAKASANG (für 4000 Inseln), für US$12 in 3 Std., bis PAKXE für US$18 in 5 Std.

Minibusse
BANLUNG, um 8 und 14 Uhr für US$7 in 2 1/2 Std.;
HO-CHI-MINH-STADT (Vietnam), um 8 Uhr ab Saigon Restaurant für US$25 in 12 Std.;
PHNOM PENH (über KRATIE und KOMPONG CHAM) um 8 Uhr für US$10 in 8 Std.;

Grenzübergang zu Laos

Der einzige, recht abgelegene internationale Grenzübergang zwischen Kambodscha und Laos, **Trapaeng Kriel – Nong Nok Khian**, hat zwischen 7 und 18 Uhr geöffnet. Reisende überqueren die Grenze mit einem durchgehenden Bus-Ticket zu einem Ziel in Laos.
Die kambodschanischen Beamten verlangen bei der Ausreise aus Kambodscha US$2 „Stempelgebühr". Bei Nachfrage nach einer Quittung wurden wir ohne Zahlung durchgewunken. Bei der Einreise nach Laos (Nong Nok Khian) gibt es Visa on Arrival, US$30 für deutsche Staatsangehörige; Österreicher und Schweizer zahlen US$35. Wer vor 8, nach 16 Uhr, am Samstag oder Sonntag die Grenze passiert, zahlt zusätzlich US$1. Hier können keine Passfotos gemacht werden (also unbedingt mitbringen), und es gibt keinen Geldautomaten.

SEN MONOROM, mit dem Minibus nach Kratie, dort umsteigen (evtl. ein zweites Mal in Snuol, je nach Minibus) für US$13 in 7 Std.;
SIEM REAP (über TBENG MEANCHEY), um 8 Uhr für US$15 in 5 Std. Mit dem VIP-Minibus AVT ab Riverside Gh. um 9 und 14 Uhr für US$23 in 5 Std.
Nach Laos um 8 Uhr bis NAKASANG für US$10 in 3 Std., mit dem VIP-Minibus AVT bis DON DET (inkl. Boot) um 14 Uhr für US$15 in 3 1/2 Std. (Buswechsel an der Grenze).

Schiffe
Solange die Brücke über den Mekong nicht fertiggestellt ist, pendeln Fähren über den Sekong-Fluss, zwischen 5 und 17 Uhr für 2000 Riel p. P. in 15 Min.

Provinz Rattanakiri

Die nordöstlichste Provinz Kambodschas grenzt an Laos und Vietnam. Entlang der laotischen Grenze im Norden schmiegt sich der Virachey-Nationalpark. Aber auch in Rattanakiri ist der Ausverkauf der Natur vorangeschritten. Wo früher noch dichter Dschungel das Landschaftsbild bestimmte, erstrecken sich heute Kautschuk-, Cashewnuss-, Pfeffer- und Kaffeeplantagen. Dennoch ist es für Naturliebhaber noch immer eine der schönsten Provinzen Kambodschas. Hier lassen sich ausgedehnte Trekkingtouren in den Dschungel unternehmen, an Seen und Wasserfällen baden. Faszinierend sind die Gebräuche und Lebensgewohnheiten der ethnischen Minderheiten in Rattanakiri. Zahlreiche indigene Völker, auch Hochland-Khmer (*Khmer Loeu*) oder Chunchiet genannt, leben in den abgeschiedenen Regionen. Sie sprechen ihre eigenen Sprachen und pflegen ureigenste Traditionen und Bräuche, deren Kern im Geisterglauben liegt. Ausgangspunkt für Touren ist die Provinzhauptstadt **Banlung**.
Die ausgebaute Nationalstraße 78, die Stung Treng mit der vietnamesischen Grenze verbindet, ist in einem guten Zustand. Fast alle anderen Straßen sind Staubstraßen, die sich in der Regenzeit in rote Schlammpisten verwandeln.

Banlung

Bis auf die wenigen Hauptstraßen sind alle Wege in dem geschäftigen Ort Banlung [4933] noch Staubpisten, und in der Trockenzeit scheinen sämtliche Gebäude von einer rötlichen Schicht überzogen zu sein.

Das Zentrum ist der lebhafte **Markt**. Bei Tagesanbruch kommen Frauen aus den Stammesdörfern der ethnischen Minderheiten mit ihren Bastkörben *(khapa)* auf dem Rücken, um Obst, Gemüse, Blumen und allerlei Wurzeln zu verkaufen und Waren einzukaufen, die sie in ihren Dörfern nicht selbst produzieren. Auch Zirkone, Amethyste und Saphire aus der Region werden hier angeboten.

Vom **Phnom Eisay Patamak**, 1,5 km westlich des Marktes, eröffnen sich zum Sonnenuntergang traumhafte Blicke auf die Umgebung.

Etwa 1 km nördlich des Zentrums liegt der **Kansaeng-See**, um den eine asphaltierte Straße führt. Zum Sonnenuntergang kommen viele Einheimische hierher, um auf den Bastmatten zu picknicken.

ÜBERNACHTUNG

Backpacker Pad, St. 50, ☎ 092-785 259. Für Reisende mit schmalem Budget sind ein Bett im Schlafsaal (US$2) oder ein Zimmer mit Gemeinschaftsbad eine Option. ❶

Colonial Lake Palace, St. 422, ☎ 092-785 259, [9519]. Beeindruckend ist die kolonial gestaltete Fassade. Im Inneren sind die Zimmer im nüchternen Asiastil eingerichtet, mit 1 oder 2 Betten, Schreibtisch und Flachbildschirm. Ventilator oder AC. ❶–❷

Ratanak Resort, 3,5 km östlich von Banlung, ☎ 092-244 114, 🖥 www.ratanakresort.com, [9522]. Weitläufige Gartenanlage mit insgesamt 16 großzügigen AC-Holzbungalows im Hang. Edle Inneneinrichtung aus Holz, zudem TV, Kühlschrank, Safe. Schöne geräumige Bäder mit großen Fenstern und Wasserfalldusche oder Wanne. Infinity-Pool. Inkl. Frühstück. ❹–❺

Terres Rouges Lodge, St. 422, ☎ 012-770 650, 🖥 www.ratanakiri-lodge.com, [9523]. Die 1890 erbaute Gouverneursresidenz beherbergt nun ein Boutiquehotel. 23 Zimmer und Bungalows in einer gepflegten Gartenanlage – alle mit schönen Kolonialmöbeln, Lampen und alten Bildern dekoriert, unterschiedlich gestaltet und aufgeteilt. Pool, Restaurant. Inkl. Frühstück. ❹–❻

Theng Dara Guesthouse, N78, ☎ 017-795 168. Akzeptable Unterkunft mit einfachen Ventilator- oder AC-Zimmern, 1 oder 2 Betten, TV. ❶–❷

Tree Top Ecolodge, St. 78A, ☎ 075-555 5015, 🖥 www.treetop-ecolodge.com, [4935]. Im Hang unter Bäumen gelegene Anlage. Schöne Holzzimmer oberhalb des Restaurants und großzügige Bungalows unter Cashew- und Jackfruit-Bäumen, alle mit Ventilator, Balkon oder Terrasse. Die Badezimmer haben Kieselsteinwände und Warmwasser. Restaurant mit fantastischem Ausblick. Tourinfos und Bustickets. ❶–❷

Yaklom Hill Lodge, 4 km östlich von Banlung, ☎ 097-699 9145, 🖥 www.yaklom.blogspot.com, [9521]. Unter dichten Bäumen weitläufig verteilte 15 Holzbungalows. Die Bungalows sind etwas in die Jahre gekommen, aber sauber mit Moskitonetz und einfachem Kaltwasserbad. Warme Duschen gibt es in 2 separaten Häuschen. Strom von 18 bis 21 Uhr. Hilfsbereiter Besitzer. Inkl. Frühstück. ❷

ESSEN

Ab Vormittag gibt es schmackhafte Khmer-Küche in den **einfachen Restaurants** eine Querstraße vom Markt entfernt (einfach in die Töpfe schauen und auswählen).

Bamboo Restaurant, St. 62, ☎ 015-406 290. Günstige Khmer-Gerichte, Thai-Küche und westliches Essen wie Burger und Pommes. Köstliche Currys und hervorragende Bananenshakes. WLAN. ⏱ 7–12.30 und 15–22 Uhr.

Café Alee, St. 78A, ☎ 089-473 767. Die mit witzigen Sprüchen gespickte Speisekarte offeriert Khmer-Küche und Westliches, darunter auch vegane Gerichte. Gutes Müsli mit hausgemachtem Joghurt und vorzügliche Spaghetti mit Bambus. Tourinfos, Büchertausch. ⏱ 7–22 Uhr.

Fluss- und Dschungelexpeditionen

Die Anzahl der Touranbieter in Banlung ist groß, wobei sich die meisten Touren ähneln: Es geht mit dem Motorrad oder Auto bis nach **Voen Sai**, von dort mit dem Boot über den Tonle San Richtung Osten zum Kachoch-Dorf **Ko Phean** oder den O'Lalai flussaufwärts zu dem Dorf **Rok**. Touren starten von den Dörfern. Bei kombinierten Trekking-Rafting-Touren wird gemeinsam ein **Bambusfloß** gebaut, mit dem man über den Fluss fährt. Bei 3-tägigen Touren nächtigt man eine Nacht in der Hängematte mit Moskitonetz, die andere Nacht im Zelt oder in einem indigenen Dorf im **Homestay** in einer einfachen Hütte. Alle Touranbieter gehen auf Wunsch bis zu 8 Tage in den Dschungel. US$35–45 p. P. und Tag für 2 Pers. inkl. Transport, Essen, Unterkunft und Führer. Einen guten Ruf haben folgende Anbieter:
DutchCo Tekking Cambodia, ✆ 097-679 2714, 🖳 www.trekkingcambodia.com.
Parrot Tour, ✆ 097-837 3878, 🖳 www.jungletrek.blogspot.com
Smiling Tours, ✆ 097-236 4333, 🖳 www.ratanakiri-smilingtours.com.

Paradise Restaurant, St. 62, ✆ 097-775 2779. Liebhaber authentischer Khmer-Küche werden begeistert sein. Die Gerichte um 25 000 Riel sind nicht ganz günstig, aber dafür steht die persönliche Bedienung neben dem Tisch und sorgt für Reisnachschlag. ⏲ 7–22 Uhr.
Pteas Reusey Restaurant, St. 62, ✆ 012-469 043. Der Besitzer spricht sehr gut Englisch und kann von der schmackhaften kambodschanischen Hausmannskost etwas empfehlen. WLAN. ⏲ 7–21 Uhr.
Ta Nam Restaurant, St. 62. Das Restaurant ist tagsüber von Einheimischen gut besucht, die englische Speisekarte offeriert hervorragende Nudelsuppen und ein paar Reisgerichte. ⏲ 6–15 Uhr.

SONSTIGES

Fahrrad- und Motorradverleih
Die meisten Guesthouses und Touranbieter vermieten Fahrräder für US$1–2 pro Tag,

Mopeds für US$5–7 pro Tag. Im Theng Dara Gh. Geländemaschinen für US$20/Tag.

Geld
Acleda Bank, N78. Geldautomat für alle gängigen Kreditkarten und Western-Union-Service. ⏲ Mo–Fr 7.30–16, Sa 7.30–12 Uhr.
Canadia Bank, St. 41. Geldautomat ohne Zusatzgebühr für MasterCard und Visa, Geldwechel, MoneyGram-Service. ⏲ Mo–Fr 8–15.30, Sa 8–11.30 Uhr.

TRANSPORT

Banlung wird von den Busgesellschaften Phnom Penh Sorya und Rith Mony bedient, Tickets gibt es in den Unterkünften und bei den Touranbietern inkl. Hotelabholung. Ankommende Busse halten meist am Markt.

Busse
KOMPONG CHAM, mit dem Bus nach Phnom Penh um 6.30 Uhr für US$11 in 9 Std.;
KRATIE, mit dem Bus nach Phnom Penh um 6.30 Uhr für US$9 in 7 Std.;
PHNOM PENH, um 6.30 Uhr für US$11 in 12 Std.;
SIEM REAP, um 6.30 Uhr für US$19 in 14 Std. (Buswechsel in Skuon mit Wartezeit).

Minibusse
Die lokalen Minibusse sind nichts für Komfortliebhaber: mind. 4 Pers. plus Gepäck „passen" auf 3 Sitze.
KOMPONG CHAM, um 6.30 Uhr für US$15 in 8 Std.;
KRATIE, um 7.30 Uhr für US$9 in 6 Std.;
PHNOM PENH, um 6.30 Uhr für US$15 in 10 Std.;
PLEI KU (Vietnam), um 7.30 Uhr für US$12 in 5 Std.
SIEM REAP (über TBENG MEANCHEY), um 7.30 Uhr für US$16 in 9 Std. Komfortabler ist der Wechsel in den VIP Minibus in Stung Treng um 14 Uhr für US$28 (ganze Strecke).

Achtung Einheitsname

Die Provinzhauptstädte **Banlung** und **Sen Monorom** werden von Einheimischen oft wie die gesamte Provinz mit dem Namen **Rattanakiri** und **Mondulkiri** bedacht. Auch auf Bussen ist fast immer die Provinz angeschlagen.

N 0 ─────────── 500 m

Pakalan

KRANKENHAUS

Boeung Kansaeng

Übernachtung:
1. Terres Rouges Lodge
2. Colonial Lake Palace
3. Backpacker Pad
4. Theng Dara Guesthouse
5. Ratanak Resort
6. Yaklom Hill Lodge
7. Tree Top Ecolodge

Essen:
1. Paradise Restaurant
2. Pteas Reusey Restaurant
3. Einfache Restaurants
4. Ta Nam Restaurant
5. Bamboo Restaurant
6. Café Alee

Sonstiges:
1. Virachey-Nationalpark Informationszentrum
2. Highland Tours
3. Smiling Tours
4. Parrot Tour
5. DutchCo Trekking Cambodia

Transport:
1. Busbahnhof
2. Minibusse

405

422

50

POLIZEI

428
430
432

424
Acleda Bank

Unabhängigkeitsdenkmal

National Highway 78

Phnom Eisay Patamak, Stung Treng

Yeak-Laom-See, VIETNAM

514

62
Canadia Bank

LANDEBAHN

MARKT

66

Phnom Penh

STUNG TRENG, um 7.30 Uhr für US$6 in 2 1/2 Std. (von dort Anschluss nach Laos um 16 Uhr).

Die Umgebung von Banlung

Yeak-Laom-See

Der bezaubernde kreisrunde Vulkansee [4937] liegt 4 km östlich von Banlung und misst 800 m im Durchmesser, das Wasser ist bis zu 50 m tief. Die Khmer Loeu betrachten diesen See als heilig. Für sie ist er Sitz der Land-, Wasser- und Waldgeister. Ein schöner, 3 km langer Wanderweg führt rund um den See, Holzterrassen laden zum Baden im blau schimmernden warmen Wasser ein. Am Wochenende kommen viele Einheimische, um eine der Hütten am Seeufer zu mieten, zu picknicken oder eine Party zu feiern. Westliche Touristinnen sollten sich den einheimischen Frauen anpassen und zumindest ein T-Shirt beim Baden überziehen.

Eintritt zum See 6000 Riel. Den Eintritt erhält der Tompuon-Stamm, der See und Park verwal-

KAMBODSCHA

tet. Von Banlung mit dem Tuk-Tuk/Motorradtaxis für US$10/5 (Hin- und Rückfahrt inkl. Wartezeit) in 15 Min.

Wasserfälle

Im Süden und Nordwesten von Banlung liegen gleich vier Wasserfälle, die sich mit einem Motorrad bequem ansteuern lassen. Die schönsten, der **Katieng-** (Eintritt 2000 Riel) und der **Kachang-Wasserfall** (Eintritt 3000 Riel), liegen beieinander und sind auch auf einer Fahrradtour von Banlung aus erreichbar. Alle Wasserfälle sind einfach anzufahren, Wege führen bis ans Wasser. Besonders beeindruckend sind die Wasserfälle zur Regenzeit, aber auch in der Trockenzeit führen sie noch Wasser.

Virachey-Nationalpark

Der Virachey-Nationalpark ist mit 3325 km² der größte Nationalpark des Landes. Noch bedecken dichte Wälder und Grassteppen das Gebiet, dessen höchster Berg der 1500 m hohe Phnom Yak Youk ist. Die Ranger des Nationalparks sind die Einzigen, die dort auch Touren führen dürfen, verschiedene Exklusiv-Touren sind in Banlung im **Virachey-Nationalpark-Informationszentrum**, ☏ 097-984 1471, 🖥 viracheyeco tourism.blogspot.com, ⏰ 9–17 Uhr, zu buchen. Ein dreitägiger Trip kostet für zwei Personen US$221. Abenteuerlustige können bis zu sieben Tage im Virachey-Nationalpark bis zur Phnom-Veal-Thom-Grassavanne wandern.

Provinz Mondulkiri

Mondulkiri ist Kambodschas flächenmäßig größte und zugleich die am dünnsten besiedelte Provinz. Eine abwechslungsreiche Landschaft, bestehend aus Hügeln, die mit Gras oder immergrünem Dschungel bewachsen sind, dazu zahlreiche Seen und noch mehr Wasserfälle kennzeichnen die Region.

In Mondulkiri lebt die ethnische Minderheit der Bunong, mit knapp 30 000 Angehörigen eines der größten indigenen Völker Kambodschas, sie stellen fast die Hälfte der Einwohner Mondulkiris. Die Provinzhauptstadt **Sen Monorom** liegt zwischen den Hügeln der Chhlong-Hochebene auf 800 m Höhe. Selbst im heißen Monat April sind die Temperaturen hier noch angenehm, das Thermometer klettert selten über 30 °C.

Sen Monorom und Umgebung

Eine beschauliche Atmosphäre prägt **Sen Monorom** [9524], Mondulkiris Provinzhauptstadt mit Dorfcharakter. Das überschaubare Zentrum erstreckt sich rund um den Markt und entlang der Hauptstraße, die Häuser ziehen sich über ein paar wenige Kilometer. Die meisten westlichen Reisenden kommen nach Sen Monorom, um Ausflüge zu den Bunong-Dörfern oder eine Trekkingtour mit Elefanten zu unternehmen. Auch mehrtägige Trecks mit Übernachtung im Dschungel oder als Homestay sind für viele ein faszinierendes Erlebnis. Imposant und einen Besuch wert ist der **Bou-Sra-Wasserfall**. Dieser Fall liegt etwa 38 km nordöstlich von Sen Monorom. Die zwei breiten Kaskaden sind beeindruckend: 15 m und 25 m stürzen sie in die Tiefe. Zum Schwimmen besser geeignet ist die untere Stufe. Bei Einheimischen ist der Wasserfall besonders zum Picknick beliebt. Anfahrt mit dem Motorradtaxi für US$10 in 1 Std.

ÜBERNACHTUNG

In dem ganzjährig kühleren Klima ist eine Klimaanlage nicht unbedingt notwendig, Warmwasser dagegen in der kälteren Jahreszeit durchaus angenehm. Alle Unterkünfte haben kostenloses WLAN.

Happy Elephant Bungalows, 1 km südwestlich des Zentrums, ☏ 097-616 4011, [9526]. Einfache Holzbungalows unterhalb des Restaurants im Hang. Ventilator, Bett, Moskitonetz, Bad mit Kaltwasserdusche und Schöpftoilette. ❶

 **Nature Lodge**, 2 km außerhalb im Osten, ☎ 073-690 0442, 🖥 www.naturelodgecambodia.com, [9527]. Großes Gartengrundstück am Hang. Gemütliche Holz-Dreieckshütten auf Stelzen mit Terrasse; drinnen Bett, Moskitonetz und ein hübsches Bad mit Kieselsteinboden. Großzügige Deluxe-Holzbungalows mit Glastüren zur Terrasse. Gemütliches Restaurant aus Naturmaterialien. Besser reservieren. ❷–❹

Phanyro Motel, ☎ 017-770 867, [9528]. 300 m östlich vom Zentrum. Rund um den Garten stehen große, einfache Bungalows. Ventilator, TV, Warmwasser über Solar. ❷

Pich Kiri Motel, im Zentrum an der N76, ☎ 012-932 102, [9530]. Verschiedene Gebäude an einem Hof. Sauber, mit schweren Holzmöbeln, TV, Ventilator oder AC. Familienzimmer mit 2 Doppelbetten. Wäscheservice. ❶–❸

Tree Lodge, 2 km südlich des Zentrums, ☎ 097-723 4177, 🖥 www.treelodgecambodia.com, [9529]. Einfache A-frame-Grasmatten-Bungalows mit Gemeinschaftsbad oder Holzbungalows mit Bad und Terrasse. Ventilator, Bäder mit Warmwasser. Gemütliches Restaurant mit Aussicht. ❶

ESSEN

Bekannt ist die Provinz Mondulkiri für Avocados. Von Ende April bis Juni werden sie geerntet – eine prima Zeit für einen Avocado-Shake. Außerdem wird in der Region Kaffee angebaut und Honig produziert.

Essensstände und **einfache Restaurants** befinden sich rund um den Markt.

Café Phka, 600 m südwestlich des Zentrums, ☎ 097-616 0514. Inmitten eines Gartens steht das entzückende kleine Holzhaus am Bach. Tgl. wechselnde, frisch zubereitete asiatische oder westliche Gerichte, Suppen und Sandwiches. Hervorragende frische Backwaren und Kuchen. WLAN. ⏱ Mo–Sa 8–17, So 12–17 Uhr.

Green House Bar, im Zentrum an der Hauptstraße, ☎ 017-905 659. Gemütliches Restaurant und Bar aus Bambus und Holz. In dem beliebten Travellertreff werden günstige Khmer-Gerichte und Sandwiches serviert. WLAN, Ausflüge und viele Informationen. ⏱ 7–22 Uhr.

 The Bunong Place

300 m südöstlich des Marktes, ☎ 012-474 879. In dem kleinen Shop werden **Souvenirs** aus Stoff verkauft, die von den Bunong in Handarbeit hergestellt wurden. Auch Kalebassen oder Messer sind hier zu finden. Um 11.30 Uhr gibt es ein **typisches Bunong-Mittagessen** (bei Voranmeldung und Spende). **Motorrad-Touren** mit einem englischsprachigen Bunong-Führer zu Wasserfällen und Dörfern, US$15/25. ⏱ 7–18 Uhr.

Hefalump Café, im Zentrum an der Hauptstraße. Das hübsche 2-stöckige Café dient als Treffpunkt und Informationsbüro für Ökotourismus.

Khmer Kitchen, im Zentrum an der Hauptstraße, ☎ 097-893 4560. Schmackhafte, authentische Khmer-Küche, die auch bei Einheimischen beliebt ist. ⏱ 6–21 Uhr.

Mondulkiri Pizza, 800 m südlich des Marktes, ☎ 097-522 2219. Drinnen sitzt man urgemütlich an rustikalen Holztischen. Es gibt nur Pizzas, darunter die ausgefallenen Varianten Amok Chicken. Mittlere Größe für US$6. WLAN. ⏱ 10–22 Uhr.

Sovannkiri Guesthouse & Restaurant, im Zentrum an der Hauptstraße, ☎ 088-721 9991. Es gibt Frühstück, Khmer-Gerichte und westliches Fastfood. Das australisch-kambodschanische Ehepaar vermietet 8 einfache Zimmer mit Ventilator und Kalt- oder Warmwasser ❶. WLAN. ⏱ 6–22 Uhr.

SONSTIGES

Fahrrad- und Motorradverleih

Fast alle Unterkünfte vermieten Mopeds (US$6–8/Tag), in der **Green House Bar** Mountainbikes und Mopeds für US$7/Tag. Gute 250er-Crossmaschinen über **Adventure Rider Asia**, N76, ☎ 078-250 350, 🖥 www.adventureriderasia.com, für US$25/Tag. Tages- und Mehrtagesausflüge.

Geld

Acleda Bank, N76. Geldautomaten für alle gängigen Kreditkarten, Western-Union-Service. ⏱ Mo–Fr 7.30–16, Sa 7.30–12 Uhr.

Elefanten in Sen Monorom

Knapp 300 wilde Elefanten sollen noch in den Wäldern Mondulkiris leben. In der Vergangenheit haben die Bunong Elefanten gefangen, domestiziert und dann als Arbeitskraft eingesetzt. **Elefantentrekking** wird in den Bunong-Dörfern Pulung und Poutang angeboten. Auf einer Trekking-Tagestour kann man so das Verhalten der Dickhäuter beobachten, ihnen Futter geben oder bei einer Abkühlung im Fluss zusehen. Sicher ist, dass die Verwendung als Reittier nicht artgerecht ist. Wer dennoch unbedingt auf dem Rücken eines Elefanten durch den Wald geschaukelt werden will, sollte darauf achten, dass er beim Ausritt auf den Schultern oder dem Kopf des Elefanten sitzt (**Mondulkiri Adventures**, im Zentrum an der Hauptstraße, ☏ 097-672 6561, 🖥 www.mondulkiriadventures.wordpress.com, Tagesausflug US$35 p. P.).

Ein etwas anderes Projekt ist das **Elephant Valley Project**, 🖥 www.elephantvalleyproject.org (EVP). Das 10 km von Sen Monorom gelegene Elefantencamp wurde von dem engagierten Jack Highwood aus England aufgebaut. Sein Ziel ist es, die Lebensbedingungen der Arbeitselefanten zu verbessern. Das EVP bietet seinen Elefanten eine artgerechte Lebensweise und kümmert sich um kranke Tiere. Besucher lernen eine Menge über Elefanten und deren natürliche Lebensweise (US$70 p. P. für einen Tagesaufenthalt inkl. Transport und Essen; mit Voranmeldung).

Ein weiterer Anbieter von Elefantentrekking ist das **Mondulkiri Project** in der Tree Lodge, ☏ 097-723 4177, 🖥 www.mondulkiriproject.org. Das Projekt bietet Tages-Trekkingtouren mit Elefanten durch den Dschungel und Elefantenbaden für US$45 p. P. an. Mr. Tree beabsichtigt, ein Zuchtprogramm ins Leben zu rufen. Da Elefantennachwuchs strikt gegen die Überzeugung der Bunong ist, versuchen sie, sich gegen das Projekt zu wehren.

Internet

In der **Green House Bar** für US$1/Std., auf der Hauptstraße für 3000 Riel/Std.

TRANSPORT

Die Busgesellschaft Phnom Penh Sorya (an der Hauptstraße) verbindet Sen Monorom mit Phnom Penh. Abfahrt am Ticketschalter. Bei den „Express"-Minibussen hat im Gegensatz zu den lokalen Minibussen jeder seinen eigenen Sitz. Abfahrt am jeweiligen Büro. Alle über Guesthouses und Touranbieter buchbar.

Busse

BANLUNG, mit dem Bus Richtung Phnom Penh bis Snuol, Wartezeit ca. 2 Std. Weiter mit dem Bus aus Phnom Penh kommend bis Banlung für US$15 in 12 Std.;
KOMPONG CHAM, mit dem Bus Richtung Phnom Penh um 7.30 Uhr für US$7,50 in 5 Std.;
PHNOM PENH, um 7.30 Uhr für US$8,75 in 7 1/2 Std.

Minibusse

BANLUNG, mit dem lokalen Minibus bis Kratie, von dort mittags Weiterfahrt mit einem lokalen Minibus (besser in Sen Monorom über das Gh. oder Mondulkiri Adventures organisieren lassen) für US$15 in 8 Std. (reine Fahrzeit);
KOMPONG CHAM, mit dem lokalen Minibus um 8.30 und 13 Uhr für US$7 in 6 Std.;
KRATIE, mit dem lokalen großen Minibus (eigener Sitz) um 8 und 13 Uhr für US$7 in 5 Std.;
PHNOM PENH, mit dem Express-Minibus um 7 und 13 Uhr für US$10 in 6 Std. Mit dem lokalen Minibus um 8.30 und 13 Uhr für US$8 in 8 Std.

Der Süden

Erst vor Kurzem wurden die südlichen Provinzen Sihanoukville, Kampot, Kep und Koh Kong aus ihrem touristischen Dornröschen-Schlaf geweckt. Dabei wartet die 435 km lange Küste, die sich am Golf von Thailand von Vietnam bis zur Provinz Trat in Thailand erstreckt, mit zauberhaften Naturlandschaften auf.

Zu den erschlossenen Stränden von **Sihanoukville** indes zieht es schon seit vielen Jahren Reisende – fast ein Dutzend Strände erstre-

cken sich rund um die Stadt. Einem tropischen Paradies gleichen die beiden vorgelagerten Inseln **Koh Rong** und **Koh Rong Samloem**. Sie bieten sanft geschwungene Buchten mit weißen Sandstränden und türkisblauem Wasser vor grünen Hügeln. Einfache Übernachtungsmöglichkeiten und Ruhe pur finden Reisende auf den Inseln **Koh Thmei**, **Koh Ta Kieu** oder **Koh Russei** mit ihren naturbelassenen gelben Sandstränden.

Das einnehmende Städtchen **Kampot** besticht durch die entspannte Atmosphäre am Fluss und einen Mix aus französisch und chinesisch geprägten Baustilen. Kampot ist zudem der Ausgangspunkt für interessante Ausflüge, etwa zum

Bokor-Nationalpark und zu umliegenden Höhlen. Im ruhigen Badeort **Kep** sind die frisch zubereiteten Krebse ein Muss.

Zwischen Sihanoukville und Koh Kong liegen die zwölf Inseln des **Koh-S'dach-Archipels**. Unterkünfte gibt es auf **Koh S'dach** und **Koh Totang**.

Der zu Unrecht kaum beachtete Ort **Koh Kong** an der thailändischen Grenze lockt Reisende mit menschenleeren Stränden. Im Hinterland erhebt sich das **Kardamom-Gebirge**, hier etablieren sich beachtenswerte Ökotourismus-Projekte, so in **Chi Phat**, einem sehenswerten Dorf am Phi-Pot-Fluss. Ein ähnliches Projekt wird am **Kirirom-Nationalpark** in Chambok angeboten.

Sihanoukville und Umgebung

Sihanoukville

Sihanoukville-Stadt („Downtown") [8155] liegt rund 230 km von Phnom Penh entfernt auf einer Halbinsel. Die Stadt dient Reisenden als Ausgangsort für Fahrten zu den Stränden und auf die Inseln. Da Sihanoukville-Stadt erst nach 1954 entstanden ist, kann die Stadt nicht mit typischer Kolonialarchitektur aufwarten. Die spärlichen Sehenswürdigkeiten liegen weit über das Stadtgebiet verstreut. Das Wahrzeichen Sihanoukvilles ist das 1996 erbaute **Golden Lions Monument**, am Beginn der Serendipity Beach Road. Quirlig geht es auf dem „neuen" Markt, **Psar Leu**, zu, wo neben Fischen und Meeresfrüchten auch Dinge des täglichen Bedarfs den Besitzer wechseln. Anderthalb Kilometer nördlich führt eine asphaltierte Straße auf den 132 m hohen Sihanoukville-Berg, auf dem Plateau liegt **Wat Leu** (Wat Chotynieng). Von hier oben genießt man einen schönen Blick über die Stadt. Die **Kirche St. Michael**, nahe Wat Leu, wurde 1962 von dem bekannten kambodschanischen Architekten Vann Molyvann (*1926) entworfen und erbaut. Der Besuch lohnt aufgrund der ausgefallenen Architektur. Sehenswert ist auch **Wat Krom** (Wat Utynieng), die Atmosphäre ist wunderbar ruhig, Palmen und Bodhi-Bäume begrünen die Anlage.

ÜBERNACHTUNG

Die Unterkünfte sind nicht günstiger als jene, die näher an den Stränden liegen. Aber Reisenden, die eine authentische Umgebung schätzen, ist eine Bleibe in „Downtown" zu empfehlen. Alle Strände sind mit dem Moped oder Tuk-Tuk in 5–20 Min. erreichbar. Alle Unterkünfte haben WLAN.
Geckozy Guesthouse, ☎ 012-495 825, 🖥 www.geckozy-guesthouse.com. 6 einfache Ventilator-Zimmer in einem Khmer-Holzhaus mit Moskitonetz und wenigen Rattanmöbeln. Gemütliches Restaurant und wunderbar großer Garten. ❶

The Small Hotel, ☎ 034-630 6161, 🖥 www.thesmallhotel.info, [9538]. Unter schwedisch-kambodschanischer Leitung. 11 gut eingerichtete Zimmer mit Schreibtisch, Schrank, TV, Minibar, Safe, DVD-Player. Bad mit Warmwasser. Gemeinschaftsbalkon, Restaurant. Reservierung empfohlen. ❷–❸

ESSEN

Einfache **Essensstände** gibt es am Psar Leu und in der St. 109 Richtung Nachtmarkt.
Ristorante Gelato Italiano, St. 108, ☎ 034-699 9900, 🖥 www.donbosco hotelschool.com. Es gibt westliches Frühstück, Khmer- und italienische Gerichte. Populär wegen der sehr guten Eiscreme. WLAN. ⏱ 7–21 Uhr.
Starfish Bakery Café, ☎ 012-952 011, 🖥 www.starfishcambodia. org. Allein das wunderbare Haus im Kolonialstil mit Garten ist einen Besuch wert. Dazu gibt es gutes Frühstück, Salate, Sandwiches. Im Souvenirshop werden Taschen aus Reissäcken, *kramas*, Pfeffer, Tee und Postkarten verkauft. Beschäftigt werden ausschließlich Menschen mit Behinderung. WLAN. ⏱ 7–17 Uhr.
Te Lee Hong I Restaurant, 7 Makara St., gegenüber Psar Leu. Einfaches Restaurant unter einem Wellblechdach. Beliebt bei Einheimischen. Die englischsprachige Speisekarte bietet Fisch, Krebs, Frosch sowie Schweine- und Rinderfleisch. WLAN. ⏱ 16–21 Uhr.

EINKAUFEN

Bücher
Mr. Heinz Bookshop, Ekareach St. Gebrauchte Bücher um US$5. ⏱ 9–18 Uhr.

Supermärkte
Samudera Market, 7 Makara St., ☎ 034-933 441. Der große Supermarkt bietet Souvenirs, Drogeriewaren, Babyartikel, Weine, Spirituosen, Vollkornbrot, Obst, Gemüse, Käse und Wurst. ⏱ 7–22 Uhr.

AKTIVITÄTEN

Die meisten **Wassersportangebote** gibt es am Strand Otres I. Auf dem Gelände des Queenco Palm Beach Hotels können Body Boards,

Kochen lernen

Abwechslung vom Strand bietet **Traditional Khmer Cookery Classes**, 335 Ekareach St, ℡ 092-738 615, 🖥 www.cambodiancookery classes.com. Max. 8 Teilnehmer kochen unter kompetenter Anleitung auf der Dachterrasse eines typischen Khmer-Hauses 3 Gerichte. US$23 inklusive Getränk und Rezeptkarten. Ab 2 Pers., mit Voranmeldung. ⊕ Mo–Sa 10–14 Uhr.

Surfbretter, Kajaks, Katamarane, Tretboote und Kajaks ausgeliehen werden. Anbieter von Jetskies und Bananenbooten finden sich am Ochheuteal-Strand. Tauchen s. Kasten S. 626.

TOUREN

Reiseveranstalter

Hana Travel, Otres I, ℡ 034-653 3000. Organisiert Bus- und Bootstickets, Geldtausch und Visaverlängerung. Mopedverleih ab US$6/Tag. Internet US$1/Std., Wäscheservice ab US$1/kg. ⊕ 7–21 Uhr.

Mottah Cambodia Travel, Ekareach St., ℡ 012-996 604, 🖥 www.mottah.com. Besitzerin Nay spricht Deutsch und bietet viel Service: Flüge, Bustickets, Inseltrips, Visa, Geldwechsel, Fax, Kopien, Internet US$1/Std. ⊕ 7–21 Uhr.

Stray Dog Adventures, 14 Mithona St., ℡ 017-810 125, 🖥 www.straydogasia.com. Geführte Motocrosstouren rund um Sihanoukville. Tagestour US$80. Mehrtagestouren ab US$90/Tag.

Tagestouren

Nahezu alle Reisebüros und Guesthouses bieten die folgenden Touren an:

3 Insel-Tour: Schnorcheltour zu 3 nahe gelegenen Inseln. Auf Koh Russei legen die Boote für ein Mittagessen an. Inkl. Abholung, Essen, Schnorchelausrüstung US$15 p. P.

Partyboot, ℡ 034-666 6106, 🖥 www.theparty boat.asia. Tagesausflug nach Koh Rong Samloem. 3 Decks mit Bar, Sonnendeck und DJ. Partyspaß pur – die Rückfahrt wird mit exzessiven Trinkspielen verkürzt. Inkl. Essen und Schnorchelausrüstung, US$25.

Romny Travel, ℡ 016-861 459, ✉ romnytour@yahoo.com. Tgl. Bootstouren mit einem eigenen umgebauten Fischerboot nach Ko Rong Samloem und Ko Rong für US$15.

SONSTIGES

Apotheken

Pharmacy Chamroeum Chanlida, Ekareach St., ℡ 034-934 748. Gute Auswahl an Original-Medikamenten und Kosmetikprodukten. ⊕ 9–23 Uhr.

Diplomatische Vertretungen

Vietnamesisches Konsulat

310 Ekareach St., ℡ 034-933 466. Die Beamten stellen sofort ein 30-Tage-Visum für Vietnam aus, US$60. Ein Passbild ist nicht notwendig. ⊕ Mo–Fr 8–12 und 14–16, Sa 8–12 Uhr.

Fahrrad- und Motorradverleih

In den Hotels, Guesthouses und Restaurants. Fahrräder für US$2/Tag. Mopeds ab US$4/Tag. Gute 250er-Crossmaschinen über **Stray Dog** (s. links) ab US$20.

Geld

Der Samudera-Supermarkt tauscht Bargeld und löst Reiseschecks ein.

Geldautomaten überall in Sihanoukville-Stadt, Serendipity Beach Rd. und Victory Hill. Filialen mehrer Banken an der Ekareach St. Ohne Transaktionsgebühr.

Canadia Bank, 197 Ekareach St. Geldautomaten akzeptieren Visa- und MasterCard, ⊕ Mo–Fr 8–15.30, Sa 8–11.30 Uhr.

Medizinische Hilfe

CT Clinic, 47 Boray Kamakor St., ℡ 034-936 666, Notfall-℡ 081-886 666. Gute Adresse bei schweren Erkrankungen. Unfallversorgung, Evakuierungsflüge. Erstkonsultation US$20. ⊕ 24 Std.

Sihanoukville International Clinic, Ekareach St., ℡ 034-933 911, Notfall-℡ 097-891 1911. Gut ausgestattete Klinik mit russischen, chinesischen und kambodschanischen Ärzten. Erstkonsultation US$10–30. 24-Std.-Notdienst.

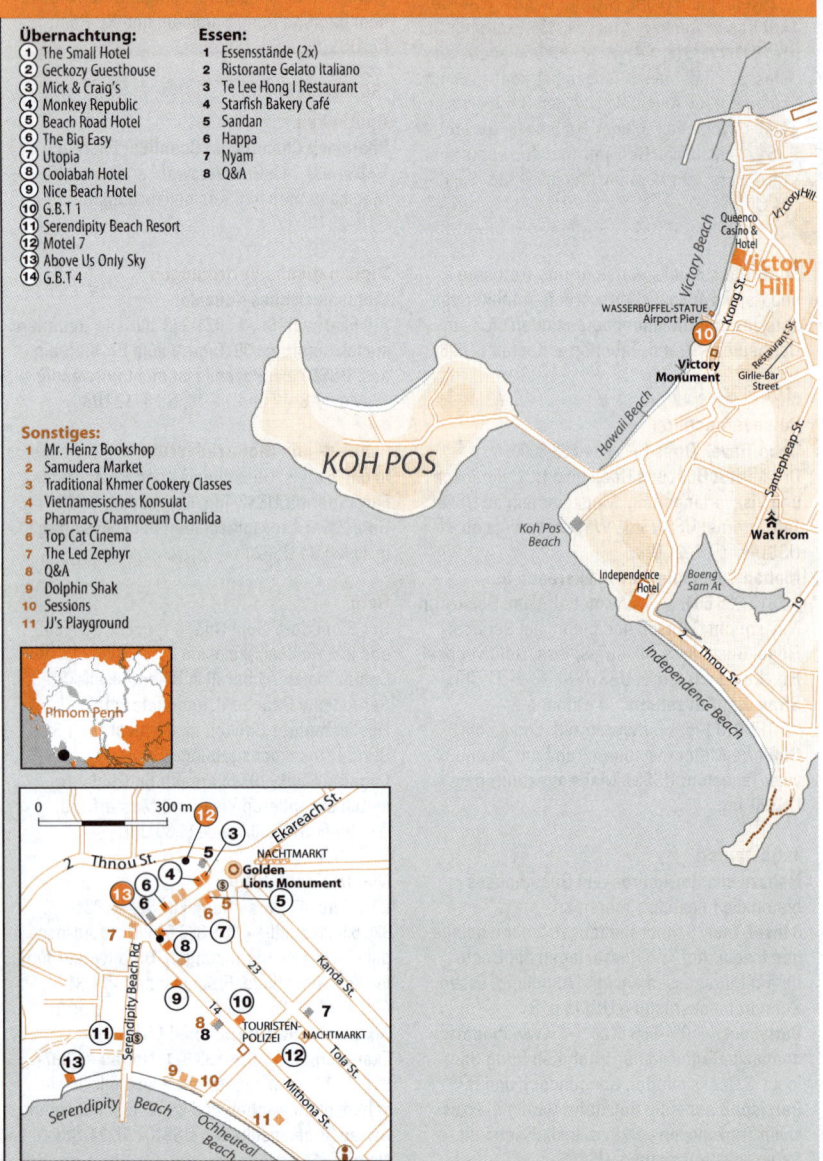

Sihanoukville

Übernachtung:
1. The Small Hotel
2. Geckozy Guesthouse
3. Mick & Craig's
4. Monkey Republic
5. Beach Road Hotel
6. The Big Easy
7. Utopia
8. Coolabah Hotel
9. Nice Beach Hotel
10. G.B.T 1
11. Serendipity Beach Resort
12. Motel 7
13. Above Us Only Sky
14. G.B.T 4

Essen:
1. Essensstände (2x)
2. Ristorante Gelato Italiano
3. Te Lee Hong I Restaurant
4. Starfish Bakery Café
5. Sandan
6. Happa
7. Nyam
8. Q&A

Sonstiges:
1. Mr. Heinz Bookshop
2. Samudera Market
3. Traditional Khmer Cookery Classes
4. Vietnamesisches Konsulat
5. Pharmacy Chamroeum Chanlida
6. Top Cat Cinema
7. The Led Zephyr
8. Q&A
9. Dolphin Shak
10. Sessions
11. JJ's Playground

KOH POS

Queenco Casino & Hotel

Victory Hill

WASSERBÜFFEL-STATUE
Airport Pier

Victory Monument

Girlie-Bar Street

Restaurant St.

Howoli Beach

Santepheap St.

Koh Pos Beach

Wat Krom

Independence Hotel

Boeng Sam At

Thnou St.

Independence Beach

19

Phnom Penh

0   300 m

Ekareach St.

Thnou St.

NACHTMARKT

Golden Lions Monument

Kanda St.

TOURISTEN-POLIZEI

NACHTMARKT

Tola St.

Mithona St.

Serendipity Beach Rd.

Serendipity Beach

Ochheuteal Beach

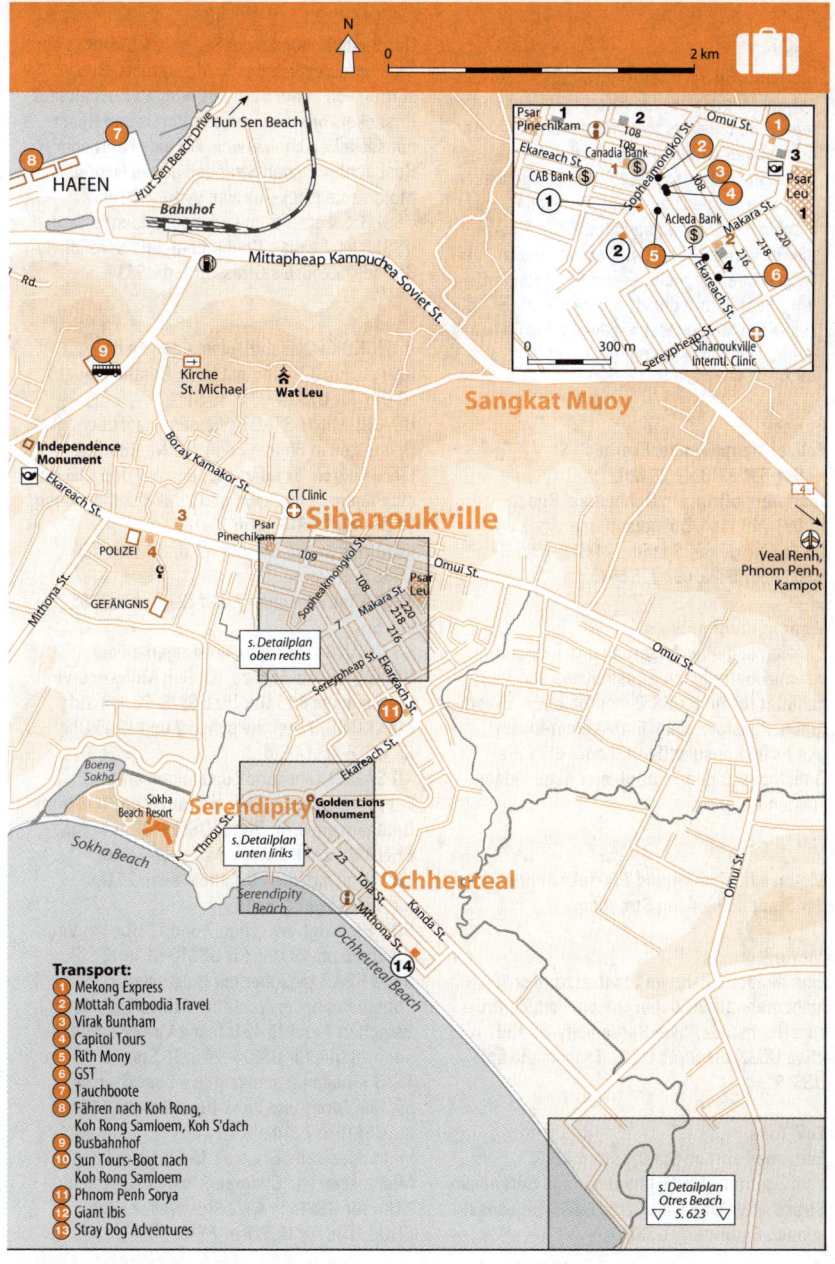

N 0   2 km

Hun Sen Beach
Hut San Beach Drive
HAFEN
Bahnhof
Mittapheap Kampuchea Soviet St.

Psar Pinechikam
Ekareach St.
Canadia bank
CAB Bank
Acleda Bank
Makara St.
Ekareach St.
Omui St.
Psar Leu
Sereypheap St.
Sihanoukville Internt. Clinic

0   300 m

Rd.

Kirche St. Michael
Wat Leu
Sangkat Muoy
Boray Kamakor St.

Independence Monument
Ekareach St.
CT Clinic
Sihanoukville

POLIZEI
GEFÄNGNIS
Mithona St.
Psar Pinechikam
109
Sophealmongkol St.
Makara St.
Psar Leu
Omui St.

s. Detailplan oben rechts

Veal Renh, Phnom Penh, Kampot

Sereypheap St.
Ekareach St.
Omui St.

Boeng Sokha
Sokha Beach Resort
Serendipity
Golden Lions Monument

Sokha Beach

s. Detailplan unten links

Thnou St.
Serendipity Beach
Tola St.
23
Mithona St.
Kanda St.
Ochheuteal

Ochheuteal Beach

Transport:
1 Mekong Express
2 Mottah Cambodia Travel
3 Virak Buntham
4 Capitol Tours
5 Rith Mony
6 GST
7 Tauchboote
8 Fähren nach Koh Rong, Koh Rong Samloem, Koh S'dach
9 Busbahnhof
10 Sun Tours-Boot nach Koh Rong Samloem
11 Phnom Penh Sorya
12 Giant Ibis
13 Stray Dog Adventures

s. Detailplan Otres Beach ▽ S. 623 ▽

Achtung Verkehrskontrolle

Die Polizei in Sihanoukville kontrolliert Ausländer auf Mopeds besonders gern. Offiziell verboten ist es, tagsüber mit Licht zu fahren. Außerdem besteht Helmpflicht für den Fahrer, und das Motorrad muss einen Außenspiegel haben. Verstöße werden nach dem offiziellen Bußgeldkatalog mit US$4–5 geahndet. Einige Polizisten, die ihr karges Gehalt aufbessern wollen, verlangen deutlich mehr. Entweder auf eine Quittung bestehen, oder den Vorfall auf der Polizeiwache klären lassen – dieses Ankündigung schreckt die meisten Polizisten ab.

Polizei

Polizei-Hauptwache, Ekareach St., ✆ 034-631 3313. ⏲ 24 Std.
Touristenpolizei, am Ochheuteal Beach, ✆ 097-749 1144. Dolmetscherservice von 10–15 Uhr, gegen Spende. 24-Std.-Notruf ✆ 034-657 9888, 097-725 5543.

Visaangelegenheiten

Die einmalige Verlängerung des Touristenvisums übernehmen Guesthouses und Touranbieter für rund US$50 innerhalb von 3 Werktagen. Passfoto nötig. Ein Vietnam-Visum gibt es im Konsulat (S. 617) oder über die Guesthouses und Touranbieter gegen einen kleinen Aufpreis.

NAHVERKEHR

Motorradtaxifahrer und Tuk-Tuks überall in der Stadt und an den Stränden.

Motorradtaxis

Eine einfache Fahrt im Stadtzentrum sollte nicht mehr als 2000 Riel kosten. Vom Zentrum zum Ochheuteal- und Serendipity-Strand etwa US$2, bis Otres US$3. Tagesmiete um US$15.

Tuk-Tuks

Einfache Fahrt im Stadtzentrum US$1.
Vom Zentrum zum Ochheuteal- und Serendipity-Strand etwa US$3, bis Otres US$5. Tagesmiete je nach Entfernung US$20.

TRANSPORT

Der **Busbahnhof**, Soviet St., ✆ 034-934 189, liegt 3 km nordwestlich des Stadtzentrums. Busse starten von ihrem Büro aus oder ab Busbahnhof. Bustickets organisieren alle Hotels und Guesthouses inkl. Abholservice. Für eine Fahrt vom Busbahnhof zu den Stränden gelten Fixpreise. Motorradtaxi/Tuk-Tuk zum Victory-Strand US$1/3, Stadtzentrum und Independence-Strand US$1,50/4, Sokha-, Ochheuteal- und Serendipity-Strand US$2/6, bis Otres-Strand US$3/8.

Busse

BANGKOK (Thailand), umsteigen an der Grenze, um 8.15 Uhr; mit Virak Buntham auch 20 Uhr, für US$26–30 in 15 Std.;
HO-CHI-MINH-STADT (Vietnam), tagsüber mit Umsteigen in Phnom Penh, die Nachtbusse fahren durch: 8x tgl. zwischen ca. 7 und 8.30 Uhr; mit Phnom Penh Sorya und Virak Buntham auch 20 Uhr, für US$16–25 in 10–13 Std.;
KAMPOT, 3x tgl. zwischen 7 und 12 Uhr für US$6 in 3 Std.;
KEP, 3x tgl. zwischen 7 und 12 Uhr für US$8 in 4 Std.;
KO CHANG (Thailand), umsteigen an der Grenze, Bus und Fähre; mit Rith Mony und Virak Buntham um 8.15 Uhr für US$26–28 in 9 Std.;
KOH KONG, 7x tgl. zwischen 7 und 13.45 Uhr für US$6–9 in 4 Std.;
KO SAMET (Thailand), umsteigen an der Grenze, Bus und Fähre; mit Rith Mony und Virak Buntham um 8.15 Uhr für US$26–30 in 11 Std.;
PHNOM PENH, 39x tgl. zwischen 7 und 17.45 Uhr, mit Virak Buntham auch 20 Uhr, für US$5–12 in 4–5 Std.;
POIPET, 6x tgl. zwischen 7 und 17 Uhr, mit Virak Buntham um 20 Uhr, für US$16–28 in 12 Std.;
SIEM REAP, tagsüber mit Umsteigen in Phnom Penh, der Nachtbus fährt durch: 13x tgl. zwischen 7 und 13.45 Uhr, mit Virak Buntham auch 20 Uhr, für US$14–24 in 10 Std.;
TRAT (Thailand), umsteigen an der Grenze; mit Rith Mony und Virak Buntham um 8.15 Uhr für US$19 in 7 Std.;
Vietnamesische Grenze (HA TIEN), mit den Minibussen von Champa-Mekong-Travel um 8 Uhr für US$14 in 4 1/2 Std., weiter nach PHU QUOC für US$25 in 7 Std.

Sammeltaxis

Sammeltaxis stehen am **Busbahnhof** und **Psar Leu**. Sie starten, sobald genügend Passagiere beisammen sind: 5–7 Pers. Als Richtpreis für einen Sitzplatz einfach den Gesamtpreis durch 6 Personen dividieren. KAMPOT US$35 in 2 Std.; KEP US$40 in 2 1/2 Std.; KOH KONG US$60 in 3 1/2 Std.; PHNOM PENH US$55 in 3 1/2 Std.

Schiffe

KOH RONG, um 9 und 14 Uhr mit dem I-Speedboot, 🖳 www.seacambodia.asia, in 20 Min. für US$30; um 8.30, 11 und 15 Uhr mit Speed Ferry, 🖳 speedferrycambodia.com, in 45 Min. für US$20, beide von Serendipity-Pier (jeweils hin und zurück); um 9 und 15 Uhr mit der Fähre für US$10 in 2 Std. ab Sihanoukville-Hafen, Royal Pier.
KOH RONG SAMLOEM, um 10 und 15 Uhr mit dem I-Speedboot in 15 Min. für US$30; um 8.30 und 15 Uhr mit Speed Ferry in 45 Min. für US$20, beide von Serendipity-Pier (jeweils hin und zurück); um 9 Uhr mit der Fähre für US$10 in 2 Std. ab Sihanoukville-Hafen, Royal Pier.
KOH S'DACH, um 12 Uhr mit dem Versorgungsboot für US$15 in 4 1/2 Std. ab Sihanoukville-Hafen, Royal Pier.

Flüge

Der **Flughafen Sihanoukville** liegt etwa 20 km vom Stadtzentrum entfernt. In der Hauptsaison (Nov–April) tgl. Flüge nach SIEM REAP, ab US$116 in 1 Std. mit Cambodia Angkor Air, 🖳 www.cambodiaangkorair.com.

Die Strände bei Sihanoukville

Nicht nur Backpacker zieht es an die geschwungenen Buchten mit ihren feinen weißen kasuarinengesäumten Stränden, auch Pauschal- und einheimische Touristen rollen hier das Badehandtuch aus. Dank der großen Auswahl findet fast jeder seinen eigenen Lieblingsstrand. Das touristische Herz schlägt an der **Serendipity Beach Road** [9539]. Reisende erwarten hier alle Annehmlichkeiten eines Strandortes. Der schmale westliche **Serendipity-Strand** ist überwiegend felsig.

Östlich des Piers schließt sich der 3 km lange **Ochheuteal-Strand** [9552] an. Viele Strandrestaurants, die ihre Tische, Liegestühle und Sonnenschirme dicht an dicht aufbauen, säumen den weißen Sandstreifen. Pausenlos laufen Verkäufer-/innen den Strand ab, die Obst, Essen, Schmuck, Bootstouren, Massagen, Maniküre und Beinenthaarung anbieten. Abends, wenn überall der Geruch von Gegrilltem in der Luft liegt, herrscht eine tolle Atmosphäre.

Otres Beach liegt 6 km südöstlich von Sihanoukville-Stadt. Der von Kasuarinen gesäumte weiße Sandstrand ist 4 km lang und vom Ochheuteal-Strand über eine Landzunge zu erreichen. Otres ist in Strand I und II geteilt, das mittlere Stück ist noch unbebaut. **Otres I** [9561] ist gesäumt von einfachen Anlagen und Restaurants – die Atmosphäre ist lässiger als am hektischeren Ochheuteal Beach. Am weißen Sandstrand **Otres II** [9569] geht es noch ruhiger zu. Die ersten schicken hochpreisigen Bungalowanlagen haben hier bereits eröffnet. Die Bungalows stehen auf dem Sand oder auf der anderen Seite einer roten Staubstraße (S. 623).

Hinter einer Felsen-Halbinsel westlich des Serendipity-Strandes liegt der breite, von Palmen und Kasuarinen gesäumte weiße **Sokha Beach**. Das 5-Sterne-Hotel Sokha Beach Resort beansprucht fast den ganzen Strand. Nur ein kleines Stück im Osten ist frei zugänglich, hier ist kaum etwas los.

Richtung Westen schließt sich der 1 km schöne, ruhige **Independence Beach** an. Benannt ist er nach dem exklusiven Independence Hotel am Westende. Zahlreiche Restauranthütten oberhalb der Strandmauer sorgen für das leibliche Wohl. Der lange, mittlere Strandabschnitt ist nicht bebaut und naturbelassen. Das Wasser ist ideal für Schwimmer, es wird recht schnell tief.

Koh Pos Beach ist eine winzige Bucht, hinter deren Sandstreifen die Tische des chinesischen Seafood-Restaurants Treasure Island stehen.

Die gigantische Brücke führt zur Insel **Koh Pos** (Schlangeninsel). Mit internationalem Geld und dem Segen der Tourismusbehörde wird auf der Insel das **Morakot Island Resort** errichtet, 🖳 www.morakotisland.com. Hotels, Villen, Eigentumswohnungen, Shops und Restaurants sollen dort bis 2016 entstehen.

Am Fuße der Koh-Pos-Brücke Richtung Norden folgt der schmale **Hawaii Beach (Lamherkay Beach)**. An der Investitionsruine des Emario Beach Resorts vorbei, gelangt man zu dem mit Laubbäumen und Dutzenden Restaurants gesäumten Strand. Überdachte Tische und Liegestühle stehen bis zur Wasserlinie.

Victory Beach [9575] ist ein 1 km langer, goldbrauner, schmaler Sandstreifen. Bei den Restauranthütten noch relativ gepflegt, wird der Strand Richtung Hafen immer schmutziger.

4 km nördlich des Hafens liegt der einsame **Hun Sen Beach (Prek Treng Beach)**. Der Strand mit den überdachten Beton-Holzsalas ist unberührt, naturbelassen, und nur wenige Kasuarinen oder Palmen spenden Schatten. Das Wasser ist hier sehr flach.

ÜBERNACHTUNG

Serendipity

Above Us Only Sky, am Strand, ✆ 097-744 7350, 🖳 www.aboveusonlysky.net, [9547]. Großzügige Steinbungalows mit Palmdach im Hang. Innen Rattanmöbel, Terrakottaboden, getönte Wände, TV, Kühlschrank. Auf der Terrasse kann man von gemütlichen Korbsesseln aus aufs Meer schauen. ❹

Besser reservieren

Nicht nur zur Hauptreisezeit Anfang Dezember bis Ende Februar wird es voll, auch an Feiertagen wie dem kambodschanischen Neujahr Mitte April machen sich viele Kambodschaner Richtung Sihanoukville und zu den Inseln auf. Es gilt: besser sehr früh buchen. Wer zu dieser Zeit hier ist, sollte belebte Strände mögen und wissen, dass die Preise um bis zu 25 % steigen.

Mick & Craig's, Serendipity Beach Rd., ✆ 034-934 845, 🖳 www.mickandcraigs.com, [9541]. 17 Zimmer im Innenhof mit Veranda oder im Obergeschoss an einem umlaufenden Balkon. Modern, klein und mit dem Nötigsten möbliert. Schönes Bad mit abgetrennter Dusche. Ventilator oder AC. Restaurant, Billard, Buchladen. ❷

Monkey Republic, Serendipity Beach Rd., ✆ 092-000 000, 🖳 www.monkeyrepublic.info. Beliebt bei Travellern. Schönes Restaurant im Hacienda-Stil. Dahinter liegen die mit Kaltwasser und Ventilator ausgestatteten Zimmer um einen Innenhof. ❷

Serendipity Beach Resort, Serendipity Beach Rd., ✆ 034-938 888, 🖳 www.serendipitybeachresort.com, [9549]. Tadellose, modern gestaltete AC-Zimmer. Großzügig, hell, mit einer bunten Wand und farbig abgestimmter Sitzgarnitur. Bäder in angesagtem Braun und Wanne mit Zimmerblick. 20-m-Pool. ❹

The Big Easy, Serendipity Beach Rd., ✆ 081-943 930, 🖳 www.thebigeasy.asia, [9546]. Die Anlage hat den Backpacker-Charme vergangener Zeiten: 20 einfachste nette Holzhütten in einem kleinen Garten. Ventilator, Bad mit Kaltwasser. Restaurant. ❶

€ **Utopia**, Serendipity Beach Rd., Ecke 14 Mithona St., ✆ 034-934 319, 🖳 www.utopia-cambodia.com. Großer Innenhof mit Pool, Bar, Tischtennis. Dormbetten ab US$1 mit Ventilator ohne Fenster oder mit AC für US$2,50. Hier ist immer etwas los. Abends gibt es Filme, Partys und günstige Happy-Hour-Angebote (z. B. Bier für US$0,25). ❶

Ochheuteal

In den Straßen parallel zum Strand entstehen mehr und mehr Hotels und Guesthouses.

🛏 **Coolabah Hotel**, 14 Mithona St., ✆ 017-678 218, 🖳 coolabah-hotel.com, [9558]. Geschmackvolles Boutiquehotel mit unterschiedlich gestalteten Zimmern an einem Balkon. Helle Fliesenböden, farbige Wände, AC, Minibar. Schicke helle Bäder. Im Innenhof ein kleiner Pool. ❸–❺

G.B.T 1, 14 Mithona St., ✆ 016-210 222, [9554]. DieTravellerunterkunft bietet Holz-Bungalows mit Veranda, AC, TV und Warmwasser.

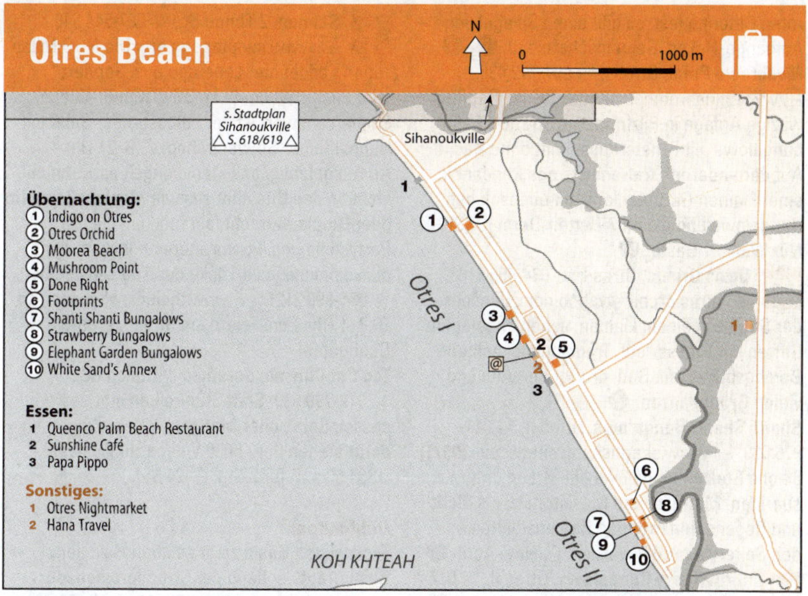

s. Stadtplan
Sihanoukville
△ S. 618/619 △

Sihanoukville

Übernachtung:
1 Indigo on Otres
2 Otres Orchid
3 Moorea Beach
4 Mushroom Point
5 Done Right
6 Footprints
7 Shanti Shanti Bungalows
8 Strawberry Bungalows
9 Elephant Garden Bungalows
10 White Sand's Annex

Essen:
1 Queenco Palm Beach Restaurant
2 Sunshine Café
3 Papa Pippo

Sonstiges:
1 Otres Nightmarket
2 Hana Travel

Otres I

@

Otres II

KOH KHTEAH

KAMBODSCHA

Günstiger sind die recht dunklen Holz-Reihen-Zimmer mit TV, Ventilator und Kaltwasser. Großes Restaurant. ①–②

G.B.T. 4, 14 Mithona St., ☎ 016-999 383. Ruhig liegen die einfachen Zimmer rund um einen begrünten Innenhof. Ventilator oder AC, Bäder mit Warmwasser. Restaurant. ①–②

Motel 7, 14 Mithona St., ☎ 016-411 313, ✉ cambodiamotel7@yahoo.com, [9556]. Einfache, geschmackvolle Zimmer in einem 2-stöckigen Gebäude rund um eine Rasenfläche: Terrakottaböden, schwarze Möbel, TV, Kühlschrank. Helle Bäder mit Warmwasser. Ventilator oder AC. ②

Nice Beach Hotel, 14 Mithona St., ☎ 034-659 4999, 🖳 www.nicebeach-hotel.com, [9559]. Sehr geräumige helle Zimmer im Obergeschoss. Fliesenboden, modern grau gestrichene Wände, TV, Kühlschrank, Schrank. Alle Bäder mit Wanne und Toilettenartikeln. Inkl. Frühstück. ③–④

Otres I und Otres II Beach

Die Übernachtungspreise sind höher als an den anderen Stränden. Alle bieten kostenl. WLAN.

 Done Right, Otres I, ☎ 034-630 1100, 🖳 www.doneright.se. Pueblos-Stil-Rundhütten mit Dreiecksfenster und Bad. Einfache Zimmer mit Gemeinschaftsbad über dem Restaurant. Kleines Fitnessstudio. ②–③

Elephant Garden Bungalows, Otres II, ☎ 034-659 0222, 🖳 www.elephant-garden.com. 2 Löwenstatuen bewachen den Strand mit Massageplattform, Liegeflächen und Aussichtsterrasse. Zimmer verschiedenster Kategorien. Alle sind geschmackvoll dekoriert. Gutes Restaurant. Unbedingt reservieren. ②–⑥

Footprints, Otres II, ☎ 097-262 1598, ✉ footprints.otres@gmail.com. Beliebte Travellerunterkunft. Dormbetten mit Ventilator, US$6. Im Garten hübsche Steinbungalows mit Gemeinschafts- oder privatem Bad. ②–③

Indigo on Otres, Otres I, ☎ 097-937 5100. 2 eng stehende Reihen kleiner viereckiger Palmhütten. Innen recht gemütlich mit türkisfarben gestrichenem Steinboden und weißen Möbeln. Gemeinschaftsbad. ②–③

Moorea Beach, Otres I, ☎ 097-732 4237, ✉ beachmoorea@yahoo.fr. In den runden kleinen Schilfhütten liegt die Matratze auf einem roten Betonpodest, es gibt einen Spiegel und Aufhänge-Haken. Gemeinschaftsbad. ❶ – ❷

Mushroom Point, Otres I, ☎ 097-712 435, 🖥 www.mushroompoint.com, [9564]. Gepflegte witzige Anlage in Pilzform: Am Strand 5 Palm-bungalows mit Fensterausschnitt ohne Bad. Auf der anderen Straßenseite das Pendant in einer kleinen Gartenanlage mit ebensolchen Bungalows und einem 7-Betten-Dorm (US$10). Nur Walk-in-Gäste. ❸

Otres Orchid, Otres I, ☎ 034-455 6168, ✉ otres.orchid@yahoo.com. Jenseits der Straße in einem kleinen, schön angelegten Garten mit Wasserlauf. Traditionelle einfache Bambushütten mit Bad, großer Veranda und vielen Grünpflanzen. ❷

Shanti Shanti Bungalows, Otres II, ☎ 011-976 069, 🖥 www.shantishanti.sitew.com, [9571]. 6 hohe Stelzenbungalows am Strand unter Ka-suarinen. Matratze und Moskitonetz, als Sicht- und Regenschutz können Bambusmatten an den Seiten abgerollt werden. ⏰ Nov–April. ❷

Strawberry Bungalows, Otres II, ☎ 017-777 545, 🖥 www.strawberry-cambodia. com, [9572]. Einfache Ventilator-Holzhütten auf Stelzen im Sand, jenseits der Straße. Alle mit Veranda, Bett, Moskitonetz, Ablage und gefliestem Bad. Die Bungalows stehen in einem üppigen tropischen Garten. ❸

White Sand's Annex, Otres II, ☎ 088-619 4741, ✉ whitesandbungalow@gmail.com, [9573]. 8 mit Schilf eingedeckte Rundhütten auf dem Strand. Innen mit einem Bett, Nachtschränk-chen und Sitzgelegenheit. Gemeinschaftsbad mit Warmwasser. Stylische Bar am Strand. ❸

ESSEN UND UNTERHALTUNG

Serendipity

Die Auswahl an Restaurants entlang der Serendipity Beach Rd. ist beachtlich. Rund um das Golden Lions Monument werden abends Essensstände aufgebaut, die angrenzenden einfachen Restaurants servieren Gerichte zwischen 6000 und 10 000 Riel.

Happa, Serendipity Beach Rd., ☎ 034-934 380. Serviert japanische Teppan-Gerichte (auf heißem Stein zubereitet), Sushi und Sashimi, aber auch köstliche Khmer-Gerichte wie Bananenblütensuppe. ⏰ 17–22 Uhr.

Sandan, 2 Thnou St., ☎ 087-544 540, 🖥 www.mloptapang.org. Die NGO M'lop Tapang bildet hier Lehrlinge aus. Serviert wird ausgezeichnete kreative Khmer-Küche. Empfehlenswert ist der Lotosstengel-Salat mit Huhn. Kleiner Souvenirshop. ⏰ 8–21 Uhr.

An Ausgehmöglichkeiten mangelt es wahrlich nicht. In den Guesthouses wie **Monkey Republic** oder **Utopia** herrscht fast rund um die Uhr Partystimmung. Etwas älteres Publikum zieht die kommunikative Theke des **The Led Zephyr**, ☎ 034-698 2121, 🖥 www.theledzephyr.com, an, ⏰ 7–1 Uhr. Zum Feiern am Strand, s. unten, Ochheuteal.

Top Cat Cinema, Serendipity Beach Rd., ☎ 012-790 630. Statt Stuhlreihen gibt es Korb-sessel, Sofas oder Matratzen. Kein Programm, dafür stehen über 6000 Videos zur Auswahl. US$4,50 p. P. für 2 Std. ⏰ 24 Std.

Ochheuteal

Die meisten Gäste zieht es abends zu den Restaurants entlang der Strandpromenade. Das Angebot ist fast überall identisch: Frisch gegrilltes Seafood für rund US$4. Abwechslung vom Strand bieten folgende Restaurants:

Nyam, 23 Tola St., ☎ 092-738 615, 🖥 www.nyamsihanoukville.com. Exzel-lente traditionelle Khmer-Küche, u. a. Pomelo-Salat mit Shrimps, Fisch-*amok* und karameli-sierter Süßwasserfisch. ⏰ 17–22 Uhr.

Q&A, 14 Mithona St., ☎ 012-598 072. Neben einer tollen Buchauswahl gibt es in dem gemütlichen Café vietnamesische, thailän-dische und kambodschanische Spezialitäten. Gute vietnamesische Nudelsuppe *(pho)*. WLAN. ⏰ 8–22 Uhr.

Neben den Restaurants gibt es 3 angesagte Strandbuden, **Dolphin Shak**, **JJ's Playground** und **Sessions**. Hier wird es ab 23 Uhr voll. Bis in die Morgenstunden legen DJ's auf.

Otres I und Otres II Beach

Die Restaurantauswahl am **Otres I** Strand ist groß. Gegen Verzehr sind die Liegestühle auf dem Strand kostenlos. Das **Queenco Palm Beach Restaurant** bietet nicht nur internatio-nale Gerichte und BBQ-Fastfood, sondern auch Minigolf, Boule, Boutiquen, Billard, Massage und die schicksten Liegeflächen mit dicken Matratzen. ⏰ 7–21 Uhr. Bei **Papa Pippo** gibt es exzellente italienische Küche mit hausgemachter Pasta und Pizza, ⏰ 9–21 Uhr. Das gemütliche **Sunshine Café** offeriert gute Khmer-Küche am Strand. ⏰ 8–21 Uhr.

Das Essen am **Otres II** ist teurer als an den anderen Stränden. Meist isst der Gast in einem der Hotelrestaurants.

Jeden Samstag findet der **Otres Nightmarket** statt. An kleinen Buden werden Schmuck, Kleidung, Getränke und diverse Speisen angeboten. Livemusik.

16 HIGHLIGHT

Die Inseln vor Sihanoukville

Die hügeligen Inseln vor der Küste sind von Dschungel bedeckt, zahlreiche Strände und kleine unentdeckte Buchten säumen die Küstenlinie. Meist spenden Kasuarinen oder Laubbäume Schatten, hin und wieder ragen Kokospalmen bis zum türkisfarbenen Wasser. Die Inseln eignen sich perfekt für ein paar relaxte Strandtage. Bisher stehen fast nur einfache Holzhütten mit Palmdach an den Stränden, die überwiegend Backpacker anziehen. Südseeträume werden an den blütenweißen Stränden von **Koh Rong** (s. unten) und **Koh Rong Samloem** (S. 627) wahr. Aber auch **Koh Russei**, **Koh Ta Kieu** [9583] und **Koh Thmei** [9588] mit nur wenigen Bungalowanlagen sind für Ruhesuchende ideal. Auf den Inseln gibt es keine befestigten Straßen oder Mopeds, alle Strände werden von Booten angesteuert. Strom gibt es häufig nur in den Abendstunden zwischen 18 und 23 Uhr. Fast alle Bungalowanlagen sind ganzjährig geöffnet.

Koh Rong

Mit 70 km² ist Koh Rong [9589] die größte Insel vor der Küste von Sihanoukville. Sie gleicht mit fast 20 weißen Sandstränden und den dahinter aufragenden bewaldeten Hängen einem tropischen Inseltraum. Ein paar schmale Pfade durchziehen die Hügel. Die meisten der Buchten sind touristisch noch unerschlossen. Nur der **Koh Tui Beach** ist inzwischen recht dicht bebaut, am 6 km langen einsamen **Sok San Beach** stehen nur wenige Anlagen, während es am **Long Set**, **Lazy** und **Palm Beach** nur eine einzige Bungalowanlage mit wenigen Hütten gibt. Insgesamt sind die Übernachtungspreise deutlich höher als auf dem Festland, für eine einfache Hütte mit Bad werden US$30 bis US$50 verlangt.

Koh Tui Beach

Koh Tui ist eine 800 m lange, malerisch geschwungene Bucht mit weißem, feinem Sand. Im Dorf am südlichen Strandende sind aus den Fischerhäusern einfache Guesthouses geworden. Fast ausschließlich junge Backpacker zieht es an diesen Strand. Kleine Shops versorgen Touristen mit dem Nötigsten.

ÜBERNACHTUNG UND ESSEN

Die Unterkünfte auf Koh Rong sind alle einfach, meist handelt es sich um Holzhütten mit Palmdach. Strom kommt über einen Generator, in fast allen Unterkünften nur zwischen 18 und 23 Uhr. Viele Unterkünfte bieten bereits WLAN.

Achtung Plagegeister

Je nach Jahreszeit quälen **Sandfliegen** die Sonnenhungrigen. Der Stich kann einen Juckreiz auslösen, der bis zu zwei Wochen anhält, selten kommt es auch zu allergischen Reaktionen. Auf jeden Fall sollte man dafür sorgen, dass sich die Stelle nicht durch heftiges Kratzen entzündet. Schutz bietet dick auf die Haut aufgetragenes Kokosnuss- oder Babyöl, durch die Ölschicht gelangen die winzigen Quälgeister nicht. Reisende berichten von kurzzeitigen Plagen auf Koh Rong, Koh Rong Samloem und Koh Kong.

Probleme mit **Bettwanzen** schildern Traveller aus den einfachen Unterkünften auf Koh Rong. Bei allergisch reagierenden Menschen schwillt die Stelle an, am besten hilft dann ein Antihistaminikam. Reisende können vor Bezug unter das Laken schauen, kleine schwarze Punkte auf der Matratze deuten auf Ausscheidungen der Wanzen hin – dann hilft nur noch das Bett wechseln.

Coco Bungalow, ☎ 016-592 177. Hinter dem Dorf 18 Bungalows in einem Palmengarten. Einige mit Gemeinschaftsbad, die anderen auf dem Hügel mit Bad und wunderbarer Aussicht von der Veranda. ❷–❸

Monkey Island, Strandmitte, ☎ 090-656 475, 🖳 monkeyisland-kohrong.com, [9591]. 20 Holz-Palmdachbungalows bilden 2 Reihen parallel zum Strand. Mit oder ohne eigenes Bad oder als Familienbungalow. WLAN. ❸–❹

Paradise Bungalows, nördlicher Strandabschnitt, ☎ 092-548 883, 🖳 www.paradise-bungalows.com, [9592]. Die einfachen Holz-Palmdachbungalows am Hügel haben ein schönes Bad mit Kieselsteinboden und eine Veranda mit Kissen. Die Deluxe-Bungalows stehen näher am Strand und haben ein großes offenes Bad. Am Strand gibt es Familienbungalows mit 2 Schlafzimmern oder 6 Einzelbetten. Sehr gutes gemütliches Restaurant im Hang. WLAN. ❹–❻

Smile Guesthouse, Strandmitte, ☎ 015-525 366. 13 einfache Zimmer im großen Holzhaus mit Gemeinschaftsbad und Dormschlafplätze im 4-Bett-Zimmer (US$6). ❷

Treehouse Bungalows, am nördlichen Ende, 🖳 www.treehouse-bungalows.com. Am Strand stehen ausgefallene hohe Baumhäuser aus Holz und Palmblättern mit Bad auf halber Höhe. Unter schattigen Bäumen und weitläufig verteilt gibt es Bungalows mit Veranda. Kajak- und Schnorchelverleih. ❸–❹

White Rose Guesthouse, im Fischerdorf, ✉ mengly007@gmail.com, [9593]. 16 Zimmer in einem typischen hölzernen Khmer-Haus im Fischerdorf, Gemeinschaftsbad. Strom 8–12 und 16–24 Uhr. WLAN. ❷

Fast alle Bungalowanlagen haben ein Restaurant. Am Fischerdorf wird überall abends BBQ angeboten: frischer Fisch mit Beilagen für US$4–6. Günstig isst man auch im Fischerdorf bei Mr. Run's. Gute Nudelsuppe und einfache Reis-Wokgerichte ab US$1.

SONSTIGES

Geld

Es gibt keine Banken oder Geldautomaten. In den Guesthouses wie Mango Lounge oder in der Coona Bar im Fischerdorf gibt es Bargeld auf Visa- und MasterCard.

Tauchen

Koh Rong Divers, auf dem Koh Rong Divers Pier, ☎ 087-920 074, 🖳 www.kohrong-divecenter.com. Tgl. Fundives um Koh Rong oder Koh Rong Samloem, Tauchkurse.

Tauchspots und Unterwasserwelt

Kambodschas Küsten bieten tolle Tauchspots. Intakte Korallenriffe mit bunten Fischen locken Schnorchler und Taucher gleichermaßen. Die Tauchtiefe beträgt max. 18 m, die Sichtverhältnisse liegen meist bei 10–15 m. Das Angebot der Tauchschulen in Sihanoukville ist fast identisch. Als Tagesausflug werden die Riffe rund um Koh Rong Samloem und Koh Rong angefahren (US$80, Schnorchler US$30). Zu sehen gibt es Korallen, insbesondere Weichkorallen, Trichterkorallen und Wälder von Stabkorallen und deren Bewohner. Zweitägige Trips mit Übernachtung auf Koh Rong Samloem oder auf dem Boot schlagen mit US$200–220 zu Buche.

Erfahrene Taucher können bei Liveaboards Delphine, Stachelrochen, Muränen, Barakudas, Rochen und vielleicht sogar Walhaie beobachten. Ausgezeichnete Tauchreviere bieten die 4–8 Std. entfernten Inseln Koh Tang, Koh Prins und Puolo Wai. Von Sihanoukville in nordwestlicher Richtung liegen die selten angesteuerten Ziele wie Condor Reef, an dem Haie, Delphine, Schildkröten, Zackenbarsche und Barrakudas beobachtet werden können. Am Shark Island leben Schwarzspitzen-Riffhaie. Die Sichtverhältnisse liegen um 30 m. Mehrtagstrips kosten ca. US$100 p. P. und Tag.

Zweiter Tauch-Hotspot ist das Koh-S'dach-Archipel. Die Wassertiefe beträgt max. 10 m, mit Sichtweiten bis 10 m. Bei entspannten Tauchgängen lässt sich eine beeindruckende Korallenvielfalt bewundern, Korallenvölkern die Riffe, s. S. 635.

Bei allen Anbietern 3-Tages-PADI-Open-Water-Kurse, um US$320.

KOH RONG SAMLOEM mit dem I-Speedboot um 10.45 Uhr in 10 Min. für US$30; mit Speed Ferry um 10 Uhr in 30 Min. für US$20 (jeweils Rundfahrtticket hin und zurück bis Sihanoukville).
SIHANOUKVILLE, um 9.30 und 14.30 Uhr mit I-Speedboot in 20 Min. für US$30; um 10.25, 12.50 und 17 Uhr mit Speed Ferry in 45 Min. für US$20 (jeweils hin und zurück bis Serendipity-Pier); mit der Fähre um 10 und 16 Uhr bis Sihanoukville-Hafen für US$10 in 2 1/2 Std.

Sok San Beach

Der Strand wird von vielen auch Long Beach genannt: 6 km weißer Sand, so fein, dass er unter den Füßen knirscht. Davor breitet sich das türkisfarbene Wasser der Bucht aus. Sechs Bungalowanlagen stehen am Nord- und Südende, der mittlere Strandabschnitt ist unbebaut. Am nördlichen Ende befindet sich das nette Fischerdorf Sok San.

Angkor Chom, ☏ 078-559 959, ✉ angkor.chom @yahoo.com, [9594]. Im Fischerdorf am Strand: 6 Stelzenbungalows mit 2 Betten, Moskitonetz und Schöpfdusche. Engagierter Besitzer. Schönes Restaurant am Pier. Strom 18–22.30 Uhr. Taxiboot für US$30 zum Koh-Tui-Strand. ❷
Broken Heart Guesthouse, ☏ 097-794 6424 ▭ www.bhgh.info, [9595]. Am südlichen Ende des Sok-San-Strandes. 10 einfachste Holzbungalows mit Schöpfdusche und Toilette, über den Klippen. Restaurant. Strom 18–23 Uhr. ❸–❹

Mit dem Angkor-Chom-**Boot** ab Sihanoukville-Hafen, Royal Pier, um 12.30 Uhr in 2 1/2 Std. für US$10. Ab Angkor-Chom-Steg um 8.30 Uhr.

Koh Rong Samloem

Koh Rong Samloem [9417] liegt rund 30 km von Sihanoukville entfernt. Die Insel hat die Form eines Hufeisens und ist etwa 10 km lang. Während das Inselinnere hügelig und mit Dschungel bewachsen ist, säumen traumhafte Sandstrände die Küstenlinie. Touristisch erschlossen ist die 3 km lange Saracen Bay im Osten der Insel. Am Robinson Bay und Lazy Beach im Westen sowie im Fischerdorf M'pei Bay an der Nordküste gibt es einige wenige Bungalowanlagen. Einfache Bungalows ohne Bad kosten US$20–30. Alle Anlagen verfügen über ein Restaurant. Strom wird meist zwischen 17 und 23 Uhr über Generatoren erzeugt. Die Insel ist ruhig, es gibt keine Bars oder Nachtleben. Nur einmal im Monat findet in der Saracen-Bucht eine Fullmoon-Party statt. Rund 100–500 Partybegeisterte feiern hier zu Techno- und Trancemusik bis in die Morgenstunden.

Saracen Beach

Die leicht geschwungene Bucht mit dem weißen Sand und dem flachen helltürkisen Wasser ist ein tropischer Traumstrand, der nördliche Teil ist mit Bäumen und Kasuarinen bewachsen.

Homestay Resort, ☏ 016-861 459, ✉ romny tour@yahoo.com, [9421]. Zahlreiche Holzbungalows in der prallen Sonne. Die Ausstattung ist okay, aber beim Design nicht gerade 1. Wahl. Das Plus: In allen Zimmern stehen 2 große Betten. Ausnahme im Baumhaus, dort gibt es nur eine Matratze. Die Dormbetten (US$6) sind nur im Notfall in Betracht zu ziehen. ❹
 Rumi Bungalow, ☏ 058-84293149, ✉ zehrasamloem@gmail.com, [9419]. Geräumige palmgedeckte Holz- und Mattenbungalows am Hang und am Strand. Schön schattig unter Bäumen gelegen. Ein einladendes Baumhaus direkt am Wasser. Möbliert mit Bett, Moskitonetz und Rattanablage. Bäder mit Kaltwasser. ❸–❹
Saracen Bay Resort, ☏ 016-997 047, ▭ www.saracenbay-resort-cambodia. com, [9580]. Großzügige Holzbungalows mit riesiger Veranda. Innen mit hellem Fliesenboden. Möbliert mit einem großen Bett, Moskitonetz und Tisch. Geräumiges Bad. Gemütliche Korbsessel auf der Veranda. Liegestühle am Strand. ❹
The Beach Island Resort, ☏ 097-757 8759, ▭ www.thebeachresort.asia, [9581]. Verschiedenste Bungalow-Kategorien, herausragendes

Merkmal: Alle sind rund. Großzügig mit eigenem Bad, Gemeinschaftsbad, oder im offen zum Meer gestalteten 18-Zimmer-Dormschlafsaal (US$7,50). Hier finden auch die Fullmoon-Partys statt. 24 Std. Strom. WLAN. Gutes Frühstücksbuffet (US$5). ❷–❺

AKTIVITÄTEN

Auf dem nördlichen Pier ist die Tauchschule **Coral Gardens Dive** angesiedelt, ☎ 034-651 6171, ✉ coralgardensdiveresort@gmail.com.

TRANSPORT

Es gibt bisher 3 größere Piers am Saracen-Strand. Im Norden liegt der Pier für **Speedboote**, und auch das **Partyboot** ankert hier. SIHANOUKVILLE, mit dem Partyboot um 15.30 Uhr in 2 1/2 Std. für US$25 (hin und zurück; auf dem Hin-, manchmal auch auf dem Rückweg 30 Min. Schnorchelstopp vor Koh Tas); I-Speedboote um 11 und 15.30 Uhr für US$30 (hin und zurück) in 15 Min.; Speed Ferry um 10.45 und 15.45 Uhr für US$20 (hin und zurück) in 45 Min. Im Süden der Bucht befindet sich der Pier von Romny Travel, Abfahrt etwa 14 Uhr. Fahrt über Koh Rong, Ankunft gegen 18 Uhr für US$15 (Hin- und Rückfahrt).
KOH RONG mit I-Speedboot um 10.30 Uhr in 10 Min. für US$30; mit Speed Ferry um 9.15 Uhr in 30 Min. für US$20 (jeweils Rundfahrtticket hin und zurück bis Sihanoukville).

Die Küste östlich von Sihanoukville

Kampot

Die lässig-ruhige Stimmung, die koloniale Architektur, dazu die herrliche Lage am Tek-Chhou-Fluss sind der Grund dafür, dass Reisende oft länger als geplant in Kampot [4922] bleiben. Bei einem Bummel durch die Provinzhauptstadt stechen schöne Beispiele der **Kolonialarchitektur** ins Auge, einige Bauten sind renoviert, andere dem Verfall preisgegeben. Besonders sehens-

wert sind die zweistöckigen **chinesischen Handelshäuser** rund um den Alten Markt, die nach 1950 entstanden sind. Der **Alte Markt** bietet lediglich kleine moderne Shops, in denen Kleidung, Souvenirs und Bücher verkauft werden.

Der südliche Teil der **Uferpromenade** ist die baumgesäumte Flaniermeile, an der Restaurants und Bars zu einem Stopp einladen und die abends romantisch mit Laternen beleuchtet ist. Da Straßenbeleuchtung sonst nur spärlich vorhanden ist, sollte, wer etwas weiter außerhalb wohnt, unbedingt abends eine Taschenlampe dabeihaben. Die **Alte Brücke** wird auch Französische Brücke genannt, sie wurde von den Roten Khmer zerstört, später aber wieder aufgebaut. Weitere auffallende Gebäude sind das **Alte Kino** und die renovierte **Villa des ehemaligen Gouverneurs**.

ÜBERNACHTUNG

Bodhi Villa, 1,5 km außerhalb, ☎ 012-728 884, 🖥 www.bodhivilla.com, [9604]. Einfache Unterkunft am Flussufer mit einem schattigen Garten. Matratze im Dorm (US$5) oder halb offene Bungalows mit Vorhängen im Garten und auf dem Fluss. Alle mit Gemeinschaftsbad. Beliebt bei jungen feierfreudigen Travellern. ❷
Bungalow Kampot River, 1,5 km außerhalb, ☎ 033-666 6418, ✉ bungalowkampotriver@yahoo.com, [9603]. Einfache hohe Stelzenbungalows aus Holz und Palmblättern. Matratze, Moskitonetz und Ventilator. Ebenerdig kleines gemauertes Bad mit Schöpftoilette und Duschbrause. Vom gemütlichen Restaurant über den Mangroven kann man sich mit einem Sprung in den Fluss abkühlen. Kostenl. Fahrradverleih. ❶
🧳 **Ganesha Riverside Eco Resort**, 4 km außerhalb, ☎ 092-724 612, 🖥 www.ganesharesort.com, [9605]. In der Nähe eines moslemischen Dorfes inmitten der Natur gelegen. 10 Hütten stehen weitläufig verteilt, 2 Rundjurten am Fluss mit eigener Terrasse über dem Wasser. Alle aus Bambus und Palmblättern gefertigt, Gemeinschaftsbädern im gleichen Stil. ❷
Mea Culpa, ☎ 012-504 769, 🖥 www.meaculpakampot.com. [7073]. Die 60er-Jahre-Villa steht in einem schönen großen Garten. 6 recht nett dekorierte AC-Zimmer mit Bett, Schreibtisch,

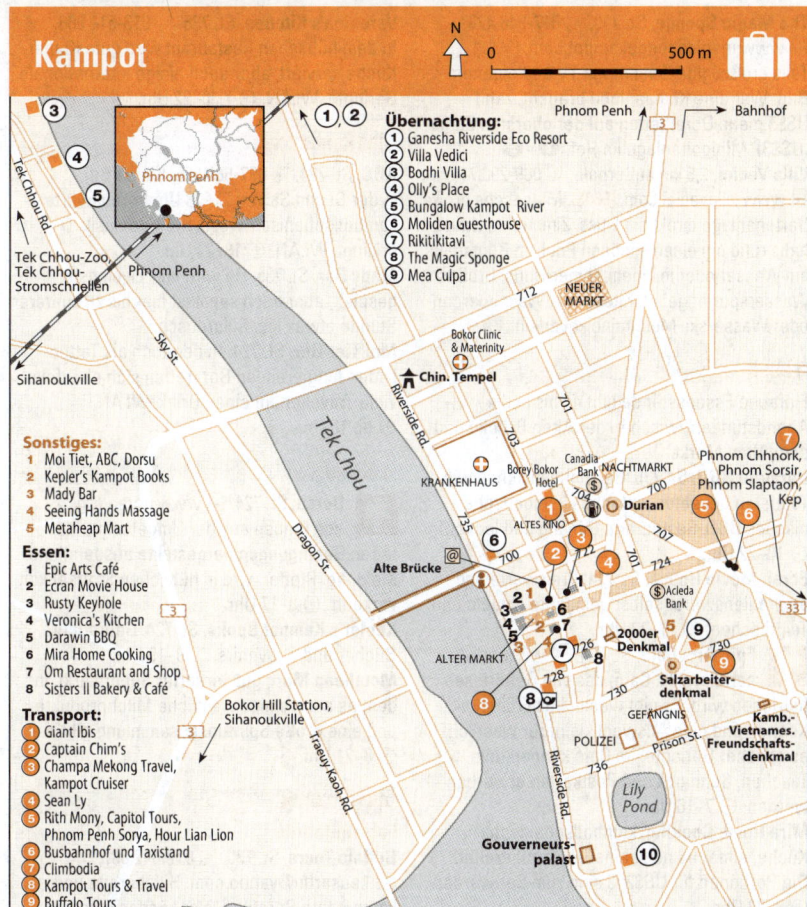

Kampot

N
0   500 m

Phnom Penh   Bahnhof

Übernachtung:
1. Ganesha Riverside Eco Resort
2. Villa Vedici
3. Bodhi Villa
4. Olly's Place
5. Bungalow Kampot River
6. Moliden Guesthouse
7. Rikitikitavi
8. The Magic Sponge
9. Mea Culpa

Phnom Penh

Tek Chhou Rd.

Tek Chhou-Zoo,
Tek Chhou-Stromschnellen   Phnom Penh

Sihanoukville

Sky St.

Tek Chou

NEUER MARKT

Bokor Clinic & Maternity

Chin. Tempel

Riverside Rd.

Dragon St.

Alte Brücke

712

701

703

KRANKENHAUS

Borey Bokor Hotel

Canadia Bank

NACHTMARKT

Durian

702

735

700

704

ALTES KINO

700

711

724

Acleda Bank

Phnom Chhnork, Phnom Sorsir, Phnom Slaptaon, Kep

707

33

Sonstiges:
1. Moi Tiet, ABC, Dorsu
2. Kepler's Kampot Books
3. Mady Bar
4. Seeing Hands Massage
5. Metaheap Mart

Essen:
1. Epic Arts Café
2. Ecran Movie House
3. Rusty Keyhole
4. Veronica's Kitchen
5. Darawin BBQ
6. Mira Home Cooking
7. Om Restaurant and Shop
8. Sisters II Bakery & Café

Transport:
1. Giant Ibis
2. Captain Chim's
3. Champa Mekong Travel, Kampot Cruiser
4. Sean Ly
5. Rith Mony, Capitol Tours, Phnom Penh Sorya, Hour Lian Lion
6. Busbahnhof und Taxistand
7. Climbodia
8. Kampot Tours & Travel
9. Buffalo Tours

ALTER MARKT

Bokor Hill Station, Sihanoukville

Traeuy Kaoh Rd.

2000er Denkmal

726
728
730

Salzarbeiter-denkmal

GEFÄNGNIS

POLIZEI

Prison St.

736

Riverside Rd.

Kamb.-Vietnames. Freundschafts-denkmal

Lily Pond

Gouverneurs-palast

TV. Großzügige Bäder. Im Restaurant gibt es Pizza aus dem Holzofen. ③
Moliden Guesthouse, St. 735, Ecke St. 700, ☎ 033-690 4495, ✉ molidenkampot@yahoo.com, [9607]. In dem wunderschönen alten Holzhaus gibt es AC-Zimmer mit schönen Bädern. Sehr gedämpfte Beleuchtung und kein Schrank. Gemütliches Restaurant mit vielen Korbsesseln. Inkl. Frühstück. ③

€ **Olly's Place**, 1,5 km außerhalb, ☎ 092-605 837, 🖥 www.ollysplacekampot.com. Holz-/Mattenbungalows mit Schilfdach unter Kokospalmen und 2 Zimmer im Haupthaus. Alle mit Gemeinschaftsbad, Moskitonetz und Ventilator. Gemütliches Restaurant am Fluss mit Liegeflächen und Bademöglichkeiten. Surf- und Paddelbrettverleih. ①
Rikitikitavi, St. 735, ☎ 012-235 102, 🖥 www.rikitikitavi-kampot.com. 7 Zimmer im Erdgeschoss eines renovierten Hauses aus den 1920er-Jahren. Stilsicher und edel im Khmer-Stil; Holzboden oder Terrakottafliesen, Holzmöbel, TV, Safe, AC, Minibar. Restaurant auf der oberen Etage. Inkl. Frühstück. ④

The Magic Sponge, St. 730, ☎ 017-946 428, 🖥 www.magicspongekampot.com, [5293]. Teils großzügige Zimmer mit TV und eigenem Bad. Wer eine Klimaanlage braucht, zahlt US$5 mehr. Dormbetten auf der obersten Etage (US$3). Minigolfanlage im Hof. ❶–❷

Villa Vedici, 2,5 km außerhalb, ☎ 089-290 714, 🖥 www.villavedici.com, [9608]. Malerische große Gartenanlage direkt am Fluss. Zimmer im Haupthaus rund um einen schönen Pool, im Bootshaus am Wasser oder in einem Khmer-Haus. Großes Wassersportangebot: Kitesurfen, Wakeboarden oder Wasserski. Mountainbikeverleih. ❸

ESSEN

Einfache Essensstände gibt es bis in die Abendstunden zwischen der Alten Brücke und dem Alten Markt.

Darawin BBQ, St. 735. Bei Einheimischen wie Touristen beliebtes einfaches kambodschanisches BBQ-Restaurant. Günstig und lecker. ⏱ 10–22 Uhr.

Ecran Movie House, St. 724. Preiswerte und empfehlenswerte selbst gemachte Nudeln und Teigtaschen. ⏱ 11–22 Uhr.

🌳 **Epic Arts Café**, St. 724, 🖥 www.epicarts.org.uk. Café, das von Gehörlosen betrieben wird. Es gibt westliches Frühstück, Kuchen und eine Auswahl kleinerer westlich-asiatischer Gerichte. Im Café können tolle Taschen, Schmuck und Postkarten erworben werden. ⏱ 7–16 Uhr.

Mira Home Cooking, kambodschanische Küche, einfach und schmackhaft zubereitet. Die Portionen für US$2–3 sind zum Sattwerden. ⏱ 8–22 Uhr.

🌳 **Om Restaurant and Shop**, ☎ 090-798 152. Internationale und asiatische Gerichte, die Zutaten stammen aus ökologischem Anbau. Besonders empfehlenswert die Smoothies aus Früchten, Gemüse und Kräutern. WLAN. ⏱ 8.30–20.30 Uhr.

Rusty Keyhole, St. 735. Beliebt wegen der Würste mit Kartoffelpüree und der hervorragenden Rippchen. Immer gut besucht. ⏱ 11–24 Uhr (Küche bis 21.30 Uhr).

Sisters II Bakery & Café, St. 726. Frische Backwaren, darunter herrliche Schokoladen- und Zitronenkuchen. ⏱ 6–18 Uhr.

Veronica's Kitchen, St. 735, ☎ 013-511 666. In dem hübschen Restaurant wird gute Khmer-Küche serviert, aber auch einige internationale Gerichte. WLAN. ⏱ 7.30–22 Uhr.

UNTERHALTUNG

ABC, St. 724, ☎ 097-560 585. Kleine Bar, in der Di und Sa von 21–23 Uhr hörenswerte kambodschanisch-westliche Livemusik erklingt. WLAN. ⏱ 18–24 Uhr.

Mady Bar, St. 735, Do wird hier Livemusik gespielt, aber auch sonst ist hier bis zu später Stunde etwas los. Billardtisch.

Moi Tiet-Bar, St. 724. In der auch als Tattoo-Laden fungierenden Bar treffen sich ebenfalls viele Traveller auf einen Drink. WLAN. ⏱ ab 16 Uhr.

EINKAUFEN

🌳 **Dorsu**, St. 724, 🖥 www.dorsu.org. Von Frauen aus der Umgebung unter fairen Bedingungen hergestellte ausgefallene Kleidung. Pfeffer wird in hübschen Stoffsäcken verkauft. ⏱ 8–17 Uhr.

Kepler's Kampot Books, St. 724. Gebrauchte Bücher und Souvenirs. ⏱ 9–19 Uhr.

Metaheap Mart, gut sortierter Supermarkt, in dem es auch einige westliche Milchprodukte und eine große Spirituosensammlung gibt. ⏱ 8–21 Uhr.

AKTIVITÄTEN

Fahrradfahren

Buffalo Tours, St. 730, ☎ 012-442 687, ✉ keusarun@yahoo.com. Hilfsbereite und kompetente Beratung, hier können eine ganze Reihe von Tagesausflügen gebucht werden. Verschiedene Fahrradtouren durch die Fischerdörfer der Umgebung, US$13 p. P. ⏱ 7–20 Uhr.

Kajaktouren

Captain Chim's, St. 724, ☎ 012-210 820. Vermietet Kajaks für US$7/Tag. Geführte Kajaktouren für US$9 p. P. ⏱ 7.30–22 Uhr.

Klettern

Climbodia, Nähe Phnom Slaptaon, ☎ 095-581 951, 🖥 www.climbodia.com. Der Belgier

David Van Hulle bietet Klettertouren, Abseilen und Höhlenklettern am Phnom Slaptaon an. Halbtagestour US$30 p. P.

SONSTIGES

Fahrrad- und Motorradverleih
Viele Guesthouses vermieten Fahrräder für US$2/Tag und Mopeds ab US$4/Tag.
Sean Ly, ✆ 012-944 687, Mopeds oder Geländemaschinen für US$5–15/Tag. ⏰ 7–19 Uhr.

Geld
Acleda Bank, Geldwechsel, Geldautomat für Visa. ⏰ Mo–Fr 7.30–16.30, Sa 7.30–12 Uhr.
Canadia Bank, Geldautomat für Visa-, MasterCard und Cirrus gebührenfrei, MoneyGram. ⏰ Mo–Fr 8.30–15.30, Sa 8–11.30 Uhr.

Informationen
Tourist Information, ✆ 033-655 5541. Die Mitarbeiter haben Informationsbroschüren von Touranbietern oder andere Werbeflyer vorrätig und vermitteln Touren. ⏰ 7–11 und 13–18 Uhr.

Medizinische Hilfe
Bokor Clinic & Maternity, St. 710, ✆ 033-632 0531. Englischsprachige Ärzte, Ultraschall, Röntgen und EKG-Geräte. ⏰ 24 Std.

Visaangelegenheiten
Reisebüros und Guesthouses übernehmen die Einholung eines Visums für Vietnam, in 3 Werktagen für US$70; Verlängerung eines kambodschanischen Touristenvisums innerhalb von 5 Werktagen für US$56.

TRANSPORT

Tickets gibt es direkt am **Busbahnhof** oder über die Guesthouses und Touranbieter. Rith Mony, Capitol Tours, Phnom Penh Sorya und Hour Lian Lion haben ihr Büro am Busbahnhof. Champa Mekong Travel und Kampot Tours & Travel betreiben eine Minibusflotte.

Busse
BANGKOK, mit Champa-Mekong-Travel-Minibussen um 8 Uhr über Sihanoukville, Grenzübergang Koh Kong; um 15.30 Uhr über Phnom Penh, Grenzübergang Poipet, jeweils für US$35 in 12–15 Std.;
CAN THO (Vietnam), umsteigen in Busse hinter der Grenze mit Minibussen um 9.30, 10.30, 14 und 15.30 Uhr für US$16–18 in 6 1/2 Std.;
CHAU DOC (Vietnam), umsteigen in Busse hinter der Grenze mit Minibussen um 9.30, 10.30, 14 und 15.30 Uhr für US$14 in 5 Std.;
HA TIEN (Grenze Vietnam), mit Minibussen um 9.30, 10.30, 14 und 15.30 Uhr für US$14 in 2 Std.;
HO-CHI-MINH-STADT (Vietnam) mit Phnom Penh Sorya um 6.45, 7.45 und 12.30 Uhr für US$16 in 10 Std. (umsteigen in Phnom Penh); mit Champa-Mekong-Travel-Minibussen um 10.30 und 15.30 Uhr für US$20 in 10 Std. (umsteigen in Ha Tien);
KOMPONG CHAM, mit Phnom Penh Sorya um 6.45 und 7.30 Uhr für US$12 in 8 Std.;
KEP, mit Hour-Lian-Lion-Bussen um 7 und 12 Uhr für US$2 in 45 Min.; mit Minibussen um 9.30, 10, 14.30 und 15.30 Uhr für US$3 in 45 Min.;
KOH KONG (umsteigen bei Sihanoukville), mit Hour-Lian-Lion um 8.30, 10.30, 11 und 15.30 Uhr für US$12 in 5 Std.;
PHNOM PENH, 9x tgl. zwischen 7 und 14.45 Uhr für US$4–8 in 3–4 Std.;
PHU QUOC (Vietnam), Bus und Boot, mit Champa-Mekong-Travel um 10.30 und 15.30 Uhr für US$22 in 5 Std.;
SIHANOUKVILLE, mit Hour-Lian-Lion-Bussen um 8.30, 10.30, 11 und 15.30 Uhr für US$5 in 2 Std.; mit Minibussen um 8.30, 11 und 15 Uhr für US$5–6 in 2 Std.;
TAKEO, mit den Bussen nach Phnom Penh bis Ang Ta Som für den gleichen Preis in 2 Std.

Sammeltaxis
Sammeltaxis warten am Busbahnhof. Die Preise sind p. P. und für ein ganzes Taxi angegeben. Die Fahrer fahren los, sobald der Pkw voll ist, d.h. 6–7 Pers. quetschen sich in ein Auto.
KEP, für US$3 (US$20) in 30 Min.;
KOH KONG, für US$10 (US$70) in 4 Std.;
PHNOM PENH, für US$8 (US$45) in 3 Std.;
SIHANOUKVILLE, für US$6 US$40 in 1 1/2 Std.;
TAKEO für US$5 (US$30) in 2 Std.

Umgebung von Kampot

Bokor-Nationalpark und Bokor Hill Station

Der 1580 km² große **Bokor-Nationalpark** liegt im Süden des Elefanten-Gebirges. Ungeheure Anziehungskraft auf Besucher übte bis vor Kurzem die auf dem Gipfelplateau des 1079 m hohen Phnom Bokor gelegene ehemalige französische **Bokor Hill Station** aus. Die Kolonialherren hatten das imposante Bokor Palace Hotel, eine Kirche und Geschäfte in den 1920er-Jahren errichtet. Nach der Machtergreifung der Roten Khmer verfiel die einst so glamouröse Station, eine gespenstische Atmosphäre machte sich zwischen den zerbröckelnden Mauern breit. 2007 verpachtete Kambodschas Regierung unter Hun Sen den Bokor-Berg auf 99 Jahre an den Sokha-Sokimex-Konzern. Eine breite, gut ausgebaute Straße schlängelt sich nun den Berg bis zum Gipfel hinauf, Teile des Hochplateaus sind abgeholzt worden. Fertiggestellt ist das **Thansur Bokor Highland Resort**. Vier weitere Großprojekte sind in Bau. Immer noch skurril ist in dieser Umgebung wirkt die **Katholische Kirche**, deren dunkle Bruchsteinmauern von rötlichen Flechten überzogen sind. Die Fassade der Ruine des ehemaligen **Bokor Palace Hotel & Casino** wurde kürzlich ausgebessert und weiß verputzt. Von der alten Terrasse eröffnet sich bei gutem Wetter eine grandiose Aussicht. Hübsch ist **Wat Sampeau Pram** („fünf Schiffe"). Erbaut aus Bruchstein, mit vergoldeten Giebeln und Garudas, steht das ebenfalls von rötlichen Flechten überzogene Gebäude im starken Kontrast zu dem Kasinoneubau.

Eintritt: Die Benutzung der Straße wird als „Umweltabgabe" deklariert, Mopeds 2000 Riel. Als ganztägige organisierte Tour für US$13, mit dem Motorradtaxi US$20. Besser einen Pullover mitnehmen, auf dem Gipfel kann es empfindlich kalt sein.

Höhlen bei Kampot

Zwischen Kampot und Kep erheben sich inmitten der Reisfelder schroffe Kalksteinhügel, die zahlreiche Höhlen beherbergen.

Die bekannteste Höhle, **Phnom Chhnork** (sprich Dschnuk), liegt etwa 10 km von Kampot

entfernt. Führer, die sich vor dem Höhleneingang anbieten, benötigt man für die leicht über Stufen erreichbare Höhle nicht unbedingt. Im zentralen Bereich der Höhle erblickt man den von Felsen gerahmten prä-angkorianischen Ziegelsteintempel **Roung Prasat** aus dem 7. Jh. Er ist Shiva geweiht, der Stalagmit im Inneren stellt einen Lingam dar. Eintritt US$1.

Phnom Slaptaon wird auch Phnom Kbal Romeas genannt und liegt 6 km nordöstlich von Kampot. Am Eingang ranken sich malerische Bäume, die mit dem Stein verwachsen zu sein scheinen. Die 20 m hohe Haupthalle ist nach oben offen, sie wird von einem großen Felsbrocken halb verschlossen. Durch einen engen Spalt gelangt man in die zweite Halle, in deren Inneren die Überreste eines Altars aus Ziegelsteinen stehen. Stalaktiten und Stalagmiten ähneln Tierkörpern. Eintritt US$1, der Führer sollte nicht mehr als US$1 kosten.

15 km von Kampot Richtung Kep entfernt, befindet sich der Höhlenkomplex **Phnom Sorsir**. Am Fuße des Berges gibt es ein kleines Kloster. Führer bieten sich an, Besucher durch die Höhlen zu führen (gegen Spende). 101 Stufen geht es hinauf, die große erste Höhle trägt den Namen Roung Damrei Saa („Höhle des weißen Elefanten"). Namensgebend sind die hellen Stalaktiten, die einem Elefantenkopf ähneln. Die angrenzende Höhle hat eine Kuppel, in der zahlreiche Fledermäuse nisten (daher der Name „Fledermaushöhle"). Hier liegt auch die 100-Reisfelder-Höhle. Durch ein Loch kann man terrassenförmige Kalkablagerungen erspähen, die an Reisfelder erinnern.

Von Kampot aus erreicht man Phnom Chhnork, Phnom Slaptaon oder Phnom Sorsir mit dem Tuk-Tuk/Motorradtaxi für US$15/10 in 20–40 Min.

Die beeindruckendste Höhle der Region, die **Phnom-Kampong-Trach-Höhle** liegt 26 km nordöstlich von Kep. Der Höhleneingang ähnelt einem Drachenmaul, der tunnelartige Durchgang sind die Zunge und der Schlund des „Drachens". Durch diesen „Drachenrachen" gelangt man in einen großen runden offenen Innenraum von 40 m Durchmesser. Faszinierende 30 m hohe lianenbewachsene Wände umschließen diesen ruhigen, magischen Ort, der auch als **Wat Kiri**

Sela bezeichnet wird. Ein überdachter, liegender Buddha neueren Datums befindet sich hier, die lilafarbene Stelle auf dem Erdboden wird als Blut Buddhas gedeutet. Weitere Höhlen befinden sich in den Karstfelsen, deren Nischen Buddhastatuen beherbergen.

Eintritt US$1, Jugendliche mit Taschenlampen führen durch die Höhlen. Eine Spende von US$1 ist angemessen.

Anfahrt: Mit dem Tuk-Tuk/Motorradtaxi von Kampot für US$25/18 in 1 Std., von Kep für US$20/15 in 40 Min.

Kep

Rund 170 km südwestlich von Phnom Penh und knapp 40 km von der vietnamesischen Grenze entfernt, liegt der kleine Ort Kep [4957]. Kep wurde 1908 von den Franzosen als exklusiver Badeort gegründet. Ein Zentrum im eigentlichen Sinne besitzt Kep nicht. Vom 25 km entfernten Kampot kommend, zweigt die Zufahrtsstraße am Denkmal des Weißen Pferdes ab. Hinter dem Abzweig mit einer Vishnustatue beginnt der Krebsmarkt **Psar K'Dam**. Für Kambodschaner sind die Krebse, die hier in den einfachen Restaurants angeboten werden, die Hauptattraktion. Besonders morgens ist auf dem Markt viel los, wenn Fischer ganze Körbe frisch gefangener Krebse an die Kaimauer bringen, um sie zu verkaufen.

Nach 1,5 km entlang der schönen Küstenstraße gelangt man zum **Kep Beach**. Der 300 m lange Sandstrand wurde mit weißem Sand aus Sihanoukville verschönert. Restaurants, wenige Hotels und die Bushaltestelle liegen auf der gegenüberliegenden Straßenseite. Am östlichen Strandende wartet die Statue von **Srey Saa** („weiße Frau"). 400 m Richtung Osten erblickt man die etwas deplatziert wirkende **Statue eines riesigen Krebses** im Meer. Nach weiteren 2 km erreicht man **Kep-Dorf**. Vom Pier legen die Boote nach Koh Tonsay ab.

Der nur 50 km² große, dicht bewaldete **Kep-Nationalpark** schmiegt sich unmittelbar an das Stadtgebiet. Die höchste Erhebung ist Phnom Kep (286 m). Ein 8 km langer, breit ausgebauter Rundweg eignet sich zum bequemen Wandern. Interessanter sind die schmalen Trails über die Hügel. Festes Schuhwerk ist hier nötig. Im Led Zep Café am Parkeingang hängt eine Übersichtskarte. ⏱ 7–17 Uhr, Eintritt 4000 Riel.

ÜBERNACHTUNG

🛏 **Bacoma**, Straße zum Strand, 📞 088-411 2424, ✉ bacoma@live.com, [9617]. Schöne gemütliche gemauerte Rundhütten mit Palmdach und ebensolchen sauberen Gemeinschaftsbädern mit Warmwasserdusche. Außerdem großzügige Steinbungalows mit Bad. Charmant sind die Khmer-Stelzenhäuser. ➋–➌

Botanica, Zufahrtsstraße nach Kep, 📞 097-801 9071, 🖥 www.kep-botanica.com, [9618]. Gelbe Steinbungalows mit Palmblätterdach und Terrakottaboden im tropischen Garten. Einfach möbliert mit einem oder 2 Betten und Ablagemöglichkeit. Infinity-Pool. Ventilator und Kaltwasser oder AC und Warmwasser. Restaurant. ➋–➌

€ **Kepmandou**, im Dorf, 📞 097-795 8723, ✉ kemandou-lounge-bar@hotmail.fr. Entspannte Travelleratmosphäre im 2-stöckigen Khmer-Haus. Verschiedene einfache Zimmer: mit Gemeinschaftsbad, eigenem Bad, mit oder ohne Warmwasser. Alle mit Ventilator. Restaurant. ➊–➋

Mealea Resort, am Krebsmarkt, 📞 036-636 7778, 🖥 www.mealearesort.com, [9626]. Schöne Steinbungalows im tropischen Garten. Hohe Decken, Dachbalken, edle dunkle Holzmöbel. Einige Bungalows mit halb offenem Bad. Kleiner Pool. Inkl. Frühstück. ➍

Reaksmey Krong Kep Guesthouse, am Krebsmarkt, 📞 036-644 4476, 🖥 www.reaksmey krongkepguesthouse.com, [9625]. Großes Haus mit Meerblick an einem zubetonierten Platz. Großzügig und sauber, punkten sie mit glänzendem Fliesenboden, Schrank, Nachttisch, TV und Kühlschrank. Dazu schöne Bäder mit Warmwasser. Ventilator oder AC. ➋–➌

🛏 **Rega Guesthouse**, im Kep-Dorf, 📞 097-383 9064, 🖥 www.keprega.com, [9619]. Kleine entspannte Oase unter französischer Leitung. Die 14 Zimmer liegen ebenerdig um einen begrünten Garten. Im 2-stöckigen offenen Holzhaus Restaurant und Massageplätze, in denen Blinde Massagen anbieten. Ventilator oder AC. Moped- und Radverleih. ➋

KAMBODSCHA

The Boat House, Straße zum Strand, ✆ 089-859 211, 🖥 www.boathousekep.com, [9621]. Einfache Zimmer im 3-stöckigen Steinhaus. Charmant wirkt das Haus durch liebevolle Dekorationen Zimmer mit Ventilator oder AC, die günstigeren ohne Fenster. Schönes hölzernes Khmer-Haus im rückwärtigen Garten. ❶–❸

🌳 **The Vine Retreat**, 13 km nordöstlich von Kep, ✆ 097-4ackvolle Zimmer: mit Gemeinschaftsbad oder eigenem Bad. Eigene Pfeffer-, Obst- und Gemüseplantage. Strom über Solar. Großer Salzwasserpool. ❸–❹

€ **Tree Top Bungalows**, ✆ 012-515 191, [9622]. Einfache saubere Reihen-Zimmer aus Palmmatten mit Bett und Hängematten an einer schmalen Veranda. Sauberes, weiß gefliestes Gemeinschaftsbad. Überteuert hingegen die ebenso einfachen Mattenbungalows mit oder ohne Bad. ❶–❺

ESSEN UND UNTERHALTUNG

Günstige Gerichte tagsüber an einfachen **Essensständen am Krebsmarkt**.

Boeng Kalo Restaurant, am Kep-Strand. Kein sonderlich schickes Restaurant, aber das Essen ist sehr gut. Kambodschanische Küche mit viel Seafood. Tolles Fischcurry. 🕐 7–22 Uhr.

Breezes, zwischen Strand und Pier, ✆ 097-675 9072. Nettes kleines Restaurant am Meer. Khmer-Küche und Kleinigkeiten aus der internationalen Küche. 🕐 11–21 Uhr.

Kimly Restaurant, gilt als bestes Restaurant am Krebsmarkt. Wir haben 24 verschiedene Krebsgerichte auf der Karte gezählt. 2 Krebse mittlerer Größe um US$7,50. 🕐 9–23 Uhr.

Led Zep Café, hinter dem Eingang zum Nationalpark. Herrlicher Blick bis zum Meer. Auf der übersichtlichen Speisekarte stehen Sandwiches und Salate mit schmackhaftem Dressing. Sandwiches und Kekse zum Mitnehmen erhältlich. 🕐 10–17 Uhr.

Srey Phan Restaurant, am Krebsmarkt. Sehr gute Krebse mit frischem Pfeffer. Fisch nach Angebot. Günstig. 🕐 9–22 Uhr.

Ausgehmöglichkeiten am Abend gibt es kaum. Am Krebsmarkt sind das **Toucan** mit Reggaemusik und Billard oder das schicke **La Baraka Restaurant** eine gute Wahl für einen Absacker und je nach Gästeauslastung länger geöffnet.

SONSTIGES

Fahrrad- und Motorradverleih
In den Guesthouses Fahrräder und Moutainbikes US$1–3/Tag; Mopeds US$5–8/Tag.

Geld
Die **Acleda Bank** an der N33 tauscht nur Geld. Die nächsten Geldautomaten befinden sich im 25 km entfernten Kampot. Kep Lodge und Vanna Hill Resort zahlen Bargeld auf Kreditkarte gegen 5 % Gebühr.

Informationen
Tourist Information, Pheng ist hilfsbereit und hat viele Infos. 🕐 Mo–Fr 7.30–12 Uhr.

Visaangelegenheiten
Reisebüros und Guesthouses übernehmen das Einholen eines Vietnam-Visums für US$70 und Verlängerung eines kambodschanischen Touristenvisums für US$55, beides in 3 Werktagen.

NAHVERKEHR

An der Vishnustatue, vor dem Krebsmarkt, am Strand und am Pier warten **Tuk-Tuks** und **Motorradtaxis**. Zwischen Krebsmarkt und Pier mit dem Tuk-Tuk/Motorradtaxi für US$2/1. Eine Fahrt nach Kampot für US$11/8 in 45 Min.

TRANSPORT

Die Busgesellschaften Phnom Penh Sorya und Hour Lian Lion steuern Kep an, die Haltestelle befindet sich in Strandnähe. Die Minibusflotten von Kampot Tours & Travel und Champa Mekong Travel verbinden Kep mit Orten Richtung Vietnam und Thailand. Tickets vermitteln alle Reisebüros und Guesthouses.

Busse
BANGKOK (Thailand), umsteigen in große Busse bei Sihanoukville und Buswechsel hinter der Grenze, mit Minibussen um 7.30 Uhr für US$40in 13 Std.;

KAMPOT, mit Hour Lian Lion und Phnom Penh Sorya um 12.30 und 14.30 Uhr für US$2 in 45 Min., mit Minibussen um 7.30 Uhr für US$2 in 45 Min.;

KO CHANG (Thailand), umsteigen in große Busse hinter Sihanoukville und der Grenze, inkl. Boot, mit Minibussen um 7.30 Uhr für US$35 in 9 Std.;

KOH KONG, oft von lokalen Minibussen übernommen, um 7.30 Uhr für US$15 in 6 Std.;

PHNOM PENH, Minibusse um 15 Uhr für US$7 in 4 Std.; mit Hour Lian Lion und Phnom Penh Sorya um 7.30/8.30 und 13.30 Uhr für US$5 in 5 Std.;

SIEM REAP, umsteigen in Phnom Penh, mit Phnom Penh Sorya um 7.30 und 8.30 Uhr für US$14, um 13.30 Uhr (ab Phnom Penh mit dem Sleeper Bus) für US$18, reine Fahrzeit 11 Std.;

SIHANOUKVILLE, mit Minibussen um 7.30 und 14.30 Uhr für US$8 in 3 Std.;

TRAT (Thailand), umsteigen in große Busse hinter Sihanoukville und hinter der Grenze, mit Minibussen um 7.30 Uhr für US$35 in 6 1/2 Std.;

Ziele in Vietnam (umsteigen hinter der Grenze in große Busse):

Minibusse starten um 10.30 bzw. 11 Uhr nach CAN THO, CHAU DOC, HA TIEN, HO-CHI-MINH-STADT, LONG XUYEN, MY THO, PHU QUOC (Bus und Boot), RACH GIA und VINH LONG.

Schiffe

KOH TONSAY, ab Pier in Kep-Dorf um 9 Uhr, zurück um 16 Uhr für US$7 in 25 Min. inkl. Hoteltransfer. Von Koh Tonsay zurück auch um 13 Uhr für US$10 (hin und zurück). Mit einem gecharterten Privatboot für US$25 (max. 8 Pers., hin und zurück).

Koh Tonsay (Rabbit Island)

Sieben Inseln liegen vor dem Küstenstreifen von Kep. Bis auf Koh Tonsay (Rabbit Island) und Koh Pou (Snake Island) sind sie unbewohnt. **Koh Tonsay**, die wegen ihres Umrisses so genannte Kanincheninsel [4959], liegt 4,5 km von Kep entfernt. Besucher erwarten hier eine 300 m breite, von Palmen gesäumte Hauptbucht mit einem muscheldurchsetzten Strand, hinter dem sich tropisch bewachsene Hügel erheben. Viele besuchen die Insel im Rahmen eines Tagesausflugs, ruhig wird es hier wieder nach 16 Uhr, wenn die Boote Richtung Festland losgetuckert sind.

Sieben Bungalowanlagen säumen den Strand, jede mit eigenem Restaurant, einige mit kleinem

Wer den Grenzübergang **Ha Tien (Prek Chak – Xa Xia)** passiert, um nach Vietnam einzureisen, muss ein Visum im Pass haben. Die meisten Reisenden überqueren die Grenze, ⏱ 6–18 Uhr, mit einem Busticket zur Weiterreise. Meist werden die Pässe eingesammelt, und der Fahrer übernimmt die Organisation. Das Gepäck bleibt im Idealfall im Bus. Es kann vorkommen, dass man den Impfpass vorzeigen muss; hat man diesen nicht dabei, zahlt man US$1 fürs Fiebermessen.

Wer ohne durchgehendes Busticket einreist, zahlt für die 7 km lange Fahrt von der Grenze bis zum vietnamesischen Ha Tien für das Motorradtaxi 50 000 Dong.

angegliedertem Shop. Strom gibt es von 18 bis 22 Uhr. Alle Bungalows sind einfachste Mattenbungalows mit Bett und Moskitonetz, mit Bad zwischen US$8 (Doppelbett) und US$15 (mit 2 großen Betten). Günstiger sind Bungalows mit Gemeinschaftsbad.

An- und Abreise: s. links.

Die westliche Küstenprovinz Koh Kong

Koh-S'dach-Archipel

Die zwölf Inseln des Koh-S'dach-Archipels liegen vor der Küste des Nationalparks Botum Sakor. Die Inseln – die meisten davon unbewohnt – sind bewaldet, kleine Buchten mit goldgelbem Sand verstecken sich entlang der Küsten. Auf den beiden größten Inseln, Koh S'dach und Koh Totang, findet man Unterkünfte.

Koh S'dach (Königsinsel) [9610] ist die bevölkerungsreichste Insel des Archipels. Etwa 700 Familien wohnen hier. Das idyllische Fischerdorf Koh S'dach zieht sich entlang einer 1,5 km langen geteerten Hauptstraße. In den Ladenhäusern werden Lebensmittel, Handys, Schmuck,

Koh Totang

Die bewaldetet Insel ist genauso groß wie die Schwesterinsel Koh S'dach: In einer halben Stunde kann man gut von einem zum anderen Ende laufen. Nur sieben Fischerhütten gibt es hier. Die einzige Unterkunft auf der ganzen Insel ist **Nomad's Land**, ☎ 011-916 171, 🖥 www.nomadslandcambodia.com, [9616]. 5 Holzbungalows unterschiedlichster Bauart verstecken sich zwischen Bäumen am kleinen goldgelben Sandstrand. Alle sind einfach und aus Naturmaterialien hergestellt. In den Bädern Trockentoiletten, die Schöpfduschen werden mit Regenwasser gefüllt. Kein WLAN. Bungalowpreise inkl. 3 Mahlzeiten und Getränken US$90–110 für 2 Pers.

Uhren oder Fischereibedarf verkauft. Nur wenige Touristen besuchen das Dorf; die, die kommen, werden freundlich gegrüßt. An der Westküste liegt der bezaubernde kleine naturbelassene Strand **Coconut Beach**. Winzig ist die kleine steinige Bucht **Coral Beach** im Süden.

Mean Chey Guesthouse, ☎ 011-979 797, [9613]. Am Fischerdorf hinter der Eisfabrik. Keine Rezeption, Schlüssel gibt's im Laden auf dem Pier. 10 einfache Stein-Reihenzimmer mit Bett, TV und Klapptisch. Großes Bad mit Schöpfdusche. Ventilator oder AC. ❶–❷ Neben dem Mean Chey Gh. steht am Strand das Restaurant **Ivone** unter französischer Leitung. Geboten werden westliches Frühstück und französische oder einheimische Gerichte je nach Tagesangebot. ⏰ 7–21 Uhr. Nebenan an der Strandzufahrt gibt es einen **Supermarkt**. Die beiden Betreiberinnen servieren einfache, schmackhafte und günstige Reis- und Nudelgerichte aus dem Wok. ⏰ 7.30–21 Uhr.

Vom Pier können **Schnellboote** zu den benachbarten Inseln gemietet werden. Koh Ampil nennen sich 3 winzige Inseln an einer Sandbank mit einer Kokosnussplantage. Als Schnorchelausflug inkl. BBQ für US$30 p. P.

Shallow Waters, ☎ 092-956 289, 🖥 www.shallow-waters.org. Die Tauchschule liegt an der Nordostseite. Organisiert Halbtagesausflüge mit 2 Fundives für US$70. Die 3 engagierten Frauen leiten auch das dortige **Marine Conservation Center**, die NGO setzt sich für den Schutz der Riffe und die Einrichtung einer marinen Schutzzone ein. Freiwilligenarbeit möglich.

Busse/Boote

Mit den Bussen von Sihanoukville Richtung Koh Kong bzw. von Koh Kong Richtung Phnom Penh, jeweils in 2 Std. für US$5 bis An Doung Tuek. Von dort mit dem lokalen Minibus bis Poi Yopon für US$7,50 in 2 Std. Von Poi Yopon mit dem Schnellboot für 5000–10000 Riel bis Koh S'dach oder Koh Totang in 10 Min. Ab Poi Yopon fahren um 8 Uhr morgens lokale Minibusse Richtung Phnom Penh, Koh Kong oder Sihanoukville.

Schiffe

Zwischen Koh S'dach und Koh Totang Taxiboot für US$10.
SIHANOUKVILLE, mit dem Versorgungsschiff um 20 Uhr in 4 1/2 Std. für US$15 bis Sihanoukville-Hafen.

Koh-Kong-Stadt

Die meisten Touristen sehen Koh Kong nur auf der Durchreise von oder nach Thailand. Koh Kong ist nicht nur der Name der Provinz, sondern auch der Name der südlich vorgelagerten Insel und der Provinzhauptstadt. Koh-Kong-Stadt [9628] liegt am Prek-Koh-Pow-Fluss. Das Zentrum mit Busbahnhof, Markt, Restaurants, Hotels und Guesthouses liegt auf der östlichen Flussseite. Die mit 1900 m längste Brücke des Landes führt über den Fluss Richtung thailändische Grenze. Die Landzunge, 8 km von Koh Kong, hat einen herrlichen weißen Sandstrand, den **Koh Yor-Strand**, der sich bis fast zur Grenze zieht. Der **Grenzort Cham Yeam** liegt 12 km von Koh Kong entfernt. Sehenswürdigkeiten im eigentlichen Sinne hat Koh Kong nicht zu bieten. Im Zentrum gibt es einen typisch kambodschanischen **Markt**. **Wat Neang Kok** liegt 4 km vom Stadtzentrum entfernt hinter der Brücke. Interessant sind die Darstellungen der buddhistischen Höllenqualen. Zwischen Vihear und Fluss stehen dazu verwitterte, aber dennoch ausdrucksstarke lebensgroße Betonfiguren. Nahe der Grenze liegt der wenig besuchte Tierpark **Safari World**, N48. Hauptattraktion sind die Tiershows im 45-Min.-Takt. ⊕ Sa, So 8.45–16.30 Uhr, Eintritt US$12.

ÜBERNACHTUNG

99 Guesthouse, St. 6, im Zentrum, ✆ 035-66 0999, [9631]. Helle, saubere Zimmer. Alle mit Fliesenboden, Flachbildschirm an der Wand. Weiß gefliestes Bad mit Heißwasser-Dusche. Kostenlos Kaffee und Tee. Ventilator oder AC. ❶–❷

Apex Koh Kong Resort, St. 7, im Zentrum, ✆ 016-307 919, 🖥 www.apexkohkong.com, [9630]. Angenehme Zimmer mit umlaufenden Balkonen rund um einen Pool. TV, Kühlschrank, Bad mit Warmwasser. Ventilator oder AC. Menschen mit leichtem Schlaf könnten sich von den Bässen des benachbarten Pisey Clubs gestört fühlen. Restaurant. ❶–❷

Koh Kong Bay Hotel, St. 1, am Flussufer, ✆ 035-936 367, 🖥 www.kohkongbay.com, [9635]. Bestes Haus in der Stadt. Designorientierte, behagliche Moderne ganz in Weiß. Restaurant, Bar am Fluss. Großer Pool. Spa. Tagesgäste können den Pool für US$3/Tag nutzen. ❹–❻

Koh Kong City Hotel, St. 1, am Flussufer, ✆ 035-936 777, 🖥 kkcthotel.netkhmer.com, [9633]. Große, saubere gefliese AC-Zimmer, mit Bett, Schreibtisch, Spiegel und TV. Angenehmes Bad mit großer Marmorablage und Badewanne, Warmwasser. Terrasse am Fluss. ❷

Paddy's Bamboo Guesthouse, 500 m östlich des Marktes, ✆ 015-533 223, ✉ pp kohkong@gmail.com, [9634]. Zimmer in einem Khmer-Haus. Winzige Zimmer im Erdgeschoss mit Bad (Schöpftoilette und Kaltwasserbrause). Im Obergeschoss gemütlichere Zimmer mit Gemeinschaftsbad für den gleichen Preis. Für Budget-Reisende Matratzen im Schlafsaal oder Hängematten, (US$2). ❶

ESSEN UND UNTERHALTUNG

Günstiges Essen gibt es tagsüber auf dem **Markt**. Einfache Grill- und Wokgerichte servieren die Garküchen am **Nachtmarkt** am Flussufer. 2 bei Einheimischen beliebte **Restaurants** befinden sich auf der Hauptstraße St. 3. Einfach in die Töpfe gucken: Suppen und Reisgerichte für 5000–6000 Riel.

Café Laurent, St. 1, am Flussufer, ✆ 016-373 737. Schickes Restaurant über dem Fluss. Seafood und Gerichte aus der Khmer-Küche, Pizza, Pasta und Salate. WLAN. ⊕ 10.30–23 Uhr.

Fat Sams, am Kreisverkehr nördlich des Marktes, große Frühstücksauswahl und viele westliche Gerichte, Stammkunden empfehlen die Schnitzel. Sportübertragungen, Mopedverleih. Abends ein beliebter Treffpunkt. WLAN. ⊕ Mo–Sa 9–22, Sa 16–22 Uhr.

Golden Sea Restaurant, St. 1, am Flussufer. Beliebtes Restaurant, das überwiegend westliche Gerichte serviert. WLAN. ⊕ 6.30–21.30 Uhr.

Mr. 42, St. 1, am Flussufer. Ein wunderbarer Platz, um auf der 1. Etage den Sonnenuntergang mit einem kalten Getränk zu genießen. Vermieten auch einfache dunkle Zimmer mit Ventilator, ❶.

TOUREN

Fast alle Unterkünfte vermitteln Touren wie Dschungelwanderungen, Ausflüge zur Koh-Kong-Insel oder Trekkingtouren im Kardamom-Gebirge.

Ritthy Koh Kong Eco Adventure Tours, St. 1, am Flussufer, ✆ 012-707 719, 🖥 www.kohkon gecoadventure.com. Mr. Ritthy ist der bekannteste Tourvermittler in Koh Kong. Er ist seit Jahren im Geschäft, zuverlässig und hilfsbereit. ⊕ 7–21 Uhr.

SONSTIGES

Geld

Die Währungen in Koh Kong sind Riel, Dollar und thailändische Baht. Filialen mehrerer Banken im Zentrum.

Canadia Bank, St. 1, am Flussufer. Geldautomaten ohne zusätzliche Gebühr, Visa-, Master Card, Cirrus. MoneyGram. ⊕ Mo–Fr 8–15.30, Sa 8–11.30 Uhr.

Medizinische Hilfe

Die **Sen Sok Clinic**, 600 m nördlich des Marktes, ✆ 012-555 060, wird von einer englischsprachigen Ärztin geleitet. ⊕ 7–19 Uhr.

Busse und Sammeltaxis fahren vom Busbahnhof ab oder an ihrem Ticketbüro im Zentrum. Fahrten zwischen Zentrum und Busbahnhof US$1–2 mit dem Motorradtaxi/Tuk-Tuk.

Busse

BANGKOK (mit Minibussen bis zur Grenze, umsteigen bis Trat, dort umsteigen in große Busse), mit Rith Mony und Virak Buntham um 12/12.30 Uhr für US$20–22 in 7 Std.;
KAMPOT und KEP (umsteigen in Veal Renh), mit Virak Buntham um 8 Uhr für US$10 in 5 Std.;
KOH CHANG (Thailand), umsteigen an der Grenze, Bus und Boot
mit Rith Mony und Virak Buntham um 12/12.30 Uhr für US$15–16 in 5 Std.;
PHNOM PENH, 8x tgl. zwischen 7.30 und 14 Uhr für US$6,25–8 in 6 Std.;
SIEM REAP (umsteigen in Phnom Penh), 6x tgl. zwischen 7.30 und 11.30 Uhr für US$14,25–17 in 11 Std.;
SIHANOUKVILLE, mit Rith Mony und Virak Buntham um 8 Uhr für US$7–8 in 4 Std.

Sammeltaxis

Sammeltaxis stehen am Busbahnhof oder können von den Guesthouses inkl. Abholung bestellt werden. Sie fahren los, sobald genügend Passagiere (5–7) zusammen sind. Preise p. P. bzw. für ein ganzes Taxi.
AN DOUNG TUEK, für US$5 (US$30) in 2 Std.; KAMPOT, für US$12 (US$70) in 4 Std.; KEP, für US$12 (US$70) in 4 1/2 Std.; PHNOM PENH, für US$10 (US$60) in 4 1/2 Std.; SIHANOUKVILLE, für US$10 (US$60) in 3 Std.

Grenzübergang nach Thailand

12 km von Koh Kong entfernt liegt die kleine Grenzstadt **Cham Yeam** (auf thailändischer Seite **Ban Hat Lek**). ◷ 6–22 Uhr.
Mit dem Tuk-Tuk/Motorradtaxi aus Koh Kong für US$7/3 (inkl. Brückenzoll) bis zur Grenze. Hinter der Grenze warten Minibusse nach Trat (alle 45 Min. in 1 1/2 Std. für 120 Baht). Von dort stdl. Busse nach Bangkok für 250 Baht in 4 1/2 Std.

Umgebung von Koh-Kong-Stadt

Tatai-Wasserfall

Der schöne Wasserfall liegt 19 km östlich von Koh Kong. Der breite Tatai-Fluss [9637] stürzt über Felsen mehrere Meter in die Tiefe und speist mit seinem klaren, sauberen Wasser, das aus dem Kardamom-Gebirge stammt, viele natürliche Becken. Selbst in der Trockenzeit führt der Fall genug Wasser, um in den Pools schwimmen zu können. Beeindruckend ist die Erkundung des Tatai-Flusses mit seiner immergrünen Flusslandschaft mit dem Boot oder Kanu stromabwärts. Fantastisch ist eine Fahrt während der Regenzeit, wenn im Dschungel viele kleine Wasserfälle entstehen, die den Tatai-Fluss anschwellen lassen. Eintritt US$1. Mit dem Tuk-Tuk/Motorradtaxi von Koh Kong für US$15/6 (hin und zurück).

Die Unterkünfte am **Tatai-Fluss** sind nur mit dem Boot ab Tatai-Brücke erreichbar. Kostenloser Bootstransfer zur Anlage. Anreise bis zur Brücke von Koh Kong mit dem Tuk-Tuk/Motorradtaxi für US$15/8. Alle Busse und Sammeltaxis von Koh Kong nach Sihanoukville und Phnom Penh kommen hier auch durch.

Neptune Adventure Bungalows, ✆ 088-777 0576, 🖳 www.neptuneadventure-cambodia. com, [9639]. Der Deutsche Thomas besitzt mit seiner Frau Sothea ein großes Stück bewaldetes Land am Fluss. 3 einfache Matten/Holzbungalows auf Stelzen. Bett oder Matratze, Terrasse. Einfaches Bad mit Schöpfdusche neben den Bungalows. Genügsame können auch in Hängematten am Fluss übernachten (US$10). Schöne Terrasse über dem Wasser. 24 Std. Solarstrom. ❸–❹

🌳 **Rainbow Lodge**, ✆ 012-160 2585, 🖳 www.rainbowlodgecambodia.com, [9640]. 100 m vom Fluss entfernt stehen insgesamt 7 über Betonstege verbundene Bungalows. Die großen Beton-Holz-Hütten auf Stelzen sind mit einem Bett, Moskitonetz, Ventilator und Rattanablage möbliert. Großzügige gefliese Bäder. Viele Aktivitäten. Inkl. 3 Mahlzeiten, Wasser, Kaffee und Tee, US$80 p. P. ❺

Insel Koh Kong

Kambodschas größte Insel [9642] liegt 25 km südlich von Koh-Kong-Stadt und ist von dichtem Dschungel überzogen. Die einzige Siedlung auf diesem ursprünglichen Eiland ist das kleine Fischerdorf **Alata** an der Südostküste. Bis zu 400 m hoch erheben sich die Hügel im Inselinneren. An der Westküste erstrecken sich sechs Traumstrände, die der Einfachheit halber durchnummeriert wurden. Zwei Bungalowanlagen gibt es auf Koh Kong, sie liegen an den malerischen Buchten von Strand Nr. 3 und Nr. 6. Das Wasser ist flach, klar und türkisfarben, doch an beiden Stränden gibt es Sandfliegen (s. Kasten S. 625).

Koh Kong White Sand Beach Resort, Strand Nr. 3, ☎ 096-666 9909, [9644]. 7 schöne Holz-Mattenbungalows. Matratze mit Moskitonetz auf dem Boden, Ventilator. Hübsche Bäder mit Waschbecken, WC und Duschbrause. 8 Reihenzimmer der gleichen Ausstattung, mit Gemeinschaftsbad. Kostenlos Schnorchel- und Kajakverleih. 24 Std. Solarstrom. Kein WLAN, kein Mobilfunk. Der Strand wird von Tagesausflüglern angesteuert. Restaurant. ❷–❸

Koh Kong Island Resort, Strand Nr. 6, ☎ 097-755 8988, 🖥 www.kohkongisland.net, [9645]. Hübsche Deluxe-Holzbungalows unter Bäumen, großzügig mit Glasfenstern, nette Bäder. Die Standardbungalows stehen in der abgeholzten Anlagenmitte. Strom von 18 bis 2 Uhr. Kein WLAN, eingeschränkter Mobilfunk. Aktivitäten wie Kajakverleih und Dschungelwanderungen. Restaurant. Inkl. Frühstück. ❹–❺

Mit den **Tagesausflugsbooten** ab Koh-Kong-Stadt um 8 bzw. 8.30 Uhr in 2 1/2 Std. bis Strand Nr. 3, weiter nach Strand Nr. 6 in 20 Min. Zurück um 14 bzw. 15 Uhr, für US$25–30 (hin und zurück).

Chi Phat

🏠 Ökotourismus-Projekte im Kardamom-Gebirge zielen darauf ab, Dorfbewohnern eine nachhaltige Lebensgrundlage zu schaffen, sodass sie nicht mehr wie bisher ihren Lebensunterhalt durch Abholzung, Wilderei oder Brandrodung bestreiten müssen. In dem kleinen Dorf Chi Phat [9609] wurde 2007 mit Unterstützung der Wildlife Alliance der gemeindebasierte Ökotourismus eingeführt, der Chi-Phat-Community-Based Ecotourism (CBET). Der malerische Ort zieht sich 3 km an einer Staubstraße entlang und ist Heimat von etwa 600 Familien. Es gibt einen Markt und kleine Verkaufsstände, in denen die Bewohner Gemüse, Drogerieartikel oder Snacks verkaufen. Im CBET-Büro gibt es tagsüber Strom über Solarpanel, WLAN und Internetzugang. Alle anderen Häuser beziehen Strom über Generator von 5–9 und 17–23 Uhr.

Das Ausflugsangebot für Touristen ist groß, darunter **Tagestrekkingausflüge** in die nähere Umgebung zu Wasserfällen und Höhlen (um US$20). **Dschungelwanderungen** von zwei bis sieben Tagen mit Übernachtung in Hängematten (US$50–168). Viele Angebote kann man als reine Wanderung oder mit dem Mountainbike durchführen. Wir empfehlen, mindestens eine Nacht im Dschungel einzuplanen. Das Erlebnis ist faszinierend, die Übernachtung in Hängematten mit Moskitonetz bequemer, als es sich anhört, das einfache Essen vom Lagerfeuer ein Genuss.

Bei Ankunft muss man sich im CBET-Büro, ☎ 092-720 925, ✉ chiphatbooking@gmail.com, ⏰ 7.30–11.30 und 14–17.30 Uhr, registrieren lassen. Die **Unterkünfte** werden von CBET verteilt, man kann zwischen Guesthouse (US$5) und Homestay (US$4) wählen. Alle Zimmer sind sauber und gepflegt, haben ein Bett, Moskitonetz und Außenbad (Hock- oder Sitztoilette, Schöpfdusche).
Ein **Restaurant** gibt es im CBET-Büro. 30 Gemeindemitglieder wechseln sich beim Kochen ab. Frühstück (Reis oder Nudeln) US$2,50; Mittag- und Abendbuffet US$3,50. In den 3 einfachen Restaurants kostet eine Mahlzeit um 7000 Riel.

Alle **Busse** und **Sammeltaxis** kommen auf der Strecke von Koh Kong Richtung Phnom Penh und Sihanoukville durch An Doung Tuek.

Von An Doung Tuek 20 km mit dem **Tuk-Tuk** (2 Pers.)/**Motorradtaxi** für US$15/6 bis Chi Phat in 45 Min. Schöner ist die Fahrt mit dem **Longtailboot** ab Brücke An Doung Tuek in 2 Std. für US$25 (max. 6 Pers.).

Die **Abreise** kann von CBET organisiert werden. Mit dem Motorradtaxi bis An Doung Tuek für US$7 oder mit dem Boot (1–4 Pers.) für US$30. Von dort mit dem Bus nach Phnom Penh oder Sihanoukville um 9.30 Uhr für US$7; Koh Kong um 12 Uhr für US$6, Kampot um 9.30 Uhr für US$9,5.

Kirirom-Nationalpark

Das hügelige Gebiet um Kirirom [9600] liegt auf halbem Weg zwischen Phnom Penh und Sihanoukville. Das Gebiet umfasst 323 km² rund um den 670 m hohen Kirirom-Berg (Glücksberg). Folgt man dem asphaltierten Abzweig von der N4 am Dorf Trang Tro Yeung für 8 km, erreicht man das Kirirom Hillside Resort am Fuße der Berge. Hier gabelt sich der Weg zu den zwei Hauptgebieten. Rechts führt eine gute, aber nicht as-

Ökotourismus am Kirirom

Die Gemeinde von Chambok hat das **Chambok Community-Based Ecotourism Program**, ☎ 017-363 480, ⌨ www.chambok.org, ins Leben gerufen. Alle Gewinne aus dem Tourismus kommen der Gemeinschaft zugute und garantieren so der einheimischen Bevölkerung ein Einkommen. In Chambok bietet sich eine wunderbare Gelegenheit, Einblick in das einfache Leben auf dem Land zu bekommen. Eine 7 km lange Wanderroute führt an drei Wasserfällen vorbei. In den Kaskadenbecken des zweiten Wasserfalls kann man baden, der dritte Wasserfall ist der schönste des Kiririom-Gebietes und beeindruckende 40 m hoch, Eintritt US$3. Mehrtagestouren möglich. Fahrradausleihe für US$1,50/Tag. Insgesamt 37 Familien bieten einen **Homestay** im Dorf an. Einfache, saubere Zimmer in Holzhäusern, Toilette außerhalb, US$4. Ebenso viel kostet eine Mahlzeit. Anmeldungen mind. 2 Tage im Voraus.

phaltierte Straße 9 km bis zu dem malerischen Dorf Chambok, links windet sich eine asphaltierte Straße 15 km bis zu einem 670 m hoch gelegenen Plateau des Kirirom-Nationalparks. Wer also Letzterer folgt, kommt nach 100 m an eine Schranke, an der US$5 Eintritt zu zahlen sind, ⏰ 8–17 Uhr. Die Straße windet sich dann idyllisch den Berg hinauf. Auf dem Plateau stehen die spärlichen **Reste der königlichen Sommerresidenz**, die von den Roten Khmer zerstört wurde. Das **Informationszentrum** ist in einem Steinhaus an der Klippe untergebracht und bietet neben Erläuterungen zum Umweltschutz lediglich einen grandiosen Ausblick von der Terrasse. In einfachen Hütten sind Getränke und Essen zu bekommen. Ein steiler Pfad führt 1,5 km hinab zum schönen **Sras-Srang-See**.

500 m vor dem Plateau zweigt eine Straße zum **„großen Wasserfall"** ab. Ein Fluss bahnt sich über Felsen mehrere hundert Meter den Weg Richtung Tal. In der Woche ist man hier fast allein, während es am Wochenende von Tagesausflüglern nur so wimmelt. Die moderaten Temperaturen von max. 25 °C machen diesen Ort am Wochenende zu einem idealen Platz für Einheimische, die hier picknicken.

ÜBERNACHTUNG UND ESSEN

Kirirom Hillside Resort, ☎ 016-590 999, ⌨ www.kiriromresort.com, [9602]. Nicht von den beiden Känguru-Skulpturen am Eingang abschrecken lassen. In der wunderbar großzügigen, bewaldeten Anlage gibt es schöne, schon etwas in die Jahre gekommene Reihenhaus-Zimmer und Bungalows am Fluss. Alle sind innen mit viel Holz ausgestattet, AC, TV, Minibar. Restaurant. Alle Aktivitäten wie Kanufahren, Tennis, Reiten sind für Gäste im Zimmerpreis enthalten. Spielplatz mit Dinosaurier-Skulpturen, Zoo, Pool. Inkl. Frühstück. WLAN an der Rezeption. ❹–❻

TRANSPORT

Mit den **Bussen** oder **Sammeltaxis** zwischen Phnom Penh und Sihanoukville im Dorf Trang Tro Yeung absetzen lassen. Am Abzweig Motorradtaxis, US$10 bis Kirirom-Plateau oder bis zum Dorf Chambok (1 Std.). Mit dem **Taxi** aus Phnom Penh oder Sihanoukville für US$60.

© M. MARKAND

Vietnam

Stefan Loose Traveltipps

VIETNAM

N

0   200 km

C H I N A

Hekou
Lao Cai
Ha Giang
Cao Bang
Nanning
C H I N A
Sa Pa
Bac Ha
3143
Transipan
Lai Chau
Tuyen Quang
Dong Dang
Lang Son
Dien Bien Phu
Son La
Thai Nguyen
Mong Cai
Zhanjiang
Sop Hun
Tay Trang
Viet Tri
HA NOI
Hai Duong
Campha
Luang Prabang
Hoa Binh
Ha Dong
Ha Long-Stadt
Mai Chau
Ninh Binh
Thai Binh
Hai Phong
Nameo
Nam Dinh
Nong Het
Nam Can
Thana Hoa
2820
Do Luong
Golf von Tonkin
HAINAN
VIENTIANE
Nong Khai
Keo Neua Pass
Cau Treo
Nam Phao
Vinh
Ha Tinh
Lak Xao
2286
Udon Thani
Cha Lo
Na Phao
Phong Nha Höhle
Dong Hoi
Nakhon Phanom
Savannakhet
Dan Savanh
Lao Bao
Dong Ha
Hue
Mukdahan
Da Nang
THAILAND
My Son
Hoi An
Tam Ky
2598
Quang Ngai
Korat (Nakhon Ratchasima)
Ubon Ratchathani
Pakxe
Attapeu
Phou Kheua
Kon Tum
Bo Y
Aranyaprathet
O'Yadaw
Plei Ku
19
Le Thanh
Quy Nhon
Siem Reap
Stung Treng
14
Tuy Hoa
Battambang
KAMBODSCHA
Buon Ma Thuot
261
Pursat
2287
Nha Trang
Trat
Kompong Cham
Trapeang Bre
Lak
Trapeang
Phlon Pir
Bonue
Da Lat
Heiliger Stuhl der Cao Dai
Xa Mat
14
Phan Rang
Neak Leung
Tay Ninh
Cu Chi Tunnel
Dambri-Wasserfall
20
K'am Samnar
Thu Dau Mot
Kampot
Phnom Den
Bavet
Moc Bai
Bien Hoa
Mui Ne
Sihanoukville
Vinh Xuong
Vinh Cao Lanh
Ho-Chi-Minh-Stadt (Sai Gon)
Phan Thiet
Prek Chak
Ha Tien
Chau Doc
My Tho
Long Hai
Duong Dong
Xa Xia
Tinh Bien
Sa Dec
Vinh Long
Ben Tre
Vung Tau
PHU QUOC
Long Xuyen
Rach Gia
Can Tho
Tra Vinh
Golf von Thailand
Soc Trang
Ca Mau
CON DAO-ARCHIPEL
Kap Ca Mau

Grenzübergänge für Ausländer

PHNOM PENH

Mekong

Do Fluss

Mekong

Südchinesisches Meer

Vietnam lässt sich geografisch, klimatisch, geologisch und historisch in drei Regionen gliedern: Nordvietnam, Zentralvietnam und Südvietnam.

Nordvietnam, auf Vietnamesisch Bac Bo, ist geschichtlich betrachtet die Wiege der Viet-Nation. Die Viet siedelten im Delta des Roten Flusses und zogen von dort im Laufe der Jahrhunderte weiter Richtung Süden. Von den Kolonialherren (Chinesen und Franzosen) wurde diese Region Tonkin genannt. Hier leben seit der frühen Steinzeit verschiedene Bergvölker. Das Klima ist subtropisch, d. h. im Winter kann es richtig kalt werden, im Sommer ist es unerträglich heiß.

Zentralvietnam, auf Vietnamesisch Trung Bo, von den Chinesen und anschließend den Franzosen An Nam genannt, wurde ursprünglich von den Cham besiedelt. Die Vietnamesen wanderten erst ab dem 13. Jh. nach Süden. Im Gebirge leben Minderheiten. In Zentralvietnam siedelten im Hochmittelalter die Hue-Könige und herrschten fast 1000 Jahre über das Land – die längste unabhängige Zeit bisher. Dieser Landesteil ist wenig besiedelt und hat kaum Bodenschätze, dafür wunderschöne Strände, die einst auch die Amerikaner anlockten. Sie richteten hier Erholungsbadeorte und Militärbasen ein. In Zentralvietnam befindet sich auch die Klimascheide des Landes: der Wolkenpass. Er bildet zugleich die natürliche Grenze zwischen Nord- und Südvietnam.

Südvietnam, auf Vietnamesisch Nam Bo, war ab 1859 das französische Cochinchina und auch erst kurz zuvor, im 17.–18. Jh., von Vietnamesen besiedelt worden. Ursprünglich herrschten und lebten hier die Khmer. Die ehemaligen Gebiete des Angkor-Reichs (vornehmlich das Mekong-Delta) waren während des amerikanischen Kriegs Hochburgen der Vietcong. Im Süden herrscht tropisches Klima. Es ist nie richtig kalt hier (ausgenommen in den Bergen, wo es etwas kühler werden kann) und auch im Sommer meist erträglich (s. Klimatabelle S. 43). Das Mekong-Delta ist die Reiskammer des Landes – auch dem Export dieses Überschusses verdankt Vietnam seinen derzeitigen Wirtschaftsboom.

Die Silhouette des langgestreckten Landes erinnert an eine Tragestange, wie sie in Vietnam oft zum Transport von Waren benutzt wird. Oben „hängen" Ha Noi und das Rote Delta, unten Ho-Chi-Minh-Stadt und das Mekong-Delta. Das Schulterstück bildet Zentralvietnam. Vietnam schmiegt sich an seiner westlichen Seite wie ein langgezogenes „S" an Laos (im Nordwesten) und Kambodscha (im Südwesten). Im Norden grenzt das Land an China und im Osten und Süden ans Südchinesische Meer, von den Vietnamesen Bien Dong (Ostmeer) genannt. Hier befindet sich der Knotenpunkt des Schiffsverkehrs zwischen dem Pazifik und dem Indischen Ozean. Nur wenige Inseln gehören zum vietnamesischen Territorium, darunter Con Dao und die fast 570 km² große Insel Phu Quoc im Süden des Landes. Die Vietnamesen sind traditionell kein Seefahrervolk, viele Inseln in ihrem Hoheitsgewässer sind daher nicht bewohnt und kaum zu erreichen.

Bevölkerung

Obwohl Vietnam etwa 20 000 km² weniger Grundfläche hat als Deutschland und weniger Landfläche bewohnbar ist, haben beide Staaten fast gleich viele Einwohner. Die meisten Menschen bewohnen die Delta-Gebiete des Mekong und des Roten Flusses. In den Städten lebt bereits heute ein Viertel der Bevölkerung, und es werden täglich mehr. Die **Landflucht** treibt vor allem junge Menschen in die urbanen Zentren. Sie sind auf der Suche nach Bildung und Jobs. Zurück bleiben die Alten in vergreisenden Dörfern. Dieser Trend beeinflusst die Wirtschaftspolitik des Landes und wird in der Zukunft die Gewichtung der Einnahmequellen weiter deutlich verschieben – statt wie heute noch vorwiegend in der Landwirtschaft wird die nächste Generation voraussichtlich vermehrt in der Industrie und im Dienstleistungssektor tätig sein.

Die Gesamtbevölkerung Vietnams ist, bedingt durch die 30-jährigen Freiheitskriege, die 1975 endeten, sehr jung. Zwei Drittel der Bewohner sind jünger als 30 Jahre und über 50 % unter 15 Jahren. Etwa ein Drittel der Menschen sind Zeitzeugen des Krieges. Als Vietnam 1975 wiedervereinigt wurde, hatte das Land eine Bevölkerung von 48 Mio. Menschen. Heute sind es 90 Mio., also 42 Mio. Menschen mehr.

Ethnische Gruppen

In Vietnam leben 54 verschiedene ethnische Gruppen. Die **Viet** (auch Kinh genannt) stellen etwa 87 % der gesamten Bevölkerung. 3 % der Bevölkerung sind Hoa (Chinesen), die im Süden des Landes leben. Im zentralen Bergland und im Norden siedeln die restlichen 52 Gruppierungen. Einige Völker leben schon seit über 2000 Jahren auf vietnamesischem Territorium. Jene aus dem zentralen Hochland wurden durch die nach Süden wandernden Viet im Laufe der Jahrtausende in die Berge verdrängt. Andere sind erst in den letzten Jahrhunderten von China vor allem in den bergigen Norden eingewandert. Das wichtigste Unterscheidungsmerkmal der Völker ist ihre Ansiedlung im Tief- oder Hochland.

Die **Bergvölker** im Hochland mögen die Tieflandbewohner (und damit die Viet) im Allgemeinen nicht besonders gern. In ihrer gesamten Geschichte sind sie bestrebt, jeweils in ihrem Volk oder Dorf so selbstbestimmt wie möglich zu leben. Das hat im Laufe der Zeit mal mehr, mal weniger gut funktioniert. Während sie bis zur französischen Kolonialzeit autonom und nur tributpflichtig waren, änderte sich die Situation mit dem Eintreffen der ersten Missionare, die mit den Franzosen ins Land kamen. Die französischen Kolonialherren gestanden den Bergvölkern zwar lokale Autorität zu, doch sie enteigneten die Landbesitzer, forderten hohe Zölle und Zwangsarbeit.

Im Laufe der Kriege stellten sich einige Gruppen gegen die Vietnamesen und kämpften an der Seite der Franzosen und der Amerikaner gegen die Viet Minh und Vietcong. Andere standen loyal an der Seite der nördlichen Viet und stellten sich gegen die christlichen Viet im Süden unter Diem, die Kolonialherren und die Amerikaner.

Seit Doi Moi hat sich die Situation der Bergvölker stetig gebessert. Laut Verfassung genießen sie alle Rechte vietnamesischer Staatsbürger. Es gibt eine eigens für die Bergvölker zuständige Regierungsbehörde. Heute sind die Angehörigen der wichtigsten und großen Ethnien in den politischen Gremien relativ gut vertreten. Obwohl sich die Regierung bemüht, die wirtschaftliche Situation zu verbessern, stehen die meisten Bergvölker noch am Anfang einer Entwicklung. 75 % der Menschen leben unterhalb der Armutsgrenze. Es kommt häufig zu Nahrungsmittelknappheit – nicht zuletzt deshalb, weil diese Völker im Zuge der Ansiedlung von Viet in den fruchtbaren Tälern in unwirtliche Ecken abgedrängt wurden. Oft sind auch die Bildungssituation und die Krankenversorgung schlecht. Positiv zu vermerken ist hingegen, dass in den Schulen wieder Minderheitensprachen gelehrt werden und auch Stipendien zur Verfügung stehen, die ärmeren klugen Köpfen eine Universitätsausbildung ermöglichen. Als Alternative zur Wilderei, zum illegalen Holzschlag und dem Anbau von Mohn zur Gewinnung von Opium wird der Anbau von Obst und Nutzholz forciert.

Gemeinsame Wurzeln

Betrachtet man die Herkunft der 54 Volksgruppen in Vietnam, reduziert sich die Vielfalt auf drei Sprachfamilien: die austronesische, die austro-asiatische und die sino-tibetische Gruppe. Die austronesische Gruppe kam einst aus Indonesien und den pazifischen Inselwelten nach Vietnam. Diese auch als Nam Dao benannte Gruppe siedelte an der Küste des Zentrallandes und stellte vermutlich die ersten Bewohner des Landes. Die austro-asiatische und die sino-tibetische Gruppe wanderten beide aus Südchina ein.

Im Laufe der Zeit differenzierten sich die Gruppen, es bildeten sich Unterethnien, die sich wiederum in kleinere Einheiten unterteilen. So besteht allein die Mon-Khmer-Gruppe aus 21 kleineren Völkern, von denen einige (wie die Odu und Romam) gerade einmal einige hundert Personen zählen.

Die Cham und die E De, die beide zur Nam Dao-Gruppe gehören, haben ihre matrilineare Gesellschaftsform bis heute beibehalten. In diesen Volksgruppen erben nur die Mädchen. Der Mann zieht zur Frau, und die Kinder nehmen den Familiennamen der Mutter an. Den Königsthron durften allerdings nur Männer besteigen.

Geschichte

In seiner bewegten Geschichte wurde das Land der Viet und seiner Mitvölker mehr als einmal geteilt und wieder vereint. Es wurde von asiatischen und westlichen Mächten beherrscht und geprägt und ist heute einer der wenigen sozialistischen und wirtschaftlich erfolgreichen Einparteienstaaten der Welt.

Frühgeschichte

Das Gebiet des heutigen Vietnams wurde bereits in der Steinzeit besiedelt. In der Bronzezeit entwickelte sich am Delta des Roten Flusses die **Dong-Son-Kultur**, die für ihre reich verzierten Bronzetrommeln bekannt ist. Aus dieser Kultur gingen etwa 300 v. Chr. die ersten Reiche der Viet hervor: Van Lang und Au Lac.

Chinesische Besatzung

Um das Jahr 111 v. Chr. übernahm die chinesische Han-Dynastie die Kontrolle über das Viet-Reich und legte den Grundstein für eine über tausend Jahre währende Herrschaft Chinas. Mit strenger Hand setzten die Chinesen die Verhaltensnormen des **Konfuzianismus** durch, der Vietnam bis heute prägt.

Die **Trung-Schwestern** führten die Viet mit einem Aufstand für kurze Zeit in die Freiheit. Noch heute werden sie als Nationalheldinnen verehrt. Nach dem Untergang der Trang-Dynastie und dem Zerfall des chinesischen Reichs in zehn Königreiche gelang es den Viet, sich von der Kolonialherrschaft zu befreien. Bis 938 waren die letzten Chinesen vertrieben.

Die Königsdynastien

Um 968 etablierte sich das erste Großreich der Viet im Norden am Roten Fluss, das bald **Dai Viet** („Große Viet") genannt wurde. Der **Buddhismus** begann Fuß zu fassen. Regiert durch Königs- und Kaiserdynastien, breitete sich das Reich ab 1300 n. Chr. nach Süden aus und verdrängte bis 1471 das Volk der **Cham** aus dem heutigen Zentralvietnam. Wiederholte Angriffe der **Mongolen** aus dem Norden wurden erfolgreich abgewehrt, und als China im 15. Jh. erneut die Macht übernahm, konnten die Besatzer nach nur 20 Jahren vertrieben werden.

Die ersten christlichen **Missionare** machten sich um 1600 auf den Weg in die Region. 1619 gelangte der französische Jesuit **Alexandre de Rhodes** nach Vietnam und konnte nach eigenen Angaben fast 7000 Menschen taufen. Er war auch, der das bis heute gebräuchliche Schriftsystem basierend auf lateinischen Buchstaben entwickelte, um ein Französisch-Lateinisch-Vietnamesisches Wörterbuch zu publizieren. 1630 musste er das Land verlassen, da den Trinh-Herrschern der wachsende Einfluss des Katholizismus ein Dorn im Auge war.

Unter den Klans der **Nguyen** und der **Trinh**, die sich die Herrschaft streitig machten, kam es zu einer instabilen Periode. Das Land wurde erstmals geteilt. Hungersnöte brachen aus und drei Brüder schrieben mit der **Tay Son-Rebellion** Geschichte. Unter ihrer Herrschaft gab es eine Landreform und ein gerechtes Steuersystem.

Mit Hilfe einer Garnison französischer Soldaten gelang es einem Spross der Nguyen, das Land wieder zu erobern und erneut zu einen. Kaiser **Gia Long** begründete damit 1802 die **Nguyen-Dynastie**, die letzte vietnamesische Kaiserdynastie. Unter ihm erhielt das Land erstmals den Namen **Viet Nam**. Der Kaiser wählte Hue als Hauptstadt und ließ eine Straße nach Thang Long und nach Gia Dinh bauen. Auch letztere Stadt benannte er um: Sie hieß ab jetzt Sai Gon. In Hue ließ er sich einen prunkvollen Palast nach dem Vorbild des Kaiserpalastes von Peking errichten. Er nahm Reformen der Tay-Son-Zeit zurück und baute sein Staatssystem wieder nach streng konfuzianischen Regeln auf.

Gia Long war den Franzosen zu Dank verpflichtet und zeigte sich tolerant gegenüber der christlichen Missionsarbeit, seinen Nachfolgern hingegen missfiel der Einfluss der fremden Religion: Sie vertrieben und töteten Missionare und Gläubige, und auch andere Kontakte zu den Europäern wurden beschnitten, der Handel stark eingeschränkt.

Französische Kolonialzeit und Freiheitskriege

Die Verfolgung der Missionare war für Frankreich ein willkommener Anlass, sich ab 1858 militärisch in Vietnam zu engagieren. Das eigentliche Ziel der Intervention aber war, einen Handelsweg nach China zu sichern. Nur ein paar Jahrzehnte nach der Französischen Revolution erzwangen die Franzosen die Kontrolle über die Provinzen Sai Gon, Bien Hoa, My Tho und die Insel Phu Quoc und fassten die Gebiete als Kolonie **Cochinchina** zusammen. Wenige Jahre später wurden Zentralvietnam (Annam) und der Norden (Tonkin) zu Protektoraten erklärt. Alle drei Gebiete zusammen bildeten ab 1887 die **Indochinesische Union**, in die auch das Khmer-Königreich (heute Kambodscha) und später Laos eingegliedert wurden.

Die Kolonialmacht stand von Anfang an einer widerstandsbereiten Bevölkerung gegenüber. Immer wieder kam es zu Aufständen, doch waren diese nicht zentral organisiert und wurden mit extremer Gewalt niedergeschlagen. Besonders die einst vom Kaiserhof protegierten hohen Beamten und Intellektuellen bildeten eine Opposition und entwickelten Ideen, wie ihr Land befreit und regiert werden sollte; auch einige der amtierenden Kaiser mischten sich ein.

Kurz nachdem **Bao Dai** als letzter Kaiser der Nguyen-Dynastie 1926 den Thron bestiegen hatte, gründete **Ho Chi Minh** am 3. Februar 1930 in Hongkong die **Kommunistische Partei Vietnams** (Dang Cong San Viet Nam). Aus ihr sollte 1941 die „Liga für die Unabhängigkeit Vietnams" hervorgehen, die **Viet Minh**.

Mit dem Zweiten Weltkrieg änderte sich die Situation auch in Asien dramatisch. Die Schwäche des von Deutschland besetzten Frankreichs machte sich Japan zunutze und übernahm ab 1940 die Kolonie Indochina.

Nach der Kapitulation Deutschlands am 7. Mai 1945 ging der Freiheitskampf in Vietnam weiter. Die Alliierten unterstützten nun die Viet Minh (u. a. mit Waffen), denn diese waren als einzige Kraft gegen Japan übrig geblieben. Unter dem Decknamen Lucius wurde Ho Chi Minh als Agent der Amerikaner geführt. Die Viet Minh organisierten auch in Zusammenarbeit mit antikommunistischen Kräften das **Nationale Befreiungskomitee**, das als provisorische Regierung fungierte. Im Juni schufen sie eine befreite Zone im Norden, die aus sechs Provinzen bestand.

Unabhängig von diesen Bewegungen im Land beschlossen die Siegermächte am Rande der **Potsdamer Konferenz** bereits im Juli 1945 die provisorische Teilung Vietnams am 17. Breitengrad. Das Land sollte weiter besetzt bleiben: im Norden durch China, im Süden durch britische Truppen. Das Potsdamer Abkommen beinhaltete keine Anerkennung der Republik Vietnam.

Als Japan am 15. August 1945 nach den amerikanischen Atombombenabwürfen auf Hiroshima und Nagasaki kapitulierte und seine Truppen auch aus Vietnam zurückzog, starteten die Viet Minh wenige Tage später am 19. August eine groß angelegte Offensive, die als **Augustrevolution** in die Geschichtsbücher eingehen sollte. Nach nur wenigen Tagen wurde Ha Noi erobert. Bao Dai, der sich den Japanern unterworfen hatte, verzichtete am 25. August 1945 auf den Thron und übergab die Macht offiziell an die Viet Minh. Am 2. September rief Ho Chi Minh die kommunistisch geführte **Demokratische Republik Vietnam (DRV)** aus und proklamierte den Anspruch auf Souveränität der gesamten Republik Vietnam. In seiner **Unabhängigkeitserklärung** bezog er sich auf die Prinzipien der amerikanischen Unabhängigkeitserklärung sowie auf die französischen Ideale von Freiheit, Gleichheit und Brüderlichkeit.

Die Viet Minh hatten zu diesem Zeitpunkt etwa 5000 Mitglieder, deren Ziel die Unabhängigkeit war. Bereits vier Jahre später nannten sich etwa 700 000 Personen Viet Minh.

Am 13. September setzten die Siegermächte die Beschlüsse der **Potsdamer Konferenz** in die Tat um. China drang in den Norden vor und britische Truppen besetzten Südvietnam. Sie befreiten die von Japan inhaftierten französischen Truppen und bewaffneten diese 6000 Mann. Da Frankreich die Kontrolle über Indochina nicht einfach abgeben wollte, übernahmen die frisch ausgerüsteten Truppen Sai Gon. Weitere Garnisonen folgten aus dem Heimatland. Die Viet Minh hatten sich im Norden fest etabliert und konnten dem Druck der Westmächte standhalten, sodass sich der ausländische Einflussbereich auf die großen Städte des Südens beschränkte. Ho Chi Minh fürchtete im Norden vor allem die Kontrolle durch China und sah in den Franzosen im Süden das kleinere Übel.

Der französische Krieg (1946–1954)

Zum ersten Mal in seiner Geschichte wurden in Vietnam Wahlen abgehalten. Die Kandidaten der Viet Minh gewannen die Wahl am 6. Januar 1946 mit absoluter Mehrheit (95 %). Im März trat die Nationalversammlung unter **Präsident Ho Chi Minh** zusammen. Frankreich betrieb derweil diesen Ergebnissen zum Trotz seine Strategie der Rückeroberung weiter: Bereits im Februar 1946 vereinbarten die Franzosen mit den Kuomintang, dass Frankreich den Norden übernehmen sollte. Auch die Briten zogen ihre Truppen zurück. Am 6. März 1946 erkannte Frankreich die neue Republik Vietnam offiziell als autonomen Staat innerhalb der Union Française an und schloss sogar einen **Friedensvertrag** mit den Viet Minh. Darin verpflichtete sich Frankreich, nur bis 1950 zu bleiben und dies auch nur an festgelegten Orten. Vorgesehen war ein Referendum, in dem die Südvietnamesen abstimmen sollen, ob sie sich dem Staat Ho Chi Minhs anschließen wollten. Frankreich hatte jedoch nicht vor, sich an diese Abmachungen zu halten. Und da beide Vertragsparteien andere Ziele anstrebten, kam es schnell zu einer Konfrontation. Im Juni erklärten die Franzosen Sai Gon zur Hauptstadt des neu ernannten Separationsstaates Cochinchina. Die Spannungen wuchsen. In der DRV verabschiedete die Nationalversammlung eine Verfassung und bestärkte darin noch einmal den Wunsch nach Einheit des Landes. Im November 1946 kam es aufgrund von Zollkonflikten zu schweren Auseinandersetzungen in Hai Phong. Französische Kriegsschiffe und Flugzeuge beschossen die Stadt, über 6000 Zivilisten starben. Frankreich erklärte, ab jetzt für die Kontrolle und Sicherheit der Region verantwortlich zu sein. Die Regierung der DRV rief daraufhin den nationalen Notstand aus und zog sich in die Berge des Nordens zurück. Dies war der Beginn des Ersten Indochinakriegs, in Vietnam französischer Krieg genannt.

Für die militärische Strategie der Viet Minh war General **Vo Nguyen Giap** verantwortlich, der sich für eine Guerillataktik entschied. Frankreich glaubte zunächst, das Land in einem Blitzkrieg erobern zu können, doch die Taktik Giaps führte die Viet Minh zu vielen Erfolgen und sollte Frankreich letztendlich für immer vertreiben.

Im September 1949 setzte Frankreich in Sai Gon erneut den ehemaligen Herrscher Bao Dai ein und rief die Gegenregierung zur DRV aus. Auch diese beanspruchte volle Kontrolle über das gesamte Land.

Im Januar 1950 konnte Ho Chi Minh einen Erfolg für sich verbuchen, als China, die Sowjetunion und Jugoslawien mit der DRV diplomatische Beziehungen aufnahmen. Amerika reagierte darauf bereits einen Monat später mit der Anerkennung der Regierung in Sai Gon und deren finanzieller Unterstützung. Der vietnamesischen Volksarmee gelang es Ende des Jahres, die Gebiete an der Grenze zu China zu kontrollieren. Anfang 1951 gründete Ho Chi Minh die Partei der Werktätigen Vietnams, Dang Lao Dong, als Nachfolgepartei der 1945 aufgelösten Kommunistischen Partei. Im Frühjahr 1951 startete das Heer der DRV eine Offensive und konnte fast zwei Drittel des Landes einnehmen. Die Taktik des Guerillakriegs an mehreren Fronten auf für den Feind nur unzulänglich bekanntem Gelände trug Früchte, auch wenn diese Offensive wegen des Einsatzes der ersten Napalmbomben noch einmal von den Franzosen gewonnen wurde.

Die Schlacht von Dien Bien Phu

Frankreich war entschlossen, eine Entscheidungsschlacht herbeizuführen. Sie wählten die als uneinnehmbar geltende Garnison **Dien Bien Phu** nahe der laotischen Grenze. 12 000 französische Fallschirmjäger wurden Ende 1953 auf den Hügel gebracht. Doch Giap ließ schweres Geschütz in die Berge bringen und zog einen Belagerungsring um die Festung. 57 Tage konnten die Franzosen die Garnison halten, dann mussten sie sich am 7. Mai 1954 ergeben. Trotz eindringlicher Bitte um Hilfe verweigerten die USA unter Eisenhower ihre Unterstützung. Damit war der französische Vietnamkrieg und mit ihm die Zeit der Kolonialmacht Frankreich in Indochina beendet. 93 000 tote Franzosen und Verbündete und 200 000 tote Viet Minh waren die traurige Bilanz.

Zwischen den Kriegen (1954–1964)
Das Genfer Abkommen und seine Folgen

Bereits einen Tag nach der französischen Niederlage in Dien Bien Phu begann am 8. Mai 1954 die Genfer Indochina-Konferenz. Es wurde der sofortige Stopp der Kampfhandlungen in Vietnam und im Gebiet von Laos und Kambodscha beschlossen. Zudem wurde festgelegt, dass alle drei Staaten als souveräne Staaten anerkannt werden sollten. Ferner wurde abgesprochen, dass im Juli 1956 in beiden vietnamesischen Landesteilen freie Wahlen abzuhalten seien, nach denen das Land wieder vereinigt werden sollte. Bis dahin sollte am 17. Breitengrad die provisorische Teilung erneuert werden. Der heute als entmilitarisierte Zone zum Touristenziel gewordene, etwa 5 km breite Streifen beiderseits der Grenze wurde als Pufferzone errichtet. Am 21. Juli unterzeichneten alle Beteiligten das Abkommen – mit zwei Ausnahmen: Die USA und die Regierung Bao Dais verweigerten die Unterschrift.

Der Norden unter Ho Chi Minh

Dem Genfer Abkommen folgend verließen die Franzosen 1954 Ha Noi, und am 9. Oktober zog Ho Chi Minh mit seinen Soldaten ein. Mit den abwandernden Franzosen gingen auch etwa 1 Mio. Vietnamesen aus dem Norden nach Süden.

Es waren vornehmlich Christen, die unter den Kommunisten Repressalien befürchteten und im Süden Protektion unter dem Katholiken Diem erwarten konnten. Auch in die entgegengesetzte Richtung begann eine kleine Völkerwanderung: Kommunistische Sympathisanten machten sich auf den Weg, um im Norden beim Wiederaufbau zu helfen. Etwa 5000–10 000 Viet Minh verblieben als Basis *undercover* im Süden.

Mit der radikalen Umgestaltung der Wirtschaft begannen die Kommunisten ihren Wiederaufbau. Eine **Bodenreform** enteignete die Großgrundbesitzer: Etwa zwei Millionen Bauern wurde ein Teil des Landes mit einer Gesamtausdehnung von 800 000 Hektar zugewiesen. Im Zuge dieser Umstrukturierung kam es zu Ausschreitungen und Repressionen gegenüber den Grundbesitzern und Unternehmern; etwa 15 000 Menschen starben. Tausende Menschen wurden in Umerziehungslager gebracht, Mönche

verfolgt und aufrührerische Bauern mundtot gemacht. General Giap und Ho Chi Minh gestanden 1956 große Fehler ein und entschuldigten sich. Viele Gefangene wurden freigelassen, die Kollektivierungspolitik überdacht und Ende 1958 begann der Aufbau von Genossenschaften.

Der Süden unter Diem

Die Amerikaner sorgten dafür, dass der amtierende Kaiser Bao Dai ihren Wunschkandidaten **Ngo Dinh Diem** am 7. Juli 1954 zum Ministerpräsident ernannte. Im Dezember verstärkten sie ihren Einfluss auf Südvietnam, indem sie ihren Verbündeten Diem dazu bewogen, die einstigen Vorrechte der Franzosen auf die USA zu übertragen. Diem erklärte im Januar 1955, seine Regierung erkenne die Genfer Beschlüsse nicht an – auch die freien Wahlen im nächsten Jahr lehnte er ab. Stattdessen forderte er die Negierung der DRV.

In der konstitutionellen Monarchie unter Bao Dai und Diem wurde am 23. Oktober ein **Referendum** durchgeführt, in dem das Volk entscheiden konnte, ob es unter einem Kaiser oder in einer Republik leben wollte. Angeblich stimmten 98,2 % für Diem. Nach der Wahl rief er die souveräne Republik Vietnam aus und ließ sich zum Präsidenten wählen. Bao Dai zwang er zum Rücktritt. Amerika unterstützte Diem mit viel Geld: US$1,4 Milliarden für die Wirtschaft und US$508 Millionen für das Militär. Damit begann der Ausbau einer eigenen südvietnamesischen Streitmacht, der 1955 gegründeten **ARVN**.

Diem war auf amerikanischen Kurs getrimmt, verfolgte mit strenger Hand Kommunisten, und auch Buddhisten mussten den gläubigen Katholiken fürchten. Er bekämpfte erfolgreich die politisierten Religionen der Hoa Hao und der Cao Dai. Innerhalb seiner ersten beiden Regierungsjahre starben 12 000 politische Gegner. Eine neue Verfassung wurde verabschiedet, die Diems Amt mit autokratischen Befugnissen ausstattete. Die Vetternwirtschaft uferte immer mehr aus, die Unzufriedenheit wuchs. Der Polizeistaat war in Diems Reich allgegenwärtig. Immer zahlreicher wurden die Anhänger der Freiheitsbewegung, die sich Ende 1956 in einer eigenständigen südvietnamesischen Widerstandsbewegung formierten. Unterstützt wurden sie von den Regierenden des Nordens, die ab 1959 über den Ho-Chi-Minh-Pfad Menschen und Material in den Süden brachten mit dem Ziel, den Süden zu befreien und die Einheit des Landes wiederherzustellen. Im Dezember 1960 gründete sich auf Geheiß aus dem Norden die **Nationale Befreiungsfront (FNL)** des Südens.

Auf diese Bewegung reagierten die Amerikaner mit dem Abwurf der ersten Napalm- und Chemiebomben zum Zwecke der Vernichtung der Ernte in den Rückzugsgebieten der FNL. Verhaftungen und Verfolgung nahmen zu. Nachdem im Mai 1963 ARVN-Truppen in Hue auf Mönche schossen, die gerade Buddhas Geburtstag feierten, kam es zu heftigen Unruhen. Die Buddhisten reagierten mit dem extremen Mittel der öffentlichen Selbstverbrennung.

Die Bilder der brennenden Bonzen gingen um die Welt, und so erfuhr auch die Weltöffentlichkeit von den Zuständen unter dem Diem-Regime. Als dessen Frau ihre zynische Zunge nicht zügeln konnte und die brennenden Menschen als Barbecue bezeichnete, kam es zum Sturz des Despoten. Die Amerikaner ließen ihn fallen, billigten den Putsch buddhistischer Generäle und halfen nicht, den Mordanschlag auf Diem zu verhindern. Nach Diems Sturz dauerte es zwei Jahre, bis eine stabile Situation hergestellt war. Bis dahin gab es fast jede Woche Putsche und Gegenputsche. So kam es, dass zwischen 1963 und 1965 mindestens sieben Militär- und Zivilregierungen den Versuch unternahmen, den Süden zu regieren.

Erst mit der von Amerika unterstützten Machtergreifung durch General Nguyen Van Thieu Mitte 1965 beruhigte sich die Lage. Diese Regierung hatte den Rückhalt der Armee. Zu diesem Zeitpunkt war bereits der Vietnamkrieg ausgebrochen, der im Land selbst amerikanischer Krieg heißt. Nachdem China 1949 kommunistisch geworden war, befürchteten die USA, dass weitere Staaten wie Dominosteine umkippen würden. Der kalte Krieg, der Kampf gegen den Kommunismus, verwandelte Vietnam in eine heiße Hölle.

Der amerikanische Krieg (1964–1975)

Am Jahresende 1963 versprühten die USA zum ersten Mal Agent Orange. Nur kurze Zeit später betraten die ersten amerikanischen Bodentruppen das Land. Der Krieg begann 1964. Der amerikanische Präsident Lyndon B. Johnson traf im Februar auf Hawaii mit dem Ministerpräsidenten von Südvietnam zusammen. Dort unterstrich er die amerikanische Entschlossenheit zur Unterstützung Südvietnams in der „Deklaration von Honolulu". Auf keinen Fall wollte Johnson den Krieg verloren geben. Sicherheit und Ordnung sollten wiederhergestellt werden. Doch eine Lösung wurde nicht gefunden, stattdessen wurde von den USA weiter im südostasiatischen Raum aufgerüstet: Thailand wurde zum größten Stützpunkt amerikanischer Fliegerstaffeln.

Aufrüstung der Nationalen Befreiungsfront

Nicht nur das Süd-Regime rüstete auf. Aus dem Norden kamen über den Ho-Chi-Minh-Pfad unter dichtem Blätterwald Kämpfer und Waffen für die NLF im Süden. Der Zusammenschluss südvietnamesischer Freiheitskämpfer und oppositioneller Kräfte mit denen des Nordens einschließlich der regulären Truppen der DRV wurde in den Medien schnell zu einer Einheitsfront unter dem Namen **Vietcong** („vietnamesische Kommunisten"). Bereits im März 1964 kontrollierten die Viet Cong 40 % des Südens. Unterstützung fanden sie bei China und Russland. Beide Länder halfen mit Geld und Waffen.

Getrieben vom Ehrgeiz, Südvietnam nicht den Kommunisten zu überlassen, verstärkte Amerika mit Beginn des Jahres 1964 seine Militärhilfe. Am 7. Februar begannen die USA mit ihren Bombardierungen. Ihr Ziel waren nordvietnamesische Städte. Ab April wurde zudem der Ho-Chi-Minh-Pfad in den Dschungelgebieten Zentralvietnams (einschließlich einiger Gebiete in Laos und Kambodscha) Ziel der Bomber. Am 2. August 1964 suchten und fanden die Amerikaner einen Vorwand zum Angriff, der als **Tonkin-Zwischenfall** in die Geschichte einging. Jetzt griffen die USA auch Häfen und Versorgungseinrichtungen in Nordvietnam mit Bombenfliegern an. 64 Bomben gingen direkt auf die Marinestützpunkte des Nordens nieder.

Im Kongress erhielt Präsident Johnson am 7. August 1964 nach diesen angeblichen Zwischenfällen mit der „Tonkin-Resolution" die Ermächtigung zur Entsendung von Kampftruppen. Die ersten Bodentruppen landeten am

8. März 1965 in Da Nang. Laut Geschichtsbüchern begann damit der **Zweite Indochinakrieg**. Als Reaktion darauf verkündete Nordvietnams Premierminister, die Bemühungen um eine friedliche Lösung aufzugeben. Bereits im September trafen reguläre DRV-Truppen in Südvietnam ein. Und im November griffen die Guerillas mit der Luftwaffenbasis Bien Hoa erstmals eine amerikanische Einrichtung an.

Die ersten Kriegsjahre (1965–1968)
Innerhalb weniger Jahre befanden sich mehr als 500 000 amerikanische Soldaten im Einsatz in Vietnam. Sie kämpften im Dschungel, bei unerträglicher Hitze und auf unbekanntem Boden. Sie erholten sich an den Sandstränden in Nha Trang und am China Beach nahe Da Nang. Militärisch waren die Amerikaner und die ARVN der Freiheitsfront der **FNL**, den Vietcong und den regulären Truppen der DRV überlegen – doch die Bevölkerung stand auf Seiten der Freiheitskämpfer.

Die Tet-Offensive 1968
General Giap eröffnete am 21. September ein Täuschungsmanöver und startete eine Offensive gegen eine strategisch wichtige Basis der Amerikaner auf den Hügeln von **Khe Sanh**. Das Bergdorf nahe der entmilitarisierten Zone nordwestlich von Hue an der laotischen Grenze wurde zeitweilig zu einem zweiten Dien Bien Phu (s. S. 647). 40 000 NVA-Soldaten griffen an. Der auf Seiten der Amerikaner zuständige General Westmoreland ließ das Gebiet aus Angst vor einer Niederlage heftig bombardieren. 10 000 Kommunisten starben, aber das Ziel Giaps, militärische Kräfte der Amerikaner zu binden, wurde erreicht.

Am 31. Januar 1968 starteten die Vietcong die **Tet-Offensive**. In über 60 Städten griffen über 80 000 Mann gleichzeitig an. Trotz Waffenstillstand begann die Offensive am Neujahrs-Tet. Innerhalb kurzer Zeit drangen die Kämpfer bis in den Präsidentenpalast und die US-Botschaft in Sai Gon vor. Über 500 000 Vietcong und 2000 Amerikaner starben im Laufe der Offensive. Die Zitadelle von Hue konnten die Freiheitskämpfer einige Tage besetzen, doch dann mussten sie sich zurückziehen. Schockierend für Amerika war die Besetzung der US-Botschaft durch eine Vietcong-Eliteeinheit, bei der fünf Amerikaner starben.

Die Vietnamisierung des Krieges
Nach der Tet-Offensive stoppte Johnson die Entsendung neuer Truppen. Richard Nixon versprach im laufenden Wahlkampf, den Krieg schnell zu beenden. Er gewann die Wahl 1968 und beschloss die „Vietnamisierung des Krieges". Das bedeutete den stufenweisen Abzug amerikanischer Truppen und die Aufrüstung der Südvietnamesen. Am 8. Juni 1969 erklärte die Nationale Befreiungsfront eine **Provisorische Revolutionäre Regierung der Republik Südvietnam (PRRSV)**. Zahlreiche sozialistische Staaten erkannten diese an. Am 3. September 1969 starb Ho Chi Minh. Keiner konnte sein Erbe antreten, und so teilte sich eine Vierergruppe die Macht in Nordvietnam – darunter auch Giap. Bei den Friedensgesprächen wurde Ho Chi Minh von Le Duc Tho ersetzt. Nordvietnam bestand auf einer Koalitionsregierung aus Nord und Süd. Gemeint war die provisorische Revolutionsregierung. Eine Zusammenarbeit mit Präsident Thieu lehnten sie ab. Die USA forderten ebenfalls Unerfüllbares: den Abzug aller NVA-Soldaten in den Norden.

Einmarsch in Kambodscha
Im Westen wuchs unterdessen der Widerstand gegen den Krieg. Rund 2 Mio. Amerikaner protestierten in 200 Städten, demonstrierten für den Frieden und sangen die Hymne der Zeit, den Beatles-Song *Give peace a chance*.

1970 marschierten Truppen Südvietnams und der USA mit 20 000 Soldaten in **Kambodscha** ein, um die kommunistischen Stützpunkte zu zerstören. Die seit 13 Monaten laufenden Bombardierungen hatten die Nachschubbasis der DRV-Truppen nicht zerschlagen können. Das kämpfende Fußvolk sollte es nun richten. Tausende Amerikaner demonstrierten gegen den Krieg. Daraufhin verweigerte der Kongress die Mittel für einen Einmarsch in Laos. Die Aufrüstung Südvietnams und damit die Vietnamisierung des Kriegs schritt dennoch voran: Ende 1970 standen über eine Million Südvietnamesen unter Waffen und moderne Waffentechnik machte die Luftwaffe Südvietnams zur viertgrößten der Welt.

Die Nordvietnamesen auf dem Vormarsch nach Süden (1972–1975)

Im März 1972 durchbrachen die ersten nordvietnamesischen Soldaten die Grenzlinien Südvietnams und eroberten fünf Provinzen. Im Sommer mussten sie sich wieder kurz zurückziehen. Obwohl in Paris die Friedensverhandlungen weitergehen, kommt es im Dezember zu den schlimmsten Verwüstungen des ganzen Krieges. Diese Bombenangriffe der USA wurden in der Öffentlichkeit unter der Bezeichung **Weihnachtsbombardement** bekannt und sorgten für Empörung. Die Bombenangriffe auf den Nordteil Vietnams dauerten 11 Tage: Ha Noi sowie der Hafen Hai Phong wurden bombardiert. 20 000 t Bomben fielen, 16 000 Zivilisten starben.

Ende Januar 1973 wird das **Pariser Abkommen** verabschiedet. Unterzeichner sind die USA, die Republik Vietnam (unter Thieu), die DRV und die Republik Südvietnam (provisorische Revolutionäre Regierung). Das Abkommen legt die Beendigung des Krieges fest und sieht den Abzug der amerikanischen Truppen vor. Die Truppen der beiden Teile Vietnams bleiben in ihren Stellungen. Im März werden bis auf wenige Berater (etwa 9000 zivile Personen) alle amerikanischen Soldaten abgezogen. Südvietnamesen, die noch für das Regime kämpfen, laufen reihenweise über. Trotz Friedensabkommen halten die Kämpfe an.

Zwischen 1974 und 1975 übernahm die nordvietnamesische Armee Stadt für Stadt und drang über Zentralvietnam immer weiter in den Süden vor. Mit der sogenannten **Osteroffensive** ab März 1975 begannen die letzten Tage des amerikanischen Krieges. Am 25. März wurde Hue eingenommen, fünf Tage später Da Nang. Nicht einmal einen Monat später, am 25. April 1975, legte Präsident Thieu sein Amt nieder und setzte sich nach Taiwan ab. Sein Nachfolger wurde Duong Van Minh. Als würde sich die Domino-Theorie nun doch bestätigen, übernahmen auch in Laos und Kambodscha die Kommunisten die Macht.

Einen Tag, bevor die Soldaten der DRV in Sai Gon einmarschierten, begannen die Amerikaner mit einer schnell und hektisch organisierten Evakuierung ihrer noch im Land verbliebenen Staatsbürger und Verbündeten.

Am 30. April 1975 stürmten nordvietnamesische Soldaten den Präsidentenpalast. Präsident Van Minh kapitulierte im Namen Südvietnams. Der letzte amerikanische Militärhubschrauber hob vom Dach der amerikanischen Botschaft ab. Damit war nicht nur der amerikanische bzw. der Vietnamkrieg beendet, sondern auch die 30-jährige Zeit der Befreiungskriege.

Das unabhängige Vietnam (ab 1975)

Die Krise nach dem Krieg

Nachdem die regulären Truppen der DRV in Sai Gon einmarschiert waren, herrschte in der Bevölkerung Freude über das Kriegsende. Doch einen Plan für die Zeit nach der Übernahme schienen die neuen Machthaber nicht zu haben. Die Hoa Hao kämpften weiter. In der Stadt kam es zu Plünderungen in den Häusern derer, die geflohen waren. Vielfach folgten daraufhin standesrechtliche Erschießungen. Volkstribunale waren die erste Maßnahme, der Anarchie entgegen zu treten, wenngleich auch sie Todesurteile verhängten.

Anfänglich sprachen sich zahlreiche Parteimitglieder für einen langsamen Wiedervereinigungsprozess aus. Zu groß schien die Kluft zwischen den beiden Landesteilen. Die provisorische Revolutionsregierung verwaltete pro forma den Süden, doch die Weisungen erhielt sie aus dem Norden. Entgegen allen Hoffnungen der Südvietnamesen kam es bereits ein Jahr nach der Machtübernahme zu einer gemeinsamen Regierung.

Der Süden wird kommunistisch

Im April 1976 gewannen die Kommunisten in allen Teilen des Landes mit großer Mehrheit die Wahl. Die neue Nationalversammlung beschloss die **Wiedervereinigung**, die am 2. Juli 1976 in Kraft trat: Das Land nannte sich nun Sozialistische Republik Vietnam (SRV). Hauptstadt wurde Ha Noi. Zu Ehren des ersten Präsidenten wurde Sai Gon in Ho-Chi-Minh-Stadt umbenannt.

Auf dem kurz darauf stattfindenden 4. Parteitag beschlossen die Regierenden, in den nächsten vier Jahren die „Sozialistische Umgestaltung der Produktionsverhältnisse im Süden" zu vollziehen. Im Sommer 1977 begann die **Kollektivierung** der privaten Landwirtschaft. Das Land wurde verstaatlicht, die Menschen umgesiedelt und in Produktionsgenossenschaften zusammengeschlossen. 1978 wurde der private Handel verboten. Die Wirtschaft, die im Süden vielfach aus Dienstleistungen, u. a. auch Prostitution, bestand, brach zusammen. Folge der wirtschaftlichen Umgestaltung war eine ökonomische Krise. Wegen des amerikanischen Wirtschaftsboykotts bekam das Land keine internationalen Kredite und war allein von den Zahlungen der Sowjetunion abhängig (die 1991 eingestellt wurden). Viele Menschen flohen vor der Armut und dem Hunger aufs Meer und wurden in der Welt als Boat People bekannt. Andere litten unter der Umerziehung: Nach der Wiedervereinigung kam es zu keiner Versöhnung der Kriegsparteien aus Nord und Süd kam. Stattdessen wurden die ehemaligen Feinde in Umerziehungslager gesteckt. Im tiefen Dschungel lebten sie in ärmlichen Verhältnissen bei schlechter Ernährung. Viele mussten Bäume fällen und sich Schulungen durch nordvietnamesische Kader unterziehen.

Krieg in Kambodscha (1979)

Das Terrorregime Pol Pots, das sich im Zuge des amerikanischen Kriegs in Kambodscha etablieren konnte, begann drei Wochen vor dem Fall Sai Gons mit dem Einmarsch der Roten Khmer in Phnom Penh. Schon bald suchte Pol Pot an den Grenzen Streit mit Vietnam. Er wollte sich die Gebiete im Mekong-Delta und nördlich von Ho-Chi-Minh-Stadt, die einst zum Großreich von Angkor gehört hatten, einverleiben. Da Pol Pot international unter dem Schutz Chinas stand, mischte sich keine Macht ein – außer Vietnam, das seinen Herrschaftsbereich bedroht sah. Mit dem Ziel, Pol Pot zu stürzen und eine Regierung zu installieren, die die Grenzen akzeptierte, marschierte die vietnamesische Armee am Weihnachtstag 1978 in Kambodscha ein.

Am 7. Januar 1979 eroberten sie Phnom Penh. Bereits einen Tag später richteten sie den „Revolutionären Volksrat" ein, der von Vietnam abhängig regieren sollte. Pol Pot wurde in die Berge vertrieben und führte von hier aus einen Guerillakrieg. Truppen der Vietnamesen blieben bis 1989 in Kambodscha stationiert.

China protestiert mit Kampftruppen

China war dieses Engagement nicht recht. Es befürchtete einen zu starken vietnamesischen Staat. Die Volksrepublik reagierte auf den Einmarsch Vietnams in Kambodscha am 17. Februar 1979 mit einer Strafexpedition in den Norden Vietnam. Es kostete die Chinesen einige Zeit, in die Grenzorte vorzudringen. Nach drei Wochen war dieser Krieg vorbei. Einen Friedensvertrag über den Grenzverlauf gibt es bis heute nicht.

Von Doi Moi bis heute (ab 1986)
Wirtschaftsreformen

Angesichts der sich auflösenden sozialistischen Staaten in der Welt und der eigenen wirtschaftlichen Situation sah sich auch die Regierung Vietnams zu wirtschaftlichen Veränderungen gezwungen. Noch war die Sowjetunion wichtigstes Geberland, und jährlich flossen von dort 2 Mio. Dollar nach Vietnam, ohne die das Land nicht existieren konnte. 1985 kam es zu einer großen Hungersnot. Die Inflation kletterte auf 775 %, doch die amtierende Regierung widersetzte sich den Reformbestrebungen der jungen Generation. 1986 starb Le Duan und machte Platz für eine neue Riege von Politikern. Der Reformpolitiker Nguyen Van Linh übernahm das Amt des Generalsekretärs. Die neue Regierung leitete auf dem folgenden 6. Parteitag sogleich marktorientierte wirtschaftliche Reformen ein. **Doi Moi**, „Erneuerung", lautete das Ziel. Gesucht wurde ein Modell, das die Planwirtschaft mit der Marktwirtschaft koppelte, die Wirtschaft ankurbelte und damit den Lebensunterhalt der Menschen gewährleistete. Es wurde dezentralisiert und privatisiert. Die kollektive Landwirtschaft wurde durch die private Bewirtschaftung auf staatlichem Grund ersetzt. Doi Moi sagte auch der Korruption den Kampf an (ein Kampf, der bis heute nicht gewonnen ist) und die Presse bekam mehr Spielraum. Der Tourismus wurde als Einnahmequelle erkannt und forciert.

Der neue Weg hatte Erfolg. Das **Pro-Kopf-Einkommen** stieg von US$130 im Jahr 1991 auf etwa US$390 Ende der 1990er-Jahre an. Inzwischen

Flüchtlinge auf schwankenden Booten

Zwischen 1975 bis fast zur Jahrtausendwende flohen 840 000 Menschen aus Vietnam. Etwa 750 000 von ihnen fanden Asyl in Übersee, und viele sind heute amerikanische, australische oder auch deutsche Staatsbürger. Sie werden von den Vietnamesen Viet Kieu genannt: Auslandsvietnamesen. Auf dem Höhepunkt der Flüchtlingswelle flohen die Menschen zu Hunderttausenden. In Fischerbooten gelangten etwa ein Drittel in die Häfen vor der Küste Hongkongs, anderer südostasiatischer Staaten oder Australiens. Der Rest wurde Opfer von Taifunen, skrupellosen Piraten oder verhungerte.

Die erste Fluchtwelle

Gleich nach der Wiedervereinigung verließen die ersten Menschen das Land über das Meer – die meisten von ihnen Verbündete des alten Regimes und der Amerikaner aus dem Süden. Auch einige Nationalisten und Vietcong, von der Skrupellosigkeit des neuen Regimes abgeschreckt, waren darunter. Als die Kommunisten 1978 mit der Verstaatlichung der Wirtschaft begannen, packten die Chinesen des Südens ihre Habseligkeiten zusammen und flohen. Die Stimmung gegen diese Volksgruppe wurde immer aufgeheizter. Spätestens als sich 1979 die Spannungen mit China verschärften, flohen auch die chinesischen Vietnamesen aus dem Norden. In den folgenden Jahren verschlimmerten Missernten die Lage, sodass sich viele als Wirtschaftsflüchtlinge auf den Weg in die Ferne machten. Die Vereinten Nationen organisierten ein Flüchtlingsprogramm, das **Orderly Departure Programm**, in dessen Rahmen etwa 500 000 Menschen umgesiedelt wurden, teils nach Amerika, teils in einen der anderen 40 Staaten, die bereit waren, die Menschen aufzunehmen.

Die Cap Anamur

Rupert Neudeck, ein deutscher Journalist, charterte mit Gleichgesinnten den Frachter *Cap Anamur* und richtete darauf ein Hospitalschiff ein. Dank zahlreicher Spenden und einem Team freiwilliger Helfer (Ärzte, Techniker, Pfleger) konnte das Schiff ab Mitte August 1979 den Bootsflüchtlingen im Südchinesischen Meer helfen. Neudeck plante nicht nur die Rettung, sondern auch die Aufnahme der Flüchtlinge in Deutschland. Die deutschen Behörden stellten sich anfangs quer, befürchteten sie doch, Neudeck würde mit seiner Aktion Menschen zur Flucht animieren. Der Druck der deutschen Bevölkerung führte jedoch zu einem tragbaren Kompromiss für beide Seiten: Ähnlich der heutigen Asylpraxis durften Menschen, die erstmals von der *Cap Anamur* aufgefischt wurden, Asyl beantragen. Hatte bereits ein Boot einer anderen Nation geholfen, konnten diese Menschen in Deutschland kein Asyl beantragen. In drei Jahren retteten Neudeck und sein Team 9500 Menschen. Als die BRD im Juli 1982 einen Aufnahmestopp verfügte, mussten sie die Arbeit vorübergehend einstellen. Prominente Unterstützer wie Heinrich Böll und Alfred Biolek und der Druck der Öffentlichkeit sorgten aber dafür, dass die Aktionen bis 1986 fortgeführt und weitere 1000 Menschen gerettet werden konnten.

Die zweite Flüchtlingswelle

Nach 1987 waren es vor allem verarmte Vietnamesen, die den Weg über das Meer in eine bessere Zukunft suchten. In Hongkong landeten erneut 34 000 Flüchtlinge. 1987 befanden sich dort insgesamt 56 000 Menschen in Lagern. Ein Verfahren musste gefunden werden, um Wirtschaftsflüchtlinge von Asylsuchenden zu unterscheiden. Die Regierungen setzten auf freiwillige Rückkehr – mit dem Versprechen, dass von Vietnam aus Ausreiseanträge nach Amerika gestellt werden könnten. 1998 wurde dieses Versprechen wahrgemacht und alle, die Beziehungen zu Amerika nachweisen konnten, durften sich dort ansiedeln. Bei den „freiwilligen" Rückführungsprogrammen kam es allerdings zu Auseinandersetzungen, denn nicht alle wollten nach Vietnam zurück. Da aber auch im Land selbst etwas unternommen wurde, hatten viele Rückkehrer durchaus eine Perspektive. Die EU etwa stellte Hilfe bei der Arbeitsbeschaffung und für Ausbildungsprogramme zur Verfügung. Ende 1997 waren dann fast alle Flüchtlinge umgesiedelt oder zurückgekehrt.

liegt es bei knapp US$1600. Das Wirtschaftswachstum lag in den vergangenen Jahren stabil zwischen 5 und 6 %. 1994 wurde das US-Embargo aufgehoben. Auch wenn die wirtschaftliche Öffnung keinen Politikwechsel bedeutete, so hat sie doch die Akzeptanz Vietnams auf der internationalen Handelsbühne verbessert.

1997 kam es zu einem Regierungswechsel, der mehr junge Politiker an die Macht brachte. Diese zeigen sich weltoffen und konnten den Anschluss an die Weltgemeinschaft weiter vorantreiben. Wichtig für das Ansehen Vietnams war im November 2006 auch das Treffen der APEC in Ha Noi. 2007 wurde Vietnam Mitglied der Welthandelsorganisation (WTO), sitzt nun als gleichberechtigter Staat am großen runden Tisch und befindet sich auf dem besten Wege, eine wichtige Rolle als industrialisierte Nation zu spielen.

Sprachführer

Hunderttausende Touristen sind bereits durch Vietnam gereist, ohne ein einziges Wort Vietnamesisch zu sprechen. Das funktioniert recht gut: Hotelangestellte, Reiseleiter, Taxifahrer – sie alle sprechen mehr oder weniger gut Englisch. Wer aber abseits der großen Touristenströme unterwegs ist, auf lokalen Märkten einkauft und mit öffentlichen Verkehrsmitteln reist, ist gut beraten, ein paar Brocken der Landessprache zu lernen. Die Anschaffung eines Sprachführers wird ausdrücklich empfohlen: Ein Schwätzchen mit der Fischverkäuferin oder Small Talk im Bus können Reiseerlebnisse sein, die dazu beitragen, einen Vietnam-Aufenthalt unvergesslich zu machen. Der radebrechende Gast sollte sich nicht entmutigen lassen, wenn der Kellner im Restaurant ihn beim ersten Versuch mit gerunzelter Stirn anblickt. Wahrscheinlich wundert er sich nur über das „komische Englisch" des Touristen. Ist ihm erst einmal klar, dass das, was da fabriziert wird, Vietnamesisch sein soll, ist er sicher gern behilflich, die Aussprache zu korrigieren. Und bei allen, die sich westlichen Besuchern nähern, um ihr Englisch zu verbessern, kann man einfach einmal den Spieß umdrehen – Völkerverständigung zum gegenseitigen Nutzen.

Wortschatz

Das Wichtigste

Hallo	*xin chào*
Auf Wiedersehen	*Tạm biệt*
Bis bald!	*Hẹn gặp lại.*
Danke.	*Xin cảm ơn.*
Ja	*vâng*
Nein	*không*
Verstehen Sie?	*Có hiểu không?*
Ich verstehe.	*Tôi hiểu.*
Ich verstehe nicht.	*Tôi không hiểu.*
Entschuldigung!	*Xin lỗi.*
Wie ist Ihr Name?	*Tên ông (bà, anh, chị, Anrede) là gì?*
Mein Name ist ...	*Tên tôi là ...*
Ich bin Deutscher / Österreicher / Schweizer.	*Tôi là người Đức/Áo/ Thụy sĩ.*
Was kostet ...?	*Bao nhiêu ...?*
die Toilette	*vệ sinh*
Männer	*nam*
Frauen	*nữ*

Notfall

Es hat einen Unfall gegeben.	*Có một vụ tai nạn.*
Können Sie mir helfen?	*Có thể giúp tôi không?*
Bitte rufen Sie einen Arzt!	*Làm ơn gọi bác sĩ.*
Krankenhaus	*bệnh viện*
Polizei	*cảnh sát*

Unterwegs

Wo ist ...?	*Ở đâu ...?*
... der Bahnhof	*... bến xe lửa*
... der Busbahnhof	*... bến xe buýt*
... der Flughafen	*... sây ban*
... eine Tankstelle	*... trạm xăng*

Wo fährt der Bus nach Hoi An?	Ở đâu đón xe đi Hội An?
Wann fährt der Bus nach Hoi An?	Khi nào xe Hội An chạy?
Ich möchte eine Fahrkarte.	Tôi muốn một vé.

Übernachten

Ich möchte ein Zimmer.	Tôi muốn thuê phòng.
Wie viel kostet es pro Nacht?	Tiền thuê một đêm là bao nhiêu?
Hotel	khách sạn
billig/teuer	rẻ/đắt

Kulinarisches

Bitte geben Sie mir ...	Xin cho tôi ...
... einen Teller ...	... một đĩa ...
... gebratenen Reis.	... cơm rang.
Suppe	súp, canh
gekochter Reis	cơm
Klebereis	nếp
belegtes Baguette	bánh sandwich
Fleisch	thịt
Rind	thịt bò
Schwein	thịt lợn
Huhn	thịt ga
Ente	thịt vịt
Fisch	cá
Shrimp	tôm
Ei	trứng
Gemüse	rau
dieses (Gericht) dort	món kia
Ich bin Vegetarier.	Tôi la người ăn chay.
Ich möchte ...	Tôi muốn ...
... ein Glas ...	... một cốc ...
... eine Flasche ...	... một chai ...
Mineralwasser	nước suối
Orangensaft	nước cam
Limonade	nước chanh

Bier	bia
Grüner Tee	chè xanh
Kaffee ...	cà phê ...
... schwarz	đen
... mit Eis	đa
... mit Milch	sữa
Bitte bringen Sie ...	Xin mang ...
... eine Gabel.	... một niã.
... ein Messer.	... một dao.
... Essstäbchen.	... đũa.
... die Rechnung.	... hóa dơn.
Das war lecker!	Ngon tuyệt!

Zahlen

0	không
1	một
2	hai
3	ba
4	bốn
5	năm
6	sáu
7	bảy
8	tám
9	chín
10	mười
11	mười một
12	mười hai
20	hai mười
21	hai mười một
22	hai mười hai
30	ba mười
100	một trăm
200	hai trăm
1000	một nghìn
2000	hai nghìn
10000	mười nghìn
20000	hai mười nghìn
1000000	một triệu
2000000	hai triệu

Ha Noi

Ha Noi [3968], die Hauptstadt Vietnams, liegt am Ufer des Roten Flusses, etwa 100 km von der Küste entfernt. Der heutige Stadtname ist eine recht prosaische geografische Beschreibung: Er bedeutet schlicht und ergreifend „in der Flussbiegung". Der alte Name *thang long*, „aufsteigender Drache", ist zweifellos romantischer. Tatsächlich könnte er die aktuelle Situation der Stadt nicht treffender beschreiben: Der vietnamesische Wirtschaftsboom, der Ho-Chi-Minh-Stadt im Süden in eine glitzernde Metropole verwandelt, ist auch hier allgegenwärtig. Täglich drängeln sich mehr Mopeds in den engen Altstadtgassen, und auf den baumgesäumten Boulevards, die von den französischen Kolonialherren angelegt wurden, gleiten mehr und mehr Luxuskarossen dahin. Obwohl sich in diesem Ballungsraum mehrere Millionen Menschen drängen, wirkt das Zentrum von Ha Noi übersichtlich und lässt auch heute noch seinen Charme spielen: Ob im Gewusel der Altstadtgassen oder am friedlichen Ufer des Hoan Kiem-Sees – Ruhe und Bewegung, Chaos und Kontrolle, moderner Lifestyle und seit Generationen überlieferte Traditionen ergänzen sich zu einem typisch asiatischen Lebensgefühl, das auch den westlichen Besucher nicht unbeeindruckt lässt.

Orientierung

Das Zentrum von Ha Noi kann in unterschiedliche Bezirke mit jeweils ganz eigenem Flair eingeteilt werden: Die laute, lebendige **Altstadt** mit dem sich südlich anschließenden **Kathedralen-Viertel** besitzt viel Atmosphäre und bietet eine große Vielfalt an Unterkünften. Wer nicht hier wohnt, sollte nicht versäumen, zumindest einige Stunden durch die engen Straßen zu streifen.

Der **Hoan Kiem-See** ist nicht nur geografisch das Herz der Stadt. Sein Ufer mit den vielen Bänken und Sitzgelegenheiten und den tief auf das Wasser hinunterhängenden Trauerweiden ist ein friedliches Plätzchen inmitten des Trubels

der Großstadt. Bei Sonnenaufgang beginnen die Älteren hier den Tag mit Tai-Chi-Übungen. Im Laufe des Tages bevölkern Zeitungsleser, Schachspieler, Angler, Studenten, Liebespaare, Postkartenverkäufer und Schuhputzer die kleine parkähnliche Anlage, die den See umgibt.

Das **Französische Viertel** erstreckt sich südlich des Sees. Breite Boulevards und große Kolonialvillen mit einer ansprechenden Mischung aus europäischer und asiatischer Architektur schaffen ein weltstädtisches Ambiente. Weitere Seen und Parks bieten Erholung.

Die Region **südlich des Westsees** wird dominiert vom Ho-Chi-Minh-Mausoleum und der nicht zugänglichen Zitadelle, in der Regierungsgebäude untergebracht sind. Auf einer kleinen Landzunge im Westsee steht die Chua Tran Quoc, die älteste Pagode der Stadt. Der berühmte Literaturtempel Van Mieu in dieser Ecke der Stadt ist ebenfalls einen Besuch wert.

Sehenswürdigkeiten

Hoan Kiem-See

Der Hoan Kiem-See ist für die Bewohner von Ha Noi die Seele der Stadt. Sein Name bedeutet: „Der See des zurückgegebenen Schwertes" und bezieht sich auf eine alte Legende: Im 15. Jh. schlug der vietnamesische Held Le Loi einige erfolgreiche Schlachten gegen die Chinesen. Das Schwert, mit dem er in den Kampf zog, soll ihm zuvor beim Fischen im Hoan Kiem-See ins Netz gegangen sein. Nach zehn Jahren kehrte er zurück, um dem Geist des Sees zu danken. Während der Vorbereitungen zu der Danksagungszeremonie erschien plötzlich unter Blitz und Donner eine riesige Schildkröte – eine Inkarnation der Götter – und nahm ihm das magische Schwert wieder ab.

Tatsächlich lebt in dem See auch heute noch mindestens eine riesige Schildkröte, die man allerdings höchst selten zu Gesicht bekommt. Ein konserviertes Exemplar von beachtlicher Größe befindet sich im **Den Ngoc Son** (Jadeberg-Tempel): 2,10 m lang, 1,20 m breit, 250 kg schwer und angeblich 400 Jahre alt! Das Tier wurde 1968 im See gefunden. Es soll sich um eine besondere Spezies von Weichpanzer-

VIETNAM

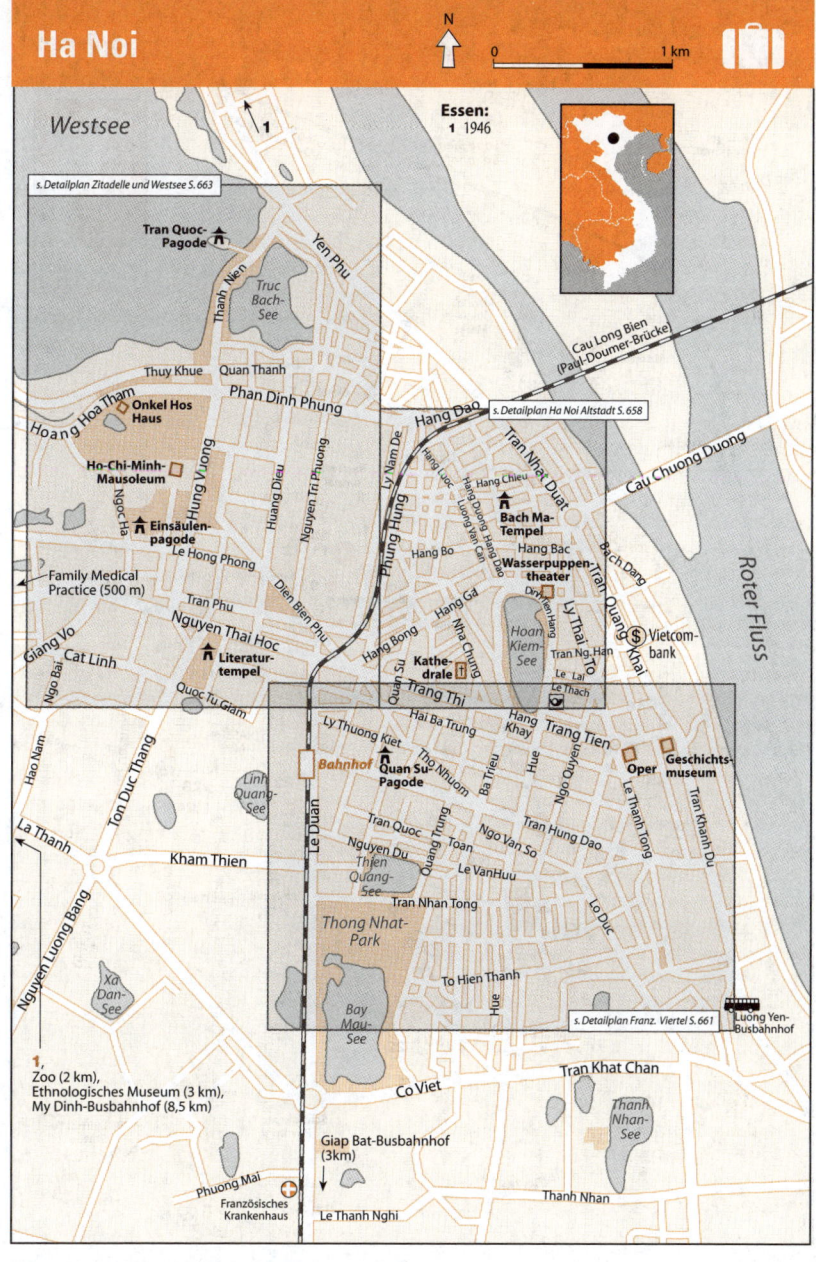

Ha Noi

N

0   1 km

VIETNAM

Essen:
1 1946

Westsee

s.Detailplan Zitadelle und Westsee S. 663

Tran Quoc-
Pagode

Truc Bach-See

Thanh Nien

Yen Phu

Thuy Khue   Quan Thanh

Phan Dinh Phung

Hang Dao

s.Detailplan Ha Noi Altstadt S. 658

Cau Long Bien
(Paul-Doumer-Brücke)

**Onkel Hos
Haus**

Hoang Hoa Tham

**Ho-Chi-Minh-
Mausoleum**

Ngoc Ha

Hung V Uong

Huang Dieu

Nguyen Tri Phuong

Le Hong Phong

**Einsäulen-
pagode**

Dien Bien Phu

Tran Phu

Family Medical
Practice (500 m)

Nguyen Thai Hoc

Giang Vo

Cat Linh

Ngo Bai

Quoc Tu Giam

**Literatur-
tempel**

Hang Bong

Ly Nam De

Phung Hung

Hang Luoc

Hang Chieu

Hang Duong

Luong Van Can

Hang Van Can

Tran Nhat Duat

**Bach Ma-
Tempel**

Hang Bo

Hang Bac

**Wasserpuppen-
theater**

Hang Ga

Nha Chung

Ts Quang

Hang Gai

Hoan Kiem-See

Do Mien Hang

Cau Chuong Duong

Bach Dang

Tran Quang Khai

$ **Vietcom-
bank**

Tran Ng. Han

Le Lai

Le Thach

**Kathe-
drale**

Trang Thi

Hai Ba Trung

Trang Tien

Hang Khay

Hang Trong

Ba Trieu

Hue

Quang Trung

Le Thanh Tong

Tran Quang Khai

Oper

**Geschichts-
museum**

Tran Khanh Du

Roter Fluss

Ly Thuong Kiet

Bahnhof

**Quan Su-
Pagode**

Tho Nhuom

Le Duan

Tran Quoc

Nguyen Du

Thien Quang-See

Toan

Ngo Van So

Le VanHuu

Tran Hung Dao

Le Thanh Tong

Lo Duc

Tran Nhan Tong

*Thong Nhat-
Park*

To Hien Thanh

Hue

s.Detailplan Franz. Viertel S. 661

Luong Yen-
Busbahnhof

Hao Nam

Ton Duc Thang

Linh Quang-See

La Thanh

Kham Thien

Nguyen Luong Bang

Xa Dan-See

Bay Mau-See

1,
Zoo (2 km),
Ethnologisches Museum (3 km),
My Dinh-Busbahnhof (8,5 km)

Co Viet

Tran Khat Chan

Thanh Nhan-See

Giap Bat-Busbahnhof
(3km)

Phuong Mai

Französisches
Krankenhaus

Le Thanh Nghi

Thanh Nhan

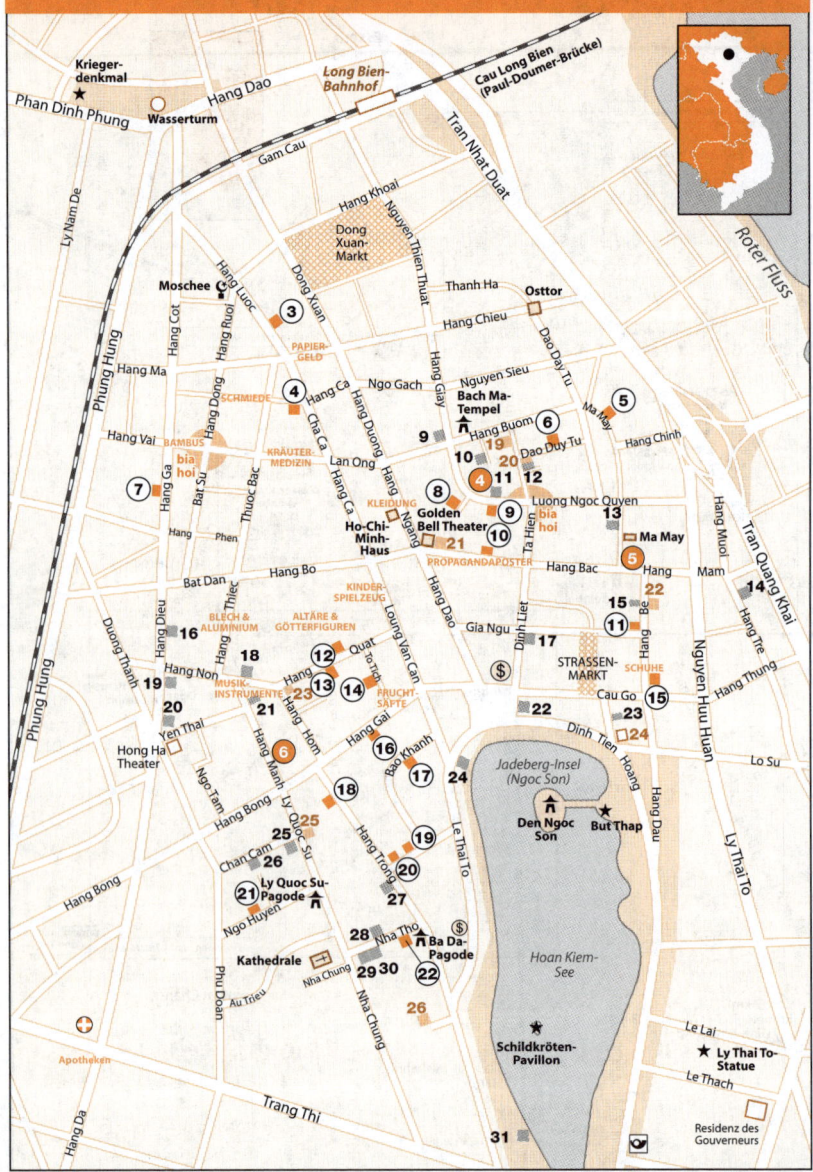

Ha Noi Altstadt

Krieger-denkmal

Phan Dinh Phung

Wasserturm

Hang Dao

Long Bien-Bahnhof

Cau Long Bien (Paul-Doumer-Brücke)

Tran Nhat Duat

Roter Fluss

Gam Cau

Ly Nam De

Phung Hung

Hang Ma

Hang Khoai

Dong Xuan-Markt

Nguyen Thien Thuat

Thanh Ha

Osttor

Hang Chieu

Dao Day Tu

Moschee **③**

Hang Cot

Hang Ruoi

Dong Xuan

Hang Luoc

PAPIER-GELD

SCHMIEDE

Hang Dong

④

Hang Ca

Ngo Gach

Hang Giay

Nguyen Sieu

Bach Ma-Tempel

⑥

Ma May

⑤

Hang Chinh

Hang Vai

BAMBUS

bia hoi

KRÄUTER-MEDIZIN

Cha Ca

Lan Ong

Hang Duong

Hang Buom

9

10 **19**

④ **11** **12**

Dao Duy Tu

Hang Ga

Bat Su

⑦

Hang Be

Thuoc Bac

Hang Ca

KLEIDUNG

Hang Ngang

⑧

Golden Bell Theater

⑨

⑩

Luong Ngoc Quyen

bia hoi

13

Ho-Chi-Minh-Haus

21

PROPAGANDAPOSTER

Hang Bac

Ma May **⑤** Hang

22

14

Hang Phen

Hang

Bat Dan

Hang Bo

KINDER-SPIELZEUG

Hang Dao

15

Gia Ngu

Dinh Liet

17

STRASSEN-MARKT

11

Hang Muoi

Tran Quang Khai

Nguyen Huu Huan

Hang The

Hang Thung

Duong Thanh

Hang Dieu

16

BLECH & ALUMINIUM

ALTÄRE & GÖTTERFIGUREN

Luong Van Can

$

SCHUHE

15

Hang Non

18

MUSIK-INSTRUMENTE

⑫

Quat To Tien

FRUCHT-SÄFTE

Cau Go

23

24

Lo Su

Phung Hung

19

13 **14**

Yen Thai

20

21

Hang Hom

22

Dinh Tien

Hoang

Jadeberg-Insel (Ngoc Son)

Hong Ha Theater

⑥

Hang Gai

16

Bao Khanh

17

24

Den Ngoc Son

But Thap

Hang Dau

Ly Thai To

⑱

Chan Cam

25 **25**

26

Le Thai To

19

20

27

Ly Quoc Su-Pagode

21

Ngo Huyen

Hang Bong

Hang Trong

Hoan Kiem-See

Phu Doan

Kathedrale

28

Nha Tho

Ba Da-Pagode

$

29 30

22

Nha Chung

Au Trieu

26

Schildkröten-Pavillon

Le Lai

Ly Thai To-Statue

Le Thach

Hang Da

Apotheken

Residenz des Gouverneurs

Trang Thi

31

VIETNAM

N 0   200 m

Übernachtung:
- ③ Hanoi Kangaroo Hotel
- ④ Church Boutique Hotel, Hang Ca
- ⑤ Hanoi Backpackers' Hostel
- ⑥ Hanoi Elite
- ⑦ Little Hanoi Hostel
- ⑧ Prince II
- ⑨ Prince (I)
- ⑩ Silver Legend Hanoi Hotel
- ⑪ Bamboo Hotel
- ⑫ Green Mango
- ⑬ Golden Sun Palace
- ⑭ Prince Hotel
- ⑮ Rising Dragon Hotel
- ⑯ Church Boutique Hotel, Hang Gai
- ⑰ Viethouse
- ⑱ Lucky Hotel
- ⑲ 6 on Sixteen Boutique Hotel
- ⑳ Bao Khanh Hotel
- ㉑ Hanoi Backpackers' Hostel
- ㉒ Church Boutique Hotel, Nha Tho

Essen:
- 9 Bit Tet Hai Ty
- 10 Bit Tet Ong Loi
- 11 King Café
- 12 Little Hanoi 1
- 13 Tamarind Café
- 14 Highway 4 Restaurant
- 15 Tandoor Restaurant
- 16 Van Thanh – Hu Tieu-Lokal
- 17 Quan Bia Minh
- 18 Golden Drum
- 19 Bun Bo Nam Bo-Lokal
- 20 Mien Luon-Lokal
- 21 Bun Cha-Lokal
- 22 City View Café /Hoa Long /
  Legends Beer Restaurant
- 23 Nom-Lokal
- 24 Thuy Ta Café
- 25 Pho 10 Ly Quoc Su
- 26 Madame Hien
- 27 Banh My-Lokal
- 28 Moca Café
- 29 La Salsa Tapas Bar & Restaurant
- 30 Mediterraneo
- 31 Hapro Pavillon

Sonstiges:
- 19 Funky B
- 20 Mao's Red Lounge
- 21 Vietnam Old Poster
- 22 Le Pub
- 23 Pham Bich Huong, Thai Kue Dan Moi
- 24 Thang Long-Wasserpuppentheater
- 25 Propaganda Poster & Painting
- 26 Intimex Trading Centre

Transport:
- ④ Ethnic Travel
- ⑤ Ocean Tours
- ⑥ Air Asia

Schildkröten handeln, von der es weltweit nur noch vier Exemplare gibt: ein weiteres im Dong Mo-See im Westen der Stadt und zwei weitere in China. Den seltenen Reptilien ist auch der dreistöckige **Schildkröten-Pavillon** auf der kleinen Insel im Süden des Sees gewidmet – das Wahrzeichen der Stadt.

Der Jadeberg-Tempel ist über die geschwungene, 1875 gebaute **The Huc-Brücke** („Brücke der aufgehenden Sonne") zu erreichen. Der 9 m hohe Turm am Ufer neben der Brücke, **Thap But**, auch „Schreibpinsel-Turm" genannt, ehrt die Dichter. ☉ 7–17 Uhr, Eintritt 10 000 Dong.

Folgt man dem östlichen Seeufer von hier nach Süden, flaniert man zuerst durch einen kleinen Skulpturenpark und kann dann über die belebte Straße das **Denkmal des Ly Thai To** sehen. Auf dem Platz davor treffen sich abends und am Wochenende Inline-Skater.

Altstadt

Wenn der Hoan Kiem-See die Seele von Ha Noi ist, so ist die Altstadt das Herz: Der wilde Pulsschlag dieses Viertels pumpt täglich eine halbe Million Menschen mitsamt ihren fahrbaren Untersätzen durch die Straßen und Gassen, in denen moderne Boutiquen und Hotels neben jahrhundertealten Handwerksbetrieben und

traditionellen kleinen Fachgeschäften angesiedelt sind.

Geografisch liegt die Altstadt zwischen dem Hoan Kiem-See im Süden und der Long Bien-Brücke im Norden. Einst stand als östliche Begrenzung eine Stadtmauer an der Thran Nhat Duat. Die Mauer der Zitadelle an der Ly Nam markiert die westliche Abgrenzung.

Oft wird das Gebiet der Altstadt auch „Die 36 Straßen" genannt, obwohl es mehr als 36 sind. Forscher glauben, dass diese Zahl noch aus der Zeit des 15. Jhs. stammt, als hier in etwa so viele Handwerkskünste anzutreffen waren. Die Handwerker waren zu Zünften zusammengeschlossen und wohnten nah beieinander in jeweils einer eigenen Gasse. Jede Zunft hatte ihre eigenen Schutzgeister und Patrone, die sie in ihren Tempeln verehrte.

Wie fast überall in Vietnam sind die Grundstücke der einzelnen Häuser sehr lang gestreckte Rechtecke mit Straßenanschluss an der kurzen Seite. Da die Häuser früher auch nicht besonders hoch gebaut werden durften (niemals höher als die Gebäude in der benachbarten Zitadelle), kam es zum Bau von „Röhrenhäusern", *nha ong* – ein Haus von 3 m Breite und 50 m Länge ist keine Seltenheit. Innerhalb dieser Häuser gab es Freiflächen und kleine Gärten, sodass auch für eine gute Luftzirkulation gesorgt war. Für eine Handwerksfamilie war so ein Haus optimal: An der Straße lag der Laden, dahinter die Werkstatt, an die sich dann die Wohnräume usw. anschließen konnten. Problematisch wurde es in Krisenzeiten, wenn mehrere Familien sich ein Haus teilen mussten.

Das **restaurierte Haus 87 Ma May,** ✆ 04-3928 5605, stammt aus dem ausgehenden 19. Jh. und wurde 1999 aufwendig wiederhergestellt. Es kann besichtigt werden. Kochstelle und Schlafzimmer sind erhalten. Die einstigen Bewohner müssen sehr reich gewesen sein, so prachtvoll haben sie gelebt. Später wohnten in dem Haus nicht mehr nur eine Familie, sondern fünf. Heute werden hier vor allem Handwerkskünste ausgestellt und die Waren zum Kauf angeboten. Die Ausstellung ermöglicht einen guten Überblick über die Künste, die im alten Ha Noi einst gepflegt wurden. ◔ 8.30–17 Uhr, Eintritt 5000 Dong.

Der Name des **Bach Ma-Tempels** in der 76 Hang Buom bedeutet „Weißes Pferd". Das Heiligtum ist eben diesem Schutzgeist des Königs Ly Thai To gewidmet. Groß und majestätisch steht es vor dem Altar des kleinen Tempels, der im 9. Jh. gegründet wurde und als ältester im Viertel gilt. Die Legende erzählt, das Pferd habe Ly Thai To beim Bau der Zitadellenmauern geholfen. ◔ Di–So 8–11 und 14–17 Uhr.

Neben den unzähligen kleinen Geschäften und Handwerksbetrieben gibt es mit dem **Dong Xuan-Markt** einen wichtigen Handelsplatz, der unter seinem Dach ein weites Spektrum an Waren vereint: von Textilien und Schuhen über Koffer, Rucksäcke und Taschen bis hin zu einem großen Sortiment an Souvenirs. Unweit davon steht das **Osttor** (Quan Truong-Tor) von 1749. Einst war das Viertel von einer Mauer mit insgesamt 16 Toren umgeben.

Kathedralen-Viertel

Südlich der Altstadt, am Westufer des Hoan Kiem-Sees, erstreckt sich das kleine Kathedralen-Viertel mit der namengebenden St.-Joseph-Kathedrale als Mittelpunkt. Es ist hier in den vergangenen Jahren etwas „schicker" geworden: Boutiquen, kleine, exklusive Hotels und Restaurants mit westlicher Speisekarte haben das zentrale Viertel außerhalb des Alt-

stadt-Chaos für sich entdeckt. Die Straßen um die Nha Tho entwickeln sich zu einer beliebten Shopping-Gegend.

Die **Kathedrale** stammt von 1883 und erinnert mit ihren zwei wuchtigen Türmen und der neogotischen Architektur an ihre französischen Baumeister. Um sie zu errichten, musste die vorher an dieser Stelle stehende buddhistische Bau Thien-Pagode, damals das größte und wichtigste Heiligtum der Stadt, abgerissen werden. Tagsüber sind die Türen oft verschlossen; meist wird gegen Abend geöffnet. Sollte der Haupteingang verschlossen sein, hilft vielleicht der Nebeneingang in der 40 Nha Chung.

Französisches Viertel

Lebensader des Französischen Viertels war die **Trang Tien**, zu Kolonialzeiten *Rue Paul Bert* genannt, zu Ehren des französischen Generalkonsuls von 1886. Cafés, Restaurants, Hotels und Kaufhäuser säumten die Flaniermeile, an ihrem östlichen Ende lag das Prunkstück der Kolonie: das **Opernhaus**, ein architektonisches Schmuckstück im Stil der berühmten Garnier-Oper in Paris. Es wurde 1911 nach zehnjähriger Bauzeit eingeweiht. Bis heute ist es ein Ort der Kultur, und wer eine Vorstellung besucht, kann im Inneren die Kristalllüster und Marmortreppen bewundern (S. 672).

Das nahe gelegene **Geschichtsmuseum**, 1 Trang Thien, ✆ 04-3824 1384, 04-3825 7753, 🖥 www.baotanglichsu.vn, ist in einem imposanten Gebäude untergebracht, das den Franzosen ab 1874 als Konsulat diente. Nach 1910 nutzte die École française d'Extrême Orient (EFEO) das Haus erstmals als Museum. Noch heute ist das Emblem der EFEO an der Fassade des oktagonalen Turms zu sehen. Das Haus, das (in seiner jetzigen Gestaltung) 1932 fertiggestellt wurde, lohnt schon allein seiner Architektur wegen einen Besuch. Dank der ansprechenden und umfassenden Ausstellung ist aber auch das Innere äußerst sehenswert. ◔ tgl. 8–12 und 13.30–17 Uhr, am ersten Mo jedes Monats geschlossen, Eintritt 40 000 Dong, Studenten 15 000 Dong, Schüler 10 000 Dong.

Südwestlich des Hoam Kiem-Sees befinden sich außerdem die beeindruckende **Außenhandelsbank**, einst die *Banque de l'Indochine,*

N
0   200 m

Map labels:

Tran Nguyen Han
Hoan Kiem-See
Le Lai
Residenz des Gouverneurs
Außenhandels-bank
Phu Doan
Nha Chung
Hang Trong
Ly Thai To
Le Phung Hieu
Revolutions-museum
Bach Dang
Trang Thi
Hang Khay
Hoa Lo-Gefängnis
Hai Ba Trung
Phan Boi Chau
Hanoi Towers
Trang Tien
Geschichts-museum
Oper
Pham Ngu Lao
Bahnhof
Quan Su
Quan Su-Pagode
Tho Nhuom
Quang Trung
Frauen-museum
Ba Trieu
Ly Thuong Kiet
Ngo Quyen
Le Thanh Tong
Tran Binh Trong
Hang Bai
Tran Hung Dao
Phan Chu Trinh
Ham Long
Tran Quoc Toan
Yet Kieu
Nguyen Du
Quan Hoa-Pagode
Thien Quang-See
Han Thuyen
Trang Khanh Du
Le Duan
Tran Nhan Tong
Le Van Huu
Hang Chuoi
Tran Thanh Tong
ZIRKUS
KINDERSPIELPLATZ & VERGNÜGUNGSPARK
Thong Nat-Park
Hom-Markt
Tran Xuan Soan
Pham Dinh Ho
Tang Bat Ho
Bui Thi Xuan
Tue Tinh
Nguyen Binh Khiem
Ba Trieu
Mai Hac De
Pho Hue
Ngo Thi Nham
Hoa Ma
Lo Duc
Bay Mau-See
Nguyen Dinh Chieu
Le Dai Hanh
To Hien Thanh
Nguyen Cong Tru
Doan Tran Nghiep
Vincom City Towers
Dong Nhan
Hai Ba Trung-Tempel
Luong Yen-Busbahnhof

Übernachtung:
1. Sofitel Metropole Hanoi
2. Hilton Hanoi Opera

Essen:
2. Quan An Ngon
3. Fanny Ice Cream
4. Highway 4 Restaurant

Sonstiges:
1. Trang Tien Bookstore
2. Vietbook
3. Centre Culturelle Française
4. Than Long Bookshop
5. Infostones Bookshop
6. Botschaft Schweiz
7. Botschaft Kambodscha
8. Botschaft Laos
9. Botschaft Österreich
10. Institut für Traditionelle Medizin
11. Hapro-Markt
12. Megastar Cineplex

Transport:
1. Jetstar Pacific
2. Vietnam Airlines
3. Hanoi Tourist

und die ehemalige **Residenz des Gouverneurs**, ein palastähnliches, 1919 errichtetes neogotisches Bauwerk, das heute als Gästehaus der Regierung genutzt wird. Der Öffentlichkeit leichter zugänglich ist das nahe gelegene **Metropole Hotel**, das 1910 eröffnete. Als Sofitel Metropole Hanoi ist es auch heute wieder eine der ersten Adressen am Ort.

Eine Unterkunft ganz anderer Art ist das zuerst als „Maison Central" und später „Hanoi Hilton" bekannte **Hoa Lo-Gefängnis**, 1 Hoa Lo, ☎ 04-3824 6358. Zwei Drittel des ehemaligen Gefängnisses aus der französischen Kolonialzeit sind einem großen, modernen Büro- und Wohnkomplex gewichen, den Hanoi Towers. Das letzte Drittel ist heute ein Museum. Hoa Lo war einst ein Handwerksdorf. 48 Familien wurden ab 1887 von den Franzosen umgesiedelt, um auf fast 13 000 m² das Gefängnis zu erbauen. Das Museum lässt die Härte des französischen Strafvollzugs und die menschenverachtende Gefangenenhaltung erahnen. ⏰ tgl. 8–16.30 Uhr, Eintritt 10 000 Dong, Kinder unter 15 Jahren frei. Englischsprachiger Führer US$5. Gruppen sollten sich unter ✆ 04-3824 6358 anmelden.

Das **Frauenmuseum** ein paar Straßen weiter östlich, 36 Ly Thoang Kiet, ✆ 04-3825 9936, 🖥 www.womenmuseum.org.vn, dient der Darstellung der Rolle der Frau in der vietnamesischen Geschichte. Über 2000 Exponate zeigen ihre unterschiedlichen Funktionen in der Gesellschaft. Zum einen ist sie natürlich Mutter, der die Vietnamesen in langer Tradition seit über 3000 Jahren huldigen. Doch der kämpfende Einsatz für das Vaterland dominiert die Ausstellung. ⏰ tgl. 8–17 Uhr, Eintritt 30 000 Dong.

Ein paar Querstraßen südlich des Hoan Kiem-Sees liegt an der Pho Hue, Ecke Tran Xuan Xoan der **Hom-Markt**. Im Untergeschoss gibt es unter anderem Obst, Gemüse und andere frische Lebensmittel; im Obergeschoss befindet sich ein weithin berühmter Stoffmarkt. Wer will, kann an den preiswerten Garküchen des Marktes einen Imbiss nehmen.

Rund um die Zitadelle

Der Bereich der mittelalterlichen **Zitadelle**, die in den 1890er-Jahren von den Franzosen stark zerstört wurde, grenzt im Osten an die Altstadt und im Westen an die Parkanlagen beim Mausoleum. Heute werden einige Bereiche für Regierungsgeschäfte genutzt und sind *off limits*; an anderen Stellen in der zentralen Nord-Süd-Achse verhindern Ausgrabungen eine genauere Erkundung. Dieser mittlere Bereich der Zitadelle (20 ha von insgesamt 140) wurde 2010 von der Unesco zum Weltkulturerbe erklärt.

Einen Überblick verschaffen kann man sich vom **Cot Co-Flaggenturm** aus (Fotografieren nicht erlaubt). Er ist eines der wenigen Überbleibsel der Zitadelle von Kaiser Gia Long aus dem frühen 19. Jh. Die Franzosen ließen ihn als Aussichtsposten stehen. Heute weht hier stolz der gelbe Stern auf rotem Grund. Lenin schaut zufrieden von seinem **Denkmal** an der Dien Bien Phu aus herüber, und erbeutete US-Waffen stehen im Innenhof des angegliederten **Museums für Militärgeschichte** Spalier; 28A Dien Bien Phu, ✆ 04-3823 4264, 🖥 www.btlsqsvn.org.vn. ⏰ tgl. außer Mo 8–11.30 und 13–16.30 Uhr, Eintritt 40 000 Dong, Studenten und Schüler 10 000 Dong.

Sehr viel feingeistiger geht es im nahe gelegenen **Museum der schönen Künste** in der 66 Nguyen Thai Hoc zu, ✆ 04-3823 3084, 3733 2131, 🖥 www.vnfam.vn. Moderne Werke sucht man vergebens. Die ausgestellte Kunst stammt aus der Zeit des 11. Jhs. bis zur ersten Hälfte des 20. Jhs. Interessierte bekommen einen guten Überblick über die Einflüsse der verschiedenen Kulturen, die in Vietnam auch in der Kunst ihre Spuren hinterließen. ⏰ tgl. 8.30–17 Uhr, Eintritt 30 000 Dong, Kinder zwischen 6 und 16 Jahren 10 000 Dong. Es ist möglich, einen englischsprachigen Führer zu bekommen; dies sollte jedoch vorher angemeldet werden und kostet 150 000 Dong.

Der Literaturtempel

Südlich der Zitadelle, östlich des Französischen Viertels, liegt der Literaturtempel Van Mieu. Er ist einer der wichtigsten und bekanntesten Tempel des ganzen Landes – und war zugleich Ha Nois erste Universität. Inmitten des Großstadttrubels bildet er eine Oase der Ruhe und Beschaulichkeit: Dichter, Maler und Zeichner lassen sich hier inspirieren, und alte Männer sitzen zum Gespräch beieinander. Wer sich genug Zeit lässt, kann auch als westlicher Besucher zur Ruhe kommen und Kraft tanken.

Geschichte

Die Geschichte des Van Mieu beginnt im Jahre 1070, als hier unter der Regentschaft von Ly Thanh Tong ein Altar zu Ehren von Konfuzius errichtet wurde. Fünf Jahre später ordnete sein Nachfolger, König Ly Nhanh Tong, die Gründung einer Schule an: Es entstand die **Akademie für die Söhne der Nation**. Zuerst studierten hier nur Mitglieder der königlichen Familie, später auch Söhne anderer Adelsfamilien. Ab 1396 konnten auch die Absolventen der Beamtenprüfungen auf Provinzebene an der Schule weiterlernen. Bis 1807 war der Van Mieu die Schmiede

N

0   200 m

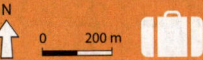

Essen:
5 Banh Tom Ho Tay
6 1946
7 Café Goethe
8 KOTO

Sonstiges:
13 Hanoi Cooking Centre
14 Tretbootverleih
15 Botschaft China
16 Goethe-Institut
17 Botschaft Deutschland
18 Botschaft Thailand

VIETNAM

Pho Duc Chinh

Tran Quoc-
Pagode

5

Westsee

Thanh Nien

*Truc
Bach-
See*

Ngo Xa

13

Chau Long

Yen Phu

Nguyen Khac Nhu

Pham Hong Thai

Chau Long-
Markt

Cua Bac

Nguyen Truong To

6

14

14

Quan Thanh-
Pagode

Quanh Thanh

Thuy Khue

Na Bieu

Dang Dung

Chau Bac-
Kirche

Hang Bun

Phan Dinh Phung

Hoang Hoa Tham

*Botanischer
Garten*

PRÄSIDENTEN-
PALAST

Ng. Canh Chan

*Bach Thao-
Park*

Wohnhaus und
Arbeitsstätte
Ho Chi Minhs

Hoang Van Thu

ALTE ZITADELLE

Ngoc Ha-
Tempel

Ngoc Ha

Ho-Chi-Minh-
Mausoleum

Ba Dinh-Platz

Bac Son

Märtyrer-
denkmal

Nguyen Tri Phuong

Cua Dong

Einsäulen-
pagode

Hoang Dieu

Ho-Chi-Minh-
Museum

Dien Bien Phu

Ich

Doi Can

Hung Vuong

Ong

Le Hong Phong

Regierungs-
viertel

Ly Nam De

Phung Hung

Son Tay

Le Truc

Chu Van An

Museum für
Militär-
geschichte

Kim Son-
Pagode

Giang Van Minh

Nguyen Thai Hoc

Tran Phu

15

Cot Co-
Flaggen-
turm

Lenin-
Denkmal

Giang Vo

Cat Linh

Trinh Hoai Duc

Museum der
schönen Künste

16 7

18

Cao Ba Quat

17

Hang Bong

Bich Cau

Ton Duc Thang

Van Mieu

Literatur-
tempel

Quoc Tu Giam

8 Pho Giac-
Pagode

Nguyen Khuyen

Ngo Si Lien

Cua Nam

Le Duan

Hai Ba Trung

Trang Thi

Doan Thi Diem

Literaturtempel

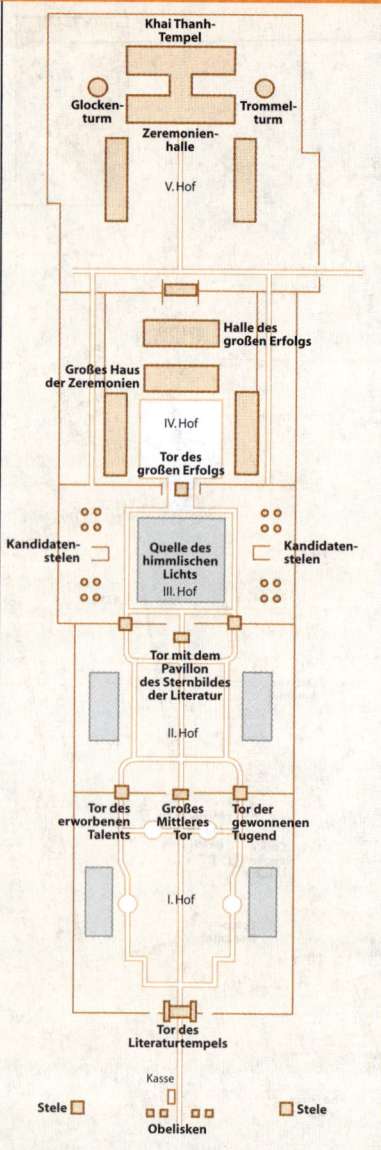

Khai Thanh-Tempel

Glocken-turm

Trommel-turm

Zeremonien-halle

V. Hof

Halle des großen Erfolgs

Großes Haus der Zeremonien

IV. Hof

Tor des großen Erfolgs

Kandidaten-stelen

Quelle des himmlischen Lichts

Kandidaten-stelen

III. Hof

Tor mit dem Pavillon des Sternbildes der Literatur

II. Hof

Tor des erworbenen Talents

Großes Mittleres Tor

Tor der gewonnenen Tugend

I. Hof

Tor des Literaturtempels

Kasse

Stele

Obelisken

Stele

der geistigen Elite des Landes. Erst als die Nguyen-Dynastie die Hauptstadt nach Hue verlegte, wurde der Literaturtempel in eine regionale Ausbildungsstätte verwandelt. Die letzten Prüfungen fanden 1915 statt.

Rundgang

Durch das dreiteilige **Eingangstor** gelangt man in den **I. Hof**, der heute eine Grünanlage ist. Früher befanden sich hier Pavillons, in denen Prüfungen abgehalten wurden. Drei Tore führen weiter in den **II. Hof**, der im hinteren Bereich vom **Tor mit dem Pavillon des Sternbilds der Literatur** dominiert wird. Der hölzerne Pavillon, der auf das Tor aufgesetzt ist, diente für Lesungen und Diskussionen. Entweder hier durch oder durch eines der beiden Seitentore gelangt man in den **III. Hof**, in dessen Mitte sich ein quadratischer Teich erstreckt: die **Quelle des himmlischen Lichts**. Rechts und links davon befinden sich 82 Steinstelen, die auf dem Rücken von Schildkröten ruhen. Auf ihnen wurden zwischen 1442 und 1779 akribisch die Namen jedes einzelnen der 1306 Kandidaten festgehalten, die die Prüfungen bestanden hatten und als voll ausgebildete Mandarine entlassen wurden. Seit März 2010 sind diese Steinstelen als Teil des Unesco-Weltkulturerbes anerkannt. Durch das **Tor des großen Erfolgs** geht es weiter in den **IV. Hof**. Seitlich befinden sich zwei flache Gebäude, die 1947 nach ihrer Zerstörung durch die Franzosen neu errichtet wurden und heute Andenkenläden beherbergen; früher waren es Tempel zur Verehrung von Schülern des Konfuzius.

Der eigentliche **Konfuziustempel** liegt im nördlichen Bereich des IV. Hofs. Er besteht aus dem **Großen Haus der Zeremonien** und der **Halle des großen Erfolgs**. Das Zeremonienhaus ist ein offener Pavillon, der innen mit wundervollen rot-goldenen Schnitzereien von Drachen (Symbol des Königs/Kaisers) und Phönixen (Symbol des Universums) verziert ist. Die Halle des großen Erfolgs hat eine „Außenhaut" aus leichtem Holz. Konfuzius' Statue auf dem Hauptaltar wird umgeben von zwei großen, auf Schildkröten stehenden Bronzekranichen (Symbol der Einheit von Himmel und Erde).

Im **V. Hof** befanden sich ab 1075 die eigentlichen Lehr- und Wohnräume. Nach dem Bombardement durch die Franzosen 1947 blieb nichts übrig – alles musste neu gebaut werden. Heute ist hier eine Ausstellung zur Geschichte des Tempels untergebracht.

Das Nordende des Van Mieu bildet der **Khai Thanh-Tempel**. Hier wird eines ehemaligen Rektors der Akademie, des Wissenschaftlers und Poeten Chu Van An (1292–1370), gedacht.

⏲ Sommer 7.30–17.30, Nov–März 8–17 Uhr, Eintritt 10 000 Dong, Studenten die Hälfte, Kinder unter 15 Jahren frei.

Beim Ho-Chi-Minh-Mausoleum

Französische Villen stehen auch im westlichen Bereich der Zitadelle bis zum Ufer des Westsees. Heute beherbergen diese Häuser mit den umliegenden Parks Regierungsgebäude und Botschaften. Das beeindruckendste Gebäude dieser Art ist wohl der pastellgelbe **Präsidentenpalast** von 1901, einst die Residenz des Generalgouverneurs von Indochina, heute Kulisse von Staatsbesuchen und daher für die meisten Besucher nur von außen zu bewundern. Dahinter erstreckt sich der **Botanische Garten**, der zu einem Spaziergang unter Bäumen einlädt (Eingänge an der Hoang Hoa Tham und der Ngoc Ha, 2000 Dong). Der Mittelpunkt dieser Gegend ist jedoch das **Ho-Chi-Minh-Mausoleum**, ✆ 04-3845 5168, 🖥 www.bqllang.gov.vn, mit den es umgebenden Anlagen. Einmal im Jahr reist Onkel Ho nach Russland, wo ihn der dortigen Balsamierer wiederherstellen. Daher ist das Mausoleum von Anfang September bis Anfang Dezember verschlossen. In der übrigen Zeit kriecht eine stetige, nicht enden wollende Menschenschlange am Leib Ho Chi Minhs vorbei – einige sind enttäuscht, weil sie nach der langen Warterei nur im Vorübergehen einen kurzen Blick auf den Verehrten werfen können, andere, besonders die vietnamesischen Besucher, sind oft zutiefst berührt. Kameras und Fotoapparate sind strengstens verboten; sie werden ebenso wie Handys am Eingang eingesammelt und später zurückgegeben. Ordentliche Kleidung ist angebracht. ⏲ Di–Do 7.30–10.30, Sa, So und an Feiertagen 7.30–11 Uhr. In den Wintermonaten vom 1. November bis 31. März verschieben sich die Öffnungszeiten eine halbe Stunde nach hinten. Der Eintritt ist frei.

Vor dem Mausoleum liegt der **Ba Dinh-Platz**, auf dem morgens und abends die vietnamesische Flagge mit militärischen Ehren gehisst bzw. eingeholt wird, ein Schauspiel, das den ein oder anderen durchaus beeindruckt. Auf diesem Platz verlas Ho Chi Minh vor einer halben Million Menschen am 2.9.1945 die Unabhängigkeitserklärung; ein Ereignis, an das jährlich mit aufwendigen Militärparaden erinnert wird. Östlich von hier befindet sich das **Märtyrer-Denkmal**, eine von einem monumentalen Betonschrein geschützte goldene Urne zu Ehren der Revolutionshelden. Noch weiter östlich, im nicht zugänglichen Bereich der alten Zitadelle, tagt die Nationalversammlung.

Das nahe gelegene **Ho-Chi-Minh-Museum**, 19 Ngoc Ha, ✆ 04-3845 5435, 🖥 www.baotanghochiminh.vn, ist ein großes, imposantes Gebäude. Es wurde mit sowjetrussischer Hilfe gebaut und am 19.5.1990 zum 100sten Geburtstag von Ho Chi Minh eingeweiht. Ein Rundgang durch die Hallen führt zu Zeugnissen aus seinem Leben und zu seinem Wirken für die Revolution, die aber nicht wirklich viel über den Menschen und seine Eigenarten verraten. Dokumente, Fotos, persönliche Besitztümer – für vietnamesische Schulklassen ein „Muss", für westliche Touristen ein „Kann". ⏲ tgl. 8–16.30 Uhr, außer Mo und Fr: dann nur 8–12 Uhr, Eintritt 25 000 Dong.

Zwischen Mausoleum und Museum liegt die **Einsäulenpagode (Chua Mot Cot)**. Umringt von den Monumentalbauten des Sozialismus wirkt sie klein und unbedeutend; dennoch ist und bleibt dieses Heiligtum eines der wichtigsten Wahrzeichen der Stadt. Die Pagode stammt aus dem 11. Jh., als die buddhistische Ly-Dynastie herrschte. Eine einzelne, aus einem quadratischen Wasserbecken aufragende Säule trägt das kleine Heiligtum, das über eine Treppe zu erreichen ist. Innen wird die Gnadengöttin Quan Am verehrt. Die tragende Säule war früher aus Holz. Da die Franzosen sie bei ihrem Abzug 1954 zerstörten, ruht das Heiligtum heute auf einer Betonsäule. Hinter der Pagode wächst ein großer Banyan-Baum, der ein Ableger des Baums sein soll, unter dem Buddha seine Erleuchtung fand.

In den Parkanlagen hinter dem Mausoleum lohnt sich ein Spaziergang zu **Ho Chi Minhs**

Wohnhaus und Arbeitsstätte, 1 Bach Thao, ✆ 04-0804 4529, 🖥 ditichhochiminhphu chutich.gov.vn. Der Präsident lebte und wirkte von 1954 bis zu seinem Tode 1969 in einem einfachen Stelzenhaus aus Holz. Es liegt idyllisch an einem kleinen See. Seit 1977 kann man hier über einen angebauten Ausguck in die Wohnräume blicken. Das Kopfkissen im Schlafraum ist leicht eingedrückt, ganz so, als hätte Onkel Ho das Haus gerade erst verlassen. Das Areal ist schön begrünt, und unter den großen Bäumen kann man etwas ausspannen von der Hektik der Stadt. In der kleinen offenen Pergola im Park empfing Ho Chi Minh seine Gäste; dort kann man sich noch heute niederlassen. Ebenfalls am Seeufer liegen einige Steinhäuser, in denen Ho Chi Minh von 1954 bis 1958 seine Regierungsgeschäfte erledigte. Dort ist auch sein Auto ausgestellt. Der Präsidentenpalast, der von außen das Gelände dominiert und dessen Pforten nahezu immer verschlossen sind, wurde nie von Ho Chi Minh genutzt. ⏱ tgl. 8–16 Uhr, nur Mo und Fr nachmittags geschlossen, Eintritt 10 000 Dong. Der Eingang zu dem Gelände liegt zwischen Mausoleum und Präsidentenpalast.

Am Westsee

Der Westsee (Ho Tay) ist ein relativ flaches Gewässer, das entstand, als der Rote Fluss mit den Jahrhunderten seinen Lauf etwas nach Osten verlagerte und einen schmalen Landstreifen trocken fallen ließ, der nach und nach befestigt wurde und den so entstandenen See vom Flussbett trennte. Im 17. Jh. bauten Anwohner einen weiteren Damm und schnitten die südöstliche Ecke des Sees als Fischteich ab. Er heißt heute **Truc Bach**, „Weiße Seide". Man erzählt, der Name stamme daher, dass frühere Könige hier ihre abgelegten Konkubinen unterbrachten, um diese Seide spinnen zu lassen. An den Ufern des Sees liegen einige nette Cafés.

Die **Tran Quoc-Pagode**, die über einen schmalen Steg mit dem Damm zwischen Westsee und Fischteich verbunden ist, wurde im Jahre 544 erbaut: Damals hieß sie Khai Quoc, „Gründung der Nation". Sie entstand in einer kurzen Phase der Freiheit nach annähernd tausendjähriger chinesischer Herrschaft und ist die älteste bekannte buddhistische Pagode

des Landes. Damals stand sie noch an anderer Stelle am Ufer des Roten Flusses. Erst viel später, im 17. Jh., wurde sie hierher versetzt. ⏱ tgl. 7–17 Uhr, Eintritt frei.

Die **Quan Thanh-Pagode**, auch Tran Vu-Tempel genannt, am Südostufer des Westsees, ist berühmt für ihre fast 4 m hohe, hochverehrte Statue des taoistischen Wächtergeistes Tran Vu. Die Figur wurde 1677 aus Bronze gefertigt und wiegt 4 t. Tran Vu sitzt in der Pose eines taoistischen Eremiten. Seine rechte Hand stützt er auf ein Schwert, um das sich Schlangen winden – Symbol für seine Fähigkeit, das Böse zu bannen. Der Tempel wurde im 11. Jh. auf Anregung von König Ly Thai To erbaut und mehrfach umgestaltet, zuletzt 1893. ⏱ tgl. 7–17 Uhr, Eintritt 10 000 Dong.

Ethnologisches Museum

Das Ethnologische Museum (Bao Tang Dan Toc Hoc), ✆ 04-3756 2193, 🖥 www.vme.org.vn, liegt etwa 7 km westlich des Zentrums, ist aber allemal einen Ausflug wert, wenn man plant, in die Berge des Nordens oder ins zentrale Hochland zu fahren. Sehr detailliert wird hier versucht, die 54 unterschiedlichen Völker und ihre Untergruppen zu dokumentieren. Das Museum hat einen Forschungsauftrag und konnte bisher viel interessantes Material sammeln. Schautafeln und Filme, Alltagsgegenstände und Trachten verdeutlichen die verschiedenen Lebensweisen ebenso wie die wachsende Anzahl aus den Bergen heruntergebrachter Behausungen, die sich auf dem Gelände befinden. ⏱ Di–So 8.30–17.30 Uhr, Eintritt 40 000 Dong, Studenten 15 000 Dong, Schüler und Kinder 10 000 Dong, Führung in Englisch 100 000 Dong, Foto- oder Videogebühr 50 000 Dong.

Die Auswahl an Hotels ist riesig, wenngleich sich viele Angebote nahezu aufs Haar gleichen. Das gilt für einfache Minihotels ebenso wie für die 2-Sterne-Kategorie. Gerade in der Altstadt kommen ständig neue Unterkünfte der unterschiedlichsten Preisklassen hinzu, und viele ändern ihren Namen innerhalb kürzester Zeit, wenn der Eigentümer wieder einmal wechselt. Eindrücke aus einigen Unterkünften siehe die jeweiligen **eXTRa-[codes]**.

Altstadt

Karte S. 658/659

Untere Preisklasse

Bamboo Hotel ⑪, 32 Hang Be, ☎ 04-3926 2378, 🖥 www.bamboohotelvietnam.com, [4631]. Ordentlich eingerichtete kleine Zimmer mit Bambusmöbeln, Badewanne. Beliebtes Haus mit eigenem Reisebüro. Café im hinteren Bereich mit dem klassischen Travellerangebot. ❷–❸

Hanoi Backpackers' Hostel ⑤, 9 Ma May, ☎ 04-3935 1890, 🖥 www.hanoibackpackers hostel.com, [7326]. Remmi-Demmi in der Ma May: Wer Anschluss an den globalen Traveller-trek sucht, ist hier genau richtig. Große Bar im Untergeschoss. Ableger des beliebten Hanoi Backpackers' Hostel ㉑ in der 48 Ngo Huyen, ☎ 04-3828 5372. Auch hier wird schon in der Lobby klar: Es findet jeder schnell Kontakt; tolle Gemeinschaftsatmosphäre. Übernachtet wird in einfachen Schlafräumen, in denen jeweils 4–5 Stockbetten stehen. Zudem ein Schlafraum nur für Frauen. Wer es lieber etwas privater mag, kann auch ein DZ nehmen. ❶–❷, DZ ❸

€ **Hanoi Kangaroo Hotel** ③, 71 Hang Luoc, ☎ 04-3825 8044, ✉ hanoikangaroo hotel@yahoo.com, [8924]. Einfach, aber relativ sauber und sehr beliebt bei Travellern. Oft lange im Voraus ausgebucht. Die schmalen Zimmer haben AC, TV und Wanne, doch nur wenige verfügen über ein Fenster. Eine Option für alle, die wenig Geld ausgeben wollen und keine hohen Ansprüche stellen. ❶

Little Hanoi Hostel ⑦, 48 Hang Ga, ☎ 04-3828 4461, 🖥 www.littlehanoihostel.com, [7331]. Sehr ordentliche Zimmer mit dunklen Möbeln und Holzimitat-Fußboden. Günstige Betten im Dorm verfügbar. ❶–❷

Mittlere Preisklasse

Bao Khanh Hotel ⑳, 22 Bao Khanh, ☎ 04-3928 7702, 🖥 www.baokhanhhotel.com.vn, [8938]. Gute Adresse in See-Nähe mit gepflegten Zimmern und z. T. etwas altmodischer Aus-stattung. Aus einigen hat man einen schönen Ausblick auf den Hoan Kiem-See. ❸–❺

Lucky Hotel ⑱, 12 Hang Trong, ☎ 04-3825 1029, 🖥 www.luckyhotel.com.vn, [8940]. Nicht gera-de geschmackvoll möblierte Zimmer, aber er-

Ein fürstliches Verwirrspiel

Verwirrung beim Hotelnamen ist in Ha Noi nichts Ungewöhnliches. Kaum ist ein Haus beliebt, nennen sich gleich noch ein paar andere so. Oder mehrere Häuser dessel-ben Besitzers werden durchnummeriert. Zu allem Überfluss wechseln Namen und Besit-zer schnell ... Ein Beispiel sind etwa die zahl-losen „Lucky Hotels", die „Little Hanoi"-Ho(s)tels, allerlei „Backpacker"-Varianten oder die beliebten „Prince"-Hotels in Ha Noi, von denen wir hier drei empfehlenswerte nennen:

Prince Hotel ⑭, 8 To Tich, ☎ 04-3828 9465, 🖥 www.princehanoihotel.com, [8935]. 12 gute Zimmer am Rande der Altstadt in relativ ruhi-ger Straße nahe dem See. Preise inkl. Früh-stück und Internet im Zimmer. 3-Bett-Zimmer vorhanden. Freundliche Leute und gute Atmo-sphäre. ❷–❸

Der gleiche Besitzer betreibt weitere, recht gute Hotels in Ha Noi, darunter das:

Prince II Hotel ⑧, 42B Hang Giay, ☎ 04-3926 1203, [8936]. In einer ruhigen Seitenstraße ein wenig versteckt. Zimmer mit schicken Holz-möbeln auf Holzboden. Schreibtisch mit PC und Internetzugang. Bäder mit Wanne. Inkl. Früh-stück. ❷–❸

Ein paar Häuser weiter liegt eine weitere Option mit gutem Preis-Leistungs-Verhältnis:

Prince (I) Hotel ⑨, 51 Luong Ngoc Quyen, ☎ 04-3828 0155, [7332]. Zimmer mit Holzfuß-böden und dunklen Möbeln, die für den Preis eine gute Wahl sind. Einige Zimmer sind nicht mehr ganz neu, andere frisch renoviert. Gute Lage mitten in der Altstadt nahe der beliebten *bia hoi*-Corner an der Ha Tien (Kasten S. 672). Erfahrenes, freundliches Personal. ❷

wähnenswert wegen der Räume in den oberen Stockwerken (Aufzug); diese sind recht groß und haben teils kleine eigene Balkone mit Tisch und Stühlen und Aussicht über die Dächer der Stadt. Hat noch 2 etwas neuere Ableger in der 46 Hang Hom, ☎ 04-3928 8170, und der 81 Hang Bong, ☎ 04-3938 1998. ❸–❹

Rising Dragon Hotel ⑮, 61 Hang Be, ☎ 04-3926 3494, 🖥 www.risingdragonhotel.com,

[9279]. Recht gepflegte Zimmer mit großen Flachbild-TV und Computern auf dem Schreibtisch. Das Haus stammt von 1916, aber davon merkt man innen nichts – höchstens die relativ niedrigen Decken könnten stören. ❷–❸

Silver Legend Hanoi Hotel ⑩, 86 Hang Bac, ☎ 04-3926 0150, [8927]. Mitten in der Altstadt gelegenes Haus mit gepflegten Zimmern. Bäder mit Badewanne oder Duschkabine. Die günstigeren Zimmer leider ohne Fenster. Inkl. Frühstück. ❸–❹

Obere Preisklasse

6 on Sixteen Boutique Hotel ⑲, 16 Bao Khanh, ☎ 04-6673 6279, 🖥 www.sixonsixteen.com, [7333]. 6 ziemlich kleine, aber mit schönen Möbeln ausgestattete Zimmer in einem hübschen Boutiquehotel. Die mit ethnischen Motiven und schweren Holzmöbeln gestalteten Gemeinschaftsräume laden zum Verweilen ein. ❹–❺

Church Boutique Hotel ⑯, 95 Hang Gai, ☎ 04-3938 2233, 🖥 www.churchhotel.com.vn, [7334]. Schönes Hotel mit hell möblierten, bequem ausgestatteten Zimmern. Die Bäder sind teils nur mit einer halbdurchsichtigen Tür zum Wohnraum abgetrennt, und von der Badewanne bzw. aus der Dusche hat man aus einigen Zimmern einen guten Blick auf die Stadt – und umgekehrt. Gut ausgebildetes Personal; Frühstücksbuffet inkl. Der gleiche Betreiber hat 2012 das beliebte Church Hotel in der 9 Nha Tho ㉒ renoviert und betreibt ein drittes Haus in der 21 Hang Ca ④. ❹–❺

Golden Sun Palace ⑬, 33 Hang Quat, ☎ 04-3826 9386, 🖥 www.goldensunhotel.com, [9280]. Schicker Neuzugang mit blitzblanken Zimmern in guter Lage nahe dem See. Einladend – doch was wird aus der „Alt"stadt, wenn nach und nach die alten Häuser durch Neubauten ersetzt werden? ❹–❺

Green Mango ⑫, 18 Hang Quat, ☎ 04-3928 9916, 🖥 www.greenmango.vn, [4634]. Ansprechendes Hotel in der Straße der Altäre und Götterfiguren; große, einladende Zimmer mit Holzfußböden, gutes Restaurant, Weinstube für Dinnerabende in privater Atmosphäre. ❺–❻

Hanoi Elite Hotel ⑥, 10/50 Dao Duy Tu, ☎ 04-3828 1711, 🖥 www.hanoielitehotel.com, [8939].

Das schicke Haus mit einem Dutzend Zimmern ist ein weiterer Vertreter einer neuen Generation von Hotels, die mit „Boutique"-Attitüde und gut ausgebildetem Personal einen neuen Standard setzen. 6 Stockwerke, kein Aufzug. ❹–❺

Viethouse ⑰, 23 Hang Thanh, ☎ 09 8606 1811, [9282]. Wer das Haus betritt, steht nicht etwa vor dem Tresen einer Lobby, sondern hat eher das Gefühl, in ein Wohnzimmer zu kommen. Die bequem eingerichteten Zimmer sind sehr gepflegt. Am schönsten ist die Suite ganz oben – vom kleinen Balkon hat man einen tollen Blick auf den Hoan Kiem-See. Diese kleine, exquisite Unterkunft wird geführt von Caroline Peter, der Tochter der Betreiber der Viethouse Lodge auf Tuan Chau; Informationen und Tipps gibt es daher in deutscher Sprache. ❹–❺

Französisches Viertel
Karte S. 661

Hilton Hanoi Opera ②, 1 Le Thanh Tong, ☎ 04-3933 0500, 🖥 www.hilton.de/hanoi. Nicht nur Geschäftsreisende wissen die bequemen, zweckmäßigen Zimmer und den guten Service in diesem komfortablen, direkt neben der Oper gelegenen Haus zu schätzen. Pool und Fitnesscenter. ❻

Sofitel Metropole Hanoi ①, 15 Ngo Quyen, ☎ 04-3826 6919, 🖥 www.sofitel.com. Das erstklassige Luxushotel in einem schönen Kolonialgebäude von 1901 verfügt über nicht weniger als 363 elegant ausgestattete Zimmer, alle mit LCD-Fernseher, DVD und ADSL, und hat einen schönen Innengarten, je ein französisches und ein vietnamesisches Restaurant und einen Pool. ❻

ESSEN

Ha Noi bietet für jeden Geschmack etwas und lädt zur kulinarischen Entdeckungsreise ein. Die meisten Restaurants haben tgl. mind. von 8 bis 23 Uhr geöffnet, nur die nobleren Restaurants schließen zwischen Mittag- und Abendessen. Viele sogenannte Cafés fungieren gleichzeitig als Restaurant und/oder Bar. Spannend ist es auch, an einem der vielen Straßenstände eine Kleinigkeit zu probieren.

Altstadt
Karte S. 658/659
Vietnamesisch

 Bit Tet Hai Ty, 20 Hang Giay, ☎ 04-3202 0419, [7347]. Erst gen Abend öffnet dieses Grill-Restaurant am Straßenrand – tagsüber befindet sich hier ein kleines Open-Air-Geschäft. Nach Einbruch der Dunkelheit drängeln sich auf den niedrigen Plastikstühlen die (fast ausschließlich einheimischen) Schlemmer – und genießen gebratene Tauben, gegrillte Frösche, Aal, Rind und anderes (englische Speisekarte vorhanden). Drumherum tobt das Treiben der belebten Straße: ein Erlebnis der besonderen Art.

Bit Tet Ong Loi, 51 Hang Buom (Trong ngo), ☎ 04-3825 1211, [9283]. Das hauptsächlich auf vietnamesisches Beefsteak und gegrillte Tauben spezialisierte Restaurant liegt am Ende einer sehr engen, dunklen Gasse und ist äußerst beliebt bei einheimischen Gästen. Wer nicht früh genug kommt, findet oft keinen Platz mehr. Ein „Geheimtipp", und eine etwas ruhigere Alternative zum o. g. Bit Tet Hai Ty. ⏲ 17–21 Uhr.

Garküchen und Straßenrestaurants: auf kulinarischer Entdeckungsreise

Ein Streifzug durch die einfachsten Restaurants der Stadt führt zu wahren kulinarischen Highlights: traditionelle Hausmannskost, preiswert und gut, ebenso frisch gekocht wie schnell verzehrt. Einige Läden schließen, wenn die Tagesvorräte aufgezehrt sind. Wo wann was am besten schmeckt, ist Geschmackssache und ein großes Experimentierfeld: Daher hier nur einige Tipps im Bereich der Altstadt zur Orientierung.

Banh My Sehr beliebt für den Snack zwischendurch: eine große Auswahl an unterschiedlichsten Sandwiches; etwa mit gegrilltem Schwein, gekochtem Rind, Trockenfleisch, Leberwurst *(paté)* oder Eiern. Je nach Tageszeit an verschiedenen Straßenecken.

Bun Bo Nam Bo Sehr lecker: gebratenes Rindfleisch auf kalten Reisnudeln, gewürzt mit gerösteten Erdnüssen und Knoblauch, dazu Salat. 67 Hang Dieu ist die bekannteste Adresse.

Bun Cha Leckere kleine Hackbällchen (vom Schwein) mit kalten Reisnudeln und einem Riesen-Teller frische Kräuter, dazu ein paar frisch gebratene Frühlingsrollen mit Krebsfleisch *(nem cua be)*: schmackhaft und sättigend. Eines der bekanntesten Lokale ist das Dac Kim in der 1 Hang Manh.

Bun Rieu Cua Nudelsuppe mit Krebsfleisch, Tomaten und Schalotten: sehr gut zum Frühstück. 34 Cau Go.

Mien Luon Nudeln mit gebratenen Mini-Aalen, als Suppe oder trocken erhältlich. 87 Hang Dieu.

Nom Leckeres „Fastfood" aus fein geschnittenen Papayastreifen, die mit Rind- oder Wachtelfleisch, Chili und Erdnüssen belegt sind. Dazu gibt es eine spezielle Sauce. Ab nachmittags in der Pho Hoam Kiem, einer kurzen Straße zwischen Hoan Kiem-See und Cau Go, nahe dem Wasserpuppentheater.

Soja-Milch Lecker und gesund: Das Trendprodukt aus dem Bioladen gibt es hier in seiner ursprünglichen Form für 5000 Dong. 51 Hang Dieu. Im selben Laden sollte man auch die leckere *Banh My paté* probieren.

Van Than – Hu Tieu In Stärke gewendete Fleischbällchen, gekocht oder gebraten. Als Nudelsuppe, „trockene Suppe" (gleiche Zutaten, nur ohne Wasser) oder auch einzeln. 8000–12 000 Dong. 21 Hang Dieu.

Zu eigenen Erkundungstouren laden einige **Essensstraßen** ein, etwa die **Duong Thanh** gegenüber dem Hang Da-Markt mit kleinen Läden für Leute auf Einkaufstour; die **Hang Khoai** an der Nordseite des Dong Xuan-Markts, wo es abends u. a. leckere *lau*-Töpfe (Hot Pot, Brühe-Fondue) gibt, die **Mai Hac De** mit ihren vielen Ständen oder das östliche Ende der Hang Bac, wo diese zur **Hang Mam** wird: Dort gibt es *bun cha, bun nem cua be, pho* und andere Klassiker.

Außerdem die **Tong Duy Tan** in der südwestlichen Ecke der Altstadt mit *chao*, Reisporridges, und anderen Köstlichkeiten.

Highway 4 Restaurant, Hang Tre, ℡ 04-3926 4200, 🖥 www.highway4.com. Berühmt ist dieses Lokal vor allem für seine reichhaltige Auswahl an guten und ausgefallenen Likören. Ob Schlange, Gecko oder Kräuter, für jeden Geschmack gibt es den passenden Drink. Ausgezeichnet und ausgefallen ist auch das Essen: gebratener Reis mit Sauerkraut oder gegrillter Skorpion. Für weniger Mutige gibt es Bekanntes wie Frühlingsrollen.

€ **King Café**, 44 Luong Ngoc Quyen, ℡ 04-3828 1762, [8937]. Seit 1993 betreiben Mr. Hung und seine Frau das kleine Restaurant, in dem schon Generationen von Travellern satt und glücklich geworden sind. Es gibt schmackhafte vietnamesische Küche, die den westlichen Gaumen vor keine größeren Herausforderungen stellt, sowie Sandwiches und anderes Fast Food.

Little Hanoi 1, 9 Ta Hien, ℡ 04-3926 0168. Preiswertes, beliebtes kleines Lokal in Nachbarschaft einiger Bars und *bia hoi*-Lokale; sorgt für eine ordentliche Grundlage vor einem abendlichen Streifzug.

Madame Hien, 15 Chan Cam, ℡ 04-3938 1588, [9225]. Das Restaurant des bretonischen Kochs Didier Corlou liegt in einem hübsch restaurierten alten Haus mit einem schönen Außenbereich. Fusion-Küche aus vietnamesischen Basiselementen mit einem französischen Touch. Empfehlenswert z. B. der Bananenblütensalat. Etwas gehobenes Preisniveau.

Pho 10 Ly Quoc Su, 10 Ly Quoc Su, ℡ 04-3825 7338, [4638]. Sehr gutes Nudelsuppenrestaurant mit verschiedenen Rindfleischvariationen: *gau* (Rinderbrust) und *nam* (von der Flanke), jeweils *tai* (halb gar) oder *chin* (durchgegart). Sauber, hell, preiswert. Die englische Speisekarte erleichtert die Auswahl. 🕐 morgens bis spätnachmittags.

Quan Bia Minh, 7 A Dinh Liet, ℡ 04-3934 5233. Travellertreffpunkt: tagsüber mehr *quan* (Restaurant), abends mehr *bia* (Bier). In der 2. Etage Terrasse mit Aussicht ins Viertel.

Aus aller Welt

Döner Kebab „auf die Hand" gibt es an Ständen mit wechselnden Positionen, z. B. an einigen Straßenecken der Hang Bac (manchmal Sitzplätze) ab mittags für 20 000 Dong.

Golden Drum, 20 Hang Non, ℡ 04-3928 8996. Serviert das übliche Travellerfood, von den kleinen Tischen auf dem Balkon Blick zur Straße. Schmaler Eingang; das Restaurant befindet sich in der 2. Etage. Flaschenweine US$11–25.

La Salsa Tapas Bar & Restaurant, 25 Nha Tho, ℡ 04-3828 9052. Zwischen Kathedrale und See liegt dieser feine und daher nicht gerade billige Mexikaner.

Legends Beer Restaurant, 1 Dinh Tien Hoang, ℡ 04-3936 0345. Zum Bier aus der hauseigenen Brauerei (Lager, Dunkel, Weizen) schmeckt das Eisbein doppelt gut. Beliebt bei Vietnamesen, die sich etwas leisten wollen.

Mediterraneo, 23 Nha Tho, ℡ 04-3826 6288, 🖥 www.mediterraneo-hanoi.com. In dem Restaurant nahe der Kathedrale werden die Nudeln selbst hergestellt. Besonders schön sitzt man auf dem Balkon. Wer lieber im Hotel isst, kann sich sein Essen auch liefern lassen.

Moca Café, 14-16 Nha Tho, ℡ 04-3825 6334. Großes Kaffeehaus mit breiter Fensterfront und Backsteingemäuer in zentraler Lage an der Kathedrale. Gute Küche mit reicher Auswahl an schmackhaften Gerichten. Lecker ist der Bananenblütensalat mit Huhn. Zudem vietnamesische Gerichte und solche aus der etwas schärferen Thai-Küche. Gut besucht und angenehme Atmosphäre.

Tamarind Café, 80 Ma May, ℡ 04-3926 0580. Ruhiges Café mit Sofas an den Seitenwänden. Es gibt gute vegetarische Küche, auch solche ohne Eier, und leckere *fake meat*-Produkte auf Sojabasis.

Tandoor Restaurant, 24 Hang Be, ℡ 04-3824 5359. Beliebtes und gutes indisches Restaurant mit wechselnden Menüs und à la carte (Samosas, Tandoori und all die anderen indischen Köstlichkeiten). 🕐 11–14.30 und 18–22.30 Uhr.

Cafés, Bäckereien und Eisdielen

City View Café, 1 Dinh Tien Hoang, ℡ 04-3934 7911. Getränke, Snacks und eine super Aussicht über den See und die Dächer der Stadt von der Terrasse im 4. Stock (5th floor).

Hapro Pavillon, am Hoan Kiem-See. Kaffee-haus-Atmosphäre im Freien. Kaffee, Kuchen und diverse Eiskreationen, Cappuccino, Snacks (Spaghetti, Pommes und Burger) und sogar Heinz-Ketchup.

Thuy Ta Café, 1 Le Thai To, ✆ 04-3828 8148. Gediegen, am Seeufer gelegen, umfangreiche Speisekarte und verlockende Kuchen und Eisbecher. Auch eine Auswahl an nicht süßen Gerichten. Ein Klassiker.

Französisches Viertel
Karte S. 661

Fanny Ice Cream, 51 Ly Thuong Kiet, ✆ 04-3937 8170. Beliebte Eisdiele im Bistro-Stil. Exotisches wie Passionsfrucht und Durian, daneben Klassisches wie Stracciatella und Schokolade. Auch Eis zum Mitnehmen in der Waffel.

Highway 4 Restaurant, 54 Mai Hac De, ✆ 04-3976 2647, 🖥 www.highway4.com. Ableger des auch in der Altstadt ansässigen guten und originellen Restaurants, S. 670.

🧳 **Quan An Ngon**, 18 Phan Boi Chau, ✆ 04-3942 8162. Wer eine kulinarische Reise durchs ganze Land unternehmen will, ist in dieser alten französischen Villa richtig: Im Innenhof brutzeln die Garküchen Spezialitäten aus allen Regionen des Landes. „Straßenküche ohne Straße“: Das Konzept hat sich schon im gleichnamigen Restaurant in Sai Gon bewährt. Lecker und mit Atmosphäre – und darum zu den Haupt-Essenszeiten oft rappelvoll.

Zitadelle und Westsee
Karte S. 663

🧳 **1946**, 3 Ngo Yen Thanh, Cua Bac, ✆ 04-6296 1946, Tischreservierungen unter ✆ 090-966 1946 und 0199-888 1946. In dem heimeligen kleinen Restaurant, das versteckt in einer Seitengasse liegt, wird die traditionelle Küche Ha Nois gepflegt. Nicht nur die Rezepte haben lange Geschichte; selbst das Geschirr ist alt und wurde in langer Kleinarbeit zusammengesammelt. Empfehlenswert sind die Fischgerichte. Ein Tipp auch die gebratenen Feldkrebse *(cua dong rang)*, ein leckerer, knuspriger Snack. Ableger des Restaurants gibt es am Dong Da-See, 50 Mai An Thuan, ✆ 04-6326

1946, und neu am Westsee in der 292 Nghi Tam, ✆ 04-6675 1946 (beide Karte S. 657).

🧳 **Banh Tom Ho Tay**, am Ufer des Truc Bach-Sees. Süßwasser-Shrimps aus dem Westsee, im Teigmantel frittiert, kredenzt mit süßsaurer Fischsoße, die mit grünen Papayastückchen aufgepeppt ist – ein Genuss, der nur hier zu haben ist!

Café Goethe, 56-58 Nguyen Thai Hoc, ✆ 04-3734 2251. Das Café-Restaurant ist dem Goethe-Institut angegliedert und liegt nahe dem Literaturtempel und dem Museum der schönen Künste. Deutscher Milchkaffee sowie deutsche und vietnamesische Gerichte. Im hinteren Bereich befindet sich ein schöner offener Garten; hier ist es relativ ruhig. Ab mittags gibt es vor dem Café Döner Kebab auf die Hand.

🌳 **KOTO**, 59 Van Mieu, ✆ 04-3747 0338, 🖥 www.koto.com.au. Schickes Café/Bar/Restaurant nahe dem Literaturtempel. Gutes Essen und ebensolcher Service, geschmackvolle Inneneinrichtung auf 4 Etagen. Nebenbei unterstützt man eine gute Sache: Straßenkinder erhalten hier eine Zukunft.

VIETNAM

UNTERHALTUNG

Bars, Kneipen, Clubs

Die meisten Bars und Clubs öffnen erst nach Einbruch der Dunkelheit und schließen je nach Betrieb und Willen der Obrigkeit um Mitternacht oder auch viel später.

Funky B, 2 Ha Tien (Karte S. 658), 📧 funky buddha.hanoi@gmail.com. Laute, modern gestylte Bar mit vielen Cocktails und Live-DJ. Könnte auch in Berlin sein.

Le Pub, 25 Hang Be (Karte S. 658), ✆ 04-3926 2104. Angesagte Restaurant-Bar mit kulturellen Events wie Konzerten oder Ausstellungen. Bierbänke im Außenbereich und 2 erhöhte Sitzgelegenheiten mit Blick auf die belebte Hang Be. Es gibt *pho*, Pfannkuchen und Müsli zum Frühstück, Pizza und Burger den ganzen Tag.

🧳 **Mao's Red Lounge**, 7 Ha Tien (Karte S. 658), ✆ 04-3926 3104, **[4647]**. Kleiner, angesagter Club mit schummriger Deko. Am späten Abend und besonders am Wochenende kann es ganz schön voll werden. In der 2. Etage ist es nur wenig ruhiger. Nur ein WC, also Wartezeit einkalkulieren! ⏰ 18 Uhr bis spät.

… so lässt es sich am besten genießen: **Bia hoi**, frisch gebrautes Bier, für 3000–5000 Dong pro Glas ausgeschenkt, ist nicht nur ein echt vietnamesisches Geschmackserlebnis (wenngleich das Rezept seinerzeit von tschechischen Aufbauhelfern mitgebracht wurde), sondern auch ein höchst soziales Medium: In einer *bia hoi*-Schenke bleibt man selten lange allein. Seien es andere Traveller oder die lustige vietnamesische (Herren-)Runde am Nachbartisch: Zuprosten genügt.

Bia hoi-Anfängern sei die Straßenkreuzung Ha Tien/Luong Ngoc Quyen in der Altstadt empfohlen [4649] – hier mischen sich Vietnamesen und Besucher aus Übersee. Überwiegend Einheimische trifft man z. B. an der Hang Vai, Ecke Hang Dong (Karte S. 658/659).

Klassische Musik und Theater

Wer sich für hohe Kunst begeistert, sollte an der **Oper**, 1 Trang Tien, ☎ 04-3565 1806, vorbeigehen: Dort sind die aktuell gastierenden Ensembles plakatiert. Die Vorstellung beginnt meist um 20 Uhr. Eintrittskarten (ca. 400 000–500 000 Dong) gibt es dort ab 17 Uhr, rund um die Uhr im Internet unter 🖳 www.ticketvn.com.
Thang Long Ca Tru-Theater, 🖳 www.catru thanglong.com. Darbietungen der klassischen *ca tru*-Musik, die seit 1000 Jahren in Ha Noi erklingt. Di, Do und Sa von 20–21 Uhr im alten Haus 87 Ma May, Eintritt US$10.
The Golden Bell Show, Golden Bell Theater, 72 Hang Bac, ☎ 09-8830 7272, 🖳 www. goldenbellshow.vn. In einer einstündigen Darbietung werden 8 verschiedene Kunstformen aufgeführt: Eine Einführung in die verschiedenen Arten von Tanz, Theater und Gesang in Vietnam. Kurze Erläuterungen erleichtern den Zugang. Jeden Sa von 20–21 Uhr; Tickets (130 000 Dong) am Theater.

Wasserpuppentheater

Thang Long-Wasserpuppentheater, 57B Dinh Tien Hoang, ☎ 04-3824 9494, 🖳 www.thang longwaterpuppet.org. Vorstellungen tgl. um 13.45, 15, 16.10, 17.20, 18.30, 20 und 21.15 Uhr,

So auch um 9.30 Uhr. 1. Klasse 100 000 Dong, 2. Klasse 60 000 Dong, Kinder zahlen die Hälfte. Da es Platzkarten gibt, bietet es sich an, Karten im Voraus zu kaufen. Die vorderen Plätze in Reihe A und B (5–9) sind die besten (keine Angst, man wird in der Regel nicht nass), aber manchmal Tage vorher ausgebucht.

Die Vorstellung dauert etwa 50 Min. und ist sehr kurzweilig. Es werden kleine Ausschnitte aus traditionellen Stücken gezeigt, etwa Fischer oder Reisbauern bei der Arbeit, aber auch die Szene vom zurückgegebenen Schwert.

AKTIVITÄTEN

Kochkurse

Beliebt sind die Kochkurse des **Highway 4 Restaurant**, ☎ 04-3926 4200, 🖳 www.highway4. com. Ab einer Mindestteilnehmerzahl von 2 Pers. kann man hier von Chefköchen außergewöhnliche Kochrezepte lernen. Je mehr Teilnehmer, desto billiger wird der Spaß (ab US$50 p. P., bei 10 Teilnehmern US$28). Der Kurs beginnt mit einem Marktbesuch (Treffpunkt ist der Hom-Markt, 8 Uhr), anschließend geht es mit dem Cyclo zur Kochschule im Restaurant in der 5 Hang Tre. Hier werden ab 9 Uhr drei Gerichte gekocht und die Herstellung von Dekorationen erlernt. Zum Mitnehmen gibt es ein Kochbuch. Nach dem Kochkurs wird gegen 11 Uhr gemeinsam gespeist.
Hanoi Cooking Centre, 44 Chau Long, Ba Dinh District, ☎ 04-3715 3277, 🖳 www.hanoi cookingcentre.com. Umfangreiches Programm von der Frühlingsrolle bis zur veganen Klosterküche, zudem Kochkurse für Kinder (alle 14 Tage Sa nachmittags; US$15).

Wasserpark

Wer im Sommer in der Stadt ist und eine Abkühlung braucht, findet diese am Norduferdes Westsees im **Wasserpark** (Con vien nuoc Ho Tay) an der Lac Long Quan: vor allem für Kinder ein großer Spaß. Verschiedene Schwimmbecken, Rutschen, Karussells und ein Restaurant laden dazu ein, einen feucht-fröhlichen Tag zu verbringen – zusammen mit der gefühlten halben Einwohnerschaft von Ha Noi. ⊕ 9–20 Uhr, Eintritt 100 000 Dong, Kinder bis 1,35 m 60 000 Dong, Kleinkinder unter 80 cm Eintritt frei.

Bücher

Infostones Bookshop, 41 Trang Tien, ✆ 04-3826 2993. Große Auswahl an englischsprachigen Bildbänden und Büchern; Koch-, Architektur- und Design-Titel aus aller Welt.

Than Long Bookshop, 53-55 Trang Tien. Hat ein besonders großes Sortiment an Stadtplänen und Karten.

Trang Tien Bookstore, 44 Trang Tien, ✆ 04-3825 5642, 🖥 www.svn.von. Sehr große Auswahl an fremdsprachigen Büchern, darunter auch deutsche.

Vietbook (Hieu Sach Hanoi), 34 Trang Tien, ✆ 04-3824 1614, 🖥 www.vietbookhn.com. Interessante Auswahl englischsprachiger Titel über Vietnam. Schöne Bildbände. Viele Wörter- und Kinderbücher. Sa/So geschl.

Kommunistische Propagandaposter

Die alten Motive scheinen noch ihre Freunde zu finden, denn eine ganze Reihe von Künstlern kopiert die alten Poster originalgetreu. Originale kosten je nach Größe US$80–100, gedruckte Kopien US$7–20.

Propaganda Poster & Painting, 25A Ly Quoc, ✆ 091-266 2779. Kleiner Laden mit Propagandapostern in allen Größen.

Vietnam Old Poster, 122 Hang Bac, ✆ 04-3926 2493. Eine große Auswahl alter Propagandaplakate fürs sozialistische Wohnzimmer und viele antiamerikanische Motive für die Kommunenküche.

Märkte

Ein **Straßenmarkt** findet täglich in der Altstadt in der kleinen Gasse zwischen Cau Go und Gia Ngo statt. Es gibt Essen und viele sonstige Waren; manches leider extra teuer für den Touristen, dafür aber fein säuberlich per Hand beschriftet und bereits abgepackt (z. B. Tee, Gewürze und Kaffee).

Am Wochenende (Fr–So) wird abends mitten in der Altstadt ein großer **Nachtmarkt** veranstaltet; er verläuft von der Hang Giay am Nordufer des Sees entlang der Hang Dao in nördlicher Richtung.

Im zweistöckigen **Dong Xuan-Markt** in der Altstadt gibt es Alltagskleidung, Taschen und Gebrauchsgegenstände, im unteren Bereich auch leckeres kandiertes Obst und Essensstände. In den Markthallen darf nicht geraucht werden – nachdem das alte Gebäude 1994 niederbrannte und einen Millionenschaden verursachte, ist man hier sehr empfindlich.

Supermärkte

Hapro Markt, hat einige kleine Filialen in der Altstadt (z. B. in der 7 Hang Duong und 45 Hang Bo), ⏱ tgl. 8–12 und 13.30–22 Uhr, mit einer kleinen Auswahl an westlichen Süßigkeiten (Butterkekse, Schokolade). Kein Baguette oder Käse, aber Milch und Getränke. Etwas größer ist die Filiale in der Le Duan, Ecke Nguyen Thai Hoc. Ein weiterer Ableger in der 51 Le Dai Hanh, ✆ 04-3974 5002.

Intimex Trading Centre, 22-32 Le Thai To. Zentral gelegener, wenngleich etwas versteckt in einer Seitenstraße verborgener Supermarkt mit einem reichhaltigen Angebot. Im Untergeschoss finden sich Käse, Wurst, Brot, Süßes und Getränke, im Obergeschoss Toilettenartikel und Kleidung. Hier gibt es auch eine kleine Spielarena mit Rutsche und Bällen: Nett für alle, die mit Kind reisen und in Ruhe einkaufen wollen. ⏱ tgl. 8.30–21.30 Uhr.

Vinaconex Mart, 24 Hai Ba Trung, im 4. Stock des Shopping Centers am Hoan Kiem-See. Eine Vielzahl an nationalen und internationalen Waren. ⏱ Mo 14–21, Di–So 9–21.30 Uhr.

Traditionelle Musikinstrumente

Im Bereich der Hang Non/Hang Manh gibt es kleine Familienunternehmen, die seit Generationen traditionelle vietnamesische Musikinstrumente herstellen und Auftragsarbeiten annehmen.

Pham Bich Huong, 11A Hang Non, ✆ 04-3828 7412, 🖥 www.phambichhuong.net. Der Familienbetrieb besteht seit sage und schreibe 800 Jahren.

Thai Khue Dan Moi, 1A Hang Manh, ✆ 04-3828 9469.

Von der Stadtrundfahrt bis zur wochenlangen Jeeptour, vom Ausflug ins Nachbardorf bis in die benachbarten Länder – bei dem vielfältigen

Angebot bleiben kaum Wünsche offen. Tipps von Travellern s. **eXTra [6883]** – hier können auch eigene Bewertungen abgegeben werden.

Reiseveranstalter

Die meisten Minihotels und auch viele der besseren Unterkünfte betreiben eine eigene Reiseagentur, wobei sie Touren der bekannten Anbieter, wie die von Sinh Café, vertreiben. Gebucht werden können Überlandfahrten bis nach Ho-Chi-Minh-Stadt, aber auch Tagesausflüge in die Umgebung und Touren mit Übernachtung auf einem Boot in der Ha Long-Bucht. Jedes dieser Büros besorgt außerdem Zug- und Flugtickets, meist auch ein Visum für die angrenzenden Länder. In der Regel werden je nach Dienstleistung US$2–10 auf den Originalpreis aufgeschlagen.

Die Buchung bei einer der unzähligen kleineren Agenturen oder im Hotel ist meist Glückssache. Oft lohnt es, ein paar Dollar mehr auszugeben: Bessere Guides oder gegebenenfalls schönere Übernachtungen und reichhaltigere Essensauswahl sind der Lohn – oder sollten es jedenfalls sein. Daneben gibt es Reisebüros, die eigene Touren in die Umgebung organisieren und außerdem für die oben genannten Dienstleistungen zur Verfügung stehen.

Ethnic Travel, 35 Hang Giay, ☎ 04-3926 1951, 🖳 www.ethnictravel.com.vn, [7348]. Gut geführte „low impact"-Touren zu den Minoritäten. Zudem Ausflüge in die Bai Tu Long-Bucht. Besonderheit: Übernachtung in Homestays bei lokalen Familien. Von vielen Lesern gelobt.

Hanoi Kids, 🖳 www.hanoikids.org. Stadtführungen von Schülern und Studenten, die damit nicht nur ihr Taschengeld, sondern auch ihr Englisch aufbessern wollen.

Hanoi KulTour, im Goethe-Institut, 56-68 Nguyen Thai Hoc, 🖳 www.hanoikultour.com. Stadtführungen mit Niveau durch den deutschen Journalisten Christian Oster, ☎ 090-414 6240. Geschichten, Hintergründe und nicht zuletzt kulinarische Tipps von einem ausgewiesenen Kenner der Stadt.

Ocean Tours Vietnam, 22 Hang Bac, Ha Noi, ☎ 04-3926 0463, 🖳 www.ocean tours.com.vn. Empfehlenswerte Option für Touren im Norden von Vietnam, z. B. Ausflug

nach Sa Pa oder in die Ha Long-Bucht mit Übernachtung auf der eigenen Privatinsel. Dieses Resort ist ein gelungenes Ökoprojekt, und der Besitzer, Herr Le Va Chien, ist sehr bemüht, nachhaltiges Reisen möglich zu machen.

SONSTIGES

Diplomatische Vertretungen

siehe Traveltipps von A bis Z, S. 51

Geld

Geldautomaten finden sich in der ganzen Stadt. **ANZ Bank**, 14 Le Thai To, ☎ 04-3825 8190. Die Wechselschalter für Devisen sind tgl. (auch Sa und So) zwischen 8 und 17 Uhr geöffnet.

Citibank Hanoi, 17 Ngo Quyen, Ground Floor, International Center, Hoa Kiem. Wer Kunde der Citybank ist, kann hier kostenfrei mit der Maestrokarte Geld abheben (maximal 3 Mio. Dong pro Transaktion) und hat sogar Zugriff auf den aktuellen Kontostand.

Vietcombank, Hauptfiliale 198 Tran Quang Khai, ☎ 04-3825 0392. Östlich des Hoan Kiem-Sees. Alle üblichen Transaktionen. 🕓 Mo–Fr 7.30–11.30 und 13–17 Uhr. Der Geldwechselschalter öffnet erst um 8 Uhr und schließt schon um 15.30 Uhr. Eine weitere große Filiale der Vietcombank liegt nördlich des Hoan Kiem-Sees, 114 Cau Go. 🕓 Mo–Fr 7.30–11.30 und 13–16.30 Uhr.

Informationen

Hanoi Tourist, 18 Ly Thuong Kiet, ☎ 04-3825 3248, 3824 3011, 🖳 www.hanoitourist-travel. com. Die staatliche Agentur hilft bei Tour- und Flugbuchungen. Freundliche, kompetente Mitarbeiter. Die vielen kleinen **privaten Agenturen**, die mit den Hotels zusammenarbeiten, sind oft ebenso kompetent und haben preiswertere Angebote. Einige informative **Webseiten** siehe **eXTra [7349]**.

Kinder

Ha Noi ist aufgrund des Lärms und des Verkehrs eine ziemlich anstrengende Stadt für Kinder. Neben einem Besuch im **Wasserpuppentheater** bieten sich als Aktivitäten eine Fahrt im **Tretboot** (auf dem Westsee oder dem Thien Quang-See)

VIETNAM

und ein Besuch des **Wasserparks** an. Einen
Spielplatz gibt's im Thong Nhat-Park.

Kulturinstitute

Goethe-Institut, 56-58 Nguyen Thai Hoc,
✆ 04-3734 2251, 🖳 www.goethe.de/hanoi.
Bietet immer mal wieder sehenswerte kulturelle
Veranstaltungen. Angegliedert ist eine Bibliothek: Der Mitgliedsbeitrag beträgt 50 000 Dong.
In der ruhigen und arbeitsfreundlichen Büche-
rei stehen auch Computer mit Internetzugang.
⏲ Mo–Fr 9–17 Uhr, Bibliothek Mo–Fr 9.30–
12 und 14–18, Sa 9.30–12 und 14–17 Uhr.

Medizinische Hilfe

**Benh Vien Viet Duc (Deutsch-Vietnamesisches
Krankenhaus)**, 40-48 Trang Thi, Altstadt,
✆ 04-3825 3531, 3828 8431. Mit Unterstützung
der DDR aufgebaut, daher sprechen einige
Ärzte und Schwestern noch Deutsch. 24-Std.-
Notaufnahme, Konsultationen ab US$15.
Family Medical Practice, 298 I Kim Ma,
Van Phuc Compound. Der 24-Std.-Dienst ist
unter ✆ 04-3843 0748 zu erreichen. Eine Erstbehandlung kostet US$50. Alle weiteren
Nachuntersuchungen jeweils US$30. Notfall-
behandlungen sind teurer. Die Klinik verfügt
über eine Krankenstation, sodass auch
stationäre Behandlungen möglich sind. Für
Transporte aus dem nördlichen Bergland steht
rund um die Uhr ein Helikopter zur Verfügung.
Der Klinik angeschlossen ist eine **Family Dental
Clinic**, ✆ 04-3823 0281 (24 Std.). Mehr unter
🖳 www.vietnammedicalpractice.com.
Hanoi French Hospital, 1 Phuong Mai, ✆ 04-
3574 0740, Notruf 04-3574 1111. Internationaler
Standard, Konsultationen ca. US$50. Auch
zahn- und augenärztliche Behandlungen.
International SOS Clinic, 31 Hai Ba Trung,
✆ 04-3934 0555 (24 Std.). Konsultation ca.
US$60. Internationaler Standard.
Vietnam-Korea Friendship Clinic, 12 Chu Van
An, Ecke Tran Phu, ✆ 04-3843 7231.
Preisgünstige Konsultationen ab US$5.
⏲ Mo–Fr 9–12 und 14–17 Uhr.

Post

International Post Office, am Südende
des Hoan Kiem-Sees, 87 Dinh Tien Hoang,

✆ 04-3825 2030. Bietet einen Packservice für
Pakete nach Übersee. Die Prozedur umfasst
das Ausfüllen einiger Papiere und das Erstellen
einer Inventarliste. ⏲ tgl. 7–21 Uhr. Im Winter
schließt das Postamt ein halbes Stündchen
früher. Im gleichen Gebäude links, 85 Dinh Tien
Hoang, ist das lokale Postamt für inländische
Briefe und Päckchen.

Cyclos

War eine Cyclo-Fahrt durch die Altstadt vor
Jahren noch eine gemütliche Erfahrung mit
echtem Indochina-Flair, so kann sie heute
während der Stoßzeiten zu einem wahrhaft
atemberaubenden Trip durch Abgaswolken
und Menschenknäuel werden. Mit etwas Glück,
bei wenig Verkehr und Sonnenschein, kann
eine solche Fahrt aber auch heute noch für
schöne Erinnerungen sorgen. Cyclo-Fahrer
durchkreuzen die touristischen Gegenden nach
Passagieren. Eine (angefangene) Stunde kostet
etwa US$3.

Fahrradverleih

Radler sind die schwächsten, rechtlosesten
und verletzlichsten Teilnehmer des rollenden
Verkehrs in Ha Noi: kein Wunder, dass sie
immer seltener werden. Als Tourist sollte man
es vermeiden, sich derart in Gefahr zu begeben.

Stadtbusse

Ha Noi hat ein ausgeklügeltes Stadtbusnetz mit
über 50 Linien. Wer die Menschenmengen im
Bus nicht scheut, kann für wenig Geld (pro
Fahrt 3000–5000 Dong) kreuz und quer durch die
Stadt düsen und dabei, als bestaunter Exot,
auch noch Spaß mit Mitreisenden haben. Ein
vollständiger Fahrplan findet sich im Internet
unter 🖳 www.hanoibus.com.vn.

Taxis

Taxis werden in der Regel von den Hotels bei
Abfahrt zum Flughafen, Zug oder Bus organisiert. Bei Ankunft am Flughafen besteht kein
Mangel an Taxis (s. u., Flüge). Bei Ankunft mit
dem Zug warten viele Taxifahrer vor und im
Bahnhof. Vorsicht bei Fahrern, die Kunden
direkt nach dem Aussteigen abfangen. Hier

wird man privat kutschiert, über den Hintereingang hinausgelotst und zahlt meist einen sehr überhöhten Preis. Es ist zudem leider anzumerken, dass viele Taxifahrer (vor allem jene, die man auf der Straße anhält oder die am Bahnhof warten) ihre Taxameter manipuliert haben. Wer skeptisch wird, weil die Uhr zu schnell rattert, sollte den Fahrer bitten, anzuhalten, und aussteigen, sofern man nicht bereit ist, den überhöhten Preis zu zahlen. Der Grundpreis liegt meist bei 18 000 Dong, eine Fahrt bis zu 20 km kostet 8500 Dong pro Kilometer, ab 21 km 5000 Dong pro Kilometer. Wer sichergehen will, bucht über sein Hotel.

Hanoi Taxi, ☎ 04-3853 5353, 🖥 www.hanoitaxi.com.vn; **Airport Taxi**, ☎ 04-3873 3333.

Xe om

Xe om sind Legion – und ihre Fahrer oft Legionäre, die sich beim täglichen Überlebenskampf auf der Straße mehr oder weniger bewährt haben. Wer mit einem Fahrer zufrieden war, sollte ihm treu bleiben: Schon der nächste könnte sich als Kamikaze-Pilot erweisen. Kürzere Strecken kosten ab 10 000 Dong, mittlere 30 000–50 000 Dong. Bei Fahrten von den äußeren Busbahnhöfen in die Innenstadt wird auch mehr verlangt.

TRANSPORT

Busse

Open Tour-Busse zu den wichtigsten touristischen Zielen lassen sich in fast allen Hotels und vielen kleinen Reisebüros buchen. Wer sich etwas abseits des Touristenstroms bewegen will, nimmt einen der unzähligen lokalen Busse. Ha Noi hat mehrere große **Busbahnhöfe**, die die Stadt mit dem Rest des Landes verbinden: Vom **Giap Bat**, Giai Phong, ☎ 04-3864 1467, gegenüber dem gleichnamigen Bahnhof etwa 6 km südlich des Hauptbahnhofs, verkehren hauptsächlich Busse gen Süden; vom **Gia Lam**, ☎ 04-3827 1529, östlich des Roten Flusses, etwa 2 km von der Altstadt entfernt, geht es meist zu Zielen im Norden und Nordosten; und der **My Dinh**, Pham Van Dong, ☎ 04-3768 5549, knapp 10 km westlich des Zentrums, unterhält Busse nach Westen und weitere Langstreckenverbindungen. Zentraler, nämlich am Ostrand des Französischen Viertels, liegt der **Luong Yen-Busbahnhof**,

☎ 04-3972 0477. Bei Bussen, die nicht ganztags verkehren, ist es sinnvoll, vorher an der Busstation anzurufen (oder anrufen zu lassen), um die Abfahrtszeit zu verifizieren – denn Änderungen sind hier nichts Ungewöhnliches.

Luong Yen

Hier fahren 4x tgl. die bequemen Direktbusse der Gesellschaft **Hoang Long Bus Company**, 28 Tran Nhat Duat, ☎ 031-392 0920, 🖥 www.hoanglongasia.com, nach CAT BA (inkl. Fährverbindung). Abfahrt um 5.20, 7.20, 11.20 und 13.20 Uhr, 210 000 Dong, 4 Std., Tickets am Busbahnhof. Man sollte spätestens eine halbe Stunde vor Abfahrt da sein.

Die Hoang Long Company fährt zudem auf der N1 Richtung Süden bis SAI GON: 9 Busse zwischen 7 und 23 Uhr, alle 2 Std., 950 000 Dong; Fahrpreise: NINH BINH 160 000 Dong, VINH 220 000 Dong, HUE 390 000 Dong, DA NANG 450 000 Dong, NHA TRANG 750 000 Dong.

Weitere Regionalbusse:

CAO BANG, 7–20.30 Uhr alle 30 Min., 250 000–300 000 Dong, 5 Std.;

HAI PHONG, 4.50–21 Uhr ständig, 75 000–80 000 Dong, 2–3 Std.; die Zahl auf dem Ticket ist die Endziffer des Bus-Nummernschilds;

LANG SON, 5.30–17.45 Uhr ständig, 80 000–10 000, 5 Std.;

MONG CAI, 9.30–22.30 Uhr, alle 30 Min., 250 000–280 000 Dong, 7 Std.

Gia Lam

BAI CHAY (HA LONG-STADT), 6–13 Uhr alle 20–30 Min., 100 000 Dong, 4 Std.;

HA GIANG, um 3, 3.30, 4.10, 9 und 19 Uhr, 170 000–200 000 Dong, 7 Std.;

HAI PHONG, 5–21 Uhr alle 20 Min., 70 000 Dong, 2–3 Std.;

LANG SON, 5.30–12.30 Uhr etwa alle 30 Min. (10–15 Busse tgl.), 120 000–170 000 Dong, 5 Std.;

LAO CAI, um 18.30 und 19 Uhr, 250 000 Dong, 9–10 Std.;

MONG CAI, 6–22 Uhr etwa stdl., 200 000 Dong, 7–8 Std.

Giap Bat

CAO BANG, um 5.30, 7.30, 9.30 und 12 Uhr, 250 000 Dong, 8 Std;

HAI PHONG, 5–17 Uhr alle 15–20 Min.,
70 000 Dong, 2–3 Std.;
LANG SON, um 6, 7, 9, 10, 11.30 und 12 Uhr,
110 000 Dong, 5 Std.;
NINH BINH, 5–16 Uhr regelmäßig, 70 000 Dong,
3–4 Std.

My Dinh
BAI CHAY (HA LONG-STADT), 6–18 Uhr alle
15 Min. (37 Busse tgl.), 100 000 Dong, 4 Std;
CAO BANG, 5–18 Uhr, etwa alle 30 Min.,
170 000–200 000 Dong, 8 Std.;
DIEN BIEN PHU, 5 und 6 Uhr und 17–21.30 Uhr
alle 30 Min., ab 350 000 Dong, 12 Std.;
LANG SON, 6.15–17 Uhr alle 15 Min.,
120 000–170 000 Dong, 4 Std.;
MAI CHAU, 9, 11, 12.30 und 13.30 Uhr,
80 000 Dong, 3–4 Std.;
NINH BINH, 6–17 Uhr alle 30 Min.,
80 000 Dong, 4 Std.;
SON LA, 5.30–20 Uhr alle 30 Min.,
220 000 Dong, 8 Std.;
TAM DAO, 11, 11.20, 12.20, 13.15, 14.40, 15.15
und 16 Uhr, 70 000 Dong, 2–3 Std.

Eisenbahn

Am **Hauptbahnhof** in der 120 Le Duan,
✆ 04-3942 3697, fahren tgl. über 200 Züge ab.
Eine erste Orientierung bei der Übersicht
versprechen die Fahrpläne in der Bahnhofshalle. Zudem kann man sich an den **Informationsschalter** am Bahnhof wenden, ⏲ 8–12.30
und 13.30–19.30 Uhr. Wer sein Ticket nicht (zu
einem Aufpreis) über eine Reiseagentur
besorgt, muss die Fahrkarte für eine längere
Strecke spätestens 4 Std. vor Abfahrt am
entsprechenden Schalter im Bahnhof kaufen.
Dann sind aber oft schon alle Tickets weg: Es
lohnt besonders für die begehrteren Schlaf-
wagen-Plätze, 1–2 Tage vorher zu buchen.
Fahrscheine für Kurzstrecken können bis 1 Std.
vorher erworben werden.
Richtung Süden nimmt man am besten einen
der schnelleren SE-Züge, Abfahrt 19.30 Uhr
(SE1), 22 Uhr (SE3), 9 Uhr (SE5) und 6 Uhr (SE7).
Bis HUE 11 Std., bis DA NANG etwa 14 Std., bis
HCMS etwa 24 Std.
Nach LAO CAI (SA PA) fahren vormittags
mehrere Züge, Fahrtdauer etwa 8 Std. Die

Fahrt auf den unbequemen Sitzbänken ist anstrengend – die meisten Reisenden bevorzugen
daher die privaten Schlafwagen in einem der
Nachtzüge. Die Tickets (US$30–40) werden am
besten über ein Reisebüro gebucht; die Angestellten dort können schnell die verschiedenen
verfügbaren Optionen der einzelnen Gesellschaften für den gewünschten Reisetag durch-
telefonieren. Diese Züge in Richtung Norden
fahren am Neben-Bahnhof **Station B, Tran Tui
Cap**, gleich hinter dem Hauptbahnhof ab.
Wer nach **China** will, kann Di und Fr nach
BEIJING (Peking) einen durchgehenden Zug
nehmen; Abfahrt 18 Uhr, ca. 5 Mio. Dong,
Dauer etwa 40 Std. Für den Ticketkauf wird
ein gültiges China-Visum benötigt.

Flüge

Der internationale Flughafen **Noi Bai** liegt etwa
35 km nördlich des Zentrums. Der Flughafen ist
mit dem Taxi in rund 40 Min. zu erreichen (wenn
kein Stau ist), Busse brauchen länger.

Transport vom / zum Flughafen:
Busse
Ein **Flughafenbus** fährt von morgens früh bis ca.
18 Uhr vom Flughafen in die Innenstadt (US$2,
Tickets im Bus) und benötigt je nach Verkehr
eine knappe Stunde. Die Bushaltestelle befindet
sich, wenn man das Gebäude verlässt, rechter
Hand etwa 100 m entfernt. Der Bus fährt an der
Altstadt vorbei über die Tran Nhat Duat/Tran
Quang Khai; man muss sich an passender Stelle
absetzen lassen (Busfahrer oder Kontrolleur
vorher informieren) und von dort per pedes oder
Xe om weiter. An der gleichen Stelle startet
auch tagsüber der hellrote, öffentliche Bus von
Jetstar Airlines (Tickets im Bus; 40 000 Dong,
Endstation am Jetstar Airlines Office östlich
des Hoan Kiem-Sees, 206 Tran Quang Khai,
s. Karte S. 661). Eine weitere Möglichkeit ist
der **öffentliche Bus Nr. 17**, der ebenfalls rechts
etwas weiter vom Eingang entfernt startet
und von 5 bis 21 Uhr für 5000 Dong zum
Long Bien-Bahnhof nördl. der Altstadt fährt,
s. Karte S. 658/659.
Minibusse von **Vietnam Airlines** zum Flughafen starten am Vietnam Airlines Office in der
1 Quang Trung, Ecke Trang Thi, s. Karte S. 661.

Taxis

Wer am Flughafen ein **Taxi in die Innenstadt** nimmt, kann entweder den Taxameter einschalten lassen oder einen Festpreis aushandeln. Es muss mit etwa US$15 (ca. 300 000 Dong) gerechnet werden. Einige Taxiunternehmer arbeiten auf Provisionsbasis für Hotels und sind nicht immer bereit, Besucher zum Wunschziel zu bringen. Das klärt sich aber zum Glück meist bereits, wenn man die Zieladresse nennt: Ein „Ist geschlossen" oder „Alles voll" sollte man nicht für bare Münze nehmen.

Inlandflüge

Zu den wichtigsten Zielen starten (oft mehrmals) tgl. Flüge. Es empfiehlt sich eine frühzeitige Planung und Buchung.

Von **Vietnam Airlines**, 1 Quang Trung, ☎ 04-3825 0888, 🖳 www.vietnamairlines.com, werden u. a. folgende Destinationen angeflogen: BUON MA THUOT, DA LAT, DA NANG, HUE, HCMS, NHA TRANG. Der komplette Flugplan findet sich auf der Website des Unternehmens.

Jetstar Pacific, 206 Tran Quang Khai, ☎ 04-3855 0550, 🖳 www.jetstarpacific.com.vn, fliegt tgl. nach DA NANG, HCMS und NHA TRANG. Die Preise sind oft günstiger als bei Vietnam Airlines. Auf der Website sind die aktuellen Angebote abrufbar.

Internationale Flüge

Air Asia, 9 Hang Manh, ☎ 04-3928 8282, 🖳 www.airasia.com, verbindet Ha Noi tgl. mit BANGKOK (1 3/4 Std). Umbuchungen von im Internet gebuchten Flügen sind bei persönlichem Besuch im Büro gegen Gebühr möglich.

Lao Airlines, 🖳 www.laoairlines.com, und **Vietnam Airlines**, 🖳 www.vietnamairlines.com, fliegen tgl. von Ha Noi nach VIENTIANE (1 1/4 Std.) und LUANG PRABANG (1 Std.). Vietnam Airlines steuert darüber hinaus mehrmals tgl. PHNOM PENH (3 1/4 Std., über Vientiane), SIEM REAP (1 3/4 Std.) und BANGKOK (1 3/4 Std.) an.

Cambodia Angkor Air, 🖳 www.cambodiaangkorair.com, ein 2009 gegründetes Joint Venture zwischen Vietnam Airlines und der kambodschanischen Regierung, bietet 4x wöchentl.,

Verbindungen von Ha Noi nach PHNOM PENH (1 3/4 Std.) und SIEM REAP (1 3/4 Std.). Viele **weitere Airlines** haben Ha Noi im Flugplan – siehe hierzu eXTra [4652].

Die Umgebung von Ha Noi

Die Umgebung von Ha Noi ist die Wiege der vietnamesischen Zivilisation, und so finden sich hier viele lohnende Ziele für einen Tagesausflug. Im näheren Umkreis liegen bedeutende Pagoden und interessante Handwerksdörfer, etwas weiter entfernt eine alte französische Sommerfrische, Nationalparks und bedeutende Tempelanlagen.

Preiswerte Tagestouren, die oft mehrere Ziele ansteuern, können in allen Reisebüros gebucht werden (S. 674). Wer lieber mit einem geliehenen Moped loszieht, sollte neben Helm und langer Kleidung auch Ruhe, Fahrsicherheit und Furchtlosigkeit mitbringen – für Anfänger ist der Verkehr in und um Ha Noi nicht geeignet. Das Sich-Verfahren gehört ebenfalls dazu und sollte als Anreiz genommen werden, das Land auf eigene Faust, abseits der Reiseführer-Routen, zu entdecken.

Spuren der vietnamesischen Frühgeschichte

Nördlich des Roten Flusses liegt die alte Zitadelle **Co Loa**, die für die vietnamesische Geschichtsschreibung von großer Bedeutung ist: Sie war im 2. und 3. Jh. v. Chr. die Hauptstadt des jungen vietnamesischen Reiches Au Lac. Nur Reste der Befestigungsanlagen sind übrig geblieben, doch diese zeigen, wie groß die Festung gewesen sein muss: Die innere Zitadelle hat einen rechteckigen Grundriss mit einem Umfang von 1,6 km, der mittlere Wall ist ein Polygon von 6,5 km Umfang, der äußere Wall misst 8 km. Die Basis der Wälle ist 6–8 m breit, die Höhe beträgt heute meist 4–5 m, an manchen

Stellen noch 12 m – vietnamesische Historiker vermuten, die Wälle müssten in vorchristlicher Zeit weit größer gewesen sein. Allerdings herrschte hier zwischen 939 und 944 General Ngo Quyen, der die chinesische Armee besiegte – wie weit er den Ausbau der alten Festung vorangetrieben hat und für die heutige Größe verantwortlich ist, lässt sich kaum noch feststellen. Sicher ist jedoch, dass An Duong Vuong, der hier von 257–207 v. Chr. herrschte, die Festung gegen chinesische Übergriffe, bei denen nach chinesischen Chroniken Hunderttausende Soldaten ums Leben gekommen sein sollen, behaupten konnte. Erst ein Verrat in der eigenen Familie brachte den Herrscher und die Festung zu Fall.

Im Bereich der alten Zitadelle sind noch einige Gedenktempel erhalten, so der **An Duong-Tempel**, der seit seiner Gründung im 11. Jh. mehrfach umgebaut wurde. Die ältesten Überbleibsel sind die zwei steinernen Drachen aus dem 13. Jh. an der dreistufigen Treppe. Eine Statue von An Duong wird nur am 6. Tag des 1. Mondmonats gezeigt; ansonsten erinnert ein Gewand auf dem Hauptaltar an den Gründer des Au Lac-Reichs. Auf Seitenaltären wird links seiner Eltern und rechts seiner Ehefrau gedacht. Der **My Chau-Tempel** ist der Tochter des Königs gewidmet. Symbolisiert wird sie durch einen Stein, der wie ein enthaupteter Mensch aussieht. Mindestens ebenso beeindruckend ist der wohl über tausend Jahre alte Banyan-Baum vor dem Tempel. Am 6. Tag des 1. Mondmonats wird in der Anlage ein großes Fest mit traditionellem Cheo-Gesang, Bogenschießwettbewerben, Hahnenkämpfen und Schach mit menschlichen Figuren begangen.

Anreise: Von Ha Noi aus fährt man über die Chuong-Duong-Brücke und folgt der N1A, überquert den Duong-Fluss und biegt anschließend auf die N3. Am Kilometerstein (eigentlich: „Meilenstein") 15 rechts abbiegen; nach 2 km ist die historische Stätte erreicht.

Der **Den Hung** (Tempel der Hung-Könige) erinnert an die legendären Gründer des ersten vietnamesischen Reiches Van Lang (2879–257 v. Chr.). Er liegt etwa 90 km nordwestlich von Ha Noi und umfasst mehrere Bauwerke, die sich auf halber Höhe des 175 m hohen Nghia Linh-

Bergs befinden. Weitere Tempel auf dem Berg huldigen den Erd- und Himmelsgöttern. Am Fuße des Berges befindet sich der **Den Co** („Tempel der Quelle"), wo sich die Töchter des letzten Hung-Königs beim Kämmen in einem wundertätigen Brunnen gespiegelt haben sollen.

In der weiteren Umgebung wurden bronzene Speerspitzen, Steinäxte, Keramikscherben und andere Hinterlassenschaften der Van Lang-Zivilisation gefunden. Jedes Jahr vom 9. bis zum 11. Tag des 3. Mondmonats wird ein großes Fest zu Ehren der Hung-Könige begangen, auf dessen Höhepunkt Hunderte Ballons in den Nachthimmel steigen. Der Tempelkomplex liegt etwa 15 km von Viet Tri entfernt und ist von dort ausgeschildert.

Tam Dao

Als die Franzosen zu Beginn des 20. Jhs. in den Bergen nördlich von Ha Noi einen Kurort einrichteten, um der sommerlichen Hitze in Ha Noi zu entkommen, suchten sie sich ein hübsches Plätzchen aus: Tam Dao bedeutet „Drei Inseln" – ein passender Name für die drei bis zu 1592 m hohen Bergspitzen, die oft aus einem Meer von Wolken emporragen.

Die ehemalige Sommerfrische, von den Kolonialherren nach einem nahe gelegenen Wasserfall „Cascade d'Argent" (Suoi Bac, „Silberfall") genannt und einst auch als „Da Lat des Nordens" bekannt, liegt auf 900 m Höhe. Von den damals zahlreichen prächtigen Villen sind nicht viele übrig geblieben: Bei ihrer Flucht 1954 sprengten die Franzosen ihre schönen Häuser lieber, als sie den Vietnamesen zu überlassen. Oder wurden sie doch von den Viet Minh zerstört? Die Quellen widersprechen sich; man schiebt sich gegenseitig die Schuld in die Schuhe. Jedenfalls sind von den meisten Häusern heute nur noch Ruinen und Grundmauern übrig, und diese machen in zunehmendem Maße neuen Gästehäusern Platz. Westliche Touristen sind hier zwar noch selten, doch bei den Vietnamesen aus Ha Noi ist Tam Dao schon lange als Ausflugsziel beliebt. Eine Fülle mittelmäßiger Hotels und Karaoke-Bars zieht an Wochenenden und in den Ferien Erholungs- und Vergnügungssuchende an.

Das Bergmassiv, auf dem Tam Dao liegt, befindet sich isoliert von den Bergen des Nordens in der Ebene. Wie auf einer ökologischen Insel hat sich hier eine einzigartige Flora und Fauna entwickelt. Seit Mitte der 1990er-Jahre sind Biologen damit beschäftigt, sie zu katalogisieren. Mehr als 30 zuvor unbekannte Reptilien und Amphibien wurden bereits entdeckt. Um das dicht bewaldete Gebiet zu schützen, wurde es 1996 zum **Tam Dao-Nationalpark** erklärt.

ÜBERNACHTUNG UND ESSEN

Insgesamt sind die Unterkünfte und Restaurants eher auf einheimische Reisende eingestellt: Die preiswerten Unterkünfte sind karg und schlicht; und auf den Speisekarten steht Wild, wohin das Auge blickt: Vegetarier und Naturfreunde werden hier nicht glücklich. In einigen Hotelrestaurants ist jedoch auch „normale", d. h. gezüchtete oder angebaute Kost, zu haben und hie und da auch internationale Küche, etwa im **Bamboo Restaurant** im Mela Hotel.

Green Hotel, Khu Nhi Mat, ✆ 0211-382 4315, 📠 382 4276. Der grüne Riese ist eines der größten Hotels am Ort und da recht neu, sind auch die (über 100) Zimmer in Ordnung. Alle Räume mit Heizung und Satelliten-TV, die nach vorne heraus mit Balkon. ➋–➌

Mela Hotel, Thi Tran, ✆ 0211-382 4321, 📠 382 4352. Für manche das schönste Hotel im Ort: Gepflegte Zimmer, alle mit Satelliten-TV und Heizung (Radiatoren), zum Teil mit großem Balkon. Ein schöner Swimming Pool und ein Kaminfeuer sorgen für gemütliche Abende. Gutes angegliedertes Restaurant, in dem auch das Frühstück (im Preis inkl.) serviert wird. Auf den Zimmerpreis kommen je 10 % Servicegebühr und Steuern. ➍–➎

TRANSPORT

Anreise über die N2: Erst Richtung Noi Bai-Flughafen, dann links Richtung Vinh Phuc und Vinh Yen, dort rechts nach Tam Dao (ausgeschildert); nach 14 km bergauf ist das Ziel erreicht.

Mit dem **Bus** aus HA NOI (My Dinh- und Gia Lam-Busbahnhof, ca. 20 000 Dong) bis Vinh Yen, von dort weiter mit dem Xe om für etwa 150 000 Dong oder einem Taxi (ca. 250 000 Dong).

Pagoden und Handwerksdörfer östlich von Ha Noi

Östlich von Ha Noi, über den Roten Fluss, wird im **Töpferdorf Bat Trang** seit dem 14. Jh. die Kunst der Porzellanherstellung gepflegt. Die kleinen Familienbetriebe haben ihre Werkstätten für Interessierte geöffnet, und natürlich schließen sich auch Verkaufsräume an. Die hier verarbeitete Keramik ist besonders wertvoll und im ganzen Land berühmt. Neben Tellern, Vasen, Kannen, Räucherstäbchenhaltern und Tierfiguren sind besonders die bemalten Kacheln ein beliebtes (und relativ leicht zu transportierendes) Mitbringsel. Bat Trang liegt knapp 12 km von der Altstadt Ha Nois entfernt. Die einfachste Anreise führt über die Brücke auf die andere Flussseite – dort direkt rechts auf die N195 abbiegen, die nach Bat Trang führt.

Im **Schlangendorf Le Mat**, ebenfalls am anderen Flussufer, werden gefährliche Reptilien gezüchtet – zum Verzehr und für medizinische Zwecke. Le Mat liegt östlich des Flusses in etwa 10 km Entfernung. Um dort hinzugelangen, überquert man den Roten Fluss von der Altstadt kommend über die Chuong Duong-Brücke und folgt der Straße (am Abzweig nach Nhu Quynh vorbei) bis zum Meilenstein 5; einen Kilometer weiter geht es rechts ab nach Le Mat.

Dong Ky war einmal ein Zentrum für die Herstellung von Feuerwerkskörpern, doch nachdem diese 1995 von der Regierung verboten wurden, musste man umsatteln: So ist es heute ein Tischlerdorf, das sich der Möbelherstellung widmet. Beliebt in vietnamesischen Wohnzimmern sind die hier gefertigten dunklen Holzmöbel mit Perlmutt-Intarsien. Das Dorf liegt knapp 18 km nordöstlich. Aus der Altstadt kommend, folgt man der Straße nach Überquerung der Brücke etwa 15 km und biegt in Tu Son links auf die N295 ab; nach wenigen Kilometern ist das Ziel erreicht.

Ein Ausflug in die Dörfer östlich der Hauptstadt lässt sich verbinden mit einem Besuch in der **But Thap-Pagode**, für einige die schönste Pagode Vietnams. Es wird angenommen, dass sie schon im 13. Jh. auf dem Fundament einer noch älteren Anlage errichtet wurde; allerdings stammt das meiste, was heute zu sehen ist, aus dem 17. Jh. But Thap bedeutet „Kalligrafie-Pinsel", was sich auf die Form des angegliederten Bao Nghiem-Turms bezieht. Erklimmt man den Deich, der den Duong-Fluss bändigt, erkennt man besonders gut die charakteristische Form dieses Turms, der zwischen den Bäumen und geschwungenen Dächern emporragt.

Nach Süden zur Parfümpagode

Die „Parfümpagode" Chua Huong 70 km südlich von Ha Noi ist eines der wichtigsten Pilgerziele des Landes. Hinter dem Begriff Chua Huong verbirgt sich mehr als „nur" eine Pagode: nämlich ein landschaftlich interessantes Gebiet, das auf romantischen Wasserwegen und steilen Bergpfaden erkundet werden kann und in dem die namensgebende Pagode zwar das bekannteste, aber nur eines von mehreren Zielen ist. Jedes Jahr zu Tet strömen Hunderttausende Vietnamesen hierher, und in den ersten drei Monaten des Jahres herrscht reger Pilgerbetrieb.

Von Ha Noi aus ist nach knapp zweistündiger Fahrt entlang der N21B **Ben Duc** erreicht – die Pforte zum Huong Son-Gebiet. Nach einem Stopp am Ticketschalter (Eintritt 50 000 Dong) geht es an Bord eines kleinen Sampans etwa eine Stunde lang auf dem Yen Vi-Fluss durch schöne Landschaft.

Kurz nach dem Ablegen kommt man am **Trinh-Tempel** vorbei, der den legendären Hung-Königen gewidmet ist. Einheimische Pilger machen hier Halt, um zu beten und Wunschzettel zu schreiben, die sie später in der Parfümpagode verbrennen. Nach ruhiger Fahrt erreicht man schließlich den Anleger **Ben Tro**. Hier bieten kleine Restaurants die Möglichkeit zu einer Stärkung, bevor es weitergeht.

Die nahe gelegene **Thien Tru-Pagode** stammt eigentlich aus dem 15. Jh., wurde nach den Kriegen des letzten Jahrhunderts jedoch grundlegend erneuert. Thien Tru bedeutet „Himmelsküche", denn hier speisen die Pilger, bevor sie sich an den Aufstieg zur Parfümpagode machen.

Zu Fuß geht es weiter den Berg hinauf: vorbei an der „Quelle der Reinigung" **Giai Oan**, einer an den Fels gebauten Pagode, und einigen anderen Sakralbauten, bis nach halbstündigem steilem Aufstieg (bei wenig Betrieb und zügigem Schritt) der Höhleneingang zur Parfümpagode erreicht ist. Die chinesischen Zeichen über dem Eingang bedeuten „Die schönste Höhle des Südens". Der Name „Parfümpagode" soll übrigens daher stammen, dass hier einst ein chinesischer Mönch lebte, der einen ganz besonderen Duft hinterließ. Im Inneren der Höhle wird die Göttin der Barmherzigkeit **Quan Am Nam Hai** verehrt. Um sie rankt sich eine besondere Legende, die vermutlich chinesischen Ursprungs ist, jedoch ihre eigene, vietnamesische Version hat.

Bequemere Naturen nehmen statt des Pilgerwegs die Seilbahn (ganztags je nach Besucheraufkommen; einfache Fahrt 40 000 Dong, hin und zurück 70 000 Dong) und genießen den Ausblick auf die großartige Natur aus der Gondel.

Westlich von Ha Noi

Im **Seidendorf Van Phuc** erfüllt das Klackern der Webstühle die Luft. Seide und Brokat sind die Stoffe, aus denen Ao Dais geschneidert werden – das klassische Kleidungsstück der vietnamesischen Frau. Das Dorf befindet sich etwa 10 km südwestlich von Ha Noi am Ufer des Nhue-Flusses. Die Anreise erfolgt über die Nguyen Luong Bang stadtauswärts, dann auf die N6 bis Dong Ha. Die N6 heißt hier Quang Trung. 500 m nach Überqueren der Do-Brücke geht es rechts ab. Van Phuc liegt dann noch etwas über 1 km entfernt. Hier kann man bei der Seidenherstellung zusehen und Seide oder Ao Dais kaufen.

Thay- und Tay Phuong-Pagode

Die **Thay-Pagode** sieht aus wie eine Wirklichkeit gewordene Tuschezeichnung aus einem Buch über asiatische Kunst: geschwungene Dächer und überdachte Steinbrücken am Ufer eines stillen Sees, umgeben von Bäumen, im Hintergrund raue Felsen und Klippen. Die Pagode, deren Name übersetzt „Himmlischer Segen" lautet, besteht seit dem 11. Jh. und ist eines der beliebtesten Pilgerziele in der Region. Hier lebte im 12. Jh. der berühmte Mönch Tu Dao Hanh, dem man magische Kräfte nachsagte.

Das Hauptgebäude besteht aus drei Hallen: der Vorhalle mit zwei grimmigen Ho Phap-Wächterfiguren, einer Zwischenhalle zur Verehrung von Buddha und der Haupthalle, die dem berühmten Mönch gewidmet ist. Drei Statuen auf dem Altar verkörpern ihn: In der Mitte ist er als Buddha auf einem wertvollen Thron sitzend dargestellt, links als geschnitzte Figur mit beweglichen Armen und Beinen, was daran erinnert, dass er auch ein großer Förderer der Kunst des Wasserpuppentheaters war. Rechts ist er als König Ly Thanh Tong (reg. 1128–1138) zu sehen, als der er wiedergeboren sein soll.

Im See, an dem die Pagode liegt und der den poetischen Namen „Drachensee" trägt, liegt ein kleiner Pavillon. An Festtagen werden hier Wasserpuppenspiele aufgeführt. Das größte Fest findet vom 5.–7. Tag des 3. Mondmonats statt. Die zwei überdachten Brücken stammen von 1602 und führen links (über die Sonnenbrücke) zu einem taoistischen Tempel, in dem der Jadekaiser, der Erdgott und der Wassergott verehrt werden, und rechts (über die Mondbrücke) zu einigen kleineren Heiligtümern.

Der Berg hinter den Hauptgebäuden birgt einige Grotten, darunter die Thanh Hoa-Grotte, in der der verehrte Mönch nach siebenmonatiger Meditation verstorben sein soll.

Die **Tay Phuong-Pagode** („Westliches Land des vollkommenen Glücks") liegt ebenfalls in einer schönen Landschaft, auf einem kleinen Berg in den Reisfeldern. Sie ist viele hundert Jahre alt – wie viele, weiß niemand genau. Sie wurde mehrfach erweitert und zerstört und wieder aufgebaut. Gesichert sind die Daten 1632 (Erweiterung), 1794 (Wiederaufbau nach Zerstörung) und 1958 (Wiederaufbau nach Beschädigung im Krieg gegen die Franzosen).

Über 200 Stufen sind zu erklimmen, ehe die Pagode erreicht ist. Im dreiteiligen Hauptgebäude befindet sich eine wertvolle Sammlung von Statuen, von denen die der 18 Nachfolger Buddhas (Arhats, *la han*) zu den bedeutendsten zählen. Es sind Beispiele für Menschen, die die Erleuchtung erfahren haben und dies auf sehr unterschiedlichen Wegen erreichten: Meditation, Diskussion, Sorglosigkeit oder Fasten. Die Figuren stammen aus dem 18. Jh.

Thay- und Tay Phuong-Pagode liegen nur einige Kilometer auseinander und können nacheinander besucht werden. Man folgt der N32

Richtung Westen bis Dai Phung (Kilometerstein 20), überquert den Day-Fluss, hält sich am Kilometerstein 25 links und folgt der Straße entlang dem Quai Che-Deich für 9 km bis zur Tay Phuong-Pagode. Die Thay-Pagode liegt 5 km weiter südlich.

Nördliches Bergland

Das nördliche Bergland ist eine der spannendsten, aber auch unzugänglichsten Regionen des Landes. Es ist die Heimat einer Vielzahl ethnischer Minderheiten, die in den unwegsamen Bergen und Tälern ihre Traditionen bewahren konnten: Wie vor Jahrhunderten beackern sie mit einfachstem Gerät ihre Felder, die über Generationen kunstvoll in die Berghänge terrassiert wurden. Die Völker unterscheiden sich nicht nur durch ihre auffälligen, selbst gewebten Trachten, sondern auch kulturell. Es ist möglich, einige Dörfer zu besuchen und in den Pfahlbauten zu übernachten – dieser Blick in eine andere Welt kann eine faszinierende Erfahrung sein.

Die meisten Touristen zieht es nach Sa Pa – zweifellos ein Highlight der Region. Das ehemalige Bergdorf, das schon die französischen Kolonialherren zu schätzen wussten, ist inzwischen zu einer kleinen Stadt gewachsen und gut von Ha Noi aus zu erreichen. Es bietet genügend Unterkünfte für jeden Geldbeutel und eine Anzahl guter Restaurants. Von hier aus sind unterschiedlich lange Treks in die Umgebung möglich, daneben Ausflüge auf einen der **Wochenmärkte** in der Umgebung, von denen der Sonntagsmarkt von **Bac Ha** der bekannteste ist.

Näher an Ha Noi liegt **Mai Chau**, wo sich in einem hübschen Tal einige von Reisfeldern umgebene Thai-Dörfer angesiedelt haben. Nicht ohne Grund ist es schon seit Jahren ein beliebtes Ausflugsziel von der Hauptstadt aus und für jeden, der nicht viel Zeit für den Norden übrig hat, besonders geeignet.

Vorsicht Kamera!

Wer einen Ausflug zu den Bergvölkern unternimmt, sollte noch ausreichend Platz auf dem Speicherchip seiner Kamera haben, aber bedenken, dass nicht jeder damit einverstanden ist, ungefragt fotografiert zu werden: Vorher fragen ist erste Pflicht, und bei Ablehnung (was oft genug vorkommt) sollte man auf das Foto verzichten.

Ein Besuch in **Dien Bien Phu** ist interessant für Geschichtsinteressierte: Hier wurde 1954 die französische Kolonialmacht in einer fast schon legendären Schlacht vernichtend geschlagen. Auch viele Deutsche, die in der Fremdenlegion dienten, waren damals dabei. Anhand vieler Überbleibsel wie Bunker, Stacheldrahtverhaue, Panzer etc. lässt sich der Schlachtverlauf nachvollziehen. Wer darauf keinen besonderen Wert legt, kann sich einen Besuch sparen – oder von hier ins nördliche Laos weiterreisen.

Relativ leicht zu besuchen ist von Ha Noi aus der **Ba Be-Nationalpark**, wohin auch organisierte Touren angeboten werden. Ebenso wie in Sa Pa und Mai Chau reicht hier eine zwei- bis dreitägige Reise, um einen ersten Eindruck zu bekommen. Wer mehr Zeit hat, kann sich mit Leihwagen und Fahrer, gemietetem Moped oder sogar Fahrrad individuell in den Bergen bewegen.

Mai Chau

Das schöne Tal von Mai Chau **[4417]** liegt nur etwa 150 km südwestlich von Ha Noi und ist schon seit vielen Jahren ein beliebtes Ziel für Reisende, die wenig Zeit haben, aber dennoch in einem „echten" Bergdorf übernachten möchten. Und auch wenn schon Tausende Traveller vorher hier waren: Mai Chau ist immer noch ein Synonym für ein paar friedliche Stunden oder Tage in einem Dorf mit freundlichen Menschen und stilechten Übernachtungen im Stelzenhaus. Hier lassen sich entspannte Spaziergänge durch die Reisfelder unternehmen, die von steil aufragenden Bergen begrenzt werden und in den Monaten März, April, Mai, September und Oktober

kräftig-grün bis erntegold leuchten. Die Bewohner bestellen weiterhin ihre Reisfelder und weben bunte Stoffe – zum Eigengebrauch, aber auch als Souvenir für Touristen.

Die kleine vietnamesische Siedlung am Beginn des Tals ist Endstation für die wenigen Busse, die von Ha Noi hierher fahren, und Ausgangspunkt für Besuche der nahe gelegenen Thai-Siedlungen, in denen westliche Touristen gern gesehene Gäste sind – die nächstgelegenen Dörfer **Ban Pom Coong** und **Ban Lac** sind nur einen Katzensprung mit dem Xe om entfernt (2 km). Die Unterkünfte sind preiswert und schlicht: Die Spanne reicht von der Matratze im Schlafsaal für wenige Dollar bis zum kleinen Doppelzimmer, immer mit Gemeinschaftsbad. Familienanschluss ist dabei unausweichlich, und einfache Mahlzeiten (Frühstück, Mittag- und Abendessen) werden überall zubereitet.

In Ha Noi werden an jeder Ecke preisgünstige Touren nach Mai Chau angeboten. Zudem ist die Anreise auf eigene Faust möglich, und auch wer unangemeldet kommt, findet einen Schlafplatz. Wer die Gegend erkunden möchte, kann sich entweder auf Schusters Rappen oder mit einem vom Guesthouse geliehenen Fahrrad oder Moped in die Umgebung aufmachen; hier geht so schnell niemand verloren. Mehrtägige Treks, vor allem Richtung Pu Luong-Naturschutzgebiet, bedürfen allerdings der Planung und können bei einigen der renommierten Reisebüros in Ha Noi gebucht werden. Preiswerter dürfte es sein, sich vor Ort in den Dörfern nach einem Führer umzuhören.

ÜBERNACHTUNG UND ESSEN
Ban Lac und Ban Pom Coong

In den Dörfern sind die über 30 Gästehäuser der Einfachheit halber durchnummeriert. Direkt am Ortseingang von **Ban Lac** liegt **Guest House 1 (Ha Thu Hoa)**, ☏ 0218-386 7019, 🖥 www.maichau-guesthouse.com. Schöne Sicht auf die Reisfelder, freundliche Leute und gute Küche (wenn man isst, was auf den Tisch kommt, und nicht die Köchin oder den Koch dazu verdonnert, etwas Westliches zu fabrizieren): Das Gesagte gilt eigentlich für alle anderen Unterkünfte gleichermaßen. Sie unterscheiden sich kaum, und man sollte nach Gefühl entscheiden.

NÖRDLICHES BERGLAND

Ca Cu
Mon Gtu
Phan Thuy Inh △ 2893
Van Son
Cu Mu Che
Sau Deng
Nguen Duong
C H I N A
YUNNAN
Ma Quan
Binh Bien
Xin Man
Kho Tong Pha Luong Tu
Phu Si Lung △ 2421
△ 1855
V I
Naturschutzgebiet
Muong Te
Pa So
Lai Chau
Lao Cai
Hekou
Bac Ha
Ban Luong
Sin Ho
Binh Lu
△ 3143
Fan Si Pan
Sa Pa
HOANG LIEN-NATIONALPARK
Tang Loong
Coc Xam
Pho Lu
Pho Rang
Muong Mo
LAI CHAU
LAO CAI
Phou Phasang △ 1381 △ 1837
Muong Nhe
Nam Ti
song Da
Phou Sichanpho
Phou Den Din NPA △ 1402
Phou Hangho
Muong Lay
Hoang Lien Gebirgskette
Nam He
Nam Ou
Tua Chua
Mu Cang Chai
YEN BAI
Phongsaly
Muong Tra
Minh Thang
Song Hoa Giang (Black River)
NT. Lien Son
Mt. Luong △ 2985
Nghia Lo
Muong Pon
Tuan Giao
Pha Din-Pass
Muong La
Heiße Mineralquelle
Tram Tau
Muong Ang
Thuan Chau
Heiße Mineralquelle
Muong Bu
Naturschutzgebiet Ta Sua
Dien Bien Phu
Muong Thanh
Tham Tat Tong
Son La
Bac Yen
Spp Houn
Tay Trang
Heiße Mineralquelle
SON LA
Hat Lot (Mai Son)
Yen Chau
Muang Khoua
Song Ma
Moc Chau
Muang La
Ban Lieng
L A O S
Nong Kiao
Vieng Kham
Nam Et N.B.C.A.
Phou Gnotxam △ 1713
Tham Than Souphanouvong
Vieng Xai
Nong Het
Pak Xeng
Phou Leuy △ 2067
Xam Neua
Phou Nampa △ 1828
Nam Xam N.B.C.A.

Vorsicht ist geboten, wenn im Schlafsaal der einzige Fernseher steht, wie etwa im **Guest House 5**, ✆ 0218-386 7075. Dann ist die abendliche Unterhaltung schon vorprogrammiert, und manch einer zieht in diesem Falle eines der ebenfalls vorhandenen Einzelzimmer vor. Ähnlich stellt sich die Situation in dem nahe gelegenen Dorf **Ban Pom Coong** dar. Hier werden im **Guest House 1**, ✆ 0218-386 7318, abendliche Tanz- und Gesangsdarbietungen organisiert. Die zwei großen Schlafsäle und eine überdurchschnittlich große Anzahl von Duschen deuten darauf hin, dass man in diesem Haus eher auf Gruppen aus Ha Noi eingestellt ist. Alle Gästehäuser ❶.

Mai Chau Nature Place, 38 Ban Lac, 🖥 www. maichaunatureplace.com. Schlafsäle mit bis zu 10 Betten und EZ mit Bambusmöbeln. Organisiert auch Touren. ❶–❷

Mai Chau Riverside Resort, 2 Ban Lac, ✆ 094-688 8804, 🖥 www.maichauriverside resort.com, ist komfortabler – großzügige, gut ausgestattete Zimmer mit Balkon; einige davon sind als *Family Room* besonders familienfreundlich gestaltet. ❺

Mai Chau

In der Ortschaft **Mai Chau**, in der der Busbahnhof liegt, gibt es das Hotel **Anh Dao**, Thieu Khu 4, ✆ 0218-386 7231, [4419], mit kleinen, aber hübschen Zimmern, im 1. Stock an einer großen Terrasse. ❷

Wesentlich komfortabler ist die **Mai Chau Lodge**, ✆ 0218-386 8959, 🖥 www.maichau lodge.com, [4422], direkt am Ortsausgang an der Straße zu den Dörfern Ban Pom Coong und Ban Lac. Hier kann man es sich in luxuriöser Umgebung gutgehen lassen. Die Zimmer und Suiten sind modern und stilvoll ausgestattet. Im Juni 2014 wurde die Anlage durch ein Feuer zerstört. Der Wiederaufbau ist geplant. ❻

Busse von Mai Chau nach HA NOI zwischen 5.15 und 13 Uhr für 100 000 Dong in 3–4 Std. zum Giap Bat- oder My Dinh-Busbahnhof. Wer weiter in den NORDWESTEN ziehen möchte, kann sich mit dem Xe om an den 6 km entfernten Abzweig an der N6 (Tong Dau-

Junction) bringen lassen und dort einen der zahlreichen Busse Richtung Son La anhalten oder sich gleich bis nach MOC CHAU bringen lassen (die dreistündige Fahrt kostet um die 300 000 Dong). Dort können an der Kreuzung westlich des Ortes Busse angehalten werden.

Dien Bien Phu

Dien Bien Phu [4426] liegt in einem weiten, Richtung Laos geöffneten Tal im äußersten Nordwesten Vietnams. Der Name ist Synonym für eine der großen Schlachten des vergangenen Jahrhunderts: Hier fand die französische Kolonialherrschaft ihr Ende. Touristen, die sich hierher verirren, kommen meist in Erinnerung an diese Geschehnisse, wandern durch die Hügel und besichtigen die konservierten Relikte des Kampfes: Panzer, Artillerie, befestigte Stellungen.

Ansonsten hat die Stadt nicht viel zu bieten, was es nicht anderswo im Bergland auch gäbe: einen Markt, auf dem neben den schönen Webarbeiten der Schwarzen Thai besonders die große Anzahl in Alkohol eingelegter Maden, Echsen und Krähen auffällt, gegrillte Hunde in den Straßenrestaurants und sehr fotoscheue Angehörige ethnischer Minderheiten, die am Straßenrand die wenigen Erzeugnisse ihrer Felder anbieten.

Die Anreise über Land, sei es von Tuan Giao oder Muong Lay aus, zählt zu den schönsten Bergstrecken des Nordens. Immer wieder ergeben sich überwältigende Ausblicke.

Dien Bien Phu – Ha Noi Hotel, 279A Duong 7/5, ✆ 0230-382 5103, [4431]. Die Zimmer dieses Mittelklassehotels liegen um einen Innenhof und sind als Suiten eingerichtet mit Vorraum, Schlafraum und angrenzendem Bad mit Badewanne. Außerdem im Hotel: Restaurant, Bar, Sauna und Massage. Das Personal spricht gut Englisch. Inkl. Frühstück. ❸–❹

May Hong Hotel, 69 Pho 3, Thanh Binh, ✆ 0230-373 5046, [4430]. Nicht gerade ein Traumhotel, aber preiswert und nahe dem Busbahnhof. Der neuere Flügel vorne an der Straße ist vom selben Betreiber (Mr. Duc) und nennt

VIETNAM

Dien Bien Phu

N
0   200 m

FLUGPLATZ

Lai Chau
(102 km)

Pa Khoang-See (20 km),
Ha Noi (470 km)

Übernachtung:
① Muong Thanh Hotel
② May Hong Hotel und
   Viet Hoang Hotel
③ Dien Bien Phu –
   Ha Noi Hotel

Essen:
1 Café Window
2 Café Lam Anh
3 Pho-Restaurant
4 Cong Hoan

VIETNAM

Nam Ron

Duong 7/5

Tran Dang

Trung Tam-
Markt

Ninh

Thanh

Siegesdenkmal

① ③

Muong Thanh-Brücke

2

**De Castries'
Bunker**

Chi

ESSENSMARKT

**Französisches
Kriegsdenkmal**

Nguyen

3

Museum

Hügel A1

Soldatenfriedhof

4

laotische Grenze
(Tay Trang, 34 km)

Ton That Tung

Tran Can

---

sich **Viet Hoang Hotel**, 67 Pho 3, ✆ wie oben.
❶–❷

Muong Thanh Hotel, 25/1 Phuong Him Lam,
✆ 0230-381 0043. Etwas nördlich des Zentrums
an der Straße nach Ha Noi. Gut ausgestattete
Zimmer, Pool, Tennisplatz, Spa-Bereich und
Bar lassen einen (fast) vergessen, dass man
sich an einem abgelegenen Grenzposten
befindet. ❹–❺

ESSEN

Café Lam Anh, 9 Muong Thanh, ✆ 0230-
383 2649. Nettes Café mit vielen Tischen und
kleinen Snacks: vor allem Sandwiches und
Hamburger. ⏱ 7–24 Uhr.

Café Window, 2 Nguyen Chi Thanh, ✆ 0230-
383 3399. Ein wenig erhöht von der Straße,
bietet das Eckcafé gemütliche Sitzplätze auch
draußen unter der Markise. Der Kaffee und
frische Shakes sind nicht nur bei den Einheimischen beliebt. ⏱ 6.30–23 Uhr.

Cong Hoan, 22 Muong Thanh 8, ✆ 0230-
382 2062. Das große Restaurant gilt als das
beste der Stadt; hier finden auch Hochzeiten
und andere Feiern statt.

Ein gutes und bis mittags ständig volles pho-
Restaurant befindet sich in der Muong Thanh.
Gegenüber dem Busbahnhof serviert eine
Reihe einfacher Restaurants Reis- oder Nudel-
gerichte. Vor dem Trung Tam-Markt befinden

Der Grenzübergang nach Laos liegt etwa 35 km südwestlich von **Dien Bien Phu** und 80 km östlich von **Muang Khoua** (Laos) und ist seit einigen Jahren auch für Ausländer geöffnet. Wer will, kann also von Dien Bien Phu ins nördliche Laos weiterreisen – eine spannende Tour durch touristisch wenig erschlossenes Gebiet. Ein Laos-Visum ist an der Grenze erhältlich, die Bearbeitungszeit dauert etwa eine Stunde. Es gilt für 30 Tage und kostet US$30–35, je nach Nationalität.

Von Dien Bien Phus Busbahnhof fahren täglich **Busse** nach Houay Xai (7 Uhr, 13–15 Std., für 520 000 Dong), Luang Prabang (7.30 Uhr, 15 Std., für 500 000 Dong), Muang Khoua (5.30 Uhr, 5–6 Std., 115 000 Dong), Oudomxai (6 Uhr, 8–9 Std., 230 000 Dong) und Phongsaly (8 Uhr, 12–14 Std., für 350 000 Dong).

Einreise nach Vietnam s. 432.

sich einige **Essensstände** mit leckeren Kleinigkeiten. Auf dem größeren **Essensmarkt** Richtung Fluss gibt es lokale Lieblingsgerichte wie gegrillten Hund usw.

SONSTIGES

Eine **Vietin Bank** liegt zwischen Busbahnhof und Fluss.

TRANSPORT

Busse

Der **Busbahnhof**, ☎ 0230-382 5776, befindet sich recht zentral auf der westlichen Flussseite:
HA NOI (Giap Bat- und My Dinh-Busterminal, etwa 10 Std.), 4.30–21.30 Uhr etwa 2 Dutzend Busse, ab 325 000 Dong;
LAI CHAU, 5–3.15 Uhr etwa stdl., 5–6 Std., 150 000 Dong;
LAO CAI, um 6.30 Uhr, 8 Std., 235 000 Dong; auf Wunsch mit Halt in SA PA (an der Durchgangsstraße etwa 2 km vom Zentrum);
NINH BINH, 4.30 Uhr, 10 Std., 400 000 Dong.

Flüge

Der **Flughafen** befindet sich etwas nördlich des Zentrums. Von hier aus fliegt **Vietnam Airlines**, Nguyen Huu Tho, ☎ 0230-382 4948, 🖥 www.vietnamairlines.com, ⏱ 7.30–11.30 und 13.30–17 Uhr, tgl. mit 2 Maschinen nach HA NOI. Die Flüge sind oft bereits einige Tage vorher ausgebucht.

Sa Pa

Die Bergstadt Sa Pa [4432] ist der größte Touristenmagnet des nördlichen Berglands. Seit 1993 die ersten ausländischen Touristen hier ankamen, ist viel passiert. Weit über hundert Hotels und Gästehäuser, von der Budget-Absteige bis zum Luxushotel im Kolonialstil, bieten Unterkunft für jeden Geschmack. Zwar hat das Städtchen durch den Boom seinen hinterwäldlerischen Charme verloren, doch die umliegende Landschaft mit ihren Bergen und Wasserfällen, Reisterrassen und Dörfern macht das mehr als wett.

Das Herz der Stadt schlägt am **Markt**. Hierhin kommen täglich die Angehörigen der ethnischen Minderheiten, die in der Umgebung wohnen: hauptsächlich **Schwarze Hmong** und **Rote Dao**. Jeder Besucher wird mit ihnen in Kontakt kommen: Besonders die Hmong-Frauen sind überaus eifrige Händlerinnen, die Kleidung, Silberschmuck, Maultrommeln und andere hübsche Erzeugnisse ihrer Dörfer anbieten, und zwar nachdrücklich. Immer wieder sieht man Touristen, die von einer ganzen Traube Händlerinnen umgeben sind.

Besonders voll wird es in Sa Pa am Wochenende. Freitags und samstags verwandelt sich die Hauptstraße in eine *walking street* und ist für den Verkehr gesperrt. Längst vorbei die Zeiten, als sich die Jugendlichen hier unbeobachtet zum *love market* treffen konnten.

Der Ort selbst kann nicht mit besonderen Sehenswürdigkeiten aufwarten. Noch aus französischer Zeit stammt die kleine **Kirche**, die nach einer Renovierung innen wie außen wieder in gutem Zustand ist (Messe wochentags 19 Uhr, sonntags 7 und 14 Uhr). Über der Stadt erhebt sich der **Ham Rong-Berg**, der über Treppen und Wege erklommen werden kann und eine tolle Aussicht auf das kleine Zentrum der Stadt bietet. Am Berg sind ein kleines Café mit Sitzgruppen aus Natursteinen, ein Orchideenwald *(Rung lan)*,

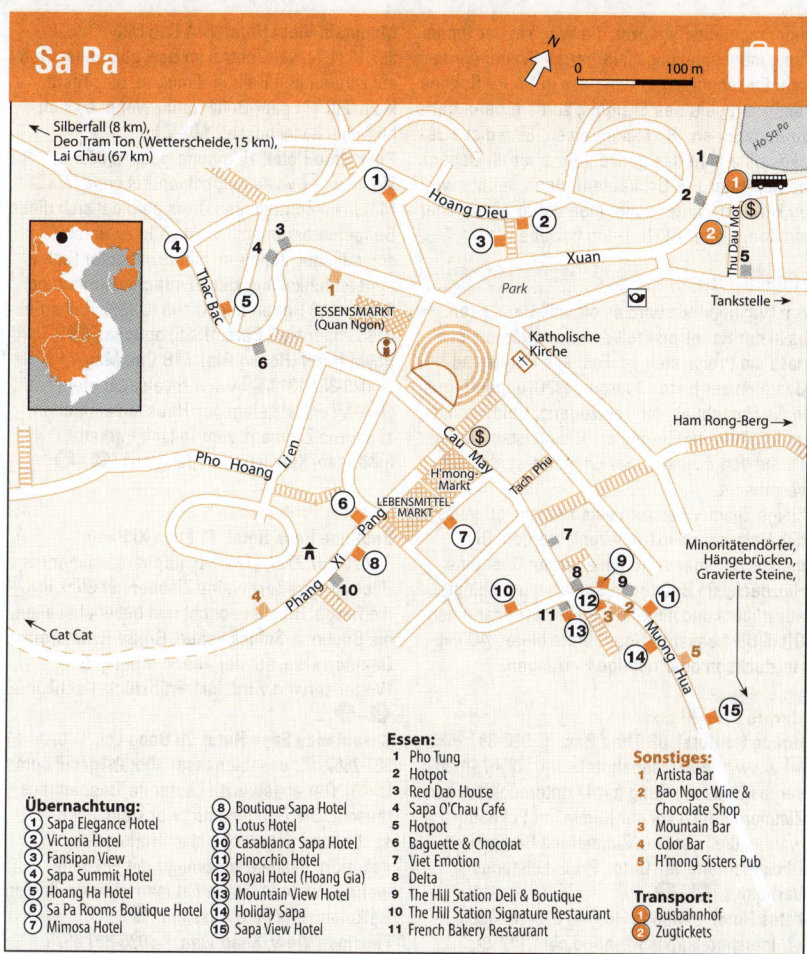

Sa Pa

N
0   100 m

Silberfall (8 km),
Deo Tram Ton (Wetterscheide, 15 km),
Lai Chau (67 km)

Ho Sa Pa

Hoang Dieu
Xuan
Park
Thac Bac
ESSENSMARKT
(Quan Ngon)
Katholische
Kirche
Tankstelle →

Thu Dau Mot

Ham Rong-Berg →

Pho Hoang Lien
Cau May
H'mong-
Markt
LEBENSMITTEL-
MARKT
Tach Phu
Pang Xi
Phang
Minoritätendörfer,
Hängebrücken,
Gravierte Steine,

Muong Hua

Cat Cat

Essen:
1 Pho Tung
2 Hotpot
3 Red Dao House
4 Sapa O'Chau Café
5 Hotpot
6 Baguette & Chocolat
7 Viet Emotion
8 Delta
9 The Hill Station Deli & Boutique
10 The Hill Station Signature Restaurant
11 French Bakery Restaurant

Übernachtung:
1 Sapa Elegance Hotel
2 Victoria Hotel
3 Fansipan View
4 Sapa Summit Hotel
5 Hoang Ha Hotel
6 Sa Pa Rooms Boutique Hotel
7 Mimosa Hotel
8 Boutique Sapa Hotel
9 Lotus Hotel
10 Casablanca Sapa Hotel
11 Pinocchio Hotel
12 Royal Hotel (Hoang Gia)
13 Mountain View Hotel
14 Holiday Sapa
15 Sapa View Hotel

Sonstiges:
1 Artista Bar
2 Bao Ngoc Wine &
   Chocolate Shop
3 Mountain Bar
4 Color Bar
5 H'mong Sisters Pub

Transport:
1 Busbahnhof
2 Zugtickets

ein Blumengarten *(Vuon hoa)* und weitere Gärten und Picknickplätze verteilt (ganztags geöffnet, Eintritt 15 000 Dong). Nordöstlich des alten Kerns, in dem sich vornehmlich das touristische Leben abspielt, liegt der **Sa Pa-See**, um den sich der neuere Teil der Stadt entwickelt.

Die wahre Sehenswürdigkeit ist aber die Umgebung von Sa Pa, aus der der **Fan Si Pan** *(Phan Xi Pang)* hervorragt, mit 3142 m der höchste Berg des Landes. Er kann in einer längeren Tour bestiegen werden. Tagestouren in die nächst-

gelegenen Dörfer der ethnischen Minderheiten werden in fast allen Hotels angeboten: Ta Phin, Ta Van, Giang Ta Chai, Cat Cat, Coc Ly und Lao Chai sind in einer Tagestour zu erreichen; zwei- bis dreitägige Touren beinhalten den Besuch mehrerer Dörfer. Meist ist ein gemeinsames Abendessen und Reiswein-Trinken mit den Gastgebern inbegriffen.

Die beste **Reisezeit** sind Frühjahr und Herbst (April–Juni und Sep/Okt werden von den Einheimischen als schönste Zeit empfohlen). Im Som-

VIETNAM

mer macht die Regenzeit die Wege in der Umgebung manchmal unpassierbar, im Winter wird es kalt: Es kommt sogar vor, dass in Sa Pa Schnee fällt – ein seltenes Ereignis, zu dem dann ganze Scharen aus Ha Noi anreisen. Eine dicke Jacke sollte man das ganze Jahr über im Gepäck haben (oder vor Ort kaufen), denn nachts wird es kühl. Im Winter sollte man daher ein Zimmer mit Kamin oder AC-Heizung beziehen.

ÜBERNACHTUNG

Am Wochenende wird es oft voll: Dann kann es in der Hauptreisezeit durchaus vorkommen, dass die Preise steigen. Fast alle Hotels und Gästehäuser bieten Tourguides, Gruppentouren in die Umgebung, Internetzugang, Geldwechsel und Ticketreservierung an. Die meisten haben TV auf den Zimmern, der Empfang ist aber oft verrauscht.

Einige Zimmer besitzen einen Kamin; oft muss das Holz jedoch extra bezahlt werden. Die meisten Zimmer verfügen aber nur über eine Heizdecke im Bett (beim Schlafen unbedingt ausstellen) und mit Glück im Winter über einen Ofen. Die besseren Unterkünfte bieten AC mit Heizfunktion oder richtige Heizungen.

Untere Preisklasse

Hoang Ha Hotel, 8B Thac Bac, ☎ 020-387 2535, 🖥 www.hoanghasapahotel.com, [7238]. Imposantes Haus am Hang mit 47 unterschiedlichen Zimmern. Meist kleiner Kamin, oft Eckbadewanne, die besseren Zimmer mit Balkon und Blick Richtung Tal. Gutes Preis-Leistungs-Verhältnis. ❶–❷

Lotus Hotel, 5 Muong Hoa, ☎ 020-387 1308, ✉ lotushotelsapa05@yahoo.com, [7239]. Großes Haus in zentraler Lage in der Stadt. Die Zimmer gewinnen keinen Designerpreis, sind aber geräumig und haben teils 2 große Betten, einen Kamin und oft eine Badewanne. Bei Stromausfall springt schnell der Generator ein. ❶

Mimosa Hotel, 21 Tue Tinh, ☎ 020-387 1262, ✉ viethoai.mimosa@yahoo.com, [7240]. Direkt am Markt: 20 einfache Zimmer auf 4 Stockwerken – ganz oben teils mit 2 Fenstern, Balkon und toller Aussicht. Gemeinschaftsbalkone mit Blick für alle. ❶

Mountain View Hotel, 54A Cau May, ☎ 020-387 1334, [7241]. Zentral im Dorf gelegenes Hotel mit zahlreichen Balkon-Zimmern, teils recht klein. Für ein paar Dollar mehr wohnt es sich hier gleich viel besser. ❶–❷

Pinocchio Hotel, 15 Muong Hoa, ☎ 020-387 1876, 🖥 www.pinocchiohotel.com, [7242]. Mitten im Zentrum des Ortes befindet sich diese Budgetunterkunft mit vielen höchst unterschiedlichen Zimmern. Einige mit guter Sicht, andere dunkel und klein. Einfache Einrichtung. Dorm mit 8 Betten und Kamin (US$5). Frühstück (US$3 oder für 2 Pers. US$5) optional. ❶

Royal Hotel (Hoang Gia), 54B Cau May, ☎ 020-387 1313, 🖥 www.royalsapahotel.com, [7244]. Zentral gelegenes Haus mit einfachen, sauberen Zimmern, zum Teil mit Parkettfußboden, Kamin und Badewanne. ❶–❷

Mittlere Preisklasse

Boutique Sapa Hotel, 41 Phan Xi Pang, ☎ 020-387 2727, [7247]. Einfachere Zimmer mit Blick zur Straße, schöne Zimmer mit Blick in die Berge. Oft ausgebucht und beliebt bei allen, die Boutique-Schick lieben. Große Restaurant-Dachterrasse, auf der aber nur bei gutem Wetter serviert wird. Inkl. Frühstück. Kochkurse. ❸–❹

Casablanca Sapa Hotel, 26 Dong Loi, ☎ 020-387 2667, ✉ casablancasapahotel@gmail.com, [7248]. Der abgewetzte Läufer im Treppenhaus täuscht: Die Zimmer sind zwar klein, aber sauber und ansprechend im Hmong-Stil dekoriert. Einige Badezimmer mit Eckbadewanne. Ab der 4. Etage hat man von den kleinen Balkonen eine gute Aussicht. ❷

Fansipan View, Xuan Vien, ☎ 020-387 3579, 🖥 www.fansipanview.com, [7249]. In einer kleinen Nebengasse gelegenes empfehlenswertes und beliebtes Minihotel. Teils toller Blick und ansprechende Einrichtung. ❸

🛏 **Sapa Elegance Hotel**, 3 Hoang Dieu, ☎ 020-388 8668, 🖥 www.sapaelegancehotel.com, [7251]. Ansprechendes Haus im Boutique-Stil zu angemessenen Preisen. Alle Zimmer haben Balkon und Blick auf die Stadt und die umliegenden Berge. Familienzimmer mit 2 Zimmern und 4 Betten (US$60). Ruhige Lage nahe der Kirche. Heizdecken, im

Winter zusätzlich Elektro-Ofen. Oft ausgebucht. ❸

Sapa Summit Hotel, 10 Thac Bac, ✆ 020-387 2545, ▭ www.goldenlandtours.com, [7253]. Ruhig gelegenes Hotel 10 Min. vom Zentrum entfernt. Die Zimmer haben wahlweise Straßenblick oder von den kleinen Balkonen eine fantastische Fernsicht. Schöner kleiner Garten. ❷–❸

Obere Preisklasse

Einige Hotels dieser Preisklasse haben Check-in ab 14 Uhr, was bei einer Ankunft mit dem Zug bedeutet, erst einmal sein Gepäck zur Aufbewahrung geben zu müssen. Bei vorbestelltem Early-Check-in wird eine Extranacht berechnet. In der Regel ist in diesen Hotels das Frühstück nicht inkl.

Holiday Sapa, 16 Muong Hoa, ✆ 020-387 3874, ▭ www.holidaysapa.com, [7259]. Recht großes Haus mit großen, komfortablen Balkon-Zimmern. Sauna, Massage, Fitnessraum, Pool. Auch Zimmer für Familien. Das Preis-Leistungs-Verhältnis stimmt. Gutes Restaurant. ❹–❻

Sa Pa Rooms Boutique Hotel, 18 Phan Xi Pang, ✆ 020-650 5228, ▭ www.saparooms.com, [7260]. Ein Dutzend kleine, aber stilvoll eingerichtete Zimmer. TV und DVD-Player. Im Erdgeschoss gemütliche Tische und eine kleine Bar. Inkl. Frühstück. Kochkurse. ❺

Sapa View Hotel, 41 Muong Hoa, ✆ 020-387 2388, ▭ www.sapaview-hotel.com, [7261]. Großes Haus mit hellen, geräumigen, ansprechend ausgestatteten Zimmern. Helles Holz, Wasserkocher und Kamin. Die teureren mit tollem Blick. Inkl. Frühstücksbuffet. ❺

Victoria Hotel, Hoang Dieu, ✆ 020-387 1522, ▭ www.victoriahotels.asia, [7262]. Gediegene Luxusunterkunft am Hang oberhalb des Zentrums und immer noch die Grande Dame unter den Hotels. Pool, Tennisplatz, Jacuzzi und schöner Garten. Frühstück US$10 p. P. Auf die Zimmerpreise werden 15 % Steuern und Servicegebühr aufgeschlagen. ❻

ESSEN UND UNTERHALTUNG

Die meisten Restaurants haben neben westlichen und vietnamesischen Standardgerichten (Spaghetti, Burger, Frühlingsrollen) auch Wild im Angebot: Wildschwein, Hirsch oder Kaninchen. Einige einfache Restaurants befinden sich im Untergeschoss des Marktes (wo man sich die schmalen Bänke manchmal mit einer Gruppe Hmong teilt). Gute *pho* und andere einfache Gerichte der vietnamesischen Küche gibt es nahe dem Busbahnhof. Hier finden sich auch einige gut besuchte **Hotpot-Restaurants**, in denen es vor allem am Wochenende kräftig dampft. Ebenso wird hier samstags oft Schwein am Spieß gegrillt – was vor allem vietnamesische Urlauber anspricht. Zahlreiche gute vietnamesische Restaurants befinden sich auch nahe der Kirche auf dem **Essensmarkt (Quan Ngon)** westlich des Dorfplatzes. Hier sind viele besonders bei einheimischen Touristen beliebte Hotpot-Restaurants angesiedelt. Gut auch der Kaffee (vietnamesisch stark oder Café au lait) und die Schoko-Croissants direkt linker Hand oberhalb der Stufen.

Baguette & Chocolat, Thac Bac, ✆ 020-387 1766, ▭ www.hoasuaschool.com. Gebackenes nach französischer Art: Croissants zum Frühstück, Quiche und Gratin Provençal zu Mittag, Kaffee und Kuchen am Nachmittag. Schnürt auch Lunch-Pakete für unterwegs. Kochkurse. 4 nett eingerichtete Gästezimmer (inkl. gutem Frühstück), ❷. Die französischen Betreiber unterhalten eine Schule für benachteiligte Jugendliche.

Delta, Cau May, ✆ 020-387 1799. Etabliertes italienisches Restaurant im Ort. Gute Weinkarte. Stilvolles Ambiente. Gerichte ab US$10.

French Bakery Restaurant, 46 Cau May, ✆ 020-387 1625. Auf Rattanbänken sitzt man gemütlich auf 2 Etagen und kann in Ruhe einen Kaffee trinken und das selbst gebackene Brot oder die Kuchen probieren. Zudem kleine Auswahl an vietnamesischer und europäischer Küche, Lunchpakete.

Pho Tung, am Busbahnhof, [7291]. Gute *pho* mit Huhn oder Rind in authentischer Atmosphäre. Manchen Besuchern ist es hier schon „zu lokal" – daher: **eXTra** anschauen.

Red Dao House, 4B Thac Bac, ✆ 020-387 2927. Die Mitarbeiter servieren in den Trachten der Bergbevölkerung z. B. Müsli mit Joghurt und Früchten für 50 000 Dong oder einen Hot Pot für 130 000 Dong. Europäische und vietnamesische

Gerichte um 100 000 Dong. Viele vietnamesische Besucher.

Sapa O'Chau Café, 17 Truc Bach, 🖳 www.sapaochau.org. Kleines Café mit sozialem Anspruch. Die Preise sind unwesentlich höher als anderswo, doch unterstützt der Kaffeetrinker hier eine Schule für junge Hmong. Diese kann man auch besuchen, und wer will, kann sich als „Volunteer" bewerben. Oft sind „Students" von Sapa O'Chau im Café, mit denen man schnell ins Gespräch kommt. Die Organisation bietet auch Touren und Homestays an.

The Hill Station Signature Restaurant, 37 Phang Si Phan, 📞 020-388 7111, 🖳 www.thehillstation.com, [9235]. Schickes, etwas höherpreisiges Restaurant mit Schwerpunkt auf lokaler Küche. Sitzmöglichkeiten an „normal" großen Tischen oder an niedrigen Tischen auf dem Fußboden. Die Gerichte werden – wenn nicht anders gewünscht – in traditioneller Weise nach und nach aufgetragen, in der Mitte des Tisches abgestellt und von den Anwesenden geteilt. Kleinere Snacks und Frühstück gibt es im dazugehörigen **The Hill Station Delicatessen & Boutique**, 7 Muong Hoa. **Viet Emotion**, 27 Cau May, 📞 020-387 2559, 🖳 www.vietemotion.com. Hier gibt's Müsli mit frischen Früchten und einige Hmong-Spezialitäten, z. B. *Bamboo Rice Cooker* (Fisch, Reis und Gemüse im Bambusrohr gedämpft) oder Hmong-Würstchen *Xue xich*.

Bars und Kneipen

In Sachen Nachtleben ist in Sa Pa nicht viel los. Zwei ansprechende Bars haben 2012 eröffnet – wie lange sie sich halten, bleibt abzuwarten: Am Wochenende lockt das Deck der **Artista Bar** in der Thac Bac, ein kleines steinernes Schiff inmitten der Häuser. Rastafari-Musik und Rattanmöbel sind das Markenzeichen der kleinen **Color Bar** in der Phan Xi Pang. Hier trifft man sich zum Abhängen oder Schachspielen. Schon länger im Ort ist der **Hmong Sisters Pub** in der Muong Hoa. Man sitzt an der Theke, hört laute Disco- oder Vietnam-Pop-Musik oder spielt Billard. In dem rustikalen Holzambiente mit Lichtshow sind auch viele Hmong-Jugendliche anzutreffen. Gegen Mitternacht ist allerdings Schluss. Die kleine **Mountain Bar** in der

Muong Hoa mit Theke und kleinen Tischen ist ein beliebter Treffpunkt, um noch ein Bier oder einen Cocktail zu sich zu nehmen und eine Shisha zu rauchen. Bleiben noch die beiden stilvollen Bars im **Victoria Hotel**, für die man allerdings eine gut gefüllte Geldbörse braucht.

Einkaufen

Überall in der Stadt verkaufen Hmong-Frauen ihre handgefertigten Stücke. Einige haben Läden im Markt, andere wandern durch die Straßen. Schöne große Decken gibt es auf dem Platz vor der Kirche. Am Wochenende sind auch Männer und besonders viele Frauen in Sa Pa. Am Park gibt es dann auch Messer, Trommeln und Honig direkt vom Erzeuger. Wer nicht schon auf der Straße dem Charme oder der Verkaufstaktik einer der Hmong-Frauen erlegen ist, kann in einem der **Souvenirgeschäfte** in Ruhe im Sortiment stöbern. Kissenbezüge, bestickte Decken oder gar ein komplettes Hmong-Outfit sind tolle Mitbringsel. Sa Pa hat zahlreiche Läden, in denen **Trekkingkleidung** angeboten wird. Hier gibt es Trekkingschuhe, Handschuhe und alles, was der nicht ausgerüstete Wanderer so brauchen kann. Kinderausrüstung gibt es noch nicht, lediglich Socken in allen Größen. Typisch vietnamesische Kleidung und Schuhe, auch für Kinder, findet man auf dem **Markt**.
Kekse, Schokolade, Käse, Wein, gekühltes Bier, Batterien, Kerzen, Tütensuppe usw. gibt's im kleinen Supermarkt **Bao Ngoc Wine & Chocolate Shop**, 5 Muong Hoa. Der Minimarkt gegenüber ist etwas teurer.

Geld

Agribank, 1 Cau May, 📞 020-387 1206, tauscht bare Euros und US-Dollar ohne Gebühr in vietnamesische Dong. US\$-Travellers Cheques werden in Dong oder Dollar, Euro-Travellers Cheques in Dong umgetauscht. 🕐 Mo–Fr 7.30–11.30 und 13.30–16.30 Uhr. Daneben ein Geldautomat; Bares gibt es auf Master- oder VisaCard.
BIDW Bank, Ngu Chi Son, gegenüber dem Busbahnhof, tauscht Travellers Cheques und hat einen Geldautomaten. 🕐 Mo–Fr 7.30–11.30 und 13.30–16.30 Uhr.

Informationen

Tourist Information Center, oberhalb des Dorfplatzes, ✆ 020-387 1975, 🖥 www.sapatourism.com. Neben Informationen bietet die offizielle Touristinformation auch eine kleine Fotoausstellung über das Leben der jungen Hmong. ◷ 8–17.30 Uhr.

Vietnam Airlines, unten im Haus des Tourist Information Center, ✆ 097-911 0111 (Mr. Thuan). ◷ tgl. 8–12 und 13.30–17 Uhr.

Kochkurse

Einige Hotels und Restaurants veranstalten Kochkurse. Im **Sa Pa Rooms Boutique Hotel** beginnen die Kurse um 9.30 Uhr. Es reicht, wenn man sich morgens um 8 Uhr anmeldet (mind. 2 Pers./US$40 p. P.). Dann geht's zum Markt, um die Zutaten zu erstehen, und danach an den Herd, um das Zubereiten von Frühlingsrollen, Nudelsuppe, Bananenblütensalat und diversen Saucen zu erlernen. Gegessen wird natürlich auch. Schluss ist gegen 13 Uhr. Bei **Baguette & Chocolat** (s. Restaurants) gibt es ebenfalls auf Wunsch einen Kurs – je nach Ansprüchen US$20–30.

Massagen

Es gibt zahlreiche Massagemöglichkeiten im Ort. Beliebt sind die Fußmassagen nach Erkundung der umliegenden Dörfer. Auch Ganzkörpermassagen und Red Dao-Dampfbäder mit speziellen Kräutermischungen helfen dem Wanderer beim Entspannen.

Mopedverleih

Ein Moped kostet etwa US$5 am Tag. Damit lassen sich einige Ziele in der näheren Umgebung erreichen. Die Straßenverhältnisse sind aber nichts für Ungeübte, und auch die anderen Fahrer stellen in den Serpentinenstraßen eine oft nicht einschätzbare Gefahr dar. Besser für alle ohne Moped-Führerschein ist es, sich herumfahren zu lassen (unbedingt auf einem Helm bestehen).

Post

Tach Phu, ✆ 020-387 1298, 📠 387 1282. ◷ 7–21 Uhr.

Tanken

Eine Tankstelle befindet sich an der östlichen Ortsausfahrt Richtung Lao Cai an der Tach Phu.

Touranbieter

Viele Hotels und Gästehäuser und einige private Agenturen bieten Trekkingtouren in die Umgebung. Diese reichen von Tagestouren zu Fuß oder mit dem Fahrrad (oder beides) bis zu Mehrtagestouren mit Übernachtungen im Homestay. Wer also noch nicht mit einer Tour in Sa Pa ankommt, kann sich spontan (auch je nach Wetterlage) eine Tour aussuchen. Wir empfehlen, sich den Tourguide vorstellen zu lassen (spricht er/sie Englisch, stimmt die Chemie, wirkt der Tourguide ambitioniert oder eher gelangweilt?) und genau zu erfragen, was im Preis enthalten ist (z. B. Essen, Eintrittsgelder usw.). Eine Tagestour kostet ab 2 Pers. etwa US$45 p. P., 2 Tage mit Übernachtung ab 4 Pers. etwa US$90 p. P.

TRANSPORT

Reisende erreichen Sa Pa von Ha Noi aus mit dem **Zug** über LAO CAI; von dort geht es mit dem bereitstehenden **Touristenbus** (50 000 Dong) weiter in die Bergstadt. Wer nicht im Rahmen einer organisierten Tour Hin- und Rückfahrt gebucht hat, sollte sich frühzeitig um die Rückfahrt mit Zug oder Bus kümmern: Die Tickets für die Liegen im Schlafwagen sind je nach Saison und Tag (So und Mo) bis zu 4 Tage vorher bereits ausgebucht. Tickets (oder Gutscheine dafür, s. Kasten) können über das Hotel organisiert werden.

Achtung: Gutschein in Ticket tauschen

Die meisten Hotels in Sa Pa stellen nicht die Tickets selbst, sondern nur einen Gutschein darüber aus, der vor Fahrtantritt in das richtige Ticket umgetauscht werden muss. Es empfiehlt sich daher, nicht allzu knapp vor der Abfahrt im Bahnhof anzukommen, da dann meist ein ziemliches Gedränge herrscht. Oft übernimmt auch ein Angestellter der Reiseagenturen den Tausch.

Busse

Minibusse fahren etwa stdl. zum Bahnhof/ Busbahnhof in Lao Cai (40 000 Dong, bei Buchung im Hotel 50 000 Dong). Sie halten u. a. nahe der Kirche und sammeln auf ihrem Weg aus der Stadt Passagiere auf.

Der **Busbahnhof** für Fernbusse befindet sich am See.

DIEN BIEN PHU, um 7.30 Uhr, 260 000 Dong, 6–7 Std.; zudem ein Minibus um 16 Uhr zum gleichen Preis;

HA NOI, morgens um 7 oder 8 Uhr und nachmittags um 17 Uhr, ab 300 000 Dong, etwa 9 Std. Tickets am Schalter im Busbahnhof oder im Office der Hung Thanh-Gesellschaft gegenüber dem Busbahnhof.

Eisenbahn

Im offiziellen **Booking Office** (Phong Ve Tau) in der Duong Xuan nahe dem Busbahnhof, ☏ 020-371 7779, Hotline 097-206 2226, 🖥 www.vetauhanoilaocai.com, können Tickets für die staatlichen Waggons der Tages- und Nachtzüge nach HA NOI erstanden werden – falls jemand da ist, der Englisch spricht. Es lohnt sich, zusätzlich in den privaten Reisebüros nach Tickets für die Privatwaggons der verschiedenen Gesellschaften zu fragen. Sie sind manchmal günstiger, zudem erhöht sich die Chance, ein Ticket zum Wunschtermin zu bekommen. Es fahren 5 Züge, s. Transport Lao Cai, S. 696.

Die Umgebung von Sa Pa

Wanderungen in die Umgebung

Auf verschieden langen Wanderungen können die Hmong-Dörfer der Umgebung erreicht werden. Ein kurzer Ausflug von etwa zwei bis drei Stunden führt ins nahe gelegene Dorf **Cat Cat**. Hierzu folgt man einfach der Phang Xi bergab. Der Eintritt (20 000 Dong) wird in einem kleinen Häuschen an der Straße kassiert. Die Einnahmen sollen für den Ausbau der touristischen Infrastruktur verwendet werden – doch schon jetzt ist der Ort sehr stark vom Tourismus geprägt. Man passiert das Gebäude der Forstbehörde, das wie ein Schlösschen auf einem allein stehenden Hügel thront und über eine Brücke mit der Straße verbunden ist, und folgt dann links dem steilen Weg entlang der Strommasten zum Fluss hinunter. Obstbäume und Bambushaine umgeben das Dorf. Etwas südlich befindet sich der **Cat Cat-Wasserfall**, der ideale Ort für eine Rast, ehe man den Rückweg antritt. Lässt man auf der Straße von Sa Pa die Abzweigung nach Cat Cat links liegen, gelangt man nach etwa 4 km ins Hmong-Dorf **Sin Chai**, das aus rund hundert Haushalten besteht.

In längeren Tagestouren sind die Dörfer **Lao Chai**, **Ta Van** (ein überlaufenes Dorf mit Dutzenden von kommerziellen „Homestays") und **Giang Ta Chai** zu erreichen. Sie liegen im langen Muong Hoa-Tal, das sich südöstlich von Sa Pa erstreckt. Auch hier ist Eintritt zu entrichten: 40 0000 Dong, zahlbar in einem Häuschen an der Zufahrtsstraße. Am Grunde des Tals fließt der Ta Van-Fluss. Er wird an mehreren Stellen von Brücken überquert, die alle *cau may*, „Rattanbrücke", heißen – tatsächlich sind die meisten heute aus moderneren Materialien gebaut. Es wird empfohlen, diese Wanderungen mit einem Führer zu unternehmen. Wer alleine losziehen will, sollte genügend Wasser und ein Erste-Hilfe-Set einpacken und in der Nähe (Rufweite) der Wege und Siedlungen bleiben.

Eine Wanderung talabwärts zu einem der Dörfer im Muong Hoa-Tal kann auf dem Rückweg verbunden werden mit einem Blick auf die **Gravierten Steine**, über deren Alter und Bedeutung sich die Gelehrten nicht einig sind – sie sehen aus wie Landkarten der terrassierten Hügel und Berge ringsum. Für den langen Weg bergauf zurück nach Sa Pa findet sich bestimmt ein motivierter Xe om-Fahrer.

Eine weitere Tagestour führt ins Rote Dao-Dorf **Ta Phin**, das sich über mehrere Hügel verteilt. Hier wird ein großer Teil des Kunsthandwerks hergestellt, das in Sa Pa verkauft wird. Die Wanderung ist landschaftlich nicht ganz so reizvoll wie die im Muong Hoa-Tal: Zuerst folgt man für ca. 7 km der Straße nach Lao Cai, dann geht es links ab, anschließend noch einmal etwa 3 km bis zu den brandgeschwärzten Ruinen eines alten französischen Priesterseminars. Ab hier wird die Strecke schöner: Die letzten 4 km verlaufen durch eine hübsche Reisterrassen-Landschaft. Das Dorf selbst ist weniger überlaufen als diejenigen im Muong Hoa-Tal.

Zwei- bis dreitägige Touren führen in abgelegenere Dörfer: **Muong Huong**, **Cao Son** und **Coc Ly** sind beliebte Ziele; nach und nach kommen weitere Dörfer hinzu. Diese Touren sollte man nicht auf eigene Faust machen; alle Hotels und Gästehäuser in Sa Pa können Führer vermitteln.

Märkte

Lohnend ist der Besuch eines Marktes in einem der Dörfer der Umgebung. Diese Märkte finden wöchentlich an einem festgelegten Tag statt und ziehen jeweils die Bewohner der umliegenden Siedlungen an, die sich zu diesem Anlass im Sonntagsstaat präsentieren: ein farbenfrohes Ereignis, das man nicht verpassen sollte. Besonders beliebt sind die **Sonntagsmärkte**, allen voran der in **Bac Ha** (S. 697). Weitere Märkte u. a. in **Muong Khuong** (So), **Can Cau** (Sa), **Coc Ly** (Di) und **Lung Khau Nhin** (Do).

Silberfall und Wetterscheide

Der schöne **Thac Ba-Wasserfall (Silberfall)** nordwestlich von Sa Pa sollte vormittags besucht werden, da die Sonne mittags hinter dem Bergmassiv verschwunden ist. Er liegt etwa 20 Moped-Minuten von Sa Pa entfernt (Parkplatz an der Straße). Folgt man der N40 weiter, gelangt man zum **Deo Tram Ton**, der Wetterscheide 15 km westlich von Sa Pa. Der Pass ist mit 1900 m der höchste Gebirgspass in Vietnam. Während Sa Pa einer der kältesten Orte Vietnams ist, gilt **Lai Chau** auf der anderen Seite des Passes als einer der wärmsten. Der Pass trennt die zwei Klimazonen.

Fan Si Pan

Der Fan Si Pan ist mit seinen 3143 m der höchste Berg Vietnams und kann in einer mehrtägigen Wanderung bestiegen werden – am besten im Frühling oder Herbst. Im Sommer (Juni–Aug) sollte man von einer Besteigung absehen, da das Wetter zu unbeständig ist: Dann drohen bei Regen Erdrutsche.

Verschiedene, unterschiedlich anspruchsvolle Wege führen hinauf; insgesamt ist mit ein bis drei Tagen Wanderzeit zu rechnen. Unterwegs wird an recht vermüllten Camping-Stellen in Zelten geschlafen. Herausragende bergsteigerische Erfahrung ist nicht vonnöten, doch genügend Trittsicherheit und Ausdauer sollte man mitbringen. Besonders die Dreitagetour sollte an ihren steilen Passagen nicht unterschätzt werden. Nach Regenfällen sind alle Strecken an manchen Stellen nicht ungefährlich. Eine übers Hotel oder ein Reisebüro organisierte Tour kostet mindestens US$30–35 pro Tag. Ohne Führer sollte man sich auf keinen Fall auf den Weg machen.

Wenn erst einmal wie geplant eine **Seilbahn** auf den Berg führt, wird es mit der Ruhe auf dem Gipfel wohl bald vorbei sein.

Lao Cai

Lao Cai [4435], die Grenzstadt zu China, sieht einen täglichen Strom von Touristen, die am Bahnhof aussteigen und mit einem der auf dem Vorplatz bereitstehenden Busse die Weiterreise nach Sa Pa antreten. Die Ausreise nach China ist ebenfalls möglich, gültiges Visum vorausgesetzt. Es ist derzeit aber nicht möglich, in Lao Cai oder an der Grenze ein Visum zu erhalten. Die **Grenze zu China** ist täglich von 7.30 bis 17 Uhr geöffnet. Auf der anderen Seite, in **Hekou**, geht es weiter mit dem Bus Richtung Kunming (5x tgl., 12 Std.). Vom Zentrum zur Grenze und zurück pendeln offene Golfkarren mit mehreren Sitzreihen für 25 000 Dong (Xe om 20 000 Dong).

Lao Cai hat keine nennenswerten Sehenswürdigkeiten zu bieten. Bei der chinesischen Invasion von 1979 war die Stadt eine der ersten, die von der chinesischen Armee eingenommen wurde. Schon 1868 war sie nach einjähriger Belagerung von chinesischen Truppen erobert worden, den „Schwarzen Flaggen", Überbleibseln der Tai Ping-Rebellenarmee. 1886 übernahmen die Franzosen das Ruder. Die Schwarzen Flaggen terrorisierten noch jahrelang als Räuberbanden die Umgebung, sofern sie sich nicht als Söldner bei den Kolonialherren verdingten.

Wer genügend Zeit hat, kann den **Pagoden** in der Nähe der Grenze einen Besuch abstatten und über den Fluss einen Blick ins Reich der Mitte werfen. Die Wartezeit am Bahnhof lässt sich aber auch in einigen nahe gelegenen kleinen Restaurants überbrücken.

ÜBERNACHTUNG

Westliche Touristen übernachten kaum in
Lao Cai. Wer ein einfaches Bett für die Nacht
braucht, wird in einem der billigen Gasthäuser
in der Nähe des Bahnhofs fündig, in deren
Erdgeschoss sich meist ein Restaurant befindet.
Zu den besseren Alternativen zählen:

Quynh Phuong, 34 Phan Dinh Phung, ✆ 020-
383 2265, [4437]. Nahe am Busbahnhof gelegen.
Große saubere Zimmer am umlaufenden
Gemeinschaftsbalkon. Günstiger als die Hotels
direkt am Bahnhof. Kein Englisch. ❶

Thien Hai Hotel, 306 Khanh Yen, ✆ 020-383
3666, ⌨ www.thienhaihotel.com, [7294]. 45 gut
eingerichtete Zimmer mit Polstermöbeln und
Schminktisch. Manche Bäder mit freistehender
Badewanne. Großes Restaurant auf der 2. und
3. Etage, schöner sitzt man auf der 10. Etage auf
halboffener großer Terrasse und genießt einen
Kaffee im modernen Ambiente und den Ausblick. Gut geschulte Mitarbeiter; Bargeld-
wechsel. ❸–❹

Viet Hoa Guesthouse, 73 Phan Dinh Phung,
✆ 020-383 0082, [7295]. Die Zimmer sind etwas
besser ausgestattet als in den meisten umliegenden Gasthäusern. Großes Restaurant mit
chinesischer und vietnamesischer Küche. Wer
an der Rezeption in Gesichter voller Fragezei-
chen blickt, sollte sich nicht entmutigen lassen:
Es gibt jemanden, der Englisch spricht – auch
wenn er erst gesucht werden muss. ❶–❷

ESSEN

Rund um den Bahnhofsvorplatz gruppieren
sich einige Restaurants, die oft auch Zimmer
vermieten.

Hai Nhi Restaurant, am Bahnhofsvorplatz,
337 Quang Truong Ca Lao Cai, ✆ 020-383 5901.
Unterscheidet sich in der Speisenauswahl kaum
von seinen Nachbarn. Vermietet auch Mopeds.
Im Obergeschoss gibt es ein Zimmer, in dem
man vor Reiseantritt noch heiß duschen kann.

Huy Loan Restaurant, 341 Quang Truong Ga Lao
Cai, ✆ 020-383 5017. Auf Traveller eingestellt.
Hat eine Auswahl vietnamesischer und westlicher Gerichte. Die Speisen sind nichts Besonderes, aber auch nicht schlecht. Bietet sich
als Gepäckaufbewahrung für Passagiere der
Abendzüge an.

Le Bordeaux, 322 Nguyen Hue, ✆ 020-383 2948.
Im Ecklokal ist auf der 1. Etage das Treiben auf
dem Bahnhofsvorplatz gut zu beobachten. Es
werden europäische und asiatische Gerichte,
darunter Schwan, Ente, Frosch und – lecker –
Hirsch mit Chili auf heißer Platte serviert. Große
Auswahl an vegetarischen Gerichten mit Tofu.
Auf der Karte stehen Weine aus allen erdenk-
lichen Herstellungsarten: Reis-, Apfel-, Honig-
und Beerenwein sowie Sorten aus Chile, Italien
und Frankreich.

🧳 **Viet Emotion**, 65 Phan Dinh Phung,
✆ 020-383 5354, [7297]. Angenehmes
Restaurant, in dem man neben Lokalem auch
eine Pizza bekommen kann, und einige saubere
Zimmer im 1. Stock (besonders schön das
familientaugliche Balkonzimmer).

SONSTIGES

Geldautomat am Bahnhofsvorplatz, neben Pho
Nui Hotel, Geld nur auf VisaCard.

TRANSPORT

Busse

Wer mit dem Zug ankommt, kann direkt in
einen der wartenden Touristenbusse steigen,
die für die Fahrt ins 38 km entfernte SA PA etwa
1 1/4 Std. brauchen (50 000 Dong). Die schöne
Aussicht bewundert man unterwegs am besten
von einem der Plätze auf der linken Seite (in
Fahrtrichtung gesehen).
Eine Auswahl an Busverbindungen vom Bus-
bahnhof Lao Cai nach:
BAC HA, 5–16 Uhr stdl. über Si Ma Cai,
70 000 Dong, 2 1/2 Std.;
DIEN BIEN PHU, 6.30 und 17 Uhr, 200 000 Dong,
10 Std.;
HA NOI, 7 und 8 Uhr bis My Dinh-Busterminal,
170 000 Dong (Sitzplatz) und ab 250 000 Dong
(Liegeplatz), 11 Std.
Die Liege-Busse der privaten Linien Richtung
Ha Noi starten zwischen 19 und 21 Uhr vom
Bahnhofsvorplatz. Dort befinden sich auch die
Ticketbüros.

Eisenbahn

Täglich fahren **5 reguläre Nachtzüge** nach
HA NOI, wobei der SP8 um 18.50 Uhr (Ankunft
3.52 Uhr) für US$26–31, der SP2 um 19.35 Uhr

(Ankunft 4.10 Uhr) für US$31–35 und der SP4 um 20.20 Uhr (Ankunft 4.45 Uhr) für US$38–40 gute Softsleeper-Abteile bieten. Tickets bucht man am besten in Sa Pa vor. Es empfehlen sich die Schlafwagen der Privatgesellschaften – Touristen werden von den Verkäufern der Reiseagenturen meist automatisch dort eingebucht. Holzklasse sollte man nur in Ausnahmefällen buchen, denn diese ist wirklich unbequem.

Für den **Tageszug** erhält man morgens am Bahnhof in der Regel problemlos Tickets am Schalter: Abfahrt 9.50 Uhr, Ankunft 20.15 Uhr, Ticket etwa US$17.

Bac Ha und Umgebung

Der sonntägliche **Markt der Blumen-Hmong** [4728] ist die große Attraktion in Bac Ha [4726], das unter der Woche nicht viel zu bieten hat. Nicht nur besagte Blumen-Hmong, die ihren Namen ihren bunten Trachten verdanken, kommen zum Markt. Auch Phu La, Dao Tuyen, Tay und La Chi wandern aus ihren Dörfern herbei, um an dem Treiben teilzuhaben. Dazu gesellt sich eine wachsende Anzahl internationaler Besucher, die bei all dem Trubel gar nicht wissen, wohin sie ihre Kamera richten sollen – so abwechslungsreich ist das Bild. Überall wird gehandelt: Kleidung, landwirtschaftliche Produkte, alles, was hier oben zum Leben benötigt wird. Die Frauen stehen zusammen und halten ein Schwätzchen, während die Männer sich beim Tabakhändler niederhocken und in Ruhe ein Pfeifchen probieren. Der Markt beginnt frühmorgens und erreicht seinen Höhepunkt mittags, wenn die Ersten, die aus den entfernteren Dörfern kommen, ihre Heimreise antreten müssen. Die jedes Jahr wachsende Anzahl westlicher Besucher verändert allerdings das Gesicht des Marktes: Die Souvenirstände und das „Hello, you buy from me" erinnern bereits an das Treiben in Sa Pa.

Die **Umgebung von Bac Ha** lässt sich am besten im Rahmen einer geführten Tour erkunden. Zum Teil werden Sondergenehmigungen benötigt, und die Straßen können sich innerhalb kurzer Zeit in gefährliche, unpassierbare Schlamm- und Geröllpisten verwandeln. Die Gefahr von Erdrutschen oder Steinschlag ist besonders im Sommer stets gegenwärtig.

ÜBERNACHTUNG

Cong Fu Hotel, ☎ 020-880 254, ✉ congfuhotel@gmail.com, [9181]. In diesem Haus lohnen besonders die Zimmer nach hinten raus. Denn ihre bis zum Boden reichenden Fenster bieten einen weiten Blick über den Markt, den Fluss und die Berge. Die Räumlichkeiten machen einen recht guten Eindruck, aber nicht alle Besucher waren mit dem Service zufrieden. ❷–❸

Hoang Vu Guesthouse, ☎ 020-388 0264, ✉ hoangvutours@hotmail.com, [7300]. 10 preiswerte Zimmer, nicht mehr ganz taufrisch, am schönsten die zur Straße mit den relativ großen Balkonen. ❶

Ngan Nga Hotel & Restaurant, ☎ 020-388 0231, ✉ haugiang_21@hotmail.com, [7301]. Größeres Hotel mit zum Teil sehr ansprechenden Zimmern (Tipp: Zimmer 408, s. **eXTra**); im Restaurant westliche und vietnamesische Kühe. Auch für Hochzeiten beliebt. ❶–❸

Sunday Hotel, [7304]. Das relativ neue, hoch aufragende Hotel, bei dem bei Erscheinen dieses Buches vielleicht auch endlich der Aufzug eingebaut ist, liegt an der Straße zum Markt. Die Zimmer sind blitzblank mit bequemen Betten und einer schönen Aussicht vom Balkon über den Markt und die Stadt. ❷

ESSEN

Einige wenige Restaurants haben sich auf die Versorgung westlicher Touristen eingestellt, z. B. das nicht besonders gute **Thanh Son** an der Straße zum Markt. Besser isst man im **Ngan Nga**, im **Hoang Yen** gegenüber dem Sao Mai Hotel oder in dem empfehlenswerten **Highlands Restaurant** gegenüber der Haltestelle der Touristenbusse.

Freunde der lokalen Nudelsuppe finden die beste *pho bo* im **Spring Fair Restaurant** und die beste *pho ga* (mit weißem oder schwarzem Huhn) in einem sehr „einheimischen", kleinen versteckten Nudelsuppen-Restaurant (s. **eXTra** [7306]) schräg gegenüber dem Ngan Nga-Hotel.

Sonntags kann man natürlich auch direkt auf dem **Markt** essen. Die Hmong akzeptieren den Gast an ihren niedrigen Tischen ohne größeres Aufsehen. Die Einzigen, die einen anstarren, sind die anderen Touristen, die kaum glauben können, dass dort ein Westler isst.

TOUREN

Ein guter Ansprechpartner ist **Herr Nguyen Tai Nghe (Mr. Nghe)** [7308], der sein inoffizielles Büro im Highland Restaurant hat. Oft trifft man ihn auch im Hoang Vu Hotel oder dem Hoang Yen Restaurant. Mr. Nghe organisiert ein- und mehrtägige Touren mit Homestays in Minderheiten-Dörfern und vermittelt u. a. Mopeds und ortskundige Guides. Als guter Kenner der Region ist er bemüht, den Tourismus auf verantwortliche Art und Weise anzukurbeln. Infos unter ▭ www.bachatourist.com.

TRANSPORT

Die meisten Besucher kommen im Rahmen einer **Tagestour** aus SA PA. In den Kosten von US$10–15 ist oft noch eine kleine geführte Wanderung in die Umgebung und manchmal auch ein (schlichtes) Mittagessen enthalten. Sich einer solchen Tour anzuschließen, stellt den bequemsten Weg nach Bac Ha dar. Wer etwas unabhängiger sein will, kann sich zum gleichen Preis mit dem Moped von Sa Pa bringen lassen. Die Fahrtzeit beträgt in beiden Fällen etwa 3 Std.

Vom **Busbahnhof** fahren Busse tgl. um 6, 7.30, 12, 13 und 14 Uhr nach LAO CAI für 60 000 Dong; Fahrtdauer ca. 2 1/2 Std.

Direktbusse nach HA NOI um 8 Uhr für 400 000 Dong in 11 Std.

Ba Be-Nationalpark

Der Ba Be-Nationalpark erstreckt sich über etwa 8000 ha Wald, in dessen Herzen der **Ba Be-See** liegt – der größte natürliche See des Landes, 7 km lang und bis zu 1 km breit. In dem maximal 35 m tiefen Gewässer tummeln sich um die 50 Fischarten, die die lokale Speisekarte bereichern. Sonst darf im Park nichts mehr gejagt werden: Die 300 Tierarten stehen eben-

so unter Schutz wie die über 500 verschiedenen Pflanzenarten. In der Pufferzone um den Park sind Siedlungen der Tay verstreut. Der See liegt 145 m über dem Meeresspiegel; die ihn umgebenden Berge ragen bis zu 1500 m in die Höhe.

Bootsausflüge auf dem See sind das Highlight eines Besuchs hier. Sie führen zu Wasserfällen, Dörfern und Höhlen – Natur pur, abgesehen vom Knattern des Bootsmotors. Ruhiger sind Ausflüge mit dem Einbaum und Wanderungen durch das landschaftlich reizvolle Gebiet.

Wer mit einer Tourgruppe aus Ha Noi anreist, wird möglicherweise in **Cho Ra**, 18 km vom See entfernt, nächtigen, wo es einige einfache Hotels gibt. Von hier führt eine Bootstour über den Nang-Fluss nach **Hang Puon**, wo eine 300 m lange Höhle durchquert wird. Meist geht es dann per Boot noch weiter in den **Den An Ma**, der 2007 an der Stelle eines älteren Tempels errichtet wurde, zum **Dau Dang-Wasserfall** und in das Tay-Dorf **Pac Ngoi**. Dieses Dorf ist auch über eine Autostraße zu erreichen und vielleicht die bessere Wahl zum Übernachten: Denn hier bieten viele Familien Gästezimmer an. Diese „Homestay" genannten Unterkünfte sind zwar eher einfache Gasthäuser als tatsächliche Übernachtungen im Kreis der Familie, doch man lebt recht nahe am Alltag der Einheimischen – und für viele Besucher ist das eigene Bett im abschließbaren Kämmerchen angenehmer als die abends ausgerollte Matratze im Wohnzimmer der Familie.

ÜBERNACHTUNG UND ESSEN

In **Cho Ra** gibt es einige Budget-Unterkünfte, z. B. das **Ba Be 1**, ✆ 0281-387 6115, und das **Thuy Dung**, ✆ 0281-387 6354, das auch über ein Restaurant verfügt. ❶–❷

Das **Gästehaus der Parkverwaltung**, ✆ 0281-389 4136, ✉ 389 4026, liegt näher am See und bietet 50 ziemlich ungepflegte Zimmer im Haupthaus und darüber hinaus einige Bungalows, die ebenfalls nicht sehr einladend aussehen. ❷–❸

SONSTIGES

Geld

Keine Geldautomaten im Nationalpark – also genügend Bares mitbringen!

VIETNAM

Touren

Längere Touren können in Absprache mit der **Parkverwaltung**, ☎ 0281-389 4014, ✉ 389 4026, oder in den Unterkünften ausgearbeitet werden. Das Büro der Verwaltung befindet sich mitsamt einigen etwas teureren Unterkünften am Ostufer des Sees. Zwei- bis fünftägige Touren mit Übernachtungen in Tay-Dörfern kosten je nach Ziel und Größe der Gruppe US$25–45, Eintritt, Bootstouren und Übernachtungen eingeschlossen.

Touren vermittelt neben der Parkverwaltung und einzelnen Gästehäusern und Homestays auch **The B Tourist**, Bo Lu Village, ☎ 0281-389 4721, Hotline 098-958 7400, 🖥 www.babe centertourism.com.

TRANSPORT

Wer mit einer Tourgruppe anreist, muss sich um den Transport keine Gedanken machen. Wer auf eigene Faust anreist, benutzt lokale **Busse**: Von HA NOI aus fahren tgl. genügend Busse (mit Endstation Cao Bang) entlang der N3 über Thai Nguyen und Bac Kan nach NA PHAC (etwa 100 000 Dong). Weiter von dort per Bus nach CHO RA (25 000 Dong), und von CHO RA mit dem Xe om bis PAC NGOI (ca. 50 000 Dong).

18 HIGHLIGHT

Ha Long-Bucht

Die geheimnisvolle, mystische Landschaft der **Ha Long-Bucht** ist eines der beliebtesten Reiseziele in Vietnam. Knapp 2000 kleine und kleinste Inseln ragen in bizarren Formationen aus dem Meer. In ihrem Inneren bergen sie oft Höhlen mit fantastischen Stalagmiten und Stalaktiten, die in grauer Vorzeit besiedelt waren und heute – von bunten Scheinwerfern illuminiert – zu einem Ausflug in eine Märchenwelt einladen. Andere Inseln sind mit wildem, undurchdringlichem Dschungel bewachsen, in dem gefährdete Tierarten eine Zuflucht gefunden haben. Wieder andere Inseln überraschen mit schönen Stränden oder Seen, die durch Kanäle mit dem Meer verbunden sind – kurz: Eine Schifffahrt durch das Gebiet ist ein unvergessliches Erlebnis.

Es steht eine große Anzahl von **Touren** zur Auswahl: vom Tagestrip bis zur mehrtägigen Reise, vom Billigangebot für knapp über US$20 bis zur Luxustour für mehrere hundert Dollar. Diese Ausflüge können schon in Ha Noi gebucht werden und beinhalten Hin- und Rücktransport – eine bequeme Reisemöglichkeit. Wer will, kann aber auch auf eigene Faust losziehen und vor Ort (in Bai Chay/Ha Long-Stadt) einen Platz auf einem Ausflugsboot buchen.

Die Insel **Cat Ba** eignet sich ebenfalls gut als Ausgangspunkt für Touren in die Ha Long-Bucht. Außerdem kann man hier (bei gutem Wetter) im Cat Ba-Nationalpark trekken: eine anstrengende Tour durch die Karstberge. Auch Klettern ist in den Felsen möglich. Wer es ruhiger mag, genießt von der Promenade des kleinen Hauptortes der Insel aus bei einem Kaltgetränk den Sonnenuntergang hinter den Bergen.

Cat Ba

Cat Ba [4729] gehört zu den attraktivsten Stranddestinationen im Norden Vietnams. Die Insel ist leicht von Ha Noi aus zu erreichen und daher gut für einen kurzen Abstecher geeignet. Viele, die vorbeikommen, bleiben dann jedoch länger als geplant. Vor allem junge Leute zieht es auf die Insel, und auch immer mehr Familien entdecken das Eiland für sich.

Cat Ba hat in Stadtnähe, wo die meisten Gäste wohnen, drei passable Strände aufzuweisen und ist zur Hälfte als Naturpark geschützt: Große Teile der steilen Kalksteinfelsen sind mit immergrünem subtropischem Primärwald bewachsen, Heimat für seltene Tierarten und ein Revier für spannendes **Trekking**, wenn auch nicht ganz anspruchsloses **Trekking**.

Kletterer finden hier ihresgleichen – ob Anfänger oder Fortgeschrittene: Die Karstfelsen fordern und begeistern jeden. An den abgelegenen Küsten der umliegenden Inseln und Inselchen werden immer mal wieder Delphine gesichtet, und die **Lan Ha-Bucht** an der Ostseite

VIETNAM

25 km

0

N

BAC GIANG

Lang Thoi
Khe Vay
Dong Cau
Dong Tan
Tan Oc
Phu Lien
Khe Luong
Khe Phuong
Dong Quang
Dong Cao
Trai Me
Mo Dong
Minh
Thac Cat
Dong Be
Yen Cu
Don Dien
Van Yen
Troi
Bay Chay
Phu Long
Xom Cai
KY PHUONG-NATIONALPARK
1062
Thien Son
LANG SON
QUANG NINH
Khe Na
Ba Che
Dong Giam
Khe Vai
Thuy Co
Ha Thu
Ha Sau
Cong Hoa
Ten Lua
Dong Mo
Dong Mo
Bang Ket
Doan Ket
Nan De
Thac Cat
Bang Khanh
Dong Linh
Mong Duong
Cua Ong Tempel
Cua Ong
Cam Pha
Da Hang
Cong Keu
Cao Xanh
Ha Lam
Ha Trung
Hong Ha
Ha Long
Ho Long-Bucht
Dau Go-Höhle
CHOI-INSEL
TI TOP-INSEL
TUAN CHAU-INSEL
Sung Sot-Grotte
Me Cung-Grotte
Bo Nau-Grotte
DINH HUONG-Thien Cung-Grotte
Cai Rong
Dong Trong Höhle
Da Lang
Binh Ngoc
Dai Van
Mung Muoi
Vong Tre
Dong Rui
Dong Cay
CAI RAU (VAN DON)
CAI LIM
CAO LO (BA MUN)
Van 377
Hoa
Chien Thang 210
Co To
CO TO
Quang Trung
Dien Xa
Na San 325
TRA BAN (BAN SEN)
QUAN LAN
Son Hao
Tan Lap
Tan Phong
Thai Hoa
Yeni Hai
125
Quan Lan-Strand
BAI TU LONG-NATIONALPARK
Cam Thuy
THE VANG
CONG TAY
Ba Tu Long-Bucht
CONG DO
DAU BE-INSEL
Ba Ham-See
VAN CANH
Ngoc Nam
Xom Ngoai
NGOC VUNG
CAC DAO VINH HA LONG-NATIONALPARK
Bai Tai Dao-Strand
Hung Son
Cat Ba
Xom Trong
Phu Long
Tung Ruong
Lien Hoa
Hien Hao
300
CAT BA
CAT BA-NATIONALPARK

der Insel gilt als die schönste weit und breit – ein Paradies für Kajak-Freunde.

Die über 350 km² große Insel ist die größte Landmasse in dieser Küstenregion, in der sich Hunderte kleinerer Kalksteinfelsen aus dem Meer erheben. In den Sommermonaten wird **Cat Ba-Stadt**, das in einer Bucht im Süden liegt, von einheimischen Urlaubern überschwemmt, die der Hitze Ha Nois entfliehen wollen. Dann steigen die Preise für die einfachen Zimmer extrem an. Lohnender ist daher ein Besuch im Frühling oder Herbst (September/Oktober). Das Wetter ist dann meist noch gut und die Preise bewegen sich auf normalem Niveau. Viele Touren in die Ha Long-Bucht beinhalten eine Übernachtung hier, sodass ein steter Strom von Touristen durch die kleine Stadt fließt.

Cat Ba-Stadt

Die Stadt Cat Ba hat sich fast komplett dem Tourismus verschrieben und in den letzten Jahren einen beispiellosen Boom erlebt. Sie ist nicht sehr groß und kann zu Fuß erkundet werden. Eine Uferpromenade lädt zum Flanieren ein. Gegen Abend, wenn die Sonne untergeht, wird sie oft mit Lichterkaskaden und Lampenketten in den Bäumen illuminiert; überall blinkt und funkelt es. Dann werden die Klapptische aufgestellt, und es ist Zeit für ein Glas *bia hoi*.

Strände

Die drei Strände sind von Cat Ba-Stadt aus leicht zu Fuß zu erreichen. **Cat Co 1** liegt nur wenige Meter entfernt. Die kleine Bucht bietet schönen weichen, gelbweißen Sand. Das Meer fällt flach ab und lockt selbst in den Wintermonaten Badebegeisterte in die flachen Fluten. In der Saison wird der Strand tagsüber oft mit Musik beschallt – zur Unterhaltung der einheimischen Gäste. Es ist allerdings nicht jedermanns Sache, hier draußen Modern Talking und Boney M. aus scheppernden Lautsprechern zu hören. **Cat Co 2** liegt eine Bucht weiter nördlich und ist über eine Straße zu erreichen. Diese Bucht ist ruhiger, und nur selten kommen Tagesausflügler. Wie in Cat Co 1 und 3 gibt es auch hier ein paar Liegestühle mit Sonnenschirm (50 000 Dong für eine Liege). Zudem bietet ein kleines Restaurant Speisen und Getränke, und

wer möchte, kann in einfachen Bungalows wohnen. **Cat Co 3** liegt südlich von Cat Co 1. Wie auch dort wird die gesamte Bucht von einem großen Resort eingenommen, doch der Strand ist öffentlich zugänglich. Oben am Hang passiert man ein Security-Häuschen und geht am Eingang des Hotels vorbei. Die Liegestühle kosten je 50 000 Dong, für Gäste des Hotels sind sie frei – sodass in der Hauptsaison oft kein schattiges Plätzchen mehr zu finden ist.

Cannon Fort

Etwa 30 Minuten Fußmarsch den Berg hinter Cat Ba-Stadt hinauf, befindet sich auf einem Gipfel eine sehenswerte alte **Geschützstellung** (Eintritt 40 000 Dong). Neben alten Bunkern und Kanonen (vor über hundert Jahren gefertigt und noch im amerikanischen Krieg eingesetzt) gibt es auch ein winziges Museum. Einen Besuch wert ist das Café mit einem wunderschönen Ausblick auf die Karstfelsen.

Cat Ba-Nationalpark

In den Bergen subtropische Wälder und Seen, an der Küste Mangroven und sogar einige Korallenriffe: Es gibt viel zu entdecken auf der Insel, die von der 1986 etwa die Hälfte zum Nationalpark erklärt wurde und die 2004 von der Unesco in die Liste der schützenswerten Biosphären aufgenommen wurde. Die wilden Kalksteinberge von Cat Ba sind zwar nicht sehr hoch (etwa 150–280 m), doch in den unzugänglichen, zerklüfteten Landschaft wachsen etwa 620 Pflanzenarten, von denen angeblich mehr als die Hälfte medizinische Wirkung haben. Auch viele Tierarten haben überlebt und verdanken das möglicherweise ihrer Fähigkeit, dem Menschen aus dem Weg zu gehen: Beim Trekken bekommt man kaum ein Tier zu sehen. Wer hier seltene Vögel oder gar Primaten (etwa einen der letzten Goldkopflanguren auf diesem Planeten entdecken will, braucht viel Geduld und eine Portion Glück.

Eine der beliebtesten Wanderungen führt vom Hauptquartier des Nationalparks zum **Froschsee Ao Ech**. Am Parkeingang sind hierfür 35 000 Dong Eintritt zu zahlen. Für die 6 km zum See über Stock und Stein benötigt man etwa drei bis vier Stunden. Von dort geht es zwei bis drei Stunden weiter auf einer noch weniger

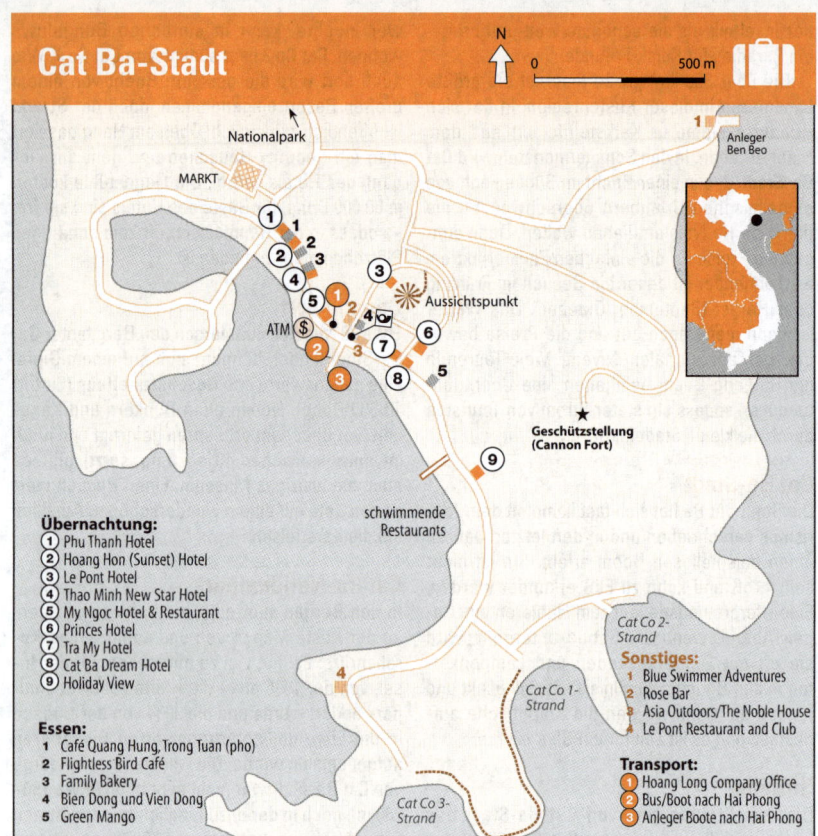

Cat Ba-Stadt

N
0 — 500 m

Nationalpark

MARKT

Anleger
Ben Beo

(1) Phu Thanh Hotel
1
(2) 2 3
(4)
(5) (1) 2
ATM $
(2)
(3)

(3)
Aussichtspunkt
4
(7)
3
(8)
(6)
5

★ Geschützstellung
(Cannon Fort)

(9)

schwimmende
Restaurants

Cat Co 2-
Strand

4

Cat Co 1-
Strand

Cat Co 3-
Strand

Übernachtung:
(1) Phu Thanh Hotel
(2) Hoang Hon (Sunset) Hotel
(3) Le Pont Hotel
(4) Thao Minh New Star Hotel
(5) My Ngoc Hotel & Restaurant
(6) Princes Hotel
(7) Tra My Hotel
(8) Cat Ba Dream Hotel
(9) Holiday View

Essen:
1 Café Quang Hung, Trong Tuan (pho)
2 Flightless Bird Café
3 Family Bakery
4 Bien Dong und Vien Dong
5 Green Mango

Sonstiges:
1 Blue Swimmer Adventures
2 Rose Bar
3 Asia Outdoors/The Noble House
4 Le Pont Restaurant and Club

Transport:
(1) Hoang Long Company Office
(2) Bus/Boot nach Hai Phong
(3) Anleger Boote nach Hai Phong

erschlossenen Strecke bis zu einer Bucht mit der kleinen Siedlung **Viet Hai**, von wo man sich mit dem (vorher arrangierten) Boot zurück in die Stadt bringen lassen kann. Feste Schuhe, eine Regenjacke für alle Fälle, Moskitoschutz und genügend Wasser sollten zur Standardausrüstung gehören. Eine kürzere Wanderung (ca. 2 Std. hin und zurück) führt zu einem Aussichtsturm auf dem 225 m hohen Gipfel **Ngu Lam**. Der Aufstieg ist recht abenteuerlich und sollte nicht allein und nur mit festem Schuhwerk unternommen werden, s. **eXTra [6739]**. Der Eintritt für diese kürzere Wanderung beträgt 15 000 Dong.

Nach Regenfällen sind die Strecken aufgrund der schlüpfrigen Pfade noch anstrengender.

Besonders in der Regenzeit von Juli bis Oktober nerven außerdem die Blutegel.

Höhlen

Außerhalb des Nationalparks locken einige Höhlen Entdecker ins Innere der Berge. Stalagmiten und Stalaktiten durchziehen die gut erschlossene **Hang Trung Trang** unweit des Nationalpark-Hauptquartiers. Einige Wege sind nicht beleuchtet, sodass man am besten eine eigene Taschenlampe mitbringt. Der Hauptweg ist jedoch gut ausgeleuchtet. Oft ist das Aufseher-Häuschen an der Straße nicht besetzt. Falls sich kein Aufpasser mit Schlüssel findet, muss man im Nationalpark-Hauptquartier nachfragen. Eintritt 15 000 Dong p. P., ein Führer ab 50 000 Dong.

Sehenswert ist auch die **Hospital-Höhle Quan Y**, auf dem Weg zwischen Nationalpark und Cat Ba-Stadt. Zu Beginn der 1960er-Jahre kam Ho Chi Minh persönlich hierher und fand den Platz perfekt, um in der natürlich gut gekühlten Höhle ein Krankenhaus zu errichten. Es dauerte drei Jahre, dann waren die Betonzimmer, inklusive Beleuchtung aus chinesischer Produktion, im Inneren des Berges fertig. Es wurde an alles gedacht. Selbst ein Kinosaal, der in der zweiten Ebene zu finden ist, und ein kleines Schwimmbecken fanden in der Höhle ihren Platz. Während des Krieges wurden hier bis Ende 1975 Verwundete versorgt, und die Höhle bot auch wichtigen militärischen Führern Schutz für ihre Lagebesprechungen. Heute sind alle Räume leer, und es hallt gespenstisch, wenn jemand spricht. Die Höhle ist komplett beleuchtet. Eintritt inkl. Führer 30 000 Dong p. P.

Nahezu unbesucht und gerade auch deswegen sehenswert ist die kleine **Hoa Cuong-Höhle**, nach dem Nationalpark-Eingang weiter Richtung Norden. Der Schlüssel wird von einer Horde Jungs besorgt, die sich ein Taschengeld verdienen und mit Taschenlampe ausgerüstet den Besucher in die Höhlen geleiten. Es gibt kein fest installiertes Licht, aber dank angelegter Treppenstufen ist der Ausflug nicht zu abenteuerlich. Zu sehen sind auch hier einige Stalagmiten – zwei der Steine sehen aus wie ein kleiner und ein großer Elefant. Eintritt je nach Anzahl der Personen und Führer 30 000–50 000 Dong.

Lan Ha-Bucht

Die Bucht vor Cat Ba eignet sich perfekt für Touren mit dem Kajak (Tipps s. „Aktivitäten"), zahlreiche kleine Strände locken den Entdecker. In der Nebensaison hat man sie oft ganz für sich allein – doch auch in der Hauptsaison macht ein Tagesausflug mit dem Kajak viel Spaß. Auf einigen Inseln kann man wohnen (s. u.), doch da hier abends oft Tourgruppen für Trubel sorgen, ist dies nicht jedermanns Sache.

Die große Anzahl von Hotels sorgt für starke Konkurrenz untereinander und ein gutes Preis-Leistungs-Verhältnis. AC und TV gehören zur Grundausstattung. In der Hochsaison zwischen Juni und August und an Feiertagen wie dem 1. Mai ziehen die Preise stark an: Ein Zimmer, das zu anderen Zeiten für US$6–8 zu haben ist, kann dann locker US$30 und mehr kosten. Fast alle Hotels haben WLAN, das allerdings nicht überall bis in die oberen Stockwerke vordringt.

Untere Preisklasse

Cat Ba Dream Hotel, 226 Duong 1-4, ☏ 031-388 8274, [6740]. Gepflegte Zimmer, einige besonders hell mit Fenstern zu 2 Seiten (Endziffer 6). Schöner Blick auf den Platz am Anleger vom Gemeinschaftsbalkon. Vietnamesisch-westliches Restaurant, umfassender Tourservice. ❶–❷

Hoang Hon (Sunset) Hotel, 180 Duong 1-4, ☏ 031-388 8370, ✉ catbasunsethotel1@yahoo.com.vn, [6750]. Empfehlenswert sind die 6 Zimmer mit Balkon, von denen man einen schönen Blick auf den Hafen hat. Gutes Preis-Leistungs-Verhältnis, die Betten sind allerdings recht hart. Auf der Speisekarte des „Restaurants" (ein paar Tische auf dem Bürgersteig) finden sich allerlei exotische Schnäpse. ❶

Le Pont Hotel, 62-64 Nui Ngoc, ☏ 031-388 8353, 🖥 www.lepont.vn, [7103]. Einfaches Haus abseits der Promenade. Die Zimmer sind vor allem bei jungen Leuten beliebt. Zimmer im Dorm (US$3–5). Mr. Jim, der junge französische Manager, plant eine Bar auf dem Dach. Zum Haus gehört auch der Restaurant-Club am Ende der Bucht (gehobene Preise, toller Blick auf die Bucht). ❶

My Ngoc Hotel, 212 Duong 1-4, ☏ 031-388 8199, [6748]. Preiswerte, aber karg eingerichtete Zimmer und solide Travellerküche. ❶

Tra My Hotel, Duong 1-4, nahe dem Anleger, ☏ 031-388 8650, [9286]. Bequeme, gut ausgestattete Zimmer mit schönem Blick vom Balkon. Freundliche Leute. ❶

Mittlere und obere Preisklasse

Holiday View, 251 Duong 1-4, ☏ 031-388 7200, 🖥 www.holidayviewhotel-catba.com, [9287]. Das Hochhaus am Ostende der Bucht beherbergt 120 3-Sterne-Zimmer. Die Superior-Räume punkten teils mit Balkon, teils mit Badewanne, die Deluxe-Zimmer mit Fenstern nach zwei Seiten. Freundliches, professionelles Personal, aber etwas nüchterne Atmosphäre. ❹

Phu Thanh Hotel, 176 Duong 1-4, ✆ 031-369 6289, [7104]. Am unteren Rand der mittleren Preiskategorie navigiert dieses 9-stöckige Hotel, dessen große Zimmer ein Tipp sind für alle, die ein paar Dollar mehr ausgeben können. Bequeme Betten, Flatscreen-TV, schöner Blick aus den Balkon-Zimmern. ❷–❹

Princes Hotel, Nui Ngoc, ✆ 031-388 8899, ⌨ www.princeshotel-catba.com, [9288]. Solides Mittelklassehotel im Zentrum des Örtchens. In den meisten der 80 sauberen Zimmer muss man auf den Panorama-Meerblick verzichten, den die Hotels an der Promenade bieten. Dafür entschädigt die Rooftop-Bar. Freundliches, gut Englisch sprechendes Personal. Massage, Sauna. Frühstück (westlich-vietnamesisches Buffet) inkl. ❸

Thao Minh New Star Hotel, 197 Duong 1-4, ✆ 031-388 8408, ⌨ www.thaominhnewstar hotel.com, [9289]. Komfortabel ausgestattete Zimmer verschiedener Kategorien – man sollte sich eines mit Balkon leisten, denn die Lage bietet einen tollen Ausblick auf die Bucht. ❷–❹, am Wochenende teuer.

Auf den umliegenden Inseln

Die Anlagen auf den umliegenden Inseln werden oft im Rahmen einer Tour besucht. Dabei kann es vorkommen, dass Individualisten hier ganz allein sind oder sich in einer Meute trinkender, singender Spaßmenschen wiederfinden. Beides hat Vor- und Nachteile. Strom gibt es in allen Anlagen dank eines Generators, der allerdings in der Nacht ausgestellt wird. Also Taschenlampe mitnehmen! Wer warm duschen möchte, kann dies zwischen 18 und 23 Uhr oder kurz am Morgen gegen 8 Uhr tun. Wer im Rahmen einer Tour bucht, hat das Essen meist frei (Getränke sind teuer und werden immer extra berechnet). Es kommt des Öfteren vor, dass Touren überbucht sind und das gewünschte Zimmer nicht verfügbar ist. Wer also individuell bucht, ist gut beraten, früh einzuchecken, damit der Wunschbungalow auch tatsächlich noch frei ist. Wer privat bucht, kann sich abholen und zum Hafen in Ben Beo zurückbringen lassen.

Castaway Resort, Tiger Beach, [7111]. Vor allem junge Leute zieht es hierher, denn die kleine einfache Anlage gehört zum beliebten Backpackers' Hostel in der Ngo Huyen in Ha Noi (S. 667). Der Strand ist sehr einladend, und auch Sportler kommen auf ihre Kosten (geübte Kletterer können die Wände erklimmen, auch Wasserski ist möglich). Buchbar nur im Rahmen einer 3-Tage-2-Nächte-Tour über ⌨ www. hanoibackpackershostel.com.

Monkey Island Resort, auf Dao Khi, der „Affeninsel", ✆ 04-3926 1585, 090-401 6318, ⌨ www. monkeyislandresort.com, [7112]. Hübsche Holzbungalows am eigenen Strand auf einer kleinen Insel 3 km vor Cat Ba-Stadt. Die billigsten Zimmer befinden sich in kleinen einfachen Bambushütten mit alten Bädern. Es lohnt, etwas mehr für das Zimmer auszugeben und einen robusteren Typ mit einer besseren Sicht zu wählen. Die größten Zimmer haben schön gestaltete Zimmer, große Bäder und einen Panoramablick vom Bett und der großen Terrasse aufs Meer. ❷–❺

Nam Cat Resort, auf Nam Cat, ✆ 031-657 8392, ⌨ www.namcattourism.com, [7113]. Einfache Bambushütten im hinteren Teil, bessere Bungalows auf Stelzen an den Enden der Bucht. Dazwischen thront das Restaurant. Einfache Einrichtung in allen Bungalows, aber je teurer, desto besser ist die Sicht. ❷–❹

Ocean Beach Resort, auf Cat Ong, ✆ 031-321 2688, ⌨ www.ocean beachresort.com.vn, [7114]. Direkt gegenüber dem Trubel von Cat Ba-Stadt, etwa 5 km Luftlinie entfernt, liegt dieses wunderbare Privatrefugium, das einlädt, ein paar Tage auszuspannen. Die soliden Bungalows liegen an einem kleinen Strand; direkt dahinter beginnt der Dschungel. Das Resort gehört Mr. Le Van Chien von Ocean Tours (S. 712), der die Insel für 50 Jahre gepachtet und das Resort mit unglaublicher Energie fast im Alleingang aufgebaut hat – nachdem das alte Resort 2009 durch einen Sturm völlig zerstört worden war. Mr. Chien versucht, das Resort weitgehend selbst zu versorgen: lässt Gemüse anbauen, hält Hühner (frei lebend im Wald), und in der Nachbarbucht lebt eine Rotte Schweine; ab und zu landet eines auf dem Teller. Fisch und Meeresfrüchte

VIETNAM

gibt's entweder fangfrisch vom eigenen Strand, oder ein befreundeter Fischer bringt etwas vorbei. **⑤ – ⑥**

ESSEN

Die Auswahl in der kleinen Stadt ist groß: billiges Travelleressen, teure Fusion-Küche, Fisch, Krebse, Muscheln und weitere zum Teil skurrile Meeresfrüchte in allen Variationen und daneben einfache traditionelle vietnamesische Küche. *Bia hoi* finden sich zeitweise an der Uferpromenade und fast immer im Bereich des Fischerhafens.

Bien Dong und **Vien Dong**, 8 und 12 Duong Nui Ngoc. Diese beiden großen Seafood-Restaurants liegen direkt nebeneinander. Aus den Bassins werden Fische, Muscheln, Krebse oder andere obskure, urzeitlich aussehende Krustentiere ausgesucht und frisch zubereitet.

Café Quang Hung, 179 Duong 1-4, ☎ 031-388 8222. Wer original vietnamesischen Kaffee liebt und eine Menge Zeit mitbringt (diese braucht der Kaffee, bis er durchgelaufen ist), kann hier wunderbar starken aromatischen Kaffee genießen. Alle mit schwachem Herz und Magen sollten lieber ein auf Westler eingestelltes Restaurant wählen, wo der Kaffee dünner ist.

Family Bakery, Duong 1-4, nahe dem Anleger. Ab den frühen Morgenstunden gibt es hier süßes Gebäck und ebensolches Brot. Kinder lieben die klebrigen Donuts, und Traveller versorgen sich morgens mit Reiseproviant. Schick gekleidete Vietnamesinnen gönnen sich ein Stückchen Sahnetorte. Liebhaber von Vollkornprodukten oder salzigem Gebäck werden hier leider noch nicht fündig.

Green Mango, Duong 1-4, nahe dem Anleger, ☎ 031-388 7151, ✉ greenmangocatba@yahoo.com. Schickes Restaurant in zentraler Lage. Die Küche bietet internationale Speisen. Das Preisniveau ist recht hoch, aber die Küche entsprechend gut. Auf der Weinliste steht u. a. französischer Champagner.

Schwimmende Restaurants, mittlere und südöstliche Bucht. Mehrere schwimmende Restaurants ankern in der Bucht: kleine Familienunternehmen, die über recht wackelige Pontonbrücken oder per Zubringerboot zu erreichen sind. Dort gibt es (oftmals nur abends)

leckere Fisch- oder Krebsgerichte und zum Hinunterspülen oft allerlei Reiswein-Spezialitäten.

Trong Tuan, 181 Duong 1-4. Kleiner *pho*-Laden mit ausgezeichneter Nudelsuppe am Morgen von 7 bis 10 Uhr. Öffnet auch abends und bietet dann neben *pho* ein paar wenige Reisgerichte.

UNTERHALTUNG

Bei einem abendlichen Bummel entlang der Duong 1-4 finden sich viele Plätze, um entspannt bei einem kalten Getränk den anderen Flaneuren zuzusehen. Neben den vielen Restaurants an der Promenade bieten sich besonders die abendlichen Open-Air-Läden an, die bei Einbruch der Dunkelheit ihre Klapptische direkt am Anleger aufstellen.

Flightless Bird Café, Duong 1-4, ☎ 031-388 8517. Kneipenatmosphäre mit Bier und Cocktails. Von den 2 kleinen Tischen draußen kann man das Treiben auf der Straße beobachten. Allerdings ist hier, am Westende der Bucht, nicht so viel los wie nahe dem Pier. ◷ 18.30–24 Uhr.

The Noble House, Duong 1-4, gegenüber dem Anleger, ☎ 031-388 8363, ✉ thenoblehousevn@yahoo.com. Bis in die Nacht wird hier oft gefeiert. Und auch wer nach westlicher Küche sucht, wird fündig: sei es morgens zum Frühstück oder mittags bzw. abends zu Pizza, Pasta und mehr. Poolbillard. Vermieten auch Zimmer, beliebt, aber recht laut. **❶ – ❷**

Rose Bar, 15 Nui Ngoc, ☎ 031-388 8472. Gute Anlaufstelle für Nachtschwärmer: Drinks, Cocktails und ein Computer mit Webzugriff als Jukebox. ◷ ca. 18–3 Uhr.

AKTIVITÄTEN UND TOUREN

In Cat Ba-Stadt vermittelt nahezu jeder Hotelbesitzer Touren, die alle das Gleiche bieten. Es ist sehr ratsam, sich eine eigene Tour zu organisieren und dafür gegebenenfalls auch etwas mehr auszugeben. Wer die Tour bereits in Ha Noi bucht, ist gut beraten, nicht die billigsten Anbieter zu wählen. In Cat Ba-Stadt empfiehlt sich:

Blue Swimmer Adventures, Ben Beo Harbour, ☎ 031-368 8237, 091- 506 3737, ⌨ www.blue

swimmersailing.com, [7115]. Erfahrene Agentur. Das Equipment ist gut in Schuss: Kajaks, die auch den Maßstäben von Profis gerecht werden (inkl. wasserfester Tasche und Regenschutz) sowie Mountainbikes mit guten Profilen und Bremsen, inkl. Helm. Organisiert individuell zusammengestellte Tages- oder Mehrtagestouren mit dem Kajak, auf einem alten Segelschiff oder auch mit dem Katamaran. Übernachtung teils in einfachen Zimmern auf einer in der Bucht treibenden Fischfarm, in Bungalows am Strand (Nam Cat Resort, s. o.), auf dem Boot oder in Zelten am Strand.

Fahrrad- und Mopedtouren

Ein Ausflug mit dem Mountainbike oder dem Motorrad über die Insel verspricht viel Spaß. In beiden Fällen sollte man auf jeden Fall einen Helm tragen. Ziele für Touren über die Insel sind vor allem die Höhlen, die man bequem an einem Tag besichtigen kann (mit dem Moped braucht man naturgemäß weniger Zeit).

Kajaktouren

Einen schönen Tag versprechen Touren mit dem Kajak. Die gesamte Bucht bietet zahlreiche kleine Sandstrände, die man mit Glück für sich alleine hat. Wer sein Picknick einpackt und sich dank Kompass orientieren kann, wird herrliche Stunden erleben. Wer ungeübt im Kajakfahren und/oder im Navigieren ist, sollte sich unbedingt einen Führer nehmen. Bei Blue Swimmer Adventures (s. o.) kann man gute Kajaks mieten und auf Wunsch auch einen Kurs absolvieren (für Fortgeschrittene inkl. einer gekonnten Rolle durchs Wasser).
Organisierte Touren ab Cat Ba-Stadt kosten ab US$20 inkl. Kajak, Verpflegung, Eintritt und Guide. Es ist ratsam, sich einer kleinen Gruppe anzuschließen oder individuell zu buchen – denn viele kommen von den organisierten Touren enttäuscht zurück.

Klettern

Der fast unberührte, äußerst griffige Karstfels in dieser Region ist ideal zum Klettern. Sowohl Anfänger als auch Fortgeschrittene finden ansprechende Routen. Die junge ambitionierte und gut geschulte Crew von **Asia Outdoors**,

222 Duong 1-4, im Noble House, ☎ 031-368 8450, 🖥 www.asiaoutdoors.vn, [7116], bietet Tagestouren, die zum Höhepunkt einer Reise zählen werden. Das Team ist aus vielen Teilen der Welt zusammengekommen.

Trekking

Wanderungen in den **Cat Ba-Nationalpark** können ganz schön anstrengend sein und sollten nicht ohne Führer unternommen werden, die jedes Hotel vermitteln kann.

Auto- und Mopedvermietungen

Mopeds kosten etwa 100 000 Dong pro Tag (einfach im Hotel fragen). Bei Einbruch der Dunkelheit oder sogar schon gegen 18 Uhr wollen die Besitzer ihre Maschinen zurückhaben. Private **Pkw** oder **Minibusse** kosten mit Fahrer etwa US$50 am Tag.

Geld

Eine Filiale der **Agribank** befindet sich etwa 1 km nördlich des Ortskerns an der Ausfallstraße von Cat Ba, ein **Geldautomat** dieses Unternehmens nahe dem My Ngoc Hotel gegenüber auf der anderen Straßenseite.

Die wohl bequemste Option nach HA NOI zu gelangen, bietet die **Hoang Long Company**, 217 Duong 1-4, ☎ 031-888 7224. Es geht um 7.15, 9.15, 13.15 und 15.15 Uhr in 4 Std. mit **Bus und Boot** (ab Ang Coi-Hafen im Osten der Insel) in die Hauptstadt. Tickets kosten 210 000 Dong. Alternativ kann man auch in Hai Phong umsteigen und z. B. direkt nach NINH BINH weiterfahren. Das Büro öffnet jeweils etwa eine Stunde vor Abfahrt.
Wer nach BAI CHAY (HA LONG-STADT) möchte, kann in vielen Hotels für etwa 200 000 Dong eine **Mitfahrt auf einem Touristen-Ausflugsboot** arrangieren: Man sieht unterwegs noch ein paar Highlights der Bucht. Abfahrt 8 Uhr, Ankunft 12 Uhr. Weitertransport nach HA NOI per Bus möglich, Ankunft dort 16 Uhr. Nach TUAN CHAU vom Gia Luan-Hafen im Norden der Insel 1- bis 2x vormittags für 50 000 Dong in etwa 40 Min. Transport zum

Hafen per Xe om für 100 000 Dong. Die Insel Tuan Chau liegt vor BAI CHAY und ist durch einen 3 km langen Damm mit dem Festland verbunden; der Weitertransport nach Bai Chay oder zum Busbahnhof ist per Xe om möglich. Die meisten **Ausflugsboote** für Touristen benutzen den **Ben Beo-Anleger** nordöstlich der Stadt; dorthin wird man mit einem Minibus gebracht.

Ha Long-Stadt (Bai Chay und Hon Gai)

Ha Long-Stadt [4735] existiert unter diesem Namen seit 1994, als die beiden Orte Hon Gai und Bai Chay, die zu beiden Seiten des Cua-Luc-Kanals liegen, zur neuen Hauptstadt der Provinz Quang Ninh zusammengefasst wurden. Noch immer sind die alten Namen gebräuchlich, z. B. auf Bussen. Bai Chay ist der „touristische" Teil mit über hundert Hotels, vielen Restaurants und einem unspektakulären Strand. Hon Gai ist „einheimischer": Nur selten verirren sich Besucher hierher. Die beiden Ortsteile sind mit einer langen Brücke verbunden, die 2006 eröffnet wurde und zum Stolz der ganzen Region avanciert ist.

Das wirkliche Highlight ist natürlich die weltberühmte Ha Long-Bucht, die der Stadt ihren Namen gab. Touren in die Bucht starten vom Touristenpier in **Bai Chay** und sind wohl der einzige Grund, hier eine Übernachtung einzulegen: Der Ort an sich ist nicht sonderlich attraktiv. Im Sommer (Juni–August) ist er zusätzlich mit asiatischen Reisenden überschwemmt: Wer dann auf eigene Faust unterwegs ist, sollte ein Hotelzimmer vorbuchen. Außerhalb der Saison geht es deutlich ruhiger zu. Dann kann man hier durchaus einen angenehmen Abend verbringen: mit einem *bia hoi* an der Strandpromenade, einem Festmahl in einem der unzähligen auf Meerestiere spezialisierten Restaurants oder einem Besuch im **Royal Amusement Park**, wo verschiedene Unterhaltungsangebote gemacht werden, z. B. Wasserpuppentheater und traditionelle Tänze. ⏱ 18–22.30 Uhr, Eintritt 100 000 Dong.

Wer viel Zeit hat, kann einen Stadtbummel ins geschäftige **Hon Gai** unternehmen und dabei den kleinen **Nui Bai Tho** besteigen. Der 106 m hohe „Gedichtberg" ist durch seine in die Felsen eingeritzten Inschriften bekannt geworden, die die Schönheit der Ha Long-Bucht preisen. Die erste soll von König Le Thang Tong aus dem Jahr 1468 stammen. Nahebei liegt die **Long Tien-Pagode**, das 1941 erbaute, belebte religiöse Zentrum des Ortes. Neben Buddha werden hier die Heilige Mutter und einige Helden der Tran-Dynastie verehrt.

Um die Stadt herum befindet sich das wichtigste **Abbaugebiet für Steinkohle** von ganz Vietnam. Etwa 15 Mio. t werden hier jährlich zum Export nach China, Japan oder Korea verladen; 95 % aller Steinkohle Vietnams werden in dieser Region gefördert.

ÜBERNACHTUNG

Individualreisende mit schmalem Geldbeutel steuern in Bai Chay die „Hotelstraße" **Vuon Dao** an, wo ein preiswertes Minihotel neben dem nächsten liegt – insgesamt über 50, die sich alle nur marginal voneinander unterscheiden. Wer mehr ausgeben möchte, kann luxuriös in einem der Hoteltürme an der **Ha Long Road** nächtigen, die sich an der Küste entlangzieht, und einen tollen Blick von den Balkonen aufs Meer genießen.

Bai Chay

Halong Eden Hotel, Ha Long Rd., ☎ 033-384 6145, ✉ buihuong_qn@yahoo.com [6757]. Zentral gegenüber dem Nachtmarkt gelegen, erhebt sich dieses Haus mit komfortabel ausgestatteten, z. T. recht großen Zimmern; einige davon mit kleinem Balkon und Fenstern zu 2 Seiten. ❸–❹

Hoa Binh (Peace) Hotel, 39 Vuon Dao, ☎ 033-384 6009, [6755]. Das Haus mit dem auffälligen blauen Äußeren und den bauchigen weißen Balkonen hat nicht mehr ganz neue, aber ordentliche Zimmer und einen Internetshop in der Lobby. ❶–❷

The Ky Moi Hotel, 27 Vuon Dao, ☎ 033-384 4314, 090-448 7145, [6756]. Saubere, geräumige Zimmer, die ihr Geld wert sind, und freundliche, gut englisch sprechende Betreiber in einem recht neuen Haus. Die Hälfte der Zimmer hat einen (kleinen) Balkon zur Straße. ❶–❷

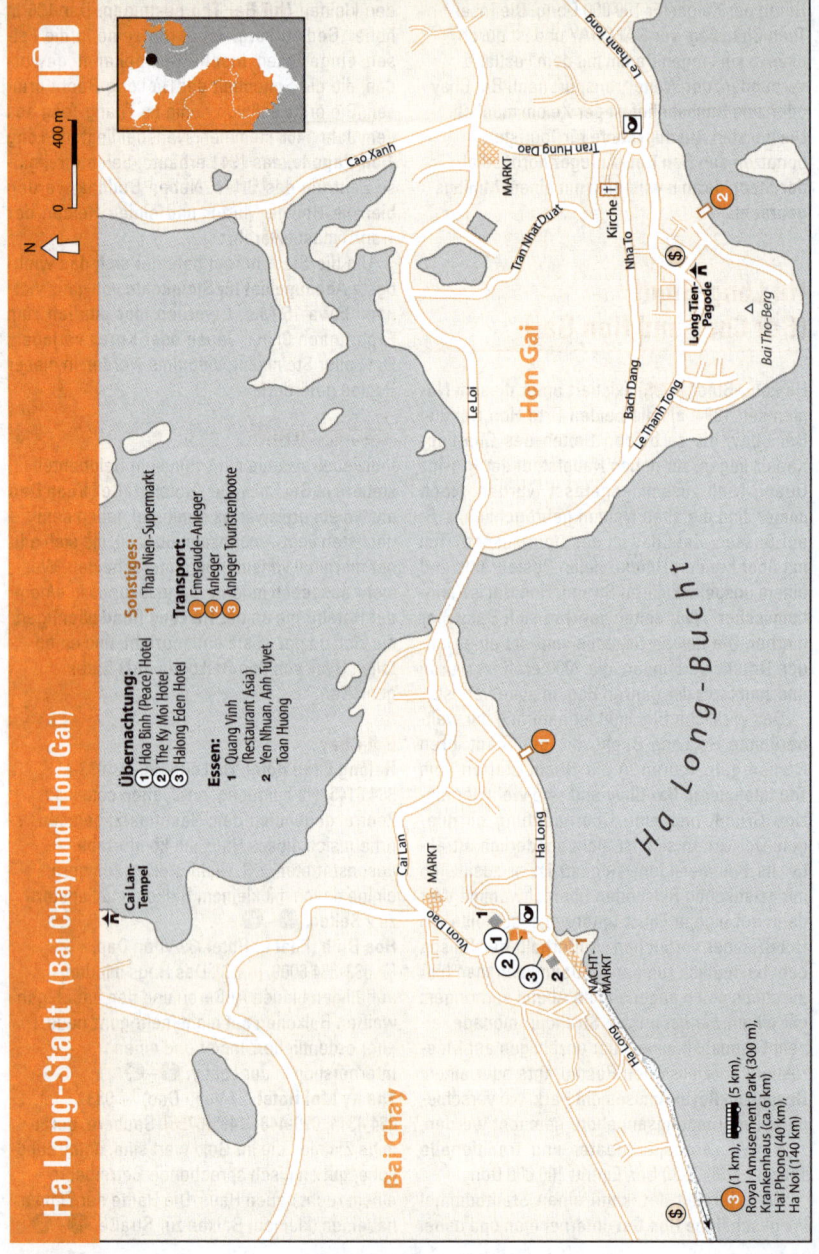

Ha Long-Stadt (Bai Chay und Hon Gai)

VIETNAM

Übernachtung:
① Hoa Binh (Peace) Hotel
② The Ky Moi Hotel
③ Halong Eden Hotel

Essen:
1 Quang Vinh
   (Restaurant Asia)
2 Yen Nhuan, Anh Tuyet,
   Toan Huong

Transport:
① Emeraude-Anleger
② Anleger
③ Anleger Touristenboote

Sonstiges:
1 Than Nien-Supermarkt

Hon Gai

Long Tien-
Pagode

Bai Tho-Berg

Ha Long-Bucht

Cai Lan-
Tempel

MARKT

NACHT-
MARKT

Bai Chay

③ (1 km), ▓▓▓ (5 km),
Royal Amusement Park (300 m),
Krankenhaus (ca. 6 km),
Hai Phong (40 km),
Ha Noi (140 km)

Quang Vinh (Restaurant Asia), 24 Vuon Dao, ✆ 033-384 6927, 091-339 5357.
Kleines, beliebtes Restaurant mit guter vietnamesischer Küche. Der hilfsbereite Besitzer hat drei Jahre in Berlin gekocht und spricht Deutsch.
Weitere **Seafood-Restaurants** liegen entlang der Ha Long Rd. Richtung Touristenboot-Pier. **Yen Nhuan**, 1 Vuon Dao, ✆ 033-384 7019. Preiswerte vietnamesische Hausmannskost: Hier essen auch Einheimische, ebenso wie in den Nachbarläden **Anh Tuyet** und **Toan Huong**. Einige **Cafés** und *bia hoi*-Lokale befinden sich östlich vom Kreisverkehr in Richtung Nachtmarkt.

Geld
Incombank, Hon Gai, 120 Le Thanh Tong. Wechselt Dollar und zahlt Geld auf Kreditkarte aus. ⏰ Mo–Fr 7.30–11.30 und 13.30–16 Uhr. Ein **Geldautomat** in Hon Gai befindet sich bei der Post. **Vietinbank**, Bai Chay, am westlichen Ende der Ha Long Rd., gegenüber dem Royal Amusement Park, ✆ 033-384 6536. Alle Transaktionen. ⏰ Mo–Fr 7.30–11 und 13.30–16.30 Uhr.

Informationen
Herr Vu Van Nhuong, ✆ 091-337 0510, ✉ vuvan_huong@yahoo.com, von der **Ha Long Tourist Services Company** beim Thanh Nien-Supermarkt vermittelt Touren und kennt sich gut aus, auch bei Fragen zum Transport zu abgelegeneren Zielen.

Busse
Der interprovinzielle **Busbahnhof** etwa 5 km westlich des touristischen Zentrums dient als Drehscheibe für die Region. Von hier geht es alle 15–20 Min. für 90 000 Dong nach HA NOI zu den Zielbahnhöfen MY DINH (5.45–18 Uhr, 90 000 Dong) und LUONG YEN/GIA LAM (5.40–11.40 Uhr alle 20 Min. für 55 000 Dong sowie stdl. 12–16 Uhr für 90 000 Dong).
Weitere **Ziele** sind:
NINH BINH, 5.30 und 11.30 Uhr, 120 000 Dong, 4 Std.;

VIENTIANE (Laos), 5.30 Uhr, 800 000 Dong, ca. 24 Std.

Boote
Nach CAT BA fahren vormittags öffentliche Personenfähren von der vorgelagerten Insel Tuan Chau ab; 50 000 Dong. Es kann schwierig sein, vom Ziel-Anleger **Gia Luan** im Norden von Cat Ba einen Transport in die Stadt zu bekommen. Eine bequemere Alternative ist es, auf eines der **Ausflugsboote** zurückzugreifen. Diese legen zwischen 7 und 10 Uhr morgens am Touristenpier ab, einige auch um 12 Uhr mittags, und kosten etwa 200 000 Dong. Am Pier muss meist noch ein Ticket für den Naturpark-Eintritt (40 000 Dong) erworben werden, zumindest wenn unterwegs eine Höhlenbesichtigung geplant ist. In Cat Ba legen nur die wenigsten Ausflugsboote am Hauptpier in der Stadt an. Viele landen am **Anleger Ben Beo**, von wo es nur noch 2 km bis in die Stadt sind – eine so kurze Xe om-Fahrt sollte nicht mehr als 30 000 Dong kosten, doch das sehen die Fahrer meist anders.
Am Pier in Hon Gai verkehrt (nicht immer) eine Fähre nach QUAN LAN; sie legt meist um 9 Uhr ab (Ankunft 12.30 Uhr), manchmal auch um 13.30 Uhr (Ankunft 17 Uhr), ca. 150 000 Dong.

Ausflugsziele in der Bucht

Die berühmte Ha Long-Bucht [4749] mit ihren 2000 fantastisch geformten, steil aus dem Wasser ragenden Inseln und Inselchen ist eines der beliebtesten Ziele für Vietnam-Reisende. Die Formationen bestehen aus Kalkstein, den gepressten Korallen- und Muschelresten eines urzeitlichen Meeresgrundes, und Gneis, einem Mischgestein, dessen körnige Zusammensetzung aus verschiedenen Mineralien man mit bloßem Auge erkennen kann. Diese besondere geologische Struktur führte dazu, dass die Erosion durch Wind und Wasser solche bizarren Formationen erschaffen konnte. Das geologische Alter der Inseln beträgt zwischen 250 und 280 Mio. Jahren.

Soweit die wissenschaftliche Sicht der Dinge. Die Legende berichtet, dass sich hier

VIETNAM

eine Drachenfamilie niedergelassen hat („Ha Long" bedeutet „absteigender Drache"): Kurz nach Besiedelung des Landes durch die Vietnamesen kamen Invasoren von Norden. Der Himmel schickte den Bedrängten eine Drachenmutter und ihre Kinder zu Hilfe. Auf die Angreifer herabstoßend, spuckten die Drachen einen Regen von Edelsteinen und Perlen aus, die sich in **Tausende von Inseln** verwandelten und die Schiffe der Invasoren einsperrten: Diese verirrten sich, krachten in die Felsen und wurden in tausend Stücke zerschlagen. Nach dem Sieg verliebten sich die Drachen in die von ihnen geschaffene Bucht und kehrten nicht mehr in den Himmel zurück, sondern bauten hier ihr Nest – die Mutter in der Ha Long-, die Kinder in der nahe gelegenen Bai Thu Long-Bucht.

Seit 1994 steht ein Teil der Bucht als Unesco-Weltnaturerbe unter besonderem Schutz, insgesamt 775 Inseln auf einer Fläche von 434 km^2 – ein Dreieck, westlich begrenzt durch die Dau Go-Grotte, südlich vom Ba Ham-See und östlich von der Cong Tay-Insel. Dabei bezieht sich der Schutz nicht nur auf die von der Seeseite aus zu sehenden fantastischen Gesteinsformationen, sondern auch auf deren Inneres: eine große Anzahl von **Grotten und Höhlen**, die mit zahllosen Stalagmiten und Stalaktiten geschmückt sind.

Die Ha Long-Bucht ist nicht nur für ihre Schönheit berühmt, sondern war auch eine der ersten Gegenden an der vietnamesischen Küste, die von Menschen besiedelt wurden. Das belegen archäologische Funde in Soi Nhu, Thoi Gieng, Dong Mang und Xich Tho. Die tropischen Wälder, die manche Inseln begrünen, beherbergen Tausende von Tier- und Pflanzenarten, dazu gibt es wertvolle Mangroven-Ökosysteme und 163 verschiedene Arten Korallenriffe. Viele Fisch-, Shrimp- und Tintenfisch-Arten ernähren die schwimmenden Dörfer, die in den Buchten treiben.

Zu den beliebtesten Zielen, die von den Ausflugsbooten angefahren werden, zählt die **Thien Cung-Grotte**. Sie befindet sich etwa 4 km vom Touristenpier entfernt und wurde erst 1993 entdeckt. Fünf Jahre später wurde sie für den Tourismus geöffnet und mit Treppen, Korridoren sowie einer großen Anzahl bunter Lampen versehen, die die Höhle in ein psychedelisches Licht tauchen. Vom Boot steigend, folgt man einem unter dichtem Blattwerk mäandernden Pfad etwa 30 m in die Höhe und beginnt zu verstehen, wie die Höhle so lange unentdeckt bleiben konnte. Das Innere zu betreten ist wie der Übergang in eine andere Welt: Kaskaden von bunt beleuchteten Stalagmiten und Stalaktiten beflügeln die Fantasie, und wohin man den Blick auch wendet, erweist sich Mutter Natur als großartige Künstlerin.

Nur 300 m nördlich liegt die **Dau Go-Höhle**. Der Name dieser „Höhle der Holzpfähle" erinnert daran, dass General Tran Hung Dao hier im 13. Jh. seine angespitzten Holzpflöcke verbarg, mit denen er später die mongolische Flotte am Bach Dang-Fluss versenkte (s. **eXTra [7518]**). Noch heute sollen hier Reste dieser Pflöcke zu finden sein. Die Franzosen nannten das Eiland wegen seiner Höhle **L'Île des Merveilles**, „die Insel der Wunder". 90 Stufen gilt es zu erklimmen, ehe der Eingang der Höhle erreicht ist. Innen verbergen sich drei große Räume. Der erste führt zu einer langen, engen Passage, durch die der zweite erreicht wird. Dort bilden die Tropfsteine skurrile Figuren, die an Blumen, Tiere und Menschen erinnern. Im hinteren Raum gibt es einen tiefen Brunnen.

Die „Steinhund"-Insel **Cho Da** passiert man auf dem Weg von Dau Go Richtung Ti Top-Insel nach etwa zehn Bootsminuten: Der 8 m hohe Felsen erinnert an einen sitzenden Hund (mit dem Rücken zum offenen Meer) – seit Jahrtausenden ein treuer Wächter für ausfahrende Boote. Die **Dinh Huong-Insel** südwestlich von Dau Go erinnert an einen riesigen Räucherstäbchenhalter mitten im Meer und wird daher besonders geschätzt – fast wie ein natürliches heiliges Objekt zur Ehrung von Himmel und Meer.

Die **Ti Top-Insel** („Titov"-Insel) erinnert mit ihrem Namen an den sowjetischen Astronauten Gherman Stepanovich Titov (der zweite Mensch im All und mit 26 Jahren bis heute der jüngste), der sie im Jahre 1962 zusammen mit Ho Chi Minh besuchte. Sie ist auf der einen Seite sehr steil, auf der anderen flacher und hat dort einen schönen halbmondförmigen Strand, der gerne von Ausflugsbooten besucht wird. Die höchste Erhebung kann bestiegen werden und bietet einen tollen Ausblick über einen Teil der Bucht.

Die **Sung Sot-Grotte** liegt auf **Bo Hon**, etwas südöstlich der Ti Top-Insel. Sie ist eine der größten und schönsten in der Bucht. Ein etwa 500 m langer Weg führt durch die drei Kammern, in denen Tropfsteine wie Fantasieschlösser emporwachsen; andere erinnern an große Blumen und Bäume und wieder andere, so sehen es die Vietnamesen, an meditierende Drachen. Vom oberen Ausgang eröffnet sich ein schönes Panorama. Die Franzosen nannten die Insel **L'Île des Surprises**, „die Insel der Überraschungen", als Beschreibung für die vielen überwältigenden Formationen, die das Eiland bereithält: die **Luon-Grotte** im Nordosten, die mit dem Kajak erforscht werden kann, die „Jungfrauen-Grotte" **Trinh Nu**, ein romantischer Treffpunkt für Liebespaare, und 500 m entfernt die **Trong-Grotte** mit ihrer „männlichen Figur" im Eingang, die seit Äonen sehnsüchtig zur Jungfrauengrotte hinüberschaut.

Die **Me Cung-Grotte** liegt 2 km südöstlich der Ti Top-Insel auf **Lom Bo**. Hier wurden Reste einer steinzeitlichen Siedlung gefunden, die vor 7000–10 000 Jahren existierte: einfache Töpferwaren und massenhaft Schalen von Süßwassermuscheln, von denen sich die kleine Gemeinde ernährte. Der Eingang der Höhle ist so eng, dass nur ein Mensch hindurchpasst, und auch im Inneren ist es etwas beengt; die vielen kleinen Kammern erinnern an einen unterirdischen Palast mit einem Labyrinth von Zimmern. Am Ausgang der Höhle befindet sich ein runder See, in dem Fische, Oktopoden und Krustentiere leben. Ein alter Baumbestand am gegenüberliegenden Ufer ist die Heimat vieler Tier- und Pflanzenarten.

Ein anderes beliebtes Ziel ist die **Bo Nau-Grotte**, die ihren Namen „Pelikan-Höhle" ebendiesen Vögeln verdankt, die hier manchmal Schutz suchen. Die Grotte öffnet sich zum Meer hin und ist daher ein beliebtes Fotomotiv: im Vordergrund der Höhleneingang mit seinen Felsen und Stalaktiten, dahinter das türkisfarbene Meer mit, wenn man Glück hat, einer fotogenen Dschunke mit roten Segeln. Am Eingang der Höhle stehen drei große Steine, die an drei Mönche erinnern sollen, die sich über ein Schachspiel beugen.

Je nach Jahreszeit, Wasserstand und Touristenzahl werden auch noch andere Grotten besucht – auf den fast 2000 Inseln ist die Auswahl groß.

Zwei kleine Inseln namens **Ga Choi** liegen 3 km von der Dau Go- und Thien Cung-Grotte entfernt und erinnern (mit etwas Fantasie) an zwei kämpfende Hähne; von Vietnam Tourism wurden sie zu einer Art Wahrzeichen der Ha Long-Bucht gewählt.

Der **Ba Trai Dao-Strand** („Drei-Pfirsiche-Strand") liegt an einer Gruppe von drei kleinen Inseln, deren Name von einer Legende herrührt: Einige Feen kamen aus dem Himmel hierher, um zu schwimmen. Die jüngste verliebte sich in einen Fischer und stahl im Himmel drei Pfirsiche für ihn, die ihm, wenn er sie äße, ewiges Leben schenken sollten. Aber während sie noch auf ihn wartete, bemerkte der Himmelskönig den Diebstahl und verwandelte die Pfirsiche in drei steinerne Inseln. Die ertappte Fee musste zurück in den Himmel, und dem Fischer blieben nur die Inseln.

Der **Ba Ham-See** befindet sich im Südwesten der Bucht auf der Insel **Dau Be** („Kalbskopfinsel"). *Ba ham* bedeutet „drei Tunnel": Denn nur durch diese ist der See im Inneren der Insel zugänglich. Bei Ebbe sind die Tunnel etwa 4–5 m hoch und können mit flachen Booten oder Kajaks befahren werden. Bei Flut sind sie hingegen nicht schiffbar. Im noch vom Tageslicht erhellten Eingangsbereich des ersten Tunnels sind Stalagmiten und Stalaktiten zu erkennen. Weiter innen wird es dunkel, ehe nach einer Weile der Ausgang auftaucht. Der zweite Tunnel ist ähnlich. Auf einer Klippe südöstlich des Eingangs wächst ein alter Carambola-Baum, der Äffchen und Flughörnchen beheimatet. Im dritten Tunnel leben Schmetterlinge und Fledermäuse.

Tagestouren in die Ha Long-Bucht

Wer ohne organisierte Tour Richtung Ha Long gereist ist, kann am Touristenpier eine Tour buchen. Touren und Boote werden im **Boat Renting Office** im Zentrum des Geländes gebucht, ⏱ 6–18 Uhr. Neben Tickets für ein Boot müssen auch für bestimmte Ziele (Höhlen) Eintrittskarten gelöst werden (je 40 000 Dong). Die Preise der Touren variieren je nach Zielen,

Fahrtdauer (4–10 Std.) und Ausstattung der Boote. Eine 4-stündige Tour zur **Thien Cung-Grotte** und **Dau Go-Höhle** kostet 200 000 Dong (s. **eXTra [6761]**). Andere Touren beinhalten die **Sung Sot-Höhle**, die **Ti Top-Insel**, die **Me Cung-Grotte** und das **Fischerdorf Cua Van**. Abfahrt ist ab 7 Uhr, bei genügend Nachfrage fahren die Boote im Viertelstundentakt los.

Die Fahrten werden von verschiedenen lokalen Fährgesellschaften organisiert, die sich nicht groß unterscheiden; wer selbst ein Ticket löst, wird einem der Schiffe dieser Gesellschaften zugewiesen. Auch das Mieten eines privaten Bootes (je nach Schiff etwa 800 000 Dong pro Std.) ist möglich.

Kreuzfahrten mit Übernachtung

Die angegebenen Preisgruppen beziehen sich auf eine 2-Tage-Tour mit einer Übernachtung. Die Benutzung etwaiger mitgenommener Kajaks (nachfragen!) ist meist im Preis inbegriffen. Da die Verpflegung unterwegs häufig aus frischen Meeresfrüchten besteht, sollten Vegetarier vorher Bescheid sagen.

Lesertipps zu diesen und anderen Touranbietern können unter **eXTra [4752]** gelesen und verfasst werden.

Bai Tho Tourist Transportation Company, 11 Le Quy Don, Bach Dang, Ha Long-Stadt, ☎ 033-382 6898, 🖳 www.baithojunks.com. Der Anbieter operiert seit 1991 und gehört zu den erfahrensten in der Bucht mit einer großen, 30 Schiffe umfassenden Flotte. Besonders gelobt werden die Übernachtfahrten für die außergewöhnlich gute Küche, die manchmal bei einem Landgang als Buffet in einer Grotte serviert wird. ❺–❻

Buffalo Tours, 9-13 Hang Muoi, Ha Noi, ☎ 04-3828 0702, 🖳 www.buffalotours.com. Betreibt 2 eigene, luxuriöse Schiffe in der Bucht. Sehr gute Paddel-Trips: An Bord der Mutterschiffe befinden sich hochwertige Kajaks, mit denen sich auch jene Ecken erkunden lassen, in die die große Dschunke nicht hineinfahren kann. ❻

Ocean Tours, 22 Hang Bac, Ha Noi, ☎ 04-3926 0463, 🖳 www.oceantours.com.vn. 2- und 3-tägige Fahrten: Neben möglichen Übernachtungen an Bord wird auch im Ocean Beach Resort geschlafen, das von der Gesellschaft betrieben wird. Die Bungalows stehen auf einer Insel 4 km von Cat Ba entfernt direkt am Strand: Robinson-Gefühle inbegriffen (S. 704, Cat Ba). ❺–❻

Von Ha Noi nach Süden

Die meisten Touristen, die sich von Ha Noi aus Richtung Süden aufmachen, durchqueren (oder überfliegen) Hunderte von Kilometern, ohne einmal Halt zu machen. Meist geht es direkt durch bis nach Hue, wo es wieder eine gewachsene touristische Infrastruktur gibt. Die wenigen Traveller, die im nördlichen Zentralvietnam unterwegs sind, kommen oft über einen der Grenzübergänge aus Laos. Tatsächlich können einige der Highlights, so die **„Trockene Ha Long-Bucht"** oder der **Cuc Phuong-Nationalpark** im Norden der Region oder die **Demilitarisierte Zone (DMZ)** im Süden in Tagesausflügen von Ha Noi oder Hue aus besucht werden.

Ninh Binh

Ninh Binh **[4767]** ist die Hauptstadt der gleichnamigen Provinz und an sich nicht bemerkenswert. Dass dennoch viele Reisende in dieser Stadt übernachten, liegt an der Nähe zu einigen lohnenden Ausflugszielen: die Pagoden bei **Hoa Lu**, die schöne Landschaft von **Tam Coc**, die **Bich Dong-Höhle**, der **Cuc Phuong-Nationalpark**, die **Kathedrale von Phat Diem**, die **Trang An-Grotte** und **Chua Bai Dinh**, die größte Pagode Vietnams.

Die Region um Ninh Binh und weiter nördlich bis Nam Dinh war bis 1954 die mit dem größten Christen-Anteil in ganz Vietnam, was die große Anzahl an Kirchenbauten erklärt. Allein bei einer Fahrt nach Nam Dinh kommt man gleich an mehreren prächtigen Kathedralen vorbei. Ninh Binhs eigene schöne Kathedrale wurde allerdings bei amerikanischen Bombenangriffen zer-

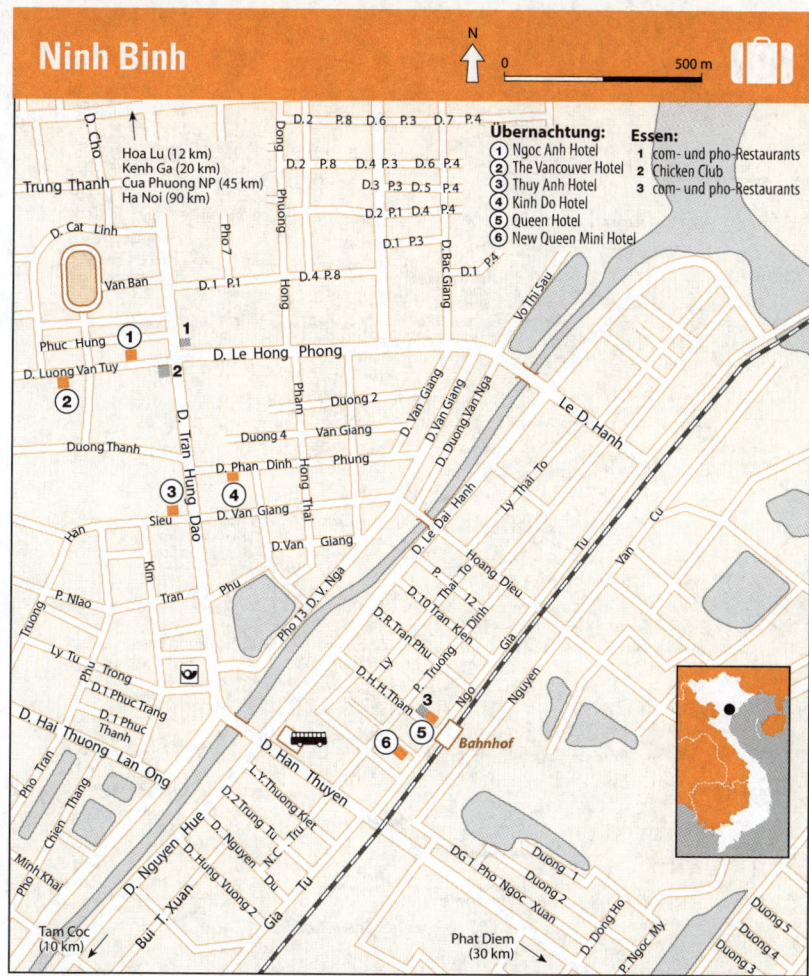

Ninh Binh

Übernachtung:
1. Ngoc Anh Hotel
2. The Vancouver Hotel
3. Thuy Anh Hotel
4. Kinh Do Hotel
5. Queen Hotel
6. New Queen Mini Hotel

Essen:
1. com- und pho-Restaurants
2. Chicken Club
3. com- und pho-Restaurants

Hoa Lu (12 km)
Kenh Ga (20 km)
Cua Phuong NP (45 km)
Ha Noi (90 km)

Tam Coc (10 km)

Phat Diem (30 km)

Bahnhof

---

stört. Heute steht an derselben Stelle eine neue, weniger bemerkenswerte Kirche.

ÜBERNACHTUNG

Da schon seit Jahren Touristen hier übernachten, haben sich einige Unterkünfte ganz auf Besucher aus dem Ausland eingestellt. Entsprechend gut ist in der Regel der Standard. **Kinh Do Hotel**, 18 Phan Dinh Phung, ☎ 030-388 5823, 🖳 www.kinhdohotel.vn, [7296].

Gepflegtes Hotel in einer relativ ruhigen Straße, das neben 40 Zimmern auch über ein gutes Restaurant verfügt. Inkl. Frühstück. ❶ – ❸
New Queen Mini Hotel, 4+6 Ngo 256, Ngo Gia Tu, ☎ 030-389 3118, 097-768 0093, ✉ queenminihotel @gmail.com, [7264]. Budget-Hotel nahe dem Busbahnhof. Verschiedene und gut ausgestattete Zimmer – unschlagbar günstig der Schlafsaal für US$3 p. P. Fahrrad-, Moped-, Autoverleih, Touren. Die freundliche Besitzerin Frau Tao hat in

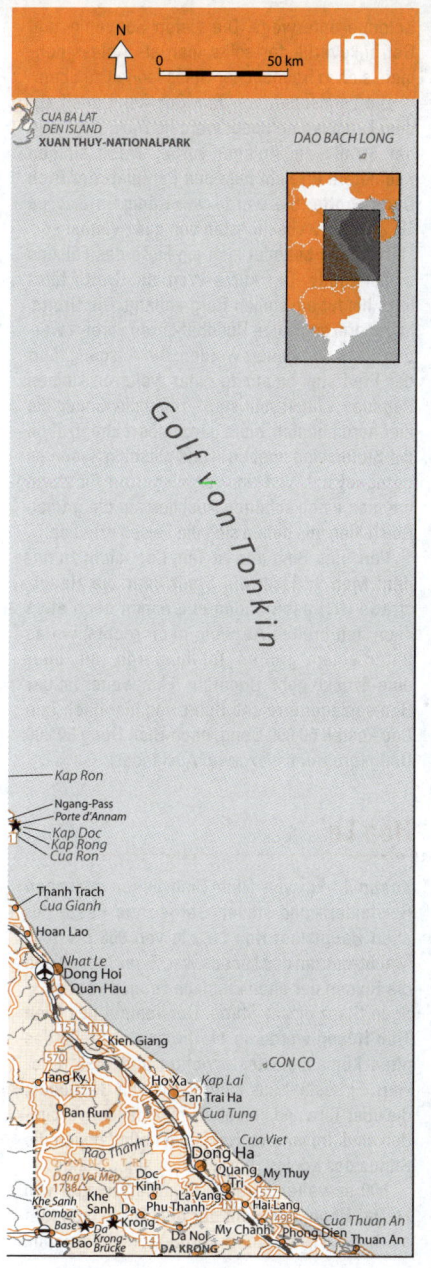

den 1980er-Jahren in Deutschland gelebt und freut sich daher besonders über deutsche Gäste. Ihre Kinder sprechen Englisch. ❶–❷

Ngoc Anh Hotel 1 und 2, 26/36 Luong Van Tuy, ☎ 030-388 3768, 🖥 www.ngocanhhotel.com, [7266]. Es gibt 2 Ngoc Anh Hotels: das erste mit der Hausnummer 26, das zweite und neuere mit der Hausnummer 36. Ein Dutzend saubere und ruhige Travellerzimmer, manche ohne Fenster. Moped und Fahrräder zur Ausleihe. Open Tour-Bus nach Hue und Sai Gon. Bei Anreise kostenfreier Abholservice innerhalb der Stadt. Organisiert Tagesausflüge. ❶–❷

Queen Hotel, 20-21 Hoang Hoa Tham, ☎ 030-389 3535, 🖥 www.queenhotel.vn, [7267]. Nahe dem Busbahnhof, mit unterschiedlichen, sauberen Zimmern: darunter einige sehr preiswerte, aber entsprechend kleine. City View Bar, Restaurant (westlich, vietnamesisch), Touren, Auto-, Moped- und Radverleih. Gleiche Besitzerin wie New Queen Mini Hotel. ❶–❺

The Vancouver Hotel, 01/75 Luong Van Tuy, ☎ 030-389 3270, 🖥 www.thevancouverhotel. com. Begehrtes Minihotel mit wenigen Zimmern. Der Besitzer David war viele Jahre Manager einer großen Hotelkette und hat sich vor Kurzem selbstständig gemacht. Er weiß genau, was westliche Gäste wünschen. Sehr gutes Preis-Leistungs-Verhältnis. ❸–❹

Thuy Anh Hotel, 55a Truong Han Sieu, ☎ 030-387 1602, 🖥 www.thuyanhhotel.com, [7272]. Gute, beliebte Anlaufstelle mit ordentlichen Zimmern in verschiedenen Preisklassen: 19 preiswertere im älteren, 17 etwas teurere im neuen Flügel. Restaurant und Café mit toller Aussicht im 6. bzw. 7. Stock (Aufzug). Auto, Moped und Radverleih. Beherbergt auch Tourgruppen. Frühstück gegen Aufpreis. ❷–❹

ESSEN

Wer nicht im Hotel essen möchte, kann in eines der preiswerten *com*- und *pho*-Restaurants in der Nähe des Busbahnhofs oder an der Kreuzung Le Hong Phong/Tran Hung Dao gehen. Ansonsten zu empfehlen:

Chicken Club, 17 Luong Van Tuy, [7279]. Fastfood wie Fried Chicken, Chicken Wings, Pommes etc. Die Adresse für weniger experimentierfreudige Gaumen. ⏱ tgl. 7–22 Uhr.

Geld

Die **Vietcombank** in der Tran Hung Dao hat auch einen Geldautomaten. ☉ Mo–Fr 7.30–11 und 13.30–16.30 Uhr.

Touren

Fast alle Hotels der Stadt vermitteln Touren zu den Zielen in der Umgebung. Leser-Tipps und Bewertungen hierzu s. **eXTra [6885]**.

Busse

Der **Busbahnhof**, Le Dai Hanh, ☎ 030-387 6158, liegt hinter der Brücke Richtung Phat Diem und verbindet Ninh Binh im Halbstunden-Takt, oft sogar noch schneller, mit dem Rest des Landes. BAI CHAY (Ha Long-Stadt), 5.30, 11 und 12.15 Uhr, 4 Std., 100 000 Dong; HA NOI (Giap Bat), 90 km, 1. Bus um 4.35, letzter Bus um 17.20 Uhr, 1 1/2 Std., 70 000–140 000 Dong; zum gleichen Preis auch Busse zum My Dinh (5.40–17 Uhr).

Eisenbahn

Vom **Bahnhof**, 1 Hoang Hoa Tham, ☎ 030-367 3619, fahren tgl. Züge nach: DA NANG, 18.03 Uhr (SE5, Ankunft 8.56 Uhr), 8.30 Uhr (SE7, Ankunft 21.41 Uhr) und 21.39 Uhr (SE19, Ankunft 13.55 Uhr); HA NOI, 13.07 Uhr (SE8, Ankunft 15.28 Uhr) und 8.05 Uhr (SE20, Ankunft 11.10 Uhr).

Tam Coc und Bich Dong

Tam Coc bezeichnet die drei Höhlen Hang Ca, Hang Hai und Hang Ba, die alle nur auf dem Wasserweg zu erreichen sind. Auf der zwei- bis dreistündigen Bootsfahrt, die sich durch grüne Reisfelder schlängelt, sind immer wieder fantastische Ausblicke in die umgebende Landschaft möglich, deren steil aufragende Karstfelsen ihr den Namen „Trockene Ha Long-Bucht" eingebracht haben. **Hang Ca**, die erste Höhle, ist mit 127 m die längste, gefolgt von **Hang Hai** (auch „Hang Giua"; 70 m) und **Hang Ba** („Hang Cuoi"; 45 m). Hunderte von Booten befahren den Fluss, und oft ist man in einer regelrechten

Kolonne unterwegs. Die vielen Souvenir- und Getränkeverkäufer sollte man als Anlass nehmen, sich in freundlicher Gelassenheit zu üben.

Die Landschaft von Tam Coc kann auch auf dem Landweg erkundet werden. Dazu folgt man der Straße am Anleger vorbei. Nach einigen Kilometern erreicht man den Parkplatz der **Bich Dong-Grotte**. Sie wurde von König Tu Duc im 18. Jh. zur zweitschönsten von ganz Vietnam erklärt. Heute befindet sich am Fuße des Felsens eine Pagode. Der kurze Weg zur Grotte führt links hinauf am steilen Berg entlang. Die Grotte, in der drei schwarze Buddhafiguren verehrt werden, kann durchquert werden. Am Ausgang führt der Pfad steil hinauf zu einer weiteren kleinen Pagode. „Watch your step", rufen die Kinder, die hier herumhüpfen, nicht ganz unberechtigt, denn die Stufen sind uneben – und glitschig, wenn es geregnet hat. Von der vorgelagerten Plattform hat man einen schönen Ausblick auf die grünen Reisfelder, aus denen sich die Felsen erheben.

Von Ninh Binh aus ist Tam Coc leicht zu finden: Man verlässt die Stadt über die Hauptstraße (N1) nach Süden und nimmt nach etwa 4 km den breiten Abzweig nach rechts, wo es unter einem großen Tor hindurch und über eine Brücke geht. Ungefähr 5 km weiter ist der Bootsanleger erreicht. Boote von hier nach Tam Coc kosten 60 000 Dong, nach Bich Dong 30 000 Dong (pro Boot, max. zwei Ausländer).

Hoa Lu

Knapp 14 km von Ninh Binh liegen zwischen Reisfeldern und steilen Bergen die Reste der alten Hauptstadt Hoa Lu, die von 968 bis 1009 Machtzentrum des Landes war. Zwei Tempel und die Ruinen der alten Zitadelle zeugen vom einstigen Glanz dieser Stätte. Der **Tempel des Dinh Tien Hoang** wurde im 11. Jh. an der Stelle des alten Königspalastes errichtet und 1696 renoviert. Er besteht aus einer Reihe von Gebäuden, die über Tore und Innenhöfe miteinander verbunden sind. Im inneren Heiligtum befindet sich die Statue des Königs, ihm zur Seite seine Söhne.

500 m weiter nördlich liegt der **Tempel von Le Dai Hanh**, der nicht nur den Thron, sondern auch die Frau seines Vorgängers übernahm.

Die beiden haben, ebenso wie ihr ältester Sohn, Altäre im hinteren Teil des Tempels, in dem sich auch einige Waffen, Räucherstäbchengefäße und ähnliche Artefakte finden. Ein lohnender Abstecher führt zum **Grab von Dinh Tien Hoang**, das auf einem Hügel südlich des nach ihm benannten Tempels liegt. Der über 200 Stufen hohe Aufstieg wird mit einem schönen Ausblick in die Landschaft belohnt.

Trang An-Grotte und Chua Bai Dinh

In **Trang An**, einige Kilometer westlich von Ninh Binh, befördern ähnlich wie in Tam Coc kleine Ruderboote die Besucher auf dem Fluss Sao Khe durch eine üppig bewaldete Berglandschaft, grüne Täler und Wasserhöhlen. Dieses Gebiet ist Heimat von mehr als 600 Pflanzenarten und über 200 Tierarten. Besonders auffällig sind die weißen Bergziegen.

Die **Trang An-Grotte** [7280] ist das Highlight der „Trockenen Ha Long-Bucht", zieht daher auch viele einheimische Touristen an und ist dementsprechend kommerziell geprägt. Die Anlegestelle befindet sich gleich an einer Hauptstraße mit einem riesigen Parkplatz. An Wochenenden und Feiertagen sind bei schönem Wetter Staus, Hektik und viel Müll vorprogrammiert. Eine zweistündige Bootsfahrt kostet 100 000 Dong p. P. (Boot bis zu 4 Pers.). Unbedingt genügend Sonnenschutz (Hut, Sonnencreme) einpacken!

Von Trang An zur **Chua Bai Dinh** [7281], dem größten Pagoden- und Tempelkomplex Vietnams, sind es nur 5 km: Einfach den Schildern an der Hauptstraße folgen. Diese 2003–2010 errichtete riesige Sehenswürdigkeit befindet sich in der Nähe der alten Bai Dinh-Pagode, die von dem Mönch Nguyen Minh Khong (1065–1141) errichtet wurde. Insgesamt umfasst die Anlage vier Tempel: Drei davon stehen für Vergangenheit, Gegenwart und Zukunft; der vierte ist der Göttin der Barmherzigkeit gewidmet.

Chua Bai Dinh ist ein beliebter Ort für Tagesbesucher aus der Umgebung und buddhistische Pilger aus ganz Vietnam. An Wochenenden, Ferien und Feiertagen sucht man vergebens nach spirituellen Erfahrungen – stattdessen lauern überall laute Touristen, aufdringliche Verkäufer und hastige Fotografen. Trotz alledem sind die Dimensionen der Anlage bewundernswert und die Holz-, Lack- und Steinmetzarbeiten beeindruckend. ⏰ 7–17.30 Uhr, Eintritt frei.

Phat Diem

Die **Kathedrale** von Phat Diem [4769] ist eine der beeindruckendsten katholischen Kirchen in Vietnam. Ihre Besonderheit ist – neben der Größe – ihr Stil, der an eine Mischung aus europäischer Gotik und asiatischer Tempelbaukunst erinnert. Die Anlage umfasst neben der Kathedrale selbst vier Kapellen und drei künstliche Grotten. Auf einer kleinen Insel inmitten eines rechteckigen Sees steht eine große weiße Christus-Statue. An der Kathedrale und den umliegenden Gebäuden wurde von 1875 bis 1899 gebaut.

Der Vorplatz zur Kathedrale wird vom 25 m hohen Glockenturm (Phuong Dinh) beherrscht. Die geschwungenen Doppeldächer erinnern an eine buddhistische Pagode oder einen chinesischen Tempel. Im Innern befinden sich eine große Trommel und eine Glocke, die 2 t wiegt und 10 km weit zu hören ist. Sie wird täglich um 12 Uhr mittags geläutet. Von oben kann man in der Umgebung, je nach Sicht, bis zu 20 weitere Kirchen ausmachen.

Anfahrt mit dem Moped: In Ninh Binh überquert man, von der N1 kommend, die südliche Brücke und folgt der Straße für knapp 30 km in südöstlicher Richtung. Der Weg führt durch kleine Ortschaften und an Reisfeldern vorbei. In Phat Diem muss ein Abzweig nach rechts genommen werden (ausgeschildert), nach wenigen hundert Metern ist das Gelände erreicht. Mit dem Bus: Fahrt mit Bus Nr. 2 ab dem Busbahnhof in Ninh Binh für 15 000 Dong. Zurück dann einen Bus auf der Straße anhalten an der Stelle, wo man auch ausgestiegen ist.

Cuc Phuong-Nationalpark

Der Cuc Phuong-Nationalpark ist eine grüne Schatztruhe für Naturfreunde und -forscher gleichermaßen. Schon seit 1962 ist das Gebiet

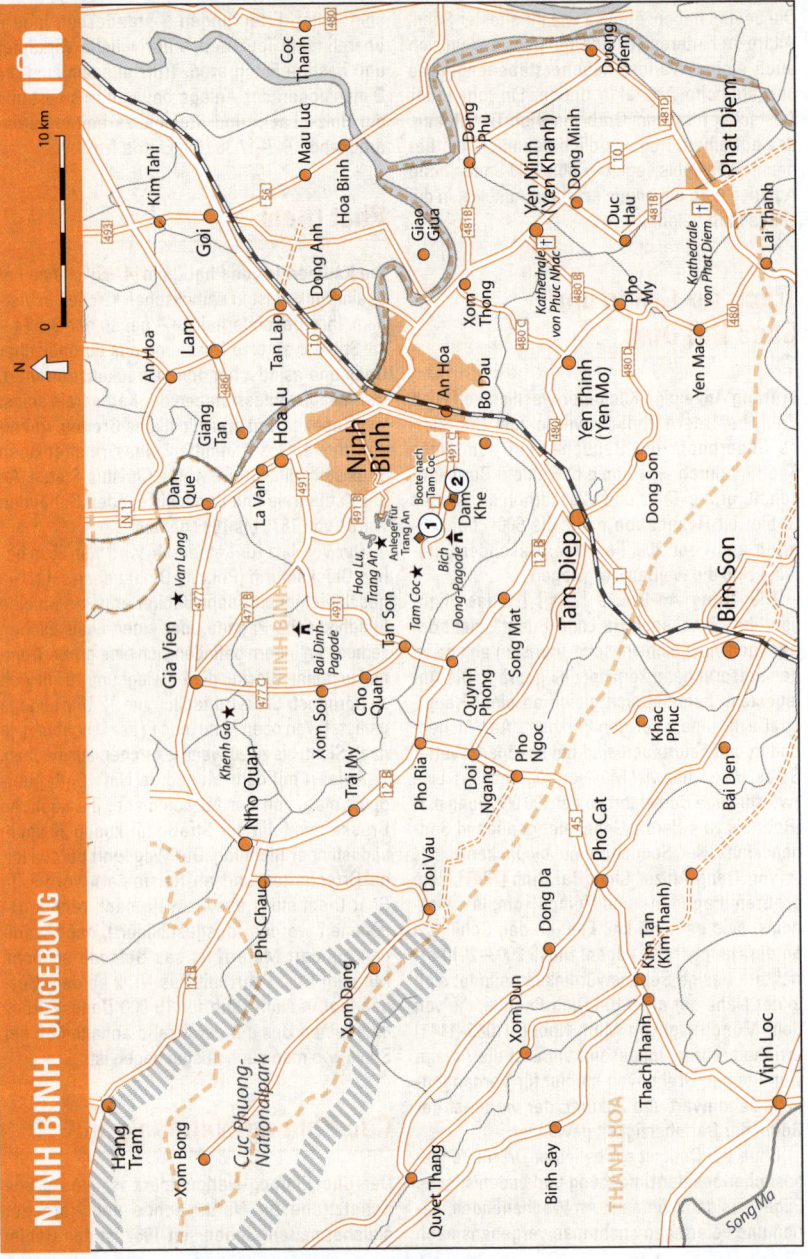

NINH BINH **UMGEBUNG**

VIETNAM

10 km

N

THANH HOA

Duong Diem
Phat Diem
Coc Thanh
Mau Luc
Dong Phu
Yen Ninh (Yen Khanh)
Dong Minh
Hoa Binh
Kim Tahi
Giao Giua
Duc Hau
Lai Thanh
G01
Dong Anh
Tan Lap
Xom Thong
Pho My
Kathedrale von Phuc Nhac
Kathedrale von Phat Diem
An Hoa
Lam
Hoa Lu
An Hoa
Bo Dau
Yen Mac
Giang Tan
Dan Que
La Van
Ninh Binh
Yen Thinh (Yen Mo)
Boote nach Tam Coc
Dong Son
Van Long
Anleger für Trang An
Dam Khe
Tam Diep
Bim Son
Hoa Lu, Trang An
Bich
Tam Coc
Dong-Pagode
Gia Vien
Song Mat
Bai Dinh-Pagode
NINH BINH
Tan Son
Cho Quan
Quynh Phong
Khac Phuc
Khenh Ga
Xom Soi
Pho Ngoc
Bai Den
Trai My
Pho Ria
Doi Ngang
Nho Quan
Doi Vau
Pho Cat
Phu Chau
Dong Da
Kim Tan (Kim Thanh)
Xom Dang
Xom Dun
Cuc Phuong-Nationalpark
Thach Thanh
Vinh Loc
Hang Tram
Xom Bong
Quyet Thang
Binh Say
Song Ma

geschützt und damit der älteste Nationalpark des Landes. Ho Chi Minh persönlich hat sich damals dafür eingesetzt. Gleichzeitig ist der Park, etwa 120 km südlich von Ha Noi und 50 km westlich von Ninh Binh, eines der am besten zu erreichenden Naturschutzgebiete des Landes.

Ein besonderes Highlight des Parks, das auf keiner Besuchsliste fehlt, ist das **Endangered Primate Rescue Center**, eine Rettungs-, Zucht- und Forschungsstation für bedrohte Primaten. Falls einem die putzigen Kerlchen bei einem Besuch ans Herz wachsen, gibt es die Möglichkeit, mit einer Spende oder einer Patenschaft die Arbeit der Station zu unterstützen. Mehr Informationen unter 🖥 www.primatecenter.org. Ein Beitrag vom langjährigen Mitarbeiter des Rettungszentrums, Tilo Nadler, s. **eXTra [7532]**. 🕐 9–11.30 und 13.30–16 Uhr, Eintrittspreise: Nationalpark 40 000 Dong, Endangered Primate Rescue Center 10 000 Dong.

ÜBERNACHTUNG UND ESSEN

Beim **Hauptquartier** am Eingang des Parks befindet sich ein **Restaurant**. Übernachten kann man hier entweder in **AC-Zimmern** mit heißem Wasser und TV, ❶–❸, in einfachen **Stelzenhäusern** ❶ oder **Bungalows** ❷. Im Park selbst gibt es für mehrtägige Treks Übernachtungsmöglichkeiten am **Mac-See** in Bungalows mit Ventilator und Warmwasser ❷ und im **Zentrum des Parks** in AC-Bungalows ❸. Man kann direkt auf der Homepage ein Zimmer buchen: 🖥 www.cucphuongtourism.com.

TOUREN

Die Parkverwaltung bietet 1- bis 4-tägige Touren an. Bei den längeren wird im Nationalpark übernachtet. Auf dem Programm der Tagestour stehen das Rettungszentrum für Primaten, eine Steinzeithöhle und ein 1000 Jahre alter Baum. Die mehrtägigen Touren führen tiefer in den Wald hinein und halten für Wander- und Naturfreunde unvergessliche Ausblicke und Erlebnisse bereit. Ein Führer für ein paar Stunden kostet ab US$7. Viele Besucher buchen bereits in Ha Noi eine Komplett-Tour: Für eine solche Tagestour (Abfahrt 7 Uhr, Rückkehr 17 Uhr) müssen etwa US$50 veranschlagt werden.

TRANSPORT

Nach Cuc Phuong verkehren keine öffentlichen Verkehrsmittel. Von NINH BINH aus folgt man der N1 etwa 11 km nach Norden und biegt dann an der Beschilderung nach Cuc Phuong nach links ab. Nach weiteren 40 km ist der Eingang zum Nationalpark erreicht.

Von HA NOI aus benötigt man für die 120 km etwa 2 1/2 Std. – es ist also auch möglich, von dort eine Tagestour zu unternehmen. Gebucht werden kann eine solche Tour in fast jedem Hotel und bei allen Reisebüros in Ha Noi.

Thanh Hoa

Die Provinzhauptstadt Thanh Hoa wird von den meisten Vietnam-Besuchern nur bei einem zufälligen Blick aus dem Busfenster wahrgenommen. Sie präsentiert sich als architektonisch wenig interessante, mittelgroße Ansiedlung entlang der N1. Tatsächlich handelt es sich aber bei der Stadt und der sie umgebenden Provinz um historisch bedeutenden Boden. Nur 6 km entfernt, im Dorf **Dong Son**, wurden einige der ältesten Ausgrabungsstücke des Landes gefunden: Die nach dem Fundort benannte Dong Son-Kultur gilt als Vorläufer der vietnamesischen Zivilisation. In den Bergen im westlichen Teil der Provinz Richtung laotische Grenze leben heute noch Angehörige der Muong, die als erste Bewohner Vietnams gelten.

Wer in Thanh Hoa hängen bleibt oder den Morgenbus nach Laos nehmen möchte (Kasten S. 721), kann im großen Thanh Hoa Hotel, 25A Quang Trung, 📞 037-385 2517, 🖥 www.thanhhoatourist.com.vn, ❶–❹, übernachten. Hier befindet sich auch die örtliche Tourismusbehörde und ein Restaurant mit internationaler Küche.

Da Thanh Hoa an der N1 und der Eisenbahnstrecke Ha Noi–Sai Gon liegt, bestehen permanent Verbindungen nach Norden und Süden. Busse nach Norden fahren vom Ben Xe Khach Phia Tay, 340 Nguyen Trai, 📞 037-385 2642, ab, darunter nach Ha Noi (alle 20 Min. von 7–16 Uhr, 153 km, 85 000 Dong). Busse in den Süden starten vom Ben Xe Nga Ba Voi, etwa 3 km südlich der Stadt, etwa nach DA NANG (427 km, 200 000 Dong). Thanh Hoas Flughafen liegt 45 km nordwestlich der Stadt. Vietnam Airlines fliegt von hier 2x tgl. nach HCMS.

Vinh

Wenn es einen Wettbewerb um den Titel der hässlichsten Stadt Vietnams gäbe, würde **Vinh** [4450] bestimmt einen Spitzenplatz belegen. Das liegt nicht etwa an mangelndem ästhetischen Sinn seiner Bewohner: Schuld sind die französischen und amerikanischen Bombardierungen, die die Stadt zweimal weitgehend dem Erdboden gleichmachten. Die Wiederaufbauhilfe, die daraufhin aus den sozialistischen Bruderländern in das Land floss, hat einige scheußliche architektonische Denkmäler hinterlassen. An einigen Stellen wurde bereits mit dem Abriss der von der Witterung zerfressenen Bauten begonnen, um an deren Stelle etwas bessere Wohnblöcke zu errichten.

Die meisten Traveller passieren Vinh nur auf der Durchreise. Auch wer aus **Laos** kommt, kann oft noch mit einem Anschlussbus weiterfahren.

ÜBERNACHTUNG

Hoa Phuong Do, 72 Le Loi, ✆ 038-383 3352, 🖥 www.hoaphuongdohotel.net, [7465]. Das ruhige Hinterhof-Hotel wird leicht übersehen, da es hinter einer Sacom-Bank versteckt liegt. Gepflegte, gut ausgestattete und preiswerte Zimmer inkl. Frühstücksbuffet (westlich und vietnamesisch). ❶–❷
Huu Nghi Hotel, 74 Le Loi, ✆ 038-384 4633, 🖥 www.huunghina.com.vn, [7466]. 3-Sterne-Hotel mit gut eingerichteten Zimmern und entsprechendem Service. Die Bäder haben eine Wanne. 2 Restaurants mit vietnamesischen und europäischen Gerichten. Angegliedertes Vietnam-Airlines-Büro. ❷–❸
Thuong Hai Vinh Hotel, 26 Le Loi, ✆ 038-358 9486, 🖥 thuonghaivinhhotel.com, [7468]. 10-geschossiges Hotel mit sauberen und gut ausgestatteten Zimmern inkl. Frühstück, allerdings nur von 6–8.30 Uhr. Zum nördlichen Busbahnhof nur wenige Minuten zu Fuß. ❷–❸

ESSEN

Vinhs Restaurants richten sich nicht speziell an westliche Besucher – umso authentischer ist daher die vietnamesische Küche.
Cong Phu, 7 Le Loi, [7472]. Vinhs beliebteste *bia hoi*-Schänke serviert neben dem gefragten Gerstensaft auch einheimische Gerichte. Abends oft rappelvoll. ⏱ bis 22.30 Uhr.
Minh Hong, 9B Mai Hac De, ✆ 091-327 2633, [7470]. Großes, beliebtes Restaurant mit einer Vielzahl von Gerichten. ⏱ 10–22 Uhr.
Thuong Hai, 144 Nguyen Thai Hoc, ✆ 038-384 1072, 091-531 6177, [7471]. Vietnamesische Hausmannskost: preiswert und beliebt. ⏱ tgl. 9.30–21 Uhr.

SONSTIGES

Die Hauptniederlassung der **Vietinbank** liegt in der 7 Nguyen Sy Sach, ✆ 038-384 2842. ⏱ Mo–Fr 7.30–11 und 13.30–16.30 Uhr. Eine Zweigstelle befindet sich in der 41 Quang Trung. **Geldautomat** der Vietinbank an der Hauptpost.

TRANSPORT

Busse

Vinh hat **zwei Busbahnhöfe**. Über den nördlichen, 77 Le Loi, ✆ 038-384 4127, wird der größte Teil des Fernverkehrs abgewickelt, während der südliche am Markt für die nähere Umgebung zuständig ist. Ausnahmen bestätigen die Regel.

Nördlicher Busbahnhof
Nach Süden:
DA NANG, 5, 5.30 und 6.30 Uhr, 185 000 Dong Sitzplatz; Schlafbusse 18, 18.30, 19, 19.30, 20,

Grenzübergänge nach Laos

Der Grenzübergang **Cau Treo – Nam Phao**, etwa 100 km westlich von Vinh, ist tgl. von 7–17 Uhr geöffnet. Wer sich die umständliche Anfahrt zur Grenze sparen möchte, nimmt einen der Busse, die Vinh tgl. direkt nach Thakhek oder Vientiane verlassen. Es gibt auch täglich Verbindungen von Ha Noi nach Vientiane (mind. 20 Std.) über diesen Grenzübergang. Ein anderer Übergang, etwa 240 km nördlich von Vinh, ist **Nam Can – Nong Het**, ⏱ 6–18 Uhr. Durchgehende Busse von Vinh nach Luang Prabang (500 000 Dong) und Phonsavan (6 Uhr, 420 000 Dong Schlafbus) starten am nördlichen Busbahnhof.
An beiden Grenzübergängen werden bei der Ankunft 30-Tage-Visa ausgestellt (Deutsche US$30, Österreicher und Schweizer US$35, Passfoto nicht vergessen).

20.30, 20.45 Uhr, 270 000 Dong (der Busfahrer will evtl. für „großes Gepäck" 30 000 Dong extra);
HUE, 5–11 Uhr alle 30 Min. sowie 13 Uhr, 370 km, 150 000 Dong Sitzplatz; Schlafbusse 10, 11.30, 12, 12.30, 20.15, 21 Uhr, 190 000 Dong.

Nach Norden:

HA NOI, 4.30–18 Uhr, alle 20 Min., ca. 5 Std., 170 000 Dong Sitzplatz; Schlafbusse 6.30, 7, 7.30, 8, 8.30, 9, 12.30, 13, 13.30, 14, 22 Uhr, 190 000 Dong;
HAI PHONG, 5–7.30 Uhr alle 30 Min. sowie um 8.10, 9, 10.45, 12, 21 Uhr, ca. 5 Std., 170 000 Dong Sitzplatz; Schlafbusse 8, 10, 20, 20.45, 21.30, 22.15 Uhr, 210 000 Dong;
NINH BINH wird nicht eigens angefahren, aber man kann sich unterwegs absetzen lassen: Da immer der volle Fahrpreis entrichtet werden muss, empfiehlt sich für Sparer der Bus nach NAM DINH, 5.30, 12.30, 13 Uhr, ca. 3 1/2 Std., 120 000 Dong, oder nach THAI BINH, 6 Uhr, ca. 4 Std., 135 000 Dong.

Südlicher Busbahnhof

Neben vielen nahe gelegenen Zielen wird auch HA NOI angefahren: 6 Uhr, Sitzplatz 150 000 Dong, und 7 Uhr, Schlafplatz für 180 000 Dong, nach HUE um 5, 6, 16, 19.20 Uhr für 150 000 Dong. Beide Ziele in je etwa 5 Std.

Eisenbahn

Der **Bahnhof** liegt in der 1 Truong Chinh, ☎ 038-385 3302. Alle Ziele entlang der Nord-Süd-Route werden mehrmals tgl. mit Zügen verschiedener Klassen angefahren.
HA NOI, 21.46 Uhr (SE2), 23.13 Uhr (SE4), 13.12 Uhr (SE6), 9.15 Uhr (SE8) und 19.53 Uhr (TN2);
SAI GON, 0.56 Uhr (SE1), 4 Uhr (SE3), 15.03 Uhr (SE5), 12.01 Uhr (SE7) und 20.02 Uhr (TN1).

Flüge

Der **Flughafen**, ☎ 038-385 2777, liegt etwas nördlich des Zentrums im Ortsteil Nghi Lien. **Vietnam Airlines**, 2 Le Hong Phong, ☎ 038-359 5777, 🖥 www.vietnamairlines.com, verbindet Vinh tgl. mit HCMS und HA NOI.

Dong Hoi

Dong Hoi [**7475**], die Hauptstadt der Provinz Quang Binh, liegt an der Mündung des Nhat Le-Flusses und war schon immer ein bedeutender Fischereihafen. Nachdem die Stadt im Vietnamkrieg fast völlig zerstört wurde, präsentiert sie sich heute als eine freundliche, ruhige Kleinstadt mit Uferpromenade. Nur wenig Verkehr knattert durch die Straßen abseits der N1, und wirklich belebt ist es nur auf dem Markt.

Nördlich und südlich der Stadt erstrecken sich lang gezogene Strände, die noch ihrer Entdeckung durch Traveller harren – allerdings ist z. B. der **Nhat Le-Strand** nördlich der Stadt für Touristen aus dem Inland schon kein Geheimtipp mehr.

Die meisten Reisenden übernachten hier, um einen Ausflug zur 50 km entfernten **Phong Nha-Höhle** (S. 723) zu unternehmen. Touren werden von den teuren Hotels, z. B. dem Sun Spa Resort, organisiert. Deutlich preiswerter ist es, mit einem privaten Xe om zu fahren oder ein Moped zu mieten (ca. US$10 am Tag).

ÜBERNACHTUNG

Hoa Binh Hotel, 52 Ly Thuong Kiet, ☎ 052-382 2347, 💻 www.hoabinhhotel.net, [7477]. Nichts Besonderes, aber die neuen Zimmer sind sauber und ordentlich. ❶–❷

Nam Long Hotel, 22 Ho Xuan Huong, ☎ 052-382 1851, ✉ sytrang25@yahoo.com, [7478]. Gepflegtes Haus mit großen, gut ausgestatteten Räumen, auch mit Balkon. Die paar Dollar Mehrausgabe im Vergleich zu den Hotels an der Quang Trung/Ly Thuong Kiet lohnen sich. Tickets und Touren buchbar. Ausleihe von Fahrrädern, Mopeds und Autos. ❶–❷

Thien Long Hotel, 16 Quang Trung, ☎ 091-527 2737, [7479]. Es gibt an dieser Straße zweimal die Nummer 16. Das Hotel befindet sich in der Nähe der Cau Dai-Brücke. Ordentliche und funktional eingerichtete Zimmer, meist ohne Fenster. Die hilfsbereiten Besitzer haben mal in Deutschland gelebt und freuen sich, ihre Sprachkenntnisse anwenden zu können. Moped und Fahrräder kann man günstig ausleihen. ❶–❷

ESSEN

Die Einwohner von Dong Hoi scheinen begeisterte Zuhause-Kocher zu sein: Anders lässt sich die relativ geringe Anzahl an Restaurants kaum erklären. Aber hungrig muss auch hier niemand ins Bett gehen.

Café QB, 3 Le Loi, ☎ 052-824 694, [7483]. Kleine Snacks und guter Kaffee in dem modernen kleinen Café mit gepolsterten Sitzmöbeln und WLAN. ⏱ tgl. 8–22 Uhr.

Huong Thuy Café, 35 Ly Thuong Kiet, ☎ 052-382 3314, [7485]. Modernes Café, an dem die Busse der Gesellschaft Camel Travel halten (s. Transport). ⏱ 7–21 Uhr.

Quan 69, 20 Quang Trung, ☎ 097-840 2323, [7487]. Sauberes Straßenrestaurant mit günstigen lokalen Gerichten, wie *Bun Bo Gio* (Reisnudel-Suppe mit Rind und Eisbein). ⏱ 6–22 Uhr.

SONSTIGES

Geld

Eine **Agribank** liegt in der Quang Trung schräg gegenüber der Quang Binh Quan-Pagode, eine **Incombank** mit Geldautomat weiter nördlich in der 50 Ly Thuong Kiet, ⏱ jeweils Mo–Fr 7.30–11 und 13.30–16.30 Uhr. Weitere Geldautomaten bei der Post. Einen rund um die Uhr zugänglichen Automaten gibt es außerdem auf dem Gelände des Sun Spa Resort.

Informationen und Touren

Hung Thanh Café, 29 Ly Thuong Kiet, ☎ 052-384 5868, ✉ a2z.jsc@gmail.com, [7484]. Hier gibt es nicht nur Kaffee (und WLAN), sondern auch Infos, Flug- und Bustickets. Eine Phong Nha-/Ke Bang-Tour kostet 450 000 Dong p. P., Tour zur Paradise-Höhle 650 000 Dong p. P. 7 Uhr morgens Treffen am Café, Rückkehr ca. 17 Uhr. ⏱ 7–21 Uhr.

TRANSPORT

Busse

Der **Busbahnhof** von Dong Hoi befindet sich an der Tran Hung Dao, etwa 1 km westlich der Post, Tieu Khu 2, ☎ 052-822 150. Hier fahren vormittags viele lokale Busse ab; z. B. nach: DA NANG, 6x tgl., 150 000 Dong; HUE, 2x tgl., 115 000 Dong; VINH, 7x tgl., 95 000 Dong. Sogar eine Verbindung nach THAKHEK in **Laos** gibt es: Mo, Mi und Fr frühmorgens für 320 000 Dong (eine anstrengende Tagesreise mit Grenzüberquerung am Übergang Cho La – Na Phao).

Die meisten Vietnam-Reisenden bevorzugen allerdings für die Weiterreise eine Open Tour-Busgesellschaft. Mehrere private Anbieter, die die Nord-Süd-Route bedienen, halten an Cafés an der Ly Thuong Kiet, darunter **Camel Tours** am Huong Thuy Café, 25 Ly Thuong Kiet, und **Hoa Long Tours** am Hung Thanh Café, 29 Ly Thuong Kiet.

Open Tour-Busse nach HA NOI kommen meist frühmorgens (ab 5.30 Uhr) vorbei – Tickets etwa 250 000 Dong, genaue Abfahrtszeiten bitte im Hung Thanh Café oder Huong Thuy Café erfragen. Oft gibt es auch einen Bus abends um 21 Uhr.

Eisenbahn

Der **Bahnhof**, ☎ 052-383 6789, befindet sich etwa 3 km westlich des Flusses. Viele Züge entlang der Nord-Süd-Route, z. B.:

HA NOI, 17.52 Uhr (SE2), 19.28 Uhr (SE4), 8.48 Uhr (SE6), 4.59 Uhr (SE8) und 14.36 Uhr (TN2);
SAI GON, 4.55 Uhr (SE1), 7.49 Uhr (SE3), 19.25 Uhr (SE5), 16 Uhr (SE7) und 1.10 Uhr (TN1).

Flüge

Der **Flughafen** von Dong Hoi liegt ca. 6 km nordwestlich des Stadtzentrums. **Vietnam Airlines** verbindet die Stadt mit HCMS und HA NOI.

Phong Nha und Ke Bang-Nationalpark

Die berühmte **Phong Nha-Höhle** [4771] und der sich anschließende **Ke Bang-Nationalpark**, der bis an die Grenze zu Laos reicht, wurden im Jahr 2003 von der Unesco zum Weltkulturerbe erklärt. Die spektakulären Höhlenformationen haben eine Länge von mindestens 65 km – besucht werden kann allerdings nur ein Bruchteil.

Der für Besucher erschlossene Bereich ist beeindruckend: Über einen Fluss geht es durch eine Spalte im Fels (*ham long*, „das Drachenmaul") ins Innere des Berges. Durch einen hohen Felsendom folgt der Weg dem Lauf des Gewässers, vorbei an einigen bunt angestrahlten Stalagmiten-Gruppen. Ein sandiges Ufer dient als Anlegestelle und Ausgangspunkt für eine kurze Expedition durch eine große Grotte, die von bunten Lampen und den unzähligen Blitzlichtern sich fotografierender Vietnamesen erhellt wird.

Eine weitere Höhle ist die **Dong Tien Son**. Der Eingang liegt etwa 130 Höhenmeter oberhalb des Flusses in der Felswand – der Aufstieg lohnt sich: Es erwartet den Besucher eine mit unzähligen bunten Lampen ausgeleuchtete Märchenwelt aus Felsen, Stalagmiten und Stalaktiten, die auf einem etwa 1 km langen Rundweg entdeckt werden kann. Der Eintritt beträgt für die Phong Nha-Höhle 30 000 Dong, zusätzlich für die Tien Son-Grotte 20 000 Dong. Die Eintrittsgelder sind am Bootsanleger in Bo Trach zu entrichten. Die letzten Boote fahren gegen 15 Uhr los.

Thien Duong-Höhle

Die Thien Duong-Höhle (Paradies-Höhle) wurde 2010 von britischen Höhlenforschern zur längsten trockenen Höhle der Welt erklärt. Sie befindet sich tief im Park, etwa 25 km von Son Trach entfernt, umgeben von dichten Wäldern und Karstformationen. Vom insgesamt 31 km langen System ist seit 2011 1 km für die Öffentlichkeit zugänglich; noch ein richtiger Geheimtipp.

Vom Besucherzentrum führt eine 500-Stufen-Treppe zum Höhleneingang. Die Schönheit der Gesteinsformationen im Inneren der Höhle ist atemberaubend, beeindruckend sind vor allem die riesigen, glitzernden Stalagmiten und Stalaktiten. Diese Tour ist viel weniger kommerziell als die in der Phong Nha-Höhle. Neben dem Besucherzentrum gibt es auch ein gutes Restaurant und Café. Wenn man in Dong Hoi übernachtet, sollte man einen ganzen Tag einplanen oder am besten in Son Trach die Nacht verbringen. Die organisierte Tour dauert von 9 bis 17 Uhr.

ÜBERNACHTUNG

Entlang der Dorfstraße von **Son Trach** [7541], wo sich der Bootsanleger befindet, liegen einige Hotels und Gästehäuser. Viele haben im Erdgeschoss ein Restaurant.

Nha Nghi Thanh Dat, Son Trach, Bo Trach, ☎ 052-367 7328, [7543]. Etwas teurer, aber dafür große, helle Zimmer mit schönem Ausblick, und es wird sogar etwas Englisch gesprochen. Touren. ❶

Nha Nghi Thao Nguyen, Son Trach, Bo Trach, ☎ 052-367 7030, [7544]. Ein Dutzend kitschig und funktional eingerichtete Zimmer zum kleinen Preis. Einfaches Restaurant mit landestypischen Gerichten *com* und *bun*. ❶

Phong Nha Farmstay, Phong Nha, Dorf Cu Nam, ☎ 052-367 5135, 094-475 9864 (Ben), 097-642 5332 (Bich), 🖳 www.phong-nha-cave.com, [7546]. Das 2-geschossige Haus im französischen Kolonialstil befindet sich 8 km von Son Trach entfernt im Dorf Cu Nam. Geleitet wird es von Ben und Bich, einem australisch-vietnamesischen Ehepaar. Private Zimmer mit AC und Moskitonetz. Schlafsaal für bis zu 10 Pers. mit Ventilator und Moskitonetz. Mini-pool, Lobby, Lounge mit Billardtisch, Hängematten, Bar und Restaurant (westlich und

Grenzübergang nach Laos

Von Dong Ha [7489] führt die Nationalstraße 9 nach Westen ins 89 km entfernte **Lao Bao**, dem meistgenutzten Grenzübergang nach Laos, ⏰ 7–22 Uhr. Die Straße ist von großer wirtschaftlicher Bedeutung für Vietnams Nachbarn: Ganze Kolonnen von Lastwagen pendeln zwischen Dong Ha, Savannakhet (Laos) und Mukdahan (Thailand).

Lao Bao hat einen großen Grenzmarkt mit vielen Gütern aus Thailand und einen Geldmarkt *(cho tien)*: Man sieht viele geschäftstüchtige Frauen, die mit dicken Bündeln Geldscheinen unterwegs sind und das Devisengeschäft kontrollieren. Hier können vietnamesische Dong gegen laotische Kip getauscht werden. Dollar sind besonders beliebt, werden aber oft nur zu haarsträubenden Kursen getauscht.

Wer spät in Lao Bao ankommt und dort eine Nacht verbringen muss, kann relativ bequem im Bao Son Hotel, 1 Tran Phu, ☎ 053-387 7848, ✉ baosonhotellb@gmail.com, unterkommen. Es bietet akzeptable, wenn auch etwas verwohnte Zimmer. Etwas neuer ist das Sepon Hotel, Khu KTTM DB Lao Bao, ☎ 053-377 7129, 🖥 www.seponhotel.com.vn, das bei lokalen Geschäftsleuten beliebt ist, beide ❷. *Com*- und *pho*-Restaurants befinden sich in der Umgebung des Marktes.

Von Hue (S. 734) und Da Nang (S. 742) besteht tgl. Anschluss nach Savannakhet und in andere laotische Mekongstädte. Außerdem pendeln regelmäßig Busse und Minibusse zwischen Dong Ha und der Grenze (2 Std.). Einige fahren nur bis ins Dorf Lao Bao, wo man für die letzten 3 km ein Motorradtaxi nehmen muss, ebenso nach dem Grenzübertritt für die kurze Fahrt nach Dan Savan. Dort starten 3x tgl. bis 14 Uhr Busse nach Savannakhet (6–7 Std.). Eine bequemere Alternative ist der Bus, der alle zwei Tage morgens direkt von Dong Ha nach Savannakhet fährt (8 Std.).

vietnamesisch). Moped- und Fahrradverleih. Abholservice ab Dong Hoi US$20. Touren in den Nationalpark, Kajakfahren und „Tubing"

auf dem Son Chay-Fluss. Höhere Preise als Anbieter in Son Trach. Im Voraus buchen, da begrenzte Zimmer und sehr beliebt. ❶–❸

ESSEN

Am Marktplatz in Son Trach sind viele einfache und preiswerte Restaurants aneinandergereiht: **Phuong Anh**, **Hong Nhung**, **Co Ly** und **Thu Hien**, die auch eine englische Speisekarte haben. Sehr empfehlenswert ist das **Quan An Vung Hue**, ☎ 052-350 3225; westliche und vietnamesische Gerichte.

SONSTIGES

Geld

Eine **Agribank** befindet sich in der Dorfstraße in Son Trach.

Touren

Touren zu den Höhlen und Trekking-Touren in die Umgebung organisiert die professionelle Agentur **Oxalis Adventure Tours**, Son Trach, ☎ 052-367 7678, 🖥 www.oxalis.com.vn.

TRANSPORT

Vom kleinen Ort Son Trach geht es mit **Booten** zu den Höhlen. Der Fahrpreis beträgt 220 000 Dong pro Boot – wer zu mehreren kommt, kann sich den Betrag teilen.

Wer in DONG HOI übernachtet, sollte mit seinem Fahrer auf jeden Fall Hin- und Rückfahrt vereinbart haben. Wer ohne Rücktransport dasteht, kann versuchen, ein Xe om zu bekommen oder sich einer Tourgruppe anzuschließen. Von der Busstation (Tran Hung Dao) gibt es zudem lokale Busse für 45 000 Dong nach Son Trach, allerdings ohne feste Abfahrtzeiten. Von Dong Hoi aus kosten Hin- und Rückfahrt mit einem privaten Xe om etwa 200 000 Dong.

Die Demilitarisierte Zone (DMZ)

„Demilitarisierte Zone" – was für eine Bezeichnung für eine der am stärksten vom Krieg versehrten Regionen der Welt! Eingerichtet wurde die Zone 1954 nach der Genfer Konferenz, als Vietnam in Nord und Süd geteilt wurde: Die Grenze entlang des 17. Breitengrades sollte durch einen 10 km breiten Streifen Niemandsland geschützt werden, in dessen Mitte der Ben Hai-Fluss verlief. Brutale und (bei Militärhistorikern) legendäre Schlachten wurden in dieser Region gefochten.

Wer eine Tour zu den historischen Orten bucht, wird Schlachtfelder, Bunkerruinen und Denkmäler sehen – und bewegende Geschichten aus der Vergangenheit hören: Viele der Tourguides waren damals als Übersetzer in der US-Armee tätig und haben die Geschehnisse hautnah miterlebt.

Hien Luong-Brücke

Die Hien Luong-Brücke überspannt den ehemaligen Grenzfluss Ben Hai und wurde während des Krieges ständig zerstört und wieder aufgebaut. Heute ist die 230 m lange Brücke nur noch für Fußgänger geöffnet. Die N1 verläuft 20 m weiter östlich über eine neue Brücke parallel dazu.

Wer gut aufpasst, kann diese „Sehenswürdigkeit" bei einer Bustour im Vorüberfahren abhaken (22 km nördlich von Dong Ha).

Die Tunnel von Vinh Moc

Diese Sehenswürdigkeit ist bedrückend und von allen Zielen in der Demilitarisierten Zone das beeindruckendste.

Kleiner als das Tunnelsystem von Cu Chi, aber besser erhalten und im Originalzustand präsentiert sich diese unterirdische Welt. Eine kleine Stadt unter der Erdoberfläche, im Gegensatz zu den Cu Chi-Tunneln, die hauptsächlich für Kampfaktionen genutzt wurden. Das System wurde von 1965 bis 1966 geschaffen: auf drei Ebenen und bis zu 20 m tief. Mehr als 300 Menschen lebten hier sechs Jahre lang, 17 Kinder wurden hier sogar geboren. Einige leben heute noch in der Gegend und können dramatische Geschichten erzählen. ⏱ ganztägig, Eintritt 25 000 Dong.

Anschließend bietet ein Abstecher an den **Cua Tung-Strand** Erholung. Dort gibt es auch ein paar einfache Gästehäuser.

Khe Sanh

In Khe Sanh tobte die vielleicht erbittertste Schlacht des gesamten Zweiten Indochinakrieges. Amerikanische Marines hatten sich auf dem Berg in einer Festung verschanzt, als im Januar 1968 etwa 40 000 Vietnamesen mit einer 75 Tage langen Belagerung begannen. Wohl kaum ein Platz der Welt wurde derart heftig bombardiert wie die Umgebung der Festung.

Heute ist Khe Sanh eine trostlose Landschaft mit ein paar Ruinen und einer noch immer erkennbaren Landebahn der Amerikaner. Ein kleines **Museum** bietet Interessierten eine Fotoausstellung. Es lohnt sich, einen Blick in das Gästebuch zu werfen: Dort finden sich viele Notizen amerikanischer Veteranen. ⏱ ganztägig, Eintritt 25 000 Dong.

Auf dem Weg nach Khe Sanh passiert man **The Rockpile**, einen einzeln stehenden Berg, der den Amerikanern als Beobachtungsposten diente. Ein kurzer Stopp wird von Bustouren auch am **Ho-Chi-Minh-Pfad** eingelegt oder besser: an dem, was heute daraus geworden ist – ein geteerter Highway. Die **Dakrong-Brücke**, an der Halt gemacht wird, war im Krieg von größter strategischer Bedeutung und wurde viele Male zerstört und wieder aufgebaut.

Nordwestlich von Dong Ha

Die **Con Tien-Geschützstellung** etwa 10 km nordwestlich von Dong Ha ist noch ein „Highlight" auf dem Besichtigungsprogramm der DMZ. Einige Bunker erinnern an einen weiteren wichtigen strategischen Außenposten der Amerikaner, der entsprechend vehement von den Nordvietnamesen bedrängt wurde.

Am Ende einer DMZ-Tour sollte ein Besuch auf dem **Truong Son-Friedhof** stehen. Er liegt ca. 25 km nordwestlich von Dong Ha an der N15. Die 15 000 Gräber enthalten die Überreste längst nicht aller in der Region gefallenen Vietnamesen, angeordnet nach ihrer Heimatprovinz. Nach dem Glauben der Vietnamesen finden nur diejenigen Seelen nach dem Tod Ruhe, deren irdische Hüllen ordentlich beerdigt und deren Gräber respektiert werden. Wie viele unerlöste Seelen mögen noch in den Weiten der DMZ herumirren?

VIETNAM

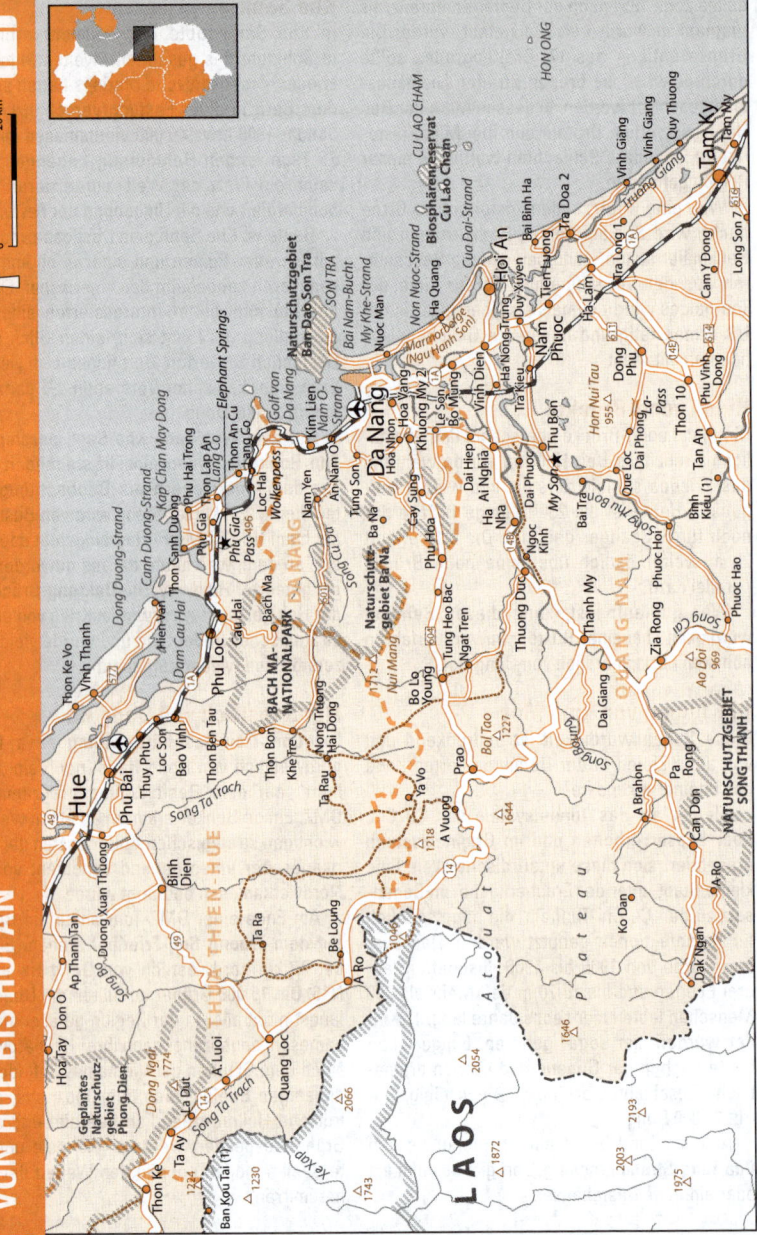

VON HUE BIS HOI AN

20 km

N

Von Hue bis Hoi An

Auf halbem Wege zwischen Ha Noi und Sai Gon liegen einige der schönsten Ziele für Vietnam-Reisende. Die alte **Kaiserstadt Hue** mit ihrer Zitadelle und den Kaisergräbern ist ein Muss für kulturell und historisch Interessierte, aber auch ein lohnender Zwischenstopp für alle anderen: Die angenehmen Hotels und Gästehäuser bieten ein gutes Preis-Leistungs-Verhältnis, und in den Cafés und Restaurants treffen sich seit den 1990er-Jahren die Traveller, um Tipps und Erfahrungen auszutauschen. Darüber hinaus ist Hue eine gute Ausgangsbasis für Trips in die DMZ oder in den Bach Ma-Nationalpark.

Auf dem Weg von Hue nach Da Nang unterquert der Reisende den **Wolkenpass** – die natürliche Grenze zwischen Süd- und Nordvietnam: Früher schlängelte sich die N1 über den Berg, heute erleichtert ein Tunnel die Reise. **Da Nang** mit seinem internationalen Flughafen ist eine wichtige touristische Drehscheibe und wird in Zukunft wohl noch an Bedeutung gewinnen. Heute fahren die meisten, die hier mit dem Zug oder dem Flugzeug ankommen, direkt weiter nach **Hoi An**, zweifellos eines der Highlights jeder Vietnam-Reise. Die gut erhaltene Altstadt hat viel Atmosphäre. Angenehme Unterkünfte und Restaurants laden zum Verweilen ein. Ausflüge sind möglich zu den als Weltkulturerbe geschützten **Cham-Ruinen von My Son** ebenso wie zu den nahe gelegenen Stränden. In Richtung Da Nang ragen die **Marmorberge** mit ihren mystischen Höhlen-Pagoden empor.

19 HIGHLIGHT

Hue

Hue **[4677]**, die historische Hauptstadt von Vietnam (1802–1945) und Sitz der letzten Kaiser, schmiegt sich an die Ufer des Song Huong, des **Parfümflusses**. Am nördlichen Ufer liegt das Gebiet der alten **Zitadelle**, der kaiserlichen Befestigungsanlage. Zeitgeschehen und Krieg haben sie weitgehend ins Stadtbild integriert; heute liegen Wohnungen und Arbeitsstätten in dem Bereich der Stadt, der früher nur dem Kaiser und seinem umfangreichen Hofstaat zugänglich war. Auch einige Hotels und Restaurants sind hier angesiedelt. Die weitaus meisten Hotels und andere touristische Einrichtungen befinden sich aber am Südufer des Parfümflusses. Drei Brücken verbinden die beiden Stadtteile. Am südlichen Flussufer laden Parks und Promenaden zum Verweilen ein, wie an vielen Orten in Vietnam geschmückt mit Skulpturen einheimischer Künstler. Besonders schön ist es hier am Abend, wenn die letzten Drachenboote von ihren Ausflugsfahrten heimkommen und sich die Silhouette der bunt illuminierten Truong Tien-Brücke im Wasser des ruhig dahingleitenden Parfümflusses spiegelt.

Zitadelle

Die Zitadelle, die die Nguyen-Herrscher anlegen ließen, hat einen quadratischen Grundriss von knapp 10 km Umfang. Unter Gia Long wurde ein 23 m breiter Wassergraben um die Stadt gezogen, und als weitere Befestigung wurden Erdwälle aufgeschüttet, die ab 1818 durch eine 21 m dicke und 6,60 m hohe Mauer ersetzt wurden, welche heute noch existiert.

Am Entwurf der Befestigungsanlage waren erfahrene französische Festungsbaumeister und teilweise bis zu 80 000 Arbeiter beteiligt. So entstanden die 24 ausgeprägten Bastionen, die der Mauer zu ihrer besonderen Form verhalfen. Zudem wurden beim Bau Prinzipien des Feng Shui beachtet. Bei der Anlage der Zitadelle von Hue diente der 3 km südöstlich aufragende Berg Nui Ngu Binh („Berg des Königlichen Schirmes") ebenso zum Schutz vor bösen Einflüssen wie die zwei vorgelagerten Flussinseln Con Hen, die „Insel des Blauen Drachens", und Con Da Vien, die „Insel des Weißen Tigers".

Nähert man sich der Zitadelle vom Fluss aus, so sieht man schon von Weitem den **Flaggenturm** (Co Cot), an dem die Nationalfahne weht. Er steht auf drei in die Festungsmauer integrierten Terrassen und befindet sich genau auf der

Mittelachse der ganzen Anlage – eine gedachte Linie durch ihn, rechtwinklig zum Fluss, zerteilt die Zitadelle in zwei gleich große Hälften.

Die wichtigsten Gebäude sind entlang dieser Mittelachse angelegt. So etwa das **Mittagstor**, durch das Besucher heute das Innere der Anlage betreten. Auf dem Weg dorthin passiert man die **Neun Heiligen Kanonen** (Cuu Vi Than Cong), die der Gründer der Dynastie aus den erbeuteten Waffen der besiegten Tay Son gießen ließ.

Kaiserstadt und Purpurne Verbotene Stadt

Das **Mittagstor** (Ngo Mon-Tor), wo sich auch der Ticketschalter befindet, ist das schönste der vier Eingangstore in die Kaiserstadt. Es wurde 1833 von Minh Mang im Stil des gleichnamigen Tores in Beijing errichtet. An dieser Stelle endete 1945 die Regentschaft der Nguyen-Dynastie, als der letzte Kaiser Bao Dai seine Insignien an Ho Chi Minh übergab.

Auf das u-förmige Tor ist ein hübscher, zweistöckiger Pavillon gesetzt, der **Pavillon der fünf Phönixe** (Ngu Phung). Er kann über eine Treppe erreicht werden. Von dort hat man einen schönen Blick auf den rechteckigen Thai Dich-Teich, in dem sich eine gefräßige Bande dicker, roter Karpfen tummelt, über den Hof des Großen Empfangs (San Dai Trieu) zur **Halle der höchsten Harmonie** (Dien Thai Hoa). In dieser Halle fanden offizielle Zeremonien statt, die mit viel Pomp und nach einem genauen Ritual inszeniert wurden. Die 44 x 30 m große Halle stammt wie das Mittagstor aus dem Jahr 1833. 80 Säulen aus Eisenholz schützen das bemerkenswerte Dach: Im Gegensatz zu den sonst typischen geschwungenen Walmdächern handelt es sich um ein „Paralleldach" *(trung thiem diep oc)* – zwei gestaffelte Satteldächer.

An die Halle der höchsten Harmonie grenzt der Bereich der **Purpurnen Verbotenen Stadt** (Tu Cam Thanh), die ausschließlich dem Kaiser und seinem Gefolge (hauptsächlich: seinen über hundert Konkubinen) vorbehalten war. Der Name stammt aus der chinesischen Astrologie, wo es im Himmel einen „purpurnen Bereich" gibt, an dem der Polarstern steht – eine Metapher für die Stellung des Kaisers als unverrückbarer Herrscher des Himmels auf Erden.

Der zweite Hof ist heute fast unbebaut. Nur wenige Überbleibsel erinnern an den **Phung Tien-Tempel** (Dien Phung Tien), der ebenfalls der dynastischen Ahnenverehrung gewidmet war. Im dritten und vierten Hof lebten die Mutter und Großmutter des Herrschers im **Palast der Ewigkeit** (Cung Dien Tho) bzw. dem **Palast des langen Lebens** (Cung Truong Sinh). Während der Großmutter-Palast noch seiner Wiederherstellung harrt, präsentiert sich der Palast der Ewigkeit mit seiner Mischung aus vietnamesischen und französischen Architekturstilen fast wieder so wie in den 1920er-Jahren, als der letzte Kaiser Bao Dai hier lebte. ⏱ Mo–Sa 7.30–17.30, So 6.30–17.30 Uhr, Eintritt 105 000 Dong. Wenn man es ruhig angehen lässt, hat man das Gelände in etwa zwei Stunden erkundet.

Museen

Das **Museum der Königlichen Antiquitäten** (Bao Tang Lich Su Va Cach Mang), 3 Le Truc, liegt außerhalb der Kaiserstadt am Tor der Menschlichkeit (Cua Hien Nhon) im schön renovierten, hölzernen Long An-Palast. Das Gebäude befand sich bei seiner Erbauung durch Kaiser Thieu Tri 1845 noch innerhalb der Kaiserstadt; 1909 wurde es dort abgebaut und an seiner heutigen Stelle als Nationale Universitätsbibliothek wieder errichtet. Kai Dinh machte 1923 ein Museum daraus. Heute findet sich hier eine wertvolle Sammlung von Alltagsgegenständen aus herrschaftlichem Besitz: Keramik, Bronze, Wandschirme und des Kaisers alte Kleider. Im Garten davor stehen einige Statuen und alte Kanonen. ⏱ Di–So 7.30–17 Uhr (Mitte April bis Mitte Oktober ein halbes Stündchen länger), Eintritt 40 000 Dong; Ticket gilt auch für das Provinzmuseum. Fotografieren im Innenraum verboten.

Direkt gegenüber liegt das **Provinzmuseum**, 23 Thang 8, das mit seiner Sammlung von Kriegsgerät im Park und seiner Dokumentation der grausamen Ereignisse des Indochina-Krieges eher wie ein Militärmuseum wirkt. Neben an ist die ehemalige Schule der Prinzen angesiedelt, zu der der 1808 erbaute **Di Luan-Pavillon** gehört, wo heute einige Funde aus vorvietnamesischer Zeit (Prähistorie und Cham) gezeigt werden. ⏱ tgl. 7.30–11 und 13.30–17 Uhr, Eintritt Museum 20 000 Dong.

Südlich des Flusses

Ein kaiserliches Gebäude außerhalb der Zitadelle ist der **An Dinh-Palast**, den Kaiser Khai Dinh 1918 für seinen Sohn und Nachfolger Bao Dai errichten ließ. Er liegt in einem schönen, über 23 000 m² großen Park am Südrand von Hue; angelegt als neobarockes, pastellgelbes Schlösschen, das vietnamesische und europäische Stilelemente vereint. Der letzte Kaiser wohnte zeitweise mit seiner Familie und einigen Dienstboten hier. Später waren in dem Haus Regierungsbeamte und Professoren der Universität von Hue untergebracht. 2001 wurde das Haus dem Hue Monuments Conservation Center unterstellt und einer aufwendigen Restauration unterzogen. ⏱ Di–So 7.30–17 Uhr, Eintritt 30 000 Dong.

Im **Ho-Chi-Minh-Museum** (Bao Tang Ho Chi Minh) am südlichen Flussufer, 7 Le Loi, ☏ 054-382 2152, gedenkt man des Landesvaters, zu dem man hier eine ganz besondere Beziehung hat, denn einen großen Teil seiner Jugend verbrachte der spätere Präsident in Hue. Familienfotos und Bilder des alten Hue unterscheiden die Ausstellung von anderen Ho-Chi-Minh-Museen. ⏱ Di–So 7.30–11.30 und 13.30–16.30 Uhr, Eintritt 20 000 Dong.

Die mächtige katholische **Kathedrale** (Dong Cua Cuu The) in ihrer eigentümlichen Architekturmischung aus europäischer Moderne und asiatischer Tradition wurde Anfang der 1960er-Jahre errichtet. Stahlbeton und massive Eisenträger, geliefert von der Firma Eiffel in Paris, machten eine selbsttragende Konstruktion möglich, sodass innen keine Säulen benötigt wurden. Der Altar ist aus Marmor, der aus den Marmorbergen bei Da Nang stammt.

ÜBERNACHTUNG

Ein Mangel an Unterkünften herrscht in Hue nicht – außer zu Festivalzeiten. Den Rest des Jahres profitieren Besucher von einer mäßig starken Konkurrenz der Hotels untereinander, die zu einem recht guten Preis-Leistungs-Verhältnis führt, besonders wenn man nicht auf die allerbilligsten Zimmer (US$5–7) angewiesen ist. Reisende mit großzügigem Budget haben die Auswahl unter einigen schönen, stilvollen Unterkünften.

Untere Preisklasse

Bao Minh Hotel, 8/66 Le Loi, ☏ 054-382 9953, ✉ ksbaominh@yahoo.com.vn, [7039]. Günstige Zimmer, einige mit kleinem Balkon. Freundlicher Service. Oft ausgebucht. ❶

Binh Duong 3 Hotel (Sunny Hotel), 4/34 Nguyen Tri Phuong, ☏ 054-383 0145, 🖥 www.binh duonghotel.com, [9217]. In einer ruhigen Seitengasse liegen zwei Häuser der Binh Duong-Kette. Saubere, recht geräumige Zimmer, einfache Ausstattung. Einige mit Balkon, alle mit Fenster. Das **Binh Duong 1**, 17/34 Nguyen Tri Phuong, ☏ 054-382 9990, [7040], ist etwas weniger ansprechend. ❷

Canh Tien Gh., 9/66 Le Loi, ☏ 054-382 2772, [7042]. Empfehlenswertes, freundliches Haus mit Zimmern verschiedener Preisklassen, von einem einfachen AC-Raum bis zum 3er-AC-Zimmer mit großem Balkon. ❶–❷

Hoang Huong Gh., 46/2 Le Loi, ☏ 054-382 8509, [9245]. Schlichte, preiswerte Travellerzimmer bei einer freundlichen Gastfamilie. Die Matratzen sind durchgelegen, aber es müffelt nicht. ❶

🧳 **Hue Backpackers' Hostel**, 10 Pham Ngu Lao, ☏ 054-382 6567, 🖥 www.vietnam backpackershostel.com, [4679]. Das leuchtend gelbe Haus ist eine der beliebtesten Unterkünfte für Rucksackreisende. Grund ist neben den günstigen Betten im Schlafsaal sicher auch die gute Ausstrahlung. Besonders in den frühen Abendstunden ist unten in der Lobby und auf dem Bürgersteig davor immer etwas los. Vor den Zimmern lange Gemeinschaftsbalkone. Dormbett inkl. einfachem Frühstück US$8, wer ein Kingsize-Bett nimmt, zahlt US$12. ❶–❷

Phu An Hotel, 42 Nguyen Tri Phuong, ☏ 054-382 1168, 🖥 www.phuanhotel.com.vn, [7050]. Geräumige, teils verwinkelte Zimmer. Besonders empfehlenswert sind die größeren Zimmer mit einem großen und einem kleinen Bett und Balkon. Hier stimmt das Preis-Leistungs-Verhältnis. ❶–❷

Phuong Hoang (Phoenix) Hotel, 66/3 Le Loi, ☏ 054-382 6736, 🖥 www.phoenixhotelhue.com, [7049]. Saubere, relativ kleine AC-Zimmer, die besseren mit Balkon und/oder Badewanne. Inkl. Frühstück. ❶–❷

Sports Hotel, 15 Pham Ngu Lao, ☏ 054-382 8096, [7051]. Gepflegte Zimmer, teils schön

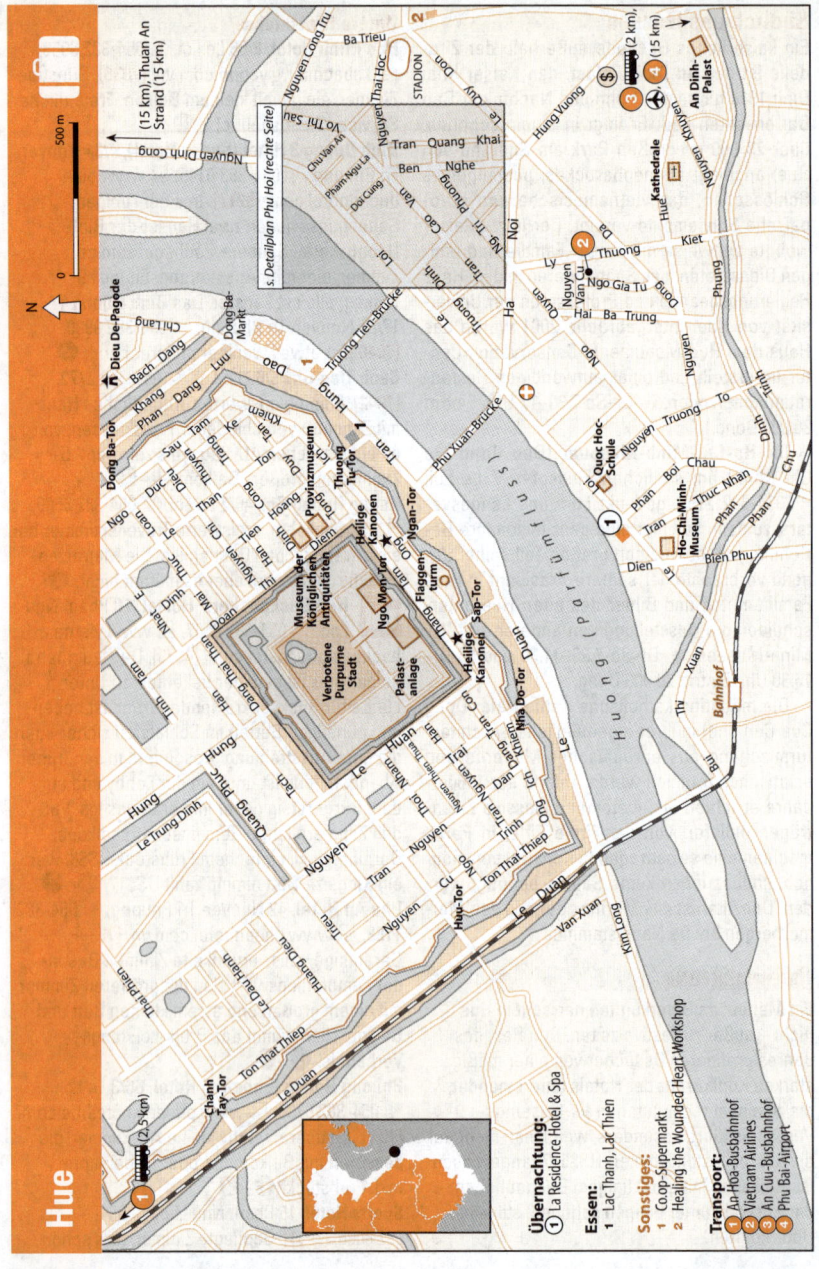

VIETNAM

Hue

Übernachtung:
① La Residence Hotel & Spa

Essen:
1 Lac Thanh, Lac Thien

Sonstiges:
1 Co.op-Supermarkt
2 Healing the Wounded Heart-Workshop

Transport:
① An-Hoa-Busbahnhof
② Vietnam Airlines
③ An Cuu-Busbahnhof
④ Phu Bai-Airport

geräumig mit 2 großen Betten und Balkon. Inkl. Frühstücksbuffet. Freundliches Personal. ❶–❷

Thanh Thuy Gh., 66/6 Le Loi, ✆ 054-382 4585, ✉ thanhthuy.guesthouse@gmail.com, [7052]. Günstige, beliebte Unterkunft. Preislich unschlagbar, da es auch noch Zimmer ohne Bad gibt. Wer direkt hier reserviert und länger bleibt, wird auch vom Zug- oder Busbahnhof aufgepickt. ❶

Mittlere und obere Preisklasse

Century Riverside Hotel, 49 Le Loi, ✆ 054-382 3390, 🖥 www.centuryriversidehue.com, [9241]. Lang gestrecktes Hotel am Flussufer mit 135 gepflegten Zimmern. Schöner Pool mit Flussblick und ansprechender Garten. Die Zimmer ab dem 3. Stock bieten einen tollen Blick auf den Fluss. Starke Preisnachlässe bei Buchungsportalen. Inkl. Frühstücksbuffet. ❹–❻

Holiday Diamond Hotel, 6/14 Nguyen Cong Tru, ✆ 054-381 9845, 🖥 www. hueholidaydiamondhotel.com, [7046].

Ansprechendes Hotel in ruhiger Lage. Sehr schön eingerichtete Zimmer. Wasserkocher und bei Superior-Zimmern auch mit Computer. Inkl. Frühstück. Sehr freundliches Personal. ❷–❹

La Residence Hotel & Spa, 5 Le Loi, ✆ 054-383 7475, 🖥 www.la-residence-hue.com, [9242]. Eines der besten Hotels der Stadt in den Räumen der renovierten Gouverneursvilla am Ufer des Parfümflusses: Schick und elegant eingerichtet, fängt es koloniale Themen auf, ohne altmodisch zu wirken. Tolle Ausblicke auf den Fluss. ❻

New Star Hotel, 34-26 Chu Van An, ✆ 054-383 4647, 🖥 www.newstarhuehotel.com, [7047]. Großes, leicht zurückversetztes Haus. Auch wenn die Lobby etwas nüchtern asiatisch eingerichtet ist: Die Zimmer sind ordentlich und großzügig. Offener Pool auf der 1. Etage. Inkl. Frühstücksbuffet. ❸–❺

Orchid Hotel, 30A Chu Van An, ✆ 054-383 1177, 🖥 www.orchidhotel.com.vn, [7048]. Ansprechendes Haus mit großzügigen,

VIETNAM

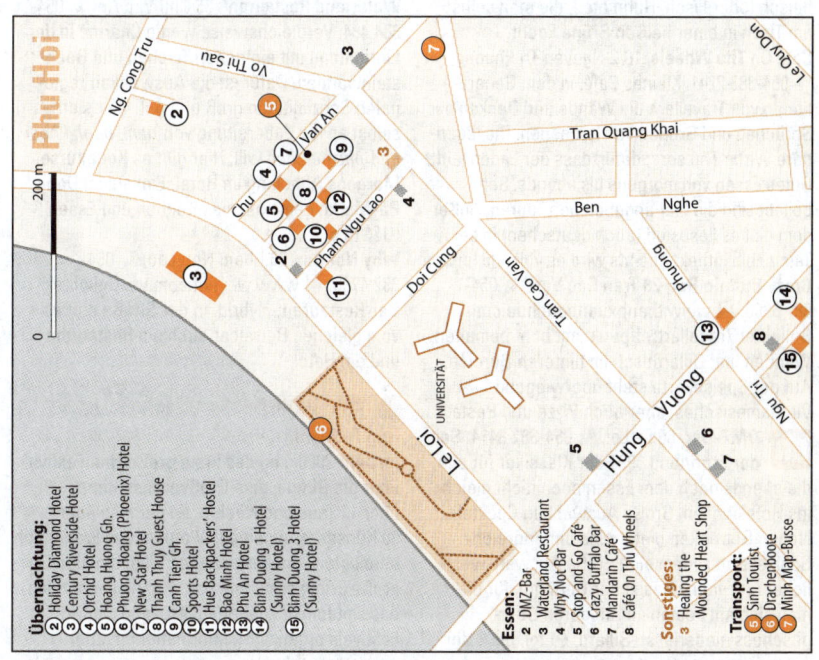

Übernachtung:
❶ Holiday Diamond Hotel
❷ Century Riverside Hotel
❸ Orchid Hotel
❹ Hoang Huong Gh.
❺ Phuong Hoang (Phoenix) Hotel
❻ Thanh Thuy Guest House
❼ Canh Tien Gh.
❽ Sports Hotel
❾ Hue Backpackers' Hostel
❿ Bao Minh Hotel
⓫ Phu An Hotel
⓬ Binh Duong 1 Hotel (Sunny Hotel)
⓭ Binh Duong 3 Hotel (Sunny Hotel)

Essen:
❷ DMZ-Bar
❸ Waterland Restaurant
❹ Why Not Bar
❺ Stop and Go Café
❻ Crazy Buffalo Bar
❼ Mandarin Café
❽ Café On Thu Wheels

Sonstiges:
❸ Healing the Wounded Heart Shop

Transport:
❺ Sinh Tourist
❻ Drachenboote
❼ Minh Map-Busse

stilvoll eingerichteten Zimmern. Ausstattung und Service sind erstklassig. Einige Zimmer haben einen kleinen Balkon mit Sitzgelegenheit. Alle Zimmer sind mit PC, DVD-Spieler und DVDs ausgerüstet. Begrüßungsgetränk und Obstteller sind inkl., ebenso das umfangreiche Frühstücksbuffet. Alle Mitarbeiter sind äußerst hilfsbereit und zuvorkommend. ❸–❺

ESSEN

VIETNAM

In Hue gibt es eine große Auswahl an Restaurants: Travellercafés mit Pizza-Pasta-Pancake oder Lokale mit etwas gehobener internationaler Küche ebenso wie kleine, vietnamesische Familienbetriebe. In Letzteren ist es manchmal empfehlenswert, dem freundlichen jungen Mann, der sich zu einem an den Tisch gesellt, frühzeitig klarzumachen, dass man zum Essen gekommen ist und nicht, um sich eine Motorradtour aufschwatzen zu lassen.

Unbedingt probieren sollte man einige der „authentic Hue dishes"; z. B. eines der Hotpot-Gerichte *(lau)*, hauchdünne Scheiben Rindfleisch (oder Fisch, Huhn etc.), die man selbst am Tisch in einer heißen Brühe kocht.

Café On Thu Wheels, 10/2 Nguyen Tri Phuong, ☎ 054-383 2241. Kleines Café, in dem Generationen von Travellern die Wände und Decken mit Sprüchen und Grüßen verziert haben. Die legendäre Wirtin Thu sorgt dafür, dass der Laden läuft. Gutes Essen von morgens bis abends. Sehr beliebt sind die hier angebotenen Touren. Außerdem gibt es Lesestoff (auch deutschen) in der Tauschbibliothek. Abends wird es voll und laut.

Crazy Buffalo Bar, 28 Tran Cao Van, ☎ 054-381 6868, 🖥 www.thanhxuanhotelhue.com. Beliebter Travellertreffpunkt mit bunt bemalten Wänden und Billardtisch im hinteren Bereich. Auf der Speisekarte steht überwiegend Vietnamesisches, aber auch Pizza und Pasta.

🏛 **DMZ-Bar**, 60 Le Loi, ☎ 054-382 3414. Seit der Eröffnung 1994 der Klassiker für alle, die abends nach dem Essen noch nicht gleich ins Hotel wollen. Große Auswahl an Cocktails. Neben Getränken bietet eine umfangreiche Speisekarte zudem eine große Auswahl westlicher und vietnamesischer Gerichte, für die man sich am besten im ruhigeren Obergeschoss niederlässt. Billard. ⏱ tgl. bis 2 Uhr.

🏛 **Lac Thanh**, 6A Dinh Tien Hoang, ☎ 054-382 4674. Preiswertes vietnamesisches Restaurant mit vielen Hue-Spezialitäten und vegetarischen Gerichten. Trotz der Erwähnung in vielen Reiseführern wird weiterhin kompromisslos gute Küche zu korrekten Preisen angeboten. Der Erfolg des Lac Thanh hat dazu geführt, dass nebenan weitere, zum Verwechseln ähnliche Restaurants aufgemacht haben.

Mandarin Café, 24 Tran Cao Van, ☎ 054-382 1281, 🖥 www.mrcumandarin.com. Das alteingesessene Travellercafé ist eine gute Anlaufstelle für westlich-vietnamesische Konsens-Küche und Tourbuchungen. Die neue Bleibe auf 2 Etagen mit Fotogalerie ist geschmackvoll eingerichtet. Empfehlenswert sind die Menüs, die einen Einblick in die Hue-Küche vermitteln.

Stop and Go Café, 3 Hung Vuong, ☎ 054-382 7051, 090-512 6767, ✉ stopandgocafe@yahoo.com. Snacks und guter Kaffee. Der silberhaarige Herr Do ist die Seele des Ladens und vermittelt von Ex-Soldaten geführte Touren in die DMZ.

Waterland Restaurant, 35 Chu Van An, ☎ 054-384 484. Vergleichsweise wenig Charme in der Einrichtung mit einfachen Tischen und Backsteinwänden. Dafür ist die Auswahl an regionalen Spezialitäten groß und gut. Wer sich selbst an die Zubereitung von *nem, banh khoai* und *pho* machen will: Hier gibt es **Kochkurse**. Morgens Abholung im Hotel, Einkauf im Dong Ba-Markt, gemeinsames Kochen und Essen (US$15 p. P.).

Why Not Bar, 26 Pham Ngu Lao, ☎ 054-382 4793, 🖥 www.whynot.com.vn. Beliebter Bar-Restaurant-Hybrid. In der Straße gibt es vom gleichen Betreiber auch ein Restaurant und ein Hotel.

UNTERHALTUNG

Hue Festival

Im Jahr 2000 ging das erste große Hue Festival über die Bühne, eine Großveranstaltung über 12 Tage und Nächte, an der sich über 30 Künstlergruppen aus Vietnam und Frankreich beteiligten – insgesamt über 1000 Künstler. Der große Erfolg ermutigte das Organisationsteam, das seitdem in 2-jährigem Abstand weitere Festivals organisiert. Informationen unter www.huefestival.com. Wer zu Festivalzeiten nach Hue fährt, sollte früh genug ein Hotel buchen und darauf gefasst sein, dass selbst einfachste Dinge wie eine Schale *pho* oder eine Cyclo-Fahrt das 3- bis 4-Fache kosten – da hilft auch kein Handeln, denn, so der Kommentar eines Cyclo-Fahrers: „Das Festival dauert ja nur ein paar Tage". Und in denen will ein jeder so viel verdienen wie nur möglich.

Traditionelle Musik und Tanz

Aufführungen der 2003 von der Unesco in die Liste des immateriellen Kulturerbes aufgenommenen **Nha Nhac-Musik**, die am kaiserlichen Hof von größeren Orchestern gespielt wurde, können ebenso wie Tanzaufführungen im **Kaiserlichen Theater** (Duyet Thi Duong) in der Purpurnen Verbotenen Stadt gesehen werden. Dort finden (in der Hauptsaison) mehrere Aufführungen täglich statt.

TOUREN

Eine große Zahl von **Touranbietern** bemüht sich in Hue um Kunden: freiberufliche Mopedtaxi-Fahrer ebenso wie viele kleinere und größere Reisebüros. In fast jeder Hotellobby und vielen Restaurants werden Touren angeboten. Schwierig, hier eine Empfehlung zu geben, aber als Faustregel gilt: Die billigsten Touren sind selten die besten. Auf jeden Fall sollte man vorher mit seinem Führer ein paar Worte wechseln; schon alleine um zu schauen, wie es mit dessen Englisch bestellt ist. Auch sollte man sich vergewissern, dass an den einzelnen Orten genügend Zeit bleibt.

Einige Leser raten von einer der preiswerten **Drachenboot-Touren** ab, die an der **Tao Kham Boat Station**, 49 Le Loi, ☎ 054-384 6743, angeboten werden: Von den Anlegestellen ist es oft noch recht weit zu den Sehenswürdigkeiten, und es fallen weitere schlecht kalkulierbare Kosten für Transportmittel an. Außerdem sind hier die Zeiten an den Sehenswürdigkeiten oft zu knapp bemessen. Für andere war eine Drachenboot-Fahrt auf dem Parfümfluss allerdings ein schönes, entspannendes Erlebnis. Am Besten ist es, sich vor Ort bei anderen Reisenden umzuhören: Die Travellercafés sind meist gute Info-Börsen.

Touren in die DMZ können sehr eindringlich sein, wenn sie von einem Ex-Soldaten geleitet werden.

In der Stadt bieten einige Mopedfahrer **Easy Rider Touren** an, die z. B. nach Hoi An führen. In der Loose-Online-Community haben sich u. a. die „Le Family Riders" positioniert; vgl. dazu **eXTra [4687]**. Hier können auch eigene Erfahrungen gepostet werden.

SONSTIGES

Geld

Die Hauptfiliale der **Vietcombank**, 78 Hung Vuong, ☎ 054-382 4629, erledigt alle üblichen Transaktionen. ⏰ Mo–Fr 8–11 und 13.45–16.30 Uhr (Geldautomat Mo–Sa 7–22 Uhr). Auch finden sich überall in der Stadt **Geldautomaten**.

Kunsthandwerk

In der Pham Ngu Lao haben sich einige **Galerien** angesiedelt, in denen Werke lokaler Künstler ausgestellt sind. Schöne **Schnitzkunst** gibt es in einigen nahe gelegenen kleinen Läden, in denen der Künstler meist auch seiner Arbeit nachgeht.

🔲 **Healing the Wounded Heart Shop**, 23 Vo Thi Sau, Workshop in der 69 Ba Trieu, ☎ 054-381 7643, 🖥 www.hwhshop.com. Der kleine Laden an der Ecke zur Pham Ngu Lao bietet eine Auswahl an netten Souvenirs, die meist aus Recycling-Material gefertigt wurden. Die Ware stammt von Künstlern mit Handicap. Die Einnahmen kommen nicht nur diesen Menschen zugute: Mit dem Gewinn werden zudem Herzoperationen für Bedürftige in der Umgebung finanziert.

NAHVERKEHR

Cyclos

Kurze Fahrten innerhalb des Zentrums sollten etwa 10 000–20 000 Dong kosten. Wer länger unterwegs sein will, muss mit etwa 100 000 Dong pro angefangener Stunde rechnen.

Mopeds und Fahrräder

Meist reicht es, einen der Hotelangestellten zu fragen: Sie vermieten ihr Bike dann bis zum späten Nachmittag für etwa US$5. Fahrradfahren kann in Hue richtig Spaß machen:

Der Verkehr ist einigermaßen überschaubar, und in der Umgebung locken ruhige Landstraßen und eine herrliche Landschaft. Räder gibt es in vielen Hotels ab 30 000 Dong pro Tag, bessere Mountainbikes sind teurer.

Taxis

Taxis (mit Taxameter) gibt es z. B. unter ☎ 054-389 8989 (Mai Linh-Company).

Busse

Open Tours
Nach DA NANG, HOI AN und zu weiter entfernten Zielen im Süden starten die meisten Busse um 8 und gegen 13.30 oder 14 Uhr. Busse nach HA NOI fahren meist zwischen 17 und 18 Uhr ab und erreichen die Hauptstadt zwischen 8 und 10 Uhr am nächsten Morgen. Unterwegs werden Pausen eingelegt, z. B. in Dong Ha zum Abendessen und in Ninh Binh zum Frühstück. Tickets gibt's in allen Reisebüros oder z. B. direkt bei **The Sinh Tourist**, 12 Hung Vuong, ☎ 054-384 5022, oder 48 Nguyen Tri Phuong, ☎ 054-384 8626.

Linienbusse
Am **südlichen Busbahnhof** (Ben Xe Phia Nam, auch An Cuu-Busbahnhof), ☎ 054-382 5070, an der 97 Hung Vuong stadtauswärts, starten Fahrzeuge nach:
BUON MA THUOT, 6.15–17.30 Uhr etwa 6 Busse, 300 000–360 000 Dong, 14 Std.;
DA LAT, um 13 und 15 Uhr, 360 000 Dong, 14 Std.;
HCMS, 6–15 Uhr etwa stdl., 520 000 Dong; bis zu 22 Std. Diese Busse können auch für andere Ziele entlang der N1 genutzt werden.
KON TUM, um 6.30, 7.30, 8 und 17 Uhr, 230 000 Dong, 8 Std.;
NHA TRANG, um 14 Uhr, 280 000 Dong, 12 Std.;
QUY NHON, um 6.45, 7.45, 8.45, 14.30 und 15.30 Uhr, 180 000 Dong, 7 Std.
Busse nach **Laos** fahren ebenfalls vom Ben Xe Phia Nam ab, darunter um 7 Uhr für US$25 nach SAVANNAKHET (8–10 Std.). Weitere Busse, auch nach VIENTIANE und PAKXE, starten um 16 Uhr – diese sind aber nicht empfehlenswert, da eine Übernachtung an der Grenze nötig ist.

Vom **nördlichen Busbahnhof** (An Hoa Ben Xe Phia Bac), 132 Ly Thai To, ☎ 054-352 2716, etwa 4 km nordwestlich des Zentrums, fahren den ganzen Tag über Busse nach:
DONG HOI, 5.15–17.40 Uhr etwa jede halbe Stunde, 80 000–90 000 Dong, 3 Std.;
LAO BAO, 6.30–15 Uhr 9 Busse, 80 000–90 000 Dong, 3 Std.;
VINH, 5–14 Uhr stdl., 145 000–180 000 Dong, 7 Std.
Busse nach HA NOI fahren nicht mehr von den öffentlichen Busbahnhöfen ab. Tickets können in allen Hotels und bei Touranbietern gebucht werden, die mit einer der Busgesellschaften zusammenarbeiten. Empfehlenswert sind die orange-roten Busse der **Minh Map Company**, 11 Nguyen Thai Hoc, ☎ 054-385 5855. Der Service ist überall der gleiche: Abholung vom Hotel gegen 17 Uhr, Ankunft in Ha Noi um 6.30 Uhr am nächsten Morgen; Schlafsitze; US$14–15.

Eisenbahn

Der **Bahnhof** liegt am Ende der Le Loi, südwestlich des Zentrums. Neben vielen lokalen Zügen fahren die bequemeren Special Express-Züge, die in allen wichtigen Orten halten:
Richtung HA NOI um 14.35 Uhr (SE2, Ankunft Ha Noi 3.51 Uhr), 16.28 Uhr (SE4, Ankunft 4.30 Uhr), 5.11 Uhr (SE6, Ankunft 19.26 Uhr) und 1.50 Uhr (SE8, Ankunft 15.07 Uhr).
Richtung SAI GON um 7.53 Uhr (SE1, Ankunft Sai Gon 3.45 Uhr), 10.39 Uhr (SE3, Ankunft 4.30 Uhr), 22.24 Uhr (SE5, Ankunft 18.37 Uhr) und 19.30 Uhr (SE7, Ankunft 15.11 Uhr).

Flüge

Der **Phu Bai-Airport** liegt etwa 15 km südlich der Stadt und ist mit einem Shuttlebus an die Stadt angebunden (Phu Bai Airport Bus, US$4 p. P.). Wer vorher Bescheid sagt, wird vom Hotel abgeholt. Ein Taxi kostet etwa US$15.
Vietnam Airlines, 23 Nguyen Van Cu, ☎ 054-382 4709, fliegt bis zu 5x tgl. nach HO-CHI-MINH-STADT und 3x tgl. nach HA NOI. Abflugzeiten, Preise und Buchungen unter 🖥 www.vietnamairlines.com.

Die nähere Umgebung von Hue

Gartenhäuser

Westlich der Zitadelle liegt der Stadtteil Kim Long, wo sich 1636 Nguyen Phuc Lan ansiedelte und damit einen der Grundsteine für den Aufstieg Hues legte. Nach der Gründung der Zitadelle errichteten im 19. Jh. vornehme Mandarine ihre Gartenhäuser in dieser Gegend. Manche sind gut erhalten und stehen heute unter Denkmalschutz. Bei einem Streifzug durch die Gassen können einige von ihnen besichtigt werden. Interessante Beispiele liegen an der Phu Mong, von der Kim Long aus zwischen den Hausnummern 68 und 70 nach Norden, etwa 1 km westlich der Bahnschienen, z. B. **Thao Trang Vien**, 34 Phu Mong, im frühen 20. Jh. vom Mandarin Ton That Thuyet errichtet; oder **An Lac Vien**, 54/7 Phu Mong, erbaut 1888 und umgeben von einem großen Garten. Man sollte bedenken, dass es sich um Privathäuser handelt und sich daher respektvoll und zurückhaltend benehmen. Nicht zur Mittagszeit stören! Eine kleine Spende in Höhe von 30 000–50 000 Dong ist angebracht.

Thien Mu-Pagode

Folgt man der Kim Long-Straße am Flussufer entlang etwa 4 km Richtung Westen, so gelangt man zur berühmten Thien Mu-Pagode, einem Wahrzeichen von Hue. Sie wurde 1601 von Fürst Nguyen Hoang gegründet, nachdem ihm mehrfach eine alte Frau im Traum erschienen war und erklärt hatte, die Stelle habe magische Kräfte und solle durch eine Pagode markiert werden. Das dazugehörige Kloster ist das älteste in Hue. Der auffällige siebenstöckige, 21 m hohe **Turm der Freude und Anmut** (Thap Phuoc Duyen) wurde 1844 von Thieu Tri hinzugefügt. Dem oktagonalen Turm stehen zwei **Pavillons** zur Seite. Im rechten befindet sich eine Steinstele von 1715, die auf dem Rücken einer großen Geschichte der Pagode. Die Glocke im linken Pavillon ließ Fürst Nguyen Phuc Chu im Jahr 1710 gießen. Sie wiegt mehr als 2 t.

In einer Garage steht ein alter Austin: Es ist das Fahrzeug, mit dem der 73-jährige Mönch Thich Quang Duc sich am 11.6.1963 zu seiner Selbstverbrennung an einer Straßenkreuzung in Sai Gon fahren ließ, um damit gegen die Unterdrückung des Buddhismus durch den katholischen Präsidenten Diem zu protestieren. Der Mönch hatte zuvor in diesem Kloster gelebt.

Tempel der Himmlischen Mutter

Falls man zur Thien Mu-Pagode nicht über die Straße, sondern beschaulich per Drachenboot angereist ist, geht die Fahrt vielleicht noch weiter zur südlichen, 5 km flussaufwärts gelegenen **Dien Hon Chen**. Der Tempel liegt an einem Berg und markiert die Stelle, wo schon zu vorvietnamesischen Zeiten die Cham-Göttin Po Nagar verehrt wurde. Für die Vietnamesen wurde daraus ihre Himmlische Mutter, Thien Ya Na. Sie wird im Haupttempel Dien Hue Nam verehrt. Die heutige Anlage wurde von Minh Mang 1832 angelegt und von Dong Khanh 1886 erneuert. Unten am Fluss begrüßt in der Thanh-Pagode der verehrte General Quan Cong die Besucher. Hier befindet sich auch die Fährstation, die den Tempel mit dem anderen Ufer und der dortigen Landstraße verbindet. ⏲ tgl. 8–17 Uhr, Eintritt 30 000 Dong.

Südwestlich von Hue

Um zu den südlich gelegenen Sehenswürdigkeiten und den Kaisergräbern zu gelangen, nimmt man am besten die Dien Bien Phu, die von der Le Loi in Höhe des Ho-Chi-Minh-Museums abzweigt. Nachdem die Bahnlinie überquert ist, führt rechts ein kleiner Weg zur **Bao Quoc-Pagode**, die im Laufe der Jahrhunderte mehrfach erneuert wurde, zuletzt 1957. Zu dieser Zeit war das angeschlossene Kloster ein bedeutendes buddhistisches Zentrum. Auf dem Altar erblickt man die Buddhas der Vergangenheit, Gegenwart und Zukunft. ⏲ tgl. 7–18 Uhr, Eintritt frei.

Etwa 500 m weiter südlich, an der Kreuzung mit der Tu Dam, liegt die **Tu Dam-Pagode**, die ebenfalls in die Geschichte des buddhistischen Widerstands einging, als ein katholischer Mob (angeblich speziell ausgesuchte Truppen des Diktators) im August 1963 in die heilige Stätte eindrang und 30 Mönche und Novizen tötete. ⏲ tgl. 7–18 Uhr, Eintritt frei.

VIETNAM

Ein paar Schritte weiter befindet sich die **Gedenkstätte des Phan Boi Chau** (1867–1940), eines ehemaligen Mandarins, der zum Freiheitskämpfer wurde und als einer der Wegbereiter der Revolution gilt. Er wurde 1925 in Ha Noi zum Tode verurteilt, doch die Proteste der Bevölkerung waren so heftig, dass die Strafe in lebenslangen Hausarrest in Hue umgewandelt wurde. Phan Boi Chau liegt im Hof des Hauses begraben, in dem er die letzten fünf Jahre seines Lebens verbrachte. ⏰ tgl. 8–11.30 und 14–16 Uhr, Eintritt frei.

3 km weiter südlich stößt man auf eine kaiserliche Hinterlassenschaft, den **Altar für Himmel und Erde** (Dan Nam Giao). Hier fanden zwischen 1806 und 1945 jedes Jahr aufwendige, mehrere Tage dauernde Riten und Opferzeremonien statt, mit denen die Kaiser ihre Herrschaft untermauerten. Ab 1900, unter Thanh Thai, wurden sie aus Kostengründen nur noch alle drei Jahre durchgeführt.

Die Mauer, die die Anlage einst umgab, ist ebenso wenig erhalten wie die Pavillons, in denen die Zeremonien vorbereitet wurden. Der Altar ist jedoch noch vorhanden. Er besteht aus drei Ebenen: zuunterst zwei quadratische Terrassen mit 165 bzw. 83 m Seitenlänge als Symbol für die Erde und die Menschheit, darauf eine runde Plattform von ca. 40 m Durchmesser als Symbol für den Himmel und darauf der Altar. Ansonsten gibt es nicht viel zu sehen. ⏰ tgl. 7–18 Uhr, Eintritt frei.

Folgt man der Le Ngo Cat nach Westen, so zweigt nach etwa 1 km ein durch zwei Obelisken markierter Weg rechts ab zur **Tu Hieu-Pagode**, die für einige der am Hof lebenden Eunuchen der Altersruhesitz war. Die Pagode wurde 1843 als Einsiedelei gegründet und später von den Eunuchen erweitert. Noch heute finden täglich um 11 und 16 Uhr Gedenkzeremonien für sie statt. Überregional bekannt ist die Pagode auch deshalb, weil hier der berühmte Mönch Thich Nhat Hanh (geb. 1926) ordiniert wurde. ⏰ tgl. 7–18 Uhr, Eintritt frei.

Etwas abgelegen befindet sich die kaiserliche **Arena** (Ho Quyen), wo von 1830 bis 1904 jedes Jahr spektakuläre Kämpfe zwischen Elefanten und Tigern inszeniert wurden. Eine grausame Angelegenheit von hoher Symbolwirkung:

Der Elefant versinnbildlichte den Kaiser, der Tiger den Rebellen. Damit auch alles nach Plan verlief, wurden den Tigern die Krallen und Zähne gestutzt; später wurden sie sogar angebunden. ⏰ tgl. 7–18 Uhr, Eintritt frei.

Kaisergräber

Elf der 13 Ngyuen-Kaiser sind in sieben großen Grabanlagen südlich und südwestlich der Zitadelle beigesetzt. Die meisten planten und bauten schon zu Lebzeiten jahrelang an ihrer Anlage; bestes Beispiel ist Tu Duc, der sich immer wieder in seine spätere Grabanlage zurückzog, um sich dort in Gesellschaft seiner Konkubinen seinem Weltschmerz hinzugeben und melancholische Gedichte zu verfassen. Jedes der Gräber versinnbildlicht auch die Persönlichkeit seines Erbauers: Der Unterschied zwischen Tu Ducs poetischer Gartenanlage und Khai Dinhs emporstrebender Rokoko-Architektur könnte größer nicht sein.

Gemeinsam ist allen Gräbern, dass sie aus drei Hauptelementen bestehen: erstens einem zentralen Tempel zu Ehren des Herrschers und seiner ersten Frau, umgeben von Nebengebäuden, in denen die Konkubinen des Kaisers nach dessen Tode eine Zeit lang zu leben hatten (Tu Ducs 103 Konkubinen mussten zwei Jahre lang an dessen Grab ausharren); zweitens einem Stelenhaus, in dem die biografischen Einzelheiten auf Steinplatten verewigt sind und auf dessen Vorhof (genannt: Ehrenhof) oft steinerne Minister und Mandarine in Reih und Glied aufgestellt sind, drittens dem eigentlichen Grab auf dem höchsten Punkt der Anlage.

Grab von Tu Duc

Dieses Grab, auch Lang Khiem, **Grab der Bescheidenheit**, genannt, liegt ungefähr 5 km südwestlich der Stadt. Mehr als 4000 Gedichte verfasste der Kaiser hier, und die Theatervorstellungen, denen er hier beiwohnte, dauerten bis zu 100 Tage. Eine Seifenoper zur Entspannung nach einem anstrengenden Regierungstag? Weit gefehlt, es scheint vielmehr, als habe der Kaiser sich von der immer komplizierter werdenden Welt abgewandt und seinen Sinn statt-

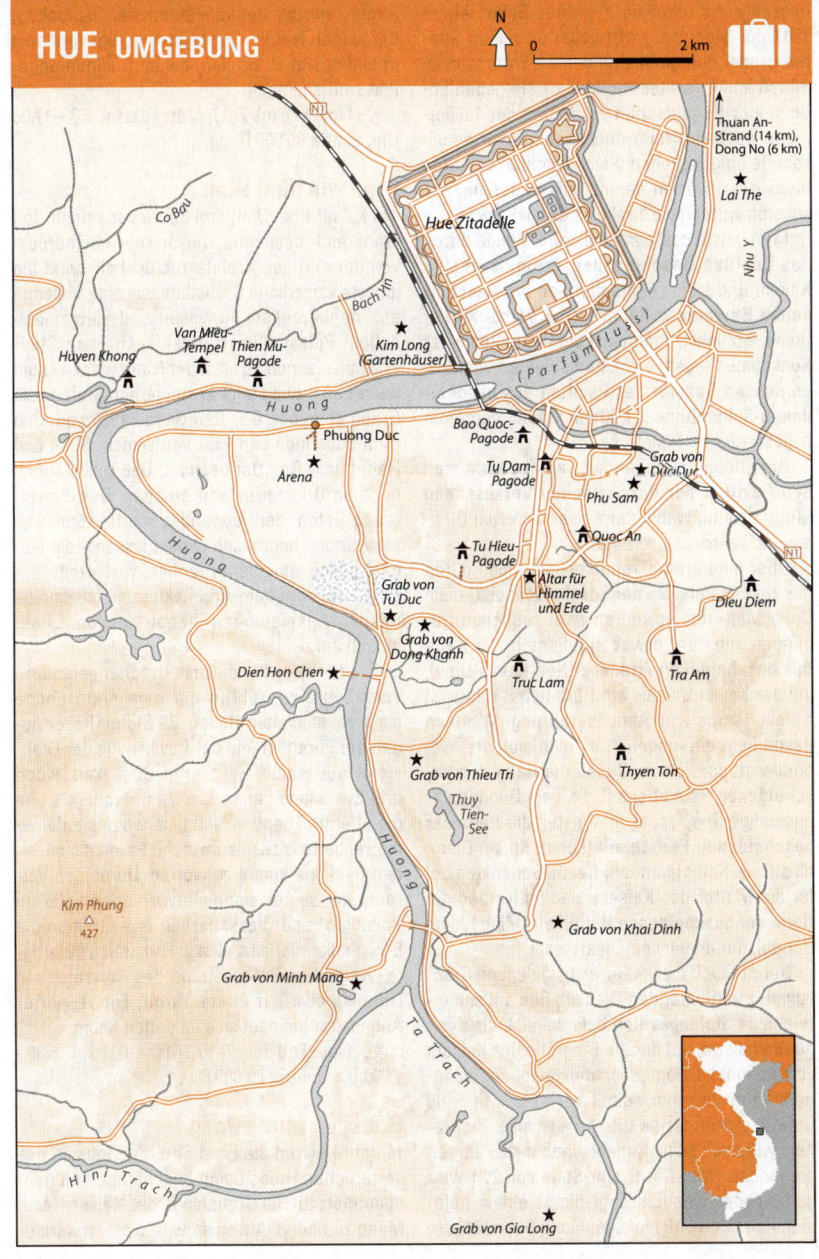

N

0   2 km

Hue Zitadelle

Thuan An-
Strand (14 km),
Dong No (6 km)

Lai The

Nhu Y

Co Bau

(Parfümfluss)

Van Mieu-
Tempel
Huyen Khong

Thien Mu-
Pagode

Bach Yen

Kim Long
(Gartenhäuser)

H u o n g

Bao Quoc-
Pagode

Grab von
Duc Duc

Phuong Duc

Tu Dam-
Pagode

Arena

Phu Sam

Quoc An

Huong

Tu Hieu-
Pagode

Altar für
Himmel
und Erde

Dieu Diem

Grab von
Tu Duc

Grab von
Dong Khanh

Dien Hon Chen

Truc Lam

Tra Am

Grab von Thieu Tri

Thyen Ton

Thuy
Tien-
See

Kim Phung
△
427

Grab von Khai Dinh

Grab von Minh Mang

Ta Trach

Huong

Hinl Trach

Grab von Gia Long

VIETNAM

dessen auf die Poesie gerichtet. Schon als er 1847 die Macht ergriff (wobei er seinen älteren Bruder überging), drangen die Franzosen im Süden immer weiter vor, und als sie gegen Ende seiner Regentschaft zu Beginn der 1880er-Jahre auch Ha Noi erobert hatten, war es um sein Reich geschehen: Seine Nachfolger waren bloße Marionetten der Kolonialregierung, ansonsten wurden sie direkt ins Exil geschickt.

Man betritt das parkähnliche Gelände durch das **Tor des bescheidenen Ereignisses** (Vu Khiem) und sieht rechts den **See des bescheidenen Bewahrens** (Luu Khiem). Vorbei an der Stelle, wo linker Hand einst die Wohnräume der Konkubinen lagen, erreicht man einen Vorplatz, an dessen Seeufer der **Pavillon des bescheidenen Schwebens** (Du Khiem) steht, heute ein beliebter Picknickplatz.

Am gegenüberliegenden Seeufer sieht man den **Pavillon der bescheidenen Vorausschau** (Xung Khiem), wohin der Kaiser sich zum Dichten und Teetrinken zurückzog.

Über eine breite Treppe erreicht man durch das **Tor des Palastes der Bescheidenheit** (Khiem Cung Mon) und vorbei an zwei seitlichen Gebäuden, die der Verwaltung dienten, die **Halle des bescheidenen Friedens** (Hoa Khiem Dien), wo der Kaiser damals ein Büro hatte. Heute ist es ein Tempel zur Ahnenverehrung. Westlich davon liegt ein Innenhof, um den sich drei Gebäude gruppieren: im Süden die **Halle des bescheidenen Rückblicks** (On Khiem Duong), der ehemalige Speisesaal; im Westen die **Halle der bescheidenen Ehrlichkeit** (Luong Khiem Dien), einst das Schlafgemach, heute Gedenktempel für die Mutter des Kaisers; und im Norden die **Halle der bescheidenen Helligkeit** (Minh Khiem Duong), der ehemalige Theatersaal.

Der nördlich dieses Bereichs gelegene Grabkomplex wird über den Weg am See entlang erreicht. Im **Stelenpavillon** befindet sich die riesige Steinplatte, auf der die Biografie des Kaisers verzeichnet ist – entgegen den üblichen Gepflogenheiten von ihm selbst verfasst. Mit 5400 Schriftzeichen ist es die längste aller Biografien, wie auch seine Regentschaft mit 36 Jahren die längste war. Die Granit-Stele soll 20 t wiegen. Weiter westlich liegt hinter einem halbmondförmigen See die eigentliche **Grabstätte**. In

ihrem Zentrum steht ein steinerner Sarkophag, der jedoch leer ist: Der Leichnam ruht versteckt in einem von elf Stollen, die im Gelände angelegt wurden.

🕐 Nov–Feb tgl. 7–17, März–Okt tgl. 6.30–17.30 Uhr, Eintritt 80 000 Dong.

Grab von Khai Dinh

Als Kaiser Khai Dinh drei Jahre vor seinem Tod Frankreich besuchte, war er sehr beeindruckt von der dortigen Architektur, deshalb wirkt die jüngste kaiserliche Grabstätte wie eine Melange aus neobarockem Anwesen und vietnamesischem Palast. Sie ist zwar nach Feng Shui-Prinzipien angelegt, lässt der Natur jedoch kaum noch Raum und steigt in steinernen Stufen zum Grabmal empor. Der Bau wurde 1920 von Khai Dinh begonnen und 1931 von seinem Sohn und Nachfolger Bao Dai beendet. Das Heiligtum ist noch im Originalzustand erhalten. Der dunkelgraue Beton, der verwendet wurde, könnte es schwer und bedrohlich wirken lassen – die elegant geschwungenen Drachen, vereinzelte Anleihen bei der Cham-Architektur und feinsinnige Rokoko-Anspielungen heben diesen Effekt jedoch auf.

Breite Treppen, die mit Drachengeländern versehen sind, führen auf eine erste Ebene mit zwei seitlichen Hallen. 30 Stufen höher liegen der Ehrenhof und der Pavillon mit der Grabstele, außerdem zwei hohe Obelisken. Noch drei Zwischenebenen sind zu überqueren, ehe die oberste Ebene erreicht ist, wo das aufwendig verzierte Mausoleum steht. Es lohnt sich, einen Blick ins Innere zu werfen: Durch den Vorraum mit seiner sinnenverwirrenden Fülle an Porzellan- und Glasscherben erreicht man die Ehrenhalle: Hier sitzt eine in Frankreich gefertigte, vergoldete Bronzestatue des Herrschers in Lebensgröße auf ihrem Thron. Ein verzierter Ahnenaltar befindet sich im dritten Raum.

🕐 Nov–Feb tgl. 7–17, März–Okt tgl. 6.30–17.30 Uhr, Eintritt 80 000 Dong.

Grab von Minh Mang

14 Jahre waren die Feng Shui-Spezialisten des kaiserlichen Hofes damit beschäftigt, den richtigen Platz für die Grabanlage des Kaisers Minh Mang zu finden: Als es so weit war, verstarb er

überraschend. So musste sein Sohn und Nachfolger Thieu Tri die Arbeiten beenden. Er verwandelte das Stück zugewucherte Wildnis in einen schönen Park. Im Gegensatz zu den meisten anderen Gräbern sind die Gebäude hier um eine zentrale, 700 m lange Ost-West-Achse gruppiert.

Man betritt das Gelände durch das **Rechte Rote Tor** (Huu Hong Mon), denn das **Große Rote Tor** (Dai Hong Mon) ist seit der Begräbniszeremonie verschlossen. Über einen Seitenweg geht es zurück auf die Mittelachse, hier **Weg der Seelen** (San Chau) genannt. Nach dem Passieren einiger Steinfiguren gelangt man zum **Stelenpavillon** mit der in Stein gemeißelten Biografie des Herrschers. Drei Terrassen führen hoch zum **Tor der glorreichen Tugend** (Cua Hien Duc). Am Ende des sich öffnenden Hofes liegt der **Tempel der segensreichen Wohltat** (Dien Sung An), der Haupttempel zur Ahnenverehrung. Hier wird des Kaisers und seiner ersten Frau, die schon mit 17 Jahren verstarb, gedacht. Durchquert man den Tempel, geht es durch das einfache **Tor des königlichen Weges** (Hoang Trach Mon) zum hübschen **Pavillon der Helligkeit** (Minh Lau), der inmitten von Frangipani-Bäumen steht. Etwas entfernt entdeckt man zwei Steingärten, deren Muster das chinesische Schriftzeichen für langes Leben ergeben. Es schließt sich der **See des Neumonds** (Ho Tan Nguyet) an, über den eine Brücke führt: An deren Ende liegt der **Grabhügel**, unter dem Minh Mang ruht.

⏰ Nov–Feb tgl. 7–17, März–Okt tgl. 6.30–17.30 Uhr, Eintritt 80 000 Dong.

Bach Ma-Nationalpark

Der Bach Ma-Nationalpark ist einer der schönsten und am einfachsten zu erreichenden in Vietnam. Er wurde 1991 gegründet und umfasst neben dem 22 000 ha großen Schutzgebiet einen ebenso großen Schutzgürtel, in dem die Siedlungen einiger ethnischer Minderheiten liegen. Der Park ist ein Paradies für Botaniker und Ornithologen. Mehr als 1400 Pflanzenarten sind hier gezählt worden: etwa ein Fünftel aller in Vietnam vorkommenden Arten. Vogelfreunde können sich an 350 verschiedenen Arten erfreuen. Manche, wie der Edwardsfasan *(Lophura edwardsi)*,

kommen nur hier vor und werden höchst selten gesichtet, ebenso wie die Leoparden und Languren, die die Wälder durchstreifen. Doch auch weniger an Biologie Interessierte kommen auf ihre Kosten, denn auf Wanderungen findet man Ruhe und Einsamkeit – eine seltene Kostbarkeit in Vietnam.

Die Parkverwaltung hat einige schöne Wege durch das Naturreservat angelegt: z. B. den **Fasanenweg** (*pheasant trail*; 2,5 km), bei dem man die schönen Vögel allerdings weniger zu Gesicht als zu Gehör bekommt. Besonders nach vorherigen Regenfällen verstehen viele Besucher auch den besonderen Spitznamen des Pfads: „Leech Alley" (Blutegel-Gasse). Gegen die kleinen Plagegeister ist kaum ein Kraut gewachsen, s. **eXTra [4694]**. Eine Tour durch die Randgebiete am Fuße des Bach Ma kann auch nach **Khe Su** führen, ein Minderheitendorf, das vom Obst- und Gemüseanbau lebt.

Beeindruckend ist ein Spaziergang durch den **Parashorea-Wald**; diese Hartholz-Urwaldriesen werden bis zu 70 m hoch. In höheren Lagen lockt der **Rhododendron-Weg** (*rhododendron trail*; 1,5 km), der besonders im Februar und März, wenn der Namensgeber in voller Blüte steht, ein Tipp ist. Der **Fünf-Seen-Weg** (*five lakes trail*; 2 km) führt zu besagten fünf Wasserbecken, die von einem Wasserfall gespeist werden. Badesachen mitnehmen!

Der **Gipfelweg** (*summit trail*; 1 km) endet an der höchsten Stelle des Parks. Bei klarer Sicht bietet sich ein fantastischer Ausblick in die Berge und bis zur Cua Lai-Lagune. Für den Rückweg empfiehlt sich der **Naturkundeweg** (*nature exploration trail*), der auch an den Ruinen einiger französischer Villen aus den 1930er-Jahren vorbeiführt. Mehr Informationen zum Park unter 🖳 www.bachmapark.com.vn.

Wer auf eigene Faust anreist, nimmt einen der vielen **Busse**, die zwischen Hue und Da Nang/Hoi An verkehren, und steigt in der kleinen Distrikthauptstadt Cau Hai aus. Die 3 km von dort bis zum Parkeingang können mit dem Xe om zurückgelegt werden (ca. 30 000 Dong). Wer selbst mit dem Moped gekommen ist, muss hier absteigen: Im Park dürfen nur noch die Jeeps der Verwaltung fahren. Sie bringen Gäste in 45 Min. auf den Gipfel: Einzelreisende zahlen etwa 350 000 Dong, Gruppen bis 4 Pers. 500 000 Dong (hin und zurück).

Der Wolkenpass

Der Wolkenpass (Deo Hai Van) ist die natürliche geografische Grenze zwischen Nord- und Südvietnam. Bis ins 16. Jh. war er auch die Grenze zwischen dem Reich der Champa und dem der Viet. Mitsamt der bis zu 2598 m hohen Truong Son-Bergen, die sich wie ein Gürtel bis nach Laos erstrecken, stellt der Pass eine Wetterscheide dar: Im Winter verhindert er das Vordringen der kalten Luftmassen nach Süden – schön für das nur 30 km entfernte Da Nang, weniger schön für Hue, wo sich die angestauten feuchten Luftmassen abregnen.

Der Pass verläuft über einen 496 m hohen Ausläufer der Truong Son-Berge. Bis vor einigen Jahren verlief die N1 über diesen Pass. Busse mussten sich mühsam den Berg hinaufquälen, und oben angekommen, wurden die Reisenden noch nicht einmal mit einem fantastischen Ausblick belohnt, denn der Pass macht seinem Namen meist alle Ehre. Heute passiert man den Pass nur noch, wenn man mit dem Motorrad unterwegs ist, denn ein 12 km langer Tunnel führt durch den Berg, seinerzeit eines der größten Bauprojekte des modernen Vietnam. Der Tunnel zählt zu den 30 längsten der Welt und ist der längste in Südostasien. Das Reisen entlang der N1 ist dadurch deutlich erleichtert und um mindestens eine Stunde kürzer geworden.

Da Nang

Da Nang [6773] ist mit etwa 1 Mio. Einwohnern die größte Stadt Zentralvietnams. Sie liegt am südlichen Ufer einer ausgedehnten, geschützten Bucht, wo sich der drittgrößte Hafen des Landes befindet. Die Stadt ist ein Verkehrs- und Handelsknotenpunkt von wachsender Bedeutung. Nur am Ufer des Han-Flusses verbreiten einige Gebäude aus der französischen Kolonialzeit etwas Flair, ansonsten präsentiert sich die Stadt eher schmucklos. Die breite Promenade am Flussufer zeigt allerdings ebenso wie die emporwachsenden Hochhaustürme, wo es in Zukunft hingehen soll: in Richtung einer modernen Metropole mit Lebensqualität. Und Potenzial hat die Stadt, nicht nur aufgrund des Wirtschaftsbooms, sondern auch wegen des viele Kilometer langen My Khe-Strandes, der sich von hier aus nach Süden Richtung Hoi An erstreckt und seit dem Krieg als China Beach bekannt ist. Ein echtes Highlight ist auch das gut sortierte Cham-Museum, das einen umfassenden Einblick in diese untergegangene Kultur bietet.

Cham-Museum

Wer in Da Nang ist, sollte nicht versäumen, dem Cham-Museum einen Besuch abzustatten. Es liegt nahe dem Fluss etwas südlich des Zentrums am Kreisverkehr Bach Dang/Trung Nu Vuong. Gegründet wurde es 1915 von der Französischen Schule für Fernoststudien (École Française d'Extrême-Orient). Es enthält mit 300 Exponaten die weltweit größte Sammlung an Cham-Kunst. So ist es auch die perfekte Ergänzung zu einem Besuch in My Son, denn viele der Ausstellungsstücke stammen von dort. Einige Räume zeigen aber auch Fundstücke aus verschiedenen anderen Regionen und unterschiedlichen Stilepochen.

Das hübsche, u-förmige Gebäude, in dem die Ausstellung untergebracht ist, wurde mit Anklängen an den Cham-Stil entworfen. Schon im Garten wird der Besucher von einigen Drachen und Garudas begrüßt. Die Ausstellungshallen gruppieren sich um einen Innenhof. Kunstfreunde sollten sich eines der informativen Druckerzeugnisse aneignen, die es im Museum zu kaufen gibt. ⏲ tgl. 8–17 Uhr, Eintritt 30 000 Dong.

My Khe-Strand

Der auch als China Beach bekannte My Khe-Strand erstreckt sich über einige Kilometer südlich von Da Nang. Viel los ist eigentlich nur gegen Abend, wenn viele Bewohner von Da Nang hier den Tag ausklingen lassen.

An sonnigen Sommertagen sollte man den Strand zur Mittagszeit auch als Tourist meiden: Das Sonnenlicht ist sehr stark und wird noch dazu vom weißen Sand und dem Wasser reflektiert. Jedes Stückchen Haut, das nicht dick mit hochwirksamem UV-Schutz eingecremt ist, verbrennt.

Da Nang

N
0 — 500 m

Übernachtung:
1. Hoang Linh Hotel
2. Happy Day Hotel
3. Dai A Hotel

Essen:
1. HQ's Tai Food
2. Quan Chay Ngoc Chi
3. Apsara Restaurant

Transport:
1. Bushaltestelle
2. Sinh Tourist

(Map labels:)
Le Duan, Tran Phu, Nguyen Chi Thanh, Pasteur, Phan Dinh Phung, Yen Bai, Bach Dang, Hung Vuong, Han-Markt, Nguyen Thai Hoc, Pham H. Thai, Kathedrale, Chau Trinh, Tran Quoc Toan, Tran Cao Van, Bahnhof, (3 km), Hai Phong, Le Duan, Con-Markt, STADION, Ho-Chi-Minh-Stadt (960 km), Ly Thai To, Ong Ich Khiem, Cao Dai-Tempel, Pasteur, Ngo Gia Tu, Phan Thanh, Ham Nghi, To Ngoc Van, Dang Thai, Mai, Nguyen Hoang, Tran Binh Trong, Trung Nu Vuong, Hoang Dieu, Thin Hoi-Pagode, Nguyen Van Linh, Tran Tong, Ton That Tung, Nguyen Tri Phuong, Le Dinh Ly, Hoang Dieu, Tam Bao Tu-Pagode, Pho Da-Pagode, Huynh Thuc Khang, Phan Chau Trinh, Ng. Th. Thuat, Le Quy Don, Phan T. Tai, Trung Nu Vuong, My Son (60 km), Cham-Museum, Cau Rong, Han-Fluss, Le Dinh Duong, Hoang Van Thu, Le Hong Phong, Thai Phien, Tran Quoc Toan, Hung Vuong, Ng. Thai Hoc, Pham H. Thai, Kathedrale, Phan Dinh Phung, Yen Bai, Han-Markt, Bach Dang, Cau Song Han, s. Ausschnitt, Tran Quy Cap, Ly Thuong Kiet, Dong Da, Nguyen Du, Ly Tu Trong, Ba Binh, Le Lai, Quang Trung, Le Loi, Le T. Ton, Nguyen Thi Minh Khai, Nguyen Chi Thanh, Phan Boi Chau, Lan Ong, Bach Dang, Ngo Quyen, Hafen Tien Sa, Son Tra-Halbinsel, Nguyen Cong Tru, Tran Hung Dao, Ngu Hanh Son (8 km), Hoi An (25 km)

ÜBERNACHTUNG

Die Hotels in Da Nang sind überwiegend auf Gruppen oder Geschäftsreisende eingestellt; die meisten Touristen zieht es ins nahe gelegene, idyllischere Hoi An. Wer jedoch ein urbaneres Umfeld bevorzugt, findet in Da Nang eine große Auswahl an Zimmern verschiedenster Standards.

Dai A Hotel, 51 Yen Bai, ☎ 0511-382 7532, 🖥 www.daiahotel.com.vn, **[6776]**. Altein-

gesessenes Haus mit nüchternen, aber gut in Ordnung gehaltenen Zimmern. TV, Kühlschrank, kleiner Schreibtisch, Badewanne. Aufzug. Mrs. Nghi, die Besitzerin, unterstützt einige soziale Projekte, die besucht werden können. ❷–❸

Happy Day Hotel, 160 Bach Dang, ☎ 0511-356 6555, 🖥 www.happydayhotel.com.vn, **[9291]**. Saubere, ordentliche Zimmer in diesem neuen Hotel am Fluss. Zum Teil kleiner Balkon. ❷–❹

Hoang Linh Hotel, 142 Bach Dang, ✆ 0511-388 6868, [9292]. Neues Haus am Flussufer mit modern eingerichteten Zimmern mit Holzfußboden, darunter eines mit einer Terrasse. ❸–❹

VIETNAM

ESSEN

Die Auswahl an Restaurants in Da Nang ist groß und die Qualität fast überall gut. Jede Menge kleine lokale Restaurants in den Straßen am Fluss laden zu Entdeckungstouren ein.
Apsara Restaurant, 222 Tran Phu, ✆ 0511-356 1409. Touristen-Klassiker in der Nähe des Cham-Museums. Bietet Platz für 300 Gäste. Dekoriert im Cham-Stil, abendliche Tanz- und Gesangsvorführungen. Spezialität sind die hervorragenden Seafood-Gerichte, die alle recht teuer sind. ⊕ tgl. 10–14.30 und 17–22 Uhr.

HQ's Tai Food, 4 Tran Quoc Toan. Nettes kleines Restaurant mit vietnamesischer und – der Name ist Programm – thailändischer Küche. So „richtig Thai" ist es nicht, aber eine schöne Abwechslung. Zudem ist alles recht preiswert und gut. ⊕ 11–22 Uhr.

Quan Chay Ngoc Chi, 60 Thai Phien, ✆ 0935-196 800. Einfaches vegetarisches Restaurant; preiswert und gut.

SONSTIGES

Geld
Es gibt zahlreiche Banken und Geldautomaten in der Stadt. Zentral am Han-Markt liegt eine Filiale der **Viet A Bank**, 33 Hung Vuong, ✆ 0511-382 1152, ✉ 382 3369. Hier kann man beispielsweise Travellers Cheques einlösen. ⊕ Mo–Fr 7.30–11.30 und 13.30–17, Sa 8–11 Uhr.

Informationen und Touren
The Sinh Tourist, 154 Bach Dang, ✆ 0511-384 3258, 🖳 www.thesinhtourist.vn. Open Tour-Busse und Hilfe bei Fragen der Reisegestaltung.

Medizinische Hilfe
Family Medical Practice, 50-52 Nguyen Van Linh, Nam Duong Ward, 🖳 www.vietnam medicalpractice.com. Ableger der renommierten Kliniken in HCMS und Ha Noi mit westlichen Ärzten. Eine Erstbehandlung kostet ab US$50, Nachuntersuchungen jeweils ca. US$30. Notfallbehandlungen sind teurer. Ange-

schlossen ist eine Zahnklinik. 24-Std.-Notfalldienst ✆ 0511-358 2699 oder 358 2700. Mobile Notrufnummer: ✆ 091-391 7303.

NAHVERKEHR

Mai Linh Taxi, ✆ 0511-56 5656.
Taxi Song Han, ✆ 0511-372 7272.
Reiseagenturen oder Hotelangestellte können bei der Beschaffung eines Privattaxis für längere Strecken helfen, z. B. in die Marmorberge oder nach Hoi An. **Taxis nach Hoi An** kosten ohne Stopp US$20. Ein Zwischenstopp in den Marmorbergen oder am China Beach erhöht den Preis um einige Dollar.

TRANSPORT

Da Nang ist die zentrale Verkehrs-Drehscheibe in Zentralvietnam, und entsprechend vielfältig sind die Möglichkeiten, ins ganze Land zu reisen.

Busse
Der **Busbahnhof für Langstrecken** (Ben Xe Tam Da Nang), ✆ 0511-376 7678, liegt etwa 8 km südlich des Flusses. Regelmäßig fahren den ganzen Tag bis in die Nacht hinein Busse in alle Landesteile ab. Die Ziele und Fahrpreise sind an den Schaltern ausgeschildert. Der Busbahnhof ist einer der größten des Landes, und wer vormittags aufkreuzt, wird sicher einen Bus zum gewünschten Reiseziel bekommen. Die Preise variieren je nach Ausstattung des Busses, z. B. nach:
HA NOI, ca. 18 Std., 380 000 Dong;
HCMS, ca. 16 Std., 380 000–430 000 Dong;
HUE, 3 Std., 60 000 Dong.

Ins Zentrale Hochland (Provinz Gia Lai, Endziel PLEI KU) mit den Nachtbussen der Hong Hai Company um 19.45, 20.15, 20.30 und 21 Uhr für 200 000 Dong, Ankunft nächster Morgen.

Nach Laos (PAKXE) mit der Lao Tien Company, ✆ 0511-224 5429, tgl. 6.30 Uhr, ca. 18 Std., 460 000 Dong.

Nach Hoi An
Entweder mit The Sinh Tourist (s. u.) oder dem lokalen Bus. Dieser fährt mindestens stdl. zwischen 8 und 16 Uhr. Um einen solchen zu

nehmen, muss man sich nicht eigens zum großen Busbahnhof begeben, denn die öffentlichen, leuchtend gelben Busse nach Hoi An
fahren entlang der Tran Phu und können direkt
gegenüber dem Han-Markt auf der anderen
Straßenseite gestoppt werden. Die Fahrt dauert
etwa 1 Std. und kostet ca. 25 000 Dong; Touristen wird gerne mehr abgenommen ("for the
luggage" oder auch einfach nur so). Der Bus
stoppt in Hoi An am Busbahnhof etwas außerhalb des Zentrums, wo Xe om die Weiterfahrt zu
den Hotels übernehmen.

Open Tours
The Sinh Tourist, 154 Bach Dang, ☎ 0511-
384 3259, ✉ danang@thesinhtourist.vn.
Bietet Busse nach Süden (Liegebus nach
NHA TRANG, Abfahrt tgl. 16 Uhr, Ankunft
nächster Morgen 6 Uhr; 438 000 Dong) und
Norden (Liegebus) nach HUE, tgl. 8.30 Uhr,
Ankunft 12 Uhr; 89 000 Dong, (Sitzbus) um
15 Uhr, Ankunft 17.30 Uhr; 80 000 Dong,
Anschluss (Liegebus) nach HA NOI möglich).
HOI AN, um 8 Uhr, 79 000 Dong (Sitzbus) und um
13.30 Uhr, 89 000 Dong (Liegebus).

Eisenbahn
Eine große Anzahl Züge nach Norden und
Süden hält Tag und Nacht am **Bahnhof Ga Da
Nang**, 202 Hai Phong, ☎ 0511-382 3810. Auf
dem Vorplatz lässt ein ausgemustertes altes
Dampfross das Herz eines jeden Eisenbahn-
romantikers höherschlagen. Mehrere Züge
tgl. nach Norden und Süden. Aktuelle Fahrpläne
und Preise auf 🖥 www.seat61.com.

Flüge
Der **Da Nang Airport** ist neben dem Noi Bai
Airport in Ha Noi und dem Tan Son Nhat Airport
in Ho-Chi-Minh-Stadt der dritte **internationale
Flughafen**. Er liegt am südlichen Rand von Da
Nang, etwa 10 Min. mit dem Taxi. Wer aus Hoi
An anreist (US$10–15), sollte früh genug aufbre-
chen, da die Fahrt 30–60 Min. dauern kann. Aus
Da Nang kostet ein Taxi etwa 100 000 Dong.

Nationale Flüge
Jetstar Pacific verbindet Da Nang und HO-CHI-
MINH-STADT fast täglich. Über den aktuellen

Flugplan und Sonderangebote informiert die
Website 🖥 www.jetstarpacific.com.vn.
Vietnam Airlines fliegt u. a. Mo, Mi, Fr ohne
Zwischenstopp nach BUON MA THUOT, 1x tgl.
nach NHA TRANG, 4x tgl. direkt nach HA NOI
und ebenso oft nach HO-CHI-MINH-STADT.

Internationale Flüge
Silk Air, im HAGL Plaza Hotel, ☎ 0511-356 2708,
verbindet Da Nang 5x wöchentl. mit SINGAPUR.
Drei dieser Flüge legen einen Zwischenstopp in
SIEM REAP in Kambodscha ein. Dort gibt es ein
Visum on Arrival. Flugplan und Buchungs-
möglichkeiten unter 🖥 www.silkair.com.

Die Marmorberge

Die fünf Kalksteinfelsen, die südlich von Da
Nang unvermittelt emporragen, enthalten so
reiche Marmorvorkommen, dass Kaiser Minh
Mang sie bei einem Besuch 1825 **Nui Non Nuoc**
taufte: "Marmorberge". Die einzelnen Berge
sind den fünf Elementen der chinesischen Kosmologie zugeordnet: Wasser, Metall, Erde, Holz
und Feuer. Zu Füßen der Berge liegen einige
Dörfer, deren Bewohner sich fast vollständig auf
die Herstellung von Marmorstatuen spezialisiert
haben: von kleinen Souvenirs bis hin zu großen,
aufwendigen Steinmetzarbeiten aus der vietnamesischen Götter- und Legendenwelt. Viele
Höhlen und Grotten durchziehen die Berge und
werden seit Menschengedenken als Wohn-,
besonders aber als Andachtsräume genutzt.

Am häufigsten besucht wird der **Nui Thuy
Son** ("Wasserberg"), auf den zwei Aufgänge
führen. Am hinteren Aufgang steht an der Stelle
eines älteren Cham-Heiligtums die **Tam Thai-
Pagode**. Minh Mang gründete sie bei seinem
Besuch 1825. Seitdem wurde sie einige Male
renoviert. Innen befindet sich eine Statue des
historischen Buddha, flankiert von Quan Am
(Gnade) und Van Thu (Weisheit). Dahinter liegt
linker Hand die **Huyen Khong-Grotte**. Wenn man
Quan Am passiert hat, öffnet sich die Grotte.
Stufen führen hinab, die von vier Wächterfiguren flankiert sind. In der hohen Decke der Höhle
befinden sich einige Löcher, durch die das Sonnenlicht einfallen kann, was zusammen mit den

Schwaden von Räucherstäbchenqualm für eine mystische Stimmung sorgt.

Die **Van Thong-Höhle** bietet Kletterfreunden einen interessanten Aufstieg. Direkt hinter der Buddhastatue geht es über ausgetretenen rutschigen Marmor steil einen engen Gang hinauf. Oben angelangt, öffnet sich ein wundervoller Blick über die Umgebung. Herunter geht es leichter über Stufen (diese kann man natürlich auch hinaufsteigen, was vor allem für diejenigen sinnvoll ist, die kein gutes Schuhwerk haben oder etwas beleibter sind).

Weitere Grotten und Pagoden sind über diesen und die vier Nachbarberge verteilt.

Die Pagoden sind ganztägig geöffnet; Eintritt 15 000 Dong. Von Da Nang oder Hoi An kann man einen der vielen Busse nehmen, die zwischen diesen Städten verkehren, oder per Xe om anreisen. Auch die eigene Anreise per Moped ist möglich; man kann sich hier kaum verfahren. „Private cars" von Hoi An kosten für 3 1/2 Std. (diese Zeit sollte man inkl. Anreise mind. einkalkulieren) ab 300 000 Dong.

20 HIGHLIGHT

Hoi An

Das kleine Städtchen Hoi An **[4703]** ist eines der beliebtesten Ziele für ausländische Touristen, und das nicht ohne Grund: Die hübsche Altstadt hat die letzten 200 Jahre fast unverändert überdauert – ein Freilichtmuseum mit einer einzigartigen Ausstrahlung, freundlichen Bewohnern, interessanten Sehenswürdigkeiten, guten Restaurants, angenehmen Unterkünften, tollen Shopping-Möglichkeiten und dann auch noch einem Strand in der Nähe. Kein Wunder, dass fast alle Besucher länger bleiben als geplant: Ein Besuch in Hoi An ist eines der großen Highlights jeder Vietnam-Reise.

Über 800 einzelne Objekte in der Altstadt von Hoi An wurden 1999 in die Liste des Unesco-Weltkulturerbes aufgenommen, darunter die niedrigen, zweistöckigen Häuser, die eine interessante architektonische Mischung aus viet-namesischen, chinesischen und japanischen Einflüssen aufweisen – Zeugen der langen Vergangenheit Hoi Ans als wichtiger Handelshafen. Abends verwandeln sich die engen Straßen der Altstadt in heimelige Gassen, verkehrsberuhigt und von zahllosen bunten Seidenlampen beleuchtet. Das Gefühl, in eine andere Welt einzutauchen, hat der westliche Besucher vielerorts in Vietnam, doch wohl nirgendwo ist diese Welt so angenehm entspannend wie hier. Dazu kommt noch eine wohltuende Ruhe: Morgens von 8–11, mittags von 14–16 und abends von 18.30–21 Uhr ist es motorisierten Fahrzeugen verboten, in die Altstadt zu fahren.

Im Sommer 2014 wurde für jeden Besucher des Altstadtbereiches eine Eintrittsgebühr in Höhe von 120 000 Dong (US$6) vorgeschrieben. Ob die Beschwerden besorgter Händler und Gastronomen, die um ihre Umsätze fürchten, daran etwas ändern können, wird sich wohl erst nach Erscheinen des Buches endgültig klären. Das Ticket gilt jeweils 24 Std., ab 8 Pers. steht ein kostenloser Guide auf Anfrage zur Verfügung. Die Eintrittskarte gilt für jeweils fünf Sehenswürdigkeiten und beinhaltet das Recht, in der Altstadt zu flanieren und in einige Tempel zu gehen.

Sehenswürdigkeiten

Um einen guten Überblick zu bieten, sind die Sehenswürdigkeiten im Folgenden nach Kategorien gelistet.

Alte Häuser und Familienschreine

Einige der alten Häuser, die sich besichtigen lassen, werden seit vielen Generationen von ein und derselben Familie bewohnt. Auf Altären oder in größeren Familienschreinen werden die Vorfahren verehrt. Die Häuser sind bis zu 60 m lang und schmal (sog. „Tunnelhäuser"). Das Vorderhaus enthielt (bzw. enthält) oft einen Laden oder eine Werkstatt. Ein Innenhof dient dem Lichteinfall, der Belüftung und der Erholung. Das sich daran anschließende Hinterhaus mit Wohn-, Schlaf- und Wirtschaftsräumen hat oft einen Hinterausgang auf die nächste Parallelstraße. ⊕ alle: tgl. 8–12 und 13–17 Uhr – die Mittagsruhe sollte bei allen Häusern in Privatbesitz eingehalten werden.

Im **Alten Haus der Tan Ky** (Nha Co Tan Ky) in der 101 Nguyen Thai Hoc leben heute – mittlerweile in der 7. Generation – die Nachfahren der Kaufmannsfamilie, die dieses Haus einst Ende des 18. Jhs. erbauen ließ. Besichtigt werden kann nur der untere Bereich. Zu sehen sind neben alten Bildern, Keramik und wunderschönen Einlegearbeiten in Holz ein Hausaltar, ein Platz für einen winzigen Buddha, die Küche und vor allem die das Haus tragende Holzkonstruktion, eine Mischung aus vietnamesischem und japanischem Stil. An den Wänden sind die Wasserstände markiert: Das Untergeschoss steht bei Regenzeit fast immer unter Wasser, manchmal gar fast bis zur Decke.

Das **Alte Haus von Duc An**, in der 80 Nguyen Thai Hoc, wurde Ende des 19. Jhs. erbaut und wird heute in der 6. Generation bewohnt. Im Eingangsbereich sieht man direkt die letzte Bestimmung des Hauses: Hier war eine Apotheke untergebracht. Im Inneren zu sehen sind der Wohnbereich und ein schöner Innenhof, in dem einige Bonsai-Bäumchen stehen.

Das **Alte Haus der Phung Hung** (Nha co Phung Hung) befindet sich westlich der japanischen Brücke in der 4 Thi Nguyen Minh Khai. Die chinesische Familie kam um 1780 in Hoi An an und handelte damals mit Holz, Zimt und Seide. Heute ist das Haus voll mit Souvenirs. Balkon und Fensterläden sind im chinesischen Stil angelegt, aber auch einige japanische Einflüsse sind zu sehen.

Ein chinesischer Kapitän aus Fukien erbaute Anfang des 18. Jhs. das **Alte Haus der Quan Thang** (Nha co Quan Thang) in der 77 Tran Phu. Das einstöckige Gebäude ist etwas kleiner als z. B. das Tan Ky-Haus, wartet dafür aber im Inneren mit besonders schönen Schnitzereien auf.

Im **Schrein der Tran-Familie** (Nha tho toc Tran) verehrt die gegenwärtige Generation der Tran ihre Vorfahren. Zu denen zählte ein wichtiger Mandarin unter Kaiser Minh Mang, der seinen Nachkommen einige wertvolle Elfenbeinschnitzereien und sein Zeremonienschwert mitsamt kaiserlichen Insignien hinterließ – heute ist es zusammen mit einem Porträt im Empfangszimmer zu sehen.

Chinesische Versammlungshallen

Die chinesischen Einwanderer aus den verschiedenen Regionen organisierten sich in Vereinigungen mit eigenen Schulen und Tempeln. Mittelpunkt dieser Vereinigungen waren die Versammlungshallen *(Hoi quan)*. Es sind ihrer fünf in Hoi An: Vier von verschiedenen regionalen Gruppen und eine für alle zusammen sowie für durchreisende Händler und Seeleute. ⏰ ganztägig.

Die Fukien-Gemeinde war die zahlenstärkste Einwanderergruppe aus China, und daher ist die **Phuoc Kien-Versammlungshalle** (Hoi quan Phuoc Kien) in der 46 Tran Phu auch die größte. Etwa um 1690 übernahmen die Chinesen hier einen älteren vietnamesischen Tempel und bauten ihn im Laufe der Jahre zum heutigen beeindruckenden Heiligtum aus: Die letzten Arbeiten fanden in den 1970er-Jahren statt, als das große dreitürige Tor hinzugefügt wurde. Auf dem Hauptaltar wird Thien Hau verehrt, die Meeresgöttin und Beschützerin der Seeleute. Hinter dem Hauptaltar befinden sich drei weitere Schreine.

Eingewanderte Chinesen aus Chaozhou treffen sich seit Ende des 18. Jhs. in der **Trieu Chau-Versammlungshalle** (Hoi quan Trieu Chau), 157 Nguyen Duy Hieu, auf deren Hauptaltar Ong Bon verehrt wird, der hier über Glück und Wohlstand seiner Gemeinde wacht.

Die **Kantonesische Versammlungshalle** (Hoi quan Quang Trieu), 176 Tran Phu, wurde 1786 gegründet und seitdem mehrmals erneuert und erweitert. Auf dem Hauptaltar wacht General Quan Cong über die Geschehnisse und erinnert an die Tugenden der Loyalität und Ehrlichkeit.

Japanische Brücke

Die 18 m lange, überdachte **Tempelbrücke** (Cau Nhat Ban), so genannt, weil sich auf der Mitte der Brücke ein kleiner Tempel befindet, wurde zwischen 1593 und 1595 erbaut und überspannt einen Seitenarm des Thu Bon-Flusses. Sie wird auch Japanische Brücke genannt, weil sie zur Zeit ihrer Erbauung das chinesische mit dem japanischen Viertel verband. Die Hunde- bzw. Affen-Statuen an den beiden Enden erinnern an das Jahr des Baubeginns (Jahr des Affen) bzw. der Fertigstellung (Jahr des Hundes).

Hoi An

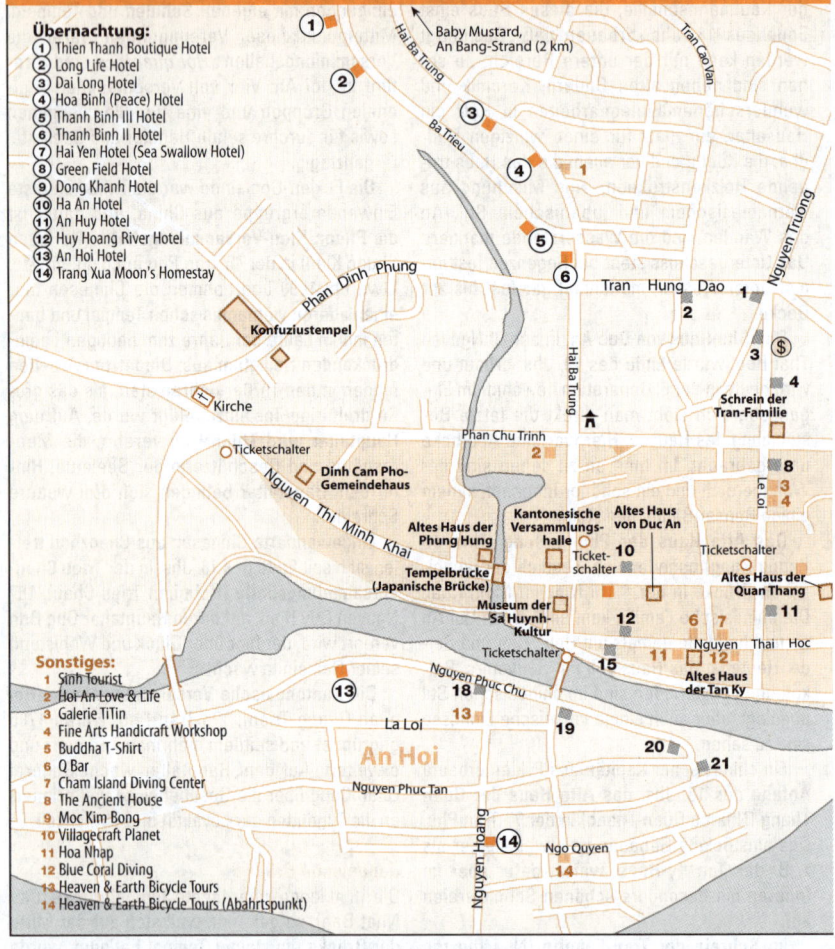

Übernachtung:
1. Thien Thanh Boutique Hotel
2. Long Life Hotel
3. Dai Long Hotel
4. Hoa Binh (Peace) Hotel
5. Thanh Binh III Hotel
6. Thanh Binh II Hotel
7. Hai Yen Hotel (Sea Swallow Hotel)
8. Green Field Hotel
9. Dong Khanh Hotel
10. Ha An Hotel
11. An Huy Hotel
12. Huy Hoang River Hotel
13. An Hoi Hotel
14. Trang Xua Moon's Homestay

Sonstiges:
1. Sinh Tourist
2. Hoi An Love & Life
3. Galerie TiTin
4. Fine Arts Handicraft Workshop
5. Buddha T-Shirt
6. Q Bar
7. Cham Island Diving Center
8. The Ancient House
9. Moc Kim Bong
10. Villagecraft Planet
11. Hoa Nhap
12. Blue Coral Diving
13. Heaven & Earth Bicycle Tours
14. Heaven & Earth Bicycle Tours (Abfahrtspunkt)

Map labels: Baby Mustard, An Bang-Strand (2 km) · Ha Ba Trung · Tran Cao Van · Ba Trieu · Phan Dinh Phung · Konfuziustempel · Kirche · Nguyen Truong · Tran Hung Dao · Schrein der Tran-Familie · Ticketschalter · Dinh Cam Pho-Gemeindehaus · Phan Chu Trinh · Nguyen Thi Minh Khai · Altes Haus der Phung Hung · Kantonesische Versammlungshalle · Altes Haus von Duc An · Tempelbrücke (Japanische Brücke) · Ticketschalter · Altes Haus der Quan Thang · Museum der Sa Huynh-Kultur · Le Loi · Nguyen Thai Hoc · Altes Haus der Tan Ky · Ticketschalter · Nguyen Phuc Chu · La Loi · An Hoi · Nguyen Phuc Tan · Nguyen Hoang · Ngo Quyen · VIETNAM

Auf dem Altar des Brückentempels steht Tran Vu, eine taoistische Gottheit, zu der die Bewohner beten, um von der Flut verschont zu werden. Leider klappt dies nicht immer. So wurde Hoi An beispielsweise 1999 von einer großen Flut heimgesucht, bei der die am Fluss stehenden Häuser nur noch im zweiten Stock begehbar waren. Auch in diesem Jahrtausend stand das Wasser den Menschen hier schon bis zu den Hüften.

Museen

Das **Museum der Sa Huynh-Kultur** (Bao Tang Van hoa Sa Huynh) zeigt in zwei Räumen und zahlreichen Vitrinen einige Exponate aus der Zeit der Sa Huynh-Kultur, die in der Nähe von

Essen:

1 Herbs and Spices Restaurant & Kochkurse
2 Treat Bar
3 The little Menu
4 Streets Restaurant Café
5 Gusto Café
6 Nga Com Ga
7 Pho Nua
8 Pho Lien
9 Moon Restaurant & Lounge
10 Triet Treat Café
11 Before & Now Bar & Restaurant

12 Tam Tam Café
13 Banana Split
14 Dao Tien Restaurant
15 Mango Rooms
16 Quan An 19
17 Blue Dragon
18 mango.mango restaurant & lounge bar
19 Fusion Lounge
20 Little Hanoi
21 Khu Am Thuc Eating Place
22 Sleepy Gecko

Transport:
1 Ankunft Open Tour-Busse
2 Hoi An Travel
3 Bootsanleger

Hoi An ausgegraben wurden. Ausführliche Informationen finden sich jeweils bei den Exponaten – auch in Englisch.

Im Obergeschoss ist das **Museum für Geschichte und Revolution** angesiedelt, das Bilder, Fotos und Waffen ausstellt. Die Bilder zeigen Reales, aber auch Gemaltes aus dem Krieg. Vieles ist nur vietnamesisch ausgeschildert. Zu

sehen ist z. B., wie die Bewohner Hoi Ans 1954 gegen die Beschlüsse von Genf demonstrieren oder wie sie einen GI abführen und seinen Wagen im Meer versenken.

Das kleine **Museum für Geschichte und Kultur** (Bao tang lich su – Van hoa Hoi An), 7 Nguyen Hue, widmet sich der Geschichte Hoi Ans. Es ist in einem ehemaligen Quan Am-

Tempel hinter dem Quan Cong-Tempel untergebracht.

Das **Keramikmuseum** (Bao Tang gom su mau dich Hoi An) stellt anhand von beispielhaften Exponaten die Geschichte und Herstellung der Keramik in Vietnam dar. Einige der Ausstellungsstücke wurden von Tauchern aus Schiffswracks geborgen.

🕐 Museen 7–17.30 Uhr. Der Eintrittspreis ist im Altstadtticket inbegriffen.

Kultur

Ein guter Ort, um einen Überblick über die traditionellen Handwerkskünste in Hoi An zu gewinnen, ist die **Handwerksausstellung** in der Nguyen Thai Hoc. Im Vorraum findet täglich außer montags um 10.15 oder 15.15 Uhr eine **traditionelle Musikvorführung** statt, die eine kurzweilige Viertelstunde dauert. Sie beinhaltet traditionelle Musik, Tanz und Gesang. Wer etwas mehr sehen will und vorne sitzen möchte, sollte spätestens 15 Minuten vor der Aufführung kommen. Aufnahmen traditioneller Musik werden zum Verkauf angeboten. Der Eintritt ist im Altstadtticket inbegriffen.

ÜBERNACHTUNG

Hoi An bietet eine Vielzahl von Unterkünften für jeden Geldbeutel. Eine interessante Möglichkeit, nahe Hoi An zu wohnen, bietet der Cua Dai-Strand. Er ist nur 4 km von der Altstadt entfernt, hat jedoch keine Billig-Unterkünfte (S. 754).

Untere Preisklasse

An Hoi Hotel, 69 Nguyen Phuc Chu, ✆ 0510-391 1888, 🖥 www.anhoihotel.com.vn, [6982]. Das kleine Hotel hat gut ausgestattete Zimmer, teils mit einem, teils mit 2 Betten (diese eignen sich auch für Familien). Zudem Tisch und TV im Zimmer. Badewanne. Einige Zimmer und Restaurant mit Blick auf den Fluss. Kleiner Pool mit Liegen. ❷

An Huy Hotel, 30 Phan Boi Chau, ✆ 0510-386 2116, [6901]. Kleines Hotel nahe dem Markt. Die Zimmer sind ansprechend ausgestattet, die Angestellten freundlich. Standardzimmer sollte man jedoch auch hier meiden: Sie liegen im Erdgeschoss und haben kein Fenster. Ab Deluxe empfehlenswert. ❷–❸

€ **Dai Long Hotel**, 680 Hai Ba Trung, ✆ 0510-391 6232, [7117]. Einfache, meist recht große Zimmer mit AC, TV. Es lohnt, ein paar Dollar mehr für eines der besseren Zimmer mit Fenster oder Balkon auszugeben. Viele Zimmer mit 2 großen Betten. Freundliche Leute. Oft voll. ❶–❷

Dong Khanh Hotel, 308 Nguyen Duy Hieu, ✆ 0510-391 4400, 🖥 www.hoiandongkhanh hotel.com, [7118]. Einfache, günstige Zimmer; ruhig und etwas abseits Richtung Strand gelegen, der Markt von Hoi An ist jedoch noch immer bequem zu Fuß zu erreichen. Es gibt private, aber auch für alle zugängliche Balkone und einen kleinen Pool. ❷

Hoa Binh (Peace) Hotel, 696 Hai Ba Trung, ✆ 0510-391 6838, [7119]. Günstige Zimmer in unterschiedlich gutem Zustand. AC-Zimmer sind unwesentlich teurer; keinen Preisunterschied macht das Vorhandensein eines Fensters. Es lohnt, sofern möglich, mehrere Zimmer anzusehen. Junges Publikum. Kleiner Pool in der Lobby. ❶–❷

🧳 **Huy Hoang River Hotel**, 73 Phan Boi Chau, ✆ 0510-386 1453, ✉ kshuy hoang1@dng.vnn.vn, [7121]. Beliebte Unterkunft nahe der Cam Nam-Brücke. Die 26 kleinen Zimmer sind modern ausgestattet (Badewanne, Wasserkocher). Kleine Fenster, keine Balkone. Inkl. Frühstück. ❷–❸

Thanh Binh II Hotel, 712 Hai Ba Trung (Nhi Trung), ✆ 0510-386 3715, [7125]. Dieses Hotel der Thanh Binh-Kette bietet 32 saubere Zimmer mit guter Ausstattung. Teils sehr große Zimmer. Poolbenutzung und Frühstück im Haus Nr. III nebenan. ❷–❸

Mittlere und obere Preisklasse

Ha An Hotel, 6-8 Phan Boi Chau, ✆ 0510-386 3126, 🖥 www.haanhotel.com, [7526]. Ansprechendes Hotel mit Vorgarten und angegliedertem Restaurant. Die günstigeren Zimmer mit Dusche sind etwas vollgestellt und befinden sich im Haupthaus, die schöneren mit Badewanne und viel mehr Platz im Nebengebäude. Inkl. Frühstück und Fahrrad. ❹–❺

Long Life Hotel, 30 Ba Trieu, ✆ 0510-391 6696, 🖥 www.longlifehotels.com, [7126]. Recht große Zimmer mit Moskitonetz, Wasserkocher und großer Eckbadewanne, viele mit kleinem Balkon. Im Gartenrestaurant, in dem auch ein kleiner Pool zu finden ist, wird das Frühstück serviert. Könnte etwas gepflegter sein, wäre dann aber auch viel teurer. ❸ – ❹

Thanh Binh III Hotel, 98 Ba Trieu, ☎ 0510-391 6777, ▭ www.thanhbinhhotelhoian.com, [4908]. Recht großer und schön gestalteter Pool im Innenhof. Zimmer mit Moskitonetzen und Badewanne, Balkone zum Teil mit Blick auf den Pool oder nach draußen auf die Straße. Frühstücksbuffet. ❸ – ❹

Thien Thanh Boutique Hotel, 16 Ba Trieu, ☎ 0510-391 6545, ▭ www.thienthanhhotel.com, [7127]. Geschmackvolle Zimmer unterschiedlicher Größe. Nach hinten hinaus liegen ein kleiner überdachter Pool mit Liegestühlen und das Frühstücksrestaurant. Inkl. Frühstück. ❹ – ❺

€ **Trang Xua Moon's Homestay**, 82 Ngo Quyen, Insel An Hoi, ☎ 0510-393 3333, ✉ moonshomestay@gmail.com. Im März 2014 eröffnetes Minihotel, umrahmt von einer beeindruckenden Bougainvillea. Ansprechende Zimmer mit großen Betten, sauberen Bädern und TV. Besonders schön das 3-Bett-Zimmer mit Blick auf den Fluss. Freundliche Familie. ❷ – ❸

ESSEN

Viele der Lokale erfüllen eine Doppelfunktion: tagsüber Restaurant, abends Bar. Oftmals befinden sich diese beiden Bereiche auf getrennten Etagen. Damit hat Hoi An sogar eine Andeutung von Nachtleben: In einigen Lokalen ist auch spät abends noch was los.

Von morgens bis abends bieten **Foodstalls** in den Straßen und im Markt unterschiedlichste kleine Gerichte an, sei es die morgendliche *pho*, die beliebte Spezialität *cao lau* oder ein Wurstbrot. Man sollte sich die Speisen vorher genau ansehen und abschätzen, ob der eigene Magen robust genug dafür ist. Viele Garküchen dieser Art finden sich morgens in der Le Loi und ganztägig auf dem Markt.

€ **Banana Split**, 53 Hoang Dieu, ☎ 0510-386 1136. Beliebtes Travellerrestaurant mit einfachster Ausstattung, aber fast immer voll. Das Essen ist italienisch und vietnamesisch

€ **Preiswert und gut**

Com Ga (Chicken Rice): Einige Straßenrestaurants in der Altstadt bieten Reis mit Huhn und Gemüse zum sofortigen Verzehr (Stühle und Tische in Kinderzimmergröße) oder zum Mitnehmen an: für wenige Dong eine gut schmeckende und sättigende Mahlzeit. Weitere *com ga*-Restaurants befinden sich in der Phan Chu Trinh, z. B. das **Nga Com Ga**.

Sehr gute *pho* bekommt man bis in die frühen Abend bei **Pho Lien**, 25 Le Loi, authentisch mit vielen Kräutern.

---

inspiriert, aber es gibt natürlich auch Shakes, Pommes und Hamburger. Empfehlenswert sind die leckeren Eiskreationen.

🧳 **Gusto Café**, 10 Phan Chu Trinh. In Hoi An brüht man in den meisten Restaurants und Cafés den Kaffee sehr schwach, wohl weil man glaubt, westliche Touristen mögen dies so – aber in diesem kleinen Eck-Café gibt es richtigen, starken Kaffee von guter Qualität, wie er für Vietnam eigentlich typisch ist.

🧳 **Little Hanoi**, 3 Nguyen Phuc Chu, An Hoi, ☎ 0510-393 9799. In ansprechender Atmosphäre in einem schön dekorierten Restaurant wird gute Küche zu günstigen Preisen serviert. Große Portionen. Besonders angenehm sitzt man auf der Dachterrasse mit Blick auf den Fluss.

Mango Rooms, 111 Nguyen Thai Hoc, ☎ 0510-391 0839, ▭ www.mangorooms.com. Ob am Flussufer oder im Innenbereich, das Design ist einladend; man isst gepflegt am Tisch oder in Sitzecken auf dem Boden. Die Karte verspricht glutamatfreies Essen, und es wird großer Wert auf frische Zutaten gelegt. Die Gerichte sind etwas teurer als anderswo.

Moon Restaurant & Lounge, 321 Nguyen Duy Hieu, ☎ 0510-224 1396, ▭ www.hoianmoon restaurant.com. Uriges Haus mit einer sehr eindrucksvollen Speisekarte, auf der sich allerlei feine Gerichte aus der vietnamesischen Küche finden. Gehobenes Preisniveau.

🧳 **Pho Nua**, 39A Pham Chau Trinh, ☎ 090-311 2237, [9267]. Kleines Restaurant mit einer recht großen Auswahl an leckeren

Blue Dragon, 46 Bach Dang, ℡ 0510-391 0742, 🖥 www.bdcf.org. Gute Küche in netter Atmosphäre an wenigen Tischen. Schön sind die zwei Plätze mit Blick auf die Straße. Kein besonderes Ambiente, doch wer hier isst, unterstützt ein Kinderhilfswerk (ein Teil des Gewinns wird gespendet). Man kann zudem von behinderten Kindern hergestellte Mitbringsel erstehen. Bietet auch Kochkurse an.

Dao Tien, 19/4 Phan Boi Chau, ℡ 0510-391 4996, 🖥 www.daotienhoian.com. Das feine Restaurant, in dem Kinder aus armen Familien geschult und beschäftigt werden, achtet sehr auf Sauberkeit. Es besteht aus zwei Komplexen: einem kleinen Gebäude zur Straße hin und einer großen Terrasse mit romantischem Blick auf den Fluss (um die Ecke).

Auch im **Streets Restaurant Café**, 17 Le Loi, ℡ 0510-391 1948, 🖥 www.streetsinternational. org, isst man sozial korrekt. Das kleine Restaurant bietet gute Küche und eine nette Atmosphäre. Wer hier speist, unterstützt ein Projekt, das Straßenkindern eine Ausbildung im Gastronomiebereich ermöglicht. „Set Menus" gibt es ab 150 000 Dong, einfachere Gerichte ab 50 000 Dong. ⏲ tgl. 12–21.30 Uhr.

typischen Hoi An-Gerichten zu fairen Preisen. Ansprechende Einrichtung und erwähnenswert sauber. Gute *pho*. ⏲ 7–21.30 Uhr.

Quan An 19, 19 Hoang Van Thu, ℡ 0510-391 0409. Kleines, preiswertes, nach seiner Hausnummer benanntes Restaurant mit guter vietnamesischer Küche. Hotpot, Fisch im Bananenblatt oder gebratener Spinat sind allesamt zu empfehlen. Besonders lecker: das frisch gezapfte Bier aus Da Nang.

Tam Tam Café, 110 Nguyen Thai Hoc, ℡ 0510-386 2212. Westlich-vietnamesische Küche, Steaks aus Australien. Große CD-Sammlung, Billardtisch in der 2. Etage des schönen Altstadthauses – ein beliebter Travellertreffpunkt. ⏲ tgl. 10–1 Uhr.

The little Menu, 12 Le Loi, ℡ 0510-393 9568. Kleines, feines Restaurant mit viel Gemüse aus dem Ökolandbau von Tra Que.

Die Küche bietet hochwertige Qualität: kein Glutamat, und das Fleisch kommt, soweit möglich, von lokalen Höfen. Chefkoch Son Tran gibt auch Kochkurse (s. Aktivitäten, Herbs and Spices). Nachhaltiges Management.

Triet Treat Café, Bar und Restaurant, 158 Tran Phu, ℡ 0510-386 1125. Dass das Konzept einer auf Traveller zugeschnittenen Gastronomie aufgeht, beweist dieses Unternehmen, das neben dem zu Recht sehr beliebten Stammhaus mit schönem Innenhof in der Tran Phu noch einen Ableger hat: die **Treat Bar** in der 69 Tran Hung Dao. Außentische und Korbsessel mit Blick auf die belebte Straße. Es gibt ordentliche Pasta, Burger und mehr; alles zu günstigen Preisen. Die vietnamesische Küche ist eher mäßig.

Insel An Hoi und Cam Nam

Auf der Insel An Hoi, entlang dem Fluss, haben viele Restaurants *(quan an)* geöffnet, von denen sich ein schöner Blick auf das Leben auf dem Fluss und die Fassaden der Altstadt eröffnet. Außerdem ist es hier noch etwas ruhiger als auf der Stadtseite.

Khu Am Thuc Eating Place, 1 Nguyen Phuc Chu, ℡ 0935-259 347. Von der Altstadt über die Brücke, dann links halten. Am Ende der Straße etwas rechts halten: einfache Foodstalls unter einem Steindach vereint, die günstige Hoi An-Spezialitäten anbieten. Die meisten veranstalten zudem sehr individuelle Kochkurse: Suche deine 5 Lieblingsgerichte und lerne sie in etwa 2 Stunden zu kochen. Wer weniger lernen mag, zahlt auch weniger. Sehr individuell. ⏲ tgl. 8–23 Uhr.

mango.mango restaurant & lounge bar, 45 Nguyen Phuc Chu, ℡ 0510-391 1863. Angesagtes Restaurant mit Blick auf den Fluss und die Altstadt.

Before & Now Bar & Restaurant, 51 Le Loi, ℡ 0510-391 0599, 🖥 www.beforennow.com. Einladend in der Altstadt gelegen. Hier ist bis abends viel los. Die Wände sind mit großen, bunten Pop-Art-Werken lokaler Künstler geschmückt – zum Teil echte Hingucker. ⏲ tgl. 9–22 Uhr, oftmals ist aber auch bis 2 Uhr nachts in der Bar im Erdgeschoss etwas los. Es gibt einen Pool, Dart und Kicker. Die Küche ist okay, aber für das Gebotene teuer.

Fusion Lounge, 35 Nguyen Phuc Chu, Insel An Hoi, ✆ 0510-391 1700, 🖥 www.lounge-collection.com. Auf den großen Liegen in der 2. Etage kann man entspannen, auch die Atmosphäre im Erdgeschoss und auf der großen Terrasse ist angenehm.

Q. Bar, 94 Nguyen Thai Hoc, ✆ 0510-391 1964, 🖥 www.qbarsaigon.com. Gute Cocktails und ansprechende Atmosphäre bietet diese neue Bar im Herzen der Altstadt.

Sleepy Gecko, 5 Thon Xuyen Trung, Insel Cam Nam, ✆ 090-842 6349, 🖥 www.sleepygeckohoian.com. Nette 2-stöckige Bar mit Pooltischen und bequemen Rattansesseln. Schöner Blick auf den Fluss. Viele Cocktails und Whisky. Die Speisekarte bietet fast nur Westliches. Hier findet man etwas Abstand vom idyllischen Hoi An-Vietnam. Bieten auch Fahrradtouren ins Umland. Ein kleiner Geheimtipp sind die wenigen Zimmer: ansprechend ausgestattet, sauber und nicht zu teuer. ❷

AKTIVITÄTEN UND TOUREN

Ausflugstouren

Fast jedes Hotel bietet Touren an. Standards sind z. B. ein Besuch im **Holzschnitzerdorf Kim Bong**, dem **Töpferdorf Thanh Ha** und dem **Bronzedorf Phuoc Kieu**. Hier gehen die Handwerker ihren alten Berufen nach. Touristen werden meist an *show rooms* abgeladen, wo die Produkte zum Verkauf stehen. Die Touren beinhalten oft ein Mittagessen und/oder eine Bootsfahrt auf dem Thu Bon-Fluss; verschiedene Kombinationen sind möglich.

Im Angebot ist auch ein **Bootsausflug zu den Cham-Inseln**. Auf der Hauptinsel der 20 km vor der Küste liegenden Inselgruppe befindet sich eine Siedlung mit einigen kleinen Tempelchen. Tagestouren mit dem Speedboot ab US$27 (Abholung am Hotel 7.30 Uhr, Rückkehr gegen 17.30 Uhr).

Das etwa 45 km entfernte **My Son** kann im Rahmen einer Tagestour besucht werden, oft in Verbindung mit einem Handwerksdorf und einer Bootsfahrt.

Ein Besuch der **Marmorberge** wird meist mit einem Stopp am China Beach verbunden und ist am besten mit einem „private car" zu organisieren. Auch das **Cham-Museum** in Da Nang kann man auf diese Art sehr gut erreichen.

Fahrradtouren

Die Gegend um Hoi An lohnt für einen Fahrradausflug. Unbedingt empfehlenswert ist eine eigenständige **Fahrradtour** zum Cua Dai und/oder zum An Bang-Strand. Die Fahrt dauert 20–40 Min. Vor Ort lockt ein kilometerlanger toller, weicher und meist recht breiter Sandstrand (S. 754). Wer hier einen kleinen Umweg fährt (indem man einfach mal rechts Richtung Fluss abbiegt und durch die Gegend kurvt), sieht viel vom „normalen" Leben rund um Hoi An. Wer den Ausflug nicht alleine unternehmen möchte, kann sich einer geführten Tour anschließen. Dabei sieht man Reisfelder, kleine Dörfer und macht Pause zum Lunch bei einer Familie. Veranstalter ist z. B. **Hoi An Love & Life**, 95 Phan Chu Trinh, ✆ 0510-393 9399, 🖥 www.hoian-bicycle.com. Schöne Touren bietet auch **Heaven & Earth Bicycle Tours**, Abfahrt in der 57 Ngo Quyen, ✆ 0510-386 4362, Zweigstelle in der Nguyen Hoang, 🕐 8–22 Uhr. Es sind auch Trips mit Übernachtung möglich.

Einige Anbieter fahren den bequemen Gast mit **Scootern**. Touren starten gegen 8 Uhr und enden gegen 13.30 Uhr oder starten um 14.30 Uhr und enden im Sonnenuntergang.

Kochkurse

Fast alle Lokale bieten ihren Gästen Kochkurse an, Mindestteilnehmerzahl in der Regel 2–4 Pers., Kosten meist ab US$20. Wer also bestimmte Restaurants besonders mag, kann von den jeweiligen Köchen lernen, sein Lieblingsessen zuzubereiten. Meist werden zwar standardisierte Kurse abgehalten, aber nachfragen lohnt. Sehr flexibel sind die Köchinnen der Foodstalls auf An Hoi (s. Essen).

Herbs and Spices, 2/6 Le Loi, ✆ 0510-393 6886, 🖥 www.herbsandspicesvn.com. Chefkoch Son Tran zeigt, wie man Papaya-Salat, Spring Rolls, Bun Cha und gegrillten Fisch im Bananenblatt zubereitet. Das kleine Restaurant hat eine tolle Atmosphäre. Ausgesuchte Qualität, soweit möglich Fleisch von lokalen Farmern. Das Gemüse kommt aus den Bio-

VIETNAM

gärten von Tra Que. Das Wasser zum Waschen des Gemüses ist gefiltert, die Putzmittel biologisch abbaubar. Ein Kurs kostet US$25 p. P., tgl. 2 Kurse: 10.30 und 16.30 Uhr. Um Voranmeldung wird gebeten.

Thuan Tinh Island Cooking Tour, ✆ 090-647 7770, 🖥 www.cooking-tour.com. Etwas ganz Besonderes an dieser Kochschule ist der Seafood-Kurs am An Bang-Strand. Inkl. Transfer vom und zum Hotel für 930 000 Dong, mind. 2 Teilnehmer. Kochkurs inkl. Bootstour und Besuch der Thuan Tinh-Insel. Auf dieser offiziell als Ökozone ausgewiesenen Insel wird ohne Chemie gewirtschaftet. Der Kurs startet um 8.45 Uhr und endet gegen 13.30 Uhr. US$30 p. P. Kinder unter 12 Jahren zahlen die Hälfte.

Tauchen

Während der Tauchsaison von März bis Okt können interessante Tauchausflüge zu den vorgelagerten Cham-Inseln unternommen werden, die inzwischen zur geschützten Zone *(Marine Protected Area)* erklärt wurden.

Cham Island Diving Center, 88 Nguyen Thai Hoc, ✆ 0510-391 0782, 🖥 www.cham islanddiving.com. Wer zum ersten Mal unter Wasser geht, kann einen Schnupperkurs, „Discover Scuba Diving Course", belegen. Es gibt aber auch Open-Water-Kurse, die zum weltweiten Tauchen befähigen. Cham Island Diving bietet zudem Ausflüge mit Übernachtung auf der großen Cham-Insel an; auch für **Schnorchler** interessant. Ein abendliches Lagerfeuer am Strand ist inbegriffen.

Blue Coral Diving, 77 Nguyen Thai Hoc, ✆ 0510-627 9297, 🖥 www.divehoian.com. Bietet ähnliche Kurse, u. a. auch Camping auf den Cham-Inseln.

EINKAUFEN

Hoi An ist ein Paradies für alle, die gerne einkaufen und in den verschiedensten Läden stöbern. Man kann nach schönen Ao Dais oder maßgeschneiderten Anzügen und Kleidern Ausschau halten oder sich an den bunten Lampenschirmen erfreuen, Holzschnitzarbeiten suchen oder in einer der vielen Galerien zeitgenössische vietnamesische Kunst kaufen. Auch Freunde feiner Lackwaren sind hier am rechten Ort. Dutzende Hersteller und Verkäufer von Waren wetteifern um das Interesse der Kunden. Da es in einigen Werkstätten ohne Probleme (und ohne Kaufzwang) möglich ist, den Handwerkern bei der Arbeit zuzusehen, ist ein Bummel durch die Stadt nicht nur kurzweilig, sondern auch lehrreich.

Gemälde und Fotos

Es gibt derart viele Galerien in Hoi An, dass eine Auflistung nahezu unmöglich ist. Auch eine Auswahl zu treffen ist nicht leicht, hat doch jeder einen anderen Geschmack. Die meisten Galerien haben sich in der Nguyen Thi Minh hinter der japanischen Brücke angesiedelt.

Die Bilder des in Da Nang lebenden Künstlers Tran Huu Duong werden in einigen Galerien gehandelt, u. a. in der **Galerie TiTin**, 33 Le Loi. Mit Preisen ab US$30 sind sie sehr günstig. Einen Besuch wert sind 3 Galerien im Zentrum der Altstadt: zum einen das **The Ancient House**, 60 Nguyen Thai Hoc, wo verschiedene Künstler ihre Werke anbieten und Schmuck verkauft wird. Die Galerie befindet sich in einem alten Haus, in dessen oberem Geschoss ein Café untergebracht ist. Die Kombination aus historischem Gebäude und Kunst ist gelungen. Ansprechend ist auch die **Hoi An Art Gallery**, 6 Nguyen Thai Hoc, ✆ 090-566 9629, 🖥 www. hoianartgallery.com. Diese kleine Galerie ist in einem alten restaurierten Tempelchen untergebracht.

Holzschnitzereien

Den Holzschnitzern bei der Arbeit zusehen kann man manchmal bei **Moc Kim Bong**, 52 Nguyen Thai Hoc, ✆ 0510-386 1307, 🖥 www.mockim bong.com. Verkauft werden große und kleine Holzstatuen Buddhas. Auch diverse andere Figuren sind zu bestaunen und zu erwerben.

Kleidung

Es gibt so viele Kleidergeschäfte, dass man sich ruhig länger umschauen sollte, um Stoffe und Verarbeitung zu vergleichen. Auch ist es nicht unwesentlich, ob man sich gut beraten fühlt. Für Eilige, die keine Zeit haben, sich etwas maßschneidern zu lassen, besteht natürlich die

Möglichkeit, sich bereits gefertigte Sachen zu kaufen.

Zentral liegen zahlreiche Geschäfte in der Le Loi bis hin zur Trang Hung Dao. Um den Markt herum gruppieren sich einige Schuhläden und viele weitere Schneidereien. Richtig spannend wird es, wenn man sich auf dem Kleidermarkt etwas schneidern lässt (in ein bis zwei Tagen).

In den letzten Jahren haben einige Boutiquen eröffnet, die etwas anderes bieten wollen als all die anderen Kleidergeschäfte. Dazu gehören vor allem T-Shirt-Shops mit eigenen Designs. Die Shirts kosten meist um 300 000 Dong und sind damit teuer, aber auch individueller und besser verarbeitet als die Massenware.

🔼 **Buddha Hoi An T-Shirt**, 46 Phan Boi Chau. Hier werden in Bioqualität gefertigte T-Shirts verkauft.

🔼 **Villagecraft Planet**, 37 Phan Boi Chau, ☎ 090-969 6578, 🖥 www.village craftplanet.com. Ebenfalls ohne den Einsatz von Chemie, aber nicht mit Biosiegel zertifizierte Ware. In diesem kleinen Geschäft gibt es handgefertigte Kleidung im Ethnostil, aufbereitet für den westlichen Geschmack.

Kunsthandwerk

🔼 Besondere Erwähnung verdient das **Projekt Hoa Nhap** (Reaching Out), 103 Nguyen Thai Hoc, ☎ 0510-391 0168, 🖥 www.reachingoutvietnam.com. Es zielt auf die Ausbildung junger Kunsthandwerker, die hier Kleidung, Handtaschen, Kissenbezüge, Wandbehänge und allerlei Nippes zum Mitbringen und Verschenken herstellen. Das Besondere ist, dass sich die Initiative um behinderte Kinder kümmert und so nicht nur hilft, Wissen um die Handwerkskünste zu erhalten, sondern auch Benachteiligten die Chance gibt, sich selbst zu ernähren. Zwischen 12 und 14 Uhr ist Mittagspause, der Verkauf geht jedoch weiter. ⊕ 8.30–21.30 Uhr.

Einen Blick wert ist in jedem Fall der **Fine Arts Handicraft Workshop**, 41 Le Loi, ☎ 0510-386 2164, ✉ quanghiep@dng.vnn.vn, [4900]. Im Eingangsbereich sticken Frauen aufwendige **Seidenbilder**, eine Handarbeit, deren Fertigstellung zum Teil Monate dauert.

Lampenschirme

Seidenlaternen gibt es in allen Größen und den verschiedensten Formen in zahlreichen Läden der Stadt. Ein ganz kleiner Schirm kostet ab 10 000 Dong, die mittleren um die 45 000 Dong bis hin zu ganz großen, ballonartigen Lampen für etwa 150 000 Dong. Viele kleine Läden in der Stadt bauen die Lampen auch auf Anfrage nach genormten Größen. Es gibt zudem die Möglichkeit, in etwa einstündigen Kursen die Lampen selber herzustellen.

Geld

Es gibt in Hoi An zahlreiche **Geldautomaten**. **Agribank**, 6 Hoang Dieu, ☎ 0510-391 0365, und 92 Tran Phu. Nimmt 1 % Kommission auf Travellers Cheques. Hier gibt es auch Western-Union-Geldtransfer. ⊕ Mo–Fr 7–17 Uhr.

Post

Bei der großen **Hauptpost**, 4B Tran Hung Dao, ☎ 0510-386 1649, 🖥 www.hoianpost.com, können auch Pakete ins Ausland aufgegeben werden. Pappkisten werden zur Verfügung gestellt. Ein Paket darf nicht mehr als 20 kg wiegen und der Umfang 2 m nicht überschreiten. Gepackt wird vor Ort vor den Augen der Beamten. ⊕ tgl. 7–21 Uhr.

Reisebüros

In nahezu jedem Hotel gibt es ein Reisebüro, das sowohl Bahnfahrkarten und Bustickets als auch Tagesausflüge organisieren kann. **Hoi An Travel**, 10 Tran Hung Dao, ☎ 051-0391 0911, 🖥 www.hoiantravel.com. Viele Touren, Ausflüge ins ganze Land und Tagestouren in die Umgebung. In diesem Büro befinden sich auch die örtlichen Schalter von **Vietnam Airlines** und **Jetstar Pacific** (für Flüge ab Da Nang S. 743), und es gibt auch Tickets für Air Asia und Vietjet Air. Zudem Zug- und Bustickets. Gute Beratung, freundliche, kompetente Angestellte. ⊕ tgl. 7–21 Uhr.

Fahrräder und Mopeds werden in fast allen Hotels verliehen. Erstere sind manchmal im

Übernachtungspreis inbegriffen. Leihfahrräder gibt es ab 30 000–100 000 Dong pro Tag. Mopeds ab 80 000–150 000 Dong pro Tag.
Cyclos kosten ab 150 000 Dong pro Std. Bei längeren Fahrzeiten kann man verhandeln.
Kleine **Fähren** fahren von der Anlegestelle nahe dem Markt ganztägig etwa alle 30 Min. zu den Dörfern am Thu Bon-Fluss; einfache Fahrt ab 20 000 Dong.
Ein **Taxi** mit Taxameter kann man entweder anhalten, sich vom Hotel bestellen lassen oder selbst rufen. **Faifoo**, ✆ 0510-391 9191, **Mai Linh** 0510-392 9292.

VIETNAM

TRANSPORT

Busse
Open Tours
HUE, 7.45 und 13.30 Uhr, 4 Std., US$5;
NHA TRANG, um 19 Uhr, 12 Std., US$15.
Sinh Tourist hat ein Büro in der 587 Hai Ba Trung, ✆ 0510-386 3948, 🖥 www.thesinhtourist.vn.

Lokale Busse
Sie fahren mind. stdl. zwischen 8 und 16 Uhr vom Busbahnhof in der Ly Thuong Kiet nach DA NANG (ca. 1 Std., 20 000 Dong regulär, oft wird mehr verlangt). Vom dortigen großen Busbahnhof bestehen den ganzen Tag über regelmäßige Verbindungen in alle Landesteile.

Taxis und Shuttlebusse
Von Hoi An zum Bahnhof oder Flughafen von DA NANG eignet sich ein Privattaxi. Je teurer die Agentur/das Hotel, desto teurer das Taxi. Einfache Reisebüros und freie Fahrer bieten Fahrten für US$14 (250 000 Dong). In Reisebüros kosten die Wagen manchmal bis zu US$23. Taxis mit Taxameter schlagen mit etwa US$25 zu Buche. Die Fahrt dauert in der Regel eine halbe Stunde. Wer in den Marmorbergen oder am China Beach eine Pause einlegen will, muss entsprechend mehr Zeit (und Dollar) einplanen.
Es fährt zudem ein Shuttlebus für 110 000 Dong p. P. um 6.15, 8.45, 11.45, 14.15, 17.15 und 19.45 Uhr zum Flughafen Da Nang und zum Bahnhof, in der Saison auch öfter.

Cua Dai-Strand

Etwa 4 km östlich von Hoi An lockt der Cua Dai-Strand [7148] mit weichem, weißem Sand. Schatten spendende Palmen säumen das Ufer: ein wunderbares Ziel für eine Tagestour mit dem Fahrrad. Am Strand und in der Zufahrtsstraße gibt es zahlreiche Restaurants, die vornehmlich Fisch, aber auch andere vietnamesische Gerichte und Westliches wie Burger und Pommes feilbieten. Einige Unterkünfte verlocken dazu, hier müßige Tage zu verbringen – doch leider gibt es bisher wenige Budget-Optionen; die meisten Zimmer sind sehr hochpreisig. Viele Budget-Reisende wohnen daher an der Straße zwischen Strand und Stadt.

ÜBERNACHTUNG

Zwischen Stadt und Strand
Karten S. 746/747 und S. 755.
Green Field Hotel, 423 Cua Dai, ✆ 0510-386 3484, 🖥 www.greenfieldhotel.com, [7151]. Große Villa mit 60 einfachen Zimmern. Die Badewannen sind nicht einladend. Frühstück US$4 extra. Nebenan gibt es die traditionelle *pho* für weniger Geld. Kleiner Pool. ❸
Hai Yen Hotel (Sea Swallow Hotel), 568 Cua Dai, ✆ 0510-386 2445, [7150]. Einfaches Haus mit 21 relativ großen Zimmern, teilweise mit Balkon zum gleichen Preis. Großer Pool mit Liegen. ❷
Hoi An Ancient House Resort, 377 Cua Dai, ✆ 0510-392 3377, 🖥 www.ancienthouseresort. com, [7158]. 3-geschossige Häuser mit stilvoll eingerichteten Zimmern, teils mit 2 großen Himmelbetten. TV mit DVD, Wasserkocher, Safe und zum Teil Laptop im Zimmer. Großer Pool im Garten, angenehmes Spa, inkl. Frühstücksbuffet. ❺–❻
Hoi An Lemongrass Homestay, 163 Nguyen Trai, ✆ 0510-392 6789, 🖥 www.hoianlemongrass.com, [9296]. Geschmackvoll eingerichtete Zimmer im Boutique-Stil in kleinem Gästehaus am Rande der Reisfelder – ein Ort zum Wohlfühlen. ❹
Hoi An Riverside Resort & Spa, 175 Cua Dai, ✆ 0510-386 4800, 🖥 www.hoianriverresort. com, [7536]. Die Doppelhaus-Villen liegen in einer üppigen Gartenanlage am Ufer des

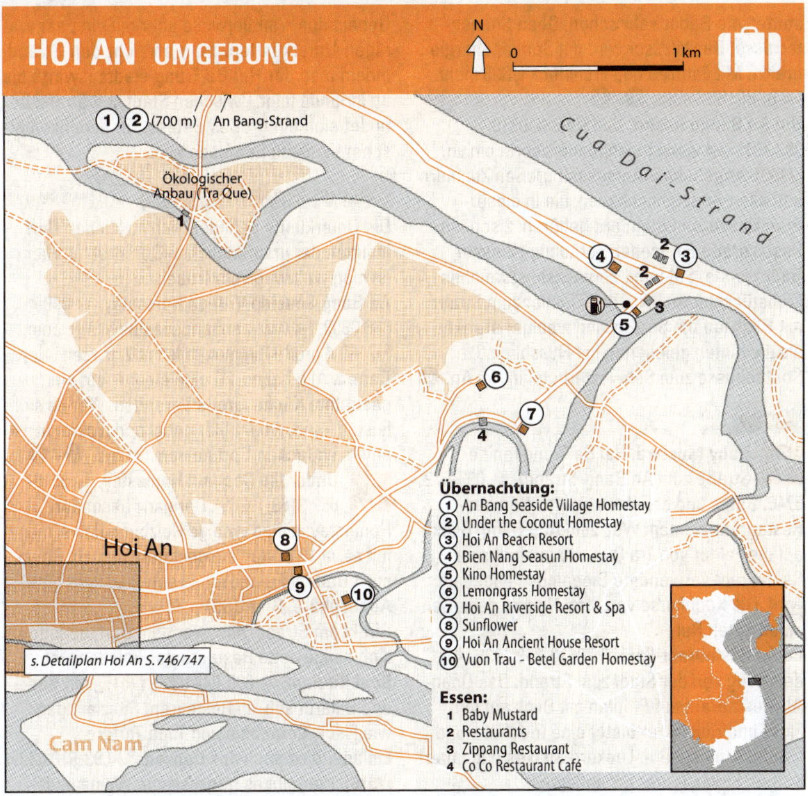

N

0   1 km

(1)(2)(700 m) | An Bang-Strand

Ökologischer
Anbau (Tra Que)

Cua Dai-Strand

Hoi An

s. Detailplan Hoi An S. 746/747

Cam Nam

Übernachtung:
1. An Bang Seaside Village Homestay
2. Under the Coconut Homestay
3. Hoi An Beach Resort
4. Bien Nang Seasun Homestay
5. Kino Homestay
6. Lemongrass Homestay
7. Hoi An Riverside Resort & Spa
8. Sunflower
9. Hoi An Ancient House Resort
10. Vuon Trau - Betel Garden Homestay

Essen:
1. Baby Mustard
2. Restaurants
3. Zippang Restaurant
4. Co Co Restaurant Café

Flusses. Großer Pool, gutes Restaurant, Wellnessangebote und Sportmöglichkeiten. Shuttle-Transfer zu Stadt und Strand. **⑤–⑥**
Sunflower Hotel, 397 Cua Dai, ✆ 0510-393 9838, ✉ sunflowerhoian@gmail.com, [7152]. Einfache Zimmer (leider ohne Moskito-netze), teilweise mit Balkon. Kleiner Pool. Inkl. Frühstück. **②–③**
Vuon Trau – Betel Garden Homestay, 161 Tran Nhan Thong, ✆ 0510-392 4165, 🖥 www.betelgardenhomestay.com, [7157]. Schöne Bungalows in einem schattigen Areka- und Betelnussgarten inmitten eines Wohnviertels zwischen Strand und Altstadt. Badezimmer mit Dusche und Badewanne, großes Bett und Moskitonetz. Im Garten kleiner Pool. Familiäre Atmosphäre. Inkl.

Frühstück. Wer länger als 3 Nächte bleibt, wird zum Abendessen eingeladen. Oft voll. **④–⑤**

Am Strand

Bien Nang Seasun Homestay, 29 Phan Tinh, ✆ 0510-392 2123, [9261]. An der Straße gegen-über dem Strand, relativ großes Steinhaus und eher ein Minihotel als ein typisches Homestay. Beliebte einfache Zimmer, einige recht dunkel, andere ansprechend. Inkl. Fahrrad. **②–③**
Kino Homestay, 27b Cua Dai , ✆ 0510-392 7747, ✉ kinohomestay@gmail.com, [9259]. Das kleine Haus an der Straße ist eher ein gutes Minihotel, zum Homestay wird es allein durch die Tat-sache, dass es eine Küche gibt, die alle nutzen dürfen. Die Zimmer sind ansprechend ausge-

stattet, die Bäder sehr schön. Oben Sonnen-terrasse. Das Wasser wird mit Sonnenenergie erhitzt. Mit Fahrrad und Frühstück US$5 mehr. Freundliche Leute. ❸–❹

Hoi An Beach Resort, Cua Dai, ☎ 0510-392 7011, 🖥 www.hoianbeachresort.com.vn, [7160]. Angenehme Anlage mit großen Zimmern und allen Annehmlichkeiten, die in dieser Preisklasse zum Standard gehören: 2 schöne Pools, große Fernseher, geräumige Zimmer, Badewanne, Safe und abwechslungsreiches Frühstücksbuffet inkl. Die „Zimmer zum Strand" mit Blick auf die Straße sind weniger attraktiv als die hinten gelegenen mit Flussblick. Shuttlebusse zum Schwesterhotel in Hoi An. ❻

ESSEN

Baby Mustard, Hai Ba Trung (an der Straße zum An Bang-Strand), ☎ 093-572 5740. Gutes und beliebtes kleines Bambus-Restaurant auf dem Weg zum Ang Bang. Blick auf die Felder von Tra Que, wo auch das im Restaurant verwendete Biogemüse angebaut wird. Die Kochkurse von Mrs. Nguyet genießen einen guten Ruf.

Co Co Restaurant-Café, ☎ 0510-350 1035, auf dem Weg von der Stadt zum Strand. Das Open-Air-Restaurant auf Pfählen mit Blick auf den Fluss und Reisfelder bietet eine friedliche und frische Atmosphäre. Leckere Shakes und guter Kaffee. Etwas teurer als anderswo.

Leckeres Seafood gibt es in den zahlreichen vietnamesischen **Restaurants** direkt am Strand oder an der Straße. Wer hier vorbeifährt oder am Strand entlangspaziert, wird ganz sicher angesprochen. Die Preise sind alle recht ähnlich, ebenso das Angebot.

An Bang-Strand

Etwa 3 km nördlich von Hoi An erstreckt sich der An Bang-Strand [7513], der zum gleichen langen Strandabschnitt gehört, der sich vom China Beach in Da Nang bis zum Cua Dai in Hoi An erstreckt. Am An Bang ist es ruhiger als am Cua Dai. Lange Jahre gab es hier nur ein paar klei-ne Cafés, die vor allem Einheimische anlockten, und auch heute noch ist der Strand ein kleiner

Geheimtipp – mittlerweile aber mit ein paar we-nigen Unterkünften. Man erreicht den Strand, indem man der Hai Ba Trung stadtauswärts bis an ihr Ende folgt. Zwischen Stadt und Strand be-findet sich ein großes Gebiet, auf dem ökologi-scher Landbau betrieben wird.

ÜBERNACHTUNG UND ESSEN

Die Unterkünfte befinden sich im kleinen Dorf inmitten der ursprünglichen Dorfstruktur. Hier ist man weit weg vom Trubel.

An Bang Seaside Village Homestay, ☎ 090-666 0309, 🖥 www.anbangseasidevillage.com, [9264]. 4 große Zimmer, teils mit 2 großen Betten. Alle haben TV, eine eigene, gut aus-gestattete Küche, große Veranden. Wer es sich leisten kann, wohnt hier nobel und diskret in einem einfachen Dorf nah am Strand. ❹–❺

Under the Coconut Homestay, ☎ 0510-652 9168, [9265]. Der ganz besondere Homestay: einige wenige Holzbungalows, meist mit etwa 10 Betten ausgestattet, und ein Raum mit 4 Betten. Freundliche Leute und sehr gute Atmosphäre. Bett US$7 p. P.

Direkt am Strand, noch vor dem Dorf, befinden sich einige nette Restaurants. Einladend ist **Soul Kitchen**, ☎ 090-644 0320, [7515], mit Bar und Billardtisch, im Restaurant Spezialitäten wie Fisch-Carpaccio und Tuna Tartare. Einladend ist auch das **Banyan**, ☎ 093-510 0337, [7516]. Hier gibt es französische Weine und Tapas. In der Saison am Wochenende Veran-staltungen – auf Flyer achten. Zur Zeit der Recherche war noch nicht klar, ob der Pacht-vertrag verlängert wird.

Die Cham-Inseln

Seit die acht Cham-Inseln 2009 zum **Unesco-Biosphärenreservat** erklärt wurden, interessiert sich eine stetig steigende Zahl von Besuchern für diese Inselgruppe, die zuvor als Militärgebiet weitgehend *off limits* war. Nur die Hauptinsel **Cu Lao Cham** ist dauerhaft bewohnt; Übernachtun-gen sind in zwei Siedlungen möglich: **Bai Lang** (2500 Einw.), wo sich auch die einzige „Sehens-würdigkeit", der **Wal-Tempel Ong Ngu**, befindet, und dem kleineren **Bai Huong** (500 Einw.).

Cu Lao Cham liegt ungefähr 16 km vor der Küste und ist vom Cua Dai-Strand aus gut zu sehen. Die bergige Insel (höchste Erhebung 520 m) ist größtenteils von Wald überzogen, einem Rückzugsgebiet für viele Tierarten. „Trekking" ist nur erlaubt auf der Verbindungsstraße zwischen den zwei Ortschaften – zum Schutz des Waldes wie auch des Besuchers, denn nicht alle Waldbewohner sind ungefährlich. Die wohl größte Attraktion allerdings ist die Unterwasserwelt: Sie kann im Rahmen von Tauch- und Schnorcheltouren erkundet werden, die von den Anbietern in Hoi An (S. 674) organisiert werden.

My Son

Die Tempelanlage von My Son [4713] liegt etwa 45 km südwestlich von Hoi An und ist einen Besuch wert: Das von der Unesco zum Weltkulturerbe erklärte Areal war die heiligste Stätte der Cham-Zivilisation. Sie liegt in einem dicht bewaldeten Tal, umgeben von steil aufragenden Felsen, von denen einer nicht umsonst „Katzenzahn-Berg" heißt. Heute stehen noch etwa 70 Gebäude des ursprünglich viel größeren Komplexes. Inschriften belegen, dass zwischen den Steingebäuden einst auch viele Häuser und Heiligtümer aus Hartholz und Bambus gestanden haben müssen. Keines davon hat die Zeiten überdauert.

In My Son finden sich verschiedene Stilepochen der Cham-Architektur. Von den zwischen dem 2. und 6. Jh. erbauten Holzgebäuden sind keine Spuren geblieben, doch ab dem 7. Jh. bauten die Cham ihre Heiligtümer aus Ziegelsteinen: Mehr als ein halbes Jahrtausend lang wuchs die Anlage um immer neue Tempel an. Einen Höhepunkt erreichte die Bauaktivität im 10. Jh., als das Königreich Champa auf dem Zenit seiner Macht stand. Die schönsten noch zu sehenden Bauwerke stammen aus dieser Zeit (Gruppe A). Nach Kämpfen mit den Vietnamesen und den Khmer wurden im 12. und 13. Jh. die letzten Tempel errichtet (Gruppen G und H); im 14. Jh. wurde die Anlage dann aufgegeben. Der Dschungel übernahm die Herrschaft, bis Ende des 19. Jhs. französische Truppen auf die überwucherten Ruinen stießen. Der französische Archäologe Henri Permentier begann 1901 sie freizulegen und zu katalogisieren: Von ihm stammen die noch gebräuchlichen Bezeichnungen der Gebäude mit Buchstaben und Zahlen.

Ein großer Teil dieser Ruinen, die viele Jahrhunderte überdauert hatten, wurde bei US-amerikanischen Bombardierungen schwer beschädigt. Nach dem Krieg begannen die Restaurierungsarbeiten – ein polnisches Team war 1980 das erste, das sich in die zerbombten Tempel wagte. Noch heute ist nicht ganz klar, wie weit das Gesamtgelände von nicht detonierter Munition gesäubert wurde. Man sollte sich daher sicherheitshalber an die angelegten Wege halten. ⊙ tgl. 8–18 Uhr, Eintritt 100 000 Dong.

Gruppe C

Der Pfad vom Besucherzentrum führt als Erstes zur Gruppe C, die vom Kalan C1 aus dem 10. Jh. beherrscht wird. Die Shiva-Statue, die seinerzeit dort verehrt wurde, befindet sich heute im Cham-Museum in Da Nang. Ungewöhnlich ist neben dem bootsförmigen Dach – meist wurden mehrstöckige turmartige Dächer gebaut – auch der rechteckige Grundriss. Betreten wurde der Tempel über das Vestibül an der Ostseite. Die Außenmauern sind zwischen den Pilastern mit Wächterfiguren versehen. Sehenswert ist auch der etwas gedrungenere Kalan C7 aus dem 9. Jh.

Hinter dem ehemaligen Eingangspavillon C2 stößt man auf die separat stehende Vorhalle D2, deren Bezeichnung irreführt, da sie eigentlich zur C-Gruppe gehört. Die Stuttgarter Gesellschaft der Freunde der Cham-Kultur e.V. engagierte sich bei der Restauration dieses Gebäudes, sodass Besucher im Inneren nun ein kleines Museum besichtigen können. Die interessanten Exponate können den Reichtum der Cham-Bildhauerkunst allerdings nur andeuten. Wer sich dafür interessiert, sollte unbedingt dem Cham-Museum in Da Nang einen Besuch abstatten.

Gruppe B

Die benachbarte Vorhalle D1 leitet über in die B-Gruppe, die ursprünglich durch eine Mauer von der C-Gruppe getrennt war. Vom zentralen Kalan B1 sind nur noch die Grundmauern übrig –

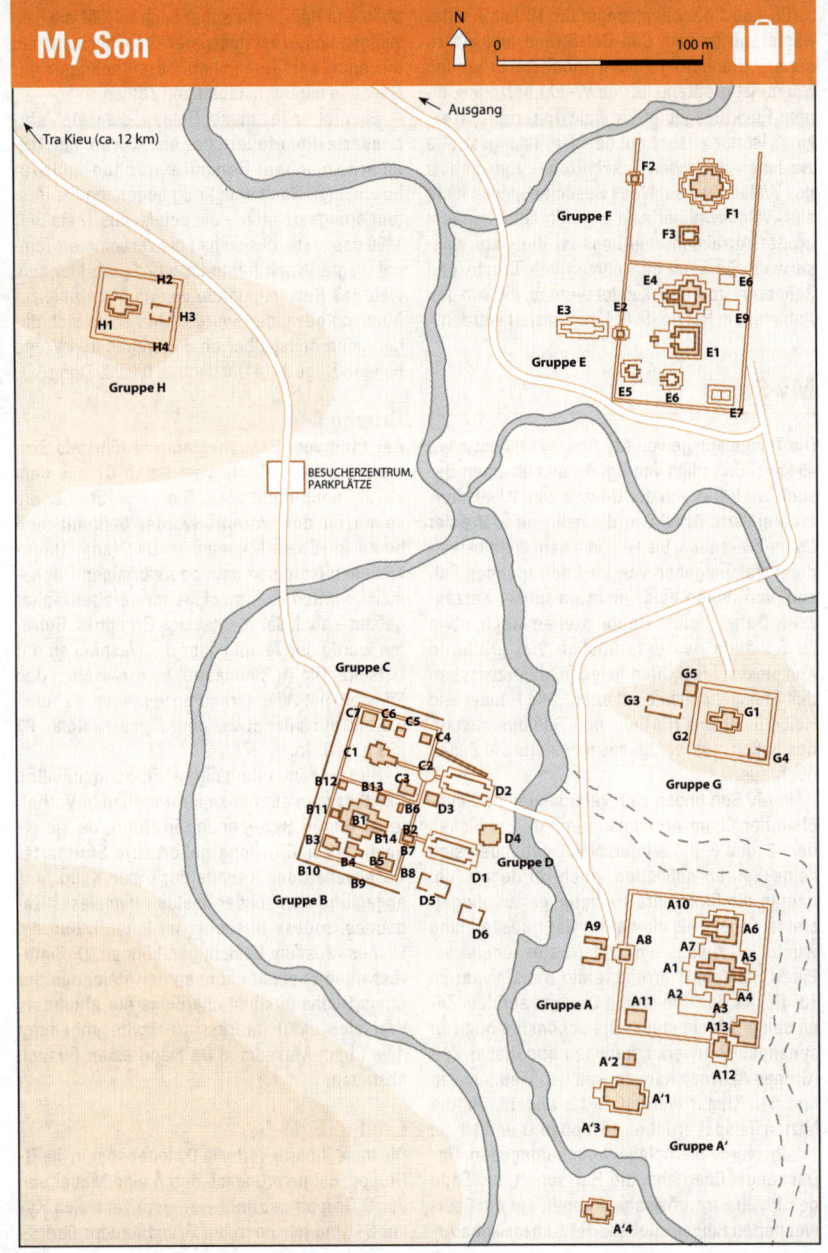

My Son

N

0   100 m

Ausgang

Tra Kieu (ca. 12 km)

H2
H1 **H3**
H4

Gruppe H

F2
Gruppe F **F1**
F3

E4 **E6**
E3 **E2** **E9**
E1
Gruppe E
E5 **E6**
E7

BESUCHERZENTRUM,
PARKPLÄTZE

Gruppe C

G5
G3 **G1**
G2 **G4**
Gruppe G

C7 **C6** **C5**
C1 **C4**
C3 **C2**
B12 **D2**
B13
B11 **B6** **D3**
B1 **B2**
B3 **B14** **B7** **D4**
B10 **B4** **B5** **B8** **D1**
B9 **Gruppe D**
Gruppe B **D5**
D6

A10
A9 **A7** **A6**
A8 **A1** **A5**
A2 **A4**
A11 **A3**
Gruppe A **A13**
A'2 **A12**

A'1

A'3
Gruppe A'

A'4

VIETNAM

man kann ahnen, dass er einst das größte Gebäude von My Son war. Einer Inschrift zufolge stammte er aus dem 11. Jh. und ersetzte einen älteren Holzbau. Aus dem 10. Jh. datieren der etwas schiefe Tempelturm **B3** und der etwa ebenso alte Lagerraum für Kultgegenstände **B5**, dessen Äußeres mit Säulen und Götterstatuen verziert ist und an dessen westlicher Seite sich ein hübsches Basrelief von zwei Elefanten findet, die sich unter einer Kokospalme die Rüssel reichen. Das Dach von **B6** fiel Bomben zum Opfer. Innen befindet sich ein Becken, das heiliges Wasser für Zeremonien und rituelle Waschungen enthielt.

Gruppe A

Von der Vorhalle D2 geht der Weg weiter zur südöstlich gelegenen Gruppe A, die im Krieg schwer beschädigt wurde; mit etwas Fantasie kann man sich die ursprüngliche Größe ausmalen. Vom Hauptturm, Kalan **A1**, ist nur noch die Basis übrig – als Forscher das Gebäude um 1901 freilegten, war der Turm 24 m hoch. Er hatte zwei Eingänge und sechs kleine Seitenschreine. In der Mitte des Fundaments ist noch die Basis eines Lingams zu sehen. Bei einem Streifzug über das Gelände finden sich im Gras herumliegende Türstürze und andere Bruchstücke, die mit schönen Verzierungen versehen sind.

Weitere Gruppen

Von der Gruppe A führt der Rundweg nach Norden. Vorbei an der **Gruppe G**, die auf einem kleinen Hügel liegt und deren Kalan **G1** an der Basis mit löwenköpfigen Dämonen verziert ist, gelangt man zur **Gruppe E**, wo im Krieg der bis dahin recht gut erhaltene **E4** zerstört wurde; **E1** war schon zu Zeiten der französischen Entdecker zerfallen. Sein bemerkenswerter Altar aus dem 7. Jh. steht heute im Cham-Museum in Da Nang. In der südöstlichen Ecke ist **E7**, einst ein Lagerraum für rituelle Gegenstände, einigermaßen erhalten.

Die sich nördlich anschließende **Gruppe F** besteht aus weniger Gebäuden. Der zentrale Kalan **F1** ist an der Basis mit Löwenköpfen und Lotosblumen verziert. Die **Gruppen K, L, M** sind heute fast verschwunden. Auf dem Weg zurück zum Besucherzentrum kann man noch einen Abstecher zum einzeln stehenden Kalan **N** machen.

TRANSPORT

Wer nicht mit einer gebuchten Tour aus Hoi An anreist, verlässt die Stadt in westlicher Richtung über die Phan Dinh Phung. Etwa 8 km weiter, in Vinh Dien, stößt die Straße auf die N1 – dieser gen Süden folgen. Nach knapp 20 km überquert die N1 über eine lange Brücke den Thu Bon-Fluss und erreicht den Ort **Nam Phuoc**. Dort, etwa 2 km hinter der Brücke, rechts abbiegen in die Straße nach **Tra Kieu**. Tra Kieu war einst die Cham-Hauptstadt **Simhapura**. Auf dem Hügel, auf dem einst das Cham-Zentralheiligtum lag, steht heute eine Marienkirche. Etwas weiter, im kleinen Ort **Kien Lam**, biegt links ein Sträßchen nach My Son ab (ausgeschildert). 8 km weiter ist der Parkplatz erreicht. Wer selbst anreist, sollte früh aufbrechen, um den Touristengruppen und der Hitze des Tages zu entgehen.

Hochland und Küste südlich von Hoi An

Das Gebiet südlich von Hoi An bis etwa nach Nha Trang wird kaum von westlichen Reisenden besucht, da hier keine der bekannten Highlights liegen. An der Küste und in den Bergen gibt es jedoch einiges zu entdecken für alle, die abseits der ausgetretenen Pfade reisen wollen.

Für Entdeckungsreisen ganz anderer Art eignet sich das westlich liegende zentrale Hochland: Vor allem von **Kon Tum** aus können sehr interessante Touren zu den indigenen Völkern unternommen werden, deren Riten und Kultur heute noch manche Rätsel aufgeben. Wer Glück hat und bei einem Stammesfest zu Gast sein kann, wird unvergessliche Erinnerungen mit nach Hause nehmen.

Von Kon Tum und vor allem von **Plei Ku** aus lassen sich mit unkomplizierten (wenn auch nicht immer bequemen) Busreisen der **Süden von Laos** und der **Nordosten von Kambodscha**

erreichen – ebenso wie das südliche Zentralvietnam. Strandliebhaber können in der Umgebung von **Quy Nhon** und **Tuy Hoa** nach ihrem
privaten Paradies suchen. Hier warten unerschlossene Buchten und wunderschöne Landschaften auf Entdecker.

Kon Tum

Der verschlafene Ort Kon Tum [4840] lag lange
Zeit abseits der touristischen Standardrouten
und wurde nur selten besucht. Das beginnt sich
zu ändern, seit der Ho-Chi-Minh-Pfad zum Highway ausgebaut wird und im nahe gelegenen
Bo Y ein internationaler Grenzübergang nach
Südlaos eröffnet worden ist.

Kon Tum selbst hat einige wenige Überbleibsel der französischen Kolonialzeit und ganz passable Unterkünfte und Restaurants zu bieten.
Das Highlight aber sind die weit über 500 Dörfer,
die in der Umgebung verstreut liegen – darunter
einige, in die noch nie ein Westler seinen Fuß
gesetzt hat. Man darf sich deshalb auf spannende Treks und Touren durch diese ursprüngliche
Gegend freuen.

Die kleine Stadt am Dakbla-Fluss hat nur wenige Sehenswürdigkeiten aufzuweisen. Sie sind
alle auf einem Spaziergang zu erreichen: Besonders schön ist die **Holzkirche** von 1913, die
mehrfach restauriert wurde und in einen freundlichen, hellen Innenraum einlädt. Sie besteht
aus Pinienholz, Bambus, Stroh und Lehm.

An „Kon Tum City" schließen sich östlich
übergangslos zwei Bahnar-Dörfer an: Kontum
K'pong und Kontum K'nam, was so viel wie
Ober- und Unter-Kontum bedeutet. In Ober-
Kontum befindet sich ein schönes **Rong-Haus**.
Diese Häuser mit dem charakteristischen ho-
hen Dach, das in seiner Form an eine Axtklin-
ge erinnert, sind der Mittelpunkt jedes Bahnar-
Dorfes und dienen als Versammlungshalle oder
Gerichtssaal.

ÜBERNACHTUNG

Bac Huong Hotel, 88 Tran Hung Dao, ☎ 060-
220 0424, 0935-911889, ✉ hotelbachuong@
yahoo.com.vn, [4862]. Saubere helle Zimmer
mit TV und Kühlschrank, manche mit AC, stellt

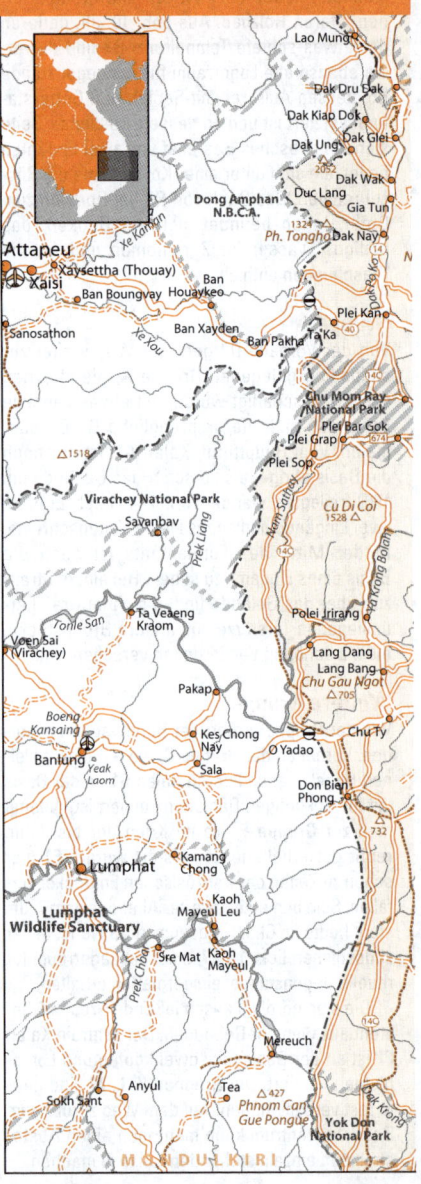

HOCHLAND UND KÜSTE

Kon Tum

Übernachtung:
1. Bac Huong Hotel
2. Family Hotel
3. Dakbla Hotel

Essen:
1. Eva Café
2. Quan Com Chay
3. Nem Minh Hoa
4. Dakbla's Restaurant
5. Hiep Thanh

Sonstiges:
1. Highlands Eco Tours
2. BIDV

Transport:
1. Busse nach Plei Ku und HCMS

diese freundliche Unterkunft. Großer Aufenthaltsraum mit Kochecke. ❶–❷

Dakbla Hotel, 2 Phan Dinh Phung, ✆ 060-386 3333, ✉ huekt1965@yahoo.com, [4865]. War einmal das führende Hotel in Kon Tum, doch diese Zeiten sind lange vorbei. Die 42 Zimmer mit Badewanne, AC und TV sind in die Jahre gekommen. Die Angestellten sind allerdings sehr freundlich. Das Dakbla Hotel ist auch Sitz des örtlichen Tourismus-Büros. ❶–❷

Family Hotel, 61 Tran Hung Dao, ✆ 060-386 2448, 0123-771 7777, ✉ familyhotelkt@ yahoo.com, [4847]. Ruhig gelegene, etwas karg möblierte saubere AC-Zimmer mit TV. Zu empfehlen schon wegen des hübsch gestalteten Innenhofs, in dem Frühstück oder Getränke serviert werden und man herrlich entspannen kann. Inkl. Frühstück. Vermietet Fahrräder (45 000 Dong pro Tag). ❷

ESSEN

Dakbla's Restaurant, 168 Nguyen Hue, ✆ 060-386 2584, ✉ Vandakbla@yahoo.com. Ethnoauthentisch mit Holzschnitzereien und Feld-werkzeugen dekoriertes Restaurant mit leckeren Gerichten von einer englischen Speisekarte. Es gibt auch Wildschwein oder Frosch (von der französischen Speisekarte). ⏱ tgl. 6–20 Uhr.

Eva Café, 5 Phan Chu Trinh, ✆ 060-386 2944, ✉ evacoffee@ymail.com, [4842]. Nicht entgehen lassen sollte man sich einen Kaffee im Gartencafé von Herrn An. Eine kleine Auswahl an vietnamesischen Gerichten, Wein und ein Cocktail sind ebenso im Angebot. Herr An unternimmt auch Touren in die Dörfer der Umgebung; ein Bericht von einer solchen Tour s. **eXTra [7057]**. ⏱ 6–22 Uhr.

Hiep Thanh, 529 Nguyen Hue, ✆ 060-386 2470. Gutes, einfaches Restaurant. Klassiker wie *com ga* (Reis mit Huhn) sind schmackhaft und preiswert. Kleine englische Speisekarte. ⏱ 7–21 Uhr.

Nem Minh Hoa, 6a Doan Thi Diem. Frühlingsrollen zum Selberdrehen. Eine Speisekarte ist überflüssig: Es gibt nur das eine Gericht, alle Zutaten werden auf den Tisch gestellt. Lecker.

Quan Com Chay, 72 Le Loi, ✆ 060-221 0353. Der Name ist Programm: „vegetarisches Restaurant". Sehr preiswert. Gegenüber im **Com Chay 33**, 33 Le Loi, ✆ 060-386 5730, ähnliches Angebot. ◷ 6.30–22 Uhr.

SONSTIGES

Geld

BIDV, 1 Tran Phu, ✆ 060-386 2163; hat einen Bankautomaten (Visa). Mit MasterCard kann während der Öffnungszeiten Geld geholt werden. ◷ Mo–Fr 7–16.30 Uhr.

Informationen

Highlands Eco Tours, 41 Ho Tung Mau, ✆ 060-391 2788, 090-511 2037, 🖥 www.vietnam highlands.com. Herr Nguyen Do Huynh spricht verschiedene Stammessprachen, gutes Englisch (und Französisch) und ist ein exzellenter, auskunftsfreudiger Führer. ◷ Mo–Fr 7–11 und 13–17 Uhr. Ein weiterer Ansprechpartner ist Herr An vom **Eva Café** (s. Essen).

Grenzübergang nach Laos

Der Grenzübergang **Bo Y – Phou Keua**, ◷ 8–16 Uhr, gut 80 km nordwestlich von Kon Tum, öffnet den Weg in den untouristischen Südosten von Laos. Er gehört (noch) zur Kategorie „abgelegene Außenposten", Visa on Arrival für Laos sind aber erhältlich (30 Tage, US$30–35, je nach Nationalität).
In **Plei Ku** starten jeden Morgen gegen 7 Uhr Busse der **Dien Hong Company**, ✆ 059-371 7428, über Kon Tum (1 Std.) nach **Attapeu** (6–7 Std., 200 000 Dong) und weiter nach **Pakxe** (9–11 Std., 300 000 Dong). Auch die empfehlenswerten grünen Busse der **Mai Linh Company**, ✆ 059-221 1211, fahren Pakxe und Attapeu in Laos an.
Von **Quy Nhon** gibt es 3x wöchentlich Direktverbindungen nach Laos. Die Busse der Gesellschaft **Tataco**, ✆ 056-547 956, verlassen den Busbahnhof in Quy Nhon am Do, Fr und So morgens um 6.30 Uhr und fahren über Kon Tum und Attapeu nach Pakxe. Dafür benötigen sie aber mindestens 20 Std. – ein echter Horrortrip für 420 000 Dong.

NAHVERKEHR

Bei der Vermittlung von **Xe om-Fahrern** können die Hotels behilflich sein.
Taxis der Gesellschaft Mai Linh erreicht man unter ✆ 060-3838 3838.

TRANSPORT

Busse

Der **Busbahnhof**, ✆ 060-386 2205, liegt etwa 2 km nördlich des Zentrums, von hier starten lokale Busse und Minibusse verschiedener Gesellschaften nach:
DA LAT, um 5 und 16 Uhr, 8 Std., 270 000 Dong;
DA NANG, 5–17 Uhr alle 30 Min., 5 Std., 140 000 Dong;
HUE, um 6.30 und 14.30 Uhr, 8 Std., 190 000–210 000 Dong;
NHA TRANG, um 12 Uhr, 7 Std., 190 000 Dong;
Verbindungen nach Laos: um 8 Uhr nach PAKXE über ATTAPEU. Weitere Infos Kasten.

Die Umgebung von Kon Tum

Mehrere Dutzend Dörfer befinden sich in der näheren Umgebung von Kon Tum. Die meisten können besucht werden, wobei sich die Mitnahme eines einheimischen Führers empfiehlt: um sich nicht in den Bergen zu verirren und auch, um einen Übersetzer dabeizuhaben, den man mit Fragen löchern kann.

Wer jedoch gern allein losziehen möchte, kann einen Ausflug nach **Kon Koi Tu** unternehmen, das etwa 5 km östlich von Kon Tum liegt. Die Bewohner des Bahnar-Dorfes sind an Ausländer gewöhnt; in dem großen Rong-Haus übernachten hin und wieder Reisegruppen. Die meisten Dörfer in der Region sind an Flussufern angesiedelt, und Kon Koi Tu liegt am Dakbla-Fluss. Um hinzukommen, folgt man der Tran Hung Dao östlich aus Kon Tum heraus und überquert den Dakbla über die Brücke in **Kon Klor**. An der Brücke befindet sich ein großes Rong-Haus. Etwa 200 m hinter der Brücke geht es links ab nach Kon Koi Tu. Man folgt der Straße entlang den Flusswindungen einige Kilometer, ehe links das hohe Dach des Rong-Hauses von Kon Koi Tu auftaucht.

Touren in die weitere Umgebung von Kon Tum führen zu **Dörfern der Jarai**, Bahnar,

VIETNAM

Sedang und anderer Völker. Über 500 verschiedene Siedlungen liegen in den Bergen verstreut. Nur wenige sind bisher von westlichen Touristen besucht worden. Meist beginnt der Ausflug mit einem Auto- oder Moped-Transfer in die Umgebung. Dann folgt eine Wanderung zu einem Dorf, die mehr oder weniger lang und anstrengend sein kann. Manchmal müssen schwankende Hängebrücken aus Bambus überquert werden. Oft ist ein Picknick oder eine Bootsfahrt in einem Schlauchboot bzw. Einbaum inbegriffen. Bei abendlichen Veranstaltungen wird Gong-Musik gespielt, getanzt und gemeinsam aus einem großen Fass Reiswein mit dem Strohhalm getrunken. Bei mehrtägigen Touren wird in den Gemeinschaftshäusern der Dörfer übernachtet – nicht immer sehr bequem –, und es ist mit längeren Marsch-Etappen zu rechnen.

Plei Ku

Plei Ku **[4848]** ist die 150 000 Einwohner zählende Hauptstadt der Provinz Gia Lai. Im Krieg hat diese Region unendlich unter amerikanischen Bombenangriffen und nordvietnamesischen Militäraktionen gelitten – das hat Spuren hinterlassen. Plei Ku ist, nachdem es im Krieg dem Erdboden gleichgemacht und in den 1980er-Jahren mit sowjetischer Hilfe wieder aufgebaut wurde, keine schöne Stadt. Westliche Touristen nehmen sie hauptsächlich auf der Durchreise wahr, denn Plei Ku eignet sich hervorragend als **Sprungbrett nach Kambodscha** (s. Kasten S. 765).

Die Sehenswürdigkeiten von Plei Ku beschränken sich auf zwei Museen, das wenig überraschende **Ho-Chi-Minh-Museum**, ⏱ Mo–Sa 8–11 und 14–16.30 Uhr, Eintritt frei, und das **Gia Lai-Museum** in der Tran Hung Dao, ⏱ Mo–Fr 7–11 und 13.30–16 Uhr, Eintritt US$1, wo Fundstücke aus der Region ausgestellt werden, darunter eine Kollektion von Bronzegongs.

Duc Long Gia Lai Hotel, 95-97 Hai Ba Trung, ☎ 059-387 6303, ✉ duclonghotel@duclong group.com, **[9247]**. Älteres, aber gut gepflegtes Haus mit geräumigen Zimmern mit sehr hohen Decken. Auch die Badezimmer sind recht groß. Freundliche Leute. ❷

Hung Vuong Hotel, 2 Le Loi, ☎ 059-382 4270, ✉ hungvuonghotel@gialaitourist.com, **[4951]**. Ordentliche und saubere Zimmer. Im Preis inbegriffen ist ein Frühstücksbuffet im ansprechenden Restaurant. Gutes Preis-Leistungs-Verhältnis. ❷–❸

Vinh Hoi Hotel, 39 Tran Phu, ☎ 059-382 4644, **[4859]**. Schön gestalteter Eingangsbereich. Von den umlaufenden Fluren Blick in die Lobby. Die Zimmer sind recht ordentlich eingerichtet mit TV, AC und Kühlschrank. Die günstigen Zimmer ohne Fenster. Kleines Café an der Straße mit Frühstücksangebot und Kaffee. ❶–❷

Wer in Plei Ku essen geht, ist hauptsächlich auf die lokale Küche angewiesen. Beliebt bei Einheimischen sind:

Ca Phe Thu Ha, 9 Nguyen Thai Hoc, ☎ 059-382 4877, 🖥 www.thuhacoffee.vn. Für die tägliche Dosis guten, starken Kaffees.

Hanh Dao, 20A Quang Trung, ☎ 059-382 7314. Eine gute Auswahl einfacher, preiswerter vietnamesischer Gerichte.

My Tam, 6 Quang Trung, ☎ 059-382 4730. Abends oft rappelvoll mit Gästen, die sich über die Brathähnchen hermachen.

Nem Ninh Hoa, 80 Nguyen Van Troi. Hat leckere Frühlingsrollen zum Selbstdrehen.

Vietinbank, 106 Tran Phu, ☎ 059-387 5367, und in der 1 Tran Hung Dao, ☎ 059-387 1216, 🖥 www.vietinbank.com.vn. Viele **Bankautomaten** sind in der Stadt verteilt. Bankautomaten der Vietcombank und Agribank neben der Hauptpost.

Busse

Vom **Duc Long-Busbahnhof**, der etwa 2,5 km südöstlich des Zentrums liegt, fahren Busse in alle Regionen des Landes. Empfehlenswert sind die Busse des Unternehmens **Thuan Thien**, Büro am Busbahnhof, ☎ 059-374 4777. Sie fahren u. a. nach:

Der Grenzübergang **Le Thanh – O'Yadaw**, 90 km westlich von Plei Ku, eröffnet einen interessanten Reiseweg: Per Bus geht es von Plei Ku in nur fünf Stunden nach **Banlung** in der kambodschanischen Provinz Rattanakiri; von dort aus sind in einem Tag Siem Reap und die Tempel von Angkor zu erreichen. Visa sind an der Grenze problemlos erhältlich.

Das Reisen mit den kleinen lokalen Bussen von **Dien Hong**, ☎ 059-371 7428, die morgens um 8 Uhr in Plei Ku starten (5 Std., 170 000 Dong), ist eine Erfahrung: Sie dienen auch als Transporter. Unterwegs werden allerlei Güter ein- und ausgepackt, was die Fahrt nicht gerade beschleunigt, aber einen gewissen Unterhaltungswert hat.

DA NANG, um 20.30 und 21 Uhr, 9 Std., 220 000 Dong;
Andere Gesellschaften fahren folgende Orte an:
BUON MA THUOT, Abfahrt wenn voll, 4 Std., 90 000 Dong;
DA LAT, um 7 Uhr, 6 Std., 180 000 Dong;
DA NANG, um 7, 19 und 21 Uhr, 6 Std., 210 000 Dong;
HUE, um 19 Uhr, 7 Std., 190 000 Dong;
NHA TRANG, um 6, 6.30 und 14 Uhr, 5 Std., 170 000 Dong;
QUY NHON, 6.10–15.45 Uhr 12 Busse, 4 Std., 100 000 Dong.
Die empfehlenswerten grünen Busse der **Mai Linh Company**, ☎ 059-221 1211, fahren nach DA NANG, HCMS und QUY NHON. Verbindungen nach **Laos** S. 763.

Flüge

Der **Flughafen** liegt etwa 10 km nördlich der Stadt. **Vietnam Airlines**, 16 Tran Hung Dao, ☎ 059-375 8888, ⌨ www.vietnamairlines.com, fliegt 1–2x tgl. nach DA NANG, HA NOI und HCMS.

Quy Nhon

Quy Nhon [4467] ist mit einer Viertelmillion Einwohner das geschäftige Zentrum der Provinz Binh Dinh. Touristen kommen selten, doch wer den Weg hierhin findet, erfreut sich an dem herrlichen Strand und den sehr freundlichen Menschen.

Im 11. Jh. war die Stadt ein wichtiger Hafen der Cham. Noch heute zeugen viele Cham-Türme in der Region von dieser Zeit. Zwei davon befinden sich nördlich des Stadtzentrums: **Thap Doi**, die „Zwillingstürme". Sie wurden renoviert und liegen in einem kleinen Garten. Die Dachform weist auf eine Verwandtschaft mit der Khmer-Architektur hin; daher werden die Türme ins 12. Jh. datiert. Um sie zu erreichen, folgt man der Tran Hung Dao am Bahnhof vorbei stadtauswärts. Nach etwas mehr als 2 km biegt rechts die Duong Thap Doi ab. Von dort sind es noch etwa 100 m. ⏱ 8–11 und 13–16 Uhr, Eintritt 5000 Dong.

Einige schöne Strände schließen sich südlich an die Stadt an: z. B. der **Queens Beach**, nach der Gattin von Kaiser Bao Dai benannt, die sich hier gerne aufhielt. An dem felsigen Strandstück kann es zu gefährlichen Strömungen kommen. Der **Strand von Quy Hoa**, unter der Woche meist ziemlich leer, ist am Wochenende ein beliebtes Ausflugsziel für die Bewohner Quy Nhons. Um hinzugelangen, folgt man in südlicher Richtung entweder der Han Man Tu am Ende der Duong Vuong oder der neuen Küstenstraße N1D, die am Ende der Nguyen Thai Hoc beginnt.

ÜBERNACHTUNG

Au Co Hotel, 8A-24 An Duong Dong, ☎ 056-374 7699, [4469]. Das kleine Hotel liegt am südlichen Strandabschnitt. Manche Zimmer sind etwas obskur mit Zementbäumen verziert. Schön sind die Erkerzimmer mit 3 großen Betten, Sitzecke und einem Balkon. Das Familienunternehmen betreibt noch 4 weitere Hotels im Umkreis. ❷

Barbara's – The Kiwi Connection, 12 An Duong Vuong, ☎ 056-389 2921, ✉ kimloan4696@yahoo.com, [8922]. Zimmer im einfachen Dorm und ein DZ mit TV und AC. Die Matratzen sind schon etwas älter, aber günstiger kann man als Einzelperson nicht wohnen. Der Platz ist ein toller Travellertreff. Wer hier nicht wohnen möchte, kommt aber sicher zum Essen (s. u.) vorbei. Die Begründerin Barbara, einst nach Vietnam ausgewandert und mittlerweile in die alte Heimat zurückgekehrt,

VIETNAM

hat ihre vietnamesischen Freunde gut ausgebildet, und so lebt der Platz weiter. Dormbett US$4, DZ ❶
Lan Anh 01 Hotel, 19/102 Xuan Dieu, ✆ 056-389 3109, 09-1344 0400, [4475]. Das kleine Hotel steht direkt an der Strandstraße, und aus ein paar Zimmern bietet sich ein toller Blick aufs Meer. Wer dann noch das Balkonzimmer ergattert, hat eine gute Wahl getroffen. ❶–❷
Saigon – Quy Nhon Hotel, 24 Nguyen Hue, ✆ 056-382 0100, 🖥 www.saigonquynhonhotel.com.vn, [4472]. 4-Sterne Hotel. Saubere, bequem ausgestattete Zimmer in zentraler Lage, viele mit Meerblick. Sauna, Dampfbad, Massagen und ein Pool, der für 20 000 Dong auch Tagesgästen offensteht. Freundliches Personal – man muss sich auch als „Ohne-Stern-Traveller" nicht scheuen, den Pool (🕐 6.30–20 Uhr) zu nutzen. ❹–❻

ESSEN

In Quy Nhon gibt es zahlreiche einfache *bun*-, *pho*- und *com*-Restaurants, daneben auch schon **KFC** (neben dem Einkaufscenter Coop), in denen man den ganzen Tag etwas zu essen bekommt. Abends werden entlang dem Ufer am zentralen Strandabschnitt auf Höhe der Innenstadt (Hai Ba Trong) zahlreiche Stühle auf die Straße gestellt. Hier gibt es traditionelle Küche, vom Hotpot bis zu Fischgerichten. Am besten gucken, was die anderen essen, und per Fingerzeig bestellen.
Ban Mii Bon Nee, im Osten des Marktes. Wer Lust auf Hamburger hat, muss auch in Quy Nhon nicht darauf verzichten. Im Gegensatz zu Fastfood-Ketten wird der Burger frisch gebrutzelt. Zudem viele Reisgerichte und Eis.

🧳 **Barbara's – The Kiwi Connection**, s. Übernachtung. Abseits des Pancaketrails gibt es hier Travellerküche – besser als an vielen anderen Orten Vietnams: Pasta, Fried Rice und die obligatorischen, wirklich gelungenen Pancakes. Es gibt vornehmlich westliche, aber ein paar vietnamesische Gerichte.

SONSTIGES
Geld

Vietcombank, 152 Le Loi, ✆ 056-382 2408. Hier kann man Devisen tauschen, Travellers Cheques einlösen und auf seine Kreditkarte Geld bekommen. 🕐 Mo–Fr 7–11 und 13.30–16, Sa 8–11 Uhr. Zwischen Vietcombank und Kathedrale befindet sich auf der Tran Hung Dao ein **Geldautomat**, der Geld auf Visa- und MasterCard gibt. Weitere Geldautomaten u. a. am Seagull Hotel, am Quy Nhon Hotel und am Saigon Quy Nhon Hotel.

Informationen
Eine gute Informationsquelle sind die Betreiber von **Barbara's – The Kiwi Connection**. Mr. Loan und seine Mitarbeiter sprechen ganz gut englisch und können kompetent helfen (auch wenn man Geheimtipps sucht). Es werden außerdem Touren in die Umgebung organisiert.

Taxis
Mai Linh, ✆ 056-383 838, 056-379 7979.

TRANSPORT
Busse

Der **Busbahnhof Ben Xe Khach Lien Tinh** liegt nahe dem Zentrum an der Tay Son. Gleich mehrere Busgesellschaften operieren von hier, sodass von früh morgens bis spät abends viel Verkehr herrscht.
HCMS (Phuong Trang, ✆ 056-394 6166), 17.30, 18, 18.30 und 19.15 Uhr, 270 000 Dong, 10 Std. Wer hier bucht, wird vom Hotel abgeholt. Zudem wird die Strecke von Mai Linh Express (17 und 19 Uhr, 280 000 Dong, 10 Std.) und Thuan Thao, ✆ 056-374 6647 (18 Uhr, 300 000 Dong, 12 Std.), bedient.
NHA TRANG (Thuan Thao, ✆ 056-374 6647), um 6.30 Uhr, 110 000 Dong, 4 Std.
Weitere Ziele:
DA LAT, um 6.30 Uhr mit Thuan Thao, 210 000 Dong, 10 Std.;
DA NANG, mit Mai Linh Express um 7 und 14.15 Uhr, 155 000 Dong, 4 Std.;
GIA LAI (PLEI KU), mit Mai Linh Express um 7.30 und 14.30 Uhr, 105 000 Dong, 3 Std.;
KON TUM, mit Tataco um 7.45 Uhr, 105 000 Dong, 4 Std.;
TUY HOA, mit Thuan Thao um 10 und 16 Uhr, 60 000 Dong, 2 Std.
Verbindungen **nach Laos** s. Kasten S. 763.

Eisenbahn

Quy Nhons kleiner **Bahnhof**, ☎ 056-382 2036, stellt als Sackbahnhof eine Verbindung zum nächstgrößeren **Bahnhof Dieu Tri** dar, der an der Nord-Süd-Verbindung liegt und entsprechend belebt ist. Nur wenige Züge verlassen Quy Nhon mit dem Ziel DIEU TRI; sie brauchen für die 15 km fast 45 Min. Daher nehmen die meisten für die Strecke ein Taxi (etwa 200 000 Dong) oder Xe om (etwa 80 000 Dong). Die Taxifahrt dauert rund 20 Min.

Einige Abfahrtszeiten in Dieu Tri:

HA NOI, es fahren 13 Züge, darunter die 4 bequemen Special Express-Züge um 6.19 Uhr (SE2, Ankunft 3.51 Uhr), 9.10 Uhr (SE4, Ankunft 4.30 Uhr), 20.48 Uhr (SE6, Ankunft 19.20 Uhr) und um 17.32 Uhr (SE8, Ankunft 15.07 Uhr). Wer aus Ha Noi kommt, kann um 19 Uhr losfahren und ist um 16.26 Uhr in Dieu Tri.

SAI GON, hier sind es sogar 20 Züge, darunter um 16.16 Uhr der SE1 (Ankunft 4.10 Uhr), um 18.20 Uhr der SE3 (Ankunft 5 Uhr), um 14.57 Uhr der SE5 (Ankunft 4.40 Uhr) und um 3.23 Uhr der SE7 (Ankunft 15.05 Uhr).

Tipp: Wer nach NHA TRANG möchte und lieber im Zug statt im Bus sitzt, kann um 7.28 Uhr für 170 000 Dong fahren, Ankunft kurz nach 11 Uhr. Haltestellen und Abfahrtszeiten in beide Fahrtrichtungen unter **eXTra [8944]**.

Flüge

Der **Flughafen Phu Cat** liegt 35 km nördlich der Stadt. Täglich startet vormittags jeweils eine Maschine nach HCMS und HA NOI.

Das Büro von **Vietnam Airlines** befindet sich in der 272 Tran Hung Dao, ☎ 056-382 5313, ⊕ Mo–Fr 7.30–11.30 und 13.30–16.30 Uhr. Die Taxifahrt von und zum Flughafen dauert etwa 60 Min. und kostet um die 500 000 Dong. Bei Ankunft der Flüge wartet direkt am Eingang ein Flughafenbus für max. 20 Pers., Fahrpreis zum Büro von Vietnam Airlines 50 000 Dong (wenn man zu spät kommt und der Bus schon voll ist, muss man ein Taxi nehmen). Von der Stadt zum Flughafen am besten einen Tag vorher die Busgesellschaft anrufen (☎ 056-382 3125) und einen Platz bestellen. Wer kein Vietnamesisch spricht, sollte jemandem vom Hotel um Hilfe bitten.

Tuy Hoa

VIETNAM

In Tuy Hoa [4477], der kleinen Hauptstadt der **Provinz Phu Yen**, steigt kaum ein westlicher Tourist ab – umso herzlicher wird der seltene Gast hier willkommen geheißen. Die Stadt an der Mündung des Da Rang-Flusses präsentiert sich als freundliches, geschäftiges Zentrum der Region. Seit im Jahre 2003 der alte Flughafen der US-Armee ausgebaut wurde und regelmäßige Verbindungen nach Ho-Chi-Minh-Stadt bestehen, sind die Weichen Richtung Zukunft gestellt. Doch noch geht es hier ruhig zu. Ungewöhnlich und in diesem Zusammenhang fast schon symbolisch sind die großen **Reisfelder**, die mitten in der Stadt liegen.

Tuy Hoas **Stadtstrand** zählt nicht gerade zu den allerschönsten in Vietnam; meist ist er sehr verschmutzt. Doch nördlich und südlich schließen sich einige Strände an, die von Schatten spendenden Pinien gesäumt und zum Schwimmen geeignet sind. Wer nicht ins Meer will, kann am **Thuan Tao** („Golden Beach") genannten Strandabschnitt in einem **Schwimmbad** etwas nördlich des Zentrums in einem ansprechenden 50-Meter-Becken seine Bahnen ziehen (50 000 Dong).

Am Nordufer des Da Rang-Flusses liegt der 64 m hohe Nhan-Berg, der vom gleichnamigen **Cham-Turm** gekrönt wird. Er wird auf das späte 11. oder frühe 12. Jh. datiert, ist vierstöckig und misst 25 m. Der quadratische, mit Lotosblumen verzierte Sockel mit einer Seitenlänge von 11 m ist original erhalten, alles andere wurde in den 1960er-Jahren rekonstruiert.

ÜBERNACHTUNG

Der Standard der allermeisten Hotels in Tuy Hoa ist niedriger als anderswo. Auch in den Mehr-Stern-Häusern fehlt mangels Besuchern (Auslastung 20 %) oft das Geld für die nötigen Instandhaltungen.

Hoa Anh Dao Hotel, 250 Tran Hung Dao, ☎ 057-381 9944, ✉ khachsanhoaanh dao250@yahoo.com, [4480]. Recht zentral gelegenes Hotel mit sauberen Zimmern (AC, Satelliten-TV) mit Badewanne, etwa 1 km vom Strand. Die japanisch-vietnamesischen Betreiber sprechen gut Englisch und helfen gekonnt bei Weiterfahrt und Touren. Wäsche-service. Frühstück möglich im dazugehörigen Garden Coffee vis-à-vis, 2 Le Quy Don. ❶–❷

ESSEN

Besonders beliebt bei Einheimischen sind die **Restaurants am Flussufer** entlang der Cang Ca Phuong. Unter anderem werden hier sehr gute Fischgerichte und Muscheln serviert. Tuy Hoa bietet einige **Seafood-Spezialitäten**.
Quan 57, 57-59 Luong Van Chanh, ☎ 057-382 5484. Reisgerichte nach Auswahl in der Auslage.
Sakura Coffee, Bach Dang, ☎ 057-360 1989. Ms. Hoa, die Besitzerin des Hoa Anh Dao Hotels und von **Garden Coffee** (s. Übernachtung), hat hier ein weiteres Café auf 2 Etagen eröffnet, das auch eine gute Auswahl an Speisen bietet. Frühstück erhältlich. ◷ 6–22 Uhr.

SONSTIGES

Sacombank, 205-211 Hung Vuong, ☎ 057-389 3341. Devisentausch und Kreditkarten-Transaktionen. ◷ Mo–Fr 7.30–11.30 und 13–17 Uhr, Sa, So nur vormittags.

TRANSPORT

Busse

Der **Busbahnhof**, 227 Nguyen That Thanh, ☎ 057-382 0303, verbindet Tuy Hoa mit Zielen an der Nationalstraße 1 und im zentralen und südlichen Bergland, z. B.:
DA LAT, um 8.30 Uhr, 165 000 Dong, 8 Std.;
DA NANG, um 7.30 und 19 Uhr, 200 000 Dong, 10 Std.;
HCMS, um 17, 18, 18.35 und 19 Uhr, 280 000 Dong, knapp 11 Std.;
NHA TRANG, um 5.30, 7, 8.30 und 13.30 Uhr, 70 000 Dong, 3 Std.;
PLEI KU, um 6.30 Uhr, 90 000 Dong, 5 Std.;
QUY NHON, um 7.30 und 13.30 Uhr, 60 000 Dong, 2 Std.

Eisenbahn

Der **Bahnhof**, 149 N1, ☎ 057-382 4195, liegt nahe dem Busbahnhof. Neben den Expresszügen fahren viele lokale Bummelzüge zu näher gelegenen Zielen in nördlicher und südlicher Richtung ab. Expresszüge:

HA NOI, mit dem SE8 um 15.40 Uhr (Ankunft nächster Tag 15.07 Uhr);
HCMS, mit dem SE1 um 18.25 Uhr (Ankunft 3.45 Uhr), dem SE5 um 9.18 Uhr (Ankunft 18.37 Uhr) oder dem SE7 um 5.24 Uhr (Ankunft 15.11 Uhr).

Flüge

Der **Flughafen** liegt südlich der Stadt im Vorort Phu Lam, ☎ 057-385 1951. Flüge nach HCMS und HA NOI starten täglich.
Ein Ticketbüro von **Vietnam Airlines** befindet sich in der 353 Tran Hung Dao, gegenüber dem Hoa Anh Dao Hotel, ☎ 057-382 6508.

Die Südküste

An der Südküste liegen einige der beliebtesten Reiseziele von Vietnam, darunter zwei Strände, die unterschiedlicher nicht sein könnten: Nha Trang und Mui Ne. Der Stadtstrand von **Nha Trang** ist von einem breiten Boulevard gesäumt, hinter dem die geschäftige, 300 000 Einwohner zählende Provinz-Metropole mit Hunderten Hotels und Restaurants die unterschiedlichsten Reisenden anlockt.
   Am 10 km langen Strand von **Mui Ne** hingegen wurde erst 1995 das erste Resort in den Palmenhain gebaut, der hier die Küste säumt. Dutzende andere entstanden und entstehen seitdem, und es wird nicht mehr lange dauern, bis auch das letzte Strandgrundstück zugebaut ist. Kitesurfer haben den Strand ebenso für sich entdeckt wie Pauschalurlauber, für die es eine Reihe bequemer Unterkünfte mit Pool gibt. Doch auch Individualreisende kommen noch auf ihre Kosten. Bei Ausflügen in die Umgebung sind mächtige Sanddünen zu bewundern.

Nha Trang

Nha Trang [4715], die Hauptstadt der Provinz Khan Hoa, wird von Touristen aus aller Welt besucht. Größter Touristenmagnet ist der **Strand**, der sich über knapp 7 km in nord-südlicher Richtung erstreckt. Zudem liegen vor der Küste

Map: Die Südküste (The South Coast) — showing Buon Ma Thuot, Nha Trang, Da Lat, Cam Ranh, Phan Rang, Bao Loc, Phan Thiet, Mui Ne, Vung Tau, and surrounding regions.

s. Detailplan
Umg. Nha Trang
S. 777

s. Detailplan
Mui Ne
S. 780

die besten **Tauchreviere** Vietnams. Zahlreiche Tauchschulen laden ein, die abwechslungsreiche Unterwasserwelt zu entdecken. Wer den Fisch lieber auf seinem Teller sieht, kann in Nha Trang im kulinarischen Himmel schweben.

Am Strand gibt es Liegestühle zu mieten, und fliegende Händler verkaufen Getränke und Snacks. Das Wasser wird schnell tief und ist zum Schwimmen geeignet. Die beste Strand-zeit ist vormittags. Denn gegen Mittag nimmt die Sonnenstrahlung an Intensität zu, und nachmittags kommt oft ein stärkerer Wind von der See auf, sodass Baden kaum mehr möglich ist. Gegen Abend füllt sich der Strand mit Einheimischen, die nach der Arbeit noch schnell ein Bad nehmen, am Strand entlangjoggen oder sich zum Fußballspielen treffen. Die Uferpromenade lädt zu Spaziergängen ein, die immer wieder unterbrochen werden können, um in einem der Restaurants oder Cafés auszuruhen.

In Nha Trang ist immer Saison, nur im November regnet es oft den ganzen Tag. Hauptsaison ist zwischen Juni und August. Dann ist der Strand brechend voll und die Bars verleiten mit lauter Musik vor allem junge Reisende dazu, sich ins Nachtleben zu stürzen.

Nachts sollte man sich in Acht nehmen, da sich am Strand und in den Straßen neben Touristen, Partyvolk und einheimischen Reisenden auch allerlei Gesindel herumtreibt, das vom schnellen Geld angelockt wird: Betrunkene Touristen sind leichte Opfer. Wer aber seine Sinne beieinanderhält, dunkle Ecken meidet und sich nicht mit Schwärmen leicht bekleideter Mädchen einlässt, dem droht keine besondere Gefahr.

Sehenswürdigkeiten
Cham-Tempel Po Nagar

Weit über tausend Jahre, genauer gesagt von 243 bis 1653, hieß das heutige Nha Trang *Aya Trang* („Schilf-Fluss“) und war die Hauptstadt des Cham-Königreichs Kauthara. Aus dieser Zeit stammen die Cham-Tempel Po Nagar [4774], die sich auf einem kleinen Hügel am Nordufer des Flusses befinden und vor Ort auch **Thap Ba** genannt werden. Sie stehen auf der Liste von Vietnams Nationalheiligtümern und sind auch heute noch Pilgerstätte, nicht nur für einheimische und ausländische Touristen, sondern auch für Gläubige, die zum Gebet hierher kommen. Betritt man das Gelände, passiert man als Erstes eine Reihe von dicken achteckigen Säulen, die früher ein hölzernes Dach trugen: die ehemalige Meditations- und Eingangshalle. Ebenso wie die Tempel sind sie teilweise restauriert; wie viel noch original aus der Entstehungszeit im 9. Jh. stammt, ist schwer zu sagen. Wohl um 817 war der Hauptturm, heute **Nordturm** (Thap Chinh) genannt, fertig. Er ist mit 25 m der höchste der vier erhaltenen Türme. Nach der in ihm wohnenden Göttin ist der Tempelbezirk benannt.

Nebenan liegt der **Zentralturm** (Thap Nam) aus dem 12. Jh., in dessen Inneren sich ein kleiner Lingam und ein kleiner Altar befinden, ebenso wie im schräg dahinter liegenden **Nordwestturm** (Thap Tay Bac), der an den Seiten

mit Tierdarstellungen verziert ist, und dem kleinen **Südturm** (Mien Dong Nam). Vom **Westturm** aus der ersten Hälfte des 9. Jhs. ist so gut wie nichts erhalten. Ein kleines **Museum** nahe dem Nordturm zeigt ein paar Fundstücke. Wer wirklich beeindruckende Cham-Kunst sehen möchte, sollte jedoch das Cham-Museum in Da Nang besuchen (S. 740).

Das Tempelgelände befindet sich etwa 2 km nördlich des Zentrums. Man folgt der 2 Thang 4 und hält sich hinter der zweiten Brücke links. Alternativ kann man auch die Tran Phu-Brücke nehmen und dann links in die Thap Ba abbiegen. ⏱ 6–18 Uhr, Eintritt 21 000 Dong.

Long Son-Pagode

Die Pagode am Fuß des Trai Thui-Berges wurde Ende des 19. Jhs. errichtet und 1940 und 1975 größeren Erweiterungs- und Renovierungsarbeiten unterzogen. Sie ist Hauptsitz der Buddhistischen Organisation dieser Provinz und unterhält eine große Mönchsschule. Über ihr auf dem Berg, zu erreichen über eine 150 Stufen lange Treppe, die rechts der Pagode beginnt, thront ein 14 m großer, schneeweißer Buddha auf einer Lotusblüte und blickt über die Stadt. Auf halbem Weg nach oben zum großen Buddha geht es links ab zu einem 14 m langen liegenden Buddha, der 2003 gebaut wurde. ⏱ 7–18 Uhr, Eintritt frei.

ÜBERNACHTUNG

Nha Trang gehört seit Jahrzehnten zu Vietnams bekanntesten und beliebtesten Strandorten. Seit Jahren ist ein steter Zuwachs an Unterkünften zu verzeichnen. Dennoch kann es besonders zur Hochsaison in den Sommermonaten voll werden. Dann ziehen auch die Preise kräftig an und können sich je nach Nachfrage verdoppeln. In der Nebensaison lohnt ein Besuch besonders, denn dann sind sehr gute Zimmer schon ab US$20 zu ergattern.

Untere Preisklasse

€ **52 Tran Phu**, ☎ 058-352 4228, [6902].
Nach seiner Adresse an der Strandpromenade benanntes Haus mit 46 Zimmern, die besseren mit Balkon zum Meer. Von

Nha Trang

N
0 500 m

s. Ausschnitt Touristenviertel

Übernachtung:
1. Thuy Dong – Weeping Willow
2. 52 Tran Phu
3. Ba Tu
4. Palm Beach Hotel
5. Perfume Grass Inn
6. AP Hotel
7. Nhi Phi Hotel
8. Gästehäuser
9. Hoàn Kim – Golden Hotel
10. Backpackers House
11. Green Peace Hotel
12. Golden Summer Boutique Hotel

VIETNAM

Essen:
1. Fischrestaurants
2. Lac Canh
3. Com Chay Au Lac
4. Café Nhac Hoa Vien
5. Truc Linh 2
6. Good Morning Vietnam
7. Red Apple Club
8. Sailing Club
9. Café des Amis
10. Cyclo Café

Sonstiges:
1. Rainbow Divers
2. Nha Trang Fundivers
3. Luisiana Brewery

Transport:
1. T.M.Brothers Café
2. The Sinh Tourist
3. Like Discovery-LD Tour
4. Vietnam Airlines
5. Mama Linh's Boat Trips
6. Shuttlebusse zum Flughafen

Zentral und ganz nah am Strand liegt **Cum Khach San**, die „Gasse der Gästehäuser". Ein Dutzend Unterkünfte drängt sich hier zusammen; einst eine gute erste Anlaufstelle, sind die Zimmer heute ihren Preis nicht mehr wirklich wert. Zumal es selten möglich ist, ohne einen „Vermittler" und somit einem höheren Zimmerpreis ein Bett zu finden. Wer die Stadt ohne vorgebuchtes Zimmer am Abend erreicht, wird oftmals hierher gefahren. Die Minihotels sind alle „same same but different" – so ist es schwer, eine Empfehlung zu geben. Oft sind die Zimmer klein und die Ausstattung arg verwohnt. Hauptvorteil: günstig und ganz nah am Strand. Einige Adressen in dieser Gasse s. **eXTra [4780]**.

VIETNAM

außen weniger einladend, bieten sich innen ordentliche Zimmer. ❷
Backpackers House, 54G Nguyen Thien Thuat, ☎ 058-352 4500, 🖥 www.backpackershouse. net, **[7203]**. Das Haus für junge Rucksackreisende, die im Schlafsaal günstige Betten finden (ab US\$7, Frauen-Dorm US\$8).
Sollte das Haus voll sein, kann man im benachbarten **Son & Daughter**, ☎ 058-352 1709, unterkommen. ❷
Ba Tu, 34G1 Nguyen Thien Thuat, ☎ 058-352 2466, **[7204]**. Das kleine Gästehaus *(nha nghi)* hat charmante Zimmer. Vor allem jene mit Balkon und riesiger Fensterfront laden zum Verweilen ein. Alle Zimmer haben AC, Kühlschrank, TV und einen Deckenventilator. ❶–❷
Palm Beach Hotel, 4B Biet Thu, ☎ 058-352 4333, 🖥 www.palmbeachhotel-vietnam.com, **[7206]**. Zentral gelegenes, großes Hotel mit 60 Zimmern (AC, TV, Kühlschrank), die teureren mit Meerblick. Familienzimmer mit 3 großen Betten und 2 WCs. Safe im Zimmer. Im Erdgeschoss befindet sich ein kleiner Pool neben dem Restaurant. Aufzug. ❷
€ **Perfume Grass Inn**, 4A Biet Thu, ☎ 058-352 4286, 🖥 www.perfume-grass.com, **[8945]**. Sehr schönes einfaches Gästehaus mit großen Zimmern zu sehr günstigen Preisen. Vor allem die Zimmer mit 2 Betten, einem Balkon und Blick aufs Meer sind ein echter Knüller. Einfaches Badezimmer. Alles ist sauber und gepflegt. Safe in der Lobby. Sehr nette Leute. ❶–❷
Thuy Dong – Weeping Willow, 24/39 Hung Vuong, ☎ 058-352 3468, **[7207]**. Nettes Minihotel mit einfachen, sauberen, recht kleinen Zimmern. Mit Fenster kostet es etwas mehr – ein Aufpreis, der sich lohnt. ❶–❷

Mittlere und obere Preisklasse
AP Hotel, 34/5 Nguyen Thien Thuat, ☎ 058-352 7544, ✉ apaphotel2008@yahoo.com.vn, **[7208]**. Hohes schmales Haus mit großen, sauberen und modern ausgestatteten Zimmern mit gutem Preis-Leistungs-Verhältnis. Zum Strand sind es nur ein paar Minuten. Besonders empfehlenswert sind die bezahlbaren Suiten. ❷–❸
Golden Summer Boutique Hotel, 1/22-23 Tran Quang Khai, ☎ 058-352 6662, **[7216]**. Einladendes Boutiquehotel mit modern ausgestatteten Zimmern auf 7 Etagen. Viel Platz, Wasserkocher, TV, Minibar, AC. Restaurant im 8. Stock mit Meerblick. ❸–❹
🌳 **Green Peace Hotel**, 102 Nguyen Thien, ☎ 058-352 2835, 🖥 www.greenpeace hotel.com, **[8946]**. Minimalistisch in Weiß gehaltene Zimmer ohne Schnickschnack. Safe, Wasserkocher, Flatscreen-TV. Warmwasser dank Solarenergie. ❷–❸
Hoan Kim – Golden Hotel, 1K-2K Hung Vuong, ☎ 058-352 4496, 🖥 www.goldenhotel.com.vn, **[7211]**. Saubere, gepflegte AC-Zimmer mit TV, AC und Kühlschrank. Besonders groß sind die Suiten mit großer Terrasse und Meerblick. Freundliche Mitarbeiter – eine gute Wahl. ❶–❸
Nhi Phi Hotel, 10 Biet Thu, ☎ 058-352 4585, 🖥 www.nhiphihotel.vn, **[8948]**. 3-Sterne-Hotel der besonderen Klasse. Die 80 Zimmer auf 11 Etagen sind modern in Weiß gehalten, alle mit Badewanne, kleinem Safe und Fenster (im Standardzimmer allerdings nur mit Blick auf die nächste Häuserwand). Schöner Pool auf dem Dach. Hier eröffnet sich der Blick auf die Umgebung von weit oben. Inkl. Frühstück. ❹–❻

ESSEN

In Nha Trang gibt es eine große Auswahl an Restaurants, die den westlichen Gaumen bedienen. Besonders im Viertel um die Biet Thu sind es immer nur ein paar Schritte bis zum nächsten Laden. Auf engem Raum sind fast alle internationalen Küchen vertreten. Auch Freunde der authentischen lokalen Küche werden fündig. Besonders am Markt sind viele einfache Läden mit schmackhafter Küche angesiedelt.

Eine Reihe guter **Fischrestaurants** liegt an der Uferstraße nahe den Cham-Tempeln.

Sehr guten Kaffee bieten zahlreiche **Kaffeehäuser** – das beste Zeichen für originalen guten Geschmack sind viele vietnamesische Gäste. Besonders hübsch gestaltet ist das **Café Nhac Hoa Vien** in der 144 Vo Tru, s. **eXTra [7502]**.

Café des Amis, 132A Nguyen Thien Thuat, ✆ 058-352 1009, [8951]. Seit Jahrzehnten ist dieses einfache Restaurant ein Dauerbrenner bei Rucksacktouristen. Es gibt Vietnamesisches, Westliches, Shakes und Pancakes. Vegetarier werden auch gut bedient. Günstig. ⏰ 7–22 Uhr.

€ **Com Chay Au Lac**, 28C Hoang Hoa Tham, ✆ 058-352 2942. Kleines vegetarisches Restaurant mit Tagesgerichten nach Auslage. Lecker und preiswert.

Cyclo Café, 5A Tran Quan Khai, ✆ 058-352 4208. Kleines Restaurant mit vietnamesischer und italienischer Küche. Eine Weinkarte und „deutsches" Bier in Hell und Dunkel komplettieren das Angebot.

Good Morning Vietnam, 19B Diet Thu, ✆ 058-352 2071, [8952]. Hiesiger Ableger der italienischen Restaurantkette mit sehr guter Pizza. Leckere Küche unter Verzicht auf den Geschmacksverstärker MSG. Italienische und französische Weine. ⏰ 10–23 Uhr.

Lac Canh, 44 Ngyuen Binh Khiem, ✆ 058-382 1391. Weit über die Stadtgrenzen hinaus berühmt ist dieses seit über 40 Jahren bestehende Restaurant: Wenn abends an allen Tischen auf kleinen Holzkohlegrills Rindfleisch und Seafood brutzeln, ist das eine verräucherte, laute, aber echt vietnamesische Angelegenheit – eine tolle Erfahrung. Es gibt Leute, die sagen: „Dies ist das beste Restaurant von ganz Vietnam!"

Sailing Club, östl. von 72-74 Tran Phu, ✆ 058-398 9666, 🖥 www.sailingclubvietnam.com. Gute internationale Küche (westlich-mediterran, vietnamesisch, japanisch, indisch) in angenehmer Atmosphäre direkt am Strand. Frische Meeresfrüchte, kleine Auswahl an vegetarischen Gerichten, Holzofenpizza. Siehe auch Unterhaltung.

Truc Linh 2, 21 Biet Phu, ✆ 058-352 1089. Frisches aus dem Meer ist die Spezialität der Truc Linh-Restaurants. Ob Fisch, Lobster oder Muscheln, das Tagesangebot kann jeweils in der Auslage betrachtet werden. Dabei sind die Preise moderat und die Atmosphäre angenehm.

UNTERHALTUNG

Wer abends ausgehen will, ist in Nha Trang richtig. Das Nachtleben kann sich sehen lassen, und es gibt genügend Auswahl, um sich eine Nacht (oder mehrere) um die Ohren zu schlagen. Es sei jedoch daran erinnert: Im Zustand weitgehender Hilflosigkeit allein den Rückweg zum Hotel zu suchen, ist in dieser Stadt keine gute Idee. Ein nächtliches Nickerchen am Strand sollte man sich ebenfalls verkneifen.

Luisiana Brewery, 29 Tran Phu, ✆ 058-352 1948, [6899]. Große Bar mit eigener Brauerei direkt am Meer. Viele Liegen gruppieren sich um einen großen Pool. Neben Bier in vielen Varianten (dunkel und hell), das hier im Krug frisch gezapft gereicht wird, gibt es auch recht angesagte Küche (dünne gute Pizza, Seafood und mehr). Gehobenere Preise, aber das Ambiente ist es wert. ⏰ 7–1 Uhr.

Red Apple Club, 54 Nguyen Thien Thuat, ✆ 058-352 5599. Den ganzen Abend Happy Hour; laute Musik und ein Pool-Tisch sorgen dafür, dass besonders zu späterer Stunde reger Party-Betrieb herrscht. ⏰ 15 Uhr bis spät.

Sailing Club Bar, östl. von 72-74 Tran Phu, s. Essen. Seit 1994 der Hotspot in Nha Trang für Feierfreudige und Tanzwütige direkt am Strand. Besonders am Wochenende ist hier oft richtig was los, wenn samstags ab 21.30 Uhr zur Beachparty geladen wird. Gute Location, gute Anlage, gut gemischtes Publikum. Ab etwa 23 Uhr kommen gewisse Damen mit ganz speziellen, nur selten lauteren Absichten dazu – Vorsicht!

AKTIVITÄTEN UND TOUREN

Touranbieter

Fast alle Hotels und jede Menge Reisebüros überschütten den Reisenden mit als Informationen getarnten Tour-Angeboten. Dabei unterscheiden sich die dahinter stehenden Aktivitäten oft nicht mal, denn viele der kleineren Anbieter sind bloß Vermittler für die größeren. Wer mit einem Open Tour-Anbieter fährt, muss mit vielen Mitreisenden und langweiligen Standardtouren rechnen, Adressen s. Transport.

Like Discovery – LD Tour, 23B Biet Thu, 058-352 5251, 090-570 1700, 012-3470 1700, ledongld@yahoo.com, [8956]. Touren mit bleibenden Erinnerungen: Herr Le Dong ist ein privater Guide, der interessante, individuell gestaltbare Minibus-Touren ins ganze Land zu reellen Preisen anbietet. Auch Tagestouren durch Nha Trang und Ausflüge in die nähere Umgebung sind möglich. Bei privat organisierten Touren gibt's im Anschluss von dem begeisterten Hobbyfotografen eine eigens erstellte Foto-DVD mit Reise-Erinnerungen. Hier kann man auch sein Busticket für die Weiterfahrt buchen.

Inseltouren

Berühmt-berüchtigt sind die **Bootstouren zu den vorgelagerten Inseln** von Nha Trang, die einst von Reiseagenturen mit dem Begriff „Mama" im Namen angeboten wurden. Heute heißen sie vielfach nur noch **4-Island-Tour**. Es geht i. d. R. feucht-fröhlich zu, und daher ist der Ausflug nichts für jene, die nur des Schnorchelns oder der Natur wegen mitfahren. Wer jedoch schon immer mal in einem Rettungsring auf dem Meer treibend schlechten Wein in sich hineinschütten oder in angeheiterter Stimmung schnorcheln gehen wollte, kommt hier auf seine Kosten. Die Ausflüge kosten ab US$6 p. P., exklusive Eintrittsgelder. Nahezu alle Reisebüros bieten diese Touren an. Eine gezielte Empfehlung lässt sich kaum aussprechen, da es zum großen Teil von den Mitreisenden abhängt, wie viel Stimmung aufkommt. Zu den beliebtesten Anbietern gehört u. a. die alteingesessene **Mama Linh**, 144 Hung Vuong, 058-352 2356, okaychin@hotmail.com.

Weitere Inseltouren verbinden meist zwei bis drei Ziele miteinander; etwa einen Besuch bei den **Ba Ho-Wasserfällen** mit einem Besuch auf der Insel **Hon Thi**, wo Liebhaber von Orchideen auf ihre Kosten kommen. Dort sind die namengebenden Blumen in einer riesigen Variation zu finden, und auch der Rest des hier angelegten Gartens ist für Freunde der Botanik einen Besuch wert. Auf dieser Tour muss mit Gruppenanimation gerechnet werden: Es wird zum Singen aufgefordert, was vor allem die teilnehmenden Vietnamesen erfreut, die in der Regel ausgesprochene Sangesfreude sind.

Tauchen

Nha Trangs Tauchplätze zählen nicht gerade zu den spektakulärsten der Welt, aber zweifellos zu den schönsten Vietnams. Inzwischen gibt es zahlreiche Tauchschulen, mit denen man die reizvollen Unterwassergebiete im Nationalpark entdecken kann. Die Sichtweiten betragen oft 15–20 m, auch 30 m sind möglich.

Alle **Tauchanbieter** haben ihre Büros im Travellerviertel um die Biet Thu:

Nha Trang Fundivers, 1/33 Tran Quang Khai, 058-625 2023, www.nhatrang-fundivers. com. Tagesausflüge, Kurse und Nachttauchgänge. Deutsche Leitung. PADI, SSI und NDL.

Rainbow Divers, 90A Hung Vuong, 058-352 4351, www.divevietnam.com. Renommiertes Tauchunternehmen, eines der ersten in Vietnam. PADI National Geographic-Kurse. Die Schule von Jeremy Stein hat einen derart guten Ruf, dass sie es sich leisten kann, etwas teurer als die anderen zu sein. Rainbow Divers betreiben auch ein Divecenter im Whale Island Resort, 60 km nördlich von Nha Trang, in wildnatürlicher Umgebung, S. 778.

Sailing Club Divers, 72-74 Tran Phu, 058-352 2788, www.sailingclubdivers.com. Büro im Eingangsbereich des Sailing Club. Professionell und freundlich. Schnorcheltouren für UW-Einsteiger, Nitrox- und Tieftauchtouren für Fortgeschrittene. Eine Unterwasserkamera ist für US$20 für einen Tauch-/Schnorchelgang buchbar (inkl. gebrannter CD am gleichen Tag), ein weiterer Tauchgang mit der Kamera am gleichen Tag kostet zusätzlich US$5.

Geld

Vietcombank, 157 Huong Nhat, ☎ 058-382 5120, 📠 382 3806, und 30 Nguyen Thien Thuat, tauscht Devisen und wechselt Travellers Cheques. ⏰ Mo–Fr 7.30–11 und 13.30–16.30 Uhr. Zahlreiche Geldautomaten befinden sich in der Stadt und überall entlang der Strandpromenade.

Medizinische Hilfe

Provinzkrankenhaus (Benh Vien Tinh),19 Yersin, ☎ 058-382 2393.

Neben ganzen Schwärmen von Xe om bieten auch Cyclos ihre Dienste an. Wer selber fahren möchte, kann sich im Hotel ein **Moped** oder **Fahrrad leihen**, Ersteres für US$4–6, Letzteres für US$2–4, je nach Ausstattung und Zustand.

Taxis werden u. a. von Mai Linh, ☎ 058-3838 3838, Quoc The, ☎ 058-352 5252, und Taxi Asia, ☎ 058-3535 3535, betrieben.

Bei Moped-Touren auf den Bauch hören

In Nha Trang bieten viele sogenannte **Easy Rider** ihre Dienste an; „sogenannt", weil nicht alle zu den „echten" Dalat Easy Ridern gehören oder zumindest für eine andere einigermaßen renommierte Agentur (mit Büro und mehreren Fahrern) arbeiten, sondern sich nur deren guten Ruf zunutze machen. Oft versucht ein gut Englisch sprechender Vermittler, auf der Straße Reisende zu einer Motorradtour zu überreden und kommt dann beim nächsten Treffen mit seinem gar nicht oder nur gebrochen Englisch sprechenden „Bruder" an, der sich ja so gut auskenne, *no problem*. Besonders verdächtig sind Tagespreise unter US$60. Wer kein 100 % gutes Gefühl mit seinem potenziellen Fahrer hat, sollte kurz und schmerzlos die Notbremse ziehen und die Tour absagen: Höflich, aber bestimmt, denn ein „maybe tomorrow" hat nur zur Folge, dass man dem gleichen Fahrer alle paar Stunden „zufällig" in die Arme läuft ...

Busse

Von Nha Trang fahren **Open Tour-Busse** nach Da Lat, Mui Ne oder Hoi An sowie über Mui Ne nach Sai Gon oder über Hoi An weiter nach Hue und Ha Noi.

DA LAT, um 8 Uhr, US$6–7, etwa 5 Std. (je nach Länge eines möglichen Stopps an den Cham-Türmen bei Phan Rang – je nach Auslastung fahren die Busse aber ohne Stopp oder Buswechsel);

HOI AN, um 19 Uhr, US$11, 11 Std.; weiter bis nach DA NANG für US$16;

HUE, mit dem Bus nach Ha Noi, US$14–16;

MUI NE, mit dem Bus Richtung Sai Gon um 7.45 Uhr, US$6–7, 4–5 Std.

The Sinh Tourist Nha Trang, 90C Hung Vuong, ☎ 058-352 4329, 🖥 www.thesinhtourist.vn. Zuverlässige Open Tour-Busse Richtung HCMS über Mui Ne und nach Ha Noi über Hoi An, Danang und Hue.

T.M. Brothers Café, 18A Tran Hung Dao, ☎ 058-352 3556, ✉ tmbrothertours@yahoo. com. Einer der günstigen Anbieter für Touren in die Umgebung und Open-Tour-Busse, Buchungsservice für Zug- und Flugtickets.

Reguläre Busse starten am interprovinziellen **Busbahnhof Ben Xe Lien Tinh Phia Nam**, 58/23 Thang 10, ☎ 058-382 0227, und verbinden Nha Trang den ganzen Tag über mit allen wichtigen Zielen in der näheren und ferneren Umgebung. Wer keinen Bus über ein Reisebüro bucht, kommt am besten früh an den Busbahnhof oder ersteht vormittags ein Ticket für einen Nachtbus.

DA LAT, Phuong Trang, ☎ 058-381 2812, oder am Busbahnhof, ☎ 058-356 2626, fährt um 7, 8, 11, 13.30 und 15 Uhr für 135 000 Dong, 4 Std.; DA NANG und HOI AN, um 6 und 6.30 Uhr, 250 000 bzw. 220 000 Dong, 11 bzw. 12 Std.; HCMS, 5.30–23.30 Uhr mehrmals tgl., 200 000 Dong, 11 Std.; Mai Linh Express fährt um 20.10 und 21.10 Uhr für 220 000 Dong;

🧳 Die Gesellschaft **Phuong Trang (FUTA)** fährt nach HCMS in die Pham Ngu Lao (8 und 20 Uhr) für 220 000 Dong. Bei Buchung kostenlose Abholung am Hotel.

VIETNAM

PHAN THIET, 10.30–14.30 Uhr halbstdl., 80 000 Dong, 5 Std.; QUY NHON, mit Thuan Thao, ☎ 058-356 0818, um 13.15 Uhr, 111 000 Dong, 5 Std. Zudem mit dem lokalen Bus mehrfach zwischen 5.15 und 14.30 Uhr; TUY HOA, mit Thuan Thao um 5.30, 8.30, 10.30 und 17.30 Uhr, 70 000 Dong, ca. 3 Std.

Eisenbahn

Nach HCMS fahren tgl. der SE1 (Abfahrt 20.26 Uhr, Ankunft 3.45 Uhr), der SE3 (Abfahrt 21.43 Uhr, Ankunft 4.30 Uhr), der SE5 (Abfahrt 11.19 Uhr, Ankunft 18.37 Uhr), der SE7 (Abfahrt 7.41 Uhr, Ankunft 15.11 Uhr) und der TN1 (Abfahrt 17.50 Uhr, Ankunft 3.05 Uhr). Nach DA NANG und HUE mit dem SE2 (Abfahrt 2.21 Uhr, Ankunft Da Nang 11.40 Uhr, Hue 14.30 Uhr), dem SE4 (Abfahrt gegen 5.36 Uhr, Ankunft Da Nang 13.42 Uhr, Hue 16.23 Uhr), dem SE6 (Abfahrt 16.37 Uhr, Ankunft Da Nang 2.21 Uhr, Hue 5.04 Uhr), dem SE8 (Abfahrt 13.42 Uhr, Ankunft Da Nang 23 Uhr, Hue 1.43 Uhr) und dem TN2 (Abfahrt 21.47 Uhr, Ankunft Da Nang 7.36 Uhr, Hue 11.10 Uhr).

Flüge

Der **Flughafen** befindet sich etwa 40 Min. Fahrt von Nha Trang entfernt bei Cam Ranh. Taxis von dort in die Stadt kosten 380 000 Dong. Anders herum vom Hotel zum Flughafen ca. 250 000 Dong. Zudem verkehren Shuttlebusse für 60 000 Dong, Abfahrt in Nha Trang in der Straße entlang des alten Flughafengeländes südlich der Tue Tinh auf Höhe des Wasserparks. **Jetstar Airlines**, 🖥 www.jetstar.com, fliegt tgl. nach HCMS. **Vietnam Airlines**, 91B Nguyen Thien Thuat, ☎ 058-352 6678, ⏲ 7–11 und 13.30–16.30 Uhr, verbindet Nha Trang tgl. mehrmals mit HCMS, DA NANG und HA NOI.

Inseln und Strände um Nha Trang

Vor der Küste der Provinz Khanh Hoa befinden sich Dutzende von Inseln, von denen einige im Rahmen von Bootsausflügen besucht werden können. Nicht zu übersehen ist **Hon Tre**, die „Bambusinsel", gegenüber von Nha Trang. Auf der Insel lockt das luxuriöse Vinpearl-Resort mit dem größten Swimming Pool Südostasiens. Von Nha Trang aus sieht man nur den Nordwestzipfel der großen Insel. Neben militärischen Anlagen gibt es einige Siedlungen, darunter Con Se Tre Tourist Village, zu dem Bootsausflüge mit anschließendem Barbecue möglich sind.

Eine Fährverbindung besteht mit **Hon Mieu**, einer Insel nahe dem Cau Da-Anleger südlich von Nha Trang. Anleger auf Hon Mieu ist das Fischerdorf Tri Nguyen, wo sich eine große Fischzuchtanlage (mit Restaurant) befindet. Südöstlich schließt sich **Hon Tam** an, wo es ein bei vietnamesischen Ausflüglern beliebtes Resort und einen Kajakverleih gibt. Beide Inseln sind Ziel von Bootstouren, die in Nha Trang angeboten werden (S. 774).

Hon Mot und **Hon Mun** („Ebenholz-Insel", wegen ihrer dunkel aufragenden Klippen) mit dem daneben liegenden Felsen **Hon Rom** sind besonders wegen ihrer Unterwasserwelt beliebte Ziele von Tauchbooten und Schnorcheltouren. Die Inseln sind Schutzgebiete („Marine Protected Area"), deshalb wird ein geringer Eintritt oder eine Schnorchelgebühr von 5000 Dong fällig.

Die „Affen-Insel" **Hon Lao** liegt in der Na Phu-Bucht nördlich der Landzunge Hon Chong und wird täglich von Tourveranstaltern aus Nha Trang angefahren. Sie besitzt einen kleinen Zoo, in dem auch Tiershows mit dressierten Bären abgehalten werden. Vorsicht vor den frechen Affen, die sich als geschickte Diebe erweisen! Ein Besuch dort kann mit einem Strandaufenthalt auf **Hon Thi** und einem Besuch des Blumengartens auf **Hon Heo** gekoppelt werden, wo der hübsche Orchideenfluss zwischen Klippen und Wäldern talwärts rauscht.

Auf einer ganzen Reihe von Inseln vor der Küste der Provinz Khan Hoa wird eine besondere kulinarische Spezialität geerntet: Schwalbennester – unter anderem auf **Hon Yen**, der kleinen Insel, die man vom Stadtstrand in Nha Trang aus sehen kann (nördlich beziehungsweise rechts von Hon Tre).

VIETNAM

N

0   25 km

Phu Nhieu   Phu Lac
My Khe

Buon Chung   Hai Rieng   Bun Tung   Hon Chao
△ 742

Naturschutz-
gebiet
Easo   Ban Pa   Ban Thing

Hoa Son

Naturschutzgebiet
Deo Ca Hon Nua
Dai Lanh

Lang Thuong

PHU YEN   Dai Lanh-Pass
Dai Lanh-Strand

Ban Ae Lai   Ban Hai   Ninh Ma

Heiße Quelle
Tu Bong   Tuan Le

[26]   Ban Ho

M'Drak   Ninh Lam   Hai
Trieu   Vinh Giat

Khanh
Duong   Binh Trung   BIP

Chu Mu   Van Gia   Tan Dan   Diep Son

M'Trong (2)   Ban Ngam   △ 2016   Dam Mon 2

①   HON ONG   HON GOM

B. M'Hap   Lac Hoa   HON KHOI   Bai Tre

DAC
LAC   Nghi Xuan   Lac An   Dong
Hoa   HON LON   Kap Ganh

M'Dung   Doc Let
Village   ②   Doc Let-Strand

Phuong
Hoang-
Pass   Heiße Quelle
Duc My   ③   HON MY GIANG

Ninh Hoa   ④   ⑤   HON THEO

Buon Phan   Tien Du   Ninh Tinh

Suoi Ba Ho-
Wasserfall ★   Thon
Le Cam   ⑥   HON HEO   Kap Ban Thang

△ 1361
N. Hon Ba   Thon Tan Phu   Na Phu-Bucht   ⑦   HON THI   HON CHA LA

Tan Thanh   HON LAO
(DAO KHI)

Dien My   Ap Luong Son   HON CHONG

Mai Dai   Dien
Khanh   Po Nagar-
Türme ★   Hon Chong-Fels ★   HON YEN

Khanh Vinh   Dien Khanh-Zitadelle ★   Nha Trang

Thach Trai   Cay Sung   Suoi
Cat   HON TRE

Naturschutzgebiet
Bi Doup Nui Ba   KHANH ★ HOA   Suoi Tien   Truong Tay   Bich Dam   HON NOC

Yang Bay-Wasserfall ★   Dong Cau   HON
MIEU   HON MUN

Bi Doup
△ 2287   E Lam
Thuong   N. Hon Ba
△ 1574   Mo Yersin ★   Lich Son-
Pagode ★   Cam Tan   HON
TAM   HON
MOT

Ta Giang   Cam
Winh   Cam
Hai   Bai Dai-Strand

Vinh Thai   Tan Thanh   HON NOI

N. Marrai
△ 1635   To Hap   HON NGOAI

Da Nhim-
Stausee   Thong Nhat   Suoi Moc

Ngoan Muc-Pass   Cam Ranh   Kap
Cam
Ranh

Phuoc Thang   Cam Ranh

D'Ran   Thon Ma Ty   Ma Ty   Cam Binh

Tra Co   NINH THUAN

Ninh Son   Hao Chu Hi
△ 1451   Du Long   CHUT

Hai Lam   Kap
Da
Vach

Nui Chua
△ 1040

Übernachtung:
① Whale Island Resort
② White Sand Resort & Spa
③ Doc Let Beach Resort
④ Some days of Silence
Resort & Spa
⑤ Paradise
⑥ Jungle Beach Resort
⑦ Evason Hideaway

Doc Let und Hon Heo-Halbinsel

Etwa 30 km nördlich der Touristenhochburg Nha Trang ragt die große Halbinsel **Hon Heo** ins Meer – das Südufer der Van Phong-Bucht. Hier befindet sich der 10 km lange Strand von **Doc Let** [4800]. Doc Let war lange Zeit ein Garant für totale Ruhe und Abgeschiedenheit, und auch wenn inzwischen der Betrieb zunimmt – noch ist hier viel Platz. Das Meer lädt zum entspannten Schwimmen ein, denn aufgrund der geschützten Lage in der Bucht sind die Wellen meist nicht sehr hoch.

Wer sich vom Strand losreißen kann, hat nahe dem Fischerörtchen Dong Hai die Möglichkeit, vietnamesischen Alltag zu erleben. Vielen jedoch erscheint eine zwischen Palmen gespannte Hängematte die bessere Alternative. Langsam wächst die Auswahl an Resorts am Strand, und der Besucher kann zwischen unterschiedlich aufwendigen Anlagen wählen. Tagesbesucher, die am Doc Let Beach Resort an den Strand gehen, werden mit 15 000 Dong Kurtaxe zur Kasse gebeten.

In einer Bucht vor der sich nördlich anschließenden Hon Gom-Halbinsel befindet sich ein abgeschiedenes Tauchresort, das **Whale Island Resort**, ☎ 058-384-0501, 🖥 www.whaleisland-resort.com, Karte S. 777, ❹–❺ zzgl. US$25 für Mittag- und Abendessen. Tgl. Shuttlebus nach Nha Trang.

Jungle Beach Resort, ☎ 058-362 2384, 091-342 9144, 🖥 www.junglebeachvietnam.com, [7493]. Ein Paradies aus Bambus: Diese abgelegene, entspannte kleine Anlage ist etwas Besonderes. Neben schlichten Zimmern in einfachen strohgedeckten Bambusbungalows gibt es einige geräumige, 2-stöckige Doppelhäuser. Mahlzeiten sind im Preis inbegriffen. Da die Anlage nicht einfach zu finden und oft ausgebucht ist, empfiehlt sich unbedingt eine telefonische Voranmeldung. Nicht alle Leser wurden in dem hippieesken Ambiente glücklich! ❸–❺

Paradise, Ninh Hoa, ☎ 058-367 0480, ✉ paradise_doclech@hotmail.com, [4803]. Verschiedene gepflegte Steinbungalows,

z. T. mit schönem Balkon (toller Blick auf den Strand), unter französischer Leitung. Drei gemeinsame Mahlzeiten sind im Preis inbegriffen. ❸–❺

Some days of Silence Resort & Spa, Dong Hai, ☎ 058-367 0952, 🖥 www.somedaysresort.com, [7494]. Sehr schöne, geschmackvolle Anlage, mit der sich die deutsch-vietnamesische Künstlerin Ki-Em einen Traum erfüllte. Die 8 Bungalows, darunter ein Familienbungalow, wurden von Ki-Em liebevoll gestaltet, und auch nachdem die Künstlerin den Platz verlassen hat, ist die Anlage etwas ganz Besonderes geblieben. ❻

Mui Ne

Das Fischerdorf Mui Ne und der gleichnamige schöne, touristisch voll erschlossene Strand [4714] liegen etwas mehr als 200 km nördlich von Ho-Chi-Minh-Stadt. Die Landschaft ist atemberaubend: schwarze und rote zerklüftete Felsen, türkisblaues Meer und Sanddünen, die an die Sahara erinnern. Palmen säumen den Strand und die Uferstraße und ragen zwischen den Dächern der Resorts und Restaurants empor.

Bis Mitte der 1990er-Jahre war Mui Ne ein armes Fischerdorf und der kilometerlange Strand verwaist, lediglich die nahe gelegenen Dünen waren bereits bei Profifotografen ein beliebtes Fotomotiv. Die Menschen lebten mehr schlecht als recht von der Produktion der berühmten Fischsoße *nuoc mam* und vom Fischfang. Erst als ein in Sai Gon lebendes deutsch-französisches Ehepaar 1995 das Coco Beach Resort eröffnete, begann die Erschließung des Strandes. Heute ist Mui Ne kein Geheimtipp mehr – Pauschaltouristen, in zunehmendem Maße aus Russland, haben den Strand für sich entdeckt. Mehr und mehr Mittelklasse- und Luxusanlagen eröffnen am Strand, während auf der anderen Straßenseite preiswerte Gasthäuser und kleine Bungalowanlagen entstehen.

Zunehmend kommen auch Sportler. Die Hochsaison der **Kitesurfer** beginnt im Oktober und endet Mitte Mai. Surfer finden von August bis Dezember dank des starken Wellenganges ideale Bedingungen. In Mui Ne herrscht ein besonderes Mikroklima: Es gibt nur wenig Niederschlag, selbst während der Regenzeit. Geschützt durch die Dünen, ist Mui Ne den Monsunen und Niederschlägen weniger stark ausgesetzt als die Nachbarstrände. Dennoch ist von Mai/Juni bis August/September nicht viel los am Strand; dann haben viele Resorts günstigere Preise.

Orientierung

Im Osten sind vor allem morgens noch viele Fischer am Strand und holen ihre Netze ein. In diesem Bereich, in Richtung des Fischerdorfes Mui Ne, liegen auch die meisten preiswerteren Unterkünfte. In der Mitte des Strandes befindet sich eine Kaimauer; man kann den Strand, der bei Flut überspült ist, meist nur über Treppen erreichen. Im Westen haben sich Kite- und Windsurfer-Resorts und -Schulen etabliert. Je weiter man in den Westen kommt, desto größer und teurer werden die Anlagen.

Die **Strandstraße** heißt im westlichen und im mittleren Abschnitt Nguyen Dinh Chien und wird kurz vor dem Mui Ne Cottage im Osten zur Huynh Thuc Khang. Der Strand erstreckt sich von KM 10 im Westen bis KM 19 im Osten. In der Mitte, bei KM 15 und 16, also noch in der Nguyen Dinh Chien, befinden sich einige Häuser der einheimischen Fischer. Hier findet jeden Morgen ein kleiner Markt statt.

Eine breite Umgehungsstraße entspannt den Verkehr an der Uferstraße zusehends. Noch sind hier nicht viele Plätze erschlossen, doch die Baukräne kündigen die Veränderungen bereits an.

Sehenswürdigkeiten

Wer nicht nur faul am Strand herumliegen möchte, kann einige Ausflüge zu nahe gelegenen Sehenswürdigkeiten unternehmen. Tagestouren mit dem Jeep oder Moped bieten meist ein Rund-um-glücklich-Paket. Man kann aber auch selber aufs Moped steigen und einige Sehenswürdigkeiten besuchen. Zu Fuß erreicht man den Fairy Spring. Mit dem Fahrrad radelt es sich problemlos bis zu den roten Sanddünen. Wer fit ist und ein gutes Rad erwischt, schafft auch die etwa 15 km zu den weißen Sanddünen.

Die Sanddünen

Die Sanddünen von Mui Ne bieten ein erstaunliches Bild: Wie aus dem Nichts ragen sie auf und erinnern an Bilder aus der Sahara. Nahe dem Strand von Mui Ne befinden sich die **Roten Sanddünen**, etwas weiter entfernt die **Weißen Sanddünen**, [4805]. Kinder umringen die Besucher und bieten Plastik-Unterlagen für eine sandige Rutschpartie an. An den weißen Dünen gibt es zudem Quads, mit denen Jung und Alt über die Dünen brausen.

Die weißen Dünen liegen am großen **Ban Ba-See**, was so viel wie „Lotussee" oder auch „weißer See" bedeutet. Nach der Anfahrt (s. „Selbstfahrer") geht es zu Fuß durch einen kleinen schattigen Pinienwald, wo ein Restaurant kalte Getränke und kleine Mahlzeiten bietet. Dahinter erheben sich die weißen Sandberge, die auch tolle Fotomotive abgeben. Mittags wird der Sand nahezu unerträglich heiß und die Sonne brennt, daher sollte für einen Ausflug der frühe Morgen oder späte Nachmittag gewählt werden.

Wem es an den weißen Sanddünen bereits zu voll ist, der folgt der Staubpiste weitere 5 km und gelangt dann zu weiteren schönen Dünen – bisher ohne Touristen.

Suoi Tien – Fairy Spring

Zu Fuß geht es linker Hand der Brücke bei KM 19 durch den Flusslauf vorbei an roten Dünen zu einem kleinen Wasserfall, dem Fairy Spring [8967]. Der Weg durch das kühle Nass hat seinen Reiz, der Wasserfall selbst ist eher unscheinbar. Gleich am Beginn gesellen sich Kinder zu den Wanderern, die auf Gefahren (z. B. Untiefen, Tiere, Steine etc.) aufmerksam machen. Sie erwarten vor der Rückkehr eine kleine Entlohnung. Vor allem abends kurz vor Sonnenuntergang muss an der Uferkante mit Schlangen gerechnet werden.

Hafen

Eine riesige Flotte kleiner Fischerboote kann am Fischerhafen von Mui Ne [8962] bewundert werden. Wer die Treppen zum Strand hinuntersteigt, tritt unweigerlich auf die Schalen kleiner Muscheln, die hier zu Hunderten herumliegen. Abends verlassen die Boote den Hafen, um

VIETNAM

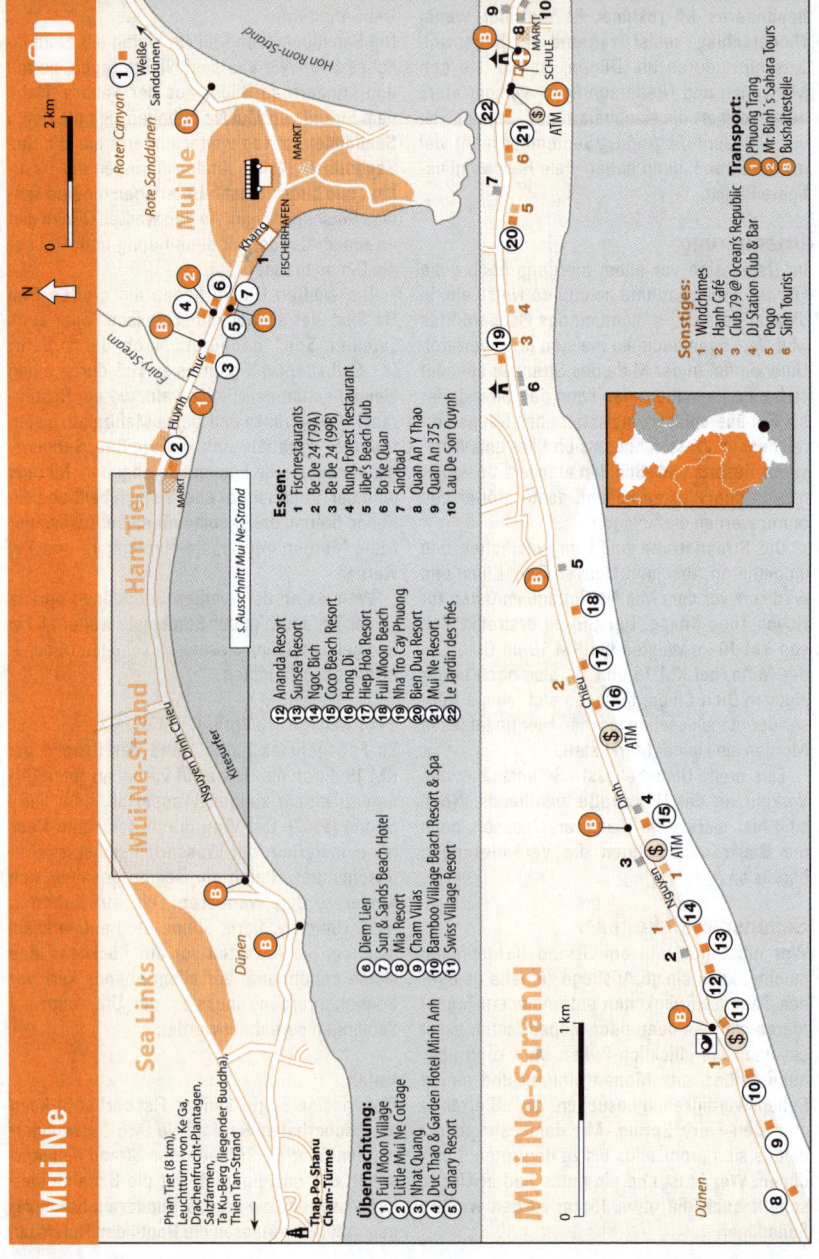

Mui Ne

2 km

N

0

Thap Po Shanu
Cham-Türme

Phan Tiet (8 km),
Leuchtturm von Ke Ga,
Drachenfrucht-Plantagen,
Salzfarmen,
Ta Ku-Berg (liegender Buddha),
Thien Tan-Strand

Roter Canyon 1

Weiße
Sanddünen

Mui Ne

Rote Sanddünen

MARKT

FISCHERHAFEN

Khang

Hon Rom-Strand

Huynh Thuc
Fairy Stream

Ham Tien

Mui Ne-Strand

s. Ausschnitt Mui Ne-Strand

Nguyen Dinh Chieu

Kitesurfer

Dünen

Sea Links

1 km

Mui Ne-Strand

Dünen

0   1 km

Übernachtung:
1 Full Moon Village
2 Little Mui Ne Cottage
3 Nhat Quang
4 Duc Thao & Garden Hotel Minh Anh
5 Canary Resort
6 Diem Lien
7 Sun & Sands Beach Hotel
8 Mia Resort
9 Cham Villas
10 Bamboo Village Beach Resort & Spa
11 Swiss Village Resort
12 Ananda Resort
13 Sunsea Resort
14 Ngoc Bich
15 Coco Beach Resort
16 Hong Di
17 Hiep Hoa Resort
18 Full Moon Beach
19 Nha Tro Cay Phuong
20 Bien Dua Resort
21 Mui Ne Resort
22 Le Jardin des thés

Essen:
1 Fischrestaurants
2 Be De 24 (79A)
3 Be De 24 (99B)
4 Rung Forest Restaurant
5 Jibe's Beach Club
6 Bo Ke Quan
7 Sindbad
8 Quan An Y Thao
9 Quan An 375
10 Lau De Son Quynh

Sonstiges:
1 Windchimes
2 Hanh Café
3 Club 79 @ Ocean's Republic
4 DJ Station Club & Bar
5 Pogo
6 Sinh Tourist

Transport:
1 Phuong Trang
2 Mr. Binh's Sahara Tours
3 Bushaltestelle

MARKT
SCHULE

ATM

Chieu

Dinh

Nguyen

ATM

ATM

nach etwa zwei Tagen mit ihrem Fang wieder-
zukommen. Vor dem Hafen gibt es seit wenigen
Jahren Fischfarmen, sodass nicht alle Fische
hier aus der Freiheit kommen. Steigt man die
zahlreichen Treppen von der Straße zum Strand
hinab, kann man ein etwas anderes Muschel-
suchen erleben: zahllose, in allen Farben schimmernde Muschelschalen liegen hier dicht an
dicht, man muss sie nur noch aufpicken.

Cham-Türme Thap Po Shanu

Die Cham-Türme [8961], zwischen Mui Ne und
Phan Thiet auf einem Berg gelegen, sind nicht
zu übersehen. Rot leuchten sie im Abendlicht.
Der Sandstein der im 9. Jh. entstandenen Heiligtümer ist schon sehr verwaschen. 2013 wurde
ein Bau renoviert. Der Innenraum ist schmucklos; dem kleinen Lingam werden jedoch regelmäßig frische Blumen und Räucherstäbchen
geopfert. Die Ruinen auf der Spitze des Hügels stammen von der Villa eines französischen
Adligen, der sich zu Kolonialzeiten hier nieder-
ließ. Von der Anhöhe aus ergibt sich ein weiter
Ausblick auf die Stadt Phan Thiet und das
Meer. Unterhalb des Cham-Heiligtums befindet sich ein buddhistischer Tempel. Eintritt
10 000 Dong.

Red Canyon

Nachdem der ursprünglich beliebte Red Canyon
geschlossen wurde, kann nun ein neuer roter
Canyon [8984] besucht werden. Er befindet sich
nahe den weißen Sanddünen, und der Weg hinein beginnt direkt an der Straße. Folgt man dem
Flusslauf, der nur bei viel Regen Wasser führt,
gelangt man bis zum Meer. Eine Wanderung ist
nett, wenngleich nicht extra eine Reise wert.

ÜBERNACHTUNG

Auf der einen Seite der Straße erstrecken sich
auf etwa 9 km weißer Sandstrand, türkisblaues
Meer und eine Vielzahl an Resorts und Hotels.
Auf der anderen Straßenseite gibt es vermehrt
Restaurants und immer mehr Unterkünfte,
dahinter breiten sich rote und weiße Sanddünen aus. Das Meer ist mal spiegelglatt, mal
peitschen hohe Wellen heran. Daher haben
viele Resorts Wellenbrecher angebracht, was
nicht immer schön aussieht und vor allem bei

€ **Für den schmalen Geldbeutel**

Die günstigsten Schlafplätze gibt es entlang
der Straße an der meerabgewandten Seite, z. B.
in lokalen Gästehäusern *(nha tro)*. Hier wird oft
nur wenig oder gar kein Englisch gesprochen,
und es gibt nur selten ein angegliedertes Restaurant.

Diem Lien, 85 Huynh Thuc Khan, ☏ 062-
384 7427, ✉ nhanghidiemlien@yahoo.com,
[9005]. Etwas weiter Richtung Osten befindet
sich dieses Gästehaus. Reihenhauszimmer mit
Blick auf einen schön bewachsenen Garten
und Sanddünen. Es gibt es eine Waschmaschine und eine Küche für alle. ❶

Duc Thao, 81 Huynh Thuc Khan, ☏ 062-
374 3551, [7166]. Schöne Zimmer und familiäre Atmosphäre. In Reihenhäusern finden sich
geräumige Zimmer mit TV, AC und 2 Betten. Auf
Wunsch auch Moskitonetze. ❶

🏨 **Garden Hotel Minh Anh**, ☏ 062-384
7465, 🖥 www.nhanghiminhanh.com,
[8931]. Direkt gegenüber dem Duc Thao. Das
Plus: Es gibt eine Küche, die jeder Gast nutzen
kann; zudem eine Waschmaschine für alle. ❶.
Zu den beiden Gästehäusern geht es direkt
neben Mr. Binh (s. Touren S. 785), dem Bruder
der Eigentümer. ❶

Nha Tro Cay Phuong, 179/2 Nguyen Dinh Chieu,
☏ 062-384 7833, [4808]. Saubere Zimmer,
freundliche Betreiber, mit denen man sich im
Innenhof trifft – wer nicht unbedingt direkt am
Strand wohnen will und keinen Wert auf stilvolle Innenausstattung legt, kann hier „zwischen den Stränden" an der Kaimauer preiswert nächtigen. ❶

der Wahl von Strandbungalows zu berück-
sichtigen ist.
Am Strand von Mui Ne gibt es zahlreiche
Bungalowanlagen mit unterschiedlichstem
Preisniveau. Der Mittelteil des Strandes ist mit
einer Kaimauer versehen, sodass der Zugang
zum Meer meist nur über Treppen möglich
ist. Links und rechts dieses Abschnitts lockt
weicher Sandstrand. Fast am gesamten Strand,
außer vor den Luxusresorts im Westen, arbeiten
morgens Fischerfamilien und ziehen ihren Fang

VIETNAM

an Land (Vorsicht: im Osten oft Sandfliegen).
Im Westen sind fast das ganze Jahr über
viele Kite- und Windsurfer auf dem Wasser.
Schwimmbegeisterte sollten daher lieber die
Mitte oder den Osten wählen.

Untere bis mittlere Preisklasse
Ananda Resort, 48, Nguyen Dinh Chieu,
062-374 1692, www.ananda.vn, [8928].
Sehr schöne Anlage, zentral gelegen. Weitläufig
verteilte Bungalows, ab Deluxe mit großer
Fensterfront. Kleiner, aber immer noch eine
gute Wahl, sind die Zimmer im Reihenbungalow.
Kleiner, schöner Pool am Meer. ❸–❻
Bien Dua Resort (Coconut Beach), 136 Nguyen
Dinh Chieu, 062-384 7241, www.bien
duaresort.com, [4807]. Gepflegtes kleines
Resort mit schattiger Gartenanlage und
sauberen, einfach ausgestatteten Zimmern.
Schönes, halb offenes Restaurant mit Bar.
Richtung Strand laden Liegen im Schatten zur
Entspannung und nebenan das Pogo zu Party
und Chillout. ❷

€ **Hiep Hoa Resort**, 80 Nguyen Dinh Chieu,
062-384 7262, www.muinebeach.
net/hiephoa, [7164]. An einem schönen Strandabschnitt gelegen. Nett eingerichtete, grün
getünchte Betonbungalows und Zimmer im
2-geschossigen Haus. Alle Zimmer haben AC
und Warmwasser, einige TV. Das Restaurant
befindet sich nach vorn zur Straße. 2 Bungalows direkt am Meer. Für diesen Strandabschnitt gutes Preis-Leistungs-Verhältnis.
Freundliche Leute und gute Atmosphäre. Oft
mangelhafter Zimmerservice. ❶–❸
Hong Di, 70 Nguyen Dinh Chieu, 062-
384 7014, hdhongdi@yahoo.com, [7165].
Einfache Reihenbungalows aus Beton mit
Bambusfassade. Einige Zimmer mit Ventilator
und Moskitonetz, viele mit AC. Von den kleinen
Balkonen blickt man auf den sandigen Innenhof
mit Hängematten. Schöner Strandabschnitt,
viele Kitesurfer. Oft voll. In der Nebensaison
mit Ventilator noch ❶, Dez–März ❷–❸.
Ngoc Bich, 52 Nguyen Dinh, 062-384 7032,
www.ngocbichbungalow.com, [7175]. Kleine,
schmale, lang gezogene Anlage am schönen
Strandabschnitt. Recht geräumig und angenehm möbliert, wenn auch nicht mehr ganz neu.

Badewanne, AC und TV. Teils 2 große Betten.
Zimmer in Steinhäusern oder im Haupthaus.
❹–❺
Nhat Quang (Bungalow of my family), 46 Huyenh
Thuc Khang, 062-384 7248, www.nhat
quangfamily.com, [7195]. Angenehme Anlage
mit geschmackvollen Reihenbungalows. Die
Zimmer sind gut möbliert und haben Moskito-
netz, TV, wahlweise AC. Einige mit einem
Doppelbett, andere mit 2 Betten. Ganz vorne
gibt es sehr große Zimmer in einem 2-geschos-
sigen Haus mit großer Fensterfront und
2 großen Betten. Schöner Pool. Zugang zum
Strand, dort Liegen im Schatten. Kitesurfing.
❷–❸
Sun & Sands Beach Hotel, 62 Huynh Thuc
Khang, 062-384 7979, www.sunnsands
muine.com, [7176]. Das lange, schmale
Gebäude wird flankiert von einem ebensolchen
Pool und liegt im ruhigeren östlichen Bereich.
Geboten werden neue, komfortable Zimmer,
ein kleines Restaurant und ein Fußpfad zum
Strand. ❹–❺

Mittlere bis obere Preisklasse
Bamboo Village Beach Resort & Spa,
38 Nguyen Dinh Chieu, 062-384 7007,
www.bamboovillageresortvn.com, [7184].
Kleine Zimmer im Haus und in Bungalows mit
allem Komfort wie AC, TV und Minibar. Schön
gelegen unter Palmen und mit Bambus und Holz
gestaltet. Sehr gutes Wellnesscenter. Frühstück
inkl. ❻
Canary Resort, 60 Huynh Thuc Khang,
062-384 7258, www.canaryresort.vn,
[7197]. Angenehme Anlage mit zahlreichen
Zimmern und Bungalows an einem schönen
Strandabschnitt. Die Zimmer im Hotel sind
teurer als jene in Bungalows. Alle mit AC und
TV. Pool mit Bar. Inkl. Frühstück. Am Wochenende teurer. ❺–❻

🏨 **Cham Villas**, 32 Nguyen Dinh Chieu,
062-374 1234, www.chamvillas.
com, [7185]. Hochwertig ausgestattete Bungalows mit als Himmelbett gestalteten Moskitonetzen. In der gepflegten Gartenanlage stehen
Skulpturen im Cham-Stil. Schöner Strandabschnitt. Restaurant mit sehr guter deutscher
Küche (s. Essen). Gutes Management. ❻

Coco Beach Resort, 58 Nguyen Dinh Chieu, ☏ 062-384 7111, 🖥 www.cocobeach.net, [4810]. Rustikal und stilvoll wohnen: In der großen und ältesten Anlage des Strandes stehen weitläufig verteilt schöne Holzbungalows mit allem Komfort. Schöner großer Pool mit Jacuzzi; Liegen und Sonnenschirme am schönen Strand. Der Entspannung zuliebe wird auf TV-Geräte in den Bungalows verzichtet. Empfehlenswert auch für Familien, da das Wasser vor der Anlage mit Bojen gegen umherbrausende Kitesurfer gesichert ist. ❻

Full Moon Beach, 84 Nguyen Dinh Chieu, ☏ 062-384 7008, 🖥 www.windsurf-vietnam.com, [7179]. Zimmer in schönen 2-geschossigen Steinhäusern, einige für den Preis recht klein. Badewanne, große Bäder. Meist mit Safe. Billiger sind die Zimmer im Haupthaus. Pool, Restaurant mit Meerblick. In der Hauptsaison oft ausgebucht. Gemauerte Treppen zum schmalen Strand. Dazu gehört das **Full Moon Village**, 🖥 www.fullmoon-village.com, etwa 20 km von Mui Ne entfernt am Suoi Nuoc Beach. Villen mit 2 oder 3 Zimmern. Angeschlossen an beide Häuser ist ein Kitesurfclub. ❹–❻, im Village ab ❻

Le Jardin des thés, 146B Nguyen Dinh Chieu, ☏ 062-374 3677, 🖥 www.jardindesthes-hotel.com, [9006]. Nahe dem Strand befindet sich ein kleiner Pool, dahinter auf dem schmalen Grundstück gepflegte große Zimmer im doppelstöckigen Reihenhaus und in Bungalows. Geschmackvoll ausgestattet. ❻

Little Mui Ne Cottage, 10B Huynh Thuc Khang, ☏ 062-384 7550, 🖥 www.littlemuine.com, [7200]. Schön gestaltete Zimmer mit Rattanmöbeln in einem großen Haus und in Bungalows. Familienzimmer, Spielplatz (mit Sandkasten und Wippe). Großer Pool. Restaurant im oberen Geschoss, viele Bücher und Informationen. ❹–❻

Mia Resort, 24 Nguyen Dinh Chieu, ☏ 062-384 7440, 🖥 www.miamuine.com, [7064]. Der ehemalige „Sailing Club" bietet 30 Zimmer mit gemütlichen Sitzgelegenheiten in schöner Gartenanlage. Pool mit Meerblick. Guter Service und zahlreiche Wassersportangebote (Kitesurfen usw.). Inkl. Frühstück. ❺–❻

Sunsea Resort, 50 Nguyen Dinh Chieu, ☏ 062-384 7700, 🖥 www.sunsearesort-muine.com, [7181]. Gepflegter Luxus: Die ansprechende und gepflegte Anlage bietet 12 Zimmer in Cottages und im Reihenhaus (dort mit Zugang direkt zum Pool). Die Zimmerausstattung ist geschmackvoll mit TV, CD- und DVD-Spieler, AC und Minibar. Im Restaurant u. a. gute Thai-Küche. Schöner Strandabschnitt. ❺–❻

ESSEN

Die meisten Gäste essen im Restaurant ihres Resorts oder Hotels. Man kann sich das Essen und die Getränke oft auch an den Strand bringen lassen oder in kleinen Pavillons speisen. Wer etwas Abwechslung sucht, findet zahlreiche Restaurants entlang der Strandstraße, wobei sich die meisten nicht direkt am Strand, sondern auf der anderen Straßenseite befinden. Sie öffnen in der Regel gegen 8 Uhr und schließen gegen 22 Uhr – ausgenommen sind gut besuchte Lokale und Bars im Westen, dort ist länger geöffnet. Die Qualität des Essens in diesen zahllosen Touristen-Restaurants ist meist bestenfalls mäßig.

BE De 24, 79A und 99B Nguyen Dinh Chieu, ☏ 091-645 1430, [8978]. Ansprechende kleine Restaurants mit einer kleinen, aber feinen Speisekarte. Die Preise sind günstig, das Essen authentisch und die Atmosphäre entspannt. Es gibt Kaffee in der Frühe, Lunch zu Mittag und bis in den tiefen Abend hinein Dinner. Die beiden Lokale liegen recht nah beieinander. ⏱ rund um die Uhr, außer in der absoluten Nebensaison.

Bo Ke Quan, auf der Kaimauer (*bo ke*) gegenüber der Pagode in der Mitte des Strandes. Eine Reihe preiswerter vietnamesischer Restaurants (*quan*): Blick aufs Meer und Essen von guter Qualität bietet z. B. **Thanh Oan Bo Ke Quan** – am besten frisches Seafood oder auch etwas anderes von der englischsprachigen Speisekarte wählen.

Jibe's Beach Club, 90 Nguyen Dinh Chieu, [9183]. Das schön gestaltete Restaurant samt Bar zieht vor allem Kitesurfer an, die hier eine Pause machen. Angenehme Atmosphäre, moderate Preise. Manchmal wird abends ein

BBQ mit anschließender Party veranstaltet. Mehr Informationen s. Aktivitäten.

Lau De Son Quynh, 260 Nguyen Dinh Chieu. Wer nach einem echt vietnamesischen Ess-Erlebnis sucht, sollte hier den Ziegen-Eintopf *(lau de)* probieren. Unter Wellblech und Neonlicht dampfen auf den Alutischen den ganzen Abend die Töpfe – lecker und mittendrin im lokalen Geschehen. Nebenan ein weiteres oft volles Lau De-Restaurant.

Quan An Y Thao und **Quan An 375**, Nguyen Dinh Chieu nahe dem Markt. Gute *pho* bekommt man fast nur noch in dieser Gegend rund um den kleinen Markt, wo sich auch die Lau De-Restaurants angesiedelt haben. Die beiden *pho*-Restaurants liegen sich gegenüber. Jeden Morgen bis etwa 9 Uhr treffen sich hier viele Einheimische am Suppentopf.

Rung Forest Restaurant, 65A Nguyen Dinh Chieu, ☎ 062-384 7569. Schönes Restaurant der oberen Kategorie; geschmackvolle Dekoration im Cham-Stil, abends wird traditionelle Musik gespielt. Gute Küche. ⏱ 10–15 und 18–23 Uhr.

€ **Sindbad**, 233 Nguyen Dinh Chieu, ☎ 091-819 6689, 🖥 www.sindbad.vn, [8981]. Junge Reisende lieben das kleine Holzhaus an der Straße. Hier trifft man sich, schwatzt ein bisschen und verzehrt einen der angebotenen Döner Kebabs. Vegetarier müssen auf einen Besuch nicht verzichten, denn es gibt auch eine Vielzahl Salate. ⏱ 10– 0.30 Uhr.

UNTERHALTUNG

Wegen des Nachtlebens kommen immer mehr junge Leute nach Mui Ne. Abends wird es hier nicht langweilig. Mui Ne ist kein Partystrand, aber einige Bars punkten mit tollen Partys und angenehmer Atmosphäre.

Club 79 @ Ocean's Republic, 120 Nguyen Dinh Chieu, ☎ 016-9977 8630, 🖥 www.oceans-republic.net, [7192]. Schöner stylischer Platz direkt am Meer. Am Wochenende finden Partys statt (Beach House, Deep House, Tech House). Und 2–3x im Monat werden Live-Auftritte organisiert. Musiker, die in Vietnam unterwegs sind, werden aufgefordert, sich zu melden. Sofern sie Qualität liefern und auftreten wollen, sind sie herzlich willkommen. Geleitet wird der Club von Dietmar aus Deutschland.

DJ Station Club & Bar, 120C Nguyen Dinh Chieu. Der Party-Hotspot für russische Besucher – doch auch einige andere Nationen kommen hierher an den Strand zum Feiern. An vielen Abenden Special Events, die überall auf Plakaten beworben werden. Eintritt frei, dafür recht teure Getränke. Partys dauern nicht selten bis in die frühen Morgenstunden.

🛏 **Pogo**, 138 Nguyen Dinh Chieu, ☎ 090-947 9346, [4813]. Die offen gestaltete Kneipe hat ein sehr schönes Ambiente, und die deutsche Betreiberin Edith spielt gute Musik. Es gibt Bier und Cocktails. Sehr gute Pommes, auch noch zu später Stunde. Sitzkissen im Sand oberhalb des Meeres an der Kaimauer. In der Saison wird am Wochenende ein vietnamesisches Buffet angeboten. Billard. Manchmal finden Beachpartys statt.

AKTIVITÄTEN UND TOUREN

Kitesurfen

Mui Ne ist während der Hauptsaison zwischen Oktober und Mai ein Paradies für Kitesurfer, die vor allem den westlichen Strandabschnitt für sich beanspruchen. Es gibt zahlreiche Schulen, die auch Equipment ausleihen oder verkaufen. Ende Dezember startet die Peak Season, dann ziehen die Preise für Unterkünfte an, und wer einen Kurs belegen möchte, sollte sich frühzeitig darum kümmern.

Die meisten Kitesurfer wohnen auf Höhe des Full Moon Resort und der angrenzenden Anlagen. Hier ist der Strand besonders fürs Surfen geeignet. Das Hotel wird in Kooperation mit der alteingesessenen **Kitesurfschule Jibe's Beach Club** betrieben, 90 Nguyen Dinh Chieu, ☎ 062-384 7405, 🖥 www.windsurf-vietnam. com. Sie bietet Schulungen im Kitesurfen, Boards zum Ausleihen für Fortgeschrittene und einen Shop mit einer großen Auswahl an Equipment. Zudem ein Restaurant mit Bar und netter Atmosphäre. Die Schule hat einen guten Ruf, und sowohl Betreiber als auch Angestellte sind sehr freundlich.

🛏 **Windchimes**, 56 Nguyen Dinh Chieu, im Saigon Mui Ne, ☎ 090-972 0017, 🖥 www.kiteboarding-vietnam.com, [8983]. Kiter aus aller Welt schwören auf die Qualität. Das Material und das Team machen einen sehr guten Eindruck, alle sind mit Spaß bei der Sache. Kurse in Gruppen oder Einzelunterricht. Vom Schnupperkurs in 1–2 Std. bis zur professionellen Ausbildung, die 3–4 Tage dauert.

Touren

Zahlreiche Veranstalter haben eine Kombination verschiedener Sehenswürdigkeiten im Angebot. Dazu gehören neben den bekannten Adressen auch vermehrt kleinere Agenturen, die als Familienbetrieb aufgezogen sind.

Mr. Binh's Sahara Tours, gegenüber vom Canary Resort, 81 Huynh Thuc Khang, ☎ 0989-297 648, **[7507]**. Ein Guide für alle Fälle: Mr. Binh ist ausgesprochen freundlich und lustig, und seine Touren bestechen durch den persönlichen Einsatz. Neben den Halb- und Ganztagstouren ins Umland (Letztere US$25 p. P. inkl. Essen, das oftmals persönlich zubereitet wird und dem ein individueller Einkauf am Markt vorausgeht) bietet das kleine Team auch empfehlenswerte Touren durchs ganze Land (ab US$65, inkl. Fahrt, Übernachtung und Essen). Das Team, bestehend aus Mr. Binh, seinem Sohn Phat (Anfang 20) und dem fröhlichen und freundlichen Mr. Khanh, gibt für seine Gäste alles, um ihnen das Land zu zeigen.

Auf eigene Faust

In Mui Ne kann man problemlos **Motorräder und Fahrräder** leihen. Ein Moped kostet US$5–7 pro Tag. Auf eigene Faust lassen sich viele Sehenswürdigkeiten erkunden. Es sei allerdings noch einmal darauf hingewiesen, dass zum Fahren eines Mopeds eigentlich ein vietnamesischer Führerschein erforderlich ist. Auf langen Geraden zwischen Phan Thiet und Mui Ne kommt es ziemlich häufig zu Polizeikontrollen. Ein letzter Tipp: Nachtfahrten auf der N1 sind unbedingt zu vermeiden! Die Unfallgefahr ist einfach zu groß.

Die Sanddünen kann man sehr gut mit dem geliehenen Moped besuchen. Die **Roten Dünen** erreicht man sogar mit dem Fahrrad problemlos über die Küstenstraße. Einfach im Fischerdorf Mui Ne an der ersten großen Kreuzung links abbiegen. Nach ein paar Kilometern ragen die Dünen linker Hand auf.

Die Fahrt zu den **Weißen Sanddünen** dauert mit dem Motorrad etwa 40–60 Min. Der Weg führt den Highway entlang; nach dem großen Abzweig in Mui Ne folgt man immer der Straße. Nach etwa 15 Min. ändert sich die Landschaft: Dünen sind nicht mehr zu sehen, dafür bestimmen viel Grasland und zahlreiche Kühe das Bild. Hier liegt, etwa 10 km von Mui Ne entfernt, der „neue" Red Canyon. Dann kommen rechts die weißen Dünen ins Blickfeld, zu denen eine breite Staubpiste führt. Das Parken des Mopeds kostet 5000 Dong.

SONSTIGES

Geld

Am Strand gibt es einige Geldautomaten, an denen man mit Visa- und MasterCard Geld abheben kann. In die Nebenstelle der Post kann man sich per Western Union Geld anweisen lassen.

Medizinische Hilfe

Nahe dem Denkmal und dem Markt an der Strandstraße befindet sich eine kleine **Krankenstation (Health Care Post)**, ☎ 062-384 7203. Von morgens bis in den frühen Abend kann man sich hier bei kleinen Problemen behandeln lassen (auch Behandlungen mit alternativer Medizin und Akupunktur). Bei ernsteren Problemen wendet man sich am besten an das Krankenhaus in Phan Thiet, bei richtig ernsten Problemen fährt man sofort nach HCMS in eine internationale Klinik.

Ein Arzt steht auch im **Swiss Village Resort [7189]**, 44 Nguyen Dinh Chieu, zur Verfügung. Eine Konsultation kostet US$20. ⏰ 9–21 Uhr. Notfallnummer ☎ 091-821 0504.

NAHVERKEHR

Fahrräder und Motorräder

Einige Anlagen vermieten **Fahrräder**, mit denen man kurze Ausflüge in die Umgebung machen kann. Oft handelt es sich um einfache Räder aus chinesischer Produktion, doch es werden auch immer mehr Mountainbikes angeschafft, Leihgebühr US$1–8 am Tag. In jedem Fall Bremsen checken und auch den Rahmen, die Kette und die Bereifung in Augenschein nehmen.

Motorräder werden sowohl von Moped-verleihern als auch von Resorts und freien Mopedfahrern vermietet. Ein Tag kostet bis zu US\$7. Bei längerer Miete bekommt man meist Rabatt. Was die Probleme mit Reparaturen anbelangt, so sind die Erfahrungen der Reisenden sehr unterschiedlich. Einige fühlten sich übers Ohr gehauen, andere hatten überhaupt keine Probleme. In jedem Fall ist es ratsam, das Motorrad bei der Übergabe genau zu überprüfen und bei bereits vorhandenen Schäden auf selbige hinzuweisen. Selbstverständlich sollte jeder vor Abfahrt Bremsen und Lenkverhalten testen. Unbedingt muss man auf einem Helm bestehen. Es kann vorkommen, dass gar keine Mopeds vermietet werden – das hängt von den Aktivitäten der örtlichen Polizei ab. **Benzin** gibt es an kleinen privaten Tankstellen, die das Benzin meist in Plastikflaschen gefüllt vor der Tür stehen haben. Größere Tankstellen mit Zapfsäulen liegen auf dem Weg nach Phan Thiet und hinter dem Dorf in Richtung der weißen Sanddünen.

Jeeps

Lange Jahre war ein Besuch der Sanddünen nur mit einem Jeep möglich. Heute ist es eher das Safarigefühl, das einen Jeep attraktiv macht, denn wegen der gut ausgebauten Straße ist er nicht mehr wirklich notwendig. Nur die letzten Meter sind noch Staubpiste (besucht man allerdings die wenig erschlossenen Dünen etwa 5–10 km weiter die Straße entlang, macht ein Jeep durchaus Sinn, es wird aber teurer). Ein Jeep kostet etwa US\$30 (bei Fahrten in Mui Ne). Wer sich einer Gruppe anschließt und eine Halbtagestour bucht, zahlt US\$7 p. P. Touren zum Ta Ku-Berg ab US\$50. Jeeps werden über viele Unterkünfte und Agenturen vermittelt.

Busse

Zwischen den Stränden bis nach Phan Thiet fährt tagsüber bis in den frühen Abend hinein etwa jede halbe Stunde ein kleiner Bus, der an den auf der Karte eingezeichneten Bushaltestellen hält. Der Fahrpreis beträgt 3000–9000 Dong. Bis Phan Thiet für 30 000 Dong oder mit dem roten Bus bis zum Bahnhof für 35 000 Dong. Die Busse haben zwar feste Haltestellen, aber man kann sie auch heranwinken (Handfläche nach unten).

Taxis

Zuverlässig ist **Mai Linh**, ✆ 062-3838 3838. **Vorsicht**: Taxifahrer einiger anderer Unternehmen versuchen immer wieder, Touristen mehr Geld abzunehmen, als das Taxameter anzeigt. Es ist vorgekommen, dass ein Fahrer für eine Fahrt von Phan Thiet nach Mui Ne auch den Preis für die Rückfahrt eingefordert hat, was natürlich jeder Grundlage entbehrt. Am besten hat man einige kleine Scheine und Münzen parat, sodass man passend zahlen kann und sich auf keine Diskussion um Wechselgeld einlassen muss. Eine Fahrt am Strand entlang kostet 80 000 Dong, nach Phan Thiet etwa 320 000 Dong.

Motorradtaxis

Zahlreiche Fahrer bieten ihre Dienste an. Gerne helfen sie auch herumirrenden Reisenden weiter, die vollbepackt eine Unterkunft suchen. Da die Fahrer meist Provision kassieren, ist die Auswahl natürlich nicht immer unvoreingenommen. Vor allem Reisende, die nachts mit dem Bus aus Ho-Chi-Minh-Stadt ankommen, werden gern in überteuerte Anlagen geführt. Dennoch sind diese Fahrer oft eine angenehme Hilfe. Kurze Strecken sollten nicht mehr als 20 000 Dong kosten. Am besten spricht man den Preis vor der Fahrt ab.

TRANSPORT

Busse

DA LAT, inkl. Essenspause US\$6, 4–5 Std. Die Open-Touren starten zwischen 7 und 8 und um 12 bzw. 13 Uhr. Einige fahren über PHAN RANG, andere nehmen den direkten Weg.

HCMS, gegen 8, 13/14 und 24/1 Uhr, US\$5–7, 5 Std.;

NHA TRANG, US\$6, 5–6 Std. Die Open-Touren fahren mittags gegen 13 Uhr ab; einige Gesellschaften starten auch um Mitternacht bzw. 1 Uhr nachts. Mit diesen Bussen geht es weiter bis nach HOI AN, HUE und HA NOI.

Viele Agenturen haben sich **Schlafbusse** zugelegt. Hier sitzt man nicht, sondern liegt die gesamte Fahrtzeit. Diese Busse sind etwas teurer. Wer eine Nachtfahrt plant, ist mit ihnen gut beraten. Allerdings ist die Länge des Bettes eher auf vietnamesische Durchschnittsgrößen ausgerichtet. Empfehlenswerte Gesellschaften: nach HCMS mit **Phuong Trang (Futa Buslines)**, 20 Huynh Thuc Khang, 📞 062-374 3113, um 8.45 und 14.30 Uhr.

Ein empfehlenswerter **Open Tour**-Anbieter ist **Sinh Tourist**, 144 Nguyen Dinh Chieu, 📞 062-384 7542, 🖥 www.thesinhtourist.vn. Busse nach HCMS und in Richtung Ha Noi bzw. Da Lat. Nach Da Lat 13 Uhr, Nha Trang 13.30 Uhr, HCMS 7.30 und 13.30 Uhr. Aktueller Fahrplan unter: 🖥 www.thesinhtourist.vn/busschedule. Wer ein Open Tour-Ticket hat, sollte einen Tag vorher per Internet einen Platz reservieren oder im Office vorbeigehen. Immer die Ticketnummer angeben. Das Office der Gesellschaft befindet sich im überteuerten **Mui Ne Resort**, [7171]. Hier halten die Busse der Gesellschaft. ⏱ 7–22 Uhr. Auch **Hanh Café**, 117 Nguyen Binh Chieu, 📞 062-384 7597, 🖥 www.hanhcafe.vn/detail/from-mui-ne/12, bietet recht gute Busse zu den typischen Touristenorten.

Eisenbahn

€ Es bestehen tgl. Zugverbindungen zwischen HCMS und dem Bahnhof bei Phan Thiet (S. 788). Dank des roten Shuttlebusses ist dies eine sehr günstige und komfortable Reisevariante von und nach HCMS. Wer Richtung HA NOI fahren will, muss ins 14 km von Phan Thiet entfernte Binh Thuan fahren. Abfahrtszeiten s. Phan Thiet.

Phan Thiet

Wer sich Phan Thiet [4823] nähert, dem wird gleich ein charakteristischer Geruch in die Nase steigen: ein würziges, modrig-fischiges Aroma, das auf eine Spezialität der Region hinweist, und zwar die in ganz Vietnam sehr beliebte Fischsoße, die hier in großen Mengen hergestellt wird.

Die Hauptstadt der Provinz Binh Thuan stand bis 1692 unter Cham-Herrschaft, doch schon um 1306 knüpften die Vietnamesen (zarte) Bande in diese Region, als König Tran Nhan Tong seine Tochter Huyen Chan an den Cham-König

Jaya Sinhavarman III. verheiratete. Besonderes Kennzeichen der Region ist ihre große Trockenheit. Das freut den Touristen, der weitgehend von Regen verschont bleibt. Selbst in der Regenzeit ist der Himmel zwar grau, doch schwere Güsse kommen kaum vom Himmel.

Die große Fischereiflotte im Hafen macht deutlich: Das Haupteinkommen in dieser Region ist der Fischfang. Landwirtschaftlich ist die Region fast nur zum Anbau von Drachenfrüchten geeignet: Die Kakteen-Art verträgt die trockene Hitze gut.

VIETNAM

ÜBERNACHTUNG UND ESSEN

Fast alle westlichen Touristen zieht es ein paar Kilometer weiter an den Mui Ne-Strand, deshalb sind die meisten Hotels in Phan Thiet eher auf einheimische Gäste eingestellt, am Wochenende daher immer voll und in der Woche fast ausgestorben.

Ca Ty Hotel, 40 Phan Boi Chau, 📞 062-381 5900, 🖥 www.catyhotel.com, [7508]. 2-Sterne-Hotel im Stadtzentrum am Flussufer. Die 41 Zimmer bieten ein gutes Preis-Leistungs-Verhältnis. Oft von Tourgruppen ausgebucht. ❷–❸

Doi Duong Hotel, 209 Le Loi, 📞 062-382 1579, 🖥 www.doiduonghotel.com, [8995]. An der Strandpromenade: 76 Zimmer, alle mit TV, Kühlschrank etc., in etwas kühler Atmosphäre. Freundliche Mitarbeiter. Pool mit Kinderbecken. ❸–❹

Einige kleine **Restaurants**, in denen es Seafood, besonders Muscheln, und dazu frisches *bia hoi* gibt, befinden sich am Fischereihafen am östlichen Ufer des Ca Ty-Flusses.

Einen Versuch wert sind die **Essensstände** im Innenbereich des zentralen Marktes, wo allerlei lokale Spezialitäten zubereitet werden: kräftige Suppen (die Schale ab 5000 Dong), Kurzgebratenes, Frühlingsrollen und Süßigkeiten. Wer auf einem der winzigen Stühle Platz nimmt und isst, sollte seinen Magen allerdings bereits ein wenig mit der vietnamesischen Küche (außerhalb der Hotelanlagen) vertraut gemacht haben.

TRANSPORT

Busse

Der **Busbahnhof** befindet sich nahe dem Zentrum. Von hier starten jeden Tag mehrere

Busse u. a. nach HCMS, PHAN RANG, DA LAT, BEN TRE, BUON MA THUOT und zu weiteren Orten. Alle Verbindungen s. [8994].
Nach HCMS mehrmals tgl. von 2 Uhr nachts bis 18 Uhr abends in 5–6 Std., 90 000–135 000 Dong. Empfehlenswert ist **Phuong Trang**, ✆ 062-363 6636. Busse um 8 und 14.30 Uhr nehmen Mitfahrer auch vom Mui Ne-Strand mit. **Mai Linh Express**, ✆ 062-382 3222, fährt ebenfalls mehrmals tgl. nach HCMS.
Busse zum Mui Ne-Strand halten u. a. am Busbahnhof/Markt und am Bahnhof (roter Bus). Eine Fahrt mit den kleinen blauen Bussen kostet 30 000 Dong, mit dem roten Bus 35 000 Dong.

Eisenbahn

Der kleine **Bahnhof** nördlich des Zentrums verbindet Phan Thiet direkt mit HCMS. Früher machte eine Reise nach und von Mui Ne mit dem Zug wenig Sinn, heute lohnt es darüber nachzudenken. Ab HCMS mit dem SPT2 um 6.50 Uhr (Ankunft 10.28 Uhr) oder mit dem SPT4 um 17.30 Uhr (Ankunft 21.28 Uhr). Mittags kann man den Bus nach Mui Ne nehmen, abends ein Taxi.
Nach HCMS um 13.10 Uhr (Ankunft 17.14 Uhr) und 0.10 Uhr (Ankunft 10.55 Uhr). Ein Softseat auf dieser Strecke kostet etwa 175 000 Dong. Richtung HA NOI fahren die Züge vom 14 km entfernten Bahnhof in Binh Thuan. SE8 um 9.45 Uhr (Ankunft Nha Trang 13.35 Uhr und Ha Noi 15.15 Uhr), SE6 um 12.20 Uhr (Ankunft Nha Trang 16.30 Uhr, Hue 5.04 Uhr, Ha Noi 19 Uhr) und der SE2 um 22.20 Uhr (Ankunft Da Nang 11.40 Uhr, Hue 14.30 Uhr, Ha Noi 5 Uhr). Im Schlafwagen kosten die Tickets nach NHA TRANG etwa 100 000 Dong, nach DA NANG etwa 280 000 Dong, nach HUE etwa 320 000 Dong und Ha Noi ab etwa 480 000 Dong.

Tien Thanh-Strand und Leuchtturm von Ke Ga

Der **Tien Thanh-Strand** [4826], einige Kilometer südlich von Phan Thiet, ist der längste durchgehende Strand der Region und lädt zu stundenlangen Spaziergängen ein. Es gibt allerdings kaum Schatten, sodass es hier viel heißer ist als in Mui Ne. Wer Einsamkeit sucht, ist hier richtig.
Der Strand endet am **Leuchtturm**, der etwa 30 km von Phan Thiet entfernt auf einer kleinen Insel vor der Küste steht. Er ist der älteste und mit 54 m höchste Leuchtturm Vietnams. Erbaut wurde er 1897 von den Franzosen. Boote zum Leuchtturm müssen gechartert werden. Am besten lässt man sich erst einmal in einem der Cafés am Hafen einen Kaffee schmecken und fragt nach einem Fischer, der einen hinüber bringt. Je nach Verhandlungsgeschick und Uhrzeit kostet die Fahrt in einem der kleinen runden Fischerboote zwischen 150 000 und 300 000 Dong. Mittags in brütender Hitze verlangen die Bootsleute die höchsten Preise.

Ta Ku-Berg

Der fast 700 m hohe Berg erhebt sich etwa 26 km (Luftlinie) südlich von Mui Ne inmitten einer Ebene. Große alte Bäume und Bambushaine begrünen seine Hänge. Ein knapp 12 000 ha großes Gebiet, in dessen Nordwesten sich der Berg erhebt, wurde zur „Nature Reserve" erklärt. Es erstreckt sich im Süden von der Küstenlinie etwa 20 km landeinwärts und wird im Westen vom Phan-Fluss und im Norden vom Tre-Fluss begrenzt. Abholzung zur Erschließung von landwirtschaftlich nutzbarem Land, Kohleproduktion und Jagd bedrohen das Ökosystem.
Mit der Seilbahn geht es etwa 400 m hinauf auf den Berg, wo man die **Thruong Tho Phat Nam-Pagode** besichtigen kann, erbaut zwischen 1861 und 1878. Am Treppenaufgang rechts, kurz vor Erreichen der Pagode, liegt das Grab des Mönchs Ta Huu Duc (1812–1872), der als Begründer der Pagode gilt. An seinem Grab steht die Figur eines Tigers. Die Legende erzählt, dass der Mönch in trauter Zweisamkeit mit einem wilden, weißen Tiger lebte. Die beiden sollen sich gegenseitig beschützt haben. Als der Mönch verstarb, schied drei Tage später auch der Tiger aus dem Leben. Er wurde neben dem Mönch beigesetzt.
Hinter der Pagode führen Treppen zu einem 49 m langen und 12 m hohen **liegenden Buddha** hinauf. Er wurde 1964–1965 inmitten grüner

Baumriesen errichtet. Dieser Buddha ist nicht nur der längste in ganz Vietnam, er gehört inzwischen auch zu den wichtigsten buddhistischen Pilgerstätten des Landes. Dargestellt ist Siddharta Gautama, der historische Buddha, der als Begründer des Buddhismus gilt.

Die Fahrt mit der Seilbahn (sie stammt aus Österreich, die Gondeln aus der Schweiz) dauert zehn Minuten. Man kann den Weg natürlich auch laufen. Der Aufstieg dauert je nach Konstitution etwa ein bis zwei Stunden. Die Seilbahn fährt Mo–Fr von 7–11 und 13.30–17, Sa, So und feiertags 7–11.30 und 12.30–17.30 Uhr. Eintritt und Seilbahn 75 000 Dong, ohne Seibahn 30 000 Dong.

Das südliche Hochland

Das südliche Hochland ist eine faszinierende Landschaft voller Berge, Seen, Wälder und Wasserfälle, in der viele ethnische Minoritäten ihre althergebrachten kulturellen Besonderheiten pflegen. Neben **Da Lat**, das vor hundert Jahren von den französischen Kolonialherren als Erholungsgebiet aufgebaut wurde und heute wieder Scharen von Besuchern anzieht, gibt es noch andere Orte zu entdecken; manche davon sind absolutes touristisches Neuland.

Abenteuersportler kommen im Hochland ebenso auf ihre Kosten wie Ruhesuchende. Ob Elefantenreiten am **Lak-See** oder nächtliche Safaris im **Nam Cat Tien-Nationalpark** – hier lassen sich einzigartige Erinnerungen sammeln. Kaffeetrinker werden sich am besten Kaffee des Landes erfreuen. Der Anbau der aromatischen Bohne prägt das Landschaftsbild ganzer Regionen.

Da Lat

Da Lat [4523] ruft gemischte Reaktionen hervor: „Hier sieht's ja aus wie in China", meint einer. „Das ist doch wie in Paris", sagt ein anderer

angesichts des hell beleuchteten Funkturms, der wie ein kleiner Eiffelturm aussieht, und wischt sich die Baguette-Krümel von der Jacke. „Da Lat ist der schönste Ort von Vietnam", beteuern fast eine Million Vietnamesen, die hier jedes Jahr hinkommen.

Da Lat wurde 1897 gegründet, als einige französische Kolonisatoren beschlossen, dass sich hier, im milden Klima auf 1500 m Höhe, ein prima Resort errichten ließe, in dem man dem feuchtheißen Klima des Deltas entkommen könnte. In den darauffolgenden Jahren entwickelte sich eine boomende Stadt mit breiten Alleen und Hunderten von Villen. Es mutet fast wie ein Wunder an, dass die Stadt während des Vietnamkriegs verschont blieb und hier kein einziges größeres Gefecht stattfand. So sind viele Villen bis heute erhalten geblieben, teils als in die Jahre gekommene Ruine, teils zu Luxus-Unterkünften renoviert.

Heute stehen die alten französischen Villen neben modernen vietnamesischen Gebäuden. Klein und idyllisch ist diese Stadt nicht mehr, doch überall finden sich Oasen der Ruhe. Die Mischung der Kulturen und Besucher macht den Reiz aus. Strahlend flanieren Besucher aller Nationen durch diese Stadt der Blumen, und alle scheinen nur eines zu wollen: die Kühle der Berge genießen und die Seele baumeln lassen. Besonders voll ist es am Wochenende – abends zwischen 19 und 22 Uhr werden dann die Straßen in der Umgebung des Hoa Binh-Platzes für Fahrzeuge gesperrt.

In jüngster Zeit hat sich Da Lat zu Vietnams bester Action-Sport-Destination entwickelt: Für Klettern, Wildwasserfahren, Abseiling und andere Outdoor-Sportarten bietet die Umgebung perfekte Möglichkeiten.

Markt

Turbulent geht's auf dem Markt von Da Lat zu. Hier zeigt sich, dass die Stadt ihren Beinamen „Blumenstadt" zu Recht trägt: Viele frische Schnittblumen sind im Angebot, ebenso Obst und Gemüse bester Qualität. Die Umgebung von Da Lat ist fruchtbar und bringt viele Produkte hervor, die in ganz Vietnam verkauft werden und sogar in den Export gehen. Die von Ausländern geforderten Preise sind oft sehr hoch und

VIETNAM

nicht verhandelbar. Das gilt für Obst ebenso wie für Kleidung oder Blumen. Je weiter man in den Markt vordringt, desto realistischer werden die Preise. Eine Kostprobe wert sind die kandierten Früchte – allen voran die Erdbeeren. Hinter dem Markt entsteht derzeit eine neue mehrstöckige Markthalle, die neben modernen Marktständen auch einen Indoor-Spielplatz für die Kleinen, ein modernes Kino und ein Restaurant beherbergen wird.

Xuan Huong-See

Der 1919 angelegte Stausee mit dem klingenden Namen „Frühlingsduft" oder auch „Wohlgeruch der Jugend" ist das Zentrum Da Lats. Das Gewässer ist von einer 6 km langen Straße umgeben: morgens eine schöne Jogging-Strecke, abends eine Flaniermeile mit eine paar einladenden Restaurants.

Einige wenige alte Pferdekutschen haben sich gehalten, die heute Besucher um den See kutschieren. Beliebt bei vietnamesischen Touristen sind auch die kleinen Tretboote, mit denen man auf dem See herumfahren kann (60 000 Dong pro Boot, max. 3 Pers.).

Im **Botanischen Garten**, 2 Tran Nhan Tong, ☎ 063-382 2151, werden Orchideen, Rosen und allerhand exotische Pflanzen gezüchtet. Am Wochenende haben einige Fahrgeschäfte geöffnet, und ein Besuch lohnt allein wegen der guten Stimmung. In der Woche ist es hingegen sehr einsam und nur für absolute Blumenfans ein Tipp. ⏰ tgl. 6.30–18 Uhr, Eintritt 20 000 Dong, Kinder unter 1,20 m zahlen die Hälfte.

Bahnhof (Ga Da Lat)

Der restaurierte Bahnhof mit seiner charakteristischen Fassade und dem parkähnlichen Vorgarten ist der älteste in ganz Vietnam und wurde vom Kultusministerium 2001 zum Nationaldenkmal erklärt. Von 1928 bis 1964 verlief eine Eisenbahnverbindung von Da Lat nach Thap Cham. Heute ist nur noch eine kurze Strecke befahrbar, und der Besucher fühlt sich wie in einem Museum. Zu sehen sind eine Dampflok aus dem Jahr 1936 und ein Waggon aus den 1950er-Jahren. Im Souvenirshop gibt es Kleidung der Minderheiten und T-Shirts mit einem Spezialdruck des Bahnhofs zu kaufen.

Der Bahnhof befindet sich in der 1 Quang Trung, etwa 3 km östlich des Zentrums, ✆ 063-383 4409. Täglich fahren fünf Züge ins 7 km entfernte **Trai Mat**, ein K'Ho-Dorf, wo man die sehenswerte **Linh Phuoc-Pagode** besuchen kann. Abfahrten 7.45, 9.50, 11.45 und 16 Uhr. Der Ausflug dauert etwa 1 1/2 Stunden; das Ticket kostet für Ausländer US$6, allerdings müssen sich mind. 10–15 Reisende einfinden.

Hang Nga Gallery and Guesthouse (Crazy House)

Das „verrückte Haus" [7019] etwas südlich des Zentrums, 3 Huynh Thuc Khang, ✆ 063-382 2070, ist ein skurriles Hotel, das Besuchern zur Erkundung offensteht. Verschiedene Gebäude mit organisch anmutenden Strukturen sind durch Treppchen und Übergänge miteinander verbunden, die ständig erweitert werden. Das Ganze wirkt wie die Kulisse eines Fantasy-Films. Mal schlängelt man sich durch enge Gänge, mal balanciert man weit über die Stadt über schmale Treppen (Vorsicht: nichts für stark Übergewichtige oder Leute mit Höhenangst). Die einzelnen kleinen Zimmer haben alle einen eigenen Charakter. Die Architektin Dang Viet Nga ist die Tochter eines ehemaligen Präsidenten Vietnams, Truong Chinh (reg. 1981–1988) – nur so lässt sich erklären, dass die Behörden den Bau dieses auffälligen Hauses erlaubten. Wer will, kann hier übernachten. Ein Zimmer kostet ab US$35 bis US$70 für zwei Personen. ⏱ tgl. 7–19 Uhr, Eintritt 40 000 Dong.

Dinh 3 (Bao Dais Sommerpalast)

Dieser Palast, 1 Trieu Viet Vuong, ✆ 063-382 6858, eigentlich eher eine Villa, ist die letzte für Touristen zugängliche Residenz von Kaiser Bao Dai. Sie diente dem Herrscher als Sommersitz. In den 1930er-Jahren, als das Haus erbaut wurde, muss es das Maximum an Moderne dargestellt haben.

Beim Betreten der Räumlichkeiten sind Überschuhe aus Filz anzuziehen. Wer mag, kann sich im kleineren Thronzimmer als Kaiser oder Kaiserin verkleiden und fotografieren lassen.

Im Obergeschoss befinden sich Schlafzimmer und Privatgemächer der kaiserlichen Familie. Von einem Balkon, von dem aus der Kaiser nachts den Mond angeschaut haben soll, eröffnet sich ein Blick in die gepflegte Gartenanlage: Von oben in Richtung Parkplatz betrachtet, ergeben die Blumenbeete das kaiserliche Siegel. ⏱ tgl. 7–17 Uhr, Eintritt 15 000 Dong.

Lam Dong-Provinzmuseum (Bao Tang Lam Dong)

Das Museum östlich des Stadtkerns, 4 Hung Vuong, ✆ 063-382 2339, beherbergt neben Erinnerungen an die Kriege gegen die Franzosen und Amerikaner auch Töpferwaren, Kleidungsstücke und Musikinstrumente der ethnischen Minoritäten der Region – darunter ein Steinxylophon, das als ältestes Musikinstrument der Welt gilt. In der Villa wohnte seinerzeit Nguyen Huu Hao, der Vater von Kaiser Bao Dais Frau Nam Phuong. ⏱ tgl. 7.30–11.30 und 13.30–16.30 Uhr, Eintritt 10 000 Dong.

ÜBERNACHTUNG

Es gibt weit über hundert Hotels in Da Lat, und so sollte es eigentlich kein Problem sein, ein Zimmer zu bekommen. Wer jedoch an einem vietnamesischen Feiertag anreist, wird eines Besseren belehrt: „Sorry, we are full", heißt es dann, und das ist keine Übertreibung: Da Lat ist als Ferienziel bei Vietnamesen derart beliebt, dass viele sogar bereit sind, auf dem Boden zu schlafen, um überhaupt unterzukommen. Außerdem ziehen die Preise dann gewaltig an.

Untere bis mittlere Preisklasse

Dai Loi (Fortune) Hotel, 3A Bui Thi Xuan, ✆ 063-383 7333, 🖥 www.dailoihotel.com, [4538]. Saubere, gut ausgestattete Zimmer mit dunklen, nobel wirkenden Möbeln. Auch die Standardzimmer haben Fenster. Sehr großer

Übernachtung:
1. Dreams Hotel 1
2. Dreams Hotel 2
3. Dai Loi (Fortune)
4. Peace Guesthouse 1
5. Peace Guesthouse 2
6. Chu's House
7. Pink House Villa Hotel
8. Phuong Hanh Hotel 2
9. Phuong Hanh Hotel 1
10. Saphir Dalat Hotel
11. Dalat Palace Hotel

Essen:
1. Easy Rider Café
2. News & New Art Café
3. pho- & com-Restaurants
4. Café Tung
5. 13 Café-Bar
6. Da Quy - Wild Sunflowers
7. Long Hoa
8. Backpackers-Tourists Café
9. Vinh Loi

KRANKENHAUS

Hoa Binh-Platz

MARKT

Tretboote, Pferdekutschen

Ho Xuan Huong

Sonstiges:
1. Pine Track Adventures
2. Groovy Gecko Adventure Tours
3. Sinh-Tourist
4. The Escape Bar
5. Rain Club
6. Vietnam Airlines

Crazy House (250 m)

Transport:
1. Nahverkehrsbusse
2. Dalat Backpacker Easyrider
3. Dalat Travel Service
4. T.M.Brothers
5. Phuong Trang Busgesellschaft

VIETNAM

Safe und abschließbare Schränke. Minibar, TV, zum Teil Balkon. Inkl. Frühstück. Wenige Minuten Fußweg von Markt und See entfernt. ❸–❺

Chu's House, 65 Truong Cong Dinh, ✆ 063-382 5097, ✉ chuhouse@fastmaifm, [9027]. Ein etwas anderes Homestay mitten in Da Lat: große ansprechende Zimmer, einige mit Balkon oder einer Dachterrasse (die sich 2 Zimmer teilen) mit Sitzgelegenheit. Teppichboden, TV und allem, was man braucht. Die günstigsten Zimmer unten sind etwas muffig und weniger einladend. ❶–❷

Dreams Hotel (1), 164B Phan Dinh Phung, ✆ 063-383 3748, ✉ dreams@hcm.vnn.vn, [4533]. Beliebte, nicht weit ab vom Zentrum gelegene hochwertige Budget-Unterkunft. Es gibt Massage-Duschen und ansprechende

Zimmer. Etwas teurer und größer und mit Aufzug ausgestattet, ist das **Dreams Hotel (2)** ein paar Meter weiter in der 141 Phan Dinh Phung, [9054]. Beide Häuser haben AC (was meist unnötig ist), Safe und TV. Und: Beide verwöhnen den Gast mit Sauna und Whirlpool (16–19 Uhr). Eine wunderbare Entspannung nach einem Action-Tag. Familiäres Frühstück am großen Tisch mit Erdnussbutter, Früchten und Marmelade. ❷–❸

Peace Guesthouse, 64 Truong Cong Dinh, ✆ 063-382 2787, [4527]. Alteingesessene Travellerunterkunft mit einfachen Zimmern; zum Teil Balkon mit Blick auf den belebten Patz und – bei gutem Wetter – auf den Lang Bian. Unten im Haus Travellerküche (s. Essen) im Peace Café. Etwas den Hügel hinauf liegt auf der anderen Straßenseite das **Peace Guesthouse 2**, 67 Truong Cong Dinh, ☎ 063-383 1823, [9028]. Hier sind die Zimmer größer, und das Haus liegt etwas ruhiger, nicht direkt an der großen Straße. ❶–❷

Phuong Hanh Hotel 2, 80-82 Duong 3/2, ☎ 063-383 8839, ✉ phuonghanhhotel@gmail. com, [9029]. Das Haus bietet einfache geräumige Zimmer zu reellen Preisen. Nicht jedes Zimmer ist gut, es lohnt sich, einige anzusehen. Hier halten die Busse von T.M. Brothers. Wer mit Phu An anreist, wird beim Schwester-Hotel **Phuong Hanh Hotel 1**, 7/1 Hai Thuong, rausgelassen, ☎ 063-356 0528, [9030]. Hier sind die Zimmer älter, abgewohnter, aber auch billiger. Beide ❶

Pink House Villa Hotel, 7 Hai Thuong, ☎ 091-395 3300, ✉ ahomeawayfromhome_dalat@ yahoo.com, [9035]. Hier gibt es recht geräumige einfache Zimmer. Jedes Zimmer hat ein Fenster, einige sind sehr klein, andere bieten einen unvergleichlichen Blick auf Da Lat. Vor allem das Zimmer unter dem Dach mit 3 Betten und Balkon ist sein Geld wert. Bekannt vor allem wegen der tollen Secret-Touren von Mr. Roth (s. Touren). Inkl. Frühstück. ❷

Saphir Dalat Hotel, 9 Phan Nhu Thach, ☎ 063-355 6000, 🖥 www.saphirdalat hotel.com.vn, [7024]. Das große Gebäude mit Turm erinnert an eine mittelalterliche Burg. Innen wird es komfortabler: Die Zimmer sind alle unterschiedlich geschnitten, haben schöne Holzböden und große Betten mit Moskitonetz. Die Einrichtung besteht aus dunklem Holz. Moderne Bäder im Kolonialstil. Die kleineren günstigen Zimmer liegen unter dem Dach, Holzbalkenoptik inkl. Die oberen Etagen bieten einen tollen Blick auf Da Lat. Autofans aufgepasst: Auf dem Gelände stehen mehrere Oldtimer, eine Sammelleidenschaft des Eigentümers. ❷–❺

Thien An Hotel, 364 (alte Nummer 272A) Phan Dinh Phung, Karte S. 798, ☎ 063-352 0607, 🖥 www.thienanhoteldalat.com, [4536]. Beliebtes Haus mit 14 Zimmern auf 3 Etagen. Die Zimmer liegen ruhig, haben AC, TV, Safe und Kühlschrank; Frühstück inkl. Vermietet Mopeds und kostenlos Fahrräder, mit denen man schnell in der Stadt ist. Der Schwester des Besitzers gehört das Dreams Hotel, von dort kann man

sich bringen lassen. Inkl. gemeinschaftlichem Frühstück am großen Tisch. ❷–❸

Obere Preisklasse

Ana Mandara Villas, Le Lai, Karte S. 798, ☎ 063-355 5888, 🖥 www.anamandara-resort. com, [4738]. Traumhafte Anlage mit 17 renovierten französischen Villen aus den 1920er- und 30er-Jahren in einem gepflegten Garten mit super Aussicht über Da Lat; 15 davon bewohnbar (69 Zimmer insgesamt), 2 weitere für die hervorragenden Spa-Anwendungen und das Spitzen-Restaurant. ❻

Dalat Palace Hotel, 12 Tran Phu, ☎ 063-382 5444, 🖥 www.dalatpalace.vn, [4742]. Der Name ist Programm. Dicke Teppiche auf poliertem Holzfußboden, schwere Vorhänge, Ölgemälde, Bronzebüsten und funkelnde Kronleuchter: In dem großartig restaurierten alten Lang Bian Hotel von 1922 lebt es sich wie ein König. 43 geräumige, geschmackvoll antiquarisch ausgestattete Zimmer, die meisten mit Kamin. Bäder im alten französischen Stil. ❻

ESSEN

Die Restaurants sind in der Regel von morgens bis abends durchgehend geöffnet. Gegen 23 Uhr gehen meist auch die letzten Gäste nach Hause. Immer mehr Cafés entstehen, und vor allem junge Vietnamesen verbringen hier ihre Nachmittage oder Abende. Die meisten Cafés haben auch kleine Speisen im Angebot. Eine Vielzahl kleiner **Cafés und Restaurants**, deren Angestellte es gewohnt sind, westliche Gäste zu bedienen, reiht sich südlich des Marktes die Le Dai Hanh bzw. Nguyen Chi Thanh entlang. **Pho- und com-Lokale** befinden sich ebenfalls zahlreich in der Stadt, u. a. oberhalb des neuen Marktes an der Phan Boi Chau.

13 Café-Bar, 13 Tang Bat Ho, ☎ 062-8533 3732, [9042]. Ein ganz besonderer Ort: tolle Atmosphäre, gute Musik, ansprechendes Ambiente und freundliches Personal. Der perfekte Platz für ein Glas Wein oder ein Bier. Kleine Speisekarte und gute Küche (Shakes, Thai-Curry, Frühlingsrollen – die Burger und Pommes sollen nicht so lecker sein). ⏰ 9 Uhr bis spät.

Backpackers-Tourists Café, 61 Duong 3 Thang 2, ☎ 090-364 0643, ✉ dalatbackpackercafe@

yahoo.com, [9043]. Das ist nicht nur der Treffpunkt einiger Easy Rider (Kasten S. 795); es gibt auch günstige Travellerküche mit europäischen und vietnamesischen Gerichten.

Café Tung, 6 Khu Hoa Binh, ✆ 063-382 1390, [4543]. Kleines legendäres Café nahe dem Markt. Der Kaffee allein ist den Besuch wert, das Ambiente erst recht. Man sitzt wie eh und je an kleinen Tischchen, wartet, bis der Kaffee durch den Filter läuft, und unterhält sich mit seinem Nachbarn.

Da Quy – Wild Sunflowers, 49 Truong Cong Dinh, ✆ 063-351 0883, ✉ locanh2000@yahoo.com, [4544]. Familiäre Atmosphäre im kleinen Restaurant. Neben der obligatorischen Pizza- und Pasta-Auswahl sind die vietnamesischen Gerichte gut und günstig, z. B. frische Wraps in Reispapier oder das Curry mit Erdnüssen. Kein Glutamat. Oft voll.

Le Rabelais, im Dalat Palace Hotel. Feines französisches Restaurant im großartigen Ambiente des schönsten Hotels am Ort. Der Chef, Herr Huong, zaubert exquisite Menüs aus besten Zutaten. In Da Lat geboren, kennt er viele Kräuter und Blumen, mit denen er seine Gerichte verfeinert.

Long Hoa, 3 Thang 2, ✆ 063-382 2934, [4545]. Beliebtes, freundliches Familienrestaurant im Stadtkern. Vielen Reisenden gefällt es hier: Der Hausherr unterhält die Gäste auf Englisch und Französisch, und seine Frau bereitet leckere vietnamesische und europäische Gerichte zu. ⏲ tgl. 11.30–14.30 und 17.30–21 Uhr.

News & New Art Café, 70 Truong Cong Dinh, ✆ 063-351 0089, [4542]. Vietnamesische und westliche Küche in ansprechendem Ambiente. Gerichte ab 40 000 Dong aufwärts. Freundliches Personal, gute Stimmung. Abends oft voll. Am Wochenende Livemusik. Das daneben liegende Art Café ist eine der typisch vietnamesischen Kopien: Man nehme einen erfolgreichen Laden in der Nachbarschaft, nenne sich selber genauso und locke damit Touristen an. Kurzerhand hat sich das originale Art Café umbenannt.

Vinh Loi, 10A Hai Thuon, ✆ 063-382 1837. Auf 2 Etagen verteilen sich viele 6er-Tische, die um die Mittags- und Abendzeit von Einheimischen belegt sind. Auf der englischen Speisekarte gibt es verschiedenste günstige Reis- und Nudelgerichte mit Fisch oder Fleisch.

Ein Nachtleben im eigentlichen Sinne existiert in Da Lat nicht. Im **News & New Art Café** wird am Wochenende auf der 1. Etage Livemusik gespielt. Im **V Café**, 1 Duong Bui Thi Xuan, ✆ 063-352 0215, 🖥 www.vcafedalatvietnam.com, [4549], gibt es jeden Abend ab 19.30 Uhr Musik. Die angesagte Diskothek am Wochenende ist der **Rain Club**, 1 Le Hong Pong, 🖥 www.rainnightclubvn.com. Die Jugend tanzt und feiert hier zu Dance Floor Techno vor großen Flat-Screens. Aktuelle Events auf der Website. ⏲ 19–24 Uhr.

Der aktuelle Hotspot für Traveller aus aller Welt ist **The Escape Bar**, 4 Phan Boi Chau, ✆ 036-357 8888. Um 16 Uhr werden die Türen geöffnet, bis 19 Uhr ist dann Happy Hour (kaufe einen Drink und bekomme einen umsonst). Gegen 21 Uhr wird es voller, es beginnt die Livemusik, und um 24 Uhr schließt die Bar.

Outdoor-Sport

Da Lat ist das Eldorado für Kletterer, Kajakfahrer und andere Outdoor-Sportler. In der Umgebung gibt es jede Menge Flüsse, Wasserfälle, Berge, Schluchten und Wälder. Täglich können **Mountainbike-Touren** organisiert werden. Es gibt verschiedene Routen und Schwierigkeitsgrade, die ab US$38 p. P. kosten. Betreute Touren gibt es auch nach Mui Ne, Nha Trang bis nach Ho-Chi-Minh-Stadt (inkl. Begleitfahrzeug, Führer und Übernachtung). Gestellt werden das Fahrrad, ein Helm und Handschuhe sowie Verpflegung, oft ist auch die Unterkunft im Komplettpreis enthalten. Man sollte sich vor Beginn der Fahrt vom ordnungsgemäßen Zustand des Fahrrades überzeugen.

Trekking-Touren werden von allen Veranstaltern mit und ohne Übernachtung angeboten. Alle Tourpreise beinhalten die Begleitung durch einen Führer, Transfer, Eintrittsgebühren und Mittagessen. Im Angebot sind Tagestouren und Touren mit ein oder zwei Übernachtungen. Auch die Open Tour-Veranstalter (s. Transport) bieten Trekking-Touren an; deren Pfade sind wohl die am stärksten ausgelatschten. Es gibt zahlreiche Reisebüros, die Touren verkaufen, und einige Anbieter, bei denen man direkt buchen und auch die Ausrüstung und die Fahrräder in Augenschein nehmen kann. Neben den gelisteten finden sich etliche vor allem in der Truong Cong Dinh.

Groovy Gecko Adventure Tours, 65 Truong Cong Dinh, ✆/📠 063-383 6521, und in der 1/4 Bui Thi Xuan, ✆ 063-352 2666, Hotline: 091-824 8976, 🖥 www.groovygeckotours.net. Verschiedene Action-Sport-Angebote, z. B. Klettern, Mountainbiken und mehr.

Phat Tire Ventures, 109 Nguyen Van Troi, ✆ 063-382 9422, 091-843 8781 (Brian), 🖥 www.phattireventures.com. Der erfahrene Anbieter ist seit Jahren vor Ort und organisiert Trekking, Kajakfahren, Mountainbiking und andere Touren. Auf Sicherheit wird sehr viel Wert gelegt. Auf der Website kann man prima vorbuchen und sich genau über die Angebote informieren.

Pine Track Adventures, 72B Truong Cong Dinh, ✆ 063-383 1916, 🖥 www.pinetrackadventures.com. Erfahrener Anbieter, gute Beratung. Bietet Abenteuertouren vom Mountainbikefahren bis zum Wildwasserkajak. Sei es einen Tag oder gleich eine ganze Woche, eine einfache Tour mit Kindern oder eine Herausforderung für erfahrene Abenteurer.

Touren

Die Open Tour-Bus-Betreiber (Adressen s. „Transport") bieten Stadtrundfahrten und Ausflüge in die Umgebung an. Diese Touren eignen sich nur für Leute, die auch in einer zusammengewürfelten Gruppe ihren Spaß haben. Die meisten Touren sind mit viel obligatorischem Besichtigungsprogramm verbunden. Man wandert daher auf ausgetretenen Pfaden, was aber nicht unbedingt jeder nachteilig findet. Es lohnt sich, die aktuellen Prospekte durchzublättern oder nach speziellen Touren zu fragen, denn die Betreiber passen ihr Angebot immer wieder den Wünschen der Kunden an.

Ein- bis zweitägige Touren

Es gibt verschiedene Kombinationsmöglichkeiten für Touren in die Umgebung: Eine Wanderung auf den Lang Bian-Berg kann z. B. durch eine Besteigung des Mt. Pinhatt ersetzt werden. Zudem besteht die Möglichkeit, Dörfer

Auf dem Motorrad durch das Hochland

Eine bei vielen Travellern beliebte Alternative ist eine Tour mit einem der **Dalat Easy Rider**. Hierbei handelt es sich um einen Zusammenschluss von Motorradfahrern, die, ausgerüstet mit großen, verlässlichen Maschinen, Tages- und Mehrtagetouren anbieten. Bei Ausflügen in die Umgebung werden etwa US$25, bei längeren Touren über Land US$65–75 am Tag berechnet. Dabei sind Übernachtungen und Eintrittsgelder inbegriffen. Viele Reisende berichten, dass eine mehrtägige Tour durch die Highlands zu den absoluten Höhepunkten ihres Vietnam-Trips gehörte – und die Schmerzen im Hinterteil am zweiten Tag vergehen würden … Zweifellos hat man auf dem Rücksitz eines Motorrads ein weit intensiveres Reise-Erlebnis als in einem Bus. Zielpunkt für solche Touren sind oft Nha Trang oder Hoi An, sodass es auch möglich ist, die Tour in umgekehrter Richtung von dort nach Da Lat zu machen.

Die echten Dalat Easy Rider, von denen es etwa 50 gibt, sprechen gutes Englisch und haben eine eigene, blauschwarze Uniform mit der Web-Adresse auf dem Rücken. Die Mitglieder findet man im **Easy Rider Café**, 70 Phan Dinh Phung, und im **Backpackers Tourists Café**, 61 Duong. Teamchef Mr. Quan, ✆ 09-0364 0643, im Backpackers Tourists Café betreibt eine strenge Auswahl, gibt es zweimal schlechtes Feedback von Reisenden, droht der Ausschluss. Vor einiger Zeit wurde die Gruppe verkleinert, um die Qualität sichern zu können. Mehr Infos unter 🖥 www.vietnam-motorcycle-easyriders.com.

der ethnischen Minderheiten der Lat, Lach und Chil zu besuchen. Die Preise beinhalten den (englischsprachigen) Führer, die nötigen Permits, Mahlzeiten und ggf. die Übernachtung.

Secret Tour mit Roth, ✆ 091-3953300, [8928], wohnhaft und anzutreffen im Pink House Villa Hotel (s. Übernachtung). Roth, ursprünglich ein Junge aus den Bergen, wurde als eines von 11 Kindern adoptiert, kam nach Da Lat und genoss eine gute Ausbildung. Heute spricht der junge Mann gut Englisch, Vietnamesisch und die Sprache seines Volkes, der K'Ho. Seine Touren in die Berge, in sein Heimatdorf, sind etwas ganz Besonderes. Transport mit dem Moped oder dem Auto, max. 12 Pers., Preis p. P. US$30.

Mehrtägige Touren

Zudem werden Touren in den Cat Tien-Nationalpark angeboten, die man beispielsweise bei einer Dreitagetour mit einer Weiterfahrt nach Ho-Chi-Minh-Stadt verbinden kann. Eine kurze Tour durchs Zentrale Hochland führt über den Lak-See nach Nha Trang. Eine weitere Option ist eine Fahrt vom Lak-See nach Buon Ma Thuot und Plei Ku. Von dort geht es weiter nach Kon Tum. Die Reise endet in Hoi An. Kosten auf Anfrage beim Veranstalter; sie variieren je nach Saison und Anzahl der Gäste.

SONSTIGES

Einkaufen

Der Markt von Da Lat ist ein Shopping-Paradies für Liebhaber von **Blumen** und **frischen Früchten**. Doch auch die weiterverarbeiteten Produkte sind nicht zu verachten: Beim **Da Lat-Wein** sollte man allerdings eher zu einer teureren Flasche greifen, um nicht enttäuscht zu werden (ab 50 000 Dong). Sehr lecker sind auch die gezuckerten, **kandierten Erdbeeren**. Wer vom Klima überrascht ist und etwas **Warmes zum Anziehen** braucht, wird in den Geschäften links vom Haupteingang des Marktes fündig. Billiger ist der Secondhand-Kleidermarkt, der abends in der Straße an der rechten (östlichen) Seite des Marktes aufgebaut wird. Allerdings ist es hier manchmal schwierig, die passende Größe zu finden. Weitere lohnende Produkte der Region sind **Kaffee** und **Tee**, die es auf dem Markt in guter Qualität zu kaufen gibt.

Geld

Vietcombank, 27 Khu Hoa Binh, ☎ 063-351 1988. Hat einen Geldautomaten und wechselt Devisen.
Einige weitere Banken haben ihre Niederlassung im Zentrum von Da Lat am Hoa Binh-Platz. Alle haben **Geldautomaten**, die internationale Kreditkarten akzeptieren. Die meisten

Banken öffnen Mo–Fr 7.30–16.30 Uhr, Mittagspause 11–13.30 Uhr.

Moped- und Fahrradverleih

Mopeds und Fahrräder gibt es in fast allen Hotels und Gästehäusern für etwa US$6 (Moped) bzw. US$3 (Fahrrad) pro Tag zu mieten. Tandems werden meist stundenweise vermietet und kosten 20 000 Dong.

NAHVERKEHR

Neben den üblichen Xe om-Fahrern gibt es in Da Lat auch noch etwas ausgefallenere Möglichkeiten des Nahtransports:
Pferdekutschen – eine Fahrt rund um den See kostet 200 000 Dong.
Es gibt zahlreiche **Taxiunternehmen**, z. B. Mai Linh Taxi, ☎ 063-3838 3838, oder Dalat Taxi, ☎ 063-353 53535.

TRANSPORT

Busse

Die Busse in der Nähe des Marktes dienen hauptsächlich dem Nahverkehr. Da Lats **Fernbusbahnhof** (Ben Xe Lam Dong) liegt 3 km vom Zentrum entfernt an der 3 Thang 4. Eine Fahrt mit dem Xe om dorthin kostet 20 000–30 000 Dong.
Wer seinen Platz bei der Gesellschaft **Phuong Trang (FUTA)** bucht, wird von Shuttlebussen am Hotel abgeholt. Wer mit dieser Gesellschaft hier ankommt, wird entsprechend bei Ankunft in Da Lat zu den Hotels kutschiert. Ein Büro der Phuong Trang-Linie befindet sich im 11A/2 Le Quy Don. Reservierung möglich unter ☎ 063-358 5858.
DA NANG, 14 und 16.30 Uhr mit dem Schlafbus, 12 Std., 280 000 Dong;
HCMS, 5–13 Uhr stdl. mit dem Schlafbus, 7 Std., 220 000 Dong;
NHA TRANG, um 9, 11, 13 und 15.30 Uhr, 5 Std., 135 000 Dong.

Open Tours

Wer in einem Hotel der Tourbus-Betreiber wohnt, kann dort direkt seine Weiterfahrt buchen. Wer anderweitig untergekommen ist, bekommt Hilfe in den unten genannten Büros, um die Weiterfahrt zu organisieren. In der Regel holen die Tourbusse die Passagiere von ihrem Hotel ab.

HCMS: tgl. mehrere Busse der Gesellschaften Hanh, Sinh und T. M. Brothers. Abfahrt 7.30 Uhr, Ankunft in Ho-Chi-Minh-Stadt ca. 15 Uhr, um 180 000 Dong.

NHA TRANG: Bustouren starten um 7 und 13.30 Uhr und meistern die 220 km in etwa 5 Std., um 110 000 Dong.

MUI NE: Die frühen Busse starten gegen 7.30 Uhr und brauchen etwa 5 Std., 110 000 Dong. Nachmittags fahren einige Gesellschaften, z. B. T.M. Brothers, gegen 13 Uhr los, Ankunft im 300 km entfernten Mui Ne um 17 Uhr. Die Busse nach Nha Trang und Mui Ne treffen sich bei einigen Gesellschaften an den Po Klong Garai Cham-Türmen. Hier müssen einige Reisende ihren Bus wechseln, je nachdem, ob sie nach Mui Ne oder nach Nha Trang wollen.

Sinh-Travel, 4A Bui Thi Xuan, im Trung Cang Hotel, ☎ 063-382 2663, 383 6702, 🖥 www.thesinhtourist.vn.

T. M. Brothers, 80-82 Duong 3/2, im Phuong Hanh Hotel, ☎/📠 063-382 8383, 🖥 www.dalattmbrothertravel.com (zur Zeit der Recherche war die Website noch mit der alten Adresse versehen, die Daten hier sind richtig), bietet auch tgl. allerlei routinierte Touren in die Umgebung.

Anh Phu, ☎ 098-650 4022, Bushaltestelle nahe Dalat Backpacker Easyrider, 7 Hai Thuong, ☎ 016-6533 8143, fährt fast immer. Falls bei den anderen Open Tour-Bussen zu wenige Buchungen vorliegen, werden diese hier eingebucht. Diese Busse sind allerdings die schlechteste Option.

Flüge

Der **Flughafen** liegt rund 30 km südlich der Stadt. Der Shuttlebus bis nach Da Lat kostet etwa US$5.

DA NANG, tgl. um 17 Uhr, knapp 1 1/2 Std., US$104;

HA NOI, tgl. um 16.50 Uhr, 1 Std., US$120; HCMS, tgl. um 9, 16 und 18.40 Uhr, 35 Min., US$60. Das Büro von **Vietnam Airlines** befindet sich in der 2 Ho Tung Mau, ☎ 063-383 3499, 📠 353 1720. ⏱ Mo–Fr 7.30–11.30, 13.30–16.30, Sa, So 7.30–11, 13.30–16 Uhr.

Die Umgebung von Da Lat

Beliebt sind Bootsfahrten auf dem **Da Thien-See**, um den sich viele traurige Legenden ranken, die alle damit enden, dass sich ein verliebtes Mädchen im See ertränkt. Auch am idyllischeren **Tuyen Lam-See** (auch: Quang Trung Reservoir) südlich von Da Lat gibt es Bootstouren zum gegenüberliegenden Ufer (200 000 Dong für ein Boot, das bis zu 5 Pers. fasst), wo die Möglichkeit zum Elefantenreiten besteht und einige Restaurants mit gebratenem Hirsch und Wildschwein locken. Am Hang über dem See liegt das **Thien Vien Truc Lam-Kloster**, ein gepflegtes buddhistisches Bauwerk von 1993. Es handelt sich um eines von sieben zen-buddhistischen Meditationszentren in Vietnam. Zum See kommt man am besten mit der Seilbahn *(cap treo)*, deren untere Station auf dem **Robin Hill** nahe dem Fernbusbahnhof zu finden ist (einfache Fahrt 40 000 Dong, hin und zurück 60 000 Dong). Achtung: Die Seilbahn macht werktags eine Mittagspause von 11.30–13.30 Uhr. Eine andere Möglichkeit: der N20 stadtauswärts nach Süden folgen, nach etwa 5 km rechts abbiegen und auf dieser Straße weitere 2 km fahren.

Ein Besuch des **Datanla-Wasserfalls**, 5 km südlich des Stadtkerns, lässt sich gut mit einem Ausflug zum Tuyen Lam-See verbinden. Der Wasserfall liegt an der N20, knapp 400 m von der Straße entfernt. Die Legende berichtet, hier hätten in früheren Zeiten Feen gebadet und ihre Haare zum Trocknen auf die glatten Steinen ausgelegt, daher der Zweitname: Suoi Tien, „Feenfluss". In jüngster Zeit jedoch ist der Fall durch ein Staudammprojekt fast versiegt: Feen gibt es hier nun keine mehr. Für die Anreise über die N20 einige hundert Meter nach dem Abzweig zum Tuyen Lam-See rechts abbiegen und dem Waldweg folgen. ⏱ tgl. 6–18 Uhr, Eintritt 5000 Dong.

Das berühmte **Chicken Village** (Lang Ga) ist eine Ansammlung von Häusern an der Straße nach Nha Trang. Das etwa 17 km von Da Lat entfernte K'Ho-Dorf verdankt seinen Namen einem 5 m hohen Betonhuhn, das ohne ersichtlichen Grund auf dem Dorfplatz hockt – niemand weiß genau, was es mit dem Huhn auf sich hat, wenn-

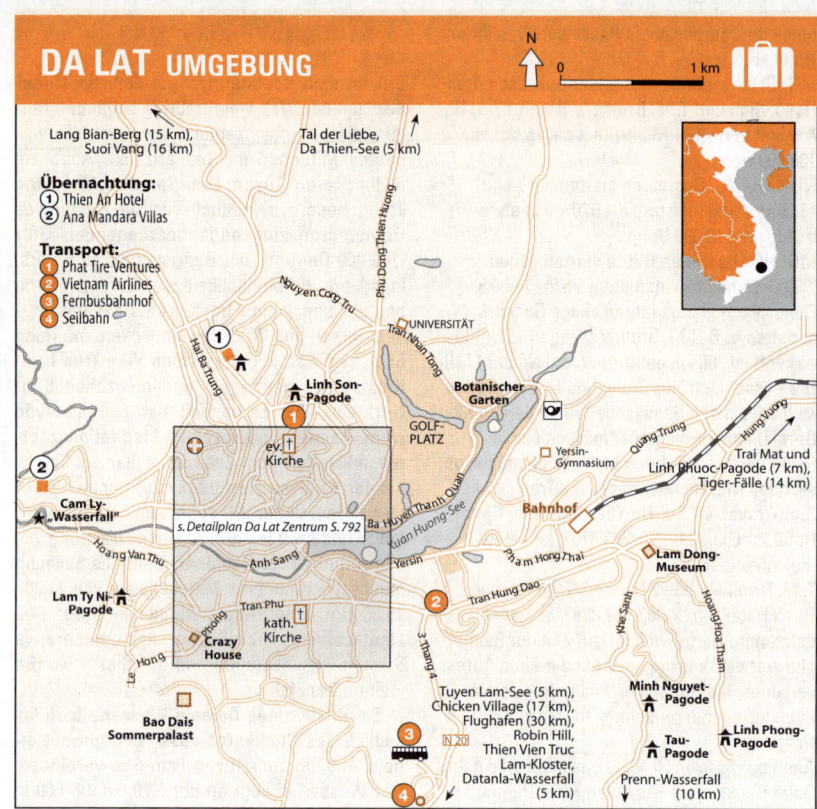

DA LAT UMGEBUNG

N
0   1 km

Lang Bian-Berg (15 km),
Suoi Vang (16 km)

Tal der Liebe,
Da Thien-See (5 km)

Übernachtung:
① Thien An Hotel
② Ana Mandara Villas

Transport:
① Phat Tire Ventures
② Vietnam Airlines
③ Fernbusbahnhof
④ Seilbahn

Nguyen Cong Tru

Phu Dong Thien Huong

Hai Ba Trung

① Linh Son-
Pagode

Trai Nhan Tong

UNIVERSITÄT

Botanischer
Garten

ev. Kirche

GOLF-
PLATZ

Yersin-
Gymnasium

Quang Trung

Hung Vuong

Trai Mat und
Linh Phuoc-Pagode (7 km),
Tiger-Fälle (14 km)

②
Cam Ly-
"Wasserfall"

Ba Huyen Thanh Quan

Xuan Huong-See

Bahnhof

Hoang Van Thu

Anh Sang

Yersin

Pham Hong Thai

Lam Dong-
Museum

Khe Sanh

Hoang Hoa Tham

Lam Ty Ni-
Pagode

s. Detailplan Da Lat Zentrum S. 792

Tran Phu

kath. Kirche

Phuong

Crazy House

Le Hong

Tran Hung Dao

②

3 thang 4

Bao Dais
Sommerpalast

③   N 20

④

Tuyen Lam-See (5 km),
Chicken Village (17 km),
Flughafen (30 km),
Robin Hill,
Thien Vien Truc
Lam-Kloster,
Datanla-Wasserfall
(5 km)

Minh Nguyet-
Pagode

Tau-
Pagode

Linh Phong-
Pagode

Prenn-Wasserfall
(10 km)

---

gleich es viele Theorien gibt: vom verliebten Mädchen, das bei der Hühnerjagd starb, bis zur sozialistischen Ehrung für die tapferen Hühner-Bauern. Auf jeden Fall ist es seit vielen Jahren Fotomotiv für Busladungen voller Touristen.

Die **Tiger-Wasserfälle** liegen 14 km östlich von Da Lat. Der Name erinnert daran, dass bis vor 50 Jahren in der Umgebung noch viele Tiger, Elefanten und anderes Großwild lebten. Schon Kaiser Bao Dai und seine Jagdgesellschaften sorgten dafür, dass dieser Zustand seinem Ende zuging. Fortschreitende Entwaldung und die Vernichtung natürlicher Lebensräume taten ein Übriges. Für die Anreise folgt man der Hung Vuong stadtauswärts bis durch Trai Mat hindurch und nimmt etwa 4 km hinter dem Dorf die ausgeschilderte Abzweigung nach links.

Der **Gougah-Wasserfall** knapp 40 km südlich von Da Lat ist 17 m hoch und teilt sich in zwei Kaskaden. Anreise über die N20, von der der Fall einen halben Kilometer entfernt liegt. 10 km weiter erreicht man den spektakuläreren, 40 m hohen **Pongour-Wasserfall**. Das Wasser donnert mit viel Getöse in einen See zu seinen Füßen, sein Rauschen ist weithin zu hören. Anreise: Bei Duc Trong von der N20 abbiegen, dann sind es noch etwa 8 km, Eintritt 6000 Dong.

Cat Tien-Nationalpark

Der Cat Tien-Nationalpark [9318], der nordwestlich der N20 etwa auf halber Strecke zwischen Ho-Chi-Minh-Stadt und Da Lat liegt, ist ein wichtiges Rückzugsgebiet für viele bedrohte Tierarten. Neben Elefanten, Wildschweinen und großen Echsen soll es hier möglicherweise noch Leoparden geben. Doch sie sind stark bedroht. Mit seinen Gibbons, Makaken, Schmetterlingen und bunten Vögeln ist der Park aber immer noch ein lohnendes Ziel für Naturfreunde. Allerdings nur für solche, die sehr viel Zeit investieren: Bei einer normalen Tour in den Park bekommt man außer ein paar Eichhörnchen und Vögeln kaum ein Tier zu Gesicht.

Es gibt einige **Trekkingrouten** im Park, doch ohne Guide sollte man sich bei längeren Touren zu Fuß nicht auf den Weg machen. Markierungen fehlen völlig, und direkt hinter dem Hauptquartier beginnt Natur pur. Tagestouren kosten bis zu 1,5 Mio. Dong. Klapprige Fahrräder für eigene Erkundungen gibt es bei der Nationalparkverwaltung (30 000 Dong/Std. bzw. 150 000 Dong/Tag). Auch eine Tour mit einem Minibus und Nacht-Safaris sind machbar.

Im **Dao Tien Endangered Primate Center**, 🖥 www.go-east.org, unweit des Parkeingangs auf einer kleinen Insel im Dong Nai-Fluss, werden Primaten aufgepäppelt, die verletzt aufgefunden oder aus den Händen von Wilderern befreit wurden. Touren dorthin starten um 8 und 14 Uhr. Eintritt 150 000 Dong.

Möglich sind **Treks zu einer Horde wilder Gibbons**. Man wandert morgens früh um 4 Uhr los und kommt nachmittags im Primate Center an. Kosten US$60 p. P., max. vier Personen.

Ein Besuch des **Krokodil-Sumpfs** (Bau Sau) ist besonders für vietnamesische Tourgruppen ein Highlight. Nach einer Autofahrt ab dem Hauptquartier geht es noch etwa 4 km zu Fuß weiter. Eintritt 140 000 Dong, Guide 300 000 Dong.

Der Eintrittspreis in den Park beträgt 40 000 Dong, Kinder zahlen die Hälfte. Die beste Reisezeit ist von November bis April – die Monate Dezember und Januar sind wegen des meist angenehmen Klimas besonders günstig.

Beim **Hauptquartier**, ✆ 061-366 9228, 🖥 www.cattiennationalpark.vn, am Eingang des Parks, befindet sich ein **Restaurant** (Tipp: tagesfrischer Fisch aus dem Dong Nai-Fluss) und die Möglichkeit einer Übernachtung in den **Bungalows**

der **Nationalparkverwaltung**. Das Gästehaus besteht aus 4 Gebäuden mit verschiedenen Optionen: 3-Bett-Zimmer, 2-Bett-Zimmer und EZ. ❷–❸

Empfehlenswerter ist eine private Unterkunft im Park:

🌳 **Forest Floor Lodge**, im Park am Dong Nai-Fluss, ✆ 061-366 9890, 🖥 www.vietnamforesthotel.com, [9320]. „Ecolodge" mit Wohnmöglichkeiten in komfortablen, fest auf Plattformen installierten Zelten, im schönen, rekonstruierten Holzhaus oder in Zimmern im steinernen Gästehaus. Die sympathischen Betreiber, ein britischer Biologe und seine vietnamesische Frau, sind um einen kleinen ökologischen Fußabdruck bemüht. ❺–❻

Auf der anderen Seite des Flusses, im **Nam Cat Tien Village**, gibt es weitere empfehlenswerte Unterkünfte:

🏨 🌳 **Green Bamboo Lodge**, Nam Cat Tien, ✆ 097-334 6345 (Mr. Vung), ✉ cattien_vung@yahoo.com, [9321]. Familiäre kleine Anlage am Ufer des Flusses mit 7 Bungalows und einem Langhaus; alles, soweit möglich, aus Bambus erbaut und mit Solarstrom betrieben. Ein Pavillon auf Stelzen ragt über das steile Flussufer und dient als Restaurant und Treffpunkt. 2 Steinbungalows im hinteren Bereich des Gartens werden vom gleichen Betreiber vermietet und firmieren unter dem Namen **River Lodge**. ❷–❸

🏨 **Green Hope Lodge**, Hamlet 4, Nam Cat Tien, ✆ 061-366 9919, ✉ bookroom onlinegreenhopelodge@gmail.com, [9322]. Am Flussufer liegen 7 Zimmer in hübschen Steinbungalows, wahlweise mit AC, locker verteilt in einem Garten, in dem Cashew- und Pomelobäume wachsen. ❷–❸

Bei der **Anreise** über die N20 (Bus HCMS–Da Lat oder Da Lat–HCMS) kann man sich in TAN PHU nahe der Post absetzen lassen und von dort ein Xe om für die letzten 24 km bis zum Park (ca. 250 000 Dong) nehmen. Viele Xe om-Fahrer verlangen jedoch stark überhöhte Preise, und es kam bereits zu einigen Unfällen auf der Strecke. Empfehlenswerter ist daher die direkte Anreise:

VIETNAM

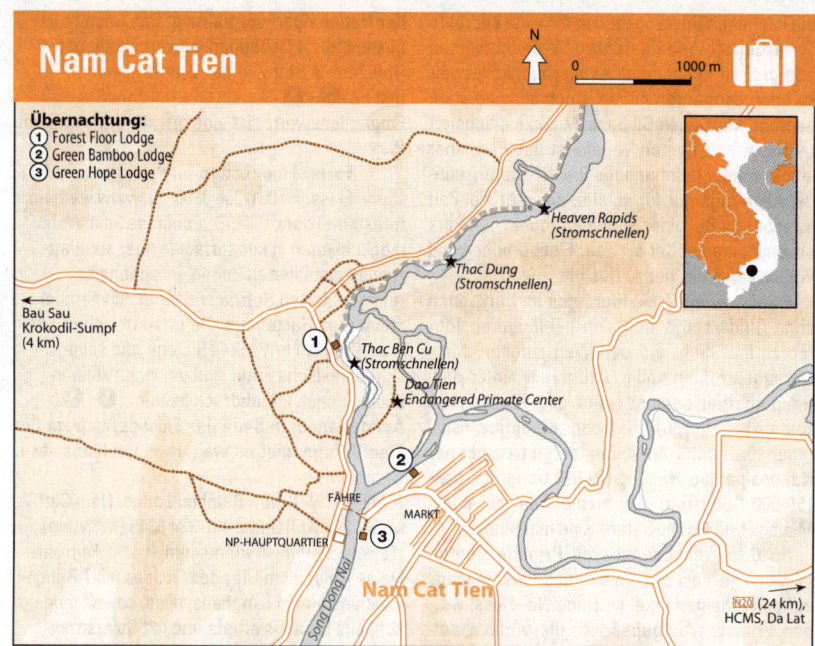

Nam Cat Tien

N
0   1000 m

Übernachtung:
1. Forest Floor Lodge
2. Green Bamboo Lodge
3. Green Hope Lodge

Heaven Rapids
(Stromschnellen)

Thac Dung
(Stromschnellen)

Bau Sau
Krokodil-Sumpf
(4 km)

Thac Ben Cu
(Stromschnellen)

Dao Tien
Endangered Primate Center

FÄHRE

MARKT

NP-HAUPTQUARTIER

Song Dong Nai

Nam Cat Tien

R20 (24 km),
HCMS, Da Lat

VIETNAM

Von HCMS fahren tgl. um 6.45, 7.40, 8.30 und dann etwa stdl. bis 15 Uhr **lokale Direktbusse** ab dem Mien Dong-Busbahnhof – und für einige Traveller war schon diese etwa 4-stündige Busfahrt im engen Kontakt zur Bevölkerung ein Highlight ihrer Reise. Tickets am Busbahnhof, Schalter 6, für 85 000 Dong.
Alternativ können für US$45 bzw. US$70 (je nach Anbieter und Fahrzeug) **private Transporte** ab HCMS organisiert werden. Kontakt über Mr. Vung von der Green Bamboo Lodge.

Weiterreise:
DA LAT, Direktbus um 6.30 Uhr, ca. 5 Std., 130 000 Dong;
HCMS, mehrere Busse vormittags, ca. 4 Std., 85 000 Dong.
Den Bus bucht man am besten über die Unterkunft, dann wird man dort auch abgeholt.

Buon Ma Thuot

Buon Ma Thuot [4782] ist die Hauptstadt der Provinz Dak Lak, die einige landschaftliche Schönheiten und interessante, von kleinen Ethnien bewohnte Dörfer aufweist. Die Stadt hat selbst nicht allzu viele Attraktionen zu bieten, ist jedoch Durchreise- und Übernachtungsstopp auf vielen Hochland-Touren und Ausgangspunkt zu einigen Zielen in der Umgebung.

Der zentrale Punkt von Buon Ma Thuot ist das **Siegesmonument**, um das der Kreisverkehr braust. Viele Hotels und Cafés befinden sich in der Nähe, ebenso zwei Museen: das **Revolutionsmuseum**, 1 Le Duan, ⏰ Mo–Fr 7.30–11 und 14.30–17 Uhr, Eintritt 10 000 Dong, dessen Besuch durchaus verzichtbar ist, und das sehr sehenswerte **Ethnografische Museum**, 12 Le Duan, ⏰ tgl. außer Mo 8–16 Uhr, Eintritt 20 000 Dong. Der 2011 fertiggestellte imposante Neubau befindet sich neben der Residenz des früheren Kaisers Bao Dai.

Ein längerer Spaziergang führt ins **Dorf Akho Dong**, das am Rande der Stadt einigen Angehörigen der ethnischen Minderheit der E De Heimat bietet. Es handelt sich eigentlich nur um einen Straßenzug, an dem sich etwa 30 Langhäuser befinden. Einige E De sind bereits in vietnamesische Betonhäuser umgezogen. Wer Glück hat, wird noch einige traditionelle Weber bei der Arbeit sehen.

Absolutes Highlight in der Stadt ist der **Kaffee** – zweifellos der beste in Vietnam und für alle, die den vietnamesischen Kaffee besonders schätzen, einer der besten der Welt.

Bach Ma (White Horse), 9-11 Nguyen Duc Canh, ☎ 0500-381 5656, 🖥 www.bachmahotel.com.vn, [4796]. Gutes, gepflegtes Hotel mit 58 schönen Zimmern, Pool, Karaoke, Disco und Massage. ❸–❹

Damsan Hotel, 212-214 Nguyen Cong Tru, ☎ 0500-385 1234, 🖥 www.damsanhotel.com.vn, [4797]. Etwas abseits des Zentrums gelegen, bietet dieses ruhige, empfehlenswerte Hotel einladende, saubere Zimmer und geräumigere Suiten, ein gutes Restaurant, einen Swimmingpool, Massagen und einen Tennisplatz. Freundliche, sehr hilfsbereite Angestellte. Frühstück inkl. ❸–❺

Eden Hotel, 228 Nguyen Con Tru, ☎ 0500-384 0055, 🖥 www.edenhotelbmt.com, [4788]. Gemütliche, saubere Standardzimmer und modern gestaltete VIP-Räume mit Balkon und guter Ausstattung in einem schönen Hotel etwas abseits des Zentrums in ruhiger Lage. Miss Minh Hue, die freundliche Tochter des Eigentümers, spricht ein wenig Englisch und leitet das Haus. Restaurant. ❶–❷

Kulinarisch hat die Stadt einiges zu bieten; es ist jedoch schwer, ein Restaurant mit englischer Speisekarte zu finden.

Bon Trieu, 28A Hai Ba Trung. Das kleine Restaurant ist bekannt für seine Rindfleisch-Variationen und hat eine englische Speisekarte.

Cay Bang, 9-11 Quyen Ngo. Eines der beliebten Fischrestaurants in der Straße. Leckere Garnelen zum Selbergrillen auf einem kleinen Tisch-Kohleofen. Die Speisekarte ist zwar nicht in Englisch, dafür aber mit Bildern. ⏰ 12–23 Uhr.

🧳 **Thanh Tram**, 22 Ly Thuong Kiet, ☎ 0500-385 4960. Eines von mehreren guten *nem*-Restaurants in dieser Straße: Die leckeren Frühlingsrollen werden in Einzelteilen serviert und vom Kunden selbst nach Geschmack zusammengerollt. In die Erdnusssauce dippen – köstlich. Ein preiswertes, sättigendes Ess-Vergnügen. Eine Speisekarte braucht man hier nicht, alle Zutaten werden einfach auf den Tisch gestellt (30 000 Dong).

Geld

Vietcombank, 6 Tran Hung Dao, ☎ 0500-385 5037, 📠 385 5038. Wechselt Devisen (auch Euro) und Travellers Cheques. ⏰ Mo–Fr 7.30–11 und 13.30–17 Uhr. Ein Automat dieser Bank befindet sich nahe dem Siegesdenkmal.

Informationen und Touren

Dak Lak Tourist, 3 Phan Chu Trinh, ☎ 0500-385 2246, 🖥 www.daklaktourist.com.vn. Die staatliche Touristen-Agentur dieser Provinz. ⏰ tgl. 7.30–11 und 13.30–17 Uhr.

Dam San Tours, 212 Nguyen Cong Tru, ☎ 0500-385 0123, ✉ damsantour@dng.vnn.vn. Im gleichnamigen Hotel; Standardtouren zu den Wasserfällen etc.; englisch- und französischsprachige Guides.

Vietnam Highland Travel, 24 Ly Thuong Kiet, im Thanh Binh Hotel, ☎ 0500-385 5009, 🖥 www.vietnamhighlandtravel.com, hat Touren in die Umgebung im Programm; von der City-Tour bis zum mehrtägigen Ausflug ins Hochland. Der lizenzierte **Guide** Mr. Vu, ☎ 090-505 7890, bietet individuell konzipierte Touren an.

Busse

Der **Busbahnhof** befindet sich 3 km östlich des Zentrums an der Ausfallstraße nach Plei Ku und Kon Tum. Mehrere Busunternehmen operieren von hier aus.

Mai Linh Express, Nguyen Tat Thanh, ☎ 0500-387 7078, schickt seine grünen Sprinter nach:

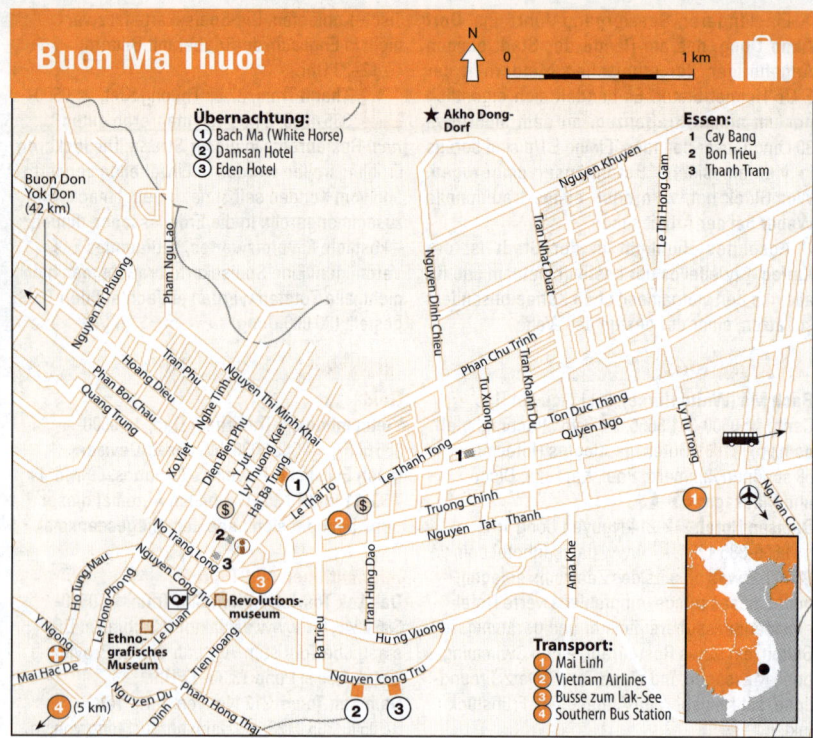

Buon Ma Thuot

N 0 — 1 km

Übernachtung:
1. Bach Ma (White Horse)
2. Damsan Hotel
3. Eden Hotel

★ Akho Dong-Dorf

Essen:
1. Cay Bang
2. Bon Trieu
3. Thanh Tram

Buon Don
Yok Don
(42 km)

Revolutions-museum

Ethno-grafisches Museum

(5 km)

Transport:
1. Mai Linh
2. Vietnam Airlines
3. Busse zum Lak-See
4. Southern Bus Station

DA LAT, um 8, 9, 14, 15 und 15.30 Uhr, 5 Std., 150 000 Dong;

DA NANG, um 8, 17 und 17.30 Uhr, etwa 10 Std., 280 000–320 000 Dong;

NHA TRANG, um 9, 9.45, 15 und 15.45 Uhr, etwa 4 Std., 130 000 Dong.

Dak Lak Bus Company, ℘ 0500-387 6833, hat Tickets in unterschiedlichen Klassen und fährt nach:

DA NANG, 5.30–13.30 Uhr 9x tgl., 10 Std., 250 000 Dong;

KON TUM, um 6.30, 7, 7.30 und 8 Uhr in 5 Std., für 100 000 Dong oder 110 000 Dong (je nach Bus);

NHA TRANG, 5–10.30 Uhr 10x tgl., 4 Std., 105 000 Dong;

PLEI KU (GIA LAI), um 6.30, 7, 7.30 und 8 Uhr, 4 Std., 95 000 Dong;

QUY NHON, um 6 und 6.30 Uhr, 6 Std., 145 000 Dong.

Busse zum LAK-SEE fahren den ganzen Tag etwa jede halbe Stunde nahe dem Siegesmonument neben der TV-Station ab, Fahrtzeit etwa 1 Std., 35 000 Dong.

5 km außerhalb an der Le Duan befindet sich der neue großzügige Terminal der **Southern Bus Station**.

Flüge

Der **Flughafen** befindet sich 5 km südöstlich an der Nguyen Luong Bang.

Vietnam Airlines, 4 Le Thanh Tong, ℘ 0500-366 9966, 🖥 www.vietnamairlines.com, 🕐 tgl. 7–11 und 13–22 Uhr, fliegt tgl. nach DA NANG, wo Anschluss nach HA NOI besteht, sowie bis zu 4x tgl. nach HCMS.

Yok Don-Nationalpark

Der Yok Don-Nationalpark (Vuon Quoc Gia Yok Don, [7032]) liegt 40 km nordwestlich von Buon Ma Thuot. Er ist die Heimat von Wildrindern und frei lebenden Elefanten, Hirschen, Pfauen, großen Waranen und etwa 300 Vogelarten, die sich am besten in den frühen Morgenstunden beobachten lassen. Viele Pfade durchziehen den Park und laden zu Wanderungen ein. Wer tiefer eindringen will, kann mit dem Guide auch eine zweitägige Tour unternehmen. Geschlafen wird in Zelten (US$15) – bei Regen in der Rangerstation. Verpflegung kann ebenfalls gestellt werden.

Einen Besuch des Parks organisiert man am besten von Buon Ma Thuot aus, was inklusive Anreise etwa US$50–60 am Tag kostet (Zwei-Tage-Tour etwa US$90 ab 2 Pers.). Meist ist eine Bootstour über den Serepok-Fluss enthalten, Elefantenreiten zzgl. US$20. Ebenfalls besucht wird das neben dem Hauptquartier liegende M'Nong-Dorf Jang Lanh. Die beste Zeit für eine Wanderung entlang der Hauptstraße dieses völlig ursprünglichen Dorfes ist am späten Nachmittag, wenn die Dorfgemeinschaft zusammenkommt.

Wer auf eigene Faust kommt, zahlt für einen Guide etwa US$20–30 am Tag. Ohne Guide kann der Park nicht betreten werden. Um sicherzugehen, dass einer der drei englischsprachigen Guides verfügbar ist, sollte man vorher mit dem Hauptquartier Kontakt aufnehmen (⏲ 7–11 und 13.30–17 Uhr): Yok Don-Nationalpark, ✆ 0500-378 3049, 🖥 www.yokdonnationalpark.vn, oder mit Herrn Vu Duc Gioi: ✆ 090-522 9436. Der **Eintritt** in den Park beträgt US$2.

Übernachtungsmöglichkeiten gibt es beim Hauptquartier, ✆ 0500-378 3049. 18 ordentliche Zimmer mit je zwei großen Betten entweder im Holzhaus oder Steinhaus mit Flussblick, AC und Warmwasser, [7034], stehen zur Verfügung, ❶–❷. Am Eingang zum Nationalpark befinden sich zwei einfache **Restaurants**, im Hauptquartier selber ein recht ordentliches Restaurant, das vietnamesische Gerichte anbietet.

Mit **öffentlichen Verkehrsmitteln** ist der Park recht einfach zu erreichen. Vom Busbahnhof einen der pinkfarbenen, unten in Grün abgesetzten Busse Richtung Easup nehmen und nach etwa 1 Std. am Yok Don-Nationalpark absetzen lassen (stdl. bis 17.30 Uhr für 18 000 Dong).

Lak-See

Der friedliche Lak-See [4866], der mit seinen 500 ha Fläche der zweitgrößte des Landes ist, war schon ein Ausflugsziel für Vietnams letzten Kaiser Bao Dai, der bis in die 1950er-Jahre in den Wäldern der Umgebung Tiger und Elefanten jagte. Heute sind die Tiger verschwunden und die Elefanten gezähmt: Brav gehen sie zur Arbeit und tragen Touristen durch die Reisfelder und Hügel, die den See umgeben.

Direkt am See liegt die kleine Siedlung **Lien Son**. Auf einem Hügel oberhalb der Stadt ließ sich Kaiser Bao Dai seinerzeit ein modernes Jagdschlösschen errichten – heute ein kleines Hotel. Am Rande des Örtchens schließt sich das Dorf **Jun** an. Hier leben Angehörige der ethnischen Minderheit der **M'Nong**, von denen es etwa 10 000 im Distrikt gibt. Die M'Nong haben ihre eigene Sprache und Kultur. Die Gesellschaft ist matriarchalisch: Die Frauen entscheiden, welchen Mann sie heiraten und bauen selber das Haus, in das der Erwählte dann einziehen darf. Bei allen wichtigen Entscheidungen scheint die Frau das Sagen zu haben. Und die Männer? Die trinken Reiswein und machen Musik. Eine entsprechende Show gehört zum Standardprogramm vieler Touranbieter und Guides. Benutzt werden viele Arten Bambusinstrumente und Bronzegongs. Das Geschepper der Letzteren ist nicht jedermanns Sache; Freunde selten zu hörender Musik kommen dagegen auf ihre Kosten. Bei den Bewohnern von Jun handelt es sich um M'Nong Rlam, die im Gegensatz zu den M'Nong Gar in auf Stelzen gebauten Langhäusern leben. Die Bambus-Stroh-Konstruktion ruht auf Holzpfeilern – kein einziger Nagel ist beim Bau nötig. Heutzutage sind allerdings schon die ersten Beton-Langhäuser zu sehen. Das Dorf Jun wird relativ oft von Touristen besucht, und so gibt es ein Restaurant, Souvenirs etc. Hier ist auch der Startpunkt für Elefantenritte (Abmarsch bis spätestens 15 Uhr, US$25 pro Elefant und Stunde). Die Tour führt meist über einen flachen Teil des Sees ins gegenüberliegende Fischer- und Bauerndorf **M'Lieng**. Wer eine Tour mit dem **Fahrrad** oder **Moped** unternehmen will, kann auf eigene Faust die Gegend südlich des Sees erkunden. Die schöne Landschaft mit ihren freundlichen Bewohnern lädt zum Wandern und Radfahren geradezu ein. Vor der Einfahrt zum Jun-Dorf kann man im Café Duc Mai bei Herrn Bui Van Duc auch **Kanus** mit Guide zur Erkundung des Sees mieten; US$10 für eine Stunde.

ÜBERNACHTUNG

Ho Lak, 201 Nguyen Tat Nhanh, ☎ 0500-358 6045, [7031]. Neben der Post. Die Zimmer sind funktional eingerichtet mit gefliesten Böden. Nicht besonders geräumig, aber sauber. Häufig steigen hier Easy Rider und ihre Mitfahrer ab. ❶–❷
Homestay ist möglich im Jun-Dorf [4871]: Hier übernachtet man in den 20 m langen Langhäusern der Einheimischen. Für Traveller mit Interesse für Land und Leute ist diese Option nicht schlecht, allerdings muss man damit rechnen, dass der Schlaf zu kurz kommt. Viele Tiere und auch die Jugend machen von früh bis spät ordentlich Lärm. Reservierung über Daklak Tourist, oder man fährt direkt bei Herrn Bui Van Duc im Restaurant vor der Einfahrt zum Dorf vorbei, ☎ 090-537 1633. ❶
Lak Resort, Lien Son, ☎ 0500-358 6184, 🖳 www.daklaktourist.com.vn, [4870]. Das hübsche Resort am Ufer des Lak-Sees bietet ganz unterschiedliche Unterkünfte in einer weitläufigen Anlage: billige Schlafplätze im Langhaus, einfache Zimmer (ohne TV) im Gästehaus und gut ausgestattete neue Bungalows mit viel Platz und Seeblick. Die Rezeption dient gleichzeitig als Daklak Tourist-Büro. Verleiht Fahrräder. ❶–❸

ESSEN

Neben den üblichen *com*-Shops in der Nähe des Marktes hat das kleine Lien Son nicht allzu viele kulinarische Alternativen zu bieten.
Gut essen kann man im großen Restaurant des **Lak Resort**.
Vietnamesisches serviert das **Café Duc Mai** an der Einfahrt zum Dorf.

SONSTIGES

Geld
Agribank an der N27, Thi Tran, ☎ 0500-358 6050. Hier kann Geld gewechselt werden, und ein Geldautomat nimmt Kreditkarten. ⏰ tgl. 7–11 und 13–17 Uhr.

Informationen
Daklak Tourist, Lak Resort, ☎ 0500-358 6550, 🖳 www.daklaktourist.com.vn. Die örtliche Tourismusbehörde regelt sämtliche Buchungen. Es gibt einen Ableger im Jun-Dorf (Elefantenreiten).

TRANSPORT

Busse nach BUON MA THUOT, 1 Std., 35 000 Dong, verkehren den ganzen Tag über zwischen 5.30 und 17 Uhr in etwa halbstdl. Abständen. Am besten an der Post warten und Ausschau nach einem der blauweißen Gefährte halten, die sich mit der Handfläche nach unten heranwinken lassen. Auch DA LAT, ca. 5 Std., 120 000 Dong, wird mehrfach vormittags angefahren.
Ein **Moped** zum LAK-SEE kostet von Buon Ma Thuot etwa US$20, ein **Taxi** US$50.

21 HIGHLIGHT

Ho-Chi-Minh-Stadt

Sai Gon, das heutige Ho-Chi-Minh-Stadt [4717], war nach 1975 lange Zeit zur Stagnation verdammt, hat sich inzwischen jedoch seinen einstigen Ruf als eine der dynamischsten Metropolen Asiens zurückerobert. Seit Anfang der 90er-Jahre zieht die Stadt wieder Besucher aus aller Welt an, denn sie hat eine einzigartige Atmosphäre, die vietnamesisch und kosmopolitisch zugleich ist. Es sind die Gegensätze, die die Metropole prägen: verräucherte Tempel

N

0 1 km

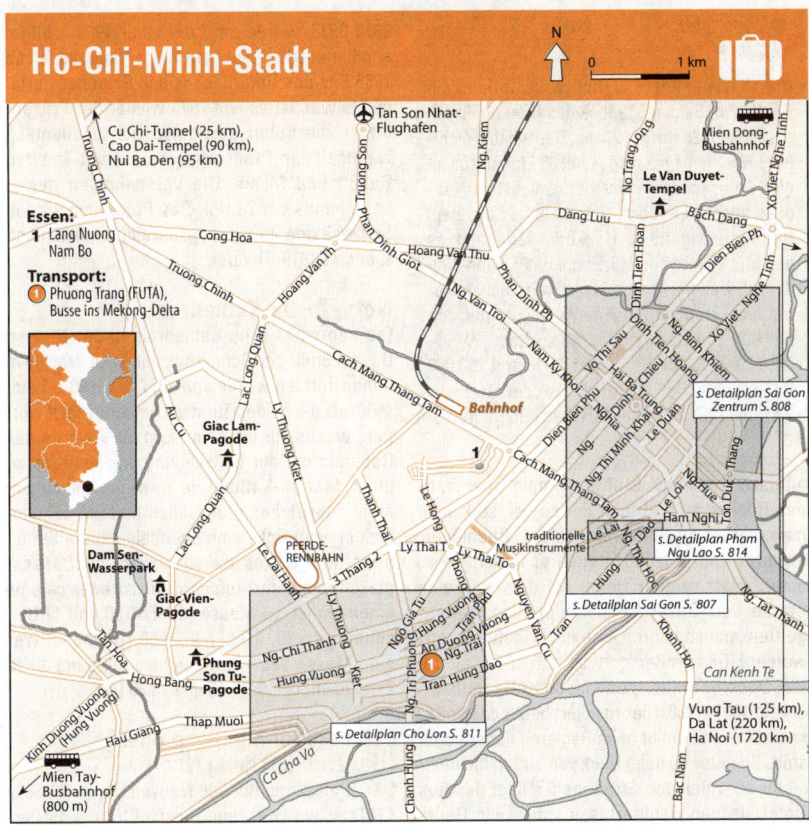

Cu Chi-Tunnel (25 km),
Cao Dai-Tempel (90 km),
Nui Ba Den (95 km)

Tan Son Nhat-
Flughafen

Mien Dong-
Busbahnhof

Le Van Duyet-
Tempel

Essen:
1 Lang Nuong
Nam Bo

Transport:
1 Phuong Trang (FUTA),
Busse ins Mekong-Delta

Cong Hoa

Truong Chinh

Hoang Van Thu

Dang Luu

Bach Dang

Giac Lam-
Pagode

Dam Sen-
Wasserpark

Giac Vien-
Pagode

Phung
Son Tu-
Pagode

PFERDE-
RENNBAHN

Bahnhof

traditionelle
Musikinstrumente

Hung Vuong

Tran Hung Dao

s. Detailplan Cho Lon S. 811

s. Detailplan Sai Gon S. 807

s. Detailplan Pham Ngu Lao S. 814

s. Detailplan Sai Gon Zentrum S. 808

Mien Tay-
Busbahnhof
(800 m)

Vung Tau (125 km),
Da Lat (220 km),
Ha Noi (1720 km)

und glitzernde Einkaufszentren, Tai Chi im Park
und der ununterbrochene Verkehrsstrom, bedrü-
ckende Kriegsmuseen und ein neongeschmink-
tes Nachtleben, Essen am Straßenstand oder in
internationalen Gourmet-Tempeln.

Sai Gon

Bei einem Bummel durch die Straßen des alten
Sai Gon wird der Besucher an jeder Ecke mit einem anderen Ausschnitt aus der Geschichte
der Stadt konfrontiert: Mystische Tempel, Gebäude aus der Kolonialzeit und Kriegsmuseen.
Wer will, kann sich ein abwechslungsreiches
Besuchsprogramm zusammenstellen.

Unbedingt empfiehlt sich ein Spaziergang
über die von Boutiquen und Cafés gesäumte
Dong Khoi. Sie erstreckt sich vom Ufer des Sai
Gon-Flusses bis zur 1890 von den Franzosen erbauten **Kathedrale Notre Dame**. Hier wandert
man auf den Spuren der Kolonialzeit: Vom berühmten, 1925 fertiggestellten **Majestic Hotel**
am Flussufer, in dem in den 1950er-Jahren
Graham Greene seinen Roman *Der stille Amerikaner* entwarf, vorbei am Stadttheater (der alten französischen Oper, S. 806) und dem **Continental Hotel** von 1880, bis zur Kathedrale und
dem rechts daneben liegenden, 1891 eröffneten
Hauptpostamt.

Auf halber Strecke trifft im rechten Winkel die
Le Loi auf die Dong Khoi. Sie endet an der Oper

Ganz Sai Gon zu Füßen

Atemberaubenden Weitblick verspricht ein Besuch im Saigon Skydeck des **Bitexco Financial Tower**, 36 Ho Tung Mau. Das weithin sichtbare Hochhaus mit insgesamt 68 Etagen soll an eine Lotusknospe – die vietnamesische Nationalblume – erinnern. Unterhalb des aus dem Gebäude ragenden Helikopterlandeplatzes befindet sich auf der 49. Etage das Saigon Skydeck. Durch die rundumverglasten Flächen bieten sich atemberaubende Ausblicke auf den Sai Gon-Fluss und Ho-Chi-Minh-Stadt. ⏰ So–Do 9.30–21.30, Fr, Sa 10–22 Uhr, Eintritt 200 000 Dong, Kinder 130 000 Dong. Auf der 50. Etage lockt ein Café mit guter Aussicht (Eintritt frei).

am Lam Son-Platz. Dreht man dem Opernhaus den Rücken zu und folgt der Le Loi, so kommt man, vorbei an Souvenirhändlern, Buchläden, Eiscafés und Dutzenden anderer Geschäfte zu einem Platz rechter Hand, auf dem sich eine Statue von Onkel Ho befindet (das bisherige Denkmal soll durch eine neue Statue ersetzt werden). Das großartige weiße Gebäude mit rotem Dach im Hintergrund ist das **Alte Rathaus**, erbaut 1901–1908. Hier residiert heute das Volkskomitee – und bleibt beim Regieren lieber ungestört. So muss es beim Blick von außen bleiben.

An der nächsten Straßenecke liegt das **Rex Hotel**, dessen Dachterrasse schon von Generationen von Touristen besucht wurde. Weiter führt die Straße bis zu einem großen Kreisverkehr. Dort lädt der **Ben Thanh-Markt**, der mitsamt seinem Uhrturm eines der Wahrzeichen der Stadt ist, zum Stöbern ein. Vom Touristenkitsch für den heimischen Wohnzimmerschrank bis zum getrockneten Seepferdchen für die vietnamesische Hausfrau findet sich ein wirklich umfassendes Angebot (S. 820). Das Denkmal auf dem Kreisverkehr erinnert an **Tran Nguyen Han**, einen General, der im 15. Jh. im Krieg gegen China als Erster Brieftauben einsetzte, um seine Truppen zu koordinieren.

Stadttheater (Nha Hat Thanh Pho)

Das alte **Opernhaus** aus der französischen Kolonialzeit in der 7 Cong Truong Lam Son, ☎ 08-

3829 9976, wurde am 17. Januar 1900 eröffnet und bietet 800 Besuchern Platz. Nachdem es ab 1956 Sitz des Unterhauses des Saigoner Parlaments war, ist es seit 1975 wieder der Präsentation von Kultur gewidmet. Die wöchentlich wechselnden Programme beinhalten Theater, Ballett und Musik. Die Vorstellungen beginnen abends um 20 Uhr. Das Programm wird in Schaukästen im Eingangsbereich angekündigt; s. auch S. 819, Theater.

Notre Dame-Kathedrale

Die neoromanische Kathedrale in der Nguyen Du, am Ende der Dong Khoi, mit ihren zwei 40 m hohen Türmen wurde von 1877 bis 1883 erbaut. 1900, als die beiden Turmspitzen aufgesetzt wurden, wuchs sie um 17 m. Erst 1959 wurde das Gebäude mit der Einwilligung des Vatikans zu einer Marien-Kathedrale geweiht. Im stillen, nicht übertrieben prunkvollen Inneren befindet sich in einer Ecke eine neonbeleuchtete Statue der Mutter Gottes, die von unzähligen Dankesplaketten mit der Aufschrift *merci* oder *cam on* umgeben ist. ⏰ Messe Mo–Fr 5.30 und 17 Uhr, sonntags 5.30, 6.30, 7.30, 9.30 (Hochamt; wer eine Messe besuchen möchte, sollte um diese Zeit kommen), 16, 17.15 und 18.30 Uhr.

Wiedervereinigungspalast (Hoi Truong Thong Nhat)

Der „Palast" an der 106 Nguyen Du, ☎ 08-3829 4117, ist ein typisches Beispiel der 1960er-Jahre-Architektur und mit seiner Original-Sixties-Inneneinrichtung durchaus sehenswert. Sein Grundriss soll dem chinesischen Schriftzeichen Hung ähneln, was „Ewiger Wohlstand für die Nation" bedeutet.

Das heutige Gebäude wurde 1963 errichtet. Zuvor stand an derselben Stelle ein älterer Palast, der lange Zeit dem französischen General-Gouverneur als Wohnung gedient hatte und 1954 vom südvietnamesischen Präsidenten Ngo Dinh Diem und seiner Familie übernommen worden war. 1962 wurde der Palast von der südvietnamesischen Luftwaffe bombardiert, um Präsident Diem auszuschalten – der überlebte jedoch, ließ das beschädigte Gebäude abreißen und gab den Auftrag für das heute zu sehende Bauwerk, damals Independence Palace („Unabhän-

Sai Gon

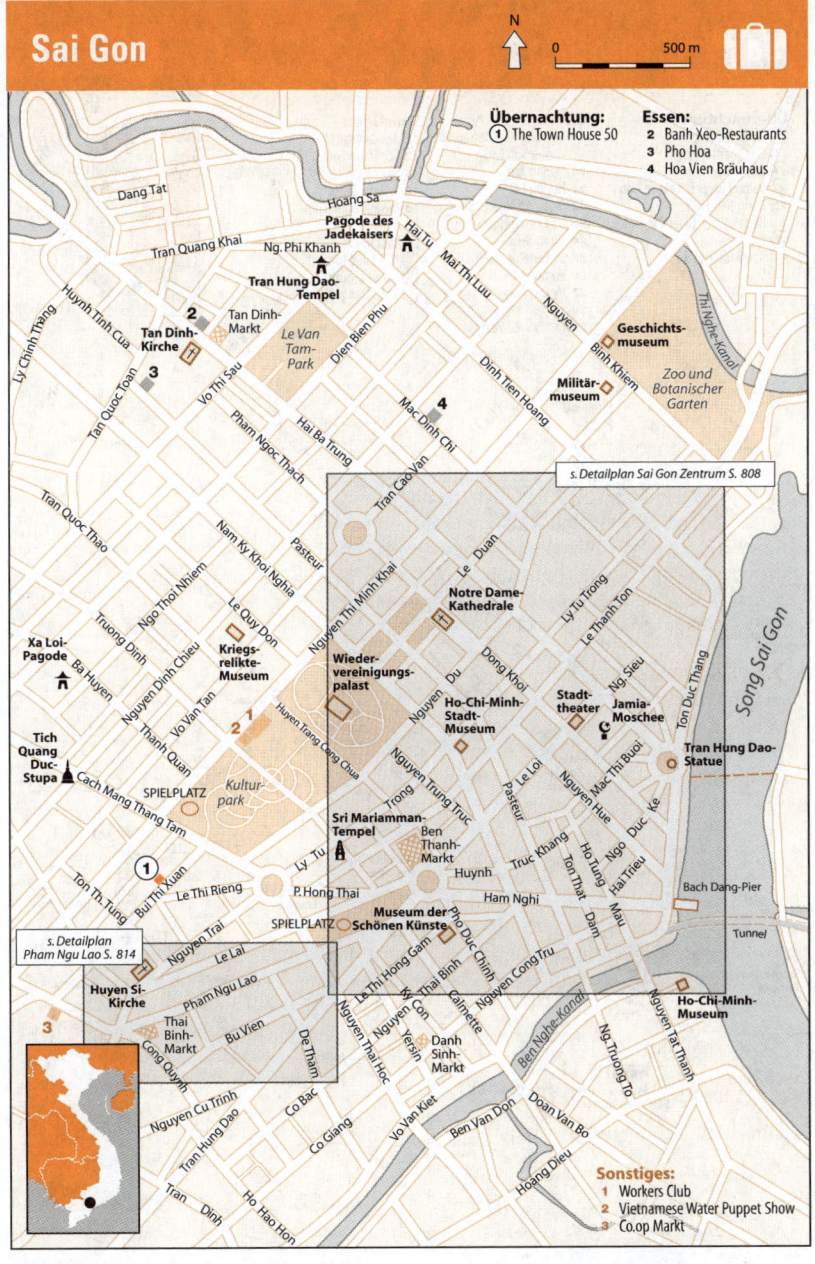

N

0   500 m

Übernachtung:
1 The Town House 50

Essen:
2 Banh Xeo-Restaurants
3 Pho Hoa
4 Hoa Vien Bräuhaus

Dang Tat

Hoang Sa

Pagode des Jadekaisers

Hai Tu

Mai Thi Luu

Ng. Phi Khanh

Tran Quang Khai

Huynh Tinh Cua

Ly Chinh Thang

Tran Hung Dao-Tempel

Nguyen

Geschichts-museum

Binh Khiem

Thi Nghe-Kanal

Tan Dinh-Markt

Tan Quoc Toan

2

Tan Dinh-Kirche

3

Vo Thi Sau

Le Van Tam-Park

Dien Bien Phu

Dinh Tien Hoang

Militär-museum

Zoo und Botanischer Garten

Tran Quoc Thao

Pham Ngoc Thach

Hai Ba Trung

Mac Dinh Chi

4

Nam Ky Khoi Nghia

Pasteur

Tran Cao Van

Le Duan

s. Detailplan Sai Gon Zentrum S. 808

Ngo Thoi Nhiem

Le Quy Don

Nguyen Thi Minh Khai

Notre Dame-Kathedrale

Ly Tu Trong

Le Thanh Ton

Song Sai Gon

Truong Dinh

Nguyen Dinh Chieu

Xa Loi-Pagode

Ba Huyen

Kriegs-relikte-Museum

Vo Van Tan

2

1

Huyen Trang Cong Chua

Wieder-vereinigungs-palast

Nguyen Du

Dong Khoi

Nguyen

Ho-Chi-Minh-Stadt-Museum

Stadt-theater

Ng. Sieu

Jamia-Moschee

Ton Duc Thang

Tran Hung Dao-Statue

Thanh Quan

Tich Quang Duc-Stupa

Cach Mang Thang Tam

SPIELPLATZ

Kultur-park

Nguyen Trung Truc

Truong

Le Loi

Pasteur

Nguyen Hue

Mac Thi Buoi

Ho Tung

Duc Ke

Hai Trieu

Bach Dang-Pier

Sri Mariamman-Tempel

Ly Tu

Ben Thanh-Markt

Huynh

Ham Nghi

Truc Khang

Ton That

Dam

Mau

Tunnel

1

Ton Th. Tung

Bui Thi Xuan

Le Thi Rieng

P. Hong Thai

Museum der Schönen Künste

SPIELPLATZ

Pho Duc Chinh

Nguyen Cong Tru

Ng. Truong To

Ho-Chi-Minh-Museum

Nguyen Tat Thanh

Nguyen Trai

Le Lai

s. Detailplan Pham Ngu Lao S. 814

Huyen Si-Kirche

Pham Ngu Lao

Le Thi Hong Gam

Ky Con

Thai Binh

Calmette

3

Thai Binh-Markt

Cong Quynh

Bu Vien

De Tham

Nguyen Thai Hoc

Nguyen

Yersin

Danh Sinh-Markt

Ben Nghe-Kanal

Nguyen Cu Trinh

Co Bac

Co Giang

Vo Van Kiet

Ben Van Don

Doan Van Bo

Tran Hung Dao

Ho Hao Hon

Tran Dinh

Hoang Dieu

Sonstiges:
1 Workers Club
2 Vietnamese Water Puppet Show
3 Co.op Markt

Übernachtung:
- (19) Ho Sen 2 Hotel
- (20) Continental Hotel
- (21) Rex Hotel
- (22) Saigon River Boutique Hotel
- (23) Bong Sen Hotel
- (24) Renaissance Riverside Hotel
- (25) Grand Hotel
- (26) Riverside Hotel

Essen:
- 19 Bo Tung Xeo Restaurant / Luong Son Quan
- 20 Huong Xua
- 21 Huong Lai
- 22 Quan An Ngon 138
- 23 Nha Hang Ngon
- 24 Wrap & Roll
- 25 La Fenetre Soleil
- 26 Pomodoro
- 27 Vy Da Quan
- 28 Jaspas
- 29 Fanny's Icecream

Sonstiges:
- 12 Apocalypse Now
- 13 Tax Trade Center (Russian Market)
- 14 Sax'n'Art
- 15 Saigon Center
- 16 Fahasa Bookstore

Transport:
- (10) Mai Linh Tourism
- (11) Saigon Tourist
- (12) Bach Dang-Pier

gigkeitspalast") genannt. An der Außenfassade verkleiden stilisierte Bambussegmente die hohen Fenster.

Das Gebäude hat zwei Kellergeschosse und drei Stockwerke mit zwei Zwischen- und einem Obergeschoss, zudem eine Dachterrasse. Zu den etwa hundert Zimmern gehören ein großer Ballsaal für festliche Anlässe und ein kleines Kino.

Bei einer Besichtigung kann man Privatgemächer und Räume für offizielle Anlässe sehen sowie im Keller den Funkraum und andere Zimmer, die während des Krieges für strategische Besprechungen genutzt wurden. ⊙ tgl. 8–11.30 und 13.30–16.30 Uhr, Eintritt 30 000 Dong, Kinder 3000 Dong, Führung 200 000 Dong.

Ho-Chi-Minh-Stadt-Museum (Bao Tang Thanh Pho Ho Chi Minh)

In dem kolonialen Gebäude in der 65 Ly Tu Trong, ✆ 08-3829 9741, 🖥 www.hcmc-museum.edu. vn, sind verschiedene Ausstellungen zu sehen. Ein Schwerpunkt liegt auf der Stadtgeschichte, ein weiterer auf der Geschichte des Befreiungskampfes im 20. Jh., die anhand unzähliger Fotos erzählt wird. Dazu kommen einige ethnische und archäologische Ausstellungsstücke sowie Sonderausstellungen zu verschiedenen kulturellen, soziologischen und ökologischen Themen. Über das aktuelle Programm informiert die Website des Museums. ⊙ tgl. 8–17 Uhr, Eintritt 20 000 Dong.

Pagode des Jadekaisers

Phuoc Hai Tu bedeutet „Schildkröten-Heiligtum", doch im Volksmund heißt diese sehenswerte Pagode **Chua Ngoc Hoang – Die Pagode des Jadekaisers**. Das Heiligtum in der 73 Mai Thi Luu ist eines der wichtigsten von Ho-Chi-Minh-Stadt; sowohl für die Gläubigen als auch für die Touristen, die hier in Scharen hin eilen. Man muss sich schon über die Geduld und Nachsicht der Gläubigen wundern, wenn wieder einmal eine Gruppentour wenig respektvoll und wild fotografierend die **Haupthalle** stürmt. Bei Betreten des Tempels wird man hinter dem Eingang von Tho Than, dem Erdgott (links), und Mon Quan, dem Türgott (rechts), begrüßt. Im darauffolgenden Vorraum, in dem Shakyamuni,

der historische Buddha, verehrt wird, stehen links und rechts des Altars zwei riesige Statuen furchteinflößender Generäle, die den Blauen Drachen (der Osten; das Zeugen) und den Weißen Tiger (den Westen; das Sterben) gezähmt haben.

Der Jadekaiser, dem die um 1900 von Kanton-Chinesen errichtete Pagode gewidmet ist, gilt als Wächter des Tors zum Himmel. Er wacht zentral hinter dem mittleren Altar über die Haupthalle. Beschützt wird er von seinen vier Wächtern „Die vier Diamanten" – nur die Stärksten und Reinsten dürfen in die Nähe des Kaisers. Auf dem Altar rechts des Jadekaisers steht die 18-armige, dreigesichtige Phat Mau Chuan De, zur Linken eine Reinkarnation des Kaisers als Ong Bac De.

Wer vom Jadekaiser, der höchsten Gottheit des Taoismus, in den Himmel gelassen werden will, muss ein Leben voller Verdienste geführt haben – ansonsten geht es ab in eine der zehn Höllen, die in der **Halle links der Haupthalle** anhand geschnitzter Holzbilder eindrucksvoll dargestellt werden. Rechts, hinter dem Altar, beobachtet der König der Hölle, Thanh Hoang, das Treiben. Gläubige streichen seinen hinter dem Durchgang stehenden Pferden über den Kopf und dann sich selbst, um Glück zu erbitten.

An den Wänden in der **Halle vor dem Altarbereich** demonstrieren Holzschnitzereien die Qualen der zehn Höllen: Die Höllenrichter haben alle bösen Taten in ihren Büchern verzeichnet, und detailgetreu wird dargestellt, was den Sünder erwartet. Etwas Hoffnung vermittelt eine Göttin der Barmherzigkeit, Quan Am, die hier mit Kind zu sehen ist.

Vor dem Eingang zum Gelände verkaufen Frauen gefangene Vögel: einen freizulassen, soll Glück bringen. Manchmal werden auch Schildkröten verkauft, die in einem Wasserbecken auf dem Tempelgelände freigelassen werden können: Das soll Glück und ein langes Leben verheißen. ⊙ tgl. 7–18 Uhr, an Feiertagen 5–19 Uhr.

Geschichtsmuseum (Bao Tang Lich Su)

Das Geschichtsmuseum beherbergt eine große, über 10 000 Objekte umfassende Sammlung mit Stücken aus der Bronzezeit (Dong Son-Periode, etwa 1200–100 v. Chr.) und der Funan-Zeit (Oc Eo-Periode, etwa 100–600 n. Chr.). Dazu kommen einige Belege aus der Cham-Zeit (etwa 800–1300 n. Chr.; manche davon stammen aus Angkor Wat in Kambodscha); mehr Cham-Exponate befinden sich im Cham-Museum in Da Nang.

Das sehenswerte Gebäude in der 2 Nguyen Binh Khiem, ℡ 08-3829 8146, wurde 1929 von der Französischen Gesellschaft für Südostasienstudien im chinesisch-europäischen Stil errichtet. Es schließt direkt an das Zoo-Gelände an. ⊕ Di–So 8–11 und 13.30–16 Uhr, Eintritt 15 000 Dong.

Kriegsrelikte-Museum (War Remnants Museum, Bao Tang Chung Tich Chien Tranh)

In der 28 Vo Van Tan liegt Sai Gons meistbesuchtes Museum – jede Stadtrundfahrt macht hier halt, und auch Ausflüge in die Umgebung werden oft mit einem Stopp am Kriegsrelikte-Museum gekoppelt. Der einstige Name „Museum der amerikanischen und chinesischen Kriegsverbrechen" beschrieb die Exponate besser, schreckte jedoch viele Besucher ab. 1990 wurde das „chinesischen" weggelassen, und vier Jahre später der ganze Name geändert. Nun strömen die Touristen hierher, auch aus den USA, und verlassen das Museum oft in Tränen aufgelöst. Tatsächlich kann einem das Studium der auf Fotos dokumentierten Grausamkeiten ganz schön nahegehen. Für die einen ist der Besuch hier ein Muss – andere wollen sich das nicht antun. Drastische Fotos verdeutlichen die Brutalität der Auseinandersetzungen: Folter- und Napalm-Opfer, von Agent Orange deformierte Babys, zerstückelte Leichen. Immerhin werden auch Fotos von Anti-Kriegs-Demonstrationen in den USA gezeigt, doch Hinweise auf Gewalttaten des Vietcong und der Nordvietnamesischen Armee bleiben natürlich ausgespart. Ein eigener Raum ist den Fotos von in Vietnam gestorbenen Kriegsreportern gewidmet. ℡ 08-3930 5587, ⊕ tgl. 7.30–12 und 13.30–17 Uhr (letzter Einlass: 16.30 Uhr), Eintritt 15 000 Dong.

Museum der Schönen Künste (Bao Thang My Thuat)

In einem alten Kolonialgebäude in der 97A Pho Duc Chinh ist das Museum der Schönen Küns-

te, ℡ 08-3829 4441, ⌨ www.baotangmythuatt phcm.vn, untergebracht, das mit seiner großzügigen Architektur eine angenehme Atmosphäre verbreitet. Die Ausstellungsstücke werden auf drei Etagen präsentiert. Im Erdgeschoss befindet sich eine kleine Sammlung an Gegenwartskunst ab 1975. Eine Treppe höher, im ersten Stock, ist vornehmlich „Revolutionskunst" ausgestellt. Das oberste Stockwerk zeigt eine Sammlung antiker Kunst: Skulpturen aus der Oc Eo-Zeit und einige Objekte der Cham. ⊕ tgl. außer Mo 9–17 Uhr, Eintritt 10 000 Dong.

Cho Lon

Das chinesische Zentrum von Ho-Chi-Minh-Stadt ist leicht mit dem Bus, dem Cyclo oder auch auf einem ausgedehnten Spaziergang zu erreichen und einen Besuch wert: Nicht nur wegen des großen Binh Tay-Marktes oder der sehenswerten Pagoden, die zu den schönsten der Stadt zählen. Cho Lon bedeutet „Großer Markt", und so fühlt sich das Viertel auch an: ein quirliger, lebendiger Bezirk, in dem alle geschäftig durcheinandereilen, an jeder Ecke ein Händler steht und fast jede Straße eine Einkaufsstraße ist. Fast eine halbe Million chinesischer Einwanderer lebt hier, die meisten schon seit vielen Generationen. Dennoch haben sie ihre Sprache und ihre kulturelle und religiöse Identität bewahrt.

Märkte

Das Herz von Cho Lon ist der **Binh Tay-Markt**, einer der schönsten Märkte der Stadt, auf dem man stundenlang herumstöbern kann und immer etwas Nützliches oder Schönes findet. Neben Lebensmitteln gibt es Kleidung, Elektrogeräte und Haushaltswaren. Wer sich traut, im Erdgeschoss auf einer der Bänke bei den offenen Garküchen Platz zu nehmen, kann gut und preiswert essen. Englische Speisekarten sucht man vergeblich.

Rund um den Markt haben sich allerlei Handwerker angesiedelt. Der Gründer des Marktes, Quach Dam, war ein angesehener Geschäftsmann, der sich vom Altglas sammelnden Jungen zum mächtigen Mogul hocharbeitete. Er baute

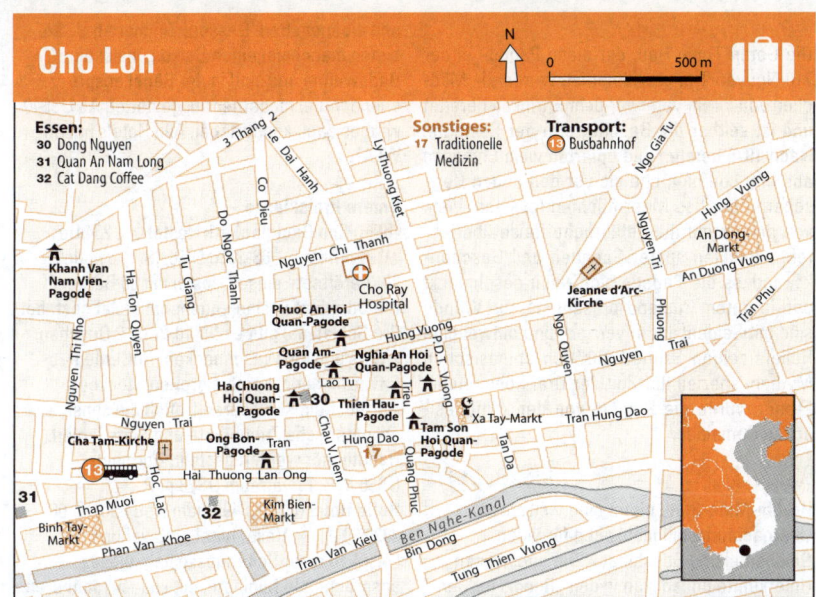

Essen:
30 Dong Nguyen
31 Quan An Nam Long
32 Cat Dang Coffee

Sonstiges:
17 Traditionelle Medizin

Transport:
15 Busbahnhof

VIETNAM

u. a. 1925 das Majestic Hotel, bevor er drei Jahre später den Markt gründete. Die Händler bringen seiner Bronzestatue, die in einem Schrein im Innenhof des Marktes steht, regelmäßig Opfergaben dar. Anschließend informieren sie sich mit ihrem Smartphone auf 🖥 www.chobinhtay.gov.vn über den aktuellen Preis für ein Kilo Reis oder Schweineleber.

Spaß macht auch ein Bummel über die kleinen Straßenmärkte, z. B. den **Xa Tay-Markt** in einer Gasse nahe der Moschee und der Nghia An Hoi Quan-Pagode. Andere Straßenzüge sind speziellen Warengruppen gewidmet, z. B. die **Hai Thuong Lan Ong** der traditionellen chinesischen Medizin.

Nghia An Hoi Quan-Pagode

Diese mit aufwendigen Schnitzarbeiten versehene Pagode, 678 Nguyen Trai, ist dem chinesischen General Quan Cong gewidmet, dessen Abbild hinter dem Altar über das Geschehen wacht. Flankiert wird er von seinen Assistenten: links Chau Xuong und rechts Quan Binh. Die Figur rechts vom Altar stellt Thien Hau dar. Quan Congs Pferd, dem Gläubige vor Antritt einer Reise ein Opfer bringen, befindet sich links vom Eingang der Pagode. Rechts vom Eingang steht ein Altar, auf dem Quang Bon, der Glücksgott, verehrt wird. Der Name *Hoi Quan* kennzeichnet den früheren Verwendungszweck der Gebäude als Versammlungshallen – diese hier war der Treffpunkt der chinesischen Einwanderer aus Chaozhou. ⏱ tgl. 4–18 Uhr.

Tam Son Hoi Quan-Pagode

Diese Pagode, 118 Trieu Quang Phuc, D. 3, wurde im 19. Jh. von chinesischen Einwanderern aus Fukien erbaut und ist seither kaum verändert worden. Sie ist Ba Me Sanh, der Göttin der Fruchtbarkeit, geweiht und daher ein beliebtes Ziel kinderloser Frauen. Ihr Abbild (in Weiß, umgeben von ihren Töchtern) befindet sich rechts von der Thien Hau-Statue hinter dem Hauptaltar. Ong Bon, der Glücksgott, und Quan Cong samt seiner zwei Begleiter und seinem Pferd sind ebenfalls vertreten. Auch diese Pagode begann als Versammlungshalle und wurde erst nach und nach zu einem reinen Sakralbau. Heute herrscht hier ein ständiges Kommen und Gehen.

Thien Hau-Pagode

Die Göttin Thien Hau, der diese Pagode in der 710 Nguyen Trai gewidmet ist, wurde als Mädchen von ihrem Vater vor dem Ertrinken gerettet und ist seither die Beschützerin der Seeleute. Nach 1975 beteten und opferten viele Chinesen aus Cho Lon hier, ehe sie vor den neuen Herrschern über das Meer flüchten mussten. Viele von denen, die die gefährliche Reise überlebten, schickten später Spenden und Geschenke, sodass die Pagode sich reich geschmückt und in gutem Zustand präsentiert. Die Wände sind mit Seidenbildern verziert, und aufwendige Reliefs zeigen Szenen aus den chinesischen Mythen, speziell der Zeit der Drei Königreiche. Erbaut wurde die Pagode von der kantonesischen Gemeinde.

ÜBERNACHTUNG

Ho-Chi-Minh-Stadt bietet eine Vielzahl an Übernachtungsmöglichkeiten für jeden Geldbeutel und Geschmack: Die günstigsten Unterkünfte finden sich in den „Rooms for Rent" und den älteren Minihotels im Travellerviertel der **Pha Ngu Lao** [4849]. Typischerweise gibt es hier 2 Zimmerkategorien: klein und mit wenig Licht (meist ohne Fenster) die günstigen; teurer, größer, mit Fenster oder Balkon die bessere Variante. Preiswert und im Trend sind zudem immer mehr Hostels mit Zimmern ab US$5 im Dorm.

Etwas teurer und mit dem Flair der französischen Kolonialzeit lebt es sich an der **Dong Khoi** [4850] in großen Hotels nahe der Notre Dame-Kathedrale. Continental, Majestic und Grand Hotel sind klassische Kolonialhotels, die liebevoll und fachgerecht renoviert wurden.

Pham Ngu Lao und Umgebung

Karte S. 814

Entlang der ehemaligen Bahnhofsstraße, in der das US-Militär während des amerikanischen Kriegs wohnte, hat sich ein eigenes Viertel etabliert, in dem Minihotels, Hostels, Restaurants, Bars und Reiseagenturen um Kundschaft werben. Die billigsten Gästehäuser sind naturgemäß die verwohntesten. Ab etwa US$17 sind relativ gute Zimmer im Angebot, meist mit AC, Minibar oder Kühlschrank, (Mini-)Fernseher

und eigenem Bad. Bessere Zimmer ab US$25 bieten manchmal einen Balkon, meist eine Badewanne und sind in der Regel ansprechender und moderner ausgestattet. Ab US$40 wird es dann komfortabel. Alle Hotels haben WLAN.

Untere Preisklasse

€ **Eco Backpackers Hostel** ⑥, 264 De Tham, ☎ 08-3836 5836, [9112]. Ende 2013 eröffnete dieses Hostel mit 60 Betten. Die Dormbetten sind angenehm privat gestaltet. Pro Schlafsaal gibt es für 10 Pers. 2 Duschen, 2 WCs und ein Waschbecken. Außerdem Privatzimmer mit einem großen Stockbett. Aufzug. Kein Kühlschrank, auch die sonst obligatorische Zahnbürste und Seife fehlen. Handtücher werden gestellt. Dormbett US$6 p. P., Privatraum US$8 p. P.

Hello Hotel ⑱, 373/49 Pham Ngu Lao, ☎ 08-3920 9049, ✉ Hello_hotel_vn@yahoo.com, [7436]. In einer Seitengasse liegt dieses ansprechende Minihotel mit kleinen, sauberen, hell möblierten Zimmern. Ein großer Vorteil ist die relativ ruhige Lage. Beliebt und oft voll. ❷

€ **Kaiteki Hotel** ⑦, 22 Bui Vien, ☎ 08-3836 4904, 🖳 www.kaitekihotel.com, [9323]. Willkommen in der Zukunft! Die nach Geschlechtern getrennten „Dorms" mit übereinandergestapelten Schlafwaben erlauben gewiss die Unterbringung möglichst vieler Schläfer auf möglichst wenig Raum, doch ob das auch einladend ist, daran scheiden sich die Geister. Für eine Nacht kann es aber durchaus ein Erlebnis sein – und eine verrückte Geschichte mehr für die Daheimgebliebenen. ❶

€ **Mai Guesthouse** ⑫, 241/41 Pham Ngu Lao, ☎ 08-3836 9176, ✉ maiguesthouse@yahoo.com.vn, [7437]. In der Hem (Gasse) 241 gibt es viele einfache preiswerte Unterkünfte. Das Mai Gh. ist eines davon: Die freundliche Familie bietet kleine und auch geräumige Zimmer (jene mit Balkon). Empfehlenswert! Falls alles belegt ist, gibt es noch ausreichend Alternativen in wenigen Schritten Entfernung. ❶–❷

Mi Mi Hotel ⑯, 40/5 Bui Vien, ☎ 08-3836 9645, ✉ mimihotel405@yahoo.fr, [9107]. Preiswert, klein und schlicht, aber keine schlechte Wahl.

Schlepper und selbst ernannte Führer, die am Halteplatz der Busse lauern, laden ihre Kundschaft hier und in den ähnlichen Häusern der Nachbarschaft ab. Es lohnt, sich einige Zimmer zeigen zu lassen. Ob mit oder ohne Fenster kosten die Zimmer oft dasselbe. Etwas teurer sind Räume mit Balkon. ❶

Saigon Backpackers Hostel ⑰, 373/20 Pham Ngu Lao, ✆ 08-3837 0230, 🖥 www.saigonback packershostel.com, [9113]. Mit einem Namen wie diesem zieht man schnell das Interesse

In den Gassen, die von der Pham Ngu Lao, der Bui Vien und der De Tham abzweigen, vermieten mehr und mehr **Familien** Zimmer an Reisende. Diese preiswerten Unterkünfte um die US$10 garantieren näheren Kontakt zur Bevölkerung: Wer morgens früh aufsteht, muss auf dem Weg nach draußen vorsichtig um die im Vorraum schlafenden Familienmitglieder manövrieren, und wer abends noch ein wenig im Zimmer entspannen möchte, sollte sich darauf einstellen, dass das Lärmen in den engen Gassen erst lange nach Mitternacht aufhört. Wer mit seinem Rucksack zögerlich über die De Tham stromert, wird sicherlich von einer der Zimmer vermietenden Frauen angesprochen. Ansonsten einfach von der Bui Vien in die **Hem 84** oder von der De Tham in die **Hem 217** abbiegen – hier wird man schnell fündig. Zur Orientierung und als Beispiel ist in der Karte auf S. 814 das **Kim My Room for Rent** ⑪ eingezeichnet: 217/45 De Tham, ✆ 08-3836 4201, [7440]. Aufgepasst: In den Gassen kann man sich leicht verlaufen, und abends kann das enge Labyrinth manchmal etwas unheimlich wirken.

Eine weitere Gasse voller Rooms for Rent und Minihotels ist die **Hem 283**, [7441], die in einem Winkel zwischen der Pham Ngu Lao und der Do Quang Dau verläuft. Seit Jahren beliebt ist außerdem die **Hem 185/Hem 40** zwischen Pham Ngu Lao und Bui Vien – Beispielunterkünfte im Fließtext. Besonders im Bereich der Hem 40 ist es abends aufgrund der nahen Bars ziemlich lange laut.

junger Rucksackreisender auf sich. So ist, wer mit solchen in einem Schlafraum mit Stockbetten schlafen möchte, hier gut aufgehoben. Zimmer mit 6 und 4 Betten, recht große Metallschränke (Schloss am besten mitbringen), je Zimmer 2 Badezimmer mit Dusche und WC. In der Lobby stehen ein Billardtisch und ein TV. Zudem gibt es eine kleine Küche mit Wasserkocher. Bietet auch DZ mit TV und Kühlschrank. Dormbett US$9. DZ ❷

Yen's Hotel ③, 185/34 Pham Ngu Lao, ✆ 08-3837 2115, 🖥 www.yenshotel.com, [9108]. Schmales Haus mit kleinen, aber doch ansprechenden Zimmern. Es lohnt, ein Deluxe-Zimmer zu wählen, die Standardzimmer haben kein Fenster. Inkl. Frühstück. Kein Aufzug. Nette Leute. ❷–❸

Mittlere Preisklasse

An An Hotel ⑭, 40 Bui Vien, ✆ 08-3837 8087, 🖥 www.anan.vn, [9109]. Beliebtes, modern ausgestattetes Haus mit 20 großen, sauberen Zimmern. Je teurer, desto schöner, aber bereits die günstigste Variante ist eine gute Wahl. Ein Lift ist vorhanden, sodass ein Zimmer in einer der 10 Etagen immer gemütlich zu erreichen ist. Ähnlich ausgestattet ist **An An 2** ⑭ in der 216 De Tham. Wer inkl. Frühstück bucht, zahlt etwas mehr. ❸–❹

Beautiful Saigon 3 Hotel ②, 40/27 Bui Vien, ✆ 08-3920 4874, 🖥 www.beautifulsaigon3hotel. com, [9110]. Eines der 4 nahe beieinanderliegenden Häuser mit modernen neuen Zimmern in ansprechendem Design mit dunklen Holzmöbeln. Aufzug, Safe, Flachbildschirm und sogar ein PC vorhanden. ❸–❹

🧳 **Blue River Hotel** ⑬, 283/2B-2C Pham Ngu Lao, ✆ 08-3837 6483, 🖥 www. blueriverhotel.com, [9114]. Komfortable Zimmer mit AC, TV, Safe und Kühlschrank in 2 Häusern in einer kleinen Gasse. Besonders schön ist Zimmer 401 mit Terrasse im 4. Stock (kein Aufzug). Inkl. Frühstück. Wer hier kein Zimmer bekommt, findet weitere Gästehäuser und Minihotels nebenan. ❷–❸

Golden Wind Hotel ⑧, 219/8A und 219/9 Pham Ngu Lao, ✆ 08-3838 9193, [7444]. Empfehlenswertes Haus mit relativ neu eingerichteten Zimmern: geräumige Wandschränke, bequeme

Pham Ngu Lao

Übernachtung:
- ② Beautiful Saigon 3 Hotel
- ③ Yen's Hotel
- ④ Spring House Hotel
- ⑤ Orient Hotel
- ⑥ Eco Backpackers Hostel
- ⑦ Kaiteki Hotel
- ⑧ Golden Wind Hotel
- ⑨ Pink Tulip Hotel
- ⑩ Saigon Sports Hotel
- ⑪ Kim My Room for Rent
- ⑫ Mai Guesthouse
- ⑬ Blue River Hotel
- ⑭ An An Hotel
- ⑮ An An 2 Hotel
- ⑯ Mi Mi Hotel
- ⑰ Saigon Backpackers Hostel
- ⑱ Hello Hotel

Essen:
- 5 Asian Kitchen
- 7 Com Chay Bu Đa
- 8 Zen
- 9 Chi's Café
- 10 Pho Hai Thien
- 11 Pho Quynh
- 12 Café Ngoc Nhan
- 13 Baba's Kitchen
- 14 Sozo Café
- 15 Tung Hung
- 16 Café Santa
- 17 La Vang
- 18 Nam Giao

6 La Table de Saigon

Transport:
- ② Ann Tours
- ③ Phuong Trang Travel (Futa Busline)
- ④ Delta Adventure Tours
- ⑤ Hanh Café
- ⑥ The Sinh Tourist
- ⑦ Mekong Express Limousine Bus
- ⑧ Sapaco Tourist
- ⑨ Sinhbalo Adventures

Sonstiges:
- 6 Bo Nong
- 7 The Ethnic Cabaret
- 7 Le Pub
- 8 Thanh Son Calligraphy
- 9 Blue Dragon
- 10 Go2
- 11 Coop Markt

Map labels: Nguyen Thai Hoc, An Lac-Pagode, Tran Hung Dao-Theater (Nha Hat Kich TPHCM), Tran Hung Dao, De Tham, Pham Ngu Lao, Bui Vien, Do Q. Dau, Le Lai, Nguyen Trai, Huyen Si-Kirche, Ton That Tung, Bui Thi Xuan, Lg. Huu Khanh, Cong Quynh, Thai Binh-Markt, Hem 175, Hem 185, Hem 269, Hem 219, Hem 241, Hem 265, Hem 217, Hem 199, Hem 84, Hem 57, Hem 35, Hem 104, Hem 16, Hem 148, Hem 186, Hem 26, Hem 28, Hem 30, Hem 283, Hem 242, Hem 353, Hem 373, Hem 40

0   200 m

Betten, Flachbildschirme. Die Standardzimmer haben nur ein kleines Fenster zur nächsten Hauswand; die teureren Zimmer zum Teil mit 3 Betten und einem kleinen Balkon. ❷–❹

Orient Hotel ⑤, 274-276 De Tham, ☎ 08-3920 3993, ⌨ www.orienthotel.vn, [9116]. In zentraler Lage mitten im Zentrum des Geschehens lebt man in diesem Hotel relativ preiswert. Standardzimmer ohne Fenster für US$20, schöner für die teureren mit Aussicht auf den Park. Bei Tourgruppen beliebt. Frühstück inkl. ❷–❹

Pink Tulip Hotel ⑨, 40/11 Bui Vien, ☎ 08-3837 3567, ⌨ www.pinktuliphotel.com, [9117]. Die günstigen Zimmer ohne Fenster sind eher zweite Wahl, aber wer nur unwesentlich mehr ausgibt, bekommt in diesem Haus ansprechende Zimmer. Fußfaule können den Lift nutzen. Inkl. Frühstück. ❷–❹

🧳 **Saigon Sports Hotel** ⑩, 38 Bui Vien, ☎ 08-3836 4897, ⌨ www.saigonsports hotel.com, [4963]. Gepflegte, modern gestaltete Zimmer, zum Teil mit winzigem Balkon, ordentliche Badezimmer, teils mit Badewanne. Aufzug, Safe. 2 ähnliche Schwesterhotels in der Nähe. ❷–❹

Spring House Hotel ④, 221 Pham Ngu Lao, ☎ 08-3837 8312, ⌨ www.springhousehotel. com.vn, [9118]. Die gut in Ordnung gehaltenen Zimmer wirken durch die hellen Rattan-Möbel hell und freundlich. Bei den Zimmern zur Straße raus streiten die Aussicht auf den Park und der Lärm von der Straße um den nachhaltigeren Eindruck. Auch 3-Bett-Zimmer (ohne Fenster). ❷–❸

🧳 **The Town House 50** ①, 50 Bui Thi Xuan, ☎ 08-3925 0210, ⌨ www.townhouse saigon.com, [9119] (Karte S. 807, Sai Gon). Das kleine Boutiquehotel liegt versteckt am Ende einer kleinen Gasse. Sehr ansprechend und mal etwas ganz anderes: Die Zimmer sind zwar recht klein, aber einladend. Große Bäder. Auch Dormbetten (US$10 pro Bett). In einigen Zimmern nach hinten raus kann es bis in die Nacht etwas lauter werden, aber alle, die selber abends ausgehen, stört das wenig. ❸

Sai Gon Zentrum/Dong Khoi und Umgebung
Karte S. 808
Mittlere Preisklasse
Ho Sen 2 Hotel ⑲, 4B-4C Thi Sach St., ☎ 08-3824 1695, ⌨ www.hosen2hotel.com.vn, [7016]. Auch die günstigeren Superior-Zimmer alle mit Fenster, teils Flussblick. Ruhige Lage. Große Bäder mit Whirlpoolbadewanne. Kühlschrank, TV, europäisch-asiatisches Frühstücksbuffet inkl. ❸–❺

Saigon River Boutique Hotel ㉒, 58 Mac Thi Buoi, ☎ 08-3822 8558, ⌨ www.saigonriverhotel. com, [7015]. Dass man im Herzen von Sai Gon teurer wohnt als in der Pham Ngu Lao-Gegend, belegt dieses Hotel stellvertretend für viele andere: Die billigsten Zimmer sind ordentlich ausgestattet und sauber, haben jedoch kein Fenster. Das gibt es dann in der mittleren Klasse, und die teuersten haben einen Balkon. Inkl. Frühstück. ❸–❺

Obere Preisklasse
Bong Sen Hotel ㉓, 117-123 Dong Khoi, ☎ 08-3829 1721, ⌨ www.hotelbongsen.com, [9137]. 3-Sterne-Unterkunft in zentraler Lage. Sauna und Whirlpool. ❺

Continental Hotel ⑳, 132-134 Dong Khoi, ☎ 08-3829 9201, ⌨ www.continentalhotel.com. vn, [9138]. Eigentlich ein schönes Kolonialgebäude in bester Lage an der Dong Khoi, doch die altbackene Ausstattung trifft nicht jeden Geschmack. ❺–❻

Grand Hotel ㉕, 8 Dong Khoi, ☎ 08-3823 0163, ⌨ www.grandhotel.vn, [9150]. Das 1930 erbaute Hotel ist eines der ältesten der Stadt und versprüht im alten Flügel dank Holzfußböden und antiken Möbeln eine Menge kolonialer Atmosphäre. Die Zimmer im neuen Flügel sind bequem, aber wenig bemerkenswert. Pool im Atrium. ❻

Renaissance Riverside Hotel ㉔, 8-15 Ton Duc Thang, ☎ 08-3822 0033, ⌨ www.renaissance-saigon.com, [9154]. Großes 5-Sterne-Hotel mit 349 Zimmern auf 21 Etagen direkt am Saigon-Fluss am Ende der Dong Khoi. Modern eingerichtete Zimmer, mal mit Fluss-, mal mit Stadtblick. Sauna, Fitnesscenter und Massage. Das hoteleigene Riverside Café bietet westliche und asiatische Küche. Frühstück US$15. ❻

Rex Hotel ㉑, 141 Nguyen Hue, ☎ 08-3829 2185, 🖥 www.rexhotelvietnam.com, **[9155]**. Während des amerikanischen Kriegs trafen sich hier Journalisten, Diplomaten und Offiziere zum Meinungsaustausch; und ein Whisky in der Hotelbar gehört heute noch zum Programm vieler Reisender. Die Zimmer sind bequem und komfortabel, aber nicht gerade luxuriös ausgestattet. 2009 wurde es um einen neuen Flügel auf fast 300 Zimmer erweitert. ❻

Riverside Hotel ㉖, 18-20 Ton Duc Thang, ☎ 08-3823 1117, 🖥 www.riversidehotelsg.com, **[9156]**. Wer einen Blick in die luxuriöseren Nachbarhäuser geworfen hat, wird hier etwas enttäuscht. Immerhin gibt es ein wenig Kolonialatmosphäre und Flussblick für den nicht ganz so großen Geldbeutel. ❺–❻

ESSEN

In Sai Gon gibt es eine Vielzahl unterschiedlicher Restaurants, die ihr Angebot am Geschmack und Geldbeutel der dort verkehrenden Ausländer, aber auch der Vietnamesen ausgerichtet haben. Man kann beim Milchkaffee nahe der Notre Dame-Kathedrale mit den Gewinnern der Marktwirtschaft den Tag beginnen, in einer *pho*-Küche Suppe mit Stäbchen essen und in kleinen Restaurants Frühlingsrollen selber rollen. Den Kleinhandel unterstützt, wer in einer kleinen Garküche am Straßenstand eine Suppe testet und zum Nachtisch bei der Dame nebenan eine verzehrfertige Ananas ersteht.

In der **Pham Ngu Lao [4849]** gibt es nahezu überall Frühlingsrollen, Pizza und Pasta, Burger und Pommes. In der **Dong Khoi [4850]** finden sich gute vietnamesische Restaurants mit französischem Einschlag und teurere Restaurants mit zum Teil exquisiter Küche. Hier essen neben Touristen vor allem neureiche Vietnamesen. **Straßenstände**, die Obst, Getränke und Nudelsuppen anbieten, sind über die ganze Stadt verteilt.

Pham Ngu Lao
Karte S. 814
Authentisch vietnamesisch
Café Ngoc Nhan, 38C Tran Hung Dao. Richtig guter, starker vietnamesischer Kaffee ist im Travellerviertel schon rar geworden.

Ein paar kleine Cafés gibt es aber noch, z. B. dieses in der De Tham/Tran Hung Dao. Während hier abends meist schon die trunkenen Horden aus den benachbarten Bars über billigen „Buckets" lärmen, ist es tagsüber noch ruhig und man bekommt hervorragenden Kaffee.

Nam Giao, 189 Bui Vien. Hier gibt's die beste *bun bo hue* im Viertel. Das leckere Rindfleisch-Nudel-Gericht bestellt man am besten per Fingerzeig, denn Englisch wird hier nicht gesprochen.

Pho Hai Thien, 14 Bui Vien, ☎ 08-6271 1201. Dass sich die klassische Allerwelts-Nudelsuppe auch kreativ variieren lässt, zeigt sich in diesem klimatisierten *pho*-Restaurant: mit Shrimps, bunten Nudeln, gebraten oder als Frühlingsrolle. Natürlich gibt es auch die Klassiker *pho bo* und *pho ga* mit Rind bzw. Huhn. Letztere ab 60 000 Dong.

Pho Quynh, 323 Pham Ngu Lao, Ecke Do Quang Dau. Ein Lichtblick für alle, die eine Alternative zum Pizza-Pasta-Pseudo-Vietnamesisch des Travellerviertels suchen: Sehr gute *pho* (Huhn oder Rind) in einem der letzten verbliebenen authentischen Nudelsuppen-Restaurants. Wer es deftiger mag, sollte eine Schale *bo kho* versuchen.

Tung Hung, 174A Tran Hung Dao, ☎ 08-3920 7920. Traditionsreicher Laden (seit 1968) mit nur einem Gericht in verschiedenen Variationen: *hu tieu*, eine leckere Suppe aus frischen Reisnudeln mit allerlei Einlagen. Empfehlenswert: *hu tieu mi thap can*, mit Fleischbällchen, Wontons, Shrimps etc.

International
Asian Kitchen, 185/22 Pham Ngu Lao, ☎ 08-3836 7397, und 241/10 Pham Ngu Lao, ☎ 083-6675 2835, **[9170]**. Asia-Küche für Einsteiger: Nicht immer authentisch, aber auf der umfangreichen Speisekarte werden die verschiedensten Geschmäcker bedient. Indische Currys, vietnamesisches Allerlei und Kleinigkeiten aus der japanischen Küche. Auch Vegetarier werden hier satt. Westliches Frühstück. ⏱ 6.30–23 Uhr.

Baba's Kitchen, 164 Bui Vien, ☎ 08-3838 6661. Recht beliebtes Restaurant mit indischer Küche aus dem Norden und Süden des Landes; viele vegetarische Gerichte.

Café Santa, Bui Vien, Ecke Do Quang Dau. Viele westliche und vietnamesische Gerichte; die Portionen sind reichlich. Shakes und leckerer Kaffee. Geworben wird mit hausgemachter Pasta, doch nicht alle Nudeln, die auf den Teller kommen, sind wirklich frisch und selbstgemacht. Auf der Karte auch Müsli für ein gesundes Frühstück, Thai-Gerichte und marokkanischer Couscous. Günstig.

Chi's Café, 40/27 Bui Vien, ✆ 08-3920 4874. Netter Bar-Café-Restaurant-Hybrid mit kunstbehangenen orangefarbenen Wänden und gefliesten Tischen; durch die hohe Decke und den breiten Mittelgang ein freieres Raumgefühl als in vielen vergleichbaren Läden. An der Küche ist nichts auszusetzen; westlich-vietnamesische Gerichte, ergänzt durch Salate und vegetarische Burger. Das Chicken-Curry auf Kokosnussbasis schmeckt allen, die Ähnliches aus Thailand kennen.

€ **La Table de Saigon** (ehemals Little Saigon), 185/16 Pham Ngu Lao, ✆ 08-3836 0678, 🖥 www.bisaigon.com. Angenehme Atmosphäre und vor allem abends gut besucht. Hier gibt es von früh bis spät Essen und Trinken aus der westlichen (gute Pancakes), vietnamesischen und afrikanischen Küche zu sehr günstigen Preisen. Offene Küche auf der anderen Seite der kleinen Gasse. Selbst wenn die meisten Lichter der Straße erloschen sind, ist hier noch etwas Essbares zu bekommen. Vor allem die wenigen Tische im Freien sind oft belegt. Oben im Haus werden auch Zimmer vermietet. Ebenso im Schwesterhaus wenige Meter weiter: Bee Saigon Hotel, 185/16 Pham Ngu Lao, [7442]. ❷–❸

La Vang, 169 Bui Vien. Lohnt besonders wegen des Balkons in der 1. Etage, von dem aus sich herrlich das Treiben auf der Straße beobachten lässt. Es gibt Kaffee und eine lange Karte mit dem üblichen Travelleressen: Von Burger und Pommes bis zu Pizza und Pasta, zudem viele Frucht- und Gemüsesäfte.

🌳 **Sozo Café**, 176 Bui Vien, ✆ 095-870 6580, 🖥 www.sozocentre.com. Bietet Muffins, Bagels, Käsekuchen und Kekse; dazu Cappuccino und sogar entkoffeinierten Kaffee. Die

Erlöse kommen armen vietnamesischen Familien zugute.

Vegetarisch

Com Chay Bu Da, 175/19 Pham Ngu Lao, neben der An Lac-Pagode, ✆ 08-3836 9125. Recht große Auswahl an vegetarischen Gerichten (für ca. US$2–3).

Zen, 185/30 Pham Ngu Lao, ✆ 08-3837 3713. Schmackhafte, wenn auch nicht sehr preisgünstige vegetarische Küche. Die Auswahl der Gerichte ist groß und einfallsreich. Es gibt mexikanisch, japanisch, italienisch, indisch und vietnamesisch inspiriertes Essen. Die billig wirkende Innenausstattung mit Plastikstühlen etc. lädt nicht wirklich zu längerem Verweilen ein.

Sai Gon Zentrum/Dong Khoi und Umgebung
Karte S. 808

Vietnamesisch

🛍 **Bo Tung Xeo Restaurant Luong Son Quan**, 31 Ly Tu Trong, ✆ 083-3825 1330, [7452]. Authentisch und lecker: qualmende Tischgrills, kaltes Neonlicht. Nicht gerade gemütlich, aber abends oft so voll, dass man Glück haben muss, einen Tisch zu bekommen (Reservierungen unter ✉ lsq.reservation@ gmail.com). Der Grund ist einfach – die herausragende Qualität des Essens. Unbedingt probieren: das namengebende Hausgericht *bo tung xeo*: mariniertes Rindfleisch, das man sich am Tischgrill selbst zubereitet, aber auch die anderen Speisen sind nicht zu verachten. Experimentierfreudigere Naturen können sich auch an Krokodilfleisch oder gegrillten Skorpionen versuchen.

🌳 **Huong Lai**, 38 Ly Tu Trong, ✆ 08-3822 6814, 🖥 www.huonglai2001saigon. com. Wer hier isst, speist nicht nur gut, sondern tut auch noch ein gutes Werk, denn hier wird ehemaligen Straßenkindern und Waisen zu einer Zukunft verholfen. Daher etwas teurer: 6 Frühlingsrollen um die 100 000 Dong. ⏱ 12–15 und 18–22 Uhr.

Huong Xua, 43 Ly Tu Trong, ✆ 08-3842 1167, [7455]. Authentische nordvietnamesische Spezialitäten in dem guten Restaurant, in dem man als westlicher Tourist ein seltener Gast ist.

Die Bedienungen sprechen zwar kein Englisch, aber das macht nichts: Die Speisekarte ist zweisprachig. Gute Küche von Huhn, Ziege und anderen Vertretern des Tierreiches.

Nha Hang Ngon, 160 Pasteur, ☎ 08-3827 7131, [7457]. Bei Übersee-Vietnamesen und westlichen Touristen gleichermaßen beliebt. Wer sich an echtes Straßenessen nicht herantraut, kann es hier in einem „ordentlichen" Umfeld probieren. Gerichte ab 50 000 Dong aufwärts; relativ kleine Portionen. Tolles Ambiente im Kolonialbau.

Quan An Ngon 138, 138 Nam Ky Khoi Ngia, ☎ 08-3827 9666, 🖥 www.quanngon138.com, [9324]. Außen europäischer Kolonial-, innen klassischer vietnamesischer Hue-Stil: Das Restaurant schräg gegenüber dem Wiedervereinigungspalast sieht aus, als wäre es ein Vermächtnis der Franzosen, wurde aber erst in jüngster Zeit errichtet. Es werden über 300 vietnamesische Gerichte aus allen Landesteilen serviert. Oben im 7. Stock (Aufzug) und auf der Dachterrasse darüber bis 1 Uhr nachts Barbetrieb, ansonsten ⏰ 7–22 Uhr.

Vy Da Quan, 62 Ly Tu Trong, ☎ 08-3822 1599. Einfaches Restaurant, bei Einheimischen so beliebt, dass abends kaum ein freier Tisch auf dem Bürgersteig zu ergattern ist. Neben den hervorragenden Fisch- und Fleischgerichten ein prima Platz, um dem abendlichen Treiben zuzuschauen. Ähnliches Angebot in den Restaurants die Straße hinunter. Einer *der* In-Plätze in Sai Gon, nicht nur für den jungen Underground: Hier cruist auch schon mal ein Ferrari vorbei.

Wrap & Roll, 62 Hai Ba Trung, ☎ 08-3822 2166, 🖥 www.wrap-roll.com. Straßen-Essen in sauberer, klimatisierter Umgebung. Rind, Fisch, Shrimps und Schweineohren: Alles, was das Herz begehrt, wird zusammen mit Gemüse in Reispapier gedreht, in Sauce gedippt und aus der Hand gegessen. Das Konzept geht auf: Es gibt inzwischen 6 Ableger in HCMS. ⏰ tgl. 7.30–22 Uhr.

International

Fanny's Icecream, 29-31 Ton That Thiep, ☎ 08-821 1633, 🖥 www.fanny.com.vn. Das beste Eis der Stadt (nach französischem

Rezept) in schöner Umgebung – das Gebäude war einmal eine Pagode. Auf der Terrasse kann man dem vorbeiziehenden Verkehr zuschauen. An heißen Tagen verspricht – neben dem Eis – der klimatisierte Innenraum Kühlung. ⏰ tgl. 8–23 Uhr.

Jaspas, 33 Dong Khoi, ☎ 08-3822 9925. Globalisierte Küche: mexikanische Tacos, australische Steaks, mongolisches Lamm, malaysisches Roti … dazu allerlei Salate. ⏰ tgl. 8.30–24 Uhr.

La Fenetre Soleil, 44 Ly Tu Trong, ☎ 08-3824 5994. Die gehobene Küche ist eine Mixtur aus vietnamesischen und japanischen Elementen und wird in stilvollem Ambiente kredenzt, das sich ebenfalls aus Elementen verschiedener Kulturkreise zusammensetzt. Liegt in der 2. Etage und ist ein schöner Rückzugsort vom Treiben der Straße. ⏰ 10–24 Uhr.

Pomodoro, 79 Hai Ba Trung, ☎ 08-3823 8998, 🖥 www.pomodoro-vietnam.com. Kleines Restaurant mit italienischem Chef, der Typisches aus der Heimat kredenzt. Umfangreiche Dessertauswahl, das Tiramisu ist ein Gedicht. ⏰ tgl. 10–23 Uhr.

Großraum Sai Gon
Karte S. 807

Banh Xeo-Restaurants, Dinh Cong Trung, nördlich des Tan Dinh-Marktes. Die knusprigen Reismehl-Crêpes mit einer Füllung aus Shrimps oder Schweinefleisch, Sojasprossen und Kräutern gibt es hier gleich in mehreren kleinen Läden, die augenscheinlich darum wetteifern, wer die leckersten macht. Den Kunden freut's: Ähnlich gute findet man nur weit draußen im Mekong-Delta.

Hoa Vien Bräuhaus, 28 Mac Dinh Chi, ☎ 08-3829 0585. Vielleicht das beste Bier der Stadt gibt es in diesem riesigen (über 500 Plätze), lauten Brauhaus, wo ein mildes helles *(bia vang)* und ein kräftigeres dunkles Bier *(bia den)* nach tschechischem Rezept gebraut werden. Dazu kann man hier passende Snacks essen: Würstchen, Schinken, Frühlingsrollen etc. Die Bedienung wirkt manchmal ein wenig gestresst – kein Wunder in dieser vietnamesischen Schützenfest-Atmosphäre. ⏰ tgl. 7–24 Uhr.

Lang Nuong Nam Bo, 285/C145 Cach Man Thang, Q.10, Karte S. 805, ☎ 08-3863 2309, [7461]. Das größte Restaurant der Stadt mit dem sachlichen Namen „Grill-restaurant des Südens" fasst mehrere hundert Gäste – und dennoch fällt es an manchen Tagen schwer, einen freien Tisch zu finden. Auf der umfangreichen Speisekarte wird sicher jeder fündig – es muss ja nicht gleich das gegrillte Ziegeneuter *nhu de nuong* sein.

Pho Hoa, 260C Pasteur. Beliebtes *pho bo*-Restaurant, in dem von morgens bis abends Hochbetrieb herrscht, weshalb man sich oft irgendwo dazusetzen muss.

Cho Lon
Karte S. 811

Wer authentische chinesische Küche genießen möchte, sollte nach Cho Lon fahren und dort etwas probieren. Ein Tipp sind die Essensstände im hinteren Bereich des Binh Tay-Marktes. Wer durch das Viertel streift, findet in einfachen Restaurants leckere Gerichte.

Cat Dang Coffee, 279 Hai Thuong Lang Ong. Schickes großes Café, dessen klimatisierter Innenbereich eine Oase der Ruhe für alle ist, die eine Pause vom Wirbel auf den Straßen brauchen. Guter Kaffee, Snacks. ☉ 5.30–19 Uhr.

Dong Nguyen, 87-91 Chau Van Liem, ☎ 083-3855 7662. Beliebtes, alteingesessenes Restaurant, das seine Kunden seit 1945 bewirtet. Spezialität *com ga*, Reis mit Huhn: sehr gut als Variante mit Ingwer und Pilzen. Experimentierfreudigere Esser bevorzugen vielleicht Schweinehirn mit Kräutern.

Quan An Nam Long, 47 Pham Dinh Ho, ☎ 08-3969 4659. Eine englische, mit Preisen beschriftete Speisekarte erleichtert die Auswahl in diesem Restaurant nahe dem Binh Tay-Markt. Ordentliche Küche, guter traditioneller Kaffee.

UNTERHALTUNG

Kneipen, Bars und Discos

Apocalypse Now, 2D Thi Sach, ☎ 08-3825 6124. *Der* Klassiker in Sai Gons Nightlife-Szene zieht Touristen wie Einheimische gleichermaßen an. Der DJ pumpt aktuelle Tunes auf den Dance-floor, und das Publikum versucht, möglichst

cool auszusehen oder sich gegenseitig beim Tanzen zu beeindrucken. Eintritt am Wochen-ende 150 000 Dong inkl. eines Freigetränks. ☉ tgl. 19–2 Uhr.

Go2, 187 De Tham, Ecke Bui Vien. Strategisch günstig gelegene Bar mit kleinen Snacks und guter Aussicht. Vergleichsweise teuer. Rund um die Uhr geöffnet.

Le Pub, 175/22 Pham Ngu Lao, ☎ 08-3837 7679. Kleine Bar mit einer großen Auswahl an Cocktails und Snacks (Burger, Pizza, Salate). WLAN. ☉ tgl. 19–24 Uhr.

Sax'n'Art, 28 Le Loi, ☎ 08-3822 8472, 🖥 www.saxnart.com. Der bekannte vietnamesische Saxofonist Tram Manh Tuan eröffnete diese Bar und spielt jeden Abend ab 21 Uhr mit seiner Band modernen Jazz mit vietnamesischen Ein-flüssen. Jazzfans sollten sich einen Besuch nicht entgehen lassen – die einzige Möglichkeit, in der Stadt guten Jazz zu hören. Nicht ganz billig; zudem fallen bei der Abrechnung zusätzlich 10 % Steuern und US$3 „cover charge" an. ☉ tgl. 17–24 Uhr.

Theater

Stadttheater, Lam Son-Platz, Dong Khoi, Ecke Le Loi, ☎ 08-3829 1249. Hier gibt es regelmäßig wechselnde Veranstaltungen. Termine und Programm an den Anschlagtafeln am Eingang. Beginn ist meist um 20 Uhr, Tickets ab etwa 20 000 Dong.

Tran Hung Dao-Theater (Nha Hat Kich TPHCM), 136 Tran Hung Dao, ☎ 08-3836 9718. Dies ist der letzte Ort in Sai Gon, um einer *cai luong*-Vorstellung [7463] beizuwohnen. Vor Jahren waren es noch fast ein Dutzend Plätze, wo diese Theaterform zu sehen war – nach und nach schlossen alle wegen zurückgehender Besucherzahlen. Hier wird die Tradition am Leben erhalten: Jedes Wochenende werden klassische oder auch etwas modernisierte *cai luong*-Stücke aufgeführt. Beginn Sa und So um 20 Uhr. Eintritt 30 000–100 000 Dong.

Klassische vietnamesische Musik
In mehreren der auf Touristen ausgerichteten vietnamesischen Restaurants in der Innenstadt wird leichte klassische und traditionelle Musik zum Essen gespielt – von wechselnder Qualität.

Eine gute Truppe spielt seit vielen Jahren im **Cung Dinh Restaurant (Rex Hotel)**, 141 Nguyen Hue. Konzerte tgl. von 12–13 und 19.30–21 Uhr.

Bo Nong – The ethnic Cabaret, 143 Nguyen Trai, 📞 09-0302 0243, 🖥 www.bo-nong.com. Hochkarätiges Restaurant mit einer gelungenen Kombination aus gutem Essen und einer unterhaltsamen 2-stündigen Performance. Tanz, Gesang, Schauspiel und die musikalische Untermalung mit landestypischen Instrumenten. Dazu wird gute vietnamesische Küche serviert. 🕐 Di–So. Die erste Show „The Pearl of Saigon" startet um 20 Uhr, Preis je nach Sitzplatz ab 500 000 Dong. Ein *set menu* mit 3 Gängen ab 300 000 Dong.

Wasserpuppentheater

Vietnamese Water Puppet Show, 55B Nguyen Thi Minh Khai, auf dem Gelände des Workers Club, 📞 083-930 2196, 🖥 www.goldendragon waterpuppet.com. 50-minütige Vorstellungen jeweils um 17 und 18.30 Uhr für 160 000 Dong.

EINKAUFEN

Sai Gon und Cho Lon sind echte Einkaufsparadiese: Ein Bummel über die Dong Khoi mit ihren vielen kleinen Läden und Boutiquen gehört ebenso zum Pflichtprogramm wie ein Besuch auf einem der vielen Märkte, sei es der touristische Ben Tanh-Markt in Sai Gon oder der belebte Binh Tay-Markt in Cho Lon. Interessante Läden gibt es außerdem entlang der Le Loi und im Travellerviertel in der De Tham und Bui Vien.

Antiquitäten

Viele Antiquitätenläden mit Asiatika und Gegenständen aus der Kolonialzeit sind in der Le Cong Kieu angesiedelt, die gegenüber dem Museum der Schönen Künste abzweigt.

Kunst und Kunsthandwerk

Zahlreiche kleinere Ateliers und größere Galerien befinden sich in der Dong Khoi und der Bui Vien bzw. De Tham. Hier gibt es Kopien vieler klassischer und bekannter Gemälde sowie buddhistische Motive in unterschiedlichen Größen. Auf Anfrage malen die Künstler auch das eigene Lieblingsbild in jeder gewünschten Größe (Foto mitbringen).

📖 Bei **Thanh Son Calligraphy**, 40A Bui Vien, 📞 08-3836 4002, kann man ganz besondere Mitbringsel erstehen: fertige Kalligrafien oder eigens angefertigte.

Kunsthandwerk wie Lackteller, Tassen und Vasen findet man in den zahlreichen kleinen **Souvenirshops** in der Pham Ngu Lao, der Dong Khoi und nahe dem Ben Thanh-Markt. Im Trend sind Taschen aus alten Futtersäcken und andere Recycling-Kunst. Eine große Auswahl bietet **Blue Dragon**, 1B Bui Vien, 📞 08-2210 2084. Das Motto hier: *recycled, handmade, ethnic*.

Märkte

Der 1914 von den Franzosen errichtete **Ben Thanh-Markt** [9172] befindet sich auf dem Weg zwischen der Pham Ngu Lao und Dong Khoi am Denkmal von Tran Nguyen Han. Da er so zentral liegt, ist ein Besuch ein Muss. Das quirlige Marktzentrum bietet neben zahlreichen Souvenirs, die eigens für Touristen gemacht sind, auch traditionelle Marktstände mit Alltagskleidung, Essen und Haushaltswaren. Die Preise sind relativ hoch, vor allem je weiter man ins Innere vordringt. Ganz außen befinden sich Stände mit Festpreisen. 🕐 tgl. 6–18 Uhr. Ein riesiges Sortiment unterschiedlichster Waren findet sich im **Binh Tay-Markt** in Cho Lon, dem geschäftigen Chinesenviertel. Dort ist auch der moderne **An Dong-Markt** angesiedelt, und viele Straßen und Gassen laden zum Stöbern ein.

Am Rande des Travellerviertels liegt der **Thai Binh-Markt**, der die nähere Umgebung mit allem versorgt, was man zum Leben braucht. Die Essensstände und Bürgersteig-Restaurants dort sind eine authentisch vietnamesische Alternative zu den Pizza-Pasta-Pancake-Läden in den nahe gelegenen Straßen.

Viel frisches Obst und Gemüse bekommt man auf dem **Tan Dinh-Markt** nahe der Tan Dinh-Kirche an der Hai Ba Trung. Hier kann man ebenfalls gut eine Kleinigkeit essen (S. 818, *banh xeo*-Restaurants).

Ein gemischtes Warenangebot hat der **Danh Sinh-Markt** südlich der Pham Ngu Lao Area, an der Nguyen Cong Tru nahe dem Ben Nghe-Kanal. Hier gibt es u. a. Gegenstände aus der Armee-Ausrüstung.

Auf dem 2012 eröffneten **Russian Market** in der 225 Ben Chuong Duong nahe dem Ben Nghe-Kanal halten über 150 Stände ein großes Angebot an Kleidung bereit – darunter auch Winterbekleidung und vieles in „westlichen" Größen.

Shoppingcenter

Das **Tax Trade Center** (Thuong Xa Tax), 135 Nguyen Hue, Ecke Le Loi, gegenüber dem Rex Hotel, war früher als Russian Market bekannt, eine Bezeichnung aus der Zeit, als hier noch Bürger der Sowjetunion in Sachen sozialistischer Bruderhilfe unterwegs waren. Heute ist das 3-stöckige Gebäude voller kleiner Läden, die billige Kleidung, Rucksäcke, Koffer und Schmuck verkaufen. ⏲ tgl. 9–21.30 Uhr. Das **Saigon Center** befindet sich eine Kreuzung weiter, Le Loi, Ecke Pasteur. Hier gibt es Ableger der bekanntesten Kleidermarken, Schuhe und Handtaschen sowie eine große Anzahl an Einrichtungsläden. Im Erdgeschoss laden Cafés zur Rast. ⏲ tgl. 9.30–20.30 Uhr. Im **Diamond Plaza**, 34 Le Duan, ✆ 08-3825 7750, dem Turm, der hinter der Notre Dame-Kathedrale emporragt, sind 3 Stockwerke dem Konsum gewidmet: Zu hohen Preisen werden hier internationale Markenartikel gehandelt. Außerdem gibt es einen großen Entertainment-Bereich mit Kino, Spielhalle und Bowlingbahn. ⏲ tgl. 9.30–22 Uhr. Das **Parkson**, 35-45 Le Thanh Ton, Ecke Dong Khoi, ✆ 08-3821 3849, hat ein ähnliches Angebot: Designer-Waren und Luxus-Kosmetik. Auf der 4. Etage Fastfood-Läden, aber auch viele kleine Foodshops mit Gerichten aus dem asiatischen Raum. Im obersten Stockwerk ein Vergnügungscenter. ⏲ tgl. 9.30–22 Uhr.

Supermärkte/Importwaren

Der **Co.op Markt** in der Cong Quynh ist sehr gut sortiert und hat eine riesige Auswahl an Importware wie Käse und Wurst, daneben frisches Gemüse und Obst zum Abwiegen. Ein sehr guter Bäcker führt leckeres und günstiges Baguette. Wer übervolle Supermärkte nicht mag, sollte Stoßzeiten wie etwa den Sonntag meiden. Dann ist es hier so voll, dass es nahezu kein Vorankommen gibt und ein kleiner Einkauf eine ganze Stunde dauern kann.

TOUREN

Reiseveranstalter

Es gibt in Sai Gon zahlreiche kleinere und größere Reiseveranstalter, von denen hier nur eine kleine Auswahl genannt werden kann. Die kleineren Reisebüros vertreiben Tickets der größeren Tour-Gesellschaften, bieten aber zum Teil auch selbst organisierte Touren und vermitteln Mietwagen mit Fahrer. Manchmal besteht das Angebot, sich vom Hotel abholen zu lassen. Sicherer ist es jedoch, sich spätestens eine halbe Stunde vor Abfahrt in dem Reisebüro einzufinden, in dem man das Ticket erstanden hat.

Pham Ngu Lao

Ann Tours, 58 Ton That Tung, ✆ 08-3925 3636, 🖥 www.anntours.com. 1989 als eines der ersten privaten Tourunternehmen gestartet, ist dieses Reisebüro eines der zuverlässigsten und erfahrensten, aber nicht der billigsten. Die Touren sind jedoch ihren Preis wert.
Delta Adventure Tours, 267 De Tham, ✆ 08-3920 2112, 🖥 www.deltaadventuretours.com. Lange Erfahrung im Delta-Gebiet. Gemischte Travellerreports; teilweise wohl wenig enthusiastische Guides und bisweilen chaotische Organisation. Bieten auch Reisen über den Mekong bis nach Kambodscha an, S. 845.
Hanh Café, 273 Pham Ngu Lao, ✆ 08-3920 5679, 🖥 www.hanhcafe.vn. Open Tour-Tickets und Standardtouren zu günstigen Preisen. Visa-Service.
Innoviet, 158 Bui Vien, ✆ 08-2216 5303, 🖥 www.innoviet.com. Spezialisiert auf Fahrradtouren im Mekong-Delta. Homestay-Übernachtungen und Besuch kleiner Dörfer. Auch Touren ins ganze Land.
Phuong Trang Travel, 272 De Tham, ✆ 08-3837 5570 (bekannt auch als FUTA-Buslinie). Die orangefarbenen Liegebusse dieser Gesellschaft sind erste Wahl, was Open-Bus-Touren ins Delta sowie nach Mui Ne, Nha Trang und Da Lat angeht.

Saigon Stadtführung, ☎ 093-972 5599, 🖥 www. saigon-stadtfuehrung.de. Die deutschsprachigen Stadttouren von Christian Schink und seinen Mitarbeitern wurden uns von einem Leser empfohlen.

Sinhbalo Adventures, 283/20 Pham Ngu Lao, ☎ 08-3837 6766, 🖥 www.sinhbalo.com. Empfehlenswertes Unternehmen mit gut geführten Touren im ganzen Land. Besonders interessant auch für Radfahrer, s. 🖥 www. cyclingvietnam.net. ⏰ Mo–Fr 7.30–12 und 13.30–17.30 Uhr, Sa nur vormittags.

The Sinh Tourist, 246-248 De Tham, ☎ 08-3838 9593, 🖥 www.thesinhtourist.vn. Preiswerter, alteingesessener Anbieter (ehemals: Sinh Café) mit viel Durchlauf, der Bustickets und 08/15-Touren ins ganze Land anbietet.

Dong Khoi

Mai Linh Tourism, 65-68 Hai Ba Trung, ☎ 08-3825 8888, 🖥 www.mailinhtourism.vn. Touren, Flüge, Visa-Service – und Fahrzeuge in jeder Größe: vom „kleinen" Mercedes bis zum 41-sitzigen Bus.

Saigon Tourist, 35-45 Le Thanh Ton, Ecke Dong Khoi, im Parkson, ☎ 08-3827 9279, 🖥 www.saigontourist.net. Die staatliche und seit vielen Jahren tätige Reiseagentur bietet

---

📖 **Unterwegs mit dem Saigon-Insider**

SaigonKultour, **Ralf Dittko**, ☎ 090-377 0953, ✉ dittko@hanoikultour.com. „Anstiftung zu kleinen Fluchten" – unter diesem vielversprechenden Motto bietet Ralf Dittko von Saigon-Kultour sehr individuelle Stadtführungen für alle, die zwar nichts „Wichtiges" verpassen wollen, aber auch an ein paar Geschichten drumherum interessiert sind. Der ehemalige Rheinländer lebt schon seit fast 20 Jahren in Ho-Chi-Minh-Stadt, spricht fließend Vietnamesisch und kennt viele Winkel und Gassen, die man allein nie finden würde – weit abseits des Programms der Cyclo-Fahrer. Eine Tour mit Ralf ist zudem ein guter Start ins Land überhaupt: Allgemeine Tipps, etwa zum Essen auf der Straße oder zum Verhalten im Land, sind inbegriffen. Nicht billig, aber den Preis wert.

---

viele Touren, die meist gut organisiert sind. ⏰ 7.30–18.30 Uhr.

SONSTIGES

Geld

In der Stadt gibt es zahlreiche **Geldautomaten**, für deren Nutzung manchmal eine geringe Gebühr einbehalten wird. Bargeld und Travellers Cheques lassen sich i. d. R. in allen Banken in HCMS tauschen.
Kunden der **Citibank** finden einige Geldautomaten, u. a. im Erdgeschoss des Sun Wah Tower, 115 Nguyen Hue. Der angezeigte Kontostand ist nicht immer aktuell, denn die Abbuchung vom Konto in Deutschland dauert einige Tage.

Konsulate

Deutschland, 126 Nguyen Dinh Chieu, D. 3, ☎ 08-3829 1967, 📠 3823 1919, 🖥 www. ho-chi-minh-stadt.diplo.de. ⏰ Mo–Do 7.30–16, Fr nur bis 13 Uhr.
Österreich, 181 Dien Bien Phu, D. 1, ☎ 08-3827 5766, 📠 08-3872 5827, ✉ info@austria consulate.vn.
Weitere Konsulate s. eXTra [4857].

Medizinische Hilfe

Im **Notfall** bieten zahlreiche internationale private Kliniken einen 24-Std.-Notfallservice. Diesen lassen sie sich teuer bezahlen, aber wer gut versichert ist, kann sich die Kosten später erstatten lassen, sofern der Einsatz „medizinisch notwendig" war.
Die privaten internationalen Kliniken sind in jedem Fall den staatlichen Krankenhäusern vorzuziehen. Wer dennoch in einem staatlichen Krankenhaus landet, dem sei empfohlen, die Diagnose und ggf. Behandlung in einer internationalen Klinik oder zu Hause noch einmal prüfen zu lassen.
Empfehlenswert ist die internationale Klinik **Family Medical Practice im Diamond Plaza**, 34 Le Duan, direkt hinter der Notre Dame-Kathedrale, ☎ 08-3822 7848 (24-Std.-Notdienst), 🖥 www.vietnammedicalpractice.com. Eine Erstbehandlung kostet US$50. Alle weiteren Nachuntersuchungen jeweils US$30. Notfallbehandlungen sind teurer. Die Klinik verfügt

über eine Krankenstation, sodass stationäre Behandlungen möglich sind, und ist auch auf Kinder eingestellt: Es gibt einen Kinderarzt und sogar eine Spielecke. Der Klinik angeschlossen ist **Family Dental Practice**, ✆ 08-3822 4711, für Zahnbehandlungen.

Nahe der Notre Dame steht auch die **International Clinic 24**, 1 Thanh Nguyen, ✆ 08-3827 2366, 24-Std.-Notruf ✆ 08-865 4025. Wer **ohne Versicherung** unterwegs ist und sich die teuren internationalen Kliniken in Sai Gon nicht leisten kann oder will, sollte nach Cho Lon ins **Cho Ray Hospital** gehen: 201B Nguyen Chi Thanh, ✆ 08-3855 4137, 3855 4138, 3856 3534, 🖥 www.choray.vn. Das 1900 von den Franzosen gegründete Haus hat eine internationale Abteilung und deutlich geringere Behandlungskosten als die privaten Hospitäler in Sai Gon.

Polizei

Notruf ✆ 113. Darüber hinaus gibt es eine 24-Std.-Service-Nummer, an die man sich auch bei Problemen mit der Polizei wenden kann: ✆ 08-3838 7255.

Post

Die **Hauptpost**, ein altes Kolonialgebäude, liegt rechts neben der Notre Dame-Kathedrale am Ende der Dong Khoi. Rechter Hand befindet sich ein Schalter von **DHL**, die per Luftpost Pakete verschicken. Internationale Pakete können aber auch bei der regulären vietnamesischen Paketpost aufgegeben werden. Das Paket wird jedoch vor Annahme erst einmal gecheckt, also am besten nicht zukleben. Je nachdem, was man verschicken will, stößt man auf ungewohnte Einschränkungen. Es ist z. B. nicht erlaubt, CDs und DVDs zu verschicken. Vom Postamt aus lassen sich auch **internationale Telefongespräche** führen. Die Hauptpost ist für Bewohner der Pham Ngu Lao die nächstgelegene Poststelle. ⏰ tgl. 7–19 Uhr.

NAHVERKEHR

Cyclos

Das gute alte Cyclo ist in dieser Stadt eine aussterbende Art. Deshalb sollte man damit fahren, solange es noch geht. Die Stadtregierung hat Pläne in der Schublade, die pedalgetriebenen Dreiräder endgültig aus dem Straßenbild zu verbannen; schon jetzt sind viele Straßen für Cyclos gesperrt, was die Fahrer oft dazu zwingt, Umwege zu nehmen oder ihre Gäste nur in der Nähe des gewünschten Ziels herauszulassen, aber nicht direkt davor. Mitleid haben die Offiziellen mit den Pedalisten wohl nicht – handelt es sich bei den Fahrern doch oftmals um Ex-Mitglieder der Südvietnamesischen Armee oder ehemalige Angestellte der US-Streitkräfte. Das ist auch der Grund dafür, dass die Fahrer meist ein passables Englisch sprechen. Die **Fahrpreise** sind Verhandlungssache: Mindestens 50 000 Dong für die (angefangene) Stunde sind ein grober Richtwert. Für einen ganzen Tag (vormittags bis nachmittags) können US$15 kalkuliert werden. Die Fahrer, die im Travellerviertel auf Kundenfang gehen, haben meist schon einen Fahrplan, der die wichtigsten Sehenswürdigkeiten einschließt.

Warnung: In letzter Zeit häufen sich die Klagen über Missverständnisse beim Fahrpreis – Reisende wurden von den Pedalisten wüst beschimpft. Es ist auf jeden Fall empfehlenswert, sich vor der Fahrt klar und deutlich über den Fahrpreis zu einigen, und diesen vor Fahrtantritt ruhig mehrfach zu verifizieren (am besten aufschreiben). Außerdem gilt weiterhin: Nach Einbruch der Dunkelheit wird vom Cyclo-Fahren abgeraten.

Stadtbusse

HCMS verfügt über ein dichtes Netz an Stadtbussen, sodass man fast alle Ziele mit öffentlichen Nahverkehrsmitteln anfahren kann. Das ist bei einer Stadtrundfahrt zwar mühsam, doch der ein oder andere findet Gefallen daran, sich die Stadt auf diese Weise zu erschließen. Da fast nie ein Tourist mit einem Stadtbus unterwegs ist, kann man sich auf ein paar nette Begegnungen gefasst machen. Preiswert ist es außerdem: 5000 Dong sind für Stadtfahrten meist ausreichend. Tickets werden im Bus gelöst.

Vom **Busbahnhof Ben Thanh** gegenüber dem gleichnamigen Markt fährt z. B. die Nr. 1 zum Binh Tay-Markt in Cho Lon, die Nr. 2 zum Mien Tay-Busbahnhof, die Nr. 34 gen Süden nach Phu

VIETNAM

My Hung und die Nr. 152 zum Flughafen Tan Son Nhat.

Vom **Busbahnhof Mien Dong** aus kommt man mit der Nr. 14 zum Mien Tay-Busbahnhof (und umgekehrt).

Vom **Busbahnhof Cho Lon** aus kann man mit der Nr. 94 bis nach Cu Chi fahren.

Stadtpläne mit eingezeichneten Busrouten (*so do tuyen xe buit moi*) gibt es in fast jeder Buchhandlung in der Kartenabteilung.

Taxis

Es gibt zahlreiche Taxiunternehmen in Sai Gon, und nahezu alle Fahrer schalten den Taxameter ohne Anfrage ein. Die Kilometer-Preise sind fest und sowohl außen am Fahrzeug als auch innen am Armaturenbrett gut lesbar angebracht. Fast immer findet sich innerhalb von 5 Min. ein freies Taxi. Wer früh zum Flughafen muss oder einfach nur auf Nummer sicher gehen will, bittet an der Rezeption um die Bestellung eines Wagens oder ruft selber eines der folgenden Unternehmen an:

Mai Linh Taxi, ✆ 08-3838 3838;

Vinasun, ✆ 08-3827 2727.

Vorsicht vor manipulierten Taxametern: Wenn nach wenigen Metern der Fahrpreis kometenhaft in die Höhe schnellt, sollte man sofort anhalten und aussteigen und wenn möglich nur einen Bruchteil des geforderten Preises bezahlen.

Xe om

Auf dem Rücksitz eines Motorrads ist man in der Stadt oft am schnellsten unterwegs. Touristen werden dabei gerne großzügig zur Kasse gebeten. Richtwerte: Eine Fahrt von der Pham Ngu Lao zum Phuong Trang-Büro in District 10 kostet regulär 30 000 Dong (hin und zurück das Doppelte); von der Pham Ngu Lao zum Mien Tay-Busbahnhof an die 100 000 Dong.

Wer viel Gepäck hat, ist mit einem Taxi besser beraten. Obgleich der Fahrer große Lasten gewohnt ist und auch mit einem Rucksack vor sich, der ihm bis ans Kinn geht, lenken kann, steigert das nicht gerade die Fahrsicherheit. Und die Fahrer nehmen lieber ein höheres Risiko in Kauf, statt auf die Fahrt zu verzichten.

Open Tour-Busse nach Norden

Tickets für die preisgünstigen Open Tour-Busse gibt's im Travellerviertel an jeder Ecke. Mehrere Gesellschaften bedienen die Standardrouten – die Busse fahren meist morgens zwischen 7 und 8 Uhr und abends gegen 20 Uhr (Letztere sind etwas teurer).

DA LAT, ca. 6 Std., ab 160 000 Dong;

MUI NE, ca. 4–5 Std., 130 000 Dong, Sleeper 220 000 Dong. Wer den Nachtbus nimmt, kommt erst nach Mitternacht in Mui Ne an: Hotelreservierung empfohlen;

NHA TRANG, ca. 10 Std., 190 000 Dong.

Ins Delta

Ins Mekong-Delta fährt man am bequemsten mit den Bussen der **Phuong Trang**-Gesellschaft (FUTA); die Fahrten dorthin starten vor dem zweiten Büro der Gesellschaft in der 328A Le Hong Phong, District 10, ✆ 08-3830 9309, s. Karte S. 805.

Alternativ kann man sich auch einfach zum **Mien Tay-Busbahnhof** bringen lassen und dort einen der vielen Busse nehmen.

Fernbusse

Ho-Chi-Minh-Stadt hat zwei große **Fernbusbahnhöfe**: den **Ben Xe Mien Dong**, 292 Dinh Bo Linh, ✆ 08-3898 4893, etwa 6 km nördlich des Zentrums, für Ziele im Norden und an der Küste, von VUNG TAU (Fahrzeit: 2 1/2 Std.) bis HAI PHONG (Leidenszeit: 43 Std.), und den **Ben Xe Mien Tay**, 395 Kinh Duong Vuong, ✆ 08-877 6593, etwa 10 km vom Zentrum am westlichen Stadtrand, für Ziele im Mekong-Delta. Die einzelnen Fahrtziele sind an den Ticketschaltern angeschrieben; oft werden gleiche Ziele von verschiedenen Gesellschaften bedient. An den Bahnhöfen herrscht viel Betrieb, und es gilt: Eigentlich kann man von morgens früh bis mindestens zum späten Nachmittag sämtliche Ziele des Landes ansteuern. Den Fahrplan auch nur annähernd korrekt wiederzugeben, würde viele Seiten füllen, die wir uns sparen. Die weitaus meisten Reisenden verlassen die Stadt sowieso mit einem Open Tour-Bus, der Bahn oder dem Flugzeug. Wer jedoch einen Linienbus benutzen

Busse nach **Phnom Penh** starten stündlich zwischen 4 Uhr und 16 Uhr und kosten ab US$12; bessere Busse sind teurer. Busse bis nach **Siem Reap** kosten ab US$22, nach **Sihanoukville** um die US$20 (s. eXTra [4928]).

Es werden auch 3- bis 5-Tage-Reisen zu den **Tempeln von Angkor** angeboten (alles inklusive), Preise je nach Dauer und Gruppengröße zwischen US$250 und US$400. Zu den Anbietern gehören:

Mekong Express Limousine Bus, 309 Pham Ngu Lao, ☎ 08-6291 2133, 🖳 catmekongexpress.com. Die Busse fahren nach Phnom Penh (Kambodscha) und weiter nach Sihanoukville oder Siem Reap (Angkor Wat).

Sapaco Tourist, 325 Pham Ngu Lao, ☎ 08-3920 3623 (Busse), 08-3920 6706 (Touren), 🖳 www.sapaco tourist.com. Die Busse nach Kambodscha fahren stündlich zwischen 6 und 15 Uhr direkt nach Phnom Penh, nach Sim Reap (Angkor) oder bis zur Grenze nach Moc Bai. Die Tickets können telefonisch gebucht werden. Es sind auch mehrtägige Touren nach Kambodscha im Angebot: entweder zu den Tempeln von Angkor oder zur Shoppingtour nach Phnom Penh.

Eine weitere Möglichkeit sind **längere Delta-Touren**, die 2 oder 3 Tage dauern und über My Tho, Vinh Long, Cai Be und Chau Doc nach Phnom Penh führen. Die Tour beinhaltet jeweils Elemente der 2-Tagetour (s. eXTra [4860]), danach geht es mit dem Bus nach Chau Doc, wo übernachtet wird. Anschließend Bootstour zur kambodschanischen Grenze und weiter mit dem Boot nach Neak Luong, von wo der Bus bis nach Phnom Penh fährt. Angebote zum Beispiel von **Delta Adventure Tours**, S. 821.

will – vielleicht, weil das Ziel abseits der Touristenpfade liegt oder weil die Open Tour-Busse voll sind –, fährt einfach zum entsprechenden Busbahnhof. Wer ganz sicher sein will, wegzukommen (und beim Fahren was sehen möchte), sollte am frühen Vormittag starten.

Eisenbahn

Tickets gibt es von den Reisebüros (natürlich gegen Aufpreis) oder am Bahnhof **Ga Sai Gon**, 1 Nguyen Thong, D. 3, ☎ 08-3843 6528, 3931 0666, am dortigen Reservierungsschalter, ⏰ tgl. 7.30–18.30 Uhr, Mittagspause von 12–13 Uhr. Eine weitere Option ist das Büro des **Railway Service**, Pham Ngu Lao 275C, ☎ 08-3836 7640, ⏰ 7.30–11.30 und 13–16.30 Uhr. Die Ticketpreise richten sich nach Art des Platzes (Sitzplatz, hartes Bett, weiches Bett, oberes/unteres Bett) und müssen im Laufe dieser Buchauflage sicher nach oben korrigiert werden:

DA NANG, 15 Std., Sitzplatz 728 000 Dong, Hard Sleeper oberes Bett 854 000 Dong, Soft Sleeper unteres Bett 1 133 000 Dong;
HA NOI, mind. 30 Std., 1 141 000 / 1 301 000 / 1 726 000 Dong;

HUE, 18 Std., 761 000 / 911 000 / 1 208 000 Dong;
NHA TRANG, 7 Std., 321 000 / 405 000 / 537 000 Dong.

Flüge

Transport vom/zum Flughafen

Der internationale Flughafen **Tan Son Nhat** liegt nördlich des Zentrums und ist mit dem Taxi in etwa 30 Min. zu erreichen (bei normalem Stadtverkehr). Hotels vermitteln Taxifahrer (private Autos oder namhafte Gesellschaften) für um die 200 000 Dong. Bus Nr. 152 ab Ben Thanh-Markt fährt im 20-Min.-Takt bis etwa 18 Uhr zum Flughafen (5000 Dong regulär, manchmal 10 000 bei viel Gepäck) und benötigt je nach Verkehr 30–60 Min.

Wer am Flughafen ein Taxi in die Innenstadt nimmt und nicht schon an einem der Schalter im Inneren ein Ticket kauft, kann entweder den Taxameter einschalten lassen (zuverlässig: Taxis der Mai Linh Company) oder einen Festpreis aushandeln. Realistisch ist ein Betrag um die US$10 (200 000 Dong, inkl. der 10 000 Dong Flughafengebühr). Private Fahrer verlangen oft das Doppelte. Einige Taxiunternehmer arbeiten auf Provisionsbasis für Hotels und sind nicht immer bereit, Besucher zum Wunschziel zu bringen. Das klärt sich aber zur Glück meist bereits, wenn man die Zieladresse nennt: Ein „Ist geschlossen" oder „Alles voll" sollte man nicht für bare Münze nehmen.

Inlandflüge

Mehrere Gesellschaften starten zu den wichtigsten Zielen, oft mehrmals tgl. Viele Flüge sind in der Hauptsaison lange im Voraus ausgebucht (z. B. nach PHU QUOC), sodass man frühzeitig planen und buchen sollte.

Air Mekong, 🖥 www.airmekong.com.vn, fliegt nach CON DAO, PHU QUOC, DA LAT, QUY NHON, PLEI KU, BUON MA THUOT, VINH und HA NOI.

Jetstar Pacific, 177 Vo Thi Sau, D. 3, ✆ 08-3932 5978, 🖥 www.jetstarpacific.com.vn, fliegt nach BUON MA THUOT, DA LAT, DA NANG, HA NOI, HUE, NHA TRANG und VINH.

VietJet, 🖥 www.vietjetair.com, verbindet HCMS mit HAI PHONG, DA NANG, HA NOI, NHA TRANG, HUE, VINH, PHU QUOC, QUY NHON und fliegt zudem nach Bangkok.

Vietnam Airlines, 116 Nguyen Hue, Ecke Le Than Ton, D. 1, ✆ 08-3832 0320, 🖥 www.vietnamairlines.com. ⏱ Mo–Sa 7.30–16, So 8.30–12.30 Uhr. Angeflogen werden BUON MA THUOT, DA LAT, DA NANG, DIEN BIEN PHU, HA NOI, HUE, NHA TRANG, PHU QUOC, PLEI KU, QUY NHON, RACH GIA, TUY HOA und VINH; z. T. mit Zwischenlandung und/oder Anschlussflügen. Je nach Saison werden die Flüge schon mal etwas zusammengestrichen. Der komplette Flugplan findet sich auf der Website des Unternehmens.

Internationale Flüge

Maschinen verschiedener Fluggesellschaften fliegen ins benachbarte Ausland, darunter: **Vietnam Airlines**, 🖥 www.vietnamairlines.com, **Lao Airlines**, 🖥 www.laoairlines.com, und **Cambodia Angkor Air**, 🖥 www.cambodia-angkorair.com. Angeflogen werden z. B. BANGKOK (1 1/2 Std.), PHNOM PENH (45 Min.), SIEM REAP (1 Std.) und PAKXE (1 1/2 Std.).

Die Umgebung von Ho-Chi-Minh-Stadt

Die Tunnel von Cu Chi

25 km nordwestlich von Ho-Chi-Minh-Stadt liegt das berühmte Tunnelsystem von Cu Chi, das über 220 km lang ist und während der Kriege gegen die Franzosen und die Amerikaner unzähligen Kämpfern mitsamt ihren Familien viele Jahre Unterschlupf gewährte. Hier konnten die Widerstandskämpfer direkt vor den Toren der südvietnamesischen und amerikanischen Truppen nach Guerillataktik Anschläge und Sabotageaktionen durchführen und immer wieder untertauchen, weil das Labyrinth an Gängen nur ihnen bekannt war.

Als vor 20 Jahren die ersten westlichen Touristen nach Vietnam kamen, waren die Tunnel eine der Hauptattraktionen auf ihrem Reiseplan; geschockt erinnerte sich die Welt an die Leidensfähigkeit des vietnamesischen Volkes. Auch heute noch zieht die Anlage viele Besucher an. Sie bekommen ein kleines Areal zu sehen, in dem die Tunnel etwas erweitert wurden, damit auch westliche Touristen durchpassen. Dennoch ist ein Besuch unter der Erde nur etwas für Leute ohne klaustrophobische Ängste. Entlang eines Rundwegs ist ein kleiner Themenpark aufgebaut; mitsamt lebensgroßer Figuren, die den Vietcong bei der Arbeit zeigen: etwa beim lebensgefährlichen Zersägen von nicht detonierten amerikanischen Fliegerbomben oder dem Anspitzen von Bambusspießen, die in Fallgruben ihr tödliches Werk verrichteten. Ein 1970 zerstörter amerikanischer M41-Panzer dient als Hintergrund fürs Erinnerungsfoto, und wer will, kann in ein winziges Erdloch steigen, das gerade groß genug für einen Kämpfer oder Flüchtling ist.

Geschmacklos wird es am Schießstand, wo man selber eine AK47 oder eine andere Mordwaffe aus Kriegszeiten ausprobieren kann: ein Schuss ein Dollar. Vorsicht mit den Maschinengewehren: Das kann teuer werden.

Am Eingang des Geländes **Benh Dinh** befindet sich ein Informationszentrum, wo Besuchergruppen anhand eines Films und einiger Ausstellungsstücke in die Thematik eingeführt werden. Interessant sind die Modelle und Zeichnungen, die die ausgefeilte Architektur des Systems mit verschiedenen Ebenen und Verbindungstunneln verdeutlichen. Manchmal wird auch die 15 km weiter nordwestlich gelegene Gedenkstätte **Benh Duoc** besucht, wo sich ein Tempel und ein Mahnmal für die gefallenen Helden befinden. ⏱ beide Stätten tgl. 7.30–17 Uhr, Eintritt 90 000 Dong.

Über die **Anreise** braucht man sich nicht den Kopf zu zerbrechen, wenn man es so hält wie alle Besucher: einfach eine Tagestour von Sai Gon aus buchen. Die kostet nur wenige Dollar und beinhaltet auf dem Hinweg meist auch noch einen Stopp in einer Souvenir-Fabrik in einem Industrievorort, wo Lackwaren u. Ä. hergestellt und verkauft werden.

Wer auf eigene Faust anreisen will, kann am Busbahnhof Cho Lon mit der Linie 94 nach Cu Chi fahren, vom dortigen Busbahnhof fast 20 km weiter mit dem Xe om.

Tay Ninh

Die Provinz Tay Ninh nordwestlich von Ho-Chi-Minh-Stadt an der Grenze zu Kambodscha wird selten von Touristen besucht. Eigentlich gibt es nur zwei Ziele, die per Tagesausflug von Sai Gon aus angesteuert werden: der große Cao Dai-Tempel und, seltener, der heilige Berg Nui Ba Den.

Der heilige Stuhl der Cao Dai

Der größte Tempel der synkretistischen Cao Dai-Religion befindet sich etwa 90 km nordwestlich von HCMS in der Provinzhauptstadt Tay Ninh, etwa 5 km östlich des Zentrums nahe dem Long Tan-Markt.

Das farbenprächtige, barock verzierte Gebäude wurde zwischen 1933 und 1935 errichtet. Durch das Eingangstor erreicht man das Tempelgelände und steht kurz darauf vor den quadratischen, von zwei Balkonen gesäumten Türmen des pastellgelben Heiligtums. Das lange Kirchenschiff mit seinen Arkaden und den drei geschwungenen roten Dächern ist eine harmonische Mischung aus westlichen und orientalischen Architekturstilen und verkörpert so ganz den Geist dieser Religion.

Im reich verzierten Inneren tragen drachengeschmückte Säulen das Dach. Am Eingang zeigt ein Bild drei Heilige des Caodaismus: den französischen Schriftsteller Victor Hugo (1802–1885), den chinesischen Revolutionsführer und als Gründer des modernen chinesischen Staates verehrten Sun Yat-sen (1866–1925, links) und den vietnamesischen Poeten Nguyen Binh Khiem (1492–1587). Sie beschriften eine Tafel: „Gott und Menschheit", heißt es dort, und: „Liebe und Gerechtigkeit".

Die zum Altar hin ansteigenden Stufen verdeutlichen die neun Schritte zum Himmel. Wendeltreppen führen auf eine Galerie, von der aus man einen Gottesdienst beobachten kann. Bilder an der Decke symbolisieren die vielen verschiedenen Medien, mit deren der Mensch mit dem Himmel kommunizieren kann: Gebet, Musik, Literatur und viele mehr. Das innere Heiligtum verbirgt sich hinter einem blauen Vorhang. Hier befinden sich Bildnisse der „göttlichen Agenten": der historische Buddha, Laotse, Konfuzius und Jesus Christus. Das Zentralheiligtum wird von einem riesigen Allsehenden Auge dominiert, dem Symbol des Höchsten Geistes.

Zeremonien finden alle sechs Stunden um 6, 12, 18 und 24 Uhr statt. Die Laien kommen weiß gekleidet. Höherrangige Mitglieder der Gemeinde haben farbige Gewänder, die für einzelne Glaubensrichtungen und Zuständigkeitsbereiche innerhalb der Gemeinde stehen. Es gibt eine caodaistische Hierarchie, die der katholischen ähnelt, inklusive Papst, doch dessen Stuhl ist seit 1934 nicht besetzt.

Vung Tau

Vung Tau [4754] bedeutet „Bucht der Boote", und schon im 15. Jh. ankerten hier die portugiesischen Schiffe auf dem Weg nach Macao und China. Die französischen Kolonialherren nannten den Ort Cap Saint Jacques und bauten sich hier ein Seebad, das bald als die „Riviera von Cochinchina" berühmt wurde.

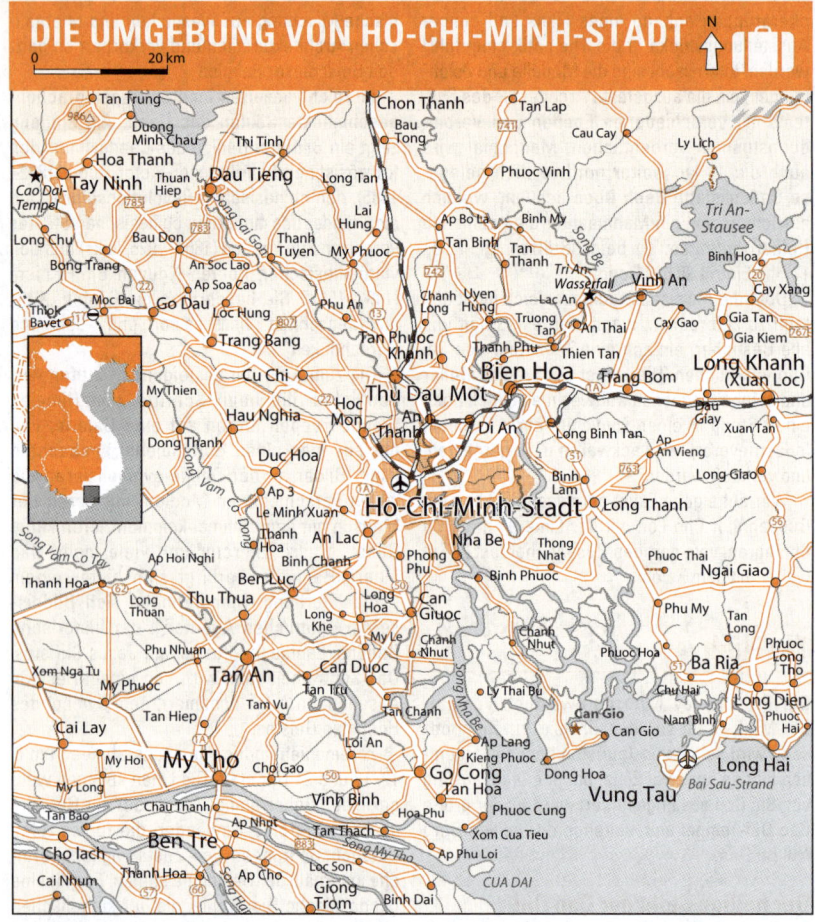

Auch heute noch zieht es die Bewonhner von Ho-Chi-Minh-Stadt jedes Wochenende in Scharen hierher. Das sorgt für hohe Hotelpreise und volle Strände. Inzwischen wird vor der Küste Öl gefördert: Daher ist die Stadt auch die zweite Heimat für die Angestellten internationaler Energiekonzerne, die hier ihr Geld ausgeben wollen. Die Stadt ist nichts für Ruhesuchende oder Kulturinteressierte – hier geht es um Konsum und Vergnügen.

Wahrzeichen der Stadt ist seit ihrer Erbauung 1971 die von innen begehbare 28 m hohe **Jesus-** statue [9159] auf der Südspitze der Landzunge. Nachdem man Hunderte Stufen hinaufgestiegen ist, vorbei an zahlreichen Darstellungen biblischer Szenen, ist die Statue erreicht. Hier führt eine Wendeltreppe 129 Stufen empor zu den Balkonen in ihrem Schulterbereich. ⏰ tgl. 7.30– 11.30 und 13.30–17 Uhr, Eintritt frei. Wer einen kurzen Rock oder ein schulterfreies T-Shirt trägt, darf nicht in das Heiligtum. Folgt man der westlichen Küstenstraße nach Norden, kommt man an einer ähnlich hohen **Marienstatue** (Quan Am Bo Tat Tu) vorbei.

Auf den 250 m hohen **Tuong Ky-Berg** [7003] führt eine moderne Seilbahn (made in Österreich). Auf dem Berg eröffnet sich nicht nur ein fantastischer Blick auf die Landzunge, es gibt hier den Vergnügungspark Ho May Ecological Park mit Wanderwegen zwischen Rehgehegen, einem Reitstall, einem kleinen See und Restaurants. Fußmüde können sich mit mehrsitzigen Golfcarts fahren lassen. ☉ Seilbahn 8–22, Sa, So 7.30–22.30 Uhr, Seilbahn 100 000 Dong, Kinder zahlen die Hälfte. Komplettpaket inkl. Freizeitpark: 300 000 Dong, Kinder unter 1,30 m 150 000 Dong.

Wer nur zum Schwimmen und Sonnenbaden nach Vung Tau kommt, wird von den Stränden etwas enttäuscht sein, denn von einem Tropenparadies ist man hier weit entfernt. Aber auf einer der Strandliegen am 5 km langen „hinteren" Strand **Bai Sau** kann man es schon aushalten.

ÜBERNACHTUNG

Vung Tau verfügt über eine große Anzahl an Unterkünften, wobei nur die im mittleren und oberen Preissegment auch westliche Touristen zu ihrer Zielgruppe zählen. Backpacker werden hier nicht wirklich glücklich. Am Wochenende schnellen die Preise in die Höhe.

Vorderer Strand – Bai Truoc

Hoan Kim Hotel, 109 Ly Tu Trong, ✆ 064-351 3351, ✉ hoankimhotel@gmail.com, [7000]. Günstiges Minihotel im Zentrum. Saubere geflieste Zimmer, modern mit dunklem Holz eingerichtet. Sehr schön sind die neuen Bäder. VIP-Zimmer mit Balkon. Freundliches, Englisch sprechendes Personal. ❷

Lucy's Sports Bar & Hotel, 138 Ha Long St., ✆ 064-385 8896, 🖥 www.lucyssportsbar.com, [9188]. Über der Bar gelegene schöne, geräumige Zimmer mit Meerblick. Alle mit Safe. ❸–❹

🧳 **Valley Mountain Hotel**, 108 Tran Phu, ✆ 064-355 3660, 🖥 www.valleymountain hotel.com, [9189]. Ansprechendes Hotel nahe der Marienstatue mit Blick ins Grüne. Schöner Pool, gute Zimmer. Tandems für Fahrten in die Stadt. ❹–❻

Hinterer Strand – Bai Sau

Entlang der Strandstraße befindet sich ein Hotel neben dem anderen.

Ngoc Thuy, 125 Thuy Van, ✆ 064-381 0321, [6998]. Große saubere Zimmer mit 2 riesigen Doppelbetten, TV und Minibar. Einige Zimmer ohne Fenster, der Aufpreis von US$2 für ein Zimmer mit Balkon und Meerblick lohnt sich. Etwas hellhörig. In der Umgebung weitere ähnliche Unterkünfte in Minihotels. ❷

🧳 **Romeliess Hotel**, 31-33 Thuy Van, ✆ 064-361 3366, 🖥 www.romeliesshotel.com, [9190]. Minihotel im Süden des Strandes mit ansprechenden Zimmern. Das Personal spricht gut Englisch, da hier viele westliche Gäste absteigen. ❷–❸

ESSEN UND UNTERHALTUNG

Die zahlreichen in Vung Tau lebenden Ausländer haben eine ganze Reihe von westlich orientierten Restaurants entstehen lassen, die sich im Zentrum am vorderen Strand befinden. Wer nach einem einfachen Reisgericht oder einer *pho* sucht, findet diese in einem der unzähligen kleinen Restaurants an der Thuy Van entlang des hinteren Strands.

Blue Note, Tran Hung Dao, Ecke Truong Cong Dinh, [4770]. Eine der vielen Café-Bars in dieser Gegend. Guter Kaffee, kleine Snacks. Abends Bar. ☉ 7.30–23 Uhr.

Le Dung, 18 Tran Hung Dao, ✆ 064-385 6591, [4765]. Beliebtes Meeresfrüchte-Restaurant, in dem man direkt aus dem Aquarium auswählt. Bezahlt wird nach Gewicht; also nach den Preisen fragen. Alle Speisen auch zum Mitnehmen. ☉ 11.30–23 Uhr.

Lucy's Sports Bar, 138 Ha Long St., ✆ 064-385 8896, [9187]. Pool-Bar mit hochpreisigem Essen; westliche und asiatische Küche.

Quan An 95, 36 Tran Hung Dao, ✆ 064-359 5595, [9186]. Man sitzt hier auf Plastikstühlen unter Neonlicht; trotzdem ist es fast immer voll. Günstige und große Auswahl an Meeresfrüchten und Fisch. Aber auch Frosch und Fleischiges findet sich auf der (englischen) Karte. ☉ 7.30–23 Uhr.

SONSTIGES

Geld

Vietcombank, 27 Tran Hung Dao, ✆ 064-385 2309. Alle Transaktionen und Kreditkarten-Service. ☉ Mo–Fr 7–11.30 und 13.30–16 Uhr.

Informationen

Vung Tau Tourist, 29 Tran Hung Dao, ☎ 064-385 7527, 🖳 www.vungtautourist.com. vn. Es gibt Broschüren und einen Stadtplan; das Office hilft bei der Ticketbuchung für die Fähren nach Con Dao. Touren. ⏰ Mo–Fr 7.30–11.30 und 14–17.30 Uhr, Sa nur vormittags, So geschl.

Vietnam Airlines und **Jet Star Pacific** haben ein Büro in der 21 Tran Hung Dao, Vietnam Airlines ☎ 064-385 6099, Jet Star Pacific ☎ 064-384 8484. ⏰ Mo–Fr 7.30–12 und 14–17.30, Sa, So 7.30–11.30 Uhr.

TRANSPORT

Der **Busbahnhof** befindet sich an der 52 Nam Ky Khoi Nghia. Hier starten Busse ins Delta, nach HCMS und Richtung Norden.

Die Fahrt nach HO-CHI-MINH-STADT führt zum Mien Dong-Busbahnhof, kostet ab 90 000 Dong, dauert etwa 3 Std. und ist deutlich unbequemer als mit dem Tragflächenboot. Eine gute Wahl ist die Buslinie Phuong Trang, ☎ 064-352 5354, Abfahrt 20 Uhr.

Bilder von Busverbindungen am Bahnhof s. **eXTra [9193]**.

 **22 HIGHLIGHT**

Mekong-Delta

Das Mekong-Delta ist eines der größten Deltas der Welt, geformt vom zehntgrößten Fluss unserer Erde. Über 4500 km hat der Mekong aus Tibet kommend schon zurückgelegt, ehe er sich in Kambodscha in zwei große Arme teilt: den Oberen Mekong (Song Tien) und den parallel fließenden Unteren Mekong (Song Hau), der auch als Bassac-Fluss bekannt ist. Zusammen mit vielen Nebenflüssen und Kanälen formen sie eine einzigartige Landschaft, die oftmals besser auf dem Wasser- als auf dem Landweg zu bereisen ist. Eine **Bootstour** gehört für die meisten Besucher zu den Highlights ihres Besuches im Delta.

In der Trockenzeit fließt das Wasser ruhig und träge dahin, in der Regenzeit dagegen sind große Regionen überschwemmt. Mit seinen braunen Fluten trägt der Mekong so zur besonderen Fruchtbarkeit dieser Landschaft bei. Die drei Reisernten im Jahr versorgen nicht nur große Teile Vietnams mit dem Grundnahrungsmittel, sondern sichern dem Land auch den zweiten Platz unter den weltgrößten Reis-Exporteuren. Obst und Fisch sind weitere wichtige Produkte der Region. Kaum ein Besucher versäumt es, davon zu probieren: sei es die selbst gepflückte Mango oder der beliebte gebratene Elefantenohrfisch.

Viele bereisen das Mekong-Delta mit einer in Sai Gon gebuchten Tour. Das Angebot reicht von Tagesausflügen, die eine Bootsfahrt einschließen, bis hin zu mehrtägigen Reisen, bei denen auch Übernachtungen auf Obstplantagen („Homestay") oder Ausflüge in Naturparks möglich sind. Vorteil ist, dass man sich um nichts zu kümmern braucht und die Standardhighlights bequem auf dem Tablett serviert bekommt – wenngleich nicht unbedingt auf dem silbernen, denn die Qualität solcher Touren ist sehr unterschiedlich.

Es ist allerdings ebenso gut möglich, das Delta auf eigene Faust zu bereisen, sei es mit einem Xe om von Sai Gon aus oder einfach mit dem lokalen Bus. Wer mit dem Xe om unterwegs ist, hat den Vorteil, dass der Fahrer als Übersetzer helfen kann. Wer den Bus nimmt, genießt maximale Entscheidungsfreiheit und engen Kontakt zur Bevölkerung.

Zu den Highlights einer Tour durchs Delta zählen ein Besuch in **Can Tho**, der heimlichen Hauptstadt der Region: Von hier kann man einen riesigen schwimmenden Markt besuchen. Auch von **My Tho** oder **Vinh Long** aus lassen sich schöne Ausflüge zu schwimmenden Märkten und auf einige Flussinseln unternehmen, auf denen Obstplantagen und lokale Manufakturen zu sehen sind – besonders beliebt sind Besuche in Kokosnuss-Bonbonmachereien.

Chau Doc, nahe der Grenze zu Kambodscha, ist für viele auf dem Landweg Reisende eine wichtige Station auf ihrer Etappe und durchaus eine Übernachtung wert. Gleiches gilt für **Ha Tien** im Südwesten, wo der nahe gelegene

Grenzübergang für Ausländer geöffnet wurde und sich eine interessante Reiseroute ins benachbarte Kambodscha und nach Thailand eröffnet.

My Tho

My Tho [4489] ist die Hauptstadt der Provinz Tien Giang und als solche ein wichtiger Markt- und Verwaltungsort. Von Sai Gon aus ist man etwa zwei Stunden unterwegs, oft Stoßstange an Stoßstange, auf der N1 durch eine wenig inspirierende Landschaft, und auch My Tho selbst ist nicht gerade eine Schönheit. Für einige Reisende ist sie dennoch das Einzige, was sie vom Delta sehen, denn wer nicht viel Zeit hat, kann hier einen Blick auf den legendären Mekong werfen. Er hat sich bereits flussaufwärts in seine Mündungsarme unterteilt und wälzt sich hier als sein nördlicher Arm (Tien-Fluss) in Richtung Meer. Vormittags wird es am Flussufer betriebsam, wenn die Gäste aus HCMS anreisen, um eine der typischen Mekong-Bootstouren zu unternehmen, Besuch in einer Kokosnuss-Bonbonmanufaktur inbegriffen.

ÜBERNACHTUNG

Chuong Duong, 30 Thang 4, ☎ 073-387 0875, [9219]. Die komfortabel eingerichteten Zimmer dieses etablierten Hauses zählen zu den besten der Stadt und sind immer noch sehr beliebt, vor allem bei Tourgruppen. Empfehlenswert sind die Balkonzimmer wegen des Blicks auf den Mekong. Gutes Restaurant, ebenfalls mit Flussblick. ❸

Rang Dong Hotel, Le Thi Hong Gam, ☎ 073-397 0085, [4497]. Etwas außerhalb gelegenes Hotel direkt am Mekong mit großen, gepflegten, hellblau gestrichenen Zimmern. Von den umlaufenden Balkonen hat man einen schönen Blick über den Fluss. Gutes, am Wasser gelegenes Restaurant. ❷–❸

Rang Dong Mini Hotel, 24 30 Thang 4, ☎ 073-387 4400, [4498]. Etwas verwohntes, aber immer noch beliebtes Haus. Die AC-Zimmer sind recht groß, einige Zimmer wirken mit dem abgetrennten Aufenthaltsbereich fast wie kleine Suiten. ❶

Song Tien Annex Hotel, 33 Trung Trac, ☎ 073-387 7883, [9218]. Einladende Zimmer in einem großen Eckhaus. Ansprechende Möblierung und moderne Bäder, zum Teil mit freistehender Wanne. Von den umlaufenden Balkonen man einen weiten Blick über den Fluss. ❷

ESSEN

Neben den Restaurants der größeren Hotels kann My Tho mit ein paar passablen Lokalen aufwarten. Beliebt ist *hu tieu*, ein Nudelgericht in Brühe mit Meeresfrüchten, Huhn, Fleisch und Kräutern, das besonders gern zum Frühstück gegessen wird.

Hu Tieu 44, 44 Nam Ky Khoi Nghia. Eines von mehreren auf *hu tieu* spezialisierten Lokalen in dieser Straße. Nur vormittags geöffnet.

Oc 283, 283 Tet Mau Than. Auf Schalen- und Krustentiere spezialisiertes Restaurant. Weiter südlich in der gleichen Straße gibt es weitere Restaurants, z. B. **Quan Chay Hue Tam**, 181 Tet Mau Thanh, ein Tipp für Vegetarier.

TOUREN

Ein- und Mehrtagestouren der **Reiseveranstalter aus Ho-Chi-Minh-Stadt** halten in My Tho. Von hier geht es mit dem Boot zu den kleinen Inseln im Mekong. Ziele sind ein Fischereihafen und ein Kokosnuss-Handwerker-Shop, wo es u. a. Kokosnussbonbons gibt. Mit dem Ruderboot geht es über schmale Flussarme in Dörfer, wo Bienen gezüchtet werden. Hier kann man Honig-Reiswein probieren. Manche Anbieter besuchen auf den Tagestouren auch den Früchtemarkt von My Tho und machen Halt bei Bootsbauern.

Mehrtägige Touren führen von hier meist mit dem Bus weiter nach Chau Doc.

Wer auf eigene Faust eine Tour in My Tho unternehmen möchte, kann sich entweder an **Tien Giang Tourist** (im Tourist Operation Center; 8, 30 Thang 4) wenden oder sich einem **privaten Bootsführer** anvertrauen, die am Fluss ihre Dienste anbieten. Vorteil: Mit den kleineren Booten kann man besser in die flachen Kanäle hineinfahren, besonders bei Niedrigwasser. Man sollte darauf achten, dass die Verständigung mit dem Bootsführer einigermaßen klappt – und nicht nur mit dem Vermittler, der

VIETNAM

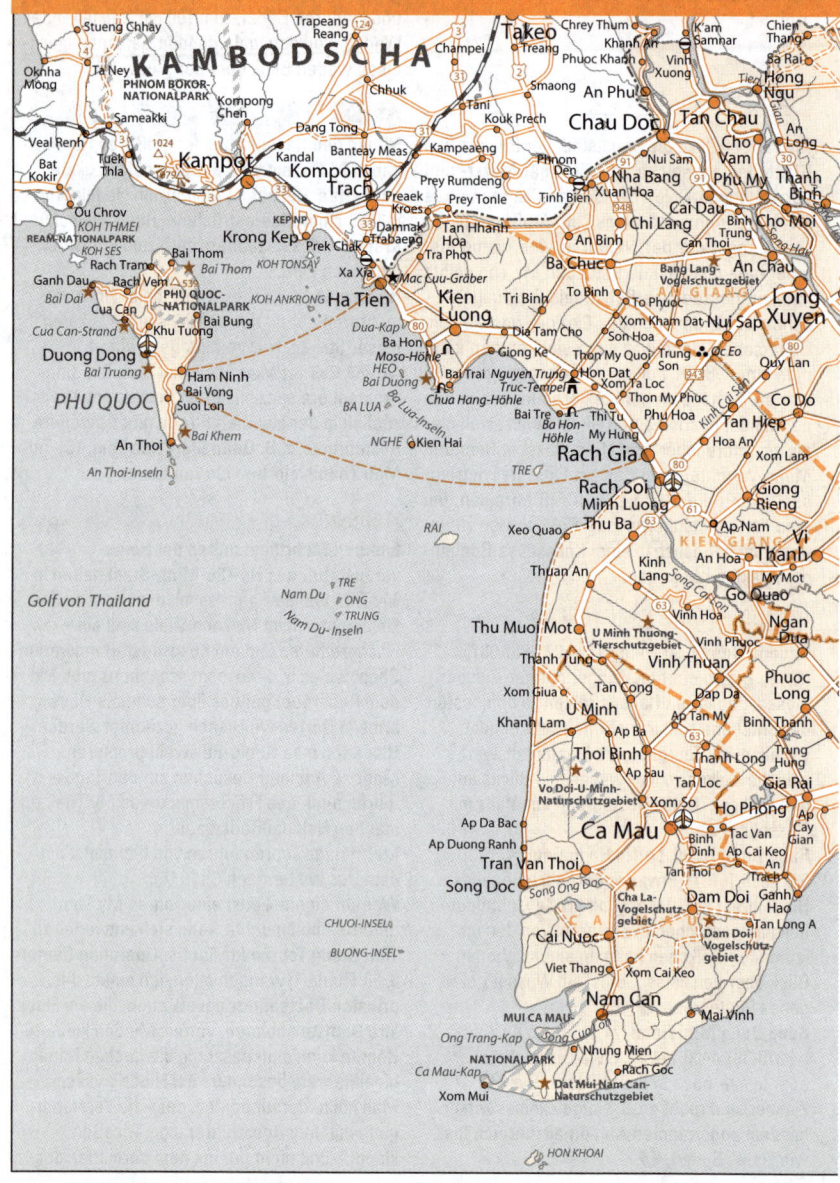

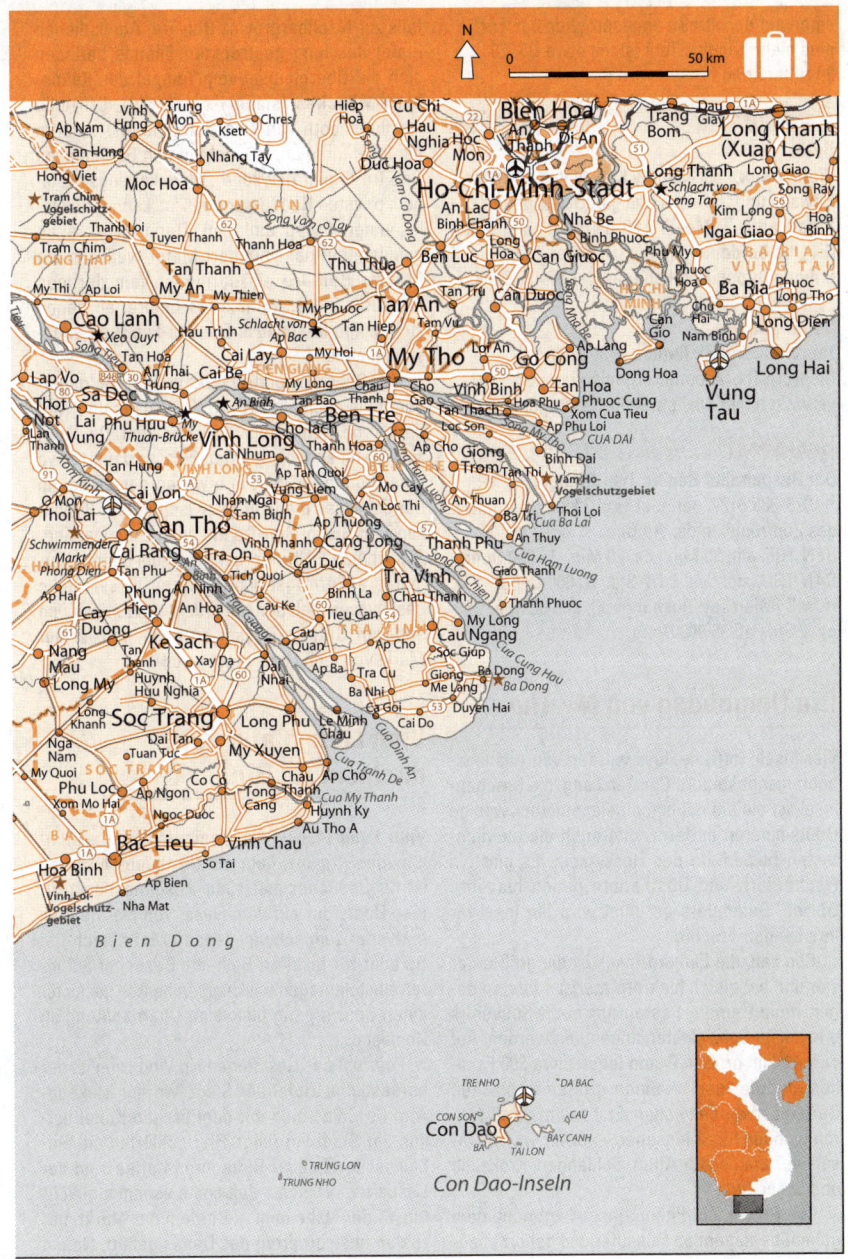

N

0   50 km

Vinh   Trung   Hiep   Cu Chi
Ap Nam   Hung   Mon   Chres   Hoa   Hau   Trang Dau (1A)
Tan Hung   Ksetr   Nghia Hoc   Biên Hoa   Bom   Giay   Long Khanh
                Nhang Tay   Duc Hoa   Mon   An Đi An   (Xuan Loc)
Hong Viet   Moc Hoa   Thanh   Long Thanh   Long Giao
Tram Chim   Ho-Chi-Minh-Stadt   Schlacht von   Long Ray   Song Ray
Vogelschutz-   An Lac   Long Tan
gebiet   Thanh Loi   Binh Chanh   Nha Be   Kim Long   Hoa
Tram Chim   Tuyen Thanh   Thanh Hoa   Long   Binh Phuoc   Phu My   Binh
DONG THAP   Tan Thanh   Thu Thua   Ben Luc   Hoa   Can Giuoc   Phu   Phuoc   Ngai Giao   SA-RIA-
My Thi   Ap Loi   My An   My Thien   Tan Tru   Can Duoc   Hoa   Hoa   Ba Ria   VUNG-TAU
Cao Lanh   Hau Trinh   Schlacht von   Tan Hiep   Tam Vu   Can   Chu   Long Tho
    Xeo Quyt   Ap Bac   My Hoi   Tan An   Lo An   Go Cong   Gio   Hai   Nam Binh   Long Dien
Lap Vo   Tan Hoa   Cai Lay   (1A)   My Tho   Dong Hoa   Long Hai
Thot   Sa Dec   An Thai   Cai Be   Cho   Vinh Binh   Tan Hoa
Not   Lai   Phu Huu   Trung   My Long   Gao   Tan Thach   Hoa Phu   Phuoc Cung   Vung
Lan   Vung   Thuan-Brücke   Tan Bao   Thanh   Loc Son   Ap Phu Loi   Tau
Thanh   An Binh   Ben Tre   CUA DAI
    Tan Hung   Cho lach   Thanh Hoa   Ap Cho Giong   Binh Dai
Ø Mon   Cai Von   VINH LONG   Cai Nhum   (60)   Trom   Tan Thi   Vam Ho-
Thoi Lai   Nhan Ngai   Ap Tan Quoi   Mo Cay   An Thuan   Ba Tri   Vogelschutzgebiet
Can Tho   Tam Binh   Vung Liem   An Loc Thi   Thoi Loi   Cua Ba Lai
Schwimmender   Cai Rang   Tra On   Ap Thuong   An Thuy
Markt   Tan Phu   Vinh Thanh   Cang Long   Thanh Phu   An Thuy
Phong Dien   Phung   An Ninh   Tich Quoi   Cau Duc   Thanh Phuoc
Ap Hai   Hiep   An Hoa   TRA VINH   Giao Thanh
Cay   Duong   Tra Vinh   My Long
Nang   Ke Sach   Tan   Xay Da   Cau Ke   Tieu Can   Cau Ngang
Mau   Long My   Thanh   Dai   Ap Ba   Tra Cu   Soc Giup   Giong   Ba Dong
   Huynh   Nhut   Ba Nhi   Me Long   Ba Dong
   Huu Nghia   Long Phu   Le Minh   Ca Goi   Duyen Hai
Long   Soc Trang   Chau   Cai Do
Khanh   Dai Tan   My Xuyen   Cua Dinh An
Nga   Tuan Tuc
Nam   Co Co   Chau   Ap Cho
My Quoi   Phu Loc   Ap Ngon   Tong Thanh   Cua My Thanh
Xom Mo Hai   Ngoc Duoc   Cang   Huynh Ky
   (1A)   Au Tho A
Bac Lieu   Vinh Chau
Hoa Binh   So Tai
Vinh Loi-   Ap Bien
Vogelschutz-   Nha Mat
gebiet

Bien Dong

TRE NHO   DA BAC

CON SON
Con Dao   CAU
BAI   BAY CANH
TAI LON

TRUNG LON
TRUNG NHO   *Con Dao-Inseln*

einen auf der Straße angesprochen hat. Für eine mehrstündige Tour ist mit etwa US$20–30 zu rechnen.

SONSTIGES
Geld

Vietin Bank, 15B Nam Ky Khoi Nghia. Wechselt Devisen und Schecks und gibt Bares gegen Kreditkarte. ⏱ Mo–Fr 7.30–11 und 13.30–16 Uhr. Diverse **Geldautomaten**, z. B. gegenüber dem Chuong Duong Hotel oder an der Vietin Bank.

Informationen
Tourist Operation Center, 8, 30 Thang 4. Mehrere Touranbieter organisieren und verwalten hier die Touren in die Umgebung.

TRANSPORT
Der **Busbahnhof Ben Xe Tien Giang**, ✆ 073-385 6132, befindet sich 3 km außerhalb des Zentrums an der Ap Bac.
BEN TRE, alle 30 Min., ca. 20 Min., 15 000 Dong; CAN THO, stdl., ca. 1 1/2 Std., 50 000 Dong; HCMS (Mien Tay-Busbahnhof), alle 30 Min., ca. 2 Std., ab 35 000 Dong.

Die Umgebung von My Tho

Vier Inseln im Tien-Fluss werden von Ausflugsbooten angesteuert: **Con Tan Long**, die Dracheninsel, die ist am nächsten gelegene (nur wenige Bootsminuten entfernt) und auch die am dichtesten besiedelte der Flussinseln. Es gibt ein Fischerdorf, und Obstbauern hegen hier ihre Gärten. Besonders gerühmt wird die Insel für ihre Longan-Früchte.

Con Lan, die Einhorn-Insel, ist die größte der vier und hat gleich mehrere *tourist spots*, an denen neben einem Restaurant auch Souvenirs und lokale Spezialitäten angeboten werden. Auf dem 11 km² großen Eiland leben etwa 300 Familien, die die Insel in einen großen tropischen Garten verwandelt haben. Erst seit etwa 40 Jahren wohnen hier Menschen – vorher war die Insel ein Paradies für Affen, Schlangen, Krokodile und sogar Tiger.

Con Phung, die Phönix-Insel, liegt nahe dem gegenüberliegenden Flussufer und gehört eben

falls zur Nachbarprovinz Ben Tre. Am östlichen Zipfel des lang gestreckten Eilands befinden sich die Überbleibsel vom **Tempel des Kokosnuss-Mönches** (siehe **eXTra 4880**). Offizielle Ausflugsboote von Tien Giang Tourist steuern die Insel nicht an, um nicht in den Gefilden von Ben Tre Tourist zu wildern. Wer allerdings mit einem privaten Boot unterwegs ist, kann problemlos einen Stopp einlegen. Dann ist es auch möglich, ein paar hundert Meter weiter in die **Provinz Ben Tre** einzudringen: Vom dortigen Flussufer führen Kanäle ins Innere, an denen sich einige **Kokosnuss-Bonbon-Fabriken** angesiedelt haben.

Der **Schwimmende Markt von Cai Be** gehört ebenfalls noch zur Provinz Tien Giang und wird daher von Tien Giang Tourist bedient. Die Fahrt zum Markt entlang des Tien-Flusses dauert etwa eine Stunde. Er liegt in etwa an der Stelle, an der der Fluss die Grenze zwischen den Provinzen Tien Giang, Ben Tre und Vinh Long markiert. Täglich ab 5 Uhr morgens bis zum späten Vormittag ankern fast 500 Boote an dieser Stelle des Flusses, beladen mit Früchten, Gemüse und anderen Gütern. Besser zu erreichen ist der Markt von Vinh Long-Stadt (s. u.).

Vinh Long, Cai Be und die Insel An Binh

Vinh Long [4503], die Hauptstadt der gleichnamigen Provinz, liegt am Co Chien-Fluss und ist für Besucher meist nur Ausgangspunkt für eine Bootstour auf dem Fluss. Von hier geht es entweder zum schwimmenden Markt nach Cai Be oder zur Insel An Binh, die Besucher auf ihren Obstplantagen willkommen heißt – sei es für einen Spaziergang oder eine Übernachtung im Homestay.

Zentrum des Geschehens in Vinh Long ist der nordöstliche Zipfel der Stadt, wo der Mekong-Arm Co Chien sich mit dem breiten Kanal östlich der Stadt vereinigt. Hier schlürfen die Einheimischen in aller Ruhe ihren Kaffee, und der Besucher mit etwas Zeit sollte es ihnen gleichtun. In der Nähe liegt außerdem der **Markt**, der zu den bestsortierten des Deltas gehört. Neben allerlei Gegenständen des täglichen Gebrauchs fällt besonders das reiche Angebot an Früchten auf. Orangen, Mandarinen, Pomelos, Rambutans, Mangos und Longans – die Auswahl an vitaminreichem Reiseproviant ist riesig. Jede Menge Essensstände locken mit preiswerten Gerichten zum Sofortverzehr. Es sind nicht viele Touristen, die in der Stadt oder im Homestay übernachten. Die meisten Besucher kommen morgens mit einer gebuchten Tour aus Sai Gon an, fahren für ein paar Stunden zum schwimmenden Markt nach Cai Be (S. 837), essen einen Happen und sind am Nachmittag schon wieder weg. Und damit haben sie eine Menge verpasst, denn wirklich hier war man erst, wenn man in einem Homestay gewohnt hat.

Insel An Binh

Das **Cai Cuong Ancient House** [9210] am Cai Muoi-Kanal wurde 1885 erbaut und gehörte der reichen Familie Pham Van Bon. Die Architektur ist eine gelungene Mischung aus europäischen und orientalischen Einflüssen; viele Materialien wurden sogar aus Europa herangeschafft. Die meisten Touren machen an diesem Haus halt, einige Gäste können auch einer musikalischen Darbietung beiwohnen. Gäste, die über Nacht bleiben wollen, dürfen keine Annehmlichkeiten erwarten. Es gibt nur zwei sehr einfache Zimmer. Aber die Atmosphäre ist wirklich einzigartig. Übernachtungen buchbar über Cuu Lung Tourist (s. Touren).

Weitere Ziele auf der Insel sind der **Bonsai-Garten** und eine der zahlreichen **Gärtnereien**. Vietnamesische Touristen fahren zu einem der Vergnügungsparks, wo sie Krokodile füttern, auf Straußen reiten und anderen Vergnügungen nachgehen.

Cai Be

Auf dem **schwimmenden Markt** von Cai Be ist von 5 Uhr morgens bis zum späten Vormittag Betrieb. Er ist ein beliebtes Ausflugsziel für Tourgruppen aus Sai Gon und kann von dort als Tagestour gebucht werden – eine Option für Reisende mit wenig Zeit. Andere Besucher kommen über My Tho, das etwa eineinhalb Stunden mit dem Boot entfernt ist. Von Vinh Long benötigt man eine Dreiviertelstunde für eine Strecke.

Bis zu 500 Boote versammeln sich hier täglich – ein echter „Großmarkt", zu dem Händler aus dem ganzen Delta anreisen. Besonders voll ist es im Januar, in den Wochen vor dem Tet-Fest. Jedes Boot hat meist nur ein einziges Produkt im Angebot. Am Bug der Schiffe befindet sich eine lange, senkrecht stehende Stange, an deren Spitze ein Beispiel für das jeweilige Obst oder Gemüse befestigt ist. So können sich die Händler in dem unüberschaubaren Gewimmel der Bootsrümpfe orientieren.

Achtung: Es kann manchmal vorkommen, dass hier nur eine Handvoll Boote herumdümpelt – dann ist ein Besuch ziemlich enttäuschend. Trost kann in dem Fall vielleicht eine Weiterfahrt durch die kleinen Kanäle bieten, bei der man dem Alltag der Menschen ganz nahe kommt. Das geht natürlich nur, wenn man mit einem kleinen Boot angereist ist, nicht in einer großen Gruppe.

In der Stadt

Cuu Long Hotel, 1 Thang 5, ✆ 070-382 3656, 🖥 www.cuulongtourist.com, [4505]. Die zentrale Lage und die modernen AC-TV-Zimmer, zum Teil mit schönem Flussblick, machen das Hotel zu einer beliebten Unterkunft – auch bei Tourgruppen. Die Zimmer mit Blick zum Park sind nicht nur preiswerter, sondern auch ruhiger. Inkl. Frühstück. ❸
Lac Long, ✆ 070-383 6846, [9196], und die beiden danebenliegenden Gästehäuser **Phuong Hoang 1**, ✆ 070-382 5185, und **Phuong Hoang 2**, ✆ 070-382 2156, 2G, 2H und 2R Hung Vuong, beide [4506], sind nahezu identisch: einfach und recht abgewohnt. Wer günstig wohnen will, sollte sich einige Zimmer ansehen. Es gibt auch Zimmer für 3–5 Pers. ❶
Van Tram Guesthouse, 4, 1 Thang 5, ✆ 070-382 3820, [9197]. Ein halbes Dutzend große, ansprechende, einfache Zimmer am Fluss. Gegenüber ist es in der Bar zwar erst etwas lauter, aber gegen 22 Uhr ist Schluss. ❷

Homestays auf An Binh

Beliebt sind Übernachtungen im „Homestay" auf der Mekong-Insel An Binh. Hier wohnt man in Mehrbettzimmern oder einfachen

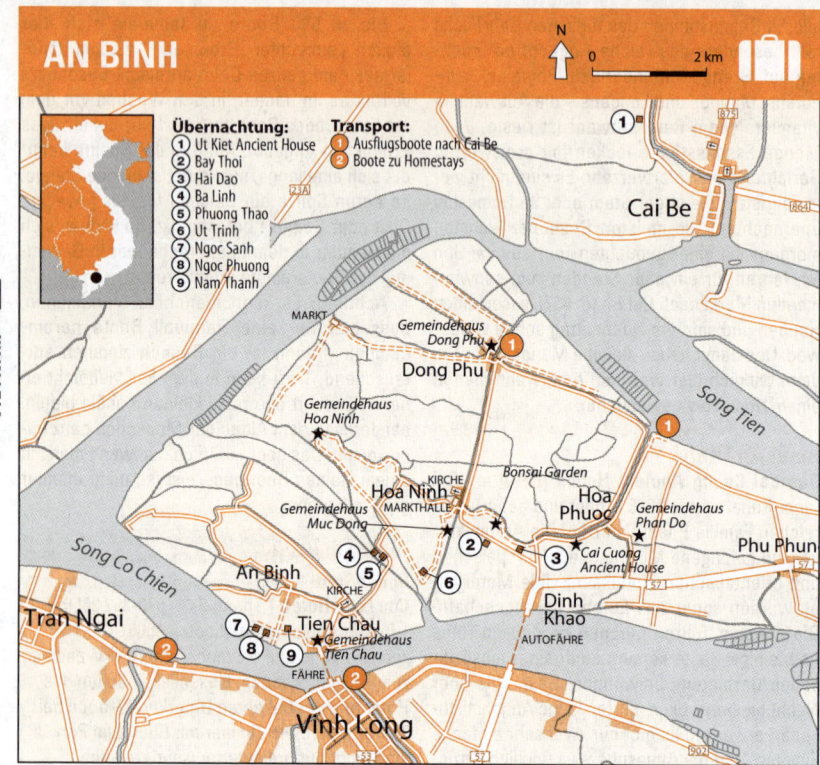

Übernachtung:
1. Ut Kiet Ancient House
2. Bay Thoi
3. Hai Dao
4. Ba Linh
5. Phuong Thao
6. Ut Trinh
7. Ngoc Sanh
8. Ngoc Phuong
9. Nam Thanh

Transport:
1. Ausflugsboote nach Cai Be
2. Boote zu Homestays

N
0   2 km

VIETNAM

Cai Be

MARKT

Gemeindehaus
Dong Phu

Dong Phu

Song Tien

Gemeindehaus
Hoa Ninh

Bonsai Garden

KIRCHE
Hoa Ninh
MARKTHALLE

Gemeindehaus
Muc Dong

Hoa
Phuoc

Gemeindehaus
Phan Do

Phu Phun

Song Co Chien

An Binh

Cai Cuong
Ancient House

KIRCHE

Tran Ngai

Tien Chau

Gemeindehaus
Tien Chau

Dinh
Khao

AUTOFÄHRE

FÄHRE

Vinh Long

Doppelzimmern (teils mit eigenem Bad). Es gibt keine AC und kein warmes Wasser aus der Leitung. Zu einem Aufenthalt gehören immer ein gemeinschaftliches Abendessen (das gemeinsam gekocht wird) und ein Frühstück. Die Hotels der Stadt sind allenfalls für Spätankömmlinge interessant.

Ba Linh, 95 An Thanh, ✆ 070-385 8683, ✉ balinhhomestay@gmail.com, [9202]. Dieses Homestay ist seit Langem bei Tourgruppen aus HCMS beliebt. In dem Haus leben noch heute 3 Generationen, und der Gast bekommt trotz zahlreicher Gäste noch immer einen guten Eindruck vom Leben der Menschen. Toll sind der antike Herd und vor allem die kunstvollen Dekorationen, die aus Gemüse geschnitzt werden. Gute Wahl. 300 000 Dong p. P.

Bay Thoi, Binh Thuan II, ✆ 070-385 9019, ▭ www.homestaybaythoi.com, [9203]. Ziel vieler Billigtouristen. Keine Atmosphäre. US$15 p. P.

Hai Dao, Binh Thuan II, ✆ 070-395 4544, ✉ haidaohomestayvl@gmail.com, [9204]. Viele Zimmer aus Beton, die neueren sind etwas stimmungsvoller. US$15 p. P.

€ **Nam Thanh**, 172/9 Binh Luong, ✆ 070-385 8883, ✉ namthanh homestayvn@gmail.com, [9205]. Nah am Pier gelegenes einfaches Homestay mit günstigen Zimmern, alle mit Gemeinschaftsbad. Sauber. Nette Leute. US$12 p. P.

Ngoc Phuong, 118C/10 Binh Luong, ✆ 070-395 0857, ✉ homestay. ngocphuong@yahoo.com.vn, [9206]. Günstig,

In der Umgebung von Cai Be gibt es zwei berühmte alte Häuser, die auch Gäste aufnehmen. Beliebt ist die koloniale Villa **Ba Duc** im 15 Bootsminuten östlich von Cai Be gelegenen Dorf Dong Hoa Hiep. Genächtigt wird in einfachen, aber gut ausgestatteten Zimmern im Neubau (der dem Stil der Villa nachempfunden wurde). Viele größere Gruppen machen hier halt.

Sehr eindrucksvoll ist das **Ut Kiet Ancient House**, ebenfalls im Dorf Hoa Hiep [9213]. Das Haus wurde 1838 erbaut und 2003 mit japanischer Hilfe originalgetreu restauriert. Die meisten Besucher kommen nur zur Besichtigung, einige essen hier. Genächtigt wird ggf. im Schlafsaal auf dünnen Matratzen oder Matten.

Die Übernachtung in einem dieser Häuser kostet um US$25 p. P. und ist wirklich etwas Besonderes, denn in den ehrwürdigen Häusern mit ihrem zum Teil antiken Mobiliar umweht einen tatsächlich der Atem der Vergangenheit. Weitere Informationen und Buchungen über Cuu Long Tourist (s. Touren).

zentral und neue Zimmer. Dieses Haus mit Doppel- und Mehrbettzimmern in einem geschmackvoll neu gebauten Haus aus roten Backsteinen und Holz ist eine gute Wahl. Nette Leute. Recht moderne Küche mit etwas weniger Atmosphäre, aber viel Platz. Inkl. Fahrräder. US$12 p. P.

Verwohnter ist das vormals beliebte Haus der Familie **Ngoc Sanh**. Noch immer kommen Gäste hierher, doch die Zimmer sind ziemlich heruntergekommen.

Phuong Thao, An Binh, ☎ 070-383 6854, 🖥 www.phuongthaohomestay.com, [9207]. Die neuen Doppel- und Mehrbettzimmer sind einladend. Das Haus besteht vorwiegend aus Holz – kaum Beton. Alle mit Gemeinschaftsbad. Weitab von der Straße, dank kostenloser Fahrräder kann man die Gegend bequem erkunden. US$15 p. P.

Ut Trinh, Hoa Qui Hamlet, ☎ 070-395 4255, ✉ vinh longmekongtravel@yahoo.com, [9208]. Gelungenes Konzept: Um das alte Haus, in dem noch immer 3 Generationen leben, wurden neue Zimmer errichtet, alle aus den typischen roten Backsteinen. Jedes Zimmer hat ein eigenes Bad. Große Küche und gute Köche. Hinter dem Haus befinden sich größere überdachte Essbereiche in einem Bio-Garten. Aus diesem gepflegten Garten stammen auch soweit möglich Gemüse und Obst für die Küche. Inkl. Fahrrad. US$20 p. P. Kontakt über Mekong Travel (s. Touren).

Wer in einem Homestay wohnt, kann abends beim Kochen helfen und bekommt auch ein Frühstück, Tagestouristen erhalten ein Mittagessen. Ansonsten muss das Essen (das Trinken immer) bezahlt werden, und man ist auf die Küche des Homestays angewiesen. In der Stadt gibt es neben den **Essensständen** südlich des Marktes einige Restaurants.

Hoa Nang Café, 1 Thang 5. Tagsüber gut für einen Kaffee am Fluss; sehr nett auch für ein Kaltgetränk zum Sonnenuntergang. Abends ziemlich laut; Vietnam-Pop und Karaoke-Beschallung.

Nem Nuong, 1 Thang 5. Leckere und preiswerte *nem nuong* (gegrillte Fleischbällchen mit Reisnudeln) – so beliebt, dass manchmal jeder Platz besetzt ist.

Phuong Thuy, 1 Thang 5, ☎ 070-382 4786. Der „Wasserdrache" gehört zum Cuu Long Hotel und bewirtet seine Gäste mit westlichen und vietnamesischen Gerichten, die auf einer englischsprachigen Speisekarte verzeichnet sind. Die ungemütliche Innenausstattung wird vom Blick auf den Fluss wettgemacht. ⏰ tgl. 6–21 Uhr.

Touren zum schwimmenden Markt von **Cai Be** werden von den Reisebüros angeboten. Das Gleiche gilt für Fahrten auf die Mekong-Insel **An Binh**. Mopedtouren auf der Insel, Bootstouren und Homestay werden auch von vielen privaten Bootsleuten bzw. ihren Vermittlern offeriert.

VIETNAM

Eine empfehlenswerte Reiseagentur ist **Mekong Travel**, 8, 5 St., ℡ 070-383 6252, [9199]. Das Team rund um Mrs. Gin bietet gute Touren zu fairen Preisen. Gin spricht gut Englisch, und so ist es möglich, ganz individuelle Touren zu erstellen. Sie betreibt zudem mit ihrer Familie ein sehr gutes Homestay (Ut Trinh Homestay, s. Übernachtung). Wer Hilfe beim Buchen von Homestays benötigt, kann sich ebenfalls an Gin und ihre Mitarbeiter wenden.

Touren bietet auch **Cuu Long Tourist**, 1, 1 Thang 5, ℡ 070-382 3616, 🖥 www.cuulong tourist.com, Büro im Cuu Long Hotel. Die Angestellten sprechen relativ schlecht Englisch und spulen eher ab, was sie im Programm haben, als auf Ideen einzugehen. 🕐 tgl. 7–17.30 Uhr.

VIETNAM

SONSTIGES

Geld

Vietcom Bank, 1E Hang Thai Hieu. Wechselt Devisen und Dollar-Reiseschecks und gibt Geld auf Visa- und MasterCard. 🕐 Mo–Fr 7–11 und 13–16 Uhr.

Ein **Geldautomat**, der Kreditkarten akzeptiert (Vietin Bank), liegt nahe dem Markt.

Post

Buu Dien Vinh Long, 14 Hoang Thai Hieu, ℡ 070-382 3320. 🕐 tgl. 6–21 Uhr.

TRANSPORT

Busse

Busse aus anderen Regionen lassen einen manchmal an einer Kreuzung etwas außerhalb aussteigen; von dort sollte die Strecke mit dem Motorradtaxi in die Innenstadt nicht mehr als etwa 30 000 Dong (nachts 50 000 Dong) kosten. Der **Busbahnhof**, Dinh Tien Hoang, ℡ 070-382 5235, liegt etwa 3 km westlich des Zentrums und ist mit dem Xe om für 15 000 bis max. 30 000 Dong zu erreichen.

CAN THO, etwa alle 30 Min., 23 000 Dong, 30 Min.;

DA LAT, mit Phuong Trang (s. u.) um 21.30 Uhr, 325 000 Dong, Ankunft am nächsten Morgen; HCMS (Mien Tay), stdl., 3 Std., 95 000–105 000 Dong. Empfehlenswert sind die Busse von Phuong Trang, ℡ 070-387 9777.

Bei Buchung Abholung am Hotel, Abfahrt stdl. 1–20 Uhr, 105 000 Dong.

Mai Linh Express, ℡ 070-387 8878, bedient die Strecke ab 4.30 bis 20 Uhr mit Minibussen für 95 000 Dong. Mai Linh fährt zudem nach SOC TRANG für 75 000 Dong, BAC LIEU für 100 000 Dong und CA MAU für 125 000 Dong. MY THO, 2 1/2 Std., 50 000 Dong.

Boote

Die Fähre nach AN BINH legt ungefähr alle 10 Min. ab; das Ticket kostet 1000 Dong.

Can Tho

Can Tho [4576] ist die größte und wichtigste Stadt des Mekong-Deltas. Trotz ihrer Bedeutung als Industriezentrum und Drehscheibe des Deltas wirkt sie sehr einladend auf Besucher. Das liegt am überschaubaren Stadtkern am Flussufer, in dem eine entspannte Atmosphäre herrscht: Keine aufdringlichen Straßenhändler behelligen den Reisenden, und einige gute Restaurants laden zum Verweilen ein. Das Highlight für die meisten Besucher ist ein Besuch auf dem schwimmenden Markt von **Cai Rang**, dem größten seiner Art im Delta (S. 841). Besucher der Stadt halten sich meist am Flussufer an der Hai Ba Trung auf, wo der alte Markt, ein kleiner Park und eine ganze Anzahl von Restaurants locken.

Freunde des Theravada-Buddhismus können einen Abstecher in die **Vien Quang-Pagode** (khmer: Chua Pitu Khosa Rangsay; „Ort der Vervollkommnung der Erkenntnis") unternehmen. Der von 1946 bis 1948 erbaute Tempel wurde 1969 bei einem Hubschrauberangriff der Amerikaner fast vollständig zerstört. Erst ab 1996 kam es zu umfangreichen Renovierungsarbeiten. Ab 2008 wurde am neuen mehrstöckigen Haupttempel gebaut, der, im April 2012 eröffnet, nun in neuem Glanz erstrahlt. Das angeschlossene Kloster dient der Khmer-Gemeinde von Can Tho als spirituelles Zentrum und etwa 50 Mönchen und Novizen als Wohnsitz.

Im **Can Tho-Museum**, 1 Hoa Binh, ℡ 0710-382 0955, sind im Erdgeschoss verschiedene Zeugnisse der Eo Oc-Kultur zu sehen, darunter einige schöne kleine Statuen. Daneben sind auch die chinesischen und Khmer-Einflüsse in der Region dokumentiert. Eine weitere Ausstellung ist der Flora und Fauna des Deltas gewidmet. Letztere ist größtenteils in Flaschen eingelegt. Im Obergeschoss findet man dokumentarisches Material, das sich mit der Zeit der französischen und amerikanischen Dominanz beschäftigt. ⏲ Di–Fr 6–20, Sa, So 7–11 und 13–17 Uhr, Eintritt frei.

ÜBERNACHTUNG

Can Tho hat als eines der wichtigsten Reiseziele im Delta für jeden die passende Unterkunft parat.

Untere Preisklasse

Hien Guest House, 118/10 Phan Dinh Phung, ☎ 0710-381 2718, ✉ hien_gh@yahoo.com, [7410]. Einfache Zimmer in einem familiären, beliebten Gasthaus, das in einer kleinen Gasse (Hem 118) liegt. Derselbe Besitzer betreibt um die Ecke das neuere **Hien Guest House 2**, 106/3 Phan Dinh Phung; die Zimmer sind ein wenig teurer, dafür gibt es oben eine große Dachterrasse. Einige Leser berichteten von aufdringlichem Tourverkauf. Auf Nachfrage wurde uns erklärt, dass oftmals Bootstour-Anbieter den Gästen bis in die Unterkunft folgen: „The business is really hard." ❶–❷

Hotel 31, 31 Ngoc Duc Ke, ☎ 0710-382 5287, [9226]. Einfache Zimmer mit Ventilator oder AC; die zur Straße hin sind groß und haben einen kleinen Balkon. Für den Preis okay, doch manche bevorzugen das neuere Schwester-**Hotel 31 B** ein paar Straßen weiter; 10 Tan Trao, ☎ 0710-221 0926: saubere Zimmer, toller Ausblick aus den oberen Stockwerken. Beide ❶

Tay Ho, 42 Hai Ba Trung, ☎ 0710-382 3392, ✉ tay_ho@hotmail.com, [4582]. Zentral gegenüber der Onkel-Ho-Statue am Fluss gelegenes Hotel mit sauberen AC-Zimmern mit Kühlschrank, Flachbild-TV, bequemen Betten und – wenn man ein Zimmer nach vorne heraus erwischt – einem tollen Blick vom langen Balkon. Freundliche Angestellte. ❷

Thanh Thuy Hotel, 68 Hai Ba Trung, ☎ 0710-246 4464, ✉ khachsanthuthuy@gmail.com, [7411]. Ordentliche, preiswerte Standardzimmer

in bester Lage am Fluss in einem recht neuen Haus. Freundliches, hilfsbereites Personal. ❶–❷

Viva Hotel, 26 Hai Ba Trung, ☎ 0710-381 8485, 093-937 2646 (Mr. Loi), [9228]. Neues Hotel mit schicken, im leichten Boutique-Stil ausgestatteten Zimmern, die an einem umlaufenden Balkon liegen. Top-Lage mitten im „Touristenviertel" am Fluss. Die Bar auf dem Dach mit Blick auf den Mekong ist ein weiterer Pluspunkt. ❷–❸

Mittlere und obere Preisklasse

Hau Giang Hotel, 34 Nam Ky Khoi Nghia, ☎ 0710-382 1851, 🖳 www.haugianghotel.com, [9227]. Gepflegtes Mittelklassehotel; ordentliche Zimmer mit Holzimitat-Fußböden. TV nur über relativ kleine Flachbildschirme. Routiniertes Personal. ❸–❺

Kim Tho Hotel, 1A Ngo Ghia Tu, ☎ 0710-381 7517, 🖳 www.kimtho.com, [4583]. Verschiedene Zimmer von Standard über Superior und Deluxe bis hin zur VIP-Suite in diesem Mittelklassehotel. Die Räume sind schön ausgestattet und haben zum Teil Flussblick. Gemütliche Empfangshalle. Frühstück inkl. ❹–❻

Nam Bo Boutique Hotel, 50 Hai Ba Trung, ☎ 0710-381 9139, 🖳 www.nambocantho.com, [9230]. 7 schöne Suiten im Boutique-Stil; viel Platz, geschmackvolle Ausstattung. Im Erdgeschoss und im 1. Stock lockt ein teures Restaurant unter französisch-vietnamesischer Leitung. Abends kann eine Tischreservierung empfehlenswert sein. ❻

ESSEN

In Sachen Essen kann Can Tho sich sehen lassen: Gute, preiswerte einheimische Restaurants gibt es ebenso wie europäische Küche.

31 Restaurant, 31 Ngoc Duc Ke, im Erdgeschoss des Hotel 31, [9226]. Abends voll mit Einheimischen, die sich in dem schmucklosen keinen Restaurant an lokalen Spezialitäten erfreuen. Tagsüber auch bei Travellern beliebt für einen preiswerten Teller Nudeln.

Café Dong Tay (Cappuccino), 138 Hai Ba Trung, gegenüber vom alten Markt, ☎ 0710-382 5296, [4591]. Empfehlenswerte Anlaufstelle für euro-

VIETNAM

Can Tho

N
0 ____ 300 m

VIETNAM

Wasserpark

Übernachtung:
1. Hau Giang Hotel
2. Hien Guest House 2
3. Hotel 31
4. Hien Guest House 1
5. Kim Tho Hotel
6. Viva Hotel
7. Tay Ho
8. Nam Bo Boutique Hotel
9. Hotel 31 B
10. Thanh Thuy Hotel

Essen:
1. Ca Phe EMI
2. Quan Com Chay Cuong
3. GONY (Glory Of New York)
4. Café Dong Tay (Cappuccino)
5. banh xeo-Restaurants
6. Mekong Restaurant
7. Phuong Nam

Transport:
1. Ninh Kieu-Pier

---

päische Gerichte: mit mediterraner, hauptsächlich italienisch beeinflusster Küche.
GONY (Glory Of New York) Lounge Café & Spa,
8-12 Nguyen Anh Ninh, ℡ 0710-381 0299, [7583].
Minimalistischer Chick mit AC, stylischem Dekor
und ausführlicher Speise- und Getränkekarte.
Gute Küche. Der 2. Stock beherbergt ein Spa.
Mekong Restaurant, 38 Hai Ba Trung, ℡ 0710-
382 1646. Ein Klassiker: seit 1965 an dieser Stelle

ansässig. Inzwischen sitzen hier allerdings
keine Einheimischen mehr – die wissen, dass
man besser woanders isst! Ist aber aufgrund
der Lage okay für ein Bier und um andere
Reisende zu treffen.
Phuong Nam, 48 Hai Ba Trung, ℡ 0710-381 2077.
Vietnamesische und andere Gerichte für
Touristen; besser, aber auch teurer als im
benachbarten Mekong Restaurant.

www.stefan-loose.de/vietnam

€ **Quan Com Chay Cuong**, 9 De Tham, ✆ 0710-360 1781, [9229]. Ein Tipp für Vegetarier – und Sparsame: Riesige Auswahl leckerer, preisgünstiger Gerichte, fertig zubereitet in der Glasvitrine zur Auswahl hergerichtet. Man bekommt einen Teller Reis und dann eine oder mehrere der Speisen obendrauf; je um die 15 000 Dong.

Eine ganze Reihe weiterer gut besuchter **lokaler Restaurants** mit *nem nuong* und anderen Gerichten befinden sich an der De Tham, zwischen dem Com Chay Cuong und dem **Ca Phe EMI**. Viele davon haben nur abends geöffnet.

SONSTIGES

Geld

Vietcombank, 7 Hoa Binh, ✆ 0710-382 0445. Wechselt Devisen und nimmt Kreditkarten. ⏲ tgl. 7–12 und 13–17 Uhr.

Informationen und Touren

Can Tho Tourist Travel Service Center, 50 Hai Ba Trung, ✆ 0710-382 4221, 🖥 www.cantho tourist.vn/en. Die unterschiedlich stark motivierten Mitarbeiter vermitteln Homestays sowie Boots- und Fahrradtouren und helfen auch weiter mit Informationen zur Gegend und bei der Ticketreservierung – sowohl für Busse in andere Delta-Städte als auch für Vietnam-Airlines-Flüge, ✆ 0710-382 4088, und Züge ab HCMS, ✆ 0710-382 7675. ⏲ tgl. 7–17 Uhr. Viele **private Touranbieter** suchen am Ufer des Flusses und in den Hotels nach Kunden. Ein Beispiel ist **Mrs. Ha**, ✆ 091-818 3552, die schon seit Anfang der 1990er-Jahre in Sachen Bootstouren aktiv ist. Erfahrungen mit ihr und anderen Anbietern können unter **eXTra [9231]** weitergegeben werden.

Taxis

VipTaxi, ✆ 0710-381 4814;
Mai Linh, ✆ 0710-382 8282.

TRANSPORT

Busse

Der **Busbahnhof für Fernbusse** liegt etwa 4 km vom Zentrum in südöstlicher Richtung. Xe om zum Zentrum ca. 70 000 Dong.

Der **Busbahnhof für die Weiterreise im Delta** liegt etwa 2 km nordwestlich des Zentrums an der Nguyen Trai (Xe om ab Zentrum ca. 30 000 Dong).
Schalter von **Phuong Trang** (FUTA Buslines), ✆ 0710-376 9768, befinden sich an beiden Bahnhöfen. Fast alle FUTA-Busse starten jedoch am Bhf. für Fernbusse. Wer über sein Hotel bucht, kann sich vor der Haustür abholen lassen. Mit FUTA nach:
CHAU DOC, 6.30–18 Uhr 8x tgl., 135 000 Dong, ca. 3 Std.;
DA LAT, um 6.15 und 20.20 Uhr, 365 000 Dong. Ankunft am nächsten Morgen;
HCMS, ganztags halbstdl. 3–23 Uhr, 145 000 Dong, ca. 4 Std.;
RACH GIA, 3–18 Uhr 10x tgl. für 135 000 Dong, 3 Std.
Eine große Zahl **lokaler Busse** startet am Bahnhof nordwestlich des Zentrums, u. a. nach:
CHAU DOC, 4–18.30 Uhr 8x tgl., 2 Std., 100 000 Dong;
MY THO, stdl., 2 Std., 55 000 Dong;
RACH GIA, 4–18 Uhr, 3 Std., 70 000 Dong;
Kurzstreckenbusse nach Vinh Long (23 km) starten etwa alle 30 Min. an der Ecke Hoa Binh/ Nguyen Thai Hoc für 23 000 Dong.
Ein **Direktbus nach Kambodscha** (PHNOM PENH) fährt tgl. um 5.30 (5 Uhr da sein) am Stadtrand ab. Er passiert die Grenze bei Tinh Bien; die Grenzformalitäten werden in Begleitung des Buspersonals abgewickelt, das dafür einen Aufschlag auf die Visagebühr verlangt. Buchung und Zubringer können an der Hotelrezeption geklärt werden. Dauer ca. 8 Std.; 336 000 Dong (US$16).

Flüge

Der **Flughafen**, 179B Le Hong Phong, ✆ 0710-384 4301, 🖥 www.canthoairport.com, liegt etwa 3 km nordwestlich des Zentrums. Vietnam Airlines fliegt von hier tgl. nach HA NOI (2 1/4 Std.) und PHU QUOC (50 Min.).

Die Umgebung von Can Tho

Der **schwimmende Markt von Cai Rang** [4884] liegt etwa 6 km südwestlich, den Can Tho-Fluss hinauf. Da morgens am meisten los ist, empfiehlt es sich, zeitig aufzubrechen. Am besten startet man schon vor Sonnenaufgang um ca. 5.30 Uhr: Dann erlebt man nicht nur einen tollen Sonnenaufgang über dem Fluss, sondern vermeidet auch die Anwesenheit allzu vieler Ausflugsschiffe, die die Atmosphäre doch etwas beeinträchtigen können. Die meisten von Reiseveranstaltern angebotenen Standardtouren starten um 7 Uhr. Wer früher los will, muss sich also selbst um ein Boot kümmern. Das ist nicht weiter schwierig: Schon ein kurzer Aufenthalt an der Uferpromenade genügt, um von einem Bootsführer oder Vermittler angesprochen zu werden. Die Kosten betragen um die US$5 pro Stunde, sodass ein Ausflug über den Daumen gepeilt auf US$20–30 pro Boot kalkuliert werden kann. Findet man ein paar Mitreisende, reduzieren sich die Kosten für den Einzelnen. Vier Personen haben genug Platz auf einem Privatboot.

Es gibt die (empfehlenswerte) Möglichkeit, zum **Phong Dien-Markt** weiterzufahren: Dieser schwimmende Markt ist zwar kleiner als der von Cai Rang, aber die Boote drängen sich dichter zusammen, und wenn man sich mitten ins Gewühl manövrieren lässt, kommt man dem Mekong-Leben schon ziemlich nahe. Auch das geht nur von einem kleinen Privatboot aus – größere Boote können nur außen vorbeifahren.

Außerdem kann man auf einer solchen Tour in die kleinen Kanäle hineinfahren und je nach Jahreszeit beim Reispflanzen oder -ernten zuschauen und einen Imbiss in einem privaten Gartenrestaurant zu sich nehmen.

Wer sich in die Hände einer Reiseagentur begeben will, wendet sich am besten an Can Tho Tourist (S. 841), die täglich unterschiedliche Touren im Programm haben. Auch Transmekong, 🖥 www.transmekong.com, bietet morgens einen Besuch des schwimmenden Marktes inklusive Frühstück an Bord und abends eine Sonnenuntergangsfahrt auf einem komfortablen Holzboot an. Start- und Zielpunkt sind der Bootsanleger am vom selben Eigner betriebenen Sao Hom Restaurant.

Eine andere Option ist eine Markt-Tour mit einer der **Bootsfrauen**, die Touristen den ganzen Tag über auf der Uferpromenade ansprechen. Eine etwa vierstündige, beschauliche Bootsfahrt zum Cai Rang-Markt kostet etwa US$20,

eine längere mit Weiterfahrt zum Phong Dien-Markt etwa US$30. Dabei kann man unterwegs auch in die kleinen Kanäle einbiegen.

Chau Doc

Viele Reisende nutzen Chau Doc [4513] als Transit-Ort auf der Reise von oder nach Kambodscha, das von hier auf dem Fluss oder auf dem Landweg zu erreichen ist. Einige Sehenswürdigkeiten und Ausflugsziele können aber auch zu einem längeren Aufenthalt verleiten. Gute preiswerte Unterkünfte sind ebenso vorhanden wie ein schönes Luxushotel am Flussufer.

Dank seiner Lage am Hau-Fluss (Bassac) ist Chau Doc seit jeher ein bedeutender regionaler Handelsort. Wichtige Kanäle treffen sich hier: Der Vinh Te-Kanal führt in südwestlicher Richtung an der kambodschanischen Grenze entlang nach Ha Tien und somit zum Meer, und der Vinh An-Kanal, der sich in nordöstlicher Richtung erstreckt, mündet bei Tan Chau in den Tien-Fluss, den breitesten Arm des Mekong im Delta.

Auf dem großen **Markt** gibt es aufgrund der Grenznähe zusätzlich zu den üblichen Waren des täglichen Bedarfs auch Schmuggelware aus Kambodscha.

Der 6 km entfernte, 230 m hohe **Sam-Berg (Nui Sam)** ist für die Menschen der Umgebung ein heiliger Ort – und das schon seit langer Zeit. Wer den Berg besteigt, findet oben die Reste eines alten Shiva-Heiligtums, erkennbar an einem in den Boden eingelassenen Stein mit einer quadratischen Aussparung. Er symbolisiert das weibliche Geschlechtsorgan, das einst einen phallischen Stein aufnahm, in dessen Gestalt Shiva verehrt wurde. Noch heute herrscht auf dem Berg ein reger Pilger-Betrieb. Allerdings ragt hier gegenwärtig ein Phallus ganz anderer Art in den Himmel: Ein hoher Funkmast nutzt die exponierte Stelle für eher weltliche Kommunikationsaufgaben. Kambodscha ist nicht weit und vom Berg aus zu sehen. Grund genug für die vietnamesische Armee, hier oben einen Beobachtungsposten einzurichten.

Der Nui Sam brachte immer schon Pilger in die Stadt – auf dem Höhepunkt der Pilgersaison, zum Ba Chua Xu-Fest im Mai, sollen es in den letzten Jahren bis zu 2 Mio. gewesen sein! Möglicherweise übertreibt die Tourismusbehörde hier ein wenig. Sicher ist, dass ohne langfristige Buchung in dieser Zeit kein Bett zu bekommen ist.

ÜBERNACHTUNG

Ob abgewohntes Travellerzimmer, heimelige Mittelklasse oder komfortabler Luxus – Chau Doc bietet für jeden etwas.

Be Noi Mekong Floating Hotel & Restaurant, 443 Le Loi, ☏ 076-355 0838, 🖥 www.saigon mekong.info, [9234]. Die schlichten Zimmer werden viel von Tourgruppen genutzt, die vom Betreiberunternehmen Delta Adventure Tours aus HCMS hergeschickt werden. Das dazugehörige schwimmende Restaurant hat eine große Auswahl an Gerichten, und die Tische direkt an der Brüstung ermöglichen einen schönen Blick auf das Treiben auf dem Mekong. ❶

Murray Guesthouse, 11-15 Truong Dinh, ☏ 076-356 2108, ✉ nhanghi murrayy@gmail.com, [9232]. In dem Guesthouse schaffen der australische Auswanderer Wayne Murray und seine Frau Nguyen Thi Thanh Can ein sehr wohnliches Ambiente. Das Haus hat sich nach seiner Eröffnung 2013 in kürzester Zeit einen Spitzenplatz bei den Unterkünften in Can Tho gesichert: Zwar liegt es etwa 1,5 km vom Stadtzentrum entfernt, doch die schön ausgestatteten Zimmer und die freundliche Atmosphäre machen das allemal wett. Pool-Table, Bar, Fahrradverleih. Versucht mit Energiespar-AC, Mülltrennung und Solar-Heißwasser zumindest einige Schritte in Richtung Umweltschutz zu gehen. Unbedingt reservieren! Schnäppchen bei agoda möglich (s. **eXTra**). ❷ – ❸

Trung Nguyen Hotel, 86 Bach Dang, ☏ 076-386 6158, 🖥 www.trungnguyen hotel.com.vn, [4519]. Ordentliche, wenn auch zum Teil nicht allzu große Zimmer in einem beliebten Haus in zentraler Lage. Wer ein Balkonzimmer hat, kann wunderbar das Treiben auf dem Markt beobachten. Mit das beste Preis-Leistungs-Verhältnis in der Stadt. ❷

Vinh Phuoc Hotel & Restaurant, 12-14 Quang Trung, ☏ 076-356 3013, ✉ vinhphuochotel@ yahoo.com, [4518]. Alteingesessene Traveller-

herberge mit teilweise recht großen, preiswerten Zimmern mit Balkon, westlich-vietnamesischem Restaurant und routiniertem Tour-Service. Wahlweise Ventilator oder AC. Hat auch 3-Bett-Zimmer. ❶

ESSEN

Bay Bong, 22 Thuong Dang Le, ☏ 076-386 7271. Die Qual der Wahl zwischen den guten vietnamesischen Gerichten wird durch eine englische Speisekarte erleichtert.

Thanh Tinh, 13 Quang Trung. Sehr gutes vegetarisches Restaurant mit vielen Fake-Meat-Speisen: Lecker z. B. das scharfe mongolische „Hühnchen", dem man sein Vorleben als Sojaquark kaum noch anmerkt; ebenso die „Ziege" im Tontopf. Englische Speisekarte. Ein Tipp auch für Nicht-Vegetarier.

Vinh Phuoc, 12-14 Quang Trung, im gleichnamigen Travellerhotel. Hier gibt es die übliche standardisierte westlich-vietnamesische Küche für den weniger experimentierfreudigen Reisenden. In der Nähe des großen Platzes an der Nguyen Huu Canh, Ecke Phan Van Vang, sind einige Stände mit frisch gepresstem **Fruchtsaft** *(sinh to)* angesiedelt. Die Säfte sind eine köstliche und gesunde Erfrischung.

Günstige **Straßenrestaurants** finden sich tagsüber an der Tran Hung Dao im südlichen Marktbereich und abends an der Quang Trung vor den Markthallen sowie an der Uferpromenade zwischen Markt und Victoria Hotel.

SONSTIGES

Einkaufen

Chau Docs lebendiger Markt vermittelt einen guten Eindruck von den Produkten der Umgebung, darunter Obst, Gemüse, Trockenfisch. Eine lokale Köstlichkeit ist der **Palmzucker**, den es kunstvoll in Blätter gewickelt zu kaufen gibt. **The English Bookstore** am zentralen Platz hat eine gute Auswahl englisch- und auch deutschsprachiger Literatur. Morgens ab 6 Uhr gibt es hier Kaffee und Omelette zum Frühstück.

Fahrrad- und Motorradverleih

Einige Hotels vermieten Fahr- und Motorräder, so das Trung Nguyen, Victoria Hotel und Vinh Phuoc.

Chau Doc

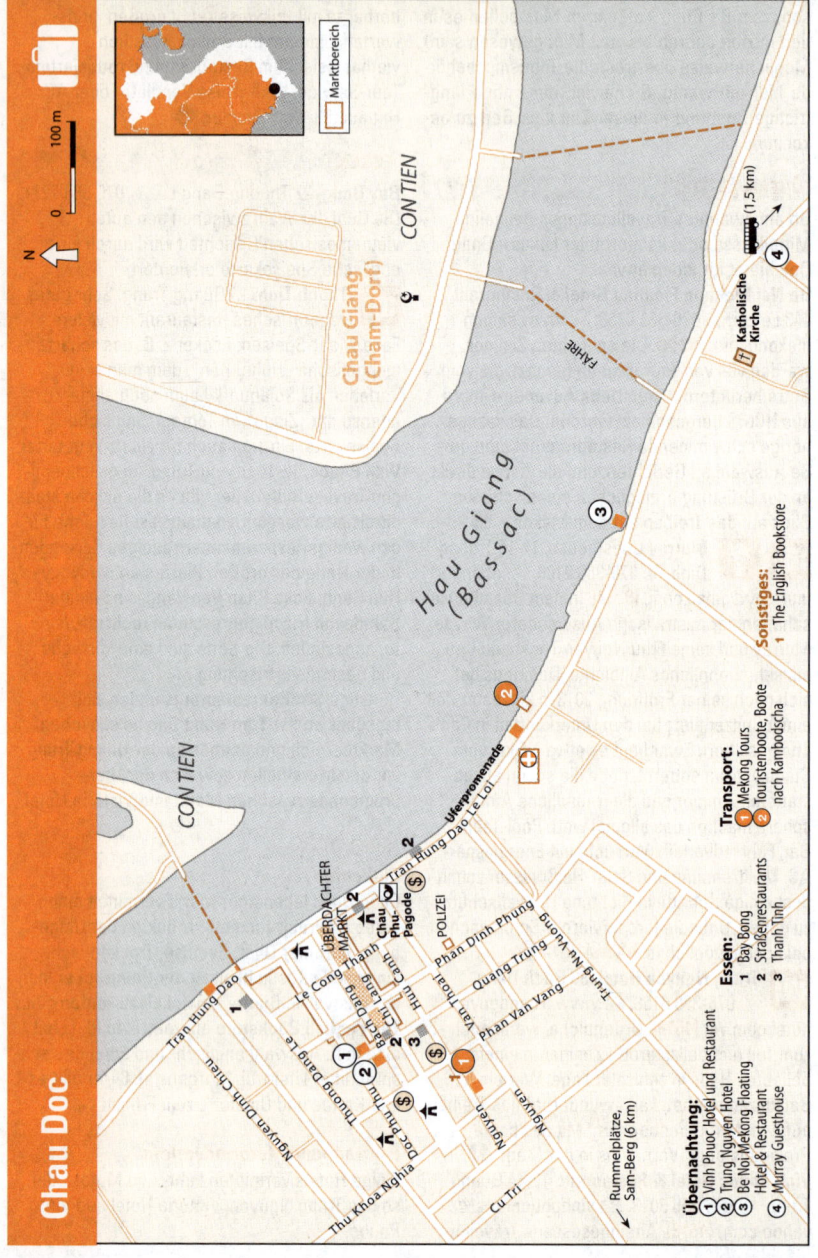

Chau Giang (Cham-Dorf)

CON TIEN

CON TIEN

Hau Giang (Bassac)

FÄHRE

Katholische Kirche

🚲 (1,5 km)

④

③

② Uferpromenade

Le Loi

Tran Hung Dao

② Tran Hung Dao

Chau-Phu-Pagode

ÜBERDACHTER MARKT

Le Cong Thanh

Bach Dang

Chu Van An

Tran Hung Dao

POLIZEI

Phan Dinh Phung

Quang Trung

Phan Van Vang

Trung Nu Vuong

Van Thoai

③

①

②

⑤

①

⑤

Nguyen

Doc Phu Thu

Thuong Dang Le

Nguyen Dinh Chieu

Thu Khoa Nghia

Cu Tri

Rummelplätze, Sam-Berg (6 km) →

Essen:
① Bay Bong
② Straßenrestaurants
③ Thanh Tinh

Transport:
① Mekong Tours
② Touristenboote, Boote nach Kambodscha

Sonstiges:
1 The English Bookstore

Übernachtung:
① Vinh Phuoc Hotel und Restaurant
② Trung Nguyen Hotel
③ Be Noi Mekong Floating Hotel & Restaurant
④ Murray Guesthouse

N ← 0   100 m

Geld

Sacombank, 88 Bach Dang. Tauscht Devisen. ⏰ Mo–Fr 7.30–11.30 und 13–16.30 Uhr. Außerdem steht ein **Geldautomat** an der Vietnam Eximbank neben der Hauptpost, der Visa- und MasterCard akzeptiert.
Vietin Bank, 68-70 Nguyen Huu Canh, ✆ 076-386 6259. Tauscht Devisen und gibt Geld auf Visa- und MasterCard, auch über Geldautomat. ⏰ Mo–Fr 7–18, Sa 8–11.30 Uhr.

Informationen und Touren

Das für diese Provinz zuständige Touristenbüro **An Giang Tourist** befindet sich in der Provinzhauptstadt Long Xuyen. In Chau Doc helfen die Angestellten der Unterkünfte weiter. Über besonders viel Erfahrung und Routine verfügen die Leute hinter dem Reiseschalter im **Vinh Phuoc Hotel**. Hier werden auch Touren in die Umgebung organisiert. Angeboten werden u. a. Fahrten in Khmer-Dörfer, wo traditionelle **Seidenweber** arbeiten.
Die örtliche Reiseagentur **Mekong Tours**, 14 Nguyen Huu Canh, ✆ 076-386 8222, bietet Flussfahrten, geführte Touren zum Nui Sam und in die Umgebung bei schwankender Qualität. Der freundliche **Herr Long Nguyen-Van**, ✆ 076-386 7817, 091-377 7978, ✉ long nguyen49@yahoo.com, ist der Ehemann von Frau Ngoc Anh aus dem English Bookstore und bietet schöne und interessante Touren auf dem Rücksitz seines Motorrads an.

Busse

Der **Busbahnhof** befindet sich etwa 2 km südöstlich des Zentrums an der Le Loi. Von hier fahren den ganzen Tag über Busse in alle Ecken des Deltas und nach Ho-Chi-Minh-Stadt. Die Abfahrtszeiten der lokalen Busse sind nicht hundertprozentig vorauszusagen: Wer sichergehen will, schaut tags zuvor vorbei (mit dem Xe om für 30 000 Dong) und erkundigt sich. Ansonsten hilft es immer, zeitig aufzubrechen.

Abfahrt nach:
CAN THO, um 5, 6 und 7 Uhr, 3 Std., 70 000 Dong;
HA TIEN, um 6 und 9 Uhr, knapp 3 1/2 Std., 80 000 Dong;

Von Chau Doc aus sind zwei Grenzübergänge nach Kambodscha erreichbar: per Boot der in **Vinh Xuong – Kaan Samnor** (s. Transport), wo es auch Visa on Arrival für US$30 gibt (zzgl. Bearbeitungsgebühr US$4–5; wird vom Transportunternehmen einbehalten), und per Straße der in **Tinh Bien – Phnom Denh**. Dieser 20 km von Chau Doc entfernte, an der N91 gelegene Grenzposten wird kaum von Touristen frequentiert. Visum erhältlich. Hinter der Grenze geht die Straße weiter als Highway 2 bis Phnom Penh. Die Grenzen sind von 7–17 Uhr geöffnet.

VIETNAM

HCMS, von morgens bis 24 Uhr stdl., 5–6 Std., ab 100 000 Dong;
RACH GIA, um 5.30 und 6.40 Uhr, 4 Std., 55 000 Dong.

Boote

Schnellboote der Anbieter Hang Chau (US$25) und Delta Adventure Tours (315 000 Dong) starten von Chau Doc um 7.30 Uhr nach **Kambodscha**. Passiert wird die Grenze in VINH XUONG/ KAAN SAMNOR. Ankunft in PHNOM PENH um ca. 14 Uhr. Tickets vermitteln die Unterkünfte oder der English Bookshop (Hang Chau; Transfer zum Anleger inbegriffen). Für US$55 fährt zudem Blue Cruiser mit etwas bequemeren Booten, doch der Unterschied ist nicht allzu groß.
Ein weiteres Boot Richtung Kambodscha startet ebenfalls um 7.30 Uhr, manchmal zusätzlich um 13.30 Uhr, und hält in NEAK LUONG, von wo es mit dem Bus nach PHNOM PENH weitergeht; mit US$15 das günstigste Angebot, aber mit mind. 8 Std. Fahrzeit und Fahrzeugwechsel auch das mit Abstand unbequemste.
Nach CAN THO vormittags mit dem Schnellboot von Delta Adventure Tours für 525 000 Dong oder Blue Cruiser für US$29.

Ha Tien

Die kleine Stadt Ha Tien [7430] im äußersten Südwesten Vietnams war jahrzehntelang ein abgelegener Grenzposten abseits aller touris-

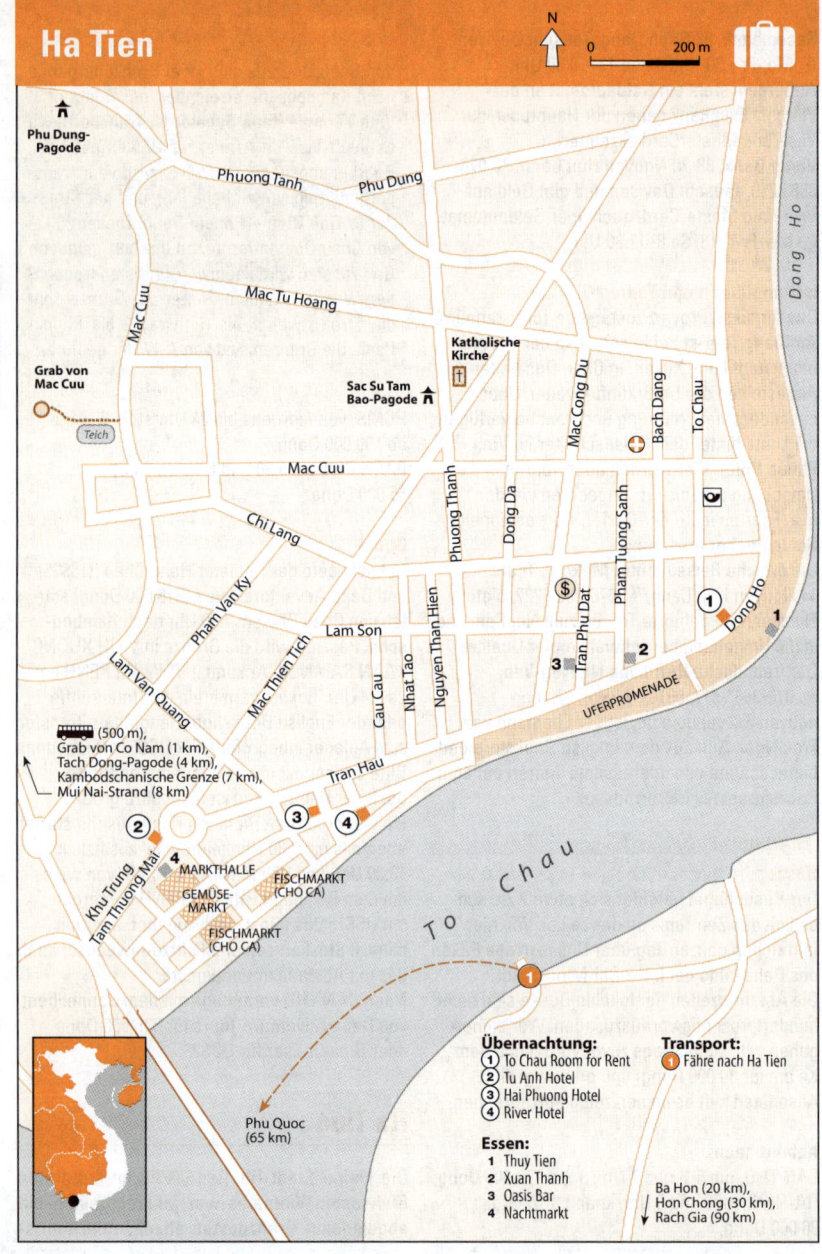

Ha Tien

N
0   200 m

VIETNAM

Phu Dung-Pagode

Phuong Tanh
Phu Dung

Mac Cuu

Mac Tu Hoang

Dong Ho

Grab von Mac Cuu

Teich

Katholische Kirche

Sac Su Tam Bao-Pagode

Mac Cong Du

Bach Dang

To Chau

Mac Cuu

Chi Lang

Phuong Thanh

Dong Da

Pham Van Ky

Lam Son

Nhat Tao

Nguyen Than Hien

Tran Phu Dat

Pham Tuong Sanh

$

① Dong Ho   1

③   ②

Lam Van Quang

Mac Thien Tich

Cau Cau

UFERPROMENADE

(500 m),
Grab von Co Nam (1 km),
Tach Dong-Pagode (4 km),
Kambodschanische Grenze (7 km),
Mui Nai-Strand (8 km)

Tran Hau

② ④ ③ ④

Khu Trung

Tam Thuong Mai

MARKTHALLE

GEMÜSE-MARKT

FISCHMARKT (CHO CA)

FISCHMARKT (CHO CA)

To   Chau

①

Phu Quoc (65 km)

Übernachtung:
① To Chau Room for Rent
② Tu Anh Hotel
③ Hai Phuong Hotel
④ River Hotel

Transport:
① Fähre nach Ha Tien

Essen:
1 Thuy Tien
2 Xuan Thanh
3 Oasis Bar
4 Nachtmarkt

Ba Hon (20 km),
Hon Chong (30 km),
Rach Gia (90 km)

tischen Pfade. Das hat sich nun geändert: Mit dem neuen Markt und den ihn umgebenden Häuserblocks wurde der Stadt ein neues Herz eingepflanzt, das schnell und laut im Takt der neuen Zeit pocht.

Seit der Öffnung der nahe gelegenen Grenze zu Kambodscha für den internationalen Verkehr wird ein wachsender Strom ausländischer Besucher in die Stadt gespült. Bis ins kambodschanische Kampot sind es nur 45 km, und von dort ist es über Sihanoukville und Koh Kong nicht mehr weit bis nach Trat in Thailand.

Gegründet wurde die Stadt 1708 von dem chinesischen Einwanderer **Mac Cuu**, der sich hier, unterstützt von den vietnamesischen Herrschern, mit seinem Familienclan ansiedelte und den ersten wichtigen Hafen schuf. Zuvor gehörte das Gebiet zu Kambodscha.

Geografisch ist die Gegend eigentlich nicht mehr Teil des Mekong-Deltas. Reis kann nur einmal im Jahr geerntet werden, nicht dreimal, wie sonst im Delta üblich. Stattdessen gibt es viele Kokosnusspalmen. An der Küste entlang Richtung Süden erstrecken sich Shrimpsfarmen. Die sind weder schön noch ökologisch wertvoll, sichern den Farmern, die als Pächter aus ganz Vietnam kommen, jedoch ein gutes Einkommen.

ÜBERNACHTUNG

Die meisten Hotels in Ha Tien sind nicht speziell auf westliche Besucher eingestellt. Dennoch finden sich in diesem Grenzposten ausreichend bequeme und saubere Zimmer.

Hai Phuong Hotel, 52 Dang Thuy Tram, ☏ 077-385 2240, ✉ hotelhaiphuong@ yahoo.com.vn, [9325]. Neues Haus mit großen, luftigen Zimmern; viele davon mit Balkon – und solange das Grundstück gegenüber noch unbebaut ist, inklusive tollem Blick auf den Fluss. Große Betten, freundliche Leute, Restaurant mit Travellerfood und zuverlässiges Reisebüro mit Transportangeboten ins Delta, nach Phu Quoc, HCMS und Kambodscha. ❷

River Hotel, Block B3, Tran Hau Business Center, ☏ 077-395 5888, 🖥 www.riverhotelvn. com, [7434]. Großes 4-Sterne-Hotel in schöner Lage am Fluss nahe dem neuen Markt. Die Zimmer sind bequem und mit allen Annehmlich-keiten ausgestattet, die man in dieser Preisklasse erwarten darf. ❹–❻

€ **To Chau Room for Rent**, 56 Dong Ho, ☏ 077-385 2148, [7432]. Günstige Zimmer abseits des Neubaugebietes rund um den Markt – vom umlaufenden Balkon schöner Blick auf den Fluss. ❶

Tu Anh Hotel, 170 Mac Thien Tich, ☏ 077-385 2622, [7433]. Saubere Zimmer sehr zentral direkt gegenüber dem Nachtmarkt. Es wird kein Englisch gesprochen. ❶–❷

ESSEN

An der Tran Hau liegen einige Cafés und vietnamesische Restaurants, die zu den Haupt-Essenszeiten oft rappelvoll sind. Abends sei ein Besuch des **Nachtmarktes** an der Nordseite des neuen Marktes empfohlen – sehr gutes Seafood und mehr.

Ha Tien Hotel, 36 Tran Hau, ☏ 077-385 1563. Das Hotelrestaurant steht auch Nichtgästen offen und ist ein guter Tipp für alle, die beim Essen nicht zu tief ins vietnamesische Alltagsleben eintauchen wollen. Dabei hat die Küche den umliegenden Essensständen nicht viel voraus. Der Trubel der Straße wird jedoch von einem kleinen Geländer und weißen Tischdecken auf Distanz gehalten.

Oasis Bar, 42 Tuan Phu Dat, ☏ 077-370 1553, 🖥 www.oasisbarhatien.com. Einziges „westliches" Lokal in der Stadt: Getränke, Snacks und den ganzen Tag über englisches Frühstück. ⊕ 9–21 Uhr.

Thuy Tien, Dong Ho, ☏ 077-385 1828. An der Uferpromenade, lädt zu einem Kaffee oder Kaltgetränk mit schöner Aussicht auf das Treiben auf dem Wasser ein.

Xuan Thanh, 20 Tran Hau, ☏ 077-385 2197. Die leckeren, recht preiswerten Gerichte verspeist man mit einer guten Aussicht auf die Straße. Aus Brot, Käse und gebratenen Eiern lässt sich sogar ein halbwegs westliches Frühstück zusammenstellen.

SONSTIGES

Geld

Vietcombank, Mac Cong Duu. Devisentausch und Geldautomat. ⊕ Mo–Fr 7–11 und 13–16 Uhr.

Grenzübergang nach Kambodscha

Seit 2007 ist die etwa 7 km entfernte Grenze nach Kambodscha in **Xa Xia** auch für Ausländer geöffnet. Von 7 bis 18 Uhr kann nun ins Land der Khmer eingereist werden – ein Visum gibt es an der Grenze. Das Xe om nach Xa Xia kostet etwa 50 000 Dong.

Auf der anderen Seite landet man in **Prek Chak**. Die etwa 30 km lange Weiterfahrt nach Kampot kostet auf dem Motorrad ungefähr US$25, nach Kep US$8–10.

Von diesen Orten kann man nach Sihanoukville weiterreisen, das mit einigen Stränden und vorgelagerten Inseln lockt. Über Koh Kong ist von Sihanoukville aus innerhalb eines Reisetages Thailand erreicht.

All diese Varianten lassen sich bequem als **durchgebuchte Tour** in Ha Tien oder von Phu Quoc (S. 860) aus arrangieren.

Touren

Für Informationen und Touren sind die Rezeptionisten der Hotels erste Ansprechpartner. Es gibt einige Xe om-Fahrer, die auf westliche Besucher „spezialisiert" sind. Die muss man nicht lange suchen – sie finden einen! Sie bieten Touren zu allen Zielen in der Umgebung an; vom Ausflug zum Gräberhügel des Mac Cuu-Familienclans bis zur Tagestour nach Hon Chong, wo die Höhlenpagode Chua Hang am Ende einer Landzunge ein von Einheimischen gern besuchtes Ziel ist. Der Preis ist Verhandlungssache.

TRANSPORT

Busse

Der **Busbahnhof**, ☎ 077-385 1830, liegt einen knappen Kilometer nördlich des Zentrums. Die weiter entfernten Ziele (außer HCMS) werden nur vormittags angesteuert, die näher gelegenen ganztägig.
RACH GIA, mit Mai Linh Company, stdl., 70 000 Dong, etwa 2 Std. Weitere Busse verkehren ab der N80 alle halbe Stunde für 50 000 Dong in Richtung Rach Gia. Einige Busfahrer versuchen allerdings, den Fantasiepreis von 250 000 Dong zu verlangen; nur wer hart-

näckig bleibt, kann womöglich zum regulären Preis mitfahren.
CHAU DOC, 4 Busse vormittags, ca. 60 000 Dong, 3 Std.

Boote

Von Ha Tien starten tgl. Fähren nach PHU QUOC (Ham Ninh bzw. Bai Vong). Die Boote verlassen den Pier in Ha Tien um 8 und 13 Uhr (in der Nebensaison manchmal nur eine Fähre) und kosten ca. 240 000 Dong. Ticketschalter am Anleger. Die Autofähre mit dem Zielhafen Da Chong ist nicht zu empfehlen, da man von diesem Anleger auf Phu Quoc ohne eigenes Auto oder im Vorfeld organisierten Transport nur sehr schlecht wegkommt.

Rach Gia

Die lebendige Hafenstadt Rach Gia [4554] ist für die meisten Besucher nur das Sprungbrett nach Phu Quoc. Die Fähren zu der Insel legen morgens ab, sodass die meisten Reisenden in Rach Gia zumindest eine Nacht verbringen werden, was dank einer Auswahl akzeptabler Hotels und Restaurants kein Problem darstellt.

Das alte Stadtzentrum liegt auf einer Insel in der Mündung des Cai Lon-Flusses. Nördlich befinden sich der Busbahnhof und der Fähranleger. Südlich erstreckt sich die Stadt noch mehrere Kilometer an der Küste entlang. Bis auf ein paar Tempel gleich nahe dem Flussufer ist diese Gegend touristisch uninteressant.

Als Hafenstadt hatte Rach Gia von jeher eine große Bedeutung für den Handel – legale und geschmuggelte Güter aus Kambodscha und Thailand wurden hier umgeschlagen. Ausgrabungen haben ergeben, dass an diesem Ort (bzw. etwas landeinwärts) schon vor 2000 Jahren eine wichtige Siedlung existierte.

Das kleine **Museum** von Rach Gia, 27 Nguyen Van Troi, ☎ 077-386 3727, befindet sich in einem hübschen Kolonialhaus von 1920. Die alten Original-Schnitzereien und Einlegearbeiten im Inneren haben die Kriege unbeschadet überstanden. Gezeigt werden Funde aus der Oc Eo-Zeit, darunter Töpferwaren und zwei Schädel, und natürlich eine Dokumentation der jüngeren Vergangenheit. Die Angestellten sind sehr freundlich und freuen sich über einen Besuch. ⏲ Mo–Mi, Sa, So 7–11 und 13–17 Uhr, Eintritt frei.

ÜBERNACHTUNG

Kim Co Hotel, 141 Nguyen Hung Son, ✆ 077-387 9610, 🖥 www.kimcohotel.com, [4560]. Recht gepflegtes Hotel mit großen, gut möblierten, sauberen AC-Zimmern mit TV, Kühlschrank und Badewanne. ❷

Nam Phuong Hotel, 82/22 Duong Duong Dien Nghe, ✆ 077-387 4085, [4561]. 17 unterschiedlich große, gut ausgestattete, saubere Zimmer (AC, TV, Kühlschrank), die über Internetverbindungen verfügen. Restaurant und Bar auf dem Dach; Mekong-Delta-Spezialitäten und australisches Rindfleisch. ❷

Tam Xuan – Wild Rose Hotel, 19 Tran Quang Dieu, ✆ 077-392 0325, [4563]. Zentral gelegen; 9 preiswerte Zimmer mit AC, TV und Kühlschrank, zum Teil mit Blick auf den nördlichen Flussarm. Im Erdgeschoss abends Karaoke. ❶–❷

Thanh Dat Guesthouse, 18 Nguyen Cong Tru, ✆ 077-387 9961, [7435]. Am Anleger nach Phu Quoc haben sich einige neue Gasthäuser angesiedelt, von denen dieses besonders auffällt wegen der recht großen Zimmer, von denen einige einen Balkon mit schönem Ausblick auf den Flussarm haben. ❶

ESSEN

Neben einigen empfehlenswerten Restaurants gibt es preiswerte Mahlzeiten vom Essensstand in der Hung Vuong nahe dem nördlichen Flussarm und weitere beim großen Markt nördlich vom Zentrum. Abends öffnen einige Stände mit süßen Desserts in der Nguyen Cong Tru nahe dem Fähranleger. Viele moderne **Cafés**, zum Teil mit Livemusik, liegen an der Uferstraße ca. 1–2 km südlich des Zentrums.

Ao Dai Moi Restaurant, 26 Ly Tu Trong. Bei Einheimischen sehr beliebtes Frühstücks-Restaurant, das mittags schließt – die meisten Gerichte sind schon morgens um 9 Uhr ausverkauft.

Hai Au Restaurant, 2 Nguyen Hung Dao, ✆ 077-386 3740. Etwas gehobenes (Preis-)Niveau in dem Restaurant am Fluss mit schöner Terrasse.

Spezialisiert auf Fischgerichte, aber es sind auch andere vietnamesische Speisen erhältlich. **Tay Do**, 6 Nguyen Du, ✆ 077-391 5211. Einfaches *quan com*-Restaurant: Reisgerichte, Seafood und mehr von einer Speisekarte, die mit englischen Übersetzungen erfreut.

SONSTIGES

Geld

Agribank, Ham Nghi, Ecke Le Loi, ✆ 077-386 3738, ✉ 386 2683. Wechselt Devisen und hat einen Geldautomaten (Visa-, MasterCard). ⏲ tgl. 7–11 und 13–17 Uhr.

Informationen

Kien Giang Tourist (Cong Ty Co Phan Du Lich Kien Giang), 11 Ly Tu Trong, ✆ 077-396 2024, ✉ 389 6617. Wenig Englisch; aber es reicht, um ein Vietnam-Airlines-Ticket nach Phu Quoc oder HCMS zu buchen. ⏲ Mo–Fr 7–17 Uhr.

TRANSPORT

Busse

Wer von Phu Quoc kommt, kann bzw. sollte sein Minibusticket zur Weiterreise direkt im neuen Gebäude am Anleger kaufen (dort gibt es auch einen kleinen Supermarkt). Die Preise sind angeschrieben. Außerhalb der Schranke nerven Schlepper, die Touristen zum Teil bis in die Restaurants verfolgen.
Von hier geht es mit Minibus nach:
CAN THO, 3–19 Uhr stdl., 90 000 Dong, 3 Std.;
HA TIEN, 5–20.30 Uhr stdl., 70 000 Dong, 2 Std.;
HCMS, stdl. rund um die Uhr, 180 000 Dong, 7 Std.

Es gibt zwei öffentliche **Busbahnhöfe**. Von dem nördlich des Zentrums gelegenen **Ben Xe 30/4 Ha Tien** verkehren u. a. Busse nach:
CAN THO, um 7 und 10 Uhr, 90 000 Dong, 3 Std.;
CHAU DOC, um 7 Uhr, 70 000 Dong, 4 Std.;
HA TIEN, 7–10 Uhr stdl., 50 000 Dong, 2 Std.
HCMS, Busse der Phuong Trang Company 7.30–24 Uhr, 155 000 Dong, 7 Std.
Vom etwa 8 km südlich in Rach Soi gelegenen **Ben Xe Khach Kien Giang**, 61 Quoc Lo, ✆ 077-386 4086, fahren fast den ganzen Tag über Busse in alle weiteren Regionen des Deltas.

VIETNAM

Rach Gia

N
0 — 200 m

VIETNAM

Le Thanh Ton

MARKT

Quang Trung
Dien Bien Phu
Ly Thai To

**Phat Lon-
Pagode**

Dong Ho

Ly Thuong Kiet

Nguyen Binh Khiem

Ha Tien
(89 km)

Mac Dinh Chi

Vo Thi Sau

Mac Cuu

Cai Lon

Tran Phu

Park

**Katholische
Kirche**

Ph. Ngu Lao
Hem Nguyen Trai

Nguyen Thoai Hau
Phan Van Tri
Thu Khoa Nghia

Nguyen Cong Tru

Tu Do

Bach Dang

**Nguyen
Trung Truc-
Tempel**

**Nguyen
Trung Truc-
Statue** ★

Phan Chu Trinh
Ng Du

Trim

Minh Mang

Quan Thanh De-Pagode

Duy Tan

Hoa Duc

Le Van Duyet

Huynh Tinh Cua
Thanh Thai

Bac De-Pagode

Hung Vuong

Rach Gia

Ham Nghi

Hoang Dieu

Museum

Ly Tu Trong

Le Loi

Xang Mol

Nguyen Hung Son

Nguyen Thai Hoc

Ngo Quyen

Co Giang

Co Bac

5 (ca. 3 km)

**Tam Bao-
Pagode**

Phanh Dinh Phung

Nguyen Trung

**Pho Minh-
Pagode**

**Protestantische
Kirche**

Co Lang

Truc

**Cao Dai-
Tempel**

An Minh

4 (ca. 1 km)

Khach Kien Giang-
Busbahnhof (8 km),
(9 km)

Übernachtung:
1 Nam Phuong Hotel
2 Tam Xuan – Wild Rose Hotel
3 Thanh Dat Guesthouse
4 Kim Co Hotel

Essen:
1 Tay Do
2 Ao Dai Moi Restaurant
3 Hai Au Restaurant
4 Cafés

Transport:
1 Busbahnhof 30/4 Ha Tien
2 Fährtickets
3 Minibus nach HCMS
4 Fähre nach Phu Quoc
5 Boote nach Ca Mau

Boote

Schnellboote der Gesellschaft **Superdong** befördern Passagiere vom an der nördlichen Flussmündung gelegenen Pier gegen 8 und 13 Uhr nach PHU QUOC. Nicht immer fahren alle Boote: Mal sind die Wellen zu hoch, mal ist ein Schiff in Reparatur. Zu einigen Zeiten (z. B. Tet) sind die Schiffe oft für Tage im Voraus ausgebucht. Manchmal bieten am Pier herumlungernde Händler Schwarzmarkt-Tickets zu überhöhten Preisen an. Besser ist es, früh genug zu buchen, am besten schon in Ho-Chi-Minh-Stadt über ein Reisebüro.

Die Tickets für die einfache Fahrt (etwa 2 1/2 Std.) kosten etwa 380 000 Dong, Kinder (5 bis 11 Jahre) zahlen etwa ein Viertel weniger, Kinder unter 5 Jahren fahren frei. Ticketschalter befinden sich am Weg zum Pier in der Nguyen Cong Tru und der Tu Do.

Flüge

Der **Flughafen** in Rach Soi, etwa 9 km südlich von Rach Gia, wird tgl. von HCMS aus angeflogen; in der Saison auch 2x. Die Maschinen von Vietnam Airways machen einen Zwischenstopp und fliegen dann weiter nach PHU QUOC. Tickets sind rar, da die Flieger aus HCMS meist ausgebucht sind – wer fliegen will, sollte so früh wie möglich buchen. Der kurze Hüpfer auf die Insel dauert 20 Min., nach HCMS 40 Min.

23 HIGHLIGHT

Phu Quoc

Die Insel Phu Quoc [4593] im äußersten Südwesten Vietnams war vor ein paar Jahren noch ein Geheimtipp. Diese Zeiten sind zwar vorbei, doch noch immer lockt das Eiland mit wunderschönen, teils unberührten Stränden, freundlichen Menschen, Unterkünften direkt am Strand und undurchdringlichem Urwald im bergigen Hinterland. Nicht wenige Reisende bezeichnen Phu Quoc als *das* Highlight ihrer Vietnam-Reise.

Phu Quoc ist mit 576 km² die größte Insel Vietnams. Sie liegt weit im Südwesten, 45 km von Ha Tien, 120 km von Rach Gia entfernt, und deutlich näher an Kambodscha als am vietnamesischen Festland. Wer etwas Thailand-Feeling in Vietnam sucht, findet hier das passende Ambiente. Viele Kilometer Strand, einige noch unberührt, laden Sonnenanbeter und Badefreunde ein. Das Meer ist weniger rau als anderswo in Vietnam, und der Strand fällt meist flach ab. Viele Berge und Hügel erheben sich auf dem 50 km langen und an der breitesten Stelle 25 km messenden Eiland. Der höchste Berg ist der Chua mit 603 m Höhe. 70 % der Insel sind bewaldet.

Bevor die Reisenden kamen, lebten die Bewohner hauptsächlich vom Fischfang und der Herstellung ihrer berühmten Fischsoße *(nuoc mam)*. Außerdem wird sehr guter Pfeffer angebaut: neben dem bekannten schwarzen auch eine seltene rote Sorte. In jüngster Zeit kam der Tourismus als wachsender Wirtschaftszweig hinzu.

Phu Quoc hat für jeden Geldbeutel die passende Unterkunft – allerdings nicht immer in ausreichender Zahl. In der Hauptsaison um die Jahreswende und zu Tet wird es sehr voll, und man benötigt schon eine Portion Glück, um seinen Traumbungalow am Strand zu bekommen.

Die Strände

Der meistbesuchte Strand, da am besten erschlossen und dank seiner Lage als Sonnenuntergangsstrand beliebt, ist der **Bai Truong (Langer Strand)** im Westen der Insel. Er ist zwar relativ schmal, hat aber wunderbar weichen, hellgelben Sand, eine meist seichte Brandung und dank zahlreicher Kasuarinen und Palmen auch viel Schatten. Es gibt, bis auf wenige Stellen, kaum Steine im Meer und zahlreiche Anlagen unterschiedlicher Preisklassen. Weiter im Norden liegt der ebenfalls schöne **Ong Lang-Strand**. Hier existieren nur ein paar wenige Anlagen. Weiter gen Norden werden die Strände immer einsamer. Im Süden wartet der herrlich breite **Bai Sao** mit weichem weißem Sand auf. Seichte Brandung und ein ganz flach abfallender Strand machen den Bai Sao zu einem sehr beliebten Ausflugsziel.

Im Osten lädt der **Bai Vong-Strand** zu einem Picknick. Nahebei, im Dorf Ham Ninh, legen die Fähren vom Festland an.

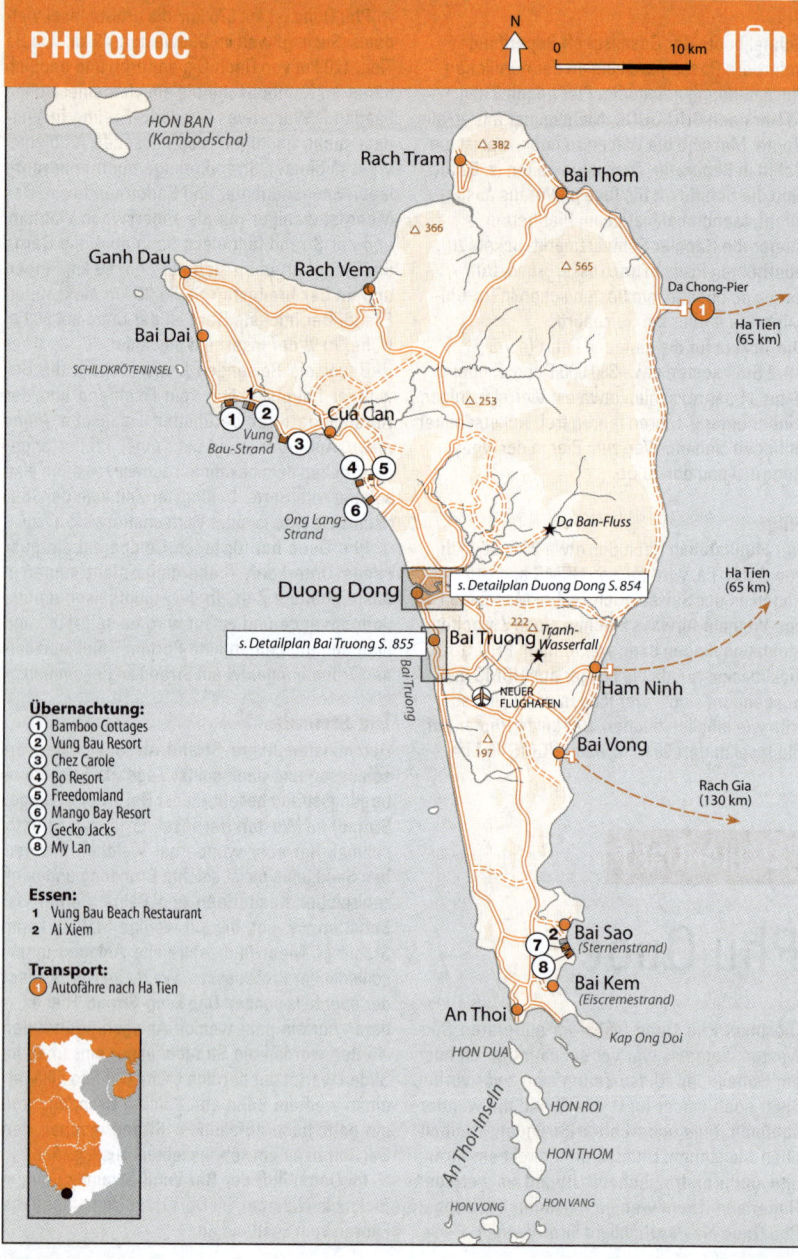

N

0   10 km

HON BAN
(Kambodscha)

Rach Tram

△ 382

Bai Thom

△ 366

Ganh Dau

Rach Vem

△ 565

Da Chong-Pier

① Ha Tien
(65 km)

Bai Dai

SCHILDKRÖTENINSEL 🐢

① ②
③
Cua Can
④ ⑤
⑥

Vung
Bau-Strand

△ 253

Ong Lang-
Strand

Da Ban-Fluss

Duong Dong

s. Detailplan Duong Dong S. 854

Ha Tien
(65 km)

s. Detailplan Bai Truong S. 855

Bai Truong

222 △ Tranh-
Wasserfall

Ham Ninh

NEUER
FLUGHAFEN

Bai Truong

△ 197

Bai Vong

Rach Gia
(130 km)

Übernachtung:
① Bamboo Cottages
② Vung Bau Resort
③ Chez Carole
④ Bo Resort
⑤ Freedomland
⑥ Mango Bay Resort
⑦ Gecko Jacks
⑧ My Lan

Essen:
1 Vung Bau Beach Restaurant
2 Ai Xiem

Transport:
① Autofähre nach Ha Tien

② Bai Sao
⑦ (Sternenstrand)
⑧

Bai Kem
(Eiscremestrand)

An Thoi

Kap Ong Doi

HON DUA

An Thoi-Inseln

HON ROI

HON THOM

HON VONG   HON VANG

Duong Dong

Die Inselhauptstadt Duong Dong [4619] liegt als administratives und ökonomisches Zentrum an der mittleren Westküste. „Duong Dong" bedeutet „dichte Pappeln", und noch immer zieren einige der schlanken Bäume das Stadtbild. Am Hafen drängeln sich die Fischerboote, und auf dem geschäftigen **Markt** ist den ganzen Tag Betrieb. Noch herrscht eine recht entspannte, unaufgeregte Atmosphäre, doch leider nimmt der Verkehr stark zu, und es wird an einigen Straßen immer lauter. Am Markt ist wegen der vielen Motorräder zu manchen Zeiten kaum ein Durchkommen – so dicht drängen die Fahrer durch die Marktstraße.

ÜBERNACHTUNG UND ESSEN

Nur wenige Touristen wohnen in der Stadt. Die meisten Hotels sind rein auf den vietnamesischen Geschmack ausgerichtet.
Huong Bien Hotel, 1 Vo Thi Sau, ✆ 077-384 6113, ⌨ www.huongbienhotel.com.vn, [4618]. Wer unbedingt in Duong Dong bleiben will, ist mit diesem Hotel am Strand recht gut beraten. Die Zimmer sind zwar nüchtern ausgestattet, haben aber AC, TV, Kühlschrank und Balkon. Zudem gibt es einen Pool. ④–⑤
Buddy Ice Cream & Info Café, 26 Nguyen Trai, ✆ 077-399 4181, ⌨ www.visitphuquoc.info. Im ersten „westlichen" Lokal von Duong Dong gibt es seit 2006 neben Eis auch Fruchtsäfte, selbst gemachten Joghurt, Shakes mit echter Milch, Kuchen und guten Kaffee (auch Cappuccino, Café Latte). 2 Internet-Computer sind für Gäste kostenfrei zu benutzen. Viele Informationen über die Insel. ⏰ 8–22 Uhr.
Com Chay Thanh Dieu, 33 Duong 30/4, ✆ 09-1739 6069. Einfaches vegetarisches Restaurant. ⏰ morgens bis nachmittags.
Pho Sai Gon, 31 Duong 30/4, ✆ 077-384 6338. Wer auf der Suche nach einer guten *pho* ist, wird hier satt und glücklich. Im Angebot außerdem *bo kho* und *bun bo hue*. ⏰ vormittags, bis nichts mehr da ist.
Gegen Abend öffnen zwei **Nachtmärkte**: Hier kann man vietnamesische Küche genießen.

Wer von der Insel mehr sehen möchte als den Strand aus der Perspektive der privaten Hängematte (was für viele völlig ausreichend ist), kann sich einer Tour über die Insel anschließen. Inbegriffen ist meist ein **Besuch in einer Fischsoßenfabrik** und bei der **Perlenfarm**, die allerdings nur ein Ausstellungs- und Verkaufsraum für Perlenprodukte ist. Auch ein Stopp bei einer **Pfefferplantage** und ein Besuch der **Gedenkstätte des alten Gefängnisses** im Süden der Insel stehen meist auf dem Programm. Manchmal wird auch bei einer lokalen **Weinfabrik** eingekehrt, in der Myrtenwein hergestellt wird. Möglich ist zudem der Besuch einer **Hundezucht** oder eine **Wanderung entlang dem Tran-Fluss** im Inselinneren. Eine andere gute Möglichkeit, die Insel zu entdecken, ist eine **Tour mit dem Moped**. Die Straßen sind nicht allzu stark befahren, und wenngleich ein großer Teil der Strecken nicht geteert ist, werden keine zu hohen Anforderungen an die Fahrer gestellt. Wer allerdings noch nie ein Moped gesteuert hat, sollte davon Abstand nehmen, es ausgerechnet hier lernen zu wollen.

AKTIVITÄTEN

Schnorcheln

Schnorcheltouren zu den An Thoi-Inseln bietet **John's Boat Tour**, 143 Tran Hung Dao, ✆ 091-910 7086 (Mr. John), 077-399 6449, ⌨ www.johnsislandtours.com. Lesern, die mitgefahren sind, hat die Tour gefallen, allerdings soll das Schnorchel-Equipment nicht gut sein. Johns Leute laufen täglich am Bai Truong auf und ab und betreiben Direktmarketing, ebenso wie einige ähnliche Anbieter.

Tauchen

Freunde der Unterwasserwelt können auf Phu Quoc tauchen gehen, und Anfänger können es erlernen. Zwei Tauchreviere locken mit unterschiedlichen Anforderungen: Vor der Nordküste liegt die **Schildkröteninsel**. Schon in geringer Tiefe (9–10 m) gibt es einiges zu sehen: Steinfische, Babyhaie, drei Arten Stingrays und

PHU QUOC Duong Dong

N

0   200 m

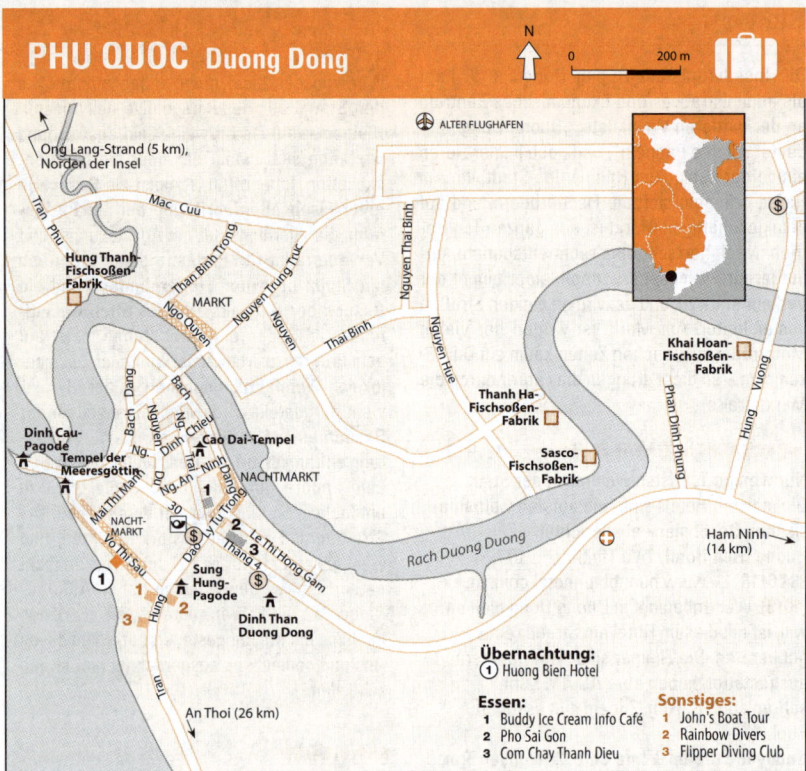

ALTER FLUGHAFEN

Ong Lang-Strand (5 km),
Norden der Insel

Tran Phu

Mac Cuu

Than Binh Trong

Nguyen Trung Truc

Nguyen Thai Binh

Hung Thanh-
Fischsoßen-
Fabrik

MARKT

Ngo Quyen

Nguyen

Thai Binh

Nguyen Hue

Khai Hoan-
Fischsoßen-
Fabrik

Phan Dinh Phung

Hung Vuong

Bach Dang

Nguyen

Ng.

Dinh Chieu

Cao Dai-Tempel

Thanh Ha-
Fischsoßen-
Fabrik

Dinh Cau-
Pagode
Tempel der
Meeresgöttin

Ng.

Ng-An

Ng. Ninh

Dang

NACHTMARKT

Sasco-
Fischsoßen-
Fabrik

Mai Thi Mai

30

Dao Ly u Trong

Thang 1

Le Thi Hong Gam

Rach Duong Duong

Ham Ninh
(14 km)

NACHT-
MARKT

Vo Thi Sau

1

Hung

Tran

2
3

Sung
Hung-
Pagode

1 2 3

Dinh Than
Duong Dong

An Thoi (26 km)

Übernachtung:
① Huong Bien Hotel

Essen:
1 Buddy Ice Cream Info Café
2 Pho Sai Gon
3 Com Chay Thanh Dieu

Sonstiges:
1 John's Boat Tour
2 Rainbow Divers
3 Flipper Diving Club

---

kleine Oktopusse. Im Süden, bei den **An Thoi-Inseln**, geht es tiefer hinunter (20–30 m), und es herrschen öfter starke Strömungen. Zu sehen gibt es u. a. Seepferdchen und viele Schnecken in allen Farben. Hier sind auch Tieftauchgänge bis über 40 m möglich.

Taucher, die auf ihre Reisekasse achten müssen, sollten überlegen, ob sie sich ihre Unterwasser-Trips für Nha Trang aufsparen: Denn dort kostet es nur etwa die Hälfte (S. 774). Auf Phu Quoc zahlt man für einen Open Water-Kurs rund US$350.

Flipper Diving Club, 60 Tran Hung Dao, ☎ 077-398 3777, 🖥 www.flipperdiving.com. Kurse und Ausflüge mit oftmals (je nach Saison) auch deutschen Instruktoren. Wer seinen Kurs oder einen Ausflug unbedingt mit deutsch sprechenden Divemastern absol-

vieren möchte, sollte frühzeitig Kontakt aufnehmen.

Rainbow Divers, Vo Thi Sau, Ecke Tran Hung Dao, ☎ 091-400 964, 🖥 www.divevietnam.com. Geboten werden Touren und Kurse: Für die Kleinen ab 8 Jahren gibt es den Bubble Maker, Erwachsene können das Tauchen mit der Graduierung Open Water bis hin zum Divemaster (nach vorheriger Absprache) abschließen.

SONSTIGES

Geld

Vietcombank, 30 Thang 4, wechselt Devisen und hat einen Bankautomaten (Visa- und MasterCard). ⏰ Mo–Fr 7–11 und 13–16 Uhr.
Agribank, Tran Hung Dao, Ecke 30 Thang 4, führt ebenfalls die üblichen Transaktionen aus.
Sacombank, 37 Hung Vuong, Ecke Nguyen

Trung Truc, etwas stadtauswärts, ✆ 077-399 5111. ⏰ Mo–Fr 7–11 und 13–16 Uhr.

Medizinische Hilfe

Das **Inselkrankenhaus**, ✆ 077-384 8075, 384 6074, liegt in Duong Dong an der 30 Thang 4 etwas stadtauswärts Richtung Ham Ninh. In eigentlich allen Fällen empfiehlt sich ein zügiger Transport (Flug) nach Sai Gon.

Bai Truong (Langer Strand)

Der gelbsandige, 20 km lange Bai Truong (Langer Strand) [4596] erstreckt sich südlich von Duong Dong an der Westküste. Bai Truong ist einer der ganz wenigen Plätze in Vietnam, an denen man einen Sonnenuntergang über dem Meer genießen kann.

Die ersten 4 km ab der kleinen Hafenstadt Duong Dong sind weitgehend erschlossen. Je weiter man nach Süden spaziert, desto weniger Menschen trifft man an. Etwa 3 km vom Dorf befinden sich die bekanntesten, bei Travellern beliebten Unterkünfte – hier ist es oft voll. Zwar gibt es ein paar Steine im Meer, doch stören diese weder das Schwimmvergnügen noch das Spielen der Kinder im meist recht flachen Wasser. Hinter den Budget-Bungalows erreicht man ein Kap mit einer sehenswerten ausgewaschenen Felsformation. Es folgen weitere einfache und auch höherpreisige Anlagen (mal am Strand, mal nach hinten versetzt). Der Bauboom ist Richtung Flughafen besonders bemerkenswert: Große Komplexe der Luxusklasse mit Spa entstehen hier.

ÜBERNACHTUNG

Generell sind die Preise recht hoch, doch in der Nebensaison gibt es kräftige Preisnachlässe. Und wer dann etwa eine Woche bleibt, bekommt meist sehr gute Angebote. Hochpreisige Resorts haben oftmals gute Angebote über Buchungsportale, u. a. zu finden über unsere **eXTras**.

Untere bis mittlere Preisklasse

Beach Club, ✆ 077-398 0998, 094-916 9709, 🖥 www.beachclubvietnam.com, [4599]. Schöne kleine Bungalowanlage im

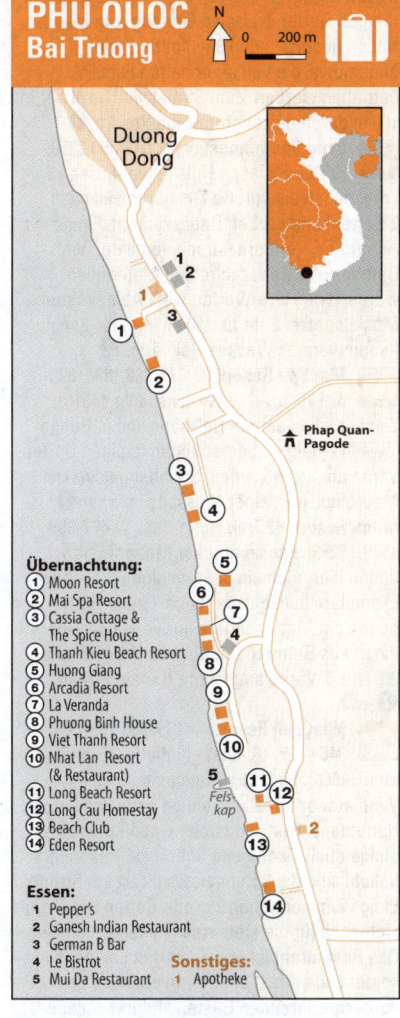

PHU QUOC
Bai Truong
N ↑ 0 200 m

Duong Dong

VIETNAM

Phap Quan-Pagode

Übernachtung:
1 Moon Resort
2 Mai Spa Resort
3 Cassia Cottage & The Spice House
4 Thanh Kieu Beach Resort
5 Huong Giang
6 Arcadia Resort
7 La Veranda
8 Phuong Binh House
9 Viet Thanh Resort
10 Nhat Lan Resort (& Restaurant)
11 Long Beach Resort
12 Long Cau Homestay
13 Beach Club
14 Eden Resort

Felskap

Essen:
1 Pepper's
2 Ganesh Indian Restaurant
3 German B Bar
4 Le Bistrot
5 Mui Da Restaurant

Sonstiges:
1 Apotheke

Süden mit Bar und Restaurant direkt am Strand unter englisch-vietnamesischer Leitung. Die 4 hellen Bungalows und 5 Zimmer mit Ventilator und Warmwasser im Reihenhaus sind beliebt, daher empfiehlt sich eine Reservierung (in der Hauptsaison nur mit bestätigten Flugtickets mit festem Ankunftsdatum). ❸ – ❹

Huong Giang, ☎ 077-384 8166, [4601]. In einem ruhigen Garten (vor dem Eingang zum Mai House Resort) liegen 9 einfache Steinbungalows, die von einer netten Familie betrieben werden. Zum Strand sind es etwa 100 m durch das angrenzende Resort. ❷

€ **Lang Cau Homestay**, ☎ 077-399 2250, [9248]. Einfache Holzreihenhäuser, vergleichsweise große Zimmer (meist mit 2 Betten) und großen Badezimmern. Einige mit AC und TV – andere nur mit Ventilator. Viel Bambus und Holz, zahlreiche Materialien wurden wiederverwertet. Viele Ablagen und Moskitonetze. Sehr nette Familie. Alle Zimmer haben warmes Wasser. Hellhörig. ❷

Mai Spa Resort, ☎ 077-398 1888, 093-636 7840, ⌨ www.maispa.vn, [4616]. Zimmer im stilechten Holzhaus und in Bungalows in einem wunderschönen üppigen Garten. Vorne am Strand zudem Steinbungalows mit Meerblick. Inkl. einer Massage im Spa. ❺

Moon Resort, 82 Tran Hung Dao, ☎ 077-399 4520, [9253]. Fans einfacher Mattenhütten finden hier noch ein paar wenige verbliebene Exemplare in exquisiter Lage. Einige Hütten sind noch echt Matte, andere nur verkleidet und innen aus Beton (dafür aber mit AC und teils 2 Betten). Vorne angesagte Bar am Strand. ❷–❸

Nhat Lan Resort, ☎ 077-384 7663, 091-846 4127, ✉ nhanghinhatlan@yahoo.com, [4603]. Einfache Steinbungalows mit Ventilator oder AC und einige neue Zimmer im Haupthaus. Fast alle haben einen Kühlschrank, einige auch Tische und Schränke. Besonders beliebt sind die 2 Bungalows direkt am Strand. Einige Zimmer haben 2 große Betten und eignen sich auch für die stets willkommenen Familien. Das Restaurant ist preiswert, gut und dank seiner Lage direkt am Strand auch bei den vorbeispazierenden Gästen anderer Anlagen beliebt. ❷–❹

Phuong Binh House, ☎ 093-924 7866, ✉ phuongbinhhouse@yahoo.com, [7225]. Steinbungalows in drei Reihen. Einfache Einrichtung. Beliebtes Restaurant am Strand, viele junge Leute und gute Stimmung. ❷–❹

Thanh Kieu Beach Resort, ☎ 077-384 8394, ⌨ www.thanhkieuresort.com, [4606].

Ansprechende Bungalows mit Ventilator oder AC, alle mit Warmwasser und Safe. Einige liegen recht eng beieinander, andere bieten einen schönen Blick in den Palmengarten oder aufs Meer. Frühstück inkl. Am Strand liegt die Rainbow Bar, Treffpunkt der Rainbow Divers. ❹–❺

Viet Thanh Resort, ☎ 077-399 2048, 097-946 3607, ⌨ www.vietthanhresort.com. [4607]. Einfache, große Steinbungalows mit Ventilator und Kühlschrank auf einem in Stufen zum Meer abfallenden Gelände. Einige bieten Meerblick. Die billigsten, sehr kleinen Zimmer liegen hinten eng am Haupthaus. Sonst geräumig, teils mit 3 Betten, kleine Bäder. Über allem thront das Haus der freundlichen Familie. Oft ausgebucht, da für die Lage recht günstig. ❸

Obere Preisklasse

Arcadia Resort, ☎ 077-220 9999, ⌨ www.phuquocarcadiaresort.com, [7230]. Auf einem riesigen Gelände große Doppelbungalows und ein kleines Haupthaus. Tolle Zimmerausstattung mit Flachbildschirm, Safe und Regendusche. Durch die großen Glasfronten können die Gäste auf bequemen Sofaecken den Blick aufs Meer genießen. Gutes Preis-Leistungs-Verhältnis. Das Personal bekommt nicht immer die besten Kritiken. ❺–❻

Cassia Cottage, ☎ 077-384 8395, ⌨ www.cassiacottage.com, [4608]. Gut eingerichtete, moderne Bungalows, die sich in einer schönen Anlage im gepflegten Garten gruppieren. 2 Pools mit Meerblick. Einige Bungalows sind recht eng, andere hingegen punkten sogar mit einem eigenen kleinen Garten. Das unterhalb des Resorts liegende Spice Restaurant bietet stilvolles Ambiente (s. auch Essen). ❻

Eden Resort, ☎ 077-398 5598, ⌨ www.edenresort.com.vn, [4657]. Schön gestaltete Luxusanlage mit tollem Garten, in dem sich ein Hauptgebäude mit 48 Standardzimmern und einigen Suiten und überdies 10 schöne Bungalows mit jedem Komfort befinden. Großer Pool mit Meerblick. ❻

La Veranda, ☎ 077-398 2988, ⌨ www.laveranda resort.com, [4643]. Sehr schöne Luxusanlage in eleganter Kolonialarchitektur mit verschiedenen Raumangeboten vom Standardzimmer

VIETNAM

bis zur Deluxe-Villa: alle bestens ausgestattet und sehr komfortabel. Die Abende vergehen mit BBQ am Strand und dezenter Livemusik. Di und Do Kochkurse für die Gäste, außerdem verschiedene Spa-Angebote und großer Pool. **6**

Long Beach Resort, ☎ 077-398 1818, 🖥 www.longbeach-phuquoc.com, [7231]. Am Strand warten zahlreiche Liegestühle, eine Bar, ein Restaurant und abendliche Livemusik. Es folgt erhöht ein großer Pool. Den Hang hinauf geht es zu den recht eng stehenden „Ancient Houses". Die Zimmer sind sehr stilvoll eingerichtet, viel Holz und tolle Schnitzereien. Deckenventilator, Safe, TV mit DVD, große Betten, Holzbadewanne und Extradusche. Relativ kleine Balkone. Die „einfachsten" Zimmer nennen sich Deluxe, noch größer und auf 2 Etagen sind die Suiten. Schöner Spa. **6**

Viele Restaurants am Bai Truong lassen sich mit einem kleinen Spaziergang erreichen. So ist das am Strand gelegene **Restaurant des Nhat Lan Resort** eine gute Option; vor allem abends zum Fisch- und Seafood-BBQ.

Mui Da Restaurant, am namengebenden Steinkap, ist zwar kein besonderer Tipp zum Essengehen, aber ein guter Platz für ein Bier oder einen Cocktail zum Sonnenuntergang.

Ganesh Indian Restaurant, 97 Tran Hung Dao, ☎ 077-399 4917. Viel Auswahl an schmackhaften nord- und südindischen Gerichten zu annehmbaren Preisen.

German B Bar, 86 Tran Hung Dao, ☎ 016-6405 3830. Vom Frühstück (Baguette, Kaffee, Käse und Wurst vom deutschen Fleischer) über Kuchen und Eis (je nach Saison), Currywurst und selbst gemachten Rotkohl bis zum Absacker (über 100 Cocktails) versorgen Dennis und seine Frau Thao ihre Gäste mit viel Einsatz. Infos, Mopedvermietung, WLAN. Dennis lebt schon seit einigen Jahren auf der Insel und kennt sich sehr gut aus. Im dazugehörigen **Happy Buddha Club** steigen am Wochenende und zu Vollmond die besten Partys der Insel. ⏲ tgl. 8 Uhr bis spät.

Le Bistrot, 118/2 Tran Hung Dao, ☎ 077-398 2200. Tagsüber Restaurant, abends Musik-

bar, spezialisiert sich dieses Restaurant mit Gartenbereich auf internationale, insbesondere französische Küche. Salate, Sandwiches, hausgemachte Lasagne und australisches Rindfleisch. Zum Frühstück Müsli. Billardtisch.

Pepper's, 89 Tran Hung Dao, ☎ 077-384 8773. Pizza, Pasta, Schnitzel, Burger, BBQ und andere westliche Gerichte stehen auf der Speisekarte. Bietet auch Lieferservice im Umkreis von 3 km an. Unter deutscher Leitung.

Ong Lang

Etwa 6 km nördlich von Duong Dong beginnt der **Ong Lang-Strand**, ein schöner Strandabschnitt, an dem sich nur wenige Anlagen befinden – ein Traum für jeden, der Einsamkeit sucht. Nur wenige Unterkünfte haben hier einen eigenen Strandbereich; die meisten liegen an felsigen Küstenabschnitten. Gen Norden ist der Strand unbebaut. Schatten spenden zahlreiche Kasuarinen. Der Sand ist weich und hellgelb, an manchen Stellen weiß und sehr sehr fein. Der Strand fällt teils steil ab und eignet sich prima zum Schwimmen. Auch für jene, die hier nicht wohnen, lohnt ein Ausflug. Der erste schöne Bereich beginnt am Ende des Hauptzufahrtsweges zum Chen Sea Resort bzw. nördlich des Restaurants und der Bungalows Bien Duong. Ein Schild weist den Strand als „private property" aus, was bisher jedoch kein Problem darstellt. Der zweite, sehr lange Bereich erstreckt sich nördlich des Bo Resorts.

Bo Resort, ☎ 077-3702446, 012-0482 7435, 🖥 www.boresort.com, [4662]. 14 Holz- und ein Steinbungalow mit Bad (Warmwasser, i. d. R. mit Sonnenenergie erhitzt), Ventilator und Moskitonetzen verteilen sich an einem Hang mit Blick aufs Meer. Fußfaule wählen einen der 2 Familienbungalows (2 große Betten) oder einen der 2 kleineren Bungalows (Doppelbett) direkt am Strand. Liegen unter schattigen Bäumen. An das Resort schließt sich eine 4 km lange (noch) unbebaute Bucht mit flach abfallendem Sandstrand an. Restaurant am Strand mit vietnamesisch-französischer Küche. Inkl.

Frühstück. WLAN ist wegen schlechter Stromversorgung nicht immer verfügbar. **❹ – ❻**

Freedomland, ☎ 012-2658 6802, 🖥 www.freedomlandphuquoc.com, [4665]. Die Bambusmatten-Holz-Bungalows liegen in einem kleinen urigen Garten mit viel feinem Sand. Alle Bungalows mit Ventilator, manche mit eigenem Bad. Abends gibt es ein gemeinsames Community-Essen mit tagesfrischen Zutaten. Die Preise dafür variieren, je nachdem, was es gibt und wie viel von allen konsumiert wurde. Die Anlage liegt nicht direkt am Meer: Zum Strand sind es etwa 15 Min. zu Fuß. Die tolle Atmosphäre macht das für die meisten Besucher aber allemal wett. Restaurant mit gemütlichen Sitzgelegenheiten. Wer nicht per Internet gebucht hat (und hier als Gast nach intensivem Mailkontakt aufgenommen wurde), darf sich nicht in der Anlage aufhalten – auch das Restaurant ist keinem anderen Publikum zugänglich. Privatsphäre der Gruppe ist Prinzip, um den Frieden und die Stimmung der Anlage zu gewährleisten. **❸ – ❺**

Mango Bay Resort, ☎ 077-398 1693, 🖥 www.mangobayphuquoc.com, [4661]. Schöne, weitläufige Anlage mit ökologisch korrektem Anspruch (solarbeheiztes Warmwasser, keine AC) an einem romantischen, mit schwarzen Felsen durchsetzten Strandabschnitt. Zum Baden geht man Richtung Süden vor das Coco Calm. Holz- und Steinbungalows verschiedener Preisklassen; alle groß und gepflegt, zum Teil wie traditionelle Phu Quoc-Fischerhäuser gestaltet. Die billigsten Zimmer im Reihenhausstil. Inkl. Frühstück im guten Restaurant. In der Hochsaison unbedingt vorbuchen. Gutes Spa direkt am Strand. **❺ – ❻**

Weitere Strände im Norden der Insel

Folgt man der Küstenstraße vom Ong Lang nach Norden, wird es noch einsamer. Der **Cua Can-Strand** bietet weichen Sand und ist noch unberührt – bisher findet sich hier nur eine schöne hochpreisige Unterkunft. Es folgen die **Vung Bau-Bucht** und das **Mong Tay-Kap** mit zwei Unterkünften, die jedoch eher auf vietnamesische Gäste ausgerichtet sind. Der Strand ist recht schön, das Meer jedoch oft etwas rau. Am anschließenden **Bai Dai** gibt es keine Unterkunft, doch hier wird gerade ein riesiges Areal erschlossen. Vor der Küste liegt die **Schildkröteninsel** (Hon Doi Moi), die als eines der besten Tauch- und Schnorchelreviere der Insel gilt. Beim Dorf **Ganh Dau** gibt es zwei Anlagen, eine davon, das Gio Bien Resort, eignet sich eher als Ausflugsrestaurant.

ÜBERNACHTUNG

Bamboo Cottages, Vung Bau-Strand, ☎ 077-281 0345, 🖥 www.bamboophuquoc.com, [4663]. Der Name weckt falsche Erwartungen, denn aus Bambus sind die Bungalows nicht. Vielmehr gibt es 14 geräumige Steinhäuser und 2 Suiten mit halb offenen Bädern und großer Fensterfront mit Meerblick. Warmwasser wird durch die Solaranlage erzeugt. Offenes Restaurant. Bei Flut ist der Strand verschwunden, das Resort jedoch von einer Kaimauer geschützt. **❹ – ❺**

Chez Carole, Cua Can-Strand, ☎ 077-653 4679, 🖥 www.chezcarole.com.vn, [7235]. Schöne stilvolle Anlage mit 4 Bungalows am Hang und direkt am Wasser. Die Zimmer punkten mit einer Ausstattung aus Holz und hochwertigen Materialien. Alle haben AC, TV und Wasserkocher. Neben der Dusche lockt meist eine steinerne Badewanne mit Meerblick. Infinity-Pool. Schöner, künstlich aufgeschütteter Strand. Gutes, wenn auch hochpreisiges Restaurant. Gäste von außerhalb, die hier essen, können den Pool nutzen. **❻**

Vung Bau Resort, Vung Bau-Strand, ☎ 077-627 2011, 090-384 4934, [9252]. Recht neue Häuser mit großen Betten, Ventilator und Warmwasser. Bisher noch alle Bungalows mit Meerblick. Zudem 4 günstigere Zimmer mit 2 Betten in einem Reihenhaus (hier hat nur das vordere Zimmer Meerblick). Sehr einsam. **❸ – ❹**

ESSEN

Wer die Auswahl liebt, empfindet es oft als Nachteil, dass man auf das Essen im resorteigenen Restaurant angewiesen ist. Andere nehmen diese Einschränkung allein der Ruhe wegen gerne in Kauf.

Bei einer Moped-Tour in den Norden der Insel bieten einige wenige Restaurants die Möglichkeit für ein erfrischendes Getränk oder eine kleine vietnamesische Mahlzeit. Für eine Rast am Vung Bau-Strand hat das **Vung Bau Restaurant** (s. Übernachtung) das perfekte Angebot: einfache Küche im überdachten Strandrestaurant, Liegen am schönen Sandstrand und schattige Kasuarinen. Duschen für Tagesgäste.

Im Süden der Insel

Ganz im **Süden** liegt das quirlige Städtchen **An Thoi**. Es gibt eine komplette Infrastruktur mit Markt, einigen wenigen Gästehäusern und lokalen Restaurants. Es macht Spaß, ein wenig herumzustreifen: Touristen sind hier viel seltener als in Duong Dong und erregen mehr Aufsehen.

Vor der Südspitze Phu Quocs befinden sich 15 kleinere und größere Eilande, die **An Thoi-Inseln**, die mit Ausflugsbooten zu erreichen sind. Sie sind ein beliebtes Ziel für Schnorcheltrips und Tauchgänge. Insgesamt ragen 105 Inseln verschiedener Größe aus den Gewässern um Phu Quoc; einige nur Felsbrocken, andere größer und dicht bewohnt wie Hon Tre und Kien Hai, 25 km von Rach Gia entfernt. Wer nicht an einer organisierten Tour zu den Inseln und Stränden interessiert ist, kann morgens am Hafen von An Thoi ein Boot für 700 000 Dong mieten. Die Bootsmänner sprechen kein Englisch.

Der **Bai Sao** („Sternenstrand") am Südostzipfel der Insel zählt mit seinem weißen breiten Sand und dem türkisfarbenen Wasser zu den schönsten der Insel. Mittags kommen die Tourgruppen zum Baden und Essen. Zu anderen Zeiten ist der Sternenstrand ein einsames Paradies. Vorsicht: Hier gibt es Sandfliegen.

Der Süden ist touristisch noch nahezu unerschlossen. Am Bai Sao gibt es 2 empfehlenswerte Unterkünfte. Karte S. 852.

Gecko Jacks, Bai Sao, ✆ 077-397 2123, [4674]. 4 schöne Zimmer im Holzhaus, 2 mit Garten-

blick, 2 mit Veranden zum Meer hin. Eckbadewanne mit Panoramafenster, AC. Am Strand davor kann man Kajaks und Jetski ausleihen. ❹–❺

My Lan Restaurant & Resort, Bai Sao, ✆ 077-399 0779, [4673]. Steinbungalows in 3 Reihen. Vorne versperren die Salas der Mittagsgäste den Blick aufs Meer. 2 Betten, TV und Sitzgelegenheit im Zimmer und auf dem Balkon. Warmwasser. Mittags, wenn die Besuchergruppen aus Bai Truong zum Essen kommen, wird es voll. ❺

Am Bai Sao gibt es zudem das **Ai Xiem Restaurant**, das auch einfache Zimmer vermietet ❷, ebenfalls von vielen Tourgruppen angefahren wird und durch besonders große Portionen Meeresfrüchte auf sich aufmerksam macht. Beliebt ist auch das BBQ am Strand.

Taxis und Xe om

Am Flughafen und an den Fährhäfen bei Ham Ninh (Fähren aus Ha Tien) bzw. Bai Vong (Fähren aus Rach Gia) stehen Taxis mit Taxameter, Minibusse und Xe om bereit, die einen zum gewünschten Ziel bringen. Eine Fahrt mit dem Taxi kostet zum Bai Truong und Duong Dong etwa 150 000 Dong, weiter in den Norden oder in den Süden bis zu 450 000 Dong. Zumindest am Bai Truong und in Duong Dong kann man Taxis mit Taxameter an der Straße anhalten. **Sasco Taxi**, ✆ 077-376 7676, **Mai Linh Taxi**, ✆ 077-397 9797.

Motorräder und Fahrräder

Überall auf der Insel werden Mopeds vermietet. Der Preis hängt von Zustand und Art der Maschine ab; verlangt werden 120 000–170 000 Dong. Es empfiehlt sich, auf jeden Fall Probe zu fahren, um sich von einem akzeptablen Zustand der Bremsen und der Schaltung zu überzeugen. Zunehmend gibt es auch Fahrräder (oft Mountainbikes) zur Ausleihe. Am Tag kosten gute Räder um die 100 000 Dong.

An- und Abreise nach Phu Quoc geschehen entweder mit Bus und Fähre via Rach Gia oder Ha Tien oder mit dem Flugzeug aus Ho-Chi-

VIETNAM

Minh-Stadt bzw. Rach Gia. Letzteres ist deutlich bequemer und zeitsparend. Die Weiterreise von Phu Quoc aus gestaltet sich einfach und bequem. Inzwischen nimmt kaum jemand mehr einfach nur eine Fähre ans Festland und schaut sich dort nach dem Weitertransport um (was natürlich weiterhin möglich ist) – allzu komfortabel ist es, in einem der vielen Reisebüros ein durchgehendes Boot/Bus-Ticket an ein Ziel im Mekong-Delta, nach Ho-Chi-Minh-Stadt oder nach Kambodscha zu buchen. Der Transport zum Fähranleger ist zudem bei dieser Option meist inbegriffen. Mehr dazu s. **eXTra [9276]**.

Boot/Bus

Vietnam

CAN THO, via Rach Gia, um 7 und 12 Uhr, ca. 8 Std., US$27;
CAN THO, via Ha Tien, um 7 Uhr, Ankunft 15.30 Uhr, US$22;
CHAU DOC, via Ha Tien, um 7 Uhr, Ankunft 15.30 Uhr, US$19;
HCMS, via Rach Gia, um 7 und 12 Uhr, ca. 11 Std., US$30 – die bequeme Variante mit Weitertransport an Land durch die Phuong Trang Company (Futa);
HCMS, via Ha Tien, um 7 Uhr, Ankunft 19 Uhr (lokaler Bus); oder um 12 Uhr, Ankunft nächster Tag 6 Uhr (Schlafbus) für US$25 – die unbequemere Variante mit weniger angenehmen Bussen.

Kambodscha

Alle Fahrten via **Ha Tien**, Abfahrt jeweils um 7 Uhr, Visa on Arrival gibt es an der Grenze für US$20 plus ca. US$5 für den Transport-

unternehmer, der die Grenzformalitäten übernimmt:
KAMPOT, Ankunft 13.30 Uhr, US$21;
KEP, Ankunft 13 Uhr, US$19;
KOH KONG, Ankunft nächster Tag 13.30 Uhr, US$38 inkl. Übernachtung in Kampot;
PHNOM PENH, Ankunft 17.30 Uhr, US$23;
SIEM REAP, Ankunft 22.30 Uhr, US$34;
SIHANOUKVILLE, Ankunft 16.30 Uhr, US$23.

Fähren ans Festland

HA TIEN, mit Superdong ab Bai Vong um 8.30 und 13.30 Uhr, 1 1/4 Std., ca. US$12; oder mit der Lam Bai Hai-Fähre (ehem. Dong Tam) ab Ham Ninh um 8.30 Uhr, 1 1/2 Std., 215 000 Dong. Zudem gibt es die Thanh Toi-**Autofähre** nach Ha Tien; tgl. um 13.45 Uhr, 180 000 Dong, die am Kap Da Chong an der Ostküste anlegt. Die Benutzung ist nur empfehlenswert, wenn man mit einem eigenen Fahrzeug unterwegs ist, denn der Hafen ist sehr abgelegen und schlecht zu erreichen.
RACH GIA, mit Superdong ab Bai Vong um 8, 9, 12.40 und 13 Uhr, 2 1/4 Std., US$17,50.

Flüge

Es gibt je nach Saison tgl. mehrere Flüge von und nach HO-CHI-MINH-STADT (1 Std.), RACH GIA (20 Min.) und CAN THO (50 Min.).
VietJet Air, 🖳 www.vietjetair.com. 2x tgl. von und nach HCMS.
Vietnam Airlines, 🖳 www.vietnamairlines.com. Nach CAN THO und, ggf. mit Zwischenstopp in RACH GIA, nach HCMS. Fliegt von HCMS außerdem direkt weiter nach HA NOI.

© VÖLKER KLINKMÜLLER

Anhang

Bücher

Romane und Erzählungen

Thailand

The Beach (Garland, Alex; 2011). Der britische Autor beschreibt in seinem viel beachteten Erstlingswerk die Traveller-Szene in der Khaosan Road und auf Ko Samui, ihr Leben und ihre Träume. Verfilmt auf Ko Phi Phi Le und im Khao Yai Nationalpark mit Leonardo di Caprio in der Hauptrolle.

Biokrieg (Bacigalupi, Paolo; 2011). Science Fiction-Politdrama eines amerikanischen Autors, das sich in einer von der Gentechnik zerstörten Welt in Bangkok mit beeindruckenden Ideen entfaltet.

The Brotherhood of Kaeng Khoi (Haemamool, Uthis; 2012). In diesem großartigen, preisgekrönten Roman des jungen thailändischen Schriftstellers über den in einem Dorf heranwachsenden Lap Lae erfährt man mehr über Thailand als in jedem Kulturführer.

Das Erbe der Schwestern (Eastgate James, Caron; 2005). Unterhaltsamer Roman über das Schicksal einer englisch-siamesischen Familie in Thailand über drei Generationen, das eng mit der Geschichte des Landes verwoben ist.

Fieldwork (Berlinski, Mischa; 2008 – auch als E-Book). Der Selbstmord einer amerikanischen Anthropologin in einem thailändischen Gefängnis führt den Journalisten Mischa Berlinski zu den Lisu in den thailändischen Bergen.

Haus der Geister (Moore, Christopher G.; 2000). Thriller von dem in Thailand lebenden Schriftsteller um den Privatdetektiv Vincent Calvino, Drogen und das große Geld. Auch der im Bangkoker Nachtclub-Milieu spielende Roman *Nana Plaza* wurde 2001 übersetzt. *Stunde null in Phnom Penh* erhielt 2004 sogar den Deutschen Krimipreis. Im jüngst übersetzten Werk *Der Untreue-Index* (2011) ermittelt Calvino während der Zeit der politischen Unruhen in Bangkok wegen eines Falls von Medikamenten-Piraterie.

Der Jadereiter, **Bangkok Tattoo**, **Der Buddhistische Mönch** und **Vulture Peak** (Burdett, John; 2007/2008/2010/2012). Deftige, mit Insider-Wissen gespickte, spannende Krimis, in denen der buddhistische Polizist Sonchai im Drogen- und Rotlichtmilieu von Bangkok ermittelt. Ein Muss!

Joys Geheimnis (Anschel, Louis; 2000). Nach einem Mord im Berliner Rotlichtmilieu führen die Ermittlungen Kriminalhauptkommissar Ludger Bruske auch nach Thailand, wo er einem Mädchenhändler auf die Schliche kommt.

Siamesische Hunde (Blettenberg, Detlef; 2003). Der deutsche Entwicklungshelfer hat diesen spannenden Thriller mit vielen Fakten über das Leben in Thailand gespickt. Der Handlung liegen die geheimdienstlichen Aktivitäten von Jim Thompson zugrunde. Vom selben Autor sind außerdem der Roman **Farang** sowie die Reportagen **Inka grollt und Buddha lächelt** erschienen.

Sightseeing (Lapcharoensap, Rattawut, 2006). Sieben facettenreiche Kurzgeschichten eines jungen thailändischen Autors über das moderne Alltagsleben jenseits der Sandstrände, humorvoll, präzise, tiefgründig und mit thailändischer Leichtigkeit beschrieben.

Die Unsichtbaren (Loon, Karel G. van; 2006). Ein erschütternder, einfühlsamer Roman über das Schicksal der Flüchtlinge aus Myanmar, basierend auf Interviews, die der holländische Bestsellerautor in den Lagern im thailändischen Grenzgebiet geführt hat.

Laos

Dr. Siri und seine Toten (Cotterill, Colin; 2009). Laos als Krimischauplatz? Wie gut das funktioniert, zeigt Colin Cotterill in seinen witzigen Geschichten um Dr. Siri Paiboun, den einzigen Leichenbeschauer von Laos. Sieben Titel sind bislang auf Deutsch erschienen. Die Kultbücher gibt es auch als E-Book und als Hörbuch, gelesen von Jan Josef Liefers.

Geister der gelben Blätter (Schoeneberg, M. G.; 2007). Lebendiger Roman über die Forschungsreise eines Berliners nach Laos und Thailand.

Treasures of Lao Literature (Mixay, Somsanouk; 2000). Sieben der bekanntesten Legenden der laotischen Literatur, darunter *Sinxay* und *Sithon und Manola*, gekürzt und illustriert.

Villa Incognito (Robbins, Tom; 2005). Turbulente Geschichte über Aussteiger, Opium und ein Paradies in den Baumkronen des laotischen Dschungels. Wenn man das bemühte erste Kapitel hinter sich hat, macht das Buch richtig Spaß.

Xieng Mieng: Schelmengeschichten aus Laos
(Khamphasith, Martina Sylvia; 2008). Geschichtensammlung über den laotischen Till Eulenspiegel, eine der populärsten Figuren der laotischen Folklore. Von derselben Autorin ist auch **Warum Krokodile keine Affenherzen fressen**: Fabeln und andere Tiergeschichten aus Laos, erhältlich.

Kambodscha

Wohin Du auch gehst (Prüfer, Benjamin; 2009). Der Deutsche Benjamin Prüfer lernt 2003 in einer Bar in Phnom Penh die HIV-positive Sreykeo kennen. Die ungeschönt erzählte wahre Liebesgeschichte wurde 2009 unter dem Titel *Same Same But Different* verfilmt.

Stunde Null in Phnom Penh (Moore, Christopher; 2003). Spannender Krimi, der in Phnom Penh 1993 zur Zeit des UNTAC-Einsatzes spielt. Literarisch leichte Kost – die realistischen Schilderungen der Stadt kurz nach Beendigung des Bürgerkriegs liegen schwerer im Magen. Der Autor und Journalist Moore besuchte 1993 und 2002 Phnom Penh – *Vom Völkermord zum Milchkaffee* ist eine pointierte Zeitbeobachtung, im Anhang abgedruckt.

Milchozean – Angkors Fesseln (Erhard, Jan; 2013). Ein historischer Abenteuerroman, der kurz vor Erbauung der Tempel von Angkor beginnt und die Entdeckung durch die Europäer beschreibt. Der Autor verbindet in dem spannenden Schmöker geschickt historische Persönlichkeiten mit dem Schicksal seiner Kontrahenten. Vier weitere Bände sollen folgen.

In der Mitte des Flusses (Echlin, Kim; 2011). Der Autorin gelingt es, in einer fiktiven Geschichte die tatsächlichen Ereignisse während der Khmer-Rouge-Herrschaft und die ebenfalls nicht unproblematische Zeit danach spannend darzustellen. In klaren Worten wird das Grauenhafte eingebunden in eine Liebesgeschichte. Nach der Lektüre (er)kennt der Leser Kambodscha weitaus besser als zuvor.

Flüchtige Seelen (Thien, Madeleine; 2014). Ein Wissenschaftler verschwindet spurlos aus Montreal, die Erzählerin begibt sich auf die Suche nach ihm: Aus dem Kanada der Gegenwart führen die Erinnerungen zweier Menschen zurück nach Kambodscha und in die Zeit der Herrschaft der Roten Khmer. Gut zu lesen, poetisch kurz gehalten. Öffnet den Blick auf einzelne Schicksale während und nach der Terrorherrschaft.

Pol Pots Lächeln (Fröberg Idling, Peter; 2013). Der schwedische Autor begibt sich 1999 auf eine Reise durch Kambodscha, die so im August 1978 von einer vierköpfigen Delegation aus Schweden auf Einladung der Roten Khmer unternommen wurde. Er geht der Frage nach, wie es damals möglich war, zwei Wochen lang den Schein eines aufstrebenden Bauernstaates mit fröhlichen, satten Menschen aufrecht zu erhalten. Dazwischen Interviews, Gedankenschnipsel und fiktive Szenen – sprachlich ungewöhnlich, elegant und von literarischer Qualität.

Kambodscha fürs Handgepäck (Kober, Reinhard; 2013). Das kleine Büchlein eignet sich perfekt als Urlaubslektüre. Versammelt sind hier neben alten Märchen und Legenden auch kurze Geschichten über die Zeit der Roten Khmer und andere Erlebnisberichte von Reisenden und Kambodschanern: So reist man mit Loti um 1902 auf seiner Pilgerfahrt nach Phnom Penh an den Königspalast oder bekommt einen Einblick in das Leben der Zwangsprostituierten. Sehr gelungene Textauswahl.

Vietnam
Die Klassiker

Viele Klassiker der vietnamesischen Literatur sind vergriffen und nur noch als Kopie in Vietnam oder gebraucht zu haben. Es lohnt sich, folgende Titel zu suchen:

Bitterer Reis (Duong Thu Huong, 1992). Dieser kritische und brillant geschriebene Roman erzählt von der als Nachkriegskind geborenen Studentin Hang, die auf der Suche nach ihrem ganz persönlichen Glück und der Seele ihres Landes ist.

Liebesgeschichte, vor der Morgendämmerung erzählt (Duong Thu Huong, 1992). Ein kleines bezauberndes Buch, das nachdenklich stimmt, weil es die Frage nach der wahren Liebe aufwirft und zeigt, wie Hass, Rachsucht und Eifersucht das Leben aller Beteiligten zerstören können.

Roman ohne Titel (Duong Thu Huong, 1995) bzw. **Roman ohne Namen** (Duong Thu Huong, 1996) (vergriffen, als Kopie in Vietnam erhältlich). Die Geschichte des Soldaten Quan ist eines der besten und eindringlichsten Bücher zum Thema Krieg.

Der stille Amerikaner (Graham Greene, 2003) (The Quiet American, 1955). Die Geschichte der Begegnung zwischen dem zynischen britischen Reporter Fowles und dem jungen, „stillen" Amerikaner Pyle vor dem Hintergrund des französisch-vietnamesischen Kriegs hat schon Generationen von Lesern in ihren Bann geschlagen: ein vielschichtiges, gut recherchiertes und Grundfragen des Lebens berührendes Buch. Die Scharfsicht in der Einschätzung des amerikanischen Engagements ist bemerkenswert – und heute so aktuell wie vor 50 Jahren.

Neue vietnamesische Literatur

Die Insel der Feuerkrabben (Ngo Nguyen Dung; 2011). In den kurzen unterhaltsamen Geschichten wird der Leser in die etwas andere Gedankenwelt Vietnams entführt. Der Autor lebt im Exil, was seine politische Einschätzung prägt.

Der Klang der Fremde (Kim Thuy; 2010). Ein Tipp für alle, die nicht auf Masse, sondern auf Klasse setzen. In wenigen Worten, pointiert und poetisch, beschreibt die Autorin Stationen ihres Lebens als Flüchtlingskind. Absolut lesenswert!

Der pensionierte General (Nguyen Huy Thiep, 2009). In seinen Erzählungen schildert der Autor Episoden aus dem Alltag. Nicht mehr Krieg spielt eine Rolle, sondern das Hier und Jetzt mit all seinen Facetten. Der Autor gilt als Begründer der vietnamesischen Nachkriegsliteratur.

Das schwarze Pulver von Meister Hou (Tran-Nhut, .2010). Ein unterhaltsamer Kriminalroman, geschrieben von zwei Schwestern, die im französischen Exil leben und wirken. Wie so oft in der vietnamesischen Literatur wird nicht auf magische Momente verzichtet, und auch Gesellschaftspolitisches spielt eine große Rolle. Unterhaltsam.

Schwarze Schiffe und **Der letzte Tiger** (Luttmer Nora; 2013). Zwei lesenswerte Bücher nicht nur für Krimifreunde. Der Autorin gelingt es, in unterhaltsamer Weise, witzig über Vietnam zu erzählen. Der Leser taucht ein in die Welt vom Kommissar Ly, der im ersten Band im Rotlichtmilieu ermittelt und sich im zweiten Roman mit dem illegalen Tierhandel und der traditionellen Medizin auseinandersetzen muss.

Sonntagsmenü (Pham Thi Hoai; 2005). Poetische Kurzgeschichten aus dem Vietnam der 1990er-Jahre. Die Autorin setzt sich wortgewandt und metaphernreich mit sozialen, kulturellen und politischen Themen ihrer Umgebung auseinander. Lesenswert für Fans von Kurzgeschichten.

Vietnam fürs Handgepäck (Grünfelder, Alice; 2012.) Gelungene Zusammenstellung kurzer Erzählungen vietnamesischer und westlicher Autoren. Klein und handlich und wirklich geeignet als Reiselektüre. Öffnet den Blick für das fremde Vietnam, vor, während und nach der Reise.

Reise- und Erlebnisberichte

Über die Region

In Buddhas Gärten (Tor Farovik, 2009). Der Autor versteht es meisterhaft, den Leser mitzunehmen auf seine Reise. Das Buch bietet nicht nur Einblicke in Vietnam, sondern auch in die Länder Kambodscha, Thailand und Myanmar (Birma). Für Südostasienreisende die 100 % passende Reiseliteratur.

Fliegen ohne Flügel (Terzani, Tiziano; 1998). Der Autor, ein ehemaliger Spiegel-Korrespondent, bereiste Südostasien ein Jahr lang ausschließlich per Bus, Bahn und Schiff, weil ihm ein chinesischer Weissager prophezeit hatte, er würde bei einem Flugzeugabsturz ums Leben kommen. Die ideale Lektüre auf einem Asien-Trip.

Gebrauchsanweisung für Vietnam, Laos und Kambodscha (Benjamin Prüfer, 2011). Benjamin Prüfer schreibt dieses kleine lesenswerte Buch mit leichter Feder. Er weiß zu unterhalten und gleichzeitig zu informieren. Vor allem in seinem Kapitel über Kambodscha ist ihm dies gelungen. Die Eindrücke aus Vietnam und Laos sind etwas weniger persönlich und bleiben an der Oberfläche. Dennoch lesenswert.

The Mekong. Turbulent past, uncertain future (Osborne, Milton; 2000). Monografie über den längsten Fluss Südostasiens, von den frühen Reichen bis zu den Staudamm-Projekten unserer Zeit. Lesenswert als Einstieg in die Region.

Travels in Siam, Cambodia and Laos 1858–1860 (Mouhot, Henri; 1992). Der erste Reisebericht über Kambodscha. Mouhots Tagebuch, ein mitreißender Bericht über Angkor Wats „Entdeckung", löste in Europa ein fieberhaftes Interesse an den alten Tempeln des exotischen Landes aus.

Der Preis der Leichtigkeit (Andreas Altmann, 2007). Pointiert und kenntnisreich schreibt der erfahrene Autor über seine Reise nach Thailand, Kambodscha und Vietnam. Die Situationen, in die er gerät, sind vielen Asienreisenden bekannt – doch die meisten gehen ihnen aus dem Weg: anders Andreas Altmann. Vieles ist lustig, einiges zynisch, anderes traurig. Herausgekommen ist ein aufschlussreiches Buch über drei interessante Länder Asiens.

Thailand

Banana Pancake Trail. Unterwegs auf dem vollsten Trampelpfad der Welt (Mattheis Philipp; 2012). Ein humorvolles Buch über die Traveller von einst, die Flashpacker von heute und die Suche nach dem besten Strand der Welt.

Letters from Thailand (Fulop Kepner, Susan & Botan; 2002). Die Geschichte eines Einwanderers aus China in den späten 40er-Jahren des vergangenen Jahrhunderts. Empfehlenswert.

Geschichten aus Thailand (Ruffert, Günther; 2002). Amüsante Erfahrungsberichte aus dem thailändischen Alltag.

People of Esarn (Sudham, Pira; 2007). Erzählungen über das Leben in Nordost-Thailand. Vom gleichen Autor erschien 1989 *Monsoon Country*, das 2002 wieder neu aufgelegt wurde (nur in Thailand erhältlich).

Phi Phi Island (Haslinger, Josef; 2008). Der Autor, Schriftsteller und Professor für literarische Ästhetik überlebte mit seiner Familie den Tsunami auf Ko Phi Phi. Ein bewegender Bericht.

Frei ist nur der Blick zum Himmel. Sieben Jahre Haft in Thailand (Gregory, Sandra u. a.; 2004). Eigentlich wollte sich Sandra mit dem Heroin nur den Rückflug nach London finanzieren, doch sie wird am Flugplatz geschnappt – ein fesselnder Tatsachenbericht.

Laos

Another Quiet American: Stories of Life in Laos (Dakin, Brett; 2013). Einfach zu lesender, lustiger Bericht eines jungen Amerikaners über seine Zeit als Berater in der Tourismusbehörde in Vientiane Ende der 1990er-Jahre.

Bamboo Palace. Discovering the Lost Dynasty of Laos (Kremmer, Christopher; 2005). Nach dem Erfolg seines ersten Buches **Stalking the Elephant Kings** (2003) verrät Kremmer noch mehr Ergebnisse seiner Suche nach dem Verbleib des letzten laotischen Königs Savang Vatthana und dessen Familie – vieles in beiden Büchern ist aber deckungsgleich.

The Latehomecomer. A Hmong Family Memoir (Yang, Kao Kalia; 2008). Bewegend erzählt Kao Kalia Yang, geboren in einem Flüchtlingslager, die Geschichte ihrer Familie, eine Geschichte von Flucht, Exil und der Suche nach Heimat.

Lost over Laos: A True Story of Tragedy, Mystery and Friendship (Pyle, Richard; Faas, Horst; 2008). 27 Jahre nach dem Tod ihrer vier Kollegen bei einem Hubschrauberabsturz in Laos begeben sich der Fotojournalist Horst Faas und der AP-Journalist Richard Pyle auf Spurensuche.

Mit dem Elefantendoktor in Laos (Kugler, Olivier; 2013). Die erste Graphic Novel zu Laos: Eine Woche lang hat Illustrator Olivier Kugler einen Tierarzt bei der Arbeit in Xayaboury und Pakbeng begleitet. Herausgekommen ist eine spannende, gezeichnete Reportage über das Leben der Arbeitselefanten in Laos und ihre Mahouts.

Mythos Mekong: Leben und Sterben am großen Fluss (Siebert, Rüdiger; 2011). Mehr als drei Jahrzehnte lang hat Rüdiger Siebert Süd- und Südostasien bereist und publizistisch begleitet. In seinem letzten, unvollendet gebliebenen Buch widmet er sich erneut dem Mekong und schildert in bildreicher Sprache den Zeitenwandel am großen Fluss.

Streifzug durch Laos: Abenteuer im Land der tausend Elefanten (Lorenz, Erik; 2012). Nur ein paar Seiten und man ist quasi mit dabei: auf Erik Lorenz' großer Reise durch Laos. Auf gut 500 Seiten beschreibt der Berliner seine Abenteuer von Phongsaly bis Champasak, turbulent, witzig und mit liebevollem Blick auf das Land und seine Menschen. Im Picus Verlag ist jüngst sein Reportage-Band **Lesereise Laos**. Vom Schwinden der Silberfäden (2014) erschienen.

Kambodscha

Der Königsweg (Malraux, André; 1999, Erstausgabe 1930). Der Autor verarbeitet in diesem Roman seine eigenen Erfahrungen im Dschungel

Kambodschas. Malraux (geb. 1901), der später in der Regierung de Gaulles in der Politik mitmischte, lebte in jungen Jahren in Indochina und wurde unrühmlich bekannt, als er Tempelfresken aus den Ruinen bei Angkor entwendete. Von diesem Abenteuer aus den 1920er-Jahren erzählt er in diesem noch immer lesenswerten Buch.

Der weite Weg der Hoffnung (Ung, Loung; 2002). Loung Ung ist fünf Jahre alt, als die Roten Khmer in Phnom Penh einmarschieren. Sie hat ein sehr ergreifendes wie packendes und lesenswertes Buch über ihre verlorene Kindheit geschrieben – und damit ein erschütterndes Spiegelbild der Geschichte von Millionen Kambodschanern geschaffen. Und im Gegensatz zu vielen anderen Schilderungen hört die Geschichte nicht mit der Befreiung durch die Vietnamesen auf. Luong Ung schreibt auch, wie schwierig die Jahre danach für die Überlebenden noch waren.

Auslöschung (Panh, Rithy, mit Ch. Bataille; 2013). Der international erfolgreiche kambodschanische Regisseur Rithy Panh interviewt Duch, den Chef des berüchtigten Gefängnisses Tuol Sleng in Phnom Penh. Wortgewaltig wechselt er zwischen der Konfrontation mit dem Folterchef und der Schilderung seiner eigenen Kindheit unter den Roten Khmer.

Meine Heimat – Euer Krieg (Kim Sam, Saovory; 2012). Saovory Kim Sam wurde 1964 in Kambodscha geboren. Ihr ergreifendes Schicksal während der Herrschaft der Roten Khmer steht stellvertretend für die Unmenschlichkeit des Regimes und die Politik der Umsiedlung und Entwurzelung. Ein mitfühlendes und sehr lesenswertes Buch.

Das Schweigen der Unschuld (Mam, Somaly; 2008). In einfachen wie ehrlichen Worten schildert Somaly Mam ihr Schicksal: wie sie mit zwölf Jahren das erste Mal verkauft und zur Prostitution gezwungen wird und wie sie schließlich ihren Weg aus dem Sumpf findet. International bekannt wird sie mit Gründung der gemeinnützigen Organisation Afesip, die Frauen und Mädchen hilft, sich aus den Fängen der Sex-Mafia zu befreien.

Im Schatten des Banyanbaumes (Ratner, Vaddey; 2014). Ein Roman, der die wahren Erlebnisse der Autorin wiedergibt (und daher hier als Erleb-

nisbericht gelistet wird). Wie ihr Vater (ein Prinz und Poet) es ihr vorgelebt hat, erzählt Ratner in poetischer Sprache von ihrer Kindheit vor und während der Herrschaft der Khmer Rouge. Im Gegensatz zu allen anderen Erlebnisberichten jener Jahre wird hier das Schicksal eines Zweiges der Königsfamilie erzählt. Ratner nutzt eine Sprache, die trotz aller schlimmen Erlebnisse, die geschildert werden, auch das Schöne zu zeigen vermag – ein gelungenes Werk, das nicht zuletzt auch zum Nachdenken über den eigenen Umgang mit Schmerz und Trost anzuregen vermag.

Vietnam

Mond über Vietnam (Coffey, Maria; 2006). Die Autorin bereiste 1994 gemeinsam mit ihrem Mann zum ersten Mal Vietnam. Mit dem Boot wollte sie die Küste entlang fahren, was manchmal gelang, oft aber durch allerlei Widrigkeiten verhindert wurde. Eine spannende Geschichte aus diesem abenteuerlichen Reiseland und trotz starker Veränderungen in den letzten Jahren noch in vielen Erkenntnissen und Beobachtungen aktuell geblieben.

Nach der Befreiung – Tagebuch aus Vietnam 1975 (Skrobanek, Walter; 2008). Als terre-des-hommes-Mitarbeiter befindet sich der Deutsche Walter Skrobanek in Vietnam, als 1975 die letzten Amerikaner das Land verlassen und die Widerstandskämpfer in Sai Gon die Macht übernehmen. In seinen Tagebuchaufzeichnungen wird die Zeit des Umbruchs lebendig.

Vietnam 151 (Ponlevoy, David Frogier de; 2013). Das Porträt eines Landes in ständiger Bewegung in 151 Momentaufnahmen, so der treffende Untertitel, überzeugt und gibt Einblick in die Welt Vietnams.

Geschichte und Gesellschaft

Thailand

Thailand – a Short History (Wyatt, David; 2003). Ausgezeichnete Einführung in die Geschichte von der Vorzeit bis zur Jahrtausendwende. Auf Englisch, aber gut verständlich geschrieben.

A History of Thailand (Baker, Chris, Phongpaichit, Pasuk; 2009). Die erste neue Geschichte Thailands seit vielen Jahren.

Thai Culture in Transition (Klausner, William J.; 2002) Die ausgezeichnete Einführung beschreibt den Wandel der sozialen Strukturen und der Mentalität des modernen Thailands (in Thailand erhältlich).

Hilltribes of Thailand (Freeman, Michael; 1989). Ein dünnes, großformatiges Buch mit hervorragenden Farbfotos. Die kurzen englischen Textpassagen gehen einfühlsam auf das Leben der Bergvölker ein (in Thailand erhältlich).

Thaksin: The Business of Politics in Thailand (Phongpaichit, Pasuk, Baker, Chris; 2005). Die erste kritische Auseinandersetzung mit dem reichsten Mann Thailands, seiner Biografie und seinem politischen Einfluss auf das Land.

The King Never Smiles: A Biography of Thailand's Bhumibol Adulyadej (Handley, Paul; 2006). Die nicht autorisierte Biografie des amerikanischen Autors wirft auch einen kritischen Blick auf das Leben des Königs und ist deshalb in Thailand verboten.

Völker im Goldenen Dreieck (Lewis, Paul & Elaine; 1984 – vergriffen, in Thailand auf Englisch erhältlich). Umfangreiche, illustrierte Darstellung der Lebensbedingungen verschiedener Bergvölker, recht teuer und schwer.

Laos

A History of Laos (Stuart-Fox, Martin; 2008). Detaillierte Geschichte des Landes von der Gründung Lane Xangs bis in die 1990er-Jahre. Weitere Titel des renommierten Laos-Experten sind **The Lao Kingdom of Lan Xang**: Rise and Decline (1999) und **Buddhist Kingdom, Marxist State** (2011) über die Zeit seit Gründung der Volksrepublik Laos.

A Short History of Laos. The Land in Between (Evans, Grant; 2002). Historische Überblicksdarstellung mit Schwerpunkt auf dem 20. Jh. Unterhaltsam geschrieben; gut als Einstieg.

The Last Century of Lao Royalty: A Documentary History (Evans, Grant; 2009). Reich bebildertes Buch mit kritischen Texten zur Geschichte des laotischen Königshauses vom Ende des 19. Jh. bis 1975.

Laos: Work in Progress (Cooper, Robert; 2013). Super Landeskunde für Laos-Einsteiger, unterhaltsam aufbereitet und mit allen wichtigen Fakten zum Land. Der Autor betreibt den kleinen Verlag Lao-Insight Books und das Book-Café in Vientiane. Das Buch ist nur in Laos und Thailand erhältlich.

The Politics of Ritual and Remembrance: Laos since 1975 (Evans, Grant; 1998). Ob Kult um Kaysone oder Mandala Memories: Der Autor geht dem Wandel der politischen Rituale und Symbole auf den Grund. Sehr lesenswert.

Post-war Laos: The Politics of Culture, History and Identity (Pholsena, Vatthana; 2006). Neuer Beitrag zur Kultur und Identität des Vielvölkerstaates.

Kambodscha

A History of Cambodia (Chandler, David; überarbeitete 4. Aufl. 2008). In der 4. Auflage noch einmal stark überarbeitet und mit Blick auf die aktuellsten Entwicklungen: das Standardwerk zur Geschichte Kambodschas. Empfehlenswert für alle, die es ganz genau wissen wollen.

Die Kinder der Killing Fields (Follath, Erich,; 2010). Der Spiegel-Autor bettet in den Bericht über das Rote-Khmer-Tribunal Interviews mit Tätern, Überlebenden des Pol-Pots-Regimes sowie König Sihanouk und schildert so eindringlich wie spannend die Geschichte des Landes. Der Autor bereiste Kambodscha mehrmals, seine Beschreibung des Landes aus dem Jahre 1981 und die fiktive Schilderung eines Tages in Angkor aus dem Jahr 1295 sind beeindruckend.

Geschichte Kambodschas. Das Land der Khmer von Angkor bis zur Gegenwart (Golzio, Karl-Heinz; 2003). Golzio blickt auf die ganz alte Geschichte ebenso wie auf die in den Inschriften auf den Tempelwänden Angkors überlieferten Geschehnisse der Angkor-Periode. Auch die Kolonialzeit, die Zeit Sihanouks und die Geschichte der Roten Khmer sind Inhalt dieses kleinen Geschichtsbandes.

Abschied von den Killing Fields (Rohde, Manfred; 1999). Der Autor blickt zurück auf die Jahre 1985 bis zu den ersten freien Wahlen 1998. Rohde, der von 1987–91 als Südostasien-Korrespondent für das ZDF arbeitete, bietet einen guten Einblick in die Zeit nach den Khmer Rouge. Viele Themen sind noch heute von großer Bedeutung. Das Buch ist für alle, die über die Zeit zwischen Pol Pot und Hun Sen mehr erfahren wollen, eine gute Wahl.

Vietnam

Geschichte des Vietnamkrieges. Die Tragödie in Asien und das Ende des amerikanischen Traums (Frey, Marc; 1999). Geschichtswissenschaftliche, gut lesbare Arbeit eines deutschen Forschers, die auf 250 Seiten einen guten Überblick verschafft. Berücksichtigt besonders die amerikanische Perspektive und stellt Fragen nach den Motiven des Krieges und den Auswirkungen bis heute.

Apokalypse Vietnam (Schneider, Wolfgang; 2001). Im Buch zur gleichnamigen MDR-Fernsehdokumentation finden sich die der Sendung zugrunde liegenden Interviews. Die Sammlung ist eine bereichernde Lektüre für alle, die sich mit dem französischen und dem amerikanischen Vietnamkrieg beschäftigen und die an Erfahrungsberichten der Beteiligten interessiert sind.

The Birth of Vietnam (Taylor, Keith Weller, 1991). Behandelt die Frühgeschichte von der ersten geschichtlichen Erwähnung bis zum 10. Jh.

Vietnam: A History (Karnow, Stanley; 1997). Eine gut lesbare Landesgeschichte von der Vorgeschichte bis zum Fall Saigons mit dem Schwerpunkt Vietnamkrieg unter Einbezug der politischen Auseinandersetzungen in den USA.

Kunst und Kultur

Über die Region

Early Cultures of Mainland Southeast Asia (Higham, Charles; 2002). Hervorragende, schön bebilderte archäologische Studie über die frühen Kulturen in Südostasien, darunter Funan, Champa, Zhenla, Dvaravati und Angkor.

DuMont Kunstreiseführer Vietnam, Kambodscha und Laos. Tempel, Klöster und Pagoden in den Ländern am Mekong (Petrich, Martin 2013). Anschaulich und kompetent vermittelt der Autor unentbehrliche Informationen für Kulturinteressierte und bettet die Kultur Vietnams in den Kontext der Nachbarstaaten Kambodscha und Laos ein.

Handbuch des Buddhismus. Die zentralen Lehren: Ursprung und Gegenwart (Schumann Wolfgang, 2008). Der Autor ist ein Kenner des Buddhismus und hat bereits zahlreiche Werke verfasst. Auch dieses Buch besticht durch seine klare Darstellung und gibt einen Überblick über alle buddhistischen Richtungen.

Mekong Food (Langoth, Michael; 2013). Fotograf und Koch Michael Langoth widmet sich in diesem 224-seitigen Bildband dem großen Fluss, den Menschen an seinen Ufern und ihrer köstlichen Küche. Eine Kulturgeschichte in Wort und Bild mit 30 Rezepten.

Thailand

Gebrauchsanweisung für Thailand (Schacht Martin; 2011). Ein unterhaltsamer Blick auf die thailändische Alltagskultur.

Inside Thai Society: Religion, Everyday Life, Change (Mulder, Niels; 2001). Informative, persönliche Studie eines Anthropologen für alle, die sich intensiver mit der Thai-Kultur auseinandersetzen möchten. (Vergriffen.)

Reisegast in Thailand (Aarau, Alice; Cooper, Robert & Nanthapa; 2009). Amüsant geschrieben ist dieses Buch eine Hilfestellung, um die Verhaltensweisen der Thais zu verstehen und sich als Ausländer entsprechend zu verhalten.

Thai Ways und **More Thai Ways** (Segaller, Denis; 2006). Der seit Jahrzehnten in Thailand lebende Dokumentarfilmer schreibt humorvoll über Sitten und Lebensweisen der Thai.

Thai-Ramayana, Übersetzung der Fassung von König Rama I. durch M. L. Manich Jumsai (Deutsch, Englisch). Es gibt verschiedene Fassungen dieses Epos, das im gesamten süd- und südostasiatischen Raum bekannt ist. In die Thai-Version (auch: Ramakien) sind zahlreiche Märchen und Sagen Siams eingearbeitet worden.

Laos

Ancient Luang Prabang and Laos (Heywood, Denise; 2014). Grundrisse, Fotos und Beschreibungen vieler Tempel und Häuser in Luang Prabang. In die jüngste Auflage haben auch andere wichtige Highlights Eingang gefunden, etwa die Ebene der Tonkrüge und Vat Phou.

Ant Egg Soup: Adventures of a Food Tourist in Laos (Natacha DuPont De Bie; 2004). Die Autorin entdeckt auf ihrer Reise durch Laos nicht nur Land und Leute, sondern auch zahlreiche exotische Rezepte.

Culture Shock! Laos (Cooper, Robert; 2013). Amüsant geschriebener Band mit vielen guten

Hinweisen für Expats und angehende Auswanderer nach Laos.

Spirits of the Place: Buddhism and Lao Religious Culture (Holt, John Clifford; 2009). Neueste Studie zum laotischen Buddhismus, der auch die Rolle der animistischen Elemente beleuchtet.

Lao Textiles and Traditions (Connors, Mary F.; 1996). Das Buch beschreibt die Merkmale der Textilien verschiedener Volksgruppen, listet Fakten zu ihrer Herstellung und streut zahlreiche weitere interessante Informationen ein.

Traditional Recipes of Laos (Phia Sing; 2012). Übersetzung der Rezeptsammlung Phia Sings, des königlichen Hofkochs, illustriert und mit einer Einführung in die laotische Küche.

Kambodscha

Sitten in Kambodscha. Über das Leben in Angkor im 13. Jahrhundert (Ta-Kuan, Chou, Keller, G.; 2006). Deutsche Übersetzung des einzigen Augenzeugenberichtes aus Angkor, verfasst von einem chinesischen Chronisten, der 1296/97 dort lebte. Die einzige schriftliche Quelle aus dieser Zeit beschreibt das Aussehen der Stadt, das Auftreten des Königs, das Leben der Menschen, ihre Sitten und Gebräuche. Mit diesen Bildern im Kopf erscheinen die Tempel auf einmal wieder lebendig. Lesenswert vor dem Besuch!

Angkor – Cambodia's Wondrous Khmer Temples (Rooney, Dawn, 6. überarbeitete Aufl. 2011). Ausführliche Beschreibungen, Bilder und Zeichnungen zu Tempelanlagen in Kambodscha mit Schwerpunkt auf Angkor. Ideal für Reisende, die sich intensiver mit der Tempelarchitektur der Khmer auseinandersetzen wollen.

The Treasures of Angkor (Albanese, Marilia; 2011). Informatives, gut strukturiertes und schön bebildertes Buch, das sich auch aufgrund seines „tragbaren" Formates als Handbuch zum Entdecken der Tempelanlagen anbietet.

Angkor and the Khmer Civilisation (Coe, Michael D.; 2004). Entwirft auf über 200 Seiten ein recht anschauliches Bild von Geschichte und Kultur des Angkor-Reiches. Ein Klassiker.

Focusing on the Angkor Tempels (Petrotchenko, Michael; 2. Aufl. 2012). Ausführliches, etwas unübersichtlich gestaltetes Werk mit vielen Detailkarten und Illustrationen; nach etwas Eingewöhnung ein sehr guter Führer zu über 80 Tempeln.

Vietnam

Der Geschmack Vietnams (Bobby Chinn, 2008). Bobby Chin gilt als junger Wilder der asiatischen Küche: Gekonnt weiß er Traditionelles mit eigenen Ideen zu verfeinern. Ein tolles Buch mit vielen Informationen und tollen Rezepten.

History and Philosophy of Caodaism (Gobron, Gabriel, Reprint 2008). Standardwerk zur caodaistischen Geschichte und Philosophie.

Hollywood goes Vietnam. Der Vietnamkrieg im US-amerikanischen Film (Reinecke, Stefan; 1993). Über den Vietnamkrieg sind so viele Filme gemacht worden, dass von einem regelrechten Genre gesprochen werden kann.

KulturSchock Vietnam (Heyder, Monika; 2007). Beantwortet alle Fragen, die sich während oder nach der Reise stellen. Viele Ungereimtheiten und scheinbare Widersprüche klären sich auf.

Uniquely Vietnamese (Goodman, James; 2005). Beschrieben werden nahezu alle Formen der vietnamesischen Kultur. Dazu zählen die Architektur ebenso wie das Theater und die Kleidung. Der Autor lebt in Vietnam.

Vietnam Street Food (Vandenberghe, Tom; 2011). Handliches Kochbuch mit zahlreichen Rezepten von Gerichten, die in Vietnam auf der Straße angeboten werden. Viele kleine Lesehappen mit Hintergrundinformationen vermitteln neben der Kunst, diese Leckereien selber zu kochen, viel Wissenswertes über Land und Leute.

Bildbände

Über die Region

Abenteuer Mekong – Eine Flussreise von China nach Vietnam (Weigt, Annett und Mario; 2012) Für ihren Bildband mit 230 beeindruckenden Aufnahmen reisten die Fotografen flussabwärts mit noblen Luxusschiffen, abgewrackten Seelenverkäufern und auf dem Landweg mit den „Öffentlichen". In 13 Specials berichten sie u. a. von gegrillten Vogelspinnen, schuftenden Arbeitselefanten, reitenden Mönchen, den seltenen Irrawaddy-Delfinen, der Seidenherstellung und von der Fischzucht unter dem Wohnzimmer. Mitte 2014 erschien mit **Südostasien** eine weiterer Bildband über die Länder am großen Fluss mit 350 Fotografien von Marion Weigt.

Thailand

Classic Thai. Design. Interiors. Architecture (Luca Invernizzi Tettoni u. a.; 2007). Der hervorragende Fotograf beeindruckt auch in diesem Band mit seinen Bildern zu Themen wie dem klassischen Thai-Haus, religiöser Architektur und Thai-Kunsthandwerk und Design.

Panorama Thailand (Nink, Stefan; 2009). Neuer Bildband im Breitformat mit Fotografien zum Träumen.

Thai Style (Luca Invernizzi Tettoni u. a.; 2012). Dieser hervorragend fotografierte Bildband stellt herausragende Beispiele der Thai-Architektur vor, von der traditionellen Formgebung bis zum westlich beeinflussten Tropenhaus.

Thailand. Land der Freien (Trummer, Paul; 2009). Gewichtiger Bildband mit wunderschönen Bildern von Tempeln und anderen Kulturgütern. (Vergriffen.)

The Arts of Thailand (Beek, Steve Van; Invernizzi Tettoni, Luca; 1999). Großformatiger Bildband mit fantastischen Bildern.

Very Thai. Everyday Popular Culture (Cornwel-Smith, Philip; 2. erweiterte Auflage 2013). Bildband über die farbenfrohe Alltagskultur der Thai von einem Landeskenner zusammengetragen.

Laos

Het Bun Dai Bun. Luang Prabang – Rituale einer glücklichen Stadt (Berger, Hans Georg; München 2000). Einmalig schöner Schwarzweiß-Fotoband, der im Rahmen eines mehrjährigen deutsch-laotischen Projekts zur Wiederbelebung der Glaubenstraditionen und Rituale in der alten Königsstadt entstanden ist. Einblicke, die so schnell niemand erhält.

Lao Buddha. The Image and it's History (Lopetcharat, Somkiart; 2000) Hochwertiger Bildband mit detaillierten Texten zu laotischer Kunst.

Reise durch Laos (Weigt, Mario; Krüger, Hans H.; 2009). Schöner Band der „Reise durch ..."-Reihe, mit fantastischen Fotos, unter anderem zu den vielen laotischen Ethnien.

Treasures of Luang Prabang (Edition Route de la Soie; 2000). Laotisch-Englisch oder Laotisch-Französisch. Eine faszinierende Sammlung historischer Fotografien und Grafiken, die das alte Luang Prabang, seine Architektur und Traditionen eindrucksvoll dokumentieren.

Kambodscha

Angkor (Poncar, Jaroslav; 2013). Eine Hommage an die Götter in Stein: großer, schwerer Band mit wunderschönen Fotografien. Viele Hintergrundinformationen runden das gelungene Werk ab. Die Texte stammen von Wibke Lobo, T.S. Maxwell und Jaroslav Poncar. Alle diese Autoren sind anerkannte Fachleute auf dem Gebiet der Khmer-Kunst.

Reise durch Kambodscha (Weigt, Mario; Krüger, Hans H.; 2012). 200 Bilder, die Sehenswürdigkeiten und Alltag verbinden. Die gut lesbaren Texte stimmen auf den Besuch des Landes ein.

Vietnam

Vietnam Panorama (Drobeck, Anita; Rademacher, Nico; 2007). Die Panoramabilder fangen den Charme und die Faszination Vietnams besonders gut ein.

Meine asiatische Reise (Terzani, Tiziano; 2010). Die Fotografien Terzanis, die nach seinem Tod von seinem Sohn zusammengestellt wurden, geben nicht nur einen Einblick in das bewegte Leben des bekannten Spiegel-Autors, sondern zeigen auch Momentaufnahmen aus einer vergangenen Epoche: Asien, so wird dem Leser schnell bewusst, hat sich in den letzten Jahrzehnten rasant gewandelt.

Reise durch Vietnam (Weigt, Mario; Krüger, Hans H.; 2009). Über 190 Bilder, die informativ beschrieben sind, zeigen alle Facetten des Landes. Auch der begleitende Text von H. Krüger ist gelungen: informativ, nicht langatmig und leicht zu lesen. Das Buch eignet sich für alle, die sich auf die Reise einstimmen wollen.

Sprachführer

Thailand

Lonely Planet Sprachführer Thai (2009) und **Hill Tribes Phrasebook of Southeast Asia** (Bradley, David; 2008). Sehr gute Sprachführer mit Lautschrift und Thai-Schrift. Sie ermöglichen auch in ländlichen Gebieten eine (Lese- und Zeige-)Konversation und fordern die Gesprächspartner dazu heraus, Sprachlehrer zu spielen. Den Lonely

Planet Sprachführer Thai gibt es in deutscher Übersetzung, das Hill Tribe Phrasebook nur auf Englisch.

Rough Guides Phrasebook Thai (2011) Sprachführer inkl. Audiodateien mit Aussprachebeispielen zum Downloaden. Nur auf Englisch.

Kauderwelsch Thai Wort für Wort (Lutterjohann, Martin; 2013). Zum Buch gibt es auch Ausprachebeispiele zum Downloaden.

Laos

Kauderwelsch Laotisch Wort für Wort (Werner, Klaus; 2012). Einführung ins Laotische. Aussprachetrainer als CD erhältlich.

Lao Phrasebook (Lonely Planet Publications 2014). Nützlicher Sprachführer, allerdings ist die Lautschrift auf Englischsprachige ausgerichtet.

Kambodscha

Cambodian for Beginners (Gilbert, Richard K.; 2008). Wer sich Kambodschanisch im Selbststudium aneignen will, ist mit diesem auch an Buchständen erhältlichen Werk gut bedient.

Khmer Phrase Book (Meakphal, Hem; 2005). An vielen Buchständen in Kambodscha erhältliches kleines „Standard"-Werk, das in keinem Tagesrucksack fehlen sollte.

Tuttle Practical Cambodian Dictionary (Smyth, David; Kein, Tran; 1995). Vor dem handlichen Wörterbuch tauchen immer wieder einige Exemplare auf dem Gebrauchtmarkt vor Ort auf – das gelb-rote Cover ist kaum zu übersehen.

Vietnam

Kauderwelsch Vietnamesisch Wort für Wort (Heyder, Monika; 2011). Als Einführung in die vietnamesische Sprache zur Reisevorbereitung geeignet. Auch als CD-Rom mit Aussprachetrainer erhältlich.

Vietnamese for Foreigners (Nguyen Anh Que; 2005). Wer es ernst meint mit dem Vietnamesischlernen, hat nach Durcharbeiten dieser 40 Lektionen auf 460 Seiten einen soliden Einstieg geschafft.

Vietnamese Phrasebook (Lonely Planet Publications, 2010). Praxisnaher Begleiter für unterwegs mit 255 Seiten, übersichtlich gegliedert mit vielen Anwendungsbeispielen. Allerdings ist ein gutes englisches Sprachverständnis nötig, um die Aussprachehilfen nutzen zu können.

ANHANG

Glossar

Viele der Wörter stammen aus den altindischen Sprachen Pali oder Sanskrit (Skt.). Bei der phonetischen Umschrift wurde auf die diakritischen Zeichen (etwa für lange Vokale) verzichtet.

A

Agent Orange Entlaubungsgift, das von den USA während des Vietnamkriegs eingesetzt wurde, um den Guerillakämpfern in den Wäldern das schützende Blätterdach zu nehmen.

Airavata (Skt.) dreiköpfiger weißer Elefant; Reittier von Indra; in Thailand Symbol der königlichen Macht

Amitabha (Skt.) „Unermessliches Licht"; Buddha des Reinen Landes, im Mahayana einer der fünf Meditations-Buddhas.

Ao dai (Viet.) traditionelles vietnamesisches Kleidungsstück für Frauen, besteht aus einer weiten Hose und einer langen, seitlich geschlitzten Tunika.

Aow (Kamb.) traditionelle Oberbekleidung für Männer und Frauen

Apsara (Skt.) tanzende Nymphe im Himmel des Gottes Indra

Arhat (Skt.) „Ehrwürdiger"; asketische buddhistische Heilige. In Vietnam meist in Gruppen von 18 Figuren dargestellt.

ASEAN (Association of Southeast Asian Nations) politischer und wirtschaftlicher Verband südostasiatischer Staaten

Avalokiteshvara (Skt.) „Herr, der die Welt betrachtet"; Bodhisattva des umfassenden Mitgefühls

B

Ban (Laos, Thai.) Dorf; tritt in vielen Ortsbezeichnungen auf, wie z. B. in Ban That

Banteay (Kamb.) Zitadelle

Barang (Kamb.) umgangssprachliche Bezeichnung für Franzosen, die jedoch auch generell für Ausländer angewendet wird.

Baray (Kamb.) Wasserreservoir, Stausee, künstliches Becken

Boat People (Viet.) Flüchtlinge, die nach der Machtergreifung durch die Nordvietnamesen das Land auf Booten verließen. Anfangs flohen vor allem Chinesen, später kamen vietnamesische Armutsflüchtlinge hinzu

Bodhi-Baum *Ficus religiosa*, heiliger Baum, unter dem Buddha zur Erleuchtung gelangte.

Bodhisattva (Skt.) buddhistischer Heiliger, der aus Mitgefühl zu den Menschen auf das Nirvana verzichtet hat.

Bot (Thai.) heiligstes Gebäude in einem Tempelkomplex

Boun (Laos) Fest; im Buddhismus auch „Verdienst"

Brahma (Skt.) Schöpfergott, eine der drei zentralen Gottheiten des Hinduismus

Brahmane Angehöriger der höchsten Kaste des Hinduismus, hinduistischer Priester

Busabok (Thai.) Holzthron mit gestaffeltem Dach; Sitzplatz eines Königs oder einer heiligen Statue

C

Chakra (Skt.) Rad; Symbol für die buddhistische Lehre und eines der Attribute von Vishnu

Champa indisiertes hinduistisches Königreich, das bis ins 17. Jh. weite Teile Südvietnams beherrschte.

Chao Thi (Thai.) Geisterhäuschen für den Schutzgeist des Hauses

Chedi (Thai., Laos, Kamb.) von *caitya* (Skt.) Heiligtum. Wurde zum Synonym von Stupa.

Chua (Viet.) buddhistischer Tempel

Chunchiet (Kamb.) Angehörige der Bergvölker

Cyclo dreirädrige Fahrradriksha

D/E

Dag bat frühmorgendlicher Almosengang der buddhistischen Mönche

Den (Viet.) Tempel zur Verehrung von Gottheiten, die auf mythische oder historische Persönlichkeiten zurückgehen.

Deva (m), **Devi** (w), (Skt.) „strahlend", allg. Bezeichnung im Hinduismus für eine Gottheit; Devi ist auch der Name der höchsten Göttin und Frau von Shiva.

Dewanagari (Thai.) die Thai-Schrift

Dharma, Dhamma (Skt./Pali) „Gerechtigkeit, Gesetz"; im Hinduismus auch Naturprinzip, im Buddhismus Bezeichnung für die Lehre Buddhas.

Dinh (Viet.) Gemeindehaus, oft mit Raum oder eigenem Tempel für den Schutzgeist eines Dorfes

DMZ (Demilitarized Zone) Entmilitarisierte Zone entlang des 17. Breitengrades bzw. entlang der Grenze zwischen Nord- und Südvietnam

Doi moi (Viet.) „Erneuerung"; die 1986 beschlossene Liberalisierung der Wirtschaft Vietnams

Dvarapala (Skt.) Wächterfiguren am Eingang zu einem Heiligtum

Erawan (Thai.) s. Airavata

F/G

Farang (Thai., Laos) westlicher Ausländer

Gamelan traditionelles indonesisches Instrumentalensemble, zu dem Gongs, Xylophone und Trommeln gehören.

Ganesh (Skt.) elefantenköpfiger Gott der Weisheit; Sohn von Shiva und Parvati

Garuda (Skt.) mythischer Vogel und Reittier von Vishnu

Gopura (Skt.) Turm als Eingang zu einem hinduistischen Tempel

H

Heng (Kamb.) mythischer Vogel

Ho (Laos) Saal, Halle

Hoa in Vietnam lebende ethnische Chinesen

Ho chek (Laos) Unterrichts- und Versammlungsraum eines Klosters

Ho-Chi-Minh-Pfad Nachschubweg, den zuerst die Viet Minh, später die nordvietnamesische Armee nutzten, um via Laos und Kambodscha Truppen und Waffen in den Süden Vietnams zu transportieren.

Ho tai (Laos) Klosterbibliothek, in der die Palmblattmanuskripte und die Tipitaka aufbewahrt wurden.

Honda om (Viet.) wörtlich „Honda-Umarmung", ein Motorradtaxi

I/J

Indochina Kambodscha, Laos und Vietnam

Indra (Skt.) König der Götter und Beschützer des Ostens

Jataka (Skt.) ein Kanon von 550 Erzählungen aus den Leben und Existenzen Buddhas; häufig im Innern von Tempeln bildlich dargestellt.

K

Kabun (Kamb.) Kombination aus Oberteil und Rock

Kala (Skt.) Gott der Zeit und damit des Todes und Verfalls, meist mit vorstehenden Augen und Klauen, ohne Unterkiefer dargestellt.

Kalan (Skt.) Turmheiligtum eines Cham-Tempels, mit Götterstatue oder Lingam

Khmer die einheimische Bevölkerung Kambodschas (austauschbar mit „Kambodschaner") und zugleich der Name ihrer Sprache

Khon (Thai.) Maskentanz der Götter und Dämonen, nach der thailändischen Version des *Ramayana*

Kinh (Viet.) ethnische Vietnamesen

Kinnara (m), **Kinniri** (w) (Skt.) im Himmel lebende, halb menschliche, halb vogelartige Musikanten und Sänger

Kompong (Kamb.) Dorf an einem Fluss oder See

Krishna (Skt.) „der Dunkle"; achte Inkarnation Vishnus und der Held in dem Epos *Mahabharata*

Kuti (Laos, Thai.) Mönchsunterkunft

Kylin (Viet.) mythisches, Tau trinkendes Tier (oft als Einhorn übersetzt); ein Friedensbringer

L

Lak Muang (Thai., Laos) Tempel für den Schutzgeist eines Ortes; Stadtsäule

Lakshmi Göttin des Reichtums und Gefährtin Vishnus

Lau lao (Laos) Reisschnaps

Lau hai (Laos) Reiswein

Lingam (Skt.) phallischer Stein, der die Schöpfungskraft Shivas repräsentiert.

Lokeshvara (Skt.) „Herr der Welt"; s. Avalokiteshvara

Luang (Laos) „verehrt, erhaben"; Ehrentitel für bedeutende Personen, eine Stadt oder einen Ort

M

Mae Chi (Thai.), **Mae Si** (Laos) „weiße Mutter", buddhistische Nonne

Mahabharata eines der beiden bedeutendsten altindischen Epen (das zweite ist das *Ramayana*); wichtige Quelle des Hinduismus; erzählt von den Auseinandersetzungen der Familienclans Kaurava und Pandava um die Macht im Norden Indiens.

Mahout Elefantenführer

Makara (Kamb.) mythisches Meeresungeheuer mit dem Leib eines Krokodils und einem Elefantenrüssel, Stilelement der Bildhauerei

Mak beng (Laos) Opfergabe; aus Bananenblatt geflochtene und mit Tagetes geschmückte Pyramide

Mandapa (Skt.) zum Sanktuarium führende Vorhalle, manchmal separat stehend.

Mekhong (Thai.) Thai-Whisky, aus Reis gebrannt

Meru (Skt.) goldener Berg als Heimat der Götter; Zentrum des Universums der hinduistischen Kosmologie

Montagnards französischer Begriff für die Angehörigen der Minderheitenvölker Vietnams

Muang, muong (Laos/Thai.) befestigte Siedlung

Muay Thai (Thai.) Thai-Boxen

Mudra (Skt.) Hand- und Fingerhaltung in der buddhistischen Ikonografie

Mukha-Lingam (Skt.) Lingam mit einem oder mehreren Gesichtern.

N

Naga (Skt.) mythische, oft vielköpfige Schlange; ein Schutz gewährendes Symbol, das in der Architektur von Angkor häufig verwendet wird.

Nandi (Skt.) Stier; Reittier von Shiva

Ngoc Hoang (Viet.) Jadekaiser; höchster Gott des daoistischen Pantheons

Nop (Laos) traditionelle Begrüßung mit vor der Brust gefalteten Händen

O/P

ODP (Orderly Departure Programme) Flüchtlingshilfsprogramm der UNO zur Regelung der legalen Auswanderung vietnamesischer Flüchtlinge

Pali Sprache, in der die buddhistischen Texte niedergeschrieben wurden; sozusagen „das Latein" des Theravada-Buddhismus

Parvati (Skt.) „Tochter des Himalaja"; Gemahlin von Shiva

Pathet Lao (Laos) wörtlich „Land Laos"; seit den 50er-Jahren Sammelbegriff für die kommunistischen Kräfte in Laos

Phra, Pha, Preah (Thai., Laos, Kamb.) von *brah* (Skt.), bedeutet „heilig" und wird als Ehrentitel von wichtigen Buddha-Statuen, Tempeln und auch Personen verwendet.

Phra Lak Phra Lam (Laos) laotische Version des *Ramayana*-Epos

Prang (Thai.) Typ des thailändischen Stupa, entwickelt aus dem Tempelturm der Khmer.

Prasat (Skt.) von *prasada*; Turmheiligtum

Puang Ma Lai (Thai.) Girlanden aus Jasmin, Orchideen und anderen Blumen, die als Opfergabe dienen.

Q/R

Quan Am (Viet.) Göttin der Barmherzigkeit; Avalokiteshvara (s. o.).

Quan Cong (Viet.) daoistische Gottheit; basiert auf der historischen Gestalt von General Guan Yu zur Zeit der drei Reiche (220–265). Wird mit rotem Gesicht und Pferd dargestellt.

Quoc ngu (Viet.) vom französischen Missionar Alexandre de Rhodes im 17. Jh. entwickelte Umschrift des Vietnamesischen; die offizielle vietnamesische Schrift.

Rahu (Skt.) körperloser Dämon; verantwortlich für Sonnen- und Mondfinsternis

Rama (Skt.) siebte Inkarnation Vishnus und Held des *Ramayana*

Ramakien (Thai.) thailändische Version des altindischen *Ramayana*-Epos

Ramayana eines der beiden bedeutendsten altindischen Epen (das zweite ist das Mahabharata), das etwa um 300 v. Chr. verfasst wurde. Es erzählt die Geschichte von König Rama und seiner Gemahlin Sita.

S

Sampan (Viet.) kleines Boot mit Flachkiel

Sampot (Kamb.) Seidenrock, traditionelles Beinkleid

Sangha Theravada-buddhistischer Mönchsorden

Sangka (Kamb.) gebildeter Mönch

Shakyamuni (Skt.) „Weiser aus dem Sakya-Stamm"; Ehrentitel des historischen Gautama Buddha

Shiva (Skt.) gleichzeitig Zerstörer und Erneuerer; eine der drei zentralen Gottheiten des Hinduismus

Sim (Laos) Pali *sima*, Ordinationshalle; wichtigstes Gebäude eines buddhistischen Klosters mit Heiligtum, in dem Mönche auch ordiniert werden.

Sin (Laos) traditioneller, knöchellanger Rock für Frauen; aus Baumwolle oder Seide

Singha (Thai.) Löwe, der die Tempeleingänge bewacht (vor allem in Nord-Thailand).

Songkran (Thai.) thailändisches Neujahrsfest vom 13.–15. April

Sita (Skt.) Gemahlin des Rama im *Ramayana*, die nach Lanka entführt und wieder befreit wurde.

Songthaew (Laos, Thai.) gesprochen „songtäo", privat betriebener Kleinlaster zur Personenbeförderung

SRVN Sozialistische Republik Vietnam; aus der DRV und RVN im Zuge der Wiedervereinigung entstandener Staat und offizieller Name des heutigen Vietnam.

Stupa (Skt.) ursprünglich Grabhügel. Monument zur Aufbewahrung der Reliquien Buddhas; auch Symbol für Buddha selbst.

T

Talad (Thai.), **Talat** (Laos) Markt; Talat sao = Morgenmarkt, Talat leng = bis abends geöffnet

Tet (Viet.) vietnamesisches, sich nach dem Mondkalender richtendes Neujahrsfest

That (Laos, Thai.) von *dhatu* (Skt.), „Reliquien", heute die Bezeichnung eines verehrten Stupas

Thien Hau (Viet.) Himmelskönigin und Schutzgöttin der Fischer

Tipitaka (Pali) „drei Körbe"; die klassischen buddhistischen Schriften über *vinaya* (Ordensregeln), *sutta* (Lehrreden Buddhas) und *abhidhamma* (philosophische Erweiterung der Lehrreden).

Trimurti (Skt.) Hindu-Trinität mit Brahma, dem Schöpfer, Vishnu, dem Erhalter, und Shiva, dem Zerstörer und Erneuerer.

Tuk Tuk (Thai., Laos) Nahverkehrsmittel: dreirädriger Motorroller mit überdachter Sitzbank

U/V/W

UXO Unexploded Ordnance: nicht-detonierte Sprengkörper

Vahana (Skt.) Begleit- oder Reittier einer Hindugottheit

Viet Cong (Viet.) wörtlich „vietnamesische Kommunisten"; von den US-Amerikanern benutzter Sammelbegriff für die südvietnamesischen Guerillakämpfer

Viet Kieu (Viet.) im Ausland lebende Vietnamesen

Viet Minh kurz für Viet Nam Doc Lap Dong Minh, die 1941 von Ho Chi Minh gegründete Liga für die Unabhängigkeit Vietnams

Viharn, Vihaan, Vihear (Thai./Laos/Kamb.) von *vihara* (Skt.) für „Aufenthaltsort"; Sammelbegriff für Versammlungsstätte

Vishnu (Skt.) Erhalter des Universums; manifestiert sich immer wieder in irdischer Gestalt.

Wat, Vat (Laos/Thai./Kamb.) Buddhistisches Kloster und angeschlossene religiöse Bauwerke

X/Y

Xe om (Viet.) im Norden gebräuchliches Wort für ein Motorradtaxi; entspricht *honda om*.

Yaksha (m), **Yakshi** (w) (Skt.) Sammelbezeichnung für Dämonenwesen; ursprünglich Naturgottheiten

Yoni (Skt.) Symbol für die Vulva und Basis des Lingam

Yuan (Kamb.) geringschätzige Khmer-Bezeichnung für Vietnamesen

Reisemedizin zum Nachschlagen

Bilharziose (Schistosomiasis)

Bilharziose ist eine Wurmerkrankung, die man sich im Uferbereich von stehendem oder langsam fließendem Süßwasser zuziehen kann. Der erste Wirt des Parasiten ist eine Wasserschnecke. In ihr entwickeln sich die Eier zu kleinen Larven, den sogenannten Zerkarien, die anschließend ins Wasser abgegeben werden. Dort machen sie sich auf die Suche nach ihrem zweiten Wirt.

Zerkarien gelangen in den menschlichen Organismus, indem sie sich durch die Haut, bevorzugt an den Fußsohlen, bohren. Von dort bahnen sie sich den Weg in den Darm oder die Blase, wo sie heranwachsen und neue Eier produzieren.

Manchmal tritt um die Stelle, an der die Larven in den Körper eingedrungen sind, eine leichte Rötung auf. Deutlichere Symptome machen sich aber in der Regel erst nach sechs bis zehn Wochen bemerkbar. Dann kann es zu Fieber, Durchfall und einem allgemeinen Krankheitsgefühl kommen. Im schlimmsten Fall treten nach einigen Monaten Unterleibsschmerzen und Blut im Stuhl oder Urin auf.

Cholera

Die Cholera wird vom Bakterium *Vibrio cholerae* verursacht und durch Kontakt mit infizierten Personen, deren Ausscheidungen oder durch verunreinigte Nahrungsmittel übertragen. Die Symptome – wässrige Durchfälle und Erbrechen – treten nach ein bis fünf Tagen auf und führen schnell zur Dehydrierung. Wer erkrankt, muss sofort zum Arzt und die verlorene Flüssigkeit ersetzen.

Wer auf eine saubere Umgebung und hygienische Nahrungsmittel achtet und nicht geschwächt ist, wird kaum gefährdet sein. Bei Aufenthalten über vier Wochen ist eine orale Impfung möglich (Dukoral) und sollte mit dem Reisearzt abgesprochen werden.

Dengue-Fieber

Dengue-Fieber ist eine Viruskrankheit, die epidemieartig auftreten kann, am ehesten während der Regenzeit. Das Risiko hat in den vergangenen Jahren stark zugenommen.

Der Virus wird durch die tagaktive *Aedes aegypti*-Mücke übertragen, die an ihren weißschwarz gebänderten Beinen zu erkennen ist. Nach der Inkubationszeit von bis zu einer Woche kommt es zu plötzlichen Fieberanfällen, Kopf- und Muskelschmerzen. Nach drei bis fünf Tagen kann ein Hautausschlag am ganzen Körper auftreten. Bei dieser Erstinfektion klingen die Krankheitssymptome in der Regel nach ein bis zwei Wochen ab. Gefährlich kann die Krankheit bei einer Zweitinfektion werden. Dann kann es zu inneren und äußeren Blutungen kommen.

Wie bei der Malaria ist der Schutz vor Mückenstichen die beste Vorsorge. Es gibt keine Impfung oder spezielle Behandlung. Schmerztabletten, fiebersenkende Mittel und kalte Wadenwickel lindern die Symptome. Keinesfalls sollten ASS, Aspirin oder andere acetylsalicylsäurehaltige Medikamente genommen werden, da diese einen lebensgefährlichen hämorrhagischen Verlauf begünstigen können.

Durchfall und Verstopfungen

Das Hauptübel, mit dem sich Asienreisende herumplagen, ist Durchfall (Diarrhöe). Die Verursacher sind meist verdorbene Lebensmittel, nicht kontinuierlich gekühlter Fisch, zu kurz gegartes Fleisch, ungeschältes, schon länger liegendes, aufgeschnittenes Obst (Wassermelonen), Salate, kalte Getränke oder schlecht gekühlte Eiscreme. Eine **Elektrolyt-Lösung** (Elotrans; für Kinder Oralpädon), die die verlorene Flüssigkeit und Salze ersetzt, reicht bei harmlosen Durchfällen völlig aus. Wer selbst eine Lösung herstellen möchte, nimmt 4 Teelöffel Zucker oder Honig, 1/2 Teelöffel Salz und 1 l Orangensaft oder abgekochtes Wasser. Bei längeren Erkrankungen einen Arzt aufsuchen – es könnte auch etwas Ernsteres sein.

Verstopfungen können durch eine große Portion geschälter Früchte, darunter Ananas oder Papaya (mit Kernen essen), verhindert werden.

Geschlechtskrankheiten

Gonorrhoe und die gefährlichere **Syphilis** sind in Asien weit verbreitete Infektionskrankheiten, vor allem bei Prostituierten. Bei den ersten Anzeichen einer Erkrankung (Ausfluss/Geschwüre) unbedingt ein Krankenhaus aufsuchen.

Hauterkrankungen

Bereits vom Schwitzen kann man sich Hautpilze holen. Für andere Erkrankungen sind häufig Kopf-, Kleider-, Filzläuse, Flöhe, Milben oder Wanzen verantwortlich. Nicht selten treten an Stellen, an denen die Kleidung eng aufliegt, Hitzepickel auf, die man mit Prickly Heat Powder behandeln kann. Gegen Kopfläuse hilft Organoderm, oder, in Deutschland, Goldgeist forte.

Hepatitis

Hepatitis ist eine Infektion der Leber, die von verschiedenen Virus-Typen verursacht wird (inzwischen sind die Typen A–G bekannt). Für Reisende spielen v. a. die ersten beiden eine Rolle:

Hepatitis A, auch Reisegelbsucht genannt, wird durch infiziertes Wasser und Lebensmittel übertragen. Die Symptome ähneln anfangs denen einer Grippe: Übelkeit, Erbrechen, gelegentliche Durchfälle und allgemeine Abgeschlagenheit. Später kommt es zu einer Gelbfärbung der Haut, der Stuhl wird heller und der Urin dunkler. Einen guten Schutz bietet die Impfstoffe Havrix und Vaqta. Reisemediziner raten in der Regel dazu, sich vor einer Asienreise gegen Hepatitis A oder kombiniert gegen Hepatitis A und Typhus (ViATIM oder Hepatyrix) impfen zu lassen.

Hepatitis B wird genau wie HIV vor allem durch Intimkontakte oder Blut übertragen. Die Symptome ähneln denen einer Hepatitis A, jedoch kann eine Hepatitis B chronisch werden. Im schlimmsten Fall führt sie nach einigen Jahren zu einer schweren Leberzirrhose und zum Tod. Eine vorbeugende Impfung, etwa mit Gen H-B-Vax, Engerix oder Twinrix (Kombi-Impfung gegen Hepatitis A und B), ist bei langen Aufenthalten zu erwägen.

HIV/Aids

Die Übertragungswege von HIV *(Human Immunodeficiency Virus)* sind inzwischen jedem bekannt: ungeschützter Geschlechtsverkehr, verschmutzte Injektionsnadeln, Bluttransfusionen – kurz gesagt alle Wege, auf denen infiziertes Blut oder andere Körperflüssigkeiten in den eigenen Blutkreislauf gelangen können.

In Thailand sind etwa 1,3% der Bevölkerung mit dem Immunschwächevirus infiziert. Stichproben ergaben, dass bis zu 90% aller Prostituierten HIV positiv waren. Auch in Kambodscha und Vietnam stellt HIV/Aids ein großes Problem dar. Laos ist wegen seiner langjährigen Isolation noch nicht so stark betroffen, aber auch hier ist die Krankheit auf dem Vormarsch.

Japanische Enzephalitis

Diese Virusinfektion führt zu einer schweren Hirnentzündung und wird durch nachtaktive Moskitos übertragen. Sie kann in ländlichen Regionen, v. a. während der Regenzeit, vorkommen. Die Symptome entwickeln sich nach vier bis zehn Tagen und sind Fieber, Kopfschmerzen, Nackensteife und Erbrechen. Die Vermeidung von Mückenstichen ist die beste Vorbeugung.

In Deutschland gibt es jetzt einen zugelassenen Impfstoff gegen die Japanische Enzephalitis. Der Impfstoff Ixiaro ist ab einem Lebensalter von 16 Jahren zugelassen und wird zweimal im Abstand von vier Wochen gespritzt. Eine Impfung ist für Reisende zu erwägen, die einen langen Aufenthalt in gefährdeten Regionen oder Endemie-Gebiete planen.

Malaria

Malaria kommt in der gesamten Mekong-Region vor. Am höchsten ist es während und kurz nach der Regenzeit. Als malariafrei gelten lediglich Bangkok, Vientiane, Phnom Penh, Ha Noi, das Delta des Roten Flusses und die vietnamesische Küste nördlich von Nha Trang. Die Frage, welche Schutzmaßnahmen die richtigen sind, sollte mit Hilfe eines Reisemediziners individuell auf Reiseart, -dauer und gesundheitliche Verfassung abgestimmt werden.

Die häufigste Form der Malaria in Laos, Kambodscha und Vietnam ist die *Malaria tropica*, die unbehandelt zum Tod führen kann. Die Anopheles-Mücke, die den Erreger *Plasmodium falciparum* übertragen kann, sticht zwischen Beginn der Dämmerung und Sonnenaufgang.

Ein konsequenter Mückenschutz ist unerlässlich (**Expositionsprophylaxe**): Am Abend schützen helle Kleidung, lange Hosen, langärmlige Hemden, engmaschige lange Socken und ein Mücken abweisendes Mittel auf der Basis von DEET, das auf die Haut aufgetragen wird und die Geschmacksnerven stechender Insekten lähmt. Bewährt hat sich der Wirkstoff Permethrin, mit dem Kleidung und Moskitonetz eingesprüht werden. Er geht eine Verbindung mit dem Gewebe ein und bleibt wochenlang wirksam. Als gutes Mückenmittel auf dem deutschen Markt gilt das österreichische No Bite. Einige Apotheken und Bioläden bieten sanftere Mittel an, die auf Zitronella- und Nelkenöl basieren. Wer über Bangkok einreist, kann dort das ziemlich giftige Sketolene kaufen. Einige Hotelzimmer haben Mückengitter an Fenstern und Türen oder ein Moskitonetz über dem Bett. Wer ganz sicher gehen will, bringt ein eigenes Netz mit. Löcher verschließt man am besten mit Klebeband. In klimatisierten Räumen sind Mücken weniger aktiv, aber keineswegs ungefährlich.

Über die beste **medikamentöse Prophylaxe** ist immer wieder heftig debattiert worden. Allen Mitteln gemein ist, dass sie unangenehme Nebenwirkungen hervorrufen können. Zu den am häufigsten verschriebenen Präparaten gehören Lariam (Wirkstoff Melfloquin) und Malarone (Wirkstoff Atovaquon/Proguanil).

Wer sich in einem Gebiet ohne ärztliche Versorgung infiziert hat, kann zur Überbrückung mit einer **Standby-Therapie** mit Lariam, Malarone oder Artemisinin beginnen. Wer aus Asien zurückkehrt und an einer nicht geklärten fieberhaften Erkrankung leidet, auch wenn es sich nur um leichtes Fieber und Kopfschmerzen handelt und erst Monate nach der Rückkehr auftritt, sollte dem Arzt unbedingt vom Tropenaufenthalt berichten. Die ersten Symptome einer Malaria können denen eines banalen grippalen Infektes ähneln.

Pilzinfektionen

Frauen leiden im tropischen Klima häufiger unter Pilzinfektionen im Genitalbereich. Vor der Reise sollten sie sich entsprechende Medikamente verschreiben lassen. Eine Creme oder Kapseln sind besser als Zäpfchen, die bei der Hitze schmelzen. Ungepflegte Swimming Pools in den Tropen sind Brutstätten für Pilze aller Art.

Poliomyelitis (Kinderlähmung)

Der Name ist irreführend, denn auch Erwachsene können an Kinderlähmung erkranken. Die Ansteckung mit dem Virus geschieht oral über infiziertes Essen und Wasser. Die Krankheit kann bleibende Lähmungen verursachen. Die Grundimmunisierung gehört in Deutschland zu den Standard-Impfempfehlungen für Kinder und sollte – auch unabhängig von einer Asienreise – alle zehn Jahre aufgefrischt werden.

Schlangen und Skorpione, giftige Meerestiere

Die Angst vor **Schlagen** steht in keinem Verhältnis zur realen Gefahr, denn Giftschlangen greifen nur dann an, wenn sie attackiert werden. Gefährlich ist eventuell die Zeit nach Sonnenuntergang zwischen 18 und 20 Uhr, vor allem bei Regen. Da Schlangen im Gelände leicht zu übersehen sind, sollten beim Wandern knöchelhohe Schuhe und lange Hosen getragen werden. Oft ist nach einem Biss die schnelle Verabreichung des richtigen Gegenmittels wichtig. Das Krankenhaus, in das der Betroffene schnellstens gelangen sollte, muss sofort vorab informiert werden, damit ein Arzt und das Gegenmittel beim Eintreffen bereit stehen. Ideal ist, die getötete Schlange mitzubringen, allerdings sollte man sich keiner Gefahr aussetzen.

Skorpionstiche sind in dieser Region generell nicht tödlich. Kräutertabletten und Ruhigstellen des Körperteils lindert den Schmerz, Wasserkontakt meiden. Normalerweise lassen die anfangs starken Schmerzen nach 1–2 Tagen nach.

Durchaus real ist in den Tropen die Gefahr, mit nesselnden und giftigen Meerestieren in Kontakt zu kommen. Nur zwei Arten von Fischen können gefährlich werden: zum einen **Stachelrochen**, deren Gift fürchterliche Schmerzen verursacht, zum anderen **Steinfische**, die sehr giftige Rückenstacheln besitzen. Beide sind nur schwer vom Meeresboden zu unterscheiden.

Beim Schnorcheln führt die Berührung von **Feuerkorallen** zu stark brennenden Hautreizungen, während giftige Muränen, Rotfeuerfische und Seeschlangen nur ganz selten gefährlich werden. **Seeigel** sind zwar nicht giftig, ein eingetretener Stachel ist aber sehr schmerzhaft und verursacht lang eiternde Wunden.

Wie überall auf der Welt breiten sich auch im Südchinesischen Meer und im Golf von Thailand vermehrt **Quallen** aus, sodass Badende immer häufiger ihre giftigen Tentakeln streifen. Gehen die schmerzhaften Bläschen nach der Behandlung mit hochprozentigem Essig, Cortisonspray oder säurehaltigem Pflanzenbrei nicht innerhalb einer Stunde zurück, muss ein Arzt aufgesucht werden. Menschen, die unter einer Allergie leiden, sind besonders gefährdet.

Sonnenbrand und Hitzschlag

Selbst bei bedecktem Himmel ist die Sonnenstrahlung unglaublich intensiv. Viele Reisende treffen nur am Strand Vorkehrungen gegen Sonnenbrand und Hitzschlag, doch das ist auch bei Touren durchs Hinterland notwendig. Also: regelmäßig mit Sonnenschutzmittel eincremen, Hut und Sonnenbrille tragen und viel trinken.

Erschöpfungszustände bei Hitze äußern sich durch Kopfschmerzen, Übelkeit, Benommenheit und erhöhte Temperatur. Um die Symptome zu lindern, sollte man unbedingt in den Schatten und genügend trinken. Erbrechen und Orientierungslosigkeit können auf einen Hitzschlag hindeuten, der potenziell lebensbedrohlich ist – dann sofort zum Arzt!.

Tetanus (Wundstarrkrampf)

Verletzungen sind nie auszuschließen, und Wundstarrkrampf-Erreger finden sich überall auf der Erde. Die Grundimmunisierung erfolgt über zwei Impfungen im Abstand von vier Wochen, die nach einem Jahr aufgefrischt werden müssen. Danach genügt eine Impfung alle zehn Jahre. Gut ist die Impfung mit dem Tetanus-Diphterie-Pertussis-Impfstoff (für Personen ab fünf Jahre). So erhält man gleichzeitig einen Schutz vor Diphtherie und Keuchhusten.

Thrombose

Eine Thrombose kann bei Bewegungsmangel auftreten, etwa bei langen Flugreisen. Der verringerte Blutfluss, vor allem in den Beinen, kann zur Bildung von Blutgerinnseln führen, die, wenn sie durch den Körper wandern, eine akute Gefahr darstellen (Lungenembolie). Gefährdet sind vor allem Personen mit Venenerkrankungen oder Übergewicht, aber auch Schwangere, Raucher oder Frauen, die die Pille nehmen. Das Risiko reduzieren Bewegung, viel trinken (aber keinen Alkohol) und eventuell Kompressionsstrümpfe.

Tollwut

Theoretisch können alle Säugetiere mit dem Tollwutvirus infiziert sein. Das Virus wird meist durch einen Biss mit dem Speichel übertragen, aber auch Kratzen kann ausreichen. Wer von einem Hund, einer Katze oder einem Affen gekratzt oder gebissen wurde, muss sich sofort immunisieren lassen, da eine Infektion mit Tollwut tödlich endet.

Als Sofortmaßnahme sollte die Wunde mit viel Wasser und Seife (oder einem anderen Detergens) mindestens 15 Minuten lang ausgewaschen und, wenn möglich, anschließend desinfiziert werden.

Eine vorbeugende Impfung gegen Tollwut ist nur bei längerem Aufenthalt in ländlichen Gegenden oder bei vorhersehbarem Umgang mit Tieren sinnvoll.

Tuberkulose

Diese Infektionskrankheit der Bronchien wird durch Tröpfchen übertragen, die infizierte Personen aushusten. In leichten Fällen heilt die Krankheit ohne Medikamente aus. In schweren Fällen können die Erreger die Lunge infizieren. In diesem Stadium leidet der Erkrankte an Fieber, Husten und manchmal Atemnot. Die Tuberkulose ist dann hochgradig ansteckend. Besonders gefährlich ist Tuberkulose für Säuglinge, weshalb für sie eine Schutzimpfung anzuraten ist.

Typhus

Typhus ist nach Hepatitis A die häufigste Tropenkrankheit. Es wird vom Bakterium *Salmonella typhi* verursacht und oral übertragen. Typische Symptome sind ansteigendes Fieber einhergehend mit einem eher langsamen Puls und Benommenheit. Später folgen evtl. Hautausschlag, Verstopfung oder Durchfall und Bauchschmerzen. Empfehlenswert für Reisende ist die gut verträgliche Schluckimpfung mit Typhoral L. Drei Jahre lang schützt eine Injektion der neuen Typhus-Impfstoffe Typhim VI oder Typherix.

Vogelgrippe

Die Vogelgrippe trat erstmals 2003 bei Geflügel in Südostasien auf. Das unter frei lebenden Vögeln und Geflügel vorkommende Virus ist unter den Tieren hoch ansteckend und tödlich. Auf den Menschen kann es sich durch Kontakt mit infizierten Vögeln übertragen. In den meisten bekannten Fällen wurde das Virus von Vögeln auf Menschen übertragen. Nach Ansicht von Experten nehmen aber auch Fälle zu, in denen es von Mensch zu Mensch übertragen wird. Bisher wurden aber nur engste Familienmitglieder von betroffenen Personen infiziert. Die Symptome ähneln denen der Grippe.

Das Virus hat in allen vier Ländern Todesopfer gefordert, die letzten Fälle gab es Anfang 2014 in Kambodscha. Dennoch gilt das Risiko für Touristen nach wie vor als gering. Sie können sich schützen, indem sie den Kontakt mit Federvieh (und Schweinen) meiden, auf Besuche von Tiermärkten verzichten und Geflügelfleisch und Eier nur gut durchgegart essen. Ebenfalls ratsam ist es, sich häufiger die Hände zu waschen, insbesondere vor dem Essen.

Über die neusten Entwicklungen informiert die Website: 🖵 www.who.int/influenza/human_animal_interface/en/

Wundinfektionen

Unter unhygienischen Bedingungen können sich schon aufgekratzte Moskitostiche zu beträchtlichen Infektionen auswachsen. Wichtig ist, dass jede noch so kleine Wunde desinfiziert, sauber gehalten und eventuell mit einem Pflaster geschützt wird. Antibiotika-Salben, im feuchtwarmen Klima noch besser Antibiotika-Puder, unterstützen den Heilungsprozess.

Wurmerkrankungen

Würmer können überall lauern: in rohem oder halbgarem Fleisch und Fisch, verunreinigtem Wasser oder auf Gemüse. Sie setzen sich an verschiedenen Organen fest und sind oft erst Wochen nach der Rückkehr festzustellen. Die meisten sind harmlos und durch eine einmalige Wurmkur zu vernichten.

Nach einer Reise in abgelegene Gebiete ist es sinnvoll, den Stuhl auf Würmer untersuchen zu lassen. Das wird auch dann notwendig, wenn man über einen längeren Zeitraum auch nur leichte Durchfälle hat.

Eine unangenehme Erscheinung sind **Lungen- und Leberegel**, die in rohem Süßwasserfisch, fermentierter Fischsoße und Schalentieren vorkommen können. Die Symptome hängen von der Schwere des Befalls ab. Bei Leberegeln kann es zu Fieber und Gelbsucht kommen, Lungenegel verursachen Husten (zum Teil mit rötlichem Auswurf), Fieber und Brustschmerzen. Die Diagnose erfolgt anhand einer Stuhlprobe. Die beste Prävention ist, auf rohe oder halbgare Süßwassertiere und Fischsoße zu verzichten.

Index

Green Tiger Travel

individuell & mittendrin

Ihre maßgeschneiderte Reise nach Südostasien   green-tiger.de   Tel: +49 (0)761 - 211 4848

ANHANG

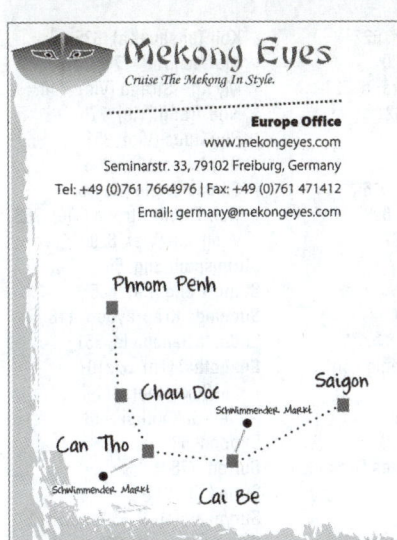

ANHANG

ANHANG

Notizen

Notizen

Notizen

Notizen

So funktioniert der Loose Travel Club

Login-Box: Hier anmelden, um eigene Bewertungen zu schreiben

eXTra: Hier den Code aus dem Buch eingeben und los geht's

Wo bin ich? Klickpfad für die **Navigation**

Eigene Bewertungen schreiben

Social Tools: Folgen, Teilen, Twittern ...

Bewertungen und **Kommentare anderer** Reisender lesen

ANHANG

Danksagung

Wir danken allen, die uns mit Informationen versorgt und geholfen haben, allen voran
Moritz Jacobi, Michael Kramer, Erik Lorenz, Nhu Quynh Nguyen Thi, Max Priebe, Oliver Tappe
und Nipaporn Yanklang.
Ein herzliches Dankeschön auch an unsere Leser, die mit ihren Zuschriften zum Gelingen dieses
Buches beigetragen haben.

Schreiben Sie uns!
Wir freuen uns über Ergänzungen und Korrekturen, die uns helfen, dieses Buch zu verbessern
und aktuell zu halten, am besten unter www.stefan-loose.de/updates oder per E-Mail. Auch
Anregungen, Lob und Kritik sind willkommen. Besonders hilfreiche Leserbriefe belohnen
wir mit einem Stefan Loose Travel Handbuch.

Zuschriften bitte an:
Stefan Loose Travel Handbücher
Zossener Str. 55/2, D-10961 Berlin
info@stefan-loose.de

Bildnachweis

Umschlag
Titelfoto Jan Düker; der Mekong bei Luang Prabang, Laos
Umschlagklappe vorn M. Markand; Banteay Srei, Kambodscha
Umschlagklappe hinten M. Markand; Straßenleben in Ha Noi, Vietnam

Farbteil
S. 2 Getty Images / Jason Hosking
S. 3 laif / Martin Kirchner (oben)
laif / Roemers (Mitte)
laif / Katja Hoffmann (unten)
S. 4 Renate Loose (oben)
S. 4/5 laif / Gregor Lengler (unten)
S. 5 laif / Kirchner (oben)
S. 6 laif / Geilert / GAFF (oben)
Renate Loose (unten)
S. 7 LOOK-foto / age fotostock
S. 8 Oliver Tappe (oben)
laif / hemis.fr / Bruno Morandi (unten)
S. 9 laif / Le Figaro Magazine
S. 10 laif / Hilger
S. 11 laif / hemis.fr / Franck Guiziou (oben)
huber-images.de / Pipe Ben (unten)
S. 12/13 LOOK-foto / age fotostock
S. 14 mauritius images / Alamy (oben)
mauritius images / imageBROKER / Olaf Schubert (unten)
S. 15 Marion meyers (oben)
mauritius images / Alamy (unten)
S. 16 M. Markand (2)
S. 17 Getty Images / Bill Hatcher
S. 18 M. Markand (2)
S. 19 M. Markand (2)
S. 20 M. Markand (2)

Schwarz-Weiß
Jan Düker S. 27, 34, 44, 45, 335
Mischa Loose S. 113
Renate Loose S. 40
Erik Lorenz S. 29
M. Markand S. 30, 33, 38, 42, 641
Marion Meyers S. 497
Volker Klinkmüller S. 39, 861

ANHANG

Impressum

Südostasien – Die Mekong-Region
Stefan Loose Travel Handbücher
6., vollständig überarbeitete Auflage **2015**
© DuMont Reiseverlag, Ostfildern

Die in diesem Buch enthaltenen Angaben wurden von den Autoren nach bestem Wissen erstellt und vom Lektorat im Verlag mit großer Sorgfalt auf ihre Richtigkeit überprüft. Trotzdem sind, wie der Verlag nach dem Produkthaftungsrecht betonen muss, inhaltliche und sachliche Fehler nicht vollständig auszuschließen.
Deshalb erfolgen alle Angaben ohne Garantie des Verlags oder der Autoren. Der Verlag und die Autoren übernehmen keinerlei Verantwortung und Haftung für inhaltliche und sachliche Fehler. Alle Landkarten und Stadtpläne in diesem Buch sind von den Autoren erstellt worden und werden ständig überarbeitet.

Gesamtredaktion und -herstellung
Bintang Buchservice GmbH
Zossener Str. 55/2, 10961 Berlin
www.bintang-berlin.de
Redaktion: Sabine Bösz, Jan Düker, Gudrun Raether-Klünker, Jessika Zollickhofer
Karten: Katharina Grimm, Anja Krapat
Grafisches Konzept: Groschwitz, Hamburg
Layout und Herstellung: Gritta Deutschmann, Jan Düker, Holger Ebeling
Farbseitengestaltung: Jan Düker

Printed in China

ANHANG

Kartenverzeichnis

Fortsetzung auf Seite 904

ANHANG

Fortsetzung von Seite 903

ANHANG